Steuerrichtlinien

Anweisung zum Einordnen
190. Ergänzungslieferung Dezember 2023
(Anschluss an die 189. Ergänzungslieferung Oktober 2023)

Herauszunehmen:	Zahl der Blätter	Einzufügen:	Zahl der Blätter
Titelblatt, Geleitwort	2	Titelblatt, Geleitwort	2
1 15/16	1	**1** 15/16	1
71/72	1	71/72	1
83/84	1	83/84	1
155/156	1	155/156	1
185/186	1	185/186	1
247/248	1	247/248	1
301/302	1	301/302	1
309–312	2	309–312	2
325/326	1	325/326	1
487–492	3	487–492	3
507/508	1	507/508	1
535–542	4	535–542	4
555/556	1	555/556	1
599/600	1	599/600	1
611–618	4	611–618	4
659/660	1	659/660	1
679/680	1	679/680	1
20 17/18	1	**20** 17/18	1
45/46	1	45/46	1
55–64	5	55–64	5
77/78	1	77/78	1
99–102	2	99–102	2
113/114	1	113/114	1
450 13/14	1	**450** 13/14	1
61/62	1	61/62	1
81/82	1	81/82	1
111/112	1	111/112	1
500 1–182	98	**500** 1–182	96
227–232	3	227–232a	4
261/262	1	261/262	1
291–358	34	291–358	34

(Fortsetzung nächste Seite)

Herauszunehmen:	Zahl der Blätter	Einzufügen:	Zahl der Blätter
500 380–530a	80	**500** 380–530a	77
569–582	10	569–582a	11
631–648	10	631–648	10
665–836	89	665–836a	88
867–960	49	867–966	50
500 Anl. 8 1–14	7	**500 Anl. 8** 1–14	7
500/100 1–62	31	**500/100** 1–62	31
800 1–6	3	**800** 1–6	3
15–18	2	15–18	3
51–62	6	51–62a	7
189–194	3	189–194	3
201–212	6	201–212a	7
223/224	1	223/224	1
235–238	2	235–238	2
285/286	1	285–286a	2
361–364	2	361–364a	4
459–462	2	459–462a	3
495–498	2	495–498a	3
Insgesamt herauszunehmen:	485	Insgesamt einzufügen:	490

STEUERRICHTLINIEN

Einkommensteuer-Richtlinien, Lohnsteuer-Richtlinien,
Wohnungsbau-Prämienrichtlinien, Körperschaftsteuer-Richtlinien,
Bewertungsrichtlinien, Erbschaftsteuer-Richtlinien,
Grundsteuer-Richtlinien, Gewerbesteuer-Richtlinien,
Umsatzsteuer-Anwendungserlass,
Anwendungserlass zur Abgabenordnung

Textsammlung
der Richtlinien des Bundes zum Steuerrecht
mit Verweisungen und Sachverzeichnissen

Stand: 31. Dezember 2023
(190. Ergänzungslieferung)

C.H.BECK

Dieses Titelblatt stammt aus der 190. Ergänzungslieferung Dezember 2023
ISBN 978 3 406 81119 7
die an die 189. Ergänzungslieferung Oktober 2023 anschließt.

Redaktioneller Hinweis

Vom Verlag erstellte Fußnoten sind urheber- und wettbewerbsrechtlich geschützt; amtliche Fußnoten sind als solche gekennzeichnet.
Die Angaben zum Stand der Sammlung auf dem Titelblatt beziehen sich auf das Verkündungsdatum der maßgeblichen Veröffentlichungsblätter.
Verbesserungsvorschläge und Fehlerhinweise sind jederzeit willkommen.

Verlag C. H. Beck
Wilhelmstraße 9, 80801 München
Fax: (089) 381 89-398 · Internet: www.beck.de
E-Mail: kundenservice@beck.de

beck.de

ISBN 978 3 406 46020 3 (Grundwerk zur Fortsetzung)
ISBN 978 3 406 73770 1 (Grundwerk ohne Fortsetzung)
Ergänzt bis 978 3 406 81119 7

Wilhelmstraße 9, 80801 München
Satz, Druck u. Bindung: Druckerei C.H.Beck Nördlingen
(Adresse wie Verlag)

myclimate
shape our future

Gedruckt auf säurefreiem, alterungsbeständigem Papier
(hergestellt aus chlorfrei gebleichtem Zellstoff)

Geleitwort

zur 190. Ergänzungslieferung Dezember 2023

Mit der vorliegenden 190. Ergänzungslieferung erhält die Sammlung den Stand 31. Dezember 2023. Vereinzelt konnten noch aktuellere Hinweise auf Rechtsprechung und Verwaltungsanweisungen aufgenommen werden.

Hauptbestandteil der Lieferung ist der **Umsatzsteuer-Anwendungserlass** (UStAE), der wegen der vielfältigen und teils umfangreichen Änderungen in großen Teilen ausgetauscht wird samt dem überarbeiteten und aktualisierten Sachregister zum UStAE.

Ein weiterer Schwerpunkt sind die umfangreichen Änderungen des **Anwendungserlasses zur Abgabenordnung** (AEAO) durch zwei BMF-Schreiben, die mit Wirkung vom 1. Januar 2024 anzuwenden sind und zum einen die Neufassung des AEAO zu § 146 AO, zum anderen die Anweisungen zu den neuen §§ 14a und 14b AO und weitere Folgeänderungen beinhalten.

In den Bereichen Einkommensteuer, Lohnsteuer und Gewerbesteuer waren Hinweise auf aktuelle Gesetzgebung, Rechtsprechung und Verwaltungsanweisungen einzuarbeiten.

Informationen zu aktuellen Gesetzen und Verwaltungsanweisungen sowie sonstige aktuelle steuerliche Fachinformationen finden Sie in der Rubrik Fach-News auf unseren Internetseiten unter www.dstr.de.

München, im Januar 2024 VERLAG C.H.BECK

des § 1 Abs. 3 Satz 2 i. V. m. § 1a Abs. 1 Nr. 2 Satz 3 EStG, ist eine Zusammenveranlagung zur Einkommensteuer auch dann ausgeschlossen, wenn sie, nach dem Recht des Wohnsitzstaates ermittelt, unterhalb der absoluten Wesentlichkeitsgrenze liegen (→ BFH vom 20.8.2008 – BStBl. 2009 II S. 708).

– Der Abgeltungsteuer unterliegende Kapitaleinkünfte sind in die Berechnung der Einkunftsgrenzen einzubeziehen (→ BFH vom 12.8.2015 – BStBl. 2016 II S. 201).
– Bei der Frage, ob Ehegatten die Einkunftsgrenzen (relative oder absolute Wesentlichkeitsgrenze) für das Wahlrecht zur Zusammenveranlagung in Fällen der fiktiven unbeschränkten Einkommensteuerpflicht (§ 1 Abs. 3 EStG) wahren, ist im Rahmen einer einstufigen Prüfung nach § 1a Abs. 1 Nr. 2 EStG auf die Einkünfte beider Ehegatten abzustellen und der Grundfreibetrag zu verdoppeln (→ BFH vom 6.5.2015 – BStBl. II S. 957).

Erweiterte beschränkte Steuerpflicht. → §§ 2 und 5 AStG.

Erweiterte unbeschränkte Steuerpflicht und unbeschränkte Steuerpflicht auf Antrag.

– → § 1 Abs. 2 bzw. § 1 Abs. 3 i. V. m. § 1a Abs. 2 EStG:
  Im Ausland bei internationalen Organisationen beschäftigte Deutsche fallen nicht unter § 1 Abs. 2 oder § 1 Abs. 3 i. V. m. § 1a Abs. 2 EStG, da sie ihren Arbeitslohn nicht aus einer inländischen öffentlichen Kasse beziehen. Mitarbeiter des Goethe-Instituts mit Wohnsitz im Ausland stehen nicht zu einer inländischen juristischen Person des öffentlichen Rechts in einem Dienstverhältnis und sind daher nicht nach § 1 Abs. 2 EStG unbeschränkt einkommensteuerpflichtig (→ BFH vom 22.2.2006 – BStBl. 2007 II S. 106).
– → BMF vom 8.10.1996 (BStBl. I S. 1191) – Auszug –:

  Billigkeitsregelung in Fällen, in denen ein Stpfl. und sein nicht dauernd getrennt lebender Ehegatte zunächst unter den Voraussetzungen des § 1 Abs. 2 EStG unbeschränkt einkommensteuerpflichtig sind bzw. unter den Voraussetzungen des § 1 Abs. 3 i. V. m. § 1a Abs. 2 EStG auf Antrag als unbeschränkt steuerpflichtig behandelt werden,
  - der Stpfl. dann aus dienstlichen Gründen in das Inland versetzt wird,
  - der nicht dauernd getrennt lebende Ehegatte aus persönlichen Gründen noch für kurze Zeit im Ausland verbleibt und
  - die Voraussetzungen des § 1a Abs. 1 EStG nicht erfüllt sind.
  - → BMF vom 11.11.2020 (BStBl. I S. 1212) Berücksichtigung ausländischer Verhältnisse; Ländergruppeneinteilung ab 1.1.2021.

– Die in § 1 Abs. 3 Satz 3 EStG aufgeführten inländischen Einkünfte, die nach einem DBA nur der Höhe nach beschränkt besteuert werden dürfen, sind in die inländische Veranlagung gem. § 46 Abs. 2 Nr. 7 Buchst. b i. V. m. § 1 Abs. 3 EStG einzubeziehen (→ BFH vom 13.11.2002 – BStBl. 2003 II S. 587).

Europäischer Wirtschaftsraum. Mitgliedstaaten des EWR sind die Mitgliedstaaten der EU, Island, Norwegen und Liechtenstein.

Freistellung von deutschen Abzugsteuern. → § 50d EStG, Besonderheiten im Falle von DBA.

Schiffe. Schiffe unter Bundesflagge rechnen auf hoher See zum Inland (→ BFH vom 12.11.1986 – BStBl. 1987 II S. 377).

Unbeschränkte Steuerpflicht – auf Antrag –.
- → BMF vom 30.12.1996 (BStBl. I S. 1506).
- Die zum Nachweis der Höhe der nicht der deutschen Steuer unterliegenden Einkünfte erforderliche Bescheinigung der zuständigen ausländischen Steuerbehörde ist auch dann vorzulegen, wenn der Stpfl. angibt, keine derartigen Einkünfte erzielt zu haben (sog. Nullbescheinigung). Die Verwendung eines bestimmten Vordrucks für die Bescheinigung ist gesetzlich nicht vorgeschrieben (→ BFH vom 8.9.2010 – BStBl. 2011 II S. 447).

Wechsel der Steuerpflicht. → § 2 Abs. 7 Satz 3 EStG.

Wohnsitz/Gewöhnlicher Aufenthalt in der Schweiz. § 1a Abs. 1 EStG ist bei Staatsangehörigen eines Mitgliedstaates der EU oder eines EWR-Staates bei Vorliegen der übrigen Voraussetzungen auch anwendbar, wenn
- der Empfänger der Leistungen i. S. d. Nr. 1 und 1a,
- die ausgleichsberechtigte Person i. S. d. Nr. 1b oder
- der Ehegatte/Lebenspartner i. S. d. Nr. 2

seinen/ihren Wohnsitz oder gewöhnlichen Aufenthalt in der Schweiz haben (→ BMF vom 16.9.2013 – BStBl. I S. 1325).

Zu § 2 EStG

R 2. Umfang der Besteuerung

(1) Das z. v. E. ist wie folgt zu ermitteln:

1		S. d. E. aus den Einkunftsarten
2	=	S. d. E.
3	–	Altersentlastungsbetrag (§ 24a EStG)
4	–	Entlastungsbetrag für Alleinerziehende (§ 24b EStG)
5	–	Freibetrag für Land- und Forstwirte (§ 13 Abs. 3 EStG)
6	+	Hinzurechnungsbetrag (*§ 52 Abs. 3 Satz 5* EStG[1]) sowie § 8 Abs. 5 Satz 2 AIG)
7	=	G. d. E. (§ 2 Abs. 3 EStG)[2]
8	–	Verlustabzug nach § 10d EStG
9	–	Sonderausgaben (§§ 10, 10a, 10b, 10c EStG)
10	–	außergewöhnliche Belastungen (§§ 33 bis 33b EStG)
11	–	Steuerbegünstigung der zu Wohnzwecken genutzten Wohnungen, Gebäude und Baudenkmale sowie der schutzwürdigen Kulturgüter (§§ 10e bis 10i EStG, § 52 Abs. 21 Satz 6 EStG i. d. F. vom 16.4.1997, BGBl. I S. 821 und § 7 FördG)
12	+	Erstattungsüberhänge (§ 10 Abs. 4b Satz 3 EStG)
13	+	zuzurechnendes *Einkommen* gem. § 15 Abs. 1 AStG[3]
14	=	Einkommen (§ 2 Abs. 4 EStG)

[1] Jetzt § 52 Abs. 2 Satz 3 EStG.

[2] Zum maßgeblichen G. d. E. im Verlustentstehungsjahr im Falle eines Verlustrücktrags siehe BFH v. 3.5.2023 IX R 6/21, BStBl. II 2023, 1002.

[3] **[Amtl. Anm.:]** Eine Hinzurechnung entfällt ab VZ 2013, da diese bereits im Rahmen der Einkünfteermittlung vorzunehmen ist (→ § 15 Abs. 1 AStG in der durch das Amtshilfe-RLUmsG geänderten Fassung).

notwendiges Privatvermögen und damit entnommen, wenn die Absicht der künftigen Verwendung des Wochenendhauses zu eigenen Wohnzwecken in Erklärungen oder in einem eindeutigen Verhalten des Stpfl. zum Ausdruck kommt (→ BFH vom 29.4.1970 – BStBl. II S. 754).

R 4.4 Bilanzberichtigung und Bilanzänderung

Bilanzberichtigung

(1)[1)·2)] [1]Ist ein Ansatz in der Bilanz unrichtig, kann der Stpfl. nach § 4 Abs. 2 Satz 1 EStG den Fehler durch eine entsprechende Mitteilung an das Finanzamt berichtigen **(Bilanzberichtigung).** [2]Ein Ansatz in der Bilanz ist unrichtig, wenn er unzulässig ist, d. h., wenn er gegen zwingende Vorschriften des Einkommensteuerrechts oder des Handelsrechts oder gegen die einkommensteuerrechtlich zu beachtenden handelsrechtlichen Grundsätze ordnungsmäßiger Buchführung verstößt. [3]*Eine Bilanzberichtigung ist unzulässig, wenn der Bilanzansatz im Zeitpunkt der Bilanzaufstellung subjektiv richtig ist.* [4]*Subjektiv richtig ist jede der im Zeitpunkt der Bilanzaufstellung der kaufmännischen Sorgfalt entsprechende Bilanzierung.* [5]*Entspricht ein Bilanzansatz im Zeitpunkt der Bilanzaufstellung den Grundsätzen höchstrichterlicher Rechtsprechung, wird dieser durch eine Änderung der Rechtsprechung nicht unrichtig.* [6]*Hat der Stpfl. entsprechend der im Zeitpunkt der Bilanzaufstellung bestehenden Verwaltungsauffassung bilanziert, hält er aber einen davon abweichenden Ansatz für richtig, ist eine Bilanzberichtigung bei einer Änderung der Verwaltungsauffassung auf Grund höchstrichterlicher Rechtsprechung zulässig, wenn er durch Zusätze oder Vermerke bei der Aufstellung der Bilanz dokumentiert hat, dass er einen von der Verwaltungsauffassung abweichenden Ansatz begehrt.* [7]*Die Dokumentation ist zusammen mit der Steuererklärung beim Finanzamt einzureichen.* [8]*Soweit keine steuerlichen Ansatz- oder Bewertungsvorbehalte gelten, ist ein von der Handelsbilanz abweichender Ansatz in der Steuerbilanz als ausreichende Dokumentation anzusehen.* [9]Soweit eine Bilanzberichtigung nicht möglich ist, ist der falsche Bilanzansatz grundsätzlich in der Schlussbilanz des ersten Jahres, dessen Veranlagung geändert werden kann, erfolgswirksam richtig zu stellen.[3)] [10]Bei Land- und Forstwirten mit vom Kalenderjahr abweichendem Wirtschaftsjahr müssen beide Veranlagungen, denen die Schlussbilanz zugrunde liegt (→ § 4a Abs. 2 Nr. 1 EStG), geändert werden können.

Bilanzänderung[4)]

(2) [1]Wenn steuerrechtlich, in den Fällen des § 5 EStG auch handelsrechtlich, verschiedene Ansätze für die Bewertung eines Wirtschaftsgutes zulässig sind und der Stpfl. demgemäß zwischen mehreren Wertansätzen wählen kann, trifft er durch die Einreichung der Steuererklärung an das Finanzamt seine Entscheidung. [2]Eine Änderung dieser Entscheidung zu-

---

[1)] R 4.4 Abs. 1 Sätze 3 bis 8 überholt durch BFH v. 31.1.2013 GrS 1/10, BStBl. II 2013, 317 (Aufgabe des subjektiven Fehlerbegriffs hinsichtlich bilanzieller Rechtsfragen).

[2)] **[Amtl. Anm.:]** → H 4.4 (Bilanzberichtigung). – *Anm. d. Red.:* Betrifft die kursiv gesetzten Sätze 3 bis 8.

[3)] Rechtslage des Jahres maßgebend, in dem die Bilanzberichtigung erfolgt, siehe BFH v. 27.7.2023 IV R 15/20, BStBl. II 2023, 1032.

[4)] Zu einer Bilanzänderung im Zusammenhang mit § 6b EStG siehe BFH v. 27.9.2006 IV R 7/06, BStBl. II 2008, 600.

gunsten eines anderen zulässigen Ansatzes ist eine **Bilanzänderung.** [3]Eine Bilanzänderung liegt nicht vor, wenn sich einem Stpfl. erst nach Einreichung der Bilanz die Möglichkeit eröffnet, erstmalig sein Wahlrecht auszuüben. [4]Eine Bilanzänderung ist zulässig, wenn sie in einem engen zeitlichen und sachlichen Zusammenhang mit einer Bilanzberichtigung steht und soweit die Auswirkung der Bilanzberichtigung auf den Gewinn reicht. [5]Ein enger zeitlicher und sachlicher Zusammenhang zwischen Bilanzberichtigung und Bilanzänderung setzt voraus, dass sich beide Maßnahmen auf dieselbe Bilanz beziehen und die Bilanzänderung unverzüglich nach der Bilanzberichtigung vorgenommen wird. [6]Bei einer Mitunternehmerschaft beziehen sich beide Maßnahmen auf die Bilanz der Mitunternehmerschaft (Gesamthandsbilanz, Ergänzungsbilanz und Sonderbilanz); beispielsweise kann eine Bilanzberichtigung in der Gesamthandsbilanz eine Bilanzänderung in der Ergänzungsbilanz oder Sonderbilanz des Mitunternehmers oder der Mitunternehmer zulassen.

H 4.4

Berichtigung einer Bilanz, die einer bestandskräftigen Veranlagung zu Grunde liegt.

- Die Berichtigung einer Bilanz, die einer bestandskräftigen Veranlagung zugrunde liegt, ist nur insoweit möglich, als die Veranlagung nach den Vorschriften der AO, insbesondere nach § 164 Abs. 1, § 173 oder § 175 Abs. 1 Satz 1 Nr. 2 AO, noch geändert werden kann oder die Bilanzberichtigung sich auf die Höhe der veranlagten Steuer nicht auswirken würde (→ BFH vom 27.3.1962 – BStBl. III S. 273 und vom 5.9.2001 – BStBl. 2002 II S. 134).
- Die Berichtigung eines unrichtigen Bilanzansatzes in einer **Anfangsbilanz** ist nicht zulässig, wenn diese Bilanz der Veranlagung eines früheren Jahres als Schlussbilanz zugrunde gelegen hat, die nach den Vorschriften der AO nicht mehr geändert werden kann, oder wenn der sich bei einer Änderung dieser Veranlagung ergebende höhere Steueranspruch wegen Ablaufs der Festsetzungsfrist erloschen wäre (→ BFH vom 29.11.1965 – BStBl. 1966 III S. 142). Unter Durchbrechung des Bilanzenzusammenhangs kann eine Berichtigung der Anfangsbilanz des ersten Jahres, bei dessen Veranlagung sich die Berichtigung auswirken kann, ausnahmsweise in Betracht kommen, wenn ein Stpfl. zur Erlangung beachtlicher ungerechtfertigter Steuervorteile bewusst einen Aktivposten zu hoch oder einen Passivposten zu niedrig angesetzt hat, ohne dass die Möglichkeit besteht, die Veranlagung des Jahres zu ändern, bei der sich der unrichtige Bilanzansatz ausgewirkt hat (→ BFH vom 3.7.1956 – BStBl. III S. 250).

Bilanzänderung.

- Der **enge zeitliche und sachliche Zusammenhang** zwischen Bilanzberichtigung und Bilanzänderung setzt voraus, dass sich beide Maßnahmen auf dieselbe Bilanz beziehen. Die Änderung der Bilanz eines bestimmten Wj. ist danach unabhängig von der Frage, auf welche Wirtschaftsgüter oder Rechnungsabgrenzungsposten sich die Berichtigung dieser Bilanz bezieht, bis zur Höhe des gesamten Berichtigungsbe-

gesamten Mitunternehmeranteiles und bei der Aufgabe[1] eines Betriebs sowie in den Fällen der Einbringung, unabhängig davon, ob die Einbringung zu Buch-, Zwischen- oder gemeinen Werten erfolgt.

H 4.5 (6)

Einbringungsgewinn. Im Fall der Einnahmenüberschussrechnung muss der Einbringungsgewinn auf der Grundlage einer Einbringungsbilanz und einer Eröffnungsbilanz der Gesellschaft ermittelt werden (→ BFH vom 18.10. 1999 – BStBl. 2000 II S. 123).

Fehlende Schlussbilanz. Ist auf den Zeitpunkt der Betriebsveräußerung eine Schlussbilanz nicht erstellt worden, und hat dies nicht zur Erlangung ungerechtfertigter Steuervorteile geführt, sind in späteren Jahren gezahlte abziehbare Betriebssteuern und andere Aufwendungen, die durch den veräußerten oder aufgegebenen Betrieb veranlasst sind, nachträgliche Betriebsausgaben (→ BFH vom 13.5.1980 – BStBl. II S. 692).

Nachträgliche Betriebsausgaben. → H 24.2 (Nachträgliche Werbungskosten/Betriebsausgaben).

Tod eines Gesellschafters. Hat eine Personengesellschaft ihren Gewinn durch Einnahmenüberschussrechnung ermittelt, ist sie zur Feststellung der für die Berechnung des Veräußerungsgewinns erforderlichen Buchwerte im Fall der Übernahme aller Wirtschaftsgüter der Personengesellschaft durch die verbleibenden Gesellschafter bei Ableben eines Gesellschafters so zu behandeln, als wäre sie im Augenblick des Todes des Gesellschafters zur Gewinnermittlung nach § 4 Abs. 1 EStG übergegangen. Der Übergangsgewinn ist anteilig dem verstorbenen Gesellschafter zuzurechnen, auch wenn er im Wesentlichen auf der Zurechnung auf die anderen Gesellschafter übergehender Honorarforderungen beruht (→ BFH vom 13.11.1997 – BStBl. 1998 II S. 290).

Übergangsgewinn. Die wegen des Übergangs von der Einnahmenüberschussrechnung zum Betriebsvermögensvergleich erforderlichen Hinzurechnungen und Abrechnungen sind nicht bei dem Veräußerungsgewinn, sondern bei dem laufenden Gewinn des Wj. vorzunehmen, in dem die Veräußerung stattfindet (→ BFH vom 23.11.1961 – BStBl. 1962 III S. 199); die dem Gewinn hinzuzurechnenden Beträge können nicht verteilt werden (→ BFH vom 13.9.2001 – BStBl. 2002 II S. 287).

R 4.6 Wechsel der Gewinnermittlungsart

Wechsel zum Betriebsvermögensvergleich

(1) [1]Neben den Fällen des Übergangs von der Gewinnermittlung nach § 4 Abs. 3 EStG zur Gewinnermittlung nach § 4 Abs. 1 oder § 5 EStG ist eine → Gewinnberichtigung auch erforderlich, wenn nach einer Einnahmenüber-

---

[1] **[Amtl. Anm.:]** Bei der Realteilung ohne Spitzenausgleich einer Mitunternehmerschaft, die ihren Gewinn durch Einnahmenüberschussrechnung ermittelt, besteht aber keine Verpflichtung zur Erstellung einer Realteilungsbilanz nebst Übergangsgewinnermittlung, wenn die Buchwerte fortgeführt werden und die Mitunternehmer unter Aufrechterhaltung dieser Gewinnermittlungsart ihre Tätigkeit in Einzelunternehmen weiterbetreiben (siehe BFH v. 11.4.2013 III R 32/12, BStBl. II 2014, 242).

schussrechnung im folgenden Jahr der Gewinn nach § 13a Abs. 3 bis 5 EStG[1] ermittelt wird. [2]Bei dem Übergang zur Gewinnermittlung durch Betriebsvermögensvergleich kann zur Vermeidung von Härten auf Antrag des Stpfl. der Übergangsgewinn (Saldo aus Zu- und Abrechnungen) gleichmäßig entweder auf das Jahr des Übergangs und das folgende Jahr oder auf das Jahr des Übergangs und die beiden folgenden Jahre **verteilt** werden. [3]Wird der Betrieb vor Ablauf des Verteilungszeitraums veräußert oder aufgegeben, erhöhen die noch nicht berücksichtigten Beträge den laufenden Gewinn des letzten Wirtschaftsjahres. [4]Die zum Anlagevermögen gehörenden nicht abnutzbaren Wirtschaftsgüter und die in § 4 Abs. 3 Satz 4 EStG genannten Wirtschaftsgüter des Umlaufvermögens sind in der Eröffnungsbilanz mit dem Wert nach § 4 Abs. 3 Satz 5 EStG anzusetzen.

Wechsel zur Einnahmenüberschussrechnung

(2) Beim Übergang von der Gewinnermittlung durch Betriebsvermögensvergleich (§ 4 Abs. 1 oder § 5 EStG) zur Gewinnermittlung nach § 4 Abs. 3 EStG sind die durch den Wechsel der Gewinnermittlungsart bedingten Hinzurechnungen und Abrechnungen im ersten Jahr nach dem Übergang zur Gewinnermittlung nach § 4 Abs. 3 EStG vorzunehmen.

H 4.6

Ansatz- oder Bewertungswahlrechte gelten beim Übergang zum Betriebsvermögensvergleich als nicht ausgeübt (→ BFH zu § 13a EStG vom 14.4.1988 – BStBl. II S. 672).

Bewertung von Wirtschaftsgütern. Die einzelnen Wirtschaftsgüter sind beim Übergang zum Betriebsvermögensvergleich mit den Werten anzusetzen, mit denen sie zu Buch stehen würden, wenn von Anfang an der Gewinn durch Betriebsvermögensvergleich ermittelt worden wäre (→ BFH vom 23.11.1961 – BStBl. 1962 III S. 199).

Erneuter Wechsel der Gewinnermittlungsart. Nach einem Wechsel der Gewinnermittlungsart ist der Stpfl. grundsätzlich für drei Wj. an diese Wahl gebunden. Nur bei Vorliegen eines besonderen wirtschaftlichen Grundes (z. B. Einbringung nach § 24 UmwStG) kann er vor Ablauf dieser Frist zurückwechseln (→ BFH vom 9.11.2000 – BStBl. 2001 II S. 102).

Gewinnberichtigungen beim Wechsel der Gewinnermittlungsart.[2]

- **Wechsel zum Betriebsvermögensvergleich.** Der Übergang von der Einnahmenüberschussrechnung zum Betriebsvermögensvergleich erfordert, dass Betriebsvorgänge, die bisher nicht berücksichtigt worden sind, beim ersten Betriebsvermögensvergleich berücksichtigt werden (→ BFH vom 28.5.1968 – BStBl. II S. 650 und vom 24.1.1985 – BStBl. II S. 255).
- **Wechsel zur Einnahmenüberschussrechnung.** Soweit sich die Betriebsvorgänge, die den durch den Wechsel der Gewinnermittlungsart bedingten Korrekturen entsprechen, noch nicht im ersten Jahr nach dem

[1] **[Amtl. Anm.:]** Teilweise überholt für Wj., die nach dem 30.12.2015 enden (siehe BMF v. 10.11.2015, BStBl. I 2015, 877).

[2] Zum Übergangsgewinn beim Wechsel von der EÜR zur Gewinnermittlung nach Durchschnittssätzen siehe BFH v. 23.11.2022 VI R 31/20, BStBl. II 2023, 852.

eigentlichen Gebäudenutzung verschiedenen Funktionszusammenhang stehen (→ BFH vom 26.2.1975 – BStBl. II S. 443 und BMF vom 15.1.1976 – BStBl. I S. 66).

Namensrechte. Der kommerzialisierbare Teil des Namensrechts einer natürlichen Person stellt ein abnutzbares immaterielles Wirtschaftsgut dar (→ BFH vom 12.6.2019 – BStBl. 2020 II S. 3).

Nutzungsrechte. Nutzungsrechte, die durch Baumaßnahmen des Nutzungsberechtigten entstanden sind, → H 4.7 (Eigenaufwand für ein fremdes Wirtschaftsgut).

Pensionszusagen. Ansprüche aus Pensionszusagen nach dem Betriebsrentengesetz können nicht aktiviert werden (→ BFH vom 14.12.1988 – BStBl. 1989 II S. 323).

Schwebende Arbeitsverträge. Schwebende Arbeitsverträge mit im Unternehmen tätigen Arbeitnehmern sind keine → immateriellen Wirtschaftsgüter, sondern nicht selbständig bewertbare geschäftswertbildende Faktoren (→ BFH vom 7.11.1985 – BStBl. 1986 II S. 176).

Vertreterrecht. Löst ein Handelsvertreter durch Vereinbarung mit dem Geschäftsherrn den Ausgleichsanspruch (§ 89b HGB) seines Vorgängers in einer bestimmten Höhe ab, erwirbt er damit entgeltlich ein immaterielles Wirtschaftsgut „Vertreterrecht" (→ BFH vom 18.1.1989 – BStBl. II S. 549). Dieses ist nicht mit einem Geschäfts- oder Firmenwert gleichzusetzen (→ BFH vom 12.7.2007 – BStBl. II S. 959).

Warenzeichen (Marke). Ein entgeltlich erworbenes Warenzeichen (Marke) ist dem Grunde nach ein abnutzbares Wirtschaftsgut (→ BMF vom 12.7. 1999 – BStBl. I S. 686).

R 5.6 Rechnungsabgrenzungen

Transitorische Posten

(1) [1]Nach § 5 Abs. 5 Satz 1 EStG ist die Rechnungsabgrenzung auf die sog. transitorischen Posten beschränkt. [2]Es kommen danach für die Rechnungsabgrenzung in der Regel nur Ausgaben und Einnahmen in Betracht, die vor dem Abschlussstichtag angefallen, aber erst der Zeit nach dem Abschlussstichtag zuzurechnen sind.

Bestimmte Zeit nach dem Abschlussstichtag

(2) Die Bildung eines Rechnungsabgrenzungspostens ist nur zulässig, soweit die vor dem Abschlussstichtag angefallenen Ausgaben oder Einnahmen Aufwand oder Ertrag für eine → bestimmte Zeit nach dem Abschlussstichtag darstellen.

(3) [1]Antizipative Posten (Ausgaben oder Einnahmen nach dem Bilanzstichtag, die Aufwand oder Ertrag für einen Zeitraum vor diesem Tag darstellen), dürfen als Rechnungsabgrenzungsposten nur in den Fällen des § 5 Abs. 5 *Satz 2*[1)] EStG ausgewiesen werden. [2]Soweit sich aus den ihnen zu Grunde liegenden Geschäftsvorfällen bereits Forderungen oder Verbindlichkeiten ergeben haben, sind sie als solche zu bilanzieren.

[1)] **[Amtl. Anm.:]** Jetzt Satz 3.

H **5.6**

Abschlussgebühren. Abschlussgebühren können eine (Gegen-)Leistung darstellen, die dem jeweiligen Bausparvertrag als Entgelt für den eigentlichen Vertragsabschluss zuzuordnen sind, sie wirken sich unmittelbar mit ihrer Vereinnahmung erfolgswirksam aus und sind bilanziell nicht passiv abzugrenzen (→ BFH vom 11.2.1998 – BStBl. II S. 381).

Auflösung von Rechnungsabgrenzungsposten im Zusammenhang mit Zinsaufwand. Der Rechnungsabgrenzungsposten ist ratierlich über die gesamte Darlehenslaufzeit, bei Tilgungs- oder Abzahlungsdarlehen degressiv nach der Zinsstaffelmethode und bei Endfälligkeitsdarlehen linear, aufzulösen. Bei vorzeitiger Sondertilgung des Darlehens ist der Rechnungsabgrenzungsposten im Verhältnis der Sondertilgung zu dem Gesamtdarlehensbetrag aufzulösen (→ BFH vom 24.6.2009 – BStBl. II S. 781).

Ausbeuteverträge. Vorausgezahlte Ausbeuteentgelte für Bodenschätze, mit deren Abbau vor dem Bilanzstichtag bereits begonnen wurde, sind in einen Rechnungsabgrenzungsposten einzustellen, der über die jährlich genau festzustellende Fördermenge aufzulösen ist; ist mit dem Abbau vor dem Bilanzstichtag noch nicht begonnen worden, ist das vorausgezahlte Entgelt als Anzahlung zu behandeln (→ BFH vom 25.10.1994 – BStBl. 1995 II S. 312).

Bestimmte Zeit nach dem Abschlussstichtag

liegt vor:

- wenn die abzugrenzenden Ausgaben und Einnahmen für einen bestimmten nach dem Kj. bemessenen Zeitraum bezahlt oder vereinnahmt werden, z.B. monatliche, vierteljährliche, halbjährliche **Mietvorauszahlungen** oder Zahlung der Miete im Voraus für einen Messestand für eine zeitlich feststehende Messe (→ BFH vom 9.12.1993 – BStBl. 1995 II S. 202);
- bei **Übernahme von Erschließungskosten und Kanalanschlussgebühren durch den Erbbauberechtigten** (→ BFH vom 17.4.1985 – BStBl. II S. 617);[1]
- bei zeitlich nicht begrenzten Dauerleistungen (→ BFH vom 9.12.1993 – BStBl. 1995 II S. 202, BMF vom 15.3.1995 – BStBl. I S. 183 und BFH vom 15.2.2017 – BStBl. II S. 884);

liegt nicht vor:

- wenn sich der Zeitraum nur durch **Schätzung** ermitteln lässt (→ BFH vom 3.11.1982 – BStBl. 1983 II S. 132);[2]
- bei planmäßiger oder betriebsgewöhnlicher **Nutzungsdauer** eines abnutzbaren Sachanlageguts (→ BFH vom 22.1.1992 – BStBl. II S. 488).

Darlehen mit fallenden Zinssätzen. Der Darlehensnehmer hat bei einer Vereinbarung fallender Zinssätze einen aktiven Rechnungsabgrenzungspos-

---

[1] Siehe ferner BFH v. 8.12.1988 IV R 33/87, BStBl. II 1989, 407.

[2] Zur Zulässigkeit einer Schätzung der „bestimmten Zeit" auf der Basis allgemeingültiger Maßstäbe siehe BFH v. 26.7.2023 IV R 22/20, BStBl. II 2023, 1091.

der Beweis des ersten Anscheins für einen Erwerb in Abbruchabsicht spricht (→ BFH vom 12.6.1978 – BStBl. II S. 620). Für den Beginn der Dreijahresfrist ist i. d. R. der Abschluss des obligatorischen Rechtsgeschäfts maßgebend (→ BFH vom 6.2.1979 – BStBl. II S. 509).
→ Abbruchkosten bei unentgeltlicher Betriebsübertragung nach § 6 Abs. 3 EStG.

Im Fall der **Nr. 4** gehören der Wert des abgebrochenen Gebäudes und die Abbruchkosten zu den Herstellungskosten des neu zu errichtenden Gebäudes; der Einlagewert des Gebäudes ist nicht schon deshalb mit 0 € anzusetzen, weil sein Abbruch beabsichtigt ist (→ BFH vom 9.2.1983 – BStBl. II S. 451).

Abbruchkosten bei unentgeltlicher Betriebsübertragung nach § 6 Abs. 3 EStG. Die Rechtsgrundsätze zur Behandlung von Abbruchkosten beim Erwerb eines Gebäudes in Abbruchabsicht gelten auch für den unentgeltlichen Erwerb eines Mitunternehmeranteils im Wege der vorweggenommenen Erbfolge. Die aus der Abbruchabsicht resultierende Qualifikation als Herstellungskosten des neuen Gebäudes bleibt von der in § 6 Abs. 3 EStG geregelten Buchwertfortführung unberührt (→ BFH vom 27.5.2020 – BStBl. 2021 II S. 748).

Abbruchkosten bei vorheriger Nutzung außerhalb der Einkünfteerzielung. Wurde das abgebrochene Gebäude zuvor zu eigenen Wohnzwecken oder anderen nicht einkommensteuerlich relevanten Zwecken genutzt, stehen die Abbruchkosten und ggf. die Absetzungen für außergewöhnliche Abnutzung ausschl. im Zusammenhang mit dem Neubau und bilden Herstellungskosten des neuen Gebäudes (→ BFH vom 16.4.2002 – BStBl. II S. 805).

Abgrenzung der selbständigen von den unselbständigen Gebäudeteilen. → R 4.2 Abs. 5.

Abgrenzung von Anschaffungs-, Herstellungskosten und Erhaltungsaufwendungen. → R 21.1 und → BMF vom 18.7.2003 (BStBl. I S. 386).

Ablöse- und Abstandszahlungen.
– Ablöse- und Abstandszahlungen an Mieter oder Pächter → Entschädigungs- oder Abfindungszahlungen.
– → Stellplätze.
– Aufwendungen zur Ablösung des Erbbaurechts zählen zu den Herstellungskosten des anschließend auf dem Grundstück nach dem Abriss der vorhandenen Bebauung neu errichteten Gebäudes (→ BFH vom 13.12.2005 – BStBl. 2006 II S. 461).

Abtragung unselbständiger Gebäudeteile. → Baumängelbeseitigung.

Anschaffungskosten des Grund und Bodens.
– → Erdarbeiten,
– → Erschließungs-, Straßenanlieger- und andere Beiträge,
– → Hausanschlusskosten,
– → Zwangsräumung.

Anschaffungsnahe Herstellungskosten.[1), 2)]
- → BMF vom 20.10.2017 (BStBl. I S. 1447).
- **Nicht** zu den anschaffungsnahen Herstellungskosten gehören Aufwendungen für Instandsetzungsmaßnahmen zur Beseitigung eines Schadens, welcher im Zeitpunkt der Anschaffung noch nicht vorhanden war und nachweislich erst später durch schuldhaftes Verhalten eines Dritten am Gebäude verursacht worden ist (→ BFH vom 9.5.2017 – BStBl. 2018 II S. 9).
- Zu anschaffungsnahen Herstellungskosten **können auch** unvermutete Aufwendungen für Renovierungsmaßnahmen führen, die lediglich dazu dienen, Schäden zu beseitigen, welche aufgrund eines langjährigen vertragsgemäßen Gebrauchs der Mietsache durch den Nutzungsberechtigten entstanden sind. Dies gilt auch, wenn im Zeitpunkt der Anschaffung vorhandene, dem Stpfl. bei Erwerb aber verborgen gebliebene Mängel behoben werden (→ BFH vom 13.3.2018 – BStBl. II S. 533).

Arbeitsleistung.
- Zu den Herstellungskosten des Gebäudes zählt nicht der Wert der eigenen Arbeitsleistung (→ BFH vom 10.5.1995 – BStBl. II S. 713).
- → H 6.3 (Kalkulatorische Kosten).
- → Tätigkeitsvergütung.

Ausgleichsbeträge nach § 154 BauGB. Die anlässlich einer städtebaulichen Sanierungsmaßnahme zu zahlenden Ausgleichs- oder Ablösungsbeträge sind
- als Anschaffungs- oder Herstellungskosten zu behandeln, wenn das Grundstück in seiner Substanz oder seinem Wesen verändert wird (z. B. bei einer erstmaligen Erschließung oder bei Maßnahmen zur Verbesserung der Bebaubarkeit) oder
- als Werbungskosten/Betriebsausgaben sofort abziehbar, wenn z. B. vorhandene Anlagen ersetzt oder modernisiert werden.

Die Erhöhung des Grundstückswerts allein führt noch nicht zu Anschaffungs-/Herstellungskosten.

Die Aufwendungen sind nur dann als Anschaffungs-/Herstellungskosten zu behandeln, wenn
- die Bodenwerterhöhung 10% überschreitet und
- die Bodenwerterhöhung auf Verbesserungen der Erschließung und/oder Bebaubarkeit beruht.

→ BMF vom 8.9.2003 (BStBl. I S. 489) einschl. Vordruck „Bescheinigung über sanierungsrechtliche Ausgleichs- oder Ablösungsbeträge nach dem Baugesetzbuch (§ 154 BauGB)".

Außenanlagen.
- Hofbefestigungen und Straßenzufahrt stehen i. d. R. mit einem Betriebsgebäude in keinem einheitlichen Nutzungs- und Funktionszusammenhang. Die Aufwendungen gehören daher nicht zu den Herstellungskosten des Gebäudes (→ BFH vom 1.7.1983 – BStBl. II S. 686).

---

1) Die Überführung eines Gebäudess vom Betriebsvermögen in das Privatvermögen ist keine Anschaffung im Sinne des § 6 Abs. 1 Nr. 1a Satz 1 EStG, siehe BFH vom 3.5.2022 IX R 7/21, BStBl. II 2023, 104.

2) Zur Beschränkung des Anwendungsbereichs von § 6 Abs. 1 Nr. 1a EStG auf bauliche Maßnahmen siehe BFH v. 20.9.2022 IX R 29/21, BStBl. II 2023, 1087.

1. auf Wirtschaftsgüter, die zum Gesamthandsvermögen der Personengesellschaft gehören,
2. auf Wirtschaftsgüter, die zum Sonderbetriebsvermögen eines Mitunternehmers der Personengesellschaft gehören, aus deren Betriebsvermögen das veräußerte Wirtschaftsgut ausgeschieden ist, soweit der begünstigte Gewinn anteilig auf diesen Mitunternehmer entfällt,
3. vorbehaltlich der Regelung in § 6b Abs. 4 Satz 2 EStG auf Wirtschaftsgüter, die zum Betriebsvermögen eines anderen als Einzelunternehmen geführten Betriebs eines Mitunternehmers gehören, soweit der begünstigte Gewinn anteilig auf diesen Mitunternehmer entfällt,
4. vorbehaltlich der Regelung in § 6b Abs. 4 Satz 2 EStG auf Wirtschaftsgüter, die zum Gesamthandsvermögen einer anderen Personengesellschaft oder zum Sonderbetriebsvermögen des Mitunternehmers bei einer anderen Personengesellschaft gehören, soweit diese Wirtschaftsgüter dem Mitunternehmer der Gesellschaft, aus deren Betriebsvermögen das veräußerte Wirtschaftsgut ausgeschieden ist, zuzurechnen sind und soweit der begünstigte Gewinn anteilig auf diesen Mitunternehmer entfällt.[1)]

(8) [1] Wird der begünstigte Gewinn, der bei der Veräußerung eines Wirtschaftsgutes entstanden ist, bei den Anschaffungs- oder Herstellungskosten eines Wirtschaftsgutes eines anderen Betriebs des Stpfl. berücksichtigt, ist er erfolgsneutral dem Kapitalkonto der für den veräußernden Betrieb aufzustellenden Bilanz hinzuzurechnen. [2] Gleichzeitig ist ein Betrag in Höhe des begünstigten Gewinns von den Anschaffungs- oder Herstellungskosten der in dem anderen Betrieb angeschafften oder hergestellten Wirtschaftsgüter erfolgsneutral (zu Lasten des Kapitalkontos) abzusetzen. [3] Eine nach § 6b Abs. 3 oder Abs. 10 EStG gebildete Rücklage kann auf einen anderen Betrieb erst in dem Wirtschaftsjahr übertragen werden, in dem der Abzug von den Anschaffungs- oder Herstellungskosten bei Wirtschaftsgütern des anderen Betriebs vorgenommen wird.

Rücklage bei Änderung der Unternehmensform

(9) [1] Bei der Umwandlung eines Einzelunternehmens in eine Personengesellschaft kann der bisherige Einzelunternehmer eine von ihm gebildete Rücklage in einer Ergänzungsbilanz weiterführen. [2] Wird eine Personengesellschaft in ein Einzelunternehmen umgewandelt, kann der den Betrieb fortführende Gesellschafter eine Rücklage der Gesellschaft insoweit weiterführen, als sie (anteilig) auf ihn entfällt. [3] Bei der Realteilung einer Personengesellschaft unter Fortführung entsprechender Einzelunternehmen kann die Rücklage anteilig in den Einzelunternehmen fortgeführt werden.

Rücklage bei Betriebsveräußerung

(10) [1] Veräußert ein Stpfl. seinen Betrieb, zu dessen Betriebsvermögen eine Rücklage i. S. d. § 6b Abs. 3 oder Abs. 10 EStG gehört, oder bildet er eine solche Rücklage anlässlich der Betriebsveräußerung, kann er die Rücklage noch für die Zeit weiterführen, für die sie ohne Veräußerung des Betriebs zulässig gewesen wäre. [2] Wegen der Übertragungsmöglichkeit → Absatz 6 und 7. [3] Wird

---

1) Siehe auch BFH v. 9.11.2017 IV R 19/14, BStBl. II 2018, 575.

eine Rücklage, die nicht anlässlich der Betriebsveräußerung gebildet worden ist, weitergeführt, kann für den Veräußerungsgewinn der Freibetrag nach § 16 Abs. 4 EStG und eine Tarifermäßigung nach § 34 EStG nur in Anspruch genommen werden, wenn die Rücklage keine stillen Reserven enthält, die bei der Veräußerung einer wesentlichen Grundlage des Betriebs aufgedeckt worden sind. [4]Liegen die Voraussetzungen für die Weiterführung der Rücklage nicht oder nicht mehr vor, ist sie gewinnerhöhend aufzulösen. [5]Wird eine Rücklage allerdings im Rahmen einer Betriebsveräußerung aufgelöst, gehört der dabei entstehende Gewinn zum Veräußerungsgewinn. [6]Diese Grundsätze gelten bei der Veräußerung eines Mitunternehmeranteiles, bei der Auflösung einer Personengesellschaft und bei der Aufgabe eines Betriebs entsprechend.[1)]

Wechsel der Gewinnermittlungsart

(11) [1]Geht ein Stpfl. während des Zeitraums, für den eine nach § 6b Abs. 3 oder Abs. 10 EStG gebildete Rücklage fortgeführt werden kann, von der Gewinnermittlung nach § 4 Abs. 1 oder § 5 EStG zur Gewinnermittlung nach § 4 Abs. 3 EStG oder nach Durchschnittssätzen (§ 13a EStG) über, gelten für die Fortführung und die Übertragungsmöglichkeiten dieser Rücklage die Vorschriften des § 6c EStG. [2]Geht der Stpfl. von der Gewinnermittlung nach § 4 Abs. 3 EStG oder nach Durchschnittssätzen (§ 13a EStG) zur Gewinnermittlung nach § 4 Abs. 1 oder § 5 EStG über und sind im Zeitpunkt des Wechsels der Gewinnermittlungsart nach § 6c EStG begünstigte Gewinne noch nicht aufzulösen, ist in Höhe der noch nicht übertragenen Gewinne eine Rücklage in der Übergangsbilanz auszuweisen. [3]Für die weitere Behandlung dieser Rücklage gelten die Vorschriften des § 6b EStG.

Gewinne aus der Veräußerung von Anteilen an Kapitalgesellschaften

(12) [1]Für die Berechnung des Höchstbetrages nach § 6b Abs. 10 Satz 1 EStG ist der einzelne Mitunternehmer als Stpfl. anzusehen, mit der Folge, dass der Höchstbetrag von 500 000 Euro für jeden Mitunternehmer zur Anwendung kommt. [2]Dabei ist für die zeitliche Zuordnung der Gewinne bei abweichendem Wirtschaftsjahr auf den VZ abzustellen, dem die entstandenen Gewinne aus der Veräußerung nach § 4a EStG zuzuordnen sind.

(13) [1]Eine Übertragung des Gewinns auf die in dem der Veräußerung vorangegangenen Wirtschaftsjahr angeschafften oder hergestellten Wirtschaftsgüter sieht § 6b Abs. 10 Satz 1 EStG (anders als § 6b Abs. 1 Satz 1 EStG) ausdrücklich nicht vor. [2]Eine Übertragung des Gewinns ist auf die frühestens im gleichen Wirtschaftsjahr angeschafften oder hergestellten Reinvestitionsgüter möglich.

H 6b.2

Anschaffungszeitpunkt. Gehen Besitz, Nutzen und Lasten eines Wirtschaftsguts erst zum ersten Tag des folgenden Wj. über, ist das Wirtschaftsgut erst in diesem Wj. angeschafft (→ BFH vom 7.11.1991 – BStBl. 1992 II S. 398).

---

1) Zur Zuständigkeit für die Auflösung einer Rücklage nach § 6b EStG nach Ausscheiden eines Mitunternehmers siehe BFH v. 12.7.2023 X R 14/21, DStR 2023, 2217.

H 10.5

Beiträge an ausländische Sozialversicherungsträger. Zur Aufteilung der an ausländische Sozialversicherungsträger geleisteten Globalbeiträge zur Berücksichtigung der Vorsorgeaufwendungen im Rahmen des Sonderausgabenabzugs → BMF vom 19.11.2021 (BStBl. I S. 2275).[1]

Erbschaftsteuerversicherung.
- Zum Begriff der Erbschaftsteuerversicherung → BMF vom 1.10.2009 (BStBl. I S. 1172),[2] Rz. 30.
- Die Beiträge gehören zu den sonstigen Vorsorgeaufwendungen nach § 10 Abs. 1 Nr. 3a EStG (→ BMF vom 24.5.2017 – BStBl. I S. 820, Rz. 121–124).[3]

Kapitalwahlrecht. Für vor dem 1.10.1996 abgeschlossene Verträge ist Abschnitt 88 Abs. 1 Satz 4 EStR 1987 weiter anzuwenden. Abschnitt 88 Abs. 1 Satz 4 EStR 1987 lautet: „Beiträge zu Rentenversicherungen mit Kapitalwahlrecht gegen laufende Beitragsleistung können als Sonderausgaben abgezogen werden, wenn die Auszahlung des Kapitals frühestens zu einem Zeitpunkt nach Ablauf von zwölf Jahren seit Vertragsabschluss verlangt werden kann."

Keine Sonderausgaben. Die als Sonderausgaben zu berücksichtigenden Aufwendungen sind in § 10 EStG abschließend aufgezählt. Nicht benannte Aufwendungen können nicht als Sonderausgaben abgezogen werden (→ BFH vom 4.2.2010 – BStBl. II S. 617). Hierzu zählen z. B. Beiträge für eine
- Hausratversicherung,
- Kaskoversicherung,
- Rechtsschutzversicherung,
- Sachversicherung.

Krankentagegeldversicherung. Die Beiträge gehören zu den sonstigen Vorsorgeaufwendungen nach § 10 Abs. 1 Nr. 3a EStG (→ BMF vom 24.5.2017 – BStBl. I S. 820, Rz. 121–124).[3]

Lebensversicherung (Vertragsabschluss vor dem 1.1.2005).
- Allgemeines/Grundsätze
  - → BMF vom 22.8.2002 (BStBl. I S. 827) unter Berücksichtigung der Änderungen durch BMF vom 1.10.2009 (BStBl. I S. 1188).
  - → Auszug aus dem EStG 2002 in der am 31.12.2004 geltenden Fassung.
  - → Verzeichnis der ausländischen Versicherungsunternehmen, denen die Erlaubnis zum Betrieb eines nach § 10 Abs. 1 Nr. 2 EStG a. F. begünstigten Versicherungszweigs im Inland erteilt ist – Stand: 1.1.2004.[4]

---

[1] Für **VZ 2023** siehe BMF v. 22.11.2022, BStBl. I 2022, 1632, für **VZ 2024** siehe BMF v. 24.11.2023, BStBl. I 2023, 2047.

[2] Geänd. durch BMF v. 6.3.2012, BStBl. I 2012, 238 v. 11.11.2016, BStBl. I 2016, 1238, und v. 29.9.2017, BStBl. I 2017, 1314.

[3] Geänd. durch BMF v. 6.11.2017, BStBl. I 2017, 1455, v. 28.9.2021, BStBl. I 2021, 1833, v. 16.12.2021, BStBl. I 2022, 155.

[4] Siehe auch EESSI-Verzeichnis der EU-Kommission (Öffentliches Verzeichnis der europäischen Institutionen der sozialen Sicherheit).

- Beiträge zu Lebensversicherungen mit Teilleistungen auf den Erlebensfall vor Ablauf der Mindestvertragsdauer von zwölf Jahren sind auch nicht teilweise als Sonderausgaben abziehbar (→ BFH vom 27.10.1987 – BStBl. 1988 II S. 132).
- Einsatz von Lebensversicherungen zur Tilgung oder Sicherung von Darlehen → BMF vom 15.6.2000 (BStBl. I S. 1118) und vom 16.7.2012 (BStBl. I S. 686).

Loss-of-Licence-Versicherung. Beiträge zur Berufsunfähigkeitsversicherung eines Flugzeugführers sind regelmäßig Sonderausgaben, keine Werbungskosten (→ BFH vom 13.4.1976 – BStBl. II S. 599).

Pflegekrankenversicherung. Die Beiträge zu einer ergänzenden Pflegekrankenversicherung gehören zu den sonstigen Vorsorgeaufwendungen nach § 10 Abs. 1 Nr. 3a EStG (→ BMF vom 24.5.2017 – BStBl. I S. 820, Rz. 121–124).[1]

Pflegerentenversicherung. Die Beiträge gehören zu den sonstigen Vorsorgeaufwendungen nach § 10 Abs. 1 Nr. 3a EStG (→ BMF vom 24.5.2017 – BStBl. I S. 820, Rz. 121–124).[1]

Unfallversicherung.

- Zuordnung von Versicherungsbeiträgen zu Werbungskosten oder Sonderausgaben → BMF vom 28.10.2009 (BStBl. I S. 1275), Tz. 4.
- Soweit die Beiträge nicht den Werbungskosten zuzuordnen sind, liegen sonstige Vorsorgeaufwendungen nach § 10 Abs. 1 Nr. 3a EStG vor (→ BMF vom 24.5.2017 – BStBl. I S. 820, Rz. 121–124).[1]

Versorgungsbeiträge Selbständiger. Beiträge, für die eine gesetzliche Leistungspflicht besteht, stellen, auch soweit sie auf die sog. „alte Last" entfallen, regelmäßig keine Betriebsausgaben dar, wenn sie gleichzeitig der eigenen Versorgung oder der Versorgung der Angehörigen dienen (→ BFH vom 13.4.1972 – BStBl. II S. 728, 730). Sie können in diesem Fall als Sonderausgaben im Rahmen des § 10 EStG abgezogen werden.

Vertragseintritt. Wer in den Lebensversicherungsvertrag eines anderen eintritt, kann nur die nach seinem Eintritt fällig werdenden Beiträge als Sonderausgaben abziehen; der Eintritt gilt nicht als neuer Vertragsabschluss (→ BFH vom 9.5.1974 – BStBl. II S. 633).

R 10.6 Nachversteuerung von Versicherungsbeiträgen

[1]Bei einer Nachversteuerung nach § 30 EStDV wird der Steuerbescheid des Kalenderjahres, in dem die Versicherungsbeiträge für Versicherungen i. S. d. § 10 Abs. 1 Nr. 3 Buchstabe b EStG als Sonderausgaben berücksichtigt worden sind, nicht berichtigt. [2]Es ist lediglich festzustellen, welche Steuer für das jeweilige Kalenderjahr festzusetzen gewesen wäre, wenn der Stpfl. die Versicherungsbeiträge nicht geleistet hätte. [3]Der Unterschiedsbetrag zwischen

---

[1] Geänd. durch BMF v. 6.11.2017, BStBl. I 2017, 1455, v. 28.9.2021, BStBl. I 2021, 1833, v. 16.12.2021, BStBl. I 2022, 155, v. 28.12.2023, DStR 2024, 182.

Gesellschafter-Geschäftsführer von Kapitalgesellschaften. → BMF vom 22.5.2007 (BStBl. I S. 493).

Höchstbetrag nach § 10 Abs. 3 EStG. Der Höchstbetrag ist nicht zu kürzen:
- wenn der Arbeitgeber für die Zukunftssicherung des Stpfl. keine Leistungen i. S. d. Absatzes 3 erbracht hat. Werden später Beiträge für einen bestimmten Zeitraum nachentrichtet, ist dieser Vorgang ein rückwirkendes Ereignis i. S. d. § 175 Abs. 1 Satz 1 Nr. 2 AO; der Höchstbetrag ist zu kürzen (→ BFH vom 21.1.2004 – BStBl. II S. 650),
- wenn einem Gesellschafter-Geschäftsführer einer GmbH im Anstellungsvertrag ein Anspruch auf Ruhegehalt eingeräumt wird, dessen Art und Höhe erst später per Gesellschafterbeschluss bestimmt werden soll und die GmbH keine Aufwendungen zur Sicherstellung der künftigen Altersversorgung tätigt (→ BFH vom 14.6.2000 – BStBl. 2001 II S. 28),
- bei nach § 4 SGB VI auf Antrag Pflichtversicherten (→ BFH vom 19.5.1999 – BStBl. 2001 II S. 64).

Zu § 10a EStG

H 10a

Private Altersvorsorge. → *BMF vom 21.12.2017 (BStBl. 2018 I S. 93) unter Berücksichtigung der Änderungen durch BMF vom 17.2.2020 (BStBl. I S. 213) und vom 11.2.2022 (BStBl. I S. 186).*[1)·2)]

Zu § 10b EStG
(§ 50 EStDV)

R 10b.1 Ausgaben zur Förderung steuerbegünstigter Zwecke i. S. d. § 10b Abs. 1 und 1a EStG[3)·4)·5)]

Begünstigte Ausgaben

(1) [1]Mitgliedsbeiträge, sonstige Mitgliedsumlagen und Aufnahmegebühren sind nicht abziehbar, wenn die diese Beträge erhebende Einrichtung Zwecke bzw. auch Zwecke verfolgt, die in § 10b Abs. 1 Satz 8 EStG genannt sind. [2]Zuwendungen, die mit der Auflage geleistet werden, sie an eine bestimmte natürliche Person weiterzugeben, sind nicht abziehbar. [3]Zuwendungen können nur dann abgezogen werden, wenn der Zuwendende endgültig wirt-

---

1) Jetzt BMF v. 5.10.2023, BStBl. I 2023, 1726, anzuwenden ab 15.11.2023 auf alle offenen Fälle; Weitergeltung der in H 10a genannten BMF-Schreiben in bestimmten Fällen bis 31.12.2023.

2) Zur steuerlichen Förderung der betrieblichen Altersvorsorge siehe BMF v. 12.8.2021, BStBl. I 2021, 1050.

3) Zu steuerlichen Maßnahmen zur Förderung der Hilfe für von der **Corona-Krise** Betroffene siehe BMF v. 9.4.2020, BStBl. I 2020, 498, ergänzt durch BMF v. 26.5.2020, BStBl. I 2020, 543, erneut ergänzt und verlängert durch BMF v. 18.12.2020, BStBl. I 2021, 57, v. 15.12.2021, BStBl. I 2021, 2476, v. 14.12.2022, BStBl. I 2021, 2500 und v. 15.12.2021, BStBl. I 2021, 2476.

4) Zu steuerlichen Maßnahmen zur Berücksichtigung der Schäden im Zusammenhang mit den **Unwetterereignissen im Juli 2021** siehe FM Rh-Pf v. 22.12.2021 – S 1915#2018/0001-0401 447; FM NRW v. 16.7.2021, DStR 2021, 1762; BayFM v. 26.7.2021 – 37 – S 1915-14; FM Sachsen v. 27.7.2021 – 31 – S 1915/1/303 – 2021/51320; FM Hessen v. 27.7.2021 – S 1915 A – 026 – II 1a7.

5) Zu steuerlichen Maßnahmen zur Unterstützung der vom Krieg in der **Ukraine** Geschädigten siehe BMF v. 17.3.2022, BStBl. I 2022, 330 und v. 17.11.2022, BStBl. I 2022, 1516.

schaftlich belastet ist. [4]Bei Sachzuwendungen aus einem Betriebsvermögen darf zuzüglich zu dem Entnahmewert i. S. d. § 6 Abs. 1 Nr. 4 EStG auch die bei der Entnahme angefallene Umsatzsteuer abgezogen werden.

Durchlaufspenden

(2) [1]Das Durchlaufspendenverfahren ist keine Voraussetzung für die steuerliche Begünstigung von Zuwendungen. [2]Inländische juristische Personen des öffentlichen Rechts, die Gebietskörperschaften sind, und ihre Dienststellen sowie inländische kirchliche juristische Personen des öffentlichen Rechts können jedoch ihnen zugewendete Spenden – nicht aber Mitgliedsbeiträge, sonstige Mitgliedsumlagen und Aufnahmegebühren – an Zuwendungsempfänger i. S. d. § 10b Abs. 1 Satz 2 EStG weiterleiten. [3]Die Durchlaufstelle muss die tatsächliche Verfügungsmacht über die Spendenmittel erhalten. [4]Dies geschieht in der Regel (anders insbesondere bei Sachspenden) durch Buchung auf deren Konto. [5]Die Durchlaufstelle muss die Vereinnahmung der Spenden und ihre Verwendung (Weiterleitung) getrennt und unter Beachtung der haushaltsrechtlichen Vorschriften nachweisen. [6]Vor der Weiterleitung der Spenden an eine nach § 5 Abs. 1 Nr. 9 KStG steuerbefreite Körperschaft, Personenvereinigung oder Vermögensmasse muss sie prüfen, ob die Zuwendungsempfängerin wegen Verfolgung gemeinnütziger, mildtätiger oder kirchlicher Zwecke i. S. d. § 5 Abs. 1 Nr. 9 KStG anerkannt oder vorläufig anerkannt worden ist und ob die Verwendung der Spenden für diese Zwecke sichergestellt ist. [7]Die Zuwendungsbestätigung darf nur von der Durchlaufstelle ausgestellt werden.

Nachweis der Zuwendungen

(3) [1]Zuwendungen nach den §§ 10b und 34g EStG sind grundsätzlich durch eine vom Empfänger nach amtlich vorgeschriebenem Vordruck erstellte Zuwendungsbestätigung nachzuweisen. [2]Die Zuwendungsbestätigung kann auch von einer durch Auftrag zur Entgegennahme von Zahlungen berechtigten Person unterschrieben werden.

Maschinell erstellte Zuwendungsbestätigung

(4) [1]Als Nachweis reicht eine maschinell erstellte Zuwendungsbestätigung ohne eigenhändige Unterschrift einer zeichnungsberechtigten Person aus, wenn der Zuwendungsempfänger die Nutzung eines entsprechenden Verfahrens dem zuständigen Finanzamt angezeigt hat. [2]Mit der Anzeige ist zu bestätigen, dass folgende Voraussetzungen erfüllt sind und eingehalten werden:

1. die Zuwendungsbestätigungen entsprechen dem amtlich vorgeschriebenen Vordruck,
2. die Zuwendungsbestätigungen enthalten die Angabe über die Anzeige an das Finanzamt,
3. eine rechtsverbindliche Unterschrift wird beim Druckvorgang als Faksimile eingeblendet oder es wird beim Druckvorgang eine solche Unterschrift in eingescannter Form verwendet,
4. das Verfahren ist gegen unbefugten Eingriff gesichert,
5. das Buchen der Zahlungen in der Finanzbuchhaltung und das Erstellen der Zuwendungsbestätigungen sind miteinander verbunden und die Summen können abgestimmt werden, und

6. Aufbau und Ablauf des bei der Zuwendungsbestätigung angewandten maschinellen Verfahrens sind für die Finanzbehörden innerhalb angemessener Zeit prüfbar (analog § 145 AO); dies setzt eine Dokumentation voraus, die den Anforderungen der Grundsätze ordnungsmäßiger DV-gestützter Buchführungssysteme genügt.[1)]

[3]Die Regelung gilt nicht für Sach- und Aufwandsspenden.

Prüfungen

(5) [1]Ist der Empfänger einer Zuwendung eine inländische juristische Person des öffentlichen Rechts, eine inländische öffentliche Dienststelle oder ein inländischer amtlich anerkannter Verband der freien Wohlfahrtspflege einschließlich seiner Mitgliedsorganisationen, kann im Allgemeinen davon ausgegangen werden, dass die Zuwendungen für steuerbegünstigte Zwecke verwendet werden. [2]Das gilt auch dann, wenn der Verwendungszweck im Ausland verwirklicht wird.

H 10b.1

Anwendungsschreiben. → BMF vom 18.12.2008 (BStBl. 2009 I S. 16) und BMF vom 15.9.2014 (BStBl. I S. 1278).

Auflagen. Zahlungen an eine steuerbegünstigte Körperschaft zur Erfüllung einer Auflage nach § 153a StPO oder § 56b StGB sind nicht als Spende abziehbar (→ BFH vom 19.12.1990 – BStBl. 1991 II S. 234).

Aufwandsspenden. → BMF vom 25.11.2014 (BStBl. I S. 1584) unter Berücksichtigung der Änderungen durch BMF vom 24.8.2016 (BStBl. I S. 994).

Beitrittsspende. Eine anlässlich der Aufnahme in einen Golfclub geleistete Zahlung ist keine Zuwendung i. S. d. § 10b Abs. 1 EStG, wenn derartige Zahlungen von den Neueintretenden anlässlich ihrer Aufnahme erwartet und zumeist auch gezahlt werden (sog. Beitrittsspende). Die geleistete Zahlung ist als → Gegenleistung des Neumitglieds für den Erwerb der Mitgliedschaft und die Nutzungsmöglichkeit der Golfanlagen anzusehen (→ BFH vom 2.8.2006 – BStBl. 2007 II S. 8).

Crowdfunding. Spendenrechtliche Beurteilung von „Crowdfunding" → BMF vom 15.12.2017 (BStBl. 2018 I S. 246).

Durchlaufspendenverfahren.

- → BMF vom 7.11.2013 (BStBl. I S. 1333), ergänzt durch BMF vom 26.3.2014 (BStBl. I S. 791).[2)]
- Eine Durchlaufspende ist nur dann abziehbar, wenn der Letztempfänger für denjenigen VZ, für den die Spende steuerlich berücksichtigt werden soll, wegen des begünstigten Zwecks von der Körperschaftsteuer befreit ist (→ BFH vom 5.4.2006 – BStBl. 2007 II S. 450).

[1)] Siehe BMF v. 28.11.2019, BStBl. I 2019, 1269, betr. Neufassung der GoBD, grds. anzuwenden auf nach dem 31.12.2019 beginnende Besteuerungszeiträume, die Anwendung auf vor dem 1.1.2020 endende Besteuerungszeiträume wird nicht beanstandet.

[2)] Nr. **1** Anl. 4.

– Für den Abzug von Sachspenden im Rahmen des Durchlaufspendenverfahrens ist erforderlich, dass der Durchlaufstelle das Eigentum an der Sache verschafft wird. Bei Eigentumserwerb durch Einigung und Übergabeersatz (§§ 930, 931 BGB) ist die körperliche Übergabe der Sache an die Durchlaufstelle nicht erforderlich; es sind aber eindeutige Gestaltungsformen zu wählen, die die tatsächliche Verfügungsfreiheit der Durchlaufstelle über die Sache sicherstellen und eine Überprüfung des Ersterwerbs der Durchlaufstelle und des Zweiterwerbs der begünstigten gemeinnützigen Körperschaft ermöglichen.

Elternleistungen an gemeinnützige Schulvereine (Schulen in freier Trägerschaft) und entsprechende Fördervereine.
– Als steuerlich begünstigte Zuwendungen kommen nur freiwillige Leistungen der Eltern in Betracht, die über den festgesetzten Elternbeitrag hinausgehen (→ BMF vom 4.1.1991 – BStBl. 1992 I S. 266). Setzt ein Schulträger das Schulgeld so niedrig an, dass der normale Betrieb der Schule nur durch die Leistungen der Eltern an einen Förderverein aufrechterhalten werden kann, die dieser satzungsgemäß an den Schulträger abzuführen hat, handelt es sich bei diesen Leistungen um ein Entgelt, welches im Rahmen eines Leistungsaustausches erbracht wird und nicht um steuerlich begünstigte Zuwendungen (→ BFH vom 12.8.1999 – BStBl. 2000 II S. 65).
– → § 10 Abs. 1 Nr. 9 EStG.

Gebrauchte Kleidung als Sachspende (Abziehbarkeit und Wertermittlung). Bei gebrauchter Kleidung stellt sich die Frage, ob sie überhaupt noch einen gemeinen Wert (Marktwert) hat. Wird ein solcher geltend gemacht, sind die für eine Schätzung maßgeblichen Faktoren wie Neupreis, Zeitraum zwischen Anschaffung und Weggabe und der tatsächliche Erhaltungszustand durch den Stpfl. nachzuweisen (→ BFH vom 23.5.1989 – BStBl. II S. 879).

Gegenleistung.[1]
– Ein Zuwendungsabzug ist ausgeschlossen, wenn die Ausgaben zur Erlangung einer Gegenleistung des Empfängers erbracht werden. Eine Aufteilung der Zuwendung in ein angemessenes Entgelt und eine den Nutzen übersteigende unentgeltliche Leistung scheidet bei einer einheitlichen Leistung aus. Auch im Fall einer Teilentgeltlichkeit fehlt der Zuwendung insgesamt die geforderte Uneigennützigkeit (→ BFH vom 2.8.2006 – BStBl. 2007 II S. 8).
– → Beitrittsspende.

Rückwirkendes Ereignis. Die Erteilung der Zuwendungsbestätigung nach § 50 EStDV ist kein rückwirkendes Ereignis i. S. d. § 175 Abs. 1 Satz 1 Nr. 2 AO (→ § 175 Abs. 2 Satz 2 AO).

Sachspenden. Zur Zuwendungsbestätigung → BMF vom 7.11.2013 (BStBl. I S. 1333) ergänzt durch BMF vom 26.3.2014 (BStBl. I S. 791).[2]

---

[1] Zum Spendenabzug bei gegenläufiger Darlehensgewährung siehe BFH v. 12.7.2023 X R 4/22, BStBl. II 2023, 1037.
[2] Nr. **1** Anl. 4.

Fälligkeit im Jahr der wirtschaftlichen Zugehörigkeit kommt es nicht an (→ BFH vom 23.9.1999 – BStBl. 2000 II S. 121).

- Für den **Abfluss von Ausgaben** gelten diese Grundsätze entsprechend.
- Bei einer nach § 108 Abs. 3 AO hinausgeschobenen Fälligkeit ist eine regelmäßig wiederkehrende Steuerzahlung nur dann im Jahr ihrer wirtschaftlichen Zugehörigkeit abziehbar, wenn sie innerhalb des Zehn-Tages-Zeitraums geleistet wurde (→ BFH vom 11.11.2014 – BStBl. 2015 II S. 285 und vom 27.6.2018 – BStBl. II S. 781).

Arbeitslohn. → § 38a Abs. 1 Satz 2 und 3 EStG, R 38.2 LStR 2015.[1]

Arzthonorar.

- Die Honorare fließen dem Arzt grundsätzlich erst mit Überweisung seines Anteils durch die kassenärztliche Vereinigung zu (→ BFH vom 20.2.1964 – BStBl. III S. 329).
- Die Einnahmen von der **kassenärztlichen Vereinigung** stellen regelmäßig wiederkehrende Einnahmen dar (→ BFH vom 6.7.1995 – BStBl. 1996 II S. 266).

Aufrechnung. Die Aufrechnung mit einer fälligen Gegenforderung stellt eine Leistung i. S. d. § 11 Abs. 2 EStG dar (→ BFH vom 19.4.1977 – BStBl. II S. 601).

Damnum.

- Bei **vereinbarungsgemäßer** Einbehaltung eines Damnums bei Auszahlung eines Tilgungsdarlehens ist im Zeitpunkt der Kapitalauszahlung ein Abfluss anzunehmen (→ BFH vom 10.3.1970 – BStBl. II S. 453). Bei ratenweiser Auszahlung des Darlehens kommt eine entsprechende Aufteilung des Damnums nur in Betracht, wenn keine Vereinbarung der Vertragsparteien über den Abflusszeitpunkt des Damnums vorliegt (→ BFH vom 26.6.1975 – BStBl. II S. 880).
- Soweit für ein Damnum ein **Tilgungsstreckungsdarlehen** aufgenommen wird, fließt das Damnum mit den Tilgungsraten des Tilgungsstreckungsdarlehens ab (→ BFH vom 26.11.1974 – BStBl. 1975 II S. 330).
- Ein Damnum, das ein Darlehensschuldner vor Auszahlung eines aufgenommenen Darlehens zahlt, ist im VZ seiner Leistung als Werbungskosten abziehbar, es sei denn, dass die Vorauszahlung des Damnums von keinen sinnvollen wirtschaftlichen Erwägungen getragen wird (→ BFH vom 3.2.1987 – BStBl. II S. 492). Ist ein Damnum nicht mehr als drei Monate vor Auszahlung der Darlehensvaluta oder einer ins Gewicht fallenden Teilauszahlung des Darlehens (mindestens 30% der Darlehensvaluta einschließlich Damnum) geleistet worden, kann davon ausgegangen werden, dass ein wirtschaftlich vernünftiger Grund besteht (→ BMF vom 20.10.2003 – BStBl. I S. 546, RdNr. 15).
- Damnum-/Disagiovereinbarungen mit Geschäftsbanken sind regelmäßig als marktüblich anzusehen. Diese Vermutung kann durch besondere Umstände wie beispielsweise Kreditunwürdigkeit des Darlehensnehmers, atypische Vertragsgestaltungen oder persönliche Beziehungen der Beteiligten zueinander widerlegt werden (→ BFH vom 8.3.2016 – BStBl. II S. 646).

---

[1] Nr. **20**.

Entschädigung für Flutungsrecht. Entschädigungen für die Eintragung einer beschränkt persönlichen Dienstbarkeit, die das Recht dinglich absichert, dass ein zum Betriebsvermögen des Eigentümers gehörendes Grundstück als Überflutungsfläche zur Hochwasserrückhaltung genutzt werden darf, sind im Zuflusszeitpunkt als Betriebseinnahmen zu erfassen; es handelt sich nicht um eine Einnahme aus einer Nutzungsüberlassung i.S.d. § 11 Abs. 2 Satz 3 EStG (→ BFH vom 21.11.2018 – BStBl. 2019 II S. 311).

Forderungsübergang. Zufluss beim Stpfl., wenn der Betrag beim neuen Gläubiger eingeht (→ BFH vom 16.3.1993 – BStBl. II S. 507).

Gesamtgläubiger. Stehen mehreren Stpfl. als Gesamtgläubigern Einnahmen zu und vereinbaren sie mit dem Schuldner, dass dieser nur an einen bestimmten Gesamtgläubiger leisten soll, so tritt bei jedem der Gesamtgläubiger anteilsmäßig ein Zufluss in dem Zeitpunkt ein, in dem die Einnahmen bei dem bestimmten Gesamtgläubiger eingehen (→ BFH vom 10.12.1985 – BStBl. 1986 II S. 342).

Gewinnausschüttung. → H 20.2 (Zuflusszeitpunkt bei Gewinnausschüttungen).

Gutschrift.[1] Zufluss beim Stpfl. im Zeitpunkt der Gutschrift in den Büchern des Verpflichteten (Schuldners), wenn eine eindeutige und unbestrittene Leistungsverpflichtung des Schuldners besteht (diesem also insbesondere kein Leistungsverweigerungsrecht zusteht oder er sich erkennbar auf zivilrechtliche Einwendungen und Einreden gegen die Forderung des Stpfl. nicht berufen will) und der Schuldner in diesem Zeitpunkt zur Zahlung des Betrages in der Lage gewesen wäre, also nicht zahlungsunfähig war (→ BFH vom 10.7.2001 – BStBl. II S. 646 und vom 30.10.2001 – BStBl. 2002 II S. 138).

Leasing-Sonderzahlung. Verwendet ein Arbeitnehmer einen geleasten Pkw für berufliche Zwecke und macht er dafür die tatsächlichen Kosten geltend, gehört eine bei Leasingbeginn zu erbringende Sonderzahlung in Höhe der anteiligen beruflichen Nutzung des Pkw zu den sofort abziehbaren Werbungskosten; es handelt sich bei ihr nicht um Anschaffungskosten des obligatorischen Nutzungsrechts an dem Pkw, die nur in Form von Absetzungen für Abnutzung als Werbungskosten berücksichtigt werden könnten (→ BFH vom 5.5.1994 – BStBl. II S. 643).

Novation. Vereinbaren Gläubiger und Schuldner, dass der Geldbetrag fortan aus einem anderen Rechtsgrund geschuldet wird (Novation), kann ein Zufluss und gleichzeitiger Wiederabfluss des Geldbetrages beim Gläubiger vorliegen (→ BFH vom 10.7.2001 – BStBl. II S. 646 und vom 30.10.2001 – BStBl. 2002 II S. 138).

Nutzungsrechte. Räumt der Arbeitgeber dem Arbeitnehmer im Hinblick auf das Dienstverhältnis unentgeltlich ein Nutzungsrecht an einer Wohnung ein, fließt dem Arbeitnehmer der geldwerte Vorteil nicht im Zeitpunkt der Bestellung des Nutzungsrechts in Höhe des kapitalisierten Wertes, sondern

---

[1] Kein Zufluss von Bonuszinsen aus einem Bausparvertrag bei nur buchmäßigem Ausweis der Zinsen auf einem Bonuskonto, siehe BFH v. 15.11.2022 VIII R 18/20, BStBl. II 2023, 961.

Kapitalerhöhung. Erwirbt ein Anteilseigner, nachdem der Umfang seiner Beteiligung auf unter 1% gesunken ist, bei einer Kapitalerhöhung weitere Geschäftsanteile hinzu, ohne dass sich der %-Satz seiner Beteiligung ändert, dann ist auch der auf diese Anteile entfallende Veräußerungsgewinn gem. § 17 EStG zu erfassen (→ BFH vom 10.11.1992 – BStBl. 1994 II S. 222).

Rückkaufsrecht. Die Vereinbarung eines Rückkaufsrechts steht der Annahme eines Veräußerungsgeschäfts nicht entgegen. Zum Veräußerungspreis gehört auch der wirtschaftliche Vorteil eines Rückkaufsrechts mit wertmäßig beschränktem Abfindungsanspruch (→ BFH vom 7.3.1995 – BStBl. II S. 693).

Stichtagsbewertung. Der Veräußerungsgewinn i. S. d. § 17 Abs. 2 EStG entsteht im Zeitpunkt der Veräußerung. Bei der Ermittlung des Veräußerungsgewinns ist für alle beeinflussenden Faktoren eine Stichtagsbewertung i. d. R. auf den Zeitpunkt der Veräußerung vorzunehmen. Das Zuflussprinzip des § 11 EStG gilt insoweit nicht. Für die Bewertung kommt es aber auf die Verhältnisse im Zeitpunkt der Erfüllung der Gegenleistungspflicht an, wenn diese von den Verhältnissen im Zeitpunkt der Entstehung des Veräußerungsgewinns abweichen. Eine Veränderung der wertbestimmenden Umstände wirkt materiell-rechtlich auf den Zeitpunkt der Entste-hung des Veräußerungsgewinns zurück (→ BFH vom 13.10.2015 – BStBl. 2016 II S. 212).

Veräußerung gegen wiederkehrende Leistungen.

– → BMF vom 3.8.2004 (BStBl. I S. 1187), aber bei Wahl der Zuflussbesteuerung richtet sich die Besteuerung nach dem im Zeitpunkt des Zuflusses geltenden Recht. § 3 Nr. 40 Satz 1 Buchst. c Satz 1 EStG ist bei einer Veräußerung gegen wiederkehrende Leistung und Wahl der Zuflussbesteuerung auch dann anwendbar, wenn die Veräußerung vor Einführung des § 3 Nr. 40 EStG stattgefunden hat und diese Vorschrift im Zeitpunkt des Zuflusses für laufende Ausschüttungen aus der Gesellschaft anwendbar gewesen wäre (→ BFH vom 18.11.2014 – BStBl. 2015 II S. 526).
– Eine wahlweise Zuflussbesteuerung des Veräußerungsgewinns kommt nur in Betracht, wenn die wiederkehrenden Leistungen Versorgungscharakter haben. Fehlt es daran, entsteht der Gewinn im Zeitpunkt der Veräußerung (→ BFH vom 20.7.2010 – BStBl. II S. 969).
– → H 17 (4) Entstehung des Veräußerungsgewinns.

Veräußerungspreis.

– Bei rechtlich, wirtschaftlich und zeitlich verbundenen Erwerben von Aktienpaketen durch denselben Erwerber zu unterschiedlichen Entgelten muss der Veräußerungspreis für das einzelne Paket für steuerliche Zwecke abweichend von der zivilrechtlichen Vereinbarung aufgeteilt werden, wenn sich keine kaufmännisch nachvollziehbaren Gründe für die unterschiedliche Preisgestaltung erkennen lassen (→ BFH vom 4.7.2007 – BStBl. II S. 937).
– Verkauft eine Kapitalgesellschaft an einen ausscheidenden Gesellschafter im unmittelbaren wirtschaftlichen Zusammenhang mit der Anteilsveräußerung auf Veranlassung des Anteilserwerbers ein Grundstück zu einem

unter dem Verkehrswert liegenden Preis, gehört der sich daraus für den Anteilsveräußerer ergebende geldwerte Vorteil zum Veräußerungspreis für den Anteil (→ BFH vom 27.8.2014 – BStBl. 2015 II S. 249).

Veräußerungsverlust.[1)]

- War der Stpfl. nicht während der gesamten letzten fünf Jahre i. S. d. § 17 Abs. 1 Satz 1 EStG beteiligt, ist ein Veräußerungsverlust nach § 17 Abs. 2 Satz 6 Buchst. b EStG nur insoweit anteilig zu berücksichtigen, als er auf die im Fünfjahreszeitraum erworbenen Anteile entfällt, deren Erwerb zu einer Beteiligung i. S. d. § 17 Abs. 1 Satz 1 EStG geführt hat (→ BFH vom 20.4.2004 – BStBl. II S. 556).
- Ein Auflösungsverlust i. S. d. § 17 Abs. 2 Satz 6 und Abs. 4 EStG ist auch zu berücksichtigen, wenn der Stpfl. eine Beteiligung i. S. d. § 17 Abs. 1 Satz 1 EStG an einer Kapitalgesellschaft erwirbt und die Beteiligung innerhalb der letzten fünf Jahre vor der Auflösung der Gesellschaft unter die Beteiligungsgrenze des § 17 Abs. 1 Satz 1 EStG abgesenkt wird (→ BFH vom 1.4.2009 – BStBl. II S. 810).
- Die verlustbringende Veräußerung eines Anteils an einer Kapitalgesellschaft an einen Mitanteilseigner ist nicht deshalb rechtsmissbräuchlich i. S. d. § 42 AO, weil der Veräußerer in engem zeitlichen Zusammenhang von einem anderen Anteilseigner dessen in gleicher Höhe bestehenden Anteil an derselben Kapitalgesellschaft erwirbt (→ BFH vom 7.12.2010 – BStBl. 2011 II S. 427).[2)]

Wettbewerbsverbot. Wird im Zusammenhang mit der Veräußerung einer Beteiligung i. S. d. § 17 Abs. 1 Satz 1 EStG an einer Kapitalgesellschaft ein Wettbewerbsverbot mit eigener wirtschaftlicher Bedeutung vereinbart, gehört die Entschädigung für das Wettbewerbsverbot nicht zu dem Veräußerungspreis i. S. d. § 17 Abs. 2 Satz 1 EStG (→ BFH vom 21.9.1982 – BStBl. 1983 II S. 289).

R 17 (8)

Einlage einer wertgeminderten Beteiligung *(unbesetzt)*

H 17 (8)

Einlage einer wertgeminderten Beteiligung/wertgeminderten Forderung.

- Bei Einbringung einer wertgeminderten Beteiligung i. S. d. § 17 Abs. 1 Satz 1 EStG aus dem Privatvermögen in das betriebliche Gesamthandsvermögen einer Personengesellschaft gegen Gewährung von Gesellschaftsrechten entsteht ein Veräußerungsverlust, der im Zeitpunkt der Einbringung nach Maßgabe des § 17 Abs. 2 Satz 6 EStG zu berücksichtigen ist (→ BMF vom 29.3.2000 – BStBl. I S. 462).[3)]

---

1) Zur Gewinnerzielungsabsicht bei den Einkünften nach § 17 EStG und Gestaltungsmissbrauch bei gezielter Herbeiführung von Veräußerungsverlusten siehe BFH v. 3.5.2023 IX R 12/22, BStBl. II 2023, 964.

2) Siehe aber BFH v. 20.9.2022 IX R 18/21, BStBl. II 2023, 315.

3) Siehe auch BMF v. 11.7.2011, BStBl. I 2011, 713, und v. 26.7.2016, BStBl. I 2016, 684.

- Eine Beteiligung i. S. d. § 17 EStG, deren Wert im Zeitpunkt der Einlage in das Einzelbetriebsvermögen unter die Anschaffungskosten gesunken ist, ist mit den Anschaffungskosten einzulegen. Wegen dieses Wertverlusts kann eine Teilwertabschreibung nicht beansprucht werden. Die Wertminderung ist erst in dem Zeitpunkt steuermindernd zu berücksichtigen, in dem die Beteiligung veräußert wird oder gem. § 17 Abs. 4 EStG als veräußert gilt, sofern ein hierbei realisierter Veräußerungsverlust nach § 17 Abs. 2 EStG zu berücksichtigen wäre (→ BFH vom 2.9.2008 – BStBl. 2010 II S. 162 und vom 29.11.2017 – BStBl. 2018 II S. 426).
- Zur Einlage wertgeminderter Forderungen aus Gesellschafterdarlehen, die vor dem 1.1.2009 begründet wurden, im Zusammenhang mit der Einlage einer Beteiligung i. S. d. § 17 EStG → BFH vom 29.11.2017 (BStBl. 2018 II S. 426).

R 17 (9)

Freibetrag

(9) Für die Berechnung des Freibetrags ist der nach § 3 Nr. 40 Satz 1 Buchstabe c i. V. m. § 3c Abs. 2 EStG steuerfrei bleibende Teil des Veräußerungsgewinns nicht zu berücksichtigen.

Zu § 18 EStG

R 18.1 Abgrenzung der selbständigen Arbeit gegenüber anderen Einkunftsarten

Ärzte

(1) Die Vergütungen der Betriebsärzte, der Knappschaftsärzte, der nicht voll beschäftigten Hilfsärzte bei den Gesundheitsämtern, der Vertragsärzte und der Vertragstierärzte der Bundeswehr und anderer Vertragsärzte in ähnlichen Fällen gehören zu den Einkünften aus selbständiger Arbeit, unabhängig davon, ob neben der vertraglichen Tätigkeit eine eigene Praxis ausgeübt wird, es sei denn, dass besondere Umstände vorliegen, die für die Annahme einer nichtselbständigen Tätigkeit sprechen.

Erfinder

(2) [1]Planmäßige Erfindertätigkeit ist in der Regel freie Berufstätigkeit i. S. d. § 18 Abs. 1 Nr. 1 EStG, soweit die Erfindertätigkeit nicht im Rahmen eines Betriebs der Land- und Forstwirtschaft oder eines Gewerbebetriebs ausgeübt wird. [2]Wird die Erfindertätigkeit im Rahmen eines Arbeitsverhältnisses ausgeübt, dann ist der Arbeitnehmer als freier Erfinder zu behandeln, soweit er die Erfindung außerhalb seines Arbeitsverhältnisses verwertet. [3]Eine Verwertung außerhalb des Arbeitsverhältnisses ist auch anzunehmen, wenn ein Arbeitnehmer eine frei gewordene Diensterfindung seinem Arbeitgeber zur Auswertung überlässt, sofern der Verzicht des Arbeitgebers nicht als Verstoß gegen § 42 AO anzusehen ist.

H **18.1**

Allgemeines.
– → R 15.1 (Selbständigkeit).
– → H 15.6.
– → H 19.0 LStH.[1]
– → R 19.2 LStR 2015.[1]

Beispiele für selbständige Nebentätigkeit.
– Beamter als Vortragender an einer Hochschule, Volkshochschule, Verwaltungsakademie oder bei Vortragsreihen ohne festen Lehrplan,
– Rechtsanwalt als Honorarprofessor ohne Lehrauftrag.

Die Einkünfte aus einer solchen Tätigkeit gehören i. d. R. zu den Einkünften aus selbständiger Arbeit i. S. d. § 18 Abs. 1 Nr. 1 EStG (→ BFH vom 4.10.1984 – BStBl. 1985 II S. 51).

Gewinnerzielungsabsicht. Verluste über einen längeren Zeitraum sind für sich allein noch kein ausreichendes Beweisanzeichen für fehlende Gewinnerzielungsabsicht (→ BFH vom 14.3.1985 – BStBl. II S. 424).

Kindertagespflege. Zur ertragsteuerlichen Behandlung der Kindertagespflege → *BMF vom 11.11.2016 (BStBl. I S. 1236).*[2]

Lehrtätigkeit. Die nebenberufliche Lehrtätigkeit von Handwerksmeistern an Berufs- und Meisterschulen ist i. d. R. als Ausübung eines freien Berufs anzusehen, wenn sich die Lehrtätigkeit ohne besondere Schwierigkeit von der Haupttätigkeit trennen lässt (→ BFH vom 27.1.1955 – BStBl. III S. 229).

Nachhaltige Erfindertätigkeit.
– Keine Zufallserfindung, sondern eine planmäßige (nachhaltige) Erfindertätigkeit liegt vor, wenn es nach einem spontan geborenen Gedanken weiterer Tätigkeiten bedarf, um die Erfindung bis zur Verwertungsreife zu entwickeln (→ BFH vom 18.6.1998 – BStBl. II S. 567).
– Liegt eine Zufallserfindung vor, führt allein die Anmeldung der Erfindung zum Patent noch nicht zu einer nachhaltigen Tätigkeit (→ BFH vom 10.9.2003 – BStBl. 2004 II S. 218).

Patentveräußerung gegen Leibrente
– **durch Erben des Erfinders:**
Veräußert der Erbe die vom Erblasser als freiberuflichem Erfinder entwickelten Patente gegen Leibrente, so ist die Rente, sobald sie den Buchwert der Patente übersteigt, als laufende Betriebseinnahme und nicht als private Veräußerungsrente nur mit dem Ertragsanteil zu versteuern, es sei denn, dass die Patente durch eindeutige Entnahme vor der Veräußerung in das Privatvermögen überführt worden waren (→ BFH vom 7.10.1965 – BStBl. III S. 666);
– **bei anschließender Wohnsitzverlegung ins Ausland:**
Laufende Rentenzahlungen können als nachträglich erzielte Einkünfte aus selbständiger Arbeit im Inland steuerpflichtig sein (→ BFH vom 28.3.1984 – BStBl. II S. 664).

[1] Nr. **20**.
[2] Ab VZ 2023 BMF v. 6.4.2023, BStBl. I 2023, 669.

Prüfungstätigkeit als Nebentätigkeit ist i. d. R. als Ausübung eines freien Berufs anzusehen (→ BFH vom 14.3.1958 – BStBl. III S. 255 und vom 2.4.1958 – BStBl. III S. 293).

Wiederholungshonorare/Erlösbeteiligungen. Bei Wiederholungshonoraren und Erlösbeteiligungen, die an ausübende Künstler von Hörfunk- oder Fernsehproduktionen als Nutzungsentgelte für die Übertragung originärer urheberrechtlicher Verwertungsrechte gezahlt werden, handelt es sich nicht um Arbeitslohn, sondern um Einkünfte i. S. d. § 18 EStG (→ BFH vom 26.7.2006 – BStBl. II S. 917).

R **18.2** Betriebsvermögen *(unbesetzt)*

H **18.2**

Aktienoption eines Aufsichtsratsmitglieds. Nimmt ein Aufsichtsrat einer nicht börsennotierten Aktiengesellschaft an einer Maßnahme zum Bezug neuer Aktien teil, die nur Mitarbeitern und Aufsichtsratsmitgliedern der Gesellschaft eröffnet ist, und hat er die Option, die von ihm gezeichneten Aktien innerhalb einer bestimmten Frist zum Ausgabekurs an die Gesellschaft zurückzugeben, erzielt er Einkünfte aus selbständiger Arbeit, wenn er die unter dem Ausgabepreis notierenden Aktien innerhalb der vereinbarten Frist zum Ausgabepreis an die Gesellschaft zurückgibt. Die Höhe der Einkünfte bemisst sich nach der Differenz zwischen Ausgabepreis und dem tatsächlichen Wert der Aktien im Zeitpunkt der Ausübung der Option. Der Zufluss erfolgt im Zeitpunkt der Ausübung der Option (→ BFH vom 9.4.2013 – BStBl. II S. 689).

Aufzeichnungspflicht. Eine Aufzeichnungspflicht von Angehörigen der freien Berufe kann sich z. B. ergeben aus:
- § 4 Abs. 3 Satz 5 EStG,
- § 6c EStG bei Gewinnen aus der Veräußerung bestimmter Anlagegüter,
- § 7a Abs. 8 EStG bei erhöhten Absetzungen und Sonderabschreibungen,
- § 41 EStG, Aufzeichnungspflichten beim Lohnsteuerabzug,
- § 22 UStG.

Betriebsausgabenpauschale.
- Betriebsausgabenpauschale bei hauptberuflicher selbständiger schriftstellerischer oder journalistischer Tätigkeit, aus wissenschaftlicher, künstlerischer und schriftstellerischer Nebentätigkeit sowie aus nebenamtlicher Lehr- und Prüfungstätigkeit:
  Es ist nicht zu beanstanden, wenn bei der Ermittlung der vorbezeichneten Einkünfte die Betriebsausgaben wie folgt pauschaliert werden:
  a)[1] bei hauptberuflicher selbständiger schriftstellerischer oder journalistischer Tätigkeit auf 30% der Betriebseinnahmen aus dieser Tätigkeit, höchstens jedoch *2455* € jährlich,
  b)[1] bei wissenschaftlicher, künstlerischer oder schriftstellerischer Nebentätigkeit (auch Vortrags- oder nebenberufliche Lehr- und Prüfungstätigkeit), soweit es sich nicht um eine Tätigkeit i. S. d. § 3 Nr. 26 EStG handelt, auf 25% der Betriebseinnahmen aus dieser Tätigkeit, höchs-

[1] Zur Abgrenzung hauptberuflich/nebenberuflich siehe BFH v. 4.7.2023 VIII R 29/20, BStBl. II 2023, 1005, und R 3.26 Abs. 2 LStR 2023. – **Ab VZ 2023** höchstens 3000 € jährlich (BMF v. 6.4.2023, BStBl. I 2023, 671).

tens jedoch *614 €* jährlich. Der Höchstbetrag von *614 €* kann für alle Nebentätigkeiten, die unter die Vereinfachungsregelung fallen, nur einmal gewährt werden.

Es bleibt den Stpfl. unbenommen, etwaige höhere Betriebsausgaben nachzuweisen (→ BMF vom 21.1.1994 – BStBl. I S. 112).[1)]

– Zur Höhe und Aufteilung der Betriebsausgabenpauschale bei Geldleistungen an Kindertagespflegepersonen → BMF vom 11.11.2016 (BStBl. I S. 1236).[2)]

Betriebsvermögen.

– Ein Wirtschaftsgut kann nur dann zum freiberuflichen Betriebsvermögen gehören, wenn zwischen dem Betrieb oder Beruf und dem Wirtschaftsgut eine objektive Beziehung besteht; das Wirtschaftsgut muss bestimmt und geeignet sein, dem Betrieb zu dienen bzw. ihn zu fördern. Wirtschaftsgüter, die der freiberuflichen Tätigkeit wesensfremd sind und bei denen eine sachliche Beziehung zum Betrieb fehlt, sind kein Betriebsvermögen (→ BFH vom 14.11.1985 – BStBl. 1986 II S. 182).
– → Geldgeschäfte.
– → Gewillkürtes Betriebsvermögen.

Buchführung. Werden freiwillig Bücher geführt und regelmäßig Abschlüsse gemacht, ist der Gewinn nach § 4 Abs. 1 EStG zu ermitteln. Ein nicht buchführungspflichtiger Stpfl., der nur Aufzeichnungen über Einnahmen und Ausgaben fertigt, kann nicht verlangen, dass sein Gewinn nach § 4 Abs. 1 EStG ermittelt wird (→ BFH vom 2.3.1978 – BStBl. II S. 431). Zur Gewinnermittlung → R 4.1 bis R 4.7.

Bürgschaft. Bürgschaftsaufwendungen eines Freiberuflers können ausnahmsweise Betriebsausgaben darstellen, wenn ein Zusammenhang mit anderen Einkünften ausscheidet und nachgewiesen wird, dass die Bürgschaftszusage ausschl. aus betrieblichen Gründen erteilt wurde (→ BFH vom 24.8.1989 – BStBl. 1990 II S. 17).

Geldgeschäfte.

– Geldgeschäfte (Darlehensgewährung, Beteiligungserwerb etc.) sind bei Angehörigen der freien Berufe i. d. R. nicht betrieblich veranlasst, weil sie nicht dem Berufsbild eines freien Berufes entsprechen (→ BFH vom 24.2.2000 – BStBl. II S. 297). Ein Geldgeschäft ist nicht dem Betriebsvermögen eines Freiberuflers zuzuordnen, wenn es ein eigenes wirtschaftliches Gewicht hat. Dies ist aufgrund einer Abwägung der nach außen erkennbaren Motive zu beantworten. Ein eigenes wirtschaftliches Gewicht ist anzunehmen, wenn bei einem Geldgeschäft die Gewinnung eines Auftraggebers lediglich ein erwünschter Nebeneffekt ist. Dagegen ist ein eigenes wirtschaftliches Gewicht zu verneinen, wenn das Geschäft ohne die Aussicht auf neue Aufträge nicht zustande gekommen wäre (→ BFH vom 31.5.2001 – BStBl. II S. 828).
– Die GmbH-Beteiligung eines Bildjournalisten kann nicht allein deshalb als notwendiges Betriebsvermögen des freiberuflichen Betriebs beurteilt

---

1) **Ab VZ 2023** höchstens 900 € jährlich (BMF v. 6.4.2023, BStBl. I 2023, 671).

2) Zur Anhebung der Betriebsausgabenpauschale ab VZ 2023 siehe BMF v. 6.4.2023, BStBl. I 2023, 669.

- Instandsetzungs- und Modernisierungsaufwendungen für ein Gebäude sind nicht allein deshalb als Herstellungskosten zu beurteilen, weil das Gebäude wegen Abnutzung und Verwahrlosung nicht mehr vermietbar ist, sondern nur bei schweren Substanzschäden an den für die Nutzbarkeit als Bau und die Nutzungsdauer des Gebäudes bestimmenden Teilen (→ BFH vom 13.10.1998 – BStBl. 1999 II S. 282).
- Bei der Prüfung, ob Herstellungsaufwand vorliegt, darf nicht auf das gesamte Gebäude abgestellt werden, sondern nur auf den entsprechenden Gebäudeteil, wenn das Gebäude in unterschiedlicher Weise genutzt wird und deshalb mehrere Wirtschaftsgüter umfasst (→ BFH vom 25.9.2007 – BStBl. 2008 II S. 218).

Anschaffungsnahe Herstellungskosten. → R 6.4 Abs. 1 und H 6.4.

Erhaltungsaufwand.

- Erhaltungsaufwand bei Instandsetzung und Modernisierung von Gebäuden → BMF vom 18.7.2003 (BStBl. I S. 386).
- → H 21.2.

Herstellungsaufwand nach Fertigstellung.

- → BMF vom 18.7.2003 (BStBl. I S. 386).
- Zu den Besonderheiten bei Teileigentum → BFH vom 19.9.1995 (BStBl. 1996 II S. 131).

Verteilung des Erhaltungsaufwands nach § 82b EStDV.

- Keine Übertragung des Anteils eines Jahres auf ein anderes Jahr (→ BFH vom 26.10.1977 – BStBl. 1978 II S. 367).
- Größere Erhaltungsaufwendungen, die das Finanzamt im Jahr ihrer Entstehung bestandskräftig zu Unrecht als Herstellungskosten behandelt hat, können gleichmäßig anteilig auf die Folgejahre verteilt werden. Der auf das Jahr der Entstehung entfallende Anteil der Aufwendungen bleibt dabei unberücksichtigt. Die AfA-Bemessungsgrundlage ist insoweit für die Folgejahre zu korrigieren (→ BFH vom 27.10.1992 – BStBl. 1993 II S. 591).
- Die Ausübung des Wahlrechts ist auch nach Eintritt der Festsetzungsverjährung für das Aufwandsentstehungsjahr möglich. Aufwendungen, die auf VZ entfallen, für die die Festsetzungsverjährung bereits eingetreten ist, dürfen dabei nicht abgezogen werden (→ BFH vom 27.10.1992 – BStBl. 1993 II S. 589). Dies gilt auch, wenn die Erhaltungsaufwendungen im Entstehungsjahr zu Unrecht als Herstellungskosten und in Form der AfA berücksichtigt worden sind (→ BFH vom 24.11.1992 – BStBl. 1993 II S. 593).
- Verstirbt der Steuerpflichtige innerhalb des Verteilungszeitraums nach § 82b EStDV, ist der noch nicht berücksichtigte Teil der Erhaltungsaufwendungen im VZ des Versterbens als Werbungskosten im Rahmen seiner Einkünfte aus Vermietung und Verpachtung abzusetzen (→ BFH vom 10.11.2020 – BStBl. 2021 II S. 474).

R 21.2 Einnahmen und Werbungskosten

(1) [1] Werden Teile einer selbst genutzten Eigentumswohnung, eines selbst genutzten Einfamilienhauses oder insgesamt selbst genutzten anderen Hauses vorübergehend vermietet und übersteigen die Einnahmen hieraus nicht 520 Euro im VZ, kann im Einverständnis mit dem Stpfl. aus Vereinfachungs-

gründen von der Besteuerung der Einkünfte abgesehen werden. [2]Satz 1 ist bei vorübergehender Untervermietung von Teilen einer angemieteten Wohnung, die im Übrigen selbst genutzt wird, entsprechend anzuwenden.

(2) Zinsen, die Beteiligte einer Wohnungseigentümergemeinschaft aus der Anlage der Instandhaltungsrücklage erzielen, gehören zu den Einkünften aus Kapitalvermögen.

(3) Die Berücksichtigung von Werbungskosten aus Vermietung und Verpachtung kommt auch dann in Betracht, wenn aus dem Objekt im VZ noch keine Einnahmen erzielt werden, z. B. bei einem vorübergehend leer stehenden Gebäude.

(4) [1]Die Tätigkeit eines Stpfl. zur Erzielung von Einkünften aus Vermietung und Verpachtung besteht im Wesentlichen in der Verwaltung seines Grundbesitzes. [2]Bei nicht umfangreichem Grundbesitz erfordert diese Verwaltung in der Regel keine besonderen Einrichtungen, z. B. Büro, sondern erfolgt von der Wohnung des Stpfl. aus. [3]Regelmäßige Tätigkeitsstätte ist dann die Wohnung des Stpfl. [4]Aufwendungen für gelegentliche Fahrten zu dem vermieteten Grundstück sind Werbungskosten i. S. d. § 9 Abs. 1 Satz 1 EStG.

H 21.2

Bauherrenmodell.

- Zur Abgrenzung zwischen Werbungskosten, Anschaffungskosten und Herstellungskosten → BMF vom 20.10.2003 (BStBl. I S. 546).
- → Fonds, geschlossene.
- Schuldzinsen, die auf die Zeit zwischen Kündigung und Auseinandersetzung im Zusammenhang mit einer Beteiligung an einer Bauherrengemeinschaft entfallen, sind Werbungskosten, selbst wenn Einnahmen noch nicht erzielt worden sind (→ BFH vom 4.3.1997 – BStBl. II S. 610).

Drittaufwand. → H 4.7.

Eigenaufwand für ein fremdes Wirtschaftsgut. → H 4.7.

Einbauküche. → H 6.4.

Einkünfteerzielungsabsicht[1)]

- **bei Wohnobjekten** → BMF vom 8.10.2004 (BStBl. I S. 933),

---

[1)] Zur dauerhaften Verpachtung unbebauten Grundbesitzes siehe BFH v. 28.11.2007 IX R 9/06, BStBl. II 2008, 515. – Zum Nachweis der Einkünfteerzielungsabsicht bei einer nach Selbstnutzung leerstehenden Wohnung siehe BFH v. 28.10.2008 IX R 1/07, BStBl. II 2009, 848. – Zur Einkünfteerzielungsabsicht bei Verpachtung von beweglichem Betriebsvermögen siehe BFH v. 28.10.2008 IX R 51/07, BFH/NV 2009, 157. – Zur objektbezogenen Prüfung der Einkünfteerzielungsabsicht siehe BFH v. 1.4.2009 IX R 39/08, BStBl. II 2009, 776, u. v. 9.10.2013 IX R 2/13, BStBl. II 2014, 527. – Zur Einkünfteerzielungsabsicht bei Ferienwohnungen siehe BFH v. 16.4.2013 IX R 26/11, BStBl. II 2013, 613. – Zur „teilweisen" Aufgabe der Vermietungsabsicht bei langjährigem Leerstand einer Wohnung siehe BFH v. 12.6.2013 IX R 38/12, BStBl. II 2013, 1013. – Zur Einkünfteerzielungsabsicht bei strukturell bedingtem Leerstand von Wohnungen siehe BFH v. 9.7.2013 IX R 48/12, BStBl. II 2013, 693. – Zur Feststellung der Bebauungs- und Vermietungsabsicht eines unbebauten Grundstücks siehe BFH v. 1.12.2015 IX R 9/15, BStBl. II 2016, 335. – Zu einer Wohnung in einem nicht vermietbaren Zustand siehe BFH v. 31.1.2017 IX R 17/16, BStBl. II 2017, 633. – Zur Überprüfung der Einkünfteerzielungsabsicht bei Objekten mit einer Wohnfläche von mehr als 250 m^2 siehe BFH v. 20.6.2023 IX R 17/21, BStBl. II 2024, 35.

– Abgekürzte Leibrenten erlöschen, wenn die Person, von deren Lebenszeit sie abhängen, vor Ablauf der zeitlichen Begrenzung stirbt. Überlebt die Person die zeitliche Begrenzung, so endet die abgekürzte Leibrente mit ihrem Zeitablauf.

NATO-Bedienstete. Ruhegehaltszahlungen an ehemalige NATO-Bedienstete sind grundsätzlich Einkünfte aus nichtselbständiger Arbeit (→ BMF vom 3.8.1998 – BStBl. I S. 1042 und BFH vom 22.11.2006 – BStBl. 2007 II S. 402).

Renten wegen verminderter Erwerbsfähigkeit. Bei Renten wegen teilweiser oder voller Erwerbsminderung, wegen Berufs- oder Erwerbsunfähigkeit handelt es sich stets um abgekürzte Leibrenten. Der Ertragsanteil bemisst sich grundsätzlich nach der Zeitspanne zwischen dem Eintritt des Versicherungsfalles (Begründung der Erwerbsminderung) und dem voraussichtlichen Leistungsende (z. B. Erreichen einer Altersgrenze oder Beginn der Altersrente bei einer kombinierten Rentenversicherung). Steht der Anspruch auf Rentengewährung unter der auflösenden Bedingung des Wegfalls der Erwerbsminderung und lässt der Versicherer das Fortbestehen der Erwerbsminderung in mehr oder minder regelmäßigen Abständen prüfen, wird hierdurch die zu berücksichtigende voraussichtliche Laufzeit nicht berührt. Wird eine Rente wegen desselben Versicherungsfalles hingegen mehrfach hintereinander auf Zeit bewilligt und schließen sich die Bezugszeiten unmittelbar aneinander an, liegt eine einzige abgekürzte Leibrente vor, deren voraussichtliche Laufzeit unter Berücksichtigung der jeweiligen Verlängerung und des ursprünglichen Beginns für jeden VZ neu zu bestimmen ist (→ BFH vom 22.1.1991 – BStBl. II S. 686).

Überschussbeteiligung. Wird neben der garantierten Rente aus einer Rentenversicherung eine Überschussbeteiligung geleistet, ist der Überschussanteil zusammen mit der garantierten Rente als einheitlicher Rentenbezug zu beurteilen (→ BMF vom 26.11.1998 – BStBl. I S. 1508 und BFH vom 22.8.2012 – BStBl. 2013 II S. 158).

Vermögensübertragung. Einkommensteuerrechtliche Behandlung von wiederkehrenden Leistungen im Zusammenhang mit einer Vermögensübertragung → BMF vom 11.3.2010 (BStBl. I S. 227),[1]·[2] Rz. 81.

Versorgungs- und Versicherungsrenten aus einer Zusatzversorgung. Von der Versorgungsanstalt des Bundes und der Länder (VBL) und vergleichbaren Zusatzversorgungseinrichtungen geleistete Versorgungs- und Versicherungsrenten für Versicherte und Hinterbliebene stellen grundsätzlich lebenslängliche Leibrenten dar. Werden sie neben einer Rente wegen verminderter Erwerbsfähigkeit aus der gesetzlichen Rentenversicherung gezahlt, sind sie als abgekürzte Leibrenten zu behandeln (→ BFH vom 4.10.1990 – BStBl. 1991 II S. 89). Soweit die Leistungen auf gefördertem Kapital i. S. d. § 22 Nr. 5 Satz 1 EStG beruhen, unterliegen sie der vollständig nachgelagerten Besteue-

---

[1] Geänd. durch BMF v. 6.5.2016, BStBl. I 2016, 476, mit Übergangsregelung.

[2] Ergänzend siehe BMF v. 20.11.2019, BStBl. I 2019, 1291, geänd. durch BMF v. 5.5. 2021, BStBl. I 2021, 696, Rn. 40.

rung; soweit sie auf nicht gefördertem Kapital beruhen, erfolgt die Besteuerung nach § 22 Nr. 5 Satz 2 Buchst. a EStG (→ *BMF vom 21.12.2017 – BStBl. 2018 I S. 93, Rz. 139–147*).[1]

Werbungskosten.

– Finanzierungskosten für den Erwerb einer **Sicherheits-Kompakt-Rente,** die den Abschluss einer Rentenversicherung als Versorgungskomponente und einer Lebensversicherung als Tilgungskomponente zum Gegenstand hat, sind auch nach der Einführung des Werbungskostenabzugsverbots nach § 20 Abs. 9 EStG aufzuteilen in Werbungskosten, die anteilig den Einkünften aus Kapitalvermögen i. S. d. § 20 Abs. 1 Nr. 6 EStG und den sonstigen Einkünften i. S. d. § 22 Nr. 1 EStG zuzuordnen sind (→ BFH vom 11.12.2018 – BStBl. 2019 II S. 231).

– → H 22.3.

Wertsicherungsklausel. → H 22.3 (Begriff der Leibrente).

R 22.5 Renten nach § 2 Abs. 2 der 32. DV zum Umstellungsgesetz (UGDV)

Beträge, die nach § 2 Abs. 2 der 32. UGDV[2] i. V. m. § 1 der Anordnung der Versicherungsaufsichtsbehörden über die Zahlung von Todesfall- und Invaliditätsversicherungssummen vom 15.11.1949[3] unter der Bezeichnung „Renten“ gezahlt werden, gehören nicht zu den wiederkehrenden Bezügen i. S. d. § 22 Nr. 1 EStG und sind deshalb nicht einkommensteuerpflichtig.

R 22.6 Versorgungsleistungen *(unbesetzt)*

H 22.6

Allgemeines. Einkommensteuerrechtliche Behandlung von wiederkehrenden Leistungen im Zusammenhang mit einer Vermögensübertragung → BMF vom 11.3.2010 (BStBl. I S. 227)[4] unter Berücksichtigung der Änderungen durch BMF vom 6.5.2016 (BStBl. I S. 476).

Beerdigungskosten. Beim Erben stellen ersparte Beerdigungskosten Einnahmen nach § 22 Nr. 1b EStG dar, wenn ein Vermögensübernehmer kein Erbe und vertraglich zur Übernahme der durch den Tod des letztverstorbenen Vermögensübergebers entstandenen Beerdigungskosten verpflichtet ist (→ BFH vom 19.1.2010 – BStBl. II S. 544).

R 22.7 Leistungen auf Grund eines schuldrechtlichen Versorgungsausgleichs *(unbesetzt)*

---

[1] Ersetzt durch BMF v. 5.10.2023, BStBl. I 2023, 1726, anzuwenden ab 15.11.2023 auf alle offenen Fälle, mit Weitergeltung der bish. Regelungen bis längstens 31.12.2023.

[2] **[Amtl. Anm.:]** StuZBl. 1949, 327.

[3] **[Amtl. Anm.:]** Veröffentlichungen des Zonenamtes des Reichsaufsichtsamtes für das Versicherungswesen in Abw. 1949, 118.

[4] Ergänzend siehe BMF v. 20.11.2019, BStBl. I 2019, 1291, geänd. durch BMF v. 5.5. 2021, BStBl. I 2021, 696, Rn. 40.

H 22.7

Allgemeines. Zur einkommensteuerrechtlichen Behandlung der Leistungen aufgrund eines schuldrechtlichen Versorgungsausgleichs → *BMF vom 9.4.2010 (BStBl. I S. 323).*[1)]

R 22.8 Besteuerung von Leistungen im Sinne des § 22 Nr. 3 EStG

Haben beide zusammenveranlagten Ehegatten Einkünfte i. S. d. § 22 Nr. 3 EStG bezogen, ist bei jedem Ehegatten die in dieser Vorschrift bezeichnete Freigrenze – höchstens jedoch bis zur Höhe seiner Einkünfte i. S. d. § 22 Nr. 3 EStG – zu berücksichtigen.

H 22.8

Allgemeines.

- Leistung i. S. d. § 22 Nr. 3 EStG ist jedes Tun, Dulden oder Unterlassen, das Gegenstand eines entgeltlichen Vertrags sein kann und das eine Gegenleistung auslöst (→ BFH vom 21.9.2004 – BStBl. 2005 II S. 44 und vom 8.5.2008 – BStBl. II S. 868), sofern es sich nicht um Veräußerungsvorgänge oder veräußerungsähnliche Vorgänge im privaten Bereich handelt, bei denen ein Entgelt dafür erbracht wird, dass ein Vermögenswert in seiner Substanz endgültig aufgegeben wird (→ BFH vom 28.11.1984 – BStBl. 1985 II S. 264 und vom 10.9.2003 – BStBl. 2004 II S. 218).
- Für das Vorliegen einer Leistung i. S. d. § 22 Nr. 3 EStG kommt es entscheidend darauf an, ob die Gegenleistung (das Entgelt) durch das Verhalten des Stpfl. ausgelöst wird. Allerdings setzt § 22 Nr. 3 EStG wie die übrigen Einkunftsarten die allgemeinen Merkmale der Einkünfteerzielung voraus. Der Leistende muss aber nicht bereits beim Erbringen seiner Leistung eine Gegenleistung erwarten. Für die Steuerbarkeit ist ausreichend, dass er eine im wirtschaftlichen Zusammenhang mit seinem Tun, Dulden oder Unterlassen gewährte Gegenleistung als solche annimmt (→ BFH vom 21.9.2004 – BStBl. 2005 II S. 44).
- Hat der Stpfl. nicht die Möglichkeit, durch sein Verhalten (Leistung) das Entstehen des Anspruchs auf die Leistung des Vertragspartners positiv zu beeinflussen, genügt die Annahme der Leistung der Gegenseite nicht, um den fehlenden besteuerungsrelevanten Veranlassungszusammenhang zwischen Leistung und Gegenleistung herzustellen (→ BFH vom 13.3.2018 – BStBl. II S. 531).

Einnahmen aus Leistungen i. S. d. § 22 Nr. 3 EStG sind:

- **Bindungsentgelt (Stillhalterprämie),** das beim Wertpapieroptionsgeschäft dem Optionsgeber gezahlt wird (→ BFH vom 17.4.2007 – BStBl. II S. 608),
- **Einmalige Bürgschaftsprovision** (→ BFH vom 22.1.1965 – BStBl. III S. 313),
- Entgelt für ein freiwilliges **Einsammeln und Verwerten leerer Flaschen** (→ BFH vom 6.6.1973 – BStBl. II S. 727),
- Entgelt für eine **Beschränkung der Grundstücksnutzung** (→ BFH vom 9.4.1965 – BStBl. III S. 361 und vom 26.8.1975 – BStBl. 1976 II S. 62),

1) Jetzt BMF v. 21.3.2023, BStBl. I 2023, 611.

- Entgelt für die **Einräumung eines Vorkaufsrechts** (→ BFH vom 30.8.1966 – BStBl. 1967 III S. 69 und vom 10.12.1985 – BStBl. 1986 II S. 340); bei späterer Anrechnung des Entgelts auf den Kaufpreis entfällt der Tatbestand des § 22 Nr. 3 EStG rückwirkend nach § 175 Abs. 1 Satz 1 Nr. 2 AO (→ BFH vom 10.8.1994 – BStBl. 1995 II S. 57),
- Entgelt für den **Verzicht** auf Einhaltung des gesetzlich vorgeschriebenen **Grenzabstands** eines auf dem Nachbargrundstück errichteten Gebäudes (→ BFH vom 5.8.1976 – BStBl. 1977 II S. 26),
- Entgelt für die **Abgabe eines zeitlich befristeten Kaufangebots** über ein Grundstück (→ BFH vom 26.4.1977 – BStBl. II S. 631),
- Entgelt für den **Verzicht** des Inhabers eines eingetragenen Warenzeichens auf seine **Abwehrrechte** (→ BFH vom 25.9.1979 – BStBl. 1980 II S. 114),
- Entgelt für ein vertraglich vereinbartes umfassendes **Wettbewerbsverbot** (→ BFH vom 12.6.1996 – BStBl. II S. 516 und vom 23.2.1999 – BStBl. II S. 590),
- Entgelt für eine Vereinbarung, das **Bauvorhaben** des Zahlenden zu **dulden** (→ BFH vom 26.10.1982 – BStBl. 1983 II S. 404),
- Entgelt für die regelmäßige **Mitnahme eines Arbeitskollegen** auf der Fahrt zwischen Wohnung und Arbeitsstätte (→ BFH vom 15.3.1994 – BStBl. II S. 516),
- Vergütungen für die **Rücknahme des Widerspruchs** gegen den Bau und Betrieb eines Kraftwerks (→ BFH vom 12.11.1985 – BStBl. 1986 II S. 890),
- Entgelt für die **Duldung der Nutzung** von Teileigentum zum Betrieb eines Spielsalons an einen benachbarten Wohnungseigentümer (→ BFH vom 21.11.1997 – BStBl. 1998 II S. 133),
- **Eigenprovisionen,** wenn sie aus einmaligem Anlass und für die Vermittlung von Eigenverträgen gezahlt werden (→ BFH vom 27.5.1998 – BStBl. II S. 619),
- Entgelt für die **zeitweise Vermietung eines Wohnmobils** an wechselnde Mieter (→ BFH vom 12.11.1997 – BStBl. 1998 II S. 774); zur gewerblichen Wohnmobilvermietung → H 15.7 (3) Wohnmobil,
- **Bestechungsgelder,** die einem Arbeitnehmer von Dritten gezahlt worden sind (→ BFH vom 16.6.2015 – BStBl. II S. 1019),
- **Provision** für die Bereitschaft, mit seinen Beziehungen einem Dritten bei einer geschäftlichen Transaktion behilflich zu sein (→ BFH vom 20.4.2004 – BStBl. II S. 1072),
- Belohnung für einen **„werthaltigen Tipp"** (Hinweis auf die Möglichkeit einer Rechtsposition) durch Beteiligung am Erfolg bei Verwirklichung (→ BFH vom 26.10.2004 – BStBl. 2005 II S. 167),
- **Fernseh-Preisgelder,** wenn der Auftritt des Kandidaten und das gewonnene Preisgeld in einem gegenseitigen Leistungsverhältnis stehen (→ BMF vom 30.5.2008 – BStBl. I S. 645 und BFH vom 24.4.2012 – BStBl. II S. 581),
- Nachträglich wegen fehlgeschlagener Hofübergabe geltend gemachte **Vergütungen für geleistete Dienste** (→ BFH vom 8.5.2008 – BStBl. II S. 868),

- Provisionen aus der ringweisen **Vermittlung von Lebensversicherungen** (→ BFH vom 20.1.2009 – BStBl. II S. 532),
- Vergütungen, die ein an einem Darlehensverhältnis nicht beteiligter Dritter dafür erhält, dass er einen GmbH-Anteil zur **Sicherung des Darlehens** verpfändet, soweit sie nicht zu den Einkünften nach § 22 Nr. 1 Satz 1 1. Halbsatz EStG gehören (→ BFH vom 14.4.2015 – BStBl. II S. 795),
- Vergütungen aus (echten) **Edelmetall-Pensionsgeschäften im Privatvermögen** (→ BFH vom 23.4.2021 – BStBl. II S. 687).

Keine Einnahmen aus Leistungen i. S. d. § 22 Nr. 3 EStG sind:[1)]

- **Abfindungen an den Mieter einer Wohnung,** soweit er sie für vermögenswerte Einschränkungen seiner Mietposition erhält (→ BFH vom 5.8.1976 – BStBl. 1977 II S. 27),
- Entgeltliche **Abtretungen von Rückkaufsrechten** an Grundstücken (→ BFH vom 14.11.1978 – BStBl. 1979 II S. 298),
- Entschädigungen für eine **faktische Bausperre** (→ BFH vom 12.9.1985 – BStBl. 1986 II S. 252),
- Gewinne aus **Errichtung und Veräußerung von Kaufeigenheimen,** auch wenn die Eigenheime bereits vor Errichtung verkauft worden sind (→ BFH vom 1.12.1989 – BStBl. 1990 II S. 1054),
- **Streikunterstützungen** (→ BFH vom 24.10.1990 – BStBl. 1991 II S. 337),
- **Verzicht auf** ein testamentarisch vermachtes obligatorisches **Wohnrecht** gegen Entgelt im privaten Bereich (→ BFH vom 9.8.1990 – BStBl. II S. 1026),
- Vereinbarung wertmindernder Beschränkung des Grundstückseigentums gegen Entgelt zur **Vermeidung eines** ansonsten zulässigen **Enteignungsverfahrens** (→ BFH vom 17.5.1995 – BStBl. II S. 640),
- Zahlungen von einem pflegebedürftigen Angehörigen für seine **Pflege im Rahmen des familiären Zusammenlebens** (→ BFH vom 14.9.1999 – BStBl. II S. 776),
- Entgelte aus der **Vermietung eines** in die Luftfahrzeugrolle eingetragenen **Flugzeugs** (→ BFH vom 2.5.2000 – BStBl. II S. 467); → H 15.7 (3) (Flugzeug),
- Entgelte aus **Telefonsex** (→ BFH vom 23.2.2000 – BStBl. II S. 610); → H 15.4 (Sexuelle Dienstleistungen),
- Entgelte für den **Verzicht auf ein dingliches Recht** (Aufhebung einer eingetragenen Dienstbarkeit alten Rechts) eines Grundstückseigentümers am Nachbargrundstück (→ BFH vom 19.12.2000 – BStBl. 2001 II S. 391),
- Erlöse aus der **Veräußerung einer Zufallserfindung** (→ BFH vom 10.9.2003 – BStBl. 2004 II S. 218),
- Entgelte für die Inanspruchnahme eines Grundstücks im Zuge **baulicher Maßnahmen auf dem Nachbargrundstück** (→ BFH vom 2.3.2004 – BStBl. II S. 507); → aber H 21.2 (Einnahmen),

[1)] Zur Verwendung bereits erwirtschafteter Provisionseinnahmen für die Teilnahme an einer betrieblichen Losveranstaltung siehe BFH v. 2.9.2008 X R 8/06, BStBl. II 2010, 548.

- an den Versicherungsnehmer **weitergeleitete Versicherungsprovisionen** des Versicherungsvertreters (→ BFH vom 2.3.2004 – BStBl. II S. 506),
- Entgelte für **Verzicht auf Nachbarrechte** im Zusammenhang mit der Veräußerung des betreffenden Grundstücks (→ BFH vom 18.5.2004 – BStBl. II S. 874),
- Provision an den **Erwerber eines Grundstücks,** wenn der Provision keine eigene Leistung des Erwerbers gegenübersteht (→ BFH vom 16.3.2004 – BStBl. II S. 1046),
- **Reugeld** wegen Rücktritts vom Kaufvertrag z. B. über ein Grundstück des Privatvermögens (→ BFH vom 24.8.2006 – BStBl. 2007 II S. 44),
- Zahlungen für den **Verzicht auf** ein sich aus einem Aktienkauf- und Übertragungsvertrag ergebenden **Anwartschaftsrecht** (→ BFH vom 19.2.2013 – BStBl. II S. 578),
- einmalige Entschädigungen für ein zeitlich nicht begrenztes **Recht auf Überspannung** eines zum Privatvermögen gehörenden Grundstücks mit einer Hochspannungsleitung. Sie sind keine steuerbaren Einnahmen (→ BFH vom 2.7.2018 – BStBl. II S. 759).

Rückzahlung von Einnahmen. Die Rückzahlung von Einnahmen i. S. d. § 22 Nr. 3 EStG in einem späteren VZ ist im Abflusszeitpunkt in voller Höhe steuermindernd zu berücksichtigen. Das Verlustausgleichsverbot und Verlustabzugsverbot des § 22 Nr. 3 Satz 3 EStG steht nicht entgegen (→ BFH vom 26.1.2000 – BStBl. II S. 396).

Steuerfreie Einnahmen nach § 3 Nr. 26a EStG. → BMF vom 21.11.2014 (BStBl. I S. 1581), Tz. 10.

Verfassungsmäßigkeit. Die Verlustausgleichsbeschränkung des § 22 Nr. 3 Satz 3 EStG ist verfassungsgemäß (→ BFH vom 16.6.2015 – BStBl. II S. 1019).

Verlustabzug in Erbfällen. Verluste i. S. d. § 22 Nr. 3 Satz 4 EStG → R 10d Abs. 9 Satz 9.

Verlustvor- und -rücktrag. Zur Anwendung des § 10d EStG im Rahmen des § 22 Nr. 3 EStG → BMF vom 29.11.2004 (BStBl. I S. 1097).

Virtuelle Währungen und sonstige Token. → BMF vom 10.5.2022 (BStBl. I S. 668).

Werbungskosten. Treffen mehrere Stpfl. die Abrede, sich ringweise Lebensversicherungen zu vermitteln und die dafür erhaltenen Provisionen an den jeweiligen Versicherungsnehmer weiterzugeben, kann die als Gegenleistung für die Vermittlung von der Versicherungsgesellschaft vereinnahmte und nach § 22 Nr. 3 EStG steuerbare Provision nicht um den Betrag der Provision als Werbungskosten gemindert werden, die der Stpfl. an den Versicherungsnehmer weiterleiten muss, wenn er umgekehrt einen Auskehrungsanspruch gegen denjenigen hat, der den Abschluss seiner Versicherung vermittelt (→ BFH vom 20.1.2009 – BStBl. II S. 532).

Zeitpunkt des Werbungskostenabzugs. Werbungskosten sind bei den Einkünften aus einmaligen (sonstigen) Leistungen auch dann im Jahre des Zuflusses der Einnahme abziehbar, wenn sie vor diesem Jahr angefallen sind oder nach diesem Jahr mit Sicherheit anfallen werden. Entstehen künftig Werbungskosten, die im Zuflussjahr noch nicht sicher vorhersehbar waren, ist die Veranlagung des Zuflussjahres gem. § 175 Abs. 1 Satz 1 Nr. 2 AO zu ändern (→ BFH vom 3.6.1992 – BStBl. II S. 1017).

R 22.9 Besteuerung von Bezügen i. S. d. § 22 Nr. 4 EStG

[1] § 22 Nr. 4 EStG umfasst nur solche Leistungen, die auf Grund des Abgeordnetengesetzes, des Europaabgeordnetengesetzes oder der entsprechenden Gesetze der Länder gewährt werden. [2] Leistungen, die außerhalb dieser Gesetze erbracht werden, z. B. Zahlungen der Fraktionen, unterliegen hingegen den allgemeinen Grundsätzen steuerlicher Beurteilung. [3] Gesondert gezahlte Tage- oder Sitzungsgelder sind nur dann nach § 3 Nr. 12 EStG steuerfrei, wenn sie nach bundes- oder landesrechtlicher Regelung als Aufwandsentschädigung gezahlt werden.

H 22.9

Werbungskosten. Soweit ein Abgeordneter zur Abgeltung von durch das Mandat veranlassten Aufwendungen eine nach § 3 Nr. 12 EStG steuerfreie Aufwandsentschädigung erhält, schließt dies nach § 22 Nr. 4 Satz 2 EStG den Abzug jeglicher mandatsbedingter Aufwendungen, auch von Sonderbeiträgen an eine Partei, als Werbungskosten aus (→ BFH vom 29.3.1983 – BStBl. II S. 601, vom 3.12.1987 – BStBl. 1988 II S. 266, vom 8.12.1987 – BStBl. 1988 II S. 433 und vom 23.1.1991 – BStBl. II S. 396). Derzeit werden nur in Brandenburg, Nordrhein-Westfalen und Schleswig-Holstein keine steuerfreien Aufwandsentschädigungen gezahlt.
Auch Kosten eines erfolglosen Wahlkampfes dürfen nach § 22 Nr. 4 Satz 3 EStG nicht als Werbungskosten abgezogen werden. Für ein Bundestagsmandat → BFH vom 8.12.1987 (BStBl. 1988 II S. 435), für ein Mandat im Europäischen Parlament → BFH vom 10.12.2019 (BStBl. 2020 II S. 389).

R 22.10 Besteuerung von Leistungen i. S. d. § 22 Nr. 5 EStG *(unbesetzt)*

H 22.10

Besteuerung von Leistungen nach § 22 Nr. 5 EStG. → *BMF vom 21.12.2017 (BStBl. 2018 I S. 93, Rz. 126–194).*[1]

Leistungen aus einem US-amerikanischen Altersvorsorgeplan „401(k) pension plan". Zur Besteuerung von Leistungen aus einem US-amerikanischen Altersvorsorgeplan „401(k) pension plan", wenn der Stpfl. während der Ansparphase nicht der inländischen Besteuerung unterlag → BFH vom 28.10.2020 (BStBl. 2021 II S. 675).

Mitteilung über steuerpflichtige Leistungen aus einem Altersvorsorgevertrag oder aus einer betrieblichen Altersversorgung. Amtlich vor-

[1] Ersetzt durch BMF v. 5.10.2023, BStBl. I 2023, 1726, anzuwenden ab 15.11.2023 auf alle offenen Fälle, mit Weitergeltung der bish. Regelungen bis längstens 31.12.2023.

geschriebenes Vordruckmuster für Jahre ab 2020 → BMF vom 9.11.2020 (BStBl. I S. 1061).

Zu § 22a EStG

H **22a**

Anwendungsschreiben. → BMF vom 7.12.2011 (BStBl. I S. 1223).

Zu § 23 EStG

H **23**

Anschaffung.

– Zu Anschaffungen im Rahmen der vorweggenommenen Erbfolge und bei Erbauseinandersetzung → BMF vom 13.1.1993 (BStBl. I S. 80) unter Berücksichtigung der Änderungen durch BMF vom 26.2.2007 (BStBl. I S. 269) und → BMF vom 14.3.2006 (BStBl. I S. 253) unter Berücksichtigung der Änderungen durch BMF vom 27.12.2018 (BStBl. 2019 I S. 11).
– → Enteignung.
– Anschaffung ist **auch**
  - die Abgabe eines Meistgebots in einer Zwangsversteigerung (→ BFH vom 27.8.1997 – BStBl. 1998 II S. 135),
  - der Erwerb auf Grund eines Ergänzungsvertrags, wenn damit erstmalig ein Anspruch auf Übertragung eines Miteigentumsanteils rechtswirksam entsteht (→ BFH vom 17.12.1997 – BStBl. 1998 II S. 343),
  - der entgeltliche Erwerb eines Anspruchs auf Rückübertragung eines Grundstücks nach dem VermG (Restitutionsanspruch) (→ BFH vom 13.12.2005 – BStBl. 2006 II S. 513),
  - der Erwerb eines parzellierten und beplanten Grundstücks, das der Eigentümer auf Grund eines Rückübertragungsanspruchs dafür erhält, dass er bei der Veräußerung eines nicht parzellierten Grundstücks eine Teilfläche ohne Ansatz eines Kaufpreises überträgt (→ BFH vom 13.4.2010 – BStBl. II S. 792).
– **Keine** Anschaffung ist[1)]
  - der unentgeltliche Erwerb eines Wirtschaftsguts, z. B. durch Erbschaft, Vermächtnis oder Schenkung (→ BFH vom 4.7.1950 – BStBl. 1951 III S. 237, vom 22.9.1987 – BStBl. 1988 II S. 250 und vom 12.7.1988 – BStBl. II S. 942, → Veräußerungsfrist). Ein unentgeltlicher Erwerb liegt auch vor, wenn im Rahmen der Übertragung eines Grundstücks im Wege der vorweggenommenen Erbfolge dem Übergeber ein dingliches Wohnrecht eingeräumt wird und die durch Grundschulden auf dem Grundstück abgesicherten Darlehen des Rechtsvorgängers nicht übernommen werden (→ BFH vom 3.9.2019 – BStBl. 2020 II S. 122),

---

1) Auch die Zuteilung der THG-Quote ist keine Anschaffung, siehe LfSt Rh-Pf v. 29.3.2022 – S 2240/S 2257 A – St 32 1, St 34 4, St 31 5, DStR 2022, 1049.

– Fließen **nachträgliche Einkünfte** dem Rechtsnachfolger zu, sind sie nach den in seiner Person liegenden Besteuerungsmerkmalen zu versteuern (→ BFH vom 29.7.1960 – BStBl. III S. 404).[1]
– **Nachträglich zugeflossene Rentenzahlungen** werden dem Erben auch dann als nachträgliche Einkünfte zugerechnet, wenn sie vom Testamentsvollstrecker zur **Erfüllung von Vermächtnissen** verwendet werden (→ BFH vom 24.1.1996 – BStBl. II S. 287).

Zu § 24a EStG

R 24a. Altersentlastungsbetrag

Allgemeines

(1) [1]Bei der Berechnung des Altersentlastungsbetrags sind Einkünfte aus Land- und Forstwirtschaft nicht um den Freibetrag nach § 13 Abs. 3 EStG zu kürzen. [2]Kapitalerträge, die nach § 32d Abs. 1 und § 43 Abs. 5 EStG dem gesonderten Steuertarif für Einkünfte aus Kapitalvermögen unterliegen, sind in die Berechnung des Altersentlastungsbetrags nicht einzubeziehen. [3]Sind in den Einkünften neben Leibrenten auch andere wiederkehrende Bezüge i. S. d. § 22 Nr. 1 EStG enthalten, ist der Werbungskosten-Pauschbetrag nach § 9a Satz 1 Nr. 3 EStG von den der Besteuerung nach § 22 Nr. 1 Satz 3 EStG unterliegenden Teilen der Leibrenten abzuziehen, soweit er diese nicht übersteigt. [4]Der Altersentlastungsbetrag ist auf den nächsten vollen Euro-Betrag aufzurunden.

Berechnung bei Anwendung anderer Vorschriften

(2) Ist der Altersentlastungsbetrag außer vom Arbeitslohn noch von weiteren Einkünften zu berechnen und muss er für die Anwendung weiterer Vorschriften von bestimmten Beträgen abgezogen werden, ist davon auszugehen, dass er zunächst vom Arbeitslohn berechnet worden ist.

H 24a

Altersentlastungsbetrag bei Ehegatten. Im Fall der Zusammenveranlagung von Ehegatten ist der Altersentlastungsbetrag jedem Ehegatten, der die altersmäßigen Voraussetzungen erfüllt, nach Maßgabe der von ihm bezogenen Einkünfte zu gewähren (→ BFH vom 22.9.1993 – BStBl. 1994 II S. 107).

Berechnung des Altersentlastungsbetrags. Der Altersentlastungsbetrag ist von der S. d. E. zur Ermittlung des G. d. E. abzuziehen (→ R 2).

Beispiel 1:

Der Stpfl. hat im VZ 2004 das 64. Lebensjahr vollendet. Im VZ 2022 wurden erzielt:

Arbeitslohn	14 000 €
darin enthalten:	
Versorgungsbezüge in Höhe von	6 000 €
Einkünfte aus selbständiger Arbeit	500 €
Einkünfte aus Vermietung und Verpachtung	– 1 500 €

[1] Siehe aber auch BFH v. 29.4.1993 IV R 16/92, BStBl. II 1993, 716.

Der Altersentlastungsbetrag beträgt 40 % des Arbeitslohns (14 000 € abzüglich Versorgungsbezüge 6000 € = 8000 €), das sind 3200 €, höchstens jedoch 1900 €. Die Einkünfte aus selbständiger Arbeit und aus Vermietung und Verpachtung werden für die Berechnung des Altersentlastungsbetrags nicht berücksichtigt, weil ihre Summe negativ ist (– 1500 € + 500 € = – 1000 €).

Beispiel 2:

Wie Beispiel 1, jedoch hat der Stpfl. im VZ 2021 das 64. Lebensjahr vollendet.
Der Altersentlastungsbetrag beträgt 14,4 % des Arbeitslohnes (14 000 € abzüglich Versorgungsbezüge 6000 € = 8000 €), das sind 1152 €, höchstens jedoch 684 €.

Lohnsteuerabzug. Die Berechnung des Altersentlastungsbetrags beim Lohnsteuerabzug hat keine Auswirkung auf die Berechnung im Veranlagungsverfahren (→ R 39b.4 Abs. 3 LStR 2015).[1]

Zu § 24b EStG

H **24b**

Anwendungsschreiben. → BMF vom 23.11.2022 (BStBl. I S. 1634).[2]

Zu § 25 EStG
(§§ 56 und 60 EStDV)

R **25.** Verfahren bei der Veranlagung von Ehegatten nach § 26a EStG

(1) [1] Hat ein Ehegatte nach § 26 Abs. 2 Satz 1 EStG die Einzelveranlagung (§ 26a EStG) gewählt, ist für jeden Ehegatten eine Einzelveranlagung durchzuführen, auch wenn sich jeweils eine Steuerschuld von 0 Euro ergibt. [2] *Der bei einer Zusammenveranlagung der Ehegatten in Betracht kommende Betrag der außergewöhnlichen Belastungen ist grundsätzlich von dem Finanzamt zu ermitteln, das für die Veranlagung des Ehemannes zuständig ist.*[3]

(2)[3] *Für den VZ 2012 ist R 25 EStR 2008 weiter anzuwenden.*

H **25**

Anlage EÜR.

– Der amtlich vorgeschriebene Datensatz ist durch Datenfernübertragung authentifiziert zu übermitteln.
  Die Anlage AVEÜR sowie bei Mitunternehmerschaften die entsprechenden Anlagen sind notwendiger Bestandteil der EÜR.
  Übersteigen die im Wj. angefallenen Schuldzinsen, ohne die Berücksichtigung der Schuldzinsen für Darlehen zur Finanzierung von Anschaffungs- oder Herstellungskosten von Wirtschaftsgütern des Anlagevermögens, den Betrag von 2050 Euro, sind bei Einzelunternehmen die in der Anlage SZ enthaltenen Angaben als notwendiger Bestandteil der EÜR an die Finanzverwaltung zu übermitteln (→ BMF vom 1.9.2022 – BStBl. I S. 1303).[4]

---

[1] Nr. 20.

[2] Zum Entlastungsbetrag für Alleinerziehende bei der Aufnahme von Flüchtlingen siehe FM Schl-H v. 16.6.2022 VI 305 – S 2223 – 711, DStR 2022, 1438.

[3] **[Amtl. Anm.:]** Für VZ ab 2013 ohne Bedeutung.

[4] Für den VZ 2023 siehe BMF v. 31.8.2023, BStBl. I 2023, 1603.

– das Gutachten des Medizinischen Dienstes der Krankenversicherung (MDK), des Sozialmedizinischen Dienstes (SMD) oder der Medicproof Gesellschaft für Medizinische Gutachten mbH.

Aufwendungen für Deutsch- und Integrationskurse

(6) [1]Aufwendungen für den Besuch von Sprachkursen, in denen Deutsch gelehrt wird, sind nicht als außergewöhnliche Belastungen abziehbar. [2]Gleiches gilt für Integrationskurse, es sei denn, der Stpfl. weist durch Vorlage einer Bestätigung der Teilnahmeberechtigung nach § 6 Abs. 1 Satz 1 und 3 der Verordnung über die Durchführung von Integrationskursen für Ausländer und Spätaussiedler nach, dass die Teilnahme am Integrationskurs verpflichtend war und damit aus rechtlichen Gründen zwangsläufig erfolgte.

H **33.1–33.4**

Abkürzung des Zahlungsweges. Bei den außergewöhnlichen Belastungen kommt der Abzug von Aufwendungen eines Dritten auch unter dem Gesichtspunkt der Abkürzung des Vertragswegs nicht in Betracht (→ BMF vom 7.7.2008 – BStBl. I S. 717).

Adoption. Aufwendungen im Zusammenhang mit einer Adoption sind nicht zwangsläufig (→ BFH vom 10.3.2015 – BStBl. II S. 695).

Asbestbeseitigung.

– Die tatsächliche Zwangsläufigkeit von Aufwendungen zur Beseitigung von Asbest ist nicht anhand der abstrakten Gefährlichkeit von Asbestfasern zu beurteilen; erforderlich sind zumindest konkret zu befürchtende Gesundheitsgefährdungen. Denn die Notwendigkeit einer Asbestsanierung hängt wesentlich von der verwendeten Asbestart und den baulichen Gegebenheiten ab (→ BFH vom 29.3.2012 – BStBl. II S. 570).
– → Gesundheitsgefährdung.

Asyl. Die Anerkennung als Asylberechtigter lässt nicht ohne weiteres auf ein unabwendbares Ereignis für den Verlust von Hausrat und Kleidung schließen (→ BFH vom 26.4.1991 – BStBl. II S. 755).

Außergewöhnlich. Außergewöhnlich sind Aufwendungen, wenn sie nicht nur der Höhe, sondern auch ihrer Art und dem Grunde nach außerhalb des Üblichen liegen und insofern nur einer Minderheit entstehen. Die typischen Aufwendungen der Lebensführung sind aus dem Anwendungsbereich des § 33 EStG ungeachtet ihrer Höhe im Einzelfall ausgeschlossen (→ BFH vom 29.9. 1989 – BStBl. 1990 II S. 418, vom 19.5.1995 – BStBl. II S. 774, vom 22.10. 1996 – BStBl. 1997 II S. 558 und vom 12.11.1996 – BStBl. 1997 II S. 387).

Aussteuer. Aufwendungen für die Aussteuer einer heiratenden Tochter sind regelmäßig nicht als zwangsläufig anzusehen. Dies gilt auch dann, wenn die Eltern ihrer Tochter keine Berufsausbildung gewährt haben (→ BFH vom 3.6.1987 – BStBl. II S. 779).

Begleitperson. Aufwendungen eines schwerbehinderten Menschen für eine Begleitperson bei Reisen sind nicht als außergewöhnliche Belastung abziehbar, wenn die Begleitperson ein Ehegatte ist, der aus eigenem Interesse an der Reise teilgenommen hat und für den kein durch die Behinderung des anderen Ehegatten veranlasster Mehraufwand angefallen ist (→ BFH vom 7.5.2013 – BStBl. II S. 808).

Behindertengerechte Ausstattung.[1)]

- Mehraufwendungen für die notwendige behindertengerechte Gestaltung des individuellen Wohnumfelds sind außergewöhnliche Belastungen. Sie stehen so stark unter dem Gebot der sich aus der Situation ergebenden Zwangsläufigkeit, dass die Erlangung eines etwaigen Gegenwerts regelmäßig in den Hintergrund tritt. Es ist nicht erforderlich, dass die Behinderung auf einem nicht vorhersehbaren Ereignis beruht und deshalb ein schnelles Handeln des Stpfl. oder seiner Angehörigen geboten ist. Auch die Frage nach zumutbaren Handlungsalternativen stellt sich in solchen Fällen nicht (→ BFH vom 24.2.2011 – BStBl. II S. 1012).
- Behinderungsbedingte Umbaukosten einer Motoryacht sind keine außergewöhnlichen Belastungen (→ BFH vom 2.6.2015 – BStBl. II S. 775).
- R 33.4 Abs. 5.

Bestattungskosten eines nahen Angehörigen sind regelmäßig als außergewöhnliche Belastung zu berücksichtigen, soweit sie nicht aus dem Nachlass bestritten werden können und auch nicht durch Ersatzleistungen gedeckt sind (→ BFH vom 24.7.1987 – BStBl. II S. 715, vom 4.4.1989 – BStBl. II S. 779 und vom 21.2.2018 – BStBl. II S. 469). Leistungen aus einer Sterbegeldversicherung oder aus einer Lebensversicherung, die dem Stpfl. anlässlich des Todes eines nahen Angehörigen außerhalb des Nachlasses zufließen, sind auf die als außergewöhnliche Belastung anzuerkennenden Kosten anzurechnen (→ BFH vom 19.10.1990 – BStBl. 1991 II S. 140 und vom 22.2.1996 – BStBl. II S. 413).[2)]

Zu den außergewöhnlichen Belastungen gehören nur solche Aufwendungen, die unmittelbar mit der eigentlichen Bestattung zusammenhängen. Nur mittelbar mit einer Bestattung zusammenhängende Kosten werden mangels Zwangsläufigkeit nicht als außergewöhnliche Belastung anerkannt. Zu diesen mittelbaren Kosten gehören z. B.:

- Aufwendungen für die Bewirtung von Trauergästen (→ BFH vom 17.9.1987 – BStBl. 1988 II S. 130),
- Aufwendungen für die Trauerkleidung (→ BFH vom 12.8.1966 – BStBl. 1967 III S. 364),
- Reisekosten für die Teilnahme an einer Bestattung eines nahen Angehörigen (→ BFH vom 17.6.1994 – BStBl. II S. 754).

Betreuervergütung. Vergütungen für einen ausschließlich zur Vermögenssorge bestellten Betreuer stellen keine außergewöhnlichen Belastungen, sondern Betriebsausgaben bzw. Werbungskosten bei den mit dem verwalteten Vermögen erzielten Einkünften dar, sofern die Tätigkeit des Betreuers weder einer kurzfristigen Abwicklung des Vermögens noch der Verwaltung

---

1) Mehrkosten für die Anschaffung eines größeren Grundstücks zum Bau eines behindertengerechten Bungalows sind keine außergewöhnliche Belastung; siehe BFH v. 17.7.2014 VI R 42/13, BStBl. II 2014, 931. – Behindertengerechter Gartenumbau ist keine außergewöhnliche Belastung; siehe BFH v. 26.10.2022 VI R 25/20, BStBl. II 2023, 372.

2) Einkommensteuerpflichtige Ersatzleistungen führen nicht zu einer Kürzung der nach § 33 EStG abzugsfähigen Aufwendungen; siehe BFH v. 15.6.2023 VI R 33/20, BStBl. II 2023, 1031.

sammenhang mit dessen Tod beruhen (→ BFH vom 24.7.1987 – BStBl. II S. 715).
- Nachzahlungen zur Rentenversicherung eines Elternteils sind nicht aus sittlichen Gründen zwangsläufig, wenn auch ohne die daraus entstehenden Rentenansprüche der Lebensunterhalt des Elternteils sichergestellt ist (→ BFH vom 7.3.2002 – BStBl. II S. 473).

Studiengebühren. Gebühren für die Hochschulausbildung eines Kindes sind weder nach § 33a Abs. 2 EStG noch nach § 33 EStG als außergewöhnliche Belastung abziehbar (→ BFH vom 17.12.2009 – BStBl. 2010 II S. 341).

Trinkgelder. Trinkgelder sind nicht zwangsläufig i. S. d. § 33 Abs. 2 EStG und zwar unabhängig davon, ob die zugrunde liegende Leistung selbst als außergewöhnliche Belastung zu beurteilen ist (→ BFH vom 30.10.2003 – BStBl. 2004 II S. 270 und vom 19.4.2012 – BStBl. II S. 577).

Umschulungskosten. Kosten für eine Zweitausbildung sind dann nicht berücksichtigungsfähig, wenn die Erstausbildung nicht endgültig ihren wirtschaftlichen Wert verloren hat (→ BFH vom 28.8.1997 – BStBl. 1998 II S. 183).

Umzug. Umzugskosten sind unabhängig von der Art der Wohnungskündigung durch den Mieter oder Vermieter in der Regel nicht außergewöhnlich (→ BFH vom 28.2.1975 – BStBl. II S. 482 und vom 23.6.1978 – BStBl. II S. 526).

Unterbringung eines nahen Angehörigen in einem Heim.[1] → BMF vom 2.12.2002 (BStBl. I S. 1389).

Unterhaltsverpflichtung.
- → Kapitalabfindung von Unterhaltsansprüchen.
- → Pflegeaufwendungen für Dritte.

Urlaubsreise. Aufwendungen für die Wiederbeschaffung von Kleidungsstücken, die dem Stpfl. auf einer Urlaubsreise entwendet wurden, können regelmäßig nicht als außergewöhnliche Belastung angesehen werden, weil üblicherweise ein notwendiger Mindestbestand an Kleidung noch vorhanden ist (→ BFH vom 3.9.1976 – BStBl. II S. 712).

Verausgabung.
- Aus dem Zusammenhang der Vorschriften von § 33 Abs. 1 EStG und § 11 Abs. 2 Satz 1 EStG folgt, dass außergewöhnliche Belastungen für das Kj. anzusetzen sind, in dem die Aufwendungen tatsächlich geleistet worden sind (→ BFH vom 30.7.1982 – BStBl. II S. 744 und vom 10.6.1988 – BStBl. II S. 814). Dies gilt grundsätzlich auch, wenn die Aufwendungen (nachträgliche) Anschaffungs- oder Herstellungskosten eines mehrjährig nutzbaren Wirtschaftsguts darstellen (→ BFH vom 22.10.2009 – BStBl. 2010 II S. 280).
- → Darlehen.
- → Ersatz von dritter Seite.

---

[1] Zur Berücksichtigung von Aufwendungen für die krankheits-, pflege- und behinderungsbedingte Unterbringung in einer dem jeweiligen Landesrecht unterliegenden Wohngemeinschaft als a. g. B. siehe BFH v. 10.8.2023 VI R 40/20, BStBl. II 2023, 1107.

Verbraucherinsolvenzverfahren. Die Insolvenztreuhandvergütung ist mangels Außergewöhnlichkeit nicht als außergewöhnliche Belastung zu berücksichtigen (→ BFH vom 16.12.2021 – BStBl. II 2022 S. 321).

Vermögensebene.

– Auch Kosten zur Beseitigung von Schäden an einem Vermögensgegenstand können Aufwendungen i. S. v. § 33 EStG sein, wenn der Vermögensgegenstand für den Stpfl. von existenziell wichtiger Bedeutung ist. Eine Berücksichtigung nach § 33 EStG scheidet aus, wenn Anhaltspunkte für ein Verschulden des Stpfl. erkennbar oder Ersatzansprüche gegen Dritte gegeben sind oder wenn der Stpfl. eine allgemein zugängliche und übliche Versicherungsmöglichkeit nicht wahrgenommen hat (→ BFH vom 6.5.1994 – BStBl. 1995 II S. 104). Dies gilt auch, wenn lebensnotwendige Vermögensgegenstände wie Hausrat und Kleidung wiederbeschafft werden müssen (→ BFH vom 26.6.2003 – BStBl. 2004 II S. 47).

– → R 33.2.

Verschulden.

– Ein eigenes (ursächliches) Verschulden des Stpfl. schließt die Berücksichtigung von Aufwendungen zur Wiederherstellung von Vermögensgegenständen nach § 33 EStG aus (→ BFH vom 6.5.1994 – BStBl. 1995 II S. 104).

– → Vermögensebene.

Versicherung.

– Eine Berücksichtigung von Aufwendungen zur Wiederherstellung von Vermögensgegenständen nach § 33 EStG scheidet aus, wenn der Stpfl. eine allgemein zugängliche und übliche Versicherungsmöglichkeit nicht wahrgenommen hat (→ BFH vom 6.5.1994 – BStBl. 1995 II S. 104). Dies gilt auch, wenn lebensnotwendige Vermögensgegenstände, wie Hausrat und Kleidung, wiederbeschafft werden müssen (→ BFH vom 26.6.2003 – BStBl. 2004 II S. 47).

– → Ersatz von dritter Seite.

– → Vermögensebene.

– → Bestattungskosten.

Wildtierschäden. Wildtierschäden als solche sind keineswegs unüblich und nicht mit ungewöhnlichen Schadensereignissen i. S. d. § 33 EStG vergleichbar (→ BFH vom 1.10.2020 – BStBl. 2021 II S. 146).

Wissenschaftlich nicht anerkannte Behandlungsmethoden.

– Wissenschaftlich nicht anerkannt ist eine Behandlungsmethode dann, wenn Qualität und Wirksamkeit nicht dem allgemein anerkannten Stand der medizinischen Erkenntnisse entsprechen (→ BFH vom 26.6.2014 – BStBl. 2015 II S. 9).

– Maßgeblicher Zeitpunkt für die wissenschaftliche Anerkennung einer Behandlungsmethode i. S. d. § 64 Abs. 1 Nr. 2 Satz 1 Buchst. f EStDV ist der Zeitpunkt der Behandlung (→ BFH vom 18.6.2015 – BStBl. II S. 803).

– Die Behandlungsmethoden, Arznei- und Heilmittel der besonderen Therapierichtungen nach § 2 Abs. 1 Satz 2 SGB V[1] (Phytotherapie, Homöo-

[1] **Aichberger SGB** Nr. 5.

pathie und Anthroposophie mit dem Heilmittel Heileurythmie) gehören nicht zu den wissenschaftlich nicht anerkannten Behandlungsmethoden. Der Nachweis der Zwangsläufigkeit von Aufwendungen im Krankheitsfall ist daher nicht nach § 64 Abs. 1 Nr. 2f EStDV zu führen. Sofern es sich um Aufwendungen für Arznei-, Heil- und Hilfsmittel handelt, ist der Nachweis der Zwangsläufigkeit nach § 64 Abs. 1 Nr. 1 EStDV zu erbringen (→ BFH vom 26.2.2014 – BStBl. II S. 824).

– *Bei einer Liposuktion handelt es sich um eine wissenschaftlich nicht anerkannte Methode zur Behandlung eines Lipödems (→ BFH vom 18.6.2015 – BStBl. II S. 803).*[1)]

Wohngemeinschaft. Nicht erstattete Kosten für die behinderungsbedingte Unterbringung eines Menschen im arbeitsfähigen Alter in einer betreuten Wohngemeinschaft können außergewöhnliche Belastungen sein. Werden die Unterbringungskosten als Eingliederungshilfe teilweise vom Sozialhilfeträger übernommen, kann die Notwendigkeit der Unterbringung unterstellt werden (→ BFH vom 23.5.2002 – BStBl. II S. 567).

Zinsen. Zinsen für ein Darlehen können ebenfalls zu den außergewöhnlichen Belastungen zählen, soweit die Darlehensaufnahme selbst zwangsläufig erfolgt ist (→ BFH vom 6.4.1990 – BStBl. II S. 958); sie sind im Jahr der Verausgabung abzuziehen.

Zumutbare Belastung. Die Höhe der zumutbaren Belastung (§ 33 Abs. 3 Satz 1 EStG) wird gestaffelt ermittelt. Nur der Teil des Gesamtbetrags der Einkünfte, der die jeweilige Betragsstufe übersteigt, wird mit dem jeweils höheren Prozentsatz belastet (→ BFH vom 19.1.2017 – BStBl. II S. 684).

Zwischenheimfahrten. Fahrtkosten aus Anlass von Zwischenheimfahrten können grundsätzlich nicht berücksichtigt werden. Dies gilt nicht für Kosten der Zwischenheimfahrten einer Begleitperson, die ein krankes, behandlungsbedürftiges Kind, das altersbedingt einer Begleitperson bedarf, zum Zwecke einer amtsärztlich bescheinigten Heilbehandlung von mehrstündiger Dauer gefahren und wieder abgeholt hat, wenn es der Begleitperson nicht zugemutet werden kann, die Behandlung abzuwarten (→ BFH vom 3.12.1998 – BStBl. 1999 II S. 227).

Zu § 33a EStG

R 33a.1 Aufwendungen für den Unterhalt und eine etwaige Berufsausbildung

Gesetzlich unterhaltsberechtigte Person

(1) [1]Gesetzlich unterhaltsberechtigt sind Personen, denen gegenüber der Stpfl. nach dem BGB oder dem LPartG unterhaltsverpflichtet ist. [2]Somit müssen die zivilrechtlichen Voraussetzungen eines Unterhaltsanspruchs vorliegen und die Unterhaltskonkurrenzen beachtet werden. [3]Für den Abzug ist dabei die tatsächliche Bedürftigkeit des Unterhaltsempfängers erforderlich (sog. konkrete Betrachtungsweise). [4]Eine Prüfung, ob im Einzelfall tatsäch-

1) Überholt durch BFH v. 22.3.2023 VI R 39/20, BStBl. II 2023, 854 (Rspr.-Änderung).

lich ein Unterhaltsanspruch besteht, ist aus Gründen der Verwaltungsvereinfachung nicht erforderlich, wenn die unterstützte Person unbeschränkt steuerpflichtig sowie dem Grunde nach (potenziell) unterhaltsberechtigt ist, tatsächlich Unterhalt erhält und alle übrigen Voraussetzungen des § 33a Abs. 1 EStG vorliegen; insoweit wird die Bedürftigkeit der unterstützten Person typisierend unterstellt. [5] Gehört die unterhaltsberechtigte Person zum Haushalt des Stpfl., kann regelmäßig davon ausgegangen werden, dass ihm dafür Unterhaltsaufwendungen in Höhe des maßgeblichen Höchstbetrags erwachsen.

Arbeitskraft und Vermögen

(2) [1] Die zu unterhaltende Person muss zunächst ihr eigenes Vermögen, wenn es nicht geringfügig ist, einsetzen und verwerten. [2] Hinsichtlich des vorrangigen Einsatzes und Verwertung der eigenen Arbeitskraft ist Absatz 1 Satz 4 entsprechend anzuwenden. [3] Als geringfügig kann in der Regel ein Vermögen bis zu einem gemeinen Wert (Verkehrswert) von 15 500 Euro angesehen werden. [4] Dabei bleiben außer Betracht:

1. Vermögensgegenstände, deren Veräußerung offensichtlich eine Verschleuderung bedeuten würde,
2. Vermögensgegenstände, die einen besonderen persönlichen Wert, z. B. Erinnerungswert, für den Unterhaltsempfänger haben oder zu seinem Hausrat gehören, und ein angemessenes Hausgrundstück im Sinne von § 90 Abs. 2 Nr. 8 SGB XII,[1)] wenn der Unterhaltsempfänger das Hausgrundstück allein oder zusammen mit Angehörigen bewohnt, denen es nach seinem Tode weiter als Wohnung dienen soll.

Einkünfte und Bezüge

(3) [1] Einkünfte sind stets in vollem Umfang zu berücksichtigen, also auch soweit sie zur Bestreitung des Unterhalts nicht zur Verfügung stehen oder die Verfügungsbefugnis beschränkt ist. [2] Dies gilt auch für Einkünfte, die durch unvermeidbare Versicherungsbeiträge des Kindes gebunden sind. [3] Bezüge i. S. v. § 33a Abs. 1 Satz 5 EStG sind alle Einnahmen in Geld oder Geldeswert, die nicht im Rahmen der einkommensteuerrechtlichen Einkunftsermittlung erfasst werden. [4] Zu diesen Bezügen gehören insbesondere:

1. Kapitalerträge i. S. d. § 32d Abs. 1 EStG ohne Abzug des Sparer-Pauschbetrags nach § 20 Abs. 9 EStG,
2. die nicht der Besteuerung unterliegenden Teile der Leistungen (§ 22 Nr. 1 Satz 3 Buchstabe a Doppelbuchstabe aa EStG) und die Teile von Leibrenten, die den Ertragsanteil nach § 22 Nr. 1 Satz 3 Buchstabe a Doppelbuchstabe bb EStG übersteigen,
3. Einkünfte und Leistungen, soweit sie dem Progressionsvorbehalt unterliegen,
4. steuerfreie Einnahmen nach § 3 Nr. 1 Buchstabe a, Nr. 2b, 3, 5, 6, 11, 27, 44, 58 und § 3b EStG,

---

1) **Aichberger SGB** Nr. 12.

5. die nach § 3 Nr. 40 und 40a EStG steuerfrei bleibenden Beträge abzüglich der damit in Zusammenhang stehenden Aufwendungen i. S. d. § 3c EStG,
6. pauschal besteuerte Bezüge nach § 40a EStG,
7. Unterhaltsleistungen des geschiedenen oder dauernd getrennt lebenden Ehegatten, soweit sie nicht als sonstige Einkünfte i. S. d. § 22 Nr. 1a EStG erfasst sind,
8. Zuschüsse eines Trägers der gesetzlichen Rentenversicherung zu den Aufwendungen eines Rentners für seine Krankenversicherung.

[5]Bei der Feststellung der anzurechnenden Bezüge sind aus Vereinfachungsgründen insgesamt 180 Euro im Kalenderjahr abzuziehen, wenn nicht höhere Aufwendungen, die im Zusammenhang mit dem Zufluss der entsprechenden Einnahmen stehen, nachgewiesen oder glaubhaft gemacht werden. [6]Ein solcher Zusammenhang ist z. B. bei Kosten eines Rechtsstreits zur Erlangung der Bezüge und bei Kontoführungskosten gegeben.

Opfergrenze, Ländergruppeneinteilung

(4) [1]Die Opfergrenze ist unabhängig davon zu beachten, ob die unterhaltene Person im Inland oder im Ausland lebt. [2]Die nach § 33a Abs. 1 Satz 6 EStG maßgeblichen Beträge sind anhand der Ländergruppeneinteilung zu ermitteln.[1)]

Erhöhung des Höchstbetrages für Unterhaltsleistungen um Beiträge zur Kranken- und Pflegeversicherung

(5) [1]Der Höchstbetrag nach § 33a Abs. 1 Satz 1 EStG erhöht sich um die für die Absicherung der unterhaltsberechtigten Person aufgewandten Beiträge zur Kranken- und Pflegeversicherung nach § 10 Abs. 1 Nr. 3 EStG, wenn für diese beim Unterhaltsleistenden kein Sonderausgabenabzug möglich ist. [2]Dabei ist es nicht notwendig, dass die Beiträge tatsächlich von dem Unterhaltsverpflichteten gezahlt oder erstattet wurden. [3]Für diese Erhöhung des Höchstbetrages genügt es, wenn der Unterhaltsverpflichtete seiner Unterhaltsverpflichtung nachkommt. [4]Die Gewährung von Sachunterhalt (z. B. Unterkunft und Verpflegung) ist ausreichend.

H **33a.1**

Allgemeines zum Abzug von Unterhaltsaufwendungen. → BMF vom 6.4.2022 (BStBl. I S. 617).

Abgrenzung zu § 33 EStG.
- → BMF vom 6.4.2022 (BStBl. I S. 617), Rz. 11 f.
- Zur Berücksichtigung von Aufwendungen wegen Pflegebedürftigkeit und erheblich eingeschränkter Alltagskompetenz → R 33.3, von Aufwendungen wegen Krankheit und Behinderung → R 33.4 und von Aufwendungen für existentiell notwendige Gegenstände → R 33.2.

---

1) Siehe H 33a.1 „Ländergruppeneinteilung".

Anrechnung eigener Einkünfte und Bezüge.

– **Allgemeines.** Leistungen des Stpfl., die neben Unterhaltsleistungen aus einem anderen Rechtsgrund (z.B. Erbauseinandersetzungsvertrag) erbracht werden, gehören zu den anzurechnenden Einkünften und Bezügen der unterhaltenen Person (→ BFH vom 17.10.1980 – BStBl. 1981 II S. 158).

– **Ausbildungshilfen.** Ausbildungshilfen der Agentur für Arbeit mindern nur dann den Höchstbetrag des § 33a Abs. 1 EStG bei den Eltern, wenn sie Leistungen abdecken, zu denen die Eltern gesetzlich verpflichtet sind. Eltern sind beispielsweise nicht verpflichtet, ihrem Kind eine zweite Ausbildung zu finanzieren, der sich das Kind nachträglich nach Beendigung der ersten Ausbildung unterziehen will. Erhält das Kind in diesem Fall Ausbildungshilfen zur Finanzierung von Lehrgangsgebühren, Fahrtkosten oder Arbeitskleidung, sind diese nicht auf den Höchstbetrag anzurechnen (→ BFH vom 4.12.2001 – BStBl. 2002 II S. 195). Der Anspruch auf kindergeldähnliche Leistungen nach ausländischem Recht steht dem Kindergeldanspruch gleich (→ BFH vom 4.12.2003 – BStBl. 2004 II S. 275).

– **Einkünfte und Bezüge.**
  - → R 33a.1 Abs. 3.
  - Unvermeidbare Versicherungsbeiträge der unterhaltenen Person mindern die anzurechnenden Einkünfte i.S.d. § 33a Abs. 1 Satz 5 EStG nicht. Verfassungsrechtliche Bedenken hiergegen bestehen nicht (→ BFH vom 18.6.2015 – BStBl. II S. 928).

– **Elterngeld.** Das Elterngeld zählt in vollem Umfang und damit einschließlich des Sockelbetrags (§ 2 Abs. 4 BEEG) zu den anrechenbaren Bezügen (→ BFH vom 20.10.2016 – BStBl. 2017 II S. 194).

– **Leistungen für Mehrbedarf bei Körperschaden.** Leistungen, die nach bundes- oder landesgesetzlichen Vorschriften gewährt werden, um einen Mehrbedarf zu decken, der durch einen Körperschaden verursacht ist, sind keine anzurechnenden Bezüge (→ BFH vom 22.7.1988 – BStBl. II S. 830).

– **Zusammenfassendes Beispiel für die Anrechnung:**

Ein Stpfl. unterhält seinen 35-jährigen Sohn mit 150 € monatlich. Dieser erhält Arbeitslohn von jährlich 7200 €. Davon wurden gesetzliche Sozialversicherungsbeiträge i. H. v. 1459 € abgezogen (Krankenversicherung 568 €, Rentenversicherung 673 €, Pflegeversicherung 110 € und Arbeitslosenversicherung 108 €). Daneben erhält er seit seinem 30. Lebensjahr eine lebenslängliche Rente aus einer privaten Unfallversicherung i. H. v. 150 € monatlich.

Tatsächliche Unterhaltsleistungen			1 800 €
Ungekürzter Höchstbetrag			9 984 €
Erhöhungsbetrag nach § 33a Abs. 1 Satz 2 EStG			
Krankenversicherung	568 €		
abzüglich 4 % (→ BMF vom 24.5.2017 – BStBl. I S. 820, Rz. 83)	– 22 €		
verbleiben	546 €	546 €	
Pflegeversicherung		110 €	
Erhöhungsbetrag			656 €
Ungekürzter Höchstbetrag und Erhöhungsbetrag gesamt			10 640 €

Einkünfte des Sohnes			
Arbeitslohn	7 200 €		
Arbeitnehmer-Pauschbetrag	– 1 000 €		
Einkünfte i. S. d. § 19 EStG	6 200 €	6 200 €	
Leibrente	1 800 €		
Hiervon Ertragsanteil 44 %	792 €		
Werbungskosten-Pauschbetrag	– 102 €		
Einkünfte i. S. d. § 22 EStG	690 €	+ 690 €	
S. d. E.		6 890 €	
Bezüge des Sohnes			
Steuerlich nicht erfasster Teil der Rente	1 008 €		
Kostenpauschale	– 180 €		
Bezüge	828 €	+ 828 €	
S. d. E. und Bezüge		7 718 €	
anrechnungsfreier Betrag		– 624 €	
anzurechnende Einkünfte		7 094 €	– 7 094 €
Höchstbetrag			3 546 €
Abzugsfähige Unterhaltsleistungen			1 800 €

– **Zuschüsse.** Zu den ohne anrechnungsfreien Betrag anzurechnenden Zuschüssen gehören z. B. die als Zuschuss gewährten Leistungen nach dem BAföG, nach dem SGB III gewährte Berufsausbildungsbeihilfen und Ausbildungsgelder sowie Stipendien aus öffentlichen Mitteln. Dagegen sind Stipendien aus dem ERASMUS/SOKRATES-Programm der EU nicht anzurechnen, da die Stipendien nicht die üblichen Unterhaltsaufwendungen, sondern allein die anfallenden Mehrkosten eines Auslandsstudiums (teilweise) abdecken (→ BFH vom 17.10.2001 – BStBl. 2002 II S. 793).

Geringes Vermögen („Schonvermögen“).

– Nicht gering kann auch Vermögen sein, das keine anzurechnenden Einkünfte abwirft; Vermögen ist auch dann zu berücksichtigen, wenn es die unterhaltene Person für ihren künftigen Unterhalt benötigt (→ BFH vom 14.8.1997 – BStBl. 1998 II S. 241).
– Bei Ermittlung des für den Unterhaltshöchstbetrag schädlichen Vermögens sind Verbindlichkeiten und Verwertungshindernisse vom Verkehrswert der aktiven Vermögensgegenstände, der mit dem gemeinen Wert nach dem BewG zu ermitteln ist, in Abzug zu bringen (Nettovermögen) (→ BFH vom 11.2.2010 – BStBl. II S. 628). Wertmindernd zu berücksichtigen sind dabei auch ein Nießbrauchsvorbehalt sowie ein dinglich gesichertes Veräußerungs- und Belastungsverbot (→ BFH vom 29.5.2008 – BStBl. 2009 II S. 361).
– Die Bodenrichtwerte nach dem BauGB sind für die Ermittlung des Verkehrswertes von Grundvermögen i. S. d. § 33a EStG nicht verbindlich (→ BFH vom 11.2.2010 – BStBl. II S. 628).
– Ein angemessenes Hausgrundstück i. S. d. § 90 Abs. 2 Nr. 8 SGB XII bleibt außer Betracht (→ R 33a.1 Abs. 2).

§ 90 Abs. 2 Nr. 8 SGB XII hat folgenden Wortlaut:

„**Einzusetzendes Vermögen**

…

(2) Die Sozialhilfe darf nicht abhängig gemacht werden vom Einsatz oder von der Verwertung

…

8. eines angemessenen Hausgrundstücks, das von der nachfragenden Person oder einer anderen in den § 19 Abs. 1 bis 3 genannten Person allein oder zusammen mit Angehörigen ganz oder teilweise bewohnt wird und nach ihrem Tod von ihren Angehörigen bewohnt werden soll. Die Angemessenheit bestimmt sich nach der Zahl der Bewohner, dem Wohnbedarf (zum Beispiel behinderter, blinder oder pflegebedürftiger Menschen), der Grundstücksgröße, der Hausgröße, dem Zuschnitt und der Ausstattung des Wohngebäudes sowie dem Wert des Grundstücks einschließlich des Wohngebäudes,".

Geschiedene oder dauernd getrennt lebende Ehegatten. Durch Antrag und Zustimmung nach § 10 Abs. 1a Nr. 1 EStG werden alle in dem betreffenden VZ geleisteten Unterhaltsaufwendungen zu Sonderausgaben umqualifiziert. Ein Abzug als außergewöhnliche Belastung ist nicht möglich, auch nicht, soweit sie den für das Realsplitting geltenden Höchstbetrag übersteigen (→ BFH vom 7.11.2000 – BStBl. 2001 II S. 338). Sind für das Kj. der Trennung oder Scheidung die Vorschriften über die Ehegattenbesteuerung (§§ 26 bis 26b, § 32a Abs. 5 EStG) anzuwenden, dann können Aufwendungen für den Unterhalt des dauernd getrennt lebenden oder geschiedenen Ehegatten nicht nach § 33a Abs. 1 EStG abgezogen werden (→ BFH vom 31.5.1989 – BStBl. II S. 658).

Gleichgestellte Person. → BMF vom 6.4.2022 (BStBl. I S. 617).

Haushaltsgemeinschaft. Lebt der Unterhaltsberechtigte mit bedürftigen Angehörigen in einer Haushaltsgemeinschaft und wird seine Rente bei der Berechnung der Sozialhilfe als Einkommen der Haushaltsgemeinschaft angerechnet, ist die Rente nur anteilig auf den Höchstbetrag des § 33a Abs. 1 Satz 1 EStG anzurechnen. In diesem Fall sind die Rente und die Sozialhilfe nach Köpfen aufzuteilen (→ BFH vom 19.6.2002 – BStBl. II S. 753).

Heimunterbringung. → Personen in einem Altenheim oder Altenwohnheim.

Ländergruppeneinteilung. → BMF vom 11.11.2020 (BStBl. I S. 1212).[1], [2]

Opfergrenze. → BMF vom 6.4.2022 (BStBl. I S. 617), Rz. 16 ff.

Personen in einem Altenheim oder Altenwohnheim. Zu den Aufwendungen für den typischen Unterhalt gehören grundsätzlich auch Kosten der Unterbringung in einem Altenheim oder Altenwohnheim (→ BFH vom 29.9.1989 – BStBl. 1990 II S. 418).

Personen im Ausland.

- Zur Berücksichtigung von Aufwendungen für den Unterhalt → BMF vom 6.4.2022 (BStBl. I S. 623).
- Ländergruppeneinteilung[2] → BMF vom 11.11.2020 (BStBl. I S. 1212).[1]

Personen mit einer Aufenthaltserlaubnis nach § 23 Aufenthaltsgesetz. → BMF vom 27.5.2015 (BStBl. I S. 474).

Unterhalt für mehrere Personen. Unterhält der Stpfl. mehrere Personen, die einen gemeinsamen Haushalt führen, so ist der nach § 33a Abs. 1 EStG abziehbare Betrag grundsätzlich für jede unterhaltsberechtigte oder gleich-

---

[1] Zur Ländergruppeneinteilung ab 1.1.2024 siehe BMF v. 18.12.2023, BStBl. I 2023, 2236.

[2] Zur Rechtmäßigkeit der Ländergruppeneinteilung siehe BFH v. 25.11.2010 VI R 28/10, BStBl. II 2011, 283.

auf Erstattung von überzahlter Einkommensteuer, der sich durch den Anrechnungsbetrag ergibt. Der Erstattungsanspruch entsteht wie die zu veranlagende Einkommensteuer mit Ablauf des VZ. Die Abtretung wird erst wirksam, wenn sie der Gläubiger nach diesem Zeitpunkt der zuständigen Finanzbehörde anzeigt (§ 46 Abs. 2 AO).

Anrechnung.

– **Änderungen.** Die Vorschriften über die Aufhebung oder Änderung von Steuerfestsetzungen können – auch wenn im Einkommensteuerbescheid die Steuerfestsetzung und die Anrechnung technisch zusammengefasst sind – nicht auf die Anrechnung angewendet werden. Die Korrektur der Anrechnung richtet sich nach §§ 129 bis 131 AO. Zum Erlass eines Abrechnungsbescheides → § 218 Abs. 2 AO.
  Die Anrechnung von Steuerabzugsbeträgen und Steuervorauszahlungen ist ein Verwaltungsakt mit Bindungswirkung. Diese Bindungswirkung muss auch beim Erlass eines Abrechnungsbescheids nach § 218 Abs. 2 AO beachtet werden. Deshalb kann im Rahmen eines Abrechnungsbescheides die Steueranrechnung zugunsten oder zuungunsten des Stpfl. nur dann geändert werden, wenn eine der Voraussetzungen der §§ 129 bis 131 AO gegeben ist (→ BFH vom 15.4.1997 – BStBl. II S. 787).
– **Bei Veranlagung.** Die Anrechnung von Steuerabzugsbeträgen ist unzulässig, soweit die Erstattung beantragt oder durchgeführt worden ist (§ 36 Abs. 2 Nr. 2 EStG).
  Durch einen bestandskräftig abgelehnten Antrag auf Erstattung von Kapitalertragsteuer wird die Anrechnung von Kapitalertragsteuer bei der Veranlagung zur Einkommensteuer nicht ausgeschlossen.
– **Teil der Steuererhebung.** Die Anrechnung von Steuervorauszahlungen (§ 36 Abs. 2 Nr. 1 EStG) und von erhobenen Steuerabzugsbeträgen (§ 36 Abs. 2 Nr. 2 EStG) auf die Einkommensteuer ist Teil der Steuererhebung (→ BFH vom 14.11.1984 – BStBl. 1985 II S. 216).

Forschungszulage. Zum Anrechnungsverfahren der Forschungszulage → *BMF vom 11.11.2021 (BStBl. 2022 I S. 2277), Rn. 258ff.*[1]

Investmentanteile. Zur Anrechnung von Kapitalertragsteuer bei Veräußerung oder Rückgabe eines Anteils an einem ausländischen thesaurierenden Investmentvermögen → BMF vom 17.12.2012 (BStBl. 2013 I S. 54).

Personengesellschaft. → H 15.8 (3) GmbH-Beteiligung.

Zu § 36a EStG

H **36a**

Allgemeines. Anwendungsfragen zur Beschränkung der Anrechenbarkeit der Kapitalertragsteuer nach § 36a EStG → BMF vom 3.4.2017 (BStBl. I S. 726) unter Berücksichtigung der Änderungen vom 20.2.2018 (BStBl. I S. 308).

---

[1] Ersetzt durch BMF v. 7.2.2023, BStBl. I 2023, 364, anzuwenden ab 30.3.2023 auf alle offenen Fälle.

Zu § 37 EStG

R 37. Einkommensteuer-Vorauszahlung[1]

Bei der Veranlagung von Ehegatten nach § 26a EStG ist für die Ermittlung der 600-Euro-Grenze in § 37 Abs. 3 EStG die Summe der für beide Ehegatten in Betracht kommenden Aufwendungen und abziehbaren Beträge zugrunde zu legen.

H 37

Anpassung von Vorauszahlungen. Eine Anpassung ist auch dann noch möglich, wenn eine Einkommensteuererklärung für den abgelaufenen VZ bereits abgegeben worden ist (→ BFH vom 27.9.1976 – BStBl. 1977 II S. 33).

Erhöhung von Vorauszahlungen. Im Fall der Erhöhung einer Vorauszahlung zum nächsten Vorauszahlungstermin des laufenden Kj. gilt die Monatsfrist des § 37 Abs. 4 Satz 2 EStG nicht (→ BFH vom 22.8.1974 – BStBl. 1975 II S. 15 und vom 25.6.1981 – BStBl. 1982 II S. 105).

Verteilung von Vorauszahlungen. Vorauszahlungen sind grundsätzlich in vier gleich großen Teilbeträgen zu leisten. Eine Ausnahme hiervon kommt auch dann nicht in Betracht, wenn der Stpfl. geltend macht, der Gewinn des laufenden VZ entstehe nicht gleichmäßig (→ BFH vom 22.11.2011 – BStBl. 2012 II S. 329).

Vorauszahlungen bei Arbeitnehmern. Die Festsetzung von Einkommensteuer-Vorauszahlungen ist auch dann zulässig, wenn der Stpfl. ausschl. Einkünfte aus nichtselbständiger Arbeit erzielt, die dem Lohnsteuerabzug unterliegen (→ BFH vom 20.12.2004 – BStBl. 2005 II S. 358).

Zu § 37b EStG

H 37b

Allgemeines.[2] Zur Pauschalierung der Einkommensteuer bei Sachzuwendungen → BMF vom 19.5.2015 (BStBl. I S. 468) unter Berücksichtigung der Änderungen durch BMF vom 28.6.2018 (BStBl. I S. 814).

Zu § 43 EStG

H 43

Allgemeines.[3] Einzelfragen zur Abgeltungsteuer → BMF vom 19.5.2022 (BStBl. I S. 742)[4] unter Berücksichtigung der Änderungen in Rn. 92 und 300a durch BMF vom 20.12.2022 (BStBl. I 2023 S. 46).

---

[1] Zum Antrag auf pauschalierte Herabsetzung bereits geleisteter Vorauszahlungen für 2019 als Corona-Sofortmaßnahme siehe §§ 110, 111 EStG idF des 2. Corona-SteuerhilfeG v. 29.6.2020, BGBl. I 2020, 1512. Zur vereinfachten Anpassung von Vorauszahlungen 2021 für die durch die Auswirkungen des Coronavirus nicht unerheblich negativ wirtschaftlich betroffenen Steuerpflichtigen siehe BMF v. 31.1.2022, BStBl. I 2022, 132.

[2] Siehe auch BFH v. 21.2.2018 VI R 25/16, BStBl. II 2018, 389.

[3] Zum Kapitalertragsteuerabzug durch inländische Kreditinstitute bei Treuhandmodellen siehe BMF v. 31.3.2017, BStBl. I 2017, 725.

[4] Geänd. durch BMF v. 11.7.2023, BStBl. I 2023, 1471.

Zu § 68 EStG

H 68

Bescheinigungen für Finanzämter. → O 4.3 DA-KG 2022.[1)]

Auskunftserteilung an Bezügestellen des öffentlichen Dienstes. → O 4.4 DA-KG 2022.[1)]

Zu § 70 EStG

H 70

Festsetzung des Kindergeldes durch Bescheid. → V 10 DA-KG 2022.[1)]

Zu § 71 EStG

H 71

Vorläufige Zahlungseinstellung. → V 23.3 DA-KG 2022.[1)]

Zu § 72 EStG

H 72

Festsetzung und Zahlung des Kindergeldes an Angehörige des öffentlichen Dienstes. → V 1.2–3.3 DA-KG 2022.[1)]

Zu § 74 EStG

H 74

Zahlung des Kindergeldes in Sonderfällen. → V 33–34 DA-KG 2022.[1)]

Zu § 75 EStG

H 75

Aufrechnung. → V 28 DA-KG 2022.[1)]

Zu § 76 EStG

H 76

Pfändung. → V 24 DA-KG 2022.[1)]

Zu § 77 EStG

H 77

Rechtsbehelfsverfahren. → R 1–14 DA-KG 2022.[1)]

[1)] BStBl. I 2022, 1010. – Hinweis auf DA-KG 2023, BStBl. I 2023, 818.

Zu § 78 EStG

H 78

Sonderregelung für Berechtigte in den neuen Ländern. → A 27 DA-KG 2022.[1]

Zu § 79 EStG

H 79

Private Altersvorsorge. → *BMF vom 21.12.2017 (BStBl. 2018 I S. 93) unter Berücksichtigung der Änderungen durch BMF vom 17.2.2020 (BStBl. I S. 213) und vom 11.2.2022 (BStBl. I S. 186).*[2]

---

[1] BStBl. I 2022, 1010. – Hinweis auf DA-KG 2023, BStBl. I 2023, 818.

[2] Ersetzt durch BMF v. 5.10.2023, BStBl. I 2023, 1726, anzuwenden ab 15.11.2023 auf alle offenen Fälle; Weitergeltung der bish. Regelungen bis längstens 31.12.2023.

(2) [1]Reisekostenvergütungen sind die als solche bezeichneten Leistungen, die dem Grunde und der Höhe nach unmittelbar nach Maßgabe der reisekostenrechtlichen Vorschriften des Bundes oder der Länder gewährt werden. [2]Reisekostenvergütungen liegen auch vor, soweit sie aufgrund von Tarifverträgen oder anderen Vereinbarungen (z. B. öffentlich-rechtliche Satzung) gewährt werden, die den reisekostenrechtlichen Vorschriften des Bundes oder eines Landes dem Grund und der Höhe nach vollumfänglich entsprechen. [3]§ 12 Nr. 1 EStG bleibt unberührt.

(3) [1]Werden bei Reisekostenvergütungen aus öffentlichen Kassen die reisekostenrechtlichen Vorschriften des Bundes oder der Länder nicht oder nur teilweise angewendet, können auf diese Leistungen die zu § 3 Nr. 16 EStG erlassenen Verwaltungsvorschriften angewendet werden. [2]Im Übrigen kann auch eine Steuerbefreiung nach § 3 Nr. 12, 26, 26a oder 26b EStG in Betracht kommen (→ R 3.12 und 3.26).

(4) [1]Die Absätze 2 und 3 gelten sinngemäß für Umzugskostenvergütungen und Trennungsgelder nach Maßgabe der umzugskosten- und reisekostenrechtlichen Vorschriften des Bundes und der Länder. [2]Werden anlässlich eines Umzugs Verpflegungszuschüsse nach dem BUKG[1)] gewährt, sind diese nur im Rahmen der zeitlichen Voraussetzungen des § 9 Abs. 4a EStG steuerfrei. [3]Trennungsgeld, das bei täglicher Rückkehr zum Wohnort gewährt wird, ist nur in den Fällen des § 9 Abs. 1 Satz 3 Nr. 4a Satz 1 EStG steuerfrei. [4]Trennungsgeld, das bei Bezug einer Unterkunft am Ort der ersten Tätigkeitsstätte gewährt wird, ist regelmäßig nach Maßgabe von § 9 Abs. 1 Satz 3 Nr. 5 und Abs. 4a EStG steuerfrei. [5]R 9.9 Abs. 2 Satz 1 ist entsprechend anzuwenden.

H 3.13

Beamte bei Postunternehmen. → § 3 Nr. 35 EStG.

Klimabedingte Kleidung. Der Beitrag zur Beschaffung klimabedingter Kleidung (§ 19 AUV) sowie der Ausstattungsbeitrag (§ 21 AUV) sind nicht nach § 3 Nr. 13 Satz 1 EStG steuerfrei (→ BFH vom 27.5.1994 – BStBl. 1995 II S. 17 und vom 12.4.2007 – BStBl. II S. 536).

Mietbeiträge anstelle eines Trennungsgelds sind nicht nach § 3 Nr. 13 EStG steuerfrei (→ BFH vom 16.7.1971 – BStBl. II S. 772).

Öffentliche Kassen. → H 3.11.

Pauschale Reisekostenvergütungen. Nach einer öffentlich-rechtlichen Satzung geleistete pauschale Reisekostenvergütungen können bei Beachtung von R 3.13 Abs. 2 Satz 2 auch ohne Einzelnachweis steuerfrei sein, sofern die Pauschale die tatsächlich entstandenen Reiseaufwendungen nicht ersichtlich übersteigt (→ BFH vom 8.10.2008 – BStBl. 2009 II S. 405).

Prüfung, ob Werbungskosten vorliegen. Es ist nur zu prüfen, ob die ersetzten Aufwendungen vom Grundsatz her Werbungskosten sind (→ BFH vom 12.4.2007 – BStBl. II S. 536). Daher sind z. B. Arbeitgeberleistun-

---

1) Nr. **29**.

gen im Zusammenhang mit Incentive-Reisen nicht nach § 3 Nr. 13 EStG steuerfrei (→ R 3.13 Abs. 2 Satz 3), soweit diese dem Arbeitnehmer als geldwerter Vorteil zuzurechnen sind (→ H 19.7).

H 3.15 Zu § 3 Nr. 15 EStG

Allgemeine Grundsätze. → BMF vom 15.8.2019 (BStBl. I S. 875).[1]

Zusätzlichkeitsvoraussetzung. → § 8 Abs. 4 EStG.

R 3.16 Steuerfreie Leistungen für Reisekosten, Umzugskosten und Mehraufwendungen bei doppelter Haushaltsführung außerhalb des öffentlichen Dienstes (§ 3 Nr. 16 EStG)

[1]Zur Ermittlung der steuerfreien Leistungen (Geld und Sachbezüge) für Reisekosten dürfen die einzelnen Aufwendungsarten zusammengefasst werden; die Leistungen sind steuerfrei, soweit sie die Summe der nach § 9 Abs. 1 Satz 3 Nr. 4a Satz 1, 2 und 4, Nr. 5a und 5b und Abs. 4a EStG sowie R 9.7 Abs. 3 und R 9.8 zulässigen Leistungen nicht übersteigen.[2] [2]Hierbei können mehrere Reisen zusammengefasst abgerechnet werden. [3]Dies gilt sinngemäß für Umzugskosten und für Mehraufwendungen bei einer doppelten Haushaltsführung. [4]Wegen der Höhe der steuerfrei zu belassenden Leistungen für Reisekosten, Umzugskosten und Mehraufwendungen bei einer doppelten Haushaltsführung → § 9 Abs. 1 Satz 3 Nr. 5 EStG sowie R 9.7 bis 9.9 und R 9.11.

H 3.16

Gehaltsumwandlung. Vergütungen zur Erstattung von Reisekosten können auch dann steuerfrei sein, wenn sie der Arbeitgeber aus umgewandeltem Arbeitslohn zahlt. Voraussetzung ist, dass Arbeitgeber und Arbeitnehmer die Lohnumwandlung vor der Entstehung des Vergütungsanspruchs vereinbaren (→ BFH vom 27.4.2001 – BStBl. II S. 601).

R 3.26 Steuerbefreiung für nebenberufliche Tätigkeiten (§ 3 Nr. 26 EStG)

Begünstigte Tätigkeiten[3]

(1) [1]Die Tätigkeiten als Übungsleiter, Ausbilder, Erzieher oder Betreuer haben miteinander gemeinsam, dass sie auf andere Menschen durch persönlichen Kontakt Einfluss nehmen, um auf diese Weise deren geistige und körperliche Fähigkeiten zu entwickeln und zu fördern. [2]Gemeinsames Merkmal der Tätigkeiten ist eine pädagogische Ausrichtung. [3]Zu den begünstigten Tätigkeiten gehören z.B. die Tätigkeit eines Sporttrainers, eines Chorleiters oder Orchesterdirigenten, die Lehr- und Vortragstätigkeit im Rahmen der allgemeinen Bildung und Ausbildung (z.B. Kurse und Vorträge an Schulen und Volkshochschulen, Mütterberatung, Erste-Hilfe-Kurse, Schwimm-Unterricht) oder im Rahmen der beruflichen Ausbildung und Fortbildung, nicht dagegen die

---

[1] Geänd. durch BMF v. 7.11.2023, BStBl. I 2023, 1969.

[2] Gilt auch für die unmittelbare Zuwendung der Leistung; siehe BFH v. 19.11.2008 VI R 80/06, BStBl. II 2009, 547.

[3] Zu Einzelfällen siehe ausführlich OFD Ffm v. 2.9.2019 – S 2245 A – 002 – St 29, StEd 2019, 617.

beitszeit gezahlt werden, z. B. Erschwerniszulagen oder Schichtzuschläge, sowie Lohnzuschläge für die Arbeit in der nicht durch § 3b EStG begünstigten Zeit. [3]Regelmäßige Arbeitszeit ist die für das jeweilige Dienstverhältnis vereinbarte Normalarbeitszeit.

c) [1]Nicht zum Grundlohn gehören Ansprüche auf Vergütungen für Überstunden (Mehrarbeitsvergütungen), Zuschläge für Sonntags-, Feiertags- oder Nachtarbeit in der nach § 3b EStG begünstigten Zeit, und zwar auch insoweit, als sie wegen Überschreitens der dort genannten Zuschlagssätze steuerpflichtig sind. [2]Dies gilt auch für steuerfreie und nach § 40 EStG pauschal besteuerte Bezüge.

2. Ermittlung des Grundlohnanspruchs für den jeweiligen Lohnzahlungszeitraum

a)[1)] [1]Es ist der für den jeweiligen Lohnzahlungszeitraum vereinbarte Grundlohn i. S. d. Nummer 1 zu ermitteln (Basisgrundlohn). [2]Werden die für den Lohnzahlungszeitraum zu zahlenden Lohnzuschläge nach den Verhältnissen eines früheren Lohnzahlungszeitraums bemessen, ist auch der Ermittlung des Basisgrundlohns der frühere Lohnzahlungszeitraum zugrunde zu legen. [3]Werden die Zuschläge nach der Arbeitsleistung eines früheren Lohnzahlungszeitraums, aber nach dem Grundlohn des laufenden Lohnzahlungszeitraums bemessen, ist der Basisgrundlohn des laufenden Lohnzahlungszeitraums zugrunde zu legen. [4]Soweit sich die Lohnvereinbarung auf andere Zeiträume als auf den Lohnzahlungszeitraum bezieht, ist der Basisgrundlohn durch Vervielfältigung des vereinbarten Stundenlohns mit der Stundenzahl der regelmäßigen Arbeitszeit im Lohnzahlungszeitraum zu ermitteln. [5]Bei einem monatlichen Lohnzahlungszeitraum ergibt sich die Stundenzahl der regelmäßigen Arbeitszeit aus dem 4,35fachen der wöchentlichen Arbeitszeit. [6]Arbeitszeitausfälle, z. B. durch Urlaub oder Krankheit, bleiben außer Betracht.

b) [1]Zusätzlich ist der Teil des für den jeweiligen Lohnzahlungszeitraum zustehenden Grundlohns i. S. d. Nummer 1 zu ermitteln, dessen Höhe nicht von im Voraus bestimmbaren Verhältnissen abhängt (Grundlohnzusätze), z. B. der nur für einzelne Arbeitsstunden bestehende Anspruch auf Erschwerniszulagen oder Spätarbeitszuschläge oder der von der Zahl der tatsächlichen Arbeitstage abhängende Anspruch auf Fahrtkostenzuschüsse. [2]Diese Grundlohnzusätze sind mit den Beträgen anzusetzen, die dem Arbeitnehmer für den jeweiligen Lohnzahlungszeitraum tatsächlich zustehen.

3. Umrechnung des Grundlohnanspruchs

[1]Basisgrundlohn (Nummer 2 Buchst. a) und Grundlohnzusätze (Nummer 2 Buchst. b) sind zusammenzurechnen und durch die Zahl der Stunden der regelmäßigen Arbeitszeit im jeweiligen Lohnzahlungszeitraum zu teilen. [2]Bei einem monatlichen Lohnzahlungszeitraum ist der Divisor mit dem 4,35fachen der wöchentlichen Arbeitszeit anzusetzen. [3]Das Ergebnis ist der Grundlohn; er ist für die Berechnung des steuerfreien Anteils der Zuschläge für Sonntags-, Feiertags- und Nachtarbeit maßgebend, soweit er

---

[1)] Siehe hierzu BFH v. 10.8.2023 VI R 11/21, DStR 2023, 2398: Maßgebend ist der arbeitsvertraglich zustehende Lohn, nicht dessen tatsächlicher Zufluss.

die Stundenlohnhöchstgrenze nach § 3b Abs. 2 Satz 1 EStG nicht übersteigt.[1] [4]Ist keine regelmäßige Arbeitszeit vereinbart, sind der Ermittlung des Grundlohns die im Lohnzahlungszeitraum tatsächlich geleisteten Arbeitsstunden zugrunde zu legen. [5]Bei Stücklohnempfängern kann die Umrechnung des Stücklohns auf einen Stundenlohn unterbleiben.

4. Wird ein Zuschlag für Sonntags-, Feiertags- oder Nachtarbeit von weniger als einer Stunde gezahlt, ist bei der Ermittlung des steuerfreien Zuschlags für diesen Zeitraum der Grundlohn entsprechend zu kürzen.
5. Bei einer Beschäftigung nach dem AltTZG ist der Grundlohn nach § 3b Abs. 2 EStG so zu berechnen, als habe eine Vollzeitbeschäftigung bestanden.

Nachtarbeit an Sonntagen und Feiertagen

(3) [1]Wird an Sonntagen und Feiertagen oder in der zu diesen Tagen nach § 3b Abs. 3 Nr. 2 EStG gehörenden Zeit Nachtarbeit geleistet, kann die Steuerbefreiung nach § 3b Abs. 1 Nr. 2 bis 4 EStG neben der Steuerbefreiung nach § 3b Abs. 1 Nr. 1 EStG in Anspruch genommen werden. [2]Dabei ist der steuerfreie Zuschlagssatz für Nachtarbeit mit dem steuerfreien Zuschlagssatz für Sonntags- oder Feiertagsarbeit auch dann zusammenzurechnen, wenn nur ein Zuschlag gezahlt wird. [3]Ob ein gesetzlicher Feiertag vorliegt, richtet sich nach dem Ort der Arbeitsstätte; dies ist der Ort, an dem der Arbeitnehmer jeweils beruflich tätig wird. [4]Zu den gesetzlichen Feiertagen i. S. d. § 3b Abs. 1 Nr. 3 EStG gehören der Oster- und der Pfingstsonntag auch dann, wenn sie in den am Ort der Arbeitsstätte geltenden Vorschriften nicht ausdrücklich als Feiertage genannt werden. [5]Wenn für die einem Sonn- oder Feiertag folgende oder vorausgehende Nachtarbeit ein Zuschlag für Sonntags- oder Feiertagsarbeit gezahlt wird, ist dieser als Zuschlag für Nachtarbeit zu behandeln.

Feiertagsarbeit an Sonntagen

(4) [1]Ist ein Sonntag zugleich Feiertag, kann ein Zuschlag nur bis zur Höhe des jeweils in Betracht kommenden Feiertagszuschlags steuerfrei gezahlt werden. [2]Das gilt auch dann, wenn nur ein Sonntagszuschlag gezahlt wird.

Zusammentreffen mit Mehrarbeitszuschlägen

(5) [1]Hat der Arbeitnehmer arbeitsrechtlich Anspruch auf Zuschläge für Sonntags-, Feiertags- oder Nachtarbeit und auf Zuschläge für Mehrarbeit und wird Mehrarbeit als Sonntags-, Feiertags- oder Nachtarbeit geleistet, sind folgende Fälle zu unterscheiden:

1. Es werden sowohl die in Betracht kommenden Zuschläge für Sonntags-, Feiertags- oder Nachtarbeit als auch für Mehrarbeit gezahlt.
2. Es wird nur der in Betracht kommende Zuschlag für Sonntags-, Feiertags- oder Nachtarbeit gezahlt, der ebenso hoch oder höher ist als der Zuschlag für Mehrarbeit.
3. Es wird nur der Zuschlag für Mehrarbeit gezahlt.
4. Es wird ein einheitlicher Zuschlag (Mischzuschlag) gezahlt, der höher ist als die jeweils in Betracht kommenden Zuschläge, aber niedriger als ihre Summe.

---

[1] Nach § 3b Abs. 2 Satz 1 EStG beträgt der Grundlohn höchstens 50 €, nach § 1 Nr. 1 SvEV (BGBl. I 2006, 3385 – **Steuergesetze** Nr. **21**) höchstens 25 €.

H 8.1 (1–4)

Aktienoptionen. → H 38.2; → H 9.1.

Arbeitgeberdarlehen. → BMF vom 19.5.2015 (BStBl. I S. 484).

Ausländische Währung. Lohnzahlungen in einer gängigen ausländischen Währung sind Einnahmen in Geld und kein Sachbezug. Die Freigrenze des § 8 Abs. 2 Satz 11 EStG findet auf sie keine Anwendung (→ BFH vom 27.10.2004 – BStBl. 2005 II S. 135 und vom 11.11.2010 – BStBl. 2011 II S. 383, 386 und 389). Umrechnungsmaßstab ist – soweit vorhanden – der auf den Umrechnungszeitpunkt bezogene Euro-Referenzkurs der Europäischen Zentralbank. Lohnzahlungen sind bei Zufluss des Arbeitslohns anhand der von der Europäischen Zentralbank veröffentlichten monatlichen Durchschnittsreferenzkurse umzurechnen, denen die im BStBl. I veröffentlichten Umsatzsteuer-Umrechnungskurse[1] entsprechen (→ BFH vom 3.12.2009 – BStBl. 2010 II S. 698).

Durchschnittswerte der von Luftfahrtunternehmen gewährten Flüge. → Gleich lautende Ländererlasse vom 12.5.2021 (BStBl. I S. 774).

Fahrrad.[2]
- Zur Ermittlung des geldwerten Vorteils bei Überlassung von (Elektro-) Fahrrädern → Gleich lautende Ländererlasse vom 9.1.2020 (BStBl. I S. 174).
- Zur lohnsteuerlichen Behandlung der Überlassung von (Elektro-)Fahrrädern an Arbeitnehmer in Leasingfällen → BMF vom 17.11.2017 (BStBl. I S. 1546).

Firmenfitnessprogramm.
- Zur Bewertung einer konkreten Ware oder Dienstleistung, die nicht zu vergleichbaren Bedingungen an Endverbraucher am Markt angeboten wird → BMF vom 16.5.2013 (BStBl. I S. 729) unter Berücksichtigung der Änderungen durch BMF vom 11.2.2021 (BStBl. I S. 311), Rdnr. 4a.
- Zum Zufluss → H 38.2 (Zufluss von Arbeitslohn).

Gehaltsumwandlung.
- Die Umwandlung von Barlohn in Sachlohn (Gehaltsumwandlung) setzt voraus, dass der Arbeitnehmer unter Änderung des Anstellungsvertrages auf einen Teil seines Barlohns verzichtet und ihm der Arbeitgeber stattdessen Sachlohn gewährt. Ob ein Anspruch auf Barlohn oder Sachlohn besteht, ist auf den Zeitpunkt bezogen zu entscheiden, zu dem der Arbeitnehmer über seinen Lohnanspruch verfügt (→ BFH vom 6.3.2008 – BStBl. II S. 530).
- → § 8 Abs. 4 EStG.

Geldleistung oder Sachbezug.
- → BMF vom 15.3.2022 (BStBl. I S. 242), Rn. 5 ff.

---

[1] Vgl. die Zusammenstellungen in **Steuererlasse** Nr. **500** § 16/6 und § 16/7.

[2] Siehe auch § 40 Abs. 2 Satz 1 Nr. 7 EStG i. d. F. des „JStG 2019“ v. 12.12.2019, BGBl. I 2019, 2451, zur Möglichkeit der Pauschalversteuerung bei Übereignung betrieblicher Fahrräder.

– Leistet der Arbeitgeber im Rahmen eines ausgelagerten Optionsmodells zur Vermögensbeteiligung der Arbeitnehmer Zuschüsse an einen Dritten als Entgelt für die Übernahme von Kursrisiken, führt dies bei den Arbeitnehmern zu Sachlohn, wenn die Risikoübernahme des Dritten auf einer vertraglichen Vereinbarung mit dem Arbeitgeber beruht; die Freigrenze des § 8 Abs. 2 Satz 11 EStG ist anwendbar (→ BFH vom 13.9. 2007 – BStBl. 2008 II S. 204).

Geldsurrogate. → BMF vom 15.3.2022 (BStBl. I S. 242), Rn. 23ff.

Geltung der Sachbezugswerte.

– Die Sachbezugswerte nach der SvEV[1] gelten nach § 8 Abs. 2 Satz 7 EStG auch für Arbeitnehmer, die nicht der gesetzlichen Rentenversicherungspflicht unterliegen.
– Die Sachbezugswerte gelten nicht, wenn die vorgesehenen Sachbezüge durch Barvergütungen abgegolten werden; in diesen Fällen sind i. d. R. die Barvergütungen zu versteuern (→ BFH vom 16.3.1962 – BStBl. III S. 284).

GmbH-Anteile. Veräußert der Arbeitgeber oder eine diesem nahestehende Person eine Beteiligung an einer Kapitalgesellschaft an einen Arbeitnehmer oder umgekehrt, handelt es sich i. d. R. nicht um eine Veräußerung im gewöhnlichen Geschäftsverkehr, da ein Einfluss des Arbeitsverhältnisses auf die Verkaufsmodalitäten jedenfalls nahe liegt. Eine Ableitung des gemeinen Werts aus Verkäufen kommt in diesem Fall regelmäßig nicht in Betracht. Er ist ggf. anhand eines Sachverständigengutachtens zu schätzen (→ BFH vom 15.3.2018 – BStBl. II S. 550).

Job-Ticket.[2]

– → BMF vom 15.8.2019 (BStBl. I S. 875).[3]
– Ein geldwerter Vorteil ist nicht anzunehmen, wenn der Arbeitgeber seinen Arbeitnehmern ein Job-Ticket zu dem mit dem Verkehrsträger vereinbarten Preis überlässt (→ BMF vom 27.1.2004 – BStBl. I S. 173, Tz. II.1).
– Die Steuerbefreiung nach § 3 Nr. 15 EStG kommt bei einer Gehaltsumwandlung nicht in Betracht. In diesem Fall liegt ein Sachbezug vor, soweit der Arbeitnehmer das Job-Ticket verbilligt oder unentgeltlich vom Arbeitgeber erhält. § 8 Abs. 2 Satz 11 (Sachbezugsfreigrenze) findet Anwendung.

Beispiel zu einer Gehaltsumwandlung i. H. v. 50,40 €:

Üblicher Preis für eine Monatsfahrkarte	56,00 €
Vom Verkehrsträger eingeräumte Job-Ticketermäßigung 10%	5,60 €
Differenz	50,40 €
davon 96% (→ R 8.1 Abs. 2 Satz 3)	48,38 €
Vorteil	48,38 €

[1] VO v. 21.12.2006, BGBl. I 2006, 3385, zuletzt geänd. durch VO v. 27.11.2023, BGBl. I 2023 Nr. 328 (**Steuergesetze** Nr. **21**).

[2] Zur lohnsteuerlichen Behandlung und zum Zuflusszeitpunkt des Sachbezugs „Job-Ticket" siehe BayLfSt v. 12.8.2015 – S 2334.2.1 – 98/5 St 32, DStR 2015, 2287.

[3] Geänd. durch BMF v. 7.11.2023, BStBl. I 2023, 1969.

Unter der Voraussetzung, dass keine weiteren Sachbezüge im Sinne von § 8 Abs. 2 Satz 1 EStG im Monat gewährt werden, die zu einer Überschreitung der Sachbezugsfreigrenze führen, bleibt der Vorteil von 48,38 € außer Ansatz.

– Gilt das Job-Ticket für einen längeren Zeitraum (z. B. Jahreskarte), fließt der Vorteil insgesamt bei Überlassung des Job-Tickets zu (→ BFH vom 12.4.2007 – BStBl. II S. 719). Zum Zuflusszeitpunkt → H 38.2 (Zufluss von Arbeitslohn). Zur Minderung der Entfernungspauschale → BMF vom 15.8.2019 (BStBl. I S. 875).[1)]

Nachträgliche Kostenerstattung. → BMF vom 15.3.2022 (BStBl. I S. 242), Rn. 20, 22.

Rabatte von dritter Seite. → BMF vom 20.1.2015 (BStBl. I S. 143).

Sachbezugsfreigrenze.
– Vorteile aus der Überlassung eines zinslosen oder zinsverbilligten Arbeitgeberdarlehens sind bei der Zusammenrechnung einzubeziehen (→ BMF vom 19.5.2015 – BStBl. I S. 484, Rdnr. 10).
– Zu den Aufzeichnungserleichterungen für Sachbezüge i. S. d. § 8 Abs. 2 Satz 11 → § 4 Abs. 3 Satz 2 LStDV.
– → BMF vom 15.3.2022 (BStBl. I S. 242), Rn. 4.

Sachbezugswerte im Bereich der Seeschifffahrt und Fischerei. → Gleich lautende Erlasse der Länder Bremen, Hamburg, Mecklenburg-Vorpommern, Niedersachsen und Schleswig-Holstein vom 15.6.2015 (BStBl. I S. 512).

Üblicher Endpreis.
– → BMF vom 16.5.2013 (BStBl. I S. 729, Tz. 3.1) unter Berücksichtigung der Änderungen durch BMF vom 11.2.2021 (BStBl. I S. 311).
– Beim Erwerb eines Gebrauchtwagens vom Arbeitgeber ist nicht auf den Händlereinkaufspreis abzustellen, sondern auf den Preis, den das Fahrzeug unter Berücksichtigung der vereinbarten Nebenleistungen auf dem Gebrauchtwagenmarkt tatsächlich erzielen würde (Händlerverkaufspreis). Wird zur Bestimmung des üblichen Endpreises eine Schätzung erforderlich, kann sich die Wertermittlung an den im Rechtsverkehr anerkannten Marktübersichten für gebrauchte Pkw orientieren (→ BFH vom 17.6.2005 – BStBl. II S. 795).
– Der Wert einer dem Arbeitnehmer durch den Arbeitgeber zugewandten Reise kann i. d. R. anhand der Kosten geschätzt werden, die der Arbeitgeber für die Reise aufgewendet hat (→ BFH vom 18.8.2005 – BStBl. 2006 II S. 30).
– Zur Einbeziehung von Versandkosten → BFH vom 6.6.2018 (BStBl. II S. 764).

Virtuelle Währungen und sonstige Token.
– Werden dem Arbeitnehmer virtuelle Währungen und sonstige Token verbilligt oder unentgeltlich überlassen, ist im Einzelfall zu prüfen, ob

---

[1)] Geänd. durch BMF v. 7.11.2023, BStBl. I 2023, 1969.

eine Geldleistung i. S. d. § 8 Abs. 1 oder ein Sachbezug i. S. d. § 8 Abs. 2 Satz 1 vorliegt (→ BMF vom 10.5.2022 – BStBl. I S. 668, Rn. 88).
– Zum Zufluss als Sachbezug → BMF vom 10.5.2022 (BStBl. I S. 668), Rn. 89.

Wandeldarlehensvertrag. Der geldwerte Vorteil bemisst sich im Falle der Ausübung des Wandlungsrechts aus der Differenz zwischen dem Börsenpreis der Aktien an dem Tag, an dem der Arbeitnehmer die wirtschaftliche Verfügungsmacht über die Aktien erlangt, und den Erwerbsaufwendungen (→ BFH vom 23.6.2005 – BStBl. II S. 770 und vom 20.5.2010 – BStBl. II S. 1069).

Wandelschuldverschreibung. → H 38.2.

Warengutscheine.
– → BMF vom 15.3.2022 (BStBl. I S. 242).
– Zum Zuflusszeitpunkt bei Warengutscheinen → R 38.2 Abs. 3.

Zinsersparnisse. → Arbeitgeberdarlehen.

Zukunftssicherungsleistungen.
– → BMF vom 15.3.2022 (BStBl. I S. 242), Rn. 6 f., 18.

Zusätzlichkeitsvoraussetzung. → § 8 Abs. 4 EStG.

Zweckgebundene Geldleistung. → BMF vom 15.3.2022 (BStBl. I S. 242), Rn. 20, 22, 25.

R 8.1 (5, 6)

Unterkunft oder Wohnung

(5) [1] Für die Bewertung einer Unterkunft, die keine Wohnung ist (→ Absatz 6 Satz 2 bis 4), ist der amtliche Sachbezugswert nach der SvEV[1)] maßgebend, soweit nicht zulässigerweise § 8 Abs. 3 EStG angewandt wird. [2] Dabei ist der amtliche Sachbezugswert auch dann anzusetzen, wenn der Arbeitgeber die dem Arbeitnehmer überlassene Unterkunft gemietet und ggf. mit Einrichtungsgegenständen ausgestattet hat. [3] Eine Gemeinschaftsunterkunft liegt vor, wenn die Unterkunft bspw. durch Gemeinschaftswaschräume oder Gemeinschaftsküchen Wohnheimcharakter hat oder Zugangsbeschränkungen unterworfen ist.

(6) [1] Soweit nicht zulässigerweise § 8 Abs. 3 EStG angewandt wird, ist für die Bewertung einer Wohnung der ortsübliche Mietwert maßgebend, bei Vorliegen der Voraussetzungen gemindert um den Bewertungsabschlag nach § 8 Abs. 2 Satz 12 EStG (→ Absatz 6a). [2] Eine Wohnung ist eine in sich geschlossene Einheit von Räumen, in denen ein selbständiger Haushalt geführt werden kann. [3] Wesentlich ist, dass eine Wasserversorgung und -entsorgung, zumindest eine einer Küche vergleichbare Kochgelegenheit sowie eine Toilette vorhanden sind. [4] Danach stellt z. B. ein Einzimmerappartement mit Küchenzeile und WC als Nebenraum eine Wohnung dar, dagegen ist ein Wohnraum bei Mitbenutzung von Bad, Toilette und Küche eine Unterkunft. [5] Als

---

1) VO v. 21.12.2006, BGBl. I 2006, 3385, zuletzt geänd. durch VO v. 27.11.2023, BGBl. I 2023 Nr. 328 (**Steuergesetze** Nr. **21**).

ortsüblicher Mietwert ist die Miete anzusetzen, die für eine nach Baujahr, Art, Größe, Ausstattung, Beschaffenheit und Lage vergleichbare Wohnung üblich ist (Vergleichsmiete). [6]Bei Anwendung eines Mietspiegels ist die Vergleichsmiete der niedrigste Mietwert der Mietpreisspanne des Mietspiegels für vergleichbare Wohnungen zzgl. der nach der BetrKV[1)] umlagefähigen Kosten, die konkret auf die überlassene Wohnung entfallen. [7]In den Fällen, in denen der Arbeitgeber vergleichbare Wohnungen in nicht unerheblichem Umfang an fremde Dritte zu einer niedrigeren als der üblichen Miete vermietet, ist die niedrigere Miete anzusetzen. [8]Die Vergleichsmiete gilt unabhängig davon, ob die Wohnung z. B. als Werks- und Dienstwohnung im Eigentum des Arbeitgebers oder dem Arbeitgeber aufgrund eines Belegungsrechts zur Verfügung steht oder von ihm angemietet worden ist. [9]Gesetzliche Mietpreisbeschränkungen sind zu beachten. [10]Stehen solche einem Mieterhöhungsverlangen entgegen, gilt dies jedoch nur, soweit die maßgebliche Ausgangsmiete den ortsüblichen Mietwert oder die gesetzlich zulässige Höchstmiete nicht unterschritten hat. [11]Überlässt der Arbeitgeber dem Arbeitnehmer im Rahmen einer Auslandstätigkeit eine Wohnung im Ausland, deren ortsübliche Miete 18% des Arbeitslohns ohne Kaufkraftausgleich übersteigt, ist diese Wohnung mit 18% des Arbeitslohns ohne Kaufkraftausgleich zzgl. 10% der darüberhinausgehenden ortsüblichen Miete zu bewerten; dieser Wert gilt für die Anwendung des § 8 Abs. 2 Satz 12 EStG als ortsüblicher Mietwert.

Bewertungsabschlag nach § 8 Abs. 2 Satz 12 EStG

(6a) [1]Der Bewertungsabschlag beträgt 1/3 vom ortsüblichen Mietwert, wenn dieser nicht mehr als 25 € je Quadratmeter ohne umlagefähige Kosten i. S. d. BetrKV beträgt. [2]Die nach Anwendung des Bewertungsabschlags ermittelte Vergleichsmiete ist Bemessungsgrundlage für die Bewertung der Mietvorteile. [3]Die Mietvorteile bleiben außer Ansatz, wenn sie zusammen mit anderen nach § 8 Abs. 2 Satz 1 EStG zu bewertenden Sachbezügen die Sachbezugsfreigrenze nicht überschreiten. [4]Überlässt der Arbeitgeber Wohnungen überwiegend an fremde Dritte, besteht ein Wahlrecht zwischen den Bewertungsmethoden nach § 8 Abs. 2 EStG (mit Bewertungsabschlag) und § 8 Abs. 3 EStG (mit Rabatt-Freibetrag).

H 8.1 (5–6a)

Bewertungsabschlag nach § 8 Abs. 2 Satz 12.

Beispiel 1:

Ein Arbeitgeber überlässt seinem Arbeitnehmer eine Wohnung zu eigenen Wohnzwecken gegen ein monatliches Entgelt von 1560 € (120 qm × 13 €/qm). Der ortsübliche Mietwert (Kaltmiete plus umlagefähige Nebenkosten) beträgt 20 €/qm.
Der monatliche geldwerte Vorteil (Mietvorteil) ist wie folgt zu berechnen:

Ortsüblicher Mietwert (120 qm × 20 €/qm)	2400 €
./. Bewertungsabschlag (1/3)	800 €
= verbleibender Betrag	1600 €
./. Zahlung des Arbeitnehmers	1560 €
Geldwerter Vorteil	40 €

---

1) **Steuergesetze** Nr. **445**.

Der geldwerte Vorteil von 40 € bleibt aber aufgrund der monatlichen Sachbezugsfreigrenze gem. § 8 Abs. 2 Satz 11 außer Ansatz, wenn er zusammen mit anderen gem. § 8 Abs. 2 Satz 1 zu bewertenden Sachbezügen die Freigrenze nicht überschreitet (→ R 8.1 Abs. 6a Satz 3).

Beispiel 2:

Ein Wohnungsunternehmen überlässt seinem Arbeitnehmer unentgeltlich eine 120 qm-Wohnung zu eigenen Wohnzwecken. Der ortsübliche Mietwert (Kaltmiete plus umlagefähige Nebenkosten) beträgt 20 €/qm.

Wie im Beispiel 1 liegen die Voraussetzungen für den Bewertungsabschlag gem. § 8 Abs. 2 Satz 12 vor.

Da der Arbeitgeber Wohnungen überwiegend an fremde Dritte vermietet, besteht ein Wahlrecht zwischen den Bewertungsmethoden nach § 8 Abs. 2 und Abs. 3 (→ BMF vom 16.5.2013 – BStBl. I S. 729). Die Bewertung kann entweder nach § 8 Abs. 2 (mit Bewertungsabschlag nach Satz 12) oder nach § 8 Abs. 3 (mit Rabatt-Freibetrag) erfolgen (→ R 8.1 Abs. 6a Satz 4).

Erholungsheim. Wird ein Arbeitnehmer in einem Erholungsheim des Arbeitgebers oder auf Kosten des Arbeitgebers zur Erholung in einem anderen Beherbergungsbetrieb untergebracht oder verpflegt, so ist die Leistung mit dem entsprechenden Pensionspreis eines vergleichbaren Beherbergungsbetriebs am selben Ort zu bewerten; dabei können jedoch Preisabschläge in Betracht kommen, wenn der Arbeitnehmer z. B. nach der Hausordnung Bedingungen unterworfen wird, die für Hotels und Pensionen allgemein nicht gelten (→ BFH vom 18.3.1960 – BStBl. III S. 237).

Ortsüblicher Mietwert.

- Überlässt der Arbeitgeber seinem Arbeitnehmer eine Wohnung zu einem Mietpreis, der innerhalb der Mietpreisspanne des örtlichen Mietspiegels für vergleichbare Wohnungen liegt, scheidet die Annahme eines geldwerten Vorteils regelmäßig aus (→ BFH vom 17.8.2005 – BStBl. 2006 II S. 71 und vom 11.5.2011 – BStBl. II S. 946).
- Überlässt ein Arbeitgeber seinen Arbeitnehmern Wohnungen und werden Nebenkosten (z. T.) nicht erhoben, liegt eine verbilligte Überlassung und damit ein Sachbezug nur vor, soweit die tatsächlich erhobene Miete zusammen mit den tatsächlich abgerechneten Nebenkosten die ortsübliche Miete (Kaltmiete plus umlagefähige Nebenkosten) unterschreitet (→ BFH vom 11.5.2011 – BStBl. II S. 946).

Persönliche Bedürfnisse des Arbeitnehmers. Persönliche Bedürfnisse des Arbeitnehmers, z. B. hinsichtlich der Größe der Wohnung, sind bei der Höhe des Mietwerts nicht zu berücksichtigen (→ BFH vom 8.3.1968 – BStBl. II S. 435 und vom 2.10.1968 – BStBl. 1969 II S. 73).

Steuerfreie Mietvorteile. → R 3.59.

R 8.1 (7)

Kantinenmahlzeiten und Zuschüsse in Form von Essenmarken

(7) Für die Bewertung von Mahlzeiten, die arbeitstäglich an die Arbeitnehmer abgegeben werden, gilt Folgendes:

1. [1]Mahlzeiten, die durch eine vom Arbeitgeber selbst betriebene Kantine, Gaststätte oder vergleichbare Einrichtung abgegeben werden, sind mit dem

maßgebenden amtlichen Sachbezugswert nach der SvEV[1] (Sachbezugswert) zu bewerten. [2]Alternativ kommt eine Bewertung mit dem Endpreis i.S.d. § 8 Abs. 3 EStG in Betracht, wenn die Mahlzeiten überwiegend nicht für die Arbeitnehmer zubereitet werden.

2. [1]Mahlzeiten, die die Arbeitnehmer in einer nicht vom Arbeitgeber selbst betriebenen Kantine, Gaststätte oder vergleichbaren Einrichtung erhalten, sind vorbehaltlich der Nummer 4 ebenfalls mit dem Sachbezugswert zu bewerten, wenn der Arbeitgeber aufgrund vertraglicher Vereinbarung durch Zuschüsse oder andere Leistungen an die die Mahlzeiten vertreibende Einrichtung, z.B. durch verbilligte Überlassung von Räumen, Energie oder Einrichtungsgegenständen, zur Verbilligung der Mahlzeiten beiträgt. [2]Es ist nicht erforderlich, dass die Mahlzeiten im Rahmen eines Reihengeschäfts zunächst an den Arbeitgeber und danach von diesem an die Arbeitnehmer abgegeben werden.
3. In den Fällen der Nummern 1 und 2 ist ein geldwerter Vorteil als Arbeitslohn zu erfassen, wenn und soweit der vom Arbeitnehmer für eine Mahlzeit gezahlte Preis einschl. Umsatzsteuer den Sachbezugswert unterschreitet.
4.[2] Bestehen die Leistungen des Arbeitgebers im Falle der Nummer 2 aus arbeitstäglichen Zuschüssen zu Mahlzeiten in Form von Papier-Essenmarken (z.B. Essensgutscheine, Restaurantschecks) oder digitalen Essenmarken (z.B. aufladbare Geldkarten, Apps), die in einer Annahmestelle (z.B. Restaurant, Lebensmitteleinzelhandel) beim Erwerb einer Mahlzeit in Zahlung genommen werden, gilt Folgendes:
   a) [1]Es ist nicht der Zuschuss, sondern die Mahlzeit mit dem Sachbezugswert zu bewerten, wenn
      aa) tatsächlich arbeitstäglich eine Mahlzeit (Frühstück, Mittag- oder Abendessen) durch den Arbeitnehmer erworben wird. [2]Lebensmittel sind nur dann als Mahlzeit anzuerkennen, wenn sie zum unmittelbaren Verzehr geeignet oder zum Verbrauch während der Essenpausen bestimmt sind. [3]Einzelne Bestandteile einer Mahlzeit können auch bei verschiedenen Akzeptanzstellen erworben werden. [4]Erwirbt der Arbeitnehmer am selben Tag weitere Mahlzeiten für andere Tage auf Vorrat, sind hierfür gewährte Zuschüsse als Barlohn zu erfassen,
      bb) für jede Mahlzeit lediglich ein Zuschuss arbeitstäglich (ohne Krankheitstage, Urlaubstage und – vorbehaltlich Doppelbuchst. ee) – Arbeitstage, an denen der Arbeitnehmer eine Auswärtstätigkeit ausübt) beansprucht werden kann,
      cc) der Zuschuss den Sachbezugswert der Mahlzeit um nicht mehr als 3,10 € übersteigt,
      dd) der Zuschuss den tatsächlichen Preis der Mahlzeit nicht übersteigt und

---

[1] VO v. 21.12.2006, BGBl. I 2006, 3385, zuletzt geänd. durch VO v. 27.11.2023, BGBl. I 2023 Nr. 328 (**Steuergesetze** Nr. **21**).

[2] Siehe BMF v. 7.12.2023, BStBl. I 2023, 2075, zu arbeitstäglichen Zuschüssen zu Mahlzeiten.

ee) der Zuschuss nicht von Arbeitnehmern beansprucht werden kann, die eine Auswärtstätigkeit ausüben, bei der die ersten drei Monate (§ 9 Abs. 4a Satz 6 und 7 EStG) noch nicht abgelaufen sind.

[2]Dies gilt auch dann, wenn zwischen dem Arbeitgeber und der Annahmestelle, die die bezuschusste Mahlzeit abgibt, keine unmittelbaren vertraglichen Beziehungen bestehen, weil z. B. ein Unternehmen eingeschaltet ist, das die Zuschüsse verwaltet. [3]Der Arbeitgeber hat die vorstehenden Voraussetzungen nachzuweisen; der Nachweis der Verwendung des Zuschusses ausschl. zum Erwerb einer Mahlzeit i. S. d. Doppelbuchst. aa kann dabei auch durch Vorlage entsprechender vertraglicher Vereinbarungen zwischen dem Unternehmen, das die bezuschusste Mahlzeit abgibt, und dem Arbeitgeber oder dem mit der Verwaltung der Zuschüsse beauftragten Unternehmen geführt werden. [4]Zur Erfüllung der Voraussetzungen nach Doppelbuchst. bb hat der Arbeitgeber für jeden Arbeitnehmer die Tage der Abwesenheit festzustellen und sicherzustellen, dass die Zahl der Tage, für die Zuschüsse gewährt werden, im Kj. die Zahl der vereinbarten Arbeitstage abzgl. der Abwesenheitstage nicht überschreitet. [5]Die Pflicht zur Feststellung der Abwesenheitstage und zur Anpassung der Zahl der Zuschüsse entfällt für Arbeitnehmer, die im Kj. durchschnittlich an nicht mehr als drei Arbeitstagen je Kalendermonat Auswärtstätigkeiten ausüben, wenn keiner dieser Arbeitnehmer im Kalendermonat mehr als 15 Zuschüsse zu Mahlzeiten (insgesamt für Frühstück, Mittag- und Abendessen) erhält.

b) Bestehen die Leistungen des Arbeitgebers ausschl. in der Hingabe von Essenmarken, ist auch unter den Voraussetzungen des Buchst. a der Verrechnungswert der Essenmarke als Arbeitslohn anzusetzen, wenn dieser Wert den geldwerten Vorteil nach Nummer 3 unterschreitet.

c) [1]Wird der Arbeitsvertrag dahingehend geändert, dass der Arbeitnehmer anstelle von Barlohn Zuschüsse erhält, vermindert sich dadurch der Barlohn in entsprechender Höhe. [2]Die Zuschüsse sind mit dem Wert anzusetzen, der sich nach den Buchst. a oder b ergibt. [3]Ohne Änderung des Arbeitsvertrags führt der Austausch von Barlohn durch Zuschüsse nicht zu einer Herabsetzung des steuerpflichtigen Barlohns. [4]In diesem Falle ist der Betrag, um den sich der ausgezahlte Barlohn verringert, als Entgelt für die Mahlzeit anzusehen und von dem nach Buchst. a oder b maßgebenden Wert abzusetzen.

d) [1]Dem Arbeitgeber bleibt es unbenommen, entweder die ihm vom Arbeitnehmer vorgelegten Einzelbelegnachweise manuell zu überprüfen oder sich entsprechender elektronischer Verfahren zu bedienen (z. B. wenn ein Anbieter die Belege vollautomatisch digitalisiert, prüft und eine monatliche Abrechnung an den Arbeitgeber übermittelt, aus der sich dieselben Erkenntnisse wie aus Einzelbelegnachweisen gewinnen lassen). [2]Die von Annahmestellen eingelösten Papier-Essenmarken brauchen nicht an den Arbeitgeber zurückgegeben und von ihm nicht aufbewahrt zu werden, wenn der Arbeitgeber eine Abrechnung erhält, aus der sich ergibt, wie viele Papier-Essenmarken mit welchem Verrechnungswert eingelöst worden sind, und diese aufbewahrt.

5. [1] Wenn der Arbeitgeber unterschiedliche Mahlzeiten zu unterschiedlichen Preisen teilentgeltlich oder unentgeltlich an die Arbeitnehmer abgibt oder Leistungen nach Nummer 2 zur Verbilligung der Mahlzeiten erbringt und die Lohnsteuer nach § 40 Abs. 2 EStG pauschal erhebt, kann der geldwerte Vorteil mit dem Durchschnittswert der Pauschalbesteuerung zugrunde gelegt werden. [2] Die Durchschnittsbesteuerung braucht nicht tageweise durchgeführt zu werden, sie darf sich auf den gesamten Lohnzahlungszeitraum erstrecken. [3] Bietet der Arbeitgeber bestimmte Mahlzeiten nur einem Teil seiner Arbeitnehmer an, z. B. in einem Vorstandskasino, sind diese Mahlzeiten nicht in die Durchschnittsberechnung einzubeziehen. [4] Unterhält der Arbeitgeber mehrere Kantinen, ist der Durchschnittswert für jede einzelne Kantine zu ermitteln. [5] Ist die Ermittlung des Durchschnittswerts wegen der Menge der zu erfassenden Daten besonders aufwendig, kann die Ermittlung des Durchschnittswerts für einen repräsentativen Zeitraum und bei einer Vielzahl von Kantinen für eine repräsentative Auswahl der Kantinen durchgeführt werden.
6. [1] Der Arbeitgeber hat die vom Arbeitnehmer geleistete Zahlung i. d. R. in nachprüfbarer Form nachzuweisen. [2] Der Einzelnachweis der Zahlungen ist nur dann nicht erforderlich,
   a) wenn gewährleistet ist, dass
      aa) die Zahlung des Arbeitnehmers für eine Mahlzeit den anteiligen Sachbezugswert nicht unterschreitet oder
      bb) nach Nummer 4 der Zuschuss als Arbeitslohn zu erfassen ist oder
   b) wenn der Arbeitgeber die Durchschnittsberechnung nach Nummer 5 anwendet.

H 8.1 (7)

Arbeitstägliche Zuschüsse zu Mahlzeiten. → BMF vom 18.1.2019 (BStBl. I S. 66).[1]

Begriff der Mahlzeit. Zu den Mahlzeiten gehören alle Speisen und Lebensmittel, die üblicherweise der Ernährung dienen, einschließlich der dazu üblichen Getränke (→ BFH vom 21.3.1975 – BStBl. II S. 486 und vom 7.11.1975 – BStBl. 1976 II S. 50).

Essenmarken.

Beispiele zu R 8.1 Abs. 7 Nr. 4 Buchst. b

Beispiel 1:

Ein Arbeitnehmer erhält eine Essenmarke mit einem Wert von 1 €. Die Mahlzeit kostet 2 €.

Preis der Mahlzeit	2,00 €
./. Wert der Essenmarke	1,00 €
Zahlung des Arbeitnehmers	1,00 €
Sachbezugswert der Mahlzeit	3,80 €
./. Zahlung des Arbeitnehmers	1,00 €
Verbleibender Wert	2,80 €
Anzusetzen ist der niedrigere Wert der Essenmarke	1,00 €

[1] Ab Kj. 2024 siehe BMF v. 7.12.2023, BStBl. I 2023, 2075.

Beispiel 2:

Ein Arbeitnehmer erhält eine Essenmarke mit einem Wert von 4 €. Die Mahlzeit kostet 4 €.

Preis der Mahlzeit	4,00 €
./. Wert der Essenmarke	4,00 €
Zahlung des Arbeitnehmers	0,00 €
Sachbezugswert der Mahlzeit	3,80 €
./. Zahlung des Arbeitnehmers	0,00 €
Verbleibender Wert	3,80 €
Anzusetzen ist der Sachbezugswert	3,80 €

Beispiel 3:

Ein Arbeitnehmer erhält eine Essenmarke mit einem Wert von 6,90 €. Die vom Arbeitnehmer in einer Gaststätte eingenommene Mahlzeit kostet 10,80 €.

Wert der Essenmarke	6,90 €
Anzusetzender Sachbezugswert	3,80 €
./. Zahlung des Arbeitnehmers	3,90 €
Geldwerter Vorteil	0,00 €

Essenmarken nach Ablauf der Dreimonatsfrist bei Auswärtstätigkeit. Üben Arbeitnehmer eine längerfristige berufliche Auswärtstätigkeit an derselben Tätigkeitsstätte aus, sind nach Ablauf von drei Monaten (§ 9 Abs. 4a Satz 6 und 7 EStG) an diese Arbeitnehmer ausgegebene Essenmarken (Essensgutscheine, Restaurantschecks) abweichend von R 8.1 Abs. 7 Nr. 4 Buchstabe a Satz 1 Doppelbuchstabe dd und Rz. 76 des BMF-Schreibens vom 25.11.2020 (BStBl. I S. 1228) mit dem maßgebenden Sachbezugswert zu bewerten. Der Ansatz des Sachbezugswerts setzt voraus, dass die übrigen Voraussetzungen des R 8.1 Abs. 7 Nr. 4 Buchstabe a vorliegen.

Essenmarken und Gehaltsumwandlung.

– **Änderung des Arbeitsvertrags.** Wird der Arbeitsvertrag dahingehend geändert, dass der Arbeitnehmer anstelle von Barlohn Essenmarken erhält, so vermindert sich dadurch der Barlohn in entsprechender Höhe (→ BFH vom 20.8.1997 – BStBl. II S. 667).

  Beispiel:

  Der Arbeitgeber gibt dem Arbeitnehmer monatlich 15 Essenmarken. Im Arbeitsvertrag ist der Barlohn von 3500 € im Hinblick auf die Essenmarken um 60 € auf 3440 € herabgesetzt worden.

  a) Beträgt der Verrechnungswert der Essenmarken jeweils 5 €, so ist dem Barlohn von 3440 € der Wert der Mahlzeit mit dem Sachbezugswert (15 × 3,80 € =) 57 € hinzuzurechnen.

  b) Beträgt der Verrechnungswert der Essenmarken jeweils 7 €, so ist dem Barlohn von 3440 € der Verrechnungswert der Essenmarken (15 × 7 € =) 105 € hinzuzurechnen.

– **Keine Änderung des Arbeitsvertrags.** Ohne Änderung des Arbeitsvertrags führt der Austausch von Barlohn durch Essenmarken nicht zu einer Herabsetzung des steuerpflichtigen Barlohns. In diesem Fall ist der Betrag, um den sich der ausgezahlte Barlohn verringert, als Entgelt für die Mahlzeit oder Essenmarke anzusehen und von dem für die Essenmarke maßgebenden Wert abzusetzen.

(→ BFH vom 26.7.2012 – BStBl. 2013 II S. 400). Zur Anwendung → BMF vom 16.5.2013 (BStBl. I S. 729, Tz. 3.2),
- beim Erwerb von Kraftfahrzeugen vom Arbeitgeber in der Automobilbranche → BMF vom 18.12.2009 (BStBl. 2010 I S. 20) unter Berücksichtigung der Änderung durch → BMF vom 16.5.2013 (BStBl. I S. 729, Rdnr. 8),
- i. S. d. § 8 Abs. 3 EStG stellt auf den Endpreis für die konkret zu bewertende Leistung ab. Werden mehrere Leistungen zugewandt (Ware zzgl. Versand- bzw. Überführungskosten), ist für jede Leistung gesondert eine Verbilligung und ein damit einhergehender Vorteil zu ermitteln (→ BFH vom 16.1.2020 – BStBl. II S. 591),
- bei Überlassung eines zinslosen oder zinsverbilligten Arbeitgeberdarlehens → BMF vom 19.5.2015 (BStBl. I S. 484).

Job-Ticket. Zum Vorrang der Steuerfreistellung nach § 3 Nr. 15 EStG → BMF vom 15.8.2019 (BStBl. I S. 875).[1]

Sachbezüge an ehemalige Arbeitnehmer. Sachbezüge, die dem Arbeitnehmer ausschließlich wegen seines früheren oder künftigen Dienstverhältnisses zufließen, können nach § 8 Abs. 3 EStG bewertet werden (→ BFH vom 8.11.1996 – BStBl. 1997 II S. 330).

Sachbezüge von dritter Seite.
- Erfassung und Bewertung → BMF vom 20.1.2015 (BStBl. I S. 143),
- Einschaltung eines Dritten. Die Einschaltung eines Dritten ist für die Anwendung des § 8 Abs. 3 EStG unschädlich, wenn der Arbeitnehmer eine vom Arbeitgeber hergestellte Ware auf dessen Veranlassung und Rechnung erhält (→ BFH vom 4.6.1993 – BStBl. II S. 687).[2]

Vermittlungsprovision.
- Ein Arbeitgeber, der den Abschluss von Versicherungsverträgen vermittelt, kann seinen Arbeitnehmern auch dadurch einen geldwerten Vorteil i. S. d. § 8 Abs. 3 Satz 1 EStG gewähren, dass er im Voraus auf die ihm zustehende Vermittlungsprovision verzichtet, sofern das Versicherungsunternehmen auf Grund dieses Verzichts den fraglichen Arbeitnehmern den Abschluss von Versicherungsverträgen zu günstigeren Tarifen gewährt, als das bei anderen Versicherungsnehmern der Fall ist (→ BFH vom 30.5.2001 – BStBl. 2002 II S. 230).
- Gibt der Arbeitgeber seine Provisionen, die er von Dritten für die Vermittlung von Versicherungsverträgen seiner Arbeitnehmer erhalten hat, an diese weiter, gewährt er Bar- und nicht Sachlohn (→ BFH vom 23.8.2007 – BStBl. 2008 II S. 52).

Wahlrecht. Liegen die Voraussetzungen des § 8 Abs. 3 EStG vor, kann der geldwerte Vorteil wahlweise nach § 8 Abs. 2 EStG ohne Bewertungsabschlag und ohne Rabattfreibetrag oder mit diesen Abschlägen auf der Grundlage des Endpreises des Arbeitgebers nach § 8 Abs. 3 EStG bewertet werden (→ BFH

[1] Geänd. durch BMF v. 7.12.2023, BStBl. I 2023, 1969.
[2] Siehe weiter BFH v. 26.4.2018 VI R 39/16, BStBl. II 2019, 286.

vom 26.7.2012 – BStBl. 2013 II S. 400 und 402). Dieses Wahlrecht ist sowohl im Lohnsteuerabzugsverfahren als auch im Veranlagungsverfahren anwendbar (→ BMF vom 16.5.2013 – BStBl. I S. 729, Tz. 3.3).

Waren und Dienstleistungen vom Arbeitgeber.

- Die Waren oder Dienstleistungen müssen vom Arbeitgeber hergestellt, vertrieben oder erbracht werden (→ BFH vom 15.1.1993 – BStBl. II S. 356).
- Es ist nicht erforderlich, dass die Leistung des Arbeitgebers zu seinem üblichen Geschäftsgegenstand gehört (→ BFH vom 7.2.1997 – BStBl. II S. 363).

Zu § 9 EStG

R 9.1 Werbungskosten

(1) [1]Zu den Werbungskosten gehören alle Aufwendungen, die durch den Beruf veranlasst sind.[1)] [2]Werbungskosten, die die Lebensführung des Arbeitnehmers oder anderer Personen berühren, sind nach § 9 Abs. 5 i. V. m. § 4 Abs. 5 Satz 1 Nr. 7 EStG insoweit nicht abziehbar, als sie nach der allgemeinen Verkehrsauffassung als unangemessen anzusehen sind. [3]Dieses Abzugsverbot betrifft nur seltene Ausnahmefälle; die Werbungskosten müssen erhebliches Gewicht haben und die Grenze der Angemessenheit erheblich überschreiten, wie z. B. Aufwendungen für die Nutzung eines Privatflugzeugs zu einer Auswärtstätigkeit.

(2) [1]Aufwendungen für Ernährung, Kleidung und Wohnung sowie Repräsentationsaufwendungen sind i. d. R. Aufwendungen für die Lebensführung i. S. d. § 12 Nr. 1 EStG. [2]Besteht bei diesen Aufwendungen ein Zusammenhang mit der beruflichen Tätigkeit des Arbeitnehmers, ist zu prüfen, ob und in welchem Umfang die Aufwendungen beruflich veranlasst sind. [3]Hierbei gilt Folgendes:

1. Sind die Aufwendungen so gut wie ausschl. beruflich veranlasst, z. B. Aufwendungen für typische Berufskleidung (→ R 3.31), sind sie in voller Höhe als Werbungskosten abziehbar.
2. Sind die Aufwendungen nur zum Teil beruflich veranlasst und lässt sich dieser Teil der Aufwendungen nach objektiven Merkmalen leicht und einwandfrei von den Aufwendungen trennen, die ganz oder teilweise der privaten Lebensführung dienen, ist dieser Teil der Aufwendungen als Werbungskosten abziehbar; er kann ggf. geschätzt werden.

---

1) Zum Arbeitnehmeranteil zur Winterbeschäftigungszulage siehe OFD Münster v. 15.6.2007, DStR 2007, 1165. – Zur Zuordnung von Steuerberatungskosten zu den Werbungskosten oder den Kosten der Lebensführung siehe BMF v. 21.12.2007, BStBl. I 2008, 256. – Zu Unterkunftskosten im Rahmen eines Studiums als vorweg entstandene Werbungskosten siehe BFH v. 19.9. 2012 VI R 78/10, BStBl. II 2013, 284. – Zum Abzug von Telefonkosten bei mindestens einwöchiger Auswärtstätigkeit siehe BFH v. 5.7.2012 VI R 50/10, BStBl. II 2013, 282. – Schadensersatzleistungen an den Arbeitgeber aufgrund strafbarer Handlung sind nicht als Erwerbsaufwendungen abzugsfähig, siehe BFH v. 20.10.2016 VI R 27/15, BStBl. II 2018, 441. – Zu Aufwendungen eines Fußballtrainers für ein Sky-Bundesliga-Abo siehe BFH v. 16.1.2019 VI R 24/16, BStBl. II 2019, 376.

Aufgabe seiner Umzugsabsicht entstandenen vergeblichen Aufwendungen als Werbungskosten abziehbar (→ BFH vom 24.5.2000 – BStBl. II S. 584).

Berufliche Veranlassung. Ein Wohnungswechsel ist z. B. beruflich veranlasst,

1. wenn durch ihn eine → erhebliche Verkürzung der Entfernung zwischen Wohnung und Tätigkeitsstätte eintritt und die verbleibende Wegezeit im Berufsverkehr als normal angesehen werden kann (→ BFH vom 6.11.1986 – BStBl. 1987 II S. 81). Es ist nicht erforderlich, dass der Wohnungswechsel mit einem Wohnortwechsel oder mit einem Arbeitsplatzwechsel verbunden ist,
2. wenn er im ganz überwiegenden betrieblichen Interesse des Arbeitgebers durchgeführt wird, insbesondere beim Beziehen oder Räumen einer Dienstwohnung, die aus betrieblichen Gründen bestimmten Arbeitnehmern vorbehalten ist, um z. B. deren jederzeitige Einsatzmöglichkeit zu gewährleisten (→ BFH vom 28.4.1988 – BStBl. II S. 777), oder
3. wenn er aus Anlass der erstmaligen Aufnahme einer beruflichen Tätigkeit, des Wechsels des Arbeitgebers oder im Zusammenhang mit einer Versetzung durchgeführt wird oder
4. wenn der eigene Hausstand zur Beendigung einer doppelten Haushaltsführung an den Beschäftigungsort verlegt wird (→ BFH vom 21.7.1989 – BStBl. II S. 917).

Die privaten Motive für die Auswahl der neuen Wohnung sind i. d. R. unbeachtlich (→ BFH vom 23.3.2001 – BStBl. 2002 II S. 56).

Doppelte Haushaltsführung. → R 9.11.

Doppelter Mietaufwand. Wegen eines Umzugs geleistete doppelte Mietzahlungen können beruflich veranlasst und deshalb in voller Höhe als Werbungskosten abziehbar sein. Diese Mietaufwendungen können jedoch nur zeitanteilig, und zwar für die neue Familienwohnung ab dem Kündigungs- bis zum Umzugstag und für die bisherige Wohnung ab dem Umzugstag, längstens bis zum Ablauf der Kündigungsfrist des bisherigen Mietverhältnisses, als Werbungskosten abgezogen werden (→ BFH vom 13.7.2011 – BStBl. 2012 II S. 104).

Eheschließung/Begründung einer Lebenspartnerschaft. Erfolgt ein Umzug aus Anlass einer Eheschließung von getrennten Wohnorten in eine gemeinsame Familienwohnung, so ist die berufliche Veranlassung des Umzugs eines jeden Ehegatten gesondert zu beurteilen (→ BFH vom 23.3.2001 – BStBl. II S. 585). Entsprechendes gilt für Lebenspartnerschaften (→ § 2 Abs. 8 EStG).

Erhebliche Fahrzeitverkürzung.

– Eine erhebliche Verkürzung der Entfernung zwischen Wohnung und Tätigkeitsstätte ist anzunehmen, wenn sich die Dauer der täglichen Hin- und Rückfahrt insgesamt wenigstens zeitweise um mindestens eine Stunde ermäßigt (→ BFH vom 22.11.1991 – BStBl. 1992 II S. 494 und vom 16.10.1992 – BStBl. 1993 II S. 610).

- Die Fahrzeitersparnisse beiderseits berufstätiger Ehegatten/Lebenspartner sind weder zusammenzurechnen (→ BFH vom 27.7.1995 – BStBl. II S. 728) noch zu saldieren (→ BFH vom 21.2.2006 – BStBl. II S. 598).
- Steht bei einem Umzug eine arbeitstägliche Fahrzeitersparnis von mindestens einer Stunde fest, sind private Gründe (z. B. Gründung eines gemeinsamen Haushalts aus Anlass einer Eheschließung/Begründung einer Lebenspartnerschaft, erhöhter Wohnbedarf wegen Geburt eines Kindes) unbeachtlich (→ BFH vom 23.3.2001 – BStBl. II S. 585 und BStBl. 2002 II S. 56).

Höhe der Umzugskosten.

- Zur Höhe der maßgebenden Beträge für umzugsbedingte Unterrichtskosten und sonstige Umzugsauslagen ab 1.4.2021 sowie 1.4.2022 → *BMF vom 21.7.2021 (BStBl. I S. 1021).*[1]
- Die umzugskostenrechtliche Beschränkung einer Mietausfallentschädigung für den bisherigen Wohnungsvermieter gilt nicht für den Werbungskostenabzug (→ BFH vom 1.12.1993 – BStBl. 1994 II S. 323).
- Nicht als Werbungskosten abziehbar sind die bei einem Grundstückskauf angefallenen Maklergebühren, auch soweit sie auf die Vermittlung einer vergleichbaren Mietwohnung entfallen würden (→ BFH vom 24.5.2000 – BStBl. II S. 586) sowie Aufwendungen für die Anschaffung von klimabedingter Kleidung und Wohnungsausstattung i. S. d. §§ 19 und 21 AUV (→ BFH vom 20.3.1992 – BStBl. 1993 II S. 192, vom 27.5.1994 – BStBl. 1995 II S. 17 und vom 12.4.2007 – BStBl. II S. 536).
- Der Werbungskostenabzug setzt eine Belastung mit Aufwendungen voraus. Das ist bei einem in Anlehnung an § 8 Abs. 3 BUKG ermittelten Mietausfall nicht der Fall. Als entgangene Einnahme erfüllt er nicht den Aufwendungsbegriff (→ BFH vom 19.4.2012 – BStBl. 2013 II S. 699).
- Zur steuerfreien Arbeitgebererstattung → R 9.9 Abs. 3.
- Aufwendungen auf Grund der Veräußerung eines Eigenheims anlässlich eines beruflich bedingten Umzugs sind keine Werbungskosten bei den Einkünften aus nichtselbständiger Arbeit (→ BFH vom 24.5.2000 – BStBl. II S. 476).
- Veräußerungsverluste aus dem Verkauf eines Eigenheims einschließlich zwischenzeitlich angefallener Finanzierungskosten anlässlich eines beruflich bedingten Umzugs sind keine Werbungskosten bei den Einkünften aus nichtselbständiger Arbeit (→ BFH vom 24.5.2000 – BStBl. II S. 474).[2]
- Bei einem beruflich veranlassten Umzug sind Aufwendungen für die Ausstattung der neuen Wohnung (z. B. Renovierungsmaterial, Gardinen, Rollos, Lampen, Telefonanschluss, Anschaffung und Installation eines Wasserboilers) nicht als Werbungskosten abziehbar (→ BFH vom 17.12.2002 – BStBl. 2003 II S. 314). Die Berücksichtigung der Pauschale nach § 10 BUKG bleibt unberührt → R 9.9 Abs. 2 Satz 2.

Rückumzug ins Ausland. Der Rückumzug ins Ausland ist bei einem ausländischen Arbeitnehmer, der unbefristet ins Inland versetzt wurde und

[1] Für Umzüge **ab 1.3.2024** siehe BMF v. 28.12.2023. BStBl. I 2024, 84.
[2] Siehe auch Stichwort „Aufgabe der Umzugsabsicht".

dessen Familie mit ins Inland umzog und der bei Erreichen der Altersgrenze ins Heimatland zurückzieht, nicht beruflich veranlasst (→ BFH vom 8.11.1996 – BStBl. 1997 II S. 207); anders bei einer von vornherein befristeten Tätigkeit im Inland (→ BFH vom 4.12.1992 – BStBl. 1993 II S. 722).

Umzug ins Ausland. Umzugskosten im Zusammenhang mit einer beabsichtigten nichtselbständigen Tätigkeit im Ausland sind bei den inländischen Einkünften nicht als Werbungskosten abziehbar, wenn die Einkünfte aus der beabsichtigten Tätigkeit nicht der deutschen Besteuerung unterliegen (→ BFH vom 20.9.2006 – BStBl. 2007 II S. 756). Zum Progressionsvorbehalt → H 32b (Zeitweise unbeschränkte Steuerpflicht) EStH.[1)]

Zwischenumzug. Die berufliche Veranlassung eines Umzugs endet regelmäßig mit dem Einzug in die erste Wohnung am neuen Arbeitsort. Die Aufwendungen für die Einlagerung von Möbeln für die Zeit vom Bezug dieser Wohnung bis zur Fertigstellung eines Wohnhauses am oder in der Nähe vom neuen Arbeitsort sind daher keine Werbungskosten (→ BFH vom 21.9.2000 – BStBl. 2001 II S. 70).

R 9.10 Aufwendungen für Wege zwischen Wohnung und erster Tätigkeitsstätte sowie Fahrten nach § 9 Abs. 1 Satz 3 Nr. 4a Satz 3 EStG

Maßgebliche Wohnung

(1) [1]Als Ausgangspunkt für die Wege kommt jede Wohnung des Arbeitnehmers in Betracht, die er regelmäßig zur Übernachtung nutzt und von der aus er seine erste Tätigkeitsstätte aufsucht. [2]Als Wohnung ist z. B. auch ein möbliertes Zimmer, eine Schiffskajüte, ein Gartenhaus, ein auf eine gewisse Dauer abgestellter Wohnwagen oder ein Schlafplatz in einer Massenunterkunft anzusehen. [3]Hat ein Arbeitnehmer mehrere Wohnungen, können Wege von und zu der von der ersten Tätigkeitsstätte weiter entfernt liegenden Wohnung nach § 9 Abs. 1 Satz 3 Nr. 4 Satz 6 EStG nur dann berücksichtigt werden, wenn sich dort der Mittelpunkt der Lebensinteressen des Arbeitnehmers befindet und sie nicht nur gelegentlich aufgesucht wird. [4]Der Mittelpunkt der Lebensinteressen befindet sich bei einem verheirateten Arbeitnehmer regelmäßig am tatsächlichen Wohnort seiner Familie. [5]Die Wohnung kann aber nur dann ohne nähere Prüfung berücksichtigt werden, wenn sie der Arbeitnehmer mindestens sechsmal im Kj. aufsucht. [6]Bei anderen Arbeitnehmern befindet sich der Mittelpunkt der Lebensinteressen an dem Wohnort, zu dem die engeren persönlichen Beziehungen bestehen. [7]Die persönlichen Beziehungen können ihren Ausdruck besonders in Bindungen an Personen, z. B. Eltern, Verlobte, Freundes- und Bekanntenkreis, finden, aber auch in Vereinszugehörigkeiten und anderen Aktivitäten. [8]Sucht der Arbeitnehmer diese Wohnung im Durchschnitt mindestens zweimal monatlich auf, ist davon auszugehen, dass sich dort der Mittelpunkt seiner Lebensinteressen befindet. [9]Die Sätze 4 bis 8 gelten unabhängig davon, ob sich der Lebensmittelpunkt im Inland oder im Ausland befindet.

---

1) Nr. **1**.

Fahrten mit einem zur Nutzung überlassenen Kfz

(2) [1]Ein Kfz ist dem Arbeitnehmer zur Nutzung überlassen, wenn es dem Arbeitnehmer vom Arbeitgeber unentgeltlich oder teilentgeltlich überlassen worden ist (→ R 8.1 Abs. 9) oder wenn es der Arbeitnehmer von dritter Seite geliehen, gemietet oder geleast hat. [2]Wird ein Kfz von einer anderen Person als dem Arbeitnehmer, dem das Kfz von seinem Arbeitgeber zur Nutzung überlassen ist, für Wege zwischen Wohnung und erster Tätigkeitsstätte benutzt, kann die andere Person die Entfernungspauschale nach § 9 Abs. 1 Satz 3 Nr. 4 EStG geltend machen. [3]Entsprechendes gilt für den Arbeitnehmer, dem das Kfz von seinem Arbeitgeber überlassen worden ist, für Wege zwischen Wohnung und erster Tätigkeitsstätte im Rahmen eines anderen Dienstverhältnisses.

Menschen mit Behinderungen i. S. d. § 9 Abs. 2 Satz 3 EStG

(3) [1]Ohne Einzelnachweis der tatsächlichen Aufwendungen können die Fahrtkosten nach den Regelungen in § 9 Abs. 1 Satz 3 Nr. 4a Satz 2 EStG angesetzt werden. [2]Wird ein Arbeitnehmer mit Behinderungen im eigenen oder ihm zur Nutzung überlassenen Kfz arbeitstäglich von einem Dritten, z. B. dem Ehegatten, zu seiner ersten Tätigkeitsstätte gefahren und wieder abgeholt, können auch die Kfz-Kosten, die durch die Ab- und Anfahrten des Fahrers – die sog. Leerfahrten – entstehen, in tatsächlicher Höhe oder in sinngemäßer Anwendung von § 9 Abs. 1 Satz 3 Nr. 4a Satz 2 EStG als Werbungskosten abgezogen werden. [3]Für den Nachweis der Voraussetzungen des § 9 Abs. 2 Satz 3 EStG ist § 65 EStDV entsprechend anzuwenden. [4]Für die Anerkennung der tatsächlichen Aufwendungen oder der Kilometersätze aus § 9 Abs. 1 Satz 3 Nr. 4a Satz 2 EStG und für die Berücksichtigung von Leerfahrten ist bei rückwirkender Festsetzung oder Änderung des Grads der Behinderung das Gültigkeitsdatum des entsprechenden Nachweises maßgebend.

Sammelpunkt oder weiträumiges Tätigkeitsgebiet i. S. d. § 9 Abs. 1 Satz 3 Nr. 4a Satz 3 EStG

(4) Die Absätze 1 bis 3 gelten bei Fahrten nach § 9 Abs. 1 Satz 3 Nr. 4a Satz 3 EStG entsprechend.

H 9.10

Allgemeine Grundsätze. → BMF vom 18.11.2021 (BStBl. I S. 2315).

Anrechnung von Arbeitgeberleistungen auf die Entfernungspauschale.
- → BMF vom 18.11.2021 (BStBl. I S. 2315), Tz. 1.9.
- → BMF vom 15.8.2019 (BStBl. I S. 875),[1] Tz. 6.

Benutzung verschiedener Verkehrsmittel. → BMF vom 18.11.2021 (BStBl. I S. 2315), Tz. 1.6.

Dienstliche Verrichtungen auf der Fahrt. Eine Fahrt zwischen Wohnung und erster Tätigkeitsstätte liegt auch vor, wenn diese gleichzeitig zu dienstlichen Verrichtungen für den Arbeitgeber genutzt wird, z. B. Abholen der Post, sich dabei aber der Charakter der Fahrt nicht wesentlich ändert und allenfalls ein geringer Umweg erforderlich wird; die erforderliche Umweg-

[1] Geänd. durch BMF v. 7.11.2023, BStBl. I 2023, 1969.

Erstattung durch den Arbeitgeber.
- Steuerfrei → § 3 Nr. 13, 16 EStG, → R 3.13, 3.16 und BMF vom 25.11.2020 (BStBl. I S. 1228), Rz. 113.
- Steuerfreie Arbeitgebererstattungen mindern die abziehbaren Werbungskosten auch dann, wenn sie erst im Folgejahr geleistet werden (→ BFH vom 20.9.2006 – BStBl. 2007 II S. 756).

Familienheimfahrten.
- Tritt der den doppelten Haushalt führende Ehegatte die wöchentliche Familienheimfahrt **aus privaten Gründen** nicht an, sind die Aufwendungen für die stattdessen durchgeführte Besuchsfahrt des anderen Ehegatten zum Beschäftigungsort keine Werbungskosten (→ BFH vom 2.2.2011 – BStBl. II S. 456). – Zu beruflich veranlassten Besuchsfahrten → R 9.11 Abs. 6 Nr. 2 Satz 3.
- Die Entfernungspauschale für eine wöchentliche Familienheimfahrt im Rahmen einer doppelten Haushaltsführung kann aufwandsunabhängig in Anspruch genommen werden. Steuerfrei geleistete Reisekostenvergütungen und steuerfrei gewährte Freifahrten sind jedoch mindernd auf die Entfernungspauschale anzurechnen (→ BFH vom 18.4.2013 – BStBl. II S. 735).
- Aufwendungen für Familienheimfahrten des Arbeitnehmers mit einem vom Arbeitgeber überlassenen Dienstwagen berechtigen nach § 9 Abs. 1 Satz 3 Nr. 5 Satz 8 EStG nicht zum Werbungskostenabzug (→ BFH vom 28.2.2013 – BStBl. II S. 629).
- Wird bei Menschen mit Behinderungen der Grad der Behinderung herabgesetzt und liegen die Voraussetzungen des § 9 Abs. 2 Satz 3 EStG nach der Herabsetzung nicht mehr vor, ist dies ab dem im Bescheid genannten Zeitpunkt zu berücksichtigen. Aufwendungen für Familienheimfahrten können daher ab diesem Zeitpunkt nicht mehr nach § 9 Abs. 2 Satz 3 EStG bemessen werden (→ BFH vom 11.3.2014 – BStBl. II S. 525).

Kostenarten. Zu den einzelnen Kostenarten bei Vorliegen einer doppelten Haushaltsführung → BFH vom 4.4.2006 (BStBl. II S. 567).

Pauschbeträge bei doppelter Haushaltsführung im Ausland. → BMF vom 23.11.2022 (BStBl. I S. 1654) ab 1.1.2023; zur Begrenzung auf 40 % → R 9.11 Abs. 10 Satz 7 Nr. 3 Satz 2.

Telefonkosten. Anstelle der Aufwendungen für eine Heimfahrt an den Ort des eigenen Hausstands können die Gebühren für ein Ferngespräch bis zu einer Dauer von 15 Minuten mit Angehörigen, die zum eigenen Hausstand des Arbeitnehmers gehören, berücksichtigt werden (→ BFH vom 18.3.1988 – BStBl. II S. 988).

Übernachtungskosten. Die Übernachtungskosten sind für den Werbungskostenabzug i. d. R. im Einzelnen nachzuweisen. Sie können geschätzt werden, wenn sie dem Grunde nach zweifelsfrei entstanden sind (→ BFH vom 12.9.2001 – BStBl. II S. 775).

Umzugskosten.

– → R 9.11 Abs. 9.

– Zu den notwendigen Mehraufwendungen einer doppelten Haushaltsführung gehören auch die durch das Beziehen oder die Aufgabe der Zweitwohnung verursachten tatsächlichen Umzugskosten (→ BFH vom 29.4.1992 – BStBl. II S. 667).

– → H 9.9 (Doppelter Mietaufwand).

Unfallschäden. → H 9.10.

Unterkunftskosten.

– Bei doppelter Haushaltsführung **im Inland** → BMF vom 25.11.2020 (BStBl. I S. 1228),[1] Rz. 106 ff.

– Bei doppelter Haushaltsführung **im Ausland** sind die tatsächlichen Mietkosten anzusetzen, soweit sie nicht überhöht sind (→ BFH vom 16.3.1979 – BStBl. II S. 473). Entsprechendes gilt für die tatsächlich angefallenen Unterkunftskosten im eigenen Haus (→ BFH vom 24.5.2000 – BStBl. II S. 474). Nicht überhöht sind Aufwendungen, die sich für eine Wohnung von 60 qm bei einem ortsüblichen Mietzins je qm für eine nach Lage und Ausstattung durchschnittliche Wohnung (Durchschnittsmietzins) ergeben würden (→ BFH vom 9.8.2007 – BStBl. II S. 820).[1]

– Ein **häusliches Arbeitszimmer** in der Zweitwohnung am Beschäftigungsort ist bei der Ermittlung der abziehbaren Unterkunftskosten nicht zu berücksichtigen; der Abzug der hierauf entfallenden Aufwendungen richtet sich nach § 4 Abs. 5 Satz 1 Nr. 6b EStG (→ BFH vom 9.8.2007 – BStBl. 2009 II S. 722).

– Die Vorschriften über den Abzug notwendiger Mehraufwendungen wegen einer aus beruflichem Anlass begründeten doppelten Haushaltsführung stehen dem allgemeinen Werbungskostenabzug umzugsbedingt geleisteter Mietzahlungen nicht entgegen (→ BFH vom 13.7.2011, BStBl. 2012 II S. 104); → H 9.9 (Doppelter Mietaufwand).

Verpflegungsmehraufwendungen.

– → R 9.11 Abs. 7 und BMF vom 25.11.2020 (BStBl. I S. 1228), Rz. 57.

– Die Begrenzung des Abzugs von Mehraufwendungen für die Verpflegung auf drei Monate bei einer aus beruflichem Anlass begründeten doppelten Haushaltsführung ist verfassungsgemäß (→ BFH vom 8.7.2010 – BStBl. 2011 II S. 32).

– Verlegt ein Arbeitnehmer seinen Haupthausstand aus privaten Gründen vom Beschäftigungsort weg und nutzt daraufhin eine bereits vorhandene Wohnung am Beschäftigungsort aus beruflichen Gründen als Zweithaushalt (sog. Wegverlegungsfall), wird die doppelte Haushaltsführung mit Umwidmung der bisherigen Wohnung in einen Zweithaushalt begründet. Mit dem Zeitpunkt der Umwidmung beginnt in sog. Wegverlegungsfällen die Dreimonatsfrist für die Abzugsfähigkeit von Verpflegungsmehraufwendungen (→ BFH vom 8.10.2014 – BStBl. 2015 II S. 336).

---

[1] Zu Unterkunftskosten bei doppelter Haushaltsführung im Ausland siehe aber BFH v. 9.8.2023 VI R 20/21, DStR 2023, 2481 (einzelfallbezogene Prüfung, gegen BMF v. 25.11.2020, BStBl. I 2020, 1228, Rz. 112).

Diese Voraussetzungen müssen sämtlich erfüllt sein, um die Gewerbesteuerpflicht zu begründen. Weiterhin darf es sich nicht um Land- und Forstwirtschaft (→ R 13.2 und 15.5 EStR, H 13.2 und 15.5 EStH), um selbständige Arbeit (→ H 15.6 EStH) oder um Vermögensverwaltung (→ R 2.2, R 15.7 EStR und H 15.7 EStH) handeln.[1)]

Sachliche Selbständigkeit des Betriebs.
- Organschaft → R 2.3
- Zur Frage ob ein einheitlicher Gewerbebetrieb oder mehrere selbständige Gewerbebetriebe vorliegen → R 2.4.

Stehender Gewerbebetrieb. → § 1 GewStDV.

Zu Beginn und Ende der Steuerpflicht. → R 2.5 bzw. R 2.6.

R **2.1** (2)

Personengesellschaften

(2) Offene Handelsgesellschaften, Kommanditgesellschaften oder andere Personengesellschaften, die eine Tätigkeit im Sinne des § 15 Abs. 1 Satz 1 Nr. 1 EStG ausüben und deren Gesellschafter als Mitunternehmer anzusehen sind, sind Gewerbebetriebe nach § 2 Abs. 1 GewStG.

H **2.1** (2)

Allgemeines.[2)]
- Sowohl eine gewerblich tätige als auch eine gewerblich geprägte Personengesellschaft kann nur einen einzigen Gewerbebetrieb haben, der ihre gesamte Tätigkeit umfasst; → Umfassender Gewerbebetrieb einer Personengesellschaft.
- Personengesellschaften, an denen nur ein Gesellschafter mitunternehmerschaftlich beteiligt ist (hier: sog. Treuhandmodell), unterliegen nicht der Gewerbesteuer (→ BFH vom 3.2.2010 – BStBl. II S. 751).

Gewerbesteuerbefreiung. Übt eine Personengesellschaft neben einer freiberuflichen auch eine gewerbliche Tätigkeit aus, so ist die Tätigkeit auch dann infolge der „Abfärberegelung" des § 15 Abs. 3 Nr. 1 EStG insgesamt als gewerblich anzusehen, wenn die gewerbliche Tätigkeit von der Gewerbesteuer befreit ist. Die Gewerbesteuerbefreiung erstreckt sich in solchen Fällen jedoch auch auf die Tätigkeit, die ohne die „Abfärbung" freiberuflich wäre (→ BFH vom 30.8.2001 – BStBl. 2002 II S. 152).

Mitunternehmerschaft. → H 15.8 (1) EStH.[3)]

Treuhandmodell. → Allgemeines.

---

1) Zur Vermietung eines Einkaufszentrums als Vermögensverwaltung siehe BFH v. 14.7.2016 IV R 34/13, BStBl. II 2017, 175.

2) Zu ärztlichen Laborleistungen siehe BMF v. 12.2.2009, BStBl. I 2009, 398, ergänzend OFD Niedersachsen v. 27.1.2011, DStR 2011, 573. – Zum Verkauf von Kontaktlinsen, Mundhygieneartikeln sowie Tierarzneimitteln durch ärztliche Gemeinschaftspraxen siehe BMF v. 14.5.1997, BStBl. I 1997, 566.

3) Nr. **1**.

Umfassender Gewerbebetrieb einer Personengesellschaft.[1]

– Personengesellschaften gelten auch dann in vollem Umfang als Gewerbebetrieb, wenn sie nur teilweise eine Tätigkeit im Sinne des § 15 Abs. 1 Satz 1 Nr. 1 EStG ausüben **(Abfärberegelung)** → § 15 Abs. 3 Nr. 1 EStG, R 15.8 Abs. 5 EStR und H 15.8 (5) EStH.
– Die Tätigkeit einer gewerblich geprägten Personengesellschaft gemäß § 15 Abs. 3 Nr. 2 EStG gilt als Gewerbebetrieb **(Geprägeregelung).** Demnach gilt auch die vermögensverwaltende Tätigkeit einer gewerblich geprägten Personengesellschaft als Gewerbebetrieb → § 15 Abs. 3 Nr. 2 EStG, R 15.8 Abs. 6 EStR und H 15.8 (6) EStH.[2]

Umqualifizierung der Einkünfte einer vermögensverwaltenden Personengesellschaft. Zur Anwendung des BFH-Urteils vom 6.10.2004 – BStBl. 2005 II S. 383 → BMF vom 18.5.2005 – BStBl. I S. 698.[3]

Zur Frage der „Abfärbung“ gem. § 15 Abs. 3 Nr. 1 EStG bei gewerblichen Einkünften eines Gesellschafters in dessen Sonderbereich. → H 15.8 (5) EStH.

Zur Prägung durch andere Personengesellschaften. → H 15.8 (6) EStH.

Zur Prägung durch ausländische Kapitalgesellschaften. → H 15.8 (6) EStH.

R 2.1 (3)

Reisegewerbebetrieb

(3) [1]Beim Zusammentreffen von Reisegewerbe mit stehendem Gewerbe ist für die gewerbesteuerliche Behandlung wesentlich, ob ein einheitlicher Gewerbebetrieb oder zwei selbständige Betriebe bestehen. [2]Ist ein einheitlicher Betrieb gegeben, ist dieser in vollem Umfang als stehendes Gewerbe zu behandeln (→ § 35a Abs. 2 Satz 2 GewStG).

H 2.1 (3)

Allgemeines. Wird im Rahmen eines einheitlichen Gewerbebetriebs sowohl ein stehendes Gewerbe als auch ein Reisegewerbe betrieben und ist der Betrieb somit in vollem Umfang als stehendes Gewerbe zu behandeln, kommen die besonderen Bestimmungen zu Reisegewerbebetrieben (→ § 35a GewStG) nicht zur Anwendung.

Begriff des Reisegewerbebetriebs. → § 2 Abs. 1 Satz 2 i.V.m. § 35a Abs. 2 GewStG, R 35a.1.

---

[1] Die sog. Abfärberegelung und § 15 Abs. 3 Nr. 1 *[jetzt: 1. Alternative]* EStG ist verfassungsgemäß; siehe BVerfG v. 15.1.2008 1 BvL 2/04, DStRE 2008, 1003. – Zu § 15 Abs. 3 Nr. 1 2. Alternative EStG siehe BFH v. 6.6.2019 IV R 30/16, BStBl. II 2020, 649: Keine Geringfügigkeitsgrenze bei Abfärbung von gewerblichen Beteiligungseinkünften, aber umqualifizierte gewerbliche Einkünfte sind nicht gewerbesteuerbar (verfassungskonforme Auslegung von § 2 Abs. 1 Satz 2 GewStG). Siehe hierzu aber gleich lautenden Ländererlass v. 1.10.2020, BStBl. I 2020, 1032. – Siehe aber weiter BFH v. 5.9.2023 IV R 24/20, DStR 2023, 2490: Keine Geringfügigkeitsgrenze, keine GewSt-Pflicht der aufwärts abgefärbten Obergesellschaft.

[2] Bestätigt durch BFH v. 20.11.2003 IV R 5/02, BStBl. II 2004, 464.

[3] **[Amtl. Anm.:]** Aufhebung unter dem Aspekt der Normenflut durch BMF-Schreiben zur Anwendung von BMF-Schreiben v. 27.3.2012, BStBl. I S. 370 für Steuertatbestände, die nach dem 31.12.2010 verwirklicht werden.

anderen Darlehen vereinbart wird, sowie das Disagio, das bei der Ausgabe von Schuldverschreibungen einer Kapitalgesellschaft gewährt wird. [5]Bei Bankkrediten sind die laufenden Sondervergütungen (z. B. Provisionen, Garantieentgelte), die neben den Zinsen vereinbart sind, in der Regel den Entgelten für Schulden zuzurechnen. [6]Soweit die von den Banken angesetzten Provisionen mit nicht in Anspruch genommenen Krediten zusammenhängen, fallen sie nicht unter die Vorschrift des § 8 Nr. 1 Buchstabe a GewStG. [7]Bereitstellungs- und Zusageprovisionen stellen keine Gegenleistung für die eigentliche Nutzung von Fremdkapital dar und unterliegen somit nicht der Hinzurechnung nach § 8 Nr. 1 Buchstabe a GewStG. [8]Die Umsatzprovision fällt insoweit nicht unter die hinzuzurechnenden Entgelte, als sie das Entgelt für Leistungen der Bank bildet, die nicht in der Überlassung des Kapitals bestehen, sondern darüber hinausgehende weitere Leistungen darstellen. [9]Auch die mit Schulden zusammenhängenden Geldbeschaffungskosten, laufenden Verwaltungskosten, Depotgebühren, Währungsverluste, Bereitstellungszinsen usw. sind keine hinzurechnungspflichtigen Entgelte. [10]Die Deckungsrückstellung (Deckungsrücklage) der Lebensversicherungsunternehmen ist keine Schuld im Sinne des Gewerbesteuergesetzes.

H 8.1 (1)

Allgemeines. Auf die Dauer des Schuldverhältnisses kommt es nicht an. Auch ist es nicht von Bedeutung, ob die Schulden mit oder ohne Willen des Schuldners oder des Gläubigers entstanden sind, ob sie das Betriebsvermögen erhöht oder nur dessen Verminderung verhindert haben, ob die Gegenwerte am Stichtag noch vorhanden und ob die Schulden verzinslich sind (→ BFH vom 28.6.1957 – BStBl. III S. 287).

ABC der als Entgelt für Schulden anzusehenden Leistungen.

- **Diskontbeträge,** soweit sich diese auf den Finanzierungsanteil beziehen. Demnach sind enthaltene Nebenkosten – Verwaltungsgebühren, Risikoprämien, Wertermittlungskosten und vergleichbare Kosten – nicht in die Hinzurechnung einzubeziehen, zu Zeitpunkt und Umfang der Hinzurechnung (→ Rdnr. 21 und 23 gleich lautende Erlasse der obersten Finanzbehörden der Länder vom 2.7.2012 – BStBl. I S. 654).[1)]
- **Skonti/wirtschaftlich vergleichbare Vorteile,** wenn diese nicht dem gewöhnlichen Geschäftsverkehr entsprechen und somit der Finanzierungseffekt im Vordergrund steht (→ Rdnr. 16 Gleich lautende Erlasse der obersten Finanzbehörden der Länder vom 2.7.2012 – BStBl. I S. 654).[1)]
- **Verwaltungskosten,** wenn sie ihrer Höhe nach prozentual an dem Darlehensbetrag bemessen und bezogen auf die gesamte Laufzeit des Darlehens zu zahlen und nicht für besondere, über die Kapitalüberlassung hinausgehende Leistungen des Kreditgebers zu erbringen sind (→ BFH vom 9.8.2000 – BStBl. 2001 II S. 609).
- **Vorfälligkeitsentschädigungen,** die für die vorzeitige Rückzahlung eines Darlehens bei Verkürzung einer ursprünglich vereinbarten Mindestlaufzeit entrichtet werden, weil sie wie die vereinbarten Zinsen Ent-

---

1) Geänd. durch gleich lautenden Ländererlass v. 6.4.2022, BStBl. I 2022, 638.

gelt für die Kreditgewährung sind (→ BFH vom 20.3.1980 – BStBl. II S. 538 und BFH vom 25.2.1999 – BStBl. II S. 473).

ABC der nicht als Entgelt für Schulden anzusehenden Leistungen.[1)]

- **Avalprovisionen/Avalgebühren.** → BFH vom 29.3.2007 – BStBl. II S. 655.
- **Bauzeitzinsen,** die als Herstellungskosten aktiviert sind; dies gilt sowohl für den Erhebungszeitraum der Aktivierung, als auch in Erhebungszeiträumen, in denen sie sich über Abschreibungen auf den Gewinn ausgewirkt haben (→ BFH vom 30.4.2003 – BStBl. 2004 II S. 192 und Rdnr. 13 gleich lautende Erlasse der obersten Finanzbehörden der Länder vom 2.7.2012 – BStBl. I S. 654).[2)]
- **Bereitstellungszinsen.** → BFH vom 10.7.1996 – BStBl. 1997 II S. 253.
- **Erbbauzinsen,** soweit diese Entgelt für die Überlassung des Grund und Bodens darstellen (→ BFH vom 7.3.2007 – BStBl. II S. 654), zur Behandlung von als Anschaffungskosten oder Herstellungskosten aktivierten Erbbauzinsen → Bauzeitzinsen.
- **Negative Einlagezinsen.** → Gleich lautende Erlasse der obersten Finanzbehörden der Länder von 17.11.2015 – BStBl. I S. 896.
- **Teilwertabschreibungen,** die steuerlich zulässig als Aufwand abgesetzt wurden; dies gilt auch, wenn das Unternehmen die abgeschriebene Forderung im Folgenden zum abgeschriebenen Wert veräußert (→ Rdnr. 18 gleich lautende Erlasse der obersten Finanzbehörden der Länder vom 2.7.2012 – BStBl. I S. 654).[2)]
- **Zins-Swap-Geschäfte,** die im Zusammenhang mit einem Swap-Geschäft gezahlten Vergütungen werden nicht für die Überlassung von Kapital, sondern für die Absicherung eines Zinsrisikos gezahlt (→ BFH vom 4.6.2003 – BStBl. 2004 II S. 517 und Rdnr. 14 und 15 gleich lautende Erlasse der obersten Finanzbehörden der Länder vom 2.7.2012 – BStBl. I S. 654).[2)]

Anwendungsfragen zur Hinzurechnung von Finanzierungsanteilen nach § 8 Nr. 1 GewStG. → Gleich lautende Erlasse der obersten Finanzbehörden der Länder vom 2.7.2012 – BStBl. I S. 654.[2)]

Aufzinsungsbeträge. Aus dem Abzinsungsvorgang nach § 6 Abs. 1 Nr. 3 EStG und der nachfolgenden Aufzinsung ergeben sich keine Entgelte im Sinne von § 8 Nr. 1 Buchst. a GewStG (→ Rdnr. 39 des BMF-Schreibens vom 26.5.2005 – BStBl. I S. 699 und → H 6.10 (Abzinsung) sowie Rdnr. 12 gleich lautende Erlasse der obersten Finanzbehörden der Länder vom 2.7.2012 – BStBl. I S. 654).[2)]

Beteiligung an einer nicht gewerblichen Grundstücksgemeinschaft. Ist ein Gewerbebetrieb an einer nicht gewerblichen Grundstücksgemeinschaft (Gesamthands- oder Bruchteilsgemeinschaft) beteiligt, gehören auch die im Rahmen der Grundstücksgemeinschaft aufgenommenen Schulden anteilig zu den Schulden des Gewerbebetriebs (→ BFH vom 28.1.1975 – BStBl. II S. 516).

---

1) Keine Hinzurechnung von Stückzinsen eines Sachdarlehens, siehe BFH v. 7.10.2021 III R 15/18, BStBl. II 2022, 625.

2) Geänd. durch gleich lautenden Ländererlass v. 6.4.2022, BStBl. I 2022, 638.

als Mitunternehmer an einer nur grundstücksverwaltenden, gewerblich geprägten Personengesellschaft beteiligt ist (→ BFH vom 22.1.1992 – BStBl. II S. 628).[1] Zum eigenen Grundbesitz im Sinne des § 9 Nr. 1 Satz 2 und 3 GewStG gehören auch das Erbbaurecht und die auf Grund eines solchen Rechts errichteten Gebäude (→ BFH vom 15.4.1999 – BStBl. II S. 532).

Gewerblicher Grundstückshandel. Die erweiterte Kürzung nach § 9 Nr. 1 Satz 2 GewStG kommt nicht in Betracht, wenn ein Grundstücksverwaltungsunternehmen in einem Umfang Grundstücke erwirbt und veräußert, der diesem Tätigkeitsbereich gewerblichen Charakter verleiht. Ob eine solche Tätigkeit vorliegt, ist nicht nach den Verhältnissen eines einzigen Erhebungszeitraums, sondern nach dem Gesamtbild der Verhältnisse eines mehrjährigen Zeitraums zu beurteilen (→ BFH vom 9.10.1974 – BStBl. 1975 II S. 44). Ein gelegentlicher Grundstücksverkauf stellt dagegen die ausschließliche Tätigkeit als Grundstücksverwaltungsgesellschaft nicht in Frage (→ BFH vom 24.2.1971 – BStBl. II S. 338).

Gewerbliche Grundstücksverwaltung.[2] Die erweiterte Kürzung nach § 9 Nr. 1 Satz 2 GewStG ist nicht anzuwenden auf solche Unternehmen, bei denen die Grundstücksverwaltung über den Rahmen einer Vermögensverwaltung hinausgeht und gewerblichen Charakter annimmt (→ BFH vom 29.3.1973 – BStBl. II S. 686, vom 28.6.1973 – BStBl. II S. 688 und vom 31.7.1990 – BStBl. II S. 1075).

Gewerbliche Tätigkeit.[3]·[4] Eine gewerbliche Betätigung, die nicht zu den in § 9 Nr. 1 Satz 2 GewStG genannten unschädlichen Nebentätigkeiten gehört, schließt grundsätzlich selbst dann die erweiterte Kürzung des Gewerbeertrags aus, wenn sie von untergeordneter Bedeutung ist (→ BFH vom 17.5.2006 – BStBl. II S. 659).

Kapitalvermögen. Neben der Verwaltung eigenen Grundbesitzes kann eigenes Kapitalvermögen verwaltet und genutzt werden. Die Verwaltung und Nutzung eigenen Kapitalvermögens darf jedoch für sich betrachtet keine ihrer Natur nach gewerbliche Tätigkeit darstellen. Zum „eigenen“ Kapitalvermögen können von dritter Seite beschaffte Gelder gehören (→ BFH vom 3.8.1972 – BStBl. II S. 799).

Nebentätigkeiten. Eine für die erweiterte Kürzung unschädliche Nebentätigkeit liegt z. B. vor, wenn sie erforderlich ist, um für die Grundstücksverwaltung und -nutzung benötigte Kredite zu beschaffen (→ BFH vom 23.7.1969 – BStBl. II S. 664). Entsprechendes gilt, wenn durch einen Brennstoffeinkauf im Großen zugleich für andere gleichartige Unternehmen die eigene Grundstücksverwaltung verbilligt werden soll, es sei denn, der Brennstoffhandel stellt für sich gesehen eine gewerbliche Tätigkeit dar (→ BFH vom 27.4.1977 – BStBl. II S. 776). Der Anwendung der erweiterten Kürzung steht nicht ent-

---

[1] Siehe aber BFH v. 25.9.2018 GrS 2/16, BStBl. II 2019, 262.

[2] Zu Billigkeitsmaßnahmen i. Z. m. den Auswirkungen des BFH-Urteils v. 16.9.2021 IV R 7/18, BStBl. II 2022, 767, zur erweiterten Kürzung nach § 9 Nr. 1 Satz 2 ff. GewStG bei Betriebsaufspaltung siehe gleich lautenden Ländererlass v. 22.11.2022, BStBl. I 2022, 1528.

[3] Zur Behandlung von Einnahmen aus der Lieferung von Strom bzw. Wärme siehe gleich lautenden Ländererlass v. 17.6.2022, BStBl. I 2022, 958.

[4] Zu Billigkeitsmaßnahmen im Zusammenhang mit der Unterbringung von Kriegsflüchtlingen aus der Ukraine bei der Anwendung der erweiterten Kürzung nach § 9 Nr. 1 Satz 2 ff. GewStG siehe gleich lautenden Ländererlass v. 17.10.2023, BStBl. I 2023, 1791.

gegen, dass die Gesellschaft sich an der gemeinschaftlichen Verwaltung eines Grundstücks beteiligt, dessen Miteigentümerin sie zu $^{2}/_{3}$ Anteilen ist (→ BFH vom 9.2.1966 – BStBl. III S. 253).

Organschaft.

- Im Falle der Organschaft sind die Voraussetzungen für die Anwendung der Kürzungsvorschrift des § 9 Nr. 1 Satz 2 und 3 GewStG mit Wirkung auf den im Organkreis erzielten und beim Organträger zusammenzurechnenden Gewerbeertrag für die zum Organkreis gehörenden Unternehmen gesondert zu prüfen. Ob die erweiterte Kürzung bei dem einzelnen Unternehmen des Organkreises zu berücksichtigen ist, richtet sich jeweils allein nach den bei diesem Unternehmen gegebenen Verhältnissen (→ BFH vom 30.7.1969 – BStBl. II S. 629).
- Die erweiterte Kürzung für Grundstücksunternehmen ist zu versagen, wenn es sich bei dem Grundstücksunternehmen um eine Organgesellschaft handelt, die alle ihre Grundstücke an eine andere Organgesellschaft desselben Organkreises vermietet (→ BFH vom 18.5.2011 – BStBl. II S. 887).

Sicherheitenbestellung. Die auf Grundstücke bezogene entgeltliche oder unentgeltliche Bestellung von Sicherheiten (z. B. Bestellung einer Grundschuld) für Kredite Dritter ist als Verwaltung und Nutzung eigenen Grundbesitzes i. S. des § 9 Nr. 1 Satz 2 GewStG zu beurteilen, sofern sie nicht den Umfang einer gewerblichen Tätigkeit annimmt (→ BFH vom 13.8.1997 – BStBl. 1998 II S. 270 und vom 17.1.2006 – BStBl. II S. 434).

Veräußerung von Grundbesitz. Die erweiterte Kürzung nach § 9 Nr. 1 Satz 2 GewStG ist nicht anzuwenden, wenn ein Unternehmen aufgrund der Veräußerung von Grundbesitz eine gewerbliche Tätigkeit ausübt, die nicht ausschließlich in der Errichtung und Veräußerung von Kaufeigenheimen, Kleinsiedlungen und Eigentumswohnungen im Sinne des § 9 Nr. 1 Satz 2 und 3 GewStG besteht (→ BFH vom 31.7.1990 – BStBl. II S. 1075).

R 9.2 (3)

Umfang der Kürzung

(3) Die Kürzung nach § 9 Nr. 1 Satz 2 GewStG umfasst nur den Teil des Gewerbeertrags des Grundstücksunternehmens, der auf die Verwaltung und Nutzung des eigenen Grundbesitzes, einschließlich der in R 9.2 Abs. 2 Satz 3 genannten ausnahmsweise zugelassenen Nebentätigkeiten, entfällt.

H 9.2 (3)

Kapitalerträge. Zinserträge werden auch dann nicht von der erweiterten Kürzung gemäß § 9 Nr. 1 Satz 2 GewStG umfasst, wenn sie aus der Anlage vereinnahmter Mietüberschüsse resultieren und wenn diese Anlage vorgenommen worden ist, um Grundstücksdarlehen tilgen zu können (→ BFH vom 15.3.2000 – BStBl. II S. 355).

Reinvestitionsrücklage § 6b EStG. Die erweiterte Kürzung gemäß § 9 Nr. 1 Satz 2 GewStG erfasst den Gewinn aus der Auflösung einer gemäß § 6b Abs. 3 EStG gebildeten Rücklage, wenn der ohne Bildung der Rücklage entstandene Veräußerungsgewinn nach § 9 Nr. 1 Satz 2 GewStG gewerbesteuerfrei gewesen wäre und wenn auch bei der Auflösung der Rücklage die Voraussetzungen des § 9 Nr. 1 Satz 2 GewStG vorliegen. Daran fehlt es nicht deshalb, weil der veräußerte Grundbesitz im Zeitpunkt der

Sinngemäße Anwendung des § 173 Abs. 1 AO bei Änderungen der Zerlegungsbescheide. Zerlegungsbescheide für die Gewerbesteuer sind gemäß § 173 Abs. 1 in Verbindung mit §§ 185, 184 Abs. 1 Satz 3 AO änderbar. Dabei ist auf den einzelnen Zerlegungsanteil abzustellen und von der Unterscheidung zwischen einer Änderung zuungunsten bzw. zugunsten des Steuerpflichtigen abzusehen (→ BFH vom 24.3.1992 – BStBl. II S. 869).

Zerlegungssperre nach § 189 Abs. 3 AO. Gewerbesteuerzerlegungsverfahren und Zuteilungsverfahren nach § 190 AO sind zwei selbständige Verfahren. Der Eintritt der sog. Zerlegungssperre gemäß § 189 Satz 3 AO lässt sich nur durch den eigenen Antrag des übergangenen Steuerberechtigten auf Änderung oder Nachholung der Zerlegung vermeiden. Ein Antrag des Steuerpflichtigen genügt nicht. Ein solcher kann auch nicht über die Grundsätze der öffentlich-rechtlichen Geschäftsführung ohne Auftrag als für den Steuerberechtigten gestellt behandelt werden (→ BFH vom 8.11.2000 – BStBl. 2001 II S. 769).

Zu § 29 GewStG[1]

R 29.1 Zerlegungsmaßstab

[1] Arbeitslöhne im Sinne des § 29 Abs. 1 GewStG sind nur die Arbeitslöhne, die das steuerpflichtige Unternehmen an die eigenen Arbeitnehmer, d. h. an solche zahlt, die in einem Arbeitsverhältnis zu ihm stehen. [2] Vergütungen, die an andere Unternehmer für die Gestellung von fremden Arbeitskräften gezahlt werden, scheiden daher aus.

H 29.1

Arbeitnehmer im Sinne des § 29 Abs. 1 GewStG.
- Der Begriff der Arbeitslöhne für die Zerlegung des Gewerbesteuermessbetrages bestimmt sich nach wirtschaftlichen Gesichtspunkten (→ BFH vom 12.2.2004 – BStBl. II S. 602).[2]
- → § 1 LStDV.

Zu § 30 GewStG

R 30.1 Zerlegung bei mehrgemeindlichen Betriebsstätten

[1] Eine einheitliche mehrgemeindliche Betriebsstätte liegt vor, wenn zwischen den einzelnen Teilen der Betriebsstätte ein derartiger räumlicher, organisatorischer, technischer und wirtschaftlicher Zusammenhang besteht, dass die Betriebsstätte als einheitliches Ganzes anzusehen ist. [2] Basisstationen von Mobilfunkunternehmen, bestehend aus einer Antennenanlage, der Energieversorgung, Funkschrank und Klimagerät, begründen keine Betriebsstätte im Sinne von § 28 Abs. 1 Satz 1 GewStG i. V. m. § 12 AO, so dass auch eine Zerlegung nach § 30 AO ausscheidet.

---

[1] Zur Zerlegung bei Batteriegroßspeicheranlagen zur Speicherung von Wind- und Solarenergie siehe gleich lautenden Ländererlass v. 13.11.2023, BStBl. I 2023, 1968.

[2] Zu sog. Objektgesellschaften siehe OFD Niedersachsen v. 25.1.2010 – G 1450 – 30 – St 252, DStR 2010, 554.

H 30.1

Allgemeines.

- Zum Begriff der mehrgemeindlichen Betriebsstätte → BFH vom 28.10. 1964 – BStBl. 1965 III S. 113, vom 25.9.1968 – BStBl. II S. 827, vom 20.2.1974 – BStBl. II S. 427, vom 10.7.1974 – BStBl. 1975 II S. 42 und vom 12.10.1977 – BStBl. 1978 II S. 160. Unter bestimmten Voraussetzungen kann der räumliche Zusammenhang gegenüber einer besonders engen wirtschaftlichen, technischen und organisatorischen Verbindung in den Hintergrund treten, so etwa für Unternehmen der Elektrizitätsversorgung (→ BFH vom 12.10.1977 – BStBl. 1978 II S. 160, vom 16.11. 1965 – BStBl. 1966 II S. 40 und vom 18.10.1967 – BStBl. 1968 II S. 40) und der Mineralölwirtschaft (→ BFH vom 20.2.1974 – BStBl. II S. 427 und vom 10.7.1974 – BStBl. 1975 II S. 42).
- Einrichtungen zur Messung von Lärmemissionen stellen eine Betriebsstätte eines Verkehrsflughafens dar. Es liegt aber wegen eines fehlenden räumlichen Zusammenhangs keine mehrgemeindliche Betriebsstätte vor, wenn eine Verbindung mit den Lärmmessstationen (Datenübertragung) nur über allgemeine Kommunikationsleitungen besteht (→ BFH vom 16.12.2009 – BStBl. 2010 II S. 492).
- Die Möglichkeit, dass die Anwendung des Zerlegungsmaßstabes nach § 29 GewStG zu einem unbilligen Ergebnis führen könnte, ist für sich nicht geeignet, die Voraussetzungen für eine mehrgemeindliche Betriebstätte zu begründen (→ BFH vom 12.10.1977 – BStBl. 1978 II S. 160).
- Eine mehrgemeindliche Betriebstätte ist bei Kapitalgesellschaften auch dann gegeben, wenn sich in einer Gemeinde lediglich Grundstücke der Betriebstätte befinden, die zurzeit betrieblich nicht unmittelbar genutzt werden (→ BFH vom 18.4.1951 – BStBl. III S. 124).
- Bei einer mehrgemeindlichen Betriebsstätte nach § 30 GewStG sind Bauausführungen nur dann als Betriebsstätte anzusehen, wenn sie im Gebiet der einzelnen Gemeinde länger als sechs Monate dauern (→ § 12 Satz 2 Nr. 8 AO). Witterungsbedingte oder bautechnisch bedingte Unterbrechungen von kürzerer Dauer berühren den Fortgang der Sechsmonatsfrist nicht (→ BFH vom 8.2.1979 – BStBl. II S. 479).

Elektrizitätsunternehmen.

- Ein Elektrizitätsunternehmen, dessen einzelne Elektrizitätswerke in verschiedenen Gemeinden liegen, bildet eine mehrgemeindliche Betriebsstätte (→ BFH vom 16.11.1965 – BStBl. 1966 III S. 40 und vom 18.10.1967 – BStBl. 1968 II S. 40), wenn die Elektrizitätswerke durch **Kabelleitungen** untereinander verbunden sind. Dabei kommt es nicht darauf an, ob die Leitungen dem Elektrizitätsunternehmen gehören oder nicht, vielmehr reicht die Inanspruchnahme des verbundwirtschaftlichen Stromnetzes aus.
- Bei einem Elektrizitätswerk, das als Wasserkraftwerk betrieben wird, stellen **Stau- und Wehranlagen,** die nicht zum Betriebsvermögen des Unternehmens gehören, sondern öffentlich sind, keine ausreichende räumliche Verbindung her (→ BFH vom 4.12.1962 – BStBl. 1963 III S. 156).

500. Umsatzsteuer-Anwendungserlass (UStAE)

Vom 1. Oktober 2010 (BStBl. I 2010, 846)[1)]

(BMF IV D 3 – S 7015/10/10002; DOK 2010/0815152)

Geändert durch BMF-Schreiben vom 21.10.2010 (BStBl. I 2010, 1192), vom 26.10.2010 (BStBl. I 2010, 1197) vom 27.10.2010 (BStBl. I 2010, 1273), vom 01.12.2010 (BStBl. I 2010, 1375), vom 08.12.2010 (BStBl. I 2010, 1501), vom 15.12.2010 (BStBl. I 2010, 1502), vom 17.12.2010 (BStBl. I 2010, 1512), vom 21.12.2010 (BStBl. I 2011, 46), vom 04.02.2011 (BStBl. I 2011, 156 und 162), vom 02.03.2011 (BStBl. I 2011, 232), vom 03.03.2011 (BStBl. I 2011, 233), vom 14.03.2011 (BStBl. I 2011, 254), vom 25.03.2011 (BStBl. I 2011, 304), vom 07.04.2011 (BStBl. I 2011, 306), vom 08.04.2011 (BStBl. I 2011, 307), vom 11.04.2011 (BStBl. I 2011, 459), vom 15.04.2011 (BStBl. I 2011, 489), vom 02.05.2011 (BStBl. I 2011, 490), vom 12.05.2011 (BStBl. I 2011, 535), vom 07.06.2011 (BStBl. I 2011, 581), vom 08.06.2011 (BStBl. I 2011, 582), 2 Schreiben vom 10.06.2011 (BStBl. I 2011, 583), vom 22.06.2011 (BStBl. I 2011, 597), vom 23.06.2011 (BStBl. I 2011, 677), vom 24.06.2011 (BStBl. I 2011, 687), vom 29.06.2011 (BStBl. I 2011, 702), vom 05.07.2011 (BStBl. I 2011, 703), vom 06.07.2011 (BStBl. I 2011, 738), vom 07.07.2011 (BStBl. I 2011, 739), vom 27.07.2011 (BStBl. I 2011, 752), vom 02.08.2011 (BStBl. I 2011, 754), vom 08.08.2011 (BStBl. I 2011, 755), vom 31.08.2011 (BStBl. I 2011, 825), vom 22.09.2011 (BStBl. I 2011, 910), vom 26.09.2011 (BStBl. I 2011, 980), vom 30.09.2011 (BStBl. I 2011, 981), vom 05.10.2011 (BStBl. I 2011, 982), vom 11.10.2011 (BStBl. I 2011, 983), vom 14.11.2011 (BStBl. I 2011, 1158), vom 09.12.2011 (BStBl. I 2011, 1272, 1273 und 1288), vom 12.12.2011 (BStBl. I 2011, 1289), vom 02.01.2012 (BStBl. I 2012, 59 und 60), vom 03.01.2012 (BStBl. I 2012, 76), vom 18.01.2012 (BStBl. I 2012, 139), vom 19.01.2012 (BStBl. I 2012, 209), vom 06.02.2012 (BStBl. I 2012, 212), vom 21.03.2012 (BStBl. I 2012, 343, 344), vom 28.03.2012 (BStBl. I 2012, 481, 482), vom 29.03.2012 (BStBl. I 2012, 483), vom 02.04.2012 (BStBl. I 2012, 484), vom 03.04.2012 (BStBl. I 2012, 486), vom 24.04.2012 (BStBl. I 2012, 533), vom 19.06.2012 (BStBl. I 2012, 682), vom 02.07.2012 (BStBl. I 2012, 726), vom 25.07.2012 (BStBl. I 2012, 876), vom 20.08.2012 (BStBl. I 2012, 877), vom 31.08.2012 (BStBl. I 2012, 932), vom 24.10.2012 (BStBl. I 2012, 1086), vom 13.11.2012 (BStBl. I 2012, 1169), vom 14.11.2012 (BStBl. I 2012, 1170), vom 21.11.2012 (BStBl. I 2012, 1229), vom 30.11.2012 (BStBl. I 2012, 1230), vom 12.12.2012 (BStBl. I 2012, 1259), vom 17.12.2012 (BStBl. I 2012, 1260), vom 18.12.2012 (BStBl. I 2012, 1272), vom 22.01.2013 (BStBl. I 2013, 178), vom 22.02.2013 (BStBl. I 2013, 268), vom 07.03.2013 (BStBl. I 2013, 333), vom 20.03.2013 (BStBl. I 2013, 335 und 444), vom 25.03.2013 (BStBl. I 2013, 449), vom 26.03.2013 (BStBl. I 2013, 450), vom 27.03.2013 (BStBl. I 2013, 452), vom 02.04.2013 (BStBl. I 2013, 454), vom 09.04.2013 (BStBl. I 2013, 517), vom 12.04.2013 (BStBl. I 2013, 518), vom 26.04.2013 (BStBl. I 2013, 714), vom 10.06.2013 (BStBl. I 2013, 780), vom 28.06.2013 (BStBl. I 2013, 852), vom 08.07.2013 (BStBl. I 2013, 860), vom 12.07.2013 (BStBl. I 2013, 923), vom 31.07.2013 (BStBl. I 2013, 964), vom 26.08.2013 (BStBl. I 2013, 1018), vom 12.09.2013 (BStBl. I 2013, 1176), vom 13.09.2013 (BStBl. I 2013, 1179), vom 16.09.2013 (BStBl. I 2013, 1192), vom 19.09.2013 (BStBl. I 2013, 1212), vom 24.09.2013 (BStBl. I 2013, 1219), vom 23.10.2013 (BStBl. I 2013, 1303 und 1304), vom 25.10.2013 (BStBl. I 2013, 1305), vom 28.10.2013 (BStBl. I 2013, 1382), vom 31.10.2013 (BStBl. I 2013, 1383 und 1384), vom 04.11.2013 (BStBl. I 2013, 1385), vom 05.11.2013 (BStBl. I 2013, 1386), vom 08.11.2013 (BStBl. I 2013, 1389), vom 15.11.2013 (BStBl. I 2013, 1475 und 1477), vom 20.11.2013 (BStBl. I 2013, 1581), vom 21.11.2013 (BStBl. I 2013, 1583 und 1584), vom 22.11.2013 (BStBl. I 2013, 1590), vom 28.11.2013 (BStBl. I 2013, 1594), vom 29.11.2013 (BStBl. I 2013, 1596), vom 09.12.2013 (BStBl. I 2013, 1620), vom 10.12.2013 (BStBl. I 2013, 1621 und 1623),

---

[1)] Auch Änderungen von Anwendungsregelungen sind in den Änderungsnachweis aufgenommen.

vom 11.12.2013 (BStBl. I 2013, 1625), vom 12.12.2013 (BStBl. I 2013, 1627), vom 16.12.2013 (BStBl. I 2013, 1638), vom 02.01.2014 (BStBl. I 2014, 119), vom 06.01.2014 (BStBl. I 2014, 152), vom 20.01.2014 (BStBl. I 2014, 154), vom 31.01.2014 (BStBl. I 2014, 217), vom 04.02.2014 (BStBl. I 2014, 229), vom 05.02.2014 (BStBl. I 2014, 233), vom 06.02.2014 (BStBl. I 2014, 267 und 269), vom 07.02.2014 (BStBl. I 2014, 271), vom 28.02.2014 (BStBl. I 2014, 279), vom 20.03.2014 (BStBl. I 2014, 603), vom 04.04.2014 (BStBl. I 2014, 801), vom 10.04.2014 (BStBl. I 2014, 802), vom 29.04.2014 (BStBl. I 2014, 814), vom 30.04.2014 (BStBl. I 2014, 816), vom 05.05.2014 (BStBl. I 2014, 820), vom 08.05.2014 (BStBl. I 2014, 823), vom 05.06.2014 (BStBl. I 2014, 896), vom 12.06.2014 (BStBl. I 2014, 909), vom 01.07.2014 (BStBl. I 2014, 1111), vom 22.07.2014 (BStBl. I 2014, 1113), vom 25.07.2014 (BStBl. I 2014, 1114), vom 31.07.2014 (BStBl. I 2014, 1073), vom 26.08.2014 (BStBl. I 2014, 1216), vom 27.08.2014 (BStBl. I 2014, 1218), vom 19.09.2014 (BStBl. I 2014, 1287), vom 26.09.2014 (BStBl. I 2014, 1297), vom 01.10.2014 (BStBl. I 2014, 1322), vom 17.10.2014 (BStBl. I 2014, 1369), vom 20.10.2014 (BStBl. I 2014, 1372), vom 28.10.2014 (BStBl. I 2014, 1439), vom 04.12.2014 (BStBl. I 2014, 1617), vom 08.12.2014 (BStBl. I 2014, 1619), vom 09.12.2014 (BStBl. I 2014, 1620), vom 10.12.2014 (BStBl. I 2014, 1622), vom 11.12.2014 (BStBl. I 2014, 1631), vom 18.12.2014 (BStBl. I 2015, 44), vom 22.01.2015 (BStBl. I 2015, 123), vom 23.01.2015 (BStBl. I 2015, 144), vom 27.01.2015 (BStBl. I 2015, 164), vom 04.02.2015 (BStBl. I 2015, 166), vom 19.02.2015 (BStBl. I 2015, 217), vom 27.02.2015 (BStBl. I 2015, 232), vom 13.03.2015 (BStBl. I 2015, 234), vom 02.04.2015 (BStBl. I 2015, 272), vom 24.04.2015 (BStBl. I 2015, 456), vom 05.05.2015 (BStBl. I 2015, 458), vom 21.05.2015 (BStBl. I 2015, 491), vom 17.06.2015 (BStBl. I 2015, 513), vom 19.06.2015 (BStBl. I 2015, 559), vom 07.07.2015 (BStBl. I 2015, 562), vom 03.08.2015 (BStBl. I 2015, 624), vom 27.08.2015 (BStBl. I 2015, 656), vom 31.08.2015 (BStBl. I 2015, 737), vom 04.09.2015 (BStBl. I 2015, 738), vom 07.10.2015 (BStBl. I 2015, 782), vom 14.10.2015 (BStBl. I 2015, 832), vom 21.10.2015 (BStBl. I 2015, 835), vom 04.11.2015 (BStBl. I 2015, 886), vom 12.11.2015 (BStBl. I 2015, 887), vom 02.12.2015 (BStBl. I 2015, 1012), vom 07.12.2015 (BStBl. I 2015, 1014), vom 08.12.2015 (BStBl. I 2015, 1066), vom 15.12.2015 (BStBl. I 2015, 1067),[1] vom 21.01.2016 (BStBl. I 2016, 150), vom 16.02.2016 (BStBl. I 2016, 239), vom 23.02.2016 (BStBl. I 2016, 240), vom 02.03.2016 (BStBl. I 2016, 287), vom 25.04.2016 (BStBl. I 2016, 484), vom 18.05.2016 (BStBl. I 2016, 506), vom 20.6.2016 (BStBl. I 2016, 531), vom 10.08.2016 (BStBl. I 2016, 820), vom 28.09.2016 BStBl. I 2016, 1043), 2 Schreiben v. 04.10.2016 (BStBl. I 2016, 1059 und 1074), vom 24.11.2016 (BStBl. I 2016, 1328), vom 02.12.2016 (BStBl. I 2016, 1450), vom 16.12.2016 (BStBl. I 2016, 1451), vom 19.12.2016 (BStBl. I 2016, 1459), vom 17.01.2017 (BStBl. I 2017, 104), vom 23.01.2017 (BStBl. I 2017, 108), vom 26.01.2017 (BStBl. I 2017, 175), vom 3.02.2017 (BStBl. I 2017, 180), vom 10.02.2017 (BStBl. I 2017, 350), vom 21.03.2017 (BStBl. I 2017, 482), vom 12.04.2017 (BStBl. I 2017, 710), vom 08.05.2017 (BStBl. I 2017, 745), vom 09.05.2017 (BStBl. I 2017, 780), vom 26.05.2017 (BStBl. I 2017, 790), vom 02.06.2017 (BStBl. I 2017, 850), vom 06.06.2017 (BStBl. I 2017, 853), vom 08.06.2017 (BStBl. I 2017, 858), vom 03.07.2017 (BStBl. I 2017, 885), vom 10.07.2017 (BStBl. I 2017, 888), vom 13.07.2017 (BStBl. I 2017, 992), vom 14.07.2017 (BStBl. I 2017, 997), vom 26.07.2017 (BStBl. I 2017, 1001), vom 02.08.2017 (BStBl. I 2017, 1240), vom 22.09.2017 (BStBl. I 2017, 1299), vom 06.10.2017 (BStBl. I 2017, 1349), vom 10.10.2017 (BStBl. I 2017, 1442), vom 08.11.2017 (BStBl. I 2017, 1517), vom 15.11.2017 (BStBl. I 2017, 1518), vom 30.11.2017 (BStBl. I 2017, 1599), vom 05.12.2017 (BStBl. I 2017, 1658), vom 06.12.2017 (BStBl. I 2017, 1660), vom 07.12.2017 (BStBl. I 2017, 1662), vom 08.12.2017 (BStBl. I 2017, 1664), vom 08.12.2017 (BStBl. I 2017, 1665), vom 13.12.2017 (BStBl. I 2017, 1667), vom 13.12.2017 (BStBl. I 2018, 72), vom 14.12.2017 (BStBl. I 2017, 1673), vom 07.02.2018 (BStBl. I 2018, 302), vom 27.02.2018 (BStBl. I 2018, 316), vom 23.04.2018 (BStBl. I 2018, 638), vom 18.05.2018 (BStBl. I 2018, 695), vom 17.07.2018 (BStBl. I 2018, 820), vom 05.09.2018 (BStBl. I 2018, 1012), vom 04.10.2018 (BStBl. I 2018, 1090), vom 31.10.2018 (BStBl. I 2018, 1203), vom 27.11.2018 (BStBl. I 2018, 1363), vom 03.12.2018 (BStBl. I 2018, 1365), vom 07.12.2018 (BStBl. I 2018, 1401), 2 Schreiben vom 14.12.2018 (BStBl. I 2018, 1402 und 1429), vom 02.01.2019 (BStBl. I

[1] Die Änderungen des UStAE sind sämtlich eingearbeitet; die Ersetzung der Begriffe „Abgabe, abgeben" usw. durch „Übermittlung, übermitteln" usw. wurde durchgeführt, aber nicht einzeln durch Fußnoten nachgewiesen.

2019, 17), vom 23.05.2019 (BStBl. I 2019, 510), vom 23.05.2019 (BStBl. I 2019, 511), vom 27.05.2019 (BStBl. I 2019, 512), vom 18.06.2019 (BStBl. I 2019, 591), vom 17.07.2019 (BStBl. I 2019, 835), vom 18.12.2019 (BStBl. I 2019, 1396), vom 19.12.2019 (BStBl. I 2019, 1399), vom 10.01.2020 (BStBl. I 2020, 184), vom 14.01.2020 (BStBl. I 2020, 196), vom 06.02.2020 (BStBl. I 2020, 235), vom 18.03.2020 (BStBl. I 2020, 286), vom 23.03.2020 (BStBl. I 2020, 288), vom 24.03.2020 (BStBl. I 2020, 291), vom 07.05.2020 (BStBl. I 2020, 530), vom 02.06.2020 (BStBl. I 2020, 545), vom 03.06.2020 (BStBl. I 2020, 546), vom 15.06.2020 (BStBl. I 2020, 580), vom 17.06.2020 (BStBl. I 2020, 581), vom 25.06.2020 (BStBl. I 2020, 582), vom 02.07.2020 (BStBl. I 2020, 610), vom 07.07.2020 (BStBl. I 2020, 642), vom 09.07.2020 (BStBl. I 2020, 643), vom 13.07.2020 (BStBl. I 2020, 644), vom 16.07.2020 (BStBl. I 2020, 645), vom 03.08.2020 (BStBl. I 2020, 646), vom 05.08.2020 (BStBl. 2020, 669), vom 20.08.2020 (BStBl. I 2020, 671), vom 28.08.2020 (BStBl. I 2020, 928), vom 03.09.2020 (BStBl. I 2020, 940), vom 18.09.2020 (BStBl. I 2020, 976), vom 30.09.2020 (BStBl. I 2020, 982), vom 01.10.2020 (BStBl. I 2020, 983), vom 09.10.2020 (BStBl. I 2020, 1038), vom 14.10.2020 (BStBl. I 2020, 1043), vom 28.10.2020 (BStBl. I 2020, 1120), vom 02.11.2020 (BStBl. I 2020, 1121), vom 06.11.2020 (BStBl. I 2020, 1202), vom 12.11.2020 (BStBl. I 2020, 1265), vom 16.11.2020 (BStBl. I 2020, 1267), vom 23.11.2020 (BStBl. I 2020, 1335), vom 15.12.2020 (BStBl. I 2020, 1374), vom 16.12.2020 (BStBl. I 2020, 1379) vom 18.12.2020 (BStBl. I 2021, 64), vom 23.12.2020 (BStBl. I 2021, 92), vom 11.01.2021 (BStBl. I 2021, 120), vom 18.01.2021 (BStBl. I 2021, 121), vom 29.01.2021 (BStBl. I 2021, 250), vom 04.02.2021 (BStBl. I 2021, 312), vom 10.02.2021 (BStBl. I 2021, 314), vom 04.03.2021 (BStBl. I 2021, 316), vom 11.03.2021 (BStBl. I 2021, 380), vom 12.03.2021 (BStBl. I 2021, 380), vom 15.03.2021 (BStBl. I 2021, 381), vom 18.03.2021 (BStBl. I 2021, 384), vom 26.03.2021 (BStBl. I 2021, 385), vom 29.03.2021 (BStBl. I 2021, 386), vom 01.04.2021 (BStBl. I 2021, 629), vom 20.04.2021 (BStBl. I 2021, 705), vom 22.04.2021 (BStBl. I 2021, 712), vom 03.05.2021 (BStBl. I 2021, 713), vom 11.05.2021 (BStBl. I 2021, 781), vom 03.06.2021 (BStBl. I 2021, 777), vom 09.06.2021 (BStBl. I 2021, 778 und 780), vom 18.06.2021 (BStBl. I 2021, 871), vom 22.06.2021 (BStBl. I 2021, 856), vom 24.06.2021 (BStBl. 2021, 857), vom 28.06.2021 (BStBl. I 2021, 868), vom 02.07.2021 (BStBl. I 2021, 918), vom 08.07.2021 (BStBl. I 2021, 919), vom 22.07.2021 (BStBl. I 2021, 1023), vom 19.08.2021 (BStBl. I 2021, 1088), vom 07.09.2021 (BStBl. I 2021, 1591), vom 09.09.2021 (BStBl. I 2021, 1593), vom 27.09.2021 (BStBl. I 2021, 1810, 1812 und 1856), vom 28.09.2021 (BStBl. I 2021, 1858), vom 01.10.2021 (BStBl. I 2021, 1859), vom 04.10.2021 (BStBl. I 2021, 1861), vom 18.10.2021 (BStBl. I 2021, 2142), vom 27.10.2021 (BStBl. I 2021, 2137 und 2139), vom 16.11.2021 (BStBl. I 2021, 2329), vom 01.12.2021 (BStBl. I 2021, 2486 und 2488), vom 10.12.2021 (BStBl. I 2021, 2492), vom 17.12.2021 (BStBl. I 2021, 2502 und 2504), vom 17.01.2022 (BStBl. I 2022, 161), vom 07.02.2022 (BStBl. I 2022, 197), vom 15.03.2022 (BStBl. I 2022, 351), vom 29.03.2022 (BStBl. I 2022, 567), vom 30.03.2022 (BStBl. I 2022, 568), vom 12.04.2022 (BStBl. I 2022, 650 und 652), vom 26.04.2022 (BStBl. I 2022, 655), vom 02.05.2022 (BStBl. I 2022, 736), vom 20.05.2022 (BStBl. I 2022, 738), vom 02.06.2022 (BStBl. I 2022, 926), vom 15.06.2022 (BStBl. I 2022, 1001), vom 16.06.2022 (BStBl. I 2022, 1003), vom 22.06.2022 (BStBl. I 2022, 1004), vom 24.06.2022 (BStBl. I 2022, 1006), vom 01.09.2022 (BStBl. I 2022, 1399), vom 20.10.2022 (BStBl. I 2022, 1497), vom 09.11.2022 (BStBl. I 2022, 1585), vom 11.11.2022 (BStBl. I 2022, 1588), vom 18.11.2022 (BStBl. I 2022, 1590 und 1592), vom 22.11.2022 (BStBl. I 2022, 1595), vom 13.12.2022 (BStBl. I 2022, 1683), 14.12.2022 (BStBl. I 2022, 1688), vom 20.12.2022 (BStBl. I 2022, 1694), vom 11.01.2023 (BStBl. I 2023, 179), vom 27.01.2023 (BStBl. I 2023, 305 und 314), vom 07.02.2023 (BStBl. I 2023, 322), vom 14.02.2023 (BStBl. I 2023, 348), vom 27.02.2023 (BStBl. I 2023, 351), vom 24.03.2023 (BStBl. I 2023, 627), vom 12.04.2023 (BStBl. I 2023, 734), 18.04.2023 (BStBl. I 2023, 776), vom 25.04.2023 (BStBl. I 2023, 778), vom 28.04.2023 (BStBl. II 2023, 795), vom 22.05.2023 (BStBl. I 2023, 803), vom 08.06.2023 (BStBl. I 2023, 1069), vom 20.06.2023 (BStBl. I 2023, 1123), vom 30.06.2023 (BStBl. I 2023, 1125), vom 11.07.2023 (BStBl. I 2023, 1499), vom 12.07.2023 (BStBl. I 2023, 1505), vom 05.09.2023 (BStBl. I 2023, 1655), vom 6.10.2023 (BStBl. I 2023, 1704), vom 9.10.2023 (BStBl. I 2023, 1709), vom 10.10.2023 (BStBl. I 2023, 1794), vom 30.11.2023 (BStBl. I 2023, 2085), vom 15.12.2023 (BStBl. I 2023, 2246), vom 22.12.2023 (BStBl. I 2023, 2248), vom 04.01.2024 (BStBl. I 2024, 170)

Inhaltsübersicht

Zu § 4a UStG
(§ 24 UStDV)

Zu § 4b UStG

Zu § 6 UStG
(§§ 8 bis 11 und 13 bis 17 UStDV)

Zu § 6a UStG
(§§ 17a bis 17c UStDV)

Zu § 6b UStG

Zu § 7 UStG
(§§ 12 und 13 UStDV)

Zu § 8 UStG
(§ 18 UStDV)

Zu § 1 UStG

1.1 Leistungsaustausch

Allgemeines

(1) [1]Ein Leistungsaustausch setzt voraus, dass Leistender und Leistungsempfänger vorhanden sind und der Leistung eine Gegenleistung (Entgelt) gegenübersteht. [2]Für die Annahme eines Leistungsaustauschs müssen Leistung und Gegenleistung in einem wechselseitigen Zusammenhang stehen. [3]§ 1 Abs. 1 Nr. 1 UStG setzt für den Leistungsaustausch einen unmittelbaren, nicht aber einen inneren (synallagmatischen) Zusammenhang zwischen Leistung und Entgelt voraus (BFH-Urteil vom 15.04.2010, V R 10/08, BStBl. II S. 879). [4]Bei Leistungen, zu deren Ausführung sich die Vertragsparteien in einem gegenseitigen Vertrag verpflichtet haben, liegt grundsätzlich ein Leistungsaustausch vor (BFH-Urteil vom 08.11.2007, V R 20/05, BStBl. II 2009 S. 483). [5]Auch wenn die Gegenleistung für die Leistung des Unternehmers nur im nichtunternehmerischen Bereich verwendbar ist (z. B. eine zugewendete Reise), kann sie Entgelt sein. [6]Der Annahme eines Leistungsaustauschs steht nicht entgegen, dass sich die Entgelterwartung nicht erfüllt, dass das Entgelt uneinbringlich wird oder dass es sich nachträglich mindert (vgl. BFH-Urteil vom 22.06.1989, V R 37/84, BStBl. II S. 913). [7]Dies gilt regelmäßig auch bei – vorübergehenden – Liquiditätsschwierigkeiten des Entgeltschuldners (vgl. BFH-Urteil vom 16.03.1993, XI R 52/90, BStBl. II S. 562). [8]Auch wenn eine Gegenleistung freiwillig erbracht wird, kann ein Leistungsaustausch vorliegen (vgl. BFH-Urteil vom 17.02.1972, V R 118/71, BStBl. II S. 405). [9]Leistung und Gegenleistung brauchen sich nicht gleichwertig gegenüberzustehen (vgl. BFH-Urteil vom 22.06.1989, V R 37/84, a. a. O.). [10]An einem Leistungsaustausch fehlt es in der Regel, wenn eine Gesellschaft Geldmittel nur erhält, damit sie in die Lage versetzt wird, sich in Erfüllung ihres Ge-

sellschaftszwecks zu betätigen (vgl. BFH-Urteil vom 20.04.1988, X R 3/82, BStBl. II S. 792; vgl. auch Abschnitt 1.6).[1)]

(2) [1]Zur Prüfung der Leistungsbeziehungen zwischen nahen Angehörigen, wenn der Leistungsempfänger die Leistung für Umsätze in Anspruch nimmt, die den Vorsteuerabzug nicht ausschließen, vgl. BFH-Urteil vom 15.03.1993, V R 109/89, BStBl. II S. 728. [2]Zur rechtsmissbräuchlichen Gestaltung nach § 42 AO bei „Vorschaltung" von Minderjährigen in den Erwerb und die Vermietung von Gegenständen vgl. BFH-Urteile vom 21.11.1991, V R 20/87, BStBl. II 1992 S. 446, und vom 04.05.1994, XI R 67/93, BStBl. II S. 829. [3]Ist der Leistungsempfänger ganz oder teilweise nicht zum Vorsteuerabzug berechtigt, ist der Missbrauch von rechtlichen Gestaltungsmöglichkeiten sowohl bei der „Vorschaltung" von Ehegatten als auch bei der „Vorschaltung" von Gesellschaften nach den Grundsätzen der BFH-Urteile vom 22.10.1992, V R 33/90, BStBl. II 1993 S. 210, vom 04.05.1994, a. a. O., und vom 18.12.1996, XI R 12/96, BStBl. II 1997 S. 374, zu prüfen.

(3) [1]Der Leistungsaustausch umfasst alles, was Gegenstand eines Rechtsverkehrs sein kann. [2]Leistungen im Rechtssinne unterliegen aber nur insoweit der Umsatzsteuer, als sie auch Leistungen im wirtschaftlichen Sinne sind, d. h. Leistungen, bei denen ein über die reine Entgeltentrichtung hinausgehendes eigenes wirtschaftliches Interesse des Entrichtenden verfolgt wird (vgl. BFH-Urteil vom 31.07.1969, V 94/65, BStBl. II S. 637). [3]Die bloße Entgeltentrichtung, insbesondere die Geldzahlung oder Überweisung, ist keine Leistung im wirtschaftlichen Sinne. [4]Das Anbieten von Leistungen (Leistungsbereitschaft) kann eine steuerbare Leistung sein, wenn dafür ein Entgelt gezahlt wird (vgl. BFH-Urteil vom 27.08.1970, V R 159/66, BStBl. II 1971 S. 6). [5]Unter welchen Voraussetzungen bei der Schuldübernahme eine Leistung im wirtschaftlichen Sinne anzunehmen ist vgl. die BFH-Urteile vom 18.04.1962, V 246/59 S, BStBl. III S. 292, und vom 31.07.1969, V 94/65, a. a. O.

(4) [1]Ein Leistungsaustausch liegt nicht vor, wenn eine Lieferung rückgängig gemacht wird (Rückgabe). [2]Ob eine nicht steuerbare Rückgabe oder eine steuerbare Rücklieferung vorliegt, ist aus der Sicht des ursprünglichen Lieferungsempfängers und nicht aus der Sicht des ursprünglichen Lieferers zu beurteilen (vgl. BFH-Urteile vom 27.06.1995, V R 27/94, BStBl. II S. 756, und vom 12.11.2008, XI R 46/07, BStBl. II 2009 S. 558).

(5) Zur Errichtung von Gebäuden auf fremdem Boden vgl. BMF-Schreiben vom 23.07.1986, BStBl. I S. 432, zur umsatzsteuerrechtlichen Behandlung von Erschließungsmaßnahmen vgl. BMF-Schreiben vom 07.06.2012, BStBl. I S. 621, und zu Kraftstofflieferungen im Kfz-Leasingbereich vgl. BMF-Schreiben vom 15.06.2004, BStBl. I S. 605.

(5a) Zur umsatzsteuerrechtlichen Behandlung von Bitcoin und anderen sog. virtuellen Währungen vgl. BMF-Schreiben vom 27.02.2018, BStBl. I S. 316.

[1)] Zur Besteuerung von Verwaltungsgemeinschaften siehe BayLfSt v. 27.04.2020 – S 7106.1.1 – 21/4 St 33, DStR 2020, 1131.

(5b) Zur umsatzsteuerrechtlichen Beurteilung des Verlegeranteils an den Einnahmen aus gesetzlichen Vergütungsansprüchen nach § 27 sowie §§ 54, 54a und 54c UrhG sowie aus urheberrechtlichen Nutzungsrechten vgl. BMF-Schreiben vom 14.10.2021, BStBl. I S. 2133.

Beistellungen

(6)[1)] [1]Bei der Abgrenzung zwischen steuerbarer Leistung und nicht steuerbarer Beistellung von Personal des Auftraggebers ist unter entsprechender Anwendung der Grundsätze der sog. Materialbeistellung (vgl. Abschnitt 3.8 Abs. 2 bis 4) darauf abzustellen, ob der Auftraggeber an den Auftragnehmer selbst eine Leistung (als Gegenleistung) bewirken oder nur zur Erbringung der Leistung durch den Auftragnehmer beitragen will. [2]Soweit der Auftraggeber mit der Beistellung seines Personals an der Erbringung der bestellten Leistung mitwirkt, wird dadurch zugleich auch der Inhalt der gewollten Leistung näher bestimmt. [3]Ohne entsprechende Beistellung ist es Aufgabe des Auftragnehmers, sämtliche Mittel für die Leistungserbringung selbst zu beschaffen. [4]Daher sind Beistellungen nicht Bestandteil des Leistungsaustauschs, wenn sie nicht im Austausch für die gewollte Leistung aufgewendet werden (vgl. BFH-Urteil vom 15.04.2010, V R 10/08, BStBl. II S. 879).

(7) [1]Eine nicht steuerbare Beistellung von Personal des Auftraggebers setzt voraus, dass das Personal nur im Rahmen der Leistung des Auftragnehmers für den Auftraggeber eingesetzt wird (vgl. BFH-Urteil vom 06.12.2007, V R 42/06, BStBl. II 2009 S. 493). [2]Der Einsatz von Personal des Auftraggebers für Umsätze des Auftragnehmers an Drittkunden muss vertraglich und tatsächlich ausgeschlossen sein. [3]Der Auftragnehmer hat dies sicherzustellen und trägt hierfür die objektive Beweislast. [4]Die Entlohnung des überlassenen Personals muss weiterhin ausschließlich durch den Auftraggeber erfolgen. [5]Ihm allein muss auch grundsätzlich das Weisungsrecht obliegen. [6]Dies kann nur in dem Umfang eingeschränkt und auf den Auftragnehmer übertragen werden, soweit es zur Erbringung der Leistung erforderlich ist.

Beispiele für einen Leistungsaustausch

(8) [1]Die Übernahme einer Baulast gegen ein Darlehen zu marktunüblich niedrigen Zinsen kann einen steuerbaren Umsatz darstellen (vgl. BFH-Beschluss vom 12.11.1987, V B 52/86, BStBl. II 1988 S. 156). [2]Vereinbart der Bauherr einer Tiefgarage mit einer Gemeinde den Bau und die Zurverfügungstellung von Stellplätzen für die Allgemeinheit und erhält er dafür einen Geldbetrag, ist in der Durchführung dieses Vertrags ein Leistungsaustausch mit der Gemeinde zu sehen (vgl. BFH-Urteil vom 13.11.1997, V R 11/97, BStBl. II 1998 S. 169).

(8a) Die Zustimmung zur vorzeitigen Auflösung eines Beratervertrages gegen „Schadensersatz" kann eine sonstige Leistung sein (BFH-Urteil vom 07.07.2005, V R 34/03, BStBl. II 2007 S. 66).

(9) [1]Die geschäftsmäßige Ausgabe nicht börsengängiger sog. Optionen (Privatoptionen) auf Warenterminkontrakte gegen Zahlung einer Prämie ist

[1)] Zu juristischen Personen des öff. Rechts vgl. A 2.11 Abs. 15 UStAE.

eine steuerbare Leistung (BFH-Urteil vom 28.11.1985, V R 169/82, BStBl II 1986 S. 160). [2]Die entgeltliche Anlage und Verwaltung von Vermögenswerten ist grundsätzlich steuerbar. [3]Dies gilt auch dann, wenn sich der Unternehmer im Auftrag der Geldgeber treuhänderisch an einer Anlagegesellschaft beteiligt und deren Geschäfte führt (BFH-Urteil vom 29.01.1998, V R 67/96, BStBl. II S. 413).

(10) Zahlt ein Apotheker einem Hauseigentümer dafür etwas, dass dieser Praxisräume einem Arzt (mietweise oder unentgeltlich) überlässt, kann zwischen dem Apotheker und dem Hauseigentümer ein eigener Leistungsaustausch vorliegen (BFH-Urteile vom 20.02.1992, V R 107/87, BStBl. II S. 705, und vom 15.10.2009, XI R 82/07, BStBl. II 2010 S. 247).

(11) [1]Die Freigabe eines Fußballvertragsspielers oder Lizenzspielers gegen Zahlung einer Ablöseentschädigung vollzieht sich im Rahmen eines Leistungsaustauschs zwischen abgebendem und aufnehmendem Verein (vgl. BFH-Urteil vom 31.08.1955, V 108/55 U, BStBl. III S. 333). [2]Das gilt auch, wenn die Ablöseentschädigung für die Abwanderung eines Fußballspielers in das Ausland von dem ausländischen Verein gezahlt wird; zum Ort der Leistung in derartigen Fällen vgl. Abschnitt 3a.9 Abs. 2 Satz 4.

(12) [1]Für die Frage, ob im Verhältnis zwischen Gesellschaft und Gesellschafter entgeltliche Leistungen vorliegen, gelten keine Besonderheiten, so dass es nur darauf ankommt, ob zwischen Leistenden und Leistungsempfänger ein Rechtsverhältnis besteht, das einen unmittelbaren Zusammenhang zwischen der Leistung und einem erhaltenen Gegenwert begründet (vgl. BFH-Urteile vom 06.06.2002, V R 43/01, BStBl. II 2003 S. 36, und vom 05.12.2007, V R 60/05, BStBl. II 2009 S. 486, und Abschnitt 1.6). [2]Entgeltliche Geschäftsführungs- und Vertretungsleistungen sind unabhängig von der Rechtsform des Leistungsempfängers auch dann steuerbar, wenn es sich beim Leistenden um ein Organ des Leistungsempfängers handelt. [3]Geschäftsführungs- und Vertretungsleistungen, die ein Mitglied des Vereinsvorstands gegenüber dem Verein gegen Gewährung von Aufwendungsersatz erbringt, sind deshalb ebenso steuerbar wie die entgeltliche Tätigkeit eines Kassenarztes als Vorstandsmitglied einer kassenärztlichen Vereinigung (vgl. BFH-Urteil vom 14.05.2008, XI R 70/07, BStBl. II S. 912).

(13) [1]Werden auf Grund des BauGB[1)] Betriebsverlagerungen vorgenommen, handelt es sich dabei um umsatzsteuerbare Leistungen des betreffenden Unternehmers an die Gemeinde oder den Sanierungsträger; das Entgelt für diese Leistungen besteht in den Entschädigungsleistungen. [2]Reichen die normalen Entschädigungsleistungen nach dem BauGB nicht aus und werden zur anderweitigen Unterbringung eines von der städtebaulichen Sanierungsmaßnahme betroffenen gewerblichen Betriebs zusätzliche Sanierungsfördermittel in Form von Zuschüssen eingesetzt, sind sie als Teil des Entgelts für die oben bezeichnete Leistung des Unternehmers anzusehen.

(13a) Zur umsatzsteuerrechtlichen Behandlung des Staatsdrittels bei Maßnahmen nach §§ 3, 13 des EBKrG vgl. BMF-Schreiben vom 01.02.2013, BStBl. I S. 182.

[1)] Baugesetzbuch i. d. F. v. 03.11.2017, BGBl. I 2017, 3634 (**Sartorius** Nr. **300**).

(13b) Ein Unternehmer, der die Verpflichtung eines kommunalen Zweckverbands zur Versorgung der Bevölkerung mit Trinkwasser übernimmt und dafür einen vertraglichen Anspruch gegen den Zweckverband auf Weiterleitung von Fördermitteln erlangt, die dieser erhält, erbringt grundsätzlich eine steuerbare Leistung gegen Entgelt (vgl. BFH-Urteil vom 10.08.2016, XI R 41/14, BStBl. II 2017 S. 590).

Kein Leistungsaustausch

(14) Die Unterhaltung von Giro-, Bauspar- und Sparkonten stellt für sich allein keine Leistung im wirtschaftlichen Sinne dar (vgl. BFH-Urteil vom 01.02.1973, V R 2/70, BStBl. II S. 172).

(15) [1] Eine Personengesellschaft erbringt bei der Aufnahme eines Gesellschafters gegen Bar- oder Sacheinlage an diesen keinen steuerbaren Umsatz (vgl. BFH-Urteil vom 01.07.2004, V R 32/00, BStBl. II S. 1022). [2] Nicht steuerbar sind auch die Ausgabe von neuen Aktien zur Aufbringung von Kapital, die Aufnahme von atypisch stillen Gesellschaftern und die Ausgabe von nicht verbrieften Genussrechten, die ein Recht am Gewinn eines Unternehmens begründen.

(15a) Die Gewährung einer Mitgliedschaft in einem Verein, die eine Beitragspflicht auslöst, stellt keinen Umsatz dar (vgl. BFH-Urteil vom 12.12.2012, XI R 30/10, BStBl. II 2013 S. 348).

(16) [1] Personalgestellungen und -überlassungen gegen Entgelt, auch gegen Aufwendungsersatz, erfolgen grundsätzlich im Rahmen eines Leistungsaustauschs. [2] Jedoch liegt u. a. in den folgenden Beispielsfällen bei der Freistellung von Arbeitnehmern durch den Unternehmer gegen Erstattung der Aufwendungen wie Lohnkosten, Sozialversicherungsbeiträge und dgl. mangels eines konkretisierbaren Leistungsempfängers kein Leistungsaustausch vor:

Freistellung

1. für Luftschutz- und Katastrophenschutzübungen;
2. für Sitzungen des Gemeinderats oder seiner Ausschüsse;
3. an das Deutsche Rote Kreuz, das Technische Hilfswerk, den Malteser Hilfsdienst, die Johanniter Unfallhilfe oder den Arbeiter Samariter Bund;
4. an die Feuerwehr für Zwecke der Ausbildung, zu Übungen und zu Einsätzen;
5. für Wehrübungen;
6. zur Teilnahme an der Vollversammlung einer Handwerkskammer, an Konferenzen, Lehrgängen und dgl. einer Industriegewerkschaft, für eine Tätigkeit im Vorstand des Zentralverbands Deutscher Schornsteinfeger e. V., für die Durchführung der Gesellenprüfung im Schornsteinfegerhandwerk, zur Mitwirkung im Gesellenausschuss nach § 69 Abs. 4 HwO;[1)]
7. für Sitzungen der Vertreterversammlung und des Vorstands der Verwaltungsstellen der Bundesknappschaft;

[1)] Handwerksordnung i. d. F. v. 24.09.1998, BGBl. I 1998, 3074, ber. I 2006, 2095 (**Sartorius** Nr. **815**).

8. für die ehrenamtliche Tätigkeit in den Selbstverwaltungsorganen der Allgemeinen Ortskrankenkassen, bei Innungskrankenkassen und ihren Verbänden;
9. als Heimleiter in Jugenderholungsheimen einer Industriegewerkschaft;
10. von Bergleuten für Untersuchungen durch das Berufsgenossenschaftliche Forschungsinstitut für Arbeitsmedizin;
11. für Kurse der Berufsgenossenschaft zur Unfallverhütung;
12. von Personal durch den Arbeitgeber an eine Betriebskrankenkasse gegen Personalkostenerstattung nach § 147 Abs. 2a SGB V;[1)]
13. für die Entsendung von Mitgliedern in die Arbeitsrechtliche Kommission des Diakonischen Werks und des Deutschen Caritasverbandes.

[3]Dies gilt entsprechend für Fälle, in denen der Unternehmer zur Freistellung eines Arbeitnehmers für öffentliche oder gemeinnützige Zwecke nach einem Gesetz verpflichtet ist, soweit dieses Gesetz den Ersatz der insoweit entstandenen Lohn- und Lohnnebenkosten vorschreibt.

(17) [1]Das Bestehen einer Gewinngemeinschaft (Gewinnpoolung) beinhaltet für sich allein noch keinen Leistungsaustausch zwischen den Beteiligten (vgl. BFH-Urteil vom 26.07.1973, V R 42/70, BStBl. II S. 766). [2]Bei einer Innengesellschaft ist kein Leistungsaustausch zwischen Gesellschaftern und Innengesellschaft, sondern nur unter den Gesellschaftern denkbar (vgl. BFH-Urteil vom 27.05.1982, V R 110 und 111/81, BStBl. II S. 678).

(18) [1]Nach § 181 BauGB[2)] soll die Gemeinde bei der Durchführung des BauGB zur Vermeidung oder zum Ausgleich wirtschaftlicher Nachteile, die für den Betroffenen in seinen persönlichen Lebensumständen eine besondere Härte bedeuten, auf Antrag einen Geldausgleich im Billigkeitswege gewähren. [2]Ein solcher Härteausgleich ist, wenn er einem Unternehmer gezahlt wird, nicht als Entgelt für eine steuerbare Leistung des Unternehmers gegenüber der Gemeinde anzusehen; es handelt sich vielmehr um eine nicht steuerbare Zuwendung. [3]Das Gleiche gilt, wenn dem Eigentümer eines Gebäudes ein Zuschuss gewährt wird

1. für Modernisierungs- und Instandsetzungsmaßnahmen nach § 177 BauGB;
2. für Modernisierungs- und Instandsetzungsmaßnahmen im Sinne des § 177 BauGB, zu deren Durchführung sich der Eigentümer gegenüber der Gemeinde vertraglich verpflichtet hat;
3. für andere der Erhaltung, Erneuerung und funktionsgerechten Verwendung dienende Maßnahmen an einem Gebäude, das wegen seiner geschichtlichen, künstlerischen oder städtebaulichen Bedeutung erhalten bleiben soll, zu deren Durchführung sich der Eigentümer gegenüber der Gemeinde vertraglich verpflichtet hat;
4. [1]für die Durchführung einer Ordnungsmaßnahme nach § 146 Abs. 3 BauGB, soweit der Zuschuss dem Grundstückseigentümer als Gebäude-Restwertentschädigung gezahlt wird. [2]Werden im Rahmen der Maßnahme die beim

---

1) **Aichberger SGB** Nr. **5.**
2) Baugesetzbuch i. d. F. v. 03.11.2017, BGBl. I 2017, 3634 (**Sartorius** Nr. **300**).

Grundstückseigentümer anfallenden Abbruchkosten gesondert vergütet, sind diese Beträge Entgelt für eine steuerbare und steuerpflichtige Leistung des Grundstückseigentümers an die Gemeinde.

4 Voraussetzung ist, dass in den Fällen der Nummern 2 und 3 der Zuschuss aus Sanierungsförderungsmitteln zur Deckung der Kosten der Modernisierung und Instandsetzung nur insoweit gewährt wird, als diese Kosten nicht vom Eigentümer zu tragen sind.

(19) 1 Der Übergang eines Grundstücks im Flurbereinigungsverfahren nach dem FlurbG[1)] und im Umlegungsverfahren nach dem BauGB unterliegt grundsätzlich nicht der Umsatzsteuer. 2 In den Fällen der Unternehmensflurbereinigung (§§ 87 bis 89 FlurbG) ist die Bereitstellung von Flächen insoweit umsatzsteuerbar, als dafür eine Geldentschädigung gezahlt wird. 3 Ggf. kommt die Steuerbefreiung nach § 4 Nr. 9 Buchstabe a UStG in Betracht.

(20) 1 Die Teilnahme eines Händlers an einem Verkaufswettbewerb seines Lieferanten, dessen Gegenstand die vertriebenen Produkte sind, begründet regelmäßig keinen Leistungsaustausch (BFH-Urteil vom 09.11.1994, XI R 81/92, BStBl. II 1995 S. 277). 2 Zur umsatzsteuerlichen Behandlung von Verkaufswettbewerben vgl. auch Abschnitte 10.1 und 10.3.

(21) In den Fällen des Folgerechts beim Weiterverkauf des Originals eines Werks der bildenden Künste (vgl. § 26 UrhG) besteht zwischen dem Anspruchsberechtigten (Urheber bzw. Rechtsnachfolger) und dem Zahlungsverpflichteten (Veräußerer) auf Grund mangelnder vertraglicher Beziehungen kein Leistungsaustauschverhältnis.

(22) 1 Das Rechtsinstitut der „Fautfracht“ (§ 415 Abs. 2 HGB) versteht sich als eine gesetzlich festgelegte, pauschale Kündigungsentschädigung, die weder Leistungsentgelt noch Schadensersatz ist. 2 Entsprechendes gilt für andere vergleichbare pauschale Kündigungsentschädigungen wie z. B. sog. Bereitstellungsentgelte, die ein Speditionsunternehmen erhält, wenn eine Zwangsräumung kurzfristig von dem Gerichtsvollzieher abgesagt wird (vgl. BFH-Urteil vom 30.06.2010, XI R 22/08, BStBl. II S. 1084).

(23) 1 Weist der Empfänger von Zuwendungen aus einem Sponsoringvertrag auf Plakaten, in Veranstaltungshinweisen, in Ausstellungskatalogen, auf seiner Internetseite oder in anderer Weise auf die Unterstützung durch den Sponsor lediglich hin, erbringt er insoweit keine Leistung im Rahmen eines Leistungsaustausches. 2 Dieser Hinweis kann unter Verwendung des Namens, Emblems oder Logos des Sponsors, jedoch ohne besondere Hervorhebung oder Verlinkung zu dessen Internetseiten, erfolgen. 3 Dies gilt auch, wenn der Sponsor auf seine Unterstützung in gleicher Art und Weise lediglich hinweist. 4 Dagegen ist von einer Leistung des Zuwendungsempfängers an den Sponsor auszugehen, wenn dem Sponsor das ausdrückliche Recht eingeräumt wird, die Sponsoringmaßnahme im Rahmen eigener Werbung zu vermarkten.

(24) 1 Die Teilnahme an einem Wettbewerb (Pferderennen, Pokerturnieren, sportlichen Wettbewerben, Schönheitskonkurrenzen, Ausscheidungsspielen

---

[1)] Flurbereinigungsgesetz i. d. F. v. 16.03.1976, BGBl. I 1976, 546 (**Sartorius Ergänzungsband** Nr. **866**).

und Ähnlichem) stellt nur dann eine gegen Entgelt erbrachte Dienstleistung dar, wenn der Veranstalter für sie eine von der Platzierung unabhängige Vergütung zahlt (z. B. Antrittsgelder oder platzierungsunabhängige Preisgelder). 2 Eine Staffelung der Vergütung ist insoweit unschädlich. 3 Platzierungsabhängige Preisgelder des Veranstalters stellen kein Entgelt für die Teilnahme an einem Wettbewerb dar, da sie nicht für die Teilnahme gezahlt werden, sondern für die Erzielung eines bestimmten Wettbewerbsergebnisses (vgl. EuGH-Urteil vom 10.11.2016, C-432/15, Baštová,[1] sowie BFH-Urteile vom 30.08.2017, XI R 37/14, BStBl. II 2019 S. 336, und vom 02.08.2018, V R 21/16, BStBl. II 2019 S. 339).

(25)[2] Die sonstige Leistung der Veranstalter von Glücksspielen (Automatenaufsteller, Spielbankbetreiber etc.) besteht in der Zulassung zum Spiel gegen Gewinnchance; der Einsatz der Spieler steht im unmittelbaren Zusammenhang mit der Durchführung des Spiels und ist daher entgeltliche Gegenleistung für die Teilnahme.

(26)[3] 1 Sogenannte Marktgebühren, die eine Erzeugerorganisation beim Ankauf von Lebensmitteln von ihren Mitgliedern für die Vermarktung der Lebensmittel erhebt, stellen kein Entgelt für eine sonstige Leistung der Erzeugerorganisation dar, sondern mindern die Bemessungsgrundlage der Lieferungen der Mitglieder an die Erzeugerorganisation, wenn die diesen Kosten zugrundeliegenden Aufwendungen im eigenen Interesse der Erzeugerorganisation liegen (vgl. BFH-Beschluss vom 13.09.2022 – XI R 8/20, BStBl. II 2023 S. 728). 2 Ein Schlachthof, der beim Erwerb von zur Schlachtung bestimmten Tieren die im Rahmen der Schlachtung anfallenden Kosten (sog. Vorkosten, z. B. die Kosten für das Qualitätsmanagement einschließlich Kosten für den Veterinär, für die Prüfung der Betriebe der Kunden, für die Einhaltung der erhöhten Hygienevorschriften und die Kosten zur Gewährleistung der Rückverfolgbarkeit der Tiere) vom Kaufpreis für das jeweilige Tier abzieht, erbringt ebenfalls keine sonstigen Leistungen an die Lieferanten der Tiere, wenn die diesen Kosten zugrundeliegenden Vorgänge auch im eigenen Interesse des Schlachthofs liegen. 3 Auch in diesem Fall liegt eine Minderung des Entgelts für die Lieferung der Tiere vor.

1.2 Verwertung von Sachen

(1) 1 Bei der Sicherungsübereignung erlangt der Sicherungsnehmer zu dem Zeitpunkt, in dem er von seinem Verwertungsrecht Gebrauch macht, auch die Verfügungsmacht über das Sicherungsgut. 2 Die Verwertung der zur Sicherheit übereigneten Gegenstände durch den Sicherungsnehmer außerhalb des Insolvenzverfahrens führt zu zwei Umsätzen (sog. Doppelumsatz), und zwar zu einer Lieferung des Sicherungsgebers an den Sicherungsnehmer und zu einer Lieferung des Sicherungsnehmers an den Erwerber (vgl. BFH-Urteil vom

---

1) MwStR 2016, 991.

2) Die USt-Besteuerung von Geldspielautomaten mit Gewinnmöglichkeit ist mit Unionsrecht vereinbar; siehe BFH v. 11.12.2019 XI R 13/18, BStBl. II 2020, 296.

3) A 1.1 UStAE Abs. 26 angef. durch BMF v. 20.6.2023, BStBl. I 2023, 1123, anzuwenden in allen offenen Fällen; abweichende Weiterberechnung der Vorkosten bis zur Veröffentlichung des BMF-Schreibens wird nicht beanstandet.

verfahren Anwendung. [2]Veräußert hingegen ein Insolvenzverwalter ein mit einem Grundpfandrecht belastetes Grundstück freihändig auf Grund einer mit dem Grundpfandgläubiger getroffenen Vereinbarung, liegt neben der Lieferung des Grundstücks durch die Masse an den Erwerber auch eine steuerpflichtige entgeltliche Geschäftsbesorgungsleistung der Masse an den Grundpfandgläubiger vor, wenn der Insolvenzverwalter vom Veräußerungserlös einen bestimmten Betrag zugunsten der Masse einbehalten darf. [3]Der für die Masse einbehalten Betrag ist Entgelt für diese Leistung. [4]Vergleichbares gilt für die freihändige Verwaltung grundpfandrechtsbelasteter Grundstücke durch den Insolvenzverwalter (BFH-Urteil vom 28.07.2011, V R 28/09, BStBl. II 2014 S. 406). [5]Zur umsatzsteuerrechtlichen Behandlung der Verwertung von Sicherungsgut vgl. BMF-Schreiben vom 30.04.2014, BStBl. I S. 816.

1.3 Schadensersatz

Allgemeines

(1) [1]Im Falle einer echten Schadensersatzleistung fehlt es an einem Leistungsaustausch. [2]Der Schadensersatz wird nicht geleistet, weil der Leistende eine Lieferung oder sonstige Leistung erhalten hat, sondern weil er nach Gesetz oder Vertrag für den Schaden und seine Folgen einzustehen hat. [3]Echter Schadensersatz ist insbesondere gegeben bei Schadensbeseitigung durch den Schädiger oder durch einen von ihm beauftragten selbständigen Erfüllungsgehilfen, bei Zahlung einer Geldentschädigung durch den Schädiger, bei Schadensbeseitigung durch den Geschädigten oder in dessen Auftrag durch einen Dritten ohne einen besonderen Auftrag des Ersatzverpflichteten; in Leasingfällen vgl. Absatz 17. [4]Ein Schadensersatz ist dagegen dann nicht anzunehmen, wenn die Ersatzleistung tatsächlich die – wenn auch nur teilweise – Gegenleistung für eine Lieferung oder sonstige Leistung darstellt (vgl. BFH-Urteile vom 22.11.1962, V 192/60 U, BStBl. III 1963 S. 106, und vom 19.10.2001, V R 48/00, BStBl. II 2003 S. 210, sowie Abschnitt 10.2 Abs. 3 Satz 6). [5]Von echtem Schadensersatz ist ebenfalls nicht auszugehen, wenn der Besteller eines Werks, das sich als mangelhaft erweist, vom Auftragnehmer Schadensersatz wegen Nichterfüllung verlangt; in der Zahlung des Auftragnehmers liegt vielmehr eine Minderung des Entgelts i. S. von § 17 Abs. 1 UStG (vgl. BFH-Urteil vom 16.01.2003, V R 72/01, BStBl. II S. 620).

(2) [1]Wegen der Einzelheiten bei der umsatzsteuerrechtlichen Beurteilung von Garantieleistungen und Freiinspektionen in der Kraftfahrzeugwirtschaft vgl. BMF-Schreiben vom 03.12.1975, BStBl. I S. 1132. [2]Zur umsatzsteuerlichen Behandlung von Garantieleistungen in der Reifenindustrie vgl. BMF-Schreiben vom 21.11.1974, BStBl. I S. 1021.

Echter Schadensersatz

(3) [1]Vertragsstrafen, die wegen Nichterfüllung oder wegen nicht gehöriger Erfüllung (§§ 340, 341 BGB) geleistet werden, haben Schadensersatzcharakter (vgl. auch BFH-Urteil vom 10.07.1997, V R 94/96, BStBl. II S. 707). [2]Hat der Leistungsempfänger die Vertragsstrafe an den leistenden Unternehmer zu zahlen, ist sie deshalb nicht Teil des Entgelts für die Leistung. [3]Zahlt

04.06.1987, V R 57/79, BStBl. II S. 741, und BFH-Beschluss vom 19.07.2007, V B 222/06, BStBl. II 2008 S. 163). [3]Entsprechendes gilt bei der Versteigerung verfallener Pfandsachen durch den Pfandleiher (vgl. BFH-Urteil vom 16.04.1997, XI R 87/96, BStBl. II S. 585). [4]Zwei Umsätze liegen vor, wenn die Verwertung vereinbarungsgemäß vom Sicherungsgeber im Namen des Sicherungsnehmers vorgenommen wird oder die Verwertung zwar durch den Sicherungsnehmer, aber im Auftrag und für Rechnung des Sicherungsgebers in dessen Namen stattfindet.

(1a) [1]Veräußert der Sicherungsgeber das Sicherungsgut im eigenen Namen auf Rechnung des Sicherungsnehmers, erstarkt die ursprüngliche Sicherungsübereignung hingegen zu einer Lieferung des Sicherungsgebers an den Sicherungsnehmer, während zugleich zwischen dem Sicherungsnehmer (Kommittent) und dem Sicherungsgeber (Kommissionär) eine Lieferung nach § 3 Abs. 3 UStG vorliegt, bei der der Sicherungsgeber (Verkäufer, Kommissionär) als Abnehmer gilt; die entgeltliche Lieferung gegenüber dem Dritten wird in der Folge vom Sicherungsgeber ausgeführt (Dreifachumsatz, vgl. BFH-Urteile vom 06.10.2005, V R 20/04, BStBl. II 2006 S. 931, und vom 30.03.2006, V R 9/03, BStBl. II S. 933). [2]Voraussetzung für die Annahme eines Dreifachumsatzes ist, dass das Sicherungsgut erst nach Eintritt der Verwertungsreife durch den Sicherungsgeber veräußert wird und es sich hierbei nach den Vereinbarungen zwischen Sicherungsgeber und Sicherungsnehmer um ein Verwertungsgeschäft handelt, um die vom Sicherungsnehmer gewährten Darlehen zurückzuführen. [3]Nicht ausreichend ist eine Veräußerung, die der Sicherungsgeber im Rahmen seiner ordentlichen Geschäftstätigkeit vornimmt und bei der er berechtigt ist, den Verwertungserlös anstelle zur Rückführung des Kredits anderweitig, z.B. für den Erwerb neuer Waren, zu verwenden (BFH-Urteil vom 23.07.2009, V R 27/07, BStBl. II 2010 S. 859), oder wenn die Veräußerung zum Zwecke der Auswechslung des Sicherungsgebers unter Fortführung des Sicherungseigentums durch den Erwerber erfolgt (vgl. BFH-Urteil vom 09.03.1995, V R 102/89, BStBl. II S. 564). [4]In diesen Fällen liegt eine bloße Lieferung des Sicherungsgebers an den Erwerber vor.

(2) Wird im Rahmen der Zwangsvollstreckung eine Sache durch den Gerichtsvollzieher oder ein anderes staatliches Vollstreckungsorgan öffentlich versteigert oder freihändig verkauft, liegt darin keine Lieferung des Vollstreckungsschuldners an das jeweilige Bundesland, dem die Vollstreckungsorgane angehören, und keine Lieferung durch dieses an den Erwerber, sondern es handelt sich um eine Lieferung des Vollstreckungsschuldners unmittelbar an den Erwerber (vgl. BFH-Urteile vom 19.12.1985, V R 139/76, BStBl. II 1986 S. 500, und vom 16.04.1997, XI R 87/96, BStBl. II S. 585).

(3) Zur Steuerschuldnerschaft des Leistungsempfängers bei der Lieferung sicherungsübereigneter Gegenstände durch den Sicherungsgeber an den Sicherungsnehmer außerhalb des Insolvenzverfahrens vgl. § 13b Abs. 2 Nr. 2 UStG und Abschnitt 13b.1 Abs. 2 Satz 1 Nr. 4.

Verwertung von Sicherungsgut im Insolvenzverfahren

(4) [1]Die Grundsätze zum Doppel- und Dreifachumsatz finden auch bei der Verwertung von sicherungsübereigneten Gegenständen im Insolvenz-

der leistende Unternehmer die Vertragsstrafe an den Leistungsempfänger, liegt darin keine Entgeltminderung (vgl. BFH-Urteil vom 04.05.1994, XI R 58/93, BStBl. II S. 589). 4 Die Entschädigung, die ein Verkäufer nach den Geschäftsbedingungen vom Käufer verlangen kann, wenn dieser innerhalb bestimmter Fristen seinen Verpflichtungen aus dem Kaufvertrag nicht nachkommt (Schadensersatz wegen Nichterfüllung), ist nicht Entgelt, sondern Schadensersatz (vgl. BFH-Urteil vom 27.04.1961, V 263/58 U, BStBl. III S. 300).

(4) 1 Eine Willenserklärung, durch die der Unternehmer seinem zur Übertragung eines Vertragsgegenstands unfähig gewordenen Schuldner eine Ersatzleistung in Geld gestattet, kann nicht als sonstige Leistung (Rechtsverzicht) beurteilt werden. 2 Die Ersatzleistung ist echter Schadensersatz (vgl. BFH-Urteil vom 12.11.1970, V R 52/67, BStBl. II 1971 S. 38).

(5)[1] 1 Die Vergütung, die der Unternehmer nach Kündigung oder vertraglicher Auflösung eines Werklieferungsvertrags vereinnahmt, ohne an den Besteller die bereitgestellten Werkstoffe oder das teilweise vollendete Werk geliefert zu haben, ist kein Entgelt (vgl. BFH-Urteil vom 27.08.1970, V R 159/66, BStBl. II 1971 S. 6). 2 Zum Leistungsgegenstand bei noch nicht abgeschlossenen Werklieferungen vgl. Abschnitt 3.9.

(6) 1 Erhält ein Unternehmer die Kosten eines gerichtlichen Mahnverfahrens erstattet, handelt es sich dabei nicht um einen Teil des Entgelts für eine steuerbare Leistung, sondern um Schadensersatz. 2 Die Mahngebühren oder Mahnkosten, die ein Unternehmer von säumigen Zahlern erhebt und auf Grund seiner Geschäftsbedingungen oder anderer Unterlagen – z. B. Mahnschreiben – als solche nachweist, sind ebenfalls nicht das Entgelt für eine besondere Leistung. 3 Verzugszinsen, Fälligkeitszinsen und Prozesszinsen (vgl. z. B. §§ 288, 291 BGB; § 353 HGB) sind als Schadensersatz zu behandeln. 4 Das Gleiche gilt für Nutzungszinsen, die z. B. nach § 641 Abs. 4 BGB von der Abnahme des Werkes an erhoben werden. 5 Als Schadensersatz sind auch die nach den Artikeln 48 und 49 WG[2] sowie den Artikeln 45 und 46 ScheckG[3] im Falle des Rückgriffs zu zahlenden Zinsen, Kosten des Protestes und Vergütungen zu behandeln.

(7) 1 Die Ersatzleistung auf Grund einer Warenkreditversicherung stellt nicht die Gegenleistung für eine Lieferung oder sonstige Leistung dar, sondern Schadensersatz. 2 Zur Frage des Leistungsaustauschs bei Zahlungen von Fautfrachten wegen Nichterfüllung eines Chartervertrags vgl. BFH-Urteil vom 30.06.2010, XI R 22/08, BStBl. II S. 1084, und Abschnitt 1.1 Abs. 22.

(8)[4] 1 In Gewährleistungsfällen ist die Erstattung der Material- und Lohnkosten, die ein Vertragshändler auf Grund vertraglicher Vereinbarungen für

---

[1] Zur Abrenzung von Schadensersatz und Engelt bei Zahlungen nach Aufhebung eines Architektenvertrages siehe BFH v. 26.08.2021 V R 13/19, BStBl. II 2022, 197.

[2] Wechselgesetz v. 21.06.1933, BGBl. III 4133-1 (**Habersack Ergänzungsband** Nr. **54**).

[3] Scheckgesetz v. 14.08.1933, BGBl. III 4132-1 (**Habersack** Nr. **56**).

[4] Zur Steuerpflicht von Garantiezusagen eines Autoverkäufers siehe BFH v. 14.11.2018 XI R 16/17, BStBl. II 2021, 461; A 3.10 Abs. 6 Nr. 3, A 4.8.12 und A 4.10.2 UStAE sowie BMF v. 11.05.2021, BStBl. I 2021, 781, i. V. m. BMF v. 18.06.2021, BStBl. I 2021, 871 und v. 18.10.2021, BStBl. I 2021, 2142: anzuwenden ab 01.01.2023, Nichtbeanstandung vorheriger Anwendung; branchenunabhängige Geltung der steuerlichen Grundsätze zu Garantiezusagen.

die Beseitigung von Mängeln an den bei ihm gekauften Gegenständen vom Hersteller ersetzt bekommt, echter Schadensersatz, wenn sich der Gewährleistungsanspruch des Kunden nicht gegen den Hersteller, sondern gegen den Vertragshändler richtet (vgl. BFH-Urteil vom 16.07.1964, V 23/60 U, BStBl. III S. 516). 2 In diesen Fällen erfüllt der Händler mit der Garantieleistung unentgeltlich eine eigene Verpflichtung gegenüber dem Kunden aus dem Kaufvertrag und erhält auf Grund seiner Vereinbarung mit dem Herstellerwerk von diesem den durch den Materialfehler erlittenen, vom Werk zu vertretenden Schaden ersetzt (BFH-Urteil vom 17.02.1966, V 58/63, BStBl. III S. 261).

(9) Weitere Einzelfälle des echten Schadensersatzes sind:

1. die Entschädigung der Zeugen (vgl. Absatz 15) und der ehrenamtlichen Richter nach dem JVEG;[1]
2. Stornogebühren bei Reiseleistungen (vgl. Abschnitt 25.1 Abs. 14);
3. Zahlungen zum Ersatz des entstandenen Schadens bei Leistungsstörungen in Transporthilfsmittel-Tauschsystemen (z. B. Euro-Flachpaletten und Euro-Gitterboxpaletten; vgl. BMF-Schreiben vom 05.11.2013, BStBl. I S. 1386).

(10) *(aufgehoben)*

Kein Schadensersatz

(11) 1 Beseitigt der Geschädigte im Auftrag des Schädigers einen ihm zugefügten Schaden selbst, ist die Schadensersatzleistung als Entgelt im Rahmen eines Leistungsaustauschs anzusehen (vgl. BFH-Urteil vom 11.03.1965, V 37/62 S, BStBl. III S. 303). 2 Zur Abgrenzung zur sonstigen Leistung vgl. auch Abschnitt 3.1.

(12) 1 Die Ausgleichszahlung für Handelsvertreter nach § 89b HGB ist kein Schadensersatz, sondern eine Gegenleistung des Geschäftsherrn für erlangte Vorteile aus der Tätigkeit als Handelsvertreter. 2 Dies gilt auch dann, wenn der Ausgleichsanspruch durch den Tod des Handelsvertreters fällig wird (BFH-Urteile vom 26.09.1968, V 196/65, BStBl. II 1969 S. 210, und vom 25.06.1998, V R 57/97, BStBl. II 1999 S. 102).

(13) 1 Entschädigungen an den Mieter oder Vermieter für die vorzeitige Räumung der Mieträume und die Aufgabe des noch laufenden Mietvertrags sind nicht Schadensersatz, sondern Leistungsentgelt (vgl. BFH-Urteil vom 27.02.1969, V 102/65, BStBl. II S. 386 und Abschnitt 4.12.1).[2] 2 Das gilt auch dann, wenn der Unternehmer zur Vermeidung einer Enteignung auf die vertragliche Regelung eingegangen ist. 3 Ob die Vertragsparteien die Zahlung als Schadensersatz bezeichnen oder vereinbaren, nur die durch die Freimachung entstandenen tatsächlichen Aufwendungen zu erstatten, ist unbeachtlich (vgl. BFH-Urteile vom 27.02.1969, V 144/65, BStBl. II S. 387, und vom 07.08.1969, V 177/65, BStBl. II S. 696).

---

[1] Justizvergütungs- und -entschädigungsgesetz v. 05.05.2004, BGBl. I 2004, 718, 776 (**Habersack** Nr. **116**).

[2] Ebenso BFH v. 25.05.2019 XI R 20/17, BFH/NV 2019, 1256.

(14) Entschädigungen, die als Folgewirkung einer Enteignung nach § 96 BauGB[1)] gezahlt werden, sind kein Schadensersatz und daher steuerbar (BFH-Urteil vom 10.02.1972, V R 119/68, BStBl. II S. 403; vgl. auch BFH-Urteil vom 24.06.1992, V R 60/88, BStBl. II S. 986).

(15) [1] Die Vergütung von Sachverständigen, Dolmetschern und Übersetzern nach Abschnitt 3 JVEG[2)] ist Entgelt für eine Leistung. [2] Ob jemand als Zeuge, sachverständiger Zeuge oder Sachverständiger anzusehen ist, richtet sich nach der tatsächlich erbrachten Tätigkeit. [3] Für die Einordnung ist ausschlaggebend, ob er als Zeuge „unersetzlich" oder als Sachverständiger „auswechselbar" ist. [4] Bei ärztlichen Befundberichten kann regelmäßig auf die Abrechnung nach dem JVEG abgestellt werden.

Beispiel 1:

[1] Der behandelnde Arzt erteilt einem Gericht einen Bericht über den bei seinem Patienten festgestellten Befund und erhält eine Vergütung nach § 10 Abs. 1 JVEG in Verbindung mit Anlage 2 Nr. 200 bzw. Nr. 201 des JVEG.
[2] Der Arzt handelt als „unersetzlicher" sachverständiger Zeuge. [3] Die Vergütung ist echter Schadensersatz (vgl. Absatz 9).

Beispiel 2:

[1] Ein hinzugezogener Arzt erstellt für ein Gericht ein Gutachten über den Gesundheitszustand einer Person und erhält eine Vergütung nach § 10 Abs. 1 JVEG in Verbindung mit Anlage 2 Nr. 202 bzw. Nr. 203 des JVEG.
[2] Der Arzt handelt als „auswechselbarer" Sachverständiger. [3] Die Vergütung ist Leistungsentgelt.

(16) Die Ausgleichszahlung für beim Bau einer Überlandleitung entstehende Flurschäden durch deren Betreiber an den Grundstückseigentümer ist kein Schadensersatz, sondern Entgelt für die Duldung der Flurschäden durch den Eigentümer (vgl. BFH-Urteil vom 11.11.2004, V R 30/04, BStBl. II 2005 S. 802).

(16a) [1] Zahlungen, die an einen Unternehmer als Aufwendungsersatz aufgrund von urheberrechtlichen Abmahnungen zur Durchsetzung seines Unterlassungsanspruchs geleistet werden, und Zahlungen, die an einen Unternehmer von dessen Wettbewerbern als Aufwendungsersatz aufgrund von wettbewerbsrechtlichen Abmahnungen geleistet werden, sind umsatzsteuerrechtlich als Entgelt im Rahmen eines umsatzsteuerbaren Leistungsaustauschs zwischen dem Unternehmer und dem von ihm abgemahnten Rechtsverletzer zu qualifizieren (vgl. BFH-Urteile vom 21.12.2016, XI R 27/14, BStBl. II 2021 S. 779, und vom 13.02.2019, XI R 1/17, BStBl. II 2021 S. 785). [2] Im Fall einer unberechtigten Abmahnung schuldet der Abmahnende die Steuer nach § 14c Abs. 2 UStG, wenn und solange er diese in einer Rechnung ausgewiesen hat.

---

1) Baugesetzbuch i. d. F. v. 03.11.2017, BGBl. I 2017, 3634 (**Sartorius** Nr. **300**).
2) Justizvergütungs- und -entschädigungsgesetz v. 05.05.2004, BGBl. I 2004, 718, 776 (**Habersack** Nr. **116**).

(16b)[1] Kontrollgebühren, die ein mit dem Betrieb privater Parkplätze betrauter Unternehmer von den Nutzern der Parkplätze für die Nichtbeachtung der allgemeinen Nutzungsbedingungen dieser Parkplätze erhebt, stellen eine Vergütung für die Erbringung einer entgeltlichen Dienstleistung im Sinne des § 1 Abs. 1 Nr. 1 UStG vom Unternehmer an die Parkplatznutzer dar (vgl. EuGH-Urteil vom 20.1.2022 – C-90/20, BStBl. II 2023 S. 1118).

Leasing

(17) [1]Für die Beurteilung von Ausgleichszahlungen im Zusammenhang mit der Beendigung von Leasingverträgen ist entscheidend, ob der Zahlung für den jeweiligen „Schadensfall" eine mit ihr eng verknüpfte Leistung gegenübersteht. [2]Verpflichtet sich der Leasingnehmer im Leasingvertrag, für am Leasinggegenstand durch eine nicht vertragsgemäße Nutzung eingetretene Schäden nachträglich einen Minderwertausgleich zu zahlen, ist diese Zahlung beim Leasinggeber als Schadensersatz nicht der Umsatzsteuer zu unterwerfen (vgl. BFH-Urteil vom 20.03.2013, XI R 6/11, BStBl. II 2014 S. 206). [3]Ausgleichszahlungen, die darauf gerichtet sind, Ansprüche aus dem Leasingverhältnis an die tatsächliche Nutzung des Leasinggegenstandes durch den Leasingnehmer anzupassen (z. B. Mehr- und Minderkilometervereinbarungen bei Fahrzeugleasingverhältnissen), stellen hingegen je nach Zahlungsrichtung zusätzliches Entgelt oder aber eine Entgeltminderung für die Nutzungsüberlassung dar. [4]Dies gilt entsprechend für Vergütungen zum Ausgleich von Restwertdifferenzen in Leasingverträgen mit Restwertausgleich. [5]Nutzungsentschädigungen wegen verspäteter Rückgabe des Leasinggegenstandes stellen ebenfalls keinen Schadensersatz dar, sondern sind Entgelt für die Nutzungsüberlassung zwischen vereinbarter und tatsächlicher Rückgabe des Leasinggegenstandes. [6]Soweit bei Kündigung des Leasingverhältnisses Ausgleichszahlungen für künftige Leasingraten geleistet werden, handelt es sich um echten Schadensersatz, da durch die Kündigung die vertragliche Hauptleistungspflicht des Leasinggebers beendet und deren Erbringung tatsächlich nicht mehr möglich ist. [7]Dies gilt nicht für die Fälle des Finanzierungsleasings, bei denen eine Lieferung an den Leasingnehmer vorliegt, vgl. Abschnitt 3.5 Abs. 5.

1.4 Mitgliederbeiträge[2]

(1)[3] [1]Soweit eine Vereinigung zur Erfüllung ihrer den Gesamtbelangen sämtlicher Mitglieder dienenden satzungsgemäßen Gemeinschaftszwecke tätig wird und dafür echte Mitgliederbeiträge erhebt, die dazu bestimmt sind, ihr die Erfüllung dieser Aufgaben zu ermöglichen, fehlt es an einem Leistungs-

---

[1] A 1.4 UStAE Abs. 16b eingef. durch BMF v. 15.12.2023, BStBl. I 2023, 2246, anzuwenden in allen offenen Fällen, mit Nichtbeanstandungsregelung, wenn der leistende Unternehmer bei bis zum 15.12.2023 eingegangener Zahlung von einem echten Schadensersatz ausgeht.

[2] Zu Sportvereinen vgl. A 2.1 Abs. 6, A 2.10, A 4.12.11, A 4.22.2 u. A 12.9 Abs. 6 UStAE.

[3] Vgl. aber BFH v. 09.08.2007 V R 27/04, DStR 2007, 1719 (Flugzeugüberlassung durch Luftsportverein an seine Mitglieder). – Zu entgeltlichen Leistungen eines Vereins an seine Mitglieder vgl. auch BFH v. 29.10.2008 XI R 59/07, DStRE 2009, 292. – Siehe auch BFH v. 20.03.2014 V R 4/13, DStR 2014, 1539, zu steuerbaren Leistungen eines Sportvereins.

austausch mit dem einzelnen Mitglied. [2]Erbringt die Vereinigung dagegen Leistungen, die den Sonderbelangen der einzelnen Mitglieder dienen, und erhebt sie dafür Beiträge entsprechend der tatsächlichen oder vermuteten Inanspruchnahme ihrer Tätigkeit, liegt ein Leistungsaustausch vor (vgl. BFH-Urteile vom 04.07.1985, V R 107/76, BStBl. II 1986 S. 153, und vom 07.11.1996, V R 34/96, BStBl. II 1997 S. 366).

(2) [1]Voraussetzung für die Annahme echter Mitgliederbeiträge ist, dass die Beiträge gleich hoch sind oder nach einem für alle Mitglieder verbindlichen Bemessungsmaßstab gleichmäßig errechnet werden. [2]Die Gleichheit ist auch dann gewahrt, wenn die Beiträge nach einer für alle Mitglieder einheitlichen Staffel erhoben werden oder die Höhe der Beiträge nach persönlichen Merkmalen der Mitglieder, z. B. Lebensalter, Stand, Vermögen, Einkommen, Umsatz, abgestuft wird (vgl. BFH-Urteil vom 08.09.1994, V R 46/92, BStBl. II S. 957). [3]Allein aus der Gleichheit oder aus einem gleichen Bemessungsmaßstab kann auf die Eigenschaft der Zahlungen als echte Mitgliederbeiträge nicht geschlossen werden (vgl. BFH-Urteil vom 08.09.1994, a. a. O.).

(3) [1]Beitragszahlungen, die Mitglieder einer Interessenvereinigung der Lohnsteuerzahler, z. B. Lohnsteuerhilfeverein, erbringen, um deren in der Satzung vorgesehene Hilfe in Lohnsteuersachen in Anspruch nehmen zu können, sind Entgelte für steuerbare Sonderleistungen dieser Vereinigung. [2]Dies gilt auch dann, wenn ein Mitglied im Einzelfall trotz Beitragszahlung auf die Dienste der Interessenvereinigung verzichtet, weil die Bereitschaft der Interessenvereinigung, für dieses Mitglied tätig zu werden, eine Sonderleistung ist (vgl. BFH-Urteil vom 09.05.1974, V R 128/71, BStBl. II S. 530).

(4) Umlagen, die ein Wasserversorgungszweckverband satzungsgemäß zur Finanzierung der gemeinsamen Anlagen, der betriebsnotwendigen Vorratshaltung und der Darlehenstilgung entsprechend der Wasserabnahme durch die Mitgliedsgemeinden erhebt, sind Leistungsentgelte (BFH-Urteil vom 04.07.1985, V R 35/78, BStBl. II S. 559).

(5) [1]Eine aus Mietern und Grundstückseigentümern eines Einkaufszentrums bestehende Werbegemeinschaft erbringt gegenüber ihren Gesellschaftern steuerbare Leistungen, wenn sie Werbemaßnahmen für das Einkaufszentrum vermittelt oder ausführt und zur Deckung der dabei entstehenden Kosten entsprechend den Laden- bzw. Verkaufsflächen gestaffelte Umlagen von ihren Gesellschaftern erhebt (BFH-Urteil vom 04.07.1985, V R 107/76, BStBl. II 1986 S. 153). [2]Allein die unterschiedliche Höhe der von Mitgliedern erhobenen Umlagen führt nicht zur Annahme eines Leistungsaustauschs zwischen der Gemeinschaft und ihren Mitgliedern (vgl. BFH-Urteil vom 18.04.1996, V R 123/93, BStBl. II S. 387).

(6) [1]Die Abgabe von Druckerzeugnissen an die Mitglieder ist nicht als steuerbare Leistung der Vereinigung anzusehen, wenn es sich um Informationen und Nachrichten aus dem Leben der Vereinigung handelt. [2]Steuerbare Sonderleistungen liegen jedoch vor, wenn es sich um Fachzeitschriften handelt, die das Mitglied andernfalls gegen Entgelt im freien Handel beziehen müsste.

(7) [1]Bewirkt eine Vereinigung Leistungen, die zum Teil den Einzelbelangen, zum Teil den Gesamtbelangen der Mitglieder dienen, sind die Beitragszahlungen in Entgelte für steuerbare Leistungen und in echte Mitgliederbeiträge aufzuteilen (vgl. BFH-Urteil vom 22.11.1963, V 47/61 U, BStBl. III 1964 S. 147). [2]Der auf die steuerbaren Leistungen entfallende Anteil der Beiträge entspricht der Bemessungsgrundlage, die nach § 10 Abs. 5 Nr. 1 i. V. m. § 10 Abs. 4 UStG anzusetzen ist (vgl. Abschnitt 10.7 Abs. 1).

1.5 Geschäftsveräußerung

Geschäftsveräußerung im Ganzen

(1) [1]Eine Geschäftsveräußerung im Sinne des § 1 Abs. 1a UStG liegt vor, wenn die wesentlichen Grundlagen eines Unternehmens oder eines gesondert geführten Betriebs an einen Unternehmer für dessen Unternehmen übertragen werden, wobei die unternehmerische Tätigkeit des Erwerbers auch erst mit dem Erwerb des Unternehmens oder des gesondert geführten Betriebs beginnen kann (vgl. Abschnitt 2.6 Abs. 1). [2]Entscheidend ist, dass die übertragenen Vermögensgegenstände ein hinreichendes Ganzes bilden, um dem Erwerber die Fortsetzung einer bisher durch den Veräußerer ausgeübten unternehmerischen Tätigkeit zu ermöglichen, und der Erwerber dies auch beabsichtigt (vgl. BFH-Urteil vom 18.09.2008, V R 21/07, BStBl. II 2009 S. 254). [3]Dabei sind im Rahmen einer Gesamtwürdigung die Art der übertragenen Vermögensgegenstände und der Grad der Übereinstimmung oder Ähnlichkeit zwischen den vor und nach der Übertragung ausgeübten Tätigkeiten zu berücksichtigen (BFH-Urteil vom 23.08.2007, V R 14/05, BStBl. II 2008 S. 165). [4]Für die Geschäftsveräußerung ist es unerheblich, dass der Erwerber nicht den Namen des übernommenen Unternehmens weiterführt; entscheidend ist, dass der Erwerber die Tätigkeit des Veräußerers nunmehr im Rahmen seiner bisherigen eigenen Geschäftstätigkeit fortführt (vgl. BFH-Urteil vom 29.08.2012, XI R 1/11, BStBl. II 2013 S. 301). [5]Die für die Geschäftsveräußerung notwendige Fortführung der Geschäftstätigkeit muss bei einer im engen zeitlichen und sachlichen Zusammenhang stehenden mehrstufigen Übertragung nur dem Grunde nach, nicht aber auch höchstpersönlich beim jeweiligen Erwerber vorliegen (vgl. BFH-Urteil vom 25.11.2015, V R 66/14, BStBl. II 2020 S. 793). [6]Für das Vorliegen der Rechtsfolgen einer Geschäftsveräußerung auf jeder Stufe ist erforderlich, dass auf jeder Stufe der Übertragung der jeweilige Erwerber Unternehmer im Sinne des § 2 UStG ist.

(1a) [1]Der Fortsetzung der bisher durch den Veräußerer ausgeübten Tätigkeit steht es nicht entgegen, wenn der Erwerber den von ihm erworbenen Geschäftsbetrieb in seinem Zuschnitt ändert oder modernisiert (vgl. BFH-Urteil vom 23.08.2007, V R 14/05, BStBl. II 2008 S. 165). [2]Die sofortige Abwicklung der übernommenen Geschäftstätigkeit schließt jedoch eine Geschäftsveräußerung aus (vgl. EuGH-Urteil vom 27.11.2003, C-497/01, Zita Modes).[1] [3]Das Vorliegen der Voraussetzungen für eine nicht steuerbare Ge-

[1] IStR 2004, 53.

schäftsveräußerung kann nicht mit der Begründung verneint werden, es werde noch kein „lebendes Unternehmen" übertragen, da der tatsächliche Betrieb des Unternehmens noch nicht aufgenommen worden sei (vgl. BFH-Urteil vom 08.03.2001, V R 24/98, BStBl. II 2003 S. 430). [4]Eine Geschäftsveräußerung setzt keine Beendigung der unternehmerischen Betätigung des Veräußerers voraus (BFH-Urteil vom 29.08.2012, XI R 10/12, BStBl. II 2013 S. 221).

(2) [1]Die Übertragung eines vermieteten Grundstücks führt zu einer nicht umsatzsteuerbaren Geschäftsveräußerung im Ganzen, wenn der Erwerber durch den mit dem Grundstückserwerb verbundenen Eintritt in bestehende Mietverträge vom Veräußerer ein Vermietungsunternehmen übernimmt oder die Vermietungstätigkeit des Veräußerers durch eigene abgeschlossene Mietverträge fortführt (vgl. BFH-Urteil vom 24.02.2021 – XI R 8/19, BStBl. II 2022 S. 34). [2]Das ist auch dann der Fall, wenn der Veräußerer ein Bauträger ist, der ein Gebäude erworben, saniert, weitgehend vermietet und sodann veräußert hat, falls im Zeitpunkt der Veräußerung infolge einer nachhaltigen Vermietungstätigkeit beim Veräußerer ein Vermietungsunternehmen vorliegt, das vom Erwerber fortgeführt wird (vgl. BFH-Urteil vom 12.08.2015, XI R 16/14, BStBl. II 2020 S. 790). [3]Eine anfängliche, weiter bestehende und dem Unternehmenszweck entsprechende Absicht eines Bauträgers, das Objekt wieder zu verkaufen, steht einer nachhaltigen Vermietungstätigkeit im Sinne des § 2 Abs. 1 Satz 3 UStG nicht zwingend entgegen (vgl. BFH-Urteil vom 12.08.2015, XI R 16/14, a. a. O.). [4]Eine nachhaltige Vermietungstätigkeit ist widerlegbar anzunehmen, wenn die Vermietungsdauer mindestens 6 Monate betragen hat. [5]Keine Geschäftsveräußerung im Ganzen liegt hinsichtlich eines Bauträgers als Veräußerer vor, wenn die unternehmerische Tätigkeit des veräußernden Bauträgers im Wesentlichen darin besteht, ein Gebäude zu errichten und Mieter/Pächter für die einzelnen Einheiten zu finden, um es im Anschluss an die Fertigstellung aufgrund bereits erfolgter Vermietung ertragssteigernd zu veräußern (vgl. BFH-Urteil vom 12.08.2015, XI R 16/14, a. a. O.). [6]Für die umsatzsteuerrechtliche Behandlung nicht entscheidend ist, ob das Objekt bilanzsteuerrechtlich dem Umlaufvermögen oder Anlagevermögen zuzuordnen ist (vgl. BFH-Urteil vom 12.08.2015, XI R 16/14, a. a. O.). [7]Die vorgenannten Grundsätze gelten z. B. auch für einen in eine mehrstufige Übertragung eingebundenen Grundstückshändler.

(2a) [1]Die Lieferung eines weder vermieteten noch verpachteten Grundstücks ist im Regelfall keine Geschäftsveräußerung (BFH-Urteil vom 11.10.2007, V R 57/06, BStBl. II 2008 S. 447). [2]Ist der Gegenstand der Geschäftsveräußerung ein Vermietungsunternehmen, muss der Erwerber umsatzsteuerrechtlich die Fortsetzung der Vermietungstätigkeit beabsichtigen (vgl. BFH-Urteil vom 06.05.2010, V R 26/09, BStBl. II S. 1114). [3]Bei der Veräußerung eines vermieteten Objekts an den bisherigen Mieter zu dessen eigenen wirtschaftlichen Zwecken ohne Fortführung des Vermietungsunternehmens liegt daher keine Geschäftsveräußerung vor (vgl. BFH-Urteil vom 24.09.2009, V R 6/08, BStBl. II 2010 S. 315). [4]Ebenso führt die Übertragung eines an eine Organgesellschaft vermieteten Grundstücks auf den Organträger nicht zu einer Geschäftsveräußerung, da der Organträger umsatzsteuerrechtlich keine Vermietungstätigkeit fortsetzt, sondern das Grundstück im Rahmen seines

Unternehmens selbst nutzt (vgl. BFH-Urteil vom 06.05.2010, V R 26/09, BStBl. II S. 1114). [5]Überträgt ein Veräußerer ein verpachtetes Geschäftshaus und setzt der Erwerber die Verpachtung nur hinsichtlich eines Teils des Gebäudes fort, liegt hinsichtlich dieses Grundstücksteils eine Geschäftsveräußerung im Sinne des § 1 Abs. 1a UStG vor. [6]Dies gilt unabhängig davon, ob der verpachtete Gebäudeteil „zivilrechtlich selbständig" ist oder nicht (vgl. BFH-Urteil vom 06.07.2016, XI R 1/15, BStBl. II S. 909).

(2b) [1]Bei der Übertragung von nur teilweise vermieteten oder verpachteten Grundstücken liegt eine Geschäftsveräußerung vor, wenn die nicht genutzten Flächen zur Vermietung oder Verpachtung bereitstehen und die Vermietungstätigkeit vom Erwerber für eine nicht unwesentliche Fläche fortgesetzt wird (vgl. BFH-Urteil vom 30.04.2009, V R 4/07, BStBl. II S. 863). [2]Entsteht eine Bruchteilsgemeinschaft durch Einräumung eines Miteigentumsanteils an einem durch den bisherigen Alleineigentümer in vollem Umfang vermieteten Grundstück, liegt eine Geschäftsveräußerung vor (vgl. BFH-Urteil vom 06.09.2007, V R 41/05, BStBl. II 2008 S. 65). [3]Zum Vorliegen einer Geschäftsveräußerung, wenn das Grundstück, an dem der Miteigentumsanteil eingeräumt wird, nur teilweise vermietet ist und im Übrigen vom vormaligen Alleineigentümer weiterhin für eigene unternehmerische Zwecke genutzt wird, vgl. BFH-Urteil vom 22.11.2007, V R 5/06, BStBl. II 2008 S. 448.

Wesentliche Grundlagen

(3) [1]Bei entgeltlicher oder unentgeltlicher Übereignung eines Unternehmens oder eines gesondert geführten Betriebs im Ganzen ist eine nicht steuerbare Geschäftsveräußerung auch dann anzunehmen, wenn einzelne unwesentliche Wirtschaftsgüter davon ausgenommen werden (vgl. BFH-Urteil vom 01.08.2002, V R 17/01, BStBl. II 2004 S. 626). [2]Eine nicht steuerbare Geschäftsveräußerung im Ganzen liegt z. B. bei einer Einbringung eines Betriebs in eine Gesellschaft auch dann vor, wenn einzelne wesentliche Wirtschaftsgüter, insbesondere auch die dem Unternehmen dienenden Grundstücke, nicht mit dinglicher Wirkung übertragen, sondern an den Erwerber vermietet oder verpachtet werden und eine dauerhafte Fortführung des Unternehmens oder des gesondert geführten Betriebs durch den Erwerber gewährleistet ist (vgl. BFH-Urteile vom 15.10.1998, V R 69/97, BStBl. II 1999 S. 41, und vom 04.07.2002, V R 10/01, BStBl. II 2004 S. 662). [3]Hierfür reicht eine langfristige Vermietung oder Verpachtung für z. B. acht Jahre aus (vgl. BFH-Urteil vom 23.08.2007, V R 14/05, BStBl. II 2008 S. 165). [4]Ebenfalls ausreichend ist eine Vermietung oder Verpachtung auf unbestimmte Zeit (vgl. EuGH-Urteil vom 10.11.2011, C-444/10, Schriever, BStBl. II 2012 S. 848,[1)] und BFH-Urteil vom 18.01.2012, XI R 27/08, BStBl. II S. 842);[2)] die Möglichkeit, den Miet- oder Pachtvertrag kurzfristig zu kündigen, ist hierbei unschädlich. [5]Überträgt ein Veräußerer sein Unternehmensvermögen mit Ausnahme des Anlagevermö-

---

[1)] DStR 2011, 2196.

[2)] Siehe auch BFH v. 04.02.2015 XI R 42/13, BStBl. II 2015, 616, und zur Abgrenzung BFH v. 29.08.2018 XI R 37/17, BStBl. II 2019, 378.

gens auf einen Erwerber, der die bisherige Unternehmenstätigkeit fortsetzt, und das Anlagevermögen auf einen Dritten, der das Anlagevermögen dem Erwerber unentgeltlich zur Verfügung stellt, liegt nur im Verhältnis zum Erwerber, nicht aber auch zu dem Dritten eine nicht steuerbare Geschäftsveräußerung vor (vgl. BFH-Urteil vom 03.12.2015, V R 36/13, BStBl. II 2017 S. 563).

(4) [1]Die Übertragung aller wesentlichen Betriebsgrundlagen und die Möglichkeit zur Unternehmensfortführung ohne großen finanziellen Aufwand ist im Rahmen der Gesamtwürdigung zu berücksichtigen, aus der sich ergibt, ob das übertragene Unternehmensvermögen als hinreichendes Ganzes die Ausübung einer wirtschaftlichen Tätigkeit ermöglicht (vgl. BFH-Urteil vom 23.08.2007, V R 14/05, BStBl. II 2008 S. 165). [2]Welches die wesentlichen Grundlagen sind, richtet sich nach den tatsächlichen Verhältnissen im Zeitpunkt der Übereignung (BFH-Urteil vom 25.11.1965, V 173/63 U, BStBl. III 1966 S. 333). [3]Auch ein einzelnes Grundstück kann wesentliche Betriebsgrundlage sein. [4]Bei einem Herstellungsunternehmer bilden die Betriebsgrundstücke mit den Maschinen und sonstigen der Fertigung dienenden Anlagen regelmäßig die wesentlichen Grundlagen des Unternehmens (vgl. BFH-Urteil vom 05.02.1970, V R 161/66, BStBl. II S. 365). [5]Gehören zu den wesentlichen Grundlagen des Unternehmens bzw. des Betriebs nicht eigentumsfähige Güter, z. B. Gebrauchs- und Nutzungsrechte an Sachen, Forderungen, Dienstverträge, Geschäftsbeziehungen, muss der Unternehmer diese Rechte auf den Erwerber übertragen, soweit sie für die Fortführung des Unternehmens erforderlich sind. [6]Wird das Unternehmen bzw. der Betrieb in gepachteten Räumen und mit gepachteten Maschinen unterhalten, gehört das Pachtrecht zu den wesentlichen Grundlagen. [7]Dieses Pachtrecht muss der Veräußerer auf den Erwerber übertragen, indem er ihm die Möglichkeit verschafft, mit dem Verpächter einen Pachtvertrag abzuschließen, so dass der Erwerber die dem bisherigen Betrieb dienenden Räume usw. unverändert nutzen kann (vgl. BFH-Urteil vom 19.12.1968, V 225/65, BStBl. II 1969 S. 303). [8]Das in einem Unternehmenskaufvertrag vereinbarte Wettbewerbsverbot kann als Umsatz im Rahmen einer Geschäftsveräußerung nicht steuerbar sein (vgl. BFH-Urteil vom 29.08.2012, XI R 1/11, BStBl. II 2013 S. 301).

(5) [1]Eine nicht steuerbare Geschäftsveräußerung kann auf mehreren zeitlich versetzten Kausalgeschäften beruhen, wenn diese in einem engen sachlichen und zeitlichen Zusammenhang stehen und die Übertragung des ganzen Vermögens auf einen Erwerber zur Beendigung der bisherigen gewerblichen Tätigkeit – insbesondere auch für den Erwerber – offensichtlich ist (BFH-Urteil vom 01.08.2002, V R 17/01, BStBl. II 2004 S. 626). [2]Eine nicht steuerbare Geschäftsveräußerung eines Unternehmens kann auch vorliegen, wenn im Zeitpunkt der Veräußerung eines verpachteten Grundstücks oder später aus unternehmerischen Gründen vorübergehend auf die Pachtzinszahlungen verzichtet wird (vgl. BFH-Urteil vom 07.07.2005, V R 78/03, BStBl. II S. 849). [3]Eine Übereignung in mehreren Akten ist dann als eine Geschäftsveräußerung anzusehen, wenn die einzelnen Teilakte in wirtschaftlichem Zusammenhang stehen und der Wille auf Erwerb des Unternehmens gerichtet ist (vgl. BFH-Urteil vom 16.03.1982, VII R 105/79, BStBl. II S. 483). [4]Eine Übereignung ist auch anzunehmen, wenn der Erwerber beim Übergang des

Unternehmens Einrichtungsgegenstände, die ihm bereits vorher zur Sicherung übereignet worden sind, und Waren, die er früher unter Eigentumsvorbehalt geliefert hat, übernimmt (vgl. BFH-Urteil vom 20.07.1967, V 240/64, BStBl. III S. 684).

In der Gliederung des Unternehmens gesondert geführte Betriebe

(6) [1] Ein in der Gliederung eines Unternehmens gesondert geführter Betrieb liegt vor, wenn der veräußerte Teil des Unternehmens vom Erwerber als selbständiges wirtschaftliches Unternehmen fortgeführt werden kann (vgl. BFH-Urteil vom 19.12.2012, XI R 38/10, BStBl. II 2013 S. 1053). [2] Nicht entscheidend ist, dass bereits im Unternehmen, das eine Übertragung vornimmt, ein (organisatorisch) selbständiger Unternehmensteil bestand. [3] Es ist nicht Voraussetzung, dass mit dem Unternehmen oder mit dem in der Gliederung des Unternehmens gesondert geführten Teil in der Vergangenheit bereits Umsätze erzielt wurden; die Absicht, Umsätze erzielen zu wollen, muss jedoch anhand objektiver, vom Unternehmer nachzuweisender Anhaltspunkte spätestens im Zeitpunkt der Übergabe bestanden haben (vgl. BFH-Urteil vom 08.03.2001, V R 24/98, BStBl. II 2003 S. 430). [4] Soweit einkommensteuerrechtlich eine Teilbetriebsveräußerung angenommen wird (vgl. R 16 Abs. 3 EStR),[1)] kann vorbehaltlich des Absatzes 9 umsatzsteuerrechtlich von der Veräußerung eines gesondert geführten Betriebs ausgegangen werden.

(7) [1] Eine nicht steuerbare Geschäftsveräußerung ist kein Verwendungsumsatz im Sinne des § 15 Abs. 2 UStG (BFH-Urteil vom 08.03.2001, V R 24/98, BStBl. II 2003 S. 430). [2] Zur Vorsteuerberichtigung des Erwerbers vgl. Abschnitt 15a.4 ff.

(8) Liegen bei einer unentgeltlichen Übertragung die Voraussetzungen für eine Geschäftsveräußerung nicht vor, kann eine steuerbare unentgeltliche Wertabgabe (vgl. Abschnitt 3.2) in Betracht kommen.

Gesellschaftsrechtliche Beteiligungen

(9) [1] Die Übertragung eines Gesellschaftsanteils kann – unabhängig von dessen Höhe – nur dann einer nicht steuerbaren Geschäftsveräußerung gleichgestellt werden, wenn der Gesellschaftsanteil Teil einer eigenständigen Einheit ist, die eine selbständige wirtschaftliche Betätigung ermöglicht, und diese Tätigkeit vom Erwerber fortgeführt wird. [2] Eine bloße Veräußerung von Anteilen ohne gleichzeitige Übertragung von Vermögenswerten versetzt den Erwerber nicht in die Lage, eine selbständige wirtschaftliche Tätigkeit als Rechtsnachfolger des Veräußerers fortzuführen (vgl. EuGH-Urteil vom 30.05.2013, C-651/11, X).[2)]

Betrieb einer Photovoltaikanlage[3)]

(10)[3)] [1] Verkauft ein Unternehmer, der kein Kleinunternehmer ist und dessen Unternehmen (unter anderem) im Betrieb einer Photovoltaikanlage be-

---

[1)] Nr. **1.**

[2)] DStR 2013, 1166.

[3)] A 1.5 UStAE Zwischenüberschrift und Abs. 10 angef. durch BMF v. 27.02.2023, BStBl. I 2023, 351, erstmals anzuwenden auf nach dem 31.12.2022 bewirkte Umsätze.

steht, die Photovoltaikanlage oder übereignet er sie unentgeltlich an einen Dritten, handelt es sich hierbei unter den übrigen Voraussetzungen des § 1 Abs. 1a UStG um eine nichtsteuerbare Geschäftsveräußerung im Ganzen. [2]Der Erwerber tritt dabei an die Stelle des Veräußerers (§ 1 Abs. 1a Satz 3 UStG); dies stellt keine Änderung der Verhältnisse im Sinne von § 15a UStG dar (Abschnitt 15a.10). [3]Ist der Erwerber Kleinunternehmer, führt der Wechsel der Besteuerungsart bei diesem zu einer Berichtigung des Vorsteuerabzugs (§ 15a Abs. 7 UStG).

1.6 Leistungsaustausch bei Gesellschaftsverhältnissen

(1) [1]Zwischen Personen- und Kapitalgesellschaften und ihren Gesellschaftern ist ein Leistungsaustausch möglich (vgl. BFH-Urteile vom 23.07.1959, V 6/58 U, BStBl. III S. 379, und vom 05.12.2007, V R 60/05, BStBl. II 2009 S. 486). [2]Unentgeltliche Leistungen von Gesellschaften an ihre Gesellschafter werden durch § 3 Abs. 1b und Abs. 9a UStG erfasst (vgl. Abschnitte 3.2 bis 3.4). [3]An einem Leistungsaustausch fehlt es in der Regel, wenn eine Gesellschaft Geldmittel nur erhält, damit sie in die Lage versetzt wird, sich in Erfüllung ihres Gesellschaftszwecks zu betätigen (vgl. BFH-Urteil vom 20.04.1988, X R 3/82, BStBl. II S. 792). [4]Das ist z. B. der Fall, wenn ein Gesellschafter aus Gründen, die im Gesellschaftsverhältnis begründet sind, die Verluste seiner Gesellschaft übernimmt, um ihr die weitere Tätigkeit zu ermöglichen (vgl. BFH-Urteil vom 11.04.2002, V R 65/00, BStBl. II S. 782).

Gründung von Gesellschaften, Eintritt neuer Gesellschafter

(2) [1]Eine Personengesellschaft erbringt bei der Aufnahme eines Gesellschafters an diesen keinen steuerbaren Umsatz (vgl. BFH-Urteil vom 01.07.2004, V R 32/00, BStBl. II S. 1022). [2]Dies gilt auch für Kapitalgesellschaften bei der erstmaligen Ausgabe von Anteilen (vgl. EuGH-Urteil vom 26.05.2005, C-465/03, Kretztechnik).[1)] [3]Zur Übertragung von Gesellschaftsanteilen vgl. Abschnitt 3.5 Abs. 8. [4]Dagegen sind Sacheinlagen eines Gesellschafters umsatzsteuerbar, wenn es sich um Lieferungen und sonstige Leistungen im Rahmen seines Unternehmens handelt und keine Geschäftsveräußerung im Sinne des § 1 Abs. 1a UStG vorliegt. [5]Die Einbringung von Wirtschaftsgütern durch den bisherigen Einzelunternehmer in die neu gegründete Gesellschaft ist auf die Übertragung der Gesellschaftsrechte gerichtet (vgl. BFH-Urteile vom 08.11.1995, XI R 63/94, BStBl. II 1996 S. 114, und vom 15.05.1997, V R 67/94, BStBl. II S. 705). [6]Als Entgelt für die Einbringung von Wirtschaftsgütern in eine Gesellschaft kommt neben der Verschaffung der Beteiligung an der Gesellschaft auch die Übernahme von Schulden des Gesellschafters durch die Gesellschaft in Betracht, wenn der einbringende Gesellschafter dadurch wirtschaftlich entlastet wird (vgl. BFH-Urteil vom 15.05.1997, a. a. O.). [7]Zum Nachweis der Voraussetzung, dass der Leistungsaustausch zwischen Gesellschafter und Gesellschaft tatsächlich vollzogen worden ist, vgl. BFH-Urteil vom 08.11.1995, XI R 63/94, a. a. O.

---

1) DStR 2005, 965.

Leistungsaustausch oder nicht steuerbarer Gesellschafterbeitrag

(3) [1]Ein Gesellschafter kann an die Gesellschaft sowohl Leistungen erbringen, die ihren Grund in einem gesellschaftsrechtlichen Beitragsverhältnis haben, als auch Leistungen, die auf einem gesonderten schuldrechtlichen Austauschverhältnis beruhen. [2]Die umsatzsteuerrechtliche Behandlung dieser Leistungen richtet sich danach, ob es sich um Leistungen handelt, die als Gesellschafterbeitrag durch die Beteiligung am Gewinn oder Verlust der Gesellschaft abgegolten werden, oder um Leistungen, die gegen Sonderentgelt ausgeführt werden und damit auf einen Leistungsaustausch gerichtet sind. [3]Entscheidend ist die tatsächliche Ausführung des Leistungsaustauschs und nicht allein die gesellschaftsrechtliche Verpflichtung. [4]Dabei ist es unerheblich, dass der Gesellschafter zugleich seine Mitgliedschaftsrechte ausübt. [5]Umsatzsteuerrechtlich maßgebend für das Vorliegen eines Leistungsaustauschs ist, dass ein Leistender und ein Leistungsempfänger vorhanden sind und der Leistung eine Gegenleistung gegenübersteht. [6]Die Steuerbarkeit der Geschäftsführungs- und Vertretungsleistungen eines Gesellschafters an die Gesellschaft setzt das Bestehen eines unmittelbaren Zusammenhangs zwischen der erbrachten Leistung und dem empfangenen Sonderentgelt voraus (vgl. BFH-Urteile vom 06.06.2002, V R 43/01, BStBl. II 2003 S. 36, und vom 16.01.2003, V R 92/01, BStBl. II S. 732). [7]Für die Annahme eines unmittelbaren Zusammenhangs im Sinne eines Austauschs von Leistung und Gegenleistung genügt es nicht schon, dass die Mitglieder der Personenvereinigung lediglich gemeinschaftlich die Kosten für den Erwerb und die Unterhaltung eines Wirtschaftsguts tragen, das sie gemeinsam nutzen wollen oder nutzen (vgl. BFH-Urteil vom 28.11.2002, V R 18/01, BStBl. II 2003 S. 443). [8]Der Gesellschafter einer Personengesellschaft kann grundsätzlich frei entscheiden, in welcher Eigenschaft er für die Gesellschaft tätig wird. [9]Der Gesellschafter kann wählen, ob er einen Gegenstand verkauft, vermietet oder ihn selbst bzw. seine Nutzung als Einlage einbringt (vgl. BFH-Urteil vom 18.12.1996, XI R 12/96, BStBl. II 1997 S. 374). [10]Eine sonstige Leistung durch Überlassung der Nutzung eines Gegenstands muss beim Leistungsempfänger die Möglichkeit begründen, den Gegenstand für seine Zwecke zu verwenden. [11]Soweit die Verwendung durch den Leistungsempfänger in der Rücküberlassung der Nutzung an den Leistenden besteht, muss deutlich erkennbar sein, dass dieser nunmehr sein Recht zur Nutzung aus dem Nutzungsrecht des Leistungsempfängers ableitet (BFH-Urteil vom 09.09.1993, V R 88/88, BStBl. II 1994 S. 56).

(4) [1]Auf die Bezeichnung der Gegenleistung z.B. als Gewinnvorab/Vorabgewinn, als Vorwegvergütung, als Aufwendungsersatz, als Umsatzbeteiligung oder als Kostenerstattung kommt es nicht an.

Beispiel 1:

[1]Den Gesellschaftern einer OHG obliegt die Führung der Geschäfte und die Vertretung der OHG. [2]Diese Leistungen werden mit dem nach der Anzahl der beteiligten Gesellschafter und ihrem Kapitaleinsatz bemessenen Anteil am Ergebnis (Gewinn und Verlust) der OHG abgegolten.

[3]Die Ergebnisanteile sind kein Sonderentgelt; die Geschäftsführungs- und Vertretungsleistungen werden nicht im Rahmen eines Leistungsaustauschs ausgeführt, sondern als Gesellschafterbeitrag erbracht.

[2]Dies gilt auch, wenn nicht alle Gesellschafter tatsächlich die Führung der Geschäfte und die Vertretung der Gesellschaft übernehmen bzw. die Geschäftsführungs- und Vertretungsleistungen mit einem erhöhten Anteil am Ergebnis (Gewinn und Verlust) oder am Gewinn der Gesellschaft abgegolten werden.

Beispiel 2:

[1]Die Führung der Geschäfte und die Vertretung der aus den Gesellschaftern A, B und C bestehenden OHG obliegt nach den gesellschaftsrechtlichen Vereinbarungen ausschließlich dem C.

a) Die Leistung des C ist mit seinem nach der Anzahl der beteiligten Gesellschafter und ihrem Kapitaleinsatz bemessenen Anteil am Ergebnis (Gewinn und Verlust) der OHG abgegolten; A, B und C sind zu gleichen Teilen daran beteiligt.

b) C ist mit 40 %, A und B mit jeweils 30 % am Ergebnis (Gewinn und Verlust) der OHG beteiligt.

c) C erhält im Gewinnfall 25 % des Gewinns vorab, im Übrigen wird der Gewinn nach der Anzahl der Gesellschafter und ihrem Kapitaleinsatz verteilt; ein Verlust wird ausschließlich nach der Anzahl der Gesellschafter und ihrem Kapitaleinsatz verteilt.

[2]Die ergebnisabhängigen Gewinn- bzw. Verlustanteile des C sind kein Sonderentgelt; C führt seine Geschäftsführungs- und Vertretungsleistungen nicht im Rahmen eines Leistungsaustauschs aus, sondern erbringt jeweils Gesellschafterbeiträge.

Beispiel 3:

[1]Eine Beratungsgesellschaft betreibt verschiedene Beratungsstellen, an denen ortsansässige Berater jeweils atypisch still beteiligt sind. [2]Diese sind neben ihrer Kapitalbeteiligung zur Erbringung ihrer Arbeitskraft als Einlage verpflichtet. [3]Sie erhalten für ihre Tätigkeit einen Vorabgewinn. [4]Die auf den Vorabgewinn getätigten Entnahmen werden nicht als Aufwand behandelt. [5]Die Zuweisung des Vorabgewinns und die Verteilung des verbleibenden Gewinns erfolgen im Rahmen der Gewinnverteilung.
[6]Der Vorabgewinn ist kein Sonderentgelt; die Gesellschafter führen ihre Tätigkeiten im Rahmen eines gesellschaftsrechtlichen Beitragsverhältnisses aus.

[3]Bei Leistungen auf Grund eines gegenseitigen Vertrags (vgl. §§ 320 ff. BGB), durch den sich der Gesellschafter zu einem Tun, Dulden oder Unterlassen und die Gesellschaft sich hierfür zur Zahlung einer Gegenleistung verpflichtet, sind die Voraussetzungen des § 1 Abs. 1 Nr. 1 Satz 1 UStG für einen steuerbaren Leistungsaustausch hingegen regelmäßig erfüllt, falls der Gesellschafter Unternehmer ist; dies gilt auch, wenn Austausch- und Gesellschaftsvertrag miteinander verbunden sind. [4]Ein Leistungsaustausch zwischen Gesellschafter und Gesellschaft liegt vor, wenn der Gesellschafter z. B. für seine Geschäftsführungs- und Vertretungsleistung an die Gesellschaft eine Vergütung erhält (auch wenn diese als Gewinnvorab bezeichnet wird), die im Rahmen der Ergebnisermittlung als Aufwand behandelt wird. [5]Die Vergütung ist in diesem Fall Gegenleistung für die erbrachte Leistung.

Beispiel 4:

[1]Der Gesellschafter einer OHG erhält neben seinem nach der Anzahl der Gesellschafter und ihrem Kapitaleinsatz bemessenen Gewinnanteil für die Führung der Geschäfte und die Vertretung der OHG eine zu Lasten des Geschäftsergebnisses verbuchte Vorwegvergütung von jährlich 120.000 € als Festbetrag.
[2]Die Vorwegvergütung ist Sonderentgelt; der Gesellschafter führt seine Geschäftsführungs- und Vertretungsleistungen im Rahmen eines Leistungsaustauschs aus.

Beispiel 5:

[1] Wie Beispiel 3, jedoch erhält ein atypisch stiller Gesellschafter im Rahmen seines Niederlassungsleiter-Anstellungsvertrags eine Vergütung, die handelsrechtlich als Aufwand behandelt werden muss.
[2] Die Vergütung ist Sonderentgelt; die Geschäftsführungs- und Vertretungsleistungen werden im Rahmen eines Leistungsaustauschverhältnisses ausgeführt. [3] Zur Frage der unabhängig von der ertragsteuerrechtlichen Beurteilung als Einkünfte aus Gewerbebetrieb nach § 15 Abs. 1 Nr. 2 EStG zu beurteilenden Frage nach der umsatzsteuerrechtlichen Selbständigkeit vgl. Abschnitt 2.2. [4] Im Rahmen von Niederlassungsleiter-Anstellungsverträgen tätige Personen sind danach im Allgemeinen selbständig tätig.

[6] Ist die Vergütung für die Leistungen des Gesellschafters im Gesellschaftsvertrag als Teil der Ergebnisverwendung geregelt, liegt ein Leistungsaustausch vor, wenn sich aus den geschlossenen Vereinbarungen und deren tatsächlicher Durchführung ergibt, dass die Leistungen nicht lediglich durch eine Beteiligung am Gewinn und Verlust der Gesellschaft abgegolten, sondern gegen Sonderentgelt ausgeführt werden. [7] Ein Leistungsaustausch zwischen Gesellschaft und Gesellschafter liegt demnach auch vor, wenn die Vergütung des Gesellschafters zwar nicht im Rahmen der Ergebnisermittlung als Aufwand behandelt wird, sich jedoch gleichwohl ergebnismindernd auswirkt oder es sich aus den Gesamtumständen des Einzelfalls ergibt, dass sie nach den Vorstellungen der Gesellschafter als umsatzsteuerrechtliches Sonderentgelt gewährt werden soll.

Beispiel 6:

[1] Eine GmbH betreut als alleinige Komplementärin einer Fonds-KG ohne eigenen Vermögensanteil die Geschäfte der Fonds-KG, deren Kommanditanteile von Investoren (Firmen und Privatpersonen) gehalten werden. [2] Nach den Regelungen im Gesellschaftsvertrag zur Ergebnisverteilung, zum Gewinnvorab und zu den Entnahmen erhält die GmbH

a) [1] eine jährliche Management-Fee. [2] Bei der Fonds-KG handelt es sich um eine vermögensverwaltende Gesellschaft, bei der grundsätzlich nur eine Ermittlung von Kapitaleinkünften durch die Gegenüberstellung von Einnahmen und Werbungskosten vorgesehen ist. [3] Sie verbucht die Zahlung der Management-Fee in der Ergebnisermittlung nicht als Aufwand, sondern ordnet sie bei der Ermittlung der Einnahmen aus Kapitalvermögen und Werbungskosten für die Anleger, die ihre Anteile im Privatvermögen halten, in voller Höhe den Werbungskosten der Anleger zu;

b) [1] eine als gewinnabhängig bezeichnete Management-Fee. [2] Da die erwirtschafteten Jahresüberschüsse jedoch zur Finanzierung der Management-Fee nicht ausreichen, wird ein Bilanzgewinn durch die Auflösung von eigens dafür gebildeten Kapitalrücklagen ausgewiesen;

c) [1] eine als gewinnabhängig bezeichnete Jahresvergütung. [2] Der für die Zahlung der Vergütung bereitzustellende Bilanzgewinn wird aus einer Gewinnrücklage gebildet, welche aus Verwaltungskostenvorauszahlungen der Kommanditisten gespeist wurde. [3] Die Verwaltungskosten stellen Werbungskosten der Kommanditisten dar;

d) [1] eine einmalige Gebühr („Konzeptions-Fee"). [2] Die Fonds-KG hat die Zahlung in der Ergebnisermittlung nicht als Aufwand verbucht. [3] Die Gebühr wird neben dem Agio in dem Beteiligungsangebot zur Fonds-KG als Kosten für die Investoren ausgewiesen. [4] Gebühr/Konzeptions-Fee sowie Aufwendungen und Kosten der Fonds-KG werden auf die zum letzten Zeichnungsschluss vorhandenen Gesellschafter umgelegt.

[3] Die Vergütungen sind jeweils Sonderentgelt; die GmbH führt die Leistungen jeweils im Rahmen eines Leistungsaustauschs aus.

Beispiel 7:

[1]Der Gesellschafter einer OHG erhält neben seinem nach der Anzahl der Gesellschafter und ihrem Kapitaleinsatz bemessenen Gewinnanteil für die Führung der Geschäfte und die Vertretung der OHG im Rahmen der Gewinnverteilung auch im Verlustfall einen festen Betrag von 120.000 € vorab zugewiesen (Vorabvergütung).
[2]Der vorab zugewiesene Gewinn ist Sonderentgelt; der Gesellschafter führt seine Geschäftsführungs- und Vertretungsleistungen im Rahmen eines Leistungsaustauschs aus.

[8]Gewinnabhängige Vergütungen können auch ein zur Steuerbarkeit führendes Sonderentgelt darstellen, wenn sie sich nicht nach den vermuteten, sondern nach den tatsächlich erbrachten Gesellschafterleistungen bemessen. [9]Verteilt eine Gesellschaft bürgerlichen Rechts nach dem Gesellschaftsvertrag den gesamten festgestellten Gewinn je Geschäftsjahr an ihre Gesellschafter nach der Menge der jeweils gelieferten Gegenstände, handelt es sich – unabhängig von der Bezeichnung als Gewinnverteilung – umsatzsteuerrechtlich um Entgelt für die Lieferungen der Gesellschafter an die Gesellschaft (vgl. BFH-Urteil vom 10.05.1990, V R 47/86, BStBl. II S. 757). [10]Zur Überlassung von Gegenständen gegen jährliche Pauschalvergütung vgl. BFH-Urteil vom 16.03.1993, XI R 44/90, BStBl. II S. 529, und gegen Gutschriften auf dem Eigenkapitalkonto vgl. BFH-Urteil vom 16.03.1993, XI R 52/90, BStBl. II S. 562. [11]Ohne Bedeutung ist, ob der Gesellschafter zunächst nur Abschlagszahlungen erhält und der ihm zustehende Betrag erst im Rahmen der Überschussermittlung verrechnet wird. [12]Entnahmen, zu denen der Gesellschafter nach Art eines Abschlags auf den nach der Anzahl der Gesellschafter und ihrem Kapitaleinsatz bemessenen Anteil am Gewinn der Gesellschaft berechtigt ist, begründen grundsätzlich kein Leistungsaustauschverhältnis. [13]Ein gesellschaftsvertraglich vereinbartes garantiertes Entnahmerecht, nach dem die den Gewinnanteil übersteigenden Entnahmen nicht zu einer Rückzahlungsverpflichtung führen, führt wie die Vereinbarung einer Vorwegvergütung zu einem Leistungsaustausch (vgl. Beispiele 4 und 7). [14]Die Tätigkeit eines Kommanditisten als Beiratsmitglied, dem vor allem Zustimmungs- und Kontrollrechte übertragen sind, kann eine Sonderleistung sein (vgl. BFH-Urteil vom 24.08.1994, XI R 74/93, BStBl. II 1995 S. 150). [15]Ein zwischen Gesellschafter und Gesellschaft vorliegender Leistungsaustausch hat keinen Einfluss auf die Beurteilung der Leistungen der Gesellschaft Dritten gegenüber. [16]Insbesondere sind in der Person des Gesellschafters vorliegende oder an seine Person geknüpfte Tatbestandsmerkmale, wie z. B. die Zugehörigkeit zu einer bestimmten Berufsgruppe (z. B. Land- und Forstwirt) oder die Erlaubnis zur Führung bestimmter Geschäfte (z. B. Bankgeschäfte) hinsichtlich der Beurteilung der Leistungen der Gesellschaft unbeachtlich. [17]Da der Gesellschafter bei der Geschäftsführung und Vertretung im Namen der Gesellschaft tätig wird und somit nicht im eigenen Namen gegenüber den Kunden der Gesellschaft auftritt, liegt auch kein Fall der Dienstleistungskommission (§ 3 Abs. 11 UStG) vor.

Beispiel 8:

[1]Bei einem in der Rechtsform der KGaA geführten Kreditinstitut ist ausschließlich dem persönlich haftenden Gesellschafter-Geschäftsführer die Erlaubnis zur Führung der Bankgeschäfte erteilt worden.
[2]Die für die Leistungen des Kreditinstituts geltende Steuerbefreiung des § 4 Nr. 8 UStG ist nicht auf die Geschäftsführungs- und Vertretungsleistung des Gesellschafters anwendbar.

(5) [1] Wird für Leistungen des Gesellschafters an die Gesellschaft neben einem Sonderentgelt auch eine gewinnabhängige Vergütung (vgl. Absatz 4 Satz 1 Beispiel 1 und Satz 2 Beispiel 2) gezahlt (sog. Mischentgelt), sind das Sonderentgelt und die gewinnabhängige Vergütung umsatzsteuerrechtlich getrennt zu beurteilen. [2] Das Sonderentgelt ist als Entgelt einzuordnen, da es einer bestimmten Leistung zugeordnet werden kann. [3] Diese gewinnabhängige Vergütung ist dagegen kein Entgelt.

Beispiel:

[1] Der Gesellschafter einer OHG erhält für die Führung der Geschäfte und die Vertretung der OHG im Rahmen der Gewinnverteilung 25% des Gewinns, mindestens jedoch 60.000 € vorab zugewiesen.
[2] Der Festbetrag von 60.000 € ist Sonderentgelt und wird im Rahmen eines Leistungsaustauschs gezahlt; im Übrigen wird der Gesellschafter auf Grund eines gesellschaftsrechtlichen Beitragsverhältnisses tätig.

(6) [1] Auch andere gesellschaftsrechtlich zu erbringende Leistungen der Gesellschafter an die Gesellschaft können bei Zahlung eines Sonderentgelts als Gegenleistung für diese Leistung einen umsatzsteuerbaren Leistungsaustausch begründen. [2] Sowohl die Haftungsübernahme als auch die Geschäftsführung und Vertretung besitzen ihrer Art nach Leistungscharakter und können daher auch im Fall der isolierten Erbringung Gegenstand eines umsatzsteuerbaren Leistungsaustausches sein.

Beispiel:

[1] Der geschäftsführungs- und vertretungsberechtigte Komplementär einer KG erhält für die Geschäftsführung, Vertretung und Haftung eine Festvergütung.
[2] Die Festvergütung ist als Entgelt für die einheitliche Leistung, die Geschäftsführung, Vertretung und Haftung umfasst, umsatzsteuerbar und umsatzsteuerpflichtig (vgl. BFH-Urteil vom 03.03.2011, V R 24/10, BStBl. II S. 950). [3] Weder die Geschäftsführung und Vertretung noch die Haftung nach §§ 161, 128 HGB haben den Charakter eines Finanzgeschäfts im Sinne des § 4 Nr. 8 Buchst. g UStG.

(6a) [1] Erbringt eine Gesellschaft auf schuldrechtlicher Grundlage an ihre Gesellschafter Leistungen gegen Entgelt und stellen ihr die Gesellschafter in unmittelbarem Zusammenhang hiermit auf gesellschaftsrechtlicher Grundlage Personal zur Verfügung, liegt ein tauschähnlicher Umsatz vor. [2] Um eine Beistellung anstelle eines tauschähnlichen Umsatzes handelt es sich nur dann, wenn das vom jeweiligen Gesellschafter überlassene Personal ausschließlich für Zwecke der Leistungserbringung an den jeweiligen Gesellschafter verwendet wird (vgl. BFH-Urteil vom 15.04.2010, V R 10/08, BStBl. II S. 879).

Einzelfälle

(7) Ein Gesellschafter kann seine Verhältnisse so gestalten, dass sie zu einer möglichst geringen steuerlichen Belastung führen (BFH-Urteil vom 16.03.1993, XI R 45/90, BStBl. II S. 530).

1. [1] Der Gesellschafter erwirbt einen Gegenstand, den er der Gesellschaft zur Nutzung überlässt. [2] Der Gesellschafter ist nur als Gesellschafter tätig.
   a) Der Gesellschafter überlässt den Gegenstand zur Nutzung gegen Sonderentgelt.

Beispiel 1:

[1]Der Gesellschafter erwirbt für eigene Rechnung einen Pkw, den er in vollem Umfang seinem Unternehmen zuordnet, auf seinen Namen zulässt und den er in vollem Umfang der Gesellschaft zur Nutzung überlässt. [2]Die Gesellschaft zahlt dem Gesellschafter für die Nutzung des Pkw eine besondere Vergütung, z. B. einen feststehenden Mietzins oder eine nach der tatsächlichen Fahrleistung bemessene Vergütung.

[3]Nach den Grundsätzen der BFH-Urteile vom 07.11.1991, V R 116/86, BStBl. 1992 II S. 269, und vom 16.03.1993, XI R 52/90, BStBl. II S. 562, ist die Unternehmereigenschaft des Gesellschafters zu bejahen. [4]Er bewirkt mit der Überlassung des Pkw eine steuerbare Leistung an die Gesellschaft. [5]Das Entgelt dafür besteht in der von der Gesellschaft gezahlten besonderen Vergütung. [6]Die Mindestbemessungsgrundlage ist zu beachten. [7]Ein Leistungsaustausch kann auch dann vorliegen, wenn der Gesellschafter den Pkw ausschließlich selbst nutzt (vgl. BFH-Urteil vom 16.03.1993, XI R 45/90, BStBl. II S. 530).

[8]Der Gesellschafter, nicht die Gesellschaft, ist zum Vorsteuerabzug aus dem Erwerb des Pkw berechtigt (vgl. Abschnitt 15.20 Abs. 1).

Beispiel 2:

[1]Sachverhalt wie Beispiel 1, jedoch mit der Abweichung, dass der Pkw nur zu 70 % der Gesellschaft überlassen und zu 30 % für eigene unternehmensfremde (private) Zwecke des Gesellschafters genutzt wird.

[2]Ein Leistungsaustausch zwischen Gesellschafter und Gesellschaft findet nur insoweit statt, als der Gegenstand für Zwecke der Gesellschaft überlassen wird. [3]Das Entgelt dafür besteht in der von der Gesellschaft gezahlten besonderen Vergütung. [4]Die Mindestbemessungsgrundlage ist zu beachten. [5]Insoweit als der Gesellschafter den Gegenstand für eigene unternehmensfremde (private) Zwecke verwendet, liegt bei ihm eine nach § 3 Abs. 9a Nr. 1 UStG steuerbare unentgeltliche Wertabgabe vor.

b) Der Gesellschafter überlässt den Gegenstand zur Nutzung gegen eine Beteiligung am Gewinn oder Verlust der Gesellschaft.

Beispiel 3:

[1]Der Gesellschafter erwirbt für eigene Rechnung einen Pkw, den er auf seinen Namen zulässt und den er in vollem Umfang der Gesellschaft zur Nutzung überlässt. [2]Der Gesellschafter erhält hierfür jedoch keine besondere Vergütung; ihm steht lediglich der im Gesellschaftsvertrag bestimmte Gewinnanteil zu.

[3]Überlässt der Gesellschafter der Gesellschaft den Gegenstand gegen eine Beteiligung am Gewinn oder Verlust der Gesellschaft zur Nutzung, handelt er insoweit nicht als Unternehmer. [4]Weder der Gesellschafter noch die Gesellschaft sind berechtigt, die dem Gesellschafter beim Erwerb des Gegenstands in Rechnung gestellte Umsatzsteuer als Vorsteuer abzuziehen (vgl. Abschnitt 15.20 Abs. 1 Satz 7). [5]Eine Zuordnung zum Unternehmen kommt daher nicht in Betracht.

2. [1]Der Gesellschafter ist selbst als Unternehmer tätig. [2]Er überlässt der Gesellschaft einen Gegenstand seines dem Unternehmen dienenden Vermögens zur Nutzung.

   a) [1]Der Gesellschafter überlässt den Gegenstand zur Nutzung gegen Sonderentgelt.

      [2]Bei der Nutzungsüberlassung gegen Sonderentgelt handelt es sich um einen steuerbaren Umsatz im Rahmen des Unternehmens. [3]Das Entgelt besteht in der von der Gesellschaft gezahlten besonderen Vergütung. [4]Die Mindestbemessungsgrundlage ist zu beachten.

      [5]Zum Vorsteuerabzug des Gesellschafters und der Gesellschaft vgl. Abschnitt 15.20 Abs. 2 und 3.

   b) Der Gesellschafter überlässt den Gegenstand zur Nutzung gegen eine Beteiligung am Gewinn oder Verlust der Gesellschaft.

Beispiel 4:

[1] Ein Bauunternehmer ist Mitglied einer Arbeitsgemeinschaft und stellt dieser gegen eine Beteiligung am Gewinn oder Verlust der Gesellschaft Baumaschinen zur Verfügung.
[2] Die Überlassung des Gegenstands an die Gesellschaft gegen eine Beteiligung am Gewinn oder Verlust der Gesellschaft ist beim Gesellschafter keine unentgeltliche Wertabgabe, wenn dafür unternehmerische Gründe ausschlaggebend waren. [3] Es handelt sich mangels Sonderentgelt um eine nicht steuerbare sonstige Leistung im Rahmen des Unternehmens (vgl. auch Absatz 8).
[4] Wird der Gegenstand aus unternehmensfremden Gründen überlassen, liegt beim Gesellschafter unter den Voraussetzungen des § 3 Abs. 9a UStG eine unentgeltliche Wertabgabe vor. [5] Das kann beispielsweise im Einzelfall bei der Überlassung von Gegenständen an Familiengesellschaften der Fall sein. [6] Unternehmensfremde Gründe liegen nicht allein deshalb vor, weil der Gesellschafter die Anteile an der Gesellschaft nicht in seinem Betriebsvermögen hält (vgl. BFH-Urteil vom 20.12.1962, V 111/61 U, BStBl. 1963 III S. 169).
[7] Zum Vorsteuerabzug des Gesellschafters und der Gesellschaft vgl. Abschnitt 15.20 Abs. 2 und 3.

3. [1] Der Gesellschafter ist selbst als Unternehmer tätig. [2] Er liefert der Gesellschaft einen Gegenstand aus seinem Unternehmen unentgeltlich. [3] Er ist nur am Gewinn oder Verlust der Gesellschaft beteiligt.
   a) [1] Der Gesellschafter ist zum Vorsteuerabzug aus dem Erwerb des Gegenstands berechtigt, weil bei Leistungsbezug die Absicht bestand, den Gegenstand weiterzuverkaufen.
   [2] Es liegt eine unentgeltliche Wertabgabe nach § 3 Abs. 1b Satz 1 Nr. 1 oder 3 UStG vor.
   b) [1] Der Gesellschafter ist nicht zum Vorsteuerabzug aus dem Erwerb des Gegenstands berechtigt, weil die unentgeltliche Weitergabe an die Gesellschaft bereits bei Leistungsbezug beabsichtigt war (vgl. Abschnitt 15.15).
   [2] Es liegt nach § 3 Abs. 1b Satz 2 UStG keine einer entgeltlichen Lieferung gleichgestellte unentgeltliche Wertabgabe vor.

Leistungsaustausch bei Arbeitsgemeinschaften des Baugewerbes

(8) [1] Überlassen die Gesellschafter einer Arbeitsgemeinschaft des Baugewerbes dieser für die Ausführung des Bauauftrags Baugeräte (Gerätevorhaltung), kann sich die Überlassung im Rahmen eines Leistungsaustauschs vollziehen. [2] Vereinbaren die Gesellschafter, dass die Baugeräte von den Partnern der Arbeitsgemeinschaft kostenlos zur Verfügung zu stellen sind, ist die Überlassung der Baugeräte keine steuerbare Leistung, wenn der die Geräte beistellende Gesellschafter die Überlassung der Geräte der Arbeitsgemeinschaft nicht berechnet und sich mit dem ihm zustehenden Gewinnanteil begnügt. [3] Wird die Überlassung der Baugeräte seitens des Bauunternehmers an die Arbeitsgemeinschaft vor der Verteilung des Gewinns entsprechend dem Geräteeinsatz ausgeglichen oder wird der Gewinn entsprechend der Gerätevorhaltung aufgeteilt, obwohl sie nach dem Vertrag „kostenlos" zu erbringen ist, handelt es sich im wirtschaftlichen Ergebnis um besonders berechnete sonstige Leistungen (vgl. BFH-Urteil vom 18.03.1988, V R 178/83, BStBl. II S. 646, zur unentgeltlichen Gegenstandsüberlassung vgl. Absatz 7 Nr. 2 Buchstabe b Beispiel 4). [4] Das gilt auch dann, wenn die Differenz zwischen vereinbarter und tatsächlicher Geräteüberlassung unmittelbar zwischen den Arbeitsgemeinschaftspartnern abgegolten (Spitzenausgleich) und der Gewinn formell von Aus-

gleichszahlungen unbeeinflusst verteilt wird (BFH-Urteile vom 21.03.1968, V 43/65, BStBl. II S. 449, und vom 11.12.1969, V R 91/68, BStBl. II 1970 S. 356). [5]In den Fällen, in denen im Arbeitsgemeinschaftsvertrag ein Spitzenausgleich der Mehr- und Minderleistungen und der darauf entfallenden Entgelte außerhalb der Arbeitsgemeinschaft zwischen den Partnern unmittelbar vereinbart und auch tatsächlich dementsprechend durchgeführt wird, ist ein Leistungsaustausch zwischen den Arbeitsgemeinschaftsmitgliedern und der Arbeitsgemeinschaft nicht feststellbar. [6]Die Leistungen (Gerätevorhaltungen) der Partner an die Arbeitsgemeinschaft sind in diesen Fällen nicht steuerbar (BFH-Urteil vom 11.12.1969, V R 129/68, BStBl. II 1970 S. 358). [7]Die Anwendung der in den Sätzen 1 bis 6 genannten Grundsätze ist nicht auf Gerätevorhaltungen im Rahmen von Arbeitsgemeinschaften des Baugewerbes beschränkt, sondern allgemein anwendbar, z. B. auf im Rahmen eines Konsortialvertrags erbrachte Arbeitsanteile (vgl. EuGH-Urteil vom 29.04.2004, C-77/01, EDM).[1)]

1.7 Lieferung von Gas, Elektrizität oder Wärme/Kälte

(1) [1]Die Abgabe von Energie durch einen Übertragungsnetzbetreiber im Rahmen des sog. Bilanzkreis- oder Regelzonenausgleichs vollzieht sich nicht als eigenständige Lieferung, sondern im Rahmen einer sonstigen Leistung und bleibt dementsprechend bei der Beurteilung der Wiederverkäufereigenschaft unberücksichtigt (vgl. Abschnitt 3g.1 Abs. 2). [2]Das gilt entsprechend für Bilanzkreisabrechnungen beim Betrieb von Gasleitungsnetzen zwischen dem Marktgebietsverantwortlichen und dem Bilanzkreisverantwortlichen, wobei es sich ausschließlich um sonstige Leistungen des Marktgebietsverantwortlichen an den Bilanzkreisverantwortlichen unter Leistungsbeistellung durch den Bilanzkreisverantwortlichen handelt. [3]Die zwischen den Netzbetreibern zum Ausgleich der unterschiedlichen Kosten für die unentgeltliche Durchleitung der Energie gezahlten Beträge (sog. Differenzausgleich) sind kein Entgelt für eine steuerbare Leistung des Netzbetreibers. [4]Gibt ein Energieversorger seine am Markt nicht mehr zu einem positiven Kaufpreis veräußerbaren überschüssigen Kapazitäten in Verbindung mit einer Zuzahlung ab, um sich eigene Aufwendungen für das Zurückfahren der eigenen Produktionsanlagen zu ersparen, liegt keine Lieferung von z. B. Elektrizität vor, sondern eine sonstige Leistung des Abnehmers.

(2) [1]Der nach § 9 KWKG[2)] zwischen den Netzbetreibern vorzunehmende Belastungsausgleich vollzieht sich nicht im Rahmen eines Leistungsaustauschs. [2]Gleiches gilt für den ab dem 1. Januar 2010 vorzunehmenden Belastungsausgleich nach der Verordnung zur Weiterentwicklung des bundesweiten Ausgleichsmechanismus vom 17. Juli 2009 (AusglMechV, BGBl. I S. 2101) bezüglich des Ausgleichs zwischen Übertragungsnetzbetreibern und Elektrizitätsversorgungsunternehmen (Zahlung der EEG-Umlage nach § 3 AusglMechV). [3]Bei diesen Umlagen zum Ausgleich der den Unternehmen entste-

---

1) DStRE 2004, 1095.

2) Kraft-Wärme-Kopplungsgesetz 2023 v. 21.12.2015, BGBl. I 2015, 2498 (**Sartorius Ergänzungsband** Nr. **834**).

henden unterschiedlichen Kosten im Zusammenhang mit der Abnahme von Strom aus KWK- bzw. EEG-Anlagen handelt es sich nicht um Entgelte für steuerbare Leistungen.

(3) [1]Soweit der Netzbetreiber nach § 5a KWKG[1)] verpflichtet ist, dem Wärme- oder Kältenetzbetreiber für den Neu- oder Ausbau des Wärme- oder Kältenetzes einen Zuschlag zu zahlen, handelt es sich grundsätzlich um einen echten Zuschuss. [2]Die Zuschläge werden aus einem überwiegenden öffentlichen Interesse heraus, nämlich zur Förderung des Ausbaus der Nutzung der Kraft-Wärme-Kopplung bzw. Kraft-Wärme-Kälte-Kopplung im Interesse von Energieeinsparung und Klimaschutz, gewährt. [3]Dies gilt jedoch nicht, soweit die Zuschläge nach § 5a KWKG die Verbindung des Verteilungsnetzes mit dem Verbraucherabgang (Hausanschluss), der an der Abzweigstelle des Verteilungsnetzes beginnt und mit der Übergabestelle endet, betreffen. [4]Hier ist der entsprechende Anteil des Zuschlags durch den Netzbetreiber nach § 7a Abs. 3 KWKG mit der Rechnungstellung des Wärme- oder Kältenetzbetreibers an den Verbraucher wirtschaftlich und rechtlich verknüpft. [5]Der Anteil des Zuschlags, der auf die Verbindung des Verteilungsnetzes mit dem Verbraucherabgang entfällt, ist von dem Betrag, der dem Verbraucher für die Anschlusskosten in Rechnung gestellt wird, in Abzug zu bringen. [6]Der Zuschlag des Netzbetreibers hängt insoweit unmittelbar mit dem Preis einer steuerbaren Leistung (Anschluss an das Verteilungsnetz) zusammen und hat preisauffüllenden Charakter. [7]Das gilt auch dann, wenn der Verbraucher wegen des Abzugs nach § 7a Abs. 3 KWKG für den Anschluss an das Verteilungsnetz selbst nichts bezahlen muss. [8]Der vom Netzbetreiber an den Wärme- oder Kältenetzbetreiber gezahlte Zuschlag ist entsprechend aufzuteilen. [9]Werden bei der Verbindung zwischen Verteilungsnetz und Verbraucherabgang entgeltlich die betreffenden Leitungen vom Wärme- oder Kältenetzbetreiber auf den Verbraucher übertragen, liegt eine Lieferung der entsprechenden Anlagen durch den Wärme- oder Kältenetzbetreiber an den Wärme- oder Kälteabnehmer vor. [10]Soweit der Netzbetreiber nach § 5b KWKG verpflichtet ist, dem Betreiber eines Wärme- bzw. Kältespeichers für den Neu- oder Ausbau von Wärme- bzw. Kältespeichern einen Zuschlag zu zahlen, handelt es sich um einen echten Zuschuss.

(4) [1]Zahlungen des Übertragungsnetzbetreibers an den (Verteil-)Netzbetreiber nach § 35 Abs. 1 EEG[1)] stellen Entgeltzahlungen dar, da diesen Beträgen tatsächliche Stromlieferungen gegenüberstehen. [2]Ausgleichszahlungen des Übertragungsnetzbetreibers nach § 35 Abs. 1a EEG für die vom (Verteil-)Netzbetreiber nach §§ 33g und 33i EEG gezahlten Prämien vollziehen sich hingegen nicht im Rahmen eines Leistungsaustausches. [3]Hat der Netzbetreiber nach § 35 Abs. 2 EEG einen Ausgleich an den Übertragungsnetzbetreiber für vermiedene Netzentgelte zu leisten, da die Stromeinspeisung nach § 16 EEG vergütet oder in den Formen des § 33b Nr. 1 oder Nr. 2 EEG direkt vermarktet wird (Marktprämienmodell oder Grünstromprivileg), handelt es sich bei diesen Ausgleichszahlungen nicht um Entgelte für steuerbare Leistungen.

[1)] EEG 2023 v. 21.07.2014, BGBl. I 2014, 1066 (**Sartorius Ergänzungsband** Nr. **833**).

Ausgleich von Mehr- bzw. Mindermengen Gas

(5) [1] Soweit Ausspeisenetzbetreiber und Transportkunde nach § 25 GasNZV[1)] Mehr- bzw. Mindermengen an Gas ausgleichen, handelt es sich um eine Lieferung entweder vom Ausspeisenetzbetreiber an den Transportkunden (Mindermenge) oder vom Transportkunden an den Ausspeisenetzbetreiber (Mehrmenge), weil jeweils Verfügungsmacht an dem zum Ausgleich zur Verfügung gestellten Gas verschafft wird. [2] Gleiches gilt für das Verhältnis zwischen Marktgebietsverantwortlichem und Ausspeisenetzbetreiber. [3] Der Marktgebietsverantwortliche beschafft die für die Mehr- bzw. Mindermengen benötigten Gasmengen von Händlern am Regelenergiemarkt und stellt diese den Ausspeisenetzbetreibern in seinem Marktgebiet als Mehr- bzw. Mindermenge zur Verfügung bzw. nimmt sie entgegen.

Ausgleich von Mehr- bzw. Mindermengen Strom

(6) [1] Soweit Verteilnetzbetreiber und Lieferant bzw. Kunde nach § 13 StromNZV[2)] Mehr- oder Mindermengen an Strom ausgleichen, handelt es sich um eine Lieferung entweder vom Verteilnetzbetreiber an den Lieferanten bzw. Kunden (Mindermenge) oder vom Lieferanten bzw. Kunden an den Verteilnetzbetreiber (Mehrmenge). [2] Die Verfügungsmacht an dem zum Ausgleich zur Verfügung gestellten Strom wird verschafft.

1.8 Sachzuwendungen und sonstige Leistungen an das Personal

Allgemeines

(1)[3)] [1] Wendet der Unternehmer (Arbeitgeber) seinem Personal (seinen Arbeitnehmern) als Vergütung für geleistete Dienste neben dem Barlohn auch einen Sachlohn zu, bewirkt der Unternehmer mit dieser Sachzuwendung eine entgeltliche Leistung im Sinne des § 1 Abs. 1 Nr. 1 Satz 1 UStG, für die der Arbeitnehmer einen Teil seiner Arbeitsleistung als Gegenleistung aufwendet. [2] Wegen des Begriffs der Vergütung für geleistete Dienste vgl. Abschnitt 4.18.1 Abs. 4. [3] Ebenfalls nach § 1 Abs. 1 Nr. 1 Satz 1 UStG steuerbar sind Lieferungen oder sonstige Leistungen, die der Unternehmer an seine Arbeitnehmer oder deren Angehörige auf Grund des Dienstverhältnisses gegen besonders berechnetes Entgelt, aber verbilligt, ausführt. [4] Von einer entgeltlichen Leistung in diesem Sinne ist auszugehen, wenn der Unternehmer für die Leistung gegenüber dem einzelnen Arbeitnehmer einen unmittelbaren Anspruch auf eine Geldzahlung oder eine andere – nicht in der Arbeitsleistung bestehende – Gegenleistung in Geldeswert hat. [5] Für die Steuerbarkeit kommt es nicht darauf an, ob der Arbeitnehmer das Entgelt gesondert an den Unternehmer entrichtet oder ob der Unternehmer den entsprechenden Betrag vom Barlohn einbehält. [6] Die Gewährung von Personalrabatt durch den Unternehmer beim Einkauf von Waren durch seine Mitarbeiter ist keine Leistung gegen Entgelt, sondern Preisnachlass (BFH-Beschluss vom 17.09.1981, V B 43/80, BStBl. II S. 775).

---

1) Gasnetzzugangsverordnung v. 03.09.2010, BGBl. I 2010, 1261.
2) Stromnetzzugangsverordnung v. 25.07.2005, BGBl. I 2005, 2243.
3) A 1.8 UStAE Abs. 1 Satz 2 Verweis geänd. durch BMF v. 14.02.2023, BStBl. I 2023, 348.

(2) [1]Zuwendungen von Gegenständen (Sachzuwendungen) und sonstige Leistungen an das Personal für dessen privaten Bedarf sind nach § 3 Abs. 1b Satz 1 Nr. 2 und § 3 Abs. 9a UStG auch dann steuerbar, wenn sie unentgeltlich sind (vgl. Abschnitt 3.3 Abs. 9). [2]Die Steuerbarkeit setzt voraus, dass Leistungen aus unternehmerischen (betrieblichen) Gründen für den privaten, außerhalb des Dienstverhältnisses liegenden Bedarf des Arbeitnehmers ausgeführt werden (vgl. BFH-Urteile vom 11.03.1988, V R 30/84, BStBl. II S. 643, und V R 114/83, BStBl. II S. 651). [3]Der Arbeitnehmer erhält Sachzuwendungen und sonstige Leistungen unentgeltlich, wenn er seine Arbeit lediglich für den vereinbarten Barlohn und unabhängig von dem an alle Arbeitnehmer gerichteten Angebot (vgl. BFH-Urteil vom 10.06.1999, V R 104/98, BStBl. II S. 582) oder unabhängig von dem Umfang der gewährten Zuwendungen leistet. [4]Hieran ändert der Umstand nichts, dass der Unternehmer die Zuwendungen zur Ablösung tarifvertraglicher Verpflichtungen erbringt (vgl. BFH-Urteil vom 11.05.2000, V R 73/99, BStBl. II S. 505). [5]Steuerbar sind auch Leistungen an ausgeschiedene Arbeitnehmer auf Grund eines früheren Dienstverhältnisses sowie Leistungen an Auszubildende. [6]Bei unentgeltlichen Zuwendungen eines Gegenstands an das Personal oder der Verwendung eines dem Unternehmen zugeordneten Gegenstands für den privaten Bedarf des Personals setzt die Steuerbarkeit voraus, dass der Gegenstand oder seine Bestandteile zumindest zu einem teilweisen Vorsteuerabzug berechtigt haben (vgl. Abschnitte 3.3 und 3.4). [7]Keine steuerbaren Umsätze sind Aufmerksamkeiten (vgl. Absatz 3) und Leistungen, die überwiegend durch das betriebliche Interesse des Arbeitgebers veranlasst sind (vgl. Absatz 4 und BFH-Urteil vom 09.07.1998, V R 105/92, BStBl. II S. 635).

(3) [1]Aufmerksamkeiten sind Zuwendungen des Arbeitgebers, die nach ihrer Art und nach ihrem Wert Geschenken entsprechen, die im gesellschaftlichen Verkehr üblicherweise ausgetauscht werden und zu keiner ins Gewicht fallenden Bereicherung des Arbeitnehmers führen (vgl. BFH-Urteil vom 22.03.1985, VI R 26/82, BStBl. II S. 641, R 19.6 LStR).[1)] [2]Zu den Aufmerksamkeiten rechnen danach gelegentliche Sachzuwendungen bis zu einem Wert von 60 €, z. B. Blumen, Genussmittel, ein Buch oder ein Tonträger, die dem Arbeitnehmer oder seinen Angehörigen aus Anlass eines besonderen persönlichen Ereignisses zugewendet werden. [3]Gleiches gilt für Getränke und Genussmittel, die der Arbeitgeber den Arbeitnehmern zum Verzehr im Betrieb unentgeltlich überlässt.

(4)[2)] [1]Nicht steuerbare Leistungen, die überwiegend durch das betriebliche Interesse des Arbeitgebers veranlasst sind, liegen vor, wenn betrieblich veranlasste Maßnahmen zwar auch die Befriedigung eines privaten Bedarfs der Arbeitnehmer zur Folge haben, diese Folge aber durch die mit den Maßnahmen angestrebten betrieblichen Zwecke überlagert wird (vgl. EuGH-Urteil vom 11.12.2008, C-371/07, Danfoss und AstraZeneca).[3)] [2]Dies ist regelmäßig an-

---

1) Nr. **20**.

2) A 1.8 UStAE Abs. 4 Satz 3 Nr. 6 Satz 4 neugef., Nr. 13 angef. durch BMF v. 22.12.2023, BStBl. I 2023, 2248.

3) DStRE 2009, 168.

zunehmen, wenn die Maßnahme die dem Arbeitgeber obliegende Gestaltung der Dienstausübung betrifft (vgl. BFH-Urteil vom 09.07.1998, V R 105/92, BStBl. II S. 635). [3]Hierzu gehören insbesondere:

1. [1]Leistungen zur Verbesserung der Arbeitsbedingungen, z. B. die Bereitstellung von Aufenthalts- und Erholungsräumen sowie von betriebseigenen Duschanlagen, die grundsätzlich von allen Betriebsangehörigen in Anspruch genommen werden können. [2]Auch die Bereitstellung von Bade- und Sportanlagen kann überwiegend betrieblich veranlasst sein, wenn in der Zurverfügungstellung der Anlagen nach der Verkehrsauffassung kein geldwerter Vorteil zu sehen ist. [3]Z. B. ist die Bereitstellung von Fußball- oder Handballsportplätzen kein geldwerter Vorteil, wohl aber die Bereitstellung von Tennis- oder Golfplätzen (vgl. auch BFH-Urteil vom 27.09.1996, VI R 44/96, BStBl. II 1997 S. 146);
2. die betriebsärztliche Betreuung sowie die Vorsorgeuntersuchung des Arbeitnehmers, wenn sie im ganz überwiegenden betrieblichen Interesse des Arbeitgebers liegt (vgl. BFH-Urteil vom 17.09.1982, VI R 75/79, BStBl. II 1983 S. 39);
3. betriebliche Fort- und Weiterbildungsleistungen;
4. die Überlassung von Arbeitsmitteln zur beruflichen Nutzung einschließlich der Arbeitskleidung, wenn es sich um typische Berufskleidung, insbesondere um Arbeitsschutzkleidung, handelt, deren private Nutzung so gut wie ausgeschlossen ist;
5. das Zurverfügungstellen von Parkplätzen auf dem Betriebsgelände;
6. [1]Zuwendungen im Rahmen von Betriebsveranstaltungen, soweit sie sich im üblichen Rahmen halten. [2]Die Üblichkeit der Zuwendungen ist bis zu einer Höhe von 110 € einschließlich Umsatzsteuer je Arbeitnehmer und Betriebsveranstaltung nicht zu prüfen. [3]Satz 2 gilt nicht bei mehr als zwei Betriebsveranstaltungen im Jahr. [4]Die lohnsteuerrechtliche Beurteilung gilt mit der Maßgabe, dass der in Satz 2 genannte Betrag keinen Freibetrag, sondern eine Freigrenze darstellt (BFH-Urteil vom 10.05.2023 – V R 16/21, BStBl. II S. 1023), entsprechend;
7. das Zurverfügungstellen von Betriebskindergärten;
8. das Zurverfügungstellen von Übernachtungsmöglichkeiten in gemieteten Zimmern, wenn der Arbeitnehmer an weit von seinem Heimatort entfernten Tätigkeitsstellen eingesetzt wird (vgl. BFH-Urteil vom 21.07.1994, V R 21/92, BStBl. II S. 881);
9. Schaffung und Förderung der Rahmenbedingungen für die Teilnahme an einem Verkaufswettbewerb (vgl. BFH-Urteil vom 16.03.1995, V R 128/92, BStBl. II S. 651);
10. die Sammelbeförderung unter den in Absatz 15 Satz 2 bezeichneten Voraussetzungen;
11. die unentgeltliche Abgabe von Speisen anlässlich und während eines außergewöhnlichen Arbeitseinsatzes, z. B. während einer außergewöhnlichen be-

trieblichen Besprechung oder Sitzung (vgl. EuGH-Urteil vom 11.12.2008, C-371/07, Danfoss und AstraZeneca);[1)]

12. die Übernahme von Umzugskosten durch den Arbeitgeber für die hiervon begünstigten Arbeitnehmer, wenn die Kostenübernahme im ganz überwiegenden betrieblichen Interesse des Arbeitgebers liegt (vgl. BFH-Urteil vom 06.06.2019, V R 18/18, BStBl. II 2020 S. 293);
13. Aufwendungen für Outplacement-Leistungen zum Personalabbau (vgl. BFH-Urteil vom 30.06.2022 – V R 32/20, BStBl. II 2023 S. 45).

(4a) [1] Zum Vorsteuerabzug bei Aufmerksamkeiten, die die Grenze in Absatz 3 überschreiten, und bei Leistungen, die nicht durch das betriebliche Interesse (Absatz 4) veranlasst sind, vgl. Abschnitt 3.3 Abs 1 Satz 7 und Abschnitt 15.15. [2] Eine Wertabgabe an Arbeitnehmer unterliegt in diesen Fällen nicht der Umsatzsteuer.

(5) [1] Nach § 1 Abs. 1 Nr. 1 Satz 1, § 3 Abs. 1b oder § 3 Abs. 9a UStG steuerbare Umsätze an Arbeitnehmer können steuerfrei, z.B. nach § 4 Nr. 10 Buchstabe b, Nr. 12 Satz 1, 18, 23 bis 25 UStG, sein. [2] Die Überlassung von Werkdienstwohnungen durch Arbeitgeber an Arbeitnehmer ist nach § 4 Nr. 12 Satz 1 Buchstabe a UStG steuerfrei (vgl. BFH-Urteile vom 30.07.1986, V R 99/76, BStBl. II S. 877, und vom 07.10.1987, V R 2/79, BStBl. II 1988 S. 88), wenn sie mehr als sechs Monate dauert. [3] Überlässt ein Unternehmer in seiner Pension Räume an eigene Saison-Arbeitnehmer, ist diese Leistung nach § 4 Nr. 12 Satz 2 UStG steuerpflichtig, wenn diese Räume wahlweise zur vorübergehenden Beherbergung von Gästen oder zur Unterbringung des Saisonpersonals bereitgehalten werden (vgl. BFH-Urteil vom 13.09.1988, V R 46/83, BStBl. II S. 1021); vgl. auch Abschnitt 4.12.9 Abs. 2.

Bemessungsgrundlage

(6) [1] Bei der Ermittlung der Bemessungsgrundlage für die entgeltlichen Lieferungen und sonstigen Leistungen an Arbeitnehmer (Absatz 1) ist die Vorschrift über die Mindestbemessungsgrundlage in § 10 Abs. 5 Nr. 2 UStG zu beachten. [2] Danach ist als Bemessungsgrundlage mindestens der in § 10 Abs. 4 UStG bezeichnete Wert (Einkaufspreis, Selbstkosten, Ausgaben, vgl. Absatz 7) abzüglich der Umsatzsteuer anzusetzen, wenn dieser den vom Arbeitnehmer tatsächlich aufgewendeten (gezahlten) Betrag abzüglich der Umsatzsteuer übersteigt. [3] Der Umsatz ist jedoch höchstens nach dem marktüblichen Entgelt zu bemessen (vgl. Abschnitt 10.7 Abs. 1). [4] Beruht die Verbilligung auf einem Belegschaftsrabatt, z.B. bei der Lieferung von sog. Jahreswagen an Werksangehörige in der Automobilindustrie, liegen die Voraussetzungen für die Anwendung der Vorschrift des § 10 Abs. 5 Nr. 2 UStG regelmäßig nicht vor; Bemessungsgrundlage ist dann der tatsächlich aufgewendete Betrag abzüglich Umsatzsteuer. [5] Zuwendungen, die der Unternehmer in Form eines Sachlohns als Vergütung für geleistete Dienste gewährt, sind nach den Werten des § 10 Abs. 4 UStG zu bemessen; dabei sind auch die nicht zum Vorsteuerabzug berechtigenden Ausgaben in die Bemessungsgrundlage einzubezie-

---

1) DStRE 2009, 168.

hen. [6]Eine Leistung unterliegt nur dann der Mindestbemessungsgrundlage nach § 10 Abs. 5 Nr. 2 UStG, wenn sie ohne Entgeltvereinbarung als unentgeltliche Leistung steuerbar wäre (vgl. BFH-Urteile vom 15.11.2007, V R 15/06, BStBl. II 2009 S. 423, vom 27.02.2008, XI R 50/07, BStBl. II 2009 S. 426, und vom 29.05.2008, V R 12/07, BStBl. II 2009 S. 428 sowie Abschnitt 10.7).

(7) [1]Die Bemessungsgrundlage für die unentgeltlichen Lieferungen und sonstigen Leistungen an Arbeitnehmer (Absatz 2) ist in § 10 Abs. 4 UStG geregelt. [2]Bei der Ermittlung der Bemessungsgrundlage für unentgeltliche Lieferungen (§ 10 Abs. 4 Satz 1 Nr. 1 UStG) ist vom Einkaufspreis zuzüglich der Nebenkosten für den Gegenstand oder für einen gleichartigen Gegenstand oder mangels eines Einkaufspreises von den Selbstkosten, jeweils zum Zeitpunkt des Umsatzes, auszugehen. [3]Der Einkaufspreis entspricht in der Regel dem Wiederbeschaffungspreis des Unternehmers. [4]Die Selbstkosten umfassen alle durch den betrieblichen Leistungsprozess entstehenden Ausgaben. [5]Bei der Ermittlung der Bemessungsgrundlage für unentgeltliche sonstige Leistungen (§ 10 Abs. 4 Satz 1 Nr. 2 und 3 UStG) ist von den bei der Ausführung dieser Leistungen entstandenen Ausgaben auszugehen. [6]Hierzu gehören auch die anteiligen Gemeinkosten. [7]In den Fällen des § 10 Abs. 4 Satz 1 Nr. 2 UStG sind aus der Bemessungsgrundlage solche Ausgaben auszuscheiden, die nicht zum vollen oder teilweisen Vorsteuerabzug berechtigt haben.

(8) [1]Die in § 10 Abs. 4 UStG vorgeschriebenen Werte weichen grundsätzlich von den für Lohnsteuerzwecke anzusetzenden Werten (§ 8 Abs. 2 und 3 EStG, R 8.1 und R 8.2 LStR)[1)] ab. [2]In bestimmten Fällen (vgl. Absätze 9, 11, 14, 18) ist es jedoch aus Vereinfachungsgründen nicht zu beanstanden, wenn für die umsatzsteuerrechtliche Bemessungsgrundlage von den lohnsteuerrechtlichen Werten ausgegangen wird. [3]Diese Werte sind dann als Bruttowerte anzusehen, aus denen zur Ermittlung der Bemessungsgrundlage die Umsatzsteuer herauszurechnen ist. [4]Der Freibetrag nach § 8 Abs. 3 Satz 2 EStG von 1080 € bleibt bei der umsatzsteuerrechtlichen Bemessungsgrundlage unberücksichtigt.

Einzelfälle

(9)[2)] [1]Erhalten Arbeitnehmer von ihrem Arbeitgeber freie Verpflegung, freie Unterkunft oder freie Wohnung, ist von den Werten auszugehen, die in der SvEV[3)] in der jeweils geltenden Fassung festgesetzt sind. [2]Für die Gewährung von Unterkunft und Wohnung kann unter den Voraussetzungen des § 4 Nr. 12 Satz 1 Buchstabe a UStG Steuerfreiheit in Betracht kommen (vgl. Absatz 5). [3]Die Gewährung der Verpflegung unterliegt dem allgemeinen Steuersatz (vgl. BFH-Urteil vom 24.11.1988, V R 30/83, BStBl. II 1989 S. 210; Abschnitt 3.6). [4]Abschnitt 10.1 Abs.12 kann entsprechend angewendet werden.

(10) [1]Bei der Abgabe von Mahlzeiten an die Arbeitnehmer ist hinsichtlich der Ermittlung der Bemessungsgrundlage zu unterscheiden, ob es sich um eine unternehmenseigene Kantine oder um eine vom Unternehmer (Arbeitgeber)

[1)] Nr. **20.**

[2)] A 1.8 UStAE Abs. 9 Satz 4 angef. durch BMF v. 22.12.2023, BStBl. I 2023, 2248.

[3)] Sozialversicherungsentgeltverordnung v. 21.12.2006, BGBl. I 2006, 3385, zuletzt geänd. durch VO v. 27.11.2023, BGBl. I 2023 Nr. 328 (**Steuergesetze** Nr. **21**).

nicht selbst betriebene Kantine handelt. [2]Eine unternehmenseigene Kantine ist nur anzunehmen, wenn der Unternehmer die Mahlzeiten entweder selbst herstellt oder die Mahlzeiten vor der Abgabe an die Arbeitnehmer mehr als nur geringfügig be- oder verarbeitet bzw. aufbereitet oder ergänzt. [3]Von einer nicht selbst betriebenen Kantine ist auszugehen, wenn die Mahlzeiten nicht vom Arbeitgeber/Unternehmer selbst (d. h. durch eigenes Personal) zubereitet und an die Arbeitnehmer abgegeben werden. [4]Überlässt der Unternehmer (Arbeitgeber) im Rahmen der Fremdbewirtschaftung Küchen- und Kantinenräume, Einrichtungs- und Ausstattungsgegenstände sowie Koch- und Küchengeräte u. ä., ist der Wert dieser Gebrauchsüberlassung bei der Ermittlung der Bemessungsgrundlage für die Mahlzeiten nicht zu berücksichtigen.

(11)[1)] [1]Bei der unentgeltlichen Abgabe von Mahlzeiten an die Arbeitnehmer durch **unternehmenseigene Kantinen** ist aus Vereinfachungsgründen bei der Ermittlung der Bemessungsgrundlage von dem Wert auszugehen, der dem amtlichen Sachbezugswert nach der SvEV[1)] entspricht (vgl. R 8.1 Abs. 7 LStR).[2)] [2]Werden die Mahlzeiten in unternehmenseigenen Kantinen entgeltlich abgegeben, ist der vom Arbeitnehmer gezahlte Essenspreis, mindestens jedoch der Wert der Besteuerung zu Grunde zu legen, der dem amtlichen Sachbezugswert nach der SvEV entspricht (vgl. R 8.1 Abs. 7 LStR). [3]Abschläge für Jugendliche, Auszubildende und Angehörige der Arbeitnehmer sind nicht zulässig.

Beispiel 1:

Wert der Mahlzeit	3,80 €
Zahlung des Arbeitnehmers	1,00 €
maßgeblicher Wert	3,80 €
darin enthalten $^{19}/_{119}$ Umsatzsteuer (Steuersatz 19 %)	./. 0,61 €
Bemessungsgrundlage	3,19 €

Beispiel 2:

Wert der Mahlzeit	3,80 €
Zahlung des Arbeitnehmers	4,00 €
maßgeblicher Wert	4,00 €
darin enthalten $^{19}/_{119}$ Umsatzsteuer (Steuersatz 19 %)	./. 0,64 €
Bemessungsgrundlage	3,36 €

[4]In den Beispielen 1 und 2 wird von den Sachbezugswerten 2023 ausgegangen (vgl. BMF-Schreiben vom 23.12.2022, BStBl. I 2023 S. 71).[3)] [5]Soweit unterschiedliche Mahlzeiten zu unterschiedlichen Preisen verbilligt an die Arbeitnehmer abgegeben werden, kann bei der umsatzsteuerrechtlichen Bemessungsgrundlage von dem für Lohnsteuerzwecke gebildeten Durchschnittswert ausgegangen werden.

(12) Bei der Abgabe von Mahlzeiten durch eine **vom Unternehmer (Arbeitgeber) nicht selbstbetriebene Kantine oder Gaststätte** gilt Folgendes:

[1)] A 1.8 UStAE Abs. 11 Satz 3 Bsp. 1 u. 2 sowie Satz 4 neugef. durch BMF v. 22.12.2023, BStBl. I 2023, 2248.

[2)] Nr. **20.**

[3)] **Sachbezugswerte 2024** siehe BMF v. 07.12.2023, BStBl. I 2023, 2075.

1. [1]Vereinbart der Arbeitgeber mit dem Kantinenbetreiber bzw. Gastwirt die Zubereitung und die Abgabe von Essen an die Arbeitnehmer zum Verzehr an Ort und Stelle und hat der Kantinenbetreiber bzw. Gastwirt einen Zahlungsanspruch gegen den Arbeitgeber, liegt einerseits ein Leistungsaustausch zwischen Kantinenbetreiber bzw. Gastwirt und Arbeitgeber und andererseits ein Leistungsaustausch des Arbeitgebers gegenüber dem Arbeitnehmer vor. [2]Der Arbeitgeber bedient sich in diesen Fällen des Kantinenbetreibers bzw. Gastwirts zur Beköstigung seiner Arbeitnehmer. [3]Sowohl in dem Verhältnis Kantinenbetreiber bzw. Gastwirt – Arbeitgeber als auch im Verhältnis Arbeitgeber – Arbeitnehmer liegt eine sonstige Leistung vor.

Beispiel 1:

[1]Der Arbeitgeber vereinbart mit einem Gastwirt die Abgabe von Essen an seine Arbeitnehmer zu einem Preis von 5,00 € je Essen. [2]Der Gastwirt rechnet über die ausgegebenen Essen mit dem Arbeitgeber auf der Grundlage dieses Preises ab. [3]Die Arbeitnehmer haben einen Anteil am Essenspreis von 2,00 € zu entrichten, den der Arbeitgeber von den Arbeitslöhnen einbehält.

[4]Nach § 3 Abs. 9 UStG erbringen der Gastwirt an den Arbeitgeber und der Arbeitgeber an den Arbeitnehmer je eine sonstige Leistung. [5]Der Preis je Essen beträgt für den Arbeitgeber 5,00 €. [6]Als Bemessungsgrundlage für die Abgabe der Mahlzeiten des Arbeitgebers an den Arbeitnehmer ist der Betrag von 4,20 € (5,00 € abzüglich $^{19}/_{119}$ Umsatzsteuer) anzusetzen. [7]Der Arbeitgeber kann die ihm vom Gastwirt für die Beköstigungsleistungen gesondert in Rechnung gestellte Umsatzsteuer unter den Voraussetzungen des § 15 UStG als Vorsteuer abziehen.

2. [1]Bestellt der Arbeitnehmer in einer Gaststätte selbst sein gewünschtes Essen nach der Speisekarte und bezahlt dem Gastwirt den – ggf. um einen Arbeitgeberzuschuss geminderten – Essenspreis, liegt eine sonstige Leistung des Gastwirts an den Arbeitnehmer vor. [2]Ein Umsatzgeschäft zwischen Arbeitgeber und Gastwirt besteht nicht. [3]Im Verhältnis des Arbeitgebers zum Arbeitnehmer ist die Zahlung des Essenszuschusses ein nicht umsatzsteuerbarer Vorgang. [4]Bemessungsgrundlage der sonstigen Leistung des Gastwirts an den Arbeitnehmer ist der von dem Arbeitnehmer an den Gastwirt gezahlte Essenspreis zuzüglich des ggf. gezahlten Arbeitgeberzuschusses (Entgelt von dritter Seite).

Beispiel 2:

[1]Der Arbeitnehmer kauft in einer Gaststätte ein Mittagessen, welches mit einem Preis von 4 € ausgezeichnet ist. [2]Er übergibt dem Gastwirt eine Essensmarke des Arbeitgebers im Wert von 1 € und zahlt die Differenz i. H. v. 3 €. [3]Der Gastwirt lässt sich den Wert der Essensmarken wöchentlich vom Arbeitgeber erstatten.

[4]Bemessungsgrundlage beim Gastwirt ist der Betrag von 4 € abzüglich Umsatzsteuer. [5]Die Erstattung der Essensmarke (Arbeitgeberzuschuss) führt nicht zu einer steuerbaren Sachzuwendung an den Arbeitnehmer. [6]Der Arbeitgeber kann aus der Abrechnung des Gastwirts keinen Vorsteuerabzug geltend machen.

3. Vereinbart der Arbeitgeber mit einem selbständigen Kantinenpächter (z. B. Caterer), dass dieser die Kantine in den Räumen des Arbeitgebers betreibt und die Verpflegungsleistungen an die Arbeitnehmer im eigenen Namen und für eigene Rechnung erbringt, liegt ein Leistungsaustausch zwischen Caterer und Arbeitnehmer vor (vgl. BFH-Beschluss vom 18.07.2002, V B 112/01, BStBl. II 2003 S. 675).

Beispiel 3:

[1] Der Arbeitgeber und der Caterer vereinbaren, dass der Caterer die Preise für die Mittagsverpflegung mit dem Arbeitgeber abzustimmen hat. [2] Der Arbeitgeber zahlt dem Caterer einen jährlichen (pauschalen) Zuschuss (Arbeitgeberzuschuss). [3] Der Zuschuss wird anhand der Zahl der durchschnittlich ausgegebenen Essen je Kalenderjahr ermittelt oder basiert auf einem prognostizierten „Verlust" (Differenz zwischen den voraussichtlichen Zahlungen der Arbeitnehmer und Kosten der Mittagsverpflegung).

[4] Ein Leistungsaustausch zwischen Arbeitgeber und Caterer sowie zwischen Arbeitgeber und Arbeitnehmer besteht nicht. [5] Bemessungsgrundlage der sonstigen Leistung des Caterers an den Arbeitnehmer ist der von dem Arbeitnehmer an den Caterer gezahlte Essenspreis zuzüglich des ggf. gezahlten Arbeitgeberzuschusses. [6] Diese vom Arbeitgeber in pauschalierter Form gezahlten Beträge sind Entgelt von dritter Seite (vgl. Abschnitt 10.2 Abs. 5 Satz 5). [7] Da der Arbeitgeber keine Leistung vom Caterer erhält, ist er nicht zum Vorsteuerabzug aus der Zahlung des Zuschusses an den Caterer berechtigt.

(13) [1] In den Fällen, in denen Verpflegungsleistungen anlässlich einer unternehmerisch bedingten Auswärtstätigkeit des Arbeitnehmers vom Arbeitgeber empfangen und in voller Höhe getragen werden, kann der Arbeitgeber den Vorsteuerabzug aus den entstandenen Verpflegungskosten in Anspruch nehmen, wenn die Aufwendungen durch Rechnungen mit gesondertem Ausweis der Umsatzsteuer auf den Namen des Unternehmers oder durch Kleinbetragsrechnungen im Sinne des § 33 UStDV belegt sind. [2] Es liegt keine einer entgeltlichen Leistung gleichstellte unentgeltliche Wertabgabe vor. [3] Übernimmt der Arbeitgeber die Kosten des Arbeitnehmers für eine dienstlich veranlasste Hotelübernachtung einschließlich Frühstück und kürzt der Arbeitgeber wegen des Frühstücks dem Arbeitnehmer den ihm zustehenden Reisekostenzuschuss auch um einen höheren Betrag als den maßgeblichen Sachbezugswert, liegt keine entgeltliche Frühstücksgestellung des Arbeitgebers an den Arbeitnehmer vor.

(14) [1] Zu den unentgeltlichen Wertabgaben rechnen auch unentgeltliche Deputate, z. B. im Bergbau und in der Land- und Forstwirtschaft, und die unentgeltliche Abgabe von **Getränken und Genussmitteln** zum häuslichen Verzehr, z. B. Haustrunk im Brauereigewerbe, Freitabakwaren in der Tabakwarenindustrie. [2] Das Gleiche gilt für Sachgeschenke, Jubiläumsgeschenke und ähnliche Zuwendungen aus Anlass von Betriebsveranstaltungen, soweit diese Zuwendungen weder Aufmerksamkeiten (vgl. Absatz 3) noch Leistungen im überwiegenden betrieblichen Interesse des Arbeitgebers (vgl. Absatz 4) sind. [3] Als Bemessungsgrundlage sind in diesen Fällen grundsätzlich die in § 10 Abs. 4 Satz 1 Nr. 1 UStG bezeichneten Werte anzusetzen. [4] Aus Vereinfachungsgründen kann von den nach den lohnsteuerrechtlichen Regelungen (vgl. R 8.1 Abs. 2, R 8.2 Abs. 2 LStR)[1)] ermittelten Werten ausgegangen werden.

(15) [1] Unentgeltliche **Beförderungen der Arbeitnehmer** von ihrem Wohnsitz, gewöhnlichen Aufenthaltsort oder von einer Sammelhaltestelle, z. B. einem Bahnhof, zum Arbeitsplatz durch betriebseigene Kraftfahrzeuge oder durch vom Arbeitgeber beauftragte Beförderungsunternehmer sind nach § 3 Abs. 9a Nr. 2 UStG steuerbar, sofern sie nicht im überwiegenden betrieb-

---

1) Nr. **20**.

lichen Interesse des Arbeitgebers liegen. [2]Nicht steuerbare Leistungen im überwiegenden betrieblichen Interesse sind z. B. in den Fällen anzunehmen, in denen

1. die Beförderung mit öffentlichen Verkehrsmitteln nicht oder nur mit unverhältnismäßig hohem Zeitaufwand durchgeführt werden könnte (vgl. BFH-Urteil vom 15.11.2007, V R 15/06, BStBl. II 2009 S. 423),
2. die Arbeitnehmer an ständig wechselnden Tätigkeitsstätten oder an verschiedenen Stellen eines weiträumigen Arbeitsgebiets eingesetzt werden, oder
3. im Einzelfall die Beförderungsleistungen wegen eines außergewöhnlichen Arbeitseinsatzes erforderlich werden oder wenn sie hauptsächlich dem Materialtransport an die Arbeitsstelle dienen und der Arbeitgeber dabei einige Arbeitnehmer unentgeltlich mitnimmt (vgl. BFH-Urteil vom 09.07.1998, V R 105/92, BStBl. II S. 635).

[3]Ergänzend wird auf das BFH-Urteil vom 11.05.2000, V R 73/99, BStBl. II S. 505, verwiesen. [4]Danach ist das Gesamtbild der Verhältnisse entscheidend. [5]Die Entfernung zwischen Wohnung und Arbeitsstätte ist nur ein Umstand, der neben anderen in die tatsächliche Würdigung einfließt.

(16) [1]Die Bemessungsgrundlage für die unentgeltlichen Beförderungsleistungen des Arbeitgebers richtet sich nach den bei der Ausführung der Umsätze entstandenen Ausgaben (§ 10 Abs. 4 Satz 1 Nr. 3 UStG). [2]Es ist nicht zu beanstanden, wenn der Arbeitgeber die entstandenen Ausgaben schätzt, soweit er die Beförderung mit betriebseigenen Fahrzeugen durchführt. [3]Die Bemessungsgrundlage für die Beförderungsleistungen eines Monats kann z. B. pauschal aus der Zahl der durchschnittlich beförderten Arbeitnehmer und aus dem Preis für eine Monatskarte für die kürzeste und weiteste gefahrene Strecke (Durchschnitt) abgeleitet werden.

Beispiel:

[1]Ein Unternehmer hat in einem Monat durchschnittlich 6 Arbeitnehmer mit einem betriebseigenen Fahrzeug unentgeltlich von ihrer Wohnung zur Arbeitsstätte befördert. [2]Die kürzeste Strecke von der Wohnung eines Arbeitnehmers zur Arbeitsstätte beträgt 10 km, die weiteste 30 km (Durchschnitt 20 km).
[3]Die Bemessungsgrundlage für die Beförderungsleistungen in diesem Monat berechnet sich wie folgt:
6 Arbeitnehmer × 76 € (Monatskarte für 20 km) = 456 € abzüglich 29,83 € Umsatzsteuer (Steuersatz 7 %) = 426,17 €.

[4]Zur Anwendung der Steuerermäßigung des § 12 Abs. 2 Nr. 10 Buchstabe b UStG vgl. Abschnitt 12.15.

(17) [1]Werden von Verkehrsbetrieben die **Freifahrten** aus betrieblichen Gründen für den privaten, außerhalb des Dienstverhältnisses liegenden Bedarf der Arbeitnehmer, ihrer Angehörigen und der Pensionäre gewährt, sind die Freifahrten nach § 3 Abs. 9a Nr. 2 UStG steuerbar. [2]Die als Bemessungsgrundlage anzusetzenden Ausgaben sind nach den jeweiligen örtlichen Verhältnissen zu ermitteln und können im Allgemeinen mit 25 % des normalen Preises für den überlassenen Fahrausweis oder eines der Fahrberechtigung entsprechenden Fahrausweises angenommen werden. [3]Die Umsatzsteuer ist herauszurechnen.

(18) [1]Zur umsatzsteuerrechtlichen Behandlung der Überlassung von Fahrzeugen an Arbeitnehmer zu deren privater Nutzung vgl. Abschnitt 15.23 Abs. 8 bis 12. [2]Leistet der Arbeitnehmer in diesen Fällen Zuzahlungen, vgl. BMF-Schreiben vom 30.12.1997, BStBl. I 1998 S. 110.

(19) [1]Zur umsatzsteuerrechtlichen Behandlung unentgeltlicher oder verbilligter Reisen für Betriebsangehörige vgl. Abschnitt 25.3 Abs. 4. [2]Wendet ein Hersteller bei einem Verkaufswettbewerb ausgelobte Reiseleistungen seinen Vertragshändlern unter der Auflage zu, die Reisen bestimmten Arbeitnehmern zu gewähren, kann der Händler steuerbare Reiseleistungen an seine Arbeitnehmer ausführen. [3]Wendet der Hersteller Reiseleistungen unmittelbar Arbeitnehmern seiner Vertragshändler zu, erbringt der Vertragshändler insoweit keine steuerbaren Leistungen an seine Arbeitnehmer (vgl. BFH-Urteil vom 16.03.1995, V R 128/92, BStBl. II S. 651).

1.9 Inland – Ausland

(1) [1]Das Inland umfasst das Hoheitsgebiet der Bundesrepublik Deutschland mit Ausnahme der in § 1 Abs. 2 Satz 1 UStG bezeichneten Gebiete, zu denen unter anderem die Freizonen im Sinne des Artikels 243 UZK[1] gehören. [2]Es handelt sich dabei um die Freihäfen Bremerhaven und Cuxhaven, die vom übrigen deutschen Teil des Zollgebiets der Union getrennt sind. [3]Botschaften, Gesandtschaften und Konsulate anderer Staaten gehören selbst bei bestehender Exterritorialität zum Inland. [4]Das Gleiche gilt für Einrichtungen, die von Truppen anderer Staaten im Inland unterhalten werden. [5]Zum Inland gehört auch der Transitbereich deutscher Flughäfen (vgl. BFH-Urteil vom 03.11.2005, V R 63/02, BStBl. II 2006 S. 337).

(2) [1]Zum Ausland gehören das Drittlandsgebiet (einschließlich der Gebiete, die nach § 1 Abs. 2 Satz 1 UStG vom Inland ausgenommen sind) und das übrige Gemeinschaftsgebiet (vgl. Abschnitt 1.10). [2]Die österreichischen Gemeinden Mittelberg (Kleines Walsertal) und Jungholz in Tirol gehören zum Ausland im Sinne des § 1 Abs. 2 Satz 2 UStG; die Einfuhr in diesen Gebieten unterliegt jedoch der deutschen Einfuhrumsatzsteuer (§ 1 Abs. 1 Nr. 4 UStG).

(3) Als Strandlinie im Sinne des § 1 Abs. 2 Satz 1 UStG gelten die normalen und geraden Basislinien im Sinne der Artikel 5 und 7 des Seerechtsübereinkommens der Vereinten Nationen vom 10.12.1982, das für Deutschland am 16.11.1994 in Kraft getreten ist (BGBl. 1994 II S. 1798, BGBl. 1995 II S. 602).

1.10 Gemeinschaftsgebiet – Drittlandsgebiet

(1) [1]Das Gemeinschaftsgebiet umfasst das Inland der Bundesrepublik Deutschland im Sinne des § 1 Abs. 2 Satz 1 UStG sowie die unionsrechtlichen Inlandsgebiete der übrigen EU-Mitgliedstaaten (übriges Gemeinschaftsgebiet). [2]Zum übrigen Gemeinschaftsgebiet gehören:

---

[1] **Zölle und Verbrauchsteuern** Nr. 1.

- Belgien,
- Bulgarien,
- Dänemark (ohne Grönland und die Färöer),
- Estland,
- Finnland (ohne die Åland-Inseln),
- Frankreich (ohne Guadeloupe, Französisch-Guayana, Martinique, Mayotte, Réunion, Saint-Barthélemy und Saint Martin) zuzüglich des Fürstentums Monaco,
- Griechenland (ohne Berg Athos),
- Irland,
- Italien (ohne Livigno, Campione d'Italia und den zum italienischen Hoheitsgebiet gehörenden Teil des Luganer Sees),
- Kroatien,
- Lettland,
- Litauen,
- Luxemburg,
- Malta,
- Niederlande (ohne das überseeische Gebiet Aruba und ohne die Inseln Curaçao, Sint Maarten, Bonaire, Saba und Sint Eustatius),
- Österreich,
- Polen,
- Portugal (einschließlich Madeira und der Azoren),
- Rumänien,
- Schweden,
- Slowakei,
- Slowenien,
- Spanien (einschließlich Balearen, ohne Kanarische Inseln, Ceuta und Melilla),
- Tschechien,
- Ungarn,
- bis zum 31.12.2020: Vereinigtes Königreich Großbritannien und Nordirland (ohne die überseeischen Länder und Gebiete und die Selbstverwaltungsgebiete der Kanalinseln Jersey und Guernsey) zuzüglich der Insel Man; zum umsatzsteuerrechtlichen Status von Nordirland ab dem 01.01.2021 vgl. Absatz 3,
- Zypern (ohne die Landesteile, in denen die Regierung der Republik Zypern keine tatsächliche Kontrolle ausübt) einschließlich der Hoheitszonen des Vereinigten Königreichs Großbritannien und Nordirland (Akrotiri und Dhekalia) auf Zypern; zu den ab dem 01.01.2021 geltenden Sonderregelungen hinsichtlich der Hoheitszonen vgl. Absatz 3.

(2) [1]Das Drittlandsgebiet umfasst die Gebiete, die nicht zum Gemeinschaftsgebiet gehören, u. a. auch Andorra, Gibraltar, San Marino und den Vatikan. [2]Das Drittlandsgebiet umfasst nach dem 31.12.2020 grundsätzlich auch das Vereinigte Königreich Großbritannien und Nordirland. [3]Zu den ab dem 1.1.2021 geltenden Sonderregelungen vgl. Absatz 3.

(3) [1]Für die Umsatzbesteuerung des Warenverkehrs wird Nordirland auch nach dem 31.12.2020 als zum Gemeinschaftsgebiet zugehörig behandelt. [2]Im

Warenverkehr mit Nordirland finden daher auch nach diesem Zeitpunkt die für den innergemeinschaftlichen Handel geltenden Vorschriften zur Umsatzsteuer Anwendung (vgl. BMF-Schreiben vom 10.12.2020, BStBl. I S. 1370). [3]Nach dem 31.12.2020 ausgeführte Umsätze mit Ursprungs- oder Bestimmungsort in den britischen Hoheitszonen Akrotiri und Dhekelia auf Zypern gelten als Umsätze mit Ursprungs- oder Bestimmungsort in der Republik Zypern.

1.11 Umsätze in Freihäfen usw. (§ 1 Abs. 3 Satz 1 Nr. 1 bis 3 UStG)

(1) Unter § 1 Abs. 3 Satz 1 Nr. 1 UStG fallen z. B. der Verkauf von Tabakwaren aus Automaten in Freizonen im Sinne des Artikels 243 UZK[1)] (Freihäfen) sowie Lieferungen und innergemeinschaftliche Erwerbe von Schiffsausrüstungsgegenständen, Treibstoff und Proviant an private Schiffseigentümer zur Ausrüstung und Versorgung von Wassersportfahrzeugen.

(2) Unter § 1 Abs. 3 Satz 1 Nr. 2 UStG fallen z. B. die Abgabe von Speisen und Getränken zum Verzehr an Ort und Stelle, Beförderungen für private Zwecke, Reparaturen an Wassersportfahrzeugen, die Veranstaltung von Wassersport-Lehrgängen und die Vermietung eines Röntgengerätes an einen Arzt.

(3) [1]Bei Lieferungen und sonstigen Leistungen an juristische Personen des öffentlichen Rechts sowie bei deren innergemeinschaftlichem Erwerb in den bezeichneten Gebieten enthält § 1 Abs. 3 Satz 2 UStG eine Vermutung, dass die Umsätze an diese Personen für ihren hoheitlichen und nicht für ihren unternehmerischen Bereich ausgeführt werden. [2]Der Unternehmer kann jedoch anhand von Aufzeichnungen und Belegen, z. B. durch eine Bescheinigung des Abnehmers, das Gegenteil glaubhaft machen.

1.12 Freihafen-Veredelungsverkehr, Freihafenlagerung und einfuhrumsatzsteuerrechtlich freier Verkehr (§ 1 Abs. 3 Satz 1 Nr. 4 und 5 UStG)

(1) [1]Der Freihafen-Veredelungsverkehr im Sinne von § 12b EUStBV[1)] dient der Veredelung von Unionswaren (Artikel 5 Nr. 23 UZK),[1)] die in einer Freizone im Sinne des Artikels 243 UZK[1)] (Freihafen) bearbeitet oder verarbeitet und anschließend im Inland oder in den österreichischen Gebieten Jungholz und Mittelberg eingeführt werden. [2]Die vorübergehende Lagerung von Unionswaren kann nach § 12a EUStBV im Freihafen zugelassen werden, wenn dort für den Außenhandel geschaffene Anlagen sonst nicht wirtschaftlich ausgenutzt werden können und der Freihafen durch die Lagerung seinem Zweck nicht entfremdet wird. [3]Bei der Einfuhr der veredelten oder vorübergehend gelagerten Gegenstände im Inland oder in den österreichischen Gebieten Jungholz und Mittelberg wird keine Einfuhrumsatzsteuer erhoben.

[1)] **Steuergesetze** Nr. **518** (EUStBV), **Zölle und Verbrauchsteuern** Nr. **1** (UZK), Nr. **455** (EUStBV).

(2) Steuerbare Lieferungen liegen nach § 1 Abs. 3 Satz 1 Nr. 4 Buchstabe a UStG vor, wenn sich der Lieferungsgegenstand im Zeitpunkt der jeweiligen Lieferung in einem zollamtlich bewilligten Freihafen-Veredelungsverkehr oder in einer zollamtlich besonders zugelassenen Freihafenlagerung befindet.

Beispiel:

[1] Der Unternehmer A in Hannover übersendet dem Freihafen-Unternehmer B Rohlinge. [2] Er beauftragt ihn, daraus Zahnräder herzustellen. [3] B versendet die von ihm im Rahmen eines bewilligten Freihafen-Veredelungsverkehrs gefertigten Zahnräder auf Weisung des A an dessen Abnehmer C in Lübeck. [4] Für die Einfuhr wird keine Einfuhrumsatzsteuer erhoben.
[5] Die nach § 3 Abs. 6 UStG im Freihafen bewirkte Lieferung des A an C ist nach § 1 Abs. 3 Satz 1 Nr. 4 Buchstabe a UStG wie eine Lieferung im Inland zu behandeln.

(3) Steuerbare Lieferungen nach § 1 Abs. 3 Satz 1 Nr. 4 Buchstabe a UStG liegen nicht vor, wenn der Lieferungsgegenstand nicht in das Inland gelangt oder wenn die Befreiung von der Einfuhrumsatzsteuer auf anderen Vorschriften als den §§ 12a oder 12b EUStBV[1] beruht.

(4) Durch die Regelung des § 1 Abs. 3 Satz 1 Nr. 4 Buchstabe b UStG werden insbesondere in Abholfällen technische Schwierigkeiten beim Abzug der Einfuhrumsatzsteuer als Vorsteuer vermieden.

Beispiel:

[1] Ein Importeur lässt einen im Freihafen lagernden, aus dem Drittlandsgebiet stammenden Gegenstand bei einer vorgeschobenen Zollstelle (§ 21 Abs. 2a UStG) in den freien Verkehr überführen (Artikel 201 UZK).[1] [2] Anschließend veräußert er den Gegenstand. [3] Der Abnehmer holt den Gegenstand im Freihafen ab und verbringt ihn in das Inland.
[4] Die Lieferung des Importeurs unterliegt nach § 1 Abs. 3 Satz 1 Nr. 4 Buchstabe b UStG der Umsatzsteuer. [5] Er kann die entstandene Einfuhrumsatzsteuer nach § 15 Abs. 1 Satz 1 Nr. 2 UStG als Vorsteuer abziehen. [6] Der Abnehmer ist unter den Voraussetzungen des § 15 UStG zum Vorsteuerabzug berechtigt.

(5) [1] Unter § 1 Abs. 3 Satz 1 Nr. 5 UStG fallen insbesondere die sonstigen Leistungen des Veredelers, des Lagerhalters und des Beförderungsunternehmers im Rahmen eines zollamtlich bewilligten Freihafen-Veredelungsverkehrs oder einer zollamtlich besonders zugelassenen Freihafenlagerung. [2] Beförderungen der veredelten Gegenstände aus dem Freihafen in das Inland sind deshalb insgesamt steuerbar und auf Grund des § 4 Nr. 3 Satz 1 Buchstabe a Doppelbuchstabe bb Satz 2 UStG auch insgesamt steuerpflichtig.

Zu § 1a UStG

1a.1 Innergemeinschaftlicher Erwerb[2]

(1) [1] Ein innergemeinschaftlicher Erwerb setzt insbesondere voraus, dass an den Erwerber eine Lieferung ausgeführt wird und der Gegenstand dieser Lieferung aus dem Gebiet eines EU-Mitgliedstaates in das Gebiet eines anderen EU-Mitgliedstaates oder aus dem übrigen Gemeinschaftsgebiet in die in § 1 Abs. 3 UStG bezeichneten Gebiete gelangt. [2] Zum Begriff Gegenstand vgl. Abschnitt 3.1 Abs. 1. [3] Ein Gegenstand gelangt aus dem Gebiet eines EU-Mit-

[1] Zum Vorsteuerabzug vgl. A 15.10 Abs. 2 und 3 UStAE.
[2] **Steuergesetze** Nr. **518** (EUStBV), **Zölle und Verbrauchsteuern** Nr. **1** (UZK), Nr. **455** (EUStBV).

gliedstaates in das Gebiet eines anderen EU-Mitgliedstaates, wenn die Beförderung oder Versendung durch den Lieferer oder durch den Abnehmer im Gebiet des einen EU-Mitgliedstaates beginnt und im Gebiet des anderen EU-Mitgliedstaates endet. [4]Dies gilt auch dann, wenn die Beförderung oder Versendung im Drittlandsgebiet beginnt und der Gegenstand im Gebiet eines EU-Mitgliedstaates der Einfuhrumsatzsteuer unterworfen wird, bevor er in das Gebiet des anderen EU-Mitgliedstaates gelangt. [5]Kein Fall des innergemeinschaftlichen Erwerbs liegt demnach vor, wenn die Ware aus einem Drittland im Wege der Durchfuhr durch das Gebiet eines anderen EU-Mitgliedstaates in das Inland gelangt und erst hier einfuhrumsatzsteuerrechtlich zur Überlassung zum freien Verkehr abgefertigt wird. [6]Als innergemeinschaftlicher Erwerb gegen Entgelt gilt auch das innergemeinschaftliche Verbringen eines Gegenstands in das Inland (vgl. Abschnitt 1a.2). [7]Bei der Lieferung von Gas über das Erdgasnetz und von Elektrizität liegt kein innergemeinschaftlicher Erwerb und kein innergemeinschaftliches Verbringen vor (vgl. Abschnitt 3g.1 Abs. 6). [8]Zur Bemessungsgrundlage eines innergemeinschaftlichen Erwerbs von werthaltigen Abfällen vgl. Abschnitt 10.5 Abs. 2.

(2) [1]Ein innergemeinschaftlicher Erwerb ist bei einem Unternehmer, der ganz oder zum Teil zum Vorsteuerabzug berechtigt ist, unabhängig von einer Erwerbsschwelle steuerbar. [2]Bei

a) einem Unternehmer, der nur steuerfreie Umsätze ausführt, die zum Ausschluss vom Vorsteuerabzug führen;
b) einem Unternehmer, für dessen Umsätze Umsatzsteuer nach § 19 Abs. 1 UStG nicht erhoben wird;
c) einem Unternehmer, der den Gegenstand zur Ausführung von Umsätzen verwendet, für die die Steuer nach den Durchschnittssätzen des § 24 UStG festgesetzt ist; oder
d) einer juristischen Person des öffentlichen oder privaten Rechts, die nicht Unternehmer ist oder den Gegenstand nicht für ihr Unternehmen erwirbt;

liegt ein steuerbarer innergemeinschaftlicher Erwerb nur vor, wenn der Gesamtbetrag der innergemeinschaftlichen Erwerbe nach § 1a Abs. 1 Nr. 1 und Abs. 2 UStG aus allen EU-Mitgliedstaaten mit Ausnahme der Erwerbe neuer Fahrzeuge und verbrauchsteuerpflichtiger Waren über der Erwerbsschwelle von 12 500 € liegt oder wenn nach § 1a Abs. 4 UStG zur Erwerbsbesteuerung optiert wird. [3]Bei dem in Satz 2 genannten Personenkreis unterliegt der innergemeinschaftliche Erwerb neuer Fahrzeuge und verbrauchsteuerpflichtiger Waren unabhängig von der Erwerbsschwelle stets der Erwerbsbesteuerung. [4]Liegen die Voraussetzungen der Sätze 2 und 3 nicht vor, ist die Besteuerung des Lieferers zu prüfen (vgl. Abschnitt 3c.1). [5]Wurde die Erwerbsschwelle im vorangegangenen Kalenderjahr nicht überschritten und ist zu erwarten, dass sie auch im laufenden Kalenderjahr nicht überschritten wird, kann die Erwerbsbesteuerung unterbleiben, auch wenn die tatsächlichen innergemeinschaftlichen Erwerbe im Laufe des Kalenderjahres die Grenze von 12 500 € überschreiten. [6]Der Erwerber kann auf die Anwendung der Erwerbsschwelle verzichten; als Verzicht gilt auch die Verwendung einer dem Erwerber erteilten USt-IdNr. gegenüber dem Lieferer. [7]Der Verzicht bindet den Erwerber mindestens für zwei Kalenderjahre. [8]Bei einem Verzicht auf die Anwendung der Erwerbsschwelle unterliegt der Erwerb in jedem Fall der Erwerbsbesteuerung nach § 1a Abs. 1 und 2 UStG.

(3) [1]Juristische Personen des öffentlichen Rechts haben grundsätzlich alle in ihrem Bereich vorgenommenen innergemeinschaftlichen Erwerbe zusammenzufassen. [2]Bei den Gebietskörperschaften Bund und Länder können auch einzelne Organisationseinheiten (z.B. Ressorts, Behörden, Ämter) für ihre innergemeinschaftlichen Erwerbe als Steuerpflichtige behandelt werden. [3]Dabei wird aus Vereinfachungsgründen davon ausgegangen, dass die Erwerbsschwelle überschritten ist. [4]In diesem Fall können die einzelnen Organisationseinheiten eine eigene USt-IdNr. erhalten (vgl. Abschnitt 27a.1 Abs. 3).

(4)[1)] Im Falle der dezentralen Besteuerung von Organisationseinheiten der Gebietskörperschaften Bund bzw. Länder (§ 18 Abs. 4f und 4g UStG) gilt die Erwerbsschwelle als überschritten (§ 18 Abs. 4f Satz 6 UStG).

1a.2 Innergemeinschaftliches Verbringen

Allgemeines

(1) [1]Das innergemeinschaftliche Verbringen eines Gegenstands gilt unter den Voraussetzungen des § 3 Abs. 1a UStG als Lieferung und unter den entsprechenden Voraussetzungen des § 1a Abs. 2 UStG als innergemeinschaftlicher Erwerb gegen Entgelt. [2]Satz 1 gilt nicht in den Fällen des § 6b Abs. 1 UStG. [3]Ein innergemeinschaftliches Verbringen liegt vor, wenn ein Unternehmer

- einen Gegenstand seines Unternehmens aus dem Gebiet eines EU-Mitgliedstaates (Ausgangsmitgliedstaat) zu seiner Verfügung in das Gebiet eines anderen EU-Mitgliedstaates (Bestimmungsmitgliedstaat) befördert oder versendet und
- den Gegenstand im Bestimmungsmitgliedstaat nicht nur vorübergehend verwendet.

[4]Der Unternehmer gilt im Ausgangsmitgliedstaat als Lieferer, im Bestimmungsmitgliedstaat als Erwerber.

(2) [1]Ein innergemeinschaftliches Verbringen, bei dem der Gegenstand vom Inland in das Gebiet eines anderen EU-Mitgliedstaates gelangt, ist nach § 3 Abs. 1a UStG einer Lieferung gegen Entgelt gleichgestellt. [2]Diese Lieferung gilt nach § 6a Abs. 2 UStG als innergemeinschaftliche Lieferung, die unter den weiteren Voraussetzungen des § 6a UStG nach § 4 Nr. 1 Buchstabe b UStG steuerfrei ist. [3]Ein innergemeinschaftliches Verbringen, bei dem der Gegenstand aus dem übrigen Gemeinschaftsgebiet in das Inland gelangt, gilt nach § 1a Abs. 2 UStG als innergemeinschaftlicher Erwerb gegen Entgelt. [4]Lieferung und innergemeinschaftlicher Erwerb sind nach dem Einkaufspreis zuzüglich der Nebenkosten für den Gegenstand oder mangels eines Einkaufspreises nach den Selbstkosten, jeweils zum Zeitpunkt des Umsatzes und ohne

---

1) A 1a.1 UStAE Abs. 4 angef. durch BMF v. 22.5.2023, BStBl. I 2023, 803, erstmals anzuwenden auf Besteuerungszeiträume, die nicht der Erklärung nach § 27 Abs. 22 Satz 3 UStG unterliegen; weitere Anwendungsregelung siehe Anlage 8.

Umsatzsteuer, zu bemessen (§ 10 Abs. 4 Satz 1 Nr. 1 UStG). [5]§ 3c UStG ist bei einem innergemeinschaftlichen Verbringen nicht anzuwenden.

Voraussetzungen

(3) [1]Ein Verbringen ist innergemeinschaftlich, wenn der Gegenstand auf Veranlassung des Unternehmers vom Ausgangsmitgliedstaat in den Bestimmungsmitgliedstaat gelangt. [2]Es ist unerheblich, ob der Unternehmer den Gegenstand selbst befördert oder ob er die Beförderung durch einen selbständigen Beauftragten ausführen oder besorgen lässt.

(4) [1]Ein innergemeinschaftliches Verbringen setzt voraus, dass der Gegenstand im Ausgangsmitgliedstaat bereits dem Unternehmen zugeordnet war und sich bei Beendigung der Beförderung oder Versendung im Bestimmungsmitgliedstaat weiterhin in der Verfügungsmacht des Unternehmers befindet. [2]Diese Voraussetzung ist insbesondere dann erfüllt, wenn der Gegenstand von dem im Ausgangsmitgliedstaat gelegenen Unternehmensteil erworben, hergestellt oder in diesen EU-Mitgliedstaat eingeführt, zur Verfügung des Unternehmers in den Bestimmungsmitgliedstaat verbracht und anschließend von dem dort gelegenen Unternehmensteil auf Dauer verwendet oder verbraucht wird.

Beispiel:

[1]Der französische Unternehmer F verbringt eine Maschine aus seinem Unternehmen in Frankreich in seinen Zweigbetrieb nach Deutschland, um sie dort auf Dauer einzusetzen. [2]Der deutsche Zweigbetrieb kauft in Deutschland Heizöl und verbringt es in die französische Zentrale, um damit das Bürogebäude zu beheizen.

[3]F bewirkt mit dem Verbringen der Maschine nach § 1a Abs. 2 UStG einen innergemeinschaftlichen Erwerb in Deutschland. [4]Das Verbringen des Heizöls ist in Deutschland eine innergemeinschaftliche Lieferung im Sinne des § 3 Abs. 1a i. V. m. § 6a Abs. 2 UStG.

(5) [1]Weitere Voraussetzung ist, dass der Gegenstand zu einer nicht nur vorübergehenden Verwendung durch den Unternehmer in den Bestimmungsmitgliedstaat gelangt. [2]Diese Voraussetzung ist immer dann erfüllt, wenn der Gegenstand in dem dort gelegenen Unternehmensteil entweder dem Anlagevermögen zugeführt oder als Roh-, Hilfs- oder Betriebsstoff verarbeitet oder verbraucht wird.

(6) [1]Eine nicht nur vorübergehende Verwendung liegt auch dann vor, wenn der Unternehmer den Gegenstand mit der konkreten Absicht in den Bestimmungsmitgliedstaat verbringt, ihn dort (unverändert) an einen noch nicht feststehenden Abnehmer weiterzuliefern. [2]In den vorgenannten Fällen ist es nicht erforderlich, dass der Unternehmensteil im Bestimmungsmitgliedstaat die abgabenrechtlichen Voraussetzungen einer Betriebsstätte (vgl. Abschnitt 3a.1 Abs. 3) erfüllt. [3]Verbringt der Unternehmer Gegenstände zum Zweck des Verkaufs außerhalb einer Betriebsstätte in den Bestimmungsmitgliedstaat und gelangen die nicht verkauften Waren unmittelbar anschließend wieder in den Ausgangsmitgliedstaat zurück, kann das innergemeinschaftliche Verbringen aus Vereinfachungsgründen auf die tatsächlich verkaufte Warenmenge beschränkt werden.

Beispiel:

[1]Der niederländische Blumenhändler N befördert im eigenen Lkw Blumen nach Köln, um sie dort auf dem Wochenmarkt zu verkaufen. [2]Die nicht verkauften Blumen nimmt er am selben Tag wieder mit zurück in die Niederlande.

[3]N bewirkt in Bezug auf die verkauften Blumen einen innergemeinschaftlichen Erwerb nach § 1a Abs. 2 UStG in Deutschland. [4]Er hat den Verkauf der Blumen als Inlandslieferung zu versteuern. [5]Das Verbringen der nicht verkauften Blumen ins Inland muss nicht als innergemeinschaftlicher Erwerb im Sinne des § 1a Abs. 2 UStG, das Zurückverbringen der nicht verkauften Blumen nicht als innergemeinschaftliche Lieferung im Sinne des § 3 Abs. 1a in Verbindung mit § 6a Abs. 2 UStG behandelt werden.

[4]Steht der Abnehmer bei der im übrigen Gemeinschaftsgebiet beginnenden Beförderung oder Versendung bereits fest, liegt kein innergemeinschaftliches Verbringen, sondern eine Beförderungs- oder Versendungslieferung vor, die grundsätzlich mit Beginn der Beförderung oder Versendung im übrigen Gemeinschaftsgebiet als ausgeführt gilt (§ 3 Abs. 6 Satz 1 UStG). [5]Hiervon ist auszugehen, wenn der Abnehmer die Ware bei Beginn der Beförderung oder Versendung bereits verbindlich bestellt oder bezahlt hat (vgl. BFH-Urteil vom 16.11.2016, V R 1/16, BStBl. II 2017 S. 1079) und § 6b UStG bereits dem Grunde nach keine Anwendung findet bzw. von Seiten des liefernden Unternehmers und späteren Erwerbers § 6b UStG keine Anwendung finden soll. [6]In diesem Fall steht es der Annahme einer Beförderungs- oder Versendungslieferung nicht entgegen, wenn

- die Ware von dem mit der Versendung Beauftragten zunächst in ein inländisches Lager des Lieferanten gebracht und erst nach Eingang der Zahlung durch eine Freigabeerklärung des Lieferanten an den Abnehmer („shipment on hold") herausgegeben wird (vgl. BFH-Urteil vom 30.07.2008, XI R 67/07, BStBl. II 2009 S. 552), oder
- [1]die Ware kurzzeitig (für einige Tage oder Wochen) in einem auf Initiative des Abnehmers eingerichteten Auslieferungs- oder Konsignationslager im Inland, welches nicht in den Anwendungsbereich der Konsignationslagerregelung nach § 6b UStG fällt, zwischengelagert wird und der Abnehmer vertraglich ein uneingeschränktes Zugriffsrecht auf die Ware hat (vgl. BFH-Urteil vom 20.10.2016, V R 31/15, BStBl. II 2017 S. 1076). [2]Es liegt dann nur eine kurze Unterbrechung, aber kein Abbruch der begonnenen Beförderung oder Versendung vor.

[7]Ein im Zeitpunkt des Beginns der Beförderung oder Versendung nur wahrscheinlicher Abnehmer ohne tatsächliche Abnahmeverpflichtung ist nicht einem zu diesem Zeitpunkt bereits feststehenden Abnehmer gleichzustellen (vgl. BFH-Urteil vom 20.10.2016, V R 31/15, a. a. O.). [8]In derartigen Fällen stellt die Einlagerung von Ware aus dem übrigen Gemeinschaftsgebiet in ein inländisches Auslieferungs- oder Konsignationslager ein innergemeinschaftliches Verbringen durch den liefernden Unternehmer im Sinne des § 1a Abs. 2 UStG dar. [9]Die Lieferung an den Abnehmer findet in derartigen Fällen erst mit der Entnahme der Ware aus dem Lager statt und ist folglich im Inland steuerbar. [10]Die Sätze 4, 5, 7 und 8 finden bei Anwendung der Konsignationslagerregelung nach § 6b UStG keine Anwendung.

(7) [1]Bei der Verkaufskommission liegt zwar eine Lieferung des Kommittenten an den Kommissionär erst im Zeitpunkt der Lieferung des Kommis-

sionsguts an den Abnehmer vor (vgl. BFH-Urteil vom 25.11.1986, V R 102/78, BStBl. II 1987 S. 278). [2]Gelangt das Kommissionsgut bei der Zurverfügungstellung an den Kommissionär vom Ausgangs- in den Bestimmungsmitgliedstaat, kann die Lieferung des Kommittenten an den Kommissionär jedoch nach dem Sinn und Zweck der Regelung bereits zu diesem Zeitpunkt als erbracht angesehen werden. [3]Gleichzeitig ist demnach der innergemeinschaftliche Erwerb beim Kommissionär der Besteuerung zu unterwerfen. [4]Die Sätze 1 bis 3 gelten nicht in den Fällen des § 6b UStG.

(8) Bei einer grenzüberschreitenden Organschaft (vgl. Abschnitt 2.9) sind Warenbewegungen zwischen den im Inland und den im übrigen Gemeinschaftsgebiet gelegenen Unternehmensteilen Lieferungen, die beim liefernden inländischen Unternehmensteil nach § 3 Abs. 1 i. V.m. § 6a Abs. 1 UStG, beim erwerbenden inländischen Unternehmensteil nach § 1a Abs. 1 Nr. 1 UStG zu beurteilen sind.

Ausnahmen

(9) [1]Nach dem Wortlaut der gesetzlichen Vorschriften ist das Verbringen zu einer nur vorübergehenden Verwendung von der Lieferungs- und Erwerbsfiktion ausgenommen. [2]Diese Ausnahmeregelung ist unter Beachtung von Artikel 17 und 23 MwStSystRL[1)] auszulegen. [3]Danach liegt kein innergemeinschaftliches Verbringen vor, wenn die Verwendung des Gegenstands im Bestimmungsmitgliedstaat

– ihrer Art nach nur vorübergehend ist (vgl. Absätze 10 und 11) oder
– befristet ist (vgl. Absätze 12 und 13).

Der Art nach vorübergehende Verwendung

(10) Eine ihrer Art nach vorübergehende Verwendung liegt in folgenden Fällen vor:

1. [1]Der Unternehmer verwendet den Gegenstand bei einer Werklieferung, die im Bestimmungsmitgliedstaat steuerbar ist. [2]Es ist gleichgültig, ob der Gegenstand Bestandteil der Lieferung wird und im Bestimmungsmitgliedstaat verbleibt oder ob er als Hilfsmittel verwendet wird und später wieder in den Ausgangsmitgliedstaat zurückgelangt.

   Beispiel 1:

   [1]Der deutsche Bauunternehmer D errichtet in Frankreich ein Hotel. [2]Er verbringt zu diesem Zweck Baumaterial und einen Baukran an die Baustelle. [3]Der Baukran gelangt nach Fertigstellung des Hotels nach Deutschland zurück.

   [4]Das Verbringen des Baumaterials und des Baukrans ist keine innergemeinschaftliche Lieferung im Sinne des § 3 Abs. 1a und § 6a Abs. 2 UStG. [5]Beim Zurückgelangen des Baukrans in das Inland liegt ein innergemeinschaftlicher Erwerb im Sinne des § 1a Abs. 2 UStG nicht vor.

2. Der Unternehmer verbringt den Gegenstand im Rahmen oder in unmittelbarem Zusammenhang mit einer sonstigen Leistung in den Bestimmungsmitgliedstaat.

1) **Steuergesetze** Nr. **550, Zölle und Verbrauchsteuern** Nr. **400.**

Beispiel 2:

a) Der deutsche Unternehmer D vermietet eine Baumaschine an den niederländischen Bauunternehmer N und verbringt die Maschine zu diesem Zweck in die Niederlande.

b) Der französische Gärtner F führt im Inland Baumschneidearbeiten aus und verbringt zu diesem Zweck Arbeitsmaterial und Leitern in das Inland.

In beiden Fällen ist ein innergemeinschaftliches Verbringen nicht anzunehmen (vgl. zu Buchstabe a BFH-Urteil vom 21.05.2014, V R 34/13, BStBl. II S. 914).

3. Der Unternehmer lässt an dem Gegenstand im Bestimmungsmitgliedstaat eine sonstige Leistung (z. B. Reparatur) ausführen und der reparierte Gegenstand gelangt wieder in den Ausgangsstaat zurück (vgl. EuGH-Urteil vom 06.03.2014, C-606/12 und C-607/12, Dresser-Rand).[1)]
4. Der Unternehmer überlässt einen Gegenstand an eine Arbeitsgemeinschaft als Gesellschafterbeitrag und verbringt den Gegenstand dazu in den Bestimmungsmitgliedstaat.

(11) [1]Bei einer ihrer Art nach vorübergehenden Verwendung kommt es auf die Dauer der tatsächlichen Verwendung des Gegenstands im Bestimmungsmitgliedstaat nicht an. [2]Geht der Gegenstand unter, nachdem er in den Bestimmungsmitgliedstaat gelangt ist, gilt er in diesem Zeitpunkt als geliefert. [3]Das Gleiche gilt, wenn zunächst eine ihrer Art nach vorübergehende Verwendung vorlag, der Gegenstand aber dann im Bestimmungsmitgliedstaat veräußert wird (z. B. wenn ein Gegenstand zunächst vermietet und dann verkauft wird; vgl. BFH-Urteil vom 21.05.2014, V R 34/13, BStBl. II S. 914).

Befristete Verwendung

(12) [1]Von einer befristeten Verwendung ist auszugehen, wenn der Unternehmer einen Gegenstand in den Bestimmungsmitgliedstaat im Rahmen eines Vorgangs verbringt, für den bei einer entsprechenden Einfuhr im Inland wegen vorübergehender Verwendung eine vollständige Befreiung von den Einfuhrabgaben bestehen würde. [2]Die zu der zoll- und einfuhrumsatzsteuerrechtlichen Abgabenbefreiung erlassenen Rechts- und Verwaltungsvorschriften sind entsprechend anzuwenden. [3]Dies gilt insbesondere für

- Artikel 250 bis 253 UZK[2)] und
- Artikel 161 bis 183 und 204 bis 238 UZK-DA[3)] sowie Artikel 258 bis 271, 322 und 323 UZK-IA.[3)]

[4]Die Höchstdauer der Verwendung (Verwendungsfrist) ist danach grundsätzlich auf 24 Monate festgelegt (Artikel 251 Abs. 2 UZK); für bestimmte Gegenstände gelten kürzere Verwendungsfristen. [5]Fälle der vorübergehenden Verwendung mit einer Verwendungsfrist von 24 Monaten sind z. B. die Verwendung von

- Paletten (Artikel 208 und 209 UZK-DA sowie Artikel 322 Abs. 2 UZK-IA);

[1)] MwStR 2014, 237.
[2)] **Zölle und Verbrauchsteuern** Nr. **1**.
[3)] **Zölle und Verbrauchsteuern** Nr. **4** (UZK-DA) bzw. **8** (UZK-IA).

- Container (Artikel 210 und 211 UZK-DA sowie Artikel 322 Abs. 3 UZK-IA);
- persönlichen Gebrauchsgegenständen und zu Sportzwecken verwendeten Waren (Artikel 219 UZK-DA);
- Betreuungsgut für Seeleute (Artikel 220 UZK-DA);
- Material für Katastropheneinsätze (Artikel 221 UZK-DA);
- medizinisch-chirurgischer und labortechnischer Ausrüstung (Artikel 222 UZK-DA);
- lebenden Tieren (Artikel 223 UZK-DA);
- in Grenzzonen verwendeten Waren im Sinne des Artikels 224 UZK-DA;
- Waren, die als Träger von Ton, Bild oder Informationen der Datenverarbeitung dienen oder ausschließlich zur Werbung verwendet werden (Artikel 225 UZK-DA);
- Berufsausrüstung (Artikel 226 UZK-DA);
- pädagogischem Material und wissenschaftlichem Gerät (Artikel 227 UZK-DA);
- Umschließungen (Artikel 228 UZK-DA);
- Formen, Matrizen, Klischees, Zeichnungen, Modellen, Geräten zum Messen, Überprüfen oder Überwachen und ähnlicher Gegenstände (Artikel 229 UZK-DA);
- Spezialwerkzeugen und -instrumenten (Artikel 230 UZK-DA);
- Waren, die Gegenstand von Tests, Experimenten oder Vorführungen sind (Artikel 231 Buchstabe a UZK-DA), sowie Waren, die im Rahmen eines Kaufvertrags einer Erprobung unterzogen werden (Artikel 231 Buchstabe b UZK-DA);
- Mustern in angemessenen Mengen, die ausschließlich zu Vorführ- und Ausstellungszwecken verwendet werden (Artikel 232 UZK-DA);
- Waren, die im Rahmen einer öffentlich zugänglichen Veranstaltung ausgestellt oder verwendet oder auf einer solchen Veranstaltung aus in das Verfahren der vorübergehenden Verwendung übergeführten Waren gewonnen werden (Artikel 234 Abs. 1 UZK-DA);
- Kunstgegenständen, Sammlungsstücken und Antiquitäten, die ausgestellt und gegebenenfalls verkauft werden, sowie anderer als neu hergestellter Waren, die im Hinblick auf ihre Versteigerung eingeführt wurden (Artikel 234 Abs. 3 UZK-DA);
- Ersatzteilen, Zubehör und Ausrüstungen, die für Zwecke der Ausbesserung, Wartungsarbeiten und Maßnahmen zum Erhalt für in das Verfahren der vorübergehenden Verwendung übergeführte Waren verwendet werden (Artikel 235 UZK-DA).

[6] Eine Verwendungsfrist von 18 Monaten gilt für zum eigenen Gebrauch verwendete Beförderungsmittel der See- und Binnenschifffahrt (Artikel 217 Buchstabe e UZK-DA).
[7] Eine Verwendungsfrist von 12 Monaten gilt für Schienenbeförderungsmittel (Artikel 217 Buchstabe a UZK-DA) sowie für Container, deren Ausrüstung und Zubehör (Artikel 217 Buchstabe f UZK-DA).
[8] Eine Verwendungsfrist von 6 Monaten gilt u. a. für

- Straßenbeförderungsmittel und Beförderungsmittel des Luftverkehrs, die jeweils zum eigenen Gebrauch verwendet werden (Artikel 217 Buchstaben c und d UZK-DA);
- Waren, die zur Durchführung von Tests, Experimenten oder Vorführungen ohne Gewinnabsicht verwendet werden (Artikel 231 Buchstabe c UZK-DA);
- Austauschproduktionsmittel, die einem Kunden vom Lieferanten oder Ausbesserer bis zur Lieferung oder Reparatur gleichartiger Waren vorübergehend zur Verfügung gestellt werden (Artikel 233 UZK-DA);
- Waren, die einer Person in der Union vom Eigentümer der Waren zur Ansicht geliefert werden, wobei diese Person das Recht hat, die Waren nach Ansicht zu erwerben (Artikel 234 Abs. 2 UZK-DA).

(13) [1] Werden die in Absatz 12 bezeichneten Verwendungsfristen überschritten, ist im Zeitpunkt des Überschreitens ein innergemeinschaftliches Verbringen mit den sich aus § 1a Abs. 2 und § 3 Abs. 1a UStG ergebenden Wirkungen anzunehmen. [2] Entsprechendes gilt, wenn der Gegenstand innerhalb der Verwendungsfrist untergeht oder veräußert (geliefert) wird. [3] Das Zurückgelangen des Gegenstands in den Ausgangsmitgliedstaat nach einer befristeten Verwendung ist umsatzsteuerrechtlich unbeachtlich.

(14) *(aufgehoben)*

Belegaustausch und Aufzeichnungspflichten

(15) Wegen des Belegaustauschs und der Aufzeichnungspflichten in Fällen des innergemeinschaftlichen Verbringens vgl. Abschnitte 14a.1 Abs. 5 und 22.3 Abs. 1.

Zu § 1b UStG

1b.1 Innergemeinschaftlicher Erwerb neuer Fahrzeuge

[1] Der entgeltliche innergemeinschaftliche Erwerb eines neuen Fahrzeugs unterliegt auch bei Privatpersonen, nichtunternehmerisch tätigen Personenvereinigungen und Unternehmern, die das Fahrzeug für ihren nichtunternehmerischen Bereich beziehen, der Besteuerung. [2] Fahrzeuge im Sinne des § 1b UStG sind zur Personen- oder Güterbeförderung bestimmte Wasserfahrzeuge, Luftfahrzeuge und motorbetriebene Landfahrzeuge, die die in § 1b Abs. 2 UStG bezeichneten Merkmale aufweisen. [3] Zu den Landfahrzeugen gehören insbesondere Personenkraftwagen, Lastkraftwagen, Motorräder, Motorroller, Mopeds, sog. Pocket-Bikes (vgl. BFH-Urteil vom 27.02.2014, V R 21/11, BStBl. II S. 501), motorbetriebene Wohnmobile und Caravans sowie landwirtschaftliche Zugmaschinen. [4] Die straßenverkehrsrechtliche Zulassung ist nicht erforderlich. [5] Keine Landfahrzeuge sind dagegen Wohnwagen, Packwagen und andere Anhänger ohne eigenen Motor, die nur von Kraftfahrzeugen mitgeführt werden können, sowie selbstfahrende Arbeitsmaschinen, die nach ihrer Bauart oder ihren besonderen, mit dem Fahrzeug fest verbundenen Einrichtungen nicht zur Beförderung von Personen oder Gütern bestimmt und geeignet sind. [6] Ein Fahrzeug im Sinne des § 1b Abs. 2 UStG ist neu, wenn ein Merkmal des § 1b Abs. 3 UStG erfüllt ist. [7] Der maßgebende Beurteilungs-

zeitpunkt ist der Zeitpunkt der Lieferung im übrigen Gemeinschaftsgebiet und nicht der Zeitpunkt des Erwerbs im Inland (vgl. EuGH-Urteil vom 18.11.2010, C-84/09, X).[1] [8]Als erste Inbetriebnahme eines Fahrzeugs ist die erste Nutzung zur Personen- oder Güterbeförderung zu verstehen; bei Fahrzeugen, die einer Zulassung bedürfen, ist grundsätzlich davon auszugehen, dass der Zeitpunkt der Zulassung mit dem Zeitpunkt der ersten Inbetriebnahme identisch ist.

Zu § 1c UStG

1c.1 Ausnahme vom innergemeinschaftlichen Erwerb bei diplomatischen Missionen usw. (§ 1c Abs. 1 UStG)[2]

[1]Ständige diplomatische Missionen und berufskonsularische Vertretungen, zwischenstaatliche Einrichtungen, Streitkräfte anderer Vertragsparteien des Nordatlantikvertrags und im Inland stationierte Streitkräfte anderer Mitgliedstaaten, die an einer Verteidigungsanstrengung teilnehmen, die zur Durchführung einer Tätigkeit der Union im Rahmen der Gemeinsamen Sicherheits- und Verteidigungspolitik unternommen wird, sind nach Maßgabe des § 1c Abs. 1 UStG vom innergemeinschaftlichen Erwerb nach § 1a UStG ausgenommen. [2]Diese Einrichtungen werden nicht dem in § 1a Abs. 1 Nr. 2 UStG genannten Personenkreis zugeordnet. [3]Dies hat zur Folge, dass

- diesen Einrichtungen grundsätzlich keine USt-IdNr. zu erteilen ist,
- bei Lieferungen aus anderen EU-Mitgliedstaaten an diese Einrichtungen der Ort der Lieferung unter den Voraussetzungen des § 3c UStG in das Inland verlagert wird und
- diese Einrichtungen nur beim innergemeinschaftlichen Erwerb eines neuen Fahrzeugs der Erwerbsbesteuerung nach § 1b UStG unterliegen.

[4]Soweit die genannten Einrichtungen Unternehmer im Sinne des § 2 UStG sind und den Gegenstand für ihr Unternehmen erwerben, ist die Ausnahmeregelung des § 1c Abs. 1 UStG nicht anzuwenden.

Zu § 2 UStG

2.1 Unternehmer

Allgemeines

(1) [1]Natürliche und juristische Personen sowie Personenzusammenschlüsse können Unternehmer sein. [2]Unternehmer ist jedes selbständig tätige Wirtschaftsgebilde, das nachhaltig Leistungen gegen Entgelt ausführt (vgl. BFH-Urteil vom 04.07.1956, V 56/55 U, BStBl. III S. 275) oder die durch objektive Anhaltspunkte belegte Absicht hat, eine unternehmerische Tätigkeit gegen Entgelt und selbständig auszuüben und erste Investitionsausgaben für diesen Zweck tätigt (vgl. BFH-Urteile vom 22.02.2001, V R 77/96, BStBl. II 2003 S. 426, und vom 08.03.2001, V R 24/98, BStBl. II 2003 S. 430). [3]Da-

---

[1] IStR 2010, 910.

[2] Zu steuerfreien Lieferungen an zwischenstaatliche Einrichtungen vgl. § 4 Nr. 7 UStG und A 4.7.1 UStAE.

bei kommt es weder auf die Rechtsform noch auf die Rechtsfähigkeit des Leistenden an (vgl. BFH-Urteil vom 21.04.1994, V R 105/91, BStBl. II S. 671). [4]Auch eine Personenvereinigung, die nur gegenüber ihren Mitgliedern tätig wird, kann z.B. mit der entgeltlichen Überlassung von Gemeinschaftsanlagen unternehmerisch tätig sein (vgl. BFH-Urteil vom 28.11.2002, V R 18/01, BStBl. II 2003 S. 443).

Gesellschaften und Gemeinschaften

(2) [1]Für die Unternehmereigenschaft einer Personengesellschaft ist es unerheblich, ob ihre Gesellschafter Mitunternehmer im Sinne des § 15 Abs. 1 Nr. 2 EStG sind (vgl. BFH-Urteil vom 18.12.1980, V R 142/73, BStBl. II 1981 S. 408). [2]Unternehmer kann auch eine Bruchteilsgemeinschaft sein.[1)] [3]Vermieten Ehegatten mehrere in ihrem Bruchteilseigentum stehende Grundstücke, ist die jeweilige Bruchteilsgemeinschaft ein gesonderter Unternehmer, wenn auf Grund unterschiedlicher Beteiligungsverhältnisse im Vergleich mit den anderen Bruchteilsgemeinschaften eine einheitliche Willensbildung nicht gewährleistet ist (vgl. BFH-Urteile vom 25.03.1993, V R 42/89, BStBl. II S. 729, und vom 29.04.1993, V R 38/89, BStBl. II S. 734). [4]Ob der Erwerber eines Miteigentumsanteils eines vermieteten Grundstücks Unternehmer ist oder nicht, hängt von der Art der Überlassung seines Miteigentumsanteils an die Gemeinschaft ab. [5]Die zivilrechtliche Stellung als Mitvermieter ist für die Unternehmereigenschaft allein nicht ausreichend (vgl. BFH-Urteil vom 27.06.1995, V R 36/94, BStBl. II S. 915). [6]Überträgt ein Vermietungsunternehmer das Eigentum an dem vermieteten Grundstück zur Hälfte auf seinen Ehegatten, ist nunmehr allein die neu entstandene Bruchteilsgemeinschaft Unternehmer (vgl. BFH-Urteil vom 06.09.2007, V R 41/05, BStBl. II 2008 S. 65).

Leistender

(3) [1]Wem eine Leistung als Unternehmer zuzurechnen ist, richtet sich danach, wer dem Leistungsempfänger gegenüber als Schuldner der Leistung auftritt. [2]Dies ergibt sich regelmäßig aus den abgeschlossenen zivilrechtlichen Vereinbarungen. [3]Leistender ist in der Regel derjenige, der die Lieferungen oder sonstigen Leistungen im eigenen Namen gegenüber einem anderen selbst oder durch einen Beauftragten ausführt. [4]Ob eine Leistung dem Handelnden oder einem anderen zuzurechnen ist, hängt grundsätzlich davon ab, ob der Handelnde gegenüber Dritten im eigenen Namen oder berechtigterweise im Namen eines anderen bei Ausführung entgeltlicher Leistungen aufgetreten ist. [5]Somit ist ein sog. Strohmann, der im eigenen Namen Gegenstände verkauft und dem Abnehmer die Verfügungsmacht einräumt, umsatzsteuerrechtlich Leistender (vgl. BFH-Urteil vom 28.01.1999, V R 4/98, BStBl. II S. 628, und BFH-Beschluss vom 31.01.2002, V B 108/01, BStBl. II 2004 S. 622). [6]Bei Schein- oder Strohmanngeschäften können die Leistungen jedoch auch einer anderen als der nach außen auftretenden Person (Strohmann) zuzurech-

---

1) Siehe aber BFH v. 22.11.2018 V R 65/17, DStR 2019, 265, und v. 7.5.2020 V R 1/18, DStR 2020, 1672: „Eine Bruchteilsgemeinschaft kann nicht Unternehmer sein.“, bestätigt von BFH v. 28.8.2023 V B 44/22, DStR 2023, 2063. Siehe aber jetzt § 2 Abs. 1 Satz 1 UStG i. d. F. des JStG 2022.

nen sein.[1)] [7]Das ist jedenfalls dann der Fall, wenn das Rechtsgeschäft zwischen dem Leistungsempfänger und dem Strohmann nur zum Schein abgeschlossen worden ist und der Leistungsempfänger wusste oder davon ausgehen musste, dass der als Leistender Auftretende (Strohmann) keine eigene Verpflichtung aus dem Rechtsgeschäft eingehen und dementsprechend auch keine eigenen Leistungen versteuern wollte (BFH-Beschluss vom 31.01.2002, V B 108/01, a. a. O.). [8]Zur Frage des Vorsteuerabzugs aus Rechnungen über Strohmanngeschäfte vgl. Abschnitt 15.2a Abs. 2.

Einzelfälle

(4) [1]Schließt eine Arbeitsgemeinschaft des Baugewerbes allein die Bauverträge mit dem Auftraggeber ab, entstehen unmittelbare Rechtsbeziehungen nur zwischen dem Auftraggeber und der Arbeitsgemeinschaft, nicht aber zwischen dem Auftraggeber und den einzelnen Mitgliedern der Gemeinschaft. [2]In diesem Fall ist die Arbeitsgemeinschaft Unternehmer (vgl. BFH-Urteil vom 21.05.1971, V R 117/67, BStBl. II S. 540). [3]Zur Frage des Leistungsaustauschs zwischen einer Arbeitsgemeinschaft des Baugewerbes und ihren Mitgliedern vgl. Abschnitt 1.6 Abs. 8. [4]Nach außen auftretende Rechtsanwaltsgemeinschaften können auch mit den Notariatsgeschäften ihrer Mitglieder Unternehmer sein (vgl. BFH-Urteile vom 05.09.1963, V 117/60 U, BStBl. III S. 520, vom 17.12.1964, V 228/62 U, BStBl. III 1965 S. 155, und vom 27.08.1970, V R 72/66, BStBl. II S. 833). [5]Zur Bestimmung des Leistenden, wenn in einer Sozietät zusammengeschlossene Rechtsanwälte Testamentsvollstreckungen ausführen, vgl. BFH-Urteil vom 13.03.1987, V R 33/79, BStBl. II S. 524. [6]Zur Frage, wer bei einem Sechs-Tage-Rennen Werbeleistungen an die Prämienzahler bewirkt, vgl. BFH-Urteil vom 28.11.1990, V R 31/85, BStBl. 1991 II S. 381. [7]Zur Frage, wer bei der Durchführung von Gastspielen (z. B. Gastspiel eines Theaterensembles) als Veranstalter anzusehen ist, vgl. BFH-Urteil vom 11.08.1960, V 188/58 U, BStBl. III S. 476. [8]Zur steuerlichen Behandlung einer aus Mietern und Grundstückseigentümern bestehenden Werbegemeinschaft vgl. Abschnitt 1.4 Abs. 5. [9]Zur steuerlichen Behandlung der Teilnahme an einem Wettbewerb zur Erzielung von Preisgeldern oder anderen Vergütungen vgl. Abschnitt 1.1 Abs. 24. [10]Zur Frage des Leistungsaustausches bei der Veranstaltung von Glücksspielen vgl. Abschnitt 1.1 Abs. 25.

Innengesellschaften

(5) [1]Innengesellschaften, die ohne eigenes Vermögen, ohne Betrieb, ohne Rechtsfähigkeit und ohne Firma bestehen, sind umsatzsteuerrechtlich unbeachtlich, weil ihnen mangels Auftretens nach außen die Unternehmereigenschaft fehlt. [2]Unternehmer sind – beim Vorliegen der sonstigen Voraussetzungen – nur die an der Innengesellschaft beteiligten Personen oder Personenzusammenschlüsse (BFH-Urteil vom 11.11.1965, V 146/63 S, BStBl. III 1966 S. 28). [3]Zu den Innengesellschaften gehört auch die – typische oder atypische – stille Gesellschaft. [4]Eine besondere Art der Innengesellschaft ist die Meta-Verbindung (vgl. BFH-Urteil vom 21.12.1955, V 161/55 U, BStBl. III 1956 S. 58). [5]Bei einer Gewinnpoolung sind Unternehmer nur die beteiligten Personen,

[1)] Zur Rspr.-Änderung siehe aber BFH v. 10.11.2010 XI R 15/09, BFH/NV 2011, 867.

die ihre Geschäfte ebenfalls nach außen in eigenem Namen betreiben, im Gegensatz zur Meta-Verbindung aber nicht in einem Leistungsaustauschverhältnis miteinander stehen (vgl. BFH-Urteil vom 12.02.1970, V R 50/66, BStBl. II S. 477).

Sportveranstaltungen[1)]

(6) [1]Bei Sportveranstaltungen auf eigenem Sportplatz ist der Platzverein als Unternehmer anzusehen und mit den gesamten Einnahmen zur Umsatzsteuer heranzuziehen. [2]Der Gastverein hat die ihm aus dieser Veranstaltung zufließenden Beträge nicht zu versteuern. [3]Bei Sportveranstaltungen auf fremdem Platz hat der mit der Durchführung der Veranstaltung und insbesondere mit der Erledigung der Kassengeschäfte und der Abrechnung beauftragte Verein als Unternehmer die gesamten Einnahmen der Umsatzsteuer zu unterwerfen, während der andere Verein die ihm zufließenden Beträge nicht zu versteuern hat. [4]Tritt bei einer Sportveranstaltung nicht einer der beteiligten Vereine, sondern der jeweilige Verband als Veranstalter auf, hat der veranstaltende Verband die Gesamteinnahmen aus der jeweiligen Veranstaltung zu versteuern, während die Einnahmeanteile der beteiligten Vereine nicht der Umsatzsteuer unterworfen werden.

Insolvenzverwalter, Testamentsvollstrecker

(7)[2)] [1]Wird ein Unternehmen von einem Zwangsverwalter im Rahmen seiner Verwaltungstätigkeit nach § 152 Abs. 1 ZVG,[3)] einem vorläufigen Insolvenzverwalter oder einem Insolvenzverwalter geführt, ist nicht dieser der Unternehmer, sondern der Inhaber der Vermögensmasse, für die er tätig wird (vgl. BFH-Urteil vom 23.06.1988, V R 203/83, BStBl. II S. 920, für den Zwangsverwalter und BFH-Urteile vom 20.02.1986, V R 16/81, BStBl. II S. 579, und vom 16.07.1987, V R 80/82, BStBl. II S. 691, für den Konkursverwalter nach der KO). [2]Dieselben Grundsätze gelten auch dann, wenn ein zum Nachlass gehörendes Unternehmen vom Testamentsvollstrecker als solchem für den Erben fortgeführt wird. [3]Führt ein Testamentsvollstrecker jedoch ein Handelsgeschäft als Treuhänder der Erben im eigenen Namen weiter, ist er der Unternehmer und Steuerschuldner (vgl. BFH-Urteil vom 11.10.1990, V R 75/85, BStBl. II 1991 S. 191). [4]Zur verfahrensrechtlichen Besonderheit bei der Zwangsverwaltung von mehreren Grundstücken vgl. Abschnitt 18.6 Abs. 4.

2.2 Selbständigkeit

Allgemeines

(1) [1]Eine selbständige Tätigkeit liegt vor, wenn sie auf eigene Rechnung und auf eigene Verantwortung ausgeübt wird. [2]Ob Selbständigkeit oder Un-

---

1) Zu Sportvereinen vgl. A 1.4, A 2.10, A 4.12.11, A 4.22.2 u. A 12.9 Abs. 6 UStAE.

2) Zur Zwangsverwaltung von Grundstücken vgl. A 16.1 Abs. 1 Satz 2 UStAE und BMF v. 08.06.1992, BStBl. I 1992, 397.

3) Zwangsversteigerungs- und Zwangsverwaltungsgesetz v. 20.05.1898, BGBl. III 310-14 (**Habersack** Nr. **108**).

selbständigkeit anzunehmen ist, richtet sich grundsätzlich nach dem Innenverhältnis zum Auftraggeber. [3]Aus dem Außenverhältnis zur Kundschaft lassen sich im Allgemeinen nur Beweisanzeichen herleiten (vgl. BFH-Urteil vom 06.12.1956, V 137/55 U, BStBl. III 1957 S. 42). [4]Dabei kommt es nicht allein auf die vertragliche Bezeichnung, die Art der Tätigkeit oder die Form der Entlohnung an. [5]Entscheidend ist das Gesamtbild der Verhältnisse. [6]Es müssen die für und gegen die Selbständigkeit sprechenden Umstände gegeneinander abgewogen werden; die gewichtigeren Merkmale sind dann für die Gesamtbeurteilung maßgebend (vgl. BFH-Urteile vom 24.11.1961, VI 208/61 U, BStBl. III 1962 S. 125, und vom 30.05.1996, V R 2/95, BStBl. II S. 493). [7]Arbeitnehmer und damit nicht selbständig tätig kann auch sein, wer nach außen wie ein Kaufmann auftritt (vgl. BFH-Urteil vom 15.07.1987, X R 19/80, BStBl. II S. 746). [8]Unternehmerstellung und Beitragspflicht zur gesetzlichen Sozialversicherung schließen sich im Regelfall aus (vgl. BFH-Urteil vom 25.06.2009, V R 37/08, BStBl. II S. 873).

Natürliche Personen

(2) [1]Die Frage der Selbständigkeit natürlicher Personen ist für die Umsatzsteuer, Einkommensteuer und Gewerbesteuer nach denselben Grundsätzen zu beurteilen (vgl. BFH-Urteile vom 02.12.1998, X R 83/96, BStBl. II 1999 S. 534, und vom 11.10.2007, V R 77/05, BStBl. II 2008 S. 443, sowie H 19.0 (Allgemeines) LStH).[1)] [2]Dies gilt jedoch nicht, wenn Vergütungen für die Ausübung einer bei Anwendung dieser Grundsätze nicht selbständig ausgeübten Tätigkeit ertragsteuerrechtlich auf Grund der Sonderregelung des § 15 Abs. 1 Satz 1 Nr. 2 EStG zu Gewinneinkünften umqualifiziert werden, sowie bei der Beurteilung der Selbständigkeit von Aufsichtsratsmitgliedern, deren Tätigkeit nach § 18 Abs. 1 Nr. 3 EStG als selbständig qualifiziert wird. [3]Zur Nichtselbständigkeit des Gesellschafters einer Personengesellschaft bei der Wahrnehmung von Geschäftsführungs- und Vertretungsleistungen vgl. BFH-Urteil vom 14.04.2010, XI R 14/09, BStBl. II 2011 S. 433. [4]Geschäftsführungsleistungen eines GmbH-Geschäftsführers können als selbständig im Sinne des § 2 Abs. 2 Nr. 1 UStG zu beurteilen sein. [5]Die Organstellung des GmbH-Geschäftsführers steht dem nicht entgegen (BFH-Urteil vom 10.03.2005, V R 29/03, BStBl. II S. 730). [6]Auch ein Mitglied eines Vereinsvorstands kann im Rahmen seiner Geschäftsführungstätigkeit gegenüber dem Verein selbständig tätig werden (vgl. BFH-Urteil vom 14.05.2008, XI R 70/07, BStBl. II S. 912).

Beispiel 1:

[1]Der Aktionär einer AG erhält von dieser eine Tätigkeitsvergütung für seine Geschäftsführungsleistung gegenüber der AG. [2]Zwischen den Parteien ist ein Arbeitsvertrag geschlossen, der u. a. Urlaubsanspruch, feste Arbeitszeiten, Lohnfortzahlung im Krankheitsfall und Weisungsgebundenheit regelt und bei Anwendung der für das Ertrag- und Umsatzsteuerrecht einheitlichen Abgrenzungskriterien zu Einkünften aus nichtselbständiger Arbeit führt. [3]Der Aktionär ist auch umsatzsteuerrechtlich nicht selbständig tätig.

Beispiel 2:

[1]Der Kommanditist einer KG erhält von dieser eine Tätigkeitsvergütung für seine Geschäftsführungsleistung gegenüber der KG. [2]Zwischen den Parteien ist ein Arbeitsvertrag ge-

---

1) Nr. **20**.

schlossen, der u. a. Urlaubsanspruch, feste Arbeitszeiten, Lohnfortzahlung im Krankheitsfall und Weisungsgebundenheit regelt und bei Anwendung der für das Ertrag- und Umsatzsteuerrecht einheitlichen Abgrenzungskriterien zu Einkünften aus nichtselbständiger Arbeit führen würde.
[3] Einkommensteuerrechtlich erzielt der Kommanditist aus der Tätigkeit Einkünfte aus Gewerbebetrieb nach § 15 Abs. 1 Satz 1 Nr. 2 EStG; umsatzsteuerrechtlich ist er dagegen nicht selbständig tätig.

Beispiel 3:

[1] Ein bei einer Komplementär-GmbH angestellter Geschäftsführer, der gleichzeitig Kommanditist der GmbH & Co. KG ist, erbringt Geschäftsführungs- und Vertretungsleistungen gegenüber der GmbH.
[2] Aus ertragsteuerrechtlicher Sicht wird unterstellt, dass die Tätigkeit selbständig ausgeübt wird; die Vergütung für die Geschäftsführungs- und Vertretungsleistung gegenüber der Komplementär-GmbH gehört zu den Einkünften als (selbständiger) Mitunternehmer der KG und wird zu gewerblichen Einkünften im Sinne des § 15 Abs. 1 Satz 1 Nr. 2 EStG umqualifiziert.
[3] In umsatzsteuerrechtlicher Hinsicht ist die Frage der Selbständigkeit jedoch weiterhin unter Anwendung der allgemeinen Grundsätze zu klären.

(3) [1] Fahrlehrer, denen keine Fahrschulerlaubnis erteilt ist, können im Verhältnis zu dem Inhaber der Fahrschule selbständig sein (vgl. BFH-Urteil vom 17.10.1996, V R 63/94, BStBl. II 1997 S. 188). [2] Ein Rundfunksprecher, der einer Rundfunkanstalt auf Dauer zur Verfügung steht, kann auch dann nicht als Unternehmer beurteilt werden, wenn er von der Rundfunkanstalt für jeden Einzelfall seiner Mitwirkung durch besonderen Vertrag verpflichtet wird (BFH-Urteil vom 14.10.1976, V R 137/73, BStBl. II 1977 S. 50). [3] Wegen der Behandlung der Versicherungsvertreter, Hausgewerbetreibenden und Heimarbeiter vgl. R 15.1 Abs. 1 und 2 EStR.[1)] [4] Eine natürliche Person ist mit ihrer Tätigkeit im Rahmen eines Arbeitnehmer-Überlassungsvertrages Arbeitnehmer und nicht Unternehmer im Rahmen eines Werk- oder Dienstvertrages (vgl. BFH-Urteil vom 20.04.1988, X R 40/81, BStBl. II S. 804). [5] Ein Rechtsanwalt, der für eine Rechtsanwaltskanzlei als Insolvenzverwalter tätig wird, ist insoweit nicht als Unternehmer zu beurteilen. [6] Dies gilt sowohl für einen angestellten als auch für einen an der Kanzlei als Gesellschafter beteiligten Rechtsanwalt, selbst wenn dieser ausschließlich als Insolvenzverwalter tätig ist und im eigenen Namen handelt.

(3a) [1] Trägt das Mitglied eines Aufsichtsrats aufgrund einer nicht variablen Festvergütung kein Vergütungsrisiko, ist es nicht selbständig tätig. [2] Die Vergütung kann sowohl in Geldzahlungen als auch in Sachzuwendungen bestehen. [3] Eine Festvergütung im Sinne des Satzes 1 liegt insbesondere im Fall einer pauschalen Aufwandsentschädigung vor, die für die Dauer der Mitgliedschaft im Aufsichtsrat gezahlt wird. [4] Sitzungsgelder, die das Mitglied des Aufsichtsrats nur erhält, wenn es tatsächlich an der Sitzung teilnimmt, sowie nach dem tatsächlichen Aufwand bemessene Aufwandsentschädigungen sind keine Festvergütung im Sinne des Satzes 1. [5] Besteht die Vergütung des Aufsichtsratsmitglieds sowohl aus festen als auch variablen Bestandteilen, ist es grundsätzlich selbständig tätig, wenn die variablen Bestandteile im Geschäftsjahr der Gesellschaft mindestens 10% der gesamten Vergütung, einschließlich erhaltener

---

1) Nr. **1**.

Aufwandsentschädigungen, betragen. [6]Reisekostenerstattungen sind keine Vergütungsbestandteile und demzufolge bei der Ermittlung der 10%-Grenze nicht zu berücksichtigen. [7]Bei der Prüfung, ob die variablen Bestandteile im Geschäftsjahr der Gesellschaft mindestens 10% der gesamten Vergütung, einschließlich erhaltener Aufwandsentschädigungen betragen, sind nur die Vergütungsbestandteile zu berücksichtigen, die für Leistungen gezahlt werden, die in dem betreffenden Geschäftsjahr der Gesellschaft ausgeführt werden. [8]Maßgeblicher Leistungszeitpunkt für die allgemeine Tätigkeit des Aufsichtsratsmitglieds ist der Ablauf des Geschäftsjahrs der Gesellschaft. [9]Erhält ein Aufsichtsratsmitglied für die tatsächliche Teilnahme an einer Aufsichtsratssitzung Auslagenersatz und Sitzungsgeld, ist der maßgebliche Leistungszeitpunkt der Tag der Aufsichtsratssitzung. [10]In die Prüfung der 10 %-Grenze sind als variable Vergütungsbestandteile die Sitzungsgelder im Sinne des Satzes 4 aller geplanten Sitzungen eines Geschäftsjahrs der Gesellschaft, unabhängig von der tatsächlichen Teilnahme des Aufsichtsratsmitglieds, mit einzubeziehen. [11]Maßgeblicher Zeitpunkt für die Prüfung der 10 %-Grenze ist der Beginn des Geschäftsjahrs der Gesellschaft; nachträgliche Änderungen bleiben unberücksichtigt. [12]Die Sätze 1 bis 11 sind für jedes Mandat eines Aufsichtsrates separat zu prüfen. [13]Ausnahmen von der Festlegung in Satz 5 sind in begründeten Fällen möglich. [14]Das Mitglied eines Aufsichtsrats trägt nicht schon deshalb ein Vergütungsrisiko, weil seine Vergütung nachträglich für mehrere Jahre ausgezahlt wird. [15]Trägt das Mitglied des Aufsichtsrats kein Vergütungsrisiko, ist es nicht deshalb selbständig tätig, weil es unter den Voraussetzungen des § 116 AktG für pflichtwidriges Verhalten haftet. [16]Bei Beamten und anderen Bediensteten einer Gebietskörperschaft, die die Tätigkeit als Aufsichtsratsmitglied auf Verlangen, Vorschlag oder Veranlassung ihres Arbeitgebers oder Dienstherren übernommen haben und nach beamten- oder dienstrechtlichen Vorschriften verpflichtet sind, die Vergütung bis auf einen festgelegten Betrag an den Arbeitgeber bzw. Dienstherren abzuführen, ist es bei einem bestehenden Vergütungsrisiko nicht zu beanstanden, wenn diese allein auf Grund dieser Tätigkeit ebenfalls als nicht selbständig tätig behandelt werden. [17]Für Mitglieder der Bundes- oder einer Landesregierung gilt Satz 16 entsprechend, soweit sie im Zusammenhang mit ihrer Zugehörigkeit zur Regierung einem Aufsichtsrat angehören und einer zumindest teilweisen öffentlich-rechtlichen Abführungspflicht unterliegen. [18]Die Sätze 1 bis 17 gelten auch für Mitglieder von Ausschüssen, die der Aufsichtsrat nach § 107 Abs. 3 AktG bestellt hat und für Mitglieder von anderen Gremien, die nicht der Ausübung, sondern der Kontrolle der Geschäftsführung einer juristischen Person oder Personenvereinigung dienen.

(4) [1]Natürliche Personen können zum Teil selbständig, zum Teil unselbständig sein. [2]In Krankenhäusern angestellte Ärzte sind nur insoweit selbständig tätig, als ihnen für die Behandlung von Patienten ein von dem Krankenhaus unabhängiges Liquidationsrecht zusteht (vgl. BFH-Urteil vom 05.10.2005, VI R 152/01, BStBl. II 2006 S. 94). [3]Auch die Tätigkeit der Honorarprofessoren ohne Lehrauftrag wird selbständig ausgeübt. [4]Ein Arbeitnehmer kann mit der Vermietung seines Pkw an den Arbeitgeber selbständig tätig werden (vgl. BFH-Urteil vom 11.10.2007, V R 77/05, BStBl. II 2008

S. 443). [5] Zur Frage, ob eine Neben- und Aushilfstätigkeit selbständig oder unselbständig ausgeübt wird, vgl. H 19.2 LStH.[1)]

Personengesellschaften

(5) [1] Eine Personengesellschaft ist selbständig, wenn sie nicht ausnahmsweise nach § 2 Abs. 2 UStG in das Unternehmen eines Organträgers eingegliedert ist (vgl. Abschnitt 2.8 Abs. 2 Satz 5). [2] Nicht rechtsfähige Personenvereinigungen können als kollektive Zusammenschlüsse von Arbeitnehmern zwecks Anbietung der Arbeitskraft gegenüber einem gemeinsamen Arbeitgeber unselbständig sein (vgl. BFH-Urteil vom 08.02.1979, V R 101/78, BStBl. II S. 362).

Juristische Personen

(6) [1] Eine Kapitalgesellschaft ist stets selbständig, wenn sie nicht nach § 2 Abs. 2 UStG in das Unternehmen eines Organträgers eingegliedert ist; dies gilt insbesondere hinsichtlich ihrer gegen Entgelt ausgeübten Geschäftsführungs- und Vertretungsleistungen gegenüber einer Personengesellschaft (BFH-Urteil vom 06.06.2002, V R 43/01, BStBl. II 2003 S. 36). [2] Auch das Weisungsrecht der Gesellschafterversammlung gegenüber der juristischen Person als Geschäftsführerin führt nicht zur Unselbständigkeit. [3] Ist eine KG mehrheitlich an ihrer Komplementär-GmbH beteiligt, kann die Komplementär-GmbH ihre Tätigkeit jedoch nicht selbständig ausüben, vgl. Abschnitt 2.8 Abs. 2 Satz 8.

Beispiel 1:

[1] Die Komplementär-GmbH erbringt Geschäftsführungs- und Vertretungsleistungen gegen Sonderentgelt an die KG. [2] Der Kommanditist dieser KG ist gleichzeitig Geschäftsführer der Komplementär-GmbH.

[3] Die Komplementär-GmbH ist mit ihren Geschäftsführungs- und Vertretungsleistungen selbständig tätig. [4] Diese werden von der Komplementär-GmbH an die KG im Rahmen eines umsatzsteuerbaren Leistungsaustausches erbracht, auch wenn z. B. die Vergütung unmittelbar an den Geschäftsführer der Komplementär-GmbH gezahlt wird.

Beispiel 2:

[1] Die Komplementär-GmbH einer GmbH & Co. KG erbringt Geschäftsführungs- und Vertretungsleistungen gegen Sonderentgelt an die KG, die gleichzeitig Alleingesellschafterin ihrer Komplementär-GmbH ist, wodurch die Mehrheit der Stimmrechte in der Gesellschafterversammlung der Komplementär-GmbH gewährleistet ist. [2] Die Komplementär-GmbH ist finanziell in das Unternehmen der KG eingegliedert.

[3] Bei Vorliegen der übrigen Eingliederungsvoraussetzungen übt sie ihre Geschäftsführungs- und Vertretungsleistungen gegenüber der KG nicht selbständig (§ 2 Abs. 2 Nr. 2 UStG) aus.

(7) [1] Regionale Untergliederungen (Landes-, Bezirks-, Ortsverbände) von Großvereinen sind neben dem Hauptverein selbständige Unternehmer, wenn sie über eigene satzungsgemäße Organe (Vorstand, Mitgliederversammlung) verfügen und über diese auf Dauer nach außen im eigenen Namen auftreten sowie eine eigene Kassenführung haben. [2] Es ist nicht erforderlich, dass die regionalen Untergliederungen – neben der Satzung des Hauptvereins – noch eine eigene Satzung haben. [3] Zweck, Aufgabe und Organisation der Untergliederungen können sich aus der Satzung des Hauptvereins ergeben.

[1)] Nr. **20**.

2.3 Gewerbliche oder berufliche Tätigkeit

(1) [1]Der Begriff der gewerblichen oder beruflichen Tätigkeit im Sinne des UStG geht über den Begriff des Gewerbebetriebes nach dem EStG und dem GewStG hinaus (vgl. BFH-Urteil vom 05.09.1963, V 117/60 U, BStBl. III S. 520). [2]Eine gewerbliche oder berufliche Tätigkeit setzt voraus, dass Leistungen im wirtschaftlichen Sinn ausgeführt werden. [3]Betätigungen, die sich nur als Leistungen im Rechtssinn, nicht aber zugleich auch als Leistungen im wirtschaftlichen Sinne darstellen, werden von der Umsatzsteuer nicht erfasst. [4]Leistungen, bei denen ein über die reine Entgeltentrichtung hinausgehendes eigenes wirtschaftliches Interesse des Entrichtenden nicht verfolgt wird, sind zwar Leistungen im Rechtssinn, aber keine Leistungen im wirtschaftlichen Sinn (vgl. BFH-Urteil vom 31.07.1969, V 94/65, BStBl. II S. 637). [5]Die Unterhaltung von Giro-, Bauspar- und Sparkonten sowie das Eigentum an Wertpapieren begründen für sich allein noch nicht die Unternehmereigenschaft einer natürlichen Person (vgl. BFH-Urteile vom 01.02.1973, V R 2/70, BStBl. II S. 172, und vom 11.10.1973, V R 14/73, BStBl. II 1974 S. 47).

(1a) [1]Von der gewerblichen oder beruflichen Tätigkeit sind die nichtunternehmerischen Tätigkeiten zu unterscheiden. [2]Diese Tätigkeiten umfassen die nichtwirtschaftlichen Tätigkeiten i. e. S. und die unternehmensfremden Tätigkeiten. [3]Als unternehmensfremde Tätigkeiten gelten Entnahmen für den privaten Bedarf des Unternehmers als natürliche Person, für den privaten Bedarf seines Personals oder für private Zwecke des Gesellschafters (vgl. BFH-Urteile vom 03.03.2011, V R 23/10, BStBl. II 2012 S. 74 und vom 12.01.2011, XI R 9/08, BStBl. II 2012 S. 58). [4]Nichtwirtschaftliche Tätigkeiten i. e. S. sind alle nichtunternehmerischen Tätigkeiten, die nicht unternehmensfremd (privat) sind, z. B.:

- unentgeltliche Tätigkeiten eines Vereins, die aus ideellen Vereinszwecken verfolgt werden (vgl. BFH-Urteil vom 06.05.2010, V R 29/09, BStBl. II S. 885),
- hoheitliche Tätigkeiten juristischer Personen des öffentlichen Rechts (vgl. BFH-Urteil vom 03.03.2011, V R 23/10, BStBl. II 2012 S. 74),
- bloßes Erwerben, Halten und Veräußern von gesellschaftsrechtlichen Beteiligungen (vgl. Abs. 2 bis 4),
- Leerstand eines Gebäudes verbunden mit dauerhafter Nichtnutzung (vgl. BFH-Urteil vom 19.07.2011, XI R 29/09, BStBl. II 2012 S. 430; vgl. Abschnitt 15.2c Abs. 8 Beispiel 1).

Gesellschaftsrechtliche Beteiligungen

(2) [1]Das bloße Erwerben, Halten und Veräußern von gesellschaftsrechtlichen Beteiligungen ist keine unternehmerische Tätigkeit (vgl. EuGH-Urteile vom 14.11.2000, C-142/99, Floridienne und Berginvest,[1] vom 27.09.2001, C-16/00, Cibo Participations[1] und vom 29.04.2004, C-77/01, EDM).[1] [2]Wer sich an einer Personen- oder Kapitalgesellschaft beteiligt, übt zwar eine „Tätigkeit zur Erzielung von Einnahmen" aus. [3]Gleichwohl ist er im Regelfall nicht Unternehmer im Sinne des UStG, weil Dividenden und andere Ge-

---

[1] DStRE 2000, 1268. – DStR 2001, 1795. – DStRE 2004, 1095.

winnbeteiligungen aus Gesellschaftsverhältnissen nicht als umsatzsteuerrechtliches Entgelt im Rahmen eines Leistungsaustauschs anzusehen sind (vgl. EuGH-Urteil vom 21.10.2004, C-8/03, BBL).[1] [4]Soweit daneben eine weitergehende Geschäftstätigkeit ausgeübt wird, die für sich die Unternehmereigenschaft begründet, ist diese vom nichtunternehmerischen Bereich zu trennen. [5]Unternehmer, die neben ihrer unternehmerischen Betätigung auch Beteiligungen an anderen Gesellschaften halten, können diese Beteiligungen grundsätzlich nicht dem Unternehmen zuordnen. [6]Bei diesen Unternehmern ist deshalb eine Trennung des unternehmerischen Bereichs vom nichtunternehmerischen Bereich geboten. [7]Dieser Grundsatz gilt für alle Unternehmer gleich welcher Rechtsform (vgl. BFH-Urteil vom 20.12.1984, V R 25/76, BStBl. II 1985 S. 176).

(3) [1]Auch Erwerbsgesellschaften können gesellschaftsrechtliche Beteiligungen im nichtunternehmerischen Bereich halten. [2]Dies bedeutet, dass eine Holding, deren Zweck sich auf das Halten und Verwalten gesellschaftsrechtlicher Beteiligungen beschränkt und die keine Leistungen gegen Entgelt erbringt (sog. Finanzholding), nicht Unternehmer im Sinne des § 2 UStG ist. [3]Demgegenüber ist eine Holding, die im Sinne einer einheitlichen Leitung aktiv in das laufende Tagesgeschäft ihrer Tochtergesellschaften eingreift (sog. Führungs- oder Funktionsholding), unternehmerisch tätig. [4]Wird eine Holding nur gegenüber einigen Tochtergesellschaften geschäftsleitend tätig, während sie Beteiligungen an anderen Tochtergesellschaften lediglich hält und verwaltet (sog. gemischte Holding), hat sie sowohl einen unternehmerischen als auch einen nichtunternehmerischen Bereich. [5]Das Erwerben, Halten und Veräußern einer gesellschaftsrechtlichen Beteiligung stellt nur dann eine unternehmerische Tätigkeit dar (vgl. EuGH-Urteil vom 06.02.1997, C-80/95, Harnas & Helm),[2]

1. soweit Beteiligungen im Sinne eines gewerblichen Wertpapierhandels gewerbsmäßig erworben und veräußert werden und dadurch eine nachhaltige, auf Einnahmeerzielungsabsicht gerichtete Tätigkeit entfaltet wird (vgl. BFH-Urteil vom 15.01.1987, V R 3/77, BStBl. II S. 512 und EuGH-Urteil vom 29.04.2004, C-77/01, EDM)[3] oder
2. wenn die Beteiligung nicht um ihrer selbst willen (bloßer Wille, Dividenden zu erhalten) gehalten wird, sondern der Förderung einer bestehenden oder beabsichtigten unternehmerischen Tätigkeit (z. B. Sicherung günstiger Einkaufskonditionen, Verschaffung von Einfluss bei potenziellen Konkurrenten, Sicherung günstiger Absatzkonditionen) dient (vgl. EuGH-Urteil vom 11.07.1996, C-306/94, Régie dauphinoise),[4] oder
3. [1]wenn, abgesehen von der Ausübung der Rechte als Gesellschafter oder Aktionär, unmittelbar in die Verwaltung der Gesellschaften, an denen die Beteiligung besteht, eingegriffen wird (vgl. EuGH-Urteil vom 20.06.1991, C-60/90, Polysar Investments Netherlands).[5] [2]Die Eingriffe müssen dabei zwingend durch unternehmerische Leistungen im Sinne der § 1 Abs. 1

---

[1] DStRE 2005, 45.
[2] DStRE 1997, 210.
[3] DStRE 2004, 1095.
[4] EuZW 1997, 220.
[5] EuZW 1992, 702.

Nr. 1 und § 2 Abs. 1 UStG erfolgen. [3]Hierbei kann es sich z. B. um administrative, finanzielle, kaufmännische oder technische Dienstleistungen an die jeweilige Beteiligungsgesellschaft handeln (vgl. EuGH-Urteile vom 27.09.2001, C-16/00, Cibo Participations,[1)] vom 12.07.2001, C-102/00, Welthgrove,[2)] und vom 16.07.2015, C-108/14, Larentia + Minerva, und C-109/14, Marenave, BStBl. II 2017 S. 604).[3)]

(4)[4)] [1]Das Innehaben einer gesellschaftsrechtlichen Beteiligung fällt, abgesehen von den Fällen des gewerblichen Wertpapierhandels, nur dann in den Rahmen des Unternehmens, wenn die gesellschaftsrechtliche Beteiligung im Zusammenhang mit einer unternehmerischen Tätigkeit erworben, gehalten und veräußert wird. [2]Dabei reicht jedoch nicht jeder beliebige Zusammenhang zwischen dem Erwerb und Halten der gesellschaftsrechtlichen Beteiligung und der unternehmerischen Tätigkeit aus. [3]Vielmehr muss zwischen der gesellschaftsrechtlichen Beteiligung und der unternehmerischen Tätigkeit ein erkennbarer und objektiver wirtschaftlicher Zusammenhang bestehen (vgl. Abschnitt 15.2b Abs. 3). [4]Das ist der Fall, wenn die Aufwendungen für die gesellschaftsrechtliche Beteiligung zu den Kostenelementen der steuerbaren Ausgangsumsätze gehören (vgl. EuGH-Urteile vom 26.05.2005, C-465/03, Kretztechnik,[5)] und vom 16.07.2015, C-108/14, Larentia + Minerva, und C-109/14, Marenave, BStBl. II 2017 S. 604,[6)] sowie BFH-Urteile vom 10.04.1997, V R 26/96, BStBl. II S. 552, und vom 06.04.2016, V R 6/14, BStBl. II 2017 S. 577). [5]Finanzinvestoren, die (sanierungsreife) Gesellschaften erwerben, um sie nach erfolgter Sanierung gewinnbringend zu veräußern, sind insoweit Unternehmer. [6]Der Erwerb und das Halten der gesellschaftsrechtlichen Beteiligung sind unabdingbare Voraussetzungen für die Ausübung der unternehmerischen Tätigkeit. [7]Die gesellschaftsrechtliche Beteiligung wird daher im unternehmerischen Bereich des Finanzinvestors gehalten. [8]Zum Vorsteuerabzug beim Halten und Veräußern von gesellschaftsrechtlichen Beteiligungen siehe Abschnitt 15.22.

Nachhaltigkeit

(5) [1]Die gewerbliche oder berufliche Tätigkeit wird nachhaltig ausgeübt, wenn sie auf Dauer zur Erzielung von Entgelten angelegt ist (vgl. BFH-Urteile vom 30.07.1986, V R 41/76, BStBl. II S. 874, und vom 18.07.1991, V R 86/87, BStBl. II S. 776). [2]Ob dies der Fall ist, richtet sich nach dem Gesamtbild der Verhältnisse im Einzelfall. [3]Die für und gegen die Nachhaltigkeit sprechenden Merkmale müssen gegeneinander abgewogen werden. [4]Als Kriterien für die Nachhaltigkeit einer Tätigkeit kommen nach dem BFH-Urteil vom 18.07.1991, V R 86/87, a. a. O., insbesondere in Betracht:
– mehrjährige Tätigkeit;

---

1) DStR 2001, 1795. – DStRE 2001, 1180.
2) EuZW 1992, 702.
3) DStR 2015, 1673.
4) A 2.3 UStAE Abs. 4 Sätze 5 bis 7 eingef., bish. Satz 5 wird Satz 8 durch BMF v. 07.02.2023, BStBl. I 2023, 322, anzuwenden in allen offenen Fällen.
5) DStR 2005, 965.
6) DStR 2015, 1673.

- planmäßiges Handeln;
- auf Wiederholung angelegte Tätigkeit;
- die Ausführung mehr als nur eines Umsatzes;
- Vornahme mehrerer gleichartiger Handlungen unter Ausnutzung derselben Gelegenheit oder desselben dauernden Verhältnisses;
- langfristige Duldung eines Eingriffs in den eigenen Rechtskreis;
- Intensität des Tätigwerdens;
- Beteiligung am Markt;
- Auftreten wie ein Händler;
- Unterhalten eines Geschäftslokals;
- Auftreten nach außen, z. B. gegenüber Behörden.

(6) [1] Nachhaltig ist in der Regel:
- eine Verwaltungs- oder eine Auseinandersetzungs-Testamentsvollstreckung, die sich über mehrere Jahre erstreckt, auch wenn sie aus privatem Anlass vorgenommen wird (vgl. BFH-Urteile vom 07.08.1975, V R 43/71, BStBl. II 1976 S. 57, vom 26.09.1991, V R 1/87, vom 30.05.1996, V R 26/93, und vom 07.09.2006, V R 6/05, BStBl. II 2007 S. 148);
- die einmalige Bestellung eines Nießbrauchs an seinem Grundstück – Duldungsleistung – (vgl. BFH-Urteil vom 16.12.1971, V R 41/68, BStBl. II 1972 S. 238);
- die Vermietung allein eines Gegenstands durch den Gesellschafter einer Gesellschaft des bürgerlichen Rechts an die Gesellschaft (vgl. BFH-Urteil vom 07.11.1991, V R 116/86, BStBl. II 1992 S. 269);
- der An- und Verkauf mehrerer neuer Kfz, auch wenn es sich um „private Gefälligkeiten" gehandelt habe (vgl. BFH-Urteil vom 07.09.1995, V R 25/94, BStBl. II 1996 S. 109);
- die entgeltliche Unterlassung von Wettbewerb über einen längeren Zeitraum von z. B. fünf Jahren, wobei die vereinbarte Vergütung bereits ein Indiz für das wirtschaftliche Gewicht der Tätigkeit darstellt (vgl. BFH-Urteil vom 13.11.2003, V R 59/02, BStBl. II 2004 S. 472); nicht erforderlich ist ein enger Zusammenhang mit einer anderen Tätigkeit des Steuerpflichtigen oder die Absicht, in weiteren Fällen gegen Vergütung ein Wettbewerbsverbot einzugehen;
- der nicht nur vorübergehende, sondern auf Dauer angelegte Verkauf einer Vielzahl von Gegenständen über eine Internet-Plattform; die Beurteilung der Nachhaltigkeit hängt nicht von einer bereits beim Einkauf vorhandenen Wiederverkaufsabsicht ab (vgl. BFH-Urteil vom 26.04.2012, V R 2/11, BStBl. II S. 634);
- der planmäßige, wiederholte und mit erheblichem Organisationsaufwand verbundene Verkauf einer Vielzahl fremder Gebrauchsgegenstände über eine elektronische Handelsplattform; dieser Einstufung steht nicht entgegen, dass die Tätigkeit nur für kurze Dauer und ohne Gewinn ausgeübt wird und ein Wareneinkauf nicht festgestellt werden kann (vgl. BFH-Urteil vom 12.08.2015, XI R 43/13, BStBl. II S. 919).

[2] Nicht nachhaltig als Unternehmer wird dagegen tätig:
- ein Angehöriger einer Automobilfabrik, der von dieser unter Inanspruchnahme des Werksangehörigenrabatts fabrikneue Automobile erwirbt und

diese nach einer Behaltefrist von mehr als einem Jahr wieder verkauft (vgl. BFH-Urteil vom 18.07.1991, V R 86/87, BStBl. II S. 776),
- ein Briefmarken- oder Münzsammler, der aus privaten Neigungen sammelt, soweit er Einzelstücke veräußert (wegtauscht), die Sammlung teilweise umschichtet oder die Sammlung ganz oder teilweise veräußert (vgl. BFH-Urteile vom 29.06.1987 – X R 23/82, BStBl. II S. 744, und vom 16.07. 1987 – X R 48/82, BStBl. II S. 752; zum gelegentlichen Erwerb von Luxusfahrzeugen vgl. BFH-Urteil vom 08.09.2022 – V R 26/21, BStBl. II 2023 S. 361) und
- wer ein Einzelunternehmen zu dem Zweck erwirbt, es unmittelbar in eine Personengesellschaft einzubringen, begründet keine unternehmerische Betätigung, weil damit regelmäßig keine auf gewisse Dauer angelegte geschäftliche Tätigkeit entfaltet wird (vgl. BFH-Urteil vom 15.01.1987, V R 3/77, BStBl. II S. 512).

(7) [1]Bei der Vermietung von Gegenständen, die ihrer Art nach sowohl für unternehmerische als auch für nichtunternehmerische Zwecke verwendet werden können (z. B. sog. Freizeitgegenstände), sind alle Umstände ihrer Nutzung zu prüfen, um festzustellen, ob sie tatsächlich zur nachhaltigen Erzielung von Einnahmen verwendet werden (vgl. EuGH-Urteil vom 26.09.1996, C-230/94, Enkler).[1)] [2]Die nur gelegentliche Vermietung eines derartigen, im Übrigen privat genutzten Gegenstands (z. B. Wohnmobil, Segelboot) durch den Eigentümer ist keine unternehmerische Tätigkeit. [3]Bei der Beurteilung, ob zur nachhaltigen Erzielung von Einnahmen vermietet wird, kann ins Gewicht fallen, dass
- nur ein einziger, seiner Art nach für die Freizeitgestaltung geeigneter Gegenstand angeschafft wurde,
- dieser überwiegend für private eigene Zwecke oder für nichtunternehmerische Zwecke des Ehegatten genutzt worden ist,
- der Gegenstand nur mit Verlusten eingesetzt und weitestgehend von dem Ehegatten finanziert und unterhalten wurde,
- er nur für die Zeit der tatsächlichen Vermietung versichert worden war und
- weder ein Büro noch besondere Einrichtungen (z. B. zur Unterbringung und Pflege des Gegenstands) vorhanden waren

(vgl. BFH-Urteil vom 12.12.1996, V R 23/93, BStBl. II 1997 S. 368).

Tätigkeit zur Erzielung von Einnahmen

(8) [1]Die Tätigkeit muss auf die Erzielung von Einnahmen gerichtet sein. [2]Die Absicht, Gewinn zu erzielen, ist nicht erforderlich. [3]Eine Tätigkeit zur Erzielung von Einnahmen liegt vor, wenn diese im Rahmen eines Leistungsaustauschs ausgeübt wird. [4]Die Unternehmereigenschaft setzt grundsätzlich voraus, dass Lieferungen oder sonstige Leistungen gegen Entgelt bewirkt werden. [5]Bei einem vorübergehenden Verzicht auf Einnahmen kann in der Regel nicht bereits eine unentgeltliche nichtunternehmerische Tätigkeit angenommen werden (vgl. BFH-Urteil vom 07.07.2005, V R 78/03, BStBl. II S. 849). [6]Zur Unternehmereigenschaft bei Vorbereitungshandlungen für eine beab-

---

1) DStR 1996, 1686.

sichtigte unternehmerische Tätigkeit, die nicht zu Umsätzen führt, vgl. Abschnitt 2.6 Abs. 1 bis 4.

(9) [1]Die entgeltliche Tätigkeit eines Kommanditisten als Mitglied eines Beirats, dem vor allem Zustimmungs- und Kontrollrechte übertragen sind, ist als unternehmerisch zu beurteilen (vgl. BFH-Urteil vom 24.08.1994, XI R 74/93, BStBl. II 1995 S. 150). [2]Dies gilt auch für die Tätigkeit einer GmbH als Liquidator einer GmbH & Co. KG, deren Geschäfte sie als alleiniger persönlich haftender Gesellschafter geführt hatte, wenn hierfür ein Sonderentgelt vereinbart wurde (vgl. BFH-Urteil vom 08.11.1995, V R 8/94, BStBl. II 1996 S. 176).

2.4 Forderungskauf und Forderungseinzug

(1) [1]Infolge des Urteils des EuGH vom 26.06.2003, C-305/01, MKG-Kraftfahrzeuge-Factoring, BStBl. II 2004 S. 688,[1)] ist der Forderungskauf, bei dem der Forderungseinzug durch den Forderungskäufer in eigenem Namen und für eigene Rechnung erfolgt, wie folgt zu beurteilen: [2]Im Falle des echten Factoring liegt eine unternehmerische Tätigkeit des Forderungskäufers (Factor) vor, wenn seine Dienstleistung im Wesentlichen darin besteht, dass der Forderungsverkäufer (Anschlusskunde) von der Einziehung der Forderung und dem Risiko ihrer Nichterfüllung entlastet wird (vgl. Rn. 49 und 52 des EuGH-Urteils vom 26.06.2003, C-305/01, a. a. O.). [3]Im Falle des unechten Factoring (der Anschlusskunde wird auf Grund eines dem Factor zustehenden Rückgriffsrechts bei Ausfall der Forderung nicht vom Ausfallrisiko der abgetretenen Forderung entlastet) gilt das Gleiche, wenn der Factor den Forderungseinzug übernimmt (vgl. Rn. 52 und 54 des EuGH-Urteils vom 26.06.2003, C-305/01, a. a. O.). [4]Zur Übertragung zahlungsgestörter Forderungen mit Übernahme des Ausfallrisikos durch den Erwerber vgl. jedoch Absatz 8.

(2) [1]Im Falle des Forderungskaufs ohne Übernahme des tatsächlichen Forderungseinzugs durch den Forderungskäufer (Forderungseinzug durch den Forderungsverkäufer in eigenem Namen und für fremde Rechnung) übt der Forderungskäufer unabhängig davon, ob ihm ein Rückgriffsrecht gegen den Forderungsverkäufer zusteht oder nicht, zwar unter den weiteren Voraussetzungen des § 2 Abs. 1 UStG eine unternehmerische Tätigkeit aus; diese ist jedoch keine Factoringleistung im Sinne des o. g. EuGH-Urteils. [2]Dies gilt insbesondere für die Abtretung von Forderungen in den Fällen der stillen Zession, z. B. zur Sicherung im Zusammenhang mit einer Kreditgewährung, oder für den entsprechend gestalteten Erwerb von Forderungen „a forfait“, z. B. bei Transaktionen im Rahmen sog. „Asset-Backed-Securities (ABS)“-Modelle. [3]Der Einzug einer Forderung durch einen Dritten in fremdem Namen und für fremde Rechnung (Inkasso) fällt ebenfalls nicht unter den Anwendungsbereich des EuGH-Urteils vom 26.06.2003, C-305/01, MKG-Kraftfahrzeuge-Factoring, BStBl. II 2004 S. 688;[1)] es liegt gleichwohl eine unternehmerische Tätigkeit vor.

---

1) DStR 2003, 1253.

Forderungsverkäufer

(3) [1]Beim Forderungskauf mit Übernahme des tatsächlichen Einzugs und ggf. des Ausfallrisikos durch den Forderungskäufer (Absatz 1 Sätze 2 und 3) erbringt der Forderungsverkäufer (Anschlusskunde) mit der Abtretung seiner Forderung keine Leistung an den Factor (BFH-Urteil vom 04.09.2003, V R 34/99, BStBl. II 2004 S. 667). [2]Vielmehr ist der Anschlusskunde Empfänger einer Leistung des Factors. [3]Die Abtretung seiner Forderung vollzieht sich im Rahmen einer nicht steuerbaren Leistungsbeistellung. [4]Dies gilt nicht in den Fällen des Forderungskaufs ohne Übernahme des tatsächlichen Einzugs der Forderung durch den Forderungskäufer (Absatz 2 Sätze 1 und 2). [5]Die Abtretung einer solchen Forderung stellt einen nach § 4 Nr. 8 Buchstabe c UStG steuerfreien Umsatz im Geschäft mit Forderungen dar. [6]Mit dem Einzug der abgetretenen Forderung (Servicing) erbringt der Forderungsverkäufer dann keine weitere Leistung an den Forderungskäufer, wenn er auf Grund eines eigenen, vorbehaltenen Rechts mit dem Einzug der Forderung im eigenen Interesse tätig wird. [7]Beruht seine Tätigkeit dagegen auf einer gesonderten Vereinbarung, ist sie regelmäßig als Nebenleistung zu dem nach § 4 Nr. 8 Buchstabe c UStG steuerfreien Umsatz im Geschäft mit Forderungen anzusehen.

Forderungskäufer

(4) [1]Der wirtschaftliche Gehalt der Leistung des Factors (Absatz 1 Sätze 2 und 3, Absatz 3 Sätze 1 bis 3) besteht im Wesentlichen im Einzug von Forderungen. [2]Die Factoringleistung fällt in den Katalog der Leistungsbeschreibungen des § 3a Abs. 4 Satz 2 Nr. 6 Buchstabe a UStG (vgl. Abschnitt 3a.9 Abs. 17). [3]Die Leistung ist von der Steuerbefreiung nach § 4 Nr. 8 Buchstabe c UStG ausgenommen und damit grundsätzlich steuerpflichtig. [4]Eine ggf. mit der Factoringleistung einhergehende Kreditgewährung des Factors an den Anschlusskunden ist regelmäßig von untergeordneter Bedeutung und teilt daher als unselbständige Nebenleistung das Schicksal der Hauptleistung (vgl. BFH-Urteil vom 15.05.2012, XI R 28/10, BStBl. II 2015 S. 966). [5]Abweichend davon kann die Kreditgewährung jedoch dann als eigenständige Hauptleistung zu beurteilen sein, wenn sie eine eigene wirtschaftliche Bedeutung hat. [6]Hiervon ist insbesondere auszugehen, wenn die Forderung in mehreren Raten oder insgesamt nicht vor Ablauf eines Jahres nach der Übertragung fällig ist oder die Voraussetzungen des Abschnitts 3.11 Abs. 1 erfüllt sind.

(5) [1]Beim Forderungskauf ohne Übernahme des tatsächlichen Forderungseinzugs erbringt der Forderungskäufer keine Factoringleistung (vgl. Absatz 2 Sätze 1 und 2). [2]Der Forderungskauf stellt sich in diesen Fällen, sofern nicht lediglich eine Sicherungsabtretung vorliegt, umsatzsteuerrechtlich damit insgesamt als Rechtsgeschäft dar, bei dem der Forderungskäufer neben der Zahlung des Kaufpreises einen Kredit gewährt und der Forderungsverkäufer als Gegenleistung seine Forderung abtritt, auch wenn der Forderungskauf zivilrechtlich, handels- und steuerbilanziell nicht als Kreditgewährung, sondern als echter Verkauf („true sale") zu betrachten ist. [3]Damit liegt ein tauschähnlicher Umsatz mit Baraufgabe vor (vgl. § 3 Abs. 12 Satz 2 UStG). [4]Umsatzsteuerrechtlich ist es ohne Bedeutung, ob die Forderungen nach Handels- und Ertragsteuerrecht beim Verkäufer oder beim Käufer zu bilanzieren sind. [5]Die Kreditgewährung in den Fällen der Sätze 1 bis 4 und des Absatzes 4 Sätze 5

und 6 ist nach § 4 Nr. 8 Buchstabe a UStG steuerfrei; sie kann unter den Voraussetzungen des § 9 Abs. 1 UStG als steuerpflichtig behandelt werden. [6]Zur Ermittlung der Bemessungsgrundlage vgl. Abschnitt 10.5 Abs. 6.

Bemessungsgrundlage Factoringleistung/Vorsteuerabzug

(6) [1]Bemessungsgrundlage für die Factoringleistung (Absatz 1 Sätze 2 und 3, Absatz 3 Sätze 1 bis 3) ist grundsätzlich die Differenz zwischen dem Nennwert der dem Factor abgetretenen Forderungen und dem Betrag, den der Factor seinem Anschlusskunden als Preis für diese Forderungen zahlt, abzüglich der in dem Differenzbetrag enthaltenen Umsatzsteuer (§ 10 UStG). [2]Wird für diese Leistung zusätzlich oder ausschließlich eine Gebühr gesondert vereinbart, gehört diese zur Bemessungsgrundlage. [3]Bei Portfolioverkäufen ist es nicht zu beanstanden, wenn eine nach Durchschnittwerten bemessene Gebühr in Ansatz gebracht wird. [4]Der Umsatz unterliegt dem allgemeinen Steuersatz, § 12 Abs. 1 UStG. [5]Ist beim Factoring unter den in Absatz 4 Sätze 5 und 6 genannten Voraussetzungen eine Kreditgewährung als eigenständige Hauptleistung anzunehmen, gehört der Teil der Differenz, der als Entgelt für die Kreditgewährung gesondert vereinbart wurde, nicht zur Bemessungsgrundlage der Factoringleistung. [6]Der Verkäufer der Forderung kann unter den Voraussetzungen des § 15 UStG den Vorsteuerabzug aus der Leistung des Käufers der Forderung in Anspruch nehmen, soweit die verkaufte Forderung durch einen Umsatz des Verkäufers der Forderung begründet wurde, der bei diesem den Vorsteuerabzug nicht ausschließt.

Übertragung zahlungsgestörter Forderungen

(7) [1]Eine Forderung (bestehend aus Rückzahlungs- und Zinsanspruch) ist insgesamt zahlungsgestört, wenn sie, soweit sie fällig ist, ganz oder zu einem nicht nur geringfügigen Teil seit mehr als 90 Tagen nicht ausgeglichen wurde. [2]Eine Forderung ist auch zahlungsgestört, wenn die Kündigung erfolgt ist oder die Voraussetzungen für eine Kündigung vorliegen.

(8) [1]Bei der Übertragung einer zahlungsgestörten Forderung unter Übernahme des Ausfallrisikos durch den Erwerber besteht der wirtschaftliche Gehalt in der Entlastung des Verkäufers vom wirtschaftlichen Risiko und nicht in der Einziehung der Forderung. [2]Da die Differenz zwischen dem Nennwert der übertragenen Forderung und deren Kaufpreis vorrangig auf der Beurteilung der Werthaltigkeit der Forderung beruht, stellt diese keine Vergütung dar, mit der unmittelbar eine vom Käufer erbrachte Dienstleistung entgolten werden soll. [3]Der Forderungserwerber erbringt daher keine wirtschaftliche Tätigkeit (EuGH-Urteil vom 27.10.2011, C-93/10, GFKL, BStBl. II 2015 S. 978).[1)] [4]Dies gilt selbst dann, wenn der Erwerber den Verkäufer von der weiteren Verwaltung und Vollstreckung der Forderung entlastet (BFH-Urteil vom 04.07.2013, V R 8/10, BStBl. II 2015 S. 969) oder die Beteiligten dem Forderungseinzug bei der Bemessung des Abschlages auf den Kaufpreis oder durch Vereinbarung einer gesonderten Vergütung eine nicht untergeordnete Bedeutung beimessen. [5]Der Forderungserwerber ist nicht zum Vorsteuerabzug aus den Eingangsrechnungen für den Forderungserwerb und den Forderungs-

---

1) DStR 2011, 2093.

einzug berechtigt (BFH-Urteil vom 26.01.2012, V R 18/08, BStBl. II 2015 S. 962). [6]Werden sowohl zahlungsgestörte als auch nicht zahlungsgestörte Forderungen in einem Portfolio übertragen, ist das Gesamtpaket für Zwecke des Vorsteuerabzuges entsprechend aufzuteilen; auf die Abschnitte 15.2b ff. wird hingewiesen. [7]Der Verkäufer erbringt mit der Abtretung oder Übertragung einer zahlungsgestörten Forderung unter Übernahme des Ausfallrisikos durch den Erwerber eine nach § 4 Nr. 8 Buchstabe c UStG steuerfreie Leistung im Geschäft mit Forderungen an den Erwerber. [8]Soweit wegen Rückbeziehung der übertragenen Forderung auf einen zurückliegenden Stichtag der Forderungsverkäufer noch die Forderung verwaltet, liegt hierin eine unselbständige Nebenleistung zum steuerfreien Forderungsverkauf, die das rechtliche Schicksal der Hauptleistung teilt (BFH-Urteil vom 04.07.2013, V R 8/10, a. a. O.). [9]Im Falle der Übertragung einer zahlungsgestörten Forderung ohne Übernahme des Ausfallrisikos durch den Erwerber liegt eine wirtschaftliche Tätigkeit des Erwerbers vor, wenn dieser den Forderungseinzug übernimmt (vgl. Absatz 1 Satz 3; zur Bemessungsgrundlage vgl. Absatz 6).

2.5 Betrieb von Anlagen zur Energieerzeugung

(1) [1]Soweit der Betreiber einer unter § 3 EEG[1)] fallenden Anlage oder einer unter § 5 KWKG[1)] fallenden Anlage zur Stromgewinnung den erzeugten Strom ganz oder teilweise, regelmäßig und nicht nur gelegentlich in das allgemeine Stromnetz einspeist, dient diese Anlage ausschließlich der nachhaltigen Erzielung von Einnahmen aus der Stromerzeugung (vgl. BFH-Urteil vom 18.12.2008, V R 80/07, BStBl. II 2011 S. 292). [2]Eine solche Tätigkeit begründet daher – unabhängig von der Höhe der erzielten Einnahmen und unabhängig von der leistungsmäßigen Auslegung der Anlage – die Unternehmereigenschaft des Betreibers, sofern dieser nicht bereits anderweitig unternehmerisch tätig ist. [3]Ist eine solche Anlage – unmittelbar oder mittelbar – mit dem allgemeinen Stromnetz verbunden, kann davon ausgegangen werden, dass der Anlagenbetreiber eine unternehmerische Tätigkeit im Sinne der Sätze 1 und 2 ausübt. [4]Eine Unternehmereigenschaft des Betreibers der Anlage ist grundsätzlich nicht gegeben, wenn eine physische Einspeisung des erzeugten Stroms nicht möglich ist (z. B. auf Grund unterschiedlicher Netzspannungen), weil hierbei kein Leistungsaustausch zwischen dem Betreiber der Anlage und dem des allgemeinen Stromnetzes vorliegt.

Kaufmännisch-bilanzielle Einspeisung nach § 8 Abs. 2 EEG[2)]

(2) Die bei der sog. kaufmännisch-bilanziellen Einspeisung nach § 8 Abs. 2 EEG in ein Netz nach § 3 Nr. 7 EEG angebotene und nach § 16 Abs. 1 EEG vergütete Elektrizität wird umsatzsteuerrechtlich auch dann vom EEG-Anlagenbetreiber an den vergütungspflichtigen Netzbetreiber im Sinne von § 3 Nr. 8 EEG geliefert, wenn der Verbrauch tatsächlich innerhalb eines Netzes erfolgt, das kein Netz für die allgemeine Versorgung nach § 3 Nr. 7 EEG ist und das vom Anlagenbetreiber selbst oder einem Dritten, der kein Netzbetreiber im Sinne von § 3 Nr. 8 EEG ist, betrieben wird.

---

1) **Sartorius Ergänzungsband** Nr. **833** (EEG) bzw. Nr. **834** (KWKG).
2) **Sartorius Ergänzungsband** Nr. **833.**

Wiederverkäufereigenschaft des Anlagenbetreibers

(3) [1]Betreiber von dezentralen Stromgewinnungsanlagen (z.B. Photovoltaik- bzw. Windkraftanlagen, Biogas-Blockheizkraftwerke) sind regelmäßig keine Wiederverkäufer von Elektrizität (Strom) im Sinne des § 3g UStG (vgl. Abschnitt 13b.3a Abs. 2 Sätze 3 und 4). [2]Zum Begriff des Wiederverkäufers von Elektrizität im Sinne des § 3g Abs. 1 UStG vgl. Abschnitt 3g.1 Abs. 2 und 3. [3]Besteht die Tätigkeit des Anlagenbetreibers sowohl im Erwerb als auch in der Herstellung von Strom zur anschließenden Veräußerung, ist bei der Beurteilung der Wiederverkäufereigenschaft ausschließlich das Verhältnis zwischen erworbenen und veräußerten Energiemengen maßgeblich. [4]Werden daher mehr als die Hälfte der zuvor erworbenen Strommengen weiterveräußert, erfüllt der Unternehmer die Wiederverkäufereigenschaft im Sinne des § 3g UStG. [5]Ist er danach Wiederverkäufer von Strom, fallen auch die Lieferungen der selbsterzeugten Strommengen an einen anderen Wiederverkäufer unter die Regelung des § 13b Abs. 2 Nr. 5 Buchstabe b UStG.

Beispiel:

[1]A produziert als Betreiber einer dezentralen Stromgewinnungsanlage 50 Einheiten Strom und veräußert diese 50 Einheiten insgesamt an einen anderen Anlagenbetreiber W. [2]W produziert ebenfalls 50 Einheiten Strom. [3]Die darüber hinaus erworbenen 50 Einheiten des A werden zusammen mit den selbsterzeugten 50 Einheiten (= 100 Einheiten) von W an einen Direktvermarkter (= Wiederverkäufer) veräußert.

[4]Da A ausschließlich die selbst erzeugten Strommengen veräußert und darüber hinaus keine weiteren Strommengen mit dem Ziel der Veräußerung erworben hat, ist dieser kein Wiederverkäufer im Sinne des § 3g UStG. [5]W hingegen ist Wiederverkäufer im Sinne des § 3g UStG, da er mehr als die Hälfte der zuvor erworbenen Stromeinheiten (hier: 50, mithin 100%) weiterveräußert. [6]Die gesamte Stromlieferung des W an den Direktvermarkter unterliegt daher den Regelungen des § 13b UStG. [7]Dass in der veräußerten Strommenge auch selbst produzierte Stromeinheiten enthalten sind, ist unerheblich.

Photovoltaikanlagen (Anwendung des EEG in der bis zum 31.03.2012 geltenden Fassung)[1)]

(4) [1]Für Photovoltaikanlagen, die vor dem 01.04.2012 in Betrieb genommen wurden (§ 66 Abs. 18 EEG) oder unter die Übergangsvorschrift nach § 66 Abs. 18a EEG fallen, gelten die Regelungen des EEG in der bis zum 31.03.2012 geltenden Fassung.[1)] [2]Bei der umsatzsteuerrechtlichen Behandlung dieser Photovoltaikanlagen sind die nachfolgenden Absätze 5 bis 8 zu beachten.

Direktverbrauch nach § 33 Abs. 2 EEG[2)] (Photovoltaikanlagen)

(5) [1]Nach §§ 8, 16 und 18ff. EEG ist ein Netzbetreiber zur Abnahme, Weiterleitung und Verteilung sowie Vergütung der gesamten vom Betreiber einer Anlage im Sinne des § 33 Abs. 2 EEG (installierte Leistung nicht mehr als 500 kW) erzeugten Elektrizität verpflichtet. [2]Soweit die erzeugte Energie vom Anlagenbetreiber nachweislich dezentral verbraucht wird (sog. Direktverbrauch), kann sie mit dem nach § 33 Abs. 2 EEG geltenden Betrag vergütet werden. [3]Nach § 18 Abs. 3 EEG ist die Umsatzsteuer in den im EEG genannten Vergütungsbeträgen nicht enthalten.

---

1) Erneuerbare-Energien-Gesetz v. 25.10.2008, BGBl. I 2008, 2074, i.d.F. vor den Änderungen durch G v. 17.08.2012, BGBl. I 2012, 1754.

2) EEG 2023 v. 21.07.2014, BGBl. I 2014, 1066 (**Sartorius Ergänzungsband** Nr. **833**).

(6) [1]Umsatzsteuerrechtlich wird die gesamte vom Anlagenbetreiber aus solarer Strahlungsenergie erzeugte Elektrizität an den Netzbetreiber geliefert. [2]Dies gilt – entsprechend der Regelung zur sog. kaufmännisch-bilanziellen Einspeisung in Absatz 2 – unabhängig davon, wo die Elektrizität tatsächlich verbraucht wird und ob sich der Vergütungsanspruch des Anlagenbetreibers nach § 33 Abs. 1 EEG oder nach § 33 Abs. 2 EEG richtet. [3]Die Einspeisevergütung ist in jedem Fall Entgelt für Lieferungen des Anlagenbetreibers und kein Zuschuss. [4]Soweit der Anlagenbetreiber bei Inanspruchnahme der Vergütung nach § 33 Abs. 2 EEG Elektrizität dezentral verbraucht, liegt umsatzsteuerrechtlich eine (Rück-)Lieferung des Netzbetreibers an ihn vor.

(7) [1]Entgelt für die (Rück-)Lieferung des Netzbetreibers ist alles, was der Anlagenbetreiber für diese (Rück-)Lieferung aufwendet, abzüglich der Umsatzsteuer. [2]Entgelt für die Lieferung des Anlagenbetreibers ist alles, was der Netzbetreiber hierfür aufwendet, abzüglich der Umsatzsteuer.

Beispiel:

[1]Die Einspeisevergütung nach § 33 Abs. 1 Nr. 1 EEG beträgt für eine Anlage mit einer Leistung bis einschließlich 30 kW, die nach dem 31.12.2010 und vor dem 01.01.2012 in Betrieb genommen wurde, 28,74 Cent/kWh. [2]Nach § 33 Abs. 2 Satz 2 Nr. 1 EEG verringert sich diese Vergütung um 16,38 Cent/kWh für den Anteil des direkt verbrauchten Stroms, der 30 % der im selben Jahr durch die Anlage erzeugten Strommenge nicht übersteigt, und um 12 Cent/kWh für den darüber hinausgehenden Anteil dieses Stroms.

[3]Die Bemessungsgrundlage für die (Rück-)Lieferung des Netzbetreibers entspricht der Differenz zwischen der Einspeisevergütung nach § 33 Abs. 1 Nr. 1 EEG und der Vergütung nach § 33 Abs. 2 Satz 2 EEG; da es sich bei diesen Beträgen um Nettobeträge handelt, ist die Umsatzsteuer zur Ermittlung der Bemessungsgrundlage nicht herauszurechnen. [4]Die Vergütung nach § 33 Abs. 2 EEG beträgt im Fall eines Anteils des direkt verbrauchten Stroms von bis zu 30 % an der gesamten erzeugten Strommenge 28,74 Cent/kWh, verringert um 16,38 Cent/kWh, also 12,36 Cent/kWh. [5]Die Bemessungsgrundlage für die (Rück-)Lieferung des Netzbetreibers beträgt somit 28,74 Cent/kWh, verringert um 12,36 Cent/kWh, also 16,38 Cent/kWh.

[6]Die Bemessungsgrundlage für die Lieferung des Anlagenbetreibers umfasst neben der für den vom Anlagenbetreiber selbst erzeugten (und umsatzsteuerrechtlich gelieferten) Strom geschuldeten Vergütung von 12,36 Cent/kWh auch die Vergütung für die (Rück-)Lieferung des Netzbetreibers an den Anlagenbetreiber von 16,38 Cent/kWh (vgl. Satz 5). [7]Die Bemessungsgrundlage ergibt sich entsprechend den o. g. Grundsätzen aus der Summe dieser beiden Werte und beträgt somit 28,74 Cent/kWh.

[3]Die Lieferung des Anlagenbetreibers kann nicht – auch nicht im Wege der Vereinfachung unter Außerachtlassung der Rücklieferung des Netzbetreibers – lediglich mit der reduzierten Vergütung nach § 33 Abs. 2 EEG bemessen werden, weil der Umfang der nicht zum Vorsteuerabzug berechtigenden Nutzung der Anlage letztendlich über den Vorsteuerabzug aus der Rücklieferung abgebildet wird.

(8) [1]Der Anlagenbetreiber hat die Photovoltaikanlage unter den in Absatz 1 Sätze 1 bis 3 genannten Voraussetzungen vollständig seinem Unternehmen zuzuordnen. [2]Aus der Errichtung und dem Betrieb der Anlage steht ihm unter den allgemeinen Voraussetzungen des § 15 UStG der Vorsteuerabzug zu. [3]Der Anlagenbetreiber kann die auf die Rücklieferung entfallende Umsatzsteuer unter den allgemeinen Voraussetzungen des § 15 UStG als Vorsteuer abziehen. [4]Der Vorsteuerabzug ist somit insbesondere ausgeschlossen bei Verwendung des Stroms für nichtunternehmerische Zwecke oder zur Ausführung

von Umsätzen, die unter die Durchschnittssatzbesteuerung des § 24 UStG fallen. [5] Eine unentgeltliche Wertabgabe liegt insoweit hinsichtlich des dezentral verbrauchten Stroms nicht vor. [6] Zum Vorsteuerabzug aus Baumaßnahmen, die der Unternehmer im Zusammenhang mit der Installation einer Photovoltaikanlage in Auftrag gibt, vgl. Abschnitt 15.2c Abs. 8 Beispiele 1 und 2.

Photovoltaikanlagen (Anwendung des EEG in der ab 01.04.2012 geltenden Fassung)[1)]

(9) [1] Für Photovoltaikanlagen, die nach dem 31.03.2012 in Betrieb genommen wurden und nicht unter die Übergangsvorschrift nach § 66 Abs. 18a EEG fallen, gilt das EEG in der ab 01.04.2012 geltenden Fassung. [2] Bei der umsatzsteuerrechtlichen Behandlung dieser Photovoltaikanlagen sind die nachfolgenden Absätze 10 bis 16 zu beachten.

(10) [1] Die Stromlieferung des Betreibers einer Photovoltaikanlage an den Netzbetreiber umfasst umsatzsteuerrechtlich den physisch eingespeisten und den kaufmännisch-bilanziell weitergegebenen Strom. [2] Der dezentral verbrauchte Strom wird nach EEG nicht vergütet und ist nicht Gegenstand der Lieferung an den Netzbetreiber.

(11) [1] Der Betreiber einer Photovoltaikanlage ist unter den Voraussetzungen des § 15 UStG zum Vorsteuerabzug berechtigt. [2] Wird der erzeugte Strom nur zum Teil unternehmerisch (z. B. zur entgeltlichen Einspeisung) und im Übrigen im Rahmen des dezentralen Verbrauchs nichtunternehmerisch verwendet, liegt eine teilunternehmerische Verwendung vor, die grundsätzlich nur im Umfang der unternehmerischen Verwendung zum Vorsteuerabzug berechtigt (vgl. Abschnitt 15.2b Abs. 2), sofern die unternehmerische Nutzung mindestens 10% beträgt (§ 15 Abs. 1 Satz 2 UStG). [3] Zum Vorsteuerabzug aus Baumaßnahmen, die der Unternehmer im Zusammenhang mit der Installation einer Photovoltaikanlage in Auftrag gibt, vgl. Abschnitt 15.2c Abs. 8 Beispiele 1 und 2.

(12) [1] Soweit eine Photovoltaikanlage für nichtwirtschaftliche Tätigkeiten i. e. S. verwendet wird (vgl. Abschnitt 2.3 Abs. 1a), ist eine Zuordnung der Anlage zum Unternehmen nicht möglich. [2] Der Vorsteuerabzug aus der Anschaffung der Photovoltaikanlage ist insoweit ausgeschlossen. [3] Die erforderliche Vorsteueraufteilung ist nach dem Verhältnis der betreffenden Strommengen vorzunehmen;[2)] zur Ermittlung der dezentral verbrauchten Strommenge vgl. Absatz 16. [4] Erhöht sich die Nutzung des dezentralen Stromverbrauchs für nichtwirtschaftliche Tätigkeiten i. e. S., unterliegt die Erhöhung der Wertabgabenbesteuerung nach § 3 Abs. 1b Satz 1 Nr. 1 UStG. [5] Bei Erhöhung der unternehmerischen Verwendung des erzeugten Stroms kommt eine Berichtigung des Vorsteuerabzugs nach § 15a UStG aus Billigkeitsgründen in Betracht (vgl. Abschnitt 15a.1 Abs. 7). [6] Zum Berichtigungszeitraum vgl. Abschnitt 15a.3 Abs. 2.

(13)[3)] [1] Besteht die nichtunternehmerische Verwendung der Photovoltaikanlage in einer unternehmensfremden (privaten) Nutzung, hat der Unterneh-

---

[1)] EEG 2023 v. 21.07.2014, BGBl. I 2014, 1066 (**Sartorius Ergänzungsband** Nr. **833**).

[2)] Siehe aber BFH v. 16.11.2016 V R 1/15, BStBl. II 2022, 777: Aufteilung nach dem Verhältnis der Marktpreise der produzierten Strom- und Wärmemengen.

[3)] A 2.5 UStAE Abs. 13 Satz 3 angef. durch BMF v. 27.02.2023, BStBl. I 2023, 351, anzuwenden auf nach dem 31.12.2022 bewirkte Umsätze.

mer ein Zuordnungswahlrecht und kann den vollen Vorsteuerabzug aus der Anschaffung der Photovoltaikanlage geltend machen, wenn die unternehmerische Nutzung mindestens 10% beträgt (§ 15 Abs. 1 Satz 2 UStG). [2] Zum Ausgleich unterliegt der dezentral (privat) verbrauchte Strom der Wertabgabenbesteuerung nach § 3 Abs. 1b Satz 1 Nr. 1 UStG. [3] Zur Wertabgabenbesteuerung im Zusammenhang mit einer Leistung, die dem Nullsteuersatz (§ 12 Abs. 3 UStG) unterliegt, siehe Abschnitt 3.2 Abs. 3.

(14) Stellt eine Batterie zur Speicherung des Stroms im Einzelfall umsatzsteuerrechtlich ein eigenständiges Zuordnungsobjekt dar (vgl. Abschnitt 15.2c Abs. 9), ist ein Vorsteuerabzug aus der Anschaffung oder Herstellung der Batterie nicht zulässig, wenn der gespeicherte Strom zu weniger als 10% für unternehmerische Zwecke des Anlagenbetreibers verbraucht wird (§ 15 Abs. 1 Satz 2 UStG).

(15) [1] Führt der dezentral verbrauchte Strom zu einer steuerpflichtigen unentgeltlichen Wertabgabenbesteuerung nach § 3 Abs. 1b Satz 1 Nr. 1 UStG, ist für die Bemessungsgrundlage nach § 10 Abs. 4 Satz 1 Nr. 1 UStG der fiktive Einkaufspreis im Zeitpunkt des Umsatzes maßgebend (vgl. BFH-Urteil vom 12.12.2012, XI R 3/10, BStBl. 2014 II S. 809). [2] Bezieht der Photovoltaikanlagenbetreiber von einem Energieversorgungsunternehmen zusätzlich Strom, liegt ein dem selbstproduzierten Strom gleichartiger Gegenstand vor, dessen Einkaufspreis als (fiktiver) Einkaufspreis anzusetzen ist. [3] Sofern der Betreiber seinen Strombedarf allein durch den dezentralen Verbrauch deckt, ist als fiktiver Einkaufspreis der Strompreis des Stromgrundversorgers anzusetzen. [4] Bei der Ermittlung des fiktiven Einkaufspreises ist ein ggf. zu zahlender Grundpreis anteilig mit zu berücksichtigen. [5] Die Beweis- und Feststellungslast für die Ermittlung und die Höhe des fiktiven Einkaufspreises obliegt dem Photovoltaikanlagenbetreiber.

(16) [1] Die Höhe des dezentral verbrauchten Stroms wird durch Abzug der an den Netzbetreiber gelieferten Strommenge von der insgesamt erzeugten Strommenge ermittelt. [2] Photovoltaikanlagen mit einer installierten Leistung von mehr als 10 kW bis einschließlich 1.000 kW müssen nach dem EEG über eine entsprechende Messeinrichtung verfügen (z. B. Stromzähler), die die erzeugte Strommenge erfasst. [3] Bei Photovoltaikanlagen, für die diese Verpflichtung nach dem EEG nicht gilt (z. B. Photovoltaikanlagen mit einer installierten Leistung bis 10 kW), kann die erzeugte Strommenge aus Vereinfachungsgründen unter Berücksichtigung einer durchschnittlichen Volllaststundenzahl von 1.000 kWh/kWp (jährlich erzeugte Kilowattstunden pro Kilowatt installierter Leistung) geschätzt werden. [4] Im Falle einer unterjährigen Nutzung (z. B. Defekt, Ausfall) ist die Volllaststundenzahl entsprechend zeitanteilig anzupassen. [5] Sofern der Anlagenbetreiber die tatsächlich erzeugte Strommenge nachweist (z. B. durch einen Stromzähler), ist dieser Wert maßgebend.

Beispiel:

[1] Photovoltaikanlagenbetreiber P lässt zum 1.1.01 auf dem Dach seines Einfamilienhauses eine Photovoltaikanlage mit einer Leistung von 5 kW installieren (Inbetriebnahme nach dem 31.03.2012, keine Anwendung des § 66 Abs. 18a EEG). [2] Die Anschaffungskosten betragen 10.000 € zzgl. 1.900 € Umsatzsteuer. [3] P beabsichtigt bei Anschaffung ca. 20% des erzeugten Stroms privat zu verbrauchen. [4] Im Jahr 01 speist P Strom in Höhe von 3.900 kWh ein. [5] P kann die insgesamt erzeugte Strommenge nicht nachweisen. [6] Zur Deckung des eigenen Strombedarfs von 4.000 kWh bezieht P zusätzlich Strom von einem Energieversorgungs-

unternehmen zu einem Preis von 25 Cent pro kWh (Bruttopreis) zzgl. eines monatlichen Grundpreises von 6,55 € (Bruttopreis); demnach 22,66 Cent (Nettopreis) pro kWh (4.000 kWh × 25 Cent + 6,55 € × 12 Monate = 1.078,60 €/[4.000 kWh × 1,19]).
[7]P erbringt mit der Einspeisung des Stroms eine Lieferung an den Netzbetreiber. [8]Der dezentral (selbst) verbrauchte Strom wird nach EEG nicht vergütet und ist nicht Gegenstand der Lieferung an den Netzbetreiber. [9]Die Photovoltaikanlage wird teilunternehmerisch genutzt. [10]Da die nichtunternehmerische Verwendung in einer unternehmensfremden (privaten) Nutzung besteht, hat P das Wahlrecht, die Photovoltaikanlage vollständig seinem Unternehmen zuzuordnen und den vollen Vorsteuerbetrag in Höhe von 1900 € aus der Anschaffung geltend zu machen. [11]In diesem Fall führt der dezentrale Verbrauch zu einer unentgeltlichen Wertabgabe nach § 3 Abs. 1b Satz 1 Nr. 1 UStG, die wie folgt zu berechnen ist:
[12]Da P die insgesamt erzeugte Strommenge nicht nachweisen kann, ist diese anhand einer Volllaststundenzahl von 1000 kWh/kWp mit 5000 kWh (5 kW installierte Leistung × 1000 kWh) zu schätzen. [13]Hiervon hat P 3900 kWh eingespeist, sodass der dezentrale Verbrauch im Jahr 01 1100 kWh beträgt. [14]Als Bemessungsgrundlage ist nach § 10 Abs. 4 Satz 1 Nr. 1 UStG der fiktive Einkaufspreis maßgebend. [15]Als fiktiver Einkaufspreis ist der Netto-Strompreis in Höhe von 22,66 Cent anzusetzen. [16]Die Bemessungsgrundlage der unentgeltlichen Wertabgaben nach § 3 Abs. 1b Satz 1 Nr. 1 UStG beträgt im Jahr 01 somit rund 249 € (1100 kWh × 22,66 Cent); es entsteht Umsatzsteuer in Höhe von 47,31 € (249 € × 19 %).

Kraft-Wärme-Kopplungsanlagen (KWK-Anlagen)

(17)[1)] [1]Nach § 4 Abs. 3a KWKG[2)] wird auch der sog. Direktverbrauch (dezentraler Verbrauch von Strom durch den Anlagenbetreiber oder einen Dritten) gefördert. [2]Hinsichtlich der Beurteilung des Direktverbrauchs bei KWK-Anlagen sind die Grundsätze der Absätze 6 und 7 für die Beurteilung des Direktverbrauchs bei Photovoltaikanlagen (Anwendung des EEG in der bis zum 31.03.2012 geltenden Fassung) entsprechend anzuwenden. [3]Umsatzsteuerrechtlich wird demnach auch der gesamte selbst erzeugte und dezentral verbrauchte Strom an den Netzbetreiber geliefert und von diesem an den Anlagenbetreiber zurückgeliefert. [4]Die Hin- und Rücklieferungen beim dezentralen Verbrauch von Strom liegen nur vor, wenn der Anlagenbetreiber für den dezentral verbrauchten Strom eine Vergütung nach dem EEG oder einen Zuschlag nach dem KWKG in Anspruch genommen hat. [5]Sie sind nur für Zwecke der Umsatzsteuer anzunehmen.

Bemessungsgrundlage bei dezentralem Verbrauch von Strom

(18) [1]Wird der vom Anlagenbetreiber oder von einem Dritten dezentral verbrauchte Strom nach dem KWKG vergütet, entspricht die Bemessungsgrundlage für die Lieferung des Anlagenbetreibers dem üblichen Preis zuzüglich der nach dem KWKG vom Netzbetreiber zu zahlenden Zuschläge und ggf. der sog. vermiedenen Netznutzungsentgelte (Vergütung für den Teil der Netznutzungsentgelte, der durch die dezentrale Einspeisung durch die KWK-Anlage vermieden wird, vgl. § 4 Abs. 3 Satz 2 KWKG), abzüglich einer eventuell enthaltenen Umsatzsteuer. [2]Als üblicher Preis gilt bei KWK-Anlagen mit einer elektrischen Leistung von bis zu 2 Megawatt der durchschnittliche Preis für Grundlaststrom an der Strombörse EEX in Leipzig im

---

[1)] Siehe aber BFH v. 29.11.2022 XI R 18/21, DStR 2023, 822, und v. 11.5.2023 V R 22/21, DStRE 2023, 1180: keine Lieferung dezentral verbrauchten Stroms (gegen A 2.5 Abs. 17 Sätze 2–4 UStAE).

[2)] Kraft-Wärme-Kopplungsgesetz 2023 v. 21.12.2015, BGBl. I 2015, 2498 (**Sartorius Ergänzungsband** Nr. **834**).

jeweils vorangegangenen Quartal (§ 4 Abs. 3 KWKG); für umsatzsteuerrechtliche Zwecke bestehen keine Bedenken, diesen Wert als üblichen Preis auch bei allen KWK-Anlagen zu übernehmen. [3]Die Bemessungsgrundlage für die Rücklieferung des Netzbetreibers entspricht der Bemessungsgrundlage für die Hinlieferung ohne Berücksichtigung der nach dem KWKG vom Netzbetreiber zu zahlenden Zuschläge.

Beispiel: (Anlage mit Einspeisung ins Niederspannungsnetz des Netzbetreibers)

1. Bemessungsgrundlage der Lieferung des Anlagenbetreibers:	
EEX-Referenzpreis	4,152 Cent/kWh
Vermiedene Netznutzungsentgelte	0,12 Cent/kWh
Zuschlag nach § 7 Abs. 6 KWKG	5,11 Cent/kWh
Summe	9,382 Cent/kWh.
2. Bemessungsgrundlage für die Rücklieferung des Netzbetreibers:	
EEX-Referenzpreis	4,152 Cent/kWh
Vermiedene Netznutzungsentgelte	0,12 Cent/kWh
Summe	4,272 Cent/kWh.

[4]Bei der Abgabe von elektrischer Energie bestehen hinsichtlich der Anwendung der Bemessungsgrundlagen nach § 10 Abs. 4 und Abs. 5 UStG keine Bedenken dagegen, den Marktpreis unter Berücksichtigung von Mengenrabatten zu bestimmen; Abschnitt 10.7 Abs. 1 Satz 5 bleibt unberührt. [5]Ungeachtet der umsatzsteuerlichen Bemessungsgrundlage für die Hinlieferung des Anlagenbetreibers an den Netzbetreiber hat dieser keinen höheren Betrag zu entrichten als den nach dem KWKG geschuldeten Zuschlag bzw. die Vergütung nach dem EEG.

KWK-Bonus

(19) Erhält der Betreiber eines Blockheizkraftwerkes, welches unter die Übergangsvorschrift des § 66 EEG fällt, vom Netzbetreiber eine erhöhte Vergütung für den von ihm gelieferten Strom, soweit die im Blockheizkraftwerk erzeugte Wärme nach Maßgabe der Anlage 3 zum EEG in der bis zum 31.12.2011 geltenden Fassung genutzt wird (sog. KWK-Bonus), handelt es sich bei dem Bonus um ein zusätzliches gesetzlich vorgeschriebenes Entgelt für die Stromlieferung des Anlagenbetreibers an den Netzbetreiber und damit nicht um ein Entgelt von dritter Seite für die Lieferung von selbst erzeugter Wärme (vgl. BFH-Urteil vom 31.05.2017, XI R 2/14, BStBl. II S. 1024).

Entnahme von Wärme

(20) [1]Verwendet der KWK-Anlagenbetreiber selbst erzeugte Wärme für nichtunternehmerische Zwecke (unternehmensfremde und/oder nichtwirtschaftliche Tätigkeiten i. e. S.), gelten grundsätzlich die Absätze 11 bis 13 entsprechend. [2]Wird jedoch bei einer Strom und Wärme produzierenden KWK-Anlage die erzeugte Wärme entnommen bzw. zu den Vorsteuerabzug ausschließenden Zwecken (z. B. Verwendung in einem der Durchschnittssatzbesteuerung nach § 24 UStG unterliegenden Betrieb des Unternehmers) verwendet und der durch die KWK-Anlage erzeugte Strom in das allgemeine Stromnetz eingespeist, richtet sich die Vorsteueraufteilung nach Abschnitt 15.17 Abs. 3 (keine Aufteilung nach Menge bei nicht miteinander vergleichbaren Produkten). [3]Sofern die nichtunternehmerische Verwendung der Wärme zu einer steuerpflichtigen unentgeltlichen Wertabgabe nach § 3

Abs. 1b Satz 1 Nr. 1 UStG führt, ist für die Bemessungsgrundlage grundsätzlich der (fiktive) Einkaufspreis für einen gleichartigen Gegenstand im Zeitpunkt des Umsatzes maßgebend (§ 10 Abs. 4 Satz 1 Nr. 1 UStG). [4]Von einem gleichartigen Gegenstand in diesem Sinne ist auszugehen, wenn die Wärme im Zeitpunkt der Entnahme für den KWK-Anlagenbetreiber ebenso erreichbar und einsetzbar ist wie die selbst erzeugte Wärme (vgl. BFH-Urteil vom 12.12.2012, XI R 3/10, BStBl. II 2014 S. 809). [5]Kann danach die selbsterzeugte Wärme im Zeitpunkt des Bedarfs ohne erheblichen Aufwand unter Berücksichtigung der individuellen Umstände am Ort des Verbrauches durch eine gleichartige, einzukaufende Wärme ersetzt und der (fiktive) Einkaufspreis ermittelt werden, ist dieser Wert anzusetzen. [6]Der Ansatz eines Fernwärmepreises setzt daher den tatsächlichen Anschluss an das Fernwärmenetz eines Energieversorgungsunternehmens voraus.

(21) [1]Einkaufspreise für andere Energieträger (z. B. Elektrizität, Heizöl oder Gas) kommen als Bemessungsgrundlage nach § 10 Abs. 4 Satz 1 Nr. 1 UStG nur dann in Betracht, wenn eine Wärmeerzeugung auf deren Basis keine aufwändigen Investitionen voraussetzt, die Inbetriebnahme der anderen Wärmeerzeugungsanlage (z. B. Heizöl-Wärmetherme) jederzeit möglich ist und der Bezug des anderen Energieträgers (z. B. Heizöl) ohne weiteres bewerkstelligt werden kann. [2]Die Einbeziehung von Wärmenutzungskonzepten (z. B. Biomasse-Container, Contracting-Vereinbarungen oder mobile Wärmespeicher) scheidet regelmäßig aus, da diese Heizmethoden aufwändige Investitionen voraussetzen und damit die so erzeugte Wärme für den KWK-Anlagenbetreiber im Zeitpunkt des Bezugs der selbsterzeugten Wärme nicht ebenso erreichbar und einsetzbar ist wie die selbsterzeugte Wärme.

(22) [1]Ist ein (fiktiver) Einkaufspreis nicht feststellbar, sind die Selbstkosten als Bemessungsgrundlage nach § 10 Abs. 4 Satz 1 Nr. 1 UStG anzusetzen (vgl. BFH-Urteil vom 12.12.2012, XI R 3/10, BStBl. II 2014 S. 809). [2]Die Selbstkosten umfassen alle vorsteuerbelasteten und nichtvorsteuerbelasteten Kosten, die für die Herstellung der jeweiligen Wärmemenge im Zeitpunkt der Entnahme unter Berücksichtigung der tatsächlichen Verhältnisse vor Ort anfallen würden. [3]Hierzu gehören neben den Anschaffungs- oder Herstellungskosten der Anlage auch die laufenden Aufwendungen, wie z. B. die Energieträgerkosten zur Befeuerung der Anlage (Erdgas etc.) oder die Aufwendungen zur Finanzierung der Anlage. [4]Wird die KWK-Anlage mit Gas aus einer eigenen Biogasanlage des Unternehmers betrieben, sind die Produktionskosten des Biogases ebenfalls in die Selbstkosten einzubeziehen. [5]Bei der Ermittlung der Selbstkosten sind die Anschaffungs- oder Herstellungskosten der Anlage auf die betriebsgewöhnliche Nutzungsdauer, die nach den ertragsteuerrechtlichen Grundsätzen anzusetzen ist, zu verteilen. [6]Die Selbstkosten sind grundsätzlich im Verhältnis der erzeugten Mengen an elektrischer und thermischer Energien in der einheitlichen Messgröße kWh aufzuteilen (sog. energetische Aufteilungsmethode).[1)]

[1)] Siehe aber BFH v. 25.11.2021 V R 45/20, DStR 2022, 766, zu einer unentgeltlichen Wärmeabgabe aus mit Vorsteuerabzug hergestellter Biogasanlage; siehe auch BFH v. 15.3.2022 V R 34/20, DStR 2022, 1493, und v. 9.11.2022 XI R 31/19, DStRE 2023, 433, auch zu Aufteilungsmethoden, sowie v. 22.11.2022 XI R 17/20, BStBl. II 2023, 601, zur Vorlage an den EuGH (Az. C-207/23).

[7] Andere Aufteilungsmethoden, z. B. exergetische Allokations- oder Marktwertmethode, kommen nicht in Betracht. [8] Aus Vereinfachungsgründen ist es jedoch nicht zu beanstanden, wenn der Unternehmer die unentgeltliche Wärmeabgabe nach dem bundesweit einheitlichen durchschnittlichen Fernwärmepreis des jeweiligen Vorjahres auf Basis der jährlichen Veröffentlichungen des Bundesministeriums für Wirtschaft und Energie (sog. Energiedaten) bemisst.

Mindestbemessungsgrundlage bei der Abgabe von Wärme

(23) [1] Wird die mittels Kraft-Wärme-Kopplung erzeugte Wärme an einen Dritten geliefert, ist Bemessungsgrundlage für diese Lieferung grundsätzlich das vereinbarte Entgelt (§ 10 Abs. 1 UStG). [2] Handelt es sich bei dem Dritten um eine nahestehende Person, ist die Mindestbemessungsgrundlage des § 10 Abs. 5 UStG zu prüfen (vgl. Abschnitt 10.7). [3] Die Bemessungsgrundlage wird nach § 10 Abs. 5 in Verbindung mit Abs. 4 Satz 1 Nr. 1 UStG bestimmt, wenn das tatsächliche Entgelt niedriger als die Kosten nach § 10 Abs. 4 Satz 1 Nr. 1 UStG ist. [4] Der Umsatz bemisst sich jedoch höchstens nach dem marktüblichen Entgelt. [5] Marktübliches Entgelt ist der gesamte Betrag, den ein Leistungsempfänger an einen Unternehmer unter Berücksichtigung der Handelsstufe zahlen müsste, um die betreffende Leistung zu diesem Zeitpunkt unter den Bedingungen des freien Wettbewerbs zu erhalten. [6] Daher sind für die Ermittlung des marktüblichen Entgelts (Marktpreis) die konkreten Verhältnisse am Standort des Energieverbrauches, also im Regelfall des Betriebs des Leistungsempfängers, entscheidend. [7] Die Ausführungen in Absatz 15 zum fiktiven Einkaufspreis gelten sinngemäß. [8] Ist danach ein marktübliches Entgelt nicht feststellbar, sind die Kosten nach § 10 Abs. 4 Satz 1 Nr. 1 UStG maßgeblich. [9] Auf die Anwendung der Vereinfachungsregelung nach Absatz 22 Satz 8 wird hingewiesen.

Prämien für die Direktvermarktung

(24) [1] Anstelle der Inanspruchnahme der gesetzlichen Einspeisevergütung nach dem EEG können Betreiber von Anlagen zur Produktion von Strom aus erneuerbaren Energien den erzeugten Strom auch direkt vermarkten (durch Lieferung an einen Stromhändler oder -versorger bzw. an einen Letztverbraucher oder durch Vermarktung an der Strombörse). [2] Da der erzielbare Marktpreis für den direkt vermarkteten Strom in der Regel unter der Einspeisevergütung nach dem EEG liegt, erhält der Anlagenbetreiber als Anreiz für die Direktvermarktung ab dem 01.01.2012 von dem jeweiligen Einspeisenetzbetreiber unter den Voraussetzungen des § 33g EEG in Verbindung mit Anlage 4 zum EEG eine Marktprämie einschließlich einer Managementprämie und des § 33i EEG in Verbindung mit Anlage 5 zum EEG eine Flexibilitätsprämie. [3] Die Managementprämie wird zur Abgeltung des mit der Direktvermarktung verbundenen Vermarktungsaufwandes gewährt. [4] Bei den Prämien handelt es sich jeweils um echte, nichtsteuerbare Zuschüsse. [5] Dies gilt auch, wenn der Anlagenbetreiber einen Dritten mit der Vermarktung des Stroms beauftragt, dieser Dritte neben der eigentlichen Vermarktung auch die Beantragung sowie Zahlungsabwicklung der von dem Netzbetreiber zu zahlenden Prämien übernimmt und die Prämien an den Anlagenbetreiber einschließlich des Entgelts für

die Stromlieferung weiterreicht. [6]Behält der Dritte einen Teil der dem Anlagenbetreiber zustehenden Prämien für seine Tätigkeit ein, handelt es sich dabei regelmäßig um Entgeltzahlungen für eine selbständige steuerbare Leistung des Dritten.

2.6 Beginn und Ende der Unternehmereigenschaft[1)]

(1) [1]Die Unternehmereigenschaft beginnt mit dem ersten nach außen erkennbaren, auf eine Unternehmertätigkeit gerichteten Tätigwerden, wenn die spätere Ausführung entgeltlicher Leistungen beabsichtigt ist (Verwendungsabsicht) und die Ernsthaftigkeit dieser Absicht durch objektive Merkmale nachgewiesen oder glaubhaft gemacht wird. [2]In diesem Fall entfällt die Unternehmereigenschaft – außer in den Fällen von Betrug und Missbrauch – nicht rückwirkend, wenn es später nicht oder nicht nachhaltig zur Ausführung entgeltlicher Leistungen kommt. [3]Vorsteuerbeträge, die den beabsichtigten Umsätzen, bei denen der Vorsteuerabzug – auch auf Grund von Option – nicht ausgeschlossen wäre, zuzurechnen sind, können dann auch auf Grund von Gesetzesänderungen nicht zurückgefordert werden (vgl. EuGH-Urteile vom 29.02.1996, C-110/94, Inzo, BStBl. II S. 655,[2)] und vom 08.06.2000, C-400/98, Breitsohl, BStBl. II 2003 S. 452,[2)] und BFH-Urteile vom 22.02.2001, V R 77/96, BStBl. II 2003 S. 426, und vom 08.03.2001, V R 24/98, BStBl. II 2003 S. 430).

(2) [1]Als Nachweis für die Ernsthaftigkeit sind Vorbereitungshandlungen anzusehen, wenn bezogene Gegenstände oder in Anspruch genommene sonstige Leistungen (Eingangsleistungen) ihrer Art nach nur zur unternehmerischen Verwendung oder Nutzung bestimmt sind oder in einem objektiven und zweifelsfrei erkennbaren Zusammenhang mit der beabsichtigten unternehmerischen Tätigkeit stehen (unternehmensbezogene Vorbereitungshandlungen). [2]Solche Vorbereitungshandlungen können insbesondere sein:
- der Erwerb umfangreichen Inventars, z. B. Maschinen oder Fuhrpark;
- der Wareneinkauf vor Betriebseröffnung;
- die Anmietung oder die Errichtung von Büro- oder Lagerräumen;
- der Erwerb eines Grundstücks;
- die Anforderung einer Rentabilitätsstudie;
- die Beauftragung eines Architekten;
- die Durchführung einer größeren Anzeigenaktion;
- die Abgabe eines Angebots für eine Lieferung oder eine sonstige Leistung gegen Entgelt.

[3]Maßgebend ist stets das Gesamtbild der Verhältnisse im Einzelfall. [4]Die in Abschnitt 15.12 Abs. 1 bis 3 und 5 dargelegten Grundsätze gelten dabei sinngemäß.

(3) [1]Insbesondere bei Vorbereitungshandlungen, die ihrer Art nach sowohl zur unternehmerischen als auch zur nichtunternehmerischen Verwendung bestimmt sein können (z. B. Erwerb eines Computers oder Kraftfahrzeugs), ist vor der ersten Steuerfestsetzung zu prüfen, ob die Verwendungsabsicht durch

---

[1)] Zur Gründung von Gesellschaften vgl. A 1.6 Abs. 2 UStAE. – Zur Voranmeldung in Neugründungsfällen vgl. A 18.7 UStAE.

[2)] DStR 1996, 419. – DStRE 2000, 881.

objektive Anhaltspunkte nachgewiesen ist. [2]Soweit Vorbereitungshandlungen ihrer Art nach typischerweise zur nichtunternehmerischen Verwendung oder Nutzung bestimmt sind (z. B. der Erwerb eines Wohnmobils, Segelschiffs oder sonstigen Freizeitgegenstands), ist bei dieser Prüfung ein besonders hoher Maßstab anzulegen. [3]Lassen sich diese objektiven Anhaltspunkte nicht an Amtsstelle ermitteln, ist zunächst grundsätzlich nicht von der Unternehmereigenschaft auszugehen. [4]Eine zunächst angenommene Unternehmereigenschaft ist nur dann nach § 164 Abs. 2, § 165 Abs. 2 oder § 173 Abs. 1 AO durch Änderung der ursprünglichen Steuerfestsetzung rückgängig zu machen, wenn später festgestellt wird, dass objektive Anhaltspunkte für die Verwendungsabsicht im Zeitpunkt des Leistungsbezugs nicht vorlagen, die Verwendungsabsicht nicht in gutem Glauben erklärt wurde oder ein Fall von Betrug oder Missbrauch vorliegt. [5]Zur Vermeidung der Inanspruchnahme erheblicher ungerechtfertigter Steuervorteile oder zur Beschleunigung des Verfahrens kann die Einnahme des Augenscheins (§ 98 AO) oder die Durchführung einer Umsatzsteuer-Nachschau (§ 27b UStG) angebracht sein.

(4) [1]Die Absätze 1 bis 3 gelten entsprechend bei der Aufnahme einer neuen Tätigkeit im Rahmen eines bereits bestehenden Unternehmens, wenn die Vorbereitungshandlungen nicht in einem sachlichen Zusammenhang mit der bisherigen unternehmerischen Tätigkeit stehen. [2]Besteht dagegen ein sachlicher Zusammenhang, sind erfolglose Vorbereitungshandlungen der unternehmerischen Sphäre zuzurechnen (vgl. BFH-Urteil vom 16.12.1993, V R 103/88, BStBl. II 1994 S. 278).

(5) [1]Die Unternehmereigenschaft kann nicht im Erbgang übergehen (vgl. BFH-Urteil vom 19.11.1970, V R 14/67, BStBl. II 1971 S. 121). [2]Der Erbe wird nur dann zum Unternehmer, wenn in seiner Person die Voraussetzungen verwirklicht werden, an die das Umsatzsteuerrecht die Unternehmereigenschaft knüpft. [3]Zur Unternehmereigenschaft des Erben einer Kunstsammlung vgl. BFH-Urteil vom 24.11.1992, V R 8/89, BStBl. II 1993 S. 379, und zur Unternehmereigenschaft bei der Veräußerung von Gegenständen eines ererbten Unternehmensvermögens vgl. BFH-Urteil vom 13.01.2010, V R 24/07, BStBl. II 2011 S. 241.

(6) [1]Die Unternehmereigenschaft endet mit dem letzten Tätigwerden. [2]Der Zeitpunkt der Einstellung oder Abmeldung eines Gewerbebetriebs ist unbeachtlich. [3]Unternehmen und Unternehmereigenschaft erlöschen erst, wenn der Unternehmer alle Rechtsbeziehungen abgewickelt hat, die mit dem (aufgegebenen) Betrieb in Zusammenhang stehen (BFH-Urteil vom 21.04.1993, XI R 50/90, BStBl. II S. 696; vgl. auch BFH-Urteil vom 19.11.2009, V R 16/08, BStBl. II 2010 S. 319). [4]Die spätere Veräußerung von Gegenständen des Betriebsvermögens oder die nachträgliche Vereinnahmung von Entgelten gehören noch zur Unternehmertätigkeit. [5]Eine Einstellung der gewerblichen oder beruflichen Tätigkeit liegt nicht vor, wenn den Umständen zu entnehmen ist, dass der Unternehmer die Absicht hat, das Unternehmen weiterzuführen oder in absehbarer Zeit wiederaufleben zu lassen; es ist nicht erforderlich, dass laufend Umsätze bewirkt werden (vgl. BFH-Urteile vom 13.12.1963, V 77/61 U, BStBl. 1964 III S. 90, und vom 15.03.1993, V R 18/89, BStBl. II S. 561). [6]Eine Gesellschaft besteht als Unternehmer so lange fort,

bis alle Rechtsbeziehungen, zu denen auch das Rechtsverhältnis zwischen der Gesellschaft und dem Finanzamt gehört, beseitigt sind (vgl. BFH-Urteile vom 21.05.1971, V R 117/67, BStBl. II S. 540, und vom 18.11.1999, V R 22/99, BStBl. II 2000 S. 241). [7] Die Unternehmereigenschaft einer GmbH ist weder von ihrem Vermögensstand noch von ihrer Eintragung im Handelsregister abhängig. [8] Eine aufgelöste GmbH kann auch noch nach ihrer Löschung im Handelsregister Umsätze im Rahmen ihres Unternehmens ausführen (vgl. BFH-Urteil vom 09.12.1993, V R 108/91, BStBl. II 1994 S. 483). [9] Zum Sonderfall des Ausscheidens eines Gesellschafters aus einer zweigliedrigen Personengesellschaft (Anwachsen) vgl. BFH-Urteil vom 18.09.1980, V R 175/74, BStBl. II 1981 S. 293.

2.7 Unternehmen

(1) [1] Zum Unternehmen gehören sämtliche Betriebe oder berufliche Tätigkeiten desselben Unternehmers. [2] Organgesellschaften sind – unter Berücksichtigung der Einschränkungen in § 2 Abs. 2 Nr. 2 Sätze 2 bis 4 UStG (vgl. Abschnitt 2.9) – Teile des einheitlichen Unternehmens eines Unternehmers. [3] Innerhalb des einheitlichen Unternehmens sind steuerbare Umsätze grundsätzlich nicht möglich; zu den Besonderheiten beim innergemeinschaftlichen Verbringen vgl. Abschnitt 1a.2.[1)]

(2) [1] In den Rahmen des Unternehmens fallen nicht nur die Grundgeschäfte, die den eigentlichen Gegenstand der geschäftlichen Betätigung bilden, sondern auch die Hilfsgeschäfte (vgl. BFH-Urteil vom 24.02.1988, X R 67/82, BStBl. II S. 622). [2] Zu den Hilfsgeschäften gehört jede Tätigkeit, die die Haupttätigkeit mit sich bringt (vgl. BFH-Urteil vom 28.10.1964, V 227/62 U, BStBl. III 1965 S. 34). [3] Auf die Nachhaltigkeit der Hilfsgeschäfte kommt es nicht an (vgl. BFH-Urteil vom 20.09.1990, V R 92/85, BStBl. II 1991 S. 35). [4] Ein Verkauf von Vermögensgegenständen fällt somit ohne Rücksicht auf die Nachhaltigkeit in den Rahmen des Unternehmens, wenn der Gegenstand zum unternehmerischen Bereich des Veräußerers gehörte. [5] Bei einem gemeinnützigen Verein fallen Veräußerungen von Gegenständen, die von Todes wegen erworben sind, nur dann in den Rahmen des Unternehmens, wenn sie für sich nachhaltig sind (vgl. BFH-Urteil vom 09.09.1993, V R 24/89, BStBl. II 1994 S. 57).

2.8 Organschaft

Allgemeines

(1) [1] Organschaft nach § 2 Abs. 2 Nr. 2 UStG liegt vor, wenn eine juristische Person nach dem Gesamtbild der tatsächlichen Verhältnisse finanziell, wirtschaftlich und organisatorisch in ein Unternehmen eingegliedert ist. [2] Es ist nicht erforderlich, dass alle drei Eingliederungsmerkmale gleichermaßen ausgeprägt sind. [3] Organschaft kann deshalb auch gegeben sein, wenn die Eingliederung auf einem dieser drei Gebiete nicht vollständig, dafür aber auf den anderen Gebieten um so eindeutiger ist, so dass sich die Eingliederung aus dem Gesamtbild der tatsächlichen Verhältnisse ergibt (vgl. BFH-Urteil vom 23.04.1964, V 184/61 U, BStBl. III S. 346, und vom 22.06.1967, V R 89/66,

---

1) Zur Besteuerung von Verwaltungsgemeinschaften siehe BayLfSt v. 27.4.2020 – S 7106. 1.1 – 21/4 St 33, DStR 2020, 1131.

BStBl. III S. 715). 4 Von der finanziellen Eingliederung kann weder auf die wirtschaftliche noch auf die organisatorische Eingliederung geschlossen werden (vgl. BFH-Urteile vom 05.12.2007, V R 26/06, BStBl. II 2008 S. 451, und vom 03.04.2008, V R 76/05, BStBl. II S. 905). 5 Die Organschaft umfasst nur den unternehmerischen Bereich der Organgesellschaft. 6 Liegt Organschaft vor, sind die eingegliederten Organgesellschaften (Tochtergesellschaften) ähnlich wie Angestellte des Organträgers (Muttergesellschaft) als unselbständig anzusehen; Unternehmer ist der Organträger. 7 Eine Gesellschaft kann bereits zu einem Zeitpunkt in das Unternehmen des Organträgers eingegliedert sein, zu dem sie selbst noch keine Umsätze ausführt, dies gilt insbesondere für eine Auffanggesellschaft im Rahmen des Konzepts einer „übertragenden Sanierung" (vgl. BFH-Urteil vom 17.01.2002, V R 37/00, BStBl. II S. 373). 8 War die seit dem Abschluss eines Gesellschaftsvertrags bestehende Gründergesellschaft einer später in das Handelsregister eingetragenen GmbH nach dem Gesamtbild der tatsächlichen Verhältnisse finanziell, wirtschaftlich und organisatorisch in ein Unternehmen eingegliedert, besteht die Organschaft zwischen der GmbH und dem Unternehmen bereits für die Zeit vor der Eintragung der GmbH in das Handelsregister (vgl. BFH-Urteil vom 09.03.1978, V R 90/74, BStBl. II S. 486).

(2) 1 Organträger kann jeder Unternehmer sein. 2 Auch eine juristische Person des öffentlichen Rechts kann Organträger sein, wenn und soweit sie unternehmerisch tätig ist (vgl. BFH-Urteil vom 02.12.2015, V R 67/14, BStBl. 2017 II S. 560, und Abschnitt 2.11 Abs. 20). 3 Die die Unternehmereigenschaft begründenden entgeltlichen Leistungen können auch gegenüber einer Gesellschaft erbracht werden, mit der als Folge dieser Leistungstätigkeit eine organschaftliche Verbindung besteht (vgl. BFH-Urteil vom 09.10.2002, V R 64/99, BStBl. II 2003 S. 375; vgl. aber Absatz 6 Sätze 5 und 6). 4 Als Organgesellschaften kommen regelmäßig nur juristische Personen des Zivil- und Handelsrechts in Betracht (vgl. BFH-Urteil vom 20.12.1973, V R 87/70, BStBl. II 1974 S. 311). 5 Eine Personengesellschaft kann ausnahmsweise wie eine juristische Person als eingegliedert im Sinne des § 2 Abs. 2 Nr. 2 UStG anzusehen sein, wenn die finanzielle Eingliederung wie bei einer juristischen Person zu bejahen ist (siehe dazu Absatz 5a). 6 Eine GmbH, die an einer KG als persönlich haftende Gesellschafterin beteiligt ist, kann grundsätzlich nicht als Organgesellschaft in das Unternehmen dieser KG eingegliedert sein (BFH-Urteil vom 14.12.1978, V R 85/74, BStBl. II 1979 S. 288). 7 Dies gilt auch in den Fällen, in denen die übrigen Kommanditisten der KG sämtliche Gesellschaftsanteile der GmbH halten (vgl. BFH-Urteil vom 19.05.2005, V R 31/03, BStBl. II S. 671). 8 Ist jedoch die KG mehrheitlich an der Komplementär-GmbH beteiligt, kann die GmbH als Organgesellschaft in die KG eingegliedert sein, da die KG auf Grund ihrer Gesellschafterstellung sicherstellen kann, dass ihr Wille auch in der GmbH durchgesetzt wird (vgl. auch Abschnitt 2.2 Abs. 6 Beispiel 2). 9 Personen, die keine Unternehmer im Sinne des § 2 Abs. 1 UStG sind, können weder Organträger noch Organgesellschaft sein (vgl. BFH-Urteile vom 02.12.2015, V R 67/14, a. a. O., und vom 10.08.2016, XI R 41/14, BStBl. II 2017 S. 590).

(3) 1 Die Voraussetzungen für die umsatzsteuerliche Organschaft sind nicht identisch mit den Voraussetzungen der körperschaftsteuerlichen und gewerbe-

steuerlichen Organschaft. [2]Eine gleichzeitige Eingliederung einer Organgesellschaft in die Unternehmen mehrerer Organträger (sog. Mehrmütterorganschaft) ist nicht möglich (vgl. BFH-Urteile vom 30.04.2009, V R 3/08, BStBl. II 2013 S. 873, und vom 03.12.2015, V R 36/13, BStBl. II 2017 S. 563).

(4) Weder das Umsatzsteuergesetz noch das Unionsrecht sehen ein Wahlrecht für den Eintritt der Rechtsfolgen einer Organschaft vor (vgl. BFH-Urteile vom 29.10.2008, XI R 74/07, BStBl. II 2009 S. 256).

Finanzielle Eingliederung

(5)[1)] [1]Unter der finanziellen Eingliederung einer juristischen Person ist der Besitz der entscheidenden Anteilsmehrheit an der Organgesellschaft zu verstehen, die es dem Organträger ermöglicht, durch Mehrheitsbeschlüsse seinen Willen in der Organgesellschaft durchzusetzen (Eingliederung mit Durchgriffsrechten, vgl. BFH-Urteil vom 02.12.2015, V R 15/14, BStBl. II 2017 S. 553). [2]Entsprechen die Beteiligungsverhältnisse den Stimmrechtsverhältnissen, ist die finanzielle Eingliederung gegeben, wenn die Beteiligung mehr als 50% beträgt, sofern keine höhere qualifizierte Mehrheit für die Beschlussfassung in der Organgesellschaft erforderlich ist (vgl. BFH-Urteil vom 01.12.2010, XI R 43/08, BStBl. II 2011 S. 600). [3]Im Interesse der Rechtsklarheit sind Stimmbindungsvereinbarungen oder Stimmrechtsvollmachten grundsätzlich ohne Bedeutung. [4]Stimmbindungsvereinbarungen und Stimmrechtsvollmachten können bei der Prüfung der finanziellen Eingliederung nur zu berücksichtigen sein, wenn sie sich ausschließlich aus Regelungen der Satzung wie etwa bei einer Einräumung von Mehrfachstimmrechten („Geschäftsanteil mit Mehrstimmrecht") ergeben (BFH-Urteil vom 02.12.2015, V R 25/13, BStBl. II 2017 S. 547).

(5a) [1]Die finanzielle Eingliederung einer Personengesellschaft setzt voraus, dass Gesellschafter der Personengesellschaft neben dem Organträger nur Personen sind, die nach § 2 Abs. 2 Nr. 2 UStG in das Unternehmen des Organträgers finanziell eingegliedert sind, so dass die erforderliche Durchgriffsmöglichkeit selbst bei der stets möglichen Anwendung des Einstimmigkeitsprinzips gewährleistet ist (vgl. BFH-Urteile vom 02.12.2015, V R 25/13, BStBl. II 2017 S. 547, und vom 03.12.2015, V R 36/13, BStBl. II 2017 S. 563). [2]Für die nach Satz 1 notwendige Beteiligung des Organträgers sind mittelbare Beteiligungen ausreichend. [3]Absatz 5b gilt entsprechend.

Beispiel 1:

[1]Gesellschafter einer GmbH & Co. KG sind die Komplementär-GmbH und eine weitere GmbH als Kommanditistin. [2]Die A-AG hält an beiden GmbHs jeweils einen Anteil von mehr als 50%.

[3]Alle Gesellschafter der GmbH & Co. KG sind finanziell in das Unternehmen der A-AG eingegliedert. [4]Damit ist auch die GmbH & Co. KG in das Unternehmen der A-AG finanziell eingegliedert.

Beispiel 2:

[1]Gesellschafter einer GmbH & Co. KG sind die Komplementär-GmbH K1 sowie die GmbH K2 und eine weitere Person P (Beteiligungsquote 0,1%) als Kommanditisten. [2]Die A-AG hält an K1 und K2 jeweils einen Anteil von mehr als 50%. [3]An P ist die A-AG nicht beteiligt.

---

1) Zur finanziellen Eingliederung und zum Steuerschuldner siehe BFH v. 18.1.2023 XI R 29/22, DStR 2023, 638; zu Innenumsätzen siehe BFH v. 26.1.2023 V R 20/22, BStBl. II 2023, 530 zur Vorlage an den EuGH (Az. C-184/23).

[4] Da nicht alle Gesellschafter der GmbH & Co. KG finanziell in das Unternehmen der A-AG eingegliedert sind, ist auch die GmbH & Co. KG nicht finanziell in das Unternehmen der A-AG eingegliedert.

(5b) [1] Eine finanzielle Eingliederung setzt eine unmittelbare oder mittelbare Beteiligung des Organträgers an der Organgesellschaft voraus. [2] Es ist ausreichend, wenn die finanzielle Eingliederung mittelbar über eine unternehmerisch oder nichtunternehmerisch tätige Tochtergesellschaft des Organträgers erfolgt. [3] Eine nichtunternehmerisch tätige Tochtergesellschaft wird dadurch jedoch nicht Bestandteil des Organkreises. [4] Ist eine Kapital- oder Personengesellschaft nicht selbst an der Organgesellschaft beteiligt, reicht es für die finanzielle Eingliederung nicht aus, dass nur ein oder mehrere Gesellschafter auch mit Stimmenmehrheit an der Organgesellschaft beteiligt sind (vgl. BFH-Urteile vom 22.04.2010 – V R 9/09, BStBl. II 2011 S. 597, vom 01.12.2010 – XI R 43/08, BStBl. II 2011 S. 600, vom 24.08.2016 – V R 36/15, BStBl. II 2017 S. 595, und vom 01.02.2022 – V R 23/21, BStBl. II 2023 S. 148). [5] In diesem Fall ist keine der beiden Gesellschaften in das Gefüge des anderen Unternehmens eingeordnet, sondern es handelt sich vielmehr um gleich geordnete Schwestergesellschaften. [6] Dies gilt auch dann, wenn die Beteiligung eines Gesellschafters an einer Kapitalgesellschaft ertragsteuerlich zu dessen Sonderbetriebsvermögen bei einer Personengesellschaft gehört. [7] Das Fehlen einer eigenen unmittelbaren oder mittelbaren Beteiligung der Gesellschaft kann nicht durch einen Beherrschungsvertrag und Gewinnabführungsvertrag ersetzt werden (BFH-Urteil vom 01.12.2010, XI R 43/08, a. a. O.).

Wirtschaftliche Eingliederung

(6)[1)·2)] [1] Wirtschaftliche Eingliederung bedeutet, dass die Organgesellschaft nach dem Willen des Unternehmers im Rahmen des Gesamtunternehmens, und zwar in engem wirtschaftlichen Zusammenhang mit diesem, wirtschaftlich tätig ist (vgl. BFH-Urteil vom 22.06.1967, V R 89/66, BStBl. III S. 715). [2] Voraussetzung für eine wirtschaftliche Eingliederung ist, dass die Beteiligung an der Kapitalgesellschaft dem unternehmerischen Bereich des Anteileigners zugeordnet werden kann (vgl. Abschnitt 2.3 Abs. 2). [3] Sie kann bei entsprechend deutlicher Ausprägung der finanziellen und organisatorischen Eingliederung bereits dann vorliegen, wenn zwischen dem Organträger und der Organgesellschaft auf Grund gegenseitiger Förderung und Ergänzung mehr als nur unerhebliche wirtschaftliche Beziehungen bestehen (vgl. BFH-Urteil vom 29.10.2008, XI R 74/07, BStBl. II 2009 S. 256), insbesondere braucht dann die Organgesellschaft nicht vom Organträger abhängig zu sein (vgl. BFH-Urteil vom 03.04.2003, V R 63/01, BStBl. II 2004 S. 434). [4] Die wirtschaftliche Eingliederung kann sich auch aus einer Verflechtung zwischen den Unternehmensbereichen verschiedener Organgesellschaften ergeben (vgl. BFH-Urteile vom 20.08.2009 – V R 30/06, BStBl. II 2010 S. 863, und vom 01.02.2022 – V R 23/21, BStBl. II 2023 S. 148). [5] Beruht die wirtschaftliche Eingliederung auf Leistungen des Organträgers gegenüber seiner Organgesellschaft, müssen jedoch entgeltliche Leistungen vorliegen, denen für das Unter-

---

1) A 2.8 UStAE Abs. 6 Satz 6 eingef., bish. Sätze 6 und 7 werden Sätze 7 und 8 durch BMF v. 22.12.2023, BStBl. I 2023, 2248.

2) Zur Verflechtung zwischen den Unternehmensbereichen verschiedener Organgesellschaften siehe BFH v. 11.5.2023 V R 28/20, BStBl. II 2023, 992.

nehmen der Organgesellschaft mehr als nur unwesentliche Bedeutung zukommt (vgl. BFH-Urteile vom 18.06.2009, V R 4/08, BStBl. II 2010 S. 310, und vom 06.05.2010, V R 26/09, BStBl. II S. 1114). 6 Hieran fehlt es bei der Vermietung von ohne weiteres austauschbaren Büroräumen (vgl. BFH-Urteil vom 01.02.2022 – V R 23/21, BStBl. II 2023 S. 148). 7 Stellt der Organträger für eine von der Organgesellschaft bezogene Leistung unentgeltlich Material bei, reicht dies zur Begründung der wirtschaftlichen Eingliederung nicht aus (vgl. BFH-Urteil vom 20.08.2009, V R 30/06, a. a. O.). 8 Zu einer wirtschaftlichen Eingliederung durch Darlehen kann es nur kommen, wenn diese im Rahmen eines Unternehmens gewährt werden (vgl. BFH-Beschluss vom 13.11.2019, V R 30/18, BStBl. II 2021 S. 248).

(6a) 1 Für die Frage der wirtschaftlichen Verflechtung kommt der Entstehungsgeschichte der Tochtergesellschaft eine wesentliche Bedeutung zu. 2 Die Unselbständigkeit einer hauptsächlich im Interesse einer anderen Firma ins Leben gerufenen Produktionsfirma braucht nicht daran zu scheitern, dass sie einen Teil ihrer Erzeugnisse auf dem freien Markt absetzt. 3 Ist dagegen eine Produktionsgesellschaft zur Versorgung eines bestimmten Markts gegründet worden, kann ihre wirtschaftliche Eingliederung als Organgesellschaft auch dann gegeben sein, wenn zwischen ihr und der Muttergesellschaft Warenlieferungen nur in geringem Umfange oder überhaupt nicht vorkommen (vgl. BFH-Urteil vom 15.06.1972, V R 15/69, BStBl. II S. 840).

(6b) 1 Bei einer Betriebsaufspaltung in ein Besitzunternehmen (z. B. Personengesellschaft) und eine Betriebsgesellschaft (i. d. R. Kapitalgesellschaft) und Verpachtung des Betriebsvermögens durch das Besitzunternehmen an die Betriebsgesellschaft steht die durch die Betriebsaufspaltung entstandene Betriebsgesellschaft im Allgemeinen in einem Abhängigkeitsverhältnis zum Besitzunternehmen (vgl. BFH-Urteile vom 28.01.1965, V 126/62 U, BStBl. III S. 243 und vom 17.11.1966, V 113/65, BStBl. III 1967 S. 103). 2 Auch wenn bei einer Betriebsaufspaltung nur das Betriebsgrundstück ohne andere Anlagegegenstände verpachtet wird, kann eine wirtschaftliche Eingliederung vorliegen (BFH-Urteil vom 09.09.1993, V R 124/89, BStBl. II 1994 S. 129).

(6c) 1 Die wirtschaftliche Eingliederung wird jedoch nicht auf Grund von Liquiditätsproblemen der Organtochter beendet (BFH-Urteil vom 19.10.1995, V R 128/93). 2 Die wirtschaftliche Eingliederung auf Grund der Vermietung eines Grundstücks, das die räumliche und funktionale Geschäftstätigkeit der Organgesellschaft bildet, entfällt nicht bereits dadurch, dass für das betreffende Grundstück Zwangsverwaltung und Zwangsversteigerung angeordnet wird (vgl. BMF-Schreiben vom 01.12.2009, BStBl. I S. 1609). 3 Eine Entflechtung vollzieht sich erst im Zeitpunkt der tatsächlichen Beendigung des Nutzungsverhältnisses zwischen dem Organträger und der Organgesellschaft.

Organisatorische Eingliederung

(7) 1 Die organisatorische Eingliederung setzt voraus, dass die mit der finanziellen Eingliederung verbundene Möglichkeit der Beherrschung der Tochtergesellschaft durch die Muttergesellschaft in der laufenden Geschäftsführung tatsächlich wahrgenommen wird (BFH-Urteil vom 28.01.1999, V R 32/98,

BStBl. II S. 258). [2]Es kommt darauf an, dass der Organträger die Organgesellschaft durch die Art und Weise der Geschäftsführung beherrscht und seinen Willen in der Organgesellschaft durchsetzen kann. [3]Nicht ausreichend ist, dass eine vom Organträger abweichende Willensbildung in der Organgesellschaft ausgeschlossen ist (BFH-Urteile vom 08.08.2013, V R 18/13, BStBl. II 2017 S. 543, und vom 02.12.2015, V R 15/14 BStBl. II 2017 S. 553). [4]Der aktienrechtlichen Abhängigkeitsvermutung aus § 17 AktG kommt keine Bedeutung im Hinblick auf die organisatorische Eingliederung zu (vgl. BFH-Urteil vom 03.04.2008, V R 76/05, BStBl. II S. 905). [5]Nicht ausschlaggebend ist, dass die Organgesellschaft in eigenen Räumen arbeitet, eine eigene Buchhaltung und eigene Einkaufs- und Verkaufsabteilungen hat, da dies dem Willen des Organträgers entsprechen kann (vgl. BFH-Urteil vom 23.07.1959, V 176/55 U, BStBl. III S. 376). [6]Zum Wegfall der organisatorischen Eingliederung bei Anordnung der Zwangsverwaltung und Zwangsversteigerung für ein Grundstück vgl. BMF-Schreiben vom 01.12.2009, BStBl. I S. 1609.[1)]

(8) [1]Die organisatorische Eingliederung setzt in aller Regel die personelle Verflechtung der Geschäftsführungen des Organträgers und der Organgesellschaft voraus (BFH-Urteile vom 03.04.2008, V R 76/05, BStBl. II S. 905, vom 28.10.2010, V R 7/10, BStBl. II 2011 S. 391 und vom 02.12.2015, V R 15/14, BStBl. II 2017 S. 553). [2]Dies ist z.B. bei einer Personenidentität in den Leitungsgremien beider Gesellschaften gegeben (vgl. BFH-Urteile vom 17.01.2002, V R 37/00, BStBl. II S. 373, und vom 05.12.2007, V R 26/06, BStBl. II S. 451). [3]Für das Vorliegen einer organisatorischen Eingliederung ist es jedoch nicht in jedem Fall erforderlich, dass die Geschäftsführung der Muttergesellschaft mit derjenigen der Tochtergesellschaft vollständig personenidentisch ist. [4]So kann eine organisatorische Eingliederung z.B. auch dann vorliegen, wenn nur einzelne Geschäftsführer des Organträgers Geschäftsführer der Organgesellschaft sind (vgl. BFH-Urteil vom 28.01.1999, V R 32/98, BStBl. II S. 258). [5]Ob dagegen eine organisatorische Eingliederung vorliegt, wenn die Tochtergesellschaft über mehrere Geschäftsführer verfügt, die nur zum Teil auch in dem Leitungsgremium der Muttergesellschaft vertreten sind, hängt von der Ausgestaltung der Geschäftsführungsbefugnis in der Tochtergesellschaft ab. [6]Ist in der Organgesellschaft eine Gesamtgeschäftsführungsbefugnis vereinbart und werden die Entscheidungen durch Mehrheitsbeschluss getroffen, kann eine organisatorische Eingliederung nur vorliegen, wenn die personen-identischen Geschäftsführer über die Stimmenmehrheit verfügen. [7]Bei einer Stimmenminderheit der personenidentischen Geschäftsführer oder bei Einzelgeschäftsführungsbefugnis der fremden Geschäftsführer sind zusätzliche institutionell abgesicherte Maßnahmen erforderlich, um eine Beherrschung der Organgesellschaft durch den Organträger sicherzustellen. [8]Eine organisatorische Eingliederung kann z.B. in Fällen der Geschäftsführung in der Organgesellschaft mittels Geschäftsführungsbefugnis vorliegen, wenn zumindest einer der Geschäftsführer auch Geschäftsführer des Organträgers ist und der Organträger über ein umfassendes Weisungsrecht gegenüber der Geschäftsführung der Organgesellschaft verfügt sowie zur Bestellung und Abbe-

[1)] Nichtanwendungserlass zu BFH v. 29.01.2009 V R 67/07, BStBl. II 2009, 1029.

rufung aller Geschäftsführer der Organgesellschaft berechtigt ist (vgl. BFH-Urteil vom 07.07.2011, V R 53/10, BStBl. II 2013 S. 218). [9] Alternativ kann auch bei Einzelgeschäftsführungsbefugnis des fremden Geschäftsführers ein bei Meinungsverschiedenheiten eingreifendes, aus Gründen des Nachweises und der Inhaftungnahme schriftlich vereinbartes Letztentscheidungsrecht des personenidentischen Geschäftsführers eine Beherrschung der Organgesellschaft durch den Organträger sicherstellen. [10] Hingegen kann durch die personelle Verflechtung von Aufsichtsratsmitgliedern keine organisatorische Eingliederung hergestellt werden.

(9) [1] Neben dem Regelfall der personellen Verflechtung der Geschäftsführungen des Organträgers und der Organgesellschaft kann sich die organisatorische Eingliederung aber auch daraus ergeben, dass Mitarbeiter des Organträgers als Geschäftsführer der Organgesellschaft tätig sind (vgl. BFH-Urteil vom 20.08.2009, V R 30/06, BStBl. II 2010 S. 863). [2] Die Berücksichtigung von Mitarbeitern des Organträgers bei der organisatorischen Eingliederung beruht auf der Annahme, dass ein Mitarbeiter des Organträgers dessen Weisungen bei der Geschäftsführung der Organgesellschaft auf Grund eines zum Organträger bestehenden Anstellungsverhältnisses und einer sich hieraus ergebenden persönlichen Abhängigkeit befolgen wird und er bei weisungswidrigem Verhalten vom Organträger als Geschäftsführer der Organgesellschaft uneingeschränkt abberufen werden kann (vgl. BFH-Urteil vom 07.07.2011, V R 53/10, BStBl. II 2013 S. 218). [3] Demgegenüber reicht es nicht aus, dass ein Mitarbeiter des Mehrheitsgesellschafters nur Prokurist bei der vermeintlichen Organgesellschaft ist, während es sich beim einzigen Geschäftsführer der vermeintlichen Organgesellschaft um eine Person handelt, die weder Mitglied der Geschäftsführung noch Mitarbeiter des Mehrheitsgesellschafters ist (vgl. BFH-Urteil vom 28.10.2010, V R 7/10, BStBl. II 2011 S. 391).

(10) [1] In Ausnahmefällen kann eine organisatorische Eingliederung auch ohne personelle Verflechtung in den Leitungsgremien des Organträgers und der Organgesellschaft vorliegen. [2] Voraussetzung für diese schwächste Form der organisatorischen Eingliederung ist jedoch, dass institutionell abgesicherte unmittelbare Eingriffsmöglichkeiten in den Kernbereich der laufenden Geschäftsführung der Organgesellschaft gegeben sind (BFH-Urteil vom 03.04.2008, V R 76/05, BStBl. II S. 905). [3] Der Organträger muss durch schriftlich fixierte Vereinbarungen (z. B. Geschäftsführerordnung, Konzernrichtlinie, Anstellungsvertrag) in der Lage sein, gegenüber Dritten seine Entscheidungsbefugnis nachzuweisen und den Geschäftsführer der Organgesellschaft bei Verstößen gegen seine Anweisungen haftbar zu machen (BFH-Urteile vom 05.12.2007, V R 26/06, BStBl. II 2008 S. 451, und vom 12.10.2016, XI R 30/14, BStBl. II 2017 S. 597). [4] Hat die Organgesellschaft mit dem Organträger einen Beherrschungsvertrag nach § 291 AktG abgeschlossen oder ist die Organgesellschaft nach §§ 319, 320 AktG in die Gesellschaft des Organträgers eingegliedert, ist von dem Vorliegen einer organisatorischen Eingliederung auszugehen, da der Organträger in diesen Fällen berechtigt ist, dem Vorstand der Organgesellschaft nach Maßgabe der §§ 308 bzw. 323 Abs. 1 AktG Weisungen zu erteilen. [5] Soweit rechtlich zulässig, muss sich dieses Weisungsrecht jedoch grundsätzlich auf die gesamte unternehmeri-

sche Sphäre der Organgesellschaft erstrecken. [6]Aufsichtsrechtliche Beschränkungen stehen der Annahme einer organisatorischen Eingliederung nicht entgegen. [7]Eine organisatorische Eingliederung durch Beherrschungsvertrag wird jedoch erst ab dem Zeitpunkt seiner Eintragung in das Handelsregister begründet, da dieser konstitutive Wirkung zukommt (vgl. BFH-Urteil vom 10.05.2017, V R 7/16, BStBl. II S. 1261).

(10a) [1]Die organisatorische Eingliederung kann auch über eine Beteiligungskette zum Organträger vermittelt werden. [2]Die in den Absätzen 7 bis 10 enthaltenen Regelungen kommen grundsätzlich auch in diesen Fällen zur Anwendung. [3]Sofern sichergestellt ist, dass der Organträger die Organgesellschaften durch die Art und Weise der Geschäftsführung beherrscht, ist es jedoch ausreichend, wenn die der organisatorischen Eingliederung dienenden Maßnahmen zwischen zwei Organgesellschaften ergriffen werden. [4]Dies gilt auch dann, wenn diese Maßnahmen nicht der Struktur der finanziellen Eingliederung folgen (z. B. bei Schwestergesellschaften). [5]Es ist zudem ausreichend, wenn die organisatorische Eingliederung mittelbar über eine unternehmerisch oder nichtunternehmerisch tätige Tochtergesellschaft des Organträgers erfolgt. [6]Eine nichtunternehmerisch tätige Tochtergesellschaft wird dadurch jedoch nicht zum Bestandteil des Organkreises.

Beispiel 1:

[1]Der Organträger O ist zu 100 % an der Tochtergesellschaft T 1 beteiligt. [2]Die Geschäftsführungen von O und T 1 sind personenidentisch. [3]T 1 ist zu 100 % an der Enkelgesellschaft E beteiligt. [4]Einziger Geschäftsführer der E ist ein bei der Tochtergesellschaft T 1 angestellter Mitarbeiter.

[5]Die Tochtergesellschaft T 1 ist aufgrund der personenidentischen Geschäftsführungen organisatorisch in das Unternehmen des Organträgers O eingegliedert. [6]Dies gilt auch für die Enkelgesellschaft E, da durch das Anstellungsverhältnis des Geschäftsführers bei T 1 sichergestellt ist, dass der Organträger O die Enkelgesellschaft E beherrscht.

Beispiel 2:

[1]Der Organträger O ist zu 100 % an der Tochtergesellschaft T 1 beteiligt, die als Finanzholding kein Unternehmer i. S. d. § 2 UStG ist. [2]Die Geschäftsführungen von O und T 1 sind personenidentisch. [3]T 1 ist zu 100 % an der grundsätzlich unternehmerisch tätigen Enkelgesellschaft E beteiligt. [4]Aufgrund eines abgeschlossenen Beherrschungsvertrages i. S. d. § 291 AktG beherrscht T 1 die E.

[5]Die Enkelgesellschaft E ist organisatorisch in das Unternehmen des Organträgers O eingegliedert. [6]Auf Grund der personenidentischen Geschäftsführungen von O und T 1 sowie des zwischen T 1 und E abgeschlossenen Beherrschungsvertrags ist sichergestellt, dass der Organträger O die Enkelgesellschaft E beherrscht. [7]Die nichtunternehmerisch tätige Tochtergesellschaft T 1 wird hierdurch jedoch nicht zum Bestandteil des Organkreises.

Beispiel 3:

[1]Der Organträger O ist zu 100 % an den Tochtergesellschaften T 1 und T 2 beteiligt. [2]Die Geschäftsführungen von O und T 1 sind personenidentisch. [3]Einziger Geschäftsführer der T 2 ist ein bei der Tochtergesellschaft T 1 angestellter Mitarbeiter.

[4]Die Tochtergesellschaft T 1 ist aufgrund der personenidentischen Geschäftsführungen organisatorisch in das Unternehmen des Organträgers O eingegliedert. [5]Dies gilt auch für die Tochtergesellschaft T 2, da durch das Anstellungsverhältnis des Geschäftsführers bei T 1 sichergestellt ist, dass der Organträger O die Tochtergesellschaft T 2 beherrscht.

Beispiel 4:

[1]Der im Ausland ansässige Organträger O unterhält im Inland eine Zweigniederlassung. [2]Daneben ist er zu 100 % an der im Inland ansässigen Tochtergesellschaft T 1 beteiligt. [3]Einziger Geschäftsführer der T 1 ist der bei O angestellte Leiter der inländischen Zweigniederlassung.

[4] Die Tochtergesellschaft T 1 ist organisatorisch in das Unternehmen des Organträgers O eingegliedert. [5] Durch das Anstellungsverhältnis des Geschäftsführers bei O ist sichergestellt, dass der Organträger O die Tochtergesellschaft T 1 beherrscht. [6] Die Wirkungen der Organschaft sind jedoch auf Innenleistungen zwischen den im Inland gelegenen Unternehmensteilen beschränkt.

(11) [1] Weder das mit der finanziellen Eingliederung einhergehende Weisungsrecht durch Gesellschafterbeschluss noch eine vertragliche Pflicht zur regelmäßigen Berichterstattung über die Geschäftsführung stellen eine institutionell abgesicherte unmittelbare Eingriffsmöglichkeit in den Kernbereich der laufenden Geschäftsführung der Organgesellschaft im Sinne des Absatzes 10 dar und reichen daher nicht zur Begründung einer organisatorischen Eingliederung aus (vgl. BFH-Urteil vom 02.12.2015, V R 15/14, BStBl. II 2017 S. 553). [2] Auch Zustimmungsvorbehalte zugunsten der Gesellschafterversammlung z. B. aufgrund einer Geschäftsführungsordnung können für sich betrachtet keine organisatorische Eingliederung begründen (vgl. BFH-Urteil vom 07.07.2011, V R 53/10, BStBl. II 2013 S. 218). [3] Dasselbe gilt für Zustimmungserfordernisse bei außergewöhnlichen Geschäften (vgl. BFH-Urteil vom 03.04.2008, V R 76/05, BStBl. II S. 905) oder das bloße Recht zur Bestellung oder Abberufung von Geschäftsführern ohne weiter gehende personelle Verflechtungen über das Geschäftsführungsorgan (vgl. BFH-Urteil vom 07.07.2011, V R 53/10, a. a. O.). [4] Ebenso kann sich eine organisatorische Eingliederung nicht allein daraus ergeben, dass eine nicht geschäftsführende Gesellschafterversammlung und ein gleichfalls nicht geschäftsführender Beirat ausschließlich mit Mitgliedern des Mehrheitsgesellschafters besetzt sind, vertragliche Bedingungen dem Mehrheitsgesellschafter „umfangreiche Beherrschungsmöglichkeiten" sichern und darüber hinaus dieselben Büroräume benutzt und das komplette Rechnungswesen durch gemeinsames Personal erledigt werden (vgl. BFH-Urteil vom 28.10.2010, V R 7/10, BStBl. II 2011 S. 391).

Insolvenzverfahren

(12) [1] Mit der Insolvenzeröffnung über das Vermögen des Organträgers oder der Organgesellschaft endet die Organschaft (vgl. BFH-Urteil vom 15.12.2016, V R 14/16, BStBl. II 2017 S. 600). [2] Dies gilt jeweils auch bei Bestellung eines Sachwalters im Rahmen der Eigenverwaltung nach §§ 270 ff. InsO. [3] Wird im Rahmen der Anordnung von Sicherungsmaßnahmen über das Vermögen des Organträgers oder der Organgesellschaft ein vorläufiger Insolvenzverwalter bestellt, endet die Organschaft mit dessen Bestellung bereits vor Eröffnung des Insolvenzverfahrens, wenn der vorläufige Insolvenzverwalter den maßgeblichen Einfluss auf den Schuldner erhält und eine Beherrschung der Organgesellschaft durch den Organträger nicht mehr möglich ist. [4] Dies ist insbesondere der Fall, wenn der vorläufige Insolvenzverwalter wirksame rechtsgeschäftliche Verfügungen des Schuldners aufgrund eines Zustimmungsvorbehalts nach § 21 Abs. 2 Nr. 2 Alt. 2 InsO verhindern kann (vgl. BFH-Urteile vom 08.08.2013, V R 18/13, BStBl. II 2017 S. 543, vom 03.07.2014, V R 32/13, BStBl. II 2017 S. 666, und vom 24.08.2016, V R 36/15, BStBl. II 2017 IS. 595). [5] Die Sätze 1 bis 4 gelten auch in den Fällen, in denen für den Organträger und die Organgesellschaft ein personenidentischer Sachwalter, vorläufiger Insolvenzverwalter oder Insolvenzverwalter bestellt wird. [6] Hingegen beenden weder die Anordnung der vorläufigen Eigenverwaltung beim Organträger noch die Anordnung der vorläu-

figen Eigenverwaltung bei der Organgesellschaft eine Organschaft, wenn das Insolvenzgericht lediglich bestimmt, dass ein vorläufiger Sachwalter bestellt wird sowie eine Anordnung gemäß § 21 Abs. 2 Satz 1 Nr. 3 InsO erlässt (vgl. BFH-Urteil vom 27.11.2019, XI R 35/17, BStBl. II 2021 S. 252). [7] Satz 6 gilt nicht für vorläufige Eigenverwaltungsverfahren, die nach dem 31.12.2020 angeordnet wurden, es sei denn, diese fallen unter die Anwendung des § 5 Abs. 1 COVID-19-Insolvenzaussetzungsgesetz (COVInsAG).[1)]

2.9 Beschränkung der Organschaft auf das Inland[2)]

Allgemeines

(1) [1] Die Wirkungen der Organschaft sind nach § 2 Abs. 2 Nr. 2 Satz 2 UStG auf Innenleistungen zwischen den im Inland gelegenen Unternehmensteilen beschränkt. [2] Sie bestehen nicht im Verhältnis zu den im Ausland gelegenen Unternehmensteilen sowie zwischen diesen Unternehmensteilen. [3] Die im Inland gelegenen Unternehmensteile sind nach § 2 Abs. 2 Nr. 2 Satz 3 UStG als ein Unternehmen zu behandeln.

(2) [1] Der Begriff des Unternehmens in § 2 Abs. 1 Satz 2 UStG bleibt von der Beschränkung der Organschaft auf das Inland unberührt. [2] Daher sind grenzüberschreitende Leistungen innerhalb des Unternehmens, insbesondere zwischen dem Unternehmer, z. B. Organträger oder Organgesellschaft, und seinen Betriebsstätten (Abschnitt 3a.1 Abs. 3) oder umgekehrt – mit Ausnahme von Warenbewegungen auf Grund eines innergemeinschaftlichen Verbringens (vgl. Abschnitt 1a.2) – nicht steuerbare Innenumsätze.

Im Inland gelegene Unternehmensteile

(3) Im Inland gelegene Unternehmensteile im Sinne der Vorschrift sind

1. der Organträger, sofern er im Inland ansässig ist,
2. die im Inland ansässigen Organgesellschaften des in Nummer 1 bezeichneten Organträgers,
3. die im Inland gelegenen Betriebsstätten, z. B. Zweigniederlassungen, des in Nummer 1 bezeichneten Organträgers und seiner im Inland und Ausland ansässigen Organgesellschaften,
4. die im Inland ansässigen Organgesellschaften eines Organträgers, der im Ausland ansässig ist,
5. die im Inland gelegenen Betriebsstätten, z. B. Zweigniederlassungen, des im Ausland ansässigen Organträgers und seiner im Inland und Ausland ansässigen Organgesellschaften.

(4) [1] Die Ansässigkeit des Organträgers und der Organgesellschaften beurteilt sich danach, wo sie ihre Geschäftsleitung haben. [2] Im Inland gelegene und vermietete Grundstücke sind wie Betriebsstätten zu behandeln. [3] § 1 Abs. 3 Satz 1 Nr. 2 Buchstabe b UStG bewirkt nicht, dass ein im Freihafen ansässiger

---

1) G v. 27.03.2020, BGBl. I 2020, 569, zuletzt geänd. durch G v. 31.10.2022, BGBl. I 2022, 1966 (jetzt SanInsKG).

2) Hinweis auf A 1a.2 Abs. 8 UStAE.

Unternehmensteil als im Inland ansässig gilt (vgl. BFH-Urteil vom 22.02.2017 – XI R 13/15, BStBl. II 2021 S. 782).

(5) [1]Die im Inland gelegenen Unternehmensteile sind auch dann als ein Unternehmen zu behandeln, wenn zwischen ihnen keine Innenleistungen ausgeführt werden. [2]Das gilt aber nicht, soweit im Ausland Betriebsstätten unterhalten werden (vgl. Absätze 6 und 8).

Organträger im Inland

(6) [1]Ist der Organträger im Inland ansässig, umfasst das Unternehmen die in Absatz 3 Nr. 1 bis 3 bezeichneten Unternehmensteile. [2]Es umfasst nach Absatz 2 auch die im Ausland gelegenen Betriebsstätten des Organträgers. [3]Unternehmer und damit Steuerschuldner im Sinne des § 13a Abs. 1 Satz 1 UStG ist der Organträger. [4]Hat der Organträger Organgesellschaften im Ausland, gehören diese umsatzsteuerrechtlich nicht zum Unternehmen des Organträgers. [5]Die Organgesellschaften im Ausland können somit im Verhältnis zum Unternehmen des Organträgers und zu Dritten sowohl Umsätze ausführen als auch Leistungsempfänger sein. [6]Bei der Erfassung von steuerbaren Umsätzen im Inland sowie bei Anwendung der Steuerschuldnerschaft des Leistungsempfängers (vgl. Abschnitte 13b.1 und 13b.11) und des Vorsteuer-Vergütungsverfahrens sind sie jeweils für sich als im Ausland ansässige Unternehmer anzusehen. [7]Im Ausland gelegene Betriebsstätten von Organgesellschaften im Inland sind zwar den jeweiligen Organgesellschaften zuzurechnen, gehören aber nicht zum Unternehmen des Organträgers (vgl. Absatz 2). [8]Leistungen zwischen den Betriebsstätten und dem Organträger oder anderen Organgesellschaften sind daher keine Innenumsätze.

Beispiel 1:

[1]Der im Inland ansässige Organträger O hat im Inland eine Organgesellschaft T 1, in Frankreich eine Organgesellschaft T 2 und in der Schweiz eine Betriebsstätte B. [2]O versendet Waren an T 1, T 2 und B.

[3]Zum Unternehmen des O (Unternehmer) gehören T 1 und B. [4]Zwischen O und T 1 sowie zwischen O und B liegen nicht steuerbare Innenleistungen vor. [5]O bewirkt an T 2 steuerbare Lieferungen, die unter den Voraussetzungen der § 4 Nr. 1 Buchstabe b, § 6a UStG als innergemeinschaftliche Lieferungen steuerfrei sind.

Beispiel 2:

[1]Sachverhalt wie Beispiel 1. [2]T 2 errichtet im Auftrag von T 1 eine Anlage im Inland. [3]Sie befördert dazu Gegenstände aus Frankreich zu ihrer Verfügung in das Inland.

[4]T 2 bewirkt eine steuerbare und steuerpflichtige Werklieferung (§ 13b Abs. 2 Nr. 1 UStG) an O. [5]O schuldet die Steuer für diese Lieferung nach § 13b Abs. 5 Satz 1 UStG. [6]Die Beförderung der Gegenstände in das Inland ist kein innergemeinschaftliches Verbringen (vgl. Abschnitt 1a.2 Abs. 10 Nr. 1).

Beispiel 3:

[1]Sachverhalt wie in Beispiel 1, aber mit der Abweichung, dass B die (schweizerische) Betriebsstätte der im Inland ansässigen Organgesellschaft T 1 ist. [2]O versendet Waren an B und an T 1. [3]T 1 versendet die ihr von O zugesandten Waren an B.

[4]O bewirkt an B steuerbare Lieferungen, die unter den Voraussetzungen der § 4 Nr. 1 Buchstabe a, § 6 UStG als Ausfuhrlieferungen steuerfrei sind. [5]Zwischen O und T 1 sowie T 1 und B werden durch das Versenden von Waren nicht steuerbare Innenleistungen bewirkt.

Organträger im Ausland

(7) [1]Ist der Organträger im Ausland ansässig, ist die Gesamtheit der in Absatz 3 Nr. 4 und 5 bezeichneten Unternehmensteile als ein Unternehmen

zu behandeln. [2]In diesem Fall gilt nach § 2 Abs. 2 Nr. 2 Satz 4 UStG der wirtschaftlich bedeutendste Unternehmensteil im Inland als der Unternehmer und damit als der Steuerschuldner im Sinne des § 13a Abs. 1 Nr. 1 UStG. [3]Wirtschaftlich bedeutendster Unternehmensteil im Sinne des § 2 Abs. 2 Nr. 2 Satz 4 UStG kann grundsätzlich nur eine im Inland ansässige Organgesellschaft sein. [4]Hat der Organträger mehrere Organgesellschaften im Inland, kann der wirtschaftlich bedeutendste Unternehmensteil nach der Höhe des Umsatzes bestimmt werden, sofern sich die in Betracht kommenden Finanzämter nicht auf Antrag der Organgesellschaften über einen anderen Maßstab verständigen. [5]Diese Grundsätze gelten entsprechend, wenn die im Inland gelegenen Unternehmensteile nur aus rechtlich unselbständigen Betriebsstätten bestehen. [6]Bereitet die Feststellung des wirtschaftlich bedeutendsten Unternehmensteils Schwierigkeiten oder erscheint es aus anderen Gründen geboten, kann zugelassen werden, dass der im Ausland ansässige Organträger als Bevollmächtigter für den wirtschaftlich bedeutendsten Unternehmensteil dessen steuerliche Pflichten erfüllt. [7]Ist der Organträger ein ausländisches Versicherungsunternehmen im Sinne des VAG, gilt als wirtschaftlich bedeutendster Unternehmensteil im Inland die Niederlassung, für die nach § 68 Abs. 2 VAG[1)] ein Hauptbevollmächtigter bestellt ist; bestehen mehrere derartige Niederlassungen, gilt Satz 4 entsprechend.

(8) [1]Unterhalten die im Inland ansässigen Organgesellschaften Betriebsstätten im Ausland, sind diese der jeweiligen Organgesellschaft zuzurechnen, gehören aber nicht zur Gesamtheit der im Inland gelegenen Unternehmensteile. [2]Leistungen zwischen den Betriebsstätten und den anderen Unternehmensteilen sind daher keine Innenumsätze.

(9) [1]Der Organträger und seine im Ausland ansässigen Organgesellschaften bilden jeweils gesonderte Unternehmen. [2]Sie können somit an die im Inland ansässigen Organgesellschaften Umsätze ausführen und Empfänger von Leistungen dieser Organgesellschaften sein. [3]Auch für die Erfassung der im Inland bewirkten steuerbaren Umsätze sowie für die Anwendung des Vorsteuer-Vergütungsverfahrens gelten sie einzeln als im Ausland ansässige Unternehmer. [4]Die im Inland gelegenen Organgesellschaften und Betriebsstätten sind als ein gesondertes Unternehmen zu behandeln.

Beispiel 1:

[1]Der in Frankreich ansässige Organträger O hat im Inland die Organgesellschaften T 1 (Jahresumsatz 2 Mio. €) und T 2 (Jahresumsatz 1 Mio. €) sowie die Betriebsstätte B (Jahresumsatz 2 Mio. €). [2]In Belgien hat O noch eine weitere Organgesellschaft T 3. [3]Zwischen T 1, T 2 und B finden Warenlieferungen statt. [4]O und T 3 versenden Waren an B (§ 3 Abs. 6 UStG). [5]T 1, T 2 und B bilden das Unternehmen im Sinne von § 2 Abs. 2 Nr. 2 Satz 3 UStG. [6]T 1 ist als wirtschaftlich bedeutendster Unternehmensteil der Unternehmer. [7]Die Warenlieferungen zwischen T 1, T 2 und B sind als Innenleistungen nicht steuerbar. [8]T 1 hat die von O und T 3 an B versandten Waren als innergemeinschaftlichen Erwerb zu versteuern.

Beispiel 2:

[1]Sachverhalt wie Beispiel 1. [2]T 3 führt im Auftrag von T 2 eine sonstige Leistung im Sinne des § 3a Abs. 2 UStG aus.

---

1) Versicherungsaufsichtsgesetz v. 01.04.2015, BGBl. I 2015, 434 (**Wirtschaftsgesetze** Nr. **90**).

[3] Es liegt eine Leistung an einen Unternehmer vor, der sein Unternehmen im Inland betreibt. [4] Die Leistung ist daher nach § 3a Abs. 2 UStG steuerbar und steuerpflichtig. [5] T 1 als Unternehmer und umsatzsteuerrechtlicher Leistungsempfänger schuldet die Steuer nach § 13b Abs. 5 UStG.

Beispiel 3:

[1] Der Organträger O in Frankreich hat die Organgesellschaften T 1 in Belgien und T 2 in den Niederlanden. [2] Im Inland hat er keine Organgesellschaft. [3] T 1 hat im Inland die Betriebsstätte B 1 (Jahresumsatz 500.000 €), T 2 die Betriebsstätte B 2 (Jahresumsatz 300.000 €). [4] O hat abziehbare Vorsteuerbeträge aus der Anmietung einer Lagerhalle im Inland.

[5] B 1 und B 2 bilden das Unternehmen im Sinne von § 2 Abs. 2 Nr. 2 Satz 3 UStG. [6] B 1 ist als wirtschaftlich bedeutendster Unternehmensteil der Unternehmer. [7] O kann die abziehbaren Vorsteuerbeträge im Vorsteuer-Vergütungsverfahren geltend machen.

Beispiel 4:

[1] Der in Japan ansässige Organträger O hat in der Schweiz die Organgesellschaft T und im Inland die Betriebsstätte B. [2] O und T versenden Waren an B und umgekehrt. [3] Außerdem hat O abziehbare Vorsteuerbeträge aus der Anmietung einer Lagerhalle im Inland.

[4] B gehört einerseits zum Unternehmen des O (§ 2 Abs. 1 Satz 2 UStG) und ist andererseits nach § 2 Abs. 2 Nr. 2 Satz 3 UStG ein Unternehmen im Inland. [5] Die bei der Einfuhr der an B versandten Waren anfallende Einfuhrumsatzsteuer ist unter den Voraussetzungen des § 15 UStG bei B als Vorsteuer abziehbar. [6] Soweit B an O Waren versendet, werden Innenleistungen bewirkt, die deshalb nicht steuerbar sind. [7] Die Lieferungen von B an T sind steuerbar und unter den Voraussetzungen der § 4 Nr. 1 Buchstabe a und § 6 UStG als Ausfuhrlieferungen steuerfrei. [8] O kann die abziehbaren Vorsteuerbeträge im Vorsteuer-Vergütungsverfahren geltend machen, da mit Japan Gegenseitigkeit besteht und somit eine Vergütung nach § 18 Abs. 9 Satz 4 UStG nicht ausgeschlossen ist (vgl. Abschnitt 18.11 Abs. 4).

2.10[1)] Unternehmereigenschaft und Vorsteuerabzug bei Vereinen,[2)] Forschungseinrichtungen und ähnlichen Einrichtungen

Unternehmereigenschaft[3)]

(1)[1) · 4) · 5)] [1] Soweit Vereine Mitgliederbeiträge vereinnahmen, um in Erfüllung ihres satzungsmäßigen Gemeinschaftszwecks die Gesamtbelange ihrer Mitglieder wahrzunehmen, ist ein Leistungsaustausch nicht gegeben (vgl. BFH-Urteil vom 12.04.1962, V 134/59 U, BStBl. III S. 260, und Abschnitt 1.4 Abs. 1). [2] In Wahrnehmung dieser Aufgaben sind die Vereine daher nicht Unternehmer (vgl. BFH-Urteile vom 28.11.1963, II 181/61 U, BStBl. III 1964 S. 114, und vom 30.09.1965, V 176/63 U, BStBl. III S. 682, und Abschnitt 2.3 Abs. 1a). [3] Das Gleiche gilt für Einrichtungen, deren Aufgaben ausschließlich durch Zuschüsse finanziert werden, die nicht das Entgelt für eine Leistung darstellen, z. B. Forschungseinrichtungen. [4] Zur Unternehmerei-

---

1) A 2.10 UStAE Überschrift neugef., Abs. 1 Satz 3 geänd., Satz 4 eingef., bish. Sätze 4 bis 11 werden Sätze 5 bis 12, neuer Satz 5 neugef. durch BMF v. 27.01.2023, BStBl. I 2023, 314, anzuwenden in allen offenen Fällen.

2) Zu Sportvereinen vgl. A 1.4, A 2.1 Abs. 6, A 4.12.11, A 4.22.2 u. A 12.9 Abs. 6 ff. UStAE.

3) Zum unternehmerischen Bereich einer Forstbetriebsgemeinschaft in der Rechtsform eines wirtschaftlichen Vereins siehe BFH v. 18.06.2009 V R 77/07, BFH/NV 2009, 1912.

4) Siehe aber BFH v. 09.08.2007 V R 27/04, DStR 2007, 1719 (Flugzeugüberlassung durch Luftsportverein) u. v. 29.10.2008 XI R 59/07, DStRE 2009, 292 (entgeltliche Leistungen an Vereinsmitglieder).

5) Zu Geschäftsführungs- und Vertretungsleistungen von Vereinsvorständen siehe BFH v. 14.05.2008 XI R 70/07, BStBl. II 2008, 912.

genschaft von Forschungseinrichtungen vgl. Absätze 10 und 11. [5]Vereinnahmen Vereine oder ähnliche Einrichtungen neben echten Mitgliederbeiträgen und Zuschüssen auch Entgelte für Lieferungen oder sonstige Leistungen, sind sie nur insoweit Unternehmer, als ihre Tätigkeit darauf gerichtet ist, nachhaltig entgeltliche Lieferungen oder sonstige Leistungen zu bewirken. [6]Daher ist eine nach der Verordnung (EWG) Nr. 2137/85 vom 25.07.1985 (ABl. EG Nr. L 199 S. 1) gegründete Europäische wirtschaftliche Interessenvereinigung (EWIV), die gegen Entgelt Lieferungen von Gegenständen oder Dienstleistungen an ihre Mitglieder oder an Dritte bewirkt, Unternehmer (vgl. Artikel 5 MwStVO).[1)] [7]Der unternehmerische Bereich umfasst die gesamte zur Ausführung der entgeltlichen Leistungen entfaltete Tätigkeit einschließlich aller unmittelbar hierfür dienenden Vorbereitungen. [8]Diese Beurteilung gilt ohne Rücksicht auf die Rechtsform, in der die Tätigkeit ausgeübt wird. [9]Der umsatzsteuerrechtliche Unternehmerbegriff stellt nicht auf die Rechtsform ab (vgl. Abschnitt 2.1 Abs. 1). [10]Außer Vereinen, Stiftungen, Genossenschaften können auch z. B. Kapitalgesellschaften oder Personengesellschaften einen nichtunternehmerischen Bereich besitzen (vgl. BFH-Urteil vom 20.12.1984, V R 25/76, BStBl. II 1985 S. 176). [11]Sog. Hilfsgeschäfte, die der Betrieb des nichtunternehmerischen Bereichs bei Vereinen und Erwerbsgesellschaften mit sich bringt, sind auch dann als nicht steuerbar zu behandeln, wenn sie wiederholt oder mit einer gewissen Regelmäßigkeit ausgeführt werden. [12]Als Hilfsgeschäfte in diesem Sinne sind z. B. anzusehen:

1. Veräußerungen von Gegenständen, die im nichtunternehmerischen Bereich eingesetzt waren, z. B. der Verkauf von gebrauchten Kraftfahrzeugen, Einrichtungsgegenständen und Altpapier,
2. Überlassung des Telefons an im nichtunternehmerischen Bereich tätige Arbeitnehmer zur privaten Nutzung,
3. Überlassung von im nichtunternehmerischen Bereich eingesetzten Kraftfahrzeugen an Arbeitnehmer zur privaten Nutzung.

Gesonderter Steuerausweis und Vorsteuerabzug

(2) [1]Einrichtungen im Sinne des Absatzes 1, die außerhalb des unternehmerischen Bereichs tätig werden, sind insoweit nicht berechtigt, Rechnungen mit gesondertem Steuerausweis auszustellen. [2]Ein trotzdem ausgewiesener Steuerbetrag wird nach § 14c Abs. 2 UStG geschuldet. [3]Der Leistungsempfänger ist nicht berechtigt, diesen Steuerbetrag als Vorsteuer abzuziehen. [4]Zur Möglichkeit einer Rechnungsberichtigung vgl. Abschnitt 14c.2 Abs. 3 und 5.

(3) [1]Unter den Voraussetzungen des § 15 UStG können die Einrichtungen die Steuerbeträge abziehen, die auf Lieferungen, sonstige Leistungen, den innergemeinschaftlichen Erwerb oder die Einfuhr von Gegenständen für den unternehmerischen Bereich entfallen (vgl. Abschnitt 15.2b Abs. 2). [2]Abziehbar sind danach z. B. auch Steuerbeträge für Umsätze, die nur dazu dienen, den unternehmerischen Bereich in Ordnung zu halten oder eine Leistungssteigerung in diesem Bereich herbeizuführen. [3]Maßgebend sind die Verhältnisse im Zeitpunkt des Umsatzes an die Einrichtung.

---

1) **Steuergesetze** Nr. **550a, Zölle und Verbrauchsteuern** Nr. **401.**

(4) [1]Für Gegenstände, die zunächst nur im unternehmerischen Bereich verwendet worden sind, später aber zeitweise dem nichtunternehmerischen Bereich überlassen werden, bleibt der Vorsteuerabzug erhalten. [2]Die nichtunternehmerische Verwendung unterliegt aber nach § 3 Abs. 9a Nr. 1 UStG der Umsatzsteuer. [3]Auch eine spätere Überführung in den nichtunternehmerischen Bereich beeinflusst den ursprünglichen Vorsteuerabzug nicht; sie ist eine steuerbare Wertabgabe nach § 3 Abs. 1b Nr. 1 UStG.

(5) [1]Ist ein Gegenstand oder eine sonstige Leistung sowohl für die unternehmerischen als auch für die nichtunternehmerischen Tätigkeiten der Einrichtung bestimmt, kann der Vorsteuerabzug grundsätzlich nur insoweit in Anspruch genommen werden, als die Aufwendungen hierfür der unternehmerischen Tätigkeit zuzurechnen sind (vgl. BFH-Urteil vom 03.03.2011, V R 23/10, BStBl. II 2012 S. 74, Abschnitt 15.2b Abs. 2). [2]Hinsichtlich der Änderung des Nutzungsumfangs vgl. Abschnitte 3.3, 3.4 und 15a.1 Abs. 7.

Erleichterungen beim Vorsteuerabzug

(6) [1]Wegen der Schwierigkeiten bei der sachgerechten Zuordnung der Vorsteuern und bei der Versteuerung der unentgeltlichen Wertabgaben kann das Finanzamt auf Antrag folgende Erleichterungen gewähren:
[2]Die Vorsteuern, die teilweise dem unternehmerischen und teilweise dem nichtunternehmerischen Bereich zuzurechnen sind, werden auf diese Bereiche nach dem Verhältnis aufgeteilt, das sich aus folgender Gegenüberstellung ergibt:

1. Einnahmen aus dem unternehmerischen Bereich abzüglich der Einnahmen aus Hilfsgeschäften dieses Bereichs

   und

2. Einnahmen aus dem nichtunternehmerischen Bereich abzüglich der Einnahmen aus Hilfsgeschäften dieses Bereichs.

[3]Hierzu gehören alle Einnahmen, die der betreffenden Einrichtung zufließen, insbesondere die Einnahmen aus Umsätzen, z.B. Veranstaltungen, Gutachten, Lizenzüberlassungen, sowie die Mitgliederbeiträge, Zuschüsse, Spenden usw. [4]Das Finanzamt kann hierbei anordnen, dass bei der Gegenüberstellung das Verhältnis des laufenden, eines früheren oder mehrerer Kalenderjahre zu Grunde gelegt wird. [5]Falls erforderlich, z.B. bei Zugrundelegung des laufenden Kalenderjahres, kann für die Voranmeldungszeiträume die Aufteilung zunächst nach dem Verhältnis eines anderen Zeitraums zugelassen werden. [6]Außerdem können alle Vorsteuerbeträge, die sich auf die sog. Verwaltungsgemeinkosten beziehen, z.B. die Vorsteuern für die Beschaffung des Büromaterials, einheitlich in den Aufteilungsschlüssel einbezogen werden, auch wenn einzelne dieser Vorsteuerbeträge an sich dem unternehmerischen oder dem nichtunternehmerischen Bereich ausschließlich zuzurechnen wären. [7]Werden in diese Aufteilung Vorsteuerbeträge einbezogen, die durch die Anschaffung, die Herstellung, den innergemeinschaftlichen Erwerb oder die Einfuhr einheitlicher Gegenstände, ausgenommen Fahrzeuge im Sinne des § 1b Abs. 2 UStG, angefallen sind, z.B. durch den Ankauf eines für den unternehmerischen und den nichtunternehmerischen Bereich bestimmten Computers, braucht der Anteil der nichtunternehmerischen Verwendung des Gegenstands nicht als unentgeltliche Wertabgabe im Sinne des § 3 Abs. 9a Nr. 1 UStG

versteuert zu werden. [8] Dafür sind jedoch alle durch die Verwendung oder Nutzung dieses Gegenstands anfallenden Vorsteuerbeträge in die Aufteilung einzubeziehen. [9] Bei einer nachträglichen Erhöhung des Anteils der nichtunternehmerischen Verwendung des Gegenstands ist nur der entsprechende Erhöhungsanteil als unentgeltliche Wertabgabe zu versteuern (vgl. Abschnitt 3.4 Abs. 2 Satz 4). [10] Die Versteuerung der Überführung eines solchen Gegenstands in den nichtunternehmerischen Bereich als unentgeltliche Wertabgabe (§ 3 Abs. 1b Satz 1 Nr. 1 UStG) bleibt unberührt.

(7) [1] Das Finanzamt kann im Einzelfall ein anderes Aufteilungsverfahren zulassen. [2] Zum Beispiel kann es gestatten, dass die teilweise dem unternehmerischen Bereich zuzurechnenden Vorsteuern, die auf die Anschaffung, Herstellung und Unterhaltung eines Gebäudes entfallen, insoweit als das Gebäude dauernd zu einem feststehenden Anteil für Unternehmenszwecke verwendet wird, entsprechend der beabsichtigten bzw. tatsächlichen Verwendung und im Übrigen nach dem in Absatz 6 bezeichneten Verfahren aufgeteilt werden.

Beispiel:

[1] Bei einem Vereinsgebäude, das nach seiner Beschaffenheit dauernd zu 75 % als Gastwirtschaft und im Übrigen mit wechselndem Anteil für unternehmerische und nichtunternehmerische Vereinszwecke verwendet wird, können die nicht ausschließlich zurechenbaren Vorsteuern von vornherein zu 75 % als abziehbar behandelt werden. [2] Der restliche Teil von 25 % kann entsprechend dem jeweiligen Einnahmeverhältnis (vgl. Absatz 6) in einen abziehbaren und einen nichtabziehbaren Teil aufgeteilt werden.

(8) [1] Ein vereinfachtes Aufteilungsverfahren ist nur unter dem Vorbehalt des jederzeitigen Widerrufs zu genehmigen und kann mit Auflagen verbunden werden. [2] Es darf nicht zu einem offensichtlich unzutreffenden Ergebnis führen. [3] Außerdem muss sich die Einrichtung verpflichten, das Verfahren mindestens für fünf Kalenderjahre anzuwenden. [4] Ein Wechsel des Verfahrens ist jeweils nur zu Beginn eines Besteuerungszeitraums zu gestatten.

(9) Beispiele zur Unternehmereigenschaft und zum Vorsteuerabzug:

Beispiel 1:

[1] Ein Verein hat die Aufgabe, die allgemeinen ideellen und wirtschaftlichen Interessen eines Berufsstands wahrzunehmen (Berufsverband). [2] Er dient nur den Gesamtbelangen aller Mitglieder. [3] Die Einnahmen des Berufsverbands setzen sich ausschließlich aus Mitgliederbeiträgen zusammen.

[4] Der Berufsverband wird nicht im Rahmen eines Leistungsaustauschs tätig. [5] Er ist nicht Unternehmer. [6] Ein Vorsteuerabzug kommt nicht in Betracht.

Beispiel 2:

[1] Der in Beispiel 1 bezeichnete Berufsverband übt seine Tätigkeit in gemieteten Räumen aus. [2] Im Laufe des Jahres hat er seine Geschäftsräume gewechselt, weil die bisher genutzten Räume vom Vermieter selbst beansprucht wurden. [3] Für die vorzeitige Freigabe der Räume hat der Verein vom Vermieter eine Abstandszahlung erhalten. [4] Die übrigen Einnahmen des Vereins bestehen ausschließlich aus Mitgliederbeiträgen.

[5] Hinsichtlich seiner Verbandstätigkeit, die außerhalb eines Leistungsaustauschs ausgeübt wird, ist der Verein nicht Unternehmer. [6] Bei der Freigabe der Geschäftsräume gegen Entgelt liegt zwar ein Leistungsaustausch vor. [7] Die Leistung des Vereins ist aber nicht steuerbar, weil die Geschäftsräume nicht im Rahmen eines Unternehmens genutzt worden sind. [8] Der Verein ist nicht berechtigt, für die Leistung eine Rechnung mit gesondertem Ausweis der Steuer zu erteilen. [9] Ein Vorsteuerabzug kommt nicht in Betracht.

Beispiel 3:

[1]Der in Beispiel 1 bezeichnete Berufsverband betreibt neben seiner nicht steuerbaren Verbandstätigkeit eine Kantine, in der seine Angestellten gegen Entgelt beköstigt werden. [2]Für die Verbandstätigkeit und die Kantine besteht eine gemeinsame Verwaltungsstelle. [3]Der Kantinenbetrieb war in gemieteten Räumen untergebracht. [4]Der Verein löst das bisherige Mietverhältnis und mietet neue Kantinenräume. [5]Vom bisherigen Vermieter erhält er für die Freigabe der Räume eine Abstandszahlung. [6]Die Einnahmen des Vereins bestehen aus Mitgliederbeiträgen, Kantinenentgelten und der vom Vermieter gezahlten Abstandszahlung.
[7]Der Verein ist hinsichtlich seiner nicht steuerbaren Verbandstätigkeit nicht Unternehmer. [8]Nur im Rahmen des Kantinenbetriebs übt er eine unternehmerische Tätigkeit aus. [9]In den unternehmerischen Bereich fällt auch die entgeltliche Freigabe der Kantinenräume. [10]Diese Leistung ist daher steuerbar, aber als eine der Vermietung eines Grundstücks gleichzusetzende Leistung nach § 4 Nr. 12 Satz 1 Buchstabe a UStG steuerfrei (vgl. EuGH-Urteil vom 15.12.1993, C-63/92 Lubbock Fine, BStBl. 1995 II S. 480). [11]Die Vorsteuerbeträge, die dieser Leistung zuzurechnen sind, sind nicht abziehbar. [12]Lediglich die den Kantinenumsätzen zuzurechnenden Vorsteuern können abgezogen werden.
[13]Wendet der Verein eine Vereinfachungsregelung an, kann er die Vorsteuern, die den Kantinenumsätzen ausschließlich zuzurechnen sind, z. B. den Einkauf der Kantinenwaren und des Kantineninventars, voll abziehen. [14]Die für die gemeinsame Verwaltungsstelle angefallenen Vorsteuern, z. B. für Büromöbel und Büromaterial, sind nach dem Verhältnis der Einnahmen aus Mitgliederbeiträgen und der Freigabe der Kantinenräume zu den Einnahmen aus dem Kantinenbetrieb aufzuteilen. [15]Die Verwendung der Büromöbel der gemeinsamen Verwaltungsstelle für den nichtunternehmerischen Bereich braucht in diesem Fall nicht als unentgeltliche Wertabgabe nach § 3 Abs. 9a Nr. 1 UStG versteuert zu werden.

Beispiel 4:

[1]Ein Verein, der ausschließlich satzungsmäßige Gemeinschaftsaufgaben wahrnimmt, erzielt außer echten Mitgliederbeiträgen Einnahmen aus gelegentlichen Verkäufen von im Verein angefallenem Altmaterial und aus der Erstattung von Fernsprechkosten für private Ferngespräche seiner Angestellten.
[2]Die Altmaterialverkäufe und die Überlassung des Telefons an die Angestellten unterliegen als Hilfsgeschäfte zur nichtunternehmerischen Tätigkeit nicht der Umsatzsteuer. [3]Der Verein ist nicht Unternehmer. [4]Ein Vorsteuerabzug kommt nicht in Betracht.

Beispiel 5:

[1]Mehrere juristische Personen des öffentlichen Rechts gründen eine GmbH zu dem Zweck, die Möglichkeiten einer Verwaltungsvereinfachung zu untersuchen. [2]Die Ergebnisse der Untersuchungen sollen in einem Bericht zusammengefasst werden, der allen interessierten Verwaltungsstellen auf Anforderung kostenlos zu überlassen ist. [3]Die Tätigkeit der GmbH wird ausschließlich durch echte Zuschüsse der öffentlichen Hand finanziert. [4]Weitere Einnahmen erzielt die GmbH nicht.
[5]Die Tätigkeit der GmbH vollzieht sich außerhalb eines Leistungsaustauschs. [6]Die GmbH ist nicht Unternehmer und daher nicht zum Vorsteuerabzug berechtigt.

Forschungseinrichtungen[1)]

(10)[1)] [1]Forschungseinrichtungen sind Einheiten, die Forschungsprojekte oder Forschungsprogramme durchführen. [2]Abhängig von ihrer Organisation können Forschungseinrichtungen rechtlich selbständige Unternehmer oder unselbständiger Teil des unternehmerischen oder nichtunternehmerischen Bereichs einer anderen rechtlich selbständigen Einrichtung sein. [3]Zum unternehmerischen Bereich bei Forschungseinrichtungen gehören die Eigenforschung, die Auftragsforschung sowie der weitere Technologietransfer, soweit beabsich-

---

1) A 2.10 UStAE Zwischenüberschrift sowie Abs. 10 und 11 angef. durch BMF v. 27.01.2023, BStBl. I 2023, 314, anzuwenden in allen offenen Fällen.

tigt ist, die Forschungsergebnisse nachhaltig zur Erzielung von Einnahmen zu verwenden. [4]Auch die Grundlagenforschung ist dem unternehmerischen Bereich zuzurechnen, wenn sie dazu dient, die unternehmerische Verkaufstätigkeit zu steigern und die Marktposition zu stärken. [5]Etwas anderes gilt, wenn Grundlagenforschung in abgrenzbaren Teilbereichen ohne nachhaltige Einnahmeerzielungsabsicht ausgeübt wird; in diesen Fällen sind die betroffenen Teilbereiche dem nichtunternehmerischen Bereich des Unternehmers zuzuordnen. [6]Als abgrenzbare Teilbereiche können organisatorische Einheiten, wie z. B. Institute, angesehen werden. [7]Dem nichtunternehmerischen Bereich zuzurechnen ist die Erbringung eigenständiger Leistungen, die keine Forschungstätigkeiten sind und ihren Grund im Gesellschaftsvertrag, in der Satzung oder der Zugehörigkeit zu Forschungsorganisationen haben, sofern bei diesen Leistungen von vornherein nicht die Absicht besteht, sie gegen Entgelt zu vermarkten. [8]Zum nichtunternehmerischen Bereich gehören regelmäßig die reine Lehre (insbesondere Lehrbeauftragungen und Betreuung von Studierenden), die Ausbildung über den betrieblichen Bedarf hinaus, die Öffentlichkeitsarbeit mit Breitenwirkung (z. B. Tage der offenen Tür, Besucherprogramme, Schülerlabore) sowie die Weiterentwicklung des Wissenschaftssystems. [9]Verbietet die Satzung einer Forschungseinrichtung die entgeltliche Verwertung von Forschungsergebnissen, sind diese ebenfalls dem nichtunternehmerischen Bereich zuzuordnen.

Beispiel 1:

[1]Die Forschungstätigkeit einer Forschungseinrichtung wird vorwiegend durch echte Zuschüsse der öffentlichen Hand finanziert. [2]Außerdem erzielt die Forschungseinrichtung Einnahmen aus der Verwertung der Ergebnisse ihrer Forschungstätigkeit durch Vergabe von Lizenzen an ihren Erfindungen.

[3]Die Vergabe von Lizenzen gegen Entgelt ist eine nachhaltige Tätigkeit zur Erzielung von Einnahmen. [4]Diese Tätigkeit übt die Forschungseinrichtung unternehmerisch aus. [5]Die vorausgegangene Forschungstätigkeit steht mit der Lizenzvergabe in unmittelbarem Zusammenhang. [6]Sie stellt die Vorbereitungshandlung für die unternehmerische Verwertung der Erfindungen dar und kann daher nicht aus dem unternehmerischen Bereich ausgeschieden werden. [7]Auf das Verhältnis der echten Zuschüsse zu den Lizenzeinnahmen kommt es bei dieser Beurteilung nicht an. [8]Unter den Voraussetzungen des § 15 UStG ist die Forschungseinrichtung in vollem Umfang zum Vorsteuerabzug berechtigt. [9]Außerdem hat sie für ihre Leistungen Rechnungen mit gesondertem Steuerausweis zu erteilen. [10]Dies gilt nicht, soweit die Forschungseinrichtung in einem abgrenzbaren Teilbereich die Forschung ohne die Absicht betreibt, Einnahmen zu erzielen.

Beispiel 2:

[1]Eine Forschungseinrichtung untersucht Möglichkeiten einer Verwaltungsvereinfachung im Bereich der Steuerverwaltung. [2]Es besteht keine Absicht, die Forschungsergebnisse gegen Entgelt zu vermarkten. [3]Die Forschungseinrichtung verwendet eine Datenverarbeitungsanlage. [4]Die Kapazität der Anlage ist mit den eigenen Arbeiten nur zu 80% ausgelastet. [5]Um die Kapazität der Anlage voll auszunutzen, überlässt sie die Anlage an einen Unternehmer gegen Entgelt zur Benutzung. [6]Die Einnahmen der Forschungseinrichtung bestehen außer dem Benutzungsentgelt nur in Zuschüssen der öffentlichen Hand.

[7]Die entgeltliche Überlassung der Datenverarbeitungsanlage ist eine nachhaltige Tätigkeit zur Erzielung von Einnahmen. [8]Insoweit ist die Forschungseinrichtung Unternehmer. [9]Die Leistung unterliegt der Umsatzsteuer. [10]Die Unternehmereigenschaft erstreckt sich nicht auf die unentgeltliche Forschungstätigkeit. [11]Für die Überlassung der Datenverarbeitungsanlage sind von der Forschungseinrichtung Rechnungen mit gesondertem Ausweis der Steuer zu erteilen. [12]Die Vorsteuern für die Anschaffung und Nutzung der Datenverarbeitungsanlage sind nur im Umfang der Verwendung für die unternehmerische Tätigkeit abzugsfähig (vgl. Ab-

schnitt 15.2b Abs. 2), eine darüber hinausgehende Zuordnung zum Unternehmen ist in Fällen einer nichtwirtschaftlichen Tätigkeit i. e. S. nicht möglich (vgl. Abschnitt 15.2c Abs. 2). [13] Außerdem können die der entgeltlichen Überlassung der Datenverarbeitungsanlage zuzurechnenden Vorsteuerbeträge, insbesondere in dem Bereich der Verwaltungsgemeinkosten, abgezogen werden. [14] Bei Anwendung einer Vereinfachungsregelung der Absätze 6 und 7 kann die Forschungseinrichtung die Vorsteuern für die Verwaltungsgemeinkosten sowie die durch die Anschaffung und Nutzung der Datenverarbeitungsanlage angefallenen Vorsteuerbeträge nach dem Verhältnis der Nettoeinnahmen aus der Überlassung der Anlage an den Unternehmer zu den öffentlichen Zuschüssen auf den unternehmerischen und den nichtunternehmerischen Bereich aufteilen.

Beispiel 3:

[1] Eine Forschungseinrichtung untersucht wirtschafts- und steuerrechtliche Grundsatzfragen. [2] Zu den Aufgaben der Forschungseinrichtung gehört auch die Erstellung von Gutachten auf diesem Gebiet gegen Entgelt. [3] Die Einnahmen der Forschungseinrichtung setzen sich aus echten Zuschüssen der öffentlichen Hand und aus Vergütungen, die für die Gutachten von den Auftraggebern gezahlt worden sind, zusammen.

[4] Die Erstellung von Gutachten ist eine nachhaltige Tätigkeit zur Erzielung von Einnahmen. [5] Die Forschungseinrichtung übt diese Tätigkeit als Unternehmer aus. [6] In der Regel wird davon auszugehen sein, dass die Auftraggeber Gutachten bei der Forschungseinrichtung bestellen, weil sie annehmen, dass diese auf Grund ihrer Forschungstätigkeit über besondere Kenntnisse und Erfahrungen auf dem betreffenden Gebiet verfügt. [7] Die Auftraggeber erwarten, dass die von der Forschungseinrichtung gewonnenen Erkenntnisse in dem Gutachten verwertet werden. [8] Die Forschungstätigkeit steht hiernach mit der Tätigkeit als Gutachter in engem Zusammenhang. [9] Sie ist daher in den unternehmerischen Bereich einzubeziehen. [10] Vorsteuerabzug und gesonderter Steuerausweis wie im Beispiel 1.

Beispiel 4:

[1] Eine Forschungseinrichtung untersucht Erzeugnisse, die im Rahmen einer eigenen unternehmerischen Tätigkeit veräußert werden sollen, auf Beschaffenheit und Einsatzfähigkeit und entwickelt neue Stoffe. [2] Die Entwicklungsarbeiten setzen eine gewisse Grundlagenforschung voraus, die durch echte Zuschüsse der öffentlichen Hand gefördert wird. [3] Die Forschungseinrichtung ist verpflichtet, die Erkenntnisse, die sie im Rahmen des durch öffentliche Mittel geförderten Forschungsvorhabens gewinnt, der Allgemeinheit zugänglich zu machen.

[4] Die Forschungseinrichtung übt mit ihren Lieferungen und sonstigen Leistungen eine unternehmerische Tätigkeit aus. [5] Auch die Grundlagenforschung soll dazu dienen, die Verkaufstätigkeit zu steigern und die Marktposition zu festigen. [6] Obwohl es insoweit an einem Leistungsaustausch fehlt, steht die Grundlagenforschung in unmittelbarem Zusammenhang mit der unternehmerischen Tätigkeit. [7] Die Grundlagenforschung wird daher im Rahmen des Unternehmens ausgeübt. [8] Vorsteuerabzug und gesonderter Steuerausweis wie im Beispiel 1.

Beispiel 5:

[1] Eine Forschungseinrichtung wird vorwiegend durch echte Zuschüsse der öffentlichen Hand finanziert. [2] Aufgabe der Forschungseinrichtung ist es, medizinische Forschung auf dem Gebiet der Infektionsbiologie sowie deren praktischer Umsetzung zu betreiben (Grundlagenforschung). [3] Die gewonnenen Erkenntnisse werden der Allgemeinheit zugänglich gemacht. [4] Darüber hinaus untersucht die Forschungseinrichtung im Auftrag der Industrie Wirkstoffe gegen Viren und Bakterien (Auftragsforschung).

[5] Lösung wie Beispiel 4.

(11)[1)] [1] Der unternehmerische Bereich ist bei Forschungseinrichtungen oftmals nur schwierig von deren nichtunternehmerischem Bereich abzugrenzen. [2] Zur Vereinfachung kann für die Ermittlung des Prozentsatzes der nicht für das Unternehmen bezogenen Vorsteuern folgendes Berechnungsschema herangezogen werden:

---

1) A 2.10 UStAE Zwischenüberschrift sowie Abs. 10 und 11 angef. durch BMF v. 27.01.2023, BStBl. I 2023, 314, anzuwenden in allen offenen Fällen.

Schritt 1:

	Kosten der Gesamtleistung
./.	Kosten für Forschung und experimentelle Entwicklung, soweit unternehmerisch (inklusive zurechenbarer allgemeiner Aufwendungen)
./.	Kosten des wirtschaftlichen Geschäftsbetriebs und der Vermögensverwaltung inklusive zurechenbarer allgemeiner Aufwendungen
=	Kosten des nichtunternehmerischen Bereichs

Schritt 2:

$$\frac{\text{Kosten des nichtunternehmerischen Bereichs} \times 100}{\text{Kosten der Gesamtleistung}} = \text{Prozentsatz der nicht für das Unternehmen bezogenen Vorsteuern}$$

[3]Bei Anwendung des Berechnungsschemas sind nur die vorsteuerbelasteten Kosten zu berücksichtigen. [4]Die Kosten der Gesamtleistung können den Werten der Kosten- und Leistungsrechnung der Forschungseinrichtung entnommen werden. [5]Als allgemeine Aufwendungen gelten Kosten für den Betrieb und Erhalt der allgemeinen Infrastruktur (z. B. Gebäude, Betriebs- und Geschäftsausstattung, Facility Management), der Unternehmensleitung (z. B. Vorstand, Stäbe), der Verwaltung (z. B. Finanzwesen, Controlling, Einkauf) und allgemeine innerbetriebliche Dienstleistungen (z. B. Werkschutz). [6]Die unter den übrigen Voraussetzungen abziehbaren Vorsteuern unterliegen einer weiteren Aufteilung, sofern die Forschungseinrichtung die bezogenen Leistungen auch zur Ausführung von Umsätzen verwendet, für die der Vorsteuerabzug nach § 15 Abs. 2 bis 4 UStG ausgeschlossen ist.

2.11 Juristische Personen des öffentlichen Rechts (§ 2 Abs. 3 UStG)[1)]

Allgemeines[2)]

(1) [1]Juristische Personen des öffentlichen Rechts im Sinne von § 2 Abs. 3 UStG sind insbesondere die Gebietskörperschaften (Bund, Länder, Gemeinden, Gemeindeverbände, Zweckverbände), die öffentlich-rechtlichen Religionsgemeinschaften, die Innungen, Handwerkskammern, Industrie- und Handelskammern und sonstige Gebilde, die auf Grund öffentlichen Rechts eigene Rechtspersönlichkeit besitzen. [2]Dazu gehören neben Körperschaften

[1)] Zum Vorsteuerabzug vgl. A 15.19 UStAE.

[2)] Zu Klein- und Kleinstvermietungen im Bereich der Hochschulen siehe BayLfSt v. 13.02.2008, DStR 2008, 619. – Zur Übernahme der öff. Abfallentsorgung durch GmbH siehe BFH v. 03.12.2007 V R 63/05, BFH/NV 2008, 996, zur Entsorgung von Abwasser durch AG siehe BFH v. 08.11.2007 V R 20/05, BStBl. II 2009, 483. – Zur Grundstücksverwaltung durch eine jur. Person des öff. Rechts siehe BFH v. 20.08.2009 V R 70/05, BStBl. II 2017, 825. – Zur Vermietung von Standplatzflächen durch eine Gemeinde siehe BFH v. 24.01.2008 V R 12/05, BStBl. II 2009, 60, v. 03.03.2011 V R 23/10, BStBl. II 2012, 74, und v. 13.02.2014 V R 5/13, BStBl. II 2017, 846. – Zur Unternehmereigenschaft einer jur. Person des öff. Rechts grds. siehe BFH v. 15.12.2016 V R 44/15, DStR 2017, 656.

auch Anstalten und Stiftungen des öffentlichen Rechts, z. B. Rundfunkanstalten des öffentlichen Rechts. [3]Zur Frage, unter welchen Voraussetzungen kirchliche Orden juristische Personen des öffentlichen Rechts sind, vgl. das BFH-Urteil vom 08.07.1971, V R 1/68, BStBl. II 1972 S. 70. [4]Auf ausländische juristische Personen des öffentlichen Rechts ist die Vorschrift des § 2 Abs. 3 UStG analog anzuwenden. [5]Ob eine solche Einrichtung eine juristische Person des öffentlichen Rechts ist, ist grundsätzlich nach deutschem Recht zu beurteilen. [6]Das schließt jedoch nicht aus, dass für die Bestimmung öffentlich-rechtlicher Begriffe die ausländischen Rechtssätze mit herangezogen werden.

(2) [1]Die Gesamtheit aller Betriebe gewerblicher Art im Sinne von § 1 Abs. 1 Nr. 6, § 4 KStG und aller land- und forstwirtschaftlichen Betriebe stellt das Unternehmen der juristischen Person des öffentlichen Rechts dar (vgl. BFH-Urteil vom 18.08.1988, V R 194/83, BStBl. II S. 932). [2]Das Unternehmen erstreckt sich auch auf die Tätigkeitsbereiche, die nach § 2 Abs. 3 Satz 2 UStG als unternehmerische Tätigkeiten gelten. [3]Nur die in diesen Betrieben und Tätigkeitsbereichen ausgeführten Umsätze unterliegen der Umsatzsteuer. [4]Andere Leistungen sind nicht steuerbar, auch wenn sie nicht in Ausübung öffentlicher Gewalt bewirkt werden, es sei denn, die Behandlung als nicht steuerbar würde zu größeren Wettbewerbsverzerrungen führen (vgl. BFH-Urteil vom 11.06.1997, XI R 33/94, BStBl. II 1999 S. 418).

(3) [1]Eine Tätigkeit, die der Erfüllung von Hoheitsaufgaben dient, ist steuerbar, wenn sie nicht von einer juristischen Person des öffentlichen Rechts, sondern von Unternehmern des privaten Rechts (z. B. von sog. beliehenen Unternehmern) ausgeübt wird (vgl. BFH-Urteile vom 10.11.1977, V R 115/74, BStBl. II 1978 S. 80, und vom 18.01.1995, XI R 71/93, BStBl. II S. 559). [2]Ein mit der Durchführung einer hoheitlichen Pflichtaufgabe betrauter Unternehmer ist als Leistender an den Dritten anzusehen, wenn er bei der Ausführung der Leistung diesem gegenüber – unabhängig von der öffentlich-rechtlichen Berechtigung – im eigenem Namen und für eigene Rechnung auftritt, leistet und abrechnet (BFH-Urteil vom 28.02.2002, V R 19/01, BStBl. II 2003 S. 950). [3]Durch den Leistungsaustausch zwischen dem beauftragten Unternehmer und dem Dritten wird das weiterhin bestehende Leistungsverhältnis zwischen dem Unternehmer und dem Hoheitsträger sowie die hoheitliche Ausübung der Tätigkeit durch den Hoheitsträger nicht berührt. [4]Zur umsatzsteuerrechtlichen Beurteilung, wenn der Hoheitsträger dagegen zulässigerweise nur die tatsächliche Durchführung seiner gesetzlichen Pflichtaufgabe auf den eingeschalteten Unternehmer überträgt und dieser entsprechend den öffentlich-rechtlichen Vorgaben als Erfüllungsgehilfe des Hoheitsträgers auftritt, vgl. BMF-Schreiben vom 27.12.1990, BStBl. I 1991 S. 81.

(4)[1)] [1]Für die Frage, ob ein Betrieb gewerblicher Art vorliegt, ist auf § 1 Abs. 1 Nr. 6 und § 4 KStG in der jeweils geltenden Fassung abzustellen. [2]Die

---

[1)] Zum Auskunftsanspruch eines Konkurrenten zur Besteuerung öff.-rechtl. Einrichtungen siehe EuGH v. 08.06.2006 C-430/04, DStR 2006, 1082, und BFH v. 05.10.2006 VII R 24/03, BStBl. II 2007, 243. – Zur Unternehmereigenschaft einer Gemeinde bei Einsatz eines mit Werbeaufdrucken versehenen Fahrzeugs (auch ohne die Erreichung der Umsatzgrenze von *30 678 €*) siehe BFH v. 17.03.2010 XI R 17/08, BStBl. II 2017, 828.

zu diesen Vorschriften von Rechtsprechung und Verwaltung für das Gebiet der Körperschaftsteuer entwickelten Grundsätze sind anzuwenden (vgl. insbesondere R 4.1 KStR).[1)] [3]Über die Anwendung der Umsatzgrenzen von 130.000 € (R 4.1 Abs. 4 KStR) und 45.000 € (R 4.1 Abs. 5 KStR) ist bei der Umsatzsteuer und bei der Körperschaftsteuer einheitlich zu entscheiden.

(5) Die Frage, ob ein land- und forstwirtschaftlicher Betrieb vorliegt, ist unabhängig von einer Umsatzgrenze nach den gleichen Merkmalen zu beurteilen, die grundsätzlich auch bei der Durchschnittssatzbesteuerung nach § 24 UStG maßgebend sind (vgl. § 24 Abs. 2 UStG, Abschnitt 24.1 Abs. 2).

(6) Auch wenn die Voraussetzungen eines Betriebs gewerblicher Art oder eines land- und forstwirtschaftlichen Betriebs nicht gegeben sind, gelten die in § 2 Abs. 3 Satz 2 Nr. 2 bis 5 UStG bezeichneten Tätigkeitsbereiche als unternehmerische Tätigkeiten (zu § 2 Abs. 3 Satz 2 Nr. 4 UStG vgl. Absätze 7 bis 11).

Vermessungs- und Katasterbehörden

(7) [1]Bei den Vermessungs- und Katasterbehörden unterliegen nach Sinn und Zweck des § 2 Abs. 3 Satz 2 Nr. 4 UStG solche Tätigkeiten der Umsatzsteuer, die ihrer Art nach auch von den in fast allen Bundesländern zugelassenen öffentlich bestellten Vermessungsingenieuren ausgeführt werden. [2]Die Vorschrift beschränkt sich auf hoheitliche Vermessungen, deren Ergebnisse zur Fortführung des Liegenschaftskatasters bestimmt sind (Teilungsvermessungen, Grenzfeststellungen und Gebäudeeinmessungen). [3]Nicht dazu gehören hoheitliche Leistungen, wie z.B. die Führung und Neueinrichtung des Liegenschaftskatasters. [4]Die entgeltliche Erteilung von Auszügen aus dem Liegenschaftskataster durch Vermessungs- und Katasterbehörden gilt nach § 2 Abs. 3 Satz 2 Nr. 4 UStG als unternehmerische Tätigkeit, soweit in dem betreffenden Bundesland nach den jeweiligen landesrechtlichen Gegebenheiten eine entgeltliche Erteilung von Auszügen aus dem Liegenschaftskataster auch durch öffentlich bestellte Vermessungsingenieure rechtlich und technisch möglich ist. [5]Dies gilt jedoch nicht, soweit öffentlich bestellte Vermessungsingenieure nach den jeweiligen landesrechtlichen Bestimmungen lediglich als Erfüllungsgehilfen der Vermessungs- und Katasterbehörden tätig werden. [6]Soweit Gemeinden entgeltlich Auszüge aus dem Liegenschaftskataster erteilen, gelten sie als Vermessungs- und Katasterbehörden i.S.v. § 2 Abs. 3 Satz 2 Nr. 4 UStG. [7]Der Umsatzsteuer unterliegen nur Leistungen an Dritte, dagegen nicht unentgeltliche Wertabgaben, z.B. Vermessungsleistungen für den Hoheitsbereich der eigenen Trägerkörperschaft.

(8) [1]Die Unternehmereigenschaft erstreckt sich nicht auf die Amtshilfe, z.B. Überlassung von Unterlagen an die Grundbuchämter und Finanzämter. [2]Keine Amtshilfe liegt vor, wenn Leistungen an juristische Personen des öffentlichen Rechts ausgeführt werden, denen nach Landesgesetzen keine Vermessungsaufgaben als eigene Aufgaben obliegen.

---

1) Nr. **100**.

(9) [1]Wirtschaftliche Tätigkeiten der Kataster- und Vermessungsbehörden fallen nicht unter § 2 Abs. 3 Satz 2 Nr. 4 UStG. [2]Sie sind – ebenso wie Vermessungsleistungen anderer Behörden – nach § 2 Abs. 3 Satz 1 UStG steuerbar, sofern die körperschaftsteuerlichen Voraussetzungen eines Betriebs gewerblicher Art vorliegen. [3]Wirtschaftliche Tätigkeiten sind z. B. der Verkauf von Landkarten, Leistungen auf dem Gebiet der Planung wie Anfertigung von Bebauungsplänen, und ingenieurtechnische Vermessungsleistungen.

(10) [1]Die Vorsteuerbeträge, die dem unternehmerischen Bereich zuzuordnen sind, können unter den Voraussetzungen des § 15 UStG abgezogen werden. [2]Für Vorsteuerbeträge, die sowohl dem unternehmerischen als auch dem nichtunternehmerischen Bereich zuzuordnen sind, beurteilt sich der Vorsteuerabzug nach Abschnitt 15.19 Abs. 3.

(11) [1]Aus Vereinfachungsgründen bestehen keine Bedenken, wenn die insgesamt abziehbaren Vorsteuerbeträge mit 1,9% der Bemessungsgrundlage für die steuerpflichtigen Vermessungsumsätze ermittelt werden. [2]Die Verwendung der Anlagegegenstände für nichtunternehmerische Zwecke ist dann nicht als Wertabgabe nach § 3 Abs. 9a Nr. 1 UStG zu versteuern. [3]Bei einer Änderung der Anteile an der Verwendung der Anlagegegenstände für unternehmerische und nichtunternehmerische Tätigkeiten (vgl. Abschnitt 2.3 Abs. 1a) kommt auch keine Vorsteuerberichtigung nach § 15a UStG aus Billigkeitsgründen in Betracht (vgl. Abschnitt 15a.1 Abs. 7). [4]Dagegen ist die Veräußerung von Gegenständen, die ganz oder teilweise für den unternehmerischen Bereich bezogen wurden, der Umsatzsteuer zu unterwerfen. [5]An die Vereinfachungsregelung ist die jeweilige Vermessungs- und Katasterbehörde für mindestens fünf Kalenderjahre gebunden. [6]Ein Wechsel ist nur zum Beginn eines Kalenderjahres zulässig.

Einzelfälle

(12) [1]Betreibt eine Gemeinde ein Parkhaus, kann ein Betrieb gewerblicher Art auch dann anzunehmen sein, wenn sie sich mit einer Benutzungssatzung der Handlungsformen des öffentlichen Rechts bedient (BFH-Urteil vom 10.12.1992, V R 3/88, BStBl. II 1993 S. 380). [2]Überlässt sie hingegen auf Grund der Straßenverkehrsordnung Parkplätze durch Aufstellung von Parkscheinautomaten gegen Parkgebühren, handelt sie insoweit nicht als Unternehmer im Sinne des Umsatzsteuerrechts (BFH-Urteil vom 27.02.2003, V R 78/01, BStBl. II 2004 S. 431; zur Rechtslage nach § 2b UStG vgl. Abschnitt 2b.1 Absatz 5).

(13) [1]Gemeindliche Kurverwaltungen, die Kurtaxen und Kurförderungsabgaben erheben, sind in der Regel Betriebe gewerblicher Art (vgl. BFH-Urteil vom 15.10.1962, I 53/61 U, BStBl. III S. 542). [2]Sofern die Voraussetzungen von R 4.1 Abs. 4 und 5 KStR[1)] gegeben sind, unterliegen die Gemeinden mit den durch die Kurtaxe abgegoltenen Leistungen der Umsatzsteuer. [3]Die Kurförderungsabgaben (Fremdenverkehrsbeiträge A) sind dagegen nicht als Entgelte für Leistungen der Gemeinden zu betrachten und nicht der Steuer zu unterwerfen.

[1)] Nr. **100.**

(14) [1] Die staatlichen Materialprüfungsanstalten oder Materialprüfungsämter üben neben ihrer hoheitlichen Tätigkeit vielfach auch Tätigkeiten wirtschaftlicher Natur, z. B. entgeltliche Untersuchungs-, Beratungs- und Begutachtungsleistungen für private Auftraggeber, aus. [2] Unter den Voraussetzungen von R 4.1 Abs. 4 und 5 KStR[1)] sind in diesen Fällen Betriebe gewerblicher Art anzunehmen.

(15) [1] Die Gestellung von Personal durch juristische Personen des öffentlichen Rechts gegen Erstattung der Kosten stellt grundsätzlich einen Leistungsaustausch dar, sofern die gestellende juristische Person Arbeitgeber bleibt. [2] Ob dieser Leistungsaustausch der Umsatzsteuer unterliegt, hängt nach § 2 Abs. 3 UStG davon ab, ob die Personalgestellung im Rahmen eines Betriebs gewerblicher Art im Sinne von § 1 Abs. 1 Nr. 6, § 4 KStG vorgenommen wird.

Beispiel 1:

[1] Eine juristische Person des öffentlichen Rechts setzt Bedienstete ihres Hoheitsbereichs in eigenen Betrieben gewerblicher Art ein.
[2] Es handelt sich um einen nicht steuerbaren Vorgang (Innenleistung).

Beispiel 2:

[1] Eine juristische Person des öffentlichen Rechts stellt Bedienstete aus ihrem Hoheitsbereich an den Hoheitsbereich einer anderen juristischen Person des öffentlichen Rechts ab.
[2] Es handelt sich um einen nicht steuerbaren Vorgang.

Beispiel 3:

[1] Eine juristische Person des öffentlichen Rechts stellt Bedienstete aus ihrem Hoheitsbereich an Betriebe gewerblicher Art anderer juristischer Personen des öffentlichen Rechts ab.
[2] Die Personalgestellung ist nicht durch hoheitliche Zwecke veranlasst, sondern dient wirtschaftlichen Zielen. [3] Sie ist insgesamt als Betrieb gewerblicher Art zu beurteilen, sofern die Voraussetzungen von R 4.1 Abs. 4 und 5 KStR[1)] gegeben sind. [4] Es liegen in diesem Fall steuerbare Leistungen vor.

Beispiel 4:

[1] Eine juristische Person des öffentlichen Rechts stellt Bedienstete aus ihrem Hoheitsbereich an privatrechtliche Unternehmer ab.
[2] Beurteilung wie zu Beispiel 3.

Beispiel 5:

[1] Eine juristische Person des öffentlichen Rechts stellt Bedienstete aus ihrem Hoheitsbereich an einen als gemeinnützig anerkannten eingetragenen Verein ab, der nicht unternehmerisch tätig ist. [2] Mitglieder des Vereins sind neben der gestellenden Person des öffentlichen Rechts weitere juristische Personen des öffentlichen Rechts, Verbände und sonstige Einrichtungen.
[3] Beurteilung wie zu Beispiel 3.

Beispiel 6:

[1] Eine juristische Person des öffentlichen Rechts stellt Bedienstete aus einem ihrer Betriebe gewerblicher Art an den Hoheitsbereich einer anderen juristischen Person des öffentlichen Rechts ab.
[2] Es ist eine steuerbare Leistung im Rahmen des Betriebs gewerblicher Art anzunehmen, wenn die Personalkostenerstattung unmittelbar dem Betrieb gewerblicher Art zufließt. [3] Die Personalgestellung kann jedoch dem hoheitlichen Bereich zugerechnet werden, sofern der Bedienstete zunächst in den Hoheitsbereich zurückberufen und von dort abgestellt wird und der Erstattungsbetrag dem Hoheitsbereich zufließt.

---

1) Nr. **100**.

Beispiel 7:

[1] Eine juristische Person des öffentlichen Rechts stellt Bedienstete aus einem ihrer Betriebe gewerblicher Art an einen Betrieb gewerblicher Art einer anderen juristischen Person des öffentlichen Rechts oder an einen privatrechtlichen Unternehmer ab.
[2] Es liegt eine steuerbare Leistung im Rahmen des Betriebs gewerblicher Art vor.

Beispiel 8:

[1] Eine juristische Person des öffentlichen Rechts stellt Bedienstete aus einem ihrer Betriebe gewerblicher Art an den eigenen Hoheitsbereich ab.
[2] Die Überlassung des Personals ist dann nicht als steuerbare Wertabgabe im Sinne von § 3 Abs. 9a Nr. 2 UStG anzusehen, wenn beim Personaleinsatz eine eindeutige und leicht nachvollziehbare Trennung zwischen dem unternehmerischen Bereich (Betrieb gewerblicher Art) und dem Hoheitsbereich vorgenommen wird.

(16) Betriebe von juristischen Personen des öffentlichen Rechts, die vorwiegend zum Zwecke der Versorgung des Hoheitsbereichs der juristischen Person des öffentlichen Rechts errichtet worden sind (Selbstversorgungsbetriebe), sind nur dann Betriebe gewerblicher Art, wenn bezüglich der Umsätze an Dritte die Voraussetzung von R 4.1 Abs. 5 KStR[1)] erfüllt ist.

(17) Eine von einem Bundesland eingerichtete sog. „Milchquoten-Verkaufsstelle“, die Anlieferungs-Referenzmengen an Milcherzeuger überträgt, handelt bei dieser Tätigkeit nicht als Unternehmer (vgl. BFH-Urteil vom 03.07.2008, V R 40/04, BStBl. II 2009 S. 208).

Gemeindliche Schwimmbäder[2)]

(18) [1] Wird ein gemeindliches Schwimmbad sowohl für das Schulschwimmen (nichtwirtschaftliche Tätigkeit i. e. S.) als auch für den öffentlichen Badebetrieb genutzt, ist unabhängig davon, welche Nutzung überwiegt, die Nutzung für den öffentlichen Badebetrieb grundsätzlich als wirtschaftlich selbständige Tätigkeit im Sinne des § 4 Abs. 1 KStG anzusehen. [2] Die wirtschaftliche Tätigkeit ist unter der Voraussetzung von R 4.1 Abs. 5 KStR[1)] ein Betrieb gewerblicher Art. [3] Vorsteuerbeträge, die durch den Erwerb, die Herstellung sowie die Verwendung des Schwimmbades anfallen, sind nach § 15 UStG nur abziehbar, soweit sie auf die Verwendung für den öffentlichen Badebetrieb entfallen (vgl. Abschnitt 15.2b Abs. 2). [4] Ist der öffentliche Badebetrieb nicht als Betrieb gewerblicher Art zu behandeln, weil die Voraussetzungen von R 4.1 Abs. 5 KStR nicht erfüllt sind, rechnet die Gesamttätigkeit des gemeindlichen Schwimmbades zum nichtunternehmerischen Hoheitsbereich mit der Folge, dass ein Vorsteuerabzug nicht in Betracht kommt. [5] In den Fällen, die der Übergangsregelung nach § 27 Abs. 16 UStG unterliegen, ist die Verwendung des Gegenstands für hoheitliche Zwecke (Schulschwimmen) unabhängig davon, ob den Schulen das Schwimmbad zeitweise ganz überlassen wird (vgl. BFH-Urteil vom 31.05.2001, V R 97/98, BStBl. II S. 658, Abschnitt 4.12.11) oder das Schulschwimmen während des öffentlichen Badebetriebs stattfindet (vgl. BFH-Urteil vom 10.02.1994, V R 33/92, BStBl. II S. 668, Abschnitt 4.12.6 Abs. 2 Nr. 10), nach § 3 Abs. 9a Nr. 1 UStG als steuerbare und steuerpflichtige Wertabgabe zu behandeln, sofern der Erwerb oder

---

1) Nr. **100.**

2) Hinweis auf A 3.4 Abs. 6 UStAE.

die Herstellung des Schwimmbades auch insoweit zum Vorsteuerabzug berechtigt hat. [6]Bemessungsgrundlage für die unentgeltliche Wertabgabe sind nach § 10 Abs. 4 Satz 1 Nr. 2 UStG die durch die Überlassung des Schwimmbades für das Schulschwimmen entstandenen Ausgaben des Unternehmers für die Erbringung der sonstigen Leistung; vgl. Abschnitt 10.6 Abs. 3. [7]Die Wertabgabe kann nach den im öffentlichen Badebetrieb erhobenen Eintrittsgeldern bemessen werden (vgl. Abschnitt 10.7 Abs. 1 Sätze 4 bis 7).

Eigenjagdverpachtung

(19) [1]Eine juristische Person des öffentlichen Rechts wird mit der Verpachtung ihrer Eigenjagd im Rahmen ihres bestehenden land- und forstwirtschaftlichen Betriebs nach § 2 Abs. 3 UStG gewerblich oder beruflich tätig. [2]Dies gilt unabhängig davon, dass die Umsätze aus der Jagdverpachtung nicht der Durchschnittssatzbesteuerung nach § 24 UStG unterliegen (vgl. BFH-Urteil vom 22.09.2005, V R 28/03, BStBl. II 2006 S. 280).

Betriebe in privatrechtlicher Form

(20) [1]Von den Betrieben gewerblicher Art einer juristischen Person des öffentlichen Rechts sind die Betriebe zu unterscheiden, die in eine privatrechtliche Form (z. B. AG, GmbH) gekleidet sind. [2]Solche Eigengesellschaften sind grundsätzlich selbständige Unternehmer. [3]Sie können jedoch nach den umsatzsteuerrechtlichen Vorschriften über die Organschaft unselbständig sein, und zwar auch gegenüber der juristischen Person des öffentlichen Rechts. [4]Da Organschaft die Eingliederung in ein Unternehmen voraussetzt, kann eine Gesellschaft nur dann Organgesellschaft einer juristischen Person des öffentlichen Rechts sein, wenn sie in den Unternehmensbereich dieser juristischen Person des öffentlichen Rechts eingegliedert ist. [5]Die finanzielle Eingliederung wird in diesen Fällen nicht dadurch ausgeschlossen, dass die Beteiligung an der Organgesellschaft nicht im Unternehmensbereich, sondern im nichtunternehmerischen Bereich der juristischen Person des öffentlichen Rechts verwaltet wird. [6]Eine wirtschaftliche Eingliederung in den Unternehmensbereich ist gegeben, wenn die Organgesellschaft Betrieben gewerblicher Art oder land- und forstwirtschaftlichen Betrieben der juristischen Person des öffentlichen Rechts wirtschaftlich untergeordnet ist. [7]Zur Organträgerschaft einer juristischen Person des öffentlichen Rechts vgl. Abschnitt 2.8 Abs. 2 Satz 2. [8]Tätigkeiten, die der Erfüllung öffentlich-rechtlicher Aufgaben dienen, können grundsätzlich eine wirtschaftliche Eingliederung in den Unternehmensbereich nicht begründen.

Zu § 2b UStG

2b.1 Juristische Personen des öffentlichen Rechts (§ 2b UStG)

(1) Zur Anwendung des § 2b UStG vgl. BMF-Schreiben vom 16. Dezember 2016, BStBl. I S. 1451.

(2) Zur Einstufung einer juristischen Person des privaten Rechts als sonstige Einrichtung des öffentlichen Rechts nach dem EuGH-Urteil vom 29.10.2015, C-174/14, Saudaçor,[1] vgl. BMF-Schreiben vom 18.09.2019, BStBl. I S. 921.

---

[1] MwStR 2016, 24.

(3) Zur gesonderten Prüfung möglicher größerer Wettbewerbsverzerrungen bei § 2b Abs. 3 Nr. 2 UStG vgl. BMF-Schreiben vom 14.11.2019, BStBl. I S. 1140.

(4) Die Kreishandwerkerschaften gelten mit der Ausübung der Geschäftsführung der Innungen hinsichtlich der Anwendung des § 2b UStG nicht als Unternehmer im Sinne des § 2 UStG.

(5) Die Überlassung unselbständiger Parkbuchten auf öffentlich-rechtlich gewidmeten Straßen gegen Gebühren (Parkscheinautomaten) ist als hoheitliche Tätigkeit zur Ordnung des ruhenden Verkehrs nach § 2b UStG nicht umsatzsteuerbar (zur Rechtslage nach § 2 Abs. 2 UStG vgl. Abschnitt 2.11 Abs. 12 Satz 2).

(6) [1] Die durch die Landwirtschaftskammern und andere juristische Personen des öffentlichen Rechts auf öffentlich-rechtlicher Grundlage durchgeführten nachhaltigen und entgeltlichen Tätigkeiten im Zusammenhang mit (Landes-) Weinprämierungen führen zu größeren Wettbewerbsverzerrungen im Sinne von § 2b Abs. 1 Satz 2 UStG. 2Sie werden damit unternehmerisch ausgeübt.

(7) Die privatrechtliche Ausgestaltung der Leistung führt, auch in den Fällen des Anschluss- und Benutzungszwangs, dazu, dass kein Handeln im Rahmen der öffentlichen Gewalt im Sinne des § 2b Abs. 1 Satz 1 UStG vorliegt.

(8) [1] Für eine Anwendung des § 2b Abs. 3 Nummer 1 UStG müssen die gesetzlichen Grundlagen so gefasst sein, dass die von einer juristischen Person des öffentlichen Rechts benötigte Leistung ausschließlich von einer anderen juristischen Person des öffentlichen Rechts erbracht werden darf (vgl. dazu Rz. 41 des BMF-Schreibens vom 16.12.2016, BStBl. I S. 1451). [2] Nicht ausreichend ist zum Beispiel die gesetzliche Regelung eines allgemein gehaltenen Kooperationsgebots, das im Nachgang durch untergesetzliche Regelungen, vertragliche Vereinbarungen oder die tatsächliche Verwaltungspraxis ausgefüllt wird.

(9) [1] Hoheitliche Hilfsgeschäfte, die der nichtunternehmerische Bereich einer juristischen Person des öffentlichen Rechts mit sich bringt, sind grundsätzlich nicht steuerbar. [2] Da große Hoheitsbereiche oftmals entsprechend viele Hilfsgeschäfte tätigen, führt auch deren große Anzahl grundsätzlich nicht zu einer nachhaltigen wirtschaftlichen Betätigung und damit zur Steuerbarkeit. [3] Dies kann jedoch ausnahmsweise der Fall sein, wenn das Auftreten der juristischen Person des öffentlichen Rechts am Markt wegen der Vielzahl ihrer Umsätze und des daraus resultierenden Handelns dem eines professionellen Händlers derart gleicht, dass eine Nichtsteuerbarkeit zu einer Wettbewerbsverzerrung führen würde. [4] Wegen weiterer Einzelheiten siehe Rz. 19 und 20 des BMF-Schreibens vom 16.12.2016, BStBl. I S. 1451.

(10) Zur Behandlung der Konzessionsabgabe unter § 2b UStG vgl. BMF-Schreiben vom 05.08.2020, BStBl. I S. 669.

(11) Zur Behandlung der Anwendungsfragen des § 2b UStG in Zusammenhang mit dem Friedhofs- und Bestattungswesen vgl. BMF-Schreiben vom 23.11.2020, BStBl. I S. 1335.[1)]

[1)] Anwendungsregelung geändert wegen Verlängerung der Übergangsfrist für die zwingende Anwendung des § 2b UStG bis zum 31.12.2024 (BMF v. 14.03.2023, BStBl. I 2023, 626).

Zu § 3 UStG

3.1 Lieferungen und sonstige Leistungen

Lieferungen[1]

(1)[2] [1]Eine Lieferung liegt vor, wenn die Verfügungsmacht an einem Gegenstand verschafft wird. [2]Gegenstände im Sinne des § 3 Abs. 1 UStG sind körperliche Gegenstände (Sachen nach § 90 BGB, Tiere nach § 90a BGB), Sachgesamtheiten und solche Wirtschaftsgüter, die im Wirtschaftsverkehr wie körperliche Sachen behandelt werden, z. B. Elektrizität, Wärme und Wasserkraft; zur Übertragung von Gesellschaftsanteilen vgl. Abschnitt 3.5 Abs. 8. [3]Eine Sachgesamtheit stellt die Zusammenfassung mehrerer selbständiger Gegenstände zu einem einheitlichen Ganzen dar, das wirtschaftlich als ein anderes Verkehrsgut angesehen wird als die Summe der einzelnen Gegenstände (vgl. BFH-Urteil vom 25.01.1968, V 161/64, BStBl. II S. 331). [4]Die gleichzeitige Anschaffung einer Photovoltaikanlage und eines Stromspeichers in einem einheitlichen (Werk-)Vertrag stellt eine Sachgesamtheit dar. [5]Ungetrennte Bodenerzeugnisse, z. B. stehende Ernte, sowie Rebanlagen können selbständig nutzungsfähiger und gegenüber dem Grund und Boden eigenständiger Liefergegenstand sein (vgl. BFH-Urteil vom 08.11.1995, XI R 63/94, BStBl. II 1996 S. 114). [6]Rechte sind dagegen keine Gegenstände, die im Rahmen einer Lieferung übertragen werden können; die Übertragung von Rechten stellt eine sonstige Leistung dar (vgl. BFH-Urteil vom 16.07.1970, V R 95/66, BStBl. II S. 706).

(2) [1]Die Verschaffung der Verfügungsmacht beinhaltet den von den Beteiligten endgültig gewollten Übergang von wirtschaftlicher Substanz, Wert und Ertrag eines Gegenstands vom Leistenden auf den Leistungsempfänger (vgl. BFH-Urteile vom 18.11.1999, V R 13/99, BStBl. II 2000 S. 153, und vom 16.03.2000, V R 44/99, BStBl. II S. 361). [2]Der Abnehmer muss faktisch in der Lage sein, mit dem Gegenstand nach Belieben zu verfahren, insbesondere ihn wie ein Eigentümer zu nutzen und veräußern zu können (vgl. BFH-Urteil vom 12.05.1993, XI R 56/90, BStBl. II S. 847). [3]Die Übertragung dieser Befugnis verlangt weder, dass der Leistungsempfänger physisch über den Gegenstand verfügt, noch, dass der Gegenstand physisch zu ihm befördert und/oder physisch von ihm empfangen wird (vgl. EuGH-Urteil vom 20.06.2018, C-108/17, Enteco Baltic).[3] [4]Keine Lieferung, sondern eine sonstige Leistung ist danach die entgeltlich eingeräumte Bereitschaft zur Verschaffung der Verfügungsmacht (vgl. BFH-Urteil vom 25.10.1990, V R 20/85, BStBl. II 1991 S. 193). [5]Die Verschaffung der Verfügungsmacht ist ein Vorgang vorwiegend tatsächlicher Natur, der in der Regel mit dem bürger-

---

[1] Zur Überlassung von Werbefahrzeugen an Kommunen usw. siehe OFD Karlsruhe v. 19.02.2015 S 7100 K. 16, BeckVerw 296049, sowie BFH v. 16.04.2008 XI R 56/06, BStBl. II 2008, 909, und v. 17.03.2010 XI R 17/08, BStBl. II 2017, 828.

[2] A 3.1 UStAE Abs. 1 Satz 4 eingef., bish. Sätze 4 und 5 werden Sätze 5 und 6 durch BMF v. 30.11.2023, BStBl. I 2023, 2085, anzuwenden in allen offenen Fällen; weitere Anwendungsregelungen siehe Anlage 8.

[3] DStRE 2018, 1196.

lich-rechtlichen Eigentumsübergang verbunden ist, aber nicht notwendigerweise verbunden sein muss (vgl. BFH-Urteil vom 16.04.2008, XI R 56/06, BStBl. II S. 909, und EuGH-Urteil vom 18.07.2013, C-78/12, Evita-K).[1)] [6]Zu Ausnahmefällen, in denen der Lieferer zivilrechtlich nicht Eigentümer des Liefergegenstands ist und darüber hinaus beabsichtigt, den gelieferten Gegenstand vertragswidrig nochmals an einen anderen Erwerber zu liefern, vgl. BFH-Urteil vom 08.09.2011, V R 43/10, BStBl. II 2014 S. 203.

(3) [1]An einem zur Sicherheit übereigneten Gegenstand wird durch die Übertragung des Eigentums noch keine Verfügungsmacht verschafft. [2]Entsprechendes gilt bei der rechtsgeschäftlichen Verpfändung eines Gegenstands (vgl. BFH-Urteil vom 16.04.1997, XI R 87/96, BStBl. II S. 585). [3]Zur Verwertung von Sicherungsgut vgl. Abschnitt 1.2. [4]Dagegen liegt eine Lieferung vor, wenn ein Gegenstand unter Eigentumsvorbehalt verkauft und übergeben wird. [5]Bei einem Kauf auf Probe (§ 454 BGB) wird die Verfügungsmacht erst nach Billigung des Angebots durch den Empfänger verschafft (vgl. BFH-Urteil vom 06.12.2007, V R 24/05, BStBl. II 2009 S. 490, Abschnitt 13.1 Abs. 6 Sätze 1 und 2). [6]Dagegen wird bei einem Kauf mit Rückgaberecht die Verfügungsmacht mit der Zusendung der Ware verschafft (vgl. Abschnitt 13.1 Abs. 6 Satz 3). [7]Beim Kommissionsgeschäft (§ 3 Abs. 3 UStG) liegt eine Lieferung des Kommittenten an den Kommissionär erst im Zeitpunkt der Lieferung des Kommissionsguts an den Abnehmer vor (vgl. BFH-Urteil vom 25.11.1986, V R 102/78, BStBl. II 1987 S. 278). [8]Gelangt das Kommissionsgut bei der Zurverfügungstellung an den Kommissionär im Wege des innergemeinschaftlichen Verbringens vom Ausgangs- in den Bestimmungsmitgliedstaat, kann die Lieferung jedoch nach dem Sinn und Zweck der Regelung bereits zu diesem Zeitpunkt als erbracht angesehen werden (vgl. Abschnitt 1a.2 Abs. 7).

Sonstige Leistungen[2)]

(4) [1]Sonstige Leistungen sind Leistungen, die keine Lieferungen sind (§ 3 Abs. 9 Satz 1 UStG). [2]Als sonstige Leistungen kommen insbesondere in Betracht: Dienstleistungen, Gebrauchs- und Nutzungsüberlassungen – z.B. Vermietung, Verpachtung, Darlehensgewährung, Einräumung eines Nießbrauchs, Einräumung, Übertragung und Wahrnehmung von Patenten, Urheberrechten, Markenzeichenrechten und ähnlichen Rechten –, Reiseleistungen im Sinne des § 25 Abs. 1 UStG, Übertragung immaterieller Wirtschaftsgüter wie z.B. Firmenwert, Kundenstamm oder Lebensrückversicherungsverträge (vgl. EuGH-Urteil vom 22.10.2009, C-242/08, Swiss Re Germany Holding, BStBl. II 2011 S. 559),[3)] der Verzicht auf die Ausübung einer Tätigkeit (vgl. BFH-Urteile vom 06.05.2004, V R 40/02, BStBl. II S. 854, vom 07.07.2005, V R 34/03, BStBl. II 2007 S. 66, und vom 24.08.2006, V R 19/05, BStBl. II 2007 S. 187) oder die entgeltliche Unterlassung von Wettbewerb (vgl. BFH-Urteil vom 13.11.2003, V R 59/02, BStBl. II 2004 S. 472). [3]Die Bestellung eines Nießbrauchs oder eines Erbbaurechts ist eine Duldungsleistung in der

1) DStRE 2014, 167.

2) Zu Umsätzen aus sog. Mailingaktionen als einheitliche sonstige Leistung siehe BFH v. 15.10.2009 XI R 52/06, BStBl. II 2010, 869.

3) DStR 2009, 2245.

Form der Dauerleistung im Sinne von § 3 Abs. 9 Satz 2 UStG (vgl. BFH-Urteil vom 20.04.1988, X R 4/80, BStBl. II S. 744). [4]Zur Behandlung des sog. Quotennießbrauchs vgl. BFH-Urteil vom 28.02.1991, V R 12/85, BStBl. II S. 649.

(5) Zur Abgrenzung zwischen Lieferungen und sonstigen Leistungen vgl. Abschnitt 3.5.

3.2 Unentgeltliche Wertabgaben

(1) [1]Unentgeltliche Wertabgaben aus dem Unternehmen sind, soweit sie in der Abgabe von Gegenständen bestehen, nach § 3 Abs. 1b UStG den entgeltlichen Lieferungen und, soweit sie in der Abgabe oder Ausführung von sonstigen Leistungen bestehen, nach § 3 Abs. 9a UStG den entgeltlichen sonstigen Leistungen gleichgestellt. [2]Solche Wertabgaben sind sowohl bei Einzelunternehmern als auch bei Personen- und Kapitalgesellschaften sowie bei Vereinen und bei unternehmerisch tätigen juristischen Personen des öffentlichen Rechts möglich. [3]Sie umfassen im Wesentlichen die Tatbestände, die bis zum 31.03.1999 als Eigenverbrauch nach § 1 Abs. 1 Nr. 2 Buchstaben a und b UStG 1993, als sog. Gesellschafterverbrauch nach § 1 Abs. 1 Nr. 3 UStG 1993, sowie als unentgeltliche Sachzuwendungen und sonstige Leistungen an Arbeitnehmer nach § 1 Abs. 1 Nr. 1 Satz 2 Buchstabe b UStG 1993 der Steuer unterlagen. [4]Die zu diesen Tatbeständen ergangene Rechtsprechung des BFH ist sinngemäß weiter anzuwenden.

(2) [1]Für unentgeltliche Wertabgaben im Sinne des § 3 Abs. 1b UStG ist die Steuerbefreiung für Ausfuhrlieferungen ausgeschlossen (§ 6 Abs. 5 UStG; vgl. BFH-Urteil vom 19.02.2014, XI R 9/13, BStBl. II S. 597). [2]Bei unentgeltlichen Wertabgaben im Sinne des § 3 Abs. 9a Nr. 2 UStG entfällt die Steuerbefreiung für Lohnveredelungen an Gegenständen der Ausfuhr (§ 7 Abs. 5 UStG). [3]Die übrigen Steuerbefreiungen sowie die Steuerermäßigungen sind auf unentgeltliche Wertabgaben anzuwenden, wenn die in den §§ 4 und 12 UStG bezeichneten Voraussetzungen vorliegen. [4]Eine Option zur Steuerpflicht nach § 9 UStG kommt allenfalls bei unentgeltlichen Wertabgaben nach § 3 Abs. 1b Satz 1 Nr. 3 UStG an einen anderen Unternehmer für dessen Unternehmen in Betracht. [5]Über eine unentgeltliche Wertabgabe, die in der unmittelbaren Zuwendung eines Gegenstands oder in der Ausführung einer sonstigen Leistung an einen Dritten besteht, kann nicht mit einer Rechnung im Sinne des § 14 UStG abgerechnet werden. [6]Die vom Zuwendenden oder Leistenden geschuldete Umsatzsteuer kann deshalb vom Empfänger nicht als Vorsteuer abgezogen werden. [7]Zur Bemessungsgrundlage bei unentgeltlichen Wertabgaben vgl. Abschnitt 10.6.

(3)[1)] Im Zusammenhang mit einer Leistung, die dem Nullsteuersatz (§ 12 Abs. 3 UStG) unterliegt, ist im Hinblick auf eine unentgeltliche Wertabgabe wie folgt zu differenzieren:

1. [1]Bestand beim Erwerb eines Gegenstandes eine Berechtigung zum vollen oder teilweisen Vorsteuerabzug (keine Anwendung des Nullsteuersatzes), stellt die spätere Entnahme und die unentgeltliche Zuwendung oder Ver-

---

1) A 3.2 UStAE Abs. 3 angef. durch BMF v. 27.02.2023, BStBl. I 2023, 351, anzuwenden auf nach dem 31.12.2022 bewirkte Umsätze.

wendung des Gegenstandes unter den übrigen Voraussetzungen eine unentgeltliche Wertabgabe dar. [2]Eine Entnahme des gesamten Gegenstandes ist nur möglich, wenn zukünftig voraussichtlich mehr als 90% des Gegenstandes für nichtunternehmerische Zwecke verwendet werden. [3]Unter den übrigen Voraussetzungen des § 12 Abs. 3 UStG unterliegt diese unentgeltliche Wertabgabe dem Nullsteuersatz. [4]Die Entnahme nur eines Teils eines ursprünglich zulässigerweise dem Unternehmen zugeordneten Gegenstandes (vgl. Abschnitt 15.2c) ist nicht möglich.

2. Unterlag der Erwerb eines Gegenstandes dem Nullsteuersatz, stellt die spätere Entnahme, unentgeltliche Zuwendung oder Verwendung des Gegenstandes keine unentgeltliche Wertabgabe dar.

3.3 Den Lieferungen gleichgestellte Wertabgaben

Allgemeines

(1) [1]Die nach § 3 Abs. 1b UStG einer entgeltlichen Lieferung gleichgestellte Entnahme oder unentgeltliche Zuwendung eines Gegenstands aus dem Unternehmen setzt die Zugehörigkeit des Gegenstands zum Unternehmen voraus. [2]Die Zuordnung eines Gegenstands zum Unternehmen richtet sich nicht nach ertragsteuerrechtlichen Merkmalen, also nicht nach der Einordnung als Betriebs- oder Privatvermögen. [3]Maßgebend ist, ob der Unternehmer den Gegenstand dem unternehmerischen oder dem nichtunternehmerischen Tätigkeitsbereich zugewiesen hat (vgl. BFH-Urteil vom 21.04.1988, V R 135/83, BStBl. II S. 746). [4]Zum nichtunternehmerischen Bereich gehören sowohl nichtwirtschaftliche Tätigkeiten i. e. S. als auch unternehmensfremde Tätigkeiten (vgl. Abschnitt 2.3 Abs. 1a). [5]Bei Gegenständen, die sowohl unternehmerisch als auch unternehmensfremd genutzt werden sollen, hat der Unternehmer unter den Voraussetzungen, die durch die Auslegung des Tatbestandsmerkmals „für sein Unternehmen" in § 15 Abs. 1 UStG zu bestimmen sind, grundsätzlich die Wahl der Zuordnung (vgl. BFH-Urteil vom 03.03.2011, V R 23/10, BStBl. II 2012 S. 74). [6]Beträgt die unternehmerische Nutzung jedoch weniger als 10%, ist die Zuordnung des Gegenstands zum Unternehmen unzulässig (§ 15 Abs. 1 Satz 2 UStG). [7]Kein Recht auf Zuordnung zum Unternehmen besteht auch, wenn der Unternehmer bereits bei Leistungsbezug beabsichtigt, die bezogene Leistung ausschließlich und unmittelbar für eine steuerbare unentgeltliche Wertabgabe im Sinne des § 3 Abs. 1b oder 9a UStG zu verwenden (vgl. BFH-Urteil vom 09.12.2010, V R 17/10, BStBl. II 2012 S. 53). [8]Zum Vorsteuerabzug beim Bezug von Leistungen sowohl für Zwecke unternehmerischer als auch nichtunternehmerischer Tätigkeit vgl. im Übrigen Abschnitt 15.2b und 15.2c.

Berechtigung zum Vorsteuerabzug für den Gegenstand oder seine Bestandteile (§ 3 Abs. 1b Satz 2 UStG)

(2) [1]Die Entnahme eines dem Unternehmen zugeordneten Gegenstands wird nach § 3 Abs. 1b UStG nur dann einer entgeltlichen Lieferung gleichgestellt, wenn der entnommene oder zugewendete Gegenstand oder seine Bestandteile zum vollen oder teilweisen Vorsteuerabzug berechtigt haben. [2]Falls an einem Gegenstand (z. B. Pkw), der ohne Berechtigung zum Vor-

steuerabzug erworben wurde, nach seiner Anschaffung Arbeiten ausgeführt worden sind, die zum Einbau von Bestandteilen geführt haben und für die der Unternehmer zum Vorsteuerabzug berechtigt war, unterliegen bei einer Entnahme des Gegenstands nur diese Bestandteile der Umsatzbesteuerung. [3]Bestandteile eines Gegenstands sind diejenigen gelieferten Gegenstände, die auf Grund ihres Einbaus ihre körperliche und wirtschaftliche Eigenart endgültig verloren haben und die zu einer dauerhaften, im Zeitpunkt der Entnahme nicht vollständig verbrauchten Werterhöhung des Gegenstands geführt haben (z. B. eine nachträglich in einen Pkw eingebaute Klimaanlage). [4]Dienstleistungen (sonstige Leistungen) einschließlich derjenigen, für die zusätzlich kleinere Lieferungen von Gegenständen erforderlich sind (z. B. Karosserie- und Lackarbeiten an einem Pkw), führen nicht zu Bestandteilen des Gegenstands (vgl. BFH-Urteile vom 18.10.2001, V R 106/98, BStBl. II 2002 S. 551, und vom 20.12.2001, V R 8/98, BStBl. II 2002 S. 557).

(3) [1]Der Einbau eines Bestandteils in einen Gegenstand hat nur dann zu einer dauerhaften, im Zeitpunkt der Entnahme nicht vollständig verbrauchten Werterhöhung des Gegenstands geführt, wenn er nicht lediglich zur Werterhaltung des Gegenstands beigetragen hat. [2]Unterhalb einer gewissen Bagatellgrenze liegende Aufwendungen für den Einbau von Bestandteilen führen nicht zu einer dauerhaften Werterhöhung des Gegenstands (vgl. BFH-Urteil vom 18.10.2001, V R 106/98, BStBl. II 2002 S. 551).

(4) [1]Aus Vereinfachungsgründen wird keine dauerhafte Werterhöhung des Gegenstands angenommen, wenn die vorsteuerentlasteten Aufwendungen für den Einbau von Bestandteilen weder 20 % der Anschaffungskosten des Gegenstands noch einen Betrag von 1000 € übersteigen. [2]In diesen Fällen kann auf eine Besteuerung der Bestandteile nach § 3 Abs. 1b Satz 1 Nr. 1 i. V. m. Satz 2 UStG bei der Entnahme eines dem Unternehmen zugeordneten Gegenstands, den der Unternehmer ohne Berechtigung zum Vorsteuerabzug erworben hat, verzichtet werden. [3]Werden an einem Wirtschaftsgut mehrere Bestandteile in einem zeitlichen oder sachlichen Zusammenhang eingebaut, handelt es sich nicht um eine Maßnahme, auf die in der Summe die Bagatellregelung angewendet werden soll. [4]Es ist vielmehr für jede einzelne Maßnahme die Vereinfachungsregelung zu prüfen.

Beispiel:

[1]Ein Unternehmer erwirbt am 01.07.2001 aus privater Hand einen gebrauchten Pkw für 10.000 € und ordnet ihn zulässigerweise seinem Unternehmen zu. [2]Am 01.03.2002 lässt er in den Pkw nachträglich eine Klimaanlage einbauen (Entgelt 2.500 €) und am 01.08.2002 die Windschutzscheibe erneuern (Entgelt 500 €). [3]Für beide Leistungen nimmt der Unternehmer den Vorsteuerabzug in Anspruch. [4]Am 01.03.2003 entnimmt der Unternehmer den Pkw in sein Privatvermögen (Aufschlag nach „Schwacke-Liste" auf den Marktwert des Pkw im Zeitpunkt der Entnahme für die Klimaanlage 1.500 €, für die Windschutzscheibe 50 €).

[5]Das aufgewendete Entgelt für den nachträglichen Einbau der Windschutzscheibe beträgt 500 €, also weniger als 20 % der ursprünglichen Anschaffungskosten des Pkw, und übersteigt auch nicht den Betrag von 1.000 €. [6]Aus Vereinfachungsgründen wird für den Einbau der Windschutzscheibe keine dauerhafte Werterhöhung des Gegenstands angenommen.

[7]Das aufgewendete Entgelt für den nachträglichen Einbau der Klimaanlage beträgt 2.500 €, also mehr als 20 % der ursprünglichen Anschaffungskosten des Pkw. [8]Mit dem Einbau der Klimaanlage in den Pkw hat diese ihre körperliche und wirtschaftliche Eigenart endgültig verloren und zu einer dauerhaften, im Zeitpunkt der Entnahme nicht vollständig verbrauchten

Werterhöhung des Gegenstands geführt. [9]Die Entnahme der Klimaanlage unterliegt daher nach § 3 Abs. 1b Satz 1 Nr. 1 i. V. m. Satz 2 UStG mit einer Bemessungsgrundlage nach § 10 Abs. 4 Satz 1 Nr. 1 UStG i. H. v. 1.500 € der Umsatzsteuer.

[5]Die vorstehende Bagatellgrenze gilt auch für entsprechende unentgeltliche Zuwendungen eines Gegenstands im Sinne des § 3 Abs. 1b Satz 1 Nr. 2 und 3 UStG.

Entnahme von Gegenständen (§ 3 Abs. 1b Satz 1 Nr. 1 UStG)[1)]

(5) [1]Eine Entnahme eines Gegenstands aus dem Unternehmen im Sinne des § 3 Abs. 1b Satz 1 Nr. 1 UStG liegt nur dann vor, wenn der Vorgang bei entsprechender Ausführung an einen Dritten als Lieferung – einschließlich Werklieferung – anzusehen wäre. [2]Ein Vorgang, der Dritten gegenüber als sonstige Leistung – einschließlich Werkleistung – zu beurteilen wäre, erfüllt zwar die Voraussetzungen des § 3 Abs. 1b Satz 1 Nr. 1 UStG nicht, kann aber nach § 3 Abs. 9a Nr. 2 UStG steuerbar sein (vgl. Abschnitt 3.4). [3]Das gilt auch insoweit, als dabei Gegenstände, z. B. Materialien, verbraucht werden (vgl. BFH-Urteil vom 13.02.1964, V 99/63 U, BStBl. III S. 174). [4]Der Grundsatz der Einheitlichkeit der Leistung (vgl. Abschnitt 3.10) gilt auch für die unentgeltlichen Wertabgaben (vgl. BFH-Urteil vom 03.11.1983, V R 4/73, BStBl. II 1984 S. 169).

(6) [1]Wird ein dem Unternehmen dienender Gegenstand während der Dauer einer nichtunternehmerischen Verwendung auf Grund äußerer Einwirkung zerstört, z. B. Totalschaden eines Personenkraftwagens infolge eines Unfalls auf einer Privatfahrt, liegt keine Entnahme eines Gegenstands aus dem Unternehmen vor. [2]Das Schadensereignis fällt in den Vorgang der nichtunternehmerischen Verwendung und beendet sie wegen Untergangs der Sache. [3]Eine Entnahmehandlung ist in Bezug auf den unzerstörten Gegenstand nicht mehr möglich (vgl. BFH-Urteile vom 28.02.1980, V R 138/72, BStBl. II S. 309, und vom 28.06.1995, XI R 66/94, BStBl. II S. 850).

(7) [1]Bei einem Rohbauunternehmer, der für eigene Wohnzwecke ein schlüsselfertiges Haus mit Mitteln des Unternehmens errichtet, ist Gegenstand der Entnahme das schlüsselfertige Haus, nicht lediglich der Rohbau (vgl. BFH-Urteil vom 03.11.1983, V R 4/73, BStBl. II 1984 S. 169). [2]Entscheidend ist nicht, was der Unternehmer in der Regel im Rahmen seines Unternehmens herstellt, sondern was im konkreten Fall Gegenstand der Wertabgabe des Unternehmens ist (vgl. BFH-Urteil vom 21.04.1988, V R 135/83, BStBl. II S. 746). [3]Wird ein Einfamilienhaus für unternehmensfremde Zwecke auf einem zum Betriebsvermögen gehörenden Grundstück errichtet, überführt der Bauunternehmer das Grundstück in aller Regel spätestens im Zeitpunkt des Baubeginns in sein Privatvermögen. [4]Dieser Vorgang ist unter den Voraussetzungen des § 3 Abs. 1b Satz 2 UStG eine nach § 4 Nr. 9 Buchstabe a UStG steuerfreie Lieferung im Sinne des § 3 Abs. 1b Satz 1 Nr. 1 UStG.

(8) [1]Die unentgeltliche Übertragung eines Betriebsgrundstücks durch einen Unternehmer auf seine Kinder unter Anrechnung auf deren Erb- und Pflichtteil ist – wenn nicht die Voraussetzungen des § 1 Abs. 1a UStG vorliegen (vgl. Abschnitt 1.5) – eine steuerfreie Lieferung im Sinne des § 3 Abs. 1b Satz 1 Nr. 1 UStG, auch wenn das Grundstück auf Grund eines mit den Kin-

---

1) Hinweis auf A 4.28.1 Abs. 5 i. V. m. Abs. 4 UStAE.

dern geschlossenen Pachtvertrages weiterhin für die Zwecke des Unternehmens verwendet wird und die Kinder als Nachfolger des Unternehmers nach dessen Tod vorgesehen sind (vgl. BFH-Urteil vom 02.10.1986, V R 91/78, BStBl. II 1987 S. 44). [2]Die unentgeltliche Übertragung des Miteigentums an einem Betriebsgrundstück durch einen Unternehmer auf seinen Ehegatten ist eine nach § 4 Nr. 9 Buchstabe a UStG steuerfreie Wertabgabe des Unternehmers, auch wenn das Grundstück weiterhin für die Zwecke des Unternehmens verwendet wird. [3]Hinsichtlich des dem Unternehmer verbleibenden Miteigentumsanteils liegt keine unentgeltliche Wertabgabe im Sinne des § 3 Abs. 1b oder Abs. 9a UStG vor (vgl. BFH-Urteile vom 06.09.2007, V R 41/05, BStBl. II 2008 S. 65, und vom 22.11.2007, V R 5/06, BStBl. II 2008 S. 448). [4]Zur Vorsteuerberichtigung nach § 15a UStG vgl. Abschnitt 15a.2 Abs. 6 Nr. 3 und zur Bestellung eines lebenslänglichen unentgeltlichen Nießbrauchs an einem unternehmerisch genutzten bebauten Grundstück vgl. BFH-Urteil vom 16.09.1987, X R 51/81, BStBl. II 1988 S. 205.

Sachzuwendungen an das Personal (§ 3 Abs. 1b Satz 1 Nr. 2 UStG)

(9) [1]Zuwendungen von Gegenständen (Sachzuwendungen) an das Personal für dessen privaten Bedarf sind auch dann steuerbar, wenn sie unentgeltlich sind, d. h. wenn sie keine Vergütungen für die Dienstleistung des Arbeitnehmers darstellen (vgl. hierzu Abschnitt 1.8). [2]Abs. 1 Sätze 7 und 8 bleiben unberührt.

Andere unentgeltliche Zuwendungen (§ 3 Abs. 1b Satz 1 Nr. 3 UStG)[1)]

(10) [1]Unentgeltliche Zuwendungen von Gegenständen, die nicht bereits in der Entnahme von Gegenständen oder in Sachzuwendungen an das Personal bestehen, werden Lieferungen gegen Entgelt gleichgestellt. [2]Ausgenommen sind Geschenke von geringem Wert und Warenmuster für Zwecke des Unternehmens. [3]Der Begriff „unentgeltliche Zuwendung" im Sinne von § 3 Abs. 1b Satz 1 Nr. 3 UStG setzt nicht lediglich die Unentgeltlichkeit einer Lieferung voraus, sondern verlangt darüber hinaus, dass der Zuwendende dem Empfänger zielgerichtet einen Vermögensvorteil verschafft (vgl. BFH-Urteile vom 14.05.2008, XI R 60/07, BStBl. II S. 721,[2)] und vom 10.08.2017, V R 3/16, BStBl. II S. 1264). [4]Voraussetzung für die Steuerbarkeit ist, dass der Gegenstand oder seine Bestandteile zum vollen oder teilweisen Vorsteuerabzug berechtigt haben (§ 3 Abs. 1b Satz 2 UStG). [5]Mit der Regelung soll ein umsatzsteuerlich unbelasteter Endverbrauch vermieden werden. [6]Gleichwohl entfällt die Steuerbarkeit nicht, wenn der Empfänger die zugewendeten Geschenke in seinem Unternehmen verwendet. [7]Gegenstände des Unternehmens, die der Unternehmer aus unternehmensfremden (privaten) Gründen abgibt, sind als Entnahmen nach § 3 Abs. 1b Satz 1 Nr. 1 UStG zu beurteilen (vgl. Absätze 5 bis 8). [8]Gegenstände des Unternehmens, die der Unternehmer aus unternehmerischen Gründen abgibt, sind als unentgeltliche

---

[1)] Zum Vorsteuerabzug bei Repräsentationsaufwendungen vgl. A 15.6 UStAE.

[2)] Zum Vorsteuerabzug aus Dritten zugutekommenden Leistungen siehe aber BFH v. 16.12.2020 XI R 26/20 (XI R 28/17), DStR 2021, 1167 (Rspr.-Änderung, Nachfolgeentscheidung zu EuGH v. 16.09.2020 C-528/19, MwStR 2020, 927), und v. 20.10.2021 XI R 10/21, DStRE 2022, 482.

Zuwendungen nach § 3 Abs. 1b Satz 1 Nr. 3 UStG zu beurteilen. [9]Hierzu gehört die Abgabe von neuen oder gebrauchten Gegenständen insbesondere zu Werbezwecken, zur Verkaufsförderung oder zur Imagepflege, z. B. Sachspenden an Vereine oder Schulen, Warenabgaben anlässlich von Preisausschreiben, Verlosungen usw. zu Werbezwecken. [10]Nicht steuerbar ist dagegen die Gewährung unentgeltlicher sonstiger Leistungen aus unternehmerischen Gründen (vgl. Abschnitt 3.4 Abs. 1). [11]Hierunter fällt z. B. die unentgeltliche Überlassung von Gegenständen, die im Eigentum des Zuwendenden verbleiben und die der Empfänger später an den Zuwendenden zurückgeben muss.

(11) [1]Die Abgabe von Geschenken von geringem Wert ist nicht steuerbar. [2]Derartige Geschenke liegen vor, wenn die Anschaffungs- oder Herstellungskosten der dem Empfänger im Kalenderjahr zugewendeten Gegenstände insgesamt 35 € (Nettobetrag ohne Umsatzsteuer) nicht übersteigen. [3]Dies kann bei geringwertigen Werbeträgern (z. B. Kugelschreiber, Feuerzeuge, Kalender usw.) unterstellt werden.

(12) [1]Bei Geschenken über 35 €, für die nach § 15 Abs. 1a UStG i. V. m. § 4 Abs. 5 Satz 1 Nr. 1 EStG kein Vorsteuerabzug vorgenommen werden kann, entfällt nach § 3 Abs. 1b Satz 2 UStG eine Besteuerung der Zuwendungen. [2]Deshalb ist zunächst anhand der ertragsteuerrechtlichen Regelungen (vgl. R 4.10 Abs. 2 bis 4 EStR)[1)] zu prüfen, ob es sich bei einem abgegebenen Gegenstand begrifflich um ein „Geschenk" handelt. [3]Insbesondere setzt ein Geschenk eine unentgeltliche Zuwendung an einen Dritten voraus. [4]Die Unentgeltlichkeit ist nicht gegeben, wenn die Zuwendung als Entgelt für eine bestimmte Gegenleistung des Empfängers anzusehen ist. [5]Falls danach ein Geschenk vorliegt, ist weiter zu prüfen, ob hierfür der Vorsteuerabzug nach § 15 Abs. 1a UStG ausgeschlossen ist (vgl. Abschnitt 15.6 Abs. 4 und 5). [6]Nur wenn danach der Gegenstand oder seine Bestandteile zum vollen oder teilweisen Vorsteuerabzug berechtigt haben, kommt eine Besteuerung als unentgeltliche Wertabgabe in Betracht.

(13) [1]Warenmuster sind ausdrücklich von der Steuerbarkeit ausgenommen. [2]Ein Warenmuster ist ein Probeexemplar eines Produkts, durch das dessen Absatz gefördert werden soll und das eine Bewertung der Merkmale und der Qualität dieses Produkts ermöglicht, ohne zu einem anderen als dem mit solchen Werbeumsätzen naturgemäß verbundenen Endverbrauch zu führen (vgl. EuGH-Urteil vom 30.09.2010, C-581/08, EMI Group,[2)] und BFH-Urteil vom 12.12.2012, XI R 36/10, BStBl. II 2013 S. 412). [3]Ist das Probeexemplar ganz oder im Wesentlichen identisch mit dem im allgemeinen Verkauf erhältlichen Produkt, kann es sich gleichwohl um ein Warenmuster handeln, wenn die Übereinstimmung mit dem verkaufsfertigen Produkt für die Bewertung durch den potenziellen oder tatsächlichen Käufer erforderlich ist und die Absicht der Absatzförderung des Produkts im Vordergrund steht. [4]Die Abgabe eines Warenmusters soll in erster Linie nicht dem Empfänger den Kauf ersparen, sondern ihn oder Dritte zum Kauf anregen. [5]Ohne Bedeutung ist, ob Warenmuster einem anderen Unternehmer für dessen unternehmeri-

---

1) Nr. **1.**
2) DStR 2010, 2030.

sche Zwecke oder einem Endverbraucher zugewendet werden. [6]Nicht steuerbar ist die Abgabe sog. Probierpackungen im Getränke- und Lebensmitteleinzelhandel (z.B. die kostenlose Abgabe von losen oder verpackten Getränken und Lebensmitteln im Rahmen von Verkaufsaktionen, Lebensmittelprobierpackungen, Probepackungen usw.) an Endverbraucher.

(14) [1]Unentgeltlich abgegebene Verkaufskataloge, Versandhauskataloge, Reisekataloge, Werbeprospekte und -handzettel, Veranstaltungsprogramme und -kalender usw. dienen der Werbung, insbesondere der Anbahnung eines späteren Umsatzes. [2]Eine (private) Bereicherung des Empfängers ist damit regelmäßig nicht verbunden. [3]Dies gilt auch für Anzeigenblätter mit einem redaktionellen Teil (z.B. für Lokales, Vereinsnachrichten usw.), die an alle Haushalte in einem bestimmten Gebiet kostenlos verteilt werden. [4]Bei der Abgabe derartiger Erzeugnisse handelt es sich nicht um unentgeltliche Zuwendungen im Sinne des § 3 Abs. 1b Satz 1 Nr. 3 UStG.

(15) [1]Die unentgeltliche Abgabe von Werbe- und Dekorationsmaterial, das nach Ablauf der Werbe- oder Verkaufsaktion vernichtet wird oder bei dem Empfänger nicht zu einer (privaten) Bereicherung führt (z.B. Verkaufsschilder, Preisschilder, sog. Displays), an andere Unternehmer (z.B. vom Hersteller an Großhändler oder vom Großhändler an Einzelhändler) dient ebenfalls der Werbung bzw. Verkaufsförderung. [2]Das Gleiche gilt für sog. Verkaufshilfen oder -ständer (z.B. Suppenständer, Süßwarenständer), die z.B. von Herstellern oder Großhändlern an Einzelhändler ohne besondere Berechnung abgegeben werden, wenn beim Empfänger eine Verwendung dieser Gegenstände im nichtunternehmerischen Bereich ausgeschlossen ist. [3]Bei der Abgabe derartiger Erzeugnisse handelt es sich nicht um unentgeltliche Zuwendungen im Sinne des § 3 Abs. 1b Satz 1 Nr. 3 UStG. [4]Dagegen handelt es sich bei der unentgeltlichen Abgabe auch nichtunternehmerisch verwendbarer Gegenstände, die nach Ablauf von Werbe- oder Verkaufsaktionen für den Empfänger noch einen Gebrauchswert haben (z.B. Fahrzeuge, Spielzeug, Sport- und Freizeitartikel), um unentgeltliche Zuwendungen im Sinne des § 3 Abs. 1b Satz 1 Nr. 3 UStG.

(16) Ein Set – bestehend aus Blutzuckermessgerät, Stechhilfe und Teststreifen –, das über Ärzte, Schulungszentren für Diabetiker und sonstige Laboreinrichtungen unentgeltlich an die Patienten abgegeben wird, ist kein Warenmuster im Sinne des § 3 Abs. 1b Satz 1 Nr. 3 UStG (vgl. BFH-Urteil vom 12.12.2012, XI R 36/10, BStBl. II 2013 S. 412); vgl. im Übrigen Abschnitt 15.2b Abs. 2.

(17) [1]Wenn der Empfänger eines scheinbar kostenlos abgegebenen Gegenstands für den Erhalt dieses Gegenstands tatsächlich eine Gegenleistung erbringt, ist die Abgabe dieses Gegenstands nicht als unentgeltliche Zuwendung nach § 3 Abs. 1b Satz 1 Nr. 3 UStG, sondern als entgeltliche Lieferung nach § 1 Abs. 1 Nr. 1 UStG steuerbar. [2]Die Gegenleistung des Empfängers kann in Geld oder in Form einer Lieferung bzw. sonstigen Leistung bestehen (vgl. § 3 Abs. 12 UStG).

Einzelfälle

(18) [1]Falls ein Unternehmer dem Abnehmer bei Abnahme einer bestimmten Menge zusätzliche Stücke desselben Gegenstands ohne Berechnung zukommen lässt (z.B. elf Stücke zum Preis von zehn Stücken), handelt es sich

bei wirtschaftlicher Betrachtung auch hinsichtlich der zusätzlichen Stücke um eine insgesamt entgeltliche Lieferung. [2]Ähnlich wie bei einer Staffelung des Preises nach Abnahmemengen hat in diesem Fall der Abnehmer mit dem Preis für die berechneten Stücke die unberechneten Stücke mitbezahlt. [3]Wenn ein Unternehmer dem Abnehmer bei Abnahme einer bestimmten Menge zusätzlich andere Gegenstände ohne Berechnung zukommen lässt (z.B. bei Abnahme von 20 Kühlschränken wird ein Mikrowellengerät ohne Berechnung mitgeliefert), handelt es sich bei wirtschaftlicher Betrachtungsweise ebenfalls um eine insgesamt entgeltliche Lieferung.

(19) Eine insgesamt entgeltliche Lieferung ist auch die unberechnete Abgabe von Untersetzern (Bierdeckel), Saugdecken (Tropfdeckchen), Aschenbechern und Gläsern einer Brauerei oder eines Getränkevertriebs an einen Gastwirt im Rahmen einer Getränkelieferung, die unberechnete Abgabe von Autozubehörteilen (Fußmatten, Warndreiecke) und Pflegemitteln usw. eines Fahrzeughändlers an den Käufer eines Neuwagens oder die unberechnete Abgabe von Schuhpflegemitteln eines Schuhhändlers an einen Schuhkäufer.

(20) In folgenden Fällen liegen ebenfalls regelmäßig entgeltliche Lieferungen bzw. einheitliche entgeltliche Leistungen vor:

- unberechnete Übereignung eines Mobilfunk-Geräts (Handy) von einem Mobilfunk-Anbieter an einen neuen Kunden, der gleichzeitig einen längerfristigen Netzbenutzungsvertrag abschließt,
- Sachprämien von Zeitungs- und Zeitschriftenverlagen an die Neuabonnenten einer Zeitschrift, die ein längerfristiges Abonnement abgeschlossen haben,[1)]
- [1]Sachprämien an Altkunden für die Vermittlung von Neukunden. [2]Der Sachprämie steht eine Vermittlungsleistung des Altkunden gegenüber,
- Sachprämien eines Automobilherstellers an das Verkaufspersonal eines Vertragshändlers, wenn dieses Personal damit für besondere Verkaufserfolge belohnt wird.

3.4 Den sonstigen Leistungen gleichgestellte Wertabgaben[2)·3)]

(1) [1]Die unentgeltlichen Wertabgaben im Sinne des § 3 Abs. 9a UStG umfassen alle sonstigen Leistungen, die ein Unternehmer im Rahmen seines Unternehmens für eigene, außerhalb des Unternehmens liegende Zwecke oder für den privaten Bedarf seines Personals ausführt. [2]Sie erstrecken sich auf alles, was seiner Art nach Gegenstand einer sonstigen Leistung im Sinne des § 3 Abs. 9 UStG sein kann. [3]Nicht steuerbar ist dagegen die Gewährung unentgeltlicher sonstiger Leistungen aus unternehmerischen Gründen. [4]Zu den unentgeltlichen sonstigen Leistungen für den privaten Bedarf des Personals im Sinne des § 3 Abs. 9a UStG vgl. Abschnitt 1.8.

(2) [1]Eine Wertabgabe im Sinne von § 3 Abs. 9a Nr. 1 UStG setzt voraus, dass der verwendete Gegenstand dem Unternehmen zugeordnet ist und die unter-

---

[1)] Siehe hierzu EuGH v. 05.10.2023 C-505/22, Deco Proteste-Editores, DStR 2023, 2279 (Abo-Prämie als Nebenleistung ist keine unentgeltliche Zuwendung).

[2)] Zum Aufwendungseigenverbrauch beim Halten von Rennpferden siehe BFH v. 02.07.2008 XI R 66/06, BStBl. II 2009, 206.

[3)] Zur Steuerbarkeit einer Kfz-Überlassung an Handelsvertreter siehe BFH v. 12.05.2009 V R 24/08, BStBl. II 2010, 854.

nehmerische Nutzung des Gegenstands zum vollen oder teilweisen Vorsteuerabzug berechtigt hat. [2]Zur Frage der Zuordnung zum Unternehmen gilt Abschnitt 3.3 Abs. 1 entsprechend; vgl. dazu auch Abschnitt 15.2b Abs. 2. [3]Wird ein dem Unternehmen zugeordneter Gegenstand, bei dem kein Recht zum Vorsteuerabzug bestand (z. B. ein von einer Privatperson erworbener Computer), für nichtunternehmerische Zwecke genutzt, liegt eine sonstige Leistung im Sinne von § 3 Abs. 9a Nr. 1 UStG nicht vor. [4]Ändern sich bei einem dem unternehmerischen Bereich zugeordneten Gegenstand die Verhältnisse für den Vorsteuerabzug durch Erhöhung der Nutzung für nichtwirtschaftliche Tätigkeiten i. e. S., ist eine unentgeltliche Wertabgabe nach § 3 Abs. 9a Nr. 1 UStG zu versteuern. [5]Ändern sich die Verhältnisse durch Erhöhung der Nutzung für unternehmerische Tätigkeiten, kann eine Vorsteuerberichtigung nach § 15a UStG in Betracht kommen (vgl. Abschnitt 15a.1 Abs. 7). [6]Bei einer teilunternehmerischen Nutzung von Grundstücken sind die Absätze 5a bis 8 zu beachten.

(3) [1]Unter den Tatbestand des § 3 Abs. 9a Nr. 1 UStG fällt grundsätzlich auch die private Nutzung eines unternehmenseigenen Fahrzeugs durch den Unternehmer oder den Gesellschafter (vgl. BFH-Urteil vom 05.06.2014, XI R 2/12, BStBl. 2015 II S. 785). [2]Die Verwendung eines dem Unternehmen zugeordneten Pkw für Fahrten des Unternehmers zwischen Wohnung und Betriebsstätte erfolgt nicht für Zwecke außerhalb des Unternehmens und unterliegt damit nicht der Wertabgabenbesteuerung nach § 3 Abs. 9a Nr. 1 UStG (vgl. BFH-Urteil vom 05.06.2014, XI R 36/12, BStBl. II 2015 S. 43).

(4) [1]Umsatzsteuer aus den Anschaffungskosten unternehmerisch genutzter Telekommunikationsgeräte (z. B. von Telefonanlagen nebst Zubehör, Faxgeräten, Mobilfunkeinrichtungen) kann der Unternehmer unter den Voraussetzungen des § 15 UStG in voller Höhe als Vorsteuer abziehen. [2]Die unternehmensfremde (private) Nutzung dieser Geräte unterliegt nach § 3 Abs. 9a Nr. 1 UStG der Umsatzsteuer (vgl. Abschnitt 15.2c). [3]Bemessungsgrundlage sind die Ausgaben für die jeweiligen Geräte (vgl. Abschnitt 10.6 Abs. 3). [4]Nicht zur Bemessungsgrundlage gehören die Grund- und Gesprächsgebühren (vgl. BFH-Urteil vom 23.09.1993, V R 87/89, BStBl. II 1994 S. 200). [5]Die auf diese Gebühren entfallenden Vorsteuern sind in einen abziehbaren und einen nicht abziehbaren Anteil aufzuteilen (vgl. Abschnitt 15.2c).

(5) Der Einsatz betrieblicher Arbeitskräfte für unternehmensfremde (private) Zwecke zu Lasten des Unternehmens (z. B. Einsatz von Betriebspersonal im Privatgarten oder im Haushalt des Unternehmers) ist grundsätzlich eine steuerbare Wertabgabe nach § 3 Abs. 9a Nr. 2 UStG (vgl. BFH-Urteil vom 18.05.1993, V R 134/89, BStBl. II S. 885).

Teilunternehmerische Nutzung von Grundstücken

(5a) [1]Ist der dem Unternehmen zugeordnete Gegenstand ein Grundstück – insbesondere ein Gebäude als wesentlicher Bestandteil eines Grundstücks – und wird das Grundstück teilweise für unternehmensfremde (private) Tätigkeiten genutzt, so dass der Vorsteuerabzug nach § 15 Abs. 1b UStG insoweit ausgeschlossen ist (vgl. Abschnitt 15.6a), entfällt eine Wertabgabenbesteuerung nach § 3 Abs. 9a Nr. 1 UStG. [2]Sofern sich später der Anteil der unternehmensfremden Nutzung des dem Unternehmensvermögen insgesamt zugeordneten Grundstücks im Sinne des § 15 Abs. 1b UStG erhöht, erfolgt eine Berichtigung nach § 15a Abs. 6a UStG (vgl. Abschnitt 15.6a Abs. 5) und keine Wertabgabenbesteuerung nach § 3 Abs. 9a Nr. 1 UStG. [3]Wird das Grundstück nicht für unternehmensfremde, sondern für nichtwirtschaftliche Tätigkeiten i. e. S. verwendet (z. B. für ideelle Zwecke eines Vereins, vgl. Abschnitt 2.3 Abs. 1a), ist insoweit eine Zuordnung nach § 15 Abs. 1 UStG nicht möglich (vgl. BFH-Urteil vom 03.03.2011, V R 23/10, BStBl. II 2012 S. 74, Abschnitt 15.2b Abs. 2). [4]Erhöht sich später der Anteil der Nutzung des Grundstücks für nichtwirtschaftliche Tätigkeiten i. e. S., erfolgt eine Wertabgabenbesteuerung nach § 3 Abs. 9a Nr. 1 UStG. [5]Vermindert sich später der Anteil der Nutzung des Grundstücks für nichtwirtschaftliche Tätigkeiten i. e. S., kann der Unternehmer aus Billigkeitsgründen eine Berichtigung entsprechend § 15a Abs. 1 UStG vornehmen (vgl. Abschnitt 15a.1 Abs. 7).

(6) [1]Überlässt eine Gemeinde eine Mehrzweckhalle unentgeltlich an Schulen, Vereine usw., handelt es sich um eine Nutzung für nichtwirtschaftliche Tätigkeiten i. e. S. (vgl. Abschnitt 2.3 Abs. 1a); insoweit ist eine Zuordnung der Halle zum Unternehmen nach § 15 Abs. 1 UStG nicht möglich (vgl. Abs. 5a Satz 3 sowie Abschnitt 15.2b Abs. 2) und dementsprechend keine unentgeltliche Wertabgabe zu besteuern. [2]Das gilt nicht, wenn die Halle ausnahmsweise zur Anbahnung späterer Geschäftsbeziehungen mit Mietern für kurze Zeit unentgeltlich überlassen wird (vgl. BFH-Urteil vom 28.11.1991, V R 95/86, BStBl. II 1992 S. 569). [3]Auf Grund eines partiellen Zuordnungsverbots liegt auch keine unentgeltliche Wertabgabe vor, wenn Schulen und Vereine ein gemeindliches Schwimmbad unentgeltlich nutzen können (vgl. Abschnitt 2.11 Abs. 18). [4]Die Mitbenutzung von Kurparkanlagen, die eine Gemeinde unternehmerisch nutzt, durch Personen, die nicht Kurgäste sind, führt bei der Gemeinde nicht zu einer steuerbaren unentgeltlichen Wertabgabe (vgl. BFH-Urteil vom 18.08.1988, V R 18/83, BStBl. II S. 971), ggf. ist jedoch insoweit kein Vorsteuerabzug möglich (vgl. Abschnitt 15.19). [5]Es liegt auch keine unentgeltliche Wertabgabe vor, wenn eine Gemeinde ein Parkhaus den Benutzern zeitweise (z. B. in der Weihnachtszeit) gebührenfrei zur Verfügung stellt, wenn damit neben dem Zweck der Verkehrsberuhigung auch dem Parkhausunternehmen dienende Zwecke (z. B. Kundenwerbung) verfolgt werden (vgl. BFH-Urteil vom 10.12.1992, V R 3/88, BStBl. II 1993 S. 380).

Wertabgabenbesteuerung nach § 3 Abs. 9a Nr. 1 UStG bei teilunternehmerisch genutzten Grundstücken, die die zeitlichen Grenzen des § 27 Abs. 16 UStG erfüllen

(7) [1]Die Verwendung von Räumen in einem dem Unternehmen zugeordneten Gebäude für Zwecke außerhalb des Unternehmens kann eine steuerbare oder nicht steuerbare Wertabgabe sein. [2]Diese Nutzung ist nur steuerbar, wenn die unternehmerische Nutzung anderer Räume zum vollen oder teilweisen Vorsteuerabzug berechtigt hat (vgl. BFH-Urteile vom 08.10.2008, XI R 58/07, BStBl. II 2009 S. 394, und vom 11.03.2009, XI R 69/07, BStBl. II S. 496). [3]Ist die unentgeltliche Wertabgabe steuerbar, kommt die Anwendung der Steuerbefreiung nach § 4 Nr. 12 UStG nicht in Betracht (vgl. Abschnitt 4.12.1 Abs. 1 und 3).

Beispiel 1:

[1]U hat ein Zweifamilienhaus, in dem er eine Wohnung steuerfrei vermietet und die andere Wohnung für eigene Wohnzwecke nutzt, insgesamt seinem Unternehmen zugeordnet.
[2]U steht hinsichtlich der steuerfrei vermieteten Wohnung kein Vorsteuerabzug zu (§ 15 Abs. 2 Satz 1 Nr. 1 UStG). [3]Die private Nutzung ist keine steuerbare unentgeltliche Wertabgabe im Sinne des § 3 Abs. 9a Nr. 1 UStG, da der dem Unternehmen zugeordnete Gegenstand nicht zum vollen oder teilweisen Vorsteuerabzug berechtigt hat.

Beispiel 2:

[1]U ist Arzt und nutzt in seinem Einfamilienhaus, das er zulässigerweise insgesamt seinem Unternehmen zugeordnet hat, das Erdgeschoss für seine unternehmerische Tätigkeit und das Obergeschoss für eigene Wohnzwecke. [2]Er erzielt nur steuerfreie Umsätze im Sinne des § 4 Nr. 14 UStG, die den Vorsteuerabzug ausschließen.
[3]U steht kein Vorsteuerabzug zu. [4]Die private Nutzung des Obergeschosses ist keine steuerbare unentgeltliche Wertabgabe im Sinne des § 3 Abs. 9a Nr. 1 UStG, da das dem Unternehmen zugeordnete Gebäude hinsichtlich des unternehmerisch genutzten Gebäudeteils nicht zum Vorsteuerabzug berechtigt hat.

Beispiel 3:

[1]U ist Schriftsteller und nutzt in seinem ansonsten für eigene Wohnzwecke genutzten Einfamilienhaus, das er insgesamt seinem Unternehmen zugeordnet hat, ein Arbeitszimmer für seine unternehmerische Tätigkeit.
[2]U steht hinsichtlich des gesamten Gebäudes der Vorsteuerabzug zu. [3]Die private Nutzung der übrigen Räume ist eine unentgeltliche Wertabgabe im Sinne des § 3 Abs. 9a Nr. 1 UStG, da der dem Unternehmen zugeordnete Gegenstand hinsichtlich des unternehmerisch genutzten Gebäudeteils zum Vorsteuerabzug berechtigt hat. [4]Die unentgeltliche Wertabgabe ist steuerpflichtig.

[4]Das gilt auch, wenn die Nutzung für Zwecke außerhalb des Unternehmens in der unentgeltlichen Überlassung an Dritte besteht.

Beispiel 4:

[1]U hat ein Haus, in dem er Büroräume im Erdgeschoss steuerpflichtig vermietet und die Wohnung im Obergeschoss unentgeltlich an die Tochter überlässt, insgesamt seinem Unternehmen zugeordnet.
[2]U steht hinsichtlich des gesamten Gebäudes der Vorsteuerabzug zu. [3]Die Überlassung an die Tochter ist eine steuerbare unentgeltliche Wertabgabe im Sinne des § 3 Abs. 9a Nr. 1 UStG, weil das dem Unternehmen zugeordnete Gebäude hinsichtlich des unternehmerisch genutzten Gebäudeteils zum Vorsteuerabzug berechtigt hat. [4]Die unentgeltliche Wertabgabe ist steuerpflichtig.

Beispiel 5:

[1]U hat ein Zweifamilienhaus, das er im Jahr 01 zu 50% für eigene unternehmerische Zwecke und zum Vorsteuerabzug berechtigende Zwecke (Büroräume) nutzt und zu 50% steuerfrei vermietet, insgesamt seinem Unternehmen zugeordnet. [2]Ab dem Jahr 04 nutzt er die Büroräume ausschließlich für eigene Wohnzwecke.
[3]U steht ab dem Jahr 01 nur hinsichtlich der Büroräume der Vorsteuerabzug zu; für den steuerfrei vermieteten Gebäudeteil ist der Vorsteuerabzug hingegen ausgeschlossen. [4]Ab dem Jahr 04 unterliegt die Nutzung der Büroräume zu eigenen Wohnzwecken des U als steuerbare unentgeltliche Wertabgabe im Sinne des § 3 Abs. 9a Nr. 1 UStG der Umsatzsteuer, da das dem Unternehmen zugeordnete Gebäude hinsichtlich der vorher als Büro genutzten Räume zum Vorsteuerabzug berechtigt hat. [5]Die unentgeltliche Wertabgabe ist steuerpflichtig. [6]Eine Änderung der Verhältnisse im Sinne des § 15a UStG liegt nicht vor.

(8) [1]Verwendet ein Gemeinschafter seinen Miteigentumsanteil, welchen er seinem Unternehmen zugeordnet und für den er den Vorsteuerabzug beansprucht hat, für nichtunternehmerische Zwecke, ist diese Verwendung eine steuerpflichtige unentgeltliche Wertabgabe im Sinne des § 3 Abs. 9a Nr. 1 UStG.

Beispiel:

[1]U und seine Ehefrau E erwerben zu 25% bzw. 75% Miteigentum an einem unbebauten Grundstück, das sie von einem Generalunternehmer mit einem Einfamilienhaus bebauen lassen. [2]U nutzt im Einfamilienhaus einen Raum, der 9% der Fläche des Gebäudes ausmacht für seine unternehmerische Tätigkeit. [3]Die übrigen Räume des Hauses werden durch U und E für eigene Wohnzwecke genutzt. [4]U macht 25% der auf die Baukosten entfallenden Vorsteuern geltend.

[5]Durch die Geltendmachung des Vorsteuerabzuges aus 25% der Baukosten gibt U zu erkennen, dass er seinen Miteigentumsanteil in vollem Umfang seinem Unternehmen zugeordnet hat. [6]U kann daher unter den weiteren Voraussetzungen des § 15 UStG 25% der auf die Baukosten entfallenden Vorsteuern abziehen. [7]Soweit U den seinem Unternehmen zugeordneten Miteigentumsanteil für private Zwecke nutzt (16% der Baukosten), muss er nach § 3 Abs. 9a Nr. 1 UStG eine unentgeltliche Wertabgabe versteuern.

[2]Zur Wertabgabe bei der Übertragung von Miteigentumsanteilen an Grundstücken vgl. Abschnitt 3.3 Abs. 8.

3.5 Abgrenzung zwischen Lieferungen und sonstigen Leistungen

Allgemeine Grundsätze

(1) Bei einer einheitlichen Leistung, die sowohl Lieferungselemente als auch Elemente einer sonstigen Leistung enthält, richtet sich die Einstufung als Lieferung oder sonstige Leistung danach, welche Leistungselemente aus der Sicht des Durchschnittsverbrauchers und unter Berücksichtigung des Willens der Vertragsparteien den wirtschaftlichen Gehalt der Leistungen bestimmen (vgl. BFH-Urteil vom 19.12.1991, V R 107/86, BStBl. II 1992 S. 449, und BFH-Urteil vom 21.06.2001, V R 80/99, BStBl. II 2003 S. 810).

(2)[1] Lieferungen sind z. B.:

1. der Verkauf von Standard-Software und sog. Updates auf Datenträgern;
2. die Anfertigung von Kopien, wenn sich die Tätigkeit auf die bloße Vervielfältigung von Dokumenten beschränkt (vgl. EuGH-Urteil vom 11.02.2010, C-88/09, Graphic Procédé)[2] oder wenn hieraus zugleich neue Gegenstände (Bücher, Broschüren) hergestellt und den Abnehmern an diesen Gegenständen Verfügungsmacht verschafft wird (vgl. BFH-Urteil vom 19.12.1991, V R 107/86, BStBl. II 1992 S. 449);
3. die Überlassung von Offsetfilmen, die unmittelbar zum Druck von Reklamematerial im Offsetverfahren verwendet werden können (vgl. BFH-Urteil vom 25.11.1976, V R 71/72, BStBl. II 1977 S. 270);
4. [1]die Abgabe von Basissaatgut an Züchter im Rahmen sog. Vermehrerverträge sowie die Abgabe des daraus gewonnenen sog. zertifizierten Saatguts an Landwirte zur Produktion von Konsumgetreide oder an Handelsunternehmen. [2]Zur Anwendung der Durchschnittssatzbesteuerung nach § 24 UStG vgl. Abschnitte 24.1 und 24.2;
5. [1]die Entwicklung eines vom Kunden belichteten Films sowie die Bearbeitung von auf physischen Datenträgern oder auf elektronischem Weg über-

---

[1] A 3.5 UStAE Abs. 2 Nr. 8 angef. durch BMF v. 22.12.2023, BStBl. I 2023, 2248.
[2] DStRE 2010, 623.

sandten Bilddateien, wenn gleichzeitig Abzüge angefertigt werden oder dem Kunden die bearbeiteten Bilder auf einem anderen Datenträger übergeben werden. [2] In diesen Fällen stellt das Entwickeln des Films und das Bearbeiten der Bilder eine unselbständige Nebenleistung zu einer einheitlichen Werklieferung dar;

6. [1] die Übertragung von Miteigentumsanteilen (Bruchteilseigentum) an einem Gegenstand im Sinne des § 3 UStG (vgl. BFH-Urteil vom 18.02.2016, V R 53/14, BStBl. II 2019 S. 333) – siehe auch für Anlagegold Abschnitt 25c.1. [2] Zur Übertragung eines Miteigentumsanteils zur Sicherheit vgl. Abschnitt 3.1 Abs. 3 Satz 1 und Abschnitt 1.2 Abs. 1. [3] Die Gemeinschafter einer nicht selbst unternehmerisch tätigen Bruchteilsgemeinschaft (vgl. Abschnitt 15.2b Abs. 1) können über ihren Anteil an dem Gegenstand ohne Zwischenerwerb durch die Gemeinschaft verfügen und ihn veräußern (BFH-Urteil vom 28.08.2014, V R 49/13, BStBl. II 2021 S. 825);
7. [1] Transaktionen auf Gewichtskonten, wenn eine Konkretisierung von Übergabeort, Form, Stückelung und Reinheit des Metalls vorgenommen wurde bzw. schon bei Abschluss des Grundgeschäfts beabsichtigt ist, eine solche Konkretisierung noch vor der Übertragung vorzunehmen. [2] Indizien hierfür sind, wenn der Belegenheitsort des gelagerten/physischen Metalls dem Gewichtskonteninhaber im Zeitpunkt des Erwerbs bekannt ist, zwischen den Beteiligten weitgehend feststeht, in welcher Form, Stückelung und Reinheit die Metalle abgerufen werden, ausreichende physische Vorräte am Erfüllungsort, um diese Gewichtskontenansprüche erfüllen zu können, gegeben sind und ein Herausgabeanspruch unter Berücksichtigung gegebener logistischer Anforderungen vereinbart wurde;
8. das Aufladen von Elektrofahrzeugen (E-Charging), bei dem die Übertragung der Elektrizität den Charakter der Leistung bestimmt (vgl. Abschnitt 3.10 Abs. 6 Nr. 19).

(3) Sonstige Leistungen sind z. B.:

1. die Übermittlung von Nachrichten zur Veröffentlichung;
2. *(aufgehoben)*
3. die Überlassung von Lichtbildern zu Werbezwecken (vgl. BFH-Urteil vom 12.01.1956, V 272/55 S, BStBl. III S. 62);
4. die Überlassung von Konstruktionszeichnungen und Plänen für technische Bauvorhaben sowie die Überlassung nicht geschützter Erfahrungen und technischer Kenntnisse (vgl. BFH-Urteil vom 18.05.1956, V 276/55 U, BStBl. III S. 198);
5. die Veräußerung von Modellskizzen (vgl. BFH-Urteil vom 26.10.1961, V 307/59);
6. die Übertragung eines Verlagsrechts (vgl. BFH-Urteil vom 16.07.1970, V R 95/66, BStBl. II S. 706);
7. die Überlassung von Know-how und von Ergebnissen einer Meinungsumfrage auf dem Gebiet der Marktforschung (vgl. BFH-Urteil vom 22.11.1973, V R 164/72, BStBl. II 1974 S. 259);

8. [1] die Überlassung von nicht standardisierter Software, die speziell nach den Anforderungen des Anwenders erstellt wird oder die eine vorhandene Software den Bedürfnissen des Anwenders individuell anpasst. [2] Gleiches gilt für die Übertragung von Standard-Software oder Individual-Software auf elektronischem Weg (z. B. über Internet);
9. die Überlassung sendefertiger Filme durch einen Filmhersteller im Sinne von § 94 UrhG[1)] – sog. Auftragsproduktion – (vgl. BFH-Urteil vom 19.02.1976, V R 92/74, BStBl. II S. 515);
10. die Überlassung von Fotografien zur Veröffentlichung durch Zeitungs- oder Zeitschriftenverlage (vgl. BFH-Urteil vom 12.05.1977, V R 111/73, BStBl. II S. 808);
11. die Entwicklung eines vom Kunden belichteten Films sowie die Bearbeitung von auf physischen Datenträgern oder auf elektronischem Weg übersandten Bilddateien;
12. die Herstellung von Fotokopien, wenn über das bloße Vervielfältigen hinaus weitere Dienstleistungen erbracht werden, insbesondere Beratung des Kunden oder Anpassung, Umgestaltung oder Verfremdung des Originals (vgl. EuGH-Urteil vom 11.02.2010, C-88/09, Graphic Procédé);[2)]
13. [1] Nachbaugebühren im Sinne des § 10a Abs. 2 ff. SortSchG, die ein Landwirt dem Inhaber des Sortenschutzes zu erstatten hat, werden als Entgelt für eine sonstige Leistung des Sortenschutzinhabers gezahlt, welche in der Duldung des Nachbaus durch den Landwirt besteht. [2] Bei der Überlassung von Vorstufen- oder Basissaatgut im Rahmen von sog. Vertriebsorganisationsverträgen handelt es sich ebenfalls um eine sonstige Leistung des Sortenschutzinhabers, welche in der Überlassung des Rechts, eine Saatgutsorte zu produzieren und zu vermarkten, und der Über-lassung des hierzu erforderlichen Saatguts besteht. [3] Zur Anwendung der Durchschnittssatzbesteuerung nach § 24 UStG vgl. Abschnitte 24.1 und 24.3;
14. die entgeltliche Überlassung von Eintrittskarten (vgl. BFH-Urteil vom 03.06.2009, XI R 34/08, BStBl. II 2010 S. 857);
15. [1] die Abgabe eines sog. Mobilfunk-Startpakets ohne Mobilfunkgerät. [2] Leistungsinhalt ist hierbei die Gewährung eines Anspruchs auf Abschluss eines Mobilfunkvertrags einschließlich Zugang zu einem Mobilfunknetz. [3] Zur Abgabe von Startpaketen mit Mobilfunkgerät vgl. BMF-Schreiben vom 03.12.2001, BStBl. I S. 1010. [4] Zur Behandlung von Einzweckguthabenkarten in der Telekommunikation vgl. BMF-Schreiben vom 24.09.2012, BStBl. I S. 947;
16. der Verkauf einer Option und der Zusammenbau einer Maschine (vgl. Artikel 8 und 9 MwStVO);[3)]
17. der An- und Verkauf in- und ausländischer Banknoten und Münzen im Rahmen von Sortengeschäften (Geldwechselgeschäft) (vgl. BFH-Urteil vom 19.05.2010, XI R 6/09, BStBl. II 2011 S. 831);

[1)] **Habersack** Nr. **65.**
[2)] DStRE 2010, 623.
[3)] **Steuergesetze** Nr. **550a, Zölle und Verbrauchsteuern** Nr. **401.**

18. die entgeltliche Überlassung von Transporthilfsmitteln im Rahmen reiner Tauschsysteme (z. B. Euro-Flachpaletten und Euro-Gitterboxpaletten; vgl. BMF-Schreiben vom 05.11.2013, BStBl. I S. 1386);

19. Transaktionen auf Gewichtskonten, wenn zwischen den Beteiligten nicht feststeht, wann und ob überhaupt das Metall physisch zur Verfügung gestellt wird oder der Belegenheitsort des gelagerten/physischen Metalls dem Gewichtskonteninhaber im Zeitpunkt des Erwerbs des Anspruchs nicht bekannt ist oder zwischen den Beteiligten nicht feststeht, in welcher Form, Stückelung oder Reinheit die Metalle abgerufen werden.

(4) [1]Die Überlassung von Matern, Klischees und Abzügen kann sowohl eine Lieferung als auch eine sonstige Leistung sein (vgl. BFH-Urteile vom 13.10.1960, V 299/58 U, BStBl. II 1961 S. 26, und vom 14.02.1974, V R 129/70, BStBl. II S. 261). [2]Kauft ein Unternehmer von einem Waldbesitzer Holz und beauftragt dieser den Holzkäufer mit der Fällung, Aufarbeitung und Rückung des Holzes (sog. Selbstwerbung), kann sowohl ein tauschähnlicher Umsatz (Waldarbeiten gegen Lieferung des Holzes mit Baraufgabe) als auch eine bloße Holzlieferung in Betracht kommen (vgl. BFH-Urteil vom 19.02.2004, V R 10/03, BStBl. II S. 675).

Lieferungen und sonstige Leistungen bei Miet- und Leasingverträgen

(5) [1]Werden Gegenstände im Leasingverfahren überlassen, ist die Übergabe des Gegenstands durch den Leasinggeber an den Leasingnehmer nur dann eine Lieferung, wenn:

1. der Vertrag ausdrücklich eine Klausel zum Übergang des Eigentums an diesem Gegenstand vom Leasinggeber auf den Leasingnehmer enthält und

2. aus den – zum Zeitpunkt der Vertragsunterzeichnung und objektiv zu beurteilenden – Vertragsbedingungen deutlich hervorgeht, dass das Eigentum am Gegenstand automatisch auf den Leasingnehmer übergehen soll, wenn der Vertrag bis zum Vertragsablauf planmäßig ausgeführt wird.

[2]Eine ausdrückliche Klausel zum Eigentumsübergang liegt auch vor, wenn der Vertrag eine Kaufoption für den Gegenstand enthält. [3]Bei einer im Vertrag enthaltenen – formal zwar völlig unverbindlichen – Kaufoption ist die zweite Voraussetzung erfüllt, wenn angesichts der finanziellen Vertragsbedingungen die Optionsausübung zum gegebenen Zeitpunkt in Wirklichkeit als einzig wirtschaftlich rationale Möglichkeit für den Leasingnehmer erscheint. [4]Der Vertrag darf dem Leasingnehmer keine echte wirtschaftliche Alternative in dem Sinne bieten, dass er zu dem Zeitpunkt, an dem er eine Wahl zu treffen hat, je nach Interessenlage den Gegenstand erwerben, zurückgeben oder weiter mieten kann. [5]Dies kann z. B. dann der Fall sein, wenn nach dem Vertrag zu dem Zeitpunkt, zu dem die Option ausgeübt werden darf, die Summe der vertraglichen Raten dem Verkehrswert des Gegenstands einschließlich der Finanzierungskosten entspricht und der Leasingnehmer wegen der Ausübung der Option nicht zusätzlich eine erhebliche Summe entrichten muss (vgl. EuGH-Urteil vom 04.10.2017, C-164/16, Mercedes-Benz Financial Services

UK Ltd., BStBl. II 2020 S. 179).[1)] [6]Eine erhebliche Summe ist im Sinne des Satzes 5 zu entrichten, wenn der zusätzlich zu entrichtende Betrag 1 Prozent des Verkehrswertes des Gegenstandes im Zeitpunkt der Ausübung der Option übersteigt. [7]Für die Überlassung eines Gegenstands außerhalb des Leasingverfahrens (z. B. Mietverträge im Sinne des § 535 BGB mit Recht zum Kauf) gelten die Sätze 1 bis 5 sinngemäß.

(6) Erfolgt bei einer grenzüberschreitenden Überlassung eines Leasing-Gegenstands (sog. Cross-Border-Leasing) die Zuordnung dieses Gegenstands auf Grund eines Rechts eines anderen Mitgliedstaates ausnahmsweise abweichend von Absatz 5 bei dem im Inland ansässigen Vertragspartner, ist dieser Zuordnung zur Vermeidung von endgültigen Steuerausfällen zu folgen; ist die Zuordnung abweichend von Absatz 5 bei dem im anderen Mitgliedstaat ansässigen Vertragspartner erfolgt, kann dieser gefolgt werden, wenn der Nachweis erbracht wird, dass die Überlassung in dem anderen Mitgliedstaat der Besteuerung unterlegen hat.

(7) [1]Die Annahme einer Lieferung nach den Grundsätzen der Absätze 5 und 6 setzt voraus, dass die Verfügungsmacht an dem Gegenstand bei dem Unternehmer liegt, der den Gegenstand überlässt. [2]In den Fällen, in denen der Überlassung des Gegenstands eine zivilrechtliche Eigentumsübertragung vom späteren Nutzenden des Gegenstands an den überlassenden Unternehmer vorausgeht (z. B. beim sog. sale-and-lease-back), ist daher zu prüfen, ob die Verfügungsmacht an dem Gegenstand sowohl im Rahmen dieser Eigentumsübertragung, als auch im Rahmen der nachfolgenden Nutzungsüberlassung jeweils tatsächlich übertragen wird und damit eine Hin- und Rücklieferung stattfindet oder ob dem der Nutzung vorangehenden Übergang des zivilrechtlichen Eigentums an dem Gegenstand vielmehr eine bloße Sicherungs- und Finanzierungsfunktion zukommt, so dass insgesamt eine Kreditgewährung vorliegt (vgl. BFH-Urteil vom 09.02.2006, V R 22/03, BStBl. II S. 727). [3]Diese Prüfung richtet sich nach dem Gesamtbild der Verhältnisse des Einzelfalls, d. h. den konkreten vertraglichen Vereinbarungen und deren jeweiliger tatsächlicher Durchführung unter Berücksichtigung der Interessenlage der Beteiligten. [4]Von einem Finanzierungsgeschäft ist insbesondere auszugehen, wenn die Vereinbarungen über die Eigentumsübertragung und über das Leasingverhältnis bzw. über die Rückvermietung in einem unmittelbaren sachlichen Zusammenhang stehen und eine Ratenkauf- oder Mietkaufvereinbarung geschlossen wird, auf Grund derer das zivilrechtliche Eigentum mit Ablauf der Vertragslaufzeit wieder auf den Nutzenden zurückfällt oder den Überlassenden zur Rückübertragung des Eigentums verpflichtet. [5]Daher ist z. B. bei einer nach Absatz 5 als Lieferung zu qualifizierenden Nutzungsüberlassung mit vorangehender Eigentumsübertragung auf den Überlassenden (sog. sale-and-Mietkauf-back) ein Finanzierungsgeschäft anzunehmen.

Beispiel 1:

[1]Der Hersteller von Kopiergeräten H und die Kopierervermietungsgesellschaft V schließen einen Kaufvertrag über die Lieferung von Kopiergeräten, wobei das zivilrechtliche Eigentum auf die Vermietungsgesellschaft übergeht. [2]Gleichzeitig verpflichtet sich V, dem Her-

---

[1)] DStR 2017, 2215.

steller H die Rückübertragung der Kopiergeräte nach Ablauf von 12 Monaten anzudienen, H macht regelmäßig von seinem Rücknahmerecht Gebrauch. [3]Zur endgültigen Rückübertragung bedarf es eines weiteren Vertrags, in dem die endgültigen Rückgabe – und Rücknahmekonditionen einschließlich des Rückkaufpreises festgelegt werden. [4]Während der „Vertragslaufzeit" von 12 Monaten vermietet die Vermietungsgesellschaft die Kopiergeräte an ihre Kunden.

[5]Umsatzsteuerrechtlich liegen zwei voneinander getrennt zu beurteilende Lieferungen i. S. d. § 3 Abs. 1 UStG vor. [6]Die Verfügungsmacht an den Kopiergeräten geht zunächst auf V über und fällt nach Ablauf von 12 Monaten bei regelmäßigem Ablauf durch einen neuen Vertragsabschluss wieder an H zurück.

Beispiel 2:

[1]Wie Beispiel 1, wobei V nunmehr einen weiteren Vertrag mit der Leasinggesellschaft L zur Finanzierung des Geschäfts mit H schließt. [2]Hiernach verkauft V die Kopiergeräte an L weiter und least sie gleichzeitig von L zurück, die sich ihrerseits unwiderruflich zur Rückübertragung des Eigentums nach Ablauf des Leasingzeitraums verpflichtet. [3]Das zivilrechtliche Eigentum wird übertragen und L ermächtigt V, die geleasten Kopiergeräte im Rahmen des Vermietungsgeschäfts für ihre Zwecke zu nutzen. [4]Die Laufzeit des Vertrags beschränkt sich auf 12 Monate und die für die spätere Bestimmung des Rückkaufpreises maßgebenden Konditionen werden bereits jetzt vereinbart.

[5]In der Veräußerung der Kopiergeräte von H an V und deren Rückübertragung nach 12 Monaten liegen entsprechend den Ausführungen zum Ausgangsfall zwei voneinander zu trennende Lieferungen vor.

[6]Die Übertragung des zivilrechtlichen Eigentums an den Kopiergeräten durch V an L dient dagegen lediglich der Besicherung der Refinanzierung des V bei L. [7]Es findet keine Übertragung von Substanz, Wert und Ertrag der Kopiergeräte statt. [8]Die Gesamtbetrachtung aller Umstände und vertraglichen Vereinbarungen des Einzelfalls führt zu dem Ergebnis, dass insgesamt nur eine Kreditgewährung von L an V vorliegt. [9]Im Gegensatz zum Ausgangsfall wird die Verfügungsmacht an den Kopiergeräten nicht übertragen.

Beispiel 3:

[1]Wie Beispiel 1, wobei die Leasinggesellschaft L dem zuvor zwischen H und V geschlossenen Kaufvertrag mit Rückandienungsverpflichtung in Form von Nachtragsvereinbarungen beitritt, bevor die Kopiergeräte von H an V ausgeliefert werden. [2]Infolge des Vertragsbeitritts wird L schuldrechtlich neben V Vertragspartnerin der späteren Kauf- und Rückkaufverträge mit H. [3]Über die Auslieferung der Kopiergeräte rechnet H mit L ab, welche anschließend einen Leasingvertrag bis zum Rückkauftermin mit V abschließt. [4]Im Unternehmen der V werden die Kopiergeräte den Planungen entsprechend ausschließlich für Vermietungszwecke genutzt. [5]Zum Rückkauf-Termin nach 12 Monaten werden die Geräte gemäß den vereinbarten Konditionen von V an H zurückgegeben.

[6]Die Vorstellungen der Beteiligten H, V und L sind bei der gebotenen Gesamtbetrachtung darauf gerichtet, V unmittelbar die Verfügungsmacht an den Geräten zu verschaffen, während L lediglich die Finanzierung des Geschäfts übernehmen soll. [7]Mit der Übergabe der Geräte werden diese deshalb durch H an V geliefert. [8]Es findet mithin weder eine (Weiter-)Lieferung der Geräte von V an L noch eine Rückvermietung der Geräte durch L an V statt. [9]L erbringt vielmehr eine sonstige Leistung in Form der Kreditgewährung an V. [10]Die Rückübertragung der Geräte an H nach Ablauf der 12 Monate führt zu einer Lieferung von V an H.

[6]Ist ein sale-and-lease-back-Geschäft hingegen maßgeblich darauf gerichtet, dem Verkäufer und Leasingnehmer eine vorteilhafte bilanzielle Gestaltung zu ermöglichen und hat dieser die Anschaffung des Leasinggegenstandes durch den Käufer und Leasinggeber überwiegend mitfinanziert, stellt das Geschäft keine Lieferung mit nachfolgender Rücküberlassung und auch keine Kreditgewährung dar, sondern eine steuerpflichtige sonstige Leistung nach § 3 Abs. 9 Satz 1 UStG, die in der Mitwirkung des Käufers und Leasinggebers an einer bilanziellen Gestaltung des Verkäufers und Leasingnehmers besteht (vgl. BFH-Urteil vom 06.04.2016, V R 12/15, BStBl. II 2017 S. 188).

(7a) [1]Bei der Beschaffung von Investitionsgütern kommt es häufig zu einem Dreiecksverhältnis, bei dem der Kunde (künftiger Leasingnehmer) zunächst einen Kaufvertrag über den Liefergegenstand mit dem Lieferanten und anschließend einen Leasingvertrag mit dem Leasing-Unternehmen abschließt. [2]Durch Eintritt in den Kaufvertrag (sog. Bestelleintritt) verpflichtet sich das Leasing-Unternehmen zur Zahlung des Kaufpreises und erlangt den Anspruch auf Übertragung des zivilrechtlichen Eigentums an dem Gegenstand. [3]Für die Frage, von wem in diesen Fällen der Leasing-Gegenstand geliefert und von wem er empfangen wird, ist darauf abzustellen, wer aus dem schuldrechtlichen Vertragsverhältnis, das dem Leistungsaustausch zugrunde liegt, berechtigt und verpflichtet ist (vgl. Abschnitt 2.1 Abs. 3 und Abschnitt 15.2b Abs. 1). [4]Maßgebend dafür sind die Vertragsverhältnisse im Zeitpunkt der Leistungsausführung. [5]Bis zur Ausführung der Leistung können die Vertragspartner mit umsatzsteuerlicher Wirkung ausgetauscht werden, z.B. durch einen Bestelleintritt oder jede andere Form der Vertragsübernahme. [6]Vertragsänderungen nach Ausführung der Leistung sind dagegen umsatzsteuerlich unbeachtlich. [7]Das bedeutet:

1. [1]Tritt das Leasing-Unternehmen vor der Lieferung des Leasing-Gegenstandes an den Kunden in den Kaufvertrag ein, liefert der Lieferant den Leasing-Gegenstand an das Leasing-Unternehmen, weil dieses im Zeitpunkt der Lieferung aus dem Kaufvertrag berechtigt und verpflichtet ist. [2]Die körperliche Übergabe des Leasing-Gegenstandes an den Kunden steht dabei einer Lieferung an das Leasing-Unternehmen nicht entgegen (§ 3 Abs. 1 UStG). [3]Das sich anschließende Leasing-Verhältnis zum Kunden führt je nach ertragsteuerlicher Zurechnung des Leasing-Gegenstandes zu einer Vermietungsleistung oder einer weiteren Lieferung (Absatz 5).
2. [1]Tritt dagegen das Leasing-Unternehmen in den Kaufvertrag ein, nachdem der Kunde bereits die Verfügungsmacht über den Leasing-Gegenstand erhalten hat (sog. nachträglicher Bestelleintritt), liegt eine Lieferung des Lieferanten an den Kunden vor. [2]Diese wird durch den Bestelleintritt des Leasing-Unternehmens nicht nach § 17 Abs. 2 Nr. 3 UStG rückgängig gemacht. [3]Bei dem anschließenden Leasing-Verhältnis zwischen dem Kunden und dem Leasing-Unternehmen handelt es sich um ein sale-and-lease-back-Geschäft, das nach dem Gesamtbild der Verhältnisse des Einzelfalls entweder als Lieferung des Kunden an das Leasing-Unternehmen („sale") mit anschließender sonstiger Leistung des Leasing-Unternehmens an den Kunden („lease-back") oder insgesamt als Kreditgewährung des Leasing-Unternehmens an den Kunden zu beurteilen ist (vgl. Absatz 7). [4]Zwischen dem Lieferanten und dem Leasing-Unternehmen liegt dagegen keine umsatzsteuerrechtlich relevante Leistung vor. [5]Eine nur im Innenverhältnis zwischen dem Lieferanten und dem Leasing-Unternehmen bestehende Rahmenvereinbarung zur Absatzfinanzierung hat im Regelfall keine Auswirkungen auf die umsatzsteuerlichen Lieferbeziehungen.

Übertragung von Gesellschaftsanteilen

(8) [1]Die Übertragung von Anteilen an Personen- oder Kapitalgesellschaften (Gesellschaftsanteile, vgl. Abschnitt 4.8.10) ist als sonstige Leistung zu be-

urteilen (vgl. EuGH-Urteil vom 26.05.2005, C-465/03, Kretztechnik).[1)] [2]Dies gilt entsprechend bei der Übertragung von Wertpapieren anderer Art, z.B. Fondsanteilen oder festverzinslichen Wertpapieren; zur Steuerbarkeit bei der Übertragung von Gesellschaftsanteilen und bei der Ausgabe nichtverbriefter Genussrechte vgl. Abschnitte 1.1 Abs. 15, 1.5 Abs. 9 und 1.6 Abs. 2. [3]Ist das übertragene Recht in einem Papier verbrieft, kommt es nicht darauf an, ob das Papier effektiv übertragen oder in einem Sammeldepot verwahrt wird.

3.6 Abgrenzung von Lieferungen und sonstigen Leistungen bei der Abgabe von Speisen und Getränken

(1) [1]Verzehrfertig zubereitete Speisen können sowohl im Rahmen einer ggf. ermäßigt besteuerten Lieferung als auch im Rahmen einer nicht ermäßigt besteuerten sonstigen Leistung abgegeben werden. [2]Die Abgrenzung von Lieferungen und sonstigen Leistungen richtet sich dabei nach allgemeinen Grundsätzen (vgl. Abschnitt 3.5). [3]Nach Artikel 6 Abs. 1 MwStVO[2)] gilt die Abgabe zubereiteter oder nicht zubereiteter Speisen und/oder von Getränken zusammen mit ausreichenden unterstützenden Dienstleistungen, die deren sofortigen Verzehr ermöglichen, als sonstige Leistung. [4]Die Abgabe von Speisen und/oder Getränken ist nur eine Komponente der gesamten Leistung, bei der der Dienstleistungsanteil qualitativ überwiegt. [5]Ob der Dienstleistungsanteil qualitativ überwiegt, ist nach dem Gesamtbild der Verhältnisse des Umsatzes zu beurteilen. [6]Bei dieser wertenden Gesamtbetrachtung aller Umstände des Einzelfalls sind nur solche Dienstleistungen zu berücksichtigen, die sich von denen unterscheiden, die notwendig mit der Vermarktung der Speisen verbunden sind (vgl. Absatz 3). [7]Dienstleistungselemente, die notwendig mit der Vermarktung von Lebensmitteln verbunden sind, bleiben bei der vorzunehmenden Prüfung unberücksichtigt (vgl. Absatz 2). [8]Ebenso sind Dienstleistungen des speiseabgebenden Unternehmers oder Dritter, die in keinem Zusammenhang mit der Abgabe von Speisen stehen (z.B. Vergnügungsangebote in Freizeitparks, Leistungen eines Pflegedienstes oder Gebäudereinigungsleistungen außerhalb eigenständiger Cateringverträge), nicht in die Prüfung einzubeziehen.

(2) [1]Insbesondere folgende Elemente sind notwendig mit der Vermarktung verzehrfertiger Speisen verbunden und im Rahmen der vorzunehmenden Gesamtbetrachtung nicht zu berücksichtigen:
- Darbietung von Waren in Regalen;
- Zubereitung der Speisen;
- Transport der Speisen und Getränke zum Ort des Verzehrs einschließlich der damit in Zusammenhang stehenden Leistungen wie Kühlen oder Wärmen, der hierfür erforderlichen Nutzung von besonderen Behältnissen und Geräten sowie der Vereinbarung eines festen Lieferzeitpunkts;
- übliche Nebenleistungen (z.B. Verpacken, Beigabe von Einweggeschirr oder -besteck);

---

1) DStR 2005, 965.
2) **Steuergesetze** Nr. **550a, Zölle und Verbrauchsteuern** Nr. **401.**

- Bereitstellung von Papierservietten;
- Abgabe von Senf, Ketchup, Mayonnaise, Apfelmus oder ähnlicher Beigaben;
- Bereitstellung von Abfalleimern an Kiosken, Verkaufsständen, Würstchenbuden usw.;
- Bereitstellung von Einrichtungen und Vorrichtungen, die in erster Linie dem Verkauf von Waren dienen (z. B. Verkaufstheken und -tresen sowie Ablagebretter an Kiosken, Verkaufsständen, Würstchenbuden usw.);
- bloße Erstellung von Leistungsbeschreibungen (z. B. Speisekarten oder -pläne);
- allgemeine Erläuterung des Leistungsangebots;
- Einzug des Entgelts für Schulverpflegung von den Konten der Erziehungsberechtigten.

[2]Die Abgabe von zubereiteten oder nicht zubereiteten Speisen mit oder ohne Beförderung, jedoch ohne andere unterstützende Dienstleistungen, stellt stets eine Lieferung dar (Artikel 6 Abs. 2 MwStVO).[1)] [3]Die Sicherstellung der Verzehrfertigkeit während des Transports (z. B. durch Warmhalten in besonderen Behältnissen) sowie die Vereinbarung eines festen Zeitpunkts für die Übergabe der Speisen an den Kunden sind unselbständiger Teil der Beförderung und daher nicht gesondert zu berücksichtigen. [4]Die Abgabe von Waren aus Verkaufsautomaten ist stets eine Lieferung.

(3) [1]Nicht notwendig mit der Vermarktung von Speisen verbundene und damit für die Annahme einer Lieferung schädliche Dienstleistungselemente liegen vor, soweit sich der leistende Unternehmer nicht auf die Ausübung der Handels- und Verteilerfunktion des Lebensmitteleinzelhandels und des Lebensmittelhandwerks beschränkt (vgl. BFH-Urteil vom 24.11.1988, V R 30/83, BStBl. II 1989 S. 210). [2]Insbesondere die folgenden Elemente sind nicht notwendig mit der Vermarktung von Speisen verbunden und daher im Rahmen der Gesamtbetrachtung zu berücksichtigen:

- Bereitstellung einer die Bewirtung fördernden Infrastruktur (vgl. Absatz 4);
- Servieren der Speisen und Getränke;
- Gestellung von Bedienungs-, Koch- oder Reinigungspersonal;
- Durchführung von Service-, Bedien- oder Spülleistungen im Rahmen einer die Bewirtung fördernden Infrastruktur oder in den Räumlichkeiten des Kunden;
- Nutzungsüberlassung von Geschirr oder Besteck;
- Überlassung von Mobiliar (z. B. Tischen und Stühlen) zur Nutzung außerhalb der Geschäftsräume des Unternehmers;
- Reinigung bzw. Entsorgung von Gegenständen, wenn die Überlassung dieser Gegenstände ein berücksichtigungsfähiges Dienstleistungselement darstellt (vgl. BFH-Urteil vom 10.08.2006, V R 55/04, BStBl. II 2007 S. 480);
- individuelle Beratung bei der Auswahl der Speisen und Getränke;
- Beratung der Kunden hinsichtlich der Zusammenstellung und Menge von Mahlzeiten für einen bestimmten Anlass.

[1)] **Steuergesetze** Nr. **550a, Zölle und Verbrauchsteuern** Nr. **401.**

3Erfüllen die überlassenen Gegenstände (Geschirr, Platten etc.) vornehmlich Verpackungsfunktion, stellt deren Überlassung kein berücksichtigungsfähiges Dienstleistungselement dar. 4In diesem Fall ist auch die anschließende Reinigung bzw. Entsorgung der überlassenen Gegenstände bei der Gesamtbetrachtung nicht zu berücksichtigen.

Bereitstellung einer die Bewirtung fördernden Infrastruktur

(4) 1Die Bereitstellung einer die Bewirtung fördernden Infrastruktur stellt ein im Rahmen der Gesamtbetrachtung zu berücksichtigendes Dienstleistungselement dar. 2Zu berücksichtigen ist dabei insbesondere die Bereitstellung von Vorrichtungen, die den bestimmungsgemäßen Verzehr der Speisen und Getränke an Ort und Stelle fördern sollen (z. B. Räumlichkeiten, Tische und Stühle oder Bänke, Bierzeltgarnituren). 3Auf die Qualität der zur Verfügung gestellten Infrastruktur kommt es nicht an. 4Daher genügt eine Abstellmöglichkeit für Speisen und Getränke mit Sitzgelegenheit für die Annahme einer sonstigen Leistung (vgl. BFH-Urteil vom 30.06.2011, V R 18/10, BStBl. II 2013 S. 246). 5Daneben sind beispielsweise die Bereitstellung von Garderoben und Toiletten in die Gesamtbetrachtung einzubeziehen. 6Eine in erster Linie zur Förderung der Bewirtung bestimmte Infrastruktur muss nicht einer ausschließlichen Nutzung durch die verzehrenden Kunden vorbehalten sein; darauf, dass die Einrichtung zugleich auch als Aufenthaltsraum, Warte- oder Treffpunkt genutzt werden kann, kommt es insoweit nicht an (vgl. BFH-Urteil vom 26.08.2021 – V R 42/20, BStBl. II 2022 S. 219). 7Duldet der Unternehmer daneben eine Nutzung durch andere Personen, steht dies einer Berücksichtigung nicht entgegen. 8Vorrichtungen, die nach ihrer Zweckbestimmung im Einzelfall nicht in erster Linie dazu dienen, den Verzehr von Speisen und Getränken zu erleichtern (z. B. Stehtische und Sitzgelegenheiten in den Wartebereichen von Kinofoyers sowie die Bestuhlung in Kinos, Theatern und Stadien, Parkbänke im öffentlichen Raum, Nachttische in Kranken- und Pflegezimmern), sind nicht zu berücksichtigen (vgl. BFH-Urteil vom 30.06.2011, V R 3/07, BStBl. II 2013 S. 241). 9Dies gilt auch dann, wenn sich an diesen Gegenständen einfache, behelfsmäßige Vorrichtungen befinden, die den Verzehr fördern sollen (z. B. Getränkehalter, Ablagebretter). 10Maßgeblich ist, ob die unterstützenden Dienstleistungen neben der Abgabe der Speisen mehr als nur einen geringfügigen personellen Einsatz erfordern (beispielsweise um das gestellte Material herbeizuschaffen, zurückzunehmen und ggf. zu reinigen); nicht zu berücksichtigen ist daher die bloße Bereitstellung behelfsmäßiger Verzehrvorrichtungen, wie z. B. Verzehrtheken ohne Sitzgelegenheit oder Stehtische. 11Sofern die Abgabe der Speisen und Getränke zum Verzehr vor Ort erfolgt, kommt es jedoch nicht darauf an, dass sämtliche bereitgestellte Einrichtungen tatsächlich genutzt werden. 12Vielmehr ist das bloße Zur-Verfügung-Stellen ausreichend. 13In diesem Fall ist auf sämtliche Vor-Ort-Umsätze der allgemeine Steuersatz anzuwenden. 14Für die Berücksichtigung einer die Bewirtung fördernden Infrastruktur ist die Zweckabrede zum Zeitpunkt des Vertragsabschlusses maßgeblich. 15Bringt der Kunde zum Ausdruck, dass er eine Speise vor Ort verzehren will, nimmt diese anschließend jedoch mit, bleibt es bei der Anwendung des allgemeinen Umsatzsteuersatzes. 16Werden Speisen sowohl unter Einsatz von nicht zu berücksichtigenden

Infrastrukturelementen (z. B. in Wartebereichen von Kinos) als auch hiervon getrennt in Gastronomiebereichen abgegeben, ist eine gesonderte Betrachtung der einzelnen Bereiche vorzunehmen.

(5) [1] Die in Absatz 3 genannten Elemente sind nur dann zu berücksichtigen, wenn sie dem Kunden vom speiseabgebenden Unternehmer im Rahmen einer einheitlichen Leistung zur Verfügung gestellt werden und vom Leistenden ausschließlich dazu bestimmt wurden, den Verzehr von Lebensmitteln zu erleichtern (vgl. BFH-Urteil vom 30.06.2011, V R 18/10, BStBl. II 2013 S. 246). [2] Von Dritten erbrachte Dienstleistungselemente sind grundsätzlich nicht zu berücksichtigen. [3] Voraussetzung für eine Nichtberücksichtigung ist, dass der Dritte unmittelbar gegenüber dem verzehrenden Kunden tätig wird. [4] Etwas anderes gilt aber, wenn dem Leistenden durch den Dritten der Art nach ein Mitbenutzungsrecht in Form von Verfügungs- und Dispositionsmöglichkeiten an dessen Dienstleistungselementen (z. B. Verzehrvorrichtungen) zugestanden worden ist (vgl. BFH-Urteile vom 03.08.2017 – V R 15/17, BStBl. II 2021 S. 403, und vom 26.08.2021 – V R 42/20, BStBl. II 2022 S. 219). [5] Maßgebend sind immer die Umstände des jeweiligen Einzelfalls. [6] Dabei ist – ggf. unter Berücksichtigung der getroffenen Vereinbarungen – zu prüfen, inwieweit augenscheinlich von einem Dritten erbrachte Dienstleistungselemente dem speiseabgebenden Unternehmer zuzurechnen sind. [7] Leistet der Dritte an diesen Unternehmer und dieser wiederum an den Kunden, handelt es sich um ein Dienstleistungselement des speiseabgebenden Unternehmers, das im Rahmen der Gesamtbetrachtung zu berücksichtigen ist.

(6) [1] Die in den Absätzen 1 bis 5 dargestellten Grundsätze gelten gleichermaßen für Imbissstände wie für Verpflegungsleistungen in Kindertagesstätten, Schulen und Kantinen, Krankenhäusern, Pflegeheimen oder ähnlichen Einrichtungen, bei Leistungen von Catering-Unternehmen (Partyservice) und Mahlzeitendiensten („Essen auf Rädern“) sowie Bäckereifilialen in „Vorkassenzonen“ von Supermärkten (vgl. BFH-Beschluss vom 15.09.2021 – XI R 12/21 (XI R 25/19), BStBl. II 2022 S. 417). [2] Sie gelten ebenso für unentgeltliche Wertabgaben. [3] Ist der Verzehr durch den Unternehmer selbst als sonstige Leistung anzusehen, liegt eine unentgeltliche Wertabgabe nach § 3 Abs. 9a Nr. 2 UStG vor, die dem allgemeinen Steuersatz unterliegt. [4] Für unentgeltliche Wertabgaben nach § 3 Abs. 1b UStG – z. B. Entnahme von Nahrungsmitteln durch einen Gastwirt zum Verzehr in einer von der Gaststätte getrennten Wohnung – kommt der ermäßigte Steuersatz in Betracht. [5] Auf die jährlich im BStBl. Teil I veröffentlichten Pauschbeträge für unentgeltliche Wertabgaben (Sachentnahmen)[1)] wird hingewiesen (vgl. Abschnitt 10.6 Abs. 1 Satz 8).

Beispiel 1:

[1] Der Betreiber eines Imbissstandes gibt verzehrfertige Würstchen, Pommes frites usw. an seine Kunden in Pappbehältern oder auf Mehrweggeschirr ab. [2] Der Kunde erhält dazu eine Serviette, Einweg- oder Mehrwegbesteck und auf Wunsch Ketchup, Mayonnaise oder Senf. [3] Der Imbissstand verfügt über eine Theke, an der Speisen im Stehen eingenommen werden können. [4] Der Betreiber hat vor dem Stand drei Stehtische aufgestellt. [5] 80 % der Speisen werden zum sofortigen Verzehr abgegeben. [6] 20 % der Speisen werden zum Mitnehmen abgegeben.

---

1) Für **2022** siehe BMF v. 20.01.2022, BStBl. I 2022, 137, für **2023** siehe BMF v. 21.12.2022, BStBl. I 2023, 52, für **2024** siehe BMF v. 12.02.2024, DStR 2024, 369.

[7] Unabhängig davon, ob die Kunden die Speisen zum Mitnehmen oder zum Verzehr an Ort und Stelle erwerben, liegen insgesamt begünstigte Lieferungen im Sinne des § 12 Abs. 2 Nr. 1 UStG vor. [8] Die erbrachten Dienstleistungselemente (Bereitstellung einfachster Verzehrvorrichtungen wie einer Theke und Stehtischen sowie von Mehrweggeschirr) führen bei einer wertenden Gesamtbetrachtung des Vorgangs auch hinsichtlich der vor Ort verzehrten Speisen nicht zur Annahme einer sonstigen Leistung (vgl. BFH-Urteil vom 08.06.2011, XI R 37/08, BStBl. II 2013 S. 238, und vom 30.06.2011, V R 35/08, BStBl. II 2013 S. 244). [9] Die Qualität der Speisen und die Komplexität der Zubereitung haben auf die Beurteilung des Sachverhalts keinen Einfluss.

Beispiel 2:

[1] Wie Beispiel 1, jedoch verfügt der Imbissstand neben den Stehtischen über aus Bänken und Tischen bestehende Bierzeltgarnituren, an denen die Kunden die Speisen einnehmen können. [2] Soweit die Speisen zum Mitnehmen abgegeben werden, liegen begünstigte Lieferungen im Sinne des § 12 Abs. 2 Nr. 1 UStG vor. [3] Soweit die Speisen zum Verzehr vor Ort abgegeben werden, liegen nicht begünstigte sonstige Leistungen im Sinne des § 3 Abs. 9 UStG vor. [4] Mit der Bereitstellung der Tische und der Sitzgelegenheiten wird die Schwelle zum Restaurationsumsatz überschritten (vgl. BFH-Urteil vom 30.06.2011, V R 18/10, BStBl. II 2013 S. 246). [5] Auf die tatsächliche Inanspruchnahme der Sitzgelegenheiten kommt es nicht an. [6] Maßgeblich ist die Absichtserklärung des Kunden, die Speisen vor Ort verzehren zu wollen (vgl. EuGH-Urteil vom 22.04.2021, C-703/19, Dyrektor Izby Administracji Skarbowej w Katowicach).[1)]

Beispiel 3:

[1] Der Catering-Unternehmer A verabreicht in einer Schule auf Grund eines mit dem Schulträger geschlossenen Vertrags verzehrfertig angeliefertes Mittagessen. [2] A übernimmt mit eigenem Personal die Ausgabe des Essens, die Reinigung der Räume sowie der Tische, des Geschirrs und des Bestecks.

[3] Es liegen nicht begünstigte sonstige Leistungen im Sinne des § 3 Abs. 9 UStG vor. [4] Neben den Speisenlieferungen werden Dienstleistungen erbracht, die nicht notwendig mit der Vermarktung von Speisen verbunden sind (Bereitstellung von Verzehrvorrichtungen, Reinigung der Räume sowie der Tische, des Geschirrs und des Bestecks) und die bei Gesamtbetrachtung des Vorgangs das Lieferelement qualitativ überwiegen.

Beispiel 4:

[1] Ein Schulverein bietet in der Schule für die Schüler ein Mittagessen an. [2] Das verzehrfertige Essen wird von dem Catering-Unternehmer A dem Schulverein in Warmhaltebehältern zu festgelegten Zeitpunkten angeliefert und anschließend durch die Mitglieder des Schulvereins an die Schüler ausgegeben. [3] Das Essen wird von den Schülern in einem Mehrzweckraum, der über Tische und Stühle verfügt, eingenommen. [4] Der Schulverein übernimmt auch die Reinigung der Räume sowie der Tische, des Geschirrs und des Bestecks.

[5] Der Catering-Unternehmer A erbringt begünstigte Lieferungen im Sinne des § 12 Abs. 2 Nr. 1 UStG, da sich seine Leistung auf die Abgabe von zubereiteten Speisen und deren Beförderung ohne andere unterstützende Dienstleistungen beschränkt.

[6] Der Schulverein erbringt sonstige Leistungen im Sinne des § 3 Abs. 9 UStG. [7] Neben den Speisenlieferungen werden Dienstleistungen erbracht, die nicht notwendig mit der Vermarktung von Speisen verbunden sind (Bereitstellung von Verzehrvorrichtungen, Reinigung der Räume sowie der Tische, des Geschirrs und des Bestecks) und die bei Gesamtbetrachtung des Vorgangs das Lieferelement qualitativ überwiegen. [8] Bei Vorliegen der weiteren Voraussetzungen können die Umsätze dem ermäßigten Steuersatz nach § 12 Abs. 2 Nr. 8 UStG unterliegen.

Beispiel 5:

[1] Wie Beispiel 4, jedoch beliefert der Catering-Unternehmer A den Schulverein mit Tiefkühlgerichten. [2] Er stellt hierfür einen Tiefkühlschrank und ein Auftaugerät (Regeneriertech-

---

1) DStRE 2021, 814.

nik) zur Verfügung. [3] Die Endbereitung der Speisen (Auftauen und Erhitzen) sowie die Ausgabe erfolgt durch den Schulverein.
[4] Der Catering-Unternehmer A erbringt begünstigte Lieferungen im Sinne des § 12 Abs. 2 Nr. 1 UStG. [5] Die Bereitstellung der Regeneriertechnik stellt eine Nebenleistung zur Speisenlieferung dar.

Beispiel 6:

[1] Ein Unternehmer beliefert ein Krankenhaus mit Mittag- und Abendessen für die Patienten. [2] Er bereitet die Speisen nach Maßgabe eines mit dem Leistungsempfänger vereinbarten Speiseplans in der Küche des auftraggebenden Krankenhauses fertig zu. [3] Die Speisen werden zu festgelegten Zeitpunkten in Großgebinden an das Krankenhauspersonal übergeben, das den Transport auf die Stationen, die Portionierung und Ausgabe der Speisen an die Patienten sowie die anschließende Reinigung des Geschirrs und Bestecks übernimmt.
[4] Es liegen begünstigte Lieferungen im Sinne des § 12 Abs. 2 Nr. 1 UStG vor, da sich die Leistung des Unternehmers auf die Abgabe von zubereiteten Speisen ohne andere unterstützende Dienstleistungen beschränkt. [5] Die durch das Krankenhauspersonal erbrachten Dienstleistungselemente sind bei der Beurteilung des Gesamtvorgangs nicht zu berücksichtigen.

Beispiel 7:

[1] Sachverhalt wie im Beispiel 6. [2] Ein Dritter ist jedoch verpflichtet, das Geschirr und Besteck in der Küche des Krankenhauses zu reinigen.
[3] Soweit dem Unternehmer die durch den Dritten erbrachten Spülleistungen nicht zuzurechnen sind, beschränkt sich seine Leistung auch in diesem Fall auf die Abgabe von zubereiteten Speisen ohne andere unterstützende Dienstleistungen. [4] Es liegen daher ebenfalls begünstigte Lieferungen an das Krankenhaus vor.

Beispiel 8:

[1] Ein Unternehmer bereitet mit eigenem Personal die Mahlzeiten für die Patienten in der angemieteten Küche eines Krankenhauses zu, transportiert die portionierten Speisen auf die Stationen und reinigt das Geschirr und Besteck. [2] Die Ausgabe der Speisen an die Patienten erfolgt durch das Krankenhauspersonal.
[3] Es liegen begünstigte Lieferungen im Sinne des § 12 Abs. 2 Nr. 1 UStG vor. [4] Die Reinigung des Geschirrs und Bestecks ist im Rahmen der Gesamtbetrachtung nicht zu berücksichtigen, da die Überlassung dieser Gegenstände kein berücksichtigungsfähiges Dienstleistungselement darstellt.

Beispiel 9:

[1] Eine Metzgerei betreibt einen Partyservice. [2] Nachdem der Unternehmer die Kunden bei der Auswahl der Speisen, deren Zusammenstellung und Menge individuell beraten hat, bereitet er ein kalt-warmes Buffet zu. [3] Die fertig belegten Platten und Warmhaltebehälter werden von den Kunden abgeholt oder von der Metzgerei zu den Kunden geliefert. [4] Die leeren Platten und Warmhaltebehälter werden am Folgetag durch den Metzger abgeholt und gereinigt.
[5] Es liegen begünstigte Lieferungen im Sinne des § 12 Abs. 2 Nr. 1 UStG vor, da sich die Leistung des Unternehmers auf die Abgabe von zubereiteten Speisen, ggf. deren Beförderung sowie die Beratung beschränkt. [6] Die Überlassung der Platten und Warmhaltebehälter besitzt vornehmlich Verpackungscharakter und führt bei der Gesamtbetrachtung des Vorgangs auch zusammen mit dem zu berücksichtigenden Dienstleistungselement „Beratung“ nicht zu einem qualitativen Überwiegen der Dienstleistungselemente. [7] Da die Platten und Warmhaltebehälter vornehmlich Verpackungsfunktion besitzen, ist deren Reinigung nicht zu berücksichtigen.

Beispiel 10:

[1] Sachverhalt wie Beispiel 9, zusätzlich verleiht die Metzgerei jedoch Geschirr und/oder Besteck, das vor Rückgabe vom Kunden zu reinigen ist.
[2] Es liegen nicht begünstigte sonstige Leistungen im Sinne des § 3 Abs. 9 UStG vor. [3] Das Geschirr erfüllt in diesem Fall keine Verpackungsfunktion. [4] Mit der Überlassung des Geschirrs und des Bestecks in größerer Anzahl tritt daher ein Dienstleistungselement hinzu, durch das

der Vorgang bei Betrachtung seines Gesamtbildes als nicht begünstigte sonstige Leistung anzusehen ist. [5]Unerheblich ist dabei, dass das Geschirr und Besteck vom Kunden gereinigt zurückgegeben wird (vgl. BFH-Urteil vom 23.11.2011, XI R 6/08, BStBl. II 2013 S. 253).

Beispiel 11:

[1]Der Betreiber eines Partyservice liefert zu einem festgelegten Zeitpunkt auf speziellen Wunsch des Kunden zubereitete, verzehrfertige Speisen in warmem Zustand für eine Feier seines Auftraggebers an. [2]Er richtet das Buffet her, indem er die Speisen in Warmhaltevorrichtungen auf Tischen des Auftraggebers anordnet und festlich dekoriert.

[3]Es liegen nicht begünstigte sonstige Leistungen im Sinne des § 3 Abs. 9 UStG vor. [4]Die Überlassung der Warmhaltevorrichtungen erfüllt zwar vornehmlich eine Verpackungsfunktion. [5]Sie führt bei der vorzunehmenden Gesamtbetrachtung des Vorgangs zusammen mit den zu berücksichtigenden Dienstleistungselementen (Herrichtung des Buffets, Anordnung und festliche Dekoration) jedoch zu einem qualitativen Überwiegen der Dienstleistungselemente.

Beispiel 12:

[1]Der Betreiber eines Partyservice liefert auf speziellen Wunsch des Kunden zubereitete, verzehrfertige Speisen zu einem festgelegten Zeitpunkt für eine Party seines Auftraggebers an. [2]Der Auftraggeber erhält darüber hinaus Servietten, Einweggeschirr und -besteck. [3]Der Betreiber des Partyservice hat sich verpflichtet, das Einweggeschirr und -besteck abzuholen und zu entsorgen.

[4]Es liegen nicht begünstigte sonstige Leistungen im Sinne des § 3 Abs. 9 UStG vor. [5]Bei der vorzunehmenden Gesamtbetrachtung des Vorgangs überwiegen die zu berücksichtigenden Dienstleistungselemente (Überlassung von Einweggeschirr und -besteck in größerer Anzahl zusammen mit dessen Entsorgung) das Lieferelement qualitativ.

Beispiel 13:

[1]Wie Beispiel 12, jedoch entsorgt der Kunde das Einweggeschirr und -besteck selbst.

[2]Es liegen begünstigte Lieferungen im Sinne des § 12 Abs. 2 Nr. 1 UStG vor. [3]Da der Kunde die Entsorgung selbst übernimmt, beschränkt sich die Leistung des Unternehmers auf die Abgabe von zubereiteten Speisen und deren Beförderung ohne andere unterstützende Dienstleistungen.

Beispiel 14:

[1]Ein Mahlzeitendienst übergibt Einzelabnehmern verzehrfertig zubereitetes Mittag- und Abendessen in Warmhaltevorrichtungen auf vom Mahlzeitendienst zur Verfügung gestelltem Geschirr, auf dem die Speisen nach dem Abheben der Warmhaltehaube als Einzelportionen verzehrfertig angerichtet sind. [2]Dieses Geschirr wird – nach einer Vorreinigung durch die Einzelabnehmer – zu einem späteren Zeitpunkt vom Mahlzeitendienst zurückgenommen und endgereinigt.

[3]Es liegen begünstigte Lieferungen im Sinne des § 12 Abs. 2 Nr. 1 UStG vor. [4]Da das Geschirr vornehmlich eine Verpackungsfunktion erfüllt, überwiegt seine Nutzungsüberlassung sowie Endreinigung das Lieferelement nicht qualitativ. [5]Auf das Material oder die Form des Geschirrs kommt es dabei nicht an.

Beispiel 15:

[1]Ein Mahlzeitendienst übergibt Einzelabnehmern verzehrfertig zubereitetes Mittag- und Abendessen in Transportbehältnissen und Warmhaltevorrichtungen, die nicht dazu bestimmt sind, dass Speisen von diesen verzehrt werden. [2]Die Ausgabe der Speisen auf dem Geschirr der Einzelabnehmer und die anschließende Reinigung des Geschirrs und Bestecks in der Küche der Einzelabnehmer übernimmt der Pflegedienst des Abnehmers. [3]Zwischen Mahlzeiten- und Pflegedienst bestehen keine Verbindungen.

[4]Es liegen begünstigte Lieferungen im Sinne des § 12 Abs. 2 Nr. 1 UStG vor, da sich die Leistung des Mahlzeitendienstes auf die Abgabe von zubereiteten Speisen und deren Beförderung ohne andere unterstützende Dienstleistungen beschränkt. [5]Die Leistungen des Pflegedienstes sind bei der Beurteilung des Gesamtvorgangs nicht zu berücksichtigen.

Beispiel 16:

[1] Verschiedene Unternehmer bieten in einem zusammenhängenden Teil eines Einkaufszentrums diverse Speisen und Getränke an. [2] In unmittelbarer Nähe der Stände befinden sich Tische und Stühle, die von allen Kunden der Unternehmer gleichermaßen genutzt werden können (sog. „Food Court"). [3] Für die Rücknahme des Geschirrs stehen Regale bereit, die von allen Unternehmern genutzt werden.

[4] Soweit die Speisen zum Mitnehmen abgegeben werden, liegen begünstigte Lieferungen im Sinne des § 12 Abs. 2 Nr. 1 UStG vor. [5] Soweit die Speisen zum Verzehr vor Ort abgegeben werden, liegen nicht begünstigte sonstige Leistungen im Sinne des § 3 Abs. 9 UStG vor. [6] Maßgeblich ist die Absichtserklärung des Kunden, die Speisen mitnehmen oder vor Ort verzehren zu wollen (vgl. EuGH-Urteil vom 22.04.2021, C-703/19, Dyrektor Izby Administracji Skarbowej w Katowicach).[1)] [7] Die gemeinsam genutzte Infrastruktur ist allen Unternehmern zuzurechnen, auch wenn es sich um die Einrichtung des Einkaufszentrumsbetreibers handelt (vgl. BFH-Urteil vom 26.08.2021 – V R 42/20, BStBl. II 2022 S. 219). [8] Einer Berücksichtigung beim einzelnen Unternehmer steht nicht entgegen, dass die Tische und Stühle auch von Personen genutzt werden, die keine Speisen oder Getränke verzehren.

3.7 Vermittlung oder Eigenhandel

(1) [1] Ob jemand eine Vermittlungsleistung erbringt oder als Eigenhändler tätig wird, ist nach den Leistungsbeziehungen zwischen den Beteiligten zu entscheiden. [2] Maßgebend für die Bestimmung der umsatzsteuerrechtlichen Leistungsbeziehungen ist grundsätzlich das Zivilrecht; ob der Vermittler gegenüber dem Leistungsempfänger oder dem Leistenden tätig wird, ist insoweit ohne Bedeutung. [3] Entsprechend der Regelung des § 164 Abs. 1 BGB liegt danach eine Vermittlungsleistung umsatzsteuerrechtlich grundsätzlich nur vor, wenn der Vertreter – Vermittler – das Umsatzgeschäft erkennbar im Namen des Vertretenen abgeschlossen hat. [4] Das gilt jedoch nicht, wenn durch das Handeln in fremdem Namen lediglich verdeckt wird, dass der Vertreter und nicht der Vertretene das Umsatzgeschäft ausführt (vgl. BFH-Urteile vom 25.06.1987, V R 78/79, BStBl. II S. 657, vom 29.09.1987, X R 13/81, BStBl. II 1988 S. 153, und vom 10.08.2016, V R 4/16, BStBl. II 2017 S. 135). [5] Dies kann der Fall sein, wenn dem Vertreter von dem Vertretenen Substanz, Wert und Ertrag des Liefergegenstands vor der Weiterlieferung an den Leistungsempfänger übertragen worden ist (BFH-Urteil vom 16.03.2000, V R 44/99, BStBl. II S. 361). [6] Dem Leistungsempfänger muss beim Abschluss des Umsatzgeschäfts nach den Umständen des Falls bekannt sein, dass er zu einem Dritten in unmittelbare Rechtsbeziehungen tritt (vgl. BFH-Urteil vom 21.12.1965, V 241/63 U, BStBl. III 1966 S. 162); dies setzt nicht voraus, dass der Name des Vertretenen bei Vertragsabschluss genannt wird, sofern er feststellbar ist (vgl. BFH-Urteil vom 16.03.2000, V R 44/99, BStBl. II S. 361). [7] Werden Zahlungen für das Umsatzgeschäft an den Vertreter geleistet, ist es zur Beschränkung des Entgelts auf die Vermittlungsprovision nach § 10 Abs. 1 Satz 5 UStG erforderlich, dass der Vertreter nicht nur im Namen, sondern auch für Rechnung des Vertretenen handelt (vgl. auch Absatz 7 und Abschnitt 10.4).

(2) [1] Werden beim Abschluss von Verträgen über die Vermittlung des Verkaufs von Kraftfahrzeugen vom Kraftfahrzeughändler die vom Zentralverband Deutsches Kraftfahrzeuggewerbe e. V. (ZDK) empfohlenen Vertragsmuster

[1)] DStRE 2021, 814.

„Vertrag über die Vermittlung eines privaten Kraftfahrzeugs“ (Stand: 2023) und „Verbindlicher Vermittlungsauftrag zum Erwerb eines neuen Kraftfahrzeuges“ (Stand: 2017) nebst „Allgemeinen Geschäftsbedingungen“ verwendet, ist die Leistung des Kraftfahrzeughändlers als Vermittlungsleistung anzusehen, wenn die tatsächliche Geschäftsabwicklung den Voraussetzungen für die Annahme von Vermittlungsleistungen entspricht (vgl. Absatz 1). [2] Unschädlich ist jedoch, dass ein Kraftfahrzeughändler einem Gebrauchtwagenverkäufer die Höhe des über den vereinbarten Mindestverkaufspreis hinaus erzielten Erlöses nicht mitteilt (vgl. BFH-Urteil vom 27.07.1988, X R 40/82, BStBl. II S. 1017). [3] Entscheidend – insbesondere in Verbindung mit Neuwagengeschäften – ist, dass mit der Übergabe des Gebrauchtfahrzeugs an den Kraftfahrzeughändler das volle Verkaufsrisiko nicht auf diesen übergeht. [4] Nicht gegen die Annahme eines Vermittlungsgeschäfts spricht die Aufnahme einer Vereinbarung in einen Neuwagenkaufvertrag, wonach dem Neuwagenkäufer, der ein Gebrauchtfahrzeug zur Vermittlung übergeben hat, in Höhe der Preisuntergrenze des Gebrauchtfahrzeugs ein zinsloser Kredit bis zu einem bestimmten Termin, z. B. sechs Monate, eingeräumt wird.

(3) [1] Bei einem sog. Minusgeschäft wird der Kraftfahrzeughändler nicht als Vermittler tätig. [2] Ein Minusgeschäft ist gegeben, wenn ein Kraftfahrzeughändler den bei einem Neuwagengeschäft in Zahlung genommenen Gebrauchtwagen unter dem vereinbarten Mindestverkaufspreis verkauft, den vereinbarten Mindestverkaufspreis aber auf den Kaufpreis für den Neuwagen voll anrechnet (vgl. BFH-Urteil vom 29.09.1987, X R 13/81, BStBl. II 1988 S. 153). [3] Das Gleiche gilt für Fälle, bei denen im Kaufvertrag über den Neuwagen vorgesehen ist, dass der Kraftfahrzeughändler einen Gebrauchtwagen unter Anrechnung auf den Kaufpreis des Neuwagens „in Zahlung nimmt“ und nach der Bezahlung des nicht zur Verrechnung vorgesehenen Teils des Kaufpreises und der Hingabe des Gebrauchtwagens der Neuwagenverkauf endgültig abgewickelt ist, ohne Rücksicht darauf, ob der festgesetzte Preis für den Gebrauchtwagen erzielt wird oder nicht (vgl. BFH-Urteil vom 25.06.1987, V R 78/79, BStBl. II S. 657). [4] Zur Besteuerung der Umsätze von Gebrauchtfahrzeugen (Differenzbesteuerung) vgl. Abschnitt 25a.1.

(4) [1] Die Abgabe von Autoschmierstoffen durch Tankstellen und Kraftfahrzeug-Reparaturwerkstätten ist wie folgt zu beurteilen: Wird lediglich ein Ölwechsel (Ablassen und Entsorgung des Altöls, Einfüllen des neuen Öls) vorgenommen, liegt eine Lieferung von Öl vor. [2] Wird die Lieferung im fremden Namen und für fremde Rechnung ausgeführt, handelt es sich um eine Vermittlungsleistung. [3] Das im Rahmen einer Inspektion im eigenen Namen abgegebene Motoröl ist jedoch Teil einer einheitlichen sonstigen Leistung (vgl. BFH-Urteil vom 30.09.1999, V R 77/98, BStBl. II 2000 S. 14).

(5) [1] Kraftfahrzeugunternehmer, z. B. Tankstellenagenten, Kraftfahrzeug-Reparaturwerkstätten, entnehmen für eigene unternehmerische Zwecke Kraft- und Schmierstoffe und stellen hierfür Rechnungen aus, in denen zum Ausdruck kommt, dass sie diese Waren im Namen und für Rechnung der betreffenden Mineralölgesellschaft an sich selbst veräußern. [2] Grundsätzlich ist davon auszugehen, dass Bestellungen, die ein Handelsvertreter bei dem Unternehmer für eigene Rechnung macht, in der Regel keinen Anspruch auf Handels-

vertreterprovisionen nach § 87 Abs. 1 HGB begründen. [3]Ist jedoch etwas anderes vereinbart und sind Provisionszahlungen auch für eigene Bestellungen in dem betreffenden Handelszweig üblich, und steht ferner fest, dass der Handelsvertreter nicht zu besonderen Preisen bezieht, kann gleichwohl ein Provisionsanspruch des Vertreters begründet sein. [4]Bei dieser Sachlage ist das zivilrechtlich gewollte In-sich-Geschäft mit Provisionsanspruch auch umsatzsteuerrechtlich als solches anzuerkennen.

(6) [1]Der Versteigerer, der Gegenstände im eigenen Namen versteigert, wird als Eigenhändler behandelt und bewirkt Lieferungen. [2]Dabei macht es umsatzsteuerrechtlich keinen Unterschied aus, ob der Versteigerer die Gegenstände für eigene Rechnung oder für die Rechnung eines anderen, des Einlieferers, versteigert. [3]Wenn der Auktionator jedoch Gegenstände im fremden Namen und für fremde Rechnung, d. h. im Namen und für Rechnung des Einlieferers, versteigert, führt er lediglich Vermittlungsleistungen aus. [4]Für die umsatzsteuerrechtliche Beurteilung kommt es entscheidend darauf an, wie der Auktionator nach außen den Abnehmern (Ersteigerern) gegenüber auftritt. [5]Der Versteigerer kann grundsätzlich nur dann als Vermittler (Handelsmakler) anerkannt werden, wenn er bei der Versteigerung erkennbar im fremden Namen und für fremde Rechnung auftritt. [6]Das Handeln des Auktionators im fremden Namen und für fremde Rechnung muss in den Geschäfts- und Versteigerungsbedingungen oder an anderer Stelle mit hinreichender Deutlichkeit zum Ausdruck kommen. [7]Zwar braucht dem Ersteigerer nicht sogleich bei Vertragsabschluss der Name des Einlieferers mitgeteilt zu werden. [8]Er muss aber die Möglichkeit haben, jederzeit den Namen und die Anschrift des Einlieferers zu erfahren (vgl. BFH-Urteil vom 24.05.1960, V 152/58 U, BStBl. III S. 374).

(7) [1]Unternehmer, die im eigenen Laden – dazu gehören auch gemietete Geschäftsräume – Waren verkaufen, sind umsatzsteuerrechtlich grundsätzlich als Eigenhändler anzusehen. [2]Vermittler kann ein Ladeninhaber nur sein, wenn zwischen demjenigen, von dem er die Ware bezieht, und dem Käufer unmittelbare Rechtsbeziehungen zustande kommen. [3]Auf das Innenverhältnis des Ladeninhabers zu seinem Vertragspartner, der die Ware zur Verfügung stellt, kommt es für die Frage, ob Eigenhandels- oder Vermittlungsgeschäfte vorliegen, nicht entscheidend an. [4]Wesentlich ist das Außenverhältnis, d. h. das Auftreten des Ladeninhabers dem Kunden gegenüber. [5]Wenn der Ladeninhaber eindeutig vor oder bei dem Geschäftsabschluss zu erkennen gibt, dass er in fremdem Namen und für fremde Rechnung handelt, kann seine Vermittlereigenschaft umsatzsteuerrechtlich anerkannt werden. [6]Deshalb können bei entsprechender Ausgestaltung des Geschäftsablaufs auch beim Verkauf von Gebrauchtwaren in Secondhandshops Vermittlungsleistungen angenommen werden (vgl. auch Abschnitt 25a.1). [7]Die für Verkäufe im eigenen Laden aufgestellten Grundsätze sind auch auf Fälle anwendbar, in denen der Ladeninhaber nicht liefert, sondern wegen der Art des Betriebs seinen Kunden gegenüber lediglich sonstige Leistungen erbringt (BFH-Urteil vom 09.04.1970, V R 80/66, BStBl. II S. 506). [8]Beim Bestehen einer echten Ladengemeinschaft sind die o. a. Grundsätze nicht anzuwenden. [9]Eine echte Ladengemeinschaft ist anzuerkennen, wenn mehrere Unternehmer in einem Laden mehrere

Betriebe unterhalten und dort Waren in eigenem Namen und für eigene Rechnung verkaufen. [10]In einem solchen Fall handelt es sich um verschiedene Unternehmer, die mit den Entgelten der von ihnen bewirkten Lieferungen zur Umsatzsteuer heranzuziehen sind, ohne dass die Umsätze des einen dem anderen zugerechnet werden dürfen (vgl. BFH-Urteil vom 06.03.1969, V 23/65, BStBl. II S. 361).

(8) [1]Die Grundsätze über den Verkauf im eigenen Laden (vgl. Absatz 7) gelten nicht für den Verkauf von Waren, z. B. Blumen, Zeitschriften, die durch Angestellte eines anderen Unternehmers in Gastwirtschaften angeboten werden (vgl. BFH-Urteil vom 07.06.1962, V 214/59 U, BStBl. III S. 361). [2]Werden in Gastwirtschaften mit Genehmigung des Gastwirts Warenautomaten aufgestellt, liefert der Aufsteller die Waren an die Benutzer der Automaten. [3]Der Gastwirt bewirkt eine steuerpflichtige sonstige Leistung an den Aufsteller, die darin besteht, dass er die Aufstellung der Automaten in seinen Räumen gestattet. [4]Entsprechendes gilt für die Aufstellung von Spielautomaten in Gastwirtschaften. [5]Als Unternehmer, der den Spielautomat in eigenem Namen und für eigene Rechnung betreibt, ist in der Regel der Automatenaufsteller anzusehen (vgl. BFH-Urteil vom 24.09.1987, V R 152/78, BStBl. II 1988 S. 29).

(9) [1]Mit dem Verkauf von Eintrittskarten, die z. B. ein Reisebüro vom Veranstalter zu Festpreisen (ohne Ausweis einer Provision) oder von Dritten erworben hat und mit eigenen Preisaufschlägen weiterveräußert, erbringt das Reisebüro keine Vermittlungsleistung, wenn nach der Vertragsgestaltung das Reisebüro das volle Unternehmerrisiko trägt. [2]Dies ist der Fall, wenn das Reisebüro die Karten nicht zurückgeben kann.

(10) Zu den Grundsätzen des Handelns von sog. Konsolidierern bei postvorbereitenden Leistungen vgl. BMF-Schreiben vom 13.12.2006, BStBl. I 2007 S. 119.

3.8 Werklieferung, Werkleistung[1)]

(1) [1]Eine Werklieferung liegt vor, wenn der Werkhersteller für das Werk einen fremden Gegenstand be- oder verarbeitet und dafür selbstbeschaffte Stoffe verwendet, die nicht nur Zutaten oder sonstige Nebensachen sind (vgl. BFH-Urteil vom 22.08.2013, V R 37/10, BStBl. II 2014 S. 128). [2]Besteht das Werk aus mehreren Hauptstoffen, bewirkt der Werkunternehmer bereits dann eine Werklieferung, wenn er nur einen Hauptstoff oder einen Teil eines Hauptstoffs selbst beschafft hat, während alle übrigen Stoffe vom Besteller beigestellt werden. [3]Verwendet der Werkunternehmer bei seiner Leistung keinerlei selbstbeschaffte Stoffe oder nur Stoffe, die als Zutaten oder sonstige Nebensachen anzusehen sind, handelt es sich um eine Werkleistung. [4]Unter Zutaten und sonstigen Nebensachen im Sinne des § 3 Abs. 4 Satz 1 UStG sind Lieferungen zu verstehen, die bei einer Gesamtbetrachtung aus der Sicht des Durchschnittsbetrachters nicht das Wesen des Umsatzes bestimmen (vgl. BFH-Urteil vom 09.06.2005, V R 50/02, BStBl. II 2006 S. 98). [5]Für die

---

[1)] Zur Umsatzbesteuerung in der Bauwirtschaft vgl. BMF v. 27.01.2023, BStBl. I 2023, 305, mit Merkblatt USt M2.

Frage, ob es sich um Zutaten oder sonstige Nebensachen handelt, kommt es daher nicht auf das Verhältnis des Werts der Arbeit oder des Arbeitserfolgs zum Wert der vom Unternehmer beschafften Stoffe an, sondern darauf, ob diese Stoffe ihrer Art nach sowie nach dem Willen der Beteiligten als Hauptstoffe oder als Nebenstoffe bzw. Zutaten des herzustellenden Werks anzusehen sind (vgl. BFH-Urteil vom 28.05.1953, V 22/53 U, BStBl. III S. 217). [6]Die Unentbehrlichkeit eines Gegenstands allein macht diesen noch nicht zu einem Hauptstoff. [7]Kleinere technische Hilfsmittel, z. B. Nägel, Schrauben, Splinte usw., sind in aller Regel Nebensachen. [8]Beim Austausch eines unbrauchbar gewordenen Teilstücks, dem eine gewisse selbständige Bedeutung zukommt, z. B. Kurbelwelle eines Kraftfahrzeugs, kann nicht mehr von einer Nebensache gesprochen werden (vgl. BFH-Urteil vom 25.03.1965, V 253/63 U, BStBl. III S. 338). [9]Haupt- oder Nebenstoffe sind Werkstoffe, die gegenständlich im fertigen Werk enthalten sein müssen. [10]Elektrizität, die bei der Herstellung des Werks verwendet wird, ist kein Werkstoff (vgl. BFH-Urteil vom 08.07.1971, V R 38/68, BStBl. II 1972 S. 44).

(2) [1]Bei Werklieferungen scheiden Materialbeistellungen des Bestellers aus dem Leistungsaustausch aus. [2]Das Material, das der Besteller dem Auftragnehmer zur Bewirkung der Werklieferung beistellt, geht nicht in die Verfügungsmacht des Werkherstellers über (vgl. BFH-Urteil vom 17.01.1957, V 157/55 U, BStBl. III S. 92). [3]Die beigestellte Sache kann ein Hauptstoff sein, die Beistellung kann sich aber auch auf Nebenstoffe oder sonstige Beistellungen, z. B. Arbeitskräfte, Maschinen, Hilfsstoffe wie Elektrizität, Kohle, Baustrom und Bauwasser oder ähnliche Betriebsmittel, beziehen (vgl. BFH-Urteil vom 12.03.1959, V 205/56 S, BStBl. III S. 227), nicht dagegen auf die Bauleistungsversicherung. [4]Gibt der Auftraggeber zur Herstellung des Werks den gesamten Hauptstoff hin, liegt eine Materialgestellung vor (vgl. BFH-Urteil vom 10.09.1959, V 32/57 U, BStBl. III S. 435).

(3) [1]Es gehört grundsätzlich zu den Voraussetzungen für das Vorliegen einer Materialbeistellung, dass das beigestellte Material im Rahmen einer Werklieferung für den Auftraggeber be- oder verarbeitet wird. [2]Der Werkunternehmer muss sich verpflichtet haben, die ihm überlassenen Stoffe ausschließlich zur Herstellung des bestellten Werks zu verwenden (vgl. BFH-Urteil vom 17.01.1957, V 157/55 U, BStBl. III S. 92). [3]Auf das Erfordernis der Stoffidentität kann verzichtet werden, wenn die anderen Voraussetzungen für die Materialbeistellung zusammen gegeben sind, der Auftragnehmer den vom Auftraggeber zur Verfügung gestellten Stoff gegen gleichartiges und gleichwertiges Material austauscht und der Austausch wirtschaftlich geboten ist (vgl. BFH-Urteile vom 10.02.1966, V 105/63, BStBl. III S. 257, und vom 03.12.1970, V R 122/67, BStBl. II 1971 S. 355). [4]Eine Materialbeistellung ist jedoch zu verneinen, wenn der beigestellte Stoff ausgetauscht wird und der mit der Herstellung des Gegenstands beauftragte Unternehmer den Auftrag weitergibt (BFH-Urteil vom 21.09.1970, V R 76/67, BStBl. II 1971 S. 77).

(4) [1]Eine Materialbeistellung liegt nicht vor, wenn der Werkunternehmer an der Beschaffung der Werkstoffe als Kommissionär (§ 3 Abs. 3 UStG) mitgewirkt hat. [2]In diesem Fall umfasst die Lieferung des Werkunternehmers auch die beschafften Stoffe. [3]Eine Materialbeistellung ist aber anzunehmen,

wenn der Werkunternehmer nur als Agent oder Berater an der Stoffbeschaffung beteiligt ist und dementsprechend zwischen dem Lieferer und dem Besteller der Werkstoffe unmittelbare Rechtsbeziehungen begründet werden. [4]Die Annahme einer Materialbeistellung hat zur Folge, dass der Umsatz des Werkunternehmers sich nicht auf die vom Besteller eingekauften Stoffe erstreckt. [5]Wenn dagegen unmittelbare Rechtsbeziehungen zwischen dem Lieferer der Werkstoffe und dem Werkunternehmer und eine Werklieferung dieses Unternehmers an den Besteller vorliegen, ist davon auszugehen, dass eine Lieferung der Stoffe vom Lieferer an den Werkunternehmer und eine Werklieferung dieses Unternehmers an den Besteller vorliegt. [6]In einem solchen Fall schließt die Werklieferung den vom Werkunternehmer beschafften Stoff ein.

(5) Zur umsatzsteuerrechtlichen Behandlung der Beistellung von Personal zu sonstigen Leistungen vgl. Abschnitt 1.1 Abs. 6 und 7.

(6) [1]Reparaturen beweglicher körperlicher Gegenstände können in Form einer Werklieferung oder Werkleistung erbracht werden. [2]Nach ständiger EuGH- und BFH-Rechtsprechung ist für die Abgrenzung zwischen Lieferung und sonstiger Leistung das Wesen des Umsatzes aus Sicht des Durchschnittsverbrauchers zu bestimmen. [3]Im Rahmen einer Gesamtbetrachtung ist zu entscheiden, ob die charakteristischen Merkmale einer Lieferung oder einer sonstigen Leistung überwiegen (vgl. EuGH-Urteile vom 02.05.1996, C-231/94, Faaborg-Gelting Linien, BStBl. II 1998 S. 282,[1)] und vom 17.05.2001, C-322/99 und 323/99, Fischer und Brandenstein,[1)] sowie BFH-Urteil vom 09.06.2005, V R 50/02, BStBl. II 2006 S. 98). [4]Das Verhältnis des Wertes der Arbeit oder des Arbeitserfolges zum Wert der vom Unternehmer beschafften Stoffe ist allein kein ausschlaggebendes Abgrenzungskriterium. [5]Es kann lediglich einen Anhaltspunkt für die Einstufung des Umsatzes als Werklieferung oder Werkleistung darstellen (vgl. EuGH-Urteil vom 29.03.2007, C-111/05, Aktiebolaget NN).[2)] [6]Sofern nach diesen sowie den in den Absätzen 1 bis 4 dargestellten Abgrenzungskriterien nicht zweifelsfrei entschieden werden kann, ob die Reparaturleistung als Werklieferung oder Werkleistung zu qualifizieren ist, kann von einer Werklieferung ausgegangen werden, wenn der Entgeltanteil, der auf das bei der Reparatur verwendete Material entfällt, mehr als 50% des für die Reparatur berechneten Gesamtentgelts beträgt.

3.9 Lieferungsgegenstand bei noch nicht abgeschlossenen Werklieferungen[3)]

(1) [1]Wird über das Vermögen eines Unternehmers vor Lieferung des auf einem fremden Grundstück errichteten Bauwerks das Insolvenzverfahren eröffnet und lehnt der Insolvenzverwalter die weitere Erfüllung des Werkvertrags nach § 103 InsO[4)] ab, ist neu bestimmter Gegenstand der Werklieferung das nicht fertiggestellte Bauwerk (vgl. BFH-Urteil vom 02.02.1978, V R 128/76,

1) DStR 1996, 2005. – DStRE 2001, 715.

2) IStR 2007, 401.

3) Vgl. auch A 2.1 Abs. 7 UStAE und BMF v. 27.01.2023, BStBl. I 2023, 305, mit Merkblatt USt M2.

4) **Habersack** Nr. **110.**

BStBl. II S. 483, zum Werkunternehmer-Konkurs). [2]Wird über das Vermögen des Bestellers eines Werks vor dessen Fertigstellung das Insolvenzverfahren eröffnet und lehnt der Insolvenzverwalter die weitere Erfüllung des Werkvertrags ab, beschränkt sich der Leistungsaustausch zwischen Werkunternehmer und Besteller auf den vom Werkunternehmer gelieferten Teil des Werks, der nach § 105 InsO nicht mehr zurückgefordert werden kann (vgl. BFH-Beschluss vom 24.04.1980, V S 14/79, BStBl. II S. 541, zum Besteller-Konkurs).

(2)[1] Die Ausführungen in Absatz 1 gelten entsprechend, wenn der Werkunternehmer aus anderen Gründen die Arbeiten vorzeitig und endgültig einstellt (vgl. BFH-Urteil vom 28.02.1980, V R 90/75, BStBl. II S. 535).

(3) Zur Entstehung der Steuer in diesen Fällen vgl. Abschnitt 13.2.

3.10 Einheitlichkeit der Leistung

Allgemeine Grundsätze

(1) [1]Ob von einer einheitlichen Leistung oder von mehreren getrennt zu beurteilenden selbständigen Einzelleistungen auszugehen ist, hat umsatzsteuerrechtlich insbesondere Bedeutung für die Bestimmung des Orts und des Zeitpunkts der Leistung sowie für die Anwendung von Befreiungsvorschriften und des Steuersatzes. [2]Es ist das Wesen des fraglichen Umsatzes zu ermitteln, um festzustellen, ob der Unternehmer dem Abnehmer mehrere selbständige Hauptleistungen oder eine einheitliche Leistung erbringt (vgl. EuGH-Urteil vom 04.09.2019, C-71/18, KPC Herning).[2] [3]Dabei ist auf die Sicht des Durchschnittsverbrauchers abzustellen (vgl. BFH-Urteile vom 31.05.2001, V R 97/98, BStBl. II S. 658, und vom 14.02.2019, V R 22/17, BStBl. II S. 350).

(2) [1]In der Regel ist jede Lieferung und jede sonstige Leistung als eigene selbständige Leistung zu betrachten (vgl. EuGH-Urteil vom 25.02.1999, C-349/96, CPP,[3] und BFH-Urteil vom 14.02.2019, V R 22/17, BStBl. II S. 350). [2]Deshalb können zusammengehörige Vorgänge nicht bereits als einheitliche Leistung angesehen werden, weil sie einem einheitlichen wirtschaftlichen Ziel dienen. [3]Wenn mehrere, untereinander gleichzuwertende Faktoren zur Erreichung dieses Ziels beitragen und aus diesem Grund zusammengehören, ist die Annahme einer einheitlichen Leistung nur gerechtfertigt, wenn die einzelnen Faktoren so ineinandergreifen, dass sie bei natürlicher Betrachtung hinter dem Ganzen zurücktreten. [4]Dass die einzelnen Leistungen auf einem einheitlichen Vertrag beruhen und für sie ein Gesamtentgelt entrichtet wird, reicht ebenfalls noch nicht aus, sie umsatzsteuerrechtlich als Einheit zu behandeln. [5]Entscheidend ist der wirtschaftliche Gehalt der erbrachten Leistungen (vgl. BFH-Urteil vom 24.11.1994, V R 30/92, BStBl. 1995 II S. 151). [6]Die dem Leistungsempfänger aufgezwungene Koppelung mehrerer Leistungen allein führt nicht zu einer einheitlichen Leistung (vgl. BFH-Urteil vom 13.07.2006, V R 24/02, BStBl. II S. 935).

---

[1] Zur Zurechnung vgl. A 2.1 Abs. 3, A 13.2 Satz 2 Nr. 1 und A 15.2 Abs. 15 UStAE.
[2] DStRE 2019, 1399.
[3] DStRE 1999, 271.

(3) [1] Allerdings darf ein einheitlicher wirtschaftlicher Vorgang umsatzsteuerrechtlich nicht in mehrere Leistungen aufgeteilt werden (vgl. BFH-Urteil vom 14.02.2019, V R 22/17, BStBl. II S. 350). [2] Dies gilt auch dann, wenn sich die Abnehmer dem leistenden Unternehmer gegenüber mit einer solchen Aufspaltung einverstanden erklären (vgl. BFH-Urteile vom 20.10.1966, V 169/63, BStBl. 1967 III S. 159, und vom 12.12.1969, V R 105/69, BStBl. II 1970 S. 362). [3] Auch der Umstand, dass beide Bestandteile im Wirtschaftsleben auch getrennt erbracht werden, rechtfertigt allein keine Aufspaltung des Vorgangs, wenn es dem durchschnittlichen Verbraucher gerade um die Verbindung beider Elemente geht (vgl. BFH-Urteil vom 10.01.2013, V R 31/10, BStBl. II S. 352). [4] Zur Qualifizierung einer einheitlichen Leistung, die sowohl Lieferungselemente als auch Elemente sonstiger Leistungen aufweist, vgl. Abschnitt 3.5.

(4) [1] Voraussetzung für das Vorliegen einer einheitlichen Leistung anstelle mehrerer selbständiger Leistungen ist stets, dass es sich um Tätigkeiten desselben Unternehmers handelt. [2] Entgeltliche Leistungen verschiedener Unternehmer sind auch dann jeweils für sich zu beurteilen, wenn sie gegenüber demselben Leistungsempfänger erbracht werden und die weiteren Voraussetzungen für das Vorliegen einer einheitlichen Leistung erfüllt sind. [3] Eine einheitliche Leistung kann, im Gegensatz zur Beurteilung bei Leistungen mehrerer Unternehmer, allerdings im Verhältnis von Organträger und Organgesellschaft vorliegen (vgl. BFH-Urteil vom 29.10.2008, XI R 74/07, BStBl. II 2009 S. 256).

Abgrenzung von Haupt- und Nebenleistung

(5) [1] Nebenleistungen teilen umsatzsteuerrechtlich das Schicksal der Hauptleistung (vgl. jedoch Abschnitt 4.12.10 Satz 1 zum Aufteilungsgebot bei der Vermietung und Verpachtung von Grundstücken mit Betriebsvorrichtungen und Abschnitt 12.16 Abs. 8 zum Aufteilungsgebot bei Beherbergungsumsätzen). [2] Das gilt auch dann, wenn für die Nebenleistung ein besonderes Entgelt verlangt und entrichtet wird (vgl. BFH-Urteil vom 28.04.1966, V 158/63, BStBl. III S. 476). [3] Eine Leistung ist grundsätzlich dann als Nebenleistung zu einer Hauptleistung anzusehen, wenn sie im Vergleich zu der Hauptleistung nebensächlich ist, mit ihr eng – im Sinne einer wirtschaftlich gerechtfertigten Abrundung und Ergänzung – zusammenhängt und üblicherweise in ihrem Gefolge vorkommt (vgl. BFH-Urteil vom 10.09.1992, V R 99/88, BStBl. II 1993 S. 316). [4] Davon ist insbesondere auszugehen, wenn die Leistung für den Leistungsempfänger keinen eigenen Zweck, sondern das Mittel darstellt, um die Hauptleistung des Leistenden unter optimalen Bedingungen in Anspruch zu nehmen (vgl. BFH-Urteil vom 14.02.2019, V R 22/17, BStBl. II S. 350). [5] Gegenstand einer Nebenleistung kann sowohl eine unselbständige Lieferung von Gegenständen als auch eine unselbständige sonstige Leistung sein.

Hin- und Rückgabe von Transporthilfsmitteln und Warenumschließungen gegen Pfandgeld

(5a) [1] Die Hingabe des Transporthilfsmittels gegen Pfandgeld ist als eigenständige Lieferung zu beurteilen. [2] Warenumschließungen teilen im Gegensatz hierzu stets das Schicksal der Hauptleistung. [3] Bei Rückgabe und Rückzahlung des Pfandgeldes liegen sowohl bei Transporthilfsmitteln als auch bei Warenumschließungen Entgeltminderungen vor. [4]Zur Anwendung der Vereinfachungsregelung bei Rückgabe von Transporthilfsmitteln bzw. Warenumschließungen vgl. Abschnitt 10.1 Abs. 8. [5]Zur Abgrenzung zwischen Transporthilfsmitteln und Warenumschließungen vgl. BMF-Schreiben vom 20.10.2014, BStBl. I S. 1372, und zur Überlassung des Transporthilfsmittels im Rahmen reiner Tauschsysteme vgl. Abschnitt 3.5 Abs. 3 Nr. 18.

Einzelfälle

(6)[1)·2)] Einzelfälle zur Abgrenzung einer einheitlichen Leistung von mehreren Hauptleistungen und zur Abgrenzung von Haupt- und Nebenleistung:

1. zur Einheitlichkeit der Leistung bei Erbringung der üblichen Baubetreuung im Rahmen von Bauherrenmodellen (vgl. BMF-Schreiben vom 27.06.1986, BStBl. I S. 352, und BFH-Urteil vom 10.09.1992, V R 99/88, BStBl. II 1993 S. 316);
2. zur Einheitlichkeit der Leistung bei der Nutzungsüberlassung von Sportanlagen und anderen Anlagen (vgl. Abschnitt 4.12.11 und BMF-Schreiben vom 17.04.2003, BStBl. I S. 279);
3. die Verschaffung von Versicherungsschutz oder die entgeltliche Garantiezusage durch einen Kraftfahrzeughändler im Zusammenhang mit einer Fahrzeuglieferung ist keine unselbständige Nebenleistung zur Fahrzeuglieferung, sondern eine eigenständige Leistung, vgl. BFH-Urteile vom 09.10.2002, V R 67/01, BStBl. II 2003 S. 378, und vom 14.11.2018, XI R 16/17, BStBl. II 2021 S. 461;
4. zur Qualifizierung der Lieferung von Saatgut und dessen Einsaat bzw. der Lieferung von Pflanzen und deren Einpflanzen durch denselben Unternehmer als jeweils selbständige Hauptleistungen (vgl. BFH-Urteile vom 09.10.2002, V R 5/02, BStBl. II 2004 S. 470, und vom 25.06.2009, V R 25/07, BStBl. II 2010 S. 239);[3)]
5. [1]bei der Überlassung von Grundstücksteilen zur Errichtung von Strommasten für eine Überlandleitung, der Einräumung des Rechts zur Überspannung der Grundstücke und der Bewilligung einer beschränkten persönlichen Dienstbarkeit zur dinglichen Sicherung dieser Rechte handelt es sich um eine nach § 4 Nr. 12 Satz 1 Buchstabe a UStG steuerbefreite einheitliche sonstige Leistung. [2]Eine damit im Zusammenhang stehende Duldung der Verursachung baubedingter Flur- und Aufwuchsschäden stellt im Verhältnis hierzu eine Nebenleistung dar. [3]Das gilt auch dann, wenn Zahlungen sowohl an den Grundstückseigentümer, z. B. für die Rechtseinräumung, als auch an den Pächter, z. B. für die

---

1) A 3.10 UStAE Abs. 6 Nr. 3 neugef. durch BMF v. 11.05.2021, BStBl. I 2021, 781, anzuwenden auf nach dem 31.12.2022 abgegebene Garantiezusagen, die Anwendung auf vor dem 01.01.2023 abgegebene Garantiezusagen wird nicht beanstandet; gilt branchenunabhängig (BMF v. 18.10.2021, BStBl. I 2021, 2142); Nr. 18 angef. durch BMF v. 20.12.2022, BStBl. I 2022, 1694.

2) A 3.10 UStAE Abs. 6 Nr. 19 angef. durch BMF v. 22.12.2023, BStBl. I 2023, 2248.

3) Zu Pflanzenlieferungen für eine Gartenanlage als Teil einer einheitlichen komplexen Leistung siehe aber BFH v. 14.02.2019 V R 22/17, BStBl. II 2019, 350.

Flur- und Aufwuchsschäden, erfolgen (vgl. BFH-Urteil vom 11.11.2004, V R 30/04, BStBl. II 2005 S. 802);

6. die unentgeltliche Abgabe von Hardwarekomponenten im Zusammenhang mit dem Abschluss eines längerfristigen Netzbenutzungsvertrags ist eine unselbständige Nebenleistung zu der (einheitlichen) Telekommunikationsleistung (vgl. Abschnitt 3.3 Abs. 20) oder der auf elektronischem Weg erbrachten sonstigen Leistung; bei der Entrichtung einer Zuzahlung ist diese regelmäßig Entgelt für die Lieferung des Wirtschaftsguts;
7. die Übertragung und spätere Rückübertragung von Wertpapieren oder Emissionszertifikaten nach dem TEHG im Rahmen von Pensionsgeschäften (§ 340b HGB) ist jeweils gesondert als sonstige Leistung zu beurteilen;
8. bei der Verwaltung fremden Vermögens, die zwar entsprechend hierzu vereinbarter allgemeiner Anlagerichtlinien oder -strategien, jedoch im eigenen Ermessen und ohne vorherige Einholung von Einzelfallweisungen des Kunden erfolgt (Portfolioverwaltung), beinhaltet die einheitliche sonstige Leistung der Vermögensverwaltung auch die in diesem Rahmen erforderlichen Transaktionsleistungen bei Wertpapieren, vgl. EuGH-Urteil vom 19.07.2012, C-44/11, Deutsche Bank, BStBl. II S. 945,[1] und BFH-Urteil vom 11.10.2012, V R 9/10, BStBl. II 2014 S. 279;
9. zur Einheitlichkeit der Leistung bei betriebsärztlichen Leistungen nach § 3 ASiG (vgl. BMF-Schreiben vom 04.05.2007, BStBl. I S. 481);
10. zur Frage der Einheitlichkeit der Leistung bei Leistungen, die sowohl den Charakter bzw. Elemente einer Grundstücksüberlassung als auch anderer Leistungen aufweisen, vgl. Abschnitt 4.12.5;
11. zu Gegenstand und Umfang der Werklieferung eines Gebäudes (vgl. BFH-Urteil vom 24.01.2008, V R 42/05, BStBl. II S. 697);
12. zum Vorliegen einer einheitlichen Leistung bei der Lieferung eines noch zu bebauenden Grundstücks (vgl. BFH-Urteil vom 19.03.2009, V R 50/07, BStBl. II S. 78);
13. zu Verpflegungsleistungen als Nebenleistungen zu Übernachtungsleistungen (vgl. BFH-Urteil vom 15.01.2009, V R 9/06, BStBl. II 2010 S. 433, zum Aufteilungsgebot bei Beherbergungsumsätzen vgl. jedoch Abschnitt 12.16 Abs. 8);
14. Zahlungen der Hersteller/Händler an Finanzierungsinstitute zum Ausgleich von vergünstigten Kredit- bzw. Leasinggeschäften können Entgeltzahlungen für eine Leistung eigener Art des Finanzierungsinstituts an den Hersteller/Händler oder Entgelt von dritter Seite für die Finanzierungsleistung des Instituts an den Abnehmer darstellen, vgl. BMF-Schreiben vom 28.09.2011, BStBl. I S. 935, und vom 24.09.2013, BStBl. I S. 1219, vgl. auch BFH-Urteil vom 24.02.2021, XI R 15/19, BStBl. II S. 729;
15. dient ein Insolvenzverfahren der Befriedigung sowohl von Verbindlichkeiten des zum Vorsteuerabzug berechtigten Unternehmers wie auch von

[1] DStR 2012, 1061.

dessen Privatverbindlichkeiten, erbringt der Insolvenzverwalter eine einheitliche Leistung, aus der der Unternehmer nur zum anteiligen Vorsteuerabzug berechtigt ist (vgl. BFH-Urteil vom 15.04.2015, V R 44/14, BStBl. II S. 679; vgl. auch Abschnitt 15.2b Abs. 3 Sätze 9 und 10);

16. zur Aufteilung eines Gesamtentgelts für die Nutzung von Saunaleistungen in Schwimmbädern vgl. BMF-Schreiben vom 18.12.2019, BStBl. I S. 1396;
17. zur Abgrenzung von Nebenleistung und selbstständiger Lieferung für Fälle, in denen Formen, Modelle oder Werkzeuge zur Herstellung steuerfrei ausgeführter Gegenstände benötigt wurden, vgl. BMF-Schreiben vom 27.11.1975, BStBl. I S. 1126;
18. zur umsatzsteuerrechtlichen Behandlung eines bei Überlassung von elektronischen Zahlungskarten erhobenen Kartenpfandes vgl. Abschnitt 4.8.7 Abs. 2 Satz 7 und BFH-Urteil vom 26.01.2022 – XI R 19/19 (XI R 12/17), BStBl. II S. 582;
19. zur Einheitlichkeit der Leistung bei der Lieferung von Elektrizität zum Aufladen von Elektrofahrzeugen (E-Charging), die mit verschiedenen weiteren Dienstleistungen verbunden ist (z. B. Einrichtung des Zugangs zu Ladepunkten, der notwendigen technischen Unterstützung und IT-Anwendungen), vgl. EuGH-Urteil vom 20.04.2023, C-282/22, Dyrektor Krajowej Informacji Skarbowej.[1)]

3.11 Kreditgewährung im Zusammenhang mit anderen Umsätzen

Inhalt des Leistungsaustauschs

(1) [1]Im Falle der Kreditgewährung im Zusammenhang mit einer Lieferung oder sonstigen Leistung erbringt der leistende Unternehmer grundsätzlich jeweils eigene selbständige Leistungen. [2]Die naturgemäße Verbindung des Kreditgeschäfts zu der Lieferung oder sonstigen Leistungen reicht für sich genommen für die Annahme einer einheitlichen Leistung nicht aus. [3]Ob mehrere, voneinander unabhängige Leistungen oder eine einheitliche Gesamtleistung vorliegen, ist im konkreten Einzelfall unter Beachtung der in Abschnitt 3.10 dargelegten objektiven Abgrenzungskriterien zu beurteilen. [4]Anhaltspunkte, die für die Annahme mehrerer selbständiger Leistungen sprechen, sind dabei u. a.:

– gesonderte Vereinbarung von Lieferung oder sonstiger Leistung und Kreditgewährung;
– eigenständige Bildung von Leistungspreisen;
– gesonderte Rechnungsstellung.

[5]Bei der Kreditgewährung im Rahmen von Public-Private-Partnership-Projekten ist von zwei getrennt zu beurteilenden Leistungen auszugehen, wenn Werklieferung und Finanzierung nicht so aufeinander abgestimmt sind, dass es die Verflechtung beider Komponenten nicht möglich machen würde, nur eine der beiden Leistungen in Anspruch zu nehmen (vgl. BFH-Urteil vom 13.11.2013, XI R 24/11, BStBl. II 2017 S. 1147). [6]Zur Kreditgewährung im Zusammenhang mit einem Forderungskauf vgl. Abschnitt. 2.4.

---

1) DStR 2023, 1008.

(2) *(aufgehoben)*

(3) Als Entgelt für gesonderte Kreditleistungen können in entsprechender Anwendung des Absatzes 1 z. B. angesehen werden:

1. [1] Stundungszinsen. [2] Sie werden berechnet, wenn dem Leistungsempfänger, der bei Fälligkeit der Kaufpreisforderung nicht zahlen kann, gestattet wird, die Zahlung zu einem späteren Termin zu leisten;
2. [1] Zielzinsen. [2] Sie werden erhoben, wenn dem Leistungsempfänger zur Wahl gestellt wird, entweder bei kurzfristiger Zahlung den Barpreis oder bei Inanspruchnahme des Zahlungsziels einen höheren Zielpreis für die Leistung zu entrichten. [3] Für die Annahme einer Kreditleistung reicht jedoch die bloße Gegenüberstellung von Barpreis und Zielpreis nicht aus; es müssen vielmehr die in Absatz 1 genannten Voraussetzungen erfüllt sein.

(4) [1] Kontokorrentzinsen sind stets Entgelt für eine Kreditgewährung, wenn zwischen den beteiligten Unternehmern ein echtes Kontokorrentverhältnis im Sinne des § 355 HGB vereinbart worden ist, bei dem die gegenseitigen Forderungen aufgerechnet werden und bei dem der jeweilige Saldo an die Stelle der einzelnen Forderungen tritt. [2] Besteht kein echtes Kontokorrentverhältnis, können die neben dem Entgelt für die Lieferung erhobenen Zinsen nur dann als Entgelt für eine Kreditleistung behandelt werden, wenn entsprechende Vereinbarungen (vgl. Absatz 2) vorliegen.

(5) [1] Bietet ein Unternehmer in seinen Zahlungsbedingungen die Gewährung eines Nachlasses (Skonto, Rabatt) auf den ausgezeichneten Preis bei vorzeitiger Zahlung an und macht der Leistungsempfänger davon Gebrauch, führt der Preisnachlass zu einer Entgeltminderung. [2] Nimmt der Leistungsempfänger jedoch keinen Preisnachlass in Anspruch und entrichtet den Kaufpreis erst mit Ablauf der Zahlungsfrist, bewirkt der Unternehmer in Höhe des angebotenen Preisnachlasses keine Kreditleistung (vgl. BFH-Urteil vom 28.01.1993, V R 43/89, BStBl. II S. 360).

Beispiel:

[1] Ein Unternehmer liefert eine Ware für 1.000 € (einschließlich Umsatzsteuer), zahlbar nach 6 Wochen. [2] Bei Zahlung innerhalb von 10 Tagen wird ein Skonto von 3 % des Kaufpreises gewährt. [3] Der Leistungsempfänger zahlt nach 6 Wochen den vollen Kaufpreis von 1.000 €. [4] Der Unternehmer darf seine Leistung nicht in eine steuerpflichtige Warenlieferung i. H. v. 970 € (einschließlich Umsatzsteuer) und eine steuerfreie Kreditleistung i. H. v. 30 € aufteilen.

Steuerfreiheit der Kreditgewährung

(6) [1] Ist die Kreditgewährung als selbständige Leistung anzusehen, fällt sie unter die Steuerbefreiung nach § 4 Nr. 8 Buchstabe a UStG. [2] Unberührt bleibt die Möglichkeit, unter den Voraussetzungen des § 9 UStG auf die Steuerbefreiung zu verzichten.

Entgeltminderungen

(7) [1] Entgeltminderungen, die sowohl auf steuerpflichtige Umsätze als auch auf die im Zusammenhang damit erbrachten steuerfreien Kreditgewährungen entfallen, sind anteilig dem jeweiligen Umsatz zuzuordnen. [2] Deshalb hat z. B. bei Uneinbringlichkeit von Teilzahlungen der Unternehmer die Steuer für die Warenlieferung entsprechend ihrem Anteil zu berichtigen (§ 17 Abs. 2 Nr. 1

i. V. m. Abs. 1 UStG). [3]Bei der Zuordnung der Entgeltminderung zu den steuerpflichtigen und steuerfreien Umsätzen kann nach Abschnitt 22.6 Abs. 20 und 21 verfahren werden. [4]Fällt eine Einzelforderung, die in ein Kontokorrent im Sinne des § 355 HGB eingestellt wurde, vor der Anerkennung des Saldos am Ende eines Abrechnungszeitraums ganz oder zum Teil aus, mindert sich dadurch das Entgelt für die der Forderung zu Grunde liegende Warenlieferung.

Auswirkungen auf den Vorsteuerabzug des leistenden Unternehmers

(8) [1]Die den steuerfreien Kreditgewährungen zuzurechnenden Vorsteuerbeträge sind unter den Voraussetzungen des § 15 Abs. 2 und 3 UStG vom Abzug ausgeschlossen. [2]Das gilt auch für solche Vorsteuerbeträge, die lediglich in mittelbarem wirtschaftlichem Zusammenhang mit diesen Umsätzen stehen, z. B. Vorsteuerbeträge, die im Bereich der Gemeinkosten anfallen. [3]Vorsteuerbeträge, die den Kreditgewährungen nur teilweise zuzurechnen sind, hat der Unternehmer nach den Grundsätzen des § 15 Abs. 4 UStG in einen abziehbaren und einen nichtabziehbaren Teil aufzuteilen (vgl. im Übrigen Abschnitte 15.16 ff.). [4]Die Vorschrift des § 43 UStDV kann auf die den Kreditgewährungen zuzurechnenden Vorsteuerbeträge nicht angewendet werden. [5]Werden die Kredite im Zusammenhang mit einer zum Vorsteuerabzug berechtigenden Lieferung oder sonstigen Leistung an einen Unternehmer gewährt, ist es jedoch nicht zu beanstanden, wenn aus Vereinfachungsgründen die Vorsteuern abgezogen werden, die den Kreditgewährungen nicht ausschließlich zuzurechnen sind.

Beispiel:

[1]Ein Maschinenhersteller M liefert eine Maschine an den Unternehmer U in Österreich. [2]Für die Entrichtung des Kaufpreises räumt M dem U einen Kredit ein, der als selbständige Leistung zu behandeln ist.

[3]Die Lieferung der Maschine ist nach § 4 Nr. 1 Buchstabe b, § 6a UStG steuerfrei und berechtigt zum Vorsteuerabzug. [4]Die Kreditgewährung ist nach § 3a Abs. 2 UStG in Deutschland nicht steuerbar und schließt nach § 15 Abs. 2 und 3 UStG den Vorsteuerabzug aus. [5]Aus Vereinfachungsgründen kann jedoch M die Vorsteuern, die der Kreditgewährung nicht ausschließlich zuzurechnen sind, z. B. Vorsteuern im Bereich der Verwaltungsgemeinkosten, in vollem Umfang abziehen.

3.12 Ort der Lieferung

(1) [1]Lieferungen gelten – vorbehaltlich der Sonderregelungen in den §§ 3c bis 3g UStG – nach § 3 Abs. 6 Satz 1 UStG grundsätzlich dort als ausgeführt, wo die Beförderung oder Versendung an den Abnehmer oder in dessen Auftrag an einen Dritten (z. B. an einen Lohnveredeler oder Lagerhalter) beginnt. [2]Dies gilt sowohl für Fälle, in denen der Unternehmer selbst oder ein von ihm beauftragter Dritter den Gegenstand der Lieferung befördert oder versendet als auch für Fälle, in denen der Abnehmer oder ein von ihm beauftragter Dritter den Gegenstand bei dem Lieferer abholt (Abholfall). [3]Auch der sog. Handkauf ist damit als Beförderungs- oder Versendungslieferung anzusehen.

(2) [1]Eine Beförderungslieferung im Sinne des § 3 Abs. 6 Satz 1 UStG setzt voraus, dass der liefernde Unternehmer, der Abnehmer oder ein unselbständiger Erfüllungsgehilfe den Gegenstand der Lieferung befördert. [2]Eine Beför-

derung liegt auch vor, wenn der Gegenstand der Lieferung mit eigener Kraft fortbewegt wird, z. B. bei Kraftfahrzeugen auf eigener Achse, bei Schiffen auf eigenem Kiel (vgl. BFH-Urteil vom 20.12.2006, V R 11/06, BStBl. II 2007 S. 424). [3]Die Bewegung eines Gegenstands innerhalb des Unternehmens, die lediglich der Vorbereitung des Transports dient, stellt keine Beförderung an den Abnehmer im Sinne des § 3 Abs. 6 Satz 1 UStG dar. [4]Befördert im Falle eines Kommissionsgeschäfts (§ 3 Abs. 3 UStG) der Kommittent das Kommissionsgut mit eigenem Fahrzeug an den im Ausland ansässigen Kommissionär, liegt eine Lieferung im Inland nach § 3 Abs. 6 Satz 1 UStG nicht vor, weil die – anschließende – Übergabe des Kommissionsguts an den Verkaufskommissionär keine Lieferung im Sinne des § 3 Abs. 1 UStG ist (vgl. BFH-Urteil vom 25.11.1986, V R 102/78, BStBl. II 1987 S. 278, Abschnitt 3.1 Abs. 2). [5]Zur Ausnahmeregelung bei innergemeinschaftlichen Kommissionsgeschäften vgl. Abschnitt 1a.2 Abs. 7.

(3) [1]Eine Versendungslieferung im Sinne des § 3 Abs. 6 Satz 1 UStG setzt voraus, dass der Gegenstand an den Abnehmer oder in dessen Auftrag an einen Dritten versendet wird, d. h. die Beförderung durch einen selbständigen Beauftragten ausgeführt oder besorgt wird. [2]Die Versendung beginnt mit der Übergabe des Gegenstands an den Beauftragten. [3]Der Lieferer muss bei der Übergabe des Gegenstands an den Beauftragten alles Erforderliche getan haben, um den Gegenstand an den bereits feststehenden Abnehmer, der sich grundsätzlich aus den Versendungsunterlagen ergibt, gelangen zu lassen. [4]Von einem feststehenden Abnehmer ist auszugehen, wenn er zwar dem mit der Versendung Beauftragten im Zeitpunkt der Übergabe des Gegenstands nicht bekannt ist, aber mit hinreichender Sicherheit leicht und einwandfrei aus den unstreitigen Umständen, insbesondere aus Unterlagen abgeleitet werden kann (vgl. BFH-Urteil vom 30.07.2008, XI R 67/07, BStBl. II 2009 S. 552). [5]Gleiches gilt, wenn der Abnehmer den Liefergegenstand bei Beginn der Versendung bereits verbindlich bestellt oder bezahlt hat (vgl. BFH-Urteil vom 16.11.2016, V R 1/16, BStBl. II 2017 S. 1079) und § 6b UStG bereits dem Grunde nach keine Anwendung findet bzw. von Seiten des liefernden Unternehmers und späteren Erwerbers § 6b UStG keine Anwendung finden soll; eine nur wahrscheinliche Begründung einer Abnehmerstellung ohne tatsächliche Abnahmeverpflichtung reicht nicht aus (vgl. BFH-Urteil vom 20.10.2016, V R 31/15, BStBl. II 2017 S. 1076). [6]Dem Tatbestand, dass der Abnehmer feststeht, steht nicht entgegen, dass der Gegenstand von dem mit der Versendung Beauftragten zunächst in ein inländisches Lager des Lieferanten gebracht und erst nach Eingang der Zahlung durch eine Freigabeerklärung des Lieferanten an den Abnehmer herausgegeben wird (vgl. BFH-Urteil vom 30.07.2008, XI R 67/07, a. a. O.). [7]Entscheidend ist, dass der Lieferant im Zeitpunkt der Übergabe des Gegenstands an den Beauftragten die Verfügungsmacht dem zu diesem Zeitpunkt feststehenden Abnehmer verschaffen will. [8]Unter der Bedingung, dass der Abnehmer bereits bei Beginn der Versendung feststeht, kann eine Versendungslieferung auch dann vorliegen, wenn der Liefergegenstand nach dem Beginn der Versendung für kurze Zeit in einem Auslieferungs- oder Konsignationslager, welches nicht in den Anwendungsbereich der Konsignationslagerregelung nach § 6b UStG fällt, gelagert

wird (vgl. BFH-Urteile vom 20.10.2016, V R 31/15, a.a.O., und vom 16.11.2016, V R 1/16, a.a.O.; vgl. auch Abschnitt 1a.2 Abs. 6 Sätze 4 bis 9).

(4) [1]Der Ort der Lieferung bestimmt sich nicht nach § 3 Abs. 6 UStG, wenn der Gegenstand der Lieferung nach dem Beginn der Beförderung oder nach der Übergabe des Gegenstands an den Beauftragten vom Lieferer noch einer Behandlung unterzogen wird, die seine Marktgängigkeit ändert. [2]In diesen Fällen wird nicht der Liefergegenstand, sondern ein Gegenstand anderer Wesensart befördert. [3]Das ist insbesondere dann der Fall, wenn Gegenstand der Lieferung eine vom Lieferer errichtete ortsgebundene Anlage oder eine einzelne Maschine ist, die am Bestimmungsort fundamentiert oder funktionsfähig gemacht wird, indem sie in einen Satz bereits vorhandener Maschinen eingefügt und hinsichtlich ihrer Arbeitsgänge auf diese Maschinen abgestimmt wird. [4]Das Gleiche gilt für Einbauten, Umbauten und Anbauten bei Maschinen (Modernisierungsarbeiten) sowie für Reparaturen. [5]Da die einzelnen Teile einer Maschine ein Gegenstand anderer Marktgängigkeit sind als die ganze Maschine, ist § 3 Abs. 6 UStG auch dann nicht anzuwenden, wenn die einzelnen Teile einer Maschine zum Abnehmer befördert werden und dort vom Lieferer zu der betriebsfertigen Maschine zusammengesetzt werden. [6]Ob die Montagekosten dem Abnehmer gesondert in Rechnung gestellt werden, ist unerheblich. [7]Dagegen bestimmt sich der Ort der Lieferung nach § 3 Abs. 6 UStG, wenn eine betriebsfertig hergestellte Maschine lediglich zum Zweck eines besseren und leichteren Transports in einzelne Teile zerlegt und dann von einem Monteur des Lieferers am Bestimmungsort wieder zusammengesetzt wird. [8]Zur betriebsfertigen Herstellung beim Lieferer gehört in der Regel ein dort vorgenommener Probelauf. [9]Ein nach der Wiederzusammensetzung beim Abnehmer vom Lieferer durchgeführter erneuter Probelauf ist unschädlich. [10]§ 3 Abs. 6 UStG ist auch dann anzuwenden, wenn die Bearbeitung oder Verarbeitung, die sich an die Beförderung oder Versendung des Liefergegenstands anschließt, vom Abnehmer selbst oder in seinem Auftrag von einem Dritten vorgenommen wird.

(5) Erstreckt sich der Gegenstand einer Werklieferung auf das Gebiet verschiedener Staaten (z.B. bei der Errichtung von Verkehrsverbindungen, der Verlegung von Telefon- und Glasfaserkabeln sowie von Elektrizitäts-, Gas- und Wasserleitungen), kann diese Werklieferung verschiedene Lieferorte haben, auf die die Bemessungsgrundlage jeweils aufzuteilen ist (vgl. EuGH-Urteil vom 29.03.2007, C-111/05, Aktiebolaget NN).[1)]

(6) [1]Wird der Gegenstand der Lieferung nicht befördert oder versendet, ist § 3 Abs. 7 UStG anzuwenden. [2]§ 3 Abs. 7 Satz 1 UStG gilt insbesondere für Fälle, in denen die Verfügungsmacht z.B. durch Vereinbarung eines Besitzkonstituts (§ 930 BGB), durch Abtretung des Herausgabeanspruchs (§ 931 BGB) oder durch Übergabe von Traditionspapieren (Ladescheine, Lagerscheine, Konnossemente, §§ 448, 475g, 524 HGB) verschafft wird. [3]§ 3 Abs. 7 Satz 2 UStG bestimmt den Lieferort für die Fälle des § 3 Abs. 6 Satz 5 UStG, in denen mehrere Unternehmer über denselben Gegenstand Umsatzgeschäfte abschließen und diese Geschäfte dadurch erfüllen, dass der Gegenstand der

---

[1)] IStR 2007, 401.

Lieferungen unmittelbar vom ersten Unternehmer an den letzten Abnehmer befördert oder versendet wird (Reihengeschäft, vgl. Abschnitt 3.14).

(7) [1] § 3 Abs. 6 und 7 UStG regeln den Lieferort und damit zugleich auch den Zeitpunkt der Lieferung (vgl. BFH-Urteil vom 06.12.2007, V R 24/05, BStBl. II 2009 S. 490, Abschnitt 13.1 Abs. 2 und 6); dies gilt hinsichtlich der Verschaffung der Verfügungsmacht auch in den Fällen einer Beförderungs- oder Versendungslieferung nach § 3 Abs. 6 Satz 1 UStG, in denen der Liefergegenstand nach dem Beginn der Beförderung oder Versendung für kurze Zeit in einem Auslieferungs- oder Konsignationslager, welches nicht in den Anwendungsbereich der Konsignationslagerregelung nach § 6b UStG fällt, gelagert wird. [2] Die Anwendbarkeit von § 3 Abs. 6 und 7 UStG setzt dabei voraus, dass tatsächlich eine Lieferung zu Stande gekommen ist.

3.13 Lieferort in besonderen Fällen (§ 3 Abs. 8 UStG)[1)]

(1) [1] § 3 Abs. 8 UStG regelt den Ort der Lieferung in den Fällen, in denen der Gegenstand der Lieferung bei der Beförderung oder Versendung aus dem Drittlandsgebiet in das Inland gelangt und der Lieferer oder sein Beauftragter Schuldner der Einfuhrumsatzsteuer ist. [2] Unabhängig von den Lieferkonditionen ist maßgeblich, wer nach den zollrechtlichen Vorschriften Schuldner der Einfuhrumsatzsteuer ist.[2)] [3] Abweichend von § 3 Abs. 6 UStG gilt der Ort der Lieferung dieses Gegenstands als im Inland gelegen. [4] Der Ort der Lieferung bestimmt sich auch dann nach § 3 Abs. 8 UStG, wenn der Lieferer Schuldner der Einfuhrumsatzsteuer ist, diese jedoch nach der EUStBV[3)] nicht erhoben wird. [5] Die örtliche Zuständigkeit eines Finanzamts für die Umsatzsteuer im Ausland ansässiger Unternehmer richtet sich vorbehaltlich einer abweichenden Zuständigkeitsvereinbarung (§ 27 AO) nach § 21 Abs. 1 Satz 2 AO[4)] i. V. m. der UStZustV.[4)]

(2)[5)] [1] Entrichtet der Lieferer die Steuer für die Einfuhr des Gegenstands, wird diese Steuer unter Umständen von einer niedrigeren Bemessungsgrundlage als dem Veräußerungsentgelt erhoben. [2] In diesen Fällen wird durch die Verlagerung des Orts der Lieferung in das Inland erreicht, dass der Umsatz mit der Steuer belastet wird, die für die Lieferung im Inland in Betracht kommt.

Beispiel 1:

[1] Der Unternehmer B in Bern liefert Gegenstände, die er mit eigenem Lkw befördert, an seinen Abnehmer K in Köln. [2] K lässt die Gegenstände in den freien Verkehr überführen und entrichtet dementsprechend die Einfuhrumsatzsteuer (Lieferkondition „unversteuert und unverzollt").

---

1) Zum zentralisierten Vertrieb von Kleinsendungen aus dem Drittland (Schuldner der EUSt i. S. d. § 3 Abs. 8 UStG) siehe BFH v. 21.03.2007 V R 32/05, BStBl. II 2008, 153, und BMF v. 01.02.2008, BStBl. I 2008, 295.

2) Zum Ort der Einfuhr bei zollrechtlichen Verstößen und der Entstehung der EUSt siehe EuGH v. 03.03.2021 C-7/20, DStR 2021, 610, und v. 08.09.2022 C-368/21, MwStR 2022, 768.

3) **Zölle und Verbrauchsteuern** Nr. **455.**

4) **Steuergesetze** Nr. **800** bzw. Nr. **519.**

5) Zum Abzug der EUSt als Vorsteuer vgl. A 15.8 UStAE.

[3]Ort der Lieferung ist Bern (§ 3 Abs. 6 UStG). [4]K kann die entstandene Einfuhrumsatzsteuer als Vorsteuer abziehen, da die Gegenstände für sein Unternehmen in das Inland eingeführt worden sind.

Beispiel 2:

[1]Wie Beispiel 1, jedoch lässt B die Gegenstände in den freien Verkehr überführen und entrichtet dementsprechend die Einfuhrumsatzsteuer (Lieferkondition „verzollt und versteuert").

[2]Der Ort der Lieferung gilt als im Inland gelegen (§ 3 Abs. 8 UStG). [3]B hat den Umsatz im Inland zu versteuern. [4]Er ist zum Abzug der Einfuhrumsatzsteuer als Vorsteuer berechtigt, da die Gegenstände für sein Unternehmen eingeführt worden sind.

[3]In den Fällen des Reihengeschäfts kann eine Verlagerung des Lieferorts nach § 3 Abs. 8 UStG nur für die Beförderungs- oder Versendungslieferung in Betracht kommen (vgl. Abschnitt 3.14 Abs. 15 und 16).

(3) § 3 Abs. 8 UStG ist nicht anzuwenden, wenn der Ort für die Lieferung von Erdgas oder Elektrizität nach § 3g UStG zu bestimmen ist (vgl. Abschnitt 3g.1 Abs. 6 Sätze 5 und 6).

3.14[1)] Reihengeschäfte

Begriff des Reihengeschäfts (§ 3 Abs. 6a Satz 1 UStG)

(1) [1]Liefergeschäfte im Sinne des § 3 Abs. 6a Satz 1 UStG, die von mehreren Unternehmern über denselben Gegenstand abgeschlossen werden und bei denen dieser Gegenstand im Rahmen einer Beförderung oder Versendung unmittelbar vom ersten Unternehmer (Ort der Lieferung des ersten Unternehmers) an den letzten Abnehmer gelangt, werden nachfolgend als Reihengeschäfte bezeichnet. [2]Ein besonderer Fall des Reihengeschäfts ist das innergemeinschaftliche Dreiecksgeschäft im Sinne des § 25b Abs. 1 UStG (vgl. Abschnitt 25b.1).

(2) [1]Bei Reihengeschäften werden im Rahmen einer Warenbewegung (Beförderung oder Versendung) mehrere Lieferungen ausgeführt, die in Bezug auf den Lieferort und den Lieferzeitpunkt jeweils gesondert betrachtet werden müssen. [2]Die Warenbewegung des Gegenstands ist nur einer der Lieferungen zuzuordnen (§ 3 Abs. 6a Satz 1 UStG). [3]Diese ist die Beförderungs- oder Versendungslieferung (bewegte Lieferung); nur bei ihr kommt die Steuerbefreiung für Ausfuhrlieferungen (§ 6 UStG) oder für innergemeinschaftliche Lieferungen (§ 6a UStG) in Betracht. [4]Bei allen anderen Lieferungen in der Reihe findet keine Warenbewegung statt (ruhende Lieferungen). [5]Sie werden entweder vor oder nach der Beförderungs- oder Versendungslieferung ausgeführt (§ 3 Abs. 7 Satz 2 UStG). [6]Liefergeschäfte, die von mehreren Unternehmern über denselben Gegenstand abgeschlossen werden und bei denen keine Beförderung oder Versendung stattfindet (z. B. Grundstückslieferungen oder Lieferungen, bei denen die Verfügungsmacht durch Vereinbarung eines Besitzkonstituts oder durch Abtretung des Herausgabeanspruchs verschafft wird), können nicht Gegenstand eines Reihengeschäfts sein.

---

1) A 3.14 UStAE neugef. durch BMF v. 25.04.2023, BStBl. I 2023, 778, anzuwenden in allen offenen Fällen.

(3) [1]Die Beförderung oder Versendung kann durch einen an einem Reihengeschäft beteiligten Lieferer, Abnehmer oder einen vom Lieferer oder vom Abnehmer beauftragten Dritten durchgeführt werden. [2]Ein Beförderungs- oder Versendungsfall liegt daher auch dann vor, wenn der letzte Abnehmer den Gegenstand der Lieferung selbst abholt oder abholen lässt (Abholfall). [3]Beauftragter Dritter kann z. B. ein Lohnveredelungsunternehmer, ein selbständiger Spediteur oder ein Lagerhalter sein, der jeweils nicht unmittelbar in die Liefervorgänge eingebunden ist.

(4) [1]Das unmittelbare Gelangen im Sinne des § 3 Abs. 6a Satz 1 UStG setzt grundsätzlich eine Beförderung oder Versendung durch einen am Reihengeschäft beteiligten Unternehmer voraus; diese Voraussetzung ist bei der Beförderung oder Versendung durch mehrere beteiligte Unternehmer (sog. gebrochene Beförderung oder Versendung) nicht erfüllt. [2]Der Gegenstand der Lieferung gelangt auch dann unmittelbar an den letzten Abnehmer, wenn die Beförderung oder Versendung an einen beauftragten Dritten ausgeführt wird, der nicht unmittelbar in die Liefervorgänge eingebunden ist, vgl. Absatz 3 Satz 3. [3]Im Fall der vorhergehenden Be- oder Verarbeitung des Gegenstands durch einen vom Lieferer beauftragten Dritten ist Gegenstand der Lieferung der be- oder verarbeitete Gegenstand.

Beispiel 1:

[1]Der Unternehmer D 1 in Köln bestellt bei dem Großhändler D 2 in Hamburg eine dort nicht vorrätige Maschine. [2]D 2 gibt die Bestellung an den Hersteller DK in Dänemark weiter. [3]DK befördert die Maschine mit eigenem Lkw unmittelbar nach Köln und übergibt sie dort D 1.

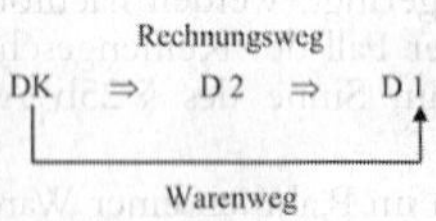

[4]Es liegt ein Reihengeschäft im Sinne des § 3 Abs. 6a Satz 1 UStG vor, da mehrere Unternehmer über dieselbe Maschine Liefergeschäfte abschließen und die Maschine im Rahmen einer Beförderung unmittelbar vom ersten Unternehmer (DK) an den letzten Abnehmer (D 1) gelangt.

Beispiel 2:

[1]Sachverhalt wie Beispiel 1. [2]D 2 weist DK an, die Maschine zur Zwischenlagerung an einen von D 1 benannten Lagerhalter (L) nach Hannover zu befördern.

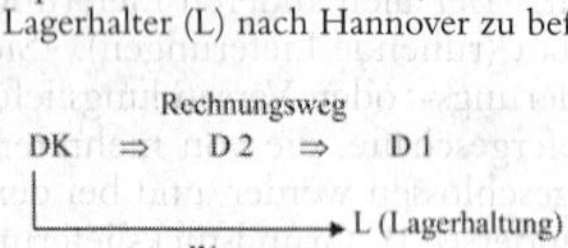

[3]Es liegt wie im Beispiel 1 ein Reihengeschäft im Sinne des § 3 Abs. 6a Satz 1 UStG vor, da mehrere Unternehmer über dieselbe Maschine Liefergeschäfte abschließen und die Maschine unmittelbar vom ersten Unternehmer (DK) an einen vom letzten Abnehmer (D 1) benannten Lagerhalter (L) befördert wird. [4]Mit der auftragsgemäßen Übergabe der Maschine an den Lagerhalter ist die Voraussetzung des unmittelbaren Gelangens an den letzten Abnehmer erfüllt.

Ort der Lieferungen (§ 3 Abs. 6 und Abs. 7 UStG)

(5) [1]Für die in einem Reihengeschäft ausgeführten Lieferungen ergeben sich die Lieferorte sowohl aus § 3 Abs. 6 als auch aus § 3 Abs. 7 UStG. [2]Im Fall der bewegten Lieferung gilt die Lieferung dort als ausgeführt, wo die Beförderung oder Versendung an den Abnehmer oder in dessen Auftrag an einen Dritten beginnt (§ 3 Abs. 6 Satz 1 UStG). [3]In den Fällen der ruhenden Lieferungen ist der Lieferort nach § 3 Abs. 7 Satz 2 UStG zu bestimmen.

(6) [1]Die ruhenden Lieferungen, die der bewegten Lieferung vorangehen, gelten an dem Ort als ausgeführt, an dem die Beförderung oder Versendung des Gegenstands beginnt (§ 3 Abs. 7 Satz 2 Nr. 1 UStG). [2]Die ruhenden Lieferungen, die der bewegten Lieferung nachfolgen, gelten an dem Ort als ausgeführt, an dem die Beförderung oder Versendung des Gegenstands endet (§ 3 Abs. 7 Satz 2 Nr. 2 UStG).

Beispiel:

[1]Der Unternehmer B 1 in Belgien bestellt bei dem ebenfalls in Belgien ansässigen Großhändler B 2 eine dort nicht vorrätige Ware. [2]B 2 gibt die Bestellung an den Großhändler D 1 in Frankfurt weiter. [3]D 1 bestellt die Ware beim Hersteller D 2 in Köln. [4]D 2 befördert die Ware von Köln mit eigenem Lkw unmittelbar nach Belgien und übergibt sie dort B 1.

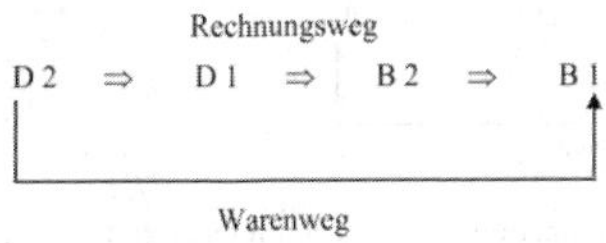

[5]Bei diesem Reihengeschäft werden nacheinander drei Lieferungen (D 2 an D 1, D 1 an B 2 und B 2 an B 1) ausgeführt. [6]Die erste Lieferung D 2 an D 1 ist die Beförderungslieferung. [7]Der Ort der bewegten Lieferung liegt nach § 3 Abs. 6a Satz 1 UStG in Verbindung mit § 3 Abs. 6 Satz 1 UStG in Köln, Deutschland (Beginn der Beförderung). [8]Die zweite Lieferung D 1 an B 2 und die dritte Lieferung B 2 an B 1 sind ruhende Lieferungen. [9]Für diese Lieferungen liegt der Lieferort nach § 3 Abs. 7 Satz 2 Nr. 2 UStG jeweils in Belgien (Ende der Beförderung), da sie der Beförderungslieferung folgen.

Transportverantwortlichkeit im Reihengeschäft[1)]

(7) [1]Die Zuordnung der Beförderung oder Versendung zu einer der Lieferungen des Reihengeschäfts ist davon abhängig, ob der Gegenstand der Lieferung durch den ersten Unternehmer, den letzten Abnehmer oder einen Zwischenhändler in der Reihe befördert oder versendet wird. [2]Zwischenhändler im Sinne des Satzes 1 ist ein Lieferer innerhalb der Reihe (mit Ausnahme des ersten Lieferers in der Reihe), der den Gegenstand selbst oder auf seine Rechnung durch einen Dritten befördert oder versendet (§ 3 Abs. 6a Satz 4 UStG). [3]Die Zuordnungsentscheidung muss einheitlich für alle Beteiligten getroffen werden. [4]Aus den vorhandenen Aufzeichnungen muss sich eindeutig und leicht nachprüfbar ergeben, wer die Beförderung durchgeführt oder die Versendung veranlasst hat (Transportverantwortlichkeit). [5]Im Fall der Versendung ist dabei auf die Auftragserteilung an den selbständigen Beauftragten abzustel-

---

1) Zur von den Abs. 7 bis 11 abweichenden Zuweisung der Transportverantwortlichkeit siehe Anlage 8 (BMF v. 25.04.2023, BStBl. I 2023, 778).

len. [6]Eine von den Sätzen 4 und 5 abweichende Zuordnung ist nur zulässig, wenn der Unternehmer nachweist, dass die Beförderung bzw. die Versendung auf Rechnung eines anderen Unternehmers erfolgt ist und dieser tatsächlich die Gefahr des zufälligen Untergangs des Gegenstands während des Transports getragen hat.

Bestimmung der bewegten Lieferung

(8) [1]Wird der Gegenstand der Lieferung durch den ersten Unternehmer in der Reihe befördert oder versendet, ist die Warenbewegung seiner Lieferung zuzuordnen (§ 3 Abs. 6a Satz 2 UStG). [2]Wird der Liefergegenstand durch den letzten Abnehmer befördert oder versendet, ist die Warenbewegung der Lieferung an ihn zuzuordnen (§ 3 Abs. 6a Satz 3 UStG).

Beispiel 1:

[1]Der Unternehmer SP aus Spanien bestellt eine Maschine bei dem Unternehmer D 1 in Kassel. [2]D 1 bestellt die Maschine seinerseits bei dem Großhändler D 2 in Bielefeld. [3]D 2 wiederum gibt die Bestellung an den Hersteller F in Frankreich weiter. [4]F lässt die Maschine durch einen Beförderungsunternehmer von Frankreich unmittelbar nach Spanien zu SP transportieren.

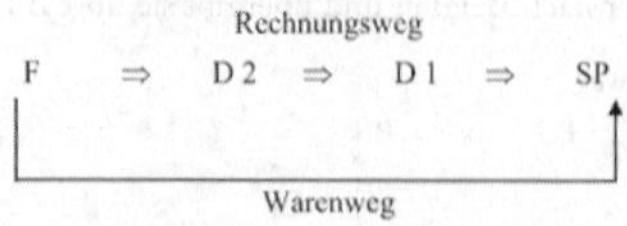

[5]Bei diesem Reihengeschäft werden nacheinander drei Lieferungen (F an D 2, D 2 an D 1 und D 1 an SP) ausgeführt. [6]Die Warenbewegung ist der ersten Lieferung F an D 2 zuzuordnen, da F als erster Unternehmer in der Reihe die Maschine versendet. [7]Der Ort der bewegten Lieferung liegt nach § 3 Abs. 6a Satz 2 UStG in Verbindung mit § 3 Abs. 6 Satz 1 UStG in Frankreich (Beginn der Versendung). [8]Die zweite Lieferung D 2 an D 1 und die dritte Lieferung D 1 an SP sind ruhende Lieferungen. [9]Für diese Lieferungen liegt der Lieferort nach § 3 Abs. 7 Satz 2 Nr. 2 UStG jeweils in Spanien (Ende der Versendung), da sie der Versendungslieferung folgen. [10]D 2 und D 1 müssen sich demnach in Spanien steuerlich registrieren lassen.

Beispiel 2:

[1]Sachverhalt wie Beispiel 1. [2]SP holt die Maschine mit eigenem Lkw bei F in Frankreich ab und transportiert sie unmittelbar nach Spanien.

[3]Bei diesem Reihengeschäft werden nacheinander drei Lieferungen (F an D 2, D 2 an D 1 und D 1 an SP) ausgeführt. [4]Die Warenbewegung ist der dritten Lieferung D 1 an SP zuzuordnen, da SP als letzter Abnehmer in der Reihe die Maschine befördert (Abholfall). [5]Der Ort der bewegten Lieferung liegt nach § 3 Abs. 6a Satz 3 UStG in Verbindung mit § 3 Abs. 6 Satz 1 UStG in Frankreich (Beginn der Beförderung). [6]Die erste Lieferung F an D 2 und die zweite Lieferung D 2 an D 1 sind ruhende Lieferungen. [7]Für diese Lieferungen liegt der Lieferort nach § 3 Abs. 7 Satz 2 Nr. 1 UStG ebenfalls jeweils in Frankreich (Beginn der Beförderung), da sie der Beförderungslieferung vorangehen. [8]D 2 und D 1 müssen sich demnach in Frankreich steuerlich registrieren lassen.

Lieferung durch einen Zwischenhändler

(9) [1]Wird der Gegenstand der Lieferung durch einen Zwischenhändler befördert oder versendet, ist die Warenbewegung grundsätzlich der Lieferung des vorangegangenen Unternehmers zuzuordnen (widerlegbare Vermutung, § 3 Abs. 6a Satz 4 1. Halbsatz UStG). [2]Beschränkt sich die Warenbewegung im

Reihengeschäft auf das Inland, kann der Zwischenhändler die Warenbewegung seiner eigenen Lieferung zuordnen, wenn er nachweist, dass er den Gegenstand in seiner Eigenschaft als Lieferer befördert bzw. versendet hat (§ 3 Abs. 6a Satz 4 2. Halbsatz UStG). [3]Nachweise im Sinne des Satzes 2 sind z.B. eine Auftragsbestätigung, das Doppel der Rechnung oder andere handelsübliche Belege und Aufzeichnungen, die nachweisen, dass er als Lieferer aufgetreten ist. [4]Der Zwischenhändler kann die Eigenschaft als Lieferer unter Berücksichtigung der Gesamtheit der Umstände des Einzelfalls nachweisen (z.B. anhand Übernahme von Kosten des Transports aufgrund der mit dem Vorlieferanten und seinem Auftraggeber vereinbarten Lieferkonditionen, Mitteilung über den Weiterverkauf vor Beginn der Beförderung oder Versendung usw.). [5]Allein die Mitteilung an den Vorlieferanten über den Weiterverkauf des Liefergegenstands ist hierfür nicht ausreichend (vgl. BFH-Urteil vom 28.5.2013 – XI R 11/09, BStBl. II 2023 S. 537).

Beispiel 1:

[1]Der Unternehmer D 1 in Köln bestellt bei dem Großhändler D 2 in Hamburg eine dort nicht vorrätige Maschine. [2]D 2 gibt die Bestellung an den Hersteller D 3 in Stuttgart weiter. [3]D 2 befördert die Maschine mit eigenem Lkw unmittelbar von Stuttgart nach Köln und übergibt sie dort D 1. [4]D 2 weist die Eigenschaft als Lieferer unter Berücksichtigung der Gesamtheit der Umstände des Einzelfalls nicht nach.

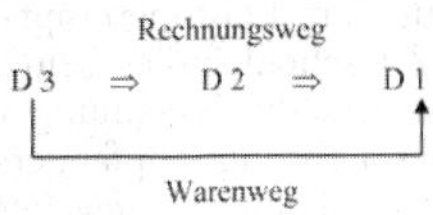

[5]Bei diesem Reihengeschäft werden nacheinander zwei Lieferungen (D 3 an D 2, D 2 an D 1) ausgeführt. [6]Die Warenbewegung ist der ersten Lieferung D 3 an D 2 zuzuordnen, da D 2 als Zwischenhändler die Ware befördert hat und nicht nachgewiesen hat, dass er den Gegenstand in seiner Eigenschaft als Lieferer befördert hat (§ 3 Abs. 6a Satz 4 1. Halbsatz UStG). [7]Der Ort der bewegten Lieferung liegt nach § 3 Abs. 6a Satz 4 1. Halbsatz UStG in Verbindung mit § 3 Abs. 6 Sätze 1 und 2 UStG in Stuttgart (Beginn der Beförderung). [8]Die zweite Lieferung D 2 an D 1 ist eine ruhende Lieferung. [9]Für diese Lieferung liegt der Lieferort nach § 3 Abs. 7 Satz 2 Nr. 2 UStG in Köln (Ende der Beförderung), da sie der Beförderungslieferung folgt.

Beispiel 2:

[1]Sachverhalt wie Beispiel 1. [2]D 2 weist die Eigenschaft als Lieferer unter Berücksichtigung der Gesamtheit der Umstände des Einzelfalls nach.
[3]Bei diesem Reihengeschäft werden nacheinander zwei Lieferungen (D 3 an D 2, D 2 an D 1) ausgeführt. [4]Die Warenbewegung ist der zweiten Lieferung D 2 an D 1 zuzuordnen, da D 2 als Zwischenhändler die Ware befördert hat und nachgewiesen hat, dass er den Gegenstand in seiner Eigenschaft als Lieferer befördert hat (§ 3 Abs. 6a Satz 4 2. Halbsatz UStG). [5]Der Ort der bewegten Lieferung liegt nach § 3 Abs. 6a Satz 4 2. Halbsatz UStG in Verbindung mit § 3 Abs. 6 Sätze 1 und 2 UStG in Stuttgart (Beginn der Beförderung). [6]Die erste Lieferung D 3 an D 2 ist eine ruhende Lieferung. [7]Für diese Lieferung liegt der Lieferort nach § 3 Abs. 7 Satz 2 Nr. 1 UStG in Stuttgart (Beginn der Beförderung), da sie der Beförderungslieferung vorangeht.

(10) [1]Gelangt der Gegenstand der Lieferung im Rahmen eines Reihengeschäftes aus dem Gebiet eines Mitgliedstaats in das Gebiet eines anderen Mitgliedstaats, gilt der Nachweis, dass der Zwischenhändler den Gegenstand als Lieferer befördert oder versendet hat, nur dann als erbracht, wenn der Zwi-

schenhändler gegenüber dem leistenden Unternehmer bis zum Beginn der Beförderung oder Versendung eine USt-IdNr., die ihm vom Mitgliedstaat des Beginns der Beförderung oder Versendung erteilt wurde, verwendet (§ 3 Abs. 6a Satz 5 UStG). [2]Der Begriff „Verwendung" einer USt-IdNr. setzt ein positives Tun des mittleren Unternehmers voraus. [3]Da es sich dabei um die Verwirklichung des Sachverhalts handelt (Auftreten als Lieferer), bleiben spätere Änderungen bei der Verwendung der USt-IdNr. ohne Auswirkung. [4]Verwendet der mittlere Unternehmer seine ihm vom Abgangsstaat erteilte USt-IdNr., muss dies in der Regel bereits bei Vertragsabschluss, spätestens jedoch bei Ausführung der Lieferung erfolgen. [5]Die verwendete USt-IdNr. soll in dem jeweiligen Auftragsdokument schriftlich festgehalten werden. [6]Bei mündlicher Erteilung eines Auftrags muss die rechtzeitige Verwendung der USt-IdNr. vom mittleren Unternehmer dokumentiert werden. [7]Es reicht ebenfalls aus, wenn der mittlere Unternehmer dokumentiert, dass er gegenüber seinem leistenden Unternehmer erklärt hat, die ihm vom Abgangsstaat erteilte USt-IdNr. für alle künftigen Lieferungen verwenden zu wollen. [8]Eine in einem Dokument lediglich formularmäßig eingedruckte USt-IdNr. reicht nicht aus. [9]Ein positives Tun des Zwischenhändlers liegt auch dann vor, wenn dessen Leistungsempfänger (Erwerber) die Erklärung über die Unternehmereigenschaft und den unternehmerischen Bezug objektiv nachvollziehbar vorgenommen hat und der Leistungsbezug vom Leistungsempfänger in zutreffender Weise erklärt worden ist, der Zwischenhändler seinen Meldepflichten nach § 18a UStG nachgekommen ist und die Rechnung über die Leistung einen Hinweis auf die USt-IdNr. des Leistungsempfängers, die nach § 18a Abs. 7 UStG in der Zusammenfassenden Meldung angegeben wurde, enthält.

Beispiel 1:

[1]Der Unternehmer D 1 in Köln bestellt bei dem Großhändler D 2 in Hamburg eine dort nicht vorrätige Maschine. [2]D 2 gibt die Bestellung an den Hersteller DK in Dänemark weiter. [3]D 2 befördert die Maschine mit eigenem Lkw unmittelbar von Dänemark nach Köln und übergibt sie dort D 1. [4]Alle Beteiligten treten unter Verwendung der USt-IdNr. ihres Landes auf.

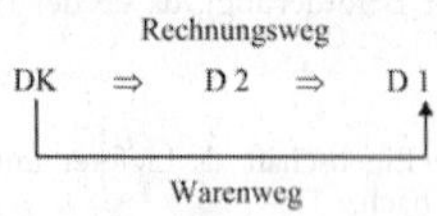

[5]Bei diesem Reihengeschäft werden nacheinander zwei Lieferungen (DK an D 2, D 2 an D 1) ausgeführt. [6]Die Warenbewegung ist der ersten Lieferung DK an D 2 zuzuordnen, da D 2 als Zwischenhändler eine deutsche USt-IdNr. verwendet hat. [7]Dies ist keine vom Mitgliedstaat des Beginns der Beförderung (Dänemark) erteilte USt-IdNr. (§ 3 Abs. 6a Satz 4 1. Halbsatz UStG). [8]Der Ort der bewegten Lieferung liegt nach § 3 Abs. 6a Satz 4 1. Halbsatz UStG in Verbindung mit § 3 Abs. 6 Sätze 1 und 2 UStG in Dänemark (Beginn der Beförderung). [9]Die zweite Lieferung D 2 an D 1 ist eine ruhende Lieferung. [10]Für diese Lieferung liegt der Lieferort nach § 3 Abs. 7 Satz 2 Nr. 2 UStG in Deutschland (Ende der Beförderung), da sie der Beförderungslieferung folgt.

Beispiel 2:

[1]Sachverhalt wie Beispiel 1. [2]Der Zwischenhändler (D 2) verwendet bis zum Beginn der Beförderung die ihm von der dänischen Finanzverwaltung erteilte USt-IdNr. gegenüber dem leistenden Unternehmer DK.

[3] Bei diesem Reihengeschäft werden nacheinander zwei Lieferungen (DK an D 2, D 2 an D 1) ausgeführt. [4] Die Warenbewegung ist der zweiten Lieferung D 2 an D 1 zuzuordnen, da D 2 als Zwischenhändler bis zum Beginn der Beförderung seine dänische USt-IdNr. gegenüber seinem leistenden Unternehmer DK verwendet hat. [5] Dies ist eine vom Mitgliedstaat des Beginns der Beförderung (Dänemark) erteilte USt-IdNr. (§ 3 Abs. 6a Satz 4 2. Halbsatz in Verbindung mit Satz 5 UStG). [6] Der Ort der bewegten Lieferung liegt nach § 3 Abs. 6a Satz 4 2. Halbsatz, Satz 5 in Verbindung mit § 3 Abs. 6 Sätze 1 und 2 UStG in Dänemark (Beginn der Beförderung). [7] Die erste Lieferung DK an D 2 ist eine ruhende Lieferung. [8] Für diese Lieferung liegt der Lieferort nach § 3 Abs. 7 Satz 2 Nr. 1 UStG in Dänemark (Beginn der Beförderung), da sie der Beförderungslieferung vorangeht.

Beispiel 3:

[1] Der Unternehmer DK aus Dänemark bestellt bei dem Großhändler D 2 in Hamburg eine dort nicht vorrätige Maschine. [2] D 2 gibt die Bestellung an den Hersteller D 1 in Köln weiter. [3] D 2 befördert unter Verwendung seiner deutschen USt-IdNr. die Maschine mit eigenem Lkw unmittelbar von Köln nach Dänemark und übergibt sie dort DK. [4] DK tritt unter Verwendung der USt-IdNr. seines Landes auf.

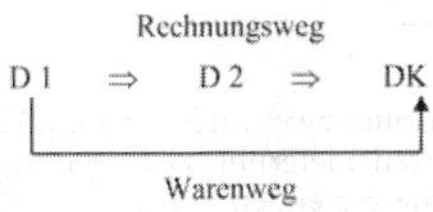

[5] Bei diesem Reihengeschäft werden nacheinander zwei Lieferungen (D 1 an D 2, D 2 an DK) ausgeführt. [6] Die Warenbewegung ist der zweiten Lieferung D 2 an DK zuzuordnen, da D 2 als Zwischenhändler den Transport veranlasst und er bis zum Beginn der Beförderung seine deutsche USt-IdNr. gegenüber seinem leistenden Unternehmer D 1 verwendet hat. [7] Dies ist eine vom Mitgliedstaat des Beginns der Beförderung (Deutschland) erteilte USt-IdNr. (§ 3 Abs. 6a Satz 4 2. Halbsatz in Verbindung mit Satz 5 UStG). [8] Der Ort der bewegten Lieferung liegt nach § 3 Abs. 6a Satz 4 2. Halbsatz, Satz 5 in Verbindung mit § 3 Abs. 6 Sätze 1 und 2 UStG in Köln (Beginn der Beförderung). [9] Diese Lieferung an DK ist unter den weiteren Voraussetzungen als innergemeinschaftliche Lieferung umsatzsteuerfrei. [10] Die erste Lieferung D 1 an D 2 ist eine ruhende Lieferung. [11] Für diese Lieferung liegt der Lieferort nach § 3 Abs. 7 Satz 2 Nr. 1 UStG in Deutschland (Beginn der Beförderung), da sie der Beförderungslieferung vorangeht.

(11) [1] Gelangt der Gegenstand der Lieferung in das Drittlandsgebiet, gilt der Nachweis, dass der Zwischenhändler den Gegenstand als Lieferer befördert oder versendet hat, nur dann als erbracht, wenn er gegenüber dem leistenden Unternehmer bis zum Beginn der Beförderung oder Versendung eine USt-IdNr. oder Steuernummer verwendet, die ihm vom Mitgliedstaat des Beginns der Beförderung oder Versendung erteilt worden ist (§ 3 Abs. 6a Satz 6 UStG). [2] Zum Begriff der Verwendung vgl. Abschnitt 3.14 Abs. 10 Sätze 2 bis 8. [3] Gelangt der Gegenstand der Lieferung vom Drittlandsgebiet in das Gemeinschaftsgebiet, gilt der Nachweis, dass der Zwischenhändler den Gegenstand als Lieferer befördert oder versendet hat, nur dann als erbracht, wenn der Gegenstand der Lieferung in seinem Namen oder im Rahmen der indirekten Stellvertretung (Artikel 18 UZK) für seine Rechnung zum zoll- und umsatzsteuerrechtlich freien Verkehr angemeldet wird (§ 3 Abs. 6a Satz 7 UStG).

Auf das Inland beschränkte Warenbewegungen

(12) [1] Die Grundsätze der Absätze 1 bis 9 finden auch bei Reihengeschäften Anwendung, bei denen keine grenzüberschreitende Warenbewegung stattfindet. [2] Ist an solchen Reihengeschäften ein in einem anderen Mitgliedstaat oder im Drittland ansässiger Unternehmer beteiligt, muss er sich wegen der im

Inland steuerbaren Lieferung stets im Inland steuerlich registrieren lassen. [3]Die Verwendung der ausländischen USt-IdNr. führt nicht zu einer Änderung hinsichtlich des Lieferorts, der Steuerpflicht und der Zuordnung der Warenbewegung, wenn ruhende Lieferungen vorliegen oder keine grenzüberschreitende Warenbewegung stattfindet.

Beispiel:

[1]Der Unternehmer D 1 aus Essen bestellt eine Maschine bei dem Unternehmer B in Belgien. [2]B bestellt die Maschine seinerseits bei dem Großhändler D 2 in Bielefeld. [3]D 2 lässt die Maschine durch einen Beförderungsunternehmer von Bielefeld unmittelbar nach Essen an D 1 transportieren. [4]Alle Beteiligten treten unter Verwendung der USt-IdNr. ihres Landes auf.

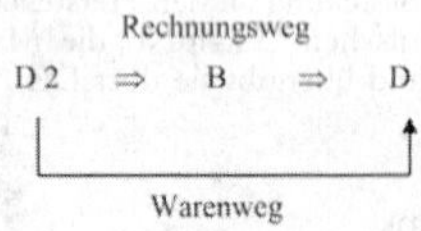

[5]Bei diesem Reihengeschäft werden nacheinander zwei Lieferungen (D 2 an B und B an D 1) ausgeführt. [6]Die Warenbewegung ist der ersten Lieferung D 2 an B zuzuordnen, da D 2 als erster Unternehmer in der Reihe die Maschine versendet.

[7]Der Ort der bewegten Lieferung liegt nach § 3 Abs. 6a Satz 2 UStG in Verbindung mit § 3 Abs. 6 Sätze 1, 3 und 4 UStG in Bielefeld (Beginn der Versendung). [8]Die zweite Lieferung B an D 1 ist eine ruhende Lieferung. [9]Für diese Lieferung liegt der Lieferort nach § 3 Abs. 7 Satz 2 Nr. 2 UStG in Essen (Ende der Versendung), da sie der Versendungslieferung folgt. [10]B muss sich in Deutschland bei dem zuständigen Finanzamt registrieren lassen und seine Lieferung zur Umsatzbesteuerung erklären. [11]Auch die Verwendung der belgischen USt-IdNr. des B führt zu keiner abweichenden Beurteilung.

Innergemeinschaftliche Lieferung und innergemeinschaftlicher Erwerb

(13) [1]Im Rahmen eines Reihengeschäfts, bei dem die Warenbewegung im Inland beginnt und im Gebiet eines anderen Mitgliedstaats endet, kann mit der Beförderung oder Versendung des Liefergegenstands in das übrige Gemeinschaftsgebiet nur eine innergemeinschaftliche Lieferung im Sinne des § 6a UStG bewirkt werden. [2]Die Steuerbefreiung nach § 4 Nr. 1 Buchstabe b UStG kommt demnach nur bei der Beförderungs- oder Versendungslieferung zur Anwendung. [3]Beginnt die Warenbewegung in einem anderen Mitgliedstaat und endet sie im Inland, ist von den beteiligten Unternehmern nur derjenige Erwerber im Sinne des § 1a UStG, an den die Beförderungs- oder Versendungslieferung ausgeführt wird.

Beispiel 1:

[1]Der Unternehmer B 1 in Belgien bestellt bei dem ebenfalls in Belgien ansässigen Großhändler B 2 eine dort nicht vorrätige Ware. [2]B 2 gibt die Bestellung an den Großhändler D 1 in Frankfurt weiter. [3]D 1 bestellt die Ware beim Hersteller D 2 in Köln. [4]Alle Beteiligten treten unter der USt-IdNr. ihres Landes auf. [5]D 2 befördert die Ware von Köln mit eigenem Lkw unmittelbar nach Belgien und übergibt sie dort B 1.

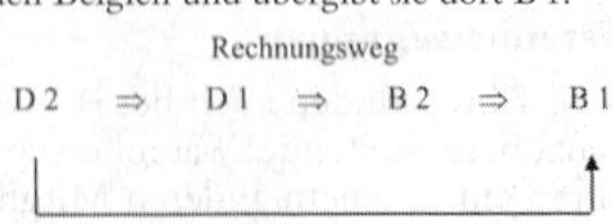

[6] Es werden nacheinander drei Lieferungen (D 2 an D 1, D 1 an B 2 und B 2 an B 1) ausgeführt. [7] Die erste Lieferung D 2 an D 1 ist die Beförderungslieferung. [8] Der Ort der bewegten Lieferung liegt nach § 3 Abs. 6a Satz 2 UStG in Verbindung mit § 3 Abs. 6 Sätze 1 und 2 UStG in Deutschland (Beginn der Beförderung). [9] Die Lieferung ist im Inland steuerbar und steuerpflichtig, da D 1 ebenfalls mit deutscher USt-IdNr. auftritt. [10] Der Erwerb der Ware unterliegt bei D 1 der Besteuerung des innergemeinschaftlichen Erwerbs in Belgien, weil die Warenbewegung dort endet (§ 3d Satz 1 UStG). [11] Solange D 1 eine Besteuerung des innergemeinschaftlichen Erwerbs in Belgien nicht nachweisen kann, hat er einen innergemeinschaftlichen Erwerb in Deutschland zu besteuern (§ 3d Satz 2 UStG). [12] Die zweite Lieferung D 1 an B 2 und die dritte Lieferung B 2 an B 1 sind ruhende Lieferungen. [13] Für diese Lieferungen liegt der Lieferort nach § 3 Abs. 7 Satz 2 Nr. 2 UStG jeweils in Belgien (Ende der Beförderung), da sie der Beförderungslieferung folgen. [14] Beide Lieferungen sind nach belgischem Recht zu beurteilen. [15] D 1 muss sich in Belgien umsatzsteuerlich registrieren lassen.
[16] Würde D 1 mit belgischer USt-IdNr. auftreten, wäre die Lieferung des D 2 an D 1 als innergemeinschaftliche Lieferung steuerfrei, wenn D 2 die Voraussetzungen hierfür nachweist.

Beispiel 2:

[1] Sachverhalt wie Beispiel 1. [2] D 1 befördert die Ware von Köln mit eigenem Lkw unmittelbar nach Belgien und übergibt sie dort B 1.
[3] Es werden nacheinander drei Lieferungen (D 2 an D 1, D 1 an B 2 und B 2 an B 1) ausgeführt. [4] Die Warenbewegung ist der zweiten Lieferung D 1 an B 2 zuzuordnen, da D 1 gegenüber seinem leistenden Unternehmer D 2 bis zum Beginn der Beförderung seine deutsche USt-IdNr. verwendet hat (§ 3 Abs. 6a Satz 4 2. Halbsatz in Verbindung mit Satz 5 UStG).
[5] Dies ist eine vom Mitgliedstaat des Beginns der Beförderung (Deutschland) erteilte USt-IdNr. [6] Der Ort der Beförderungslieferung liegt nach § 3 Abs. 6 Sätze 1 und 2 UStG in Köln (Beginn der Beförderung). [7] Die bewegte Lieferung ist steuerbar und bei Vorliegen der Voraussetzungen nach § 4 Nr. 1 Buchstabe b in Verbindung mit § 6a UStG als innergemeinschaftliche Lieferung steuerfrei. [8] Der Erwerb der Ware unterliegt bei B 2 der Besteuerung des innergemeinschaftlichen Erwerbs in Belgien, weil die Warenbewegung dort endet (§ 3d Satz 1 UStG). [9] Der Ort der ruhenden Lieferung von D 2 an D 1 liegt nach § 3 Abs. 7 Satz 2 Nr. 1 UStG in Köln (Beginn der Beförderung), da sie der Beförderungslieferung vorangeht. [10] Die Lieferung ist folglich steuerbar und steuerpflichtig. [11] Der Lieferort der ruhenden Lieferung von B 2 an B 1 liegt nach § 3 Abs. 7 Satz 2 Nr. 2 UStG in Belgien (Ende der Beförderung), da sie der Beförderungslieferung folgt.

Beispiel 3:

[1] Sachverhalt wie Beispiel 1. [2] B 2 befördert die Ware von Köln mit eigenem Lkw unmittelbar nach Belgien und übergibt sie dort B 1.
[3] Es werden nacheinander drei Lieferungen (D 2 an D 1, D 1 an B 2 und B 2 an B 1) ausgeführt. [4] Die Warenbewegung ist nach der Vermutungsregelung des § 3 Abs. 6a Satz 4 1. Halbsatz UStG der zweiten Lieferung von D 1 an B 2 zuzuordnen. [5] Eine Zuordnung der Warenbewegung zur dritten Lieferung von B 2 an B 1 kommt nicht in Betracht, da B 2 gegenüber seinem leistenden Unternehmer D 1 bis zum Beginn der Beförderung seine belgische USt-IdNr. verwendet hat und diese nicht die USt-IdNr. ist, die B 2 vom Mitgliedstaat des Beginns der Beförderung (Deutschland) erteilt wurde (§ 3 Abs. 6a Satz 4 2. Halbsatz in Verbindung mit Satz 5 UStG). [6] Die Beurteilung entspricht daher der von Beispiel 2.

Beispiel 4:

[1] Sachverhalt wie Beispiel 1. [2] B 2 tritt mit einer deutschen USt-IdNr. auf; alle anderen Beteiligten treten unter der USt-IdNr. ihres Landes auf.
[3] B 2 befördert die Ware von Köln mit eigenem Lkw unmittelbar nach Belgien, übergibt sie dort B 1 und hat gegenüber D 1 vor Beginn der Beförderung seine deutsche USt-IdNr. verwendet.
[4] Die gesetzliche Vermutung des § 3 Abs. 6a Satz 4 1. Halbsatz UStG ist widerlegt. [5] B 2 tritt durch die Verwendung der vom Mitgliedstaat des Beginns der Beförderung (Deutschland) erteilten USt-IdNr. nicht in seiner Eigenschaft als Abnehmer der Vorlieferung, sondern als Lieferer auf; die Warenbewegung ist der dritten Lieferung (B 2 an B 1) zuzuordnen (§ 3 Abs. 6a Satz 5 UStG). [6] Der Ort der bewegten Lieferung liegt nach § 3 Abs. 6a Satz 4

2. Halbsatz, Satz 5 in Verbindung mit Abs. 6 Sätze 1 und 2 UStG in Deutschland (Beginn der Beförderung). [7] Die Lieferung ist bei Nachweis der Voraussetzungen nach § 4 Nr. 1 Buchstabe b in Verbindung mit § 6a UStG als innergemeinschaftliche Lieferung steuerfrei. [8] Der Erwerb der Ware unterliegt bei B 1 der Besteuerung des innergemeinschaftlichen Erwerbs in Belgien, weil die Warenbewegung dort endet (§ 3d Satz 1 UStG). [9] Die erste Lieferung D 2 an D 1 und die zweite Lieferung D 1 an B 2 sind ruhende Lieferungen. [10] Der Lieferort für diese Lieferungen liegt nach § 3 Abs. 7 Satz 2 Nr. 1 UStG jeweils in Deutschland (Beginn der Beförderung), da sie der Beförderungslieferung vorangehen. [11] Sie sind in Deutschland steuerbar und steuerpflichtig.

Beispiel 5:

[1] Sachverhalt wie Beispiel 1. [2] B 1 holt die Ware bei D 2 in Köln ab und befördert sie von dort mit eigenem Lkw nach Belgien.

[3] Die Warenbewegung ist in diesem Fall der dritten Lieferung (B 2 an B 1) zuzuordnen, da der letzte Abnehmer die Ware selbst befördert (Abholfall). [4] Diese Lieferung ist die Beförderungslieferung. [5] Der Ort der bewegten Lieferung liegt nach § 3 Abs. 6a Satz 3 in Verbindung mit § 3 Abs. 6 Sätze 1 und 2 UStG in Deutschland (Beginn der Beförderung). [6] Die Lieferung des B 2 ist bei Nachweis der Voraussetzungen des § 6a UStG als innergemeinschaftliche Lieferung nach § 4 Nr. 1 Buchstabe b UStG steuerfrei. [7] Der Erwerb der Ware unterliegt bei B 1 der Besteuerung des innergemeinschaftlichen Erwerbs in Belgien, weil die innergemeinschaftliche Warenbewegung dort endet (§ 3d Satz 1 UStG). [8] Die erste Lieferung D 2 an D 1 und die zweite Lieferung D 1 an B 2 sind ruhende Lieferungen. [9] Für diese Lieferungen liegt der Lieferort nach § 3 Abs. 7 Satz 2 Nr. 1 UStG jeweils in Deutschland (Beginn der Beförderung), da sie der Beförderungslieferung vorangehen. [10] Beide Lieferungen sind steuerbare und steuerpflichtige Lieferungen in Deutschland. [11] D 2, D 1 und B 2 müssen ihre Lieferungen zur Umsatzbesteuerung erklären.

Warenbewegungen im Verhältnis zum Drittland

(14) [1] Im Rahmen eines Reihengeschäfts, bei dem die Warenbewegung im Inland beginnt und im Drittlandsgebiet endet, kann mit der Beförderung oder Versendung des Liefergegenstands in das Drittlandsgebiet nur eine Ausfuhrlieferung im Sinne des § 6 UStG bewirkt werden. [2] Die Steuerbefreiung nach § 4 Nr. 1 Buchstabe a UStG kommt demnach nur bei der Beförderungs- oder Versendungslieferung zur Anwendung.

Beispiel 1:

[1] Der türkische Unternehmer T bestellt eine Werkzeugmaschine bei dem Unternehmer S aus der Schweiz. [2] S bestellt die Maschine bei D 1 in Frankfurt, der die Bestellung an den Hersteller D 2 in Stuttgart weitergibt. [3] S holt die Maschine in Stuttgart ab und befördert sie mit eigenem Lkw unmittelbar in die Türkei und übergibt sie dort T; S verwendet gegenüber D 1 vor Beginn der Beförderung weder eine deutsche USt-IdNr. noch eine deutsche Steuernummer.

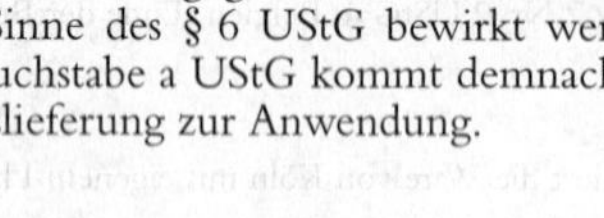

[4] Bei diesem Reihengeschäft werden drei Lieferungen (D 2 an D 1, D 1 an S und S an T) ausgeführt. [5] Die Warenbewegung ist nach § 3 Abs. 6a Sätze 1 und 4 1. Halbsatz UStG der zweiten Lieferung D 1 an S zuzuordnen, da S als Zwischenhändler in seiner Eigenschaft als Abnehmer der Vorlieferung auftritt; S hat die gesetzliche Vermutung des § 3 Abs. 6a Satz 4 1. Halbsatz UStG nicht durch Verwendung einer vom Mitgliedstaat des Beginns der Beförderung (Deutschland) erteilten USt-IdNr. oder Steuernummer widerlegt (§ 3 Abs. 6a Satz 6 UStG). [6] Ort der Beförderungslieferung ist nach § 3 Abs. 6a Satz 4 1. Halbsatz UStG in Verbindung mit

§ 3 Abs. 6 Sätze 1 und 2 UStG Stuttgart (Beginn der Beförderung). [7]Die Lieferung ist bei Nachweis der Voraussetzungen des § 6 UStG als Ausfuhrlieferung nach § 4 Nr. 1 Buchstabe a UStG steuerfrei. [8]Die erste Lieferung D 2 an D 1 und die dritte Lieferung S an T sind ruhende Lieferungen. [9]Der Lieferort für die erste Lieferung liegt nach § 3 Abs. 7 Satz 2 Nr. 1 UStG in Deutschland (Beginn der Beförderung), da sie der Beförderungslieferung vorangeht. [10]Sie ist eine steuerbare und steuerpflichtige Lieferung in Deutschland. [11]Die Steuerbefreiung für Ausfuhrlieferungen kommt bei ruhenden Lieferungen nicht in Betracht. [12]Der Lieferort für die dritte Lieferung liegt nach § 3 Abs. 7 Satz 2 Nr. 2 UStG in der Türkei (Ende der Beförderung), da sie der Beförderungslieferung folgt.

Beispiel 2:

[1]Sachverhalt wie Beispiel 1. [2]S holt die Maschine in Stuttgart ab, befördert sie mit eigenem Lkw unmittelbar in die Türkei und übergibt sie dort T. [3]S hat gegenüber D 1 vor Beginn der Beförderung seine deutsche USt-IdNr. verwendet.

[4]Es werden nacheinander drei Lieferungen (D 2 an D 1, D 1 an S und S an T) ausgeführt. [5]Die Warenbewegung ist der dritten Lieferung S an T zuzuordnen, da S als Zwischenhändler die Ware befördert und gegenüber D 1 vor Beginn der Beförderung seine deutsche USt-IdNr. verwendet hat (§ 3 Abs. 6a Satz 4 2. Halbsatz in Verbindung mit Satz 6 UStG). [6]Der Ort der Beförderungslieferung liegt nach § 3 Abs. 6 Sätze 1 und 2 UStG in Stuttgart (Beginn der Beförderung). [7]Die bewegte Lieferung ist steuerbar und bei Vorliegen der Voraussetzungen nach § 4 Nr. 1 Buchstabe a in Verbindung mit § 6 UStG als Ausfuhrlieferung steuerfrei. [8]Der Ort der ruhenden Lieferungen von D 2 an D 1 und D 1 an S liegt nach § 3 Abs. 7 Satz 2 Nr. 1 UStG in Stuttgart (Beginn der Beförderung), da sie der Beförderungslieferung vorangehen. [9]Die Lieferungen sind folglich steuerbar und steuerpflichtig.

Beispiel 3:

[1]Sachverhalt wie Beispiel 1. [2]T holt die Maschine selbst bei D 2 in Stuttgart ab und befördert sie mit eigenem Lkw in die Türkei.

[3]Die Warenbewegung ist der dritten Lieferung (S an T) zuzuordnen (§ 3 Abs. 6a Satz 3 UStG). [4]Ort der Beförderungslieferung ist nach § 3 Abs. 6a Satz 3 in Verbindung mit § 3 Abs. 6 Sätze 1 und 2 UStG Stuttgart (Beginn der Beförderung). [5]Die Lieferung ist bei Nachweis der Voraussetzungen des § 6 UStG als Ausfuhrlieferung nach § 4 Nr. 1 Buchstabe a UStG steuerfrei. [6]Die erste Lieferung (D 2 an D 1) und die zweite Lieferung (D 1 an S) sind als ruhende Lieferungen jeweils in Deutschland steuerbar und steuerpflichtig, da sie der Beförderungslieferung vorangehen (§ 3 Abs. 7 Satz 2 Nr. 1 UStG). [7]S muss seine Lieferung beim zuständigen Finanzamt in Deutschland zur Umsatzbesteuerung erklären.

Beispiel 4:

[1]Sachverhalt wie Beispiel 1. [2]D 1 holt die Maschine in Stuttgart ab, befördert sie mit eigenem Lkw unmittelbar in die Türkei und übergibt sie dort T. [3]D 1 hat gegenüber D 2 vor Beginn der Beförderung seine deutsche USt-IdNr. verwendet.

[4]Es werden nacheinander drei Lieferungen (D 2 an D 1, D 1 an S und S an T) ausgeführt. [5]Die Warenbewegung ist der zweiten Lieferung D 1 an S zuzuordnen, da D 1 gegenüber seinem leistenden Unternehmer D 2 bis zum Beginn der Beförderung seine deutsche USt-IdNr. verwendet hat (§ 3 Abs. 6a Satz 4 2. Halbsatz in Verbindung mit Satz 6 UStG). [6]Dies ist eine vom Mitgliedstaat des Beginns der Beförderung (Deutschland) erteilte USt-IdNr. [7]Der Ort der Beförderungslieferung liegt nach § 3 Abs. 6 Sätze 1 und 2 UStG in Stuttgart (Beginn der Beförderung). [8]Die Lieferung ist steuerbar und bei Vorliegen der Voraussetzungen nach § 4 Nr. 1 Buchstabe a in Verbindung mit § 6 UStG als Ausfuhrlieferung steuerfrei. [9]Der Ort der ruhenden Lieferung von D 2 an D 1 liegt nach § 3 Abs. 7 Satz 2 Nr. 1 UStG in Stuttgart (Beginn der Beförderung), da sie der Beförderungslieferung vorangeht. [10]Die Lieferung ist folglich steuerbar und steuerpflichtig. [11]Der Lieferort der ruhenden Lieferung von S an T liegt nach § 3 Abs. 7 Satz 2 Nr. 2 UStG in der Türkei (Ende der Beförderung), da sie der Beförderungslieferung folgt.

(15) [1]Gelangt im Rahmen eines Reihengeschäfts der Gegenstand der Lieferungen aus dem Drittlandsgebiet in das Inland, kann eine Verlagerung des

Lieferorts nach § 3 Abs. 8 UStG nur für die Beförderungs- oder Versendungslieferung in Betracht kommen. [2]Dazu muss derjenige Unternehmer, dessen Lieferung im Rahmen des Reihengeschäfts die Warenbewegung zuzuordnen ist, oder sein Beauftragter zugleich auch Schuldner der Einfuhrumsatzsteuer sein.

Beispiel 1:

[1]Der in Belgien ansässige Unternehmer B bestellt bei dem in Deutschland ansässigen Unternehmer D Waren, die D bei S aus der Schweiz bestellt. [2]Die Waren werden in Deutschland im Namen des Zwischenhändlers D zum zoll- und steuerrechtlich freien Verkehr überlassen. [3]D beauftragt einen Spediteur mit dem Transport der Ware von der Schweiz nach Belgien.

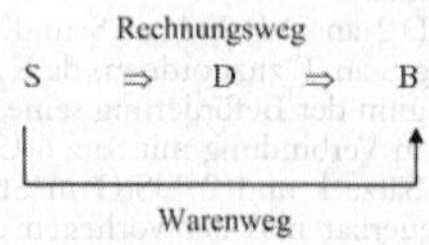

[4]Bei diesem Reihengeschäft werden zwei Lieferungen (S an D und D an B) ausgeführt. [5]Die Warenbewegung ist nach § 3 Abs. 6a Satz 4 2. Halbsatz in Verbindung mit Satz 7 UStG der zweiten Lieferung D an B zuzuordnen, da auf Grund der Beauftragung des Spediteurs der Zwischenhändler D die Ware befördert und der Zwischenhändler D diese Beförderung durch die Anmeldung der Waren im Namen des Zwischenhändlers D zum zoll- und steuerrechtlich freien Verkehr nachweisen kann. [6]Die Vermutung des § 3 Abs. 6a Satz 4 1. Halbsatz UStG gilt somit als widerlegt, so dass D im Rahmen des Reihengeschäfts nicht als Abnehmer, sondern als Lieferer auftritt. [7]Lieferort der (bewegten) Lieferung des D an B ist nach § 3 Abs. 8 UStG Deutschland, da D als Lieferer der Versendungslieferung zugleich Schuldner der Einfuhrumsatzsteuer ist. [8]Seine Lieferung an B ist unter den weiteren Voraussetzungen nach § 4 Nr. 1 Buchstabe b in Verbindung mit § 6a UStG als innergemeinschaftliche Lieferung umsatzsteuerfrei.

Beispiel 2:

[1]Sachverhalt wie Beispiel 1. [2]Die Waren werden in Deutschland im Namen des Abnehmers B zum zoll- und steuerrechtlichen freien Verkehr überlassen. [3]B beauftragt einen Spediteur mit dem Transport der Ware von der Schweiz nach Belgien.

[4]Bei diesem Reihengeschäft werden zwei Lieferungen (S an D und D an B) ausgeführt. [5]Die Warenbewegung ist nach § 3 Abs. 6a Satz 3 UStG der Lieferung von D an B zuzuordnen. [6]§ 3 Abs. 8 UStG kommt nicht zur Anwendung, weil D als Lieferer nicht Schuldner der Einfuhrumsatzsteuer ist. [7]Die bewegte Lieferung des D ist wegen § 3 Abs. 6 Satz 1 UStG in Deutschland nicht steuerbar. [8]B verwirklicht mit der Einfuhr in Deutschland und dem Innehaben der umsatzsteuerlichen Verfügungsmacht bis zur Beendigung der Versendung in Belgien ein in Deutschland mit der Einfuhr beginnendes innergemeinschaftliches Verbringen nach § 3 Abs. 1a UStG. [9]Dieses Verbringen ist einer Lieferung gegen Entgelt gleichgestellt und unter den weiteren Voraussetzungen des § 4 Nr. 1 Buchstabe b in Verbindung mit § 6a UStG steuerbefreit (§ 6a Abs. 2 UStG). [10]Folglich ist B aufgrund des Verbringenstatbestandes verpflichtet, sich in Deutschland für umsatzsteuerliche Zwecke registrieren zu lassen. [11]Die etwaige Vorsteuer aus Einfuhrumsatzsteuer ist damit von B im allgemeinen Besteuerungsverfahren geltend zu machen.

(16) Gelangt der Gegenstand der Lieferungen im Rahmen eines Reihengeschäfts aus dem Drittlandsgebiet in das Inland und hat ein Zwischenhändler oder dessen Beauftragter den Gegenstand der Lieferung eingeführt, sind die der Einfuhr in der Lieferkette vorausgegangenen Lieferungen nach § 4 Nr. 4b UStG steuerfrei.

Beispiel 1:

[1] Der deutsche Unternehmer D bestellt bei dem französischen Unternehmer F Computerteile. [2] Dieser bestellt die Computerteile seinerseits bei dem Hersteller S in der Schweiz. [3] S befördert die Computerteile auf Veranlassung des F unmittelbar zu D nach Deutschland. [4] D lässt die Teile zur Überlassung zum zoll- und steuerrechtlich freien Verkehr abfertigen, nachdem ihm S die Computerteile übergeben hat.

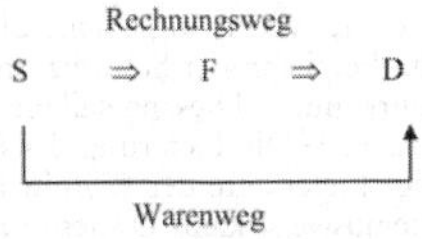

[5] Bei diesem Reihengeschäft werden zwei Lieferungen (S an F und F an D) ausgeführt. [6] Die Warenbewegung ist nach § 3 Abs. 6a Satz 2 und § 3 Abs. 6 Satz 1 UStG der ersten Lieferung S an F zuzuordnen, da S als erster Unternehmer in der Reihe die Computerteile selbst befördert. [7] Lieferort ist nach § 3 Abs. 6 Sätze 1 und 2 UStG die Schweiz (Beginn der Beförderung). [8] Die (bewegte) Lieferung des S unterliegt bei der Einfuhr in Deutschland der deutschen Einfuhrumsatzsteuer. [9] Eine Verlagerung des Lieferorts nach § 3 Abs. 8 UStG kommt nicht in Betracht, da S als Lieferer der Beförderungslieferung nicht zugleich Schuldner der Einfuhrumsatzsteuer ist. [10] Die zweite Lieferung (F an D) ist eine ruhende Lieferung. [11] Sie gilt nach § 3 Abs. 7 Satz 2 Nr. 2 UStG in Deutschland als ausgeführt (Ende der Beförderung), da sie der Beförderung nachfolgt. [12] F führt eine nach § 4 Nr. 4b UStG steuerfreie Lieferung aus, da seine Lieferung in der Lieferkette der Einfuhr durch den Abnehmer D vorausgeht. [13] Erteilt F dem D eine Rechnung mit gesondertem Steuerausweis, kann D lediglich die geschuldete Einfuhrumsatzsteuer als Vorsteuer abziehen. [14] Ein Abzug der in einer solchen Rechnung des F gesondert ausgewiesenen Steuer als Vorsteuer kommt für D nur dann in Betracht, wenn diese Steuer gesetzlich geschuldet ist. [15] Kann F den Nachweis nicht erbringen, dass sein Folgeabnehmer D die Computerteile zur Überlassung zum zoll- und steuerrechtlich freien Verkehr abgefertigt hat, muss er die Lieferung an D als steuerpflichtig behandeln. [16] Die Umsatzsteuer ist dann gesetzlich geschuldet und D kann in diesem Fall die in der Rechnung des F gesondert ausgewiesene Umsatzsteuer nach § 15 Abs. 1 Satz 1 Nr. 1 UStG neben der entstandenen Einfuhrumsatzsteuer nach § 15 Abs. 1 Satz 1 Nr. 2 UStG als Vorsteuer abziehen, vgl. Abschnitt 15.8 Abs. 10 Satz 3.

Beispiel 2:

[1] Sachverhalt wie Beispiel 1. [2] S befördert die Computerteile auf Veranlassung des F unmittelbar an D nach Deutschland. [3] Die Computerteile werden bereits bei Grenzübertritt für F zur Überlassung zum zoll- und steuerrechtlich freien Verkehr abgefertigt.

[4] Es liegt wie im Beispiel 1 ein Reihengeschäft vor, bei dem die (bewegte) Lieferung des S an F mit Beginn der Beförderung in der Schweiz (§ 3 Abs. 6a Satz 2 in Verbindung mit § 3 Abs. 6 Satz 1 UStG) und die ruhende Lieferung des F an D am Ende der Beförderung in Deutschland ausgeführt wird (§ 3 Abs. 7 Satz 2 Nr. 2 UStG). [5] Im Zeitpunkt der Überlassung zum zoll- und steuerrechtlich freien Verkehr hat F die Verfügungsmacht über die eingeführten Computerteile, weil die Lieferung von S an ihn bereits in der Schweiz und seine Lieferung an D erst mit der Übergabe der Waren an D im Inland als ausgeführt gilt. [6] Die angefallene Einfuhrumsatzsteuer kann daher von F als Vorsteuer abgezogen werden. [7] Die Lieferung des F an D ist nicht nach § 4 Nr. 4b UStG steuerfrei, da sie innerhalb der Lieferkette der Einfuhr nachgeht. [8] Erteilt F dem D eine Rechnung mit gesondertem Steuerausweis, kann D diese unter den allgemeinen Voraussetzungen des § 15 UStG als Vorsteuer abziehen.

Beispiel 3:

[1] Sachverhalt wie Beispiel 1. [2] F befördert die Computerteile selbst unmittelbar an D nach Deutschland. [3] Die Computerteile werden bei Grenzübertritt im Namen des F zur Überlassung zum zoll- und steuerrechtlich freien Verkehr abgefertigt.

[4] Bei diesem Reihengeschäft werden zwei Lieferungen (S an F und F an D) ausgeführt. [5] Die Warenbewegung ist nach § 3 Abs. 6a Satz 4 2. Halbsatz in Verbindung mit Satz 7 UStG der zweiten Lieferung F an D zuzuordnen, da die Computerteile im Namen des Zwischenhänd-

lers F zum zoll- und steuerrechtlich freien Verkehr angemeldet wurden. [6]Die Vermutung des § 3 Abs. 6a Satz 4 1. Halbsatz UStG gilt somit als widerlegt und F tritt im Rahmen des Reihengeschäfts nicht als Abnehmer, sondern als Lieferer auf. [7]Lieferort der (bewegten) Lieferung des F an D ist nach § 3 Abs. 8 UStG Deutschland, da F als Lieferer der Beförderungslieferung zugleich Schuldner der Einfuhrumsatzsteuer ist. [8]Die erste Lieferung (S an F) ist eine ruhende Lieferung. [9]Sie gilt nach § 3 Abs. 7 Satz 2 Nr. 1 UStG in der Schweiz als ausgeführt (Beginn der Beförderung), da sie der Beförderung vorangeht. [10]Im Zeitpunkt der Überlassung zum zoll- und steuerrechtlich freien Verkehr hat F die Verfügungsmacht über die eingeführten Computerteile, weil die Lieferung von S an ihn bereits in der Schweiz und seine Lieferung an D erst nach der Einfuhr im Inland als ausgeführt gilt. [11]Die angefallene Einfuhrumsatzsteuer kann daher von F als Vorsteuer abgezogen werden. [12]Die Lieferung des F an D ist nicht nach § 4 Nr. 4b UStG steuerfrei, da sie innerhalb der Lieferkette der Einfuhr nachgeht. [13]Erteilt F dem D eine Rechnung mit gesondertem Steuerausweis, kann D diese unter den allgemeinen Voraussetzungen des § 15 UStG als Vorsteuer abziehen.

(17) Die Absätze 14 bis 16 gelten entsprechend, wenn bei der Warenbewegung vom Inland in das Drittlandsgebiet (oder umgekehrt) das Gebiet eines anderen Mitgliedstaats berührt wird.

Reihengeschäfte mit privaten Endabnehmern

(18) [1]An Reihengeschäften können auch Nichtunternehmer als letzte Abnehmer in der Reihe beteiligt sein. [2]Die Grundsätze der Absätze 1 bis 9 und Absatz 19 Satz 1 sind auch in diesen Fällen anzuwenden. [3]Wenn der letzte Abnehmer im Rahmen eines Reihengeschäfts, bei dem die Warenbewegung im Inland beginnt und im Gebiet eines anderen Mitgliedstaates endet (oder umgekehrt), nicht die subjektiven Voraussetzungen für die Besteuerung des innergemeinschaftlichen Erwerbs erfüllt und demzufolge nicht mit einer USt-IdNr. auftritt, ist § 3c UStG zu beachten, wenn der letzten Lieferung in der Reihe die Beförderung oder Versendung zugeordnet wird; dies gilt nicht, wenn der private Endabnehmer den Gegenstand abholt.

Beispiel:

[1]Der niederländische Privatmann NL kauft für sein Einfamilienhaus in Venlo (Niederlande) Möbel beim Möbelhaus D 1 in Köln. [2]D 1 bestellt die Möbel bei der Möbelfabrik D 2 in Münster. [3]D 2 versendet die Möbel unmittelbar zu NL nach Venlo. [4]D 1 und D 2 treten jeweils unter ihrer deutschen USt-IdNr. auf.

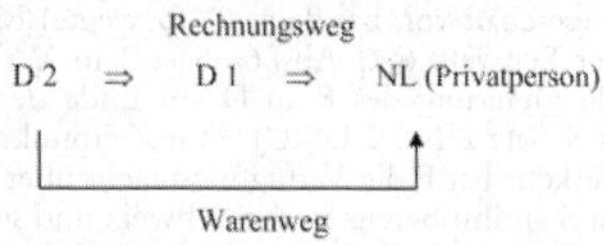

[5]Bei diesem Reihengeschäft werden nacheinander zwei Lieferungen (D 2 an D 1 und D 1 an NL) ausgeführt. [6]Die erste Lieferung D 2 an D 1 ist die Versendungslieferung, da D 2 als erster Unternehmer in der Reihe den Transport durchführen lässt. [7]Der Ort der (bewegten) Lieferung liegt nach § 3 Abs. 6a Satz 2 in Verbindung mit § 3 Abs. 6 Satz 1 UStG in Deutschland (Beginn der Versendung). [8]Die Lieferung ist im Inland steuerbar und steuerpflichtig, da D 1 ebenfalls mit deutscher USt-IdNr. auftritt. [9]Der Erwerb der Ware unterliegt bei D 1 der Besteuerung des innergemeinschaftlichen Erwerbs in den Niederlanden, weil die innergemeinschaftliche Warenbewegung dort endet (§ 3d Satz 1 UStG). [10]Solange D 1 einen innergemeinschaftlichen Erwerb in den Niederlanden nicht nachweisen kann, hat er einen innergemeinschaftlichen Erwerb in Deutschland zu besteuern (§ 3d Satz 2 UStG). [11]Die zweite Lieferung D 1 an NL ist eine ruhende Lieferung. [12]Die Lieferung des D 1 an NL fällt deshalb nicht unter die Regelung des § 3c UStG. [13]Der Lieferort für diese Lieferung liegt nach § 3

Abs. 7 Satz 2 Nr. 2 UStG in den Niederlanden (Ende der Versendung), da sie der Versendungslieferung folgt. [14]Die Lieferung ist nach niederländischem Recht zu beurteilen. [15]D 1 muss sich in den Niederlanden umsatzsteuerlich registrieren lassen.
[16]Würde D 1 mit niederländischer USt-IdNr. auftreten, wäre die Lieferung des D 2 an D 1 als innergemeinschaftliche Lieferung steuerfrei, wenn D 2 die Voraussetzungen hierfür nachweist.
[17]Würde die Versendung im vorliegenden Fall allerdings der zweiten Lieferung (D 1 an NL) zuzuordnen sein, wäre diese Lieferung nach § 3c UStG zu beurteilen, da der Gegenstand vom Lieferer in einen anderen Mitgliedstaat versendet wird und der Abnehmer NL als Privatperson ein Erwerber im Sinne des § 3a Abs. 5 Satz 1 UStG ist.

Vereinfachungsregelungen

(19) [1]Ist die Zuordnung der Beförderung oder Versendung zu einer der Lieferungen von einem an dem Reihengeschäft beteiligten Unternehmer auf Grund des Rechts eines anderen Mitgliedstaats ausnahmsweise abweichend von den Absätzen 7 bis 11 vorgenommen worden, ist es nicht zu beanstanden, wenn dieser Zuordnung gefolgt wird. [2]Bei einer gebrochenen Beförderung oder Versendung aus einem anderen Mitgliedstaat ins Drittlandsgebiet ist die Behandlung als Reihengeschäft nicht zu beanstanden, wenn der erste Unternehmer den Liefergegenstand aus dem Mitgliedstaat des Beginns der Beförderung oder Versendung (Abgangsmitgliedstaat) nur zum Zweck der Verschiffung ins Drittlandsgebiet in das Inland befördert oder versendet, auf Grund des Rechts des Abgangsmitgliedstaats die Behandlung als Reihengeschäft vorgenommen worden ist und der Unternehmer, dessen Lieferung bei Nichtannahme eines Reihengeschäfts im Inland steuerbar wäre, dies nachweist.

Lieferungen unter Einbeziehung von Betreibern elektronischer Schnittstellen in fiktive Lieferketten

(20) Die Absätze 1 bis 19 sind nicht auf Lieferketten im Sinne des § 3 Abs. 3a in Verbindung mit Abs. 6b UStG anzuwenden (vgl. hierzu Abschnitt 3.18).

3.15 Dienstleistungskommission (§ 3 Abs. 11 UStG)

(1) [1]Wird ein Unternehmer (Auftragnehmer) in die Erbringung einer sonstigen Leistung eingeschaltet und handelt er dabei im eigenen Namen und für fremde Rechnung (Dienstleistungskommission), gilt diese sonstige Leistung als an ihn und von ihm erbracht. [2]Dabei wird eine Leistungskette fingiert. [3]Sie behandelt den Auftragnehmer als Leistungsempfänger und zugleich Leistenden. [4]Die Dienstleistungskommission erfasst die Fälle des sog. Leistungseinkaufs und des sog. Leistungsverkaufs. [5]Ein sog. Leistungseinkauf liegt vor, wenn ein von einem Auftraggeber bei der Beschaffung einer sonstigen Leistung eingeschalteter Unternehmer (Auftragnehmer) für Rechnung des Auftraggebers im eigenen Namen eine sonstige Leistung durch einen Dritten erbringen lässt. [6]Ein sog. Leistungsverkauf liegt vor, wenn ein von einem Auftraggeber bei der Erbringung einer sonstigen Leistung eingeschalteter Unternehmer (Auftragnehmer) für Rechnung des Auftraggebers im eigenen Namen eine sonstige Leistung an einen Dritten erbringt.

(2) [1]Die Leistungen der Leistungskette, d.h. die an den Auftragnehmer erbrachte und die von ihm ausgeführte Leistung, werden bezüglich ihres

Leistungsinhalts gleich behandelt.[1)] [2]Die Leistungen werden zum selben Zeitpunkt erbracht. [3]Im Übrigen ist jede der beiden Leistungen unter Berücksichtigung der Leistungsbeziehung gesondert für sich nach den allgemeinen Regeln des UStG zu beurteilen. [4]Dies gilt z. B. in den Fällen des Verzichts auf die Steuerbefreiung nach § 9 UStG (Option). [5]Fungiert ein Unternehmer bei der Erbringung einer steuerfreien sonstigen Leistung als Strohmann für einen Dritten („Hintermann"), liegt ein Kommissionsgeschäft nach § 3 Abs. 11 UStG vor mit der Folge, dass auch die Besorgungsleistung des Hintermanns steuerfrei zu behandeln ist (vgl. BFH-Urteil vom 22.09.2005, V R 52/01, BStBl. II S. 278).

(3) [1]Personenbezogene Merkmale der an der Leistungskette Beteiligten sind weiterhin für jede Leistung innerhalb einer Dienstleistungskommission gesondert in die umsatzsteuerrechtliche Beurteilung einzubeziehen. [2]Dies kann z. B. für die Anwendung von Steuerbefreiungsvorschriften von Bedeutung sein (vgl. z. B. § 4 Nr. 19 Buchstabe a UStG) oder für die Bestimmung des Orts der sonstigen Leistung, wenn er davon abhängig ist, ob die Leistung an einen Unternehmer oder einen Nichtunternehmer erbracht wird. [3]Besorgt ein Unternehmer für Dritte Leistungen, für die die Befreiungsvorschrift des § 4 Nr. 20 Buchstabe a UStG zur Anwendung kommt, ist auch die Besorgungsleistung an die Abnehmer nach § 4 Nr. 20 Buchstabe a UStG steuerbefreit, vgl. BFH-Urteil vom 25.04.2018, XI R 16/16, BStBl. II 2021 S. 457. [4]Die Steuer kann nach § 13 UStG für die jeweilige Leistung zu unterschiedlichen Zeitpunkten entstehen; z. B. wenn der Auftraggeber der Leistung die Steuer nach vereinbarten und der Auftragnehmer die Steuer nach vereinnahmten Entgelten berechnet. [5]Außerdem ist z. B. zu berücksichtigen, ob die an der Leistungskette Beteiligten Nichtunternehmer, Kleinunternehmer (§ 19 UStG), Land- und Forstwirte, die für ihren Betrieb die Durchschnittssatzbesteuerung nach § 24 UStG anwenden, sind.

Beispiel:

[1]Der Bauunternehmer G besorgt für den Bauherrn B die sonstige Leistung des Handwerkers C, für dessen Umsätze die Umsatzsteuer nach § 19 Abs. 1 UStG nicht erhoben wird. [2]Das personenbezogene Merkmal – Kleinunternehmer – des C ist nicht auf den Bauunternehmer G übertragbar. [3]Die Leistung des G unterliegt dem allgemeinen Steuersatz.

(4) [1]Die zivilrechtlich vom Auftragnehmer an den Auftraggeber erbrachte Besorgungsleistung bleibt umsatzsteuerrechtlich ebenso wie beim Kommissionsgeschäft nach § 3 Abs. 3 UStG unberücksichtigt. [2]Der Auftragnehmer erbringt im Rahmen einer Dienstleistungskommission nicht noch eine (andere) Leistung (Vermittlungsleistung). [3]Der Auftragnehmer darf für die vereinbarte Geschäftsbesorgung keine Rechnung erstellen. [4]Eine solche Rechnung, in der die Umsatzsteuer offen ausgewiesen ist, führt zu einer Steuer nach § 14c Abs. 2 UStG.

(5) [1]Erbringen Sanierungsträger, die ihre Aufgaben nach § 159 Abs. 1 BauGB[2)] im eigenen Namen und für Rechnung der auftraggebenden Körperschaften des öffentlichen Rechts (Gemeinden) als deren Treuhänder erfüllen,

---

[1)] Zur Steuerfreiheit von Besorgungsleistungen i. Z. m. Opern-Eintrittskarten siehe BFH v. 25.04.2018 XI R 16/16, BStBl. II 2021, 457.

[2)] **Sartorius** Nr. **300.**

Leistungen nach § 157 BauGB und beauftragen sie zur Erbringung dieser Leistungen andere Unternehmer, gelten die von den beauftragten Unternehmern erbrachten Leistungen als an den Sanierungsträger und von diesem an die treugebende Gemeinde erbracht. [2]Satz 1 gilt entsprechend für vergleichbare Leistungen der Entwicklungsträger nach § 167 BauGB.

(6) **Beispiele** zur sog. Leistungseinkaufskommission:

Beispiel 1:

[1]Der im Inland ansässige Spediteur G besorgt für den im Inland ansässigen Unternehmer B im eigenen Namen und für Rechnung des B die inländische Beförderung eines Gegenstands von München nach Berlin. [2]Die Beförderungsleistung bewirkt der im Inland ansässige Unternehmer C.
[3]Da G in die Erbringung einer Beförderungsleistung eingeschaltet wird und dabei im eigenen Namen, jedoch für fremde Rechnung handelt, gilt diese Leistung als an ihn und von ihm erbracht.

B ◄———— G ◄———— C
Beförderungsleistung Beförderungsleistung

[4]Die Leistungskette wird fingiert. [5]Die zivilrechtlich vereinbarte Geschäftsbesorgungsleistung ist umsatzsteuerrechtlich unbeachtlich.
[6]C erbringt an G eine im Inland steuerpflichtige Beförderungsleistung (§ 3a Abs. 2 UStG).
[7]G hat gegenüber B ebenfalls eine im Inland steuerpflichtige Beförderungsleistung (§ 3a Abs. 2 UStG) abzurechnen.

Beispiel 2:

[1]Der im Inland ansässige Spediteur G besorgt für den in Frankreich ansässigen Unternehmer F im eigenen Namen und für Rechnung des F die Beförderung eines Gegenstands von Paris nach München. [2]Die Beförderungsleistung bewirkt der im Inland ansässige Unternehmer C.
[3]G und C verwenden jeweils ihre deutsche, F seine französische USt-IdNr.

F ◄———— G ◄———— C
Beförderungsleistung Beförderungsleistung

[4]Die Leistungskette wird fingiert. [5]Die zivilrechtlich vereinbarte Geschäftsbesorgungsleistung ist umsatzsteuerrechtlich unbeachtlich.
[6]C erbringt an G eine in Deutschland steuerbare Beförderungsleistung (§ 3a Abs. 2 UStG).
[7]G hat gegenüber F eine nach § 3a Abs. 2 UStG in Frankreich steuerbare Beförderungsleistung abzurechnen. [8]Die Verwendung der französischen USt-IdNr. durch F hat auf die Ortsbestimmung keine Auswirkung.

Beispiel 3:

[1]Der private Endverbraucher E beauftragt das im Inland ansässige Reisebüro R mit der Beschaffung der für die Reise notwendigen Betreuungsleistungen durch das Referenzunternehmen D mit Sitz im Drittland. [2]R besorgt diese sonstige Leistung im eigenen Namen, für Rechnung des E.
[3]Da R in die Erbringung einer sonstigen Leistung eingeschaltet wird und dabei im eigenen Namen, jedoch für fremde Rechnung handelt, gilt diese Leistung als an ihn und von ihm erbracht.

E ◄———— R ◄———— D

[4]Die Leistungskette wird fingiert. [5]Die zivilrechtlich vereinbarte Geschäftsbesorgungsleistung ist umsatzsteuerrechtlich unbeachtlich. [6]Die Leistungen der Leistungskette, d.h. die an R erbrachte und die von R ausgeführte Leistung, werden bezüglich des Leistungsinhalts gleich behandelt. [7]Im Übrigen ist jede der beiden Leistungen unter Berücksichtigung der Leistungsbeziehungen gesondert für sich nach den allgemeinen Regeln des UStG zu beurteilen (vgl. Absatz 2).

[8]Die von D an R erbrachte Betreuungsleistung wird grundsätzlich an dem Ort ausgeführt, von dem aus der Leistungsempfänger sein Unternehmen betreibt (§ 3a Abs. 2 UStG). [9]Sie stellt aber eine Reisevorleistung im Sinne des § 25 Abs. 1 Satz 5 UStG dar, da sie dem Reisenden unmittelbar zugute kommt. [10]Die Leistung wird nach § 3a Abs. 8 Satz 1 UStG als im Drittland ausgeführt behandelt. [11]R erbringt nach § 3 Abs. 11 UStG ebenfalls eine Betreuungsleistung. [12]Es handelt sich nach § 25 Abs. 1 Satz 1 UStG um eine Reiseleistung. [13]Diese Leistung wird nach § 25 Abs. 1 Satz 4 in Verbindung mit § 3a Abs. 1 UStG an dem Ort ausgeführt, von dem aus R sein Unternehmen betreibt. [14]Sie ist steuerbar, aber nach § 25 Abs. 2 Satz 1 UStG steuerfrei, da die ihr zuzurechnende Reisevorleistung im Drittlandsgebiet bewirkt wurde (vgl. BFH-Urteil vom 2. März 2006, V R 25/03, BStBl. II S. 788).

(7)[1)] **Beispiele** zur sog. Leistungsverkaufskommission:

Kurzfristige Vermietung von Ferienhäusern

Beispiel 1:

[1]Der im Inland ansässige Eigentümer E eines in Belgien belegenen Ferienhauses beauftragt G mit Sitz im Inland, im eigenen Namen und für Rechnung des E Mieter für kurzfristige Ferienaufenthalte in seinem Ferienhaus zu besorgen. [2]G erbringt dabei keine Eigenleistungen, sondern bezieht Reisevorleistungen von E (vgl. zur Abgrenzung Abschnitt 25.1 Abs. 8 Sätze 13 und 14).
[3]Da G in die Erbringung sonstiger Leistungen (kurzfristige – steuerpflichtige – Vermietungsleistungen nach § 4 Nr. 12 Satz 2 UStG) eingeschaltet wird und dabei im eigenen Namen, jedoch für fremde Rechnung handelt, gelten die Leistungen als an ihn und von ihm erbracht.

E ——→ G ——→ Mieter

kurzfristige Vermietungsleistungen | Reiseleistungen

[4]Die Leistungskette wird fingiert. [5]Die zivilrechtlich vereinbarte Geschäftsbesorgungsleistung ist umsatzsteuerrechtlich unbeachtlich.
[6]Die Vermietungsleistungen des E an G sind im Inland nicht steuerbar (§ 3a Abs. 3 Nr. 1 Satz 2 Buchstabe a UStG).
[7]G erbringt an die Mieter Reiseleistungen im Sinne des § 25 UStG. [8]Die Leistungen sind nach § 25 Abs. 1 Satz 4 in Verbindung mit § 3a Abs. 1 UStG steuerbar und mangels Steuerbefreiung steuerpflichtig.

Beispiel 2:

[1]Sachverhalt wie in Beispiel 1, jedoch befindet sich das Ferienhaus des E in der Schweiz.
[2]Die Vermietungsleistungen des E an G sind im Inland nicht steuerbar. [3]Die sonstigen Leistungen werden nach § 3a Abs. 3 Nr. 1 Satz 2 Buchstabe a UStG in der Schweiz ausgeführt (Belegenheitsort). [4]G erbringt an die Mieter steuerbare Reiseleistungen, die nach § 25 Abs. 2 UStG steuerfrei sind, weil die Reisevorleistungen im Drittlandsgebiet bewirkt werden.

Beispiel 3:

[1]Sachverhalt wie in Beispiel 1, jedoch liegt das Ferienhaus des E im Inland.
[2]Die Vermietungsleistungen des E an G sind im Inland steuerbar (§ 3a Abs. 3 Nr. 1 Satz 2 Buchstabe a UStG) und als kurzfristige Vermietungsleistungen (§ 4 Nr. 12 Satz 2 UStG) steuerpflichtig. [3]G erbringt an die Mieter steuerbare und steuerpflichtige Reiseleistungen im Sinne des § 25 UStG. [4]G ist nach § 25 Abs. 4 UStG nicht berechtigt, die in den Rechnungen des E ausgewiesenen Steuerbeträge als Vorsteuer abzuziehen.

---

1) A 3.15 UStAE Abs. 7 Bsp. 1 Satz 2 eingef., bish. Sätze 2 bis 7 werden Sätze 3 bis 8 durch BMF v. 22.12.2023, BStBl. I 2023, 2248.

Leistungen in der Kreditwirtschaft

Beispiel 4:

[1] Ein nicht im Inland ansässiges Kreditinstitut K (ausländischer Geldgeber) beauftragt eine im Inland ansässige GmbH G mit der Anlage von Termingeldern im eigenen Namen für fremde Rechnung bei inländischen Banken.
[2] Da G als Unternehmer in die Erbringung einer sonstigen Leistung (Kreditgewährungsleistung im Sinne des § 4 Nr. 8 Buchstabe a UStG) eingeschaltet wird und dabei im eigenen Namen, jedoch für fremde Rechnung handelt, gilt die Leistung als an sie und von ihr erbracht.

K ————→ G ————→ inländische Banken

Anlage von Termingeldern (steuerfreie Kreditgewährung) — Anlage von Termingeldern (steuerfreie Kreditgewährung)

[3] Die Leistungskette wird fingiert. [4] Die zivilrechtlich vereinbarte Geschäftsbesorgungsleistung ist umsatzsteuerrechtlich unbeachtlich.
[5] K erbringt an G und G an die inländischen Banken durch die Kreditgewährung im Inland steuerbare (§ 3a Abs. 2 UStG), jedoch steuerfreie Leistungen (§ 4 Nr. 8 Buchstabe a UStG).

Vermietung beweglicher körperlicher Gegenstände

Beispiel 5:

[1] Ein im Inland ansässiger Netzbetreiber T beauftragt eine im Inland ansässige GmbH G mit der Vermietung von Telekommunikationsanlagen (ohne Einräumung von Nutzungsmöglichkeiten von Übertragungskapazitäten) im eigenen Namen für fremde Rechnung an den im Ausland ansässigen Unternehmer U.
[2] Da G als Unternehmer in die Erbringung einer sonstigen Leistung (Vermietung beweglicher körperlicher Gegenstände) eingeschaltet wird und dabei im eigenen Namen, jedoch für fremde Rechnung handelt, gilt die Leistung als an sie und von ihr erbracht.

T ————→ G ————→ U

Vermietung — Vermietung

[3] Die Leistungskette wird fingiert. [4] Die zivilrechtlich vereinbarte Geschäftsbesorgungsleistung ist umsatzsteuerrechtlich unbeachtlich. [5] Die Leistungen der Leistungskette, d. h. die an G erbrachte und die von G ausgeführte Leistung, werden bezüglich des Leistungsinhalts gleich behandelt. [6] Im Übrigen ist jede der beiden Leistungen unter Berücksichtigung der Leistungsbeziehungen gesondert für sich nach den allgemeinen Regeln des UStG zu beurteilen (vgl. Absatz 2).
[7] T erbringt an G durch die Vermietung beweglicher körperlicher Gegenstände im Inland steuerbare (§ 3a Abs. 2 UStG) und, soweit keine Steuerbefreiung greift, steuerpflichtige Leistungen.
[8] G erbringt an den im Ausland ansässigen U durch die Vermietung beweglicher körperlicher Gegenstände nicht im Inland steuerbare (§ 3a Abs. 2 UStG) Leistungen.

3.16 Leistungsbeziehungen bei der Abgabe werthaltiger Abfälle

(1) [1] Beauftragt ein Abfallerzeuger oder -besitzer einen Dritten mit der ordnungsgemäßen Entsorgung seines Abfalls, erbringt der Dritte mit der Übernahme und Erfüllung der Entsorgungspflicht eine sonstige Leistung im Sinne von § 3 Abs. 9 UStG, sofern der Entsorgung eine eigenständige wirtschaftliche Bedeutung zukommt. [2] Ist dem zur Entsorgung überlassenen Abfall ein wirtschaftlicher Wert beizumessen (sog. werthaltiger Abfall), liegt ein tauschähnlicher Umsatz (Entsorgungsleistung gegen Lieferung des Abfalls) – ggf. mit Baraufgabe – vor, wenn nach den übereinstimmenden Vorstellungen der Vertragspartner

– der überlassene Abfall die Höhe der Barvergütung für die Entsorgungsleistung oder
– die übernommene Entsorgung die Barvergütung für die Lieferung des Abfalls

beeinflusst hat (vgl. Abschnitt 10.5 Abs. 2).

Entsorgungsleistung von eigenständiger wirtschaftlicher Bedeutung

(2) [1] Eine Entsorgungsleistung von eigenständiger wirtschaftlicher Bedeutung liegt vor, wenn Vereinbarungen über die Aufarbeitung oder Entsorgung der Abfälle getroffen wurden. [2] Nicht ausreichend ist, dass sich der Entsorger allgemein zur Einhaltung abfallrechtlicher Normen (z. B. Einhaltung vorgeschriebener Verwertungsquoten) verpflichtet hat oder ein Entsorgungsnachweis ausgestellt wird. [3] Leistet der Entsorger dem Abfallerzeuger oder -besitzer eine Vergütung für den gelieferten Abfall, ohne dass der Entsorgungsleistung eine eigenständige wirtschaftliche Bedeutung zukommt, ist von einer bloßen Abfalllieferung durch den Abfallerzeuger/-besitzer an den Entsorger auszugehen. [4] Haben Abfälle einen positiven Marktwert und werden sie unmittelbar in Produktionsprozessen z. B. als Roh- oder Brennstoff eingesetzt, steht im Falle ihrer Veräußerung nicht die Entsorgungsleistung im Vordergrund, selbst wenn die Stoffe ihre Abfalleigenschaft noch nicht verloren haben. [5] Gleiches gilt für bereits sortenrein gesammelte Produktionsabfälle. [6] Auch beim Handel mit derartigen Produkten liegt keine Entsorgungsleistung vor.

Beeinflussung der Barvergütung

(3) [1] Auch wenn der Entsorgungsleistung eine eigenständige wirtschaftliche Bedeutung zukommt, ist aus Vereinfachungsgründen eine zum tauschähnlichen Umsatz führende Beeinflussung der Barvergütung durch den überlassenen Abfall grundsätzlich nur anzunehmen,

1. wenn die Beteiligten ausdrücklich hierauf gerichtete Vereinbarungen getroffen, also neben dem Entsorgungsentgelt einen bestimmten Wert für eine bestimmte Menge der überlassenen Abfälle vereinbart haben, oder

2. die wechselseitige Beeinflussung auf Grund der getroffenen Vereinbarungen offensichtlich ist. [2] Hiervon ist nur in folgenden Fällen auszugehen:

   a) [1] Es wird vertraglich die Anpassung des ursprünglich ausdrücklich vereinbarten Entsorgungsentgelts an sich ändernde Marktverhältnisse für den übernommenen Abfall ausbedungen (sog. Preisanpassungsklauseln). [2] Preisanpassungsklauseln, die nur Auswirkungen für zukünftige Umsätze haben, sind insoweit ohne Bedeutung.

   Beispiel 1:

   [1] Unternehmer U1 übernimmt gegenüber dem Reifenservice R die Entsorgung von Altreifen. [2] R zahlt U1 einen Preis von 2,– € je übernommenen Altreifen. [3] Bei einer Veränderung des Preisindexes von Stahl oder Gummigranulat im Vergleich zu den Verhältnissen bei Vertragsabschluss sind beide Beteiligten berechtigt, diesen Preis um 50 % der Indexveränderung anzupassen.

   b) Das nach Art und Menge bestimmte Entsorgungsentgelt ändert sich in Abhängigkeit von der Qualität der überlassenen Abfälle.

Beispiel 2:

[1] Unternehmer U2 übernimmt gegenüber dem Bauunternehmer B die Entsorgung von Baustellenmischabfällen. [2] Die Beteiligten vereinbaren einen Grundpreis von 250,– € je Fuhre, welcher sich ab einem bestimmten Metall- und Folienanteil im Abfall um 50,– € reduziert.

c) Es wird eine (Mehr-)Erlösverteilungsabrede getroffen.

Beispiel 3:

[1] Unternehmer U3 übernimmt gegenüber dem Reifenhersteller R die Entsorgung von Fehlproduktionen und Materialresten für 80,– € je Tonne. [2] Die Beteiligten verabreden, dass R an den von U3 bei der Veräußerung von daraus gewonnenem Gummigranulat und Stahl erzielten Erlösen zu 25% beteiligt wird.

Vereinfachungsregelung

(4) Sofern in den unter Absatz 3 Nr. 2 genannten Fällen weder die Barvergütung einen Betrag von 50,– € je Umsatz noch die entsorgte Menge ein Gewicht von 100 kg je Umsatz übersteigt, ist das Vorliegen eines tauschähnlichen Umsatzes aus Vereinfachungsgründen nicht zu prüfen.

Beispiel 1:

[1] U1 übernimmt die Entsorgung des bei der Buchhaltungsfirma B anfallenden Altpapiers. [2] Er entsorgt dort eine Menge von max. 20 kg Altpapier und berechnet hierfür 10,– €. [3] Da die für B entsorgte Menge das Gewicht von 100 kg je Abholung nicht übersteigt und die Entgelte hierfür 50,– € je Abholung nicht übersteigen, ist es aus Vereinfachungsgründen nicht zu beanstanden, wenn die Beteiligten keinen tauschähnlichen Umsatz angenommen und nur die Entsorgungsleistung des U1 der Besteuerung unterworfen haben.

Beispiel 2:

[1] U2 betreibt einen Abholservice für bestimmten Schrott und unbrauchbare Haushaltsgeräte, wie Waschmaschinen, Wäschetrockner und Geschirrspüler. [2] Er bietet seinen Service privaten Haushalten kostenlos an. [3] Daneben führt er unentgeltlich Altkleidersammlungen in Wohngebieten durch. [4] Soweit das Gewicht des Abfalls je Abholung und Haushalt 100 kg nicht übersteigt, ist es aus Vereinfachungsgründen nicht zu beanstanden, wenn die Beteiligten ohne weitere Prüfung nur eine Entsorgungsleistung annehmen, die jedoch mangels Entgelt nicht steuerbar ist.

Einzelfälle

(5) [1] Ein tauschähnlicher Umsatz liegt insbesondere **nicht** vor,

1. im Falle sog. Umleersammeltouren (z. B. Leerung von Altpapiertonnen, Austausch bzw. Leerpumpen von Altölsammelbehältern), bei denen die Menge des im Einzelfall abgelieferten Abfalls und seine Zusammensetzung und Qualität nicht festgestellt werden; hier ist davon auszugehen, dass eine wechselseitige Beeinflussung von Barvergütung und Entsorgungsleistung und damit ein tauschähnlicher Umsatz nicht vorliegt.
2. in den Fällen, in denen die Werthaltigkeit von zur Entsorgung überlassenen Abfällen erst später festgestellt werden kann, ohne dass sich hierdurch Auswirkungen auf die Höhe der Vergütung bereits getätigter Umsätze ergeben; eine Berücksichtigung der Werthaltigkeit der Abfälle beim Abschluss zukünftiger Entsorgungsverträge ist für bereits ausgeführte Umsätze unschädlich.

3. wenn Nebenerzeugnisse oder Abfälle im Rahmen von Gehaltslieferungen im Sinne des § 3 Abs. 5 UStG zurückgenommen werden; hier fehlt es an einer Lieferung von Abfall.

Beispiel 1:

[1] U1 liefert zum Preis von 4,10 € je Dezitonne Zuckerrüben an die Zuckerfabrik Z und behält sich die Rückgabe der bei der Zuckerproduktion anfallenden Rübenschnitzel für Fütterungszwecke vor. [2] Es handelt sich lediglich um eine (Gehalts-)Lieferung des U1 an Z (Entgelt 4,10 € je Dezitonne). [3] Z erbringt keine Lieferung von Abfall in Form von Rübenschnitzeln, weil diese nicht am Leistungsaustausch teilgenommen haben und somit nicht Gegenstand der Gehaltslieferung des U1 geworden sind.

4. wenn das angekaufte Material ohne weitere Behandlung marktfähig (z. B. an einer Rohstoffbörse handelbar) ist, auch keiner gesetzlichen Entsorgungsverpflichtung mehr unterliegt und damit seine Eigenschaft als Abfall verloren hat. [2] Da in diesem Fall das Material nur noch den Status eines normalen Handelsguts hat, kann davon ausgegangen werden, dass ggf. erforderliche Transport- oder Sortierleistungen ausschließlich im eigenen unternehmerischen Interesse des Erwerbers ausgeführt werden und keine Entsorgungsleistung vorliegt.

Beispiel 2:

[1] U2 erwirbt von verschiedenen Entsorgern unsortierte Altbleche, welche er nach Reinigung und Zerkleinerung einer elektrolytischen Entzinnung unterzieht. [2] Das dabei gewonnene Eisen veräußert U2 an Stahlbearbeitungsbetriebe, das anfallende Zinn an Zinnhütten.

[3] Bei dem von U2 aus dem Altblechabfall zurück gewonnenen Zinn und Eisen handelt es sich um Rohstoffe für die weiterverarbeitende Industrie, die keiner gesetzlichen Entsorgungspflicht (mehr) unterliegen und deshalb nicht als Abfall anzusehen sind. [4] Zwischen U2 und seinen Abnehmern finden keine tauschähnlichen Umsätze, sondern ausschließlich Rohstofflieferungen statt.

5. wenn bei der Entsorgung der Abfälle die werthaltigen Bestandteile (z. B. Edelmetalle) im Eigentum des Abfallerzeugers verbleiben und Barvergütungen für diese Entsorgungsleistungen gesondert abgerechnet werden.

(6) Für die Annahme eines tauschähnlichen Umsatzes ist es nicht erforderlich, dass beide Beteiligte Unternehmer sind bzw. die Abgabe des Abfalls im unternehmerischen Bereich erfolgt; dies ist jedoch für die ggf. erforderliche gegenseitige Rechnungsstellung sowie für die Steuerschuldnerschaft nach § 13b Abs. 2 Nr. 7 i. V. mit Abs. 5 Satz 1 UStG von Bedeutung, wenn der überlassene Abfall zu den Gegenständen i. S. der Anlage 3 zum UStG gehört (vgl. Abschnitt 13b.4).

(7) [1] Im Falle eines tauschähnlichen Umsatzes ist der Wert des hingegebenen Abfalls Bemessungsgrundlage für die erbrachte Entsorgungsleistung. [2] Bemessungsgrundlage für die Lieferung des Abfalls ist der Wert der Gegenleistung (Entsorgungsleistung). [3] Baraufgaben sind zu berücksichtigen; eine ggf. enthaltene Umsatzsteuer ist stets herauszurechnen (vgl. Abschnitt 10.5). [4] Der maßgebliche Zeitpunkt für die Ermittlung des Wertes der gelieferten Abfälle ist der Zeitpunkt der Übergabe an den Entsorger. [5] Dabei ist nicht auf die einzelnen Inhaltsstoffe abzustellen, d. h. der Wert muss dem Abfall im Zeitpunkt der Überlassung als solchem zukommen. [6] Spätere Bearbeitungsschritte (Bündelung, Sortierung, Aufbereitung usw.) durch den Entsorger sind bei

der Wertermittlung außer Betracht zu lassen. [7]Es bestehen keine Bedenken, dem zwischen den Beteiligten vereinbarten Wert der zur Entsorgung übergebenen Abfälle auch für umsatzsteuerrechtliche Zwecke zu folgen, sofern dieser Wert nicht offensichtlich unzutreffend erscheint.

(8) [1]Verändert sich der Marktpreis für die zu entsorgenden Abfälle nach Abschluss des Entsorgungs- und Liefervertrags, hat dies zunächst keine Auswirkung auf die Ermittlung der Bemessungsgrundlagen für die tauschähnlichen Umsätze und die Rechnungsstellung. [2]Für diese Zwecke ist vielmehr so lange auf den im Zeitpunkt des Vertragsabschlusses maßgeblichen Wert abzustellen, bis dieser durch eine Vertragsänderung oder durch Änderung der Bemessungsgrundlage, z. B. auf Grund einer vereinbarten Preisanpassungsklausel oder einer vereinbarten Mehr- oder Mindererlösbeteiligung, angepasst wird.

3.17 Einzweck- und Mehrzweck-Gutscheine

Definition und Abgrenzung von Gutscheinen

(1) [1]Gutscheine im Sinne des § 3 Abs. 13 UStG sind solche Instrumente, die vom Berechtigten ganz oder teilweise anstelle einer regulären Geldzahlung als Gegenleistung zur Einlösung gegen Gegenstände oder sonstige Leistungen verwendet werden können. [2]Diese Instrumente können körperlicher Art sein (z. B. Papierdokumente oder Plastikkarten) oder in elektronischer Form bestehen. [3]Ein Gutschein im Sinne des § 3 Abs. 13 UStG kann auch dann vorliegen, wenn der auf dem Gutschein aufgedruckte Nennwert nicht zur vollständigen Begleichung der Leistung ausreicht und der Gutscheininhaber im Zeitpunkt der Inanspruchnahme des Gutscheins eine Zuzahlung leisten muss. [4]§ 3 Abs. 13 UStG findet keine Anwendung bei Instrumenten, die den Inhaber lediglich zu einem Preisnachlass oder zu einer Preiserstattung beim Erwerb von Gegenständen oder Dienstleistungen berechtigen, aber nicht das Recht verleihen, solche Gegenstände oder sonstige Leistungen auch tatsächlich zu erhalten (vgl. § 3 Abs. 13 Satz 2 UStG, Abschnitt 17.2). [5]Gutscheine für Warenproben oder Muster lösen grundsätzlich kein Entgelt aus und stellen keinen Gutschein i. S. d. § 3 Abs. 13 UStG dar. [6]Briefmarken, Fahrscheine, Eintrittskarten für Kinos und Museen sowie vergleichbare Instrumente fallen ebenfalls nicht in den Anwendungsbereich des § 3 Abs. 13 UStG. [7]Kann das Zahlungsinstrument jederzeit und voraussetzungslos gegen den ursprünglich gezahlten bzw. den noch nicht verwendeten Betrag zurückgetauscht werden, ist von einer Guthabenkarte im Unterschied zu einer Gutscheinkarte und damit von einem bloßen Zahlungsmittel auszugehen. [8]Ein Zahlungsdienst i. S. d. Richtlinie (EU) 2015/2366 des Europäischen Parlaments und des Rates vom 25. November 2015 über Zahlungsdienste im Binnenmarkt, zur Änderung der Richtlinien 2002/65/EG, 2009/110/EG und 2013/36/EU und der Verordnung (EU) Nr. 1093/2010 sowie zur Aufhebung der Richtlinie 2007/64/EG gilt auch nicht als Gutschein i. S. d. § 3 Abs. 13 UStG. [9]Aussteller des Gutscheins ist derjenige, der den Gutschein im eigenen Namen ausgestellt hat. [10]Der Verkauf eines Gutscheins zwischen Unternehmern wird im Folgenden als Übertragung bezeichnet. [11]Der Verkauf eines Gutscheins an Kunden wird im Folgenden als Ausgabe bezeichnet.

Einzweck-Gutscheine i. S. d. § 3 Abs. 14 UStG

(2) [1]Ein Einzweck-Gutschein nach § 3 Abs. 14 Satz 1 UStG ist dadurch gekennzeichnet, dass der Ort der Lieferung oder sonstigen Leistung, zu deren Bezug der Gutschein berechtigt, sowie die geschuldete Umsatzsteuer, bei dessen Ausgabe bzw. erstmaliger Übertragung durch den Aussteller des Gutscheins feststehen. [2]Für die Annahme eines Einzweck-Gutscheins ist die Identität des leistenden Unternehmers anzugeben sowie die Leistung dahingehend zu konkretisieren, dass der steuerberechtigte Mitgliedstaat und der auf die Leistung entfallende Steuersatz und damit der zutreffende Steuerbetrag mit Sicherheit bestimmt werden können. [3]Zudem muss zur zutreffenden Bestimmung des Orts der sonstigen Leistung, deren Ortsbestimmung vom Status des Empfängers abhängt, feststehen, ob der Leistungsempfänger ein Unternehmer ist und diese für sein Unternehmen bezieht. [4]Der Leistungsgegenstand muss für die Annahme eines Einzweck-Gutscheins zumindest im Hinblick auf die Gattung des jeweiligen Leistungsgegenstands auf dem Gutschein angegeben sein. [5]Unter Gattung ist in diesem Zusammenhang die Gesamtheit von Arten von Waren oder sonstigen Leistungen zu verstehen, die in ihren wesentlichen Eigenschaften derart übereinstimmen, dass hieraus der zutreffende Steuersatz eindeutig bestimmbar ist. [6]Der Gutschein soll vom Aussteller sichtbar als Einzweck-Gutschein gekennzeichnet werden. [7]Grundlage dieser Kennzeichnung ist die rechtliche Einordnung des Gutscheins durch den leistenden Unternehmer. [8]Auf die rechtliche Einordnung und die darauf basierende Kennzeichnung dürfen der Aussteller des Gutscheins sowie die nachfolgenden Unternehmer der Leistungskette vertrauen. [9]Dies gilt nicht, soweit die Unternehmer der Leistungskette Kenntnis hatten oder nach der Sorgfalt eines ordentlichen Kaufmannes hätten Kenntnis haben müssen, dass die rechtliche Einordnung bzw. die Kennzeichnung des Gutscheins als Einzweck-Gutschein zu Unrecht erfolgt ist.

Beispiel 1:

[1]Eine Parfümerie mit mehreren Filialen in Deutschland gibt einen Gutschein zur Einlösung gegen alle im Sortiment befindlichen Parfümartikel im Wert von 20 € an einen Kunden für 20 € aus. [2]Der Gutschein ist in einer beliebigen Filiale der Parfümerie in Deutschland einlösbar. [3]Es handelt sich um einen Einzweck-Gutschein. [4]Der Leistungsort ist in entsprechender Anwendung des § 3 Abs. 7 Satz 1 UStG hinsichtlich des steuerberechtigten Mitgliedstaates hinreichend bestimmt (= Deutschland). [5]Somit kann die geschuldete Umsatzsteuer bei Ausgabe des Gutscheins ermittelt werden.

[10]Es kann sich auch dann um einen Einzweck-Gutschein handeln, wenn der Gutschein zum Bezug mehrerer, genau bezeichneter Einzelleistungen berechtigt. [11]In diesen Fällen ist der Gesamtbetrag im jeweiligen Verhältnis der Einzelleistungen aufzuteilen.

Beispiel 2:

[1]Ein Restaurant in München gibt im Januar 01 einen Gutschein im Wert von 150 € (2 Essen im Restaurant inklusive zwei alkoholfreie Getränke für 2 Personen im Wert von 100 € sowie das Buch „Der Restaurant-Guide" im Wert von 50 €; der Restaurantgutschein berechtigt ausschließlich zum Verzehr an Ort und Stelle) zu einem Preis von 100 € an eine Privatperson aus. [2]Der Gutschein wird im April 01 vom Gutscheininhaber in diesem Restaurant eingelöst. [3]Es handelt sich um einen Einzweck-Gutschein. [4]Das Restaurant muss in diesem Fall den erhaltenen Gesamtbetrag von 100 € im Verhältnis 100/150 zu 19 % und 50/150 zu 7 % aufteilen.

[12]Die Umsatzsteuer für die durch den Einzweck-Gutschein geschuldete Leistung entsteht bei Besteuerung nach vereinbarten Entgelten im Zeitpunkt der Ausgabe des Gutscheins. [13]Wird ein Gutschein vor Ausgabe an einen anderen Unternehmer übertragen, entsteht die Umsatzsteuer insoweit im Übertragungszeitpunkt. [14]Die spätere Gutscheineinlösung, also die tatsächliche Lieferung bzw. Leistungserbringung, ist für die umsatzsteuerliche Würdigung nicht mehr relevant, da diese nicht als unabhängiger Umsatz gilt. [15]Sollte eine Zuzahlung durch den Gutscheininhaber bei Einlösung des Gutscheins erfolgen, so ist lediglich die bislang noch nicht versteuerte Differenz zu versteuern.

Beispiel 3:

[1]Ein Kunde A erwirbt anlässlich einer Werbeaktion im Januar 01 beim örtlichen Elektroeinzelhändler B in Cottbus einen Gutschein im Wert von 50 € für 40 €. [2]Der Gutschein berechtigt zum Erwerb eines Elektroartikels in dem Geschäft des B. [3]A erwirbt im April 01 ein Lautsprecher-System bei B im Gesamtwert von 350 € und begleicht den Rechnungsbetrag unter Anrechnung seines Gutscheins im Wert von 50 € durch die Zuzahlung von 300 € in bar. [4]Es handelt sich um einen Einzweck-Gutschein. [5]Die Bemessungsgrundlage für den Umsatz des B beträgt gem. § 10 Abs. 1 Satz 1 UStG im Zeitpunkt der Ausgabe des Gutscheins im Januar 01 40 € abzüglich USt. [6]Im April 01 hat B noch einen Umsatz in Höhe von 300 € abzüglich USt zu versteuern.

Einzweck-Gutscheine in Vertriebsketten (Handeln im eigenen Namen)

(3) [1]Stellt der leistende Unternehmer einen Einzweck-Gutschein aus und überträgt ihn auf einen anderen Unternehmer, der ihn im eigenen Namen an den Kunden ausgibt, gilt auch der ausgebende Unternehmer als Leistender der auf dem Gutschein bezeichneten Leistung. [2]Maßgeblicher Zeitpunkt für die Besteuerung der Leistungsfiktion des leistenden Unternehmers an den ausgebenden Unternehmer ist derjenige, in dem der ausstellende und leistende Unternehmer den Gutschein an den ausgebenden Unternehmer überträgt. [3]Maßgeblicher Zeitpunkt für die Besteuerung der Leistungsfiktion des ausgebenden Unternehmers ist die Ausgabe des Gutscheins an den Kunden; dies gilt unabhängig davon, ob der ausgebende Unternehmer im eigenen Namen, aber für fremde Rechnung auftritt oder ob er im eigenen Namen und für eigene Rechnung tätig wird.

Beispiel 1:

[1]A ist Fahrradhersteller und überträgt im Januar 01 an den Gutscheinhändler B 10 Gutscheine über E-Bikes im Wert von jeweils 3.500 € für jeweils 2.500 €. [2]B gibt einen der Gutscheine im März 01 im eigenen Namen an den Radfahrer R zum Preis von 3.000 € aus. [3]R löst den Gutschein bei A im April 01 ein. [4]A hat im Januar 01 einen Umsatz von 25.000 € abzüglich USt zu versteuern. [5]B hat im März 01 einen Umsatz von 3.000 € abzüglich USt zu versteuern.

[4]Stellt ein Unternehmer im eigenen Namen einen Einzweck-Gutschein mit der versprochenen Leistung aus, erbringt die darin bezeichnete Leistung jedoch nicht selbst, wird der spätere Leistungserbringer so behandelt, als habe er die in dem Gutschein genannte Leistung an den Gutscheinaussteller erbracht. [5]Maßgeblicher Zeitpunkt der Leistungsfiktion und damit der Besteuerung beider Leistungen ist der Zeitpunkt der Ausgabe des Gutscheins an den Kunden. [6]Der Gutscheinaussteller muss dem letztendlich leistenden Unternehmer zur fristgerechten Versteuerung mitteilen, zu welchem Zeitpunkt und in welcher Höhe Einzweck-Gutscheine an Kunden ausgegeben wurden.

Beispiel 2:

[1]Der Unternehmer B betreibt ein Gutscheinportal, auf dem er Gutscheine anbietet, mit denen Fahrräder des Herstellers A erworben werden können. [2]A und B haben im Januar 01 vereinbart, dass B die E-Bike-Gutscheine jeweils im Wert von 3.500 € für 3.000 € an Kunden ausgibt. [3]B hat an A für jeden ausgegebenen Gutschein 2.500 € weiterzuleiten. [4]B verkauft einen der Gutscheine im April 01 im eigenen Namen an den Radfahrer R. [5]R löst den Gutschein bei A im Juni 01 ein. [6]A und B haben ihren Umsatz jeweils im April 01 zu versteuern, A in Höhe von 2.500 € abzüglich USt und B in Höhe von 3.000 € abzüglich USt.

Einzweck-Gutscheine in Vertriebsketten (Handeln im fremden Namen)

(4) [1]Gibt ein Unternehmer einen Einzweck-Gutschein im fremden Namen aus, wird er nicht Teil der Leistungskette. [2]Vielmehr gilt die Ausgabe des Gutscheins an den Kunden als Leistung desjenigen, in dessen Namen der Unternehmer handelt. [3]Der ausgebende Unternehmer muss dem leistenden Unternehmer zur fristgerechten Versteuerung mitteilen, zu welchem Zeitpunkt Einzweck-Gutscheine an Kunden ausgegeben wurden, da der leistende Unternehmer zu diesem Zeitpunkt die fiktiv erbrachte Leistung zu versteuern hat. [4]Der leistende Unternehmer hat als Bruttowert den vom Vermittler vereinnahmten Preis anzusetzen. [5]Der ausgebende Unternehmer erbringt eine Vermittlungsleistung (vgl. Abschnitt 3.7).

Beispiel:

[1]Der Unternehmer B betreibt ein Gutscheinportal, auf dem er Büchergutscheine im Namen und für Rechnung des Buchhändlers A anbietet. [2]Diese Gutscheine können in dem Buchladen des A eingelöst werden. [3]B hat mit A vereinbart, im Falle eines ausgegebenen Gutscheins 20 % des Gutscheinwerts als Vermittlungsprovision einzubehalten und den Rest an A weiterzuleiten. [4]B erstellt gegenüber A monatliche Abrechnungen über die veräußerten Gutscheine und gibt diese zusammen mit seiner eigenen Provisionsabrechnung an A weiter. [5]Kunde C erwirbt im Januar 01 einen Büchergutschein des A auf der Internetseite des B. [6]C bezahlt hierfür 10 € an B. [7]A muss im Januar 01 für den Verkauf eines Buchs 10 € abzüglich 7 % USt versteuern. [8]B muss für die Vermittlung des Gutscheins 2 € abzüglich 19 % USt versteuern.

Bestimmung des Leistungsorts bei Einzweck-Gutscheinen

(5) [1]Berechtigt der Einzweck-Gutschein den Leistungsempfänger zum Bezug einer Lieferung nach § 3 Abs. 1 UStG, so bestimmt sich der Ort der fiktiven Lieferung aufgrund fehlender Warenbewegung im Zeitpunkt der Ausgabe bzw. erstmaligen Übertragung in entsprechender Anwendung des § 3 Abs. 7 Satz 1 UStG. [2]Die Anwendung der Steuerbefreiung nach § 4 Nr. 1 Buchstabe a oder b UStG kommt daher nicht in Betracht. [3]Bezieht sich die Ausgabe bzw. erstmalige Übertragung eines Einzweck-Gutscheins auf die Erbringung einer sonstigen Leistung nach § 3 Abs. 9 UStG, so bestimmt sich der Leistungsort im Zeitpunkt der Ausgabe bzw. erstmaligen Übertragung nach den allgemeinen Regelungen des § 3a Abs. 1 – vorbehaltlich der Absätze 2 bis 8 – sowie der §§ 3b und 3e UStG. [4]Für eine genaue Ortsbestimmung bei der Ausgabe bzw. erstmaligen Übertragung eines Einzweck-Gutscheins muss daher bei sonstigen Leistungen, deren Ortsbestimmung vom Status des Empfängers abhängt, feststehen, ob der Empfänger der sonstigen Leistung ein Unternehmer ist und diese für sein Unternehmen bezieht. [5]Abschnitt 3a.2 Abs. 11a gilt entsprechend. [6]Handelt ein Unternehmer bei der Ausgabe bzw.

Übertragung eines Einzweck-Gutscheins erkennbar im Namen des ausstellenden oder eines übertragenden Unternehmers, wird er nicht Teil der Leistungskette, sondern erbringt im Zeitpunkt der Ausgabe bzw. Übertragung eine Vermittlungsleistung. [7]Der Ort dieser Vermittlungsleistung bestimmt sich nach den allgemeinen Regelungen des § 3a Abs. 2 UStG.

Bemessungsgrundlage bei Einzweck-Gutscheinen

(6) [1]Wird ein Einzweck-Gutschein entgeltlich übertragen bzw. ausgegeben, bestimmt sich die Bemessungsgrundlage nach den allgemeinen Vorschriften des § 10 Abs. 1 UStG.

Beispiel 1:

[1]Kunde C erwirbt einen Büchergutschein bei Händler B für die Buchhandlung des A. [2]Der Gutschein hat einen Wert von 60 €. [3]Er wird für 50 € verkauft. [4]Damit beträgt die Bemessungsgrundlage des B 50 € abzüglich USt, also 46,73 €.

[2]Diese Grundsätze gelten auch in Vertriebsketten, bei denen jeder Unternehmer die Gutscheine im eigenen Namen überträgt bzw. ausgibt. [3]Bemessungsgrundlage ist auf jeder Stufe das vereinbarte Entgelt.

Beispiel 2:

[1]Unternehmer A überträgt im Januar 01 einen Büchergutschein für 80 € an Unternehmer B. [2]A verzichtet auf Vorgaben zum Endverkaufspreis der Gutscheine. [3]B bietet den Gutschein im eigenen Namen für 90 € inklusive Umsatzsteuer an. [4]B gibt den Gutschein im April 01 an einen Kunden aus. [5]A muss den Umsatz von 80 € abzüglich USt im Januar 01 versteuern. [6]B muss den Umsatz von 90 € abzüglich USt im April 01 versteuern.

[4]Bei der unentgeltlichen Übertragung bzw. Ausgabe eines Einzweck-Gutscheins ist aufgrund der fiktiven Leistung bei Vorliegen der allgemeinen Voraussetzungen von einer unentgeltlichen Wertabgabe auszugehen. [5]Bemessungsgrundlage ist nach § 10 Abs. 4 Satz 1 UStG der im Zeitpunkt der Übertragung bzw. Ausgabe maßgebende Einkaufspreis, subsidiär der Selbstkostenpreis.

Nichteinlösung von Einzweck-Gutscheinen

(7) [1]Sollte ein Einzweck-Gutschein vom Gutscheininhaber nicht (innerhalb der Gültigkeitsdauer) eingelöst werden und somit verfallen, ergeben sich hieraus allein keine weiteren umsatzsteuerlichen Folgen, da die ursprüngliche Leistung bereits bei Übertragung bzw. Ausgabe des Gutscheins als erbracht gilt und demzufolge in diesem Zeitpunkt zu versteuern ist. [2]Eine Änderung der Bemessungsgrundlage nach § 17 Abs. 1 UStG kommt nur dann in Betracht, wenn das Entgelt ausnahmsweise zurückgezahlt wird.

Beispiel 1:

[1]Kunde A kauft beim Unternehmer B am 31.01.01 einen in seinem Bekleidungsgeschäft in Stuttgart einzulösenden Gutschein für Textilien in Höhe von 50 € für 40 €. [2]Der Gutschein unterliegt der regelmäßigen Verjährung. [3]A löst den Gutschein bis zum 31.12.04 nicht ein. [4]B hat im Januar 01 eine fiktive Lieferung in Höhe von 40 € abzüglich USt zu versteuern. [5]Die Nichteinlösung führt nicht zu einer Minderung der Bemessungsgrundlage.

Beispiel 2:

[1]Der Unternehmer G betreibt ein Gutscheinportal, auf dem er Gutscheine verschiedener Unternehmen im fremden Namen anbietet. [2]Privatperson A erwirbt im Januar 01 einen Gutschein des Unternehmers B im Wert von 100 € für einen Fallschirmsprung und bezahlt

(Fortsetzung S. 183)

[2]Insoweit verbleibt es bei der Regelung des § 3a Abs. 1 UStG (vgl. jedoch § 3a Abs. 6 Satz 1 Nr. 2 UStG und Abschnitt 3a.14 Abs. 1 und 3).

2a. Wird die sonstige Leistung an einen Nichtunternehmer (siehe Abschnitt 3a.1 Abs. 1) erbracht, der in verschiedenen Ländern ansässig ist oder seinen Wohnsitz in einem Land und seinen gewöhnlichen Aufenthaltsort in einem anderen Land hat, ist

a) bei Leistungen an eine nicht unternehmerisch tätige juristische Person, der keine USt-IdNr. erteilt worden ist, der Leistungsort vorrangig an dem Ort, an dem die Handlungen zur zentralen Verwaltung der juristischen Person vorgenommen werden, soweit keine Anhaltspunkte dafür vorliegen, dass die Leistung an deren Betriebsstätte genutzt oder ausgewertet wird (vgl. Artikel 24 Buchstabe a MwStVO),[1]

b) bei Leistungen an eine natürliche Person der Leistungsort vorrangig an deren gewöhnlichem Aufenthaltsort (siehe Abschnitt 3a.1 Abs. 1 Sätze 10 bis 14), soweit keine Anhaltspunkte dafür vorliegen, dass die Leistung an deren Wohnsitz genutzt oder ausgewertet wird (vgl. Artikel 24 Buchstabe b MwStVO).

3. Ist der Empfänger der sonstigen Leistung ein Leistungsempfänger im Sinne des § 3a Abs. 2 UStG (siehe Abschnitt 3a.2 Abs. 1), wird die sonstige Leistung dort ausgeführt, wo der Empfänger sein Unternehmen betreibt bzw. die juristische Person ihren Sitz hat (§ 3a Abs. 2 UStG; vgl. Abschnitt 3a.2).

3a.9 Leistungskatalog des § 3a Abs. 4 Satz 2 Nr. 1 bis 10 UStG

Patente, Urheberrechte, Markenrechte

(1) Sonstige Leistungen im Sinne des § 3a Abs. 4 Satz 2 Nr. 1 UStG ergeben sich u. a. auf Grund folgender Gesetze:[2]

1. Gesetz über Urheberrecht und verwandte Schutzrechte;
2. Gesetz über die Wahrnehmung von Urheberrechten und verwandten Schutzrechten;
3. Patentgesetz;
4. Markenrechtsreformgesetz;
5. Gesetz über das Verlagsrecht;
6. Gebrauchsmustergesetz.

(2) [1]Hinsichtlich der Leistungen auf dem Gebiet des Urheberrechts vgl. Abschnitt 3a.6 Abs. 4. [2]Außerdem sind die Ausführungen in Abschnitt 12.7 zu beachten. [3]Bei der Auftragsproduktion von Filmen wird auf die Rechtsprechung des BFH zur Abgrenzung zwischen Lieferung und sonstiger Leistung hingewiesen (vgl. BFH-Urteil vom 19.02.1976, V R 92/74, BStBl. II S. 515).

---

[1] **Steuergesetze** Nr. **550a**.

[2] **Habersack** bzw. **Habersack Ergänzungsband** (E) Nr. **65** (UrhG), Nr. **65a** (UrhWG – E), Nr. **70** (PatG – E), Nr. **72** (MarkenG), Nr. **66** (VerlG – E) und Nr. **71** (GebrMG – E).

[4]Die Überlassung von Fernsehübertragungsrechten und die Freigabe eines Berufsfußballspielers gegen Ablösezahlung sind als ähnliche Rechte im Sinne des § 3a Abs. 4 Satz 2 Nr. 1 UStG anzusehen.

Werbung, Öffentlichkeitsarbeit, Werbungsmittler, Werbeagenturen

(3) [1]Unter dem Begriff „Leistungen, die der Werbung dienen“ im Sinne des § 3a Abs. 4 Satz 2 Nr. 2 UStG sind die Leistungen zu verstehen, die bei den Werbeadressaten den Entschluss zum Erwerb von Gegenständen oder zur Inanspruchnahme von sonstigen Leistungen auslösen sollen (vgl. BFH-Urteil vom 24.09.1987, V R 105/77, BStBl. II 1988 S. 303). [2]Unter den Begriff fallen auch die Leistungen, die bei den Werbeadressaten ein bestimmtes außerwirtschaftliches, z.B. politisches, soziales, religiöses Verhalten herbeiführen sollen. [3]Es ist nicht erforderlich, dass die Leistungen üblicherweise und ausschließlich der Werbung dienen.

(4) Zu den Leistungen, die der Werbung dienen, gehören insbesondere:

1. [1]**die Werbeberatung.** [2]Hierbei handelt es sich um die Unterrichtung über die Möglichkeiten der Werbung;
2. [1]**die Werbevorbereitung und die Werbeplanung.** [2]Bei ihr handelt es sich um die Erforschung und Planung der Grundlagen für einen Werbeeinsatz, z.B. die Markterkundung, die Verbraucheranalyse, die Erforschung von Konsumgewohnheiten, die Entwicklung einer Marktstrategie und die Entwicklung von Werbekonzeptionen;
3. [1]**die Werbegestaltung.** [2]Hierzu zählen die graphische Arbeit, die Abfassung von Werbetexten und die vorbereitenden Arbeiten für die Film-, Funk- und Fernsehproduktion;
4. [1]**die Werbemittelherstellung.** [2]Hierzu gehört die Herstellung oder Beschaffung der Unterlagen, die für die Werbung notwendig sind, z.B. Reinzeichnungen und Tiefdruckvorlagen für Anzeigen, Prospekte, Plakate usw., Druckstöcke, Bild- und Tonträger, einschließlich der Überwachung der Herstellungsvorgänge;
5. [1]**die Werbemittlung** (vgl. Absatz 7). [2]Der Begriff umfasst die Auftragsabwicklung in dem Bereich, in dem die Werbeeinsätze erfolgen sollen, z.B. die Erteilung von Anzeigenaufträgen an die Verleger von Zeitungen, Zeitschriften, Fachblättern und Adressbüchern sowie die Erteilung von Werbeaufträgen an Funk- und Fernsehanstalten und an sonstige Unternehmer, die Werbung durchführen;
6. [1]**die Durchführung von Werbung.** [2]Hierzu gehören insbesondere die Aufnahmen von Werbeanzeigen in Zeitungen, Zeitschriften, Fachblättern, auf Bild- und Tonträgern und in Adressbüchern, die sonstige Adresswerbung, z.B. Zusatzeintragungen oder hervorgehobene Eintragungen, die Beiheftung, Beifügung oder Verteilung von Prospekten oder sonstige Formen der Direktwerbung, das Anbringen von Werbeplakaten und Werbetexten an Werbeflächen, Verkehrsmitteln usw., das Abspielen von Werbefilmen in Filmtheatern oder die Ausstrahlung von Werbesendungen im Fernsehen oder Rundfunk.

(5) [1]Zeitungsanzeigen von Unternehmern, die Stellenangebote enthalten, ausgenommen Chiffreanzeigen, und sog. Finanzanzeigen, z.B. Veröffentlichung von Bilanzen, Emissionen, Börsenzulassungsprospekten usw., sind Werbeleistungen. [2]Zeitungsanzeigen von Nichtunternehmern, z.B. Stellengesuche, Stellenangebote von juristischen Personen des öffentlichen Rechts für den hoheitlichen Bereich, Familienanzeigen, Kleinanzeigen, sind dagegen als nicht der Werbung dienend anzusehen.

(6) [1]Unter Leistungen, die der Öffentlichkeitsarbeit dienen, sind die Leistungen zu verstehen, durch die Verständnis, Wohlwollen und Vertrauen erreicht oder erhalten werden sollen. [2]Es handelt sich hierbei in der Regel um die Unterrichtung der Öffentlichkeit über die Zielsetzungen, Leistungen und die soziale Aufgeschlossenheit staatlicher oder privater Stellen. [3]Die Ausführungen in den Absätzen 3 und 4 gelten entsprechend.

(7) Werbungsmittler ist, wer Unternehmern, die Werbung für andere durchführen, Werbeaufträge für andere im eigenen Namen und für eigene Rechnung erteilt (vgl. Absatz 4 Nr. 5).

(8) [1]Eine Werbeagentur ist ein Unternehmer, der neben der Tätigkeit eines Werbungsmittlers weitere Leistungen, die der Werbung dienen, ausführt. [2]Bei den weiteren Leistungen handelt es sich insbesondere um Werbeberatung, Werbeplanung, Werbegestaltung, Beschaffung von Werbemitteln und Überwachung der Werbemittelherstellung (vgl. Absatz 4 Nr. 1 bis 4).

(8a) Eine Leistung im Sinne des § 3a Abs. 4 Satz 2 Nr. 2 UStG liegt auch bei der Planung, Gestaltung sowie Aufbau, Umbau und Abbau von Ständen im Zusammenhang mit Messen und Ausstellungen vor, wenn dieser Stand für Werbezwecke verwendet wird (vgl. EuGH-Urteil vom 27.10.2011, C-530/09, Inter-Mark Group, BStBl. II 2012 S. 160).[1)]

Beratungs- und Ingenieurleistungen

(9)[2)] [1]§ 3a Abs. 4 Satz 2 Nr. 3 UStG[3)] ist z.B. bei folgenden sonstigen Leistungen anzuwenden, wenn sie Hauptleistungen sind: Rechts-, Steuer- und Wirtschaftsberatung. [2]Nicht unter § 3a Abs. 4 Satz 2 Nr. 3 UStG fallen Beratungsleistungen, wenn die Beratung nach den allgemeinen Grundsätzen des Umsatzsteuerrechts nur als Nebenleistung, z.B. zu einer Werklieferung, zu beurteilen ist. [3]Keine reine Beratungsleistung liegt vor, wenn eine Dienstleistung die Ausübung einer Entscheidungsbefugnis voraussetzt (z. B. in Bezug auf die Gewährung oder Ablehnung einer Entschädigung, wie im Fall der Schadensregulierung, vgl. EuGH-Urteil vom 01.08.2022, C-267/21, Uniqa Asigurari).[4)]

---

1) DStR 2011, 2145.

2) A 3a.9 UStAE Abs. 9 Satz 3 angef., Abs. 10 Satz 3 eingef., bish. Satz 3 wird Satz 4 und neugef. durch BMF v. 04.01.2024, BStBl. I 2024, 170, anzuwenden in allen offenen Fällen.

3) Unter § 3a Abs. 4 Nr. 3 UStG fallen auch Leistungen von Aufsichtsratsmitgliedern, Dolmetschern und Übersetzern.

4) MwStR 2022, 704.

(10)[1)·2)] [1]Bei Rechtsanwälten, Patentanwälten, Steuerberatern und Wirtschaftsprüfern fallen alle berufstypischen Leistungen unter § 3a Abs. 4 Satz 2 Nr. 3 UStG. [2]Zur Beratungstätigkeit gehören daher z. B. bei einem Rechtsanwalt die Prozessführung, bei einem Wirtschaftsprüfer auch die im Rahmen von Abschlussprüfungen erbrachten Leistungen. [3]Im Rahmen des Anwaltsberufs erbrachte Leistungen haben hauptsächlich und gewöhnlich die Vertretung und Verteidigung der Interessen eines Mandanten zum Gegenstand, was im Allgemeinen in einem Kontext der Auseinandersetzung und in Gegenwart widerstreitender Interessen stattfindet (vgl. EuGH-Urteil vom 01.08.2022, C-267/21, Uniqa Asigurari).[3)] [4]Keine berufstypische Leistung eines Rechtsanwaltes oder Steuerberaters ist daher die Tätigkeit als Testamentsvollstrecker oder Nachlasspfleger (vgl. BFH-Urteil vom 03.04.2008, V R 62/05, BStBl. II S. 900).

(11) [1]§ 3a Abs. 4 Satz 2 Nr. 3 UStG erfasst auch die selbständigen Beratungsleistungen der Notare. [2]Sie erbringen jedoch nur dann selbständige Beratungsleistungen, wenn die Beratungen nicht im Zusammenhang mit einer Beurkundung stehen. [3]Das sind insbesondere die Fälle, in denen sich die Tätigkeit der Notare auf die Betreuung der Beteiligten auf dem Gebiet der vorsorgenden Rechtspflege, insbesondere die Anfertigung von Urkundsentwürfen und die Beratung der Beteiligten beschränkt (vgl. § 24 BNotO[4)] und *§§ 145 und 147 Abs. 2 KostO*[5)]).

(12) [1]Unter § 3a Abs. 4 Satz 2 Nr. 3 UStG fallen auch die Beratungsleistungen von Sachverständigen. [2]Hierzu gehören z. B. die Anfertigung von rechtlichen, wirtschaftlichen und technischen Gutachten, soweit letztere nicht in engem Zusammenhang mit einem Grundstück (§ 3a Abs. 3 Nr. 1 UStG und Abschnitt 3a.3 Abs. 3) oder mit beweglichen Gegenständen (§ 3a Abs. 3 Nr. 3 Buchstabe c UStG und Abschnitt 3a.6 Abs. 12) stehen, sowie die Aufstellung von Finanzierungsplänen, die Auswahl von Herstellungsverfahren und die Prüfung ihrer Wirtschaftlichkeit. [3]Leistungen von Handelschemikern sind als Beratungsleistungen im Sinne des § 3a Abs. 4 Satz 2 Nr. 3 UStG zu beurteilen, wenn sie Auftraggeber neben der chemischen Analyse von Warenproben insbesondere über Kennzeichnungsfragen beraten.

(13)[6)] [1]Ingenieurleistungen sind alle sonstigen Leistungen, die zum Berufsbild eines Ingenieurs gehören, also nicht nur beratende Tätigkeiten; die Ausübung von Ingenieurleistungen ist dadurch gekennzeichnet, Kenntnisse und bestehende Prozesse auf konkrete Probleme anzuwenden sowie neue Kenntnisse zu erwerben und neue Prozesse zur Lösung dieser und neuer Probleme zu entwickeln (vgl. EuGH-Urteile vom 07.10.2010, C-222/09, Kro-

---

1) A 3a.9 UStAE Abs. 9 Satz 3 angef., Abs. 10 Satz 3 eingef., bish. Satz 3 wird Satz 4 und neugef. durch BMF v. 04.01.2024, BStBl. I 2024, 170, anzuwenden in allen offenen Fällen.

2) Zum Leistungsort für Beratungsleistungen bei der Personalsuche vgl. BFH v. 18.06.2009 V R 57/07, BStBl. II 2010, 83.

3) MwStR 2022, 704.

4) Bundesnotarordnung i. d. F. v. 24.02.1961, BGBl. I 1961, 97 (**Habersack** Nr. **98a**).

5) Siehe jetzt Gerichts- und Notarkostengesetz (GNotKG) v. 23.07.2013, BGBl. I 2013, 2586 (**Habersack** Nr. **119**).

6) A 3a.9 UStAE Abs. 13 Satz 1 Klammerzusatz geänd., Abs. 14a eingef. durch BMF v. 04.01.2024, BStBl. I 2024, 170, anzuwenden in allen offenen Fällen.

nospan Mielec und vom 01.08.2022, C-267/21, Uniqa Asigurari,[1] und BFH-Urteil vom 13.01.2011, V R 63/09, BStBl. II S. 461). [2]Es ist nicht erforderlich, dass der leistende Unternehmer Ingenieur ist. [3]Nicht hierzu zählen Ingenieurleistungen in engem Zusammenhang mit einem Grundstück (vgl. Abschnitt 3a.3 Abs. 3 und 8). [4]Die Anpassung von Software an die besonderen Bedürfnisse des Abnehmers gehört zu den sonstigen Leistungen, die von Ingenieuren erbracht werden, oder zu denen, die Ingenieurleistungen ähnlich sind (vgl. EuGH-Urteil vom 27.10.2005, C-41/04, Levob Verzekeringen und OV Bank).[2] [5]Ebenso sind Leistungen eines Ingenieurs, die in Forschungs- und Entwicklungsarbeiten, z. B. im Umwelt- und Technologiebereich, bestehen, Ingenieurleistungen im Sinne des § 3a Abs. 4 Satz 2 Nr. 3 UStG (vgl. EuGH-Urteil vom 07.10.2010, C-222/09, Kronospan Mielec).

(14) Zu den unter § 3a Abs. 4 Satz 2 Nr. 3 UStG fallenden sonstigen Leistungen der Übersetzer gehören auch die Übersetzungen von Texten (vgl. Artikel 41 MwStVO),[3] soweit es sich nicht um urheberrechtlich geschützte Übersetzungen handelt (vgl. auch Abschnitt 12.7 Abs. 12).

(14a)[4] Zu den unter § 3a Abs. 4 Satz 2 Nr. 3 UStG fallenden „ähnlichen Leistungen anderer Unternehmer" gehören solche Leistungen, die irgendeiner der genannten Tätigkeiten, gesondert betrachtet, ähnlich sind; dies ist dann der Fall, wenn beide Tätigkeiten dem gleichen Zweck dienen (vgl. EuGH-Urteil vom 01.08.2022, C-267/21, Uniqa Asigurari).[1]

Datenverarbeitung

(15) [1]Unter Datenverarbeitung im Sinne des § 3a Abs. 4 Satz 2 Nr. 4 UStG ist die manuelle, mechanische oder elektronische Speicherung, Umwandlung, Verknüpfung und Verarbeitung von Daten zu verstehen. [2]Hierzu gehören insbesondere die Automatisierung von gleichförmig wiederholbaren Abläufen, die Sammlung, Aufbereitung, Organisation, Speicherung und Wiedergewinnung von Informationsmengen sowie die Verknüpfung von Datenmengen oder Datenstrukturen mit der Verarbeitung dieser Informationen auf Grund computerorientierter Verfahren. [3]Die Erstellung von Datenverarbeitungsprogrammen (Software) ist keine Datenverarbeitung im Sinne von § 3a Abs. 4 Satz 2 Nr. 4 UStG (vgl. aber Abschnitt 3a.12).

Überlassung von Informationen

(16) [1]§ 3a Abs. 4 Satz 2 Nr. 5 UStG behandelt die Überlassung von Informationen einschließlich gewerblicher Verfahren und Erfahrungen, soweit diese sonstigen Leistungen nicht bereits unter § 3a Abs. 4 Satz 2 Nr. 1, 3 und 4 UStG fallen. [2]Gewerbliche Verfahren und Erfahrungen können im Rahmen der laufenden Produktion oder der laufenden Handelsgeschäfte gesammelt werden und daher bei einer Auftragserteilung bereits vorliegen, z. B. Überlassung von Betriebsvorschriften, Unterrichtung über Fabrikationsverbes-

---

[1] MwStR 2022, 704.
[2] DStRE 2006, 41.
[3] **Steuergesetze** Nr. **550a.**
[4] A 3a.9 UStAE Abs. 13 Satz 1 Klammerzusatz geänd., Abs. 14a eingef. durch BMF v. 04.01.2024, BStBl. I 2024, 170, anzuwenden in allen offenen Fällen.

serungen, Unterweisung von Arbeitern des Auftraggebers im Betrieb des Unternehmers. [3]Gewerbliche Verfahren und Erfahrungen können auch auf Grund besonderer Auftragsforschung gewonnen werden, z. B. Analysen für chemische Produkte, Methoden der Stahlgewinnung, Formeln für die Automation. [4]Es ist ohne Belang, in welcher Weise die Verfahren und Erfahrungen übermittelt werden, z. B. durch Vortrag, Zeichnungen, Gutachten oder durch Übergabe von Mustern und Prototypen. [5]Unter die Vorschrift fällt die Überlassung aller Erkenntnisse, die ihrer Art nach geeignet sind, technisch oder wirtschaftlich verwendet zu werden. [6]Dies gilt z. B. auch für die Überlassung von Know-how und von Ergebnissen einer Meinungsumfrage auf dem Gebiet der Marktforschung (vgl. BFH-Urteil vom 22.11.1973, V R 164/72, BStBl. 1974 II S. 259) sowie für die Überlassung von Informationen durch Journalisten oder Pressedienste, soweit es sich nicht um die Überlassung urheberrechtlich geschützter Rechte handelt (vgl. Abschnitt 12.7 Abs. 9 bis 11). [7]Bei den sonstigen Leistungen der Detektive handelt es sich um Überlassungen von Informationen im Sinne des § 3a Abs. 4 Satz 2 Nr. 5 UStG. [8]Dagegen stellt die Unterrichtung des Erben über den Erbfall durch einen Erbenermittler keine Überlassung von Informationen dar (vgl. BFH-Urteil vom 03.04.2008, V R 62/05, BStBl. II S. 900).

Finanzumsätze[1)]

(17) [1]Wegen der Bank-, Finanz- und Versicherungsumsätze, die in § 4 Nr. 8 Buchstabe a bis h und Nr. 10 UStG bezeichnet sind, vgl. Abschnitte 4.8.1 bis 4.8.13 und Abschnitte 4.10.1 und 4.10.2. [2]Die Verweisung auf § 4 Nr. 8 Buchstabe a bis h und Nr. 10 UStG in § 3a Abs. 4 Satz 2 Nr. 6 Buchstabe a UStG erfasst auch die dort als nicht steuerfrei bezeichneten Leistungen. [3]Zu den unter § 3a Abs. 4 Satz 2 Nr. 6 UStG fallenden Umsätzen gehört auch die Vermögensverwaltung mit Wertpapieren (vgl. EuGH-Urteil vom 19.07.2012, C-44/11, Deutsche Bank, BStBl. II S. 945,[2)] und BFH-Urteil vom 11.10.2012, V R 9/10, BStBl. II 2014 S. 279).

Edelmetallumsätze

(18) [1]Zu den sonstigen Leistungen im Geschäft mit Platin nach § 3a Abs. 4 Satz 2 Nr. 6 Buchstabe b UStG gehört auch der börsenmäßige Handel mit Platinmetallen (Palladium, Rhodium, Iridium, Osmium, Ruthenium). [2]Dies gilt jedoch nicht für Geschäfte mit Platinmetallen, bei denen die Versorgungsfunktion der Verarbeitungsunternehmen im Vordergrund steht. [3]Hierbei handelt es sich um Warengeschäfte.

Personalgestellung

(18a) [1]Unter einer Gestellung von Personal ist die entgeltliche Überlassung von weiterhin beim leistenden Unternehmer angestellten Arbeitnehmern an einen Dritten zu verstehen, welcher das Personal für seine Zwecke einsetzt. [2]Dabei muss der Leistungsempfänger in der Lage sein, das Personal entspre-

---

1) Zum Leistungsort bei bankmäßiger Vermögensverwaltung vgl. BFH v. 11.10.2007 V R 22/04, BStBl. II 2008, 993.

2) DStR 2012, 1601.

chend seines Weisungsrechts einzusetzen. [3]Die Verantwortung für die Durchführung der Arbeiten muss beim Leistungsempfänger liegen. [4]Schuldet hingegen der leistende Unternehmer den Eintritt eines bestimmten Erfolges oder Ereignisses, steht nicht die Überlassung des Personals, sondern die Ausführung einer anderen Art der Leistung im Vordergrund (zu den sonstigen Leistungen im Zusammenhang mit einem Grundstück vgl. Abschnitt 3a.3 Abs. 8).

Vermietung von beweglichen körperlichen Gegenständen

(19) Eine Vermietung von beweglichen körperlichen Gegenständen im Sinne des § 3a Abs. 4 Satz 2 Nr. 10 UStG liegt z. B. vor, wenn ein bestehender Messestand oder wesentliche Bestandteile eines Standes im Zusammenhang mit Messen und Ausstellungen an Aussteller vermietet werden und die Vermietung ein wesentliches Element dieser Dienstleistung ist (vgl. EuGH-Urteil vom 27.10.2011, C-530/09, Inter-Mark Group, BStBl. II 2012 S. 160).[1]

3a.9a Ort der sonstigen Leistungen auf dem Gebiet der Telekommunikation, der Rundfunk- und Fernsehdienstleistungen und der auf elektronischem Weg erbrachten sonstigen Leistungen

Ort der Leistungen

(1)[2] [1]Bei der Bestimmung des Leistungsorts für die in § 3a Abs. 5 Satz 2 UStG bezeichneten Leistungen (Telekommunikations-, Rundfunk- und Fernsehdienstleistungen und auf elektronischem Weg erbrachte sonstige Leistungen) sind folgende Fälle zu unterscheiden:

(Fortsetzung S. 233)

---

[1] DStR 2011, 2145.

[2] A 3a.9a UStAE Abs. 1 Satz 1 Nr. 1 Satz 7 angef. durch BMF v. 22.5.2023, BStBl. I 2023, 803, erstmals anzuwenden auf Besteuerungszeiträume, die nicht der Erklärung nach § 27 Abs. 22 Satz 3 UStG unterliegen; weitere Anwendungsregelung siehe Anlage 8.

[12]Da F gegenüber A die gesamte Beförderung abrechnet, ist F so zu behandeln, als ob er die Gesamtbeförderung von Potsdam nach Bordeaux erbracht hätte. [13]Die Leistung ist als innergemeinschaftliche Güterbeförderung in Deutschland steuerbar und steuerpflichtig (§ 3b Abs. 3 UStG). [14]Steuerschuldner der deutschen Umsatzsteuer ist der leistende Unternehmer F (§ 13a Abs. 1 Nr. 1 UStG; vgl. auch Abschnitt 3a.16 Abs. 3).

Zu § 3c UStG

3c.1 Ort der Lieferung beim Fernverkauf

(1)[1)] [1]§ 3c Abs. 1 UStG verlagert den Ort der Lieferung eines innergemeinschaftlichen Fernverkaufs gemäß dem Bestimmungslandprinzip an den Ort, an dem sich der Gegenstand bei Beendigung der Beförderung oder Versendung an den Erwerber befindet, sofern nicht der Ausschlusstatbestand des § 3c Abs. 4 Satz 1 UStG greift. [2]Im Falle des § 3c Abs. 4 Satz 1 UStG verlagert sich der Ort der Lieferung eines innergemeinschaftlichen Fernverkaufs nicht an den Ort, an dem sich der Gegenstand bei Beendigung der Beförderung oder Versendung an den Erwerber befindet, sondern es verbleibt bei der Regelung des § 3 Abs. 6 Satz 1 UStG. [3]Abschnitt 3a.9a Abs. 1 Satz 1 Nr. 1 Sätze 2 bis 4 und 6 gelten entsprechend; Abschnitt 3a.9a Abs. 1 Satz 1 Nr. 1 Satz 5 gilt entsprechend unter der Maßgabe, dass die Erklärung als abgegeben gilt, wenn der liefernde Unternehmer die Voraussetzungen nach § 3c Abs. 4 Satz 1 UStG erfüllt, jedoch weiterhin die Regelung nach § 3c Abs. 1 UStG anwendet. [4]Im Falle der dezentralen Besteuerung von Organisationseinheiten der Gebietskörperschaften Bund bzw. Länder (§ 18 Abs. 4f und 4g UStG) greift der Ausschlusstatbestand des § 3c Abs. 4 UStG nicht (§ 18 Abs. 4f Satz 6 UStG).

Beispiel 1:

[1]Ein im Inland ansässiger Händler veräußert über die eigene Internetseite einen Fernseher an eine Privatperson in Frankreich. [2]Die Ware wird aus seinem Lager im Inland an den Wohnsitz der Privatperson in Frankreich versendet. [3]Der Händler überschreitet die Umsatzschwelle von 10 000 € nicht und verzichtet nicht auf die Anwendung des § 3c Abs. 4 Satz 1 UStG (§ 3c Abs. 4 Satz 2 UStG).

[4]Die Lieferung des Händlers an die Privatperson ist gemäß § 3 Abs. 6 Satz 1 UStG im Inland steuerbar und steuerpflichtig. [5]§ 3c Abs. 1 UStG ist nach § 3c Abs. 4 Satz 1 UStG nicht anzuwenden, weil der Händler nur in einem EU-Mitgliedstaat ansässig ist und die Umsatzschwelle nicht überschreitet.

Beispiel 2:

[1]Sachverhalt wie Beispiel 1. [2]Der Händler überschreitet jedoch die Umsatzschwelle von 10 000 € (§ 3c Abs. 4 Satz 1 UStG) bzw. verzichtet auf die Anwendung des § 3c Abs. 4 Satz 1 UStG (§ 3c Abs. 4 Satz 2 UStG).

[3]Auf die Lieferung des Händlers an die Privatperson ist § 3c Abs. 1 UStG anzuwenden. [4]Der Ort der Lieferung ist der Ort, an dem sich der Gegenstand bei Beendigung der Versendung an die Privatperson befindet (hier: Frankreich). [5]Der Händler kann das besondere Besteuerungsverfahren im Sinne des § 18j UStG (vgl. Abschnitt 18j.1) in Anspruch nehmen und den Umsatz darüber erklären. [6]Andernfalls hat der Händler den Umsatz im Bestimmungsland (hier: Frankreich) im allgemeinen Besteuerungsverfahren (Artikel 250 bis 261 MwStSystRL) zu erklären.

Beispiel 3:

[1]Ein in Südkorea ansässiger Händler veräußert über die eigene Internetseite einen Fernseher an eine Privatperson in Frankreich. [2]Die Ware wird aus dem Lager seiner Betriebsstätte im In-

---

1) A 3c.1 UStAE Abs. 1 Satz 4 angef. durch BMF v. 22.5.2023, BStBl. I 2023, 803, erstmals anzuwenden auf Besteuerungszeiträume, die nicht der Erklärung nach § 27 Abs. 22 Satz 3 UStG unterliegen; weitere Anwendungsregelung siehe Anlage 8.

land an den Wohnsitz der Privatperson in Frankreich versendet. [3] Der Händler überschreitet die Umsatzschwelle von 10 000 € nicht und verzichtet nicht auf die Anwendung des § 3c Abs. 4 Satz 1 UStG (§ 3c Abs. 4 Satz 2 UStG).
[4] Die Lieferung des Händlers an die Privatperson ist gemäß § 3 Abs. 6 Satz 1 UStG im Inland steuerbar und steuerpflichtig. [5] § 3c Abs. 1 UStG ist nach § 3c Abs. 4 Satz 1 UStG nicht anzuwenden, weil der Händler eine Betriebsstätte in nur einem EU-Mitgliedstaat hat und die Umsatzschwelle nicht überschreitet.

Beispiel 4:

[1] Sachverhalt wie Beispiel 3. [2] Der Händler überschreitet jedoch die Umsatzschwelle von 10 000 € (§ 3c Abs. 4 Satz 1 UStG) bzw. verzichtet auf die Anwendung des § 3c Abs. 4 Satz 1 UStG (§ 3c Abs. 4 Satz 2 UStG).
[3] Auf die Lieferung des Händlers an die Privatperson ist § 3c Abs. 1 UStG anzuwenden. [4] Der Ort der Lieferung ist der Ort, an dem sich der Gegenstand bei Beendigung der Versendung an die Privatperson befindet (hier: Frankreich). [5] Der Händler kann das besondere Besteuerungsverfahren im Sinne des § 18j UStG (vgl. Abschnitt 18j.1) in Anspruch nehmen und den Umsatz darüber erklären. [6] Andernfalls hat der Händler den Umsatz im Bestimmungsland (hier: Frankreich) im allgemeinen Besteuerungsverfahren (Artikel 250 bis 261 MwStSystRL) zu erklären.

Beispiel 5:

[1] Ein im Inland ansässiger Händler H veräußert über die eigene Internetseite Handyzubehör an eine im Inland ansässige Privatperson. [2] Die Ware wird aus seinem Lager in Frankreich an den Wohnsitz der Privatperson versendet. [3] H verzichtet auf die Anwendung von § 3c Abs. 4 Satz 1 UStG und nimmt an dem besonderen Besteuerungsverfahren nach § 18j UStG (vgl. Abschnitt 18j.1) teil.
[4] Auf die Lieferung des Händlers an die Privatperson ist § 3c Abs. 1 UStG anzuwenden. [5] Der Ort der Lieferung ist der Ort, an dem sich der Gegenstand bei Beendigung der Versendung an die Privatperson befindet (hier: Inland). [6] Der Händler hat die Umsätze über das besondere Besteuerungsverfahren im Sinne des § 18j UStG (vgl. Abschnitt 18j.1) zu erklären.

(2) [1] Ein innergemeinschaftlicher Fernverkauf ist die Lieferung eines Gegenstands, der durch den Lieferer oder für dessen Rechnung aus dem Gebiet eines EU-Mitgliedstaates in das Gebiet eines anderen EU-Mitgliedstaates oder aus dem übrigen Gemeinschaftsgebiet in die in § 1 Abs. 3 UStG bezeichneten Gebiete an eine in § 1a Abs. 3 Nr. 1 UStG genannte Person oder eine Person nach § 3a Abs. 5 Satz 1 UStG – unter direkter oder indirekter Beteiligung – befördert oder versendet wird. [2] Lieferungen von Gas, Elektrizität, Wärme und Kälte sind keine bewegten Lieferungen und sind deshalb nicht vom Begriff des innergemeinschaftlichen Fernverkaufs im Sinne des § 3c Abs. 1 Satz 2 UStG erfasst. [3] Erwerber im Sinne des Satzes 1 sind Nichtunternehmer (siehe Abschnitt 3a.1 Abs. 1) sowie Unternehmer, die nur steuerfreie – nicht zum Vorsteuerabzug berechtigende – Umsätze ausführen, Kleinunternehmer, pauschalierende Land- und Forstwirte und juristische Personen, die nicht Unternehmer sind oder den Gegenstand nicht für das Unternehmen erwerben. [4] Im Hinblick auf die in § 1a Abs. 3 Nr. 1 UStG genannten Personen ist der Erwerberkreis auf diejenigen Personen beschränkt, die weder die maßgebende Erwerbsschwelle im Sinne des § 1a Abs. 3 Nr. 2 UStG überschreiten, noch auf ihre Anwendung nach § 1a Abs. 4 UStG verzichten (vgl. zu den Erwerbsschwellen in den EU-Mitgliedstaaten Abschnitt 3.18 Abs. 4 Satz 7). [5] Sofern die Beförderung oder Versendung im Gebiet eines anderen EU-Mitgliedstaates endet, ist die von diesem EU-Mitgliedstaat festgesetzte Erwerbsschwelle maßgebend. [6] Als indirekte Beteiligung des Lieferers am Versand oder der Beförderung der Gegenstände sind die in Abschnitt 3.18 Abs. 4 Satz 8 genannten Fälle anzusehen.

(3) [1]Bei einer mündlich vereinbarten Vermittlungsleistung kann der Nachweis auch dadurch geführt werden, dass der Vermittler, z.B. das Reisebüro, den Vermittlungsauftrag seinem Auftraggeber, z.B. dem Beförderungsunternehmer, auf der Abrechnung oder dem Überweisungsträger bestätigt. [2]Das kann z.B. in der Weise geschehen, dass der Vermittler in diesen Unterlagen den vom Auftraggeber für die vermittelte Leistung insgesamt geforderten Betrag angibt und davon den einbehaltenen Betrag unter der Bezeichnung „vereinbarte Provision" ausdrücklich absetzt.

(4) [1]Zum buchmäßigen Nachweis gehören auch Angaben über den vermittelten Umsatz (§ 22 Abs. 2 Nr. 1 UStDV). [2]Im Allgemeinen ist es als ausreichend anzusehen, wenn der Unternehmer die erforderlichen Merkmale in seinen Aufzeichnungen festhält. [3]Bei der Vermittlung der in § 4 Nr. 5 Satz 1 Buchstabe a UStG bezeichneten Umsätze sollen sich daher die Aufzeichnungen auch darauf erstrecken, dass der vermittelte Umsatz unter eine der Steuerbefreiungen des § 4 Nr. 1 Buchstabe a, Nr. 2 bis 4b sowie Nr. 6 und 7 UStG fällt. [4]Dementsprechend sind in den Fällen des § 4 Nr. 5 Satz 1 Buchstaben b und c UStG auch der Ort und in den Fällen des Buchstabens b zusätzlich die Art des vermittelten Umsatzes aufzuzeichnen. [5]Bei der Vermittlung von Einfuhrlieferungen genügen Angaben darüber, dass der Liefergegenstand im Zuge der Lieferung vom Drittlandsgebiet in das Inland gelangt ist. [6]Einer Unterscheidung danach, ob es sich hierbei um eine Lieferung im Drittlandsgebiet oder um eine unter § 3 Abs. 8 UStG fallende Lieferung handelt, bedarf es für die Inanspruchnahme der Steuerbefreiung des § 4 Nr. 5 UStG aus Vereinfachungsgründen nicht.

Zu § 4 Nr. 6 UStG

4.6.1 Leistungen der Eisenbahnen des Bundes

Bei den Leistungen der Eisenbahnen des Bundes handelt es sich insbesondere um die Überlassung von Anlagen und Räumen, um Personalgestellungen und um Lieferungen von Betriebsstoffen, Schmierstoffen und Energie.

4.6.2 Steuerbefreiung für Restaurationsumsätze an Bord von Seeschiffen

[1]Die Steuerbefreiung nach § 4 Nr. 6 Buchstabe e UStG umfasst die entgeltliche und unentgeltliche Abgabe von Speisen und Getränken zum Verzehr an Bord von Seeschiffen, sofern diese eine selbständige sonstige Leistung ist. [2]Nicht befreit ist die Lieferung von Speisen und Getränken. [3]Zur Abgrenzung vgl. Abschnitt 3.6.

Zu § 4 Nr. 7 UStG

4.7.1 Leistungen an Vertragsparteien des Nordatlantikvertrages, NATO-Streitkräfte, diplomatische Missionen, zwischenstaatliche Einrichtungen und Streitkräfte der Mitgliedstaaten der Europäischen Union im Rahmen der GSVP

(1) [1]Die Steuerbefreiung nach § 4 Nr. 7 Satz 1 Buchstabe a UStG betrifft insbesondere wehrtechnische Gemeinschaftsprojekte der NATO-Partner, bei denen der Generalunternehmer im Inland ansässig ist. [2]Die Leistungen eines Generalunternehmers sind steuerfrei, wenn die Verträge so gestaltet und durchgeführt werden, dass der Generalunternehmer seine Leistungen unmittelbar an jeden einzelnen der beteiligten Staaten ausführt. [3]Diese Voraussetzungen sind auch dann erfüllt, wenn beim Abschluss und bei der Durchführung der Verträge das Bundesamt für Ausrüstung, Informationstechnik und Nutzung der Bundeswehr oder eine von den beteiligten Staaten geschaffene Einrichtung im Namen und für Rechnung der beteiligten Staaten handelt.

(2) [1]Die Steuerbefreiung nach § 4 Nr. 7 Satz 1 Buchstabe a UStG umfasst auch Lieferungen von Rüstungsgegenständen an andere NATO-Partner. [2]Für diese Lieferungen kann auch die Steuerbefreiung für Ausfuhrlieferungen nach § 4 Nr. 1 Buchstabe a, § 6 Abs. 1 UStG in Betracht kommen (vgl. Abschnitt 6.1).

(3) [1]Nach § 4 Nr. 7 Satz 1 Buchstabe b UStG sind Lieferungen und sonstige Leistungen an die im Gebiet eines anderen Mitgliedstaats stationierten NATO-Streitkräfte befreit. [2]Dabei darf es sich nicht um die Streitkräfte dieses Mitgliedstaates handeln (z. B. Lieferungen an die belgischen Streitkräfte in Belgien). [3]Begünstigt sind Leistungsbezüge, die für unmittelbare amtliche Zwecke der Streitkraft selbst und für den persönlichen Gebrauch oder Verbrauch durch Angehörige der Streitkraft bestimmt sind. [4]Die Steuerbefreiung kann nicht für Leistungen an den einzelnen Soldaten in Anspruch genommen werden, sondern nur, wenn die Beschaffungsstelle der im übrigen Gemeinschaftsgebiet stationierten Streitkraft Auftraggeber und Rechnungsempfänger der Leistung ist.

(3a) [1]Die Steuerbefreiungen nach § 4 Nr. 7 Satz 1 Buchstaben e und f UStG betreffen Maßnahmen im Rahmen der Gemeinsamen Sicherheits- und Verteidigungspolitik (GSVP) gemäß Titel V Kapitel 2 Abschnitt 2 des Vertrags über die Europäische Union. [2]Verteidigungsanstrengungen, die zur Durchführung einer Tätigkeit der Union im Rahmen der GSVP unternommen werden, sind unter anderem militärische Missionen und Operationen, Tätigkeiten von Gefechtsverbänden, der gegenseitige Beistand, Projekte im Rahmen der Ständigen Strukturierten Zusammenarbeit (SSZ) sowie Tätigkeiten der Europäischen Verteidigungsagentur (European Defence Agency – EDA). [3]Ausgenommen sind Tätigkeiten im Rahmen der Solidaritätsklausel nach Artikel 222 des Vertrags über die Arbeitsweise der Europäischen Union und andere bilaterale oder multilaterale Tätigkeiten der Mitgliedstaaten, soweit sie nicht mit Verteidigungsanstrengungen, die zur Durchführung einer Tätigkeit der Union im Rahmen der GSVP unternommen werden, in Zusammenhang stehen. [4]Hierzu zählen auch zivile Missionen im Rahmen der GSVP, Aufgaben, zu deren Erfüllung ausschließlich Zivilpersonal oder zivile Fähigkeiten eingesetzt werden, und Lieferungen und Leistungen, die die Streitkräfte für den Gebrauch oder Verbrauch durch die Truppen oder das Zivilpersonal erwerben, das sie innerhalb ihres eigenen Mitgliedstaats begleitet.

(3b) [1]Nach § 4 Nr. 7 Satz 1 Buchstabe e UStG sind Lieferungen und sonstige Leistungen an Streitkräfte eines anderen Mitgliedstaats, die an einer Verteidigungsanstrengung im Inland teilnehmen, befreit. [2]Begünstigt sind Leistungsbezüge, die für unmittelbare amtliche Zwecke der Streitkraft selbst und für den persönlichen Gebrauch oder Verbrauch durch Angehörige der Streitkraft, ihres zivilen Begleitpersonals oder für die Versorgung ihrer Kasinos oder Kantinen bestimmt sind. [3]Die Steuerbefreiung kann nicht für Leistungen an den einzelnen Soldaten in Anspruch genommen werden, sondern nur, wenn die Beschaffungsstelle der Streitkraft Auftraggeber und Rechnungsempfänger der Leistung ist.

(3c) [1]Nach § 4 Nr. 7 Satz 1 Buchstabe f UStG sind Lieferungen und sonstige Leistungen an die im Gebiet eines anderen Mitgliedstaats stationierten Streitkräfte befreit. [2]Dabei darf es sich nicht um die Streitkräfte dieses Mitgliedstaates handeln (z. B. Lieferungen an die belgischen Streitkräfte in Belgien). [3]Begünstigt sind Leistungsbezüge, die für unmittelbare amtliche Zwecke der Streitkraft selbst und für den persönlichen Gebrauch oder Verbrauch durch Angehörige der Streitkraft, ihres zivilen Begleitpersonals oder für die Versorgung ihrer Kasinos oder Kantinen bestimmt sind. [4]Die Steuerbefreiung kann nicht für Leistungen an den einzelnen Soldaten in Anspruch genommen werden, sondern nur, wenn die Beschaffungsstelle der im übrigen Gemeinschaftsgebiet stationierten Streitkraft Auftraggeber und Rechnungsempfänger der Leistung ist.

(4) [1]Die Steuerbefreiung nach § 4 Nr. 7 Satz 1 UStG gilt nicht für die Lieferungen neuer Fahrzeuge im Sinne des § 1b Abs. 2 und 3 UStG. [2]In diesen Fällen richtet sich die Steuerbefreiung nach § 4 Nr. 1 Buchstabe b, § 6a UStG.

(5) [1]Die Steuerbefreiung nach § 4 Nr. 7 Satz 1 Buchstabe b bis d und f UStG setzt voraus, dass der Gegenstand der Lieferung in das Gebiet des anderen Mitgliedstaates befördert oder versendet wird. [2]Die Beförderung oder Versendung ist durch einen Beleg entsprechend § 17a oder § 17b UStDV nachzuweisen. [3]Eine Steuerbefreiung kann nur für Leistungsbezüge gewährt werden, die noch für mindestens sechs Monate zum Gebrauch oder Verbrauch im übrigen Gemeinschaftsgebiet bestimmt sind, mit Ausnahme der Steuerbefreiung nach § 4 Nr. 7 Satz 1 Buchstabe f UStG.

(6) [1]Für die genannten Einrichtungen und Personen ist die Steuerbefreiung nach § 4 Nr. 7 Satz 1 Buchstabe b bis d und f UStG – abgesehen von den beleg- und buchmäßigen Nachweiserfordernissen – von den Voraussetzungen und Beschränkungen abhängig, die im Gastmitgliedstaat gelten. [2]Bei Liefe-

rungen und sonstigen Leistungen an Organe oder sonstige Organisationseinheiten (z. B. Außenstellen oder Vertretungen) von zwischenstaatlichen Einrichtungen gelten die umsatzsteuerlichen Privilegien des Mitgliedstaates, in dem sich diese Einrichtungen befinden. [3]Der Unternehmer hat als Voraussetzung der Steuerbefreiung zwingend mit der ihm vom Abnehmer ausgehändigten und für diesen durch eine von der zuständigen Behörde des Gastmitgliedstaates erteilten Bestätigung (Sichtvermerk) nachzuweisen, dass die für die Steuerbefreiung in dem Gastmitgliedstaat geltenden Voraussetzungen und Beschränkungen eingehalten sind (siehe Satz 1). [4]Kann diese vorgelegt werden, ist dies zwar ein wichtiges, aber nicht allein entscheidendes Kriterium und führt für sich alleine noch nicht zur Anwendung der Steuerbefreiung nach § 4 Nr. 7 Satz 1 Buchstabe b bis d und f UStG. [5]Die Gastmitgliedstaaten können zur Vereinfachung des Bestätigungsverfahrens bestimmte Einrichtungen von der Verpflichtung befreien, einen Sichtvermerk der zuständigen Behörde einzuholen. [6]In diesen Fällen tritt an die Stelle des Sichtvermerks eine Eigenbestätigung der Einrichtung, in der auf die entsprechende Genehmigung (Datum und Aktenzeichen) hinzuweisen ist. [7]Für die von der zuständigen Behörde des Gastmitgliedstaates zu erteilende Bestätigung bzw. die Eigenbestätigung der begünstigten Einrichtung ist ein Vordruck nach amtlich vorgeschriebenem Muster zu verwenden (vgl. BMF-Schreiben vom 16.09.2022, BStBl. I S. 1418, und Artikel 51 in Verbindung mit Anhang II MwStVO).[1)]

(7) [1]Die Voraussetzungen der Steuerbefreiung müssen vom Unternehmer im Geltungsbereich des UStG buchmäßig nachgewiesen werden. [2]Die Voraussetzungen müssen eindeutig und leicht nachprüfbar aus der Buchführung zu ersehen sein. [3]Der Unternehmer soll den Nachweis bei Lieferungen entsprechend § 17d Abs. 2 UStDV und bei sonstigen Leistungen entsprechend § 13 Abs. 2 UStDV führen. [4]Kann der Unternehmer den beleg- und buchmäßigen Nachweis nicht, nicht vollständig oder nicht zeitnah führen, ist grundsätzlich davon auszugehen, dass die Voraussetzungen der Steuerbefreiung nicht erfüllt sind. [5]Etwas anderes gilt ausnahmsweise dann, wenn auf Grund der vorliegenden Belege und der sich daraus ergebenden tatsächlichen Umstände objektiv feststeht, dass die Voraussetzungen der Steuerbefreiung vorliegen (vgl. auch BFH-Urteil vom 05.07.2012, V R 10/10, BStBl. II 2014 S. 539).

Zu § 4 Nr. 8 UStG

4.8.1 Vermittlungsleistungen im Sinne des § 4 Nr. 8 und 11 UStG

[1]Die in § 4 Nr. 8 und 11 UStG bezeichneten Vermittlungsleistungen setzen die Tätigkeit einer Mittelsperson voraus, die nicht den Platz einer der Parteien des zu vermittelnden Vertragsverhältnisses einnimmt und deren Tätigkeit sich von den vertraglichen Leistungen, die von den Parteien dieses Vertrages erbracht werden, unterscheidet. [2]Zweck der Vermittlungstätigkeit ist, das Erforderliche zu tun, damit zwei Parteien einen Vertrag schließen, an

1) **Steuergesetze** Nr. **550a.**

dessen Inhalt der Vermittler kein Eigeninteresse hat. [3]Es genügt, wenn der jeweilige Vermittler zu den Parteien eine mittelbare Verbindung über andere Steuerpflichtige unterhält, die selbst in unmittelbarer Verbindung zu einer dieser Parteien stehen (vgl. BFH-Urteil vom 28.05.2009, V R 7/08, BStBl. II 2010, S. 80). [4]Die Mittlertätigkeit kann darin bestehen, einer Vertragspartei Gelegenheit zum Abschluss eines Vertrages nachzuweisen, mit der anderen Partei Kontakt aufzunehmen oder über die Einzelheiten der gegenseitigen Leistungen zu verhandeln, wobei sich die Tätigkeit auf ein einzelnes Geschäft, das vermittelt werden soll, beziehen muss. [5]Die spezifischen und wesentlichen Funktionen einer Vermittlung sind auch erfüllt, wenn ein Unternehmer einem Vermittler am Abschluss eines Vertrages potentiell interessierte Personen nachweist und hierfür eine sog. „Zuführungsprovision" erhält (vgl. BFH-Urteil vom 28.05.2009, V R 7/08, a. a. O.). [6]Nicht steuerfrei sind hingegen Leistungen, die keinen spezifischen und wesentlichen Bezug zu einzelnen Vermittlungsgeschäften aufweisen, sondern allenfalls dazu dienen, als Subunternehmer den Versicherer bei den ihm selbst obliegenden Aufgaben zu unterstützen, ohne Vertragsbeziehungen zu den Versicherten zu unterhalten (vgl. BFH-Urteil vom 28.05.2009, V R 7/08, a. a. O.). [7]Wer lediglich einen Teil der mit einem zu vermittelnden Vertragsverhältnis verbundenen Sacharbeit übernimmt oder lediglich einem anderen Unternehmer Vermittler zuführt und diese betreut, erbringt insoweit keine steuerfreie Vermittlungsleistung (vgl. BFH-Urteil vom 14.05.2014, XI R 13/11, BStBl. II S. 734). [8]Die Steuerbefreiung einer Vermittlungsleistung setzt nicht voraus, dass es tatsächlich zum Abschluss des zu vermittelnden Vertragsverhältnisses gekommen ist. [9]Unbeschadet dessen erfüllen bloße Beratungsleistungen den Begriff der Vermittlung nicht (vgl. EuGH-Urteil vom 21.06.2007, C-453/05, Ludwig).[1)] [10]Auch die Betreuung, Überwachung oder Schulung von nachgeordneten selbständigen Vermittlern kann zur berufstypischen Tätigkeit eines Bausparkassenvertreters, Versicherungsvertreters oder Versicherungsmaklers nach § 4 Nr. 11 UStG oder zu Vermittlungsleistungen der in § 4 Nr. 8 UStG bezeichneten Art gehören. [11]Dies setzt aber voraus, dass der Unternehmer, der die Leistung der Betreuung, Überwachung und Schulung übernimmt, durch Prüfung eines jeden Vertragsangebots mittelbar auf eine der Vertragsparteien einwirken kann. [12]Dabei ist auf die Möglichkeit abzustellen, eine solche Prüfung im Einzelfall durchzuführen (vgl. BFH-Urteil vom 03.08.2017, V R 19/16, BStBl. II S. 1207).

4.8.2 Gewährung und Vermittlung von Krediten

(1) [1]Gewährt ein Unternehmer im Zusammenhang mit einer Lieferung oder sonstigen Leistung einen Kredit, ist diese Kreditgewährung nach § 4 Nr. 8 Buchstabe a UStG steuerfrei, wenn sie als selbständige Leistung anzusehen ist. [2]Entgelte für steuerfreie Kreditleistungen können Stundungszinsen, Zielzinsen und Kontokorrentzinsen sein (vgl. Abschnitt 3.11 Abs. 3 und 4). [3]Als Kreditgewährung ist auch die Kreditbereitschaft anzusehen, zu der sich ein Unternehmer vertraglich bis zur Auszahlung des Darlehens verpflich-

1) DStR 2007, 1160.

tet hat. [4]Zur umsatzsteuerrechtlichen Behandlung von Krediten, die im eigenen Namen, aber für fremde Rechnung gewährt werden, siehe Abschnitt 3.15.

(2) [1]Werden bei der Gewährung von Krediten Sicherheiten verlangt, müssen zur Ermittlung der Beleihungsgrenzen der Sicherungsobjekte, z. B. Grundstücke, bewegliche Sachen, Warenlager, deren Werte festgestellt werden. [2]Die dem Kreditgeber hierdurch entstehenden Kosten, insbesondere Schätzungsgebühren und Fahrtkosten, werden dem Kreditnehmer bei der Kreditgewährung in Rechnung gestellt. [3]Mit der Ermittlung der Beleihungsgrenzen der Sicherungsobjekte werden keine selbständigen wirtschaftlichen Zwecke verfolgt. [4]Diese Tätigkeit dient vielmehr lediglich dazu, die Kreditgewährung zu ermöglichen. [5]Dieser unmittelbare, auf wirtschaftlichen Gegebenheiten beruhende Zusammenhang rechtfertigt es, in der Ermittlung des Wertes der Sicherungsobjekte eine Nebenleistung zur Kreditgewährung zu sehen und sie damit als steuerfrei nach § 4 Nr. 8 Buchstabe a UStG zu behandeln (BFH-Urteil vom 09.07.1970, V R 32/70, BStBl. II S. 645).

(3) Zur umsatzsteuerrechtlichen Behandlung des Factoring siehe Abschnitt 2.4.

(4) [1]Die Darlehenshingabe der Bausparkassen durch Auszahlung der Baudarlehen auf Grund von Bausparverträgen ist als Kreditgewährung nach § 4 Nr. 8 Buchstabe a UStG steuerfrei. [2]Die Steuerfreiheit umfasst die gesamte Vergütung, die von den Bausparkassen für die Kreditgewährung vereinnahmt wird. [3]Darunter fallen außer den Zinsbeträgen auch die Nebengebühren, wie z. B. die Abschluss- und die Zuteilungsgebühren. [4]Steuerfrei sind ferner die durch die Darlehensgebühr und durch die Kontogebühr abgegoltenen Leistungen der Bausparkasse (BFH-Urteil vom 13.02.1969, V R 68/67, BStBl. II S. 449). [5]Dagegen sind insbesondere die Herausgabe eines Nachrichtenblatts, die Bauberatung und Bauaufsicht steuerpflichtig, weil es sich dabei um selbständige Leistungen neben der Kreditgewährung handelt.

(5) Die Vergütungen, die dem Pfandleiher nach § 10 Abs. 1 Satz 1 Nr. 2 der Verordnung über den Geschäftsbetrieb der gewerblichen Pfandleiher (PfandlV)[1)] zustehen, sind Entgelt für eine nach § 4 Nr. 8 Buchstabe a UStG steuerfreie Kreditgewährung (BFH-Urteil vom 09.07.1970 – V R 32/70, BStBl. II S. 645).

(6) Hat der Kunde einer Hypothekenbank bei Nichtabnahme des Hypothekendarlehens, bei dessen vorzeitiger Rückzahlung oder bei Widerruf einer Darlehenszusage oder Rückforderung des Darlehens als Folge bestimmter, vom Kunden zu vertretender Ereignisse im Voraus festgelegte Beträge zu zahlen (sog. Nichtabnahme- bzw. Vorfälligkeitsentschädigungen), handelt es sich – soweit nicht Schadensersatz vorliegt – um Entgelte für nach § 4 Nr. 8 Buchstabe a UStG steuerfreie Kreditleistungen (BFH-Urteil vom 20.03.1980, V R 32/76, BStBl. II S. 538).

---

1) Pfandleiherverordnung i. d. F. v. 01.06.1976, BGBl. I 1976, 1334.

(7) [1]Eine nach § 4 Nr. 8 Buchstabe a UStG steuerfreie Kreditgewährung liegt nicht vor, wenn jemand einem Unternehmer Geld für dessen Unternehmen oder zur Durchführung einzelner Geschäfte gegen Beteiligung nicht nur am Gewinn, sondern auch am Verlust zur Verfügung stellt. [2]Eine Beteiligung am Verlust ist mit dem Wesen des Darlehens, bei dem die hingegebene Geldsumme zurückzuzahlen ist, unvereinbar (BFH-Urteil vom 19.03.1970, V R 137/69, BStBl. II S. 602).

(8) [1]Vereinbart eine Bank mit einem Kreditvermittler, dass dieser in die Kreditanträge der Kreditkunden einen höheren Zinssatz einsetzen darf, als sie ohne die Einschaltung eines Kreditvermittlers verlangen würde (sog. Packing), ist die Zinsdifferenz das Entgelt für eine Vermittlungsleistung des Kreditvermittlers gegenüber der Bank (BFH-Urteil vom 08.05.1980, V R 126/76, BStBl. II S. 618). [2]Die Leistung ist als Kreditvermittlung nach § 4 Nr. 8 Buchstabe a UStG steuerfrei.

(9) Eine vorab erstellte Finanzanalyse der Kundendaten durch den Vermittler, in der Absicht den Kunden bei der Auswahl des Finanzproduktes zu unterstützen bzw. das für ihn am besten passende Finanzprodukt auswählen zu können, kann, wenn sie ähnlich einer Kaufberatung das Mittel darstellt, um die Hauptleistung Kreditvermittlung in Anspruch zu nehmen, als unselbständige Nebenleistung (vgl. hierzu Abschnitt 3.10 Abs. 5) zur Kreditvermittlung angesehen werden.

4.8.3 Gesetzliche Zahlungsmittel

(1)[1)] [1]Von der Steuerfreiheit für die Umsätze von gesetzlichen Zahlungsmitteln (kursgültige Münzen und Banknoten) und für die Vermittlung dieser Umsätze sind solche Zahlungsmittel ausgenommen, die wegen ihres Metallgehalts oder ihres Sammlerwerts umgesetzt werden. [2]Hierdurch sollen gesetzliche Zahlungsmittel, die als Waren gehandelt werden, auch umsatzsteuerrechtlich als Waren behandelt werden.

(2) [1]Bei anderen Münzen als Goldmünzen, deren Umsätze nach § 25c UStG steuerbefreit sind, und bei Banknoten ist davon auszugehen, dass sie wegen ihres Metallgehalts oder ihres Sammlerwerts umgesetzt werden, wenn sie mit einem höheren Wert als ihrem Nennwert umgesetzt werden. [2]Die Umsätze dieser Münzen und Banknoten sind nicht von der Umsatzsteuer befreit.

(3) [1]Das Sortengeschäft (Geldwechselgeschäft) bleibt von den Regelungen der Absätze 1 und 2 unberührt. [2]Dies gilt auch dann, wenn die fremde Währung auf Wunsch des Käufers in kleiner Stückelung (kleine Scheine oder Münzen) ausgezahlt und hierfür ein vom gültigen Wechselkurs abweichender Kurs berechnet wird oder Verwaltungszuschläge erhoben werden.

(3a) [1]Sog. virtuelle Währungen (Kryptowährungen, z. B. Bitcoin) werden den gesetzlichen Zahlungsmitteln gleichgestellt, soweit diese sog. virtuellen Währungen von den an der Transaktion Beteiligten als alternatives vertrag-

---

[1)] Gilt auch für „Platinum Nobles" (Isle of Man), vgl. Art. 45 MwStVO (**Steuergesetze** Nr. **550a**).

liches und unmittelbares Zahlungsmittel akzeptiert worden sind und keinem anderen Zweck als der Verwendung als Zahlungsmittel dienen (vgl. EuGH-Urteil vom 22.10.2015, C-264/14, Hedqvist, BStBl. II 2018 S. 211). [2]Dies gilt nicht für virtuelles Spielgeld (sog. Spielwährungen oder Ingame-Währungen, insbesondere in Onlinespielen).

(4) [1]Die durch Geldspielautomaten erzielten Umsätze sind keine Umsätze von gesetzlichen Zahlungsmitteln. [2]Die Steuerbefreiung nach § 4 Nr. 8 Buchstabe b UStG kommt daher für diese Umsätze nicht in Betracht (BFH-Urteil vom 04.02.1971, V R 41/69, BStBl. II S. 467).

4.8.4 Umsätze im Geschäft mit Forderungen

(1) Unter die Steuerbefreiung nach § 4 Nr. 8 Buchstabe c UStG fallen auch die Umsätze von aufschiebend bedingten Geldforderungen (BFH-Urteil vom 12.12.1963, V 60/61 U, BStBl. III 1964 S. 109).

(2) Die Veräußerung eines Bausparvorratsvertrags ist als einheitliche Leistung anzusehen, die in vollem Umfang nach § 4 Nr. 8 Buchstabe c UStG steuerfrei ist.

(3) Zur Steuerbefreiung bei der Veräußerung von Kapitallebensversicherungen auf dem Zweitmarkt vgl. BFH-Urteil vom 05.09.2019, V R 57/17, BStBl. II 2020 S. 356.

(4) Zur umsatzsteuerrechtlichen Behandlung des Factoring siehe Abschnitt 2.4.

(5) [1]Zu den Umsätzen im Geschäft mit Forderungen gehören auch die Optionsgeschäfte mit Geldforderungen. [2]Gegenstand dieser Optionsgeschäfte ist das Recht, bestimmte Geldforderungen innerhalb einer bestimmten Frist zu einem festen Kurs geltend machen oder veräußern zu können. [3]Unter die Steuerbefreiung fallen auch die Optionsgeschäfte mit Devisen.

(6) [1]Bei Geschäften mit Warenforderungen (z.B. Optionen im Warentermingeschäft) handelt es sich ebenfalls um Umsätze im Geschäft mit Forderungen (vgl. BFH-Urteil vom 30.03.2006, V R 19/02, BStBl. II 2007 S. 68). [2]Optionsgeschäfte auf Warenterminkontrakte sind nur dann nach § 4 Nr. 8 Buchstabe c UStG steuerfrei, wenn die Optionsausübung nicht zu einer Warenlieferung führt.

(7) Ein Umsatz im Geschäft mit Forderungen wird nicht ausgeführt, wenn lediglich Zahlungsansprüche (z.B. Zahlungsansprüche nach der EU-Agrarreform (GAP-Reform) für land- und forstwirtschaftliche Betriebe) zeitweilig oder endgültig übertragen werden (vgl. BFH-Urteil vom 30.03.2011, XI R 19/10, BStBl. II S. 772).

4.8.5 Einlagengeschäft

(1) Zu den nach § 4 Nr. 8 Buchstabe d UStG steuerfreien Umsätzen im Einlagengeschäft gehören z.B. die Verwahrung des Kontoguthabens, die Kontoführung, Kontenauflösungen, Kontensperrungen und sonstige mittelbar mit dem Einlagengeschäft zusammenhängende Leistungen, die durch Konto-

gebühren oder durch den Einbehalt negativer Einlagezinsen aus der Einlage des Leistungsempfängers vergütet werden.

(2) Die von Bausparkassen und anderen Instituten erhobenen Gebühren für die Bearbeitung von Wohnungsbauprämienanträgen sind Entgelte für steuerfreie Umsätze im Einlagengeschäft im Sinne des § 4 Nr. 8 Buchstabe d UStG.

4.8.6 Inkasso von Handelspapieren

Handelspapiere im Sinne des § 4 Nr. 8 Buchstabe d UStG sind Wechsel, Schecks, Quittungen oder ähnliche Dokumente im Sinne der „Einheitlichen Richtlinien für Inkassi – ERI 522" der Internationalen Handelskammer.

4.8.7 Zahlungs-, Überweisungs- und Kontokorrentverkehr

(1) [1]Nach § 4 Nr. 8 Buchstabe d UStG steuerfreie Leistungen im Rahmen des Kontokorrentverkehrs sind z. B. die Veräußerung von Scheckheften, der Firmeneindruck auf Zahlungs- und Überweisungsvordrucken und die Anfertigung von Kontoabschriften und Fotokopien. [2]Die Steuerfreiheit der Umsätze im Zahlungsverkehr hängt nicht davon ab, dass der Unternehmer ein Kreditinstitut im Sinne des § 1 Abs. 1 Satz 1 KWG[1)] betreibt (vgl. BFH-Urteil vom 27.08.1998, V R 84/97, BStBl. II 1999 S. 106).

(2) [1]Umsätze im Überweisungsverkehr liegen nur dann vor, wenn die erbrachten Dienstleistungen eine Weiterleitung von Geldern bewirken und zu rechtlichen und finanziellen Änderungen führen (vgl. BFH-Urteil vom 13.07.2006, V R 57/04, BStBl. II 2007 S. 19). [2]Es liegt kein nach § 4 Nr. 8 Buchstabe d UStG steuerfreier Umsatz vor, wenn für eine Bank, die Geldausgabeautomaten betreibt, Dienstleistungen erbracht werden, die darin bestehen, diese Automaten aufzustellen und zu warten, sie mit Bargeld zu befüllen und mit Hard- und Software zum Einlesen der Geldkartendaten auszustatten, Autorisierungsanfragen wegen Bargeldabhebungen an die Bank weiterzuleiten, die die verwendete Geldkarte ausgegeben hat, die gewünschte Bargeldauszahlung vorzunehmen und einen Datensatz über die Auszahlungen zu generieren (vgl. EuGH-Urteil vom 03.10.2019, C-42/18, Cardpoint,[2)] und BFH-Urteil vom 13.11.2019, V R 30/19, BStBl. II 2020 S. 522). [3]Leistungen eines Rechenzentrums (Rechenzentrale) an Banken können nur dann nach § 4 Nr. 8 Buchstabe d UStG steuerfrei sein, wenn diese Leistungen ein im Großen und Ganzen eigenständiges Ganzes sind, das die spezifischen und wesentlichen Funktionen der Leistungen des § 4 Nr. 8 Buchstabe d UStG erfüllt. [4]Besteht ein Leistungspaket aus diversen Einzelleistungen, die einzeln vergütet werden, können nicht einzelne dieser Leistungen zu nach § 4 Nr. 8 Buchstabe d UStG steuerfreien Leistungen zusammengefasst werden. [5]Unerheblich für die Anwendung der Steuerbefreiung nach § 4 Nr. 8 Buchstabe d UStG auf Leistungen eines Rechenzentrums an die Bank ist die inhaltliche Vorgabe der

---

1) Kreditwesengesetz i. d. F. v. 09.09.1998, BGBl. I 1998, 2776 (**Wirtschaftsgesetze Nr. 145**).

2) DStR 2019, 2200.

Bank, dass das Rechenzentrum für die Ausführung der Kundenanweisung keine dispositive Entscheidung zu treffen hat (vgl. BFH-Urteil vom 12.06.2008, V R 32/06, BStBl. II S. 777). [6]Die Steuerbefreiung nach § 4 Nr. 8 Buchstabe d UStG gilt für die Leistungen der Banken und der Rechenzentren dagegen nicht, wenn sie die ihnen übertragenen Vorgänge sämtlich nur technisch abwickeln (vgl. BFH-Urteil vom 16.11.2016, XI R 35/14, BStBl. II 2017 S. 327). [7]Bei dem im Rahmen eines bargeldlosen Zahlungssystems für die Überlassung elektronischer Zahlungskarten in Stadien erhobenen Kartenpfand handelt es sich nicht um pauschalierten (durch die Kartenrückgabe auflösend bedingten) Schadensersatz, sondern um Entgelt für eine steuerbare sonstige Leistung, die nach § 4 Nr. 8 Buchstabe d UStG als Umsatz im Zahlungs- und Überweisungsverkehr steuerfrei ist, wenn der leistende Unternehmer selbst die Übertragung von Geldern vornimmt (vgl. Abschnitt 3.10 Abs. 6 Nr. 18 und BFH-Urteil vom 26.01.2022 – XI R 19/19 (XI R 12/17), BStBl. II S. 582).

4.8.8[1)] Umsätze im Geschäft mit Wertpapieren

(1) [1]Zu den Umsätzen im Geschäft mit Wertpapieren gehören auch die Optionsgeschäfte mit Wertpapieren (vgl. BFH-Urteil vom 30.03.2006, V R 19/02, BStBl. II 2007 S. 68). [2]Gegenstand dieser Optionsgeschäfte ist das Recht, eine bestimmte Anzahl von Wertpapieren innerhalb einer bestimmten Frist jederzeit zu einem festen Preis fordern (Kaufoption) oder liefern (Verkaufsoption) zu können. [3]Die Steuerbefreiung nach § 4 Nr. 8 Buchstabe e UStG umfasst sowohl den Abschluss von Optionsgeschäften als auch die Übertragung von Optionsrechten.

(2) Zu den Umsätzen im Geschäft mit Wertpapieren gehören auch die sonstigen Leistungen im Emissionsgeschäft, z. B. die Übernahme und Platzierung von Neuemissionen und die Börseneinführung von Wertpapieren.

(3) Zur Vermittlung von erstmalig ausgegebenen Anteilen vgl. Abschnitt 4.8.10 Abs. 4 i. V. m. Abschnitt 1.6 Abs. 2.

(4) Zur Frage der Beschaffung von Anschriften von Wertpapieranlegern gilt Abschnitt 4.8.1 entsprechend.

(5) Die Erfüllung der Meldepflichten nach § 22 WpHG[2)] durch ein Zentralinstitut oder ein anderes Kreditinstitut für den Meldepflichtigen ist nicht nach § 4 Nr. 8 Buchstabe e UStG steuerfrei.

(6) [1]Eine steuerfreie Vermittlungsleistung kommt auch in den Fällen der von einem Wertpapieremittenten, z. B. einer Fondsgesellschaft, gezahlten Bestands- und Kontinuitätsprovisionen in Betracht, in denen – bezogen auf den einzelnen Kunden – die im Depotbestand enthaltenen Wertpapiere nicht ausschließlich durch das depotführende Kreditinstitut vermittelt wurden. [2]Überträgt ein Kunde sein Depot auf ein anderes Kreditinstitut und hat dieses bei Depotübergang

---

[1)] Zur umsatzsteuerrechtlichen Behandlung der Leistungen von Börsen und anderen Handelsplattformen für Finanzprodukte siehe BMF v. 03.05.2021, BStBl. I 2021, 713, geänd. durch BMF v. 23.06.2022, BStBl. I 2022, 1005.

[2)] Wertpapierhandelsgesetz i. d. F. v. 09.09.1998, BGBl. I 1998, 2708 (**Wirtschaftsgesetze Nr. 152**).

noch keine der im übertragenen Depot befindlichen Wertpapiere an diesen Kunden vermittelt, stellen auch die für die übertragenen Wertpapiere an das aufnehmende Kreditinstitut gezahlten Bestands- und Kontinuitätsprovisionen Entgelt für steuerfreie Vermittlungsleistungen dar, wenn

- die Bestands- und Kontinuitätsprovisionen ausschließlich auf der Grundlage der zwischen Emittent und aufnehmendem Kreditinstitut abgeschlossenen Vertriebsvereinbarung gezahlt werden,
- neben der Vertriebsleistung keine weitere Leistung zwischen Emittent und aufnehmendem Kreditinstitut erbracht wird,
- der Emittent auch nach Depotüberträgen – bezogen auf die gesamten Wertpapierbestände – in der Summe die gleichen Bestands- und Kontinuitätsprovisionen an die Kreditinstitute zahlt, mit denen eine Vertriebsvereinbarung besteht, und
- der Zahlung der Bestands- und Kontinuitätsprovisionen immer eine zuvor getätigte Vertriebsleistung eines Kreditinstituts vorausgeht.

[3]Satz 2 gilt entsprechend, wenn nur einzelne Wertpapiere in ein Depot eines anderen Kreditinstituts übertragen werden.

4.8.9 Verwahrung und Verwaltung von Wertpapieren

(1) [1]Bei der Abgrenzung der steuerfreien Umsätze im Geschäft mit Wertpapieren von der steuerpflichtigen Verwahrung und Verwaltung von Wertpapieren gilt Folgendes: [2]Die Leistung des Unternehmers (Kreditinstitut) ist grundsätzlich steuerfrei, wenn das Entgelt dem Emittenten in Rechnung gestellt wird. [3]Sie ist grundsätzlich steuerpflichtig, wenn sie dem Depotkunden in Rechnung gestellt wird. [4]Zu den steuerpflichtigen Leistungen gehören z. B. auch die Depotunterhaltung, das Inkasso von fremden Zins- und Dividendenscheinen, die Ausfertigung von Depotauszügen, von Erträgnis-, Kurswert- und Steuerkurswertaufstellungen sowie die Informationsübermittlung von Kreditinstituten an Emittenten zur Führung des Aktienregisters bei Namensaktien.

(2) [1]Bei der Vermögensverwaltung (Portfolioverwaltung) nimmt eine Bank einerseits die Vermögensverwaltung und andererseits Transaktionen vor. [2]Dabei handelt es sich um eine einheitliche Leistung der Vermögensverwaltung (vgl. Abschnitt 3.10 Abs. 1 und 3), die nicht nach § 4 Nr. 8 Buchstabe e UStG steuerfrei ist. [3]Eine Aufspaltung dieser wirtschaftlich einheitlichen Leistung ist nicht möglich (vgl. EuGH-Urteile vom 25.02.1999, C-349/96, CPP,[1)] und vom 19.07.2012, C-44/11, Deutsche Bank, BStBl. II S. 945,[1)] und BFH-Urteil vom 11.10.2012, V R 9/10, BStBl. II 2014 S. 279). [4]Zur Abgrenzung der Vermögensverwaltung von der Verwaltung von Investmentvermögen (§ 4 Nr. 8 Buchstabe h UStG) siehe Abschnitt 4.8.13.

---

1) DStRE 1999, 271. – DStR 2012, 1601.

4.8.10 Gesellschaftsanteile

(1) [1] Zu den Anteilen an Gesellschaften gehören insbesondere die Anteile an Kapitalgesellschaften, z. B. GmbH-Anteile, die Anteile an Personengesellschaften, z. B. OHG-Anteile, und die stille Beteiligung (§ 230 HGB). [2] Zur Steuerbarkeit bei der Ausgabe von Gesellschaftsanteilen vgl. Abschnitt 1.6 Abs. 2.

(2) [1] Erwirbt jemand treuhänderisch Gesellschaftsanteile und verwaltet diese gegen Entgelt, werden ihm dadurch keine Gesellschaftsanteile verschafft. [2] Die Tätigkeit ist deshalb grundsätzlich steuerpflichtig. [3] Dies gilt auch dann, wenn sich der Unternehmer treuhänderisch an einer Anlagegesellschaft beteiligt und deren Geschäfte führt (vgl. BFH-Urteil vom 29.01.1998, V R 67/96, BStBl. II S. 413). [4] Eine Befreiung nach § 4 Nr. 8 Buchstabe h UStG kommt nur in Betracht, wenn der Unternehmer nach den Vorschriften des KAGB[1)] tätig geworden ist.

(3) [1] Zum Begriff der Vermittlung siehe Abschnitt 4.8.1. [2] Eine unmittelbare Beauftragung durch eine der Parteien des vermittelnden Vertrages ist nicht erforderlich (vgl. BFH-Urteil vom 20.12.2007, V R 62/06, BStBl. II 2008 S. 641). [3] Marketing- und Werbeaktivitäten, die darin bestehen, dass sich ein Vertriebsunternehmen nur in allgemeiner Form an die Öffentlichkeit wendet, sind mangels Handelns gegenüber individuellen Vertragsinteressenten keine Vermittlung nach § 4 Nr. 8 Buchstabe f UStG (BFH-Urteil vom 06.12.2007, V R 66/05, BStBl. II 2008 S. 638). [4] Keine Vermittlungsleistung erbringt ein Unternehmer, der einem mit dem Vertrieb von Gesellschaftsanteilen betrauten Unternehmer Abschlussvertreter zuführt und diese betreut (BFH-Urteil vom 23.10.2002, V R 68/01, BStBl. II 2003 S. 618). [5] Die Steuerfreiheit für die Vermittlung nach § 4 Nr. 8 Buchstabe f UStG setzt eine Tätigkeit voraus, die einzelne Vertragsabschlüsse fördert. [6] Eine der Art nach geschäftsführende Leitung einer Vermittlungsorganisation ist keine derartige Vermittlung (vgl. BFH-Urteil vom 20.12.2007, V R 62/06, BStBl. II 2008 S. 641).

(4) Die Vermittlung von erstmalig ausgegebenen Gesellschaftsanteilen (zur Ausgabe von Gesellschaftsanteilen vgl. Abschnitt 1.6 Abs. 2) ist steuerbar und nach § 4 Nr. 8 Buchstabe f UStG steuerfrei (vgl. EuGH-Urteil vom 27.05.2004, C-68/03, Lipjes).[2)]

(5) Die Vermittlung der Mitgliedschaften in einem Idealverein ist nicht nach § 4 Nr. 8 Buchstabe f UStG steuerfrei (vgl. BFH-Urteil vom 27.07.1995, V R 40/93, BStBl. II S. 753).

4.8.11 Übernahme von Verbindlichkeiten

[1] Der Begriff „Übernahme von Verbindlichkeiten" erfasst lediglich Geldverbindlichkeiten im Bereich von Finanzdienstleistungen. [2] Die Übernahme

---

[1)] Kapitalanlagegesetzbuch v. 04.07.2013, BGBl. I 2013, 1981 (**Wirtschaftsgesetze** Nr. **142**).

[2)] DStR 2004, 987.

anderer Verpflichtungen, wie beispielsweise die Renovierung einer Immobilie, ist vom Anwendungsbereich des § 4 Nr. 8 Buchstabe g UStG ausgeschlossen (vgl. EuGH-Urteil vom 19.04.2007, C-455/05, Velvet & Steel Immobilien).[1)] 3Nach § 4 Nr. 8 Buchstabe g UStG ist die Übernahme von Verbindlichkeiten, soweit hierin nicht lediglich – wie im Regelfall – eine Entgeltzahlung zu sehen ist (vgl. Abschnitt 1.1 Abs. 3 und BFH-Urteil vom 31.07.1969, V R 149/66, BStBl. II 1970 S. 73), steuerfrei, z.B. Übernahme von Einlagen bei der Zusammenlegung von Kreditinstituten.

4.8.12 Übernahme von Bürgschaften und anderen Sicherheiten

(1) 1Als andere Sicherheiten, deren Übernahme nach § 4 Nr. 8 Buchstabe g UStG steuerfrei ist, sind z.B. Garantieverpflichtungen (vgl. BFH-Urteile vom 14.12.1989, V R 125/84, BStBl. II 1990 S. 401, vom 24.01.1991, V R 19/87, BStBl. II S. 539 – Zinshöchstbetragsgarantie und Liquiditätsgarantie –, und vom 22.10.1992, V R 53/89, BStBl. II 1993 S. 318 – Ausbietungsgarantie und Vermietungsgarantie –) und Kautionsversicherungen (vgl. Abschnitt 4.10.1 Abs. 2 Satz 3) anzusehen. 2Der umsatzsteuerbare Verzicht auf eine Garantie ist steuerfrei, wenn die Einräumung dieser Garantie nach § 4 Nr. 8 Buchstabe g UStG steuerfrei ist oder – bei Entgeltlichkeit – steuerfrei wäre (vgl. BFH-Urteil vom 15.04.2015, V R 46/13, BStBl. II S. 947). 3Umsätze, die keine Finanzdienstleistungen sind, sind vom Anwendungsbereich des § 4 Nr. 8 Buchstabe g UStG ausgeschlossen (vgl. Abschnitt 4.8.11 Sätze 1 und 2). 4Zur Garantiezusage eines Kraftfahrzeughändlers vgl. Abschnitt 4.10.1 Abs. 4 Satz 3.

(2) 1Ein Garantieversprechen ist nach § 4 Nr. 8 Buchstabe g UStG steuerfrei, wenn es ein vom Eigenverhalten des Garantiegebers unabhängiges Risiko abdeckt; diese Voraussetzung liegt nicht vor, wenn lediglich garantiert wird, eine aus einem anderen Grund geschuldete Leistung vertragsgemäß auszuführen (vgl. BFH-Urteil vom 14.12.1989, V R 125/84, BStBl. II 1990 S. 401). 2Leistungen persönlich haftender Gesellschafter, für die eine unabhängig vom Gewinn bemessene Haftungsvergütung gezahlt wird, sind nicht nach § 4 Nr. 8 Buchstabe g UStG steuerfrei, weil ein ggf. haftender Gesellschafter über seine Geschäftsführungstätigkeit unmittelbaren Einfluss auf das Gesellschaftsergebnis – und damit auf die Frage, ob es zu einem Haftungsfall kommt – hat.

(3) Bei den im Rahmen der Einlagensicherung von den jeweiligen Sicherungseinrichtungen an ihre Mitglieder erbrachten Präventiv- und Sicherungsmaßnahmen handelt es sich unter den weiteren Voraussetzungen des § 4 Nr. 8 Buchstabe a (Kreditgewährung) und Buchstabe g (Bürgschaften, Garantiezusagen und -verpflichtungen) UStG um steuerfreie Leistungen.

---

1) DStRE 2007, 1519.

4.8.13 Verwaltung von Investmentvermögen und von Versorgungseinrichtungen

Allgemeines und Begriffsbestimmungen

(1) [1]Die Steuerbefreiung nach § 4 Nr. 8 Buchstabe h UStG erstreckt sich auf die Verwaltung von OGAW im Sinne des § 1 Abs. 2 KAGB,[1)] die Verwaltung von AIF im Sinne des § 1 Abs. 3 KAGB, die mit OGAW vergleichbar sind, die Verwaltung von Wagniskapitalfonds (siehe Absatz 10) und die Verwaltung von Versorgungseinrichtungen im Sinne des Versicherungsaufsichtsgesetzes (siehe Absatz 23). [2]Nicht unter die Steuerbefreiung fallen Leistungen der Vermögensverwaltung mit Wertpapieren, bei der die mit den Leistungen beauftragte Bank auf Grund eigenen Ermessens über den Kauf und Verkauf von Wertpapieren entscheidet und diese Entscheidung durch den Kauf und Verkauf der Wertpapiere vollzieht (vgl. EuGH-Urteil vom 19.07.2012, C-44/11, Deutsche Bank, BStBl. II S. 945,[2)] und BFH-Urteil vom 11.10.2012, V R 9/10, BStBl. II 2014 S. 279).

(2) [1]OGAW sind Investmentvermögen, die die Anforderungen der sog. OGAW-Richtlinie (Richtlinie 2009/65/EG des Europäischen Parlaments und des Rates vom 13. Juli 2009 zur Koordinierung der Rechts- und Verwaltungsvorschriften betreffend bestimmte OGAW, ABl. EU 2009 Nr. L 302/32) erfüllen (§ 1 Abs. 2 KAGB).[1)] [2]AIF sind alle Investmentvermögen, die keine OGAW sind (§ 1 Abs. 3 KAGB). [3]Unter AIF fallen somit alle geschlossenen Investmentvermögen und alle offenen Investmentvermögen, die nicht als OGAW gelten. [4]Ein Investmentvermögen ist nach § 1 Abs. 1 Satz 1 KAGB jeder Organismus für gemeinsame Anlagen, der von einer Anzahl von Anlegern Kapital einsammelt, um es nach einer festgelegten Anlagestrategie zum Nutzen dieser Anleger zu investieren und der kein operativ tätiges Unternehmen außerhalb des Finanzsektors ist. [5]Eine Anzahl von Anlegern ist gegeben, wenn die Anlagebedingungen, die Satzung oder der Gesellschaftsvertrag des Organismus für gemeinsame Anlagen die Anzahl möglicher Anleger nicht auf einen Anleger begrenzen (§ 1 Abs. 1 Satz 2 KAGB). [6]Inländische Investmentvermögen sind Investmentvermögen, die dem inländischen Recht unterliegen (§ 1 Abs. 7 KAGB). [7]EU-Investmentvermögen sind Investmentvermögen, die dem Recht eines anderen Mitgliedstaates des Abkommens über den Europäischen Wirtschaftsraum unterliegen (§ 1 Abs. 8 KAGB). [8]Ausländische AIF sind AIF, die dem Recht eines Drittstaates unterliegen (§ 1 Abs. 9 KAGB).

(3) [1]Offene inländische Investmentvermögen dürfen unter den Voraussetzungen des § 91 KAGB[2)] in Form eines Sondervermögens, einer Investmentaktiengesellschaft mit veränderlichem Kapital oder einer offenen Investmentkommanditgesellschaft gebildet werden. [2]Geschlossene inländische Investmentvermögen dürfen nach § 139 KAGB als Investmentaktiengesellschaft mit fixem Kapital oder als geschlossene Investmentkommanditgesellschaft aufgelegt

---

[1)] Kapitalanlagegesetzbuch v. 04.07.2013, BGBl. I 2013, 1981 (**Wirtschaftsgesetze** Nr. **142**).

[2)] DStR 2012, 1601.

werden. [3]Sondervermögen sind inländische offene Investmentvermögen in Vertragsform, die von einer Verwaltungsgesellschaft, z. B. der Kapitalverwaltungsgesellschaft im Sinne des § 17 Abs. 2 Nr. 1 KAGB, für Rechnung der Anleger nach Maßgabe des KAGB und den Anlagebedingungen, nach denen sich das Rechtsverhältnis der Verwaltungsgesellschaft zu den Anlegern bestimmt, verwaltet werden (§ 1 Abs. 10 KAGB).

(4) [1]Kapitalverwaltungsgesellschaften sind Unternehmen mit satzungsmäßigem Sitz und Hauptverwaltung im Inland, deren Geschäftsbetrieb darauf gerichtet ist, inländische Investmentvermögen, EU-Investmentvermögen oder ausländische AIF zu verwalten (§ 17 Abs. 1 Satz 1 KAGB).[1)] [2]Je nach Art des verwalteten Investmentvermögens bestehen Kapitalverwaltungsgesellschaften in zwei Ausprägungen. [3]OGAW-Kapitalverwaltungsgesellschaften sind Kapitalverwaltungsgesellschaften nach § 17 KAGB, die mindestens einen OGAW verwalten oder zu verwalten beabsichtigen (§ 1 Abs. 15 KAGB). [4]AIF-Kapitalverwaltungsgesellschaften sind Kapitalverwaltungsgesellschaften nach § 17 KAGB, die mindestens einen AIF verwalten oder zu verwalten beabsichtigen (§ 1 Abs. 16 KAGB). [5]Kapitalverwaltungsgesellschaften, die vom Investmentvermögen oder im Namen des Investmentvermögens bestellt sind und auf Grund dieser Bestellung für die Verwaltung des Investmentvermögens verantwortlich sind (externe Kapitalverwaltungsgesellschaften, § 17 Abs. 2 Nr. 1 KAGB), dürfen neben der kollektiven Vermögensverwaltung (§ 1 Abs. 19 Nr. 24 KAGB) von OGAW bzw. AIF nur die Dienstleistungen und Nebendienstleistungen nach § 20 Abs. 2 bzw. Abs. 3 KAGB erbringen. [6]Sie dürfen jedoch nicht ausschließlich die in § 20 Abs. 2 Nr. 1 bis 4 KAGB bzw. § 20 Abs. 3 Nr. 1 bis 6 KAGB genannten Leistungen erbringen, ohne auch die kollektive Vermögensverwaltung zu erbringen (§ 20 Abs. 4 KAGB).

(5) [1]Die OGAW-Kapitalverwaltungsgesellschaft hat sicherzustellen, dass für jeden von ihr verwalteten OGAW eine Verwahrstelle beauftragt wird, die ein im Sinne des § 68 Abs. 2 KAGB zugelassenes Kreditinstitut ist (§ 68 Abs. 1 Satz 1 KAGB);[1)] die AIF-Kapitalverwaltungsgesellschaft muss nach § 80 Abs. 1 Satz 1 KAGB dafür sorgen, dass eine Verwahrstelle im Sinne des § 80 Abs. 2 oder 3 KAGB beauftragt wird. [2]Die Verwahrstelle ist neben den Verwahraufgaben nach § 72 KAGB bzw. § 81 KAGB zu sonstigen Aufgaben nach Maßgabe der §§ 74 bis 79 KAGB bzw. der §§ 83 bis 89a KAGB verpflichtet. [3]Nach Artikel 22 Abs. 3 Buchstaben a und b der Richtlinie 2009/65/EG des Europäischen Parlaments und des Rates vom 13. Juli 2009 zur Koordinierung der Rechts- und Verwaltungsvorschriften betreffend bestimmte OGAW (ABl. EU 2009 Nr. L 302/33)[2)] muss die Verwahrstelle u. a. dafür sorgen, dass die Ausgabe und die Rücknahme sowie die Berechnung des Wertes der Anteile nach den gesetzlichen Vorschriften oder Vertragsbedingungen erfolgt. [4]Für OGAW-Kapitalverwaltungsgesellschaften bestimmt § 76 Abs. 1 Nr. 1 KAGB demgemäß, dass die Verwahrstelle im Rahmen ihrer Kontrollfunktion sicherzustellen hat, dass die Ausgabe und Rücknahme von Anteilen und die Ermittlung des Wertes der Anteile den Vorschriften des KAGB und den Anlagebe-

---

1) **Wirtschaftsgesetze** Nr. **142.**

2) „OGAW-Richtlinie".

dingungen entsprechen. [5]Die Ausgabe und die Rücknahme der Anteile hat die Verwahrstelle selbst vorzunehmen (§ 71 Abs. 1 Satz 1 KAGB). [6]Die Bewertung des Werts eines inländischen OGAW je Anteil oder Aktie wird entweder von der Verwahrstelle unter Mitwirkung der OGAW-Kapitalverwaltungsgesellschaft oder nur von der OGAW-Kapitalverwaltungsgesellschaft vorgenommen (§ 212 KAGB). [7]Hinsichtlich der Bestimmungen für die Verwahrstellen von AIF-Kapitalverwaltungsgesellschaften wird auf die Vorschriften für AIF-Verwahrstellen (§§ 80 bis 90 KAGB) verwiesen.

(6) [1]Die Kapitalverwaltungsgesellschaft kann unter den Bedingungen des § 36 Abs. 1 KAGB[1)] Aufgaben, die für die Durchführung der Geschäfte wesentlich sind, zum Zwecke einer effizienteren Geschäftsführung auf ein anderes Unternehmen (Auslagerungsunternehmen) auslagern. [2]So muss das Auslagerungsunternehmen z. B. über ausreichende Ressourcen für die Ausführung der ihm übertragenen Aufgaben verfügen und die Personen, die die Geschäfte des Auslagerungsunternehmens tatsächlich leiten, müssen zuverlässig sein und über ausreichende Erfahrung verfügen (§ 36 Abs. 1 Satz 1 Nr. 2 KAGB). [3]Eine weitere Bedingung ist, dass die Auslagerung die Wirksamkeit der Beaufsichtigung der Kapitalverwaltungsgesellschaft in keiner Weise beeinträchtigen darf; insbesondere darf sie weder die Kapitalverwaltungsgesellschaft daran hindern, im Interesse ihrer Anleger zu handeln, noch darf sie verhindern, dass das Investmentvermögen im Interesse der Anleger verwaltet wird (§ 36 Abs. 1 Satz 1 Nr. 5 KAGB). [4]Das Auslagerungsunternehmen darf die ihm übertragenen ausgelagerten Aufgaben unter den Bedingungen des § 36 Abs. 6 KAGB weiter übertragen (Unterauslagerung).

(7) [1]Die Verwahrstelle darf der Kapitalverwaltungsgesellschaft aus den zu einem inländischen OGAW bzw. AIF gehörenden Konten nur die für die Verwaltung des inländischen OGAW bzw. AIF zustehende Vergütung und den ihr zustehenden Ersatz von Aufwendungen auszahlen (§§ 79 Abs. 1 und 89a Abs. 1 KAGB).[1)] [2]Werden die zu einem inländischen AIF gehörenden Konten bei einer anderen Stelle nach § 83 Abs. 6 Satz 2 KAGB geführt, bedarf die Auszahlung der der AIF-Kapitalverwaltungsgesellschaft für die Verwaltung des inländischen AIF zustehenden Vergütung und des ihr zustehenden Ersatzes von Aufwendungen der Zustimmung der Verwahrstelle (§ 89a Abs. 1 Satz 2 KAGB).

Investmentvermögen, deren Verwaltung unter die Umsatzsteuerbefreiung nach § 4 Nr. 8 Buchstabe h UStG fällt (sog. begünstigte Investmentvermögen)

(8) [1]Steuerbegünstigt können inländische Investmentvermögen, EU-Investmentvermögen und ausländische AIF sein. [2]Investmentvermögen, die die Anforderungen der OGAW-Richtlinie erfüllen, stellen grundsätzlich steuerbegünstigte Investmentvermögen dar. [3]Darüber hinaus können auch AIF in den Anwendungsbereich der Steuerbefreiung fallen, sofern sie mit OGAW vergleichbar sind (vgl. EuGH-Urteil vom 09.12.2015, C-595/13, Fiscale

---

1) **Wirtschaftsgesetze** Nr. **142.**

Eenheid X).[1] [4]Die Vergleichbarkeit mit OGAW setzt insbesondere folgende kumulativ zu erfüllende Kriterien voraus:

1. [1]die AIF unterliegen einer vergleichbaren besonderen staatlichen Aufsicht. [2]AIF, die nach KAGB reguliert sind, unterliegen dieser vergleichbaren Aufsicht grundsätzlich (vgl. BFH-Urteil vom 05.09.2019, V R 2/16, BStBl. II 2020 S. 109),
2. die AIF sprechen den gleichen Anlegerkreis an (Kleinanleger, vgl. EuGH-Urteile vom 04.05.2006, C-169/04, Abbey National, BStBl. II 2010 S. 567,[2] und vom 28.06.2007, C-363/05, JP Morgan Fleming Claverhouse Investment Trust und The Association of Investment Trust Companies, BStBl. 2010 II S. 573),[2]
3. die AIF unterliegen den gleichen Wettbewerbsbedingungen (unterliegen vergleichbaren Pflichten und Kontrollen),
4. die AIF haben Anteilsrechte an mehrere Anleger ausgegeben,
5. der Ertrag der Anlage hängt von den Ergebnissen der Anlage ab, die die Verwalter im Laufe des Zeitraums, in dem die Anteilsinhaber diese Anteilsrechte innehaben, getätigt haben,
6. die Anteilsinhaber haben Anrecht auf die vom AIF erzielten Gewinne und auf den Gewinn infolge einer Wertsteigerung ihres Anteils und tragen das Risiko, das mit der Verwaltung des darin gesammelten Vermögens einhergeht, und
7. [1]die Anlage des gesammelten Vermögens erfolgt nach dem Grundsatz der Risikomischung zum Zwecke der Risikostreuung. [2]Der Grundsatz gilt regelmäßig als erfüllt, wenn das Vermögen in mindestens drei Vermögensgegenständen mit unterschiedlichen Anlagerisiken angelegt ist. [3]Hierbei sind die Anlagenfristen des KAGB zu beachten.

Beispiel:

[1]Ein Investmentvermögen, das bis zu 30% in physischem Gold angelegt ist und darüber hinaus ausschließlich 1 : 1-Zertifikate von mindestens drei unterschiedlichen Emittenten erwirbt, die alle die Entwicklung des Goldpreises abbilden, kann nicht als Risikogemischt angesehen werden. [2]Es werden zwar mindestens drei Vermögensgegenstände für das Investmentvermögen erworben, jedoch bilden alle Vermögensgegenstände das gleiche Anlagerisiko ab. [3]Der Anleger erleidet einen hohen Verlust, wenn der Goldpreis sinkt.

(9) [1]Offene inländische Spezial-AIF mit festen Anlagebedingungen im Sinne des § 284 KAGB sowie vergleichbare EU-Investmentvermögen und ausländische AIF können unabhängig von den in Absatz 8 Satz 4 Nummern 2 bis 4 genannten Bestimmungen begünstigte Investmentvermögen darstellen. [2]Begünstigt können auch geschlossene Investmentvermögen sein, soweit solche geschlossenen Investmentvermögen die Kriterien nach Absatz 8 Satz 4 erfüllen (vgl. EuGH-Urteil vom 28.06.2007, C-363/05, JP Morgan Fleming Claverhouse Investment Trust und The Association of Investment Trust Companies, BStBl. 2010 II S. 573).[3]

---

1) MwStR 2016, 109.
2) IStR 2006, 381. – IStR 2007, 708.
3) IStR 2007, 708.

Verwaltung von Wagniskapitalfonds

(10) [1]Steuerbegünstigte Investmentvermögen nach § 4 Nr. 8 Buchstabe h UStG sind auch Wagniskapitalfonds; hierzu zählen auch „qualifizierte Risikokapitalfonds" im Sinne der Verordnung (EU) Nr. 345/2013 des Europäischen Parlaments und des Rates vom 17.04.2013 über Europäische Risikokapitalfonds,[1)] geändert durch die Verordnung (EU) 2017/1991 des Europäischen Parlaments und des Rates vom 25.10.2017 und durch die Verordnung (EU) 2019/1156 des Europäischen Parlaments und des Rates vom 20.06.2019 – „EuVECA-Verordnung" (European Venture Capital – EuVECA – Funds), soweit sie die Voraussetzungen der Sätze 2 bis 8 erfüllen. [2]Wagniskapitalfonds nach Satz 1 sind AIF im Sinne des § 1 Abs. 3 KAGB,[2)] die keine OGAW sind, wenn diese durch entsprechende Vorgaben in den Anlagebedingungen verpflichtet sind, ganz oder überwiegend (zu mehr als 50% des aggregierten eingebrachten bzw. noch nicht eingeforderten, aber zugesagten Kapitals) zum Zeitpunkt der ersten Wagniskapitalbeteiligung in Wachstumsunternehmen (Zielunternehmen) nach Satz 6 zu investieren. [3]Wagniskapitalfonds zielen durch eine Kapitalbeteiligung oder sonstige Risiko tragende Finanzierungen regelmäßig nach Erreichen des durch die Finanzierung beabsichtigten Zwecks auf einen erheblichen Wertzuwachs des Zielunternehmens ab, der zum Zeitpunkt des Ausstiegs des Fonds maßgeblich dessen Investitionsertrag bestimmt. [4]Der Kapitalfluss der Investition erfolgt dabei regelmäßig direkt oder indirekt in das bzw. in die Zielunternehmen. [5]Die Begünstigung von Wagniskapitalfonds setzt voraus, dass sie zumindest den gleichen Wettbewerbsbedingungen unterliegen wie OGAW und sie einer besonderen staatlichen Aufsicht unterstehen (vgl. Absatz 8 Satz 4 Nr. 1 und 3) oder als „qualifizierte Risikokapitalfonds" im Sinne des Satzes 1 registriert sind. [6]Zielunternehmen im Sinne von Satz 2 sind Wachstumsunternehmen, die insgesamt die nachfolgenden Voraussetzungen erfüllen:

1. das Zielunternehmen ist zum Zeitpunkt der ersten Wagniskapitalbeteiligung nicht älter als zwölf Jahre seit Unternehmensgründung,
2. die Unternehmensgröße des Zielunternehmens entspricht zum Zeitpunkt der ersten Wagniskapitalfinanzierung einem qualifizierten Portfoliounternehmen nach Artikel 3 Buchstabe d Unterbuchstabe i im Sinne der EuVECA-Verordnung nach Satz 1,
3. das Zielunternehmen hat seinen Sitz in einem Gebiet nach Artikel 3 Buchstabe d Unterbuchstabe iv im Sinne der EuVECA-Verordnung nach Satz 1,
4. das Zielunternehmen ist fortlaufend wirtschaftlich (mit Gewinnerzielungsabsicht) aktiv.

[7]Das Vorliegen der Voraussetzungen hat der Unternehmer durch geeignete Belege (insbesondere anhand der vertraglichen Anlagebedingungen) gegen-

---

1) ABl. EU Nr. L 2013, 1.
2) **Wirtschaftsgesetze** Nr. **142.**

über der Finanzbehörde nachzuweisen. [8]Die Kriterien für die Qualifizierung als Wagniskapitalfonds sind insbesondere dann nicht eingehalten, wenn die Anlagebedingungen des Fonds dahingehend geändert werden, dass die Anlagestrategie dauerhaft nicht mehr auf eine Anlage in Zielunternehmen nach Satz 6 gerichtet ist, oder wenn dauerhaft die Zielunternehmen, in die der Fonds investiert, die Voraussetzungen des Satzes 6 nicht erfüllen.

Verwaltung von Investmentvermögen

(11) [1]Die Steuerbefreiung umfasst lediglich Tätigkeiten der Verwaltung; andere Tätigkeiten als die Verwaltung, insbesondere Tätigkeiten der Verwahrung von Vermögensgegenständen des Investmentvermögens sowie sonstige Aufgaben nach Maßgabe der §§ 72 bis 79 KAGB[1)] bzw. der §§ 81 bis 89a KAGB, sind nicht steuerbegünstigt.

(12) [1]Die Anwendung der Steuerbefreiung setzt das Vorliegen eines steuerbaren Leistungsaustauschs voraus. [2]Die Steuerbefreiung ist unabhängig davon anzuwenden, in welcher Rechtsform der Leistungserbringer auftritt. [3]Für die Steuerbefreiung ist auch unerheblich, dass § 36 Abs. 1 Satz 1 Nr. 3 KAGB[1)] (Auslagerung) verlangt, dass bei der Übertragung der Portfolioverwaltung ein für Zwecke der Vermögensverwaltung oder Finanzportfolioverwaltung zugelassenes oder registriertes Unternehmen, das der Aufsicht unterliegt, benannt wird.

Verwaltung des Investmentvermögens durch eine externe Kapitalverwaltungsgesellschaft

(13) [1]Bei einem Investmentvermögen in der Form eines Sondervermögens erfüllt die Kapitalverwaltungsgesellschaft durch die Verwaltung des Investmentvermögens ihre gegenüber den Anlegern auf Grund des Investmentvertrags bestehenden Verpflichtungen. [2]Dabei können die zum Investmentvermögen gehörenden Vermögensgegenstände nach Maßgabe der Vertragsbedingungen im Eigentum der Kapitalverwaltungsgesellschaft oder im Miteigentum der Anleger stehen. [3]Es liegt eine Verwaltungsleistung gegenüber den Anlegern als Leistungsempfänger vor. [4]Bei einem Investmentvermögen in der Form einer Investmentgesellschaft (§ 1 Abs. 11 KAGB),[1)] das eine externe Kapitalverwaltungsgesellschaft mit der Verwaltung und Anlage ihrer Mittel bestellt hat, wird die Kapitalverwaltungsgesellschaft ausschließlich auf Grund der vertraglichen Vereinbarung zwischen ihr und der Investmentgesellschaft tätig. [5]Es liegt eine Verwaltungsleistung gegenüber der Investmentgesellschaft als Leistungsempfänger vor.

Investmentvermögen in Form einer intern verwalteten Investmentgesellschaft

(14) [1]Hat das Investmentvermögen die Organisationsform einer Investmentaktiengesellschaft im Sinne des KAGB[1)] oder einer Investmentkommanditgesellschaft im Sinne des KAGB, ist der Anleger Aktionär bzw. Gesellschaf-

---

1) **Wirtschaftsgesetze** Nr. **142.**

ter. [2]Seine konkrete Rechtsstellung richtet sich nach gesellschaftsrechtlichen Regelungen und der Satzung bzw. dem Gesellschaftsvertrag der Investmentgesellschaft. [3]Soweit keine separate schuldrechtliche Vereinbarung über die Erbringung einer besonderen Verwaltungsleistung besteht, ist insofern kein Leistungsaustausch zwischen der Investmentgesellschaft und ihren Aktionären bzw. Gesellschaftern anzunehmen. [4]Der Anspruch auf die Verwaltungsleistung ergibt sich aus der Gesellschafterstellung. [5]Die Verwaltung des Investmentvermögens durch die Investmentgesellschaft ist insoweit ein nicht steuerbarer Vorgang.

Auslagerung von Verwaltungstätigkeiten durch eine Kapitalverwaltungsgesellschaft

(15) [1]Beauftragt eine Kapitalverwaltungsgesellschaft einen Dritten mit der Verwaltung des Investmentvermögens, erbringt dieser eine Leistung gegenüber der Kapitalverwaltungsgesellschaft, indem er die ihr insoweit obliegende Pflicht erfüllt. [2]Der Dritte wird ausschließlich auf Grund der vertraglichen Vereinbarung zwischen ihm und der Kapitalverwaltungsgesellschaft tätig, so dass er auch nur ihr gegenüber zur Leistung verpflichtet ist.

Auslagerung von Verwaltungstätigkeiten bei Investmentgesellschaften

(16) [1]Beauftragt eine intern verwaltete Investmentaktiengesellschaft bzw. eine intern verwaltete Investmentkommanditgesellschaft einen Dritten mit der Wahrnehmung von Aufgaben, erbringt der Dritte ihr gegenüber eine Leistung, da grundsätzlich der intern verwalteten Investmentgesellschaft die Anlage und die Verwaltung ihrer Mittel obliegt. [2]Beauftragt eine extern verwaltete Investmentgesellschaft eine Kapitalverwaltungsgesellschaft mit der Verwaltung und Anlage ihrer Mittel, ist die Kapitalverwaltungsgesellschaft Vertragspartnerin des von ihr mit bestimmten Verwaltungstätigkeiten beauftragten Dritten. [3]Dieser erbringt somit auch nur gegenüber der Kapitalverwaltungsgesellschaft und nicht gegenüber der Investmentgesellschaft eine Leistung.

Ausgelagerte Verwaltungstätigkeiten als Gegenstand der Steuerbefreiung

(17) [1]Für Tätigkeiten im Rahmen der Verwaltung von Investmentvermögen, die nach § 36 Abs. 1 KAGB[1)] auf ein anderes Unternehmen ausgelagert worden sind, kann ebenfalls die Steuerbefreiung in Betracht kommen. [2]Zur steuerfreien Verwaltung gehören auch Dienstleistungen der administrativen und buchhalterischen Verwaltung von Investmentvermögen durch einen außenstehenden Verwalter, wenn sie ein im Großen und Ganzen eigenständiges Ganzes bilden und für die Verwaltung dieses Investmentvermögens spezifisch und wesentlich sind. [3]Rein materielle oder technische Dienstleistungen, die in diesem Zusammenhang erbracht werden, wie z.B. die Zurverfügungstellung eines Datenverarbeitungssystems, fallen nicht unter die Steuerbefreiung. [4]Ob die Dienstleistungen der administrativen und buchhalte-

1) **Wirtschaftsgesetze** Nr. **142.**

rischen Verwaltung von Investmentvermögen durch einen außenstehenden Verwalter ein im Großen und Ganzen eigenständiges Ganzes bilden, ist danach zu beurteilen, ob die übertragenen Aufgaben für die Durchführung der Geschäfte der Kapitalverwaltungsgesellschaft/Investmentgesellschaft unerlässlich sind und ob der außenstehende Verwalter die Aufgaben eigenverantwortlich auszuführen hat. [5] Vorbereitende Handlungen, bei denen sich die Kapitalverwaltungsgesellschaft/Investmentgesellschaft eine abschließende Entscheidung vorbehält, bilden regelmäßig nicht ein im Großen und Ganzen eigenständiges Ganzes. [6] Demgegenüber fallen Leistungen, die in der Abgabe von Empfehlungen zum An- und Verkauf von Vermögenswerten (z.B. Wertpapiere oder Immobilien) gegenüber einer Kapitalverwaltungsgesellschaft bestehen, unter die Steuerbefreiung, wenn eine enge Verbindung zu der spezifischen Tätigkeit einer Kapitalverwaltungsgesellschaft besteht. [7] Davon ist auszugehen, wenn die Empfehlung für den Kauf oder Verkauf von Vermögenswerten konkret an den rechtlichen und tatsächlichen Erfordernissen der jeweiligen Wertpapieranlage ausgerichtet ist, die Empfehlung für den Kauf oder Verkauf von Vermögenswerten auf Grund ständiger Beobachtung des Fondsvermögens erteilt wird und auf einem stets aktuellen Kenntnisstand über die Zusammenstellung des Vermögens beruht (vgl. BFH-Urteil vom 11.04.2013, V R 51/10, BStBl. II S. 877, EuGH-Urteil vom 07.03.2013, C-275/11, GfBk, BStBl. II S. 900).[1)]

(18) [1] Für die Beurteilung der Steuerbefreiung ist im Übrigen grundsätzlich ausschließlich die Art der ausgelagerten Tätigkeiten maßgebend und nicht die Eigenschaft des Unternehmens, das die betreffende Leistung erbringt. [2] § 36 KAGB[2)] ist insoweit für die steuerliche Beurteilung der Auslagerung ohne Bedeutung. [3] Soweit Aufgaben der Kapitalverwaltungsgesellschaft/Investmentgesellschaft von den Verwahrstellen wahrgenommen oder auf diese übertragen werden, die zu den administrativen Tätigkeiten der Kapitalverwaltungsgesellschaft/Investmentgesellschaft und nicht zu den Tätigkeiten als Verwahrstelle gehören, kann die Steuerbefreiung auch dann in Betracht kommen, wenn sie durch die Verwahrstellen wahrgenommen werden.

Steuerfreie Verwaltungstätigkeiten

(19) Insbesondere folgende Tätigkeiten der Verwaltung von Investmentvermögen durch die Kapitalverwaltungsgesellschaft, die Investmentaktiengesellschaft, die Investmentkommanditgesellschaft oder die Verwahrstelle sind steuerfrei nach § 4 Nr. 8 Buchstabe h UStG:

1. Portfolioverwaltung,
2. Risikomanagement,
3. Ausübung des Sicherheitenmanagements (Verwalten von Sicherheiten, sog. Collateral Management, das im Rahmen von Wertpapierleihgeschäften nach § 200 Abs. 2 KAGB[2)] Aufgabe der OGAW-Kapitalverwaltungsgesellschaft ist),

---

1) MwStR 2013, 121.
2) **Wirtschaftsgesetze** Nr. **142.**

4. folgende administrative Leistungen, soweit sie nicht dem Anteilsvertrieb dienen:
   a) Gesetzlich vorgeschriebene und im Rahmen der Fondsverwaltung vorgeschriebene Rechnungslegungsdienstleistungen (u. a. Fondsbuchhaltung und die Erstellung von Jahresberichten und sonstiger Berichte),
   b) Bewertung und Preisfestsetzung (Ermittlung und verbindliche Festsetzung des Anteilspreises),
   c) Überwachung und Einhaltung der Rechtsvorschriften (u. a. Kontrolle der Anlagegrenzen und der Marktgerechtigkeit [Fonds-Controlling]),
   d) Ausgabe und Rücknahme von Anteilen (diese Aufgabe wird nach § 71 Abs. 1 KAGB von der Verwahrstelle ausgeführt),
   e) Führung des Anteilinhaberregisters,
   f) Beantwortung von Kundenanfragen und Übermittlung von Informationen an Kunden, auch für potentielle Neukunden,
   g) Tätigkeiten im Zusammenhang mit der Gewinnausschüttung,
   h) Erstellung von Kontraktabrechnungen (einschließlich Versand und Zertifikate, ausgenommen Erstellung von Steuererklärungen),
   i) Führung gesetzlich vorgeschriebener und im Rahmen der Fondsverwaltung vorgeschriebener Aufzeichnungen,
   j) die aufsichtsrechtlich vorgeschriebene Prospekterstellung.

(20) [1] Wird von einem außenstehenden Dritten, auf den Verwaltungsaufgaben übertragen wurden, nur ein Teil der Leistungen aus dem vorstehenden Leistungskatalog erbracht, kommt die Steuerbefreiung nur in Betracht, wenn die erbrachte Leistung ein im Großen und Ganzen eigenständiges Ganzes bildet und für die Verwaltung von Investmentvermögen spezifisch und wesentlich ist. [2] Leistungen, die in der Abgabe von Empfehlungen zum An- und Verkauf von Vermögenswerten (z. B. Wertpapiere oder Immobilien) gegenüber einer Kapitalverwaltungsgesellschaft bestehen, können unter die Steuerbefreiung fallen (vgl. Absatz 17 Sätze 6 und 7). [3] Für eine administrative Leistung nach Absatz 19 Nr. 4 Buchstabe e bis j kommt im Fall der Auslagerung auf einen außenstehenden Dritten die Steuerbefreiung nur in Betracht, wenn die Leistung von dem Dritten gemeinsam mit einer der in Absatz 19 Nr. 4 Buchstabe a bis d aufgeführten administrativen Leistungen erbracht wird. [4] Erbringt eine Kapitalverwaltungsgesellschaft, eine Investmentaktiengesellschaft mit veränderlichem Kapital, eine offene Investmentkommanditgesellschaft oder eine Verwahrstelle Verwaltungsleistungen bezüglich des ihr nach dem KAGB[1)] zugewiesenen Investmentvermögens, kann die Steuerbefreiung unabhängig davon in Betracht kommen, ob ggf. nur einzelne Verwaltungsleistungen aus dem vorstehenden Leistungskatalog erbracht werden.

[1)] **Wirtschaftsgesetze** Nr. **142.**

Steuerpflichtige Tätigkeiten im Zusammenhang mit der Verwaltung

(21) Insbesondere folgende Tätigkeiten können nicht als Tätigkeiten der Verwaltung von Investmentvermögen angesehen werden und fallen daher nicht unter die Steuerbefreiung nach § 4 Nr. 8 Buchstabe h UStG, soweit sie nicht Nebenleistungen zu einer nach Absatz 19 steuerfreien Tätigkeit sind (zur allgemeinen Abgrenzung von Haupt- und Nebenleistung vgl. Abschnitt 3.10):

1. Erstellung von Steuererklärungen,
2. Tätigkeiten im Zusammenhang mit der Portfolioverwaltung wie allgemeine Recherchеleistungen – sofern diese nicht unselbständige Nebenleistungen zu Beratungsleistungen mit konkreten Kauf- oder Verkaufsempfehlungen für Vermögenswerte (z. B. Wertpapiere oder Immobilien) sind –, insbesondere
   a) die planmäßige Beobachtung der Wertpapiermärkte,
   b) die Beobachtung der Entwicklungen auf den Märkten,
   c) das Analysieren der wirtschaftlichen Situation in den verschiedenen Währungszonen, Staaten oder Branchen,
   d) die Prüfung der Gewinnaussichten einzelner Unternehmen,
   e) die Aufbereitung der Ergebnisse dieser Analysen,
3. Beratungsleistungen ohne konkrete Kauf- oder Verkaufsempfehlungen,
4. Tätigkeiten im Zusammenhang mit dem Anteilsvertrieb, wie z. B. die Erstellung von Werbematerialien,
5. Tätigkeiten im Zusammenhang mit der tatsächlichen Bewirtschaftung gehaltener Immobilien, insbesondere ihre Vermietung, die Verwaltung der bestehenden Mietverhältnisse, die Beauftragung Dritter mit Instandhaltungsmaßnahmen sowie deren Überwachung und Überprüfung (vgl. EuGH-Urteil vom 09.12.2015, C-595/13, Fiscale Eenheid X).[1)]

Andere steuerpflichtige Tätigkeiten

(22) [1]Nicht nach § 4 Nr. 8 Buchstabe h UStG steuerfrei sind insbesondere alle Leistungen der Verwahrstelle als Verwahr- oder Kontrollstelle gegenüber der Kapitalverwaltungsgesellschaft. [2]Dies sind insbesondere folgende Leistungen:

1. Verwahrung der Vermögensgegenstände des Investmentvermögens; hierzu gehören z. B.:
   a) die Verwahrung der zu einem Investmentvermögen gehörenden Wertpapiere, Einlagenzertifikate und Bargeldbestände in gesperrten Depots und Konten,
   b) die Verwahrung von als Sicherheiten für Wertpapiergeschäfte oder Wertpapier-Pensionsgeschäfte verpfändeten Wertpapieren oder abgetretenen Guthaben bei der Verwahrstelle oder unter Kontrolle der Verwahrstelle bei einem geeigneten Kreditinstitut,

---

1) MwStR 2016, 109.

c) die Übertragung der Verwahrung von zu einem Investmentvermögen gehörenden Wertpapieren an eine Wertpapiersammelbank oder an eine andere in- oder ausländische Bank,

d) die Unterhaltung von Geschäftsbeziehungen mit Drittverwahrern;

2. Leistungen zur Erfüllung der Zahlstellenfunktion,
3. Einzug und Gutschrift von Zinsen und Dividenden,
4. Mitwirkung an Kapitalmaßnahmen (Corporate Actions) und der Stimmrechtsausübung (Proxy Voting),
5. Abwicklung des Erwerbs und Verkaufs der Vermögensgegenstände, inklusive Abgleich der Geschäftsdaten mit dem Broker (Broker-Matching); hierbei handelt es sich nicht um Verwaltungstätigkeiten, die von der Kapitalverwaltungsgesellschaft auf die Verwahrstelle übertragen werden könnten, sondern um Tätigkeiten der Verwahrstelle im Rahmen der Verwahrung der Vermögensgegenstände;
6. Leistungen der Kontrolle und Überwachung, die gewährleisten, dass die Verwaltung des Investmentvermögens nach den entsprechenden gesetzlichen Vorschriften erfolgt, wie insbesondere
   a) Kontrolle der Ermittlung und der verbindlichen Feststellung des Anteilspreises,
   b) Kontrolle der Ausgabe und Rücknahme von Anteilen,
   c) Erstellung aufsichtsrechtlicher Meldungen, z.B. Meldungen, zu denen die Verwahrstelle verpflichtet ist.

Verwaltung von Versorgungseinrichtungen

(23) [1]Nach § 4 Nr. 8 Buchstabe h UStG ist die Verwaltung von Versorgungseinrichtungen, welche Leistungen im Todes- oder Erlebensfall, bei Arbeitseinstellung oder bei Minderung der Erwerbstätigkeit vorsehen, steuerfrei (§ 1 Abs. 2 VAG).[1)] [2]Die Versorgungswerke der Ärzte, Apotheker, Architekten, Notare, Rechtsanwälte, Steuerberater bzw. Steuerbevollmächtigten, Tierärzte, Wirtschaftsprüfer und vereidigten Buchprüfer sowie Zahnärzte zählen zu den Versorgungseinrichtungen im Sinne des § 1 Abs. 2 VAG; Pensionsfonds sind Versorgungseinrichtungen im Sinne des § 236 Abs. 1 VAG. [3]Damit sind die unmittelbaren Verwaltungsleistungen durch Unternehmer an die auftraggebenden Versorgungseinrichtungen steuerfrei. [4]Voraussetzung für die Steuerbefreiung ist jedoch nicht, dass die Versorgungseinrichtungen der Versicherungsaufsicht unterliegen. [5]Einzelleistungen an die jeweilige Versorgungseinrichtung, die keine unmittelbare Verwaltungstätigkeit darstellen (z.B. Erstellung eines versicherungsmathematischen Gutachtens), fallen dagegen nicht unter die Steuerbefreiung nach § 4 Nr. 8 Buchstabe h UStG. [6]Zu weiteren Einzelheiten, insbesondere bei Unterstützungskassen, vgl. BMF-Schreiben vom 18.12.1997, BStBl. I S. 1046. [7]Bei Leistungen zur Durchführung des Versorgungsausgleichs nach dem Gesetz über den Versorgungsausgleich

---

[1)] Versicherungsaufsichtsgesetz v. 01.04.2015, BGBl. I 2015, 434 (**Wirtschaftsgesetze** Nr. **90**).

(Versorgungsausgleichsgesetz – VersAusglG)[1] handelt es sich abweichend von diesem BMF-Schreiben um typische und somit steuerfreie Verwaltungsleistungen.

Vermögensverwaltung

(24) [1]Bei der Vermögensverwaltung (Portfolioverwaltung) nimmt eine Bank einerseits die Vermögensverwaltung und andererseits Transaktionen vor (vgl. Abschnitt 4.8.9 Abs. 2). [2]Die Steuerbefreiung nach § 4 Nr. 8 Buchstabe h UStG kommt in Betracht, soweit tatsächlich begünstigte Investmentvermögen verwaltet werden (vgl. Absätze 1 bis 20).

4.8.14 Amtliche Wertzeichen

[1]Durch die Worte „zum aufgedruckten Wert" wird zum Ausdruck gebracht, dass die Steuerbefreiung nach § 4 Nr. 8 Buchstabe i UStG für die im Inland gültigen amtlichen Wertzeichen nur in Betracht kommt, wenn die Wertzeichen zum aufgedruckten Wert geliefert werden. [2]Zum aufgedruckten Wert gehören auch aufgedruckte Sonderzuschläge, z.B. Zuschlag bei Wohlfahrtsmarken. [3]Werden die Wertzeichen mit einem höheren Preis als dem aufgedruckten Wert gehandelt, ist der Umsatz insgesamt steuerpflichtig. [4]Lieferungen der im Inland postgültigen Briefmarken sind auch dann steuerfrei, wenn diese zu einem Preis veräußert werden, der unter ihrem aufgedruckten Wert liegt.

Zu § 4 Nr. 9 UStG

4.9.1 Umsätze, die unter das Grunderwerbsteuergesetz[2] fallen[3], [4]

(1) [1]Zu den Umsätzen, die unter das GrEStG fallen (grunderwerbsteuerbare Umsätze), gehören insbesondere die Umsätze von unbebauten und bebauten Grundstücken. [2]Für die Grunderwerbsteuer können mehrere von dem Grundstückserwerber mit verschiedenen Personen – z.B. Grundstückseigentümer, Bauunternehmer, Bauhandwerker – abgeschlossene Verträge als ein einheitliches, auf den Erwerb von fertigem Wohnraum gerichtetes Vertragswerk anzusehen sein (BFH-Urteile vom 27.10.1982, II R 102/81, BStBl. II 1983 S. 55, und vom 27.10.1999, II R 17/99, BStBl. II 2000 S. 34). [3]Dieser dem GrEStG unterliegende Vorgang wird jedoch nicht zwischen dem Grundstückserwerber und den einzelnen Bauunternehmern bzw. Bauhandwerkern verwirklicht (BFH-Urteile vom 07.02.1991, V R 53/85, BStBl. II S. 737, vom 29.08.1991, V R 87/86, BStBl. II 1992 S. 206, und vom 10.09.1992, V R 99/88, BStBl. II 1993 S. 316). [4]Die Leistungen der

---

[1] G v. 03.04.2009, BGBl. I 2009, 700 (**Habersack** Nr. **48**).

[2] **Steuergesetze** Nr. **600.** – Zum Entgelt bei steuerpflichtigen Grundstücksumsätzen vgl. A 10.1 Abs. 7 UStAE.

[3] Die Doppelbelastung mit USt und GrESt verstößt nicht gegen Art. 33 Abs. 1 RL 77/388/EWG (= Art. 401 MwStSystRL); vgl. EuGH v. 27.11.2008 C-156/08, Vollkommer, DStR 2009, 223.

[4] Keine USt-Freiheit bei Verzicht auf Ankaufsrecht an Grundstück; vgl. BFH v. 03.09.2008 XI R 54/07, BStBl. II 2009, 499.

Architekten, der einzelnen Bauunternehmer und der Bauhandwerker sind mit dem der Grund–erwerbsteuer unterliegenden Erwerbsvorgang nicht identisch und fallen daher auch nicht unter die Umsatzsteuerbefreiung nach § 4 Nr. 9 Buchstabe a UStG (vgl. auch BFH-Beschluss vom 30.10.1986, V B 44/86, BStBl. II 1987 S. 145, und BFH-Urteil vom 24.02.2000, V R 89/98, BStBl. II S. 278). [5]Ein nach § 4 Nr. 9 Buchstabe a UStG insgesamt steuerfreier einheitlicher Grundstücksumsatz kann nicht nur bei der Veräußerung eines bereits bebauten Grundstücks vorliegen, sondern auch dann, wenn derselbe Veräußerer in zwei getrennten Verträgen ein Grundstück veräußert und die Pflicht zur Erstellung eines schlüsselfertigen Bürohauses und Geschäftshauses übernimmt. [6]Leistungsgegenstand ist in diesem Fall ein noch zu bebauendes Grundstück (BFH-Urteil vom 19.03.2009, V R 50/07, BStBl. II 2010 S. 78).

(2) Unter die Steuerbefreiung nach § 4 Nr. 9 Buchstabe a UStG fallen z. B. auch:

1. die Bestellung von Erbbaurechten (BFH-Urteile vom 28.11.1967, II 1/64, BStBl. II 1968 S. 222, und vom 28.11.1967, II R 37/66, BStBl. II 1968 S. 223) und die Übertragung von Erbbaurechten (BFH-Urteil vom 05.12.1979, II R 122/76, BStBl. II 1980 S. 136),
2. die Übertragung von Miteigentumsanteilen an einem Grundstück,
3. die Lieferung von auf fremdem Boden errichteten Gebäuden nach Ablauf der Miet- oder Pachtzeit (vgl. Abschnitt F II des BMF-Schreibens vom 23.07.1986, BStBl. I S. 432),
4. die Übertragung eines Betriebsgrundstückes zur Vermeidung einer drohenden Enteignung (BFH-Urteil vom 24.06.1992, V R 60/88, BStBl. II S. 986),
5. die Umsätze von Grundstücken und von Gebäuden nach dem Sachenrechtsbereinigungsgesetz, und
6. die Entnahme von Grundstücken, unabhängig davon, ob damit ein Rechtsträgerwechsel verbunden ist.

4.9.2 Umsätze, die unter das Rennwett- und Lotteriegesetz[1)] fallen

(1) [1]Die Leistungen der Buchmacher im Wettgeschäft sind nach § 4 Nr. 9 Buchstabe b UStG umsatzsteuerfrei, weil sie der Rennwettsteuer unterliegen. [2]Zum Entgelt für diese Leistungen zählt alles, was der Wettende hierfür aufwendet. [3]Dazu gehören auch der von den Buchmachern zum Wetteinsatz erhobene Zuschlag und die Wettscheingebühr, weil ihnen keine besonderen selbständig zu beurteilenden Leistungen des Buchmachers gegenüberstehen. [4]Auch wenn die Rennwettsteuer lediglich nach dem Wetteinsatz bemessen wird, erstreckt sich daher die Umsatzsteuerbefreiung auf die gesamte Leistung des Buchmachers.

---

1) **Steuergesetze** Nr. **630.**

(2) 1 Buchmacher, die nicht selbst Wetten abschließen, sondern nur vermitteln, sind mit ihrer Vermittlungsleistung, für die sie eine Provision erhalten, nicht nach § 4 Nr. 9 Buchstabe b UStG von der Umsatzsteuer befreit. 2 Die Tätigkeit von Vertretern, die die Wetten für einen Buchmacher entgegennehmen, fällt nicht unter § 4 Nr. 9 Buchstabe b UStG (vgl. EuGH-Beschluss vom 14.05.2008, C-231/07 und C-232/07, Tiercé Ladbrocke).

(3) 1 Im Inland veranstaltete öffentliche Lotterien unterliegen der Lotteriesteuer. 2 Schuldner der Lotteriesteuer ist der Veranstalter der Lotterie. 3 Lässt ein Wohlfahrtsverband eine ihm genehmigte Lotterie von einem gewerblichen Lotterieunternehmen durchführen, ist Veranstalter der Verband. 4 Der Lotterieunternehmer kann die Steuerbefreiung nach § 4 Nr. 9 Buchstabe b UStG nicht in Anspruch nehmen (BFH-Urteil vom 10.12.1970, V R 50/67, BStBl. II 1971 S. 193).

(4) 1 Spiele, die dem Spieler lediglich die Möglichkeit einräumen, seinen Geldeinsatz wiederzuerlangen (sog. Fun-Games), fallen nicht unter die Steuerbefreiung des § 4 Nr. 9 Buchstabe b UStG (BFH-Urteil vom 29.05.2008, V R 7/06, BStBl. II 2009 S. 64). 2 Das gilt auch für den Betrieb von Geldspielautomaten (BFH-Urteil vom 10.11.2010, XI R 79/07, BStBl. II 2011 S. 311).[1)]

Zu § 4 Nr. 10 UStG

4.10.1 Versicherungsleistungen[2)]

(1) Die Befreiungsvorschrift betrifft auch Leistungen aus Versicherungs- und Rückversicherungsverträgen, die wegen Fehlens der in § 1 Abs. 1 bis 4 VersStG[3)] genannten Voraussetzungen nicht der Versicherungsteuer unterliegen.

(2) 1 Nicht befreit sind Versicherungsleistungen, die aus anderen Gründen nicht unter das VersStG fallen. 2 Hierbei handelt es sich um Leistungen aus einem Vertrag, durch den der Versicherer sich verpflichtet, für den Versicherungsnehmer Bürgschaft oder sonstige Sicherheit zu leisten (§ 2 Abs. 2 VersStG). 3 Hierunter sind insbesondere die Kautionsversicherungen (Bürgschafts- und Personenkautionsversicherungen) zu verstehen (vgl. BFH-Urteil vom 13.07.1972, V R 33/68).[4)] 4 Es kann jedoch die Steuerbefreiung nach § 4 Nr. 8 Buchstabe g UStG in Betracht kommen (vgl. Abschnitt 4.8.12).

(3) 1 Übernimmt bei der durch eine Beteiligungsklausel im Versicherungsvertrag offengelegten Mitversicherung eines Risikos durch mehrere Versicherer (sog. offene Mitversicherung) der führende Versicherer die bei Begründung

---

1) Vgl. auch EuGH v. 10.06.2010 C-58/09, Leo-Libera, DStR 2010, 943, BFH v. 22.04.2010 V R 26/08, BStBl. II 2010, 883, und v. 11.12.2019 XI R 13/18, BStBl. II 2020, 296.

2) Übertragung von Versicherungsverträgen ist eine nicht steuerbefreite sonstige Leistung; vgl. EuGH v. 22.10.2009 C-242/08, Swiss Re Germany, BStBl. II 2011, 559, auf Vorlage des BFH v. 16.04.2008 XI R 54/06, BStBl. II 2008, 772.

3) **Steuergesetze** Nr. **620.**

4) BFHE 107, 60.

und Abwicklung der Mitversicherungsverträge anfallenden Verwaltungsaufgaben (sog. Führungsleistungen) gegen einen erhöhten Anteil aus dem Versicherungsentgelt (sog. Führungsprovision), liegt darin eine steuerbare und steuerpflichtige sonstige Leistung an den/die Mitversicherer. [2]Hierbei handelt es sich nicht um Leistungen auf Grund eines Versicherungsverhältnisses im Sinne des VersStG (BFH-Urteil vom 24.04.2013, XI R 7/11, BStBl. II S. 648).

(4)[1)] [1]Die Dienstleistung eines von einem Kraftfahrzeughändler unabhängigen Wirtschaftsteilnehmers, die darin besteht, gegen Zahlung eines Pauschalbetrags mechanische Ausfälle bestimmter Teile eines Gebrauchtfahrzeugs zu versichern, stellt einen nach § 4 Nr. 10 Buchstabe a UStG steuerfreien Versicherungsumsatz dar (vgl. EuGH-Urteil vom 16.07.2015, C-584/13, Mapfre asistencia und Mapfre warranty).[2)] [2]Zur Verschaffung von Versicherungsschutz durch einen Kraftfahrzeughändler vgl. Abschnitt 3.10 Abs. 6 Nr. 3 und Abschnitt 4.10.2 Abs. 1 Satz 1. [3]Die entgeltliche Garantiezusage eines Kraftfahrzeughändlers, mit der dieser als Garantiegeber im Garantiefall eine Geldleistung verspricht, ist eine Leistung auf Grund eines Versicherungsverhältnisses im Sinne des VersStG, die nach § 4 Nr. 10 Buchstabe a UStG steuerfrei ist (vgl. BFH-Urteil vom 14.11.2018, XI R 16/17, BStBl. II 2021 S. 461); Gleiches gilt für das Versprechen einer Reparaturleistung durch den Garantiegeber (vgl. BMF-Schreiben vom 11.05.2021, BStBl. I S. 781).

4.10.2 Verschaffung von Versicherungsschutz

(1) [1]Die Verschaffung eines Versicherungsschutzes liegt vor, wenn der Unternehmer mit einem Versicherungsunternehmen einen Versicherungsvertrag zugunsten eines Dritten abschließt (vgl. BFH-Urteil vom 09.10.2002, V R 67/01, BStBl. II 2003 S. 378). [2]Der Begriff Versicherungsschutz umfasst alle Versicherungsarten. [3]Hierzu gehören z.B. Lebens-, Kranken-, Unfall-, Haftpflicht-, Rechtsschutz-, Diebstahl-, Feuer- und Hausratversicherungen. [4]Unter die Steuerbefreiung fällt auch die Besorgung einer Transportversicherung durch den Unternehmer, der die Beförderung der versicherten Gegenstände durchführt; das gilt nicht für die Haftungsversicherung des Spediteurs, auch wenn diese dem Kunden in Rechnung gestellt wird.

(2) [1]Durch den Versicherungsvertrag muss der begünstigte Dritte – oder bei Lebensversicherungen auf den Todesfall der Bezugsberechtigte – das Recht erhalten, im Versicherungsfall die Versicherungsleistung zu fordern. [2]Unerheblich ist es, ob dieses Recht unmittelbar gegenüber dem Versicherungsunternehmen oder mittelbar über den Unternehmer geltend gemacht werden kann. [3]Bei der Frage, ob ein Versicherungsverhältnis vorliegt, ist von den Grundsätzen des VersStG auszugehen. [4]Ein Vertrag, der einem Dritten (Arbeitnehmer oder Vereinsmitglied) lediglich die Befugnis einräumt, einen Versicherungsvertrag zu günstigeren Konditionen abzuschließen, verschafft keinen

---

[1)] A 4.10.1 UStAE Abs. 4 Satz 3 neugef. durch BMF v. 11.05.2021, BStBl. I 2021, 781, anzuwenden auf nach dem 31.12.2022 abgegebene Garantiezusagen, die Anwendung auf vor dem 01.01.2023 abgegebene Garantiezusagen wird nicht beanstandet; gilt branchenunabhängig (BMF v. 18.10.2021, BStBl. I 2021, 2142).

[2)] MwStR 2017, 762.

unmittelbaren Anspruch des Dritten gegen das Versicherungsunternehmen und demnach keinen Versicherungsschutz nach § 4 Nr. 10 Buchstabe b UStG. [5]Auch in der Übernahme weiterer Aufgaben für das Versicherungsunternehmen (insbesondere Beitragsinkasso und Abwicklung des Geschäftsverkehrs) liegt kein Verschaffen von Versicherungsschutz. [6]Für diese Tätigkeit kommt auch eine Steuerbefreiung nach § 4 Nr. 11 UStG nicht in Betracht.

Zu § 4 Nr. 11 UStG

4.11.1 Bausparkassenvertreter, Versicherungsvertreter, Versicherungsmakler[1)]

(1) [1]Die Befreiungsvorschrift des § 4 Nr. 11 UStG enthält eine ausschließliche Aufzählung der begünstigten Berufsgruppen. [2]Sie kann auf andere Berufe, z.B. Bankenvertreter, auch wenn sie ähnliche Tätigkeitsmerkmale aufweisen, nicht angewendet werden (vgl. BFH-Urteil vom 16.07.1970, V R 138/69, BStBl. II S. 709). [3]Die Begriffe des Versicherungsvertreters und Versicherungsmaklers sind richtlinienkonform nach dem Unionsrecht und nicht handelsrechtlich im Sinne von § 92 und § 93 HGB auszulegen (vgl. BFH-Urteil vom 06.09.2007, V R 50/05, BStBl. II 2008 S. 829).

(2) [1]Die Befreiung erstreckt sich auf alle Leistungen, die in Ausübung der begünstigten Tätigkeiten erbracht werden. [2]Sie ist weder an eine bestimmte Rechtsform des Unternehmens gebunden, noch stellt sie darauf ab, dass die begünstigten Tätigkeiten im Rahmen der gesamten unternehmerischen Tätigkeit überwiegen. [3]Unter die Befreiung fällt z.B. auch ein Kreditinstitut, das Bauspar- oder Versicherungsverträge vermittelt; zum Begriff der Vermittlung siehe Abschnitt 4.8.1. [4]Zu der Tätigkeit der Kreditinstitute als Bausparkassenvertreter gehört auch die im Zusammenhang mit dieser Tätigkeit übernommene Bewilligung und Auszahlung der Bauspardarlehen. [5]Der Wortlaut der Vorschrift „aus der Tätigkeit als" erfordert, dass die Umsätze des Berufsangehörigen für seinen Beruf charakteristisch, d.h. berufstypisch, sind. [6]Auch die Betreuung, Überwachung oder Schulung von nachgeordneten selbständigen Vermittlern kann zur berufstypischen Tätigkeit eines Bausparkassenvertreters, Versicherungsvertreters oder Versicherungsmaklers gehören, wenn der Unternehmer, der diese Leistungen übernimmt, durch Prüfung eines jeden Vertragsangebots mittelbar auf eine der Vertragsparteien einwirken kann. [7]Dabei ist auf die Möglichkeit abzustellen, eine solche Prüfung im Einzelfall durchzuführen. [8]Die Zahlung erfolgsabhängiger Vergütungen (sog. Superprovisionen) ist ein Beweisanzeichen, dass berufstypische Leistungen erbracht werden (vgl. BFH-Urteil vom 09.07.1998, V R 62/97, BStBl. II 1999 S. 253). [9]Sog. „Backoffice-Tätigkeiten", die darin bestehen, gegen Vergütung Dienstleistungen für ein Versicherungsunternehmen zu erbringen, stellen keine zu Versicherungsumsätzen gehörenden Dienstleistungen im Sinne des § 4 Nr. 11 UStG dar, die von Versicherungsmaklern oder Versicherungsvertretern er-

---

[1)] Zur Untervermittlung von Versicherungsverträgen siehe EuGH v. 03.04.2008 C-124/07, J.C.M. Beheer, BB 2008, 1152, und BFH v. 28.05.2009 V R 7/08, BStBl. II 2010, 80.

bracht werden (vgl. EuGH-Urteil vom 03.03.2005, C-472/03, Arthur Andersen[1]) und BFH-Urteil vom 03.08.2017, V R 19/16, BStBl. II S. 1207). [10]Nach dem Wortlaut der Vorschrift sind die Hilfsgeschäfte von der Steuerbefreiung ausgeschlossen (vgl. BFH-Urteil vom 11.04.1957, V 46/56 U, BStBl. III S. 222). [11]Es kann jedoch die Steuerbefreiung nach § 4 Nr. 28 UStG in Betracht kommen (vgl. Abschnitt 4.28.1). [12]Versicherungsmakler, die nach § 34d Abs. 1 Satz 8 GewO gegenüber Dritten, die nicht Verbraucher sind, beratend tätig werden (Honorarberatung), erbringen keine steuerfreie Leistung nach § 4 Nr. 11 UStG.

(3) Bestandspflegeleistungen in Form von nachwirkender Vertragsbetreuung, z.B. durch Hilfen bei Modifikationen oder Abwicklung von Verträgen, die gegen Bestandspflegeprovision erbracht werden, sind berufstypisch und somit nach § 4 Nr. 11 UStG steuerfrei.

Zu § 4 Nr. 11b UStG

4.11b.1 Umsatzsteuerbefreiung für Post-Universaldienstleistungen

Begünstigte Leistungen

(1) [1]Unter die Steuerbefreiung nach § 4 Nummer 11b UStG fallen nur bestimmte Post-Universaldienstleistungen. [2]Post-Universaldienstleistungen sind ein Mindestangebot an Postdienstleistungen, die flächendeckend im gesamten Gebiet der Bundesrepublik Deutschland in einer bestimmten Qualität und zu einem erschwinglichen Preis erbracht werden (§ 11 Postgesetz – PostG).[2] [3]Inhalt, Umfang und Qualitätsmerkmale von Post-Universaldienstleistungen sind in der Post-Universaldienstleistungsverordnung (PUDLV)[3] festgelegt.

(2) Unter die Steuerbefreiung nach § 4 Nr. 11b UStG fallen nur folgende Post-Universaldienstleistungen:

1. [1]Die Beförderung von Briefsendungen bis zu einem Gewicht von 2.000 Gramm. [2]Briefsendungen sind adressierte schriftliche Mitteilungen; Mitteilungen, die den Empfänger nicht mit Namen bezeichnen, sondern lediglich mit einer Sammelbezeichnung von Wohnung oder Geschäftssitz versehen sind, gelten nicht als adressiert und sind dementsprechend keine Briefsendungen (§ 4 Nr. 2 Sätze 1 und 3 PostG).
   [3]Briefsendungen sind nur dann der Art nach begünstigte Post-Universaldienstleistungen, wenn die Qualitätsmerkmale des § 2 PUDLV erfüllt sind:
   a) [1]Bundesweit müssen mindestens 12.000 stationäre Einrichtungen vorhanden sein, in denen Verträge über Briefbeförderungsleistungen abgeschlossen und abgewickelt werden können. [2]In allen Gemeinden mit mehr als 2.000 Einwohnern muss mindestens eine stationäre Einrichtung vorhanden sein; dies gilt in der Regel auch für Gemeinden, die gemäß

[1] DStR 2005, 467.
[2] PostG v. 22.12.1997, BGBl. I 1997, 3294 (**Sartorius** Nr. **910**).
[3] PUDLV v. 15.12.1999, BGBl. I 1999, 2418 (**Sartorius Ergänzungsband** Nr. **910a**).

landesplanerischen Vorgaben zentralörtliche Funktionen haben. [3]In Gemeinden mit mehr als 4.000 Einwohnern und Gemeinden, die gemäß landesplanerischen Vorgaben zentralörtliche Funktionen haben, ist grundsätzlich zu gewährleisten, dass in zusammenhängend bebauten Gebieten eine stationäre Einrichtung in maximal 2.000 Metern für die Kunden erreichbar ist. [4]Bei Veränderungen der stationären Einrichtungen ist frühzeitig, mindestens zehn Wochen vor der Maßnahme, das Benehmen mit der zuständigen kommunalen Gebietskörperschaft herzustellen. [5]Daneben muss in allen Landkreisen mindestens je Fläche von 80 Quadratkilometern eine stationäre Einrichtung vorhanden sein. [6]Alle übrigen Orte müssen durch einen mobilen Postservice versorgt werden. [7]Die Einrichtungen müssen werktäglich nachfragegerecht betriebsbereit sein.

b) [1]Briefkästen müssen so ausreichend vorhanden sein, dass die Kunden in zusammenhängend bebauten Wohngebieten in der Regel nicht mehr als 1.000 Meter zurückzulegen haben, um zu einem Briefkasten zu gelangen. [2]Briefkästen sind jeden Werktag sowie bedarfsgerecht jeden Sonn- und Feiertag so zu leeren, dass die in Buchstabe c genannten Qualitätsmerkmale eingehalten werden können. [3]Dabei sind die Leerungszeiten der Briefkästen an den Bedürfnissen des Wirtschaftslebens zu orientieren; die Leerungszeiten und die nächste Leerung sind auf den Briefkästen anzugeben. [4]Briefkästen im Sinne der Sätze 1 und 2 sind auch andere zur Einlieferung von Briefsendungen geeignete Vorrichtungen.

c) [1]Von den an einem Werktag eingelieferten inländischen Briefsendungen müssen – mit Ausnahme der Sendungen, die eine Mindesteinlieferungsmenge von 50 Stück je Einlieferungsvorgang voraussetzen – im Jahresdurchschnitt mindestens 80 % an dem ersten auf den Einlieferungstag folgenden Werktag und 95 % bis zum zweiten auf den Einlieferungstag folgenden Werktag ausgeliefert werden. [2]Im grenzüberschreitenden Briefverkehr mit Mitgliedstaaten der Europäischen Union gelten die im Anhang der Richtlinie 97/67/EG des Europäischen Parlaments und des Rates vom 15.12.1997 über gemeinsame Vorschriften für die Entwicklung des Binnenmarktes der Postdienste der Gemeinschaft und die Verbesserung der Dienstequalität (ABl. EG 1998 Nr. L 15 S. 14) in der jeweils geltenden Fassung festgelegten Qualitätsmerkmale. [3]Wird der Anhang dieser Richtlinie geändert, gelten die Qualitätsmerkmale in der geänderten Fassung vom ersten Tage des dritten auf die Veröffentlichung der Änderung folgenden Monats an.

d) [1]Briefsendungen sind zuzustellen, sofern der Empfänger nicht durch Einrichtung eines Postfaches oder in sonstiger Weise erklärt hat, dass er die Sendungen abholen will. [2]Die Zustellung hat an der in der Anschrift genannten Wohn- oder Geschäftsadresse durch Einwurf in eine für den Empfänger bestimmte und ausreichend aufnahmefähige Vorrichtung für den Empfang von Briefsendungen oder durch persönliche Aushändigung an den Empfänger zu erfolgen. [3]Kann eine Sendung nicht gemäß Satz 2 zugestellt werden, ist sie nach Möglichkeit einem Ersatzempfänger auszuhändigen, soweit keine gegenteilige Weisung des Absenders oder

Empfängers vorliegt. [4]Ist die Wohn- oder Geschäftsadresse des Empfängers nur unter unverhältnismäßigen Schwierigkeiten zu erreichen oder fehlt eine geeignete und zugängliche Vorrichtung für den Empfang von Briefsendungen, kann der Empfänger von der Zustellung ausgeschlossen werden. [5]Der Betroffene ist von dem beabsichtigten Ausschluss zu unterrichten.

e) Die Zustellung hat mindestens einmal werktäglich zu erfolgen (vgl. BFH-Urteil vom 02.03.2016, V R 20/15, BStBl. II S. 548).

2. [1]Die Beförderung von adressierten Büchern, Katalogen, Zeitungen und Zeitschriften, bis zu einem Gewicht von 2.000 Gramm. [2]Die Beförderung muss durch Unternehmer erfolgen, die die Beförderung von Briefsendungen (vgl. vorstehende Nr. 1) oder die Beförderung von adressierten Paketen bis zu einem Gewicht von 20 Kilogramm durchführen (vgl. § 1 Abs. 1 Nr. 1 und 3 PUDLV in Verbindung mit § 4 Nr. 1 Buchstabe c PostG).
[3]Für das Vorliegen einer Post-Universaldienstleistung gelten für die Beförderung von adressierten Büchern und Katalogen die Qualitätsmerkmale für Briefsendungen (§ 2 PUDLV) entsprechend (vgl. vorstehende Nummer 1 Satz 3).
[4]Die Beförderung von Zeitungen und Zeitschriften ist nur dann der Art nach eine begünstigte Post-Universaldienstleistung, wenn die Qualitätsmerkmale des § 4 PUDLV erfüllt sind:

a) Zeitungen und Zeitschriften sind im Rahmen des betrieblich Zumutbaren bedarfsgerecht zu befördern.

b) [1]Zeitungen und Zeitschriften sind zuzustellen, sofern der Empfänger nicht durch Einrichtung eines Postfaches oder in sonstiger Weise erklärt hat, dass er die Sendungen abholen will. [2]Die Zustellung hat an der in der Anschrift genannten Wohn- oder Geschäftsadresse durch Einwurf in eine für den Empfänger bestimmte und ausreichend aufnahmefähige Vorrichtung für den Empfang von Zeitungen und Zeitschriften oder durch persönliche Aushändigung an den Empfänger zu erfolgen. [3]Kann eine Sendung nicht gemäß Satz 2 zugestellt werden, ist sie nach Möglichkeit einem Ersatzempfänger auszuhändigen, soweit keine gegenteilige Weisung des Absenders oder Empfängers vorliegt. [4]Ist die Wohn- oder Geschäftsadresse des Empfängers nur unter unverhältnismäßigen Schwierigkeiten zu erreichen oder fehlt eine geeignete und zugängliche Vorrichtung für den Empfang von Zeitungen und Zeitschriften, kann der Empfänger von der Zustellung ausgeschlossen werden. [5]Der Betroffene ist von dem beabsichtigten Ausschluss zu unterrichten.rigkeiten zu erreichen oder fehlt eine geeignete und zugängliche Vorrichtung für den Empfang von Zeitungen und Zeitschriften, kann der Empfänger von der Zustellung ausgeschlossen werden. [5]Der Betroffene ist von dem beabsichtigten Ausschluss zu unterrichten.

c) Die Zustellung hat mindestens einmal werktäglich zu erfolgen (vgl. BFH-Urteil vom 02.03.2016, V R 20/15, a. a. O.).

3. [1]Die Beförderung von adressierten Paketen bis zu einem Gewicht von 10 Kilogramm.
   [2]Die Beförderung von adressierten Paketen ist nur dann der Art nach eine begünstigte Post-Universaldienstleistung, wenn die Qualitätsmerkmale des § 3 PUDLV erfüllt sind:
   a) Für die Bereitstellung von Einrichtungen, in denen Verträge über Paketbeförderungsleistungen abgeschlossen und abgewickelt werden können, gelten die Qualitätsmerkmale für Briefsendungen (§ 2 Nr. 1 PUDLV) entsprechend (vgl. vorstehende Nummer 1 Satz 3 Buchstabe a).
   b) [1]Von den an einem Werktag eingelieferten inländischen Paketen müssen im Jahresdurchschnitt mindestens 80% bis zum zweiten auf den Einlieferungstag folgenden Werktag ausgeliefert werden. [2]Im grenzüberschreitenden Paketverkehr mit EU-Mitgliedstaaten gelten die im Anhang der Richtlinie 97/67/EG des Europäischen Parlaments und des Rates vom 15.12.1997 über gemeinsame Vorschriften für die Entwicklung des Binnenmarktes der Postdienste der Gemeinschaft und die Verbesserung der Dienstequalität (ABl. EG 1998 Nr. L 15 S. 14) in der jeweils geltenden Fassung festgelegten Qualitätsmerkmale. [3]Wird der Anhang dieser Richtlinie geändert, gelten die Qualitätsmerkmale in der geänderten Fassung vom ersten Tage des dritten auf die Veröffentlichung der Änderung folgenden Monats an.
   c) [1]Pakete sind zuzustellen, sofern der Empfänger nicht erklärt hat, dass er die Sendungen abholen will. [2]Die Zustellung hat an der in der Anschrift genannten Wohn- oder Geschäftsadresse durch persönliche Aushändigung an den Empfänger oder einen Ersatzempfänger zu erfolgen, soweit keine gegenteilige Weisung des Absenders oder Empfängers vorliegt.
   d) Die Zustellung hat mindestens einmal werktäglich zu erfolgen (vgl. BFH-Urteil vom 02.03.2016, V R 20/15, a. a. O.).
4. [1]Einschreibsendungen; Einschreibsendungen sind Briefsendungen, die pauschal gegen Verlust, Entwendung oder Beschädigung versichert sind und gegen Empfangsbestätigung ausgehändigt werden (§ 1 Abs. 2 Nr. 1 PUDLV).
   [2]Für das Vorliegen einer Post-Universaldienstleistung gelten die Qualitätsmerkmale für Briefsendungen (§ 2 PUDLV) entsprechend (vgl. vorstehende Nummer 1 Satz 3).
5. [1]Wertsendungen; Wertsendungen sind Briefsendungen, deren Inhalt in Höhe des vom Absender angegebenen Wertes gegen Verlust, Entwendung oder Beschädigung versichert ist (§ 1 Abs. 2 Nr. 2 PUDLV).
   [2]Für das Vorliegen einer Post-Universaldienstleistung gelten die Qualitätsmerkmale für Briefsendungen (§ 2 PUDLV) entsprechend (vgl. vorstehende Nummer 1 Satz 3).
6. Förmliche Zustellungen von Schriftstücken von Gerichten oder Verwaltungsbehörden auf der Grundlage der Prozessordnungen und der Gesetze, die die Verwaltungszustellungen regeln, entsprechend einer seitens der Bundesnetzagentur zu diesem Zweck erteilten Lizenz, wenn sich der Li-

zenznehmer verpflichtet, diese Zustellungen im gesamten Bundesgebiet anzubieten (vgl. EuGH-Urteil vom 16.10.2019, C-4/18 und C-5/18, Winterhoff u. a.[1]) sowie BFH-Urteile vom 06.02.2020 – V R 36/19 (V R 30/15), BStBl. II 2021 S. 790, und vom 06.02.2020 – V R 37/19 (V R 8/16), BStBl. II 2021 S. 792).

(3) [1] Weitere Voraussetzung für das Vorliegen einer der Art nach begünstigten Post-Universaldienstleistung ist für die unter Absatz 2 genannten Leistungen, dass der Preis für diese Leistungen erschwinglich sein muss. [2] Der Preis gilt als erschwinglich, wenn er dem realen Preis für die durchschnittliche Nachfrage eines Privathaushalts nach der jeweiligen Post-Universaldienstleistung entspricht. [3] Dies ist bei Briefsendungen bis zu einem Gewicht von 1.000 Gramm bis zu einer Einlieferungsmenge von weniger als 50 Sendungen grundsätzlich das nach § 19 PostG genehmigte Entgelt, wenn der Unternehmer auf diesem Markt marktbeherrschend ist. [4] Bei allen anderen Post-Universaldienstleistungen, die nicht dieser Entgeltsgenehmigungspflicht unterliegen, ist dies das Entgelt, das der Unternehmer für die jeweilige Einzelleistung an Privathaushalte allgemein festgelegt hat. [5] Als genehmigtes Entgelt ist auch das um 1% verminderte Entgelt anzusehen, das der Leistungsempfänger für unter Absatz 2 genannte begünstigte Briefsendungen entrichtet, für die die Freimachung mittels einer Frankiermaschine (sog. Freistempler) durch den Leistungsempfänger erfolgt. [6] Soweit eine Entgeltsminderung jedoch aus anderen Gründen gewährt wird, z. B. weil die Briefsendungen unmittelbar beim Anbieter der Post-Universaldienstleistung eingeliefert werden müssen, liegen die Voraussetzungen für die Steuerbefreiung nicht vor (vgl. nachfolgend unter Absatz 7).

Begünstigter Unternehmerkreis

(4) [1] Begünstigt können alle Unternehmer sein, die die in Absatz 2 genannten Leistungen selbst erbringen; hierzu gehören auch Unternehmenszusammenschlüsse. [2] Voraussetzung ist, dass sie sich verpflichten, alle Post-Universaldienstleistungsbereiche bzw. einen einzelnen der in Absatz 2 genannten Post-Universaldienstleistungsbereiche ständig und flächendeckend im gesamten Gebiet der Bundesrepublik Deutschland anzubieten.

Beispiel 1:

[1] Der Postdienstleistungsanbieter P verpflichtet sich, ständig anzubieten, Briefsendungen bis zu einem Gewicht von 2.000 Gramm im gesamten Gebiet der Bundesrepublik Deutschland durchzuführen. [2] Die Voraussetzungen des § 2 PUDLV sind erfüllt. [3] Die Durchführung der Briefsendungen bis zu einem Gewicht von 2.000 Gramm ist unter den weiteren Voraussetzungen des § 4 Nr. 11b UStG steuerfrei.

Beispiel 2:

[1] Der Postdienstleistungsanbieter P verpflichtet sich, ständig anzubieten, Briefsendungen bis zu einem Gewicht von 2.000 Gramm sowie Paketsendungen bis zu einem Gewicht von 5 Kilogramm im gesamten Gebiet der Bundesrepublik Deutschland durchzuführen. [2] Die Voraussetzungen der §§ 2 und 3 PUDLV sind erfüllt. [3] Die Durchführung der Briefsendungen bis zu einem Gewicht von 2.000 Gramm durch P ist unter den weiteren Voraussetzungen des § 4 Nr. 11b UStG steuerfrei. [4] Die Durchführung der Paketsendungen bis zu einem Gewicht von 5 Kilogramm ist dagegen steuerpflichtig, da P sich nicht verpflichtet hat, den gesamten Bereich der Paketsendungen bis zu einem Gewicht von 10 Kilogramm anzubieten.

---

[1] DStRE 2020, 27.

Beispiel 3:

[1] Der Postdienstleistungsanbieter P verpflichtet sich, ständig anzubieten, Briefsendungen bis zu einem Gewicht von 1.000 Gramm im gesamten Gebiet der Bundesrepublik Deutschland durchzuführen. [2] Die Voraussetzungen der §§ 2 und 3 PUDLV sind erfüllt. [3] Die Durchführung der Briefsendungen bis zu einem Gewicht von 1.000 Gramm ist steuerpflichtig, da P sich nicht verpflichtet hat, den gesamten Bereich der Briefsendungen bis zu einem Gewicht von 2.000 Gramm anzubieten.

Beispiel 4:

[1] Der Postdienstleistungsanbieter P verpflichtet sich, ständig anzubieten, Briefsendungen bis zu einem Gewicht von 1.000 Gramm im gesamten Gebiet der Bundesrepublik Deutschland und Briefsendungen mit einem Gewicht von mehr als 1.000 Gramm bis zu einem Gewicht von 2.000 Gramm nur in Nordrhein-Westfalen durchzuführen. [2] Die Voraussetzungen der §§ 2 und 3 PUDLV sind erfüllt. [3] Die Durchführung der Briefsendungen ist insgesamt steuerpflichtig, da P sich nicht verpflichtet hat, den gesamten Bereich der Briefsendungen bis zu einem Gewicht von 2.000 Gramm ständig und flächendeckend im gesamten Gebiet der Bundesrepublik Deutschland anzubieten.

Der Art nach nicht unter die Steuerbefreiung fallende Leistungen

(5) Nicht unter die Steuerbefreiung fallen folgende in § 1 PUDLV genannte Leistungen:

1. Die Beförderung von Paketsendungen mit einem Gewicht von mehr als 10 Kilogramm,
2. die Beförderung von adressierten Büchern, Katalogen, Zeitungen und Zeitschriften mit einem Gewicht von jeweils mehr als 2 Kilogramm,
3. Expresszustellungen; Expresszustellungen sind Briefsendungen, die so bald wie möglich nach ihrem Eingang bei einer Zustelleinrichtung des leistenden Unternehmers durch besonderen Boten zugestellt werden (§ 1 Abs. 2 Nummer 4 PUDLV),
4. Nachnahmesendungen; Nachnahmesendungen sind Briefsendungen, die erst nach Einziehung eines bestimmten Geldbetrages an den Empfänger ausgehändigt werden (§ 1 Abs. 2 Nr. 3 PUDLV).

(6) [1] Ausdrücklich sind auch Leistungen, deren Bedingungen zwischen den Vertragsparteien individuell vereinbart werden, nicht steuerfrei (§ 4 Nr. 11b Satz 3 Buchstabe a UStG). [2] Hierunter fallen auch Leistungen eines Postdienstleistungsanbieters an einen im eigenen Namen und für eigene Rechnung auftretenden sog. Konsolidierer, der Inhaber einer postrechtlichen Lizenz gem. § 51 Abs. 1 Satz 2 Nr. 5 PostG ist und Briefsendungen eines oder mehrerer Absender bündelt und vorsortiert in die Briefzentren des Postdienstleistungsanbieters einliefert, wenn der Postdienstleistungsanbieter dem Konsolidierer nachträglich Rabatte auf die festgelegten Entgelte für einzelne Briefsendungen gewährt.

Beispiel 1:

[1] Der Konsolidierer K liefert an einem Tag 1.000 Briefsendungen des Absenders A vereinbarungsgemäß beim Postdienstleistungsanbieter P ein. [2] K tritt gegenüber P im eigenen Namen und für eigene Rechnung auf. [3] Das Standardporto für eine Briefsendung beträgt 0,85 €. [4] K erhält für die Einlieferung von P einen Rabatt in Höhe von 21 %. [5] Die von P an K er-

brachte Postdienstleistung ist steuerpflichtig. [6]Eine Steuerbefreiung ist wegen individueller Vereinbarungen zwischen den Vertragsparteien ausgeschlossen (§ 4 Nr. 11b Satz 3 Buchstabe a UStG).

[3]Tritt der Konsolidierer gegenüber dem Postdienstleistungsanbieter im Namen und für Rechnung der Absender auf, so dass die Postdienstleistung vom Postdienstleistungsanbieter gegenüber dem Absender der Briefsendung erbracht wird, und gewährt der Postdienstleistungsanbieter dem Absender über den Konsolidierer nachträglich einen Rabatt, fällt die Leistung ebenfalls nicht unter die Steuerbefreiung nach § 4 Nr. 11b UStG.

Beispiel 2:

[1]Der Konsolidierer K liefert an einem Tag 1.000 Briefsendungen des Absenders A vereinbarungsgemäß beim Postdienstleistungsanbieter P ein. [2]K tritt gegenüber P im Namen und für Rechnung des A auf. [3]Das Standardporto für eine Briefsendung beträgt 0,85 €. [4]K erhält für die Einlieferung von P einen Rabatt in Höhe von 21%. [5]K gewährt dem A einen Rabatt in Höhe von 8%. [6]Die Rabatte werden bereits im Zeitpunkt der Ausführung der sonstigen Leistung gewährt. [7]Die von P an A erbrachte Postdienstleistung ist steuerpflichtig. [8]Der Rabatt in Höhe von 21% mindert das Entgelt für die von P an A erbrachte Postdienstleistung. [9]§ 4 Nr. 11b Satz 3 Buchstabe a UStG schließt eine Steuerbefreiung aus.

[4]Zur Behandlung von Leistungen eines sog. Konsolidierers wird im Übrigen auf das BMF-Schreiben vom 13.12.2006 (BStBl. I 2007 S. 119) verwiesen.

(7) [1]Nicht unter die Steuerbefreiung fallen außerdem nach § 4 Nr. 11b Satz 3 Buchstabe b UStG sog. AGB-Leistungen

a) mit nach den Allgemeinen Geschäftsbedingungen eines Anbieters festgelegten Qualitätsmerkmalen, die von den festgelegten Qualitätsmerkmalen (vgl. Absatz 2) abweichen,

Beispiel:

[1]Der Postdienstleistungsanbieter P befördert den einzelnen Standardbrief bis 20 Gramm für ein Entgelt von 0,45 €. [2]In seinen Allgemeinen Geschäftsbedingungen bietet er an, Standardbriefe ab einer Einlieferungsmenge von 50 Stück für ein Entgelt von 0,40 € zu befördern, wenn die Briefe beim Anbieter unmittelbar eingeliefert werden. [3]Der Kunde K macht hiervon Gebrauch und liefert 100 Standardbriefe ein. [4]P stellt K ein Entgelt von 40 € in Rechnung. [5]Die Beförderung der 100 Standardbriefe zu einem Entgelt von 40 € ist steuerpflichtig. [6]Die Steuerbefreiung nach § 4 Nr. 11b UStG kann nicht in Anspruch genommen werden, weil die Standardbriefe zwingend bei einer stationären Einrichtung des P eingeliefert werden müssen und nicht in einen Briefkasten eingeworfen werden können. [7]Es liegt somit keine begünstigte Post-Universaldienstleistung vor.

und/oder

b) zu nach den Allgemeinen Geschäftsbedingungen eines Anbieters festgelegten Tarifen, die zwar grundsätzlich für jedermann zugänglich sind, aber nicht für den durchschnittlichen Nachfrager eines Privathaushalts bestimmt sind.

Beispiel:

[1]Der Postdienstleistungsanbieter P befördert den einzelnen Standardbrief bis 20 Gramm für ein Entgelt von 0,45 €. [2]In seinen Allgemeinen Geschäftsbedingungen bietet er an, Standardbriefe ab einer Einlieferungsmenge von 50 Stück für ein Entgelt von 0,40 € zu befördern. [3]Der Kunde K macht hiervon Gebrauch und liefert 100 Standardbriefe ein. [4]P stellt K ein Entgelt von 40 € in Rechnung. [5]Die Beförderung der 100 Standardbriefe zu einem Entgelt von 40 € ist steuerpflichtig. [6]Die Steuerbefreiung nach § 4 Nr. 11b

UStG kann nicht in Anspruch genommen werden, weil das Entgelt für die Einlieferung der 100 Standardbriefe von dem Entgelt für die Einlieferung von bis zu 50 Standardbriefen abweicht und der zugrunde liegende Tarif damit nicht für den durchschnittlichen Nachfrager eines Privathaushalts bestimmt ist.

[2]Hierzu gehört auch der Versand von sog. Postvertriebsstücken (Zeitungen und Zeitschriften), bei denen das Entgelt dasjenige unterschreitet, das für die Einzelsendung festgelegt ist,

bzw.

c) zu günstigeren Preisen als den nach § 19 PostG genehmigten Entgelten.

Beispiel:

[1]Der Postdienstleistungsanbieter P befördert den einzelnen Standardbrief bis 20 Gramm für ein nach § 19 PostG von der Bundesnetzagentur genehmigtes Entgelt von 0,45 €. [2]In seinen Allgemeinen Geschäftsbedingungen bietet er an, Standardbriefe ab einer Einlieferungsmenge von 50 Stück für ein Entgelt von 0,40 € zu befördern. [3]Der Kunde K macht hiervon Gebrauch und liefert 100 Standardbriefe ein. [4]P stellt K ein Entgelt von 40 € in Rechnung. [5]Die Beförderung der 100 Standardbriefe zu einem Entgelt von 40 € ist steuerpflichtig. [6]Die Steuerbefreiung nach § 4 Nr. 11b UStG kann nicht in Anspruch genommen werden, weil das Entgelt für die Einlieferung der 100 Standardbriefe von dem nach § 19 PostG von der Bundesnetzagentur genehmigten Entgelt für die Einlieferung von bis zu 50 Standardbriefen abweicht.

[2]Eine Steuerbefreiung kommt für diese Leistungen schon deshalb nicht in Betracht, weil es sich hierbei nicht um Post-Universaldienstleistungen im Sinne des Artikel 3 der 1. Post-Richtlinie und damit auch im Sinne des § 11 PostG und der PUDLV handelt, da die darin genannten Qualitätsmerkmale nicht erfüllt werden. [3]Unbeachtlich ist, aus welchen Gründen das nach den Allgemeinen Geschäftsbedingungen vorgesehene niedrigere Entgelt vereinbart wurde. [4]So ist z.B. die Beförderung von Paketen und Büchern nicht steuerfrei, wenn diese mit einem Leitcode auf der Sendung eingeliefert werden und hierfür eine Entgeltsminderung gewährt wird.

(8) *(aufgehoben)*

(9) [1]Nicht unter die Steuerbefreiung nach § 4 Nummer 11b UStG fällt auch die Transportversicherung für einen Brief. [2]Diese Leistung ist keine Nebenleistung zur Briefsendung, sondern eine eigenständige Leistung, die unter die Steuerbefreiung nach § 4 Nr. 10 Buchstabe a UStG fällt.

Feststellung des Vorliegens der Voraussetzungen der Steuerbefreiung

(10) [1]Die Feststellung, dass die Voraussetzungen für die Anwendung der Steuerbefreiung erfüllt sind, trifft nicht das für den Postdienstleister zuständige Finanzamt, sondern das Bundeszentralamt für Steuern (§ 4 Nummer 11b Satz 2 UStG). [2]Hierzu muss der Unternehmer, der die Steuerbefreiung für alle oder für Teilbereiche der unter die Begünstigung fallenden Leistungen (vgl. Absatz 2) in Anspruch nehmen will, einen entsprechenden formlosen Antrag beim BZSt, An der Küppe 1, 53225 Bonn, stellen. [3]Der Antragsteller hat in seinem Antrag darzulegen, für welche Leistungen er die Steuerbefreiung in Anspruch nehmen will. [4]Hierzu muss er erklären, dass er sich verpflichtet, die genannten Leistungen flächendeckend zu erbringen und im Einzelnen nachweisen, dass die weiteren Voraussetzungen für das Vorliegen einer Post-Universaldienstleistung bei

den von ihm zu erbringenden Leistungen erfüllt sind. [5]Dabei hat der Antragsteller seine unternehmerische Konzeption für sein Angebot an Post-Universaldienstleistungen darzulegen.

(11) Stellt das BZSt fest, dass die Voraussetzungen für die Steuerbefreiung vorliegen, erteilt es hierüber dem Antragsteller eine entsprechende Bescheinigung.

(12) Stellt sich im Nachhinein heraus, dass die Voraussetzungen für die Bescheinigung nicht oder nicht mehr vorliegen, nimmt sie das BZSt – ggf. auch rückwirkend – zurück.

Anwendung

(13) Soweit das BMF-Schreiben vom 13.12.2006 (BStBl. I 2007 S. 119) diesem Abschnitt entgegensteht, ist es nicht mehr anzuwenden.

(14) Liegen für Leistungen nach § 4 Nr. 11b UStG auch die Voraussetzungen der Steuerbefreiung für Leistungen im Zusammenhang mit Gegenständen der Ausfuhr (§ 4 Nr. 3 Satz 1 Buchstabe a Doppelbuchstabe aa UStG) vor, geht die Steuerbefreiung des § 4 Nr. 11b UStG dieser Steuerbefreiung vor.

Zu § 4 Nr. 12 UStG

4.12.1 Vermietung und Verpachtung von Grundstücken[1)]

(1) [1]Zum Begriff des Grundstücks vgl. im Einzelnen Abschnitt 3a.3 Abs. 2 Sätze 2 und 3. [2]Die Frage, ob eine Vermietung oder Verpachtung eines Grundstücks im Sinne des § 4 Nr. 12 Satz 1 Buchstabe a UStG vorliegt, richtet sich nicht nach den Vorschriften des nationalen Zivilrechts, sondern nach Unionsrecht (BFH-Urteile vom 08.11.2012, V R 15/12, BStBl. II 2013 S. 455, und vom 28.05.2013, XI R 32/11, BStBl. II 2014 S. 411). [3]Danach setzt die Vermietung eines Grundstücks voraus, dass dem Mieter vom Vermieter auf bestimmte Zeit gegen eine Vergütung das Recht eingeräumt wird, das Grundstück so in Besitz zu nehmen, als ob er dessen Eigentümer wäre, und jede andere Person von diesem Recht auszuschließen. [4]Für die Beurteilung, ob eine bestimmte Vereinbarung als „Vermietung" in diesem Sinne zu behandeln ist, sind alle Umstände des Einzelfalls, vor allem der tatsächlich verwirklichte Sachverhalt zu berücksichtigen. [5]Maßgebend ist insoweit der objektive Inhalt des Vorgangs, unabhängig von der Bezeichnung, die die Parteien ihm gegeben haben (vgl. EuGH-Urteil vom 16.12.2010, C-270/09, Macdonald Resorts Limited).[2)] [6]Diese Voraussetzungen gelten auch für die Verpachtung eines Grundstücks (vgl. EuGH-Urteil vom 06.12.2007, C-451/06, Walderdorff)[3)] und die hierdurch typischerweise eingeräumten Berechtigungen an dem Grundstück zur Ausübung einer sachgerechten und nachhaltigen Bewirtschaftung. [7]Der Vermietung eines Grundstücks gleichzusetzen ist der Verzicht auf

---

1) Zu Vermietungsumsätzen juristischer Personen des öff. Rechts vgl. BFH v. 20.12.2007 V R 70/05, BStBl. II 2008, 454.

2) DStR 2011, 119.

3) IStR 2008, 110.

Rechte aus dem Mietvertrag gegen eine Abstandszahlung (vgl. EuGH-Urteil vom 15.12.1993, C-63/92, Lubbock Fine, BStBl. II 1995 S. 480, und Abschnitt 1.3 Abs. 13).[1] [8]Eine Dienstleistung, die darin besteht, dass eine Person, die ursprünglich kein Recht an einem Grundstück hat, aber gegen Entgelt die Rechte und Pflichten aus einem Mietvertrag über dieses Grundstück übernimmt, ist nicht von der Umsatzsteuer befreit (vgl. EuGH-Urteile vom 09.10.2001, C-409/98, Mirror Group,[2] und C-108/99, Cantor Fitzgerald International).[2]

(2) [1]Für die Vermietung eines Grundstücks ist es nicht erforderlich, dass die vermietete Grundstücksfläche bereits im Zeitpunkt des Abschlusses des Mietvertrags bestimmt ist. [2]Der Mietvertrag kann auch über eine zunächst unbestimmte, aber bestimmbare Grundstücksfläche (z. B. Fahrzeugabstellplatz) geschlossen werden. [3]Die spätere Konkretisierung der Grundstücksfläche kann durch den Vermieter oder den Mieter erfolgen. [4]Die Dauer des Vertragsverhältnisses ist ohne Bedeutung. [5]Auch die kurzfristige Gebrauchsüberlassung eines Grundstücks kann daher die Voraussetzungen einer Vermietung erfüllen. [6]Die Dauer der Gebrauchsüberlassung muss nicht von vornherein festgelegt sein. [7]Auch vertragliche Beschränkungen des an der Mietsache bestehenden Nutzungsrechts schließen nicht aus, dass es sich um ein ausschließliches Nutzungsrecht handelt (vgl. EuGH-Urteil vom 18.11.2004, C-284/03, Temco Europe).

(3) [1]Die Steuerbefreiung nach § 4 Nr. 12 Satz 1 Buchstabe a UStG gilt nicht nur für die Vermietung und die Verpachtung von ganzen Grundstücken, sondern auch für die Vermietung und die Verpachtung von Grundstücksteilen. [2]Hierzu gehören insbesondere Gebäude und Gebäudeteile wie Stockwerke, Wohnungen und einzelne Räume (vgl. BFH-Urteil vom 08.10.1991, V R 89/86, BStBl. II 1992 S. 108). [3]Auch räumlich abgrenzbare und individualisierte Grundstücksparzellen fallen hierunter (vgl. BFH-Urteile vom 21.06.2017, V R 3/17, BStBl. II 2018 S. 372, und V R 4/17, BStBl. II 2018 S. 370). [4]Die Steuerbefreiung erstreckt sich in der Regel auch auf mitvermietete oder mitverpachtete Einrichtungsgegenstände, z. B. auf das bewegliche Büromobiliar oder das bewegliche Inventar eines Seniorenheims (vgl. BFH-Urteil vom 11.11.2015, V R 37/14, BStBl. II 2017 S. 1259); vgl. aber Abschnitt 4.12.10 zur Vermietung und Verpachtung von Betriebsvorrichtungen. [5]Zur Vermietung von Abstellflächen für Fahrzeuge vgl. Abschnitt 4.12.2. [6]Steuerfrei ist auch die Überlassung von Werkdienstwohnungen durch Arbeitgeber an Arbeitnehmer (vgl. BFH-Urteile vom 30.07.1986, V R 99/76, BStBl. II S. 877, und vom 07.10.1987, V R 2/79, BStBl. II 1988 S. 88), wenn sie mehr als sechs Monate dauert (vgl. Abschnitt 4.12.9 Abs. 1 Satz 2). [7]Wegen der Überlassung von Räumen einer Pension an Saison-Arbeitnehmer vgl. aber Abschnitt 4.12.9 Abs. 2 Satz 3. [8]Soweit die Verwendung eines dem Unternehmen zugeordneten Grundstücks/Gebäudes für nichtunternehmerische Zwecke steuerbar ist und die Übergangsregelung nach § 27 Abs. 16 UStG Anwendung findet (vgl. auch Abschnitt 3.4 Abs. 6 bis 8), ist diese nicht einer

---

[1] Siehe auch BFH v. 22.05.2019 XI R 20/17, BFH/NV 2019, 1256.

[2] DStRE 2002, 40. – DStRE 2002, 38.

steuerfreien Grundstücksvermietung im Sinne des § 4 Nr. 12 Satz 1 Buchstabe a UStG gleichgestellt (vgl. BFH-Urteil vom 24.07.2003, V R 39/99, BStBl. II 2004 S. 371, und BMF-Schreiben vom 13.04.2004, BStBl. I S. 469).

(4) 1 Eine Grundstücksvermietung liegt regelmäßig nicht vor bei der Vermietung von Baulichkeiten, die nur zu einem vorübergehenden Zweck mit dem Grund und Boden verbunden und daher keine Bestandteile des Grundstücks sind (vgl. BFH-Urteil vom 15.12.1966, V 252/63, BStBl. III 1967 S. 209). 2 Steuerpflichtig kann hiernach insbesondere die Vermietung von Büro- und Wohncontainern, Baubuden, Kiosken, Tribünen und ähnlichen Einrichtungen sein. 3 Allerdings stellt die Vermietung eines Gebäudes, das aus Fertigteilen errichtet wird, die so in das Erdreich eingelassen werden, dass sie weder leicht demontiert noch leicht versetzt werden können, die Vermietung eines Grundstücks dar, auch wenn dieses Gebäude nach Beendigung des Mietvertrags entfernt und auf einem anderen Grundstück wieder verwendet werden soll (vgl. EuGH-Urteil vom 16.01.2003, C-315/00, Maierhofer).[1] 4 Gleiches gilt für die Verpachtung eines Hausboots einschließlich der dazugehörenden Liegefläche und Steganlage, wenn das Hausboot mit nicht leicht zu lösenden Befestigungen, die am Ufer oder auf dem Grund eines Gewässers angebracht sind, ortsfest gehalten wird und an einem abgegrenzten und identifizierbaren Liegeplatz im Gewässer liegt sowie vertraglich und tatsächlich auf Dauer ausschließlich ortsfest und damit wie ein mit einem Grundstück fest verbundenes Gebäude genutzt wird (vgl. EuGH-Urteil vom 15.11.2012, C-532/11, Leichenich, BStBl. II 2013 S. 891).[2] 5 Steuerpflichtig ist hingegen die Vermietung beweglicher Gegenstände wie z. B. Zelte, Wohnanhänger und Mobilheime (vgl. EuGH-Urteil vom 03.07.1997, C-60/96, Kommission); vgl. aber Abschnitt 4.12.3 zur Vermietung von Campingflächen.

(5)[3] 1 Zu den nach § 4 Nr. 12 Satz 1 UStG steuerfreien Leistungen der Vermietung und Verpachtung von Grundstücken gehören auch die damit in unmittelbarem wirtschaftlichen Zusammenhang stehenden üblichen Nebenleistungen (BFH-Urteil vom 09.12.1971, V R 84/71, BStBl. II 1972 S. 203). 2 Dies sind Leistungen, die im Vergleich zur Grundstücksvermietung bzw. -verpachtung nebensächlich sind, mit ihr eng zusammenhängen und in ihrem Gefolge üblicherweise vorkommen. 3 Als Nebenleistungen sind in der Regel die Lieferung von Wärme, die Versorgung mit Wasser, auch mit Warmwasser, die Überlassung von Waschmaschinen, die Flur- und Treppenreinigung, die Treppenbeleuchtung, die Lieferung von Strom sowie die Bereitstellung von Internet- und/oder TV-Anschluss durch den Vermieter anzusehen (vgl. BFH-Urteil vom 15.01.2009, V R 91/07, BStBl. II S. 615, und EuGH-Urteile vom 11.06.2009, C-572/07, RLRE Tellmer Property,[4] und vom 27.09.2012, C-392/11, Field

---

[1] DStRE 2003, 237.

[2] SteuK 2013, 39.

[3] Zur Vermietung von Standplätzen auf Wochenmärkten siehe BFH v. 24.01.2008 V R 12/05, BStBl. II 2009, 60.

[4] DStR 2009, 1260.

Fisher Waterhouse).[1] [4]Eine Nebenleistung zur Wohnungsvermietung ist in der Regel auch die von dem Vermieter einer Wohnanlage vertraglich übernommene Balkonbepflanzung (BFH-Urteil vom 09.12.1971, V R 84/71, BStBl. II 1972 S. 203). [5]Keine Nebenleistungen sind die Lieferungen von Heizgas und Heizöl.

(6) *(aufgehoben)*

4.12.2 Vermietung von Plätzen für das Abstellen von Fahrzeugen

(1) [1]Die Vermietung von Plätzen für das Abstellen von Fahrzeugen ist nach § 4 Nr. 12 Satz 2 UStG umsatzsteuerpflichtig. [2]Als Plätze für das Abstellen von Fahrzeugen kommen Grundstücke einschließlich Wasserflächen (vgl. BFH-Urteil vom 08.10.1991, V R 46/88, BStBl. II 1992 S. 368, und EuGH-Urteil vom 03.03.2005, C-428/02, Fonden Marselisbarg Lystbådehavn)[2] oder Grundstücksteile in Betracht. [3]Die Bezeichnung des Platzes und die bauliche oder technische Gestaltung (z. B. Befestigung, Begrenzung, Überdachung) sind ohne Bedeutung. [4]Auch auf die Dauer der Nutzung als Stellplatz kommt es nicht an. [5]Die Stellplätze können sich im Freien (z. B. Parkplätze, Parkbuchten, Bootsliegeplätze) oder in Parkhäusern, Tiefgaragen, Einzelgaragen, Boots- und Flugzeughallen befinden. [6]Auch andere Flächen (z. B. landwirtschaftliche Grundstücke), die aus besonderem Anlass (z. B. Sport- und Festveranstaltung) nur vorübergehend für das Abstellen von Fahrzeugen genutzt werden, gehören zu den Stellplätzen in diesem Sinne.

(2) [1]Als Fahrzeuge sind vor allem Beförderungsmittel anzusehen. [2]Das sind Gegenstände, deren Hauptzweck auf die Beförderung von Personen und Gütern zu Lande, zu Wasser oder in der Luft gerichtet ist und die sich auch tatsächlich fortbewegen. [3]Hierzu gehören auch Fahrzeuganhänger sowie Elektro-Caddywagen. [4]Tiere (z. B. Reitpferde) können zwar Beförderungsmittel sein, sie fallen jedoch nicht unter den Fahrzeugbegriff. [5]Der Begriff des Fahrzeugs nach § 4 Nr. 12 Satz 2 UStG geht jedoch über den Begriff des Beförderungsmittels hinaus. [6]Als Fahrzeuge sind auch Gegenstände anzusehen, die sich tatsächlich fortbewegen, ohne dass die Beförderung von Personen und Gütern im Vordergrund steht. [7]Hierbei handelt es sich insbesondere um gewerblich genutzte Gegenstände (z. B. Bau- und Ladekräne, Bagger, Planierraupen, Gabelstapler, Elektrokarren), landwirtschaftlich genutzte Gegenstände (z. B. Mähdrescher, Rübenernter) und militärisch genutzte Gegenstände (z. B. Panzer, Kampfflugzeuge, Kriegsschiffe).

(3) [1]Eine Vermietung von Plätzen für das Abstellen von Fahrzeugen liegt vor, wenn dem Fahrzeugbesitzer der Gebrauch einer Stellfläche überlassen wird. [2]Auf die tatsächliche Nutzung der überlassenen Stellfläche als Fahrzeugstellplatz durch den Mieter kommt es nicht an. [3]§ 4 Nr. 12 Satz 2 UStG gilt auch für die Vermietung eines Parkplatz-Grundstücks, wenn der Mieter

---

[1] Zu Mietnebenleistungen (hier: von Dritten im Rahmen einer Vermietung erbrachte Versorgungsleistungen) als grds. von der Vermietung getrennt zu beurteilenden Leistungen des Vermieters siehe EuGH v. 16.04.2015 C-42/14, DStR 2015, 888.

[2] DStRE 2005, 658.

dort zwar nicht selbst parken will, aber entsprechend der Vereinbarung im Mietvertrag das Grundstück Dritten zum Parken überlässt (vgl. BFH-Urteil vom 30.03.2006, V R 52/05, BStBl. II S. 731). [4]Die Vermietung ist steuerfrei, wenn sie eine Nebenleistung zu einer steuerfreien Leistung, insbesondere zu einer steuerfreien Grundstücksvermietung nach § 4 Nr. 12 Satz 1 UStG ist. [5]Für die Annahme einer Nebenleistung ist es unschädlich, wenn die steuerfreie Grundstücksvermietung und die Stellplatzvermietung zivilrechtlich in getrennten Verträgen vereinbart werden. [6]Beide Verträge müssen aber zwischen denselben Vertragspartnern abgeschlossen sein. [7]Die Verträge können jedoch zu unterschiedlichen Zeiten zustande kommen. [8]Für die Annahme einer Nebenleistung ist ein räumlicher Zusammenhang zwischen Grundstück und Stellplatz erforderlich. [9]Dieser Zusammenhang ist gegeben, wenn der Platz für das Abstellen des Fahrzeugs Teil eines einheitlichen Gebäudekomplexes ist oder sich in unmittelbarer Nähe des Grundstücks befindet (z. B. Reihenhauszeile mit zentralem Garagengrundstück).

Beispiel 1:

[1]Vermieter V und Mieter M schließen über eine Wohnung und einen Fahrzeugstellplatz auf dem gleichen Grundstück zwei Mietverträge ab.
[2]Die Vermietung des Stellplatzes ist eine Nebenleistung zur Wohnungsvermietung. [3]Das gilt auch, wenn der Vertrag über die Stellplatzvermietung erst zu einem späteren Zeitpunkt abgeschlossen wird.

Beispiel 2:

[1]Ein Vermieter vermietet an eine Gemeinde ein Bürogebäude und die auf dem gleichen Grundstück liegenden und zur Nutzung des Gebäudes erforderlichen Plätze zum Abstellen von Fahrzeugen.
[2]Die Vermietung der Fahrzeugstellplätze ist als Nebenleistung zur Vermietung des Bürogebäudes anzusehen.

Beispiel 3:

[1]Vermieter V schließt mit dem Mieter M1 einen Wohnungsmietvertrag und mit dem im Haushalt von M1 lebenden Sohn M2 einen Vertrag über die Vermietung eines zur Wohnung gehörenden Fahrzeugstellplatzes ab.
[2]Die Vermietung des Stellplatzes ist eine eigenständige steuerpflichtige Leistung. [3]Eine Nebenleistung liegt nicht vor, weil der Mieter der Wohnung und der Mieter des Stellplatzes verschiedene Personen sind. [4]Ohne Bedeutung ist, dass M2 im Haushalt von M1 lebt.

Beispiel 4:

[1]Eine GmbH vermietet eine Wohnung. [2]Der Geschäftsführer der GmbH vermietet seine im Privateigentum stehende Garage im gleichen Gebäudekomplex an denselben Mieter.
[3]Da die Mietverträge nicht zwischen denselben Personen abgeschlossen sind, liegen zwei selbständig zu beurteilende Leistungen vor.

Beispiel 5:

[1]Vermieter V1 eines Mehrfamilienhauses kann keine eigenen Stellplätze anbieten. [2]Zur besseren Vermietung seiner Wohnungen hat er mit seinem Nachbarn V2 einen Rahmenvertrag über die Vermietung von Fahrzeugstellplätzen abgeschlossen. [3]Dieser vermietet die Stellplätze unmittelbar an die Wohnungsmieter.
[4]Es bestehen zwei Leistungsbeziehungen zu den Wohnungs- und Stellplatzmietern. [5]Die Stellplatzvermietung durch V2 ist als selbständige Leistung steuerpflichtig. [6]Gleiches gilt, wenn V1 den Rahmenvertrag mit V2 aus baurechtlichen Verpflichtungen zur Bereitstellung von Parkflächen abschließt.

Beispiel 6:

[1] Ein Grundstückseigentümer ist gegenüber einem Wohnungsvermieter V verpflichtet, auf einem in seinem Eigentum befindlichen Nachbargrundstück die Errichtung von Fahrzeugstellplätzen für die Mieter des V zu dulden (Eintragung einer dinglichen Baulast im Grundbuch). [2] V mietet die Parkflächen insgesamt an und vermietet sie an seine Wohnungsmieter weiter.
[3] Die Vermietung der Stellplätze durch den Grundstückseigentümer an V ist steuerpflichtig. [4] Die Weitervermietung der in räumlicher Nähe zu den Wohnungen befindlichen Stellplätze ist eine Nebenleistung zur Wohnungsvermietung des V.

Beispiel 7:

[1] Eine Behörde einer Gebietskörperschaft vermietet im Rahmen eines Betriebes gewerblicher Art Wohnungen und zu den Wohnungen gehörige Fahrzeugstellplätze. [2] Die Vermietung der Wohnung wird durch Verwaltungsvereinbarung einer anderen Behörde der gleichen Gebietskörperschaft übertragen. [3] Die Stellplatzmietverträge werden weiterhin von der bisherigen Behörde abgeschlossen.
[4] Da die Behörden der gleichen Gebietskörperschaft angehören, ist auf der Vermieterseite Personenidentität bei der Vermietung der Wohnung und der Stellplätze gegeben. [5] Die Stellplatzvermietungen sind Nebenleistungen zu den Wohnungsvermietungen.

4.12.3 Vermietung von Campingflächen

(1)[1)] [1] Die Leistungen der Campingplatzunternehmer sind als Grundstücksvermietungen im Sinne des § 4 Nr. 12 Satz 1 UStG anzusehen, wenn sie darauf gerichtet sind, dem Benutzer des Campingplatzes den Gebrauch einer bestimmten, nur ihm zur Verfügung stehenden Campingfläche zu gewähren (vgl. Abschnitt 4.12.1 Abs. 2). [2] Die Dauer der Überlassung der Campingfläche ist für die Frage, ob eine Vermietung vorliegt, ohne Bedeutung.

(2) [1] Die Überlassung einer Campingfläche ist nur dann steuerfrei, wenn sie nicht kurzfristig ist, d. h., wenn die tatsächliche Gebrauchsüberlassung mehr als sechs Monate beträgt (vgl. BFH-Urteil vom 13.02.2008, XI R 51/06, BStBl. II 2009 S. 63).

Beispiel 1:

[1] Eine Campingfläche wird auf unbestimmte Dauer vermietet. [2] Der Vertrag kann monatlich gekündigt werden.
[3] Die Vermietung ist als langfristig anzusehen und somit steuerfrei. [4] Endet die tatsächliche Gebrauchsüberlassung jedoch vor Ablauf von sechs Monaten, handelt es sich insgesamt um eine steuerpflichtige kurzfristige Vermietung.

Beispiel 2:

[1] Eine Campingfläche wird für drei Monate vermietet. [2] Der Mietvertrag verlängert sich automatisch um je einen Monat, wenn er nicht vorher gekündigt wird.
[3] Die Vermietung ist als kurzfristig anzusehen und somit steuerpflichtig. [4] Dauert die tatsächliche Gebrauchsüberlassung jedoch mehr als sechs Monate, handelt es sich insgesamt um eine steuerfreie langfristige Vermietung.

[2] Zur Anwendung des ermäßigten Steuersatzes auf Umsätze aus der kurzfristigen Vermietung von Campingflächen siehe Abschnitt 12.16.

---

1) Die entgeltliche Überlassung von Bootsliegeplätzen ist nicht steuersatzermäßigt; siehe BFH v. 24.06.2020 V R 47/19 (V R 33/17), BStBl. II 2020, 853 (Nachfolgeentscheidung zu EuGH v. 19.12.2019 C-715/18, Seglervereinigung Cuxhaven, DStR 2019, 2696).

(3) [1]Die vom Campingplatzunternehmer durch die Überlassung von üblichen Gemeinschaftseinrichtungen gewährten Leistungen sind gegenüber der Vermietung der Campingfläche von untergeordneter Bedeutung. [2]Sie sind als Nebenleistungen anzusehen, die den Charakter der Hauptleistung als Grundstücksvermietung nicht beeinträchtigen. [3]Zu den üblichen Gemeinschaftseinrichtungen gehören insbesondere Wasch- und Duschräume, Toiletten, Wasserzapfstellen, elektrische Anschlüsse, Vorrichtungen zur Müllbeseitigung, Kinderspielplätze. [4]Die Nebenleistungen fallen unter die Steuerbefreiung für die Grundstücksvermietung. [5]Dies gilt auch dann, wenn für sie ein besonderes Entgelt berechnet wird. [6]Die vom Campingplatzunternehmer durch die Überlassung von Wasserzapfstellen, Abwasseranschlüssen und elektrischen Anschlüssen erbrachten Leistungen sind in den Fällen nicht als Nebenleistungen steuerfrei, in denen die Einrichtungen nicht für alle Benutzer gemeinschaftlich, sondern gesondert für einzelne Benutzer bereitgestellt werden und es sich um Betriebsvorrichtungen im Sinne von § 4 Nr. 12 Satz 2 UStG handelt (vgl. BFH-Urteil vom 28.05.1998, V R 19/96, BStBl. II 2010 S. 307). [7]Bei den Lieferungen von Strom, Wärme und Wasser durch den Campingplatzunternehmer ist entsprechend den Regelungen in Abschnitt 4.12.1 Abs. 5 und 6 zu verfahren.

(4) [1]Leistungen, die nicht durch die Überlassung von üblichen Gemeinschaftseinrichtungen erbracht werden, sind nicht als Nebenleistungen anzusehen. [2]Es handelt sich hier in der Regel um Leistungen, die darin bestehen, dass den Benutzern der Campingplätze besondere Sportgeräte, Sportanlagen usw. zur Verfügung gestellt werden wie z. B. Segelboote, Wasserski, Reitpferde, Tennisplätze, Minigolfplätze, Hallenbäder, Saunabäder. [3]Derartige Leistungen sind umsatzsteuerrechtlich gesondert zu beurteilen. [4]Die Überlassung von Sportgeräten fällt nicht unter die Steuerbefreiung nach § 4 Nr. 12 Satz 1 Buchstabe a UStG. [5]Das Gleiche gilt für die Überlassung von Sportanlagen (BFH-Urteil vom 31.05.2001, V R 97/98, BStBl. II S. 658). [6]Wird für die bezeichneten Leistungen und für die Vermietung der Campingfläche ein Gesamtentgelt berechnet, ist dieses Entgelt im Schätzungswege aufzuteilen.

4.12.4 Abbau- und Ablagerungsverträge

[1]Verträge, durch die der Grundstückseigentümer einem anderen gestattet, die im Grundstück vorhandenen Bodenschätze, z. B. Sand, Kies, Kalk, Torf, abzubauen, sind unter den in Abschnitt 4.12.1 Abs. 1 genannten Voraussetzungen in der Regel als Pachtverträge anzusehen und von der Umsatzsteuer befreit (vgl. BFH-Urteil vom 28.06.1973, V R 7/72, BStBl. II S. 717). [2]Verträge über die entgeltliche Überlassung von Grundstücken zur Ablagerung von Abfällen – z. B. Überlassung eines Steinbruchs zur Auffüllung mit Klärschlamm – sind unter den in Abschnitt 4.12.1 Abs. 1 genannten Voraussetzungen in der Regel als Mietverträge anzusehen und von der Umsatzsteuer befreit. [3]Dies gilt auch dann, wenn sich das Entgelt nicht nach der Nutzungsdauer, sondern nach der Menge der abgelagerten Abfälle bemisst.

4.12.5 Gemischte Verträge

(1) [1]Ein gemischter Vertrag liegt vor, wenn die Leistungsvereinbarung sowohl Elemente einer Grundstücksüberlassung als auch anderer Leistungen umfasst. [2]Bei einem solchen Vertrag ist nach den allgemeinen Grundsätzen des Abschnitts 3.10 Absätze 1 bis 4 zunächst zu prüfen, ob es sich um eine einheitliche Leistung oder um mehrere selbständige Leistungen handelt. [3]Liegen mehrere selbständige Leistungen vor, ist zu prüfen, ob diese nach den Grundsätzen von Haupt- und Nebenleistung (vgl. Abschnitt 3.10 Abs. 5) einheitlich zu beurteilen sind.

(2) [1]Liegt nach Absatz 1 eine einheitlich zu beurteilende Leistung vor, ist für die Steuerbefreiung nach § 4 Nr. 12 Satz 1 Buchstabe a UStG entscheidend, ob das Vermietungselement der Leistung ihr Gepräge gibt (vgl. BFH-Urteile vom 31.05.2001, V R 97/98, BStBl. II S. 658, und vom 24.01.2008, V R 12/05, BStBl. II 2009 S. 60). [2]In diesem Fall ist die Leistung insgesamt steuerfrei. [3]Eine Aufteilung des Entgelts in einen auf das Element der Grundstücksüberlassung und einen auf den Leistungsteil anderer Art entfallenden Teil ist nicht zulässig. [4]Dies kann z. B. die Vermietung von Standflächen bei Kirmesveranstaltungen oder auf Wochenmärkten betreffen, wenn die Überlassung der Standplätze als wesentliches Leistungselement prägend ist und darüber hinaus erbrachte Leistungen als Nebenleistungen anzusehen sind. [5]Zur Abgrenzung gegenüber insgesamt steuerpflichtigen Leistungen vgl. Abschnitt 4.12.6 Abs. 2.

4.12.6 Verträge besonderer Art[1)]

(1) [1]Ein Vertrag besonderer Art liegt vor, wenn die Gebrauchsüberlassung des Grundstücks gegenüber anderen wesentlicheren Leistungen zurücktritt und das Vertragsverhältnis ein einheitliches, unteilbares Ganzes darstellt (vgl. BFH-Urteile vom 19.12.1952, V 4/51 U, BStBl. III 1953 S. 98, und vom 31.05.2001, V R 97/98, BStBl. II S. 658). [2]Bei einem Vertrag besonderer Art kommt die Steuerbefreiung nach § 4 Nr. 12 UStG weder für die gesamte Leistung noch für einen Teil der Leistung in Betracht.

(2) Verträge besonderer Art liegen z. B. in folgenden Fällen vor:

1. Der Veranstalter einer Ausstellung überlässt den Ausstellern unter besonderen Auflagen Freiflächen in Hallen zur Schaustellung gewerblicher Erzeugnisse.
2., 3. *(aufgehoben)*
4. Ein Hausbesitzer überlässt Prostituierten Zimmer und erbringt zusätzliche Leistungselemente, die die Ausübung des Gewerbes der Bewohnerinnen fördern und die der Gesamtleistung das Gepräge geben (vgl. BFH-Urteil vom 17.12.2014, XI R 16/11, BStBl. II 2015 S. 427).

---

1) Zur USt-Freiheit der langfristigen Vermietung einer Turnhalle samt Betriebsvorrichtungen ohne weitere Leistungen siehe BFH v. 17.12.2008 XI R 23/08, BStBl. II 2010, 208.

5. Ein Unternehmer übernimmt neben der Raumüberlassung die Lagerung und Aufbewahrung von Gütern – Lagergeschäft §§ 467 ff. HGB – (vgl. BFH-Urteil vom 14.11.1968, V 191/65, BStBl. 1969 II S. 120).
6. Ein Hausbesitzer überlässt die Außenwandflächen oder Dachflächen des Gebäudes zu Reklamezwecken (vgl. BFH-Urteil vom 23.10.1957, V 153/55 U, BStBl. III S. 457).
7. Eine Gemeinde gestattet einem Unternehmer, auf öffentlichen Wegen und Plätzen Anschlagtafeln zu errichten und auf diesen Wirtschaftswerbung zu betreiben (BFH-Urteil vom 31.07.1962, I 283/61 U, BStBl. III S. 476).
8. Ein Unternehmer gestattet die Benutzung eines Sportplatzes oder eines Schwimmbads (Sportanlage) gegen Eintrittsgeld (vgl. BFH-Urteil vom 31.05.2001, V R 97/98, BStBl. II S. 658).
9. Ein Golfclub stellt vereinsfremden Spielern seine Anlage gegen Entgelt (sog. Greenfee) zur Verfügung (vgl. BFH-Urteil vom 09.04.1987, V R 150/78, BStBl. II S. 659).
10. Vereinen oder Schulen werden einzelne Schwimmbahnen zur Verfügung gestellt (vgl. BFH-Urteile vom 10.02.1994, V R 33/92, BStBl. II S. 668, und vom 31.05.2001, V R 97/98, BStBl. II S. 658).
11. Zwischen denselben Beteiligten werden ein Tankstellenvertrag – Tankstellenagenturvertrag – und ein Tankstellenmietvertrag – Vertrag über die Nutzung der Tankstelle – abgeschlossen, die beide eine Einheit bilden, wobei die Bestimmungen des Tankstellenvertrags eine beherrschende und die des Mietvertrags eine untergeordnete Rolle spielen (BFH-Urteile vom 05.02.1959, V 138/57 U, BStBl. III S. 223, und vom 21.04.1966, V 200/63, BStBl. III S. 415).
12. [1]Betreiber eines Alten- oder Pflegeheims erbringen gegenüber pflegebedürftigen Heiminsassen umfassende medizinische und pflegerische Betreuung und Versorgung. [2]Die nach § 4 Nr. 12 Satz 1 Buchstabe a UStG steuerfreie Vermietung von Grundstücken tritt hinter diese Leistungen zurück (vgl. BFH-Urteil vom 21.04.1993, XI R 55/90, BStBl. II 1994 S. 266). [3]Für die Leistungen der Alten- oder Pflegeheimbetreiber kann die Steuerbefreiung nach § 4 Nr. 16 Satz 1 Buchstabe c, d oder l UStG in Betracht kommen.
13. Schützen wird gestattet, eine überdachte Schießanlage zur Ausübung des Schießsports gegen ein Eintrittsgeld und ein nach Art und Anzahl der abgegebenen Schüsse bemessenes Entgelt zu nutzen (vgl. BFH-Urteile vom 24.06.1993, V R 69/92, BStBl. II 1994 S. 52, und vom 31.05.2001, V R 97/98, BStBl. II S. 658).
14. Ein Gastwirt räumt das Recht zum Aufstellen eines Zigarettenautomaten in seiner Gastwirtschaft ein (vgl. EuGH-Urteil vom 12.06.2003, C-275/01, Sinclair Collins).[1)]

[1)] DStRE 2003, 874.

15. Der Eigentümer einer Wasserfläche räumt ein Fischereirecht ein, ohne die Grundstücksfläche unter Ausschluss anderer zu überlassen (vgl. EuGH-Urteil vom 06.12.2007, C-451/06, Walderdorff).[1)]

16. [1]Eine Einrichtung stellt ihren Bewohnern aufgrund eines Wohn- und Betreuungsvertrags, der unter das Wohn- und Betreuungsvertragsgesetz (WBVG)[2)] fällt, Wohnraum, Pflege- und Betreuungsleistungen und ggf. Verpflegung als Teil der Betreuungsleistung zur Verfügung. [2]Die nach § 4 Nr. 12 Satz 1 Buchstabe a UStG steuerfreie Vermietung von Grundstücken tritt hinter diese Leistungen zurück. [3]Für die Umsätze aus diesen Wohn- und Betreuungsverträgen kommt insgesamt die Steuerbefreiung nach § 4 Nr. 16 Satz 1 Buchstabe h UStG in Betracht.

4.12.7 Kaufanwartschaftsverhältnisse

[1]Nach § 4 Nr. 12 Satz 1 Buchstabe b UStG ist die Überlassung von Grundstücken und Grundstücksteilen zur Nutzung auf Grund von Kaufanwartschaftsverhältnissen steuerfrei. [2]Der hierbei zu Grunde liegende Kaufanwartschaftsvertrag und der gleichzeitig abgeschlossene Nutzungsvertrag sehen in der Regel vor, dass dem Kaufanwärter das Grundstück bis zur Auflassung zur Nutzung überlassen wird. [3]Vielfach liegt zwischen der Auflassung und der Eintragung des neuen Eigentümers in das Grundbuch eine längere Zeitspanne, in der das bestehende Nutzungsverhältnis zwischen den Beteiligten auch nach der Auflassung fortgesetzt wird und in der der Kaufanwärter bis zur Eintragung in das Grundbuch die im Nutzungsvertrag vereinbarte Nutzungsgebühr weiter zahlt. [4]In diesen Fällen ist davon auszugehen, dass die Nutzungsgebühren auch in der Zeit zwischen Auflassung und Grundbucheintragung auf Grund des – stillschweigend verlängerten – Nutzungsvertrags entrichtet werden und damit nach § 4 Nr. 12 Satz 1 Buchstabe b UStG steuerfrei sind.

4.12.8 Dingliche Nutzungsrechte

(1) [1]Unter die Steuerbefreiung nach § 4 Nr. 12 Satz 1 Buchstabe c UStG fallen insbesondere der Nießbrauch (§ 1030 BGB), die Grunddienstbarkeit (§ 1018 BGB), die beschränkte persönliche Dienstbarkeit (§ 1090 BGB) sowie das Dauerwohnrecht und das Dauernutzungsrecht (§ 31 WoEigG),[3)] wenn die Bestellung solcher dinglicher Nutzungsrechte vom Begriff der Vermietung und Verpachtung nach Abschnitt 4.12.1 umfasst wird. [2]Danach ist z.B. die entgeltliche Bestellung eines unwiderruflich eingeräumten dinglichen Nutzungsrechts zur Durchführung von Ausgleichsmaßnahmen nach den Naturschutzgesetzen nicht nach § 4 Nr. 12 UStG befreit (vgl. BFH-Urteile vom 08.11.2012, V R 15/12, BStBl. II 2013 S. 455, und vom 28.05.2013, XI R 32/11, BStBl. II 2014 S. 411). [3]Es fallen nur jene dinglichen Nutzungsrechte unter die Steuerbefreiung, die – wie z.B. die Einräumung des Wegerechts – dem Inhaber ein Nutzungsrecht an dem Grundstück geben (vgl. BFH-Urteil vom 24.02.2005, V R 45/02, BStBl. II 2007 S. 61).

---

1) IStR 2008, 110.

2) WBVG v. 29.7.2009, BGBl. I 2009, 2319 (**Habersack Ergänzungsband** Nr. **30a**).

3) **Habersack** Nr. **37.**

(2) [1]Bei der Überlassung von Grundstücksteilen zur Errichtung von Strommasten für eine Überlandleitung, der Einräumung des Rechts zur Überspannung der Grundstücke und der Bewilligung einer beschränkten persönlichen Dienstbarkeit zur dinglichen Sicherung dieser Rechte handelt es sich um eine einheitliche sonstige Leistung, die nach § 1 Abs. 1 Nr. 1 UStG steuerbar und nach § 4 Nr. 12 Satz 1 Buchstabe a UStG steuerfrei ist. [2]Der Bewilligung der Grunddienstbarkeit kommt neben der Vermietung und Verpachtung der Grundstücke in diesem Fall kein eigenständiger umsatzsteuerlicher Gehalt zu, da sie nur der Absicherung der Rechte aus dem Miet- bzw. Pachtvertrag dient. [3]Die vorstehenden Grundsätze gelten z. B. auch bei der Überlassung von Grundstücken zum Verlegen von Erdleitungen (z. B. Erdgas- oder Elektrizitätsleitungen) oder bei der Überlassung von Grundstücken für Autobahn- oder Eisenbahntrassen (vgl. BFH-Urteil vom 11.11.2004, V R 30/04, BStBl. II 2005 S. 802).

4.12.9 Beherbergungsumsätze

(1) [1]Die nach § 4 Nr. 12 Satz 2 UStG steuerpflichtige Vermietung von Wohn- und Schlafräumen, die ein Unternehmer zur kurzfristigen Beherbergung von Fremden bereithält, setzt kein gaststättenähnliches Verhältnis voraus. [2]Entscheidend ist vielmehr die Absicht des Unternehmers, die Räume nicht auf Dauer und damit nicht für einen dauernden Aufenthalt im Sinne der §§ 8 und 9 AO zur Verfügung zu stellen (BFH-Beschluss vom 18.01.1973, V B 47/72, BStBl. II S. 426). [3]Die halbstündige oder stundenweise Überlassung von Zimmern in einem „Stundenhotel" ist keine Beherbergung im Sinne von § 4 Nr. 12 Satz 2 UStG und daher steuerfrei (vgl. BFH-Urteil vom 24.09.2015, V R 30/14, BStBl. II 2017 S. 132).

(2) [1]Hat ein Unternehmer den einen Teil der in einem Gebäude befindlichen Räume längerfristig, den anderen Teil nur kurzfristig vermietet, ist die Vermietung nur insoweit steuerfrei, als er die Räume eindeutig und leicht nachprüfbar zur nicht nur vorübergehenden Beherbergung von Fremden bereitgehalten hat (vgl. BFH-Urteil vom 09.12.1993, V R 38/91, BStBl. II 1994 S. 585). [2]Bietet der Unternehmer dieselben Räume wahlweise zur langoder kurzfristigen Beherbergung von Fremden an, sind sämtliche Umsätze steuerpflichtig (vgl. BFH-Urteil vom 20.04.1988, X R 5/82, BStBl. II S. 795). [3]Steuerpflichtig ist auch die Überlassung von Räumen einer Pension an Saison-Arbeitnehmer (Kost und Logis), wenn diese Räume wahlweise zur kurzfristigen Beherbergung von Gästen oder des Saison-Personals bereitgehalten werden (BFH-Urteil vom 13.09.1988, V R 46/83, BStBl. II S. 1021). [4]Zur Anwendung des ermäßigten Steuersatzes auf Umsätze aus der kurzfristigen Vermietung von Wohn- und Schlafräumen siehe Abschnitt 12.16.

4.12.10 Vermietung und Verpachtung von Betriebsvorrichtungen

[1]Die Vermietung und Verpachtung von Betriebsvorrichtungen ist selbst dann nach § 4 Nr. 12 Satz 2 UStG steuerpflichtig, wenn diese wesentliche Bestandteile des Grundstücks sind (vgl. *BFH-Urteil vom 28.05.1998, V R 19/96,*

BStBl. II 2010 S. 307).[1] [2]Der Begriff der „Maschinen und sonstigen Vorrichtungen aller Art, die zu einer Betriebsanlage gehören (Betriebsvorrichtungen)“, ist in § 4 Nr. 12 Satz 2 UStG in gleicher Weise auszulegen wie für das Bewertungsrecht (BFH-Urteil vom 16.10.1980, V R 51/76, BStBl. II 1981 S. 228). [3]Im Bewertungsrecht sind die Betriebsvorrichtungen von den Gebäuden, den einzelnen Teilen eines Gebäudes und den Außenanlagen des Grundstücks, z. B. Umzäunungen, Bodenbefestigungen, abzugrenzen. [4]Liegen dabei alle Merkmale des Gebäudebegriffs vor, kann das Bauwerk keine Betriebsvorrichtung sein (BFH-Urteil vom 15.06.2005, II R 67/04, BStBl. II S. 688). [5]Ein Bauwerk ist als Gebäude anzusehen, wenn es Menschen, Tieren oder Sachen durch räumliche Umschließung Schutz gegen Witterungseinflüsse gewährt, den Aufenthalt von Menschen gestattet, fest mit dem Grund und Boden verbunden, von einiger Beständigkeit und ausreichend standfest ist (BFH-Urteil vom 28.05.2003, II R 41/01, BStBl. II S. 693). [6]Zu den Betriebsvorrichtungen gehören hiernach neben Maschinen und maschinenähnlichen Anlagen alle Anlagen, die – ohne Gebäude, Teil eines Gebäudes oder Außenanlage eines Gebäudes zu sein – in besonderer und unmittelbarer Beziehung zu dem auf dem Grundstück ausgeübten Gewerbebetrieb stehen, d. h. Anlagen, durch die das Gewerbe unmittelbar betrieben wird (BFH-Urteil vom 11.12.1991, II R 14/89, BStBl. II 1992 S. 278). [7]Die Überlassung eines landwirtschaftlichen Betriebs mit aus Rebflächen bestehenden landwirtschaftlichen Grundflächen kann nicht als Vermietung und Verpachtung von Vorrichtungen oder Maschinen eingestuft werden (vgl. EuGH-Urteil vom 28.02.2019, C-278/18, Sequeira Mesquita).[2] [8]Wegen der Einzelheiten zum Begriff der Betriebsvorrichtungen und zur Abgrenzung zum Gebäudebegriff wird auf den gleich lautenden Ländererlass vom 05.06.2013, BStBl. I S. 734, hingewiesen.[3]

4.12.11 Nutzungsüberlassung von Sportanlagen und anderen Anlagen[4]

(1) [1]Die Überlassung von Sportanlagen durch den Sportanlagenbetreiber an Endverbraucher ist eine einheitliche steuerpflichtige Leistung (vgl. BFH-Urteil vom 31.05.2001, V R 97/98, BStBl. II S. 658, siehe auch Abschnitt 3.10). [2]Dies gilt auch für die Überlassung anderer Anlagen an Endverbraucher. [3]Die Absätze 2 bis 4 sind insoweit nicht anzuwenden.

(2) [1]Überlässt ein Unternehmer eine gesamte Sportanlage einem anderen Unternehmer als Betreiber zur Überlassung an Dritte (sog. Zwischenvermietung), ist die Nutzungsüberlassung an diesen Betreiber in eine steuerfreie Grundstücksüberlassung und eine steuerpflichtige Vermietung von Betriebs-

---

[1] Kein Aufteilungsgebot bei Vermietung/Verpachtung eines Grundstücks mit Betriebsvorrichtungen; siehe BFH v. 17.8.2023 V R 7/23, DStR 2023, 2005, als Nachfolgeentscheidung zu EuGH v. 04.05.2023 C-516/21, DStR 2023, 1076, unter Aufgabe des Urteils v. 28.05.1998 V R 19/96.

[2] MwStR 2019, 212.

[3] Sog. Abgrenzungserlass (**Steuererlasse** Nr. **200** § 68/1).

[4] Zur entgeltlichen Überlassung eines Fußballstadions siehe EuGH v. 22.01.2015 C-55/14, Stade Luc Varenne, MwStR 2015, 172.

vorrichtungen aufzuteilen (vgl. BFH-Urteil vom 11.03.2009, XI R 71/07, BStBl. II 2010 S. 209). [2]Nach den Vorschriften des Bewertungsrechts und damit auch nach § 4 Nr. 12 UStG (vgl. Abschnitt 4.12.10) sind bei den nachstehend aufgeführten Sportanlagen insbesondere folgende Einrichtungen als Grundstücksteile bzw. Betriebsvorrichtungen anzusehen:

1. Sportplätze und Sportstadien
   a) Grundstücksteile:
   Überdachungen von Zuschauerflächen, wenn sie nach der Verkehrsauffassung einen Raum umschließen und dadurch gegen Witterungseinflüsse Schutz gewähren, allgemeine Beleuchtungsanlagen, Einfriedungen, allgemeine Wege- und Platzbefestigungen, Kassenhäuschen – soweit nicht transportabel –, Kioske, Umkleideräume, Duschen im Gebäude, Toiletten, Saunen, Unterrichts- und Ausbildungsräume, Übernachtungsräume für Trainingsmannschaften.
   b) Betriebsvorrichtungen:
   besonders hergerichtete Spielfelder – Spielfeldbefestigung, Drainage, Rasen, Rasenheizung –, Laufbahnen, Sprunggruben, Zuschauerwälle, Zuschauertribünen – soweit nicht Grundstücksteil nach Buchstabe a –, spezielle Beleuchtungsanlagen, z. B. Flutlicht, Abgrenzungszäune und Sperrgitter zwischen Spielfeld und Zuschaueranlagen, Anzeigetafeln, Schwimm- und Massagebecken, Küchen- und Ausschankeinrichtungen.
2. Schwimmbäder (Frei- und Hallenbäder)
   a) Grundstücksteile:
   Überdachungen von Zuschauerflächen unter den unter Nummer 1 Buchstabe a bezeichneten Voraussetzungen, Kassenhäuschen – soweit nicht transportabel –, Kioske, allgemeine Wege- und Platzbefestigungen, Duschräume, Toiletten, technische Räume, allgemeine Beleuchtungsanlagen, Emporen, Galerien.
   b) Betriebsvorrichtungen:
   Schwimmbecken, Sprunganlagen, Duschen im Freien und im Gebäude, Rasen von Liegewiesen, Kinderspielanlagen, Umkleidekabinen, Zuschauertribünen – soweit nicht Grundstücksteil nach Nummer 1 Buchstabe a –, technische Ein- und Vorrichtungen, Einrichtungen der Saunen, der Solarien und der Wannenbäder, spezielle Beleuchtungsanlagen, Bestuhlung der Emporen und Galerien.
3. Tennisplätze und Tennishallen
   a) Grundstücksteile:
   Überdachungen von Zuschauerflächen unter den unter Nummer 1 Buchstabe a bezeichneten Voraussetzungen, Open-Air-Hallen, allgemeine Beleuchtungsanlagen, Duschen, Umkleideräume, Toiletten.
   b) Betriebsvorrichtungen:
   besonders hergerichtete Spielfelder – Spielfeldbefestigung mit Unterbau bei Freiplätzen, spezielle Oberböden bei Hallenplätzen –, Drainage, Bewässerungsanlagen der Spielfelder, Netz mit Haltevorrichtungen, Schiedsrichterstühle, freistehende Übungswände, Zuschauertribünen – soweit nicht Grundstücksteil nach Nummer 1 Buchstabe a –, Einfrie-

dungen der Spielplätze, Zuschauerabsperrungen, Brüstungen, Traglufthallen, spezielle Beleuchtungsanlagen, Ballfangnetze, Ballfanggardinen, zusätzliche Platzbeheizung in Hallen.

4. Schießstände
   a) Grundstücksteile:
      allgemeine Einfriedungen.
   b) Betriebsvorrichtungen:
      Anzeigevorrichtungen, Zielscheibenanlagen, Schutzvorrichtungen, Einfriedungen als Sicherheitsmaßnahmen.
5. Kegelbahnen
   a) Grundstücksteile:
      allgemeine Beleuchtungsanlagen.
   b) Betriebsvorrichtungen:
      Bahnen, Kugelfangeinrichtungen, Kugelrücklaufeinrichtungen, automatische Kegelaufstelleinrichtungen, automatische Anzeigeeinrichtungen, spezielle Beleuchtungsanlagen, Schallisolierungen.
6. Squashhallen
   a) Grundstücksteile:
      Zuschauertribünen, allgemeine Beleuchtungsanlagen, Umkleideräume, Duschräume, Toiletten.
   b) Betriebsvorrichtungen:
      Trennwände zur Aufteilung in Boxen – soweit nicht tragende Wände –, besondere Herrichtung der Spielwände, Ballfangnetze, Schwingböden, Bestuhlung der Zuschauertribünen, spezielle Beleuchtungsanlagen.
7. Reithallen
   a) Grundstücksteile:
      Stallungen – einschließlich Boxenaufteilungen und Futterraufen –, Futterböden, Nebenräume, allgemeine Beleuchtungsanlagen, Galerien, Emporen.
   b) Betriebsvorrichtungen:
      spezieller Reithallenboden, Befeuchtungseinrichtungen für den Reithallenboden, Bande an den Außenwänden, spezielle Beleuchtungsanlagen, Tribünen – soweit nicht Grundstücksteil nach Nummer 1 Buchstabe a –, Richterstände, Pferdesolarium, Pferdewaschanlage, Schmiede – technische Einrichtungen –, Futtersilos, automatische Pferdebewegungsanlage, sonstiges Zubehör wie Hindernisse, Spiegel, Geräte zur Aufarbeitung des Bodens, Markierungen.
8. Turn-, Sport- und Festhallen, Mehrzweckhallen
   a) Grundstücksteile:
      Galerien, Emporen, Schwingböden in Mehrzweckhallen, allgemeine Beleuchtungsanlagen, Duschen, Umkleidekabinen und -räume, Toiletten, Saunen, bewegliche Trennwände.

b) Betriebsvorrichtungen:
Zuschauertribünen – soweit nicht Grundstücksteil nach Nummer 1 Buchstabe a –, Schwingböden in reinen Turn- und Sporthallen, Turngeräte, Bestuhlung der Tribünen, Galerien und Emporen, spezielle Beleuchtungsanlagen, Kücheneinrichtungen, Ausschankeinrichtungen, Bühneneinrichtungen, Kühlsystem bei Nutzung für Eissportzwecke.

9. Eissportstadien, -hallen, -zentren

a) Grundstücksteile:
Unterböden von Eislaufflächen, Eisschnellaufbahnen und Eisschießbahnen, Unterböden der Umgangszonen und des Anschnallbereichs, allgemeine Beleuchtungsanlagen, Klimaanlagen im Hallenbereich, Duschräume, Toiletten, Umkleideräume, Regieraum, Werkstatt, Massageräume, Sanitätsraum, Duschen, Heizungs- und Warmwasserversorgungsanlagen, Umschließungen von Trafostationen und Notstromversorgungsanlagen – wenn nicht Betriebsvorrichtung nach Buchstabe b –, Überdachungen von Zuschauerflächen unter den unter Nummer 1 Buchstabe a bezeichneten Voraussetzungen, Emporen und Galerien, Kassenhäuschen – soweit nicht transportabel –, Kioske, allgemeine Wege- und Platzbefestigungen, Einfriedungen, Ver- und Entsorgungsleitungen.

b) Betriebsvorrichtungen:
Oberböden von Eislaufflächen, Eisschnellaufbahnen und Eisschießbahnen, Schneegruben, Kälteerzeuger, Schlittschuh schonender Bodenbelag, Oberbodenbelag des Anschnallbereichs, spezielle Beleuchtungsanlagen, Lautsprecheranlagen, Spielanzeige, Uhren, Anzeigetafeln, Abgrenzungen, Sicherheitseinrichtungen, Sperrgitter zwischen Spielfeld und Zuschauerbereich, Massagebecken, Transformatorenhäuser oder ähnliche kleine Bauwerke, die Betriebsvorrichtungen enthalten und nicht mehr als 30 qm Grundfläche haben, Trafo und Schalteinrichtungen, Notstromaggregat, Zuschauertribünen – soweit nicht Grundstücksteil nach Nummer 1 Buchstabe a –, Bestuhlung der Zuschauertribünen, der Emporen und Galerien, Küchen- und Ausschankeinrichtungen.

10. Golfplätze

a) Grundstücksteile:
Einfriedungen, soweit sie nicht unmittelbar als Schutzvorrichtungen dienen, allgemeine Wege- und Platzbefestigungen, Kassenhäuschen – soweit nicht transportabel –, Kioske, Klubräume, Wirtschaftsräume, Büros, Aufenthaltsräume, Umkleideräume, Duschräume, Toiletten, Verkaufsräume, Caddy-Räume, Lager- und Werkstatträume.

b) Betriebsvorrichtungen:
besonders hergerichtete Abschläge, Spielbahnen, roughs und greens (Spielbefestigung, Drainage, Rasen), Spielbahnhindernisse, Übungsflächen, Einfriedungen, soweit sie unmittelbar als Schutzvorrichtungen dienen, Abgrenzungseinrichtungen zwischen Spielbahnen und Zuschauern, Anzeige- und Markierungseinrichtungen oder -gegenstände,

Unterstehhäuschen, Küchen- und Ausschankeinrichtungen, Bewässerungsanlagen – einschließlich Brunnen und Pumpen – und Drainagen, wenn sie ausschließlich der Unterhaltung der für das Golfspiel notwendigen Rasenflächen dienen.

(3) [1] Für die Aufteilung bei der Überlassung einer gesamten Sportanlage an einen anderen Unternehmer als Betreiber zur Überlassung an Dritte (sog. Zwischenvermietung) in den steuerfreien Teil für die Vermietung des Grundstücks (Grund und Boden, Gebäude, Gebäudeteile, Außenanlagen) sowie in den steuerpflichtigen Teil für die Vermietung der Betriebsvorrichtungen sind die jeweiligen Verhältnisse des Einzelfalles maßgebend. [2] Bei der Aufteilung ist im Regelfall von dem Verhältnis der Herstellungs- bzw. Anschaffungskosten der Grundstücke zu denen der Betriebsvorrichtungen auszugehen. [3] Zu berücksichtigen sind hierbei die Nutzungsdauer und die kalkulatorischen Zinsen auf das eingesetzte Kapital. [4] Die Aufteilung ist erforderlichenfalls im Schätzungswege vorzunehmen. [5] Der Vermieter kann das Aufteilungsverhältnis aus Vereinfachungsgründen für die gesamte Vermietungsdauer beibehalten und – soweit eine wirtschaftliche Zuordnung nicht möglich ist – auch der Aufteilung der Vorsteuern zu Grunde legen.

Beispiel:

[1] Ein Unternehmer überlässt ein Hallenbad einem anderen Unternehmer als Betreiber, der die gesamte Sportanlage zur Überlassung an Dritte für einen Zeitraum von 10 Jahren nutzt. [2] Die Herstellungs- bzw. Anschaffungskosten des Hallenbads haben betragen:

Grund und Boden	1 Mio. €
Gebäude	2 Mio. €
Betriebsvorrichtungen	3 Mio. €
insgesamt	6 Mio. €

[3] Bei den Gebäuden wird von einer Nutzungsdauer von 50 Jahren und einer AfA von 2 %, bei den Betriebsvorrichtungen von einer Nutzungsdauer von 20 Jahren und einer AfA von 5 % ausgegangen. [4] Die kalkulatorischen Zinsen werden mit 6 % angesetzt. [5] Es ergibt sich:

	AfA	Zinsen	Gesamt
Grund und Boden	–	60.000	60.000
Gebäude	40.000	120.000	160.000
insgesamt	40.000	180.000	220.000
Betriebsvorrichtungen	150.000	180.000	330.000

[6] Die Gesamtsumme von AfA und Zinsen beträgt danach 550.000 €. [7] Davon entfallen auf den Grund und Boden sowie auf die Gebäude 220.000 € (2/5) und auf die Betriebsvorrichtungen 330.000 € (3/5).
[8] Die Umsätze aus der Überlassung des Hallenbads sind zu zwei Fünfteln nach § 4 Nr. 12 Satz 1 Buchstabe a UStG steuerfrei und zu drei Fünfteln steuerpflichtig.

(4) [1] Bei der Nutzungsüberlassung anderer Anlagen mit vorhandenen Betriebsvorrichtungen beurteilt sich die Leistung aus der Sicht eines Durchschnittsverbrauchers unter Berücksichtigung der vorgesehenen Art der Nutzung, wie sie sich aus Unterlagen des leistenden Unternehmers ergibt (z. B. aus dem Mietvertrag), und hilfsweise aus der Ausstattung der überlassenen Räumlichkeiten. [2] Dies gilt beispielsweise bei der Nutzungsüberlassung von Veranstaltungsräumen an einen Veranstalter für Konzerte, Theateraufführun-

gen, Hochzeiten, Bürger- und Vereinsversammlungen und sonstige Veranstaltungen (vgl. BMF-Schreiben vom 17.04.2003, BStBl. I S. 279). [3]Hierbei ist von folgenden Grundsätzen auszugehen:

1. [1]Umfasst die Nutzungsüberlassung von Räumen auch die Nutzung vorhandener Betriebsvorrichtungen, auf die es einem Veranstalter bei der vorgesehenen Art der Nutzung nicht ankommt, weil er in erster Linie die Räumlichkeiten als solche nutzen will, ist die Leistung als steuerfreie Grundstücksüberlassung anzusehen. [2]Die Überlassung der vorhandenen Betriebsvorrichtungen bleibt dann umsatzsteuerrechtlich unberücksichtigt. [3]Die Umsatzsteuerbefreiung der Grundstücksüberlassung umfasst auch die mit der Grundstücksüberlassung in unmittelbarem wirtschaftlichem Zusammenhang stehenden üblichen Nebenleistungen. [4]Zusatzleistungen mit aus Sicht eines Durchschnittsverbrauchers eigenständigem wirtschaftlichem Gewicht sind als weitere Hauptleistungen umsatzsteuerrechtlich separat zu beurteilen.

Beispiel:

[1]Ein Anlagenbetreiber überlässt seine Veranstaltungshalle einschließlich der vorhandenen Betriebsvorrichtungen zur Durchführung einer schriftlichen Leistungsprüfung einer Schulungseinrichtung. [2]Der Schulungseinrichtung kommt es auf die Nutzung des Raumes und nicht auf die Nutzung der Betriebsvorrichtungen an.
[3]Der Anlagenbetreiber erbringt an die Schulungseinrichtung eine steuerfreie Grundstücksüberlassung.

2. [1]Überlässt ein Anlagenbetreiber Veranstaltungsräume mit Betriebsvorrichtungen (z.B. vorhandener Bestuhlung, Bühne, speziellen Beleuchtungs- oder Lautsprecheranlagen und anderen Einrichtungen mit Betriebsvorrichtungscharakter), die für die vorgesehene Art der Nutzung regelmäßig benötigt werden, ist die Leistung des Anlagenbetreibers in aller Regel in eine steuerfreie Grundstücksvermietung und in eine steuerpflichtige Vermietung von Betriebsvorrichtungen aufzuteilen. [2]Eine andere Beurteilung ergibt sich lediglich in den Ausnahmefällen, in denen ein Durchschnittsverbraucher die Leistungselemente als eine einheitliche Leistung ansieht und die Grundstücksvermietung gegenüber anderen Leistungen derart in den Hintergrund tritt, dass die Raumüberlassung aus seiner Sicht – wie die Überlassung von Sportanlagen zur sportlichen Nutzung durch Endverbraucher – keinen leistungsbestimmenden Bestandteil mehr ausmacht. [3]In diesen Fällen liegt insgesamt eine umsatzsteuerpflichtige Leistung eigener Art vor.

Beispiel:

[1]Ein Betreiber überlässt seine Veranstaltungshalle an einen Veranstalter zur Durchführung einer Ausstellung. [2]Dem Veranstalter kommt es auch darauf an, vorhandene Betriebsvorrichtungen zu nutzen.
[3]Der Betreiber erbringt an den Veranstalter eine sonstige Leistung, die in eine steuerfreie Grundstücksvermietung und in eine steuerpflichtige Vermietung von Betriebsvorrichtungen aufzuteilen ist. [4]Die Nutzungsüberlassung des Veranstalters an die Ausstellungsteilnehmer ist – soweit sie gegen Entgelt erbracht wird – nach den Grundsätzen des BFH-Urteils vom 31.05.2001, V R 97/98, BStBl. II S. 658, eine einheitliche steuerpflichtige Leistung (vgl. Abschnitte 3a.4 und 4.12.6 Abs. 2 Nr. 1).

Zu § 4 Nr. 13 UStG

4.13.1 Wohnungseigentümergemeinschaften

(1) [1]Das WoEigG[1)] unterscheidet zwischen dem Sondereigentum der einzelnen und dem gemeinschaftlichen Eigentum aller Wohnungs- und Teileigentümer (§ 1 WoEigG). [2]Gemeinschaftliches Eigentum sind das Grundstück sowie die Teile, Anlagen und Einrichtungen eines Gebäudes, die nicht im Sondereigentum eines Mitglieds der Gemeinschaft oder im Eigentum eines Dritten stehen. [3]Das gemeinschaftliche Eigentum wird in der Regel von der Gemeinschaft der Wohnungseigentümer verwaltet (§ 18 WoEigG).

(2) [1]Im Rahmen ihrer Verwaltungsaufgaben erbringen die Wohnungseigentümergemeinschaften neben nicht steuerbaren Gemeinschaftsleistungen, die den Gesamtbelangen aller Mitglieder dienen, auch steuerbare Sonderleistungen an einzelne Mitglieder. [2]Die Wohnungseigentümergemeinschaften erheben zur Deckung ihrer Kosten von ihren Mitgliedern (Wohnungs- und Teileigentümern) Umlagen, insbesondere für
- Lieferungen von Wärme (Heizung), Wasser und Strom;
- Waschküchen- und Waschmaschinenbenutzung;
- Verwaltungsgebühren (Entschädigung für den Verwalter der Gemeinschaft);
- Hausmeisterlohn;
- Instandhaltung und Instandsetzung des gemeinschaftlichen Eigentums;
- Flurbeleuchtung;
- Schornsteinreinigung;
- Feuer- und Haftpflichtversicherung;
- Müllabfuhr;
- Straßenreinigung;
- Entwässerung.

[3]Diese Umlagen sind das Entgelt für steuerbare Sonderleistungen der Wohnungseigentümergemeinschaften an ihre Mitglieder. [4]Hinsichtlich der verschiedenartigen Lieferungen und sonstigen Leistungen liegen jeweils selbständige Umsätze der Wohnungseigentümergemeinschaften an ihre Mitglieder vor, die nach § 4 Nr. 13 UStG steuerfrei sind. [5]Die Instandhaltung, Instandsetzung und Verwaltung des Sondereigentums der Mitglieder oder des Eigentums Dritter fallen nicht unter die Befreiungsvorschrift. [6]Zu den ähnlichen Gegenständen wie Wärme, deren Lieferung an die Mitglieder der Gemeinschaft steuerfrei ist, gehören nicht Kohlen, Koks, Heizöl und Gas.

Zu § 4 Nr. 14 UStG

4.14.1 Anwendungsbereich und Umfang der Steuerbefreiung

Anwendungsbereich

(1)[2)] [1]Kriterium für die Abgrenzung der Anwendungsbereiche von § 4 Nr. 14 Buchstabe a und Buchstabe b UStG ist weniger die Art der Leistung als

---

1) Wohnungseigentumsgesetz – WEG – v. 12.01.2021, BGBl. I 2021, 34 (**Habersack** Nr. **37**).

2) A 4.14.1 Abs. 1 neugef. durch BMF v. 10.10.2023, BStBl. I 2023, 1794, anzuwenden in allen offenen Fällen mit Übergangsregelung (siehe Anlage 8).

vielmehr der Ort ihrer Erbringung. [2]§ 4 Nr. 14 Buchstabe b UStG bezieht sich auf Leistungen, die in Einrichtungen des öffentlichen Rechts oder unter Bedingungen, die mit den Bedingungen für diese Einrichtungen in sozialer Hinsicht vergleichbar sind, von Krankenanstalten, Zentren für ärztliche Heilbehandlung und Diagnostik und anderen ordnungsgemäß anerkannten Einrichtungen gleicher Art erbracht werden. [3]§ 4 Nr. 14 Buchstabe a UStG betrifft dagegen Leistungen, die außerhalb von Krankenhäusern oder ähnlichen Einrichtungen, z. B. in Praxisräumen des Behandelnden, in der Wohnung des Patienten oder an einem anderen Ort erbracht werden (vgl. EuGH-Urteil vom 18.09.2019, C-700/17, Peters).[1)]

(2) [1]Neben dem Kriterium der Heilbehandlung (vgl. Absatz 4) muss für die Anwendung der Steuerbefreiung des § 4 Nr. 14 Buchstabe a UStG auch eine entsprechende Befähigung des Unternehmers vorliegen. [2]Diese ergibt sich aus der Ausübung eines der in § 4 Nr. 14 Buchstabe a Satz 1 UStG bezeichneten Katalogberufe oder einer ähnlichen heilberuflichen Tätigkeit (vgl. Abschnitt 4.14.4 Abs. 6 und 7).

(3) [1]Krankenhausbehandlungen und ärztliche Heilbehandlungen nach § 4 Nr. 14 Buchstabe b UStG zeichnen sich dadurch aus, dass sie in Einrichtungen mit sozialer Zweckbestimmung, wie der des Schutzes der menschlichen Gesundheit, erbracht werden. [2]Krankenhausbehandlungen und ärztliche Heilbehandlungen umfassen in Anlehnung an die im Fünften Buch Sozialgesetzbuch (SGB V – Gesetzliche Krankenversicherung)[2)] bzw. Elften Buch Sozialgesetzbuch (SGB XI – Soziale Pflegeversicherung)[2)] und im Strafvollzugsgesetz (StVollzG)[3)] definierten Leistungen u. a. Leistungen der Diagnostik, Befunderhebung, Vorsorge, Rehabilitation, Geburtshilfe und Hospizleistungen (vgl. Abschnitt 4.14.5 Abs. 1 ff.).

Umfang der Steuerbefreiung

(4)[4)] [1]Unter Beachtung der Rechtsprechung des Europäischen Gerichtshofs sind „ärztliche Heilbehandlungen" ebenso wie „Heilbehandlungen im Bereich der Humanmedizin" Tätigkeiten, die zum Zweck der Vorbeugung, Diagnose, Behandlung und, soweit möglich, der Heilung von Krankheiten oder Gesundheitsstörungen bei Menschen vorgenommen werden. [2]Die befreiten Leistungen müssen dem Schutz der Gesundheit des Betroffenen dienen (EuGH-Urteile vom 14.09.2000, C-384/98, D.,[5)] vom 20.11.2003, C-212/01, Unterpertinger,[5)] und vom 20.11.2003, C-307/01, d'Ambrumenil und Dispute Resolution Services).[5)] [3]Dies gilt unabhängig davon, um welche konkrete heilberufliche Leistung es sich handelt (Untersuchung, Attest, Gutachten usw.), für wen sie erbracht wird (Patient, Gericht, Sozialversicherung o. a.) und wer sie erbringt (freiberuflicher oder angestellter Arzt, Heilpraktiker, Physio-

---

1) DStR 2019, 1972.

2) **Aichberger SGB** Nr. **5** bzw. Nr. **11.**

3) **Habersack Ergänzungsband** Nr. **91.**

4) A 4.14.1 UStAE Abs. 4 Sätze 5 bis 8 eingef., bish. Sätze 5 bis 9 werden Sätze 9 bis 13 durch BMF v. 13.12.2022, BStBl. I 2022, 1683, anzuwenden in allen offenen Fällen, zur Übergangsregelung für vor dem 01.01.2023 ausgeführte Umsätze siehe Anlage 8.

5) IStR 2000, 594. – DStRE 2004, 44. – DStRE 2004, 47.

therapeut oder Unternehmer, der ähnliche heilberufliche Tätigkeiten ausübt, bzw. Krankenhäuser, Kliniken usw.). [4]Heilberufliche Leistungen sind daher nur steuerfrei, wenn bei der Tätigkeit ein therapeutisches Ziel im Vordergrund steht. [5]Die Abgabe von (Fertig-)Medikamenten kann zudem eine unselbständige Nebenleistung zu der nach § 4 Nr. 14 Buchstabe a oder b UStG umsatzsteuerfreien Heilbehandlungsleistung darstellen. [6]Hierunter fällt die Abgabe von allen Medikamenten, die im Zeitpunkt der Heilbehandlung für diese unentbehrlich sind und ohne die diese Heilbehandlung nicht erfolgversprechend wäre. [7]Hiervon ist auszugehen, wenn die Medikamentenabgabe während der Behandlung durch den behandelnden Arzt erfolgt. [8]Hierunter fällt u. a. die Abgabe dialyseimmanenter Medikamente im Rahmen einer ambulanten oder stationären Dialysebehandlung, die Abgabe von Faktorpräparaten im Rahmen der Behandlung von Blutern unabhängig vom Ort der Einnahme, die Abgabe von Zytostatika im Rahmen einer Chemotherapie zur Krebsbehandlung oder die Abgabe von schmerzstillenden bzw. entzündungshemmenden Medikamenten im Rahmen einer Heilbehandlung. [9]Nicht unter die Befreiung fallen Tätigkeiten, die nicht Teil eines konkreten, individuellen, der Diagnose, Behandlung, Vorbeugung und Heilung von Krankheiten oder Gesundheitsstörungen dienenden Leistungskonzeptes sind. [10]Neben (Zahn-) Ärzten und Psychotherapeuten dürfen lediglich Heilpraktiker als Angehörige der Heilberufe eigenverantwortlich körperliche oder seelische Leiden behandeln. [11]Das gilt auch für die auf das Gebiet der Physiotherapie beschränkten Heilpraktiker (vgl. BVerwG-Urteil vom 26.08.2009, 3 C 19.08, BVerwGE 134 S. 345). [12]Für Leistungen aus der Tätigkeit von Gesundheitsfachberufen kommt die Steuerbefreiung grundsätzlich nur in Betracht, wenn sie aufgrund ärztlicher Verordnung bzw. einer Verordnung eines Heilpraktikers oder im Rahmen einer Vorsorge- oder Rehabilitationsmaßnahme durchgeführt werden (vgl. BFH-Urteil vom 07.07.2005, V R 23/04, BStBl. II S. 904). [13]Behandlungen durch Angehörige von Gesundheitsfachberufen im Anschluss/ Nachgang einer Verordnung eines Arztes oder Heilpraktikers sind grundsätzlich nicht als steuerfreie Heilbehandlung anzusehen, sofern für diese Anschlussbehandlungen keine neue Verordnung vorliegt.

(5) Danach sind z. B. folgende Tätigkeiten keine Heilbehandlungsleistungen:

1. die schriftstellerische oder wissenschaftliche Tätigkeit, auch soweit es sich dabei um Berichte in einer ärztlichen Fachzeitschrift handelt;
2. die Vortragstätigkeit, auch wenn der Vortrag vor Ärzten im Rahmen einer Fortbildung gehalten wird;
3. die Lehrtätigkeit;
4. die Lieferungen von Hilfsmitteln, z. B. Kontaktlinsen, Schuheinlagen;
5. die entgeltliche Nutzungsüberlassung von medizinischen Großgeräten;
6. die Erstellung von Alkohol-Gutachten, Zeugnissen oder Gutachten über das Sehvermögen, über Berufstauglichkeit, in Versicherungsangelegenheiten oder in Unterbringungssachen (vgl. z. B. BFH-Beschluss vom 31.07.2007, V B 98/06, BStBl. II 2008 S. 35, und BFH-Urteil vom 08.10.2008, V R 32/07, BStBl. II 2009 S. 429), Einstellungsuntersuchungen, Untersuchungsleistungen wie z. B. Röntgenaufnahmen zur Erstellung

eines umsatzsteuerpflichtigen Gutachtens (vgl. hierzu auch BMF-Schreiben vom 08.11.2001, BStBl. I S. 826, BMF-Schreiben vom 04.05.2007, BStBl. I S. 481, und EuGH-Urteil vom 20.11.2003, C-307/01, d'Ambrumenil und Dispute Resolution Services);[1)]

6a. [1] Meldungen eines Arztes zur reinen Dokumentation von Patientendaten, wenn diese Meldungen keine Auswirkungen auf die Heilbehandlung eines bestimmten Patienten haben (vgl. BFH-Urteil vom 09.09.2015, XI R 31/13, n.v.). [2] Steuerfrei sind dagegen Meldungen, z.B. zur klinischen Krebsregistrierung nach § 65c Abs. 6 SGB V, bei denen nach der Auswertung der übermittelten Daten eine patientenindividuelle Rückmeldung an den Arzt erfolgt und hierdurch weitere im Einzelfall erforderliche Behandlungsmaßnahmen getroffen werden können. [3] Dies gilt auch für Meldungen zum Abschluss der Behandlung. [4] Als patientenindividuell ist auch eine pseudonymisierte Rückmeldung anzusehen, wenn der Arzt auf Grund des Inhalts und Bezugs der Rückmeldung eine konkrete Behandlungsentscheidung für den von der Rückmeldung individuell betroffenen Patienten vornehmen kann;

7. kosmetische Leistungen von Podologinnen/Podologen in der Fußpflege;

8.[2)] [1] ästhetisch-plastische Leistungen, soweit ein therapeutisches Ziel nicht im Vordergrund steht. [2] Indiz hierfür kann sein, dass die Kosten regelmäßig nicht durch Krankenversicherungen übernommen werden (vgl. BFH-Urteil vom 17.07.2004, V R 27/03, BStBl. II S. 862);

9. [1] Leistungen zur Prävention und Selbsthilfe im Sinne des § 20 SGB V, die keinen unmittelbaren Krankheitsbezug haben, weil sie lediglich „den allgemeinen Gesundheitszustand verbessern und insbesondere einen Beitrag zur Verminderung sozial bedingter Ungleichheiten von Gesundheitschancen erbringen" sollen – § 20 Abs. 1 Satz 2 SGB V – (vgl. BFH-Urteil vom 07.07.2005, V R 23/04, BStBl. II S. 904). [2] Etwas anderes gilt, wenn die entsprechenden Maßnahmen im Rahmen einer medizinischen Behandlung – auf Grund ärztlicher Anordnung oder mithilfe einer Vorsorge- oder Rehabilitationsmaßnahme – durchgeführt werden, z.B. auf Grund der von Betriebsärzten vorgenommenen und auf medizinischen Feststellungen der Betriebsärzte beruhenden Sammelüberweisung von Arbeitnehmern zur Teilnahme an Raucherentwöhnungsseminaren (vgl. BFH-Urteil vom 26.08.2014, XI R 19/12, BStBl. 2015 S. 310);

10. Supervisionsleistungen (vgl. BFH-Urteil vom 30.06.2005, V R 1/02, BStBl. II S. 675);

11. die Durchführung einer Leichenschau, soweit es sich um die zweite Leichenschau oder weitere handelt sowie das spätere Ausstellen der Todesbescheinigung als Genehmigung zur Feuerbestattung;

12. die bloße Überlassung von Praxis- und Operationsräumen nebst Ausstattung sowie die Gestellung von Personal durch einen Arzt an andere Ärzte (vgl. BFH-Urteil vom 18.03.2015, XI R 15/11, BStBl. II S. 1058).

---

1) DStRE 2004, 47.

2) Zu medizinisch indizierten ästhetischen Operationen siehe EuGH v. 21.03.2013 C-91/12, PFC Clinic, DStR 2013, 757.

(5a) [1]Als ärztliche Verordnung gilt im Allgemeinen sowohl das Kassenrezept als auch das Privatrezept; bei Rezepten von Heilpraktikern handelt es sich durchweg um Privatrezepte. [2]Eine Behandlungsempfehlung durch einen Arzt oder Heilpraktiker, z. B. bei Antritt des Aufenthalts in einem „Kur"-Hotel, gilt nicht als für die Steuerbefreiung ausreichende Verordnung.

(6) [1]Hilfsgeschäfte sind nicht nach § 4 Nr. 14 UStG steuerfrei. [2]Es kann jedoch die Steuerbefreiung nach § 4 Nr. 28 UStG in Betracht kommen (vgl. Abschnitt 4.28.1).

4.14.2 Tätigkeit als Arzt

(1)[1)] [1]Tätigkeit als Arzt im Sinne von § 4 Nr. 14 Buchstabe a UStG ist die Ausübung der Heilkunde unter der Berufsbezeichnung „Arzt" oder „Ärztin". [2]Zur Ausübung der Heilkunde gehören Maßnahmen, die der Feststellung, Heilung oder Linderung von Krankheiten, Leiden oder Körperschäden beim Menschen dienen. [3]Auch die Leistungen der vorbeugenden Gesundheitspflege (z. B. prophylaktische Impfungen und Vorsorgeuntersuchungen) gehören zur Ausübung der Heilkunde; dabei ist es unerheblich, ob die Leistungen gegenüber Einzelpersonen oder Personengruppen bewirkt werden. [4]Zum Umfang der Steuerbefreiung siehe Abschnitt 4.14.1.

(2) [1]Leistungen eines Arztes aus dem Betrieb eines Krankenhauses oder einer anderen Einrichtung im Sinne des § 4 Nr. 14 Buchstabe b UStG sind auch hinsichtlich der ärztlichen Leistung nur dann befreit, wenn die in § 4 Nr. 14 Buchstabe b UStG bezeichneten Voraussetzungen erfüllt sind (vgl. BFH-Urteil vom 18.03.2004, V R 53/00, BStBl. II S. 677). [2]Heilbehandlungsleistungen eines selbständigen Arztes, die in einem Krankenhaus erbracht werden (z. B. Belegarzt), sowie die selbständigen ärztlichen Leistungen eines im Krankenhaus angestellten Arztes (z. B. in der eigenen Praxis im Krankenhaus), sind demgegenüber nach § 4 Nr. 14 Buchstabe a UStG steuerfrei.

(3) [1]Die im Zusammenhang mit einem Schwangerschaftsabbruch nach § 218a StGB[2)] stehenden ärztlichen Leistungen stellen umsatzsteuerfreie Heilbehandlungsleistungen dar; dies gilt auch für die nach den §§ 218b, 219 StGB vorgesehene Sozialberatung durch einen Arzt. [2]Bei den sonstigen Leistungen eines Arztes im Zusammenhang mit Empfängnisverhütungsmaßnahmen handelt es sich um umsatzsteuerfreie Heilbehandlungsleistungen. [3]Die sonstigen ärztlichen Leistungen bei Schwangerschaftsabbrüchen und Empfängnisverhütungsmaßnahmen sind auch steuerfrei, wenn sie von Einrichtungen nach § 4 Nr. 14 Buchstabe b UStG ausgeführt werden.

(4) [1]Sonstige Leistungen eines Arztes im Zusammenhang mit Fruchtbarkeitsbehandlungen, z. B. das Einfrieren (Kryokonservierung) und Lagern von Eizellen oder Spermien, sind umsatzsteuerfreie Heilbehandlungsleistungen. [2]Steuerfrei ist auch die weitere Lagerung der vom Arzt im Rahmen einer Fruchtbarkeitsbehandlung eingefrorenen Eizellen oder Spermien, wenn da-

---

1) Zum steuerbaren und steuerpflichtigen Verzicht auf das Recht zur Privatliquidation siehe BFH v. 30.06.2022 V R 36/20, DStR 2022, 2369.

2) Strafgesetzbuch i. d. F. v. 13.11.1998, BGBl. I 1998, 3322 (**Habersack** Nr. **85**).

mit ein therapeutischer Zweck verfolgt wird, z. B. zur Herbeiführung einer weiteren Schwangerschaft bei einer andauernden organisch bedingten Sterilität. [3]Steuerpflichtig ist hingegen die vorsorgliche Lagerung von Eizellen oder Spermien ohne medizinischen Anlass, wie z. B. das sog. Social Freezing (vgl. BFH-Urteil vom 29.07.2015, XI R 23/13, BStBl. II 2017 S. 733).[1)] [4]Die bloße Lagerung eingefrorener Eizellen oder Spermien durch dritte Unternehmer, wie z. B. Kryobanken, die nicht auch die vorhergehende oder die sich ggf. anschließende Fruchtbarkeitsbehandlung erbringen, ist regelmäßig umsatzsteuerpflichtig.[1)] [5]Die Sätze 1 bis 4 gelten entsprechend, wenn die sonstigen Leistungen im Rahmen einer Fruchtbarkeitsbehandlung von Einrichtungen nach § 4 Nr. 14 Buchstabe b UStG erbracht werden.

4.14.3 Tätigkeit als Zahnarzt

(1) [1]Tätigkeit als Zahnarzt im Sinne von § 4 Nr. 14 Buchstabe a UStG ist die Ausübung der Zahnheilkunde unter der Berufsbezeichnung „Zahnarzt" oder „Zahnärztin". [2]Als Ausübung der Zahnheilkunde ist die berufsmäßige, auf zahnärztlich wissenschaftliche Kenntnisse gegründete Feststellung und Behandlung von Zahn-, Mund- und Kieferkrankheiten anzusehen. [3]Ausübung der Zahnheilkunde ist auch der Einsatz einer intraoralen Videokamera eines CEREC-Gerätes für diagnostische Zwecke.

(2) [1]Die Lieferung oder Wiederherstellung von Zahnprothesen, anderen Waren der Zahnprothetik sowie kieferorthopädischen Apparaten und Vorrichtungen ist von der Steuerbefreiung ausgeschlossen, soweit die bezeichneten Gegenstände im Unternehmen des Zahnarztes hergestellt oder wiederhergestellt werden. [2]Dabei ist es unerheblich, ob die Arbeiten vom Zahnarzt selbst oder von angestellten Personen durchgeführt werden.

(3) [1]Füllungen (Inlays), Dreiviertelkronen (Onlays) und Verblendschalen für die Frontflächen der Zähne (Veneers) aus Keramik sind Zahnprothesen im Sinne der Unterposition 9021 29 00 des Zolltarifs, auch wenn sie vom Zahnarzt computergesteuert im sog. CEREC-Verfahren hergestellt werden (vgl. BFH-Urteil vom 28.11.1996, V R 23/95, BStBl. II 1999 S. 251). [2]Zur Herstellung von Zahnprothesen und kieferorthopädischen Apparaten gehört auch die Herstellung von Modellen, Bissschablonen, Bisswällen und Funktionslöffeln. [3]Hat der Zahnarzt diese Leistungen in seinem Unternehmen erbracht, besteht insoweit auch dann Steuerpflicht, wenn die übrigen Herstellungsarbeiten von anderen Unternehmern durchgeführt werden.

(4) [1]Lassen Zahnärzte Zahnprothesen und andere Waren der Zahnprothetik außerhalb ihres Unternehmens fertigen, stellen sie aber Material, z. B. Gold und Zähne, bei, ist die Beistellung einer Herstellung gleichzusetzen. [2]Die Lieferung der Zahnprothesen durch den Zahnarzt ist daher hinsichtlich des beigestellten Materials steuerpflichtig.

(5) [1]Die Zahnärzte sind berechtigt, Pauschbeträge oder die tatsächlich entstandenen Kosten gesondert zu berechnen für

---

1) Zur Einlagerung eingefrorener Eizellen als steuerfreie Heilbehandlung siehe BFH v. 07.07.2022 V R 10/20, DStRE 2022, 1323.

1. Abformmaterial zur Herstellung von Kieferabdrücken,
2. Hülsen zum Schutz beschliffener Zähne für die Zeit von der Präparierung der Zähne bis zur Eingliederung der Kronen,
3. nicht individuell hergestellte provisorische Kronen,
4. Material für direkte Unterfütterungen von Zahnprothesen und
5. Versandkosten für die Übersendung von Abdrücken usw. an das zahntechnische Labor.

[2]Die Pauschbeträge oder die berechneten tatsächlichen Kosten gehören zum Entgelt für steuerfreie zahnärztliche Leistungen. [3]Steuerpflichtig sind jedoch die Lieferungen von im Unternehmen des Zahnarztes individuell hergestellten provisorischen Kronen und die im Unternehmen des Zahnarztes durchgeführten indirekten Unterfütterungen von Zahnprothesen.

(6) Als Entgelt für die Lieferung oder Wiederherstellung des Zahnersatzes usw. sind die Material- und zahntechnischen Laborkosten anzusetzen, die der Zahnarzt nach § 9 GOZ neben den Gebühren für seine ärztliche Leistung berechnen kann.

(7) [1]Wird der Zahnersatz teils durch einen selbständigen Zahntechniker, teils im Unternehmen des Zahnarztes hergestellt, ist der Zahnarzt nur mit dem auf sein Unternehmen entfallenden Leistungsanteil steuerpflichtig. [2]Bei der Ermittlung des steuerpflichtigen Leistungsanteils sind deshalb die Beträge nicht zu berücksichtigen, die der Zahnarzt an den selbständigen Zahntechniker zu zahlen hat.

(8) [1]Die Überlassung von kieferorthopädischen Apparaten (Zahnspangen) und Vorrichtungen, die der Fehlbildung des Kiefers entgegenwirken, ist Teil der steuerfreien Heilbehandlung. [2]Steuerpflichtige Lieferungen von kieferorthopädischen Apparaten können jedoch nicht schon deshalb ausgeschlossen werden, weil Zahnärzte sich das Eigentum daran vorbehalten haben (vgl. BFH-Urteil vom 23.10.1997, V R 36/96, BStBl. II 1998 S. 584).

(8a) [1]Umsätze aus der professionellen Zahnreinigung sind umsatzsteuerfreie Heilbehandlungsleistungen, weil sie zur zahnmedizinischen Prophylaxe gehören. [2]Werden derartige Leistungen nicht von Zahnärzten, sondern von einem Angehörigen eines ähnlichen Heilberufs erbracht, ist für die Steuerbefreiung eine ärztliche Verordnung/Indikation erforderlich. [3]Von den umsatzsteuerfreien Zahnreinigungen abzugrenzen sind Maßnahmen aus ästhetischen Gründen wie Bleaching, sofern diese nicht dazu dienen, die negativen Folgen einer vorherigen steuerfreien Heilbehandlung zu beseitigen (vgl. BFH-Urteil vom 19.03.2015, V R 60/14, BStBl. II S. 946).

(9) Die Steuerfreiheit für die Umsätze der Zahnärzte gilt auch für die Umsätze der Dentisten.

4.14.4 Tätigkeit als Heilpraktiker, Physiotherapeut, Hebamme sowie als Angehöriger ähnlicher Heilberufe

Tätigkeit als Heilpraktiker

(1) Die Tätigkeit als Heilpraktiker im Sinne des § 4 Nr. 14 Buchstabe a UStG ist die berufsmäßige Ausübung der Heilkunde am Menschen – ausge-

nommen Zahnheilkunde – durch den Inhaber einer Erlaubnis nach § 1 Abs. 1 des Heilpraktikergesetzes.

Tätigkeit als Physiotherapeut

(2) [1]Die Tätigkeit eines Physiotherapeuten im Sinne des § 4 Nr. 14 Buchstabe a UStG besteht darin, Störungen des Bewegungssystems zu beheben und die sensomotorische Entwicklung zu fördern. [2]Ein Teilbereich der Physiotherapie ist die Krankengymnastik. [3]Die Berufsbezeichnung des Krankengymnasten ist mit Einführung des Masseur- und Physiotherapeutengesetzes – MPhG – durch die Bezeichnung „Physiotherapeut" ersetzt worden. [4]Zu den Heilmethoden der Physiotherapie kann u.a. die Hippotherapie gehören (vgl. BFH-Urteil vom 30.01.2008, XI R 53/06, BStBl. II S. 647).

Tätigkeit als Hebamme

(3) [1]Die Tätigkeit einer Hebamme bzw. eines Entbindungspflegers im Sinne des § 4 Nr. 14 Buchstabe a UStG umfasst die eigenverantwortliche Betreuung, Beratung und Pflege der Frau von Beginn der Schwangerschaft an, bei der Geburt, im Wochenbett und in der gesamten Stillzeit. [2]Eine ärztliche Verordnung ist für die Umsatzsteuerbefreiung dieser Tätigkeit nicht erforderlich.

(4) [1]Zu den steuerfreien Leistungen einer Hebamme gehören u. a. die Aufklärung und Beratung zu den Methoden der Familienplanung, die Feststellung der Schwangerschaft, die Schwangerschaftsvorsorge der normal verlaufenden Schwangerschaft mit deren notwendigen Untersuchungen sowie Veranlassung von Untersuchungen, Vorbereitung auf die Elternschaft, Geburtsvorbereitung, die eigenverantwortliche kontinuierliche Betreuung der Gebärenden und Überwachung des Fötus mit zu Hilfenahme geeigneter Mittel (Geburtshilfe) bei Spontangeburten (Entbindung), Pflege und Überwachung im gesamten Wochenbett von Wöchnerin und Kind, Überwachung der Rückbildungsvorgänge, Hilfe beim Stillen/Stillberatung, Rückbildungsgymnastik und Beratung zur angemessenen Pflege und Ernährung des Neugeborenen. [2]Unter die Steuerbefreiung fallen auch die Leistungen als Beleghebamme.

(5) Die Leistungen im Rahmen der Entbindung in von Hebammen geleiteten Einrichtungen können unter den weiteren Voraussetzungen des § 4 Nr. 14 Buchstabe b Satz 2 Doppelbuchstabe ff UStG steuerfrei sein (vgl. Abschnitt 4.14.5 Abs. 19).

Tätigkeit als Angehöriger ähnlicher heilberuflicher Tätigkeiten

(6) [1]Neben den Leistungen aus der Tätigkeit als (Zahn-)Arzt oder (Zahn-)Ärztin und aus den in § 4 Nr. 14 Buchstabe a Satz 1 UStG genannten nichtärztlichen Heil- und Gesundheitsfachberufen können auch die Umsätze aus der Tätigkeit von nicht ausdrücklich genannten Heil- und Gesundheitsfachberufen unter die Steuerbefreiung fallen. [2]Dies gilt jedoch nur dann, wenn es sich um eine einem Katalogberuf ähnliche heilberufliche Tätigkeit handelt und die sonstigen Voraussetzungen dieser Vorschrift erfüllt sind. [3]Für die Frage, ob eine ähnliche heilberufliche Tätigkeit vorliegt, ist entscheidendes Kriterium die Qualifikation des Behandelnden (vgl. EuGH-Urteil vom 27.06.2006, C-443/

04, Solleveld).[1] [4]Die Steuerbefreiung der Umsätze aus heilberuflicher Tätigkeit im Sinne von § 4 Nr. 14 Buchstabe a UStG setzt voraus, dass es sich um ärztliche oder arztähnliche Leistungen handeln muss, und dass diese von Personen erbracht werden, die die erforderlichen beruflichen Befähigungsnachweise besitzen (vgl. BFH-Urteil vom 12.08.2004, V R 18/02, BStBl. II 2005 S. 227). [5]Grundsätzlich kann vom Vorliegen der Befähigungsnachweise ausgegangen werden, wenn die heilberufliche Tätigkeit in der Regel von Sozialversicherungsträgern finanziert wird, d.h., wenn ein Großteil der Träger der gesetzlichen Krankenkassen eine Kostentragung in ihrer Satzung regelt (vgl. BVerfG-Urteil vom 29.10.1999, 2 BvR 1264/90, BStBl. II 2000 S. 155, und BFH-Urteil vom 08.03.2012, V R 30/09, BStBl. II S. 623). [6]Auf die ertragsteuerliche Auslegung des § 18 EStG kommt es für die Frage der Umsatzsteuerfreiheit nach § 4 Nr. 14 Buchstabe a UStG nicht an, da diese Norm unter Berücksichtigung der MwStSystRL und damit nicht nach einkommensteuerrechtlichen Grundsätzen auszulegen ist.

(7) [1]Ein Beruf ist einem der im Gesetz genannten Katalogberufe ähnlich, wenn das typische Bild des Katalogberufs mit seinen wesentlichen Merkmalen dem Gesamtbild des zu beurteilenden Berufs vergleichbar ist. [2]Dazu gehören die Vergleichbarkeit der jeweils ausgeübten Tätigkeit nach den sie charakterisierenden Merkmalen, die Vergleichbarkeit der Ausbildung und die Vergleichbarkeit der Bedingungen, an die das Gesetz die Ausübung des zu vergleichenden Berufs knüpft (BFH-Urteil vom 29.01.1998, V R 3/96, BStBl. II S. 453). [3]Dies macht vergleichbare berufsrechtliche Regelungen über Ausbildung, Prüfung, staatliche Anerkennung sowie staatliche Erlaubnis und Überwachung der Berufsausübung erforderlich.

(8) [1]Das Fehlen einer berufsrechtlichen Regelung ist für sich allein kein Hinderungsgrund für die Befreiung. [2]Als Nachweis der beruflichen Befähigung für eine ärztliche oder arztähnliche Leistung ist grundsätzlich auch die Zulassung des jeweiligen Unternehmers bzw. die regelmäßige Zulassung seiner Berufsgruppe nach § 124 Abs. 2 SGB V[2] durch die zuständigen Stellen der gesetzlichen Krankenkassen anzusehen. [3]Ist weder der jeweilige Unternehmer selbst noch – regelmäßig – seine Berufsgruppe nach § 124 Abs. 2 SGB V durch die zuständigen Stellen der gesetzlichen Krankenkassen zugelassen, kann Indiz für das Vorliegen eines beruflichen Befähigungsnachweises die Aufnahme von Leistungen der betreffenden Art in den Leistungskatalog der gesetzlichen Krankenkassen (§ 92 SGB V) sein (vgl. BFH-Urteil vom 11.11.2004, V R 34/02, BStBl. II 2005 S. 316).

(9) [1]Darüber hinaus kommen nach § 4 Nr. 14 UStG steuerfreie Leistungen auch dann in Betracht, wenn eine Rehabilitationseinrichtung auf Grund eines Versorgungsvertrags nach § 11 Abs. 2, §§ 40, 111 SGB V mit Hilfe von Fachkräften Leistungen der Rehabilitation erbringt. [2]In diesem Fall sind regelmäßig sowohl die Leistungen der Rehabilitationseinrichtung als auch die Leistungen der Fachkräfte an die Rehabilitationseinrichtung steuerfrei, soweit sie die im Versorgungsvertrag benannte Qualifikation besitzen (vgl. BFH-Urteil

---

[1] DStRE 2007, 377.
[2] **Aichberger SGB** Nr. **5**.

vom 25.11.2004, V R 44/02, BStBl. II 2005 S. 190). [3] Leistungen im Rahmen von Rehabilitationssport und Funktionstraining, die im Sinne des § 64 Abs. 1 Nr. 3 und 4 SGB IX[1)] in Verbindung mit der „Rahmenvereinbarung über den Rehabilitationssport und das Funktionstraining" erbracht werden, können nach § 4 Nr. 14 UStG steuerfrei sein (vgl. BFH-Urteil vom 30.04.2009, V R 6/07, BStBl. II S. 679).

(9a) [1] Der berufliche Befähigungsnachweis kann sich auch aus dem Abschluss eines Integrierten Versorgungsvertrags nach §§ 140a ff. SGB V[1)] zwischen dem Berufsverband des Leistungserbringers und den gesetzlichen Kassen ergeben. [2] Dies setzt voraus, dass der Leistungserbringer Mitglied des Berufsverbands ist, der Integrierte Versorgungsvertrag Qualitätsanforderungen für diese Leistungserbringer aufstellt und der Leistungserbringer diese Anforderungen auch erfüllt (vgl. BFH-Urteile vom 08.03.2012, V R 30/09, BStBl. II S. 623 und vom 26.07.2017, XI R 3/15, BStBl. II 2018 S. 793).

(10) [1] Bei Einschaltung von Subunternehmern gilt Folgendes: [2] Wird eine ärztliche oder arztähnliche Leistung in der Unternehmerkette erbracht, müssen bei jedem Unternehmer in der Kette die Voraussetzungen nach § 4 Nr. 14 Buchstabe a UStG geprüft werden.

(11) [1] Eine ähnliche heilberufliche Tätigkeit nach § 4 Nr. 14 Buchstabe a Satz 1 UStG üben z. B. aus:

1. Dental-Hygienikerinnen und Dental-Hygieniker im Auftrag eines Zahnarztes (vgl. BFH-Urteil vom 12.10.2004, V R 54/03, BStBl. II 2005 S. 106);
2. Diätassistentinnen und Diätassistenten (Diätassistentengesetz – DiätAssG –);
3. Ergotherapeutinnen und Ergotherapeuten (Ergotherapeutengesetz – ErgThG –);
4. [1] Krankenschwestern, Gesundheits- und Krankenpflegerinnen und Gesundheits- und Krankenpfleger, Gesundheits- und Kinderkrankenpflegerinnen und Gesundheits- und Kinderkrankenpfleger (Krankenpflegegesetz – KrPflG –) sowie Altenpflegerinnen und Altenpfleger (Altenpflegegesetz – AltpflG –). [2] Sozialpflegerische Leistungen (z. B. Grundpflege und hauswirtschaftliche Versorgung) sind nicht nach § 4 Nr. 14 UStG steuerfrei. [3] Es kann jedoch die Steuerbefreiung nach § 4 Nr. 16 UStG in Betracht kommen (vgl. Abschnitt 4.16.5 Abs. 6);
5. Logopädinnen und Logopäden (Gesetz über den Beruf des Logopäden – LogopG –);
6. [1] Masseurinnen und medizinische Bademeisterinnen und Masseure und medizinische Bademeister (Masseur- und Physiotherapeutengesetz – MPhG –). [2] Die Steuerbefreiung kann von den genannten Unternehmern u. a. für die medizinische Fußpflege und die Verabreichung von medizinischen Bädern, Unterwassermassagen, Fangopackungen (BFH-Urteil vom 24.01.1985, IV R 249/82, BStBl. II S. 676) und Wärmebestrahlungen in Anspruch genommen werden. [3] Das gilt auch dann, wenn diese Verabreichungen selbständige Leistungen und nicht Hilfstätigkeiten zur Heilmassage darstellen;

---

1) **Aichberger SGB** Nr. **9** bzw. **5.**

7. auf dem Gebiet der Humanmedizin selbständig tätige medizinisch-technische Assistentinnen für Funktionsdiagnostik und medizinisch-technische Assistenten für Funktionsdiagnostik (Gesetz über technische Assistenten der Medizin – MTAG – vgl. BFH-Urteil vom 29.01.1998, V R 3/96, BStBl. II S. 453);
8. Dipl. Oecotrophologinnen und Dipl. Oecotrophologen (Ernährungsberatende) im Rahmen einer medizinischen Behandlung (vgl. BFH-Urteile vom 10.03.2005, V R 54/04, BStBl. II S. 669, und vom 07.07.2005, V R 23/04, BStBl. II S. 904);
9. Orthoptistinnen und Orthoptisten (Orthoptistengesetz – OrthoptG –);
10. Podologinnen und Podologen (Podologengesetz – PodG –);
11. Psychologische Psychotherapeutinnen und Psychologische Psychotherapeuten sowie Kinder- und Jugendlichenpsychotherapeutinnen und Kinder- und Jugendlichenpsychotherapeuten (Psychotherapeutengesetz – PsychThG –);
12. Rettungsassistentinnen und Rettungsassistenten (Rettungsassistentengesetz – RettAssG – in der bis zum 31.12.2014 geltenden Fassung (BGBl. 2013 I S. 1348)) bzw. Notfallsanitäterinnen und Notfallsanitäter (Notfallsanitätergesetz – NotSanG –);
13. Sprachtherapeutinnen und Sprachtherapeuten, die staatlich anerkannt und nach § 124 Abs. 2 SGB V zugelassen sind;
14. Apothekerinnen und Apotheker, die im Rahmen des Modellvorhabens nach § 132j SGB V Grippeschutzimpfungen durchführen, oder die nach § 5 Abs. 10 Satz 2 Nr. 2 Betäubungsmittel-Verschreibungsverordnung Substitutionsmittel dem Patienten zum unmittelbaren Verbrauch überlassen.

[2]Personen, die eine Ausbildung in einem nichtärztlichen Heil- und Gesundheitsfachberuf absolviert haben, verfügen im Regelfall bereits dann über die erforderliche Berufsqualifikation zur Erbringung steuerfreier Heilbehandlungsleistungen nach § 4 Nr. 14 Buchstabe a UStG, wenn sie die nach dem jeweiligen Berufszulassungsgesetz vorgesehene staatliche Prüfung mit Erfolg abgelegt haben (vgl. BFH-Urteil vom 07.02.2013, V R 22/12, BStBl. II 2014 S. 126). [3]Satz 2 gilt nicht, soweit Personen im Sinne des Satzes 1 Nr. 4 im Rahmen von Modellvorhaben nach § 63 Abs. 3c SGB V tätig werden.

(12) Keine ähnliche heilberufliche Tätigkeit nach § 4 Nr. 14 Buchstabe a Satz 1 UStG üben z. B. aus:

1. Fußpraktikerinnen und Fußpraktiker, weil sie vorwiegend auf kosmetischem Gebiet tätig werden;
2. Heileurythmistinnen und Heileurythmisten (BFH-Urteil vom 11.11.2004, V R 34/02, BStBl. II 2005 S. 316); etwas anderes gilt, wenn diese den Nachweis ihrer beruflichen Qualifikation durch die Teilnahmeberechtigung an einem Vertrag zur Integrierten Versorgung erbringen (vgl. Absatz 9a);
3. Krankenpflegehelferinnen und Krankenpflegehelfer (BFH-Urteil vom 26.08.1993, V R 45/89, BStBl. II S. 887);
4. Logotherapeutinnen und Logotherapeuten (BFH-Urteil vom 23.08.2007, V R 38/04, BStBl. II 2008 S. 37);

5. Kosmetikerinnen und Kosmetiker (BFH-Urteil vom 02.09.2010, V R 47/09, BStBl. II 2011 S. 195);
6. Vitalogistinnen und Vitalogisten.

(12a) [1]Medizinisch indizierte osteopathische Leistungen stellen Heilbehandlungen i. S. d. § 4 Nr. 14 Buchstabe a UStG dar, wenn sie von einem Arzt oder Heilpraktiker mit einer entsprechenden Zusatzausbildung erbracht werden. [2]Auch Physiotherapeuten oder Masseure bzw. medizinische Bademeister mit entsprechender Zusatzausbildung können umsatzsteuerfreie osteopathische Leistungen erbringen, sofern eine ärztliche Verordnung bzw. eine Verordnung eines Heilpraktikers vorliegt.

(13) [1]Die Umsätze aus dem Betrieb einer Sauna sind grundsätzlich keine Umsätze aus der Tätigkeit eines der in § 4 Nr. 14 Buchstabe a UStG ausdrücklich genannten Berufe oder aus einer ähnlichen heilberuflichen Tätigkeit. [2]Die Verabreichung von Saunabädern ist nur insoweit nach § 4 Nr. 14 UStG umsatzsteuerfrei, als hierin eine Hilfstätigkeit zu einem Heilberuf oder einem diesen ähnlichen Beruf, z. B. als Vorbereitung oder als Nachbehandlung zu einer Massagetätigkeit, zu sehen ist (BFH-Urteile vom 21.10.1971, V R 19/71, BStBl. II 1972 S. 78, und vom 13.07.1994, XI R 90/92, BStBl. II 1995 S. 84).

4.14.5 Krankenhausbehandlungen und ärztliche Heilbehandlungen

(1) [1]Krankenhausbehandlungen und ärztliche Heilbehandlungen einschließlich der Diagnostik, Befunderhebung, Vorsorge, Rehabilitation, Geburtshilfe und Hospizleistungen sowie damit eng verbundene Umsätze, sind nach § 4 Nr. 14 Buchstabe b UStG steuerfrei, wenn sie
- von Einrichtungen des öffentlichen Rechts (§ 4 Nr. 14 Buchstabe b Satz 1 UStG) oder
- von den in § 4 Nr. 14 Buchstabe b Satz 2 Doppelbuchstabe aa bis hh UStG genannten Einrichtungen jeweils im Rahmen des von der Zulassung, dem Vertrag bzw. der Regelung nach Sozialgesetzbuch erfassten Bereichs (vgl. Absatz 24) erbracht werden.

[2]Die Behandlung der Leistungen im Maßregelvollzug durch Einrichtungen des privaten Rechts bestimmt sich nach § 4 Nr. 14 Buchstabe b Satz 2 Doppelbuchstabe ii UStG (vgl. Absatz 23).

Krankenhäuser (§ 4 Nr. 14 Buchstabe b Satz 2 Doppelbuchstabe aa UStG)

(2) Krankenhäuser sind Einrichtungen, die der Krankenhausbehandlung oder Geburtshilfe dienen, fachlich-medizinisch unter ständiger ärztlicher Leitung stehen, über ausreichende, ihrem Versorgungsauftrag entsprechende diagnostische und therapeutische Möglichkeiten verfügen und nach wissenschaftlich anerkannten Methoden arbeiten, mit Hilfe von jederzeit verfügbarem ärztlichen, Pflege-, Funktions- und medizinisch-technischen Personal darauf eingerichtet sind, vorwiegend durch ärztliche und pflegerische Hilfeleistung Krankheiten der Patienten zu erkennen, zu heilen, ihre Verschlimmerung zu

verhüten, Krankheitsbeschwerden zu lindern oder Geburtshilfe zu leisten, und in denen die Patienten untergebracht und verpflegt werden können (§ 107 Abs. 1 SGB V).[1]

(3) [1]Krankenhäuser, die von Einrichtungen des privaten Rechts betrieben werden, unterliegen der Steuerbefreiung nach § 4 Nr. 14 Buchstabe b Satz 2 Doppelbuchstabe aa UStG, wenn sie nach § 108 SGB V[1] zugelassen sind. [2]Dies sind somit

1. Krankenhäuser, die nach den landesrechtlichen Vorschriften als Hochschulklinik anerkannt sind,
2. Krankenhäuser, die in den Krankenhausplan eines Landes aufgenommen sind (Plankrankenhäuser), sowie
3. Krankenhäuser, die einen Versorgungsvertrag mit den Landesverbänden der Krankenkassen und den Verbänden der Ersatzkassen abgeschlossen haben.

(4)[2] [1]Krankenhäuser, die nicht von juristischen Personen des öffentlichen Rechts betrieben werden und die weder eine Zulassung nach § 108 SGB V[1] besitzen noch eine sonstige Einrichtung im Sinne des § 4 Nr. 14 Buchstabe b Satz 2 UStG sind, sind mit ihren in § 4 Nr. 14 Buchstabe b Satz 1 UStG genannten Leistungen steuerpflichtig. [2]Auch ihre in einer Vielzahl sonstiger Krankenhausleistungen eingebetteten ärztlichen Heilbehandlungsleistungen sind demnach von der Umsatzsteuerbefreiung ausgeschlossen (vgl. BFH-Urteil vom 18.03.2004, V R 53/00, BStBl. II S. 677). [3]Zur Anwendung der BFH-Urteile vom 23.10.2014, V R 20/14, BStBl. II 2016 S. 785, und vom 18.03.2015, XI R 38/13, BStBl. II 2016 S. 793, vgl. BMF-Schreiben vom 06.10.2016, BStBl. I S. 1076.

Zentren für ärztliche Heilbehandlung und Diagnostik oder Befunderhebung (§ 4 Nr. 14 Buchstabe b Satz 2 Doppelbuchstabe bb oder cc UStG)

(5) [1]In Zentren für ärztliche Heilbehandlung und Diagnostik werden durch ärztliche Leistungen Krankheiten, Leiden und Körperschäden festgestellt, geheilt oder gelindert. [2]Im Gegensatz zu Krankenhäusern wird den untersuchten und behandelten Personen regelmäßig weder Unterkunft noch Verpflegung gewährt.

(6) [1]Zentren für ärztliche Befunderhebung sind Einrichtungen, in denen durch ärztliche Leistung der Zustand menschlicher Organe, Gewebe, Körperflüssigkeiten usw. festgestellt wird. [2]Die Leistungen unterliegen nur der Steuerbefreiung, sofern ein therapeutisches Ziel im Vordergrund steht. [3]Blutalkoholuntersuchungen für gerichtliche Zwecke in Einrichtungen ärztlicher Befunderhebung sind daher nicht steuerfrei.

(7) [1]Leistungen von Zentren für ärztliche Heilbehandlung, Diagnostik oder Befunderhebung als Einrichtungen des privaten Rechts sind steuerfrei, wenn

---

[1] **Aichberger SGB** Nr. **5.**

[2] Zur Steuerbefreiung für private Krankenhäuser ohne Zulassung nach § 108 SGB V siehe EuGH v. 07.04.2022 C-228/20, I GmbH/FA H, DStR 2022, 833.

sie die Voraussetzungen nach § 4 Nr. 14 Buchstabe b Satz 2 Doppelbuchstabe bb UStG erfüllen. [2]Die Befreiung setzt hiernach entweder eine Teilnahme an der ärztlichen Versorgung nach § 95 SGB V[1)] oder die Anwendung der Regelungen nach § 115 SGB V voraus. [3]Eine Teilnahme an der vertragsärztlichen Versorgung nach § 95 SGB V ist auch dann gegeben, wenn eine Einrichtung nach § 13 des Schwangerschaftskonfliktgesetzes mit einer kassenärztlichen Vereinigung eine Vergütungsvereinbarung nach § 75 Abs. 9 SGB V abgeschlossen hat. [4]Die Anforderung an die Steuerbefreiung gilt auch dann als erfüllt, wenn eine diagnostische Leistung von einer Einrichtung erbracht wird, die auf Grundlage einer durch die gesetzlichen Krankenversicherung abgeschlossenen vertraglichen Vereinbarung an der Heilbehandlung beteiligt worden ist. [5]Dies gilt insbesondere für labordiagnostische Typisierungsleistungen, die im Rahmen der Vorbereitung einer Stammzellentransplantation zur Suche nach einem geeigneten Spender für die Behandlung einer lebensbedrohlich erkrankten Person erbracht und durch das Zentrale Knochenmarkspender-Register Deutschland beauftragt werden. [6]Die vertragliche Regelung zwischen dem Spitzenverband der gesetzlichen Krankenversicherung und dem Zentralen Knochenmarkspender-Register Deutschland schließt auch labordiagnostische Typisierungsleistungen von durch zugelassene Spenderdateien beauftragte Labore mit ein.

Einrichtungen von klinischen Chemikern und Laborärzten

(8) Klinische Chemiker sind Personen, die den von der Deutschen Gesellschaft für Klinische Chemie e.V. entwickelten Ausbildungsgang mit Erfolg beendet haben und dies durch die von der genannten Gesellschaft ausgesprochene Anerkennung nachweisen.

(9)[2)] Medizinische Analysen klinischer Chemiker und von Laborärzten können sowohl nach § 4 Nr. 14 Buchstabe a UStG als auch nach § 4 Nr. 14 Buchstabe b Satz 2 Doppelbuchstabe bb oder cc UStG steuerfrei sein (vgl. BFH-Urteil vom 18.12.2019 – XI R 23/19 (XI R 23/15), BStBl. II 2023 S. 984), sofern die Leistungen im Rahmen einer Heilbehandlung erbracht werden.

Medizinische Versorgungszentren

(10) [1]Medizinische Versorgungszentren sind rechtsformunabhängige fachlich übergreifende ärztlich geleitete Einrichtungen, in denen Ärzte – mit verschiedenen Facharzt- oder Schwerpunktbezeichnungen – als Angestellte oder Vertragsärzte tätig sind (§ 95 Abs. 1 SGB V).[1)] [2]Medizinische Versorgungszentren, die an der vertragsärztlichen Versorgung nach § 95 SGB V teilnehmen, erbringen steuerfreie Leistungen nach § 4 Nr. 14 Buchstabe b Satz 2 Doppelbuchstabe bb UStG. [3]Die an einem medizinischen Versorgungszentrum als selbständige Unternehmer tätigen Ärzte erbringen dagegen steuer-

---

1) **Aichberger SGB** Nr. **5**.

2) A 4.14.5 UStAE Abs. 9 neugef. durch BMF v. 10.10.2023, BStBl. I 2023, 1794, anzuwenden in allen offenen Fällen, Übergangsregelung siehe Anlage 8.

(3)[1] Nicht zu den eng verbundenen Umsätzen gehören insbesondere:

1. die entgeltliche Abgabe von Speisen und Getränken an Besucher;
2. die Telefongestellung an hilfsbedürftige Personen, die Vermietung von Fernsehgeräten und die Unterbringung und Verpflegung von Begleitpersonen (EuGH-Urteil vom 01.12.2005, C-394/04 und C-395/04, Ygeia);[2]
3. [1]die Veräußerung des gesamten beweglichen Anlagevermögens und der Warenvorräte nach Einstellung des Betriebs (BFH-Urteil vom 01.12.1977, V R 37/75, BStBl. II 1978 S. 173). [2]Es kann jedoch die Steuerbefreiung nach § 4 Nr. 28 UStG in Betracht kommen;
4. die Abgabe von Medikamenten und Hilfsmitteln gegen gesondertes Entgelt an ehemals stationär oder teilstationär untergebrachte körperlich, kognitiv oder psychisch hilfsbedürftige Personen;
5. [1]Verpflegungsleistungen, insbesondere Lieferungen von Speisen, soweit sie eigenständige Leistungen darstellen (z. B. „Essen auf Rädern") (vgl. BFH-Urteil vom 01.12.2010 – XI R 46/08, BStBl. II 2023 S. 269). [2]Diese Leistungen unterliegen aber unter den Voraussetzungen des § 12 Abs. 2 Nr. 1 oder 8 UStG dem ermäßigten Steuersatz.

Zu § 4 Nr. 17 UStG

4.17.1 Menschliche Organe, menschliches Blut und Frauenmilch

(1) [1]Unter den Begriff „menschliches Blut" fallen sowohl Vollblut als auch Blutbestandteile, wie z. B. Blutzellen und Blutplasma. [2]Die Steuerbefreiung für die Lieferung von menschlichem Blut setzt weiter voraus, dass die Lieferung unmittelbar zu den dem Gemeinwohl dienenden Tätigkeiten beiträgt, d. h. unmittelbar für Gesundheitsleistungen oder zu therapeutischen Zwecken eingesetzt wird. [3]In den Anwendungsbereich der Steuerbefreiung fallen danach Frischblutkonserven, Vollblutkonserven, Serum- und Plasmakonserven, Serumaugentropfen und Konserven zellulärer Blutbestandteile, z. B. Thrombozytenkonzentrat und Erythrozytenkonzentrat. [4]Die Steuerbefreiung für die Lieferung von menschlichem Blut umfasst nicht die Lieferung von aus menschlichem Blut gewonnenem Blutplasma, wenn dieses Blutplasma nicht unmittelbar für therapeutischen Zwecke, sondern ausschließlich zur Herstellung von Arzneimitteln bestimmt ist (vgl. EuGH-Urteil vom 05.10.2016, C-412/15, TMD, BStBl. II 2017 S. 505).[3]

(2) [1]Nicht unter die Befreiung fallen die aus Mischungen von humanem Blutplasma hergestellten Plasmapräparate. [2]Hierzu gehören insbesondere: Faktoren-Präparate, Humanalbumin, Fibrinogen, Immunglobuline. [3]Dies gilt ebenso für die Lieferung allogener menschlicher Knochen, welche als Teil des Skeletts nicht unter den Begriff „Organe" fallen.

---

[1] A 4.16.6 UStAE Abs. 3 Nr. 4 neugef., Nr. 5 angef. durch BMF v. 12.07.2023, BStBl. I 2023, 1505, anzuwenden auf nach dem 31.12.2020 erbrachte Umsätze; weitere Anwendungsregelungen siehe Anlage 8.

[2] DStRE 2006, 286.

[3] MwStR 2016, 999.

(3) Für die Steuerfreiheit der Lieferungen von Frauenmilch ist es ohne Bedeutung, ob die Frauenmilch bearbeitet, z. B. gereinigt, erhitzt, tiefgekühlt, getrocknet, wird.

(4) Liegen für die Lieferungen nach § 4 Nr. 17 Buchstabe a UStG auch die Voraussetzungen einer Ausfuhrlieferung (§ 4 Nr. 1 Buchstabe a, § 6 UStG) bzw. einer innergemeinschaftlichen Lieferung (§ 4 Nr. 1 Buchstabe b, § 6a UStG) vor, geht die Steuerbefreiung des § 4 Nr. 17 Buchstabe a UStG diesen Steuerbefreiungen vor.

4.17.2 Beförderung von kranken und verletzten Personen

(1) [1] Ein Fahrzeug (Kraft-, Luft- und Wasserfahrzeug) ist für die Beförderung von kranken und verletzten Personen besonders eingerichtet, wenn es durch die vorhandenen Einrichtungen die typischen Merkmale eines Krankenfahrzeugs aufweist, z. B. Liegen, Spezialsitze. [2] Spezielle Einrichtungen für die Beförderung von Kranken und Verletzten können u. a. auch eine Bodenverankerung für Rollstühle, eine Auffahrrampe sowie eine seitlich ausfahrbare Trittstufe sein. [3] Bei Fahrzeugen, die nach dem Fahrzeugschein als Krankenkraftwagen anerkannt sind (§ 4 Abs. 6 PBefG),[1)] ist stets davon auszugehen, dass sie für die Beförderung von kranken und verletzten Personen besonders eingerichtet sind. [4] Serienmäßige Personenkraftwagen, die lediglich mit blauem Rundumlicht und Einsatzhorn, sog. Martinshorn, ausgerüstet sind, erfüllen die Voraussetzungen nicht (BFH-Urteil vom 16.11.1989, V R 9/85, BStBl. II 1990 S. 255). [5] Die Ausstattung mit einer Trage und einer Grundausstattung für „Erste Hilfe" reicht nicht aus.

(2) [1] Für die Inanspruchnahme der Steuerbefreiung nach § 4 Nr. 17 Buchstabe b UStG ist es nicht erforderlich, dass das verwendete Fahrzeug für die Beförderung von kranken und verletzten Personen dauerhaft besonders eingerichtet ist; das Fahrzeug muss aber im Zeitpunkt der begünstigten Beförderung nach seiner Bauart und Ausstattung speziell für die Beförderung verletzter und kranker Personen bestimmt sein (vgl. BFH-Urteil vom 12.08.2004, V R 45/03, BStBl. II 2005 S. 314). [2] Bei der Beförderung mit Fahrzeugen, die zum Zweck einer anderweitigen Verwendung umgerüstet werden können, sind die Voraussetzungen für jede einzelne Fahrt, z. B. mittels eines Fahrtenbuchs, nachzuweisen. [3] Befördert der Unternehmer neben kranken oder verletzten Personen in einem hierfür besonders eingerichteten Fahrzeug weitere Personen, ist das auf die Beförderung der weiteren Personen entfallende Entgelt steuerpflichtig; ein für steuerfreie und steuerpflichtige Beförderungsleistungen einheitliches Entgelt ist aufzuteilen.

(3) Die Steuerbefreiung gilt nicht nur für die Beförderung von akut erkrankten und verletzten Personen, sondern auch für die Beförderung von Personen, die körperlich oder geistig behindert und auf die Benutzung eines Rollstuhls angewiesen sind (vgl. BFH-Urteil vom 12.08.2004, V R 45/03, BStBl. II 2005 S. 314).

---

1) Personenbeförderungsgesetz i. d. F. v. 08.08.1990, BGBl. I 1990, 1690 (**Sartorius** Nr. **950**).

(4) [1]Nach § 4 Nr. 17 Buchstabe b UStG sind bestimmte Beförderungsleistungen befreit. [2]Dabei ist es nicht erforderlich, dass die Beförderungen auf Grund eines Beförderungsvertrages ausgeführt werden oder dass der Empfänger der umsatzsteuerlichen Leistung und die beförderte Person identisch sind. [3]Es können deshalb auch die Beförderungen von kranken oder verletzten Personen im Rahmen von Dienstverträgen über den Betrieb einer Rettungswache befreit werden (vgl. BFH-Urteil vom 18.01.1995, XI R 71/93, BStBl. II S. 559).

(5) [1]Die Leistungen der Notfallrettung umfassen sowohl Leistungen der Lebensrettung und Betreuung von Notfallpatienten als auch deren Beförderung. [2]Die lebensrettenden Maßnahmen i. e. S. werden regelmäßig durch selbständige Ärzte erbracht, die sich dazu gegenüber dem beauftragten Unternehmen verpflichtet haben und insoweit als Unternehmer im Sinne des § 2 UStG tätig werden. [3]Die Leistungen dieser Ärzte sind nach § 4 Nr. 14 Buchstabe a UStG steuerfrei. [4]Die vom beauftragten Unternehmer am Einsatzort erbrachten lebensrettenden Maßnahmen im weiteren Sinne können unter den Voraussetzungen des § 4 Nr. 14 Buchstabe a oder b UStG steuerfrei sein. [5]Die Beförderung von Notfallpatienten in dafür besonders eingerichteten Fahrzeugen ist steuerfrei nach § 4 Nr. 17 Buchstabe b UStG. [6]Wird der Verletzte im Anschluss an eine Notfallrettung in ein Krankenhaus befördert, stellen die lebensrettenden Maßnahmen, die der Vorbereitung der Transportfähigkeit des Patienten dienen, eine einheitliche Leistung dar, die nach § 4 Nr. 17 Buchstabe b UStG steuerfrei ist.

(6) [1]Werden Leistungen zur Sicherstellung der Einsatzbereitschaft der Rettungsmittel und des Personals (sog. Vorhalteleistungen) von demselben Unternehmer erbracht, der die Beförderung von Notfallpatienten als Hauptleistung ausführt, teilen die Vorhalteleistungen als Nebenleistungen das Schicksal der Hauptleistung. [2]Eine Steuerbefreiung nach § 4 Nr. 17 Buchstabe b UStG kommt hingegen nicht in Betracht, wenn Vorhalteleistungen und Hauptleistungen von verschiedenen Unternehmern erbracht werden.

Zu § 4 Nr. 18 UStG

(§ 23 UStDV)[1)]

4.18.1[2)] Eng mit der Sozialfürsorge und der sozialen Sicherheit verbundene Leistungen

Umfang der Steuerbefreiung

(1) [1]Die Steuerbefreiung des § 4 Nr. 18 UStG umfasst eng mit der Sozialfürsorge und der sozialen Sicherheit verbundene Leistungen im Sinne des Artikels 132 Abs. 1 Buchstabe g MwStSystRL, soweit diese nicht bereits in

---

[1)] § 23 UStDV aufgeh. durch G v. 12.12.2019, BGBl. I 2019, 2451, mWv 01.01.2020.

[2)] A 4.18.1 UStAE neugef. durch BMF v. 14.02.2023, BStBl. I 2023, 348, grds. anzuwenden auf nach dem 31.12.2019 erbrachte Umsätze; zur weiteren Anwendungsregelung siehe Anlage 8.

anderen Nummern des § 4 UStG genannt sind. [2]Unter eng mit der Sozialfürsorge und der sozialen Sicherheit verbundene Leistungen fallen sowohl Leistungen, die im Rahmen von Maßnahmen der Sozialfürsorge und der sozialen Sicherheit unmittelbar an die hilfsbedürftigen Personen erbracht werden, als auch solche Leistungen, die zwar nicht unmittelbar an die hilfsbedürftigen Personen erbracht werden, jedoch für die Umsätze im Bereich der Sozialfürsorge und der sozialen Sicherheit unerlässlich sind (vgl. EuGH-Urteil vom 08.10.2020, C-657/19, Finanzamt D); eine Vertragsbeziehung zu der hilfsbedürftigen Person selbst muss nicht bestehen.

(2) [1]Nach § 4 Nr. 18 UStG sind insbesondere Leistungen an wirtschaftlich hilfsbedürftige Personen zur Überwindung der wirtschaftlichen Hilfsbedürftigkeit steuerfrei, z. B. Leistungen der Schuldnerberatung im außergerichtlichen Insolvenzverfahren, der „Tafeln", der Frauenhäuser nach § 36a SGB II, der Bahnhofsmission, der Mitternachtsmission oder die Beratung und Hilfe für Obdach- und Wohnungslose. [2]Auch Beratungsleistungen für Angehörige drogen- oder alkoholabhängiger Menschen oder bei Fragen zu Mütterkuren, Mutter-Kind-Kuren oder Vater-Kind-Kuren, Leistungen der Beratungsstellen für Ehe- und Lebensfragen und die Beratung und Hilfe für Haftentlassene sowie für Prostituierte sind eng mit der Sozialfürsorge und der sozialen Sicherheit verbundene Leistungen. [3]Das gilt auch für Leistungen im Zusammenhang mit der Migration von Menschen, z. B. die Beratung und Hilfe für Migranten, Asylbewerber, Aussiedler oder Flüchtlinge. [4]Hierunter fallen auch die im Zusammenhang mit dem Betrieb von Flüchtlingsunterkünften erbrachten Leistungen wie die Unterbringung und Betreuung der Flüchtlinge sowie in Erstaufnahmeeinrichtungen auch die Verpflegung der Flüchtlinge (vgl. BFH-Urteil vom 24.03.2021 – V R 1/19, BStBl. II 2023 S. 279).

(3) [1]Unter die Steuerbefreiung des § 4 Nr. 18 UStG fallen auch Leistungen, die auf Grund von Verträgen zur Übertragung von Aufgaben im Rahmen des Bundesfreiwilligendienstes nach § 16 Bundesfreiwilligendienstgesetz (BFDG) erbracht werden, sofern die Einsatzstellen mit den Freiwilligen Aufgaben im Bereich der Sozialfürsorge oder der sozialen Sicherheit erfüllen. [2]Insbesondere sind die unter § 4 Nr. 14 Buchstabe f, Nr. 15, 15a, 15b, 15c, 16 und 18 UStG genannten Leistungen als eng mit der Sozialfürsorge und der sozialen Sicherheit verbundene Dienstleistungen anzusehen. [3]Sofern die Freiwilligen durch die Einsatzstellen jedoch für Aufgaben in anderen Bereichen eingesetzt werden, z. B. in den Bereichen Umwelt- oder Naturschutz, Landschaftspflege, Kultur und Denkmalpflege, Sport sowie Zivil- und Katastrophenschutz, ist eine Befreiung der auf Grund eines vorgenannten Vertrages nach § 16 BFDG u. a. von Zentralstellen an das Bundesamt für Familie und zivilgesellschaftliche Aufgaben erbrachten Leistungen nach § 4 Nr. 18 UStG nicht möglich (vgl. BFH-Urteil vom 23.07.2009 – V R 93/07, BStBl. II 2015 S. 735). [4]Des Weiteren sind auch Leistungen, die ein Träger des Jugendfreiwilligendienstes, der gemäß § 11 Abs. 1 Jugendfreiwilligendienstegesetz zur Gewährung von Geld- und Sachleistungen an die Freiwilligen verpflichtet ist, an die Einsatzstelle der Freiwilligen erbringt, und die dem Träger von der Einsatzstelle durch eine monatliche Pauschale vergütet werden, von der Steuerbe-

freiung des § 4 Nr. 18 UStG umfasst (vgl. BFH-Urteil vom 24.06.2020 – V R 21/19, BStBl. II 2023 S. 276); die Sätze 2 und 3 gelten entsprechend.

(4) [1]Eine Steuerfreiheit für die Beherbergung, Beköstigung, ausgenommen die Abgabe von alkoholischen Getränken, und die üblichen Naturalleistungen an Personen, die bei den begünstigten Leistungen tätig sind, kommt nur dann in Betracht, wenn diese Sachzuwendungen als Vergütung für geleistete Dienste gewährt werden. [2]Diese Voraussetzung ist erfüllt, wenn ein Arbeitnehmer nach dem Arbeitsvertrag, den mündlichen Abreden oder nach den sonstigen Umständen des Arbeitsverhältnisses (z. B. faktische betriebliche Übung) neben dem Barlohn einen zusätzlichen Lohn in Form der Sachzuwendungen erhält. [3]Unschädlich ist es hierbei, wenn die Beteiligten aus verrechnungstechnischen Gründen einen Bruttogesamtlohn bilden und hierauf die Sachzuwendungen anrechnen. [4]Die Sachzuwendungen werden jedoch nicht als Vergütung für geleistete Dienste gewährt, wenn sie auf den Barlohn des Arbeitnehmers angerechnet werden. [5]Die Sachzuwendungen haben hier nicht die Eigenschaft eines Arbeitslohnes. [6]Vielmehr liegt ein besonderer Umsatz an den Arbeitnehmer vor, der nicht unter die Befreiung des § 4 Nr. 18 UStG fällt (vgl. BFH-Urteil vom 03.03.1960 – V 103/58 U, BStBl. III S. 169).

(5) [1]Die Steuerbefreiung nach § 4 Nr. 18 UStG findet keine Anwendung, wenn für eine Leistung eine andere Steuerbefreiung als lex specialis vorgeht (vgl. EuGH-Urteil vom 15.11.2012, C-174/11, Zimmermann). [2]Das gilt u. a. für Heilbehandlungsleistungen, für Leistungen der Behindertenhilfe (z. B. der Werkstätten für behinderte Menschen), für Leistungen im Rahmen der rechtlichen Betreuung, der Altenhilfe, der Jugendhilfe oder für Leistungen zur Beförderung von kranken und verletzten Personen.

(6) [1]Leistungen, die in der Regel nicht speziell den hilfsbedürftigen Personen im Rahmen der Sozialfürsorge und der sozialen Sicherheit angeboten werden, z. B. Umzugsleistungen, Rechtsberatungsleistungen oder allgemeine Geschäftsführungs- und Verwaltungsleistungen, sind als solche keine eng mit der Sozialfürsorge und der sozialen Sicherheit verbundenen Leistungen. [2]Auch bei den von einem Menüservice erbrachten Leistungen handelt es sich nicht um eng mit der Sozialfürsorge oder der sozialen Sicherheit verbundene Leistungen; diese fallen daher nicht unter die Steuerbefreiung des § 4 Nr. 18 UStG (vgl. BFH-Urteil vom 01.12.2010 – XI R 46/08, BStBl. II 2023 S. 269). [3]Die Leistungen eines solchen Menüservices oder Mahlzeitendienstes (z. B. „Essen auf Rädern“) unterliegen aber unter den Voraussetzungen des § 12 Abs. 2 Nr. 1 oder 8 UStG dem ermäßigten Steuersatz.

Begünstigte Leistungserbringer

(7) [1]Eng mit der Sozialfürsorge und der sozialen Sicherheit verbundene Leistungen sind steuerfrei, wenn sie von Einrichtungen juristischer Personen des öffentlichen Rechts oder von anderen Einrichtungen, die keine systematische Gewinnerzielung anstreben, erbracht werden. [2]Bei der Beurteilung der Frage, ob es sich um eine Einrichtung handelt, die keine systematische Gewinnerzielung anstrebt, sind sämtliche Tätigkeiten desselben Unternehmers zu berücksichtigen. [3]Eine Einrichtung ohne systematische Gewinnerzielung kann jedoch auch dann vorliegen, wenn sie zwar systematisch danach strebt, Über-

schüsse zu erwirtschaften, sie diese jedoch nicht als Gewinn an ihre Mitglieder ausschüttet, sondern für die Durchführung ihrer Leistungen verwendet (vgl. EuGH-Urteil vom 21.03.2002, C-174/00, Kennemer Golf & Country Club).

Zu § 4 Nr. 19 UStG

4.19.1 Blinde

(1) Der Unternehmer hat den Nachweis der Blindheit in der gleichen Weise wie bei der Einkommensteuer für die Inanspruchnahme eines Pauschbetrags nach § 33b EStG i. V. m. § 65 EStDV zu führen.

(2) [1]Bei der Frage nach den beschäftigten Arbeitnehmern kommt es nach dem Sinn und Zweck der Steuerbefreiung nicht auf die Anzahl der Arbeitnehmer schlechthin, sondern auf ihre zeitliche Arbeitsleistung an. [2]Die Umsätze von Blinden sind daher auch dann steuerfrei, wenn mehr als zwei Teilzeitkräfte beschäftigt werden, sofern ihre Beschäftigungszeit – bezogen jeweils auf den Kalendermonat – diejenige von zwei ganztägig beschäftigten Arbeitnehmern nicht übersteigt.

(3) [1]Die Einschränkung der Steuerbefreiung für die Lieferungen von Mineralöl und Alkoholerzeugnissen in den Fällen, in denen der Blinde für diese Waren Energiesteuer oder Alkoholsteuer zu entrichten hat, ist insbesondere für blinde Tankstellenunternehmer von Bedeutung, denen nach § 7 EnergieStG ein Lager für Energieerzeugnisse bewilligt ist. [2]Der Begriff Mineralöl richtet sich nach § 1 Abs. 2 und 3 EnergieStG.[1)] [3]Hiernach fallen unter diesen Begriff vor allem Vergaserkraftstoffe, Dieselkraftstoffe, Flüssiggase (Autogase). [4]Der Begriff Alkoholerzeugnisse richtet sich nach § 1 Alkoholsteuergesetzes (AlkStG).[2)] [5]Bei einer Erhöhung der Energiesteuer oder Alkoholsteuer können die entsprechenden Waren einer Nachsteuer unterliegen. [6]Wenn blinde Unternehmer lediglich eine solche Nachsteuer zu entrichten haben, entfällt die Steuerbefreiung nicht.

(4) Liegen für die Lieferungen durch einen in § 4 Nr. 19 Buchstabe a UStG genannten Unternehmer auch die Voraussetzungen einer Ausfuhrlieferung (§ 4 Nr. 1 Buchstabe a, § 6 UStG) bzw. einer innergemeinschaftlichen Lieferung (§ 4 Nr. 1 Buchstabe b, § 6a UStG) vor, geht die Steuerbefreiung des § 4 Nr. 19 Buchstabe a UStG diesen Steuerbefreiungen vor.

4.19.2 Blindenwerkstätten

(1) [1]Blindenwerkstätten sind Betriebe, in denen ausschließlich Blindenwaren hergestellt und in denen bei der Herstellung andere Personen als Blinde nur mit Hilfs- oder Nebenarbeiten beschäftigt werden. [2]Die Unternehmer sind im Besitz eines Anerkennungsbescheids auf Grund des Blindenwarenvertriebsgesetzes vom 9.04.1965 (BGBl. I S. 311) in der bis zum 13.09.2007 geltenden Fassung (BGBl. I S. 2246).

---

1) **Zölle und Verbrauchsteuern** Nr. **330.**

2) **Zölle und Verbrauchsteuern** Nr. **310.**

(2) [1] Welche Waren als Blindenwaren und Zusatzwaren anzusehen sind, bestimmt sich nach § 2 des Blindenwarenvertriebsgesetzes vom 09.04.1965 (BGBl. I S. 311) in der bis zum 13.09.2007 geltenden Fassung (BGBl. I S. 2246) und nach den §§ 1 und 2 der zu diesem Gesetz ergangenen Durchführungsverordnung vom 11.08.1965 (BGBl. I S. 807), geändert durch die Verordnung vom 10.07.1991 (BGBl. I S. 1491) in der bis zum 13.09.2007 geltenden Fassung (BGBl. I S. 2246). [2] Unter die Steuerbefreiung fallen auch die Umsätze von solchen Blindenwaren, die nicht in der eigenen Blindenwerkstätte hergestellt sind.

(3) Liegen für die Lieferungen durch einen in § 4 Nr. 19 Buchstabe b UStG genannten Unternehmer auch die Voraussetzungen einer Ausfuhrlieferung (§ 4 Nr. 1 Buchstabe a, § 6 UStG) bzw. einer innergemeinschaftlichen Lieferung (§ 4 Nr. 1 Buchstabe b, § 6a UStG) vor, geht die Steuerbefreiung des § 4 Nr. 19 Buchstabe b UStG diesen Steuerbefreiungen vor.

Zu § 4 Nr. 20 UStG

4.20.1 Theater

(1) [1] Ein Theater im Sinne des § 4 Nr. 20 UStG wendet sich in der Regel an eine unbestimmte Zahl von Zuschauern und hat die Aufgabe, der Öffentlichkeit Theaterstücke in künstlerischer Form nahezubringen (BVerwG-Urteil vom 31.07.2008, 9 B 80/07).[1)] [2] Danach können Umsätze eines Theaters nur vorliegen, wenn Personen in irgendeiner Weise auf einer Bühne vor einem Publikum ein Stück zur Aufführung bringen oder eine für Zuschauer bestimmte Aufführung durch eine Person erfolgt (vgl. BFH-Urteile vom 04.05.2011, XI R 44/08, BStBl. II 2014 S. 200, und vom 10.01.2013, V R 31/10, BStBl. II S. 352). [3] Wenn z.B. so viele künstlerische und technische Kräfte und die zur Aufführung von Theaterveranstaltungen notwendigen technischen Voraussetzungen unterhalten werden, dass die Durchführung eines Spielplans aus eigenen Kräften möglich ist (BFH-Urteil vom 14.11.1968, V 217/64, BStBl. II 1969 S. 274), liegt ein Theater vor. [4] Es genügt, dass ein Theater die künstlerischen und technischen Kräfte nur für die Spielzeit eines Stückes verpflichtet. [5] Ein eigenes oder gemietetes Theatergebäude braucht nicht vorhanden zu sein (BFH-Urteil vom 24.03.1960, V 158/58 U, BStBl. III S. 277). [6] Unter die Befreiungsvorschrift fallen deshalb auch die Theatervorführungen in einem Fernsehstudio, und zwar unabhängig davon, ob die Theatervorführung unmittelbar übertragen oder aufgezeichnet wird.

(2)[2)] [1] Zu den Theatern gehören auch Freilichtbühnen, Wanderbühnen, Zimmertheater, Heimatbühnen, Puppen-, Marionetten- und Schattenspieltheater sowie literarische und politische Kabaretts, wenn sie die in Absatz 1 bezeichneten Voraussetzungen erfüllen. [2] Theatervorführungen sind auch Auf-

---

[1)] NJW 2009, 793.

[2)] Zur Steuerfreiheit von Besorgungsleistungen i. Z. m. Opern-Eintrittskarten siehe BFH v. 25.04.2018 XI R 16/16, BStBl. II 2021, 457, und A 3.15 Abs. 3 UStAE.

führungen der Pantomime und Tanzkunst, der Kleinkunst, des Varietés (u. a. Zauberei, Artistik und Bauchrednerei), der Eisrevuen sowie Mischformen von Sprech-, Musik- und Tanzdarbietungen (vgl. BFH-Urteile vom 04.05. 2011, XI R 44/08, BStBl. II 2014 S. 200, und vom 10.01.2013, V R 31/10, BStBl. II S. 352). [3] Filmvorführungen fallen nicht unter die Steuerbefreiung. [4] Dasselbe gilt für reine Autorenlesungen vor Publikum (vgl. BFH-Urteil vom 25.02.2015, XI R 35/12, BStBl. II S. 677).

(3)[1)] [1] Befreit sind die eigentlichen Theaterleistungen einschließlich der damit üblicherweise verbundenen Nebenleistungen. [2] Als Theaterleistungen sind auch solche Leistungen anzusehen, die gegenüber einem gastgebenden Theater ausgeführt werden, z. B. zur Verfügung stellen eines Ensembles. [3] Zu den Nebenleistungen gehören insbesondere die Aufbewahrung der Garderobe, der Verkauf von Programmen und die Vermietung von Operngläsern. [4] Die Abgabe von Speisen und Getränken bei Theatervorstellungen ist keine nach § 4 Nr. 20 Buchstabe a UStG steuerfreie Nebenleistung (BFH-Urteile vom 14.05.1998, V R 85/97, BStBl. II 1999 S. 145, vom 21.04.2005, V R 6/03, BStBl. II S. 899, und vom 18.08.2005, V R 20/03, BStBl. II S. 910). [5] Bei einer Veranstaltung, bei der kulinarische und künstlerische Elemente untrennbar gleichwertig nebeneinander angeboten werden und aus Sicht des Durchschnittsverbrauchers gerade dieses Kombinationserlebnis im Vordergrund steht, liegt eine einheitliche sonstige Leistung eigener Art vor; diese unterliegt dem allgemeinen Steuersatz nach § 12 Abs. 1 UStG (vgl. BFH-Urteil vom 13.06.2018, XI R 2/16, BStBl. II S. 678, sowie Abschnitt 12.5 Abs. 2 Satz 10). [6] Der Betrieb einer Theatergaststätte und die Vermietung oder Verpachtung eines Theaters oder eines Nebenbetriebs, z. B. Gaststätte, Kleiderablage, sind steuerpflichtig, sofern nicht besondere Befreiungsvorschriften, z. B. § 4 Nr. 12 UStG, anzuwenden sind.

(4) [1] Veranstalter ist derjenige, der im eigenen Namen die organisatorischen Maßnahmen dafür trifft, dass die Theatervorführung abgehalten werden kann, wobei er die Umstände, den Ort und die Zeit der Darbietung selbst bestimmt. [2] Werden bei Theatervorführungen mehrere Veranstalter tätig, kann jeder Veranstalter die Steuerbefreiung des § 4 Nr. 20 Buchstabe b UStG unter den Voraussetzungen dieser Vorschrift in Anspruch nehmen. [3] Bei Tournee-Veranstaltungen kann deshalb die Steuerbefreiung sowohl dem Tournee-Veranstalter als auch dem örtlichen Veranstalter zustehen.

4.20.2 Orchester, Kammermusikensembles und Chöre

(1) [1] Zu den Orchestern, Kammermusikensembles und Chören gehören alle Musiker- und Gesangsgruppen, die aus zwei oder mehr Mitwirkenden bestehen. [2] Artikel 132 Abs. 1 Buchstabe n MwStSystRL[2)] ist dahin auszulegen, dass der Begriff der „anderen … anerkannten Einrichtungen" als Einzelkünstler auftretende Solisten und Dirigenten nicht ausschließt (vgl.

[1)] Zur Steuerfreiheit von Besorgungsleistungen i. Z. m. Opern-Eintrittskarten siehe BFH v. 25.04.2018 XI R 16/16, BStBl. II 2021, 457, und A 3.15 Abs. 3 UStAE.

[2)] **Steuergesetze** Nr. **550.**

auch EuGH-Urteil vom 03.04.2003, C-144/00, BStBl. II S. 679).[1] [3]Demnach ist auch die Leistung eines einzelnen Orchestermusikers gegenüber dem Orchester, in dem er tätig ist, als kulturelle Dienstleistung eines Solisten anzusehen (vgl. BFH-Urteile vom 18.02.2010 – V R 28/08, BStBl. II S. 876, und vom 22.08.2019 – V R 14/17, BStBl. II 2020 S. 720). [4]Auf die Art der Musik kommt es nicht an; auch Unterhaltungsmusik kann unter die Vorschrift fallen. [5]Unter Konzerten sind Aufführungen von Musikstücken zu verstehen, bei denen Instrumente und/oder die menschliche Stimme eingesetzt werden (BFH-Urteil vom 26.04.1995 – XI R 20/94, BStBl. II S. 519).

(2) Zur umsatzsteuerlichen Behandlung von Konzerten, bei denen mehrere Veranstalter tätig werden, wird auf Abschnitt 4.20.1 Abs. 4 hingewiesen.

4.20.3 Museen und Denkmäler der Bau- und Gartenbaukunst

(1) [1]Museen im Sinne des § 4 Nr. 20 Buchstabe a UStG sind wissenschaftliche Sammlungen und Kunstsammlungen. [2]Deren Umsätze sind steuerfrei, wenn die Einrichtungen die Voraussetzungen des § 4 Nr. 20 Buchstabe a Sätze 1 und 2 UStG erfüllen. [3]Ob eine Sammlung wissenschaftlich ist, richtet sich nach dem Gesamtbild der Umstände, z. B. danach, ob die Sammlung nach wissenschaftlichen Gesichtspunkten zusammengestellt oder geordnet ist und ob sie entsprechend durch Beschriftungen und/oder Kataloge erläutert wird. [4]Als Gegenstände derartiger Sammlungen kommen auch technische Gegenstände wie Luftfahrzeuge in Betracht (vgl. BFH-Urteil vom 19.05.1993 – V R 110/88, BStBl. II S. 779).

(2) [1]Als Museen können auch Kunstausstellungen in Betracht kommen. [2]Hierbei muss es sich um Kunstsammlungen handeln, die ausgestellt und dadurch der Öffentlichkeit zum Betrachten und zu den damit verbundenen kulturellen und bildenden Zwecken zugänglich gemacht werden. [3]Es kann sich dabei auch um die Kunstsammlung einer anderen Person handeln. [4]Die Sammlungen können auch eigens für die Ausstellung zusammengestellt sein. [5]Es kommt nicht darauf an, ob Sonderausstellungen entweder komplett aus den Sammlungsbeständen anderer Einrichtungen oder privater Leihgeber zusammengestellt sind oder aber nur zu einem geringen Anteil aus der eigenen Sammlung bestückt werden. [6]Aus dem Begriff der Sammlung folgt ferner kein Erfordernis der Dauerhaftigkeit (vgl. BFH-Urteil vom 22.11.2018, V R 29/17, BStBl. II 2021 S. 495). [7]Daher können auch Ausstellungen, welche nur für eine begrenzte Zeit besichtigt werden können (sog. Wanderausstellungen), sowie Sammlungen vergänglicher Gegenstände (wie beispielsweise Eis- oder Sandskulpturen) grundsätzlich hierunter fallen, sofern es sich bei den ausgestellten Objekten um Kunstwerke handelt. [8]Kunstausstellungen, die Verkaufszwecken dienen und damit gewerbliche Ziele verfolgen, können demgegenüber nicht als Museen angesehen werden. [9]Verkäufe von sehr untergeordneter Bedeutung beeinträchtigen die Eigenschaft der Kunstausstellung als Kunstsammlung dagegen nicht.

---

[1] IStR 2003, 309.

(3) [1]Steuerfrei sind insbesondere die Leistungen der Museen, für die als Entgelte Eintrittsgelder erhoben werden, und zwar auch insoweit, als es sich um Sonderausstellungen, Führungen und Vorträge handelt. [2]Die Steuerbefreiung erfasst auch die bei diesen Leistungen üblichen Nebenleistungen, z. B. den Verkauf von Katalogen und Museumsführern und die Aufbewahrung der Garderobe. [3]Weitere typische Museumsleistungen sind das Dulden der Anfertigung von Reproduktionen, Abgüssen und Nachbildungen sowie die Restaurierung und Pflege von Kunstwerken in Privatbesitz, die von den Museen im Interesse der Erhaltung dieser Werke für die Allgemeinheit vorgenommen werden. [4]Der Verkauf von Kunstpostkarten, Fotografien, Dias, Plakaten, Klischees, Reproduktionen, Abgüssen, Nachbildungen, Farbdrucken und Bildbänden ist nur dann als typische Museumsleistung steuerfrei, wenn

1. es sich um Darstellungen von Objekten des betreffenden Museums handelt,
2. das Museum die genannten Gegenstände selbst herstellt oder herstellen lässt und
3. diese Gegenstände ausschließlich in diesem Museum vertrieben werden.

[5]Der Verkauf von Literatur, die in Beziehung zu der Sammlung des betreffenden Museums steht, ist bei Vorliegen der Voraussetzungen zu Satz 4 Nummern 2 und 3 ebenfalls steuerfrei. [6]Die Veräußerung von Museumsobjekten sowie von Altmaterial ist dagegen von der Steuerbefreiung nach § 4 Nr. 20 UStG ausgeschlossen. [7]Es kann jedoch die Steuerbefreiung nach § 4 Nr. 28 UStG in Betracht kommen (vgl. Abschnitt 4.28.1).

(4) [1]Denkmäler der Baukunst sind Bauwerke, die nach denkmalpflegerischen Gesichtspunkten als schützenswerte Zeugnisse der Architektur anzusehen sind. [2]Hierzu gehören z. B. Kirchen, Schlösser, Burgen und Burgruinen. [3]Auf eine künstlerische Ausgestaltung kommt es nicht an. [4]Zu den Denkmälern der Gartenbaukunst gehören z. B. Parkanlagen mit künstlerischer Ausgestaltung.

4.20.4 Zoologische Gärten und Tierparks

(1) [1]Zoologische Gärten im Sinne der Befreiungsvorschrift sind auch Aquarien und Terrarien. [2]Sog. Vergnügungsparks sind keine begünstigten Einrichtungen; das gilt auch für Delfinarien, die auf dem Gelände zoologischer Gärten von anderen Unternehmern in eigener Regie betrieben werden (BFH-Urteil vom 20.04.1988, X R 20/82, BStBl. II S. 796).

(2) [1]Die Umsätze der zoologischen Gärten und Tierparks sind unter der Voraussetzung steuerfrei, dass es sich um typische Leistungen der bezeichneten Einrichtungen handelt. [2]Typische Umsätze sind insbesondere:

1. Zurschaustellung von Tieren;
2. Erteilung der Erlaubnis zum Fotografieren;
3. Verkauf von Ansichtskarten, Fotografien und Dias mit Zoo- und Tierparkmotiven;

4. Verkauf von Zoo- und Tierparkführern;
5. Verkauf von Tierfutter an die Besucher zum Füttern der zur Schau gestellten Tiere;
6. Verkauf von Tieren, wenn der Verkauf den Aufgaben der zoologischen Gärten und Tierparks dient oder mit dem Betrieb dieser Einrichtung zwangsläufig verbunden ist, z.B. Verkauf zum Zweck der Zurschaustellung in einem anderen zoologischen Garten oder Tierpark, Verkauf zum Zweck der Zucht oder Verkauf zum Zweck der Verjüngung des Tierbestandes.

(3) Insbesondere folgende Umsätze der zoologischen Gärten und Tierparks sind für diese nicht typisch und fallen deshalb nicht unter die Steuerbefreiung:

1. Umsätze in den Gaststättenbetrieben;
2. Verkauf von Gebrauchsartikeln, z.B. Zeitungen, und anderen als den in Absatz 2 Satz 2 Nr. 3 bezeichneten Andenken;
3. Duldung der Jagd in einem Tierpark;
4. Verkauf von Wildbret, Fellen, Jagdtrophäen und Abwurfstangen;
5. Überlassung besonderer Vergnügungseinrichtungen, z.B. Kleinbahnen, Autoscooter, Boote, Minigolfplätze;
6. [1] Verkauf von Gegenständen des Anlagevermögens, ausgenommen die in Absatz 2 Satz 2 Nr. 6 bezeichneten Umsätze von Tieren. [2] Es kann jedoch die Steuerbefreiung nach § 4 Nr. 28 UStG in Betracht kommen (vgl. Abschnitt 4.28.1).

4.20.5 Bescheinigungsverfahren

(1) [1] Für die Erteilung der Bescheinigung der zuständigen Landesbehörde[1)] gilt Abschnitt 4.21.5 Abs. 2, 3 und 6 entsprechend. [2] Gastieren ausländische Theater und Orchester im Inland an verschiedenen Orten, genügt eine Bescheinigung der Landesbehörde, in deren Zuständigkeitsbereich das ausländische Ensemble erstmalig im Inland tätig wird.[2)]

(2) *(aufgehoben)*

Zu § 4 Nr. 21 UStG

4.21.1 Ersatzschulen

Der Nachweis, dass für den Betrieb der Ersatzschule eine staatliche Genehmigung oder landesrechtliche Erlaubnis vorliegt, kann durch eine Bescheinigung der Schulaufsichtsbehörde geführt werden.

[1)] Vgl. hierzu BVerwG v. 04.05.2006 10 C 10/05, DStRE 2006, 1476, und v. 11.10.2006 10 C 7/05, NJW 2007, 711 u. 10 C 4/06, NJW 2007, 714.

[2)] Zur Bescheinigung nach § 4 Nr. 20 Buchst. a Satz 2 UStG (hier Orchestermusiker) vgl. BFH v. 18.02.2010 V R 28/08, BStBl. II 2010, 876.

4.21.2 Ergänzungsschulen und andere allgemein bildende oder berufsbildende Einrichtungen

(1) [1]Zu den allgemein bildenden oder berufsbildenden Einrichtungen gehören u. a. auch Fernlehrinstitute, Fahrlehrerausbildungsstätten, Heilpraktiker-Schulen, Kurse zur Erteilung von Nachhilfeunterricht für Schüler und Repetitorien, die Studierende auf akademische Prüfungen vorbereiten. [2]Zum Begriff der allgemein bildenden Einrichtung wird auf das Urteil des BVerwG vom 03.12.1976, VII C 73.75, BStBl. II 1977 S. 334, hingewiesen. [3]Berufsbildende Einrichtungen sind Einrichtungen, die Leistungen erbringen, die ihrer Art nach den Zielen der Berufsaus- oder Berufsfortbildung dienen. [4]Sie müssen spezielle Kenntnisse und Fertigkeiten vermitteln, die zur Ausübung bestimmter beruflicher Tätigkeiten notwendig sind (BFH-Urteil vom 18.12.2003, V R 62/02, BStBl. II 2004 S. 252). [5]Auf die Rechtsform des Trägers der Einrichtung kommt es nicht an. [6]Es können deshalb auch natürliche Personen oder Personenzusammenschlüsse begünstigte Einrichtungen betreiben, wenn neben den personellen auch die organisatorischen und sächlichen Voraussetzungen vorliegen, um einen Unterricht zu ermöglichen.

(2)[1)] [1]Der Unternehmer ist Träger einer Bildungseinrichtung, wenn er selbst entgeltliche Unterrichtsleistungen gegenüber seinen Vertragspartnern (z. B. Schüler, Studenten, Berufstätige oder Arbeitgeber) anbietet. [2]Dies erfordert ein festliegendes Lehrprogramm und Lehrpläne zur Vermittlung eines Unterrichtsstoffs für die Erreichung eines bestimmten Lehrgangsziels sowie geeignete Unterrichtsräume oder -vorrichtungen. [3]Der Betrieb der Bildungseinrichtung muss auf eine gewisse Dauer angelegt sein. [4]Die Einrichtung braucht im Rahmen ihres Lehrprogramms keinen eigenen Lehrstoff anzubieten. [5]Daher reicht es aus, wenn sich die Leistung auf eine Unterstützung des Schul- oder Hochschulangebots bzw. auf die Verarbeitung oder Repetition des von der Schule angebotenen Stoffs beschränkt. [6]Die Veranstaltung einzelner Vorträge oder einer Vortragsreihe erfüllt dagegen nicht die Voraussetzungen einer Unterrichtsleistung. [7]Unschädlich ist jedoch die Einbindung von Vorträgen in ein Lehrprogramm für die Befreiung der Unterrichtsleistungen des Trägers der Bildungseinrichtung.

(3) [1]Die Vorbereitung auf einen Beruf umfasst die berufliche Ausbildung, die berufliche Fortbildung und die berufliche Umschulung; die Dauer der jeweiligen Maßnahme ist unerheblich (vgl. Artikel 44 MwStVO).[2)] [2]Dies sind unter anderem Maßnahmen zur Aktivierung und beruflichen Eingliederung im Sinne von § 45 SGB III[3)] mit Ausnahme von § 45 Abs. 4 Satz 3 Nr. 2 und Abs. 7 SGB III, Weiterbildungsmaßnahmen entsprechend den Anforderungen der §§ 179, 180 SGB III, Aus- und Weiterbildungsmaßnahmen (einschließlich der Berufsvorbereitung und der blindentechnischen und vergleichbaren speziellen Grundausbildung zur beruflichen Eingliederung von Menschen mit Behinderung) im Sinne von § 112 SGB III sowie berufsvorbereitende, berufs-

---

[1)] Zur Definition des Begriffs „Unterricht" siehe BFH v. 25.10.2018 XI B 57/18, BFH/NV 2019, 130.

[2)] **Steuergesetze** Nr. **550a.**

[3)] **Aichberger SGB** Nr. **3.**

begleitende bzw. außerbetriebliche Maßnahmen nach §§ 48, 130 SGB III, §§ 51, 53 SGB III, §§ 75, 76 SGB III bzw. § 49 SGB III, die von der Bundesagentur für Arbeit und – über § 16 SGB II[1)] – den Trägern der Grundsicherung für Arbeitsuchende nach §§ 6, 6a SGB II gefördert werden. [3]Mit ihrer Durchführung beauftragen die Bundesagentur für Arbeit und die Träger der Grundsicherung für Arbeitsuchende nach §§ 6, 6a SGB II in manchen Fällen gewerbliche Unternehmen oder andere Einrichtungen, z. B. Berufsverbände, Kammern, Schulen, anerkannte Werkstätten für behinderte Menschen, die über geeignete Ausbildungsstätten verfügen. [4]Es ist davon auszugehen, dass die genannten Unternehmen und andere Einrichtungen die von der Bundesagentur für Arbeit und den Trägern der Grundsicherung für Arbeitsuchende nach §§ 6, 6a SGB II geförderten Ausbildungs-, Fortbildungs- und Umschulungsmaßnahmen im Rahmen einer berufsbildenden Einrichtung im Sinne des § 4 Nr. 21 Buchstabe a UStG erbringen.

(3a) [1]Die nach § 43 AufenthG[2)] erbrachten Leistungen (Integrationskurse) dienen als Maßnahme der Eingliederung in den Arbeitsmarkt dem Erwerb ausreichender Kenntnisse der deutschen Sprache. [2]Diese Maßnahmen fallen daher unter die Steuerbefreiung des § 4 Nr. 21 Buchst. a UStG, wenn sie von einem vom Bundesamt für Migration und Flüchtlinge zur Durchführung der Integrationskurse zugelassenen Kursträger erbracht werden.

(4) [1]Die Aufgaben der Integrationsfachdienste (§§ 192 ff. SGB IX)[3)] entsprechen in Teilbereichen den in § 45 SGB III[2)] genannten Tätigkeiten, gehen jedoch insgesamt darüber hinaus. [2]Da eine Trennung der einzelnen Aufgaben nicht möglich ist, kommt eine Steuerbefreiung nach § 4 Nr. 21 UStG für die Leistungen der Integrationsfachdienste insgesamt nicht in Betracht; auf die Ausführungen in Abschnitt 4.16.5 Abs. 7 und 8 wird hingewiesen.

(5) [1]Eine Einrichtung, die Unterricht für das Erlernen des Umgangs mit Computern erteilt (z. B. Grundkurse für die Erstellung von Textdokumenten), erbringt unmittelbar dem Schul- und Bildungszweck dienende Leistungen. [2]Sie kann somit die Voraussetzungen des § 4 Nr. 21 UStG erfüllen.

(6)[4)] [1]Fahrschulen können grundsätzlich nicht als allgemein bildende oder berufsbildende Einrichtungen beurteilt werden (BFH-Urteil vom 14.03.1974, V R 54/73, BStBl. II S. 527).[5)] [2]Eine Steuerfreiheit der Umsätze nach § 4 Nr. 21 UStG kann aber insoweit in Betracht kommen, als Fahrschulen Lehrgänge zur Ausbildung für die Fahrerlaubnis der Klassen C, CE, D, DE, D1, D1E, T und L durchführen, da diese Leistungen in der Regel der Berufsausbildung dienen. [3]Eine Fahrerlaubnis der Klassen C, CE, D, DE, D1 und

---

1) **Aichberger SGB** Nr. **2.**

2) AufenthG v. 25.02.2008, BGBl. I 2008, 162 (**Sartorius** Nr. **565**).

3) **Aichberger SGB** Nr. **9.**

4) Zur USt-Befreiung von Kursen „Sofortmaßnahmen am Unfallort" siehe BFH v. 10.01.2008 V R 52/06, DStRE 2008, 445.

5) Siehe auch BFH v. 23.05.2019 V R 7/19 (V R 38/16), DStR 2019, 1748, zuvor EuGH v. 14.03.2019 C 449/17, DStR 2019, 620, zum Fahrunterricht in einer Fahrschule und zum Begriff „Schul- und Hochschulunterricht" iSd Art. 132 Abs. 1 Buchst. i und j MwStSystRL.

D1E darf nur erteilt werden, wenn der Bewerber bereits die Fahrerlaubnis der Klasse B besitzt oder die Voraussetzungen für deren Erteilung erfüllt hat (§ 9 Fahrerlaubnis-Verordnung). 4 Eine Steuerbefreiung kommt deshalb auch in Betracht, wenn der Fahrschüler im Rahmen seiner Ausbildung zeitgleich neben den Klassen C und CE die Fahrerlaubnis der Klasse B erwerben möchte; die Ausbildungsleistung, die auf die Klasse B entfällt, ist aber steuerpflichtig. 5 Als Lehrgang ist die dem einzelnen Fahrschüler gegenüber erbrachte Leistung anzusehen. 6 Bei Fahrschulen gelten als Bescheinigung im Sinne des § 4 Nr. 21 Buchstabe a Doppelbuchstabe bb UStG für den Nachweis, dass sie ordnungsgemäß auf einen Beruf vorbereiten:
- die nach dem 31.12.2017 erteilte Fahrschulerlaubnis (§ 26 Abs. 1 FahrlG) in den Fahrlehrerlaubnisklassen CE und DE oder
- die vor dem 01.01.2018 ausgestellte Fahrschulerlaubnisurkunde (§ 13 Abs. 1 FahrlG),[1] die zur Ausbildung zum Erwerb der Fahrerlaubnis der Klasse 2 bzw. 3 (ausgestellt bis zum 31.12.1998) bzw. der Fahrerlaubnisklassen C, CE, D, DE, D1, D1E, T und L (ausgestellt ab Januar 1999) berechtigt oder
- bei Fahrschulen, die bei Inkrafttreten des FahrlG alter Fassung bestanden und die Fahrschulerlaubnis somit nach § 69 FahrlG als erteilt gilt, eine Bescheinigung der zuständigen Landesbehörde, welche die Angabe enthält, dass die Fahrschulerlaubnis für die Ausbildung zum Erwerb der Klasse 2 berechtigt.

7 Die Anerkennung von Fahrschulen als berufsbildende Einrichtungen gemäß § 4 Nr. 21 Buchstabe a Doppelbuchstabe bb erstreckt sich auch auf Lehrgänge zum Erwerb der Grundqualifikation nach § 4 Abs. 1 Nr. 1 BKrFQG,[2] der beschleunigten Grundqualifikation nach § 4 Abs. 2 BKrFQG sowie die in § 5 BKrFQG vorgeschriebenen Weiterbildungskurse. 8 Bei nach § 7 Abs. 2 BKrFQG anerkannten Ausbildungsstätten gilt die durch eine nach Landesrecht zuständige Behörde erfolgte staatliche Anerkennung als Ausbildungsstätte im Sinne von § 7 Abs. 1 Nr. 5 BKrFQG ebenfalls als Bescheinigung im Sinne des § 4 Nr. 21 Buchstabe a Doppelbuchstabe bb UStG. 9 Unter die Steuerbefreiung fallen auch die Leistungen von Fahrschulen, die zur Ausbildung gegenüber Mitgliedern der Freiwilligen Feuerwehren, der nach Landesrecht anerkannten Rettungsdienste und der technischen Hilfsdienste sowie des Katastrophenschutzes erbracht werden und zum Führen von Einsatzfahrzeugen bis zu einer zulässigen Gesamtmasse von 7,5t berechtigen.

(7) 1 Eine „Jagdschule", die Schulungen zur Vorbereitung auf die Jägerprüfung durchführt, ist keine allgemein bildende oder berufsbildende Einrichtung im Sinne des § 4 Nr. 21 UStG. 2 Eine Steuerbefreiung nach dieser Vorschrift kommt daher nicht in Betracht (BFH-Urteil vom 18.12.2003, V R 62/02, BStBl. II 2004 S. 252).

(8) 1 Ballett- und Tanzschulen können als allgemein bildende oder berufsbildende Einrichtungen beurteilt werden. 2 Eine Steuerfreiheit der Umsätze

---

[1] Fahrlehrergesetz v. 30.06.2017, BGBl. I 2017, 2162, ber. S. 3784.

[2] Berufskraftfahrer-QualifikationsG v. 14.08.2006, BGBl. I 2006, 1958 (**Straßenverkehrsrecht** Nr. **10d**).

von Ballett- und Tanzschulen nach § 4 Nr. 21 UStG kommt insoweit in Betracht, als vergleichbare Leistungen in Schulen erbracht werden und die Leistungen nicht der bloßen Freizeitgestaltung dienen. [3]Steuerfrei können demnach insbesondere Kurse der tänzerischen Früherziehung und Kindertanzen für Kinder ab 3 Jahren und klassischer Ballettunterricht sein. [4]Unter Kurse, die von ihrer Zielsetzung auf reine Freizeitgestaltung gerichtet sind, fallen z.B. Kurse, die sich an Eltern von Schülern richten, um die Wartezeit während des Unterrichts der Kinder sinnvoll zu nutzen, Kurse für Senioren oder Kurse für allgemein am Tanz interessierte Menschen (vgl. BFH-Urteil vom 24.01.2008, V R 3/05, BStBl. II 2012 S. 267). [5]Kurse für allgemein am Tanz interessierte Menschen können z.B. spezielle Hochzeits- und Crashkurse sein.

4.21.3 Erteilung von Unterricht durch selbständige Lehrer an Schulen und Hochschulen[1) · 2)]

(1) [1]Die Steuerbefreiung nach § 4 Nr. 21 Buchstabe b UStG gilt für Personen, die als freie Mitarbeiter an Schulen, Hochschulen oder ähnlichen Bildungseinrichtungen (z.B. Volkshochschulen) Unterricht erteilen. [2]Auf die Rechtsform des Unternehmers kommt es nicht an. [3]Daher ist die Vorschrift auch anzuwenden, wenn Personenzusammenschlüsse oder juristische Personen beauftragt werden, an anderen Bildungseinrichtungen Unterricht zu erteilen.

(2) [1]Eine Unterrichtstätigkeit liegt vor, wenn Kenntnisse im Rahmen festliegender Lehrprogramme und Lehrpläne vermittelt werden. [2]Die Tätigkeit muss regelmäßig und für eine gewisse Dauer ausgeübt werden. [3]Sie dient Schul- und Bildungszwecken unmittelbar, wenn sie den Schülern und Studenten tatsächlich zugute kommt. [4]Auf die Frage, wer Vertragspartner der den Unterricht erteilenden Personen und damit Leistungsempfänger im Rechtssinne ist, kommt es hierbei nicht an. [5]Einzelne Vorträge fallen nicht unter die Steuerbefreiung.

(2a) (Fach-)Autoren erbringen mit der Erstellung von Lehrbriefen keine unmittelbare Unterrichtstätigkeit; hierbei fehlt es an der Einflussnahme durch den persönlichen Kontakt mit den Studenten.

(3) [1]Der Unternehmer hat in geeigneter Weise nachzuweisen, dass er an einer Hochschule, Schule oder Einrichtung im Sinne des § 4 Nr. 21 Buchstabe a UStG tätig ist. [2]Dient die Einrichtung verschiedenartigen Bildungszwecken, hat er nachzuweisen, dass er in einem Bereich tätig ist, der eine ordnungsgemäße Berufs- oder Prüfungsvorbereitung gewährleistet (begünstigter Bereich). [3]Der Nachweis ist durch eine Bestätigung der Bildungseinrichtung zu führen, aus der sich ergibt, dass diese die Voraussetzungen des § 4 Nr. 21 Buchstabe a Doppelbuchstabe bb UStG erfüllt und die Unterrichtsleis-

---

1) Zur USt-Pflicht von (beruflichen) Fortbildungsseminaren selbstständiger Referenten und zur Bescheinigung nach § 4 Nr. 21 Buchst. b UStG siehe BFH v. 17.04.2008 V R 58/05, DStR 2008, 1329.

2) Zum Umfang der Steuerbefreiung für selbstständige Lehrer siehe EuGH v. 28.01.2010 C-473/08, Ingenieurbüro Eulitz, DStR 2010, 218, auch zur gemeinschaftsrechtswidrigen Umsetzung durch § 4 Nr. 21 Buchst. b UStG („Privatunterricht“).

tung des Unternehmers im begünstigten Bereich der Einrichtung erfolgt. [4]Auf die Bestätigung wird verzichtet, wenn die Unterrichtsleistungen an folgenden Einrichtungen erbracht werden:

1. Hochschulen im Sinne der §§ 1 und 70 des Hochschulrahmengesetzes;[1)]
2. öffentliche allgemein- und berufsbildende Schulen, z. B. Gymnasien, Realschulen, Berufsschulen;
3. als Ersatzschulen nach Artikel 7 Abs. 4 GG staatlich genehmigte oder nach Landesrecht erlaubte Schulen.

(4) [1]Die Bestätigung soll folgende Angaben enthalten:
- Bezeichnung und Anschrift der Bildungseinrichtung,
- Name und Anschrift des Unternehmers,
- Bezeichnung des Fachs, des Kurses oder Lehrgangs, in dem der Unternehmer unterrichtet,
- Unterrichtszeitraum und
- Versicherung über das Vorliegen einer Bescheinigung nach § 4 Nr. 21 Buchstabe a Doppelbuchstabe bb UStG für den oben bezeichneten Unterrichtsbereich.

[2]Erteilt der Unternehmer bei einer Bildungseinrichtung in mehreren Fächern, Kursen oder Lehrgängen Unterricht, können diese in einer Bestätigung zusammengefasst werden. [3]Sie sind gesondert aufzuführen. [4]Die Bestätigung ist für jedes Kalenderjahr gesondert zu erteilen. [5]Erstreckt sich ein Kurs oder Lehrgang über den 31. Dezember eines Kalenderjahrs hinaus, reicht es für den Nachweis aus, wenn nur eine Bestätigung für die betroffenen Besteuerungszeiträume erteilt wird. [6]Der Unterrichtszeitraum muss in diesem Falle beide Kalenderjahre benennen.

(5) [1]Die Bildungseinrichtung darf dem bei ihr tätigen Unternehmer nur dann eine Bestätigung erteilen, wenn sie selbst über eine Bescheinigung der zuständigen Landesbehörde verfügt (vgl. BFH-Urteil vom 27.07.2021 – V R 39/20, BStBl. II S. 964). [2]Bei der Bestimmung der zuständigen Landesbehörde gilt Abschnitt 4.21.5 Abs. 3 entsprechend. [3]Es ist daher nicht zu beanstanden, wenn der Bestätigung eine Bescheinigung der Behörde eines anderen Bundeslands zu Grunde liegt. [4]Erstreckt sich die Bescheinigung der Landesbehörde für die Bildungseinrichtung nur auf einen Teilbereich ihres Leistungsangebots, darf die Bildungseinrichtung dem Unternehmer nur dann eine Bestätigung erteilen, soweit er bei ihr im begünstigten Bereich unterrichtet. [5]Erteilt die Bildungseinrichtung dem Unternehmer eine Bestätigung, obwohl sie selbst keine Bescheinigung der zuständigen Landesbehörde besitzt, oder erteilt die Bildungseinrichtung eine Bestätigung für einen Tätigkeitsbereich, für den die ihr erteilte Bescheinigung der zuständigen Landesbehörde nicht gilt, ist die Steuerbefreiung für die Unterrichtsleistung des Unternehmers zu versagen. [6]Sofern eine Bestätigung bzw. Zulassung gemäß Abschnitt 4.21.5 Abs. 5 vorliegt, tritt diese an die Stelle der Bescheinigung der zuständigen Landesbehörde.

[1)] HRG i. d. F. v. 19.01.1999, BGBl. I 1999, 18 (**Sartorius** Nr. **500**).

4.21.4 Unmittelbar dem Schul- und Bildungszweck dienende Leistungen

(1) [1]Leistungen dienen dem Schul- und Bildungszweck dann unmittelbar, wenn dieser gerade durch die jeweils in Frage stehende Leistung erfüllt wird (BFH-Urteile vom 26.10.1989 – V R 25/84, BStBl. II 1990 S. 98, und vom 26.05.2021 – V R 25/20, BStBl. II 2022 S. 131). [2]Für die Steuerbefreiung nach § 4 Nr. 21 Buchstabe a UStG ist ausreichend, dass die darin bezeichneten Leistungen ihrer Art nach den Zielen der Berufsaus- oder der Berufsfortbildung dienen. [3]Es ist unerheblich, wem gegenüber sich der Unternehmer zivilrechtlich zur Ausführung dieser Leistungen verpflichtet hat. [4]Stellt der Unternehmer im Rahmen der Erteilung des Unterrichts Lehrkräfte oder für den Unterricht geeignete Räume zur Verfügung, fallen auch diese Leistungen unter die Steuerbefreiung nach § 4 Nr. 21 Buchstabe a UStG (vgl. BFH-Urteil vom 10.06.1999, V R 84/98, BStBl. II S. 578). [5]Auf die Ziele der Personen, welche die Einrichtungen besuchen, kommt es nicht an. [6]Unerheblich ist deshalb, ob sich die Personen, an die sich die Leistungen der Einrichtung richten, tatsächlich auf einen Beruf oder eine Prüfung vor einer juristischen Person des öffentlichen Rechts vorbereiten (BFH-Urteil vom 03.05.1989, V R 83/84, BStBl. II S. 815). [7]Entscheidend sind vielmehr die Art der erbrachten Leistungen und ihre generelle Eignung als Schul- oder Hochschulunterricht. [8]Deshalb ist es auch ohne Belang, wie hoch der Anteil der Schüler ist, die den Unterricht tatsächlich im Hinblick auf eine Berufsausbildung oder eine Prüfungsvorbereitung besuchen oder später tatsächlich den entsprechenden Beruf ergreifen (vgl. BFH-Urteil vom 24.01.2008, V R 3/05, BStBl. II 2012 S. 267).

(1a) [1]Für die Annahme eines Schul- und Bildungszwecks ist entscheidend, ob vergleichbare Leistungen in Schulen erbracht werden und ob die Leistungen der bloßen Freizeitgestaltung dienen. [2]Die Bescheinigung der zuständigen Landesbehörde, dass eine Einrichtung auf einen Beruf oder eine vor einer juristischen Person des öffentlichen Rechts abzulegende Prüfung ordnungsgemäß vorbereitet, kann ein Indiz dafür sein, dass Leistungen, die tatsächlich dem Anforderungsprofil der Bescheinigung entsprechen, nicht den Charakter einer bloßen Freizeitgestaltung haben, sofern keine gegenteiligen Anhaltspunkte vorliegen; vgl. Abschnitt 4.21.5 Abs. 2 Satz 4. [3]Solche gegenteiligen Anhaltspunkte, die zur Annahme reiner Freizeitgestaltungen führen, können sich z. B. aus dem Teilnehmerkreis oder aus der thematischen Zielsetzung der Unterrichtsleistung ergeben. [4]Unterrichtsleistungen, die von ihrer Zielsetzung auf reine Freizeitgestaltung gerichtet sind, sind von der Steuerbefreiung nach § 4 Nr. 21 UStG ausgeschlossen (vgl. BFH-Urteil vom 24.01.2008, V R 3/05, BStBl. II 2012 S. 267).

(2) [1]Die Lieferungen von Lehr- und Lernmaterial dienen nicht unmittelbar dem Schul- und Bildungszweck. [2]Sie sind nur insoweit steuerfrei, als es sich um Nebenleistungen handelt. [3]Eine Nebenleistung liegt in diesen Fällen vor, wenn das den Lehrgangsteilnehmern überlassene Lehr- und Lernmaterial inhaltlich den Unterricht ergänzt, zum Einsatz im Unterricht bestimmt ist, von von der Schule oder der Bildungseinrichtung oder dem Lehrer für diese Zwecke selbst entworfen worden ist und bei Dritten nicht bezogen werden kann (vgl. BFH-Urteil vom 12.12.1985, V R 15/80, BStBl. II 1986 S. 499).

(3) [1]Leistungen, die sich auf die Unterbringung und Verpflegung von Schülern beziehen, dienen dem Schul- und Bildungszweck im Regelfall nicht unmittelbar, sondern nur mittelbar (BFH-Urteil vom 17.03.1981, VIII R 149/76, BStBl. II S. 746). [2]Diese Leistungen können aber unter den Voraussetzungen des § 4 Nr. 23 UStG steuerfrei sein.

4.21.5 Bescheinigungsverfahren für Ergänzungsschulen und andere allgemein bildende oder berufsbildende Einrichtungen

(1) [1]Träger von Ergänzungsschulen und anderen allgemein bildenden oder berufsbildenden Einrichtungen benötigen, sofern sie keine Ersatzschule im Sinne des § 4 Nr. 21 Buchstabe a Doppelbuchstabe aa UStG betreiben, nach § 4 Nr. 21 Buchstabe a Doppelbuchstabe bb UStG eine Bescheinigung der zuständigen Landesbehörde.[1)] [2]Aus dieser Bescheinigung muss sich ergeben, dass die Leistungen des Unternehmers auf einen Beruf oder auf eine vor einer juristischen Person des öffentlichen Rechts abzulegende Prüfung ordnungsgemäß vorbereiten. [3]Die Sätze 1 und 2 gelten entsprechend, wenn der Träger der Einrichtung kein Unternehmer oder eine in § 4 Nr. 22 UStG bezeichnete Einrichtung ist.

(2) [1]Die für die Erteilung der Bescheinigung zuständige Landesbehörde kann nicht nur vom Unternehmer, sondern auch von Amts wegen eingeschaltet werden (vgl. BVerwG-Urteil vom 04.05.2006, 10 C 10.05);[2)] hierüber ist der Unternehmer zu unterrichten. [2]Die Bescheinigung ist zwingend zu erteilen, wenn die gesetzlichen Voraussetzungen für die Steuerbefreiung vorliegen (vgl. BVerwG-Urteil vom 04.05.2006, 10 C 10.05). [3]Die zuständige Landesbehörde befindet darüber, ob und für welchen Zeitraum die Bildungseinrichtung auf einen Beruf oder eine vor einer juristischen Person des öffentlichen Rechts abzulegende Prüfung ordnungsgemäß vorbereitet. [4]Die entsprechende Bescheinigung bindet die Finanzbehörden insoweit als Grundlagebescheid nach § 171 Abs. 10 in Verbindung mit § 175 Abs. 1 Satz 1 Nr. 1 AO (vgl. BFH-Urteile vom 20.08.2009 – V R 25/08, BStBl. II 2010 S. 15, und vom 27.07.2021 – V R 39/20, BStBl. II S. 964); das schließt nicht aus, dass die Finanzbehörden bei der zuständigen Landesbehörde eine Überprüfung der Bescheinigung anregen. [5]Die Finanzbehörden entscheiden jedoch in eigener Zuständigkeit, ob die Voraussetzungen für die Steuerfreiheit im Übrigen vorliegen. [6]Dazu gehören insbesondere die Voraussetzungen einer allgemein bildenden oder berufsbildenden Einrichtung (BFH-Urteil vom 03.05.1989, V R 83/84, BStBl. II S. 815). [7]Eine für zurückliegende Zeiträume erteilte Bescheinigung kann nur unter den Voraussetzungen des § 171 Abs. 10 AO eine Ablaufhemmung auslösen (vgl. AEAO zu § 171, Nr. 6.1, 6.2 und 6.5).[3)] [8]Die zuständige Landesbehörde kann darauf in der Bescheinigung hinweisen. [9]Die konkrete Feststellung, für welche Umsatzsteuerfestsetzung die Bescheinigung bzw. deren Aufhebung von Bedeutung ist, trifft die Finanzbehörde.

---

1) Zur Bescheinigung für Leistungen zur beruflichen Orientierung siehe BVerwG v. 12.06.2013 9 C 4/12, DVBl. 2013, 1193 (Rspr.-Änderung).

2) DStRE 2006, 1476. – Nachweise weiterer BVerwG-Rspr. zitiert bei A 4.20.5 Satz 1 UStAE.

3) Nr. **800.**

(3) [1]Erbringt der Unternehmer die dem Schul- und Bildungszweck dienenden Leistungen in mehreren Bundesländern, ist eine Bescheinigung der zuständigen Behörde des Bundeslands, in dem der Unternehmer steuerlich geführt wird, als für umsatzsteuerliche Zwecke ausreichend anzusehen. [2]Werden die Leistungen ausschließlich außerhalb dieses Bundeslands ausgeführt, genügt eine Bescheinigung der zuständigen Behörde eines der Bundesländer, in denen der Unternehmer tätig wird. [3]Erbringen Unternehmer Leistungen im Sinne des § 4 Nr. 21 Buchstabe a UStG im Rahmen eines Franchisevertrags, muss jeder Franchisenehmer selbst bei der für ihn zuständigen Landesbehörde die Ausstellung einer Bescheinigung nach § 4 Nr. 21 Buchstabe a Doppelbuchstabe bb UStG beantragen.

(4) Werden Leistungen erbracht, die verschiedenartigen Bildungszwecken dienen, ist der Begünstigungsnachweis im Sinne des § 4 Nr. 21 Buchstabe a Doppelbuchstabe bb UStG durch getrennte Bescheinigungen, bei Fernlehrinstituten z. B. für jeden Lehrgang, zu führen.

(5) [1]Bestätigt die Bundesagentur für Arbeit bzw. der Träger der Grundsicherung für Arbeitsuchende nach §§ 6, 6a SGB II,[1)] dass für eine bestimmte berufliche Bildungsmaßnahme gemäß Abschnitt 4.21.2 Abs. 3 die gesetzlichen Voraussetzungen vorliegen, so gilt diese Bestätigung als Bescheinigung im Sinne des § 4 Nr. 21 Buchst. a Doppelbuchst. bb UStG, wenn die nach dieser Vorschrift für die Erteilung der Bescheinigung zuständige Landesbehörde – generell oder im Einzelfall – sich mit der Anerkennung einverstanden erklärt hat und von der Bundesagentur für Arbeit bzw. dem Träger der Grundsicherung für Arbeitsuchende nach §§ 6, 6a SGB II hierauf in der Bestätigung hingewiesen wird. [2]Das Gleiche gilt für Maßnahmen der Berufseinstiegsbegleitung im Rahmen der BMBF-Initiative „Abschluss und Anschluss – Bildungsketten bis zum Ausbildungsabschluss". [3]Auch die Zulassung eines Trägers zur Durchführung von Integrationskursen gemäß Abschnitt 4.21.2 Abs. 3a durch das Bundesamt für Migration und Flüchtlinge gilt als Bescheinigung im Sinne des § 4 Nr. 21 Buchst. a Doppelbuchst. bb UStG, wenn aus der Zulassung ersichtlich ist, dass sich die zuständige Landesbehörde – generell oder im Einzelfall – mit der Zulassung durch das Bundesamt für Migration und Flüchtlinge einverstanden erklärt hat. [4]Das gilt auch für die Zulassung eines Trägers sowie für die Zulassung von Maßnahmen zur beruflichen Weiterbildung sowie von Maßnahmen zur Aktivierung und beruflichen Eingliederung durch fachkundige Stellen nach § 176 SGB III,[2)] wenn aus der Zulassung ersichtlich ist, dass die fachkundige Stelle von der Deutschen Akkreditierungsstelle GmbH (DAkkS) als Zertifizierungsstelle anerkannt wurde und sich auch die zuständige Landesbehörde – generell oder im Einzelfall – mit der Zulassung durch die fachkundige Stelle einverstanden erklärt hat. [5]Liegen die Voraussetzungen der Sätze 1 bis 4 vor, so tritt die Bestätigung bzw. Zulassung an die Stelle der Bescheinigung der zuständigen Landesbehörde und bindet die Finanzbehörden insoweit ebenfalls als Grundlagenbescheid nach § 171 Abs. 10 in Verbindung mit § 175 Abs. 1 Satz 1 Nr. 1 AO.

[1)] **Aichberger SGB** Nr. **2.**
[2)] **Aichberger SGB** Nr. **3.**

(6) [1]Die Bescheinigung durch eine nach Landesrecht zuständige untergeordnete Behörde gilt als eine nach § 4 Nr. 21 Buchstabe a Doppelbuchstabe bb UStG erforderliche Bescheinigung der zuständigen Landesbehörde. [2]Das Gleiche gilt für die staatliche Anerkennung der Bildungseinrichtungen durch eine nach Landesrecht zuständige Behörde, wenn diese Anerkennung inhaltlich der Bescheinigung der zuständigen Landesbehörde entspricht.

Zu § 4 Nr. 22 UStG

4.22.1 Veranstaltung wissenschaftlicher und belehrender Art

(1) [1]Volkshochschulen sind Einrichtungen, die auf freiwilliger, überparteilicher und überkonfessioneller Grundlage Bildungsziele verfolgen. [2]Begünstigt sind auch Volkshochschulen mit gebundener Erwachsenenbildung. [3]Das sind Einrichtungen, die von einer festen politischen, sozialen oder weltanschaulichen Grundeinstellung ausgehen, im Übrigen aber den Kreis der Hörer nicht ausdrücklich einengen (BFH-Urteil vom 02.08.1962, V 37/60 U, BStBl. III S. 458).

(2) Veranstaltungen wissenschaftlicher oder belehrender Art sind solche, die als Erziehung von Kindern und Jugendlichen, als Schul- oder Hochschulunterricht, als Ausbildung, Fortbildung oder berufliche Umschulung zu qualifizieren sind (vgl. BFH-Urteil vom 27.04.2006, V R 53/04, BStBl. II 2007 S. 16).

(3)[1)] [1]Begünstigt sind nach § 4 Nr. 22 Buchstabe a UStG nur Leistungen, die von den im Gesetz genannten Unternehmern erbracht werden und in Vorträgen, Kursen und anderen Veranstaltungen wissenschaftlicher oder belehrender Art bestehen. [2]Es handelt sich hierbei um eine abschließende Aufzählung, die nicht im Auslegungswege erweitert werden kann. [3]Vergleichbare Tätigkeiten der bei den begünstigten Unternehmern tätigen externen Dozenten fallen nicht hierunter (vgl. BFH-Beschluss vom 12.05.2005, V B 146/03, BStBl. II S. 714). [4]Sie können unter den Voraussetzungen des § 4 Nr. 21 UStG steuerfrei sein (vgl. Abschnitt 4.21.3). [5]Beherbergung und Beköstigung sind grundsätzlich nur unter den Voraussetzungen des § 4 Nr. 23 UStG steuerfrei (vgl. BFH-Urteil vom 07.10.2010, V R 12/10, BStBl. II 2011 S. 303).

(4)[2)] [1]Zu den in § 4 Nr. 22 Buchstabe a UStG bezeichneten Veranstaltungen belehrender Art gehört auf dem Gebiet des Sports die Erteilung von Sportunterricht, z.B. die Erteilung von Schwimm-, Tennis-, Reit-, Segel- und Skiunterricht. [2]Tanzkurse stellen nur dann Sportunterricht dar, wenn die Teilnehmer das Tanzen als Tanzsportler in erster Linie als Wettkampf zwischen Paaren bzw. Formationen im Rahmen des Vereins- bzw. Leistungssports betreiben (vgl. BFH-Urteil vom 27.04.2006, BStBl. II 2007 S. 16). [3]Der Sportunterricht ist steuerfrei, soweit er von einem Sportverein im Rahmen

---

1) Ortskundeprüfungen für angehende Taxifahrer sind umsatzsteuerfrei, siehe BFH v. 30.06.2022 V R 32/21 (V R 31/17), DStR 2022, 2312.

2) Zur USt-Freiheit von Golfeinzelunterricht durch angestellte Golflehrer nach Unionsrecht siehe BFH v. 02.03.2011 XI R 21/09, DStR 2011, 1179.

eines Zweckbetriebes im Sinne des § 67a AO[1)] durchgeführt wird.[2)] [4]Ein bestimmter Stunden- und Stoffplan sowie eine von den Teilnehmern abzulegende Prüfung sind nicht erforderlich. [5]Die Steuerbefreiung gilt unabhängig davon, ob der Sportunterricht Mitgliedern des Vereins oder anderen Personen erteilt wird.

4.22.2 Andere kulturelle und sportliche Veranstaltungen

(1) Als andere kulturelle Veranstaltungen kommen z. B. Musikwettbewerbe und Trachtenfeste in Betracht.

(2)[3)] [1]Eine sportliche Veranstaltung ist die organisatorische Maßnahme einer begünstigten Einrichtung, die es aktiven Sportlern erlaubt, Sport zu treiben. [2]Eine bestimmte Organisationsform oder -struktur ist für die Veranstaltung nicht notwendig (vgl. BFH-Urteil vom 25.07.1996, V R 7/95, BStBl. II 1997 S. 154).[4)] [3]Es ist auch nicht erforderlich, dass Publikum teilnimmt oder ausschließlich Mitglieder sich betätigen. [4]Deshalb können schon das bloße Training, Sportkurse und Sportlehrgänge eine sportliche Veranstaltung sein. [5]Eine sportliche Veranstaltung liegt auch vor, wenn ein Sportverein im Rahmen einer anderen Veranstaltung eine sportliche Darbietung präsentiert. [6]Die andere Veranstaltung braucht nicht notwendigerweise die sportliche Veranstaltung eines Sportvereins zu sein (BFH-Urteil vom 04.05.1994, XI R 109/90, BStBl. II S. 886). [7]Zu sportlichen Veranstaltungen, die gemeinnützige Sportvereine gegen Mitgliederbeiträge durchführen, vgl. BMF-Schreiben vom 04.02.2019, BStBl. I S. 115.

(3) [1]Sportreisen sind als sportliche Veranstaltung anzusehen, wenn die sportliche Betätigung wesentlicher und notwendiger Bestandteil der Reise ist (z. B. Reise zum Wettkampfort). [2]Reisen, bei denen die Erholung der Teilnehmer im Vordergrund steht (Touristikreisen), zählen dagegen nicht zu den sportlichen Veranstaltungen, selbst wenn anlässlich der Reise auch Sport getrieben wird.

(4) [1]Eine sportliche Veranstaltung ist nicht gegeben, wenn sich die organisatorische Maßnahme auf Sonderleistungen für einzelne Personen beschränkt. [2]Dies liegt vor, wenn die Maßnahme nur eine Nutzungsüberlassung von Sportgegenständen bzw. -anlagen oder bloße konkrete Dienstleistungen, wie z. B. die Beförderung zum Ort der sportlichen Betätigung oder ein spezielles Training für einzelne Sportler zum Gegenstand hat (BFH-Urteil vom 25.07.1996, V R 7/95, BStBl. II 1997 S. 154). [3]Auch die Genehmigung von

---

[1)] Vgl. AEAO zu § 67a AO (Nr. **800**).

[2)] Bei Fahrsicherheitstraining durch gemeinnützigen Verein ist die USt-Befreiung zweifelhaft; siehe BFH v. 10.07.2012 V B 33/12, DStR 2012, 1856.

[3)] Zur USt-Freiheit der Leistungen eines gemeinnützigen Golf-Clubs nach Gemeinschaftsrecht siehe BFH v. 03.04.2008 V R 74/07, DStR 2008, 1481.

[4)] Zur Überlassung vereinseigener Golfanlagen an Mitglieder sowie zu Mitgliedsbeiträgen und Aufnahmegebühren als umsatzsteuerliches Entgelt siehe BFH v. 11.10.2007 V R 69/06, DStRE 2008, 303. – Siehe auch BFH v. 20.03.2014 V R 4/13, DStR 2014, 1539. – Siehe nunmehr EuGH v. 10.12.2020 C-488/18, Golfclub Schloss Igling, DStR 2020, 2869, zur Umsatzbesteuerung von Vereinen, und BFH v. 21.04.2022 V R 48/20 (V R 20/17), DStR 2022, 930: Keine Berufung auf das Unionsrecht für Leistungen im Bereich des Sports (Rspr.-Änderung).

Wettkampfveranstaltungen oder von Trikotwerbung sowie die Ausstellung oder Verlängerung von Sportausweisen durch einen Sportverband sind keine sportlichen Veranstaltungen im Sinne des § 4 Nr. 22 Buchstabe b UStG; wegen der Anwendung des ermäßigten Steuersatzes vgl. Abschnitt 12.9 Abs. 4 Nr. 1. [4]Die Verwaltung von Sporthallen sowie das Einziehen der Hallenmieten einschließlich des Mahnwesens und Vollstreckungswesens durch einen gemeinnützigen Verein gegen Entgelt einer Stadt ist ebenfalls keine sportliche Veranstaltung nach § 4 Nr. 22 Buchstabe b UStG (BFH-Urteil vom 05.08. 2010, V R 54/09, BStBl. II 2011 S. 191).

(5) [1]Teilnehmergebühren sind Entgelte, die gezahlt werden, um an den Veranstaltungen aktiv teilnehmen zu können, z. B. Startgelder und Meldegelder. [2]Soweit das Entgelt für die Veranstaltung in Eintrittsgeldern der Zuschauer besteht, ist die Befreiungsvorschrift nicht anzuwenden.

Zu § 4 Nr. 23 UStG

4.23.1 Beherbergung und Beköstigung von Jugendlichen

(1) [1]Die Steuerbefreiung nach § 4 Nr. 23 UStG ist davon abhängig, dass die Aufnahme der Jugendlichen zu Erziehungs-, Ausbildungs- oder Fortbildungszwecken erfolgt. [2]Sie hängt nicht davon ab, in welchem Umfang und in welcher Organisationsform die Aufnahme von Jugendlichen zu den genannten Zwecken betrieben wird; die Tätigkeit muss auch nicht der alleinige Gegenstand oder der Hauptgegenstand des Unternehmens sein (BFH-Urteil vom 24.05.1989, V R 127/84, BStBl. II S. 912).

(2) [1]Die Erziehungs-, Ausbildungs- oder Fortbildungsleistungen müssen dem Unternehmer, der die Jugendlichen aufgenommen hat, selbst obliegen. [2]Dabei ist es nicht erforderlich, dass der Unternehmer die Leistungen allein erbringt. [3]Er kann die ihm obliegenden Leistungen zur Gänze selbst oder teilweise durch Beauftragte erbringen. [4]Für die Steuerbefreiung nach § 4 Nr. 23 UStG ist es auch ausreichend, wenn der leistende Unternehmer konkrete Erziehungs-, Ausbildungs- oder Fortbildungszwecke, z. B. in seiner Satzung, festschreibt und den Leistungsempfänger vertraglich verpflichtet, sich im Rahmen seines Aufenthaltes an diesen pädagogischen Grundsätzen zu orientieren. [5]Der leistende Unternehmer erbringt auch in diesen Fällen – zumindest mittelbar – Leistungen im Sinne des § 4 Nr. 23 UStG, die über Beherbergungs- und Verpflegungsleistungen hinausgehen. [6]Der Unternehmer, der Jugendliche für Erziehungszwecke bei sich aufnimmt, muss eine Einrichtung auf dem Gebiet der Kinder- und Jugendbetreuung oder der Kinder- und Jugenderziehung im Sinne des Artikels 132 Abs. 1 Buchstabe h oder i MwStSystRL[1)] unterhalten. [7]Daher können – unter Beachtung der übrigen Voraussetzungen des § 4 Nr. 23 UStG – die Steuerbefreiung nur Einrichtungen des öffentlichen Rechts auf dem Gebiet der Kinder- und Jugendbetreuung sowie der Kinder- und Jugenderziehung oder vergleichbare privatrechtliche Einrichtungen in Anspruch nehmen (BFH-Urteil vom 28.09.2000, V R 26/99, BStBl. II 2001 S. 691);

---

1) **Steuergesetze** Nr. **550.**

dies gilt entsprechend für Einrichtungen, die Jugendliche für die sonstigen in § 4 Nr. 23 Satz 1 UStG genannten Zwecke aufnehmen. [8]Vergleichbare privatrechtliche Einrichtungen sind insbesondere Kinder- und Jugendhilfeeinrichtungen, die als solche formal durch staatliche Einrichtungen anerkannt sind oder deren Kosten überwiegend von hierfür zuständigen Einrichtungen des öffentlichen Rechts übernommen werden. [9]Hierzu gehören nicht Einrichtungen, die im Rahmen des Hotel- und Gaststättengewerbes der Aufnahme von Kindern oder Jugendlichen dienen und die dafür nach § 45 Abs. 1 Satz 2 Nr. 3 SGB VIII einer Erlaubnis nicht bedürfen. [10]Die Leistungen im Zusammenhang mit der Aufnahme müssen dem in § 4 Nr. 23 UStG genannten Personenkreis tatsächlich zu Gute kommen. [11]Auf die Frage, wer Vertragspartner des Unternehmers und damit Leistungsempfänger im Rechtssinne ist, kommt es nicht an. [12]Dem Kantinenpächter einer berufsbildenden oder schulischen Einrichtung steht für die Abgabe von Speisen und Getränken an Schüler und Lehrpersonal die Steuerbefreiung nach § 4 Nr. 23 UStG nicht zu, weil er allein mit der Bewirtung der Schüler diese nicht zur Erziehung, Ausbildung oder Fortbildung bei sich aufnimmt (vgl. BFH-Beschluss vom 26.07.1979, V B 15/79, BStBl. II S. 721). [13]Dasselbe gilt für derartige Leistungen eines Schulfördervereins (vgl. BFH-Urteil vom 12.02.2009, V R 47/07, BStBl. II S. 677). [14]Die Befreiung ist aber möglich, wenn die Beköstigung im Rahmen der Aufnahme der Jugendlichen zu den begünstigten Zwecken zum Beispiel von der Bildungseinrichtung selbst erbracht wird. [15]Davon ausgenommen ist die Abgabe von alkoholischen Getränken. [16]Leistungen der Beherbergung und Beköstigung während kurzfristiger Urlaubsaufenthalte oder Fahrten, die von Sport- und Freizeitangeboten geprägt sind, stellen keine Aufnahme zu Erziehungs-, Ausbildungs- oder Fortbildungszwecken dar (vgl. BFH-Urteile vom 12.05.2009, V R 35/07, BStBl. II S. 1032, und vom 30.07.2008, V R 66/06, BStBl. II 2010 S. 507). [17]Fahrten, die nach § 11 SGB VIII[1)] ausgeführt werden, können unter den Voraussetzungen des § 4 Nr. 25 UStG steuerfrei sein.

(3) [1]Der Begriff „Aufnahme" ist nicht an die Voraussetzung gebunden, dass die Jugendlichen Unterkunft während der Nachtzeit und volle Verpflegung erhalten. [2]Es genügt außerdem, wenn die Aufnahme so lange andauert, dass der im Gesetz vorausgesetzte Erziehungs- oder Bildungszweck erreicht werden kann. [3]Zu den begünstigten Leistungen gehören neben der Beherbergung und Beköstigung insbesondere die Beaufsichtigung der häuslichen Schularbeiten und die Freizeitgestaltung durch Basteln, Spiele und Sport (BFH-Urteil vom 19.12.1963, V 102/61 U, BStBl. III 1964 S. 110). [4]Sowohl die Erziehungs-, Ausbildungs- und Fortbildungsleistung als auch die damit zusammenhängenden Unterbringungs- und Verpflegungsleistungen sind bei Vorliegen der weiteren Voraussetzungen des § 4 Nr. 23 UStG als einheitliche Leistung zu befreien.

(4) [1]Die Erziehungs-, Ausbildungs- und Fortbildungszwecke umfassen nicht nur den beruflichen Bereich, sondern die gesamte geistige, sittliche und körperliche Erziehung und Fortbildung von Jugendlichen (vgl. BFH-Urteil vom

---

[1)] **Aichberger SGB** Nr. **8.**

21.11.1974, II R 107/68, BStBl. II 1975 S. 389). [2]Vorbehaltlich von Absatz 2 Satz 16 gehört hierzu u. a. auch die sportliche Erziehung. [3]Die Befreiungsvorschrift kommt deshalb sowohl bei von einer anerkannten Kinder- und Jugendhilfeeinrichtung durchgeführten Sportlehrgängen für Berufssportler als auch bei solchen für Amateursportler in Betracht.

(5)[1)] Hinsichtlich des Begriffs der Vergütung für geleistete Dienste wird auf Abschnitt 4.18.1 Abs. 4 hingewiesen.

(6) [1]§ 4 Nr. 23 Satz 4 UStG regelt, dass diese Steuerbefreiungsvorschrift nicht gilt, soweit eine Leistung der Jugendhilfe nach SGB VIII[2)] erbracht wird. [2]Die Leistungen nach § 2 Abs. 2 SGB VIII (Abschnitt 4.25.1 Abs. 1 Satz 2) und die Inobhutnahme nach § 42 SGB VIII sind somit nur unter den Voraussetzungen des § 4 Nr. 25 UStG steuerfrei.

Zu § 4 Nr. 24 UStG

4.24.1 Jugendherbergswesen

(1) Nach Satz 1 der Vorschrift des § 4 Nr. 24 UStG sind folgende Unternehmer begünstigt:

1. das Deutsche Jugendherbergswerk, Hauptverband für Jugendwandern und Jugendherbergen e. V. (DJH), und die ihm angeschlossenen Landes-, Kreis- und Ortsverbände;
2. kommunale, kirchliche und andere Träger von Jugendherbergen, die dem DJH als Mitglied angeschlossen sind und deren Häuser im Deutschen Jugendherbergsverzeichnis als Jugendherbergen ausgewiesen sind;
3. die Pächter der Jugendherbergen, die von den in den Nummern 1 und 2 genannten Unternehmern unterhalten werden;
4. die Herbergseltern, soweit sie einen Teil der Jugendherberge, insbesondere die Kantine, auf eigene Rechnung betreiben.

(2) Die in Absatz 1 genannten Unternehmer erbringen folgende Leistungen:

1. die Beherbergung und die Beköstigung in Jugendherbergen einschließlich der Lieferung von Lebensmitteln und alkoholfreien Getränken außerhalb der Tagesverpflegung (Zusatz- und Wanderverpflegung);
2. die Durchführung von Freizeiten, Wanderfahrten und Veranstaltungen, die dem Sport, der Erholung oder der Bildung dienen;
3. die Lieferungen von Schlafsäcken und die Überlassung von Schlafsäcken und Bettwäsche zum Gebrauch;
4. die Überlassung von Rucksäcken, Fahrrädern und Fotoapparaten zum Gebrauch;
5. die Überlassung von Spiel- und Sportgeräten zum Gebrauch sowie die Gestattung der Telefonbenutzung in Jugendherbergen;
6. die Lieferungen von Wanderkarten, Wanderbüchern und von Ansichtskarten mit Jugendherbergsmotiven;

---

1) A 4.23.1 UStAE Abs. 5 Verweis geänd. durch BMF v. 14.02.2023, BStBl. I 2023, 348.
2) **Aichberger SGB** Nr. **8.**

7. die Lieferungen von Jugendherbergsverzeichnissen, Jugendherbergskalendern, Jugendherbergsschriften und von Wimpeln und Abzeichen mit dem Emblem des DJH oder des Internationalen Jugendherbergswerks (IYHF);
8. die Lieferungen der für den Betrieb von Jugendherbergen erforderlichen und vom Hauptverband oder von den Landesverbänden zentral beschafften Einrichtungsgegenstände.

(3) [1]Die in Absatz 2 bezeichneten Leistungen dienen unmittelbar den Satzungszwecken der begünstigten Unternehmer und sind daher steuerfrei, wenn

1. [1]die Leistungen in den Fällen des Absatzes 2 Nr. 1 bis 6 an folgende Personen bewirkt werden:
   a) Jugendliche; Jugendliche in diesem Sinne sind alle Personen vor Vollendung des 27. Lebensjahres,
   b) andere Personen, wenn sie sich in der Ausbildung oder Fortbildung befinden und Mitglied einer geführten Gruppe sind,
   c) Leiter und Betreuer von Gruppen, deren Mitglieder die in den Buchstaben a und b genannten Jugendlichen oder andere Personen sind,
   d) [1]wandernde Familien mit Kindern. [2]Hierunter fallen alle Inhaber von Familienmitgliedsausweisen in Begleitung von eigenen oder anderen minderjährigen Kindern.

   [2]Soweit die Leistungen in geringem Umfang auch an andere Personen erbracht werden, ist die Inanspruchnahme der Steuerbefreiung nicht zu beanstanden. [3]Von einem geringen Umfang ist auszugehen, wenn die Leistungen an diese Personen nicht mehr als 2% der in Absatz 2 Nr. 1 bis 6 bezeichneten Leistungen betragen;[1)]
2. die Leistungen im Fall des Absatzes 2 Nr. 8 an die in Absatz 1 genannten Unternehmer bewirkt werden.

[2]Die Steuerfreiheit der in Absatz 2 Nr. 7 bezeichneten Leistungen ist nicht von der Lieferung an bestimmte Personen oder Einrichtungen abhängig.

(4)[2)] Hinsichtlich des Begriffs der Vergütung für geleistete Dienste wird auf Abschnitt 4.18.1 Abs. 4 hingewiesen.

(5) [1]Nach § 4 Nr. 24 Satz 2 UStG gilt die Steuerbefreiung auch für andere Vereinigungen, die gleiche Aufgaben unter denselben Voraussetzungen erfüllen. [2]Hierbei ist es insbesondere erforderlich, dass die Unterkunftsstätten der anderen Vereinigungen nach der Satzung und ihrer tatsächlichen Durchführung überwiegend Jugendlichen dienen. [3]Zu den hiernach begünstigten „anderen Vereinigungen" gehören der Touristenverein „Natur Freunde Deutschlands Verband für Umweltschutz, sanften Tourismus, Sport und Kultur Bundesgruppe Deutschland e. V." und die ihm angeschlossenen Landesverbände, Bezirke und Ortsgruppen sowie die Pächter der von diesen Unternehmern unterhaltenen Naturfreundehäuser. [4]Die Absätze 2 bis 4 gelten entsprechend.

---

1) Siehe auch BFH v. 10.08.2016 V R 11/15, BStBl. II 2018, 113, sowie AEAO Nr. 3 Satz 2 zu § 68 Nr. 1 AO (Nr. **800**).

2) A 4.24.1 UStAE Abs. 4 Verweis geänd. durch BMF v. 14.02.2023, BStBl. I 2023, 348.

Zu § 4 Nr. 25 UStG

4.25.1 Leistungen im Rahmen der Kinder- und Jugendhilfe

(1) [1]Die Steuerbefreiungsvorschrift des § 4 Nr. 25 Satz 1 UStG umfasst die Leistungen der Jugendhilfe nach § 2 Abs. 2 SGB VIII[1)] und die Inobhutnahme nach § 42 SGB VIII. 2Unter § 2 Abs. 2 SGB VIII fallen folgende Leistungen:

1. Angebote der Jugendarbeit, der Jugendsozialarbeit und des erzieherischen Kinder- und Jugendschutzes (§§ 11 bis 14 SGB VIII);
2. Angebote zur Förderung der Erziehung in der Familie (§§ 16 bis 21 SGB VIII);
3. Angebote zur Förderung von Kindern in Tageseinrichtungen und in Tagespflege (§§ 22 bis 25 SGB VIII);
4. Hilfe zur Erziehung und ergänzende Leistungen (§§ 27 bis 35, 36, 37, 39, 40 SGB VIII);
5. Hilfe für seelisch behinderte Kinder und Jugendliche und ergänzende Leistungen (§§ 35a bis 37, 39, 40 SGB VIII);
6. Hilfe für junge Volljährige und Nachbetreuung (§ 41 SGB VIII).

[3]Mit Wirkung vom 01.11.2015 wurde der Inobhutnahme von ausländischen Kindern und Jugendlichen nach § 42 Abs. 1 Nr. 3 SGB VIII die vorläufige Inobhutnahme von ausländischen Kindern und Jugendlichen nach unbegleiteter Einreise nach § 42a SGB VIII vorgeschaltet. [4]Da es sich hierbei ebenfalls um Leistungen der Jugendhilfe handelt, sind diese Leistungen nach § 42a SGB VIII unter den weiteren Voraussetzungen des § 4 Nr. 25 UStG ebenso wie die Leistungen der Inobhutnahme nach § 42 SGB VIII umsatzsteuerfrei.

Begünstigte Leistungserbringer

(2)[2)] [1]Die vorgenannten Leistungen sind steuerfrei, wenn sie durch Träger der öffentlichen Jugendhilfe (§ 69 SGB VIII)[1)] oder andere Einrichtungen mit sozialem Charakter erbracht werden. [2]Der Begriff der „anderen Einrichtung mit sozialem Charakter" entspricht der Formulierung der maßgeblichen unions-rechtlichen Grundlage (Artikel 132 Abs. 1 Buchstabe h MwStSystRL).[3)] [3]Auf der Grundlage der dort eingeräumten Befugnis der Mitgliedstaaten sind insoweit anerkannt:

1. von der zuständigen Jugendbehörde anerkannte Träger der freien Jugendhilfe (§ 75 Abs. 1 SGB VIII), die Kirchen und Religionsgemeinschaften des öffentlichen Rechts;
2. [1]bestimmte weitere Einrichtungen soweit sie
   a) [1]für ihre Leistungen eine im SGB VIII geforderte Erlaubnis besitzen. [2]Insoweit handelt es sich um die Erlaubnistatbestände des § 43 SGB VIII (Erlaubnis zur Kindertagespflege), § 44 Abs. 1 Satz 1 SGB VIII (Erlaubnis

---

[1)] **Aichberger SGB** Nr. **8.**

[2)] A 4.25.1 UStAE Abs. 2 Satz 3 Nr. 1 geänd., Nr. 2 Satz 1 Buchst. c neugef. und Buchst. e angef., Satz 3 aufgeh. durch BMF v. 12.7.2023, BStBl. I 2023, 1505, anzuwenden auf nach dem 31.12.2019 erbrachte Umsätze; weitere Anwendungsregelungen siehe Anlage 8.

[3)] **Steuergesetze** Nr. **550.**

zur Vollzeitpflege), § 45 Abs. 1 Satz 1 SGB VIII (Erlaubnis für den Betrieb einer Einrichtung, in der Kinder oder Jugendliche ganztägig oder für einen Teil des Tages betreut werden oder Unterkunft erhalten) und § 54 SGB VIII (Erlaubnis zur Übernahme von Pflegschaften oder Vormundschaften durch rechtsfähige Vereine). [3] Eine Betriebserlaubnis, die einer Einrichtung nach § 45 SGB VIII erteilt wurde, gilt auch als Erlaubnis für eine sonstige Wohnform im Sinne des § 48a Abs. 2 SGB VIII, wenn sie in der Erlaubnis ausdrücklich aufgeführt ist. [4] Das gilt auch bei einem Wechsel einer sonstigen Wohnform im Sinne des § 48a Abs. 2 SGB VIII, wenn die zuständige Behörde bestätigt hat, dass die Einrichtung ihrer Anzeigepflicht nachgekommen ist und der Unternehmer die für die Tätigkeit notwendige Eignung besitzt. [5] Die Ausführungen zur Wirkung der Betriebserlaubnis in den Sätzen 3 und 4 gelten sinngemäß auch für einen Unternehmer, der vom Träger einer Jugendhilfeeinrichtung mit der pädagogischen Leitung dieser Einrichtung beauftragt wurde,

b) [1] für ihre Leistungen einer Erlaubnis nach SGB VIII nicht bedürfen. [2] Dies sind die in § 44 Abs. 1 Satz 2 SGB VIII geregelten Fälle der Vollzeitpflege sowie der Betrieb einer Einrichtung nach § 45 SGB VIII, allerdings nur, wenn es sich um eine Jugendfreizeiteinrichtung, eine Jugendausbildungseinrichtung, eine Jugendherberge oder ein Schullandheim im Sinne des § 45 Abs. 1 Satz 2 Nr. 1 SGB VIII oder um ein landesgesetzlich der Schulaufsicht unterstehendes Schülerheim im Sinne des § 45 Abs. 1 Satz 2 Nr. 2 SGB VIII handelt. [3] Ausgenommen sind somit die Einrichtungen im Sinne des § 45 Abs. 1 Satz 2 Nr. 3 SGB VIII, die außerhalb der Jugendhilfe liegende Aufgaben für Kinder oder Jugendliche wahrnehmen,

c) [1] Leistungen erbringen, die im vorangegangenen Kalenderjahr ganz oder zum überwiegenden Teil von Trägern der öffentlichen Jugendhilfe (§ 69 SGB VIII), anerkannten Trägern der freien Jugendhilfe (§ 75 Abs. 1 SGB VIII) oder Kirchen und Religionsgemeinschaften des öffentlichen Rechts vergütet wurden. [2] Eine Vergütung in diesem Sinne kann nicht nur bei einer unmittelbaren, sondern auch bei einer mittelbaren (durchgeleiteten) Kostentragung vorliegen (vgl. BFH-Urteil vom 22.06.2016 – V R 46/15, BStBl. II 2023 S. 776). [3] Das ist dann der Fall, wenn die zuvor genannten Träger und Einrichtungen in Kenntnis der Person des Subunternehmers auf der Grundlage einer expliziten Entscheidung die Kosten für dessen Leistungen übernehmen. [4] Vergütet der Kostenträger Leistungen einer Einrichtung, ohne die Kosten für den Subunternehmer ausdrücklich zu übernehmen, so sind die Leistungen des Subunternehmers nicht als von einem Träger der öffentlichen oder freien Jugendhilfe vergütet anzusehen (vgl. BFH-Urteile vom 13.06.2018 – XI R 20/16, BStBl. II 2023 S. 786, und vom 24.02.2021 – XI R 30/20 (XI R 11/17), BStBl. II 2023 S. 792). [5] Die Vergütung ist nicht um eine eventuelle Kostenbeteiligung nach §§ 90 ff. SGB VIII, z. B. der Eltern, zu mindern,

d) [1] Leistungen der Kindertagespflege erbringen, für die die Einrichtungen nach § 23 Abs. 3 SGB VIII geeignet sind und aufgrund dessen nach § 24

i. V. m. § 23 Abs. 1 SGB VIII vermittelt werden können. [2]Da der Befreiungstatbestand insoweit allein darauf abstellt, dass die Einrichtung nach § 23 Abs. 3 SGB VIII als Tagespflegeperson geeignet ist, greift die Steuerbefreiung somit auch in den Fällen, in denen die Leistung „privat", also ohne Vermittlung durch das Jugendamt, nachgefragt wird,

e) Adoptionsvermittlungsleistungen nach dem Adoptionsvermittlungsgesetz (AdVermiG) erbringen und hierfür als Adoptionsvermittlungsstellen nach § 4 Abs. 1 AdVermiG anerkannt oder nach § 4 Abs. 2 AdVermiG zugelassen sind.

[2]Der Begriff „Einrichtungen" umfasst dabei auch natürliche Personen.

Leistungsberechtigte/-adressaten

(3) [1]Das SGB VIII[1)] unterscheidet Leistungsberechtigte und Leistungsadressaten. [2]Leistungen der Jugendhilfe – namentlich im Eltern-Kind-Verhältnis – sind meist nicht personenorientiert, sondern systemorientiert. [3]Sie zielen nicht nur auf die Verhaltensänderung einer bestimmten Person ab, sondern auf die Änderung bzw. Verbesserung des Eltern-Kind-Verhältnisses. [4]Deshalb sind leistungsberechtigte Personen

– in der Regel die Eltern,

darüber hinaus

– Kinder im Rahmen der Förderung in Tageseinrichtungen und in Tagespflege,
– Kinder und Jugendliche als Teilnehmer an Veranstaltungen der Jugendarbeit (§ 11 SGB VIII),
– Kinder und Jugendliche im Rahmen der Eingliederungshilfe für seelisch Behinderte (§ 35a SGB VIII),
– junge Volljährige im Rahmen von Veranstaltungen der Jugendarbeit (§ 11 SGB VIII) und von Hilfe für junge Volljährige (§ 41 SGB VIII).

[5]Leistungsadressaten sind bei Hilfen für Eltern regelmäßig auch Kinder und Jugendliche.

(4) [1]§ 4 Nr. 25 UStG verzichtet zudem auf eine eigenständige Definition des „Jugendlichen". [2]Umsatzsteuerbefreit können daher auch Leistungen an Personen über 27 Jahren sein, z. B. Angebote der Jugendarbeit (§ 11 SGB VIII),[1)] die nach § 11 Abs. 4 SGB VIII in angemessenem Umfang auch Personen einbeziehen, die das 27. Lebensjahr vollendet haben.

(5)–(9) *(aufgehoben)*

4.25.2 Eng mit der Jugendhilfe verbundene Leistungen

Durchführung von kulturellen und sportlichen Veranstaltungen

(1) Steuerfrei ist nach § 4 Nr. 25 Satz 3 Buchstabe a UStG auch die Durchführung von kulturellen und sportlichen Veranstaltungen, wenn die Darbietungen von den von der Jugendhilfe begünstigten Personen (vgl. Abschnitt 4.25.1 Absätze 3 und 4) selbst erbracht oder die Einnahmen überwiegend zur Deckung der Kosten verwendet werden und diese Leistungen

---

[1)] **Aichberger SGB** Nr. **8.**

in engem Zusammenhang mit den in § 4 Nr. 25 Satz 1 UStG bezeichneten Leistungen (vgl. Abschnitt 4.25.1 Abs. 1 und 2) stehen.

(2) [1]In § 4 Nr. 25 Satz 3 Buchstabe a UStG wird auf „die von der Jugendhilfe begünstigten Personen" abgestellt. [2]Danach ist die Einbeziehung von Eltern in die Durchführung von kulturellen und sportlichen Veranstaltungen für die Steuerbefreiung unschädlich, sofern diese Leistungen in engem Zusammenhang mit den Leistungen der Jugendhilfe stehen.

Beherbergung, Beköstigung und die üblichen Naturalleistungen

(3)[1)] [1]Nach § 4 Nr. 25 Satz 3 Buchstabe b UStG sind auch die Beherbergung, Beköstigung und die üblichen Naturalleistungen steuerfrei, die diese Einrichtungen den Empfängern der Jugendhilfeleistungen und Mitarbeitern in der Jugendhilfe sowie den bei den Leistungen nach § 4 Nr. 25 Satz 1 UStG tätigen Personen als Vergütung für die geleisteten Dienste gewähren. [2]Davon ausgenommen ist die Abgabe von alkoholischen Getränken. [3]Hinsichtlich des Begriffs der Vergütung für geleistete Dienste wird auf Abschnitt 4.18.1 Abs. 4 hingewiesen.

(4) Durch das Abstellen auf den „Empfänger der Jugendhilfeleistungen" wird auch insoweit eine steuerfreie Einbeziehung von Eltern ermöglicht.

Leistungen von Vormündern und Ergänzungspflegern

(5) Von der Umsatzsteuer sind nach § 4 Nr. 25 Satz 3 Buchstabe c UStG auch die Leistungen befreit, die von einer Einrichtung erbracht werden, die als Vormund nach § 1773 BGB oder als Ergänzungspfleger nach § 1909 BGB bestellt worden ist, es sei denn, es handelt sich um Leistungen, die nach § 1835 Abs. 3 BGB vergütet werden.

(6) Für alle Pflegschaften gelten die Vorschriften über die Vormundschaft nach § 1915 BGB entsprechend; hinsichtlich der von nicht mittellosen Pfleglingen zu zahlenden Vergütung gilt eine Sonderregelung zur Berechnung der Vergütung abweichend von § 3 Abs. 1 bis 3 Vormünder- und Betreuervergütungsgesetz (§ 1915 Abs. 1 Satz 2 BGB).

(7) [1]Die Ergänzungspflegschaft nach § 1909 BGB dient – wie die Vormundschaft – der Fürsorge für Minderjährige, wenn deren Angelegenheiten in Teilbereichen nicht von dem Sorgeberechtigten (Eltern oder Vormund) besorgt werden können. [2]Die Ergänzungspflegschaft kann sich, der Betreuung vergleichbar, auf die gesamte Personen- oder Vermögenssorge oder auf einzelne Angelegenheiten dieser Teilbereiche beziehen. [3]Wird die Pflegschaft in Teilbereichen wahrgenommen, bleibt die sorgerechtliche Zuständigkeit der Eltern oder des Vormunds in den übrigen Angelegenheiten bestehen. [4]So kann z. B. Eltern, die ihr Kind vernachlässigen, nur die Personensorge entzogen und einem Ergänzungspfleger übertragen werden; die Vermögenssorge bleibt in diesem Fall bei den Eltern. [5]Andererseits kann auch die Ergänzungspflegschaft für Vermögensangelegenheiten des Minderjährigen erforderlich sein, insbesondere in den Fällen des § 1909 Abs. 1 Satz 2 BGB in Verbindung mit § 1638 Abs. 1 BGB.

---

1) A 4.25.2 UStAE Abs. 3 Satz 3 Verweis geänd. durch BMF v. 14.02.2023, BStBl. I 2023, 348.

(7a) [1]Als eine Form der Ergänzungspflegschaft fallen auch die Leistungen, die von einer Einrichtung erbracht werden, die als Umgangspfleger nach § 1684 Abs. 3 BGB bestellt worden ist, unter die Steuerbefreiung nach § 4 Nr. 25 Satz 3 Buchstabe c UStG. [2]Für die Umgangspflegschaft, die als ein Sonderfall der Pflegschaft den Umgang zwischen Eltern(-teil) und Kind regelt, sind ebenfalls die Regelungen über die Pflegschaft (§§ 1909ff. BGB) entsprechend anzuwenden (vgl. § 1915 Abs. 1 Satz 1 BGB).

(8) [1]Die sonstigen Pflegschaften des BGB sind mit der Vormundschaft und Ergänzungspflegschaft nicht vergleichbar, da diese nicht auf die Fürsorge für Minderjährige gerichtet sind und somit bei ihnen der spezifisch soziale Charakter nicht gegeben ist. [2]Für die Leistungen im Rahmen der sonstigen Pflegschaften des BGB wird deshalb keine Umsatzsteuerbefreiung gewährt. [3]Unter die sonstigen Pflegschaften fallen die Abwesenheitspflegschaft für abwesende Volljährige (§ 1911 BGB) und die Nachlasspflegschaft (§§ 1960ff. BGB) sowie die Sammlungspflegschaft (§ 1914 BGB). [4]Sie betreffen nur die Verwaltung von Vermögen und haben keinen spezifischen Bezug auf Minderjährige, für die die elterlichen Sorgeberechtigten ersetzt werden müssen. [5]Des Weiteren zählen hierzu die Pflegschaft für einen unbekannten Beteiligten nach § 1913 BGB und die Pflegschaft für eine Leibesfrucht nach § 1912 BGB, die ebenfalls in der Regel nur die Verwaltung von Vermögen betreffen.

Leistungen von Verfahrensbeiständen[1)]

(9)[1) · 2)] [1]Nach § 4 Nr. 25 Satz 3 Buchstabe d UStG sind die von Verfahrensbeiständen erbrachten Leistungen von der Umsatzsteuer befreit, wenn sie von Einrichtungen erbracht werden, die als Verfahrensbeistand nach den §§ 158, 174 oder 191 des Gesetzes über das Verfahren in Familiensachen und in den Angelegenheiten der freiwilligen Gerichtsbarkeit zur Wahrnehmung der Interessen minderjähriger Kinder in Kindschaftssachen, in Abstammungssachen oder in Adoptionssachen bestellt worden sind (vgl. BFH-Urteil vom 17.07.2019 – V R 27/17, BStBl. II 2023 S. 591). [2]Unter die Steuerbefreiung fallen sowohl die von freiberuflich tätigen Rechtsanwälten, Pädagogen sowie Kinder- und Jugendpsychologen erbrachten Beistandsleistungen als auch die Leistungen von Mitarbeitern von Betreuungsvereinen, die vom Familiengericht zum Verfahrensbeistand bestellt wurden. [3]Voraussetzung für die Steuerbefreiung ist, dass die Preise, die diese Einrichtungen verlangen, von den zuständigen Behörden genehmigt sind oder die genehmigten Preise nicht übersteigen. [4]Bei Umsätzen, für die eine Preisgenehmigung nicht vorgesehen ist, müssen die verlangten Preise unter den Preisen liegen, die der Mehrwertsteuer unterliegende gewerbliche Unternehmen für entsprechende Umsätze fordern.

[1)] 4.25.2 UStAE Zwischenüberschrift eingef. und Abs. 9 neugef. durch BMF v. 28.04.2023, BStBl. I 2023, 795, grds. anzuwenden auf nach dem 31.12.2020 erbrachte Umsätze; zur weiteren Anwendungsregelung siehe Anlage 8.

[2)] Die nach §§ 276, 317 FamFG gerichtlich bestellten Verfahrenspfleger für Betreuungs- und Unterbringungssachen können sich auf die unionsrechtliche Steuerbefreiung nach Art. 132 Abs. 1 Buchst. g MwStSystRL berufen, siehe BFH v. 25.11.2021 V R 34/19, DStR 2022, 653.

Reiseleistungen im Drittland

(10) Liegen für Leistungen nach § 4 Nr. 25 UStG auch die Voraussetzungen der Steuerbefreiung für Reiseleistungen im Drittland (§ 25 Abs. 2 UStG) vor, geht die Steuerbefreiung des § 4 Nr. 25 UStG der Steuerbefreiung nach § 25 Abs. 2 UStG vor.

Zu § 4 Nr. 26 UStG

4.26.1 Ehrenamtliche Tätigkeit

(1) [1] Für die Steuerbefreiung nach § 4 Nr. 26 Buchstabe a und Buchstabe b UStG ist das Vorliegen einer ehrenamtlichen Tätigkeit erforderlich (vgl. BFH-Urteil vom 17.12.2015, V R 45/14, BStBl. II 2017 S. 658). [2] Hierzu rechnen neben den in einem Gesetz ausdrücklich als solche genannten Tätigkeiten auch die, die man im allgemeinen Sprachgebrauch herkömmlicherweise als ehrenamtlich bezeichnet (vgl. BFH-Urteile vom 27.7.1972, V R 33/72, BStBl. II S. 844) oder die dem materiellen Begriffsinhalt der Ehrenamtlichkeit entsprechen (vgl. BFH-Urteil vom 14.05.2008, XI R 70/07, BStBl. II S. 912, und vom 20.08.2009, V R 32/08, BStBl. II 2010 S. 88). [3] Die Annahme der Ehrenamtlichkeit kraft gesetzlicher Regelung erfordert die Benennung in einem materiellen oder formellen Gesetz. [4] Eine Ehrenamtlichkeit kraft gesetzlicher Regelung ist allerdings nicht anzunehmen, wenn es sich um eine Bestimmung in einer im Bereich der Selbstverwaltung erlassenen Satzung handelt (vgl. BFH-Urteil vom 17.12.2015, V R 45/14, a. a. O.). [5] Die Tätigkeit im Aufsichtsrat einer Volksbank wird im allgemeinen Sprachgebrauch herkömmlicherweise nicht als ehrenamtlich bezeichnet (vgl. BFH-Urteil vom 20.08.2009, V R 32/08, a. a. O.). [6] Ergibt sich die Bezeichnung „ehrenamtlich" weder aus einem Gesetz noch lässt sich ein diesbezüglicher Sprachgebrauch ermitteln, bedarf es einer Bestimmung des materiellen Begriffsinhalts. [7] Im öffentlich-rechtlichen Bereich ist darunter die unentgeltliche Mitwirkung natürlicher Personen bei der Erfüllung öffentlicher Aufgaben zu verstehen, die auf Grund behördlicher Bestellung außerhalb eines haupt- oder nebenamtlichen Dienstverhältnisses stattfindet und für die lediglich eine Entschädigung besonderer Art gezahlt wird (vgl. BFH-Urteil vom 16.12.1987, X R 7/82, BStBl. II 1988 S. 384). [8] Wenn eine Tätigkeit für den hoheitlichen Bereich einer juristischen Person des öffentlichen Rechts (vgl. Abschnitt 4.26.1 Abs. 2 Satz 1) in einem anderen Gesetz oder im allgemeinen Sprachgebrauch als ehrenamtlich bezeichnet wird, kann grundsätzlich vom Vorliegen der Befreiungsvoraussetzungen ausgegangen werden, es sei denn, die Anwendung des Begriffs der Ehrenamtlichkeit auf die Tätigkeit ist mit der gebotenen engen Auslegung des Begriffs der Ehrenamtlichkeit ausnahmsweise nicht mehr vereinbar, insbesondere wenn sie in einem Umfang ausgeführt wird, bei dem die Annahme einer beruflichen Ausübung nicht mehr ausgeschlossen werden kann. [9] Für den nicht-öffentlichen Bereich kommt es nach dem materiellen Begriffsinhalt hingegen auf das Fehlen eines eigennützigen Erwerbsstrebens, die fehlende Hauptberuflichkeit und den Einsatz für eine fremdnützig bestimmte Einrichtung an. [10] Danach kann sowohl die Tätigkeit eines Ratsmitgliedes im Aufsichtsrat einer kommunalen Eigengesellschaft (BFH-Urteil vom 04.05.1994,

XI R 86/92, BStBl. II S. 773) als auch die Tätigkeit in Gremien der berufsständischen Kammern und Verbände eine ehrenamtliche Tätigkeit im Sinne der Befreiungsvorschrift sein. [11] Liegt ein eigennütziges Erwerbsstreben oder eine Hauptberuflichkeit vor bzw. wird der Einsatz nicht für eine fremdnützig bestimmte Einrichtung erbracht, kann unabhängig von der Höhe der Entschädigung nicht von einer ehrenamtlichen Tätigkeit ausgegangen werden. [12] Das ist insbesondere dann der Fall, wenn der Zeitaufwand der Tätigkeit auf eine hauptberufliche Teilzeit- oder sogar Vollzeitbeschäftigung hindeutet. [13] Ein Entgelt, das nicht lediglich im Sinne einer Entschädigung für Zeitversäumnis oder eines Verdienstausfalls gezahlt wird, sondern sich an der Qualifikation des Tätigen und seiner Leistung orientiert, steht dem Begriff der ehrenamtlichen Tätigkeit entgegen.

(2) [1] Die ehrenamtlichen Tätigkeiten für juristische Personen des öffentlichen Rechts fallen nur dann unter § 4 Nr. 26 Buchstabe a UStG, wenn sie für deren nichtunternehmerischen Bereich ausgeführt werden. [2] Es muss sich also um die Ausübung einer ehrenamtlichen Tätigkeit für den öffentlich-rechtlichen Bereich handeln. [3] Wird die ehrenamtliche Tätigkeit für den Betrieb gewerblicher Art einer Körperschaft des öffentlichen Rechts ausgeübt, kann sie deshalb nur unter den Voraussetzungen des § 4 Nr. 26 Buchstabe b UStG steuerfrei belassen werden (BFH-Urteil vom 04.04.1974, V R 70/73, BStBl. II S. 528).

(3) Die Mitwirkung von Rechtsanwälten in Rechtsberatungsdiensten ist keine ehrenamtliche Tätigkeit, weil die Rechtsanwälte in diesen Fällen nicht außerhalb ihres Hauptberufs tätig werden.

(4) [1] Geht in Fällen des § 4 Nr. 26 Buchstabe b UStG das Entgelt über einen Auslagenersatz und eine angemessene Entschädigung für Zeitversäumnis hinaus, besteht in vollem Umfang Steuerpflicht. [2] Was als angemessene Entschädigung für Zeitversäumnis anzusehen ist, muss nach den Verhältnissen des Einzelfalls beurteilt werden; dabei ist eine Entschädigung in Höhe von bis zu 50 € je Tätigkeitsstunde regelmäßig als angemessen anzusehen, sofern die Vergütung für die gesamten ehrenamtlichen Tätigkeiten im Sinne des § 4 Nr. 26 Buchstabe b UStG den Betrag von 17.500 € im Jahr nicht übersteigt. [3] Zur Ermittlung der Grenze von 17.500 € ist auf die tatsächliche Höhe der Aufwandsentschädigung im Vorjahr sowie die voraussichtliche Höhe der Aufwandsentschädigung im laufenden Jahr abzustellen. [4] Ein (echter) Auslagenersatz, der für die tatsächlich entstandenen und nachgewiesenen Aufwendungen der ehrenamtlichen Tätigkeit vergütet wird, bleibt bei der Berechnung der Betragsgrenzen unberücksichtigt. [5] Als Auslagenersatz im Sinne des Satzes 4 werden beispielsweise auch ein Fahrtkostenersatz nach den pauschalen Kilometersätzen oder auch Verpflegungsmehraufwendungen anerkannt, sofern sie lohnsteuerlich ihrer Höhe nach als Reisekosten angesetzt werden könnten (vgl. R 9.4 LStR).[1)]

(5) [1] Eine vom tatsächlichen Zeitaufwand unabhängige z.B. laufend gezahlte pauschale bzw. monatliche oder jährlich laufend gezahlte pauschale Vergütung sowie ein gesondert gezahltes Urlaubs-, Weihnachts- bzw. Krankheitsgeld stehen dem Charakter einer Entschädigung für Zeitversäumnis entgegen

---

1) Nr. **20**.

und führen zur Nichtanwendbarkeit der Befreiungsvorschrift mit der Folge, dass sämtliche für diese Tätigkeit gezahlten Vergütungen – auch soweit sie daneben in Auslagenersatz oder einer Entschädigung für Zeitaufwand bestehen – der Umsatzsteuer unterliegen. [2]Dies gilt für eine pauschal gezahlte Aufwandsentschädigung nicht, wenn der Vertrag, die Satzung oder der Beschluss eines laut Satzung hierzu befugten Gremiums zwar eine Pauschale vorsieht, aber zugleich festgehalten ist, dass der ehrenamtlich Tätige durchschnittlich eine bestimmte Anzahl an Stunden pro Woche/Monat/Jahr für die fremdnützig bestimmte Einrichtung tätig ist und die in Absatz 4 genannten Betragsgrenzen nicht überschritten werden. [3]Der tatsächliche Zeitaufwand ist glaubhaft zu machen. [4]Aus Vereinfachungsgründen kann die Steuerbefreiung auch ohne weitere Prüfung gewährt werden, wenn der Jahresgesamtbetrag der Entschädigungen den Freibetrag nach § 3 Nr. 26 EStG nicht übersteigt. [5]In diesen Fällen bedarf es lediglich der Angabe der Tätigkeiten und der Höhe der dabei erhaltenen Entschädigungen.

Beispiel 1:

[1]Ein ehrenamtlich Tätiger, der für seine Ehrenamtstätigkeit (1 Stunde/Woche) eine pauschale Entschädigung für Zeitversäumnis in Höhe von 120 € monatlich und zusätzlich für eine weitere ehrenamtliche Tätigkeit (ca. 20 Stunden/Jahr) eine jährliche Entschädigung für Zeitversäumnis in Höhe von 500 € erhält, kann die Steuerbefreiung nach § 4 Nr. 26 Buchstabe b UStG – auch ohne zusätzliche Nachweise – in Anspruch nehmen, da der Jahresgesamtbetrag seiner Entschädigungen (1.940 €) den Freibetrag nach § 3 Nr. 26 EStG nicht übersteigt. [2]Ein daneben gezahlter Auslagenersatz für tatsächlich entstandene Aufwendungen bleibt bei der Berechnung der Betragsgrenzen unberücksichtigt.

Beispiel 2:

[1]Ein ehrenamtlich Tätiger, der für seine ehrenamtliche Tätigkeit (7 Stunden/Woche) eine pauschale monatliche Entschädigung für Zeitversäumnis in Höhe von 1.200 € erhält und in acht Wochen im Jahr seine Tätigkeit auf Grund Urlaub/Krankheit nicht ausübt, hat einen durchschnittlichen Stundensatz in Höhe von rund 46 € (44 Wochen je 7 Stunden, Gesamtvergütung 14.400 €). [2]Eine weitere ehrenamtliche Tätigkeit wird durch ihn nicht ausgeübt. [3]Die Steuerbefreiung kann gewährt werden, da die Vergütung nicht mehr als 50 € je Tätigkeitsstunde beträgt und die Grenze von 17.500 € nicht übersteigt.

Zu § 4 Nr. 27 UStG

4.27.1 Gestellung von Personal durch religiöse und weltanschauliche Einrichtungen

(1) [1]Die Steuerbefreiung nach § 4 Nr. 27 Buchstabe a UStG umfasst die Gestellung von selbständigem, nicht beim leistenden Unternehmer abhängig beschäftigtem Personal, wie z. B. die Gestellung von Mitgliedern oder Angehörigen der Einrichtungen sowie die Gestellung abhängig beschäftigter Arbeitnehmer. [2]Unter den Begriff religiöse und weltanschauliche Einrichtungen fallen alle Einrichtungen, die den Schutz des Artikels 4 Abs. 1 und 2 GG und des Artikels 140 GG in Verbindung mit Artikel 137 der deutschen Verfassung vom 11.08.1919 (Weimarer Verfassung) in Anspruch zu nehmen berechtigt sind. [3]Hierunter fallen z. B. Kirchen in der Rechtsform einer juristischen Person des öffentlichen Rechts, geistliche Genossenschaften oder Mutterhäuser.

(2) [1]Die Voraussetzung, dass die Personalgestellung für bestimmte unter § 4 Nr. 27 Buchstabe a UStG genannte Tätigkeiten erfolgt, ist erfüllt, wenn die Einrichtung, der das Personal gestellt wird, steuerfreie Leistungen nach § 4 Nr. 14 Buchstabe b, Nr. 16, 18, 21, 22 Buchstabe a sowie Nr. 23 und 25 UStG erbringt, und wenn die überlassene Person in diesem steuerbegünstigten Bereich tätig wird. [2]In Betracht kommen insbesondere die Gestellung von Gesundheits- und Krankenpflegern oder Altenpflegern an Krankenhäuser oder Altenheime sowie die Gestellung von Lehrern an Schulen zur Erteilung von Unterricht. [3]Dies gilt für die Erteilung von Unterricht jeder Art, also nicht nur für die Erteilung von Religionsunterricht. [4]Wird Personal für Zwecke geistlichen Beistands, z. B. für Zwecke des Abhaltens von Gottesdiensten, gestellt, muss die aufnehmende Einrichtung keine weiteren Voraussetzungen erfüllen.

4.27.2 Gestellung von land- und forstwirtschaftlichen Arbeitskräften sowie Gestellung von Betriebshelfern

(1) [1]Steuerfrei sind insbesondere Leistungen land- und forstwirtschaftlicher Selbsthilfeeinrichtungen – Betriebshilfsdienste- und Dorfhelferinnendienste –, die in der Regel in der Rechtsform eines eingetragenen Vereins betrieben werden. [2]Die Vorschrift des § 4 Nr. 27 Buchstabe b UStG unterscheidet zwischen unmittelbaren Leistungen an land- und forstwirtschaftliche Betriebe und Leistungen an die gesetzlichen Träger der Sozialversicherung.

Unmittelbare Leistungen an land- und forstwirtschaftliche Betriebe

(2) [1]Die Steuerbefreiung für unmittelbare Leistungen an land- und forstwirtschaftliche Betriebe kann nur von juristischen Personen des privaten oder öffentlichen Rechts – z. B. eingetragenen Vereinen oder Genossenschaften – beansprucht werden, nicht aber von Einzelunternehmern oder Personengesellschaften. [2]Befreit ist nur die Gestellung land- und forstwirtschaftlicher Arbeitskräfte. [3]Die Arbeitskräfte müssen unmittelbar land- und forstwirtschaftlichen Unternehmern für deren land- und forstwirtschaftliche Betriebe im Sinne des § 24 Abs. 2 UStG gestellt werden. [4]Indessen hängt die Steuerbefreiung nicht davon ab, ob die Kosten für die Ersatzkräfte von den gesetzlichen Trägern der Sozialversicherung erstattet werden.

(3) [1]Der Unternehmer hat nachzuweisen, dass die Arbeitskräfte für einen land- und forstwirtschaftlichen Betrieb mit höchstens drei Vollarbeitskräften gestellt worden sind. [2]Dieser Nachweis kann durch eine schriftliche Bestätigung des betreffenden Land- und Forstwirts geführt werden. [3]Darüber hinaus ist nachzuweisen, dass die gestellte Arbeitskraft den Ausfall des Betriebsinhabers oder eines voll mitarbeitenden Familienangehörigen wegen Krankheit, Unfalls, Schwangerschaft, eingeschränkter Erwerbsfähigkeit oder Todes überbrückt. [4]Für diesen Nachweis sind entsprechende Bescheinigungen oder Bestätigungen Dritter – z. B. ärztliche Bescheinigungen, Bescheinigungen der Krankenhäuser und Heilanstalten oder Bestätigungen der Sozialversicherungsträger – erforderlich.

Leistungen an die gesetzlichen Träger der Sozialversicherung

(4) [1]Die Steuerbefreiung des § 4 Nr. 27 Buchstabe b UStG umfasst weiterhin die Gestellung von Betriebshelfern an die gesetzlichen Träger der Sozialversicherung (Berufsgenossenschaften, Krankenkassen, Rentenversicherungsträger, landwirtschaftliche Alterskassen). [2]Diese Träger sind verpflichtet, ihren Mitgliedern in bestimmten Notfällen – z.B. bei einem Arbeitsunfall, einem Krankenhausaufenthalt oder einer Heilanstaltspflege – Betriebshilfe zu gewähren. [3]Sie bedienen sich dabei anderer Unternehmer – z.B. der Betriebshilfsdienste und der Dorfhelferinnendienste – und lassen sich von diesen die erforderlichen Ersatzkräfte zur Verfügung stellen. [4]Die Unternehmer, die Ersatzkräfte zur Verfügung stellen, erbringen damit steuerfreie Leistungen an die gesetzlichen Träger der Sozialversicherung. [5]Auf die Rechtsform des Unternehmens kommt es dabei nicht an. [6]Unter die Steuerbefreiung fällt auch die „Selbstgestellung" eines Einzelunternehmers, der seine Betriebshelferleistungen gegenüber einem Träger der Sozialversicherung erbringt.

(5) [1]Die Steuerbefreiung nach Absatz 4 ist nicht anwendbar, wenn es die gesetzlichen Träger der Sozialversicherung ihren Mitgliedern überlassen, die Ersatzkräfte selbst zu beschaffen, und ihnen lediglich die dadurch entstandenen Kosten erstatten. [2]In diesen Fällen kann aber die Steuerbefreiung für unmittelbare Leistungen an land- und forstwirtschaftliche Betriebe (Absätze 2 und 3) in Betracht kommen.

Zu § 4 Nr. 28 UStG

4.28.1 Lieferung bestimmter Gegenstände

(1) [1]Nach § 4 Nr. 28 UStG ist die Lieferung von Gegenständen befreit, die der Unternehmer ausschließlich für Tätigkeiten verwendet, die nach § 4 Nr. 8 bis 27 und 29 UStG steuerfrei sind (vgl. BFH-Urteil vom 21.09.2016, V R 43/15, BStBl. II 2017 S. 1203). [2]Diese Voraussetzungen müssen während des gesamten Verwendungszeitraumes vorgelegen haben.

Beispiel:

Ein Arzt veräußert Einrichtungsgegenstände, die ausschließlich seiner nach § 4 Nr. 14 UStG steuerfreien Tätigkeit gedient haben.

[3]§ 4 Nr. 28 UStG ist weder unmittelbar noch entsprechend auf sonstige Leistungen anwendbar (vgl. BFH-Urteil vom 26.04.1995, XI R 75/94, BStBl. II S. 746).

(2) [1]Aus Vereinfachungsgründen kann die Steuerbefreiung nach § 4 Nr. 28 UStG auch in den Fällen in Anspruch genommen werden, in denen der Unternehmer die Gegenstände in geringfügigem Umfang (höchstens 5%) für Tätigkeiten verwendet hat, die nicht nach § 4 Nr. 8 bis 27 und 29 UStG befreit sind. [2]Voraussetzung hierfür ist jedoch, dass der Unternehmer für diese Gegenstände darauf verzichtet, einen anteiligen Vorsteuerabzug vorzunehmen.

(3) [1]Nach § 4 Nr. 28 UStG ist auch die Lieferung von Gegenständen befreit, für die der Vorsteuerabzug nach § 15 Abs. 1a UStG ausgeschlossen ist.

[2]Die Steuerbefreiung kommt hiernach nur in Betracht, wenn im Zeitpunkt der Lieferung die Vorsteuer für die gesamten Anschaffungs- oder Herstellungskosten einschließlich der Nebenkosten und der nachträglichen Anschaffungs- oder Herstellungskosten nicht abgezogen werden konnte.

Beispiel:

[1]Ein Unternehmer veräußert im Jahr 2 Einrichtungen seines Gästehauses. [2]Ein Vorsteuerabzug aus den Anschaffungs- und Herstellungskosten, die auf die Einrichtungen entfallen, war im Jahr 01 nach § 15 Abs. 1a UStG ausgeschlossen. [3]Die Lieferung der Einrichtungsgegenstände im Jahr 02 ist hiernach steuerfrei.

(4) [1]Die Lieferung von Gegenständen ist auch dann nach § 4 Nr. 28 UStG befreit, wenn die anteiligen Anschaffungs- oder Herstellungskosten in der Zeit bis zum 31.03.1999 als Repräsentationsaufwendungen der Besteuerung des Eigenverbrauchs unterworfen waren und für die Zeit nach dem 31.03.1999 eine Vorsteuerberichtigung nach § 17 Abs. 1 i. V. m. Abs. 2 Nr. 5 UStG vorgenommen wurde.[1)] [2]Die Steuerbefreiung kommt hiernach nur in Betracht, wenn im Zeitpunkt der Lieferung der Vorsteuerabzug aus der Anschaffung, Herstellung oder Einfuhr des Gegenstands im Ergebnis durch die Besteuerung als Eigenverbrauch oder durch die Vorsteuerberichtigung nach § 17 UStG vollständig ausgeglichen worden ist. [3]Dies bedeutet, dass die Steuer für den Eigenverbrauch und die Vorsteuerberichtigung angemeldet und entrichtet sein muss. [4]Im Übrigen wird auf das BFH-Urteil vom 02.07.2008, XI R 60/06, BStBl. II 2009 S. 167 hingewiesen.

Beispiel:

[1]Der Unternehmer U hat ein Segelschiff für 100.000 € zuzüglich Umsatzsteuer erworben. [2]Er verkauft es im Kalenderjahr 2004. [3]Bis zum 31.03.1999 hat er die Aufwendungen für das Schiff als Repräsentationsaufwendungen der Eigenverbrauchsbesteuerung nach § 1 Abs. 1 Nr. 2 Buchstabe c UStG 1993 unterworfen. [4]Für die Zeit nach dem 31.03.1999 bis zum 31.12.2003 nimmt er eine Vorsteuerberichtigung nach § 17 Abs. 1 in Verbindung mit Abs. 2 Nr. 5 UStG vor. [5]Die Steuer für den Aufwendungseigenverbrauch und die Vorsteuerberichtigung nach § 17 UStG ist vollständig entrichtet worden. [6]Das Schiff ist mit Ablauf des 31.12.2003 vollständig abgeschrieben.

[7]Der Verkauf im Kalenderjahr 2004 ist nach § 4 Nr. 28 UStG steuerfrei.

(5) Absatz 4 gilt entsprechend für die Lieferungen im Sinne des § 3 Abs. 1b Satz 1 Nr. 1 UStG.

(6) Liegen für die Lieferungen von Gegenständen nach § 4 Nr. 28 UStG durch den Unternehmer auch die Voraussetzungen einer Ausfuhrlieferung (§ 4 Nr. 1 Buchstabe a, § 6 UStG) bzw. einer innergemeinschaftlichen Lieferung (§ 4 Nr. 1 Buchstabe b, § 6a UStG) vor, geht die Steuerbefreiung des § 4 Nr. 28 UStG diesen Steuerbefreiungen vor.

(7) § 4 Nr. 28 UStG ist auch dann anwendbar, wenn der Abzug der Vorsteuer aus den Anschaffungskosten der gelieferten Gegenstände in unmittelbarer Anwendung der MwStSystRL nach § 15 Abs. 2 Satz 1 Nr. 1 UStG ausgeschlossen war (vgl. BFH-Urteil vom 16.05.2012, XI R 24/10, BStBl. II 2013 S. 52).

---

1) Vgl. A 15.6 UStAE.

Zu § 4 Nr. 29 UStG

4.29.1 Befreiung der Leistungen von selbständigen Personenzusammenschlüssen an ihre Mitglieder

Zur Befreiung der Leistungen von selbständigen Personenzusammen schlüssen an ihre Mitglieder vgl. BMF-Schreiben vom 19.07.2022, BStBl. I S. 1208.

Zu § 4a UStG
(§ 24 UStDV)

4a.1 Vergütungsberechtigte

Vergütungsberechtigte nach § 4a Abs. 1 UStG sind:

1. Körperschaften, Personenvereinigungen und Vermögensmassen im Sinne des KStG, die ausschließlich und unmittelbar gemeinnützige, mildtätige oder kirchliche Zwecke verfolgen (§§ 51 bis 68 AO), und
2. juristische Personen des öffentlichen Rechts.

4a.2 Voraussetzungen für die Vergütung

(1) [1] Die Voraussetzungen für die Vergütung (§ 4a Abs. 1 UStG) sind nicht erfüllt, wenn die Lieferung des Gegenstands an den Vergütungsberechtigten nicht der Umsatzsteuer unterlegen hat. [2] Dies ist z. B. der Fall bei steuerfreien Lieferungen, bei Lieferungen durch Privatpersonen sowie bei unentgeltlichen Lieferungen, zu denen insbesondere Sachspenden gehören. [3] Unbeachtlich ist, ob die der Lieferung an den Vergütungsberechtigten vorausgegangene Lieferung umsatzsteuerpflichtig gewesen ist.

(2) [1] Ist in der Rechnung ein zu niedriger Steuerbetrag ausgewiesen, ist nur dieser Betrag zu vergüten. [2] Bei einem zu hohen Steuerausweis wird die Vergütung nur bis zur Höhe der für den betreffenden Umsatz gesetzlich vorgeschriebenen Steuer gewährt. [3] Ausgeschlossen ist die Vergütung der Steuer außerdem in den Fällen eines unberechtigten Steuerausweises nach § 14c Abs. 2 UStG, z. B. bei Lieferungen durch Privatpersonen oder durch Kleinunternehmer im Sinne des § 19 Abs. 1 UStG.

(3) [1] Die Vergütung kann erst beantragt werden, wenn der Kaufpreis einschließlich Umsatzsteuer für den erworbenen Gegenstand in voller Höhe gezahlt worden ist. [2] Abschlags- oder Teilzahlungen genügen nicht. [3] Bei einem vorher eingeführten Gegenstand ist es erforderlich, dass die für die Einfuhr geschuldete Einfuhrumsatzsteuer entrichtet ist. [4] Schuldet die juristische Person die Steuer für den innergemeinschaftlichen Erwerb, muss diese entrichtet worden sein.

(4) [1] Die Vergütung ist nur zu gewähren, wenn der ausgeführte Gegenstand im Drittlandsgebiet (§ 1 Abs. 2a Satz 3 UStG) verbleibt und dort zu humanitären, karitativen oder erzieherischen Zwecken verwendet wird. [2] Der Vergütungsberechtigte muss diese Zwecke im Drittlandsgebiet nicht selbst – z. B. mit eigenen Einrichtungen und Hilfskräften – erfüllen. [3] Es reicht aus, wenn der Gegenstand einem Empfänger im Drittlandsgebiet übereignet wird – z. B.

einer nationalen oder internationalen Institution –, der ihn dort zu den begünstigten Zwecken verwendet.

(5) [1] Ist die Verwendung der ausgeführten Gegenstände zu den nach § 4a Abs. 1 Satz 1 Nr. 5 UStG begünstigten Zwecken vorgesehen (vgl. Absatz 9), kann die Vergütung schon beansprucht werden, wenn die Gegenstände zunächst im Drittlandsgebiet – z.B. in einem Freihafen – eingelagert werden. [2] Nicht zu gewähren ist die Vergütung bei einer zugelassenen vorübergehenden Freihafenlagerung nach § 12a EUStBV.[1)] [3] Werden Gegenstände im Anschluss an eine vorübergehende Freihafenlagerung einer begünstigten Verwendung im Drittlandsgebiet zugeführt, kann die Vergütung von diesem Zeitpunkt an beansprucht werden.

(6) [1] Humanitär im Sinne des § 4a Abs. 1 Satz 1 Nr. 5 UStG ist nicht nur die Beseitigung und Milderung besonderer Notlagen, sondern auch die Verbesserung der wirtschaftlichen und sozialen Verhältnisse und der Umweltbedingungen. [2] Karitative Zwecke werden verfolgt, wenn anderen selbstlose Hilfe gewährt wird. [3] Erzieherischen Zwecken (vgl. Abschnitt 4.23.1 Abs. 4) dienen auch Gegenstände, die für die berufliche und nichtberufliche Aus- und Weiterbildung einschließlich der Bildungsarbeit auf politischem, weltanschaulichem, künstlerischem und wissenschaftlichem Gebiet verwendet werden. [4] Es ist davon auszugehen, dass die steuerbegünstigten Zwecke im Sinne der §§ 52 bis 54 AO zugleich auch den in § 4a Abs. 1 Satz 1 Nr. 5 UStG bezeichneten Verwendungszwecken entsprechen.

(7) [1] Die ausgeführten Gegenstände brauchen nicht für Gruppen von Menschen verwendet zu werden; sie können auch Einzelpersonen im Drittlandsgebiet überlassen werden. [2] Eine Vergütung kann deshalb z.B. für die Versendung von Lebensmitteln, Medikamenten oder Bekleidung an Privatpersonen in Betracht kommen.

(8) Bei Körperschaften, die steuerbegünstigte Zwecke verfolgen, stehen der Erwerb oder die Einfuhr und die Ausfuhr im Rahmen eines Zweckbetriebs (§§ 65 bis 68 AO) dem Anspruch auf Vergütung nicht entgegen.

(9) Eine Vergütung der Umsatzsteuer ist ausgeschlossen, wenn der Vergütungsberechtigte die Gegenstände vor der Ausfuhr in das Drittland im Inland genutzt hat.

4a.3 Nachweis der Voraussetzungen

(1) [1] Das Vorliegen der Voraussetzungen für die Steuervergütung ist durch Belege nachzuweisen (§ 4a Abs. 1 Satz 1 Nr. 7 UStG, § 24 Abs. 2 und 3 UStDV). [2] Als Belege für den Ausfuhrnachweis (vgl. § 24 Abs. 2 UStDV) kommen insbesondere Frachtbriefe, Konnossemente, Posteinlieferungsscheine oder deren Doppelstücke sowie Spediteurbescheinigungen in Betracht (vgl. Abschnitte 6.5 bis 6.9).

(2) Für den buchmäßigen Nachweis der Voraussetzungen (vgl. § 24 Abs. 3 UStDV) ist Folgendes zu beachten:

---

1) **Steuergesetze** Nr. **518.**

1. Zur Bezeichnung des Lieferers genügt es im Allgemeinen, seinen Namen aufzuzeichnen.

2. [1]Wird der Gegenstand von dem Vergütungsberechtigten selbst zu begünstigten Zwecken verwendet, ist als Empfänger die Anschrift der betreffenden Stelle des Vergütungsberechtigten im Drittlandsgebiet anzugeben. [2]Werden ausgeführte Gegenstände von Hilfskräften des Vergütungsberechtigten im Drittlandsgebiet Einzelpersonen übergeben – z. B. Verteilung von Lebensmitteln, Medikamenten und Bekleidung –, ist lediglich der Ort aufzuzeichnen, an dem die Übergabe vorgenommen wird.

3. Bei Zweifeln über den Verwendungszweck im Drittlandsgebiet kann die begünstigte Verwendung durch eine Bestätigung einer staatlichen Stelle oder einer internationalen Organisation nachgewiesen werden.

4. [1]Statt des Ausfuhrtags kann auch der Kalendermonat aufgezeichnet werden, in dem der Gegenstand ausgeführt worden ist. [2]Bei einer vorübergehenden Freihafenlagerung, an die sich eine begünstigte Verwendung der ausgeführten Gegenstände im Drittlandsgebiet anschließt (vgl. Abschnitt 4a.2 Abs. 5), ist zusätzlich der Zeitpunkt (Tag oder Kalendermonat) des Beginns der begünstigten Verwendung aufzuzeichnen.

5. Zum Nachweis, dass die Umsatzsteuer bezahlt oder die Einfuhrumsatzsteuer entrichtet wurde, ist in den Aufzeichnungen auf die betreffende Rechnung und den Zahlungsbeleg bzw. auf den Beleg über die Einfuhrumsatzsteuer (vgl. Abschnitt 15.11 Abs. 1 Satz 2 Nr. 2) hinzuweisen.

6. [1]Ändert sich die Umsatzsteuer – z. B. durch die Inanspruchnahme eines Skontos, durch die Gewährung eines nachträglichen Rabatts, durch eine Preisherabsetzung oder durch eine Nachberechnung –, sind der Betrag der Entgeltänderung und der Betrag, um den sich die Umsatzsteuer erhöht oder vermindert, aufzuzeichnen. [2]Ist die Festsetzung der Einfuhrumsatzsteuer nachträglich geändert worden, muss neben dem Betrag, um den sich die Einfuhrumsatzsteuer verringert oder erhöht hat, ggf. der Betrag aufgezeichnet werden, um den sich die Bemessungsgrundlage der Einfuhrumsatzsteuer geändert hat. [3]Aufzuzeichnen sind darüber hinaus erlassene oder erstattete Einfuhrumsatzsteuerbeträge.

4a.4 Antragsverfahren

(1) [1]Die Vergütung ist nur auf Antrag zu gewähren (§ 4a Abs. 1 Satz 1 UStG). [2]Bestandteil des Vergütungsantrags ist eine Anlage, in der die Ausfuhren einzeln aufzuführen sind. [3]In der Anlage sind auch nachträgliche Minderungen von Vergütungsansprüchen anzugeben, die der Vergütungsberechtigte bereits mit früheren Anträgen geltend gemacht hat.

(2) [1]Der Vergütungsantrag einschließlich Anlage (vgl. BMF-Schreiben vom 05.11.2019, BStBl. I S. 1041) ist bei dem Finanzamt einzureichen, in dessen Bezirk der Vergütungsberechtigte seinen Sitz hat. [2]Der Antrag ist bis zum Ablauf des Kalenderjahrs zu stellen, das dem Kalenderjahr folgt, in dem der Gegenstand in das Drittlandsgebiet gelangt ist (§ 24 Abs. 1 Satz 1 UStDV).

[3]Die Antragsfrist kann nicht verlängert werden (Ausschlussfrist). [4]Bei Versäumung der Antragsfrist kann unter den Voraussetzungen des § 110 AO allenfalls Wiedereinsetzung in den vorigen Stand gewährt werden. [5]Ist der ausgeführte Gegenstand zunächst im Rahmen einer zugelassenen Freihafenlagerung nach § 12a EUStBV[1)] vorübergehend in einem Freihafen gelagert worden, ist für die Antragsfrist der Zeitpunkt des Beginns der begünstigten Verwendung des Gegenstands maßgebend.

4a.5 Wiedereinfuhr von Gegenständen

[1]Wiedereingeführte Gegenstände, für die bei der Ausfuhr eine Vergütung nach § 4a UStG gewährt worden ist, sind nicht als Rückwaren einfuhrumsatzsteuerfrei (§ 12 Nr. 3 EUStBV).[1)] [2]Vergütungsberechtigte müssen deshalb bei der Wiedereinfuhr von Gegenständen erklären, ob der betreffende Gegenstand zur Verwendung für humanitäre, karitative oder erzieherische Zwecke in das Drittlandsgebiet ausgeführt und dafür die Vergütung beansprucht worden ist.

Zu § 4b UStG

4b.1 Steuerbefreiung beim innergemeinschaftlichen Erwerb von Gegenständen

(1) [1]Die Steuerbefreiung nach § 4b UStG setzt einen innergemeinschaftlichen Erwerb voraus. [2]Durch § 4b Nr. 1 und 2 UStG ist der innergemeinschaftliche Erwerb bestimmter Gegenstände, deren Lieferung im Inland steuerfrei wäre, von der Umsatzsteuer befreit. [3]Danach ist steuerfrei insbesondere der innergemeinschaftliche Erwerb von:

a) Gold durch Zentralbanken – z. B. durch die Deutsche Bundesbank – (Abschnitt 4.4.1),

b) gesetzlichen Zahlungsmitteln, die nicht wegen ihres Metallgehalts oder ihres Sammlerwerts umgesetzt werden (Abschnitt 4.8.3 Abs. 1);

c) Wasserfahrzeugen, die nach ihrer Bauart dem Erwerb durch die Seeschifffahrt oder der Rettung Schiffbrüchiger dienen (Abschnitt 8.1 Abs. 2).

(2) [1]Nach § 4b Nr. 3 UStG ist der innergemeinschaftliche Erwerb der Gegenstände, deren Einfuhr steuerfrei wäre, von der Steuer befreit. [2]Der Umfang dieser Steuerbefreiung ergibt sich zu einem wesentlichen Teil aus der EUStBV.

(3) [1]§ 4b Nr. 4 UStG befreit den innergemeinschaftlichen Erwerb von Gegenständen, die der Unternehmer für Umsätze verwendet, für die der Ausschluss vom Vorsteuerabzug nach § 15 Abs. 3 UStG nicht eintritt (z. B. für steuerfreie innergemeinschaftliche Lieferungen, steuerfreie Ausfuhrlieferungen oder nicht umsatzsteuerbare Lieferungen im Drittlandsgebiet). [2]Es wird jedoch nicht beanstandet, wenn in diesen Fällen der innergemeinschaftliche Erwerb steuerpflichtig behandelt wird.

[1)] **Steuergesetze** Nr. **518**.

Zu § 6 UStG
(§§ 8 bis 11 und 13 bis 17 UStDV)

6.1 Ausfuhrlieferungen[1)]

(1) [1]Hat der Unternehmer den Gegenstand der Lieferung in das Drittlandsgebiet außerhalb der in § 1 Abs. 3 UStG bezeichneten Gebiete befördert oder versendet, braucht der Abnehmer kein ausländischer Abnehmer zu sein (§ 6 Abs. 1 Satz 1 Nr. 1 UStG). [2]Die Steuerbefreiung kann deshalb in diesen Ausfuhrfällen z.B. auch für die Lieferungen an Abnehmer in Anspruch genommen werden, die ihren Wohnort oder Sitz im Inland oder in den in § 1 Abs. 3 UStG bezeichneten Gebieten haben. [3]Das gilt auch für Lieferungen, bei denen der Unternehmer den Gegenstand auf die Insel Helgoland oder in das Gebiet von Büsingen befördert oder versendet hat, weil diese Gebiete umsatzsteuerrechtlich nicht zum Inland im Sinne des § 1 Abs. 2 Satz 1 UStG gehören und auch nicht zu den in § 1 Abs. 3 UStG bezeichneten Gebieten zählen.

(2) [1]Hat der Abnehmer den Gegenstand der Lieferung in das Drittlandsgebiet – außerhalb der in § 1 Abs. 3 UStG bezeichneten Gebiete – befördert oder versendet (Abholfall), muss er ein ausländischer Abnehmer sein (§ 6 Abs. 1 Satz 1 Nr. 2 UStG). [2]Zum Begriff des ausländischen Abnehmers wird auf Abschnitt 6.3 hingewiesen.

(3) [1]Haben der Unternehmer oder der Abnehmer den Gegenstand der Lieferung in die in § 1 Abs. 3 UStG bezeichneten Gebiete, d. h. in einen Freihafen oder in die Gewässer oder Watten zwischen der Hoheitsgrenze und der jeweiligen Basislinie (vgl. Abschnitt 1.9 Abs. 3) befördert oder versendet, kommt die Steuerbefreiung (§ 6 Abs. 1 Satz 1 Nr. 3 UStG) in Betracht, wenn der Abnehmer ein Unternehmer ist, der den Gegenstand für Zwecke seines Unternehmens erworben hat (vgl. Abschnitt 15.2b) und dieser nicht ausschließlich oder nicht zum Teil für eine nach § 4 Nr. 8 bis 27 und 29 UStG steuerfreie Tätigkeit verwendet werden soll. [2]Bei der Lieferung eines einheitlichen Gegenstands, z. B. eines Kraftfahrzeugs, ist im Allgemeinen davon auszugehen, dass der Abnehmer den Gegenstand dann für Zwecke seines Unternehmens erwirbt, wenn der unternehmerische Verwendungszweck zum Zeitpunkt des Erwerbs überwiegt. [3]Bei der Lieferung von vertretbaren Sachen, die der Abnehmer sowohl für unternehmerische als auch für nichtunternehmerische Zwecke erworben hat, ist der Anteil, der auf den unternehmerischen Erwerbszweck entfällt, durch eine Aufteilung entsprechend den Erwerbszwecken zu ermitteln. [4]Bei ausländischen Abnehmern, die keine Unternehmer sind, muss der Gegenstand in das übrige Drittlandsgebiet gelangen.

(3a) [1]Die sog. gebrochene Beförderung oder Versendung des Gegenstands der Lieferung durch mehrere Beteiligte (Lieferer und Abnehmer bzw. in deren Auftrag jeweils ein Dritter) ist für die Annahme der Steuerbefreiung einer

---

[1)] Zur Steuerbefreiung für Ausfuhrlieferungen trotz Nichterfüllung der Nachweispflichten vgl. BFH v. 19.11.2009 V R 8/09, BFH/NV 2010, 1141; siehe auch A 6.11 UStAE.

Ausfuhrlieferung unschädlich, wenn der Abnehmer zu Beginn des Transports feststeht (vgl. Abschnitt 3.12 Abs. 3 Satz 4ff.) und der Transport ohne nennenswerte Unterbrechung erfolgt. [2]Der liefernde Unternehmer muss nachweisen, dass ein zeitlicher und sachlicher Zusammenhang zwischen der Lieferung des Gegenstands und seiner Beförderung oder Versendung sowie ein kontinuierlicher Ablauf dieses Vorgangs gegeben sind. [3]In den Fällen, in denen der Abnehmer den Gegenstand der Lieferung im Rahmen seines Teils der Lieferstrecke in das Drittlandsgebiet befördert oder versendet, müssen die Voraussetzungen des § 6 Abs. 1 Satz 1 Nr. 2 UStG erfüllt sein.

(4) Liegt ein Reihengeschäft vor, kann nur die Beförderungs- oder Versendungslieferung (vgl. Abschnitt 3.14 Abs. 14) unter den Voraussetzungen des § 6 UStG als Ausfuhrlieferung steuerfrei sein.

(5) [1]Der Gegenstand der Lieferung kann durch einen Beauftragten oder mehrere Beauftragte vor der Ausfuhr sowohl im Inland als auch in einem anderen EU-Mitgliedstaat bearbeitet oder verarbeitet worden sein. [2]Es kann sich nur um Beauftragte des Abnehmers oder eines folgenden Abnehmers handeln. [3]Erteilt der liefernde Unternehmer oder ein vorangegangener Lieferer den Bearbeitungs- oder Verarbeitungsauftrag, ist die Ausführung dieses Auftrags ein der Lieferung des Unternehmers vorgelagerter Umsatz. [4]Gegenstand der Lieferung des Unternehmers ist in diesem Fall der bearbeitete oder verarbeitete Gegenstand und nicht der Gegenstand vor seiner Bearbeitung oder Verarbeitung. [5]Der Auftrag für die Bearbeitung oder Verarbeitung des Gegenstands der Lieferung kann auch von einem Abnehmer erteilt worden sein, der kein ausländischer Abnehmer ist.

(6) Besondere Regelungen sind getroffen worden:

1. für Lieferungen von Gegenständen der Schiffsausrüstung an ausländische Binnenschiffer (vgl. BMF-Schreiben vom 19.06.1974, BStBl. I S. 438);
2. für Fälle, in denen Formen, Modelle oder Werkzeuge zur Herstellung steuerfrei ausgeführter Gegenstände benötigt wurden (vgl. BMF-Schreiben vom 27.11.1975, BStBl. I S. 1126).

(7) Die Steuerbefreiung für Ausfuhrlieferungen (§ 4 Nr. 1 Buchstabe a, § 6 UStG) kommt nicht in Betracht, wenn für die Lieferung eines Gegenstands in das Drittlandsgebiet auch die Voraussetzungen der Steuerbefreiungen nach § 4 Nr. 17, 19 oder 28 oder nach § 25c Abs. 1 und 2 UStG vorliegen.

6.2 Elektronisches Ausfuhrverfahren (Allgemeines)

(1) [1]Seit 01.07.2009 besteht EU-einheitlich die Pflicht zur Teilnahme am elektronischen Ausfuhrverfahren (Artikel 326 UZK-IA).[1)] [2]In Deutschland steht hierfür das IT-System ATLAS-Ausfuhr zur Verfügung. [3]Die Pflicht zur Abgabe elektronischer Anmeldungen betrifft alle Anmeldungen unabhängig vom Beförderungsweg (Straßen-, Luft-, See-, Post- und Bahnverkehr).

(2) [1]Die Ausfuhrzollstelle (AfZSt) überführt die elektronisch angemeldeten Waren in das Ausfuhrverfahren und übermittelt der angegebenen Ausgangszollstelle (AgZSt) vorab die Angaben zum Ausfuhrvorgang. [2]Über das euro-

---

[1)] **Zölle und Verbrauchsteuern** Nr. 8.

päische IT-System AES (Automated Export System)/ECS (Export Control System) kann die AgZSt, unabhängig davon, in welchem Mitgliedstaat sie sich befindet, anhand der Registriernummer der Ausfuhranmeldung (MRN) den Ausfuhrvorgang aufrufen und den körperlichen Ausgang der Waren überwachen. 3 Die AgZSt vergewissert sich unter anderem, dass die gestellten Waren den angemeldeten entsprechen, und überwacht den körperlichen Ausgang der Waren aus dem Zollgebiet der Gemeinschaft. 4 Der körperliche Ausgang der Waren ist der AfZSt durch die AgZSt mit der „Ausgangsbestätigung/Kontrollergebnis" unmittelbar anzuzeigen. 5 Weder im nationalen noch im europäischen Zollrecht existiert eine Differenzierung zwischen Beförderungs- und Versendungsfällen. 6 Für alle elektronisch angemeldeten Waren übersendet die AgZSt der AfZSt die Nachricht „Ausgangsbestätigung/Kontrollergebnis".

(3) 1 Der Nachrichtenaustausch zwischen den Teilnehmern und den Zolldienststellen wird im IT-Verfahren ATLAS mit EDIFACT-Nachrichten durchgeführt, die auf EDIFACT-Nachrichtentypen basieren. 2 Die (deutsche) AfZSt erledigt den Ausfuhrvorgang auf Basis der von der AgZSt übermittelten „Ausgangsbestätigung" dadurch, dass sie dem Ausführer/Anmelder elektronisch den „Ausgangsvermerk" (Artikel 334 UZK-IA)[1] als PDF-Dokument (vgl. Anlage 1 zum BMF-Schreiben vom 03.05.2010, BStBl. I S. 499) übermittelt. 3 Der „Ausgangsvermerk" beinhaltet die Daten der ursprünglichen Ausfuhranmeldung, ergänzt um die zusätzlichen Feststellungen und Ergebnisse der AgZSt. 4 Der belegmäßige Nachweis der Ausfuhr wird daher zollrechtlich in allen Fällen (Beförderungs- und Versendungsfällen) durch den „Ausgangsvermerk" erbracht.

(4) 1 Von dem seit 01.07.2009 geltenden elektronischen Nachrichtenaustauschverfahren sind – aus zollrechtlicher Sicht – Abweichungen nur zulässig

1. 1 im Ausfall- und Sicherheitskonzept (erkennbar am Stempelabdruck „ECS/AES Notfallverfahren"). 2 Hier wird das Exemplar Nr. 3 des Einheitspapiers, ein Handelsbeleg oder ein Verwaltungspapier als schriftliche Ausfuhranmeldung verwendet,
2. 1 bei der Ausfuhr mit mündlicher oder konkludenter Anmeldung (in Fällen von geringer wirtschaftlicher Bedeutung). 2 Hier wird ggf. ein sonstiger handelsüblicher Beleg als Ausfuhranmeldung verwendet.

2 Nur in diesen Fällen wird die vom Ausführer/Anmelder vorgelegte Ausfuhranmeldung von der AgZSt auf der Rückseite mit Dienststempelabdruck versehen.

(5) 1 Geht die Nachricht „Ausgangsbestätigung/Kontrollergebnis" der AgZSt bei der AfZSt – aus welchen Gründen auch immer – nicht ein, kann das Ausfuhrverfahren nicht automatisiert mit dem PDF-Dokument „Ausgangsvermerk" erledigt werden. 2 Das Gemeinschaftszollrecht sieht in diesen Fällen eine Überprüfung des Ausfuhrvorgangs vor (Artikel 334 und 335 UZK-IA).[1] 3 Sofern der Ausfuhrvorgang weder verwaltungsintern noch durch den Anmelder/Ausführer geklärt werden kann, wird die ursprüngliche Ausfuhranmeldung für ungültig erklärt. 4 Wird durch die Recherchen der

---

[1] **Zölle und Verbrauchsteuern** Nr. **8.**

AgZSt der Ausgang bestätigt, erstellt die AfZSt einen per EDIFACT-Nachricht übermittelten „Ausgangsvermerk". [5]Legt der Anmelder/Ausführer einen sog. Alternativnachweis vor, erstellt die AfZSt ebenfalls einen per EDIFACT-Nachricht übermittelten „Alternativ-Ausgangsvermerk" (vgl. Anlage 2 zum BMF-Schreiben vom 03.05.2010, BStBl. I S. 499).

6.3 Ausländischer Abnehmer

(1) Ausländische Abnehmer sind Personen mit Wohnort oder Sitz im Ausland (§ 1 Abs. 2 Satz 2 UStG) – also auch auf Helgoland oder in der Gemeinde Büsingen – mit Ausnahme der in § 1 Abs. 3 UStG bezeichneten Gebiete (z. B. in den Freihäfen).

(2) [1]Wer ausländischer Abnehmer ist, bestimmt sich bei einer natürlichen Person nach ihrem Wohnort. [2]Es ist unbeachtlich, welche Staatsangehörigkeit der Abnehmer hat. [3]Wohnort ist der Ort, an dem sich der Abnehmer für längere Zeit eine Wohnung genommen hat und der nicht nur auf Grund subjektiver Willensentscheidung, sondern auch bei objektiver Betrachtung als der örtliche Mittelpunkt seines Lebens anzusehen ist (BFH-Urteil vom 31.07.1975 – V R 52/74, BStBl. II 1976 S. 80). [4]Der Begriff des Wohnorts ist nicht mit den in §§ 8 und 9 AO verwendeten Begriffen des Wohnsitzes und des gewöhnlichen Aufenthalts inhaltsgleich. [5]Eine Wohnsitzbegründung im Inland und im Ausland ist gleichzeitig möglich; dagegen kann ein Abnehmer jeweils nur einen Wohnort im Sinne des § 6 Abs. 2 Satz 1 Nr. 1 UStG haben. [6]Die zeitliche Dauer eines Aufenthalts ist ein zwar wichtiges, aber nicht allein entscheidendes Kriterium für die Bestimmung des Wohnorts. [7]Daneben müssen die sonstigen Umstände des Aufenthalts, insbesondere sein Zweck, in Betracht gezogen werden. [8]Arbeitnehmer eines ausländischen Unternehmers, die lediglich zur Durchführung eines bestimmten, zeitlich begrenzten Auftrags in das Inland kommen, ohne hier objektiv erkennbar den örtlichen Mittelpunkt ihres Lebens zu begründen, bleiben daher ausländische Abnehmer, auch wenn ihr Aufenthalt im Inland von längerer Dauer ist (BFH-Urteil vom 31.07.1975, a. a. O.). [9]Personen, die ihren Wohnort vom Inland in das Ausland mit Ausnahme der in § 1 Abs. 3 UStG bezeichneten Gebiete verlegen oder zurückverlegen, sind bis zu ihrer tatsächlichen Ausreise (Grenzübergang) keine ausländischen Abnehmer (BFH-Urteil vom 14.12.1994, XI R 70/93, BStBl. II 1995 S. 515). [10]Eine nach § 6 Abs. 1 Satz 1 Nr. 2 oder Nr. 3 Buchstabe b UStG steuerfreie Ausfuhrlieferung kann an sie nur nach diesem Zeitpunkt erbracht werden. [11]Maßgebend für den Zeitpunkt der Lieferung ist das Erfüllungsgeschäft und nicht das Verpflichtungsgeschäft. [12]Zum Nachweis des Wohnorts des Abnehmers bei Ausfuhrlieferungen im nichtkommerziellen Reiseverkehr vgl. Abschnitt 6.11 Abs. 11.

(3) Bei Abnehmern mit wechselndem Aufenthalt ist wie folgt zu verfahren:

1. [1]Deutsche Auslandsbeamte, die ihren Wohnort im staatsrechtlichen Ausland haben, sind ausländische Abnehmer. [2]Das Gleiche gilt für deutsche Auslandsvertretungen, z. B. Botschaften, Gesandtschaften, Konsulate, für Zweigstellen oder Dozenturen des Goethe-Instituts im Ausland, für im Ausland errichtete Bundeswehrdienststellen und im Ausland befindliche Bundes-

wehr-Einsatzkontingente, wenn sie das Umsatzgeschäft im eigenen Namen abgeschlossen haben.

2. Ausländische Diplomaten, die in der Bundesrepublik Deutschland akkreditiert sind, sind keine ausländischen Abnehmer.
3. [1] Ausländische Touristen, die sich nur vorübergehend im Inland aufhalten, verlieren auch bei längerem Aufenthalt nicht ihre Eigenschaft als ausländische Abnehmer. [2] Das Gleiche gilt für Ausländer, die sich aus beruflichen Gründen vorübergehend im Inland aufhalten, wie z. B. ausländische Künstler und Angehörige von Gastspiel-Ensembles.
4. [1] Ausländische Gastarbeiter verlegen mit Beginn ihres Arbeitsverhältnisses ihren Wirkungskreis vom Ausland in das Inland. [2] In der Regel sind sie daher bis zu ihrer endgültigen Ausreise nicht als ausländische Abnehmer anzusehen. [3] Ausländische Studenten sind in gleicher Weise zu behandeln.
5. Arbeitnehmer eines ausländischen Unternehmers, die nur zur Durchführung eines bestimmten zeitlich begrenzten Auftrags in das Inland kommen, bleiben ausländische Abnehmer (vgl. Absatz 2 Satz 8).
6. Mitglieder der in der Bundesrepublik Deutschland stationierten ausländischen Truppen und die im Inland wohnenden Angehörigen der Mitglieder sind keine ausländischen Abnehmer.

6.4 Ausschluss der Steuerbefreiung bei der Ausrüstung und Versorgung bestimmter Beförderungsmittel[1) · 2)]

(1) [1] Die Steuerbefreiung für Ausfuhrlieferungen ist bei der Lieferung eines Gegenstands, der zur Ausrüstung oder Versorgung nichtunternehmerischer Beförderungsmittel bestimmt ist, insbesondere in den Fällen ausgeschlossen, in denen der ausländische Abnehmer – und nicht der Lieferer – den Liefergegenstand in das Drittlandsgebiet befördert oder versendet hat (§ 6 Abs. 3 UStG). [2] Zu den Gegenständen zur Ausrüstung eines privaten Kraftfahrzeugs gehören alle Kraftfahrzeugteile einschließlich Kraftfahrzeug-Ersatzteile und Kraftfahrzeug-Zubehörteile. [3] Werden diese Teile im Rahmen einer Werklieferung geliefert, ist die Steuerbefreiung für Ausfuhrlieferungen nicht nach § 6 Abs. 3 UStG ausgeschlossen. [4] Für diese Werklieferungen kommt die Steuerbefreiung für Ausfuhrlieferungen nach § 6 Abs. 1 UStG in Betracht. [5] Zu den Gegenständen zur Versorgung eines privaten Kraftfahrzeugs gehören Gegenstände, die zum Verbrauch in dem Kraftfahrzeug bestimmt sind, z. B. Treibstoff, Motoröl, Bremsflüssigkeit, Autowaschmittel und Autopflegemittel, Farben und Frostschutzmittel. [6] Für Liefergegenstände, die zur Ausrüstung oder Versorgung eines privaten Wasserfahrzeugs oder eines privaten Luftfahrzeugs bestimmt sind, gelten die Ausführungen in den Sätzen 2 bis 5 entsprechend.

(2) [1] Unter § 6 Abs. 3 UStG fallen auch die Lieferungen, bei denen der Unternehmer den Gegenstand, der zur Ausrüstung oder Versorgung eines

---

1) Zum Ausschluss der Steuerbefreiung bei unentgeltlicher Wertabgabe vgl. § 6 Abs. 5 UStG und A 3.2 Abs. 2 UStAE.

2) Zu privaten Zwecken dienenden Beförderungsmitteln vgl. Art. 47 MwStVO (**Steuergesetze** Nr. **550a**).

nichtunternehmerischen Beförderungsmittels, z. B. eines Sportbootes, bestimmt ist, in die in § 1 Abs. 3 UStG bezeichneten Gebiete befördert oder versendet hat (Fall des § 6 Abs. 1 Satz 1 Nr. 3 Buchstabe b UStG). [2]In diesem Fall ist die Steuerbefreiung für Ausfuhrlieferungen stets ausgeschlossen.

(3) In den Fällen des § 6 Abs. 3 UStG, in denen das Beförderungsmittel den Zwecken des Unternehmens des ausländischen Abnehmers dient und deshalb die Steuerbefreiung für Ausfuhrlieferungen nicht ausgeschlossen ist, hat der Lieferer den Gewerbezweig oder Beruf des Abnehmers und den Verwendungszweck des Beförderungsmittels zusätzlich aufzuzeichnen (vgl. Abschnitt 6.10 Abs. 7).

(4) [1]Die Ausnahmeregelung des § 6 Abs. 3 UStG findet nach ihrem Sinn und Zweck nur auf diejenigen Lieferungen Anwendung, bei denen die Gegenstände zur Ausrüstung oder Versorgung des eigenen Beförderungsmittels des Abnehmers oder des von ihm mitgeführten fremden Beförderungsmittels bestimmt sind. [2]Die Regelung gilt jedoch nicht für Lieferungen von Ausrüstungsgegenständen und Versorgungsgegenständen, die ein Unternehmer zur Weiterlieferung oder zur Verwendung in seinem Unternehmen, z. B. für Reparaturen, erworben hat.

Beispiel 1:

[1]Der Unternehmer U verkauft 100 Pkw-Reifen an den ausländischen Abnehmer K, der einen Kraftfahrzeughandel und eine Kraftfahrzeugwerkstatt betreibt. [2]K holt die Reifen mit eigenem Lastkraftwagen im Inland ab. [3]Die Reifen sind zur Weiterveräußerung oder zur Verwendung bei Kraftfahrzeugreparaturen bestimmt.
[4]Es liegt eine Lieferung im Sinne des § 6 Abs. 1 Satz 1 Nr. 2 UStG vor. [5]Gleichwohl findet § 6 Abs. 3 UStG keine Anwendung. [6]Die Lieferung ist deshalb steuerfrei, wenn U den Ausfuhrnachweis und den buchmäßigen Nachweis geführt hat.

Beispiel 2:

[1]Sachverhalt wie im Beispiel 1. [2]U versendet jedoch die Reifen zur Verfügung des K in einen Freihafen.
[3]Es liegt eine Lieferung im Sinne des § 6 Abs. 1 Satz 1 Nr. 3 Buchstabe a UStG vor. [4]Für sie gilt die rechtliche Beurteilung wie im Beispiel 1.

6.5 Ausfuhrnachweis (Allgemeines)

(1) [1]Der Unternehmer hat die Ausfuhr durch Belege nachzuweisen (§ 6 Abs. 4 UStG und §§ 8 bis 11 UStDV). [2]Die Vorlage der Belege reicht jedoch für die Annahme einer Ausfuhrlieferung nicht in jedem Fall aus. [3]Die geforderten Unterlagen bilden nur die Grundlage einer sachlichen Prüfung auf die inhaltliche Richtigkeit der Angaben (BFH-Urteil vom 14.12.1994, XI R 70/93, BStBl. II 1995 S. 515). [4]Für die Führung des Ausfuhrnachweises hat der Unternehmer in jedem Falle die Grundsätze des § 8 UStDV zu beachten (Mussvorschrift). [5]Für die Form und den Inhalt des Ausfuhrnachweises enthalten die §§ 9 bis 11 UStDV Mussvorschriften. [6]Der Unternehmer kann den Ausfuhrnachweis nur in besonders begründeten Einzelfällen auch abweichend von diesen Vorschriften führen, wenn

1. sich aus der Gesamtheit der Belege die Ausfuhr eindeutig und leicht nachprüfbar ergibt (§ 8 Abs. 1 Satz 2 UStDV) und

2. die buchmäßig nachzuweisenden Voraussetzungen eindeutig und leicht nachprüfbar aus der Buchführung zu ersehen sind (§ 13 Abs. 1 Satz 2 UStDV).

7 Zu den besonders begründeten Einzelfällen gehören z. B. Funktionsstörungen der elektronischen Systeme der Zollverwaltung. 8 Kann der Unternehmer den beleg- und buchmäßigen Nachweis nicht, nicht vollständig oder nicht zeitnah führen, ist grundsätzlich davon auszugehen, dass die Voraussetzungen für die Steuerbefreiung nicht erfüllt sind. 9 Etwas anderes gilt im Falle der Nichteinhaltung einer formellen Anforderung ausnahmsweise dann, wenn nach objektiven Kriterien zweifelsfrei feststeht, dass die materiell-rechtlichen Voraussetzungen für die Steuerfreiheit der Ausfuhrlieferung vorliegen, insbesondere, wenn objektiv erkennbar feststeht, dass der Gegenstand der Lieferung das Gemeinschaftsgebiet tatsächlich verlassen hat (Grundsatz der Steuerneutralität und Grundsatz der Verhältnismäßigkeit, vgl. EuGH-Urteile vom 17.10.2019, C-653/18, Unitel Sp,[1] vom 28.3.2019, C-275/18, Vinš,[2] und vom 08.11.2018, C-495/17, Cartrans Spedition,[3] und BFH-Urteil vom 12.03.2020, V R 20/19, BStBl. II S. 608). 10 Allerdings kann sich der liefernde Unternehmer nicht auf die Grundsätze steuerlicher Neutralität und der Verhältnismäßigkeit berufen, wenn

1. sich der liefernde Unternehmer vorsätzlich an einer das Funktionieren des gemeinsamen Mehrwertsteuersystems gefährdenden Steuerhinterziehung beteiligt hat bzw. davon Kenntnis hatte oder nach der Sorgfalt eines ordentlichen Kaufmanns hätte haben müssen, dass der von ihm bewirkte Umsatz mit einer Steuerhinterziehung des Erwerbers zu Lasten eines Mitgliedstaates verknüpft war und er nicht alle ihm zur Verfügung stehenden, zumutbaren Maßnahmen ergriffen hat, um diese zu verhindern (vgl. EuGH-Urteile vom 17.10.2019, C-653/18, Unitel Sp, vom 28.03.2019, C-275/18, Vinš, und vom 08.11.2018, C-495/17, Cartrans Spedition, und BFH-Urteil vom 12.03.2020, V R 2019, a. a. O.), oder
2. der Verstoß gegen die formellen Anforderungen den sicheren Nachweis verhindert, dass die materiell-rechtlichen Voraussetzungen für die Steuerbefreiung erfüllt wurden (vgl. EuGH-Urteile vom 17.10.2019, C-653/18, Unitel Sp, vom 28.03.2019, C-275/18, Vinš, und vom 08.11.2018, C-495/17, Cartrans Spedition, und BFH-Urteil vom 12.09.2020, V R 20/19, a. a. O.).

(2) 1 Die Angaben in den Belegen für den Ausfuhrnachweis müssen im Geltungsbereich des UStG nachprüfbar sein. 2 Es genügt, wenn der Aussteller der Belege die Geschäftsunterlagen, auf denen die Angaben in den Belegen beruhen, dem Finanzamt auf Verlangen im Geltungsbereich des UStG vorlegt. 3 Die Regelung in § 10 Abs. 1 Satz 1 Nr. 2 Buchstabe b Doppelbuchstabe ff UStDV bleibt unberührt. 4 Die Ausfuhrbelege müssen sich im Besitz des Unternehmers befinden. 5 Sie sind nach § 147 Abs. 3 Satz 1 AO zehn Jahre aufzubewahren. 6 Diese Aufbewahrungsfrist kann sich nach § 147 Abs. 3 Satz 5 AO verlängern.

---

[1] DStR 2019, 2254.
[2] MwStR 2019, 486.
[3] DStRE 2019, 633.

(3) [1]Der Ausfuhrnachweis kann als Bestandteil des buchmäßigen Nachweises noch bis zur letzten mündlichen Verhandlung vor dem Finanzgericht über eine Klage gegen die erstmalige endgültige Steuerfestsetzung oder den Berichtigungsbescheid geführt werden (BFH-Urteil vom 28.02.1980, V R 118/76, BStBl. II S. 415). [2]Das gilt nicht, wenn das Finanzgericht für die Vorlage des Ausfuhrnachweises eine Ausschlussfrist gesetzt hat.

(4) [1]Ausfuhrbelege können nach § 147 Abs. 2 AO auch auf solchen Datenträgern aufbewahrt werden, bei denen das Verfahren den Grundsätzen ordnungsmäßiger Buchführung entspricht und sichergestellt ist, dass bei der Lesbarmachung die Wiedergabe mit den empfangenen Ausfuhrbelegen bildlich übereinstimmt. [2]Als solche bildlich wiedergabefähige Datenträger kommen neben Bildträgern (z. B. Mikrofilm oder Mikrokopie) insbesondere auch die maschinell lesbaren Datenträger (z. B. Diskette, Magnetband, Magnetplatte, elektro-optische Speicherplatte) in Betracht, soweit auf diesen eine Veränderung bzw. Verfälschung nicht möglich ist (vgl. BMF-Schreiben vom 01.02.1984, BStBl. I S. 155, und vom 28.11.2019, BStBl. I S. 1269). [3]Unternehmer, die ihre Geschäftspapiere unter Beachtung der in den vorbezeichneten BMF-Schreiben festgelegten Verfahren aufbewahren, können mit Hilfe der gespeicherten Daten oder mikroverfilmten Unterlagen den Ausfuhrnachweis erbringen. [4]Wird kein zugelassenes Verfahren angewendet, gelten Ausdrucke oder Fotokopien für sich allein nicht als ausreichender Ausfuhrnachweis. [5]Sie können nur in Verbindung mit anderen Belegen als Ausfuhrnachweis anerkannt werden, wenn sich aus der Gesamtheit der Belege die Ausfuhr des Gegenstands zweifelsfrei ergibt.

(5) *(aufgehoben)*

(6) [1]Aus den im Steuerrecht allgemein geltenden Grundsätzen der Verhältnismäßigkeit und des Vertrauensschutzes ergibt sich, dass die Steuerfreiheit einer Ausfuhrlieferung nicht versagt werden darf, wenn der liefernde Unternehmer die Fälschung des Ausfuhrnachweises, den der Abnehmer ihm vorlegt, auch bei Beachtung der Sorgfalt eines ordentlichen Kaufmanns nicht hat erkennen können (BFH-Urteil vom 30.07.2008, V R 7/03, BStBl. II 2010 S. 1075). [2]Ob die Grundsätze des Vertrauensschutzes die Gewährung der Steuerbefreiung gebieten, obwohl die Voraussetzungen einer Ausfuhrlieferung nicht erfüllt sind, kann nur im Billigkeitsverfahren entschieden werden. [3]Hat der liefernde Unternehmer alle ihm zu Gebote stehenden zumutbaren Maßnahmen ergriffen, um sicherzustellen, dass die von ihm getätigten Umsätze nicht zu einer Beteiligung an einer Steuerhinterziehung führen, ist das Verwaltungsermessen hinsichtlich der Gewährung einer Billigkeitsmaßnahme auf Null reduziert (vgl. BFH-Urteil vom 30.07.2008, V R 7/03, a. a. O.).

6.6 Ausfuhrnachweis in Beförderungsfällen

(1) In Beförderungsfällen (vgl. Abschnitt 3.12 Abs. 2) ist die Ausfuhr wie folgt nachzuweisen (§ 9 UStDV):

1. bei einer Ausfuhr außerhalb des gVV/Unionsversandverfahrens oder des Versandverfahrens mit Carnet TIR

a) [1]in Fällen, in denen die Ausfuhranmeldung im EDV-gestützten Ausfuhrverfahren (ATLAS-Ausfuhr) auf elektronischem Weg erfolgt, mit dem durch die AfZSt an den Anmelder/Ausführer per EDIFACT-Nachricht übermittelten PDF-Dokument „Ausgangsvermerk" (vgl. Anlage 1 zum BMF-Schreiben vom 03.05.2010, BStBl. I S. 499 und Abschnitt 6.7a). [2]Dies gilt unabhängig davon, ob der Gegenstand der Ausfuhr vom Unternehmer oder vom Abnehmer befördert oder versendet wird. [3]Hat der Unternehmer statt des Ausgangsvermerks einen von der AfZSt erstellten „Alternativ-Ausgangsvermerk" (vgl. Anlage 2 zum BMF-Schreiben vom 03.05.2010, BStBl. I S. 499), gilt dieser als Ausfuhrnachweis. [4]Liegt dem Unternehmer weder ein „Ausgangsvermerk" noch ein „Alternativ-Ausgangsvermerk" vor, kann er den Belegnachweis entsprechend Absatz 6 führen. [5]Die Unternehmen haben die mit der Zollverwaltung ausgetauschten EDIFACT-Nachrichten zu archivieren (§ 147 Abs. 1 Nr. 4a in Verbindung mit Abs. 2 und 3 AO). [6]Das Ausfuhrbegleitdokument (ABD) ist nicht als Ausfuhrnachweis geeignet, weil es von der AgZSt weder abgestempelt noch zurückgegeben wird. [7]Ein nachträglich von einer ausländischen Grenzzollstelle abgestempeltes ABD ist als Ausfuhrnachweis geeignet,

b) [1]in Fällen, in denen die Ausfuhranmeldung nicht im elektronischen Ausfuhrverfahren durchgeführt werden kann (im Ausfall- und Sicherheitskonzept), wird das Exemplar Nr. 3 der Ausfuhranmeldung (= Exemplar Nr. 3 des Einheitspapiers – Einheitspapier Ausfuhr/Sicherheit, Zollvordruck 033025 oder Einheitspapier, Zollvordruck 0733 mit Sicherheitsdokument, Zollvordruck 033023) als Nachweis der Beendigung des zollrechtlichen Ausfuhrverfahrens verwendet. [2]Dieser Beleg wird als Nachweis für Umsatzsteuerzwecke anerkannt, wenn die Ausfuhrbestätigung durch einen Vermerk (Dienststempelabdruck der Grenzzollstelle mit Datum) auf der Rückseite des Exemplars Nr. 3 der Ausfuhranmeldung angebracht ist. [3]Dieser Beleg muss im Fall des Ausfallkonzepts außerdem den Stempelabdruck „ECS/AES Notfallverfahren" tragen, da im Ausfallkonzept stets alle anstelle einer elektronischen Ausfuhranmeldung verwendeten schriftlichen Ausfuhranmeldungen mit diesem Stempelabdruck versehen werden,

c) [1]in Fällen, in denen die Ausfuhranmeldung nicht im elektronischen Ausfuhrverfahren erfolgt (bei Ausfuhren mit mündlicher oder konkludenter Anmeldung in Fällen von geringer wirtschaftlicher Bedeutung bzw. bei Ausfuhranmeldungen bis zu einem Warenwert von 1.000 €), wird auf andere Weise als mit dem Exemplar Nr. 3 der Ausfuhranmeldung (= Exemplar Nr. 3 des Einheitspapiers) der Ausgang der Ware überwacht. [2]Wird hierfür ein handelsüblicher Beleg (z. B. Frachtbrief, Rechnung, Lieferschein) verwendet, wird er als Nachweis für Umsatzsteuerzwecke anerkannt, wenn die Ausfuhrbestätigung durch einen Vermerk (Dienststempelabdruck der Grenzzollstelle mit Datum) auf der Rückseite angebracht ist. [3]In diesem Beleg müssen in jedem Fall Name und Anschrift des liefernden Unternehmers, die handelsübliche Bezeichnung und die Menge des ausgeführten Gegenstands, der Ort und der Tag der Ausfuhr sowie die Ausfuhrbestätigung der zuständigen Grenzzollstelle enthalten sein;

2. bei einer Ausfuhr im gVV/Unionsversandverfahren[1] oder im Versandverfahren mit Carnet TIR[1]

   a) [1] Ausfuhr nach Absatz 1 Nr. 1 Buchstabe a: durch das von der AfZSt übermittelte oder erstellte Dokument „Ausgangsvermerk“, wenn das EDV-gestützte Ausfuhrverfahren erst nach Eingang der Kontrollergebnisnachricht/des Rückscheins oder Trennabschnitts im Versandverfahren (Beendigung des Versandverfahrens) durch die Abgangsstelle, die in diesen Fällen als AgZSt handelt, beendet wurde. [2] Dies gilt nur, wenn das EDV-gestützte Ausfuhrverfahren von einer deutschen Abgangsstelle (AgZSt) beendet wurde, oder

   b) [1] Ausfuhr nach Absatz 1 Nr. 1 Buchstabe b: durch eine Ausfuhrbestätigung der Abgangsstelle, die bei einer Ausfuhr im Versandverfahren (gVV/Unionsversandverfahren oder Carnet TIR) nach Eingang der Kontrollergebnisnachricht erteilt wird, sofern das Versandverfahren EDV-gestützt eröffnet wurde. [2] Bei einer Ausfuhr im Versandverfahren (gVV/Unionsversandverfahren oder Carnet TIR), das nicht EDV-gestützt eröffnet wurde, wird die Ausfuhrbestätigung nach Eingang des Rückscheins (Exemplar Nr. 5 des Einheitspapiers im gVV/Unionsversandverfahren) bzw. nach Eingang der Bescheinigung über die Beendigung im Carnet TIR (Trennabschnitt) erteilt, sofern sich aus letzterer die Ausfuhr ergibt.

(2) [1] Das Unionsversandverfahren[1] dient der Erleichterung des innergemeinschaftlichen Warenverkehrs, und der Erleichterung des Warenverkehrs zwischen EU-Mitgliedstaaten und den Drittstaaten Andorra und San Marino, während das gemeinsame Versandverfahren[1] den Warenverkehr zwischen EU-Mitgliedstaaten und den EFTA-Ländern (Island, Liechtenstein, Norwegen und Schweiz) erleichtert. [2] Beide Verfahren werden im Wesentlichen einheitlich abgewickelt. [3] Bei Ausfuhren im Rahmen dieser Verfahren werden die Grenzzollstellen grundsätzlich nicht eingeschaltet. [4] Die Waren sind der Abgangsstelle per Teilnehmernachricht (E_DEC_DAT/Versandanmeldung) oder Internetversandanmeldung über das System ATLAS-Versand anzumelden. [5] Die Abgangsstelle überlässt – nach Prüfung der Anmeldung – die Waren in das gVV/Unionsversandverfahren und händigt dem Hauptverpflichteten ein Versandbegleitdokument (VBD) aus. [6] Die Bestimmungsstelle leitet der Abgangsstelle nach Gestellung der Waren die Eingangsbestätigung und die Kontrollergebnisnachricht zu. [7] Die Abgangsstelle schließt hierauf das Ausfuhrverfahren im Rahmen ihrer Eigenschaft als Ausgangszollstelle durch einen manuellen Datenabgleich ab. [8] Bestehen auf Grund von Unstimmigkeiten in der Kontrollergebnisnachricht (oder Exemplar Nr. 5 des Einheitspapiers im gVV/Unionsversandverfahren bzw. Bescheinigung über die Beendigung im Carnet TIR (Trennabschnitt)) der Bestimmungs(zoll)stelle Zweifel an der tatsächlich erfolgten Ausfuhr der Waren, kann der Ausfuhrnachweis für den

---

[1] Gemeinsames Versandverfahren EU-EFTA (**Zölle und Verbrauchsteuern** Nr. **40**); Unionsversandverfahren gem. Art. 226 ff. UZK (ebd. Nr. **1**); TIR-Übereinkommen (ebd. Nr. **160**).

entsprechenden Ausfuhrvorgang nur durch Alternativnachweise (z. B. Drittlandsverzollungsbeleg) geführt werden. [9]Die Teilnehmernachricht, die Internetversandanmeldung oder das VBD sind in diesem Zusammenhang nicht als Ausfuhrnachweise geeignet.

(3) [1]Die Ausfuhrbestätigung der den Ausgang des Gegenstands aus dem Gemeinschaftsgebiet überwachenden Grenzzollstelle oder der Abgangsstelle kann sich auf einem üblichen Geschäftsbeleg, z. B. Lieferschein, Rechnungsdurchschrift, Versandbegleitdokument oder der Ausfuhranmeldung (Exemplar Nr. 3 des Einheitspapiers) befinden. [2]Es kann auch ein besonderer Beleg, der die Angaben des § 9 UStDV enthält, oder ein dem Geschäftsbeleg oder besonderen Beleg anzustempelnder Aufkleber verwendet werden.

(4) [1]Die deutschen Zollstellen wirken auf Antrag bei der Erteilung der Ausfuhrbestätigung wie folgt mit:

1. Mitwirkung der Grenzzollstelle außerhalb des EDV-gestützten Ausfuhrverfahrens

   [1]Die Grenzzollstelle prüft die Angaben in dem vom Antragsteller vorgelegten Beleg und bescheinigt auf Antrag den körperlichen Ausgang der Waren durch einen Vermerk. [2]Der Vermerk erfolgt durch einen Dienststempelabdruck, der den Namen der Zollstelle und das Datum enthält. [3]Das nach der Verfahrensanweisung ATLAS Kapitel 8.2.6 Abs. 8 behandelte Exemplar Nr. 3 des Einheitspapiers Ausfuhr/Sicherheit (EPAS) dient grundsätzlich nur als Nachweis der Beendigung des zollrechtlichen Ausfuhrverfahrens. [4]In den Fällen, in denen das Exemplar Nr. 3 durch die letzte Zollstelle oder – wenn die Waren im Eisenbahn-, Post-, Luft- oder Seeverkehr ausgeführt werden – durch die für den Ort der Übernahme der Ausfuhrsendung durch die Beförderungsgesellschaften bzw. Postdienste zuständige Ausgangszollstelle behandelt wird, kann das Exemplar Nr. 3 als Ausfuhrnachweis für Umsatzsteuerzwecke (Ausfuhrbestätigung der Grenzzollstelle im Sinne von § 9 UStDV) verwendet werden. [5]Eines gesonderten Antrags bedarf es nicht.

2. Mitwirkung der Abgangsstelle bei Ausfuhren im gVV/Unionsversandverfahren[1)] oder im Versandverfahren mit Carnet TIR[1)]

   [1]Bei Ausfuhren im gVV/Unionsversandverfahren oder im Versandverfahren mit Carnet TIR wird, wenn diese Verfahren nicht bei einer Grenzzollstelle beginnen, die Ausfuhrbestätigung der Grenzzollstelle ersetzt durch

   a) eine Ausgangsbestätigung der Ausfuhrzollstelle bei einer Ausfuhr im EDV-gestützten Ausfuhrverfahren mit einem in Deutschland erzeugten Dokument „Ausgangsvermerk" (unter Beachtung von Absatz 1 Nr. 2 Buchstabe a), oder

   b) eine Ausfuhrbestätigung (§ 9 Abs. 3 UStDV) der Abgangsstelle, die bei einer Ausfuhr im gVV/Unionsversandverfahren nach Eingang der Kontrollergebnisnachricht/des Rückscheins oder Trennabschnitts erteilt wird (siehe unter Absatz 1 Nr. 2 Buchstabe b).

[1)] Gemeinsames Versandverfahren EU-EFTA (**Zölle und Verbrauchsteuern** Nr. **40**); Unionsversandverfahren gem. Art. 226 ff. UZK (ebd. Nr. **1**).

[2]Die Ausfuhrbestätigung wird von der Abgangsstelle in den Fällen des Satzes 1 mit folgendem Vermerk erteilt: „Ausgeführt mit Versandanmeldung MRN/mit Carnet TIR VAB-Nr. … vom …“. [3]Der Vermerk muss Ort, Datum, Unterschrift und Dienststempelabdruck enthalten. [4]Die Sätze 1 bis 3 gelten sinngemäß für im Rahmen des Ausfallkonzepts für ATLAS-Versand erstellte Versandanmeldungen auf Basis des Einheitspapiers (vgl. Absatz 1 Nr. 1 Buchstabe b Satz 2).

[2]Die den Ausgang des Ausfuhrgegenstands aus dem Gemeinschaftsgebiet überwachenden Grenzzollstellen (Ausgangszollstellen) anderer EU-Mitgliedstaaten bescheinigen im Ausfall- und Sicherheitskonzept (vgl. Abschnitt 6.2 Abs. 4 Satz 1 Nr. 1) auf Antrag den körperlichen Ausgang der Waren ebenfalls durch einen Vermerk auf der Rückseite des Exemplars Nr. 3 der Ausfuhranmeldung (= Exemplar Nr. 3 des Einheitspapiers).

(4a) [1]Bei der Ausfuhr von Fahrzeugen im Sinne des § 1b Abs. 2 Nr. 1 UStG (vgl. Abschnitt 1b.1), die zum bestimmungsmäßigen Gebrauch im Straßenverkehr einer Zulassung bedürfen, muss der Beleg nach § 9 Abs. 1 UStDV (vgl. Absätze 1 bis 3) immer auch die Fahrzeug-Identifikationsnummer im Sinne des § 6 Abs. 6 Nr. 6 FZV[1)] enthalten (§ 9 Abs. 2 Satz 1 Nr. 1 UStDV), unabhängig davon, ob das Fahrzeug mit Hilfe eines Beförderungsmittels oder auf eigener Achse ausgeführt wird. [2]Ob das ausgeführte Fahrzeug zum bestimmungsmäßigen Gebrauch im Straßenverkehr einer Zulassung bedarf, richtet sich dabei nach § 3 Abs. 1 und 3 Satz 1 Nr. 1 in Verbindung mit § 2 Nr. 1 und 3 FZV. [3]Außerdem muss der Unternehmer bei der Ausfuhr eines solchen Fahrzeugs nach § 9 Abs. 2 Satz 1 Nr. 2 UStDV grundsätzlich zusätzlich über eine Bescheinigung über die Zulassung, die Verzollung oder die Einfuhrbesteuerung im Drittland verfügen; Absatz 6 Sätze 4 und 5 gilt entsprechend. [4]Dies gilt nach § 9 Abs. 2 Satz 2 UStDV jedoch nicht in den Fällen, in denen das Fahrzeug

1. mit einem Ausfuhrkennzeichen ausgeführt wird, das im Beleg nach § 9 Abs. 1 UStDV aufgeführt ist, oder
2. nicht im Sinne der FZV auf öffentlichen Straßen in Betrieb gesetzt worden ist (vgl. § 3 und §§ 41 bis 45 FZV) und nicht auf eigener Achse in das Drittlandsgebiet ausgeführt wird.

(5) Bei einer Werklieferung an einem beweglichen Gegenstand, z.B. bei dem Einbau eines Motors in ein Kraftfahrzeug, kann der Ausfuhrnachweis auch dann als erbracht angesehen werden, wenn die Grenzzollstelle oder Abgangsstelle die Ausfuhr des tatsächlich in das Drittlandsgebiet gelangten Gegenstands, z.B. des Kraftfahrzeugs, bestätigt und sich aus der Gesamtheit der vorliegenden Unterlagen kein ernstlicher Zweifel ergibt, dass die verwendeten Stoffe mit dem ausgeführten Gegenstand in das Drittlandsgebiet gelangt sind.

(6) [1]Ist der Nachweis der Ausfuhr durch Belege mit einer Bestätigung der Grenzzollstelle oder der Abgangsstelle nicht möglich oder nicht zumutbar,

---

1) Fahrzeug-Zulassungsverordnung v. 20.07.2023, BGBl. I 2023 Nr. 199 (**Straßenverkehrsrecht** Nr. **2.3**).

z. B. bei der Ausfuhr von Gegenständen im Reiseverkehr an Flughäfen, an denen die Zollverwaltung nicht im gesamten Transit- bzw. Sicherheitsbereich präsent ist, durch die Kurier- und Poststelle des Auswärtigen Amts oder durch Transportmittel der Bundeswehr oder der Stationierungstruppen, kann der Unternehmer den Ausfuhrnachweis auch durch andere Belege führen. [2]Als Ersatzbelege können insbesondere Bescheinigungen amtlicher Stellen der Bundesrepublik Deutschland anerkannt werden; amtliche Stellen der Bundesrepublik Deutschland im Bestimmungsland können aber keine Ausfuhrbescheinigungen für Kraftfahrzeuge erteilen. [3]Grundsätzlich sind anzuerkennen:

1. Bescheinigungen des Auswärtigen Amts oder des Bundesamts für Auswärtige Angelegenheiten einschließlich der diplomatischen oder konsularischen Vertretungen der Bundesrepublik Deutschland im Bestimmungsland,
2. Bescheinigungen der Bundeswehr einschließlich ihrer im Drittlandsgebiet stationierten Truppeneinheiten,
3. Belege über die Verzollung oder Einfuhrbesteuerung durch außergemeinschaftliche Zollstellen oder beglaubigte Abschriften davon,
4. Transportbelege der Stationierungstruppen, z. B. Militärfrachtbriefe, und
5. Abwicklungsscheine.

[4]Nachweise in ausländischer Sprache können grundsätzlich nur in Verbindung mit einer amtlich anerkannten Übersetzung anerkannt werden. [5]Bei Einfuhrverzollungsbelegen aus dem Drittlandsgebiet in englischer Sprache kann im Einzelfall auf eine amtliche Übersetzung verzichtet werden. [6]Zahlungsnachweise oder Rechnungen (Artikel 335 Abs. 4 Buchstabe b und c UZK-IA)[1)] können grundsätzlich nicht als Nachweise anerkannt werden. [7]Können die materiell-rechtlichen Voraussetzungen für die Inanspruchnahme der Steuerbefreiung anhand objektiver Kriterien zweifelsfrei nachgewiesen werden, gebietet es der Grundsatz der steuerlichen Neutralität, dass die Steuerbefreiung für die Ausfuhrlieferung zu gewähren ist, selbst wenn der liefernde Unternehmer bestimmten formellen Anforderungen nicht genügen konnte (vgl. EuGH-Urteile vom 17.10.2019, C-653/18, Unitel Sp,[2)] vom 28.03.2019, C-275/18, Vinš,[3)] vom 08.11.2018, C-495/17, Cartrans Spedition,[4)] und BFH-Urteil vom 12.03.2020, V R 20/19, BStBl. II S. 608).

(7) [1]In Beförderungsfällen, bei denen der Unternehmer den Gegenstand der Lieferung in eine Freizone (Freihäfen Bremerhaven und Cuxhaven; vgl. Abschnitt 1.9 Abs. 1) befördert, ist die Beschaffung der Bestätigung bei den den Ausgang aus dem Gemeinschaftsgebiet überwachenden Zollämtern an der Freihafengrenze wegen der großen Anzahl der Beförderungsfälle nicht zumutbar. [2]Als Ausfuhrnachweis kann deshalb ein Beleg anerkannt werden, der neben den in § 9 Abs. 1 Satz 1 Nr. 2 Buchstaben a bis c UStDV bezeichneten Angaben Folgendes enthält:

---

1) **Zölle und Verbrauchsteuern** Nr. **8.**
2) DStR 2019, 2254.
3) MwStR 2019, 486.
4) DStRE 2019, 633.

1. einen Hinweis darauf, dass der Unternehmer den Gegenstand in eine Freizone befördert hat;
2. eine Empfangsbestätigung des Abnehmers oder seines Beauftragten mit Datum, Unterschrift, Firmenstempel und Bezeichnung des Empfangsorts. [2]Die Empfangsbestätigung kann auch auf elektronischem Weg übermittelt werden; bei einer elektronischen Übermittlung der Empfangsbestätigung ist eine Unterschrift nicht erforderlich, sofern erkennbar ist, dass die elektronische Übermittlung im Verfügungsbereich des Abnehmers begonnen hat. [3]Abschnitt 6a.4 Abs. 3 Satz 2 und Abs. 6 ist entsprechend anzuwenden;

[3]Als Belege kommen alle handelsüblichen Belege, insbesondere Lieferscheine, Kaiempfangsscheine oder Rechnungsdurchschriften, in Betracht. [4]Soweit sie die erforderlichen Angaben nicht enthalten, sind sie entsprechend zu ergänzen oder mit Hinweisen auf andere Belege zu versehen, aus denen sich die notwendigen Angaben ergeben.

6.7 Ausfuhrnachweis in Versendungsfällen

(1) In den Versendungsfällen (vgl. Abschnitt 3.12 Abs. 3) muss der Ausfuhrnachweis, sofern die Ausfuhranmeldung im EDV-gestützten Ausfuhrverfahren (ATLAS-Ausfuhr) auf elektronischem Weg erfolgt, durch den „Ausgangsvermerk“ bzw. „Alternativ-Ausgangsvermerk“ geführt werden; Abschnitt 6.6 Abs. 1 Nr. 1 Buchstabe a gilt entsprechend.

(1a) [1]Bei allen anderen Ausfuhranmeldungen muss der Ausfuhrnachweis durch Versendungsbelege oder durch sonstige handelsübliche Belege geführt werden. [2]Versendungsbelege sind neben dem Eisenbahnfrachtbrief insbesondere der Luftfrachtbrief, der Einlieferungsschein für im Postverkehr beförderte Sendungen (vgl. Abschnitt 6.9 Abs. 5), das zur Auftragserteilung an einen Kurierdienst gefertigte Dokument (vgl. Abschnitt 6.9 Abs. 6), das Konnossement, der Ladeschein sowie deren Doppelstücke, wenn sich aus ihnen die grenzüberschreitende Warenbewegung ergibt. [3]Zum Begriff der sonstigen handelsüblichen Belege vgl. Absatz 2. [4]Die bei der Abwicklung eines Ausfuhrgeschäfts anfallenden Geschäftspapiere, z.B. Rechnungen, Auftragsschreiben, Lieferscheine oder deren Durchschriften, Kopien und Abschriften von Versendungsbelegen, Spediteur-Übernahmebescheinigungen, Frachtabrechnungen, sonstiger Schriftwechsel, können als Ausfuhrnachweis in Verbindung mit anderen Belegen anerkannt werden, wenn sich aus der Gesamtheit der Belege die Angaben nach § 10 Abs. 1 Satz 1 Nr. 2 UStDV eindeutig und leicht nachprüfbar ergeben. [5]Unternehmer oder Abnehmer, denen Belege über die Ausfuhr eines Gegenstands, z.B. Versendungsbelege oder sonstige handelsübliche Belege, ausgestellt worden sind, obwohl sie diese für Zwecke des Ausfuhrnachweises nicht benötigen, können die Belege mit einem Übertragungsvermerk versehen und an den Unternehmer, der die Lieferung bewirkt hat, zur Führung des Ausfuhrnachweises weiterleiten. [6]Ist der Versendungsbeleg ein Frachtbrief (z.B. CMR-Frachtbrief), muss dieser vom Absender als Auftraggeber des Frachtführers, also dem Versender des Liefergegenstands, unterzeichnet sein (beim CMR-Frachtbrief in Feld 22). [7]Der

Auftraggeber kann hierbei von einem Dritten vertreten werden (z. B. Lagerhalter); es reicht aus, dass die Berechtigung des Dritten, den Frachtbrief zu unterschreiben, glaubhaft gemacht wird (z. B. durch Vorliegen eines Lagervertrages). [8]Beim Eisenbahnfrachtbrief kann die Unterschrift auch durch einen Stempelaufdruck oder einen maschinellen Bestätigungsvermerk ersetzt werden. [9]Die Unterschrift eines zur Besorgung des Warentransports eingeschalteten Dritten (z. B. ein Spediteur) ist nicht erforderlich. [10]Der Versendungsbeleg kann auch auf elektronischem Weg übermittelt werden; bei einer elektronischen Übermittlung des Versendungsbelegs ist eine Unterschrift nicht erforderlich, sofern erkennbar ist, dass die elektronische Übermittlung im Verfügungsbereich des Übermittlers begonnen hat. [11]Abschnitt 6a.4 Abs. 6 ist entsprechend anzuwenden.

(2) [1]Ist ein Spediteur, Frachtführer oder Verfrachter mit der Beförderung oder Versendung des Gegenstands in das Drittlandsgebiet beauftragt worden, soll der Unternehmer in den Fällen des Absatzes 1a die Ausfuhr durch eine Ausfuhrbescheinigung nach vorgeschriebenem Muster nachweisen. [2]Die Bescheinigung muss vom Spediteur nicht eigenhändig unterschrieben worden sein, wenn die für den Spediteur zuständige Landesfinanzbehörde die Verwendung des Unterschriftsstempels (Faksimile) oder einen Ausdruck des Namens der verantwortlichen Person genehmigt hat und auf der Bescheinigung auf die Genehmigungsverfügung der Landesfinanzbehörde unter Angabe von Datum und Aktenzeichen hingewiesen wird. [3]Die Bescheinigung kann auch auf elektronischem Weg übermittelt werden; bei einer elektronischen Übermittlung der Bescheinigung ist eine Unterschrift nicht erforderlich, sofern erkennbar ist, dass die elektronische Übermittlung im Verfügungsbereich des Spediteurs begonnen hat. [4]Abschnitt 6a.4 Abs. 3 Satz 2 und Abs. 6 ist entsprechend anzuwenden. [5]Anstelle der Ausfuhrbescheinigung des Spediteurs, Frachtführers oder Verfrachters kann der Unternehmer den Ausfuhrnachweis im Ausfall- und Sicherheitskonzept (vgl. Abschnitt 6.2 Abs. 4 Satz 1 Nr. 1) auch mit dem Exemplar Nr. 3 des Einheitspapiers führen, wenn diese mit einem Ausfuhrvermerk der Ausgangszollstelle versehen sind (vgl. Abschnitt 6.6 Abs. 4 Satz 1 Nr. 1 Sätze 3 bis 5).

(2a) [1]Ist eine Ausfuhr elektronisch angemeldet worden und ist es dem Unternehmer nicht möglich oder nicht zumutbar, den Ausfuhrnachweis mit dem „Ausgangsvermerk" oder dem „Alternativ-Ausgangsvermerk" zu führen, kann der Unternehmer die Ausfuhr mit den in § 10 Abs. 1 Satz 1 Nr. 2 UStDV genannten Belegen nachweisen. [2]In diesen Fällen muss der Beleg zusätzlich zu den nach § 10 Abs. 1 Satz 1 Nr. 2 UStDV erforderlichen Angaben die Versendungsbezugsnummer der Ausfuhranmeldung nach Artikel 226 UZK-IA[1)] und Artikel 1 Nr. 22 UZK-DA[1)] (MRN) enthalten. [3]An den Nachweis des Unternehmers, dass ein Ausnahmefall im Sinne des § 10 Abs. 3 UStDV vorliegt, sind keine erhöhten Anforderungen zu stellen. [4]Die Regelung in § 10 Abs. 3 UStDV betrifft hauptsächlich diejenigen Fälle, in denen ein anderer als der liefernde Unternehmer die Ausfuhr elektronisch anmeldet; die Sätze 1 bis 3 gelten jedoch auch in den Fällen, in denen das

[1)] **Zölle und Verbrauchsteuern** Nr. **8** (UZK-IA) bzw. **4** (UZK-DA).

Ausfuhrverfahren nach Ablauf von 150 Tagen zollrechtlich für ungültig erklärt worden ist, weil eine ordnungsgemäße Beendigung des Ausfuhrverfahrens nicht möglich war. 5 Ein Beleg nach § 10 Abs. 1 Satz 1 Nr. 2 UStDV, der in den Fällen des § 10 Abs. 3 UStDV nicht die richtige MRN enthält, ist nicht als Ausfuhrnachweis anzuerkennen. 6 Eine unrichtige MRN kann jedoch korrigiert werden.

(3) 1 Die Regelung in § 10 Abs. 4 UStDV betrifft hauptsächlich diejenigen Fälle, in denen der selbständige Beauftragte, z. B. der Spediteur mit Sitz im Drittlandsgebiet oder die Privatperson, die in § 10 Abs. 1 Satz 1 Nr. 2 Buchstabe b Doppelbuchstabe ff UStDV vorgesehene Versicherung über die Nachprüfbarkeit seiner Angaben im Gemeinschaftsgebiet nicht abgeben kann. 2 An den Nachweis des Unternehmers, dass ein Ausnahmefall im Sinne des § 10 Abs. 4 UStDV vorliegt, sind keine erhöhten Anforderungen zu stellen.

(4) 1 Bei der Ausfuhr von Fahrzeugen im Sinne des § 1b Abs. 2 Nr. 1 UStG (vgl. Abschnitt 1b.1), die zum bestimmungsmäßigen Gebrauch im Straßenverkehr einer Zulassung bedürfen, muss der Beleg nach § 10 Abs. 1 UStDV (vgl. Absätze 1 und 2) immer auch die Fahrzeug-Identifikationsnummer im Sinne des § 6 Abs. 6 Nr. 6 FZV[1] enthalten (§ 10 Abs. 2 Satz 1 Nr. 1 UStDV), unabhängig davon, ob das Fahrzeug mit Hilfe eines Beförderungsmittels oder auf eigener Achse ausgeführt wird. 2 Ob das ausgeführte Fahrzeug zum bestimmungsmäßigen Gebrauch im Straßenverkehr einer Zulassung bedarf, richtet sich dabei nach § 3 Abs. 1 und 3 Satz 1 Nr. 1 in Verbindung mit § 2 Nr. 1 und 3 FZV. 3 Außerdem muss der Unternehmer bei der Ausfuhr eines solchen Fahrzeugs nach § 10 Abs. 2 Satz 1 Nr. 2 UStDV grundsätzlich zusätzlich über eine Bescheinigung über die Zulassung, die Verzollung oder die Einfuhrbesteuerung im Drittland verfügen; Abschnitt 6.6 Abs. 6 Sätze 4 und 5 gilt entsprechend. 4 Dies gilt gemäß § 10 Abs. 2 Satz 2 UStDV jedoch nicht in den Fällen, in denen das Fahrzeug

1. mit einem Ausfuhrkennzeichen ausgeführt wird, das im Beleg nach § 10 Abs. 1 UStDV aufgeführt ist, oder
2. nicht im Sinne der FZV auf öffentlichen Straßen in Betrieb gesetzt worden ist (§ 3 und §§ 41 bis 45 FZV) und nicht auf eigener Achse in das Drittlandsgebiet ausgeführt wird.

6.7a Ausgangsvermerke als Ausfuhrnachweis

1 Neben dem allgemeinen „Ausgangsvermerk" und dem „Alternativ-Ausgangsvermerk" (vgl. Abschnitt 6.6 Abs. 1 Nr. 1 Buchstabe a und Abschnitt 6.7 Abs. 1) werden folgende Ausgangsvermerke, die im EDV-gestützten Ausfuhrverfahren ATLAS durch die AfZSt an den Anmelder/Ausführer übermittelt werden, als Ausfuhrnachweis anerkannt:

1. Ausgangsvermerk auf Grund einer monatlichen Sammelanmeldung nach Artikel 167 und 182 UZK,[2] sowie 225 UZK-IA,[2] soweit sich aus den

[1] Fahrzeug-Zulassungsverordnung v. 20.07.2023, BGBl. I 2023 Nr. 199 (**Straßenverkehrsrecht** Nr. **2.3**).

[2] **Zölle und Verbrauchsteuern** Nr. **1** (UZK) bzw. **8** (UZK-IA).

begleitenden Dokumenten und aus der Buchführung die Ausfuhr der Ware eindeutig und leicht nachprüfbar ergibt,

2. Ausgangsvermerk auf Grund einer nachträglichen Ausfuhranmeldung im Ausfallverfahren,
3. Ausgangsvermerk auf Grund einer rückwirkenden Ausfuhranmeldung nach Artikel 337 UZK-IA und
4. Ausgangsvermerk auf Grund einer nachträglichen Ausfuhranmeldung bei vorheriger ganz oder teilweise unrichtiger Ausfuhranmeldung.

[2] Zu den Mustern dieser Ausgangsvermerke siehe Anlagen 1 bis 4 des BMF-Schreibens vom 23.01.2015 (BStBl. I S. 144).

6.8 Ausfuhrnachweis in Bearbeitungs- und Verarbeitungsfällen

(1) [1] Wenn der Gegenstand der Lieferung vor der Ausfuhr durch einen Beauftragten des Abnehmers bearbeitet oder verarbeitet worden ist (vgl. Abschnitt 6.1 Abs. 5), muss der Beleg über den Ausfuhrnachweis die in § 11 Abs. 1 UStDV aufgeführten zusätzlichen Angaben enthalten. [2] Dieser Beauftragte kann zu diesem Zweck den Beleg mit einem die zusätzlichen Angaben enthaltenden Übertragungsvermerk versehen oder die zusätzlichen Angaben auf einem gesonderten Beleg machen. [3] Er kann auch auf Grund der bei ihm vorhandenen Geschäftsunterlagen, z. B. Versendungsbeleg, Ausfuhrbescheinigung des beauftragten Spediteurs oder Bestätigung der den Ausgang aus dem Gemeinschaftsgebiet überwachenden Grenzzollstelle, dem Unternehmer eine kombinierte Ausfuhr- und Bearbeitungsbescheinigung nach vorgeschriebenem Muster ausstellen; hinsichtlich dieses Musters wird auf das BMF-Schreiben vom 13.12.2022, BStBl. I 2022 S. 1685, verwiesen.

(2) [1] Ist der Gegenstand der Lieferung nacheinander durch mehrere Beauftragte des Abnehmers und/oder eines nachfolgenden Abnehmers bearbeitet oder verarbeitet worden, muss aus den Belegen des Unternehmers die von jedem Beauftragten vorgenommene Bearbeitung oder Verarbeitung ersichtlich sein. [2] In der Regel wird der Unternehmer den Nachweis hierüber durch eine Ausfuhr- und Bearbeitungsbescheinigung des Beauftragten des Abnehmers führen können, dem er den Gegenstand der Lieferung übergeben oder übersandt hat. [3] Der Beauftragte kann in der Ausfuhrbescheinigung nicht nur die von ihm selbst vorgenommene Bearbeitung oder Verarbeitung, sondern auch die Bearbeitung oder Verarbeitung nachfolgender Beauftragter sowie deren Namen und Anschrift angeben. [4] Der Unternehmer kann sich aber auch die verschiedenen Bearbeitungen oder Verarbeitungen durch gesonderte Bescheinigung der einzelnen Beauftragten bestätigen lassen.

(3) [1] Der Beleg nach Absatz 1 bzw. die Bescheinigung nach Absatz 1 oder Absatz 2 können auch auf elektronischem Weg übermittelt werden; bei einer elektronischen Übermittlung des Belegs bzw. der Bescheinigung ist eine Unterschrift nicht erforderlich, sofern erkennbar ist, dass die elektronische Übermittlung im Verfügungsbereich des Ausstellers begonnen hat. [2] Abschnitt 6a.4 Abs. 3 Satz 2 und Abs. 6 ist entsprechend anzuwenden.

6.9 Sonderregelungen zum Ausfuhrnachweis

Lieferungen im Freihafen

(1) [1]In einem Freihafen ausgeführte Lieferungen von Gegenständen, die sich im Zeitpunkt der Lieferung einfuhrumsatzsteuerrechtlich im freien Verkehr befinden (§ 1 Abs. 3 Satz 1 Nr. 4 Buchstabe b UStG), sind wie steuerfreie Ausfuhrlieferungen zu behandeln, wenn die Gegenstände bei Ausführung der Lieferungen in das Drittlandsgebiet außerhalb der in § 1 Abs. 3 UStG bezeichneten Gebiete gelangen. [2]Da eine Ausfuhr nicht vorliegt, kann kein Ausfuhrnachweis geführt werden. [3]Es genügt, dass der Unternehmer die vorbezeichneten Voraussetzungen glaubhaft macht. [4]Auch das Fehlen des buchmäßigen Nachweises ist in diesen Fällen zur Vermeidung von unbilligen Härten nicht zu beanstanden. [5]Eine entsprechende Regelung ist für die Fälle des Freihafen-Veredelungsverkehrs und der Freihafenlagerung (§ 1 Abs. 3 Satz 1 Nr. 4 Buchstabe a UStG) nicht erforderlich, weil in diesen Fällen keine steuerbaren Lieferungen vorliegen (vgl. Abschnitt 1.12 Abs. 3).

Versendungen nach Grenzbahnhöfen oder Güterabfertigungsstellen

(2) [1]Werden Liefergegenstände von einem Ort im Inland nach einem Grenzbahnhof oder einer Güterabfertigungsstelle eines deutschen Eisenbahnunternehmens im Drittlandsgebiet versendet, kann der Ausfuhrnachweis mit Hilfe des verwendeten Frachtbriefes, des Frachtbriefdoppels oder mit der von dem Eisenbahnunternehmen ausgestellten Bescheinigung zu Umsatzsteuerzwecken geführt werden. [2]Im Drittlandsgebiet liegen die folgenden Grenzbahnhöfe oder Güterabfertigungsstellen:
Basel Bad Bf,
Basel Bad Gbf,
Bremerhaven Nordhafen (ohne Carl-Schurz-Gelände) und
Schaffhausen.
[3]Als Grenzbahnhof im Drittlandsgebiet ist auch der Bahnhof Bremerhaven Kaiserhafen (ohne Ladebezirk Industriestammgleis Speckenbüttel) anzusehen. [4]Bei diesem Bahnhof liegen zwar die Gebäude im Inland, die jeweiligen Be- und Entladestellen befinden sich jedoch im Freihafen. [5]Über den Bahnhof Bremerhaven Kaiserhafen können auch Liefergegenstände versandt werden, bei denen als Bestimmungsort Privatgleisanschlüsse, private Ladestellen oder Freiladegleise im Inland angegeben sind. [6]Es liegt deshalb keine Ausfuhr vor, wenn einer dieser Gleisanschlüsse, eine dieser Ladestellen oder eines dieser Ladegleise Bestimmungsort ist.

(3) [1]Werden Liefergegenstände aus dem Inland nach einem Grenzbahnhof oder einer Güterabfertigungsstelle im Inland versendet, liegt keine Ausfuhr vor. [2]Die verwendeten Frachtbriefe oder Frachtbriefdoppel kommen deshalb als Ausfuhrbelege nicht in Betracht. [3]Lediglich bei Versendungen nach dem Bahnhof Cuxhaven ist es möglich, Liefergegenstände durch zusätzliche Angabe des Anschlusses in den Freihafen zu versenden. [4]Die Bezeichnungen hierfür lauten

1. Cuxhaven, Anschluss Amerika-Bahnhof Gleise 1 und 2,
2. Cuxhaven, Anschluss Amerika-Bahnhof Lentzkai Gleise 9 und 10.

[5] Frachtbriefe oder Frachtbriefdoppel, in denen einer der bezeichneten Anschlüsse als Bestimmungsort angegeben ist, können deshalb als Ausfuhrnachweis anerkannt werden.

(4) [1] In den Fällen, in denen Gegenstände nach ihrer Ankunft auf einem Grenzbahnhof oder einer Güterabfertigungsstelle im Inland weiter in das Drittlandsgebiet befördert oder versendet werden, gelten für die Führung des Ausfuhrnachweises die allgemeinen Regelungen (vgl. Abschnitte 6.5 bis 6.7). [2] Jedoch ist Folgendes zu beachten:

1. [1] Auf folgenden Grenzbahnhöfen im Inland besteht auch eine Güterabfertigungsstelle der Schweizerischen Bundesbahnen (SBB):
   Konstanz, SBB
   und Singen (Hohentwiel), SBB.
   [2] Werden Liefergegenstände von diesen Gemeinschaftsbahnhöfen zu einem Bestimmungsort in der Schweiz versendet und zu diesem Zweck an den Güterabfertigungsstellen der SBB aufgegeben, kann der Ausfuhrnachweis auch mit Hilfe des Frachtbriefs oder Frachtbriefdoppels der SBB geführt werden.
2. [1] Auf dem Grenzbahnhof Waldshut kann die Güterabfertigungsstelle der Eisenbahnen des Bundes beim Güterverkehr mit der Schweiz die Abfertigungsarbeiten für die SBB erledigen. [2] Satz 2 der Nummer 1 gilt deshalb für diese Fälle entsprechend.

Postsendungen

(5) [1] Bei Postsendungen kommen als Ausfuhrnachweise in Betracht:

1. Versendungsbelege, und zwar
   a) [1] der Einlieferungsbeleg für eingeschriebene Briefsendungen einschließlich eingeschriebener Päckchen, für Briefe mit Wertangabe und für gewöhnliche Briefe mit Nachnahme sowie der Einlieferungsschein für Filialkunden bzw. die Einlieferungsliste (Auftrag zur Beförderung Ausland) für Vertragskunden für Postpakete (Wertpakete und gewöhnliche Postpakete). [2] Die Bescheinigung wird erteilt auf den Einlieferungsbelegen bzw. -scheinen, im Einlieferungsbuch, auf Belegen des Absenders, die im Aufdruck mit dem Einlieferungsbeleg bzw. -schein, der Einlieferungsliste oder dem Einlieferungsbuch im Wesentlichen übereinstimmen, und – bei gewöhnlichen Postpaketen – auch auf vom Absender vorbereiteten Bescheinigungen,
   b) die Versandbestätigung für gewöhnliche Päckchen auf vom Absender vorbereiteten Bescheinigungen;
2. andere Belege, und zwar
   a) [1] die von der AfZSt mit Dienststempelabdruck und von der AgZSt mit einem Dienststempelabdruck, der den Namen der Zollstelle und das Datum enthält, versehene und dem Beteiligten zurückgegebene bzw. zurückgesandte Ausfuhranmeldung (Exemplar Nr. 3 des Einheitspapiers) im Ausfall- und Sicherheitskonzept (Abschnitt 6.2 Abs. 4 Satz 1 Nr. 1). [2] Der Anmelder ist jedoch von der Vorlage einer schriftlichen Aus-

fuhranmeldung nach Artikel 141 Abs. 4 UZK-DA[1] unter Einschränkung des Artikels 142 UZK-DA insbesondere in folgenden Fällen befreit:

aa) bei Postsendungen (Pakete oder Päckchen, Artikel 1 Nr. 24 UZK-DA), die zu kommerziellen Zwecken bestimmte Waren enthalten, bis zu einem Wert von 1.000 €;

bb) bei Postsendungen mit Waren zu nichtkommerziellen Zwecken (Artikel 1 Nr. 21 UZK-DA);

cc) bei Briefsendungen (Artikel 1 Nr. 26 UZK-DA).

[3] In diesen Fällen kann deshalb der Ausfuhrnachweis nicht mit Hilfe der Ausfuhranmeldung (Exemplar Nr. 3 des Einheitspapiers) geführt werden,

b) [1] leicht nachprüfbare innerbetriebliche Versendungsunterlagen in Verbindung mit den Aufzeichnungen in der Finanzbuchhaltung. [2] Dieser Nachweis kommt bei der Ausfuhr von Gegenständen in gewöhnlichen Briefen, für die eine Ausfuhranmeldung nicht erforderlich ist, in Betracht. [3] Diese Regelung trägt dem Umstand Rechnung, dass bei diesen Ausfuhrsendungen der Ausfuhrnachweis weder nach Nummer 1 noch nach Nummer 2 Buchstabe a geführt werden kann.

[2] Erfolgt die Versendung in ATLAS-Ausfuhr, gilt Abschnitt 6.6 Abs. 1 Nr. 1 Buchstaben a und b entsprechend.

Kurierdienste

(6) [1] Grundsätzlich sind an die schriftliche Auftragserteilung an den Unternehmer, der Kurierdienstleistungen erbringt, die gleichen Anforderungen zu stellen wie an einen Posteinlieferungsschein. [2] Ein Unternehmer erbringt eine Kurierdienstleistung, wenn er adressierte Sendungen in einer Weise befördert, dass entweder einzelne nachgewiesene Sendungen im Interesse einer schnellen und zuverlässigen Beförderung auf dem Weg vom Absender zum Empfänger ständig begleitet werden und die Begleitperson die Möglichkeit hat, jederzeit auf die einzelne Sendung zuzugreifen und die erforderlichen Dispositionen zu treffen, oder eine Kontrolle des Sendungsverlaufs durch den Einsatz elektronischer Kontroll- und Steuerungssysteme jederzeit möglich ist (sog. tracking and tracing). [3] Im Einzelnen sollen folgende Angaben vorhanden sein:

- Name und Anschrift des Ausstellers des Belegs;
- Name und Anschrift des Absenders;
- Name und Anschrift des Empfängers;
- handelsübliche Bezeichnung und Menge der beförderten Gegenstände;
- Tag der Einlieferung der beförderten Gegenstände beim Unternehmer.

[4] Aus Vereinfachungsgründen kann bzgl. der Angaben zur handelsüblichen Bezeichnung, Menge und Wert der beförderten Gegenstände auf die Rechnung des Auftraggebers durch Angabe der Rechnungsnummer verwiesen werden, wenn auf dieser die Nummer des Versendungsbelegs angegeben ist. [5] Überwacht ein Transportunternehmen den Sendungsverlauf elektronisch, wird für Zwecke des Ausfuhrnachweises nicht zwischen den Leistungen von

---

[1] **Zölle und Verbrauchsteuern** Nr. **4.**

Kurierdiensten und anderen Transportunternehmen (Spediteure/Frachtführer) unterschieden. [6]Erfolgt die Versendung in ATLAS-Ausfuhr, gilt Abschnitt 6.6 Abs. 1 Nr. 1 Buchstaben a und b entsprechend.

Druckerzeugnisse

(7) [1]Bücher, Zeitungen, Zeitschriften und sonstige Druckerzeugnisse werden vielfach als Sendungen zu ermäßigtem Entgelt oder als Sendungen zu ermäßigtem Entgelt in besonderem Beutel („M"-Beutel) in das Drittlandsgebiet versandt. [2]Bei diesen Sendungen kann der Ausfuhrnachweis nicht durch Versendungsbelege geführt werden. [3]Die Ausfuhr kann deshalb durch leicht nachprüfbare innerbetriebliche Versendungsunterlagen in Verbindung mit den Aufzeichnungen in der Finanzbuchhaltung nachgewiesen werden. [4]Innerbetriebliche Versendungsunterlagen können sein:

1. bei Lieferungen von Büchern in das Drittlandsgebiet
   a) Auslieferungslisten oder Auslieferungskarteien mit Versanddaten, nach Nummern oder alphabetisch geordnet;
   b) Durchschriften von Rechnungen oder Lieferscheinen, nach Nummern oder alphabetisch geordnet;
   c) Postausgangsbücher oder Portobücher;
2. bei Lieferungen von Zeitungen, Zeitschriften und sonstigen periodisch erscheinenden Druckschriften in das Drittlandsgebiet
   a) Fortsetzungskarteien oder Fortsetzungslisten mit Versanddaten – in der Regel nur bei geringer Anzahl von Einzellieferungen –;
   b) Fortsetzungskarteien oder Fortsetzungslisten ohne Versanddaten – bei Massenversand häufig erscheinender Zeitschriften –, und zwar entweder in Verbindung mit Strichvermerken auf den Karteikarten oder in Verbindung mit maschinell erstellten Aufklebeadressen;
   c) Durchschriften von Rechnungen, nach Nummern oder alphabetisch geordnet;
   d) Postausgangsbücher oder Portobücher – nicht bei Massenversand –.

[5]Die bezeichneten Versendungsunterlagen können unter den Voraussetzungen des § 146 Abs. 5 und des § 147 Abs. 2 AO auch auf Datenträgern geführt werden.

(8) [1]In den Fällen des Absatzes 7 soll durch Verweisungen zwischen den Versendungsunterlagen und der Finanzbuchhaltung der Zusammenhang zwischen den jeweiligen Lieferungen und den dazugehörigen Entgelten leicht nachprüfbar nachgewiesen werden. [2]Dazu dienen in der Regel die Nummern oder die Daten der Rechnungen oder der Lieferscheine, die auf den Debitorenkonten und auf den Auslieferungslisten, Auslieferungskarteien oder sonstigen Versendungsunterlagen zu vermerken sind. [3]Zulässig ist auch jedes andere System gegenseitiger Hinweise, sofern es die leichte Nachprüfbarkeit gewährleistet.

(9) [1]Werden Bücher, Zeitungen und Zeitschriften von einem Vertreter des Unternehmers, z. B. von einem sog. Auslieferer, gelagert und auf Weisung des Unternehmers an Abnehmer im Drittlandsgebiet versendet, kann der Un-

ternehmer die Ausfuhr in der Regel durch eine Ausfuhrbestätigung seines Lieferers oder des Vertreters, die auf innerbetrieblichen Versendungsunterlagen beruhen kann, nachweisen. [2]Es bestehen keine Bedenken, Ausfuhrbestätigungen des versendenden Vertreters auch ohne Angabe des Tages der Versendung als ausreichenden Ausfuhrnachweis anzuerkennen, wenn nach der Gesamtheit der beim Unternehmer vorliegenden Unterlagen kein ernstlicher Zweifel an der Ausfuhr der Gegenstände besteht. [3]Die Ausfuhrbestätigung des versendenden Vertreters kann auch auf elektronischem Weg übermittelt werden; bei einer elektronischen Übermittlung der Ausfuhrbestätigung ist eine Unterschrift nicht erforderlich, sofern erkennbar ist, dass die elektronische Übermittlung im Verfügungsbereich des Ausstellers begonnen hat. [4]Abschnitt 6a.4 Abs. 3 Satz 2 und Abs. 6 ist entsprechend anzuwenden.

(10) Erfolgt die Versendung der genannten Druckerzeugnisse in ATLAS-Ausfuhr, gilt Abschnitt 6.6 Abs. 1 Nr. 1 Buchstaben a und b entsprechend.

(11)–(13) *(aufgehoben)*

Ausfuhranmeldungen im Rahmen der einzigen Bewilligung

(14) [1]Mit Wirkung vom 01.01.2009 wurden die Vorschriften über die Binnengrenzen überschreitende Abfertigungsmöglichkeiten im Rahmen einer sog. einzigen Bewilligung auch auf das Ausfuhrverfahren ausgedehnt (Verordnung [EG] Nr. 1192/2008 der Kommission vom 17.11.2008, ABl. EU 2008 Nr. L 329 S. 1). [2]Mit dieser zentralisierten Zollabwicklung werden der Ort, an dem sich die Waren befinden und der Ort, an dem die Ausfuhranmeldung abgegeben wird, Mitgliedstaaten übergreifend entkoppelt.

(15) [1]Ein Unternehmen, das von mehreren Warenorten in der EU seine Ausfuhren tätigt, kann die Ausfuhrsendung zentral in dem Mitgliedstaat anmelden, in dem sich seine Hauptbuchhaltung befindet. [2]Für den Nachrichtenaustausch im EDV-gestützten Ausfuhrsystem bedeutet dies, dass der elektronische Ausfuhrvorgang in dem Mitgliedstaat begonnen und erledigt wird, in dem die ursprüngliche elektronische Anmeldung abgegeben wurde und zwar unabhängig davon, in welchem Mitgliedstaat sich die Waren im Anmeldezeitpunkt befanden. [3]Bei Ausfuhranmeldungen, die im Rahmen der „ausländischen" einzigen Bewilligung bei einer für den Ausführer/Anmelder zuständigen AfZSt in Deutschland abgegeben werden, müssen zwar in allen Mitgliedstaaten die Anmelder/Ausführer nach Artikel 334 UZK-IA[1)] über den körperlichen Ausgang der Waren per EDIFACT-Nachricht unterrichtet werden; ob – wie in Deutschland – dazu zusätzlich noch ein PDF-Dokument beigefügt wird, obliegt der Entscheidung der Mitgliedstaaten.

Beispiel 1:

[1]Ein Unternehmen hat seine Hauptbuchhaltung in den Niederlanden und unterhält Warenorte in den Niederlanden und in Deutschland. [2]Die Ausfuhranmeldung erfolgt über das niederländische IT-System DSU auch für die in Deutschland befindlichen Waren. [3]Im deutschen IT-System ATLAS-Ausfuhr kann von der für den Warenort zuständigen AfZSt kein PDF-Dokument „Ausgangsvermerk" erzeugt werden.

[1)] **Zölle und Verbrauchsteuern** Nr. **8.**

[4] In diesen Fällen ist die von der ausländischen Zolldienststelle erhaltene EDIFACT-Nachricht über den körperlichen Ausgang der Waren als Beleg im Sinne des § 9 Abs. 1 UStDV oder des § 10 Abs. 1 UStDV und als Nachweis für Umsatzsteuerzwecke anzuerkennen, wenn der Unternehmer zusammen mit der Nachricht über Aufzeichnungen/Dokumentationen verfügt, dass er diese von der ausländischen Zolldienststelle erhalten hat. [5] Zusätzlich muss der Unternehmer die Verbindung der Nachricht mit der entsprechenden Ausfuhranmeldung bei der ausländischen Zolldienststelle aufzeichnen.

[4] Bei Ausfuhranmeldungen, die im Rahmen der „deutschen" einzigen Bewilligung bei einer für den Ausführer/Anmelder zuständigen AfZSt in einem anderen Mitgliedstaat abgegeben werden, erhält der Ausführer/Anmelder für alle Waren, die er über das deutsche IT-System ATLAS angemeldet hat, ein PDF-Dokument „Ausgangsvermerk".

Beispiel 2:

[1] Ein Unternehmen hat seine Hauptbuchhaltung in Deutschland und unterhält Warenorte in den Niederlanden und in Deutschland. [2] Die Ausfuhranmeldung erfolgt über das deutsche IT-System ATLAS-Ausfuhr auch für die in den Niederlanden befindlichen Waren. [3] Anhand der Angabe in Feld 15a (Ausfuhr-/Versendungsland) des Ausgangsvermerks ist für die deutschen Finanzämter erkennbar, dass sich die Waren im Anmeldezeitpunkt in einem anderen Mitgliedstaat befanden.

Abgabe der Ausfuhranmeldung in einem Mitgliedstaat des übrigen Gemeinschaftsgebiets

(16) Wurde die Ausfuhranmeldung zulässigerweise ohne einzige Bewilligung in einem Mitgliedstaat des übrigen Gemeinschaftsgebiets abgegeben, gilt Folgendes:

1. Hat die ausländische Zolldienststelle der von ihr übermittelten elektronischen Nachricht (z.B. EDIFACT-Nachricht) das PDF-Dokument „Ausgangsvermerk" beigefügt, ist der Ausfuhrnachweis mit diesem Ausgangsvermerk, der den Regelungen in § 9 Abs. 1 Satz 1 Nr. 1 UStDV und § 10 Abs. 1 Satz 1 Nr. 1 UStDV entspricht, zu führen.
2. Wurde dem Ausführer von der ausländischen Zolldienststelle lediglich eine elektronische Nachricht übersandt, ist der Ausfuhrnachweis wie folgt zu führen und unter folgenden Voraussetzungen anzuerkennen:
   a) der Unternehmer weist den körperlichen Ausgang der Waren mit der von der ausländischen Zolldienststelle erhaltenen elektronischen Nachricht nach,
   b) er verfügt über Aufzeichnungen/Dokumentationen, dass er die Nachricht von der ausländischen Zolldienststelle erhalten hat,
   c) er zeichnet die Verbindung der Nachricht mit der entsprechenden Ausfuhranmeldung bei der ausländischen Zolldienststelle auf und
   d) es bestehen keine Zweifel bezüglich des ordnungsgemäßen Ausgangs der Waren aus dem Zollgebiet der EU.

6.10 Buchmäßiger Nachweis

(1) Der Unternehmer hat die Ausfuhr – neben dem Ausfuhrnachweis (vgl. Abschnitt 6.5 Abs. 1) – buchmäßig nachzuweisen (§ 6 Abs. 4 UStG und § 13 UStDV).

(2) [1]Der buchmäßige Nachweis muss grundsätzlich im Geltungsbereich des UStG geführt werden. [2]Steuerlich zuverlässigen Unternehmern kann jedoch gestattet werden, die Aufzeichnungen über den buchmäßigen Nachweis im Ausland vorzunehmen und dort aufzubewahren. [3]Voraussetzung ist hierfür, dass andernfalls der buchmäßige Nachweis in unverhältnismäßiger Weise erschwert würde und dass die erforderlichen Unterlagen den deutschen Finanzbehörden jederzeit auf Verlangen im Geltungsbereich des UStG vorgelegt werden. [4]Der Bewilligungsbescheid ist unter einer entsprechenden Auflage und unter dem Vorbehalt jederzeitigen Widerrufs zu erteilen.

(3) [1]Aus dem Grundsatz, dass die buchmäßig nachzuweisenden Voraussetzungen eindeutig und leicht nachprüfbar aus der Buchführung zu ersehen sein müssen (§ 13 Abs. 1 UStDV), ergibt sich, dass die erforderlichen Aufzeichnungen laufend und unmittelbar nach Ausführung des jeweiligen Umsatzes vorgenommen werden müssen. [2]Der Unternehmer muss den buchmäßigen Nachweis der steuerfreien Ausfuhrlieferung (§ 6 Abs. 4 UStG in Verbindung mit § 13 UStDV) bis zu dem Zeitpunkt führen, zu dem er die Umsatzsteuer-Voranmeldung für die Ausfuhrlieferung zu übermitteln hat (vgl. BFH-Urteil vom 28.08.2014, V R 16/14, BStBl. II 2015 S. 46). [3]Der Unternehmer kann fehlende oder fehlerhafte Aufzeichnungen eines rechtzeitig erbrachten Buchnachweises bis zum Schluss der letzten mündlichen Verhandlung vor dem Finanzgericht nach den für Rechnungsberichtigungen geltenden Grundsätzen ergänzen oder berichtigen (BFH-Urteil vom 28.5.2009, V R 23/08, BStBl. II 2010 S. 517).

(3a)[1)] Wird der Buchnachweis weder rechtzeitig geführt noch zulässigerweise ergänzt oder berichtigt, kann die Ausfuhrlieferung gleichwohl steuerfrei sein, wenn auf Grund der objektiven Beweislage feststeht, dass die Voraussetzungen des § 6 Abs. 1 bis Abs. 3a UStG vorliegen (BFH-Urteil vom 28.05.2009, V R 23/08, BStBl. II 2010 S. 517).

(4) [1]Der Inhalt und der Umfang des buchmäßigen Nachweises sind in Form von Mussvorschriften geregelt (§ 13 Abs. 2 bis 7 UStDV). [2]Der Unternehmer kann den Nachweis aber in besonders begründeten Einzelfällen auch in anderer Weise führen. [3]Er muss jedoch in jedem Fall die Grundsätze des § 13 Abs. 1 UStDV beachten.

(5) [1]Bei der Aufzeichnung der Menge und der handelsüblichen Bezeichnung des Gegenstands der Lieferung sind Sammelbezeichnungen, z.B. Lebensmittel oder Textilien, in der Regel nicht ausreichend (vgl. Abschnitt 14.5 Abs. 15). [2]Aus der Aufzeichnung der Art und des Umfangs einer etwaigen Bearbeitung oder Verarbeitung vor der Ausfuhr (vgl. Abschnitt 6.1 Abs. 5) sollen auch der Name und die Anschrift des mit der Bearbeitung oder Verarbeitung Beauftragten, die Bezeichnung des betreffenden Auftrags sowie die Menge und handelsübliche Bezeichnung des ausgeführten Gegenstands hervorgehen. [3]Als Grundlage dieser Aufzeichnungen können die Belege dienen, die der Unternehmer über die Bearbeitung oder Verarbeitung erhalten hat (vgl. Abschnitt 6.8). [4]Die Aufzeichnung der Fahrzeug-Identifikationsnummer

---

1) Siehe auch FM Schl-H Kurzinfo USt Nr. 2015/05 v. 12.08.2015, StEd 2015, 590, mit Anlage Arbeitspapier der EU-Kommission v. 14.11.1995 XXI/1667/94 endg.

bei der Lieferung eines Fahrzeugs im Sinne des § 1b Abs. 2 UStG nach § 13 Abs. 2 Nr. 1 UStDV und die Aufzeichnung der MRN nach § 13 Abs. 2 Nr. 7 UStDV sind unerlässlich.

(6) [1] Befördert oder versendet der Unternehmer oder der Abnehmer den Gegenstand der Lieferung in die in § 1 Abs. 3 UStG bezeichneten Gebiete, muss sich aus der Angabe des Berufs oder des Gewerbezweigs des Abnehmers dessen Unternehmereigenschaft sowie aus der Angabe des Erwerbszwecks des Abnehmers dessen Absicht, den Gegenstand für sein Unternehmen zu verwenden, ergeben. [2] Bei Lieferungen, deren Gegenstände nach Art und/oder Menge nur zur Verwendung in dem Unternehmen des Abnehmers bestimmt sein können, genügt neben der Aufzeichnung des Berufs oder Gewerbezweigs des Abnehmers die Angabe der Art und Menge der gelieferten Gegenstände. [3] In Zweifelsfällen kann der Erwerbszweck durch eine Bestätigung des Abnehmers nachgewiesen werden. [4] Bei Lieferungen an juristische Personen des öffentlichen Rechts ist davon auszugehen, dass die Lieferungen für deren hoheitlichen und nicht für deren unternehmerischen Bereich ausgeführt worden sind, sofern nicht der Unternehmer anhand von Aufzeichnungen und Belegen, z. B. durch eine Bescheinigung des Abnehmers, das Gegenteil nachweist. [5] Wenn der Abnehmer kein Unternehmer ist, muss sich aus den Aufzeichnungen der Bestimmungsort im übrigen Drittlandsgebiet ergeben.

(7) Bei den in § 6 Abs. 3 UStG bezeichneten Lieferungen von Gegenständen, die zur Ausrüstung oder Versorgung eines Beförderungsmittels bestimmt sind (vgl. Abschnitt 6.4), muss der Unternehmer zusätzlich zu den in § 13 Abs. 2 UStDV bezeichneten Angaben Folgendes aufzeichnen (§ 13 Abs. 6 UStDV):

1. den Gewerbezweig oder Beruf des ausländischen Abnehmers zum Nachweis der Unternehmereigenschaft des Abnehmers und

2. [1] den Zweck, dem das ausgerüstete oder versorgte Beförderungsmittel dient, zum Nachweis des unternehmerischen Verwendungszwecks. [2] Es genügt die Angabe der Art des Beförderungsmittels, wenn es seiner Art nach nur unternehmerischen Zwecken dienen kann, z. B. Lastkraftwagen, Reiseomnibus, Frachtschiff. [3] Bei anderen Beförderungsmitteln, z. B. Personenkraftwagen, Krafträdern, Sport- und Vergnügungsbooten oder Sportflugzeugen, ist davon auszugehen, dass sie nichtunternehmerischen Zwecken dienen, es sei denn, dass nach der Gesamtheit der bei dem Unternehmer befindlichen Unterlagen kein ernstlicher Zweifel daran besteht, dass das Beförderungsmittel den Zwecken des Unternehmens des Abnehmers dient. [4] Eine Bescheinigung des Abnehmers über den Verwendungszweck des Beförderungsmittels reicht wegen der fehlenden Nachprüfungsmöglichkeit in der Regel nicht aus.

(8) Zum Buchnachweis beim nichtkommerziellen Reiseverkehr vgl. Abschnitt 6.11 Abs. 16.

6.11 Ausfuhrlieferungen im nichtkommerziellen Reiseverkehr[1), 2), 3)]

Allgemeines

(1) [1] Bei den Ausfuhrlieferungen im nichtkommerziellen Reiseverkehr (§ 6 Abs. 3a UStG) handelt es sich um Fälle, in denen der Abnehmer Waren zu nichtunternehmerischen Zwecken erwirbt und im persönlichen Reisegepäck in das Drittlandsgebiet verbringt. [2] Voraussetzung für die Steuerbefreiung ist, dass der Gesamtwert der Lieferung einschließlich Umsatzsteuer 50 € übersteigt. [3] Zum „persönlichen Reisegepäck" gehören diejenigen Gegenstände, die der Abnehmer bei einem Grenzübertritt mit sich führt, z. B. das Handgepäck oder die in einem von ihm benutzten Fahrzeug befindlichen Gegenstände, sowie das anlässlich einer Reise aufgegebene Handgepäck. [4] Als Reise sind auch Einkaufsfahrten und der Berufsverkehr anzusehen. [5] Ein Fahrzeug, seine Bestandteile und sein Zubehör sind kein persönliches Reisegepäck. [6] Keine Ausfuhr im Reiseverkehr liegt vor, wenn der Käufer die Ware durch einen Spediteur, durch Bahn oder Post oder durch einen sonstigen Frachtführer in ein Drittland versendet.

Wertgrenze

(2) Ausfuhrlieferungen im nichtkommerziellen Reiseverkehr sind erst dann von der Umsatzsteuer befreit, wenn der Gesamtwert der Lieferung einschließlich Umsatzsteuer 50 € übersteigt (Wertgrenze).

(3) [1] Für die Feststellung, ob die Wertgrenze überschritten wurde, ist der Rechnungsbetrag maßgeblich (vgl. Artikel 48 Satz 1 MwStVO). [2] Der Rechnungsbetrag kann neben dem Entgelt und dem auf das Entgelt entfallenden Steuerbetrag u. a. auch Kosten für Nebenleistungen (z. B. für Beförderung oder für Warenumschließungen) enthalten, die in die Ermittlung der Wertgrenze mit einzubeziehen sind (vgl. Abschnitt 10.1 Abs. 3). [3] Pfandgeld auf Warenumschließungen, das dem Abnehmer bei der Lieferung berechnet wird, ist grundsätzlich Teil des Entgelts für die Lieferung (Nebenleistungen zur Hauptleistung; vgl. Abschnitt 3.10 Abs. 5a Satz 2). [4] Unabhängig davon, ob einzelne Liefergegenstände von der Steuerbefreiung für Ausfuhrlieferungen ausgeschlossen sind (z. B. Gegenstände, die zur Ausrüstung oder Versorgung nichtunternehmerischer Beförderungsmittel bestimmt sind; § 6 Abs. 3 UStG), werden diese jedoch bei der Ermittlung der Wertgrenze berücksichtigt.

(4) [1] Werden mehrere Gegenstände von ein und demselben Unternehmer an ein und denselben Abnehmer geliefert, darf der Gesamtwert der Lieferung nur dann zugrunde gelegt werden, wenn alle diese Gegenstände auf einer gemeinsamen Rechnung aufgeführt sind (vgl. Artikel 48 Satz 2 MwStVO).[4)] [2] Eine Zusammenfassung mehrerer einzelner Rechnungen, um dadurch die Wertgrenze von 50 € zu überschreiten, ist nicht zulässig.

---

1) Vordruckmuster und Merkblatt vgl. BMF v. 15.03.2022, BStBl. I 2022, 352.

2) Zu Verkäufen von „Duty-Free-Waren" im Transitbereich vgl. BFH v. 03.11.2005 V R 63/02, BStBl. II 2006, 337.

3) Zum Vertrauensschutz für Ausfuhrlieferer vgl. EuGH v. 21.02.2008 C-271/06, Netto-Supermarkt, DStR 2008, 450, und BFH v. 30.07.2008 V R 7/03, BStBl. II 2010, 1075.

4) **Steuergesetze** Nr. **550a.**

(5) [1]Bei nachträglichen Entgeltminderungen ist für die Beurteilung der Wertgrenze zu unterscheiden: Pfandrückgaben bleiben aus Vereinfachungsgründen unberücksichtigt. [2]Nachträgliche Teilrückabwicklungen (etwa bei Reklamation, Umtausch gegen Barauszahlung) sind demgegenüber zu berücksichtigen.

(6) [1]Bei Einzweckgutscheinen im Sinne des § 3 Abs. 14 Satz 1 UStG kommt die Steuerbefreiung für Ausfuhrlieferungen im nichtkommerziellen Reiseverkehr – unabhängig von der Überschreitung der Wertgrenze – nicht in Betracht (ruhende Lieferung). [2]Die Ausgabe oder erstmalige Übertragung eines Mehrzweckgutscheins im Sinne des § 3 Abs. 15 Satz 1 UStG stellt keine umsatzsteuerbare Lieferung dar. [3]Bei einem Mehrzweckgutschein gilt die Lieferung des Gegenstandes erst im Zeitpunkt der tatsächlichen Lieferung (= Einlösung) als erbracht. [4]Die Wertgrenze ist daher auch für Mehrzweckgutscheine anzuwenden, die vor dem 01.01.2020 ausgegeben, aber erst nach dem 31.12.2019 eingelöst werden.

Beispiel:

[1]Kauf eines Mehrzweckgutscheins am 23.12.2019 in Höhe von 20 €; Einlösung des Gutscheins für den Kauf einer CD zum Rechnungsbetrag von 20 € am 04.01.2020. [2]Die Ausgabe des Mehrzweckgutscheins am 23.12.2019 ist umsatzsteuerlich unbeachtlich. [3]Erst mit Einlösung des Gutscheins am 04.01.2020 wird die tatsächliche Lieferung erbracht. [4]Die Steuerbefreiung kommt mangels Überschreiten der Wertgrenze nicht in Betracht.

Ausfuhrnachweis

(7) [1]Die Verbringung des Liefergegenstands in das Drittlandsgebiet muss grundsätzlich durch eine Ausfuhrbestätigung der den Ausgang des Gegenstands aus dem Gemeinschaftsgebiet überwachenden Grenzzollstelle eines EU-Mitgliedstaats (Ausgangszollstelle) nachgewiesen werden (§ 9 Abs. 1 Satz 1 Nr. 2 UStDV, Abschnitt 6.6 Abs. 3). [2]Die Ausfuhrbestätigung erfolgt durch einen Sichtvermerk der Ausgangszollstelle der Gemeinschaft auf der vorgelegten Rechnung oder dem vorgelegten Ausfuhrbeleg. [3]Unter Sichtvermerk ist der Dienststempelabdruck der Ausgangszollstelle mit Namen der Zollstelle und Datum zu verstehen.

(8) [1]Als ausreichender Ausfuhrnachweis ist grundsätzlich ein Beleg (Rechnung oder ein entsprechender Beleg) anzuerkennen, der mit einem gültigen Stempelabdruck der Ausgangszollstelle versehen ist. [2]Das gilt auch dann, wenn außer dem Stempelabdruck keine weiteren Angaben, z. B. Datum und Unterschrift, gemacht wurden oder wenn auf besonderen Ausfuhrbelegen die vordruckmäßig vorgesehenen Ankreuzungen fehlen. [3]Entscheidend ist, dass sich aus dem Beleg die Abfertigung des Liefergegenstands zur Ausfuhr durch die Ausgangszollstelle erkennen lässt. [4]Ist der Ausfuhrnachweis durch Belege mit einer Bestätigung der Grenzzollstelle nicht möglich oder nicht zumutbar, kann der Nachweis im begründeten Einzelfall auch durch geeignete Alternativbelege geführt werden (vgl. Abschnitt 6.6 Abs. 6).

(9) [1]Der Ausfuhrbeleg (Rechnung oder entsprechender Beleg) muss u. a. auch die handelsübliche Bezeichnung und die Menge des ausgeführten Gegenstands enthalten. [2]Handelsüblich ist jede im Geschäftsverkehr für die Gegenstände allgemein verwendete Bezeichnung, die den Erfordernissen von Kaufleuten im Sinne des HGB genügt und von Unternehmern in den ent-

sprechenden Geschäftskreisen allgemein (d.h. nicht nur gelegentlich) verwendet wird, z. B. auch eine Markenartikelbezeichnung. [3]Ob eine Bezeichnung handelsüblich ist, ist unter Berücksichtigung von Handelsstufe, Art und Inhalt der Lieferungen und dem Wert der einzelnen Gegenstände im Einzelfall zu bestimmen. [4]Bezeichnungen allgemeiner Art, die Gruppen verschiedenartiger Gegenstände umfassen, z. B. Geschenkartikel, reichen grundsätzlich nicht aus (vgl. Abschnitt 14.5 Abs. 15). [5]Die im Ausfuhrbeleg verwendete handelsübliche Bezeichnung von Gegenständen ist nicht zu beanstanden, wenn die Ausgangszollstelle anhand der Angaben im Ausfuhrbeleg die Ausfuhr dieser Gegenstände bestätigt. [6]Damit ist ausreichend belegt, dass die Gegenstände im Ausfuhrbeleg so konkret bezeichnet worden sind, dass die Ausgangszollstellein der Lage war, die Abfertigung dieser Gegenstände zur Ausfuhr zu bestätigen.

Nachweis der Ausfuhrfrist

(10) [1]Der Unternehmer hat die Einhaltung der Ausfuhrfrist (§ 6 Abs. 3a Nr. 2 UStG) durch Angabe des Tags der Ausfuhr im Ausfuhrbeleg nachzuweisen. [2]Fehlt auf dem Ausfuhrbeleg die Angabe des Ausfuhrtags (z.B. in den Fällen des Absatzes 2), muss der Unternehmer den Tag der Ausfuhr durch andere überprüfbare Unterlagen nachweisen.

Abnehmernachweis

(11) [1]Außer der Ausfuhr der Gegenstände hat der Unternehmer durch einen Beleg nachzuweisen, dass der Abnehmer im Zeitpunkt der Lieferung seinen Wohnort im Drittlandsgebiet hatte. [2]Wohnort ist der Ort, an dem der Abnehmer für längere Zeit seine Wohnung hat und der als der örtliche Mittelpunkt seines Lebens anzusehen ist. [3]Als Wohnort in diesem Sinne gilt der Ort, der im Reisepass oder in einem anderen in der Bundesrepublik Deutschland anerkannten Grenzübertrittspapier (insbesondere Personalausweis) eingetragen ist. [4]Der Unternehmer kann sich hiervon durch Einsichtnahme in das vom Abnehmer vorgelegte Grenzübertrittspapier überzeugen. [5]Aus dem Ausfuhrbeleg (Rechnung oder entsprechender Beleg) müssen sich daher der Name und die Anschrift des Abnehmers ergeben (Land, Wohnort, Straße und Hausnummer). [6]Ist die Angabe der vollständigen Anschrift des Abnehmers zum Beispiel auf Grund von Sprachproblemen nicht möglich, genügt neben dem Namen des Abnehmers die Angabe des Landes, in dem der Abnehmer wohnt, und die Angabe der Nummer des Reisepasses oder eines anderen anerkannten Grenzübertrittspapiers.

(12) [1]Im Ausfuhrbeleg bestätigt die Ausgangszollstelle außer der Ausfuhr, dass die Angaben zum Namen und zur Anschrift des Abnehmers mit den Eintragungen in dem vorgelegten Pass oder sonstigen Grenzübertrittspapier desjenigen übereinstimmen, der den Gegenstand in seinem Reisegepäck in das Drittlandsgebiet verbringt (§ 17 UStDV). [2]Ist aus dem ausländischen Grenzübertrittspapier nicht die volle Anschrift, sondern nur das Land und der Wohnort oder nur das Land ersichtlich, erteilen die Ausgangszollstellen auch in diesen Fällen die Abnehmerbestätigung. [3]Derartige Abnehmerbestätigungen sind als ausreichender Belegnachweis anzuerkennen. [4]Absatz 8 Sätze 2 und 4 sind für Abnehmerbestätigungen entsprechend anzuwenden.

(13) [1]Die Abnehmerbestätigung wird von den deutschen Grenzzollstellen in folgenden Fällen trotz Vorlage eines gültigen Grenzübertrittspapiers des Ausführers nicht erteilt:

1. Die Angaben über den ausländischen Abnehmer in dem vorgelegten Beleg stimmen nicht mit den Eintragungen in dem vorgelegten Pass oder sonstigen Grenzübertrittspapier des Ausführers überein.
2. [1]Der Ausführer weist einen in einem Drittland ausgestellten Pass vor, in dem ein Aufenthaltstitel im Sinne des Aufenthaltsgesetzes für einen drei Monate übersteigenden Aufenthalt in der Bundesrepublik Deutschland oder in einem anderen EU-Mitgliedstaat eingetragen ist, wenn diese Erlaubnis noch nicht abgelaufen ist oder nach ihrem Ablauf noch kein Monat vergangen ist. [2]Entsprechendes gilt bei der Eintragung: „Aussetzung der Abschiebung (Duldung)“. [3]Die Abnehmerbestätigung wird jedoch nicht versagt, wenn der Ausführer einen in einem Drittland ausgestellten Pass vorweist, in dem ein Aufenthaltstitel im Sinne des Aufenthaltsgesetzes durch eine Auslandsvertretung eines anderen EU-Mitgliedstaates für die Dauer von 180 Tagen eingetragen ist und mit dem kein Titel für einen gewöhnlichen Aufenthalt oder Wohnsitz in diesem anderen EU-Mitgliedstaat erworben wurde. [4]Die Abnehmerbestätigung wird ebenfalls nicht versagt, wenn der Ausführer einen Pass vorweist, in dem zwar eine Aufenthaltserlaubnis eingetragen ist, die formell noch nicht abgelaufen ist, er aber gleichzeitig eine Abmeldebestätigung vorlegt, die mindestens sechs Monate vor der erneuten Ausreise ausgestellt worden ist oder der Ausführer nur eine Aufenthaltserlaubnis in der Form des Sichtvermerks (Visum) einer Auslandsvertretung der Bundesrepublik Deutschland oder eines anderen Mitgliedstaats besitzt, die zu mehrmaligen Einreisen in die Gemeinschaft, dabei jedoch nur zu einem Aufenthalt von bis zu maximal drei Monaten pro Halbjahr berechtigt (sog. Geschäftsvisum). [5]Die Gültigkeit solcher Geschäftsvisa kann bis zu zehn Jahre betragen.
3. Der Ausführer weist einen ausländischen Personalausweis vor, der in einem Drittland ausgestellt worden ist, dessen Staatsangehörige nur unter Vorlage eines Passes und nicht lediglich unter Vorlage eines Personalausweises in die Bundesrepublik Deutschland einreisen dürfen.
4. [1]Der Ausführer weist einen deutschen oder einen in einem anderen EU-Mitgliedstaat ausgestellten Personalausweis vor. [2]Bei Vorlage des deutschen Personalausweises wird die Abnehmerbestätigung jedoch in den Fällen erteilt, in denen der Inhaber des Ausweises ein Bewohner Helgolands oder der Gemeinde Büsingen ist.
5. [1]Der Ausführer weist einen deutschen oder einen in einem anderen EU-Mitgliedstaat ausgestellten Pass vor, ohne seinen im Drittland befindlichen Wohnort durch Eintragung in den Pass oder durch eine besondere Bescheinigung nachweisen zu können; als eine solche Bescheinigung ist auch ein Aufenthaltstitel eines Drittlands mit mindestens noch einjähriger Gültigkeitsdauer anzusehen. [2]Bei Vorlage eines deutschen Passes wird die Abnehmerbestätigung jedoch in den Fällen erteilt, in denen der Inhaber des Passes ein Bewohner Helgolands oder der Gemeinde Büsingen ist.

6. Der Ausführer ist erkennbar ein Mitglied einer nicht in einem Drittland, sondern in der Bundesrepublik Deutschland oder in einem anderen EU-Mitgliedstaat stationierten Truppe, eines in diesen Gebieten befindlichen Gefolges oder deren Angehöriger.
7. [1]Der Ausführer legt einen vom Auswärtigen Amt ausgestellten amtlichen Pass (Diplomaten-, Ministerial- oder Dienstpass) vor. [2]Bei Diplomaten- und Dienstpässen mit eingetragenem Dienstort in einem Drittland kann die Abnehmerbestätigung erteilt werden, wenn der Ausführer nachweist, dass er die Auslandsmission bereits in der Vergangenheit angetreten hat (Einreisestempel des Drittstaates, Reisepass mit entsprechendem Wohnorteintrag, durch eine besondere Bescheinigung oder durch ein Dokument über den diplomatischen oder konsularischen Aufenthalt im Ausland, das auch in den Diplomaten- oder Dienstpass eingetragen oder eingeklebt sein kann).
8. [1]Der Abnehmer weist ausschließlich einen Reisepass des Vereinigten Königreichs Großbritannien und Nordirland vor. [2]Da dieser lediglich den Ländercode „GBR" und darüber hinaus keine Angaben zum Wohnort des Abnehmers enthält, ist eine Bestimmung des Wohnortes anhand dieses Reisepasses nicht möglich. [3]Weist der Abnehmer jedoch durch einen gültigen britischen Führerschein, einen aktuellen Kommunalsteuerbescheid oder eine aktuelle Strom-, Gas- oder Wasserrechnung (nicht älter als 12 Monate) seinen Wohnsitz in Großbritannien (nicht Nordirland) oder durch einen Aufenthaltstitel seinen Wohnsitz in einem anderen Drittland nach, kann die Abnehmerbestätigung durch die Grenzzollstelle erteilt werden.

[2]In diesen Fällen kann mit Hilfe des Grenzübertrittspapiers nicht der Nachweis erbracht werden, dass der Wohnort des Abnehmers in einem Drittland liegt. [3]Die deutsche Grenzzollstelle bestätigt dann lediglich die Ausfuhr des Gegenstands der Lieferung. [4]Ferner vermerkt sie auf dem Ausfuhrbeleg den Grund dafür, warum sie die Richtigkeit des Namens und der Anschrift des ausländischen Abnehmers nicht bestätigen kann.

(14) [1]Ist der Abnehmernachweis durch eine Bestätigung der Grenzzollstelle nicht möglich oder nicht zumutbar, bestehen keine Bedenken, auch eine entsprechende Bestätigung einer amtlichen Stelle der Bundesrepublik Deutschland im Wohnsitzstaat des Abnehmers, z. B. einer diplomatischen oder konsularischen Vertretung der Bundesrepublik Deutschland oder einer im Drittlandsgebiet stationierten Truppeneinheit der Bundeswehr, als ausreichend anzuerkennen. [2]Aus dieser Bestätigung muss hervorgehen, dass die Angaben über den ausländischen Abnehmer – Name und Anschrift – im Zeitpunkt der Lieferung zutreffend waren. [3]Eine Ersatzbestätigung einer Zollstelle im Drittlandsgebiet kommt dagegen nicht in Betracht. [4]Die Erteilung von Ersatzbestätigungen durch Auslandsvertretungen der Bundesrepublik Deutschland ist gebührenpflichtig und unterliegt besonderen Anforderungen.

Ausfuhr- und Abnehmerbescheinigung

(15) [1]Für den Ausfuhrbeleg im Sinne des § 17 UStDV soll ein Vordruck nach vorgeschriebenem Muster (vgl. Anlage 2 der Anlage zum BMF-Schreiben vom 15.03.2022, BStBl. I S. 352) verwendet werden. [2]Es bestehen keine

Bedenken, wenn die in den Abschnitten B und C des Musters enthaltenen Angaben nicht auf einem besonderen Vordruck, sondern, z. B. durch Stempelaufdruck, auf einer Rechnung angebracht werden, sofern aus dieser Rechnung der Lieferer, der ausländische Abnehmer und der Gegenstand der Lieferung ersichtlich sind.

Buchnachweis

(16) [1]Neben dem belegmäßigen Ausfuhr- und Abnehmernachweis müssen sich die Voraussetzungen der Steuerbefreiung auch eindeutig und leicht nachprüfbar aus der Buchführung ergeben (§ 13 UStDV). [2]Grundlage des buchmäßigen Nachweises ist grundsätzlich der Beleg mit der Ausfuhr- und Abnehmerbestätigung der Ausgangszollstelle. [3]Hat die Ausgangszollstelle die Ausfuhr der Gegenstände sowie die Angaben zum Abnehmer in dem vorgelegten Beleg bestätigt, sind die in dem Beleg enthaltenen Angaben (z. B. hinsichtlich der handelsüblichen Bezeichnung der Gegenstände und der Anschrift des Abnehmers) insoweit auch als ausreichender Buchnachweis anzuerkennen. [4]Dies gilt auch dann, wenn zum Beispiel bei Sprachproblemen anstelle der vollständigen Anschrift lediglich das Land und die Passnummer aufgezeichnet werden.

Merkblatt

(17) Weitere Hinweise enthält das Merkblatt zur Umsatzsteuerbefreiung für Ausfuhrlieferungen im nichtkommerziellen Reiseverkehr, Stand Juli 2022 (Anlage 1 zum BMF-Schreiben vom 15.03.2022, BStBl. I S. 352).

6.12 Gesonderter Steuerausweis bei Ausfuhrlieferungen

[1]Zu den Folgen eines gesonderten Steuerausweises bei Ausfuhrlieferungen vgl. Abschnitt 14c.1 Abs. 1 Satz 5 Nr. 3 und zur Möglichkeit der Berichtigung vgl. Abschnitt 14c.1 Abs. 7. [2]Bei Ausfuhren im nichtkommerziellen Reiseverkehr vgl. Abschnitt 14c.1 Abs. 8.

Zu § 6a UStG

(§§ 17a bis 17c UStDV)[1)]

6a.1 Innergemeinschaftliche Lieferungen

(1) [1]Eine innergemeinschaftliche Lieferung setzt eine im Inland steuerbare Lieferung (§ 1 Abs. 1 Nr. 1 UStG) voraus. [2]Gegenstand der Lieferung muss ein körperlicher Gegenstand sein, der vom liefernden Unternehmer, vom Abnehmer oder von einem vom liefernden Unternehmer oder vom Abnehmer beauftragten Dritten in das übrige Gemeinschaftsgebiet befördert oder versendet wird (§ 3 Abs. 6 Satz 1 UStG). [3]Das Vorliegen einer innergemeinschaftlichen Lieferung kommt nicht in Betracht für Lieferungen von Gas über das Erdgasnetz und von Elektrizität im Sinne des § 3g UStG. [4]Werkliefe-

---

[1)] **Ab 01.01.2020:** §§ 17a bis 17d UStDV; neuer § 17a UStDV eingef. durch G v. 12.12. 2019, BGBl. I 2019, 2451.

rungen (§ 3 Abs. 4 UStG) können unter den Voraussetzungen des § 3 Abs. 6 Satz 1 UStG innergemeinschaftliche Lieferungen sein.

(2) [1]Bei Reihengeschäften (§ 3 Abs. 6a Satz 1 UStG) kommt die Steuerbefreiung einer innergemeinschaftlichen Lieferung nur für die Lieferung in Betracht, der die Beförderung oder Versendung des Liefergegenstands zuzurechnen ist. [2]Im Rahmen eines Reihengeschäfts, bei dem die Warenbewegung im Inland beginnt und im Gebiet eines anderen Mitgliedstaates endet, kann daher mit der Beförderung oder Versendung des Liefergegenstands in das übrige Gemeinschaftsgebiet nur eine innergemeinschaftliche Lieferung im Sinne des § 6a UStG bewirkt werden. [3]Die Steuerbefreiung kommt demnach nur bei der Beförderungs- oder Versendungslieferung zur Anwendung (vgl. Abschnitt 3.14 Abs. 13).

(2a) Die Steuerbefreiung für innergemeinschaftliche Lieferungen (§ 4 Nr. 1 Buchstabe b, § 6a UStG) kommt nicht in Betracht, wenn für die Lieferung eines Gegenstands in das übrige Gemeinschaftsgebiet auch die Voraussetzungen der Steuerbefreiungen nach § 4 Nr. 17, 19 oder 28 oder nach § 25c Abs. 1 und 2 UStG vorliegen.

(3) [1]Die Person/Einrichtung, die eine steuerfreie innergemeinschaftliche Lieferung bewirken kann, muss ein Unternehmer sein, der seine Umsätze nach den allgemeinen Vorschriften des Umsatzsteuergesetzes besteuert (sog. Regelversteuerer). [2]Auf Umsätze von Kleinunternehmern, die nicht nach § 19 Abs. 2 UStG zur Besteuerung nach den allgemeinen Vorschriften des Umsatzsteuergesetzes optiert haben, auf Umsätze im Rahmen eines land- und forstwirtschaftlichen Betriebs, auf die die Durchschnittssätze nach § 24 UStG angewendet werden, und auf Umsätze, die der Differenzbesteuerung nach § 25a UStG unterliegen, findet die Steuerbefreiung nach § 4 Nr. 1 Buchstabe b, § 6a UStG keine Anwendung (vgl. § 19 Abs. 1 Satz 4, § 24 Abs. 1 Satz 2, § 25a Abs. 5 Satz 2 und § 25a Abs. 7 Nr. 3 UStG).

(4) Die Steuerbefreiung einer innergemeinschaftlichen Lieferung erstreckt sich auf das gesamte Entgelt, das für die Lieferung vereinbart oder vereinnahmt worden ist.

(5) Abschnitt 6.1 Abs. 6 Nr. 2 ist entsprechend anzuwenden.

Beförderung oder Versendung in das übrige Gemeinschaftsgebiet (§ 6a Abs. 1 Satz 1 Nr. 1 UStG)

(6) [1]Das Vorliegen einer innergemeinschaftlichen Lieferung setzt voraus, dass der Unternehmer, der Abnehmer oder ein vom liefernden Unternehmer oder vom Abnehmer beauftragter Dritter den Gegenstand der Lieferung in das übrige Gemeinschaftsgebiet befördert oder versendet hat. [2]Eine Beförderungslieferung liegt vor, wenn der liefernde Unternehmer, der Abnehmer oder ein von diesen beauftragter unselbständiger Erfüllungsgehilfe den Gegenstand der Lieferung befördert. [3]Befördern ist jede Fortbewegung eines Gegenstands (§ 3 Abs. 6 Satz 2 UStG). [4]Eine Versendungslieferung liegt vor, wenn die Beförderung durch einen selbständigen Beauftragten ausgeführt oder besorgt wird. [5]Zu den weiteren Voraussetzungen einer Beförderungs- oder Versendungslieferung vgl. Abschnitt 3.12 Abs. 2 bzw. Abs. 3.

(7) [1]Das übrige Gemeinschaftsgebiet umfasst die unionsrechtlichen Inlandsgebiete der EU-Mitgliedstaaten mit Ausnahme des Inlands der Bundesrepublik Deutschland im Sinne des § 1 Abs. 2 Satz 1 UStG. [2]Zu den einzelnen Gebieten des übrigen Gemeinschaftsgebiets vgl. Abschnitt 1.10.

(8) [1]Die Beförderung oder Versendung des Gegenstands der Lieferung „in das übrige Gemeinschaftsgebiet" erfordert, dass die Beförderung oder Versendung im Inland beginnt und im Gebiet eines anderen Mitgliedstaats endet. [2]Der Liefergegenstand muss somit das Inland der Bundesrepublik Deutschland physisch verlassen haben und tatsächlich in das übrige Gemeinschaftsgebiet gelangt, d. h. dort physisch angekommen sein. [3]Die sog. gebrochene Beförderung oder Versendung durch mehrere Beteiligte (Lieferer und Abnehmer bzw. in deren Auftrag jeweils ein Dritter) ist für die Annahme der Steuerbefreiung einer innergemeinschaftlichen Lieferung unschädlich, wenn der Abnehmer zu Beginn des Transports feststeht (vgl. Abschnitt 3.12 Abs. 3 Satz 4 ff.) und der Transport ohne nennenswerte Unterbrechung erfolgt. [4]Der liefernde Unternehmer muss nachweisen, dass ein zeitlicher und sachlicher Zusammenhang zwischen der Lieferung des Gegenstands und seiner Beförderung oder Versendung sowie ein kontinuierlicher Ablauf dieses Vorgangs gegeben sind. [5]Hat der Empfänger einer innergemeinschaftlichen Lieferung (Abnehmer) im Bestimmungsmitgliedstaat in seiner Mehrwertsteuererklärung den Erwerb des Gegenstands als innergemeinschaftlichen Erwerb erklärt, kann dies nur ein zusätzliches Indiz dafür darstellen, dass der Liefergegenstand tatsächlich das Inland physisch verlassen hat. [6]Ein maßgeblicher Anhaltspunkt für das Vorliegen einer innergemeinschaftlichen Lieferung ist dies jedoch nicht.

Empfänger (= Abnehmer) der Lieferung (§ 6a Abs. 1 Satz 1 Nr. 2 UStG)

(9) Empfänger einer innergemeinschaftlichen Lieferung können nur folgende Personen sein:

1. Unternehmer, die den Gegenstand der Lieferung für ihr Unternehmen erworben haben;
2. juristische Personen, die nicht Unternehmer sind oder die den Gegenstand der Lieferung nicht für ihr Unternehmen erworben haben oder
3. bei der Lieferung eines neuen Fahrzeugs auch jeder andere Erwerber.

(10) [1]Der Abnehmer im Sinne des § 6a Abs. 1 Satz 1 Nr. 2 UStG muss der Empfänger der Lieferung bzw. der Abnehmer des Gegenstands der Lieferung sein. [2]Das ist regelmäßig diejenige Person/Einrichtung, der der Anspruch auf die Lieferung zusteht und gegen die sich der zivilrechtliche Anspruch auf Zahlung des Kaufpreises richtet.

(11) [1]Eine Person/Einrichtung, die den Gegenstand für ihr Unternehmen erwirbt, muss zum Zeitpunkt der Lieferung Unternehmer sein. [2]Es ist nicht erforderlich, dass dieser Unternehmer im Ausland ansässig ist. [3]Es kann sich auch um einen im Inland ansässigen Unternehmer handeln. [4]Unerheblich ist auch, ob es sich (ggf. nach dem Recht eines anderen Mitgliedstaates) bei dem Abnehmer um einen Kleinunternehmer, um einen Unternehmer, der ausschließlich steuerfreie den Vorsteuerabzug ausschließende Umsätze aus-

führt, oder um einen Land- und Forstwirt handelt, der seine Umsätze nach einer Pauschalregelung besteuert.

(12) [1]Von der Unternehmereigenschaft des Abnehmers kann regelmäßig ausgegangen werden, wenn dieser gegenüber dem liefernden Unternehmer mit einer ihm von einem anderen Mitgliedstaat erteilten, im Zeitpunkt der Lieferung gültigen USt-IdNr. auftritt. [2]Nicht ausreichend ist es, wenn die USt-IdNr. im Zeitpunkt der Lieferung vom Abnehmer lediglich beantragt wurde. [3]Die USt-IdNr. muss vielmehr im Zeitpunkt der Lieferung gültig sein.

(13) Von einem Erwerb des Gegenstands für das Unternehmen des Abnehmers kann regelmäßig ausgegangen werden, wenn der Abnehmer mit einer ihm von einem anderen Mitgliedstaat erteilten, im Zeitpunkt der Lieferung gültigen USt-IdNr. auftritt und sich aus der Art und Menge der erworbenen Gegenstände keine berechtigten Zweifel an der unternehmerischen Verwendung ergeben.

(14) [1]Die Lieferung kann auch an eine juristische Person, die nicht Unternehmer ist oder die den Gegenstand nicht für ihr Unternehmen erwirbt, bewirkt werden. [2]Es kann sich um eine juristische Person des öffentlichen oder des privaten Rechts handeln. [3]Die juristische Person kann im Ausland (z.B. eine ausländische Gebietskörperschaft, Anstalt oder Stiftung des öffentlichen Rechts oder ein ausländischer gemeinnütziger Verein) oder im Inland ansässig sein. [4]Von der Eigenschaft der juristischen Person als zur Erwerbsbesteuerung verpflichteter Abnehmer kann nur dann ausgegangen werden, wenn sie gegenüber dem liefernden Unternehmer mit einer ihr von einem anderen Mitgliedstaat erteilten, im Zeitpunkt der Lieferung gültigen USt-IdNr. auftritt.

(15) [1]Bei der Lieferung eines neuen Fahrzeugs kommt es auf die Eigenschaft des Abnehmers nicht an. [2]Hierbei kann es sich auch um Privatpersonen handeln. [3]Zum Begriff der neuen Fahrzeuge vgl. § 1b UStG und Abschnitt 1b.1.

Besteuerung des innergemeinschaftlichen Erwerbs in einem anderen Mitgliedstaat (§ 6a Abs. 1 Satz 1 Nr. 3 UStG)

(16) [1]Zu den Voraussetzungen einer innergemeinschaftlichen Lieferung gehört nach § 6a Abs. 1 Satz 1 Nr. 3 UStG, dass der Erwerb des Gegenstands der Lieferung beim Abnehmer in einem anderen Mitgliedstaat den Vorschriften der Umsatzbesteuerung (Besteuerung des innergemeinschaftlichen Erwerbs; kurz: Erwerbsbesteuerung) unterliegt. [2]Die Steuerbefreiung für innergemeinschaftliche Lieferungen kommt daher für andere Gegenstände als verbrauchsteuerpflichtige Waren und neue Fahrzeuge nicht in Betracht, wenn der Abnehmer Kleinunternehmer, Unternehmer, der ausschließlich steuerfreie den Vorsteuerabzug ausschließende Umsätze ausführt, Land- oder Forstwirt ist, der seine Umsätze nach einer Pauschalregelung versteuert, oder eine nicht unternehmerische juristische Personen ist und die innergemeinschaftlichen Erwerbe dieses Abnehmerkreises im Bestimmungsmitgliedstaat des gelieferten Gegenstands nicht der Mehrwertsteuer unterliegen, weil im Bestimmungsmitgliedstaat die dortige Erwerbsschwelle vom Abnehmer nicht überschritten

wird und er dort auch nicht zur Besteuerung seiner innergemeinschaftliachen Erwerbe optiert hat.

Beispiel 1:

[1] Das in Deutschland ansässige Saatgutunternehmen D liefert am 03.03.2001 Saatgut an einen in Frankreich ansässigen Landwirt F, der dort mit seinen Umsätzen der Pauschalregelung für Land- und Forstwirte unterliegt. [2] Das Saatgut wird durch einen Spediteur im Auftrag des D vom Sitz des D zum Sitz des F nach Amiens befördert. [3] Das Entgelt für das Saatgut beträgt 2.000 €. [4] F hat außer dem Saatgut im Jahr 01 keine weiteren innergemeinschaftlichen Erwerbe getätigt und in Frankreich auch nicht zur Besteuerung der innergemeinschaftlichen Erwerbe optiert. [5] F hat gegenüber D keine französische USt-IdNr. verwendet.
[6] Die Lieferung des D ist nicht als innergemeinschaftliche Lieferung zu behandeln, weil F mit seinem Erwerb in Frankreich nicht der Besteuerung des innergemeinschaftlichen Erwerbs unterliegt, da er unter die Pauschalregelung für Land- und Forstwirte fällt, die Erwerbsschwelle nicht überschreitet und er auf deren Anwendung nicht verzichtet hat sowie F keine USt-IdNr. gegenüber D verwendet hat. [7] Die Lieferung des D ist als inländische Lieferung steuerbar und steuerpflichtig.

Beispiel 2:

[1] Der in Deutschland ansässige Weinhändler D, dessen Umsätze nicht der Durchschnittssatzbesteuerung (§ 24 UStG) unterliegen, liefert am 01.04.2001 fünf Kisten Wein an den in Limoges (Frankreich) ansässigen Versicherungsvertreter F (nicht zum Vorsteuerabzug berechtigter Unternehmer). [2] D befördert die Ware mit eigenem Lkw nach Limoges. [3] Das Entgelt für die Lieferung beträgt 1.500 €. [4] F hat gegenüber D seine französische USt-IdNr. verwendet. [5] F hat außer dem Wein im Jahr 01 keine weiteren innergemeinschaftlichen Erwerbe getätigt.
[6] Für D ist die Lieferung des Weins als verbrauchsteuerpflichtige Ware eine innergemeinschaftliche Lieferung, weil der Wein aus dem Inland nach Frankreich gelangt, der Abnehmer ein Unternehmer ist und mit der Verwendung seiner USt-IdNr. zum Ausdruck bringt, dass er die Ware für sein Unternehmen erwirbt und den Erwerb in Frankreich der Besteuerung des innergemeinschaftlichen Erwerbs zu unterwerfen hat. [7] Da F seine französische USt-IdNr. verwendet, kann D davon ausgehen, dass der Wein für das Unternehmen des F erworben wird. [8] Unbeachtlich ist, ob F in Frankreich die Erwerbsschwelle überschritten hat oder nicht (vgl. analog für Deutschland § 1a Abs. 5 in Verbindung mit Abs. 3 UStG). [9] Unbeachtlich ist auch, ob F in Frankreich tatsächlich einen innergemeinschaftlichen Erwerb erklärt oder nicht. [10] Indem F gegenüber D seine USt-IdNr. verwendet hat, sind zudem die Voraussetzungen des § 6a Abs. 1 Satz 1 Nr. 4 UStG erfüllt.

(17) Durch die Regelung des § 6a Abs. 1 Satz 1 Nr. 3 UStG, nach der der Erwerb des Gegenstands in einem anderen Mitgliedstaat den Vorschriften der Erwerbsbesteuerung unterliegen muss, wird sichergestellt, dass die Steuerbefreiung für innergemeinschaftliche Lieferungen in den Fällen nicht anzuwenden ist, in denen die in Absatz 16 bezeichneten Ausschlusstatbestände vorliegen.

(18) [1] Die Voraussetzung des § 6a Abs. 1 Satz 1 Nr. 3 UStG ist erfüllt, wenn der Abnehmer gegenüber dem liefernden Unternehmer mit einer ihm von einem anderen Mitgliedstaat erteilten, im Zeitpunkt der Lieferung gültigen USt-IdNr. auftritt (vgl. BFH-Beschluss vom 05.02.2004, V B 180/03 n.v.). [2] Hiermit gibt der Abnehmer zu erkennen, dass er den Gegenstand steuerfrei erwerben will, weil der Erwerb in dem anderen Mitgliedstaat den dortigen Besteuerungsvorschriften unterliegt. [3] Es ist nicht erforderlich, dass der Erwerb des Gegenstands dort tatsächlich besteuert wird.

Beispiel:

[1]Der deutsche Computer-Händler H verkauft dem spanischen Abnehmer S einen Computer. [2]S lässt den Computer von seinem Beauftragten, dem in Frankreich ansässigen F abholen. [3]F tritt im Abholungszeitpunkt mit seiner ihm in Frankreich erteilten USt-IdNr. auf, die H als Abnehmer-USt-IdNr. aufzeichnet. [4]S verwendet gegenüber H keine USt-IdNr. [5]Die Voraussetzung des § 6a Abs. 1 Satz 1 Nr. 3 UStG ist im vorliegenden Fall nicht erfüllt, weil der Abnehmer S gegenüber dem liefernden Unternehmer H nicht eine ihm von einem anderen Mitgliedstaat erteilte USt-IdNr. verwendet. [6]Die USt-IdNr. des F als Beauftragter des S kann für Zwecke des § 6a Abs. 1 Satz 1 Nr. 3 UStG keine Verwendung finden.

[4]Die Voraussetzung, dass der Erwerb des Gegenstands der Erwerbsbesteuerung unterliegt, ist auch erfüllt, wenn der innergemeinschaftliche Erwerb in dem anderen Mitgliedstaat steuerfrei ist oder dem sog. Nullsteuersatz (Steuerbefreiung mit Vorsteuerabzug) unterliegt.

Verwendung einer von einem anderen Mitgliedstaat erteilten gültigen Umsatzsteuer-Identifikationsnummer (§ 6a Abs. 1 Satz 1 Nr. 4 UStG)

(19) [1]§ 6a Abs. 1 Satz 1 Nr. 4 UStG bestimmt, dass eine innergemeinschaftliche Lieferung nur vorliegt, wenn der Abnehmer gegenüber dem Unternehmer eine ihm von einem anderen Mitgliedstaat erteilte gültige USt-IdNr. verwendet. [2]Zum Begriff der Verwendung vgl. Abschnitt 3a.2 Abs. 10 Sätze 2 bis 10. [3]Die nachträgliche Verwendung einer im Zeitpunkt der Lieferung gültigen USt-IdNr. durch den Abnehmer entfaltet für Zwecke der Steuerbefreiung Rückwirkung. [4]Die (ausländische) USt-IdNr. muss nicht durch den Mitgliedstaat erteilt worden sein, in dem die Beförderung oder Versendung endet. [5]Die Regelung des § 3d Satz 2 UStG ist zu beachten. [6]Wurde eine USt-IdNr. gegenüber dem Unternehmer verwendet, die von dem Mitgliedstaat erteilt wurde, in dem die Beförderung oder Versendung beginnt, liegt tatbestandlich keine innergemeinschaftliche Lieferung vor. [7]Erteilt die Steuerverwaltung eines anderen Mitgliedstaates einem Organkreis nur eine USt-IdNr., ist diese bei der Verwendung durch die Organgesellschaft gegenüber einem inländischen Unternehmer anzuerkennen.

Bearbeitung oder Verarbeitung vor der Beförderung oder Versendung in das übrige Gemeinschaftsgebiet (§ 6a Abs. 1 Satz 2 UStG)

(20) [1]Der Gegenstand der Lieferung kann durch Beauftragte vor der Beförderung oder Versendung in das übrige Gemeinschaftsgebiet bearbeitet oder verarbeitet worden sein. [2]Der Ort, an dem diese Leistungen tatsächlich erbracht werden, kann sich im Inland, im Drittland oder in einem anderen Mitgliedstaat mit Ausnahme des Bestimmungsmitgliedstaats befinden. [3]Die genannten Leistungen dürfen unter den Voraussetzungen des § 6a Abs. 1 Satz 2 UStG nur von einem Beauftragten des Abnehmers oder eines folgenden Abnehmers erbracht werden. [4]Erteilt der liefernde Unternehmer oder ein vorangegangener Lieferer den Bearbeitungs- oder Verarbeitungsauftrag, ist die Ausführung dieses Auftrags ein der innergemeinschaftlichen Lieferung des Unternehmers vorgelagerter Umsatz. [5]Gegenstand der Lieferung des Unternehmers ist in diesem Fall der bearbeitete oder verarbeitete Gegenstand und nicht der Gegenstand vor seiner Bearbeitung oder Verarbeitung.

Beispiel 1:

[1]Das in Italien ansässige Textilverarbeitungsunternehmen I hat bei einer in Deutschland ansässigen Weberei D1 Stoffe zur Herstellung von Herrenanzügen bestellt. [2]D1 soll die Stoffe auftragsgemäß nach Italien befördern, nachdem sie von einer in Deutschland ansässigen Färberei D2 gefärbt worden sind. [3]D2 erbringt die Färbearbeiten im Auftrag von I.

[4]D1 erbringt mit der Lieferung der Stoffe an I eine innergemeinschaftliche Lieferung.[1)] Gegenstand dieser Lieferung sind die ungefärbten Stoffe. [5]Das Einfärben der Stoffe vor ihrer Beförderung nach Italien stellt eine Bearbeitung im Sinne von § 6a Abs. 1 Satz 2 UStG dar, die unabhängig von der innergemeinschaftlichen Lieferung des D1 zu beurteilen ist. [6]Voraussetzung hierfür ist allerdings, dass I (und nicht D1) den Auftrag zu der Verarbeitung erteilt hat.

Beispiel 2:

[1]Wie Beispiel 1; die Stoffe werden jedoch vor ihrer Beförderung durch D1 in Belgien von dem dort ansässigen Unternehmen B (im Auftrag des I) eingefärbt. [2]Zu diesem Zweck transportiert D1 die Stoffe zunächst nach Belgien und nach ihrer Einfärbung von dort nach Italien.

[3]D1 erbringt auch in diesem Falle eine im Inland steuerbare innergemeinschaftliche Lieferung an I. [4]Die Be- oder Verarbeitung des Liefergegenstands kann auch in einem anderen Mitgliedstaat als dem des Beginns oder Endes der Beförderung oder Versendung erfolgen.

Innergemeinschaftliches Verbringen als innergemeinschaftliche Lieferung (§ 6a Abs. 2 UStG)

(21) [1]Als innergemeinschaftliche Lieferung gilt nach § 6a Abs. 2 UStG auch das einer Lieferung gleichgestellte Verbringen eines Gegenstands (§ 3 Abs. 1a UStG). [2]Zu den Voraussetzungen eines innergemeinschaftlichen Verbringens vgl. Abschnitt 1a.2. [3]Ebenso wie bei einer innergemeinschaftlichen Lieferung nach § 6a Abs. 1 UStG ist auch bei einem innergemeinschaftlichen Verbringen nach § 6a Abs. 2 UStG die Steuerbefreiung davon abhängig, dass der Vorgang in dem anderen Mitgliedstaat den Vorschriften der Erwerbsbesteuerung unterliegt und das Verbringen in der ZM gemäß § 4 Nr. 1 Buchstabe b UStG zutreffend erklärt wird. [4]Die Absätze 16 bis 18 sowie Abschnitt 4.1.2 sind entsprechend anzuwenden.

6a.2 Nachweis der Voraussetzungen der Steuerbefreiung für innergemeinschaftliche Lieferungen

Allgemeines

(1) [1]Nach § 6a Abs. 3 Satz 1 UStG muss der liefernde Unternehmer die Voraussetzungen für das Vorliegen einer innergemeinschaftlichen Lieferung im Sinne von § 6a Abs. 1 und 2 UStG nachweisen. [2]Nach § 17d Abs. 1 Satz 1 UStDV hat der Unternehmer die Voraussetzungen der Steuerbefreiung der innergemeinschaftlichen Lieferung einschließlich der USt-IdNr. des Abnehmers buchmäßig nachzuweisen; die Voraussetzungen müssen eindeutig und leicht nachprüfbar aus der Buchführung zu ersehen sein (sog. Buchnachweis; § 17d Abs. 1 Satz 2 UStDV). [3]Unter einem Buchnachweis ist ein Nachweis durch Bücher oder Aufzeichnungen in Verbindung mit Belegen zu verstehen. [4]Der Buchnachweis verlangt deshalb stets mehr als den bloßen Nachweis entweder nur durch Aufzeichnungen oder nur durch Belege. [5]Belege werden

---

1) *Anm. d. Red.:* Hier fehlt der Satzzähler im amtl. Text und die Satzzählung geht falsch weiter.

durch die entsprechenden und erforderlichen Hinweise bzw. Bezugnahmen in den stets notwendigen Aufzeichnungen Bestandteil der Buchführung und damit des Buchnachweises, so dass beide eine Einheit bilden.

(2) [1] Die §§ 17a (Gelangensvermutung bei innergemeinschaftlichen Lieferungen in Beförderungs- und Versendungsfällen), 17b UStDV (Gelangensnachweis bei innergemeinschaftlichen Lieferungen in Beförderungs- und Versendungsfällen) und 17c UStDV (Nachweis bei innergemeinschaftlichen Lieferungen in Bearbeitungs- oder Verarbeitungsfällen) regeln, mit welchen Belegen der Unternehmer den Nachweis zu führen hat. [2] Werden die Voraussetzungen von § 17a UStDV erfüllt, wird widerlegbar vermutet, dass der Gegenstand der Lieferung in das übrige Gemeinschaftsgebiet befördert oder versendet wurde. [3] Besteht keine Vermutung nach § 17a UStDV, hat der Unternehmer nach § 17b Abs. 1 UStDV bei innergemeinschaftlichen Lieferungen durch Belege nachzuweisen, dass er oder der Abnehmer den Gegenstand der Lieferung in das übrige Gemeinschaftsgebiet befördert oder versendet hat. [4] Die Voraussetzung muss sich aus den Belegen eindeutig und leicht nachprüfbar ergeben (sog. Belegnachweis). [5] Hinsichtlich der übrigen Voraussetzungen des § 6a Abs. 1 UStG (z. B. Unternehmereigenschaft des Abnehmers, Verpflichtung des Abnehmers zur Erwerbsbesteuerung im Bestimmungsmitgliedstaat), die auch nachgewiesen werden müssen, enthält die UStDV keine besonderen Regelungen für den Belegnachweis.

(3) [1] Grundsätzlich hat allein der Unternehmer die Feststellungslast für das Vorliegen der Voraussetzungen der Steuerbefreiung zu tragen. [2] Die Finanzverwaltung ist nicht an seiner Stelle verpflichtet, die Voraussetzungen der Steuerbefreiung nachzuweisen. [3] Insbesondere ist die Finanzverwaltung nicht verpflichtet, auf Verlangen des Unternehmers ein Auskunftsersuchen an die Finanzverwaltung im Zuständigkeitsbereich des vermeintlichen Abnehmers der innergemeinschaftlichen Lieferung zu stellen (vgl. EuGH-Urteil vom 27.09.2007, C-184/05, Twoh International, BStBl. II 2009 S. 83).[1)] [4] Kann der Unternehmer den beleg- und buchmäßigen Nachweis nicht, nicht vollständig oder nicht zeitnah führen, ist deshalb grundsätzlich davon auszugehen, dass die Voraussetzungen der Steuerbefreiung einer innergemeinschaftlichen Lieferung (§ 6a Abs. 1 und 2 UStG) nicht erfüllt sind. [5] Etwas anderes gilt ausnahmsweise dann, wenn – trotz der Nichterfüllung, der nicht vollständigen oder der nicht zeitnahen Erfüllung des Buchnachweises – auf Grund der vorliegenden Belege und der sich daraus ergebenden tatsächlichen Umstände objektiv feststeht, dass die Voraussetzungen des § 6a Abs. 1 und 2 UStG vorliegen. [6] Damit kann ein zweifelsfreier Belegnachweis Mängel beim Buchnachweis heilen. [7] Dient der Verstoß gegen die Nachweispflichten nach § 6a Abs. 3 UStG aber dazu, die Identität des Abnehmers der innergemeinschaftlichen Lieferung zu verschleiern, um diesem im Bestimmungsmitgliedstaat eine Mehrwertsteuerhinterziehung zu ermöglichen, kann der Unternehmer die Steuerbefreiung für die innergemeinschaftliche Lieferung auch nicht aufgrund des objektiven Nachweises ihrer Voraussetzungen in Anspruch nehmen (vgl. BFH-Urteile vom 17.02.2011, V R 30/10, BStBl. II S. 769, und vom

---

1) IStR 2007, 745.

11.08.2011, V R 19/10, BStBl. II 2012 S. 156, sowie EuGH-Urteil vom 07.12.2010, C-285/09, R., BStBl. II 2011 S. 846).[1)] [8]Das Gleiche gilt, wenn sich ein Unternehmer wissentlich an einem „strukturierten Verfahrensablauf" beteiligt, der darauf abzielt, die Besteuerung des innergemeinschaftlichen Erwerbs im Bestimmungsmitgliedstaat durch Vortäuschen einer differenzbesteuerten Lieferung zu verdecken (vgl. BFH-Urteil vom 11.08.2011, V R 19/10, a. a. O.).

(4) Sind Mängel im Buch- und/oder Belegnachweis festgestellt worden und hat das Finanzamt z. B. durch ein bereits erfolgtes Auskunftsersuchen an den Bestimmungsmitgliedstaat die Kenntnis erlangt, dass der Liefergegenstand tatsächlich in das übrige Gemeinschaftsgebiet gelangt ist, ist auch diese Information in die objektive Beweislage einzubeziehen.

(5) [1]Der Unternehmer ist nicht von seiner grundsätzlichen Verpflichtung entbunden, den Beleg- und Buchnachweis vollständig und rechtzeitig zu führen. [2]Nur unter dieser Voraussetzung kann der Unternehmer die Vertrauensschutzregelung nach § 6a Abs. 4 UStG in Anspruch nehmen (vgl. Abschnitt 6a.8 Abs. 1 bis 4). [3]An die Nachweispflichten sind besonders hohe Anforderungen zu stellen, wenn der (angeblichen) innergemeinschaftlichen Lieferung eines hochwertigen Gegenstands (z. B. eines hochwertigen PKW) ein Barkauf mit Beauftragten zu Grunde liegt (vgl. BFH-Urteil vom 14.11.2012, XI R 17/12, BStBl. II 2013 S. 407).

Voraussetzungen des Beleg- und Buchnachweises nach den §§ 17a bis 17d UStDV[2)]

(6)[2)] [1]Die §§ 17a bis 17d UStDV regeln im Einzelnen, wie der Unternehmer die Nachweise der Steuerbefreiung einer innergemeinschaftlichen Lieferung zu führen hat. [2]Während gemäß § 17a UStDV bei Vorliegen der Voraussetzungen widerlegbar vermutet wird, dass der Gegenstand der Lieferung in das übrige Gemeinschaftsgebiet befördert oder versendet wurde, gilt bei Erfüllung der Voraussetzungen von § 17b UStDV der Belegnachweis als erbracht (siehe Absatz 8). [3]Zwischen § 17a UStDV einerseits und §§ 17b bzw. 17c UStDV anderseits besteht kein Vorrangverhältnis. [4]Der Unternehmer kann den Belegnachweis entweder nach § 17a UStDV oder nach § 17b UStDV führen. [5]§ 17b Abs. 1 UStDV bestimmt in Form einer Generalklausel (Mussvorschrift), dass der Unternehmer im Geltungsbereich des UStG durch Belege nachzuweisen hat, dass er oder der Abnehmer den Liefergegenstand in das übrige Gemeinschaftsgebiet befördert oder versendet hat. [6]Dies muss sich aus den Belegen leicht und eindeutig nachprüfbar ergeben. [7]Der Unternehmer muss den Belegnachweis einer innergemeinschaftlichen Lieferung nicht zwingend mit einer Gelangensbestätigung nach § 17b Abs. 2 Nr. 2 UStDV oder mit den in § 17b Abs. 3 UStDV aufgeführten weiteren Nachweismöglichkeiten führen. [8]Die Gelangensbestätigung ist eine mögliche Form des Belegnachweises, mit dem die Voraussetzungen der Steuerbefreiung einer innergemeinschaftlichen Lieferung für die Finanzverwaltung eindeutig und leicht

[1)] DStR 2010, 2572.

[2)] Zum Nachweis für das Vorliegen einer innergemeinschaftlichen Lieferung siehe auch BFH v. 26.06.2019 V R 38/18, BStBl. II 2020, 112.

nachprüfbar sind. [9]Gleiches gilt auch für die in § 17b Abs. 3 UStDV aufgeführten Belege, mit denen der Unternehmer anstelle der Gelangensbestätigung die Steuerbefreiung einer innergemeinschaftlichen Lieferung nachweisen kann. [10]Dem Unternehmer steht es frei, den Belegnachweis mit allen geeigneten Belegen und Beweismitteln zu führen, aus denen sich das Gelangen des Liefergegenstands in das übrige Gemeinschaftsgebiet an den umsatzsteuerrechtlichen Abnehmer in der Gesamtschau nachvollziehbar und glaubhaft ergibt.

(7)[1)] § 17d Abs. 1 UStDV setzt voraus, dass auch in der Person des Abnehmers die Voraussetzungen für die Inanspruchnahme der Steuerbefreiung durch den liefernden Unternehmer vorliegen müssen und bestimmt, dass der Unternehmer die ausländische USt-IdNr. des Abnehmers buchmäßig nachzuweisen, d. h. aufzuzeichnen hat.

(8)[1)] [1]Führt der Unternehmer den Belegnachweis anhand der in § 17b Abs. 2 und 3 UStDV geregelten Nachweismöglichkeiten, ist der belegmäßige Nachweis als erfüllt anzuerkennen. [2]Das Fehlen einer der in den Vorschriften des § 17b Abs. 2 und 3 UStDV aufgeführten Voraussetzungen führt jedoch nicht zwangsläufig zur Versagung der Steuerbefreiung. [3]Der jeweils bezeichnete Nachweis kann auch durch andere Belege – z. B. durch die auf den Rechnungen ausgewiesene Anschrift des Leistungsempfängers als Belegnachweis des Bestimmungsorts nach § 17b Abs. 2 Nr. 2 Buchstabe c UStDV – erbracht werden. [4]Diese können nur dann als Nachweise anerkannt werden, wenn

1. sich aus der Gesamtheit der Belege die innergemeinschaftliche Lieferung eindeutig und leicht nachprüfbar ergibt (§ 17b Abs. 1 Satz 2 UStDV) und
2. die buchmäßig nachzuweisenden Voraussetzungen eindeutig und leicht nachprüfbar aus der Buchführung zu ersehen sind (§ 17d Abs. 1 UStDV).

(9) Abschnitt 6.5 Abs. 2 bis 4 ist entsprechend anzuwenden.

6a.3 Belegnachweis in Beförderungs- und Versendungsfällen – Allgemeines

Allgemeine Anforderungen an die Belegnachweise

(1) [1]Der Unternehmer kann den Belegnachweis nach § 17a und b UStDV erforderlichenfalls bis zum Schluss der mündlichen Verhandlung vor dem Finanzgericht nachholen. [2]Mit einer Rechnung nach § 17b Abs. 2 Nr. 1 UStDV, die nicht auf die Steuerfreiheit der innergemeinschaftlichen Lieferung hinweist, und/oder einer nicht gegenüber dem liefernden Unternehmer abgegebenen Spediteurversicherung nach Abschnitt 6a.5 Abs. 9 und 10, die den Unternehmer auch nicht namentlich bezeichnet, kann der Belegnachweis nach § 17b Abs. 2 Nr. 1 und Abs. 3 Satz 1 Nr. 2 UStDV nicht geführt werden (vgl. BFH-Urteile vom 12.05.2011, V R 46/10, BStBl. II S. 957, und vom 14.11.2012, XI R 8/11 zu § 17a UStDV a. F.).[2)] [3]In Fällen der innergemein-

---

1) Zum Nachweis für das Vorliegen einer innergemeinschaftlichen Lieferung siehe auch BFH v. 26.06.2019 V R 38/18, BStBl. II 2020, 112.

2) MwStR 2013, 165.

schaftlichen Lieferung eines Fahrzeugs im Sinne des § 1b Abs. 2 UStG müssen die Belege nach § 17b Abs. 2 Nr. 2 UStDV bzw. nach § 17b Abs. 3 Satz 1 UStDV zusätzlich die Fahrzeug-Identifikationsnummer des Fahrzeugs enthalten.

Bestimmungsort im übrigen Gemeinschaftsgebiet

(2) [1]Die Begriffe des Orts des Erhalts des Liefergegenstands bzw. des Orts des Endes der Beförderung des Liefergegenstands im übrigen Gemeinschaftsgebiet in § 17b Abs. 2 Satz 1 Nr. 2 Buchstabe c UStDV sind dahingehend zu verstehen, dass aus den Belegen der jeweilige EU-Mitgliedstaat, in den der gelieferte Gegenstand im Rahmen der innergemeinschaftlichen Lieferung gelangt, und der dort belegene Bestimmungsort des Liefergegenstands (z. B. Stadt, Gemeinde) hervorgehen. [2]Mit einer Bescheinigung des Kraftfahrt-Bundesamtes, wonach ein vorgeblich innergemeinschaftlich geliefertes Fahrzeug nicht in Deutschland für den Straßenverkehr zugelassen ist, kann der Nachweis, dass ein Fahrzeug das Inland verlassen hat bzw. in das übrige Gemeinschaftsgebiet befördert worden ist, nicht geführt werden. [3]Die Risiken hinsichtlich der Voraussetzungen einer innergemeinschaftlichen Lieferung, die sich daraus ergeben, dass der Lieferer die Beförderung oder Versendung der Sache dem Erwerber überlässt, trägt grundsätzlich der liefernde Unternehmer. [4]So kann der Unternehmer nicht mit Erfolg einwenden, er habe z. B. als Zwischenhändler in einem Reihengeschäft ein berechtigtes wirtschaftliches Interesse daran, den endgültigen Bestimmungsort des Liefergegenstands nicht nachzuweisen, um den Endabnehmer nicht preisgeben zu müssen, zumal die Regelungen über die Nachweise bei der Inanspruchnahme der Steuerbefreiung für innergemeinschaftliche Lieferungen keine Sonderregelungen für Reihengeschäfte vorsehen. [5]Auch ein Einwand des liefernden Unternehmers, dass er im Falle der Beförderung oder Versendung durch den Abnehmer in einem Reihengeschäft keine verlässlichen Nachweise über den Bestimmungsort des Gegenstands führen könne, weil dieser ihm nur bekannt sein könne, wenn er selbst den Transportauftrag erteilt habe, ist nicht durchgreifend.

(3) [1]Entspricht der Ort des Erhalts des Gegenstands im übrigen Gemeinschaftsgebiet bzw. der Ort des Endes der Beförderung des Gegenstands im übrigen Gemeinschaftsgebiet nicht den Angaben des Abnehmers, ist dies nicht zu beanstanden, wenn es sich bei dem tatsächlichen Ort um einen Ort im übrigen Gemeinschaftsgebiet handelt. [2]Zweifel über das Gelangen des Gegenstands in das übrige Gemeinschaftsgebiet gehen zu Lasten des Steuerpflichtigen.

6a.3a Belegnachweis in Beförderungs- und Versendungsfällen – Gelangensvermutung

Allgemeines

(1) [1]Nach § 17a Abs. 1 UStDV wird bei Vorliegen der Voraussetzungen vermutet, dass der Gegenstand der Lieferung in das übrige Gemeinschaftsgebiet befördert oder versendet wurde. [2]§ 17a Abs. 1 UStDV beinhaltet zwei Sachverhaltsvarianten, die zu unterschiedlichen Anforderungen beim Beleg-

nachweis führen. [3]Während § 17a Abs. 1 Nr. 1 UStDV den Fall der Beförderung oder Versendung durch den Unternehmer oder durch einen von ihm beauftragten Dritten regelt, gilt § 17a Abs. 1 Nr. 2 UStDV für alle übrigen Fälle (z. B. Abholfall durch den Abnehmer). [4]Der Unternehmer kann anstatt der Voraussetzungen des § 17a UStDV den Belegnachweis auch nach den in § 17b bzw. § 17c UStDV statuierten Regelungen erbringen.

Belege

(2) [1]§ 17a Abs. 2 UStDV benennt die notwendigen Belege und verweist hierzu unter anderem auf die in § 17b Abs. 3 Satz 1 Nr. 3 UStDV benannten Beförderungsbelege (vgl. hierzu Abschnitt 6a.5 Abs. 11) und die in § 17b Abs. 3 Satz 1 Nr. 1 Buchstabe a UStDV aufgeführten Versendungsbelege (vgl. hierzu Abschnitt 6a.5 Abs. 1 und 2). [2]Die Gelangensvermutung erfordert im-mer mindestens zwei Belege, die von unterschiedlichen Parteien ausgestellt wurden und die zudem vom Unternehmer und Abnehmer unabhängig sind.

Widerlegbare Vermutung

(3) [1]Gemäß § 17a Abs. 3 UStDV kann das Finanzamt eine nach Absatz 1 bestehende Vermutung widerlegen. [2]Die Vermutung ist widerlegt, wenn das Finanzamt (z. B. anhand vorliegender Unterlagen oder Belege) feststellt, dass die Gegenstände beispielsweise nicht in das übrige Gemeinschaftsgebiet gelangt sind, sodass keine innergemeinschaftliche Lieferung vorliegt. [3]Kann das Finanzamt nachweisen, dass Belege unzutreffende Angaben enthalten oder gefälscht sind, steht es dem Unternehmer frei, durch andere Belege im Sinne von § 17a Abs. 2 UStDV das Gelangen in das übrige Gemeinschaftsgebiet zu belegen.

6a.4 Belegnachweis in Beförderungs- und Versendungsfällen – Gelangensbestätigung

Allgemeines

(1) Nach § 17b Abs. 2 Satz 1 UStDV gilt in den Fällen, in denen der Unternehmer oder der Abnehmer den Gegenstand der Lieferung in das übrige Gemeinschaftsgebiet befördert oder versendet hat, insbesondere ein Nachweis, den der Unternehmer hierüber wie folgt führt, als eindeutig und leicht nachprüfbar:

1. durch das Doppel der Rechnung (§§ 14, 14a UStG) und
2. [1]durch eine Bestätigung des Abnehmers, dass der Gegenstand der Lieferung in das übrige Gemeinschaftsgebiet gelangt ist (Gelangensbestätigung).[1)] [2]Diese Bestätigung hat folgende Angaben zu enthalten:
   a) den Namen und die Anschrift des Abnehmers,
   b) die Menge des Gegenstands der Lieferung und die handelsübliche Bezeichnung einschließlich der Fahrzeug-Identifikationsnummer bei Fahrzeugen im Sinne des § 1b Abs. 2 UStG,

---

1) Anlagen 1–3 zum UStAE (Nr. **500** Anl. 1–Anl. 3).

c) im Fall der Beförderung oder Versendung durch den Unternehmer oder im Fall der Versendung durch den Abnehmer den Ort und den Monat des Erhalts des Gegenstands im übrigen Gemeinschaftsgebiet und im Fall der Beförderung des Gegenstands durch den Abnehmer den Ort und den Monat des Endes der Beförderung des Gegenstands im übrigen Gemeinschaftsgebiet,

d) das Ausstellungsdatum der Bestätigung sowie

e) [1] die Unterschrift des Abnehmers oder eines von ihm zur Abnahme Beauftragten. [2] Bei einer elektronischen Übermittlung der Gelangensbestätigung ist eine Unterschrift nicht erforderlich, sofern erkennbar ist, dass die elektronische Übermittlung im Verfügungsbereich des Abnehmers oder des Beauftragten begonnen hat.

Unterschrift des Abnehmers

(2) [1] Die Gelangensbestätigung muss u. a. die Unterschrift des Abnehmers enthalten. [2] Die Unterschrift des Abnehmers kann auch von einem von dem Abnehmer zur Abnahme des Liefergegenstands Beauftragten oder von einem zur Vertretung des Abnehmers Berechtigten geleistet werden. [3] Dies kann z. B. ein Arbeitnehmer des Abnehmers sein, ein selbständiger Lagerhalter, der für den Abnehmer die Ware entgegennimmt, ein anderer Unternehmer, der mit der Warenannahme beauftragt wurde, oder in einem Reihengeschäft der tatsächliche (letzte) Abnehmer am Ende der Lieferkette. [4] Sofern an der Vertretungsberechtigung für das Leisten der Unterschrift des Abnehmers im konkreten Einzelfall Zweifel bestehen, ist der Nachweis der Vertretungsberechtigung zu führen. [5] Dieser Nachweis kann sich aus der Gesamtschau mit anderen Unterlagen, die dem liefernden Unternehmer vorliegen, ergeben (unter anderem Lieferauftrag, Bestellvorgang, Firmenstempel des Abnehmers auf der Gelangensbestätigung). [6] Ein mit dem Warentransport beauftragter selbständiger Dritter kann für Zwecke der Gelangensbestätigung nicht zur Abnahme der Ware beauftragt sein.

(3) [1] Bei einer elektronischen Übermittlung der Gelangensbestätigung ist eine Unterschrift nach Absatz 2 nicht erforderlich, sofern erkennbar ist, dass die elektronische Übermittlung im Verfügungsbereich des Abnehmers oder des Beauftragten begonnen hat (§ 17b Abs. 2 Nr. 2 Buchstabe e Satz 2 UStDV). [2] Von der Erkennbarkeit des Beginns der elektronischen Übermittlung im Verfügungsbereich des Abnehmers ist insbesondere auszugehen, wenn bei der elektronischen Übermittlung der Gelangensbestätigung keine begründeten Zweifel daran bestehen, dass die Angaben dem Abnehmer zugerechnet werden können (z. B. Absenderangabe und Datum der Erstellung der E-Mail in dem sog. Header-Abschnitt der E-Mail, Nutzung einer im Zusammenhang mit dem Abschluss oder der Durchführung des Liefervertrags bekannt gewordenen E-Mail-Adresse, Verwendung eines zuvor zwischen dem Unternehmer und dem Abnehmer vereinbarten elektronischen Verfahrens). [3] Eine bei der Übermittlung der Gelangensbestätigung verwendete E-Mail-Adresse muss dem liefernden Unternehmer nicht bereits vorher bekannt gewesen sein. [4] Für die Erkennbarkeit des Übermittlungsbeginns im Verfügungsbereich des Abnehmers ist es unschädlich, wenn die E-Mail-Adresse eine Domain enthält,

die nicht auf den Ansässigkeitsmitgliedstaat des Abnehmers oder auf den Bestimmungsmitgliedstaat der Lieferung hinweist.

Sammelbestätigung

(4) [1]Die Gelangensbestätigung kann als Sammelbestätigung ausgestellt werden. [2]In dieser können Umsätze aus bis zu einem Quartal zusammengefasst werden (§ 17b Abs. 2 Nr. 2 Sätze 2 und 3 UStDV). [3]Es ist somit nicht erforderlich, die Gelangensbestätigung für jeden einzelnen Liefergegenstand auszustellen. [4]Bei Lieferungen, die mehrere Gegenstände umfassen, oder bei Rechnungen, in denen einem Abnehmer gegenüber über mehrere Lieferungen abgerechnet wird, ist es regelmäßig ausreichend, wenn sich die Gelangensbestätigung auf die jeweilige Gesamtlieferung bzw. auf die Sammelrechnung bezieht. [5]Die Sammelbestätigung nach einem Quartal ist auch bei der Pflicht zur monatlichen Übermittlung von Umsatzsteuer-Voranmeldungen zulässig.

Beispiel 1:

[1]Der deutsche Unternehmer U hat mit einem dänischen Unternehmer K eine ständige Geschäftsbeziehung und liefert in den Monaten Juli bis September Waren, über die in insgesamt 150 Rechnungen abgerechnet wird. [2]K kann in einer einzigen Gelangensbestätigung den Erhalt der Waren unter Bezugnahme auf die jeweiligen Rechnungsnummern bestätigen. [3]Als Zeitpunkt des Warenerhalts kann der jeweilige Monat angegeben werden.

Beispiel 2:

[1]Der deutsche Unternehmer U hat an den italienischen Unternehmer K am 10. Januar, 20. Februar und 30. Juni eines Jahres Lieferungen ausgeführt. [2]K kann die Lieferungen des 10. Januar und des 20. Februar in einer Gelangensbestätigung zusammenfassen. [3]Für die Lieferung am 30. Juni muss eine weitere Gelangensbestätigung (oder ein anderer Beleg als die Gelangensbestätigung) ausgestellt werden, weil diese Lieferung außerhalb des ersten Quartals liegt.

Formen der Gelangensbestätigung

(5) [1]Die Gelangensbestätigung kann in jeder die erforderlichen Angaben enthaltenen Form erbracht werden; sie kann auch aus mehreren Dokumenten bestehen, aus denen sich die geforderten Angaben insgesamt ergeben (§ 17b Abs. 2 Satz 4 UStDV); eine gegenseitige Bezugnahme in den entsprechenden Dokumenten ist dabei nicht erforderlich. [2]Die Bestätigung muss sich also keineswegs zwingend aus einem einzigen Beleg ergeben. [3]Sie kann z. B. auch aus einer Kombination des Lieferscheins mit einer entsprechenden Bestätigung über den Erhalt des Liefergegenstands bestehen. [4]Sie kann auch aus einer Kopie der Rechnung über die innergemeinschaftliche Lieferung, ergänzt um die weiteren erforderlichen Angaben, bestehen. [5]In den Fällen der Versendung des Gegenstands der innergemeinschaftlichen Lieferung durch den Unternehmer oder durch den Abnehmer können die Angaben der Gelangensbestätigung auch auf einem Versendungsbeleg enthalten sein. [6]Eine dem Muster der Anlagen 1 bis 3[1)] inhaltlich entsprechende Gelangensbestätigung ist als Beleg im Sinne des § 17b Abs. 2 Satz 1 Nr. 2 UStDV anzuerkennen. [7]Die

---

[1)] Nr. **500** Anl. 1–Anl. 3.

Gelangensbestätigung oder die die Gelangensbestätigung bildenden Dokumente können danach auch in englischer oder französischer Sprache abgefasst werden; entsprechende Nachweise in anderen Sprachfassungen bedürfen einer amtlich beglaubigten Übersetzung. [8]Auch die Verwendung des Musters einer Gelangensbestätigung bedeutet nicht, dass die Gelangensbestätigung zwingend ein einziger Beleg sein muss. [9]Das Muster soll lediglich verdeutlichen, welche Angaben für eine Gelangensbestätigung erforderlich sind.

Beispiel 1:

[1]Der deutsche Unternehmer U hat einem französischen Unternehmer K am 05.12.01 einen Büroschrank geliefert. [2]K hat den Schrank mit eigenem Lkw abgeholt und nach Paris transportiert. [3]Das Ende der Beförderung war am 07.12.01. [4]U hat K am 10.01.02 über die Lieferung eine Rechnung mit der Nr. 1234 ausgestellt.
[5]K kann U das Gelangen des Schranks nach Frankreich sinngemäß wie folgt bestätigen: „Die Beförderung der mit Rechnung Nummer 1234 vom 10.01.02 abgerechneten Waren endete im Dezember 01 in Paris".

Beispiel 2:

[1]Der deutsche Unternehmer U hat einem polnischen Unternehmer K in der Zeit vom 10.01. bis 30.03.02 Waren geliefert, die jeweils bar bezahlt und von einem von K beauftragten Frachtführer nach Warschau transportiert wurden (Verschaffung der Verfügungsmacht durch Übergabe der Ware an den von K beauftragten Frachtführer). [2]Es wurden insgesamt zehn Lieferungen getätigt bzw. zehn Transporte nach Warschau durchgeführt. [3]Drei Transporte endeten am 14., 20. und 24.01.02. [4]Vier Transporte endeten am 5., 9., 15. und 25.02.02. [5]Die restlichen drei Transporte endeten am 10. und 23. März sowie am 5. April des Jahres 02. [6]U hat K über jede Lieferung eine Rechnung mit den Nummern X1 bis X10 ausgestellt, wobei die ersten drei Rechnungen auf Tage im Januar 02, die folgenden vier Rechnungen auf Tage im Februar 02 und die restlichen drei Rechnungen auf Tage im April 02 datiert sind.
[7]K kann U das Gelangen der Liefergegenstände nach Polen, z. B. durch Übersendung einer E-Mail (vgl. Absatz 6), als Sammelbestätigung (vgl. Absatz 4) sinngemäß wie folgt bestätigen: „Ich habe die mit den Rechnungen Nr. X1 bis X3 abgerechneten Waren im Monat Januar 02, die mit den Rechnungen X4 bis X7 abgerechneten Waren im Monat Februar 02, die mit Rechnungen X8 und X9 abgerechneten Waren im März 02 und die mit Rechnung X10 abgerechneten Waren im April 02 in Warschau erhalten."

(6) [1]Die Gelangensbestätigung kann auf elektronischem Weg, z. B. per E-Mail, ggf. mit PDF- oder Textdateianhang, per Computer-Telefax oder Fax-Server, per Web-Download oder im Wege des elektronischen Datenaustauschs (EDI) übermittelt werden; eine wirksame elektronische Übermittlung ist auch dann möglich, wenn der Ort der elektronischen Übermittlung nicht mit dem Ort des Gelangens des Liefergegenstands im übrigen Gemeinschaftsgebiet übereinstimmt. [2]Eine auf elektronischem Weg erhaltene Gelangensbestätigung kann für umsatzsteuerliche Zwecke auch in ausgedruckter Form aufbewahrt werden. [3]Wird die Gelangensbestätigung per E-Mail übersandt, soll, um den Nachweis der Herkunft des Dokuments vollständig führen zu können, auch die E-Mail archiviert werden, die für umsatzsteuerliche Zwecke ebenfalls in ausgedruckter Form aufbewahrt werden kann. [4]Die GoBD (vgl. BMF-Schreiben vom 28.11.2019, BStBl. I S. 1296) bleiben unberührt.

6a.5 Belegnachweis in Beförderungs- und Versendungsfällen – Andere Belege als die Gelangensbestätigung

Versendungsbeleg in Versendungsfällen (Frachtbrief, Konnossement)

(1) [1]Nach § 17b Abs. 3 Satz 1 Nr. 1 Buchstabe a UStDV kann der Unternehmer in den Fällen, in denen er oder der Abnehmer den Gegenstand der Lieferung in das übrige Gemeinschaftsgebiet versendet hat, den Nachweis der innergemeinschaftlichen Lieferung wie folgt führen: durch einen Versendungsbeleg, insbesondere durch einen handelsrechtlichen Frachtbrief, der vom Auftraggeber des Frachtführers unterzeichnet ist und die Unterschrift des Empfängers als Bestätigung des Erhalts des Gegenstands der Lieferung enthält, durch ein Konnossement oder durch Doppelstücke des Frachtbriefs oder des Konnossements. [2]Abschnitt 6a.4 Abs. 5 Satz 1 ist entsprechend anzuwenden.

(2) [1]Die Unterschrift eines zur Besorgung des Warentransports eingeschalteten Dritten (z.B. eines Spediteurs) ist nicht erforderlich. [2]Ist der Versendungsbeleg ein Frachtbrief (z.B. CMR-Frachtbrief), muss dieser vom Absender als Auftraggeber des Frachtführers, also dem Versender des Liefergegenstands, unterzeichnet sein (beim CMR-Frachtbrief in Feld 22). [3]Der Auftraggeber kann hierbei von einem Dritten vertreten werden (z.B. Lagerhalter); es reicht aus, dass die Berechtigung des Dritten, den Frachtbrief zu unterschreiben, glaubhaft gemacht wird (z.B. durch Vorliegen eines Lagervertrages). [4]Beim internationalen Eisenbahnfrachtbrief (CIM-Frachtbrief) wird die Unterschrift regelmäßig durch einen Stempelaufdruck oder einen maschinellen Bestätigungsvermerk ersetzt; dies ist grundsätzlich ausreichend. [5]Hinsichtlich der Unterschrift des Empfängers (z.B. beim CMR-Frachtbrief in Feld 24) sind die Regelungen in Abschnitt 6a.4 Abs. 2 entsprechend anzuwenden. [6]Bei Frachtbriefen in Form des Seawaybill oder Airwaybill kann von einer Unterschrift des Auftraggebers des Frachtführers abgesehen werden. [7]Hinsichtlich der Ausstellung des Versendungsbelegs als Sammelbestätigung und der Form der Ausstellung sind die Regelungen in Abschnitt 6a.4 Abs. 4 bis 6 entsprechend anzuwenden. [8]Bei der Lieferung eines Fahrzeugs im Sinne des § 1b Abs. 2 UStG muss der Versendungsbeleg zusätzlich die Fahrzeug-Identifikationsnummer enthalten.

Anderer handelsüblicher Beleg als ein Versendungsbeleg in Versendungsfällen (Spediteurbescheinigung)

(3) [1]Nach § 17b Abs. 3 Satz 1 Nr. 1 Buchstabe b UStDV kann der Unternehmer in den Fällen, in denen er oder der Abnehmer den Gegenstand der Lieferung in das übrige Gemeinschaftsgebiet versendet hat, den Nachweis der innergemeinschaftlichen Lieferung wie folgt führen: durch einen anderen handelsüblichen Beleg als einen Versendungsbeleg nach Absatz 1 und 2, insbesondere mit einer Bescheinigung des beauftragten Spediteurs (Spediteurbescheinigung). [2]Diese Bescheinigung hat folgende Angaben zu enthalten:

1. den Namen und die Anschrift des mit der Beförderung beauftragten Unternehmers sowie das Ausstellungsdatum,
2. den Namen und die Anschrift des liefernden Unternehmers sowie des Auftraggebers der Versendung,

3. die Menge des Gegenstands der Lieferung und dessen handelsübliche Bezeichnung,
4. den Empfänger des Gegenstands der Lieferung und den Bestimmungsort im übrigen Gemeinschaftsgebiet,
5. den Monat, in dem die Beförderung des Gegenstands der Lieferung im übrigen Gemeinschaftsgebiet geendet hat,
6. eine Versicherung des mit der Beförderung beauftragten Unternehmers, dass die Angaben in dem Beleg auf Grund von Geschäftsunterlagen gemacht wurden, die im Gemeinschaftsgebiet nachprüfbar sind, sowie
7. die Unterschrift des mit der Beförderung beauftragten Unternehmers.

(4) [1] Eine dem Muster der Anlage 4[1)] entsprechende, vollständig und richtig ausgefüllte Spediteurbescheinigung ist als Beleg im Sinne des § 17b Abs. 3 Satz 1 Nr. 1 Buchstabe b UStDV anzuerkennen. [2] Abschnitt 6a.4 Abs. 5 Satz 1 und Abschnitt 6.7 Abs. 2 Satz 2 gelten entsprechend. [3] Bei einer elektronischen Übermittlung des Belegs an den liefernden Unternehmer ist eine Unterschrift des mit der Beförderung beauftragten Unternehmers nicht erforderlich, sofern erkennbar ist, dass die elektronische Übermittlung im Verfügungsbereich des mit der Beförderung beauftragten Unternehmers begonnen hat. [4] Abschnitt 6a.4 Abs. 3 bis 6 ist entsprechend anzuwenden.

Versendungsprotokoll in Versendungsfällen

(5) [1] Nach § 17b Abs. 3 Satz 1 Nr. 1 Buchstabe c UStDV kann der Unternehmer in den Fällen, in denen er oder der Abnehmer den Gegenstand der Lieferung in das übrige Gemeinschaftsgebiet versendet hat, den Nachweis der innergemeinschaftlichen Lieferung wie folgt führen: durch eine schriftliche oder elektronische Auftragserteilung und ein von dem mit der Beförderung Beauftragten (z. B. Kurierdienstleister) erstelltes Protokoll, das den Transport lückenlos bis zur Ablieferung beim Empfänger nachweist. [2] Hinsichtlich der Ausstellung des Versendungsprotokolls als Sammelbestätigung und der Form der Ausstellung sind die Regelungen in Abschnitt 6a.4 Abs. 4 bis 6 entsprechend anzuwenden. [3] Abweichend von Satz 1 kann der Unternehmer aus Vereinfachungsgründen bei der Versendung eines oder mehrerer Gegenstände, deren Wert insgesamt 500 € nicht übersteigt, den Nachweis der innergemeinschaftlichen Lieferung wie folgt führen: durch eine schriftliche oder elektronische Auftragserteilung und durch einen Nachweis über die Entrichtung der Gegenleistung für die Lieferung des Gegenstands oder der Gegenstände.

(6) [1] Für eine schriftliche oder elektronische Auftragserteilung sind inhaltlich die folgenden Angaben ausreichend:
– Name und Anschrift des Ausstellers des Belegs;
– Name und Anschrift des Absenders;
– Name und Anschrift des Empfängers;
– handelsübliche Bezeichnung und Menge der beförderten Gegenstände;
– Tag der Abholung bzw. Übernahme der beförderten Gegenstände durch den mit der Beförderung beauftragten Unternehmer.

---

1) Nr. **500** Anl. 4.

²Aus Vereinfachungsgründen kann bezüglich der Angaben zur handelsüblichen Bezeichnung und Menge der beförderten Gegenstände auf die Rechnung über die Lieferung durch Angabe der Rechnungsnummer verwiesen werden, wenn auf dieser die Nummer des Versendungsbelegs angegeben ist. ³Eine schriftliche oder elektronische Auftragserteilung kann darin bestehen, dass der liefernde Unternehmer mit dem mit der Beförderung beauftragten Unternehmer eine schriftliche Rahmenvereinbarung über periodisch zu erbringende Warentransporte abgeschlossen hat oder schriftliche Bestätigungen des mit der Beförderung beauftragten Unternehmers über den Beförderungsauftrag vorliegen, wie z. B. Einlieferungslisten oder Versandquittungen. ⁴Aus dem von dem mit der Beförderung beauftragten Unternehmer erstellten Protokoll, das den Warentransport nachvollziehbar bis zu Ablieferung beim Empfänger nachweist (sog. tracking-and-tracing-Protokoll) muss sich der Monat und der Ort des Endes der Beförderung im übrigen Gemeinschaftsgebiet ergeben. ⁵Ein Nachweis der Bestätigung des Empfängers, die Ware erhalten zu haben (z. B. Nachweis der Unterschrift des Empfängers gegenüber dem örtlichen Frachtführer), ist nicht erforderlich. ⁶Der liefernde Unternehmer kann das Protokoll über den Warentransport, wenn es ihm in elektronischer Form zur Verfügung gestellt wird, elektronisch oder in Form eines Ausdrucks aufbewahren. ⁷Bei einer elektronischen Aufbewahrung des Protokolls ist Abschnitt 6a.4 Abs. 6 entsprechend anzuwenden.

Empfangsbescheinigung eines Postdienstleisters in Versendungsfällen

(7) ¹Nach § 17b Abs. 3 Satz 1 Nr. 1 Buchstabe d UStDV kann der Unternehmer in den Fällen von Postsendungen, in denen er oder der Abnehmer den Gegenstand der Lieferung in das übrige Gemeinschaftsgebiet versendet hat und in denen eine Belegnachweisführung nach § 17b Abs. 3 Satz 1 Nr. 1 Buchstabe c UStDV nicht möglich ist, den Nachweis wie folgt führen: durch eine Empfangsbescheinigung eines Postdienstleisters über die Entgegennahme der an den Abnehmer adressierten Postsendung und den Nachweis über die Bezahlung der Lieferung. ²Abschnitt 6a.4 Abs. 5 Satz 1 ist entsprechend anzuwenden. ³Eine Belegnachweisführung nach § 17b Abs. 3 Satz 1 Nr. 1 Buchstabe c UStDV gilt auch dann als möglich, wenn der mit der Beförderung Beauftragte (z. B. ein Kurierdienstleister) kein nachvollziehbares Protokoll, das den Transport bis zur Ablieferung beim Empfänger nachweist, sondern z. B. nur ein Protokoll bis zur Übergabe der Waren an den letzten Unterfrachtführer zur Verfügung stellt; in diesen Fällen kann der Belegnachweis damit nicht mit einer Empfangsbescheinigung eines Postdienstleisters nach § 17b Abs. 3 Satz 1 Nr. 1 Buchstabe d UStDV geführt werden.

(8) ¹Für eine Empfangsbescheinigung des Postdienstleisters über die Entgegennahme der Postsendung an den Abnehmer sind die folgenden Angaben ausreichend:
– Name und Anschrift des Ausstellers des Belegs;
– Name und Anschrift des Absenders;
– Name und Anschrift des Empfängers;
– handelsübliche Bezeichnung und Menge der beförderten Gegenstände;

– Tag der Abholung bzw. Übernahme der beförderten Gegenstände durch den mit der Beförderung beauftragten Postdienstleister.

[2]Die Angaben in der Empfangsbescheinigung über den Empfänger und die gelieferten Gegenstände können durch einen entsprechenden Verweis auf die Rechnung, einen Lieferschein oder entsprechende andere Dokumente über die Lieferung ersetzt werden. [3]Der Zusammenhang zwischen der Empfangsbescheinigung des Postdienstleisters und der jeweiligen Rechnung über die innergemeinschaftliche Lieferung muss, ggf. durch ein gegenseitiges Verweissystem, leicht nachprüfbar sein. [4]Der Nachweis der Bezahlung des Liefergegenstands ist grundsätzlich mit Hilfe des entsprechenden Kontoauszugs oder im Fall einer Barzahlung mit einem Doppel der Zahlungsquittierung zu führen. [5]Als Bezahlung des Liefergegenstands gilt bei verbundenen Unternehmen auch die Verrechnung über ein internes Abrechnungssystem (sog. inter company clearing). [6]In diesen Fällen ist der Nachweis in entsprechender Form zu führen.

Andere Bescheinigung des Spediteurs in Versendungsfällen im Auftrag des Abnehmers (Spediteurversicherung)

(9) Nach § 17b Abs. 3 Satz 1 Nr. 2 UStDV kann der Unternehmer bei der Versendung des Gegenstands der Lieferung durch den Abnehmer den Nachweis der innergemeinschaftlichen Lieferung wie folgt führen: durch einen Nachweis über die Entrichtung der Gegenleistung für die Lieferung des Gegenstands von einem Bankkonto des Abnehmers sowie durch eine Bescheinigung des beauftragten Spediteurs (Spediteurversicherung), die folgende Angaben zu enthalten hat:

1. den Namen und die Anschrift des mit der Beförderung beauftragten Unternehmers sowie das Ausstellungsdatum,
2. den Namen und die Anschrift des liefernden Unternehmers sowie des Auftraggebers der Versendung,
3. die Menge des Gegenstands der Lieferung und die handelsübliche Bezeichnung,
4. den Empfänger des Gegenstands der Lieferung und den Bestimmungsort im übrigen Gemeinschaftsgebiet,
5. eine Versicherung des mit der Beförderung beauftragten Unternehmers, den Gegenstand der Lieferung an den Bestimmungsort im übrigen Gemeinschaftsgebiet zu befördern, sowie
6. die Unterschrift des mit der Beförderung beauftragten Unternehmers; Abschnitt 6.7 Abs. 2 Satz 2 gilt entsprechend.

(10) [1]Der liefernde Unternehmer hat den Nachweis der Bezahlung des Liefergegenstands von einem Bankkonto des Abnehmers zu führen. [2]Das Bankkonto des Abnehmers kann ein ausländisches oder inländisches Konto (z. B. auch ein inländisches Konzernverrechnungskonto) sein; als Bezahlung des Liefergegenstands gilt bei verbundenen Unternehmen auch die Verrechnung über ein internes Abrechnungssystem (sog. inter company clearing). [3]Neben dem Nachweis über die Bezahlung des Liefergegenstands hat der liefernde Unternehmer den Nachweis in Form der Spediteurversicherung zu führen. [4]Der Nachweis mit einer Spediteurversicherung kommt nur in den Fällen in Betracht, in denen der Abnehmer den Liefergegenstand versendet.

[5]Eine dem Muster der Anlage 5[1)] entsprechende, vollständig und richtig ausgefüllte Spediteurversicherung ist als Beleg im Sinne des § 17b Abs. 3 Satz 1 Nr. 2 UStDV anzuerkennen. [6]Bestehen in den Fällen der Versendung des Liefergegenstands im Auftrag des Abnehmers begründete Zweifel daran, dass der Liefergegenstand tatsächlich in das übrige Gemeinschaftsgebiet gelangt ist, hat der Unternehmer den Nachweis der innergemeinschaftlichen Lieferung mit anderen Mitteln als der Spediteurversicherung, z. B. mit der Gelangensbestätigung nach Abschnitt 6a.4 oder einem der anderen Belege nach § 17b Abs. 3 UStDV zu führen.

Bestätigung der Abgangsstelle in Beförderungsfällen im Unionsversandverfahren

(11) [1]Nach § 17b Abs. 3 Satz 1 Nr. 3 UStDV kann der Unternehmer bei der Beförderung des Gegenstands der Lieferung im Unionsversandverfahren in das übrige Gemeinschaftsgebiet den Nachweis der innergemeinschaftlichen Lieferung wie folgt führen: durch eine Bestätigung der Abgangsstelle über die innergemeinschaftliche Lieferung, die nach Eingang des Beendigungsnachweises für das Versandverfahren erteilt wird, sofern sich daraus die Lieferung in das übrige Gemeinschaftsgebiet ergibt. [2]Diese Nachweismöglichkeit ist auch in den Fällen der Versendung des Gegenstands der Lieferung zulässig.

EMCS-Eingangsmeldung bei der Lieferung verbrauchsteuerpflichtiger Waren in Beförderungsfällen

(12) [1]Nach § 17b Abs. 3 Satz 1 Nr. 4 Buchstabe a UStDV kann der Unternehmer bei der Beförderung verbrauchsteuerpflichtiger Waren unter Steueraussetzung und Verwendung des IT-Verfahrens EMCS (Excise Movement and Control System – EDV-gestütztes Beförderungs- und Kontrollsystem für verbrauchsteuerpflichtige Waren) den Nachweis der innergemeinschaftlichen Lieferung wie folgt führen: durch die von der zuständigen Behörde des anderen Mitgliedstaats (Bestimmungsmitgliedstaates) validierte EMCS-Eingangsmeldung. [2]Diese Nachweismöglichkeit ist auch in den Fällen der Versendung verbrauchsteuerpflichtiger Waren zulässig.

(13)[2)] [1]Als Nachweis der innergemeinschaftlichen Lieferung nach Absatz 12 ist eine nach den Anforderungen der Tabelle 6 in Anhang I der Delegierten Verordnung (EU) 2022/1636 der Kommission vom 5.7.2022 zur Ergänzung der Richtlinie (EU) 2020/262 des Rates durch Festlegung von Struktur und Inhalt der im Zusammenhang mit der Beförderung verbrauchsteuerpflichtiger Waren ausgetauschten Dokumente und durch Festlegung von Schwellenwerten für Verluste aufgrund der Beschaffenheit der Waren (ABl. EU 2022 Nr. L 247 S. 2; vgl. Anlage 6)[3)] zollrechtlich vollständig und richtig ausgefüllte Eingangsmeldung nur anzuerkennen, wenn darin Angaben zum Bestimmungsort enthalten sind. [2]In Fällen, in denen diese Angaben fehlen, muss der Unternehmer weitere Belege vorlegen, aus denen sich der Bestimmungsort eindeutig und leicht nachprüfbar ergibt.

---

1) Nr. **500** Anl. 5.

2) A 6a.5 UStAE Abs. 13 neugef. durch BMF v. 11.07.2023, BStBl. I 2023, 1499, anzuwenden in allen offenen Fällen.

3) Nr. **500** Anl. 6.

Dritte Ausfertigung des vereinfachten Begleitdokuments bei Lieferung verbrauchsteuerpflichtiger Waren des steuerrechtlich freien Verkehrs in Beförderungsfällen

(14) [1]Nach § 17b Abs. 3 Satz 1 Nr. 4 Buchstabe b UStDV kann der Unternehmer bei der Beförderung verbrauchsteuerpflichtiger Waren des steuerrechtlich freien Verkehrs den Nachweis der innergemeinschaftlichen Lieferung wie folgt führen: durch die dritte Ausfertigung des vereinfachten Begleitdokuments, das dem zuständigen Hauptzollamt für Zwecke der Verbrauchsteuerentlastung vorzulegen ist. [2]Diese Nachweismöglichkeit ist auch in den Fällen der Versendung verbrauchsteuerpflichtiger Waren zulässig.

(15) Eine nach dem Muster des im Anhang zu der Verordnung (EWG) Nr. 3649/92 der Kommission vom 17.12.1992 über ein vereinfachtes Begleitdokument für die Beförderung von verbrauchsteuerpflichtigen Waren, die sich bereits im steuerrechtlich freien Verkehr des Abgangsmitgliedstaats befinden (ABl. EG 1992 Nr. L 369 S. 17), enthaltenen Begleitdokuments vollständig und richtig ausgefüllte dritte Ausfertigung (3. Ausfertigung; vgl. Anlage 7)[1] ist als Beleg im Sinne von Absatz 14 anzuerkennen.

Zulassung des Fahrzeugs auf den Erwerber bei Beförderung durch den Abnehmer

(16) Nach § 17b Abs. 3 Satz 1 Nr. 5 UStDV kann der Unternehmer bei der innergemeinschaftlichen Lieferung von Fahrzeugen, die durch den Abnehmer befördert werden und für die eine Zulassung für den Straßenverkehr erforderlich ist, den Nachweis der innergemeinschaftlichen Lieferung wie folgt führen: durch einen Nachweis über die Zulassung des Fahrzeugs auf den Erwerber im Bestimmungsmitgliedstaat der Lieferung; dabei ist eine einfache Kopie der Zulassung ausreichend.

(17) [1]Der Nachweis der Zulassung muss die Fahrzeug-Identifikationsnummer enthalten. [2]Ein Nachweis der Zulassung des Fahrzeugs im übrigen Gemeinschaftsgebiet auf eine andere Person als den Erwerber, d. h. den Abnehmer der Lieferung, ist kein ausreichender Nachweis.

6a.6 Belegnachweis in Bearbeitungs- oder Verarbeitungsfällen

[1]In Bearbeitungs- oder Verarbeitungsfällen im Zusammenhang mit innergemeinschaftlichen Lieferungen hat der liefernde Unternehmer den Belegnachweis durch Belege nach § 17b UStDV zu führen, die zusätzlich die in § 11 Abs. 1 Nr. 1 bis 4 UStDV bezeichneten Angaben enthalten (§ 17c Satz 2 UStDV). [2]Abschnitt 6.8 ist entsprechend anzuwenden.

6a.7 Buchmäßiger Nachweis

(1)[2] [1]Zur Führung des Buchnachweises muss der liefernde Unternehmer die ausländische USt-IdNr. des Abnehmers aufzeichnen (§ 17d Abs. 1 UStDV).

---

[1] Nr. **500** Anl. 7.

[2] A 6a.7 UStAE Abs. 1 Satz 9 Klammerzusatz gestrichen durch BMF v. 25.04.2023, BStBl. I 2023, 778, anzuwenden in allen offenen Fällen.

[2]Darüber hinaus muss er den Namen und die Anschrift des Abnehmers aufzeichnen (§ 17d Abs. 2 Nr. 1 UStDV). [3]Zu den erforderlichen Voraussetzungen der Steuerbefreiung gehört auch die Unternehmereigenschaft des Abnehmers. [4]Diese muss der liefernde Unternehmer nachweisen (§ 17d Abs. 1 UStDV in Verbindung mit § 6a Abs. 1 Satz 1 Nr. 2 Buchstabe a UStG). [5]Die Aufzeichnung der ausländischen USt-IdNr. allein reicht hierfür nicht aus, weil sich aus ihr nicht ergibt, wer der tatsächliche Leistungsempfänger ist. [6]Die Beteiligten eines Leistungsaustausches – und somit auch der Abnehmer – ergeben sich regelmäßig aus den zivilrechtlichen Vereinbarungen. [7]Handelt jemand im fremden Namen, kommt es darauf an, ob er hierzu Vertretungsmacht hat. [8]Der Unternehmer muss daher die Identität des Abnehmers (bzw. dessen Vertretungsberechtigten), z. B. durch Vorlage des Kaufvertrags, nachweisen. [9]Handelt ein Dritter im Namen des Abnehmers, muss der Unternehmer auch die Vollmacht des Vertretungsberechtigten nachweisen, weil beim Handeln im fremden Namen die Wirksamkeit der Vertretung davon abhängt, ob der Vertretungsberechtigte Vertretungsmacht hat.

(2) [1]Die nach § 17d Abs. 1 Satz 1 UStDV buchmäßig nachzuweisende USt-IdNr. des Abnehmers bezeichnet die gültige ausländische USt-IdNr. des Abnehmers im Sinne des Abschnitts 6a.1 Abs. 10. [2]Wenn der liefernde Unternehmer die gültige USt-IdNr. des Abnehmers nicht aufzeichnen bzw. im Bestätigungsverfahren beim BZSt nicht erfragen kann, weil ihm eine unrichtige USt-IdNr. genannt worden ist, steht nicht objektiv fest, an welchen Abnehmer die Lieferung bewirkt wurde. [3]Im Übrigen steht nicht entsprechend § 6a Abs. 1 Satz 1 Nr. 3 UStG fest, dass der Erwerb des Gegenstands in dem anderen Mitgliedstaat der Erwerbsbesteuerung unterliegt. [4]In einem solchen Fall liegen die Voraussetzungen für die Inanspruchnahme der Steuerbefreiung für eine innergemeinschaftliche Lieferung nicht vor. [5]Zu einer etwaigen Gewährung von Vertrauensschutz in diesen Fällen vgl. Abschnitt 6a.8.

(3) Hat der Unternehmer eine im Zeitpunkt der Lieferung gültige ausländische USt-IdNr. des Abnehmers im Sinne des Abschnitts 6a.1 Abs. 10 aufgezeichnet, kann

- die Feststellung, dass der Adressat einer Lieferung den Gegenstand nicht zur Ausführung entgeltlicher Umsätze verwendet hat,
- die Feststellung, der Empfänger der Lieferung habe die mit Hilfe der bezogenen Lieferungen ausgeführten Umsätze nicht versteuert, oder
- die Mitteilung eines anderen Mitgliedstaates, bei dem Abnehmer handele es sich um einen „missing trader“,

für sich genommen nicht zu dem Schluss führen, nicht der Vertragspartner, sondern eine andere Person sei Empfänger der Lieferung gewesen.

(4) Für die Unternehmereigenschaft des Abnehmers ist es auch unerheblich, ob dieser im Bestimmungsmitgliedstaat des Gegenstands der Lieferung seine umsatzsteuerlichen Pflichten erfüllt.

(5) [1]Regelmäßig ergibt sich aus den abgeschlossenen zivilrechtlichen Vereinbarungen, wer bei einem Umsatz als Leistender und wer als Leistungsempfänger anzusehen ist. [2]Allerdings kommt unter vergleichbaren Voraussetzungen eine von den „vertraglichen Vereinbarungen“ abweichende Bestimmung des Leistungsempfängers in Betracht, wenn bei einer innergemeinschaftlichen

Lieferung nach den konkreten Umständen des Falles für den liefernden Unternehmer erkennbar eine andere Person als sein „Vertragspartner“ unter dessen Namen auftritt, und bei denen der liefernde Unternehmer mit der Nichtbesteuerung des innergemeinschaftlichen Erwerbs rechnet oder rechnen muss.

(6) 1 Der Inhalt und der Umfang des buchmäßigen Nachweises sind in Form von Mussvorschriften geregelt (§ 17d Abs. 2 bis 4 UStDV). 2 Der Unternehmer kann den Nachweis aber auch in anderer Weise führen. 3 Er muss jedoch in jedem Fall die Grundsätze des § 17d Abs. 1 UStDV beachten.

(7) 1 Der buchmäßige Nachweis muss grundsätzlich im Geltungsbereich des UStG geführt werden. 2 Steuerlich zuverlässigen Unternehmern kann jedoch gestattet werden, die Aufzeichnungen über den buchmäßigen Nachweis im Ausland vorzunehmen und dort aufzubewahren. 3 Voraussetzung ist hierfür, dass andernfalls der buchmäßige Nachweis in unverhältnismäßiger Weise erschwert würde und dass die erforderlichen Unterlagen den deutschen Finanzbehörden jederzeit auf Verlangen im Geltungsbereich des UStG vorgelegt werden. 4 Der Bewilligungsbescheid ist unter einer entsprechenden Auflage und unter dem Vorbehalt jederzeitigen Widerrufs zu erteilen. 5 Die zuständige Finanzbehörde kann unter den Voraussetzungen des § 146 Abs. 2a und 2b AO auf schriftlichen Antrag des Unternehmers bewilligen, dass die elektronischen Aufzeichnungen über den buchmäßigen Nachweis im Ausland geführt und aufbewahrt werden.

(8) 1 Aus dem Grundsatz, dass die buchmäßig nachzuweisenden Voraussetzungen eindeutig und leicht nachprüfbar aus der Buchführung zu ersehen sein müssen (§ 17d Abs. 1 UStDV), ergibt sich, dass die erforderlichen Aufzeichnungen grundsätzlich laufend und unmittelbar nach Ausführung des jeweiligen Umsatzes vorgenommen werden sollen. 2 Der buchmäßige Nachweis darf um den gegebenenfalls später eingegangenen Belegnachweis vervollständigt werden. 3 Der Unternehmer muss den buchmäßigen Nachweis der steuerfreien innergemeinschaftlichen Lieferung bis zu dem Zeitpunkt führen, zu dem er die Umsatzsteuer-Voranmeldung für die innergemeinschaftliche Lieferung zu übermitteln hat. 4 Der Unternehmer kann fehlende oder fehlerhafte Aufzeichnungen eines rechtzeitig erbrachten Buchnachweises bis zum Schluss der letzten mündlichen Verhandlung vor dem Finanzgericht ergänzen oder berichtigen.

(9) 1 Bei der Aufzeichnung der Menge und der handelsüblichen Bezeichnung des Gegenstands der Lieferung sind Sammelbezeichnungen, z. B. Lebensmittel oder Textilien, in der Regel nicht ausreichend (vgl. Abschnitt 14.5 Abs. 15). 2 Die Aufzeichnung der Fahrzeug-Identifikationsnummer bei der Lieferung eines Fahrzeugs im Sinne von § 1b Abs. 2 UStG nach § 17d Abs. 2 Nr. 4 UStDV ist unerlässlich. 3 Aus der Aufzeichnung der Art und des Umfangs einer etwaigen Bearbeitung oder Verarbeitung vor der Beförderung oder Versendung in das übrige Gemeinschaftsgebiet sollen auch der Name und die Anschrift des mit der Bearbeitung oder Verarbeitung Beauftragten, die Bezeichnung des betreffenden Auftrags sowie die Menge und handelsübliche Bezeichnung des gelieferten Gegenstands hervorgehen. 4 Als Grundlage dieser Aufzeichnungen können die Belege dienen, die der Unternehmer über die Bearbeitung oder Verarbeitung erhalten hat.

6a.8 Gewährung von Vertrauensschutz

(1)[1)] [1]Nach § 6a Abs. 4 UStG ist eine Lieferung, die der Unternehmer als steuerfreie innergemeinschaftliche Lieferung behandelt hat, obwohl die Voraussetzungen nach § 6a Abs. 1 UStG nicht vorliegen, gleichwohl als steuerfrei anzusehen, wenn die Inanspruchnahme der Steuerbefreiung auf unrichtigen Angaben des Abnehmers beruht und der Unternehmer die Unrichtigkeit dieser Angaben auch bei Beachtung der Sorgfalt eines ordentlichen Kaufmanns nicht erkennen konnte. [2]In diesem Fall schuldet der Abnehmer die entgangene Steuer. [3]Die Frage, ob der Unternehmer die Unrichtigkeit der Angaben des Abnehmers auch bei Sorgfalt eines ordentlichen Kaufmanns nicht erkennen konnte, stellt sich erst dann, wenn der Unternehmer seinen Nachweispflichten nach §§ 17a ff. UStDV vollständig nachgekommen ist. [4]Entscheidend dabei ist, dass die vom Unternehmer vorgelegten Nachweise (buch- und belegmäßig) eindeutig und schlüssig auf die Ausführung einer innergemeinschaftlichen Lieferung hindeuten und dass der Unternehmer bei der Nachweisführung – insbesondere mit Blick auf die Unrichtigkeit der Angaben – der Sorgfaltspflicht des ordentlichen Kaufmanns genügte und in gutem Glauben war. [5]Die Steuerbefreiung nach § 6a Abs. 4 Satz 1 UStG setzt voraus, dass der Unternehmer den Nachweispflichten nach § 6a Abs. 3 UStG in Verbindung mit §§ 17a ff. UStDV als Voraussetzung für die Steuerbefreiung nach § 6a Abs. 4 Satz 1 UStG ihrer Art nach vollständig nachkommt. [6]Maßgeblich ist hierfür die formelle Vollständigkeit, nicht aber auch die inhaltliche Richtigkeit der Beleg- und Buchangaben, da § 6a Abs. 4 Satz 1 UStG das Vertrauen auf unrichtige Abnehmerangaben schützt (vgl. BFH-Urteil vom 12.05.2011, V R 46/10, BStBl. II S. 957).

(2) [1]„Abnehmer" im Sinne des § 6a Abs. 4 Satz 2 UStG ist derjenige, der den Unternehmer durch falsche Angaben getäuscht hat, d. h. derjenige, der gegenüber dem Unternehmer als (vermeintlicher) Erwerber aufgetreten ist. [2]Dieser schuldet die entgangene Steuer und die Steuer ist gegen ihn festzusetzen und ggf. zu vollstrecken (ggf. im Wege der Amtshilfe, da es sich bei den Betroffenen in der Regel um nicht im Inland ansässige Personen handelt). [3]Der (vermeintliche) Abnehmer im Sinne des § 6a Abs. 4 Satz 2 UStG muss nicht notwendigerweise mit der im Beleg- und Buchnachweis des Unternehmers als Leistungsempfänger dokumentierten Person übereinstimmen. [4]Liegen die Voraussetzungen für die Gewährung von Vertrauensschutz vor, ist eine Lieferung, die der Unternehmer als steuerfreie innergemeinschaftliche Lieferung behandelt hat, obwohl die Voraussetzungen nach § 6a Abs. 1 UStG nicht vorliegen, auch dann als steuerfrei anzusehen, wenn eine Festsetzung der Steuer nach § 6a Abs. 4 Satz 2 UStG gegen den Abnehmer nicht möglich ist, z. B. weil dieser sich dem Zugriff der Finanzbehörde entzogen hat.

(3) Die örtliche Zuständigkeit des Finanzamts für die Festsetzung der entgangenen Steuer ergibt sich aus § 21 Abs. 1 AO und der UStZustV.[2)]

[1)] Keine Anwendung des § 6a Abs. 4 UStG bei unvollständigem Belegnachweis; vgl. BFH v. 14.11.2012 XI R 8/11, BFH/NV 2013, 596.

[2)] **Steuergesetze** Nr. **519.**

(4) [1] Der gute Glaube im Sinne des § 6a Abs. 4 UStG bezieht sich allein auf unrichtige Angaben über die in § 6a Abs. 1 UStG bezeichneten Voraussetzungen (Unternehmereigenschaft des Abnehmers, Verwendung des Lieferungsgegenstands für sein Unternehmen, körperliche Warenbewegung in den anderen Mitgliedstaat). [2] Er bezieht sich nicht auch auf die Richtigkeit der nach § 6a Abs. 3 UStG in Verbindung mit §§ 17a ff. UStDV vom Unternehmer zu erfüllenden Nachweise (vgl. BFH-Urteil vom 12.05.2011, V R 46/10, BStBl. II S. 957).

(5) [1] Die Erfüllung des Beleg- und Buchnachweises gehört zu den Sorgfaltspflichten eines ordentlichen Kaufmanns. [2] Deshalb stellt sich die Frage, ob der Unternehmer die Unrichtigkeit der Angaben des Abnehmers auch bei Sorgfalt eines ordentlichen Kaufmanns nicht erkennen konnte, erst dann, wenn der Unternehmer seinen Nachweispflichten nach §§ 17a bis 17d UStDV vollständig nachgekommen ist. [3] Allerdings kann die Gewährung von Vertrauensschutz im Einzelfall in Betracht kommen, wenn der Unternehmer eine unrichtige USt-IdNr. aufgezeichnet hat, dies jedoch auch bei Beachtung der Sorgfalt eines ordentlichen Kaufmanns nicht erkennen konnte (z. B. weil der Bestimmungsmitgliedstaat die USt-IdNr. des Abnehmers rückwirkend für ungültig erklärt hat). [4] Der Unternehmer trägt die Feststellungslast, dass er die Sorgfalt eines ordentlichen Kaufmanns beachtet hat.

(6) [1] War die Unrichtigkeit einer USt-IdNr. erkennbar und hat der Unternehmer dies nicht erkannt (z. B. weil das Bestätigungsverfahren nicht oder zu einem späteren Zeitpunkt als dem des Umsatzes durchgeführt wird), genügt dies nicht der Sorgfaltspflicht eines ordentlichen Kaufmanns. [2] Gleiches gilt in Fällen, in denen der Abnehmer oder dessen Beauftragter den Gegenstand der Lieferung befördert und der liefernde Unternehmer die Steuerbefreiung in Anspruch nimmt, ohne über eine schriftliche Versicherung des Abnehmers zu verfügen, den Gegenstand der Lieferung in einen anderen Mitgliedstaat befördern zu wollen.

(7) [1] An die Nachweispflichten sind besonders hohe Anforderungen zu stellen, wenn der vermeintlichen innergemeinschaftlichen Lieferung ein Barkauf zu Grunde liegt. [2] In Fällen dieser Art ist es dem Unternehmer auch zumutbar, dass er sich über den Namen, die Anschrift des Abnehmers und ggf. über den Namen, die Anschrift und die Vertretungsmacht eines Vertreters des Abnehmers vergewissert und entsprechende Belege vorlegen kann. [3] Wird der Gegenstand der Lieferung von einem Vertreter des Abnehmers beim liefernden Unternehmer abgeholt, reicht die alleinige Durchführung eines qualifizierten Bestätigungsverfahrens nach § 18e UStG über die vom Abnehmer verwendete USt-IdNr. nicht aus, um den Sorgfaltspflichten eines ordentlichen Kaufmanns zu genügen. [4] Auffällige Unterschiede zwischen der Unterschrift des Abholers unter der Empfangsbestätigung auf der Rechnung und der Unterschrift auf dem vorgelegten Personalausweis können Umstände sein, die den Unternehmer zu besonderer Sorgfalt hinsichtlich der Identität des angeblichen Vertragspartners und des Abholers veranlassen müssen (vgl. BFH-Urteil vom 14.11.2012, XI R 17/12, BStBl. 2013 II S. 407).

(8) [1] Die Vertrauensschutzregelung ist auf Fälle, in denen der Abnehmer in sich widersprüchliche oder unklare Angaben zu seiner Identität macht, von vornherein nicht anwendbar. [2] Bei unklarer Sachlage verstößt es stets gegen

die einem ordentlichen Kaufmann obliegenden Sorgfaltspflichten, wenn der liefernde Unternehmer diese Unklarheiten bzw. Widersprüchlichkeiten aus Unachtsamkeit gar nicht erkennt oder im Vertrauen auf diese Angaben die weitere Aufklärung unterlässt. [3]Für einen Vertrauensschutz ist nur dort Raum, wo eine Täuschung des liefernden Unternehmers festgestellt werden kann.

(9) [1]Für die Inanspruchnahme des Vertrauensschutzes nach § 6a Abs. 4 Satz 1 UStG muss der Lieferer in gutem Glauben handeln und alle Maßnahmen ergreifen, die vernünftigerweise verlangt werden können, um sicherzustellen, dass der von ihm getätigte Umsatz nicht zu seiner Beteiligung an einer Steuerhinterziehung führt. [2]Dabei sind alle Gesichtspunkte und tatsächlichen Umstände umfassend zu berücksichtigen. [3]Danach kann sich die zur Steuerpflicht führende Bösgläubigkeit auch aus Umständen ergeben, die nicht mit den Beleg- und Buchangaben zusammenhängen (vgl. BFH-Urteil vom 25.04.2013, V R 28/11, BStBl. II S. 656).

Zu § 6b UStG

6b.1 Lieferung in ein Lager im Sinne des § 6b UStG im Gemeinschaftsgebiet (Konsignationslagerregelung)

Allgemeines

(1) [1]§ 6b UStG beinhaltet eine Vereinfachungsregelung für Lieferungen in ein Lager zu Abrufzwecken im Gemeinschaftsgebiet (Konsignationslagerregelung). [2]Lager im Sinne des § 6b UStG (vgl. Artikel 17a Abs. 1 MwStSystRL) sind Warenlager, in welche der liefernde Unternehmer oder ein von ihm beauftragter Dritter Gegenstände aus dem Gebiet eines Mitgliedstaates (Abgangsmitgliedstaat) in das Gebiet eines anderen Mitgliedstaates (Bestimmungsmitgliedstaat) in einen zum Verbleib gedachten Bestand und zur Entnahme nach eigenem Ermessen durch einen dem liefernden Unternehmer bekannten Erwerber befördert oder versendet. [3]Für die Anwendung der Konsignationslagerregelung müssen dem Unternehmer aufgrund einer vertraglichen Vereinbarung im Sinne des Absatzes 3 zum Beginn der Beförderung oder Versendung die folgenden Angaben des Erwerbers bekannt sein:

– der vollständige Name,
– die vollständige Adresse,
– die dem Erwerber vom Bestimmungsmitgliedstaat erteilte USt-IdNr.

(2) [1]Die Vereinfachungsregelung nach § 6b UStG kommt nicht in Betracht, wenn der Unternehmer im Bestimmungsmitgliedstaat ansässig ist, d. h. wenn er dort seinen Sitz, seine Geschäftsleitung oder eine Betriebsstätte (vgl. Abschnitt 3a.1 Abs. 3) oder in Ermangelung eines Sitzes, einer Geschäftsleitung oder einer Betriebsstätte seinen Wohnsitz oder gewöhnlichen Aufenthalt hat. [2]Dies gilt unabhängig davon, ob eine der vorgenannten Ansässigkeitsformen am Liefergeschehen beteiligt ist. [3]Bereits ein im Eigentum des Unternehmers befindliches Lager oder ein durch den Unternehmer angemietetes oder gepachtetes Lager, welches mit eigenen Mitteln (z. B. mit eigenem Personal), aus dem Bestimmungsmitgliedstaat betrieben wird, begründet eine solche Ansässigkeit. [4]Eine alleinige Registrierung für mehrwertsteuerliche Zwecke im Bestimmungsmitgliedstaat begründet jedoch noch keine Ansässigkeit.

(3) [1]Die vertragliche Vereinbarung mit dem dem liefernden Unternehmer bekannten späteren Erwerber muss die Verschaffung der Verfügungsmacht zu einem späteren Zeitpunkt als dem der Beendigung der Beförderung oder Versendung vorsehen. [2]Ausreichend ist ein (Rahmen-)Vertrag, der die Modalitäten bestimmt, unter denen der Erwerber zur Entnahme der im Bestand des Lagers befindlichen Waren berechtigt, aber nicht verpflichtet, ist. [3]Hat der spätere Erwerber vor dem Zeitpunkt der Entnahme des Liefergegenstandes diesen bereits verbindlich bestellt oder bezahlt, kann die Vereinfachungsregelung nach § 6b UStG unter den übrigen Voraussetzungen angewendet werden, wenn der liefernde Unternehmer und der spätere Erwerber deren Anwendung z. B. in einem Rahmenvertrag vereinbaren. [4]Für Fälle, in denen § 6b UStG bereits dem Grunde nach keine Anwendung findet, gelten die Regelungen in Abschnitt 1a.2 Abs. 6 Satz 6 bzw. Abschnitt 3.12 Abs. 3 Satz 8 sowie Abs. 7 Satz 1; in den Fällen des § 6b Abs. 3 und 6 UStG sind die Regelungen in Abschnitt 1a.2 Abs. 6 Satz 6 bzw. Abschnitt 3.12 Abs. 3 Satz 8 sowie Abs. 7 Satz 1 jedoch nicht anzuwenden.

Beispiel:

[1] Beim belgischen Automobilhersteller Z mit Sitz in Belgien werden im Februar 02 Motorenteile von einem deutschen Zulieferer A mit Sitz in Köln eingelagert, die Z zuvor bei A verbindlich bestellt hat. [2] Nach einem entsprechenden Rahmenvertrag soll die Vereinfachungsregelung nach § 6b UStG Anwendung finden und die Verfügungsmacht an den Motorenteilen erst im Zeitpunkt der Entnahme durch Z auf Z übergehen. [3] Aufgrund erheblicher Produktionsverzögerungen erfolgt die Entnahme der Motorenteile durch Z erst im März 03. [4] Bereits am Tag nach Ablauf der 12-Monatsfrist im Februar 03 tritt die Rechtsfolge nach § 6b Abs. 3 UStG ein, sodass die Beförderung oder Versendung durch A als das einer innergemeinschaftlichen Lieferung gleichgestellte Verbringen nach § 6b Abs. 3 UStG in Verbindung mit § 6a Abs. 2 und § 3 Abs. 1a Satz 1 UStG gilt. [5] A muss sich spätestens im Zeitpunkt, in dem das Ereignis (am Tag nach Ablauf der 12-Monatsfrist) eintritt, unverzüglich im Bestimmungsmitgliedstaat für Mehrwertsteuerzwecke registrieren lassen und die Erteilung einer USt-IdNr. beantragen (vgl. Absätze 15 und 17).

[5]Für ein Lager im Sinne des § 6b UStG können auch Vereinbarungen mit mehreren bekannten Erwerbern geschlossen werden. [6]Sind entsprechende Vereinbarungen mit mehreren Erwerbern geschlossen, muss für jeden Erwerber entsprechend des § 22 Abs. 4f und 4g UStG sichergestellt sein, dass die Gegenstände dem jeweiligen Erwerber eindeutig und klar zugeordnet werden können. [7]Zur Ersetzung eines Erwerbers siehe Absatz 6.

(4) [1]Ein Lager im Sinne des § 6b UStG kann zum Beispiel ein Konsignationslager oder ein Auslieferungslager sein. [2]Ein Lager nach Satz 1, in welches die Gegenstände der Lieferung gelangen, muss nicht zwingend ein Lager im Sinne eines Gebäudes sein. [3]Eine Zwischenlagerung der Gegenstände in einem Lager im Sinne des § 6b UStG kann an jedem räumlich und physisch bestimmbaren Ort erfolgen, für den ein vorhandener Inhaber gegeben ist und für den die eingelagerten Gegenstände der Art und Menge nach bestimmbar sind. [4]Die Angaben müssen mit den Aufzeichnungen nach § 22 Abs. 4f UStG übereinstimmen. [5]Hierzu zählen sowohl ortsfeste Behälterlager für körperliche Gegenstände in flüssigem oder gasförmigem Aggregatzustand, z. B. ortsfeste Tanklager (oberirdisch oder unterirdisch), als auch jeder andere räumlich und physisch bestimmbare Ort (z. B. Eisenbahnwaggons, Container, Trailer oder Binnenschiffe), wenn hinreichend nachgewiesen wird, dass es sich um ein Lager im Sinne des § 6b UStG handelt (vgl. hierzu § 22 Abs. 4f Nr. 6 UStG). [6]Für eine

leichte und eindeutige Nachprüfbarkeit muss daher für jeden Zeitpunkt bis zur Entnahme mit hinreichender Sicherheit leicht und einwandfrei aus den Aufzeichnungen im Sinne des § 22 Abs. 4f UStG erkennbar sein, wo sich die Gegenstände bis zum Zeitpunkt der Entnahme durch den Erwerber befinden.

Erwerber (= Abnehmer) der Lieferung (§ 6b Abs. 1 UStG)

(5) [1]Erwerber einer Lieferung nach § 6b Abs. 1 UStG kann nur sein, wer im Zeitpunkt des Abschlusses der Vereinbarung nach § 6b Abs. 1 Nr. 1 UStG Unternehmer ist und die Gegenstände für sein Unternehmen erwerben will. [2]Auch ein Kommissionär kann als berechtigter Erwerber fungieren. [3]Ein Sitz, eine Geschäftsleitung oder eine Betriebsstätte (vgl. Abschnitt 3a.1 Abs. 3) oder in Ermangelung eines Sitzes, einer Geschäftsleitung oder einer Betriebsstätte ein Wohnsitz oder gewöhnlicher Aufenthalt im Bestimmungsmitgliedstaat ist nicht Voraussetzung. [4]Der dem liefernden Unternehmer bekannte und zur Entnahme der Gegenstände berechtigte Erwerber muss zum Zwecke der Inanspruchnahme der Konsignationslagerregelung die ihm vom Bestimmungsmitgliedstaat erteilte USt-IdNr. verwenden. [5]Hinsichtlich der Auslegung des Begriffs der Verwendung der von einem anderen Mitgliedsstaat erteilten und gültigen USt-IdNr. siehe Abschnitt 3a.2 Abs. 10 Sätze 2 bis 10. [6]Die Verwendung einer anderen als vom Bestimmungsmitgliedstaat erteilten USt-IdNr. schließt die Anwendung des § 6b UStG hingegen aus.

Wechsel des Erwerbers (§ 6b Abs. 5 UStG)

(6) [1]Wird der berechtigte Erwerber durch einen anderen Erwerber innerhalb von 12 Monaten ersetzt, müssen alle Voraussetzungen des Absatzes 1 Satz 3 erfüllt sein. [2]Die vertragliche Vereinbarung für die Substitution muss zudem bereits am Tag des Wirksamwerdens des Erlöschens der bisherigen Vereinbarung wirksam abgeschlossen sein. [3]Es ist auch möglich, dass der neue Erwerber nur über einen Teil der sich im Lager im Sinne des § 6b UStG befindlichen Gegenstände eine Vereinbarung abschließt. [4]Auch hier gelten die Regelungen der klaren und eindeutigen Identifizierbarkeit der Gegenstände (vgl. Absatz 3 Satz 6). [5]Durch den Wechsel eines Erwerbers wird die 12-Monatsfrist nach § 6b Abs. 3 UStG (vgl. auch Absatz 15 Satz 2) nicht verlängert. [6]Die Frist beginnt im Zeitpunkt der ersten Ankunft der Waren im Lager (Einlagerung) im anderen Mitgliedstaat, in den sie versendet oder befördert wurden (vgl. Absatz 15 Satz 2). [7]Eine im Rahmen der Substitution erfolgende Beförderung durch den Unternehmer an einen anderen Lagerort im Bestimmungsmitgliedstaat bleibt unschädlich und verlängert nicht die 12-Monatsfrist nach § 6b Abs. 3 UStG (vgl. auch Absatz 15 Satz 2). [8]Wegen der Melde- und Aufzeichnungspflichten im Falle eines Wechsels des Erwerbers wird auf die Abschnitte 18a.1 und 18a.3 sowie 22.3b verwiesen.

Beispiel 1:

[1]Der deutsche Zulieferer A befördert im Rahmen einer Lagerabrufvereinbarung mit Unternehmer B (berechtigter Erwerber) ab Februar 01 Motorenteile in ein Lager in Frankreich. [2]Im September desselben Jahres ändern Zulieferer A und Unternehmer B ihre Vereinbarung für den Teil der Motorenteile, die von Unternehmer B noch nicht entnommen wurden. [3]Diese Motorenteile verbleiben im Lager. [4]Gleichzeitig schließt Zulieferer A mit Unternehmer C (weiterer berechtigter Erwerber) eine Vereinbarung über die noch im Lager befindlichen Motorenteile ab. [5]C entnimmt diese Motorenteile im November und Dezember 01.

[6] Im Februar 01 hat A die Beförderung der Motorenteile aufzuzeichnen und in der ZM die verwendete USt-IdNr. des Unternehmers B anzugeben. [7] Auch der Lagerhalter muss im Februar 01 die Ankunft der Waren im Bestand registrieren. [8] Für die entnommenen Motorenteile durch Unternehmer B gilt jeweils im Zeitpunkt der Entnahme für A die Annahme einer innergemeinschaftlichen Lieferung und für B die eines innergemeinschaftlichen Erwerbes (§ 6b Abs. 2 UStG). [9] Ab dem Zeitpunkt der Änderung der Vereinbarung im September 01 tritt die Rechtsfolge des § 6b Abs. 2 UStG für A und B nicht mehr ein. [10] Die Ersetzung des B durch C nach § 6b Abs. 5 UStG ist von A nach § 22 Abs. 4f UStG aufzuzeichnen und in der ZM anzugeben. [11] C hat seine ihm vom Bestimmungsmitgliedstaat erteilte USt-IdNr. gegenüber A zu verwenden. [12] Bei Entnahme der Motorenteile durch C im November und Dezember 01 tritt die Rechtsfolge des § 6b Abs. 2 UStG ein.

Beispiel 2:

[1] Sachverhalt wie in Beispiel 1, jedoch erfolgt die neue Vereinbarung mit Unternehmer C erst im Oktober 01. [2] Alle Ausführungen in Beispiel 1 Sätze 1 bis 9 finden analog Anwendung. [3] Die Vereinbarung mit C im Oktober 01 stellt jedoch für die bereits im Lager befindlichen Motorenteile keine wirksame Ersetzung im Sinne des § 6b Abs. 5 UStG dar, da die vertragliche Vereinbarung mit dem neuen Erwerber C nicht bereits am Tag des Wirksamwerdens des Erlöschens der bisherigen Vereinbarung mit B abgeschlossen war. [4] Die Beförderung oder Versendung durch A in sein Lager gilt am Tag des Wegfalls der Voraussetzungen nach § 6b Abs. 1 UStG im September 01 als ein einer innergemeinschaftlichen Lieferung gleichgestelltes Verbringen nach § 6b Abs. 6 in Verbindung mit § 6a Abs. 2 und § 3 Abs. 1a Satz 1 UStG. [5] A unterliegt somit einer unverzüglichen Registrierungspflicht im Bestimmungsmitgliedstaat.

Gelangen eines Gegenstandes aus dem Abgangsmitgliedstaat in den Bestimmungsmitgliedstaat

(7) [1] Die Beförderung (vgl. § 3 Abs. 6 Satz 2 UStG) oder Versendung (vgl. § 3 Abs. 6 Satz 3 UStG) in den Bestimmungsmitgliedstaat muss durch den Unternehmer oder durch einen von ihm beauftragten Dritten erfolgen. [2] Übernimmt der spätere Erwerber den Transport, darf dies für die Anwendung der Konsignationslagerregelung nur ausdrücklich und erkennbar im Namen des liefernden Unternehmers erfolgen, und ohne dass dem späteren Erwerber bereits die Verfügungsmacht an dem Gegenstand verschafft wird. [3] Hiervon kann regelmäßig ausgegangen werden, wenn entsprechende Vereinbarungen z. B. in einem Rahmenvertrag aufgenommen wurden.

(8) [1] Bei dem Gegenstand, der vom Erwerber aus dem Lager im Sinne des § 6b UStG entnommen wird, muss es sich um denselben Gegenstand handeln, der aus dem Abgangsmitgliedstaat in das Lager im Sinne des § 6b UStG im Bestimmungsmitgliedstaat befördert oder versendet worden ist. [2] Die Verwendung des Gegenstandes vor Entnahme durch den Erwerber für eine Werklieferung oder Werkleistung (vgl. Abschnitt 3.8) des Unternehmers führt zum Ausschluss der Vereinfachungsregelung nach § 6b UStG.

(9) Für den Ort der Lieferung im Sinne des § 6b Abs. 1 UStG gilt Abschnitt 3.12 Abs. 1 Satz 1 entsprechend.

(10) Bestimmungsmitgliedstaat und Abgangsmitgliedstaat sind die unionsrechtlichen Inlandsgebiete der übrigen EU-Mitgliedstaaten und das Inland der Bundesrepublik Deutschland im Sinne des § 1 Abs. 2 Satz 1 UStG (vgl. Abschnitt 1.10).

(11) [1] Für Lieferungen eines im Drittland ansässigen Unternehmers aus einem Mitgliedstaat in ein Lager im Sinne des § 6b UStG in einem anderen Mitgliedstaat (Bestimmungsmitgliedstaat) kann die Konsignationslagerregelung angewendet werden. [2] Voraussetzung ist die Registrierung für mehrwertsteuerliche Zwecke des Unternehmers im Abgangsmitgliedstaat. [3] Auf die tatsächli-

che Ansässigkeit der Vertragsparteien ist nicht abzustellen. [4]Der Unternehmer kann auch Gegenstände, die zur Einlagerung und Entnahme durch einen oder mehrere berechtigte(n) Erwerber in einem Lager im Sinne des § 6b UStG bestimmt sind, aus verschiedenen anderen Mitgliedstaaten in das Lager im Sinne des § 6b UStG im Bestimmungsmitgliedstaat befördern oder versenden.

(12) Eine Kombination der Steuerbefreiung nach § 5 Abs. 1 Nr. 3 UStG (Einfuhr mit anschließender steuerfreier innergemeinschaftlicher Lieferung) mit einer Beförderung/Versendung in ein Lager im Sinne des § 6b UStG ist nicht möglich, da es hier an einer unmittelbar ausgeführten innergemeinschaftlichen Lieferung fehlt.

Verbleiben im Bestimmungsmitgliedstaat

(13) [1]Die Konsignationslagerregelung setzt ein Verbleiben des Liefergegenstandes im Bestimmungsmitgliedstaat vom Zeitpunkt der Einlagerung bis zur Entnahme durch den Erwerber voraus. [2]Eine der Entnahme des Liefergegenstandes aus dem Lager im Sinne des § 6b UStG nachfolgende Lieferung des Erwerbers über die Grenzen des Bestimmungsmitgliedstaates hinaus, ist unschädlich. [3]Die Beförderung oder Versendung in ein anderes im Bestimmungsmitgliedstaat gelegenes Lager im Sinne des § 6b UStG vor Entnahme aus dem ursprünglichen Lager durch den Erwerber führt ebenfalls nicht zum Ausschluss dieser Regelung. [4]Die Beförderung oder Versendung in ein Lager im Sinne des § 6b UStG in einem anderen als dem vereinbarten Mitgliedstaat setzt eine Rücklieferung (§ 6b Abs. 4 UStG) voraus (vgl. Absatz 18). [5]Erfolgt der Verzicht auf die Rücklieferung und werden die Gegenstände unmittelbar in einen weiteren Mitgliedstaat oder ins Drittland befördert oder versendet, tritt die Rechtsfolge nach § 6b Abs. 6 UStG ein.

Reihengeschäfte

(14) Bei Reihengeschäften (§ 3 Abs. 6a UStG) kommt die Vereinfachungsregelung nach § 6b UStG nicht in Betracht, da bei Reihengeschäften im Rahmen der Warenbewegung dem Erwerber bereits die Verfügungsmacht an dem Gegenstand der Lieferung verschafft wird.

12-Monatsfrist (§ 6b Abs. 3 UStG)

(15) [1]Die Vereinfachungsregelung nach § 6b UStG setzt eine Entnahme des Gegenstandes aus dem Lager im Sinne des § 6b UStG durch den berechtigten Erwerber binnen eines Zeitraums von 12 Monaten voraus (12-Monatsfrist nach § 6b Abs. 3 UStG). [2]Der Zeitraum von 12 Monaten beginnt am Tag nach Beendigung des Warentransportes im Bestimmungsmitgliedstaat (Einlagerung im Lager). [3]Für die Berechnung der Frist gelten die Grundsätze der Artikel 2 und 3 der Verordnung (EWG, Euratom) Nr. 1182/71 vom 03.06.1971; § 108 Abs. 1 AO findet insoweit keine Anwendung. [4]Der Unternehmer hat die Einhaltung der Frist durch Angabe des Tags der Einlagerung und des Tags der Entnahme (Lieferung im Sinne des § 6b Abs. 2 UStG) nachzuweisen. [5]Der Inhalt und der Umfang der Aufzeichnungspflichten ergibt sich aus § 22 Abs. 4f UStG.

Beispiel:

[1]Der deutsche Zulieferer A befördert im Rahmen einer Lagerabrufvereinbarung mit Unternehmer B (berechtigter Erwerber) ab Januar 01 Motorenteile in ein Lager in Frankreich. [2]Ein Warentransport beginnt am Donnerstag, 14.01.01, von Deutschland nach Frankreich und

trifft am selben Tag am Lagerort in Frankreich ein. [3] Die Motorenteile werden ebenfalls am 14.01.01 eingelagert. [4] Die 12-Monatsfrist beginnt nach Artikel 3 Abs. 1 Unterabs. 2 der Verordnung (EWG, Euratom) Nr. 1182/71 vom 03.06.1971 am Freitag, 15.01.01. [5] Grundsätzlich würde diese nach Artikel 3 Abs. 2 Buchstabe c der Verordnung (EWG, Euratom) Nr. 1182/71 vom 03.06.1971 am Sonnabend, 15.01.02, enden, aufgrund Artikel 2 Abs. 1 Unterabs. 2 der Verordnung (EWG, Euratom) Nr. 1182/71 vom 03.06.1971 endet diese am Montag, 17.01.02. [6] Die Rechtsfolge nach § 6b Abs. 3 UStG tritt somit am Tag nach Ablauf der 12-Monatsfrist am Dienstag, 18.01.02 ein (siehe Absatz 17).

(16) [1] Aus Vereinfachungsgründen wird es für Waren besonderer Form (Flüssigkeiten, Gase, Schüttgüter) nicht beanstandet, wenn für Zwecke der Fristberechnung das Verfahren FIFO „First in – First out" angewendet wird. [2] Dieses Verfahren kann auch für andere identische und eindeutig identifizierbare Waren, die nicht als Massengüter anzusehen sind, zur Anwendung kommen. [3] Für identische Waren verschiedener liefernder Unternehmen in einem Lager im Sinne des § 6b UStG ist das Verfahren auf den Bestand eines jeden liefernden Unternehmers gesondert anzuwenden.

(17) [1] Wird die Lagerfrist nach § 6b Abs. 3 UStG überschritten und liegt keine der Voraussetzungen des § 6b Abs. 6 UStG vor, ist für die Waren am Tag nach Ablauf der 12-Monatsfrist ein einer innergemeinschaftlichen Lieferung gleichgestelltes Verbringen im Sinne des § 6a Abs. 2 in Verbindung mit § 3 Abs. 1a UStG anzunehmen. [2] Hieraus ergibt sich für den Unternehmer die Pflicht zur unverzüglichen Registrierung in dem Mitgliedstaat, in dem sich das Lager im Sinne des § 6b UStG befindet. [3] Dies gilt auch dann, wenn das im Bestimmungsmitgliedstaat einem innergemeinschaftlichen Erwerb gleichgestellte Verbringen steuerbefreit wäre. [4] Gegebenenfalls besteht, in Abhängigkeit von den Bestimmungen in dem Mitgliedstaat, in dem sich das Lager im Sinne des § 6b UStG befindet, die Möglichkeit, einen Fiskalvertreter zu beauftragen. [5] Bemessungsgrundlage für das der innergemeinschaftlichen Lieferung und dem innergemeinschaftlichen Erwerb gleichgestellte Verbringen ist der Einkaufspreis zuzüglich der Nebenkosten für den Gegenstand oder mangels eines Einkaufspreises die Selbstkosten, jeweils zum Zeitpunkt des Umsatzes und ohne Umsatzsteuer (§ 10 Abs. 4 Satz 1 Nr. 1 UStG).

Beispiel:

[1] Sachverhalt wie in Beispiel 1 zu Absatz 6, jedoch entnimmt Unternehmer C die Waren erst im April 02. [2] Alle Ausführungen in Absatz 6 Beispiel 1 Sätze 1 bis 11 finden analog Anwendung. [3] Jedoch wurde für die verbliebenen Motorenteile im Lager die 12-Monatsfrist überschritten (siehe § 6b Abs. 3 UStG), sodass am Tag nach Ablauf des Zeitraums von 12 Monaten die Beförderung oder Versendung durch A als das einer innergemeinschaftlichen Lieferung gleichgestellte Verbringen nach § 6b Abs. 3 UStG in Verbindung mit § 6a Abs. 2 und § 3 Abs. 1a Satz 1 UStG gilt. [4] A muss sich spätestens im Zeitpunkt, in dem das Ereignis (am Tag nach Ablauf der 12-Monatsfrist) eintritt, unverzüglich im Bestimmungsmitgliedstaat für Mehrwertsteuerzwecke registrieren lassen und die Erteilung einer USt-IdNr. beantragen. [5] Nur dann und bei Vorliegen der übrigen tatbestandlichen Voraussetzungen, etwa der Abgabe einer zutreffenden ZM, kann eine Steuerbefreiung im Sinne des § 4 Nr. 1 Buchstabe b UStG für dieses innergemeinschaftliche Verbringen nach § 6b Abs. 3 in Verbindung mit § 6a Abs. 2 UStG vorliegen.

Rückausnahme durch Rücklieferung (§ 6b Abs. 4 UStG)

(18) [1] Nach § 6b Abs. 4 UStG gilt § 6b Abs. 3 UStG in den Fällen nicht, in denen der Unternehmer die beabsichtigte Lieferung nicht bewirkt hat und der Gegenstand binnen 12 Monaten (zur Fristberechnung vgl. Absatz 15) nach

Einlagerung im Lager im Sinne des § 6b UStG im Bestimmungsmitgliedstaat in den Abgangsmitgliedstaat zurückbefördert bzw. -versendet wird und der Beginn der Rückbeförderung bzw. -versendung (Rücklieferung) nach § 22 Abs. 4f Nr. 14 UStG aufgezeichnet worden ist. [2]Wegen der Meldepflichten im Falle einer Rücklieferung wird auf die Abschnitte 18a.1 und 18a.3 verwiesen.

Ausschluss der Vereinfachungsregelung (§ 6b Abs. 6 UStG)

(19) [1]Die Fiktion nach § 6b Abs. 2 UStG findet nach ihrem Sinn und Zweck nur auf diejenigen Lieferungen Anwendung, für die die Voraussetzungen nach § 6b Abs. 1 und 5 UStG innerhalb von 12 Monaten nach Ende der Beförderung oder Versendung in den Bestimmungsmitgliedsstaat vorliegen. [2]Durch die Nichterfüllung einer dieser Voraussetzungen kann der liefernde Unternehmer erreichen, dass die Vereinfachungsregelung nach § 6b UStG keine Anwendung findet. [3]Die Anwendung der Regelung ist gegenstandsbezogen. [4]Ein Ausschluss der Vereinfachungsregelung für eine bestimmte Lieferung eines oder mehrerer Gegenstände führt daher nicht zur grundsätzlichen Versagung der Regelung für weitere Lieferungen von Gegenständen in ein Lager im Sinne des § 6b UStG.

(20) [1]Unter § 6b Abs. 6 Satz 2 UStG fallen Lieferungen, bei denen ein anderer Erwerber als der nach § 6b Abs. 1 Nr. 1 oder Abs. 5 UStG die Verfügungsmacht an dem Gegenstand erhält. [2]Die Voraussetzungen nach § 6b Abs. 1 und 5 UStG gelten an dem Tag vor der Lieferung als nicht mehr erfüllt. [3]In diesem Fall liegt stets ein einer innergemeinschaftlichen Lieferung gleichgestelltes Verbringen vor.

(21) [1]Nach § 6b Abs. 6 Satz 3 UStG kommt § 6b Abs. 2 UStG ebenfalls nicht zur Anwendung, wenn der Gegenstand der Lieferung vor der Lieferung oder bei Lieferung in einen anderen Mitgliedstaat als den Abgangsmitgliedstaat oder in das Drittland befördert oder versendet wird. [2]Vielmehr liegt in diesem Fall am Tag vor der Beförderung oder Versendung ein einer innergemeinschaftlichen Lieferung gleichgestelltes Verbringen vor. [3]Soll ein sich bereits in einem Lager im Sinne des § 6b UStG im Bestimmungsmitgliedstaat befindlicher Gegenstand vor Lieferung aus diesem Lager in ein in einem anderen Mitgliedstaat gelegenes Lager im Sinne des § 6b UStG befördert oder versendet werden, bedarf es zur Vermeidung der Ausschlussregelung des § 6b Abs. 6 Satz 3 in Verbindung mit Satz 2 UStG einer Rücklieferung nach § 6b Abs. 4 UStG in den Abgangsmitgliedstaat (vgl. Absätze 13 und 18).

(22) [1]In den Fällen des § 6b Abs. 6 Satz 4 UStG, in denen der Gegenstand nach dem Ende der Beförderung oder Versendung in das Lager im Sinne des § 6b UStG und vor dem Zeitpunkt der Lieferung durch Zerstörung, Verlust oder Diebstahl verloren geht, ist die Anwendung des § 6b Abs. 2 UStG grundsätzlich ausgeschlossen. [2]Die Voraussetzungen nach § 6b Abs. 1 und 5 UStG gelten an dem Tag, an dem die Zerstörung, der Verlust oder der Diebstahl festgestellt wird, als nicht mehr erfüllt. [3]Gewöhnliche, branchenübliche, sich aus den Erfahrungen der letzten Lagerungsjahre ergebende Mengenverluste von Gegenständen, die aufgrund ihrer Beschaffenheit oder infolge unvorhersehbarer Umstände nach dem Ende der Beförderung oder Versendung

und vor dem Zeitpunkt der Lieferung entstanden sind, gelten als sog. „kleine Verluste", für die § 6b Abs. 6 Satz 4 UStG keine Anwendung findet. 4 Von „kleinen Verlusten" ist im Regelfall auszugehen, wenn diese wert- oder mengenmäßig weniger als 5% des Gesamtbestands (Freigrenze) der identischen Gegenstände betragen, der an dem Tag der Zerstörung, des Verlustes oder des Diebstahls oder, falls ein solcher Tag nicht bestimmt werden kann, an dem Tag, an dem die Zerstörung oder das Fehlen der Gegenstände erkannt worden ist, festgestellt wurde.

Beispiel:

1 Der deutsche Zulieferer A befördert im Rahmen einer Lagerabrufvereinbarung mit Unternehmer B (berechtigter Erwerber) ab Februar 01 5.000 Motorenteile in ein Lager im Sinne des § 6b UStG in Frankreich. 2 Am 02.10.2001 werden 6.000 Motorenteile bei einem Diebstahl entwendet und im Rahmen der Inventur stellt A im Dezember 01 fest, dass von den jährlich gelieferten 60.000 Motorenteilen 300 Stück durch Rost unbrauchbar geworden sind. 3 Am Tag der Inventur befinden sich noch 10.000 Motorenteile im Lager. 4 Aus den Unterlagen des A ist zu entnehmen, dass in den Jahren 00 und 01 bereits jährlich 300 bis 400 Motorenteile selbige Mängel durch Verrostung aufgewiesen haben.
5 Im Februar 01 hat A die Beförderung der 5.000 Motorenteile aufzuzeichnen und in der ZM die verwendete USt-IdNr. des Unternehmers B anzugeben. 6 Für die 6.000 entwendeten Motorenteile tritt am 02.10.2001 die Rechtsfolge nach § 6b Abs. 6 Satz 4 UStG ein und die Lieferung gilt als ein einer innergemeinschaftlichen Lieferung gleichgestelltes Verbringen nach § 6b Abs. 6 in Verbindung mit § 6a Abs. 2 und § 3 Abs. 1a Satz 1 UStG. 7 A unterliegt für die 6.000 Motorenteile somit einer unverzüglichen Registrierungspflicht im Bestimmungsmitgliedstaat und muss die Erteilung einer USt-IdNr. beantragen. 8 Für den im Dezember 01 im Rahmen der Inventur festgestellten Verlust der 300 Motorenteile tritt aus Vereinfachungsgründen (weniger als 5% des Gesamtbestandes der am Tag der Feststellung im Lager befindlichen identischen Gegenstände) die Rechtsfolge des § 6b Abs. 6 UStG nicht ein. 9 A unterläge nur für die 300 Motorenteile nicht einer Registrierungspflicht im Bestimmungsmitgliedstaat. 10 A ist bereits durch den Diebstahl im Bestimmungsland zur Registrierung verpflichtet, eine Meldung für den „kleinen" Verlust der 300 Motorenteile muss nicht erfolgen.

(23) 1 Für alle in den Absätzen 19 bis 22 eintretenden Fälle, in denen ein einer innergemeinschaftlichen Lieferung gleichgestelltes Verbringen anzunehmen ist, sind Absatz 17 Sätze 2 bis 5 entsprechend anzuwenden; zur Anwendung der Steuerbefreiung nach § 4 Nr. 1 Buchstabe b UStG gelten die Grundsätze des Beispiels in Absatz 17 entsprechend. 2 Die steuerliche Registrierung im Bestimmungsmitgliedstaat ist bis zum Erhalt der USt-IdNr. anhand geeigneter Unterlagen nachzuweisen.

Konsequenzen des Austritts des Vereinigten Königreichs Großbritannien und Nordirland aus der Europäischen Union

(24) 1 Das Vereinigte Königreich Großbritannien und Nordirland ist mit Ablauf des 31.12.2020 Drittlandsgebiet. 2 Allerdings wird Nordirland für die Umsatzbesteuerung des Warenverkehrs auch nach dem 31.12.2020 als zum Gemeinschaftsgebiet gehörig behandelt; vgl. Abschnitt 1.10 Abs. 3. 3 Die Absätze 1 bis 23 gelten demnach nicht für die Lieferung gemäß § 6b UStG, deren Warentransport durch Beförderung oder Versendung nach dem 31.12.2020 in das oder aus dem Vereinigte(n) Königreich Großbritannien (ohne Nordirland) erfolgt. 4 Für die Entnahme der Waren, die vor dem 01.01.2021 eingelagert wurden und für die die Voraussetzungen nach § 6b Abs. 1 UStG vorliegen, wird bei einer Entnahme nach dem 31.12.2020 im

Zeitpunkt der Entnahme die Lieferung an den Erwerber einer innergemeinschaftlichen Lieferung (§ 6a UStG) gleichgestellt, unabhängig davon, ob das Lager im Sinne des § 6b UStG in dem Vereinigten Königreich Großbritannien (ohne Nordirland) oder in Deutschland belegen ist. [5]Für die entsprechenden Lieferungen können keine Angaben in der ZM gemacht werden. [6]Es sind jedoch die Aufzeichnungen entsprechend § 22 Abs. 4f und 4g UStG vorzuhalten und aufzubewahren. [7]Für einen Gegenstand, der vor dem 1.1.2021 im Rahmen der Konsignationslagerregelung aus dem Vereinigten Königreich Großbritannien (ohne Nordirland) in ein Lager im Sinne des § 6b UStG in einen Bestimmungsmitgliedstaat befördert oder versendet worden ist, für den der liefernde Unternehmer die beabsichtigte Lieferung nicht innerhalb der Frist bewirkt hat und der Gegenstand binnen 12 Monaten (zur Fristberechnung vgl. Absatz 15) nach Einlagerung im Bestimmungsmitgliedstaat in den Abgangsmitgliedstaat zurückbefördert oder -versendet wird (siehe § 6b Abs. 4 UStG), gelten die Regelungen für Ausfuhrlieferungen im Sinne des § 6 UStG. [8]Für Fälle im Sinne des § 6b Abs. 6 UStG, deren Warenbeförderung oder -versendung aus dem oder in das Vereinigte(n) Königreich Großbritannien (ohne Nordirland) vor dem 01.01.2021 endet, gilt Satz 3 entsprechend. [9]Für Waren, die nicht innerhalb der 12-Monatsfrist (letzter Stichtag: 31.12.2021) durch den Erwerber entnommen wurden, wird aus Vereinfachungsgründen auf eine Anwendung des § 6b Abs. 3 UStG verzichtet, sofern sich aus den Aufzeichnungen nach § 22 Abs. 4f und 4g UStG ergibt, dass sich die Gegenstände weiterhin im Vereinigten Königreich Großbritannien (ohne Nordirland) befinden und keine Anzeichen für einen Betrug vorliegen. [10]Darüber hinausgehende zusätzliche Verpflichtungen bestehen nicht.

6b.2 Nachweis der Voraussetzungen der Konsignationslagerregelung nach § 6b UStG

Nachweise (Allgemeines)

(1) Wegen des Belegnachweises und der Aufzeichnungspflichten im Zeitpunkt der Entnahme der Waren (§ 6b Abs. 2 UStG) wird auf Abschnitt 22.3b verwiesen.

(2) Hinsichtlich der Verpflichtungen zur Abgabe der ZM siehe Abschnitte 4.1.2 Abs. 2 und 3, 18a.1 Abs. 1 und 2, 18a.2 Abs. 7 und 18a.3 Abs. 1 und 2.

Zu § 7 UStG

(§§ 12 und 13 UStDV)

7.1 Lohnveredelung an Gegenständen der Ausfuhr

(1) [1]Die Befreiungstatbestände in § 7 Abs. 1 Satz 1 Nr. 1 und 2 UStG entsprechen den Befreiungstatbeständen bei der Steuerbefreiung für Ausfuhrlieferungen in § 6 Abs. 1 Satz 1 Nr. 1 und 2 UStG. [2]Die Ausführungen in Abschnitt 6.1 Abs. 1 und 2 gelten deshalb entsprechend.

(1a) [1] Hat der Unternehmer den zu bearbeitenden oder zu verarbeitenden Gegenstand in die in § 1 Abs. 3 UStG bezeichneten Gebiete, d. h. in einen Freihafen oder in die Gewässer oder Watten zwischen der Hoheitsgrenze und der jeweiligen Strandlinie (vgl. Abschnitt 1.9 Abs. 3) befördert oder versendet, liegt bei ausländischen Auftraggebern (§ 7 Abs. 2 UStG) eine Lohnveredelung nach § 7 Abs. 1 Satz 1 Nr. 3 Buchstabe a UStG vor. [2] Bei Auftraggebern, die im Inland oder in den bezeichneten Gebieten nach § 1 Abs. 3 UStG ansässig sind, liegt eine Lohnveredelung nach § 7 Abs. 1 Satz 1 Nr. 3 Buchstabe b UStG vor, wenn der Auftraggeber den bearbeiteten oder verarbeiteten Gegenstand für Zwecke seines Unternehmens verwendet (vgl. Abschnitt 15.2b). [3] Der Auftraggeber erwirbt im Allgemeinen den zu bearbeitenden oder zu verarbeitenden Gegenstand für Zwecke seines Unternehmens, wenn der beabsichtigte unternehmerische Verwendungszweck im Zeitpunkt des Beginns der Beförderung oder Versendung überwiegt. [4] Bei der Be- oder Verarbeitung von vertretbaren Sachen, die der Auftraggeber sowohl für unternehmerische als auch für nichtunternehmerische Zwecke verwendet, ist der Anteil, der auf den unternehmerischen Erwerbszweck entfällt, durch eine Aufteilung entsprechend den Erwerbszwecken zu ermitteln.

(2) [1] Voraussetzung für die Steuerbefreiung bei jedem der Befreiungstatbestände ist, dass der Auftraggeber den zu bearbeitenden oder zu verarbeitenden Gegenstand zum Zwecke der Bearbeitung oder Verarbeitung in das Gemeinschaftsgebiet eingeführt oder zu diesem Zweck in diesem Gebiet erworben hat (§ 7 Abs. 1 Satz 1 UStG). [2] Die Bearbeitung oder Verarbeitung braucht nicht der ausschließliche Zweck für die Einfuhr oder für den Erwerb zu sein. [3] Die Absicht, den Gegenstand bearbeiten oder verarbeiten zu lassen, muss jedoch bei dem Auftraggeber bereits zum Zeitpunkt der Einfuhr oder des Erwerbs bestehen. [4] Eine Einfuhr durch den Auftraggeber liegt auch dann vor, wenn dieser den zu bearbeitenden oder zu verarbeitenden Gegenstand von dem Unternehmer im Drittlandsgebiet abholen lässt.

(3) [1] Die Voraussetzung der Einfuhr eines Gegenstands zum Zwecke seiner Bearbeitung oder Verarbeitung ist insbesondere in den folgenden Fällen als erfüllt anzusehen:

1. Der Gegenstand wurde in einer zollamtlich bewilligten aktiven Veredelung – einschließlich einer Ausbesserung – veredelt.

Beispiel 1:

[1] Der im Inland ansässigen Weberei W ist von der zuständigen Zollstelle eine aktive Veredelung (Artikel 256 UZK)[1)] mit Garnen zum Verweben für den in der Schweiz ansässigen Trachtenverein (nicht unternehmerisch tätiger Auftraggeber) S bewilligt worden. [2] S versendet zu diesem Zweck Garne an W. [3] Die Garne werden zollamtlich zur aktiven Veredelung abgefertigt. [4] Für ihre Einfuhr werden keine Einfuhrabgaben erhoben. [5] W verwebt die Garne, meldet die hergestellten Gewebe zur Wiederausfuhr an und sendet sie an S in die Schweiz zurück.

2. [1] Der eingeführte Gegenstand wurde in die Überlassung zum zollrechtlich freien Verkehr übergeführt. [2] Die Einfuhrumsatzsteuer ist entstanden.

[1)] **Zölle und Verbrauchsteuern** Nr. **1.**

Beispiel 2:

[1] Der in der Schweiz ansässige Auftraggeber S (Nichtunternehmer) beauftragt die im Inland ansässige Weberei W mit dem Verweben von Garnen. [2] S versendet zu diesem Zweck Garne an W. [3] Da es sich auf Grund des vorliegenden Präferenznachweises um eine zollfreie Einfuhr handelt und W zum Vorsteuerabzug berechtigt ist, wird keine aktive Veredelung bewilligt. [4] W verwebt die Garne und sendet die Gewebe an S in die Schweiz zurück. [5] Die für die Einfuhr der Garne entstandene Einfuhrumsatzsteuer kann W als Vorsteuer abziehen (vgl. Abschnitt 15.8 Abs. 8).

3. Das Bestimmungsland hat für die Wiedereinfuhr des bearbeiteten oder verarbeiteten Gegenstands Einfuhrabgaben, z. B. Zoll oder Einfuhrumsatzsteuer, erhoben.

Beispiel 3:

[1] Der im Drittlandsgebiet wohnhafte Kfz-Besitzer K hat seinen Personenkraftwagen zur Reparatur durch eine Kraftfahrzeugwerkstatt im Inland eingeführt. [2] Die Reparatur besteht in einer Werkleistung. [3] Der Kraftwagen ist bei der Einfuhr konkludent (Artikel 139 Abs. 1 UZK-DA)[1)] in die vorübergehende Verwendung (Artikel 250 UZK)[1)] übergeführt worden. [4] Die Einfuhr in das Inland kann deshalb nicht durch zollamtliche Belege einer deutschen Zollstelle nachgewiesen werden. [5] Das Wohnsitzland hat jedoch bei der Wiedereinfuhr des reparierten Kraftfahrzeugs Einfuhrabgaben erhoben.

[2] Wegen des in den in Satz 1 Nummern 1 bis 3 genannten Sachverhalten zu führenden buchmäßigen Nachweises wird auf Abschnitt 7.3 Abs. 2 hingewiesen.

(4) [1] Bei Beförderungsmitteln und Transportbehältern, die ihrer Art nach von einem ausländischen Auftraggeber nur für unternehmerische Zwecke verwendet werden können – z. B. Binnenschiffe für gewerbliche Zwecke, Eisenbahnwagen, Container, Kraftomnibusse, Lastkraftwagen, Anhänger, Tankauflieger, Tanksattelschlepper und Tankcontainer – kann unterstellt werden, dass sie nicht nur zu Transportzwecken, sondern regelmäßig auch zur Wartung, Reinigung und Instandsetzung eingeführt werden. [2] In diesen Fällen braucht deshalb der Einfuhrzweck nicht nachgewiesen zu werden.

(5) [1] Die Voraussetzung des Erwerbs im Gemeinschaftsgebiet zum Zwecke der Bearbeitung oder Verarbeitung ist bei einem Gegenstand insbesondere als erfüllt anzusehen, wenn

1. das Bestimmungsland für die Einfuhr des bearbeiteten oder verarbeiteten Gegenstands Einfuhrabgaben, z. B. Zoll, Einfuhrumsatzsteuer, erhoben hat, die nach dem Wert des eingeführten Gegenstands, einschließlich der durch die Bearbeitung oder Verarbeitung eingetretenen Wertsteigerung, berechnet worden sind, oder
2. der Gegenstand unmittelbar vom Lieferer an den beauftragten Unternehmer oder – im Falle der Bearbeitung oder Verarbeitung durch mehrere Beauftragte – vom vorangegangenen Beauftragten an den nachfolgenden Beauftragten gelangt ist.

[2] Zum buchmäßigen Nachweis wird auf Abschnitt 7.3 Abs. 2 hingewiesen.

(6) [1] In der Regel liegt keine Einfuhr zum Zwecke der Bearbeitung oder Verarbeitung vor, wenn ein Gegenstand, der in das Inland gelangt ist, hier

---

1) **Zölle und Verbrauchsteuern** Nr. **4** bzw **1.**

wider Erwarten reparaturbedürftig geworden und deshalb bearbeitet oder verarbeitet worden ist. [2]Die Steuerbefreiung kommt hiernach z. B. nicht in Betracht, wenn ein im Drittlandsgebiet zugelassenes Kraftfahrzeug während einer Fahrt im Inland unerwartet repariert werden musste. [3]Entsprechendes gilt, wenn ein Gegenstand, z. B. ein Kraftwagen, den ein ausländischer Abnehmer im Inland erworben hat, hier vor der Ausfuhr genutzt wurde und während dieser Zeit wider Erwarten repariert werden musste.

(7) [1]Der bearbeitete oder verarbeitete oder – im Falle der Werkleistung nach § 3 Abs. 10 UStG – der überlassene Gegenstand kann durch einen weiteren Beauftragten oder mehrere weitere Beauftragte des Auftraggebers oder eines folgenden Auftraggebers vor der Ausfuhr bearbeitet oder verarbeitet worden sein. [2]Die Ausführungen in Abschnitt 6.1 Abs. 5 gelten hierzu entsprechend.

7.2 Ausfuhrnachweis[1)]

(1) [1]Die für den Ausfuhrnachweis bei Ausfuhrlieferungen maßgebenden Vorschriften sind entsprechend anzuwenden. [2]Auf die Ausführungen in den Abschnitten 6.5 bis 6.8 wird hingewiesen. [3]Hat der Unternehmer einen anderen Unternehmer (Subunternehmer) mit der Bearbeitung oder Verarbeitung beauftragt und befördert oder versendet dieser den bearbeiteten, verarbeiteten oder überlassenen Gegenstand in das Drittlandsgebiet, kann die Ausfuhr in diesen Fällen durch eine Versandbestätigung nachgewiesen werden. [4]Die Versandbestätigung des versendenden Vertreters kann auch auf elektronischem Weg übermittelt werden; bei einer elektronischen Übermittlung der Versandbestätigung ist eine Unterschrift nicht erforderlich, sofern erkennbar ist, dass die elektronische Übermittlung im Verfügungsbereich des Ausstellers begonnen hat. [5]Abschnitt 6a.4 Abs. 3 Satz 2 und Abs. 6 ist entsprechend anzuwenden.

(2) Beziehen sich die Bearbeitungen oder Verarbeitungen auf Binnenschiffe, die gewerblichen Zwecken dienen, Eisenbahnwagen oder Container ausländischer Auftraggeber (vgl. Abschnitt 7.1 Abs. 4), kann der Unternehmer den Nachweis der Ausfuhr dadurch erbringen, dass er neben dem Namen und der Anschrift des ausländischen Auftraggebers und des Verwenders, wenn dieser nicht der Auftraggeber ist, Folgendes aufzeichnet:

1. bei Binnenschiffen, die gewerblichen Zwecken dienen, den Namen und den Heimathafen des Schiffes,
2. bei Eisenbahnwagen das Kennzeichen der ausländischen Eisenbahnverwaltung und die Nummer des Eisenbahnwagens und
3. bei Containern das Kennzeichen des Behälters.

(3) [1]Wird der Nachweis der Einfuhr zum Zwecke der Bearbeitung oder Verarbeitung durch Hinweis auf die Belege über die Bezahlung der Einfuhrabgaben des Bestimmungslandes geführt (vgl. Abschnitt 7.3 Abs. 2 Nr. 3), kann dieser Nachweis zugleich als Ausfuhrnachweis angesehen werden.

[1)] Zur Mitwirkung der Zolldienststellen vgl. BMF v. 16.10.1997 IV C 4 – S 7134 – 78/97, UR 1998, 37, geänd. durch BMF v. 21.06.2006 IV A 6 – S 7134 – 21/06.

[2]Eines weiteren Nachweises für die Ausfuhr bedarf es in diesen Fällen nicht mehr.

7.3 Buchmäßiger Nachweis

(1) [1]Die Ausführungen zum buchmäßigen Nachweis bei Ausfuhrlieferungen in Abschnitt 6.10 Abs. 1 bis 6 gelten entsprechend. [2]Ist der Gegenstand durch mehrere Unternehmer – Beauftragte – nacheinander bearbeitet oder verarbeitet worden (vgl. Abschnitt 7.1 Abs. 7), muss jeder dieser Unternehmer die Voraussetzungen der Steuerbefreiung einschließlich der Einfuhr oder des Erwerbs im Gemeinschaftsgebiet zum Zwecke der Bearbeitung oder Verarbeitung buchmäßig nachweisen.

(2) Der Nachweis der Einfuhr oder des Erwerbs für Zwecke der Bearbeitung und Verarbeitung muss in den Fällen des Abschnitts 7.1 Abs. 3 und 5 wie folgt geführt werden:

1. in den Fällen der aktiven Lohnveredelung (vgl. Abschnitt 7.1 Abs. 3 Satz 1 Nr. 1) durch Hinweis auf die zollamtlichen Belege über die Anmeldung der Waren zur Veredelung und über die Abmeldung der Waren aus der Veredelung;
2. [1]in den Fällen der Einfuhrbesteuerung (vgl. Abschnitt 7.1 Abs. 3 Satz 1 Nr. 2) durch Hinweis auf den zollamtlichen Beleg über die Entstehung der Einfuhrumsatzsteuer. [2]Im Falle der Bearbeitung oder Verarbeitung durch mehrere Unternehmer – Beauftragte – genügt bei den nachfolgenden Beauftragten ein Hinweis auf eine Bescheinigung des vorangegangenen Beauftragten, worin dieser die Entstehung der Einfuhrumsatzsteuer bestätigt hat;
3. in den Fällen der Erhebung von Einfuhrabgaben durch das Bestimmungsland (vgl. Abschnitt 7.1 Abs. 3 Satz 1 Nr. 3 und Abs. 5 Satz 1 Nr. 1) durch Hinweis auf die bei dem Unternehmer vorhandenen Belege oder ihre beglaubigten Abschriften über die Bezahlung der Einfuhrabgaben des Bestimmungslands;
4. in den Fällen, in denen der im Gemeinschaftsgebiet erworbene Gegenstand unmittelbar vom Lieferer an den Unternehmer – Beauftragten – oder von dem vorangegangenen Beauftragten an den nachfolgenden Beauftragten gelangt ist (vgl. Abschnitt 7.1 Abs. 5 Satz 1 Nr. 2), durch Hinweis auf die Durchschrift der Ausfuhrbestätigung für Umsatzsteuerzwecke in Bearbeitungs- oder Verarbeitungsfällen.

(3) [1]Bei der Bearbeitung, z. B. Wartung, Reinigung oder Instandsetzung, eines Kraftfahrzeuges eines ausländischen Auftraggebers kann der Unternehmer den Nachweis der Einfuhr des Kraftfahrzeuges zum Zwecke dieser Bearbeitung auch in anderer Weise führen. [2]In Betracht kommen z. B. Hinweise auf eine schriftliche Anmeldung des Auftraggebers zur Reparatur oder auf eine Bescheinigung einer ausländischen Behörde, dass das Kraftfahrzeug bei einem Unfall im Drittlandsgebiet beschädigt worden ist. [3]Diese Regelung gilt jedoch nur dann, wenn nach den Umständen des Einzelfalls keine ernsthaften Zweifel daran bestehen, dass der Auftraggeber das Kraftfahrzeug zum Zwecke der Bearbeitung eingeführt hat.

7.4 Abgrenzung zwischen Lohnveredelungen im Sinne des § 7 UStG und Ausfuhrlieferungen im Sinne des § 6 UStG

[1]Die Steuerbefreiung für Ausfuhrlieferungen kommt für Werklieferungen an eingeführten oder im Gemeinschaftsgebiet erworbenen Gegenständen – anders als die Steuerbefreiung nach § 4 Nr. 1 Buchstabe a, § 7 UStG bei Werkleistungen (Lohnveredelungen) – ohne Rücksicht darauf in Betracht, zu welchem Zweck die Gegenstände eingeführt oder erworben worden sind. [2]Deshalb ist für die Frage, ob für einen Umsatz Steuerfreiheit gewährt werden kann, insbesondere bei Reparaturen beweglicher körperlicher Gegenstände häufig von entscheidender Bedeutung, ob der Umsatz eine Werklieferung (§ 3 Abs. 4 UStG) oder eine Werkleistung darstellt. [3]Zur Abgrenzung zwischen Werklieferung und Werkleistung allgemein und bei Reparaturen beweglicher körperlicher Gegenstände vgl. Abschnitt 3.8.

Zu § 8 UStG
(§ 18 UStDV)

8.1 Umsätze für die Seeschifffahrt

(1) [1]Die Steuerbefreiung nach § 4 Nr. 2, § 8 Abs. 1 UStG ist grundsätzlich davon abhängig, dass die Umsätze unmittelbar an Betreiber eines Seeschiffes oder an die Gesellschaft zur Rettung Schiffbrüchiger bewirkt werden. [2]Die Lieferung eines Wasserfahrzeuges im Sinne des § 8 Abs. 1 Nr. 1 UStG ist auch dann umsatzsteuerfrei, wenn die Lieferung an einen Unternehmer erfolgt, der das Wasserfahrzeug zum Zweck der Überlassung an einen Betreiber eines Seeschiffes oder die Gesellschaft zur Rettung Schiffbrüchiger zu deren ausschließlicher Nutzung erwirbt und diese Zweckbestimmung im Zeitpunkt der Lieferung endgültig feststeht und vom liefernden Unternehmer nachgewiesen wird (vgl. EuGH-Urteil vom 19.07.2012, C-33/11, A). [3]Die Steuerbefreiung kann sich nicht auf Umsätze auf den vorhergehenden Stufen erstrecken, wenn im Zeitpunkt dieser Leistungen deren endgültige Verwendung für den Bedarf eines konkreten, eindeutig identifizierbaren Seeschiffes ihrem Wesen nach nicht feststeht; steht jedoch im Zeitpunkt der Leistung deren endgültige Verwendung für den Bedarf eines solchen Seeschiffes fest und ist die endgültige Zweckbestimmung der Leistung bereits aufgrund der Befolgung der steuerlichen Buchführungs- und Aufzeichnungspflichten (Beleg- und Buchnachweis) sowie der Befolgung der Aufbewahrungspflichten und nicht erst durch besondere Kontroll- und Überwachungsmechanismen nachvollziehbar, kann sich die Steuerbefreiung auch auf vorhergehende Stufen erstrecken (vgl. EuGH-Urteile vom 14.09.2006, C-181/04 bis C-183/04, Elmeka,[1)] und vom 19.07.2012, C-33/11, A). [4]Auch Dienstleistungen im Bereich des Beladens und Entladens eines Seeschiffes können steuerfrei sein, wenn sie nicht unmittelbar an den Betreiber eines Seeschiffes, sondern auf einer vorhergehenden Stufe erbracht werden, wie etwa eine von einem Unterauftragnehmer an einen Auftraggeber erbrachte Be- oder Entladeleistung, die dieser dann einem Speditions- oder Transportunternehmen weiterberechnet. [5]Auch

---

1) HFR 2006, 1171.

können Be- und Entladedienstleistungen steuerfrei sein, die an den Verfügungsberechtigten der Schiffsladung, etwa deren Ausführer oder Einführer, erbracht werden (vgl. EuGH-Urteil vom 04.05.2017, C-33/16, A, BStBl. II S. 1027).[1)] [6]Unter den Begriff „Betreiber" fallen unter Berücksichtigung des unionsrechtlichen Umfangs der Befreiung von Umsätzen für die Seeschifffahrt sowohl Reeder als auch Bereederer von Seeschiffen, sofern die Leistungen unmittelbar dem Erwerb durch die Seeschifffahrt dienen. [7]Die Eigentumsverhältnisse sind für die Steuerbefreiung insoweit unerheblich. [8]Eine Zwischenlagerung von Lieferungsgegenständen im Sinne des § 8 Abs. 1 UStG ist ebenfalls unschädlich. [9]Chartervergütungen, die von Linienreedereien geleistet werden, die wiederum Bereederungsverträge mit Reedereien abschließen, sind als Gegenleistung für steuerbefreite Umsätze für die Seeschifffahrt anzusehen.

(2) [1]Bei den begünstigten Schiffen (§ 8 Abs. 1 Nr. 1 UStG) muss es sich um bereits vorhandene Wasserfahrzeuge handeln, die nach ihrer Bauart dem Erwerb durch die Seeschifffahrt oder der Rettung Schiffbrüchiger dienen; maßgebend ist die zolltarifliche Einordnung. [2]Ein Wasserfahrzeug ist ab dem Zeitpunkt seiner Abnahme durch den Besteller als „vorhanden" anzusehen. [3]Zu den vorbezeichneten Schiffen gehören insbesondere Seeschiffe der Handelsschifffahrt, seegehende Fahrgast- und Fährschiffe, Fischereifahrzeuge und Schiffe des Seeschifffahrtshilfsgewerbes, z. B. Seeschlepper und Bugsierschiffe. [4]Nicht dazu gehören Wassersportfahrzeuge (vgl. BFH-Urteil vom 13.02.1992, V R 141/90, BStBl. II S. 576) und Behördenfahrzeuge. [5]Weitere Voraussetzung für die Steuerbefreiung ist, dass die nach ihrer Bauart begünstigten Wasserfahrzeuge auch tatsächlich ausschließlich oder überwiegend in der Erwerbsseeschifffahrt oder zur Rettung Schiffbrüchiger eingesetzt werden.[2)] [6]Als Erwerbsseeschifffahrt ist die Schifffahrt seewärts des Küstenmeeres im Sinne des Seerechtsübereinkommens der Vereinten Nationen vom 10.12.1982 (BGBl. II 1994 S. 1798) und die Küstenfischerei nach Absatz 5 anzusehen. [7]Zur seewärtigen Abgrenzung veröffentlicht jeder Küstenstaat Seekarten oder Verzeichnisse geographischer Koordinaten (vgl. Art. 16 des Seerechtsübereinkommens der Vereinten Nationen, Bekanntmachung der Proklamation der Bundesregierung über die Ausweitung des deutschen Küstenmeeres vom 11.11.1994, BGBl. I 1994 S. 3428). [8]Die seewärtige Begrenzung des Küstenmeeres der Bundesrepublik Deutschland verläuft im Wesentlichen in einem Abstand von 12 Seemeilen, gemessen von der Niedrigwasserlinie und den geraden Basislinien und ergibt sich aus den Seegrenzkarten 2920 und 2921 (Bundesamt für Seeschifffahrt und Hydrographie). [9]In den Fällen der Reise-, Zeit-, Slot- und Bareboat-Vercharterung handelt es sich jeweils um eine steuerfreie Vercharterung eines Wasserfahrzeuges für die Seeschifffahrt nach § 4 Nr. 2, § 8 Abs. 1 Nr. 1 UStG. [10]Wesentliches Merkmal dieser Verträge ist das Zurverfügungstellen eines Schiffes bzw. von Schiffsraum. [11]Lediglich die Beförderung im Rahmen von Stückgutverträgen wird als Güterbeförderung an-

---

1) MwStR 2017, 578.

2) Lieferung selbsthebender Offshore-Bohreinheiten ist kein steuerbefreiter Umsatz für die Seeschifffahrt, siehe EuGH v. 20.06.2019 C-291/18, MwStR 2019, 695.

gesehen, deren Behandlung sich nach §§ 3a, 3b, 4 Nr. 3 UStG (vgl. Abschnitte 3b.3, 4.3.2 bis 4.3.4) richtet.

(3) Zu den Gegenständen der Schiffsausrüstung (§ 8 Abs. 1 Nr. 2 UStG) gehören:

1. die an Bord eines Schiffes zum Gebrauch mitgeführten in der Regel beweglichen Gegenstände, z. B. optische und nautische Geräte, Drahtseile und Tauwerk, Persenninge, Werkzeug und Ankerketten, nicht aber Transportbehälter, z. B. Container,
2. das Schiffszubehör, z. B. Rettungsboote und andere Rettungsvorrichtungen, Möbel, Wäsche und anderes Schiffsinventar, Seekarten und Handbücher, sowie
3. Teile von Schiffen und andere Gegenstände, die in ein bestimmtes nach § 8 Abs. 1 Nr. 1 UStG begünstigtes Wasserfahrzeug eingebaut werden sollen oder die zum Ersatz von Teilen oder zur Reparatur eines begünstigten Wasserfahrzeugs bestimmt sind; Absatz 2 Sätze 1 und 2 gilt entsprechend.

(4) Gegenstände zur Versorgung von Schiffen (§ 8 Abs. 1 Nr. 3 Satz 1 UStG) sind die technischen Verbrauchsgegenstände – z. B. Treibstoffe, Schmierstoffe, Farbe oder Putzwolle –, die sonstigen zum Verbrauch durch die Besatzungsmitglieder und die Fahrgäste bestimmten Gegenstände – z. B. Proviant, Genussmittel, Toilettenartikel, Zeitungen und Zeitschriften – und die Waren für Schiffsapotheken, Bordkantinen sowie Bordläden, wenn diese üblicherweise für den Gebrauch oder Verbrauch durch die Besatzungsmitglieder oder die Fahrgäste an Bord bestimmt sind.

(5) [1] Küstenfischerei (§ 8 Abs. 1 Nr. 3 Satz 2 UStG) ist die Fischerei, die in dem Gebiet des Küstenmeeres (vgl. Absatz 2 Satz 6) durchgeführt wird. [2] Unter Bordproviant sind die ausschließlich zum Verbrauch an Bord durch Besatzung und Passagiere bestimmten Waren (Mundvorrat) zu verstehen.

(6) [1] Bei der Versorgung ausländischer Kriegsschiffe (§ 8 Abs. 1 Nr. 4 UStG) kann davon ausgegangen werden, dass die Voraussetzung für die Steuerbefreiung stets erfüllt ist. [2] Bei der Versorgung von Kriegsschiffen der Bundeswehr ist die Voraussetzung durch einen Bestellschein, der die erforderlichen Angaben enthält, nachzuweisen. [3] Zu dem Begriff „Gegenstände zur Versorgung von Schiffen" gelten die Ausführungen in Absatz 4 entsprechend.

(7) [1] Zu den in § 8 Abs. 1 Nr. 5 UStG bezeichneten sonstigen Leistungen gehören, wenn die Voraussetzungen des Absatzes 1 erfüllt sind, insbesondere:

1. [1] die Leistungen des **Schiffsmaklers,** soweit es sich hierbei nicht um Vermittlungsleistungen handelt. [2] Der Schiffsmakler vermittelt im Allgemeinen den Abschluss von Seefrachtverträgen. [3] Sein Aufgabenbereich bestimmt sich jedoch nicht allein nach den Vorschriften über den Handelsmakler (§§ 93 ff. HGB). [4] Nach der Verkehrsauffassung und Verwaltungsübung ist vielmehr davon auszugehen, dass er, im Gegensatz zum Handelsmakler, nicht nur von Fall zu Fall tätig wird, sondern auch ständig mit der Betreuung eines Schiffs betraut sein kann;
2. [1] die Leistungen des **Havariekommissars.** [2] Dieser ist in der Regel als Schadensagent für Versicherer, Versicherungsnehmer, Versicherte oder Be-

förderungsunternehmer tätig. [3]Er hat hauptsächlich die Aufgabe, die Interessen seines Auftraggebers wahrzunehmen, wenn bei Beförderungen Schäden an den Beförderungsmitteln oder ihren Ladungen eintreten;

3. [1]die Leistungen des **Schiffsbesichtigers.** [2]Dieser ist ein Sachverständiger, der Schiffe und Ladungen besichtigt oder der auf Wunsch der Beteiligten bei Schiffshavarien oder Ladungsschäden Gutachten über Ursache, Art und Umfang der Schäden anfertigt;
4. [1]die Leistungen des **Güterbesichtigers.** [2]Dieser ist ein Sachverständiger, der zu einer Güterbesichtigung im Falle von Transportschäden aus Anlass einer Güterbeförderung berufen ist. [3]Eine amtliche Bestellung ist nicht zu fordern;
5. [1]die Leistungen des **Dispacheurs.** [2]Seine Tätigkeit besteht in der Feststellung und Verteilung von Schäden in den Fällen der großen Havarie (§ 595 HGB);
6. [1]die Leistungen der **Hafenbetriebe.** [2]Hierzu gehören alle Unternehmen, die Leistungen erbringen, die in unmittelbarem Zusammenhang mit der Zweckbestimmung eines Hafens stehen;
7. [1]das **Schleppen.** [2]Diese Leistung wird auf Grund eines Dienst- oder Werkvertrags, z.B. Assistieren beim Ein- und Auslaufen, Einschleppen eines Schiffes in den Hafen, Verholen eines Schiffes innerhalb des Hafens, oder auf Grund eines Frachtvertrags im Sinne des § 527 HGB (Fortbewegung eines unbemannten Schiffes) bewirkt;
8. [1]das **Lotsen.** [2]Diese Leistung liegt vor, wenn ein Schiff auf See oder Wasserstraßen von einem orts- und schifffahrtskundigen Berater geleitet wird, der dieser Tätigkeit berufsmäßig auf Grund behördlicher Zulassung oder eines Lotsenpatents nachgeht;
9. [1]das **Bergen.** [2]Hierunter fallen alle Leistungen für ein Schiff, seine Besatzung oder Ladung, die den Anspruch auf Berge- oder Hilfslohn begründen (vgl. § 574 HGB);
10. [1]die **selbständigen Nebenleistungen** zu den in den Nummern 1 bis 8 bezeichneten Leistungen. [2]Haupt- und Nebenleistungen können von verschiedenen Unternehmern bewirkt werden;
11. [1]die Personalgestellung im Rahmen des sog. **Crew-Management.** [2]Dagegen fallen die Personalbewirtschaftungsleistungen schon deshalb nicht unter die Steuerbefreiung, weil sie nicht unmittelbar an Unternehmer der Seeschifffahrt erbracht werden. [3]Die Personalvermittlung ist nach § 4 Nr. 5 UStG steuerfrei (vgl. Absatz 8);
12. die Vermietung (Leasing), das Be- und Entladen, das Lagern und die Reparatur von Seetransport-Containern, wenn sie für den unmittelbaren Bedarf der Schiffsladung bestimmt sind;
13. die **bewaffnete Sicherheitsbegleitung.**

[2]Im Übrigen ist Abschnitt 8.2 Abs. 7 und Abs. 8 auf die Umsätze für die Seeschifffahrt entsprechend anzuwenden.

(8) [1]Vermittlungsleistungen sind keine Leistungen für den unmittelbaren Bedarf der begünstigten Schiffe. [2]Das gilt auch dann, wenn sie von im Absatz 7 genannten Unternehmern erbracht werden. [3]Die Vermittlung der in § 8 UStG bezeichneten Umsätze ist jedoch unter den Voraussetzungen des § 4 Nr. 5 UStG steuerfrei.

(9) Sonstige Leistungen, die sich unmittelbar auf Gegenstände beziehen, die in das Drittlandsgebiet verbracht werden, oder die sich auf Gegenstände der Einfuhr in das Gebiet eines Mitgliedstaates der Europäischen Gemeinschaft beziehen, aber keine Leistungen für den unmittelbaren Bedarf der in § 8 Abs. 1 Nr. 1 und 2 UStG bezeichneten Wasserfahrzeuge darstellen, können nach § 4 Nr. 3 UStG unter den dort genannten Voraussetzungen steuerfrei sein.

8.2 Umsätze für die Luftfahrt

(1) Abschnitt 8.1 Abs. 1 bis 3 ist auf Umsätze für die Luftfahrt entsprechend anzuwenden.

(2) [1]Die Steuerbefreiung nach § 8 Abs. 2 Nr. 1 UStG ist davon abhängig, dass der Unternehmer nur in unbedeutendem Umfang nach § 4 Nr. 17 Buchstabe b UStG steuerfreie, auf das Inland beschränkte Beförderungen mit Luftfahrzeugen durchführt (vgl. Abschnitt 4.17.2). [2]Der Unternehmer führt dann steuerfreie, auf das Inland beschränkte Beförderungen mit Luftfahrzeugen in unbedeutendem Umfang durch, wenn die Entgelte für diese Umsätze im vorangegangenen Kalenderjahr nicht mehr als 1% der Entgelte seiner im jeweiligen Zeitraum ausgeführten Personenbeförderungen im Binnenluftverkehr und im internationalen Luftverkehr betragen oder die Anzahl der Flüge, bei denen nach § 4 Nr. 17 Buchstabe b UStG steuerfreie, auf das Inland beschränkte Beförderungen ausgeführt werden, im vorangegangenen Kalenderjahr nicht mehr als 1% der Gesamtzahl der ausgeführten Flüge des Unternehmers im Personenverkehr beträgt.

(3) [1]Von den Beförderungen im internationalen Luftverkehr im Sinne des § 8 Abs. 2 Nr. 1 UStG sind die Beförderungen zu unterscheiden, die sich ausschließlich auf das Inland erstrecken (Binnenluftverkehr). [2]Die Frage, welcher der beiden Verkehre überwiegt, bestimmt sich nach der Höhe der Entgelte für die Personen- und Güterbeförderungen im Luftverkehr. [3]Übersteigen bei einem Unternehmer, der ausschließlich – oder mit einem Unternehmensteil oder auch nur im Rahmen von Hilfsumsätzen – entgeltlichen Luftverkehr betreibt, die Entgelte für die Beförderungen im internationalen Luftverkehr die Entgelte für die Beförderungen im Binnenluftverkehr, kommt für die Lieferungen usw. von Luftfahrzeugen, die zum Einsatz bei diesem Unternehmer bestimmt sind, die Steuerbefreiung in Betracht. [4]Auf den Zweck, für den das einzelne Flugzeug bestimmt ist oder verwendet wird – Einsatz im internationalen Luftverkehr oder im Binnenluftverkehr –, kommt es nicht an. [5]Bei den Luftverkehrsunternehmern mit Sitz im Ausland ist davon auszugehen, dass sie im Rahmen ihres entgeltlichen Luftverkehrs überwiegend internationalen Luftverkehr betreiben und nur in unbedeutendem Umfang nach § 4 Nr. 17 Buchstabe b UStG steuerfreie, auf das Inland beschränkte

Beförderungen durchführen. [6]Bei den Luftverkehrsunternehmern mit Sitz im Inland kann diese Voraussetzung als erfüllt angesehen werden, wenn sie in der für den Besteuerungszeitraum maßgeblichen im Bundessteuerblatt veröffentlichten Liste aufgeführt sind.[1)] [7]Die Liste wird jeweils zu Beginn eines Kalenderjahres neu herausgegeben, soweit bis zu diesem Zeitpunkt Änderungen eingetreten sind. [8]Das Vorliegen einer aktiven Betriebsgenehmigung durch das Luftfahrtbundesamt kann ein Indiz dafür sein, dass das betreffende Unternehmen in die Liste aufgenommen werden kann, ist aber keine materiellrechtliche Voraussetzung für die Anwendung der Steuerbefreiung nach § 8 Abs. 2 UStG.

(4)[2)] [1]Bis zur Aufnahme eines Unternehmers in die in Absatz 3 bezeichnete Liste gilt Folgendes: Haben die zuständigen Landesfinanzbehörden bei einem Unternehmer festgestellt, dass er im entgeltlichen Luftverkehr überwiegend internationalen Luftverkehr betreibt und nur in unbedeutendem Umfang nach § 4 Nr. 17 Buchstabe b UStG steuerfreie, auf das Inland beschränkte Beförderungsleistungen erbringt, erteilt das zuständige Finanzamt dem Unternehmer hierüber einen schriftlichen bis zum Ablauf des Kalenderjahres befristeten Bescheid. [2]Der Unternehmer kann anderen Unternehmern Ablichtungen oder Abschriften des Bescheids des Finanzamts übersenden und sie auf diese Weise unterrichten. [3]Die anderen Unternehmer sind berechtigt, diese Ablichtungen oder Abschriften bis zum Beginn des neuen Kalenderjahres für die Führung des buchmäßigen Nachweises zu verwenden.

(5) [1]Das Finanzamt prüft einmal jährlich, ob der in die Liste aufgenommene Unternehmer die Voraussetzungen hierfür noch erfüllt. [2]Ist der Unternehmer danach in die nächste Liste nicht mehr aufzunehmen, können andere Unternehmer aus Vereinfachungsgründen bei Umsätzen, die sie bis zum Beginn des neuen Kalenderjahres bewirken, noch davon ausgehen, dass der Unternehmer im entgeltlichen Luftverkehr überwiegend internationalen Luftverkehr betreibt und nur in unbedeutendem Umfang nach § 4 Nr. 17 Buchstabe b UStG steuerfreie, auf das Inland beschränkte Beförderungen durchführt.

(6) [1]Bezüglich der Begriffe „Ausrüstungsgegenstände" und „Versorgungsgegenstände" gelten die Ausführungen in Abschnitt 8.1 Abs. 3 und 4 entsprechend. [2]Jedoch ist es nicht erforderlich, dass der Unternehmer die Gegenstände zur Ausrüstung oder Versorgung eines bestimmten Luftfahrzeuges liefert. [3]Bei speziell nur für die Luftfahrt zu verwendenden Containern (z. B. für einen bestimmten Flugzeugtyp angefertigte Container) handelt es sich um Ausrüstungsgegenstände im Sinne von § 8 Abs. 2 Nr. 2 UStG.

(7) Zu den sonstigen Leistungen im Sinne des § 8 Abs. 2 Nr. 4 UStG gehören insbesondere:

1. die Duldung der Benutzung des Flughafens und seiner Anlagen einschließlich der Erteilung der Start- und Landeerlaubnis;
2. die Reinigung von Luftfahrzeugen;

[1)] Ab **01.01.2023** siehe BMF v. 09.12.2022, BStBl. I 2022, 1679, geänd. durch BMF v. 03.05.2023, BStBl. I 2023, 797, ab **01.01.2024** siehe BMF v. 02.01.2024, BStBl. I 2024, 91.

[2)] So die amtliche Satzzählung in Abs. 4.

3. die Umschlagsleistungen auf Flughäfen;
4. die Leistungen der Havariekommissare, soweit sie bei Beförderungen im Luftverkehr anlässlich von Schäden an den Beförderungsmitteln oder ihren Ladungen tätig werden (vgl. Abschnitt 8.1 Abs. 7 Satz 1 Nr. 2);
5. die mit dem Flugbetrieb zusammenhängenden sonstigen Leistungen auf Flughäfen, z. B. das Schleppen von Flugzeugen;
6. die sog. Standby-Leistungen selbständiger Piloten bei Vorliegen der sonstigen Voraussetzungen des § 8 Abs. 2 Nr. 4 UStG und
7. [1] die Leistungen für Zwecke der Luftsicherheitskontrollen zur Überprüfung von Fluggästen und deren Gepäck an eine Luftsicherheitsbehörde (§ 5 LuftSiG in Verbindung mit § 29 LuftVG)[1)] oder an einen zur Wahrnehmung der Luftsicherheitskontrollen Beliehenen (§ 16a LuftSiG). [2] Dies gilt auch für die Aufwendungen für den Erwerb, die Nutzung und die Erhaltung von Sicherheitseinrichtungen zur Fluggast- und Gepäckkontrolle (z. B. Körper- oder Gepäckscanner) und den Einkauf von Security-Leistungen.

(8)[2)] [1] Nicht befreit nach § 4 Nr. 2, § 8 Abs. 2 Nr. 4 UStG sind insbesondere die folgenden sonstigen Leistungen:

1. [1] die Vermittlung von befreiten Umsätzen. [2] Es kann jedoch die Steuerbefreiung nach § 4 Nr. 5 UStG in Betracht kommen (vgl. Abschnitt 4.5.1 Abs. 3);
2. die Vermietung von Hallen für Werftbetriebe auf Flughäfen;
3. die Leistungen zu Kontrollzwecken des Flughafen- und Bodenpersonals sowie sonstige Bodendienstleistungen (z. B. die Reinigung des Flughafens), soweit sie nicht nach Absatz 7 Nr. 7 begünstigt sind;
4. die Beherbergung und Beköstigung von Besatzungsmitgliedern eines Luftfahrzeuges;
5. die Beförderung von Besatzungsmitgliedern, z. B. mit einem Taxi, vom Flughafen zum Hotel und zurück;
6. die Beherbergung und Beköstigung von Passagieren bei Flugunregelmäßigkeiten;
7. die Beförderung von Passagieren und des Fluggepäcks, z. B. mit einem Kraftfahrzeug, zu einem Ausweichflughafen und
8. die Zugangsberechtigung zu Warteräumen in Flughäfen (siehe Abschnitt 3a.3 Abs. 9 Nr. 2c).

8.3 Buchmäßiger Nachweis

(1) [1] Der Unternehmer hat die Voraussetzungen der Steuerbefreiung buchmäßig nachzuweisen. [2] Hierzu gelten die Ausführungen zu den Ausfuhrlieferungen entsprechend (vgl. Abschnitt 6.10 Abs. 1 bis 4).

[1)] Luftverkehrsgesetz i. d. F. v. 10.05.2007, BGBl. I 2007, 698 (**Sartorius Ergänzungsband** Nr. **975**).

[2)] A 8.2 UStAE Abs. 8 Nr. 8 angef. durch BMF v. 26.04.2022, BStBl. I 2022, 655, anzuwenden in allen offenen Fällen, zur Übergangsregelung für **vor dem 01.07.2022** ausgeführte Leistungen siehe Anlage 8.

(2) [1]Der Unternehmer soll nach § 18 UStDV neben den in § 13 Abs. 2 Nr. 1 bis 4 UStDV bezeichneten Angaben auch aufzeichnen, für welchen Zweck der Gegenstand der Lieferung oder die sonstige Leistung bestimmt ist. [2]Es genügt der Hinweis auf Urkunden, z.B. auf ein Schiffszertifikat, oder auf Belege, wenn sich aus diesen Unterlagen der Zweck eindeutig und leicht nachprüfbar ergibt. [3]In Zweifelsfällen kann der begünstigte Zweck durch eine Bestätigung desjenigen, bei dem er verwirklicht werden soll, nachgewiesen werden. [4]Soll der begünstigte Zweck bei einem Dritten verwirklicht werden (vgl. Abschnitt 8.1 Abs. 1 und Abschnitt 8.2 Abs. 1), sollen auch der Name und die Anschrift dieses Dritten aufgezeichnet sein.

(3) [1]Bei Reihengeschäften können ausländische Unternehmer in der Reihe den buchmäßigen Nachweis in der Regel nicht im Geltungsbereich des UStG erbringen. [2]In diesen Fällen ist zur Vermeidung von Unbilligkeiten das Fehlen des Nachweises nicht zu beanstanden.

Zu § 9 UStG

9.1 Verzicht auf Steuerbefreiungen (§ 9 Abs. 1 UStG)[1)]

(1) [1]Ein Verzicht auf Steuerbefreiungen (Option) ist nur in den Fällen des § 4 Nr. 8 Buchstaben a bis g, Nr. 9 Buchstabe a, Nr. 12, 13 oder 19 UStG zulässig. [2]Der Unternehmer hat bei diesen Steuerbefreiungen die Möglichkeit, seine Entscheidung für die Steuerpflicht bei jedem Umsatz einzeln zu treffen. [3]Zu den Aufzeichnungspflichten wird auf Abschnitt 22.2 Abs. 4 hingewiesen.

(2) [1]Der Verzicht auf die Steuerbefreiung ist in den Fällen des § 19 Abs. 1 Satz 1 UStG nicht zulässig (§ 19 Abs. 1 Satz 4 UStG). [2]Für Unternehmer, die ihre Umsätze aus land- und forstwirtschaftlichen Betrieben nach den Vorschriften des § 24 UStG versteuern, findet § 9 UStG keine Anwendung (§ 24 Abs. 1 Satz 2 UStG). [3]Ferner ist § 9 UStG in den Fällen der unentgeltlichen Wertabgabe nach § 3 Abs. 1b Satz 1 Nr. 1 und 2 UStG nicht anzuwenden.[2)]

(3) [1]Die Erklärung zur Option nach § 9 UStG sowie die Rücknahme dieser Option sind zulässig, solange die Steuerfestsetzung für das Jahr der Leistungserbringung anfechtbar oder auf Grund eines Vorbehalts der Nachprüfung nach § 164 AO noch änderbar ist (vgl. BFH-Urteile vom 19.12.2013, V R 6/12, BStBl. II 2017 S. 837, und V R 7/12, BStBl. II 2017 S. 841). [2]Im Rahmen einer Geschäftsveräußerung im Ganzen kommt eine Option grundsätzlich nicht in Betracht. [3]Gehen die Parteien jedoch im Rahmen des notariellen Kaufvertrags übereinstimmend von einer Geschäftsveräußerung im Ganzen aus und beabsichtigen sie lediglich für den Fall, dass sich ihre rechtliche Beurteilung später als unzutreffend herausstellt, eine Option zur Steuerpflicht, gilt diese vorsorglich und im Übrigen unbedingt im notariellen Kaufvertrag erklärte Option als mit Vertragsschluss wirksam. [4]Weitere Ein-

---

1) Zum Vorsteuerabzug aus den Herstellungskosten einer in 1993/1994 errichteten und stpfl. vermieteten Sporthalle vgl. BFH v. 11.03.2009 XI R 71/07, BStBl. II 2010, 209.

2) Hinweis auf A 3.2 Abs. 2 UStAE.

schränkungen ergeben sich für Umsätze im Sinne des § 4 Nr. 9 Buchstabe a UStG aus § 9 Abs. 3 UStG (vgl. hierzu Abschnitt 9.2 Abs. 8 und 9). [5]An eine besondere Form ist die Ausübung des Verzichts auf Steuerbefreiung nicht gebunden. [6]Die Option erfolgt, indem der leistende Unternehmer den Umsatz als steuerpflichtig behandelt. [7]Dies geschieht regelmäßig, wenn er gegenüber dem Leistungsempfänger mit gesondertem Ausweis der Umsatzsteuer abrechnet. [8]Der Verzicht kann auch in anderer Weise (durch schlüssiges Verhalten) erklärt werden, soweit aus den Erklärungen oder sonstigen Verlautbarungen, in die das gesamte Verhalten einzubeziehen ist, der Wille zum Verzicht eindeutig hervorgeht.

(4) [1]Unter den in Absatz 3 genannten Voraussetzungen kann der Verzicht auch wieder rückgängig gemacht werden. [2]Sind für diese Umsätze Rechnungen oder Gutschriften mit gesondertem Steuerausweis erteilt worden, entfällt die Steuerschuld nur, wenn die Rechnungen oder Gutschriften berichtigt werden (vgl. § 14c Abs. 1 Satz 3 UStG und Abschnitt 14c.1 Abs. 11). [3]Einer Zustimmung des Leistungsempfängers zur Rückgängigmachung des Verzichts bedarf es grundsätzlich nicht.

(5) [1]Voraussetzung für einen Verzicht auf die Steuerbefreiungen der in § 9 Abs. 1 UStG genannten Umsätze ist, dass steuerbare Umsätze von einem Unternehmer im Rahmen seines Unternehmens an einen Unternehmer für dessen Unternehmen ausgeführt werden bzw. eine entsprechende Verwendungsabsicht besteht, auch wenn es, z. B. bei erfolglosen Vorbereitungshandlungen, tatsächlich nicht zu einem Verwendungsumsatz kommt (BFH-Urteil vom 17.05.2001, V R 38/00, BStBl. II 2003 S. 434; vgl. Abschnitt 2.6 Abs. 1). [2]Diese Verwendungsabsicht muss der Unternehmer, der von dem Verzicht auf die Steuerbefreiung Gebrauch machen möchte, objektiv belegen und in gutem Glauben erklären (BFH-Urteil vom 22.03.2001, V R 46/00, BStBl. II 2003 S. 433, vgl. Abschnitt 15.12). [3]Eine Option ist nicht zulässig, soweit der leistende Unternehmer den Gegenstand der Leistung oder der Leistungsempfänger die erhaltene Leistung zulässigerweise anteilig nicht seinem Unternehmen zugeordnet hat oder zuordnen konnte (vgl. BFH-Urteile vom 20.07.1988, X R 6/80, BStBl. II S. 915, und vom 28.02.1996, XI R 70/90, BStBl. II S. 459). [4]Wegen der Grundsätze für die Zuordnung einer Leistung zum Unternehmen wird auf Abschnitt 15.2c verwiesen.

(6) [1]Der Verzicht auf die Steuerbefreiung kann bei der Lieferung vertretbarer Sachen sowie bei aufteilbaren sonstigen Leistungen auf deren Teile begrenzt werden (Teiloption). [2]Eine Teiloption kommt z. B. bei der Gebäudelieferung, insbesondere bei unterschiedlichen Nutzungsarten der Gebäudeteile, in Betracht. [3]Unter Zugrundelegung unterschiedlicher wirtschaftlicher Funktionen ist auch eine Aufteilung nach räumlichen Gesichtspunkten (nicht dagegen eine bloße quotale Aufteilung) möglich (vgl. BFH-Urteil vom 26.06.1996, XI R 43/90, BStBl. II 1997 S. 98, und vom 24.04.2014, V R 27/13, BStBl. II S. 732). [4]Bei der Lieferung von Gebäuden oder Gebäudeteilen und dem dazugehörigen Grund und Boden kann die Option für eine Besteuerung nur zusammen für die Gebäude oder Gebäudeteile und den dazugehörigen Grund und Boden ausgeübt werden (EuGH-Urteil vom

08.06.2000, C-400/98, Breitsohl, BStBl. II 2003 S. 452).[1)] [5]Sind bei der Vermietung an mehrere Personen die einzelnen Gemeinschafter als Leistungsempfänger anzusehen (vgl. Abschnitt 15.2b Abs. 1), kann der Vermieter nur insoweit optieren, als der Vermietungsumsatz an einen unternehmerisch tätigen Gemeinschafter ausgeführt wird (vgl. BFH-Urteil vom 01.02.2001, V R 79/99, BStBl. II 2008 S. 495).

9.2 Einschränkung des Verzichts auf Steuerbefreiungen (§ 9 Abs. 2 und 3 UStG)

(1) [1]Der Verzicht auf die in § 9 Abs. 2 UStG genannten Steuerbefreiungen ist nur zulässig, soweit der Leistungsempfänger das Grundstück ausschließlich für Umsätze verwendet oder zu verwenden beabsichtigt, die den Vorsteuerabzug nach § 15 Abs. 1 UStG nicht ausschließen. [2]Unter den Begriff des Grundstücks fallen nicht nur Grundstücke insgesamt, sondern auch selbständig nutzbare Grundstücksteile (z. B. Wohnungen, gewerbliche Flächen, Büroräume, Praxisräume). [3]Soweit der Leistungsempfänger das Grundstück oder einzelne Grundstücksteile ausschließlich für Umsätze verwendet, die zum Vorsteuerabzug berechtigen, kann auf die Steuerbefreiung des einzelnen Umsatzes weiterhin verzichtet werden. [4]Werden mehrere Grundstücksteile räumlich oder zeitlich unterschiedlich genutzt, ist die Frage der Option bei jedem Grundstücksteil gesondert zu beurteilen. [5]Dabei ist es unschädlich, wenn die Verwendung der Grundstücksteile zivilrechtlich in einem einheitlichen Vertrag geregelt ist. [6]Ein vereinbartes Gesamtentgelt ist, ggf. im Schätzungswege, aufzuteilen.

Beispiel 1:

[1]V 1 errichtet ein Gebäude mit mehreren Wohnungen und vermietet es insgesamt an V 2. [2]Dieser vermietet die Wohnungen an Privatpersonen weiter.

[3]Die Vermietung des Gebäudes durch V 1 an V 2 und die Vermietung der Wohnungen durch V 2 an die Privatpersonen sind nach § 4 Nr. 12 Satz 1 Buchstabe a UStG steuerfrei. [4]V 1 kann auf die Steuerbefreiung nicht verzichten, weil sein Mieter das Gebäude für steuerfreie Umsätze verwendet, die den Vorsteuerabzug ausschließen (§ 9 Abs. 2 UStG). [5]V 2 kann auf die Steuerbefreiung nicht verzichten, weil er nicht an Unternehmer vermietet (§ 9 Abs. 1 UStG).

Beispiel 2:

[1]V 1 errichtet ein Gebäude und vermietet es an V 2. [2]Dieser vermietet es an eine Gemeinde zur Unterbringung der Gemeindeverwaltung weiter.

[3]Die Vermietung des Gebäudes durch V 1 an V 2 und die Weitervermietung durch V 2 an die Gemeinde sind nach § 4 Nr. 12 Satz 1 Buchstabe a UStG steuerfrei. [4]V 1 kann auf die Steuerbefreiung nicht verzichten, weil V 2 das Gebäude für steuerfreie Umsätze verwendet, die den Vorsteuerabzug ausschließen (§ 9 Abs. 2 UStG). [5]V 2 kann auf die Steuerbefreiung nicht verzichten, weil das Gebäude von der Gemeinde für nichtunternehmerische Zwecke genutzt wird (§ 9 Abs. 1 UStG).

Beispiel 3:

[1]V 1 errichtet ein gewerblich zu nutzendes Gebäude mit Einliegerwohnung und vermietet es insgesamt an V 2. [2]Dieser betreibt in den gewerblichen Räumen einen Supermarkt. [3]Die Einliegerwohnung vermietet V 2 an seinen angestellten Hausmeister.

[4]Die Vermietung des Gebäudes durch V 1 an V 2 und die Vermietung der Wohnung durch V 2 an den Hausmeister sind nach § 4 Nr. 12 Satz 1 Buchstabe a UStG steuerfrei. [5]V 1 kann

[1)] DStRE 2000, 881.

bei der Vermietung der gewerblichen Räume auf die Steuerbefreiung verzichten, weil V 2 diese Räume ausschließlich für Umsätze verwendet, die zum Vorsteuerabzug berechtigen (§ 9 Abs. 2 UStG). [6] Bei der Vermietung der Einliegerwohnung kann V 1 auf die Steuerbefreiung nicht verzichten, weil V 2 die Wohnung für steuerfreie Umsätze verwendet, die den Vorsteuerabzug ausschließen (§ 9 Abs. 2 UStG). [7] V 2 kann bei der Vermietung der Einliegerwohnung nicht auf die Steuerbefreiung verzichten, weil der Hausmeister kein Unternehmer ist (§ 9 Abs. 1 UStG).

Beispiel 4:

[1] V errichtet ein mehrgeschossiges Gebäude und vermietet es wie folgt:
- die Räume des Erdgeschosses an eine Bank;
- die Räume im 1. Obergeschoss an einen Arzt;
- die Räume im 2. Obergeschoss an einen Rechtsanwalt;
- die Räume im 3. Obergeschoss an das städtische Schulamt.

[2] Die Vermietungsumsätze des V sind von der Umsatzsteuer befreit (§ 4 Nr. 12 Satz 1 Buchstabe a UStG). [3] Die Geschosse des Gebäudes sind selbständig nutzbare Grundstücksteile. [4] Die Frage der Option ist für jeden Grundstücksteil gesondert zu prüfen.

- Erdgeschoss
  [5] V kann auf die Steuerbefreiung nicht verzichten, weil die Bank die Räume für grundsätzlich steuerfreie Umsätze (§ 4 Nr. 8 UStG) verwendet, die den Vorsteuerabzug ausschließen (§ 9 Abs. 2 UStG).
- 1. Obergeschoss
  [6] V kann auf die Steuerbefreiung nicht verzichten, weil der Arzt die Räume für grundsätzlich steuerfreie Umsätze (§ 4 Nr. 14 UStG) verwendet, die den Vorsteuerabzug ausschließen (§ 9 Abs. 2 UStG).
- 2. Obergeschoss
  [7] V kann auf die Steuerbefreiung verzichten, weil der Rechtsanwalt die Räume ausschließlich für Umsätze verwendet, die zum Vorsteuerabzug berechtigen (§ 9 Abs. 2 UStG).
- 3. Obergeschoss
  [8] V kann auf die Steuerbefreiung nicht verzichten, weil die Stadt die Räume nicht unternehmerisch nutzt (§ 9 Abs. 1 UStG).

Beispiel 5:

[1] V 1 errichtet ein mehrgeschossiges Gebäude und vermietet es an V 2. [2] Dieser vermietet das Gebäude wie im Beispiel 4 weiter.

[3] Die Vermietung des Gebäudes durch V 1 an V 2 und die Weitervermietung durch V 2 sind nach § 4 Nr. 12 Satz 1 Buchstabe a UStG steuerfrei. [4] V 2 kann, wie in Beispiel 4 dargestellt, nur bei der Vermietung des 2. Obergeschosses an den Rechtsanwalt auf die Steuerbefreiung verzichten (§ 9 Abs. 2 UStG). [5] V 1 kann bei der Vermietung des 2. Obergeschosses auf die Steuerbefreiung verzichten, wenn V 2 von seiner Optionsmöglichkeit Gebrauch macht. [6] V 2 verwendet das 2. Obergeschoss in diesem Fall für steuerpflichtige Umsätze. [7] Bei der Vermietung der übrigen Geschosse kann V 1 auf die Steuerbefreiung nicht verzichten, weil V 2 diese Geschosse für steuerfreie Umsätze verwendet, die den Vorsteuerabzug ausschließen (§ 9 Abs. 2 UStG).

Beispiel 6:

[1] V errichtet ein zweistöckiges Gebäude und vermietet es an den Zahnarzt Z. [2] Dieser nutzt das Obergeschoss als Wohnung und betreibt im Erdgeschoss seine Praxis. [3] Einen Raum im Erdgeschoss nutzt Z ausschließlich für die Anfertigung und Wiederherstellung von Zahnprothesen.

[4] Die Vermietung des Gebäudes durch V an Z ist von der Umsatzsteuer befreit (§ 4 Nr. 12 Satz 1 Buchstabe a UStG). [5] Die Geschosse des Gebäudes und auch die Räume im Erdgeschoss sind selbständig nutzbare Grundstücksteile. [6] Die Frage der Option ist für jeden Grundstücksteil gesondert zu prüfen.

- Erdgeschoss
  [7] V kann auf die Steuerbefreiung insoweit nicht verzichten, als Z die Räume für seine grundsätzlich steuerfreie zahnärztliche Tätigkeit (§ 4 Nr. 14 Buchstabe a Satz 1 UStG) verwendet, die den Vorsteuerabzug ausschließt (§ 9 Abs. 2 UStG). [8] Dagegen kann V auf

die Steuerbefreiung insoweit verzichten, als Z einen Raum zur Anfertigung und Wiederherstellung von Zahnprothesen, also ausschließlich zur Erbringung von steuerpflichtigen und damit den Vorsteuerabzug nicht ausschließenden Umsätzen verwendet (§ 4 Nr. 14 Buchstabe a Satz 2 UStG).

– Obergeschoss

[9]V kann auf die Steuerbefreiung nicht verzichten, weil Z die Räume nicht unternehmerisch nutzt (§ 9 Abs. 1 UStG).

(2) [1]Die Option ist unter den Voraussetzungen des Absatzes 1 auch dann zulässig, wenn der Leistungsempfänger ein Unternehmer ist, der Reiseleistungen erbringt (§ 25 UStG) oder die Differenzbesteuerung für die Umsätze von beweglichen körperlichen Gegenständen anwendet (§ 25a UStG). [2]Die Option ist nicht zulässig, wenn der Leistungsempfänger ein Unternehmer ist, der das Grundstück für Umsätze verwendet, für die er seine abziehbaren Vorsteuerbeträge nach Durchschnittssätzen entsprechend den Sonderregelungen nach §§ 23, 23a UStG berechnet, oder der seine Umsätze nach den Durchschnittssätzen für land- und forstwirtschaftliche Betriebe nach § 24 UStG versteuert (vgl. BFH-Urteil vom 01.03.2018, V R 35/17, BStBl. II 2020 S. 749).[1)] [3]Dasselbe gilt, wenn der Leistungsempfänger ein Unternehmer ist, bei dem die Umsatzsteuer nach § 19 Abs. 1 Satz 1 UStG nicht erhoben wird.

(3) [1]Verwendet der Leistungsempfänger das Grundstück bzw. einzelne Grundstücksteile nur in sehr geringem Umfang für Umsätze, die den Vorsteuerabzug ausschließen (Ausschlussumsätze), ist der Verzicht auf Steuerbefreiung zur Vermeidung von Härten weiterhin zulässig. [2]Eine geringfügige Verwendung für Ausschlussumsätze kann angenommen werden, wenn im Falle der steuerpflichtigen Vermietung die auf den Mietzins für das Grundstück bzw. für den Grundstücksteil entfallende Umsatzsteuer im Besteuerungszeitraum (Kalenderjahr, § 16 Abs. 1 Satz 2 UStG) höchstens zu 5% vom Vorsteuerabzug ausgeschlossen wäre (Bagatellgrenze). [3]Für die Vorsteueraufteilung durch den Leistungsempfänger (Mieter) gelten die allgemeinen Grundsätze (vgl. Abschnitte 15.16 bis 15.18).

Beispiel 1:

[1]V vermietet das Erdgeschoss eines Gebäudes an den Schönheitschirurgen S. [2]Neben den steuerpflichtigen Leistungen (Durchführung von plastischen und ästhetischen Operationen) bewirkt S auch in geringem Umfang steuerfreie Heilbehandlungsleistungen (§ 4 Nr. 14 Buchstabe a UStG). [3]Die Aufteilung der sowohl mit den steuerpflichtigen als auch mit den steuerfreien Umsätzen in wirtschaftlichem Zusammenhang stehenden Vorsteuerbeträge nach ihrer wirtschaftlichen Zuordnung führt im Besteuerungszeitraum zu einem Vorsteuerausschluss von 3%.

[4]Die Vermietung des Erdgeschosses von V an S ist nach § 4 Nr. 12 Satz 1 Buchstabe a UStG steuerfrei. [5]V kann auf die Steuerbefreiung verzichten, weil S das Erdgeschoss nur in geringfügigem Umfang für Umsätze verwendet, die den Vorsteuerabzug ausschließen.

Beispiel 2:

[1]V vermietet an den Autohändler A einen Ausstellungsraum. [2]A vermietet den Ausstellungsraum jährlich für zwei Wochen an ein Museum zur Ausstellung von Kunst.

[3]Die Vermietung des Ausstellungsraums durch V an A und die Weitervermietung durch A sind nach § 4 Nr. 12 Satz 1 Buchstabe a UStG steuerfrei. [4]Da A den Ausstellungsraum im Besteuerungszeitraum lediglich an 14 von 365 Tagen (ca. 4%) zur Ausführung von Umsätzen

---

[1)] Zum Vertrauensschutz bei rechtswidrigen Verwaltungsanweisungen siehe BFH v. 24.08.2023 V R 49/20, DStRE 2023, 1485.

verwendet, die den Vorsteuerabzug ausschließen, kann V auf die Steuerbefreiung der Vermietung des Ausstellungsraums verzichten. [5] A kann auf die Steuerbefreiung nicht verzichten, weil das Museum den Ausstellungsraum für steuerfreie Umsätze (§ 4 Nr. 20 Buchstabe a UStG) erwendet, die den Vorsteuerabzug ausschließen (§ 9 Abs. 2 UStG).

(4) [1] Der Unternehmer hat die Voraussetzungen für den Verzicht auf die Steuerbefreiungen nachzuweisen. [2] Der Nachweis ist an keine besondere Form gebunden. [3] Er kann sich aus einer Bestätigung des Mieters, aus Bestimmungen des Mietvertrags oder aus anderen Unterlagen ergeben. [4] Ständig wiederholte Bestätigungen des Mieters über die Verwendung des Grundstücks bzw. Grundstücksteils sind nicht erforderlich, solange beim Mieter keine Änderungen bei der Verwendung des Grundstücks zu erwarten sind. [5] Im Einzelfall kann es aber erforderlich sein, vom Mieter zumindest eine jährliche Bestätigung einzuholen.

(5) [1] § 9 Abs. 2 UStG in der ab 01.01.1994 geltenden Fassung ist nicht anzuwenden, wenn das auf dem Grundstück errichtete Gebäude vor dem 01.01. 1998 fertig gestellt wird und wenn mit der Errichtung des Gebäudes vor dem 11.11.1993 begonnen wurde. [2] Unter dem Beginn der Errichtung eines Gebäudes ist der Zeitpunkt zu verstehen, in dem einer der folgenden Sachverhalte als Erster verwirklicht worden ist:

1. Beginn der Ausschachtungsarbeiten,
2. Erteilung eines spezifizierten Bauauftrags an den Bauunternehmer oder
3. Anfuhr nicht unbedeutender Mengen von Baumaterial auf dem Bauplatz.

[3] Vor diesem Zeitpunkt im Zusammenhang mit der Errichtung eines Gebäudes durchgeführte Arbeiten oder die Stellung eines Bauantrags sind noch nicht als Beginn der Errichtung anzusehen. [4] Dies gilt auch für die Arbeiten zum Abbruch eines Gebäudes, es sei denn, dass unmittelbar nach dem Abbruch des Gebäudes mit der Errichtung eines neuen Gebäudes begonnen wird. [5] Hiervon ist stets auszugehen, wenn der Steuerpflichtige die Entscheidung zu bauen für sich bindend und unwiderruflich nach außen hin erkennbar macht. [6] Dies kann z. B. durch eine Abbruchgenehmigung nachgewiesen werden, die nur unter der Auflage erteilt wurde, zeitnah ein neues Gebäude zu errichten.

(6) [1] Wird durch einen Anbau an einem Gebäude oder eine Aufstockung eines Gebäudes ertragsteuerlich ein selbständiges Wirtschaftsgut hergestellt, ist auf dieses Wirtschaftsgut die seit dem 01.01.1994 geltende Rechtslage anzuwenden. [2] Diese Rechtslage gilt auch, wenn ein Gebäude nachträglich durch Herstellungsarbeiten so umfassend saniert oder umgebaut wird, dass nach ertragsteuerlichen Grundsätzen ein anderes Wirtschaftsgut entsteht (vgl. H 7.3 EStH zu R 7.3 EStR).[1)] [3] Die Ausführungen in den Sätzen 1 und 2 sind jedoch in den Fällen nicht anzuwenden, in denen die Herstellungsarbeiten vor dem 11.11.1993 begonnen haben und vor dem 01.01.1998 abgeschlossen werden. [4] Die Einschränkung der Optionsmöglichkeiten ab 01.01.1994 hat keine Auswirkungen auf einen für die Errichtung des Gebäudes in Anspruch genommenen Vorsteuerabzug.

[1)] Nr. **1.**

(7) [1]Durch die Veräußerung eines Grundstücks wird die Frage, ob der Verzicht auf die in § 9 Abs. 2 UStG genannten Steuerbefreiungen zulässig ist, nicht beeinflusst. [2]Für Grundstücke mit Altbauten gilt daher, auch wenn sie veräußert werden, die Rechtslage vor dem 01.01.1994. [3]Zu beachten sind aber weiterhin die Grundsätze des BMF-Schreibens vom 29.05.1992, BStBl. I S. 378, zum Missbrauch rechtlicher Gestaltungsmöglichkeiten (§ 42 AO);[1)] vgl. auch BFH-Urteil vom 14.05.1992, V R 12/88, BStBl. II S. 931.

(8) Ein Verzicht auf die Steuerbefreiung nach § 9 Abs. 1 UStG bei Lieferungen von Grundstücken (§ 4 Nr. 9 Buchstabe a UStG) im Zwangsversteigerungsverfahren durch den Vollstreckungsschuldner an den Ersteher ist bis zur Aufforderung zur Abgabe von Geboten im Versteigerungstermin zulässig.

(9)[2)] [1]Der Verzicht auf die Umsatzsteuerbefreiung der Lieferung eines Grundstücks außerhalb eines Zwangsversteigerungsverfahrens kann nur in dem dieser Grundstückslieferung zu Grunde liegenden notariell zu beurkundenden Vertrag erklärt werden. [2]Ein späterer Verzicht auf die Umsatzsteuerbefreiung ist unwirksam, auch wenn er notariell beurkundet wird (vgl. BGH-Urteil vom 21.10.2015, XI R 40/13, BStBl. 2017 II S. 852). [3]Gleiches gilt für die Rücknahme des Verzichts auf die Umsatzsteuerbefreiung.

Zu § 10 UStG
(§ 25 UStDV)

10.1 Entgelt

(1) [1]Der Begriff des Entgelts in § 10 Abs. 1 UStG gilt sowohl für die Besteuerung nach vereinbarten Entgelten (§ 16 Abs. 1 UStG) als auch für die Besteuerung nach vereinnahmten Entgelten (§ 20 UStG). [2]Zwischen den beiden Besteuerungsarten besteht insoweit kein Unterschied, als auch bei der Besteuerung nach vereinbarten Entgelten grundsätzlich nur das zu versteuern ist, was für die Lieferung oder sonstige Leistung tatsächlich vereinnahmt wird (vgl. BFH-Urteile vom 02.04.1981, V R 39/79, BStBl. II S. 627, und vom 10.11.1983, V R 91/80, BStBl. II 1984 S. 120). [3]Wegen der Änderung der Bemessungsgrundlage vgl. Abschnitte 17.1 und 17.2.

(2) [1]Das Entgelt ist auch dann Bemessungsgrundlage, wenn es dem objektiven Wert der bewirkten Leistung nicht entspricht. [2]Eine Ausnahme besteht für unentgeltliche oder verbilligte Leistungen durch Unternehmer an ihr Personal, von Vereinigungen an ihre Mitglieder und von Einzelunternehmern an ihnen nahestehende Personen; vgl. Abschnitte 1.8, 10.6 und 10.7. [3]Liefert eine Kapitalgesellschaft einer Tochtergesellschaft einen Gegenstand zu einem überhöhten Preis, bildet dieser grundsätzlich selbst dann das Entgelt im Sinne des § 10 Abs. 1 UStG, wenn ein Teil der Gegenleistung ertragsteuerrecht-

---

1) Siehe auch BFH v. 09.11.2006 V R 43/04, BStBl. II 2007, 344 (Sparkassen-/Bankenmodell).

2) Zum Widerruf des Verzichts auf die Steuerbefreiung nach § 4 Nr. 9 Buchst. a außerhalb notarieller Urkunde siehe BFH v. 02.07.2021 XI R 22/19, DStR 2021, 2584.

lich als verdeckte Gewinnausschüttung zu beurteilen ist (BFH-Urteil vom 25.11.1987, X R 12/87, BStBl. II 1988 S. 210).

(3) [1]Der Umfang des Entgelts beschränkt sich nicht auf die bürgerlich-rechtlich bestimmte oder bestimmbare Gegenleistung für eine Leistung, sondern erstreckt sich auf alles, was der Leistungsempfänger tatsächlich für die an ihn bewirkte Leistung aufwendet. [2]Dazu gehören auch Nebenkosten des Leistenden, die er vom Leistungsempfänger einfordert (vgl. BFH-Urteil vom 16.03.2000, V R 16/99, BStBl. II S. 360). [3]Verlangt der Leistende für die Annahme einer Bezahlung mit Kredit- oder Geldkarte, dass der Leistungsempfänger ihm oder einem anderen Unternehmer hierfür einen Betrag entrichtet und wird der von diesem Empfänger zu zahlende Gesamtpreis durch die Zahlungsweise nicht beeinflusst, ist dieser Betrag Bestandteil der Bemessungsgrundlage für seine Leistung (vgl. Artikel 42 MwStVO).[1)] [4]Vereinbaren die Beteiligten rechtsirrtümlich die Gegenleistung ohne Umsatzsteuer, ist der ursprünglich vereinbarte Betrag in Entgelt und darauf entfallende Umsatzsteuer aufzuteilen (vgl. BFH-Urteil vom 20.01.1997, V R 28/95, BStBl. II S. 716). [5]Neben dem vereinbarten Preis einer Leistung können auch zusätzliche Aufwendungen des Leistungsempfängers Leistungsentgelt sein, wenn der Leistungsempfänger sie zugunsten des Leistenden für die Leistung erbringt (vgl. BFH-Urteil vom 13.12.1995, XI R 16/95, BStBl. II 1996 S. 208). [6]Wenn der Leistungsempfänger die Leistung irrtümlich doppelt bezahlt oder versehentlich zu viel zahlt, ist der Gesamtbetrag Entgelt im Sinne des § 10 Abs. 1 Satz 2 UStG (vgl. BFH-Urteil vom 19.07.2007, V R 11/05, BStBl. II S. 966). [7]Es kommt nicht darauf an, ob der Leistungsempfänger gewillt ist, die vom Leistenden zu erbringende oder erbrachte Leistung anzunehmen, und ob er auf sie Wert legt oder nicht (vgl. BFH-Urteil vom 28.01.1988, V R 112/86, BStBl. II S. 473). [8]Vertragsstrafen, die wegen Nichterfüllung oder wegen nicht gehöriger Erfüllung geleistet werden, haben Schadensersatzcharakter (vgl. Abschnitt 1.3 Abs. 3). [9]Auch Verzugszinsen, Fälligkeitszinsen, Prozesszinsen und Nutzungszinsen sind nicht Teil des Entgelts, sondern Schadensersatz (vgl. Abschnitt 1.3 Abs. 6). [10]Wegen der Behandlung der Teilzahlungszuschläge vgl. Abschnitt 3.11. [11]Das erhöhte Beförderungsentgelt, das Personenbeförderungsunternehmer von sog. Schwarzfahrern erheben, ist regelmäßig kein Entgelt für die Beförderungsleistung oder eine andere steuerbare Leistung des Beförderungsunternehmers (BFH-Urteil vom 25.11.1986, V R 109/78, BStBl. II 1987 S. 228). [12]Als Entgelt für die Lieferung sind auch die dem Abnehmer vom Lieferer berechneten Beförderungskosten anzusehen. [13]Bei einer unfreien Versendung im Sinne des § 40 UStDV gehören jedoch die Kosten für die Beförderung oder deren Besorgung nicht zum Entgelt für die vom Absender ausgeführte Lieferung. [14]Bei Versendungen per Nachnahme ist als Entgelt für die gelieferte Ware der vom Empfänger entrichtete Nachnahmebetrag – ohne Umsatzsteuer – anzusehen, der auch die Zahlkarten- oder Überweisungsgebühr einschließt (vgl. BFH-Urteil vom 13.12.1973, V R 57/72, BStBl. II 1974 S. 191). [15]Beim Pfandleihgeschäft sind die notwendigen Kosten der Verwertung, die der Pfandleiher einbehalten darf, nicht Entgelt in-

---

[1)] **Steuergesetze** Nr. **550a.**

nerhalb eines Leistungsaustauschs (vgl. BFH-Urteil vom 09.07.1970, V R 32/70, BStBl. II S. 645). [16]Zahlungen im Rahmen einer sog. Erlöspoolung, die nicht leistungsbezogen sind, fehlt der Entgeltcharakter (BFH-Urteil vom 28.02.1974, V R 55/72, BStBl. II S. 345). [17]Auch die Übernahme von Schulden kann Entgelt sein (vgl. Abschnitt 1.6 Abs. 2).

(4) [1]Eine Lieferung oder sonstige Leistung eines Unternehmers wird nur mit der Bemessungsgrundlage versteuert, die sich auf Grund der von ihm vereinnahmten Gegenleistung ergibt. [2]Umsatzsteuerrechtlich macht es keinen Unterschied, ob der Besteller eines Werks, das sich als mangelhaft erweist, das Werk behält und statt der Minderung Schadensersatz wegen Nichterfüllung verlangt (vgl. BFH-Urteil vom 16.01.2003, V R 72/01, BStBl. II S. 620). [3]Weicht der vom Leistungsempfänger aufgewendete Betrag im Einzelfall von dem vom Unternehmer vereinnahmten Betrag ab, ist von den Aufwendungen des Abnehmers für die Lieferung oder sonstige Leistung auszugehen. [4]Bei der Abtretung einer Forderung unter dem Nennwert bestimmt sich deshalb das Entgelt für die der abgetretenen Forderung zu Grunde liegende Leistung nach den tatsächlichen Aufwendungen des Leistungsempfängers (vgl. BFH-Urteil vom 27.05.1987, X R 2/81, BStBl. II S. 739). [5]Wegen der Steuer- und Vorsteuerberichtigung in diesen Fällen wird auf Abschnitt 17.1 Abs. 6 verwiesen.

(5) [1]Zum Entgelt gehören auch freiwillig an den Unternehmer gezahlte Beträge, z. B. Trinkgelder, wenn zwischen der Zahlung und der Leistung des Unternehmers eine innere Verknüpfung besteht (vgl. BFH-Urteil vom 17.02.1972, V R 118/71, BStBl. II S. 405). [2]Der im Gaststätten- und Beherbergungsgewerbe erhobene Bedienungszuschlag ist Teil des vom Unternehmer vereinnahmten Entgelts, auch wenn das Bedienungspersonal den Zuschlag nicht abführt, sondern vereinbarungsgemäß als Entlohnung für seine Dienste zurückbehält (vgl. BFH-Urteil vom 19.08.1971, V R 74/68, BStBl. II 1972 S. 24). [3]Dagegen rechnen die an das Bedienungspersonal gezahlten freiwilligen Trinkgelder nicht zum Entgelt für die Leistungen des Unternehmers.

(6) [1]Geschäftskosten dürfen das Entgelt nicht mindern. [2]Dies gilt auch für Provisionen, die der Unternehmer an seinen Handelsvertreter oder Makler für die Vermittlung des Geschäfts zu zahlen hat. [3]Mit Ausnahme der auf den Umsatz entfallenden Umsatzsteuer rechnen zum Entgelt auch die vom Unternehmer geschuldeten Steuern (Verbrauch- und Verkehrsteuern), öffentlichen Gebühren und Abgaben, auch wenn diese Beträge offen auf den Leistungsempfänger überwälzt werden. [4]Diese Abgaben können auch nicht als durchlaufende Posten im Sinne des § 10 Abs. 1 Satz 5 UStG behandelt werden (vgl. BFH-Urteil vom 04.06.1970, V R 92/66, V R 10/67, BStBl. II S. 648, sowie Abschnitt 10.4).

(7) [1]Als Entgelt im Sinne des § 10 Abs. 1 Satz 2 UStG kommen auch Zahlungen des Leistungsempfängers an Dritte in Betracht, sofern sie für Rechnung des leistenden Unternehmers entrichtet werden und im Zusammenhang mit der Leistung stehen. [2]Dies gilt jedoch nicht für diejenigen Beträge,

die der Leistungsempfänger im Rahmen eines eigenen Schuldverhältnisses mit einem Dritten aufwenden muss, damit der Unternehmer seine Leistung erbringen kann (vgl. BFH-Urteil vom 22.02.1968, V 84/64, BStBl. II S. 463). [3]Nicht zum Entgelt nach § 10 UStG gehören auch öffentlich-rechtliche Abgaben, die der Leistungsempfänger auf Grund eigener Verpflichtung schuldet, auch wenn sie durch die bezogene Leistung veranlasst sind (vgl. zu Sozialversicherungsbeiträgen BFH-Urteil vom 25.06.2009, V R 37/08, BStBl. II S. 873). [4]Zahlt eine Rundfunkanstalt zugunsten ihrer freien Mitarbeiter Beiträge an die Pensionskasse für freie Mitarbeiter der Deutschen Rundfunkanstalten, gehören auch die Beträge zum Entgelt für die Leistungen der Mitarbeiter (vgl. BFH-Urteil vom 09.10.2002, V R 73/01, BStBl. II 2003 S. 217). [5]Erfüllt der Leistungsempfänger durch seine Zahlungen an einen Dritten sowohl eine eigene Verbindlichkeit als auch eine Schuld des leistenden Unternehmers, weil beide im Verhältnis zu dem Dritten Gesamtschuldner sind, rechnen die Zahlungen nur insoweit zum Entgelt, wie die Schuldbefreiung des leistenden Unternehmers für diesen von wirtschaftlichem Interesse ist und damit für ihn einen Wert darstellt. [6]Bei einer Grundstücksveräußerung gehört die gesamtschuldnerisch von Erwerber und Veräußerer geschuldete Grunderwerbsteuer auch dann nicht zum Entgelt für die Grundstücksveräußerung, wenn die Parteien des Grundstückskaufvertrags vereinbaren, dass der Erwerber die Grunderwerbsteuer allein zu tragen hat, weil der Erwerber mit der Zahlung der vertraglich übernommenen Grunderwerbsteuer eine ausschließlich eigene Verbindlichkeit begleicht. [7]Gleiches gilt hinsichtlich der vom Käufer zu tragenden Kosten der Beurkundung des Kaufvertrags und der Auflassung, der Eintragung ins Grundbuch und der zu der Eintragung erforderlichen Erklärungen (§ 448 Abs. 2 BGB), vgl. BFH-Urteil vom 09.11.2006, V R 9/04, BStBl. II 2007 S. 285.

(8) [1]Wird das Pfandgeld für Warenumschließungen dem Abnehmer bei jeder Lieferung berechnet, ist es Teil des Entgelts für die Lieferung. [2]Bei Rücknahme des Leerguts und Rückzahlung des Pfandbetrags liegt eine Entgeltminderung vor. [3]Dabei wird es nicht beanstandet, wenn der Unternehmer die ausgezahlten Pfandgelder für Leergut unabhängig von dem Umfang der Vollgutlieferungen des jeweiligen Besteuerungszeitraums als Entgeltminderungen behandelt. [4]Es muss jedoch sichergestellt sein, dass die Entgeltminderungen in sachgerechter Weise (z. B. durch Aufteilung im gleichen Verhältnis wie bei den Vollgutlieferungen) den geltenden Steuersätzen zugeordnet werden. [5]Aus Vereinfachungsgründen kann dem Unternehmer auf Antrag auch folgendes Verfahren genehmigt werden:

1. [1]Die bei der Warenlieferung jeweils in Rechnung gestellten und bei Rückgabe des Leerguts dem Abnehmer zurückgewährten Pfandbeträge bleiben bei der laufenden Umsatzbesteuerung zunächst unberücksichtigt. [2]Der Unternehmer hat spätestens am Schluss jedes Kalenderjahrs den Pfandbetragssaldo, der sich aus dem Unterschiedsbetrag zwischen den den Abnehmern im Laufe des jeweiligen Abrechnungszeitraums berechneten und den zurückgewährten Pfandbeträgen ergibt, auf Grund seiner Aufzeichnungen zu ermitteln. [3]Dabei bleibt jedoch ein bereits versteuerter Saldovortrag, z. B. aus dem Vorjahr, außer Betracht. [4]Ein sich danach ergebender Überschuss

an berechneten Pfandbeträgen ist zusammen mit den Umsätzen des betreffenden letzten Voranmeldungszeitraums der Umsatzsteuer zu unterwerfen. [5]Bei diesem Pfandbetragssaldo handelt es sich um einen Nettobetrag – ohne Umsatzsteuer –. [6]Der Abnehmer kann die auf den Pfandbetragssaldo entfallende Steuer als Vorsteuer abziehen, wenn sie ihm gesondert in Rechnung gestellt ist. [7]Ergibt sich ein Pfandbetragssaldo zugunsten des Abnehmers, liegt bei diesem – seine Unternehmereigenschaft vorausgesetzt – eine steuerpflichtige Lieferung von Leergut vor. [8]Der Unternehmer, der dieses Verfahren beantragt, muss die bei den einzelnen Lieferungen berechneten und bei Rückgabe des Leerguts zurückgewährten Pfandbeträge – nach Abnehmern getrennt – gesondert von den sonstigen Entgelten aufzeichnen. [9]Die Aufzeichnungen müssen eindeutig und leicht nachprüfbar sein und fortlaufend geführt werden (vgl. § 63 Abs. 1 UStDV, § 146 AO). [10]Aus ihnen muss gegebenenfalls zu ersehen sein, wie sich die Pfandbeträge auf verschiedene Steuersätze verteilen (§ 22 Abs. 2 Nr. 1 UStG). [11]Für den Abnehmer muss aus der Rechnung klar ersichtlich sein, dass für die in Rechnung gestellten Pfandbeträge Umsatzsteuer nicht berechnet worden ist.

2. [1]Abweichend von dem unter Nummer 1 geregelten Verfahren kann der Unternehmer in jeder einzelnen Rechnung die Leergutrücknahme mit der Vollgutlieferung verrechnen und nur den verbleibenden Netto-Rechnungsbetrag der Umsatzsteuer unterwerfen. [2]Einen sich möglicherweise zum Jahresende ergebenden Pfandbetragssaldo zugunsten des Abnehmers hat in diesem Fall weder der Lieferer noch der Abnehmer zu ermitteln und zu versteuern. [3]Auch gesonderte Aufzeichnungen über die Pfandbeträge sind nicht erforderlich.

[6]Bei den folgenden Abwicklungsarten ist zunächst ein Entgelt für die Überlassung der Warenumschließung nicht gegeben:

1. [1]Für den jeweiligen Abnehmer wird ein Leergutkonto geführt, auf dem der Lieferer das hingegebene und zurückgenommene Leergut mengenmäßig festhält. [2]Über den Saldo wird periodisch, häufig aber erst bei Lösung des Vertragsverhältnisses abgerechnet.
2. [1]Die Pfandbeträge für Leergutabgänge und Leergutzugänge werden vom Lieferer auf einem besonderen Konto verbucht und auch – nachrichtlich – in den jeweiligen Rechnungen ausgewiesen, ohne aber in die Rechnungssumme einbezogen zu werden. [2]Von Zeit zu Zeit wird über das Leergut abgerechnet.
3. [1]Der Lieferer erhebt mit jeder Lieferung einen Kautionsbetrag, z.B. 1 oder 2 Ct. je Flasche. [2]Diese Beträge dienen der Ansammlung eines Kautionsguthabens zugunsten des Abnehmers. [3]Die Verbuchung erfolgt auf einem besonderen Konto. [4]Daneben werden die Leergutbewegungen mengenmäßig festgehalten. [5]Über das Leergut wird in der Regel bei Auflösung der Vertragsbeziehungen abgerechnet.

[7]In diesen Fällen kommt ein von der vorangegangenen Warenlieferung losgelöster selbständiger Leistungsaustausch erst im Zeitpunkt der Leergutabrechnung zustande. [8]Die Annahme eines nicht steuerbaren Schadensersatzes schei-

det aus, weil der Zahlung des Kunden eine Leistung des Unternehmers gegenübersteht. [9]Die dargestellten Vereinfachungsregelungen gelten sinngemäß auch für die Hin- und Rückgabe von Transporthilfsmitteln. [10]Zur Behandlung von Transporthilfsmitteln vgl. Abschnitt 3.10 Abs. 5a und zur Abgrenzung zwischen Transporthilfsmitteln und Warenumschließungen vgl. BMF-Schreiben vom 20.10.2014, BStBl. I S. 1372.

(9) Hinsichtlich des Entgelts für die Vermittlung von grenzüberschreitenden Personenbeförderungsleistungen im Luftverkehr durch Reisebüros gilt:

1. [1]Die Vermittlung grenzüberschreitender Beförderungen von Personen im Luftverkehr gegenüber einem Reisenden ist steuerpflichtig, soweit die vermittelte Leistung auf das Inland entfällt (§ 3b Abs. 1, § 4 Nr. 5 Satz 2 UStG). [2]Abschnitt 4.5.3 Abs. 2 ist in diesen Fällen nicht anwendbar, weil das Reisebüro nicht im Auftrag des Luftverkehrsunternehmens tätig wird. [3]Soweit die vermittelte Leistung nicht auf das Inland entfällt, ist deren Vermittlung nicht steuerbar.
2. [1]Das Entgelt für eine Vermittlungsleistung im Sinne der Nummer 1 ist in einen steuerpflichtigen und einen nicht steuerbaren Teil aufzuteilen. [2]Die Umsatzsteuer ist aus der anteiligen Zahlung des Reisenden herauszurechnen. [3]Der Vorsteuerabzug ist auch hinsichtlich des nicht steuerbaren Teils dieser Vermittlungsleistung nicht ausgeschlossen.
3. [1]Erhält ein Reisebüro von einem Luftverkehrsunternehmen, das die dem Reisenden vermittelte Personenbeförderungsleistung erbringt, eine Zahlung, ohne von diesem ausdrücklich zur Vermittlung beauftragt zu sein (z. B. im Rahmen eines sog. Nullprovisionsmodells oder einer sog. Incentive-Vereinbarung), ist im Einzelfall auf Basis der vertraglichen Vereinbarungen zu prüfen, welche Leistungen des Reisebüros mit der Zahlung vergütet werden. [2]Zahlungen des Luftverkehrsunternehmens für die Bereitschaft des Reisebüros, die Erbringung von Leistungen des Luftverkehrsunternehmens in besonderem Maß zu fördern und in Kundengesprächen bevorzugt anzubieten, sind Entgelt für eine steuerpflichtige Vertriebsleistung eigener Art des Reisebüros gegenüber dem Luftverkehrsunternehmen.
4. Erhält ein Reisebüro, das grenzüberschreitende Personenbeförderungsleistungen im Luftverkehr im Auftrag des Luftverkehrsunternehmens vermittelt, von diesem für den Flugscheinverkauf ein Entgelt, und erhebt es daneben einen zusätzlichen Betrag vom Reisenden, erbringt es beim Flugscheinverkauf eine nach § 4 Nr. 5 Satz 1 Buchstabe b UStG steuerfreie Vermittlungsleistung an das Luftverkehrsunternehmen und gleichzeitig eine nach Maßgabe der Nummer 1 anteilig steuerpflichtige Vermittlungsleistung an den Reisenden.
5. Soweit eine vom Luftverkehrsunternehmen gezahlte Vergütung auf den vom Reisenden erhobenen Preis angerechnet wird, mindert sich die Bemessungsgrundlage für die Leistung gegenüber dem Reisenden entsprechend.
6. [1]Unter der Voraussetzung, dass der Unternehmer bei allen Vermittlungsleistungen im Sinne der Nummer 1 entsprechend verfährt, ist es nicht zu

beanstanden, wenn der steuerpflichtige Teil einer Vermittlungsleistung im Sinne der Nummer 1 wie folgt ermittelt wird:
– bei der Vermittlung von grenzüberschreitenden Beförderungen von Personen im Luftverkehr von bzw. zu Beförderungszielen im übrigen Gemeinschaftsgebiet (sog. EU-Flüge) mit 25% des Entgelts für die Vermittlungsleistung,
– bei der Vermittlung von grenzüberschreitenden Beförderungen von Personen im Luftverkehr von bzw. zu Beförderungszielen außerhalb des übrigen Gemeinschaftsgebiets (sog. Drittlandsflüge) mit 5% des Entgelts für die Vermittlungsleistung.

[2]Zwischen- oder Umsteigehalte gelten dabei nicht als Beförderungsziele. [3]Dieser vereinfachte Aufteilungsmaßstab gilt nicht, soweit das vom Reisenden erhobene Entgelt auf andere als die in Nummer 1 bezeichneten Leistungen entfällt (z. B. auf die Vermittlung von Unterkunft oder Mietwagen).

(10) [1]Zur Bemessungsgrundlage in den Fällen der Steuerschuldnerschaft des Leistungsempfängers nach § 13b UStG vgl. Abschnitt 13b.13. [2]Zur Bemessungsgrundlage bei Leistungen im Rahmen sog. Public-Private-Partnerships (PPP) im Bundesfernstraßenbau vgl. BMF-Schreiben vom 30.03.2022, BStBl. I S. 568. [3]Zur Bemessungsgrundlage im Fall des Direktverbrauchs nach § 33 Abs. 2 EEG[1)] vgl. Abschnitt 2.5.

(11) [1]Erbringt ein Unternehmer im Rahmen eines Gesamtverkaufspreises zwei oder mehrere unterschiedlich zu besteuernde Lieferungen oder sonstige Leistungen, ist der einheitliche Preis sachgerecht auf die einzelnen Leistungen aufzuteilen. [2]Dabei hat der Unternehmer grundsätzlich die einfachstmögliche sachgerechte Aufteilungsmethode zu wählen (vgl. BFH-Beschluss vom 03.04.2013, V B 125/12, BStBl. II 2013 S. 973 und BFH-Urteil vom 30.06.2011, V R 44/10, BStBl. II S. 1003). [3]Bestehen mehrere sachgerechte, gleich einfache Aufteilungsmethoden, kann der Unternehmer zwischen diesen Methoden frei wählen. [4]Bietet der Unternehmer die im Rahmen des Gesamtverkaufspreises erbrachten Leistungen auch einzeln an, ist der Gesamtverkaufspreis grundsätzlich nach dem Verhältnis der Einzelverkaufspreise aufzuteilen. [5]Daneben sind auch andere Aufteilungsmethoden wie das Verhältnis des Wareneinsatzes zulässig, sofern diese gleich einfach sind und zu sachgerechten Ergebnissen führen. [6]Die Aufteilung nach den betrieblichen Kosten ist keine gleich einfache Aufteilungsmethode und danach nicht zulässig. [7]Nach den vorstehenden Grundsätzen ist auch zu verfahren, wenn das Entgelt für eine einheitliche Leistung für Zwecke der Umsatzsteuer auf unterschiedlich besteuerte Leistungsbestandteile aufzuteilen ist, z. B. bei grenzüberschreitenden Personenbeförderungen i. S. von § 3b Abs. 1 Satz 2 UStG oder bei der Vermietung von Grundstücken mit aufstehenden Betriebsvorrichtungen nach § 4 Nr. 12 Satz 2 UStG. [8]Zur Aufteilung eines pauschalen Gesamtpreises/Gesamtentgelts
– für unterschiedlich besteuerte Dienstleistungen auf dem Gebiet der Telekommunikation siehe Abschnitt 3a.10 Abs. 7 und 8,

---

1) **Sartorius Ergänzungsband** Nr. **833.**

- für grenzüberschreitende Personenbeförderungen siehe Abschnitt 3b.1 Abs. 6,
- für die Vermietung von Sportanlagen zusammen mit den darauf befindlichen Betriebsvorrichtungen siehe Abschnitt 4.12.11 Abs. 3,
- für die Vermittlung von grenzüberschreitenden Personenbeförderungsleistungen im Luftverkehr durch Reisebüros siehe Abschnitt 10.1 Abs. 9,
- für Beherbergungsleistungen zusammen mit nicht von der Steuerermäßigung nach § 12 Abs. 2 Nr. 11 Satz 1 UStG erfassten Leistungen siehe Abschnitt 12.16 Abs. 11 und 12.

[9] Zu den Aufzeichnungspflichten vgl. Abschnitt 22.2 Abs. 6.

(12)[1)] Für die befristete Anwendung des ermäßigten Umsatzsteuersatzes für Restaurations- und Verpflegungsdienstleistungen mit Ausnahme der Abgabe von Getränken (§ 12 Abs. 2 Nr. 15 UStG) ist es nicht zu beanstanden, wenn zur Aufteilung des Gesamtkaufpreises von sogenannten Kombiangeboten aus Speisen inklusive Getränken (z. B. Buffet, All-Inclusive-Angeboten) der auf die Getränke entfallende Entgeltanteil mit 30% des Pauschalpreises angesetzt wird.

10.2 Zuschüsse

Allgemeines

(1) [1] Zahlungen unter den Bezeichnungen „Zuschuss, Zuwendung, Beihilfe, Prämie, Ausgleichsbetrag u. ä." (Zuschüsse) können entweder

1. Entgelt für eine Leistung an den Zuschussgeber (Zahlenden);
2. (zusätzliches) Entgelt eines Dritten oder
3. echter Zuschuss

sein. [2] Der Zahlende ist Leistungsempfänger, wenn er für seine Zahlung eine Leistung vom Zahlungsempfänger erhält. [3] Der Zahlende kann ein Dritter sein (§ 10 Abs. 1 Satz 2 UStG), der selbst nicht Leistungsempfänger ist.

Zuschüsse als Entgelt für Leistungen an den Zahlenden

(2) [1] Zuschüsse sind Entgelt für eine Leistung an den Zahlenden,

1. wenn ein Leistungsaustauschverhältnis zwischen dem leistenden Unternehmer (Zahlungsempfänger) und dem Zahlenden besteht (vgl. dazu Abschnitte 1.1 bis 1.6);
2. wenn ein unmittelbarer Zusammenhang zwischen der erbrachten Leistung und dem Zuschuss besteht, d. h. wenn der Zahlungsempfänger seine Leistung – insbesondere bei gegenseitigen Verträgen – erkennbar um der Gegenleistung willen erbringt;
3. wenn der Zahlende einen Gegenstand oder einen sonstigen Vorteil erhält, auf Grund dessen er als Empfänger einer Lieferung oder sonstigen Leistung angesehen werden kann;

---

1) A 10.1 UStAE Abs. 12 angef. durch BMF v. 02.07.2020, BStBl. I 2020, 610, anzuwenden in allen Fällen **ab 01.07.2020 bis 31.12.2023** (BMF v. 21.11.2022, BStBl. I 2022, 1595).

4. wenn (beim Zahlenden oder am Ende der Verbraucherkette) ein Verbrauch im Sinne des gemeinsamen Mehrwertsteuerrechts vorliegt.

[2]Ob die Leistung des Zahlungsempfängers derart mit der Zahlung verknüpft ist, dass sie sich auf den Erhalt einer Gegenleistung (Zahlung) richtet, ergibt sich aus den Vereinbarungen des Zahlungsempfängers mit dem Zahlenden, z. B. den zu Grunde liegenden Verträgen oder den Vergaberichtlinien (vgl. BFH-Urteil vom 13.11.1997, V R 11/97, BStBl. II 1998 S. 169). [3]Die Zwecke, die der Zahlende mit den Zahlungen verfolgt, können allenfalls Aufschlüsse darüber geben, ob der erforderliche unmittelbare Zusammenhang zwischen Leistung und Zahlung vorliegt. [4]Die Annahme eines Leistungsaustauschs setzt weder auf der Seite des Zahlenden noch auf der Seite des Zahlungsempfängers rechtlich durchsetzbare Ansprüche voraus (vgl. BFH-Urteile vom 23.02.1989, V R 141/84, BStBl. II S. 638, und vom 09.10.2003, V R 51/02, BStBl. II 2004 S. 322). [5]Zuwendungen im Rahmen von Vertragsnaturschutzmaßnahmen, die für die Bearbeitung von Flächen des Zuwendungsgebers erfolgen, werden im Rahmen eines Leistungsaustauschs gezahlt; erfolgt die Zuwendung dagegen für eigene Flächen des Land- und Forstwirts, liegt im Allgemeinen ein nicht der Umsatzsteuer unterliegender echter Zu-schuss vor. [6]Zahlungen für die Übernahme der Erfüllung von Aufgaben einer juristischen Person des öffentlichen Rechts, zu deren Ausführung sich die Parteien in einem gegenseitigen Vertrag verpflichtet haben, erfolgen grundsätzlich im Rahmen eines Leistungsaustauschs. [7]Die Zuwendung erfolgt in diesem Fall nicht lediglich zur Subventionierung aus strukturpolitischen, volkswirtschaftlichen oder allgemeinpolitischen Gründen, wenn der Zuwendungsgeber damit auch eigene wirtschaftliche Interessen verfolgt. [8]Gewährt eine juristische Person des öffentlichen Rechts in diesem Zusammenhang eine als „Starthilfe" bezeichnete Zuwendung neben der Übertragung des für die Durchführung der Aufgabe erforderlichen Vermögens zu einem symbolischen Kaufpreis, ist diese Zuwendung Entgelt für die Entbindung aus der Durchführung der öffentlichen Aufgabe (vgl. BFH-Urteil vom 21.04.2005, V R 11/03, BStBl. II 2007 S. 63). [9]Besteht aufgrund eines Rechtsverhältnisses ein unmittelbarer Zusammenhang zwischen der Leistung des Zahlungsempfängers und der Zahlung, ist die Zahlung Entgelt für die Leistung des Zahlungsempfängers.

Beispiel 1:

Zuschüsse einer Gemeinde an einen eingetragenen Verein, z. B. eine Werbegemeinschaft zur vertragsgemäßen Durchführung einer Werbeveranstaltung in der Vorweihnachtszeit.

Beispiel 2:

[1]Ein Bauherr errichtet ein Geschäftshaus mit einer Tiefgarage und verpflichtet sich gegenüber der Stadt, einen Teil der Stellplätze der Allgemeinheit zur Verfügung zu stellen. [2]Er erhält dafür ein Entgelt von der Stadt (vgl. BFH-Urteil vom 13.11.1997, V R 11/97, a. a. O.).

Beispiel 3:

Anfertigung von Auftragsgutachten gegen Entgelt, wenn der öffentliche Auftraggeber das Honorar für das Gutachten und nicht dafür leistet, die Tätigkeit des Zahlungsempfängers zu ermöglichen oder allgemein zu fördern; zum Leistungsaustausch bei der Durchführung von Forschungsvorhaben, zu der die öffentliche Hand Zuwendungen bewilligt hat, vgl. BFH-Urteil vom 23.02.1989, V R 141/84, a. a. O.

Beispiel 4:

[1] Eine Gemeinde bedient sich zur Erfüllung der ihr nach Landesrecht obliegenden Verpflichtung zur Abwasserbeseitigung einschließlich der Errichtung der dafür benötigten Bauwerke eines Unternehmers. [2] Dieser erlangt dafür u. a. einen vertraglichen Anspruch auf die Fördermittel, die der Gemeinde zustehen.
[3] Der Unternehmer erbringt eine steuerbare Leistung an die Gemeinde. [4] Ein für Rechnung der Gemeinde vom Land an den Unternehmer gezahlter Investitionszuschuss für die Errichtung der Kläranlage ist Entgelt (vgl. BFH-Urteil vom 20.12.2001, V R 81/99, BStBl. II 2003 S. 213).

Zuschüsse als zusätzliches Entgelt eines Dritten[1)]

(3) [1] Zusätzliches Entgelt im Sinne des § 10 Abs. 1 Satz 2 UStG sind solche Zahlungen, die der leistende Unternehmer (Zahlungsempfänger) von einem anderen als dem Leistungsempfänger für die Lieferung oder sonstige Leistung erhält. [2] Ein zusätzliches Entgelt kommt in der Regel nur dann in Betracht, wenn ein unmittelbarer Leistungsaustausch zwischen dem Zahlungsempfänger und dem zahlenden Dritten zu verneinen ist (vgl. BFH-Urteil vom 20.02.1992, V R 107/87, BStBl. II S. 705). [3] Der Dritte ist in diesen Fällen nicht Leistungsempfänger. [4] Ein zusätzliches Entgelt liegt vor, wenn der Leistungsempfänger einen Rechtsanspruch auf die Zahlung hat, die Zahlung in Erfüllung einer öffentlich-rechtlichen Verpflichtung gegenüber dem Leistungsempfänger oder zumindest im Interesse des Leistungsempfängers gewährt wird (vgl. BFH-Urteil vom 25.11.1986, V R 109/78, BStBl. II 1987 S. 228). [5] Diese Zahlung gehört unabhängig von der Bezeichnung als „Zuschuss" zum Entgelt, wenn der Zuschuss dem Abnehmer des Gegenstands oder dem Dienstleistungsempfänger zugutekommt, der Zuschuss gerade für die Lieferung eines bestimmten Gegenstands oder die Erbringung einer bestimmten sonstigen Leistung gezahlt wird und mit der Verpflichtung der den Zuschuss gewährenden Stelle zur Zuschusszahlung das Recht des Zahlungsempfängers (des Leistenden) auf Auszahlung des Zuschusses einhergeht, wenn er einen steuerbaren Umsatz bewirkt hat (vgl. BFH-Urteil vom 09.10.2003, V R 51/02, BStBl. II 2004 S. 322).

Beispiel 1:

[1] Die BA gewährt einer Werkstatt für behinderte Menschen pauschale Zuwendungen zu den Sach-, Personal- und Beförderungskosten, die für die Betreuung und Ausbildung der behinderten Menschen entstehen.
[2] Die Zahlungen sind Entgelt von dritter Seite für die Leistungen der Werkstatt für behinderte Menschen (Zahlungsempfänger) an die behinderten Menschen, da der einzelne behinderte Mensch auf diese Zahlungen einen Anspruch hat.

Beispiel 2:

[1] Ein Bundesland gewährt einem Studentenwerk einen Zuschuss zum Bau eines Studentenwohnheims. [2] Der Zuschuss wird unmittelbar dem Bauunternehmer ausgezahlt.
[3] Es liegt Entgelt von dritter Seite für die Leistung des Bauunternehmers an das Studentenwerk vor.

[6] Wird das Entgelt für eine Leistung des Unternehmers wegen der Insolvenz des Leistungsempfängers uneinbringlich und zahlt eine Bank, die zu dem Leis-

---

1) Hinweis auf A 14.10 Abs. 1 UStAE.

tungsempfänger Geschäftsbeziehungen unterhalten hat, an den Unternehmer gegen Abtretung der Insolvenzforderung einen Betrag, der sich – unter Berücksichtigung von Gewährleistungsansprüchen – an der Höhe des noch nicht bezahlten Entgelts orientiert, kann diese Zahlung Entgelt eines Dritten für die Leistung des Unternehmers sein (vgl. BFH-Urteil vom 19.10.2001, V R 48/00, BStBl. II 2003 S. 210, zur Abtretung einer Konkursforderung).

(4) [1]Nicht zum zusätzlichen Entgelt gehören hingegen Zahlungen eines Dritten dann, wenn sie dem leistenden Unternehmer (Zahlungsempfänger) zu dessen Förderung und nicht überwiegend im Interesse des Leistungsempfängers gewährt werden. [2]Die Abgrenzung von zusätzlichem Entgelt und echtem Zuschuss wird somit nach der Person des Bedachten und nach dem Förderungsziel vorgenommen (BFH-Urteil vom 08.03.1990, V R 67/89, BStBl. II S. 708). [3]Ist die Zahlung des Dritten an den Zahlungsempfänger ein echter Zuschuss, weil sie zur Förderung des Zahlungsempfängers gewährt wird, ist es unbeachtlich, dass der Zuschuss auch dem Leistungsempfänger zugutekommt, weil er nicht das Entgelt aufzubringen hat, das der Zahlungsempfänger – ohne den Zuschuss – verlangen müsste (vgl. BFH-Urteil vom 09.10.1975, V R 88/74, BStBl. II 1976 S. 105).

(5) [1]Ein zusätzliches Entgelt ist anzunehmen, wenn die Zahlung die Entgeltzahlung des Leistungsempfängers ergänzt und sie damit preisauffüllenden Charakter hat. [2]Die Zahlung dient der Preisauffüllung, wenn sie den erklärten Zweck hat, das Entgelt für die Leistung des Zahlungsempfängers an den Leistungsempfänger auf die nach Kalkulationsgrundsätzen erforderliche Höhe zu bringen und dadurch das Zustandekommen eines Leistungsaustauschs zu sichern oder wenigstens zu erleichtern (vgl. BFH-Urteil vom 24.08.1967, V 31/64, BStBl. III S. 717). [3]Die von Versicherten der gesetzlichen Krankenkassen nach § 31 Abs. 3 SGB V[1)] zu entrichtende Zuzahlung bei der Abgabe von Arzneimitteln ist Entgelt von dritter Seite für die Lieferung des Arzneimittels durch die Apotheke an die Krankenkasse. [4]Hinsichtlich der den Verlagen zugewendeten Druckkostenzuschüsse bei der Vervielfältigung und Verbreitung von Druckwerken gilt:

1. [1]Der Druckkostenzuschuss des Autors an den Verlag ist grundsätzlich Entgelt für die Leistung des Verlags an den Autor, wenn zwischen dem Verlag und dem Autor ein Leistungsaustauschverhältnis z. B. auf Grund eines Verlagsvertrags besteht (vgl. BFH-Urteil vom 21.10.2015, XI R 22/13, BStBl. II 2018 S. 612). [2]Dabei ist es unerheblich, ob der Autor den Druckkostenzuschuss aus eigenen Mitteln oder mit Fördermitteln finanziert. [3]Zahlt der Dritte die Fördermittel für den Autor unmittelbar an den Verlag, liegt ein verkürzter Zahlungsweg vor.
2. Der Druckkostenzuschuss eines Dritten an den Verlag, der nicht im Namen und für Rechnung des Autors gewährt wird, ist grundsätzlich dann Entgelt von dritter Seite für die Leistung des Verlags an den Autor, wenn zwischen dem Verlag und dem Autor ein Leistungsaustauschverhältnis z. B. auf Grund eines Verlagsvertrags besteht.

---

1) **Aichberger SGB** Nr. **5.**

3. Druckkostenzuschüsse eines Dritten an den Verlag sind grundsätzlich dann Entgelt für die Leistung des Verlags an den Dritten, wenn zwischen dem Verlag und dem Dritten ein Leistungsaustauschverhältnis z. B. auf Grund eines gegenseitigen Vertrags besteht.

5 Entgelt von dritter Seite liegt auch dann vor, wenn der Zahlungsempfänger in pauschalierter Form das erhalten soll, was ihm vom Begünstigten (Leistungsempfänger) für die Leistung zustünde, wobei eine Kostendeckung nicht erforderlich ist (vgl. BFH-Urteil vom 26.06.1986, V R 93/77, BStBl. II S. 723). 6 Wegen der Rechnungserteilung bei der Vereinnahmung von Entgelten von dritter Seite vgl. Abschnitt 14.10 Abs. 1. 7 Liefert der Vermittler eines Mobilfunkvertrags im eigenen Namen an den Kunden ein Mobilfunkgerät oder einen sonstigen Elektronikartikel und gewährt das Mobilfunkunternehmen dem Vermittler auf Grund vertraglicher Vereinbarung eine von der Abgabe des Mobilfunkgeräts oder sonstigen Elektronikartikels abhängige Provision bzw. einen davon abhängigen Provisionsbestandteil, handelt es sich bei dieser Provision oder diesem Provisionsbestandteil insoweit nicht um ein Entgelt für die Vermittlungsleistung an das Mobilfunkunternehmen, sondern um ein von einem Dritten gezahltes Entgelt im Sinne des § 10 Abs. 1 Satz 2 UStG für die Lieferung des Mobilfunkgeräts oder des sonstigen Elektronikartikels (vgl. BFH-Urteil vom 16.10.2013, XI R 39/12, BStBl. II 2014 S. 1024). 8 Dies gilt unabhängig von der Höhe einer von dem Kunden zu leistenden Zuzahlung.

(6) 1 Nach den vorstehenden Grundsätzen ist auch dann zu verfahren, wenn bei der Einschaltung von Unternehmern in die Erfüllung hoheitlicher Aufgaben einer juristischen Person des öffentlichen Rechts der eingeschaltete Unternehmer einen eigenen gesetzlichen oder sonstigen Anspruch auf die Zahlung hat. 2 Auch wenn es nach den Vergabebedingungen im Ermessen des Zuwendungsgebers steht, ob er die Mittel der juristischen Person des öffentlichen Rechts oder unmittelbar dem eingeschalteten Unternehmer gewährt, ist entscheidend, dass der Unternehmer einen eigenen Anspruch auf die Zuwendung hat (vgl. BMF-Schreiben vom 27.12.1990, BStBl. I 1991 S. 81).

Beispiel 1:

1 Erstattung von Fahrgeldausfällen für die unentgeltliche Beförderung schwer behinderter Menschen im öffentlichen Personenverkehr nach §§ 145 ff. SGB IX.[1)]

2 Die erstatteten Fahrgeldausfälle sind Entgelt eines Dritten, da die Zahlungen das Fahrgeld abgelten sollen, das die begünstigten Personen ansonsten als Leistungsempfänger entsprechend dem geltenden Tarif hätten aufwenden müssen. 3 Nicht entscheidungserheblich ist, dass die Erstattungen pauschaliert erfolgen. 4 Maßgeblich ist vielmehr, dass die Zuwendungen nach einem Prozentsatz der Fahrgeldeinnahmen berechnet werden und damit in geschätzter Höhe die erbrachten Beförderungsleistungen abgelten sollen. 5 Inwieweit mit der Erstattung eine Äquivalenz von Leistung und Gegenleistung erreicht wird, ist nicht entscheidend (vgl. BFH-Urteil vom 26.06.1986, BStBl. II S. 723).

Beispiel 2:

1 Eine Gemeinde bedient sich zur Erfüllung ihrer hoheitlichen Aufgaben im Bereich der Abfallwirtschaft einer GmbH. 2 Die GmbH übernimmt die Errichtung und den Betrieb von Entsorgungseinrichtungen. 3 Hierfür gewährt das Land Zuwendungen, die nach den För-

---

1) **Aichberger SGB** Nr. **9.**

derrichtlinien von den abfallbeseitigungspflichtigen Gemeinden oder den mit der Abfallbeseitigung beauftragten privaten Unternehmern beantragt werden können.

a) [1] Die Gemeinde ist Antragstellerin.
   [2] Das Land zahlt die Zuwendungen an die antragstellende Gemeinde aus. [3] Die Gemeinde reicht die Gelder an die GmbH weiter.
   [4] Die GmbH erbringt steuerbare und steuerpflichtige Leistungen (Errichtung und Betrieb der Entsorgungseinrichtungen) an die Gemeinde. [5] Zum Entgelt für diese Leistungen gehören auch die von der Gemeinde an die GmbH weitergeleiteten Zuwendungen des Landes.
   [6] Selbst wenn das Land auf Antrag der Gemeinde die Mittel direkt an die GmbH überwiesen hätte, wären diese Teile des Entgelts für die Leistungen der GmbH.

b) [1] Die GmbH ist Antragstellerin.
   [2] Das Land zahlt die Zuwendungen an die antragstellende GmbH aus.
   [3] Die GmbH erbringt auch in diesem Fall steuerbare und steuerpflichtige Leistungen an die Gemeinde. [4] Die Zahlungen des Landes an die GmbH sind zusätzliches Entgelt eines Dritten für die Leistungen der GmbH an die Gemeinde, da die Zahlungen im Interesse der Gemeinde geleistet werden.

Echte Zuschüsse

(7) [1] Echte Zuschüsse liegen vor, wenn die Zahlungen nicht auf Grund eines Leistungsaustauschverhältnisses erbracht werden (vgl. BFH-Urteile vom 28.07.1994, V R 19/92, BStBl. II 1995 S. 86, und vom 13.11.1997, V R 11/97, BStBl. II 1998 S. 169). [2] Das ist der Fall, wenn die Zahlungen nicht an bestimmte Umsätze anknüpfen, sondern unabhängig von einer bestimmten Leistung gewährt werden, weil z. B. der leistende Unternehmer (Zahlungsempfänger) einen Anspruch auf die Zahlung hat oder weil in Erfüllung einer öffentlich-rechtlichen Verpflichtung bzw. im überwiegenden öffentlich-rechtlichen Interesse an ihn gezahlt wird (vgl. BFH-Urteile vom 24.08.1967, V 31/64, BStBl. III S. 717, und vom 25.11.1986, V R 109/78, BStBl. II 1987 S. 228). [3] Echte Zuschüsse liegen auch vor, wenn der Zahlungsempfänger die Zahlungen lediglich erhält, um ganz allgemein in die Lage versetzt zu werden, überhaupt tätig zu werden oder seine nach dem Gesellschaftszweck obliegenden Aufgaben erfüllen zu können. [4] So sind Zahlungen echte Zuschüsse, die vorrangig dem leistenden Zahlungsempfänger zu seiner Förderung aus strukturpolitischen, volkswirtschaftlichen oder allgemeinpolitischen Gründen gewährt werden (BFH-Urteil vom 13.11.1997, V R 11/97, a. a. O.). [5] Dies gilt auch für Beihilfen in der Landwirtschaft, durch die Strukturveränderungen oder Verhaltensänderungen z. B. auf Grund von EG-Marktordnungen gefördert werden sollen. [6] Ebenso stellen Marktprämie einschließlich Managementprämie (§ 33g EEG) bzw. Flexibilitätsprämie (§ 33i EEG) echte, nichtsteuerbare Zuschüsse dar, vgl. Abschnitt 2.5 Abs. 24. [7] Vorteile in Form von Subventionen, Beihilfen, Förderprämien, Geldpreisen und dergleichen, die ein Unternehmer als Anerkennung oder zur Förderung seiner im allgemeinen Interesse liegenden Tätigkeiten ohne Bindung an bestimmte Umsätze erhält, sind kein Entgelt (vgl. BFH-Urteil vom 06.08.1970, V R 94/68, BStBl. II S. 730). [8] Die bloße technische Anknüpfung von Förderungsmaßnahmen an eine Leistung des Zahlungsempfängers führt nicht dazu, dass die Förderung als zusätzliches Entgelt für die Leistung zu beurteilen ist, wenn das Förderungsziel nicht die Subvention der Preise zugunsten der Abnehmer (Leistungsempfänger), sondern die Subvention des Zahlungsempfängers ist (vgl. BFH-Urteil vom 08.03.1990, V R 67/89, BStBl. II S. 708).

Beispiel 1:

[1] Zuschüsse, die die BA bestimmten Unternehmern zu den Löhnen und Ausbildungsvergütungen oder zu den Kosten für Arbeitserprobung und Probebeschäftigung gewährt. [2] Damit erbringt die BA weder als Dritter zusätzliche Entgelte zugunsten der Vertragspartner des leistenden Unternehmers, noch erfüllt sie als dessen Leistungsempfänger eigene Entgeltverpflichtungen.

Beispiel 2:

[1] Zuschüsse, die von den gesetzlichen Trägern der Grundsicherung für Arbeitssuchende für die Teilnehmer an Arbeitsgelegenheiten mit Mehraufwandsentschädigung zur Abdeckung des durch die Ausübung des Zusatzjobs entstehenden tatsächlichen Mehraufwands gezahlt werden, sind echte Zuschüsse. [2] Ein unmittelbarer Zusammenhang zwischen einer erbrachten Leistung und der Zuwendung besteht nicht.

Beispiel 3:

[1] Für die Einrichtung von Zusatzjobs können den Arbeitsgelegenheiten mit Mehraufwandsentschädigung die entstehenden Kosten von den gesetzlichen Trägern der Grundsicherung für Arbeitssuchende erstattet werden. [2] Die Erstattung kann sowohl Sach- als auch Personalkosten umfassen und pauschal ausgezahlt werden.
[3] Diese Maßnahmekostenpauschale stellt einen echten Zuschuss an die Arbeitsgelegenheit dar, sie soll ihre Kosten für die Einrichtung und die Durchführung der Zusatzjobs abdecken. [4] Ein individualisierbarer Leistungsempfänger ist nicht feststellbar.

Beispiel 4:

[1] Qualifizierungsmaßnahmen, die eine Arbeitsgelegenheit mit Mehraufwandsentschädigung selbst oder von einem externen Weiterbildungsträger durchführen lässt.
[2] Qualifizierungsmaßnahmen, die von der Arbeitsgelegenheit selbst durchgeführt werden und bei denen deren eigenunternehmerisches Interesse im Vordergrund steht, sind keine Leistungen im umsatzsteuerrechtlichen Sinn; ebenso begründet die Vereinbarung zur Durchführung von Qualifizierungsmaßnahmen, bei denen deren eigenunternehmerisches Interesse im Vordergrund steht, durch externe Weiterbildungsträger keinen Vertrag zugunsten Dritter. [3] Die von den gesetzlichen Trägern der Grundsicherung für Arbeitssuchende insoweit geleisteten Zahlungen sind kein Entgelt für eine Leistung der Arbeitsgelegenheit gegenüber diesen Trägern oder dem Weiterzubildenden, sondern echte Zuschüsse. [4] Für die Beurteilung der Leistungen der externen Weiterbildungsträger gelten die allgemeinen umsatzsteuerrechtlichen Grundsätze.

Beispiel 5:

[1] Zuwendungen des Bundes und der Länder nach den vom Bundesministerium des Innern (BMI) herausgegebenen Grundsätzen zur Regelung von Kriterien und Höhe der Förderung des Deutschen Olympischen Sportbundes – Bereich Leistungssport – sowie den vom BMI entworfenen Vereinbarungs-/Vertragsmuster, die bundesweit zur Weiterleitung der Bundeszuwendung bei der Förderung der Olympiastützpunkte und Bundesleistungszentren verwendet werden sollen, zu den Betriebs- und Unterhaltskosten ausgewählter Sportstätten.
[2] Im Allgemeinen liegt kein Leistungsaustausch zwischen dem Träger der geförderten Sportstätte und dem Träger des Olympiastützpunkts vor, auch wenn Nutzungszeiten für einen bestimmten Personenkreis in den Zuwendungsbedingungen enthalten sind, denn die Zuwendungen werden im Regelfall für die im allgemeinen Interesse liegende Sportförderung zur Verfügung gestellt. [3] Dies gilt auch für die Förderung des Leistungssports. [4] Die normierten Auflagen für den Zuwendungsempfänger reichen für die Annahme eines Leistungsaustauschverhältnisses nicht aus. [5] Sie haben lediglich den Zweck, den Zuwendungsgeber über den von ihm erhofften und erstrebten Nutzen des Projekts zu unterrichten und die sachgerechte Verwendung der eingesetzten Fördermittel sicherzustellen und werden daher als echte Zuschüsse gewährt.

Zuwendungen aus öffentlichen Kassen

(8) [1] Ob Zuwendungen aus öffentlichen Kassen echte Zuschüsse sind, ergibt sich nicht aus der haushaltsrechtlichen Erlaubnis zur Ausgabe, sondern allein aus dem Grund der Zahlung (vgl. BFH-Urteile vom 27.11.2008, V R 8/07,

BStBl. II 2009 S. 397, und vom 18.12.2008, V R 38/06, BStBl. II 2009 S. 749). [2]Werden Zuwendungen aus öffentlichen Kassen ausschließlich auf der Grundlage des Haushaltsrechts in Verbindung mit den dazu erlassenen Allgemeinen Nebenbestimmungen vergeben, liegen in der Regel echte Zuschüsse vor.[1)] [3]Denn die in den Allgemeinen Nebenbestimmungen normierten Auflagen für den Zuwendungsempfänger reichen grundsätzlich für die Annahme eines Leistungsaustauschverhältnisses nicht aus. [4]Sie haben den Sinn, den Zuwendungsgeber über den von ihm erhofften und erstrebten Nutzen des Projekts zu unterrichten und die sachgerechte Verwendung der eingesetzten Fördermittel sicherzustellen. [5]Grund der Zahlung ist in diesen Fällen die im überwiegenden öffentlichen Interesse liegende Förderung des Zuwendungsempfängers, nicht der Erwerb eines verbrauchsfähigen Vorteils durch den Zuwendungsgeber.

(9) [1]Wird die Bewilligung der Zuwendungen über die Allgemeinen Nebenbestimmungen hinaus mit besonderen Nebenbestimmungen verknüpft, kann ein Leistungsaustauschverhältnis vorliegen. [2]Besondere Nebenbestimmungen sind auf den jeweiligen Einzelfall abgestellte Regelungen, die Bestandteil jeder Zuwendung sein können und im Zuwendungsbescheid oder -vertrag besonders kenntlich zu machen sind. [3]Dort können Auflagen und insbesondere Vorbehalte des Zuwendungsgebers hinsichtlich der Verwendung des Tätigkeitsergebnisses geregelt sein, die auf einen Leistungsaustausch schließen lassen. [4]Entsprechendes gilt für vertraglich geregelte Vereinbarungen. [5]Denn bei Leistungen, zu denen sich die Vertragsparteien in einem gegenseitigen Vertrag verpflichtet haben, liegt grundsätzlich ein Leistungsaustausch vor (vgl. BFH-Urteil vom 18.12.2008, V R 38/06, BStBl. II 2009 S. 749). [6]Regelungen zur technischen Abwicklung der Zuwendung und zum haushaltsrechtlichen Nachweis ihrer Verwendung sind umsatzsteuerrechtlich regelmäßig unbeachtlich (vgl. BFH-Urteil vom 28.07.1994, V R 19/92, BStBl. II 1995 S. 86).

(10) [1]Zuwendungen, die zur Projektförderung oder zur institutionellen Förderung auf der Grundlage folgender Nebenbestimmungen gewährt werden, sind grundsätzlich als nicht der Umsatzsteuer unterliegende echte Zuschüsse zu beurteilen:

1. Nebenbestimmungen für Zuwendungen auf Kostenbasis des Bundesministeriums für Bildung und Forschung (BMBF) an Unternehmen der gewerblichen Wirtschaft für Forschungs- und Entwicklungsvorhaben (NKBF-98); diese gelten z. B. auch im Geschäftsbereich des Bundesministeriums für Wirtschaft und Energie (BMWi) und des Bundesministeriums für Umwelt, Naturschutz und nukleare Sicherheit (BMU);
2. Allgemeine Nebenbestimmungen für Zuwendungen zur Projektförderung (ANBest-P) – Anlage 2 der VV zu § 44 BHO;
3. Allgemeine Nebenbestimmungen für Zuwendungen zur Projektförderung an Gebietskörperschaften und Zusammenschlüsse von Gebietskörperschaften (ANBest-GK) – Anlage 3 der VV zu § 44 BHO;

[1)] Siehe aber BFH v. 18.12.2019 XI R 31/17, BFH/NV 2020, 565 (Zuschüsse einer Stadt an Fremdenverkehrsverein).

4. Besondere Nebenbestimmungen für Zuwendungen des BMBF zur Projektförderung auf Ausgabenbasis (BNBest-BMBF 98); diese gelten z. B. auch im Geschäftsbereich des BMWi und des BMU;
5. Allgemeine Nebenbestimmungen für Zuwendungen zur Projektförderung auf Kostenbasis (ANBest-P-Kosten) – Anlage 4 der VV zu § 44 BHO;
6. Allgemeine Nebenbestimmungen für Zuwendungen zur institutionellen Förderung (ANBest-I) – Anlage 1 der VV zu § 44 BHO;
7. Finanzstatut für Forschungseinrichtungen der Hermann von Helmholtz-Gemeinschaft Deutscher Forschungszentren e. V. (FinSt-HZ);
8. Nebenbestimmungen für Zuwendungen auf Kostenbasis des Bundesministeriums für Bildung und Forschung an gewerbliche Unternehmen für Forschungs- und Entwicklungsvorhaben (NKBF 2017); diese gelten z. B. auch im Geschäftsbereich des BMWi und des BMU;
9. Nebenbestimmungen für Zuwendungen auf Ausgabenbasis (NABF); diese gelten z. B. auch im Geschäftsbereich des BMWi und des BMU;
10. Zuwendungen im Zusammenhang mit EU-Rahmenprogrammen, die den Teilnehmern für Forschungs- und Innovationstätigkeiten innerhalb der Rahmenprogramme der EU (beispielsweise Horizont 2020; RP7 oder Horizont Europa), jedoch außerhalb öffentlicher Auftragsvergabe bereitgestellt werden, wenn die Zuwendungen nicht mit dem Preis einer Lieferung von Gegenständen oder der Erbringung einer Dienstleistung im Zusammenhang stehen, und sofern keine Übertragung der Eigentumsrechte an den Ergebnissen von aus den genannten EU-Rahmenprogrammen finanzierten Tätigkeiten an die Kommission vorgesehen ist.

[2]Entsprechendes gilt für Zuwendungen, die nach Richtlinien und Nebenbestimmungen zur Förderung bestimmter Vorhaben gewährt werden, die inhaltlich den o. a. Förderbestimmungen entsprechen (z. B. Zuwendungen im Rahmen der Programme der Biotechnologie- und Energieforschung sowie zur Förderung des Forschungs- und Entwicklungspersonals in der Wirtschaft). [3]Diese Beurteilung schließt im Einzelfall eine Prüfung nicht aus, ob auf Grund zusätzlicher Auflagen oder Bedingungen des Zuwendungsgebers oder sonstiger Umstände ein steuerbarer Leistungsaustausch zwischen dem Zuwendungsgeber und dem Zuwendungsempfänger begründet worden ist. [4]Dabei ist bei Vorliegen entsprechender Umstände auch die Frage des Entgelts von dritter Seite zu prüfen. [5]Eine Prüfung kommt insbesondere in Betracht, wenn die Tätigkeit zur Erfüllung von Ressortaufgaben des Zuwendungsgebers durchgeführt wird und deshalb z. B. folgende zusätzliche Vereinbarungen getroffen wurden (vgl. auch BFH-Urteile vom 23.02.1989, V R 141/84, BStBl. II S. 638, und vom 28.07.1994, V R 19/92, BStBl. II 1995 S. 86):

1. Vorbehalt von Verwertungsrechten für den Zuwendungsgeber;
2. Zustimmungsvorbehalt des Zuwendungsgebers für die Veröffentlichung der Ergebnisse;
3. fachliche Detailsteuerung durch den Zuwendungsgeber;
4. Vollfinanzierung bei Zuwendungen an Unternehmen der gewerblichen Wirtschaft.

[6]Die Vorbehalte sprechen nicht für einen Leistungsaustausch, wenn sie lediglich dazu dienen, die Tätigkeit zu optimieren und die Ergebnisse für die

Allgemeinheit zu sichern. [7] Nach den vorstehenden Grundsätzen ist auch bei der umsatzsteuerlichen Beurteilung von Zuwendungen zur Projektförderung sowie zur institutionellen Förderung auf Grund entsprechender Bestimmungen der Bundesländer zu verfahren.

10.3 Entgeltminderungen

(1) [1] Entgeltminderungen liegen vor, wenn der Leistungsempfänger bei der Zahlung Beträge abzieht, z. B. Skonti, Rabatte, Preisnachlässe usw., oder wenn dem Leistungsempfänger bereits gezahlte Beträge zurückgewährt werden, ohne dass er dafür eine Leistung zu erbringen hat. [2] Hierbei ist der Abzugsbetrag oder die Rückzahlung in Entgelt und Umsatzsteuer aufzuteilen (vgl. BFH-Urteil vom 28.05.2009, V R 2/08, BStBl. II S. 870). [3] Auf die Gründe, die für die Ermäßigung des Entgelts maßgebend waren, kommt es nicht an (vgl. BFH-Urteil vom 21.03.1968, V R 85/65, BStBl. II S. 466). [4] Die Pflicht des Unternehmers, bei nachträglichen Änderungen des Entgelts die Steuer bzw. den Vorsteuerabzug zu berichtigen, ergibt sich aus § 17 UStG. [5] Eine Entgeltminderung liegt grundsätzlich auch vor, wenn ein in der Leistungskette beteiligter Unternehmer einem nicht unmittelbar nachfolgenden Abnehmer einen Teil des von diesem gezahlten Leistungsentgelts erstattet oder ihm gegenüber einen Preisnachlass gewährt. [6] Erstattet danach der erste Unternehmer in einer Leistungskette dem Endverbraucher einen Teil des von diesem gezahlten Leistungsentgelts oder gewährt er ihm einen Preisnachlass, mindert sich dadurch grundsätzlich die Bemessungsgrundlage des ersten Unternehmers an seinen unmittelbaren Abnehmer (vgl. EuGH-Urteil vom 24.10.1996, C-317/94, Elida Gibbs, BStBl. 2004 II S. 324).[1)] [7] Auf die Abschnitte 17.1 und 17.2 wird hingewiesen.

(2) [1] Eine Entgeltminderung kann vorliegen, wenn der Erwerber einer Ware Mängel von sich aus beseitigt und dem Lieferer die entstandenen Kosten berechnet. [2] Zur Frage, ob in derartigen Fällen ein Schadensersatz vorliegt, vgl. Abschnitt 1.3 Abs. 1. [3] Wird jedoch von den Vertragspartnern von vornherein ein pauschaler Abzug vom Kaufpreis vereinbart und dafür vom Erwerber global auf alle Ansprüche aus der Sachmängelhaftung des Lieferers verzichtet, erbringt der Käufer eine entgeltliche sonstige Leistung (vgl. BFH-Urteil vom 15.12.1966, V R 83/64, BStBl. III 1967 S. 234). [4] Zuwendungen, die ein Lieferant seinem Abnehmer für die Durchführung von Werbemaßnahmen gewährt, sind regelmäßig als Preisnachlass zu behandeln, wenn und soweit keine Verpflichtung zur Werbung besteht, der Werber die Werbung im eigenen Interesse am Erfolg der Werbemaßnahme ausführt und die Gewährung des Zuschusses nicht losgelöst von der Warenlieferung, sondern mit dieser eng verknüpft ist (vgl. BFH-Urteil vom 05.08.1965, V 144/62 U, BStBl. III S. 630). [5] Werbeprämien, die den Abnehmern für die Werbung eines neuen Kunden gewährt werden, mindern daher nicht das Entgelt (vgl. BFH-Urteil vom 07.03.1995, XI R 72/93, BStBl. II S. 518). [6] Entsprechendes gilt bei der Überlassung von Prämienbüchern durch eine Buchgemeinschaft an ihre Mitglieder für die Werbung neuer Mitglieder (vgl. BFH-Urteil vom 17.12.1959, V 251/58 U, BStBl. 1960 III S. 97). [7] Soweit einem Altabonnenten

---

1) IStR 1996, 583.

eine Prämie als Belohnung für die Verlängerung seines eigenen Belieferungsverhältnisses gewährt wird, liegt eine Entgeltminderung vor (vgl. BFH-Urteil vom 07.03.1995, XI R 73/93, a. a. O.). [8] Die Teilnahme eines Händlers an einem Verkaufswettbewerb seines Lieferanten, dessen Gegenstände die vertriebenen Produkte sind, begründet regelmäßig keinen besonderen Leistungsaustausch, die Zuwendung des Preises kann jedoch als Preisnachlass durch den Lieferanten zu behandeln sein (BFH-Urteil vom 09.11.1994, XI R 81/92, BStBl. II 1995 S. 277). [9] Gleiches gilt für die Zuwendung eines Lieferanten an einen Abnehmer als Belohnung für Warenbezüge in einer bestimmten Größenordnung (vgl. BFH-Urteil vom 28.06.1995, XI R 66/94, BStBl. II S. 850). [10] Hat der leistende Unternehmer eine Vertragsstrafe wegen nicht gehöriger Erfüllung an den Leistungsempfänger zu zahlen, liegt darin keine Entgeltminderung (vgl. Abschnitt 1.3 Abs. 3). [11] Die nach der Milch-Garantiemengen-Verordnung erhobene Abgabe mindert nicht das Entgelt für die Milchlieferungen des Erzeugers.

(3) Eine Minderung des Kaufpreises einer Ware liegt nicht vor, wenn der Käufer vom Verkäufer zur Ware einen Chip erhält, der zum verbilligten Bezug von Leistungen eines Dritten berechtigt, und der Kunde den vereinbarten Kaufpreis für die Ware unabhängig davon, ob er den Chip annimmt, zu zahlen hat und die Rechnung über den Warenkauf diesen Kaufpreis ausweist (BFH-Urteil vom 11.05.2006, V R 33/03, BStBl. II S. 699, und vgl. Abschnitt 17.2 Abs. 8).

(4) Sog. Preisnachlässe, die von Verkaufsagenten eingeräumt werden, sind wie folgt zu behandeln:

Beispiel 1:

[1] Der Agent räumt den Abnehmern mit Zustimmung der Lieferfirma einen Preisnachlass vom Listenpreis zu Lasten seiner Provision ein. [2] Der Lieferer erteilt dem Abnehmer eine Rechnung über den geminderten Preis. [3] Dem Agenten wird auf Grund der vereinbarten „Provisionsklausel" nur die um den Preisnachlass gekürzte Provision gutgeschrieben.

[4] In diesem Fall hat der Lieferer nur den vom Abnehmer aufgewendeten Betrag zu versteuern. [5] Der vom Agenten eingeräumte Preisnachlass ist ihm nicht in Form eines Provisionsverzichts des Agenten als Entgelt von dritter Seite zugeflossen. [6] Das Entgelt für die Leistung des Agenten besteht in der ihm gutgeschriebenen, gekürzten Provision.

Beispiel 2:

[1] Der Agent räumt den Preisnachlass ohne Beteiligung der Lieferfirma zu Lasten seiner Provision ein. [2] Der Lieferer erteilt dem Abnehmer eine Rechnung über den vollen Listenpreis und schreibt dem Agenten die volle Provision nach dem Listenpreis gut. [3] Der Agent gewährt dem Abnehmer den zugesagten Preisnachlass in bar, durch Gutschrift oder durch Sachleistungen, z. B. kostenlose Lieferung von Zubehör o. Ä.

[4] In diesem Fall mindert der vom Agenten eingeräumte Preisnachlass weder das Entgelt der Lieferfirma noch die Provision des Agenten (vgl. BFH-Urteil vom 27.02.2014, V R 18/11, BStBl. 2015 II S. 306, und Abschnitt 17.2 Abs. 7). [5] Der Agent ist nicht berechtigt, dem Abnehmer eine Abrechnung über den Preisnachlass mit Ausweis der Umsatzsteuer zu erteilen und einen entsprechenden Vorsteuerabzug vorzunehmen, weil zwischen ihm und dem Abnehmer kein Leistungsaustausch stattfindet (vgl. auch BFH-Beschluss vom 14.04.1983, V B 28/81, BStBl. II S. 393).

(5) Sog. Preisnachlässe, die ein Zentralregulierer seinen Anschlusskunden für den Bezug von Waren von bestimmten Lieferanten gewährt, mindern nicht die Bemessungsgrundlage für die Leistungen, die der Zentralregulierer gegenüber den Lieferanten erbringt, und führen dementsprechend auch nicht zu einer Berichtigung des Vorsteuerabzuges beim Anschlusskunden aus den Warenbezügen (BFH-Urteil vom 03.07.2014, V R 3/12, BStBl. II 2015 S. 307).

(6) [1]Wechselvorzinsen (Wechseldiskont), die dem Unternehmer bei der Weitergabe (Diskontierung) eines für seine Lieferung oder sonstige Leistung in Zahlung genommenen Wechsels abgezogen werden, mindern das Entgelt für seinen Umsatz (vgl. BFH-Urteil vom 27.10.1967, V 206/64, BStBl. II 1968 S. 128). [2]Dies gilt auch für die bei Prolongation eines Wechsels berechneten Wechselvorzinsen. [3]Dagegen sind die Wechselumlaufspesen (Diskontspesen) Kosten des Zahlungseinzugs, die das Entgelt nicht mindern (vgl. BFH-Urteil vom 29.11.1955, V 79/55 S, BStBl. III 1956 S. 53). [4]Hat der Unternehmer für seine steuerpflichtige Leistung eine Rechnung mit gesondertem Steuerausweis im Sinne des § 14 Abs. 2 UStG erteilt und unterlässt er es, seinem Abnehmer die Entgeltminderung und die darauf entfallende Steuer mitzuteilen, schuldet er die auf den Wechseldiskont entfallende Steuer nach § 14c Abs. 1 UStG. [5]Gewährt der Unternehmer im Zusammenhang mit einer Lieferung oder sonstigen Leistung einen Kredit, der als gesonderte Leistung anzusehen ist (vgl. Abschnitt 3.11 Abs. 1 und 2), und hat er über die zu leistenden Zahlungen Wechsel ausgestellt, die vom Leistungsempfänger akzeptiert werden, mindern die bei der Weitergabe der Wechsel berechneten Wechselvorzinsen nicht das Entgelt für die Lieferung oder sonstige Leistung.

(7) [1]Der vom Hersteller eines Arzneimittels den gesetzlichen Krankenkassen zu gewährende gesetzliche Rabatt führt beim Hersteller zu einer Minderung des Entgelts für seine Lieferung an den Zwischenhändler oder die Apotheke. [2]Gleiches gilt bei der verbilligten Abgabe des Arzneimittels durch die in der Lieferkette beteiligten Unternehmer. [3]Die Erstattung des Abschlags durch den Hersteller ist in diesem Fall Entgelt von dritter Seite für die Lieferung des Arzneimittels.[1)] [4]Verzichtet eine Apotheke, die nicht nach § 43b SGB V[2)] zum Einzug der Zuzahlung nach § 31 Abs. 3 SGB V verpflichtet ist, auf diese Zuzahlung, mindert sich insoweit die Bemessungsgrundlage für die Lieferung an die jeweilige Krankenkasse. [5]Gleiches gilt bei der Gewährung von Boni auf erhobene Zuzahlungen. [6]Wegen der Änderung des für die ursprüngliche Lieferung geschuldeten Umsatzsteuerbetrags sowie des in Anspruch genommenen Vorsteuerabzugs vgl. Abschnitt 17.1. [7]Zahlungen des Herstellers auf Grundlage des § 1 des Gesetzes über Rabatte für Arzneimittel (AMRabG)[3)] an die Unternehmen der privaten Krankenversicherung und an die Träger der Kosten in Krankheits-, Pflege- und Geburtsfällen nach beamtenrechtlichen Vorschriften mindern ebenfalls die Bemessungsgrundlage für die gelieferten Arzneimittel (vgl. BFH-Urteil vom 08.02.2018, V R 42/15, BStBl. II S. 676).

10.4 Durchlaufende Posten

(1) [1]Durchlaufende Posten gehören nicht zum Entgelt (§ 10 Abs. 1 Satz 5 UStG). [2]Sie liegen vor, wenn der Unternehmer, der die Beträge vereinnahmt und verauslagt, im Zahlungsverkehr lediglich die Funktion einer Mittelsperson ausübt, ohne selbst einen Anspruch auf den Betrag gegen den Leistenden zu haben und auch nicht zur Zahlung an den Empfänger verpflichtet zu sein.

---

1) Zum Herstellerrabatt als Entgeltbestandteil des innergemeinschaftlichen Erwerbs von Arzneimitteln siehe BFH v. 10.12.2020 V R 34/18, BStBl. II 2021, 576.

2) **Aichberger SGB** Nr. 5.

3) G v. 22.12.2010, BGBl. I 2010, 2262.

[3]Ob der Unternehmer Beträge im Namen und für Rechnung eines anderen vereinnahmt und verauslagt, kann nicht nach der wirtschaftlichen Betrachtungsweise entschieden werden. [4]Es ist vielmehr erforderlich, dass zwischen dem Zahlungsverpflichteten und dem, der Anspruch auf die Zahlung hat (Zahlungsempfänger), unmittelbare Rechtsbeziehungen bestehen (vgl. BFH-Urteil vom 24.02.1966, V 135/63, BStBl. III S. 263). [5]Liegen solche unmittelbaren Rechtsbeziehungen mit dem Unternehmer vor, sind Rechtsbeziehungen ohne Bedeutung, die zwischen dem Zahlungsempfänger und der Person bestehen, die an den Unternehmer leistet oder zu leisten verpflichtet ist (vgl. BFH-Urteil vom 02.03.1967, V 54/64, BStBl. III S. 377).

(2)[1)] [1]Unmittelbare Rechtsbeziehungen setzen voraus, dass der Zahlungsverpflichtete und der Zahlungsempfänger jeweils den Namen des anderen und die Höhe des gezahlten Betrags erfahren (vgl. BFH-Urteil vom 04.12.1969, V R 104/66, BStBl. II 1970 S. 191). [2]Dieser Grundsatz findet jedoch regelmäßig auf Abgaben und Beiträge keine Anwendung. [3]Solche Beträge können auch dann durchlaufende Posten sein, wenn die Mittelsperson dem Zahlungsempfänger die Namen der Zahlungsverpflichteten und die jeweilige Höhe der Beträge nicht mitteilt (vgl. BFH-Urteil vom 11.08.1966, V 13/64, BStBl. III S. 647). [4]Kosten (Gebühren und Auslagen), die Rechtsanwälte, Notare und Angehörige verwandter Berufe bei Behörden und ähnlichen Stellen für ihre Auftraggeber auslegen, können als durchlaufende Posten auch dann anerkannt werden, wenn dem Zahlungsempfänger Namen und Anschriften der Auftraggeber nicht mitgeteilt werden. [5]Voraussetzung ist, dass die Kosten nach Kosten(Gebühren-)ordnungen berechnet werden, die den Auftraggeber als Kosten(Gebühren-)schuldner bestimmen (vgl. BFH-Urteil vom 24.08.1967, V 239/64, BStBl. III S. 719). [6]Zu durchlaufenden Posten im Rahmen von postvorbereitenden sonstigen Leistungen von Konsolidierern an die Deutsche Post AG vgl. BMF-Schreiben vom 13.12.2006, BStBl. 2007 I S. 119. [7]Die von den gesetzlichen Trägern der Grundsicherung für Arbeitssuchende gezahlte Mehraufwandsentschädigung ist bei der Auszahlung durch die Arbeitsgelegenheit bei dieser als durchlaufender Posten zu beurteilen.

(3) [1]Steuern, öffentliche Gebühren und Abgaben, die vom Unternehmer geschuldet werden, sind bei ihm keine durchlaufenden Posten, auch wenn sie dem Leistungsempfänger gesondert berechnet werden (vgl. BFH-Urteil vom 04.06.1970, V R 10/67, BStBl. II S. 648, und Abschnitt 10.1 Abs. 6). [2]Dementsprechend sind z. B. Gebühren, die im Rahmen eines Grundbuchabrufverfahrens vom Notar geschuldet werden, bei diesem keine durchlaufenden Posten, auch wenn sie als verauslagte Gerichtskosten in Rechnung gestellt werden dürfen.

(4)[1)] Für die Annahme eines durchlaufenden Postens in Fällen der Gesamtschuldnerschaft obliegt der Nachweis über die Funktion als Mittelsperson dem Unternehmer.

[1)] A 10.4 UStAE Abs. 2 Satz 6 aufgeh., bish. Sätze 7 und 8 werden Sätze 6 und 7, Abs. 4 neugef. durch BMF v. 11.01.2023, BStBl. II 2023, 179, anzuwenden in allen offenen Fällen; für bis zum 31.12.2022 ausgeführte Umsätze kann sich der Unternehmer bis zum o. a. BMF-Schreiben (veröffentlicht im BStBl. I 2023 Nr. 1 v. 27.01.2023) auf die bish. Verwaltungsauffassung berufen.

10.5 Bemessungsgrundlage beim Tausch und bei tauschähnlichen Umsätzen

Allgemeines

(1)[1] [1]Beim Tausch und bei tauschähnlichen Umsätzen gilt der Wert jedes Umsatzes als Entgelt für den anderen Umsatz. [2]Der Wert des anderen Umsatzes wird durch den subjektiven Wert für die tatsächlich erhaltene und in Geld ausdrückbare Gegenleistung bestimmt. [3]Subjektiver Wert ist derjenige, den der Leistungsempfänger der Leistung beimisst, die er sich verschaffen will und deren Wert dem Betrag entspricht, den er zu diesem Zweck aufzuwenden bereit ist (vgl. BFH-Urteil vom 16.04.2008, XI R 56/06, BStBl. II S. 909, und EuGH-Urteil vom 02.06.1994, C-33/93, Empire Stores). [4]Dieser Wert umfasst alle Ausgaben einschließlich der Nebenleistungen, die der Empfänger der jeweiligen Leistung aufwendet, um diese Leistung zu erhalten (vgl. BFH-Urteile vom 01.08.2002, V R 21/01, BStBl. II 2003 S. 438, und vom 16.04.2008, XI R 56/06, a. a. O.; zu Versandkosten vgl. z. B. EuGH-Urteil vom 03.07.2001, C-380/99, Bertelsmann).[2] [5]Soweit der Leistungsempfänger konkrete Aufwendungen für die von ihm erbrachte Gegenleistung getätigt hat, ist daher der gemeine Wert (§ 9 BewG) dieser Gegenleistung nicht maßgeblich. [6]Hat er keine konkreten Aufwendungen für seine Gegenleistung getätigt, ist das Entgelt für die Leistung gem. § 162 AO zu schätzen (vgl. BFH-Urteil vom 25.04.2018, XI R 21/16, BStBl. II S. 505). [7]Wird ein Geldbetrag zugezahlt, handelt es sich um einen Tausch oder tauschähnlichen Umsatz mit Baraufgabe. [8]In diesen Fällen ist der Wert der Sachleistung um diesen Betrag zu mindern. [9]Wird im Rahmen eines tauschähnlichen Umsatzes Kapital zinslos oder verbilligt zur Nutzung überlassen, richtet sich der Wert dieses Vorteils nach den allgemeinen Vorschriften des BewG (§§ 13 bis 16 BewG).[3] [10]Danach ist ein einjähriger Betrag der Nutzung mit 5,5 % des Darlehens zu ermitteln (vgl. BFH-Urteil vom 28.02.1991, V R 12/85, BStBl. II S. 649).

Materialabfall und werthaltige Abfälle

(2) [1]Zum Entgelt für eine Werkleistung oder eine Werklieferung kann neben der vereinbarten Barvergütung auch der bei der Werkleistung oder Werklieferung anfallende Materialabfall gehören, den der Leistungsempfänger dem leistenden Unternehmer überlässt. [2]Das gilt insbesondere, wenn Leistungsempfänger und leistender Unternehmer sich darüber einig sind, dass die Barvergütung kein hinreichender Gegenwert für die Werkleistung oder die Werklieferung ist. [3]Der Wert des Materialabfalls kann auch dann anteilige Gegenleistung für die Werkleistung oder die Werklieferung sein, wenn über den Verbleib des Materialabfalls keine besondere Vereinbarung getroffen worden ist. [4]Die Vermutung, dass in diesem Fall die Höhe der vereinbarten

---

[1] Vgl. BFH v. 30.09.2008 XI B 74/08, BFH/NV 2008, 2066 (tauschähnlicher Umsatz beim Reinigen von Toilettenanlagen gegen Entgelt).

[2] DStRE 2001, 936.

[3] **Steuergesetze** Nr. **200.**

Barvergütung durch den überlassenen Materialabfall beeinflusst worden ist, besteht insbesondere, wenn es sich um wertvollen Materialabfall handelt (vgl. BFH-Urteil vom 15.12.1988, V R 24/88, BStBl. II 1989 S. 252). [5]Übernimmt bei der Entsorgung werthaltiger Abfälle der Unternehmer (Entsorger) die vertraglich geschuldete industrielle Aufbereitung und erhält er die Verwertungs- und Vermarktungsmöglichkeit über die im Abfall enthaltenen Wertstoffe, bleibt der Charakter der Leistung als Entsorgungsleistung ungeachtet des durch den Entsorger erzielten Preises für die Wertstoffe unberührt. [6]Der Wert des Wertstoffs ist Bemessungsgrundlage für die erbrachte Entsorgungsleistung, ggf. – je nach Marktlage – abzüglich bzw. zuzüglich einer Baraufgabe. [7]Die für die Höhe der Baraufgabe maßgebenden Verhältnisse ergeben sich dabei regelmäßig aus den vertraglichen Vereinbarungen und Abrechnungen. [8]Bemessungsgrundlage für die Lieferung des Unternehmers, der den werthaltigen Abfall abgibt, ist der Wert der Gegenleistung (Entsorgungsleistung) ggf. – je nach Marktlage – abzüglich bzw. zuzüglich einer Baraufgabe. [9]Zu tauschähnlichen Umsätzen bei der Abgabe von werthaltigen Abfällen vgl. Abschnitt 3.16.[10]Beginnt die Beförderung oder Versendung an den Abnehmer (Entsorger) in einem anderen EU-Mitgliedstaat, kann die Leistung des liefernden Unternehmers als innergemeinschaftliche Lieferung steuerfrei sein. [11]Der Entsorger hat einen betragsmäßig identischen innergemeinschaftlichen Erwerb des werthaltigen Abfalls der Umsatzbesteuerung in Deutschland zu unterwerfen, wenn hier die Entsorgung des Abfalls erfolgt.

Austauschverfahren in der Kraftfahrzeugwirtschaft

(3) [1]Die Umsätze beim Austauschverfahren in der Kraftfahrzeugwirtschaft sind in der Regel Tauschlieferungen mit Baraufgabe (vgl. BFH-Urteil vom 03.05.1962, V 298/59 S, BStBl. III S. 265). [2]Der Lieferung eines aufbereiteten funktionsfähigen Austauschteils (z.B. Motor, Aggregat, Achse, Benzinpumpe, Kurbelwelle, Vergaser) durch den Unternehmer der Kraftfahrzeugwirtschaft stehen eine Geldzahlung und eine Lieferung des reparaturbedürftigen Kraftfahrzeugteils (Altteils) durch den Kunden gegenüber. [3]Als Entgelt für die Lieferung des Austauschteils sind demnach die vereinbarte Geldzahlung und der subjektive Wert des Altteils, jeweils abzüglich der darin enthaltenen Umsatzsteuer, anzusetzen (vgl. BFH-Urteil vom 25.04.2018, XI R 21/16, BStBl. II S. 505). [4]Dabei können die Altteile mit einem Durchschnittswert von 10% des sog. Bruttoaustauschentgelts bewertet werden. [5]Als Bruttoaustauschentgelt ist der Betrag anzusehen, den der Endabnehmer für den Erwerb eines dem zurückgegebenen Altteil entsprechenden Austauschteils abzüglich Umsatzsteuer, jedoch ohne Abzug eines Rabatts zu zahlen hat. [6]Der Durchschnittswert ist danach auf allen Wirtschaftsstufen gleich. [7]Er kann beim Austauschverfahren sowohl für Personenkraftwagen als auch für andere Kraftfahrzeuge, insbesondere auch Traktoren, Mähdrescher und andere selbst fahrende Arbeitsmaschinen im Sinne des § 3 Abs. 3 Satz 1 Nr. 1 Buchstabe a FZV,[1] angewandt werden. [8]Setzt ein Unternehmer bei der Abrechnung an Stelle des Durch-

[1] Fahrzeug-Zulassungsverordnung v. 20.07.2023, BGBl. I 2023 Nr. 199 (**Straßenverkehrsrecht** Nr. **2.3**).

schnittswerts andere Werte an, sind die tatsächlichen Werte der Umsatzsteuer zu unterwerfen. [9]Zur Vereinfachung der Abrechnung (§ 14 UStG) und zur Erleichterung der Aufzeichnungspflichten (§ 22 UStG) kann wie folgt verfahren werden:

1. [1]Die Lieferungen von Altteilen durch die am Kraftfahrzeug-Austauschverfahren beteiligten Unternehmer werden nicht zur Umsatzsteuer herangezogen. [2]Soweit der Endabnehmer des Austauschteils ein Land- und Forstwirt ist und seine Umsätze nach § 24 UStG nach Durchschnittssätzen versteuert, ist der Lieferer des Austauschteils, z.B. Reparaturwerkstatt, verpflichtet, über die an ihn ausgeführte Lieferung des Altteils auf Verlangen eine Gutschrift nach § 14 Abs. 2 Sätze 3 und 4 UStG zu erteilen (vgl. Nummer 2 Satz 2 Buchstabe a Beispiel 2).
2. [1]Bei der Lieferung des Austauschteils wird der Wert des zurückgegebenen Altteils in allen Fällen von den Lieferern – Hersteller, Großhändler, Reparaturwerkstatt – als Teil der Bemessungsgrundlage berücksichtigt. [2]Dabei ist Folgendes zu beachten:

   a) [1]In der Rechnung über die Lieferung des Austauschteils braucht der Wert des Altteils nicht in den Rechnungsbetrag einbezogen zu werden. [2]Es genügt, dass der Unternehmer den auf den Wert des Altteils entfallenden Steuerbetrag angibt.

   Beispiel 1:

1 Austauschmotor	1.000,– €
+ Umsatzsteuer (19%)	190,– €
+ Umsatzsteuer (19%) auf den Wert des Altteils von 100 € (10% von 1.000 €)	19,– €
	1.209,– €

   Beispiel 2:

   (Lieferung eines Austauschteils an einen Landwirt, der § 24 UStG anwendet)

1 Austauschmotor	1.000,– €
+ Umsatzsteuer (19%)	190,– €
+ Umsatzsteuer (19%) auf den Wert des Altteils von 100 € (10% von 1.000 €)	19,– €
	1.209,– €
./. Gutschrift 10,7%	
./. Umsatzsteuer auf den Wert des Altteils (100 €)	10,70 €
	1.198,30 €

   b) [1]Der Lieferer der Austauschteile – Hersteller, Großhändler, Reparaturwerkstatt – hat die auf die Werte der Altteile entfallenden Steuerbeträge gesondert aufzuzeichnen. [2]Am Schluss des Voranmeldungs- und des Besteuerungszeitraums ist aus der Summe dieser Steuerbeträge die Summe der betreffenden Entgeltteile zu errechnen.

   c) Der Lieferungsempfänger muss, sofern er auf der Eingangsseite die Entgelte für empfangene steuerpflichtige Lieferungen und sonstige Leistun-

Einkunftsermittlungsart – die nach § 15 UStG abziehbaren Vorsteuerbeträge nicht einzubeziehen. [5]Besteht die Wertabgabe in der Verwendung eines Gegenstands (§ 3 Abs. 9a Nr. 1 UStG), sind nach § 10 Abs. 4 Satz 1 Nr. 2 UStG aus der Bemessungsgrundlage solche Ausgaben auszuscheiden, die nicht zum vollen oder teilweisen Vorsteuerabzug berechtigt haben. [6]Dabei ist es unerheblich, ob das Fehlen des Abzugsrechts darauf zurückzuführen ist, dass

a) für die Leistung an den Unternehmer keine Umsatzsteuer geschuldet wird oder

b) die Umsatzsteuer für die empfangene Leistung beim Unternehmer nach § 15 Abs. 1a oder 2 UStG vom Vorsteuerabzug ausgeschlossen ist oder

c) die Aufwendungen in öffentlichen Abgaben (Steuern, Gebühren oder Beiträgen) bestehen.

[7]Zur Bemessungsgrundlage zählen auch Ausgaben, die aus Zuschüssen finanziert worden sind.

(4) Zur Bemessungsgrundlage
- bei unentgeltlichen Leistungen an das Personal vgl. Abschnitt 1.8;
- bei nichtunternehmerischer Verwendung eines dem Unternehmen (teilweise) zugeordneten Fahrzeugs vgl. Abschnitt 15.23.

(5)[1)] [1]Bei der privaten Nutzung von Freizeitgegenständen (z. B. Wohnmobile, Wohnwagen, Sportboote, Sportflugzeuge) ist nur der Teil der Ausgaben zu berücksichtigen, der zu den Gesamtausgaben im selben Verhältnis steht wie die Dauer der tatsächlichen Verwendung des Gegenstands für unternehmensfremde Zwecke zur Gesamtdauer seiner tatsächlichen Verwendung (vgl. BFH-Urteil vom 24.08.2000 – V R 9/00, BStBl. II 2001 S. 76). [2]Das ist der Fall, wenn der Unternehmer über den Gegenstand – wie ein Endverbraucher – nach Belieben verfügen kann und ihn nicht (zugleich) für unternehmerische Zwecke bereithält oder bereithalten muss. [3]Für die Berechnung des Verhältnisses werden Leerstandszeiten bzw. Zeiten der Nichtnutzung weder der nichtunternehmerischen noch der unternehmerischen Nutzung zugerechnet.

Beispiel:

[1]Ein Unternehmer vermietet eine dem Unternehmensvermögen zugeordnete Yacht im Kalenderjahr an insgesamt 49 Tagen. [2]Er nutzte seine Yacht an insgesamt 7 Tagen für eine private Segeltour. [3]Die gesamten vorsteuerbelasteten Ausgaben im Kalenderjahr betragen 28 000 €. [4]In der übrigen Zeit stand sie ihm für private Zwecke jederzeit zur Verfügung.
[5]Als Bemessungsgrundlage bei der unentgeltlichen Wertabgabe werden von den gesamten vorsteuerbelasteten Ausgaben (28.000 €) die anteiligen auf die private Verwendung entfallenden Ausgaben im Verhältnis von 56 Tagen der tatsächlichen Gesamtnutzung zur Privatnutzung von 7 Tagen angesetzt. [6]Die Umsatzsteuer beträgt demnach 665 € ($^{7}/_{56}$ von 28.000 € = 3.500 €, darauf 19 % Umsatzsteuer).

---

1) A 10.6 UStAE Abs. 5 Satz 1 neugef., Satz 3 angef. durch BMF v. 07.02.2023, BStBl. I 2023, 322, anzuwenden in allen offenen Fällen.

chemieprodukte wie Silikon oder Beschichtungen sowie Blumen und andere verderbliche Waren. [4]Bei anderen Gegenständen ist die Verkehrsfähigkeit eingeschränkt, wenn diese aufgrund von erheblichen Material- oder Verpackungsfehlern (z. B. Befüllungsfehler, Falschetikettierung, beschädigte Retouren) oder fehlender Marktgängigkeit (z. B. Vorjahresware oder saisonale Ware wie Weihnachts- oder Osterartikel) nicht mehr oder nur noch schwer verkäuflich sind. [5]Werden solche Gegenstände im Rahmen einer unentgeltlichen Wertabgabe abgegeben (z. B. Hingabe als Spende), kann eine im Vergleich zu noch verkehrsfähiger Ware geminderte Bemessungsgrundlage angesetzt werden. [6]Die Minderung ist im Umfang der Einschränkung der Verkehrsfähigkeit vorzunehmen, so dass der Ansatz einer Bemessungsgrundlage von 0 € nur bei wertloser Ware (z. B. Lebensmittel und Non-Food-Artikel kurz vor Ablauf des Mindesthaltbarkeitsdatums oder bei Frischwaren, bei denen die Verkaufsfähigkeit nicht mehr gegeben ist) in Betracht kommt. [7]Eine eingeschränkte Verkehrsfähigkeit liegt insbesondere nicht vor, wenn Neuware ohne jegliche Beeinträchtigung aus wirtschaftlichen oder logistischen Gründen aus dem Warenverkehr ausgesondert wird. [8]Auch wenn diese Neuware ansonsten vernichtet werden würde, weil z. B. Verpackungen beschädigt sind, bei Bekleidung deutliche Spuren einer Anprobe erkennbar sind oder Ware verschmutzt ist, ohne dass sie beschädigt ist, führt dies nicht dazu, dass die Neuware ihre Verkaufsfähigkeit vollständig verliert. [9]Auch in diesen Fällen ist ein fiktiver Einkaufspreis anhand objektiver Schätzungsunterlagen zu ermitteln.

(2) [1]Im Fall einer nach § 3 Abs. 1b Satz 1 Nr. 1 i. V. m. Satz 2 UStG steuerpflichtigen Entnahme eines Gegenstands, den der Unternehmer ohne Berechtigung zum Vorsteuerabzug erworben hat und an dem Arbeiten ausgeführt worden sind, die zum Vorsteuerabzug berechtigt und zum Einbau von Bestandteilen geführt haben (vgl. Abschnitt 3.3 Abs. 2 bis 4), ist Bemessungsgrundlage nach § 10 Abs. 4 Satz 1 Nr. 1 UStG der Einkaufspreis der Bestandteile im Zeitpunkt der Entnahme (Restwert). [2]Ob ein nachträglich z. B. in einen Pkw eingebauter Bestandteil im Zeitpunkt der Entnahme des Pkw noch einen Restwert hat, lässt sich im Allgemeinen unter Heranziehung anerkannter Marktübersichten für den Wert gebrauchter Pkw (z. B. sog. „Schwacke-Liste" oder vergleichbare Übersichten von Automobilclubs) beurteilen. [3]Wenn insoweit kein Aufschlag auf den – im Wesentlichen nach Alter und Laufleistung bestimmten – durchschnittlichen Marktwert des Pkw im Zeitpunkt der Entnahme üblich ist, scheidet der Ansatz eines Restwertes aus.

(3) [1]Bei den einer sonstigen Leistung gleichgestellten Wertabgaben im Sinne des § 3 Abs. 9a UStG (vgl. Abschnitt 3.4) bilden die bei der Ausführung der Leistung entstandenen Ausgaben die Bemessungsgrundlage (§ 10 Abs. 4 Satz 1 Nr. 2 und 3 UStG). [2]Soweit ein Gegenstand für die Erbringung der sonstigen Leistung verwendet wird, zählen hierzu auch die Anschaffungs- und Herstellungskosten für diesen Gegenstand. [3]Diese sind gleichmäßig auf einen Zeitraum zu verteilen, der dem Berichtigungszeitraum nach § 15a UStG für diesen Gegenstand entspricht (vgl. EuGH-Urteil vom 14.09.2006, C-72/05, Wollny, BStBl. II 2007 S. 32).[1)] [4]In diese Ausgaben sind – unabhängig von der

---

1) DStR 2006, 1746.

10.7 Mindestbemessungsgrundlage (§ 10 Abs. 5 UStG)

(1) [1]Die Mindestbemessungsgrundlage gilt nur für folgende Umsätze:

1. Umsätze der in § 10 Abs. 5 Nr. 1 UStG genannten Vereinigungen an ihre Anteilseigner, Gesellschafter, Mitglieder und Teilhaber oder diesen nahestehende Personen (vgl. Beispiele 2 und 3);
2. Umsätze von Einzelunternehmern an ihnen nahestehende Personen;
3. Umsätze von Unternehmern an ihr Personal oder dessen Angehörige auf Grund des Dienstverhältnisses (vgl. Abschnitt 1.8).

[2]Als „nahestehende Personen" sind Angehörige im Sinne des § 15 AO sowie andere Personen und Gesellschaften anzusehen, zu denen ein Anteilseigner, Gesellschafter usw. eine enge rechtliche, wirtschaftliche oder persönliche Beziehung hat.[1)] [3]Ist das für die genannten Umsätze entrichtete Entgelt niedriger als die nach § 10 Abs. 4 UStG in Betracht kommenden Werte oder Ausgaben für gleichartige unentgeltliche Leistungen, sind als Bemessungsgrundlage die Werte oder Ausgaben nach § 10 Abs. 4 UStG anzusetzen (vgl. Abschnitt 10.6). [4]Die Anwendung der Mindestbemessungsgrundlage setzt voraus, dass die Gefahr einer Steuerhinterziehung oder -umgehung besteht (vgl. BFH-Urteil vom 08.10.1997, XI R 8/86, BStBl. II S. 840, und EuGH-Urteil vom 29.05.1997, C-63/96, Skripalle, BStBl. II S. 841). [5]Hieran fehlt es, wenn das vereinbarte Entgelt dem marktüblichen Entgelt entspricht oder der Unternehmer seine Leistung in Höhe des marktüblichen Entgelts versteuert (vgl. BFH-Urteil vom 07.10.2010, V R 4/10, BStBl. II 2016 S. 181). [6]Insoweit ist der Umsatz höchstens nach dem marktüblichen Entgelt zu bemessen. [7]Marktübliches Entgelt ist der gesamte Betrag, den ein Leistungsempfänger an einen Unternehmer unter Berücksichtigung der Handelsstufe zahlen müsste, um die betreffende Leistung zu diesem Zeitpunkt unter den Bedingungen des freien Wettbewerbs zu erhalten. [8]Dies gilt auch bei Dienstleistungen z. B. in Form der Überlassung von Leasingfahrzeugen an Arbeitnehmer. [9]Sonderkonditionen für besondere Gruppen von Kunden oder Sonderkonditionen für Mitarbeiter und Führungskräfte anderer Arbeitgeber haben daher keine Auswirkung auf das marktübliche Entgelt. [10]Das marktübliche Entgelt wird durch im Einzelfall gewährte Zuschüsse nicht gemindert. [11]Das Vorliegen und die Höhe eines die Mindestbemessungsgrundlage mindernden marktüblichen Entgelts ist vom Unternehmer darzulegen.

Beispiel 1:

Fall	Vereinbartes Entgelt	Marktübliches Entgelt	Wert nach § 10 Abs. 4 UStG	Bemessungsgrundlage
1	10	20	15	15
2	12	10	15	12
3	12	12	15	12
4	10	12	15	12

[1)] Zu einer KG als nahestehende Person siehe BFH v. 09.11.2022 XI R 31/19, DStRE 2023, 433.

Beispiel 2:

[1] Eine KG überlässt einem ihrer Gesellschafter einen firmeneigenen Personenkraftwagen zur privaten Nutzung. [2] Sie belastet in der allgemeinen kaufmännischen Buchführung das Privatkonto des Gesellschafters im Kalenderjahr mit 2.400 €. [3] Der auf die private Nutzung des Pkw entfallende Anteil an den zum Vorsteuerabzug berechtigten Ausgaben (z.B. Anschaffungs- oder Herstellungskosten verteilt auf den maßgeblichen Berichtigungszeitraum nach § 15a UStG, Kraftstoff, Öl, Reparaturen) beträgt jedoch 3.600 €.

a) [1] Die marktübliche Miete für den Pkw beträgt 4500 € für das Kalenderjahr.
[2] Das vom Gesellschafter durch Belastung seines Privatkontos entrichtete Entgelt ist niedriger als die Bemessungsgrundlage nach § 10 Abs. 4 Satz 1 Nr. 2 UStG sowie als das marktübliche Entgelt. [3] Nach § 10 Abs. 5 Satz 1 1. Halbsatz UStG ist deshalb die Pkw-Überlassung mit 3.600 € zu versteuern.

b) [1] Die marktübliche Miete für den Pkw beträgt 1.800 € für das Kalenderjahr.
[2] Das vom Gesellschafter durch Belastung seines Privatkontos entrichtete Entgelt übersteigt zwar nicht die Bemessungsgrundlage nach § 10 Abs. 4 Satz 1 Nr. 2 UStG, jedoch das niedrigere marktübliche Entgelt. [3] Nach § 10 Abs. 5 Satz 2 UStG ist daher die Pkw-Überlassung mit dem vereinbarten Entgelt in Höhe von 2.400 € zu versteuern.

c) [1] Die marktübliche Miete für den Pkw beträgt 2.800 € für das Kalenderjahr.
[2] Das marktübliche Entgelt bildet die Höchstgrenze für die Mindestbemessungsgrundlage. [3] Da das vereinbarte Entgelt unter dem marktüblichen Entgelt liegt, kommt nach § 10 Abs. 5 Satz 1 2. Halbsatz UStG das marktübliche Entgelt in Höhe von 2800 € zum Ansatz.

Beispiel 3:

[1] Ein Verein gestattet seinen Mitgliedern und auch Dritten die Benutzung seiner Vereinseinrichtungen gegen Entgelt. [2] Das von den Mitgliedern zu entrichtende Entgelt ist niedriger als das von Dritten zu zahlende Entgelt.

a) [1] Der Verein ist nicht als gemeinnützig anerkannt.
[2] Es ist zu prüfen, ob die bei der Überlassung der Vereinseinrichtungen entstandenen Ausgaben das vom Mitglied gezahlte Entgelt übersteigen. [3] Ist dies der Fall, sind nach § 10 Abs. 5 Nr. 1 UStG grundsätzlich die Ausgaben als Bemessungsgrundlage anzusetzen. [4] Übersteigen die Ausgaben das von den Dritten zu zahlende Entgelt, ist dieses (marktübliche) Entgelt die Bemessungsgrundlage. [5] Bei einem Ansatz der Mindestbemessungsgrundlage erübrigt sich die Prüfung, ob ein Teil der Mitgliederbeiträge als Entgelt für Sonderleistungen anzusehen ist.

b) [1] Der Verein ist als gemeinnützig anerkannt.
[2] Mitglieder gemeinnütziger Vereine dürfen im Gegensatz zu Mitgliedern anderer Vereine nach § 55 Abs. 1 Nr. 1 AO keine Gewinnanteile und in ihrer Eigenschaft als Mitglieder auch keine sonstigen Zuwendungen aus Mitteln des Vereins erhalten. [3] Erbringt der Verein an seine Mitglieder Sonderleistungen gegen Entgelt, braucht aus Vereinfachungsgründen eine Ermittlung der Ausgaben und ggf. des marktüblichen Entgelts erst dann vorgenommen zu werden, wenn die Entgelte offensichtlich nicht kostendeckend sind.

(2) [1] Die Mindestbemessungsgrundlage nach § 10 Abs. 5 Nr. 2 UStG findet keine Anwendung, wenn die Leistung des Unternehmers an sein Personal nicht zur Befriedigung persönlicher Bedürfnisse des Personals erfolgt, sondern durch betriebliche Erfordernisse bedingt ist, weil dann keine Leistung „auf Grund des Dienstverhältnisses" vorliegt (vgl. zur verbilligten Überlassung von Arbeitskleidung BFH-Urteile vom 27.02.2008, XI R 50/07, BStBl. II 2009 S. 426, und vom 29.05.2008, V R 12/07, BStBl. II 2009 S. 428). [2] Auch die entgeltliche Beförderung von Arbeitnehmern zur Arbeitsstätte ist keine Leistung „auf Grund des Dienstverhältnisses", wenn für die Arbeitnehmer keine zumutbaren Möglichkeiten bestehen, die Arbeitsstätte mit öffentlichen Verkehrsmitteln zu erreichen (vgl. BFH-Urteil vom 15.11.2007, V R 15/06,

BStBl. II 2009 S. 423). [3]Vgl. im Einzelnen Abschnitt 1.8 Abs. 4 und Abs. 6 Satz 5.

(3) Wegen der Rechnungserteilung in den Fällen der Mindestbemessungsgrundlage vgl. Abschnitt 14.9.

(4) Zur Mindestbemessungsgrundlage in den Fällen des § 13b Abs. 2 UStG vgl. Abschnitt 13b.13 Abs. 1.

(5) Zur Mindestbemessungsgrundlage im Fall der Lieferung von Wärme, die durch eine KWK-Anlage erzeugt wird, vgl. Abschnitt 2.5 Abs. 23.

(6) [1]Der Anwendung der Mindestbemessungsgrundlage steht nicht entgegen, dass über eine ordnungsgemäß erbrachte Leistung an einen vorsteuerabzugsberechtigten Unternehmer abgerechnet wird (vgl. BFH-Urteil vom 24.01.2008, V R 39/06, BStBl. II 2009 S. 786). [2]Die Mindestbemessungsgrundlage ist jedoch bei Leistungen an einen zum vollen Vorsteuerabzug berechtigten Unternehmer dann nicht anwendbar, wenn der vom Leistungsempfänger in Anspruch genommene Vorsteuerabzug keiner Vorsteuerberichtigung nach § 15a UStG unterliegt (vgl. BFH-Urteil vom 05.06.2014, XI R 44/12, BStBl. II 2016 S. 187). [3]Dies ist der Fall, wenn die bezogene Leistung der Art nach keinem Berichtigungstatbestand des § 15a UStG unterfällt. [4]Bei der Lieferung von Strom und Wärme an einen zum vollen Vorsteuerabzug berechtigten Unternehmer findet die Mindestbemessungsgrundlage keine Anwendung, wenn die Leistung im Zeitpunkt der Lieferung verbraucht wird. [5]Abnehmer, die ihre Vorsteuern nach Durchschnittssätzen entsprechend den Sonderregelungen nach §§ 23a und 24 UStG ermitteln, sind keine zum vollen Vorsteuerabzug berechtigte Unternehmer.

(7) Die Mindestbemessungsgrundlage nach § 10 Abs. 5 UStG findet auch bei der Bestimmung der Bemessungsgrundlage bei Einzweck- und Mehrzweck-Gutscheinen i. S. d. § 3 Abs. 13 bis 15 UStG (vgl. hierzu Abschnitt 3.17 Abs. 6 und Abs. 12) Anwendung.

10.8 Durchschnittsbeförderungsentgelt

[1]Bei der Beförderungseinzelbesteuerung wird aus Vereinfachungsgründen als Bemessungsgrundlage ein Durchschnittsbeförderungsentgelt angesetzt (§ 10 Abs. 6 UStG). [2]Das Durchschnittsbeförderungsentgelt beträgt 4,43 Cent je Personenkilometer (§ 25 UStDV). [3]Auf diese Bemessungsgrundlage ist der allgemeine Steuersatz (§ 12 Abs. 1 UStG) anzuwenden. [4]Der Unternehmer kann nach Ablauf des Besteuerungszeitraums anstelle der Beförderungseinzelbesteuerung die Berechnung der Steuer nach § 16 Abs. 1 und 2 UStG beantragen (§ 16 Abs. 5b UStG), vgl. Abschnitt 18.8 Abs. 3.

Zu § 12 UStG

12.1 Steuersätze (§ 12 Abs. 1, 2 und 3 UStG)[1)·2)·3)·4)·5)·6)]

(1)[6)] [1] Nach § 12 UStG bestehen für die Besteuerung nach den allgemeinen Vorschriften des UStG folgende Steuersätze:

	allgemeiner Steuersatz	ermäßigter Steuersatz
vom 01.01.1968 bis 30.06.1968	10%	5%
vom 01.07.1968 bis 31.12.1977	11%	5,5%
vom 01.01.1978 bis 30.06.1979	12%	6%
vom 01.07.1979 bis 30.06.1983	13%	6,5%
vom 01.07.1983 bis 31.12.1992	14%	7%
vom 01.01.1993 bis 31.03.1998	15%	7%
vom 01.04.1998 bis 31.12.2006	16%	7%
vom 01.01.2007 bis 30.06.2020	19%	7%
vom 01.07.2020 bis 31.12.2020	16%	5%
vom 01.01.2021 bis 31.12.2022	19%	7%
ab 01.01.2023	19%	7% oder 0%.

[2] Zur Anwendung des ermäßigten Steuersatzes auf die in der Anlage 2 des UStG aufgeführten Gegenstände vgl. das BMF-Schreiben vom 05.08.2004, BStBl. I S. 638.[7)] [3] Zur Frage des anzuwendenden Steuersatzes in besonderen Fällen wird auf folgende Regelungen hingewiesen:

1. Lieferung sog. Kombinationsartikel (vgl. BMF-Schreiben vom 21.03.2006, BStBl. I S. 286);
2. Umsätze mit getrockneten Schweineohren (vgl. BMF-Schreiben vom 16.10.2006, BStBl. I S. 620);

[1)] Zur befristeten Absenkung
- des allgemeinen Steuersatzes von 19% auf 16% (§ 28 Abs. 1 UStG),
- des ermäßigten Steuersatzes von 7% auf 5% (§ 28 Abs. 2 UStG) sowie
- des Steuersatzes für land- und forstwirtschaftliche Betriebe nach § 24 Abs. 1 Satz 1 Nr. 2 UStG von 19% auf 16% (§ 28 Abs. 3 UStG),

vom 01.07.2020 bis zum 31.12.2020 vgl. BMF v. 30.06.2020, BStBl. I 2020, 584, ergänzt durch BMF v. 04.11.2020, BStBl. I 2020, 1129.

[2)] Zur Abgrenzung von Lieferungen und sonstigen Leistungen bei der Abgabe von Speisen und Getränken siehe A 3.6 UStAE.

[3)] Zum Verkauf von Kontaktlisten als ermäßigt zu besteuernde Druckerzeugnisse vgl. BFH v. 13.05.2009 XI R 75/07, BStBl. II 2009, 865.

[4)] Zur Anwendung des ab 01.01.2010 geltenden ermäßigten Steuersatzes für Beherbergungsleistungen (§ 12 Abs. 2 Nr. 11 UStG) vgl. BMF v. 05.03.2010, BStBl. I 2010, 259.

[5)] Zum Steuersatz auf Umsätze aus dem Verkauf von Messekatalogen siehe BFH v. 14.06.2016 VII R 12/15, BFH/NV 2016, 1594.

[6)] A 12.1. UStAE Überschrift und Abs. 1 Satz 1 neugef. durch BMF v. 27.02.2023, BStBl. I 2023, 351.

[7)] Zu **Sammlermünzen** (Edelmetalle) siehe für **Kj. 2023** BMF v. 01.12.2022, BStBl. I 2022, 1678, für **Kj. 2024** BMF v. 01.12.2023, BStBl. I 2023, 2088; BMF v. 07.01.2005, BStBl. I 2005, 75 (unedle Metalle).

3. Lieferung von Pflanzen und damit in Zusammenhang stehende sonstige Leistungen (vgl. BMF-Schreiben vom 04.02.2010, BStBl. I S. 214);
4. Legen von Hauswasseranschlüssen (vgl. BMF-Schreiben vom 04.02.2021, BStBl. I S. 312);

(Fortsetzung S. 531)

Zu § 12 Abs. 2 Nr. 11 UStG

12.16 Umsätze aus der kurzfristigen Vermietung von Wohn- und Schlafräumen sowie aus der kurzfristigen Vermietung von Campingflächen (§ 12 Abs. 2 Nr. 11 UStG)

(1)[1)] [1]Die in § 12 Abs. 2 Nr. 11 Satz 1 UStG bezeichneten Umsätze gehören zu den nach § 4 Nr. 12 Satz 2 UStG von der Steuerbefreiung ausgenommenen Umsätzen. [2]Hinsichtlich des Merkmals der Kurzfristigkeit gelten daher die in den Abschnitten 4.12.3 Abs. 2 und 4.12.9 Abs. 1 dargestellten Grundsätze. [3]Die Steuerermäßigung begünstigt nicht nur die Vermietung von Grundstücken und mit diesen fest verbundenen Gebäuden, sondern allgemein die Vermietung von Wohn- und Schlafräumen zur kurzfristigen Beherbergung von Fremden. [4]§ 12 Abs. 2 Nr. 11 Satz 1 UStG erfasst daher auch die Beherbergung in nicht ortsfesten Einrichtungen (vgl. BFH-Urteil vom 29.11.2022 – XI R 13/20, BStBl. II 2023 S. 938). [5]Maßgeblich für die Anwendung des ermäßigten Steuersatzes ist neben der Kurzfristigkeit der Vermietung, dass der Schwerpunkt der Leistung in der Überlassung der Wohn- oder Schlafräume zur Beherbergung liegt.

(2) [1]Der Schwerpunkt der Leistung liegt nicht in der Überlassung der Wohn- oder Schlafräume zur Beherbergung, wenn aus Sicht eines Durchschnittsverbrauchers der Charakter der Leistung nicht durch die Überlassung von Räumen zu Wohn- oder Schlafzwecken, sondern durch andere Aspekte geprägt wird. [2]So ist beispielsweise die Vermietung von nicht ortsfesten Hausbooten oder Wohnmobilen zur Durchführung von Reisen insgesamt nicht begünstigt, da dabei nicht der Beherbergungsgedanke im Vordergrund steht, sondern andere Aspekte, wie die gegebene Mobilität und örtliche Flexibilität für die Gesamtleistung charakterbestimmend sind. [3]Sonstige Leistungen eigener Art, bei denen die Überlassung von Räumen nicht charakterbestimmend ist (z. B. die Anmietung von Räumen, um dort entgeltlich sexuelle Dienstleistungen zu erbringen) unterliegen auch hinsichtlich dieses Leistungsaspekts ebenfalls nicht der Steuerermäßigung nach § 12 Abs. 2 Nr. 11 Satz 1 UStG.

Vermietung von Wohn- und Schlafräumen, die ein Unternehmer zur kurzfristigen Beherbergung von Fremden bereithält

(3) [1]Die Steuerermäßigung nach § 12 Abs. 2 Nr. 11 Satz 1 UStG setzt ebenso wie § 4 Nr. 12 Satz 2 UStG eine Vermietung von Wohn- und Schlafräumen zur kurzfristigen Beherbergung voraus. [2]Hieran fehlt es bei einer Vermietung z. B. in einem „Bordell" (vgl. BFH-Urteil vom 22.08.2013, V R 18/12, BStBl. II S. 1058). [3]Auch das halbstündige oder stundenweise Überlassen von Zimmern in einem „Stundenhotel" ist keine Beherbergung im Sinne des § 12 Abs. 2 Nr. 11 Satz 1 UStG (vgl. BFH-Urteil vom 24.09.2015, V R 30/14, BStBl. II 2017 S. 132). [4]Die Steuerermäßigung für Beherbergungsleistungen umfasst sowohl die

---

1) A 12.16 UStAE Abs. 1 Satz 3 neugef., Sätze 4 und 5 angef., Abs. 2 neugef. durch BMF v. 06.10.2023, BStBl. I 2023, 1704, anzuwenden in allen offenen Fällen; Nichtbeanstandung (auch für den Vorsteuerabzug des Leistungsempfängers): Der leistende Unternehmer kann sich für bis zum 31.12.2023 ausgeführte Leistungen auf den Regelsteuersatz berufen.

Umsätze des klassischen Hotelgewerbes als auch kurzfristige Beherbergungen in Pensionen, Fremdenzimmern, Ferienwohnungen und vergleichbaren Einrichtungen.[1)] [5]Für die Inanspruchnahme der Steuerermäßigung ist es jedoch nicht Voraussetzung, dass der Unternehmer einen hotelartigen Betrieb führt oder Eigentümer der überlassenen Räumlichkeiten ist. [6]Begünstigt ist daher beispielsweise auch die Unterbringung von Begleitpersonen in Krankenhäusern, sofern diese Leistung nicht nach § 4 Nr. 14 Buchstabe b UStG (z. B. bei Aufnahme einer Begleitperson zu therapeutischen Zwecken) steuerfrei ist.

(4) [1]Die erbrachte Leistung muss unmittelbar der Beherbergung dienen. [2]Diese Voraussetzung ist insbesondere hinsichtlich der folgenden Leistungen erfüllt, auch wenn die Leistungen gegen gesondertes Entgelt erbracht werden:
- Überlassung von möblierten und mit anderen Einrichtungsgegenständen (z. B. Fernsehgerät, Radio, Telefon, Zimmersafe) ausgestatteten Räumen;
- Stromanschluss;
- Überlassung von Bettwäsche, Handtüchern und Bademänteln;
- Reinigung der gemieteten Räume;
- Bereitstellung von Körperpflegeutensilien, Schuhputz- und Nähzeug;
- Weckdienst;
- Bereitstellung eines Schuhputzautomaten;
- Mitunterbringung von Tieren in den überlassenen Wohn- und Schlafräumen.

(5) Insbesondere folgende Leistungen sind keine Beherbergungsleistungen im Sinne von § 12 Abs. 2 Nr. 11 UStG und daher nicht begünstigt:
- Überlassung von Tagungsräumen;
- Überlassung von Räumen zur Ausübung einer beruflichen oder gewerblichen Tätigkeit (vgl. BFH-Urteil vom 22.08.2013, V R 18/12, BStBl. II S. 1058);
- Gesondert vereinbarte Überlassung von Plätzen zum Abstellen von Fahrzeugen;
- Überlassung von nicht ortsfesten Wohnmobilen, Caravans, Wohnanhängern, Hausbooten und Yachten;
- Beförderungen in Schlafwagen der Eisenbahnen;
- Überlassung von Kabinen auf der Beförderung dienenden Schiffen;
- Vermittlung von Beherbergungsleistungen;
- Umsätze von Tierpensionen;
- Unentgeltliche Wertabgaben (z. B. Selbstnutzung von Ferienwohnungen).

(6) Stornokosten stellen grundsätzlich nichtsteuerbaren Schadensersatz dar (vgl. EuGH-Urteil vom 18.07.2007, C-277/05, Société thermale d'Eugénie-Les-Bains).[2)]

Kurzfristige Vermietung von Campingflächen

(7) [1]Die kurzfristige Vermietung von Campingflächen betrifft Flächen zum Aufstellen von Zelten und Flächen zum Abstellen von Wohnmobilen und

---

[1)] Die Vermietung von Ferienwohnungen, die der Unternehmer von anderen Unternehmern angemietet hat, unterliegt der Margenbesteuerung nach § 25 UStG unter Anwendung des Regelsteuersatzes, siehe BFH v. 27.03.2019 V R 10/19 (V R 60/16), BStBl. II 2021, 497. Siehe auch A 25 UStAE.

[2)] EuZW 2007, 706.

Wohnwagen. [2]Ebenso ist die kurzfristige Vermietung von ortsfesten Wohnmobilen, Wohncaravans und Wohnanhängern begünstigt. [3]Für die Steuerermäßigung ist es unschädlich, wenn auf der überlassenen Fläche auch das zum Transport des Zelts bzw. zum Ziehen des Wohnwagens verwendete Fahrzeug abgestellt werden kann. [4]Zur begünstigten Vermietung gehört auch die Lieferung von Strom (vgl. Abschnitt 4.12.1 Abs. 5 Satz 3). [5]Nicht unter die Steuerermäßigung fällt die entgeltliche Überlassung von Bootsliegeplätzen (vgl. EuGH-Urteil vom 19.12.2019, C-715/18, Segler-Vereinigung Cuxhaven,[1)] und BFH-Urteil vom 24.06.2020, V R 47/19, BStBl. II S. 853).

Leistungen, die nicht unmittelbar der Vermietung dienen

(8) [1]Nach § 12 Abs. 2 Nr. 11 Satz 2 UStG gilt die Steuerermäßigung nicht für Leistungen, die nicht unmittelbar der Vermietung dienen, auch wenn es sich um Nebenleistungen zur Beherbergung handelt und diese Leistungen mit dem Entgelt für die Vermietung abgegolten sind (Aufteilungsgebot). [2]Der Grundsatz, dass eine (unselbständige) Nebenleistung das Schicksal der Hauptleistung teilt, wird von diesem Aufteilungsgebot verdrängt. [3]Das in § 12 Abs. 2 Nr. 11 Satz 2 UStG gesetzlich normierte Aufteilungsgebot für einheitliche Leistungen geht den allgemeinen Grundsätzen zur Abgrenzung von Haupt- und Nebenleistung vor (BFH-Urteil vom 24.04.2013, XI R 3/11, BStBl. II 2014 S. 86). [4]Unter dieses Aufteilungsgebot fallen insbesondere:

- Verpflegungsleistungen (z. B. Frühstück, Halb- oder Vollpension, „All inclusive“);
- Getränkeversorgung aus der Minibar;
- Nutzung von Kommunikationsnetzen (insbesondere Telefon und Internet);
- Nutzung von Fernsehprogrammen außerhalb des allgemein und ohne gesondertes Entgelt zugänglichen Programms („pay per view“);
- [1]Leistungen, die das körperliche, geistige und seelische Wohlbefinden steigern („Wellnessangebote“). [2]Die Überlassung von Schwimmbädern oder die Verabreichung von Heilbädern im Zusammenhang mit einer begünstigten Beherbergungsleistung kann dagegen nach § 12 Abs. 2 Nr. 9 Satz 1 UStG dem ermäßigten Steuersatz unterliegen;
- Überlassung von Fahrberechtigungen für den Nahverkehr, die jedoch nach § 12 Abs. 2 Nr. 10 UStG dem ermäßigten Steuersatz unterliegen können;
- Überlassung von Eintrittsberechtigungen für Veranstaltungen, die jedoch nach § 4 Nr. 20 UStG steuerfrei sein oder nach § 12 Abs. 2 Nr. 7 Buchstabe a oder d UStG dem ermäßigten Steuersatz unterliegen können;
- Transport von Gepäck außerhalb des Beherbergungsbetriebs;
- Überlassung von Sportgeräten und -anlagen;
- Ausflüge;
- Reinigung und Bügeln von Kleidung, Schuhputzservice;
- Transport zwischen Bahnhof/Flughafen und Unterkunft;
- Einräumung von Parkmöglichkeiten, auch wenn diese nicht gesondert vereinbart und vergütet werden (vgl. BFH-Urteil vom 01.03.2016, XI R 11/14, BStBl. II S. 753).

---

1) DStR 2019, 2696.

Anwendung der Steuerermäßigung in den Fällen des § 25 UStG

(9) [1]Soweit Reiseleistungen der Margenbesteuerung nach § 25 UStG unterliegen, gelten sie nach § 25 Abs. 1 Satz 3 UStG als eine einheitliche sonstige Leistung. [2]Eine Reiseleistung unterliegt als sonstige Leistung eigener Art auch hinsichtlich ihres Beherbergungsanteils nicht der Steuerermäßigung nach § 12 Abs. 2 Nr. 11 UStG. [3]Das gilt auch, wenn die Reiseleistung nur aus einer Übernachtungsleistung besteht.

Angaben in der Rechnung

(10) [1]Der Unternehmer ist nach § 14 Abs. 2 Satz 1 Nr. 1 UStG grundsätzlich verpflichtet, innerhalb von 6 Monaten nach Ausführung der Leistung eine Rechnung mit den in § 14 Abs. 4 UStG genannten Angaben auszustellen. [2]Für Umsätze aus der Vermietung von Wohn- und Schlafräumen zur kurzfristigen Beherbergung von Fremden sowie die kurzfristige Vermietung von Campingflächen besteht eine Rechnungserteilungspflicht jedoch nicht, wenn die Leistung weder an einen anderen Unternehmer für dessen Unternehmen noch an eine juristische Person erbracht wird (vgl. Abschnitt 14.1 Abs. 3 Satz 5).

(11) [1]Wird für Leistungen, die nicht von der Steuerermäßigung nach § 12 Abs. 2 Nr. 11 Satz 1 UStG erfasst werden, kein gesondertes Entgelt berechnet, ist deren Entgeltanteil zu schätzen. [2]Schätzungsmaßstab kann hierbei beispielsweise der kalkulatorische Kostenanteil zuzüglich eines angemessenen Gewinnaufschlags sein.

(12)[1)] [1]Aus Vereinfachungsgründen wird es – auch für Zwecke des Vorsteuerabzugs des Leistungsempfängers – nicht beanstandet, wenn folgende in einem Pauschalangebot enthaltene nicht begünstigte Leistungen in der Rechnung zu einem Sammelposten (z. B. „Business-Package“, „Servicepauschale“) zusammengefasst und der darauf entfallende Entgeltanteil in einem Betrag ausgewiesen werden:
- Abgabe eines Frühstücks;
- Nutzung von Kommunikationsnetzen;
- Reinigung und Bügeln von Kleidung, Schuhputzservice;
- Transport zwischen Bahnhof/Flughafen und Unterkunft;
- Transport von Gepäck außerhalb des Beherbergungsbetriebs;
- Nutzung von Saunaeinrichtungen;
- Überlassung von Fitnessgeräten;
- Überlassung von Plätzen zum Abstellen von Fahrzeugen.[2)]

[2]Es wird ebenfalls nicht beanstandet, wenn der auf diese Leistungen entfallende Entgeltanteil mit 15% des Pauschalpreises angesetzt wird. [3]Für Kleinbetragsrechnungen (§ 33 UStDV) gilt dies für den in der Rechnung anzugebenden Steuerbetrag entsprechend. [4]Die Vereinfachungsregelung gilt nicht für Leistungen, für die ein gesondertes Entgelt vereinbart wird.

---

1) A 12.16 Abs. 12 Satz 2 Prozentsatz geändert durch BMF v. 02.07.2020, BStBl. I 2020, 610, anzuwenden in allen Fällen **ab 01.07.2020 bis 31.12.2023** (BMF v. 21.11.2022, BStBl. I 2022, 1595).

2) Siehe hierzu auch BFH v. 01.03.2016 XI R 11/14, BStBl. II 2016, 753.

Zu § 12 Abs. 2 Nr. 14 UStG

12.17 Digitale Medien (§ 12 Abs. 2 Nr. 14 UStG)

(1) [1]Nach § 12 Abs. 2 Nr. 14 Satz 1 UStG unterliegt die Überlassung der in Nummer 49 Buchstabe a bis e und Nummer 50 der Anlage 2 des UStG bezeichneten Erzeugnisse in elektronischer Form dem ermäßigten Steuersatz. [2]Dies gilt unabhängig davon, ob das Erzeugnis auch auf einem physischen Träger angeboten wird. [3]Von der Ermäßigung ausgenommen sind Veröffentlichungen, die vollständig oder im Wesentlichen aus Videoinhalten oder hörbarer Musik bestehen. [4]Entscheidend ist, ob die digitalen Produkte in ihrer Funktion über die gedruckter Bücher, Zeitungen oder Zeitschriften deutlich hinausgehen. [5]Die Durchsuchbarkeit, Filtermöglichkeit und Verlinkung innerhalb des digitalen Produkts schließen die Anwendung des ermäßigten Steuersatzes nicht aus. [6]Ebenfalls ausgenommen sind nach § 12 Abs. 2 Nr. 14 Satz 2 UStG Erzeugnisse, für die Beschränkungen als jugendgefährdende Trägermedien oder Hinweispflichten nach § 15 Abs. 1 bis 3 und 6 JuSchG in der jeweils geltenden Fassung bestehen, sowie Veröffentlichungen, die vollständig oder im Wesentlichen Werbezwecken, einschließlich Reisewerbung, dienen. [7]Bei einem Angebot verschiedener kombinierter Produkte zu einem einheitlichen Entgelt (sog. Bundling-Angebot) ist nach den Grundsätzen des Abschnitts 3.10 im Einzelfall zu entscheiden, ob eine einheitliche Leistung vorliegt, die einem einheitlichen Steuersatz unterliegt, oder ob ein Leistungsbündel gegeben ist, dessen einzelne Leistungsbestandteile separat zu betrachten sind und ggf. unterschiedlichen Steuersätzen unterliegen. [8]Ob ausschließlich in elektronischer Form vertriebene Produkte dem ermäßigten Steuersatz unterliegen, kann nicht im Wege einer uvZTA (vgl. Abschnitt 12.1 Abs. 1 Satz 4) geklärt werden.

(2) [1]Dem ermäßigten Steuersatz unterliegt nach § 12 Abs. 2 Nr. 14 Satz 3 UStG auch die Bereitstellung eines Zugangs zu Datenbanken, die eine Vielzahl von elektronischen Büchern, Zeitungen oder Zeitschriften oder Teile von diesen enthalten. [2]Die Bereitstellung eines Zugangs zu einer Datenbank kann in rein elektronischer Form (z. B. über einen Online-Zugang u.ä.) oder mittels eines physischen Datenträgers (z. B. CD-Rom, DVD, USB-Stick u.ä.) erfolgen. [3]Die Bereitstellung eines Zugangs zu einer Datenbank stellt eine einheitliche Leistung dar. [4]Eine Datenbank im Sinne des § 12 Abs. 2 Nr. 14 Satz 3 UStG ist eine Sammlung von Werken, Daten und anderen unabhängigen Elementen, die systematisch oder methodisch angeordnet und einzeln mit elektronischen Mitteln zugänglich sind (vgl. Abschnitt 3a.12 Abs. 3 Nr. 5 Satz 2). [5]Erforderlich für die Begünstigung ist, dass die Datenbank eine Vielzahl von elektronischen Büchern, Zeitungen oder Zeitschriften oder Teile von diesen enthält und somit primär durch die Bereitstellung begünstigter Werke im Sinne des § 12 Abs. 2 Nr. 14 Satz 1 UStG geprägt wird. [6]Dabei ist auf die Sicht des Durchschnittsverbrauchers abzustellen. [7]Unschädlich ist, wenn die Datenbank auch oder nur andere der in Nummer 49 Buchstabe a bis e und Nummer 50 der Anlage 2 des UStG bezeichneten Erzeugnisse (z. B. Noten) in

elektronischer Form enthält. [8]Datenbanken, die überwiegend andere Elemente als elektronische Bücher, Zeitungen oder Zeitschriften oder Teile von diesen enthalten, sind nicht begünstigt. [9]Ob andere Elemente als die nach § 12 Abs. 2 Nr. 14 Satz 1 UStG begünstigten überwiegen, beurteilt sich sowohl quantitativ als auch qualitativ anhand der in der Datenbank enthaltenen Elemente. [10]Die Durchsuchbarkeit, Filtermöglichkeit und Verlinkung innerhalb der Datenbank schließen die Anwendung des ermäßigten Steuersatzes nicht aus. [11]Nicht begünstigt sind Datenbanken, die Elemente im Sinne des § 12 Abs. 2 Nr. 14 Satz 2 UStG enthalten. [12]Unschädlich ist, wenn eine Datenbank Werbung enthält, ohne den Tatbestand des § 12 Abs. 2 Nr. 14 Satz 2 UStG zu erfüllen.

Beispiel 1:

[1]Eine Datenbank enthält Noten sowie kurze Hörbeispiele der einzelnen Lieder zur besseren Auffindbarkeit und bietet zusätzlich die Möglichkeit, die Noten in eine andere Tonart umzuwandeln. [2]In der Datenbank überwiegen die begünstigten Elemente (Noten) sowohl qualitativ als auch quantitativ.
[3]Der Zugang zur Datenbank unterliegt insgesamt dem ermäßigten Steuersatz.

Beispiel 2:

[1]Im Rahmen eines digitalen Office-Pakets bietet ein Verlag neben Kommentaren, Gerichtsurteilen, Aufsätzen, Gesetzestexten und Verordnungen auch Formulare zum Ausfüllen oder Tools wie Steuer- oder auch Mindestlohnrechner sowie e-Trainings, Generatoren und Online-Live-Seminare an. [2]Sowohl bei der Anzahl der in der Datenbank enthaltenen Dateien als auch bei den abgerufenen Inhalten überwiegen die begünstigten Elemente (Kommentare, Gerichtsurteile, Aufsätze, Gesetzestexte, Verordnungen und Formulare).
[3]Der Zugang zur Datenbank unterliegt insgesamt dem ermäßigten Steuersatz.

Beispiel 3:

[1]Eine Plattform bietet neben Texten auch kurze Videos, einen Chatroom mit anderen Teilnehmern und die Möglichkeit eines interaktiven Abschlusstests. [2]Bei qualitativer/quantitativer Betrachtungsweise überwiegen die nicht begünstigten Elemente.
[3]Der Zugang zur Datenbank unterliegt insgesamt nicht dem ermäßigten Steuersatz.

Beispiel 4:

[1]Im Rahmen einer Plattform zur Bereitstellung von Lehr- und Lernmedien bietet ein Verlag neben Schulbüchern, Wörterbüchern, Enzyklopädien, Handreichungen für den Unterricht, Test- und Prüfungsbögen in Textform auch kurze Erklärvideos und Hörbeispiele oder Tools für das kollaborative digitale Lernen, beispielsweise Zuweisfunktionen von Aufgaben sowie Lernstandsanzeigen und Planer zur Unterrichtsgestaltung an.
[2]Bei qualitativer/quantitativer Betrachtungsweise überwiegen die begünstigten Elemente (Schulbücher, Wörterbücher, Enzyklopädien, Handreichungen für den Unterricht, Test- und Prüfungsbögen in Textform). [3]Der Zugang zur Datenbank unterliegt insgesamt dem ermäßigten Steuersatz.

12.18[1] Nullsteuersatz für bestimmte Photovoltaikanlagen

Lieferung einer Photovoltaikanlage

(1)[2] [1]Die Verschaffung der Verfügungsmacht an einer Photovoltaikanlage begründet eine Lieferung im Sinne des § 3 Abs. 1 UStG und unterliegt dem Nullsteuersatz. [2]Zur Bestimmung des Zeitpunkts der Lieferung einer Photovoltaikanlage vgl. Abschnitt 13.1. [3]Lieferungen und sonstige Leistungen, die für den Leistungsempfänger keinen eigenen Zweck, sondern das Mittel darstellen, um die Lieferung der Photovoltaikanlage unter optimalen Bedingungen in Anspruch zu nehmen, teilen das Schicksal der Lieferung der Photovoltaikanlage und sind als Nebenleistungen zur Hauptleistung dementsprechend einheitlich mit dem Nullsteuersatz zu besteuern (vgl. Abschnitt 3.10). [4]Zu den Nebenleistungen der Lieferung der Photovoltaikanlage zählen u. a. die Übernahme der Anmeldung in das MaStR, die Bereitstellung von Software zur Steuerung und Überwachung der Anlage, die Montage der Solarmodule, die Kabelinstallationen, die Lieferung und der Anschluss des Wechselrichters oder des Zweirichtungszählers, die Lieferung von Schrauben und Stromkabeln, die Herstellung des AC-Anschlusses, die Bereitstellung von Gerüsten oder auch die Lieferung von Befestigungsmaterial, die Erneuerung oder Ertüchtigung eines Zählerschranks, die Erneuerung oder Ertüchtigung der Unterkonstruktion einer Photovoltaikanlage (z. B. durch eine Verbreiterung oder Aufdopplung von Sparren) oder auch die Lieferung eines Taubenschutzes. [5]Nicht zu den Nebenleistungen der Lieferung der Photovoltaikanlage zählen u. a. die zwingend vorgeschriebenen Maßnahmen (z. B. Demontage und Neumontage von Platten) bei einem Aufbringen der Photovoltaikanlage auf Dächern mit asbesthaltigen Deckwerkstoffen oder auch die Anpassung einer Blitzschutzanlage. [6]Dem Nullsteuersatz unterliegen grundsätzlich auch die Lieferungen von Photovoltaikanlagen durch Bauträger. [7]Dies gilt auch, wenn der Bauträger neben der Photovoltaikanlage auch das Gebäude liefert, da die Lieferung der Photovoltaikanlage hierzu eine eigenständige Leistung und keine unselbstständige Nebenleistung darstellt. [8]Die Vermietung von Photovoltaikanlagen stellt keine Lieferung von Photovoltaikanlagen dar und unterliegt daher dem Regelsteuersatz. [9]Dagegen können Leasing- oder Mietkaufverträge je nach konkreter Ausgestaltung umsatzsteuerrechtlich als Lieferung oder als sonstige Leistung einzustufen sein. [10]Maßgeblich für die Abgrenzung sind die vertraglichen Vereinbarungen zwischen den Vertragsparteien gemäß den Grundsätzen des Abschnittes 3.5 Abs. 5. [11]Dabei sind Laufzeit, Zahlungsbedingungen und mögliche Kombinationen mit anderen Leistungselementen u. Ä. zu berücksichtigen. [12]Der Nullsteuersatz findet keine Anwendung auf den Teil des Entgelts, der auf eigenständige Serviceleistungen entfällt wie z. B. Wartungsarbeiten, die Einholung von behördlichen Genehmigungen oder die

---

[1] A 12.18 UStAE angef. durch BMF v. 27.2.2023, BStBl. I 2023, 351, anzuwenden auf nach dem 31.12.2022 bewirkte Umsätze; es wird nicht beanstandet, wenn die Regelungen in A 12.18 Abs. 1 Sätze 11 und 12 erst ab dem 01.04.2023 angewendet werden.

[2] A 12.18 UStAE Abs. 1 Satz 4 neugef. und Satz 5 eingef., bish. Sätze 5 bis 15 werden Sätze 6 bis 16, neue Sätze 6 und 7 geänd. durch BMF v. 30.11.2023, BStBl. I 2023, 2085, anzuwenden in allen offenen Fällen; weitere Anwendungsregelungen siehe Anlage 8.

Versicherung der Photovoltaikanlage mit einer Haftpflicht- und Vermögensschadens-Versicherung. [13]Ein einheitlicher Mietbetrag ist nach der einfachsten möglichen Methode aufzuteilen.

Beispiel:

[1]Unternehmer U vermietet an Kunden K eine Photovoltaikanlage. [2]Der Zeitraum der Vermietung beträgt 20 Jahre. [3]Die jährliche Miete beträgt 1.625 €. [4]Von dem Mietbetrag entfallen 1.300 € auf die Überlassung der Photovoltaikanlage einschließlich der damit verbundenen Finanzierungskosten, während der restliche Betrag von 325 € auf die einhergehenden Serviceleistungen (Versicherung usw.) gezahlt wird. [5]U räumt K die Option ein, zum Ende der Mietzeit die Photovoltaikanlage zum Preis von 1 € zu erwerben. [6]Sofern K von der Option Gebrauch macht, tritt U die Herstellergarantie, deren weitere Laufzeit sich zum Zeitpunkt der Optionsausübung noch auf 5 Jahre beläuft, an K ab. [7]Sollte K von der Option keinen Gebrauch machen, ist er auf Grund des Mietvertrages verpflichtet, die Photovoltaikanlage zum Ende der Mietzeit auf eigene Kosten abzubauen und dem U auszuhändigen. [8]Der Verkehrswert der Photovoltaikanlage beträgt zu Beginn der Vertragslaufzeit 22.000 € und am Ende der Vertragslaufzeit 4.400 €.

[9]Es liegt eine Lieferung der Photovoltaikanlage des U an K vor. [10]Die Summe der vertraglichen Raten beträgt 26.000 € und entspricht damit dem Verkehrswert des Gegenstands einschließlich der Finanzierungskosten. [11]K muss bei der Ausübung der Option lediglich 1 € bezahlen und muss daher zusätzlich keine erhebliche Summe entrichten. [12]Unter Einbeziehung der Abtretung der Herstellergarantie in die Gesamtbetrachtung erscheint die Optionsausübung zum Vertragsende als einzig wirtschaftlich rationale Möglichkeit für den K. [13]Bezüglich des Entgelts, das K für die Überlassung der Photovoltaikanlage an U zu entrichten hat, findet der Nullsteuersatz Anwendung. [14]Die Serviceleistungen sind mit dem Regelsteuersatz zu besteuern, so dass U für den jährlichen Betrag in Höhe von 325 € für die Serviceleistungen Umsatzsteuer in Höhe von 51,89 € abzuführen hat.

[14]Für Mietkauf und Leasingverträge, die als Lieferung einzustufen sind und die keine Aufteilung des Entgelts gemäß Satz 12 vorsehen, ist eine Aufteilung anhand der internen Kalkulation vorzunehmen, wenn die Photovoltaikanlage nach dem 31.12.2022 geliefert worden ist. [15]Es wird nicht beanstandet, wenn der Unternehmer pauschalierend ein Verhältnis von 90% für die Überlassung der Photovoltaikanlage und 10% für die eigenständigen Serviceleistungen ansetzt. [16]Im Übrigen gelten die Grundsätze des Abschnittes 3.5 Abs. 7.

Betreiber einer Photovoltaikanlage

(2) [1]Der Nullsteuersatz erfasst nur die Lieferung an den Betreiber einer Photovoltaikanlage. [2]Die in der Lieferkette vorausgehenden Lieferungen (z. B. an Zwischenhändler, Leasinggeber, Mietverkäufer) unterliegen hingegen dem Regelsteuersatz. [3]Betreiber der Photovoltaikanlage sind die natürlichen Personen, juristischen Personen oder Personenzusammenschlüsse, die dem Grunde nach zum Leistungszeitpunkt als Betreiber der jeweiligen Anlage im MaStR registrierungspflichtig sind oder voraussichtlich registrierungspflichtig werden. [4]Hierfür genügt es, wenn die Anlage unmittelbar an das Stromnetz angeschlossen werden soll; auf eine tatsächliche Einspeisung oder Förderung nach dem EEG kommt es nicht an. [5]Auch wird für die Anwendung des Nullsteuersatzes nicht die Unternehmereigenschaft des Betreibers vorausgesetzt. [6]Die tatsächliche Registrierung im MaStR (z. B. im Falle von Steckersolargeräten, sog. Balkonkraftwerken) ist für die Betreibereigenschaft nicht maßgeblich. [7]Nachträgliche Änderungen der Person des Betreibers sind unerheblich. [8]Besteht keine Registrierungspflicht (beispielsweise bei sog. Inselanlagen), kann gleichwohl der Nullsteuersatz zur Anwendung kommen (vgl. Absatz 7).

[9]In diesem Fall ist aus Vereinfachungsgründen davon auszugehen, dass der Leistungsempfänger Betreiber der Photovoltaikanlage ist. [10]Hinsichtlich der Nachweispflichten vgl. Absatz 6.

Belegenheitsvoraussetzungen

(3) [1]Die Anwendung des Nullsteuersatzes setzt eine Installation der Solarmodule/Speicher/wesentlichen Komponenten auf oder in der Nähe von Privatwohnungen, Wohnungen oder öffentlichen und anderen Gebäuden, die für dem Gemeinwohl dienende Tätigkeiten genutzt werden, voraus. [2]Wohnung/Privatwohnung ist jeder umschlossene Raum, der zum Wohnen oder Schlafen benutzt wird. [3]Als Wohnung im Sinne dieser Vorschrift gelten daher auch Gebäude auf Freizeitgrundstücken und Gartenlauben in Kleingartensiedlungen. [4]Wohnwagen und Wohnschiffe sind nur dann als Wohnungen anzusehen, wenn sie nicht oder nur gelegentlich fortbewegt werden. [5]Öffentliche und andere Gebäude, die für dem Gemeinwohl dienende Tätigkeiten genutzt werden, liegen vor, wenn das jeweilige Gebäude für Umsätze nach § 4 Nr. 11b, 14 bis 18, 20 bis 25, 27 und 29 oder § 12 Abs. 2 Nr. 8 UStG oder für hoheitliche oder ideelle Tätigkeiten verwendet wird. [6]Container können ebenfalls den für die Anwendung des Nullsteuersatzes erforderlichen Gebäudebegriff erfüllen, soweit die übrigen Voraussetzungen vorliegen (z. B. Schulcontainer, die für hoheitliche Tätigkeiten etwa zur Auslagerung von Schulklassen wegen Sanierungsarbeiten genutzt werden). [7]In der Nähe der genannten Wohnungen/Gebäude befindet sich eine Photovoltaikanlage insbesondere, wenn sie auf dem Grundstück installiert ist, auf dem sich auch die betreffende Wohnung bzw. das betreffende begünstigte Gebäude befindet (z. B. Garage, Gartenschuppen, Zaun). [8]Von einer Nähe ist daher auch auszugehen, wenn zwischen dem Grundstück und der Photovoltaikanlage ein räumlicher oder funktionaler Nutzungszusammenhang besteht (z. B. einheitlicher Gebäudekomplex oder einheitliches Areal). [9]Die Vereinfachungsregelung des § 12 Abs. 3 Nr. 1 Satz 2 UStG bleibt davon unberührt.

(4) [1]Wird ein Gebäude sowohl für begünstigte als auch nicht begünstigte Zwecke verwendet (z. B. teilweise zu Wohnzwecken und teilweise zu gewerblichen Zwecken), ist grundsätzlich von einem begünstigten Gebäude auszugehen. [2]Dies gilt nur dann nicht, wenn die unschädliche Nutzung so sehr hinter der schädlichen Nutzung zurücktritt, dass eine Anwendung der Begünstigung nicht sachgerecht wäre. [3]Hiervon ist auszugehen, wenn die unschädliche Nutzung in so engem Zusammenhang mit der schädlichen Nutzung steht, dass ihr kein eigener Zweck zukommt (beispielsweise Hausmeisterwohnung in einem Gewerbekomplex) oder wenn die auf die unschädliche Nutzung entfallenden Nutzflächenanteile weniger als 10% der Gesamtgebäudenutzfläche ausmachen. [4]Tritt die unschädliche Nutzung hinter der schädlichen Nutzung zurück, unterliegt die Lieferung insgesamt dem Regelsteuersatz.

Vereinfachungsregelung in § 12 Abs. 3 Nr. 1 Satz 2 UStG

(5) [1]Die Voraussetzungen des § 12 Abs. 3 Nr. 1 Satz 1 UStG gelten als erfüllt, wenn die installierte Bruttoleistung der Photovoltaikanlage (Einheit) laut MaStR nicht mehr als 30 kW (peak) beträgt oder betragen wird. [2]Die Rege-

lung stellt eine Vereinfachung für die Prüfung der Gebäudeart dar. [3]Die Vereinfachungsregelung gilt nicht für die Betreibereigenschaft. [4]Besteht keine Registrierungspflicht im MaStR, ist die Vereinfachungsregelung nicht anwendbar (vgl. aber die Vereinfachungsregelung in Absatz 6). [5]Nach § 16 Abs. 3 Nr. 7 MaStRV eröffnet die Bundesnetzagentur den Finanzbehörden des Bundes und der Länder auf Anforderung einen Zugang zu Daten, die nach § 15 Abs. 1 MaStRV nicht veröffentlicht werden, einschließlich personenbezogener Daten, soweit die Finanzbehörden diese Daten zur Erfüllung ihrer gesetzlichen Aufgaben benötigen. [6]Die 30 kW-Grenze ist einheitenbezogen zu prüfen. [7]Bei der nachträglichen Erweiterung einer Photovoltaikanlage ist die Leistung der bestehenden Einheit mit der der Erweiterung zu addieren. [8]Wird die 30 kW-Grenze durch die Erweiterung überschritten, ist die Vereinfachungsregelung auf den nachträglich ergänzten Teil nicht anwendbar. [9]Für den bereits bestehenden Teil führt dies jedoch nicht zur nachträglichen Nichtanwendbarkeit der Vereinfachungsregelung.

Nachweis über das Vorliegen der Voraussetzungen

(6) [1]Der leistende Unternehmer hat nachzuweisen, dass die Tatbestandsvoraussetzungen zur Anwendung des Nullsteuersatzes erfüllt sind. [2]Ausreichend für den Nachweis ist es, wenn der Erwerber erklärt, dass er Betreiber der Photovoltaikanlage ist und es sich entweder um ein begünstigtes Gebäude handelt oder die installierte Bruttoleistung der Photovoltaikanlage laut MaStR nicht mehr als 30 kW (peak) beträgt oder betragen wird. [3]Eine Erklärung des Erwerbers im Sinne des Satzes 2 kann auch im Rahmen der vertraglichen Vereinbarung (z. B. AGB) erfolgen. [4]Dasselbe gilt für nachträgliche Lieferungen von Speichern, wesentlichen Komponenten und Ersatzteilen.

Solarmodule und Speicher

(7)[1)] [1]Netzgebundene Anlagen und nicht-netzgebundene stationäre Anlagen (sog. Inselanlagen) unterliegen dem Nullsteuersatz. [2]Aus Vereinfachungsgründen ist davon auszugehen, dass Solarmodule mit einer Leistung von 300 Watt und mehr für netzgekoppelte Anlagen oder stationäre Inselanlagen eingesetzt werden. [3]Beträgt die Leistung der Photovoltaikanlagen nicht mehr als 600 Watt, entfällt die besondere Nachweispflicht nach Absatz 6, auch die Betreibereigenschaft des Leistungsempfängers wird unterstellt. [4]Dies gilt nicht für Lieferungen durch Hersteller von Photovoltaikanlagen und Lieferungen im Großhandel. [5]Stationäre Solarmodule, die neben der Stromerzeugung weitere unbedeutende Nebenzwecke erfüllen, sind ebenfalls begünstigt (z. B. Solartische). [6]Ebenso begünstigt sind sogenannte Hybridmodule, die sowohl Strom als auch Wärme produzieren. [7]Bei sog. Solar-Carports oder Solar-Terrassenüberdachungen ist nicht mehr von einem nur unbedeutenden Nebenzweck im Sinne des Satzes 5 auszugehen. [8]In diesen Fällen stellt allerdings die Photovoltaikanlage ein eigenständiges Wirtschaftsgut dar; bei Erfüllung der Voraus-

---

[1)] A 12.18 UStAE Abs. 7 Sätze 7 und 8 eingef., bish. Satz 7 wird neuer Satz 9, Sätze 10 bis 12 eingef., bish. Satz 8 wird neuer Satz 13 durch BMF v. 30.11.2023, BStBl. I 2023, 2085, anzuwenden in allen offenen Fällen; weitere Anwendungsregelungen siehe Anlage 8.

setzungen des § 12 Abs. 3 Nr. 1 UStG unterliegen daher die Solarpaneele (mit Halterung), die wesentlichen Komponenten sowie die hierfür erforderlichen Nebenleistungen zur Lieferung der Photovoltaikanlage nach den allgemeinen Grundsätzen des Absatzes 1 dem Nullsteuersatz; nicht hingegen die primäre Unterkonstruktion, die den Zweck der Terrassenüberdachung oder des Carports selbst erfüllt. [9]Batterien und Speicher unterliegen dem Nullsteuersatz, wenn diese im konkreten Anwendungsfall dazu bestimmt sind, Strom aus begünstigten Solarmodulen im Sinne der Sätze 1 bis 6 zu speichern. [10]Aus Vereinfachungsgründen ist davon auszugehen, dass Speicher mit einer nutzbaren Kapazität von mindestens 5 kWh bestimmt sind, Strom aus begünstigten Solarmodulen im Sinne der Sätze 1 bis 6 zu speichern. [11]Die Lieferung sowie die Installation eines Energiespeichersystems, das den mit einer Photovoltaikanlage im Sinne des § 12 Abs. 3 Nr. 1 UStG erzeugten überschüssigen Strom vollständig oder teilweise chemisch in Wasserstoff speichert, unterliegt dem Nullsteuersatz des § 12 Abs. 3 UStG, wenn keine anderweitige Verwendung des Wasserstoffs außer der Rückumwandlung der im Wasserstoff gespeicherten chemischen Energie in elektrischen Strom zum Verbrauch möglich ist. [12]Das im Rückumwandlungsprozess zwangsläufige Entstehen von nutzbarer Wärme ist hierbei unerheblich. [13]Nachträgliche Änderungen der Nutzung von Batterien und Speicher sind unerheblich.

Wesentliche Komponenten

(8)[1)] [1]Neben den Solarmodulen und dem Batteriespeicher (auch nachträglich eingebaute Speicher) unterliegen „wesentliche Komponenten" dem Nullsteuersatz. [2]Wesentliche Komponenten sind die Gegenstände, deren Verwendungszweck speziell im Betrieb oder der Installation von Photovoltaikanlagen liegt oder die zur Erfüllung technischer Normen notwendig sind. [3]Zu den wesentlichen Komponenten gehören jene, die geliefert und installiert werden, um Photovoltaikanlagen zu errichten und zu betreiben, insbesondere die photovoltaikanlagenspezifischen Komponenten wie z. B.:
- Wechselrichter,
- Dachhalterung,
- Energiemanagement-System,
- Solarkabel,
- Einspeisesteckdose (sog. Wieland-Steckdose),
- Funk-Rundsteuerungsempfänger,
- Backup Box und der Notstromversorgung dienende Einrichtungen.

[4]Auch die (nachträgliche) Lieferung einzelner wesentlicher Komponenten und deren Ersatzteile sowie deren Installation unterliegen dem Nullsteuersatz, wenn diese Teil einer Anlage sind, die die Voraussetzungen des § 12 Abs. 3 Nr. 1 UStG erfüllt. [5]Ebenso unterliegt die isolierte Erweiterung bzw. Erneuerung eines Zählerschranks im Zusammenhang mit der Installation einer Photovoltaikanlage, die die Voraussetzungen des § 12 Abs. 3 Nr. 1 UStG erfüllt, dem Nullsteuersatz.

[1)] A 12.18 UStAE Abs. 8 Satz 5 angef., Abs. 9 Satz 2 neugef., Abs. 10 Bsp. 1 Satz 5 neugef., Satz 6 angef., Bsp. 2 Satz 5 neugef. durch BMF v. 30.11.2023, BStBl. I 2023, 2085, anzuwenden in allen offenen Fällen; weitere Anwendungsregelungen siehe Anlage 8.

(9)[1)] [1]Keine wesentlichen Komponenten sind Zubehör, wie z. B. Schrauben, Nägel und Kabel, auch wenn diese für die Installation der Anlage notwendig sind. [2]Ebenso wenig gehören Stromverbraucher für den neu erzeugten Strom (z. B. Ladeinfrastruktur, Wärmepumpe, Wasserstoffspeicher mit nicht ausschließlicher Bestimmung zur Stromerzeugung durch Rückumwandlung des Wasserstoffs in Strom) zu den wesentlichen Komponenten einer Photovoltaikanlage (vgl. aber zur Einheitlichkeit der Leistung Absatz 1).

Beispiel 1:

[1]Unternehmer U erwirbt im Baumarkt u. a. Schrauben und Kabel, um eine Photovoltaikanlage in Eigenleistung auf seinem Privathaus zu errichten.
[2]Die Lieferung der Schrauben und Kabel unterliegt dem Regelsteuersatz in Höhe von 19%, da es sich nicht um wesentliche Komponenten im Sinne des § 12 Abs. 3 UStG handelt.

Beispiel 2:

[1]Unternehmer U beauftragt das Solarunternehmen S im Rahmen einer sog. „Paketlösung" eine Photovoltaikanlage auf seinem Privathaus zu installieren. [2]In den Materialkosten, die S gegenüber U in Rechnung stellt, sind auch Kabel und Schrauben enthalten.
[3]Die Lieferung der nicht wesentlichen Komponenten (Kabel und Schrauben) erfolgt im Rahmen einer einheitlichen Leistung (Lieferung einer Photovoltaikanlage) und unterliegt unter den übrigen Voraussetzungen des § 12 Abs. 3 UStG dem Nullsteuersatz.

Installation einer Photovoltaikanlage

(10)[1)] [1]Gemäß § 12 Abs. 3 Nr. 4 UStG unterliegt auch die Installation von Photovoltaikanlagen der Begünstigung, wenn die Lieferung der installierten Komponenten die Voraussetzungen der § 12 Abs. 3 Nr. 1 UStG erfüllt. [2]Zu den begünstigten Leistungen gehören die photovoltaikanlagenspezifischen Arbeiten, die ausschließlich dazu dienen, eine Photovoltaikanlage sicher für das Gebäude und für die sich darin befindlichen Menschen zu betreiben (z. B. photovoltaikanlagenspezifische Elektroinstallation). [3]Die Installationsarbeiten müssen direkt gegenüber dem Anlagenbetreiber erbracht werden, um unter die Steuersatzermäßigung zu fallen. [4](Vor-)Arbeiten, die auch anderen Stromverbrauchern oder Stromerzeugern oder anderen Zwecken zugutekommen, unterliegen nicht dem Nullsteuersatz (vgl. aber zur Einheitlichkeit der Leistung Absatz 1).

Beispiel 1:

[1]Unternehmer U errichtet in Eigenleistung eine Photovoltaikanlage auf seinem Privathaus. [2]Für die erforderlichen Bodenarbeiten beauftragt U eine Baufirma B und für die Erweiterung seines Zählerschranks das Elektrounternehmen E. [3]Des Weiteren ist eine Verstärkung der Dachsparren erforderlich. [4]U beauftragt hierfür das Dachdeckerunternehmen D.
[5]Die Bodenarbeiten unterliegen ebenso dem Regelsteuersatz in Höhe von 19% wie die Dacharbeiten. [6]Die Erweiterung des Zählerschranks unterliegt dem Nullsteuersatz.

Beispiel 2:

[1]Unternehmer U errichtet in Eigenleistung eine Photovoltaikanlage auf seinem Privathaus. [2]Das Gebäude des U wird gleichzeitig und unabhängig von der Errichtung der Photovoltaikanlage grundlegend renoviert. [3]So werden umfassende Elektroarbeiten durchgeführt, bei denen auch eine Erneuerung des Zählerschranks erforderlich ist. [4]In diesem Zusammenhang wird die Photovoltaikanlage berücksichtigt und angeschlossen.

[1)] A 12.18 UStAE Abs. 8 Satz 5 angef., Abs. 9 Satz 2 neugef., Abs. 10 Bsp. 1 Satz 5 neugef., Satz 6 angef., Bsp. 2 Satz 5 neugef. durch BMF v. 30.11.2023, BStBl. I 2023, 2085, anzuwenden in allen offenen Fällen; weitere Anwendungsregelungen siehe Anlage 8.

[5] Die am Privathaus des U durchgeführten Elektroarbeiten unterliegen insgesamt dem Regelsteuersatz in Höhe von 19 %, da die Erneuerung des Zählerschranks nicht durch die Installation der Photovoltaikanlage bedingt ist und sie somit nicht in ursächlichem Zusammenhang mit der Installation der Photovoltaikanlage steht.

Beispiel 3:

[1] Sachverhalt wie in Beispiel 1, jedoch beauftragt U das Solarunternehmen S im Rahmen einer sog. „Paketlösung" eine Photovoltaikanlage mit 25 kw (peak) auf seinem Gebäude zu installieren.

[2] Alle von S im Rahmen einer einheitlichen Leistung (Dacharbeiten, Lieferung einer Photovoltaikanlage, Bodenarbeiten, Erweiterung Zählerschrank) erbrachten Arbeiten unterliegen unter den übrigen Voraussetzungen des § 12 Abs. 3 UStG dem Nullsteuersatz.

Zu § 13 UStG

13.1 Entstehung der Steuer bei der Versteuerung nach vereinbarten Entgelten

(1)[1)] [1] Bei der Versteuerung nach vereinbarten Entgelten (Sollversteuerung) entsteht die Steuer grundsätzlich mit Ablauf des Voranmeldungszeitraums, in dem die Lieferung oder sonstige Leistung ausgeführt worden ist. [2] Das gilt auch für unentgeltliche Wertabgaben im Sinne des § 3 Abs. 1b und 9a UStG. [3] Die Steuerentstehung ist nicht auf bereits fällige Entgeltansprüche beschränkt (vgl. BFH-Urteil vom 01.02.2022 – V R 37/21 (V R 16/19), BStBl. II S. 860). [4] Die Steuer entsteht in der gesetzlichen Höhe unabhängig davon, ob die am Leistungsaustausch beteiligten Unternehmer von den ihnen vom Gesetz gebotenen Möglichkeiten der Rechnungserteilung mit gesondertem Steuerausweis und des Vorsteuerabzugs Gebrauch machen oder nicht. [5] Für Umsätze, die ein Unternehmer in seinen Voranmeldungen nicht angibt (auch bei Rechtsirrtum über deren Steuerbarkeit), entsteht die Umsatzsteuer ebenso wie bei ordnungsgemäß erklärten Umsätzen (vgl. BFH-Urteil vom 20.01.1997, V R 28/95, BStBl. II S. 716). [6] Der Zeitpunkt der Leistung ist entscheidend, für welchen Voranmeldungszeitraum ein Umsatz zu berücksichtigen ist (vgl. BFH-Urteil vom 13.10.1960, V 294/58 U, BStBl. III S. 478). [7] Dies gilt nicht für die Istversteuerung von Anzahlungen im Sinne des § 13 Abs. 1 Nr. 1 Buchstabe a Satz 4 UStG (vgl. Abschnitt 13.5).

(2) [1] Lieferungen – einschließlich Werklieferungen – sind grundsätzlich dann ausgeführt, wenn der Leistungsempfänger die Verfügungsmacht über den zu liefernden Gegenstand erlangt. [2] Lieferungen, bei denen der Lieferort nach § 3 Abs. 6 UStG bestimmt wird, werden im Zeitpunkt des Beginns der Beförderung oder Versendung des Gegenstands ausgeführt (vgl. BFH-Urteil vom 06.12.2007, V R 24/05, BStBl. II 2009 S. 490). [3] Bei Sukzessivlieferungsverträgen ist der Zeitpunkt jeder einzelnen Lieferung maßgebend. [4] Lieferungen von Elektrizität, Gas, Wärme, Kälte und Wasser sind jedoch erst mit Ablauf des jeweiligen Ablesezeitraums als ausgeführt zu behandeln. [5] Die während des Ablesezeitraums geleisteten Abschlagszahlungen der Tarifabnehmer sind nicht als Entgelt für Teilleistungen (vgl. Abschnitt 13.4) anzusehen; sie führen jedoch bereits mit Ablauf

---

[1)] A 13.1 UStAE Abs. 1 Satz 3 eingef., bish. Sätze 3 bis 6 werden neue Sätze 4 bis 7 durch BMF v. 14.12.2022, BStBl. I 2022, 1688, anzuwenden in allen offenen Fällen.

des Voranmeldungszeitraums ihrer Vereinnahmung nach § 13 Abs. 1 Nr. 1 Buchstabe a Satz 4 UStG zur Entstehung der Steuer (vgl. Abschnitt 13.5).

(3) [1]Sonstige Leistungen, insbesondere Werkleistungen, sind grundsätzlich im Zeitpunkt ihrer Vollendung ausgeführt. [2]Bei zeitlich begrenzten Dauerleistungen, z. B. Duldungs- oder Unterlassungsleistungen (vgl. Abschnitt 3.1 Abs. 4) ist die Leistung mit Beendigung des entsprechenden Rechtsverhältnisses ausgeführt, es sei denn, die Beteiligten haben Teilleistungen (vgl. Abschnitt 13.4) vereinbart. [3]Anzahlungen sind stets im Zeitpunkt ihrer Vereinnahmung zu versteuern (vgl. Abschnitt 13.5).

(4) [1]Eine Leasinggesellschaft, die ihrem Kunden (Mieter) eine Sache gegen Entrichtung monatlicher Leasingraten überlässt, erbringt eine Dauerleistung, die entsprechend der Vereinbarung über die monatlich zu zahlenden Leasingraten in Form von Teilleistungen (vgl. Abschnitt 13.4) bewirkt wird. [2]Die Steuer entsteht jeweils mit Ablauf des monatlichen Voranmeldungszeitraums, für den die Leasingrate zu entrichten ist. [3]Tritt die Leasinggesellschaft ihre Forderung gegen den Mieter auf Zahlung der Leasingraten an eine Bank ab, die das Risiko des Ausfalls der erworbenen Forderung übernimmt, führt die Vereinnahmung des Abtretungsentgelts nicht zur sofortigen Entstehung der Steuer für die Vermietung nach § 13 Abs. 1 Nr. 1 Buchstabe a Satz 4 UStG, weil das Abtretungsentgelt nicht zugleich Entgelt für die der Forderung zu Grunde liegende Vermietungsleistung ist. [4]Die Bank zahlt das Abtretungsentgelt für den Erwerb der Forderung, nicht aber als Dritter für die Leistung der Leasinggesellschaft an den Mieter. [5]Die Leasinggesellschaft vereinnahmt das Entgelt für ihre Vermietungsleistung vielmehr jeweils mit der Zahlung der Leasingraten durch den Mieter an die Bank, weil sie insoweit gleichzeitig von ihrer Gewährleistungspflicht für den rechtlichen Bestand der Forderung gegenüber der Bank befreit wird. [6]Dieser Vereinnahmungszeitpunkt wird in der Regel mit dem Zeitpunkt der Ausführung der einzelnen Teilleistung übereinstimmen.

(5) Nach den Grundsätzen des Absatzes 4 ist auch in anderen Fällen zu verfahren, in denen Forderungen für noch zu erbringende Leistungen oder Teilleistungen verkauft werden.

(6) [1]Bei einem Kauf auf Probe (§ 454 BGB) im Versandhandel kommt der Kaufvertrag noch nicht mit der Zusendung der Ware, sondern erst nach Ablauf der vom Verkäufer eingeräumten Billigungsfrist oder durch Überweisung des Kaufpreises zustande. [2]Erst zu diesem Zeitpunkt ist umsatzsteuerrechtlich die Lieferung ausgeführt (vgl. BFH-Urteil vom 06.12.2007, V R 24/05, BStBl. II 2009 S. 490). [3]Dagegen ist bei einem Kauf mit Rückgaberecht bereits mit der Zusendung der Ware der Kaufvertrag zustande gekommen und die Lieferung ausgeführt.

(7) [1]Eine Abmahnleistung im Sinne des Abschnitts 1.3 Abs. 16a ist mit dem Zugang der Abmahnung beim Abgemahnten ausgeführt. [2]Aus Vereinfachungsgründen wird es nicht beanstandet, wenn der Steuerpflichtige die Versteuerung für die Abmahnleistung in demjenigen Voranmeldungszeitraum vornimmt, in dem die Abmahnung an den Abgemahnten abgesendet wurde (vgl. BMF-Schreiben vom 01.10.2021, BStBl. I S. 1859).

13.2 Sollversteuerung in der Bauwirtschaft

(1) [1] In der Bauwirtschaft werden Werklieferungen und Werkleistungen auf dem Grund und Boden der Auftraggeber im Allgemeinen nicht in Teilleistungen (vgl. Abschnitt 13.4), sondern als einheitliche Leistungen erbracht. [2] Diese Leistungen sind ausgeführt:

1. [1] Werklieferungen, wenn dem Auftraggeber die Verfügungsmacht verschafft wird. [2] Das gilt auch dann, wenn das Eigentum an den verwendeten Baustoffen nach §§ 946, 93, 94 BGB zur Zeit der Verbindung mit dem Grundstück auf den Auftraggeber übergeht. [3] Der Werklieferungsvertrag wird mit der Übergabe und Abnahme des fertiggestellten Werks erfüllt (vgl. BFH-Urteil vom 05.09.2019 – V R 38/17, BStBl. II 2022 S. 696). [4] Der Auftraggeber erhält die Verfügungsmacht mit der Übergabe des fertiggestellten Werks (vgl. BFH-Urteil vom 26.02.1976, V R 132/73, BStBl. II S. 309). [5] Auf die Form der Abnahme kommt es dabei nicht an. [6] Insbesondere ist eine Verschaffung der Verfügungsmacht bereits dann anzunehmen, wenn der Auftraggeber das Werk durch schlüssiges Verhalten, z. B. durch Benutzung, abgenommen hat und eine förmliche Abnahme entweder gar nicht oder erst später erfolgen soll. [7] Wird das vertraglich vereinbarte Werk nicht fertiggestellt und ist eine Vollendung des Werks durch den Werkunternehmer nicht mehr vorgesehen, entsteht ein neuer Leistungsgegenstand. [8] Dieser beschränkt sich bei der Eröffnung eines Insolvenzverfahrens auf den vom Werkunternehmer bis zu diesem Zeitpunkt gelieferten Teil des Werks, wenn der Insolvenzverwalter die weitere Erfüllung des Werkvertrags nach § 103 InsO ablehnt (vgl. Abschnitt 3.9). [9] In diesen Fällen ist die Lieferung im Zeitpunkt der Insolvenzeröffnung bewirkt. [10] Wählt der Insolvenzverwalter die Erfüllung eines bei Eröffnung des Insolvenzverfahrens noch nicht oder nicht vollständig erfüllten Werkvertrags, wird die Werklieferung – wenn keine Teilleistungen im Sinne des § 13 Abs. 1 Nr. 1 Buchstabe a Sätze 2 und 3 UStG gesondert vereinbart worden sind – erst mit der Leistungserbringung nach Verfahrenseröffnung ausgeführt (BFH-Urteil vom 30.04.2009, V R 1/06, BStBl. II 2010 S. 138). [11] Im Falle der Kündigung des Werkvertrags wird die Leistung mit dem Tag des Zugangs der Kündigung ausgeführt. [12] Stellt der Werkunternehmer die Arbeiten an dem vereinbarten Werk vorzeitig ein, weil der Besteller – ohne eine eindeutige Erklärung abzugeben – nicht willens und in der Lage ist, seinerseits den Vertrag zu erfüllen, wird das bis dahin errichtete halbfertige Werk zum Gegenstand der Werklieferung. [13] Es wird in dem Zeitpunkt geliefert, in dem für den Werkunternehmer nach den gegebenen objektiven Umständen feststeht, dass er wegen fehlender Aussicht auf die Erlangung weiteren Werklohns nicht mehr leisten wird (vgl. BFH-Urteil vom 28.02.1980, V R 90/75, BStBl. II S. 535).

2. Sonstige Leistungen, insbesondere Werkleistungen, grundsätzlich im Zeitpunkt ihrer Vollendung, der häufig mit dem Zeitpunkt der Abnahme zusammenfallen wird.

(2)[1] [1]Die in der Bauwirtschaft regelmäßig vor Ausführung der Leistung vereinnahmten Vorauszahlungen, Abschlagszahlungen usw. führen jedoch bereits mit Ablauf des Voranmeldungszeitraums ihrer Vereinnahmung nach § 13 Abs. 1 Nr. 1 Buchstabe a Satz 4 UStG (vgl. Abschnitt 13.5) zur Entstehung der Steuer. [2]Wird über die bereits erbrachten Bauleistungen erst einige Zeit nach Ausführung der Leistungen abgerechnet, ist das Entgelt – sofern es noch nicht feststeht – sachgerecht zu schätzen, z. B. anhand des Angebots (vgl. auch BMF-Schreiben vom 27.01.2023, BStBl. I S. 305). [3]Weitere Hinweise enthält das Merkblatt zur Umsatzbesteuerung in der Bauwirtschaft, Stand Januar 2023 (BMF-Schreiben vom 27.01.2023, a. a. O.).

13.3 Sollversteuerung bei Architekten und Ingenieuren

Leistungen nach der Verordnung über die Honorare für Architekten- und Ingenieurleistungen (HOAI)[2], [3]

(1) [1]Die Leistungen der Architekten und Ingenieure, denen Leistungsbilder nach der HOAI zu Grunde liegen, werden grundsätzlich als einheitliche Leistung erbracht, auch wenn die Gesamtleistung nach der Beschreibung in der HOAI, insbesondere durch die Aufgliederung der Leistungsbilder in Leistungsphasen, teilbar ist. [2]Allein die Aufgliederung der Leistungsbilder zur Ermittlung des (Teil-)Honorars führt nicht zur Annahme von Teilleistungen im Sinne des § 13 Abs. 1 Nr. 1 Buchstabe a Sätze 2 und 3 UStG (vgl. Abschnitt 13.4). [3]Nur wenn zwischen den Vertragspartnern im Rahmen des Gesamtauftrags über ein Leistungsbild zusätzliche Vereinbarungen über die gesonderte Ausführung und Honorierung einzelner Leistungsphasen getroffen werden, sind insoweit Teilleistungen anzunehmen.

(2) Absatz 1 gilt sinngemäß auch für Architekten- und Ingenieurleistungen, die nicht nach der HOAI abgerechnet werden.

Leistungen nach den Richtlinien für die Durchführung von Bauaufgaben des Bundes im Zuständigkeitsbereich der Finanzbauverwaltungen (RBBau)

(3) [1]Architekten- und Ingenieurleistungen werden entsprechend des Vertragsmusters (Teil 3/VM1/1 RBBau) vergeben. [2]Nach § 1 dieses Vertragsmusters wird der Auftragnehmer zunächst nur mit der Aufstellung der Entscheidungsunterlage – Bau – beauftragt. [3]Für diese Leistung wird das Honorar auch gesondert ermittelt. [4]Im Vertrag wird die Absichtserklärung abgegeben, dem Auftragnehmer weitere Leistungen zu übertragen, wenn die Voraussetzungen dazu gegeben sind. [5]Die Übertragung dieser weiteren Leistungen erfolgt durch gesonderte Schreiben. [6]Bei dieser Abwicklung ist das Aufstellen der

---

[1] A 13.2 UStAE Abs. 2 Satz 2 geänd., Satz 3 neugef. durch BMF v. 27.01.2023, BStBl. I 2023, 305.

[2] **dtv 5596 VOB/HOAI.**

[3] Zum Verstoß der Mindest- und Höchstsätze der HOAI gegen EU-Recht siehe EuGH v. 04.07.2019 C-377/17, EU-Kommission/Deutschland, NVwZ 2019, 1120; s. auch EuGH v. 18.01.2022 C-261/20, NJW 2022, 927. HOAI jetzt idF der VO v. 02.12.2020, BGBl. I 2020, 2636.

Entscheidungsunterlage – Bau – als eine selbständige Leistung des Architekten oder Ingenieurs anzusehen. [7]Mit der Ausführung der ihm gesondert übertragenen weiteren Leistungen erbringt er ebenfalls eine selbständige einheitliche Gesamtleistung, es sei denn, dass die unter Absatz 1 bezeichneten Voraussetzungen für die Annahme von Teilleistungen vorliegen.

13.4[1)] Teilleistungen

[1]Teilleistungen setzen voraus, dass eine nach wirtschaftlicher Betrachtungsweise teilbare Leistung nicht als Ganzes, sondern in Teilen geschuldet und bewirkt wird. [2]Eine Leistung ist in Teilen geschuldet, wenn für bestimmte Teile das Entgelt gesondert vereinbart wird (§ 13 Abs. 1 Nr. 1 Buchstabe a Satz 3 UStG). [3]Vereinbarungen dieser Art werden im Allgemeinen anzunehmen sein, wenn für einzelne Leistungsteile gesonderte Entgeltabrechnungen durchgeführt werden. [4]Eine Teilleistung im Sinne von § 13 Abs. 1 Nr. 1 Buchstabe a Satz 3 UStG erfordert eine Leistung mit kontinuierlichem oder wiederkehrendem Charakter (vgl. BFH-Urteil vom 01.02.2022 – V R 37/21 (V R 16/19), BStBl. II S. 860). [5]Keine Teilleistung liegt hingegen vor, wenn es sich um eine einmalige Leistung gegen Ratenzahlung handelt. [6]Deshalb gehören Vorauszahlungen auf spätere Teilleistungen zum Entgelt für diese Teilleistungen (vgl. BFH-Urteil vom 19.05.1988, V R 102/83, BStBl. II S. 848), die jedoch nach § 13 Abs. 1 Nr. 1 Buchstabe a Satz 4 UStG bereits mit Ablauf des Voranmeldungszeitraums ihrer Vereinnahmung zur Entstehung der Steuer führen (vgl. Abschnitt 13.5).

Beispiel 1:

In einem Mietvertrag über 2 Jahre ist eine monatliche Mietzahlung vereinbart.

Beispiel 2:

[1]Ein Bauunternehmer hat sich verpflichtet, zu Einheitspreisen (§ 4 Abs. 1 Nr. 1 VOB/A) die Maurer- und Betonarbeiten sowie den Innen- und Außenputz an einem Bauwerk auszuführen. [2]Die Maurer- und Betonarbeiten werden gesondert abgenommen und abgerechnet. [3]Die Arbeiten am Innen- und Außenputz werden später ausgeführt, gesondert abgenommen und abgerechnet.

[7]In den Beispielen 1 und 2 werden Leistungen in Teilen geschuldet und bewirkt.

Beispiel 3:

[1]Eine Fahrschule schließt mit ihren Fahrschülern Verträge über die praktische und theoretische Ausbildung zur Erlangung des Führerscheins ab und weist darin die Grundgebühr, den Preis je Fahrstunde und die Gebühr für die Vorstellung zur Prüfung gesondert aus. [2]Entsprechend werden die Abrechnungen durchgeführt.
[3]Die einzelnen Fahrstunden und die Vorstellung zur Prüfung sind als Teilleistungen zu behandeln, weil für diese Teile das Entgelt gesondert vereinbart worden ist. [4]Die durch die Grundgebühr abgegoltenen Ausbildungsleistungen können mangels eines gesondert vereinbarten Entgelts nicht in weitere Teilleistungen zerlegt werden (vgl. BFH-Urteil vom 21.04.1994 – V R 59/92, n. v.).[2)]

[1)] A 13.4 UStAE Satz 4 neugef., neuer Satz 5 eingef., bish. Sätze 5 und 6 werden neue Sätze 6 und 7 durch BMF v. 14.12.2022, BStBl. I 2022, 1688, anzuwenden in allen offenen Fällen; Beispiel 5 Satz 7 neugef. durch BMF v. 27.01.2023, BStBl. I 2023, 305.

[2)] BFH/NV 1995, 367.

Beispiel 4:

[1] Ein Unternehmer wird beauftragt, in einem Wohnhaus Parkettfußböden zu legen. [2] In der Auftragsbestätigung sind die Materialkosten getrennt ausgewiesen. [3] Der Unternehmer versendet die Materialien zum Bestimmungsort und führt dort die Arbeiten aus.

[4] Gegenstand der vom Auftragnehmer auszuführenden Werklieferung ist der fertige Parkettfußboden. [5] Die Werklieferung bildet eine Einheit, die nicht in eine Materiallieferung und in eine Werkleistung zerlegt werden kann (vgl. Abschnitte 3.8 und 3.10).

Beispiel 5:

[1] Eine Gebietskörperschaft überträgt einem Bauunternehmer nach Maßgabe der VOB als Gesamtleistung die Maurer- und Betonarbeiten an einem Hausbau. [2] Sie gewährt dem Bauunternehmer auf Antrag nach Maßgabe des § 16 Abs. 1 Nr. 1 VOB/B „in Höhe des Wertes der jeweils nachgewiesenen vertragsgemäßen Leistungen" Abschlagszahlungen.

[3] Die Abschlagszahlungen sind ohne Einfluss auf die Haftung und gelten nicht als Abnahme von Teilleistungen. [4] Der Bauunternehmer erteilt die Schlussrechnung erst, wenn die Gesamtleistung ausgeführt ist. [5] Die Abschlagszahlungen unterliegen der Istversteuerung (vgl. Abschnitt 13.5). [6] Soweit das Entgelt laut Schlussrechnung die geleisteten Abschlagszahlungen übersteigt, entsteht die Steuer mit Ablauf des Voranmeldungszeitraums, in dem der Bauunternehmer die gesamte, vertraglich geschuldete Werklieferung bewirkt hat. [7] Weitere Hinweise zu Teilleistungen enthält das Merkblatt zur Umsatzbesteuerung in der Bauwirtschaft, Stand Januar 2023 (BMF-Schreiben vom 27.01.2023, BStBl. I S. 305).

13.5 Istversteuerung von Anzahlungen

(1) [1] Nach § 13 Abs. 1 Nr. 1 Buchstabe a Satz 4 UStG entsteht die Steuer in den Fällen, in denen das Entgelt oder ein Teil des Entgelts (z. B. Anzahlungen, Abschlagszahlungen, Vorauszahlungen) vor Ausführung der Leistung oder Teilleistung gezahlt wird, bereits mit Ablauf des Voranmeldungszeitraums, in dem das Entgelt oder Teilentgelt vereinnahmt worden ist. [2] Zum Zeitpunkt der Vereinnahmung vgl. Abschnitt 13.6 Abs. 1.

(2) [1] Anzahlungen können außer in Barzahlungen auch in Lieferungen oder sonstigen Leistungen bestehen, die im Rahmen eines Tauschs oder tauschähnlichen Umsatzes als Entgelt oder Teilentgelt hingegeben werden. [2] Eine Vereinnahmung der Anzahlung durch den Leistungsempfänger wird in diesen Fällen nicht dadurch ausgeschlossen, dass diese Leistung selbst noch nicht als ausgeführt gilt und die Steuer hierfür nach § 13 Abs. 1 Nr. 1 Buchstabe a Satz 1 UStG noch nicht entstanden ist (vgl. EuGH-Urteil vom 19.12.2012, C-549/11, Orfey Bulgaria).[1)]

(3) [1] Anzahlungen führen zur Entstehung der Steuer, wenn sie für eine bestimmte Lieferung oder sonstige Leistung entrichtet werden. [2] Dies setzt voraus, dass alle maßgeblichen Elemente der künftigen Lieferung oder künftigen Dienstleistung bereits bekannt sind, insbesondere die Gegenstände oder die Dienstleistungen zum Zeitpunkt der Anzahlung genau bestimmt sind (vgl. BFH-Urteile vom 15.09.2011, V R 36/09, BStBl. 2012 II S. 365, vom 14.11.2018, XI R 27/16, n. v., und vom 10.04.2019, XI R 4/17, BStBl. II S. 635). [3] Bezieht sich eine Anzahlung auf mehrere Lieferungen oder sonstige Leistungen, ist sie entsprechend aufzuteilen. [4] Was Gegenstand der Lieferung oder sonstigen Leistung ist, muss nach den Gegebenheiten des Einzelfalls beurteilt werden. [5] Wird eine Leistung in Teilen geschuldet und

1) MwStR 2013, 28.

bewirkt (Teilleistung), sind Anzahlungen der jeweiligen Teilleistung zuzurechnen, für die sie geleistet werden (vgl. BFH-Urteil vom 19.05.1988, V R 102/83, BStBl. II S. 848). 6 Fehlt es bei der Vereinnahmung der Zahlung noch an einer konkreten Leistungsvereinbarung, ist zu prüfen, ob die Zahlung als bloße Kreditgewährung zu betrachten ist; aus den Umständen des Einzelfalles, z. B. bei dauernder Geschäftsverbindung mit regelmäßig sich wiederholenden Aufträgen, kann sich ergeben, dass es sich dennoch um eine Anzahlung für eine künftige Leistung handelt, die zur Entstehung der Steuer führt.

(4) 1 Eine Anzahlung für eine Leistung, die voraussichtlich unter eine Befreiungsvorschrift des § 4 UStG fällt oder nicht steuerbar ist, braucht nicht der Steuer unterworfen zu werden. 2 Dagegen ist die Anzahlung zu versteuern, wenn bei ihrer Vereinnahmung noch nicht abzusehen ist, ob die Voraussetzungen für die Steuerbefreiung oder Nichtsteuerbarkeit der Leistung erfüllt werden. 3 Ergibt sich im Nachhinein, dass die Leistung nicht der Umsatzsteuer unterliegt, ist die Bemessungsgrundlage in entsprechender Anwendung des § 17 Abs. 2 Nr. 2 UStG zu berichtigen (vgl. BFH-Urteil vom 08.09.2011, V R 42/10, BStBl. II 2012 S. 248).

(5) Zur Behandlung von Anzahlungen für steuerpflichtige Reiseleistungen, für die die Bemessungsgrundlage nach § 25 Abs. 3 UStG zu ermitteln ist, vgl. Abschnitt 25.3 Abs. 5.

(6) Zur Rechnungserteilung bei der Istversteuerung von Anzahlungen vgl. Abschnitt 14.8, zum Vorsteuerabzug bei Anzahlungen vgl. Abschnitt 15.3 und zur Minderung der Bemessungsgrundlage bei Rückgewährung einer Anzahlung vgl. Abschnitt 17.1 Abs. 7.

(7) Werden Anzahlungen in fremder Währung geleistet, ist die einzelne Anzahlung nach dem im Monat der Vereinnahmung geltenden Durchschnittskurs[1)] umzurechnen (§ 16 Abs. 6 UStG); bei dieser Umrechnung verbleibt es, auch wenn im Zeitpunkt der Leistungsausführung ein anderer Durchschnittskurs gilt.

(8) Zur Behandlung von Anzahlungen für Leistungen im Sinne des § 13b UStG, wenn die Voraussetzungen für die Steuerschuld des Leistungsempfängers im Zeitpunkt der jeweiligen Vereinnahmung der Anzahlung noch nicht vorlagen, vgl. Abschnitt 13b.12 Abs. 3.

13.6 Entstehung der Steuer bei der Versteuerung nach vereinnahmten Entgelten[2)]

(1) 1 Bei der Versteuerung nach vereinnahmten Entgelten (Istversteuerung; vgl. Abschnitt 20.1) entsteht die Steuer für Lieferungen und sonstige Leistungen mit Ablauf des Voranmeldungszeitraums, in dem die Entgelte vereinnahmt worden sind. 2 Anzahlungen (vgl. Abschnitt 13.5) sind stets im Voranmel-

---

1) Monatlich veröffentlicht im BStBl. I, siehe auch die Zusammenstellungen in **Steuererlasse** Nr. **500** § 16/6 und § 16/7.

2) Zur Vereinnahmung von Entgelten für vor Eröffnung des Insolvenzverfahrens erbrachte Leistungen vgl. BFH v. 29.01.2009 V R 64/07, BStBl. II 2009, 682.

dungszeitraum ihrer Vereinnahmung zu versteuern. [3]Als Zeitpunkt der Vereinnahmung gilt bei Überweisungen auf ein Bankkonto grundsätzlich der Zeitpunkt der Gutschrift. [4]Zur Frage der Vereinnahmung bei Einzahlung auf ein gesperrtes Konto vgl. BFH-Urteile vom 27.11.1958, V 284/57 U, BStBl. III 1959 S. 64, und vom 23.04.1980, VII R 156/75, BStBl. II S. 643. [5]Vereinnahmt sind auch Beträge, die der Schuldner dem Gläubiger am Fälligkeitstag gutschreibt, wenn die Beträge dem Berechtigten von nun an zur Verwendung zur Verfügung stehen (vgl. BFH-Urteil vom 24.03.1993, X R 55/91, BStBl. II S. 499). [6]Dies gilt jedoch nicht, wenn die Beträge im Zeitpunkt der Gutschrift nicht fällig waren und das Guthaben nicht verzinst wird (vgl. BFH-Urteil vom 12.11.1997, XI R 30/97, BStBl. II 1998 S. 252). [7]Beim Kontokorrentverkehr ist das Entgelt mit der Anerkennung des Saldos am Ende eines Abrechnungszeitraums vereinnahmt. [8]Wird für eine Leistung ein Wechsel in Zahlung genommen, gilt das Entgelt erst mit dem Tag der Einlösung oder – bei Weitergabe – mit dem Tag der Gutschrift oder Wertstellung als vereinnahmt. [9]Ein Scheckbetrag ist grundsätzlich nicht erst mit Einlösung des Schecks, sondern bereits mit dessen Hingabe zugeflossen, wenn der sofortigen Vorlage des Schecks keine zivilrechtlichen Abreden entgegenstehen und wenn davon ausgegangen werden kann, dass die bezogene Bank im Falle der sofortigen Vorlage des Schecks den Scheckbetrag auszahlen oder gutschreiben wird (vgl. BFH-Urteil vom 20.03.2001 – IX R 97/97, BStBl. II S. 482). [10]Die Abtretung einer Forderung an Zahlungs statt (§ 364 Abs. 1 BGB) führt im Zeitpunkt der Abtretung in Höhe des wirtschaftlichen Wertes, der der Forderung im Abtretungszeitpunkt zukommt, zu einem Zufluss. [11]Das Gleiche gilt bei einer zahlungshalber erfolgten Zahlungsabtretung (§ 364 Abs. 2 BGB), wenn eine fällige, unbestrittene und einziehbare Forderung vorliegt (vgl. BFH-Urteil vom 30.10.1980 – IV R 97/78, BStBl. II 1981 S. 305). [12]Eine Aufrechnung ist im Zeitpunkt der Aufrechnungserklärung einer Zahlung gleichzusetzen (vgl. BFH-Urteil vom 19.04.1977, VIII R 119/75, BStBl. II S. 601).

(2) Führen Unternehmer, denen die Versteuerung nach vereinnahmten Entgelten gestattet worden ist, Leistungen an ihr Personal aus, für die kein besonderes Entgelt berechnet wird, entsteht die Steuer insoweit mit Ablauf des Voranmeldungszeitraums, in dem diese Leistungen ausgeführt worden sind.

(3)[1)] [1]Die im Zeitpunkt der Ausführung der Lieferung oder sonstigen Leistung geltenden Voraussetzungen für die Entstehung der Steuer bleiben auch dann maßgebend, wenn der Unternehmer von der Berechnung der Steuer nach vereinnahmten Entgelten zur Berechnung der Steuer nach vereinbarten Entgelten wechselt. [2]Für Umsätze, die in einem Besteuerungszeitraum ausgeführt wurden, für den dem Unternehmer die Berechnung der Steuer nach vereinnahmten Entgelten erlaubt war, gilt diese Versteuerung weiter, auch wenn in späteren Besteuerungszeiträumen ein Wechsel zur Sollversteuerung eintritt. [3]Danach entsteht die Steuer insoweit bei Vereinnahmung des Entgelts (vgl. BFH-Urteil vom 30.01.2003, V R 58/01, BStBl. II S. 817). [4]Im

---

[1)] Zum rückwirkenden Wechsel von der Ist- zur Sollversteuerung vgl. BFH v. 10.12.2008 XI R 1/08, BStBl. II 2009, 1026.

Falle eines bereits sollversteuerten Umsatzes bleibt der Zeitpunkt des Entstehens der Steuer auch dann unverändert, wenn der Unternehmer zur Ist-Versteuerung wechselt und das Entgelt noch nicht vereinnahmt hat.

13.7 Entstehung der Steuer in den Fällen des unrichtigen Steuerausweises

[1] In den Fällen des unrichtigen Steuerausweises (§ 14c Abs. 1 Satz 1 UStG, Abschnitt 14c.1) entsteht die Steuer nach § 13 Abs. 1 Nr. 3 UStG im Zeitpunkt der Ausgabe der Rechnung. [2] Weist der leistende Unternehmer oder der von ihm beauftragte Dritte in einer Rechnung über eine steuerpflichtige Leistung einen höheren Steuerbetrag aus, als der leistende Unternehmer nach dem Gesetz schuldet, wird es aus Vereinfachungsgründen jedoch nicht beanstandet, wenn der Unternehmer den Mehrbetrag für den Voranmeldungszeitraum anmeldet, mit dessen Ablauf die Steuer für die zu Grunde liegende Leistung nach § 13 Abs. 1 Nr. 1 Buchstabe a oder b UStG entsteht.[1)]

Beispiel 1:

[1] Der Unternehmer U liefert im Voranmeldungszeitraum Januar 01 einen Rollstuhl (Position 8713 des Zolltarifs) für insgesamt 238 € und weist in der am 02.02.2001 ausgegebenen Rechnung unter Anwendung des Steuersatzes von 19% eine darin enthaltene Umsatzsteuer in Höhe von 38 € gesondert aus.
[2] Die gesetzlich geschuldete Steuer in Höhe von 7% entsteht mit Ablauf des Voranmeldungszeitraums Januar 01. [3] Der nach § 14c Abs. 1 Satz 1 UStG geschuldete Mehrbetrag entsteht im Zeitpunkt der Ausgabe der Rechnung im Februar 01. [4] Es wird jedoch nicht beanstandet, wenn der Unternehmer die in der Rechnung ausgewiesene Steuer in voller Höhe für den Voranmeldungszeitraum Januar 01 anmeldet.

13.8 Entstehung der Steuer in den Fällen des § 3 Abs. 3a und § 18k UStG

[1] In den Fällen des § 3 Abs. 3a UStG entsteht die Steuer zu dem Zeitpunkt, zu dem die Zahlung angenommen wurde. [2] In den Fällen des § 18k UStG entsteht die Steuer mit Ablauf des Besteuerungszeitraums (Kalendermonat; § 16 Abs. 1e Satz 1 UStG), in dem die Lieferungen ausgeführt worden sind; die Gegenstände gelten als zu dem Zeitpunkt geliefert, zu dem die Zahlung angenommen wurde. [3] Der Zeitpunkt, zu dem die Zahlung angenommen wurde, ist der Zeitpunkt, zu dem die Zahlung bestätigt wurde oder die Zahlungsgenehmigungsmeldung oder eine Zahlungszusage des Erwerbers beim Lieferer, der die Gegenstände über eine elektronische Schnittstelle verkauft bzw. an dem besonderen Besteuerungsverfahren nach § 18k UStG teilnimmt, oder für dessen Rechnung eingeht, und zwar unabhängig davon, wann die tatsächliche Zahlung erfolgt, je nachdem, welcher Zeitpunkt der frühere ist (vgl. Artikel 41a MwStVO).[2)]

---

1) Siehe aber BFH v. 05.06.2014 XI R 44/12, BStBl. II 2016, 187, zur Anwendung der Mindestbemessungsgrundlage und zum Zeitpunkt der Steuerentstehung bei Nachberechnung.

2) **Steuergesetze** Nr. **550.**

Zu § 13b UStG
(§ 30a UStDV)

13b.1 Leistungsempfänger als Steuerschuldner

(1) [1]Unternehmer und juristische Personen schulden als Leistungsempfänger für bestimmte an sie im Inland ausgeführte steuerpflichtige Umsätze die Steuer. [2]Dies gilt sowohl für im Inland ansässige als auch für im Ausland ansässige Leistungsempfänger. [3]Auch Kleinunternehmer (§ 19 UStG), pauschalversteuernde Land- und Forstwirte (§ 24 UStG) und Unternehmer, die ausschließlich steuerfreie Umsätze tätigen, schulden die Steuer. [4]Die Steuerschuldnerschaft erstreckt sich mit Ausnahme der in § 13b Abs. 5 Satz 11 UStG genannten Leistungen, die ausschließlich an den nichtunternehmerischen Bereich von juristischen Personen des öffentlichen Rechts erbracht werden, sowohl auf die Umsätze für den unternehmerischen als auch auf die Umsätze für den nichtunternehmerischen Bereich des Leistungsempfängers. [5]Zuständig für die Besteuerung dieser Umsätze ist das Finanzamt, bei dem der Leistungsempfänger als Unternehmer umsatzsteuerlich erfasst ist. [6]Für juristische Personen ist das Finanzamt zuständig, in dessen Bezirk sie ihren Sitz haben.

(2)[1)] [1]Für folgende steuerpflichtige Umsätze schuldet der Leistungsempfänger die Steuer:

1. Nach § 3a Abs. 2 UStG im Inland steuerpflichtige sonstige Leistungen eines im übrigen Gemeinschaftsgebiet ansässigen Unternehmers (§ 13b Abs. 1 UStG).
2. Werklieferungen im Ausland ansässiger Unternehmer (§ 13b Abs. 2 Nr. 1 UStG).

   Beispiel:

   [1]Der in Kiel ansässige Bauunternehmer U hat den Auftrag erhalten, in Flensburg ein Geschäftshaus zu errichten. [2]Lieferung und Einbau der Fenster lässt U von seinem dänischen Subunternehmer D aus Kopenhagen ausführen.
   [3]Der im Ausland ansässige Unternehmer D erbringt im Inland eine steuerpflichtige Werklieferung an U (§ 3 Abs. 4 und 7 Satz 1 UStG). [4]Die Umsatzsteuer für diese Werklieferung schuldet U (§ 13b Abs. 5 Satz 1 in Verbindung mit Abs. 2 Nr. 1 UStG).

3. Sonstige Leistungen im Ausland ansässiger Unternehmer (§ 13b Abs. 2 Nr. 1 UStG).

   Beispiel:

   [1]Der in Frankreich ansässige Architekt F plant für den in Stuttgart ansässigen Unternehmer U die Errichtung eines Gebäudes in München.

---

1) A 13b.1 UStAE Abs. 2 Satz 1 Nr. 8 Satz 1 neugef. durch BMF v. 05.09.2023, BStBl. I 2023, 1655, anzuwenden auf nach dem 31.12.2022 ausgeführte Umsätze aus der Übertragung von Emissionszertifikaten nach § 3 Nr. 2 BEHG; zur Anwendung siehe Anlage 8.

von sechs Monaten nach Vereinnahmung des Entgelts oder des Teilentgelts auszustellen. [3]Die Verpflichtung zur Erteilung einer Rechnung besteht auch dann, wenn es sich beim Leistungsempfänger nicht um einen Unternehmer handelt, der die Leistung für sein Unternehmen bezieht, und ist nicht davon abhängig, ob der Empfänger der steuerpflichtigen Werklieferung oder sonstigen Leistung der Eigentümer des Grundstücks ist. [4]Die Verpflichtung zur Erteilung einer Rechnung bei steuerpflichtigen Werklieferungen oder sonstigen Leistungen im Zusammenhang mit einem Grundstück gilt auch für Kleinunternehmer im Sinne des § 19 Abs. 1 UStG und Land- und Forstwirte, die die Durchschnittssatzbesteuerung nach § 24 UStG anwenden. [5]Für steuerpflichtige sonstige Leistungen der in § 4 Nr. 12 Satz 1 und 2 UStG bezeichneten Art, die weder an einen anderen Unternehmer für dessen Unternehmen noch an eine juristische Person erbracht werden, besteht keine Rechnungserteilungspflicht. [6]Nach § 14 Abs. 2 Satz 1 Nr. 2 UStG ist der Unternehmer bei Ausführung von Lieferungen oder sonstigen Leistungen an einen anderen Unternehmer für dessen Unternehmen oder an eine juristische Person, soweit sie nicht Unternehmer ist, grundsätzlich verpflichtet, innerhalb von sechs Monaten nach Ausführung der Leistung eine Rechnung auszustellen. [7]Die Verpflichtung zur Rechnungserteilung in den Fällen des Satzes 6 entfällt, wenn die Leistungen nach § 4 Nr. 8 bis 29 UStG steuerfrei sind und den Leistungsempfänger grundsätzlich nicht zum Vorsteuerabzug berechtigen. [8]Die zusätzlichen Pflichten bei der Ausstellung von Rechnungen in besonderen Fällen nach § 14a UStG bleiben hiervon unberührt. [9]Eine Rechnung kann durch den leistenden Unternehmer selbst oder durch einen von ihm beauftragten Dritten, der im Namen und für Rechnung des Unternehmers abrechnet (§ 14 Abs. 2 Satz 4 UStG),[1)] ausgestellt werden. [10]Der Leistungsempfänger kann nicht Dritter sein. [11]Zur Rechnungsausstellung durch den Leistungsempfänger (Gutschrift, § 14 Abs. 2 Satz 2 UStG) vgl. Abschnitt 14.3. [12]Bedient sich der leistende Unternehmer zur Rechnungserstellung eines Dritten, hat der leistende Unternehmer sicher zu stellen, dass der Dritte die Einhaltung der sich aus §§ 14 und 14a UStG ergebenden formalen Voraussetzungen gewährleistet.

(4) [1]Sog. Innenumsätze, z. B. zwischen Betriebsabteilungen desselben Unternehmens oder innerhalb eines Organkreises, sind innerbetriebliche Vorgänge. [2]Werden für sie Belege mit gesondertem Steuerausweis ausgestellt, handelt es sich umsatzsteuerrechtlich nicht um Rechnungen, sondern um unternehmensinterne Buchungsbelege. [3]Die darin ausgewiesene Steuer wird nicht nach § 14c Abs. 2 UStG geschuldet (vgl. BFH-Urteil vom 28.10.2010, V R 7/10, BStBl. II 2011 S. 391, und Abschnitt 14c.2 Abs. 2a).

(5) [1]Der Anspruch nach § 14 Abs. 2 UStG auf Erteilung einer Rechnung mit gesondert ausgewiesener Steuer steht dem umsatzsteuerrechtlichen Leistungsempfänger zu, sofern er eine juristische Person oder ein Unternehmer ist, der die Leistung für sein Unternehmen bezogen hat. [2]Hierbei handelt es sich um einen zivilrechtlichen Anspruch, der nach § 13 GVG vor den ordent-

---

1) Zur Rechnungsausstellung durch Beauftragte/Vermittler/Dritte vgl. A 3.7 Abs. 1, A 14.4 Abs. 8, A 14.5 Abs. 6 u. A 14c.2 Abs. 4 UStAE.

lichen Gerichten geltend zu machen ist (vgl. BGH-Urteil vom 11.12.1974, VIII ZR 186/73).[1] [3]Dieser Anspruch (Erfüllung einer aus § 242 BGB abgeleiteten zivilrechtlichen Nebenpflicht aus dem zu Grunde liegenden Schuldverhältnis) setzt voraus, dass der leistende Unternehmer zur Rechnungsausstellung mit gesondertem Steuerausweis berechtigt ist und ihn zivilrechtlich die Abrechnungslast trifft (vgl. BFH-Urteil vom 04.03.1982, V R 107/79, BStBl. II S. 309). [4]Die Verjährung richtet sich nach § 195 BGB; weiterhin gelten die allgemeinen Vorschriften des BGB über die Verjährung. [5]Ist es ernstlich zweifelhaft, ob eine Leistung der Umsatzsteuer unterliegt, kann der Leistungsempfänger die Erteilung einer Rechnung mit gesondert ausgewiesener Steuer nur verlangen, wenn der Vorgang bestandskräftig der Umsatzsteuer unterworfen wurde (vgl. BGH-Urteile vom 24.02.1988, VIII ZR 64/87,[1] und vom 10.11.1988, VII ZR 137/87,[1] und BFH-Urteil vom 30.03.2011, XI R 12/08, BStBl. II S. 819). [6]Zu der Möglichkeit des Leistungsempfängers, die Steuerpflicht des Vorgangs auch durch eine Feststellungsklage nach § 41 FGO klären zu lassen, vgl. BFH-Urteil vom 10.07.1997, V R 94/96, BStBl. II S. 707. [7]Nach Eröffnung des Insolvenzverfahrens ist der Anspruch auf Ausstellung einer Rechnung nach § 14 Abs. 1 UStG vom Insolvenzverwalter auch dann zu erfüllen, wenn die Leistung vor Eröffnung des Insolvenzverfahrens bewirkt wurde (vgl. BGH-Urteil vom 06.05.1981, VIII ZR 45/80,[1] zum Konkursverfahren).

(6) [1]Für Umsätze, die nach § 1 Abs. 1 Nr. 1 UStG im Inland steuerbar sind, gelten grundsätzlich die Vorschriften zur Rechnungsausstellung nach den §§ 14, 14a UStG. [2]Ist der Unternehmer zwar nicht im Inland, aber in einem anderen Mitgliedstaat ansässig und führt er einen nach § 1 Abs. 1 Nr. 1 UStG im Inland steuerbaren Umsatz aus, für den der Leistungsempfänger die Steuer nach § 13b Abs. 5 in Verbindung mit Abs. 1 und 2 UStG schuldet, gelten für die Rechnungserteilung die Vorschriften des Mitgliedstaates, in dem der Unternehmer seinen Sitz, seine Geschäftsleitung, eine Betriebsstätte, von der aus der Umsatz ausgeführt wird, oder in Ermangelung eines Sitzes seinen Wohnsitz oder gewöhnlichen Aufenthalt hat (§ 14 Abs. 7 Satz 1 UStG). [3]Der Unternehmer ist bei Anwendung des § 14 Abs. 7 Satz 1 UStG nicht im Inland ansässig, wenn er weder seinen Sitz noch seine Geschäftsleitung, eine Betriebsstätte (vgl. Abschnitt 3a.1 Abs. 3), von der aus der Umsatz ausgeführt wird oder die an der Erbringung dieses Umsatzes beteiligt ist, oder in Ermangelung eines Sitzes seinen Wohnsitz oder gewöhnlichen Aufenthalt im Inland hat; dies gilt auch, wenn der Unternehmer ausschließlich einen Wohnsitz oder gewöhnlichen Aufenthaltsort im Inland, aber seinen Sitz, den Ort der Geschäftsleitung oder eine Betriebsstätte im Ausland hat. [4]Vereinbaren die am Leistungsaustausch Beteiligten, dass der Leistungsempfänger über den Umsatz abrechnet, greift der Grundsatz nach Satz 1 (§ 14 Abs. 7 Satz 2 UStG). [5]Ist der Unternehmer im Ausland ansässig und macht er von einem besonderen Besteuerungsverfahren im Sinne von § 14 Abs. 7 Satz 3 UStG Gebrauch, dessen Inanspruchnahme er in einem anderen Mitgliedstaat angezeigt hat, gelten für die in diesen Besteuerungsverfahren zu erklärenden Umsätze abweichend von

---

[1] NJW 1975, 310. – NJW 1988, 2042. – NJW 1989, 302. – DB 1981, 1770.

§ 14 Abs. 1 bis 6 UStG für die Rechnungserteilung die Vorschriften des anderen Mitgliedstaates. [6]Für im Drittlandsgebiet ansässige Unternehmer und für im Inland ansässige Unternehmer, die von einem besonderen Besteuerungsverfahren Gebrauch machen, dessen Inanspruchnahme sie beim BZSt angezeigt haben, gelten die Vorschriften zur Rechnungserteilung nach § 14 Abs. 1 bis 6 UStG. [7]Besondere Besteuerungsverfahren in diesem Sinne sind die nach

- § 18 Abs. 4c UStG (vgl. Abschnitt 18.7a),
- § 18 Abs. 4d UStG (vgl. Abschnitt 18.7a Abs. 7),
- § 18 Abs. 4e UStG (vgl. Abschnitt 18.7b),
- § 18h UStG (vgl. Abschnitt 18h.1),
- § 18i UStG (vgl. Abschnitt 18i.1 Abs. 1 Satz 1),
- § 18j UStG (vgl. Abschnitt 18j.1 Abs. 1) bzw.
- § 18k UStG (vgl. Abschnitt 18k.1 Abs. 1).

Beispiel 1:

[1]Der französische Unternehmer F erbringt an den deutschen Unternehmer D eine Unternehmensberatungsleistung. [2]F hat seinen Unternehmenssitz in Frankreich, von dem aus die Leistung erbracht wird.
[3]F erbringt an D eine sonstige Leistung, die nach § 3a Abs. 2 UStG im Inland steuerbar ist. [4]Steuerschuldner für die steuerpflichtige Leistung ist D als Leistungsempfänger nach § 13b Abs. 5 Satz 1 in Verbindung mit Abs. 1 UStG.

a) [1]F erteilt die Rechnung.
[2]F hat eine Rechnung nach den in Frankreich geltenden Vorgaben zur Rechnungserteilung auszustellen.

b) [1]F und D vereinbaren, dass D mit Gutschrift abrechnet.
[2]D hat die Gutschrift nach den in Deutschland geltenden Rechnungserteilungspflichten zu erstellen.

Beispiel 2:

[1]Wie Beispiel 1. [2]F weist in der Rechnung gesondert deutsche Umsatzsteuer aus.
[3]F hat deutsche Umsatzsteuer gesondert ausgewiesen, obwohl er diese nach deutschem Umsatzsteuergesetz nicht schuldet. [4]Solange F den unrichtigen Steuerbetrag gegenüber D nicht berichtigt, schuldet er den gesondert ausgewiesenen Steuerbetrag nach § 14c Abs. 1 UStG (vgl. Abschnitt 14c.1). [5]Auch ohne Rechnungsberichtigung durch F wird D von der Steuerschuldnerschaft des Leistungsempfängers nach § 13b Abs. 5 Satz 1 in Verbindung mit Abs. 1 UStG nicht entbunden.

14.2 Rechnungserteilungspflicht bei Leistungen im Zusammenhang mit einem Grundstück

(1) [1]Der Begriff der steuerpflichtigen Werklieferungen oder sonstigen Leistungen im Zusammenhang mit einem Grundstück (vgl. Abschnitt 14.1 Abs. 3 Sätze 1 bis 5) umfasst Bauleistungen nach § 13b Abs. 2 Nr. 4 UStG und sonstige Leistungen im Zusammenhang mit einem Grundstück im Sinne des § 3a Abs. 3 Nr. 1 UStG (vgl. Abschnitt 3a.3). [2]Sofern in den Absätzen 2 bis 4 für die Rechnungserteilungspflicht nach § 14 Abs. 2 Satz 1 Nr. 1 UStG darüber hinaus Leistungen als im Zusammenhang mit einem Grundstück qualifiziert werden, sind hieraus keine Rückschlüsse für die Anwendung von § 3a Abs. 3 Nr. 1 und § 13b Abs. 2 Nr. 4 UStG zu ziehen.

(2) [1]Zu den Leistungen, bei denen nach § 14 Abs. 2 Satz 1 Nr. 1 UStG eine Verpflichtung zur Rechnungserteilung besteht, gehören zunächst alle Bauleistungen, bei denen der Leistungsempfänger unter den weiteren Voraussetzungen des § 13b Abs. 2 Nr. 4 UStG Steuerschuldner sein kann (vgl. Abschnitt 13b.2). [2]Weiter gehören dazu die steuerpflichtigen Werklieferungen oder sonstigen Leistungen, die der Erschließung von Grundstücken oder der Vorbereitung von Bauleistungen dienen. [3]Damit sind z.B. auch die folgenden Leistungen von der Rechnungserteilungspflicht erfasst:
- Planerische Leistungen (z.B. von Statikern, Architekten, Garten- und Innenarchitekten, Vermessungs-, Prüf- und Bauingenieuren);
- Labordienstleistungen (z.B. die chemische Analyse von Baustoffen oder Bodenproben);
- reine Leistungen der Bauüberwachung;
- Leistungen zur Prüfung von Bauabrechnungen;
- Leistungen zur Durchführung von Ausschreibungen und Vergaben;
- Abbruch- oder Erdarbeiten.

(3) [1]Die steuerpflichtige Werklieferung oder sonstige Leistung muss in engem Zusammenhang mit einem Grundstück stehen. [2]Ein enger Zusammenhang ist gegeben, wenn sich die Werklieferung oder sonstige Leistung nach den tatsächlichen Umständen überwiegend auf die Bebauung, Verwertung, Nutzung oder Unterhaltung, aber auch Veräußerung oder den Erwerb des Grundstücks selbst bezieht. [3]Es besteht bei der Erbringung u.a. folgender Leistungen eine Verpflichtung zur Erteilung einer Rechnung:
- Zurverfügungstellen von Betonpumpen oder von anderem Baugerät;
- Aufstellen von Material- oder Bürocontainern;
- Aufstellen von mobilen Toilettenhäusern;
- Entsorgung von Baumaterial (z.B. Schuttabfuhr durch ein Abfuhrunternehmen);
- Gerüstbau;
- bloße Reinigung von Räumlichkeiten oder Flächen (z.B. Fensterreinigung);
- Instandhaltungs-, Reparatur-, Wartungs- oder Renovierungsarbeiten an Bauwerken oder Teilen von Bauwerken (z.B. Klempner- oder Malerarbeiten);
- Anlegen von Grünanlagen und Bepflanzungen und deren Pflege (z.B. Bäume, Gehölze, Blumen, Rasen);
- Beurkundung von Grundstückskaufverträgen durch Notare;
- Vermittlungsleistungen der Makler bei Grundstücksveräußerungen oder Vermietungen.

(4) Sofern selbständige Leistungen vorliegen, sind folgende Leistungen keine Leistungen im Zusammenhang mit einem Grundstück, bei denen nach § 14 Abs. 2 Satz 1 Nr. 1 UStG die Verpflichtung zur Erteilung einer Rechnung besteht:
- Veröffentlichung von Immobilienanzeigen, z.B. durch Zeitungen;
- Rechts- und Steuerberatung in Grundstückssachen.

(5) [1]Alltägliche Geschäfte, die mit einem Kaufvertrag abgeschlossen werden (z.B. der Erwerb von Gegenständen durch einen Nichtunternehmer in einem

Baumarkt), unterliegen nicht der Verpflichtung zur Rechnungserteilung. [2]Auch die Lieferung von Baumaterial auf eine Baustelle eines Nichtunternehmers oder eines Unternehmers, der das Baumaterial für seinen nichtunternehmerischen Bereich bezieht, wird nicht von der Verpflichtung zur Erteilung einer Rechnung umfasst.

14.3 Rechnung in Form der Gutschrift[1)]

(1) [1]Eine Gutschrift ist eine Rechnung, die vom Leistungsempfänger ausgestellt wird (§ 14 Abs. 2 Satz 2 UStG). [2]Eine Gutschrift kann auch durch eine juristische Person, die nicht Unternehmer ist, ausgestellt werden, wenn sie Leistungsempfänger ist (§ 14 Abs. 2 Satz 1 Nr. 2 in Verbindung mit Satz 2 UStG). [3]Der Leistungsempfänger kann mit der Ausstellung einer Gutschrift auch einen Dritten beauftragen, der im Namen und für Rechnung des Leistungsempfängers abrechnet (§ 14 Abs. 2 Satz 4 UStG). [4]Eine Gutschrift kann auch ausgestellt werden, wenn über steuerfreie Umsätze abgerechnet wird oder wenn beim leistenden Unternehmer nach § 19 Abs. 1 UStG die Steuer nicht erhoben wird. [5]Dies kann dazu führen, dass der Empfänger der Gutschrift unrichtig oder unberechtigt ausgewiesene Steuer nach § 14c UStG schuldet. [6]Keine Gutschrift ist die im allgemeinen Sprachgebrauch ebenso bezeichnete Korrektur einer zuvor ergangenen Rechnung.

(2) [1]Die am Leistungsaustausch Beteiligten können frei vereinbaren, ob der leistende Unternehmer oder der in § 14 Abs. 2 Satz 1 Nr. 2 UStG bezeichnete Leistungsempfänger abrechnet. [2]Die Vereinbarung hierüber muss vor der Abrechnung getroffen sein und kann sich aus Verträgen oder sonstigen Geschäftsunterlagen ergeben. [3]Sie ist an keine besondere Form gebunden und kann auch mündlich getroffen werden. [4]Die Gutschrift ist, vorbehaltlich der Regelungen des § 14a UStG, innerhalb von sechs Monaten zu erteilen (vgl. Abschnitt 14.1 Abs. 3) und hat die Angabe „Gutschrift" zu enthalten (§ 14 Abs. 4 Satz 1 Nr. 10 UStG, vgl. Abschnitt 14.5 Abs. 24). [5]Keine Gutschrift ist die im allgemeinen Sprachgebrauch ebenso bezeichnete Stornierung oder Korrektur der ursprünglichen Rechnung (vgl. Abschnitt 14c.1 Abs. 3 Satz 3). [6]Wird in einem Dokument sowohl über empfangene Leistungen (Gutschrift) als auch über ausgeführte Leistungen (Rechnung) zusammen abgerechnet, muss das Dokument die Rechnungsangabe „Gutschrift" enthalten. [7]Zudem muss aus dem Dokument zweifelsfrei hervorgehen, über welche Leistung als Leistungsempfänger bzw. leistender Unternehmer abgerechnet wird. [8]In dem Dokument sind Saldierung und Verrechnung der gegenseitigen Leistungen unzulässig.

(3) [1]Voraussetzung für die Wirksamkeit einer Gutschrift ist, dass die Gutschrift dem leistenden Unternehmer übermittelt worden ist und dieser dem ihm zugeleiteten Dokument nicht widerspricht (§ 14 Abs. 2 Satz 3 UStG). [2]Die Gutschrift ist übermittelt, wenn sie dem leistenden Unternehmer so zugänglich gemacht worden ist, dass er von ihrem Inhalt Kenntnis neh-

---

[1)] Zur Abrechnung über nicht ausgeführte sonstige Leistung mittels Gutschrift und zu BFH v. 27.11.2019 V R 23/19 (V R 62/17), BStBl. II 2021, 542, siehe BMF v. 19.08.2021, BStBl. I 2021, 1087.

men kann (vgl. BFH-Urteil vom 15.09.1994, XI R 56/93, BStBl. II 1995 S. 275).

(4) [1]Der leistende Unternehmer kann der Gutschrift widersprechen. [2]Mit dem Widerspruch verliert die Gutschrift die Wirkung als Rechnung. [3]Dies gilt auch dann, wenn die Gutschrift den zivilrechtlichen Vereinbarungen entspricht und die Umsatzsteuer zutreffend ausweist. [4]Es genügt, dass der Widerspruch eine wirksame Willenserklärung darstellt (vgl. BFH-Urteil vom 23.01.2013, XI R 25/11, BStBl. II S. 417). [5]Der Widerspruch wirkt – auch für den Vorsteuerabzug des Leistungsempfängers – erst in dem Besteuerungszeitraum, in dem er erklärt wird (vgl. BFH-Urteil vom 19.05.1993, V R 110/88, BStBl. II S. 779, und Abschnitt 15.2a Abs. 11). [6]Die Wirksamkeit des Widerspruchs setzt den Zugang beim Gutschriftsaussteller voraus.

14.4 Echtheit und Unversehrtheit von Rechnungen

(1) [1]Rechnungen sind auf Papier oder vorbehaltlich der Zustimmung des Rechnungsempfängers elektronisch zu übermitteln (§ 14 Abs. 1 Satz 7 UStG). [2]Die Zustimmung des Empfängers der elektronisch übermittelten Rechnung bedarf dabei keiner besonderen Form; es muss lediglich Einvernehmen zwischen Rechnungsaussteller und Rechnungsempfänger darüber bestehen, dass die Rechnung elektronisch übermittelt werden soll. [3]Die Zustimmung kann z. B. in Form einer Rahmenvereinbarung (z. B. in den Allgemeinen Geschäftsbedingungen) erklärt werden. [4]Sie kann auch nachträglich erklärt werden. [5]Es genügt aber auch, dass die Beteiligten diese Verfahrensweise tatsächlich praktizieren und damit stillschweigend billigen.

(2)[1)] [1]Eine elektronische Rechnung im Sinne des § 14 Abs. 1 Satz 8 UStG ist eine Rechnung, die in einem elektronischen Format ausgestellt und empfangen wird. [2]Der Rechnungsaussteller ist – vorbehaltlich der Zustimmung des Rechnungsempfängers – frei in seiner Entscheidung, in welcher Weise er elektronische Rechnungen übermittelt. [3]Elektronische Rechnungen können z. B. per E-Mail (ggf. mit Bilddatei- oder Textdokumentanhang) oder De-Mail (vgl. De-Mail-Gesetz vom 28.04.2011, BGBl. I S. 666), per Computer-Fax oder Fax-Server, per Web-Download oder per EDI übermittelt werden.

(3) [1]Papier- und elektronische Rechnungen werden ordnungsgemäß übermittelt, wenn die Echtheit der Herkunft, die Unversehrtheit des Inhalts und die Lesbarkeit der Rechnung gewährleistet sind; sie sind auch inhaltlich ordnungsgemäß, wenn alle erforderlichen Angaben nach § 14 Abs. 4 und § 14a UStG enthalten sind. [2]Die Echtheit der Herkunft einer Rechnung ist gewährleistet, wenn die Identität des Rechnungsausstellers sichergestellt ist. [3]Die Unversehrtheit des Inhalts einer Rechnung ist gewährleistet, wenn die nach dem UStG erforderlichen Angaben während der Übermittlung der Rechnung nicht geändert worden sind. [4]Eine Rechnung gilt als lesbar, wenn sie für

---

1) A 14.4 UStAE Abs. 2 Satz 4 aufgeh. durch BMF v. 22.12.2023, BStBl. I 2023, 2248.

das menschliche Auge lesbar ist; Rechnungsdaten, die per EDI-Nachrichten, XML-Nachrichten oder anderen strukturierten elektronischen Nachrichtenformen übermittelt werden, sind in ihrem Originalformat nicht lesbar, sondern erst nach einer Konvertierung.

Innerbetriebliche Kontrollverfahren

(4) [1]Die Echtheit der Herkunft, die Unversehrtheit des Inhalts und die Lesbarkeit der Rechnung müssen, sofern keine qualifizierte elektronische Signatur verwendet oder die Rechnung per elektronischen Datenaustausch (EDI) übermittelt wird (vgl. Absätze 7 bis 10), durch ein innerbetriebliches Kontrollverfahren, das einen verlässlichen Prüfpfad zwischen Rechnung und Leistung schaffen kann, gewährleistet werden (§ 14 Abs. 1 Satz 5 und 6 UStG). [2]Der Empfänger einer Rechnung kann die ihm obliegenden Pflichten auch auf einen Dritten übertragen.

(5) [1]Als innerbetriebliches Kontrollverfahren im Sinne des § 14 Abs. 1 UStG ist ein Verfahren ausreichend, das der Unternehmer zum Abgleich der Rechnung mit seiner Zahlungsverpflichtung einsetzt, um zu gewährleisten, dass nur die Rechnungen beglichen werden, zu deren Begleichung eine Verpflichtung besteht. [2]Der Unternehmer kann hierbei auf bereits bestehende Rechnungsprüfungssysteme zurückgreifen. [3]Es werden keine technischen Verfahren vorgegeben, die der Unternehmer verwenden muss. [4]Es kann daher ein EDV-unterstütztes, aber auch ein manuelles Verfahren sein.

(6) [1]Ein innerbetriebliches Kontrollverfahren erfüllt die Anforderungen des § 14 Abs. 1 UStG, wenn es einen verlässlichen Prüfpfad beinhaltet, durch den ein Zusammenhang zwischen der Rechnung und der zu Grunde liegenden Leistung hergestellt werden kann. [2]Dieser Prüfpfad kann z. B. durch (manuellen) Abgleich der Rechnung mit vorhandenen geschäftlichen Unterlagen (z. B. Kopie der Bestellung, Auftrag, Kaufvertrag, Lieferschein oder Überweisung bzw. Zahlungsbeleg) gewährleistet werden. [3]Das innerbetriebliche Kontrollverfahren und der verlässliche Prüfpfad unterliegen keiner gesonderten Dokumentationspflicht. [4]Eine inhaltlich zutreffende Rechnung – insbesondere Leistung, Entgelt, leistender Unternehmer und Zahlungsempfänger sind zutreffend angegeben – rechtfertigt die Annahme, dass bei der Übermittlung keine die Echtheit der Herkunft oder die Unversehrtheit des Inhalts beeinträchtigenden Fehler vorgekommen sind.

Qualifizierte elektronische Signatur und elektronischer Datenaustausch (EDI)

(7) Beispiele für Technologien, die die Echtheit der Herkunft und die Unversehrtheit des Inhalts bei einer elektronischen Rechnung gewährleisten, sind zum einen eine qualifizierte elektronische Signatur oder ein qualifiziertes elektronisches Siegel im Sinne der eIDAS-VO und zum anderen der elektronische Datenaustausch (EDI) nach Artikel 2 der Empfehlung 94/820/EG der Kommission vom 19.10.1994 über die rechtlichen Aspekte des elektronischen Datenaustauschs (ABl. EG 1994, Nr. L 338 S. 98), wenn in der Vereinbarung über diesen Datenaustausch der Einsatz von Verfahren vorgesehen ist, die die

Echtheit der Herkunft und die Unversehrtheit der Daten gewährleisten (§ 14 Abs. 3 Nr. 1 und 2 UStG).

(8) [1]Das VDG[1)] regelt die nationalen Ergänzungen zu der unmittelbar anwendbaren eIDAS-VO (ABl. EU 2014 Nr. L 257 S. 73). [2]Im Sinne der eIDAS-VO ist die elektronische Signatur die elektronische Bescheinigung für eine natürliche Person und das elektronische Siegel die elektronische Bescheinigung für eine juristische Person. [3]Beide Begriffe nach der eIDAS-VO fallen unter den umsatzsteuerlichen Begriff der qualifizierten elektronischen Signatur im Sinne von § 14 Abs. 3 Nr. 1 UStG. [4]Zur Erstellung einer qualifizierten elektronischen Signatur oder eines qualifizierten elektronischen Siegels nach der eIDAS-VO wird ein qualifiziertes Zertifikat benötigt, das von einem Vertrauensdiensteanbieter ausgestellt wird und mit dem die Identität des Zertifikatsinhabers bestätigt wird (Art. 3 Nr. 14 und 29 eIDAS-VO). [5]Es ist zulässig, dass eine oder mehrere natürliche Personen im Unternehmen bevollmächtigt werden, für den Unternehmer zu signieren. [6]Eine Verlagerung der dem leistenden Unternehmer oder dem von diesem beauftragten Dritten obliegenden steuerlichen Verpflichtungen ist damit jedoch nicht verbunden. [7]Die grundlegenden Anforderungen für ein qualifiziertes Zertifikat ergeben sich für qualifizierte elektronische Signaturen aus Art. 28 Abs. 1 in Verbindung mit Anhang I eIDAS-VO und für qualifizierte elektronische Siegel aus Art. 38 Abs. 1 in Verbindung mit Anhang III eIDAS-VO, der Zertifikatsinhaber kann zusätzliche Attribute einsetzen (vgl. § 12 VDG). [8]Ein Attribut kann z. B. lauten „Frau Musterfrau ist Handlungsbevollmächtigte des Unternehmers A und berechtigt, für Unternehmer A Rechnungen bis zu einer Höhe von 100.000 € Gesamtbetrag zu unterzeichnen". [9]Auch Vertreterregelungen und ggf. erforderliche Zeichnungsberechtigungen, die an die Unterzeichnung durch mehrere Berechtigte gekoppelt sind, können durch Attribute abgebildet werden. [10]Nach § 12 Abs. 2 VDG in Verbindung mit Anhang I Buchstabe c eIDAS-VO kann in einem qualifizierten Zertifikat für eine elektronische Signatur auf Verlangen des Zertifikatsinhabers anstelle seines Namens ein Pseudonym aufgeführt werden. [11]Das Finanzamt hat nach § 8 Abs. 2 Nr. 1 Buchstabe c VDG einen Anspruch auf Auskunft gegenüber dem Vertrauensdiensteanbieter, soweit dies zur Erfüllung der gesetzlichen Aufgaben erforderlich ist. [12]Für die Erstellung qualifizierter elektronischer Signaturen sind alle technischen Verfahren (z. B. Smart-Card, „Kryptobox") zulässig, die den Vorgaben des VDG entsprechen. [13]Der Rechnungsaussteller kann die Rechnungen auch in einem automatisierten Massenverfahren signieren. [14]Es ist zulässig, mehrere Rechnungen an einen Rechnungsempfänger in einer Datei zusammenzufassen und diese Datei mit nur einer qualifizierten elektronischen Signatur an den Empfänger zu übermitteln.

(9) Voraussetzung für die Anerkennung von im EDI-Verfahren übermittelten Rechnungen ist, dass über den elektronischen Datenaustausch eine Vereinbarung nach Artikel 2 der Empfehlung 94/820/EG der Kommission vom 19.10.1994 über die rechtlichen Aspekte des elektronischen Datenaustausches (ABl. EG 1994, Nr. L 338 S. 98) besteht, in der der Einsatz von Verfahren

---

1) Vertrauensdienstegesetz v. 18.07.2017, BGBl. I 2017, 2745.

vorgesehen ist, die die Echtheit der Herkunft und die Unversehrtheit der Daten gewährleisten.

Echtheit und Unversehrtheit bei besonderen Formen der Rechnungsstellung

(10) [1]Die Absätze 1 bis 9 gelten entsprechend für Gutschriften (§ 14 Abs. 2 Satz 2 UStG), Rechnungen, die im Namen und für Rechnung des Unternehmers oder eines in § 14 Abs. 2 Satz 1 Nr. 2 UStG bezeichneten Leistungsempfängers von einem Dritten ausgestellt werden (§ 14 Abs. 2 Satz 4 UStG) sowie für Anzahlungsrechnungen (§ 14 Abs. 5 UStG). [2]Wird eine Gutschrift ausgestellt, ist der leistende Unternehmer als Gutschriftsempfänger zur Durchführung des innerbetrieblichen Kontrollverfahrens entsprechend den Absätzen 4 bis 6 verpflichtet. [3]Der Dritte ist nach §§ 93 ff. AO verpflichtet, dem Finanzamt die Prüfung des Verfahrens durch Erteilung von Auskünften und Vorlage von Unterlagen in seinen Räumen zu gestatten.

(11) Bei Fahrausweisen (§ 34 UStDV) ist es für Zwecke des Vorsteuerabzugs nicht zu beanstanden, wenn der Fahrausweis im Online-Verfahren abgerufen wird und durch das Verfahren sichergestellt ist, dass eine Belastung auf einem Konto erfolgt.

14.5 Pflichtangaben in der Rechnung[1)]

(1) [1]§ 14 Abs. 4 und § 14a UStG gelten nur für Rechnungen an andere Unternehmer oder an juristische Personen, soweit sie nicht Unternehmer sind, sowie an andere Leistungsempfänger, die in § 14a UStG bezeichnet sind. [2]Dabei ist es unerheblich, ob es sich um steuerpflichtige oder steuerfreie Leistungen oder um Teilleistungen handelt oder ob die Sonderregelungen nach den §§ 23a bis 25c UStG angewendet werden. [3]Sofern eine Verpflichtung zur Erteilung einer Rechnung besteht, muss die Rechnung alle Pflichtangaben, die sich aus § 14 Abs. 4, § 14a UStG sowie aus den §§ 33 und 34 UStDV ergeben, enthalten und die übrigen formalen Voraussetzungen des § 14 UStG erfüllen. [4]Die Angaben, die eine Rechnung enthalten muss, sollen es der Finanzverwaltung insbesondere ermöglichen, die Entrichtung der geschuldeten Steuer und das Bestehen des Vorsteuerabzugsrechts zu kontrollieren (Kontrollfunktion der Rechnung, vgl. EuGH-Urteil vom 15.09.2016, C-516/14, Barlis 06).[2)] [5]Die Gesamtheit aller Dokumente, die die nach § 14 Abs. 4 und § 14a UStG geforderten Angaben insgesamt enthalten, bildet die Rechnung. [6]In einem Dokument fehlende Angaben müssen in anderen Dokumenten enthalten sein. [7]In einem dieser Dokumente müssen mindestens das Entgelt und der Steuerbetrag angegeben werden. [8]Außerdem sind in diesem Dokument alle anderen Dokumente zu bezeichnen, aus denen sich die nach § 14 Abs. 4 und § 14a UStG erforderlichen Angaben insgesamt ergeben (§ 31 Abs. 1 UStDV). [9]Alle Dokumente müssen vom Rechnungsaussteller erstellt werden. [10]Im Fall der Gutschrift muss deshalb der Gutschriftsaussteller alle Dokumente erstellen. [11]Ist ein

---

1) Zu Anforderungen an die Rechnung und zur Feststellungslast vgl. BFH v. 06.12.2007 V R 61/05, BStBl. II 2008, 695.

2) DStR 2016, 2216.

Dritter mit der Rechnungserstellung beauftragt (§ 14 Abs. 2 Satz 4 UStG), ist auch derjenige, der den Dritten mit der Rechnungserstellung beauftragt hat, zur Erstellung der fehlenden Dokumente berechtigt. [12]Hinsichtlich der Leistungsbeschreibung ist es zulässig, auf den vom leistenden Unternehmer erstellten Lieferschein Bezug zu nehmen. [13]Die Erteilung einer Rechnung, die nicht alle in § 14 Abs. 4 Satz 1 UStG aufgeführten Pflichtangaben enthält, gilt nicht als Ordnungswidrigkeit im Sinne des § 26a Abs. 2 Nr. 1 UStG.

Name und Anschrift des leistenden Unternehmers und des Leistungsempfängers

(2)[1)] [1]Nach § 14 Abs. 4 Satz 1 Nr. 1 UStG sind in der Rechnung der Name und die Anschrift des leistenden Unternehmers und des Leistungsempfängers jeweils vollständig anzugeben. [2]Dabei ist es nach § 31 Abs. 2 UStDV ausreichend, wenn sich auf Grund der in die Rechnung aufgenommenen Bezeichnungen der Name und die Anschrift sowohl des leistenden Unternehmers als auch des Leistungsempfängers eindeutig feststellen lassen. [3]Unter diesen Voraussetzungen kann auch die Verwendung eines Aliasnamens nach dem ProstSchG eine ausreichende Rechnungsangabe sein (siehe BMF-Schreiben vom 07.09.2021, BStBl. I S. 1591). [4]Bei Versteigerungen im fremden Namen und für fremde Rechnung (vgl. Abschnitt 3.7 Abs. 6) kann die sog. Losnummer als Angabe des leistenden Unternehmers (Einlieferer) genügen. [5]Es reicht jede Art von Anschrift, sofern der leistende Unternehmer bzw. der Leistungsempfänger unter dieser Anschrift erreichbar ist. [6]Dabei ist es unerheblich, ob die wirtschaftlichen Tätigkeiten des leistenden Unternehmers unter der Anschrift ausgeübt werden, die in der von ihm ausgestellten Rechnung angegeben ist (vgl. BFH-Urteile vom 13.06.2018, XI R 20/14, BStBl. II S. 800, und vom 21.06.2018, V R 25/15, BStBl. II S. 809, und V R 28/16, BStBl. II S. 806). [7]Maßgeblich für eine Erreichbarkeit ist der Zeitpunkt der Rechnungsausstellung (vgl. BFH-Urteil vom 05.12.2018, XI R 22/14, BStBl. II 2020 S. 418). [8]Verfügt der leistende Unternehmer bzw. der Leistungsempfänger über ein Postfach, über eine Großkundenadresse oder über eine c/o-Adresse, genügt die jeweilige Angabe in der Rechnung den Anforderungen des § 14 Abs. 4 Satz 1 Nr. 1 UStG an eine vollständige Anschrift.

(3) *(aufgehoben)*

(4) [1]Im Fall der umsatzsteuerlichen Organschaft kann der Name und die Anschrift der Organgesellschaft angegeben werden, wenn der leistende Unternehmer oder der Leistungsempfänger unter dem Namen und der Anschrift der Organgesellschaft die Leistung erbracht bzw. bezogen hat. [2]Entsprechendes gilt für die Angabe der Anschrift einer Zweigniederlassung, einer Betriebsstätte oder eines Betriebsteils des Unternehmers.

Steuernummer oder USt-IdNr. des leistenden Unternehmers

(5) [1]Nach § 14 Abs. 4 Satz 1 Nr. 2 UStG muss der leistende Unternehmer in der Rechnung entweder die ihm vom inländischen Finanzamt erteilte Steu-

---

[1)] A 14.5 UStAE Abs. 2 neuer Satz 4 eingef., bish. Sätze 4 bis 7 werden Sätze 5 bis 8 durch BMF v. 07.02.2023, BStBl. I 2023, 322, anzuwenden in allen offenen Fällen.

ernummer oder die vom BZSt erteilte USt-IdNr. angeben (vgl. BFH-Urteil vom 02.09.2010, V R 55/09, BStBl. II 2011 S. 235). [2]Wurde dem leistenden Unternehmer keine USt-IdNr. erteilt, ist zwingend die erteilte Steuernummer anzugeben. [3]Wenn das Finanzamt eine gesonderte Steuernummer für Zwecke der Umsatzbesteuerung erteilt hat (z.B. bei von der Zuständigkeit nach dem Betriebssitz abweichender Zuständigkeit nach § 21 AO), ist diese anzugeben. [4]Erteilt das Finanzamt dem leistenden Unternehmer eine neue Steuernummer (z.B. bei Verlagerung des Unternehmenssitzes), ist nur noch diese zu verwenden. [5]Es ist nicht erforderlich, dass der Unternehmer die vom Finanzamt erteilte Steuernummer um zusätzliche Angaben (z.B. Name oder Anschrift des Finanzamts, Finanzamtsnummer oder Länderschlüssel) ergänzt. [6]Im Fall der Gutschrift ist die Steuernummer bzw. die USt-IdNr. des leistenden Unternehmers und nicht die des die Gutschrift erteilenden Leistungsempfängers anzugeben. [7]Zu diesem Zweck hat der leistende Unternehmer (Gutschriftsempfänger) dem Aussteller der Gutschrift seine Steuernummer oder USt-IdNr. mitzuteilen. [8]Dies gilt auch für einen ausländischen Unternehmer, dem von einem inländischen Finanzamt eine Steuernummer oder vom BZSt eine USt-IdNr. erteilt wurde. [9]Hinsichtlich des Anspruchs natürlicher Personen auf Erteilung einer Steuernummer für Umsatzsteuerzwecke vgl. BFH-Urteil vom 23.09.2009, II R 66/07, BStBl. II 2010 S. 712, und BMF-Schreiben vom 01.07.2010, BStBl. I S. 625.

(6)[1)] [1]Leistet ein Unternehmer im eigenen Namen (Eigengeschäft) und vermittelt er einen Umsatz in fremdem Namen und für fremde Rechnung (vermittelter Umsatz), gilt für die Angabe der Steuernummer oder der USt-IdNr. Folgendes:

- [2]Für das Eigengeschäft gibt der leistende Unternehmer seine Steuernummer oder USt-IdNr. an.
- [3]Rechnet der Unternehmer über einen vermittelten Umsatz ab (z.B. Tankstellenbetreiber, Reisebüro, Versteigerer), hat er die Steuernummer oder USt-IdNr. des leistenden Unternehmers (z.B. Mineralölgesellschaft, Reiseunternehmen, Einlieferer) anzugeben.
- [4]Werden das Eigengeschäft und der vermittelte Umsatz in einer Rechnung aufgeführt (vgl. Abschnitt 14.10 Abs. 3), kann aus Vereinfachungsgründen der jeweilige Umsatz durch Kennziffern oder durch Symbole der jeweiligen Steuernummer oder USt-IdNr. zugeordnet werden. [5]Diese sind in der Rechnung oder in anderen Dokumenten (§ 31 UStDV) zu erläutern.

(7) Im Fall der umsatzsteuerlichen Organschaft muss die Organgesellschaft die ihr oder dem Organträger erteilte USt-IdNr. oder die Steuernummer des Organträgers angeben.

(8)[2)] [1]Die Angabe der Steuernummer oder der USt-IdNr. ist vorbehaltlich der §§ 33 und 34 UStDV auch erforderlich, wenn

---

1) A 14.5 UStAE Abs. 6 Satz 3 neugef. durch BMF v. 07.02.2023, BStBl. I 2023, 322, anzuwenden in allen offenen Fällen.

2) A 14.5 UStAE Abs. 8 Satz 2 angef. durch BMF v. 30.11.2023, BStBl. I 2023, 2085, anzuwenden in allen offenen Fällen; weitere Anwendungsregelungen siehe Anlage 8.

– beim leistenden Unternehmer die Umsatzsteuer nach § 19 Abs. 1 UStG nicht erhoben wird,
– ausschließlich über steuerfreie Umsätze abgerechnet wird,
– der Leistungsempfänger nach § 13b Abs. 1 Satz 1 Nr. 2 bis 4 UStG Steuerschuldner ist (vgl. auch § 14a Abs. 5 UStG).

2 In Fällen, in denen sich das Unternehmen ausschließlich auf den Betrieb einer Photovoltaikanlage im Sinne des § 12 Abs. 3 Nr. 1 Satz 1 UStG sowie ggf. auf eine steuerfreie Vermietung und Verpachtung nach § 4 Nr. 12 UStG beschränkt (vgl. BMF-Schreiben vom 12.06.2023, BStBl. I S. 990) und die Kleinunternehmerregelung nach § 19 UStG angewandt wird, wird es nicht beanstandet, wenn in einer Rechnung über die Stromlieferung im Zusammenhang mit der Photovoltaikanlage statt einer dem Betreiber der Photovoltaikanlage für Umsatzsteuerzwecke erteilten Steuernummer die ihm erteilte MaStR-Nummer verwendet wird.

(9) 1 Ein Vertrag erfüllt die Anforderung des § 14 Abs. 4 Satz 1 Nr. 2 UStG, wenn er die Steuernummer oder die USt-IdNr. des leistenden Unternehmers enthält. 2 Ist in dem Vertrag die Steuernummer angegeben und erteilt das Finanzamt dem leistenden Unternehmer eine neue Steuernummer (z.B. bei Verlagerung des Unternehmenssitzes), ist der Vertragspartner in geeigneter Weise darüber zu informieren. 3 Die leichte Nachprüfbarkeit dieser Angabe muss beim Leistungsempfänger gewährleistet sein. 4 Es ist nicht erforderlich, dass auf den Zahlungsbelegen die Steuernummer oder die USt-IdNr. des leistenden Unternehmers angegeben ist.

Fortlaufende Nummer (Rechnungsnummer)

(10) 1 Durch die fortlaufende Nummer (Rechnungsnummer) soll sichergestellt werden, dass die vom Unternehmer erstellte Rechnung einmalig ist. 2 Bei der Erstellung der Rechnungsnummer ist es zulässig, eine oder mehrere Zahlen- oder Buchstabenreihen zu verwenden. 3 Auch eine Kombination von Ziffern mit Buchstaben ist möglich. 4 Eine lückenlose Abfolge der ausgestellten Rechnungsnummern ist nicht zwingend. 5 Es ist auch zulässig, im Rahmen eines weltweiten Abrechnungssystems verschiedener, in unterschiedlichen Ländern angesiedelter Konzerngesellschaften nur einen fortlaufenden Nummernkreis zu verwenden.

(11) 1 Bei der Erstellung der Rechnungsnummer bleibt es dem Rechnungsaussteller überlassen, wie viele und welche separaten Nummernkreise geschaffen werden, in denen eine Rechnungsnummer jeweils einmalig vergeben wird. 2 Dabei sind Nummernkreise für zeitlich, geographisch oder organisatorisch abgegrenzte Bereiche zulässig, z.B. für Zeiträume (Monate, Wochen, Tage), verschiedene Filialen, Betriebsstätten einschließlich Organgesellschaften oder Bestandsobjekte. 3 Die einzelnen Nummernkreise müssen dabei nicht zwingend lückenlos sein. 4 Es muss jedoch gewährleistet sein (z.B. durch Vergabe einer bestimmten Klassifizierung für einen Nummernkreis), dass die jeweilige Rechnung leicht und eindeutig dem jeweiligen Nummernkreis zugeordnet werden kann und die Rechnungsnummer einmalig ist.

(12) 1 Bei Verträgen über Dauerleistungen ist es ausreichend, wenn diese Verträge eine einmalige Nummer enthalten (z.B. Wohnungs- oder Objekt-

nummer, Mieternummer). [2]Es ist nicht erforderlich, dass Zahlungsbelege eine gesonderte fortlaufende Nummer erhalten.

(13) [1]Im Fall der Gutschrift ist die fortlaufende Nummer durch den Gutschriftsaussteller zu vergeben. [2]Wird die Rechnung nach § 14 Abs. 2 Satz 4 UStG von einem Dritten ausgestellt, kann dieser die fortlaufende Nummer vergeben.

(14) Kleinbetragsrechnungen nach § 33 UStDV und Fahrausweise nach § 34 UStDV müssen keine fortlaufende Nummer enthalten.

Menge und Art der gelieferten Gegenstände oder Umfang und Art der sonstigen Leistung

(15) [1]Die Bezeichnung der Leistung muss eine eindeutige und leicht nachprüfbare Feststellung der Leistung ermöglichen, über die abgerechnet worden ist (vgl. BFH-Urteile vom 10.11.1994, V R 45/93, BStBl. II 1995 S. 395, vom 08.10.2008, V R 59/07, BStBl. II 2009 S. 218, vom 16.01.2014, V R 28/13, BStBl. II S. 867, und vom 12.03.2020, V R 48/17, BStBl. II S. 604). [2]Unrichtige oder ungenaue Angaben, die eventuell auch keinen Rückschluss auf den Ort der Leistungserbringung und eine mögliche Steuerpflicht ermöglichen, genügen diesen Anforderungen nicht (vgl. BFH-Urteil vom 01.03.2018, V R 18/17, BStBl. II 2021 S. 644). [3]Bei Lieferungen kann neben der Angabe der Menge die Angabe der Art der gelieferten Gegenstände in Form einer handelsüblichen Bezeichnung erfolgen (§ 14 Abs. 4 Satz 1 Nr. 5 UStG). [4]Handelsüblich ist jede im Geschäftsverkehr für die Gegenstände allgemein verwendete Bezeichnung, die den Erfordernissen von Kaufleuten im Sinne des HGB genügt und von Unternehmern in den entsprechenden Geschäftskreisen allgemein (d.h. nicht nur gelegentlich) verwendet wird, z.B. auch eine Markenartikelbezeichnung. [5]Ob eine Bezeichnung handelsüblich ist, ist unter Berücksichtigung von Handelsstufe, Art und Inhalt der Lieferungen und dem Wert der einzelnen Gegenstände im Einzelfall zu bestimmen (zu den Anforderungen bei hochpreisigen Uhren und Armbändern vgl. BFH-Beschluss vom 29.11.2002, V B 119/02, n.v.; abgrenzend dazu im Niedrigpreissegment vgl. BFH-Urteil vom 10.07.2019, XI R 28/18, BStBl. II 2021 S. 961). [6]Bezeichnungen allgemeiner Art, die Gruppen verschiedenartiger Gegenstände umfassen, z.B. Geschenkartikel, reichen grundsätzlich nicht aus. [7]In Rechnungen über die Lieferung von Präsentkörben reicht es aus, als handelsübliche Bezeichnung des Liefergegenstandes lediglich „Präsentkorb" anzugeben. [8]Die Mengen und die handelsüblichen Bezeichnungen der im Präsentkorb enthaltenen einzelnen Gegenstände brauchen in der Rechnung nicht genannt zu werden. [9]In einer Rechnung über die Übertragung bzw. Ausgabe eines Einzweck-Gutscheins nach § 3 Abs. 14 UStG ist die Bezeichnung der Gutscheinart (Einzweck-Gutschein) sowie eine kurze Beschreibung der Lieferung oder der sonstigen Leistung, zu deren Bezug der Gutschein berechtigt, ausreichend (vgl. hierzu Abschnitt 3.17 Abs. 2). [10]Bei einem Mehrzweck-Gutschein nach § 3 Abs. 15 UStG unterliegt erst bei dessen Einlösung die tatsächliche Lieferung oder die tatsächliche Erbringung der sonstigen Leistung der Umsatzsteuer (vgl. hierzu Abschnitt 3.17 Abs. 9); über diese Leistung ist dann nach den allgemeinen Regelungen abzurechnen. [11]Zur Verwendung der

Geräteidentifikationsnummer als Bestandteil der handelsüblichen Bezeichnung des gelieferten Gegenstands vgl. BMF-Schreiben vom 01.04.2009, BStBl. I S. 525.

Zeitpunkt der Leistung und Vereinnahmung des Entgelts

(16)[1)] [1]Nach § 14 Abs. 4 Satz 1 Nr. 6 UStG ist in der Rechnung der Zeitpunkt der Lieferung oder sonstigen Leistung anzugeben. [2]Dies gilt auch dann, wenn das Ausstellungsdatum der Rechnung (§ 14 Abs. 4 Satz 1 Nr. 3 UStG) mit dem Zeitpunkt der Lieferung oder der sonstigen Leistung übereinstimmt; in diesen Fällen genügt eine Angabe wie z. B. „Leistungsdatum entspricht Rechnungsdatum“ (vgl. BFH-Urteil vom 17.12.2008, XI R 62/07, BStBl. II 2009 S. 432). [3]Nach § 31 Abs. 4 UStDV kann als Zeitpunkt der Lieferung oder der sonstigen Leistung der Kalendermonat angegeben werden, in dem die Leistung ausgeführt wird. [4]Die Verpflichtung zur Angabe des Zeitpunkts der Lieferung oder der sonstigen Leistung besteht auch in den Fällen, in denen die Ausführung der Leistung gegen Barzahlung erfolgt. [5]Im Einzelnen gilt hierbei Folgendes:

1. Angabe des Zeitpunkts der Lieferung in einem Lieferschein:
   [1]Nach § 31 Abs. 1 UStDV kann eine Rechnung aus mehreren Dokumenten bestehen, aus denen sich die nach § 14 Abs. 4 Satz 1 UStG erforderlichen Angaben insgesamt ergeben. [2]Demzufolge können sich Rechnungsangaben auch aus einem in dem Dokument, in dem Entgelt und Steuerbetrag angegeben sind, zu bezeichnenden Lieferschein ergeben. [3]Sofern sich der nach § 14 Abs. 4 Satz 1 Nr. 6 UStG erforderliche Leistungszeitpunkt aus dem Lieferschein ergeben soll, ist es erforderlich, dass der Lieferschein neben dem Lieferscheindatum eine gesonderte Angabe des Leistungsdatums enthält. [4]Sofern das Leistungsdatum dem Lieferscheindatum entspricht, kann an Stelle der gesonderten Angabe des Leistungsdatums ein Hinweis in die Rechnung aufgenommen werden, dass das Lieferscheindatum dem Leistungsdatum entspricht.
2. Angabe des Zeitpunkts der Lieferung in den Fällen, in denen der Ort der Lieferung nach § 3 Abs. 6 UStG bestimmt wird:
   [1]In den Fällen, in denen der Gegenstand der Lieferung durch den Lieferer, den Abnehmer oder einen vom Lieferer oder vom Abnehmer beauftragten Dritten befördert oder versendet wird, gilt die Lieferung nach § 3 Abs. 6 Satz 1 UStG dort als ausgeführt, wo die Beförderung oder Versendung an den Abnehmer oder in dessen Auftrag an einen Dritten beginnt (vgl. Abschnitt 3.12). [2]Soweit es sich um eine Lieferung handelt, für die der Ort der Lieferung nach § 3 Abs. 6 UStG bestimmt wird, ist in der Rechnung als Tag der Lieferung der Tag des Beginns der Beförderung oder Versendung des Gegenstands der Lieferung anzugeben. [3]Dieser Tag ist zugleich auch maßgeblich für die Entstehung der Steuer, wenn es nach § 13 Abs. 1 Nr. 1 UStG auf die Ausführung der Leistung ankommt (vgl. Abschnitt 13.1 Abs. 1 und 2 Satz 2).

[1)] A 14.5 UStAE Abs. 16 Satz 5 Nr. 2 Satz 3 neugef. durch BMF v. 07.02.2023, BStBl. I 2023, 322, anzuwenden in allen offenen Fällen.

3. Angabe des Zeitpunkts der Lieferung in anderen Fällen:
   [1] In allen Fällen, in denen sich der Ort der Lieferung nicht nach § 3 Abs. 6 UStG bestimmt, ist als Tag der Lieferung in der Rechnung der Tag der Verschaffung der Verfügungsmacht anzugeben. [2] Zum Begriff der Verschaffung der Verfügungsmacht vgl. Abschnitt 3.1 Abs. 2.

4. Angabe des Zeitpunkts der sonstigen Leistung:
   [1] Nach § 14 Abs. 4 Satz 1 Nr. 6 UStG ist in der Rechnung der Zeitpunkt der sonstigen Leistung anzugeben. [2] Dies ist der Zeitpunkt, zu dem die sonstige Leistung ausgeführt ist. [3] Sonstige Leistungen sind grundsätzlich im Zeitpunkt ihrer Vollendung ausgeführt. [4] Bei zeitlich begrenzten Dauerleistungen ist die Leistung mit Beendigung des entsprechenden Rechtsverhältnisses ausgeführt, es sei denn, die Beteiligten haben Teilleistungen vereinbart (vgl. Abschnitt 13.1 Abs. 3). [5] Bei sonstigen Leistungen, die sich über mehrere Monate oder Jahre erstrecken, reicht die Angabe des gesamten Leistungszeitraums (z. B. „01.01.2001 bis 31.12.2001“) aus. [6] Eine Rechnung, die nur die Angabe einer Leistung „bis zum heutigen Tag“ ohne Konkretisierung des Beginns des Leistungszeitraums enthält, erfüllt diese Voraussetzungen nicht (vgl. EuGH-Urteil vom 15.09.2016, C-516/14, Barlis 06).[1)]

5. Noch nicht ausgeführte Lieferung oder sonstige Leistung:
   [1] Wird über eine noch nicht ausgeführte Lieferung oder sonstige Leistung abgerechnet, handelt es sich um eine Rechnung über eine Anzahlung, in der die Angabe des Zeitpunkts der Vereinnahmung des Entgelts oder des Teilentgelts entsprechend § 14 Abs. 4 Satz 1 Nr. 6 UStG nur dann erforderlich ist, wenn der Zeitpunkt der Vereinnahmung bei der Rechnungsstellung feststeht und nicht mit dem Ausstellungsdatum der Rechnung übereinstimmt (vgl. BFH-Urteil vom 02.12.2015, V R 15/15, BStBl. II 2016 S. 486). [2] Auch in diesem Fall reicht es aus, den Kalendermonat der Vereinnahmung anzugeben. [3] Auf der Rechnung ist kenntlich zu machen, dass über eine noch nicht erbrachte Leistung abgerechnet wird (vgl. Abschnitt 14.8 Abs. 4).

(17) [1] Ist in einem Vertrag – z. B. Miet- oder Pachtvertrag, Wartungsvertrag oder Pauschalvertrag mit einem Steuerberater – der Zeitraum, über den sich die jeweilige Leistung oder Teilleistung erstreckt, nicht angegeben, reicht es aus, wenn sich dieser Zeitraum aus den einzelnen Zahlungsbelegen, z. B. aus den Überweisungsaufträgen oder den Kontoauszügen, ergibt. [2] Soweit periodisch wiederkehrende Zahlungen im Rahmen eines Dauerschuldverhältnisses in der Höhe und zum Zeitpunkt der vertraglichen Fälligkeiten erfolgen und keine ausdrückliche Zahlungsbestimmung vorliegt, ergibt sich der Zeitpunkt der Leistung aus Vereinfachungsgründen durch die Zuordnung der Zahlung zu der Periode, in der sie geleistet wird. [3] Dabei wird es nicht beanstandet, wenn der Zahlungsbeleg vom Leistungsempfänger ausgestellt wird.

---

1) DStR 2016, 2216.

Entgelt

(18) Nach § 14 Abs. 4 Satz 1 Nr. 7 UStG ist in der Rechnung das nach Steuersätzen und einzelnen Steuerbefreiungen aufgeschlüsselte Entgelt anzugeben.

Im Voraus vereinbarte Minderung des Entgelts

(19) [1]Zusätzlich ist jede im Voraus vereinbarte Minderung des Entgelts, sofern sie nicht bereits im Entgelt berücksichtigt ist, anzugeben. [2]Dies bedeutet im Fall der Vereinbarung von Boni, Skonti und Rabatten, bei denen im Zeitpunkt der Rechnungserstellung die Höhe der Entgeltminderung nicht feststeht, dass in der Rechnung auf die entsprechende Vereinbarung hinzuweisen ist (§ 31 Abs. 1 UStDV). [3]Dies gilt sowohl im Fall des Steuerausweises in einer Rechnung als auch im Fall des Hinweises auf eine Steuerbefreiung. [4]Da Vereinbarungen über Entgeltminderungen ebenfalls Bestandteil einer Rechnung sind, gelten die sich aus § 14 Abs. 1 Satz 2 UStG ergebenden Formerfordernisse auch für diese. [5]Sofern die Entgeltminderungsvereinbarung in dem Dokument, in dem Entgelt und Steuerbetrag angegeben sind, nicht enthalten ist, muss diese als gesondertes Dokument schriftlich beim leistenden Unternehmer und beim Leistungsempfänger oder dem jeweils beauftragten Dritten vorliegen. [6]Allerdings sind in dem Dokument, in dem das Entgelt und der darauf entfallende Steuerbetrag zusammengefasst angegeben sind, die anderen Dokumente zu bezeichnen, aus denen sich die übrigen Angaben ergeben (§ 31 Abs. 1 UStDV). [7]Bei Rabatt- und Bonusvereinbarungen ist es deshalb ausreichend, wenn in dem Dokument, das zusammengefasst die Angabe des Entgelts und des darauf entfallenden Steuerbetrags enthält, auf die entsprechende Konditionsvereinbarung hingewiesen wird. [8]Für eine leichte und eindeutige Nachprüfbarkeit ist allerdings eine hinreichend genaue Bezeichnung erforderlich. [9]Dies ist gegeben, wenn die Dokumente über die Entgeltminderungs-vereinbarung in Schriftform vorhanden sind und auf Nachfrage ohne Zeitverzögerung bezogen auf die jeweilige Rechnung vorgelegt werden können. [10]Ändert sich eine vor Ausführung der Leistung getroffene Vereinbarung nach diesem Zeitpunkt, ist es nicht erforderlich, die Rechnung zu berichtigen. [11]Die Verpflichtung zur Angabe der im Voraus vereinbarten Minderungen des Entgelts bezieht sich nur auf solche Vereinbarungen, die der Leistungsempfänger gegenüber dem leistenden Unternehmer unmittelbar geltend machen kann. [12]Vereinbarungen des leistenden Unternehmers mit Dritten, die nicht Leistungsempfänger sind, müssen in der Rechnung nicht bezeichnet werden. [13]Bei Skontovereinbarungen genügt eine Angabe wie z.B. „2% Skonto bei Zahlung bis“ den Anforderungen des § 14 Abs. 4 Satz 1 Nr. 7 UStG. [14]Das Skonto muss nicht betragsmäßig (weder mit dem Bruttobetrag noch mit dem Nettobetrag zzgl. USt) ausgewiesen werden. [15]Ein Belegaustausch ist bei tatsächlicher Inanspruchnahme der im Voraus vereinbarten Entgeltminderung nicht erforderlich (vgl. aber Abschnitt 17.1 Abs. 3 Satz 4).

Steuersatz und Steuerbetrag oder Hinweis auf eine Steuerbefreiung

(20) [1]Nach § 14 Abs. 4 Satz 1 Nr. 8 UStG ist in der Rechnung der Steuersatz sowie der auf das Entgelt entfallende Steuerbetrag oder im Fall der Steuerbefreiung ein Hinweis auf die Steuerbefreiung anzubringen. [2]Der Steuerbetrag muss vom Unternehmer für die von ihm ausgeführte steuerpflichtige Leistung nach Cent genau berechnet werden. [3]Ergibt sich bei der Steuerberechnung kein voller Centbetrag, ist der Centbetrag abzurunden, wenn die nachfolgende Ziffer höchstens 4 ist, bzw. aufzurunden, wenn die unmittelbar folgende Ziffer größer als 4 ist. [4]Bei dem Hinweis auf eine Steuerbefreiung ist es nicht erforderlich, dass der Unternehmer die entsprechende Vorschrift des UStG oder der MwStSystRL nennt. [5]Allerdings soll in der Rechnung ein Hinweis auf den Grund der Steuerbefreiung enthalten sein. [6]Dabei reicht eine Angabe in umgangssprachlicher Form aus (z. B. „Ausfuhr", zur Angabe „innergemeinschaftliche Lieferung" für den Belegnachweis vgl. BFH-Urteil vom 12.05.2011, V R 46/10, BStBl. II S. 957, und Abschnitt 6a.3 Abs. 1).

(21) [1]Die Regelung des § 32 UStDV für Rechnungen über Umsätze, die verschiedenen Steuersätzen unterliegen, gilt entsprechend, wenn in einer Rechnung neben steuerpflichtigen Umsätzen auch nicht steuerbare oder steuerfreie Umsätze aufgeführt werden. [2]Soweit Kosten für Nebenleistungen, z. B. für Beförderung, Verpackung, Versicherung, besonders berechnet werden, sind sie den unterschiedlich besteuerten Hauptleistungen entsprechend zuzuordnen. [3]Die Aufteilung ist nach geeigneten Merkmalen, z. B. nach dem Verhältnis der Werte oder Gewichte, vorzunehmen.

(22) In Rechnungen für Umsätze, auf die die Durchschnittssätze des § 24 Abs. 1 UStG anzuwenden sind, ist außer dem Steuerbetrag der für den Umsatz maßgebliche Durchschnittssatz anzugeben (§ 24 Abs. 1 Satz 5 UStG).

Hinweis auf die Aufbewahrungspflicht des Leistungsempfängers

(23) [1]Nach § 14 Abs. 4 Satz 1 Nr. 9 UStG ist der leistende Unternehmer bei Ausführung einer steuerpflichtigen Werklieferung oder sonstigen Leistung im Zusammenhang mit einem Grundstück verpflichtet, in der Rechnung auf die einem nichtunternehmerischen Leistungsempfänger nach § 14b Abs. 1 Satz 5 UStG obliegenden Aufbewahrungspflichten hinzuweisen. [2]Hierbei ist es ausreichend, wenn in der Rechnung z. B. ein allgemeiner Hinweis enthalten ist, dass ein nichtunternehmerischer Leistungsempfänger diese Rechnung zwei Jahre aufzubewahren hat. [3]Ein Hinweis auf die Aufbewahrungspflicht des Leistungsempfängers nach § 14b Abs. 1 Satz 5 UStG ist nicht erforderlich, wenn es sich bei der steuerpflichtigen Werklieferung oder sonstigen Leistung um eine Bauleistung im Sinne des § 13b Abs. 2 Nr. 4 UStG an einen anderen Unternehmer handelt, für die dieser die Umsatzsteuer schuldet, oder mit einer Kleinbetragsrechnung im Sinne des § 33 UStDV abgerechnet wird.

Gutschrift

(24) [1]Vereinbaren die am Leistungsaustausch Beteiligten, dass der in § 14 Abs. 2 Satz 1 Nr. 2 UStG bezeichnete Leistungsempfänger abrechnet (Gut-

schrift, § 14 Abs. 2 Satz 2 UStG), muss die Rechnung die Angabe „Gutschrift" enthalten (§ 14 Abs. 4 Satz 1 Nr. 10 UStG). [2] Darüber hinaus kommt die Anerkennung von Formulierungen in Betracht, die in anderen Amtssprachen für den Begriff „Gutschrift" in Artikel 226 Nr. 10a MwStSystRL[1)] der jeweiligen Sprachfassung verwendet werden (z. B. „Self-billing"; vgl. Teil II des BMF-Schreibens vom 25.10.2013, BStBl. I S. 1305). [3] Die Verwendung anderer Begriffe entspricht nicht § 14 Abs. 4 Satz 1 Nr. 10 UStG. [4] Gleichwohl ist der Vorsteuerabzug des Leistungsempfängers nicht allein wegen begrifflicher Unschärfen zu versagen, wenn die gewählte Bezeichnung hinreichend eindeutig ist (z. B. Eigenfaktura), die Gutschrift im Übrigen ordnungsgemäß erteilt wurde und keine Zweifel an ihrer inhaltlichen Richtigkeit bestehen.

14.6 Rechnungen über Kleinbeträge

(1) [1] Nach § 33 UStDV sind in Rechnungen, deren Gesamtbetrag 250 € nicht übersteigt (Kleinbetragsrechnungen), abweichend von § 14 Abs. 4 UStG nur folgende Angaben erforderlich:
- der vollständige Name und die vollständige Anschrift des leistenden Unternehmers;
- das Ausstellungsdatum;
- die Menge und die Art der gelieferten Gegenstände oder der Umfang und die Art der sonstigen Leistung und
- das Entgelt und der darauf entfallende Steuerbetrag in einer Summe sowie
- der anzuwendende Steuersatz oder
- im Fall einer Steuerbefreiung ein Hinweis darauf, dass für die Lieferung oder sonstige Leistung eine Steuerbefreiung gilt.

[2] Wird in einer Rechnung über verschiedene Leistungen abgerechnet, die verschiedenen Steuersätzen unterliegen, sind für die verschiedenen Steuersätzen unterliegenden Leistungen die jeweiligen Summen anzugeben.

(2) [1] Dabei sind die übrigen formalen Voraussetzungen des § 14 UStG zu beachten. [2] Die Grundsätze der §§ 31 (Angaben in der Rechnung) und 32 (Rechnungen über Umsätze, die verschiedenen Steuersätzen unterliegen) UStDV sind entsprechend anzuwenden.

(3) Wird über Leistungen im Sinne der §§ 3c (Ort der Lieferung beim Fernverkauf), 6a (innergemeinschaftliche Lieferung) oder 13b (Leistungsempfänger als Steuerschuldner) UStG abgerechnet, gilt § 33 UStDV nicht.

14.7 Fahrausweise als Rechnungen

(1) [1] Fahrausweise (§ 34 UStDV) sind Dokumente, die einen Anspruch auf Beförderung von Personen gewähren. [2] Dazu gehören auch Zuschlagkarten für zuschlagspflichtige Züge, Platzkarten, Bettkarten und Liegekarten. [3] Mit Fahrscheindruckern ausgestellte Fahrscheine sind auch dann Fahrausweise im Sinne des § 34 UStDV, wenn auf ihnen der Steuersatz in Verbindung mit einem Symbol angegeben ist (z. B. „V" mit dem zusätzlichen Vermerk

---

1) **Steuergesetze** Nr. **550.**

„V = 19% USt"). [4]Keine Fahrausweise sind Rechnungen über die Benutzung eines Taxis oder Mietwagens.

(2) [1]Zeitfahrausweise (Zeitkarten) werden von den Verkehrsunternehmen in folgenden Formen ausgegeben:

1. Die Zeitkarte wird für jeden Gültigkeitszeitraum insgesamt neu ausgestellt,
2. [1]die Zeitkarte ist zweigeteilt in eine Stammkarte und eine Wertkarte oder Wertmarke. [2]Hierbei gilt die Stammkarte, die lediglich der Identitätskontrolle dient, für einen längeren Zeitraum als die jeweilige Wertkarte oder Wertmarke.

[2]Beide Formen der Zeitkarten sind als Fahrausweise anzuerkennen, wenn sie die in § 34 Abs. 1 UStDV bezeichneten Angaben enthalten. [3]Sind diese Angaben bei den unter Satz 1 Nummer 2 aufgeführten Zeitkarten insgesamt auf der Wertkarte oder der Wertmarke vermerkt, sind diese Belege für sich allein als Fahrausweise anzusehen.

(3) [1]Fahrausweise gelten nach § 34 UStDV als Rechnungen im Sinne des § 14 UStG, wenn sie mindestens die folgenden Angaben enthalten:
- den vollständigen Namen und die vollständige Anschrift des Unternehmers, der die Beförderungsleistung ausführt (§ 31 Abs. 2 UStDV ist entsprechend anzuwenden);
- das Ausstellungsdatum;
- das Entgelt und den darauf entfallenden Steuerbetrag in einer Summe;
- den anzuwendenden Steuersatz, wenn die Beförderungsleistung nicht dem ermäßigten Steuersatz nach § 12 Abs. 2 Nr. 10 UStG unterliegt;
- im Fall der Anwendung des § 26 Abs. 3 UStG ein Hinweis auf die grenzüberschreitende Beförderung im Luftverkehr.

(Fortsetzung S. 649)

Voraussetzungen für die Steuerbefreiung als Ausfuhrlieferung im nichtkommerziellen Reiseverkehr (sog. Export über den Ladentisch) erfüllt werden (vgl. im Einzelnen Abschnitt 6.11). [2]Die Steuerschuld nach § 14c Abs. 1 UStG erlischt erst, wenn der Lieferer die Rechnung wirksam berichtigt (vgl. Absatz 7). [3]Aus Vereinfachungsgründen ist die Rechnungsberichtigung entbehrlich, wenn der ausländische Abnehmer die ursprüngliche Rechnung bzw. den ursprünglichen Kassenbon an den Unternehmer zurückgibt und dieser den zurückerhaltenen Beleg aufbewahrt.

Zu niedriger Steuerausweis

(9) [1]Bei zu niedrigem Steuerausweis schuldet der Unternehmer die gesetzlich vorgeschriebene Steuer. [2]Der Unternehmer hat in diesem Fall die Steuer unter Zugrundelegung des maßgeblichen Steuersatzes aus dem Gesamtrechnungsbetrag herauszurechnen.

Beispiel:

[1]Ein Unternehmer berechnet für eine Lieferung die Steuer mit 7%, obwohl hierfür nach § 12 Abs. 1 UStG eine Steuer von 19% geschuldet wird.

Berechnetes Entgelt	400,– €
+ 7% Umsatzsteuer	28,– €
Gesamtrechnungsbetrag	428,– €
Herausrechnung der Steuer mit $^{19}/_{119}$ ./.	68,34 €
Entgelt	359,66 €
Vom Unternehmer gesetzlich geschuldete Steuer: 19% von 359,66 € =	68,34 €

[2]Der Leistungsempfänger darf als Vorsteuer nur den in der Rechnung ausgewiesenen Steuerbetrag abziehen. [3]Es bleibt aber dem leistenden Unternehmer unbenommen, den zu niedrig ausgewiesenen Steuerbetrag zu berichtigen.

(10) [1]Hat der Leistungsempfänger entgegen § 15 Abs. 1 Satz 1 Nr. 1 UStG einen höheren Betrag als die für die Lieferung oder sonstige Leistung gesetzlich geschuldete Steuer als Vorsteuer geltend gemacht, hat er den Mehrbetrag an das Finanzamt zurückzuzahlen. [2]Die Rückzahlung ist für den Besteuerungszeitraum vorzunehmen, für den der Mehrbetrag als Vorsteuer abgezogen wurde.

(11) [1]In den Fällen eines unrichtigen Steuerausweises bei Umsätzen im Rahmen einer Geschäftsveräußerung an einen anderen Unternehmer für dessen Unternehmen (§ 1 Abs. 1a UStG) und bei Rückgängigmachung des Verzichts auf die Steuerbefreiung nach § 9 UStG ist die Berichtigung des geschuldeten Betrags nur zulässig, wenn die Rechnung berichtigt wird und soweit die Gefährdung des Steueraufkommens beseitigt ist (§ 14c Abs. 1 Satz 3 UStG). [2]Zur Beseitigung der Gefährdung des Steueraufkommens und zum besonderen Berichtigungsverfahren vgl. Abschnitt 14c.2.

14c.2 Unberechtigter Steuerausweis (§ 14c Abs. 2 UStG)[1)]

(1) [1]Wer in einer Rechnung einen Steuerbetrag ausweist, obwohl er dazu nicht berechtigt ist (unberechtigter Steuerausweis), schuldet den ausgewiese-

[1)] Zur Verantwortlichkeit des faktischen Geschäftsführers und zu einem Strohmanngeschäft siehe BGH v. 27.06.2023 1 StR 374/22, NStZ-RR 2023, 279, auch zu § 35 AO.

nen Betrag (§ 14c Abs. 2 Sätze 1 und 2 UStG). [2]Dies betrifft vor allem Kleinunternehmer, bei denen die Umsatzsteuer nach § 19 Abs. 1 UStG nicht erhoben wird, gilt aber auch, wenn jemand wie ein leistender Unternehmer abrechnet und einen Steuerbetrag ausweist, obwohl er nicht Unternehmer ist oder eine Lieferung oder sonstige Leistung nicht ausführt. [3]Die Rechtsfolgen treten unabhängig davon ein, ob die Rechnung alle in § 14 Abs. 4 und § 14a UStG aufgeführten Angaben enthält, die abstrakte Gefahr einer Vorsteuerinanspruchnahme ist ausreichend (vgl. BFH-Urteile vom 17.02.2011 – V R 39/09, BStBl. II S. 734, und vom 14.02.2019 – V R 68/17, BStBl. II 2020 S. 65). [4]Die Anforderungen an einen unberechtigten Steuerausweis erfüllt eine Rechnung vielmehr schon dann, wenn sie den Rechnungsaussteller, den (vermeintlichen) Leistungsempfänger, eine Leistungsbeschreibung sowie das Entgelt und die gesondert ausgewiesene Umsatzsteuer enthält. [5]Als Angabe zum Entgelt genügt es bereits, wenn durch die Angabe des Bruttorechnungsbetrags und des gesondert ausgewiesenen Umsatzsteuerbetrags das Entgelt ohne weiteres errechnet werden kann. [6]Die Umsatzsteuer ist bereits dann gesondert ausgewiesen, wenn die Steuer als Geldbetrag genannt und als Steuerbetrag gekennzeichnet ist. [7]Der eindeutige, klare und unbedingte Ausweis der Umsatzsteuer genügt. [8]An den Steuerausweis im Sinne von § 14c Abs. 2 UStG sind im Übrigen keine bestimmten optischen Anforderungen zu stellen. [9]Die Steuer kann auch im Rahmen eines erläuternden Hinweises gesondert ausgewiesen werden (BFH-Urteil vom 21.09.2016, XI R 4/15, BStBl. 2021 II S. 106). [10]Bei Kleinbetragsrechnungen (§ 33 UStDV) hat der angegebene Steuersatz die Wirkung des gesonderten Ausweises einer Steuer (vgl. BFH-Urteil vom 25.09.2013, XI R 41/12, BStBl. II 2014 S. 135). [11]Entsprechendes gilt für Fahrausweise (§ 34 UStDV). [12]Wegen Abrechnungen über nicht ausgeführte Leistungen mittels Gutschrift vgl. BMF-Schreiben vom 19.08.2021, BStBl. I S. 1087.

(2) Von § 14c Abs. 2 UStG werden die folgenden Fälle erfasst:

1. [1]Ein Unternehmer weist in der Rechnung einen Steuerbetrag aus, obwohl er nach § 19 Abs. 1 UStG dazu nicht berechtigt ist (§ 14c Abs. 2 Satz 1 UStG). [2]Ein gesonderter Steuerausweis liegt auch vor, wenn der Rechnungsaussteller in einer Umlagenabrechnung über eine (Neben-)Leistung, z.B. Heizkostenabrechnung, den auf den jeweiligen Leistungsempfänger entfallenden Anteil am Gesamtbetrag der Kosten nicht ausschließlich als Bruttobetrag darstellt, sondern auch die anteilige Umsatzsteuer aufführt (vgl. BFH-Urteil vom 18.05.1988, X R 43/81, BStBl. II S. 752).

2. [1]Ein Unternehmer erteilt eine Rechnung mit gesondertem Steuerausweis, obwohl er eine Leistung nicht ausführt, z.B. eine Schein- oder Gefälligkeitsrechnung oder in den Fällen des Schadensersatzes. [2]Hierunter fallen nicht Rechnungen, die vor Ausführung der Leistung erteilt werden und die ihrer Aufmachung (z.B. durch die Bezeichnung) oder ihrem Inhalt nach (z.B. durch Hinweis auf einen erst in der Zukunft liegenden Zeitpunkt der Leistung) eindeutig als Vorausrechnungen erkennbar sind (vgl. BFH-Urteile vom 20.03.1980, V R 131/74, BStBl. II S. 287, vom 07.04.2011, V R 44/09, BStBl. II S. 954, und vom 06.04.2016, V R 12/15, BStBl. II 2017 S. 188). [3]Steht der Leistungszeitpunkt noch nicht fest, muss dies aus der

gen und die darauf entfallenden Steuerbeträge nicht getrennt voneinander, sondern nach § 63 Abs. 5 UStDV in einer Summe aufzeichnet, die um die Steuer auf die Werte der Altteile verminderten Bruttorechnungsbeträge (nach den vorstehenden Beispielen 1190 €) und die auf die Werte der Altteile entfallenden Steuerbeträge getrennt voneinander aufzeichnen.

(4) [1]Nimmt ein Kraftfahrzeughändler beim Verkauf eines Kraftfahrzeugs einen Gebrauchtwagen in Zahlung und leistet der Käufer in Höhe des Differenzbetrags eine Zuzahlung, liegt ein Tausch mit Baraufgabe vor. [2]Zum Entgelt des Händlers gehört neben der Zuzahlung auch der subjektive Wert des in Zahlung genommenen gebrauchten Fahrzeugs. [3]Der subjektive Wert ergibt sich aus dem individuell vereinbarten Verkaufspreis zwischen dem Kraftfahrzeughändler und dem Käufer abzüglich der vom Käufer zu leistenden Zuzahlung. [4]Denn dies ist der Wert, den der Händler dem Gebrauchtwagen beimisst und den er bereit ist, hierfür aufzuwenden (vgl. Abs. 1 Sätze 2 bis 4).

(5) *(aufgehoben)*

Forderungskauf

(6) [1]Der Forderungskauf ohne Übernahme des Forderungseinzugs stellt einen tauschähnlichen Umsatz dar, bei dem der Forderungskäufer eine Baraufgabe leistet, vgl. Abschnitt 2.4 Abs. 5 Sätze 1 bis 3. [2]Die Baraufgabe des Forderungskäufers ist der von ihm ausgezahlte Betrag. [3]Der Wert der Leistung des Forderungskäufers besteht aus dem Wert für die Kreditgewährung, welcher durch die Gebühr und den Zins bestimmt wird, sowie dem bar aufgegebenen Betrag. [4]Der Wert der Leistung des Forderungsverkäufers besteht aus dem Kaufpreis, d. h. dem (Brutto-)Nennwert der abgetretenen Forderung zzgl. der darauf entfallenden Umsatzsteuer. [5]Dementsprechend ist Bemessungsgrundlage für die Leistung des Forderungsverkäufers der Wert des gewährten Kredits – dieser wird regelmäßig durch die vereinbarten Gebühren und Zinsen bestimmt – zzgl. des vom Käufer gezahlten Auszahlungsbetrags. [6]Bemessungsgrundlage für die Leistung des Forderungskäufers ist der Wert der übertragenen Forderung – dieser entspricht dem Bruttoverkaufspreis der Forderung, abzüglich der selbst geleisteten Baraufgabe in Höhe des Auszahlungsbetrags.

Beispiel:

[1]V hat eine Forderung über 1.190.000 € gegenüber einem Dritten, die er an den Erwerber K veräußert und abtritt. [2]Der Einzug der Forderung verbleibt bei V. [3]Sowohl V als auch K machen von der Möglichkeit der Option nach § 9 UStG Gebrauch. [4]K zahlt dem V den Forderungsbetrag (1.190.000 €) zuzüglich Umsatzsteuer (226.100 €) und abzüglich einer vereinbarten Gebühr von 5.950 €, also 1.410.150 €.

[5]Da der Einzug der Forderung nicht vom Erwerber der Forderung übernommen wird, erbringt K keine Factoringleistung, sondern eine grundsätzlich nach § 4 Nr. 8 Buchstabe a UStG steuerfreie Kreditgewährung. [6]Die Leistung des V besteht in der Abtretung seiner Forderung; auch diese Leistung ist grundsätzlich nach § 4 Nr. 8 Buchstabe c UStG steuerfrei. [7]Da sowohl V als auch K für ihre Leistung zur Steuerpflicht optiert haben, sind die Bemessungsgrundlagen für ihre Leistungen wie folgt zu ermitteln:

[8]Bemessungsgrundlage für die Leistung des V ist der Wert des gewährten Kredits – dieser wird durch die vereinbarte Gebühr i. H. v. 5.950 € bestimmt – zuzüglich des vom Käufer

gezahlten Auszahlungsbetrags i. H. v. 1.410.150 €, abzüglich der darin enthaltenen Umsatzsteuer von 226.100 €. [9] Im Ergebnis ergibt sich somit eine Bemessungsgrundlage in Höhe des Bruttowerts der abgetretenen Forderung von 1.190.000 €.
[10] Bemessungsgrundlage für die Leistung des Forderungskäufers ist der Wert der übertragenen Forderung – dieser entspricht dem Bruttoverkaufspreis der Forderung von 1.416.100 €, abzüglich der selbst geleisteten Baraufgabe in Höhe des Auszahlungsbetrags von 1.410.150 €. [11] Im Ergebnis ergibt sich dabei eine Bemessungsgrundlage in Höhe der vereinbarten Gebühr, abzüglich der darin enthaltenen Umsatzsteuer, also 5.000 €.

10.6 Bemessungsgrundlage bei unentgeltlichen Wertabgaben

(1) [1] Bei den einer Lieferung gleichgestellten Wertabgaben im Sinne des § 3 Abs. 1b UStG (vgl. Abschnitt 3.3) ist bei der Ermittlung der Bemessungsgrundlage grundsätzlich vom Einkaufspreis zuzüglich der Nebenkosten für den Gegenstand oder für einen gleichartigen Gegenstand im Zeitpunkt der Entnahme oder Zuwendung auszugehen (§ 10 Abs. 4 Satz 1 Nr. 1 UStG). [2] Dieser fiktive Einkaufspreis entspricht in der Regel dem – auf der Handelsstufe des Unternehmers ermittelbaren – Wiederbeschaffungspreis im Zeitpunkt der Entnahme. [3] Bei im eigenen Unternehmen hergestellten Gegenständen ist ebenfalls grundsätzlich der fiktive Einkaufspreis maßgebend. [4] Ist der hergestellte Gegenstand eine Sonderanfertigung, für die ein Marktpreis nicht ermittelbar ist, oder lässt sich aus anderen Gründen ein Einkaufspreis am Markt für einen gleichartigen Gegenstand nicht ermitteln, sind die Selbstkosten zum Zeitpunkt des Umsatzes anzusetzen (vgl. BFH-Urteil vom 12.12.2012, XI R 3/10, BStBl. II 2014 S. 809). [5] Diese umfassen alle durch den betrieblichen Leistungsprozess bis zum Zeitpunkt der Entnahme oder Zuwendung entstandenen Ausgaben; dabei sind auch die nicht zum Vorsteuerabzug berechtigenden Kosten in die Bemessungsgrundlage einzubeziehen. [6] Bei der Ermittlung der Selbstkosten sind die Anschaffungs- oder Herstellungskosten des Unternehmensgegenstandes, soweit dieser der Fertigung des unentgeltlich zugewendeten Gegenstandes gedient hat, auf die betriebsgewöhnliche Nutzungsdauer, die nach den ertragsteuerrechtlichen Grundsätzen anzusetzen ist, zu verteilen. [7] Die auf die Wertabgabe entfallende Umsatzsteuer gehört nicht zur Bemessungsgrundlage. [8] Zu den Pauschbeträgen für unentgeltliche Wertabgaben (Sachentnahmen) 2023 vgl. BMF-Schreiben vom 21.12.2022, BStBl. I 2023 S. 52.[1)] [9] Zur Frage der Bemessungsgrundlage der unentgeltlichen Wertabgabe von Wärme, die durch eine KWK-Anlage erzeugt wird, vgl. Abschnitt 2.5 Abs. 20 bis 22.

(1a) [1] Bei der Ermittlung der Bemessungsgrundlage nach den Grundsätzen des Absatzes 1 Sätze 1 bis 6 ist auch zu berücksichtigen, ob Gegenstände zum Zeitpunkt der unentgeltlichen Wertabgabe aufgrund ihrer Beschaffenheit nicht mehr oder nur noch stark eingeschränkt verkehrsfähig sind. [2] Hiervon ist bei Lebensmitteln auszugehen, wenn diese kurz vor Ablauf des Mindesthaltbarkeitsdatums stehen oder die Verkaufsfähigkeit als Frischware, wie Backwaren, Obst und Gemüse, wegen Mängeln nicht mehr gegeben ist. [3] Dies gilt auch für Non-Food-Artikel mit Mindesthaltbarkeitsdatum wie beispielsweise Kosmetika, Drogerieartikel, pharmazeutische Artikel, Tierfutter oder Bau-

---

1) Sachentnahmen 2024 siehe BMF v. 12.02.2024, DStR 2024, 369.

Rechnung oder aus anderen Unterlagen, auf die in der Rechnung hingewiesen wird, hervorgehen. [4]Unterbleibt nach Erteilung einer Vorausrechnung mit Steuerausweis die zunächst beabsichtigte Leistung, z. B. bei Rückgängigmachung eines Kaufvertrags, ist § 14c Abs. 2 UStG nicht anzuwenden (vgl. BFH-Urteil vom 21.02.1980, V R 146/73, BStBl. II S. 283). [5]Das gilt unabhängig davon, ob die angeforderten Voraus- oder Anzahlungen geleistet werden (vgl. Abschnitt 14.8 Abs. 2). [6]Wer dagegen eine Vorausrechung mit gesondertem Steuerausweis erteilt, obwohl bereits feststeht, dass er die darin aufgeführte Leistung nicht mehr ausführen wird, schuldet diese Steuer nach § 14c Abs. 2 UStG (vgl. BFH-Urteil vom 05.02.1998, V R 65/97, BStBl. II S. 415).

3. [1]Ein Unternehmer erteilt eine Rechnung mit gesondertem Steuerausweis, in der er statt des tatsächlich gelieferten Gegenstands einen anderen, von ihm nicht gelieferten Gegenstand aufführt, oder statt der tatsächlich ausgeführten sonstigen Leistung eine andere, von ihm nicht erbrachte Leistung angibt (unrichtige Leistungsbezeichnung). [2]Der leistende Unternehmer schuldet die gesondert ausgewiesene Steuer nach § 14c Abs. 2 UStG neben der Steuer für die tatsächlich ausgeführte Leistung (vgl. BFH-Urteil vom 08.09.1994, V R 70/91, BStBl. II 1995 S. 32).

Beispiele:

a) Es wird eine Büromaschine aufgeführt, während tatsächlich ein Fernsehgerät geliefert worden ist.

b) Es werden Antriebsmotoren angegeben, während tatsächlich der Schrott solcher Motoren geliefert worden ist (vgl. BFH-Beschluss vom 21.05.1987, V R 129/78, BStBl. II S. 652).

c) Es wird hergestelltes Mauerwerk abgerechnet, während tatsächlich ein Kranführer überlassen worden ist (vgl. BFH-Beschluss vom 09.12.1987, V B 54/85, BStBl. II 1988 S. 700).

d) Es werden „Malerarbeiten in Büroräumen" in Rechnung gestellt, während die Malerarbeiten tatsächlich in der Wohnung des Leistungsempfängers ausgeführt worden sind.

[3]Die in Rechnungen mit ungenauer Angabe der Leistungsbezeichnung gesondert ausgewiesenen Steuerbeträge werden dagegen nicht nach § 14c Abs. 2 UStG geschuldet. [4]Ungenaue Angaben liegen vor, wenn die Rechnungsangaben nicht so eingehend und eindeutig sind, dass sie ohne weiteres völlige Gewissheit über Art und Umfang des Leistungsgegenstands verschaffen.

Beispiel:

Es werden ausgeführte Bauarbeiten lediglich durch Angabe einer Baustelle und „Arbeiten wie gesehen und besichtigt" beschrieben (vgl. BFH-Beschluss vom 04.12.1987, V S 9/85, BStBl. II 1988 S. 702).

4. Ein Unternehmer erteilt eine Rechnung mit gesondertem Steuerausweis für eine Leistung, die er nicht im Rahmen seines Unternehmens ausführt, z. B. Verkauf eines Gegenstands aus dem Privatbereich.

5. [1]Ein Nichtunternehmer, z. B. eine Privatperson oder ein Hoheitsbetrieb einer juristischen Person des öffentlichen Rechts, weist in einem Dokument einen Steuerbetrag gesondert aus. [2]Das gilt auch für denjenigen, der Abrechnungen dadurch in den Verkehr bringt, dass er sie einem anderen

zur beliebigen Verwendung überlässt oder ein blanko unterschriebenes Papier zum Ausfüllen als Kaufvertrag aushändigt, ohne ausdrücklich den gesonderten Steuerausweis zu untersagen (vgl. auch BFH-Urteil vom 05.08.1988, X R 66/82, BStBl. II S. 1019). [3] Der Nichtunternehmer schuldet den Steuerbetrag, gleichgültig ob er eine Leistung ausführt oder nicht.

(2a) [1] Bei Umsätzen zwischen Betriebsabteilungen desselben Unternehmens oder innerhalb eines Organkreises handelt es sich nicht um steuerbare Lieferungen oder sonstige Leistungen, sondern um innerbetriebliche Vorgänge (sog. Innenumsätze). [2] Werden für sie Belege mit gesondertem Steuerausweis erteilt, sind diese Belege nicht als Rechnungen im Sinne des § 14c UStG, sondern als unternehmensinterne Buchungsbelege zu beurteilen. [3] Die darin ausgewiesene Steuer wird nicht nach § 14c Abs. 2 UStG geschuldet (vgl. BFH-Urteil vom 28.10.2010, V R 7/10, BStBl. II 2011 S. 391, und Abschnitt 14.1 Abs. 4).

(2b)[1)] [1] Soweit der Aussteller eines Dokuments mit diesem nicht unberechtigt über eine von ihm (angeblich) erbrachte Leistung, sondern über eine Entgeltminderung abrechnet und dies zusätzlich durch ein Minuszeichen bei dem offen ausgewiesenen Betrag zum Ausdruck bringt, wird dieser negative Betrag nicht nach § 14c Abs. 2 UStG geschuldet (vgl. BFH-Urteil vom 26.06.2019 – XI R 5/18, BStBl. II 2023 S. 521). [2] Zu einem Schriftstück, das keine Rechnung, sondern Grundlage für den Zahlungsverkehr ist, siehe Abschnitt 14.1 Abs. 1 Satz 4. [3] Bei der Prüfung, ob ein Dokument (nur) über Leistungen oder (auch) über Entgeltminderungen abrechnet, sind unter dem Gesichtspunkt der Gefährdung des Steueraufkommens weitere Dokumente nur dann ergänzend heranzuziehen, wenn die Abrechnung auf diese verweist.

(3) [1] Soweit der Aussteller der Rechnung den unberechtigten Steuerausweis gegenüber dem Belegempfänger für ungültig erklärt hat und die Gefährdung des Steueraufkommens beseitigt wurde, ist dem Schuldner des Steuerbetrags die Möglichkeit zur Berichtigung einzuräumen (§ 14c Abs. 2 Satz 3 ff. UStG). [2] Im Rahmen eines Organschaftsverhältnisses ist die Organgesellschaft oder ein von ihr beauftragter Dritter berechtigt, eine von ihr ausgestellte Rechnung mit unberechtigtem Steuerausweis gegenüber dem Belegempfänger für ungültig zu erklären. [3] Bei der Berichtigung des unberechtigten Steuerausweises ist § 17 Abs. 1 UStG entsprechend anzuwenden. [4] Auf den guten Glauben des Ausstellers der betreffenden Rechnung kommt es nicht an (vgl. BFH-Urteil vom 22.02.2001, V R 5/99, BStBl. II 2004 S. 143). [5] Die Gefährdung des Steueraufkommens ist beseitigt, wenn ein Vorsteuerabzug beim Empfänger der Rechnung nicht durchgeführt oder die geltend gemachte Vorsteuer an das Finanzamt zurückgezahlt worden ist (§ 14c Abs. 2 Satz 4 UStG). [6] Dies ist in dem Sinne zu verstehen, dass endgültig feststehen muss, dass jedwede Gefährdung des Steueraufkommens ausgeschlossen ist (BFH-Urteil vom 08.11.2016, VII R 34/15, BStBl. II 2017 S. 496). [7] Die nach § 14c Abs. 2 Satz 5 UStG erforderliche Zustimmung ist nicht von einer Rückzahlung eines vereinnahmten Betrags durch den Steuerschuldner an den Belegempfänger abhängig.

[1)] A 14c.2 UStAE Abs. 2b eingef. durch BMF v. 18.04.2023, BStBl. I 2023, 776, anzuwenden in allen offenen Fällen.

(4) [1]Steuerschuldner nach § 14c Abs. 2 UStG ist der Aussteller der Rechnung (§ 13a Abs. 1 Nr. 4 UStG). [2]Im Rahmen eines Organschaftsverhältnisses schuldet hingegen der Organträger die durch eine Organgesellschaft unberechtigt ausgewiesene Steuer. [3]Eine GmbH schuldet die Steuer nach § 14c Abs. 2 UStG, wenn ein nur zur Gesamtvertretung berechtigter Geschäftsführer ohne Mitwirkung des anderen Geschäftsführers das Abrechnungspapier mit unberechtigtem Steuerausweis erstellt, ohne den allgemeinen Rahmen des ihm übertragenen Geschäftskreises zu überschreiten (vgl. BFH-Urteil vom 28.01.1993, V R 75/88, BStBl. II S. 357). [4]Wirkt dagegen der in der Rechnung als Aussteller Bezeichnete in keiner Weise bei der Erstellung des Dokuments mit, kommt eine Inanspruchnahme nach § 14c Abs. 2 UStG nicht in Betracht (vgl. BFH-Urteil vom 16.03.1993, XI R 103/90, BStBl. II S. 531). [5]Zur Frage der Mitwirkung sind die Grundsätze der Stellvertretung, zu denen auch die Grundsätze der Anscheins- und Duldungsvollmacht gehören, zu berücksichtigen (vgl. BFH-Urteil vom 07.04.2011, V R 44/09, BStBl. II S. 954). [6]Zur Frage, wem die Rechnung zuzurechnen ist, die ein Vermittler auf den Namen seines Auftraggebers ausgestellt hat, vgl. BFH-Urteil vom 04.03.1982, V R 59/81, BStBl. II S. 315.[1)]

(5) [1]Der Schuldner des unberechtigt ausgewiesenen Betrages hat die Berichtigung des geschuldeten Steuerbetrags bei dem für seine Besteuerung zuständigen Finanzamt gesondert schriftlich zu beantragen. [2]Diesem Antrag hat er ausreichende Angaben über die Identität des Rechnungsempfängers beizufügen. [3]Das Finanzamt des Schuldners des unberechtigt ausgewiesenen Betrags hat durch Einholung einer Auskunft beim Finanzamt des Rechnungsempfängers zu ermitteln, in welcher Höhe und wann ein unberechtigt in Anspruch genommener Vorsteuerabzug durch den Rechnungsempfänger zurückgezahlt wurde. [4]Nach Einholung dieser Auskunft teilt das Finanzamt des Schuldners des unberechtigt ausgewiesenen Betrags diesem mit, für welchen Besteuerungszeitraum und in welcher Höhe die Berichtigung des geschuldeten Steuerbetrags vorgenommen werden kann. [5]Die Berichtigung des geschuldeten Steuerbetrags ist in entsprechender Anwendung des § 17 Abs. 1 UStG für den Besteuerungszeitraum vorzunehmen, in dem die Gefährdung des Steueraufkommens beseitigt worden ist (§ 14c Abs. 2 Satz 5 UStG). [6]Wurde beim Empfänger der Rechnung kein Vorsteuerabzug vorgenommen, ist der wegen unberechtigten Steuerausweises geschuldete Betrag beim Aussteller der Rechnung für den Zeitraum zu berichtigen, in dem die Steuer nach § 13 Abs. 1 Nr. 3 UStG entstanden ist.

(6) Hat ein Kleinunternehmer eine Erklärung nach § 19 Abs. 2 Satz 1 UStG abgegeben, aber vor Eintritt der Unanfechtbarkeit der Steuerfestsetzung (vgl. Abschnitt 19.2 Abs. 2) zurückgenommen, kann er die in der Zwischenzeit erteilten Rechnungen mit gesondertem Steuerausweis und den geschuldeten unberechtigt ausgewiesenen Steuerbetrag unter den in Absatz 5 bezeichneten Voraussetzungen berichtigen.

---

1) Zur Rechnungsausstellung durch Beauftragte/Vermittler/Dritte vgl. § 14 Abs. 2 Satz 4 UStG, A 3.7 Abs. 1, A 14.1 Abs. 3 Satz 9, A 14.4 Abs. 8 u. A 14.5 Abs. 6 UStAE.

(7) [1]Der Steueranspruch aus § 14c Abs. 2 UStG besteht vorbehaltlich Absatz 5 unabhängig davon, ob der Rechnungsempfänger die gesondert ausgewiesene Umsatzsteuer unberechtigt als Vorsteuer abgezogen hat oder nicht. [2]Es reicht aus, dass das Dokument als Abrechnung abstrakt die Gefahr begründet, vom Empfänger oder einem Dritten zur Inanspruchnahme des Vorsteuerabzugs gebraucht zu werden (vgl. BFH-Urteil vom 17.02.2011, V R 39/09, BStBl. II S. 734).

(8) Für die Berichtigung der auf Grund des unberechtigt ausgewiesenen Steuerbetrags nach § 14c Abs. 2 UStG ergangenen Steuerbescheide gelten die allgemeinen verfahrensrechtlichen Vorschriften der AO.

Zu § 15 UStG
(§§ 35 bis 43 UStDV)

15.1 Zum Vorsteuerabzug berechtigter Personenkreis

(1)[1)] [1]Zum Vorsteuerabzug sind ausschließlich Unternehmer im Sinne der §§ 2 und 2a UStG im Rahmen ihrer unternehmerischen Tätigkeit berechtigt. [2]Abziehbar sind hierbei auch Vorsteuerbeträge, die vor der Ausführung von Umsätzen (vgl. BFH-Urteile vom 06.05.1993, V R 45/88, BStBl. II S. 564, und vom 16.12.1993, V R 103/88, BStBl. II 1994 S. 278) oder die nach Aufgabe des Unternehmens anfallen, sofern sie der unternehmerischen Tätigkeit zuzurechnen sind. [3]Zum Beginn und Ende der Unternehmereigenschaft vgl. Abschnitt 2.6.

(2) [1]Im Ausland ansässige Unternehmer können den Vorsteuerabzug grundsätzlich auch dann beanspruchen, wenn sie im Inland keine Lieferungen oder sonstige Leistungen ausgeführt haben (vgl. aber Abschnitt 18.11 Abs. 4 zur erforderlichen Gegenseitigkeit beim Vorsteuer-Vergütungsverfahren für Unternehmer, die nicht im Gemeinschaftsgebiet ansässig sind). [2]Auch ihnen steht der Vorsteuerabzug nur insoweit zu, als die Vorsteuerbeträge ihrer unternehmerischen Tätigkeit zuzurechnen sind. [3]Das gilt auch für die Vorsteuern, die im Zusammenhang mit den im Ausland bewirkten Umsätzen stehen. [4]Zur Frage, ob die im Ausland ansässigen Unternehmer ihre abziehbaren Vorsteuerbeträge im Vorsteuer-Vergütungsverfahren (§§ 59 bis 61a UStDV) oder im allgemeinen Besteuerungsverfahren (§ 16 und § 18 Abs. 1 bis 4 UStG) geltend zu machen haben, vgl. Abschnitt 18.15.

(3)[2)] [1]Folgende Unternehmer können ihre abziehbaren Vorsteuern ganz oder teilweise nach Durchschnittssätzen ermitteln:

1. *(aufgehoben)*

[1)] Zum Vorsteuerabzug bei Einbau einer Photovoltaikanlage siehe BFH v. 11.04.2008 V R 10/07, BStBl. II 2009, 741. – Zur Vorsteuerabzugsberechtigung eines Treuhänders siehe BFH v. 18.02.2009 V R 82/07, BStBl. II 2009, 876. – Zum Vorsteuerabzug bei Wechsel des Organträgers siehe BFH v. 13.05.2009 XI R 84/07, BStBl. II 2009, 868.

[2)] A 15.1 UStAE Abs. 3 Satz 1 Nr. 1 aufgeh., Nr. 2 geänd. durch BMF v. 22.12.2023, BStBl. I 2023, 2248.

2. Körperschaften, Personenvereinigungen und Vermögensmassen im Sinne des § 5 Abs. 1 Nr. 9 KStG mit einem Vorjahresumsatz bis zu 45 000 € (§ 23a UStG) und
3. land- und forstwirtschaftliche Betriebe von Unternehmern, deren Gesamtumsatz (§ 19 Abs. 3 UStG) im vorangegangenen Kalenderjahr nicht mehr als 600.000 € betragen hat (§ 24 UStG).

[2]Unterhält ein Land- und Forstwirt neben einem – der Vorsteuerpauschalierung unterliegenden – landwirtschaftlichen Betrieb einen – der Regelbesteuerung unterliegenden – Gewerbebetrieb, muss er die einzelnen Leistungsbezüge und damit die dafür in Rechnung gestellten Steuerbeträge je einem der beiden Unternehmensteile zuordnen und diese Steuerbeträge in die nach § 15 Abs. 1 UStG abziehbaren Vorsteuerbeträge und die im Rahmen der Vorsteuerpauschalierung zu berücksichtigenden Steuerbeträge aufteilen (vgl. BFH-Urteil vom 13.11.2013, XI R 2/11, BStBl. II 2014 S. 543). [3]Für diese Zuordnung kommt es darauf an, ob der Unternehmer mit den bezogenen Eingangsleistungen der Durchschnittssatzbesteuerung oder der Regelbesteuerung unterliegende Umsätze ausführt.

(4) Kleinunternehmer sind nicht zum Vorsteuerabzug berechtigt, soweit sie der Sonderregelung des § 19 Abs. 1 UStG unterliegen (§ 19 Abs. 1 Satz 4 UStG); dies gilt auch, wenn sie bei einem unzulässigen Ausweis der Steuer für ihre eigenen Umsätze diese Steuer nach § 14c Abs. 2 UStG schulden.

(5)[1)] [1]Unternehmer, die von der Besteuerung nach § 19 Abs. 1, §§ 23a oder 24 UStG zur allgemeinen Besteuerung des UStG übergegangen sind, können den Vorsteuerabzug nach § 15 UStG für folgende Beträge vornehmen:

1. gesondert in Rechnung gestellte Steuerbeträge für Lieferungen und sonstige Leistungen, die nach dem Zeitpunkt an sie ausgeführt worden sind, zu dem sie zur allgemeinen Besteuerung übergingen;
2. Einfuhrumsatzsteuer für Gegenstände, die nach dem Zeitpunkt, zu dem sie zur allgemeinen Besteuerung übergingen, für ihr Unternehmen eingeführt worden sind;
3. die Steuer für den innergemeinschaftlichen Erwerb von Gegenständen, die nach dem Zeitpunkt für ihr Unternehmen erworben wurden, zu dem sie zur allgemeinen Besteuerung übergingen;
4. die vom Leistungsempfänger nach § 13b UStG und § 25b UStG geschuldete Steuer für Leistungen, die nach dem Zeitpunkt an sie ausgeführt worden sind, zu dem sie zur allgemeinen Besteuerung übergingen.

[2]Vom Vorsteuerabzug ausgeschlossen sind die Steuerbeträge für Umsätze, die vor dem Zeitpunkt des Übergangs zur allgemeinen Besteuerung ausgeführt worden sind. [3]Das gilt auch für Bezüge, die erstmalig nach dem Übergang zur allgemeinen Besteuerung verwendet werden. [4]Wechselt ein Landwirt, der einen Stall errichtet, vor dessen Fertigstellung von der Besteuerung nach § 24 UStG zur allgemeinen Besteuerung, können die Vorsteuerbeträge, die vor

---

1) Zum Wechsel der Besteuerungsform vgl. auch A 19.5 u. A 24.7 UStAE.

dem Wechsel angefallen sind, erst ab dem Zeitpunkt der erstmaligen Verwendung nach § 15a UStG (anteilig) geltend gemacht werden (vgl. BFH-Urteil vom 12.06.2008, V R 22/06, BStBl. II 2009 S. 165, sowie Abschnitt 15a.9 Abs. 2). [5]Auf den Zeitpunkt des Eingangs der Rechnung oder der Entrichtung der Einfuhrumsatzsteuer kommt es nicht an (vgl. BFH-Urteile vom 06.12.1979, V R 87/72, BStBl. II 1980 S. 279, und vom 17.09.1981, V R 76/75, BStBl. II 1982 S. 198). [6]Wegen des Vorsteuerabzugs bei Zahlungen vor Ausführung des Umsatzes vgl. Abschnitt 15.3.

(6)[1)] Bei einem Übergang von der allgemeinen Besteuerung zur Besteuerung nach § 19 Abs. 1, §§ 23a oder 24 UStG sind umgekehrt die in Absatz 5 bezeichneten Vorsteuerbeträge nicht nach § 15 UStG abziehbar.

(7) Zum Verfahren bei der Geltendmachung von Vorsteuerbeträgen aus der Beteiligung an Gesamtobjekten vgl. BMF-Schreiben vom 24.04.1992, BStBl. I S. 291.

15.2 Allgemeines zum Vorsteuerabzug

(1) [1]Nach § 15 Abs. 1 Satz 1 Nr. 1 UStG ist nur die gesetzlich geschuldete Steuer für Lieferungen und sonstige Leistungen, die von einem anderen Unternehmer für das Unternehmen des Leistungsempfängers ausgeführt worden sind, als Vorsteuer abziehbar. [2]Ein Vorsteuerabzug ist damit nicht zulässig, soweit der die Rechnung ausstellende Unternehmer die Steuer nach § 14c UStG schuldet (vgl. BFH-Urteil vom 05.09.2019 – V R 38/17, BStBl. II 2022 S. 696). [3]Abziehbar sind nur die Steuerbeträge, die nach dem deutschen UStG geschuldet werden (vgl. BFH-Urteile vom 02.04.1998, V R 34/97, BStBl. II S. 695, und vom 06.12.2007, V R 3/06, BStBl. II 2009 S. 203). [4]Abziehbar ist damit auch die Steuer für die Lieferungen und sonstigen Leistungen, die nach § 1 Abs. 3 UStG wie Umsätze im Inland zu behandeln sind. [5]Unternehmer, die mit ausländischen Vorsteuerbeträgen belastet wurden, haben sich wegen eines eventuellen Abzugs an den Staat zu wenden, der die Steuer erhoben hat. [6]Die EU-Mitgliedstaaten vergüten nach Maßgabe der Richtlinie 2008/9/EG des Rates vom 12.02.2008[2)] den in einem anderen Mitgliedstaat ansässigen Unternehmern die Vorsteuern in einem besonderen Verfahren und haben hierfür zentrale Erstattungsbehörden bestimmt. [7]In der Bundesrepublik Deutschland sind Anträge auf Vergütung der Vorsteuerbeträge in anderen EU-Mitgliedstaaten elektronisch über das BZSt (www.bzst.de) zu übermitteln (vgl. auch Abschnitt 18g.1).

(2)[3)] [1]Die Berechtigung zum Vorsteuerabzug aus Lieferungen und sonstigen Leistungen ist unter folgenden Voraussetzungen gegeben:

1. Die Steuer muss für eine Lieferung oder sonstige Leistung gesondert in Rechnung gestellt worden sein (vgl. Abschnitt 15.2a);

---

1) A 15.1 UStAE Abs. 6 neugef. durch BMF v. 22.12.2023, BStBl. I 2023, 2248.

2) ABl. EU 2008 Nr. L 44, 33 (**Steuergesetze** Nr. **550b**).

3) A 15.2 UStAE Abs. 2 Sätze 5 und 6 aufgeh., bish. Sätze 7 bis 13 werden Sätze 5 bis 11 durch BMF v. 22.12.2023, BStBl. I 2023, 2248.

2. die Lieferung oder sonstige Leistung muss von einem Unternehmer ausgeführt worden sein (vgl. Abschnitt 15.2a Abs. 1);
3. der Leistungsempfänger muss Unternehmer und die Lieferung oder sonstige Leistung für sein Unternehmen ausgeführt worden sein (vgl. Abschnitte 15.2b und 15.2c);
4. der Leistungsempfänger ist im Besitz einer nach den §§ 14, 14a UStG ausgestellten Rechnung, in der die Angaben vollständig und richtig sind (vgl. Abschnitt 15.2a Abs. 6). [2]Wegen der Ausnahmen hiervon vgl. Abschnitt 15.2a Abs. 1a.

[2]Diese Voraussetzungen müssen insgesamt erfüllt werden. [3]Das gilt auch für Leistungsempfänger, die die Steuer für ihre Umsätze nach vereinnahmten Entgelten berechnen (§ 20 UStG). [4]Der den Vorsteuerabzug begehrende Unternehmer trägt die Feststellungslast für die Erfüllung der Anspruchsvoraussetzungen (vgl. BFH-Urteil vom 06.04.2016, V R 6/14, BStBl. II 2017 S. 577). [5]Der Vorsteuerabzug ist von einem Unternehmer für den Besteuerungszeitraum geltend zu machen, in dem die Berechtigung zum Vorsteuerabzug entstanden ist; für einen späteren Besteuerungszeitraum kann die Vorsteuer nicht abgezogen werden (vgl. BFH-Urteile vom 01.12.2010, XI R 28/08, BStBl. II 2011 S. 994, und vom 13.02.2014, V R 8/13, BStBl. II S. 595). [6]Fallen Empfang der Leistung und Empfang der Rechnung zeitlich auseinander, ist der Vorsteuerabzug für den Besteuerungszeitraum zulässig, in dem erstmalig beide Voraussetzungen erfüllt sind (vgl. BFH-Urteile vom 01.07.2004, V R 33/01, BStBl. II S. 861, und vom 19.06.2013, XI R 41/10, BStBl. II 2014 S. 738). [7]Im Falle eines objektiven Nachweises einzelner materieller Voraussetzungen für den Vorsteuerabzug ohne ordnungsmäßige (berichtigte) Rechnung (vgl. Abschnitt 15.2a Abs. 1a) ist der Vorsteuerabzug in dem Zeitpunkt vorzunehmen, in dem die Leistung bezogen wurde und eine Rechnung mit offen ausgewiesener Umsatzsteuer vorlag. [8]Zum Zeitpunkt des Vorsteuerabzuges aus einer berichtigten Rechnung siehe Abschnitt 15.2a Abs. 7. [9]Die Berechtigung des Organträgers zum Vorsteuerabzug aus Eingangsleistungen auf Ebene der Organgesellschaft richtet sich nach den Verhältnissen im Zeitpunkt des Leistungsbezugs, nicht der Rechnungserteilung (vgl. BFH-Urteil vom 13.05.2009, XI R 84/07, BStBl. II S. 868). [10]Bei Zahlungen vor Empfang der Leistung vgl. aber Abschnitt 15.3. [11]Bezieht ein Unternehmer Teilleistungen (z. B. Mietleistungen) für sein Unternehmen, ist sowohl für den Leistungsbezug (§ 15 Abs. 1 Satz 1 Nr. 1 UStG) als auch für die Frage der Verwendung dieser Leistungen (§ 15 Abs. 2 UStG, vgl. Abschnitt 15.12) auf die monatlichen (Teil-)Leistungsabschnitte abzustellen (BFH-Urteil vom 09.09.1993, V R 42/91, BStBl. II 1994 S. 269).

(3)[1)] Folgende Regelungen für den Vorsteuerabzug sind zu beachten:

1. [1]Nach § 15 Abs. 1a UStG sind Vorsteuerbeträge nicht abziehbar, die auf Aufwendungen entfallen, für die das Abzugsverbot des § 4 Abs. 5 Satz 1 Nr. 1 bis 4, 7 oder des § 12 Nr. 1 EStG gilt. [2]Ausgenommen von der

---

1) A 15.2 UStAE Abs. 3 einl. Satzteil geänd., Nr. 4 neugef., Nr. 8 angef. durch BMF v. 22.12.2023, BStBl. I 2023, 2248.

Vorsteuerabzugsbeschränkung sind Bewirtungsaufwendungen, soweit § 4 Abs. 5 Satz 1 Nr. 2 EStG einen Abzug angemessener und nachgewiesener Aufwendungen ausschließt (vgl. auch Abschnitt 15.6 Abs. 6).

2. Nach § 15 Abs. 1b UStG sind Vorsteuerbeträge für ein dem Unternehmen zugeordnetes teilunternehmerisch genutztes Grundstück nicht abziehbar, soweit sie nicht auf die Verwendung des Grundstücks für Zwecke des Unternehmens entfallen (vgl. Abschnitt 15.6a).
3. Ein Kleinunternehmer ist, soweit er der Sonderregelung des § 19 Abs. 1 UStG unterliegt, nicht zum Vorsteuerabzug berechtigt (§ 19 Abs. 1 Satz 4 UStG; vgl. Abschnitt 15.1 Abs. 4 bis 6 und Abschnitt 19.5).
4. Ermitteln Unternehmer ihre abziehbaren Vorsteuern nach dem Durchschnittssatz des § 23a UStG, ist insoweit ein weiterer Vorsteuerabzug ausgeschlossen (§ 23a Abs. 1 UStG; vgl. Abschnitt 15.1 Abs. 3 Satz 1 Nr. 2, Abs. 5 und 6).
5. Werden die Vorsteuerbeträge, die den im Rahmen eines land- und forstwirtschaftlichen Betriebs ausgeführten Umsätzen zuzurechnen sind, nach Durchschnittssätzen ermittelt, entfällt ein weiterer Vorsteuerabzug (§ 24 Abs. 1 Satz 3 und 4 UStG; vgl. Abschnitt 15.1 Abs. 3 Satz 1 Nr. 3, Abs. 5 und 6 sowie Abschnitt 24.7 Abs. 2 und 3).
6. Bewirkt der Unternehmer Reiseleistungen im Sinne des § 25 Abs. 1 UStG, ist er nicht berechtigt, die ihm in diesen Fällen für die Reisevorleistungen gesondert in Rechnung gestellten Steuerbeträge als Vorsteuern abzuziehen (§ 25 Abs. 4 UStG, vgl. Abschnitt 25.4).
7. Ein Wiederverkäufer, der für die Lieferung beweglicher körperlicher Gegenstände die Differenzbesteuerung des § 25a Abs. 2 UStG anwendet, kann die entstandene Einfuhrumsatzsteuer sowie die Steuer für die an ihn ausgeführte Lieferung nicht als Vorsteuer abziehen (§ 25a Abs. 5 UStG; vgl. Abschnitt 25a.1 Abs. 7).
8. In Fällen der Beteiligung an einer Steuerhinterziehung ist eine Versagung des Vorsteuerabzugs nach § 25f UStG zu prüfen (vgl. Abschnitt 25f.1).

15.2a Ordnungsmäßige Rechnung als Voraussetzung für den Vorsteuerabzug

Rechnung im Sinne der §§ 14, 14a UStG

(1) [1] Nach § 15 Abs. 1 Satz 1 Nr. 1 Satz 2 in Verbindung mit § 14 Abs. 4 Satz 1 Nr. 8 UStG muss die Steuer in einer nach den §§ 14, 14a UStG ausgestellten Rechnung gesondert ausgewiesen sein. [2] Der Begriff der Rechnung ergibt sich aus § 14 Abs. 1 UStG (vgl. auch Abschnitt 14.1). [3] Für den Vorsteuerabzug muss eine Rechnung das Entgelt und den Steuerbetrag getrennt ausweisen; die Angabe des Entgelts als Grundlage des gesondert ausgewiesenen Steuerbetrags ist damit zwingend erforderlich (vgl. Abschnitt 15.11 Abs. 4). [4] Ein gesonderter Steuerausweis liegt nicht vor, wenn die in einem Vertrag enthaltene Abrechnung offen lässt, ob der leistende Unternehmer den Umsatz steuerfrei oder steuerpflichtig (§ 9 UStG) behandeln will (vgl. Abschnitt 14.1 Abs. 2 Satz 5), oder in dem Dokument nicht durch Angaben tatsächlicher Art

zum Ausdruck kommt, dass die gesondert ausgewiesene Steuer auf Lieferungen oder sonstigen Leistungen des Rechnungsausstellers an den Leistungsempfänger beruht (BFH-Urteil vom 12.06.1986, V R 75/78, BStBl. II S. 721). 5 Eine nach den §§ 14, 14a UStG ausgestellte Rechnung ist auch bei der Abrechnung der Leistung des Insolvenzverwalters an den Gemeinschuldner erforderlich. 6 Der Beschluss des Insolvenzgerichts über die Festsetzung der Vergütung ist für den Vorsteuerabzug nicht ausreichend (vgl. BFH-Urteile vom 20.02.1986, V R 16/81, BStBl. II S. 579 und vom 26.09.2012, V R 9/11, BStBl. II 2013 S. 346).

(1a) 1 Das Recht auf Vorsteuerabzug kann ausnahmsweise auch geltend gemacht werden, wenn der Unternehmer im Besitz einer Rechnung ist, die nicht alle formellen Voraussetzungen erfüllt und die auch nicht berichtigt wurde (vgl. Absatz 7). 2 Der Vorsteuerabzug ist unter Anwendung eines strengen Maßstabes auch zu gewähren, wenn die Finanzverwaltung über sämtliche Angaben verfügt, um die materiellen Voraussetzungen zu überprüfen (vgl. EuGH-Urteil vom 15.09.2016, C-516/14, Barlis 06). 3 Der Unternehmer kann daher durch objektive Nachweise belegen, dass ihm andere Unternehmer auf einer vorausgehenden Umsatzstufe tatsächlich Gegenstände oder Dienstleistungen geliefert bzw. erbracht haben, die seinen der Umsatzsteuer unterliegenden Umsätzen dienten und für die er die Umsatzsteuer tatsächlich entrichtet hat. 4 Aus dieser Rechtsprechung folgt aber insbesondere nicht, dass ein Vorsteuerabzug gänzlich ohne Rechnung geltend gemacht werden kann (vgl. Rz. 39 ff. des BFH-Urteils vom 15.10.2019, V R 14/18, BStBl. II 2020 S. 596). 5 Der Nachweis über die tatsächliche Entrichtung der Steuer kann nämlich nur über eine Rechnung oder deren Kopie (vgl. Abschnitt 15.11. Abs. 1 Satz 4) mit offen ausgewiesener Umsatzsteuer erfolgen. 6 Ohne diesen Ausweis verbleiben Zweifel, ob und in welcher Höhe die Steuer in dem Zahlbetrag enthalten ist und damit, ob die Steuer tatsächlich entrichtet worden ist. 7 Entscheidend ist, dass die vorgelegten Beweismittel eine leichte und zweifelsfreie Feststellung der Voraussetzungen durch die Finanzbehörden ermöglichen (vgl. BFH-Urteil vom 12.03.2020, V R 48/17, BStBl. II S. 604), anderenfalls ist die Kontrollfunktion nicht erfüllt. 8 Der Leistungszeitpunkt kann sich im Einzelfall aus dem Rechnungsdatum ergeben, wenn keine Zweifel bestehen, dass die Leistung in dem Monat der Rechnungsstellung ausgeführt wurde (vgl. BFH-Urteile vom 01.03.2018, V R 18/17, BStBl. II 2021 S. 644, und vom 15.10.2019, V R 29/19 (V R 44/16), BStBl. II 2021 S. 646). 9 Solche Zweifel bestehen insbesondere, wenn das Zusammenfallen von Rechnungs- und Leistungsdatum nicht branchenüblich ist, der Rechnungsaussteller eine zeitnahe Abrechnung nicht regelmäßig durchführt oder bei der konkreten Leistung sonstige Zweifel am Zusammenfallen der Daten bestehen. 10 Es besteht keine Pflicht der Finanzbehörden, fehlende Informationen selbst von Amts wegen zu ermitteln. 11 Zweifel und Unklarheiten wirken zu Lasten des Unternehmers (vgl. Abschnitt 15.11. Abs. 3 Satz 1).

Rechnungsaussteller

(2) 1 Die Rechnung muss grundsätzlich vom leistenden Unternehmer oder vom Leistungsempfänger (Gutschrift) ausgestellt sein. 2 Ein Vorsteuerabzug ist

deshalb nicht zulässig, wenn ein anderer im Namen des Leistenden oder des Leistungsempfängers eine Rechnung mit gesondertem Steuerausweis erteilt, ohne vom Leistenden oder vom Leistungsempfänger dazu beauftragt zu sein. 3Der Rechnungsaussteller (Gutschriftsempfänger) muss mit dem leistenden Unternehmer grundsätzlich identisch sein, um eine Verbindung zwischen einer bestimmten wirtschaftlichen Transaktion und dem Rechnungsaussteller (Gutschriftsempfänger) herzustellen (vgl. BFH-Urteil vom 14.02.2019, V R 47/16, BStBl. II 2020 S. 424). 4Zur Abrechnung durch den Vermittler vgl. BFH-Urteil vom 04.03.1982, V R 59/81, BStBl. II S. 315. 5Der Vorsteuerabzug ist nur möglich, wenn die Rechnung die Angabe des vollständigen Namens und der vollständigen Anschrift des leistenden Unternehmers enthält, wobei es nicht erforderlich ist, dass die wirtschaftlichen Tätigkeiten des leistenden Unternehmers unter der Anschrift ausgeübt werden, die in der von ihm ausgestellten Rechnung angegeben ist; es reicht vielmehr jede Art von Anschrift und damit auch eine Briefkastenanschrift, sofern der Unternehmer unter die-ser Anschrift erreichbar ist (vgl. BFH-Urteile vom 13.06.2018, XI R 20/14, BStBl. II S. 800, und vom 21.06.2018, V R 25/15, BStBl. II S. 809, und V R 28/16, BStBl. II S. 806). 6Maßgeblich für eine Erreichbarkeit ist der Zeitpunkt der Rechnungsausstellung. 7Die Feststellungslast für die postalische Erreichbarkeit zu diesem Zeitpunkt trifft den den Vorsteuerabzug begehrenden Leistungsempfänger (vgl. BFH-Urteil vom 05.12.2018, XI R 22/14, BStBl. II 2020I S. 418). 8Der Unternehmer, der die Lieferung oder sonstige Leistung ausgeführt hat, muss in der Rechnung (Abrechnungspapier) grundsätzlich mit seinem wirklichen Namen bzw. mit der wirklichen Firma angegeben sein (vgl. auch § 31 Abs. 2 UStDV). 9Bei der Verwendung eines unzutreffenden und ungenauen Namens (z. B. Scheinname oder Scheinfirma) kann der Vorsteuerabzug ausnahmsweise zugelassen werden, wenn der tatsächlich leistende Unternehmer eindeutig und leicht nachprüfbar aus dem Abrechnungspapier ersichtlich ist (vgl. BFH-Urteil vom 07.10.1987, X R 60/82, BStBl. II 1988 S. 34). 10Diese Ausnahmekriterien sind eng auszulegen, so dass z. B. der Vorsteuerabzug unter folgenden Umständen unzulässig ist:

1. 1Bei Verwendung einer Scheinfirma oder eines Scheinnamens ergibt sich aus dem Abrechnungspapier kein Hinweis auf den tatsächlich leistenden Unternehmer (vgl. BFH-Urteil vom 19.10.1978, V R 39/75, BStBl. II 1979 S. 345). 2Hinweise auf den tatsächlich leistenden Unternehmer fehlen in der Regel in Rechnungen mit willkürlich ausgesuchten Firmenbezeichnungen und/oder unzutreffenden Anschriften sowie bei Rechnungen von zwar existierenden Firmen, die aber die Leistung nicht ausgeführt haben (z. B. bei Verwendung von echten Rechnungsformularen dieser Firmen ohne ihr Wissen oder bei gefälschten Rechnungsformularen). 3Das gilt auch, wenn der Abrechnende bereits bei der Leistungsbewirkung unter dem fremden Namen aufgetreten ist (BFH-Urteil vom 17.09.1992, V R 41/89, BStBl. II 1993 S. 205) oder wenn die als Rechnungsaussteller bezeichnete Person einen auf ihren Namen lautenden Gewerbebetrieb vortäuscht, ohne tatsächlich selbst direkt oder über einen rechtsgeschäftlichen Vertreter zivilrechtliche Vertragsbeziehungen mit dem Leistungsempfänger zu unterhalten (vgl.

BFH-Urteil vom 15.10.2019, V R 29/19 (V R 44/16), BStBl. II 2021 S. 646).

2. [1]Aus dem Abrechnungspapier geht der tatsächlich leistende Unternehmer nicht eindeutig hervor. [2]Dies ist beispielsweise anzunehmen, wenn nach der Abrechnung mehrere leistende Unternehmer in Betracht kommen und sich der tatsächlich leistende Unternehmer nicht zweifelsfrei ergibt. [3]Die Feststellung, welcher Leistungsbeziehung die Verschaffung der Verfügungsmacht zuzurechnen ist, ist im Wesentlichen tatsächliche Würdigung (vgl. BFH-Urteil vom 04.09.2003, V R 9, 10/02, BStBl. II 2004 S. 627). [4]Im Fall eines Strohmannverhältnisses sind die von dem (weisungsabhängigen) Strohmann bewirkten Leistungen trotz selbständigen Auftretens im Außenverhältnis dem Hintermann als Leistendem zuzurechnen (vgl. BFH-Urteil vom 15.09.1994, XI R 56/93, BStBl. II 1995 S. 275). [5]Ein Strohmann, der im eigenen Namen Gegenstände verkauft und bewirkt, dass dem Abnehmer die Verfügungsmacht daran eingeräumt wird, kann aber umsatzsteuerrechtlich Leistender sein (vgl. BFH-Urteil vom 28.01.1999, V R 4/98, BStBl. II S. 628, und BFH-Beschluss vom 31.01.2002, V B 108/01, BStBl. II 2004 S. 622). [6]Ein Unternehmer, der unter fremdem Namen auftritt, liefert dagegen selbst, wenn nach den erkennbaren Umständen durch sein Handeln unter fremdem Namen lediglich verdeckt wird, dass er und nicht der „Vertretene" die Lieferung erbringt (vgl. BFH-Urteil vom 04.09.2003, V R 9, 10/02, a. a. O.). [7]Im Übrigen vgl. zum Begriff des Leistenden Abschnitt 2.1 Abs. 3.
3. Aus dem Abrechnungspapier ist der tatsächlich leistende Unternehmer nur schwer zu ermitteln, also nicht leicht nachprüfbar festzustellen.
4. Der tatsächlich leistende Unternehmer ist zwar bekannt, seine Identität ergibt sich jedoch nicht aus dem Abrechnungspapier oder aus solchen Unterlagen, auf die in dem Abrechnungspapier verwiesen wird (vgl. hierzu die zur zutreffenden Leistungsbezeichnung in Rechnungen ergangenen BFH-Beschlüsse vom 04.12.1987, V S 9/85, BStBl. II 1988 S. 702, und vom 09.12.1987, V B 54/85, BStBl. II 1988 S. 700).

[11]Steuern, die dem Unternehmer von einem Lieferer oder Leistenden in Rechnung gestellt werden, der nicht Unternehmer ist, sind – obwohl sie von diesem nach § 14c Abs. 2 UStG geschuldet werden – nicht abziehbar (vgl. BFH-Urteile vom 08.12.1988, V R 28/84, BStBl. II 1989 S. 250, und vom 02.04.1998, V R 34/97, BStBl. II S. 695).

Rechnungsadressat

(3) [1]Der Vorsteuerabzug setzt grundsätzlich eine auf den Namen des umsatzsteuerlichen Leistungsempfängers lautende Rechnung mit gesondert ausgewiesener Steuer voraus. [2]Es ist jede Bezeichnung des Leistungsempfängers ausreichend, die eine eindeutige und leicht nachprüfbare Feststellung seines Namens und seiner Anschrift ermöglicht (vgl. BFH-Urteil vom 02.04.1997, V B 26/96, BStBl. II S. 443). [3]Eine andere Rechnungsadresse ist nicht zu beanstanden, wenn aus dem übrigen Inhalt der Rechnung oder aus anderen Unterlagen, auf die in der Rechnung hingewiesen wird (§ 31 Abs. 1 UStDV), Name und Anschrift des umsatzsteuerlichen Leistungsempfängers eindeutig

hervorgehen (z.B. bei einer Rechnungsausstellung auf den Namen eines Gesellschafters für Leistungen an die Gesellschaft). [4]Eine Gesellschaft kann jedoch aus einer Rechnung, die nur auf einen Gesellschafter ausgestellt ist, keinen Vorsteuerabzug vornehmen, wenn die Rechnung keinen Hinweis auf die Gesellschaft als Leistungsempfänger enthält (vgl. BFH-Urteile vom 05.10.1995, V R 113/92, BStBl. II 1996 S. 111). [5]Entsprechendes gilt für Gemeinschaften (vgl. BFH-Urteil vom 23.09.2009, XI R 14/08, BStBl. II 2010 S. 243). [6]Der in einer Rechnung an die Bauherren eines Gesamtobjekts (z.B. Wohnanlage mit Eigentumswohnungen) gesondert ausgewiesene Steuerbetrag kann nach § 1 Abs. 2 der Verordnung über die gesonderte Feststellung von Besteuerungsgrundlagen nach § 180 Abs. 2 AO auf die Beteiligten verteilt und ihnen zugerechnet werden. [7]Die Bezeichnung der einzelnen Leistungsempfänger und der für sie abziehbare Steuerbetrag kann aus einer Abrechnung über das bezeichnete Gesamtobjekt abgeleitet werden (BFH-Urteil vom 27.01.1994, V R 31/91, BStBl. II S. 488). [8]Sind bei gemeinsamem Leistungsbezug durch mehrere Personen die einzelnen Gemeinschafter als Leistungsempfänger anzusehen (vgl. Abschnitt 15.2b Abs. 1), genügt für Zwecke des Vorsteuerabzugs des einzelnen Gemeinschafters grundsätzlich eine Rechnung an die Gemeinschaft, die als Angabe nach § 14 Abs. 4 Satz 1 Nr. 1 UStG nur den vollständigen Namen und die vollständige Anschrift der Gemeinschaft enthält. [9]Aus den durch die den Vorsteuerabzug begehrenden Gemeinschafter nach § 22 UStG zu führenden Aufzeichnungen müssen sich dann die Namen und die Anschriften der übrigen Gemeinschafter sowie die auf die Gemeinschafter entfallenden Anteile am Gemeinschaftsvermögen ergeben. [10]In den Fällen eines Entgelts von dritter Seite (§ 10 Abs. 1 Satz 2 UStG) ist nicht der Dritte, sondern nur der Leistungsempfänger zum Vorsteuerabzug berechtigt (vgl. auch Abschnitt 14.10 Abs. 1).

Leistungsbeschreibung

(4) [1]In der Rechnung sind als Nachweis dafür, dass die Leistung für das Unternehmen bezogen wurde, zutreffende Angaben des leistenden Unternehmers über die Menge und die Art der von ihm gelieferten Gegenstände oder den Umfang und die Art der von ihm ausgeführten sonstigen Leistungen erforderlich (vgl. Abschnitt 14.5 Abs. 15). [2]Bei Lieferungen kann die erforderliche Angabe der Art in der (unter Berücksichtigung von Handelsstufe, Art und Inhalt der Lieferung und dem Wert der einzelnen Gegenstände) zutreffenden handelsüblichen Bezeichnung der einzelnen Liefergegenstände bestehen (zu den Anforderungen bei hochpreisigen Uhren und Armbändern vgl. BFH-Beschluss vom 29.11.2002, V B 119/02, n. v.;[1)] abgrenzend dazu im Niedrigpreissegment vgl. BFH-Urteil vom 10.07.2019, XI R 28/18, BStBl. II 2021 S. 961). [3]In Zweifelsfällen ist der Unternehmer nach den allgemeinen Regeln (vgl. Absätze 5 und 6) nachweispflichtig, dass eine in der Rechnung aufgeführte Bezeichnung (z.B. bloße Gattungsbezeichnung wie „T-Shirts" oder „Bluse") auf der betreffenden Handelsstufe handelsüblich ist. [4]Bei sonstigen Leistungen müssen die Angaben eine eindeutige Identifizierung der abgerechneten Leistungen ermöglichen. [5]Der Umfang und die Art der erbrachten Dienstleistungen sind zu prä-

1) BFH/NV 2003, 518.

zisieren; dies bedeutet jedoch nicht, dass die konkreten erbrachten Dienstleistungen erschöpfend beschrieben werden müssen (BFH-Urteil vom 15.10.2019, V R 29/19 (V R 44/16), BStBl. 2021 II S. 646 und EuGH-Urteil vom 15.09.2016, C-516/14, Barlis 06). [6]Allein nicht ausreichend sind allgemeine Angaben wie „Erbringung juristischer Dienstleistungen", „Bauarbeiten" (vgl. BFH-Urteil vom 10.11.1994, V R 45/93, BStBl. II 1995 S. 395), „Beratungsleistung" (vgl. BFH-Beschluss vom 16.12.2008, V B 228/07, n.v.), „Werbungskosten lt. Absprache", „Akquisitions-Aufwand" oder „Reinigungskosten" (vgl. BFH-Urteil vom 01.03.2018, V R 18/17, BStBl. II 2021 S. 644), da sie nicht die erforderliche Kontrollfunktion (vgl. Abschnitt 14.5 Abs. 1) erfüllen.

(5) [1]Der Vorsteuerabzug kann nur auf Grund einer Rechnung geltend gemacht werden, die eine eindeutige und leicht nachprüfbare Feststellung der Leistung ermöglicht, über die abgerechnet worden ist (BFH-Urteile vom 10.11.1994, V R 45/93, BStBl. II 1995 S. 395, vom 16.01.2014, V R 28/13, BStBl. II S. 867, vom 01.03.2018, V R 18/17, BStBl. II 2021 S. 644 und vom 15.10.2019, V R 29/19 (V R 44/16), BStBl. II 2021 S. 646). [2]Eine für die Gewährung des Vorsteuerabzugs ausreichende Leistungsbezeichnung ist dann nicht gegeben, wenn die Angaben tatsächlicher Art im Abrechnungspapier unrichtig oder so ungenau sind, dass sie eine Identifizierung des Leistungsgegenstands nicht ermöglichen. [3]Den Vorsteuerabzug ausschließende

1. unrichtige Angaben liegen vor, wenn eine in der Rechnung aufgeführte Leistung tatsächlich nicht erbracht ist und auch nicht erbracht werden soll (z. B. bei Gefälligkeitsrechnungen), oder zwar eine Leistung ausgeführt ist oder ausgeführt werden soll, jedoch in der Rechnung nicht auf die tatsächliche Leistung, sondern auf eine andere hingewiesen wird (vgl. Beispielsfälle in Abschnitt 14c.2 Abs. 2 Nr. 3);
2. [1]ungenaue Angaben liegen vor, wenn die Rechnungsangaben zwar nicht unrichtig, aber nicht so eingehend und präzise sind, dass sie ohne weiteres völlige Gewissheit über Art und Umfang des Leistungsgegenstands verschaffen. [2]Dies ist regelmäßig der Fall, wenn sich anhand der Rechnung nachträglich nicht genau feststellen lässt, auf welchen gelieferten Gegenstand bzw. auf welchen beim Leistungsempfänger eingetretenen Erfolg einer sonstigen Leistung sich die gesondert ausgewiesene Steuer beziehen soll (vgl. Beispielsfälle in Abschnitt 14c.2 Abs. 2 Nr. 3). [3]Die erforderlichen Angaben müssen aus der vom leistenden Unternehmer erstellten Rechnung oder aus weiteren, ergänzenden Unterlagen hervorgehen (vgl. Absätze 1a und 7). [4]Rechnungsergänzungen durch den Leistungsempfänger können nicht berücksichtigt werden (vgl. BFH-Beschluss vom 04.12.1987, V S 9/85, BStBl. II 1988 S. 702).

Überprüfung der Rechnungsangaben

(6) [1]Der Leistungsempfänger hat die in der Rechnung enthaltenen Angaben auf ihre Vollständigkeit und Richtigkeit zu überprüfen (vgl. BFH-Urteil vom 06.12.2007, V R 61/05, BStBl. II 2008 S. 695). [2]Dabei ist allerdings der Grundsatz der Verhältnismäßigkeit zu wahren. [3]Enthält die Rechnung entgegen § 14 Abs. 4 Satz 1 Nr. 2 UStG nur eine Zahlen- und Buchstaben-

kombination, bei der es sich nicht um die dem leistenden Unternehmer erteilte Steuernummer handelt, ist der Leistungsempfänger nach § 15 Abs. 1 Satz 1 Nr. 1 Satz 2 UStG – vorbehaltlich einer Rechnungsberichtigung – nicht zum Vorsteuerabzug berechtigt (BFH-Urteil vom 02.09.2010, V R 55/09, BStBl. II 2011 S. 235). [4]Die Überprüfung der Richtigkeit der Steuernummer oder der inländischen USt-IdNr. und der Rechnungsnummer ist dem Rechnungsempfänger regelmäßig nicht möglich (vgl. BFH-Urteil vom 02.09.2010, V R 55/09, a.a.O.). [5]Ist eine dieser Angaben unrichtig und konnte der Unternehmer dies nicht erkennen, bleibt der Vorsteuerabzug erhalten, wenn im Übrigen die Voraussetzungen für den Vorsteuerabzug gegeben sind. [6]Unberührt davon bleibt, dass der Unternehmer nach § 15 Abs. 1 Satz 1 Nr. 1 UStG nur die gesetzlich geschuldete Steuer für Lieferungen und sonstige Leistungen eines anderen Unternehmers für sein Unternehmen als Vorsteuer abziehen kann. [7]Deshalb ist z.B. der Vorsteuerabzug zu versagen, wenn die Identität des leistenden Unternehmers mit den Rechnungsangaben nicht übereinstimmt oder über eine nicht ausgeführte Lieferung oder sonstige Leistung abgerechnet wird. [8]Hinsichtlich der übrigen nach den §§ 14, 14a UStG erforderlichen Angaben hat der Rechnungsempfänger die inhaltliche Richtigkeit der Angaben zu überprüfen. [9]Dazu gehört insbesondere, ob es sich bei der ausgewiesenen Steuer um gesetzlich geschuldete Steuer für eine Lieferung oder sonstige Leistung handelt. [10]Bei unrichtigen Angaben entfällt grundsätzlich der Vorsteuerabzug. [11]Enthält eine Rechnung Rechenfehler oder die unrichtige Angabe des Entgelts, des Steuersatzes oder des Steuerbetrags, kann ggf. der zu niedrig ausgewiesene Steuerbetrag abgezogen werden (vgl. Abschnitt 14c.1 Abs. 9 und BFH-Urteil vom 28.08.2014, V R 49/13, BStBl. II 2021 S. 825). [12]Im Fall des § 14c Abs. 1 UStG kann der Vorsteuerabzug unter den übrigen Voraussetzungen in Höhe der für die bezogene Leistung geschuldeten Steuer vorgenommen werden. [13]Ungenauigkeiten führen unter den übrigen Voraussetzungen nicht zu einer Versagung des Vorsteuerabzugs, wenn z.B. bei Schreibfehlern im Namen oder der Anschrift des leistenden Unternehmers oder des Leistungsempfängers oder in der Leistungsbeschreibung ungeachtet dessen eine eindeutige und unzweifelhafte Identifizierung der am Leistungsaustausch Beteiligten, der Leistung und des Leistungszeitpunkts möglich ist und die Ungenauigkeiten nicht sinnentstellend sind.

Berichtigte Rechnung

(7) [1]Ist eine Rechnung nicht ordnungsmäßig und kann auch kein Nachweis im Sinne von Absatz 1a geführt werden, ist sie für das Recht auf einen Vorsteuerabzug zu berichtigen (vgl. Abschnitt 14.11.). [2]Eine Rechnungsberichtigung kann auf den Zeitpunkt zurückwirken, in dem die Rechnung erstmals ausgestellt wurde (vgl. BFH-Urteil vom 20.10.2016, V R 26/15, DStR S. 2697). [3]Auch der Stornierung einer Rechnung nebst Neuausstellung einer sie ersetzenden Rechnung kann eine Rückwirkung beim Vorsteuerabzug zukommen (vgl. BFH-Urteil vom 22.01.2020, XI R 10/17, DStR S. 1124). [4]Die Rückwirkung einer Rechnungsberichtigung beim Vorsteuerabzug gilt unabhängig davon, ob die Berichtigung zum Vorteil oder zum Nachteil des Leistungsempfängers wirkt. [5]Eine Rechnung ist auch dann „un-

zutreffend“ im Sinne des § 31 Abs. 5 Satz 1 Buchstabe b UStDV, wenn sie im Einvernehmen aller Beteiligten vollständig rückabgewickelt und die gezahlte Umsatzsteuer zurückgezahlt wurde (vgl. BFH-Urteil vom 22.01.2020 – XI R 10/17, a.a.O.). [6]Ein Dokument ist dann eine rückwirkend berichtigungsfähige Rechnung, wenn es Angaben zum Rechnungsaussteller, zum Leistungsempfänger, zur Leistungsbeschreibung, zum Entgelt und zur gesondert ausgewiesenen Umsatzsteuer enthält. [7]Hierfür reicht es aus, dass die Rechnung diesbezügliche Angaben enthält und die Angaben nicht in so hohem Maße unbestimmt, unvollständig oder offensichtlich unzutreffend sind, dass sie fehlenden Angaben gleichstehen (vgl. BFH-Beschluss vom 14.11.2022 – XI B 105/21, n.v.).[1)] [8]Sind diese Anforderungen erfüllt, entfaltet die Rechnungsberichtigung immer Rückwirkung. [9]Die Rechnung kann bis zum Schluss der letzten mündlichen Verhandlung vor dem Finanzgericht berichtigt und vorgelegt werden. [10]Kleinbetragsrechnungen nach § 33 UStDV müssen nur berichtigt werden, soweit diese Vorschrift die in Rede stehenden Angaben erfordert. [11]Zu den Einzelheiten vgl. BMF-Schreiben vom 18.09.2020, DStR S. 2131). [12]Erteilt ein Unternehmer in der Annahme einer Leistungserbringung im Ausland eine Ausgangsrechnung ohne inländischen Steuerausweis, entfaltet eine Berichtigung dieser Rechnung keine Rückwirkung (vgl. BFH-Urteil vom 07.07.2022 – V R 33/20, BStBl. II S. 821). [13]Das Recht auf Vorsteuerabzug aus einer mit Rückwirkung berichtigten Rechnung ist grundsätzlich in dem Zeitpunkt auszuüben, in dem die Leistung bezogen wurde und die ursprüngliche Rechnung vorlag. [14]Abweichend hiervon kann bei einem zu niedrigen Steuerausweis in der ursprünglichen Rechnung das Recht auf Vorsteuerabzug in Höhe der Differenz zwischen dem zu niedrigen Steuerbetrag, für den ein Vorsteuerabzug bereits vorgenommen wurde, und dem zutreffenden Steuerbetrag erst dann ausgeübt werden, wenn der Leistungsempfänger im Besitz einer Rechnung ist, die den Steuerbetrag in zutreffender Höhe ausweist. [15]Wird eine Rechnung berichtigt, die nach den vorstehenden Ausführungen nicht rückwirkend berichtigungsfähig ist, kann der Vorsteuerabzug erst zu dem Zeitpunkt in Anspruch genommen werden, in dem der Rechnungsaussteller die Rechnung berichtigt und die zu berichtigenden Angaben an den Rechnungsempfänger übermittelt hat.

Endrechnungen

(8) [1]Bei einer Schlussrechnung ergibt sich der abzugsfähige Vorsteuerbetrag aus der ausgewiesenen Umsatzsteuer abzüglich der bereits in den Abschlagsrechnungen enthaltenen Umsatzsteuer (vgl. BFH-Urteil vom 05.09.2019 – V R 38/17, BStBl. II 2022 S. 696). [2]Hat der leistende Unternehmer in einer Endrechnung die vor Ausführung der Lieferung oder sonstigen Leistung vereinnahmten Teilentgelte und die auf sie entfallenden Steuerbeträge nicht nach § 14 Abs. 5 Satz 2 UStG abgesetzt, ist die zu hoch ausgewiesene Umsatzsteuer nicht als Vorsteuer abziehbar (BFH-Urteil vom 11.04.2002 – V R 26/01, BStBl. II 2004 S. 317).

---

1) BFH/NV 2023, 155.

Gutschriften

(9) [1]Wird über die Lieferung oder sonstige Leistung mit einer Gutschrift abgerechnet, kommt der Vorsteuerabzug für den Leistungsempfänger nur in Betracht, wenn der leistende Unternehmer zum gesonderten Ausweis der Steuer in einer Rechnung berechtigt ist. [2]Daher kann auch in diesen Fällen der Vorsteuerabzug nicht in Anspruch genommen werden, wenn der leistende Unternehmer § 19 Abs. 1 UStG anwendet.

(10) [1]Der Vorsteuerabzug aus einer Gutschrift entfällt auch, wenn die Lieferung oder sonstige Leistung nicht steuerpflichtig ist (vgl. auch BFH-Urteil vom 31.01.1980, V R 60/74, BStBl. II S. 369). [2]Hat der Aussteller der Gutschrift die Steuer zu hoch ausgewiesen, kann er den zu hoch ausgewiesenen Steuerbetrag nicht als Vorsteuer abziehen (vgl. Absatz 6). [3]Ein Vorsteuerabzug ist ebenfalls nicht zulässig, wenn eine Gutschrift ohne das Einverständnis des Gutschriftsempfängers erteilt wird oder wenn der Leistungsempfänger eine unvollständige und daher zum Vorsteuerabzug nicht berechtigende Rechnung (z. B. bei fehlendem gesonderten Steuerausweis) ohne ausdrückliche Anerkennung des Lieferers oder Leistenden durch eine Gutschrift ersetzt (vgl. auch Abschnitt 14.3 Abs. 1).

(11) [1]Der Vorsteuerabzug entfällt, soweit der Gutschriftsempfänger dem in der Gutschrift angegebenen Steuerbetrag widerspricht (vgl. § 14 Abs. 2 Satz 3 UStG). [2]Dieser Widerspruch wirkt auch für den Vorsteuerabzug des Gutschriftausstellers erst in dem Besteuerungszeitraum, in dem er erklärt wird (vgl. BFH-Urteil vom 19.05.1993, V R 110/88, BStBl. II S. 779). [3]Widerspricht der Gutschriftsempfänger dem übermittelten Abrechnungsdokument, verliert die Gutschrift die Wirkung einer zum Vorsteuerabzug berechtigenden Rechnung auch dann, wenn die Gutschrift den zivilrechtlichen Vereinbarungen entspricht und die Umsatzsteuer zutreffend ausweist; es genügt, dass der Widerspruch eine wirksame Willenserklärung darstellt (vgl. BFH-Urteil vom 23.01.2013, XI R 25/11, BStBl. II S. 417).

Betriebsinterne Abrechnungen

(12) [1]Steuerbeträge, die für einen Innenumsatz (z. B. zwischen Betriebsabteilungen desselben Unternehmers oder innerhalb eines Organkreises) gesondert ausgewiesen werden, berechtigen nicht zum Vorsteuerabzug (vgl. auch Abschnitt 14.1 Abs. 4). [2]Bei Sacheinlagen von bisher nichtunternehmerisch (unternehmensfremd oder nichtwirtschaftlich i. e. S., vgl. Abschnitt 2.3 Abs. 1a) verwendeten Gegenständen ist ein Vorsteuerabzug ebenfalls nicht zulässig.

15.2b Leistung für das Unternehmen

Leistungsempfänger

(1) [1]Eine Lieferung oder sonstige Leistung wird grundsätzlich an diejenige Person ausgeführt, die aus dem schuldrechtlichen Vertragsverhältnis, das dem Leistungsaustausch zu Grunde liegt, berechtigt oder verpflichtet ist (vgl. BFH-

Urteil vom 28.08.2013, XI R 4/11, BStBl. II 2014 S. 282). [2]Leistungsempfänger ist somit regelmäßig der Auftraggeber oder Besteller einer Leistung. [3]Alleine die Umlage der Umsatzsteuer durch den Leistungsempfänger auf sein unternehmerisch tätiges Mitglied führt auch unter Beachtung des Grundsatzes der Neutralität der Umsatzsteuer nicht dazu, dass das Mitglied zum Leistungsempfänger wird (vgl. BFH-Urteil vom 31.05.2017, XI R 40/14, BStBl. II 2021 S. 828). [4]Saniert ein Treuhänder ein Gebäude für Zwecke einer umsatzsteuerpflichtigen Vermietung, ist der Treuhänder und nicht der Treu-geber auf Grund der im Namen des Treuhänders bezogenen Bauleistungen zum Vorsteuerabzug berechtigt (BFH-Urteil vom 18.02.2009, V R 82/07, BStBl. II S. 876). [5]Wird auf einem Grundstück, an dem die Ehegatten gemeinschaftlich Miteigentümer sind, ein Bauwerk errichtet, kann statt der Ehegattengemeinschaft auch einer der Ehegatten allein Leistungsempfänger sein. [6]In derartigen Fällen muss sich schon aus der Auftragserteilung klar ergeben, wer Auftraggeber und damit Leistungsempfänger ist. [7]Bei gemeinsamem Erwerb durch mehrere Personen in Form einer nicht selbst unternehmerisch tätigen Bruchteilsgemeinschaft sind die einzelnen Gemeinschafter als Leistungsempfänger anzusehen (BFH-Urteil vom 28.08.2014, V R 49/13, BStBl. II 2021 S. 825). [8]Dies gilt für den Bezug von sonstigen Leistungen gleichermaßen, z.B. bei der Vermietung eines Ladenlokals an eine nichtunternehmerische Ehegattengemeinschaft (vgl. BFH-Urteil vom 01.02.2001, V R 79/99, BStBl. II 2008 S. 495). [9]Alleine die unentgeltliche Nutzung eines in gemeinschaftlichem Eigentum stehenden Wirtschaftsgutes durch einen Gemeinschafter begründet weder eine eigene Rechtspersönlichkeit noch eine wirtschaftliche Tätigkeit der Gemeinschaft. [10]Einem Unternehmer, der nach den vorstehenden Grundsätzen als Leistungsempfänger anzusehen ist, steht nach § 15 Abs. 1 UStG der Vorsteuerabzug zu, wenn und soweit die Leistung für sein Unternehmen ausgeführt wurde (vgl. Absatz 2 und 3). [11]Ist bei einer solchen Gemeinschaft nur ein Gemeinschafter unternehmerisch tätig und verwendet dieser einen Teil des Gegenstands ausschließlich für seine unternehmerischen Zwecke, steht ihm das Vorsteuerabzugsrecht aus den bezogenen Leistungen anteilig zu, soweit der seinem Unternehmen zugeordnete Anteil am Gegenstand seinen Miteigentumsanteil nicht übersteigt (vgl. BFH-Urteil vom 06.10.2005, V R 40/01, BStBl. 2007 II S. 13 sowie Abschnitt 15a.2 Abs. 4). [12]Die tatsächliche Durchführung muss den getroffenen Vereinbarungen entsprechen (vgl. BFH-Urteile vom 11.12.1986, V R 57/76, BStBl. II 1987 S. 233, vom 26.11.1987, V R 85/83, BStBl. II 1988 S. 158, und vom 05.10.1995, V R 113/92, BStBl. II 1996 S. 111). [13]Wird unter Missachtung des sich aus dem schuldrechtlichen Vertragsverhältnis ergebenden Anspruchs die Leistung tatsächlich an einen Dritten erbracht, kann der Dritte unabhängig von den zu Grunde liegenden Rechtsbeziehungen Leistungsempfänger sein (BFH-Urteil vom 01.06.1989, V R 72/84, BStBl. II S. 677). [14]Zur Bestimmung des Leistungsempfängers bei Leistungen im Sinne des § 3a Abs. 2 UStG vgl. Abschnitt 3a.2 Abs. 2.

Leistung für das Unternehmen

(2)[1] [1]Ein Unternehmer, der für Zwecke des Vorsteuerabzugs als Leistungsempfänger anzusehen ist (vgl. Absatz 1), ist nach § 15 Abs. 1 UStG zum Vorsteuerabzug berechtigt, soweit er Leistungen für sein Unternehmen im Sinne des § 2 Abs. 1 UStG und damit für seine unternehmerischen Tätigkeiten zur Erbringung entgeltlicher Leistungen zu verwenden beabsichtigt (vgl. BFH-Urteil vom 27.01.2011, V R 38/09, BStBl. II 2012 S. 68). [2]Bei der Prüfung des Vorsteuerabzugs sind die Ausschlusstatbestände nach § 15 Abs. 1a, 1b und 2 UStG zu berücksichtigen (vgl. Abschnitte 15.6, 15.6a und 15.12 bis 15.14). [3]Zwischen Eingangs- und Ausgangsleistung muss nach dem objektiven Inhalt der bezogenen Leistung ein direkter und unmittelbarer Zusammenhang bestehen (vgl. BFH-Urteil vom 11.04.2013, V R 29/10, BStBl. II S. 840; nur mittelbar verfolgte Zwecke sind unerheblich, vgl. BFH-Urteil vom 13.01.2011, V R 12/08, BStBl. II 2012 S. 61). [4]Im Hinblick auf den erforderlichen Zusammenhang ist wie folgt zu differenzieren (vgl. BFH-Urteil vom 11.04.2013, V R 29/10, a. a. O.):

1. [1]Besteht der direkte und unmittelbare Zusammenhang zu einem einzelnen Ausgangsumsatz seiner wirtschaftlichen Tätigkeit, der steuerpflichtig ist (bzw. von § 15 Abs. 3 UStG umfasst wird), kann der Unternehmer den Vorsteuerabzug in Anspruch nehmen. [2]Die für den Leistungsbezug getätigten Aufwendungen gehören dann zu den Kostenelementen dieses Ausgangsumsatzes.

2. [1]Bei einem direkten und unmittelbaren Zusammenhang zu einem Ausgangsumsatz, der mangels wirtschaftlicher Tätigkeit nicht dem Anwendungsbereich der Umsatzsteuer unterliegt oder ohne Anwendung von § 15 Abs. 3 UStG steuerfrei ist, besteht keine Berechtigung zum Vorsteuerabzug. [2]Dies gilt auch, wenn der Unternehmer eine Leistung z. B. für einen steuerfreien Ausgangsumsatz bezieht, um mittelbar seine zum Vorsteuerabzug berechtigende wirtschaftliche Gesamttätigkeit zu stärken, da der von ihm verfolgte endgültige Zweck unerheblich ist.

3. [1]Fehlt ein direkter und unmittelbarer Zusammenhang zwischen einem bestimmten Eingangsumsatz und einem oder mehreren Ausgangsumsätzen, kann der Unternehmer zum Vorsteuerabzug berechtigt sein, wenn die Kosten für die Eingangsleistung zu seinen allgemeinen Aufwendungen gehören und – als solche – Bestandteile des Preises der von ihm erbrachten Leistungen sind. [2]Derartige Kosten hängen direkt und unmittelbar mit seiner wirtschaftlichen Gesamttätigkeit zusammen und berechtigen nach Maßgabe dieser Gesamttätigkeit zum Vorsteuerabzug (vgl. Abschnitte 15.15, 15.21 und 15.22).

[5]Zum Ausschluss eines Vorsteuerabzuges einer Holdinggesellschaft aus Eingangsleistungen, die nicht in direktem und unmittelbarem Zusammenhang mit den eigenen Umsätzen, sondern mit denen der Tochtergesellschaften stehen, vgl. BFH-Urteil vom 15.2.2023 – XI R 24/22 (XI R 22/18), BStBl. II

---

[1] A 15.2b UStAE Abs. 2 Satz 5 eingef., bish. Sätze 5 bis 9 werden Sätze 6 bis 10, neuer Satz 8 und Schaubild geänd. durch BMF v. 22.12.2023, BStBl. I 2023, 2248.

S. 940. [6]Beabsichtigt der Unternehmer bereits bei Leistungsbezug, die bezogene Leistung nicht für seine unternehmerische Tätigkeit, sondern ausschließlich und unmittelbar für die Erbringung unentgeltlicher Wertabgaben im Sinne des § 3 Abs. 1b oder 9a UStG zu verwenden, ist er nicht zum Vorsteuerabzug berechtigt (vgl. Abschnitt 15.15 sowie BFH-Urteile vom 09.12.2010, V R 17/10, BStBl. II 2012 S. 53, und vom 26.08.2014, XI R 26/10, BStBl. II 2021 S. 881). [7]Beabsichtigt der Unternehmer bei Bezug der Leistung, diese teilweise für unternehmerische und nichtunternehmerische Tätigkeiten zu verwenden (teilunternehmerische Verwendung), ist er grundsätzlich nur im Umfang der beabsichtigten Verwendung für seine unternehmerische Tätigkeit zum Vorsteuerabzug berechtigt (vgl. BFH-Urteil vom 03.03.2011, V R 23/10, BStBl. II 2012 S. 74). [8]Eine weiter gehende Berechtigung zum Vorsteuerabzug besteht bei einer teilunternehmerischen Verwendung einheitlicher Gegenstände nur, wenn es sich bei der nichtunternehmerischen Tätigkeit um die Verwendung für Privatentnahmen im Sinne des § 3 Abs. 1b oder 9a UStG, also um Entnahmen für den privaten Bedarf des Unternehmers als natürliche Person und für den privaten Bedarf seines Personals (unternehmensfremde Tätigkeiten), handelt (vgl. Abschnitt 15.2c Abs. 2 Satz 1 Nr. 2 Buchstabe b und BFH-Urteil vom 03.03.2011 – V R 23/10, a. a. O.). [9]Keine Privatentnahme in diesem Sinne ist dagegen eine Verwendung für nichtwirtschaftliche Tätigkeiten i. e. S. wie z. B. unentgeltliche Tätigkeiten eines Vereins aus ideellen Vereinszwecken oder hoheitliche Tätigkeiten einer juristischen Person des öffentlichen Rechts (vgl. Abschnitte 2.3 Abs. 1a, 2.10, 2.11, 15.19, 15.21 und 15.22 und BFH-Urteile vom 06.05.2010, V R 29/09, BStBl. II S. 885, und vom 03.03.2011, V R 23/10, a. a. O.). [10]Hinsichtlich der Änderung des Nutzungsumfangs der Eingangsumsätze vgl. Abschnitte 3.3, 3.4 und 15a.1 Abs. 6 und 7.

(3) [1]Ob eine Leistung für unternehmerische Tätigkeiten bezogen wird, ist nach dem Innenverhältnis zu beurteilen. [2]Danach muss die Verwendung der bezogenen Leistung für unternehmerische Tätigkeiten objektiv möglich und auch durchgeführt sein. [3]Für die Frage, ob eine Leistung für das Unternehmen vorliegt, sind grundsätzlich die Verhältnisse im Zeitpunkt des Umsatzes an den Unternehmer maßgebend (vgl. BFH-Urteil vom 06.05.1993, V R 45/88, BStBl. II S. 564); vgl. auch Abschnitt 15.2c Abs. 12. [4]Eine erstmalige vorübergehende nichtunternehmerische Verwendung steht dem Leistungsbezug für das Unternehmen nicht entgegen, wenn der erworbene Gegenstand anschließend bestimmungsgemäß unternehmerisch genutzt wird (vgl. BFH-Urteil vom 20.07.1988, X R 8/80, BStBl. II S. 1012, und BFH-Beschluss vom 21.06.1990, V B 27/90, BStBl. II S. 801). [5]Bei der Anschaffung von sog. Freizeitgegenständen (z. B. von Segelbooten, Segelflugzeugen und Wohnwagen) ist davon auszugehen, dass diese Gegenstände den nichtunternehmerischen tätigkeiten zuzuordnen sind (vgl. Abschnitt 2.6 Abs. 3). [6]Zum Vorsteuerabzug aus dem Erwerb eines Flugzeugs durch die Ehefrau, das weitaus überwiegend vom Ehemann genutzt wird, vgl. BFH-Urteil vom 19.05.1988, V R 115/83, BStBl. II S. 916. [7]Liefert ein Unternehmer unter der Anschrift und Bezeichnung, unter der er seine Umsatztätigkeit ausführt, einen ihm gelieferten für sein Unternehmen objektiv nützlichen Gegenstand

Schaubild:

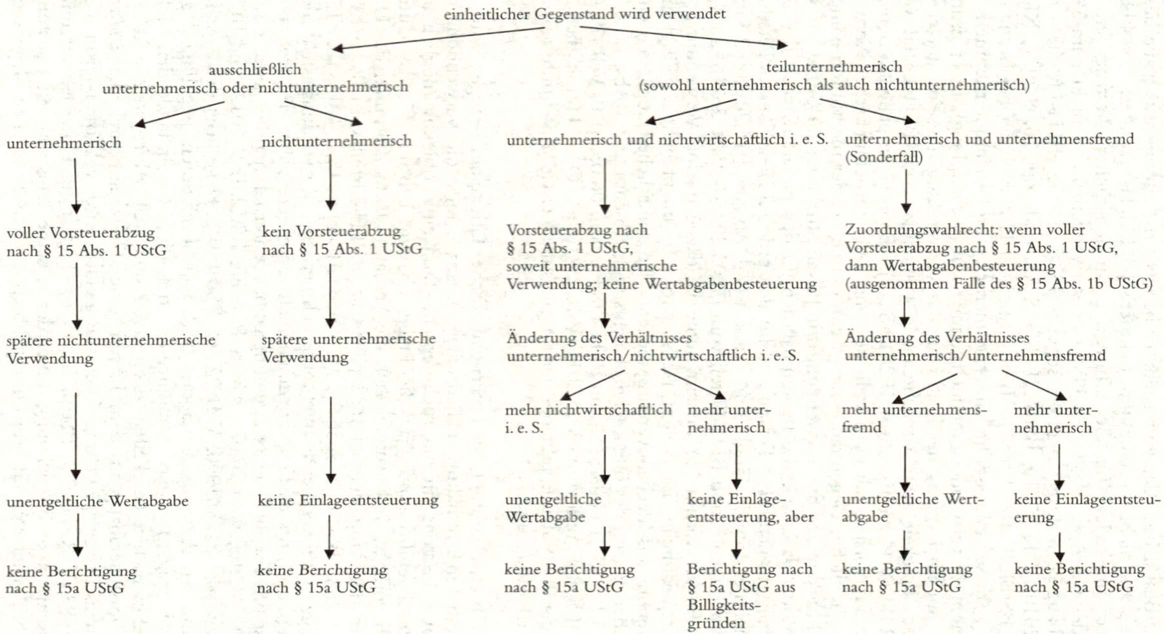
einheitlicher Gegenstand wird verwendet
ausschließlich unternehmerisch oder nichtunternehmerisch
teilunternehmerisch (sowohl unternehmerisch als auch nichtunternehmerisch)
unternehmerisch
nichtunternehmerisch
unternehmerisch und nichtwirtschaftlich i. e. S.
unternehmerisch und unternehmensfremd (Sonderfall)
voller Vorsteuerabzug nach § 15 Abs. 1 UStG
kein Vorsteuerabzug nach § 15 Abs. 1 UStG
Vorsteuerabzug nach § 15 Abs. 1 UStG, soweit unternehmerische Verwendung; keine Wertabgabenbesteuerung
Zuordnungswahlrecht: wenn voller Vorsteuerabzug nach § 15 Abs. 1 UStG, dann Wertabgabenbesteuerung (ausgenommen Fälle des § 15 Abs. 1b UStG)
spätere nichtunternehmerische Verwendung
spätere unternehmerische Verwendung
Änderung des Verhältnisses unternehmerisch/nichtwirtschaftlich i. e. S.
Änderung des Verhältnisses unternehmerisch/unternehmensfremd
mehr nichtwirtschaftlich i. e. S.
mehr unternehmerisch
mehr unternehmensfremd
mehr unternehmerisch
unentgeltliche Wertabgabe
keine Einlageentsteuerung
unentgeltliche Wertabgabe
keine Einlageentsteuerung, aber
unentgeltliche Wertabgabe
keine Einlageentsteuerung
keine Berichtigung nach § 15a UStG
keine Berichtigung nach § 15a UStG
keine Berichtigung nach § 15a UStG
Berichtigung nach § 15a UStG aus Billigkeitsgründen
keine Berichtigung nach § 15a UStG
keine Berichtigung nach § 15a UStG

sogleich weiter und rechnet darüber mit gesondertem Steuerausweis ab, behandelt er den Gegenstand als für sein Unternehmen bezogen (vgl. BFH-Urteil vom 27.07.1995, V R 44/94, BStBl. II S. 853). [8]Eine Personengesellschaft kann die ihr in Rechnung gestellte Umsatzsteuer für von ihr bezogene Dienstleistungen, die der Erfüllung einkommensteuerrechtlicher Verpflichtungen ihrer Gesellschafter dienen, nicht als Vorsteuer abziehen (BFH-Urteil vom 08.09.2010, XI R 31/08, BStBl. II 2011 S. 197). [9]Dient ein Insolvenzverfahren sowohl der Befriedigung von Verbindlichkeiten des – zum Vorsteuerabzug berechtigten – Unternehmers wie auch der Befriedigung von Privatverbindlichkeiten des Unternehmers, ist der Unternehmer aus der Leistung des Insolvenzverwalters grundsätzlich im Verhältnis der unternehmerischen zu den privaten Verbindlichkeiten, die im Insolvenzverfahren jeweils als Insolvenzforderungen geltend gemacht werden, zum anteiligen Vorsteuerabzug berechtigt (BFH-Urteil vom 15.04.2015, V R 44/14, BStBl. II S. 679). [10]Dies gilt entsprechend für den Vorsteuerabzug des Gesamtrechtsnachfolgers eines vormals als Unternehmer zum Vorsteuerabzug berechtigten Erblassers aus den Leistungen des Nachlassinsolvenzverwalters (vgl. BFH-Urteil vom 21.10.2015, XI R 28/14, BStBl. II 2016 S. 550). [11]Zu den Anforderungen an die Rechnungsstellung des Insolvenzverwalters vgl. Abschnitt 15.2a Abs. 1 Sätze 5 und 6. [12]Zum Vorsteuerabzug eines Insolvenzverwalters vgl. Abschnitt 15.2d Abs. 1 Nr. 14. [13]Zum Vorsteuerabzug einer KG, die ihre Tätigkeit bereits vor Insolvenzeröffnung eingestellt hatte, vgl. Abschnitt 15.12 Abs. 1 Satz 17.

Leistungsbezug durch Vorgründungsgesellschaft oder Gesellschafter

(4) [1]Ein Gesellschafter oder eine zur Gründung einer Kapitalgesellschaft errichtete Personengesellschaft (sog. Vorgründungsgesellschaft), der bzw. die nach Gründung der Kapitalgesellschaft die bezogenen Leistungen in einem Akt gegen Entgelt an diese veräußert und andere Ausgangsumsätze von vornherein nicht beabsichtigt hatte, ist unter den übrigen Voraussetzungen des § 15 UStG zum Abzug der Vorsteuer für den Bezug von Dienstleistungen und Gegenständen ungeachtet dessen berechtigt, dass die Umsätze im Rahmen einer Geschäftsveräußerung nach § 1 Abs. 1a UStG nicht der Umsatzsteuer unterliegen. [2]Maßgebend sind insoweit die beabsichtigten Umsätze der Kapitalgesellschaft (vgl. BFH-Urteil vom 15.07.2004, V R 84/99, BStBl. II 2005 S. 155). [3]Erfolgt die Übertragung außerhalb einer entgeltlichen Leistung, kann dem Gesellschafter bzw. der Vorgründungsgesellschaft unter den übrigen Voraussetzungen des § 15 UStG der Vorsteuerabzug aus einer bezogenen Leistung zustehen, wenn es sich aus Sicht der (geplanten) Gesellschaft um einen Investitionsumsatz handelt und soweit die beabsichtigte Tätigkeit der Gesellschaft einen Vorsteuerabzug nicht ausschließt. [4]Unter den Begriff des Investitionsumsatzes fallen dabei bezogene Lieferungen oder sonstige Leistungen, die der Gesellschafter (bzw. die Vorgründungsgesellschaft) tatsächlich an die Gesellschaft überträgt und die von dieser für ihre wirtschaftliche Tätigkeit genutzt werden. [5]Gleiches gilt, wenn der Investitionsumsatz zwar beabsichtigt ist, aber nur deshalb nicht tatsächlich erfolgt, weil eine geplante Gesellschaftsgründung scheitert. [6]Der private Verbrauch oder der Weiterverkauf eines Investitionsumsatzes nach einer gescheiterten Gesellschaftsgründung führt nicht zum Verlust

des ursprünglichen Vorsteuerabzugs, sondern zu einer Entnahmebesteuerung bzw. Lieferung im Rahmen eines Hilfsgeschäfts. [7] Für einen Vorsteuerabzug aus einem Investitionsumsatz genügt es, dass die Eigenschaft des Gesellschafters als (erfolgloser) Unternehmer aus diesem Investitionsumsatz resultiert. [8] Von einem Investitionsumsatz abzugrenzen sind bezogene Leistungen, die generell nicht an die Gesellschaft übertragen werden können (vgl. BFH-Urteil vom 11.11.2015, V R 8/15, BStBl. II 2022 S. 288), sondern z. B. durch den Gesellschafter selbst genutzt oder verbraucht werden, oder die zwar von der Gesellschaft genutzt, aber nicht tatsächlich an sie übertragen werden (vgl. BFH-Urteil vom 26.08.2014, XI R 26/10, BStBl. II 2021 S. 881).

15.2c Zuordnung von Leistungen zum Unternehmen

Zuordnungsgebot, Zuordnungsverbot und Zuordnungswahlrecht

(1) [1] Wird eine Leistung ausschließlich für unternehmerische Tätigkeiten bezogen, ist sie vollständig dem Unternehmen zuzuordnen (Zuordnungsgebot). [2] Bei einer Leistung, die ausschließlich für nichtunternehmerische Tätigkeiten bezogen wird, ist eine Zuordnung zum Unternehmen hingegen ausgeschlossen (Zuordnungsverbot). [3] Erreicht der Umfang der unternehmerischen Verwendung eines einheitlichen Gegenstands nicht mindestens 10% (unternehmerische Mindestnutzung), greift das Zuordnungsverbot nach § 15 Abs. 1 Satz 2 UStG (vgl. Absätze 5 bis 7).

(2) [1] Bei einer Leistung, die sowohl für unternehmerische als auch für nichtunternehmerische Tätigkeiten bezogen wird, ist zwischen vertretbaren Sachen und sonstigen Leistungen auf der einen Seite und einheitlichen Gegenständen auf der anderen Seite zu differenzieren:

1. Lieferung vertretbarer Sachen und sonstige Leistungen:
   [1] Lieferungen vertretbarer Sachen und sonstige Leistungen sind entsprechend der beabsichtigten Verwendung aufzuteilen (Aufteilungsgebot, vgl. BFH-Urteil vom 14.10.2015, V R 10/14, BStBl. II 2016 S. 717). [2] Telefondienstleistungen bezieht ein Unternehmer nur insoweit für sein Unternehmen, als er das Telefon unternehmerisch nutzt.
2. Einheitliche Gegenstände
   Beabsichtigt der Unternehmer, einen einheitlichen Gegenstand sowohl für die unternehmerische als auch nichtunternehmerische Tätigkeit zu verwenden (teilunternehmerische Verwendung), gilt Folgendes:
   a) Teilunternehmerische nichtwirtschaftliche Verwendung i. e. S.
      [1] Besteht die nichtunternehmerische Tätigkeit in einer nichtwirtschaftlichen Tätigkeit i. e. S. (vgl. Abschnitt 2.3 Abs. 1a Satz 4), hat der Unternehmer kein Wahlrecht zur vollständigen Zuordnung (vgl. Abschnitte 2.10, 2.11, 15.19, 15.21 und 15.22 und BFH-Urteil vom 03.03.2011, V R 23/10, BStBl. II 2012 S. 74); es besteht grundsätzlich ein Aufteilungsgebot. [2] Aus Billigkeitsgründen kann der Unternehmer den Gegenstand im vollen Umfang in seinem nichtunternehmerischen Bereich belassen. [3] In diesem Fall ist eine spätere Vorsteuerberichtigung zugunsten des Unternehmers im Billigkeitswege nach Abschnitt 15a.1 Abs. 7 ausgeschlossen.

b) Teilunternehmerische unternehmensfremde Verwendung

[1]Besteht die nichtunternehmerische Tätigkeit in einer unternehmensfremden Verwendung (vgl. Abschnitt 2.3 Abs. 1a Satz 3, sog. Sonderfall), hat der Unternehmer ein Zuordnungswahlrecht. [2]Er kann den Gegenstand

- insgesamt seiner unternehmerischen Tätigkeit zuordnen,
- in vollem Umfang in seinem nichtunternehmerischen Bereich belassen, oder
- im Umfang der tatsächlichen (ggf. zu schätzenden) unternehmerischen Verwendung seiner unternehmerischen Tätigkeit zuordnen (vgl. BFH-Urteile vom 07.07.2011, V R 42/09, BStBl. II 2014 S. 76 und V R 21/10, BStBl. II 2014 S. 81).

[3]Ein Zuordnungswahlrecht besteht nicht, wenn ein getrenntes Wirtschaftsgut im umsatzsteuerrechtlichen Sinne neu hergestellt wird. [4]Errichtet der Unternehmer daher ein ausschließlich für private Wohnzwecke zu nutzendes Einfamilienhaus als Anbau an eine Werkshalle auf seinem Betriebsgrundstück, darf er den Anbau nicht seinem Unternehmen zuordnen, wenn beide Bauten räumlich voneinander abgrenzbar sind (vgl. BFH-Urteil vom 23.09.2009, XI R 18/08, BStBl. II 2010 S. 313). [5]Soweit bei gemeinsamem Erwerb durch mehrere Personen der einzelne Gemeinschafter als Leistungsempfänger anzusehen ist (vgl. Abschnitt 15.2b Abs. 1) und Miteigentum an einem Gegenstand erwirbt, steht dem Gemeinschafter das Zuordnungswahlrecht bezogen auf seinen Anteil am Miteigentum zu. [6]Voraussetzung für die Zuordnung des Miteigentumsanteils ist, dass dieser zu mindestens 10% für das Unternehmen genutzt wird (§ 15 Abs. 1 Satz 2 UStG).

Beispiel 1:

[1]Der Arzt A hat ausschließlich nach § 4 Nr. 14 Buchstabe a UStG steuerfreie Umsätze aus Heilbehandlungsleistungen und kauft einen PKW, den er privat und unternehmerisch nutzt. [2]Der PKW wurde in vollem Umfang dem Unternehmen zugeordnet.

[3]A führt keine Umsätze aus, die zum Vorsteuerabzug berechtigen. [4]Der Vorsteuerabzug aus den Kosten der Anschaffung und Nutzung des PKW für die unternehmerische und private Verwendung ist deshalb ausgeschlossen. [5]Die private Verwendung führt zu keiner steuerbaren unentgeltlichen Wertabgabe.

Beispiel 2:

[1]Der Arzt A erbringt im Umfang von 80% seiner entgeltlichen Umsätze steuerfreie Heilbehandlungsleistungen und nimmt zu 20% steuerpflichtige plastische und ästhetische Operationen vor. [2]Er kauft einen PKW, den er je zur Hälfte privat und für seine gesamte ärztliche Tätigkeit nutzt. [3]Der PKW wurde in vollem Umfang dem Unternehmen zugeordnet.

[4]Die Vorsteuern aus der Anschaffung und Nutzung des PKW sind zu 60% (20% steuerpflichtige von 50% unternehmerischer Nutzung + 50% der Art nach steuerpflichtige Privatnutzung) abzugsfähig und zu 40% (80% steuerfreie von 50% unternehmerischer Nutzung) nicht abzugsfähig. [5]Die unentgeltliche Wertabgabe (50% Privatanteil) ist in voller Höhe steuerbar und steuerpflichtig.

[2]Aufwendungen, die im Zusammenhang mit dem Gebrauch, der Nutzung oder der Erhaltung eines einheitlichen Gegenstands stehen, der nur teilweise unternehmerisch genutzt wird, sind grundsätzlich nur in Höhe der unternehmerischen Verwendung für das Unternehmen bezogen (Aufteilungsgebot).

[3]Dabei ist vorrangig zu prüfen, ob die bezogene Leistung unmittelbar für die unternehmerische oder nichtunternehmerische Nutzung des Gegenstands verwendet wird. [4]Ist eine direkte Zuordnung im Zusammenhang mit der Verwendung des Gegenstands nicht möglich, ist eine Aufteilung der Vorsteuerbeträge analog § 15 Abs. 4 UStG vorzunehmen. [5]Diese Aufteilung kann auf einer sachgerechten Schätzung beruhen (z. B. Aufteilungsmaßstab des Vorjahres), die erforderlichenfalls im Voranmeldungsverfahren oder in der Jahreserklärung anzupassen ist. [6]Für einheitliche Gegenstände, die keine Grundstücke im Sinne des § 15 Abs. 1b UStG sind und für die der Unternehmer sein Wahlrecht zur vollständigen Zuordnung zum Unternehmen ausgeübt hat (vgl. Nr. 2 Buchstabe b), kann für Aufwendungen, die durch die Verwendung des Gegenstands anfallen, aus Vereinfachungsgründen grundsätzlich unter den übrigen Voraussetzungen des § 15 UStG der volle Vorsteuerabzug geltend gemacht werden; im Gegenzug sind diese Aufwendungen in die Bemessungsgrundlage einer für die nicht unternehmerische Verwendung des einheitlichen Gegenstands zu besteuernden unentgeltlichen Wertabgabe einzubeziehen.

(3) [1]Die Entscheidung über die Zuordnung zum Unternehmen hat der Unternehmer zu treffen (BFH-Urteile vom 25.03.1988, V R 101/83, BStBl. II S. 649, und vom 27.10.1993, XI R 86/90, BStBl. II 1994 S. 274). [2]Wird ein nicht zum Unternehmen gehörender Gegenstand gelegentlich dem Unternehmen überlassen, können die im Zusammenhang mit dem Betrieb des Gegenstands anfallenden Vorsteuern (z. B. Vorsteuerbeträge aus Betrieb und Wartung eines nicht dem Unternehmen zugeordneten Kraftfahrzeugs) im Verhältnis der unternehmerischen zur unternehmensfremden Nutzung abgezogen werden. [3]Vorsteuerbeträge, die unmittelbar und ausschließlich auf die unternehmerische Verwendung des Kraftfahrzeugs entfallen (z. B. die Steuer für den Bezug von Kraftstoff anlässlich einer betrieblichen Fahrt mit einem privaten Kraftfahrzeug oder Vorsteuerbeträge aus Reparaturaufwendungen in Folge eines Unfalls während einer unternehmerisch veranlassten Fahrt), können unter den übrigen Voraussetzungen des § 15 UStG in voller Höhe abgezogen werden.

(4) [1]Im Fall der Zuordnung des unternehmensfremd genutzten Teils zum nichtunternehmerischen Bereich wird dieser als separater Gegenstand angesehen, der nicht „für das Unternehmen" im Sinne des § 15 Abs. 1 Satz 1 Nr. 1 UStG bezogen wird. [2]Somit scheidet der Vorsteuerabzug aus den Kosten aus, die auf diesen Gegenstand entfallen. [3]Zur Ermittlung des Anteils der abziehbaren Vorsteuerbeträge vgl. Abschnitt 15.17 Abs. 5 bis 8. [4]Wird dieser Gegenstand später unternehmerisch genutzt (z. B. durch Umwandlung von Wohnräumen in Büroräume), ist eine Vorsteuerberichtigung zugunsten des Unternehmers nach § 15a UStG nicht zulässig (vgl. Abschnitt 15a.1 Abs. 6). [5]Bei einer späteren Veräußerung des bebauten Grundstücks kann der Unternehmer unter den Voraussetzungen des § 9 UStG lediglich auf die Steuerbefreiung des § 4 Nr. 9 Buchstabe a UStG für die Lieferung des zu diesem Zeitpunkt unternehmerisch genutzten Teils verzichten. [6]Die Lieferung des zu diesem Zeitpunkt unternehmensfremd genutzten Teils erfolgt nicht im Rahmen des Unternehmens und ist somit nicht steuerbar. [7]Ein Gesamtkaufpreis ist entsprechend aufzuteilen. [8]Weist der Unternehmer für die Lieferung des

unternehmensfremd genutzten Teils dennoch in der Rechnung Umsatzsteuer aus, schuldet er diese nach § 14c Abs. 2 UStG.

Unternehmerische Mindestnutzung nach § 15 Abs. 1 Satz 2 UStG

(5) [1]Die Lieferung, die Einfuhr oder der innergemeinschaftliche Erwerb eines Gegenstands gilt als nicht für das Unternehmen ausgeführt, wenn der Unternehmer den Gegenstand zu weniger als 10% für seine unternehmerische Tätigkeit verwendet (unternehmerische Mindestnutzung, Zuordnungsverbot nach § 15 Abs. 1 Satz 2 UStG). [2]Geht der bezogene Gegenstand als Bestandteil in einen bereits vorhandenen Gegenstand ein, ist die unternehmerische Mindestnutzung für den Bestandteil gesondert zu prüfen.

(6) [1]Grundsätzlich prägt die Nutzung eines Gebäudes auch die Nutzung des dazugehörigen Grund und Bodens. [2]Sofern ausnahmsweise Teile des Grundstücks als eigenständige Zuordnungsobjekte anzusehen sind (vgl. Absatz 11), ist für jedes Zuordnungsobjekt die unternehmerische Mindestnutzung gesondert zu ermitteln.

(7) Nicht ausschließlich unternehmerisch genutzte Räume eines Gebäudes sind nur mit dem Anteil der tatsächlichen unternehmerischen Nutzung in die Ermittlung der unternehmerischen Mindestnutzung einzubeziehen.

Beispiel:

[1]Unternehmer U hat in seinem Einfamilienhaus ein Arbeitszimmer mit einer Nutzfläche von 12% der Gesamtnutzfläche, das er zu 50% für seine unternehmerischen Zwecke verwendet. [2]Die Nutzungseinheiten sind vergleichbar ausgestattet, es kommt nur eine Aufteilung nach dem objektbezogenen Flächenschlüssel in Betracht (vgl. Abschnitt 15.17 Abs. 7). [3]Bezogen auf das gesamte Gebäude beträgt die unternehmerische Nutzung nur 6% (50% von 12%). [4]Eine Zuordnung des Gebäudes zum Unternehmen ist nach § 15 Abs. 1 Satz 2 UStG nicht möglich (Zuordnungsverbot).

Zuordnungsschlüssel

(8) [1]Als Zuordnungsschlüssel bei teilunternehmerischer Verwendung des Zuordnungsobjekts ist der Aufteilungsschlüssel nach § 15 Abs. 4 UStG analog anzuwenden. [2]Der unternehmerische Nutzungsanteil ist danach im Wege einer sachgerechten und vom Finanzamt überprüfbaren Schätzung zu ermitteln. [3]Sachgerechter Aufteilungsmaßstab ist in der Regel das Verhältnis der Nutzflächen (vgl. Abschnitt 15.17 Abs. 7). [4]Die Anwendung eines Umsatzschlüssels als Zuordnungsschlüssel ist nur sachgerecht, wenn keine andere wirtschaftliche Zuordnung möglich ist (vgl. BFH-Urteile vom 19.07.2011, XI R 29/09, BStBl. II 2012 S. 430, XI R 29/10, BStBl. II 2012 S. 438, und XI R 21/10, BStBl. II 2012 S. 434). [5]Er kommt in Betracht, wenn bei einem Gebäude Nutzflächen nicht wesensgleich sind, wie z.B. Dach- und Innenflächen eines Gebäudes. [6]Für den Zuordnungsschlüssel ist in diesen Fällen auf das Verhältnis der Vermietungsumsätze für die Dach- und Gebäudeinnenfläche abzustellen. [7]Werden tatsächlich keine Vermietungsumsätze erzielt, sind fiktive Vermietungsumsätze anzusetzen.

Beispiel 1:

[1]Unternehmer U errichtet im Jahr 01 einen Schuppen, auf dessen Dach er eine Photovoltaikanlage zur Erzeugung von Strom betreibt (sog. „Auf-Dach-Montage"). [2]Die Herstellungs-

kosten des Schuppens betragen 20.000 € zzgl. 3.800 € Umsatzsteuer. [3] U beabsichtigt für den Innenraum des Schuppens dauerhaft keine weitere Nutzung (vgl. BFH-Urteil vom 19.07.2011, XI R 29/09, a. a. O.). [4] Den mit der Photovoltaikanlage erzeugten Strom speist U vollständig in das örtliche Stromnetz gegen Entgelt ein. [5] Für den Schuppen wäre in der betreffenden Region ein Mietpreis von 1.000 € und für die Dachfläche, die für Zwecke der Photovoltaikanlage genutzt wird, von 180 € jährlich realisierbar. [6] Im Jahr 02 lässt U ein Sicherheitsschloss für 100 € zzgl. 19 € Umsatzsteuer anbringen, um den Schuppen vor unberechtigter Nutzung zu schützen.

[7] Da das Dach des Schuppens für die Installation der Photovoltaikanlage erforderlich ist, besteht hinsichtlich der Dachfläche ein direkter und unmittelbarer Zusammenhang mit der unternehmerischen Tätigkeit (Verkauf von Strom). [8] Hinsichtlich der übrigen Flächen besteht ein direkter und unmittelbarer Zusammenhang zu der nichtwirtschaftlichen Tätigkeit i. e. S. des U (Leerstand des Schuppens). [9] U kann den Schuppen im Umfang des unternehmerisch verwendeten Anteils (Dachfläche) seinem Unternehmen zuordnen, sofern diese Verwendung insgesamt mindestens 10% beträgt (§ 15 Abs. 1 Satz 2 UStG). [10] Für die Zuordnungsmöglichkeit ist die Verwendung des gesamten Gebäudes entscheidend. [11] Die Nutzflächen innerhalb des Schuppens und die Nutzfläche auf dessen Dach können dabei nicht zu einer Gesamtnutzfläche addiert werden, da sie nicht wesensgleich sind. [12] Eine Ermittlung anhand eines Flächenschlüssels ist deshalb für die Zuordnung nicht möglich. [13] Stattdessen ist in diesem Fall die Anwendung eines Umsatzschlüssels sachgerecht. [14] Da es an einer entgeltlichen Nutzung des Schuppens und der Dachfläche fehlt, ist auf das Verhältnis der fiktiven Vermietungsumsätze abzustellen. [15] U hätte für den Schuppen (Dachfläche und übrige Flächen) jährlich insgesamt 1.180 € erzielen können; hiervon wären 180 € auf die Dachfläche entfallen. [16] Der Zuordnungsschlüssel beträgt somit 15,25% (Verhältnis der fiktiven Miete für das Dach in Höhe von 180 € zur fiktiven Gesamtmiete von 1.180 €). [17] U kann in Bezug auf die Herstellung des Schuppens einen Vorsteuerabzug von 579,66 € (15,25% von 3.800 €) geltend machen. [18] Das Sicherheitsschloss ist der nichtwirtschaftlichen Verwendung i. e. S. des Schuppens zuzurechnen und berechtigt deshalb nicht zum Vorsteuerabzug. [19] Die Photovoltaikanlage stellt umsatzsteuerrechtlich ein eigenständiges Zuordnungsobjekt dar (vgl. Absatz 10), welches ausschließlich unternehmerisch zur Ausführung entgeltlicher Stromlieferungen verwendet wird und deshalb zwingend dem Unternehmen zuzuordnen ist (Zuordnungsgebot).

Beispiel 2:

[1] Unternehmer U lässt das Dach seines privat genutzten Einfamilienhauses nach dem 31.12.2012 (Anwendung des § 15 Abs. 1b UStG) sanieren (Werklieferung) und dort anschließend eine Photovoltaikanlage installieren, die 50% der Dachfläche bedeckt. [2] Die Photovoltaikanlage wird zu 70% zur Ausführung entgeltlicher Stromlieferungen verwendet. [3] Die verbleibenden 30% des selbstproduzierten Stroms verbraucht U privat. [4] Die Sanierung des asbesthaltigen Daches ist u. a. auch für die Installation der Photovoltaikanlage erforderlich. [5] Für das Einfamilienhaus wäre in der betreffenden Region ein Mietpreis von 10.000 € und für die Dachfläche, die für Zwecke der Photovoltaikanlage genutzt wird, von 500 € jährlich realisierbar.

[6] Die Dachsanierung stellt Erhaltungsaufwand dar und ist somit einer eigenständigen Zuordnungsentscheidung zugänglich (vgl. Absatz 9). [7] Bei der Zuordnung von Erhaltungsaufwendungen ist grundsätzlich der Gebäudeteil maßgeblich, für den die Aufwendungen entstehen. [8] Die Dachsanierung ist danach dem gesamten Gebäude zuzurechnen, da das Dach mit allen Gebäudeteilen in einem einheitlichen Nutzungs- und Funktionszusammenhang steht. [9] Für die Zuordnungsmöglichkeit zum Unternehmen ist damit die Verwendung des gesamten Gebäudes entscheidend (vgl. BFH-Urteil vom 03.08.2017, V R 59/16, BStBl. II S. 1209). [10] Da das Zuordnungsobjekt ein Gegenstand ist, ist nach § 15 Abs. 1 Satz 2 UStG die unternehmerische Mindestnutzung zu prüfen. [11] Eine Ermittlung anhand eines Flächenschlüssels ist für die Zuordnung nicht möglich, weil die Dach- und Gebäudeinnenflächen nicht wesensgleich sind (vgl. Beispiel 1). [12] Stattdessen ist die Anwendung eines Umsatzschlüssels sachgerecht. [13] Da es an einer entgeltlichen Nutzung des Gebäudes und der Dachfläche fehlt, ist in diesem Fall auf das Verhältnis der fiktiven Umsätze aus der Vermietung der Dachfläche und des Gebäudes abzustellen (vgl. BFH-Urteil vom 19.07.2011 – XI R 29/10, a. a. O.). [14] U hätte bei einer Vermietung des Einfamilienhauses (Dachfläche und übrige Flächen) jährlich insgesamt 10.500 € erzielen können. [15] Der Umsatzschlüssel auf Basis der fiktiven Mieten

beträgt somit 4,76% (Verhältnis der fiktiven Miete für das Dach in Höhe von 500 € zur fiktiven Gesamtmiete von 10.500 €). [16]Da die Photovoltaikanlage nur zu 70% unternehmerisch genutzt wird, beträgt der Zuordnungsschlüssel 3,33% (70% von 4,76% = 3,33%) und erreicht somit nicht die erforderliche unternehmerische Mindestnutzung im Sinne des § 15 Abs. 1 Satz 2 UStG von 10%. [17]U ist deshalb hinsichtlich der Dachsanierung nicht zum Vorsteuerabzug berechtigt. [18]Die Photovoltaikanlage stellt umsatzsteuerrechtlich ein eigenständiges Zuordnungsobjekt dar (vgl. Absatz 10), welches unternehmerisch und unternehmensfremd verwendet wird. [19]Da die unternehmerische Mindestnutzung von 10% überschritten ist, hat der Unternehmer die Wahl, die Photovoltaikanlage nicht, vollständig oder nur im Umfang der unternehmerischen Nutzung seinem Unternehmen zuzuordnen.

Zuordnungsobjekt

(9)[1)] [1]Objekt der Zuordnungsentscheidung des Unternehmers nach Absatz 2 Nr. 2 Buchstabe b ist grundsätzlich jeder Leistungsbezug, d.h. jeder bezogene Gegenstand und jede bezogene sonstige Leistung im Rahmen der Anschaffung oder Herstellung eines einheitlichen Gegenstands. [2]Dies gilt auch für Erhaltungsaufwendungen, weil die Vorsteuern aus der Anschaffung bzw. Herstellung eines Gegenstands und die Vorsteuern aus seinem Gebrauch und seiner Erhaltung einer getrennten umsatzsteuerrechtlichen Beurteilung unterliegen. [3]Erhaltungsaufwendungen, die nach § 6 Abs. 1 Nr. 1a EStG zu Herstellungskosten (anschaffungsnahe Herstellungskosten) umqualifiziert werden, sind umsatzsteuerlich weiterhin wie Erhaltungsaufwendungen zu behandeln.

1. (Zeitlich gestreckte) Herstellung eines einheitlichen Gegenstands:
   [1]Bezieht der Unternehmer sonstige Leistungen und Lieferungen zur Herstellung eines einheitlichen Gegenstands, ist dieser herzustellende bzw. hergestellte Gegenstand endgültiges Zuordnungsobjekt. [2]Bei dieser Zuordnung ist bereits auf die im Zeitpunkt des Bezugs bestehende Verwendungsabsicht für den fertig gestellten Gegenstand (z.B. das zu errichtende Gebäude) als Summe der im Rahmen seiner Herstellung bezogenen Leistungen abzustellen. [3]Bei Anzahlungen für eine Leistung ist entsprechend zu verfahren. [4]Nach dem Grundsatz des Sofortabzugs ist für den Vorsteuerabzug die Verwendungsabsicht im Zeitpunkt des jeweiligen Leistungsbezugs entscheidend. [5]Ändert der Unternehmer während eines zeitlich sich über einen Veranlagungszeitraum hinaus erstreckenden Herstellungsvorgangs (gestreckter Herstellungsvorgang) seine Verwendungsabsicht, führt dies aus Vereinfachungsgründen nicht zu einer sofortigen Einlage oder Entnahme der zuvor bezogenen Leistungen für die Herstellung des einheitlichen Gegenstands. [6]Zu der Frage, inwieweit der Unternehmer in diesen Fällen den fertig gestellten einheitlichen Gegenstand seinem Unternehmen zugeordnet hat, vgl. Absätze 14 bis 19.

2. Nachträgliche Herstellungskosten:
   [1]Die Begriffe Herstellungskosten und nachträgliche Herstellungskosten sind grundsätzlich nach den für das Einkommensteuerrecht geltenden Grundsätzen auszulegen. [2]Dies gilt jedoch nicht, soweit nach § 6 Abs. 1 Nr. 1a EStG Erhaltungsaufwendungen zu Herstellungskosten (anschaffungsnahe Herstellungskosten) umqualifiziert werden (vgl. Abschnitt 15.17 Abs. 6).

---

1) Zum Zuordnungswahlrecht bei sonstigen Leistungen siehe BFH v. 14.10.2015 V R 10/14, BStBl. II 2016, 717.

[3] Nachträgliche Herstellungskosten sind getrennt vom ursprünglichen Herstellungsvorgang zu betrachten. [4] Sie bilden deshalb ein eigenständiges Zuordnungsobjekt, über dessen Zuordnung anhand der Tätigkeiten zu entscheiden ist, denen die nachträglichen Herstellungskosten konkret dienen oder dienen sollen. [5] Wird im Rahmen einer nachträglichen Herstellungsmaßnahme ein bestehendes Gebäude um neue Gebäudeteile erweitert (z.B. durch Aufstockung, Anbau oder Vergrößerung der Nutzflächen), ist dem entsprechend für die Zuordnung der nachträglichen Herstellungskosten ausschließlich auf die Verwendungsverhältnisse in den neuen Gebäudeteilen abzustellen. [6] Dies gilt entsprechend für Aufteilungsobjekte im Sinne des § 15 Abs. 4 UStG (vgl. Abschnitt 15.17 Abs. 7 Satz 12).

Beispiel 1:

[1] Unternehmer U ist Eigentümer eines teilunternehmerisch genutzten Gebäudes (200 qm), das er im Anschaffungsjahr 01 (nach dem Stichtag 31.12.2010 und damit Anwendung des § 15 Abs. 1b UStG) zu 50% für seine zum Vorsteuerabzug berechtigende Tätigkeit als Steuerberater (Steuerberaterpraxis im Erdgeschoss, 100 qm) und zu 50% privat (Wohnung im 1. Obergeschoss, 100 qm) nutzt. [2] Die Nutzungseinheiten sind vergleichbar ausgestattet, es kommt nur eine Aufteilung nach dem objektbezogenen Flächenschlüssel in Betracht (vgl. Abschnitt 15.17 Abs. 7). [3] U hat das Gebäude vollständig seinem Unternehmen zugeordnet. [4] Fallvarianten:

a) [1] Im Jahr 03 wird in dem Steuerberaterbüro des U eine neue Trennwand für 1.000 € zzgl. 190 € Umsatzsteuer eingezogen.
[2] Die Aufwendungen für die Trennwand sind nachträgliche Herstellungskosten und bilden ein eigenständiges Zuordnungsobjekt. [3] U nutzt die Trennwand ausschließlich unternehmerisch, da sie in einem Raum des Steuerberaterbüros eingezogen wird. [4] Die Trennwand ist deshalb dem Unternehmen des U zuzuordnen (Zuordnungsgebot). [5] U ist zum Vorsteuerabzug in Höhe von 190 € berechtigt (§ 15 Abs. 1 UStG).

b) [1] Im Jahr 03 lässt U an seiner privat genutzten Wohnung im 1. Obergeschoss eine Markise mit Motor für 3.000 € zzgl. 570 € Umsatzsteuer anbauen.
[2] Die Aufwendungen für die Markise sind nachträgliche Herstellungskosten und bilden ein eigenständiges Zuordnungsobjekt. [3] U nutzt die Markise ausschließlich unternehmensfremd, da sie Teil der privaten Wohnung wird. [4] Die Markise ist deshalb nicht dem Unternehmen des U zuzuordnen (Zuordnungsverbot). [5] U ist nicht zum Vorsteuerabzug berechtigt.

c) [1] Im Jahr 03 wird das Steuerberaterbüro um einen Anbau (50 qm) erweitert. [2] Die Herstellungskosten betragen 50.000 € zzgl. 9.500 € Umsatzsteuer.
[3] Die Aufwendungen für den Anbau an das Steuerberaterbüro stellen nachträgliche Herstellungskosten dar, die ein selbständiges Zuordnungsobjekt bilden. [4] U nutzt den Anbau zu 100% unternehmerisch für seine Steuerberatertätigkeit. [5] Der Anbau ist deshalb dem Unternehmen zuzuordnen (Zuordnungsgebot). [6] U ist zum Vorsteuerabzug in Höhe von 9.500 € berechtigt (§ 15 Abs. 1 UStG).

d) [1] Im Jahr 03 lässt U das Dachgeschoss ausbauen. [2] Es entsteht eine neue Wohnung (100 qm), die U steuerfrei zu Wohnzwecken vermieten möchte. [3] Die Aufwendungen für den Dachausbau betragen 100.000 € zzgl. 19.000 € Umsatzsteuer.
[4] Die Aufwendungen für den Dachausbau stellen nachträgliche Herstellungskosten dar, die ein selbständiges Zuordnungsobjekt bilden. [5] Die Wohnung soll umsatzsteuerfrei zu Wohnzwecken vermietet werden und ist dem Unternehmen zuzuordnen (Zuordnungsgebot), da durch die Vermietung eine ausschließliche unternehmerische Nutzung vorliegt. [6] Der Vorsteuerabzug ist auf Grund der geplanten steuerfreien Vermietung nach § 15 Abs. 2 Satz 1 Nr. 1 UStG ausgeschlossen.

e) [1] Im Jahr 03 lässt U das Dachgeschoss ausbauen. [2] Die neue Nutzfläche von 100 qm beabsichtigt U zu 80% (80 qm) als Archiv für sein Steuerberaterbüro und zu 20% (20 qm) für einen privaten Fitnessraum zu verwenden. [3] Die Ausstattung von Archiv und

Fitnessraum und der jeweilige Bauaufwand weichen nicht erheblich voneinander ab. [4]Die Aufwendungen für den Dachausbau betragen 100.000 € zzgl. 19.000 € Umsatzsteuer.

[5]Die Aufwendungen für den Dachausbau stellen nachträgliche Herstellungskosten dar, die ein selbständiges Zuordnungsobjekt bilden. [6]Soweit U das Dachgeschoss unternehmensfremd (privater Fitnessraum) verwendet, ist der Vorsteuerabzug nach § 15 Abs. 1b UStG ausgeschlossen. [7]Für die Aufteilung ist der Flächenschlüssel des Dachgeschosses maßgebend, weil die Ausstattung der unterschiedlich genutzten Räume nicht erheblich voneinander abweicht. [8]Da U nur 80 qm von 100 qm für seine unternehmerische Tätigkeit zu verwenden beabsichtigt, ist er nur in Höhe von 15.200 € (80% von 19.000 €) zum Vorsteuerabzug berechtigt.

Beispiel 2:

[1]Wie Beispiel 1. [2]U hat das Gebäude in 01 jedoch nur im Umfang der unternehmerischen Nutzung zu 50% seinem Unternehmen zugeordnet.
[3]Lösung zu a) bis e) wie Beispiel 1.

(10) Photovoltaikanlagen, Blockheizkraftwerke und Betriebsvorrichtungen gelten unabhängig davon, ob es sich um einen wesentlichen Bestandteil des Gebäudes handelt (§ 94 BGB), als umsatzsteuerrechtlich eigenständige Zuordnungsobjekte, soweit sie nicht gemäß Abschnitt 15.17 Abs. 6 Anschaffungs- oder Herstellungskosten des gesamten Gebäudes darstellen.

(11) [1]Das Gebäude und der dazugehörige Grund und Boden sind für Zwecke der Umsatzsteuer nicht getrennt voneinander zu behandeln (EuGH-Urteil vom 08.06.2000, C-400/98, Breitsohl, BStBl. II 2003 S. 452).[1)] [2]Grundsätzlich folgt die Behandlung des Grund und Bodens der Nutzung des Gebäudes. [3]Die Nutzung des Gebäudes prägt in diesen Fällen auch die Nutzung des dazugehörigen Grund und Bodens. [4]Der Umfang des zum Gebäude gehörigen Grund und Bodens muss aber nicht immer identisch sein mit dem Umfang des gesamten Grundstücks, auf dem das Gebäude steht. [5]Sofern nach der Verkehrsanschauung Teile des Grundstücks einer eigenständigen wirtschaftlichen Nutzung unterliegen und deswegen nicht mehr von der Nutzung des Gebäudes geprägt werden, können diese Teile des Grund und Bodens ausnahmsweise ein eigenständiges Zuordnungsobjekt darstellen.

Beispiel:

[1]Unternehmer U besitzt ein privat genutztes Einfamilienhaus auf einem 10.000 qm großen Grundstück. [2]Ein Zimmer in seinem Einfamilienhaus nutzt U als Bürozimmer für seine unternehmerische Tätigkeit als Spediteur. [3]Das Zimmer entspricht 5% der Gesamtfläche des Einfamilienhauses, das nach einem Flächenschlüssel zu beurteilen ist. [4]8.000 qm des Grundstücks werden als Parkplatz für die unternehmerisch genutzten LKW ausgewiesen und entsprechend genutzt.
[5]Die Nutzung des Gebäudes prägt nicht die Nutzung des gesamten Grundstücks. [6]Nach der Verkehrsanschauung stellen die Parkflächen ein eigenes Wirtschaftsgut dar. [7]Das Einfamilienhaus mit dazugehörigem Grund und Boden (2.000 qm) kann nicht dem Unternehmen zugeordnet werden, da die unternehmerische Nutzung weniger als 10% beträgt (Zuordnungsverbot nach § 15 Abs. 1 Satz 2 UStG). [8]Die 8.000 qm des Grundstücks, die als Parkplatz genutzt werden, sind dem Unternehmen zuzuordnen, da insoweit eine ausschließliche Verwendung für die unternehmerische Tätigkeit vorliegt (Zuordnungsgebot).

---

1) DStRE 2000, 881.

Prognosezeitraum

(12) [1] Bei der Zuordnung eines einheitlichen Gegenstands handelt es sich um eine Prognoseentscheidung, die sich grundsätzlich nach der im Zeitpunkt des Leistungsbezugs beabsichtigten Verwendung für den Besteuerungszeitraum der erstmaligen Verwendung des bezogenen oder herzustellenden oder hergestellten Gegenstands richtet (vgl. auch Abschnitt 15.2b Abs. 3 Satz 3). [2] Dies gilt auch, wenn die erstmalige Verwendung des Gegenstands in einem auf den Besteuerungszeitraum der Anschaffung oder Fertigstellung folgenden Besteuerungszeitraum erfolgt. [3] Für die Zuordnung zum Unternehmen muss die Verwendungsabsicht objektiv belegt und in gutem Glauben erklärt werden (vgl. Absätze 13 bis 19).

Beispiel 1:

[1] Unternehmer U erwirbt zum 01.04.2001 ein Gebäude (Jahr 01 nach dem Stichtag 31.12.2010 und damit Anwendung des § 15 Abs. 1b UStG). [2] U beabsichtigt nachweislich, das Gebäude vom 01.05.2001 bis 30.06.2001 zu 70% und ab dem 01.07.2001 bis 31.12.2001 sowie in den Folgejahren zu 50% für seine unternehmerische Tätigkeit und ansonsten für private Zwecke zu nutzen.

[3] Die beabsichtigte unternehmerische Nutzung für das Jahr der erstmaligen Verwendung beträgt im Jahr 01 als gemittelter Wert 55% (2 Monate zu 70% + 6 Monate zu 50%) und überschreitet damit die unternehmerische Mindestnutzung des § 15 Abs. 1 Satz 2 UStG. [4] U kann das Gebäude somit entweder zu 0%, zu 55% oder zu 100% seinem Unternehmen zuordnen. [5] Die beabsichtigte Nutzung im Folgejahr ist für die Zuordnungsentscheidung unerheblich, da nur der Besteuerungszeitraum der ersten Verwendung maßgebend ist. [6] Entscheidet sich U für eine vollständige oder teilweise Zuordnung des Gebäudes zum Unternehmen, kann sich in den Folgejahren eine Vorsteuerberichtigung nach § 15a Abs. 1 in Verbindung mit Abs. 6a UStG ergeben.

Beispiel 2:

[1] Unternehmer U erwirbt zum 01.04.2001 ein Gebäude (Jahr 01 nach dem Stichtag 31.12.2010 und damit Anwendung des § 15 Abs. 1b UStG). [2] U beabsichtigt nachweislich, dieses zu 20% für seine unternehmerische Tätigkeit und zu 80% für private Zwecke zu verwenden. [3] Tatsächlich verwendet U das Gebäude bis zum 31.12.2001 (erstmalige Verwendung 1.6.01) nur zu 5% für seine unternehmerische Tätigkeit.

[4] U hat im Zeitpunkt des Erwerbs (01.04.2001) über die Zuordnung des Gebäudes zu entscheiden. [5] Da er zu diesem Zeitpunkt das Gebäude zu mindestens 10% unternehmerisch (§ 15 Abs. 1 Satz 2 UStG) und ansonsten für seine unternehmensfremden Tätigkeiten zu nutzen beabsichtigt, hat U ein Zuordnungswahlrecht, d. h. er kann das Gebäude zu 0%, zu 100% oder zu 20% seinem Unternehmen zuordnen. [6] Ordnet U das Gebäude zu 100% seinem Unternehmen zu, ist der Vorsteuerabzug nach § 15 Abs. 1b UStG ausgeschlossen, soweit das Gebäude für unternehmensfremde Zwecke verwendet wird. [7] Soweit die tatsächliche Verwendung von der vorgesehenen Verwendung abweicht, ist eine Berichtigung des Vorsteuerabzugs nach § 15a Abs. 6a UStG zu prüfen.

(13) [1] Wird ein einheitlicher Gegenstand von Anfang an ausschließlich nichtunternehmerisch verwendet, kann grundsätzlich davon ausgegangen werden, dass der Gegenstand nicht für das Unternehmen bezogen worden ist. [2] Wenn ein Gegenstand, für den von vornherein die Absicht zu einer dauerhaften unternehmerischen Nutzung besteht, zunächst und nur übergangsweise nichtunternehmerisch verwendet wird, kann in Ausnahmefällen jedoch ein Leistungsbezug für das Unternehmen vorliegen. [3] Bei dieser Beurteilung ist u. a. das Verhältnis der vorübergehenden nichtunternehmerischen Nutzungszeit zur Gesamtnutzungsdauer des Gegenstands von Bedeutung (vgl. EuGH-

Urteil vom 19.07.2012, C-334/10, X).[1] 4 Als Gesamtnutzungsdauer gilt in der Regel die betriebsgewöhnliche Nutzungsdauer, die nach ertragsteuerrechtlichen Grundsätzen für den Gegenstand anzusetzen ist. 5 Nur eine im Verhältnis zur Gesamtnutzungsdauer untergeordnete nichtunternehmerische Nutzungszeit ist für einen Bezug für das Unternehmen unschädlich. 6 Je länger die anfängliche nichtunternehmerische Nutzung andauert, desto höher sind die Anforderungen an den Nachweis der von vornherein bestehenden unternehmerischen Nutzungsabsicht. 7 Dies gilt insbesondere, wenn sich die anfängliche nichtunternehmerische Nutzungszeit über das erste Kalenderjahr der Nutzung hinaus erstreckt.

Beispiel 1:

1 Verein V lässt eine Mehrzweckhalle errichten (Fertigstellung 01.01.2001; Herstellungskosten 300 000 € zzgl. 57 000 € Umsatzsteuer). 2 V beabsichtigt nachweislich von Anfang an, die Halle ab dem 01.12.2001 umsatzsteuerpflichtig zu vermieten, und zwar im Umfang von 50 % der Hallennutzung. 3 Bis zum 01.12.2001 wird die Sporthalle vorübergehend nur für ideelle Vereinszwecke genutzt.

4 Die bestimmungsgemäße unternehmerische Nutzung im Jahr 01 beträgt 50 %. 5 Die Mehrzweckhalle ist deshalb zu 50 % dem Unternehmen zuzuordnen. 6 Dabei ist die anfängliche ausschließliche nichtwirtschaftliche Verwendung i. e. S. unbeachtlich (vgl. BFH-Urteil vom 20.07.1988, X R 8/80, BStBl. II S. 1012). 7 Die vorübergehende nichtwirtschaftliche Verwendung i. e. S. des dem Unternehmen zugeordneten Gebäudeanteils im Jahr 01 unterliegt der Wertabgabenbesteuerung nach § 3 Abs. 9a Nr. 1 UStG (Abschnitt 3.4 Abs. 5a Satz 4).

Zeitpunkt und Dokumentation der Zuordnungsentscheidung – Auswirkungen der Zuordnungsentscheidung auf den Vorsteuerabzug und dessen Berichtigung nach § 15a UStG

(14) 1 Beabsichtigt der Unternehmer einen einheitlichen Gegenstand teilunternehmerisch sowohl für unternehmerische als auch für unternehmensfremde Tätigkeiten zu verwenden, hat der Unternehmer ein Zuordnungswahlrecht (vgl. Absatz 2 Satz 1 Nr. 2 Buchstabe b). 2 Die (vollständige oder teilweise) Zuordnung des Gegenstands zum Unternehmen erfordert aus diesem Grund eine durch Beweisanzeichen gestützte Zuordnungsentscheidung des Unternehmers. 3 In den Fällen, in denen ein einheitlicher Gegenstand für unternehmerische und nichtwirtschaftliche Tätigkeiten i. e. S. verwendet wird, bedarf es dagegen keiner Zuordnungsentscheidung, da ein grundsätzliches Aufteilungsgebot gilt. 4 Eine solche ist nur erforderlich, wenn der Unternehmer von der Billigkeitsregelung nach Absatz 2 Satz 1 Nr. 2 Buchstabe a Gebrauch macht.

(15) 1 Für die zur Herstellung des Gegenstands verwendeten Leistungen erfolgt die Zuordnung zum Unternehmen bereits beim ersten Leistungsbezug oder bzw. bei der ersten Anzahlung, unabhängig vom Vorliegen der Rechnung (vgl. Abschnitte 15.12 Abs. 1 Satz 15 und 15a.4 Abs. 2 Sätze 1 und 2). 2 Die Zuordnungsentscheidung ist im Hinblick auf die Zulässigkeit der Zuordnung nach § 15 Abs. 1 Satz 2 UStG stets mit Blick auf die beabsichtigte Nutzung des gesamten herzustellenden Gegenstands zu treffen.

---

[1] DStR 2012, 1551.

(16) [1]Aus dem Grundsatz des Sofortabzugs der Vorsteuer folgt, dass die Zuordnungsentscheidung bereits bei Leistungsbezug für einen einheitlichen Gegenstand zu treffen ist (vgl. BFH-Beschluss vom 28.10.2020, XI B 26/20, n. v.). [2]Die Zuordnungsentscheidung ist jedoch eine innere Tatsache, die erst durch äußere Beweisanzeichen erkennbar wird. [3]Es bedarf daher einer Dokumentation der Zuordnungsentscheidung, die grundsätzlich in der erstmöglichen Voranmeldung vorzunehmen ist. [4]Gleichwohl kann die Zuordnungsentscheidung spätestens und mit endgültiger Wirkung noch in einer „zeitnah" erstellten Umsatzsteuererklärung für das Jahr, in das der Leistungsbezug fällt, nach außen dokumentiert werden, wenn frühere Anhaltspunkte für eine vollständige oder teilweise Zuordnung der bezogenen Leistung zum Unternehmen fehlen (vgl. BFH-Urteil vom 07.07.2011, V R 42/09, BStBl. II 2014 S. 76). [5]Eine zeitnahe gesonderte Dokumentation der Zuordnungsentscheidung liegt vor, wenn sie bis zur gesetzlichen Regelabgabefrist für Steuererklärungen (31.07. des Folgejahres, § 149 Abs. 2 Satz 1 AO) vorliegt; Fristverlängerungen für die Abgabe der Steuererklärungen haben darauf keinen Einfluss (vgl. BFH-Urteile vom 07.07.2011, V R 42/09, a. a. O., und V R 21/10, BStBl. II 2014 S. 81). [6]Bis zu diesem Zeitpunkt kann auch eine im Voranmeldungsverfahren getroffene Zuordnungsentscheidung korrigiert werden (vgl. BFH-Urteil vom 07.07.2011, V R 21/10, a. a. O.).

(17) [1]Die Geltendmachung des Vorsteuerabzugs ist regelmäßig ein gewichtiges Indiz für, die Unterlassung des Vorsteuerabzugs ein ebenso gewichtiges Indiz gegen die Zuordnung eines Gegenstands zum Unternehmen. [2]Ist ein Vorsteuerabzug nicht möglich, müssen andere Beweisanzeichen herangezogen werden (BFH-Urteil vom 31.01.2002, V R 61/96, BStBl. II 2003 S. 813). [3]Gibt es keine Beweisanzeichen für eine Zuordnung zum Unternehmen, kann diese nicht unterstellt werden (BFH-Urteile vom 28.02.2002, V R 25/96, BStBl. II 2003 S. 815; und vom 07.07.2011, V R 42/09, BStBl. II 2014 S. 76). [4]Ob andere Beweisanzeichen für die Zuordnung vorliegen, ist unter Berücksichtigung aller Gegebenheiten des Sachverhalts, zu denen die Art der betreffenden Gegenstände und der zwischen dem Erwerb der Gegenstände und ihrer Verwendung für Zwecke der wirtschaftlichen Tätigkeiten des Unternehmers liegende Zeitraum gehören, zu prüfen. [5]Hierbei kann zu berücksichtigen sein, ob der Unternehmer bei An- und Verkauf des teilunternehmerisch genutzten Gegenstands unter seinem Firmennamen auftritt oder ob er den Gegenstand betrieblich oder privat versichert hat. [6]Unter Umständen kann auch die bilanzielle und ertragsteuerrechtliche Behandlung ein Indiz für die umsatzsteuerrechtliche Behandlung sein (vgl. BFH-Urteil vom 07.07.2011, V R 42/09, a. a. O.). [7]Zwar ist die Wahrnehmung von Bilanzierungspflichten für die umsatzsteuerrechtliche Zuordnung nicht maßgeblich, jedoch kann z. B. der Umstand, dass der Unternehmer einen Gegenstand nicht als gewillkürtes Betriebsvermögen behandelt, obwohl die Voraussetzungen dafür gegeben sind, Indiz dafür sein, dass er ihn auch umsatzsteuerrechtlich nicht seinem Unternehmen zuordnen wollte (vgl. BFH-Urteil vom 31.01.2002, V R 61/96, a. a. O.). [8]Umgekehrt spricht insoweit für eine Zuordnung zum Unternehmen, als der Unternehmer einen aktivierungspflichtigen Gegenstand nur mit den Netto-Anschaffungs- oder Herstellungskosten aktiviert, weil nach § 9b Abs. 1 Satz 1

EStG der Vorsteuerbetrag nach § 15 UStG, soweit er umsatzsteuerrechtlich abgezogen werden kann, nicht zu den Anschaffungs- oder Herstellungskosten des Wirtschaftsgutes gehört (vgl. BFH-Urteil vom 07.07.2011, V R 42/09, a. a. O.).

(18) [1] Bei der Anschaffung oder Herstellung von teilunternehmerisch genutzten Grundstücken und Gebäuden ist die Zuordnung bei Leistungsbezug ebenfalls grundsätzlich in der erstmöglichen Voranmeldung zu dokumentieren. [2] Im Hinblick auf die steuerliche Bedeutung dieser Gegenstände sind an die Eindeutigkeit dieser Dokumentation erhöhte Anforderungen zu stellen. [3] Ist bei der Anschaffung oder Herstellung eines Gebäudes ein Vorsteuerabzug nach § 15 Abs. 1, 1b oder 2 UStG (teilweise) nicht möglich, kann der Unternehmer durch eine gegenüber dem Finanzamt abgegebene schriftliche Erklärung dokumentieren, in welchem Umfang er das Gebäude dem Unternehmen zugeordnet hat, wenn sich aus dem Umfang des geltend gemachten Vorsteuerabzugs nicht ergibt, mit welchem Anteil das Gebäude dem Unternehmen zugeordnet wurde. [4] Gibt es in diesem Fall keine anderen Beweisanzeichen für eine Zuordnung zum Unternehmen, kann diese nicht unterstellt werden. [5] Eine zeitnahe eindeutige Dokumentation der Zuordnungsentscheidung kann ebenfalls noch bis zur gesetzlichen Regelabgabefrist für Steuererklärungen (31.07. des Folgejahres, § 149 Abs. 2 Satz 1 AO) dem zuständigen Finanzamt gegenüber erfolgen; Fristverlängerungen für die Abgabe der Steuererklärung haben darauf keinen Einfluss.

(19) [1] Auch bei Herstellungsvorgängen, die sich über mehr als ein Kalenderjahr erstrecken, hat der Unternehmer sein Zuordnungswahlrecht für das Gebäude ab Beginn des Herstellungsprozesses (vgl. § 27 Abs. 16 Satz 2 UStG) jeweils spätestens zum 31.07. des Folgejahres zu dokumentieren. [2] Macht der Unternehmer bis zu diesem Zeitpunkt jeweils keinen Vorsteuerabzug geltend und liegen keine anderen Beweisanzeichen für eine Zuordnung zum Unternehmen vor, kann diese nicht unterstellt werden. [3] Das Gebäude gilt dann – ggf. bis zu einer späteren Änderung der Zuordnung – insgesamt als nicht zugeordnet, so dass alle Leistungsbezüge bis zur Änderung der Zuordnung für den nichtunternehmerischen Bereich bezogen gelten und den Vorsteueranspruch ausschließen. [4] Eine Berichtigung des Vorsteuerabzuges aus den Herstellungskosten des Gebäudes nach § 15a UStG ist insoweit ausgeschlossen. [5] Die dargestellten Grundsätze gelten auch für nachträgliche Herstellungskosten, die eigenständige Zuordnungsobjekte darstellen (vgl. Absatz 9 Nr. 2). [6] Wenn sich die beabsichtigte Verwendung des Gebäudes während des Herstellungsvorgangs ändert, der Unternehmer jedoch nicht erklärt, in welchem Umfang er das Gebäude seinem Unternehmen zuordnet, sondern nur entsprechend angepasste Vorsteuerbeträge geltend macht, gilt das Gebäude aus Vereinfachungsgründen in Höhe des durchschnittlich geltend gemachten Vorsteuerabzugs als dem Unternehmen zugeordnet. [7] Beispiele zur Darstellung der Auswirkung der Zuordnungsentscheidung auf den Vorsteuerabzug und dessen Berichtigung nach § 15a UStG:

Beispiel 1:

[1] Unternehmer U beginnt im Jahr 01 mit der Errichtung eines Gebäudes, das er zu 50% für private Zwecke und zu 50% für seine vorsteuerunschädliche unternehmerische Tätigkeit zu

nutzen beabsichtigt (Herstellungsjahr 01 nach dem Stichtag 31.12.2010 und damit Anwendung des § 15 Abs. 1b UStG). [2]Die Fertigstellung erfolgt im Jahr 03. [3]U verwendet das Gebäude ab dem 01.01.2004 erstmalig wie beabsichtigt zu 50 % privat und zu 50 % vorsteuerunschädlich für unternehmerische Zwecke. [4]U erklärt vor dem 31.07.2002 die vollständige Zuordnung des Gebäudes schriftlich gegenüber dem Finanzamt. [5]Während der Herstellungsphase macht U keinen Vorsteuerabzug geltend, sondern reicht zum 31.07.2004 berichtigte Erklärungen für die Jahre 01 und 02 sowie eine Erklärung für das Jahr 03 ein, in denen er 50 % der Vorsteuerbeträge geltend macht.

	ausgewiesene Umsatzsteuer	bis zum 31.07. des Folgejahres geltend gemachte Vorsteuer
01	40.000 €	0 €
02	20.000 €	0 €
03	30.000 €	15.000 €
Σ	90.000 €	15.000 €

[6]Das Gebäude des U soll für unternehmerische und unternehmensfremde (private) Zwecke verwendet werden. [7]U hat deshalb grundsätzlich das Wahlrecht, das Gebäude vollständig, gar nicht oder im Umfang der unternehmerischen Nutzung dem Unternehmen zuzuordnen. [8]Eine zeitnahe Dokumentation der Zuordnungsentscheidung ist bis zum 31.7. des Folgejahres möglich. [9]U hat das sich im Herstellungsprozess befindende Gebäude seinem Unternehmen zugeordnet und die Zuordnung gegenüber dem Finanzamt rechtzeitig dokumentiert. [10]U kann im Rahmen der berichtigten Jahreserklärungen für 01 und 02 und der Jahreserklärung 03 Vorsteuerbeträge geltend machen, soweit diese auf die beabsichtigte unternehmerische Nutzung entfallen (01 = 20.000 €, 02 = 10.000 €, 03 = 15.000 €). [11]Soweit eine private Verwendung des Gebäudes beabsichtigt ist, greift der Vorsteuerausschluss nach § 15 Abs. 1b UStG. [12]Spätere Änderungen der Verwendung des Gebäudes können nach § 15a Abs. 6a in Verbindung mit Abs. 1 UStG berichtigt werden.

Beispiel 2:

[1]Sachverhalt wie Beispiel 1. [2]U hat aber keine schriftliche Erklärung gegenüber dem Finanzamt abgegeben, dass er das Gebäude seinem Unternehmen vollständig zuordnen möchte. [3]Die erstmaligen Jahreserklärungen für die Jahre 01, 02 und 03 reicht U erst zum 31.07.2004 ein.

[4]Das Gebäude des U soll für unternehmerische und unternehmensfremde (private) Zwecke verwendet werden. [5]U hat deshalb grundsätzlich das Wahlrecht, das Gebäude vollständig, gar nicht oder im Umfang der unternehmerischen Nutzung dem Unternehmen zuzuordnen. [6]Eine zeitnahe Dokumentation der Zuordnungsentscheidung ist bis zum 31.07. des Folgejahres möglich. [7]Mit der Übermittlung der Jahreserklärungen 01 bis 03, in denen U 50 % der Vorsteuerbeträge geltend macht, will U dokumentieren, dass er den unternehmerisch genutzten Gebäudeteil seinem Unternehmen zuordnet. [8]In Bezug auf den unternehmensfremd (privat) verwendeten Anteil hat U bis zum 31.07.2002 bzw. bis zum 31.07.03 keine Zuordnung dokumentiert (weder Erklärung noch Vorsteuerabzug), so dass diese nicht unterstellt werden kann.

[9]Da U für die Jahre 01 und 02 bis zum 31.07. des jeweiligen Folgejahres keine Zuordnung zum Unternehmen dokumentiert hat, ist für diese Jahre ein Vorsteuerabzug nicht möglich. [10]Das unfertige Gebäude (Herstellungsvolumen aus den Jahren 01 und 02) gilt zum 01.01.2003 zu 50 % als in sein Unternehmen eingelegt, weil die ggf. zuvor erfolgte Zuordnung zum Unternehmen in Folge der verspäteten Dokumentation für die Jahre 01 und 02 nicht berücksichtigt werden kann. [11]Das Vorsteuervolumen für eine Berichtigung nach § 15a UStG reduziert sich deshalb auf die Vorsteuerbeträge aus dem Jahr 03 in Höhe von 15.000 €, für die die Zuordnung zum Unternehmen rechtzeitig dokumentiert worden ist.

Beispiel 3:

[1]Sachverhalt wie Beispiel 1. [2]U erklärt aber erst zum 31.07.2004 die vollständige Zuordnung des Gebäudes zu seinem Unternehmen schriftlich gegenüber dem Finanzamt.

[3]U hat bis zum 31.07.2002 bzw. bis zum 31.07.2003 keine Zuordnung des herzustellenden Gebäudes dokumentiert. [4]Die berichtigten Erklärungen für die Jahre 01 und 02 und die schriftliche Erklärung der vollständigen Zuordnung sind erst nach dem 31.07. des jeweiligen

Folgejahres beim Finanzamt eingegangen. [5]U ist deshalb nicht zum Vorsteuerabzug aus den Herstellungskosten aus den Jahren 01 und 02 berechtigt (§ 15 Abs. 1 UStG). [6]Eine Berichtigung nach § 15a UStG ist ebenfalls ausgeschlossen.
[7]Die Zuordnung der im Jahr 03 bezogenen Leistungen ist hingegen rechtzeitig bis zum 31.07. des Folgejahres dokumentiert worden. [8]U ist in Höhe des beabsichtigten unternehmerischen Nutzungsanteils von 50% zum Vorsteuerabzug aus diesen Leistungen berechtigt (15.000 €). [9]Soweit eine private Verwendung des Gebäudes beabsichtigt ist, greift der Vorsteuerausschluss nach § 15 Abs. 1b UStG.
[10]Mit seiner schriftlichen Erklärung gegenüber dem Finanzamt, das Gebäude dem Unternehmen vollständig zuzuordnen, hat U das unfertige Gebäude (Herstellungsvolumen aus den Jahren 01 und 02) zum 01.01.2003 in sein Unternehmen eingelegt, weil die ggf. zuvor erfolgte Zuordnung in Folge der verspäteten Dokumentation für die Jahre 01 und 02 nicht berücksichtigt werden kann. [11]Die Vorsteuerbeträge aus den Jahren 01 und 02 sind für Zwecke der Vorsteuerberichtigung nach § 15a UStG verloren. [12]Für das Berichtigungsobjekt im Sinne des § 15a UStG sind nur die rechtzeitig zugeordneten Vorsteuerbeträge aus dem Jahr 03 in Höhe von 30 000 € maßgebend. [13]Für diese Vorsteuerbeträge ist eine unternehmerische und unternehmensfremde Nutzung von jeweils 50% berücksichtigt worden. [14]Da U in Jahr 04 das Berichtigungsobjekt im gleichen Verhältnis verwendet, liegt keine Änderung der Verhältnisse im Sinne des § 15a UStG vor.

Beispiel 4:

[1]Sachverhalt wie Beispiel 2. [2]U führt ab dem 01.01.2005 zu 50% steuerfreie Umsätze aus, die nicht zum Vorsteuerabzug berechtigen.
[3]Wirtschaftsgut im Sinne des § 15a UStG ist nur der dem Unternehmen zugeordnete Gebäudeteil. [4]Es liegt eine Änderung der Verhältnisse im Sinne des § 15a Abs. 1 UStG vor, da U das Berichtigungsobjekt im Sinne des § 15a UStG bisher für zu 100% steuerpflichtige Ausgangsumsätze verwendet hat.
§ 15a-UStG-fähige Vorsteuerbeträge (allein aus dem Jahr 03): 15.000 €
Ursprünglicher Vorsteuerabzug: 15.000 € (100% von 15.000 €)
Zeitpunkt der erstmaligen Verwendung: 01.01.2004
Dauer des Berichtigungszeitraums: 01.01.2004 bis 31.12.2013
Zum Vorsteuerabzug berechtigende Verwendung: 50% (neue Nutzung: 50% steuerpflichtig und 50% steuerfrei)
Änderung der Verhältnisse: 50 Prozentpunkte (50% statt bisher 100%)
Vorsteuerberichtigung ab Jahr 05: 50 Prozentpunkte von $^1/_{10}$ von 15.000 € = 750 € sind zuungunsten des U zu korrigieren.

Beispiel 5:

[1]Sachverhalt wie Beispiel 2. [2]U nutzt das Gesamtgebäude ab dem 01.01.2006 zu 70% für unternehmensfremde (private) Zwecke und führt zu 50% steuerfreie Umsätze aus, die nicht zum Vorsteuerabzug berechtigen.
[3]Es liegen ab dem Jahr 06 zwei Änderungen der Verhältnisse nach § 15a Abs. 1 in Verbindung mit Abs. 6a UStG vor, da U das Berichtigungsobjekt (den zugeordneten hälftigen Gebäudeteil) bisher zu 100% für steuerpflichtige Tätigkeiten verwendet hat. [4]Die unternehmerische Nutzung dieses ursprünglich zugeordneten Gebäudeteils beträgt nur noch 60%, da der Umfang der unternehmerischen Nutzung des gesamten Gebäudes auf nunmehr 30% gesunken ist, was 60% des zugeordneten hälftigen Teils entspricht. [5]Außerdem ist U auf Grund der steuerfreien Umsätze in Bezug auf den unternehmerisch verwendeten Gebäudeteil nur noch zu 50% zum Vorsteuerabzug berechtigt, was 30% des zugeordneten hälftigen Teils entspricht.
§ 15a-UStG-fähige Vorsteuerbeträge (allein aus dem Jahr 03): 15.000 €
Ursprünglicher Vorsteuerabzug: 15.000 € (100% von 15.000 €)
Zeitpunkt der erstmaligen Verwendung: 01.01.2004
Dauer des Berichtigungszeitraums: 01.01.2004 bis 31.12.2013
Zum Vorsteuerabzug berechtigende Verwendung: 30% (neue Nutzung: 60% × 50% = 30% steuerpflichtig, 30% steuerfrei, 40% unternehmensfremd)
Änderung der Verhältnisse: 70 Prozentpunkte (30% statt bisher 100%)

Vorsteuerberichtigung ab Jahr 06: 70 Prozentpunkte von $^{1}/_{10}$ von 15.000 € = 1.050 € sind zuungunsten des U zu korrigieren.

Beispiel 6:

[1] Unternehmer U beginnt im Jahr 01 mit der Errichtung eines Gebäudes, das er zu 60% für private Zwecke und zu 40 % für seine vorsteuerunschädliche unternehmerische Tätigkeit zu nutzen beabsichtigt (Herstellungsjahr 01 nach dem Stichtag 31.12.2010 und damit Anwendung des § 15 Abs. 1b UStG). [2] Die Fertigstellung erfolgt im Jahr 03. [3] U verwendet das Gebäude ab dem 1.1.04 erstmalig wie von Anfang an beabsichtigt zu 60% privat und zu 40% vorsteuerunschädlich für unternehmerische Zwecke. [4] U macht während der Herstellungsphase aus den Aufwendungen 40% Vorsteuerabzug geltend. [5] Außer der Geltendmachung des Vorsteuerabzugs liegen keine Beweisanzeichen für eine Zuordnung zum Unternehmen vor.

	ausgewiesene Umsatzsteuer	bis zum 31.07. des Folgejahres geltend gemachte Vorsteuer
01	40.000 €	16.000 € (40%)
02	20.000 €	8.000 € (40%)
03	30.000 €	12.000 € (40%)
Σ	90.000 €	36.000 € (40%)

[6] U hat das Gebäude im Umfang seiner unternehmerischen Nutzung von 40% seinem Unternehmen zugeordnet. [7] Durch die Geltendmachung des Vorsteuerabzugs in Höhe von insgesamt 36.000 € hat U seine Zuordnungsentscheidung dokumentiert. [8] In Bezug auf den wie beabsichtigt unternehmensfremd verwendeten Gebäudeanteil hat U keine Zuordnung zum Unternehmen dokumentiert. [9] Ohne Beweisanzeichen kann diese nicht unterstellt werden. [10] Die Vorsteuerbeträge in Höhe von 54.000 € können deshalb weder nach § 15 Abs. 1 UStG noch nachträglich nach § 15a UStG geltend gemacht werden. [11] Wirtschaftsgut im Sinne des § 15a UStG ist nur der dem Unternehmen zugeordnete Gebäudeteil. [12] Auf das Berichtigungsobjekt entfallen somit nur die Vorsteuerbeträge in Höhe von 36.000 € bei einer 100% unternehmerischen vorsteuerunschädlichen Nutzung. [13] Da U in Jahr 04 das Berichtigungsobjekt ebenfalls nur unternehmerisch verwendet, liegt keine Änderung der Verhältnisse im Sinne des § 15a UStG vor.

Beispiel 7:

[1] Sachverhalt wie Beispiel 6. [2] U verwendet den unternehmerisch genutzten Gebäudeteil ab dem 01.01.2005 zu 50% für steuerfreie Umsätze, die nicht zum Vorsteuerabzug berechtigen. [3] Es liegt im Jahr 05 eine Änderung der Verhältnisse im Sinne des § 15a Abs. 1 UStG vor, da U den dem Unternehmen zugeordneten Gebäudeteil bisher zu 100% für steuerpflichtige Umsätze genutzt hat.

§ 15a-UStG-fähige Vorsteuerbeträge: 36.000 €
Ursprünglicher Vorsteuerabzug: 36.000 € (100% von 36.000 €)
Zeitpunkt der erstmaligen Verwendung: 01.01.2004
Dauer des Berichtigungszeitraums: 01.01.2004 bis 31.12.2013
Zum Vorsteuerabzug berechtigende Verwendung: 50% (neue Nutzung: 50% steuerpflichtig und 50% steuerfrei)
Änderung der Verhältnisse: 50 Prozentpunkte (50% statt bisher 100%)
Vorsteuerberichtigung ab Jahr 05: 50 Prozentpunkte von $^{1}/_{10}$ von 36.000 € = 1.800 € sind zuungunsten des U zu korrigieren.

Beispiel 8:

[1] Sachverhalt wie Beispiel 6. [2] U nutzt das Gesamtgebäude ab dem 01.01.2006 nur noch zu 30% für unternehmerische Zwecke und führt zu 50% steuerfreie Umsätze aus, die nicht zum Vorsteuerabzug berechtigen.

[3] Es liegen zwei Änderungen der Verhältnisse im Sinne des § 15a Abs. 1 in Verbindung mit Abs. 6a UStG vor, da U das Berichtigungsobjekt im Sinne des § 15a UStG bisher zu 100% für steuerpflichtige Tätigkeiten verwendet hat. [4] Die unternehmerische Nutzung des ursprünglich zugeordneten Gebäudeteils beträgt nur noch $^{3}/_{4}$ = 75%, da 10% bezogen auf die bisherige unternehmerische Nutzung von 40% nunmehr unternehmensfremd genutzt wer-

den. [5] Außerdem ist U auf Grund der steuerfreien Umsätze in Bezug auf den unternehmerisch verwendeten Gebäudeteil nur noch zu 50 % zum Vorsteuerabzug berechtigt.
§ 15a-UStG-fähige Vorsteuerbeträge: 36.000 €
Ursprünglicher Vorsteuerabzug: 36.000 € (100 % von 36.000 €)
Zeitpunkt der erstmaligen Verwendung: 01.01.2004
Dauer des Berichtigungszeitraums: 01.01.2004 bis 31.12.2013
Zum Vorsteuerabzug berechtigende Verwendung: 37,5 % (neue Nutzung: 75 % × $^1/_2$ = 37,5 % steuerpflichtig, 37,5 % steuerfrei, 25 % unternehmensfremd)
Änderung der Verhältnisse: 62,5 Prozentpunkte (37,5 % statt bisher 100 %)
Vorsteuerberichtigung ab Jahr 06: 62,5 Prozentpunkte von $^1/_{10}$ von 36.000 € = 2.250 € sind zuungunsten des U zu korrigieren.

Beispiel 9:

[1] Unternehmer U beginnt im Jahr 01 mit der Errichtung eines Gebäudes, das er teilunternehmerisch für unternehmerische und private Zwecke zu nutzen beabsichtigt (Herstellungsjahr 01 nach dem Stichtag 31.12.2010 und damit Anwendung des § 15 Abs. 1b UStG). [2] Die Fertigstellung erfolgt im Jahr 03. [3] Während des Herstellungsvorgangs ändert sich die Verwendungsabsicht von U nachweisbar wie folgt: Im Jahr 01 beabsichtigt U, das Gebäude zu 80 %, im Jahr 02 zu 60 % und im Jahr 03 zu 70 % für seine unternehmerische vorsteuerunschädliche Tätigkeit zu verwenden. [4] Es liegen keine Beweisanzeichen einer Zuordnung über die Geltendmachung des Vorsteuerabzugs hinaus vor. [5] Die erstmalige Verwendung des Gebäudes erfolgt am 01.01.2004. [6] U nutzt das Gebäude, wie im Jahr 03 beabsichtigt, zu 70 % für seine unternehmerische vorsteuerunschädliche Tätigkeit und zu 30 % privat.

	ausgewiesene Umsatzsteuer	bis zum 31.07. des Folgejahres geltend gemachte Vorsteuer
01	40.000 €	32.000 € (80 %)
02	20.000 €	12.000 € (60 %)
03	30.000 €	21.000 € (70 %)
Σ	90.000 €	65.000 € (72,22 % von 90.000 €)

[7] Das Gebäude des U soll für unternehmerische und unternehmensfremde Zwecke verwendet werden. [8] U hat deshalb grundsätzlich das Wahlrecht, das Gebäude vollständig, gar nicht oder im Umfang der unternehmerischen Nutzung dem Unternehmen zuzuordnen. [9] Da sich die beabsichtigte Verwendung des Gebäudes im Herstellungsvorgang ändert und U nicht erklärt, in welchem Umfang er das Gebäude seinem Unternehmen zuordnet, gilt das Gebäude aus Vereinfachungsgründen zu 72,22 % dem Unternehmen des U als zugeordnet.
[10] In Bezug auf den unternehmensfremd verwendeten Gebäudeanteil hat U keine Zuordnung zum Unternehmen dokumentiert. [11] Ohne Beweisanzeichen kann diese nicht unterstellt werden. [12] Die Vorsteuerbeträge in Höhe von (90.000 € abzgl. 65.000 € =) 25.000 € können deshalb weder nach § 15 Abs. 1 UStG noch nachträglich nach § 15a UStG geltend gemacht werden. [13] Wirtschaftsgut im Sinne des § 15a UStG ist nur der dem Unternehmen zugeordnete Gebäudeteil.
[14] Da die tatsächliche Verwendung von der beabsichtigten Verwendung während des Herstellungsprozesses abweicht, liegt im Zeitpunkt der erstmaligen Verwendung (70% unternehmerisch) eine Änderung der Verhältnisse im Sinne des § 15a Abs. 1 in Verbindung mit Abs. 6a UStG vor. [15] Die geltend gemachten Vorsteuerbeträge in Höhe von 65.000 € entsprechen 100 % des zugeordneten Gebäudeteils. [16] Die unternehmerische Verwendung in Höhe von 70% hätte U nur zu einem Vorsteuerabzug in Höhe von 63.000 € berechtigt (70% von 90.000 €). [17] Die Verhältnisse ändern sich somit um 3,08 Prozentpunkte (63.000 € von 65.000 € = 96,92 %). [18] Da sich die Verhältnisse um weniger als 10 Prozentpunkte ändern und der Änderungsbetrag nicht 1.000 € übersteigt, entfällt eine Vorsteuerberichtigung (§ 44 Abs. 2 UStDV).

Beispiel 10:

[1] Sachverhalt wie Beispiel 9. [2] U beabsichtigt in den Jahren 01 bis 03 jedoch folgende unternehmerische Verwendung des Gebäudes und macht entsprechende Vorsteuerbeträge geltend:

	ausgewiesene Umsatzsteuer	bis zum 31.07. des Folgejahres geltend gemachte Vorsteuer
01	30.000 €	21.000 € (70 %)
02	20.000 €	12.000 € (60 %)
03	40.000 €	32.000 € (80 %)
Σ	90.000 €	65.000 € (72,22 % von 90.000 €)

[3]U nutzt das gesamte Gebäude ab dem 01.01.2004 zu 80 % für unternehmerische vorsteuerunschädliche Zwecke.
[4]Eine Berichtigung nach § 15a UStG ist nicht möglich, da das Gebäude nur zu 72,22 % als dem Unternehmen zugeordnet gilt und er damit bereits 100 % des berichtigungsfähigen Vorsteuervolumens ausgeschöpft hat.

Beispiel 11:

[1]Sachverhalt wie Beispiel 9. [2]U führt ab dem 01.01.2005 zu 50 % steuerfreie Umsätze aus, die nicht zum Vorsteuerabzug berechtigen.
[3]Es liegt eine Änderung der Verhältnisse im Sinne des § 15a Abs. 1 UStG vor, da U bisher zu 100 % steuerpflichtige Ausgangsumsätze ausgeführt hat. [4]Der dem Unternehmen zugeordnete Gebäudeteil wurde bisher zu 96,92 % für steuerpflichtige Tätigkeiten und zu 3,08 % unternehmensfremd genutzt.
§ 15a-UStG-fähige Vorsteuerbeträge: 65.000 €
Ursprünglicher Vorsteuerabzug: 65.000 € (100 % von 65.000 €)
Zeitpunkt der erstmaligen Verwendung: 01.01.2004
Dauer des Berichtigungszeitraums: 01.01.2004 bis 31.12.2013
Zum Vorsteuerabzug berechtigende Verwendung: 48,46 % (neue Nutzung: 48,46 % steuerpflichtig, 48,46 % steuerfrei, 3,08 % unternehmensfremd)
Änderung der Verhältnisse: 51,54 Prozentpunkte (48,46 % statt bisher 100 %)
Vorsteuerberichtigung ab Jahr 05: 51,54 Prozentpunkte von $^1/_{10}$ von 65.000 € = 3.350,10 € sind zuungunsten des U zu korrigieren.

Beispiel 12:

[1]Sachverhalt wie Beispiel 9. [2]U nutzt das Gesamtgebäude ab dem 01.01.2006 zu 50 % für unternehmensfremde (private) Zwecke und führt zu 50 % steuerfreie Umsätze aus, die nicht zum Vorsteuerabzug berechtigen.
[3]Es liegen zwei Änderungen der Verhältnisse im Sinne des § 15a Abs. 1 in Verbindung mit Abs. 6a UStG vor, da U das Berichtigungsobjekt im Sinne des § 15a UStG bisher nur zu 3,08 % unternehmensfremd genutzt hat. [4]Die unternehmerische Nutzung des ursprünglich zugeordneten Gebäudeteils beträgt nur 69,24 %, da 22,22 % bezogen auf den zugeordneten Gebäudeteil von 72,22 % (= 30,76 %) nunmehr unternehmensfremd genutzt werden. [5]Außerdem ist U auf Grund der steuerfreien Umsätze in Bezug auf den unternehmerisch verwendeten Gebäudeteil nur noch zu 50 % zum Vorsteuerabzug berechtigt.
§ 15a-UStG-fähige Vorsteuerbeträge: 65.000 €
Ursprünglicher Vorsteuerabzug: 65.000 € (100 % von 65.000 €)
Zeitpunkt der erstmaligen Verwendung: 01.01.2004
Dauer des Berichtigungszeitraums: 01.01.2004 bis 31.12.2013
Zum Vorsteuerabzug berechtigende Verwendung: 34,62 % (neue Nutzung: 34,62 % steuerpflichtig, 34,62 % steuerfrei, 30,76 % unternehmensfremd – 27,78 % des zu 50 % unternehmensfremd verwendeten Gebäudes sind nicht dem Unternehmen zugeordnet worden –)
Änderung der Verhältnisse: 65,38 Prozentpunkte (34,62 % statt bisher 100 %)
Vorsteuerberichtigung ab Jahr 06: 65,38 Prozentpunkte von $^1/_{10}$ von 65.000 € = 4.249,70 € sind zuungunsten des U zu korrigieren.

Beispiel 13:

[1]Die Gemeinde G beginnt im Jahr 01 mit der Errichtung eines Gebäudes, das sie im Jahr 01 zu 100 % für hoheitliche Zwecke zu nutzen beabsichtigt. [2]Im Jahr 02 beschließt der Gemeinderat jedoch, das Gebäude zu 50 % für vorsteuerunschädliche unternehmerische Zwecke zu nutzen. [3]Die Fertigstellung des Gebäudes erfolgt im Jahr 03. [4]Die erstmalige Verwendung erfolgt am 01.01.2004 wie im Jahr 02 beschlossen zu 50 % hoheitlich und zu 50 % unterneh-

merisch. [5] Vorsteuerbeträge wurden entsprechend der zum jeweiligen Leistungsbezug bestehenden Verwendungsabsicht wie folgt erklärt:

	ausgewiesene Umsatzsteuer	geltend gemachte Vorsteuer
01	40.000 €	0 €
02	20.000 €	10.000 €
03	30.000 €	15.000 €
Σ	90.000 €	25.000 €

[6] Soweit G beabsichtigt, das Gebäude für nichtwirtschaftliche Tätigkeiten i. e. S. zu verwenden, ist der Vorsteuerabzug nach § 15 Abs. 1 UStG ausgeschlossen. [7] G hat deshalb kein Zuordnungswahlrecht und muss zum 31.07. des Folgejahres keine Zuordnung dokumentieren. [8] Da G im Jahr 01 beabsichtigt hat, das Gebäude zu 100 % für nichtwirtschaftliche Tätigkeiten i. e. S. zu verwenden, können die Vorsteuerbeträge aus dem Jahr 01 nachträglich nicht geltend gemacht werden. [9] Eine Berichtigung nach § 15a UStG aus Billigkeitsgründen (vgl. Abschnitt 15a.1 Abs. 7) ist insoweit ebenfalls ausgeschlossen, weil es sich vorliegend nicht um eine Erhöhung des wirtschaftlich verwendeten Teils eines bereits zugeordneten Gebäudes handelt, sondern um die erstmalige unternehmerische Zuordnung. [10] Das Gebäude wird für Zwecke des § 15a UStG wie zu 50 % (25.000 € von 50.000 €) dem Unternehmen zugeordnet behandelt, weil für die Jahre 02 und 03 ein Aufteilungsgebot gilt (vgl. Absatz 2 Satz 1 Nr. 2 Buchstabe a). [11] Das Volumen für eine Berichtigung nach den Grundsätzen des § 15a UStG beträgt 50.000 € (25.000 € auf Basis der Zuordnung und 25 000 € aus Billigkeitsgründen, vgl. Abschnitt 15a.1 Abs. 7).

Beispiel 14:

[1] Sachverhalt wie Beispiel 13. [2] G verwendet das Gebäude ab dem 01.01.2005 zu 70 % für unternehmerische Tätigkeiten.
§ 15a-UStG-fähige Vorsteuerbeträge: 50.000 € (Vorsteuerbeträge aus den Jahren 02 und 03)
Ursprünglicher Vorsteuerabzug: 25.000 € (50 % von 50.000 €)
Zeitpunkt der erstmaligen Verwendung: 01.01.2004
Dauer des Berichtigungszeitraums: 01.01.2004 bis 31.12.2013
Zum Vorsteuerabzug berechtigende Verwendung: 70 %
Änderung der Verhältnisse: 20 Prozentpunkte (70 % statt bisher 50 %)
Vorsteuerberichtigung ab dem Jahr 05 aus Billigkeitsgründen nach Abschnitt 15a.1 Abs. 7: 20 Prozentpunkte von $^1/_{10}$ von 50.000 € = 1.000 € sind zugunsten des G zu korrigieren.
[3] Der Gegenstand gilt durch die Berichtigung aus Billigkeitsgründen zu 70 % als dem Unternehmen zugeordnet.

Beispiel 15:

[1] Die Gemeinde G beginnt im Jahr 01 mit der Errichtung eines Gebäudes, das sie in 01 zu 75 % für hoheitliche und zu 25 % für vorsteuerunschädliche unternehmerische Zwecke zu nutzen beabsichtigt. [2] Im Jahr 02 beschließt der Gemeinderat jedoch, das Gebäude zu 50 % für vorsteuerunschädliche unternehmerische Zwecke zu nutzen. [3] Die Fertigstellung des Gebäudes erfolgt im Jahr 03. [4] Die erstmalige Verwendung erfolgt am 01.01.2004 wie im Jahr 02 beschlossen zu 50 % hoheitlich und zu 50 % unternehmerisch. [5] Vorsteuerbeträge wurden entsprechend der zum jeweiligen Leistungsbezug bestehenden Verwendungsabsicht wie folgt erklärt:

	ausgewiesene Umsatzsteuer	geltend gemachte Vorsteuer
01	40.000 €	10.000 € (25 %)
02	20.000 €	10.000 € (50 %)
03	30.000 €	15.000 € (50 %)
Σ	90.000 €	35.000 € (38,88 %)

[6] Soweit G beabsichtigt, das Gebäude für nichtwirtschaftliche Tätigkeiten i. e. S. zu verwenden, ist der Vorsteuerabzug nach § 15 Abs. 1 UStG ausgeschlossen. [7] G hat deshalb kein Zuordnungswahlrecht und muss bis zum 31.07. des Folgejahres keine Zuordnung dokumentieren. [8] Das Gebäude gilt aus Vereinfachungsgründen zu 38,88 % als dem Unternehmen zugeordnet. [9] Für das Jahr 04 kann aus Billigkeitsgründen wegen der Änderung der Verhältnisse um

11,12% (50% statt 38,88%) eine Korrektur nach den Grundsätzen des § 15a UStG erfolgen (vgl. Abschnitt 15a.1 Abs. 7).

15.2d Regelungen zum Vorsteuerabzug in Einzelfällen

(1) Zum Vorsteuerabzug in besonderen Fällen wird auf folgende Regelungen hingewiesen:

1. Errichtung von Gebäuden auf fremdem Boden (vgl. BMF-Schreiben vom 23.07.1986, BStBl. I S. 432);
2. Einrichtungen, bei denen neben dem unternehmerischen auch ein nichtunternehmerischer Bereich besteht (z. B. bei juristischen Personen des öffentlichen Rechts, Vereinen), vgl. Abschnitte 2.10 und 15.19;
3. Garantieleistungen in der Reifenindustrie (vgl. BMF-Schreiben vom 21.11.1974, BStBl. I S. 1021);
4. Garantieleistungen und Freiinspektionen in der Kraftfahrzeugwirtschaft (vgl. BMF-Schreiben vom 03.12.1975, BStBl. I S. 1132);
5. Austauschverfahren in der Kraftfahrzeugwirtschaft (vgl. Abschnitt 10.5 Abs. 3);
6. Einschaltung von Personengesellschaften beim Erwerb oder der Errichtung von Betriebsgebäuden der Kreditinstitute (vgl. BMF-Schreiben vom 29.05.1992, BStBl. I S. 378);
7. Einschaltung von Unternehmern in die Erfüllung hoheitlicher Aufgaben (vgl. BMF-Schreiben vom 27.12.1990, BStBl. I 1991 S. 81);
8. Essensabgabe an das Personal durch eine vom Arbeitgeber nicht selbst betriebene Kantine oder Gaststätte (vgl. Abschnitt 1.8 Abs. 12);
9. Vorsteuerabzug und Umsatzbesteuerung bei zwischen dem 01.04.1999 und dem 31.12.2003 angeschafften teilunternehmerisch genutzten Fahrzeugen (vgl. Tz. 6 des BMF-Schreibens vom 27.08.2004, BStBl. I S. 864);
10. Public-Private-Partnerships (PPP) im Bundesfernstraßenbau (vgl. BMF-Schreiben vom 30.3.2022, BStBl. I S. 568);
11. Vorsteuerabzug bei gemeinsamem Leistungsbezug durch mehrere Personen (vgl. BMF-Schreiben vom 27.10.2021, BStBl. I S. 2137);
12. Vorsteuerabzug beim Betrieb von Anlagen zur Energieerzeugung (vgl. Abschnitt 2.5);
13. Vorsteuerabzug bei Errichtung von Erschließungsanlagen (vgl. BMF-Schreiben vom 07.06.2012, BStBl. I S. 621);
14. [1] Vorsteuerabzug eines Insolvenzverwalters; ein Insolvenzverwalter kann eine Leistung im Zusammenhang mit seiner Tätigkeit entweder kraft Amtes für die Masse oder persönlich beziehen. [2] Das Recht auf Vorsteuerabzug steht der Insolvenzmasse zu, wenn der Insolvenzverwalter die Masse wirksam verpflichtet hat (vgl. BFH-Urteil vom 18.09.2019, XI R 19/17, BStBl. II 2020 S. 172);
15. Vorsteuerabzug bei der Verwendung eines Aliasnamens nach dem ProstSchG (vgl. BMF-Schreiben vom 07.09.2021, BStBl. I S. 1591).

(2) [1]Erwachsen dem Unternehmer Aufwendungen durch Beköstigung des im Unternehmen beschäftigten Personals in seinem Haushalt, gilt folgende Vereinfachungsregelung: Für die auf diese Aufwendungen entfallenden Vorsteuern kann ohne Einzelnachweis ein Betrag abgezogen werden, der sich unter Anwendung eines durchschnittlichen Steuersatzes von 7,9% auf den Wert errechnet, der bei der Einkommensteuer für die außerbetrieblichen Zukäufe als Betriebsausgabe anerkannt wird. [2]Dementsprechend kann in diesen Fällen die abziehbare Vorsteuer von 7,32% dieses Werts (Bruttobetrag) errechnet werden.

(3) Zur Minderung des Vorsteuerabzugs beim Leistungsempfänger im Zusammenhang mit Preisnachlässen und Preiserstattungen sowie der Einlösung von Gutscheinen vgl. Abschnitt 17.2 Abs. 3 und 4.

15.3 Vorsteuerabzug bei Zahlungen vor Empfang der Leistung

(1) [1]Der Vorsteuerabzug setzt in den Fällen des § 15 Abs. 1 Satz 1 Nr. 1 UStG bei Zahlungen vor Empfang der Leistung (§ 15 Abs. 1 Satz 1 Nr. 1 Satz 3 UStG) voraus, dass

1. eine nach §§ 14, 14a UStG ausgestellte Rechnung vorliegt und
2. die Zahlung geleistet worden ist.

[2]Der Vorsteuerabzug kommt für den Voranmeldungs- bzw. Besteuerungszeitraum in Betracht, in dem erstmalig beide Voraussetzungen erfüllt sind. [3]Voraussetzung für den Vorsteuerabzug aus Rechnungen über Lieferungen, auf die eine Anzahlung geleistet wurde, ist, dass alle maßgeblichen Elemente des Steuertatbestands, d.h. der künftigen Lieferung, bereits bekannt und somit insbesondere die Gegenstände der Lieferung zum Zeitpunkt der Anzahlung genau bestimmt sind (vgl. BFH-Urteil vom 24.08.2006, V R 16/05, BStBl. II 2007 S. 340, vgl. Abschnitt 14.8 Abs. 4 Satz 2).

(2) Hat ein Kleinunternehmer, der von der Sonderregelung des § 19 Abs. 1 UStG zur allgemeinen Besteuerung übergegangen ist, bereits vor dem Übergang Zahlungen für einen nach dem Übergang an ihn bewirkten Umsatz geleistet, kann er den vorgezogenen Vorsteuerabzug in der Voranmeldung für den ersten Voranmeldungszeitraum nach dem Übergang zur allgemeinen Besteuerung geltend machen.

(3) Für den Vorsteuerabzug bei Zahlungen vor Empfang der Leistung ist es ohne Bedeutung, ob die vor Ausführung des Umsatzes geleistete Zahlung das volle Entgelt oder nur einen Teil des Entgelts einschließt.

(4) [1]Ist der gesondert ausgewiesene Steuerbetrag höher als die Steuer, die auf die Zahlung vor der Umsatzausführung entfällt, kann nach § 15 Abs. 1 Satz 1 Nr. 1 Satz 3 UStG nur der Steuerbetrag abgezogen werden, der in der im Voraus geleisteten Zahlung enthalten ist. [2]Das gilt auch, wenn vor der Ausführung des Umsatzes über die gesamte Leistung abgerechnet wird, die Gegenleistung aber in Teilbeträgen gezahlt wird. [3]In diesen Fällen hat daher der Unternehmer den insgesamt ausgewiesenen Steuerbetrag auf die einzelnen Teilbeträge aufzuteilen.

Beispiel:

[1] Der Unternehmer hat bereits im Januar eine Gesamtrechnung für einen im Juli zu liefernden Gegenstand über 100.000 € zuzüglich gesondert ausgewiesener Umsatzsteuer i. H. v. 19.000 €, insgesamt 119.000 €, erhalten. [2] Er leistet in den Monaten März, April und Mai Anzahlungen von jeweils 23.800 €. [3] Die Restzahlung i. H. v. 47.600 € überweist er einen Monat nach Empfang der Leistung.

[4] Der Unternehmer kann für die Voranmeldungszeiträume März, April und Mai den in der jeweiligen Anzahlung enthaltenen Steuerbetrag von 3.800 € als Vorsteuer abziehen. [5] Die in der Restzahlung von 47.600 € enthaltene Vorsteuer von 7.600 € kann für den Voranmeldungszeitraum Juli (zum Zeitpunkt der Umsatzausführung) abgezogen werden.

(5) [1] Aus einer Endrechnung (§ 14 Abs. 5 Satz 2 UStG) kann der Leistungsempfänger nur den Steuerbetrag als Vorsteuer abziehen, der auf die verbliebene Restzahlung entfällt. [2] Das Gleiche gilt bei der Abrechnung mit Gutschriften. [3] Ein höherer Vorsteuerabzug ist auch dann nicht zulässig, wenn in der Endrechnung die im Voraus gezahlten Teilentgelte und die darauf entfallenden Steuerbeträge nicht oder nicht vollständig abgesetzt wurden (vgl. Abschnitt 14.8 Abs. 10). [4] Sind die Rechnungen oder Gutschriften für die im Voraus geleisteten Zahlungen im Zusammenhang mit der Erteilung der Endrechnung widerrufen oder zurückgenommen worden, ist aus der Endrechnung ebenfalls nur der auf die Restzahlung entfallende Steuerbetrag als Vorsteuer abziehbar (vgl. Abschnitt 14.8 Abs. 9).

(6) Für Anzahlungen, bei denen erst im Zeitpunkt der Leistungserbringung der Leistungsempfänger die Voraussetzungen als Steuerschuldner nach Maßgabe des § 13b UStG erfüllt, vgl. Abschnitt 13b.12 Abs. 3 Sätze 3 und 4.

15.4 Vorsteuerabzug bei Rechnungen über Kleinbeträge

(1) Für die Berechnung des Steuerbetrages aus Rechnungen bis zu einem Gesamtbetrag von 250 € (vgl. § 35 Abs. 1 UStDV) können die auf einen Voranmeldungszeitraum entfallenden Rechnungen zusammengefasst werden, soweit derselbe Steuersatz anzuwenden ist.

(2) Die Vorsteuer kann aus dem Rechnungsbetrag durch Anwendung der folgenden Formel ermittelt werden:

$$\frac{\text{Rechnungspreis} \times \text{Steuersatz}}{(100 + \text{Steuersatz})}$$

Beispiel:

Rechnungspreis 149,95 €, Steuersatz 19 %

$$\frac{149{,}95\ € \times 19}{(100 + 19)} = 23{,}94\ € \text{ Vorsteuer.}$$

(3) Der auf die Rechnung entfallende Steuerbetrag kann auch mittels eines Faktors oder eines Divisors ermittelt werden.

1. [1] Bei Verwendung eines Faktors ist folgende Formel anzuwenden:

$$\frac{\text{Rechnungspreis} \times \text{Faktor}}{100}$$

[2] Der Faktor beträgt bei einem Steuersatz von

7% = 6,54 (6,5421)
19% = 15,97 (15,9664).

Beispiel:

Rechnungspreis 149,95 €, Steuersatz 19%

$$\frac{149{,}95\ € \times 15{,}97}{100} = 23{,}94\ €\ \text{Vorsteuer.}$$

2. [1] Mit einem Divisor kann zunächst das auf den Rechnungspreis entfallende Entgelt berechnet und sodann der abziehbare Vorsteuerbetrag durch Abzug des Entgelts vom Rechnungspreis ermittelt werden. [2] Das Entgelt wird nach folgender Formel berechnet:

$$\frac{\text{Rechnungspreis}}{\text{Divisor}}$$

[3] Der Divisor beträgt bei einem in der Rechnung angegebenen Steuersatz von
7% = 1,07
19% = 1,19.

Beispiel:

Rechnungspreis 149,95 €, Steuersatz 19%

$$\frac{149{,}95\ €}{1{,}19} = 126{,}01\ €\ \text{Entgelt}$$

149,95 € ./. 126,01 € = 23,94 € Vorsteuer.

15.5 Vorsteuerabzug bei Fahrausweisen

(1) [1] Fahrausweise und Belege im Sinne des § 34 UStDV, die für die Beförderung im Personenverkehr und im Reisegepäckverkehr ausgegeben werden, berechtigen nach § 35 Abs. 2 UStDV zum Vorsteuerabzug, soweit sie auf das Inland entfallende Beförderungsleistungen für das Unternehmen betreffen. [2] Stellt der Unternehmer seinen Arbeitnehmern Fahrausweise für die Fahrten zwischen Wohnung und regelmäßiger Arbeitsstätte zur Verfügung, sind die von den Arbeitnehmern in Anspruch genommenen Beförderungsleistungen nicht als Umsätze für das Unternehmen anzusehen. [3] Die dafür vom Unternehmer beschafften Fahrausweise berechtigen ihn daher nicht zur Vornahme des Vorsteuerabzugs.

(2) [1] Bei Zuschlagkarten ist für den Vorsteuerabzug der Steuersatz zu Grunde zu legen, der nach § 35 Abs. 2 UStDV für den dazugehörigen Fahrausweis gilt. [2] Bei Fahrausweisen für Beförderungsleistungen im grenzüberschreitenden Personenverkehr und im internationalen Eisenbahnpersonenverkehr ist die Vorsteuer aus den Angaben der in § 34 Abs. 2 UStDV bezeichneten Bescheinigung zu ermitteln. [3] Fahrausweise für Beförderungsleistungen auf ausländischen Strecken, die nach §§ 3, 4, 6 und 7 UStDV als Strecken im Inland gelten, berechtigen insoweit zum Vorsteuerabzug. [4] Umgekehrt kann auf Grund von Fahrausweisen für Beförderungsleistungen auf Strecken im Inland, die nach §§ 2, 4, 5 und 7 UStDV als ausländische Strecken gelten, ein Vorsteuerabzug nicht vorgenommen werden.

(3) Enthalten gemeinsame Fahrausweise für Beförderungsleistungen durch mehrere in einem Verkehrs- und Tarifverbund zusammengeschlossene Unternehmer keine Angaben über den Steuersatz, ist für die Berechnung der abziehbaren Vorsteuerbeträge der ermäßigte Steuersatz zu Grunde zu legen.

(4) *(aufgehoben)*

(5) [1]Bei Fahrausweisen im Luftverkehr kommt ein Vorsteuerabzug unter Zugrundelegung des ermäßigten Steuersatzes nicht in Betracht. [2]Der Abzug auf der Grundlage des allgemeinen Steuersatzes ist nur zulässig, wenn dieser Steuersatz auf dem Fahrausweis ausdrücklich angegeben ist.

(6) [1]Bei Belegen im Reisegepäckverkehr sind die Vorschriften für den Vorsteuerabzug bei Fahrausweisen entsprechend anzuwenden. [2]Zum Vorsteuerabzug berechtigen die Belege, die für die Beförderung von Reisegepäck im Zusammenhang mit einer Personenbeförderung ausgegeben werden.

(7) Keine Fahrausweise im Sinne des § 34 UStDV sind Belege über die Benutzung von Taxen, von Mietwagen oder von Kraftomnibussen außerhalb des Linienverkehrs.

(8) Zur Herausrechnung des Steuerbetrags aus dem Fahrpreis vgl. Abschnitt 15.4.

(9) Zum Vorsteuerabzug von Fahrausweisen, die im Online-Verfahren abgerufen werden, vgl. Abschnitt 14.4 Abs. 11.

15.6 Vorsteuerabzug bei Repräsentationsaufwendungen

Allgemeines

(1) [1]Nach § 15 Abs. 1a UStG sind Vorsteuerbeträge aus Leistungen für das Unternehmen (vgl. insbesondere Abschnitte 15.2a, 15.2b und 15.2c) nicht abziehbar, die auf Aufwendungen entfallen, für die das Abzugsverbot des § 4 Abs. 5 Satz 1 Nr. 1 bis 4, 7 oder des § 12 Nr. 1 EStG gilt. [2]Vom Vorsteuerausschluss ausgenommen sind Bewirtungsaufwendungen, soweit § 4 Abs. 5 Satz 1 Nr. 2 EStG einen Abzug angemessener und nachgewiesener Aufwendungen ausschließt (vgl. Absätze 6 und 7). [3]Die Regelung des § 15 Abs. 1a UStG bezieht sich nicht auf die Tatbestände des § 4 Abs. 5 Satz 1 Nr. 5, 6, 6a und 6b EStG. [4]Aus Aufwendungen im Sinne des § 4 Abs. 5 Satz 1 Nr. 6, 6a und 6b EStG für Fahrten zwischen Wohnung und Betriebsstätte, für Familienheimfahrten wegen einer aus betrieblichem Anlass begründeten doppelten Haushaltsführung, für betrieblich veranlasste Übernachtungen sowie für ein häusliches Arbeitszimmer kann der Unternehmer beim Vorliegen der übrigen Voraussetzungen des § 15 UStG den Vorsteuerabzug beanspruchen.

(2) [1]Für die Abgrenzung der nicht abziehbaren Aufwendungen gelten die ertragsteuerrechtlichen Grundsätze in R 4.10 EStR.[1)] [2]Maßgeblich ist, ob der Aufwand seiner Art nach von § 4 Abs. 5 Satz 1 Nr. 1 bis 7 EStG erfasst wird (vgl. BFH-Urteil vom 02.07.2008, XI R 66/06, BStBl. II 2009 S. 206). [3]Die

---

1) Nr. **1.**

tatsächliche ertragsteuerrechtliche Behandlung ist für den Bereich der Umsatzsteuer nicht bindend. [4]So führen z. B. Aufwendungen im Sinne des § 4 Abs. 5 Satz 1 Nr. 1 bis 4 und Nr. 7 EStG auch dann zum Ausschluss des Vorsteuerabzugs, wenn ihr Abzug ertragsteuerrechtlich zu Unrecht zugelassen worden ist. [5]Die Versagung des Vorsteuerabzugs für ertragsteuerrechtlich angemessene Bewirtungsaufwendungen allein wegen nicht eingehaltener Formvorschriften für den Nachweis für Betriebsausgaben (einzelne und getrennte Aufzeichnung nach § 4 Abs. 7 EStG, vgl. R 4.11 EStR) ist aber nicht zulässig. [6]Für den Vorsteuerabzug gelten die allgemeinen Voraussetzungen des § 15 UStG.

(3) [1]Bei Unternehmern, für die § 4 Abs. 5 EStG ertragsteuerrechtlich keine Bedeutung hat, weil sie keinen Gewinn zu ermitteln haben (z. B. gemeinnützige Einrichtungen, die nach § 5 Abs. 1 Nr. 9 KStG von der Körperschaftsteuer befreit sind), ist für Umsatzsteuerzwecke darauf abzustellen, ob die Aufwendungen ihrer Art nach unter das Abzugsverbot des § 4 Abs. 5 Satz 1 Nr. 1 bis 4 und Nr. 7 EStG fallen. [2]Dabei ist grundsätzlich der gleiche Nachweis zu verlangen, der ertragsteuerrechtlich zu führen wäre (z. B. bei Bewirtungsaufwendungen).

Geschenke[1)]

(4) [1]Durch die Bezugnahme auf § 4 Abs. 5 Satz 1 Nr. 1 EStG wird die Umsatzsteuer für Aufwendungen für Geschenke an Personen, die nicht Arbeitnehmer des Unternehmers sind, vom Vorsteuerabzug ausgeschlossen, wenn die Anschaffungs- oder Herstellungskosten der Zuwendungen an einen Empfänger zusammengerechnet 35 € übersteigen (vgl. BFH-Urteil vom 12.12.2012, XI R 36/10, BStBl. II 2013 S. 412). [2]Für die Ermittlung der Anschaffungs- und Herstellungskosten gelten die Grundsätze in R 4.10 Abs. 3 i. V. m. R 9b Abs. 2 Satz 3 EStR.[2)] [3]Die Freigrenze ist für Umsatzsteuerzwecke auf das Kalenderjahr zu beziehen. [4]Bei der Prüfung des Überschreitens der 35 €-Grenze sind Geldgeschenke einzubeziehen. [5]Für die Abgrenzung der Geschenke von anderen Zuwendungen gelten die ertragsteuerrechtlichen Grundsätze (vgl. R 4.10 Abs. 4 EStR). [6]Der Vorsteuerausschluss und die Freigrenze gelten nicht nur für Sachgeschenke, sondern auch für Geschenke in Form anderer geldwerter Vorteile (z. B. Eintrittsberechtigungen zu kulturellen oder sportlichen Veranstaltungen).

(5) [1]Steht im Zeitpunkt des Erwerbs oder der Herstellung eines Gegenstands seine Verwendung als Geschenk noch nicht fest, kann der Vorsteuerabzug zunächst unter den allgemeinen Voraussetzungen des § 15 UStG beansprucht werden. [2]Im Zeitpunkt der Hingabe des Geschenks ist eine Vorsteuerkorrektur nach § 17 Abs. 2 Nr. 5 UStG vorzunehmen, wenn die Freigrenze von 35 € überschritten wird.

Beispiel:

[1]Der Unternehmer A schenkt seinem Geschäftskunden B im April 01 eine Uhr aus seinem Warenbestand. [2]Die Uhr hatte A im Dezember 00 für 25 € zuzüglich 4,75 € Umsatz-

---

[1)] Zur Abgrenzung entgeltliche Lieferungen/unentgeltliche Zuwendungen vgl. A 3.3 Abs. 10 ff. UStAE.

[2)] Nr. **1.**

steuer eingekauft. [3]Im Dezember 01 erhält B von A aus Anlass des Weihnachtsfestes ein Weinpräsent, das A im Dezember 01 für 35 € zuzüglich 6,65 € Umsatzsteuer gekauft hatte.

[4]Durch das zweite Geschenk werden auch die Aufwendungen für das erste Geschenk nicht abziehbar im Sinne des § 4 Abs. 5 EStG. [5]A hat in der Umsatzsteuer-Voranmeldung für Dezember 01 eine Vorsteuerberichtigung nach § 17 Abs. 2 Nr. 5 UStG vorzunehmen (Minderung der Vorsteuern um 4,75 €). [6]Die Umsatzsteuer für das zweite Geschenk ist nach § 15 Abs. 1a UStG nicht abziehbar.

Bewirtungskosten

(6) [1]Angemessene und nachgewiesene Bewirtungsaufwendungen berechtigen auch insoweit zum Vorsteuerabzug, als § 4 Abs. 5 Satz 1 Nr. 2 EStG einen Abzug als Betriebsausgaben ausschließt. [2]Voraussetzung für den Vorsteuerabzug ist damit neben den allgemeinen Voraussetzungen des § 15 UStG, dass die Bewirtungsaufwendungen nach der allgemeinen Verkehrsauffassung als angemessen zu beurteilen sind. [3]Soweit es sich nicht um angemessene Bewirtungsaufwendungen handelt, ist der Vorsteuerabzug mangels unternehmerischer Veranlassung des Leistungsbezugs nicht möglich.

(7) [1]Der Vorsteuerabzug aus den angemessenen Aufwendungen ist auch zulässig bei Bewirtungen von Geschäftsfreunden in unternehmenseigenen Kantinen, Casinos und Restaurants. [2]Es bestehen keine Bedenken gegen eine sachgerechte Schätzung in Anlehnung an die ertragsteuerrechtliche Vereinfachungsregelung in R 4.10 Abs. 6 EStR.[1)]

Repräsentationsaufwendungen

(8) [1]Der Ausschluss des Vorsteuerabzugs setzt nicht voraus, dass die in § 4 Abs. 5 Satz 1 Nr. 4 EStG genannten Aufwendungen im Rahmen eines andere Zwecke verfolgenden Unternehmens getätigt werden (vgl. BFH-Urteil vom 02.07.2008, XI R 66/06, BStBl. II 2009 S. 206). [2]Vorsteuerbeträge, die auf Aufwendungen für den Erwerb und den Unterhalt von Segeljachten entfallen, sind nicht abziehbar, wenn der Unternehmer die Segeljachten zwar nachhaltig und zur Erzielung von Einnahmen, jedoch ohne Gewinn-/Überschusserzielungsabsicht vermietet (vgl. BFH-Urteile vom 02.07.2008, XI R 60/06, BStBl. II 2009 S. 167, und vom 21.05.2014, V R 34/13, BStBl. II S. 914). [3]Das Halten von Rennpferden aus Repräsentationsgründen ist ein ähnlicher Zweck im Sinne des § 4 Abs. 5 Satz 1 Nr. 4 EStG (BFH-Urteil vom 02.07.2008, XI R 66/06, a. a. O.); hiermit zusammenhängende Vorsteuerbeträge sind nicht abziehbar. [4]Hingegen dient der Betrieb einer Pferdezucht in größerem Umfang mit erheblichen Umsätzen bei typisierender Betrachtung nicht in vergleichbarer Weise wie die ausdrücklich in § 4 Abs. 5 Satz 1 Nr. 4 EStG genannten Gegenstände (Jagd, Fischerei, Segel- oder Motorjacht) einer überdurchschnittlichen Repräsentation, der Unterhaltung von Geschäftsfreunden, der Freizeitgestaltung oder der sportlichen Betätigung (BFH-Urteil vom 12.02.2009, V R 61/06, BStBl. II S. 828).

---

1) Nr. **1**.

Kosten der privaten Lebensführung (§ 12 EStG)[1]

(9)[1] Der Vorsteuerabzug für bürgerliche Kleidung des Unternehmers ist nach § 15 Abs. 1a Satz 1 UStG ausgeschlossen, soweit es sich bei den hierfür aufgewendeten Beträgen um unverzichtbare Aufwendungen für die private Lebensführung im Sinne des § 12 Nr. 1 EStG handelt (BFH-Urteil vom 24.08.2022 – XI R 3/22, BStBl. II 2023 S. 936).

15.6a Vorsteuerabzug bei teilunternehmerisch genutzten Grundstücken

(1) [1]Teilunternehmerisch genutzte Grundstücke im Sinne des § 15 Abs. 1b UStG sind Grundstücke, die sowohl unternehmerisch als auch unternehmensfremd (privat) genutzt werden. [2]Den Grundstücken gleichgestellt sind nach § 15 Abs. 1b Satz 2 UStG Gebäude auf fremdem Grund und Boden sowie Berechtigungen, für die die Vorschriften des bürgerlichen Rechts über Grundstücke gelten (z.B. Erbbaurechte). [3]§ 15 Abs. 1b UStG stellt eine Vorsteuerabzugsbeschränkung dar, die nicht das Zuordnungswahlrecht des Unternehmers nach § 15 Abs. 1 UStG berührt (vgl. Abschnitt 15.2c). [4]Soweit ein Grundstück für nichtwirtschaftliche Tätigkeiten i.e.S. verwendet wird (vgl. Abschnitt 2.3 Abs. 1a), ist die Vorsteuer bereits nach § 15 Abs. 1 UStG nicht abziehbar; für die Anwendung des § 15 Abs. 1b UStG bleibt insoweit kein Raum (vgl. BFH-Urteil vom 03.03.2011, V R 23/10, BStBl. II 2012 S. 74, Abschnitte 2.10, 2.11, 15.2b Abs. 2 und Abschnitt 15.19).

(2) [1]Eine teilunternehmerische Verwendung im Sinne des § 15 Abs. 1b UStG liegt unter Berücksichtigung des Absatz 1 Satz 4 nur vor, wenn das dem Unternehmen zugeordnete Grundstück teilweise für unternehmensfremde Zwecke verwendet wird. [2]Hierzu gehören nur solche Grundstücksverwendungen, die ihrer Art nach zu einer unentgeltlichen Wertabgabe im Sinne des § 3 Abs. 9a Nr. 1 UStG führen können. [3]Zu einer teilweisen Verwendung für hoheitliche Zwecke vgl. Abschnitte 3.4 Abs. 6 und 15.19 Abs. 2 und 3. [4]Ist die Verwendung eines dem Unternehmen zugeordneten Grundstücks für den privaten Bedarf des Personals ausnahmsweise überwiegend durch das betriebliche Interesse des Arbeitgebers veranlasst oder als Aufmerksamkeit zu beurteilen, ist der Vorsteuerabzug ebenfalls nicht nach § 15 Abs. 1b UStG eingeschränkt, weil die in der Nutzungsüberlassung liegenden unternehmerischen Zwecke den privaten Bedarf des Personals überlagern (vgl. dazu Abschnitt 1.8 Abs. 3 und 4). [5]Eine teilunternehmerische Verwendung im Sinne des § 15 Abs. 1b UStG liegt nicht nur vor, wenn die verschiedenen Nutzungen räumlich voneinander abgegrenzt sind, sondern auch, wenn sie – wie z.B. bei Ferienwohnungen oder Mehrzweckhallen – zeitlich wechselnd stattfinden.

(3) [1]Nach § 15 Abs. 1b Satz 1 UStG ist die Steuer für die Lieferungen, die Einfuhr und den innergemeinschaftlichen Erwerb sowie für die sonstigen Leistungen im Zusammenhang mit einem Grundstück vom Vorsteuerabzug ausgeschlossen, soweit sie nicht auf die Verwendung des Grundstücks für Zwecke

---

[1] A 15.6 UStAE Zwischenüberschrift und Abs.9 angef. durch BMF v. 22.12.2023, BStBl. I 2023, 2248.

des Unternehmens entfällt. [2]Dem Vorsteuerausschluss unterliegen auch die wesentlichen Bestandteile des Grundstücks, z. B. Gebäude und Außenanlagen. [3]Hiervon unberührt bleiben Gegenstände, die umsatzsteuerrechtlich selbständige Zuordnungsobjekte im Sinne des § 15 Abs. 1 UStG darstellen (z.B. Photovoltaikanlage und Blockheizkraftwerk), soweit sie nicht gemäß Abschnitt 15.17 Abs. 6 Anschaffungs- oder Herstellungskosten des gesamten Gebäudes darstellen. [4]Aufgrund der Vorsteuerabzugsbeschränkung nach § 15 Abs. 1b UStG unterliegt die Verwendung eines Grundstücks für unternehmensfremde Zwecke nicht der unentgeltlichen Wertabgabenbesteuerung nach § 3 Abs. 9a Nr. 1 UStG (vgl. Abschnitt 3.4 Abs. 5a).

(4) [1]Für die Aufteilung von Vorsteuerbeträgen für Zwecke des § 15 Abs. 1b UStG gelten die Grundsätze des § 15 Abs. 4 UStG entsprechend. [2]Zur Vorsteueraufteilung bei Gebäuden vgl. Abschnitt 15.17 Abs. 5 bis 8.

(5) [1]Sofern sich die Verwendung des teilunternehmerisch genutzten Grundstücks ändert, liegt eine Änderung der Verhältnisse im Sinne des § 15a UStG vor (§ 15a Abs. 6a UStG, vgl. Abschnitt 15a.2). [2]Unter Beachtung der Bagatellgrenzen des § 44 UStDV ist eine Vorsteuerberichtigung nach § 15a UStG durchzuführen. [3]Eine Vorsteuerberichtigung nach § 15a UStG ist nur möglich, soweit das Grundstück dem Unternehmensvermögen zugeordnet worden ist (vgl. Abschnitt 15a.1 Abs. 6 Nr. 2, 4 und 5).

(6) [1]Wird ein insgesamt dem Unternehmensvermögen zugeordnetes teilunternehmerisch genutztes Grundstück, das nach § 15 Abs. 1b UStG nur teilweise zum Vorsteuerabzug berechtigt hat, veräußert, unterliegt der Umsatz im vollen Umfang der Umsatzsteuer, wenn auf die Steuerbefreiung nach § 4 Nr. 9 Buchstabe a UStG wirksam verzichtet wird (§ 9 UStG, vgl. Abschnitt 9.1). [2]Es liegt insoweit eine Änderung der Verhältnisse vor, die zu einer Vorsteuerberichtigung nach § 15a UStG führt (§ 15a Abs. 8 Satz 2 UStG, vgl. Abschnitt 15a.2).

(7) Beispiele zum Vorsteuerabzug bei teilunternehmerisch genutzten Grundstücken im Sinne des § 15 Abs. 1b UStG; die Übergangsregelung nach § 27 Abs. 16 UStG findet keine Anwendung:

Beispiel 1:

[1]Unternehmer U, der nur vorsteuerunschädliche Ausgangsumsätze ausführt, lässt zum 01.01.2002 ein Einfamilienhaus (EFH) fertigstellen. [2]Die Herstellungskosten betragen insgesamt 300.000 € zzgl. 57.000 € Umsatzsteuer. [3]U nutzt das Gebäude ab Fertigstellung planungsgemäß zu 40 % für seine vorsteuerunschädlichen Ausgangsumsätze und zu 60 % für private Wohnzwecke. [4]Da die Ausstattung der unterschiedlich genutzten Räume nicht erheblich voneinander abweicht, hat U richtigerweise eine Aufteilung nach dem Flächenschlüssel vorgenommen. [5]U macht einen Vorsteuerabzug in Höhe von 22.800 € (40 % von 57.000 €) bei dem zuständigen Finanzamt geltend ohne schriftlich mitzuteilen, in welchem Umfang er das Grundstück seinem Unternehmen zugeordnet hat.

[6]U hat durch die Geltendmachung des Vorsteuerabzugs in Höhe von 40 % dokumentiert, dass er in dieser Höhe das Grundstück seinem Unternehmen zugeordnet hat (vgl. Abschnitt 15.2c Abs. 17 Satz 1). [7]Da U gegenüber dem Finanzamt nicht schriftlich erklärt hat, dass er das Grundstück insgesamt seinem Unternehmen zugeordnet hat, kann diese Zuordnung zum Unternehmen nicht unterstellt werden (vgl. Abschnitt 15.2c Abs. 17 Satz 3). [8]Nach § 15 Abs. 1 Satz 1 Nr. 1 UStG sind 22.800 € (57.000 € × 40 %) als Vorsteuer abziehbar. [9]§ 15 Abs. 1b UStG findet keine Anwendung, da U den für die privaten Wohnzwecke genutzten Grundstücksanteil nicht seinem Unternehmen zugeordnet hat.

[10] Sofern der für private Wohnzwecke genutzte Grundstücksanteil später unternehmerisch genutzt wird, ist eine Vorsteuerberichtigung zu Gunsten des U nach § 15a UStG nicht zulässig, da U diesen Grundstücksanteil nicht nachweisbar seinem Unternehmen zugeordnet hat (vgl. Abschnitt 15a.1 Abs. 6). [11] Verringert sich hingegen später der Umfang der unternehmerischen Nutzung des dem Unternehmen zugeordneten Grundstücksanteils (z. B. Nutzung des gesamten Grundstücks zu 80 % für private Wohnzwecke und zu 20 % für unternehmerische Zwecke), ist unter Beachtung der Bagatellgrenzen des § 44 UStDV eine Vorsteuerberichtigung nach § 15a UStG durchzuführen. [12] Eine Wertabgabenbesteuerung nach § 3 Abs. 9a Nr. 1 UStG erfolgt nicht.

Beispiel 2:

[1] Unternehmer U, der nur vorsteuerunschädliche Ausgangsumsätze ausführt, lässt zum 01.01.2002 ein Einfamilienhaus fertigstellen. [2] Die Herstellungskosten betragen insgesamt 300.000 € zzgl. 57.000 € Umsatzsteuer. [3] Die Nutzfläche des Einfamilienhauses beträgt 200 qm. [4] U nutzt das Gebäude ab Fertigstellung planungsgemäß zu 40 % für seine vorsteuerunschädlichen Ausgangsumsätze und zu 60 % für private Wohnzwecke, die Ausstattung der beiden Nutzungseinheiten weicht nicht erheblich voneinander ab. [5] Die laufenden Aufwendungen, die auf das gesamte Grundstück entfallen, betragen in dem Jahr 02 1500 € zzgl. 285 € Umsatzsteuer. [6] U hat dem zuständigen Finanzamt schriftlich mitgeteilt, dass er das Grundstück im vollen Umfang seinem Unternehmen zugeordnet hat.

[7] U hat das Grundstück insgesamt seinem Unternehmen zugeordnet und seine Zuordnungsentscheidung dokumentiert. [8] Da U 60 % des Gebäudes für seine privaten nichtunternehmerischen Zwecke verwendet, ist der Vorsteuerabzug nach § 15 Abs. 1b UStG nur in Höhe von 22.800 € (57.000 € × 40 %) zulässig. [9] Da die laufenden Kosten nicht direkt der unternehmerischen bzw. privaten Nutzung des Grundstücks zugeordnet werden können, beträgt der Vorsteuerabzug aus den laufenden Aufwendungen nach Aufteilung nach dem Verhältnis der Nutzflächen 114 € (§ 15 Abs. 4 Satz 4 UStG).

Beispiel 3:

[1] Sachverhalt wie Beispiel 2. [2] Zum 01.01.2005 erhöht sich

a) die unternehmerische Nutzung des Gebäudes (EFH) um 12 Prozentpunkte auf 52 %. [2] U führt wie bisher nur vorsteuerunschädliche Ausgangsumsätze aus.

b) die private Nutzung des Gebäudes (EFH) um 15 Prozentpunkte auf 75 %.

Zu a)

[1] Es liegt zum 01.01.2005 eine Änderung der Verhältnisse im Sinne des § 15a Abs. 6a UStG vor, da sich die unternehmerische Nutzung erhöht hat. [2] Die Bagatellgrenzen des § 44 UStDV sind überschritten.

Jahr 05:
Insgesamt in Rechnung gestellte Umsatzsteuer: 57.000 €
Ursprünglicher Vorsteuerabzug: 22 800 € (entspricht 40 % von 57.000 €)
Zeitpunkt der erstmaligen Verwendung: 01.01.2002
Dauer des Berichtigungszeitraums: 01.01.2002 bis 31.12.2011
Tatsächliche zum Vorsteuerabzug berechtigende Verwendung in 05: 52 %
Vorsteuerberichtigung wegen Änderung der Verhältnisse im Vergleich zum ursprünglichen Vorsteuerabzug: Vorsteuer zu 52 % statt zu 40 %
Berichtigungsbetrag: 12 Prozentpunkte von $^1/_{10}$ von 57.000 € = 684 € sind zu Gunsten des U zu korrigieren.

Zu b)

[1] Es liegt zum 01.01.2005 eine Änderung der Verhältnisse im Sinne des § 15a Abs. 6a UStG vor, da sich die private Nutzung erhöht hat. [2] Die Bagatellgrenzen des § 44 UStDV sind überschritten.

Jahr 05:
Insgesamt in Rechnung gestellte Umsatzsteuer: 57.000 €
Ursprünglicher Vorsteuerabzug: 22.800 € (entspricht 40 % von 57.000 €)
Zeitpunkt der erstmaligen Verwendung: 01.01.2002

Dauer des Berichtigungszeitraums: 01.01.2002 bis 31.12.2011
Tatsächliche zum Vorsteuerabzug berechtigende Verwendung in 05: 25 %
Vorsteuerberichtigung wegen Änderung der Verhältnisse im Vergleich zum ursprünglichen Vorsteuerabzug: Vorsteuer zu 25 % statt zu 40 %
Berichtigungsbetrag: 15 Prozentpunkte von $^1/_{10}$ von 57.000 € = 855 € sind zu Ungunsten des U zu korrigieren.

Beispiel 4:

[1] Sachverhalt wie Beispiel 2. [2] Im Jahr 06 lässt U das Einfamilienhaus um ein Dachgeschoss erweitern, welches für fremde unternehmerische Zwecke, die nicht mit der Nutzung der eigenen unternehmerisch genutzten Flächen in Zusammenhang stehen, steuerpflichtig vermietet wird. [3] Die Herstellungskosten hierfür betragen 100.000 € zzgl. 19.000 € Umsatzsteuer. [4] Das Dachgeschoss ist zum 01.07.2006 bezugsfertig und hat eine Nutzfläche von 100 qm. [5] Zusätzlich lässt U im gleichen Jahr die Außenfassade neu streichen. [6] Die Aufwendungen hierfür betragen 10.000 € zzgl. 1.900 € Umsatzsteuer.
[7] Der Ausbau des Dachgeschosses steht nicht in einem einheitlichen Nutzungs- und Funktionszusammenhang mit den bereits vorhandenen Flächen. [8] Es liegt deshalb ein eigenständiges Zuordnungsobjekt vor. [9] Unabhängig von der bereits bei Herstellung des Gebäudes getroffenen Zuordnungsentscheidung kann das Dachgeschoss dem Unternehmen zugeordnet werden. [10] Da U das Dachgeschoss steuerpflichtig vermietet, ist er zum Vorsteuerabzug in Höhe von 19.000 € berechtigt; es erfolgt keine Vorsteuerkürzung nach § 15 Abs. 1b UStG.
[11] Der Anstrich der Außenfassade entfällt auf alle Stockwerke. [12] Nach § 15 Abs. 1b UStG berechtigt nur der Teil der Aufwendungen zum Vorsteuerabzug, der auf die unternehmerische Nutzung des Gebäudes entfällt. [13] Die Aufteilung nach § 15 Abs. 4 Satz 4 UStG erfolgt nach dem Verhältnis der Nutzflächen:
40 % von 200 qm (bisherige Nutzfläche) + 100 % von 100 qm (Dachgeschoss) = 180 qm von 300 qm (60 %)
60 % von 1900 € = 1140 € Vorsteuer

Beispiel 5:

[1] Sachverhalt wie Beispiel 2. [2] U verkauft das Grundstück zum 01.01.2009 an

a) eine Privatperson steuerfrei für 400.000 €.
b) einen anderen Unternehmer und optiert nach § 9 Abs. 1 UStG zur Steuerpflicht. [2] Der Verkaufspreis beträgt 400.000 € (netto). [3] Eine Geschäftsveräußerung im Ganzen im Sinne des § 1 Abs. 1a UStG liegt nicht vor.

Zu a)

[1] Die nach § 4 Nr. 9 Buchst. a UStG steuerfreie Veräußerung führt zu einer Änderung der Verhältnisse nach § 15a Abs. 8 UStG, da das Gebäude teilweise zum Vorsteuerabzug berechtigt hat. [2] Die Bagatellgrenzen des § 44 UStDV sind überschritten.
Insgesamt in Rechnung gestellte Umsatzsteuer: 57.000 €
Ursprünglicher Vorsteuerabzug: 22.800 € (entspricht 40 % von 57.000 €)
Zeitpunkt der erstmaligen Verwendung: 01.01.2002
Dauer des Berichtigungszeitraums: 01.01.2002 bis 31.12.2011
Tatsächliche zum Vorsteuerabzug berechtigende Verwendung im Berichtigungszeitraum: Jahr 02 bis 08 = 40 %
Änderung der Verhältnisse:
ab Jahr 09 = 40 Prozentpunkte (0 % statt 40 %)
Vorsteuerberichtigung pro Jahr:
(57.000 €/10 Jahre = 5.700 €)
Jahre 09 bis 11 = je 2.280 € (5.700 € × 40 %)

[3] Die Berichtigung des Vorsteuerabzugs ist für die Jahre 09 bis 11 zusammengefasst in der ersten Voranmeldung für das Kalenderjahr 09 vorzunehmen (§ 44 Abs. 3 Satz 2 UStDV).

Zu b)

[1] Die steuerpflichtige Veräußerung führt zu einer Änderung der Verhältnisse nach § 15a Abs. 8 UStG, da das Gebäude nur teilweise zum Vorsteuerabzug berechtigt hat. [2] Die Baga-

tellgrenzen des § 44 UStDV sind überschritten. 3Die Umsatzsteuer für die steuerpflichtige Lieferung schuldet der Erwerber (§ 13b Abs. 2 Nr. 3 UStG).
Insgesamt in Rechnung gestellte Umsatzsteuer: 57.000 €
Ursprünglicher Vorsteuerabzug: 22.800 € (entspricht 40% von 57.000 €)
Zeitpunkt der erstmaligen Verwendung: 01.01.2002
Dauer des Berichtigungszeitraums: 01.01.2002 bis 31.12.2011
Tatsächliche zum Vorsteuerabzug berechtigende Verwendung im Berichtigungszeitraum:
Jahr 02 bis 08 = 40%
Änderung der Verhältnisse:
ab Jahr 09 = 60 Prozentpunkte (100% statt 40%)
Vorsteuerberichtigung pro Jahr:
(57.000 €/10 Jahre = 5.700 €)
Jahre 09 bis 11 = je 3.420 € (5.700 € × 60%)

4Die Berichtigung des Vorsteuerabzugs ist für die Jahre 09 bis 11 zusammengefasst in der ersten Voranmeldung für das Kalenderjahr 09 vorzunehmen (§ 44 Abs. 3 Satz 2 UStDV).

(8) 1Die gesetzliche Übergangsregelung nach § 27 Abs. 16 UStG gilt für teilunternehmerisch genutzte Grundstücke. 2Sie bezieht sich auf Wirtschaftsgüter im Sinne des § 15 Abs. 1b UStG, die auf Grund eines vor dem 01.01.2011 rechtswirksam abgeschlossenen obligatorischen Vertrags oder gleichstehenden Rechtsakts angeschafft worden sind oder mit deren Herstellung vor dem 01.01.2011 begonnen worden ist. 3Leistungen im Zusammenhang mit diesen teilunternehmerischen Grundstücken, die keine Anschaffungs- und Herstellungskosten darstellen und die nach dem Stichtag 31.12.2010 bezogen werden, sind in § 27 Abs. 16 UStG nicht erwähnt und fallen deshalb nicht unter die Übergangsregelung. 4Für diese Leistungen ist der Vorsteuerabzug seit dem 01.01.2011 nur noch in Höhe des unternehmerisch genutzten Anteils möglich (§ 15 Abs. 1b UStG). 5Für den nichtwirtschaftlich i. e. S. genutzten Anteil ist der Vorsteuerabzug bereits nach § 15 Abs. 1 UStG ausgeschlossen.

15.7 Vorsteuerabzug bei unfreien Versendungen und Güterbeförderungen

Unfreie Versendungen

(1) 1Nach § 40 UStDV wird die Berechtigung zum Vorsteuerabzug vom Absender der Frachtsendung auf den Empfänger übertragen. 2Die Regelung lässt keine Wahlmöglichkeit zu. 3Liegt frachtrechtlich eine unfreie Versendung vor, ist deshalb der Absender als der eigentliche Leistungsempfänger vom Vorsteuerabzug allgemein ausgeschlossen. 4§ 40 UStDV gilt außer bei Frachtsendungen im Rahmen von Lieferungen auch bei Versendungsaufträgen im Zusammenhang mit Materialgestellungen und Materialbeistellungen.

(2) Wird bei unfreien Versendungen das Frachtgut von dem beauftragten Spediteur nicht unmittelbar, sondern über einen Empfangsspediteur an den endgültigen Frachtempfänger versendet, gilt Folgendes:

1. 1Zieht der Empfangsspediteur die ihm berechneten Frachtkosten (Vorkosten) in eigenem Namen ein, ist er als Empfänger der diesen Kosten zu Grunde liegenden Frachtleistungen anzusehen. 2Er kann daher die ihm dafür gesondert in Rechnung gestellte Steuer nach § 40 Abs. 1 UStDV als Vorsteuer abziehen. 3Der Inanspruchnahme des Vorsteuerabzugs steht nicht

entgegen, dass der Empfangsspediteur die Vorkosten weiterberechnet. [4]§ 40 Abs. 1 Satz 3 Nr. 2 UStDV setzt nur voraus, dass der Frachtempfänger die Entrichtung der Frachtkosten an den Versandspediteur oder Frachtführer übernommen hat, nicht aber, dass er diese Kosten auch wirtschaftlich trägt. [5]Bei dieser Gestaltung sind die verauslagten Frachtkosten beim Empfangsspediteur Teil der Bemessungsgrundlage für seine Leistung. [6]Der endgültige Frachtempfänger ist zum Abzug der Steuer auf die gesamte Bemessungsgrundlage beim Vorliegen der Voraussetzungen des § 15 UStG berechtigt.

2. [1]Tritt der Empfangsspediteur als Vermittler auf und behandelt er dementsprechend die Vorkosten als durchlaufende Posten, werden die diesen Kosten zu Grunde liegenden Frachtleistungen an den endgültigen Frachtempfänger erbracht. [2]In diesen Fällen ist § 40 Abs. 1 UStDV auf den Empfangsspediteur nicht anwendbar. [3]Der Vorsteuerabzug steht allein dem endgültigen Frachtempfänger zu.

Güterbeförderungen

(3) [1]Als Leistungsempfänger im umsatzsteuerrechtlichen Sinn ist grundsätzlich derjenige zu behandeln, in dessen Auftrag die Leistung ausgeführt wird (vgl. Abschnitt 15.2b Abs. 1). [2]Aus Vereinfachungsgründen ist bei steuerpflichtigen Güterbeförderungen (Abschnitt 3a.2 Abs. 2), bei denen sich der Leistungsort nach § 3a Abs. 2 UStG richtet, der Rechnungsempfänger als ggf. zum Vorsteuerabzug berechtigter Leistungsempfänger anzusehen.

Beispiel:

[1]Der in Frankreich ansässige Unternehmer U versendet Güter per Frachtnachnahme an den Unternehmer A in Deutschland. [2]Bei Frachtnachnahmen wird regelmäßig vereinbart, dass der Beförderungsunternehmer dem Empfänger der Sendung die Beförderungskosten in Rechnung stellt und dieser die Beförderungskosten zahlt.

[3]Der Rechnungsempfänger A der innergemeinschaftlichen Güterbeförderung ist als Empfänger der Beförderungsleistung (Leistungsempfänger) im Sinne des § 3a Abs. 2 UStG anzusehen. [4]A ist ggf. zum Vorsteuerabzug berechtigt.

15.8 Abzug der Einfuhrumsatzsteuer bei Einfuhr im Inland[1)]

(1) [1]Der Unternehmer kann nach § 15 Abs. 1 Satz 1 Nr. 2 UStG die entstandene Einfuhrumsatzsteuer als Vorsteuer abziehen, wenn die Gegenstände für sein Unternehmen im Inland oder in den österreichischen Gebieten Jungholz und Mittelberg eingeführt worden sind. [2]Die Entstehung der Einfuhrumsatzsteuer ist vom Unternehmer nachzuweisen (vgl. Abschnitt 15.11 Abs. 1 Satz 1 Nr. 2).

(2) [1]Die Verwirklichung des umsatzsteuerrechtlichen Einfuhrtatbestands setzt voraus, dass eine Nicht-Unionsware in das Inland verbracht wird und dieser Vorgang hier steuerbar ist, d. h. die Nicht-Unionsware in die Überlassung zum zoll- und steuerrechtlich freien Verkehr übergeführt wird. [2]Für den einfuhrumsatzsteuerrechtlichen Einfuhrtatbestand ist damit nicht allein entscheidend, dass der Gegenstand aus dem Drittland in das Inland gelangt, sondern hier

---

1) Zum Vorsteuerabzug i. Z. m. der Einfuhr vgl. A 15.12 Abs. 4 UStAE.

auch grundsätzlich der Besteuerung unterliegt, d.h. im Regelfall eine Einfuhrumsatzsteuerschuld entsteht. [3]Danach liegt z. B. keine Einfuhr im umsatzsteuerrechtlichen Sinne vor, wenn sich die Nicht-Unionsware in einem zollrechtlichen Versandverfahren[1)] befindet.

(3) [1]Bei Einfuhren über die in § 1 Abs. 3 UStG bezeichneten Gebiete ist der Gegenstand ebenfalls erst beim Übergang in das umsatzsteuerrechtliche Inland und Überlassung zum zoll- und steuerrechtlich freien Verkehr eingeführt. [2]In diesen Fällen ist jedoch die Einfuhr im Inland für den Abzug der Einfuhrumsatzsteuer nur dann bedeutsam, wenn der eingeführte Gegenstand nicht zur Ausführung der in § 1 Abs. 3 UStG bezeichneten Umsätze verwendet wird (vgl. hierzu Abschnitt 15.9). [3]Im Allgemeinen kommt es daher hierbei nur dann auf den Übergang des Gegenstands in das umsatzsteuerrechtliche Inland an, wenn der eingeführte Gegenstand nicht schon in den in § 1 Abs. 3 UStG bezeichneten Gebieten (insbesondere im Freihafen), sondern erst im Inland einfuhrumsatzsteuerrechtlich abgefertigt wird.

(4)[2)] [1]Eine Einfuhr für das Unternehmen ist gegeben, wenn der Unternehmer den eingeführten Gegenstand im Inland zur Überlassung zum zoll- und steuerrechtlich freien Verkehr abfertigt und danach im Rahmen seiner unternehmerischen Tätigkeit zur Ausführung von Umsätzen einsetzt. [2]Dies setzt voraus, dass er den Gegenstand selbst und damit dessen Wert für seine Ausgangsumsätze verwendet; die Erbringung einer Verzollungs- oder Beförderungsdienstleistung ist nicht ausreichend (vgl. BFH-Beschluss vom 20.07.2023 – V R 13/21, BStBl. II S. 1068). [3]Die Voraussetzung ist bei dem Unternehmer gegeben, der im Zeitpunkt der Überführung in die Überlassung zum zoll- und steuerrechtlich freien Verkehr die Verfügungsmacht über den Gegenstand besitzt (vgl. auch BFH-Urteil vom 24.04.1980 – V R 52/73, BStBl. II S. 615).[3)] [4]Für diese Zwecke ist der Zeitpunkt der Lieferung nach der umsatzsteuerlichen Ortsbestimmung (§ 3 Abs. 6 bis 8 UStG) zu ermitteln (vgl. Absatz 5 und Abschnitt 3.12 Abs. 7). [5]Dies gilt auch beim Reihengeschäft. [6]Die der Lieferung zu Grunde gelegten Lieferklauseln (z.B. Incoterms) sind insoweit hingegen als zivilrechtliche Verpflichtungen unbeachtlich. [7]Kommt tatsächlich keine Lieferung zustande, gelten Absätze 11 und 12. [8]Nicht entscheidend ist, wer die Einfuhrumsatzsteuer entrichtet hat und wer den für den vorsteuerabzugsberechtigten Unternehmer eingeführten Gegenstand tatsächlich über die Grenze gebracht hat. [9]Überlässt ein ausländischer Unternehmer einem inländischen Unternehmer einen Gegenstand zur Nutzung, ohne ihm die Verfügungsmacht an dem Gegenstand zu verschaffen, ist daher der inländische Unternehmer nicht zum Abzug der Einfuhrumsatzsteuer als Vorsteuer berechtigt (vgl. BFH-Urteil vom 16.03.1993, V R 65/89, BStBl. II S. 473).

[1)] Hinweis auf A 6.6 UStAE.

[2)] A 15.8 UStAE Abs. 4 Satz 2 eingef., bish. Sätze 2 bis 8 werden Sätze 3 bis 9 durch BMF v. 22.12.2023, BStBl. I 2023, 2248.

[3)] Siehe hierzu BFH v. 22.2.2012 VII B 17/11, ZfZ 2012, 134; EuGH v. 25.06.2015 C-187/14, RdTW 2016, 166; v. 02.06.2016 C-226/14, C-228/14, DStR 2016, 1409; v. 12.05.2022 C-714/20, DStRE 2022, 812.

(5) [1] In den Fällen des § 3 Abs. 8 UStG steht der Abzug der Einfuhrumsatzsteuer nur dem Lieferer zu, wenn er den Gegenstand zur eigenen Verfügung im Inland zur Überlassung zum zoll- und steuerrechtlich freien Verkehr abfertigt und danach an seinen Abnehmer liefert (vgl. auch die Beispiele in Abschnitt 3.13 Abs. 2). [2] Hingegen kann nur der Abnehmer von der Abzugsberechtigung Gebrauch machen, wenn er zum Zeitpunkt der Überführung in die Überlassung zum zoll- und steuerrechtlich freien Verkehr die Verfügungsmacht innehat. [3] Personen, die lediglich an der Einfuhr mitgewirkt haben, ohne über den Gegenstand verfügen zu können (z. B. Spediteure, Frachtführer, Handelsvertreter, Zolllagerbetreiber), sind auch dann nicht abzugsberechtigt, wenn sie den eingeführten Gegenstand vorübergehend entsprechend den Weisungen ihres Auftraggebers auf Lager nehmen (vgl. BFH-Urteil vom 11.11.2015, V R 68/14, BStBl. II 2016 S. 720).

(6) *(aufgehoben)*

(7) [1] Nicht erforderlich ist, dass der Unternehmer die Einfuhrumsatzsteuer entrichtet hat. [2] Er kann sie als Vorsteuer auch dann abziehen, wenn sein Beauftragter (z. B. der Spediteur, der Frachtführer oder der Handelsvertreter) Schuldner der Einfuhrumsatzsteuer ist. [3] In diesen Fällen ist der Abzug davon abhängig, dass sich der Unternehmer den betreffenden zollamtlichen Beleg oder einen zollamtlich bescheinigten Ersatzbeleg für den Vorsteuerabzug aushändigen lässt.

(8) [1] Überlässt ein ausländischer Auftraggeber einem im Inland ansässigen Unternehmer einen Gegenstand zur Ausführung einer Werkleistung (z. B. einer Lohnveredelung) oder stellt der ausländische Auftraggeber einem im Inland ansässigen Unternehmer einen Gegenstand zur Ausführung einer Werklieferung bei, kann die auf die Einfuhr des Gegenstands entfallende Einfuhrumsatzsteuer von dem im Inland ansässigen Unternehmer als Vorsteuer abgezogen werden, wenn der Gegenstand nach Ausführung der Werkleistung oder Werklieferung in das Drittlandsgebiet zurückgelangt. [2] Entsprechend kann verfahren werden, wenn der ausländische Auftraggeber den Gegenstand nach Ausführung der Werkleistung oder Werklieferung im Inland weiterliefert und diese Lieferung nicht nach § 4 Nr. 8 ff. UStG steuerfrei ist. [3] Diese Voraussetzungen sind vom Unternehmer nachzuweisen. [4] Wird der Gegenstand nach Ausführung der Werkleistung oder Werklieferung vom ausländischen Auftraggeber im Inland für eigene Zwecke verwendet oder genutzt, kann der im Inland ansässige Unternehmer den Abzug der Einfuhrumsatzsteuer nicht vornehmen. [5] Ein von ihm bereits vorgenommener Vorsteuerabzug ist rückgängig zu machen. [6] In diesem Falle bleibt es somit bei der durch die Einfuhr entstandenen Belastung, sofern nicht der ausländische Auftraggeber hinsichtlich des eingeführten Gegenstands zum Vorsteuerabzug berechtigt ist.

(9) [1] Bei der Einfuhr eines Gegenstands, den der Unternehmer im Inland vermietet, ist nicht der Mieter, sondern der Vermieter zum Abzug der Einfuhrumsatzsteuer berechtigt (vgl. auch BFH-Urteil vom 24.04.1980, V R 52/73, BStBl. II S. 615). [2] Gleiches gilt, wenn der Gegenstand geliehen oder auf Grund eines ähnlichen Rechtsverhältnisses zur Nutzung überlassen wird (BFH-Urteil vom 16.03.1993, V R 65/89, BStBl. II S. 473).

(10) [1]Die Vorschriften des § 15 Abs. 1 Satz 1 Nr. 1 UStG und des § 15 Abs. 1 Satz 1 Nr. 2 UStG schließen sich gegenseitig aus. [2]Der Unternehmer kann somit grundsätzlich im Zusammenhang mit dem Bezug eines Gegenstands nicht zugleich eine gesondert in Rechnung gestellte Steuer und Einfuhrumsatzsteuer als Vorsteuer abziehen. [3]Lediglich in den Fällen, in denen der Leistungsempfänger den Gegenstand zum zoll- und steuerrechtlich freien Verkehr abfertigt und die Lieferung an ihn steuerpflichtig ist, weil der Lieferant die Voraussetzungen der Steuerbefreiung für die der Einfuhr vorangehende Lieferung nicht nachweist (vgl. § 4 Nr. 4b Sätze 1 und 3 UStG), kann dieser Leistungsempfänger zugleich die in Rechnung gestellte Steuer und die geschuldete Einfuhrumsatzsteuer als Vorsteuer abziehen (vgl. auch Abschnitt 3.14 Abs. 16). [4]Auch in den Fällen, in denen nicht der Unternehmer, der im Zeitpunkt der Einfuhr die Verfügungsmacht hat, sondern ein späterer Abnehmer den eingeführten Gegenstand beim Zollamt zur Überlassung zum zollrechtlich freien Verkehr abfertigen lässt, kann nur der Unternehmer den Abzug der Einfuhrumsatzsteuer geltend machen, der bei der Einfuhr verfügungsberechtigt war. [5]Zur Vermeidung von Schwierigkeiten kann der Unternehmer in diesen Fällen den eingeführten Gegenstand unmittelbar nach der Einfuhr einfuhrumsatzsteuerrechtlich zur Überlassung zum freien Verkehr abfertigen lassen.

(11) [1]Wird ein Gegenstand im Rahmen einer beabsichtigten Lieferung (§ 3 Abs. 6 oder 8 UStG) im Inland eingeführt, von dem vorgesehenen Abnehmer jedoch nicht angenommen, ist entsprechend den allgemeinen Grundsätzen der Unternehmer zum Abzug der Einfuhrumsatzsteuer berechtigt, der im Zeitpunkt der Einfuhr die Verfügungsmacht über den Gegenstand besitzt (vgl. Absatz 4). [2]Hierbei sind folgende Fälle zu unterscheiden:

1. Abfertigung des Gegenstands zur Überlassung zum zoll- und steuerrechtlich freien Verkehr auf Antrag des Abnehmers oder seines Beauftragten
   [1]Bei dieser Gestaltung ist vorgesehen, den Gegenstand im Rahmen einer Beförderungs- oder Versendungslieferung im Sinne des § 3 Abs. 6 UStG einzuführen. [2]Ob hierbei der Absender oder der vorgesehene Abnehmer im Zeitpunkt der Einfuhr als Verfügungsberechtigter anzusehen ist, hängt davon ab, wann der eingeführte Gegenstand zurückgewiesen wurde.

   a) [1]Nimmt der vorgesehene Abnehmer den Gegenstand von vornherein nicht an (z. B. wegen offensichtlicher Mängel, verspäteter Lieferung oder fehlenden Lieferauftrags), ist der Gegenstand nicht im Rahmen einer Lieferung eingeführt worden. [2]Wegen der sofortigen Annahmeverweigerung ist eine Lieferung nicht zu Stande gekommen. [3]In diesen Fällen ist somit der Absender während des gesamten Zeitraums der Anlieferung im Besitz der Verfügungsmacht geblieben und deshalb allein zum Abzug der Einfuhrumsatzsteuer berechtigt.

   b) [1]Hat der vorgesehene Abnehmer den eingeführten Gegenstand vorerst angenommen, später jedoch zurückgewiesen (z. B. wegen erst nachher festgestellter Mängel), ist zunächst eine Lieferung zu Stande gekommen. [2]Durch die spätere Zurückweisung wird sie zwar wieder rückgängig gemacht. [3]Das ändert jedoch nichts daran, dass der Abnehmer im Zeitpunkt der Einfuhr, die als selbständiger umsatzsteuerrechtlicher Tatbestand bestehen bleibt, noch als Verfügungsberechtigter anzusehen war. [4]Die Berechtigung zum Abzug der Einfuhrumsatzsteuer steht deshalb in diesen Fällen dem vorgesehenen Abnehmer zu (vgl. auch Absatz 5). [5]Der Nachweis, dass der Gegenstand erst später zurückgewiesen wurde, kann durch einen Vermerk auf den Versandunterlagen und die Buchung als Wareneingang geführt werden.

2. Abfertigung des Gegenstandes zur Überlassung zum zoll- und steuerrechtlich freien Verkehr auf Antrag des Absenders oder seines Beauftragten
[1]Bei dieser Abwicklung beabsichtigen die Beteiligten eine Beförderungs- oder Versendungslieferung im Sinne des § 3 Abs. 8 UStG. [2]Hierbei hat der Absender im Zeitpunkt der Einfuhr die Verfügungsmacht über den Gegenstand, gleichgültig ob der vorgesehene Abnehmer den Gegenstand von vornherein oder erst später zurückweist (vgl. Absatz 5). [3]Deshalb kann stets nur der Absender die Einfuhrumsatzsteuer abziehen.

[3]Nach Satz 2 Nummer 1 und 2 ist grundsätzlich auch dann zu verfahren, wenn der Absender den eingeführten Gegenstand nach der Annahmeverweigerung durch den vorgesehenen Abnehmer im Inland an einen anderen Abnehmer liefert. [4]Ist der vorgesehene Abnehmer ausnahmsweise nicht oder nicht in vollem Umfang zum Vorsteuerabzug berechtigt (z.B. weil er kein Unternehmer ist oder vom Vorsteuerabzug ausgeschlossene Umsätze ausführt), bestehen keine Bedenken, wenn zur Vermeidung einer vom Gesetzgeber nicht gewollten Belastung die Berechtigung zum Abzug der Einfuhrumsatzsteuer dem Absender zugestanden wird.

(12) [1]Geht der eingeführte Gegenstand während des Transports an den vorgesehenen Abnehmer im Inland verloren oder wird er vernichtet, bevor eine Lieferung ausgeführt worden ist, kommt der Abzug der Einfuhrumsatzsteuer nur für den Absender in Betracht. [2]Das Gleiche gilt, wenn der Gegenstand aus einem anderen Grund nicht an den vorgesehenen Abnehmer gelangt.

(13) Werden eingeführte Gegenstände sowohl für unternehmerische als auch für unternehmensfremde Zwecke verwendet, gilt für den Abzug der Einfuhrumsatzsteuer Abschnitt 15.2c entsprechend.

15.9 Abzug der Einfuhrumsatzsteuer in den Fällen des § 1 Abs. 3 UStG

(1) [1]Abziehbar ist auch die Einfuhrumsatzsteuer für die Gegenstände, die zur Ausführung bestimmter Umsätze in den in § 1 Abs. 3 UStG bezeichneten Gebieten verwendet werden (§ 15 Abs. 1 Satz 1 Nr. 2 UStG). [2]Der Vorsteuerabzug setzt voraus, dass der Unternehmer den einfuhrumsatzsteuerrechtlich abgefertigten Gegenstand mittelbar oder unmittelbar zur Ausführung der in § 1 Abs. 3 UStG bezeichneten Umsätze einsetzt. [3]Die Abzugsberechtigung erstreckt sich nicht nur auf die Einfuhrumsatzsteuer für die Gegenstände, die in die in § 1 Abs. 3 UStG bezeichneten Umsätze eingehen. [4]Vielmehr ist auch die Einfuhrumsatzsteuer für solche Gegenstände abziehbar, die der Unternehmer in seinem Unternehmen einsetzt, um diese Umsätze auszuführen

(z. B. für betriebliche Investitionsgüter oder Hilfsstoffe, die zur Ausführung dieser Umsätze genutzt oder verwendet werden).

(2) [1] Bewirkt der Unternehmer außer Umsätzen, die unter § 1 Abs. 3 UStG fallen, auch Umsätze der gleichen Art, die nicht steuerbar sind, kann er dafür den Abzug der Einfuhrumsatzsteuer aus Vereinfachungsgründen ebenfalls in Anspruch nehmen. [2] Voraussetzung ist jedoch, dass die nicht steuerbaren Umsätze auch im Falle der Steuerbarkeit zum Vorsteuerabzug berechtigen würden.

Beispiel:

[1] Ein im Freihafen ansässiger Unternehmer beliefert einen Abnehmer mit Gegenständen, die bei diesem zum Ge- und Verbrauch im Freihafen bestimmt sind. [2] Hierbei wird ein Teil dieser Lieferung für das Unternehmen des Abnehmers, ein Teil für den nichtunternehmerischen Bereich des Abnehmers ausgeführt (§ 1 Abs. 3 Satz 1 Nr. 1 UStG). [3] Obwohl nur die für den nichtunternehmerischen Bereich ausgeführten Lieferungen sowie die Lieferungen, die vom Abnehmer ausschließlich oder zum wesentlichen Teil für eine nach § 4 Nr. 8 bis 27 und 29 UStG steuerfreie Tätigkeit verwendet werden, unter § 1 Abs. 3 UStG fallen, kann der Lieferer auch die Einfuhrumsatzsteuer für die Gegenstände abziehen, die den für das Unternehmen des Abnehmers bestimmten Lieferungen zuzuordnen sind. [4] Die gleiche Vereinfachung gilt bei sonstigen Leistungen, die der Unternehmer teils für das Unternehmen des Auftraggebers, teils für den nichtunternehmerischen Bereich des Auftraggebers (§ 1 Abs. 3 Satz 1 Nr. 2 UStG) ausführt.

(3) [1] Hat ein Unternehmer Gegenstände einfuhrumsatzsteuerrechtlich abfertigen lassen, um sie nach einer Be- oder Verarbeitung vom Freihafen aus teils in das übrige Ausland, teils im Rahmen einer zollamtlich bewilligten Freihafen-Veredelung (§ 1 Abs. 3 Satz 1 Nr. 4 Buchstabe a UStG) in das Inland zu liefern, kann er die Einfuhrumsatzsteuer in beiden Fällen abziehen. [2] Das Gleiche gilt für Gegenstände, die der Unternehmer im Freihafen zur Ausführung dieser Umsätze im eigenen Unternehmen gebraucht oder verbraucht. [3] Entsprechend kann in den Fällen einer zollamtlich besonders zugelassenen Freihafenlagerung verfahren werden.

(4) [1] Zum Abzug der Einfuhrumsatzsteuer für Gegenstände, die sich im Zeitpunkt der Lieferung einfuhrumsatzsteuerrechtlich im freien Verkehr befinden (§ 1 Abs. 3 Satz 1 Nr. 4 Buchstabe b UStG), ist der Unternehmer unabhängig davon berechtigt, ob die Gegenstände aus dem Freihafen in das übrige Ausland oder in das Inland gelangen. [2] Auch bei einem Verbleiben der Gegenstände im Freihafen oder in den anderen in § 1 Abs. 3 UStG bezeichneten Gebieten steht dem Unternehmer der Vorsteuerabzug zu. [3] Bedeutung hat diese Regelung für die Lieferungen, bei denen der Liefergegenstand nach der einfuhrumsatzsteuerrechtlichen Abfertigung vom Freihafen aus in das übrige Ausland gelangt oder von einem im Inland ansässigen Abnehmer im Freihafen abgeholt wird. [4] In den Fällen, in denen der Lieferer den Gegenstand im Rahmen einer Lieferung vom Freihafen aus in das Inland befördert oder versendet, überschneiden sich die Vorschriften des § 1 Abs. 3 Satz 1 Nr. 4 Buchstabe b UStG und des § 3 Abs. 8 UStG. [5] Für den Abzug der Einfuhrumsatzsteuer ist die Überschneidung ohne Bedeutung, da nach beiden Vorschriften allein dem Lieferer die Abzugsberechtigung zusteht (vgl. auch Abschnitt 15.8 Abs. 5).

(5) [1]Auch bei den in § 1 Abs. 3 UStG bezeichneten Umsätzen ist der Abzug der Einfuhrumsatzsteuer davon abhängig, dass die Steuer entstanden ist. [2]Der Abzug bestimmt sich nach dem Zeitpunkt der einfuhrumsatzsteuerrechtlichen Abfertigung des Gegenstands. [3]Das gilt auch, wenn der Gegenstand nach der Abfertigung in das Inland gelangt (z. B. wenn der Unternehmer den Gegenstand in den Fällen des § 1 Abs. 3 Satz 1 Nr. 4 UStG vom Freihafen aus an einen Abnehmer im Inland liefert oder der Abnehmer den Gegenstand in den Fällen des § 1 Abs. 3 Satz 1 Nr. 4 Buchstabe b UStG im Freihafen abholt) oder wenn der Unternehmer den Gegenstand nach einer zollamtlich bewilligten Freihafen-Veredelung ausnahmsweise nicht vom Freihafen, sondern vom Inland aus an den Abnehmer liefert (z. B. ab einem Lagerplatz im Inland).

(6) [1]Sind die Voraussetzungen der Absätze 1 bis 5 nicht gegeben und liegt auch keine Einfuhr im Inland vor (vgl. Abschnitt 15.8), kann die Einfuhrumsatzsteuer für Gegenstände, die auf einem Abfertigungsplatz in einem Freihafen einfuhrumsatzsteuerrechtlich abgefertigt wurden, nicht als Vorsteuer abgezogen werden. [2]In diesen Fällen kommt daher als Entlastungsmaßnahme nur ein Erlass oder eine Erstattung der Einfuhrumsatzsteuer durch die zuständige Zollstelle in Betracht. [3]Das trifft z. B. auf Unternehmer zu, die einen einfuhrumsatzsteuerrechtlich abgefertigten Gegenstand nur zum unternehmerischen Ge- und Verbrauch im Freihafen aus dem übrigen Ausland bezogen haben. [4]Das Gleiche gilt beim Bezug von Gegenständen aus dem übrigen Ausland, wenn sie nach der einfuhrumsatzsteuerrechtlichen Abfertigung zum freien Verkehr vom Abnehmer nicht ausschließlich oder zum wesentlichen Teil für eine nach § 4 Nr. 8 bis 27 und 29 UStG steuerfreie Tätigkeit verwendet werden, sondern vom Freihafen aus wieder in das übrige Ausland verbracht werden. [5]Voraussetzung für den Erlass oder die Erstattung ist, dass die Einfuhrumsatzsteuer als Vorsteuer abgezogen werden könnte, wenn entweder eine Einfuhr in das Inland oder eine Verwendung für die in § 1 Abs. 3 UStG bezeichneten Umsätze vorgelegen hätte.

15.10 Vorsteuerabzug ohne gesonderten Steuerausweis in einer Rechnung

(1) Für den Vorsteuerabzug nach § 15 Abs. 1 Satz 1 Nr. 3 bis 5 UStG ist es nicht Voraussetzung, dass der Leistungsempfänger im Besitz einer nach §§ 14, 14a UStG ausgestellten Rechnung ist (vgl. EuGH-Urteil vom 01.04.2004, C-90/02, Bockemühl).[1)]

Abzug der Steuer für den innergemeinschaftlichen Erwerb von Gegenständen

(2) [1]Der Erwerber kann die für den innergemeinschaftlichen Erwerb geschuldete Umsatzsteuer als Vorsteuer abziehen, wenn er den Gegenstand für sein Unternehmen bezieht und zur Ausführung von Umsätzen verwendet, die den Vorsteuerabzug nicht ausschließen. [2]Dies gilt nicht für die Steuer, die der Erwerber schuldet, weil er gegenüber dem Lieferer eine ihm von einem an-

1) DStRE 2004, 1172.

deren Mitgliedstaat als dem, in dem sich der erworbene Gegenstand am Ende der Beförderung oder Versendung befindet, erteilte USt-IdNr. verwendet und der innergemeinschaftliche Erwerb nach § 3d Satz 2 UStG deshalb im Gebiet dieses Mitgliedstaates als bewirkt gilt (vgl. BFH-Urteile vom 01.09.2010, V R 39/08, BStBl. II 2011 S. 658, und vom 08.09.2010, XI R 40/08, BStBl. II 2011 S. 661). [3]Bei Land- und Forstwirten, die der Durchschnittssatzbesteuerung unterliegen und die auf die Anwendung von § 1a Abs. 3 UStG verzichtet haben, ist der Abzug der Steuer für den innergemeinschaftlichen Erwerb als Vorsteuer durch die Pauschalierung abgegolten (vgl. BFH-Urteil vom 24.09.1998, V R 17/98, BStBl. II 1999 S. 39).

(3) [1]Das Recht auf Vorsteuerabzug der Erwerbssteuer entsteht in dem Zeitpunkt, in dem die Erwerbssteuer entsteht (§ 13 Abs. 1 Nr. 6 UStG). [2]Der Unternehmer kann damit den Vorsteuerabzug in der Voranmeldung oder Umsatzsteuererklärung für das Kalenderjahr geltend machen, in der er den innergemeinschaftlichen Erwerb zu versteuern hat.

Vorsteuerabzug bei Steuerschuldnerschaft des Leistungsempfängers

(4) Zum Vorsteuerabzug bei der Steuerschuldnerschaft des Leistungsempfängers nach § 13b UStG vgl. Abschnitt 13b.15.

Vorsteuerabzug im Rahmen eines innergemeinschaftlichen Dreiecksgeschäfts[1)]

(5) [1]Im Rahmen eines innergemeinschaftlichen Dreiecksgeschäfts wird die Steuer für die Lieferung des ersten Abnehmers an den letzten Abnehmer von diesem geschuldet (§ 25b Abs. 2 UStG, vgl. Abschnitt 25b.1 Abs. 6). [2]Der letzte Abnehmer kann diese Steuer als Vorsteuer abziehen, wenn er den Gegenstand für sein Unternehmen bezieht und soweit er ihn zur Ausführung von Umsätzen verwendet, die den Vorsteuerabzug nicht ausschließen (§ 25b Abs. 5 UStG).

15.11 Nachweis der Voraussetzungen für den Vorsteuerabzug

Aufzeichnungen und Belege

(1) [1]Die Voraussetzungen für den Vorsteuerabzug hat der Unternehmer aufzuzeichnen und durch Belege nachzuweisen. [2]Als ausreichender Beleg ist anzusehen:

1. für die von einem anderen Unternehmer gesondert in Rechnung gestellten Steuern eine nach den §§ 14, 14a UStG in Verbindung mit §§ 31 bis 34 UStDV ausgestellte Rechnung;
2. [1]für die entstandene Einfuhrumsatzsteuer ein zollamtlicher Beleg (z. B. der Einfuhrabgabenbescheid) oder ein vom zuständigen Zollamt bescheinigter Ersatzbeleg (z. B. Ersatzbeleg für den Vorsteuerabzug nach amtlich vorgeschriebenem Muster). [2]Bei Einfuhren, die über das IT-Verfahren ATLAS abgewickelt werden, bestehen keine Bedenken, den Nachweis elektronisch

---

1) Kein Vorsteuerabzug des Zwischenhändlers bei fehlgeschlagenem innergemeinschaftlichen Dreiecksgeschäft, vgl. EuGH v. 22.04.2010 C-536/08, X, u. C-539/08, Facet Trading, DStR 2010, 926.

oder bei Bedarf durch einen Ausdruck des elektronisch übermittelten Bescheids über die Einfuhrabgaben zu führen (vgl. Artikel 52 MwStVO).[1] [3]Bei Zweifeln über die Höhe der als Vorsteuer abgezogenen Einfuhrumsatzsteuer können die Finanzämter über das vom BZSt bereitgestellte Verfahren zur Online-Abfrage von im Verfahren ATLAS gespeicherten Einfuhrdaten entsprechende Auskünfte anfordern.

[3]Geht die Originalrechnung verloren, kann der Unternehmer den Nachweis darüber, dass ihm ein anderer Unternehmer Steuer für Lieferungen oder sonstige Leistungen gesondert in Rechnung gestellt hat, nicht allein durch Vorlage der Originalrechnung, sondern mit allen verfahrensrechtlich zulässigen Mitteln führen (BFH-Urteile vom 05.08.1988, X R 55/81, BStBl. II 1989 S. 120, vom 16.04.1997, XI R 63/93, BStBl. II S. 582, und vom 23.10.2014, V R 23/13, BStBl. II 2015 S. 313). [4]In Einzelfällen ist auch die Zweitschrift einer Rechnung oder eines Einfuhrbelegs ausreichend (vgl. BFH-Urteile vom 20.08.1998, V R 55/96, BStBl. II 1999 S. 324, und vom 19.11.1998, V R 102/96, BStBl. II 1999 S. 255, sowie Abschnitt 18.13 Abs. 4). [5]Zu den Folgen der Verletzung der Aufbewahrungspflichten nach § 14b UStG vgl. Abschnitt 14b.1 Abs. 10.

(2) Der Umfang der Aufzeichnungspflichten, die für den Unternehmer zum Vorsteuerabzug und zur Aufteilung der Vorsteuerbeträge bestehen, ergibt sich aus § 22 UStG und den §§ 63 bis 67 UStDV.

Mängel

(3) [1]Mängel im Nachweis über das Vorliegen der Voraussetzungen für den Vorsteuerabzug hat grundsätzlich der Unternehmer zu vertreten. [2]Rechnungen, die die in § 14 Abs. 4 Satz 1 Nr. 1 bis 8 und 10 UStG bezeichneten Angaben nicht vollständig enthalten, berechtigen den Unternehmer nicht zum Vorsteuerabzug, es sei denn, die Rechnungen werden vom Rechnungsaussteller nachträglich vervollständigt. [3]Enthält die Rechnung ungenaue oder unzutreffende Angaben über den leistenden Unternehmer (vgl. § 14 Abs. 4 Satz 1 Nr. 1 UStG), ist nach Abschnitt 15.2a Abs. 2 zu verfahren. [4]Bei fehlerhafter Rechnungsadresse (vgl. § 14 Abs. 4 Satz 1 Nr. 1 UStG) gelten die Ausführungen in Abschnitt 15.2a Abs. 3. [5]Sind die Angaben über den Liefergegenstand oder über Art und Umfang der ausgeführten sonstigen Leistung in einer Rechnung (§ 14 Abs. 4 Satz 1 Nr. 5 UStG) unrichtig oder ungenau, ist der Vorsteuerabzug grundsätzlich ausgeschlossen (vgl. wegen der Einzelheiten Abschnitt 15.2a Abs. 4 und 5). [6]Beim Fehlen der in § 14 Abs. 4 Satz 1 Nr. 5 und 6 UStG bezeichneten Angaben über die Menge der gelieferten Gegenstände oder den Zeitpunkt des Umsatzes bestehen keine Bedenken, wenn der Unternehmer diese Merkmale anhand der sonstigen Geschäftsunterlagen (z. B. des Lieferscheins) ergänzt oder zweifelsfrei nachweist. [7]Die Erleichterungen nach §§ 31 bis 34 UStDV bleiben unberührt. [8]Zum Vorsteuerabzug aus einer berichtigten Rechnung siehe Abschnitt 15.2a Abs. 7. [9]Zum Vorsteuerabzug ohne Rechnung, die jedenfalls alle formellen Voraussetzungen erfüllt, siehe Abschnitt 15.2a Abs. 1a und BMF-Schreiben vom 18.09.2020, DStR S. 2131).

---

[1] **Steuergesetze** Nr. **550a.**

(4) [1]Eine Rechnung, in der zwar der Bruttopreis, der Steuersatz und der Umsatzsteuerbetrag, nicht aber das Entgelt ausgewiesen sind, berechtigt grundsätzlich nicht zum Vorsteuerabzug (BFH-Urteil vom 27.07.2000, V R 55/99, BStBl. II 2001 S. 426). [2]Aus Rechnungen über Kleinbeträge (§ 33 UStDV) kann der Vorsteuerabzug vorgenommen werden, wenn der Rechnungsempfänger den Rechnungsbetrag unter Berücksichtigung des in der Rechnung angegebenen Steuersatzes selbst in Entgelt und Steuerbetrag aufteilt (§ 35 UStDV).

Schätzung und Billigkeitsmaßnahmen

(5) [1]§ 15 UStG schützt nicht den guten Glauben an die Erfüllung der Voraussetzungen für den Vorsteuerabzug (BFH-Urteil vom 30.04.2009, V R 15/07, BStBl. II S. 744). [2]Sind die Unterlagen für den Vorsteuerabzug (Rechnungen, EUSt-Belege) unvollständig oder nicht vorhanden, kann zwar der Unternehmer den Vorsteuerabzug regelmäßig nicht vornehmen (zu den Ausnahmen siehe Abschnitt 15.2a Abs. 1a). [3]Gleichwohl kann das Finanzamt den Vorsteuerabzug unter bestimmten Voraussetzungen schätzen (vgl. Absatz 6) oder aus Billigkeitsgründen anerkennen (vgl. Absatz 7), sofern im Übrigen die Voraussetzungen für den Vorsteuerabzug vorliegen. [4]Ist jedoch zu vermuten, dass der maßgebliche Umsatz an den Unternehmer nicht steuerpflichtig gewesen oder von einem unter § 19 Abs. 1 UStG fallenden Unternehmer ausgeführt worden ist, ist ein Vorsteuerabzug zu versagen.

(6) [1]Der Vorsteuerabzug ist materiell-rechtlich eine Steuervergütung. [2]Auf ihn sind daher die für die Steuerfestsetzung geltenden Vorschriften sinngemäß anzuwenden. [3]Die abziehbaren Vorsteuern sind eine Besteuerungsgrundlage im Sinne von § 199 Abs. 1, § 157 Abs. 2 und § 162 Abs. 1 AO. [4]Dem Grunde nach bestehen somit gegen eine Schätzung keine Bedenken (vgl. auch BFH-Urteil vom 12.06.1986, V R 75/78, BStBl. II S. 721). [5]Sie ist jedoch nur insoweit zulässig, als davon ausgegangen werden kann, dass vollständige Unterlagen für den Vorsteuerabzug vorhanden waren.

(7) [1]Soweit Unterlagen für den Vorsteuerabzug nicht vorhanden sind und auch nicht vorhanden waren oder soweit die Unterlagen unvollständig sind, kommt eine Anerkennung des Vorsteuerabzugs regelmäßig nur aus Billigkeitsgründen in Betracht (§ 163 AO; vgl. BFH-Urteil vom 30.04.2009, V R 15/07, BStBl. II S. 744). [2]Dabei sind folgende Grundsätze zu beachten:

1. [1]Die Gewährung von Billigkeitsmaßnahmen wegen sachlicher Härte setzt voraus, dass die Versagung des Vorsteuerabzugs im Einzelfall mit dem Sinn und Zweck des UStG nicht vereinbar wäre. [2]Eine Billigkeitsmaßnahme ist daher zu gewähren, wenn die Versagung des Vorsteuerabzugs in diesen Fällen einen Überhang des gesetzlichen Tatbestandes über die Wertungen des Gesetzgebers bei der Festlegung der Voraussetzungen für den Vorsteuerabzug darstellen würde (vgl. auch BFH-Urteile vom 25.07.1972, VIII R 59/68, BStBl. II S. 918, vom 26.10.1972, I R 125/70, BStBl. II 1973 S. 271, vom 15.02.1973, V R 152/69, BStBl. II S. 466, und vom 19.10.1978, V R 39/75, BStBl. II 1979 S. 345). [3]Die Nichtgewährung eines Vorsteuerabzugs kann auch sachlich unbillig sein, wenn dies den Geboten der Gleichheit und des Vertrauensschutzes, den Grundsätzen von Treu und Glauben oder

dem Erfordernis der Zumutbarkeit widerspricht (vgl. BFH-Urteil vom 26.04.1995, XI R 81/93, BStBl. II S. 754). [4]Dem Unternehmer ist grundsätzlich zuzumuten, von sich aus alles zu tun, um die Mangelhaftigkeit der Unterlagen zu beseitigen. [5]An die Zumutbarkeit ist ein strenger Maßstab anzulegen. [6]Eine Billigkeitsmaßnahme ist daher erst in Betracht zu ziehen, wenn eine Vervollständigung oder nachträgliche Beschaffung der Unterlagen nicht möglich ist oder für den Unternehmer mit unzumutbaren Schwierigkeiten verbunden wäre. [7]Aber auch in einem solchen Fall ist der Unternehmer verpflichtet, an einer möglichst vollständigen Sachaufklärung mitzuwirken. [8]Unsicherheiten bei der Feststellung des Sachverhalts gehen zu seinen Lasten. [9]Die Voraussetzungen für eine Billigkeitsmaßnahme liegen nicht vor, wenn der Unternehmer über die empfangene Leistung keine ordnungsgemäße Rechnung erhalten hat (vgl. BFH-Urteil vom 12.06.1986, V R 75/78, BStBl. II S. 721).

2. [1]Im Rahmen einer Billigkeitsmaßnahme kann die Höhe des anzuerkennenden Vorsteuerabzugs durch Schätzung ermittelt werden. [2]Sind ungerechtfertigte Steuervorteile nicht auszuschließen, ist ein ausreichender Sicherheitsabschlag zu machen.

(8)[1)] [1]In der Rechtsprechung wurde das sich aus dem Unionsrecht ergebende Rechtsinstrument des Direktanspruchs in der Umsatzsteuer entwickelt (vgl. EuGH-Urteil vom 15.03.2007, C-35/05, Reemtsma Cigarettenfabriken). [2]Danach kann ein Leistungsempfänger unter bestimmten Voraussetzungen über eine Billigkeitsmaßnahme die Erstattung einer rechtsgrundlos an den Leistenden gezahlten Umsatzsteuer direkt vom Fiskus (statt vom Leistenden) verlangen, vgl. BMF-Schreiben vom 12.04.2022, BStBl. I S. 652.

15.12 Allgemeines zum Ausschluss vom Vorsteuerabzug

(1) [1]Der allgemeine Grundsatz, dass die in § 15 Abs. 1 Satz 1 Nr. 1 bis 5 UStG bezeichneten Vorsteuern abgezogen werden können, gilt nicht, wenn der Unternehmer bestimmte steuerfreie oder bestimmte nicht steuerbare Umsätze ausführt. [2]Zu diesen Umsätzen gehören auch die entsprechenden unentgeltlichen Wertabgaben nach § 3 Abs. 1b und Abs. 9a UStG. [3]Der Ausschluss vom Vorsteuerabzug erstreckt sich nach § 15 Abs. 2 und 3 UStG auf die Steuer für die Lieferungen, die Einfuhr und den innergemeinschaftlichen Erwerb von Gegenständen, die der Unternehmer zur Ausführung der dort bezeichneten Umsätze verwendet, sowie auf die Steuer für sonstige Leistungen, die er für diese Umsätze in Anspruch nimmt. [4]Der Ausschluss vom Vorsteuerabzug erstreckt sich außerdem auf Aufwendungen für Eingangsleistungen, die der Unternehmer für Ausgangsumsätze in Anspruch nimmt, auf die unmittelbar eine Steuerbefreiung der MwStSystRL angewandt wird, wenn die Voraussetzungen des § 15 Abs. 3 UStG nicht vorliegen (vgl. BFH-Urteil vom 16.05.2012, XI R 24/10, BStBl. II 2013 S. 52, und für den vergleichbaren Fall, dass eine nationale Steuerbefreiung in Anspruch genommen wird, die mit der MwStSystRL unvereinbar ist, vgl. EuGH-Urteil vom 26.02.2015, C-144/13,

---

1) Zum Direktanspruch gegen das Finanzamt trotz Verjährung der Forderung gegen den Lieferanten siehe EuGH v. 07.09.2023 C-453/22, DStR 2023, 2066.

VDP Dental Laboratory).[1] [5]Der Begriff der Verwendung einer Lieferung oder sonstigen Leistung umfasst auch die Verwendungsabsicht. [6]Das Recht auf Vorsteuerabzug des Unternehmers entsteht dem Grunde und der Höhe nach bereits im Zeitpunkt des Leistungsbezugs. [7]Im Rahmen des § 15 Abs. 2 und 3 UStG kommt es entscheidend darauf an, ob der Unternehmer im Zeitpunkt des Leistungsbezugs die Absicht hat, die Eingangsumsätze für solche Ausgangsumsätze zu verwenden, die den Vorsteuerabzug nicht ausschließen (BFH-Urteil vom 22.03.2001, V R 46/00, BStBl. II 2003 S. 433); zum Vorsteuerabzug aus allgemeinen Aufwendungen des Unternehmens siehe Abschnitt 15.16 Abs. 2a. [8]Bei jedem Leistungsbezug muss der Unternehmer über die beabsichtigte Verwendung der bezogenen Leistung sofort entscheiden (vgl. BFH-Beschluss vom 28.10.2020, XI B 26/20, n.v.). [9]Maßgeblich ist regelmäßig die erste Leistung oder die erste unentgeltliche Wertabgabe, in die die bezogene Leistung Eingang findet. [10]Bei der Zurechnung sind grundsätzlich nur Umsätze zu berücksichtigen, die nach Inanspruchnahme der vorsteuerbelasteten Leistungen ausgeführt werden sollen. [11]Die Verwendungsabsicht muss objektiv belegt (vgl. Absatz 2) und in gutem Glauben erklärt werden. [12]Es darf kein Fall von Betrug oder Missbrauch vorliegen (vgl. Abschnitt 25f.1). [13]Der Anspruch auf Vorsteuerabzug bleibt auch dann bestehen, wenn es später nicht zu den beabsichtigten Verwendungsumsätzen kommt (vgl. BFH-Urteil vom 17.05.2001, V R 38/00, BStBl. II 2003 S. 434). [14]Bei Anzahlungen für Leistungen ist die Verwendungsabsicht im Zeitpunkt der Anzahlung maßgeblich (vgl. BFH-Urteil vom 17.05.2001, V R 38/00, a.a.O.). [15]Änderungen in der Verwendungsabsicht wirken sich nur auf nachfolgende Leistungsbezüge bzw. Anzahlungen und den sich daraus ergebenden Vorsteuerabzug aus. [16]Absichtsänderungen wirken nicht zurück und führen deshalb z.B. nicht dazu, dass Steuerbeträge nachträglich als Vorsteuer abziehbar sind (vgl. BFH-Urteil vom 25.11.2004, V R 38/03, BStBl. II 2005 S. 414). [17]Im Insolvenzverfahren einer KG, die ihre Tätigkeit bereits vor Insolvenzeröffnung eingestellt hatte, ist über den Vorsteuerabzug aus der Rechnung des Insolvenzverwalters nach der früheren Unternehmenstätigkeit der KG zu entscheiden (BFH-Urteil vom 02.12.2015, V R 15/15, BStBl. II 2016 S. 486). [18]Der Verpächter eines Grundstücks ist bei vorzeitiger Auflösung einer steuerpflichtigen Verpachtung zum Abzug der ihm vom Pächter in Rechnung gestellten Steuer für dessen entgeltlichen Verzicht auf die Rechte aus einem langfristigen Pachtvertrag (vgl. Abschnitt 4.12.1 Abs. 1 Satz 7) jedenfalls dann berechtigt, wenn die vorzeitige Auflösung zu einem Zeitpunkt erfolgt, in dem das Pachtverhältnis noch besteht und eine beabsichtigte (steuerfreie) Grundstücksveräußerung noch nicht festgestellt werden kann (vgl. BFH-Urteil vom 13.12.2017, XI R 3/16, BStBl. II 2018 S. 727).

(2) [1]Die objektiven Anhaltspunkte (z.B. Mietverträge, Zeitungsinserate, Beauftragung eines Maklers, Schriftwechsel mit Interessenten, Vertriebskonzepte, Kalkulationsunterlagen), die die Verwendungsabsicht belegen, sind regelmäßig einzelfallbezogen zu betrachten. [2]Dabei ist das Gesamtbild der Verhältnisse entscheidend. [3]Behauptungen reichen nicht aus. [4]Es sind vielmehr konkre-

---

[1] MwStR 2015, 300.

te Nachweise erforderlich, die einem strengen Prüfungsmaßstab unterliegen. [5]Dabei gehen Unklarheiten zu Lasten des Unternehmers. [6]Zur Behandlung von Fällen, bei denen die tatsächliche Verwendung im Zeitpunkt des Leistungsbezuges ungewiss ist, vgl. Absatz 5.

(3) [1]Vom Abzug ausgeschlossen sind nicht nur die Vorsteuerbeträge, bei denen ein unmittelbarer wirtschaftlicher Zusammenhang mit den zum Ausschluss vom Vorsteuerabzug führenden Umsätzen des Unternehmers besteht. [2]Der Ausschluss umfasst auch die Vorsteuerbeträge, die in einer mittelbaren wirtschaftlichen Verbindung zu diesen Umsätzen stehen.

Beispiel 1:

Bezieht eine Bank Werbeartikel bis 35 € je Gegenstand, für die ihr Umsatzsteuer in Rechnung gestellt wird, sind diese Vorsteuerbeträge insoweit vom Abzug ausgeschlossen, als sie den nach § 4 Nr. 8 UStG steuerfreien Umsätzen zuzuordnen sind (vgl. BFH-Urteile vom 26.07.1988, X R 50/82, BStBl. II S. 1015, und vom 04.03.1993, V R 68/89, BStBl. II S. 527).

Beispiel 2:

[1]Hat sich der Veräußerer eines unternehmerisch genutzten Grundstücks dem Erwerber gegenüber zur Demontage und zum Abtransport betrieblicher Einrichtungen verpflichtet, werden die für die Demontage bezogenen Leistungen zur Ausführung des steuerfreien Grundstücksumsatzes verwendet. [2]Die für die Transportleistungen in Rechnung gestellte Steuer ist nur mit dem gegebenenfalls geschätzten Betrag vom Vorsteuerabzug ausgeschlossen, der durch die bloße Räumung verursacht ist (vgl. BFH-Urteil vom 27.07.1988, X R 52/81, BStBl. II 1989 S. 65).

Beispiel 3:

[1]Ist eine Grundstücksvermietung beabsichtigt, kommt es darauf an, ob der Unternehmer das Grundstück steuerfrei vermieten oder auf die Steuerfreiheit der Grundstücksvermietung (§ 4 Nr. 12 Satz 1 Buchstabe a UStG) nach § 9 UStG verzichten will. [2]Im ersten Fall ist der Vorsteuerabzug nach § 15 Abs. 2 Satz 1 Nr. 1 UStG ausgeschlossen, im zweiten Fall ist die Vorsteuer abziehbar, wenn der Unternehmer die Verwendungsabsicht objektiv belegt und in gutem Glauben erklärt hat (BFH-Urteil vom 17.05.2001, V R 38/00, BStBl. II 2003 S. 434) und auch die weiteren Voraussetzungen des § 15 UStG erfüllt sind.

Beispiel 4:

Stellt eine Bank ihren Kunden und – um weitere Kunden zu gewinnen – anderen Autofahrern unentgeltlich Stellplätze zum Parken zur Verfügung, sind die Umsatzsteuern, die ihr für die Leistungen zur Errichtung und den Unterhalt des Parkhauses in Rechnung gestellt worden sind, im Verhältnis ihrer steuerfreien Umsätze an den gesamten Umsätzen im Sinne des § 1 Abs. 1 Nr. 1 UStG vom Vorsteuerabzug ausgeschlossen (BFH-Urteil vom 04.03.1993, V R 73/87, BStBl. II S. 525).

[3]Daher ist die für einen Leistungsbezug entrichtete Umsatzsteuer insoweit nicht als Vorsteuer abziehbar, als die hierfür getätigten Ausgaben zu den Kostenelementen von steuerfreien Ausgangsumsätzen gehören, weil sie in deren Preis eingehen (zu einer Kapitalanlagegesellschaft siehe BFH-Urteil vom 16.12.2020 – XI R 13/19, BStBl. II 2022 S. 389). [4]Im Einzelfall können Vorsteuerbeträge mehreren gleichwertig nebeneinanderstehenden Ausgangsumsätzen wirtschaftlich zugeordnet werden.

Beispiel 5:

Vermietet ein Bauunternehmer ein Haus an einen privaten Mieter unter dem Vorbehalt, zur Förderung eigener steuerpflichtiger Umsätze das Haus bei Bedarf zu Besichtigungszwecken (als sog. Musterhaus) zu nutzen, tritt neben die Verwendung zur Ausführung steuerfreier Vermietungsumsätze die Verwendung zur Ausführung steuerpflichtiger (Bau-)Umsätze (sog. gemischte Verwendung im Sinne des § 15 Abs. 4 UStG, BFH-Urteil vom 09.09.1993, V R 42/91, BStBl. II 1994 S. 269).

Beispiel 6:

Veräußert ein Unternehmer mit seinem Namen versehene Werbeartikel an seine selbständigen Handelsvertreter zu einem Entgelt weiter, das die Anschaffungskosten erheblich unterschreitet, sind die Werbeartikel nicht ausschließlich den Ausgangslieferungen zuzuordnen, in die sie gegenständlich eingehen, sondern auch den übrigen Umsätzen des Unternehmers, für die geworben wird (BFH-Urteil vom 16.09.1993, V R 82/91, BStBl. II 1994 S. 271).

(4) Umsätze, die dem Unternehmer zur Vornahme einer Einfuhr dienen, sind für die Frage des Vorsteuerabzugs den Umsätzen zuzurechnen, für die der eingeführte Gegenstand verwendet wird.

Beispiel:

[1] Ein Arzt nimmt wegen rechtlicher Schwierigkeiten, die bei der Einfuhr eines medizinischen Geräts eingetreten sind, einen Rechtsanwalt in Anspruch. [2] Obwohl die Einfuhr der Einfuhrumsatzsteuer unterlegen hat, kann der Arzt die ihm vom Rechtsanwalt in Rechnung gestellte Steuer nicht als Vorsteuer abziehen. [3] Die Rechtsberatung ist ebenso wie das eingeführte medizinische Gerät der steuerfreien ärztlichen Tätigkeit zuzurechnen.

(5) [1] Beim Bezug von Eingangsleistungen, deren tatsächliche Verwendung ungewiss ist, weil die Verwendungsabsicht nicht durch objektive Anhaltspunkte belegt wird, ist kein Vorsteuerabzug möglich. [2] Für den Vorsteuerabzug sind ausschließlich die Erkenntnisse im Zeitpunkt des Leistungsbezugs zu Grunde zu legen. [3] Spätere Erkenntnisse über diesen Leistungsbezug haben auf die ursprüngliche Entscheidung keine Auswirkung. [4] Ein zunächst vorgenommener Vorsteuerabzug ist deshalb nach § 164 Abs. 2, § 165 Abs. 2 oder § 173 Abs. 1 AO durch Änderung der ursprünglichen Steuerfestsetzung rückgängig zu machen, wenn später festgestellt wird, dass objektive Anhaltspunkte für die Verwendungsabsicht im Zeitpunkt des Leistungsbezugs nicht vorlagen. [5] Dies gilt auch, wenn die Verwendungsabsicht nicht in gutem Glauben erklärt wurde oder ein Fall von Betrug oder Missbrauch vorliegt (vgl. Abschnitt 25f.1). [6] Für die Frage, ob ein nach § 9 Abs. 2 UStG zum Vorsteuerabzug berechtigender steuerpflichtiger Umsatz oder ein nicht zum Vorsteuerabzug berechtigender steuerfreier Umsatz vorliegt, kommt es auf die zutreffende umsatzsteuerrechtliche Beurteilung des tatsächlich verwirklichten Sachverhalts an (vgl. BFH-Urteil vom 11.03.2009, XI R 71/07, BStBl. II 2010 S. 209). [7] Geht der Unternehmer z.B. davon aus, dass nach der maßgeblichen Rechtslage im Zeitpunkt des Leistungsbezugs seine Leistung steuerpflichtig ist, während sie bei zutreffender Beurteilung ohne Recht auf Vorsteuerabzug steuerfrei ist, ist der Unternehmer nicht zum Vorsteuerabzug berechtigt. [8] Zum Vorsteuerabzug aus allgemeinen Aufwendungen des Unternehmens siehe Abschnitt 15.16 Abs. 2a.

15.13 Ausschluss des Vorsteuerabzugs bei steuerfreien Umsätzen

(1) [1] Vorsteuerbeträge für steuerfreie Umsätze sind nach § 15 Abs. 2 Satz 1 Nr. 1 UStG grundsätzlich vom Abzug ausgeschlossen. [2] Der Ausschluss erstreckt sich nicht auf die Vorsteuerbeträge, die den in § 15 Abs. 3 Nr. 1 Buch-

staben a und b UStG bezeichneten steuerfreien Umsätzen zuzurechnen sind. [3]Ebenfalls nicht vom Vorsteuerabzug ausgeschlossen sind Steuerbeträge, die für bestimmte Leistungsbezüge von Unternehmern anfallen, die steuerfreie Umsätze mit Anlagegold ausführen (vgl. § 25c Abs. 4 und 5 UStG). [4]Zum Vorsteuerabzug bei einem Gebäude, das der Ausführung steuerfreier Umsätze, die den Vorsteuerabzug ausschließen, und privaten Wohnzwecken dient, vgl. Abschnitt 3.4 Abs. 7 Satz 3 Beispiel 2.

(2) [1]Unter Buchstabe a des § 15 Abs. 3 Nr. 1 UStG fallen insbesondere die Ausfuhrlieferungen (§ 4 Nr. 1 Buchstabe a, § 6 UStG), die innergemeinschaftlichen Lieferungen (§ 4 Nr. 1 Buchstabe b, § 6a UStG), die Lohnveredelungen an Gegenständen der Ausfuhr (§ 4 Nr. 1 Buchstabe a, § 7 UStG), die Umsätze für die Seeschifffahrt und für die Luftfahrt (§ 4 Nr. 2, § 8 UStG), die sonstigen Leistungen im Zusammenhang mit der Einfuhr, Ausfuhr und Durchfuhr (§ 4 Nr. 3 und 5 UStG), die Goldlieferungen an die Zentralbanken (§ 4 Nr. 4 UStG), bestimmte Umsätze im Zusammenhang mit einem Umsatzsteuerlager (§ 4 Nr. 4a UStG), bestimmte Umsätze der Eisenbahnen des Bundes (§ 4 Nr. 6 UStG), bestimmte Umsätze an im Gebiet eines anderen Mitgliedstaates ansässige NATO-Streitkräfte, ständige diplomatische Missionen und berufskonsularische Vertretungen sowie zwischenstaatliche Einrichtungen (§ 4 Nr. 7 UStG), die steuerfreien Reiseleistungen (§ 25 Abs. 2 UStG) sowie die Umsätze, die nach den in § 26 Abs. 5 UStG bezeichneten Vorschriften steuerfrei sind. [2]Wegen des Vorsteuerabzugs bei den nach § 25 Abs. 2 UStG steuerfreien sonstigen Leistungen vgl. Abschnitt 25.4.

(3) [1]Buchstabe b des § 15 Abs. 3 Nr. 1 UStG betrifft die Umsätze, die nach § 4 Nr. 8 Buchstaben a bis g, Nr. 10 oder Nr. 11 UStG steuerfrei sind. [2]Für diese Finanz- und Versicherungsumsätze tritt der Ausschluss vom Vorsteuerabzug jedoch nur dann nicht ein, wenn sie sich unmittelbar auf Gegenstände beziehen, die in das Drittlandsgebiet ausgeführt werden. [3]Die Voraussetzung „unmittelbar" bedeutet, dass die vorbezeichneten Umsätze in direktem Zusammenhang mit dem Gegenstand der Ausfuhr stehen müssen. [4]Nicht ausreichend ist es, wenn diese Umsätze in Verbindung mit solchen betrieblichen Vorgängen des Unternehmers stehen, die ihrerseits erst dazu dienen, die Ausfuhr zu bewirken.

Beispiel 1:

[1]Der Unternehmer lässt einen Gegenstand, den er in das Drittlandsgebiet ausführt, gegen Transportschäden versichern.
[2]Der unmittelbare Zusammenhang mit dem Gegenstand der Ausfuhr ist gegeben. [3]Die nach § 4 Nr. 10 Buchstabe a UStG steuerfreie Leistung des Versicherungsunternehmers schließt daher den Vorsteuerabzug nicht aus.

Beispiel 2:

[1]Der Unternehmer nimmt einen Kredit zur Anschaffung einer Maschine in Anspruch, die er ausschließlich zur Herstellung von Exportgütern einsetzt.
[2]Der unmittelbare Zusammenhang mit dem Gegenstand der Ausfuhr ist nicht gegeben. [3]Das Kreditinstitut kann deshalb die Vorsteuerbeträge, die der nach § 4 Nr. 8 Buchstabe a UStG steuerfreien Kreditgewährung zuzurechnen sind, nicht abziehen.

[5]Eine Ausfuhr im Sinne des § 15 Abs. 3 Nr. 1 Buchstabe b UStG ist anzunehmen, wenn der Gegenstand endgültig in das Drittlandsgebiet gelangt. [6]Es

braucht keine Ausfuhrlieferung nach § 6 UStG vorzuliegen. [7]Außerdem kann der Gegenstand vor der Ausfuhr bearbeitet oder verarbeitet werden. [8]Die Ausflaggung eines Seeschiffes ist keine Ausfuhr, gleichgültig in welcher Form sich dieser Vorgang vollzieht.

(4) Zum Ausschluss des Vorsteuerabzugs bei Krediten, die im Zusammenhang mit anderen Umsätzen eingeräumt werden, vgl. Abschnitt 3.11.

(5) [1]Fällt ein Umsatz sowohl unter eine der in § 15 Abs. 3 Nr. 1 Buchstabe a und Nr. 2 Buchstabe a UStG bezeichneten Befreiungsvorschriften als auch unter eine Befreiungsvorschrift, die den Vorsteuerabzug ausschließt, z. B. die innergemeinschaftliche Lieferung von Blutkonserven zu therapeutischen Zwecken, geht die Steuerbefreiung, die den Vorsteuerabzug ausschließt – im Beispiel § 4 Nr. 17 Buchstabe a UStG – der in § 15 Abs. 3 Nr. 1 Buchstabe a und Nr. 2 Buchstabe a UStG aufgeführten Befreiungsvorschrift vor (vgl. BFH-Urteil vom 22.08.2013, V R 30/12, BStBl. II 2014 S. 133). [2]Daher kann für diese Umsätze kein Vorsteuerabzug beansprucht werden. [3]Abweichend davon geht eine Befreiung nach den in § 26 Abs. 5 UStG bezeichneten Vorschriften (z. B. nach Artikel 67 Abs. 3 NATO-ZAbk) als selbständiger Befreiungstatbestand außerhalb des UStG den Befreiungstatbeständen des UStG mit der Folge vor, dass für diese Umsätze ein Ausschluss des Vorsteuerabzugs nicht eintritt.

15.14 Ausschluss des Vorsteuerabzugs bei Umsätzen im Ausland

(1) [1]Umsätze im Ausland, die steuerfrei wären, wenn sie im Inland ausgeführt würden, schließen den Vorsteuerabzug aus inländischen Leistungsbezügen grundsätzlich aus (§ 15 Abs. 2 Satz 1 Nr. 2 UStG). [2]Der Abzug entfällt unabhängig davon, ob der maßgebliche Umsatz nach dem Umsatzsteuerrecht des Staates, in dem er bewirkt wird, steuerpflichtig ist oder als steuerfreier Umsatz zum Vorsteuerabzug berechtigt, da sich der Ausschluss vom Vorsteuerabzug ausschließlich nach dem deutschen Umsatzsteuerrecht beurteilt (vgl. BFH-Urteil vom 22.08.2019, V R 14/17, BStBl. II 2020 S. 720). [3]Bei einer Grundstücksvermietung im Ausland ist nach § 15 Abs. 2 Satz 1 Nr. 2 UStG zu prüfen, ob diese steuerfrei (vorsteuerabzugsschädlich) wäre, wenn sie im Inland ausgeführt würde. [4]Dies bestimmt sich nach den Vorschriften des § 4 Nr. 12 Satz 1 Buchstabe a und des § 9 UStG. [5]Die Grundstücksvermietung wäre im Inland nicht steuerfrei gewesen, wenn der Grundstücksvermieter die Grundstücksvermietung im Ausland tatsächlich als steuerpflichtig behandelt hat und die Voraussetzungen des § 9 UStG für den Verzicht auf die Steuerbefreiung einer Grundstücksvermietung vorlagen (vgl. BFH-Urteil vom 06.05.2004, V R 73/03, BStBl. II S. 856).

(2) [1]Ausgenommen vom Ausschluss des Vorsteuerabzugs sind die Umsätze, die nach den in § 15 Abs. 3 Nr. 2 UStG bezeichneten Vorschriften steuerfrei wären. [2]Zu den in Nummer 2 Buchstabe a dieser Vorschrift aufgeführten Steuerbefreiungen vgl. Abschnitt 15.13 Abs. 2.

(3) [1]Die Umsätze, die nach § 4 Nr. 8 Buchstaben a bis g, Nr. 10 oder Nr. 11 UStG steuerfrei wären, berechtigen dann zum Vorsteuerabzug, wenn der Leistungsempfänger im Drittlandsgebiet ansässig ist (§ 15 Abs. 3 Nr. 2

Buchstabe b UStG). [2]Die Frage, ob diese Voraussetzung erfüllt ist, beurteilt sich wie folgt:

1. [1]Ist der Leistungsempfänger ein Unternehmer und die Leistung für das Unternehmen bestimmt, ist der Ort maßgebend, von dem aus der Leistungsempfänger sein Unternehmen betreibt. [2]Ist die Leistung ausschließlich oder überwiegend für eine Betriebsstätte des Leistungsempfängers bestimmt, ist auf den Ort der Betriebsstätte abzustellen.
2. [1]Ist der Leistungsempfänger kein Unternehmer, kommt es für die Ansässigkeit darauf an, wo er seinen Wohnsitz oder Sitz hat. [2]Das Gleiche gilt, wenn der Leistungsempfänger zwar unternehmerisch tätig ist, die Leistung aber für seinen nichtunternehmerischen Bereich bestimmt ist.

Beispiel:

[1]Ein Kreditinstitut in Stuttgart gewährt der in Genf gelegenen Betriebsstätte eines Unternehmens, dessen Geschäftsleitung sich in Paris befindet, ein Darlehen. [2]Das Darlehen ist zur Renovierung des Betriebsgebäudes der Genfer Betriebsstätte bestimmt.
[3]Für die Ansässigkeit des Leistungsempfängers ist der Ort der Betriebsstätte maßgebend. [4]Er liegt im Drittlandsgebiet. [5]Das Kreditinstitut kann daher die Vorsteuern abziehen, die der nicht steuerbaren Darlehensgewährung (§ 3a Abs. 2 UStG) zuzurechnen sind.
[6]Wäre das Darlehen für den in Paris gelegenen Teil des Unternehmens bestimmt, entfiele der Vorsteuerabzug.

(4) [1]Für die in § 15 Abs. 3 Nr. 2 Buchstabe b UStG bezeichneten Finanz- und Versicherungsumsätze kann der Vorsteuerabzug auch in folgenden Fällen in Anspruch genommen werden:
[2]Der Leistungsempfänger ist zwar nicht im Drittlandsgebiet, sondern im Gemeinschaftsgebiet ansässig, die an ihn ausgeführte Leistung bezieht sich aber unmittelbar auf einen Gegenstand, der in das Drittlandsgebiet ausgeführt wird (vgl. hierzu Abschnitt 15.13 Abs. 3).

Beispiel:

[1]Ein Unternehmer in Kopenhagen lässt bei einem Versicherungsunternehmen in Hamburg einen Gegenstand gegen Diebstahl versichern. [2]Den Gegenstand liefert der Unternehmer an einen Abnehmer in Russland.
[3]Die Versicherungsleistung ist nicht steuerbar (§ 3a Abs. 2 UStG). [4]Das Versicherungsunternehmen kann die dieser Leistung zuzurechnenden Vorsteuern abziehen.

15.15 Vorsteuerabzug bei Eingangsleistungen im Zusammenhang mit unentgeltlichen Leistungen

(1) [1]Beabsichtigt der Unternehmer bereits bei Leistungsbezug, die bezogene Leistung nicht für seine unternehmerische Tätigkeit, sondern ausschließlich und unmittelbar für unentgeltliche Wertabgaben im Sinne des § 3 Abs. 1b oder 9a UStG zu verwenden, ist er nicht zum Vorsteuerabzug berechtigt; nur mittelbar verfolgte Zwecke sind unerheblich (vgl. BFH-Urteil vom 09.12.2010, V R 17/10, BStBl. II 2012 S. 53, und Abschnitt 15.2b Abs. 2). [2]Fehlt ein direkter und unmittelbarer Zusammenhang zwischen einem Eingangsumsatz und einem oder mehreren Ausgangsumsätzen, kann der Unternehmer zum Vorsteuerabzug berechtigt sein, wenn die Kosten für die Eingangsleistungen zu seinen allgemeinen Aufwendungen gehören und – als

solche – Bestandteile des Preises der von ihm erbrachten entgeltlichen Leistungen sind (vgl. Abschnitte 15.2b Abs. 2, 15.21 und 15.22 und BFH-Urteil vom 27.01.2011, V R 38/09, BStBl. II 2012 S. 68).

Beispiel 1:

Automobilhändler A verlost unter allen Kunden im Rahmen einer Werbeaktion

a) einen Laptop und

b) eine Konzertkarte

mit einem Einkaufspreis von jeweils 300 €, die er beide zu diesem Zweck vorher gekauft hat.

Zu a)

[1] Die Abgabe des Laptops erfolgt aus unternehmerischen Gründen und fällt der Art nach unter § 3 Abs. 1b Satz 1 Nr. 3 UStG; es handelt sich nicht um ein Geschenk von geringem Wert (vgl. Abschnitt 3.3 Abs. 11 und 12). [2] Da A bereits bei Leistungsbezug beabsichtigt, den Laptop für die Verlosung, also die Erbringung einer unentgeltlichen Wertabgabe, zu verwenden, berechtigten die Aufwendungen für den Laptop bereits nach § 15 Abs. 1 UStG nicht zum Vorsteuerabzug (Abschnitt 15.2b Abs. 2 Satz 5). [3] Dementsprechend unterbleibt eine anschließende Wertabgabenbesteuerung (§ 3 Abs. 1b Satz 2 UStG).

Zu b)

[1] Die Abgabe der Konzertkarte erfolgt aus unternehmerischen Gründen und ist daher ein der Art nach nicht steuerbarer Vorgang, da § 3 Abs. 9a UStG Wertabgaben aus unternehmerischen Gründen nicht erfasst. [2] Ein Geschenk im Sinne des § 4 Abs. 5 Satz 1 Nr. 1 EStG und damit ein Fall des § 15 Abs. 1a UStG liegt nicht vor, da die Abgabe im Rahmen einer Verlosung erfolgt (vgl. R 4.10 Abs. 4 Satz 5 Nr. 3 EStR). [3] Da es an einem steuerbaren Ausgangsumsatz fehlt, dem der Leistungsbezug direkt und unmittelbar zugeordnet werden kann, ist für den Vorsteuerabzug die Gesamttätigkeit des A maßgeblich.

Beispiel 2:

[1] Unternehmer V errichtet ein Gebäude. [2] Nach der Fertigstellung des Gebäudes soll es an den Hotelunternehmer H überlassen werden, wobei nach der vertraglichen Vereinbarung das Gebäude zunächst für ein Jahr unentgeltlich und danach für weitere 20 Jahre steuerpflichtig verpachtet werden soll.
[3] V kann aus den Herstellungskosten des Gebäudes den Vorsteuerabzug in Anspruch nehmen, da bei Leistungsbezug feststeht, dass die Eingangsleistungen ausschließlich zur Erzielung von zum Vorsteuerabzug berechtigenden Ausgangsumsätzen verwendet werden sollen.

Beispiel 3:

[1] Unternehmer V errichtet ein Gebäude. [2] Nach der Fertigstellung des Gebäudes soll es an den Hotelunternehmer H überlassen werden, wobei nach der vertraglichen Vereinbarung das Gebäude zunächst für ein Jahr unentgeltlich und danach für weitere 20 Jahre steuerfrei verpachtet werden soll.
[3] V kann aus den Herstellungskosten des Gebäudes keinen Vorsteuerabzug in Anspruch nehmen, da bei Leistungsbezug feststeht, dass die Eingangsleistungen ausschließlich zur Erzielung von nicht zum Vorsteuerabzug berechtigenden Ausgangsumsätzen verwendet werden sollen.

(2) [1] Bestimmt sich ein Vorsteuerabzug mangels direkten und unmittelbaren Zusammenhangs des Eingangsumsatzes mit einem oder mehreren Ausgangsumsätzen nach der Gesamttätigkeit des Unternehmers, ist zunächst zu prüfen, ob der Leistungsbezug (mittelbar) einer bestimmten Gruppe von Ausgangsumsätzen wirtschaftlich zugeordnet werden kann (vgl. auch Abschnitt 15.12 Abs. 3). [2] Ist dies nicht möglich, ist die Aufteilung des Vorsteuerabzugs nach der Gesamtschau des Unternehmens vorzunehmen.

Beispiel 1:

[1] Unternehmer U betreibt einen Kfz-Handel und eine Versicherungsagentur. [2] Aus der Versicherungsagentur erzielt der Unternehmer ausschließlich nach § 4 Nr. 11 UStG steuerfreie Ausgangsumsätze. [3] U lässt sich gegen Honorar eine Internet-Homepage gestalten, auf der er zu Werbezwecken und zur Kundengewinnung für seine Versicherungsagentur kostenlose Versicherungstipps gibt. [4] Auf der Internetseite findet sich auch ein Kontaktformular für Anfragen zu Versicherungsbelangen. [5] Die über das Internet kostenlos durchgeführten Beratungen sind mangels Entgelt nicht steuerbar und auch der Art nach nicht nach § 3 Abs. 9a UStG steuerbar.

[6] U ist nicht zum Vorsteuerabzug aus der Gestaltung der Internet-Homepage berechtigt, da der Leistungsbezug insoweit ausschließlich Umsätzen zuzurechnen ist, die den Vorsteuerabzug ausschließen. [7] Auch wenn die Gestaltung der Internet-Homepage nicht direkt mit den Umsätzen aus der Vermittlung von Versicherungen zusammenhängt, dient der Internetauftritt der Förderung dieses Unternehmensbereichs.

Beispiel 2:

[1] Ein Hautarzt führt sowohl nicht zum Vorsteuerabzug berechtigende (80 % Anteil am Gesamtumsatz) als auch zum Vorsteuerabzug berechtigende Umsätze (z. B. kosmetische Behandlungen; 20 % Anteil am Gesamtumsatz) aus. [2] Um für sein unternehmerisches Leistungsspektrum zu werben, lässt er eine Internet-Homepage erstellen, auf der er über die Vorbeugung und Behandlung der wichtigsten Hauterkrankungen informiert, aber auch Hautpflegetipps gibt.

[3] Die Eingangsleistung wird unternehmerisch bezogen, kann aber nicht direkt und unmittelbar bestimmten Ausgangsumsätzen zugeordnet werden. [4] Soweit die Eingangsleistung auch zur Ausführung von steuerfreien Umsätzen verwendet wird, besteht nach § 15 Abs. 2 Satz 1 Nr. 1 UStG keine Berechtigung zum Vorsteuerabzug. [5] Die abziehbaren Vorsteuerbeträge sind nach § 15 Abs. 4 UStG zu ermitteln (vgl. Abschnitt 15.17). [6] Die Aufteilung der Vorsteuern hat nach Kostenzurechnungsgesichtspunkten zu erfolgen. [7] Da keine andere Form der wirtschaftlichen Zurechnung erkennbar ist, ist der Umsatzschlüssel als sachgerechte Schätzmethode anzuerkennen (§ 15 Abs. 4 Satz 3 UStG).

Beispiel 3:

[1] Unternehmer U mit zur Hälfte steuerfreien, den Vorsteuerabzug ausschließenden Ausgangsumsätzen bezieht Leistungen für die Durchführung eines Betriebsausfluges. [2] Die Kosten pro Arbeitnehmer betragen

a) 80 €,
b) 200 €

Zu a)

[1] Die Zuwendungen an die Arbeitnehmer im Rahmen des Betriebsausflugs sind überwiegend betrieblich veranlasste nicht steuerbare Leistungen, weil sie je Arbeitnehmer die Freigrenze von 110 € nicht übersteigen (vgl. Abschnitt 1.8 Abs. 4 Satz 3 Nr. 6). [2] Da die Durchführung des Betriebsausflugs keinen Wertabgabentatbestand erfüllt, fehlt es an einem steuerbaren Ausgangsumsatz, dem die Leistungsbezüge direkt und unmittelbar zugeordnet werden können. [3] Für den Vorsteuerabzug ist deshalb die Gesamttätigkeit des U maßgeblich. [4] U kann daher aus der Hälfte der Aufwendungen den Vorsteuerabzug geltend machen.

Zu b)

[1] Die Zuwendungen an die Arbeitnehmer im Rahmen des Betriebsausflugs sind nicht überwiegend betrieblich veranlasste steuerbare Leistungen, weil sie je Arbeitnehmer die Freigrenze von 110 € übersteigen (vgl. Abschnitt 1.8 Abs. 4 Satz 3 Nr. 6). [2] Es liegt eine Mitveranlassung durch die Privatsphäre der Arbeitnehmer vor. [3] Bei Überschreiten der Freigrenze von 110 € besteht für U kein Anspruch auf Vorsteuerabzug, sofern die Verwendung bereits bei Leistungsbezug beabsichtigt ist. [4] Dementsprechend unterbleibt eine Wertabgabenbesteuerung. [5] Maßgeblich ist hierfür, dass sich ein Leistungsbezug zur Entnahme für unternehmensfremde Privatzwecke und ein Leistungsbezug für das Unternehmen gegenseitig ausschließen. [6] Der nur mittelbar verfolgte Zweck, das Betriebsklima zu fördern, ändert hieran nichts (vgl. BFH-Urteil vom 09.12.2010, V R 17/10, BStBl. II 2012 S. 53).

15.16 Grundsätze zur Aufteilung der Vorsteuerbeträge

(1) [1]Verwendet der Unternehmer die für sein Unternehmen gelieferten oder eingeführten Gegenstände und die in Anspruch genommenen sonstigen Leistungen sowohl für Umsätze, die zum Vorsteuerabzug berechtigen, als auch für Umsätze, die den Vorsteuerabzug nach § 15 Abs. 2 und 3 UStG ausschließen, hat er die angefallenen Vorsteuerbeträge in einen abziehbaren und einen nicht abziehbaren Teil aufzuteilen. [2]Die Aufteilung richtet sich allein nach der Verwendung des bezogenen Gegenstands oder der in Anspruch genommenen sonstigen Leistung (vgl. Abschnitt 15.12 Abs. 1), nicht aber nach dem Anlass, aus dem der Unternehmer den Gegenstand oder die sonstige Leistung bezogen hat (BFH-Urteile vom 18.12.1986, V R 18/80, BStBl. II 1987 S. 280, und vom 10.04.1997, V R 26/96, BStBl. II S. 552). [3]Von der Aufteilung in einen abziehbaren und einen nicht abziehbaren Teil sind die Vorsteuerbeträge ausgenommen, die zwar der Verwendung nach für eine Aufteilung in Frage kämen, bei denen jedoch die sonstigen Voraussetzungen des § 15 UStG für den Abzug nicht vorliegen (z.B. bei fehlendem Steuerausweis in der Rechnung). [4]Auch eine Steuer, die nach § 14c UStG geschuldet wird, kommt nicht für eine Vorsteueraufteilung in Betracht (vgl. BFH-Urteil vom 23.10.2019 – V R 46/17, BStBl. II 2022 S. 779). [5]Außerdem scheiden die Steuerbeträge für eine Aufteilung aus, für die ein Abzugsverbot besteht (vgl. auch Abschnitt 15.2 Abs. 3). [6]Diese Vorsteuerbeträge bleiben insgesamt vom Abzug ausgeschlossen.

(2) [1]Die Aufteilung der Vorsteuern ist nach § 15 Abs. 4 UStG vorzunehmen. [2]Dies bedeutet, dass die Vorsteuern nach ihrer wirtschaftlichen Zuordnung aufzuteilen sind (vgl. Abschnitt 15.17). [3]Die Aufteilung schließt an die Grundsätze an, die sich aus § 15 Abs. 2 und 3 UStG für die Zuordnung der Vorsteuern zu den einzelnen Umsätzen des Unternehmers herleiten. [4]Dementsprechend erstreckt sich § 15 Abs. 4 UStG nicht auf die Vorsteuerbeträge, die entweder allein den zum Abzug berechtigenden Umsätzen oder allein den zum Ausschluss des Vorsteuerabzugs führenden Umsätzen zuzurechnen sind. [5]Die Abziehbarkeit der einer Umsatzart ausschließlich zurechenbaren Vorsteuerbeträge beurteilt sich daher stets nach den Vorschriften des § 15 Abs. 1 bis 3 UStG. [6]Die Aufteilung nach § 15 Abs. 4 UStG betrifft somit nur die Vorsteuerbeträge, die teils der einen und teils der anderen Umsatzart zuzuordnen sind (vgl. BFH-Urteil vom 16.09.1993, V R 82/91, BStBl. II 1994 S. 271). [7]Im Fall der Anschaffung oder Herstellung eines Gebäudes sind abweichend hiervon die Aufwendungen stets einheitlich aufzuteilen, vgl. Abschnitt 15.17 Abs. 5 bis 8.

(2a) [1]Bei der Aufteilung von Vorsteuerbeträgen aus allgemeinen Aufwendungen des Unternehmens (vgl. Abschnitt 15.2b Abs. 2 Satz 4) ist regelmäßig auf das Verhältnis der gesamten Umsätze im Besteuerungszeitraum abzustellen. [2]Wird ein Aufteilungsschlüssel im Voranmeldungsverfahren vorläufig angewandt, z.B. auf der Grundlage der Umsätze des vorangegangenen Jahres, führt die Festsetzung des endgültigen, abweichenden Aufteilungsschlüssels zu einer Berichtigung der nach dem vorläufigen Aufteilungsschlüssel ermittelten Vorsteuerbeträge in der Jahresfestsetzung (vgl. BFH-Urteil vom 24.04.2013, XI R 25/10, BStBl. II 2014 S. 346).

(3) Ändern sich bei einem Wirtschaftsgut ab dem Zeitpunkt der erstmaligen Verwendung die für den ursprünglichen Vorsteuerabzug maßgebenden Verhältnisse, ist für die Berichtigung des Vorsteuerabzugs § 15a UStG maßgebend (vgl. Abschnitt 15a.2).

15.17 Aufteilung der Vorsteuerbeträge nach § 15 Abs. 4 UStG

Allgemeines

(1) [1] Eine Aufteilung der Vorsteuerbeträge nach der in § 15 Abs. 4 UStG bezeichneten Methode bezweckt eine genaue Zuordnung der Vorsteuerbeträge zu den Umsätzen, denen sie wirtschaftlich zuzurechnen sind. [2] Folgende drei Gruppen von Vorsteuerbeträgen sind zu unterscheiden:

1. [1] Vorsteuerbeträge, die in voller Höhe abziehbar sind, weil sie ausschließlich Umsätzen zuzurechnen sind, die zum Vorsteuerabzug berechtigen. [2] Das sind z. B. in einem Fertigungsbetrieb die Vorsteuerbeträge, die bei der Anschaffung von Material oder Anlagegütern anfallen. [3] Bei einem Handelsbetrieb kommen vor allem die Vorsteuerbeträge aus Warenbezügen in Betracht.
2. [1] Vorsteuerbeträge, die in voller Höhe vom Abzug ausgeschlossen sind, weil sie ausschließlich Umsätzen zuzurechnen sind, die nicht zum Vorsteuerabzug berechtigen. [2] Hierzu gehören z. B. bei steuerfreien Grundstücksverkäufen die Vorsteuerbeträge für die Leistungen des Maklers und des Notars sowie für Inserate. [3] Bei steuerfreien Vermietungen und Verpachtungen kommen vor allem die Vorsteuerbeträge in Betracht, die bei der Anschaffung oder Herstellung eines Wohngebäudes, beim Herstellungs- und Erhaltungsaufwand, bei Rechtsberatungen und der Grundstücksverwaltung anfallen.
3. [1] Übrige Vorsteuerbeträge. [2] In diese Gruppe fallen alle Vorsteuerbeträge, die sowohl mit Umsätzen, die zum Vorsteuerabzug berechtigen, als auch mit Umsätzen, die den Vorsteuerabzug ausschließen, in wirtschaftlichem Zusammenhang stehen. [3] Hierzu gehören z. B. die Vorsteuerbeträge, die mit dem Bau, der Einrichtung und der Unterhaltung eines Verwaltungsgebäudes in Verbindung stehen, das auch der Ausführung steuerfreier Umsätze im Sinne des § 4 Nr. 12 UStG dient. [4] Wegen der zugelassenen Erleichterungen bei der Aufteilung vgl. Abschnitt 15.18.

(2) [1] Für eine Aufteilung kommen nur die in Absatz 1 Satz 2 Nr. 3 bezeichneten Vorsteuerbeträge in Betracht. [2] Vor Anwendung des § 15 Abs. 4 UStG muss der Unternehmer zunächst die Vorsteuerbeträge den zum Vorsteuerabzug berechtigenden und den nicht zum Vorsteuerabzug berechtigenden Ausgangsumsätzen unmittelbar und wirtschaftlich zuordnen (Absatz 1 Satz 2 Nr. 1 und 2) sowie getrennte Aufzeichnungen führen (§ 22 Abs. 3 Satz 2 und 3 UStG; Abschnitt 22.4). [3] Jeder einzelne Leistungsbezug und jede Anzahlung ist zuzuordnen. [4] Kommt der Unternehmer dieser Zuordnungsverpflichtung nicht nach, sind die den einzelnen Bereichen zuzuordnenden Leistungsbezüge und die darauf entfallenden Vorsteuerbeträge gemäß § 162 AO im Wege der Schätzung zu ermitteln (vgl. Absatz 3). [5] Eine Einbeziehung auf derartige Leis-

tungsbezüge entfallender Vorsteuern in die nach § 15 Abs. 4 UStG aufzuteilenden Vorsteuerbeträge kommt nicht in Betracht. [6]Die Aufteilung dieser Vorsteuern ist nach dem Prinzip der wirtschaftlichen Zurechnung durch die sog. gegenständliche Zuordnung oder nach Kostenzurechnungsgesichtspunkten vorzunehmen (vgl. BFH-Urteile vom 16.09.1993, V R 82/91, BStBl. II 1994 S. 271, und vom 10.04.1997, V R 26/96, BStBl. II S. 552). [7]Hierbei ist die betriebliche Kostenrechnung (Betriebsabrechnungsbogen, Kostenträgerrechnung) oder die Aufwands- und Ertragsrechnung in der Regel als geeigneter Anhaltspunkt heranzuziehen. [8]Zu beachten ist jedoch, dass die verrechneten Kosten und der verrechnete Aufwand nicht mit den Werten (Vorumsätzen) übereinstimmen, über deren Vorsteuern zu entscheiden ist. [9]Denn die Kostenrechnung erfasst nur die für die Erstellung einer Leistung notwendigen Kosten und die Aufwands- und Ertragsrechnung nur den in einer Abrechnungsperiode entstandenen Aufwand. [10]Das betrifft insbesondere die Wirtschaftsgüter des Anlagevermögens, die in der Kostenrechnung wie in der Aufwands- und Ertragsrechnung nur mit den Abschreibungen angesetzt werden. [11]Der Unternehmer kann diese Unterlagen daher nur als Hilfsmittel verwenden.

(3) [1]Bei der nach § 15 Abs. 4 Satz 2 UStG zugelassenen sachgerechten Schätzung ist auf die im Einzelfall bestehenden wirtschaftlichen Verhältnisse abzustellen. [2]Hierbei ist es erforderlich, dass der angewandte Aufteilungsschlüssel systematisch von der Aufteilung nach der wirtschaftlichen Zuordnung ausgeht. [3]Die Ermittlung der abziehbaren Vorsteuer nach dem Umsatzschlüssel ist nur zulässig, wenn keine andere Methode der wirtschaftlichen Zuordnung möglich ist (§ 15 Abs. 4 Satz 3 UStG). [4]Dies ist in dem Sinne zu verstehen, dass keine andere Methode eine präzisere Ermittlung der abziehbaren Vorsteuern gewährleisten darf (vgl. BFH-Urteile vom 10.08.2016 – XI R 31/09, BStBl. II 2022 S. 736, und vom 11.11.2020 – XI R 7/20, BStBl. II 2022 S. 746), ein präziserer anderer (sachgerechter) Aufteilungsschlüssel geht dem Umsatzschlüssel daher immer vor. [5]Kommen mehrere andere präzisere Aufteilungsschlüssel in Betracht, ist nicht zwingend die präziseste Methode anzuwenden. [6]Die Auswahl der anzuwendenden präziseren Methode obliegt in diesen Fällen dem Unternehmer; das Finanzamt kann sie jedoch daraufhin überprüfen, ob sie sachgerecht ist. [7]Nicht sachgerecht sind z.B. Aufteilungen nach der Menge nicht miteinander vergleichbarer Produkte (zu einem Strom und Wärme produzierenden Blockheizkraftwerk vgl. BFH-Urteil vom 16.11.2016 – V R 1/15, BStBl. II 2022 S. 777) oder nach einem selektiven Personalschlüssel (vgl. BFH-Urteil vom 23.10.2019 – XI R 18/17, BStBl. II 2022 S. 782). [8]Nur wenn kein präziserer Aufteilungsschlüssel in Betracht kommt, kann der nicht abziehbare Teil der einer Umsatzgruppe nicht ausschließlich zurechenbaren Vorsteuerbeträge (vgl. Absatz 1 Satz 2 Nr. 3) einheitlich nach dem Verhältnis der Umsätze, die den Vorsteuerabzug ausschließen, zu den anderen Umsätzen ermittelt werden. [9]Einfuhren und innergemeinschaftliche Erwerbe sind keine Umsätze in diesem Sinne und daher nicht in den Umsatzschlüssel einzubeziehen.

(4) [1]Ist die Umsatzsteuerfestsetzung für das Jahr der Anschaffung oder Herstellung eines gemischt genutzten Gegenstands formell bestandskräftig und

hat der Unternehmer ein im Sinne des § 15 Abs. 4 UStG sachgerechtes Aufteilungsverfahren angewandt, ist dieser Maßstab auch für die nachfolgenden Kalenderjahre bindend (BFH-Urteil vom 02.03.2006, V R 49/05, BStBl. II S. 729). [2]Dagegen besteht keine Bindung an die Wahl des Aufteilungsverfahrens, wenn dieses nicht sachgerecht war (vgl. BFH-Urteil vom 11.11.2020 – XI R 7/20, BStBl. II 2022 S. 746).

Vorsteuerabzug bei Gebäuden

(5) [1]Für den Umfang des Vorsteuerabzugs bei Erwerb und erheblichem Umbau eines Gebäudes, das anschließend vom Erwerber für vorsteuerunschädliche und vorsteuerschädliche Verwendungsumsätze genutzt werden soll, ist vorgreiflich zu entscheiden, ob es sich bei den Umbaumaßnahmen um Erhaltungsaufwand am Gebäude oder um anschaffungsnahen Aufwand zur Gebäudeanschaffung handelt oder ob insgesamt die Herstellung eines neuen Gebäudes anzunehmen ist (vgl. BFH-Urteil vom 28.09.2006, V R 43/03, BStBl. II 2007 S. 417). [2]Vorsteuerbeträge, die entweder das Gebäude selbst oder aber dessen Erhaltung, Nutzung oder Gebrauch betreffen, sind danach jeweils gesondert zu beurteilen. [3]Handelt es sich um Aufwendungen für das Gebäude selbst (aus der Anschaffung oder Herstellung), kommt nur eine einheitliche Aufteilung der gesamten auf den einheitlichen Gegenstand entfallenden Vorsteuerbeträge nach einem sachgerechten Aufteilungsmaßstab (§ 15 Abs. 4 UStG) in Betracht (vgl. BFH-Urteil vom 10.08.2016 – XI R 31/09, BStBl. II 2022 S. 736). [4]Der Umfang der abzugsfähigen Vorsteuerbeträge auf sog. Erhaltungsaufwendungen an dem Gegenstand kann sich hingegen danach richten, für welchen Nutzungsbereich des gemischt genutzten Gegenstands die Aufwendungen vorgenommen werden. [5]Selbst wenn Herstellungskosten eines Gebäudes aus einer Vielzahl von einzelnen Leistungsbezügen bestehen können, die für sich betrachtet einzelnen Gebäudeteilen zugeordnet werden oder auf mehrere unterschiedliche Nutzungen aufgeteilt werden könnten, muss einerseits zwischen der Verwendung des Gebäudes selbst und andererseits der Verwendung von Gegenständen und Dienstleistungen zur Erhaltung oder zum Gebrauch dieses Gebäudes unterschieden werden. [6]Anschaffungs- oder Herstellungskosten betreffen jeweils die Anschaffung oder Herstellung eines bestimmten Gegenstands (bei einem Gebäude das einheitliche Gebäude) und nicht bestimmte Gebäudeteile (vgl. BFH-Urteil vom 11.11.2020 – XI R 7/20, BStBl. II 2022, S. 746). [7]Werden jedoch lediglich bestimmte Gebäudeteile angeschafft oder hergestellt, sind diese der jeweilige Gegenstand (vgl. BFH-Urteil vom 22.11.2007, V R 43/06, BStBl. II 2008 S. 770).

(6) [1]Die Begriffe der Anschaffungs- oder Herstellungskosten, der nachträglichen Anschaffungs- oder Herstellungskosten und der Erhaltungsaufwendungen sind nach den für das Einkommensteuerrecht geltenden Grundsätzen auszulegen. [2]Dies gilt jedoch nicht, soweit nach § 6 Abs. 1 Nr. 1a EStG Erhaltungsaufwendungen zu Herstellungskosten (anschaffungsnahe Herstellungskosten) umqualifiziert werden.

(7) [1] Wird ein Gebäude durch einen Unternehmer angeschafft oder hergestellt und soll dieses Gebäude sowohl für vorsteuerunschädliche als auch für vorsteuerschädliche Ausgangsumsätze verwendet werden, sind die gesamten auf die Anschaffungs- oder Herstellungskosten des Gebäudes entfallenden Vorsteuerbeträge nach § 15 Abs. 4 UStG aufzuteilen. [2] Für die Zurechnung dieser Vorsteuerbeträge ist die „prozentuale" Aufteilung der Verwendung des gesamten Gebäudes zu vorsteuerunschädlichen bzw. vorsteuerschädlichen Umsätzen maßgebend (vgl. BFH-Urteile vom 28.09.2006 – V R 43/03, BStBl. II 2007 S. 417 und vom 11.11.2020 – XI R 7/20, BStBl. II 2022 S. 746). [3] Abweichend von Abschnitt 15.17 Abs. 1 Satz 2 Nr. 1 und 2 ist keine vorherige direkte Zuordnung von Eingangsleistungen zu den Umsätzen, die zum Vorsteuerabzug berechtigen bzw. diesen ausschließen, durchzuführen (vgl. BFH-Urteile vom 10.08.2016 – XI R 31/09, BStBl. II 2022 S. 736, und vom 11.11.2020 – XI R 7/20, BStBl. II 2022 S. 746). [4] Daraus folgt eine Ermittlung der nicht abziehbaren Vorsteuerbeträge nach § 15 Abs. 4 UStG im Wege einer sachgerechten Schätzung. [5] Als sachgerechter Aufteilungsmaßstab können bei Gebäuden in der Regel vorrangig folgende Aufteilungsschlüssel in Betracht kommen, wenn sie präziser als das Verhältnis der Gesamtumsätze des Unternehmers (Gesamtumsatzschlüssel) sind (siehe hierzu auch BMF-Schreiben vom 20.10.2022, BStBl. I S. 1497):

1. [1] **Flächenschlüssel:** Eine Aufteilung nach dem Verhältnis der Nutzflächen (objektbezogener Flächenschlüssel) stellt gegenüber einer umsatzbezogenen Aufteilung (Umsatzschlüssel) regelmäßig eine präzisere Bestimmung des Aufteilungsschlüssels dar (vgl. BFH-Urteile vom 12.03.1992 – V R 70/87, BStBl. II S. 755, vom 07.05.2014 – V R 1/10, BStBl. II 2022 S. 731, und vom 03.07.2014 – V R 2/10, BStBl. II 2022 S. 734). [2] Bei einer Aufteilung nach dem objektbezogenen Flächenschlüssel sind die tatsächlichen Nutzflächen des Gebäudes zugrunde zu legen. [3] Dabei ist die Flächenberechnung nach den Gebäudeinnenflächen vorzunehmen, ohne z. B. Außenstellplätze mit einzubeziehen (vgl. BFH-Urteil vom 27.03.2019 – V R 43/17, n. v.). [4] Flächen, die zur Versorgung des Gebäudes verwendet oder nur gemeinsam genutzt werden (z. B. Technikräume, Treppenhaus, Fahrradabstellräume, Waschküchen), bleiben unberücksichtigt. [5] Die Grundflächen sind auch bei Dachschrägen in vollem Umfang anzusetzen. [6] Die Flächen von Terrassen oder Balkonen zählen zur Hälfte zu der maßgeblichen Grundfläche. [7] Eine weitere anerkannte Methode zur Flächenberechnung (z. B. nach DIN 277 oder der Wohnflächenverordnung) kann auch für Zwecke der Vorsteueraufteilung angewandt werden, wenn die gewählte Methode bereits für andere (z. B. mietvertragliche) Zwecke angewandt wird, die Flächenberechnung für das gesamte Gebäude einheitlich erfolgt und das Ergebnis sachgerecht ist. [8] Der Unternehmer kann eine flächenbezogene Vorsteueraufteilung aber nur dann beanspruchen, wenn diese sachgerecht ist (vgl. BFH-Urteile vom 07.07.2011 – V R 36/10, BStBl. II 2012 S. 77, und vom 05.09.2013 – XI R 4/10, BStBl. II 2014 S. 95, zum Fall einer Spielhalle mit Spielgeräten, die teilweise umsatzsteuerpflichtigen und teilweise umsatzsteuerfreien Zwecken dienen).

2. [1] **Objektbezogener Umsatzschlüssel:** Weicht die Ausstattung der unterschiedlich genutzten Räume erheblich voneinander ab (z. B. wegen der Dicke der Wände und Decken oder in Bezug auf eine teils besonders aufwändige und teils nur einfache Innenausstattung, siehe hierzu BMF-Schreiben vom 20.10.2022, BStBl. I, a. a. O.) mit der Folge, dass auch die Höhe des Bauaufwandes und ggf. auch die tatsächlich erzielbaren Mieteinnahmen sich wesentlich voneinander unterscheiden, ist es dagegen grundsätzlich erforderlich, die Aufteilung der Vorsteuerbeträge anhand des objektbezogenen Umsatzschlüssels vorzunehmen, da dies dann die wirtschaftlich präzisere Aufteilung ermöglicht (vgl. BFH-Urteile vom 07.05.2014 – V R 1/10, a. a. O., und vom 03.07.2014 – V R 2/10, a. a. O.). [2] Hier ist ein gegenstandsbezogener, das konkrete Wirtschaftsgut betreffender Umsatzschlüssel gegenüber einer Aufteilung nach einem Gesamtumsatzschlüssel genauer, wenn (wie z. B. in Vermietungsfällen) durch die Nutzung des Objekts ein direkter und unmittelbarer Zusammenhang zu den Ausgangsumsätzen besteht. [3] Die Vorsteueraufteilung erfolgt bei erheblichen Ausstattungsunterschieden – mangels einer anderen präziseren Zurechnung – nur dann nach dem Gesamtumsatzschlüssel, wenn das Objekt (z. B. ein Verwaltungsgebäude) zur Ausführung der Gesamtumsätze des Unternehmens dient (vgl. BFH-Urteil vom 07.05.2014 – V R 1/10, a. a. O.).

3. [1] **Umbauter Raum:** Bestehen erhebliche Abweichungen in der Geschosshöhe, kann die Vorsteueraufteilung anstelle eines Umsatzschlüssels nach dem umbauten Raum in Betracht kommen, wenn eine solche Aufteilung in diesen Fällen eine präzisere wirtschaftliche Zurechnung der Vorsteuerbeträge ermöglicht. [2] Hiervon kann ausgegangen werden, wenn Gebäudeteile mit unterschiedlichen Geschosshöhen, aber ansonsten ohne erhebliche Unterschiede in der Ausstattung zu beurteilen sind.

4. [1] **Weitere Aufteilungsschlüssel:** Beim Erwerb, nicht jedoch bei der Herstellung von Gebäuden kommt auch eine Vorsteueraufteilung nach dem Verhältnis der Ertragswerte zur Verkehrswertermittlung in Betracht (vgl. BFH-Urteile vom 05.02.1998 – V R 101/96, BStBl. II S. 492, und vom 12.03.1998 – V R 50/97, BStBl. II S. 525). [2] Bei zeitlich abwechselnder Nutzung derselben Flächen kann eine Aufteilung nach Nutzungszeiten erforderlich sein (vgl. BFH-Urteil vom 26.04.2018 – V R 23/16, BStBl. II 2022 S. 743).

[6] Die Ermittlung des nicht abziehbaren Teils der Vorsteuerbeträge nach dem Gesamtumsatzschlüssel (Verhältnis der vorsteuerschädlichen Umsätze zu den vorsteuerunschädlichen Umsätzen des gesamten Unternehmens) ist nach § 15 Abs. 4 Satz 3 UStG nur zulässig, wenn keine andere wirtschaftliche Zurechnung möglich ist. [7] Nicht zulässig ist eine Zurechnung der Aufwendungen zu bestimmten Gebäudeteilen nach einer räumlichen (sog. „geografischen“, vgl. BFH-Urteil vom 10.08.2016 – XI R 31/09, BStBl. II 2022 S. 736) Anbindung oder nach einem Investitionsschlüssel (vgl. BFH-Urteil vom 18.11.2004 – V R 16/03, BStBl. II 2005 S. 503).

Beispiel 1:

[1] U errichtet ein Wohn- und Geschäftshaus, dessen Nutzungseinheiten sich hinsichtlich der Ausstattung nicht erheblich voneinander unterscheiden. [2] Er beabsichtigt, die Fläche des Hauses zu jeweils 50 % vorsteuerunschädlich bzw. vorsteuerschädlich zu vermieten. [3] Aus der Erstellung des Fußbodenbelags entstehen U Aufwendungen von insgesamt 100.000 € zzgl. 19.000 € Umsatzsteuer.

[4] Es handelt sich um Aufwendungen für die (Neu-)Herstellung des Gebäudes („ursprüngliche" Herstellungskosten). [5] Eine Zuordnung, in welchem Gebäudeteil der Fußboden verlegt worden ist, ist nicht vorzunehmen. [6] U ist unter den weiteren Voraussetzungen des § 15 UStG berechtigt, den Vorsteuerabzug aus den Aufwendungen für den Fußbodenbelag zu 50 % (= 9.500 €) geltend zu machen.

[8] Entsprechend ist bei nachträglichen Anschaffungs- oder Herstellungskosten zu verfahren. [9] Maßgeblich für die Vorsteueraufteilung ist in diesem Fall die beabsichtigte Verwendung des Gegenstands, der durch die nachträglichen Anschaffungs- oder Herstellungskosten entsteht.

Beispiel 2:

[1] U errichtet ein Gebäude, bestehend aus einer vorsteuerunschädlich gewerblich genutzten (EG; Nutzflächenanteil 50 %) und einer vorsteuerschädlich zu Wohnzwecken vermieteten Einheit (1. OG; Nutzflächenanteil 50 %), dessen Nutzungseinheiten sich hinsichtlich der Ausstattung nicht erheblich voneinander unterscheiden. [2] Das Dachgeschoss ist noch nicht ausgebaut. [3] U ordnet das Gebäude vollständig seinem Unternehmen zu.

[4] Ein Jahr nach Errichtung des Gebäudes baut U das Dachgeschoss aus. [5] Es entstehen dabei drei separat zugängliche, gleich ausgestattete und gleich große Einheiten, von denen eine als Wohnung und zwei als Büroteil genutzt werden (sollen). [6] Die Wohnung wird umsatzsteuerfrei und die Büroteile werden umsatzsteuerpflichtig vermietet. [7] Gleichzeitig lässt U das Treppenhaus zum Dachgeschoss erweitern.

[8] Des Weiteren lässt U eine Alarmanlage installieren, die das gesamte Gebäude sichert. [9] Zudem lässt U einen Aufzug anbauen, mit dem jede Etage erreicht werden kann. [10] Mit dem Zugewinn an Nutzfläche erhöht sich der Anteil der vorsteuerunschädlich genutzten zum vorsteuerschädlich genutzten Teil an der Gesamtfläche des ausgebauten Gebäudes von 50 % auf 60 %.

[11] Das neu ausgebaute Gebäude ist vollständig dem Unternehmen des U zugeordnet.

[12] Die Aufwendungen für den Ausbau des Dachgeschosses, die Erweiterung des Treppenhauses, den Einbau der Alarmanlage und den Einbau des Aufzugs sind jeweils (nachträgliche) Herstellungskosten.

[13] Der Ausbau des Dachgeschosses ist eine eigenständig genutzte Erweiterung des bestehenden Gebäudes (Altflächen) und ist damit eigenständiges Aufteilungsobjekt. [14] Entsprechend der vorsteuerunschädlichen Verwendung des Dachgeschosses in Höhe von $^2/_3$ sind die Vorsteuern aus dem Dachausbau zu $^2/_3$ abziehbar.

[15] Die Aufwendungen für die Erweiterung des Treppenhauses sind dem Dachgeschoss zuzuordnen, da sie ausschließlich durch den Ausbau des Dachgeschosses verursacht sind. [16] Die Vorsteuern sind daher nach den Nutzungsverhältnissen des Dachgeschosses aufzuteilen.

[17] Die Aufwendungen für den Einbau der Alarmanlage sind dem gesamten Gebäude in seinen neuen Nutzungsverhältnissen zuzuordnen, da sie das gesamte Gebäude sichert. [18] Folglich sind die Vorsteuern zu 60 % abziehbar.

[19] Die Aufwendungen für den Einbau des Aufzugs sind dem gesamten Gebäude mit seinen neuen Nutzungsverhältnissen und nicht ausschließlich dem Dachgeschoss zuzuordnen, da mit dem Aufzug jede Etage erreicht werden kann. [20] Die Vorsteuern sind daher zu 60 % abziehbar.

[21] Die jeweiligen (nachträglichen) Herstellungskosten stellen gesonderte Berichtigungsobjekte im Sinne von § 15a Abs. 6 UStG dar.

(8) [1] Handelt es sich bei den bezogenen Leistungen um Aufwendungen, die ertragsteuerrechtlich als Erhaltungsaufwand anzusehen sind, oder um solche, die mit dem Gebrauch oder der Nutzung des Gebäudes zusammenhängen,

ist vorrangig zu prüfen, ob die bezogenen Leistungen vorsteuerunschädlich oder vorsteuerschädlich verwendeten Gebäudeteilen zugeordnet werden können (vgl. BFH-Urteil vom 10.08.2016 – XI R 31/09, BStBl. II 2022 S. 736).

Beispiel 1:

[1] U besitzt ein Wohn- und Geschäftshaus, dessen Nutzungseinheiten sich hinsichtlich der Ausstattung nicht erheblich voneinander unterscheiden und dessen Fläche er zu jeweils 50% vorsteuerunschädlich bzw. vorsteuerschädlich vermietet hat. [2] In den vorsteuerunschädlich vermieteten Räumen lässt U durch den Maler M sämtliche Wände neu anstreichen.
[3] U ist aus den Aufwendungen zum Anstrich der Wände unter den weiteren Voraussetzungen des § 15 UStG in vollem Umfang zum Vorsteuerabzug berechtigt.

[2] Ist eine direkte Zurechnung des Erhaltungsaufwands oder der Aufwendungen im Zusammenhang mit dem Gebrauch zu bestimmten Gebäudeteilen nicht möglich, ist die Aufteilung der Vorsteuerbeträge nach § 15 Abs. 4 UStG vorzunehmen.

Beispiel 2:

[1] U lässt an seinem Wohn- und Geschäftshaus, dessen Nutzungseinheiten sich hinsichtlich der Ausstattung nicht erheblich voneinander unterscheiden und dessen Fläche er zu jeweils 50% vorsteuerunschädlich bzw. vorsteuerschädlich vermietet, die Fassade neu anstreichen.
[2] Der Fassadenanstrich kann keinem zur Erzielung von vorsteuerunschädlichen bzw. vorsteuerschädlichen Ausgangsumsätzen verwendeten Gebäudeteil zugeordnet werden. [3] U kann daher unter den weiteren Voraussetzungen des § 15 UStG zu 50% aus den Aufwendungen den Vorsteuerabzug vornehmen.

15.18 Erleichterungen bei der Aufteilung der Vorsteuerbeträge

Allgemeines

(1) [1] Die Erleichterungen des § 43 UStDV erstrecken sich auf die Fälle, in denen die dort bezeichneten Umsätze den Vorsteuerabzug ausschließen würden. [2] Sie betreffen nur die Vorsteuerbeträge, die den in § 43 UStDV bezeichneten Umsätzen lediglich teilweise zuzurechnen sind. [3] Vorsteuerbeträge, die sich ausschließlich auf diese Umsätze beziehen, bleiben vom Abzug ausgeschlossen.

(2) [1] Die Erleichterungen des § 43 UStDV bestehen darin, dass die Vorsteuerbeträge, die den dort bezeichneten Umsätzen nur teilweise zuzuordnen sind, nicht in einen abziehbaren und einen nicht abziehbaren Anteil aufgeteilt werden müssen. [2] Sie sind somit voll abziehbar.

Bestimmte Umsätze von Geldforderungen

(3) § 43 Nr. 1 UStDV betrifft solche Umsätze von Geldforderungen (z. B. Wechselumsätze oder Forderungsabtretungen), denen zum Vorsteuerabzug berechtigende Umsätze des Unternehmers zu Grunde liegen.

Beispiel:

[1] Ein Unternehmer tritt eine Geldforderung, die er an einen Kunden für eine steuerpflichtige Warenlieferung hat, an einen Dritten ab, der aber den tatsächlichen Forderungseinzug nicht übernimmt.

[2]Dieser Umsatz ist nach § 4 Nr. 8 UStG unter Ausschluss des Vorsteuerabzugs steuerfrei (vgl. Abschnitt 2.4 Abs. 3 Satz 5). [3]Der Forderungsabtretung liegt jedoch die zum Vorsteuerabzug berechtigende Warenlieferung zu Grunde. [4]Der Unternehmer braucht daher die Vorsteuern, die der Forderungsabtretung nicht ausschließlich zuzurechnen sind (z. B. Vorsteuern, die im Bereich der Verwaltungsgemeinkosten angefallen sind), nicht in einen abziehbaren und einen nicht abziehbaren Anteil aufzuteilen. [5]Sie sind voll abziehbar.
[6]Der Unternehmer könnte in gleicher Weise verfahren, wenn er von seinem Kunden für die Warenlieferung einen Wechsel erhalten hätte, den er anschließend an einen Dritten weitergibt.

Bestimmte Umsätze von Wechseln

(4) [1]Unter § 43 Nr. 2 UStDV fallen nur Wechselumsätze. [2]Den Wechsel muss der Unternehmer für einen zum Vorsteuerabzug berechtigenden Umsatz eines Dritten von dessen Leistungsempfänger erhalten haben. [3]Außerdem muss der Unternehmer den Wechsel dafür erhalten haben, dass er den leistenden Unternehmer als Bürge oder Garantiegeber an Stelle des Leistungsempfängers befriedigt hat. [4]Schließt der Umsatz des leistenden Unternehmers den Vorsteuerabzug nach § 15 Abs. 2 und 3 UStG aus, kann die Erleichterung des § 43 UStDV für den Wechselumsatz nicht in Anspruch genommen werden (§ 43 Nr. 2 Satz 2 UStDV).

Beispiel:

[1]Der Zentralregulierer A gibt einer Bank oder einem sonstigen Empfänger einen Wechsel. [2]Dieser nach § 4 Nr. 8 UStG steuerfreie Umsatz schließt den Vorsteuerabzug aus. [3]Den Wechsel hat A von dem Leistungsempfänger B dafür erhalten, dass er dessen Zahlungsverpflichtung an den Lieferer C als Bürge beglichen hat. [4]Der Umsatz des C an B berechtigte C zum Vorsteuerabzug.
[5]A kann für seinen Wechselumsatz von der Erleichterung des § 43 UStDV Gebrauch machen.
[6]Die Auswirkungen sind die gleichen wie im Beispiel in Absatz 3.
[7]Würde der Umsatz des C an B den Vorsteuerabzug nach § 15 Abs. 2 und 3 UStG ausschließen, käme für A die Erleichterung des § 43 UStDV nicht in Betracht.

Bestimmte Hilfsumsätze

(5) [1]Für die in § 43 Nr. 3 UStDV bezeichneten Umsätze darf die Erleichterung des § 43 UStDV nur unter der Voraussetzung angewendet werden, dass es sich bei ihnen um Hilfsumsätze handelt. [2]Das ist dann der Fall, wenn diese Umsätze zur unternehmerischen Tätigkeit des Unternehmens gehören, jedoch nicht den eigentlichen Gegenstand des Unternehmens bilden. [3]Die Erleichterung ist insbesondere für folgende Hilfsumsätze von Bedeutung:

1. [1]Eintausch ausländischer Zahlungsmittel durch einen Unternehmer, der diese Beträge für seine Waren- und Dienstleistungsumsätze von seinen Kunden erhalten hat. [2]Dies gilt auch dann, wenn dieser Umsatz eine sonstige Leistung darstellt (vgl. BFH-Urteil vom 19.05.2010, XI R 6/09, BStBl. II 2011 S. 831).
2. Die Abgabe von Briefmarken im Zusammenhang mit dem Verkauf von Ansichtskarten durch Schreibwarenhändler oder Kioske.
3. Geschäftseinlagen bei Kreditinstituten von Unternehmern, soweit die Geschäftseinlagen nicht der unmittelbaren, dauerhaften und notwendigen Erweiterung der steuerbaren Tätigkeit des Unternehmens dienen (vgl. BFH-Urteil vom 19.01.2016, XI R 38/12, BStBl. II 2017 S. 567).

[4]Die Auswirkungen sind die gleichen wie im Beispiel in Absatz 3.

Verwaltungsgemeinkosten

(6) Aus Vereinfachungsgründen können bei der Aufteilung von Vorsteuerbeträgen alle Vorsteuerbeträge, die sich auf die sog. Verwaltungsgemeinkosten beziehen (z. B. die Vorsteuerbeträge für die Beschaffung des Büromaterials), nach einem einheitlichen Verhältnis ggf. schätzungsweise aufgeteilt werden, auch wenn einzelne Vorsteuerbeträge dieses Bereichs an sich bestimmten Umsätzen ausschließlich zuzurechnen wären.

15.19 Vorsteuerabzug bei juristischen Personen des öffentlichen Rechts

Allgemeines

(1) [1]Bei juristischen Personen des öffentlichen Rechts ist zwischen der umsatzsteuerrechtlich relevanten Betätigung im Unternehmen und der nichtunternehmerischen Tätigkeit zu unterscheiden (vgl. BFH-Urteil vom 03.07.2008, V R 51/06, BStBl. II 2009 S. 213). [2]Abziehbar sind Vorsteuerbeträge für Umsätze, die für den unternehmerischen Bereich der juristischen Person des öffentlichen Rechts ausgeführt werden (z. B. Lieferungen von Büromaterial für die Versorgungsbetriebe einer Stadtgemeinde) und in diesem Bereich nicht der Ausführung von Umsätzen dienen, die nach § 15 Abs. 2 und 3 UStG den Vorsteuerabzug ausschließen (Abschnitte 15.12 bis 15.15). [3]Werden dem Unternehmensbereich dienende Gegenstände später für den nichtunternehmerischen Bereich entnommen oder verwendet, liegt eine unentgeltliche Wertabgabe vor. [4]Die Einschränkung des Vorsteuerabzugs bei Repräsentationsaufwendungen nach § 15 Abs. 1a UStG (vgl. Abschnitt 15.6) gilt auch für juristische Personen des öffentlichen Rechts.

(2) [1]Der Vorsteuerabzug ist ausgeschlossen, wenn sich der Umsatz auf den nichtunternehmerischen Bereich bezieht (z. B. Lieferungen von Büromaschinen für die öffentliche Verwaltung einer Stadtgemeinde). [2]Werden die dem nicht-unternehmerischen Bereich dienenden Gegenstände später in den unternehmerischen Bereich überführt oder dort verwendet, ist ein nachträglicher Vorsteuerabzug nicht zulässig. [3]Eine Gemeinde, die Einrichtungen (einschließlich Straßen, Wege und Plätze) sowohl für wirtschaftliche als auch für hoheitliche Zwecke verwendet, kann diese nicht in vollem Umfang ihrer wirtschaftlichen Tätigkeit zuordnen und ist deshalb nur anteilig zum Vorsteuerabzug berechtigt (zu einem Marktplatz vgl. BFH-Urteil vom 03.08.2017, V R 62/16, BStBl. II 2021 S. 109). [4]Eine Gemeinde kann keine Vorsteuern aus Herstellung und Unterhalt von Einrichtungen geltend machen, die zwar durch die Gemeinde als Teil der öffentlichen Kureinrichtungen/des Fremdenverkehrs vorgehalten werden, jedoch nach den landesrechtlichen Regelungen (z. B. Straßen- und Wegerecht) durch öffentlich-rechtliche Widmung als dem Gemeingebrauch zugänglich anzusehen bzw. einer solchen Widmung zuzuführen sind, selbst wenn die Gemeinde vom Kurgast auf der Grundlage einer Satzung einen allgemeinen Kurabgabebeitrag erhebt (vgl. BFH-Urteil vom 26.04.1990, V R 166/84, BStBl. II S. 799). [5]Die Nutzung der Einrichtungen durch den Kurgast erfolgt hier nicht im Rahmen einer über den Gemeinge-

brauch hinausgehenden Sondernutzung. [6]Bei Fehlen einer öffentlich-rechtlichen Widmung entfällt der Vorsteuerabzug, wenn die Einrichtung ausdrücklich (z. B. durch Gemeindeordnung) oder konkludent (z. B. durch Gewohnheitsrecht oder Ausschilderung als Spazier- oder Wanderweg) der Öffentlichkeit zur Nutzung überlassen wird und dadurch insoweit eine Sondernutzung in Zusammenhang mit einer wirtschaftlichen Tätigkeit ausgeschlossen ist.

Leistung für den unternehmerischen und den nichtunternehmerischen Bereich

(3) [1]Wird ein Umsatz sowohl für den unternehmerischen als auch für den nichtunternehmerischen Bereich der juristischen Person des öffentlichen Rechts ausgeführt (teilunternehmerische Verwendung), besteht eine Berechtigung zum Vorsteuerabzug nur im Umfang der beabsichtigten Verwendung für die unternehmerische Tätigkeit (vgl. BFH-Urteil vom 03.03.2011, V R 23/10, BStBl. II 2012 S. 74, und Abschnitt 15.2b Abs. 2). [2]Die auf die Eingangsleistung entfallende Steuer ist entsprechend dem Verwendungszweck in einen abziehbaren und einen nicht abziehbaren Anteil aufzuteilen (z. B. beim Bezug einheitlicher Gegenstände, bei einem gemeinsamen Bezug von Heizmaterial oder bei Inanspruchnahme eines Rechtsanwalts, der auf Grund eines einheitlichen Vertrages ständig Rechtsberatungen für beide Bereiche erbringt). [3]Maßgebend für die Aufteilung sind die Verhältnisse bei Ausführung des betreffenden Umsatzes an die juristische Person des öffentlichen Rechts. [4]Für den Vorsteuerabzug beim Bezug einheitlicher Gegenstände, die teilunternehmerisch nichtwirtschaftlich i. e. S. verwendet werden, gilt eine Billigkeitsregelung, vgl. Abschnitt 15.2c Abs. 2 Satz 1 Nr. 2 Buchstabe a. [5]Zum Vorsteuerabzug bei teilunternehmerisch genutzten Grundstücken vgl. Abschnitte 3.4 Abs. 5a, 15.2b Abs. 2 und 15.6a Abs. 1 Satz 4.

Beispiel:

[1]Eine juristische Person des öffentlichen Rechts erwirbt einen PKW, der sowohl für den Eigenbetrieb „Wasserversorgung" (unternehmerische Tätigkeit) als auch für den hoheitlichen Bereich verwendet werden soll.
[2]Der Vorsteuerabzug aus der Anschaffung des PKW ist anteilig nur insoweit zu gewähren, als der PKW für die unternehmerische Tätigkeit verwendet werden soll.

Materialbeschaffungsstellen

(4) [1]Juristische Personen des öffentlichen Rechts haben vielfach zentrale Stellen zur Beschaffung von Material für den unternehmerischen und den nichtunternehmerischen Bereich eingerichtet (z. B. für Büromaterial, Heizmittel). [2]Beim Bezug des Materials ist häufig noch nicht bekannt, in welchem Bereich es verwendet wird. [3]In diesen Fällen sind die Beschaffungsstellen dem unternehmerischen Bereich zuzurechnen, sofern der auf diesen Bereich entfallende Anteil der Beschaffungen nicht unter 10% der Gesamtbezüge liegt. [4]Gehören danach die Beschaffungsstellen zu dem unternehmerischen Bereich, kann für den Bezug des gesamten Materials der Vorsteuerabzug in Anspruch genommen werden. [5]Die spätere Überführung von Gegenständen in den nichtunternehmerischen Bereich ist nach § 3 Abs. 1b Satz 1 Nr. 1 UStG steuerpflichtig. [6]Eine spätere teilweise Verwendung im nichtunternehmeri-

schen Bereich ist nach § 3 Abs. 9a Nr. 1 UStG zu versteuern (vgl. Absatz 1). [7]Für Gegenstände, die zwar im unternehmerischen Bereich verbleiben, aber dort zur Ausführung von Umsätzen verwendet werden, die nach § 15 Abs. 2 und 3 UStG den Vorsteuerabzug ausschließen, ist der Vorsteuerabzug beim Verlassen der Beschaffungsstelle rückgängig zu machen. [8]Ist die zentrale Beschaffungsstelle dem nichtunternehmerischen Bereich zuzurechnen, entfällt der Vorsteuerabzug für das von ihr bezogene Material in vollem Umfang, und zwar auch für Gegenstände, die später im unternehmerischen Bereich verwendet werden.

Juristische Personen des öffentlichen Rechts (§ 2b UStG)

(5) Zu Fragen bezüglich Vorsteuerabzug und Vorsteuerberichtigung im Zusammenhang mit der Regelung des § 2b UStG und der Übergangsregelung des § 27 Abs. 22 UStG vgl. BMF-Schreiben vom 16.12.2016, BStBl. I S. 1451.

15.20 Vorsteuerabzug bei Überlassung von Gegenständen durch Gesellschafter an die Gesellschaft

(1) [1]Erwirbt ein Gesellschafter, der bisher nur als Gesellschafter tätig ist, einen Gegenstand und überlässt er ihn der Gesellschaft entgeltlich zur Nutzung, wird er unternehmerisch tätig. [2]Er kann die ihm beim Erwerb des Gegenstands in Rechnung gestellte Steuer unter den übrigen Voraussetzungen des § 15 UStG als Vorsteuer abziehen (vgl. Abschnitt 1.6 Abs. 7 Nr. 1). [3]Ein Abzug der auf den Erwerb des Gegenstands entfallenden Vorsteuer durch die Gesellschaft ist ausgeschlossen, weil der Gegenstand nicht für das Unternehmen der Gesellschaft geliefert worden ist. [4]Die Gesellschaft kann gegebenenfalls die Vorsteuern abziehen, die bei der Verwendung des Gegenstands in ihrem Unternehmen anfallen (z.B. der Gesellschaft in Rechnung gestellte Steuer für Reparaturen usw.). [5]Überlässt der Gesellschafter dagegen den Gegenstand unentgeltlich zur Nutzung, handelt er allein deswegen insoweit nicht als Unternehmer (vgl. BFH-Urteil vom 26.08.2014 – XI R 26/10, BStBl. II 2021 S. 881).[1)] [6]Das Gleiche gilt, wenn die Gebrauchsüberlassung einen auf Leistungsvereinigung gerichte-ten Vorgang darstellt (vgl. BFH-Urteil vom 24.08.1994, XI R 74/93, BStBl. II 1995 S. 150). [7]In diesen Fällen ist weder der Gesellschafter noch die Gesellschaft berechtigt, die dem Gesellschafter beim Erwerb des Gegenstands in Rechnung gestellte Steuer als Vorsteuer abzuziehen (vgl. auch BFH-Urteile vom 26.01.1984, V R 65/76, BStBl. II S. 231, und vom 18.03.1988, V R 178/83, BStBl. II S. 646, sowie BFH-Beschluss vom 09.03.1989, V B 48/88, BStBl. II S. 580).

(2) [1]Ist ein Gesellschafter bereits als Unternehmer tätig und überlässt er der Gesellschaft einen Gegenstand seines Unternehmens zur Nutzung, kann er sowohl bei entgeltlicher als auch bei unentgeltlicher Überlassung die ihm bei der Anschaffung des überlassenen Gegenstands in Rechnung gestellte Steuer

---

[1)] Zum Vorsteuerabzug des geschäftsführenden Gesellschafters einer GbR aus dem Erwerb eines Mandantenstamms siehe auch EuGH v. 13.03.2014 C-204/13, Malburg, DStR 2014, 592.

als Vorsteuer abziehen (vgl. Abschnitt 1.6 Abs. 7 Nr. 2). [2] Ein Vorsteuerabzug der Gesellschaft ist insoweit ausgeschlossen.

(3) [1] Der Vorsteuerabzug nach den Absätzen 1 und 2 ist beim Gesellschafter nicht zulässig, wenn die Überlassung des Gegenstands nach § 15 Abs. 2 und 3 UStG den Abzug ausschließt. [2] Ist der Überlassung eine Verwendung des Gegenstands im Unternehmen des Gesellschafters vorausgegangen, kann eine Vorsteueraufteilung oder eine Berichtigung des Vorsteuerabzugs nach § 15a UStG in Betracht kommen (vgl. Abschnitt 15.16).

15.21 Vorsteuerabzug aus Aufwendungen im Zusammenhang mit der Ausgabe von gesellschaftsrechtlichen Anteilen

(1) [1] Eine Personengesellschaft erbringt bei Aufnahme eines Gesellschafters gegen Bareinlage an diesen keinen steuerbaren und mithin auch keinen nach § 4 Nr. 8 Buchstabe f UStG steuerfreien Umsatz (vgl. BFH-Urteil vom 01.07.2004, V R 32/00, BStBl. II S. 1022). [2] Auch bei der Gründung einer Gesellschaft durch die ursprünglichen Gesellschafter liegt kein steuerbarer Umsatz der Gesellschaft an die Gesellschafter vor. [3] Die Ausgabe neuer Aktien zur Aufbringung von Kapital stellt keinen Umsatz dar, der in den Anwendungsbereich von Artikel 2 Abs. 1 MwStSystRL[1] fällt. [4] Dabei kommt es nicht darauf an, ob die Ausgabe der Aktien durch den Unternehmer im Rahmen einer Börseneinführung erfolgt oder von einem nicht börsennotierten Unternehmen ausgeführt wird (vgl. EuGH-Urteil vom 26.05.2005, C-465/03, Kretztechnik).[2]

(2) Beim Vorsteuerabzug aus Aufwendungen, die im Zusammenhang mit der Ausgabe gesellschaftsrechtlicher Beteiligungen gegen Bareinlage stehen, ist zu beachten, dass Voraussetzung für den Vorsteuerabzug nach § 15 Abs. 1 UStG u. a. ist, dass der Unternehmer eine Leistung für sein Unternehmen (vgl. Abschnitt 15.2b Abs. 2) von einem anderen Unternehmer bezogen hat und die Eingangsleistung nicht mit Umsätzen im Zusammenhang steht, die den Vorsteuerabzug nach § 15 Abs. 2 UStG ausschließen.

(3) Da die unternehmerische Tätigkeit mit dem ersten nach außen erkennbaren, auf eine Unternehmertätigkeit gerichteten Tätigwerden beginnt, wenn die spätere Ausführung entgeltlicher Leistungen beabsichtigt ist (vgl. Abschnitt 2.6 Abs. 1 Satz 1), können auch Beratungsleistungen im Zusammenhang mit der Gründung einer Gesellschaft und der Aufnahme von Gesellschaftern für das Unternehmen der Gesellschaft bezogen werden.

(4) [1] Das Recht auf Vorsteuerabzug aus den bezogenen Lieferungen und sonstigen Leistungen ist nur gegeben, wenn die hierfür getätigten Aufwendungen zu den Kostenelementen der „versteuerten", zum Vorsteuerabzug berechtigenden Ausgangsumsätze gehören (vgl. Abschnitt 15.2b Abs. 2 sowie EuGH-Urteile vom 26.05.2005, C-465/03, Kretztechnik,[3] und vom 13.03.2008, C-437/06, Securenta).[4] [2] In den Fällen der Aufnahme eines Ge-

---

[1] **Steuergesetze** Nr. **550.**
[2] DStR 2005, 965.
[3] DStR 2005, 965.
[4] DStR 2008, 615.

sellschafters gegen Bareinlage oder der Ausgabe neuer Aktien ist diese Voraussetzung ungeachtet der Nichtsteuerbarkeit dieser Vorgänge, also ungeachtet eines fehlenden direkten und unmittelbaren Zusammenhangs mit einem Ausgangsumsatz, vor dem Hintergrund des EuGH-Urteils vom 26.05.2005, C-465/03, Kretztechnik, für die mit den Vorgängen im Zusammenhang stehenden Eingangsleistungen erfüllt, wenn

1. die Aufnahme des Gesellschafters oder die Ausgabe neuer Aktien erfolgte, um das Kapital des Unternehmers zugunsten seiner wirtschaftlichen Tätigkeit im Allgemeinen zu stärken, und
2. die Kosten der Leistungen, die der Unternehmer in diesem Zusammenhang bezogen hat, Teil seiner allgemeinen Kosten sind und somit zu den Preiselementen seiner Produkte gehören.

(5) [1]Kosten für die Aufnahme eines Gesellschafters gegen Bareinlage, die Ausgabe von Aktien oder die Begebung von Inhaberschuldverschreibungen (vgl. BFH-Urteil vom 06.05.2010, V R 29/09, BStBl. II S. 885), die zu den allgemeinen Kosten des Unternehmers gehören, hängen somit grundsätzlich direkt und unmittelbar mit dessen wirtschaftlicher Tätigkeit zusammen. [2]Dies gilt auch für Aufwendungen des Unternehmers, die mit seiner rechtlichen Beratung im Zusammenhang mit der Aufnahme der unternehmerischen Tätigkeit oder mit einem Unternehmenskonzept entstehen.

(6) [1]Der Vorsteuerabzug ist nach den allgemeinen Grundsätzen des § 15 UStG zu gewähren. [2]In Bezug auf die mit der Ausgabe der Beteiligungen entstandenen Kosten ist daher hinsichtlich der Berechtigung zum Vorsteuerabzug Folgendes zu beachten:

1. [1]Dient die Ausgabe der Beteiligung der allgemeinen wirtschaftlichen Stärkung des Unternehmens und sind die dabei entstandenen Kosten zu Preisbestandteilen der Ausgangsumsätze geworden, gehören die Aufwendungen zu den allgemeinen Kosten, für die sich der Vorsteuerabzug nach den Verhältnissen des Besteuerungszeitraums des Leistungsbezugs bestimmt. [2]Führt der Unternehmer nicht ausschließlich zum Vorsteuerabzug berechtigende Umsätze aus, sind die abziehbaren Vorsteuern aus den im Zusammenhang mit der Gründung einer Gesellschaft, der Aufnahme eines Gesellschafters gegen Bareinlage oder die Ausgabe neuer Aktien im Zusammenhang stehenden Aufwendungen nach § 15 Abs. 4 UStG zu ermitteln (vgl. Abschnitt 15.17).
2. [1]Dienen die aus der Ausgabe der Beteiligungen zugeflossenen Mittel hingegen der Erweiterung oder Stärkung eines bestimmten Geschäftsbetriebs und sind die dabei entstandenen Kosten zu Preisbestandteilen nur bestimmter Ausgangsumsätze geworden (z. B. konkretes, aus dem Prospekt zur Ausgabe der Anteile ersichtliches Projekt), ist auf die insoweit beabsichtigte Verwendung abzustellen. [2]Maßgeblich für den Vorsteuerabzug sind die im Zeitpunkt des Leistungsbezugs für den Besteuerungszeitraum der Verwendung beabsichtigten Ausgangsumsätze (siehe BFH-Urteil vom 08.03.2001, V R 24/98, BStBl. II 2003 S. 430).

3. [1] Soweit das durch die Ausgabe von Beteiligungen beschaffte Kapital dem nichtunternehmerischen Bereich zufließt (z. B. Kapitalerhöhung durch eine Finanzholding), ist ein Vorsteuerabzug aus den damit verbundenen Aufwendungen nicht zulässig (vgl. BFH-Urteil vom 06.05.2010, V R 29/09, BStBl. II S. 885, und Abschnitt 15.2b Abs. 2). [2] In den Fällen, in denen eine Gesellschaft neben dem unternehmerischen auch einen nichtunternehmerischen Bereich unterhält, und in denen die Mittel aus der Ausgabe der Beteiligung nicht ausschließlich dem nichtunternehmerischen Bereich zufließen, sind die aus den mit der Ausgabe der Beteiligung zusammenhängenden Aufwendungen angefallenen Vorsteuerbeträge entsprechend dem Verwendungszweck in einen abziehbaren und einen nicht abziehbaren Anteil aufzuteilen. [3] Für die Aufteilung der Vorsteuerbeträge gelten die Grundsätze des § 15 Abs. 4 UStG entsprechend (vgl. BFH-Urteil vom 03.03.2011, V R 23/10, BStBl. II 2012 S. 74).

Beispiel:

[1] Das Unternehmen U bezieht Beratungsleistungen, die im unmittelbaren Zusammenhang mit der Ausgabe neuer Anteile zur Kapitalbeschaffung stehen. [2] U ist nur unternehmerisch tätig.

[3] Der Vorsteuerabzug richtet sich in diesem Fall nach der unternehmerischen Gesamttätigkeit, weil es sich bei der Ausgabe neuer Gesellschaftsanteile nicht um Leistungen handelt (vgl. BFH-Urteil vom 06.05.2010, V R 29/09, BStBl. II S. 885, und Abschnitt 15.2b Abs. 2). [4] Insofern liegt mangels Leistungscharakter kein konkreter Ausgangsumsatz vor, mit dem ein unmittelbarer Zusammenhang dergestalt besteht, dass die Berücksichtigung der wirtschaftlichen Gesamttätigkeit ausgeschlossen wäre.

(7) [1] Die Grundsätze dieses Abschnitts sind in den Fällen der Ausgabe von Beteiligungen gegen Sacheinlage sinngemäß anzuwenden. [2] Zur umsatzsteuerrechtlichen Behandlung der Ausgabe von Beteiligungen gegen Sacheinlage beim einbringenden Gesellschafter vgl. BFH-Urteil vom 13.11.2003, V R 79/01, BStBl. II 2004 S. 375.

15.22 Vorsteuerabzug im Zusammenhang mit dem Halten und Veräußern von gesellschaftsrechtlichen Beteiligungen

(1)[1)] [1] Wird ein Anteilseigner (insbesondere auch eine Holding) beim Erwerb einer gesellschaftsrechtlichen Beteiligung als Unternehmer tätig (vgl. Abschnitt 2.3 Abs. 2 ff.), muss er die Beteiligung seinem Unternehmen zuordnen. [2] Vorsteuern, die im Zusammenhang mit den im unternehmerischen Bereich gehaltenen gesellschaftsrechtlichen Beteiligungen anfallen, sind unter den allgemeinen Voraussetzungen des § 15 UStG abziehbar. [3] Hält der Unternehmer (z. B. eine gemischte Holding) daneben auch gesellschaftsrechtliche Beteiligungen im nichtunternehmerischen Bereich, sind Eingangsleistungen, die sowohl für den unternehmerischen Bereich als auch für den nichtunternehmerischen Bereich bezogen werden (z. B. allgemeine Verwaltungskosten der Holding, allgemeine Beratungskosten, Steuerberatungskosten usw.), für

---

1) A 15.22 UStAE Abs. 1 Satz 3 geänd., Satz 4 eingef., bish. Satz 4 wird Satz 5 durch BMF v. 07.02.2023, BStBl. I 2023, 322, anzuwenden in allen offenen Fällen; Satz 6 angef. durch BMF v. 22.12.2023, BStBl. I 2023, 2248.

Zwecke des Vorsteuerabzugs aufzuteilen (BFH-Urteil vom 09.02.2012 – V R 40/10, BStBl. II S. 844). [4]Es ist dabei darauf abzustellen, in welche Ausgangsumsätze die dem Erwerben und Halten von gesellschaftsrechtlichen Beteiligungen zugrunde liegenden Aufwendungen als Kostenelemente eingehen (vgl. Abschnitte 15.2b Abs. 2 und 15.17 Abs. 1). [5]Ein Recht auf Vorsteuerabzug aus Leistungen im Zusammenhang mit dem Einwerben von Kapital zur Anschaffung einer gesellschaftsrechtlichen Beteiligung besteht für den Unternehmer (insbesondere für eine Holding) jedoch nicht, soweit das eingeworbene Kapital in keinem Verhältnis zu der im unternehmerischen Bereich gehaltenen gesellschaftsrechtlichen Beteiligung steht, oder wenn die Umsätze, die dieses Recht begründen sollen, eine missbräuchliche Praxis darstellen (vgl. BFH-Urteile vom 06.04.2016, V R 6/14, BStBl. II 2017 S. 577, und vom 01.06.2016, XI R 17/11, BStBl. II 2017 S. 581). [6]Zum Ausschluss eines Vorsteuerabzuges einer Holdinggesellschaft aus Eingangsleistungen, die nicht in direktem und unmittelbarem Zusammenhang mit den eigenen Umsätzen, sondern mit denen der Tochtergesellschaften stehen, vgl. BFH-Urteil vom 15.02.2023 – XI R 24/22 (XI R 22/18), BStBl. II S. 940.

(2) [1]Das bloße Veräußern von gesellschaftsrechtlichen Beteiligungen ist keine unternehmerische Tätigkeit (vgl. Abschnitt 2.3 Abs. 2 Satz 1). [2]Dies gilt nicht, wenn die Beteiligung im Unternehmensvermögen gehalten wird (vgl. Abschnitt 2.3 Abs. 3 Satz 5 ff.). [3]Der Abzug der Vorsteuer aus Aufwendungen, die im direkten und unmittelbaren Zusammenhang mit der Veräußerung einer gesellschaftsrechtlichen Beteiligung stehen, ist nur insofern zulässig, als diese Veräußerung steuerbar ist und der Vorsteuerabzug nicht nach § 15 Abs. 2 UStG ausgeschlossen ist (vgl. BFH-Urteil vom 06.05.2010, V R 29/09, BStBl. II S. 885, und Abschnitt 15.2b Abs. 2). [4]Somit scheidet der Vorsteuerabzug im Fall der Veräußerung einer nicht im Unternehmensvermögen gehaltenen gesellschaftsrechtlichen Beteiligung wegen des direkten und unmittelbaren Zusammenhangs mit diesem nicht steuerbaren Umsatz aus. [5]Im Fall einer nach § 4 Nr. 8 Buchstabe e oder f UStG steuerfreien Veräußerung einer im Unternehmensvermögen gehaltenen Beteiligung scheidet der Vorsteuerabzug wegen des direkten und unmittelbaren Zusammenhangs mit dieser den Vorsteuerabzug nach § 15 Abs. 2 Satz 1 Nr. 1 UStG ausschließenden Veräußerung aus, ohne dass dafür auf die unternehmerische Gesamttätigkeit abzustellen ist (vgl. BFH-Urteil vom 27.01.2011, V R 38/09, BStBl. II 2012 S. 68).

15.23 Vorsteuerabzug und Umsatzbesteuerung bei (teil-)unternehmerisch verwendeten Fahrzeugen

Allgemeines

(1) [1]Der Begriff Fahrzeug im Sinne dieses Abschnitts ist gleichzusetzen mit dem Begriff Kraftfahrzeug und umfasst damit auch Elektrofahrräder, die einer Kennzeichen-, Versicherungs- oder Führerscheinpflicht unterliegen. [2]Für die Frage der Zuordnung eines angeschafften, hergestellten, eingeführten oder innergemeinschaftlich erworbenen Fahrzeugs sind die Zuordnungsgrundsätze nach Abschnitt 15.2c zu beachten. [3]Auf die ertragsteuerrechtliche Behandlung als Betriebs- oder Privatvermögen kommt es grundsätzlich nicht an. [4]Maß-

gebend für die Zuordnung ist die im Zeitpunkt der Anschaffung des Fahrzeugs beabsichtigte Verwendung für den Besteuerungszeitraum der erstmaligen Verwendung (vgl. Abschnitt 15.2c Abs. 12). [5]Dabei ist auf das voraussichtliche Verhältnis der Jahreskilometer für die unterschiedlichen Nutzungen abzustellen. [6]Im Falle einer Ersatzbeschaffung kann das Aufteilungsverhältnis des Vorjahres herangezogen werden. [7]Seine Verwendungsabsicht muss der Unternehmer objektiv belegen und in gutem Glauben erklären.

Zuordnung zum Unternehmen und Vorsteuerabzug

(2) [1]Beträgt der Umfang der unternehmerischen Verwendung des Fahrzeugs weniger als 10% (unternehmerische Mindestnutzung), greift das Zuordnungsverbot nach § 15 Abs. 1 Satz 2 UStG. [2]Die Fahrten des Unternehmers zwischen Wohnung und Betriebsstätte sowie Familienheimfahrten wegen einer aus betrieblichem Anlass begründeten doppelten Haushaltsführung sind dabei der unternehmerischen Nutzung des Fahrzeugs zuzurechnen und unterliegen keiner Vorsteuerkürzung nach § 15 Abs. 1a UStG. [3]Maßgebend für die 10%-Grenze nach § 15 Abs. 1 Satz 2 UStG ist bei einem Fahrzeug das Verhältnis der Kilometer unternehmerischer Fahrten zu den Jahreskilometern des Fahrzeugs. [4]In Zweifelsfällen muss der Unternehmer dem Finanzamt die unternehmerische Mindestnutzung glaubhaft machen. [5]Bei sog. Zweit- oder Drittfahrzeugen von Einzelunternehmern oder sog. Alleinfahrzeugen bei einer nebenberuflichen Unternehmertätigkeit ist regelmäßig davon auszugehen, dass diese Fahrzeuge zu weniger als 10% unternehmerisch genutzt werden. [6]Das Gleiche gilt bei Personengesellschaften, wenn ein Gesellschafter mehr als ein Fahrzeug privat nutzt, für die weiteren privat genutzten Fahrzeuge.

(3) [1]Bei ausschließlich unternehmerischer Verwendung des Fahrzeugs kann der Unternehmer die auf die Anschaffung des Fahrzeugs entfallenden Vorsteuerbeträge abziehen (§ 15 Abs. 1 Satz 1 UStG), sofern kein Ausschlusstatbestand nach § 15 Abs. 1a und 2 in Verbindung mit Abs. 3 UStG vorliegt. [2]Das Gleiche gilt bei teilunternehmerischer Verwendung des Fahrzeugs für unternehmensfremde (private) Tätigkeiten, wenn der Unternehmer das Fahrzeug vollständig seinem Unternehmen zuordnet. [3]In diesem Fall unterliegt die unternehmensfremde Nutzung unter den Voraussetzungen des § 3 Abs. 9a Nr. 1 UStG als unentgeltliche Wertabgabe der Besteuerung. [4]Ordnet der Unternehmer nur den unternehmerisch genutzten Fahrzeugteil seinem Unternehmen zu (unter Beachtung der unternehmerischen Mindestnutzung), darf er nur die auf diesen Teil entfallende Vorsteuer aus den Anschaffungskosten nach § 15 Abs. 1 Satz 1 UStG abziehen, wobei die erforderliche Vorsteueraufteilung nach den Grundsätzen des § 15 Abs. 4 UStG zu erfolgen hat. [5]Die auf den anderen Fahrzeugteil entfallende unternehmensfremde Nutzung unterliegt dann nicht der Wertabgabenbesteuerung nach § 3 Abs. 9a Nr. 1 UStG. [6]Bei einer teilunternehmerischen Verwendung für nichtwirtschaftliche Tätigkeiten i. e. S. (vgl. Abschnitt 2.3 Abs. 1a) gehört das Fahrzeug nur in Höhe der beabsichtigten unternehmerischen Nutzung zum Unternehmen. [7]Dementsprechend ist ein Vorsteuerabzug nur für den dem Unternehmen zugeordneten Anteil des Fahrzeugs zulässig, sofern kein Ausschlusstatbestand nach § 15 Abs. 1a und Abs. 2 in Verbindung mit Abs. 3 UStG vorliegt (vgl. Abschnitt 15.2b Abs. 2).

(4) [1]Zu Aufwendungen im Zusammenhang mit einem Fahrzeug vgl. Abschnitt 15.2c Abs. 2 Satz 2 bis 6. [2]Werden zum Gebrauch des Fahrzeugs Gegenstände bezogen, die keine vertretbaren Sachen sind, gelten für diese die allgemeinen Zuordnungsgrundsätze. [3]Aus Vereinfachungsgründen kann der Unternehmer auf das Verhältnis der unternehmerischen zur nichtunternehmerischen Nutzung des Fahrzeugs abstellen.

Beispiel:

[1]Erwirbt der Unternehmer für ein Fahrzeug, das zu weniger als 10% für sein Unternehmen genutzt wird und deshalb nicht dem Unternehmen zugeordnet ist, z. B. einen Satz Winterreifen, können diese wie das Fahrzeug selbst nicht zugeordnet werden; ein Recht auf Vorsteuerabzug besteht insoweit nicht, es sei denn, der Unternehmer weist eine höhere unternehmerische Nutzung der Winterreifen nach. [2]Wird das Fahrzeug dagegen beispielsweise zu 40% unternehmerisch und zu 60% unternehmensfremd (privat) genutzt, kann der Unternehmer die Winterreifen im vollen Umfang seinem Unternehmen zuordnen (vgl. Anschnitt 15.2c Abs. 2 Satz 1 Nr. 2 Buchstabe b) und unter den Voraussetzungen des § 15 UStG den Vorsteuerabzug in voller Höhe geltend machen. [3]Der Bemessungsgrundlage der unentgeltlichen Wertabgabe kann ein Privatanteil von 60% zu Grunde gelegt werden, ohne dass die konkreten Nutzungsverhältnisse der Winterreifen ermittelt werden müssen.

Unternehmensfremde (private) Nutzung durch den Unternehmer

(5) [1]Die unternehmensfremde (private) Nutzung eines dem Unternehmen vollständig zugeordneten Fahrzeugs ist unter den Voraussetzungen des § 3 Abs. 9a Nr. 1 UStG als unentgeltliche Wertabgabe der Besteuerung zu unterwerfen. [2]Als Bemessungsgrundlage sind dabei nach § 10 Abs. 4 Satz 1 Nr. 2 UStG die Ausgaben anzusetzen, soweit sie zum vollen oder teilweisen Vorsteuerabzug berechtigt haben (vgl. Abschnitt 10.6 Abs. 3). [3]Sofern Anschaffungs- oder Herstellungskosten mindestens 500 € (Nettobetrag ohne Umsatzsteuer) betragen, sind sie gleichmäßig auf den für das Fahrzeug maßgeblichen Berichtigungszeitraum nach § 15a UStG zu verteilen. [4]Zur Ermittlung der Ausgaben, die auf die unternehmensfremde Nutzung des dem Unternehmen zugeordneten Fahrzeugs entfallen, hat der Unternehmer die Wahl zwischen folgenden Methoden:

1. Fahrzeuge, die zu mehr als 50% betrieblich genutzt werden
   a) 1%-Regelung
   [1]Ermittelt der Unternehmer für Ertragsteuerzwecke den Wert der Nutzungsentnahme nach der sog. 1%-Regelung nach § 6 Abs. 1 Nr. 4 Satz 2 EStG, kann er von diesem Wert aus Vereinfachungsgründen bei der Bemessungsgrundlage für die Umsatzbesteuerung der unternehmensfremden Nutzung ausgehen. [2]Für umsatzsteuerliche Zwecke sind die Sonderregelungen für Elektro- und Hybridelektrofahrzeuge nach § 6 Abs. 1 Nr. 4 Satz 2 Nr. 1 bis 5 EStG nicht anzuwenden. [3]Für die nicht mit Vorsteuern belasteten Ausgaben kann aus Vereinfachungsgründen ein pauschaler Abschlag von 20% vorgenommen werden. [4]Der so ermittelte Betrag ist der Nettowert; die Umsatzsteuer ist mit dem allgemeinen Steuersatz hinzuzurechnen.
   b) Fahrtenbuchregelung
   [1]Setzt der Unternehmer für Ertragsteuerzwecke die private Nutzung mit den auf die Privatfahrten entfallenden Aufwendungen an, indem er die

für das Fahrzeug insgesamt entstehenden Aufwendungen durch Belege und das Verhältnis der privaten zu den übrigen Fahrten durch ein ordnungsgemäßes Fahrtenbuch nachweist (§ 6 Abs. 1 Nr. 4 Satz 3 EStG), ist von diesem Wert auch bei der Ermittlung der Bemessungsgrundlage für die Umsatzbesteuerung der unternehmensfremden Nutzung auszugehen. [2]Für umsatzsteuerliche Zwecke sind die Sonderregelungen für Elektro- und Hybridelektrofahrzeuge nach § 6 Abs. 1 Nr. 4 Satz 3 Nr. 1 bis 5 EStG nicht anzuwenden. [3]Aus den Gesamtaufwendungen sind für Umsatzsteuerzwecke die nicht mit Vorsteuern belasteten Ausgaben in der belegmäßig nachgewiesenen Höhe auszuscheiden.

2. Fahrzeuge, die nicht zu mehr als 50% betrieblich genutzt werden
   [1]Wird das Fahrzeug nicht zu mehr als 50% betrieblich genutzt, ist die Anwendung der 1%-Regelung nach § 6 Abs. 1 Nr. 4 Satz 2 EStG ausgeschlossen. [2]Der für ertragsteuerliche Zwecke nach § 6 Abs. 1 Nr. 4 Satz 1 EStG ermittelte Nutzungsanteil ist grundsätzlich auch der Umsatzbesteuerung zu Grunde zu legen. [3]Für umsatzsteuerliche Zwecke sind die Sonderregelungen für Elektro- und Hybridelektrofahrzeuge nach § 6 Abs. 1 Nr. 4 Satz 3 Nr. 1 bis 5 EStG nicht anzuwenden.

3. Schätzung des unternehmensfremden (privaten) Nutzungsanteils
   [1]Wendet der Unternehmer die 1%-Regelung nicht an oder werden die pauschalen Wertansätze durch die sog. Kostendeckelung auf die nachgewiesenen tatsächlichen Ausgaben begrenzt (vgl. Rn. 18 des BMF-Schreibens vom 18.11.2009, BStBl. I S. 1326) und liegen die Voraussetzungen zur Ermittlung nach der Fahrtenbuchregelung nicht vor (z. B. weil kein ordnungsgemäßes Fahrtenbuch geführt wird), ist der private Nutzungsanteil für Umsatzsteuerzwecke anhand geeigneter Unterlagen im Wege einer sachgerechten Schätzung zu ermitteln. [2]Als geeignete Unterlagen kommen insbesondere Aufzeichnungen für einen repräsentativen Zeitraum in Betracht, aus denen sich zumindest die unternehmerischen Fahrten mit Fahrtziel und gefahrenen Kilometern und die Gesamtkilometer ergeben. [3]Liegen keine geeigneten Unterlagen für eine Schätzung vor, ist der private Nutzungsanteil mit mindestens 50% zu schätzen, soweit sich aus den besonderen Verhältnissen des Einzelfalls nichts Gegenteiliges ergibt. [4]Aus den Gesamtaufwendungen sind die nicht mit Vorsteuern belasteten Ausgaben in der belegmäßig nachgewiesenen Höhe auszuscheiden.

4. Fahrzeugerwerb ohne Berechtigung zum Vorsteuerabzug
   Konnte der Unternehmer bei der Anschaffung eines dem Unternehmen zugeordneten Fahrzeugs keinen Vorsteuerabzug vornehmen (z. B. Erwerb von einem Nichtunternehmer), sind nur die vorsteuerbelasteten Unterhaltskosten zur Ermittlung der Bemessungsgrundlage heranzuziehen.

(6) [1]Soweit ein Fahrzeug für nichtwirtschaftliche Tätigkeiten i. e. S. verwendet wird, entfällt grundsätzlich eine Wertabgabenbesteuerung nach § 3 Abs. 9a Nr. 1 UStG, da das Fahrzeug insoweit nicht dem Unternehmen zugeordnet werden konnte und der Vorsteuerabzug bereits nach § 15 Abs. 1 UStG ausgeschlossen ist. [2]Eine Wertabgabenbesteuerung ist jedoch vorzunehmen, wenn und soweit sich die Nutzung des Fahrzeugs für nichtwirtschaftliche Tätigkeiten i. e. S. erhöht (vgl. Abschnitt 3.4 Abs. 2). [3]Für laufende Aufwendungen ist

das Aufteilungsgebot nach Absatz 4 zu beachten. [4]Bemessungsgrundlage für die Wertabgabenbesteuerung nach § 3 Abs. 9a Nr. 1 UStG sind insbesondere die Vorsteuerbeträge aus der Anschaffung, Herstellung, Einfuhr oder dem innergemeinschaftlichen Erwerb des Fahrzeugs, soweit es dem Unternehmen zugeordnet wurde. [5]Sofern die Anschaffungs- oder Herstellungskosten mindestens 500 € (Nettobetrag ohne Umsatzsteuer) betragen haben, sind sie gleichmäßig auf den für das Fahrzeug maßgeblichen Berichtigungszeitraum nach § 15a UStG zu verteilen. [6]Die Ermittlung der Erhöhung der nichtwirtschaftlichen Verwendung i. e. S. kann auf Grundlage eines ordnungsgemäß geführten Fahrtenbuchs oder anhand geeigneter Unterlagen im Wege einer sachgerechten Schätzung erfolgen. [7]Als geeignete Unterlagen kommen insbesondere Aufzeichnungen für einen repräsentativen Zeitraum in Betracht, aus denen sich zumindest die unternehmerischen Fahrten mit Fahrtziel und gefahrenen Kilometern und die Gesamtkilometer ergeben. [8]Bei Erhöhung der unternehmerischen Verwendung des Fahrzeugs kommt eine Berichtigung des Vorsteuerabzugs nach § 15a UStG zugunsten des Unternehmers aus Billigkeitsgründen in Betracht (vgl. Abschnitt 15a.1 Abs. 7). [9]Macht der Unternehmer von dieser Billigkeitsmaßnahme Gebrauch, gilt das Fahrzeug auch insoweit als dem Unternehmen zugeordnet (vgl. Abschnitt 15a.1 Abs. 7 Satz 2). [10]Veräußert der Unternehmer nach Ablauf des Berichtigungszeitraums nach § 15a UStG dieses Fahrzeug, ist die Veräußerung in Höhe des für unternehmerische Tätigkeiten verwendeten Anteils im Besteuerungszeitraum der Veräußerung steuerbar; dabei darf der Umfang der Zuordnung des Fahrzeugs bei dessen Anschaffung, Erwerb oder Herstellung nicht unterschritten werden.

Beispiel 1:

[1]Der Verein V schafft zum 01.01.2001 ein Fahrzeug an (Anschaffungskosten 40.000 € zzgl. 7.600 € Umsatzsteuer). [2]V beabsichtigt, das Fahrzeug zu 60% für seinen wirtschaftlichen Geschäftsbetrieb (unternehmerische Tätigkeit) und zu 40% für seinen ideellen Bereich (nichtwirtschaftliche Tätigkeit i. e. S.) zu verwenden. [3]V führt ein ordnungsgemäßes Fahrtenbuch. [4]In den Jahren 02 bis 06 verändert sich die Nutzung des Fahrzeugs wie folgt:

02: Verwendung zu 70% für die unternehmerische Tätigkeit und zu 30% für die nichtwirtschaftliche Tätigkeit i. e. S.
03: Verwendung zu 65% für die unternehmerische Tätigkeit und zu 35% für die nichtwirtschaftliche Tätigkeit i. e. S.
04: Verwendung zu 50% für die unternehmerische Tätigkeit und zu 50% für die nichtwirtschaftliche Tätigkeit i. e. S.
05: Verwendung zu 80% für die unternehmerische Tätigkeit und zu 20% für die nichtwirtschaftliche Tätigkeit i. e. S.
06: Verwendung zu 75% für die unternehmerische Tätigkeit und zu 25% für die nichtwirtschaftliche Tätigkeit i. e. S.

[5]Am 01.07.2006 veräußert V das Fahrzeug (vereinbartes Nettoentgelt 10.000 €).

Jahr 01:
[6]V beabsichtigt bei Anschaffung des Fahrzeugs eine unternehmerische Nutzung zu 60%. [7]In diesem Umfang kann V das Fahrzeug dem Unternehmen zuordnen (§ 15 Abs. 1 UStG) und ist unter den weiteren Voraussetzungen des § 15 UStG in Höhe von 4.560 € (7.600 € × 60%) zum Vorsteuerabzug berechtigt. [8]Der für ideelle Tätigkeiten des Vereins verwendete Anteil des Fahrzeugs kann hingegen nicht dem Unternehmen zugeordnet werden (Aufteilungsgebot) und berechtigt nicht zum Vorsteuerabzug; dieser Anteil ist für Umsatzsteuerzwecke als separater Gegenstand anzusehen.

Jahr 02:
[9] Die Bagatellgrenzen des § 44 UStDV sind überschritten. [10] Aus Billigkeitsgründen kann V eine Vorsteuerberichtigung nach § 15a UStG vornehmen:

Insgesamt in Rechnung gestellte Umsatzsteuer: 7.600 €
Ursprünglicher Vorsteuerabzug: 4.560 € (60% von 7.600 €)
Zeitpunkt der erstmaligen Verwendung: 01.01.2001
Dauer des Berichtigungszeitraums: 01.01.2001 bis 31.12.2005
Aus Billigkeitsgründen zum Vorsteuerabzug berechtigende Verwendung: 70%
Vorsteuerberichtigung aus Billigkeitsgründen im Vergleich zum ursprünglichen Vorsteuerabzug: Vorsteuer zu 70% statt 60%
Berichtigungsbetrag: 10 Prozentpunkte von $^1/_5$ von 7.600 € = 152 € sind zugunsten des V zu korrigieren.
[11] Auf Grund der Vorsteuerberichtigung nach § 15a UStG aus Billigkeitsgründen gilt das Fahrzeug entsprechend der unternehmerischen Verwendung für das Jahr 02 als zu 70% (60% + 10%) dem Unternehmen zugeordnet (Abschnitt 15a.1 Abs. 7 Satz 2).

Jahr 03:
[12] Eine erneute Vorsteuerberichtigung nach § 15a UStG aus Billigkeitsgründen kommt nicht in Betracht:

Insgesamt in Rechnung gestellte Umsatzsteuer: 7.600 €
Ursprünglicher Vorsteuerabzug: 4.560 € (60% von 7.600 €)
Zeitpunkt der erstmaligen Verwendung: 01.01.2001
Dauer des Berichtigungszeitraums: 01.01.2001 bis 31.12.2005
Aus Billigkeitsgründen zum Vorsteuerabzug berechtigende Verwendung: 65%
Vorsteuerberichtigung aus Billigkeitsgründen im Vergleich zum ursprünglichen Vorsteuerabzug: Vorsteuer zu 65% statt 60%
Berichtigungsbetrag: 5 Prozentpunkte von $^1/_5$ von 7.600 € = 76 €.
[13] Die Berichtigung entfällt, da die Grenzen des § 44 Abs. 2 UStDV nicht überschritten sind.
[14] Da eine Vorsteuerberichtigung an den Grenzen des § 44 Abs. 2 UStDV scheitert, bleibt es für das Jahr 03 bei der ursprünglichen Zuordnung des Fahrzeugs zum Unternehmen in Höhe von 60% (vgl. Abschnitt 15a.1 Abs. 7 Satz 2). [15] Eine Entnahmebesteuerung wegen des im Verhältnis zum Vorjahr gesunkenen unternehmerischen Nutzungsumfangs kommt während des Berichtigungszeitraums nach § 15a UStG im Rahmen der Billigkeit nicht in Betracht, weil die in Abschnitt 15a.1 Abs. 7 Satz 2 angeordnete Zuordnung entsprechend dem Berichtigungsbetrag nach § 15a UStG nur eine zeitraumbezogene Korrekturgröße darstellt.

Jahr 04:
[16] Der Umfang der unternehmerischen Nutzung hat sich gegenüber dem Erstjahr vermindert (50% statt 60%). [17] Eine Vorsteuerberichtigung aus Billigkeitsgründen kommt daher für das Jahr 04 dem Grunde nach nicht in Betracht (Abschnitt 15a.1 Abs. 7 Satz 1) und es bleibt bei der ursprünglichen Zuordnung des Fahrzeugs zum Unternehmen in Höhe von 60%. [18] Die auf den zugeordneten Fahrzeugteil entfallende Nutzung für nichtwirtschaftliche Tätigkeiten i. e. S. (= 10% der Gesamtnutzung) ist als unentgeltliche Wertabgabe nach § 3 Abs. 9a Nr. 1 UStG zu versteuern (vgl. Abschnitt 3.4 Abs. 2 Satz 4). [19] Für die Bemessungsgrundlage sind die Anschaffungskosten des Fahrzeugs maßgebend, die auf 5 Jahre zu verteilen sind (§ 10 Abs. 4 Satz 1 Nr. 2 Satz 2 UStG). [20] Die Bemessungsgrundlage der unentgeltlichen Wertabgabe beträgt demnach 800 € ($^1/_5$ von 40.000 € × 10%) und die Umsatzsteuer 152 € (800 € × 19%).

Jahr 05:
[21] Aus Billigkeitsgründen kann V wieder eine Vorsteuerberichtigung nach § 15a UStG vornehmen:

Insgesamt in Rechnung gestellte Umsatzsteuer: 7.600 €
Ursprünglicher Vorsteuerabzug: 4.560 € (60% von 7.600 €)
Zeitpunkt der erstmaligen Verwendung: 01.01.2001
Dauer des Berichtigungszeitraums: 01.01.2001 bis 31.12.2005
Aus Billigkeitsgründen zum Vorsteuerabzug berechtigende Verwendung: 80%
Vorsteuerberichtigung aus Billigkeitsgründen im Vergleich zum ursprünglichen Vorsteuerabzug: Vorsteuer zu 80% statt 60%

Berichtigungsbetrag: 20 Prozentpunkte von $1/5$ von 7.600 € = 304 € sind zugunsten des V zu korrigieren.

[22] Auf Grund der Vorsteuerberichtigung nach § 15a UStG aus Billigkeitsgründen gilt das Fahrzeug entsprechend der unternehmerischen Verwendung im Jahr 05 als zu 80 % (60 % + 20 %) dem Unternehmen zugeordnet (vgl. Abschnitt 15a.1 Abs. 7 Satz 2).

Jahr 06:
[23] Der Berichtigungszeitraum nach § 15a UStG ist am 31.12.2005 abgelaufen; eine Vorsteuerberichtigung aus Billigkeitsgründen kommt daher für das Jahr 06 nicht mehr in Betracht. [24] Der Umfang der unternehmerischen Nutzung beträgt im Besteuerungszeitraum der Veräußerung (01.01.–30.06.2006) 75 %. [25] Die Veräußerung des Fahrzeugs ist daher in Höhe von 75 % steuerbar. [26] Der Gesamtverkaufspreis ist entsprechend aufzuteilen. [27] Eine Entnahmebesteuerung wegen des im Verhältnis zum Vorjahr gesunkenen unternehmerischen Nutzungsumfangs kommt im Anschluss an den Berichtigungszeitraum nach § 15a UStG im Rahmen der Billigkeit nicht in Betracht, weil die in Abschnitt 15a.1 Abs. 7 Satz 2 angeordnete Zuordnung entsprechend dem Berichtigungsbetrag nach § 15a UStG nur eine zeitraumbezogene Korrekturgröße darstellt. [28] Auszugehen ist damit vom tatsächlichen unternehmerischen Nutzungsumfang. [29] Die Umsatzsteuer aus der Fahrzeugveräußerung beträgt 1.425 € (75 % von 10.000 € × 19 %). [30] Weist V in der Rechnung über den Gesamtverkaufspreis Umsatzsteuer gesondert aus, schuldet er den anteiligen Umsatzsteuerbetrag, der auf den nichtwirtschaftlich i. e. S. genutzten Fahrzeugteil entfällt (25 %), nach § 14c Abs. 2 UStG.

Beispiel 2:

[1] Sachverhalt wie Beispiel 1. [2] Im Jahr 06 verwendet V das Fahrzeug allerdings nur zu 40 % für die unternehmerische Tätigkeit und zu 60 % für die nichtwirtschaftliche Tätigkeit i. e. S.

Jahr 06:
[3] Der Umfang der unternehmerischen Nutzung hat sich gegenüber dem Erstjahr vermindert (40 % statt 60 %). [4] Grundsätzlich unterliegt die Erhöhung der Verwendung für nichtwirtschaftliche Tätigkeiten i. e. S. der unentgeltlichen Wertabgabenbesteuerung nach § 3 Abs. 9a Nr. 1 UStG. [5] Da der Berichtigungszeitraum nach § 15a UStG am 31.12.05 jedoch abgelaufen ist und die Anschaffungskosten des Fahrzeugs damit verbraucht sind, beträgt die Bemessungsgrundlage 0 € (§ 10 Abs. 4 Satz 1 Nr. 2 Satz 2 UStG). [6] Die Veräußerung des Fahrzeugs am 01.07.06 ist in Höhe von 60 % steuerbar. [7] Zwar nutzt V im Besteuerungszeitraum der Veräußerung das Fahrzeug nur zu 40 % für seine unternehmerischen Tätigkeiten. [8] Der Umfang der Zuordnung des Fahrzeugs bei dessen Anschaffung darf jedoch nicht unterschritten werden. [9] Die Umsatzsteuer aus der Fahrzeugveräußerung beträgt 1.140 € (60 % von 10.000 € × 19 %). [10] Weist V in der Rechnung über den Gesamtverkaufspreis Umsatzsteuer gesondert aus, schuldet er den anteiligen Umsatzsteuerbetrag, der auf den nichtwirtschaftlich i. e. S. genutzten Fahrzeugteil entfällt (40 %), nach § 14c Abs. 2 UStG.

(7) [1] Die auf die Miete, Mietsonderzahlung, Leasingraten und Unterhaltskosten entfallenden Vorsteuern eines angemieteten oder geleasten Fahrzeugs, das der Unternehmer sowohl unternehmerisch als auch für nichtunternehmerische Zwecke verwendet, sind grundsätzlich nach dem Verhältnis der unternehmerischen und nichtunternehmerischen Nutzung in einen abziehbaren und einen nichtabziehbaren Anteil aufzuteilen. [2] Das gilt sowohl für den Fall, dass die nichtunternehmerische Verwendung als Verwendung für nichtwirtschaftliche Tätigkeiten i. e. S. zu beurteilen ist, als auch für den Fall der unternehmensfremden (privaten) Verwendung. [3] Wird der Vorsteuerabzug so ermittelt, entfällt eine Wertabgabenbesteuerung nach § 3 Abs. 9a Nr. 1 UStG. [4] Aus Vereinfachungsgründen kann der Unternehmer jedoch im Fall der teilunternehmerischen unternehmensfremden (privaten) Verwendung des Fahrzeugs auch den Vorsteuerabzug aus der Miete bzw. den Leasingraten und den Unterhaltskosten vornehmen (sofern kein Ausschlusstatbestand nach § 15 Abs. 1a

und 2 in Verbindung mit Abs. 3 UStG vorliegt) und die unternehmensfremde Nutzung nach den Regelungen in Absatz 5 besteuern.

Überlassung von Fahrzeugen an das Personal

(8) [1]Überlässt der Unternehmer (Arbeitgeber) seinem Personal (Arbeitnehmer) ein Fahrzeug auch zu Privatzwecken (Privatfahrten, Fahrten zwischen Wohnung und erster Tätigkeitsstätte sowie Familienheimfahrten aus Anlass einer doppelten Haushaltsführung), ist dies regelmäßig eine entgeltliche sonstige Leistung im Sinne des § 1 Abs. 1 Nr. 1 Satz 1 UStG. [2]Das Fahrzeug wird, wenn es nicht ausnahmsweise zusätzlich vom Unternehmer nichtunternehmerisch verwendet wird, durch die entgeltliche umsatzsteuerpflichtige Überlassung an das Personal ausschließlich unternehmerisch genutzt. [3]Die aus den Anschaffungskosten als auch aus den Unterhaltskosten der sog. Dienst- oder Firmenfahrzeuge anfallenden Vorsteuerbeträge können in voller Höhe abgezogen werden (§ 15 Abs. 1 Satz 1 UStG), sofern kein Ausschlusstatbestand nach § 15 Abs. 1a und 2 in Verbindung mit Abs. 3 UStG vorliegt. [4]Dies gilt auch für die Überlassung von Fahrzeugen an Gesellschafter-Geschäftsführer von Kapitalgesellschaften, wenn sie umsatzsteuerrechtlich insoweit nicht als Unternehmer anzusehen sind (vgl. Abschnitt 2.2 Abs. 2). [5]Die spätere Veräußerung und die Entnahme der Fahrzeuge unterliegen insgesamt der Umsatzsteuer, wenn sie insgesamt dem Unternehmen zugeordnet werden konnten.

(9)[1)] [1]Die Gegenleistung des Arbeitnehmers für die Fahrzeugüberlassung besteht regelmäßig in der anteiligen Arbeitsleistung, die er für die Privatnutzung des gestellten Fahrzeugs erbringt. [2]Die Überlassung des Fahrzeugs ist als Vergütung für geleistete Dienste und damit als entgeltlich anzusehen, wenn sie im Arbeitsvertrag geregelt ist oder auf mündlichen Abreden oder sonstigen Umständen des Arbeitsverhältnisses (z.B. der faktischen betrieblichen Übung) beruht. [3]Von Entgeltlichkeit ist stets auszugehen, wenn das Fahrzeug dem Arbeitnehmer für eine gewisse Dauer und nicht nur gelegentlich zur Privatnutzung überlassen wird. [4]Zur Bestimmung des Leistungsorts bei entgeltlicher Fahrzeugüberlassung vgl. Abschnitt 3a.5 Abs. 4.

(10) [1]Bei der entgeltlichen Fahrzeugüberlassung zu Privatzwecken des Personals liegt ein tauschähnlicher Umsatz (§ 3 Abs. 12 Satz 2 UStG) vor. [2]Die Bemessungsgrundlage ist nach § 10 Abs. 2 Satz 2 in Verbindung mit Abs. 1 Satz 1 UStG der Wert der nicht durch den Barlohn abgegoltenen Arbeitsleistung. [3]Deren Wert entspricht dem Betrag, den der Arbeitgeber zu diesem Zweck aufzuwenden bereit ist (vgl. Abschnitt 10.5 Abs. 1). [4]Das sind die Gesamtausgaben für die Überlassung des Fahrzeugs. [5]Die Gesamtausgaben für die entgeltliche sonstige Leistung im Sinne des § 1 Abs. 1 Nr. 1 Satz 1 UStG umfassen auch die Ausgaben, bei denen ein Vorsteuerabzug nicht möglich ist. [6]Der so ermittelte Wert ist der Nettowert; die Umsatzsteuer ist mit dem allgemeinen Steuersatz hinzuzurechnen. [7]Treffen die Parteien Aussagen zum Wert der Arbeitsleistungen, so ist dieser Wert als Bemessungsgrundlage für die

---

1) Siehe hierzu aber auch EuGH v. 20.01.2022 C-288/19, QM, DStR 2021, 154.

Überlassung des Fahrzeugs zu Grunde zu legen, wenn er die Ausgaben für die Fahrzeugüberlassung übersteigt.

(11) [1] Aus Vereinfachungsgründen wird es nicht beanstandet, wenn für die umsatzsteuerrechtliche Bemessungsgrundlage anstelle der Ausgaben von den lohnsteuerrechtlichen Werten ausgegangen wird. [2] Die lohnsteuerrechtlichen Werte sind als Bruttowerte anzusehen, aus denen die Umsatzsteuer herauszurechnen ist (vgl. Abschnitt 1.8 Abs. 8).

1. Besteuerung auf Grundlage der sog. 1%-Regelung
   [1] Wird der lohnsteuerrechtliche Wert der entgeltlichen Fahrzeugüberlassung für Privatfahrten und für Fahrten zwischen Wohnung und erster Tätigkeitsstätte nach § 8 Abs. 2 Satz 2 und 3 in Verbindung mit § 6 Abs. 1 Nr. 4 Satz 2 EStG mit dem vom Listenpreis abgeleiteten Pauschalwert angesetzt (vgl. R 8.1 Abs. 9 Nr. 1 LStR),[1)] kann von diesem Wert auch bei der Umsatzbesteuerung ausgegangen werden, wobei jedoch keine Kürzung des inländischen Listenpreises für Elektro- und Hybridelektrofahrzeuge vorzunehmen ist. [2] Der umsatzsteuerrechtliche Wert für Familienheimfahrten kann aus Vereinfachungsgründen für jede Fahrt mit 0,002% des Listenpreises (§ 6 Abs. 1 Nr. 4 Satz 2 EStG: für jeden Kilometer der Entfernung zwischen dem Ort des eigenen Hausstands und dem Beschäftigungsort) angesetzt werden, wobei keine Kürzung für Elektro- und Hybridelektrofahrzeuge erfolgt. [3] Der Umsatzsteuer unterliegen die auf die Familienheimfahrten entfallenden Kosten auch dann, wenn ein lohnsteuerrechtlicher Wert nach § 8 Abs. 2 Satz 5 EStG nicht anzusetzen ist. [4] Aus dem so ermittelten lohnsteuerrechtlichen Wert ist die Umsatzsteuer herauszurechnen. [5] Ein pauschaler Abschlag von 20% für nicht mit Vorsteuern belastete Ausgaben ist in diesen Fällen unzulässig.

   Beispiel 1:

   [1] Ein Arbeitnehmer mit einer am 01.01.2001 begründeten doppelten Haushaltsführung nutzt ein Firmenfahrzeug mit einem Listenpreis einschließlich Umsatzsteuer von 30.000 € im gesamten Jahr 02 zu Privatfahrten, zu Fahrten zur 10 km entfernten ersten Tätigkeitsstätte und zu 20 Familienheimfahrten zum 150 km entfernten Wohnsitz der Familie.
   [2] Die Umsatzsteuer für die Firmenfahrzeugüberlassung ist nach den lohnsteuerrechtlichen Werten wie folgt zu ermitteln:
   – für die allgemeine Privatnutzung 1% von 30.000 € × 12 Monate = 3.600 €
   – für Fahrten zwischen Wohnung und erster Tätigkeitsstätte 0,03% von 30.000 € × 10 km × 12 Monate = 1.080 €
   – für Familienheimfahrten 0,002% von 30.000 € × 150 km × 20 Fahrten = 1.800 €
   [3] Die Umsatzsteuer für die sonstige Leistung an den Arbeitnehmer beträgt $^{19}/_{119}$ von 6.480 € = 1.034,62 €.

2. Besteuerung auf der Grundlage der Fahrtenbuchregelung
   [1] Wird bei der entgeltlichen Fahrzeugüberlassung an das Personal zu Privatzwecken der lohnsteuerrechtliche Nutzungswert mit Hilfe eines ordnungsgemäßen Fahrtenbuchs anhand der durch Belege nachgewiesenen Gesamtausgaben ermittelt (vgl. R 8.1 Abs. 9 Nr. 2 LStR),[1)] ist das so ermittelte Nutzungsverhältnis auch bei der Umsatzsteuer zu Grunde zu legen. [2] Die Fahrten zwischen Wohnung und erster Tätigkeitsstätte sowie die Familien-

---

[1)] Nr. **20.**

heimfahrten aus Anlass einer doppelten Haushaltsführung werden umsatzsteuerrechtlich den Privatfahrten des Arbeitnehmers zugerechnet. [3]Die Gesamtausgaben für die entgeltliche sonstige Leistung im Sinne des § 1 Abs. 1 Nr. 1 Satz 1 UStG umfassen auch die Ausgaben, bei denen ein Vorsteuerabzug nicht möglich ist. [4]Für umsatzsteuerliche Zwecke sind die Sonderregelungen für Elektro- und Hybridelektrofahrzeuge nach § 6 Abs. 1 Nr. 4 Satz 3 Nr. 1 bis 5 EStG nicht anzuwenden.

Beispiel 2:

[1]Ein Firmenfahrzeug mit einer Jahresfahrleistung von 20.000 km wird von einem Arbeitnehmer lt. ordnungsgemäß geführtem Fahrtenbuch an 180 Tagen jährlich für Fahrten zur 10 km entfernten ersten Tätigkeitsstätte benutzt. [2]Die übrigen Privatfahrten des Arbeitnehmers belaufen sich auf insgesamt 3.400 km. [3]Die gesamten Fahrzeugkosten (Nettoaufwendungen einschließlich der auf die betriebsgewöhnliche Nutzungsdauer von 6 Jahren verteilten Anschaffungs- oder Herstellungskosten) betragen 9.000 €.–

[4]Von den Privatfahrten des Arbeitnehmers entfallen 3.600 km auf Fahrten zwischen Wohnung und erster Tätigkeitsstätte (180 Tage × 20 km) und 3.400 km auf sonstige Fahrten. [5]Dies entspricht einer Privatnutzung von insgesamt 35 % (7.000 km von 20.000 km). [6]Für die umsatzsteuerrechtliche Bemessungsgrundlage ist von einem Betrag von 35 % von 9.000 € = 3.150 € auszugehen. [7]Die Umsatzsteuer beträgt 19 % von 3.150 € = 598,50 €.

(12) [1]Von einer unentgeltlichen Fahrzeugüberlassung an das Personal zu Privatzwecken im Sinne des § 3 Abs. 9a Nr. 1 UStG (vgl. Abschnitt 1.8 Abs. 2) kann ausnahmsweise ausgegangen werden, wenn die vereinbarte private Nutzung des Fahrzeugs derart gering ist, dass sie für die Gehaltsbemessung keine wirtschaftliche Rolle spielt, und nach den objektiven Gegebenheiten eine weitergehende private Nutzungsmöglichkeit ausscheidet (vgl. BFH-Urteil vom 04.10.1984, V R 82/83, BStBl. II S. 808). [2]Danach kann Unentgelt-lichkeit nur angenommen werden, wenn dem Arbeitnehmer das Fahrzeug aus besonderem Anlass oder zu einem besonderen Zweck nur gelegentlich (von Fall zu Fall) an nicht mehr als fünf Kalendertagen im Kalendermonat für private Zwecke überlassen wird (vgl. Rn. 13 Satz 2 zweiter Spiegelstrich des BMF-Schreibens vom 04.04.2018, BStBl. I S. 592). [3]Bemessungsgrundlage für die unentgeltliche Fahrzeugüberlassung für den privaten Bedarf des Personals sind die Ausgaben, soweit sie zum vollen oder teilweisen Vorsteuerabzug berechtigt haben (§ 10 Abs. 4 Satz 1 Nr. 2 UStG). [4]Aus der Bemessungsgrundlage sind somit die nicht mit Vorsteuern belasteten Ausgaben auszuscheiden. [5]Der so ermittelte Wert ist der Nettowert ohne Umsatzsteuer; die Umsatzsteuer ist mit dem allgemeinen Steuersatz hinzuzurechnen. [6]Aus Vereinfachungsgründen wird es nicht beanstandet, wenn für die umsatzsteuerrechtliche Bemessungsgrundlage von den lohnsteuerrechtlichen Werten ausgegangen wird. [7]Die lohnsteuerrechtlichen Werte sind als Bruttowerte anzusehen, aus denen die Umsatzsteuer herauszurechnen ist (vgl. Abschnitt 1.8 Abs. 8).

(13) *(aufgehoben)*

15.24 Vorsteuerabzug und Umsatzbesteuerung bei (teil-)unternehmerisch verwendeten Fahrrädern

(1) Die Regelungen in Abschnitt 15.23 gelten entsprechend auch für Fahrräder einschließlich Elektrofahrräder, die verkehrsrechtlich als Fahrrad (keine

Kennzeichen-, Versicherungs- oder Führerscheinpflicht) einzuordnen sind, soweit nachfolgend nichts Anderes geregelt ist.

(2) [1]Für umsatzsteuerliche Zwecke ist bei der unternehmensfremden (privaten) Nutzung eines dem Unternehmen zugeordneten Fahrrades im Sinne von Absatz 1 durch den Unternehmer § 6 Abs. 1 Nr. 4 Satz 6 EStG nicht anzuwenden. [2]Der Anteil der unternehmensfremden Nutzung kann nicht durch ein Fahrtenbuch (Abschnitt 15.23 Abs. 5 Satz 4 Nr. 1 Buchstabe b) nachgewiesen werden. [3]Der Unternehmer kann den Wert der unternehmensfremden Nutzung aus Vereinfachungsgründen hilfsweise nach der sog. 1 %-Regelung (Abschnitt 15.23 Abs. 5 Satz 4 Nr. 1 Buchstabe a) berechnen, wenn er nicht eine andere umsatzsteuerrechtlich zulässige Methode zur Wertermittlung gewählt hat.

(3) [1]Für umsatzsteuerliche Zwecke ist bei entgeltlicher Überlassung eines Fahrrades im Sinne von Absatz 1 zu Privatzwecken des Personals (vgl. entsprechend Abschnitt 15.23 Abs. 10 und 11) § 3 Nr. 37 EStG nicht anzuwenden. [2]Der Anteil der Nutzung für Privatzwecke des Personals kann nicht durch ein Fahrtenbuch (Abschnitt 15.23 Abs. 11 Satz 2 Nr. 2) nachgewiesen werden. [3]Es wird aus Vereinfachungsgründen nicht beanstandet, wenn als Bemessungsgrundlage für die entgeltliche Nutzungsüberlassung monatlich 1 % der auf volle 100 € abgerundeten unverbindlichen Preisempfehlung des Herstellers, Importeurs oder Großhändlers im Zeitpunkt der Inbetriebnahme des Fahrrades berücksichtigt wird (entsprechend Rn. 1 der gleich lautenden Ländererlasse vom 09.01.2020, BStBl. I S. 174). [4]Dieser Wert ist als Bruttowert anzusehen, aus dem die Umsatzsteuer herauszurechnen ist. [5]Wenn der anzusetzende Wert des Fahrrades weniger als 500 € beträgt, wird es nicht beanstandet, wenn abweichend von dem Vorstehenden von keiner entgeltlichen Überlassung des Fahrrades ausgegangen wird. [6]In diesen Fällen ist keine Umsatzbesteuerung der Leistung an den Arbeitnehmer erforderlich.

Zu § 15a UStG
(§§ 44 und 45 UStDV)

15a.1 Anwendungsgrundsätze

(1) [1]Nach § 15 UStG entsteht das Recht auf Vorsteuerabzug bereits im Zeitpunkt des Leistungsbezugs (vgl. Abschnitt 15.12) oder im Fall der Voraus- oder Anzahlung im Zeitpunkt der Zahlung. [2]Ändern sich bei den in Abs. 2 genannten Berichtigungsobjekten die für den ursprünglichen Vorsteuerabzug maßgebenden Verhältnisse, ist der Vorsteuerabzug zu berichtigen, wenn die Grenzen des § 44 UStDV überschritten werden (vgl. Abschnitt 15a.11). [3]Durch § 15a UStG wird der Vorsteuerabzug so berichtigt, dass er den tatsächlichen Verhältnissen bei der Verwendung des Wirtschaftsguts oder der sonstigen Leistung entspricht. [4]Als Wirtschaftsgüter im Sinne des § 15a UStG gelten die Gegenstände, an denen nach § 3 Abs. 1 UStG die Verfügungsmacht verschafft werden kann (vgl. Abschnitt 3.1 Abs. 1 Sätze 1 und 2). [5]Das Wirtschaftsgut muss aus der Sicht des Durchschnittsverbrauchers selbständig verkehrsfähig und bewertbar sein (vgl. BFH-Urteil vom 03.11.2011, V R 32/

10, BStBl. II 2012 S. 525). [6] Wird das Wirtschaftsgut bzw. die sonstige Leistung nicht nur einmalig zur Ausführung von Umsätzen verwendet, kommt es auf die tatsächlichen Verwendungsverhältnisse während des gesamten im Einzelfall maßgeblichen Berichtigungszeitraums an. [7] Der Ausgleich des Vorsteuerabzugs ist grundsätzlich bei der Steuerfestsetzung für den Voranmeldungszeitraum vorzunehmen, in dem sich die Verhältnisse gegenüber den für den ursprünglichen Vorsteuerabzug maßgebenden Verhältnissen geändert haben (vgl. jedoch Abschnitt 15a.11).

(2)[1)] Berichtigungsobjekte im Sinne des § 15a UStG sind:

1. Wirtschaftsgüter, die nicht nur einmalig zur Ausführung von Umsätzen verwendet werden (§ 15a Abs. 1 UStG)
   [1] Das sind in der Regel die Wirtschaftsgüter, die ertragsteuerrechtlich abnutzbares oder nicht abnutzbares (z. B. Grund und Boden) Anlagevermögen darstellen oder – sofern sie nicht zu einem Betriebsvermögen gehören – als entsprechende Wirtschaftsgüter anzusehen sind. [2] Dies können auch immaterielle Wirtschaftsgüter, die Gegenstand einer Lieferung sind (z. B. bestimmte Computerprogramme oder Mietereinbauten im Sinne des BMF-Schreibens vom 15.01.1976, BStBl. I S. 66), sein. [3] Die ertragsteuerliche Beurteilung als Anlagevermögen oder Umlaufvermögen ist umsatzsteuerrechtlich nicht entscheidend (BFH-Urteil vom 24.09.2009, V R 6/08, BStBl. II 2010 S. 315).
2. Wirtschaftsgüter, die nur einmalig zur Ausführung von Umsätzen verwendet werden (§ 15a Abs. 2 UStG)
   [1] Das sind im Wesentlichen die Wirtschaftsgüter, die ertragsteuerrechtlich Umlaufvermögen darstellen, wie z. B. die zur Veräußerung oder Verarbeitung bestimmten Wirtschaftsgüter. [2] Ertragsteuerrechtliches Anlagevermögen kann ebenfalls betroffen sein, wenn es veräußert oder entnommen wird, bevor es zu anderen Verwendungsumsätzen gekommen ist. [3] Ein stehender Baumbestand in der Forstwirtschaft stellt (unabhängig von der ertragsteuerlichen Beurteilung) regelmäßig kein Berichtigungsobjekt im Sinne des § 15a UStG dar. [4] Vielmehr ist in diesen Fällen der entnommene Baum oder der einzelne Holzumsatz das Berichtigungsobjekt (zur Bestimmung vgl. Abschnitt 15a.11 Abs. 1) und damit regelmäßig ein Wirtschaftsgut im Sinne des § 15a Abs. 2 UStG.
3. Nachträglich in ein Wirtschaftsgut eingehende Gegenstände, wenn diese Gegenstände dabei ihre körperliche und wirtschaftliche Eigenart endgültig verlieren (§ 15a Abs. 3 UStG)
   [1] Das ist der Fall, wenn diese Gegenstände nicht selbstständig nutzbar sind und mit dem Wirtschaftsgut in einem einheitlichen Nutzungs- und Funktionszusammenhang stehen. [2] Auf eine Werterhöhung bei dem Wirtschaftsgut, in das die Gegenstände eingehen, kommt es nicht an. [3] Kein Gegenstand im Sinne des § 15a Abs. 3 UStG ist ein Gegenstand, der abtrennbar ist, seine körperliche oder wirtschaftliche Eigenart behält und damit ein

1) A 15a.1 UStAE Abs. 2 Nr. 2 Sätze 4 und 5 angef. durch BMF v. 22.12.2023, BStBl. I 2023, 2248.

selbstständiges Wirtschaftsgut bleibt. [4]Werden im Rahmen einer Maßnahme mehrere Gegenstände in ein Wirtschaftsgut eingefügt bzw. sonstige Leistungen an einem Wirtschaftsgut ausgeführt, sind diese Leistungen zu einem Berichtigungsobjekt zusammenzufassen. [5]Bei der Bestimmung der 1.000 €-Grenze nach § 44 Abs. 1 UStDV ist von den gesamten Vorsteuerbeträgen auszugehen, die auf die Anschaffung oder Herstellung des durch die Zusammenfassung entstandenen Berichtigungsobjekts entfallen.

4. Sonstige Leistungen an einem Wirtschaftsgut (§ 15a Abs. 3 UStG)
   [1]Es kommt nicht darauf an, ob die sonstige Leistung zu einer Werterhöhung des Wirtschaftsguts führt. [2]Maßnahmen, die lediglich der Werterhaltung dienen, fallen demnach auch unter die Berichtigungspflicht nach § 15a Abs. 3 UStG. [3]Nicht unter die Verpflichtung zur Berichtigung des Vorsteuerabzugs nach § 15a Abs. 3 UStG fallen sonstige Leistungen, die bereits im Zeitpunkt des Leistungsbezugs wirtschaftlich verbraucht werden. [4]Eine sonstige Leistung ist im Zeitpunkt des Leistungsbezugs dann nicht wirtschaftlich verbraucht, wenn ihr über den Zeitpunkt des Leistungsbezugs hinaus eine eigene Werthaltigkeit innewohnt. [5]Zur Zusammenfassung bei der Ausführung mehrerer Leistungen im Rahmen einer Maßnahme siehe Nr. 3.
5. Sonstige Leistungen, die nicht unter § 15a Abs. 3 Satz 1 UStG fallen (§ 15a Abs. 4 UStG)
   [1]Dies sind solche sonstigen Leistungen, die nicht an einem Wirtschaftsgut ausgeführt werden. [2]Die Berichtigung des Vorsteuerabzugs ist auf solche sonstigen Leistungen beschränkt, für die in der Steuerbilanz ein Aktivposten gebildet werden müsste. [3]Dies gilt jedoch nicht, soweit es sich um sonstige Leistungen handelt, für die der Leistungsempfänger bereits für einen Zeitraum vor Ausführung der sonstigen Leistung den Vorsteuerabzug vornehmen konnte (Voraus- und Anzahlung). [4]Unerheblich ist, ob der Unternehmer nach den §§ 140, 141 AO tatsächlich zur Buchführung verpflichtet ist.
6. Nachträgliche Anschaffungs- oder Herstellungskosten (§ 15a Abs. 6 UStG)
   [1]Der Begriff der nachträglichen Anschaffungs- oder Herstellungskosten ist nach den für das Einkommensteuerrecht geltenden Grundsätzen abzugrenzen. [2]Voraussetzung ist, dass die nachträglichen Aufwendungen für Berichtigungsobjekte nach § 15a Abs. 1 bis 4 UStG angefallen sind. [3]Aufwendungen, die ertragsteuerrechtlich Erhaltungsaufwand sind, unterliegen der Vorsteuerberichtigung nach § 15a Abs. 3 UStG.

(3) [1]Bei der Berichtigung des Vorsteuerabzugs ist von den gesamten Vorsteuerbeträgen auszugehen, die auf die in Absatz 2 bezeichneten Berichtigungsobjekte entfallen. [2]Dabei ist ein prozentuales Verhältnis des ursprünglichen Vorsteuerabzugs zum Vorsteuervolumen insgesamt zu Grunde zu legen.

Beispiel 1:

[1]Ein Unternehmer errichtet ein Bürogebäude. [2]Die im Zusammenhang mit der Herstellung des Gebäudes in Rechnung gestellte Umsatzsteuer beträgt in den Jahren 01 150.000 € und 02 450.000 € (insgesamt 600.000 €). [3]Die abziehbaren Vorsteuerbeträge nach § 15 UStG belaufen sich vor dem Zeitpunkt der erstmaligen Verwendung (Investitionsphase) auf 150.000 €, da der Unternehmer im Jahr 01 beabsichtigte, das Gebäude zu 100% für zum Vorsteuerabzug

berechtigende Zwecke zu verwenden, während er im Jahr 02 beabsichtigte, das Gebäude nach der Fertigstellung zu 0% für zum Vorsteuerabzug berechtigende Zwecke zu verwenden. [4]Diese Verwendungsabsicht wurde durch den Unternehmer jeweils schlüssig dargelegt.

Ermittlung eines prozentualen Verhältnisses des ursprünglichen Vorsteuerabzugs zum Vorsteuervolumen insgesamt, das für eine Berichtigung nach § 15a UStG maßgebend ist:

Insgesamt in Rechnung gestellte Umsatzsteuer:	600.000 €
Ursprünglicher Vorsteuerabzug:	150.000 €
Prozentuales Verhältnis (150.000 €/600.000 €):	25%

Beispiel 2:

[1]Unternehmer U schließt mit dem Fahrzeughändler H im Januar 01 einen Vertrag über die Lieferung eines Pkw ab. [2]Der Pkw soll im Juli 01 geliefert werden. [3]U leistet bei Vertragsschluss eine Anzahlung i. H. v. 20.000 € zzgl. 3.800 € Umsatzsteuer. [4]Bei Lieferung des Pkw im Juli 01 leistet U die Restzahlung von 60.000 € zzgl. 11 400 € Umsatzsteuer. [5]Im Zeitpunkt der Anzahlung beabsichtigte U, den Pkw ausschließlich zur Ausführung von zum Vorsteuerabzug berechtigenden Umsätzen zu nutzen. [6]U kann die Verwendungsabsicht durch entsprechende Unterlagen nachweisen. [7]Im Zeitpunkt der Lieferung steht hingegen fest, dass U den Pkw nunmehr ausschließlich zur Erzielung von nicht zum Vorsteuerabzug berechtigenden Umsätzen verwenden will.
[8]U steht aus der Anzahlung der Vorsteuerabzug nach § 15 Abs. 1 Satz 1 Nr. 1 UStG zu, da er im Zeitpunkt der Anzahlung beabsichtigte, den Pkw für zum Vorsteuerabzug berechtigende Umsätze zu nutzen. [9]Für die Restzahlung hingegen steht U der Vorsteuerabzug nicht zu.

Ermittlung eines prozentualen Verhältnisses des ursprünglichen Vorsteuerabzugs zum Vorsteuervolumen insgesamt, das für eine Berichtigung nach § 15a UStG maßgebend ist:

Insgesamt in Rechnung gestellte Umsatzsteuer:	15.200 €
Ursprünglicher Vorsteuerabzug:	3.800 €
Prozentuales Verhältnis (3.800 €/15.200 €):	25%

(4)[1)] In die Vorsteuerberichtigung sind alle Vorsteuerbeträge einzubeziehen ohne Rücksicht auf besondere ertragsteuerrechtliche Regelungen, z. B. sofort absetzbare Beträge oder Zuschüsse, die der Unternehmer erfolgsneutral behandelt, oder AfA, die auf die Zeit bis zur tatsächlichen Verwendung entfällt.

(5)[1)] [1]Die Vorsteuerberichtigung setzt grundsätzlich ein ursprüngliches Recht auf Vorsteuerabzug nach § 15 Abs. 1 UStG sowie die Geltendmachung des ursprünglichen Vorsteuerabzugs voraus. [2]Die Geltendmachung des Vorsteuerabzuges kann sich auch aus einer in der Steuererklärung nicht ausdrücklich angegebenen Saldierung der Umsatzsteuer mit einem korrespondierenden Vorsteuerabzug nach § 15 Abs. 1 Satz 1 Nr. 3 oder 4 UStG ergeben (vgl. BFH-Urteil vom 01.02.2022 – V R 33/18, BStBl. II S. 785). [3]Führt die Berichtigung nach § 15a UStG zu einem erstmaligen Vorsteuerabzug, weil der Vorsteuerabzug beim Leistungsbezug nach § 15 Abs. 2 und 3 UStG ausgeschlossen war, dürfen nur die Vorsteuerbeträge angesetzt werden, für die die allgemeinen Voraussetzungen des § 15 Abs. 1 UStG vorliegen. [4]Daher sind in diesen Fällen Vorsteuerbeträge, für die der Abzug zu versagen ist, weil keine ordnungsgemäße Rechnung oder kein zollamtlicher Einfuhrbeleg vorliegt, von der Berichtigung ausgenommen (vgl. BFH-Urteil vom 12.10.2006, V R 36/04, BStBl. II 2007 S. 485). [5]Zur Frage, wie zu verfahren ist, wenn die Voraus-

---

1) A 15a.1 UStAE Abs. 4 neugef., Abs. 5 Sätze 1 und 2 eingef., bish. Sätze 1 bis 3 werden Sätze 3 bis 5 durch BMF v. 22.12.2023, BStBl. I 2023, 2248.

setzungen für den Vorsteuerabzug nach § 15 UStG erst nachträglich eintreten oder sich nachträglich ändern, vgl. Abschnitt 15a.4 Abs. 2.

(6) [1] Eine Berichtigung des Vorsteuerabzugs ist nur möglich, wenn und soweit die bezogenen Leistungen im Zeitpunkt des Leistungsbezugs dem Unternehmen zugeordnet wurden (vgl. Abschnitt 15.2c). [2] § 15a UStG ist daher insbesondere nicht anzuwenden, wenn

1. ein Nichtunternehmer Leistungen bezieht und diese später unternehmerisch verwendet werden (vgl. EuGH-Urteil vom 02.06.2005, C-378/02, Waterschap Zeeuws Vlaanderen,[1)] sowie BFH-Urteil vom 01.12.2010, XI R 28/08, BStBl. II 2011 S. 994),
2. der Unternehmer ein Wirtschaftsgut oder eine sonstige Leistung im Zeitpunkt des Leistungsbezugs seinem nichtunternehmerischen Bereich zuordnet (vgl. Abschnitt 15.2c) und das Wirtschaftsgut oder die sonstige Leistung später für unternehmerische Zwecke verwendet (vgl. EuGH-Urteil vom 11.07.1991, C-97/90, Lennartz),[2)]
3. an einem Wirtschaftsgut, das nicht dem Unternehmen zugeordnet wurde, eine Leistung im Sinne des § 15a Abs. 3 UStG ausgeführt wird, die ebenfalls nicht für das Unternehmen bezogen wird, und das Wirtschaftsgut später unternehmerisch verwendet wird,
4. nichtunternehmerisch genutzte Gebäudeteile als separater Gegenstand beim Leistungsbezug dem nichtunternehmerischen Bereich zugeordnet und später unternehmerisch genutzt werden (z. B. bei Umwandlung bisheriger Wohnräume in Büroräume) oder
5. der Unternehmer einen bezogenen Gegenstand zunächst zu weniger als 10% für sein Unternehmen nutzt und die Leistung deshalb nach § 15 Abs. 1 Satz 2 UStG als nicht für sein Unternehmen ausgeführt gilt (vgl. Abschnitt 15.2c Abs. 5 bis 7) und diese Grenze später überschritten wird.

(7) [1] Ist ein Unternehmer für einen sowohl unternehmerisch als auch nichtwirtschaftlich i. e. S. verwendeten einheitlichen Gegenstand nach § 15 Abs. 1 UStG nur für den unternehmerisch genutzten Anteil zum Vorsteuerabzug berechtigt gewesen (vgl. Abschnitte 15.2b Abs. 2 und 15.2c Abs. 2 Satz 1 Nr. 2 Buchstabe a) – unternehmerische Nutzung zu mindestens 10% vorausgesetzt, § 15 Abs. 1 Satz 2 UStG – und erhöht sich die unternehmerische Nutzung dieses Gegenstands innerhalb des Berichtigungszeitraums nach § 15a Abs. 1 UStG (vgl. Abschnitt 15a.3), kann eine Vorsteuerberichtigung nach den Grundsätzen des § 15a UStG zugunsten des Unternehmers aus Billigkeitsgründen vorgenommen werden, sofern die Bagatellgrenzen des § 44 UStDV überschritten sind. [2] Macht der Unternehmer von dieser Billigkeitsmaßnahme Gebrauch, gilt der Gegenstand auch insoweit als dem Unternehmen zugeordnet.

---

1) DStRE 2005, 902.
2) DStR 1992, 752.

Beispiel:

[1] Der Verein V erwirbt zum 01.01.2001 einen PKW für 30.000 € zzgl. 5.700 € Umsatzsteuer. [2] Der PKW wird entsprechend der von Anfang an beabsichtigten Verwendung zu 50% für unternehmerische Tätigkeiten im Sinne des § 2 Abs. 1 UStG und zu 50% für unentgeltliche Tätigkeiten für ideelle Vereinszwecke verwendet. [3] Die Verwendung für unternehmerische Tätigkeiten erhöht sich ab dem 01.01.2003 um 20% auf insgesamt 70%. [4] Zum 01.01.2004 wird der PKW für einen vereinbarten Nettobetrag von 10.000 € veräußert.

Jahr 01:

[5] V ist zum Vorsteuerabzug in Höhe von 2.850 € (50% von 5.700 €) nach § 15 Abs. 1 UStG berechtigt. [6] Der für unentgeltliche ideelle Tätigkeiten des Vereins (nichtwirtschaftliche Tätigkeit i. e. S., vgl. Abschnitt 2.3 Abs. 1a) verwendete Anteil des PKW berechtigt nicht zum Vorsteuerabzug (vgl. Abschnitte 15.2b Abs. 2 und 15.2c Abs. 2 Satz 1 Nr. 2 Buchstabe a).

Jahr 03:

[7] Die Bagatellgrenzen des § 44 UStDV sind überschritten. [8] Aus Billigkeitsgründen kann eine Vorsteuerberichtigung nach § 15a Abs. 1 UStG vorgenommen werden.
Ermittlung der Vorsteuerberichtigung aus Billigkeitsgründen im Vergleich zum ursprünglichen Vorsteuerabzug:

Insgesamt in Rechnung gestellte Umsatzsteuer:	5.700 €
Ursprünglicher Vorsteuerabzug (50%):	2.850 €
Zeitpunkt der erstmaligen Verwendung:	01.01.01
Dauer des Berichtigungszeitraums:	01.01.01 bis 31.12.05
Aus Billigkeitsgründen zum Vorsteuerabzug berechtigende Verwendung im Berichtigungszeitraum:	
Jahr 03:	70%
Vorsteuerberichtigung (70% statt 50%)	20 Prozentpunkte
Vorsteuerberichtigung zugunsten des V:	
20 Prozentpunkte von 1/5 von 5.700 €	228 €

Jahr 04:

[9] Die Veräußerung des PKW ist in Höhe des für unternehmerische Tätigkeiten verwendeten Anteils im Zeitpunkt der Veräußerung steuerbar. [10] Die Umsatzsteuer beträgt 1.330 € (70% von 10.000 € × 19%). [11] Aus Billigkeitsgründen ist auf Grund der Veräußerung auch eine Vorsteuerberichtigung nach § 15a UStG vorzunehmen. [12] Die Bagatellgrenzen des § 44 UStDV sind überschritten.

Insgesamt in Rechnung gestellte Umsatzsteuer:	5.700 €
Ursprünglicher Vorsteuerabzug (50 %):	2.850 €
Zeitpunkt der erstmaligen Verwendung:	01.01.01
Dauer des Berichtigungszeitraums:	01.01.01 bis 31.12.05
Tatsächliche zum Vorsteuerabzug berechtigende Verwendung im Berichtigungszeitraum:	
Jahr 01 bis 02:	50%
Änderung nach § 15a UStG aus Billigkeitsgründen:	
Jahr 03 (70% statt 50%)	20 Prozentpunkte
Berichtigung Jahr 03 (5.700 €/5 Jahre x 20%)	228 €
Änderung aus Billigkeitsgründen pro Jahr nach Veräußerung:	
ab Jahr 04 (70% statt 50%)	20 Prozentpunkte
Berichtigung pro Jahr ab 04:	5.700 €/5 Jahre x 20%
Zusätzliche Vorsteuer für 04 und 05	je 228 €

[13] Die Berichtigung des Vorsteuerabzugs in Höhe von 456 € zugunsten des V ist in der ersten Voranmeldung für das Kalenderjahr 04 vorzunehmen (§ 44 Abs. 3 Satz 2 UStDV).

15a.2 Änderung der Verhältnisse

(1) [1]Verwendung im Sinne des § 15a UStG ist die tatsächliche Nutzung des Berichtigungsobjekts zur Erzielung von Umsätzen. [2]Als Verwendung sind auch die Veräußerung, die unentgeltliche Wertabgabe nach § 3 Abs. 1b und 9a UStG (vgl. BFH-Urteil vom 02.10.1986, V R 91/78, BStBl. II 1987 S. 44) und die teilunternehmerische Nutzung eines Grundstücks im Sinne des § 15 Abs. 1b UStG (§ 15a Abs. 6a UStG, vgl. Abschnitt 15.6a) anzusehen. [3]Unter Veräußerung ist sowohl die Lieferung im Sinne des § 3 Abs. 1 UStG, z.B. auch die Verwertung in der Zwangsvollstreckung, als auch die Übertragung immaterieller Wirtschaftsgüter zu verstehen. [4]Voraussetzung ist jedoch, dass das Wirtschaftsgut im Zeitpunkt dieser Umsätze objektiv noch verwendungsfähig ist. [5]Die Eröffnung eines Insolvenzverfahrens bewirkt allein weder tatsächlich noch rechtlich eine Änderung in der Verwendung eines Berichtigungsobjekts (vgl. BFH-Urteil vom 08.03.2012, V R 24/11, BStBl. II S. 466).

(2) [1]Für die Frage, ob eine Änderung der Verhältnisse vorliegt, sind die Verhältnisse im Zeitpunkt der tatsächlichen Verwendung im Vergleich zum ursprünglichen Vorsteuerabzug entscheidend (vgl. BFH-Urteil vom 09.02.2011, XI R 35/09, BStBl. II S. 1000). [2]Für den ursprünglichen Vorsteuerabzug ist die Verwendungsabsicht im Zeitpunkt des Leistungsbezugs entscheidend, im Fall der Anzahlung oder Vorauszahlung die im Zeitpunkt der Anzahlung oder Vorauszahlung gegebene Verwendungsabsicht (Abschnitt 15.12 Abs. 1). [3]Eine Änderung der Verhältnisse im Sinne des § 15a UStG liegt z.B. vor,

1. wenn sich auf Grund der tatsächlichen Verwendung nach § 15 Abs. 2 und 3 UStG ein höherer oder niedrigerer Vorsteuerabzug im Vergleich zum ursprünglichen Vorsteuerabzug ergibt, z.B.
   a) wenn der Unternehmer ein Berichtigungsobjekt innerhalb des Unternehmens für Ausgangsumsätze nutzt, welche den Vorsteuerabzug anders als ursprünglich ausschließen oder zulassen (vgl. BFH-Urteile vom 15.09.2011, V R 8/11, BStBl. II 2012 S. 368, und vom 19.10.2011, XI R 16/09, BStBl. II 2012 S. 371),
   b) wenn der Unternehmer einen ursprünglich ausgeübten Verzicht auf eine Steuerbefreiung (§ 9 UStG) später nicht fortführt oder
   c) wenn sich das prozentuale Verhältnis ändert, nach dem die abziehbaren Vorsteuern ursprünglich nach § 15 Abs. 4 UStG aufgeteilt worden sind,
2. wenn das Wirtschaftsgut veräußert oder entnommen wird und dieser Umsatz hinsichtlich des Vorsteuerabzugs anders zu beurteilen ist als der ursprüngliche Vorsteuerabzug (§ 15a Abs. 8 UStG),
3. wenn der Unternehmer von der allgemeinen Besteuerung zur Nichterhebung der Steuer nach § 19 Abs. 1 UStG oder umgekehrt übergeht (§ 15a Abs. 7 UStG), ohne dass sich die Nutzung der Wirtschaftsgüter oder sonstigen Leistungen selbst geändert haben muss,

4. wenn der Unternehmer von der allgemeinen Besteuerung zur Durchschnittssatzbesteuerung nach den §§ 23a und 24 UStG oder umgekehrt übergeht (§ 15a Abs. 7 UStG), ohne dass sich die Nutzung der Wirtschaftsgüter oder sonstigen Leistungen selbst geändert haben muss (zur Vorsteuerberichtigung bei Wirtschaftsgütern, die sowohl in einem gewerblichen Unternehmensteil als auch in einem landwirtschaftlichen Unternehmensteil (§ 24 UStG) eingesetzt werden, und zum Übergang von der allgemeinen Besteuerung zur Durchschnittssatzbesteuerung nach § 24 UStG oder umgekehrt siehe Abschnitt 15a.9 Abs. 5 ff.),
5. wenn sich eine Rechtsänderung nach dem Leistungsbezug auf die Beurteilung des Vorsteuerabzugs auswirkt, z. B. bei Wegfall oder Einführung einer den Vorsteuerabzug ausschließenden Steuerbefreiung (vgl. BFH-Urteil vom 14.05.1992, V R 79/87, BStBl. II S. 983) oder bei gesetzlichen Neuregelungen zur Vorsteueraufteilung nach § 15 Abs. 4 UStG (vgl. BFH-Urteile vom 22.08.2013 – V R 19/09, BStBl. II 2022 S. 726, und vom 10.08.2016 – XI R 31/09, BStBl. II 2022 S. 736),
6. wenn sich die rechtliche Beurteilung des ursprünglichen Vorsteuerabzugs später als unzutreffend erweist, sofern die Steuerfestsetzung für das Jahr des Leistungsbezugs bestandskräftig und unabänderbar ist (Abschnitt 15a.4 Abs. 3),
7. wenn sich die Verwendung eines Grundstücks im Sinne des § 15 Abs. 1b UStG ändert (§ 15a Abs. 6a UStG, vgl. Abschnitt 15.6a),
8. wenn der Unternehmer aufgrund einer Erklärung nach § 25a Abs. 2 Satz 1 UStG von der allgemeinen Besteuerung zur Differenzbesteuerung oder umgekehrt übergeht (vgl. hierzu Abschnitt 25a.1 Abs. 7 Satz 7 ff.).

(3) Eine Geschäftsveräußerung im Sinne des § 1 Abs. 1a UStG stellt keine Änderung der Verhältnisse dar, weil der Erwerber nach § 1 Abs. 1a Satz 3 UStG an die Stelle des Veräußerers tritt (vgl. BFH-Urteile vom 06.09.2007, V R 41/05, BStBl. II 2008 S. 65, und vom 30.04.2009, V R 4/07, BStBl. II S. 863; siehe auch Abschnitt 15a.10).

(4) Die Einräumung eines Miteigentumsanteils an einem zu eigenunternehmerischen Zwecken genutztem Grundstücksteil führt zu keiner Änderung der Verhältnisse, wenn der bisherige Alleineigentümer auch als Miteigentümer in Bruchteilsgemeinschaft insoweit zum Vorsteuerabzug berechtigt bleibt, als seine eigenunternehmerische Nutzung seinen quotalen Miteigentumsanteil am Grundstück nicht übersteigt (vgl. BFH-Urteil vom 22.11.2007, V R 5/06, BStBl. II 2008 S. 448).

Besonderheiten bei der Änderung der Verhältnisse bei Wirtschaftsgütern, die nicht nur einmalig zur Ausführung von Umsätzen verwendet werden

(5) Ändern sich im Laufe eines Kalenderjahres die Verhältnisse gegenüber den für den ursprünglichen Vorsteuerabzug maßgeblichen Verhältnissen, ist maßgebend, wie das Wirtschaftsgut während des gesamten Kalenderjahres verwendet wird.

Beispiel:

[1] Ein Unternehmer erwirbt am 01.03.2001 eine Maschine. [2] Er beabsichtigt, sie bis zum 30.06.2001 nur zur Ausführung von zum Vorsteuerabzug berechtigenden Umsätzen und ab 01.07.2001 ausschließlich zur Ausführung von Umsätzen, die den Vorsteuerabzug ausschließen, zu verwenden. [3] Am 01.10.2003 veräußert der Unternehmer die Maschine steuerpflichtig.

[4] Im Jahr 01 kann der Unternehmer im Zeitpunkt des Leistungsbezuges 40 % der auf die Anschaffung der Maschine entfallenden Vorsteuern abziehen (von den 10 Monaten des Jahres 01 soll die Maschine 4 Monate, d. h. zu 40 %, für zum Vorsteuerabzug berechtigende und 6 Monate, d. h. zu 60 %, für den Vorsteuerabzug ausschließende Umsätze verwendet werden). [5] Da die Maschine im Jahr 01 planmäßig verwendet wurde, ist der Vorsteuerabzug nicht zu berichtigen.

[6] Im Jahr 02 wird die Maschine nur für Umsätze verwendet, die den Vorsteuerabzug ausschließen. [7] Damit liegt eine Änderung der Verhältnisse um 40 Prozentpunkte vor. [8] Der Unternehmer muss die Vorsteuern entsprechend an das Finanzamt zurückzahlen.

[9] Im Jahr 03 wird die Maschine 9 Monate für Umsätze verwendet, die den Vorsteuerabzug ausschließen. [10] Die steuerpflichtige Veräußerung am 01.10.2003 ist so zu behandeln, als ob die Maschine vom 01.10. bis 31.12. für zum Vorsteuerabzug berechtigende Umsätze verwendet worden wäre. [11] Auf das ganze Kalenderjahr bezogen sind 25 % der Vorsteuern abziehbar (von den 12 Monaten des Jahres 03 berechtigt die Verwendung in 3 Monaten zum Vorsteuerabzug). [12] Gegenüber dem ursprünglichen Vorsteuerabzug haben sich somit die Verhältnisse um 15 Prozentpunkte zuungunsten geändert. [13] Der Unternehmer muss die Vorsteuern entsprechend an das Finanzamt zurückzahlen.

[14] Für die restlichen Kalenderjahre des Berichtigungszeitraums ist die Veräußerung ebenfalls wie eine Verwendung für zu 100 % zum Vorsteuerabzug berechtigende Umsätze anzusehen. [15] Die Änderung der Verhältnisse gegenüber dem ursprünglichen Vorsteuerabzug beträgt somit für diese Kalenderjahre jeweils 60 Prozentpunkte. [16] Der Unternehmer hat einen entsprechenden nachträglichen Vorsteuerabzug (zum Berichtigungsverfahren in diesem Fall vgl. Abschnitt 15a.11 Abs. 4).

(6)[1)] Bei bebauten und unbebauten Grundstücken können sich die Verhältnisse insbesondere in folgenden Fällen ändern:

1. Nutzungsänderungen, insbesondere durch
   a) Übergang von einer durch Option nach § 9 UStG steuerpflichtigen Vermietung zu einer nach § 4 Nr. 12 Satz 1 Buchstabe a UStG steuerfreien Vermietung oder umgekehrt;
   b) Übergang von der Verwendung eigengewerblich genutzter Räume, die zur Erzielung zum Vorsteuerabzug berechtigender Umsätze verwendet werden, zu einer nach § 4 Nr. 12 Satz 1 Buchstabe a UStG steuerfreien Vermietung oder umgekehrt;
   c) Übergang von einer steuerfreien Vermietung nach Artikel 67 Abs. 3 NATO-ZAbk[2)] zu einer nach § 4 Nr. 12 Satz 1 Buchstabe a UStG steuerfreien Vermietung oder umgekehrt;
   d) Änderung des Vorsteueraufteilungsschlüssels bei Grundstücken, die sowohl zur Ausführung von Umsätzen, die zum Vorsteuerabzug berechtigen, als auch für Umsätze, die den Vorsteuerabzug ausschließen, verwendet werden (vgl. Abschnitte 15.16, 15.17 und 15a.4 Abs. 2);

---

1) A 15a.2 UStAE Abs. 6 Nr. 2 Buchst. b eingef., bish. Buchst. b und c werden Buchst. c und d durch BMF v. 22.12.2023, BStBl. I 2023, 2248.

2) **Zölle und Verbrauchsteuern** Nr. **171**.

e) Änderung des Umfangs der teilunternehmerischen Nutzung eines Grundstücks im Sinne des § 15 Abs. 1b UStG (vgl. Abschnitt 15.6a);

2. Veräußerungen, die nicht als Geschäftsveräußerungen im Sinne des § 1 Abs. 1a UStG anzusehen sind, insbesondere

a) nach § 4 Nr. 9 Buchstabe a UStG steuerfreie Veräußerung ganz oder teilweise eigengewerblich und vorsteuerunschädlich genutzter, ursprünglich steuerpflichtig vermieteter oder auf Grund des Artikels 67 Abs. 3 NATO-ZAbk[1] steuerfrei vermieteter Grundstücke (vgl. auch Absatz 1);

b) durch eine steuerfreie Veräußerung eines bis dahin vorsteuerunschädlich genutzten Grundstücks, soweit der Erwerber zum Zeitpunkt der Veräußerung die für die Ausübung des Optionsrechts erforderlichen Voraussetzungen nicht erfüllt und beim Veräußerer der Immobilie damit die Möglichkeit einer Option nach § 9 UStG entfällt (vgl. EuGH-Urteil vom 30.06.2022, C-56/21, ARVI ir ko);[2]

c) durch wirksame Option nach § 9 UStG steuerpflichtige Veräußerung ursprünglich ganz oder teilweise nach § 4 Nr. 12 Satz 1 Buchstabe a UStG steuerfrei vermieteter Grundstücke;

d) die entgeltliche Übertragung eines Miteigentumsanteils an einem ursprünglich teilweise steuerfrei vermieteten Grundstück auf einen Familienangehörigen, wenn die Teiloption beim Verkauf nicht in dem Verhältnis der bisherigen Nutzung ausgeübt wird (vgl. Abschnitt 9.1 Abs. 6);

3. unentgeltliche Wertabgaben, die nicht im Rahmen einer Geschäftsveräußerung nach § 1 Abs. 1a UStG erfolgen, und die steuerfrei sind, insbesondere

a) unentgeltliche Übertragung ganz oder teilweise eigengewerblich vorsteuerunschädlich genutzter, ursprünglich steuerpflichtig vermieteter oder auf Grund des Artikels 67 Abs. 3 NATO-ZAbk[1] steuerfrei vermieteter Grundstücke, z. B. an Familienangehörige (vgl. BFH-Urteil vom 25.06.1987, V R 92/78, BStBl. II S. 655);

b) unentgeltliche Nießbrauchsbestellung an einem entsprechend genutzten Grundstück, z. B. an Familienangehörige (vgl. BFH-Urteil vom 16.09.1987, X R 51/81, BStBl. II 1988 S. 205);

c) unentgeltliche Übertragung des Miteigentumsanteils an einem entsprechend genutzten Grundstück, z. B. an Familienangehörige (vgl. BFH-Urteil vom 27.04.1994, XI R 85/92, BStBl. II 1995 S. 30).

(7) [1]Die Lieferung eines Gegenstands (Verschaffung der Verfügungsmacht) setzt die Übertragung von Substanz, Wert und Ertrag voraus. [2]Die Verfügungsmacht an einem Mietgrundstück ist mangels Ertragsübergangs noch nicht verschafft, solange der Lieferer dieses auf Grund seines Eigentums wie bislang für Vermietungsumsätze verwendet. [3]Das gilt auch für eine unentgeltliche Lieferung des Mietwohngrundstücks. [4]Solange die Verfügungsmacht

[1] **Zölle und Verbrauchsteuern** Nr. **171.**
[2] MwStR 2022, 577.

nicht übergegangen ist, liegen keine unentgeltliche Wertabgabe und keine durch sie verursachte Änderung der Verwendungsverhältnisse im Sinne des § 15a UStG vor (BFH-Urteil vom 18.11.1999, V R 13/99, BStBl. II 2000 S. 153).

(8) [1] Steht ein Gebäude im Anschluss an seine erstmalige Verwendung für eine bestimmte Zeit ganz oder teilweise leer, ist bis zur tatsächlichen erneuten Verwendung des Wirtschaftsgutes anhand der Verwendungsabsicht (vgl. Abschnitt 15.12) zu entscheiden, ob sich die für den ursprünglichen Vorsteuerabzug maßgebenden Verhältnisse ändern. [2] Keine Änderung der Verhältnisse liegt dabei vor, wenn im Anschluss an eine zum Vorsteuerabzug berechtigende Verwendung auch künftig zum Vorsteuerabzug berechtigende Umsätze ausgeführt werden sollen (vgl. BFH-Urteil vom 25.04.2002, V R 58/00, BStBl. II 2003 S. 435). [3] Dagegen kann die Änderung der Verwendungsabsicht oder die spätere tatsächliche Verwendung zu einer Vorsteuerberichtigung führen. [4] Bei einer ursprünglich gemischten Verwendung im Sinne des § 15 Abs. 4 UStG, bei der eine Tätigkeit aufgegeben wird (z. B. die zum Vorsteuerabzug berechtigende) und das Wirtschaftsgut nunmehr ausschließlich für Zwecke der beibehaltenen Tätigkeit (z. B. der nicht zum Vorsteuerabzug berechtigenden) genutzt wird, ist grundsätzlich von einer Änderung der Verhältnisse im Sinne von § 15a UStG auszugehen (vgl. EuGH-Urteil vom 09.07.2020, C-374/19, Finanzamt Bad Neuenahr-Ahrweiler, BStBl. II 2022 S. 588). [5] Es ist jedoch unter Beachtung aller Umstände des Einzelfalles zu prüfen, ob im Anschluss ausnahmsweise eine nur punktuelle Verwendung des betroffenen Wirtschaftsgutes im Rahmen der beibehaltenen Tätigkeit und im Übrigen nunmehr ohne Zweifel eine Nichtnutzung (z. B. ein Leerstand) ohne Verwendungsabsicht vorliegt. [6] Im Umfang einer derartigen Nichtnutzung liegt keine Änderung der Verhältnisse im Sinne von § 15a UStG vor (vgl. BFH-Urteil vom 27.10.2020 – V R 20/20 (V R 61/17), BStBl. II 2022 S. 575).

(9) Veräußerung und unentgeltliche Wertabgabe nach § 3 Abs. 1b UStG eines Wirtschaftsguts, das nicht nur einmalig zur Ausführung von Umsätzen verwendet wird, nach Beginn des nach § 15a Abs. 1 UStG maßgeblichen Berichtigungszeitraums sind so anzusehen, als ob das Wirtschaftsgut bis zum Ablauf des maßgeblichen Berichtigungszeitraums (vgl. Abschnitt 15a.3) entsprechend der umsatzsteuerrechtlichen Behandlung dieser Umsätze weiterhin innerhalb des Unternehmens verwendet worden wäre.

Beispiel:

[1] Ein Betriebsgrundstück, das vom 01.01.2001 bis zum 31.10.2001 innerhalb des Unternehmens zur Ausführung zum Vorsteuerabzug berechtigender Umsätze verwendet worden ist, wird am 01.11.2001 nach § 4 Nr. 9 Buchstabe a UStG steuerfrei veräußert.
[2] Für die Berichtigung ist die Veräußerung so anzusehen, als ob das Grundstück ab dem Zeitpunkt der Veräußerung bis zum Ablauf des Berichtigungszeitraums nur noch zur Ausführung von Umsätzen verwendet würde, die den Vorsteuerabzug ausschließen. [3] Entsprechendes gilt bei einer steuerfreien unentgeltlichen Wertabgabe nach § 3 Abs. 1b Satz 1 Nr. 3 UStG.

15a.3 Berichtigungszeitraum nach § 15a Abs. 1 UStG

Beginn und Dauer des Berichtigungszeitraums

(1) [1]Der Zeitraum, für den eine Berichtigung des Vorsteuerabzugs durchzuführen ist, beträgt grundsätzlich volle fünf Jahre ab dem Beginn der erstmaligen tatsächlichen Verwendung. [2]Er verlängert sich bei Grundstücken einschließlich ihrer wesentlichen Bestandteile, bei Berechtigungen, für die die Vorschriften des bürgerlichen Rechts über Grundstücke gelten, und bei Gebäuden auf fremdem Grund und Boden auf volle zehn Jahre (§ 15a Abs. 1 Satz 2 UStG). [3]Der Berichtigungszeitraum von zehn Jahren gilt auch für Betriebsvorrichtungen, die als wesentliche Bestandteile auf Dauer in ein Gebäude eingebaut werden (vgl. BFH-Urteil vom 14.07.2010, XI R 9/09, BStBl. II S. 1086). [4]Bei Wirtschaftsgütern mit einer kürzeren Verwendungsdauer ist der entsprechend kürzere Berichtigungszeitraum anzusetzen (§ 15a Abs. 5 Satz 2 UStG). [5]Ob von einer kürzeren Verwendungsdauer auszugehen ist, beurteilt sich nach der betriebsgewöhnlichen Nutzungsdauer, die nach ertragsteuerrechtlichen Grundsätzen für das Wirtschaftsgut anzusetzen ist. [6]§ 45 UStDV ist zur Ermittlung des Beginns des Berichtigungszeitraums analog anzuwenden (vgl. Absatz 6).

(2) [1]Wird ein Wirtschaftsgut, z. B. ein Gebäude, bereits entsprechend dem Baufortschritt verwendet, noch bevor es insgesamt fertig gestellt ist, ist für jeden gesondert in Verwendung genommenen Teil des Wirtschaftsguts ein besonderer Berichtigungszeitraum anzunehmen (vgl. BFH-Urteil vom 29.04.2020, XI R 14/19, BStBl. II S. 613). [2]Gleiches gilt, wenn ein Wirtschaftsgut im Fall einer Sanierung entsprechend dem Sanierungsfortschritt wieder in Verwendung genommen wird. [3]Diese Berichtigungszeiträume beginnen jeweils zu dem Zeitpunkt, zu dem der einzelne Teil des Wirtschaftsguts erstmalig (wieder) zur Ausführung von Umsätzen verwendet wird. [4]Der einzelnen Berichtigung sind jeweils die Vorsteuerbeträge zu Grunde zu legen, die auf den entsprechenden Teil des Wirtschaftsguts entfallen. [5]Wird dagegen ein fertiges Wirtschaftsgut nur teilweise gebraucht oder, gemessen an seiner Einsatzmöglichkeit, nicht voll genutzt, besteht ein einheitlicher Berichtigungszeitraum für das ganze Wirtschaftsgut, der mit dessen erstmaliger Verwendung beginnt. [6]Dabei ist für die nicht genutzten Teile des Wirtschaftsguts (z. B. eines Gebäudes) die Verwendungsabsicht maßgebend.

(3) [1]Steht ein Gebäude vor der erstmaligen Verwendung leer, beginnt der Berichtigungszeitraum nach § 15a Abs. 1 UStG erst mit der erstmaligen tatsächlichen Verwendung.

Beispiel:

[1]Ein Unternehmer errichtet ein Bürogebäude. [2]Die im Zusammenhang mit der Herstellung des Gebäudes in Rechnung gestellte Umsatzsteuer beträgt in den Jahren 01 100.000 € und 02 300.000 € (insgesamt 400.000 €). [3]Die abziehbaren Vorsteuerbeträge nach § 15 UStG belaufen sich vor dem Zeitpunkt der erstmaligen Verwendung auf 100.000 €, da der Unternehmer im Jahr 01 beabsichtigte und dies schlüssig dargelegt hat, das Gebäude nach Fertigstellung zu 100 % für zum Vorsteuerabzug berechtigende Zwecke zu verwenden, während er im Jahr 02 beabsichtigte, das Gebäude nach Fertigstellung zu 0 % für zum Vorsteuerabzug berechtigende Zwecke zu verwenden. [4]Das Gebäude steht nach der Investitionsphase ein Jahr leer (Jahr 03).

[5] Ab dem Jahr 04 wird das Gebäude zu 100% für zum Vorsteuerabzug berechtigende Umsätze verwendet.

Insgesamt in Rechnung gestellte Umsatzsteuer:	400.000 €
Ursprünglicher Vorsteuerabzug (25%):	100.000 €
Zeitpunkt der erstmaligen Verwendung:	01.01.04
Dauer des Berichtigungszeitraums:	01.01.04 bis 31.12.13
Tatsächliche zum Vorsteuerabzug berechtigende Verwendung im Berichtigungszeitraum:	
ab Jahr 04:	100%
Änderung der Verhältnisse:	
ab Jahr 04 (100% statt 25%):	75 Prozentpunkte
Berichtigung (Vorsteuererhöhung) pro Jahr ab 04:	
75 Prozentpunkte von $^1/_{10}$ von 400.000 €	30.000 € jährlich

[2] Auch für Leistungsbezüge während des Leerstands vor der erstmaligen Verwendung richtet sich der Vorsteuerabzug nach der im Zeitpunkt des jeweiligen Leistungsbezugs gegebenen Verwendungsabsicht (vgl. Abschnitt 15.12).

(4) Wird ein dem Unternehmen zugeordnetes Wirtschaftsgut zunächst unentgeltlich überlassen, beginnt der Berichtigungszeitraum mit der unentgeltlichen Überlassung, unabhängig davon, ob die unentgeltliche Überlassung zu einer steuerbaren unentgeltlichen Wertabgabe führt.

Ende des Berichtigungszeitraums

(5) Endet der maßgebliche Berichtigungszeitraum während eines Kalenderjahres, sind nur die Verhältnisse zu berücksichtigen, die bis zum Ablauf dieses Zeitraums eingetreten sind.

Beispiel:

[1] Der Berichtigungszeitraum für ein Wirtschaftsgut endet am 31.08.2001. [2] In diesem Kalenderjahr hat der Unternehmer das Wirtschaftsgut bis zum 30.06. nur zur Ausführung zum Vorsteuerabzug berechtigender Umsätze und vom 01.07. bis zum 09.10. ausschließlich zur Ausführung nicht zum Vorsteuerabzug berechtigender Umsätze verwendet. [3] Am 10.10.2001 veräußert er das Wirtschaftsgut steuerpflichtig.
[4] Bei der Berichtigung des Vorsteuerabzugs für das Jahr 01 sind nur die Verhältnisse bis zum 31.08. zu berücksichtigen. [5] Da das Wirtschaftsgut in diesem Zeitraum sechs Monate für zum Vorsteuerabzug berechtigende und zwei Monate für nicht zum Vorsteuerabzug berechtigende Umsätze verwendet wurde, sind 25% des auf das Jahr 01 entfallenden Vorsteueranteils nicht abziehbar.
[6] Die auf die Zeit ab 01.09.2001 entfallende Verwendung und die Veräußerung liegen außerhalb des Berichtigungszeitraums und bleiben deshalb bei der Prüfung, inwieweit eine Änderung der Verhältnisse gegenüber dem ursprünglichen Vorsteuerabzug vorliegt, außer Betracht.

(6) Endet der Berichtigungszeitraum innerhalb eines Kalendermonats, ist das für die Berichtigung maßgebliche Ende nach § 45 UStDV zu ermitteln.

Beispiel 1:

[1] Unternehmer U hat am 10.01.2001 eine Maschine angeschafft, die er zunächst wie geplant ab diesem Zeitpunkt zu 90% zur Erzielung von zum Vorsteuerabzug berechtigenden Umsätzen und zu 10% zur Erzielung von nicht zum Vorsteuerabzug berechtigenden Umsätzen verwendet. [2] Die Vorsteuern aus der Anschaffung betragen 80.000 €. [3] Ab dem 01.08.2001 nutzt U die Maschine nur noch zu 10% für zum Vorsteuerabzug berechtigende Umsätze.

Insgesamt in Rechnung gestellte Umsatzsteuer:	80.000 €
Ursprünglicher Vorsteuerabzug (90% von 80.000 €)	72.000 €
Zeitpunkt der erstmaligen Verwendung:	10.01.01

Dauer des Berichtigungszeitraums: 01.01.01 bis 31.12.05
(nach § 45 UStDV bleibt der Januar 06 für die Berichtigung unberücksichtigt, da der Berichtigungszeitraum vor dem 16.01.06 endet; entsprechend beginnt der Berichtigungszeitraum dann mit dem 01.01.01)
Tatsächliche zum Vorsteuerabzug berechtigende Verwendung im Berichtigungszeitraum:
Jahr 01 56,7 %
(Nutzung Januar bis Juli 01: $^7/_{12} \times 90\,\% = 52{,}5$ Prozentpunkte; Nutzung August bis Dezember 01: $^5/_{12} \times 10\,\% = 4{,}2$ Prozentpunkte; Summe 01: 56,7 Prozentpunkte)
ab Jahr 02 10,0 %
Änderung der Verhältnisse zum ursprünglichen Vorsteuerabzug:
Jahr 01 (56,7 % statt 90 %): 33,3 Prozentpunkte
ab Jahr 02 jeweils (10 % statt 90 %) 80,0 Prozentpunkte
Berichtigungsbetrag (Vorsteuerminderung):
Jahr 01 (80.000 € × $^1/_5$ × 33,3 Prozentpunkte) 5.328 €
ab Jahr 02 jeweils (80.000 € × $^1/_5$ × 80 Prozentpunkte) 12.800 €

Beispiel 2:

Wie Beispiel 1, nur Anschaffung und Verwendungsbeginn der Maschine am 20.01.01.
Insgesamt in Rechnung gestellte Umsatzsteuer: 80.000 €
Ursprünglicher Vorsteuerabzug (90 % von 80.000 €): 72.000 €
Zeitpunkt der erstmaligen Verwendung: 20.01.01
Dauer des Berichtigungszeitraums: 01.02.01 bis 31.01.06
(nach § 45 UStDV ist der Januar 06 für die Berichtigung voll zu berücksichtigen, da der Berichtigungszeitraum nach dem 15.01.06 endet; entsprechend beginnt der Berichtigungszeitraum dann mit dem 01.02.01)
Tatsächliche zum Vorsteuerabzug berechtigende Verwendung im Berichtigungszeitraum:
Jahr 01 53,6 %
(Nutzung Februar bis Juli 01: $^6/_{11} \times 90\,\% = 49{,}1$ Prozentpunkte; Nutzung August bis Dezember 01: $^5/_{11} \times 10\,\% = 4{,}5$ Prozentpunkte; Summe 01: 53,6 Prozentpunkte)
ab Jahr 02 10,0 %
Änderung der Verhältnisse zum ursprünglichen Vorsteuerabzug:
Jahr 01 (53,6 % statt 90 %): 36,4 Prozentpunkte
ab Jahr 02 jeweils (10 % statt 90 %): 80,0 Prozentpunkte
Berichtigungsbetrag (Vorsteuerminderung):
Jahr 01 (80.000 € × $^1/_5$ × 36,4 % × $^{11}/_{12}$): 5.338 €
Jahre 02 bis 05 jeweils (80.000 € × $^1/_5$ × 80 %): 12.800 €
Jahr 06 (80.000 € × $^1/_5$ × 80 % × $^1/_{12}$): 1.066 €

(7) [1] Kann ein Wirtschaftsgut vor Ablauf des Berichtigungszeitraums wegen Unbrauchbarkeit vom Unternehmer nicht mehr zur Ausführung von Umsätzen verwendet werden, endet damit der Berichtigungszeitraum. [2] Das gilt auch für die Berichtigungszeiträume, die für eventuell angefallene nachträgliche Anschaffungs- oder Herstellungskosten bestehen. [3] Eine Veräußerung des nicht mehr verwendungsfähigen Wirtschaftsguts als Altmaterial bleibt für die Berichtigung des Vorsteuerabzuges unberücksichtigt.

(8) [1] Wird das Wirtschaftsgut vor Ablauf des Berichtigungszeitraums veräußert oder nach § 3 Abs. 1b UStG geliefert, verkürzt sich hierdurch der Berichtigungszeitraum nicht. [2] Zur Änderung der Verhältnisse in diesen Fällen vgl. Abschnitt 15a.2 Abs. 9.

15a.4 Berichtigung nach § 15a Abs. 1 UStG

(1) [1] Die Berichtigung des Vorsteuerabzugs ist jeweils für den Voranmeldungszeitraum bzw. das Kalenderjahr vorzunehmen, in dem sich die für den ursprünglichen Vorsteuerabzug maßgebenden Verhältnisse geändert haben

(vgl. Abschnitt 15a.2). [2]Dabei sind die Vereinfachungsregelungen des § 44 UStDV zu beachten (vgl. Abschnitt 15a.11). [3]Weicht die tatsächliche Verwendung von den für den ursprünglichen Vorsteuerabzug maßgebenden Verhältnissen ab, wird die Berichtigung des Vorsteuerabzugs nicht durch eine Änderung der Steuerfestsetzung des Jahres der Inanspruchnahme des Vorsteuerabzugs nach den Vorschriften der AO, sondern verteilt auf den Berichtigungszeitraum von 5 bzw. 10 Jahren pro rata temporis vorgenommen. [4]Dabei ist für jedes Kalenderjahr des Berichtigungszeitraums von den in § 15a Abs. 5 UStG bezeichneten Anteilen der Vorsteuerbeträge auszugehen. [5]Beginnt oder endet der Berichtigungszeitraum innerhalb eines Kalenderjahres, ist für diese Kalenderjahre jeweils nicht der volle Jahresanteil der Vorsteuerbeträge, sondern nur der Anteil anzusetzen, der den jeweiligen Kalendermonaten entspricht.

Beispiel:

[1]Auf ein Wirtschaftsgut mit einem Berichtigungszeitraum von 5 Jahren entfällt eine Vorsteuer von insgesamt 5.000 €. [2]Der Berichtigungszeitraum beginnt am 01.04.2001 und endet am 31.03.2006. [3]Bei der Berichtigung ist für die einzelnen Jahre jeweils von einem Fünftel der gesamten Vorsteuer (= 1.000 €) auszugehen. [4]Der Berichtigung des Jahres 01 sind 9 Zwölftel dieses Betrages (= 750 €) und der des Jahres 06 3 Zwölftel dieses Betrages (= 250 €) zu Grunde zu legen.

(2) [1]Sind die Voraussetzungen für den Vorsteuerabzug nicht schon im Zeitpunkt des Leistungsbezugs, sondern erst nach Beginn der tatsächlichen erstmaligen Verwendung erfüllt, z. B. weil die zum Vorsteuerabzug berechtigende Rechnung vor Beginn der tatsächlichen erstmaligen Verwendung noch nicht vorgelegen hat, kann die Vorsteuer erst abgezogen werden, wenn die Voraussetzungen des § 15 Abs. 1 UStG insgesamt vorliegen. [2]Auch hierbei beurteilt sich die Berechtigung zum Vorsteuerabzug nach der Verwendung im Zeitpunkt des Leistungsbezugs (vgl. Abschnitt 15.12). [3]Von diesen Verhältnissen ist auch bei der Berichtigung auszugehen. [4]Folglich ist im Zeitpunkt des erstmaligen Vorsteuerabzugs gleichzeitig eine eventuell notwendige Berichtigung für die bereits abgelaufenen Teile des Berichtigungszeitraums vorzunehmen.

Beispiel 1:

[1]Ein im Jahr 01 neu errichtetes Gebäude, auf das eine Vorsteuer von 50.000 € entfällt, wird im Jahr 02 erstmalig tatsächlich verwendet. [2]Die Rechnung mit der gesondert ausgewiesenen Steuer erhält der Unternehmer aber erst im Jahr 04. [3]Der Unternehmer hat bereits während der Bauphase schlüssig dargelegt, dass er das Gebäude zum Vorsteuerabzug berechtigend vermieten will. [4]Das Gebäude wurde tatsächlich wie folgt verwendet:
- im Jahr 02 nur zur Ausführung zum Vorsteuerabzug berechtigender Umsätze;
- im Jahr 03 je zur Hälfte zur Ausführung zum Vorsteuerabzug berechtigender und nicht zum Vorsteuerabzug berechtigender Umsätze;
- im Jahr 04 nur zur Ausführung nicht zum Vorsteuerabzug berechtigender Umsätze.

[5]Da der Unternehmer schlüssig dargelegt hat, dass er beabsichtigt, das Gebäude nach der Fertigstellung im Jahr 02 ausschließlich für zum Vorsteuerabzug berechtigende Umsätze zu verwenden, kann er nach § 15 Abs. 1 UStG die Vorsteuer von 50.000 € voll abziehen. [6]Der Abzug ist jedoch erst im Jahr 04 zulässig. [7]Bei der Steuerfestsetzung für dieses Jahr ist dieser Abzug aber gleichzeitig insoweit zu berichtigen, als für die Jahre 03 und 04 eine Änderung der Verhältnisse gegenüber der im Zeitpunkt des Leistungsbezuges dargelegten Verwendungsabsicht eingetreten ist. [8]Diese Änderung beträgt für das Jahr 03 50 % und für das Jahr 04 100 %. [9]Entsprechend dem zehnjährigen Berichtigungszeitraum ist bei der Berichtigung pro Jahr von einem Zehntel der Vorsteuer von 50.000 € = 5.000 € auszugehen. [10]Es sind für das Jahr 03

die Hälfte dieses Vorsteueranteils, also 2.500 €, und für das Jahr 04 der volle Vorsteueranteil von 5.000 € vom Abzug ausgeschlossen. [11] Im Ergebnis vermindert sich somit die bei der Steuerfestsetzung für das Jahr 04 abziehbare Vorsteuer von 50.000 € um (2.500 € + 5.000 € =) 7.500 € auf 42.500 €.

Beispiel 2:

[1] Ein Unternehmer (Immobilienfonds) errichtet ein Bürogebäude. [2] Die im Zusammenhang mit der Herstellung des Gebäudes in Rechnung gestellte Umsatzsteuer beträgt in den Jahren 01 150.000 € und 02 150.000 € (insgesamt 300.000 €). [3] Für einen weiteren Leistungsbezug des Jahres 01 liegt eine nach § 14 UStG ausgestellte Rechnung mit gesondertem Ausweis der Umsatzsteuer i. H. v. 100.000 € erst in 04 vor. [4] Die insgesamt in Rechnung gestellte Umsatzsteuer beträgt somit 400.000 €.

[5] Der Unternehmer beabsichtigte im Jahr 01 eine zu 100 % und im Jahr 02 eine zu 0 % zum Vorsteuerabzug berechtigende Verwendung des Gebäudes. [6] Die Verwendungsabsicht wurde durch den Unternehmer jeweils schlüssig dargelegt. [7] Das Gebäude wird erstmals ab dem Jahr 03 verwendet, und zwar zu 0 % für zum Vorsteuerabzug berechtigende Umsätze.

[8] Die abziehbaren Vorsteuerbeträge nach § 15 UStG belaufen sich vor dem Zeitpunkt der erstmaligen Verwendung (Investitionsphase) auf 150.000 € für die in 01 bezogenen Leistungen.

Jahr 03:	
Insgesamt in Rechnung gestellte Umsatzsteuer:	300.000 €
Ursprünglicher Vorsteuerabzug (50 %):	150.000 €
Zeitpunkt der erstmaligen Verwendung:	01.01.03
Dauer des Berichtigungszeitraums:	01.01.03 bis 31.12.12
Tatsächliche zum Vorsteuerabzug berechtigende Verwendung im Berichtigungszeitraum:	
Jahr 03:	0 %
Vorsteuerberichtigung (0 % statt 50 %)	50 Prozentpunkte
Berichtigungsbetrag (Vorsteuerminderung):	
50 Prozentpunkte von $\frac{1}{10}$ von 300.000 €	15.000 €

Jahr 04:

[9] Da der Unternehmer das Gebäude im Jahr 01 ausschließlich für zum Vorsteuerabzug berechtigende Umsätze verwenden wollte, kann er nach § 15 Abs. 1 UStG die Vorsteuer für den weiteren Leistungsbezug von 100.000 € voll abziehen. [10] Der Abzug ist erst im Jahr 04 zulässig. [11] Bei der Steuerfestsetzung für dieses Jahr ist dieser Abzug aber gleichzeitig insoweit zu berichtigen, als für die Jahre 03 und 04 eine Änderung der Verhältnisse gegenüber der im Zeitpunkt des Leistungsbezuges dargelegten Verwendungsabsicht eingetreten ist.

Berichtigung im Jahr 04:	
Insgesamt in Rechnung gestellte Umsatzsteuer:	400.000 €
Ursprünglicher Vorsteuerabzug (62,5 %)	250.000 €
Tatsächliche zum Vorsteuerabzug berechtigende Verwendung:	
Jahr 03 und 04:	0 %
Vorsteuerberichtigung (0 % statt 62,5 %)	62,5 Prozentpunkte
Berichtigungsbetrag (Vorsteuerminderung) für 03 und 04 jeweils:	
62,5 Prozentpunkte × $\frac{1}{10}$ × 400.000 €	25.000 €

[12] Für 03 erfolgte bereits eine Rückzahlung von 15.000 €. [13] Daher ist in 04 noch eine Vorsteuerberichtigung für 03 i. H. v. 10.000 € zuungunsten des Unternehmers vorzunehmen. [14] Im Ergebnis vermindert sich somit die bei der Steuerfestsetzung für das Jahr 04 abziehbare Vorsteuer von 100.000 € um (10.000 € für 03 + 25.000 € für 04 =) 35.000 € auf 65.000 €.

[5] Entsprechend ist zu verfahren, wenn der ursprünglich in Betracht kommende Vorsteuerabzug nach § 17 UStG oder deswegen zu berichtigen ist, weil später festgestellt wird, dass objektive Anhaltspunkte für die vorgetragene Verwendungsabsicht im Zeitpunkt des Leistungsbezugs nicht vorlagen, die Verwendungsabsicht nicht in gutem Glauben erklärt wurde oder ein Fall von Betrug oder Missbrauch vorliegt (vgl. Abschnitte 15.12 Abs. 5 und 25f.1).

(3)[1), 2)] [1]War der ursprünglich vorgenommene Vorsteuerabzug aus der Sicht des § 15 Abs. 1b bis 4 UStG sachlich unrichtig, weil der Vorsteuerabzug ganz oder teilweise zu Unrecht vorgenommen wurde oder unterblieben ist, ist die unrichtige Steuerfestsetzung nach den Vorschriften der AO zu ändern. [2]Ist eine Änderung der unrichtigen Steuerfestsetzung hiernach nicht mehr zulässig, bleibt die ihr zu Grunde liegende unzutreffende Beurteilung des Vorsteuerabzugs für alle Kalenderjahre maßgebend, in denen nach verfahrensrechtlichen Vorschriften eine Änderung der Festsetzung, in der über den Vorsteuerabzug entschieden wurde, noch möglich war. [3]Zur Unabänderbarkeit von Steuerfestsetzungen der Abzugsjahre bei der Errichtung von Gebäuden vgl. BFH-Urteil vom 05.02.1998, V R 66/94, BStBl. II S. 361. [4]Führt die rechtlich richtige Würdigung des Verwendungsumsatzes in einem noch nicht bestandskräftigen Jahr des Berichtigungszeitraums – gemessen an der tatsächlichen und nicht mehr änderbaren Beurteilung des ursprünglichen Vorsteuerabzugs – zu einer anderen Beurteilung des Vorsteuerabzugs, liegt eine Änderung der Verhältnisse vor (vgl. BFH-Urteile vom 12.06.1997, V R 36/95, BStBl. II S. 589, vom 13.11.1997, V R 140/93, BStBl. II 1998 S. 36, und vom 05.02.1998, V R 66/94, BStBl. II S. 361). [5]Der Vorsteuerabzug kann in allen noch änderbaren Steuerfestsetzungen für die Kalenderjahre des Berichtigungszeitraums, in denen eine Änderung der Steuerfestsetzung des Vorsteuerabzugs nach verfahrensrechtlichen Vorschriften nicht mehr möglich war, sowohl zugunsten als auch zuungunsten des Unternehmers nach § 15a UStG berichtigt werden.

Beispiel 1:

[1]Im Kalenderjahr 01 (Jahr des Leistungsbezugs) wurde der Vorsteuerabzug für ein gemischt genutztes Gebäude zu 100 % (= 100.000 €) gewährt, obwohl im Zeitpunkt des Leistungsbezugs beabsichtigt war, das Gebäude nach Fertigstellung zu 50 % zur Ausführung nicht zum Vorsteuerabzug berechtigender Umsätze zu verwenden und somit nur ein anteiliger Vorsteuerabzug von 50.000 € hätte gewährt werden dürfen. [2]Die Steuerfestsetzung für das Kalenderjahr des Leistungsbezugs ist bereits zu Beginn des Kalenderjahres 03 abgabenrechtlich nicht mehr änderbar. [3]In den Kalenderjahren 02 bis 11 wird das Gebäude zu 50 % zur Ausführung zum Vorsteuerabzug berechtigender Umsätze verwendet.
[4]Obwohl sich die tatsächliche Verwendung des Gebäudes nicht von der im Zeitpunkt des Leistungsbezugs gegebenen Verwendungsabsicht unterscheidet, sind ab dem Kalenderjahr 03 jeweils 50 % von einem Zehntel des gewährten Vorsteuerabzugs von 100.000 € (= 5.000 € pro Jahr) zurückzuzahlen.

Beispiel 2:

[1]Wie Beispiel 1, nur ist die Steuerfestsetzung des Kalenderjahres 01 erst ab Beginn des Kalenderjahres 05 abgabenrechtlich nicht mehr änderbar.
[2]Obwohl sich die tatsächliche Verwendung des Gebäudes nicht von der im Zeitpunkt des Leistungsbezugs gegebenen Verwendungsabsicht unterscheidet, sind ab dem Kalenderjahr 05 jeweils 50 % von einem Zehntel des zu Unrecht gewährten Vorsteuerabzugs von 100.000 € (= 5.000 € pro Jahr) zurückzuzahlen. [3]Eine Berichtigung des zu Unrecht gewährten Vorsteuerabzugs für die Kalenderjahre 02 bis 04 unterbleibt.

(4) [1]Ein gewählter sachgerechter Aufteilungsmaßstab im Sinne des § 15 Abs. 4 UStG, der einem bestandskräftigen Umsatzsteuerbescheid für den entsprechenden Besteuerungszeitraum zu Grunde liegt, ist für eine mögliche

---

1) Hinweis auf A 15.11 Abs. 6 und A 15.12 Abs. 5 UStAE.

2) Zur Rückforderung abgetretener Vorsteuerüberschüsse vom Zessionar vgl. BFH v. 17.03.2009 VII R 38/08, BStBl. II 2009, 953.

Vorsteuerberichtigung nach § 15a UStG maßgebend, auch wenn ggf. noch andere sachgerechte Ermittlungsmethoden in Betracht kommen. [2]Die Bestandskraft der Steuerfestsetzung für das Erstjahr gestaltet die für das Erstjahr maßgebende Rechtslage für die Verwendungsumsätze (vgl. BFH-Urteil vom 28.09.2006, V R 43/03, BStBl. II 2007 S. 417).

15a.5 Berichtigung nach § 15a Abs. 2 UStG[1)]

(1) [1]Die Berichtigung nach § 15a Abs. 2 UStG unterliegt keinem Berichtigungszeitraum. [2]Eine Vorsteuerberichtigung ist im Zeitpunkt der tatsächlichen Verwendung durchzuführen, wenn diese von der ursprünglichen Verwendungsabsicht beim Erwerb abweicht. [3]Es ist unbeachtlich, wann das Wirtschaftsgut tatsächlich verwendet wird.

(2) Die Berichtigung ist für den Voranmeldungszeitraum bzw. das Kalenderjahr vorzunehmen, in dem das Wirtschaftsgut abweichend von der ursprünglichen Verwendungsabsicht verwendet wird.

Beispiel 1:

[1]Unternehmer U erwirbt am 01.07.2001 ein Grundstück zum Preis von 2.000.000 €. [2]Der Verkäufer des Grundstücks hat im notariell beurkundeten Kaufvertrag auf die Steuerbefreiung verzichtet (§ 9 Abs. 3 Satz 2 UStG). [3]U möchte das Grundstück unter Verzicht auf die Steuerbefreiung nach § 4 Nr. 9 Buchstabe a UStG weiterveräußern, so dass er die von ihm geschuldete Umsatzsteuer nach § 15 Abs. 1 Satz 1 Nr. 4 in Verbindung mit § 13b Abs. 2 Nr. 3 UStG als Vorsteuer abzieht. [4]Am 01.07.2003 veräußert er das Grundstück entgegen seiner ursprünglichen Planung an eine nichtunternehmerisch tätige juristische Person des öffentlichen Rechts, so dass für die Veräußerung des Grundstücks nicht nach § 9 Abs. 1 UStG zur Steuerpflicht optiert werden kann und diese somit nach § 4 Nr. 9 Buchstabe a UStG steuerfrei ist.

[5]Die tatsächliche steuerfreie Veräußerung schließt nach § 15 Abs. 2 UStG den Vorsteuerabzug aus und führt damit zu einer Änderung der Verhältnisse im Vergleich zu den für den ursprünglichen Vorsteuerabzug maßgebenden Verhältnissen. [6]Da das Grundstück nur einmalig zur Ausführung eines Umsatzes verwendet wird, ist der gesamte ursprüngliche Vorsteuerabzug i. H. v. 380.000 € nach § 15a Abs. 2 UStG im Zeitpunkt der Verwendung für den Besteuerungszeitraum der Veräußerung zu berichtigen. [7]Der Vorsteuerbetrag ist demnach für den Monat Juli 03 zurückzuzahlen.

Beispiel 2:

[1]Wie Beispiel 1, nur erfolgt die tatsächliche steuerfreie Veräußerung erst 18 Jahre nach dem steuerpflichtigen Erwerb des Grundstücks. [2]Das Grundstück ist zwischenzeitlich tatsächlich nicht genutzt worden.

[3]Da § 15a Abs. 2 UStG keinen Berichtigungszeitraum vorsieht, muss auch hier die Vorsteuer nach § 15a Abs. 2 UStG berichtigt werden. [4]U hat den Vorsteuerbetrag i. H. v. 380.000 € für den Voranmeldungszeitraum der Veräußerung zurückzuzahlen.

15a.6 Berichtigung nach § 15a Abs. 3 UStG

Bestandteile

(1) [1]Unter der Voraussetzung, dass in ein Wirtschaftsgut (das ertragsteuerrechtlich entweder Anlagevermögen oder Umlaufvermögen ist) nachträglich ein anderer Gegenstand eingeht und dieser Gegenstand dabei seine körper-

---

[1)] Kein Anspruch auf Vorsteuerberichtigung von vor dem 01.01.2005 erworbenen Gegenständen des Umlaufvermögens; vgl. BFH v. 12.02.2009 V R 85/07, BStBl. II 2010, 76.

liche und wirtschaftliche Eigenart endgültig verliert (Bestandteil), ist der Vorsteuerabzug bei Änderung der Verwendungsverhältnisse nach Maßgabe von § 15a Abs. 1 oder Abs. 2 UStG zu berichtigen. [2]Bestandteile sind alle nicht selbstständig nutzbaren Gegenstände, die mit dem Wirtschaftsgut in einem einheitlichen Nutzungs- und Funktionszusammenhang stehen (vgl. auch Abschnitt 3.3 Abs. 2). [3]Es kommt nicht darauf an, dass der Bestandteil zu einer Werterhöhung dieses Wirtschaftsguts geführt hat. [4]Kein Bestandteil ist ein eingebauter Gegenstand, der abtrennbar ist, seine körperliche oder wirtschaftliche Eigenart behält und damit ein selbstständiger – entnahmefähiger – Gegenstand bleibt. [5]Zum Begriff der Betriebsvorrichtungen als selbständige Wirtschaftsgüter vgl. Abschnitt 4.12.10. [6]Bestandteile können beispielsweise sein

1. Klimaanlage, fest eingebautes Navigationssystem, Austauschmotor in einem Kraftfahrzeug;
2. Klimaanlage, Einbauherd, Einbauspüle, Fenster, angebaute Balkone oder Aufzüge in einem Gebäude.

[7]In der Regel keine Bestandteile eines Kraftfahrzeugs werden beispielsweise

1. Funkgerät;
2. nicht fest eingebautes Navigationsgerät;
3. Autotelefon;
4. Radio.

(2) Maßnahmen, die auf nachträgliche Anschaffungs- oder Herstellungskosten im Sinne des § 15a Abs. 6 UStG entfallen und bei denen es sich um Bestandteile handelt, unterliegen vorrangig der Berichtigungspflicht nach § 15a Abs. 6 UStG.

(3) [1]Eine Berichtigung pro rata temporis ist nur dann vorzunehmen, wenn es sich bei dem Wirtschaftsgut, in das der Bestandteil eingegangen ist, um ein solches handelt, das nicht nur einmalig zur Erzielung von Umsätzen verwendet wird. [2]Für den Bestandteil gilt dabei ein eigenständiger Berichtigungszeitraum, dessen Dauer sich danach bestimmt, in welches Wirtschaftsgut nach § 15a Abs. 1 UStG der Bestandteil eingeht. [3]Die Verwendungsdauer des Bestandteils wird nicht dadurch verkürzt, dass der Gegenstand als Bestandteil in ein anderes Wirtschaftsgut einbezogen wird (§ 15a Abs. 5 Satz 3 UStG).

Beispiel 1:

[1]Unternehmer U lässt am 01.01.2004 für 20.000 € zzgl. 3.800 € gesondert ausgewiesener Umsatzsteuer einen neuen Motor in einen im Jahr 01 ins Unternehmensvermögen eingelegten Pkw einbauen. [2]Die ihm berechnete Umsatzsteuer zieht er nach § 15 Abs. 1 Satz 1 Nr. 1 UStG als Vorsteuer ab, da die Nutzung des Pkw im Zusammenhang mit steuerpflichtigen Ausgangsumsätzen erfolgt. [3]Ab Januar 05 verwendet U den Pkw nur noch im Zusammenhang mit steuerfreien Ausgangsumsätzen, die den Vorsteuerabzug nach § 15 Abs. 2 Satz 1 Nr. 1 UStG ausschließen.

[4]Ab Januar 05 haben sich die Verwendungsverhältnisse geändert, weil der Pkw nun nicht mehr mit steuerpflichtigen, sondern mit steuerfreien Ausgangsumsätzen im Zusammenhang steht. [5]Für die Aufwendungen für den als Bestandteil des Pkw eingebauten Motor ist eine Vorsteuerberichtigung nach § 15a Abs. 3 i. V. m. Abs. 1 UStG vorzunehmen. [6]Hierfür sind die Aufwendungen unabhängig von der betriebsgewöhnlichen Nutzungsdauer des Pkw auf einen fünfjährigen Berichtigungszeitraum zu verteilen. [7]Es ergibt sich folgender Betrag, der bis zum Ablauf des Berichtigungszeitraums jährlich als Berichtigungsbetrag zurückzuzahlen ist:

Insgesamt in Rechnung gestellte Umsatzsteuer:	3.800 €
Ursprünglicher Vorsteuerabzug:	3.800 €
Dauer des Berichtigungszeitraums:	01.01.04 bis 31.12.08
Tatsächliche zum Vorsteuerabzug berechtigende Verwendung im Berichtigungszeitraum:	
im Jahr 04	100 %
ab Jahr 05	0 %
Änderung der Verhältnisse:	
ab Jahr 05 (0 % statt 100 %)	100 Prozentpunkte
Berichtigung pro Jahr ab Jahr 05	3.800 €/5 Jahre
zurückzuzahlende Vorsteuer	760 € pro Jahr

Beispiel 2:

[1] Unternehmer U lässt am 01.01.2001 für 100.000 € zzgl. 19.000 € gesondert ausgewiesener Umsatzsteuer ein neues Hallentor in ein Fabrikgebäude einbauen. [2] Die ihm in Rechnung gestellte Umsatzsteuer zieht er nach § 15 Abs. 1 Satz 1 Nr. 1 UStG als Vorsteuer ab, da die Nutzung des Gebäudes im Zusammenhang mit steuerpflichtigen Ausgangsumsätzen erfolgt. [3] Ab Januar 02 verwendet U das Gebäude nur noch im Zusammenhang mit steuerfreien Ausgangsumsätzen, die den Vorsteuerabzug nach § 15 Abs. 2 Satz 1 Nr. 1 UStG ausschließen. [4] Der Berichtigungszeitraum des Gebäudes endet am 30.06.2002.
[5] Damit haben sich ab Januar 02 die Verwendungsverhältnisse sowohl für das Hallentor als auch für das Fabrikgebäude geändert. [6] Für die Aufwendungen für das als Bestandteil des Gebäudes eingebaute Hallentor ist eine Vorsteuerberichtigung nach § 15a Abs. 3 UStG vorzunehmen. [7] Hierfür sind die Aufwendungen unabhängig von der betriebsgewöhnlichen Nutzungsdauer des Gebäudes und unabhängig von der Dauer des Restberichtigungszeitraums des Gebäudes auf einen zehnjährigen Berichtigungszeitraum, der am 01.01.2001 beginnt und am 31.12.2010 endet, zu verteilen. [8] Unabhängig davon ist für das Fabrikgebäude der Vorsteuerabzug für den am 30.06.2002 endenden Berichtigungszeitraum zu berichtigen.

[4] Eine kürzere Verwendungsdauer des Bestandteils ist zu berücksichtigen (§ 15a Abs. 5 Satz 2 UStG). [5] Soweit mehrere Leistungen Eingang in ein Wirtschaftsgut finden, sind diese Leistungen für Zwecke der Berichtigung des Vorsteuerabzugs zusammenzufassen, sofern sie innerhalb einer Maßnahme bezogen wurden (vgl. Absatz 11).

(4) Handelt es sich bei dem Wirtschaftsgut, in das der Bestandteil eingegangen ist, um ein solches, das nur einmalig zur Erzielung eines Umsatzes verwendet wird, ist die Berichtigung des Vorsteuerabzugs nach den Grundsätzen des § 15a Abs. 2 UStG vorzunehmen.

Sonstige Leistungen an einem Wirtschaftsgut

(5) [1] Unter der Voraussetzung, dass an einem Wirtschaftsgut eine sonstige Leistung ausgeführt wird, ist der Vorsteuerabzug bei Änderung der Verwendungsverhältnisse nach Maßgabe von § 15a Abs. 1 oder Abs. 2 UStG zu berichtigen. [2] Unter die Berichtigungspflicht nach § 15a Abs. 3 UStG fallen nur solche sonstigen Leistungen, die unmittelbar an einem Wirtschaftsgut ausgeführt werden. [3] Es kommt nicht darauf an, ob die sonstige Leistung zu einer Werterhöhung des Wirtschaftsguts führt. [4] Auch Maßnahmen, die lediglich der Werterhaltung dienen, fallen demnach unter die Berichtigungspflicht nach § 15a Abs. 3 UStG.

(6) [1] Nicht unter die Verpflichtung zur Berichtigung des Vorsteuerabzugs nach § 15a Abs. 3 UStG fallen sonstige Leistungen, die bereits im Zeitpunkt des Leistungsbezugs wirtschaftlich verbraucht sind. [2] Eine sonstige Leistung ist im Zeitpunkt des Leistungsbezugs dann nicht wirtschaftlich ver-

braucht, wenn ihr über den Zeitpunkt des Leistungsbezugs hinaus eine eigene Werthaltigkeit innewohnt. [3]Leistungen, die bereits im Zeitpunkt des Leistungsbezugs wirtschaftlich verbraucht sind, werden sich insbesondere auf die Unterhaltung und den laufenden Betrieb des Wirtschaftsguts beziehen. [4]Hierzu gehören z. B. bei Grundstücken Reinigungsleistungen (auch Fensterreinigung) oder laufende Gartenpflege sowie Wartungsarbeiten z. B. an Aufzugs- oder Heizungsanlagen.

(7) [1]Soweit es sich um eine sonstige Leistung handelt, die nicht bereits im Zeitpunkt des Leistungsbezugs wirtschaftlich verbraucht ist, unterliegt diese der Berichtigungspflicht nach § 15a Abs. 3 UStG. [2]Dazu gehören auch sonstige Leistungen, die dem Gebrauch oder der Erhaltung des Gegenstands dienen. [3]Solche Leistungen sind z. B.

1. der Fassadenanstrich eines Gebäudes;
2. Fassadenreinigungen an einem Gebäude;
3. die Neulackierung eines Kraftfahrzeugs;
4. Renovierungsarbeiten (auch in gemieteten Geschäftsräumen);
5. der Neuanstrich eines Schiffs;
6. die Generalüberholung einer Aufzugs- oder einer Heizungsanlage.

(8) [1]Eine Berichtigung pro rata temporis ist nur dann vorzunehmen, wenn es sich bei dem Wirtschaftsgut im Sinne des § 15a Abs. 3 UStG um ein solches handelt, das nicht nur einmalig zur Erzielung von Umsätzen verwendet wird. [2]Dabei gilt für die an dem Wirtschaftsgut ausgeführten sonstigen Leistungen ein eigenständiger Berichtigungszeitraum, dessen Dauer sich danach bestimmt, an welchem Wirtschaftsgut nach § 15a Abs. 1 UStG die sonstige Leistung ausgeführt wird. [3]Eine kürzere Verwendungsdauer der sonstigen Leistung ist jedoch zu berücksichtigen (§ 15a Abs. 5 Satz 2 UStG).

(9) Wird ein Wirtschaftsgut, an dem eine sonstige Leistung ausgeführt wurde, veräußert oder entnommen, liegt unter den Voraussetzungen des § 15a Abs. 8 UStG eine Änderung der Verwendungsverhältnisse vor mit der Folge, dass auch der Vorsteuerabzug für die an dem Wirtschaftsgut ausgeführte sonstige Leistung nach § 15a Abs. 3 UStG zu berichtigen ist.

Beispiel 1:

[1]Unternehmer U führt als Arzt zu 50% zum Vorsteuerabzug berechtigende und zu 50% nicht zum Vorsteuerabzug berechtigende Umsätze aus. [2]Am 01.01.2001 erwirbt U einen Pkw, für den er den Vorsteuerabzug entsprechend der beabsichtigten Verwendung zu 50% vornimmt. [3]Am 01.01.2003 lässt U an dem Pkw eine Effektlackierung anbringen. [4]Die darauf entfallende Vorsteuer zieht U ebenfalls zu 50% ab. [5]Am 1.1.04 veräußert U den Pkw.
[6]Die Veräußerung des Pkw ist steuerpflichtig. [7]In der Lieferung liegt eine Änderung gegenüber den für den ursprünglichen Vorsteuerabzug maßgeblichen Verhältnissen (§ 15a Abs. 8 UStG). [8]Der Vorsteuerabzug für den Pkw ist für die zwei restlichen Jahre des Berichtigungszeitraums zugunsten von U für den Monat der Veräußerung zu berichtigen.
[9]Die Veräußerung des Pkw stellt in Bezug auf die an dem Pkw ausgeführte Effektlackierung ebenfalls eine Änderung gegenüber den für den ursprünglichen Vorsteuerabzug maßgeblichen Verhältnissen dar (§ 15a Abs. 8 UStG). [10]Der Vorsteuerabzug für die sonstige Leistung ist für die restlichen vier Jahre des Berichtigungszeitraums zugunsten von U für den Monat der Veräußerung zu berichtigen (§ 15a Abs. 3 UStG, § 44 Abs. 3 Satz 2 in Verbindung mit Abs. 4 UStDV).

Beispiel 2:

[1] Unternehmer U nutzt ein Gebäude ausschließlich zur Erzielung von zum Vorsteuerabzug berechtigenden Umsätzen. [2] Am 01.01.2001 lässt U die Fassade des Gebäudes streichen. [3] U nimmt entsprechend der weiter beabsichtigten Verwendung des Gebäudes den Vorsteuerabzug zu 100 % vor. [4] Am 01.01.2002 veräußert U das Gebäude steuerfrei.

[5] Die Veräußerung des Gebäudes stellt in Bezug auf die an dem Gebäude ausgeführte sonstige Leistung eine Änderung gegenüber den für den ursprünglichen Vorsteuerabzug maßgeblichen Verhältnissen dar (§ 15a Abs. 8 UStG). [6] Der Vorsteuerabzug für die sonstige Leistung ist für die restlichen neun Jahre des Berichtigungszeitraums zuungunsten von U für den Monat der Veräußerung zu berichtigen (§ 15a Abs. 3 UStG, § 44 Abs. 3 Satz 2 in Verbindung mit Abs. 4 UStDV).

(10) Handelt es sich um ein Wirtschaftsgut, das nur einmalig zur Erzielung eines Umsatzes verwendet wird, ist die Berichtigung nach den Grundsätzen des § 15a Abs. 2 UStG vorzunehmen.

(11) [1] Nach § 15a Abs. 3 Satz 2 UStG sind mehrere im Rahmen einer Maßnahme in ein Wirtschaftsgut eingegangene Gegenstände und/oder mehrere im Rahmen einer Maßnahme an einem Wirtschaftsgut ausgeführte sonstige Leistungen zu einem Berichtigungsobjekt zusammenzufassen. [2] Dies bedeutet, dass sämtliche im zeitlichen Zusammenhang bezogenen Leistungen, die ein Wirtschaftsgut betreffen und deren Bezug nach wirtschaftlichen Gesichtspunkten dem Erhalt oder der Verbesserung des Wirtschaftsguts dient, zu einem Berichtigungsobjekt zusammenzufassen sind. [3] Hiervon kann vorbehaltlich anderer Nachweise ausgegangen werden, wenn die verschiedenen Leistungen für ein bewegliches Wirtschaftsgut innerhalb von drei Kalendermonaten und für ein unbewegliches Wirtschaftsgut innerhalb von sechs Kalendermonaten bezogen werden. [4] Dabei sind auch Leistungen, die von verschiedenen leistenden Unternehmern bezogen worden sind, zu berücksichtigen.

Beispiel 1:

[1] Unternehmer U will eine Etage seines Geschäftshauses renovieren lassen. [2] Zu diesem Zweck beauftragt er Malermeister M mit der malermäßigen Instandhaltung der Büroräume. [3] Gleichzeitig beauftragt er Klempnermeister K mit der Renovierung der Sanitärräume auf dieser Etage, bei der auch die vorhandenen Armaturen und Sanitäreinrichtungen ausgetauscht werden sollen. [4] Die malermäßige Instandhaltung der Büroräume und die Klempnerarbeiten werden im gleichen Kalendermonat beendet.

[5] Bei der Renovierung der Etage des Geschäftshauses handelt es sich um eine Maßnahme. [6] Die im Rahmen der Maßnahme ausgeführten Leistungen sind nach § 15a Abs. 3 UStG zu einem Berichtigungsobjekt zusammenzufassen.

Beispiel 2:

[1] Unternehmer U beauftragt die Kfz-Werkstatt K, an seinem Pkw eine neue Lackierung anzubringen und einen neuen Motor einzubauen. [2] Beide Leistungen werden gleichzeitig ausgeführt.

[3] Beide Leistungen werden im Rahmen einer Maßnahme bezogen und sind daher zu einem Berichtigungsobjekt zusammenzufassen.

[5] Können bei einem gemischt genutzten Gebäude die innerhalb von sechs Monaten bezogenen Leistungen im Sinne des § 15a Abs. 3 UStG einem bestimmten Gebäudeteil, mit dem entweder ausschließlich vorsteuerschädliche oder vorsteuerunschädliche Ausgangsumsätze erzielt werden, direkt zugerech-

net werden, bilden diese dem Gebäudeteil zuzurechnenden Leistungen jeweils ein Berichtigungsobjekt.

Beispiel 3:

[1] Unternehmer U will sein Wohn- und Geschäftshaus renovieren lassen. [2] Zu diesem Zweck beauftragt er Malermeister M mit der malermäßigen Instandsetzung der steuerpflichtig vermieteten Büroräume auf der Büroetage. [3] Gleichzeitig beauftragt er Klempnermeister K mit der Renovierung der Sanitärräume auf der steuerfrei vermieteten Wohnetage, bei der auch die vorhandenen Armaturen und Sanitäreinrichtungen ausgetauscht werden sollen. [4] Die malermäßige Instandhaltung der Büroräume und die Klempnerarbeiten werden im gleichen Kalendermonat beendet.

[5] Bei der Renovierung der Wohnetage und der Büroetage handelt es sich um jeweils eine Maßnahme. [6] Die im Rahmen der malermäßigen Instandhaltung und der Klempnerarbeiten bezogenen Leistungen stellen jeweils ein Berichtigungsobjekt dar.

[6] Für die Zusammenfassung zu einem Berichtigungsobjekt kommen hinsichtlich der an einem Gegenstand ausgeführten sonstigen Leistungen nur solche sonstigen Leistungen in Betracht, denen über den Zeitpunkt des Leistungsbezugs hinaus eine eigene Werthaltigkeit innewohnt (vgl. Absatz 6). [7] Die Grenzen des § 44 UStDV sind auf das so ermittelte Berichtigungsobjekt anzuwenden. [8] Der Berichtigungszeitraum beginnt zu dem Zeitpunkt, zu dem der Unternehmer das Wirtschaftsgut nach Durchführung der Maßnahme erstmalig zur Ausführung von Umsätzen verwendet.

Entnahme eines Wirtschaftsguts aus dem Unternehmen

(12) Wird dem Unternehmensvermögen ein Wirtschaftsgut entnommen, das bei seiner Anschaffung oder Herstellung nicht zum Vorsteuerabzug berechtigt hatte, für das aber nachträglich Aufwendungen im Sinne des § 15a Abs. 3 UStG getätigt wurden, die zum Vorsteuerabzug berechtigten, kann für diese Aufwendungen eine Vorsteuerberichtigung vorzunehmen sein.

(13) [1] Hat der Unternehmer in das Wirtschaftsgut einen anderen Gegenstand eingefügt, der dabei seine körperliche und wirtschaftliche Eigenart endgültig verloren hat und für den der Unternehmer zum Vorsteuerabzug berechtigt war, und hat dieser Gegenstand zu einer im Zeitpunkt der Entnahme nicht vollständig verbrauchten Werterhöhung geführt (Bestandteil nach Abschnitt 3.3 Abs. 2 Satz 3), unterliegt bei einer Entnahme des Wirtschaftsguts nur dieser Gegenstand der Umsatzbesteuerung nach § 3 Abs. 1b UStG. [2] Für eine Vorsteuerberichtigung nach § 15a Abs. 3 Satz 3 UStG ist insoweit kein Raum. [3] Eine Vorsteuerberichtigung nach § 15a Abs. 8 UStG bleibt unberührt.

(14) [1] Ist die durch den Bestandteil verursachte Werterhöhung im Zeitpunkt der Entnahme vollständig verbraucht, ist die Entnahme insgesamt nicht steuerbar. [2] In diesem Fall liegt in der Entnahme eine Änderung der Verhältnisse im Sinne des § 15a Abs. 3 Satz 3 UStG.

Beispiel:

[1] Unternehmer U erwirbt in 01 einen Pkw von einer Privatperson für 50.000 €. [2] Am 01.04.2002 lässt er von einer Werkstatt für 2.000 € eine Windschutzscheibe einbauen. [3] Die Vorsteuer i. H. v. 380 € macht er geltend. [4] Als er den Pkw am 31.12.2004 entnimmt, hat der Wert der Windschutzscheibe den aktuellen Wert des Pkw nach der sog. Schwacke-Liste im Zeitpunkt der Entnahme nicht erhöht.

[5] Die Windschutzscheibe, für die U der Vorsteuerabzug nach § 15 Abs. 1 Satz 1 Nr. 1 UStG zustand, ist in den Pkw eingegangen und hat dabei ihre körperliche und wirtschaftliche Eigenart endgültig verloren. [6] Nur die Entnahme der Windschutzscheibe könnte steuerbar nach § 3 Abs. 1b Satz 1 Nr. 1 UStG sein, da U für einen in das Wirtschaftsgut eingegangenen Gegenstand den Vorsteuerabzug in Anspruch genommen hat. [7] Da jedoch im Zeitpunkt der Entnahme keine Werterhöhung durch den Gegenstand mehr vorhanden ist, ist die Entnahme nicht steuerbar (vgl. Abschnitt 3.3 Abs. 2 Satz 3). [8] U hat grundsätzlich eine Berichtigung des Vorsteuerabzugs nach § 15a Abs. 3 Satz 3 UStG vorzunehmen. [9] Nach § 44 Abs. 1 in Verbindung mit Abs. 4 UStDV unterbleibt jedoch eine Berichtigung, da der auf die Windschutzscheibe entfallende Vorsteuerbetrag 1.000 € nicht übersteigt.

(15) [1] Hat der Unternehmer dem Wirtschaftsgut keinen Bestandteil zugefügt, hat also der eingebaute Gegenstand seine Eigenständigkeit behalten, liegen für umsatzsteuerrechtliche Zwecke zwei getrennt zu beurteilende Entnahmen vor. [2] In diesen Fällen kann die Entnahme des eingebauten Gegenstands auch zu einer Vorsteuerberichtigung führen, wenn die Entnahme anders zu beurteilen ist als die für den ursprünglichen Vorsteuerabzug maßgebliche Verwendung (§ 15a Abs. 8 UStG). [3] Eine Berichtigung nach § 15a Abs. 3 UStG scheidet insoweit aus.

(16) Soweit an dem Wirtschaftsgut eine sonstige Leistung ausgeführt wird und das Wirtschaftsgut später entnommen wird, ohne dass eine unentgeltliche Wertabgabe nach § 3 Abs. 1b Satz 1 Nr. 1 UStG zu besteuern ist, liegt ebenfalls eine Änderung der Verhältnisse vor (§ 15a Abs. 3 Satz 3 UStG).

Beispiel:

[1] U kauft am 01.05.2001 einen Pkw von einer Privatperson zu einem Preis von 50.000 €. [2] Am 01.07.2001 lässt er in einer Vertragswerkstatt eine Inspektion durchführen (200 € zuzüglich 38 € Umsatzsteuer), in den dafür vorgesehenen Standardschacht ein Autoradio einbauen (1.500 € zuzüglich 285 € Umsatzsteuer) und den Pkw neu lackieren (7.500 € zuzüglich 1.425 € Umsatzsteuer). [3] U macht diese Vorsteuerbeträge ebenso wie den Vorsteuerabzug aus den laufenden Kosten geltend. [4] Am 31.12.2003 entnimmt U den Pkw.

[5] Die Neulackierung des Pkw ist eine sonstige Leistung, die im Zeitpunkt des Leistungsbezugs nicht wirtschaftlich verbraucht ist (vgl. Absatz 7). [6] Die Inspektion ist bei Leistungsbezug wirtschaftlich verbraucht. [7] Das eingebaute Autoradio stellt, weil es ohne Funktionsverlust wieder entfernt werden kann, keinen Bestandteil des Pkw dar, sondern bleibt eigenständiges Wirtschaftsgut (vgl. Absatz 1).

[8] Da der Pkw nicht zum vollen oder teilweisen Vorsteuerabzug berechtigt hatte und in den Pkw kein Bestandteil eingegangen ist, ist die Entnahme des Pkw am 31.12.2003 nicht nach § 3 Abs. 1b Satz 1 Nr. 1 UStG steuerbar (§ 3 Abs. 1b Satz 2 UStG). [9] Bezüglich der sonstigen Leistung „Neulackierung" ist jedoch nach § 15a Abs. 3 UStG eine Vorsteuerberichtigung durchzuführen, da der Wert der Neulackierung im Zeitpunkt der Entnahme noch nicht vollständig verbraucht ist. [10] Das Autoradio unterliegt als selbstständiges Wirtschaftsgut, für das der Vorsteuerabzug in Anspruch genommen wurde, der Besteuerung nach § 3 Abs. 1b Satz 1 Nr. 1 UStG. [11] Bemessungsgrundlage ist nach § 10 Abs. 4 Satz 1 Nr. 1 UStG der Einkaufspreis zuzüglich Nebenkosten zum Zeitpunkt der Entnahme. [12] Eine Vorsteuerberichtigung nach § 15a UStG hinsichtlich der laufenden Kosten kommt nicht in Betracht.

Für die Lackierung in Rechnung gestellte Umsatzsteuer:	1.425 €
Ursprünglicher Vorsteuerabzug:	1.425 €
Zeitpunkt der erstmaligen Verwendung:	01.07.01
Dauer des Berichtigungszeitraums:	01.07.01 bis 30.6.06
Tatsächliche zum Vorsteuerabzug berechtigende Verwendung im Berichtigungszeitraum:	
Jahr 01 bis 03	100%
Änderung der Verhältnisse:	
ab Jahr 04 (0% statt 100%)	100 Prozentpunkte
Vorsteuerberichtigung pro Jahr:	1.425 €/5 Jahre

= 285 € pro Jahr
Jahre 04 und 05 (285 € × 100 %) je 285 €
Jahr 06 (285 € × 100 % × 6/12) 142,50 €
[13] Die Berichtigung des Vorsteuerabzugs ist für die Jahre 04 bis 06 zusammengefasst in der Voranmeldung für Dezember 03 vorzunehmen (§ 44 Abs. 3 Satz 2 UStDV).

(17) [1] Im Fall der Entnahme eines Wirtschaftsguts, in das Bestandteile eingegangen oder an dem sonstige Leistungen ausgeführt worden sind, sind bei Prüfung der Vorsteuerberichtigung solche in das Wirtschaftsgut eingegangene Gegenstände aus dem Berichtigungsobjekt auszuscheiden, die bei der Entnahme der Umsatzbesteuerung nach § 3 Abs. 1b UStG unterliegen. [2] Die Grenzen des § 44 UStDV sind auf den entsprechend verminderten Vorsteuerbetrag anzuwenden.

Beispiel:

[1] Unternehmer U erwirbt am 01.07.2001 aus privater Hand einen gebrauchten Pkw und ordnet ihn zulässigerweise seinem Unternehmen zu. [2] Am 01.03.2002 lässt er in den Pkw nachträglich eine Klimaanlage einbauen (Entgelt 2.500 €), am 01.04.2002 die Scheiben verspiegeln (Entgelt 500 €) und am 15.8.02 eine Effektlackierung auftragen (Entgelt 4.500 €). [3] Für alle drei Leistungen nimmt der Unternehmer zulässigerweise den vollen Vorsteuerabzug in Anspruch. [4] Als U am 01.03.2003 den Pkw in sein Privatvermögen entnimmt, haben die vorstehend aufgeführten Arbeiten den aktuellen Wert des Pkw nach der sog. „Schwacke-Liste" für die Klimaanlage um 1.500 €, für die Scheibenverspiegelung um 100 € und für die Effektlackierung um 3.500 € erhöht.

[5] Die Entnahme des Pkw selbst unterliegt mangels Vorsteuerabzug bei der Anschaffung nicht der Besteuerung (§ 3 Abs. 1b Satz 2 UStG); auch eine Vorsteuerberichtigung kommt insoweit nicht in Betracht. [6] Mit dem Einbau der Klimaanlage in den Pkw hat diese ihre körperliche und wirtschaftliche Eigenart endgültig verloren und zu einer dauerhaften, im Zeitpunkt der Entnahme nicht vollständig verbrauchten Werterhöhung des Gegenstands geführt. [7] Die Entnahme der Klimaanlage unterliegt daher insoweit nach § 3 Abs. 1b Satz 1 Nr. 1 in Verbindung mit Satz 2 UStG mit einer Bemessungsgrundlage i. H. v. 1.500 € der Umsatzsteuer.

[8] Hinsichtlich der Scheibenverspiegelung und der Effektlackierung entfällt eine Besteuerung nach § 3 Abs. 1b UStG, da sonstige Leistungen nicht zu Bestandteilen eines Gegenstands führen (vgl. Abschnitt 3.3 Abs. 2 Satz 4). [9] Für diese Leistungen ist allerdings zu prüfen, inwieweit eine Vorsteuerberichtigung nach § 15a Abs. 3 in Verbindung mit Abs. 8 UStG durchzuführen ist.

[10] Der Einbau der Klimaanlage, die Scheibenverspiegelung und die Effektlackierung werden im Rahmen einer Maßnahme bezogen und sind daher zu einem Berichtigungsobjekt zusammenzufassen. [11] Da die Entnahme der Klimaanlage jedoch nach § 3 Abs. 1b Satz 1 Nr. 1 UStG als eine unentgeltliche Wertabgabe zu versteuern ist, scheidet diese für Zwecke der Vorsteuerberichtigung aus dem Berichtigungsobjekt aus. [12] Die Grenze des § 44 Abs. 1 UStDV von 1.000 € ist auf das verbleibende Berichtigungsobjekt anzuwenden, für das die Vorsteuerbeträge aus der Scheibenverspiegelung i. H. v. 95 € und der Effektlackierung i. H. v. 855 € insgesamt nur 950 € betragen. [13] Eine Vorsteuerberichtigung nach § 15a Abs. 3 UStG für das verbleibende Berichtigungsobjekt unterbleibt daher.

15a.7 Berichtigung nach § 15a Abs. 4 UStG

(1) [1] Eine Vorsteuerberichtigung nach § 15a Abs. 4 UStG ist vorzunehmen, wenn der Unternehmer eine sonstige Leistung bezieht, die nicht in einen Gegenstand eingeht oder an diesem ausgeführt wird und deren Verwendung anders zu beurteilen ist, als dies zum Zeitpunkt des Leistungsbezugs beabsichtigt war. [2] Sonstige Leistungen, die unter die Berichtigungspflicht nach § 15a Abs. 4 UStG fallen, sind z. B.:

1. Beratungsleistungen (z. B. für ein Unternehmenskonzept, eine Produktkonzeption);

2. gutachterliche Leistungen;
3. Anmietung eines Wirtschaftsguts;
4. Patente, Urheberrechte, Lizenzen;
5. bestimmte Computerprogramme;
6. Werbeleistungen;
7. Anzahlung für längerfristiges Mietleasing.

(2) [1]Wird die sonstige Leistung mehrfach zur Erzielung von Einnahmen verwendet, erfolgt die Vorsteuerberichtigung pro rata temporis (§ 15a Abs. 4 in Verbindung mit Abs. 5 UStG). [2]Wird die bezogene sonstige Leistung hingegen nur einmalig zur Erzielung von Umsätzen verwendet, erfolgt die Berichtigung des gesamten Vorsteuerbetrags unmittelbar für den Zeitpunkt der Verwendung.

(3) [1]Nach § 15a Abs. 4 Satz 2 UStG ist die Berichtigung des Vorsteuerabzugs bei sonstigen Leistungen, die nicht unter § 15a Abs. 3 UStG fallen, auf solche sonstigen Leistungen zu beschränken, für die in der Steuerbilanz ein Aktivierungsgebot bestünde. [2]Unerheblich ist, ob der Unternehmer nach den §§ 140, 141 AO tatsächlich zur Buchführung verpflichtet ist oder freiwillig Bücher führt oder einkommensteuerrechtlich insoweit Einkünfte erzielt, die als Überschuss der Einnahmen über die Werbungskosten ermittelt werden. [3]Eine Berichtigung des Vorsteuerabzugs kommt gemäß § 15a Abs. 4 Satz 3 UStG jedoch stets in Betracht, wenn der Leistungsempfänger für einen Zeitraum vor Ausführung der Leistung den Vorsteuerabzug vornehmen konnte (An- oder Vorauszahlungen).

(4) [1]Sonstige Leistungen sind umsatzsteuerrechtlich grundsätzlich erst im Zeitpunkt ihrer Vollendung ausgeführt (Abschnitt 13.1 Abs. 3 Satz 1). [2]Werden sonstige Leistungen im Sinne des § 15a Abs. 4 in Verbindung mit Abs. 1 UStG bereits vor ihrer Vollendung im Unternehmen des Leistungsempfängers verwendet, kommt eine Berichtigung des Vorsteuerabzugs bereits vor Leistungsbezug (Vollendung) in denjenigen Fällen in Betracht, in denen bereits vor Leistungsbezug die Voraussetzungen für den Vorsteuerabzug nach § 15 UStG gegeben sind (Zahlung vor Ausführung der Leistung). [3]Auch hier ist die Berichtigung des Vorsteuerabzugs durchzuführen, wenn sich im Zeitpunkt der Verwendung die Verhältnisse gegenüber den für den ursprünglichen Vorsteuerabzug maßgebenden Verhältnissen ändern.

Beispiel 1:

[1]Unternehmer U schließt mit dem Vermieter V einen Vertrag über die Anmietung eines Bürogebäudes (Fertigstellung vor dem 01.01.1998 und Baubeginn vor dem 01.01.1993) über eine Laufzeit von fünf Jahren beginnend am 01.01.2001. [2]Da U beabsichtigt, in den Büroräumen zum Vorsteuerabzug berechtigende Umsätze auszuführen, vermietet V das Gebäude unter Verzicht auf die Steuerbefreiung (§ 4 Nr. 12 Satz 1 Buchstabe a i. V. m. § 9 Abs. 1 und 2 UStG) zum Pauschalpreis von 1.000.000 € zzgl. 190.000 € Umsatzsteuer für die gesamte Mietlaufzeit. [3]Vereinbarungsgemäß zahlt U die vertraglich vereinbarte Miete zum Beginn der Vertragslaufzeit und macht entsprechend den Vorsteuerabzug geltend. [4]Ab dem 1.1.02 nutzt U das Gebäude bis zum Vertragsende am 31.12.2005 nur noch zur Erzielung von nicht zum Vorsteuerabzug berechtigenden Umsätzen.

[5]U wäre bei bestehender Buchführungspflicht verpflichtet, für die vorausbezahlte Miete für die Jahre 02 bis 05 in der Steuerbilanz einen Rechnungsabgrenzungsposten zu bilanzieren.

[6] Bei der von V erbrachten Leistung handelt es sich nicht um Teilleistungen. [7] U ist nach § 15a Abs. 4 i. V. m. Abs. 1 UStG verpflichtet, die Vorsteuer in den Jahren 02 bis 05 um jeweils 38.000 € (190.000 €/5 Jahre) zu berichtigen.

Beispiel 2:

[1] Unternehmer U ist Chirurg und schließt mit A einen für die Zeit vom 01.01.2001 bis zum 31.12.2007 befristeten Leasingvertrag für ein medizinisches Gerät ab. [2] Als Leasingvorauszahlung wird ein Betrag von 100.000 € zzgl. 19.000 € Umsatzsteuer vereinbart; Teilleistungen liegen nach der vertraglichen Vereinbarung nicht vor. [3] U leistet im Januar 01 die gesamte Leasingvorauszahlung. [4] U beabsichtigt bei Zahlung, das Gerät zur Ausführung zum Vorsteuerabzug berechtigender Ausgangsumsätze (Schönheitsoperationen) zu verwenden. [5] Er macht für den Januar 01 deshalb den Vorsteuerabzug in voller Höhe geltend und nutzt das Gerät ab 01.01.2001. [6] Tatsächlich kommt es ab dem 01.01.2003 jedoch nur noch zur Erzielung nicht zum Vorsteuerabzug berechtigender Ausgangsumsätze. [7] Bei der Leasingvorauszahlung handelt es sich um eine Ausgabe, die nach ertragsteuerrechtlichen Grundsätzen als Rechnungsabgrenzungsposten zu bilanzieren wäre.
[8] Umsatzsteuerrechtlich ist davon auszugehen, dass es sich um eine Zahlung für eine sonstige Leistung handelt, die nicht mit der erstmaligen Verwendung verbraucht ist. [9] Der Vorsteuerabzug ist nach § 15a Abs. 4 in Verbindung mit Abs. 1 UStG pro rata temporis zu berichtigen. [10] Der Berichtigungszeitraum beträgt fünf Jahre, beginnt am 01.01.2001 und endet am 31.12.2005, obwohl der Leasingvertrag bis zum 31.12.2007 befristet ist.
[11] U muss für die Jahre 03 bis 05 jeweils 3.800 € im Rahmen der Berichtigung des Vorsteuerabzugs zurückzahlen.

Beispiel 3:

[1] Unternehmer U schließt am 01.02.2001 mit Vermieter V einen Vertrag über die Anmietung eines Pavillons für die Dauer vom 01.09.2001 bis zum 15.09.2001 zum Preis von 7.500 € zzgl. 1.425 € USt. [2] Vereinbarungsgemäß zahlt U bereits bei Vertragsschluss das vereinbarte Mietentgelt und macht für den Februar 01 den Vorsteuerabzug geltend, da er beabsichtigt, in dem Pavillon zum Vorsteuerabzug berechtigende Umsätze (Veräußerung von Kraftfahrzeugen) auszuführen. [3] Tatsächlich nutzt er den Pavillon aber dann für eine Präsentation der von ihm betriebenen Versicherungsagentur.
[4] U muss den Vorsteuerabzug nach § 15a Abs. 4 i. V. m. Abs. 1 UStG berichtigen, weil die tatsächliche Verwendung von der Verwendungsabsicht abweicht. [5] U muss für das Kalenderjahr 01 1.425 € Vorsteuer zurückzahlen. [6] Nach § 15a Abs. 5 Satz 2 UStG ist die kürzere Verwendungsdauer zu berücksichtigen.

15a.8 Berichtigung nach § 15a Abs. 6 UStG

(1) [1] Für nachträgliche Anschaffungs- oder Herstellungskosten, die an einem Wirtschaftsgut anfallen, das nicht nur einmalig zur Ausführung von Umsätzen verwendet wird, gilt ein gesonderter Berichtigungszeitraum (§ 15a Abs. 6 UStG). [2] Der Berichtigungszeitraum beginnt zu dem Zeitpunkt, zu dem der Unternehmer das in seiner Form geänderte Wirtschaftsgut erstmalig zur Ausführung von Umsätzen verwendet. [3] Die Dauer bestimmt sich nach § 15a Abs. 1 UStG und beträgt fünf bzw. zehn Jahre. [4] Der Berichtigungszeitraum endet jedoch spätestens, wenn das Wirtschaftsgut, für das die nachträglichen Anschaffungs- oder Herstellungskosten angefallen sind, wegen Unbrauchbarkeit vom Unternehmer nicht mehr zur Ausführung von Umsätzen verwendet werden kann (§ 15a Abs. 5 Satz 2 UStG).

Beispiel:

[1] Ein am 01.07.2001 erstmalig verwendetes bewegliches Wirtschaftsgut hat eine betriebsgewöhnliche Nutzungsdauer von vier Jahren. [2] Am 31.01.2003 fallen nachträgliche Herstellungskosten an, durch die aber die betriebsgewöhnliche Nutzungsdauer des Wirtschaftsguts nicht verlängert wird.

[3]Der Berichtigungszeitraum für das Wirtschaftsgut selbst beträgt vier Jahre, endet also am 30.06.2005. [4]Für die nachträglichen Herstellungskosten beginnt der Berichtigungszeitraum erst am 01.02.2003. [5]Er endet am 31.01.2008 und dauert somit unabhängig von der betriebsgewöhnlichen Nutzungsdauer des Wirtschaftsguts fünf Jahre.

[5]Die Berichtigung ist gesondert nach den dafür vorliegenden Verhältnissen und entsprechend dem dafür geltenden Berichtigungszeitraum durchzuführen (vgl. Abschnitt 15a.4). [6]Auch hier ist von den gesamten Vorsteuerbeträgen auszugehen, die auf die nachträglichen Anschaffungs- oder Herstellungskosten entfallen (zur Ermittlung eines prozentualen Verhältnisses des ursprünglichen Vorsteuerabzugs zum Vorsteuervolumen insgesamt vgl. Abschnitt 15a.1 Abs. 3).

(2) Für nachträgliche Anschaffungs- oder Herstellungskosten, die für ein Wirtschaftsgut anfallen, das nur einmalig zur Erzielung eines Umsatzes verwendet wird, ist die Berichtigung des Vorsteuerabzugs für den Besteuerungszeitraum vorzunehmen, in dem das Wirtschaftsgut verwendet wird (vgl. Abschnitt 15a.5).

15a.9 Berichtigung nach § 15a Abs. 7 UStG

(1)[1)] [1]Eine Änderung der Verhältnisse ist auch beim Übergang von der allgemeinen Besteuerung zur Nichterhebung der Steuer nach § 19 Abs. 1 UStG oder umgekehrt und beim Übergang von der allgemeinen Besteuerung zur Durchschnittssatzbesteuerung nach den §§ 23a und 24 UStG oder umgekehrt gegeben (§ 15a Abs. 7 UStG). [2]Dies gilt auch, wenn es im Zusammenhang mit der Umsatzgrenze in § 24 Abs. 1 Satz 1 UStG zu einem Wechsel der Besteuerungsart kommt.

(2) Vorsteuerbeträge, die vor dem Wechsel der Besteuerungsform für ein noch nicht fertig gestelltes Wirtschaftsgut angefallen sind, sind erst ab dem Zeitpunkt der erstmaligen Verwendung dieses Wirtschaftsguts nach § 15a Abs. 7 UStG zu berichtigen (vgl. BFH-Urteil vom 12.06.2008, V R 22/06, BStBl. II 2009 S. 165).

Übergang von der Regelbesteuerung zur Nichterhebung der Steuer nach § 19 Abs. 1 UStG oder umgekehrt

(3) Bei Wirtschaftsgütern und sonstigen Leistungen, die nicht nur einmalig zur Ausführung von Umsätzen verwendet werden, ist eine Berichtigung nach § 15a Abs. 1 UStG vorzunehmen, wenn im Berichtigungszeitraum auf Grund des Wechsels der Besteuerungsform eine Änderung gegenüber den für den ursprünglichen Vorsteuerabzug maßgeblichen Verhältnissen vorliegt.

Beispiel:

[1]Unternehmer U ist im Jahr 01 Regelbesteuerer. [2]Für das Jahr 02 und die Folgejahre findet die Kleinunternehmerbesteuerung Anwendung, da die Umsatzgrenzen nicht überschritten werden und U nicht optiert. [3]Im Jahr 01 schafft U eine Maschine für 100.000 € zuzüglich 19.000 € Umsatzsteuer an. [4]Aus der Anschaffung der Maschine macht U den Vorsteuerabzug geltend, da er im Zeitpunkt der Anschaffung beabsichtigt, die Maschine für steuerpflichtige

---

1) A 15a.9 UStAE Abs. 1 Satz 1 geänd., Satz 2 angef. durch BMF v. 22.12.2023, BStBl. I 2023, 2248.

Ausgangsumsätze zu verwenden. [5]Erst am 01.07.2003 kommt es zu dieser Verwendung der Maschine.
[6]Da die Maschine nicht nur einmalig zur Ausführung von Umsätzen verwendet wird, ist für die Vorsteuerberichtigung § 15a Abs. 1 UStG maßgeblich. [7]Nach § 15a Abs. 7 UStG stellt der Übergang von der Regelbesteuerung zur Kleinunternehmerbesteuerung zum 01.01.2002 eine Änderung der Verhältnisse dar.
[8]Bei Beginn der Verwendung der Maschine (Beginn des Berichtigungszeitraums) am 01.07.2003 ist U Kleinunternehmer, der nicht zum Vorsteuerabzug berechtigt ist. [9]Er muss daher eine Berichtigung pro rata temporis zuungunsten vornehmen, obwohl er die Maschine tatsächlich entsprechend seiner Verwendungsabsicht im Zeitpunkt des Leistungsbezugs verwendet. [10]Es ergibt sich gegenüber dem ursprünglichen Vorsteuerabzug von 100% eine Abweichung von 100 Prozentpunkten (0% statt 100%).

(4) Bei Wirtschaftsgütern oder sonstigen Leistungen, die nur einmalig zur Ausführung eines Umsatzes verwendet werden, ist die durch den Wechsel der Besteuerungsform ausgelöste Vorsteuerberichtigung in dem Besteuerungszeitraum vorzunehmen, in dem das Wirtschaftsgut verwendet wird (§ 15a Abs. 2 Satz 2 i. V. m. Abs. 7 UStG).

Beispiel:

[1]Unternehmer U ist im Jahr 01 Kleinunternehmer. [2]Er erwirbt im Jahr 01 Waren, die zur Veräußerung bestimmt sind (Umlaufvermögen). [3]Im Jahr 02 findet wegen Überschreitens der Umsatzgrenze die Kleinunternehmerregelung keine Anwendung. [4]Im Jahr 03 liegen die Voraussetzungen der Kleinunternehmerbesteuerung wieder vor und U wendet ab 03 wieder die Kleinunternehmerregelung an. [5]U veräußert die im Jahr 01 erworbenen Waren im Jahr 03.
[6]Für die Vorsteuerberichtigung der Waren ist § 15a Abs. 2 UStG maßgeblich, da diese nur einmalig zur Ausführung eines Umsatzes verwendet werden. [7]Nach § 15a Abs. 7 UStG stellt der Übergang zur Regelbesteuerung grundsätzlich eine Änderung der Verhältnisse dar. [8]Maßgeblich für die Vorsteuerberichtigung sind jedoch die Verhältnisse im Zeitpunkt der tatsächlichen Verwendung der Waren. [9]Die Verwendung ist mit der Veräußerung der Waren im Jahr 03 erfolgt. [10]Im Jahr 02 findet keine Verwendung statt. [11]Daher ist die in diesem Jahr eingetretene Änderung der Besteuerungsform ohne Belang. [12]Eine Änderung der Verhältnisse gegenüber den ursprünglichen für den Vorsteuerabzug maßgebenden Verhältnissen liegt nicht vor, da U wie im Jahr 01 auch in 03 Kleinunternehmer ist. [13]Daher ist weder im Jahr 02 noch im Jahr 03 eine Berichtigung des Vorsteuerabzugs vorzunehmen.

Übergang von der Regelbesteuerung zur Durchschnittssatzbesteuerung nach den §§ 23a oder 24 UStG oder umgekehrt

(5) [1]Vorsteuern aus der Anschaffung einheitlicher Gegenstände, die sowohl in einem gewerblichen Unternehmensteil (Lohnunternehmen) als auch in einem landwirtschaftlichen Unternehmensteil (§ 24 UStG) verwendet werden, sind nicht nach § 15 UStG abziehbar, soweit sie den nach § 24 UStG versteuerten Umsätzen zuzurechnen sind (§ 24 Abs. 1 Satz 4 UStG, Abschnitt 24.7 Abs. 2). [2]Werden diese Gegenstände abweichend von der bei Leistungsbezug gegebenen Verwendungsabsicht in einem anderen Umfang im jeweils anderen Unternehmensteil verwendet, kommt eine Berichtigung des Vorsteuerabzugs nach § 15a UStG in Betracht.

Beispiel:

[1]Unternehmer U erwirbt Anfang Januar des Jahres 01 einen Mähdrescher für 200.000 € zuzüglich 38.000 € Umsatzsteuer, der zunächst zu 90% im gewerblichen und zu 10% im landwirtschaftlichen Unternehmensteil (§ 24 UStG) verwendet wird. [2]Ab dem Jahr 02 ändert sich dauerhaft das Nutzungsverhältnis in 50% (Landwirtschaft) zu 50% (Gewerbe).

[3] Im Jahr 01 sind die auf die Verwendung im gewerblichen Unternehmensteil entfallenden Vorsteuerbeträge i. H. v. 34.200 € (90% von 38.000 €) als Vorsteuer abziehbar. [4] In den Jahren 02 bis 05 sind jeweils 3.040 € (40% von 7.600 €) nach § 15a UStG zurückzuzahlen.

(6) [1] Eine Vorsteuerberichtigung nach § 15a UStG ist auch vorzunehmen, wenn im Zeitpunkt des Leistungsbezugs nur ein Unternehmensteil besteht, im Zeitpunkt der späteren Verwendung dann jedoch zwei Unternehmensteile bestehen und das Wirtschaftsgut in beiden Unternehmensteilen verwendet wird. [2] Ebenfalls ist die Vorsteuer zu berichtigen, wenn bei zwei Unternehmensteilen das Wirtschaftsgut erst ausschließlich in einem Teil verwendet wird und sich die Nutzung in einem Folgejahr ändert.

Beispiel 1:

[1] Unternehmer U erwirbt Anfang Januar des Jahres 01 einen Mähdrescher für 200.000 € zuzüglich 38.000 € Umsatzsteuer, der zunächst ausschließlich im gewerblichen Unternehmensteil (Lohnunternehmen) verwendet wird. [2] Ab dem Jahr 02 wird der Mähdrescher dauerhaft zu 50% im landwirtschaftlichen Unternehmensteil (§ 24 UStG) genutzt.
[3] Im Jahr 01 sind sämtliche Vorsteuern (38.000 €) abziehbar. [4] In den Jahren 02 bis 05 sind jeweils 3.800 € (50% von 7.600 €) nach § 15a UStG an das Finanzamt zurückzuzahlen.

Beispiel 2:

[1] Unternehmer U erwirbt Anfang Januar des Jahres 01 einen Mähdrescher für 200.000 € zuzüglich 38.000 € Umsatzsteuer, der zunächst ausschließlich im landwirtschaftlichen Unternehmensteil (§ 24 UStG) verwendet wird. [2] Ab dem Jahr 02 wird der Mähdrescher dauerhaft ausschließlich im gewerblichen Unternehmensteil (Lohnunternehmen) genutzt.
[3] Im Jahr 01 entfällt der Vorsteuerabzug (§ 24 Abs. 1 Satz 4 UStG). [4] In den Jahren 02 bis 05 erhält der Unternehmer eine Vorsteuererstattung nach § 15a UStG von jeweils 7.600 € ($^1/_5$ von 38.000 €).

(7) [1] Bei der Aufgabe oder Veräußerung eines land- und forstwirtschaftlichen Betriebs kann die Vermietung/Verpachtung von zurückbehaltenen Wirtschaftsgütern, die nicht nur einmalig zur Ausführung von Umsätzen verwendet werden und deren Berichtigungszeitraum nach § 15a Abs. 1 UStG noch nicht abgelaufen ist, zu einer Änderung der Verhältnisse führen. [2] In diesen Fällen ist der Vorsteuerabzug für derartige Wirtschaftsgüter nach § 15a Abs. 1 UStG zu berichtigen.

Beispiel 1:

[1] Unternehmer U, der Landwirt ist und der nach § 24 Abs. 4 UStG zur Regelbesteuerung optiert hat, errichtet ein Stallgebäude für 500.000 € zzgl. 95.000 € Umsatzsteuer, das Anfang Januar des Jahres 01 erstmals verwendet wird. [2] Zum 1. 1. 02 veräußert er seinen Betrieb unter Zurückbehaltung dieses Stallgebäudes, das er nun nach § 4 Nr. 12 Satz 1 Buchstabe a UStG steuerfrei an den Käufer vermietet.
[3] Die auf die Errichtung des Gebäudes entfallende Vorsteuer i. H. v. 95.000 € ist abziehbar, da der Landwirt bei Errichtung des Gebäudes beabsichtigte, dieses zur Erzielung von zum Vorsteuerabzug berechtigenden Umsätzen zu verwenden. [4] Die nach § 4 Nr. 12 Satz 1 Buchstabe a UStG steuerfreie Vermietung stellt eine Änderung der Verhältnisse dar. [5] In den Jahren 02 bis 10 sind jeweils 9.500 € ($^1/_{10}$ von 95.000 €) nach § 15a Abs. 1 UStG zurückzuzahlen.

Beispiel 2:[1)]

[1] Unternehmer U, der Landwirt ist und der die Durchschnittssatzbesteuerung nach § 24 UStG anwendet, erwirbt Anfang Januar des Jahres 01 einen Mähdrescher für 200.000 € zuzüglich

[1)] Siehe hierzu auch BFH v. 17.08.2023 V R 3/21, DStR 2024, 107.

38.000 € Umsatzsteuer. [2]Zum 01.01.2002 veräußert er seinen Betrieb unter Zurückbehaltung des Mähdreschers, den er steuerpflichtig an den Käufer vermietet.
[3]Im Zeitpunkt des Leistungsbezugs (Jahr 01) ist der Vorsteuerabzug nach § 24 Abs. 1 Satz 4 UStG ausgeschlossen. [4]In den Folgejahren wird der Mähdrescher zur Ausführung steuerpflichtiger Vermietungsumsätze verwendet. [5]Es liegt eine Änderung der Verhältnisse vor. [6]In den Jahren 02 bis 05 erhält der Unternehmer eine Vorsteuererstattung nach § 15a UStG von jeweils 7.600 € (1/5 von 38.000 €).

15a.10 Geschäftsveräußerung im Sinne des § 1 Abs. 1a UStG und andere Formen der Rechtsnachfolge

[1]Keine Änderung der Verhältnisse im Sinne des § 15a UStG liegt z. B. in folgenden Fällen der Rechtsnachfolge vor:

1. Geschäftsveräußerung im Sinne des § 1 Abs. 1a UStG (§ 1 Abs. 1a Satz 3, § 15a Abs. 10 UStG; siehe auch Abschnitt 15a.2 Abs. 3),
2. [1]Gesamtrechtsnachfolge, da der Rechtsnachfolger in die gesamte Rechtsposition des Rechtsvorgängers eintritt. [2]Der Berichtigungszeitraum des Erblassers geht nur auf den Erben über, wenn dieser die Unternehmereigenschaft durch eine eigene Tätigkeit begründet,
3. Anwachsung beim Ausscheiden eines Gesellschafters aus einer zweigliedrigen Personengesellschaft,
4. [1]Begründung oder Wegfall eines Organschaftsverhältnisses. [2]Eine Vorsteuerberichtigung nach § 15a UStG hat aber dann zu erfolgen, wenn eine Gesellschaft mit steuerpflichtigen Umsätzen für ein Wirtschaftsgut den vollen Vorsteuerabzug erhalten hat und später auf Grund der Vorschrift des § 2 Abs. 2 Nr. 2 UStG ihre Selbstständigkeit zugunsten eines Organträgers mit nach § 15 Abs. 2 Satz 1 Nr. 1 UStG steuerfreien Umsätzen verliert und das Wirtschaftsgut im Gesamtunternehmen des Organträgers zur Ausführung von steuerpflichtigen und steuerfreien Umsätzen verwendet wird (BFH-Beschluss vom 12.05.2003, V B 211/02, V B 220/02, BStBl. II S. 784).

[2]Der maßgebliche Berichtigungszeitraum wird nicht unterbrochen. [3]Eine Vorsteuerberichtigung wegen Änderung der Verhältnisse beim Rechtsnachfolger hat nur zu erfolgen, wenn sich die Verhältnisse im Vergleich zu den beim Vorsteuerabzug des Rechtsvorgängers ursprünglich maßgebenden Verhältnissen ändern.

15a.11 Vereinfachungen bei der Berichtigung des Vorsteuerabzugs

(1) [1]§ 44 UStDV enthält Regelungen zur Vereinfachung bei der Berichtigung des Vorsteuerabzugs. [2]Bei der Prüfung, ob die in § 44 UStDV aufgeführten Betragsgrenzen erreicht sind, ist jeweils auf den Gegenstand oder die bezogene sonstige Leistung abzustellen. [3]Dies gilt auch dann, wenn mehrere Gegenstände gleicher Art und Güte geliefert wurden. [4]Bei der Lieferung vertretbarer Sachen ist hingegen in der Regel auf die zwischen leistendem Unternehmer und Leistungsempfänger geschlossene vertragliche Vereinbarung abzustellen (zur Ausnahme vgl. BFH-Urteil vom 03.11.2011, V R 32/10, BStBl. II 2012 S. 525, und Abschnitt 15a.1 Abs. 1 Satz 5).

(2) [1]Die Regelung des § 44 Abs. 1 UStDV, nach der eine Berichtigung des Vorsteuerabzugs entfällt, wenn die auf die Anschaffungs- oder Herstellungskosten eines Wirtschaftsguts entfallende Vorsteuer 1.000 € nicht übersteigt, gilt für alle Berichtigungsobjekte unabhängig davon, nach welcher Vorschrift die Berichtigung des Vorsteuerabzugs vorzunehmen ist und in welchem Umfang sich die für den Vorsteuerabzug maßgebenden Verhältnisse später ändern. [2]Bei der Bestimmung der 1.000 €-Grenze ist von den gesamten Vorsteuerbeträgen auszugehen, die auf die Anschaffung oder Herstellung bzw. den Bezug des einzelnen Berichtigungsobjekts entfallen. [3]Nachträgliche Anschaffungs- oder Herstellungskosten sind nicht einzubeziehen, da sie eigenständige Berichtigungsobjekte darstellen und selbstständig der 1.000 €-Grenze unterliegen.

(3) [1]Nach der Vereinfachungsregelung des § 44 Abs. 2 UStDV entfällt eine Vorsteuerberichtigung, wenn die dort genannten Grenzen nicht überschritten sind. [2]Die Grenze von 10% ist in der Weise zu berechnen, dass das Aufteilungsverhältnis, das sich für das betreffende Jahr des Berichtigungszeitraums ergibt, dem Verhältnis gegenübergestellt wird, das für den ursprünglichen Vorsteuerabzug für das Berichtigungsobjekt nach § 15 UStG maßgebend war. [3]Für die absolute Grenze nach § 44 Abs. 2 UStDV von 1.000 € ist der Betrag maßgebend, um den der Vorsteuerabzug für das Berichtigungsobjekt auf Grund der Verhältnisse des betreffenden Jahres des Berichtigungszeitraums tatsächlich zu berichtigen wäre. [4]Bei Berichtigungsobjekten, die nur einmalig zur Ausführung eines Umsatzes verwendet werden, gilt entsprechendes für den Zeitpunkt der tatsächlichen Verwendung des Berichtigungsobjekts.

(4) [1]Wird ein Wirtschaftsgut, das nicht nur einmalig zur Ausführung von Umsätzen verwendet wird, während des nach § 15a Abs. 1 UStG maßgeblichen Berichtigungszeitraums veräußert oder nach § 3 Abs. 1b UStG geliefert, stehen damit die Verhältnisse bis zum Ablauf des Berichtigungszeitraums fest. [2]Daher ist die Berichtigung stets für den Voranmeldungszeitraum durchzuführen, in dem die Veräußerung oder unentgeltliche Wertabgabe nach § 3 Abs. 1b UStG stattgefunden hat (§ 44 Abs. 3 Satz 2 UStDV). [3]Hierbei sind die Berichtigung für das Kalenderjahr der Veräußerung oder unentgeltlichen Wertabgabe nach § 3 Abs. 1b UStG und die Berichtigung für die noch folgenden Kalenderjahre des Berichtigungszeitraums gleichzeitig vorzunehmen. [4]Entsprechend ist zu verfahren, wenn eine sonstige Leistung entgeltlich oder durch eine Zuwendung im Sinne des § 3 Abs. 9a UStG aus dem Unternehmen ausscheidet (z. B. Veräußerung einer Lizenz).

(5) [1]Verkürzt sich der Berichtigungszeitraum deswegen, weil ein nicht nur einmalig zur Ausführung von Umsätzen dienendes Wirtschaftsgut wegen Unbrauchbarkeit vorzeitig nicht mehr zur Ausführung von Umsätzen verwendbar ist (vgl. Abschnitt 15a.3 Abs. 7), kann für die vorausgegangenen Abschnitte des Berichtigungszeitraums eine Neuberechnung des jeweiligen Berichtigungsbetrages erforderlich werden. [2]Die Unterschiede, die sich in einem solchen Fall ergeben, können aus Vereinfachungsgründen bei der Steuerfestsetzung für das letzte Kalenderjahr des verkürzten Berichtigungszeitraums berücksichtigt werden.

(6) [1]Die Vorsteuerberichtigung nach § 15a UStG ist grundsätzlich im Voranmeldungszeitraum durchzuführen, in dem die Änderung der Verhältnisse eingetreten ist. [2]Übersteigt allerdings der Betrag, um den der Vorsteuerabzug bei einem Wirtschaftsgut für das Kalenderjahr zu berichtigen ist, nicht 6.000 €, ist nach § 44 Abs. 3 Satz 1 UStDV die Berichtigung erst im Rahmen der Steuerfestsetzung für den Besteuerungszeitraum vorzunehmen, in dem die Änderung der Verhältnisse eingetreten ist.

15a.12 Aufzeichnungspflichten für die Berichtigung des Vorsteuerabzugs

(1) [1]Nach § 22 Abs. 4 UStG hat der Unternehmer in den Fällen des § 15a UStG die Berechungsgrundlagen für den Ausgleich aufzuzeichnen, der von ihm in den in Betracht kommenden Kalenderjahren vorzunehmen ist. [2]Die Aufzeichnungspflichten des § 22 Abs. 4 UStG sind erfüllt, wenn der Unternehmer die folgenden Angaben eindeutig und leicht nachprüfbar aufzeichnet:

1. [1]die Anschaffungs- oder Herstellungskosten bzw. Aufwendungen für das betreffende Berichtigungsobjekt und die darauf entfallenden Vorsteuerbeträge. [2]Falls es sich hierbei um mehrere Einzelbeträge handelt, ist auch jeweils die Gesamtsumme aufzuzeichnen. [3]Insoweit sind auch die Vorsteuerbeträge aufzuzeichnen, die den nicht zum Vorsteuerabzug berechtigenden Umsätzen zuzurechnen sind;
2. den Zeitpunkt der erstmaligen Verwendung des Berichtigungsobjekts;
3. in den Fällen des § 15a Abs. 1 UStG die Verwendungsdauer (betriebsgewöhnliche Nutzungsdauer) im Sinne der einkommensteuerrechtlichen Vorschriften und den maßgeblichen Berichtigungszeitraum für das Berichtigungsobjekt;
4. [1]die Anteile, zu denen das Berichtigungsobjekt zur Ausführung der den Vorsteuerabzug ausschließenden Umsätze und zur Ausführung der zum Vorsteuerabzug berechtigenden Umsätze verwendet wurde. [2]In den Fällen des § 15a Abs. 1 UStG sind die Anteile für jedes Kalenderjahr des Berichtigungszeitraums aufzuzeichnen;
5. [1]bei einer Veräußerung oder unentgeltlichen Wertabgabe des Berichtigungsobjekts den Zeitpunkt und die umsatzsteuerrechtliche Behandlung dieses Umsatzes. [2]In den Fällen des § 15a Abs. 1 UStG gilt dies nur, wenn die Veräußerung oder die unentgeltliche Wertabgabe in den Berichtigungszeitraum fallen;
6. in den Fällen des § 15a Abs. 1 UStG bei einer Verkürzung des Berichtigungszeitraums wegen vorzeitiger Unbrauchbarkeit des Wirtschaftsguts die Ursache unter Angabe des Zeitpunkts und unter Hinweis auf die entsprechenden Unterlagen.

(2) Die Aufzeichnungen für das einzelne Berichtigungsobjekt sind von dem Zeitpunkt an zu führen, für den der Vorsteuerabzug vorgenommen worden ist.

(3) Die besondere Aufzeichnungspflicht nach § 22 Abs. 4 UStG entfällt insoweit, als sich die erforderlichen Angaben aus den sonstigen Aufzeichnungen oder der Buchführung des Unternehmers eindeutig und leicht nachprüfbar entnehmen lassen.

Zu § 16 UStG

16.1 Steuerberechnung

[1] Der Unternehmer hat alle im Rahmen seines Unternehmens ausgeführten Umsätze zusammenzurechnen. [2] Dem Unternehmer sind im Fall der Zwangsverwaltung über ein Grundstück des Unternehmers auch die Umsätze zuzurechnen, die der Zwangsverwalter im Rahmen seiner Verwaltungstätigkeit ausführt (vgl. BFH-Urteil vom 10.04.1997, V R 26/96, BStBl. II S. 552);[1)] zur Übermittlung von Voranmeldungen in diesen Fällen vgl. Abschnitt 18.6 Abs. 4.

16.2 Beförderungseinzelbesteuerung[2)]

(1) [1] Die Beförderungseinzelbesteuerung (§ 16 Abs. 5 UStG) setzt voraus, dass Kraftomnibusse, mit denen die Personenbeförderungen im Gelegenheitsverkehr durchgeführt werden, nicht im Inland (§ 1 Abs. 2 Satz 1 UStG) zugelassen sind. [2] Es ist nicht erforderlich, dass der Beförderer ein ausländischer Unternehmer ist. [3] Für die Besteuerung der Beförderungsleistung kommt es nicht darauf an, ob der Unternehmer Eigentümer des Kraftomnibusses ist oder ob er ihn gemietet hat. [4] (Beförderungs-)Unternehmer im verkehrsrechtlichen und im umsatzsteuerrechtlichen Sinne ist derjenige, der die Beförderung im eigenen Namen, unter eigener Verantwortung und für eigene Rechnung durchführt (§ 3 Abs. 2 PBefG).[3)] [5] Führt ein Omnibusunternehmer die Beförderung mit einem gemieteten Kraftomnibus durch, geht der Beförderungsleistung eine Leistung voraus, die in der Vermietung des Kraftomnibusses besteht. [6] Es ist deshalb neben der Beförderungsleistung im Inland auch die Vermietungsleistung zu besteuern, sofern sie im Inland ausgeführt wird (vgl. Abschnitte 3a.2 und 3a.5). [7] Betreibt der Vermieter sein Unternehmen im Drittlandsgebiet, wird eine kurzfristige Vermietungsleistung als im Inland ausgeführt behandelt, soweit der Kraftomnibus im Inland genutzt wird (§ 3a Abs. 6 Satz 1 Nr. 1 UStG). [8] Ist der Vermieter im Ausland ansässig, obliegt die Besteuerung der Vermietungsleistung im Inland dem Beförderungsunternehmer als Leistungsempfänger (§ 13b Abs. 2 Nr. 1 und Abs. 5 Satz 1 UStG).

(2) [1] Personenbeförderungen im Gelegenheitsverkehr mit nicht im Inland zugelassenen Kraftomnibussen unterliegen der Beförderungseinzelbesteuerung, wenn bei der Ein- oder Ausreise eine Grenze zwischen dem Inland und dem

---

[1)] Zur Zwangsverwaltung von Grundstücken vgl. A 2.1 Abs. 7 UStAE und BMF v. 08.06.1992, BStBl. I 1992, 397.

[2)] Zum Verfahren vgl. A 18.8 und A 18.17 UStAE.

[3)] **Sartorius** Nr. **950.**

Drittlandsgebiet (z. B. Grenze zur Schweiz) überschritten wird. [2]Führt der Unternehmer im Zusammenhang mit einer grenzüberschreitenden Beförderung von Personen weitere Personenbeförderungen im Inland durch (z. B. Sonderfahrten während des Aufenthalts einer Reisegruppe in Deutschland), unterliegen diese ebenfalls der Beförderungseinzelbesteuerung.

(3) Kraftomnibusse sind Kraftfahrzeuge, die nach ihrer Bauart und Ausstattung zur Beförderung von mehr als neun Personen – einschließlich Führer – geeignet und bestimmt sind (§ 4 Abs. 4 Nr. 2 PBefG).[1)]

(4) [1]Der Gelegenheitsverkehr mit Kraftomnibussen umfasst die Ausflugsfahrten, die Ferienziel-Reisen und den Verkehr mit Mietomnibussen (§ 46 PBefG).[1)] [2]Ausflugsfahrten sind Fahrten, die der Unternehmer nach einem bestimmten, von ihm aufgestellten Plan und zu einem für alle Teilnehmer gleichen und gemeinsam verfolgten Ausflugszweck anbietet und ausführt (§ 48 Abs. 1 PBefG). [3]Ferienziel-Reisen sind Reisen zu Erholungsaufenthalten, die der Unternehmer nach einem bestimmten, von ihm aufgestellten Plan zu einem Gesamtentgelt für Beförderung und Unterkunft mit oder ohne Verpflegung anbietet und ausführt (§ 48 Abs. 2 PBefG). [4]Verkehr mit Mietomnibussen ist die Beförderung von Personen mit Kraftomnibussen, die nur im Ganzen zur Beförderung angemietet werden und mit denen der Unternehmer Fahrten ausführt, deren Zweck, Ziel und Ablauf der Mieter bestimmt. [5]Die Teilnehmer müssen ein zusammengehöriger Personenkreis und über Ziel und Ablauf der Fahrt einig sein (§ 49 Abs. 1 PBefG). [6]Bei den in bilateralen Abkommen mit Drittstaaten als Pendelverkehr bezeichneten Personenbeförderungen handelt es sich um Gelegenheitsverkehr.

(5) [1]Der Beförderungseinzelbesteuerung unterliegt nur der inländische Streckenanteil. [2]Inländische Streckenanteile, die nach § 2 UStDV als ausländische Beförderungsstrecken anzusehen sind, bleiben unberücksichtigt. [3]Streckenanteile, die nach den §§ 3 oder 6 UStDV als inländische Beförderungsstrecken anzusehen sind, sind in die Besteuerung einzubeziehen.

(6) [1]Personenbeförderungen, die unentgeltlich oder nicht im Rahmen eines Unternehmens durchgeführt werden, unterliegen bei entsprechendem Nachweis nicht der Umsatzsteuer. [2]Werden Schülergruppen, Studentengruppen, Jugendgruppen, kulturelle Gruppen – z. B. Theater- und Musikensembles, Chöre – oder Mitglieder von Vereinen in Kraftomnibussen befördert, die dem Schulträger, dem Träger der kulturellen Gruppe oder dem Verein gehören, kann grundsätzlich angenommen werden, dass diese Beförderungsleistungen nicht im Rahmen eines Unternehmens erbracht werden. [3]Dies gilt entsprechend, wenn der Verein, die Gruppe oder die Schule einen Kraftomnibus anmietet und anschließend die Personen mit eigenem Fahrer, im eigenen Namen, unter eigener Verantwortung und für eigene Rechnung befördert. [4]Ist der Busfahrer Angestellter des den Omnibus vermietenden Unternehmers und wird er von diesem bezahlt, ist für Zwecke der Beförderungseinzelbesteuerung von einer Personenbeförderung durch den Busunternehmer auszugehen.

[1)] **Sartorius** Nr. **950.**

(7) [1]Die maßgebliche Zahl der Personenkilometer ergibt sich durch Vervielfachung der Anzahl der beförderten Personen mit der Anzahl der Kilometer der im Inland zurückgelegten Beförderungsstrecke (tatsächlich im Inland durchfahrene Strecke). [2]Bei der Ermittlung der Zahl der beförderten Personen bleiben der Fahrer, der Beifahrer, Begleitpersonen, die Angestellte des Beförderers sind – z. B. Reiseleiter, Dolmetscher und Stewardessen –, sowie unentgeltlich mitbeförderte Kleinkinder (unter 4 Jahren) außer Betracht. [3]Personen, die der Beförderer aus privaten Gründen unentgeltlich mitbefördert, z. B. Angehörige, sind demgegenüber mitzuzählen, soweit eine sonstige Leistung im Sinne von § 3 Abs. 9a Nr. 2 UStG vorliegt, die nach § 3b Abs. 1 UStG im Inland ausgeführt wird.

(8) [1]Bei der Beförderungseinzelbesteuerung dürfen Vorsteuerbeträge nicht abgesetzt werden. [2]Der Beförderungsunternehmer kann jedoch die Vergütung der Vorsteuerbeträge, die den der Beförderungseinzelbesteuerung unterliegenden Beförderungsleistungen zuzurechnen sind, im Vorsteuer-Vergütungsverfahren beantragen (§§ 59 bis 61a UStDV). [3]Ist beim Unternehmer das allgemeine Besteuerungsverfahren nach § 16 und § 18 Abs. 1 bis 4 UStG durchzuführen, kann er die Vorsteuerbeträge in diesem Verfahren geltend machen. [4]Durch die Besteuerung nach § 16 und § 18 Abs. 1 bis 4 UStG wird die Beförderungseinzelbesteuerung nicht berührt. [5]Die hierbei bereits versteuerten Umsätze sind daher, abgesehen vom Fall des Absatzes 9, nicht in das allgemeine Besteuerungsverfahren einzubeziehen.

(9) [1]Anstelle der Beförderungseinzelbesteuerung kann der Unternehmer nach Ablauf des Besteuerungszeitraumes die Besteuerung nach § 16 Abs. 1 und 2 UStG beantragen. [2]Wegen der Anrechnung der im Wege der Beförderungseinzelbesteuerung festgesetzten Steuern und des Verfahrens vgl. Abschnitt 18.8 Abs. 3.

16.3 Fahrzeugeinzelbesteuerung[1)]

(1) [1]Die Fahrzeugeinzelbesteuerung (§ 16 Abs. 5a UStG) setzt voraus, dass andere als die in § 1a Abs. 1 Nr. 2 UStG genannten Personen einen innergemeinschaftlichen Erwerb neuer Fahrzeuge bewirken. [2]Sie ist daher durchzuführen von Privatpersonen, nichtunternehmerisch tätigen Personenvereinigungen und Unternehmern, die das Fahrzeug für ihren nichtunternehmerischen Bereich beziehen. [3]Zum Begriff des neuen Fahrzeugs vgl. Abschnitt 1b.1 Sätze 2 bis 8. [4]Bei der Fahrzeugeinzelbesteuerung dürfen Vorsteuerbeträge nicht abgesetzt werden.

(2) [1]Für den innergemeinschaftlichen Erwerb neuer Fahrzeuge durch Unternehmer, die das Fahrzeug für ihren unternehmerischen Bereich erwerben, oder durch juristische Personen, die nicht Unternehmer sind oder die das Fahrzeug nicht für ihr Unternehmen erwerben (§ 1a Abs. 1 Nr. 2 UStG), ist die Fahrzeugeinzelbesteuerung nicht durchzuführen. [2]Diese Unternehmer oder juristischen Personen haben den innergemeinschaftlichen Erwerb neuer

[1)] Zum Verfahren vgl. A 18.9 UStAE.

Fahrzeuge in der Voranmeldung und in der Umsatzsteuererklärung für das Kalenderjahr anzumelden.

16.4 Umrechnung von Werten in fremder Währung

(1) [1]Die Umrechnung der Werte in fremder Währung (§ 16 Abs. 6 UStG) dient der Berechnung der Umsatzsteuer und der abziehbaren Vorsteuerbeträge. [2]Kursänderungen zwischen der Ausführung der Leistung und der Vereinnahmung des Entgelts bleiben unberücksichtigt.

(2) [1]Bei der Umrechnung nach dem Tageskurs ist der Nachweis durch Bankmitteilung oder Kurszettel zu führen, weil die Bankabrechnung im Zeitpunkt der Leistung noch nicht vorliegt. [2]Aus Vereinfachungsgründen kann das Finanzamt gestatten, dass die Umrechnung regelmäßig nach den Durchschnittskursen vorgenommen wird, die das Bundesministerium der Finanzen für den Monat bekannt gegeben hat, der dem Monat vorangeht, in dem die Leistung ausgeführt oder das Entgelt vereinnahmt wird.[1)]

(3) Zur Umrechnung der Werte in fremder Währung zur Berechnung der Umsatzsteuer in den besonderen Besteuerungsverfahren nach § 18 Abs. 4c und 4d, Abs. 4e, §§ 18h, 18i, 18j und 18k UStG, vgl. Abschnitt 18.7a Abs. 3, Abschnitt 18.7b Abs. 4, Abschnitt 18h.1 Abs. 3, Abschnitt 18i.1 Abs. 4, Abschnitt 18j.1 Abs. 4 und Abschnitt 18k.1 Abs. 4.

Zu § 17 UStG

17.1 Steuer- und Vorsteuerberichtigung bei Änderung der Bemessungsgrundlage

(1) [1]Die Frage, ob sich die Bemessungsgrundlage für einen steuerpflichtigen Umsatz geändert hat, beurteilt sich nach § 10 Abs. 1 bis 5 UStG. [2]Auf die Abschnitte 10.1 bis 10.7 wird verwiesen. [3]Zur Steuer- und Vorsteuerberichtigung bei Entgeltminderungen durch Gewährung von verdeckten Preisnachlässen vgl. BMF-Schreiben vom 28.08.2020, BStBl. I S. 928.

(2) [1]Die erforderlichen Berichtigungen sind für den Besteuerungszeitraum vorzunehmen, in dem die Änderung der Bemessungsgrundlage eingetreten ist. [2]Die Berichtigungspflicht ist bereits bei der Berechnung der Vorauszahlungen zu beachten (§ 18 Abs. 1 Satz 2 UStG). [3]Vereinbaren der leistende Unternehmer und der Leistungsempfänger die vollständige oder teilweise Rückzahlung des entrichteten Entgelts, mindert sich die Bemessungsgrundlage nur, soweit das Entgelt tatsächlich zurückgezahlt wird, und zwar in dem Besteuerungszeitraum, in dem die Rückgewähr erfolgt (BFH-Urteil vom 18.09.2008, V R 56/06, BStBl. 2009 II S. 250). [4]Dies gilt entsprechend für den Fall der nachträglichen Erhöhung des Entgelts (vgl. BFH-Urteil vom 10.04.2019, XI R 4/17, BStBl. II S. 635). [5]Mindert sich der Kaufpreis auf Grund einer Mängelrüge, ändert sich die Bemessungsgrundlage im Zeitpunkt der tatsächlichen

---

1) Vgl. Zusammenstellung in **Steuererlasse** Nr. **500** § 16/6 und § 16/7.

Realisierung der Ansprüche (Erfüllungsgeschäft – vgl. EuGH-Urteil vom 29.05.2001, C-86/99, Freemans).[1)]

(3) [1]Die Berichtigungspflicht besteht auch dann, wenn sich die Berichtigung der Steuer und die Berichtigung des Vorsteuerabzugs im Ergebnis ausgleichen. [2]Berechnet der Leistungsempfänger z. B. Lieferantenskonti nicht vom Gesamtpreis einschließlich Umsatzsteuer, sondern nur vom Entgelt (ohne Umsatzsteuer), hat er unabhängig von der Behandlung der Skontobeträge durch den Lieferanten den in Anspruch genommenen Vorsteuerabzug nach § 17 Abs. 1 Satz 2 UStG zu berichtigen. [3]Die Berichtigungspflicht ist bei einer Änderung der Bemessungsgrundlage nicht von einer Änderung des Steuerbetrags in der ursprünglichen Rechnung abhängig. [4]Ein Belegaustausch ist nur für die in § 17 Abs. 4 UStG bezeichneten Fälle vorgeschrieben. [5]Gewährt eine Genossenschaft ihren Mitgliedern eine umsatzabhängige Zusatzvergütung für die an die Genossenschaft erbrachten Lieferungen, handelt es sich um eine nachträgliche Erhöhung des Entgelts (vgl. BFH-Urteil vom 06.06.2002, V R 59/00, BStBl. II 2003 S. 214).

(4) Die Berichtigung des Vorsteuerabzugs kann unterbleiben, soweit der auf die Entgeltminderung entfallende Steuerbetrag von einem dritten Unternehmer entrichtet wird (§ 17 Abs. 1 Satz 6 UStG).

Beispiel:

[1]Die Einkaufsgenossenschaft E (Zentralregulierer) vermittelt eine Warenlieferung von A an B. [2]E wird auch in den Abrechnungsverkehr eingeschaltet. [3]Sie zahlt für B den Kaufpreis an A unter Inanspruchnahme von Skonto. [4]B zahlt an E den Kaufpreis ohne Inanspruchnahme von Skonto.

[5]Nach § 17 Abs. 1 Satz 1 UStG hat A seine Steuer zu berichtigen. [6]B braucht nach § 17 Abs. 1 Satz 6 UStG seinen Vorsteuerabzug nicht zu berichtigen, soweit E die auf den Skontoabzug entfallende Steuer an das Finanzamt entrichtet.

(5) [1]Die Pflicht zur Berichtigung der Steuer und des Vorsteuerabzugs nach § 17 Abs. 1 UStG besteht auch dann, wenn das Entgelt für eine steuerpflichtige Lieferung oder sonstige Leistung uneinbringlich geworden ist (§ 17 Abs. 2 Nr. 1 UStG). [2]Uneinbringlichkeit im Sinne des § 17 Abs. 2 UStG liegt insbesondere vor, wenn der Schuldner zahlungsunfähig ist, wenn den Forderungen die Einrede des Einforderungsverzichts entgegengehalten werden kann (vgl. BFH-Beschluss vom 10.03.1983, V B 46/80, BStBl. II S. 389) oder wenn der Anspruch auf Entrichtung des Entgelts nicht erfüllt wird und bei objektiver Betrachtung damit zu rechnen ist, dass der Leistende die Entgeltforderung ganz oder teilweise jedenfalls auf absehbare Zeit rechtlich oder tatsächlich nicht durchsetzen kann (vgl. BFH-Urteil vom 20.07.2006, V R 13/04, BStBl. II 2007 S. 22). [3]Daher berechtigen vertragliche Einbehalte zur Absicherung von Gewährleistungsansprüchen der Leistungsempfänger (z. B. sog. Sicherungseinbehalte für Baumängel) zur Steuerberichtigung, soweit dem Unternehmer nachweislich die Absicherung dieser Gewährleistungsansprüche durch Gestellung von Bankbürgschaften im Einzelfall nicht möglich war und er dadurch das Entgelt insoweit für einen Zeitraum von über zwei bis fünf Jahren noch nicht vereinnahmen kann (vgl. BFH-Urteil vom 24.10.2013,

---

1) DStRE 2001, 722.

V R 31/12, BStBl. II 2015 S. 674). [4]Auch soweit der Leistungsempfänger das Bestehen oder die Höhe des vereinbarten Entgelts substantiiert bestreitet, kommt – übereinstimmend mit der Berichtigung des Vorsteuerabzugs beim Leistungsempfänger – beim Leistenden eine Berichtigung der Umsatzsteuer wegen Uneinbringlichkeit in Betracht (vgl. BFH-Urteile vom 31.05.2001, V R 71/99, BStBl. II 2003 S. 206, und vom 22.4.2004, V R 72/03, BStBl. II S. 684). [5]Eine Berichtigung kommt auch in Betracht, wenn der Leistungsempfänger zwar nicht die Entgeltforderung selbst bestreitet, sondern mit einer vom Leistenden substantiiert bestrittenen Gegenforderung aufrechnet, und wenn bei objektiver Betrachtung damit zu rechnen ist, dass der Leistende die Entgeltforderung ganz oder teilweise jedenfalls auf absehbare Zeit nicht durchsetzen kann (vgl. BFH-Urteil vom 20.07.2006, V R 13/04, a. a. O.). [6]Die Vereinbarung einer Ratenzahlung begründet keine Uneinbringlichkeit im Sinne von § 17 Abs. 2 Nr. 1 UStG (vgl. BFH-Urteil vom 01.02.2022 – V R 37/21 (V R 16/19), BStBl. II S. 860). [7]Die Feststellung einer vom Finanzamt angemeldeten, einen früheren Vorsteuerabzug berichtigenden Umsatzsteuer zur Insolvenztabelle hat die gleiche Wirkung wie ein inhaltsgleicher Berichtigungsbescheid im Sinne des § 17 UStG (BFH-Urteil vom 19.08.2008, VII R 36/07, BStBl. II 2009 S. 250). [8]Zur Frage der Uneinbringlichkeit beim sog. Akzeptantenwechselgeschäft vgl. BFH-Urteil vom 08.12.1993, XI R 81/90, BStBl. II 1994 S. 338. [9]Ertragsteuerrechtlich zulässige pauschale Wertberichtigungen führen nicht zu einer Berichtigung nach § 17 Abs. 2 UStG. [10]Der Gläubiger, der eine Forderung als uneinbringlich behandelt, ist nicht verpflichtet, dem Schuldner hiervon Mitteilung zu machen. [11]Das Finanzamt des Gläubigers ist jedoch berechtigt, das Finanzamt des Schuldners auf die Ausbuchung der Forderung hinzuweisen. [12]Der Vorsteuerrückzahlungsanspruch dieses Finanzamts entsteht mit Ablauf des Voranmeldungszeitraums, in dem die Uneinbringlichkeit eingetreten ist (vgl. BFH-Urteil vom 08.10.1997, XI R 25/97, BStBl. II 1998 S. 69). [13]Der Schuldner hat nach § 17 Abs. 2 Nr. 1 i. V. m. Abs. 1 Satz 2 UStG seinen Vorsteuerabzug bereits dann entsprechend zu berichtigen, wenn sich aus den Gesamtumständen, insbesondere aus einem längeren Zeitablauf nach Eingehung der Verbindlichkeit ergibt, dass er seiner Zahlungsverpflichtung gegenüber seinem Gläubiger nicht mehr nachkommen wird. [14]Wird der Anspruch des Gläubigers später ganz oder teilweise befriedigt, ist § 17 Abs. 2 Nr. 1 Satz 2 UStG anzuwenden. [15]Wird das Entgelt für eine während des Bestehens einer Organschaft bezogene Leistung nach Beendigung der Organschaft uneinbringlich, ist der Vorsteuerabzug nicht gegenüber dem bisherigen Organträger, sondern gegenüber dem im Zeitpunkt des Uneinbringlichwerdens bestehenden Unternehmen, dem früheren Organ, zu berichtigen (BFH-Urteil vom 07.12.2006, V R 2/05, BStBl. II 2007 S. 848).

(6) Bei der Abtretung einer Forderung unter dem Nennwert bestimmt sich das Entgelt nach den tatsächlichen Aufwendungen des Leistungsempfängers (vgl. Abschnitt 10.1 Abs. 4).

Beispiel:

[1]Ein Unternehmer hat auf Grund einer Lieferung eine Forderung i. H. v. 11 900 € gegen seinen zum Vorsteuerabzug berechtigten Abnehmer. [2]Er tritt diese Forderung zum Festpreis von 5750 € an ein Inkassobüro ab. [3]Das Inkassobüro kann noch 8925 € einziehen.

[4]Die Steuer des Lieferers richtet sich zunächst nach dem für die Lieferung vereinbarten Entgelt von 10 000 € (Steuer bei einem Steuersatz von 19% = 1900 €). [5]Die endgültige Steuer des Lieferers beträgt allerdings nur 1425 €, da der Abnehmer nur 8925 € aufgewandt hat (§ 10 Abs. 1 Satz 2 UStG), während die restlichen 2975 € uneinbringlich sind. [6]Eine entsprechende Minderung der Steuer nach § 17 Abs. 2 Nr. 1 in Verbindung mit § 17 Abs. 1 Satz 1 UStG von 1900 € auf 1425 € setzt jedoch voraus, dass der Lieferer die teilweise Uneinbringlichkeit der Forderung nachweist. [7]Er muss sich also Kenntnis davon verschaffen, welchen Betrag das Inkassobüro tatsächlich noch einziehen konnte. [8]Der Abnehmer hat zunächst auf Grund der ihm vom Lieferer erteilten Rechnung den Vorsteuerabzug in voller Höhe. [9]Er muss ihn jedoch von sich aus nach § 17 Abs. 2 Nr. 1 in Verbindung mit Abs. 1 Satz 2 UStG auf der Grundlage seiner tatsächlichen Zahlung an das Inkassobüro (im Beispielsfall auf 1425 €) berichtigen, da er die teilweise Uneinbringlichkeit der Forderung kennt. [10]Dies gilt entsprechend, wenn der Abnehmer weniger an das Inkassobüro zahlt, als der Lieferer für die Forderung erhalten hat. [11]Zahlt der Abnehmer den vollen Rechnungsbetrag an das Inkassobüro, bleiben die Steuer des Lieferers und der Vorsteuerabzug des Abnehmers in voller Höhe bestehen.

(7)[1)] [1]Steuer- und Vorsteuerberichtigungen sind auch erforderlich, wenn für eine Leistung ein Entgelt entrichtet, die Leistung jedoch nicht ausgeführt worden ist (§ 17 Abs. 2 Nr. 2 UStG). [2]Diese Regelung steht im Zusammenhang mit der in § 13 Abs. 1 Nr. 1 Buchstabe a Satz 4 UStG vorgeschriebenen Besteuerung von Zahlungen vor Ausführung der Leistungen. [3]Die Minderung der Bemessungsgrundlage nach § 17 Abs. 2 Nr. 2 UStG erfolgt erst in dem Besteuerungszeitraum, in dem die Anzahlung oder das Entgelt zurückgewährt worden sind (vgl. BFH-Urteile vom 02.09.2010, V R 34/09, BStBl. II 2011 S. 991, und vom 15.09.2011, V R 36/09, BStBl. II 2012 S. 365).

Beispiel:

[1]Über das Vermögen eines Unternehmers, der Anzahlungen erhalten und versteuert hat, wird das Insolvenzverfahren eröffnet, bevor er eine Leistung erbracht hat. [2]Der Insolvenzverwalter lehnt die Erfüllung des Vertrages ab und gewährt die Anzahlungen zurück. [3]Der Unternehmer, der die vertraglich geschuldete Leistung nicht erbracht hat, hat die Steuer auf die Anzahlung im Besteuerungszeitraum der Rückgewähr nach § 17 Abs. 2 Nr. 2 UStG zu berichtigen. [4]Unabhängig davon hat der Unternehmer, an den die vertraglich geschuldete Leistung erbracht werden sollte, den Vorsteuerabzug in sinngemäßer Anwendung des § 17 Abs. 1 Satz 2 UStG im Besteuerungszeitraum der Rückgewähr zu berichtigen. [5]Werden Anzahlungen versteuert und ergibt sich im Nachhinein, dass die Leistung nicht der Umsatzsteuer unterliegt, ist die Bemessungsgrundlage ebenfalls nach § 17 Abs. 2 Nr. 2 UStG zu berichtigen (vgl. Abschnitt 13.5 Abs. 4 Satz 3).

(8) [1]Ob eine Rückgängigmachung einer Lieferung nach § 17 Abs. 2 Nr. 3 UStG oder eine selbständige Rücklieferung vorliegt, ist aus der Sicht des Empfängers und nicht aus der Sicht des ursprünglichen Lieferers zu beurteilen. [2]Eine Rückgängigmachung ist anzunehmen, wenn der Liefernde oder der Lieferungsempfänger das der Hinlieferung zu Grunde liegende Umsatzgeschäft beseitigt oder sich auf dessen Unwirksamkeit beruft, die zuvor begründete Erwartung des Lieferers auf ein Entgelt dadurch entfällt und der Lieferungsempfänger den empfangenen Gegenstand in Rückabwicklung des Umsatzgeschäfts zurückgibt. [3]Dagegen liegt eine einen selbständigen Umsatz auslösende Rücklieferung vor, wenn die Beteiligten ein neues Umsatzgeschäft eingehen und der Empfänger der Hinlieferung dieses dadurch erfüllt, dass er

---

1) Zur Rückforderung eines abgetretenen USt-Vergütungsanspruchs bei Berichtigung der Vorsteuer nach § 17 UStG vgl. BFH v. 27.10.2009 VII R 4/08, BStBl. II 2010, 257.

dem ursprünglichen Lieferer die Verfügungsmacht an dem gelieferten Gegenstand in Erwartung einer Gegenleistung überträgt (vgl. BFH-Urteil vom 12.11.2008, XI R 46/07, BStBl. II 2009 S. 558). 4 Wenn der Insolvenzverwalter die Erfüllung eines zur Zeit der Eröffnung des Insolvenzverfahrens vom Schuldner und seinem Vertragspartner noch nicht oder nicht vollständig erfüllten Vertrags ablehnt (§ 103 InsO) und der Lieferer infolgedessen die Verfügungsmacht an dem gelieferten Gegenstand zurückerhält, wird die Lieferung rückgängig gemacht (vgl. BFH-Urteil vom 08.05.2003, V R 20/02, BStBl. II S. 953, zum Konkursverfahren). 5 Wird die Leistung nach Vereinnahmung des Entgelts rückgängig gemacht, entsteht der Berichtigungsanspruch nach § 17 Abs. 2 Nr. 3 UStG erst mit der Rückgewähr des Entgelts (vgl. BFH-Urteil vom 02.09.2010, V R 34/09, BStBl. II 2011 S. 991).

(9) 1 Zu den Aufwendungen im Sinne des § 17 Abs. 2 Nr. 5 UStG können auch AfA für abnutzbare Wirtschaftsgüter gehören, für deren Anschaffungskosten der Vorsteuerabzug gewährt wurde (vgl. BFH-Urteil vom 02.07.2008, XI R 60/06, BStBl. II 2009 S. 167). 2 § 17 Abs. 2 Nr. 5 UStG setzt – anders als § 15a UStG – nicht zwingend voraus, dass sich die Verhältnisse in Bezug auf die Verwendungsumsätze geändert haben.

(10) 1 Die Vorschrift des § 17 Abs. 1 UStG ist entsprechend anzuwenden, wenn in einer Rechnung der Steuerbetrag nach § 14c Abs. 1 UStG berichtigt wird. 2 Die Berichtigung der wegen unrichtigen Steuerausweises geschuldeten Umsatzsteuer ist in dem Besteuerungszeitraum vorzunehmen, in dem sowohl eine Rechnung mit geändertem Steuerausweis erteilt als auch bei Bestehen eines Rückzahlungsanspruchs der zu hoch ausgewiesene Rechnungsbetrag an den Leistungsempfänger zurückgezahlt wurde (vgl. Abschnitt 14c.1 Abs. 5). 3 Der Widerspruch gegen den in einer Gutschrift enthaltenen Steuerausweis wirkt deshalb erst in dem Besteuerungszeitraum, in dem er erklärt wird (vgl. BFH-Urteil vom 19.05.1993, V R 110/88, BStBl. II S. 779). 4 Die Berichtigung der Vorsteuer durch den Leistungsempfänger hingegen ist für den Besteuerungszeitraum vorzunehmen, in dem diese abgezogen wurde. 5 § 14c Abs. 1 Sätze 2 und 3 UStG betreffen nicht den Leistungsempfänger, sondern regeln nur die Voraussetzungen für die Erstattung der wegen unrichtigen Steuerausweises geschuldeten Umsatzsteuer des Steuerschuldners (vgl. BFH-Urteil vom 06.12.2007, V R 3/06, BStBl. II 2009 S. 203).

Uneinbringlichkeit im Insolvenzverfahren

(11) 1 Durch die Eröffnung des Insolvenzverfahrens über das Vermögen des leistenden Unternehmers geht nach § 80 Abs. 1 InsO die gesamte Verwaltungs- und Verfügungsbefugnis und damit auch die Empfangszuständigkeit für die offenen Forderungen auf den Insolvenzverwalter über. 2 Demzufolge kommt es zu einer Aufspaltung des Unternehmens in mehrere Unternehmensteile, zwischen denen einzelne umsatzsteuerrechtliche Berechtigungen und Verpflichtungen nicht miteinander verrechnet werden können. 3 Dabei handelt es sich um die Insolvenzmasse und das vom Insolvenzverwalter freigegebene Vermögen sowie einen vorinsolvenzrechtlichen Unternehmensteil. 4 Der Unternehmer ist auf Grund des Übergangs der Empfangszuständigkeit für die offenen Forderungen auf den Insolvenzverwalter nach § 80 Abs. 1

InsO selbst nicht mehr in der Lage, rechtswirksam Entgeltforderungen in seinem vorinsolvenzrechtlichen Unternehmensteil zu vereinnahmen. [5]Erbringt der Unternehmer, über dessen Vermögen das Insolvenzverfahren eröffnet wird, eine Leistung vor Verfahrenseröffnung, ohne das hierfür geschuldete Entgelt bis zu diesem Zeitpunkt zu vereinnahmen, tritt daher spätestens mit Eröffnung des Insolvenzverfahrens Uneinbringlichkeit im vorinsolvenzrechtlichen Unternehmensteil ein (Uneinbringlichkeit aus Rechtsgründen). [6]Der Steuerbetrag ist deshalb nach § 17 Abs. 2 Nr. 1 Satz 1 i. V. m. Absatz 1 Satz 1 UStG zu berichtigen. [7]Vereinnahmt der Insolvenzverwalter später das zunächst uneinbringlich gewordene Entgelt, ist der Umsatzsteuerbetrag nach § 17 Abs. 2 Nr. 1 Satz 2 UStG erneut zu berichtigen. [8]Diese auf Grund der Vereinnahmung entstehende Steuerberichtigung begründet eine sonstige Masseverbindlichkeit im Sinne des § 55 Abs. 1 Nr. 1 InsO (vgl. BFH-Urteile vom 09.12.2010, V R 22/10, BStBl. II 2011 S. 996, und vom 27.09.2018, V R 45/16, BStBl. II 2019 S. 356). [9]Denn der sich aus § 17 Abs. 2 Nr. 1 Satz 2 UStG ergebende Steueranspruch ist erst mit der Vereinnahmung vollständig verwirklicht und damit abgeschlossen.

Beispiel:

[1]Über das Vermögen des U wurde am 15.07.2001 das Insolvenzverfahren eröffnet. [2]Nach dem Gutachten des Insolvenzgutachters hatte U zu diesem Zeitpunkt Forderungen aus umsatzsteuerpflichtigen Lieferungen und sonstigen Leistungen in Höhe von 119 000 €. [3]Hierin ist die Umsatzsteuer in Höhe von 19 000 € enthalten. [4]U hatte diese Umsätze in den entsprechenden Voranmeldungszeiträumen vor der Eröffnung des Insolvenzverfahrens angemeldet. [5]Der Insolvenzverwalter vereinnahmt im März 02 (nach Eröffnung des Insolvenzverfahrens) Forderungen in Höhe von 59 500 €. [6]Die restlichen Forderungen kann der Insolvenzverwalter nicht realisieren.

[7]U kann seine Forderungen zum Zeitpunkt der Eröffnung des Insolvenzverfahrens nicht mehr selbst realisieren. [8]Die Forderungen sind aus rechtlichen Gründen uneinbringlich (§ 17 Abs. 2 Nr. 1 Satz 1 i. V. m. Absatz 1 Satz 1 UStG). [9]Im Voranmeldungszeitraum der Insolvenzeröffnung ist daher eine Berichtigung der Bemessungsgrundlage um 100 000 € vorzunehmen. [10]Nach Vereinnahmung eines Teils der Forderungen durch den Insolvenzverwalter muss dieser eine – erneute – Berichtigung der Bemessungsgrundlage nach § 17 Abs. 2 Nr. 1 Satz 2 i. V. m. Absatz 1 Satz 1 UStG von 50 000 € für den Voranmeldungszeitraum der Vereinnahmung (März 02) vornehmen. [11]Die hieraus resultierende Umsatzsteuer ist als Masseverbindlichkeit vom Insolvenzverwalter zu entrichten.

(12) [1]Wird vom Insolvenzgericht ein sog. starker vorläufiger Insolvenzverwalter nach § 22 Abs. 1 InsO bestellt, ist dieser Vermögensverwalter im Sinne des § 34 Abs. 3 AO. [2]Da auf ihn die gesamte Verwaltungs- und Verfügungsbefugnis über das Vermögen des Schuldners übergeht, tritt bereits mit seiner Bestellung die Uneinbringlichkeit der Entgelte und die Aufspaltung des Unternehmens in mehrere Unternehmensteile ein und der Steuerbetrag ist nach § 17 Abs. 2 Nr. 1 Satz 1 i. V. m. Absatz 1 Satz 1 UStG zu berichtigen. [3]Vereinnahmt später der sog. starke vorläufige Insolvenzverwalter im vorläufigen Insolvenzverfahren oder der Insolvenzverwalter im eröffneten Insolvenzverfahren das uneinbringlich gewordene Entgelt für eine Leistung, die vor Bestellung des starken vorläufigen Insolvenzverwalters erbracht worden ist, ist der Umsatzsteuerbetrag nach § 17 Abs. 2 Nr. 1 Satz 2 UStG im Zeitpunkt der Vereinnahmung erneut zu berichtigen (vgl. BFH-Urteil vom 01.03.2016, XI R 21/14, BStBl. II S. 756). [4]Diese auf Grund der Vereinnahmung entstehende Steuerberichtigung begründet eine sonstige Masseverbindlichkeit im Sinne

des § 55 Abs. 2 Satz 1 InsO bei Vereinnahmung durch den sog. starken vorläufigen Insolvenzverwalter bzw. eine sonstige Masseverbindlichkeit im Sinne des § 55 Abs. 1 Nr. 1 InsO bei Vereinnahmung durch den Insolvenzverwalter. [5]Wird das Insolvenzverfahren nicht eröffnet, ist die nach Satz 2 durchgeführte Berichtigung rückgängig zu machen. [6]Für Steuerbeträge aus Umsätzen, die nach der Bestellung des sog. starken vorläufigen Insolvenzverwalters erbracht worden sind, kommt hingegen keine Berichtigung des Umsatzsteuerbetrags nach § 17 Abs. 2 Nr. 1 Satz 1 in Verbindung mit Abs. 1 Satz 1 UStG in Betracht. [7]Diese Steuerbeträge gelten mit der Eröffnung des Insolvenzverfahrens als sonstige Masseverbindlichkeiten nach § 55 Abs. 2 Satz 1 InsO.

(13) [1]Die Grundsätze zur Uneinbringlichkeit aus Rechtsgründen nach den Absätzen 11 und 12 finden auch im Falle der Bestellung eines sog. schwachen vorläufigen Insolvenzverwalters mit allgemeinem Zustimmungsvorbehalt (§ 21 Abs. 2 Satz 1 Nr. 2 2. Alternative InsO) und dem Recht zum Forderungseinzug (§§ 22 Abs. 2, 23 InsO) Anwendung (vgl. BFH-Urteil vom 24.09.2014, V R 48/13, BStBl. II 2015 S. 506). [2]Gleiches gilt bei der Bestellung eines sog. schwachen vorläufigen Insolvenzverwalters mit dem Recht zum Forderungseinzug (§§ 22 Abs. 2, 23 InsO), mit allgemeinem Zustimmungsvorbehalt ohne ausdrückliches Recht zum Forderungseinzug oder wenn der schwache vorläufige Insolvenzverwalter zur Kassenführung berechtigt ist. [3]Steuerbeträge aus Umsätzen, die der Unternehmer vor Bestellung eines sog. schwachen vorläufigen Insolvenzverwalters mit in Satz 1 oder Satz 2 genannten rechtlichen Befugnissen erbracht hat, sind daher nach § 17 Abs. 2 Nr. 1 Satz 1 in Verbindung mit Abs. 1 Satz 1 UStG zu berichtigen. [4]Gleiches gilt – im Unterschied zur Bestellung des sog. starken vorläufigen Insolvenzverwalters (vgl. Abs. 12 Satz 6) – für die Steuerbeträge aus Umsätzen, die der Unternehmer danach bis zum Abschluss des Insolvenzeröffnungsverfahrens erbringt. [5]Im Anschluss an die Uneinbringlichkeit kommt es durch die Vereinnahmung des Entgelts nach § 17 Abs. 2 Nr. 1 Satz 2 UStG zu einer zweiten Berichtigung. [6]Dem steht nicht entgegen, dass die erste Berichtigung auf Grund Uneinbringlichkeit und die zweite Berichtigung auf Grund nachfolgender Vereinnahmung ggf. im selben Voranmeldungs- oder Besteuerungszeitraum zusammentreffen. [7]Die auf Grund der während des Insolvenzeröffnungsverfahrens erfolgenden Vereinnahmung entstehende Steuerberichtigung begründet eine sonstige Masseverbindlichkeit nach § 55 Abs. 4 InsO. [8]Wegen der Einzelheiten zum Anwendungsbereich des § 55 Abs. 4 InsO vgl. BMF-Schreiben vom 20.05.2015, BStBl. I S. 476, und vom 18.11.2015, BStBl. I S. 886. [9]Erfolgt die Entgeltvereinnahmung erst während des eröffneten Insolvenzverfahrens, begründet die dadurch entstehende Steuerberichtigung eine sonstige Masseverbindlichkeit im Sinne von § 55 Abs. 1 Nr. 1 InsO (vgl. Abs. 11).

(14) [1]Ungeachtet der Berichtigungspflichten wegen Uneinbringlichkeit aus Rechtsgründen (vgl. Absätze 11 bis 13) findet § 17 UStG weiterhin Anwendung, wenn der Steuerbetrag bereits vor der Bestellung des vorläufigen Insolvenzverwalters wegen Uneinbringlichkeit des Entgelts aus tatsächlichen Gründen (z.B. wegen Zahlungsunfähigkeit des Entgeltschuldners, vgl. auch Absatz 16) nach § 17 Abs. 2 Nr. 1 Satz 1 in Verbindung mit Abs. 1 Satz 1 UStG berichtigt wurde und der vorläufige Insolvenzverwalter oder der Insolvenz-

schuldner mit Zustimmung des schwachen vorläufigen Insolvenzverwalters das Entgelt im vorläufigen Insolvenzverfahren vereinnahmt. [2]Dann ist der hierauf entfallende Steuerbetrag (erneut) nach § 17 Abs. 2 Nr. 1 Satz 2 UStG zu berichtigen. [3]Diese auf Grund der Vereinnahmung entstehende Steuerberichtigung begründet bei Bestellung eines schwachen vorläufigen Insolvenzverwalters eine sonstige Masseverbindlichkeit nach § 55 Abs. 4 InsO. [4]Wird hingegen vom Insolvenzgericht ein sog. starker vorläufiger Insolvenzverwalter nach § 22 Abs. 1 InsO eingesetzt, liegen insoweit sonstige Masseverbindlichkeiten nach § 55 Abs. 2 InsO vor. [5]Denn der sich aus § 17 Abs. 2 Nr. 1 Satz 2 UStG ergebende Steueranspruch ist erst mit der Vereinnahmung vollständig verwirklicht, mithin im vorläufigen Insolvenzverfahren. [6]Das gilt auch, wenn die Berichtigung nach § 17 Abs. 2 Nr. 1 Satz 1 UStG während der vorläufigen Insolvenzverwaltung erfolgt und das Entgelt durch den starken vorläufigen Insolvenzverwalter vereinnahmt wird. [7]Dieser Steueranspruch ist ebenfalls als sonstige Masseverbindlichkeit nach § 55 Abs. 2 InsO zu qualifizieren.

Beispiel:

[1]U hat offene Forderungen aus umsatzsteuerpflichtigen Lieferungen in Höhe von 119.000 € gegenüber dem Leistungsempfänger S. [2]U hat diese Umsätze in den entsprechenden Voranmeldungszeiträumen angemeldet. [3]Über das Vermögen des S wird am 15.07.2000 das Insolvenzverfahren eröffnet. [4]Auf Grund eines zulässigen Insolvenzeröffnungsantrages über das Vermögen des U wird vom Insolvenzgericht mit Wirkung zum 15.08.2000 ein sog. schwacher vorläufiger Insolvenzverwalter bestellt. [5]U vereinnahmt mit Zustimmung des schwachen vorläufigen Insolvenzverwalters am 15.09.2000 noch Forderungen gegenüber S (bzw. dem Insolvenzverwalter des S) in Höhe von 59.500 €.

[6]U hat die in den offenen Forderungen enthaltene Umsatzsteuer nach § 17 Abs. 2 Nr. 1 Satz 1 in Verbindung mit Absatz 1 Satz 1 UStG in Höhe von 19.000 € unbeschadet einer möglichen Insolvenzquote in voller Höhe spätestens im Zeitpunkt der Insolvenzeröffnung über das Vermögen des S zu berichtigen (vgl. Absatz 16 Sätze 1 und 2). [7]Die Berichtigung ist für den Voranmeldungszeitraum Juli 00 durchzuführen. [8]Nach Vereinnahmung eines Teils der Forderungen im vorläufigen Insolvenzverfahren ist eine erneute Berichtigung der Steuerbeträge nach § 17 Abs. 2 Nr. 1 Satz 2 UStG durchzuführen. [9]Die Berichtigung ist für den Voranmeldungszeitraum September 00 vorzunehmen. [10]Die hieraus resultierende Umsatzsteuer in Höhe von 9.500 € stellt mit Eröffnung des Insolvenzverfahrens eine sonstige Masseverbindlichkeit nach § 55 Abs. 4 InsO dar, da es sich insoweit um Verbindlichkeiten des U aus dem Steuerschuldverhältnis handelt, die von einem schwachen vorläufigen Insolvenzverwalter oder vom Schuldner mit Zustimmung eines schwachen vorläufigen Insolvenzverwalters begründet worden sind.

(15) [1]Der Empfänger einer steuerpflichtigen Leistung, die vom Unternehmer vor Bestellung eines vorläufigen Insolvenzverwalters (vgl. Absätze 12 und 13) bzw. Eröffnung des Insolvenzverfahrens (vgl. Absatz 11) erbracht und für die das Entgelt aus Rechtsgründen uneinbringlich wurde, hat zu diesem Zeitpunkt die auf die steuerpflichtige Leistung entfallenden Vorsteuerbeträge nicht nach § 17 Abs. 2 Nr. 1 Satz 1 i. V. m. Absatz 1 Satz 1 UStG zu berichtigen. [2]Denn Zahlungsverpflichtung und Zahlungsbereitschaft des Leistungsempfängers bestehen fort und sind unabhängig von der Uneinbringlichkeit des Entgelts im vorinsolvenzrechtlichen Unternehmensteil des leistenden Unternehmers zu beurteilen.

(16) [1]Entgeltforderungen aus Lieferungen und sonstigen Leistungen, die vor Insolvenzeröffnung an den späteren Insolvenzschuldner erbracht wurden, werden im Augenblick der Bestellung eines vorläufigen Insolvenzverwalters im

Sinne der Absätze 12 oder 13 – spätestens aber mit Eröffnung des Insolvenzverfahrens – unbeschadet einer möglichen Insolvenzquote in voller Höhe im Sinne des § 17 Abs. 2 Nr. 1 UStG uneinbringlich. [2]Zu diesem Zeitpunkt ist die Umsatzsteuer beim leistenden Unternehmer und dementsprechend der Vorsteuerabzug beim Leistungsempfänger nach § 17 Abs. 1 UStG zu berichtigen. [3]Dies gilt sinngemäß auch, wenn der Antrag auf Eröffnung des Insolvenzverfahrens (z. B. mangels Masse) abgewiesen wird. [4]Wird das uneinbringlich gewordene Entgelt nachträglich vereinnahmt, ist der Umsatzsteuerbetrag erneut zu berichtigen (§ 17 Abs. 2 Nr. 1 Satz 2 UStG). [5]Das gilt auch für den Fall, dass der Insolvenzverwalter die durch die Eröffnung uneinbringlich gewordene Forderung erfüllt (vgl. BFH-Urteil vom 22.10.2009, V R 14/08, BStBl. II 2011 S. 988).

(17) [1]Wird auf Grund einer erfolgreichen Insolvenzanfechtung nach §§ 129ff. InsO ein bereits entrichtetes Entgelt für eine vom Insolvenzschuldner bezogene Leistung nach Eröffnung des Insolvenzverfahrens an den Insolvenzverwalter zurückgezahlt, ist der Vorsteuerabzug nach § 17 Abs. 2 Nr. 1 Satz 2 UStG durch den Insolvenzverwalter in dem Zeitpunkt der tatsächlichen Entgeltrückgewähr zu berichtigen. [2]Der Berichtigungsanspruch nach § 17 Abs. 2 Nr. 1 Satz 2 UStG entsteht dann im Rahmen der Masseverwaltung und stellt folglich nach § 55 Abs. 1 Satz 1 InsO eine Masseverbindlichkeit dar (vgl. BFH-Urteile vom 15.12.2016, V R 26/16, BStBl. II 2017 S. 735, und vom 29.03.2017, XI R 5/16, BStBl. II S. 738).

17.2 Preisnachlässe und Preiserstattungen außerhalb unmittelbarer Leistungsbeziehungen sowie Maßnahmen zur Verkaufsförderung

Preisnachlässe und Preiserstattungen innerhalb der Leistungskette allgemein

(1) [1]Die Minderung der Bemessungsgrundlage setzt nicht voraus, dass ein Preisnachlass oder eine Preiserstattung auf allen Stufen einer Leistungskette vom ersten Unternehmer bis zum letzten Abnehmer in der jeweiligen Leistungsbeziehung erfolgt. [2]Ebenso wenig kommt es auf die Position des Unternehmers, der den Preisnachlass gewährt, oder die des begünstigten Abnehmers in der Leistungskette an. [3]Auch bei Preisnachlässen oder Preiserstattungen über einzelne Stufen einer Leistungskette hinweg dürfen aus allen Umsatzgeschäften in der Leistungskette insgesamt nur die Umsatzsteuerbeträge berücksichtigt werden, die dem vom begünstigten Abnehmer wirtschaftlich aufgewendeten Umsatzsteuerbetrag entsprechen. [4]Für Unternehmer, die auf den Produktions- und Vertriebsstufen vor der Verbrauchsstufe des begünstigten Abnehmers tätig sind, muss die Umsatzbesteuerung neutral sein. [5]Erstattet daher ein Unternehmer in einer Leistungskette einem nicht unmittelbar nachfolgenden Abnehmer (begünstigter Abnehmer) einen Teil des von diesem gezahlten Leistungsentgelts oder gewährt er ihm einen Preisnachlass, mindert sich dadurch die Bemessungsgrundlage für den Umsatz dieses Unternehmers an seinen unmittelbaren Abnehmer, wenn folgende Voraussetzungen erfüllt sind:

1. Der den Preisnachlass gewährende Unternehmer hat eine im Inland steuerpflichtige Leistung erbracht,
2. die Leistung an den begünstigten Abnehmer ist im Inland steuerpflichtig und
3. der den Preisnachlass gewährende Unternehmer hat das Vorliegen der vorstehenden Voraussetzungen sowie den Preisnachlass bzw. die Preiserstattung nachgewiesen (vgl. Absatz 5).

Beispiel:

[1] Hersteller A verkauft Ware an Großhändler B. [2] B verkauft die Ware an einen Zwischenhändler C. [3] C verkauft die Ware an den Einzelhändler D, der die Ware an den letzten Abnehmer der Leistungskette E verkauft. [4] B erstattet D wegen Abnahme einer bestimmten Menge von Waren, die über ihn vertrieben wurden, nachträglich einen Teil des von D für diese Waren aufgewendeten Preises. [5] Da es weder auf die Position des B als zweiten Unternehmer noch auf die des D als vierten und damit vorletzten Abnehmer in der Leistungskette ankommt, kann B die Bemessungsgrundlage seiner Lieferung an C mindern. [6] Gleichzeitig kann bei D nur ein entsprechend geminderter Vorsteuerabzug berücksichtigt werden (vgl. Absatz 3).

(2) [1] Die Bemessungsgrundlage der Leistung des den Preisnachlass gewährenden Unternehmers wird um den Betrag des Preisnachlasses/der Preiserstattung abzüglich der Umsatzsteuer gemindert, die sich nach dem Umsatzsteuersatz berechnet, der auf den Umsatz Anwendung findet, für den der Preisnachlass/die Preiserstattung gewährt wird. [2] Der Unternehmer hat entsprechend § 17 Abs. 1 Satz 8 UStG die Minderung der Bemessungsgrundlage für den Besteuerungszeitraum vorzunehmen, in dem er den Preisnachlass gewährt hat. [3] Durch die Minderung der Bemessungsgrundlage der Leistung des den Preisnachlass gewährenden Unternehmers wird die von ihm erteilte Rechnung an seinen unmittelbaren Abnehmer nicht unrichtig. [4] Insbesondere findet in diesem Verhältnis § 14c Abs. 1 UStG keine Anwendung (vgl. Abschnitt 14c.1 Abs. 4 Satz 2 und 3). [5] Auch ein möglicher Vorsteuerabzug dieses unmittelbaren Abnehmers ändert sich durch den Preisnachlass/die Preiserstattung nicht (vgl. § 17 Abs. 1 Satz 3 UStG). [6] Die Minderung der Bemessungsgrundlage beim Unternehmer, der den Preisnachlass/die Preiserstattung gewährt, ist nicht davon abhängig, dass der den Preisnachlass/die Preiserstattung empfangende Abnehmer zum Vorsteuerabzug berechtigt ist.

(3)[1)] [1] Ist in den Fällen des Absatzes 1 Satz 5 der durch den Preisnachlass/die Preiserstattung begünstigte Abnehmer ein in vollem Umfang oder teilweise zum Vorsteuerabzug berechtigter Unternehmer und bezieht er die Leistung für sein Unternehmen, mindert sich der Vorsteuerabzug aus seinem Leistungsbezug um den in dem Preisnachlass/der Preiserstattung enthaltenen Steuerbetrag (vgl. § 17 Abs. 1 Satz 4 in Verbindung mit Satz 1 UStG), ohne dass es bei dem Unternehmer, der den Umsatz an ihn ausgeführt hat, zu einer Berichtigung der Bemessungsgrundlage kommt (vgl. § 17 Abs. 1 Satz 3 UStG). [2] Der Vorsteuerabzug ist nicht zu mindern, soweit ein Unternehmer eine innergemeinschaftliche Lieferung aus dem übrigen Gemeinschaftsgebiet in das Inland

---

1) Zu Anforderungen an Preisnachlässe als Entgeltminderung (hier grenzüberschreitender Apothekenrabatt) siehe BFH v. 18.11.2021 V R 4/21 (V R 41/17), BStBl. II 2022, 350, als Nachfolgeentscheid zu EuGH v. 11.03.2021 C-802/19, DStR 2021, 667.

erbringt und einem in der Lieferkette nicht unmittelbar nachfolgenden Unternehmer einen Teil des von diesem gezahlten Leistungsentgelts erstattet oder einen Preisnachlass gewährt, da die Lieferung des preisnachlassgewährenden Unternehmers bereits im Inland nicht steuerbar ist und sich durch den Preisnachlass/die Preiserstattung auch nicht die Bemessungsgrundlage für den innergemeinschaftlichen Erwerb seines unmittelbaren inländischen Abnehmers gemindert hat (vgl. BFH-Urteile vom 05.06.2014, XI R 25/12, BStBl. II 2017 S. 806, und vom 04.12.2014, V R 6/13, BStBl. II 2017 S. 810).

Beispiel 1:

[1] Der spanische Hersteller A verkauft Waren an den spanischen Großhändler B. [2] B verkauft die Ware an einen deutschen Zwischenhändler C. [3] C verkauft die Ware an den deutschen Einzelhändler D, der die Ware an den letzten Abnehmer der Leistungskette E in Deutschland verkauft. [4] D löst einen von B ausgegebenen Gutschein ein. [5] Der im anderen Mitgliedstaat ansässige spanische Großhändler B erbringt eine steuerfreie innergemeinschaftliche Lieferung an den in Deutschland ansässigen Zwischenhändler C. [6] Gleichzeitig erstattet er dem deutschen Einzelhändler D einen Teil des von diesem an C gezahlten Leistungsentgelts. [7] Da die Lieferung des spanischen Großhändlers B im Inland nicht steuerbar ist und sich durch die Erstattung auch nicht die Bemessungsgrundlage für den innergemeinschaftlichen Erwerb des Zwischenhändlers C ändert, hat der deutsche Einzelhändler D seinen Vorsteuerabzug aus der Lieferung des C nicht zu mindern.

[3] Der Vorsteuerabzug des begünstigten Unternehmers ist entsprechend den Grundsätzen der o. g. BFH-Urteile ebenfalls nicht zu mindern, soweit ein Unternehmer eine Lieferung im Drittland erbringt, bei der der Liefergegenstand in das Inland gelangt, und der Unternehmer einem in der Lieferkette nicht unmittelbar nachfolgenden Abnehmer einen Preisnachlass gewährt.

Beispiel 2:

[1] Der Unternehmer S in Zürich liefert Gegenstände, die er mit eigenem Lkw befördert, an seinen Abnehmer K in Stuttgart. [2] K verkauft die Waren an den deutschen Einzelhändler B in Baden-Baden. [3] K lässt die Gegenstände in den freien Verkehr überführen und wird Schuldner der Einfuhrumsatzsteuer. [4] B löst einen von S ausgegebenen Preiserstattungsgutschein ein. [5] Ort der Lieferung für die Lieferung des S an K ist Zürich (§ 3 Abs. 6 UStG). [6] K bewirkt mit der Einfuhr der Gegenstände im Inland einen nach § 1 Abs. 1 Nr. 4 UStG steuerbaren Umsatz. [7] K ist zum Abzug der Einfuhrumsatzsteuer als Vorsteuer berechtigt, da die Gegenstände für sein Unternehmen eingeführt worden sind. [8] Der Vorsteuerabzug von B aus der Lieferung des K an ihn ist infolge der Preiserstattung durch S nicht zu mindern, da der Unternehmer S eine im Inland nicht steuerbare Lieferung gegenüber K erbringt.

Preisnachlässe und Preiserstattungen bei der Ausgabe von Gutscheinen

(4) [1] Die Grundsätze der Absätze 1 und 3 gelten insbesondere bei der Ausgabe von Preisnachlass- und Preiserstattungsgutscheinen. [2] Als Gutscheine im Sinne dieses Abschnitts und in Abgrenzung zur Gutscheindefinition in § 3 Abs. 13 UStG bzw. Abschnitt 3.17 gelten allgemein schriftlich zugesicherte Rabatt- oder Vergütungsansprüche, z. B. in Form von Coupons, die ein Unternehmer zur Förderung seiner Umsätze ausgibt und die auf der gleichen oder nachfolgenden Umsatzstufe den Leistungsempfänger berechtigen, die Leistung im Ergebnis verbilligt um den Nennwert des Gutscheins in Anspruch zu nehmen. [3] Der Nennwert des Gutscheins entspricht einem Bruttobetrag, d. h. er schließt die Umsatzsteuer ein (vgl. Abschnitt 10.3 Abs. 1). [4] Das Einlö-

sen des Gutscheins kann in der Weise erfolgen, dass der begünstigte Abnehmer den Gutschein beim Erwerb der Leistung an Zahlungs statt einsetzt und der Zwischenhändler sich den Nennwert des Gutscheins vom Unternehmer, der den Gutschein ausgegeben hat, oder in dessen Auftrag von einem anderen vergüten lässt (Preisnachlassgutschein) oder dass der begünstigte Abnehmer direkt vom Unternehmer, der den Gutschein ausgegeben hat, oder in dessen Auftrag von einem anderen eine nachträgliche Vergütung erhält (Preiserstattungsgutschein). 5 Bei den in § 3 Abs. 13 bis 15 UStG definierten Gutscheinarten (Einzweck- und Mehrzweck-Gutscheine) handelt es sich im Gegensatz zu den Preisnachlass- bzw. Erstattungsgutscheinen um Gutscheine, die zur Einlösung gegen eine Lieferung von Gegenständen oder zur Erbringung einer sonstigen Leistung verwendet werden können. 6 Die in Abschnitt 3.17 dargestellten Grundsätze sind nicht auf Gutscheine dieses Abschnitts anzuwenden.

Nachweisführung durch den preisnachlassgewährenden Unternehmer

(5) 1 Der Unternehmer, der dem begünstigten Abnehmer einen Teil des von diesem gezahlten Leistungsentgelts erstattet oder einen Preisnachlass gewährt und dafür eine Minderung der Bemessungsgrundlage geltend macht, hat das Vorliegen der hierfür nach Absatz 1 geltenden Voraussetzungen nachzuweisen. 2 Die Nachweise können sich aus der Gesamtheit der Unterlagen ergeben, die beim Unternehmer, der den Preisnachlass/die Preiserstattung gewährt, vorliegen. 3 Mit ihnen muss sich leicht und eindeutig nachprüfen lassen, dass die Voraussetzungen für eine Minderung der Bemessungsgrundlage vorgelegen haben. 4 Desweiteren müssen sie erkennen lassen, ob eine Vorsteuerabzugsberechtigung des begünstigten Abnehmers besteht.

(6) In den Fällen von Preisnachlass- oder Preiserstattungsgutscheinen kann der Unternehmer, der diesen Gutschein ausgegeben und vergütet hat, den Nachweis nach Absatz 5 regelmäßig auch wie folgt führen:

1. 1 Durch einen Beleg über die ihn belastende Vergütung (z. B. Überweisung oder Barzahlung) des Nennwerts des Gutscheins gegenüber dem Zwischenhändler (Preisnachlassgutschein) bzw. gegenüber dem begünstigten Abnehmer (Preiserstattungsgutschein). 2 Der Beleg soll außerdem folgende Angaben enthalten:
   a) Bezeichnung (z. B. Registriernummer) des Gutscheins,
   b) Name und Anschrift des begünstigten Abnehmers,
   c) Angaben zur Vorsteuerabzugsberechtigung des begünstigten Abnehmers, und
2. 1 durch Vorlage eines Belegs des Zwischenhändlers (z. B. Kopie der Rechnung), aus dem sich ergibt, dass die Leistung an den begünstigten Abnehmer im Inland steuerpflichtig ist. 2 In den Fällen der Preisnachlassgutscheine müssen sich aus dem Beleg zudem der maßgebliche Steuersatz und der Preis, aufgegliedert nach dem vom begünstigten Abnehmer aufgewendeten Betrag und Nennwert des Gutscheins, den der begünstigte Abnehmer an Zahlungs statt hingibt, ergeben.

Nachweisführung durch den begünstigten Abnehmer

(6a) [1]Führt der Preisnachlass oder die Preiserstattung in den Fällen des Absatzes 3 Satz 2 und 3 beim vorsteuerabzugsberechtigten begünstigten Unternehmer ausnahmsweise nicht zu einer Minderung des Vorsteuerabzugs, hat der begünstigte Unternehmer die Voraussetzungen der Ausnahme nachzuweisen. [2]Die Nachweise können sich aus der Gesamtheit der Unterlagen ergeben, die beim begünstigten Unternehmer vorliegen. [3]Die Voraussetzungen der Ausnahme müssen sich anhand dieser Unterlagen leicht und eindeutig nachprüfen lassen. [4]Der Nachweis kann regelmäßig auch wie folgt geführt werden:

1. Durch einen Beleg über die Höhe des erhaltenen Preisnachlasses (z. B. Abrechnung des Zwischenhändlers) bzw. die vereinnahmte Preiserstattung (z. B. Überweisung oder Barzahlung), auf dem die Bezeichnung (z. B. Registriernummer eines Gutscheins) vermerkt ist,
2. durch die Rechnung des Zwischenhändlers an den begünstigten Unternehmer und
3. [1]durch die Bestätigung des den Preisnachlass/die Preiserstattung gewährenden Unternehmers, dass seine Lieferung an seinen Abnehmer im Ausland ausgeführt wurde. [2]Die Bestätigung muss zudem Angaben zur eindeutigen Identifizierung dieses Abnehmers sowie über die zwischen den Preisnachlass/die Preiserstattung gewährenden Unternehmer und dem Abnehmer abgerechnete Leistung enthalten.

Preisnachlässe außerhalb der Leistungskette und Werbemaßnahmen

(7) [1]Eine Minderung der Bemessungsgrundlage kommt nicht in Betracht, wenn nicht ein an der Leistungskette beteiligter Unternehmer, sondern lediglich ein Vermittler dem Kunden der von ihm vermittelten Leistung einen sog. Preisnachlass gewährt (BFH-Urteil vom 27.02.2014, V R 18/11, BStBl. II 2015 S. 306). [2]Danach mindern beispielsweise Preisnachlässe, die dem Abnehmer von Reiseleistungen vom Reisebüro für eine vom Reisebüro lediglich vermittelte Reise gewährt werden, nicht die Bemessungsgrundlage des Umsatzes der vom Reisebüro dem Reiseveranstalter gegenüber erbrachten Vermittlungsleistung. [3]Auch Preisnachlässe, die dem Telefonkunden vom Vermittler des Telefonanbietervertrages gewährt werden, mindern nicht die Bemessungsgrundlage des Umsatzes der vom Vermittler dem Telefonunternehmen gegenüber erbrachten Vermittlungsleistungen. [4]Da der vom Vermittler gewährte Preisnachlass nicht das Entgelt für die Leistung des Vermittlers an seinen Auftraggeber mindert, führt dieser auch nicht zu einer Berichtigung des Vorsteuerabzugs aus der vermittelten Leistung beim (End-)Kunden (vgl. BFH-Urteil vom 03.07.2014, V R 3/12, BStBl. II 2015 S. 307). [5]Zur Behandlung von Preisnachlässen bei Verkaufsagenten vgl. Abschnitt 10.3 Abs. 4 und bei Zentralregulierern vgl. Abschnitt 10.3 Abs. 5.

(8) Eine Minderung der Bemessungsgrundlage kommt ebenfalls nicht in Betracht, wenn der mit einem Gutschein verbundene finanzielle Aufwand von dem Unternehmer aus allgemeinem Werbeinteresse getragen wird und nicht einem nachfolgenden Umsatz in der Leistungskette (Hersteller – letzter

Abnehmer) zugeordnet werden kann (vgl. BFH-Urteil vom 11.05.2006, V R 33/03, BStBl. II S. 699, und Abschnitt 10.3 Abs. 3).

Beispiel 1:

[1] Das Kaufhaus K verteilt Gutscheine an Kunden zum Besuch eines in dem Kaufhaus von einem fremden Unternehmer F betriebenen Frisiersalons. [2] K will mit der Maßnahme erreichen, dass Kunden aus Anlass der Gutscheineinlösung bei F das Kaufhaus aufsuchen und dort Waren erwerben.
[3] K kann keine Minderung der Bemessungsgrundlage seiner Umsätze vornehmen.

Beispiel 2:

[1] Der Automobilhersteller A erwirbt bei einem Mineralölkonzern M Gutscheine, die zum Bezug sämtlicher Waren und Dienstleistungen berechtigen, die in den Tankstellen des M angeboten werden. [2] Diese Gutscheine gibt A über Vertragshändler an seine Kunden beim Erwerb eines neuen Autos als Zugabe weiter.
[3] A kann keine Minderung seiner Umsätze vornehmen. [4] Der Kunde erhält das Auto nicht billiger, sondern lediglich die Möglichkeit, bei einem dritten Unternehmer – hier M – Leistungen zu beziehen, deren Entgelt bereits von dritter Seite entrichtet wurde.

Zu § 18 Abs. 1 bis 7 UStG[1)]
(§§ 46 bis 49 UStDV)

18.1 Verfahren bei der Besteuerung nach § 18 Abs. 1 bis 4 UStG

(1) [1] Voranmeldungen sind nach amtlich vorgeschriebenem Datensatz durch Datenfernübertragung zu übermitteln. [2] Informationen zur elektronischen Übermittlung sind unter der Internet-Adresse www.elster.de abrufbar. [3] Zur Vermeidung von unbilligen Härten hat das Finanzamt auf Antrag auf eine elektronische Übermittlung der Voranmeldungen zu verzichten und die Abgabe der Voranmeldungen nach amtlich vorgeschriebenem Vordruck in herkömmlicher Form – auf Papier oder per Telefax – zuzulassen, wenn eine elektronische Übermittlung für den Unternehmer wirtschaftlich oder persönlich unzumutbar ist. [4] Dies ist insbesondere der Fall, wenn die Schaffung der technischen Möglichkeiten für eine elektronische Übermittlung des amtlichen Datensatzes nur mit einem nicht unerheblichen finanziellen Aufwand möglich wäre oder wenn der Unternehmer nach seinen individuellen Kenntnissen und Fähigkeiten nicht oder nur eingeschränkt in der Lage ist, die Möglichkeiten der Datenfernübertragung zu nutzen (§ 150 Abs. 8 AO; vgl. BFH-Urteil vom 16.06.2020, VIII R 29/19, BStBl. II 2021 S. 290, sowie AEAO zu § 150, Nr. 4). [5] Liegt eine solche wirtschaftliche und persönliche Unzumutbarkeit nicht vor, hat das Finanzamt im Rahmen des ihm durch § 18 Abs. 1 Satz 2 UStG eingeräumten Ermessens über den Antrag des Unternehmers, die Voranmeldungen nach amtlich vorgeschriebenem Vordruck in herkömmlicher Form abgeben zu dürfen, zu entscheiden (vgl. BFH-Urteil vom 14.03.2012, XI R 33/09, BStBl. II S. 477).

---

1) Muster der USt-Erklärung 2023 siehe BMF v. 21.12.2022, BStBl. I 2022, 1719; Muster der USt-Erklärung 2024 siehe BMF v. 06.11.2023, BStBl. I 2023, 1895; Muster der USt-Voranmeldung 2023 siehe BMF v. 21.12.2022, BStBl. I 2022, 1703; Muster der USt-Voranmeldung 2024 siehe BMF v. 01.11.2023, BStBl. I 2023, 1970.

(2) Die Umsatzsteuererklärung für das Kalenderjahr ist nach amtlich vorgeschriebenem Datensatz durch Datenfernübertragung zu übermitteln; Absatz 1 Sätze 2 bis 5 gilt sinngemäß.

(3) [1]Liegt eine unbillige Härte vor und gibt der Unternehmer daher die Umsatzsteuererklärung für das Kalenderjahr nach amtlich vorgeschriebenem Vordruck in herkömmlicher Form – auf Papier – ab, muss er die Umsatzsteuererklärung für das Kalenderjahr eigenhändig unterschreiben (§ 18 Abs. 3 Satz 3 UStG). [2]Ein Bevollmächtigter darf die Umsatzsteuererklärung für das Kalenderjahr nur dann unterschreiben, wenn die in § 150 Abs. 3 AO bezeichneten Hinderungsgründe vorliegen.

(4) [1]Die Umsatzsteuererklärung für das Kalenderjahr ist in der Regel bis zum 31. Juli des folgenden Kalenderjahres zu übermitteln (§ 149 Abs. 2 AO). [2]Dieser Zeitpunkt gilt – abweichend von § 18 Abs. 3 Satz 2 UStG – auch in den Fällen, in denen der Unternehmer seine gewerbliche oder berufliche Tätigkeit im Laufe des Kalenderjahres begonnen hat.

18.2 Voranmeldungszeitraum

(1) [1]Der Voranmeldungszeitraum des laufenden Kalenderjahres bestimmt sich regelmäßig nach der Steuer des Vorjahres. [2]Umsätze des Unternehmers, für die der Leistungsempfänger die Umsatzsteuer nach § 13b Abs. 5 Sätze 1 bis 5 UStG schuldet, bleiben unberücksichtigt. [3]Nach Wegfall der Voraussetzungen für eine umsatzsteuerliche Organschaft bzw. nach dem Ausscheiden einer Organgesellschaft aus einer Organschaft bestimmt sich der Voranmeldungszeitraum der bisherigen Organgesellschaft aus Vereinfachungsgründen grundsätzlich anhand der Steuer des vorangegangenen Kalenderjahrs des bisherigen Organkreises; in Neugründungsfällen vgl. Abschnitt 18.7 Abs. 1 Satz 2. [4]Soweit die bisherige Organgesellschaft einen davon abweichenden Voranmeldungszeitraum begehrt, hat sie die fiktive anteilige Steuer für das vorangegangene Kalenderjahr selbst zu ermitteln. [5]Der Voranmeldungszeitraum umfasst grundsätzlich das Kalendervierteljahr. [6]Abweichend hiervon ist Voranmeldungszeitraum der Kalendermonat, wenn die Steuer für das vorangegangene Kalenderjahr mehr als 7.500 € betragen hat. [7]Der Unternehmer kann den Kalendermonat als Voranmeldungszeitraum wählen, wenn sich im vorangegangenen Kalenderjahr ein Überschuss zu seinen Gunsten von mehr als 7.500 € ergeben hat. [8]Die Frist zur Ausübung des Wahlrechts nach § 18 Abs. 2a Satz 2 UStG ist nicht verlängerbar; die Möglichkeit der Dauerfristverlängerung bleibt unberührt. [9]Die Vorschriften der AO über die Wiedereinsetzung in den vorigen Stand nach § 110 AO sind anzuwenden.

(2) [1]Der Unternehmer kann von der Verpflichtung zur Übermittlung von Voranmeldungen befreit werden, wenn die Steuer für das vorangegangene Kalenderjahr nicht mehr als 1000 € betragen hat und es sich weder um einen Neugründungsfall (§ 18 Abs. 2 Satz 4 UStG) noch um den Beginn der Aufnahme der selbständigen gewerblichen oder beruflichen Tätigkeit einer Vorratsgesellschaft (§ 18 Abs. 2 Satz 5 Nr. 1 UStG) noch um die Übernahme eines Firmenmantels (§ 18 Abs. 2 Satz 5 Nr. 2 UStG) handelt. [2]Hat sich im Vorjahr kein Überschuss zugunsten des Unternehmers ergeben, ist die Befrei-

ung grundsätzlich von Amts wegen zu erteilen. [3]Sie unterbleibt dagegen in begründeten Fällen (z. B. bei nachhaltiger Veränderung in der betrieblichen Struktur oder wenn der Steueranspruch gefährdet erscheint oder im laufenden Jahr mit einer wesentlich höheren Steuer zu rechnen ist oder in Fällen des § 18 Abs. 4a UStG oder im ersten Jahr nach dem gesetzlichen Wechsel von der Besteuerung nach Durchschnittssätzen nach § 24 UStG zur Regelbesteuerung; vgl. Abschnitt 24.1a Abs. 1 Satz 15). [4]Hat das vorangegangene Kalenderjahr einen Überschuss zugunsten des Unternehmers ergeben, verbleibt es von Amts wegen bei dem Kalendervierteljahr als Voranmeldungszeitraum. [5]Anträgen der Unternehmer auf Befreiung von der Verpflichtung zur Übermittlung vierteljährlicher Voranmeldungen ist in diesen Fällen jedoch regelmäßig stattzugeben.

(3) [1]Eine Änderung der Steuer des vorangegangenen Kalenderjahres ist bei der Einordnung im laufenden Kalenderjahr zu berücksichtigen, soweit sich die Änderung für dieses Kalenderjahr noch auswirkt. [2]Ergibt sich für das Vorjahr nachträglich ein Überschuss zugunsten des Unternehmers von mehr als 7500 €, ist eine monatliche Übermittlung der Voranmeldungen im laufenden Kalenderjahr nur möglich, wenn die Antragsfrist nach § 18 Abs. 2a Satz 2 UStG eingehalten wurde.

(4) [1]Für Unternehmer und juristische Personen, die ausschließlich Steuern für Umsätze nach § 1 Abs. 1 Nr. 5 UStG, § 13b Abs. 5 UStG oder § 25b Abs. 2 UStG zu entrichten haben, sowie für Fahrzeuglieferer nach § 2a UStG gelten die Ausführungen in den Absätzen 1 bis 3 entsprechend. [2]Ein Wahlrecht zur monatlichen Übermittlung von Voranmeldungen (Absatz 1 Satz 7) besteht jedoch nicht.

(5) Zur Abgabe von Voranmeldungen in Sonderfällen vgl. Abschnitt 18.6 und in Neugründungsfällen Abschnitt 18.7; zur Übermittlung von Steuererklärungen in den Besteuerungsverfahren nach § 18 Abs. 4c und 4e UStG vgl. Abschnitte 18.7a und 18.7b.

(6)[1)] Im Falle der dezentralen Besteuerung von Organisationseinheiten der Gebietskörperschaften Bund bzw. Länder (§ 18 Abs. 4f und 4g UStG) ist der Voranmeldungszeitraum stets der Kalendermonat (§ 18 Abs. 4f Satz 6 UStG).

18.3 Vordrucke, die von den amtlich vorgeschriebenen Vordrucken abweichen

Für die Verwendung vom amtlichen Muster abweichender Vordrucke für Umsatzsteuererklärungen für das Kalenderjahr gilt das BMF-Schreiben vom 03.04.2012, BStBl. I S. 522.

[1)] A 18.2 UStAE Abs. 6 angef. durch BMF v. 22.5.2023, BStBl. I 2023, 803, erstmals anzuwenden auf Besteuerungszeiträume, die nicht der Erklärung nach § 27 Abs. 22 Satz 3 UStG unterliegen; weitere Anwendungsregelung siehe Anlage 8.

18.4 Dauerfristverlängerung

(1) [1]Die Dauerfristverlängerung kann ohne schriftlichen Bescheid gewährt werden. [2]Der Unternehmer kann deshalb die beantragte Dauerfristverlängerung in Anspruch nehmen, solange das Finanzamt den Antrag nicht ablehnt oder die Fristverlängerung nicht widerruft. [3]Das Finanzamt hat den Antrag abzulehnen oder die Fristverlängerung zu widerrufen, wenn der Steueranspruch gefährdet erscheint, z. B. wenn der Unternehmer seine Voranmeldungen nicht oder nicht rechtzeitig übermittelt oder angemeldete Vorauszahlungen nicht entrichtet. [4]Die Regelungen zur Dauerfristverlängerung gelten auch für die Übermittlung von vierteljährlichen Umsatzsteuer-Voranmeldungen im Fall der Fiskalvertretung (§ 22b Abs. 2 UStG). [5]Außerdem gelten sie für Unternehmer und juristische Personen, die ausschließlich Steuern für Umsätze nach § 1 Abs. 1 Nr. 5 UStG, § 13b Abs. 5 UStG oder § 25b Abs. 2 UStG zu entrichten haben, sowie für Fahrzeuglieferer nach § 2a UStG. [6]In den Fällen des Satzes 5 ist die Sondervorauszahlung bei der Berechnung der Vorauszahlung für den letzten Voranmeldungszeitraum des Kalenderjahres zu berücksichtigen, für den eine Voranmeldung zu übermitteln ist. [7]Zum Abzug einer Sondervorauszahlung kann eine Voranmeldung für Dezember auch dann übermittelt werden, wenn keine Umsätze anzumelden sind.

(2) [1]Der Antrag auf Dauerfristverlängerung ist nach amtlich vorgeschriebenem Datensatz durch Datenfernübertragung übermitteln. [2]Dieser Datensatz ist auch für die Anmeldung der Sondervorauszahlung zu verwenden. [3]Zur Vermeidung von unbilligen Härten hat das Finanzamt auf Antrag auf eine elektronische Übermittlung zu verzichten, wenn eine elektronische Übermittlung des Antrags auf Dauerfristverlängerung für den Unternehmer wirtschaftlich oder persönlich unzumutbar ist (vgl. Abschnitt 18.1 Abs. 1). [4]In diesem Fall hat der Unternehmer den Antrag auf Dauerfristverlängerung nach amtlich vorgeschriebenem Vordruck in herkömmlicher Form – auf Papier oder per Telefax – zu stellen.

(3) [1]Der Antrag auf Dauerfristverlängerung muss nicht jährlich wiederholt werden, da die Dauerfristverlängerung solange als gewährt gilt, bis der Unternehmer seinen Antrag zurücknimmt oder das Finanzamt die Fristverlängerung widerruft. [2]Die Sondervorauszahlung muss dagegen von den Unternehmern, die ihre Voranmeldungen monatlich zu übermitteln haben, für jedes Kalenderjahr, für das die Dauerfristverlängerung gilt, bis zum 10. Februar berechnet, angemeldet und entrichtet werden. [3]Auf die Sondervorauszahlung finden die für die Steuern geltenden Vorschriften der AO Anwendung, z. B. die Vorschriften über die Festsetzung von Verspätungszuschlägen nach § 152 AO (vgl. BFH-Urteil vom 07.07.2005, V R 63/03, BStBl. II S. 813) und über die Verwirkung von Säumniszuschlägen nach § 240 AO.

(4) Das Finanzamt kann die Sondervorauszahlung im Einzelfall abweichend von § 47 UStDV niedriger festsetzen, wenn

1. infolge von Rechtsänderungen die vorgeschriebene Berechnung zu einem offensichtlich unzutreffenden Ergebnis führt oder
2. die Vorauszahlungen des Vorjahres durch außergewöhnliche Umsätze beeinflusst worden sind, mit deren Wiederholung nicht zu rechnen ist.

(5) [1]Die festgesetzte Sondervorauszahlung ist bei der Festsetzung der Vorauszahlung für den letzten Voranmeldungszeitraum zu berücksichtigen, für den die Fristverlängerung im jeweiligen Besteuerungszeitraum in Anspruch genommen werden konnte (vgl. § 48 Abs. 4 UStDV). [2]Die Sondervorauszahlung wird daher grundsätzlich bei der Berechnung der Vorauszahlung für den Monat Dezember abgezogen. [3]Ein nach dem Abzug der Sondervorauszahlung verbleibender Erstattungsanspruch ist mit Ansprüchen aus dem Steuerschuldverhältnis aufzurechnen (§ 226 AO), im Übrigen zu erstatten. [4]Hat der Unternehmer seine gewerbliche oder berufliche Tätigkeit im Laufe eines Kalenderjahres eingestellt, hat er den Abzug der Sondervorauszahlung bereits in der Voranmeldung für den Voranmeldungszeitraum vorzunehmen, in dem der Betrieb eingestellt oder der Beruf aufgegeben worden ist. [5]Bei einem Verzicht des Unternehmers auf die Dauerfristverlängerung und bei einem Widerruf durch das Finanzamt im Laufe des Kalenderjahres gilt Satz 1 entsprechend (vgl. BFH-Urteil vom 16.12.2008, VII R 17/08, BStBl. II 2010 S. 91).

18.5 Vereinfachte Steuerberechnung bei Kreditverkäufen

(1) Es ist nicht zu beanstanden, wenn Einzelhändler und Handwerker, die § 20 UStG nicht in Anspruch nehmen können und von der vereinfachten Verbuchung ihrer Kreditverkäufe nach R 5.2 Abs. 1 Satz 7 Buchstabe b EStR[1)] zulässigerweise Gebrauch machen, bei der Erfassung der Außenstände wie folgt verfahren:

1. [1]Bei der Berechnung der Umsatzsteuer für einen Voranmeldungszeitraum bleiben die ausstehenden Entgelte für ausgeführte steuerpflichtige Lieferungen und sonstige Leistungen unberücksichtigt. [2]Die Zahlungseingänge aus diesen Kreditgeschäften sind wie Zahlungseingänge aus Bargeschäften in dem Voranmeldungszeitraum zu versteuern, in dem sie vereinnahmt worden sind.
2. [1]Zum 31. Dezember eines jeden Jahres hat der Unternehmer anhand der nach R 5.2 Abs. 1 Satz 7 Buchstabe b EStR geführten Kladde die ausstehenden Entgelte festzustellen und in der Voranmeldung für den Monat Dezember den Entgelten zuzurechnen. [2]Der Forderungsbestand am 31. Dezember des Vorjahres ist in dieser Voranmeldung von den Entgelten abzusetzen.

(2) [1]Ändern sich die Steuersätze im Laufe eines Kalenderjahres, sind die Außenstände am Tage vor dem Inkrafttreten der geänderten Steuersätze zu ermitteln und in der nächsten Voranmeldung den Entgelten zuzurechnen, auf die die bisherigen Steuersätze Anwendung finden. [2]In dieser Voranmeldung sind die ausstehenden Entgelte am 31. Dezember des Vorjahres von den Entgelten abzusetzen. [3]Die Entgelte, die am Tage vor dem Inkrafttreten einer Änderung des Steuersatzes ausstehen, sind in der letzten Voranmeldung des Besteuerungszeitraums von den Entgelten abzusetzen, die den geänderten Steuersätzen unterliegen.

---

1) Nr. **1.**

18.6 Abgabe der Voranmeldungen in Sonderfällen

(1) [1]Unabhängig von der Regelung des § 18 Abs. 2 Satz 3 UStG kann das Finanzamt den Unternehmer von der Abgabe der Voranmeldungen befreien, z. B. wenn und soweit in bestimmten Voranmeldungszeiträumen regelmäßig keine Umsatzsteuer entsteht.

Beispiel:

[1]Ein Aufsichtsratsmitglied erhält im Monat Mai eines jeden Jahres vertragsgemäß eine leistungsabhängige Vergütung (vgl. Abschnitt 2.2 Abs. 3a).
[2]Das Finanzamt kann das Aufsichtsratsmitglied für die Monate, in denen es keine Entgelte erhält, von der Abgabe der Voranmeldungen befreien. [3]Die Befreiung ist davon abhängig zu machen, dass in den betreffenden Voranmeldungszeiträumen tatsächlich keine Umsatzsteuer entstanden ist.

[2]Eine Befreiung von der Verpflichtung zur Abgabe von Voranmeldungen kommt in Neugründungsfällen (§ 18 Abs. 2 Satz 4 UStG) nicht in Betracht.

(2) Unternehmer, die die Durchschnittssätze nach § 24 UStG anwenden, haben über die Verpflichtung nach § 18 Abs. 4a UStG hinaus – sofern sie vom Finanzamt nicht besonders aufgefordert werden – insbesondere dann Voranmeldungen abzugeben und Vorauszahlungen zu entrichten, wenn

1. Umsätze von Sägewerkserzeugnissen bewirkt werden, für die der Durchschnittssatz nach § 24 Abs. 1 Satz 1 Nr. 2 UStG gilt, oder
2. Umsätze ausgeführt werden, die unter Berücksichtigung der Vereinfachungsregelung des Abschnittes 24.6 zu einer Vorauszahlung oder einem Überschuss führen und für die wegen der Abgabe der Voranmeldungen keine besondere Ausnahmeregelung gilt, oder
3. Steuerbeträge nach § 14c UStG geschuldet werden.

(3) [1]In den Fällen des Absatzes 2 müssen die Umsätze, die den Durchschnittssätzen nach § 24 UStG unterliegen und für die eine Steuer nicht zu entrichten ist, in den Voranmeldungen nicht aufgeführt werden. [2]Sind die in Absatz 2 Nr. 1 und 2 bezeichneten Voraussetzungen erst im Laufe des Kalenderjahres eingetreten, sind von dem in Betracht kommenden Zeitpunkt an Voranmeldungen abzugeben und Vorauszahlungen zu entrichten. [3]Auf vorausgegangene Voranmeldungszeiträume entfallende Umsatzsteuerbeträge müssen erst einen Monat nach Eingang der Umsatzsteuererklärung für das betreffende Kalenderjahr nachentrichtet werden (§ 18 Abs. 4 Satz 1 UStG). [4]In den Fällen des Absatzes 2 Nr. 2 erstreckt sich die Verpflichtung zur Abgabe der Voranmeldungen und zur Entrichtung der Vorauszahlungen auf die Voranmeldungszeiträume, für die diese Steuerbeträge geschuldet werden. [5]Die Möglichkeit, den Unternehmer unter den Voraussetzungen des § 18 Abs. 2 Satz 3 UStG von der Abgabe der Voranmeldungen zu entbinden, wird durch die vorstehende Regelung nicht berührt.

(4) Unterliegen mehrere Grundstücke der Zwangsverwaltung, ist die Umsatzsteuer grundsätzlich für jedes Grundstück gesondert zu berechnen und anzumelden (vgl. BFH-Urteil vom 18.10.2001, V R 44/00, BStBl. II 2002 S. 171).

(5) Zum Besteuerungsverfahren nach § 18 Abs. 4c UStG vgl. Abschnitte 3a.16 Abs. 8 und 18.7a; zum Besteuerungsverfahren nach § 18 Abs. 4e UStG vgl. Abschnitte 3a.16 Abs. 9 und 18.7b.

18.7 Abgabe von Voranmeldungen in Neugründungsfällen

(1) [1]Die Verpflichtung zur Abgabe monatlicher Voranmeldungen besteht für das Jahr der Aufnahme der beruflichen oder gewerblichen Tätigkeit (Neugründungsfälle) und für das folgende Kalenderjahr (§ 18 Abs. 2 Satz 4 UStG; vgl. aber Absatz 5). [2]Dies gilt auch für eine bisherige Organgesellschaft in Fällen des Wegfalls der Voraussetzungen für eine umsatzsteuerliche Organschaft bzw. des Ausscheidens der Organgesellschaft aus einer Organschaft, wenn die bisherige Organgesellschaft ihre unternehmerische Tätigkeit als eigenständiges Unternehmen – vor Eintritt in den Organkreis – erst in dem Kalenderjahr des Ausscheidens aus dem Organkreis oder in dem diesem Kalenderjahr vorangegangenen Kalenderjahr aufgenommen hat. [3]Satz 1 gilt auch ab dem Zeitpunkt des Beginns der tatsächlichen Ausübung der selbständigen gewerblichen oder beruflichen Tätigkeit einer Vorratsgesellschaft im Sinne von § 18 Abs. 2 Satz 5 Nr. 1 UStG und ab dem Zeitpunkt der Übernahme eines Firmenmantels im Sinne von § 18 Abs. 2 Satz 5 Nr. 2 UStG. [4]Neugründungsfälle, in denen auf Grund der beruflichen oder gewerblichen Tätigkeit keine Umsatzsteuer festzusetzen ist (z.B. Unternehmer mit ausschließlich steuerfreien Umsätzen ohne Vorsteuerabzug – § 4 Nr. 8ff. UStG –, Kleinunternehmer – § 19 Abs. 1 UStG –, Land- und Forstwirte – § 24 UStG –), fallen nicht unter die Regelung des § 18 Abs. 2 Satz 4 UStG.

(2) [1]Bei Umwandlungen durch Verschmelzung (§ 2 UmwG),[1)] Spaltung (§ 123 UmwG) oder Vermögensübertragung (§ 174 UmwG) liegt eine Aufnahme der beruflichen und gewerblichen Tätigkeit vor, wenn dadurch ein Rechtsträger neu entsteht oder seine unternehmerische Tätigkeit aufnimmt. [2]Ein Formwechsel (§ 190 UmwG) führt nicht zu einem neuen Unternehmen, da der formwechselnde Rechtsträger weiter besteht (§ 202 Abs. 1 Nr. 1 UmwG). [3]Der bei einer Betriebsaufspaltung neu entstehende Rechtsträger fällt unter § 18 Abs. 2 Satz 4 UStG, wenn durch die Betriebsaufspaltung keine Organschaft begründet wird. [4]Ein Gesellschafterwechsel oder ein Gesellschafteraustritt bzw. -eintritt führt nicht zu einem Neugründungsfall.

(3) [1]Bei einem örtlichen Zuständigkeitswechsel liegt kein Neugründungsfall vor. [2]Stellt ein bestehendes Unternehmen einen Antrag auf Erteilung einer USt-IdNr., liegt allein deshalb kein Neugründungsfall vor.

(4) [1]Auch in Neugründungsfällen kann Dauerfristverlängerung (§ 18 Abs. 6 UStG i.V.m. §§ 46 bis 48 UStDV) gewährt werden. [2]Zur Dauerfristverlängerung vgl. Abschnitt 18.4.

(5)[2)] [1]Für die Besteuerungszeiträume 2021 bis 2026 gilt die generelle Verpflichtung zur Abgabe von monatlichen Voranmeldungen in Neugründungs-

---

1) **Habersack** Nr. **52a.**

2) A 18.7 UStAE Abs. 5 angef. durch BMF v. 16.12.2020, BStBl. I 2020, 1379, anzuwenden auf **nach dem 31.12.2020 und vor dem 01.01.2027** endende Besteuerungs- und Voranmeldungszeiträume.

fällen nach § 18 Abs. 2 Satz 4 UStG nicht. [2]Der Voranmeldungszeitraum richtet sich in den vorgenannten Besteuerungszeiträumen in Neugründungsfällen nach § 18 Abs. 2 Sätze 1 und 2 UStG. [3]Eine Befreiung von der Verpflichtung zur Abgabe von Voranmeldungen kommt für das Jahr der Aufnahme der gewerblichen oder beruflichen Tätigkeit und das folgende Kalenderjahr nicht in Betracht. [4]Für die Bestimmung des Voranmeldungszeitraums in dem Kalenderjahr der Aufnahme der gewerblichen oder beruflichen Tätigkeit ist die voraussichtliche Steuer dieses Jahres maßgebend; im folgenden Kalenderjahr ist die tatsächliche Steuer des Vorjahres in eine Jahressteuer umzurechnen. [5]Die voraussichtliche Steuer ist zu Beginn der gewerblichen oder beruflichen Tätigkeit vom Unternehmer zu schätzen und dem Finanzamt mitzuteilen. [6]Auch für Neugründungsfälle im Jahr 2020 gelten im Besteuerungszeitraum 2021 die vorgenannten Grundsätze, nach denen für die Bestimmung des Voranmeldungszeitraums im Besteuerungszeitraum 2021 nicht § 18 Abs. 2 Satz 4 UStG, sondern § 18 Abs. 2 Sätze 1 und 2 UStG anzuwenden ist, wobei die tatsächliche Steuer des Jahres 2020 in eine Jahressteuer umzurechnen ist. [7]Die Regelungen der Sätze 1 bis 6 gelten entsprechend in Fällen des § 18 Abs. 2a UStG; für die Anwendung des § 18 Abs. 2a UStG kommt es im Gründungsjahr auf den voraussichtlichen Überschuss und im Folgejahr auf den tatsächlichen Überschuss für das Gründungsjahr umgerechnet in einen Jahresüberschuss an. [8]Die Regelungen des Absatzes 1 zu Vorratsgesellschaften im Sinne des § 18 Abs. 2 Satz 5 Nr. 1 UStG und zu Firmenmänteln im Sinne des § 18 Abs. 2 Satz 5 Nr. 2 UStG bleiben hiervon unberührt.

18.7a Besteuerungsverfahren für nicht im Gemeinschaftsgebiet ansässige Unternehmer, die vor dem 1.7.2021 sonstige Leistungen nach § 3a Abs. 5 UStG erbringen

(1) [1]Nicht im Gemeinschaftsgebiet ansässige Unternehmer, die vor dem 01.07.2021 im Gemeinschaftsgebiet als Steuerschuldner Telekommunikationsdienstleistungen, Rundfunk- und Fernsehdienstleistungen und/oder sonstige Leistungen auf elektronischem Weg an in der EU ansässige Nichtunternehmer (siehe Abschnitt 3a.1 Abs. 1) erbringen (§ 3a Abs. 5 UStG), können sich abweichend von § 18 Abs. 1 bis 4 UStG unter bestimmten Bedingungen dafür entscheiden, nur in einem EU-Mitgliedstaat erfasst zu werden (§ 18 Abs. 4c UStG). [2]Macht ein Unternehmer von diesem Wahlrecht Gebrauch und entscheidet sich dafür, sich nur in Deutschland erfassen zu lassen, muss er dies dem für dieses Besteuerungsverfahren zuständigen BZSt vorbehaltlich des Satzes 3 vor Beginn des Besteuerungszeitraums, ab dessen Beginn er von diesem Besteuerungsverfahren Gebrauch macht, auf dem amtlich vorgeschriebenen, elektronisch zu übermittelnden Dokument anzeigen. [3]Erbringt der Unternehmer erstmals Leistungen im Sinne des Satzes 1, gilt die Ausübung des Wahlrechts nach Satz 1 ab dem Tag der ersten Leistungserbringung, wenn die Anzeige nach Satz 2 gegenüber dem BZSt bis zum 10. Tag des auf die erste Leistungserbringung folgenden Monats erfolgt. [4]Ändern sich die Angaben der Anzeige nach Satz 2, hat der Unternehmer dem BZSt die Änderungen bis zum 10. Tag des auf den Eintritt der Änderungen folgenden Monats auf elektronischem Weg mitzuteilen.

(2) [1]Abweichend von § 18 Abs. 1 bis 4 UStG hat der Unternehmer für jeden Besteuerungszeitraum (= Kalendervierteljahr; § 16 Abs. 1a Satz 1 UStG) eine Umsatzsteuererklärung bis zum 20. Tag nach Ablauf des Besteuerungszeitraums dem BZSt elektronisch zu übermitteln; dies gilt unabhängig davon, ob Leistungen nach Absatz 1 Satz 1 erbracht wurden oder nicht. [2]Hierbei hat er die auf den jeweiligen EU-Mitgliedstaat entfallenden Umsätze zu trennen und dem im betreffenden EU-Mitgliedstaat geltenden allgemeinen Steuersatz zu unterwerfen. [3]Der Unternehmer hat die Steuer selbst zu berechnen (§ 18 Abs. 4c Satz 1 in Verbindung mit § 16 Abs. 1a Satz 2 UStG). [4]Die Steuer ist spätestens am 20. Tag nach Ende des Besteuerungszeitraums an das BZSt zu entrichten (§ 18 Abs. 4c Satz 2 UStG).

(3) [1]Bei der Umrechnung von Werten in fremder Währung muss der Unternehmer einheitlich den von der Europäischen Zentralbank festgestellten Umrechnungskurs des letzten Tags des Besteuerungszeitraums bzw., falls für diesen Tag kein Umrechnungskurs festgelegt wurde, den für den nächsten Tag nach Ablauf des Besteuerungszeitraums festgelegten Umrechnungskurs anwenden (§ 16 Abs. 6 Sätze 4 und 5 UStG). [2]Die Anwendung eines monatlichen Durchschnittskurses entsprechend § 16 Abs. 6 Sätze 1 bis 3 UStG ist ausgeschlossen.

(4) [1]Der Unternehmer hat dem BZSt bis zum 10. Tag des auf den Eintritt der Änderung folgenden Monats auf elektronischem Weg mitzuteilen, wenn er keine Telekommunikationsdienstleistungen, Rundfunk- und Fernsehdienstleistungen und/oder sonstige Leistungen auf elektronischem Weg mehr erbringt oder wenn andere Änderungen vorliegen, durch die er die Voraussetzungen für die Anwendung des Besteuerungsverfahrens nach § 18 Abs. 4c UStG nicht mehr erfüllt. [2]Das BZSt stellt durch Verwaltungsakt fest, wenn der Unternehmer nicht oder nicht mehr die Voraussetzungen für die Anwendung des Besteuerungsverfahrens nach § 18 Abs. 4c UStG erfüllt.

(5) [1]Der Unternehmer kann die Ausübung des Wahlrechts auf elektronischem Weg widerrufen. [2]Ein Widerruf ist nur bis zum Beginn eines neuen Besteuerungszeitraums mit Wirkung ab diesem Zeitraum möglich (§ 18 Abs. 4c Sätze 4 und 5 UStG). [3]Das allgemeine Besteuerungsverfahren (§ 18 Abs. 1 bis 4 UStG) und das Besteuerungsverfahren nach § 18 Abs. 4c UStG schließen sich gegenseitig nicht aus.

(6) [1]Das BZSt kann den Unternehmer von dem Besteuerungsverfahren nach § 18 Abs. 4c UStG ausschließen, wenn er seinen Verpflichtungen nach § 18 Abs. 4c Sätze 1 bis 3 UStG oder seinen Aufzeichnungspflichten (§ 22 Abs. 1 UStG und Abschnitt 22.3a Abs. 1 und 4) in diesem Verfahren wiederholt nicht oder nicht rechtzeitig nachkommt. [2]Von einem wiederholten Verstoß gegen die Verpflichtungen oder Aufzeichnungspflichten nach Satz 1 ist insbesondere dann auszugehen, wenn

1. der Unternehmer für drei unmittelbar vorausgegangene Besteuerungszeiträume an die Übermittlung der Umsatzsteuererklärung erinnert wurde und er die Umsatzsteuererklärung für jeden dieser Besteuerungszeiträume nicht bis zum 10. Tag nach der Erinnerung übermittelt hat,

2. der Unternehmer für drei unmittelbar vorausgegangene Besteuerungszeiträume an die Zahlung der Steuer erinnert wurde und er den Gesamtbetrag der Steuer nicht für jeden dieser Besteuerungszeiträume bis zum 10. Tag nach der Zahlungserinnerung entrichtet hat, es sei denn, der rückständige Betrag beträgt weniger als 100 € für jeden dieser Besteuerungszeiträume, oder
3. der Unternehmer nach einer Aufforderung zur elektronischen Zurverfügungstellung seiner Aufzeichnungen (§ 22 Abs. 1 UStG und Abschnitt 22.3a Abs. 1 und 4) und einer nachfolgenden Erinnerung die angeforderten Aufzeichnungen nicht innerhalb eines Monats nach Erteilung der Erinnerung elektronisch zur Verfügung gestellt hat.

[3] Der Ausschluss gilt ab dem Besteuerungszeitraum, der nach dem Zeitpunkt der Bekanntgabe des Ausschlusses gegenüber dem Unternehmer beginnt. [4] Die Gültigkeit des Ausschlusses endet nicht vor Ablauf von acht Besteuerungszeiträumen, die dem Zeitpunkt der Bekanntgabe des Ausschlusses gegenüber dem Unternehmer folgen (vgl. Artikel 58b Abs. 1 MwStVO).[1)]

(7) Nicht im Gemeinschaftsgebiet ansässige Unternehmer, die vor dem 01.07.2021 im Inland als Steuerschuldner ausschließlich steuerbare Telekommunikationsdienstleistungen, Rundfunk- und Fernsehdienstleistungen und/oder sonstige Leistungen auf elektronischem Weg an Nichtunternehmer (siehe Abschnitt 3a.1 Abs. 1) erbringen, deren Umsatzbesteuerung aber in einem dem Besteuerungsverfahren nach § 18 Abs. 4c UStG entsprechenden Verfahren in einem anderen EU-Mitgliedstaat durchgeführt wird, sind insoweit nach § 18 Abs. 4d UStG von der Verpflichtung zur Übermittlung von Voranmeldungen und der Umsatzsteuererklärung für das Kalenderjahr im Inland befreit.

(8) [1] Nicht im Gemeinschaftsgebiet ansässige Unternehmer, die vor dem 01.07.2021 im Gemeinschaftsgebiet als Steuerschuldner ausschließlich Telekommunikationsdienstleistungen, Rundfunk- und Fernsehdienstleistungen und/oder sonstige Leistungen auf elektronischem Weg an in der EU ansässige Nichtunternehmer (siehe Abschnitt 3a.1 Abs. 1) erbringen und von dem Wahlrecht der steuerlichen Erfassung in nur einem EU-Mitgliedstaat Gebrauch machen, können Vorsteuerbeträge nur im Rahmen des Vorsteuer-Vergütungsverfahrens geltend machen (§ 18 Abs. 9 Satz 1 UStG in Verbindung mit § 59 Satz 1 Nr. 4 und § 61a UStDV). [2] In diesen Fällen sind die Einschränkungen des § 18 Abs. 9 Sätze 5 und 6 UStG nicht anzuwenden (§ 18 Abs. 9 Satz 7 UStG). [3] Voraussetzung ist, dass die Steuer für die Telekommunikationsdienstleistungen, Rundfunk- und Fernsehdienstleistungen und/oder sonstigen Leistungen auf elektronischem Weg entrichtet wurde und die Vorsteuerbeträge im Zusammenhang mit diesen Umsätzen stehen. [4] Für Vorsteuerbeträge im Zusammenhang mit anderen Umsätzen (z. B. elektronisch erbrachte sonstige Leistungen durch einen nicht in der Gemeinschaft ansässigen Unternehmer an einen in der Gemeinschaft ansässigen Unternehmer, der Steuerschuldner ist) gelten die Einschränkungen des § 18 Abs. 9 Sätze 5 und 6 UStG unverändert.

---

1) **Steuergesetze** Nr. **550a.**

(9) Hinsichtlich des besonderen Besteuerungsverfahrens für nicht im Gemeinschaftsgebiet ansässige Unternehmer, die nach dem 30.6.2021 sonstige Leistungen erbringen, vgl. Abschnitt 18i.1.

18.7b Besteuerungsverfahren für im übrigen Gemeinschaftsgebiet ansässige Unternehmer, die vor dem 1.7.2021 sonstige Leistungen nach § 3a Abs. 5 UStG im Inland erbringen

(1) [1]Im übrigen Gemeinschaftsgebiet ansässige Unternehmer (Abschnitt 13b.11 Abs. 1 Satz 2), die vor dem 01.07.2021 im Inland als Steuerschuldner Telekommunikationsdienstleistungen, Rundfunk- und Fernsehdienstleistungen und/oder sonstige Leistungen auf elektronischem Weg an im Inland ansässige Nichtunternehmer (siehe Abschnitt 3a.1 Abs. 1) erbringen (§ 3a Abs. 5 UStG), können sich abweichend von § 18 Abs. 1 bis 4 UStG unter bestimmten Bedingungen dafür entscheiden, an dem besonderen Besteuerungsverfahren nach Titel XII Kapitel 6 Abschnitt 3 der MwStSystRL in der Fassung von Artikel 5 Nummer 15 der Richtlinie 2008/8/EG des Rates vom 12.02.2008 zur Änderung der Richtlinie 2006/112/EG bezüglich des Ortes der Dienstleistung (ABl. EU 2008 Nr. L 44 S. 11)[1)] teilzunehmen (vgl. § 18 Abs. 4e UStG). [2]Dies gilt nur, wenn der Unternehmer im Inland, auf der Insel Helgoland und in einem der in § 1 Abs. 3 UStG bezeichneten Gebiete weder seinen Sitz, seine Geschäftsleitung noch eine Betriebsstätte (Abschnitt 3a.1 Abs. 3) hat. [3]Macht ein Unternehmer von dem Wahlrecht nach Satz 1 Gebrauch, muss er dies der zuständigen Stelle in dem EU-Mitgliedstaat, in dem er ansässig ist, vorbehaltlich des Satzes 4 vor Beginn des Besteuerungszeitraums, ab dessen Beginn er von dem besonderen Besteuerungsverfahren Gebrauch macht, auf dem amtlich vorgeschriebenen, elektronisch zu übermittelnden Dokument anzeigen. [4]Erbringt der Unternehmer erstmals Leistungen im Sinne des Satzes 1, gilt das besondere Besteuerungsverfahren nach Satz 1 ab dem Tag der ersten Leistungserbringung, wenn die Anzeige nach Satz 3 gegenüber der zuständigen Stelle in dem EU-Mitgliedstaat, in dem er ansässig ist, bis zum 10. Tag des auf die erste Leistungserbringung folgenden Monats erfolgt.

(2) [1]Abweichend von § 18 Abs. 1 bis 4 UStG hat der an dem besonderen Besteuerungsverfahren nach Absatz 1 teilnehmende Unternehmer für jeden Besteuerungszeitraum (= Kalendervierteljahr; § 16 Abs. 1b Satz 1 UStG) eine Umsatzsteuererklärung bis zum 20. Tag nach Ablauf des Besteuerungszeitraums nach amtlich vorgeschriebenem Datensatz durch Datenfernübertragung über die zuständige Stelle in dem EU-Mitgliedstaat, in dem er ansässig ist, zu übermitteln. [2]Der Unternehmer hat die Steuer selbst zu berechnen (§ 18 Abs. 4e Satz 1 in Verbindung mit § 16 Abs. 1b UStG). [3]Die Umsatzsteuererklärung nach Satz 1 gilt als fristgemäß übermittelt, wenn sie bis zum 20. Tag nach Ablauf des Besteuerungszeitraums der zuständigen Stelle in dem EU-Mitgliedstaat, in dem der Unternehmer ansässig ist, übermittelt worden ist und dort in bearbeitbarer Weise aufgezeichnet wurde (§ 18 Abs. 4e Satz 10 UStG). [4]Sie ist ab dem Zeitpunkt eine Steueranmeldung im Sinne des § 150

---

1) **Steuergesetze** Nr. **550.**

Abs. 1 Satz 3 und § 168 AO, zu dem die in ihr enthaltenen Daten von der zuständigen Stelle in dem EU-Mitgliedstaat, an die der Unternehmer die Umsatzsteuererklärung übermittelt hat, dem BZSt übermittelt und dort in bearbeitbarer Weise aufgezeichnet wurden; dies gilt entsprechend für die Berichtigung einer Umsatzsteuererklärung.

(3) [1] Die Steuer ist spätestens am 20. Tag nach Ende des Besteuerungszeitraums zu entrichten (§ 18 Abs. 4e Satz 4 UStG). [2] Die Entrichtung der Steuer erfolgt fristgemäß, wenn die Zahlung bis zum 20. Tag nach Ablauf des Besteuerungszeitraums bei der zuständigen Stelle in dem EU-Mitgliedstaat, in dem der Unternehmer ansässig ist, eingegangen ist (§ 18 Abs. 4e Satz 11 UStG). [3] § 240 AO ist mit der Maßgabe anzuwenden, dass eine Säumnis frühestens mit Ablauf des 10. Tags nach Ablauf des auf den Besteuerungszeitraum folgenden übernächsten Monats eintritt (§ 18 Abs. 4e Satz 12 UStG).

(4) [1] Bei der Umrechnung von Werten in fremder Währung muss der Unternehmer einheitlich den von der Europäischen Zentralbank festgestellten Umrechnungskurs des letzten Tages des Besteuerungszeitraums bzw., falls für diesen Tag kein Umrechnungskurs festgelegt wurde, den für den nächsten Tag nach Ablauf des Besteuerungszeitraums festgelegten Umrechnungskurs anwenden (§ 16 Abs. 6 Sätze 4 und 5 UStG). [2] Die Anwendung eines monatlichen Durchschnittskurses entsprechend § 16 Abs. 6 Sätze 1 bis 3 UStG ist ausgeschlossen.

(5) [1] Der Unternehmer kann die Ausübung des Wahlrechts nach Absatz 1 Satz 1 gegenüber der zuständigen Stelle in dem EU-Mitgliedstaat, in dem er ansässig ist, auf elektronischem Weg widerrufen. [2] Ein Widerruf ist nur bis zum Beginn eines neuen Besteuerungszeitraums mit Wirkung ab diesem Zeitraum möglich (§ 18 Abs. 4e Sätze 6 und 7 UStG). [3] Das allgemeine Besteuerungsverfahren (§ 18 Abs. 1 bis 4 UStG) und das Besteuerungsverfahren nach § 18 Abs. 4e UStG schließen sich gegenseitig nicht aus.

(6) [1] Die zuständige Stelle in dem EU-Mitgliedstaat, in dem der Unternehmer ansässig ist, kann den Unternehmer von dem Besteuerungsverfahren nach § 18 Abs. 4e UStG ausschließen, wenn er seinen Verpflichtungen nach § 18 Abs. 4e Sätze 1 bis 5 UStG oder seinen Aufzeichnungspflichten (§ 22 Abs. 1 UStG und Abschnitt 22.3a Abs. 2 und 4) in diesem Verfahren wiederholt nicht oder nicht rechtzeitig nachkommt. [2] Das Finanzamt kann die zuständige Stelle in dem EU-Mitgliedstaat, in dem der Unternehmer ansässig ist, ersuchen, den Unternehmer von dem Besteuerungsverfahren nach § 18 Abs. 4e UStG auszuschließen, wenn der Unternehmer wiederholt gegen seine Verpflichtungen oder Aufzeichnungspflichten nach Satz 1 verstößt; zum Vorliegen eines wiederholten Verstoßes gegen die Verpflichtungen oder Aufzeichnungspflichten vgl. Abschnitt 18.7a Abs. 6 Satz 2. [3] Der Ausschluss gilt ab dem Besteuerungszeitraum, der nach dem Zeitpunkt der Bekanntgabe des Ausschlusses gegenüber dem Unternehmer beginnt. [4] Die Gültigkeit des Ausschlusses endet nicht vor Ablauf von acht Besteuerungszeiträumen, die dem Zeitpunkt der Bekanntgabe des Ausschlusses gegenüber dem Unternehmer folgen (vgl. Artikel 58b Abs. 1 MwStVO).[1)]

[1)] **Steuergesetze** Nr. **550a.**

(7) [1]Im übrigen Gemeinschaftsgebiet ansässige Unternehmer (Abschnitt 13b.11 Abs. 1 Satz 2), die vor dem 1.7.2021 im Inland als Steuerschuldner ausschließlich Telekommunikationsdienstleistungen, Rundfunk- und Fernsehdienstleistungen und/oder sonstige Leistungen auf elektronischem Weg an im Inland ansässige Nichtunternehmer (siehe Abschnitt 3a.1 Abs. 1) erbringen und von dem Wahlrecht nach § 18 Abs. 4e UStG Gebrauch machen, können Vorsteuerbeträge nur im Rahmen des Vorsteuer-Vergütungsverfahrens geltend machen (§ 59 Satz 1 Nr. 5 und § 61 UStDV). [2]Erbringen im übrigen Gemeinschaftsgebiet ansässige Unternehmer, die von dem Wahlrecht nach § 18 Abs. 4e UStG Gebrauch machen, vor dem 01.07.2021 im Inland noch andere Umsätze, für die sie im Inland die Umsatzsteuer schulden und Umsatzsteuer-Voranmeldungen und/oder Umsatzsteuererklärungen für das Kalenderjahr zu übermitteln haben, können die Vorsteuerbeträge insgesamt nur im allgemeinen Besteuerungsverfahren (§ 18 Abs. 1 bis 4 UStG) geltend gemacht werden.

(8) Hinsichtlich des besonderen Besteuerungsverfahrens für nach dem 30.06.2021 von im Gemeinschaftsgebiet, nicht aber im Mitgliedstaat des Verbrauchs ansässigen Unternehmern erbrachte sonstige Leistungen vgl. Abschnitt 18j.1.

18.7c[1)] Dezentrale Besteuerung von Organisationseinheiten der Gebietskörperschaften Bund bzw. Länder (§ 18 Abs. 4f und 4g UStG)

Zu Fragen der dezentralen Besteuerung von Organisationseinheiten der Gebietskörperschaften Bund bzw. Länder (§ 18 Abs. 4f und 4g UStG) vgl. das BMF-Schreiben vom 22.5.2023, BStBl. I S. 803.

18.8 Verfahren bei der Beförderungseinzelbesteuerung

(1) [1]Befördert ein Unternehmer Personen im Gelegenheitsverkehr mit einem Kraftomnibus, der nicht im Inland zugelassen ist, wird die Umsatzsteuer für jede einzelne Beförderungsleistung durch die zuständige Zolldienststelle berechnet und festgesetzt, wenn bei der Ein- oder Ausreise eine Grenze zwischen dem Inland und dem Drittlandsgebiet (z. B. Grenze zur Schweiz) überschritten wird (§ 16 Abs. 5, § 18 Abs. 5 UStG, Abschnitt 16.2). [2]Wird im Einzelfall geltend gemacht, dass die Voraussetzungen für eine Besteuerung nicht gegeben seien, muss dies in eindeutiger und leicht nachprüfbarer Form gegenüber der Zolldienststelle nachgewiesen werden. [3]Anderenfalls setzt die Zolldienststelle die Umsatzsteuer durch Steuerbescheid fest (§ 155 Abs. 1 AO).

(2) [1]Gegen die Steuerfestsetzung durch die Zolldienststelle ist der Einspruch gegeben (§ 347 Abs. 1 Satz 1 AO). [2]Die Zolldienststelle ist berechtigt, dem Einspruch abzuhelfen (§ 367 Abs. 3 Satz 2 AO, § 16 Abs. 5 Satz 3 UStG). [3]Hilft sie ihm nicht in vollem Umfang ab, hat sie die Sache dem für sie örtlich zuständigen Finanzamt zur weiteren Entscheidung vorzulegen. [4]Der Einspruch kann auch unmittelbar bei dem zuständigen Finanzamt eingelegt werden.

---

1) A 18.7c UStAE eingef. durch BMF v. 22.05.2023, BStBl. I 2023, 803, erstmals anzuwenden auf Besteuerungszeiträume, die nicht der Erklärung nach § 27 Abs. 22 Satz 3 UStG unterliegen; weitere Anwendungsregelung siehe Anlage 8.

(3) [1]Anstelle der Beförderungseinzelbesteuerung kann der Unternehmer bei dem für ihn zuständigen Finanzamt die Besteuerung der Beförderungsleistungen im allgemeinen Besteuerungsverfahren (§ 18 Abs. 3 und 4 UStG) beantragen (§ 16 Abs. 5b UStG). [2]Auf die Steuer, die sich danach ergibt, wird die bei den Zolldienststellen entrichtete Umsatzsteuer angerechnet, soweit sie auf diese Beförderungsleistungen entfällt (§ 18 Abs. 5b UStG). [3]Die Höhe der anzurechnenden Umsatzsteuer ist durch Vorlage aller im Verfahren der Beförderungseinzelbesteuerung von den Zolldienststellen ausgehändigten Durchschriften der Umsatzsteuererklärung (Vordruckmuster 2603) mit allen Steuerquittungen nachzuweisen.

(4) [1]Ist das Verfahren der Beförderungseinzelbesteuerung nicht durchzuführen, weil bei der Ein- und Ausreise keine Grenze zum Drittlandsgebiet überschritten wird, ist das allgemeine Besteuerungsverfahren (§ 18 Abs. 1 bis 4 UStG) durchzuführen. [2]Zur umsatzsteuerlichen Erfassung in diesen Fällen vgl. § 18 Abs. 12 UStG und Abschnitt 18.17.

18.9 Verfahren bei der Fahrzeugeinzelbesteuerung

(1)[1)] [1]Beim innergemeinschaftlichen Erwerb neuer Fahrzeuge (§ 1b UStG) durch andere Erwerber als die in § 1a Abs. 1 Nr. 2 UStG genannten Personen hat der Erwerber für jedes erworbene neue Fahrzeug eine Steuererklärung für die Fahrzeugeinzelbesteuerung nach amtlich vorgeschriebenem Datensatz durch Datenfernübertragung zu übermitteln oder nach amtlich vorgeschriebenem Vordruck abzugeben (§ 16 Abs. 5a, § 18 Abs. 5a UStG; Abschnitt 16.3).[2)] [2]Der Erwerber hat bei Verwendung des Vordrucks diesen eigenhändig zu unterschreiben und ihm die vom Lieferer ausgestellte Rechnung beizufügen.

(2) [1]Der Erwerber hat die Steuererklärung für die Fahrzeugeinzelbesteuerung innerhalb von 10 Tagen nach dem Tag des innergemeinschaftlichen Erwerbs (§ 13 Abs. 1 Nr. 7 UStG) abzugeben und die Steuer zu entrichten. [2]Gibt er keine Steuererklärung ab oder berechnet er die Steuer nicht richtig, kann die Finanzbehörde die Steuer – ggf. im Schätzungswege – festsetzen. [3]Der Schätzung sind regelmäßig die Mitteilungen zu Grunde zu legen, die der Finanzbehörde von den für die Zulassung oder Registrierung von Fahrzeugen zuständigen Behörden (§ 18 Abs. 10 Nr. 1 UStG) oder dem für die Besteuerung des Fahrzeuglieferers zuständigen EU-Mitgliedstaat zur Verfügung gestellt werden.

Zu § 18 Abs. 9 UStG

(Vorsteuer-Vergütungsverfahren, §§ 59 bis 62 UStDV)

18.10 Unter das Vorsteuer-Vergütungsverfahren fallende Unternehmer und Vorsteuerbeträge

(1) [1]Das Vorsteuer-Vergütungsverfahren kommt nur für Unternehmer in Betracht, die im Ausland ansässig sind; die Ansässigkeit im Ausland richtet sich nach § 59 Satz 2 UStDV. [2]Ein Unternehmer ist bereits dann im Inland ansässig, wenn er eine inländische Betriebsstätte hat und von dieser im Inland steuerbare Umsätze ausführt (vgl. EuGH-Urteil vom 25.10.2012, C-318/11

[1)] A 18.9 UStAE Abs. 1 neugef. durch BMF v. 22.12.2023, BStBl. I 2023, 2248.

[2)] Muster USt 1 B (USt-Erklärung für die Fahrzeugeinzelbesteuerung) und Anlage USt 1 B siehe BMF v. 26.01.2022, BStBl. I 2022, 166.

und C-319/11);[1] die Absicht, von dort Umsätze auszuführen, ist nicht ausreichend (vgl. BFH-Urteil vom 05.06.2014, V R 50/13, BStBl. II S. 813). [3]Die Vorsteuerbeträge des im Ausland gelegenen Unternehmensteils sind in den Fällen des Satzes 2 erster Halbsatz im Rahmen des allgemeinen Besteuerungsverfahrens von der Betriebsstätte geltend zu machen. [4]Unternehmer, die ein im Inland gelegenes Grundstück besitzen und vermieten oder beabsichtigen zu vermieten, sind als im Inland ansässig zu behandeln. [5]Zur Abgrenzung des Vorsteuer-Vergütungsverfahrens vom allgemeinen Besteuerungsverfahren vgl. Abschnitt 18.15.

(2) [1]Das Vergütungsverfahren setzt voraus, dass der im Ausland ansässige Unternehmer in einem Vergütungszeitraum (vgl. Abschnitt 18.12) im Inland entweder keine Umsätze oder nur die Umsätze ausgeführt hat, die in § 59 UStDV genannt sind. [2]Sind diese Voraussetzungen erfüllt, kann die Vergütung der Vorsteuerbeträge nur im Vorsteuer-Vergütungsverfahren durchgeführt werden.

Beispiel 1:

[1]Ein im Ausland ansässiger Beförderungsunternehmer hat im Inland in den Monaten Januar bis April nur steuerfreie Beförderungen im Sinne des § 4 Nr. 3 UStG ausgeführt. [2]In denselben Monaten ist ihm für empfangene Leistungen, z. B. für Beherbergungen, Umsatzsteuer i. H. v. insgesamt 300 € in Rechnung gestellt worden.
[3]Die Vergütung der abziehbaren Vorsteuerbeträge ist im Vorsteuer-Vergütungsverfahren durchzuführen (§ 59 Satz 1 Nr. 1 UStDV).

Beispiel 2:

[1]Der im Ausland ansässige Unternehmer U hat in den Monaten Januar bis April Gegenstände aus dem Drittlandsgebiet an Abnehmer im Inland geliefert. [2]U beförderte die Gegenstände mit eigenen Fahrzeugen an die Abnehmer. [3]Bei den Beförderungen ist dem Unternehmer im Inland für empfangene Leistungen, z. B. für Beherbergungen, Umsatzsteuer i. H. v. insgesamt 300 € in Rechnung gestellt worden. [4]Schuldner der Einfuhrumsatzsteuer für die eingeführten Gegenstände war jeweils der Abnehmer. [5]U hat in den Monaten Januar bis April keine weiteren Umsätze im Inland erbracht.
[6]U erbringt in den Monaten Januar bis April keine Umsätze im Inland. [7]Der Ort seiner Lieferungen liegt im Drittlandsgebiet (§ 3 Abs. 6 UStG). [8]Die Vergütung der abziehbaren Vorsteuerbeträge ist im Vorsteuer-Vergütungsverfahren durchzuführen (§ 59 Satz 1 Nr. 1 UStDV).

Beispiel 3:

[1]Der im Ausland ansässige Unternehmer A erbringt im Jahr 01 im Inland ausschließlich steuerpflichtige Werkleistungen an den Unternehmer U. [2]Zur Ausführung der Werkleistungen ist A im Inland für empfangene Leistungen, z. B. Materialeinkauf, Umsatzsteuer i. H. v. insgesamt 1.000 € in Rechnung gestellt worden.
[3]Steuerschuldner für die Leistungen des A ist U (§ 13b Abs. 5 Satz 1 UStG). [4]Die Vergütung der abziehbaren Vorsteuerbeträge des A ist im Vorsteuer-Vergütungsverfahren durchzuführen (§ 59 Satz 1 Nr. 2 UStDV).

[3]Der vergütungsberechtigte Unternehmer (Leistender) ist im Rahmen der gesetzlichen Mitwirkungspflicht (§ 90 Abs. 1 AO) verpflichtet, auf Verlangen die Leistungsempfänger zu benennen, wenn diese für seine Leistungen die Steuer nach § 13b Abs. 5 Satz 1 und 6 UStG schulden.

---

[1] DStRE 2013, 872.

18.11 Vom Vorsteuer-Vergütungsverfahren ausgeschlossene Vorsteuerbeträge

(1) Sind die Voraussetzungen für die Anwendung des Vorsteuer-Vergütungsverfahrens nach § 59 UStDV nicht erfüllt, können Vorsteuerbeträge nur im allgemeinen Besteuerungsverfahren nach § 16 und § 18 Abs. 1 bis 4 UStG berücksichtigt werden.

Beispiel 1:

[1] Einem im Ausland ansässigen Unternehmer ist im Vergütungszeitraum Januar bis März Umsatzsteuer für die Einfuhr oder den Kauf von Gegenständen und für die Inanspruchnahme von sonstigen Leistungen berechnet worden. [2] Der Unternehmer führt im März im Inland steuerpflichtige Lieferungen aus.

[3] Die Vorsteuer kann nicht im Vorsteuer-Vergütungsverfahren vergütet werden. [4] Das allgemeine Besteuerungsverfahren ist durchzuführen.

Beispiel 2:

[1] Der im Ausland ansässige Unternehmer U führt an dem im Inland belegenen Einfamilienhaus eines Privatmannes Schreinerarbeiten (Werklieferungen) durch. [2] Die hierfür erforderlichen Gegenstände hat U teils im Inland erworben, teils in das Inland eingeführt. [3] Für den Erwerb der Gegenstände im Inland ist U Umsatzsteuer i. H. v. 500 € in Rechnung gestellt worden. [4] Für die Einfuhr der Gegenstände ist Einfuhrumsatzsteuer in Höhe von 250 € entstanden.

[5] Auf die Umsätze des U findet § 13b UStG keine Anwendung, da der Leistungsempfänger als Privatmann nicht Steuerschuldner wird (§ 13b Abs. 5 Satz 1 UStG). [6] Die Vorsteuerbeträge (Umsatzsteuer und Einfuhrumsatzsteuer) können daher nicht im Vorsteuer-Vergütungsverfahren vergütet werden. [7] Das allgemeine Besteuerungsverfahren ist durchzuführen.

Beispiel 3:

[1] Sachverhalt wie in Abschnitt 18.10 Abs. 2 Beispiel 2. [2] Abweichend hiervon ist U Schuldner der Einfuhrumsatzsteuer.

[3] Der Ort der Lieferungen des U liegt im Inland (§ 3 Abs. 8 UStG). [4] U schuldet die Steuer für die Lieferungen. [5] Die Vorsteuerbeträge können daher nicht im Vorsteuer-Vergütungsverfahren vergütet werden. [6] Das allgemeine Besteuerungsverfahren ist durchzuführen.

(1a) [1] Nicht vergütet werden Vorsteuerbeträge, die in Rechnungen über Ausfuhrlieferungen oder innergemeinschaftliche Lieferungen gesondert ausgewiesen werden, wenn feststeht, dass die Voraussetzungen der Steuerbefreiung nach § 4 Nr. 1 Buchstabe a in Verbindung mit § 6 Abs. 1 bis 3a UStG bzw. § 4 Nr. 1 Buchstabe b in Verbindung mit § 6a Abs. 1 oder Abs. 2 UStG vorliegen können, vgl. auch Abschnitt 6a.1 Abs. 19. [2] In diesen Fällen handelt es sich für die Beurteilung des Vergütungsanspruchs im Vorsteuer-Vergütungsverfahren um eine unrichtig ausgewiesene Steuer nach § 14c Abs. 1 UStG, die vom Leistungsempfänger nicht als Vorsteuer abgezogen (vgl. Abschnitt 14c.1 Abs. 1 Satz 5 Nr. 3 und Satz 6 sowie Abschnitt 15.2 Abs. 1 Sätze 1 und 2) und die demnach im Vorsteuer-Vergütungsverfahren nicht vergütet werden kann. [3] Die umsatzsteuerrechtliche Beurteilung der Lieferung des leistenden Unternehmers bleibt unberührt.

(2) [1] Reiseveranstalter sind nicht berechtigt, die ihnen für Reisevorleistungen gesondert in Rechnung gestellten Steuerbeträge als Vorsteuer abzuziehen (§ 25 Abs. 4 UStG). [2] Insoweit entfällt deshalb auch das Vorsteuer-Vergütungsverfahren.

(3) Nicht vergütet werden Vorsteuerbeträge, die mit Umsätzen im Ausland in Zusammenhang stehen, die – wenn im Inland ausgeführt – den Vorsteuerabzug ausschließen würden (vgl. Abschnitt 15.14).

Beispiel:

[1]Ein französischer Arzt besucht einen Ärztekongress im Inland. [2]Da ärztliche Leistungen grundsätzlich steuerfrei sind und den Vorsteuerabzug ausschließen, können die angefallenen Vorsteuerbeträge nicht vergütet werden.

(4) [1]Einem Unternehmer, der nicht im Gemeinschaftsgebiet ansässig ist, wird die Vorsteuer nur vergütet, wenn in dem Land, in dem der Unternehmer seinen Sitz hat, keine Umsatzsteuer oder ähnliche Steuer erhoben oder im Fall der Erhebung im Inland ansässigen Unternehmern vergütet wird (sog. Gegenseitigkeit im Sinne von § 18 Abs. 9 Satz 5 UStG). [2]Unternehmer, die ihren Sitz auf den Kanarischen Inseln, in Ceuta oder in Melilla haben, sind für die Durchführung des Vorsteuer-Vergütungsverfahrens wie Unternehmer mit Sitz im Gemeinschaftsgebiet zu behandeln. [3]Hinsichtlich der Verzeichnisse der Drittstaaten, zu denen Gegenseitigkeit gegeben oder nicht gegeben ist, wird auf das BMF-Schreiben vom 09.11.2022, BStBl. I S. 1585, hingewiesen. [4]Bei fehlender Gegenseitigkeit ist das Vorsteuer-Vergütungsverfahren nur durchzuführen, soweit der nicht im Gemeinschaftsgebiet ansässige Unternehmer vor dem 1.7.2021 als Steuerschuldner Umsätze nach § 3a Abs. 5 UStG im Gemeinschaftsgebiet erbracht und für diese Umsätze von dem Wahlrecht der steuerlichen Erfassung in nur einem EU-Mitgliedstaat (§ 18 Abs. 4c und 4d UStG) Gebrauch gemacht hat (vgl. Abschnitt 18.7a Abs. 8).

(5) Von der Vergütung ausgeschlossen sind bei Unternehmern, die nicht im Gemeinschaftsgebiet ansässig sind, die Vorsteuerbeträge, die auf den Bezug von Kraftstoffen entfallen (§ 18 Abs. 9 Satz 6 UStG).

18.12 Vergütungszeitraum

(1) [1]Der Vergütungszeitraum muss mindestens drei aufeinander folgende Kalendermonate in einem Kalenderjahr umfassen. [2]Es müssen nicht in jedem Kalendermonat Vorsteuerbeträge angefallen sein. [3]Für den restlichen Zeitraum eines Kalenderjahres können die Monate November und Dezember oder es kann auch nur der Monat Dezember Vergütungszeitraum sein.

(2) [1]In den Vergütungsantrag für den Zeitraum nach Absatz 1 Sätze 1 und 3 können auch abziehbare Vorsteuerbeträge aufgenommen werden, die in vorangegangene Vergütungszeiträume des betreffenden Jahres fallen. [2]Hat der Unternehmer einen Vergütungsantrag für das Kalenderjahr oder für den letzten Zeitraum des Kalenderjahres gestellt, kann er für das betreffende Jahr einmalig einen weiteren Vergütungsantrag stellen, in welchem ausschließlich abziehbare Vorsteuerbeträge aufgenommen werden dürfen, die in den Vergütungsanträgen für die Zeiträume nach Absatz 1 Sätze 1 und 3 nicht enthalten sind. [3]Der weitere Vergütungsantrag nach Satz 2 wird aus Vereinfachungsgründen stets als Antrag für das betreffende Kalenderjahr behandelt, soweit die Voraussetzungen nach § 59 UStDV erfüllt sind; dies gilt unabhängig davon, welchen Vergütungszeitraum der Unternehmer in dem Antrag gewählt hat.

(3) [1]Wegen der Auswirkungen der Mindestbeträge auf den zu wählenden Vergütungszeitraum vgl. § 61 Abs. 3 und § 61a Abs. 3 UStDV. [2]Für den wei-

teren Vergütungsantrag nach Absatz 2 Satz 2 gelten die Mindestbeträge nach § 61 Abs. 3 Satz 3 und § 61a Abs. 3 Satz 3 UStDV entsprechend.

18.13 Vorsteuer-Vergütungsverfahren für im übrigen Gemeinschaftsgebiet ansässige Unternehmer

Antragstellung

(1) [1]Ein im übrigen Gemeinschaftsgebiet ansässiger Unternehmer, dem im Inland von einem Unternehmer für einen steuerpflichtigen Umsatz Umsatzsteuer in Rechnung gestellt worden ist, kann über die zuständige Stelle in dem Mitgliedstaat, in dem der Unternehmer ansässig ist, bei der zuständigen Behörde im Inland einen Antrag auf Vergütung dieser Steuer stellen. [2]Für die Vergütung der Vorsteuerbeträge im Vorsteuer-Vergütungsverfahren ist ausschließlich das BZSt zuständig (§ 5 Abs. 1 Nr. 8 FVG).[1)]

(2) [1]Der im übrigen Gemeinschaftsgebiet ansässige Unternehmer hat den Vergütungsantrag nach amtlich vorgeschriebenem Datensatz durch Datenfernübertragung über das in dem Mitgliedstaat, in dem der Unternehmer ansässig ist, eingerichtete elektronische Portal dem BZSt zu übermitteln (§ 61 Abs. 1 Satz 1 UStDV). [2]Der Vergütungsantrag gilt nur dann als vorgelegt, wenn der Unternehmer alle Angaben im Sinne von Abschnitt 18g.1 Abs. 4 und 5 Spiegelstriche 1 bis 8 gemacht und eine Beschreibung seiner Geschäftstätigkeit anhand harmonisierter Codes vorgenommen hat (vgl. § 61 Abs. 1 Satz 2 UStDV). [3]Eine unmittelbare Übermittlung des Vergütungsantrags von dem im übrigen Gemeinschaftsgebiet ansässigen Unternehmer an das BZSt ist nicht möglich. [4]Eine schriftliche Bescheinigung des Mitgliedstaats, in dem der Unternehmer ansässig ist, zur Bestätigung der Unternehmereigenschaft ist durch im übrigen Gemeinschaftsgebiet ansässige Unternehmer nicht beizufügen.

(3) [1]Die Vergütung ist binnen neun Monaten nach Ablauf des Kalenderjahres, in dem der Vergütungsanspruch entstanden ist, zu beantragen (§ 61 Abs. 2 UStDV). [2]Es handelt sich hierbei um eine Ausschlussfrist, bei deren Versäumung unter den Voraussetzungen des § 110 AO Wiedereinsetzung in den vorigen Stand gewährt werden kann (vgl. EuGH-Urteil vom 21.06.2012, C-294/11, Elsacom, BStBl. II S. 942).[2)]

(4) [1]Der Unternehmer hat die Vergütung selbst zu berechnen. [2]Dem Vergütungsantrag sind auf elektronischem Weg die Rechnungen und Einfuhrbelege als eingescannte Originale vollständig beizufügen, wenn das Entgelt für den Umsatz oder die Einfuhr mindestens 1.000 €, bei Rechnungen über den Bezug von Kraftstoffen mindestens 250 € beträgt. [3]Bei begründeten Zweifeln an dem Recht auf Vorsteuerabzug in der beantragten Höhe kann das BZSt verlangen, dass die Vorsteuerbeträge – unbeschadet der Frage der Rechnungshöhe – durch Vorlage von Rechnungen und Einfuhrbelegen im Original nachgewiesen werden. [4]Vor Ablehnung eines Vergütungsantrages, der innerhalb der Antragsfrist (vgl. Absatz 3 Satz 1) gestellt wurde, dem aber nicht die Kopien der Rechnungen oder der Einfuhrdokumente beigefügt waren, ist der

---

1) **Steuergesetze** Nr. **803.**
2) DStR 2012, 1272.

Unternehmer zur Vorlage der entsprechenden Kopien oder sachdienlicher Informationen aufzufordern, die die Bearbeitung dieser Anträge ermöglichen, und zwar unabhängig davon, ob die Antragsfrist für den zugrundeliegenden Vergütungszeitraum zum Zeitpunkt der Bearbeitung bereits abgelaufen ist (vgl. EuGH-Urteil vom 18.11.2020, C-371/19, Kommission/Deutschland).[1)]

(5) [1]Die beantragte Vergütung muss mindestens 400 € betragen (§ 61 Abs. 3 UStDV). [2]Das gilt nicht, wenn der Vergütungszeitraum das Kalenderjahr oder der letzte Zeitraum des Kalenderjahres ist. [3]Für diese Vergütungszeiträume muss die beantragte Vergütung mindestens 50 € betragen.

(6) Einem Unternehmer, der im Gemeinschaftsgebiet ansässig ist und Umsätze ausführt, die zum Teil den Vorsteuerabzug ausschließen, wird die Vorsteuer höchstens in der Höhe vergütet, in der er in dem Mitgliedstaat, in dem er ansässig ist, bei Anwendung eines Pro-rata-Satzes zum Vorsteuerabzug berechtigt wäre (§ 18 Abs. 9 Satz 3 UStG).

Bescheiderteilung

(7) [1]Das BZSt hat den Vergütungsantrag eines im übrigen Gemeinschaftsgebiet ansässigen Unternehmers grundsätzlich innerhalb von vier Monaten und zehn Tagen nach Eingang aller erforderlichen Unterlagen abschließend zu bearbeiten und den Vergütungsbetrag auszuzahlen. [2]Die Bearbeitungszeit verlängert sich bei Anforderung weiterer Informationen zum Vergütungsantrag durch das BZSt auf längstens acht Monate. [3]Die Fristen nach den Sätzen 1 und 2 gelten auch bei Vergütungsanträgen von Unternehmern, die auf den Kanarischen Inseln, in Ceuta oder in Melilla ansässig sind.

(8) [1]Der Bescheid über die Vergütung von Vorsteuerbeträgen ist durch Bereitstellung zum Datenabruf nach § 122a in Verbindung mit § 87a Abs. 8 AO bekannt zu geben (§ 61 Abs. 4 Satz 1 UStDV). [2]Hat der Empfänger des Bescheids der Bekanntgabe durch Bereitstellung zum Datenabruf nicht zugestimmt, ist der Bescheid in Papierform zu versenden.

Verzinsung

(9) [1]Der nach § 18 Abs. 9 UStG zu vergütende Betrag ist zu verzinsen (§ 61 Abs. 5 UStDV). [2]Der Zinslauf beginnt grundsätzlich mit Ablauf von vier Monaten und zehn Arbeitstagen nach Eingang des Vergütungsantrags beim BZSt. [3]Übermittelt der Unternehmer Rechnungen oder Einfuhrbelege als eingescannte Originale abweichend von Absatz 4 Satz 2 nicht zusammen mit dem Vergütungsantrag, sondern erst zu einem späteren Zeitpunkt, beginnt der Zinslauf erst mit Ablauf von vier Monaten und zehn Arbeitstagen nach Eingang dieser eingescannten Originale beim BZSt. [4]Hat das BZSt zusätzliche oder weitere zusätzliche Informationen angefordert, beginnt der Zinslauf erst mit Ablauf von zehn Arbeitstagen nach Ablauf der Fristen in Artikel 21 der Richtlinie 2008/9/EG des Rates vom 12.02.2008 zur Regelung der Erstattung der Mehrwertsteuer nach der Richtlinie 2006/112/EG an nicht im Mitgliedstaat der Erstattung, sondern in einem anderen Mitgliedstaat ansässige

---

[1)] DStR 2020, 2671.

Steuerpflichtige (ABl. EU 2008 Nr. L 44 S. 23).[1] [5]Der Zinslauf endet mit erfolgter Zahlung des zu vergütenden Betrages; die Zahlung gilt als erfolgt mit dem Tag der Fälligkeit, es sei denn, der Unternehmer weist nach, dass er den zu vergütenden Betrag später erhalten hat. [6]Wird die Festsetzung oder Anmeldung der Steuervergütung geändert, ist eine bisherige Zinsfestsetzung zu ändern; § 233a Abs. 5 AO gilt entsprechend. [7]Für die Höhe und Berechnung der Zinsen gilt § 238 AO. [8]Auf die Festsetzung der Zinsen ist § 239 AO entsprechend anzuwenden. [9]Bei der Festsetzung von Prozesszinsen nach § 236 AO sind Zinsen anzurechnen, die für denselben Zeitraum nach den Sätzen 1 bis 5 festgesetzt wurden.

(10) [1]Ein Anspruch auf Verzinsung nach Absatz 9 besteht nicht, wenn der Unternehmer einer Mitwirkungspflicht nicht innerhalb einer Frist von einem Monat nach Zugang einer entsprechenden Aufforderung des BZSt nachkommt (§ 61 Abs. 6 UStDV). [2]Dabei handelt es sich nicht um eine nicht verlängerbare Ausschlussfrist (vgl. BFH-Urteil vom 17.07.2019, V R 7/17, BStBl. II 2020 S. 177).

18.14 Vorsteuer-Vergütungsverfahren für im Drittlandsgebiet ansässige Unternehmer

Antragstellung

(1) [1]Ein im Drittlandsgebiet ansässiger Unternehmer, dem im Inland von einem Unternehmer für einen steuerpflichtigen Umsatz Umsatzsteuer in Rechnung gestellt worden ist, kann bei der zuständigen Behörde im Inland einen Antrag auf Vergütung dieser Steuer stellen. [2]Für die Vergütung der Vorsteuerbeträge im Vorsteuer-Vergütungsverfahren ist ausschließlich das BZSt zuständig (§ 5 Abs. 1 Nr. 8 FVG).[2] [3]Zum Vorliegen der Gegenseitigkeit sowie zum Ausschluss bestimmter Vorsteuerbeträge vgl. Abschnitt 18.11 Abs. 4 und 5.

(2) [1]Der Antrag auf Vergütung der Vorsteuerbeträge ist nach amtlich vorgeschriebenem Datensatz durch Datenfernübertragung dem BZSt zu übermitteln; Absatz 4 Satz 2 und Absatz 7 Satz 1 bleiben unberührt. [2]Informationen zur elektronischen Übermittlung sind auf den Internetseiten des BZSt (www.bzst.de) abrufbar. [3]Auf Antrag hat das BZSt zur Vermeidung von unbilligen Härten auf eine elektronische Übermittlung zu verzichten und die Abgabe des Vergütungsantrags nach amtlich vorgeschriebenem Vordruck in herkömmlicher Form – auf Papier oder per Telefax – zuzulassen, wenn eine elektronische Übermittlung für den Unternehmer wirtschaftlich oder persönlich unzumutbar ist; Abschnitt 18.1 Abs. 1 Sätze 4 und 5 gelten entsprechend. [4]In diesem Fall hat der im Drittlandsgebiet ansässige Unternehmer die Vergütung nach amtlich vorgeschriebenem Vordruck beim BZSt zu beantragen und den Vergütungsantrag eigenhändig zu unterschreiben (vgl. § 61a Abs. 1 Satz 3 UStDV und BFH-Urteil vom 08.08.2013, V R 3/11, BStBl. II 2014 S. 46).

---

[1] **Steuergesetze** Nr. **550b.**
[2] **Steuergesetze** Nr. **803.**

(2a) [1]In dem Antrag sind die Vorsteuerbeträge, deren Vergütung beantragt wird, im Einzelnen aufzuführen (Einzelaufstellung). [2]Es ist nicht erforderlich darzulegen, zu welcher konkreten unternehmerischen Tätigkeit die erworbenen Gegenstände oder empfangenen sonstigen Leistungen verwendet worden sind. [3]Pauschale Erklärungen, die die Art der unternehmerischen Tätigkeit erkennen lassen, reichen aus (z. B. grenzüberschreitende Güterbeförderungen im Monat Juni).

(3) Aus Gründen der Arbeitsvereinfachung wird für die Einzelaufstellung das folgende Verfahren zugelassen:

1. Bei Rechnungen, deren Gesamtbetrag 250 € nicht übersteigt und bei denen das Entgelt und die Umsatzsteuer in einer Summe angegeben sind (§ 33 UStDV):
   a) Der Unternehmer kann die Rechnungen getrennt nach Kostenarten mit laufenden Nummern versehen und sie mit diesen Nummern, den Nummern der Rechnungen und mit den Bruttorechnungsbeträgen in gesonderten Aufstellungen zusammenfassen.
   b) [1]Die in den Aufstellungen zusammengefassten Bruttorechnungsbeträge sind aufzurechnen. [2]Aus dem jeweiligen Endbetrag ist die darin enthaltene Umsatzsteuer herauszurechnen und in die Einzelaufstellung zu übernehmen. [3]Hierbei ist auf die gesonderte Aufstellung hinzuweisen.
   c) Bei verschiedenen Steuersätzen sind die gesonderten Aufstellungen getrennt für jeden Steuersatz zu erstellen.
2. Bei Fahrausweisen, in denen das Entgelt und der Steuerbetrag in einer Summe angegeben sind (§ 34 UStDV), gilt Nummer 1 entsprechend.
3. Bei Einfuhrumsatzsteuerbelegen:
   a) Der Unternehmer kann die Belege mit laufenden Nummern versehen und sie mit diesen Nummern, den Nummern der Belege und mit den in den Belegen angegebenen Steuerbeträgen in einer gesonderten Aufstellung zusammenfassen.
   b) [1]Die Steuerbeträge sind aufzurechnen und in die Einzelaufstellung zu übernehmen. [2]Hierbei ist auf die gesonderte Aufstellung hinzuweisen.
4. Die gesonderten Aufstellungen sind dem BZSt zusammen mit den Rechnungen und Einfuhrbelegen (vgl. Absatz 4 Satz 2) zu übersenden.

(4) [1]Der Unternehmer hat die Vergütung selbst zu berechnen. [2]Die Vorsteuerbeträge sind durch Vorlage von Rechnungen und Einfuhrbelegen im Original nachzuweisen (§ 61a Abs. 2 Satz 3 UStDV); sie können allenfalls bis zum Ende der Antragsfrist nachgereicht werden (vgl. BFH-Urteile vom 18.01.2007, V R 23/05, BStBl. II S. 430, und vom 19.11.2014, V R 39/13, BStBl. II 2015 S. 352). [3]Kann ein Unternehmer in Einzelfällen den erforderlichen Nachweis der Vorsteuerbeträge nicht durch Vorlage von Originalbelegen erbringen, sind Zweitschriften nur anzuerkennen, wenn der Unternehmer den Verlust der Originalbelege nicht zu vertreten hat, der dem Vergütungsantrag zu Grunde liegende Vorgang stattgefunden hat und keine Gefahr besteht, dass weitere Vergütungsanträge gestellt werden (vgl. BFH-Urteil vom 20.08.1998,

V R 55/96, BStBl. II 1999 S. 324). [4]Bei der Zweitausfertigung eines Ersatzbelegs für den Abzug der Einfuhrumsatzsteuer als Vorsteuer kommt es nicht darauf an, auf Grund welcher Umstände die Erstschrift des Ersatzbelegs nicht vorgelegt werden kann (vgl. BFH-Urteil vom 19.11.1998, V R 102/96, BStBl. II 1999 S. 255). [5]Hinsichtlich der Anerkennung von Rechnungen und zollamtlichen Abgabenbescheiden, die auf elektronischem Weg übermittelt wurden, vgl. Abschnitte 14.4 und 15.11 Abs. 1 Satz 2 Nr. 2 Sätze 2 und 3.

(5) [1]Die Vergütung ist binnen sechs Monaten nach Ablauf des Kalenderjahres, in dem der Vergütungsanspruch entstanden ist, zu beantragen (§ 61a Abs. 2 UStDV). [2]Die Antragsfrist ist eine Ausschlussfrist, bei deren Versäumung unter den Voraussetzungen des § 110 AO Wiedereinsetzung in den vorigen Stand gewährt werden kann.

(6) [1]Die beantragte Vergütung muss mindestens 1000 € betragen (§ 61a Abs. 3 UStDV). [2]Das gilt nicht, wenn der Vergütungszeitraum das Kalenderjahr oder der letzte Zeitraum des Kalenderjahres ist. [3]Für diese Vergütungszeiträume muss die beantragte Vergütung mindestens 500 € betragen.

(7) [1]Der Nachweis nach § 61a Abs. 4 UStDV ist nach dem Muster USt 1 TN zu führen und dem BZSt vorzulegen. [2]Hinsichtlich dieses Musters wird auf das BMF-Schreiben vom 18.11.2022, BStBl. I S. 1592, hingewiesen. [3]Die Bescheinigung muss den Vergütungszeitraum abdecken (vgl. BFH-Urteil vom 18.01.2007, V R 22/05, BStBl. II S. 426). [4]Für Vergütungsanträge, die später als ein Jahr nach dem Ausstellungsdatum der Bescheinigung gestellt werden, ist eine neue Bescheinigung vorzulegen. [5]Bei ausländischen staatlichen Stellen, die mit der Organisation von Gemeinschaftsausstellungen im Rahmen von Messen und Ausstellungen beauftragt worden und insoweit als Unternehmer anzusehen sind, ist auf die Vorlage einer behördlichen Bescheinigung (§ 61a Abs. 4 UStDV) zu verzichten. [6]Die Bindungswirkung der Unternehmerbescheinigung entfällt, wenn das BZSt bei Zweifeln an deren Richtigkeit auf Grund von Aufklärungsmaßnahmen (eigene Auskünfte des Unternehmers, Amtshilfe) Informationen erhält, aus denen hervorgeht, dass die in der Bescheinigung enthaltenen Angaben unrichtig sind (vgl. BFH-Urteil vom 14.05.2008, XI R 58/06, BStBl. II S. 831).

(8) Der Unternehmer kann den Vergütungsanspruch abtreten (§ 46 Abs. 2 und 3 AO).

(9) Im Falle der Vergütung hat das BZSt die Originalbelege durch Stempelaufdruck oder in anderer Weise zu entwerten.

Verzinsung

(10) Der nach § 18 Abs. 9 UStG zu vergütende Betrag ist nach § 233a AO zu verzinsen (vgl. BFH-Urteil vom 17.04.2008, V R 41/06, BStBl. II 2009 S. 2, und Nr. 62 des Anwendungserlasses zur AO zu § 233a AO).[1)]

[1)] Nr. **800**.

18.15 Vorsteuer-Vergütungsverfahren und allgemeines Besteuerungsverfahren

(1) [1]Für einen Voranmeldungszeitraum schließen sich das allgemeine Besteuerungsverfahren und das Vorsteuer-Vergütungsverfahren gegenseitig aus.[1)] [2]Sind jedoch die Voraussetzungen des Vorsteuer-Vergütungsverfahrens erfüllt und schuldet der im Ausland ansässige Unternehmer ausschließlich Steuer im allgemeinen Besteuerungsverfahren nach § 13a Abs. 1 Nr. 1 in Verbindung mit § 14c Abs. 1 UStG oder § 13a Abs. 1 Nr. 4 UStG, kann die Vergütung der Vorsteuerbeträge nur im Vorsteuer-Vergütungsverfahren durchgeführt werden (vgl. § 16 Abs. 2 Satz 1 und § 18 Abs. 9 Satz 3 UStG). [3]Im Laufe eines Kalenderjahres kann zudem der Fall eintreten, dass die Vorsteuerbeträge eines im Ausland ansässigen Unternehmers abschnittsweise im Wege des Vorsteuer-Vergütungsverfahrens und im Wege des allgemeinen Besteuerungsverfahrens zu vergüten oder von der Steuer abzuziehen sind. [4]In diesen Fällen ist für jedes Kalenderjahr wie folgt zu verfahren:

1. Vom Beginn des Voranmeldungszeitraums an, in dem erstmalig das allgemeine Besteuerungsverfahren durchzuführen ist, endet insoweit die Zuständigkeit des BZSt.
2. [1]Der im Ausland ansässige Unternehmer hat seine Vorsteuerbeträge für diesen Voranmeldungszeitraum und für die weiteren verbleibenden Voranmeldungszeiträume dieses Kalenderjahres im allgemeinen Besteuerungsverfahren geltend zu machen. [2]Erfüllt der Unternehmer im Laufe des Kalenderjahres erneut die Voraussetzungen des Vorsteuer-Vergütungsverfahrens, bleibt es demnach für dieses Kalenderjahr bei der Zuständigkeit des Finanzamts; ein unterjähriger Wechsel vom allgemeinen Besteuerungsverfahren zum Vorsteuer-Vergütungsverfahren ist somit nicht möglich.
3. [1]Hat der im Ausland ansässige Unternehmer Vorsteuerbeträge, die in einem Voranmeldungszeitraum entstanden sind, für den das allgemeine Besteuerungsverfahren noch nicht durchzuführen war, nicht im Vorsteuer-Vergütungsverfahren geltend gemacht, kann er diese Vorsteuerbeträge ab dem Zeitpunkt, ab dem das allgemeine Besteuerungsverfahren anzuwenden ist, nur noch in diesem Verfahren geltend machen. [2]Beim Abzug dieser Vorsteuerbeträge von der Steuer gelten die Einschränkungen des § 18 Abs. 9 Sätze 4 bis 6 UStG sowie § 61 Abs. 3 und § 61a Abs. 3 UStDV entsprechend.
4. [1]Ab dem Zeitraum, ab dem erstmalig die Voraussetzungen für das allgemeine Besteuerungsverfahren vorliegen, hat der Unternehmer unter den Voraussetzungen von § 18 Abs. 2 und 2a UStG eine Voranmeldung zu übermitteln. [2]In diesem Fall sind die abziehbaren Vorsteuerbeträge durch Vorlage der Rechnung und Einfuhrbelege im Original nachzuweisen (§ 62 Abs. 2 UStDV).
5. [1]Nach Ablauf eines Kalenderjahres, in dem das allgemeine Besteuerungsverfahren durchzuführen ist, hat der im Ausland ansässige Unternehmer an das Finanzamt eine Umsatzsteuererklärung für das Kalenderjahr zu übermitteln. [2]Das Finanzamt hat die Steuer für das Kalenderjahr festzuset-

[1)] Siehe aber BMF v. 21.05.2014, BStBl. I 2014, 863.

zen. [3]Hierbei sind die Vorsteuerbeträge nicht zu berücksichtigen, die bereits im Vorsteuer-Vergütungsverfahren vergütet worden sind (§ 62 Abs. 1 UStDV).

(2) [1]Ist bei einem im Ausland ansässigen Unternehmer das allgemeine Besteuerungsverfahren durchzuführen und ist dem Finanzamt nicht bekannt, ob der Unternehmer im laufenden Kalenderjahr bereits die Vergütung von Vorsteuerbeträgen im Vorsteuer-Vergütungsverfahren beantragt hat, hat das Finanzamt dies durch Abfrage in der Datenbank des Vorsteuer-Vergütungsverfahrens in Erfahrung zu bringen. [2]Wurde das Vorsteuer-Vergütungsverfahren beim BZSt in diesem Fall bereits durchgeführt, hat der Unternehmer die abziehbaren Vorsteuerbeträge auch im allgemeinen Besteuerungsverfahren durch Vorlage der Rechnungen und Einfuhrbelege im Original nachzuweisen (§ 62 Abs. 2 UStDV). [3]Die Belege sind zu entwerten.

18.16 Unternehmerbescheinigung für Unternehmer, die im Inland ansässig sind

(1) [1]Unternehmern, die in der Bundesrepublik Deutschland ansässig sind und die für Zwecke der steuerlichen Erfassung im Ausland oder für die Vergütung von Vorsteuerbeträgen in einem Drittstaat eine Bestätigung ihrer Unternehmereigenschaft benötigen, stellt das zuständige Finanzamt auf Antrag eine Bescheinigung nach dem Muster USt 1 TN (vgl. Abschnitt 18.14 Abs. 7) aus. [2]Das gilt auch für Organgesellschaften mit einem im Inland ansässigen Organträger sowie für Organgesellschaften und Zweigniederlassungen im Inland, die zum Unternehmen eines im Ausland ansässigen Unternehmers gehören. [3]Der Antrag im Sinne des Satzes 1 ist für alle im Inland gelegenen Unternehmensteile im Sinne des Abschnitts 2.9 Abs. 3 bis 5 von dem Organträger bei dem für den Organkreis für Zwecke der Umsatzsteuer zuständigen Finanzamt zu stellen; Abschnitt 2.9 Abs. 6 und 7 sowie Abschnitt 13b.3 Abs. 7 Satz 6 gelten entsprechend.

(2) [1]Die Bescheinigung darf für Zwecke der Vorlage im Verfahren zur Vergütung von Vorsteuerbeträgen in einem Drittstaat nur Unternehmern erteilt werden, die zum Vorsteuerabzug berechtigt sind. [2]Sie darf in den Fällen des Satzes 1 nicht erteilt werden, wenn der Unternehmer nur steuerfreie Umsätze ausführt, die den Vorsteuerabzug ausschließen, oder die Besteuerung nach § 19 Abs. 1 oder § 24 Abs. 1 UStG anwendet.

(3) [1]Unternehmern, die die Vergütung von Vorsteuerbeträgen in einem anderen Mitgliedstaat beantragen möchten, wird keine Bescheinigung nach Absatz 1 erteilt. [2]Die Bestätigung der Unternehmereigenschaft erfolgt in diesen Fällen durch das BZSt durch Weiterleitung des Vergütungsantrags an den Mitgliedstaat der Erstattung (vgl. Abschnitt 18g.1 Abs. 10).

Zu § 18 Abs. 12 UStG

18.17[1)] Umsatzsteuerliche Erfassung von im Ausland ansässigen Unternehmern, die grenzüberschreitende Personenbeförderungen mit nicht im Inland zugelassenen Kraftomnibussen durchführen

Allgemeines

(1) Die Umsatzbesteuerung grenzüberschreitender Personenbeförderungen (§ 3b Abs. 1 Satz 2 UStG) mit nicht im Inland zugelassenen Kraftomnibussen ist entweder im Verfahren der Beförderungseinzelbesteuerung (§ 16 Abs. 5 UStG) durchzuführen, wenn eine Grenze zwischen dem Inland und dem Drittlandsgebiet (z. B. Grenze zur Schweiz) überschritten wird, oder im allgemeinen Besteuerungsverfahren (§ 18 Abs. 1 bis 4 UStG), wenn keine Grenze zwischen dem Inland und dem Drittlandsgebiet überschritten wird.

Anzeigepflicht

(2) Im Ausland ansässige Unternehmer (§ 13b Abs. 7 UStG), die grenzüberschreitende Personenbeförderungen mit nicht im Inland zugelassenen Kraftomnibussen durchführen, haben dies vor der erstmaligen Ausführung derartiger auf das Inland entfallender Umsätze bei dem für die Umsatzbesteuerung nach § 21 AO zuständigen Finanzamt anzuzeigen, soweit diese Umsätze nicht der Beförderungseinzelbesteuerung (§ 16 Abs. 5 UStG) unterliegen.

(3) [1]Die Anzeige über die erstmalige Ausführung grenzüberschreitender Personenbeförderungen mit nicht im Inland zugelassenen Kraftomnibussen ist an keine Form gebunden. [2]Für die Anzeige über die Ausführung derartiger Umsätze sollte der Unternehmer den Vordruck USt 1 TU verwenden. [3]Hinsichtlich dieses Musters wird auf das BMF-Schreiben vom 05.11.2019, BStBl. I S. 1041, hingewiesen. [4]Wird das Muster USt 1 TU nicht verwendet, sind jedoch die hierin verlangten Angaben zu machen.

Bescheinigungsverfahren

(4) [1]Das für die Umsatzbesteuerung nach § 21 AO zuständige Finanzamt erteilt über die umsatzsteuerliche Erfassung des im Ausland ansässigen Unternehmers für jeden nicht im Inland zugelassenen Kraftomnibus, der für grenzüberschreitende Personenbeförderungen eingesetzt werden soll, eine gesonderte Bescheinigung (§ 18 Abs. 12 Satz 2 UStG) nach dem Muster USt 1 TV. [2]Hinsichtlich dieses Musters wird auf das BMF-Schreiben vom 05.11.2019, BStBl. I S. 1041, hingewiesen. [3]Die Gültigkeit der Bescheinigung ist auf längstens ein Jahr zu beschränken.

(5) [1]Die Bescheinigung nach § 18 Abs. 12 Satz 2 UStG ist während jeder Fahrt im Inland mitzuführen und auf Verlangen den für die Steueraufsicht zuständigen Zolldienststellen vorzulegen (§ 18 Abs. 12 Satz 3 UStG). [2]Bei Nichtvorlage der Bescheinigung können diese Zolldienststellen eine Sicherheitsleistung nach den abgabenrechtlichen Vorschriften in Höhe der für die einzelne Beförderungsleis-

---

[1)] Siehe Merkblatt Stand 01.09.2020 (BMF v. 31.08.2020, BStBl. I 2020, 929).

tung voraussichtlich zu entrichtenden Steuer verlangen (§ 18 Abs. 12 Satz 4 UStG). [3]Die entrichtete Sicherheitsleistung ist im Rahmen der Umsatzsteuererklärung für das Kalenderjahr (§ 18 Abs. 3 Satz 1 UStG) auf die zu entrichtende Steuer anzurechnen (§ 18 Abs. 12 Satz 5 UStG). [4]Für die Anrechnung sind die von den Zolldienststellen ausgehändigten Durchschriften der Anordnungen von Sicherheitsleistungen (Vordruckmuster 2605) mit Quittungen vorzulegen.

Zu § 18a UStG

18a.1 Abgabe der Zusammenfassenden Meldung

(1)[1] [1]Jeder Unternehmer im Sinne des § 2 UStG, der innergemeinschaftliche Warenlieferungen (§ 18a Abs. 6 UStG), im übrigen Gemeinschaftsgebiet steuerpflichtige sonstige Leistungen im Sinne von § 3a Abs. 2 UStG (vgl. Abschnitt 3a.2), für die der in einem anderen EU-Mitgliedstaat ansässige Leistungsempfänger die Steuer dort schuldet, oder Lieferungen im Sinne des § 25b Abs. 2 UStG im Rahmen innergemeinschaftlicher Dreiecksgeschäfte (vgl. Abschnitt 25b.1) ausgeführt hat, ist verpflichtet, dem BZSt bis zum 25. Tag nach Ablauf des Meldezeitraums eine ZM zu übermitteln. [2]Dies gilt für Organisationseinheiten der Gebietskörperschaften Bund und Länder im Sinne des § 18 Abs. 4f UStG entsprechend. [3]Dies gilt entsprechend Absatz 6 auch für Gegenstände, die aus dem Gebiet eines Mitgliedstaates in das Gebiet eines anderen Mitgliedstaates für Zwecke einer Lieferung nach dem Ende der Beförderung oder Versendung an einen Erwerber im Sinne des § 6b UStG befördert oder versendet werden (vgl. Abschnitt 6b.1). [4]Kleinunternehmer im Sinne von § 19 Abs. 1 UStG müssen keine ZM abgeben (§ 18a Abs. 4 UStG). [5]In Abhängigkeit von den jeweiligen Voraussetzungen ist Meldezeitraum für die ZM der Kalendermonat (§ 18a Abs. 1 Satz 1 UStG), das Kalendervierteljahr (§ 18a Abs. 1 Satz 2 und Abs. 2 UStG) oder das Kalenderjahr (§ 18a Abs. 9 UStG), vgl. Abschnitt 18a.2. [6]Für einen Meldezeitraum, in dem keine der vorstehenden Lieferungen oder sonstigen Leistungen ausgeführt wurden, ist eine ZM nicht zu übermitteln.

(2) [1]Nichtselbständige juristische Personen im Sinne von § 2 Abs. 2 Nr. 2 UStG (Organgesellschaften) sind verpflichtet, eine eigene ZM für die von ihnen ausgeführten innergemeinschaftlichen Warenlieferungen (§ 18a Abs. 6 UStG), im übrigen Gemeinschaftsgebiet steuerpflichtige sonstige Leistungen im Sinne von § 3a Abs. 2 UStG (vgl. Abschnitt 3a.2), für die der in einem anderen EU-Mitgliedstaat ansässige Leistungsempfänger die Steuer dort schuldet, oder Lieferungen im Sinne des § 25b Abs. 2 UStG im Rahmen innergemeinschaftlicher Dreiecksgeschäfte zu übermitteln (§ 18a Abs. 5 Satz 4 UStG). [2]Dies gilt unabhängig davon, dass diese Vorgänge umsatzsteuerrechtlich als Umsätze des Organträgers behandelt werden und in dessen Voranmeldung und Steuererklärung für das Kalenderjahr anzumelden sind. [3]Die meldepflich-

---

[1]) A 18a.1 UStAE Abs. 1 neuer Satz 2 eingef., bish. Sätze 2 bis 5 werden Sätze 3 bis 6 durch BMF v. 22.05.2023, BStBl. I 2023, 803, erstmals anzuwenden auf Besteuerungszeiträume, die nicht der Erklärung nach § 27 Abs. 22 Satz 3 UStG unterliegen; weitere Anwendungsregelung siehe Anlage 8.

tigen Organgesellschaften benötigen zu diesem Zweck eine eigene USt-IdNr. (§ 27a Abs. 1 Satz 3 UStG).

(3) [1] Zur Übermittlung einer ZM nach Absatz 1 sind auch pauschalversteuernde Land- und Forstwirte verpflichtet. [2] Dies gilt unabhängig davon, dass nach § 24 Abs. 1 UStG die Steuerbefreiung für innergemeinschaftliche Warenlieferungen im Sinne von § 4 Nummer 1 Buchstabe b i. V. m. § 6a UStG keine Anwendung findet.

(4) [1] Die ZM ist nach amtlich vorgeschriebenem Datensatz durch Datenfernübertragung zu übermitteln. [2] Informationen zur elektronischen Übermittlung sind unter den Internet-Adressen www.elster.de oder www.bzst.de abrufbar. [3] Zur Vermeidung von unbilligen Härten hat das für die Besteuerung des Unternehmers zuständige Finanzamt auf Antrag auf eine elektronische Übermittlung der ZM zu verzichten und die Abgabe der ZM nach amtlich vorgeschriebenem Vordruck in herkömmlicher Form – auf Papier oder per Telefax – zuzulassen, wenn eine elektronische Übermittlung für den Unternehmer wirtschaftlich oder persönlich unzumutbar ist. [4] Dies ist insbesondere der Fall, wenn die Schaffung der technischen Möglichkeiten für eine elektronische Übermittlung des amtlichen Datensatzes nur mit einem nicht unerheblichen finanziellen Aufwand möglich wäre oder wenn der Unternehmer nach seinen individuellen Kenntnissen und Fähigkeiten nicht oder nur eingeschränkt in der Lage ist, die Möglichkeiten der Datenfernübertragung zu nutzen (§ 150 Abs. 8 AO; vgl. BFH-Urteil vom 16.06.2020, VIII R 29/19, BStBl. II 2021 S. 290, sowie AEAO zu § 150, Nr. 4).[1)] [5] Soweit das Finanzamt nach § 18 Abs. 1 Satz 2 UStG auf eine elektronische Übermittlung der Voranmeldung verzichtet hat, gilt dies auch für die Abgabe der ZM. [6] Abschnitt 18.1 Abs. 1 Satz 5 gilt sinngemäß.

18a.2 Abgabefrist

(1)[2)] [1] Die ZM ist bis zum 25. Tag nach Ablauf jedes Kalendermonats an das BZSt zu übermitteln, wenn die Summe der Bemessungsgrundlagen für innergemeinschaftliche Warenlieferungen (§ 18a Abs. 6 UStG) und Lieferungen im Sinne des § 25b Abs. 2 UStG im Rahmen von innergemeinschaftlichen Dreiecksgeschäften für das laufende Kalendervierteljahr oder für eines der vier vorangegangenen Kalendervierteljahre jeweils mehr als 50 000 € beträgt. [2] Organisationseinheiten der Gebietskörperschaften Bund und Länder im Sinne des § 18 Abs. 4f UStG müssen die ZM unabhängig von der in Satz 1 genannten Betragsgrenze bis zum 25. Tag nach Ablauf jedes Kalendermonats an das BZSt übermitteln. [3] Die Regelungen über die Dauerfristverlängerung nach § 18 Abs. 6 UStG und §§ 46 bis 48 UStDV gelten nicht für die ZM.

(2) [1] Übersteigt im Laufe eines Kalendervierteljahres die Summe der Bemessungsgrundlagen für innergemeinschaftliche Warenlieferungen (§ 18a Abs. 6

---

1) Nr. **800**.

2) A 18a.2 UStAE Abs. 1 neuer Satz 2 eingef., bish. Satz 2 wird Satz 3 durch BMF v. 22.05. 2023, BStBl. I 2023, 803, erstmals anzuwenden auf Besteuerungszeiträume, die nicht der Erklärung nach § 27 Abs. 22 Satz 3 UStG unterliegen; weitere Anwendungsregelung siehe Anlage 8.

UStG) und Lieferungen im Sinne des § 25b Abs. 2 UStG im Rahmen von innergemeinschaftlichen Dreiecksgeschäften 50 000 €, ist die ZM bis zum 25. Tag nach Ablauf des Kalendermonats, in dem dieser Betrag überschritten wird, zu übermitteln. [2] Wird die Betragsgrenze von 50 000 € im zweiten Kalendermonat eines Kalendervierteljahres überschritten, kann der Unternehmer eine ZM für die bereits abgelaufenen Kalendermonate dieses Kalendervierteljahres übermitteln, in der die Angaben für diese beiden Kalendermonate zusammengefasst werden, oder jeweils eine ZM für jeden der abgelaufenen Kalendermonate dieses Kalendervierteljahres. [3] Überschreitet der Unternehmer die Betragsgrenze im dritten Kalendermonat eines Kalendervierteljahres, wird es nicht beanstandet, wenn er statt einer ZM für dieses Kalendervierteljahr jeweils gesondert eine ZM für jeden der drei Kalendermonate dieses Kalendervierteljahres übermittelt.

Beispiel:

[1] Der deutsche Maschinenhersteller M liefert im Januar des Jahres 01 eine Maschine für 20 000 € und im Februar des Jahres 01 eine weitere Maschine für 35 000 € an den belgischen Unternehmer U. [2] Ferner liefert M im Februar des Jahres 01 eine Maschine für 50 000 € an den französischen Automobilhersteller A. [3] Die Rechnungsstellung erfolgte jeweils zeitgleich mit der Ausführung der Lieferungen.

[4] M ist verpflichtet, die Umsätze bis zum 25.03.01 dem BZSt zu melden. [5] Wahlweise kann er für die Monate Januar 01 und Februar 01 jeweils gesondert eine ZM übermitteln, oder er übermittelt eine ZM, in der er die Summe der Bemessungsgrundlagen der an U und A ausgeführten innergemeinschaftlichen Warenlieferungen gemeinsam für die Monate Januar 01 und Februar 01 angibt.

(3) [1] Unternehmer können die ZM auch monatlich übermitteln, wenn die Summe der Bemessungsgrundlagen für innergemeinschaftliche Warenlieferungen (§ 18a Abs. 6 UStG) und Lieferungen im Sinne des § 25b Abs. 2 UStG im Rahmen von innergemeinschaftlichen Dreiecksgeschäften weder für das laufende Kalendervierteljahr noch für eines der vier vorangegangenen Kalendervierteljahre jeweils mehr als 50 000 € beträgt. [2] Möchte der Unternehmer von dieser Möglichkeit Gebrauch machen, hat er dies dem BZSt anzuzeigen (§ 18a Abs. 1 Satz 4 UStG). [3] Der Anzeigepflicht kommt der Unternehmer nach, wenn er bei der erstmaligen Inanspruchnahme das auf dem amtlich vorgeschriebenen Vordruck für die ZM dafür vorgesehene Feld ankreuzt. [4] Die Ausübung des Wahlrechts bindet den Unternehmer bis zum Zeitpunkt des Widerrufs, mindestens aber für die Dauer von 12 Kalendermonaten. [5] Der Widerruf wird dem BZSt durch Markieren des dafür vorgesehenen Feldes auf dem amtlich vorgeschriebenen Vordruck für die ZM angezeigt. [6] Soweit in begründeten Einzelfällen ein Widerruf vor Ablauf der Ausschlussfrist von 12 Kalendermonaten notwendig werden sollte, ist dies dem BZSt schriftlich unter Angabe der Gründe mitzuteilen.

(4) Die ZM ist bis zum 25. Tag nach Ablauf jedes Kalendervierteljahres zu übermitteln, wenn steuerpflichtige sonstige Leistungen im Sinne von § 3a Abs. 2 UStG (vgl. Abschnitt 3a.2) im übrigen Gemeinschaftsgebiet ausgeführt wurden, für die der in einem anderen EU-Mitgliedstaat ansässige Leistungsempfänger die Steuer dort schuldet.

(5) Unternehmer, die hinsichtlich der Ausführung von innergemeinschaftlichen Warenlieferungen (§ 18a Abs. 6 UStG) und Lieferungen im Sinne des

§ 25b Abs. 2 UStG im Rahmen innergemeinschaftlicher Dreiecksgeschäfte zur monatlichen Übermittlung einer ZM verpflichtet sind, melden die im übrigen Gemeinschaftsgebiet ausgeführten steuerpflichtigen sonstigen Leistungen im Sinne von § 3a Abs. 2 UStG (vgl. Abschnitt 3a.2), für die der in einem anderen EU-Mitgliedstaat ansässige Leistungsempfänger die Steuer dort schuldet, in der ZM für den letzten Monat des Kalendervierteljahres.

(6) [1] Unternehmer, die die ZM hinsichtlich der Ausführung von innergemeinschaftlichen Warenlieferungen (§ 18a Abs. 6 UStG) und Lieferungen im Sinne des § 25b Abs. 2 UStG im Rahmen innergemeinschaftlicher Dreiecksgeschäfte monatlich übermitteln, können darin auch die steuerpflichtigen sonstigen Leistungen im Sinne von § 3a Abs. 2 UStG (vgl. Abschnitt 3a.2), die in dem entsprechenden Kalendermonat im übrigen Gemeinschaftsgebiet ausgeführt worden sind und für die der in einem anderen EU-Mitgliedstaat ansässige Leistungsempfänger die Steuer dort schuldet, monatlich angeben (§ 18a Abs. 3 Satz 1 UStG). [2] Die Ausübung dieser Wahlmöglichkeit wird dem BZSt durch die Angabe von im übrigen Gemeinschaftsgebiet ausgeführten steuerpflichtigen sonstigen Leistungen im vorstehenden Sinne, für die der in einem anderen EU-Mitgliedstaat ansässige Leistungsempfänger die Steuer dort schuldet, in der ZM für den ersten oder zweiten Kalendermonat eines Kalendervierteljahres angezeigt (§ 18a Abs. 3 Satz 2 UStG).

(7) [1] Die in den Absätzen 1 bis 5 genannten Abgabefristen gelten entsprechend, wenn neben den dort genannten Lieferungen und sonstigen Leistungen auch Gegenstände aus dem Gebiet eines Mitgliedstaates in das Gebiet eines anderen Mitgliedstaates für Zwecke einer Lieferung nach dem Ende der Beförderung oder Versendung an einen Erwerber im Sinne von § 6b UStG

(Fortsetzung S. 837)

zen. [5] In den Fällen der Margenbesteuerung nach § 25 UStG sowie der Differenzbesteuerung nach § 25a UStG bestimmt sich der Gesamtumsatz abweichend von Satz 4 nach dem vereinnahmten Entgelt und nicht nach dem Differenzbetrag (vgl. EuGH-Urteil vom 29.07.2019, C-388/18, B).[1)]

(2) [1] Von den steuerbaren Umsätzen sind für die Ermittlung des Gesamtumsatzes die in § 19 Abs. 3 UStG genannten steuerfreien Umsätze abzuziehen. [2] Ob ein Umsatz als steuerfrei zu berücksichtigen ist, richtet sich nach den Vorschriften des laufenden Kalenderjahres. [3] Der Abzug ist nicht vorzunehmen, wenn der Unternehmer die in Betracht kommenden Umsätze nach § 9 UStG wirksam als steuerpflichtig behandelt hat (vgl. BFH-Urteil vom 15.10.1992, V R 91/87, BStBl. II 1993 S. 209). [4] Als Hilfsumsätze sind die Umsätze zu betrachten, die zwar zur unternehmerischen Tätigkeit des Unternehmens gehören, jedoch nicht den eigentlichen Gegenstand des Unternehmens bilden (BFH-Urteil vom 24.02.1988, X R 67/82, BStBl. II S. 622). [5] Hierzu zählen z.B.:

1. die Gewährung und Vermittlung von Krediten sowie die Umsätze von fremden Zahlungsmitteln oder Geldforderungen, z.B. Wechseln, im Zusammenhang mit Warenlieferungen;
2. der Verkauf eines Betriebsgrundstücks;
3. die Verschaffung von Versicherungsschutz für die Arbeitnehmer.

(3) [1] Die nach § 19 Abs. 3 Satz 3 UStG vorzunehmende Umrechnung des tatsächlichen Gesamtumsatzes in einen Jahresgesamtumsatz ist auch durchzuführen, wenn die gewerbliche oder berufliche Tätigkeit von vornherein auf einen Teil des Kalenderjahrs begrenzt war (BFH-Urteil vom 27.10.1993, XI R 86/90, BStBl. II 1994 S. 274). [2] Der Beginn der gewerblichen oder beruflichen Tätigkeit fällt mit dem Beginn des Unternehmens zusammen. [3] Bei der Umrechnung des tatsächlichen Gesamtumsatzes in einen Jahresumsatz ist deshalb das Kalenderjahr in den Zeitraum bis zum Beginn des Unternehmens und den Zeitraum danach aufzuteilen. [4] Eine Schulung des Unternehmers, die der Gründung des Unternehmens vorgeht, ist grundsätzlich noch keine gewerbliche oder berufliche Tätigkeit, die den Beginn des Unternehmens beein-flusst (vgl. BFH-Urteil vom 17.09.1998, V R 28/98, BStBl. II 1999 S. 146). [5] Die Umsätze aus der Veräußerung oder Entnahme des Anlagevermögens sind nicht in einen Jahresgesamtumsatz umzurechnen. [6] Sie sind deshalb vor der Umrechnung aus dem tatsächlichen Gesamtumsatz auszuscheiden und nach der Umrechnung des restlichen Umsatzes dem ermittelten Betrag hinzuzurechnen.

19.4 Verhältnis des § 19 zu § 24 UStG

Auf Abschnitt 19.1 Abs. 4a, Abschnitt 24.7 Abs. 4 und Abschnitt 24.8 Abs. 2 und 3 wird hingewiesen.

19.5 Wechsel der Besteuerungsform

Übergang von der Anwendung des § 19 Abs. 1 UStG zur Regelbesteuerung oder zur Besteuerung nach § 24 UStG

(1) Umsätze, die der Unternehmer vor dem Übergang zur Regelbesteuerung ausgeführt hat, fallen auch dann unter § 19 Abs. 1 UStG, wenn die Entgelte nach diesem Zeitpunkt vereinnahmt werden.

---

1) DStR 2019, 1685.

(2) Umsätze, die der Unternehmer nach dem Übergang ausführt, unterliegen der Regelbesteuerung.

(3) Zur Anwendung des § 15 UStG wird auf Abschnitt 15.1 Abs. 5, zur Anwendung des § 15a UStG wird auf Abschnitt 15a.2 Abs. 2 Satz 3 Nr. 3 und Abschnitt 15a.9 Abs. 1 bis 4 hingewiesen.

(4) Ändert sich nach dem Übergang die Bemessungsgrundlage für Umsätze, die vor dem Übergang ausgeführt worden sind, ist zu beachten, dass auf diese Umsätze § 19 Abs. 1 UStG anzuwenden ist.

(5) [1] Im Falle des Übergangs von der Anwendung des § 19 Abs. 1 UStG zur Besteuerung nach § 24 UStG gelten die Absätze 1, 2 und 4 sinngemäß. [2] Der Vorsteuerabzug regelt sich vom Zeitpunkt des Übergangs an ausschließlich nach § 24 Abs. 1 Satz 4 UStG.

Übergang von der Regelbesteuerung oder von der Besteuerung nach § 24 UStG zur Anwendung des § 19 Abs. 1 UStG

(6) [1] Umsätze, die der Unternehmer vor dem Übergang von der Regelbesteuerung zur Anwendung des § 19 Abs. 1 UStG ausgeführt hat, unterliegen der Regelbesteuerung. [2] Werden Entgelte für diese Umsätze nach dem Übergang vereinnahmt (Außenstände), gilt Folgendes:

1. [1] Hat der Unternehmer die Steuer vor dem Übergang nach vereinbarten Entgelten berechnet, waren die Umsätze bereits vor dem Übergang zu versteuern, und zwar in dem Besteuerungs- oder Voranmeldungszeitraum, in dem sie ausgeführt wurden (§ 13 Abs. 1 Nr. 1 Buchstabe a UStG). [2] Eine Besteuerung zum Zeitpunkt der Entgeltvereinnahmung entfällt.
2. Hat der Unternehmer die Steuer vor dem Übergang nach vereinnahmten Entgelten berechnet, sind die Umsätze nach dem Übergang der Regelbesteuerung zu unterwerfen, und zwar in dem Besteuerungs- oder Voranmeldungszeitraum, in dem die Entgelte vereinnahmt werden (§ 13 Abs. 1 Nr. 1 Buchstabe b UStG).

(7) [1] Umsätze, die der Unternehmer nach dem Übergang ausführt, fallen unter § 19 Abs. 1 UStG. [2] Sind Anzahlungen für diese Umsätze vor dem Übergang vereinnahmt und der Umsatzsteuer unterworfen worden, ist die entrichtete Steuer zu erstatten, sofern keine Rechnungen ausgestellt wurden, die zum Vorsteuerabzug berechtigen.

(8) Zur Anwendung des § 15 UStG wird auf Abschnitt 15.1 Abs. 6, zur Anwendung des § 15a UStG auf Abschnitt 15a.2 Abs. 2 Satz 3 Nr. 3 und Abschnitt 15a.9 Abs. 1 bis 4 hingewiesen.

(9) [1] Ändert sich nach dem Übergang die Bemessungsgrundlage für Umsätze, die vor dem Übergang ausgeführt worden sind, ist bei der Berichtigung der für diese Umsätze geschuldete Steuerbetrag (§ 17 Abs. 1 Satz 1 und Abs. 2 UStG) zu beachten, dass die Umsätze der Regelbesteuerung unterlegen haben. [2] Entsprechendes gilt für die Berichtigung von vor dem Übergang abgezogenen Steuerbeträgen nach § 17 Abs. 1 Satz 2 und Abs. 2 und 3 UStG.

(10) [1] Im Falle des Übergangs von der Besteuerung nach § 24 UStG zur Anwendung des § 19 Abs. 1 UStG gelten die Absätze 6 und 7 sinngemäß. [2] Der Vorsteuerabzug ist bis zum Zeitpunkt des Übergangs durch die Anwendung der Durchschnittssatzbesteuerung abgegolten. [3] Nach dem Zeitpunkt des Übergangs ist ein Vorsteuerabzug nicht mehr möglich.

Zu § 20 UStG

20.1 Berechnung der Steuer nach vereinnahmten Entgelten

(1)[1] [1]Der Antrag auf Genehmigung der Versteuerung nach vereinnahmten Entgelten kann bis zum Eintritt der formellen Bestandskraft der jeweiligen Umsatzsteuer-Jahresfestsetzung gestellt werden (vgl. BFH-Urteil vom 10.12.2008, XI R 1/08, BStBl. II 2009 S. 1026). [2]Grundsätzlich kommt die Versteuerung nach vereinnahmten Entgelten für jeden Unternehmer in Betracht, soweit er die Voraussetzungen des § 20 Satz 1 Nr. 1 bis 4 UStG erfüllt. [3]Dies gilt auch für Unternehmer, die ihre Vorsteuer nach Durchschnittssätzen gemäß § 23a UStG errechnen, sowie für die Durchschnittssatzbesteuerung land- und forstwirtschaftlicher Betriebe nach § 24 UStG. [4]Eine Genehmigung ist unter den Vorbehalt des jederzeitigen Widerrufs zu stellen und erstreckt sich wegen des Prinzips der Abschnittsbesteuerung stets auf das volle Kalenderjahr. [5]Es handelt sich um einen begünstigenden Verwaltungsakt, der unter den Voraussetzungen der §§ 130, 131 AO zurückgenommen oder widerrufen werden kann. [6]Die Istversteuerung nach § 20 Satz 1 Nr. 2 UStG kommt nur bei besonderen Härten, wie z.B. dem Überschreiten der nach § 20 Satz 1 Nr. 1 UStG bestehenden Umsatzgrenze auf Grund außergewöhnlicher und einmaliger Geschäftsvorfälle, nicht aber allgemein auf Grund einer fehlenden Buchführungspflicht in Betracht (vgl. BFH-Urteil vom 11.02.2010, V R 38/08, BStBl. II S. 873). [7]Die Genehmigung der Istversteuerung nach § 20 Satz 1 Nr. 3 UStG ist nicht zu erteilen, wenn der Unternehmer für die in der Vorschrift genannten Umsätze Bücher führt. [8]Dabei ist es unerheblich, ob die Bücher auf Grund einer gesetzlichen Verpflichtung oder freiwillig geführt werden (vgl. BFH-Urteil vom 22.07.2010, V R 4/09, BStBl. II 2013 S. 590).

(2)[1] Zur Entstehung der Steuer bei der Versteuerung nach vereinnahmten Entgelten vgl. Abschnitt 13.6, zur Rechnungserteilung bei der Istversteuerung von Anzahlungen im Fall der Versteuerung nach vereinnahmten Entgelten vgl. Abschnitt 14.8.

(3)[1] [1]§ 20 Satz 3 UStG trifft keine von § 13 Abs. 1 Nr. 1 Buchstabe b UStG abweichende Regelung über die Entstehung der Steuer (vgl. BFH-Urteil vom 30.01.2003, V R 58/01, BStBl. II S. 817). [2]Zur Entstehung der Steuer beim Wechsel der Art der Steuerberechnung vgl. Abschnitt 13.6 Abs. 3. [3]Ein rückwirkender Wechsel von der Versteuerung nach vereinnahmten Entgelten zur Versteuerung nach vereinbarten Entgelten (§ 16 Abs. 1 Satz 1 UStG) ist bis zur formellen Bestandskraft der jeweiligen Jahressteuerfestsetzung zulässig.

(4)[1]·[2] [1]Dem Unternehmer kann die Versteuerung nach vereinnahmten Entgelten insbesondere dann gestattet werden, wenn der Gesamtumsatz (§ 19 Abs. 3 UStG) im vorangegangenen Kalenderjahr die Umsatzgrenze des § 20

---

[1] A 20.1 UStAE Abs. 1 Satz 1 geänd., Satz 2 neugef., Satz 3 eingef., bish. Sätze 3 bis 7 werden Sätze 4 bis 8, Abs. 2, 3 Satz 3 und Abs. 4 Satz 1 geänd. durch BMF v. 12.04.2023, BStBl. I 2023, 734, anzuwenden in allen offenen Fällen.

[2] A 20.1 UStAE Abs. 4 Satz 4 angef. durch BMF v. 22.05.2023, BStBl. I 2023, 803, erstmals anzuwenden auf Besteuerungszeiträume, die nicht der Erklärung nach § 27 Abs. 22 Satz 3 UStG unterliegen; weitere Anwendungsregelung siehe Anlage 8.

Satz 1 Nr. 1 UStG nicht überschritten hat. [2]Im Jahr des Beginns der gewerblichen oder beruflichen Tätigkeit ist auf den voraussichtlichen Gesamtumsatz abzustellen. [3]In diesem Fall und wenn die gewerbliche oder berufliche Tätigkeit nur in einem Teil des vorangegangenen Kalenderjahres ausgeübt wurde, ist der Gesamtumsatz in einen Jahresumsatz umzurechnen (vgl. Abschnitt 19.3 Abs. 3). [4]Die Umsatzgrenze des § 20 Satz 1 Nr. 1 UStG gilt im Falle der dezentralen Besteuerung von Organisationseinheiten der Gebietskörperschaften Bund bzw. Länder (§ 18 Abs. 4f und 4g UStG) als überschritten (§ 18 Abs. 4f Satz 6 UStG).

Zu § 21a UStG

21a.1 Sonderregelungen bei der Einfuhr von Sendungen mit einem Sachwert von höchstens 150 €

§ 21a UStG beinhaltet eine Sonderregelung für die Einfuhr von Sendungen mit einem Sachwert von höchstens 150 € zur Entrichtung der Einfuhrumsatzsteuer.

Beispiel:

[1]Ein in Südkorea ansässiger Händler H veräußert über die eigene Internetseite oder über eine elektronische Schnittstelle Handyzubehör (Sachwert: 50 €) an eine im Inland ansässige Privatperson. [2]Die Ware wird von H aus einem Lager in Südkorea an den Wohnsitz der Privatperson versendet. [3]Die Zollanmeldung in Deutschland erfolgt durch einen Post- oder Kurierdienstleister, welcher die Sonderregelung nach § 21a UStG in Anspruch nimmt und im Namen und für Rechnung der Privatperson handelt.

[4]Da die Zollanmeldung im Namen der Privatperson erfolgt, schuldet die Privatperson die Einfuhrumsatzsteuer und entrichtet diese bei Auslieferung der Ware an den Post- oder Kurierdienstleister. [5]Bis zum 10. Tag des auf die Einfuhr folgenden Monats hat der Post- oder Kurierdienstleister die Erklärung nach § 21a Abs. 5 Satz 1 UStG abzugeben. [6]Die Erklärung hat nach § 21a Abs. 5 Satz 3 UStG die Wirkung einer Steueranmeldung nach § 168 AO. [7]Zu dem für den Zahlungsaufschub gemäß Artikel 110 Buchstabe b UZK geltenden Termin entrichtet die gestellende Person die fällige Einfuhrumsatzsteuer an die Zollverwaltung.

Zu § 22 UStG
(§§ 63 bis 68 UStDV)

22.1 Ordnungsgrundsätze

(1) [1]Die allgemeinen Vorschriften über das Führen von Büchern und Aufzeichnungen der §§ 140 bis 148 AO gelten in Übereinstimmung mit § 63 Abs. 1 UStDV auch für die Aufzeichnungen für Umsatzsteuerzwecke. [2]Die Aufzeichnungen sind grundsätzlich im Geltungsbereich des UStG zu führen (vgl. § 146 Abs. 2 Satz 1 AO, § 14b UStG und Abschnitt 14b.1 Abs. 8 ff.); abweichend können elektronische Bücher und sonstige elektronische Aufzeichnungen unter den Voraussetzungen des § 146 Abs. 2a und Abs. 2b AO im Ausland geführt und aufbewahrt werden. [3]Sie sind mit den zugehörigen Belegen für die Dauer der Aufbewahrungsfrist (§ 147 Abs. 3 AO, § 14b UStG) geordnet aufzubewahren. [4]Für auf Thermopapier erstellte Belege gilt Abschnitt 14b.1 Abs. 5 entsprechend. [5]Das Finanzamt kann jederzeit verlangen, dass der Unternehmer die Unterlagen vorlegt. [6]Zur Führung der Aufzeich-

nungen bei Betriebsstätten und Organgesellschaften außerhalb des Geltungsbereichs des UStG vgl. § 146 Abs. 2 Sätze 2ff. AO.

(2) [1]Die Aufzeichnungen und die zugehörigen Belege können unter bestimmten Voraussetzungen als Wiedergaben auf einem Bildträger – z.B. Mikrofilm – oder auf anderen Datenträgern – z.B. Magnetband, Magnetplatte, CD, DVD, Blu-Ray-Disc oder Flash-Speicher – aufbewahrt werden (vgl. § 147 Abs. 2 AO und AEAO zu § 147 Nr. 3 Satz 2).[1)] [2]Das bei der Aufbewahrung von Bild- oder anderen Datenträgern angewandte Verfahren muss den GoBD (vgl. BMF-Schreiben vom 28.11.2019, BStBl. I S. 1269) entsprechen. [3]Unter dieser Voraussetzung können die Originale der Geschäftsunterlagen grundsätzlich vernichtet werden. [4]Diese Aufbewahrungsformen bedürfen keiner besonderen Genehmigung. [5]Für das Lesbarmachen der nicht im Original aufbewahrten Aufzeichnungen und Geschäftsunterlagen ist § 147 Abs. 5 AO zu beachten.

(3) [1]Die Mikroverfilmung kann auch auf zollamtliche Belege angewandt werden. [2]Mikrofilmaufnahmen der Belege über Einfuhrumsatzsteuer bzw. Mikrokopien dieser Belege sind als ausreichender Nachweis für den Vorsteuerabzug nach § 15 Abs. 1 Satz 1 Nr. 2 UStG anzuerkennen. [3]Dies gilt auch für die Anerkennung von mikroverfilmten Zollbelegen zur Ausstellung von Ersatzbelegen oder zur Aufteilung zum Zwecke des Vorsteuerabzugs, wenn die vollständige oder teilweise Ungültigkeit des Originalbelegs auf der Mikrofilmaufnahme bzw. der Mikrokopie erkennbar ist.

(4) Die am Schluss eines Voranmeldungszeitraums zusammenzurechnenden Beträge (§ 63 Abs. 2 UStDV) müssen auch für den jeweiligen Besteuerungszeitraum zusammengerechnet werden.

(5) [1]In den Fällen des § 13a Abs. 1 Nr. 2 und 5, § 13b Abs. 5 und des § 14c Abs. 2 UStG gilt die Verpflichtung zur Führung von Aufzeichnungen auch für Personen, die nicht Unternehmer sind, in den Fällen des § 18k UStG auch für den im Auftrag handelnden Vertreter und in den Fällen des § 21a UStG für die gestellende Person (§ 22 Abs. 1 Satz 2 UStG). [2]Insoweit sind die Entgelte, Teilentgelte und die nach § 14c Abs. 2 UStG geschuldeten Steuerbeträge am Schluss eines jeden Voranmeldungszeitraums zusammenzurechnen (§ 63 Abs. 2 Satz 1 UStDV).

22.2 Umfang der Aufzeichnungspflichten

(1) [1]Der Umfang der Aufzeichnungspflichten ergibt sich aus § 22 Abs. 2ff. UStG in Verbindung mit §§ 63 bis 67 UStDV. [2]Soweit die geforderten Angaben aus dem Rechnungswesen oder den Aufzeichnungen des Unternehmers für andere Zwecke eindeutig und leicht nachprüfbar hervorgehen, brauchen sie nicht noch gesondert aufgezeichnet zu werden.

(2) [1]Der Unternehmer ist sowohl bei der Sollversteuerung als auch bei der Istversteuerung verpflichtet, nachträgliche Minderungen oder Erhöhungen der Entgelte aufzuzeichnen. [2]Die Verpflichtung des Unternehmers, in den Aufzeichnungen ersichtlich zu machen, wie sich die Entgelte auf die steuerpflich-

---

1) Nr. **800.**

tigen Umsätze, getrennt nach Steuersätzen, und auf die steuerfreien Umsätze verteilen, gilt entsprechend für nachträgliche Entgeltänderungen.

(3) [1]In den Fällen des § 17 Abs. 1 Satz 6 UStG hat der Schuldner der auf die Entgeltminderungen entfallenden Steuer – sog. Zentralregulierer – die Beträge der jeweiligen Entgeltminderungen gesondert von seinen Umsätzen aufzuzeichnen (§ 22 Abs. 2 Nr. 1 Satz 6 UStG). [2]Er hat dabei die Entgeltminderungen ggf. nach steuerfreien und steuerpflichtigen Umsätzen sowie nach Steuersätzen zu trennen.

(4) [1]Aus den Aufzeichnungen müssen die Umsätze hervorgehen, die der Unternehmer nach § 9 UStG als steuerpflichtig behandelt (§ 22 Abs. 2 Nr. 1 Satz 4 UStG). [2]Wird eine solche Leistung zusammen mit einer steuerpflichtigen Leistung ausgeführt und für beide ein einheitliches Entgelt vereinbart, kann aus Vereinfachungsgründen darauf verzichtet werden, den auf die einzelne Leistung entfallenden Entgeltteil zu errechnen und den Entgeltteil, der auf die freiwillig versteuerte Leistung entfällt, gesondert aufzuzeichnen.

(5) [1]Unternehmer, die ihre Umsätze nach vereinbarten Entgelten versteuern, haben neben den vereinbarten Entgelten auch sämtliche vor der Ausführung von Leistungen vereinnahmten Entgelte und Teilentgelte aufzuzeichnen. [2]Aufgezeichnet werden müssen nicht nur die vor der Ausführung der Leistung vereinnahmten Entgelte und Teilentgelte, für die die Steuer nach § 13 Abs. 1 Nr. 1 Buchstabe a Satz 4 UStG mit dem Ablauf des Voranmeldungszeitraums der Vereinnahmung entsteht, sondern auch die im Voraus vereinnahmten Entgelte und Teilentgelte, die auf steuerfreie Umsätze entfallen.

(6) [1]Soweit die für noch nicht ausgeführte steuerpflichtige Leistungen vereinnahmten Entgelte und Teilentgelte auf Umsätze entfallen, die verschiedenen Steuersätzen unterliegen, sind sie nach § 22 Abs. 2 Nr. 2 Satz 2 UStG entsprechend getrennt aufzuzeichnen. [2]Entgelte und Teilentgelte, die im Voraus für Umsätze vereinnahmt werden, die der Unternehmer nach § 9 UStG als steuerpflichtig behandelt, müssen nach § 22 Abs. 2 Nr. 2 Satz 3 UStG gesondert aufgezeichnet werden (siehe auch Absatz 4).

(7) [1]Bei Lieferungen im Sinne des § 3 Abs. 1b UStG müssen als Bemessungsgrundlage nach § 10 Abs. 4 Satz 1 Nr. 1 UStG der Einkaufspreis zuzüglich der Nebenkosten für den Gegenstand oder für einen gleichartigen Gegenstand oder mangels eines Einkaufspreises die Selbstkosten jeweils zum Zeitpunkt des Umsatzes aufgezeichnet werden. [2]Für sonstige Leistungen im Sinne des § 3 Abs. 9a UStG sind die jeweils entstandenen Ausgaben aufzuzeichnen. [3]Dabei bleiben für sonstige Leistungen im Sinne des § 3 Abs. 9a Nr. 1 UStG Ausgaben unberücksichtigt, soweit sie nicht zum vollen oder teilweisen Vorsteuerabzug berechtigt haben (§ 22 Abs. 2 Nr. 1 Satz 3 UStG). [4]Die Sätze 1 bis 3 gelten auch, sofern für die Besteuerung die Mindestbemessungsgrundlagen (§ 10 Abs. 5 UStG) in Betracht kommen. [5]Soweit der Unternehmer bei Leistungen an sein Personal von lohnsteuerlichen Werten ausgeht (vgl. Abschnitt 1.8 Abs. 8), sind diese aufzuzeichnen.

(8) [1]Die Verpflichtung des Unternehmers, die Entgelte für steuerpflichtige Lieferungen und sonstige Leistungen, die an ihn für sein Unternehmen ausgeführt sind, und die darauf entfallende Steuer aufzuzeichnen (§ 22 Abs. 2 Nr. 5

UStG), erstreckt sich auch auf nachträgliche Entgeltminderungen und die entsprechenden Steuerbeträge. [2]Werden dem Unternehmer Entgeltminderungen für steuerfreie und steuerpflichtige Umsätze gewährt, kann das Finanzamt auf Antrag gestatten, dass er sie nach dem Verhältnis dieser Umsätze aufteilt. [3]Das Gleiche gilt, wenn die Umsätze an den Unternehmer verschiedenen Steuersätzen unterliegen. [4]Eine Aufteilung nach dem Verhältnis der vom Unternehmer bewirkten Umsätze ist nicht zulässig.

(9) [1]Die Aufzeichnung der Entgelte für empfangene steuerpflichtige Leistungen (§ 22 Abs. 2 Satz 1 Nr. 5 UStG) und der Einfuhrumsatzsteuer (§ 22 Abs. 2 Nr. 6 UStG in Verbindung mit § 64 UStDV) ist nicht erforderlich, wenn der Vorsteuerabzug nach § 15 Abs. 2 und 3 UStG ausgeschlossen ist oder deshalb entfällt, weil die Steuer in den Rechnungen nicht gesondert ausgewiesen ist. [2]Hiervon werden die Aufzeichnungspflichten nach anderen Vorschriften (z.B. § 238 Abs. 1, §§ 266, 275, 276 Abs. 1 HGB, §§ 141, 143 AO) nicht berührt. [3]Das Vorsteuerabzugsrecht ist wegen der Verletzung der Aufzeichnungspflichten nicht ausgeschlossen.

(10) Körperschaften, Personenvereinigungen und Vermögensmassen im Sinne des § 5 Abs. 1 Nr. 9 KStG, insbesondere Vereine, die ihre abziehbaren Vorsteuerbeträge nach dem Durchschnittssatz des § 23a UStG berechnen, sind von den Aufzeichnungspflichten nach § 22 Abs. 2 Nr. 5 und 6 UStG befreit (§ 66a UStDV).

(11) [1]Wird im Zusammenhang mit einer Einfuhr eine Lieferung an den Unternehmer bewirkt, sind entweder die Einfuhrumsatzsteuer – insbesondere in den Fällen des § 3 Abs. 6 UStG – oder das Entgelt und die darauf entfallende Steuer – in den Fällen des § 3 Abs. 8 UStG – aufzuzeichnen. [2]Maßgebend ist, welchen Steuerbetrag der Unternehmer als Vorsteuer abziehen kann.

(12) Wegen der weiteren Aufzeichnungspflichten

1. in den Fällen der Berichtigung des Vorsteuerabzugs nach § 15a UStG vgl. Abschnitt 15a.12;
2. bei Reiseleistungen im Sinne des § 25 Abs. 1 UStG vgl. Abschnitt 25.5;
3. bei der Differenzbesteuerung vgl. § 25a Abs. 6 UStG, Abschnitt 25a.1 Abs. 16ff.;
4. bei der Verpflichtung zur Führung des Umsatzsteuerhefts vgl. BMF-Schreiben vom 30.04.1981, BStBl. I S. 312, und vom 17.01.1983, BStBl. I S. 105;[1)]
5. bei unternehmensinternen grenzüberschreitenden Warenbewegungen (Abschnitt 1a.2) vgl. Abschnitt 22.3 Abs. 3 bis 5;
6. *(aufgehoben)*
7. bei innergemeinschaftlichen Dreiecksgeschäften vgl. § 25b Abs. 6 UStG, Abschnitt 25b.1 Abs. 10;
8. bei der Lieferung von Zahnprothesen, die mit Hilfe eines CEREC-Geräts hergestellt werden: Die abzurechnenden Leistungen, die auf den Einsatz

[1)] Siehe auch OFD Frankfurt/M. v. 22.06.2018 – S 7389 A – 2 – St 111, StEd 2018, 491: Hinweise zum USt-Heft. – Zum USt-Heft (Muster U 1 G) vgl. BMF v. 30.03.2020, BStBl. I 2020, 505.

eines CEREC-Geräts entfallen, sind zum Zweck der Abgrenzung nach steuerfreien und steuerpflichtigen Umsätzen unter Angabe insbesondere der Leistungsnummern des Gebührenverzeichnisses der GOZ oder anderer Angaben getrennt aufzuzeichnen;

9. bei der Steuerschuldnerschaft des Leistungsempfängers vgl. § 22 Abs. 2 Nr. 8 UStG, Abschnitte 13b.17 und 22.4 Abs. 1 Satz 2 Nr. 2;
10. des/der liefernden Unternehmer(s), des Auslagerers sowie des Lagerhalters in den Fällen des § 4 Nr. 4a UStG, vgl. Rz. 47 und 48 des BMF-Schreibens vom 28.01.2004, BStBl. I S. 242;
11. in den Fällen der steuerbefreiten Leistungen an hilfsbedürftige Personen vgl. Abschnitt 4.16.2;
12. bei grenzüberschreitenden Personenbeförderungen im Luftverkehr vgl. Abschnitt 26.2 Abs. 5 Sätze 1 bis 3.

22.3 Aufzeichnungspflichten bei innergemeinschaftlichen Lieferungen, innergemeinschaftlichen sonstigen Leistungen im Sinne des § 3a Abs. 2 UStG und innergemeinschaftlichen Erwerben

(1) [1]Die allgemeinen Aufzeichnungspflichten gelten auch für innergemeinschaftliche Warenlieferungen (§ 22 Abs. 2 Nr. 1 UStG) und innergemeinschaftliche Erwerbe (§ 22 Abs. 2 Nr. 7 UStG). [2]Nach § 22 Abs. 2 Nr. 1 UStG hat der Unternehmer die Bemessungsgrundlage und die ggf. darauf entfallende Steuer für die innergemeinschaftlichen Lieferungen und für die fiktiven Lieferungen in den Fällen des innergemeinschaftlichen Verbringens von Gegenständen vom inländischen in den ausländischen Unternehmensteil aufzuzeichnen. [3]Aufzuzeichnen sind auch die innergemeinschaftlichen Lieferungen von neuen Fahrzeugen. [4]Nach § 22 Abs. 2 Nr. 7 UStG sind die innergemeinschaftlichen Erwerbe getrennt von den übrigen Aufzeichnungen der Bemessungsgrundlagen und Steuerbeträge aufzuzeichnen. [5]Hierunter fallen die Lieferungen im Sinne des § 1a Abs. 1 UStG und die innergemeinschaftlichen Verbringensfälle zwischen dem ausländischen und dem inländischen Unternehmensteil, die als fiktive Lieferungen gelten (vgl. Abschnitt 1a.2). [6]Zu den besonderen Aufzeichnungspflichten vgl. Absätze 3 bis 5. [7]Zu den für den Buchnachweis erforderlichen Aufzeichnungen vgl. § 17d UStDV.

(2) [1]Der Unternehmer ist auch für innergemeinschaftliche Lieferungen und innergemeinschaftliche Erwerbe verpflichtet, nachträgliche Minderungen oder Erhöhungen der Bemessungsgrundlagen aufzuzeichnen. [2]Die Verpflichtung des Unternehmers, in den Aufzeichnungen ersichtlich zu machen, wie sich die Bemessungsgrundlagen auf die steuerpflichtigen innergemeinschaftlichen Erwerbe, getrennt nach Steuersätzen, und auf die steuerfreien innergemeinschaftlichen Lieferungen verteilen, gilt entsprechend für nachträgliche Entgeltänderungen (vgl. Abschnitt 22.2 Abs. 2).

(3) [1]Der Unternehmer hat besondere Aufzeichnungspflichten in den Fällen zu beachten, in denen Gegenstände, die – ohne die Voraussetzungen für ein steuerbares Verbringen zu erfüllen – vom Inland zu seiner Verfügung (unternehmensintern) in das übrige Gemeinschaftsgebiet gelangen (§ 22 Abs. 4a

UStG). [2]Der Unternehmer muss die Gegenstände in den folgenden Fällen der ihrer Art nach vorübergehenden Verwendung und der befristeten Verwendung (vgl. Abschnitt 1a.2 Abs. 9 bis 12) aufzeichnen, die im übrigen Gemeinschaftsgebiet nicht zu einer Erwerbsbesteuerung führen:

1. An den Gegenständen werden im übrigen Gemeinschaftsgebiet Arbeiten, z.B. Reparaturarbeiten, ausgeführt (§ 22 Abs. 4a Nr. 1 UStG), vgl. dazu Abschnitt 1a.2 Abs. 10 Nr. 3.
2. Die Gegenstände werden zur vorübergehenden Verwendung in das übrige Gemeinschaftsgebiet zur Ausführung sonstiger Leistungen verbracht, und der Unternehmer hat in dem Mitgliedstaat keine Zweigniederlassung (§ 22 Abs. 4a Nr. 2 UStG), vgl. dazu Abschnitt 1a.2 Abs. 10 Nr. 2 und 4.
3. [1]Das Verbringen der Gegenstände zur befristeten Verwendung in das übrige Gemeinschaftsgebiet wäre im Fall der Einfuhr uneingeschränkt steuerfrei, z.B. Ausstellungsstücke für Messen im übrigen Gemeinschaftsgebiet (§ 22 Abs. 4a Nr. 3 UStG), vgl. dazu Abschnitt 1a.2 Abs. 12. [2]Aufzuzeichnen sind auch die Fälle der vorübergehenden Verwendung eines Gegenstands bei einer Werklieferung, die im Bestimmungsmitgliedstaat steuerbar ist, wenn der Gegenstand wieder in das Inland zurückgelangt, vgl. dazu Beispiel 1 in Abschnitt 1a.2 Abs. 10 Nr. 1.

(4) Die besonderen Aufzeichnungspflichten gelten jeweils als erfüllt, wenn sich die aufzeichnungspflichtigen Angaben aus Buchführungsunterlagen, Versandpapieren, Karteien, Dateien und anderen im Unternehmen befindlichen Unterlagen eindeutig und leicht nachprüfbar entnehmen lassen.

(5) [1]Die besonderen Aufzeichnungen sind zu berichtigen, wenn der Gegenstand im Bestimmungsland untergeht oder veräußert wird oder wenn die Verwendungsfristen überschritten werden. [2]An die Stelle der besonderen Aufzeichnungen treten die allgemeinen Aufzeichnungspflichten für innergemeinschaftliche Lieferungen, vgl. dazu Abschnitt 1a.2 Abs. 13.

(6) [1]Die in § 1a Abs. 3 Nr. 1 UStG genannten Erwerber sind zur Aufzeichnung nach § 22 Abs. 2 Nr. 7 UStG verpflichtet, wenn sie die Erwerbsschwelle überschritten, zur Erwerbsbesteuerung optiert oder Gegenstände im Sinne des § 1a Abs. 5 UStG erworben haben. [2]Juristische Personen, die auch Unternehmer sind, haben die für das Unternehmen vorgenommenen Erwerbe grundsätzlich getrennt von den nicht für das Unternehmen bewirkten Erwerben aufzuzeichnen. [3]Eine entsprechende Trennung in den Aufzeichnungen ist nicht erforderlich, soweit die Steuerbeträge, die auf die für das Unternehmen vorgenommenen innergemeinschaftlichen Erwerbe entfallen, vom Vorsteuerabzug ausgeschlossen sind.

(7) Der Unternehmer hat die Erfüllung der nach § 18a Abs. 2 Satz 1 und § 18b Satz 1 Nr. 2 UStG bestehenden Verpflichtungen sicherzustellen, die Bemessungsgrundlagen für nach § 3a Abs. 2 UStG im übrigen Gemeinschaftsgebiet ausgeführte steuerpflichtige sonstige Leistungen, für die der in einem anderen Mitgliedstaat ansässige Leistungsempfänger die Steuer dort schuldet, in der Zusammenfassenden Meldung anzugeben bzw. in den Umsatzsteuer-Voranmeldungen und in der Umsatzsteuererklärung für das Kalenderjahr gesondert anzumelden.

22.3a Aufzeichnungspflichten bei Teilnahme an einem der besonderen Besteuerungsverfahren

(1) [1]Der nicht im Gemeinschaftsgebiet ansässige Unternehmer hat über die im Rahmen der Regelung nach § 18 Abs. 4c und 4d UStG vor dem 01.07.2021 getätigten Umsätze Aufzeichnungen mit ausreichenden Angaben zu führen. [2]Diese Aufzeichnungen sind dem BZSt auf Anfrage auf elektronischem Weg zur Verfügung zu stellen (§ 22 Abs. 1 Satz 4 erster Teilsatz UStG).

(2) [1]Der im übrigen Gemeinschaftsgebiet ansässige Unternehmer hat über die im Rahmen der Regelung nach § 18 Abs. 4e UStG vor dem 01.07.2021 getätigten Umsätze Aufzeichnungen mit ausreichenden Angaben zu führen. [2]Diese Aufzeichnungen sind der für das Besteuerungsverfahren zuständigen Finanzbehörde auf Anfrage auf elektronischem Weg zur Verfügung zu stellen (§ 22 Abs. 1 Satz 4 zweiter Teilsatz UStG).

(3) [1]Der im Inland ansässige Unternehmer hat über die im Rahmen der Regelung nach § 18h UStG vor dem 1.7.2021 getätigten Umsätze Aufzeichnungen mit ausreichenden Angaben zu führen. [2]Diese Aufzeichnungen sind dem BZSt und/oder der zuständigen Finanzbehörde des EU-Mitgliedstaats, in dessen Gebiet der Leistungsort liegt, auf Anfrage auf elektronischem Weg zur Verfügung zu stellen (Artikel 369 Abs. 2 Unterabs. 1 MwStSystRL).[1)]

(3a) [1]Der Unternehmer oder im Auftrag handelnde Vertreter hat über die im Rahmen der Regelungen nach §§ 18i, 18j, 18k und 21a UStG nach dem 30.06.2021 getätigten Umsätze oder Geschäftsvorgänge Aufzeichnungen mit ausreichenden Angaben zu führen. [2]Diese Aufzeichnungen sind dem BZSt, dem zuständigen Finanzamt, dem zuständigen Hauptzollamt und/oder der in einem anderen EU-Mitgliedstaat zuständigen Finanzbehörde auf Anfrage auf elektronischem Weg zur Verfügung zu stellen (§ 22 Abs. 1 Satz 4 dritter Teilsatz UStG).

(4) Aufzeichnungen mit ausreichenden Angaben im Sinne der Absätze 1 bis 3 sowie – in Bezug auf die Regelungen nach §§ 18i und 18j UStG – des Absatzes 3a enthalten folgende Informationen (vgl. Artikel 63c Abs. 1 MwStVO):[2)]

1. EU-Mitgliedstaat, in dessen Gebiet der Leistungsort liegt;
2. Art der erbrachten sonstigen Leistung oder Beschreibung und Menge der gelieferten Gegenstände;
3. Datum der Leistungserbringung;
4. Bemessungsgrundlage unter Angabe der verwendeten Währung;
5. jede anschließende Änderung der Bemessungsgrundlage;
6. anzuwendender Steuersatz;
7. Betrag der zu zahlenden Umsatzsteuer unter Angabe der verwendeten Währung;
8. Datum und Betrag der erhaltenen Zahlungen;

[1)] **Steuergesetze** Nr. **550.**
[2)] **Steuergesetze** Nr. **550a.**

9. alle vor Erbringung der Leistung erhaltenen Anzahlungen;
10. falls eine Rechnung ausgestellt wurde, die darin enthaltenen Informationen;
11. in Bezug auf sonstige Leistungen die Informationen, die zur Bestimmung des Ortes verwendet werden, an dem der Empfänger ansässig ist oder seinen Wohnsitz oder gewöhnlichen Aufenthaltsort hat, und in Bezug auf Lieferungen die Informationen, die zur Bestimmung des Ortes verwendet werden, an dem die Versendung oder Beförderung der Gegenstände zum Erwerber beginnt und endet;
12. jegliche Nachweise über etwaige Rücksendungen von Gegenständen, einschließlich der Bemessungsgrundlage und des anzuwendenden Steuersatzes.

(4a) In Bezug auf die Regelung nach § 18k UStG enthalten Aufzeichnungen mit ausreichenden Angaben im Sinne des Absatzes 3a folgende Informationen (vgl. Artikel 63c Abs. 2 MwStVO):[1)]

1. EU-Mitgliedstaat, in dessen Gebiet der Lieferort liegt;
2. Beschreibung und Menge der gelieferten Gegenstände;
3. Datum der Lieferung;
4. Bemessungsgrundlage unter Angabe der verwendeten Währung;
5. jede anschließende Änderung der Bemessungsgrundlage;
6. anzuwendender Steuersatz;
7. Betrag der zu zahlenden Umsatzsteuer unter Angabe der verwendeten Währung;
8. Datum und Betrag der erhaltenen Zahlungen;
9. falls eine Rechnung ausgestellt wurde, die darin enthaltenen Informationen;
10. Informationen, die zur Bestimmung des Ortes verwendet werden, an dem die Versendung oder Beförderung der Gegenstände zum Erwerber beginnt und endet;
11. Nachweise über etwaige Rücksendungen von Gegenständen, einschließlich der Bemessungsgrundlage und des anzuwendenden Steuersatzes;
12. die Bestellnummer oder die eindeutige Transaktionsnummer;
13. die eindeutige Sendungsnummer, falls der Unternehmer unmittelbar an der Lieferung beteiligt ist.

(5) Die Aufbewahrungsfrist für die Aufzeichnungen nach den Absätzen 1 bis 3a beträgt zehn Jahre (§ 147 Abs. 3 AO sowie Artikel 369 Abs. 2 Unterabs. 2, Artikel 369k Abs. 2 Unterabs. 2 und Artikel 369x Abs. 2 Unterabs. 2 MwStSystRL).[1)]

---

1) **Steuergesetze** Nr. **550.**

22.3b Aufzeichnungspflichten bei Lieferungen in ein Lager im Sinne des § 6b UStG

Allgemeines

(1) [1]Die allgemeinen Ordnungsgrundsätze nach Abschnitt 22.1 gelten entsprechend. [2]Für die Erfüllung der Aufzeichnungspflichten können der Unternehmer und der Erwerber einen Dritten beauftragen.

Aufzeichnungspflichten Unternehmer

(2) Der Umfang der Aufzeichnungspflichten für den Unternehmer ergibt sich aus § 22 Abs. 4f UStG.

Aufzeichnungspflichten Erwerber

(3) Der Umfang der Aufzeichnungspflichten für den Erwerber ergibt sich aus § 22 Abs. 4g UStG.

Aufzeichnungspflichten Lagerhalter

(4) [1]Die Aufzeichnungspflichten nach Absatz 1 gelten auch für einen für die Haltung eines Lagers im Sinne des § 6b UStG eingesetzten Dritten (Lagerhalter). [2]Der Umfang der Aufzeichnungspflichten für den Lagerhalter ergibt sich ebenfalls aus § 22 Abs. 4g UStG.

22.4 Aufzeichnungen bei Aufteilung der Vorsteuern

(1) [1]Unternehmer, die nach § 15 Abs. 4 UStG nur teilweise zum Vorsteuerabzug berechtigt sind und die deshalb die angefallenen Vorsteuerbeträge aufzuteilen haben, brauchen außer den Vorsteuerbeträgen, die voll vom Vorsteuerabzug ausgeschlossen sind, auch die vom Vorsteuerabzug ausgeschlossenen anteiligen Vorsteuerbeträge nicht gesondert aufzuzeichnen. [2]Aufgezeichnet werden müssen aber in den Fällen, in denen Vorsteuerbeträge nur teilweise abziehbar sind,

1. die Entgelte für die betreffenden steuerpflichtigen Leistungen an den Unternehmer, die für diese Leistungen gesondert in Rechnung gestellten gesamten Steuerbeträge und die als Vorsteuern abziehbaren Teilbeträge;
2. die Entgelte für die betreffenden steuerpflichtigen Leistungen an den Unternehmer, für die der Unternehmer die Steuer nach § 13b Abs. 5 UStG schuldet, und die als Vorsteuer abziehbaren Teilbeträge;
3. die vorausgezahlten Entgelte und Teilentgelte für die betreffenden steuerpflichtigen Leistungen an den Unternehmer, die dafür gesondert in Rechnung gestellten gesamten Steuerbeträge und die als Vorsteuern abziehbaren Teilbeträge;
4. die gesamten Einfuhrumsatzsteuerbeträge für die für das Unternehmen eingeführten Gegenstände und die als Vorsteuern abziehbaren Teilbeträge sowie die Bemessungsgrundlagen für die Einfuhren oder Hinweise auf die entsprechenden zollamtlichen Belege;
5. die Bemessungsgrundlage für den innergemeinschaftlichen Erwerb von Gegenständen und die als Vorsteuern abziehbaren Teilbeträge.

(2) In den Fällen der Vorsteueraufteilung sind die Bemessungsgrundlagen für die Umsätze, die nach § 15 Abs. 2 und 3 UStG den Vorsteuerabzug ausschließen, getrennt von den Bemessungsgrundlagen der übrigen Umsätze mit Ausnahme der Einfuhren, der innergemeinschaftlichen Erwerbe und der Leistungsbezüge, für die der Unternehmer die Steuer nach § 13b Abs. 5 UStG schuldet, aufzuzeichnen, und zwar unabhängig von der allgemeinen Verpflichtung zur Trennung der Bemessungsgrundlagen nach § 22 Abs. 2 UStG.

22.5 Erleichterungen der Aufzeichnungspflichten

(1) [1]Durch § 63 Abs. 3 und 5 UStDV werden die Aufzeichnungspflichten nach § 22 Abs. 2 UStG allgemein erleichtert. [2]Den Unternehmern ist es hiernach gestattet, für ihre Umsätze und die an sie ausgeführten Umsätze die jeweiligen Bruttobeträge einschließlich der Steuer getrennt nach Steuersätzen aufzuzeichnen und am Schluss eines Voranmeldungszeitraums insgesamt in Bemessungsgrundlage und Steuer aufzuteilen. [3]Beträge für die an den Unternehmer ausgeführten Umsätze dürfen in das Verfahren der Bruttoaufzeichnung nur einbezogen werden, wenn in der jeweiligen Rechnung die Steuer in zutreffender Höhe gesondert ausgewiesen ist. [4]Die Bruttoaufzeichnung darf außerdem nicht für die Leistungen des Unternehmers vorgenommen werden, für die in den Rechnungen die Steuer zu Unrecht oder zu hoch ausgewiesen ist.

(2) Bei der Einfuhr genügt es, wenn die entstandene Einfuhrumsatzsteuer mit einem Hinweis auf einen entsprechenden zollamtlichen Beleg aufgezeichnet wird (§ 64 UStDV).

(3) [1]Kleinunternehmer im Sinne des § 19 Abs. 1 UStG müssen nur die Werte der Gegenleistungen aufzeichnen (§ 65 UStDV). [2]Als Wert der erhaltenen Gegenleistungen ist grundsätzlich der vereinnahmte Preis anzugeben.

(4) [1]Unternehmer, die ihre abziehbaren Vorsteuerbeträge nach Durchschnittssätzen (§§ 23, 23a UStG, §§ 66a, 69, 70 Abs. 1 UStDV) berechnen, brauchen die Entgelte oder Teilentgelte für die empfangenen Leistungen sowie die dafür in Rechnung gestellten Steuerbeträge nicht aufzuzeichnen. [2]Ebenso entfällt die Verpflichtung zur Aufzeichnung der Einfuhrumsatzsteuer. [3]Soweit neben den Durchschnittssätzen Vorsteuern gesondert abgezogen werden können (§ 70 Abs. 2 UStDV), gelten die allgemeinen Aufzeichnungspflichten.

(5) Land- und Forstwirte, die ihre Umsätze nach den Durchschnittssätzen des § 24 UStG versteuern, haben die Bemessungsgrundlagen für die Umsätze mit den in der Anlage 2 des UStG nicht aufgeführten Sägewerkserzeugnissen und Getränken sowie mit alkoholischen Flüssigkeiten aufzuzeichnen (§ 67 UStDV).

(6) Die Erleichterungen berühren nicht die Verpflichtung zur Aufzeichnung der Steuerbeträge, die nach § 14c UStG geschuldet werden.

22.6 Erleichterungen für die Trennung der Bemessungsgrundlagen

Grundsätze

(1) [1]Der Unternehmer kann eine erleichterte Trennung der Bemessungsgrundlagen nach Steuersätzen (§ 63 Abs. 4 UStDV) nur mit Genehmigung

des Finanzamts vornehmen. [2]Das Finanzamt hat die Genehmigung schriftlich unter dem Vorbehalt des jederzeitigen Widerrufs zu erteilen. [3]In der Genehmigungsverfügung sind die zugelassenen Erleichterungen genau zu bezeichnen. [4]Eine vom Unternehmer ohne Genehmigung des Finanzamts vorgenommene erleichterte Trennung der Bemessungsgrundlagen kann aus Billigkeitsgründen anerkannt werden, wenn das angewandte Verfahren bei rechtzeitiger Beantragung hätte zugelassen werden können. [5]Eine solche Erleichterung der Aufzeichnungspflichten kommt allerdings nicht in Betracht, wenn eine Registrierkasse mit Zählwerken für mehrere Warengruppen oder eine entsprechende andere Speichermöglichkeit eingesetzt wird.

(2) [1]Entsprechende Erleichterungen können auf Antrag auch für die Trennung in steuerfreie und steuerpflichtige Umsätze sowie für nachträgliche Entgeltminderungen (vgl. Absatz 20) gewährt werden. [2]Die Finanzämter können auch andere als die in Absatz 9ff. bezeichneten Verfahren zulassen, wenn deren steuerliches Ergebnis nicht wesentlich von dem Ergebnis einer nach Steuersätzen getrennten Aufzeichnung abweicht. [3]Ob ein abweichendes Verfahren oder ein Wechsel des Verfahrens zugelassen werden kann und wie das Verfahren ausgestaltet sein muss, hat das Finanzamt in jedem Einzelfall zu prüfen. [4]Die Anwendung des Verfahrens kann auf einen in der Gliederung des Unternehmens gesondert geführten Betrieb beschränkt werden (§ 63 Abs. 4 Satz 4 UStDV).

Aufschlagsverfahren

(3) [1]Die Aufschlagsverfahren (Absätze 9 bis 16) kommen vor allem für Unternehmer in Betracht, die nur erworbene Waren liefern, wie z.B. Lebensmitteleinzelhändler, Drogisten, Buchhändler. [2]Sie können aber auch von Unternehmern angewendet werden, die – wie z.B. Bäcker oder Fleischer – neben erworbenen Waren in erheblichem Umfang hergestellte Erzeugnisse liefern. [3]Voraussetzung ist jedoch, dass diese Unternehmer, sofern sie für die von ihnen hergestellten Waren die Verkaufsentgelte oder die Verkaufspreise rechnerisch ermitteln, darüber entsprechende Aufzeichnungen führen.

(4) [1]Eine Trennung der Bemessungsgrundlagen nach dem Verhältnis der Eingänge an begünstigten und an nicht begünstigten Waren kann nur in besonders gelagerten Einzelfällen zugelassen werden. [2]Die Anwendung brancheneinheitlicher Durchschnittsaufschlagsätze oder eines vom Unternehmer geschätzten durchschnittlichen Aufschlagsatzes kann nicht genehmigt werden. [3]Die Berücksichtigung eines Verlustabschlags für Verderb, Bruch, Schwund, Diebstahl usw. bei der rechnerischen Ermittlung der nicht begünstigten Umsätze auf Grund der Wareneingänge ist, sofern Erfahrungswerte oder andere Unterlagen über die Höhe der Verluste nicht vorhanden sind, von der Führung zeitlich begrenzter Aufzeichnungen über die eingetretenen Verluste abhängig zu machen (vgl. BFH-Urteil vom 18.11.1971, V R 85/71, BStBl. II 1972 S. 202).

(5) Die von den Unternehmern im Rahmen eines zugelassenen Verfahrens angewandten Aufschlagsätze unterliegen der Nachprüfung durch die Finanzämter.

(6) [1] In Fällen, in denen ein Unternehmen oder ein Betrieb erworben wird, sind bei der Anwendung eines Aufschlagsverfahrens (Absätze 9 bis 16) die übertragenen Warenbestände als Wareneingänge in die rechnerische Ermittlung der begünstigten und der nicht begünstigten Umsätze einzubeziehen (vgl. BFH-Urteil vom 11.06.1997, XI R 18/96, BStBl. II S. 633). [2] Diese Berechnung ist für den Voranmeldungszeitraum vorzunehmen, der nach der Übertragung der Warenbestände endet. [3] Der Unternehmer hat die bei dem Erwerb des Unternehmens oder Betriebs übernommenen Warenbestände aufzuzeichnen und dabei die Waren, deren Lieferungen nach § 12 Abs. 1 UStG dem allgemeinen Steuersatz unterliegen, von denen zu trennen, auf deren Lieferungen nach § 12 Abs. 2 Nr. 1 UStG der ermäßigte Steuersatz anzuwenden ist. [4] Die Gliederung nach den auf die Lieferungen anzuwendenden Steuersätzen kann auch im Eröffnungsinventar vorgenommen werden.

(7) [1] Dies gilt auch, wenn ein Unternehmen gegründet wird. [2] In diesem Falle sind bei einer erleichterten Trennung der Bemessungsgrundlagen nach den Wareneingängen die vor der Eröffnung angeschafften Waren (Warenanfangsbestand) in die rechnerische Ermittlung der begünstigten und der nicht begünstigten Umsätze für den ersten Voranmeldungszeitraum einzubeziehen. [3] Nach den Grundsätzen des Absatzes 6 ist auch in den Fällen zu verfahren, in denen ein Verfahren zur Trennung der Bemessungsgrundlagen umgestellt wird (vgl. BFH-Urteil vom 11.06.1997, XI R 18/96, BStBl. II S. 633).

(8) Wechselt der Unternehmer mit Zustimmung des Finanzamts das Aufschlagsverfahren oder innerhalb des genehmigten Aufschlagsverfahrens die aufzuzeichnende Umsatzgruppe oder wird das Verfahren zur erleichterten Trennung der Entgelte auf der Grundlage des Wareneingangs ganz oder teilweise eingestellt, sind die Warenendbestände von der Bemessungsgrundlage des letzten Voranmeldungszeitraums abzuziehen.

Anwendung tatsächlicher und üblicher Aufschläge

(9) [1] Die erworbenen Waren, deren Lieferungen dem ermäßigten Steuersatz unterliegen, sind im Wareneingangsbuch oder auf dem Wareneinkaufskonto getrennt von den übrigen Waren aufzuzeichnen, deren Lieferungen nach dem allgemeinen Steuersatz zu versteuern sind. [2] Auf der Grundlage der Wareneingänge sind entweder die Umsätze der Waren, die dem allgemeinen Steuersatz unterliegen, oder die steuerermäßigten Umsätze rechnerisch zu ermitteln. [3] Zu diesem Zweck ist im Wareneingangsbuch oder auf dem Wareneinkaufskonto für diese Waren neben der Spalte „Einkaufsentgelt" eine zusätzliche Spalte mit der Bezeichnung „Verkaufsentgelt" einzurichten. [4] Die Waren der Gruppe, für die die zusätzliche Spalte „Verkaufsentgelt" geführt wird, sind grundsätzlich einzeln und mit genauer handelsüblicher Bezeichnung im Wareneingangsbuch oder auf dem Wareneinkaufskonto einzutragen. [5] Statt der handelsüblichen Bezeichnung können Schlüsselzahlen oder Symbole verwendet werden, wenn ihre eindeutige Bestimmung aus der Eingangsrechnung oder aus anderen Unterlagen gewährleistet ist. [6] Bei der Aufzeichnung des Wareneingangs sind auf Grund der tatsächlichen oder üblichen Aufschlagsätze die tatsächlichen bzw. voraussichtlichen Verkaufsentgelte für die betreffenden Waren zu errechnen und in die zusätzliche Spalte des Wareneingangsbuchs oder des Warenein-

kaufskontos einzutragen. [7]Nach Ablauf eines Voranmeldungszeitraums sind die in der zusätzlichen Spalte aufgezeichneten tatsächlichen oder voraussichtlichen Verkaufsentgelte zusammenzurechnen. [8]Die Summe bildet den Umsatz an begünstigten bzw. nicht begünstigten Waren und ist nach Hinzurechnung der Steuer unter Anwendung des in Betracht kommenden Steuersatzes von der Summe der im Voranmeldungszeitraum vereinbarten oder vereinnahmten Entgelte zuzüglich Steuer (Bruttopreise) abzusetzen. [9]Der Differenzbetrag stellt die Summe der übrigen Entgelte zuzüglich der Steuer nach dem anderen Steuersatz dar.

(10) [1]Anstelle der Aufgliederung im Wareneingangsbuch oder auf dem Wareneinkaufskonto kann auch für eine der Warengruppen ein besonderes Buch geführt werden. [2]Darin sind die begünstigten oder nicht begünstigten Waren unter ihrer handelsüblichen Bezeichnung mit Einkaufsentgelt und tatsächlichem oder voraussichtlichem Verkaufsentgelt aufzuzeichnen. [3]Statt der handelsüblichen Bezeichnung können Schlüsselzahlen oder Symbole verwendet werden (vgl. Absatz 9). [4]Die Aufzeichnungen müssen Hinweise auf die Eingangsrechnungen oder auf die Eintragungen im Wareneingangsbuch oder auf dem Wareneinkaufskonto enthalten.

(11) [1]Die Verkaufsentgelte, die beim Wareneingang besonders aufzuzeichnen sind, können bereits auf den Rechnungen nach Warenarten zusammengestellt werden. [2]Dabei genügt es, im Wareneingangsbuch, auf dem Wareneinkaufskonto oder in einem besonderen Buch die Sammelbezeichnungen für diese Waren anzugeben und die jeweiligen Summen der errechneten Verkaufsentgelte einzutragen. [3]Zur weiteren Vereinfachung des Verfahrens können die Einkaufsentgelte von Waren mit gleichen Aufschlagsätzen in gesonderten Spalten zusammengefasst werden. [4]Die aufgezeichneten Einkaufsentgelte für diese Warengruppen sind am Schluss des Voranmeldungszeitraums zusammenzurechnen. [5]Aus der Summe der Einkaufsentgelte für die einzelne Warengruppe sind durch Hinzurechnung der Aufschläge die Verkaufsentgelte und damit rechnerisch die Umsätze an diesen Waren zu ermitteln.

(12) [1]Das Verfahren kann in der Weise abgewandelt werden, dass der Unternehmer beim Wareneingang sowohl für die begünstigten als auch für die nicht begünstigten Waren die tatsächlichen bzw. voraussichtlichen Verkaufsentgelte gesondert aufzeichnet. [2]Nach Ablauf des Voranmeldungszeitraums werden die gesondert aufgezeichneten Verkaufsentgelte für beide Warengruppen zusammengerechnet. [3]Den Summen dieser Verkaufsentgelte wird die Steuer nach dem jeweils in Betracht kommenden Steuersatz hinzugesetzt. [4]Der Gesamtbetrag der im Voranmeldungszeitraum vereinbarten oder vereinnahmten Entgelte zuzüglich Steuer (Bruttopreise) wird nach dem Verhältnis zwischen den rechnerisch ermittelten Verkaufspreisen beider Warengruppen aufgeteilt.

(13) [1]Macht der Unternehmer von der Möglichkeit des § 63 Abs. 5 UStDV Gebrauch, kann er anstelle der Einkaufsentgelte und Verkaufsentgelte die Einkaufspreise und Verkaufspreise (Entgelt und Steuerbetrag in einer Summe) aufzeichnen. [2]Außerdem kann ein Unternehmer, der die Einkaufsentgelte aufzeichnet, durch Hinzurechnung der Aufschläge und der in Betracht kommenden Steuer die Verkaufspreise errechnen und diese in seinen Aufzeichnungen statt der Verkaufsentgelte angeben.

Anwendung eines gewogenen Durchschnittsaufschlags

(14) [1] Die erworbenen Waren, deren Lieferungen dem ermäßigten Steuersatz unterliegen, sind im Wareneingangsbuch oder auf dem Wareneinkaufskonto getrennt von den übrigen Waren aufzuzeichnen, deren Lieferungen nach dem allgemeinen Steuersatz zu versteuern sind. [2] Die Umsätze der Waren, die dem allgemeinen Steuersatz unterliegen, oder die steuerermäßigten Umsätze sind auf der Grundlage der Einkaufsentgelte unter Berücksichtigung des gewogenen Durchschnittsaufschlagsatzes für die betreffende Warengruppe rechnerisch zu ermitteln. [3] Diese rechnerische Ermittlung ist grundsätzlich für die Umsatzgruppe vorzunehmen, die den geringeren Anteil am gesamten Umsatz bildet. [4] Zu der rechnerischen Umsatzermittlung sind am Schluss eines Voranmeldungszeitraums die Einkaufsentgelte der betreffenden Warengruppe zusammenzurechnen. [5] Dem Gesamtbetrag dieser Einkaufsentgelte ist der gewogene Durchschnittsaufschlag hinzuzusetzen. [6] Die Summe beider Beträge bildet den Umsatz der betreffenden Warengruppe und ist nach Hinzurechnung der Steuer unter Anwendung des in Betracht kommenden Steuersatzes von der Summe der im Voranmeldungszeitraum vereinbarten oder vereinnahmten Entgelte zuzüglich Steuer (Bruttopreise) abzusetzen. [7] Der Differenzbetrag stellt die Summe der übrigen Entgelte zuzüglich der Steuer nach dem anderen Steuersatz dar.

(15) [1] Der gewogene Durchschnittsaufschlagsatz ist vom Unternehmer festzustellen. [2] Dabei ist von den tatsächlichen Verhältnissen in mindestens drei für das Unternehmen repräsentativen Monaten eines Kalenderjahrs auszugehen. [3] Der Unternehmer ist – sofern sich die Struktur seines Unternehmens nicht ändert – berechtigt, den von ihm ermittelten gewogenen Durchschnittsaufschlagsatz für die Dauer von fünf Jahren anzuwenden. [4] Nach Ablauf dieser Frist oder im Falle einer Änderung der Struktur des Unternehmens ist der Durchschnittsaufschlagsatz neu zu ermitteln. [5] Als Strukturänderung ist auch eine wesentliche Änderung des Warensortiments anzusehen. [6] Absatz 13 gilt entsprechend.

Filialunternehmen

(16) [1] Von Filialunternehmen kann die Trennung der Bemessungsgrundlagen statt nach den vorbezeichneten Verfahren (Absätze 9 bis 15) auch in der Weise vorgenommen werden, dass die tatsächlichen Verkaufsentgelte der Waren, deren Lieferungen dem ermäßigten Steuersatz unterliegen oder nach dem allgemeinen Steuersatz zu versteuern sind, im Zeitpunkt der Auslieferung an den einzelnen Zweigbetrieb gesondert aufgezeichnet werden. [2] Eine getrennte Aufzeichnung der Wareneingänge ist in diesem Falle entbehrlich. [3] Nach Ablauf eines Voranmeldungszeitraums sind die Verkaufsentgelte für die in diesem Zeitraum an die Zweigbetriebe ausgelieferten Waren einer der gesondert aufgezeichneten Warengruppen zusammenzurechnen. [4] Die Summe dieser Verkaufsentgelte ist nach Hinzurechnung der Steuer unter Anwendung des in Betracht kommenden Steuersatzes von der Summe der im Voranmeldungszeitraum vereinbarten oder vereinnahmten Entgelte zuzüglich Steuer (Bruttopreise) abzusetzen. [5] Aus dem verbleibenden Differenzbetrag ist die Steuer unter Zugrundelegung des anderen Steuersatzes zu errechnen. [6] Absätze 12 und 13 gelten entsprechend.

Verfahren für Personen-Beförderungsunternehmen

(17) [1]Die Finanzämter können Beförderungsunternehmen, die neben steuerermäßigten Personenbeförderungen im Sinne des § 12 Abs. 2 Nr. 10 UStG auch Personenbeförderungen ausführen, die dem allgemeinen Steuersatz unterliegen, auf Antrag gestatten, die Entgelte nach dem Ergebnis von Repräsentativerhebungen dieser Unternehmen zu trennen. [2]Die repräsentativen Verkehrszählungen müssen in angemessenen Zeiträumen bzw. bei Änderungen der Verhältnisse wiederholt werden.

Verfahren für Spediteure, Frachtführer, Verfrachter, Lagerhalter, Umschlagunternehmer und dergleichen

(18) [1]Spediteuren und anderen Unternehmern, die steuerfreie Umsätze im Sinne des § 4 Nr. 3 UStG ausführen – z.B. Frachtführern, Verfrachtern, Lagerhaltern und Umschlagunternehmern –, kann auf Antrag gestattet werden, folgendes Verfahren anzuwenden:
[2]In den Aufzeichnungen brauchen grundsätzlich nur die Entgelte für steuerpflichtige Umsätze von den gesamten übrigen in Rechnung gestellten Beträgen getrennt zu werden. [3]Eine getrennte Aufzeichnung der durchlaufenden Posten sowie der Entgelte für nicht steuerbare Umsätze, die den Vorsteuerabzug nicht ausschließen, und für steuerfreie Umsätze nach § 4 Nr. 3 UStG ist grundsätzlich nicht erforderlich. [4]Gesondert aufgezeichnet werden müssen aber die Entgelte

1. für steuerermäßigte Umsätze im Sinne des § 12 Abs. 2 UStG;
2. für die nach § 4 Nr. 1 und 2 UStG steuerfreien Umsätze;
3. für die nach § 4 Nr. 8 ff. UStG steuerfreien Umsätze und für die nicht steuerbaren Umsätze, die den Vorsteuerabzug ausschließen sowie
4. für nach § 3a Abs. 2 UStG im übrigen Gemeinschaftsgebiet ausgeführte steuerpflichtige sonstige Leistungen, für die der in einem anderen Mitgliedstaat ansässige Leistungsempfänger die Steuer dort schuldet.

[5]Unberührt bleibt die Verpflichtung des Unternehmers zur Führung des Ausfuhr- und Buchnachweises für die nach § 4 Nr. 1 bis 3 und 5 UStG steuerfreien Umsätze.

(19) Die Genehmigung dieses Verfahrens ist mit der Auflage zu verbinden, dass der Unternehmer, soweit er Umsätze bewirkt, die nach § 15 Abs. 2 und 3 UStG den Vorsteuerabzug ausschließen, die Vorsteuerbeträge nach § 15 Abs. 4 UStG diesen und den übrigen Umsätzen genau zurechnet.

Nachträgliche Entgeltminderungen

(20) [1]Unternehmer, für die eine erleichterte Trennung der Bemessungsgrundlagen zugelassen worden ist, sind berechtigt, nachträgliche Minderungen der Entgelte z.B. durch Skonti, Rabatte und sonstige Preisnachlässe nach dem Verhältnis zwischen den Umsätzen, die verschiedenen Steuersätzen unterliegen, sowie den steuerfreien und nicht steuerbaren Umsätzen eines Voranmeldungszeitraums aufzuteilen. [2]Einer besonderen Genehmigung bedarf es hierzu nicht.

(21) [1]Die Finanzämter können auch anderen Unternehmern, die in großem Umfang Umsätze ausführen, die verschiedenen Steuersätzen unterliegen, auf Antrag widerruflich Erleichterungen für die Trennung nachträglicher Entgeltminderungen gewähren. [2]Diesen Unternehmern kann ebenfalls gestattet werden, die Entgeltminderungen eines Voranmeldungszeitraums in dem gleichen Verhältnis aufzuteilen, in dem die nicht steuerbaren, steuerfreien und den verschiedenen Steuersätzen unterliegenden Umsätze des gleichen Zeitraums zueinander stehen. [3]Voraussetzung für die Zulassung dieses Verfahrens ist, dass die Verhältnisse zwischen den Umsatzgruppen innerhalb der einzelnen Voranmeldungszeiträume keine nennenswerten Schwankungen aufweisen. [4]Bei der Anwendung dieses Verfahrens kann aus Vereinfachungsgründen grundsätzlich außer Betracht bleiben, ob bei einzelnen Umsätzen tatsächlich keine Entgeltminderungen eintreten oder ob die Höhe der Entgeltminderungen bei den einzelnen Umsätzen unterschiedlich ist. [5]Soweit jedoch für bestimmte Gruppen von Umsätzen Minderungen der Entgelte in jedem Falle ausscheiden, sind diese Umsätze bei der Aufteilung der Entgeltminderungen nicht zu berücksichtigen.

Beispiel:

[1]Landwirtschaftliche Bezugs- und Absatzgenossenschaften gewähren für ihre Umsätze im Bezugsgeschäft (Verkauf von Gegenständen des landwirtschaftlichen Bedarfs), nicht jedoch für ihre Umsätze im Absatzgeschäft (Verkauf der von Landwirten angelieferten Erzeugnisse) Warenrückvergütungen. [2]Sie haben bei einer vereinfachten Aufteilung dieser Rückvergütungen nur von den Umsätzen im Bezugsgeschäft auszugehen.

Merkblatt

(22) Weitere Hinweise enthält das Merkblatt zur erleichterten Trennung der Bemessungsgrundlagen (§ 63 Abs. 4 UStDV), Stand Mai 2009 (BMF-Schreiben vom 06.05.2009, BStBl. I S. 681).

Zu § 22a UStG

22a.1[1)] Fiskalvertretung

Fiskalvertretung

(1) [1]Fiskalvertretung ist die umsatzsteuerrechtliche Vertretung eines im Ausland ansässigen Unternehmers (Vertretener). [2]Der Fiskalvertreter hat gemäß § 22b Abs. 1 Satz 1 UStG die umsatzsteuerlichen Pflichten des Vertretenen – anders als ein Bevollmächtigter gemäß § 80 Abs. 1 AO – als eigene Pflichten zu erfüllen.

Befugnis zur Fiskalvertretung

(2) [1]Zur Fiskalvertretung sind nach § 22a Abs. 2 UStG nur die in den §§ 3 Satz 1 Nr. 1 bis 3 und 4 Nr. 9 Buchstabe c StBerG bezeichneten Personen und Gesellschaften befugt. [2]Zu den in § 3 Satz 1 Nr. 1 bis 3 StBerG bezeichneten Personen und Gesellschaften gehören:

[1)] A 22a.1 UStAE eingef. durch BMF v. 09.10.2023, BStBl. I 2023, 1709, anzuwenden in allen offenen Fällen.

1. Steuerberater, Steuerbevollmächtigte, Rechtsanwälte, niedergelassene europäische Rechtsanwälte, Wirtschaftsprüfer und vereidigte Buchprüfer (§ 3 Satz 1 Nr. 1 StBerG),
2. Berufsausübungsgesellschaften nach den §§ 49 und 50 des Steuerberatungsgesetzes und im Sinne der Bundesrechtsanwaltsordnung (§ 3 Satz 1 Nr. 2 StBerG),
3. Gesellschaften nach § 44b Abs. 1 der Wirtschaftsprüferordnung, deren Gesellschafter oder Partner ausschließlich Wirtschaftsprüfer oder vereidigte Buchprüfer sind, sowie Wirtschaftsprüfungsgesellschaften und Buchprüfungsgesellschaften (§ 3 Satz 1 Nr. 3 StBerG).

3 Zu den in § 4 Nr. 9 Buchstabe c StBerG bezeichneten Unternehmen gehören unter den übrigen Voraussetzungen des Satzes 4:

a) Speditionsunternehmen, soweit sie Hilfe in Eingangsabgabensachen oder bei der verbrauchsteuerlichen Behandlung von Waren im Warenverkehr mit anderen Mitgliedstaaten leisten, § 4 Nr. 9 Buchstabe a in Verbindung mit Buchstabe c StBerG, und
b) sonstige gewerbliche Unternehmen, soweit sie im Zusammenhang mit der Zollbehandlung Hilfe in Eingangsabgabensachen leisten, § 4 Nr. 9 Buchstabe b in Verbindung mit Buchstabe c StBerG.

4 Für die Unternehmen im Sinne des Satzes 3 müssen folgende Voraussetzungen erfüllt sein:

1. die Unternehmen müssen Hilfe in Eingangsabgabensachen leisten (z. B. im Zusammenhang mit der Zollbehandlung),
2. sie müssen im Geltungsbereich des StBerG ansässig sein,
3. sie dürfen nicht die Kleinunternehmerregelung (§ 19 UStG) in Anspruch nehmen und
4. sie dürfen nicht nach § 22e UStG von der Fiskalvertretung ausgeschlossen sein.

Vertretener

(3) Für die Inanspruchnahme einer Fiskalvertretung im Sinne des UStG muss der Vertretene folgende Voraussetzungen erfüllen:

1. er muss Unternehmer im Sinne des § 2 UStG sein,
2. er darf weder im Inland (§ 1 Abs. 2 Satz 1 UStG) noch in einem der in § 1 Abs. 3 UStG genannten Gebiete seinen Wohnsitz, seinen Sitz, seine Geschäftsleitung oder eine Zweigniederlassung haben,
3. er darf im Inland ausschließlich steuerfreie Umsätze erzielen und darf nicht berechtigt sein, Vorsteuerbeträge geltend zu machen.

Bestellung des Fiskalvertreters

(4) 1 Ein Fiskalvertreter kann zu Beginn oder im Laufe eines Besteuerungszeitraums bestellt werden. 2 Der Vertretene hat die Möglichkeit, sich von mehreren Fiskalvertretern vertreten zu lassen und kann somit für mehrere Umsätze unterschiedliche Fiskalvertreter bevollmächtigen. 3 In diesen Fällen gilt die Vertretung durch den jeweiligen Fiskalvertreter nur im Rahmen des Umfangs

der erteilten Vollmacht nach Absatz 5. [4] Endet die Fiskalvertretung, weil der Vertretene im weiteren Verlauf des Besteuerungszeitraums (§ 18 Abs. 3 Satz 1 UStG) im Inland steuerpflichtige Umsätze ausführt oder berechtigt ist, Vorsteuerbeträge geltend zu machen (vgl. Absatz 8 Satz 3), kann der Vertretene nach Ablauf des Besteuerungszeitraums erneut einen Fiskalvertreter bestellen, wenn die Voraussetzungen dafür erneut vorliegen (vgl. Absatz 3).

(5) [1] Der Fiskalvertreter hat seine Vertretungsbefugnis durch eine Vollmacht des Vertretenen nachzuweisen (vgl. § 22a Abs. 3 UStG). [2] Diese Vollmacht ist vor Ausführung der steuerfreien Umsätze durch den Vertretenen zu erteilen. [3] Sie kann formlos erfolgen und bedarf nicht zwingend der Schriftform. [4] Auf Verlangen der Finanzbehörde ist die Vollmacht in entsprechender Anwendung des § 80 Abs. 3 AO schriftlich oder elektronisch nachzuweisen. [5] Ist die Vollmacht in einer Fremdsprache ausgestellt, ist auf Verlangen der Finanzbehörde eine beglaubigte Übersetzung beizufügen, vgl. § 87 Abs. 2 AO und AEAO zu § 87, Nr. 1.

Anwendungsfälle der Fiskalvertretung

(6) Zu den Umsätzen des Vertretenen im Sinne des § 22a Abs. 1 UStG gehören insbesondere:

a) steuerfreie Einfuhren, an die sich unmittelbar eine innergemeinschaftliche Lieferung anschließt (§ 5 Abs. 1 Nr. 3 UStG),

b) steuerfreie innergemeinschaftliche Erwerbe, an die sich unmittelbar eine innergemeinschaftliche Lieferung anschließt (§ 4b Nr. 4 UStG),

c) steuerfreie grenzüberschreitende Beförderungen von Gegenständen im Sinne des § 4 Nr. 3 UStG, sofern der Unternehmer keine Lieferungen oder sonstige Leistungen bezieht, für die er die Vorsteuer nach § 15 UStG abziehen kann.

Beispiel:

[1] Unternehmer S in der Schweiz liefert an einen in Dänemark ansässigen Kunden D eine Maschine. [2] D hat die Maschine bei S mit den Lieferkonditionen „verzollt und versteuert" bestellt. [3] Mit der Beförderung der Ware an D beauftragt S den in Deutschland ansässigen Frachtführer F. [4] F holt die Maschine beim Hersteller S ab und transportiert diese direkt zu D nach Dänemark. [5] Die Maschine wird in Rheinfelden (Baden) zum freien Verkehr abgefertigt und die Kosten der Beförderungsleistung werden in die Bemessungsgrundlage der Einfuhrumsatzsteuer einbezogen. [6] Der Ort der Lieferung wäre demnach grundsätzlich in der Schweiz. [7] Da aber S bzw. sein Beauftragter F Schuldner der Einfuhrumsatzsteuer ist, verlagert sich der Ort der Lieferung nach § 3 Abs. 8 UStG ins Inland. [8] Da die Maschine direkt von Deutschland in einen anderen Mitgliedstaat (hier: Dänemark) gelangt, erbringt S grundsätzlich eine nach § 4 Nr. 1 Buchstabe b in Verbindung mit § 6a UStG steuerfreie innergemeinschaftliche Lieferung. [9] S müsste sich somit unverzüglich in Deutschland für Mehrwertsteuerzwecke registrieren lassen und die Erteilung einer USt-IdNr. beantragen. [10] Nur dann und bei Vorliegen der übrigen tatbestandlichen Voraussetzungen, etwa der Abgabe einer zutreffenden ZM, kann die Steuerbefreiung vorliegen. [11] Für die Erfüllung dieser Pflichten kann S in Deutschland einen Fiskalvertreter bestellen, sofern er im Inland ausschließlich steuerfreie Umsätze ausgeführt hat und keinen Anspruch auf Erstattung von Vorsteuerbeträgen hat. [12] Die Bestellung eines Fiskalvertreters muss vor Ausführung der Lieferung erfolgt sein. [13] Sind die deutsche USt-IdNr. des Fiskalvertreters sowie die dänische USt-IdNr. des Abnehmers D den Zollbehörden mitgeteilt worden und im Zeitpunkt der Lieferung gültig, ist die Einfuhr, der sich unmittelbar eine innergemeinschaftliche Lieferung anschließt, bei Vorliegen der weiteren Voraussetzungen nach § 5 Abs. 1 Nr. 3 UStG steuerfrei.

Ausschluss der Fiskalvertretung

(7) [1]Die Fiskalvertretung ist ausgeschlossen, wenn der Vertretene im Inland neben seinen steuerfreien Umsätzen auch steuerpflichtige Umsätze ausführt oder Vorsteuerbeträge abziehen kann. [2]Insbesondere folgende Vorgänge führen zum Ausschluss der Fiskalvertretung:

a) Der Vertretene führt im Inland steuerpflichtige Umsätze aus, für die der Leistungsempfänger Steuerschuldner gemäß § 13b UStG ist.

b) Der Vertretene führt im Inland steuerpflichtige Umsätze aus, für die gemäß § 18 Abs. 7 UStG in Verbindung mit § 49 UStDV auf die Erhebung der darauf entfallenden Steuer verzichtet wird.

c) Der Vertretene nimmt für den gleichen Zeitraum am Vorsteuer-Vergütungsverfahren nach § 18 Abs. 9 UStG teil, auch wenn die Mindestvergütungsbeträge nach § 61 oder § 61a UStDV nicht erreicht werden.

d) Der Vertretene tätigt im Inland innergemeinschaftliche Erwerbe im Rahmen von innergemeinschaftlichen Dreiecksgeschäften, die nach § 25b Abs. 3 UStG als besteuert gelten, und erbringt steuerpflichtige Lieferungen im Rahmen von innergemeinschaftlichen Dreiecksgeschäften, für die die Steuer vom letzten Abnehmer gemäß § 25b Abs. 2 UStG geschuldet wird.

e) Der Vertretene ist Empfänger eines steuerpflichtigen Umsatzes, für den er als Leistungsempfänger nach § 13b UStG die Umsatzsteuer schuldet.

Ende der Fiskalvertretung

(8) [1]Eine Fiskalvertretung endet, wenn sie vom Fiskalvertreter gekündigt, die Vollmacht durch den Vertretenen entzogen oder sie von der zuständigen Finanzbehörde nach § 22e UStG untersagt wird. [2]Zur Untersagung der Fiskalvertretung siehe Abschnitt 22e.1 Abs. 1. [3]Die Fiskalvertretung endet auch, wenn der Vertretene, der zunächst einen Fiskalvertreter wirksam bestellt hat, im weiteren Verlauf des Besteuerungszeitraums (§ 18 Abs. 3 Satz 1 UStG) im Inland steuerpflichtige Umsätze ausführt oder berechtigt ist, Vorsteuerbeträge geltend zu machen. [4]Die Fiskalvertretung endet auch dann, wenn nach einer Einfuhr von Waren eine beabsichtigte innergemeinschaftliche Lieferung fehlschlägt.

Beispiel:

[1]Sachverhalt wie im Beispiel zu Absatz 6, jedoch lässt D die Maschine nach der Abfertigung zum freien Verkehr an einen Händler H in Deutschland liefern. [2]Der Ort der Lieferung des S wäre demnach grundsätzlich in der Schweiz. [3]Da aber S bzw. sein Beauftragter F Schuldner der Einfuhrumsatzsteuer ist, verlagert sich der Ort der Lieferung nach § 3 Abs. 8 UStG ins Inland. [4]Da die Maschine nicht von Deutschland in einen anderen Mitgliedstaat gelangt, erbringt S eine steuerbare und steuerpflichtige Lieferung in Deutschland. [5]S muss sich somit unverzüglich in Deutschland für Mehrwertsteuerzwecke registrieren lassen. [6]Für die Erklärungspflichten kann S in Deutschland keinen Fiskalvertreter bestellen, da er steuerpflichtige Umsätze ausgeführt hat. [7]Wurde bereits ein Fiskalvertreter bestellt, endet die Fiskalvertretung, da die beabsichtigte steuerfreie innergemeinschaftliche Lieferung nach der Einfuhr der Maschine nicht durchgeführt wurde und demnach die Befreiung von der Einfuhrumsatzsteuer entfällt und mit der Erhebung der Einfuhrumsatzsteuer ein Anspruch auf Vorsteuerabzug beim vertretenen Unternehmer S entsteht.

Folgen der Beendigung der Fiskalvertretung

(9) [1] Ist die Fiskalvertretung aus den in Absatz 8 Sätze 1 und 3 benannten Gründen beendet worden, ist wie folgt zu verfahren:

a) Bei dem Fiskalvertreter:
[1] Der Fiskalvertreter hat die Beendigung der Fiskalvertretung eines jeden von ihm Vertretenen dem Finanzamt formlos mitzuteilen. [2] Die bis zum Zeitpunkt der Beendigung der Fiskalvertretung getätigten Umsätze sind vom Fiskalvertreter in den vierteljährlichen Voranmeldungen (§ 18 Abs. 1 UStG) sowie in der Umsatzsteuererklärung für das Kalenderjahr (§ 18 Abs. 3 und 4 UStG) zu erfassen und in den ZM (§ 18a UStG) der entsprechenden Zeiträume anzugeben. [3] Hierzu zählen auch die nachträgliche Abgabe, Richtigstellung und Vervollständigung der ZM in den Fällen des § 4 Nr. 1 Buchstabe b 2. Halbsatz UStG. [4] Die allgemeinen Erklärungs- und Aufzeichnungspflichten (siehe Abschnitt 22b.1) sind für die Zeit der Bestellung bis zur Beendigung der Fiskalvertretung von ihm zu erfüllen; ggf. soweit die Vollmacht reicht.

b) Bei dem Vertretenen:
[1] Der Vertretene muss sich nach Beendigung der Fiskalvertretung unter einer eigenen Steuernummer registrieren lassen und für die Teilnahme am innergemeinschaftlichen Waren- und Dienstleistungsverkehr eine USt-IdNr. beantragen. [2] Er hat unter der Steuernummer alle Steuererklärungen (Umsatzsteuer-Voranmeldung bzw. nach Ablauf des Besteuerungszeitraums eine Umsatzsteuer-Erklärung für das Kalenderjahr) abzugeben. [3] In diesen Erklärungen hat er alle Umsätze einschließlich der über die Fiskalvertretung getätigten Umsätze anzugeben. [4] Außerdem hat er unter seiner USt-IdNr. für innergemeinschaftliche Leistungen, die in der Zeit nach Beendigung der Fiskalvertretung ausgeführt wurden, eine ZM entsprechend § 18a UStG abzugeben. [5] Die in der Zeit der Fiskalvertretung erteilten Rechnungen oder „Pro-forma-Rechnungen" (vgl. Abschnitt 14a.1 Abs. 5) mit dem Hinweis auf die Fiskalvertretung sind nicht zu berichtigen. [6] Unter den gesetzlichen Voraussetzungen ist die Erklärung der Umsätze über eines der besonderen Besteuerungsverfahren der §§ 18i, 18j oder 18k UStG zulässig.

[2] Endet die Fiskalvertretung dadurch, dass der Vertretene steuerpflichtige Umsätze ausführt oder berechtigt ist, Vorsteuerbeträge geltend zu machen (vgl. Absatz 8 Satz 3), ist Schuldner der Umsatzsteuer der leistende Unternehmer (Vertretene). [3] Wird erst später, z. B. im Rahmen einer Außenprüfung, festgestellt, dass die vom Fiskalvertreter erklärten steuerfreien Umsätze des Vertretenen tatsächlich steuerpflichtig sind, kann der Fiskalvertreter nur nach den allgemeinen Vorschriften in Haftung genommen werden. [4] In den Fällen, in denen die Fiskalvertretung durch Untersagung (§ 22e Abs. 1 UStG in Verbindung mit Abschnitt 22e.1) beendet wurde, gilt Folgendes:

a) Bei dem Fiskalvertreter:
[1] Der bisherige Fiskalvertreter ist zur Abgabe einer Steueranmeldung (§ 18 Abs. 3 Satz 2 UStG), der ZM (§ 18a UStG) und zur Benennung aller von ihm Vertretenen aufzufordern. [2] Das Finanzamt hat sicherzustellen, dass die benannten Unternehmer über die Untersagung in Kenntnis gesetzt werden.

b) Bei dem Vertretenen:
Der Vertretene hat vom Zeitpunkt der Untersagung an die allgemeinen Erklärungs- und Aufzeichnungspflichten selbst zu erfüllen oder sich eines anderen Fiskalvertreters zu bedienen.

Leistung des Fiskalvertreters

(10) Der Fiskalvertreter erbringt an den Vertretenen eine sonstige Leistung, die nach § 3a Abs. 2 UStG im Inland nicht steuerbar ist.

Zu § 22b UStG

22b.1[1)] Rechte und Pflichten eines Fiskalvertreters

Allgemeines

(1) [1]Der Fiskalvertreter hat die umsatzsteuerlichen Pflichten des Vertretenen als eigene Pflichten zu erfüllen, vgl. § 22b Abs. 1 UStG. [2]Hierzu gehören insbesondere die Erklärungs- und Meldepflichten bei den Finanzämtern und beim BZSt, siehe Absätze 2 und 3. [3]In dem Umfang, in welchem der Fiskalvertreter die umsatzsteuerlichen Pflichten des Vertretenen wahrnimmt, hat er die gleichen Rechte wie der Vertretene und kann erforderliche Anträge im Inland stellen.

Erklärungsplichten

(2) Der Fiskalvertreter ist zur Abgabe folgender Steuererklärungen unter Angabe der ihm für alle von ihm Vertretenen gesondert erteilten Steuernummer (vgl. Abschnitt 22d.1 Abs. 1) verpflichtet:

1. [1]Vierteljährliche Voranmeldungen (§ 18 Abs. 1 UStG) nach amtlich vorgeschriebenem Datensatz durch Datenfernübertragung. [2]In diesen sind die Besteuerungsgrundlagen für alle von ihm Vertretenen zusammenzufassen. [3]Zur Möglichkeit der Dauerfristverlängerung nach § 46 UStDV für die Übermittlung der vierteljährlichen Voranmeldungen vgl. Abschnitt 18.4 Abs. 1 Satz 4.
2. [1]Eine Umsatzsteuererklärung (§ 18 Abs. 3 und 4 UStG) nach amtlich vorgeschriebenem Datensatz durch Datenfernübertragung. [2]In dieser sind die Besteuerungsgrundlagen für alle von ihm Vertretenen zusammenzufassen. [3]Die Frist zur Abgabe der Erklärung richtet sich nach den allgemeinen abgabenrechtlichen Vorschriften. [4]Der Erklärung ist eine Aufstellung als Anlage beizufügen, aus der für jeden Vertretenen die ihm zuzurechnenden Besteuerungsgrundlagen zu entnehmen sind (§ 22b Abs. 2 Satz 2 UStG). [5]Davon unberührt bleiben die Aufzeichnungspflichten des Fiskalvertreters nach § 22b Abs. 3 UStG (vgl. Absatz 6).

(3) [1]Der Fiskalvertreter ist verpflichtet, bis zum 25. Tag nach Ablauf des Meldezeitraums dem BZSt eine ZM nach amtlich vorgeschriebenem Datensatz durch Datenfernübertragung zu übermitteln (§ 18a Abs. 1 und 2 UStG in

---

[1)] A 22b.1 UStAE eingef. durch BMF v. 09.10.2023, BStBl. I 2023, 1709, anzuwenden in allen offenen Fällen.

Verbindung mit Abschnitt 18a.1 Abs. 1 und 4). [2]§ 18a Abs. 9 UStG findet keine Anwendung. [3]Die Regelungen zur Dauerfristverlängerung sind nicht anwendbar (siehe Abschnitt 18a.2 Abs. 1 Satz 3). [4]In der ZM sind die Bemessungsgrundlagen für alle Vertretenen zusammenzufassen.

Auswirkungen bei Pflichtverletzung der Erklärungspflichten

(4) [1]Kommt der Fiskalvertreter den Erklärungspflichten nach Absatz 2 nicht oder nicht rechtzeitig nach, kann gegen ihn ein Zwangsmittel (§§ 328 ff. AO) oder ein Verspätungszuschlag (§ 152 AO) festgesetzt werden; ferner kommt eine Schätzung der Besteuerungsgrundlagen (§ 162 AO) in Betracht. [2]Kommt der Fiskalvertreter seiner Verpflichtung zur Abgabe der ZM (Absatz 3) nicht oder nicht fristgerecht nach oder ist diese nicht vollständig oder wird diese entgegen § 18a Abs. 10 UStG nicht oder nicht rechtzeitig berichtigt, kann gegen ihn ein Zwangsmittel (§§ 328 ff. AO) oder ein Bußgeld nach § 26a UStG festgesetzt werden. [3]Zur Möglichkeit der Untersagung siehe Abschnitt 22e.1 Abs. 1.

Aufzeichnungspflichten

(5) [1]Der Fiskalvertreter hat die allgemeinen Aufzeichnungspflichten nach § 22 UStG für jeden von ihm Vertretenen gesondert zu erfüllen. [2]Für jeden Vertretenen sind die vereinbarten Entgelte für die steuerfreien Umsätze gesondert aufzuzeichnen. [3]In den Aufzeichnungen müssen Name und Anschrift der Vertretenen enthalten sein (§ 22b Abs. 3 Satz 2 UStG). [4]Auch die Aufbewahrungspflichten für Rechnungen nach § 14b UStG hat der Fiskalvertreter zu erfüllen (vgl. Abschnitte 14b.1 und 22.1 Abs. 1).

Zu § 22c UStG

22c.1[1)] Rechnungsangaben für vertretene Unternehmer

[1]Die Rechnung über die Leistung des Vertretenen kann im Fall einer Fiskalvertretung sowohl vom Vertretenen als auch vom Fiskalvertreter erteilt werden. [2]Eine Fiskalvertretung muss immer eindeutig für Dritte erkennbar sein. [3]Die Rechnungen nach §§ 14, 14a UStG müssen daher zwingend neben den Pflichtangaben die folgenden Angaben enthalten:
– den Hinweis auf die Fiskalvertretung,
– den Namen und die Anschrift des Fiskalvertreters und
– die dem Fiskalvertreter nach § 22d Abs. 1 UStG erteilte USt-IdNr.
[4]Dies gilt auch für eine sogenannte „Pro-forma-Rechnung" in Verbringungsfällen (vgl. Abschnitt 14a.1 Abs. 5).

[1)] A 22c.1 UStAE eingef. durch BMF v. 09.10.2023, BStBl. I 2023, 1709, anzuwenden in allen offenen Fällen.

Zu § 22d UStG

22d.1[1] Zuständigkeit und Verfahren

[1]Der Fiskalvertreter wird bei dem Finanzamt geführt, das für seine Umsatzbesteuerung nach § 21 Abs. 1 Satz 1 AO zuständig ist (§ 22d Abs. 2 UStG). [2]Ihm wird auf Antrag eine gesonderte Steuernummer und eine gesonderte USt-IdNr. (§ 27a UStG) für seine Tätigkeit als Fiskalvertreter erteilt, unter denen er für alle von ihm Vertretenen auftritt. [3]Bei der Antragsstellung hat der Fiskalvertreter glaubhaft zu machen, dass er zu dem in § 22a Abs. 2 UStG genannten Personenkreis gehört und die Absicht hat, als Fiskalvertreter tätig zu werden. [4]Die Steuernummer und USt-IdNr. werden unabhängig vom Vorliegen einer Vollmacht eines Vertretenen erteilt (vgl. hierzu Abschnitt 22a.1 Abs. 5).

Zu § 22e UStG

22e.1[2] Untersagung der Fiskalvertretung

(1) [1]Kommt der zur Fiskalvertretung nach § 4 Nr. 9 Buchstabe c StBerG befugte Unternehmer trotz eines Hinweises zur möglichen Untersagung seinen steuerlichen Pflichten nach § 22b UStG wiederholt nicht nach oder handelt er ordnungswidrig im Sinne des § 26a UStG, liegt es im pflichtgemäßen Ermessen des Finanzamtes, unter Angabe der Gründe die Untersagung anzuordnen. [2]Der vorläufige Rechtsschutz nach § 361 Abs. 4 AO und § 69 Abs. 5 FGO findet Anwendung. [3]Zum Verfahren nach Beendigung durch Untersagung vgl. Abschnitt 22a.1 Abs. 9 Satz 4. [4]Die Möglichkeit der Untersagung gilt nicht für die nach § 3 Nr. 1 bis 3 StBerG befugten Personen. [5]Es können ausschließlich Sanktionen nach dem StBerG in Betracht kommen. [6]Soll ein Bußgeldbescheid wegen einer Pflichtverletzung im Rahmen der Fiskalvertretung erlassen werden, ist gemäß § 411 AO die für die Berufsaufsicht zuständige Berufskammer zu unterrichten. [7]Im Übrigen können nach § 10 StBerG bereits Tatsachen, die den Verdacht einer Berufspflichtverletzung begründen, der für die Berufsaufsicht zuständigen Berufskammer mitgeteilt werden.

(2) Eine Untersagung nach § 22e Abs. 1 UStG ist z. B. möglich, wenn der Fiskalvertreter

a) entgegen § 14b Abs. 1 Satz 1 UStG ein Doppel der Rechnung nicht aufbewahrt hat,

b) entgegen § 18a Abs. 1 Satz 1 in Verbindung mit Abs. 7 und 8 UStG wiederholt eine ZM nicht, nicht richtig, nicht vollständig oder nicht rechtzeitig abgegeben oder entgegen § 18a Abs. 10 UStG eine ZM nicht oder nicht rechtzeitig berichtigt hat

---

[1] A 22d.1 UStAE eingef. durch BMF v. 09.10.2023, BStBl. I 2023, 1709, anzuwenden in allen offenen Fällen.

[2] A 22e.1 UStAE eingef. durch BMF v. 09.10.2023, BStBl. I 2023, 1709, anzuwenden in allen offenen Fällen.

oder

c) entgegen § 18d Satz 3 UStG die dort bezeichneten Unterlagen nicht, nicht vollständig oder nicht rechtzeitig vorgelegt hat.

Zu § 22f UStG[1)]

22f.1 Aufzeichnungspflichten für Betreiber elektronischer Schnittstellen im Sinne von § 25e Abs. 1 UStG beim Handel mit Waren

(1) [1] Für Lieferungen eines Unternehmers, die mittels einer elektronischen Schnittstelle (vgl. Abschnitt 25e.1 Abs. 1 Satz 2) unterstützt werden und bei denen die Beförderung oder Versendung im Inland beginnt oder endet, muss der Betreiber der elektronischen Schnittstelle im Sinne von § 25e Abs. 1 UStG (Betreiber) die in § 22f Abs. 1 Satz 1 UStG aufgeführten Angaben aufzeichnen. [2] Für Lieferungen, bei denen der Betreiber einer elektronischen Schnittstelle in die fiktive Lieferkette nach § 3 Abs. 3a Sätze 1 und 2 UStG einbezogen ist, vgl. Abschnitt 22f.3 Abs. 2.

(2) [1] Für Lieferungen nach Absatz 1 Satz 1 muss der Betreiber ab dem 1.7.2021 neben den bisher in § 22f Abs. 1 Satz 1 UStG vorgesehenen Angaben zusätzlich die elektronische Adresse oder Website des liefernden Unternehmers, die Bankverbindung oder die Nummer des virtuellen Kontos des Lieferers – soweit diese bekannt ist –, eine Beschreibung des gelieferten Gegenstandes und die Bestellnummer oder die eindeutige Transaktionsnummer – soweit bekannt – aufzeichnen. [2] Als Nachweis über die steuerliche Erfassung des liefernden Unternehmers muss der Betreiber ab dem 01.07.2021 die diesem nach § 27a UStG erteilte USt-IdNr. aufzeichnen (§ 22f Abs. 1 Satz 1 Nr. 3 UStG). [3] In Fällen, in denen der liefernde Unternehmer im Inland keine steuerbaren Umsätze im allgemeinen Besteuerungsverfahren (§ 18 Abs. 1 bis 4 UStG) zu erklären hat, es daher keiner steuerlichen Erfassung im Inland bedarf und somit die Voraussetzungen für die Vergabe einer USt-IdNr. nach § 27a UStG nicht vorliegen, wird auf Abschnitt 25e.2 verwiesen. [4] Die nach § 22f Abs. 1 Sätze 2 und 3 UStG in der bis zum 30.06.2021 geltenden Fassung erteilte Bescheinigung als Nachweis über die steuerliche Erfassung des liefernden Unternehmers wird für Lieferungen, die nach dem 30.06.2021 ausgeführt werden, als Nachweis über die steuerliche Erfassung nicht mehr anerkannt. [5] Bis zum 15.08.2021 wird es jedoch nicht beanstandet, wenn der Betreiber anstelle der dem Unternehmer nach § 27a UStG erteilten USt-IdNr. die diesem nach § 22f Abs. 1 Satz 2 UStG in der bis zum 30.06.2021 geltenden Fassung erteilte Bescheinigung über die Erfassung als Steuerpflichtiger (Unternehmer) vorhält.

(3) [1] Für die nach § 22f Abs. 1 Satz 1 Nr. 6 UStG aufzuzeichnenden Angaben zum Ort des Beginns der Beförderung oder der Versendung sowie zum Bestimmungsort gelten zur Ortbestimmung die allgemeinen Regelungen

---

[1)] Zu Vordruckmustern in diesem Zusammenhang siehe zwei BMF-Schreiben v. 28.07.2021: USt 1 TK, BStBl. I 2021, 1081; USt 1 TL, BStBl. I 2021, 1084.

des UStG (vgl. § 3 Abs. 5a bis 8 UStG). [2]Die Ortsangabe des Bestimmungsortes ist als vollständige Anschrift aufzuzeichnen. [3]Für die Bestimmung des nach § 22f Abs. 1 Satz 1 Nr. 7 UStG aufzuzeichnenden Zeitpunkts des Umsatzes sind die Regelungen des § 3 Abs. 5a bis 8 UStG entsprechend anzuwenden. [4]Die Höhe des Umsatzes (nach § 22f Abs. 1 Satz 1 Nr. 7 UStG) bemisst sich nach dem Wert der Leistung, d. h. dem Preis, zu dem der Leistungsaustausch auf der elektronischen Schnittstelle zustande gekommen ist. [5]Entgeltminderungen sind nicht gesondert aufzuzeichnen. [6]Eine Lieferung im umsatzsteuerlichen Sinne (vgl. § 3 Abs. 1 UStG) liegt nicht vor, wenn der Empfänger der Lieferung die Ware nicht annimmt bzw. wenn der Empfänger der Lieferung die Ware in der vom Lieferer vorgegebenen Frist zurücksendet (Rückgabe).

(4) [1]Erfolgte die Registrierung beim Betreiber nicht als Unternehmer im Sinne von § 2 UStG, gelten die in § 22f Abs. 1 Satz 1 Nr. 1 und 6 bis 9 UStG enthaltenen Aufzeichnungspflichten entsprechend. [2]Als Anschrift ist die Wohn- bzw. Meldeadresse des Lieferers aufzuzeichnen. [3]Zudem ist für Zwecke der eindeutigen Identifizierung des Lieferers bei natürlichen Personen zusätzlich zu den Angaben in Sätzen 1 und 2 das Geburtsdatum aufzuzeichnen (§ 22f Abs. 2 Satz 2 UStG).

(5) [1]Die nach den Absätzen 1 bis 4 aufzuzeichnenden Angaben sind gemäß § 22f Abs. 4 Satz 1 UStG vom Ende des Jahres an, in dem der Umsatz bewirkt wurde, zehn Jahre lang aufzubewahren. [2]Auf Anforderung des Finanzamtes sind die Daten diesem elektronisch zu übermitteln. [3]Einzelheiten zur Übermittlung der Daten nach § 27 Abs. 25 Satz 1 UStG wird das Bundesministerium der Finanzen durch eine mit Zustimmung des Bundesrates zu erlassende Rechtsverordnung regeln (vgl. § 22f Abs. 5 UStG). [4]Eine Finanzbehörde kann auch dann ein Sammelauskunftsersuchen nach § 93 Abs. 1a Satz 1 AO zur Übermittlung von Daten an einen Betreiber einer elektronischen Schnittstelle stellen, wenn kein hinreichender Anlass für die Ermittlungen besteht oder andere zumutbare Maßnahmen zur Sachverhaltsaufklärung einen Erfolg versprechen würden. [5]Insoweit findet § 93 Abs. 1a Satz 2 AO keine Anwendung (vgl. § 22f Abs. 4 Satz 2 UStG). [6]Die Vorschriften der AO zu den Aufzeichnungs- und Aufbewahrungspflichten gelten entsprechend. [7]Dies gilt insbesondere für § 146 AO und GOBD (vgl. BMF-Schreiben vom 28.11.2019, BStBl. I S. 1269). [8]Verstöße gegen die bestehenden gesetzlichen Aufzeichnungs- und Aufbewahrungspflichten können nach Maßgabe der AO als Ordnungswidrigkeit (§ 379 AO) geahndet werden.

22f.2 Benennung eines Empfangsbevollmächtigten im Inland in besonderen Fällen

[1]Nach § 22f Abs. 1 Satz 2 UStG müssen Unternehmer ohne Wohnsitz oder gewöhnlichen Aufenthalt, Sitz oder Geschäftsleitung im Inland, in einem anderen Mitgliedstaat der Europäischen Union oder in einem Staat, auf den das Abkommen über den Europäischen Wirtschaftsraum anwendbar ist, die beabsichtigen, Lieferungen über eine elektronische Schnittstelle auszuführen, die im Inland steuerpflichtig sind, dem für die Umsatzbesteuerung nach § 1

UStZustV zuständigen Finanzamt mit der Antragstellung auf steuerliche Erfassung einen Empfangsbevollmächtigten im Inland benennen. [2]Der zu benennende Empfangsbevollmächtigte muss nicht zur unbeschränkten Hilfe in Steuersachen nach § 3 StBerG befugt sein. [3]Treten die Voraussetzungen für die Benennung eines Empfangsbevollmächtigten erst zu einem späteren Zeitpunkt ein, hat die Benennung unaufgefordert und unmittelbar gegenüber dem zuständigen Finanzamt nach Satz 1 zu erfolgen. [4]§ 123 Sätze 2 und 3 AO gelten entsprechend (vgl. § 22f Abs. 1 Satz 2 UStG).

22f.3 Weitere Aufzeichnungspflichten für Betreiber elektronischer Schnittstellen

(1) Unterstützt der Betreiber einer elektronischen Schnittstelle (vgl. Abschnitt 3.18 Abs. 3) die Erbringung einer sonstigen Leistung an einen Empfänger nach § 3a Abs. 5 Satz 1 UStG, ohne Teil einer fiktiven Leistungskette zu werden, muss er hierzu insbesondere folgende Angaben aufzeichnen (vgl. § 22f Abs. 3 Satz 1 UStG):
- den vollständigen Namen und die vollständige Anschrift des Leistungserbringers,
- die elektronische Adresse oder Website des Leistungserbringers,
- die Steuernummer oder USt-IdNr. des Leistungserbringers – soweit bekannt –,
- die Bankverbindung oder Nummer des virtuellen Kontos des Leistungserbringers – soweit bekannt –,
- eine Beschreibung der erbrachten Leistung,
- den Wert der erbrachten Leistung, d. h. den Preis, zu dem der Leistungsaustausch auf der elektronischen Schnittstelle zustande gekommen ist,
- den Ort und den Zeitpunkt der Erbringung der Leistung,
- die Bestellnummer oder die eindeutige Transaktionsnummer – soweit bekannt –.

(2) Unterstützt der Betreiber einer elektronischen Schnittstelle (vgl. Abschnitt 3.18 Abs. 3) die Erbringung einer Lieferung innerhalb der Gemeinschaft im Rahmen einer fiktiven Lieferkette nach § 3 Abs. 3a UStG oder wird ein Unternehmer in die Erbringung einer sonstigen Leistung, die über ein Telekommunikationsnetzwerk, eine Schnittstelle oder ein Portal erbracht wird, eingeschaltet und gilt dieser daher nach § 3 Abs. 11a UStG als im eigenen Namen und für fremde Rechnung handelnd, sind hierzu insbesondere folgende Angaben aufzuzeichnen (vgl. § 22f Abs. 3 UStG):

1. für im Rahmen der Regelungen nach §§ 18i und 18j UStG getätigte Umsätze die Angaben nach Abschnitt 22.3a Abs. 4.
2. für nicht im Rahmen der Regelungen nach §§ 18i und 18j UStG getätigte Umsätze die Angaben nach Abschnitt 22.2 und 22.3.

(3) [1]Die Aufzeichnungen nach den Absätzen 1 und 2 sind entsprechend § 22f Abs. 4 Satz 1 UStG elektronisch und vom Ende des Jahres an, in dem der Umsatz bewirkt wurde, zehn Jahre lang aufzubewahren. [2]Auf Anforderung des Finanzamtes sind die Daten diesem elektronisch zu übermitteln. [3]Einzelheiten zur Übermittlung der Daten nach § 27 Abs. 25 Satz 2 UStG wird das Bundes-

ministerium der Finanzen durch eine mit Zustimmung des Bundesrates zu erlassende Rechtsverordnung regeln (vgl. § 22f Abs. 5 UStG). [4]Eine Finanzbehörde kann auch dann ein Sammelauskunftsersuchen nach § 93 Abs. 1a Satz 1 AO zur Übermittlung von Daten an einen Betreiber einer elektronischen Schnittstelle stellen, wenn kein hinreichender Anlass für die Ermittlungen besteht oder andere zumutbare Maßnahmen zur Sachverhaltsaufklärung einen Erfolg versprechen würden. [5]Insoweit findet § 93 Abs. 1a Satz 2 AO keine Anwendung (vgl. § 22f Abs. 4 Satz 2 UStG). [6]Die Vorschriften der AO zu den Aufzeichnungs- und Aufbewahrungspflichten gelten entsprechend. [7]Dies gilt insbesondere für § 146 AO und die GOBD (vgl. BMF-Schreiben vom 28.11.2019, BStBl. I S. 1269). [8]Verstöße gegen die bestehenden gesetzlichen Aufzeichnungs- und Aufbewahrungspflichten können nach Maßgabe der AO als Ordnungswidrigkeit (§ 379 AO) geahndet werden.

Zu § 22g UStG[1), 2), 3)]

Zu § 23 UStG[4)]

(§§ 69, 70 UStDV, Anlage der UStDV)[4)]

23.1–23.4[5)] *(aufgehoben)*

Zu § 24 UStG

(§ 71 UStDV)

24.1 Umsätze im Rahmen eines land- und forstwirtschaftlichen Betriebs

Richtlinienkonforme Auslegung

(1) [1]Die Durchschnittssätze sind nach § 24 Abs. 1 Satz 1 UStG nur auf Umsätze anzuwenden, die im Rahmen eines inländischen land- und forstwirtschaftlichen Betriebs ausgeführt werden (BFH-Urteil vom 22.03.2023 – XI R 14/21, BStBl. II S. 945). [2]Unter Beachtung der Rechtsprechung des Europäischen Gerichtshofs ist § 24 UStG dahin auszulegen, dass solche Umsätze nur die Lieferungen selbst erzeugter landwirtschaftlicher Erzeugnisse und die landwirtschaftlichen Dienstleistungen sind, auf die die Pauschalregelung nach Art. 295 bis 305 MwStSystRL[6)] Anwendung findet, vgl. Abschnitte 24.2 und 24.3. [3]Andere Umsätze, die der Unternehmer im Rahmen des land- und

---

1) § 22g UStG eingef. durch G v. 16.12.2022, BGBl. I 2022, 2294 mWv 01.01.2024

2) Siehe BMF v. 10.11.2023, BStBl. I 2023, 2007: Veröffentlichung des amtlich vorgeschriebenen Datensatzes zu § 22g UStG.

3) Siehe BMF v. 28.12.2023, BStBl. I 2024, 164: Besondere Pflichten für Zahlungsdienstleister (§ 22g UStG).

4) § 23 UStG, §§ 69, 70 UStDV mit Anlage aufgeh. durch G v. 16.12.2022, BGBl. I 2022, 2294 mWv 01.01.2023.

5) A 23.1–23.4 UStAE aufgeh. durch BMF v. 22.12.2023, BStBl. I 2023, 2248.

6) **Steuergesetze** Nr. **550**.

forstwirtschaftlichen Betriebs sowie außerhalb dieses Betriebs tätigt, unterliegen der Besteuerung nach den allgemeinen Vorschriften des Gesetzes (EuGH-Urteile vom 15.07.2004, C-321/02, Harbs,[1] und vom 26.05.2005, C-43/04, Stadt Sundern,[1] sowie BFH-Urteile vom 25.11.2004, V R 8/01, BStBl. II 2005 S. 896, vom 22.09.2005, V R 28/03, BStBl. II 2006 S. 280, vom 12.10.2006, V R 36/04, BStBl. II 2007 S. 485, und vom 14.06.2007, V R 56/05, BStBl. II 2008 S. 158). [4]Diese Auslegung gilt auch für die Umsätze im Rahmen eines land- und forstwirtschaftlichen Nebenbetriebs (§ 24 Abs. 2 Satz 2 UStG). [5]Veräußert ein Landwirt, der neben seinem landwirtschaftlichen Erzeugerbetrieb einen nicht landwirtschaftlichen Absatzbetrieb unterhält, selbst erzeugte landwirtschaftliche Erzeugnisse (vgl. Abschnitt 24.2) an Dritte, sind auf diese Umsätze die Durchschnittssätze anzuwenden (vgl. BFH-Urteil vom 14.06.2007, V R 56/05, a. a. O.). [6]Dasselbe gilt, wenn die Lieferung der eigenen Erzeugnisse durch eine Organgesellschaft des landwirtschaftlichen Betriebs erfolgt (BFH-Urteil vom 10.08.2017, V R 64/16, BStBl. II 2019 S. 455).

Land- und forstwirtschaftlicher Betrieb

(2)[2] [1]Einen land- und forstwirtschaftlichen Betrieb unterhält ein Unternehmer, soweit er im Rahmen der in § 24 Abs. 2 Satz 1 UStG genannten Erzeugertätigkeiten unter planmäßiger Nutzung der natürlichen Kräfte des Bodens Pflanzen und Tiere erzeugt sowie die dadurch selbst gewonnenen Erzeugnisse verwertet (vgl. BFH-Urteil vom 12.10.2006, V R 36/04, BStBl. II 2007 S. 485). [2]Die Zierfischzucht in Teichen fällt nicht unter § 24 Abs. 2 Satz 1 Nr. 1 UStG. [3]Zur Frage, inwieweit die Aufzucht von Köderfischen, Testfischen, Futterfischen und Besatzfischen in Teichen als landwirtschaftlicher Betrieb gilt, vgl. BFH-Urteil vom 13.03.1987, V R 55/77, BStBl. II S. 467. [4]Ein Substanzbetrieb (z. B. Torf-, Ton-, Lehm-, Kies- und Sandabbaubetrieb) ist kein land- und forstwirtschaftlicher Betrieb im Sinne des § 24 Abs. 2 Satz 1 UStG. [5]Die Abgrenzung der landwirtschaftlichen Tierzucht und Tierhaltung von der übrigen Tierzucht und Tierhaltung ist umsatzsteuerrechtlich nach den §§ 51 und 51a BewG[3] vorzunehmen (§ 24 Abs. 2 Satz 1 Nr. 2 UStG). [6]Bei der Prüfung der Vieheinheiten-Obergrenze im Sinne von § 24 Abs. 2 Satz 1 Nr. 2 UStG in Verbindung mit §§ 51 und 51a BewG sind sämtliche Vieheinheiten und Nutzflächen aller Betriebe des Unternehmers zu addieren und der Beurteilung zugrunde zu legen (vgl. BFH-Urteil vom 26.5.2021 – V R 11/18, BStBl. II 2022 S. 149). [7]Erfolgt die Prüfung im Rahmen eines Organschaftsverhältnisses, gilt dies für alle Betriebe der Organgesellschaft(en) und des Organträgers. [8]Gemeinschaftliche Tierhaltung gilt nur dann als landwirtschaftlicher Betrieb im Sinne des § 24 Abs. 2 Nr. 2 UStG, wenn sämtliche Voraussetzungen des § 51a BewG erfüllt

---

[1] DStRE 2005, 353. – DStRE 2005, 841.

[2] A 24.1 UStAE Abs. 2 neue Sätze 6 und 7 eingef., bish. Sätze 6 bis 8 werden Sätze 8 bis 10 durch BMF v. 30.06.2023, BStBl. I 2023, 1125, anzuwenden in allen offenen Fällen; gilt nicht für Besteuerungszeiträume bis 01.01.2021 bei regelbesteuerten Gewerbebetrieben kraft Rechtsform (§ 24 Abs. 2 Satz 3 UStG a.F.).

[3] **Steuergesetze** Nr. **200.**

sind (vgl. BFH-Urteil vom 26.04.1990, V R 90/87, BStBl. II S. 802). [9]Ein Tierzucht- bzw. Tierhaltungsbetrieb ist kein landwirtschaftlicher Betrieb, wenn dem Unternehmer nicht in ausreichendem Umfang selbst bewirtschaftete Grundstücksflächen zur Verfügung stehen (vgl. BFH-Urteil vom 29.06.1988, X R 33/82, BStBl. II S. 922). [10]Zur Frage, ob sich die Struktur eines landwirtschaftlichen Betriebs zu der eines nicht landwirtschaftlichen verändert hat, vgl. BFH-Urteil vom 09.05.1996, V R 118/92, BStBl. II S. 550.

(3) *(aufgehoben)*

Aktiv bewirtschafteter Betrieb

(4) [1]Die Anwendung des § 24 UStG setzt grundsätzlich voraus, dass der landwirtschaftliche Betrieb noch bewirtschaftet wird (BFH-Urteil vom 21.04.1993, XI R 50/90, BStBl. II S. 696). [2]Leistungen, die nach Einstellung der Erzeugertätigkeit erbracht werden, unterliegen daher grundsätzlich den allgemeinen Regelungen des Umsatzsteuergesetzes. [3]Dies gilt nicht für nach Aufgabe des landwirtschaftlichen Betriebs ausgeführte Umsätze aus der Lieferung selbst erzeugter Produkte (vgl. BFH-Urteil vom 19.11.2009, V R 16/08, BStBl. II 2010 S. 319). [4]Für die Umsätze aus der Veräußerung von Gegenständen des land- und forstwirtschaftlichen Unternehmensvermögens und von immateriellen Wirtschaftsgütern, die die rechtliche Grundlage der Erzeugertätigkeit des Unternehmers darstellen, sind die Vereinfachungsregelungen in Abschnitt 24.2 Abs. 6 und Abschnitt 24.3 Abs. 9 nach Betriebsaufgabe unter den weiteren Voraussetzungen anwendbar, dass die Veräußerung des einzelnen Wirtschaftsguts im engen sachlichen Zusammenhang mit der Betriebsaufgabe erfolgt und das Wirtschaftsgut nach Einstellung der Erzeugertätigkeit nicht zur Ausführung von Umsätzen verwendet wird, die der Regelbesteuerung unterliegen. [5]Wird die landwirtschaftliche Erzeugertätigkeit in mehreren Schritten aufgegeben und werden dabei nur vorübergehend die Tierbestandsgrenzen des § 24 Abs. 2 Satz 1 Nr. 2 UStG überschritten, liegt insofern kein für die Besteuerung nach Durchschnittssätzen schädlicher Strukturwandel vor.

Verhältnis zu anderen Vorschriften des UStG

(5) [1]Nach § 1 Abs. 1a UStG unterliegen die Umsätze im Rahmen einer Geschäftsveräußerung an einen anderen Unternehmer für dessen Unternehmen nicht der Umsatzsteuer. [2]Dies gilt auch bei der Veräußerung eines land- und forstwirtschaftlichen Betriebs oder Teilbetriebs sowie bei der Einbringung eines Betriebs oder Teilbetriebs in eine Gesellschaft, und zwar auch dann, wenn einzelne Wirtschaftsgüter von der Veräußerung ausgenommen werden (vgl. BFH-Urteil vom 15.10.1998, V R 69/97, BStBl. II 1999 S. 41). [3]Eine Geschäftsveräußerung kann auch vorliegen, wenn verpachtete Gegenstände nach Beendigung der Pacht veräußert werden (vgl. BFH-Urteil vom 10.05.1961, V 222/58 U, BStBl. III S. 322); vgl. auch Abschnitt 1.5.

(6) Zum innergemeinschaftlichen Erwerb nach § 1a UStG bei Land- und Forstwirten, die die Durchschnittssatzbesteuerung nach § 24 UStG anwenden, vgl. Abschnitte 1a.1 Abs. 2 und 15.10 Abs. 2.

(7) Land- und Forstwirte, die die Durchschnittssatzbesteuerung nach § 24 UStG anwenden, können auch Steuerschuldner im Sinne des § 13b UStG sein (vgl. Abschnitt 13b.1 Abs. 1).

(8) Zur Anwendung der Kleinunternehmerregelung nach § 19 UStG vgl. Abschnitt 24.7 Abs. 4.

24.1a Umsatzgrenze

(1)[1] [1]Der Anwendungsbereich der Durchschnittssätze ist nach § 24 Abs. 1 Satz 1 UStG auf land- und forstwirtschaftliche Betriebe solcher Unternehmer begrenzt, deren Gesamtumsatz (§ 19 Abs. 3 UStG) im vorangegangenen Kalenderjahr nicht mehr als 600 000 € betragen hat. [2]Zum Gesamtumsatz gehören auch die Umsätze von Wirtschaftsgütern des Anlagevermögens. [3]Überschreitet ein Unternehmer die Umsatzgrenze des § 24 Abs. 1 Satz 1 UStG, hat er seine Umsätze nach den allgemeinen Regelungen zu versteuern. [4]Die Prüfung der Umsatzgrenze erfolgt anhand der Umsätze im Sinne des § 1 Abs. 1 Nr. 1 UStG (ohne Umsatzsteuer), die der Unternehmer mit seinem gesamten Unternehmen im vorangegangenen Kalenderjahr erzielt hat, und unter Zugrundelegung der im maßgeblichen Kalenderjahr angewandten Besteuerungsart (Sollversteuerung oder Istversteuerung). [5]Im Jahr des Beginns der gewerblichen oder beruflichen Tätigkeit ist auf den voraussichtlichen Gesamtumsatz des laufenden Kalenderjahres abzustellen. [6]Im Fall des Satzes 5 und wenn die gewerbliche oder berufliche Tätigkeit nur in einem Teil des vorangegangenen Kalenderjahres ausgeübt wurde, ist der Gesamtumsatz in einen Jahresgesamtumsatz umzurechnen (vgl. Abschnitt 19.3 Abs. 3). [7]Im Falle einer Geschäftsveräußerung im Ganzen (§ 1 Abs. 1a UStG) ist der Vorjahresumsatz des Veräußerers maßgeblich, wenn der erwerbende Unternehmer zuvor keine eigene unternehmerische Tätigkeit ausgeübt hat. [8]Erwirbt ein die Durchschnittssatzbesteuerung anwendender Unternehmer ein weiteres Unternehmen oder einen in der Gliederung eines Unternehmens gesondert geführten Betrieb im Ganzen (§ 1 Abs. 1a UStG) und unterlagen die Umsätze des hinzuerworbenen Unternehmens(-teils) auf Grund der Überschreitung der Umsatzgrenze bereits der Regelbesteuerung, hat er ab Beginn des Kalenderjahres, in dem die Geschäftsveräußerung im Ganzen erfolgt ist, sowohl die Umsätze des bisherigen als auch des hinzuerworbenen land- und forstwirtschaftlichen Unternehmens(-teils) nach den allgemeinen Regelungen zu versteuern. [9]Überschreitet der Vorjahresumsatz des neu hinzuerworbenen Unternehmens(-teils) die Umsatzgrenze nicht, unterliegen im Jahr des Hinzuerwerbs sowohl die Umsätze des bisherigen als auch des hinzuerworbenen land- und forstwirtschaftlichen Unternehmens(-teils) der Durchschnittssatzbesteuerung. [10]Dies gilt auch, wenn die Summe der Vorjahresumsätze des bisherigen und des neu hinzuerworbenen Unternehmens(-teils) die Umsatzgrenze übersteigen; zur Wirkung des Verzichts auf die Durchschnittssatzbesteuerung vgl. Abschnitt 24.8. [11]Im Falle der Gesamtrechtsnachfolge gelten die Sätze 6

[1] A 24.1a UStAE Abs. 1 Satz 5 aufgeh., bish. Sätze 6 bis 15 werden Sätze 5 bis 14, neue Sätze 6 und 11 neugef. durch BMF v. 12.04.2023, BStBl. I 2023, 734, anzuwenden in allen offenen Fällen.

bis 10 entsprechend. 12 Der gesetzliche Wechsel zur Regelbesteuerung stellt keine Option im Sinne des § 24 Abs. 4 UStG dar und bewirkt damit auch keine Bindungsfrist (vgl. Abschnitt 24.8). 13 Bei einem Übergang zur Regelbesteuerung richtet sich der Voranmeldungszeitraum nach § 18 Abs. 2 Sätze 1 und 2 UStG. 14 Eine Befreiung von der Verpflichtung zur Übermittlung von Voranmeldungen im ersten Jahr nach dem gesetzlichen Wechsel zur Regelbesteuerung kommt nicht in Betracht (vgl. Abschnitt 18.2 Abs. 2 Satz 3).

(2) 1 Gemäß § 22 Abs. 6 Nr. 1 UStG in Verbindung mit § 67 UStDV sind Unternehmer, die die Durchschnittssätze des § 24 UStG anwenden, für den Bereich der Land- und Forstwirtschaft im Wesentlichen von den Aufzeichnungspflichten des § 22 UStG befreit. 2 In diesen Fällen können für die Ermittlung des Gesamtumsatzes ergänzend zu den Angaben, die nach § 18 Abs. 3 UStG erforderlich sind, hilfsweise die ertragsteuerlichen Aufzeichnungen und Gewinnermittlungen herangezogen werden. 3 Im Übrigen sind die Umsätze nach den Betriebsmerkmalen und unter Berücksichtigung der besonderen Verhältnisse zu schätzen.

(3) 1 Zum Vorsteuerabzug von Unternehmern, die von der Besteuerung nach § 24 UStG zur allgemeinen Besteuerung des UStG übergegangen sind oder umgekehrt, siehe Abschnitt 15.1 Abs. 5 und 6. 2 Bei einer Änderung der Besteuerungsform kommt eine Berichtigung des Vorsteuerabzuges nach § 15a Abs. 1 bis 4 in Verbindung mit Abs. 7 UStG in Betracht (vgl. auch Abschnitte 15a.2 Abs. 2 Satz 3 Nr. 4 und 15a.9 Abs. 5 bis 7). 3 Die Bagatellgrenzen nach § 44 UStDV sind zu beachten.

24.2 Erzeugnisse im Sinne des § 24 Abs. 1 Satz 1 UStG

(1) 1 Die Durchschnittssätze sind auf die Umsätze mit landwirtschaftlichen Erzeugnissen im Rahmen land- und forstwirtschaftlicher Betriebe anzuwenden. 2 Voraussetzung ist, dass die Erzeugnisse im Rahmen dieses land- und forstwirtschaftlichen Betriebs erzeugt worden sind. 3 Die Umsätze mit zugekauften Produkten sind von der Anwendung der Durchschnittssatzbesteuerung ausgeschlossen (vgl. BFH-Urteil vom 14.06.2007, V R 56/05, BStBl. II S. 158). 4 Als zugekaufte Produkte gelten die zum Zwecke der Weiterveräußerung erworbenen Erzeugnisse. 5 Werden nicht selbst erzeugte landwirtschaftliche Erzeugnisse im eigenen Betrieb durch urproduktive Tätigkeiten zu einem Produkt anderer Marktgängigkeit weiterverarbeitet, gelten diese hingegen als eigene Erzeugnisse. 6 Solche eigenen Erzeugnisse liegen z. B. vor, wenn nicht selbst erzeugte land- und forstwirtschaftliche Erzeugnisse (z. B. zugekaufte Samen, Zwiebeln, Knollen, Stecklinge und Pflanzen) im eigenen Betrieb bis zur Verkaufsreife kultiviert werden oder spätestens nach Ablauf von drei Monaten. 7 Diese Grundsätze finden für den Bereich der Tierzucht und Tierhaltung entsprechende Anwendung. 8 Der Erzeuger muss die Erzeugnisse im Zeitpunkt des Zukaufs den potentiell selbst erzeugten oder den zum baldigen Absatz bestimmten Waren zuordnen. 9 Dem Vorsteuerabzug kommt hierbei eine indizielle Bedeutung zu. 10 Werden die Produkte beispielsweise in einer Verkaufseinrichtung (z. B. Hofladen) präsentiert, spricht dies für eine Zuordnung zu den zum baldigen Absatz bestimmten Waren.

[11]Verbleiben die ursprünglich zum baldigen Absatz bestimmten Waren länger als drei Monate im Betrieb und werden sie in dieser Zeit weiter kultiviert, handelt es sich um selbst erzeugte Produkte, deren Lieferung der Durchschnittssatzbesteuerung unterliegt. [12]Ein vorgenommener Vorsteuerabzug ist ggf. zu berichtigen.

Verarbeitungstätigkeiten

(2) [1]Den Tätigkeiten der landwirtschaftlichen Erzeugung sind die Verarbeitungstätigkeiten gleichgestellt, die der landwirtschaftliche Erzeuger mit Mitteln ausübt, die normalerweise in land-, forst- oder fischereiwirtschaftlichen Betrieben verwendet werden. [2]Dabei ist Voraussetzung, dass der landwirtschaftliche Erzeuger im Wesentlichen aus seiner land- und forstwirtschaftlichen Produktion stammende Erzeugnisse verwendet und das Enderzeugnis seinen land- und forstwirtschaftlichen Charakter nicht verliert (so genannte erste Verarbeitungsstufe). [3]Dies kann z.B. bei der händischen Beimischung von Zutaten der Fall sein (vgl. BFH-Urteil vom 27.09.2018, V R 28/17, BStBl. II 2019 S. 383). [4]Führt die Verarbeitung zu einem Produkt der zweiten oder einer höheren Verarbeitungsstufe (z. B. Spirituosen), unterliegen die Umsätze mit diesen Erzeugnissen nicht der Durchschnittssatzbesteuerung. [5]Die Ausführung von Verarbeitungstätigkeiten durch Lohnunternehmer steht in diesem Rahmen der Annahme eines selbst erzeugten landwirtschaftlichen Erzeugnisses nicht entgegen. [6]Dies gilt in den Fällen der so genannten Umtauschmüllerei (§ 3 Abs. 10 UStG) entsprechend.

Beispiel 1:

[1]Ein Landwirt betreibt Schweinezucht. [2]Er lässt die Schweine von einem gewerblichen Lohnunternehmer schlachten und in Hälften zerlegen. [3]Die Schweinehälften liefert der Landwirt an einen fleischverarbeitenden Betrieb.

[4]Die Lieferung der Schweinehälften unterliegt der Durchschnittssatzbesteuerung. [5]Die Ausführung der Schlacht- und Zerlegearbeiten durch einen Lohnunternehmer steht dem nicht entgegen.

Beispiel 2:

[1]Ein Landwirt, der Getreide anbaut, bringt sein Getreide zu einer Mühle. [2]Er erhält vom Müller Mehl, das aus fremdem Getreide gemahlen wurde, und zahlt den Mahllohn. [3]Der Landwirt veräußert das Mehl an einen Lebensmittelhersteller.

[4]Die Lieferung des Mehls an den Lebensmittelhersteller unterliegt der Durchschnittssatzbesteuerung. [5]Unschädlich ist, dass das Mehl nicht tatsächlich aus dem vom Landwirt erzeugten Getreide gemahlen wurde.

(3) [1]Werden selbst erzeugte Produkte untrennbar mit zugekauften Produkten vermischt, unterliegt die Lieferung des Endprodukts aus Vereinfachungsgründen noch der Durchschnittssatzbesteuerung, wenn die Beimischung des zugekauften Produkts nicht mehr als 25% beträgt. [2]Maßstab ist die im Handel übliche Maßeinheit (z. B. Kilogramm bei Honig, Liter bei Wein). [3]Zugekaufte Zutaten und Nebenstoffe bleiben bei der Prüfung der 25%-Grenze nach Satz 1 außer Betracht. [4]Als Zutaten und Nebenstoffe sind insbesondere Gewürze, Konservierungsmittel, Zusatzstoffe im Sinne des Weingesetzes, die Süßreserve sowie der Deckwein im Weinbau anzusehen. [5]Gleiches gilt für die Warenumschließungen.

Beispiel 1:

[1] Ein Imker hat sich verpflichtet, 400 kg Honig zu liefern. [2] Da er nur über 350 kg selbst erzeugten Honig verfügt, kauft er 50 kg hinzu und vermischt beide Erzeugnisse.
[3] Beide Honigmengen werden untrennbar miteinander vermischt. [4] Da der Anteil des zugekauften Honigs nicht mehr als 25 % des Endprodukts ausmacht, unterliegt die Lieferung der Gesamtmenge der Durchschnittssatzbesteuerung.

Beispiel 2:

[1] Ein Obstbauer hat sich verpflichtet, eine bestimmte Menge Apfelsaft in Flaschen zu liefern. [2] Da die selbst erzeugte Menge von 700 kg Äpfeln für die Produktion nicht ausreicht, kauft er 300 kg hinzu und presst den Saft aus der Gesamtmenge.
[3] Bei der Beurteilung, ob es sich noch um ein selbst erzeugtes Produkt handelt, bleiben die Flaschen als Warenumschließungen außer Betracht. [4] Da der Saft der zugekauften Äpfel untrennbar mit dem Saft der selbst erzeugten Äpfel vermischt wurde und mehr als 25 % des Endprodukts beträgt, unterliegt die Lieferung des Apfelsafts nicht der Durchschnittssatzbesteuerung.

Beispiel 3:

[1] Ein Kartoffelbauer verpflichtet sich zur Lieferung von 1.000 kg geschälten Kartoffeln. [2] Da er nur über 700 kg selbst erzeugter Produkte verfügt, kauft er die entsprechende Menge ungeschälter Kartoffeln hinzu. [3] Die selbst erzeugten und zugekauften Kartoffeln werden in der Schälmaschine vermischt und geschält.
[4] Da die Kartoffeln nicht untrennbar miteinander vermischt werden, unterliegt die Lieferung der selbst erzeugten Produkte ohne Rücksicht auf prozentuale Zusammensetzung der Gesamtmenge der Durchschnittssatzbesteuerung. [5] Die zugekauften Kartoffeln unterliegen der Besteuerung nach allgemeinen Regelungen. [6] Der Unternehmer trägt die Feststellungslast für die Anwendung der Durchschnittssatzbesteuerung hinsichtlich der selbst erzeugten Kartoffeln.

Beispiel 4:

[1] Ein Landwirt baut Gurken an und stellt daraus Konserven her. [2] Da er nicht über die erforderliche Menge Gurken verfügt, kauft er Gurken hinzu. [3] Er vermischt die Gurken, viertelt sie und fügt bei der Konservenproduktion Wasser, Essig, Zucker und Gewürze bei.
[4] Da es sich bei dem Endprodukt um ein Produkt der so genannten zweiten Verarbeitungsstufe handelt, unterliegt die Lieferung den allgemeinen Regelungen des Umsatzsteuergesetzes. [5] Unerheblich ist, wie hoch der prozentuale Anteil der zugekauften Gurken am Endprodukt ist.

Erzeugnisse im Sinne des § 24 Abs. 1 Satz 1 Nr. 1 UStG

(4) [1] Als forstwirtschaftliche Erzeugnisse (§ 24 Abs. 1 Satz 1 Nr. 1 UStG) kommen insbesondere in Betracht: Stammholz (Stämme und Stammteile), Schwellenholz, Stangen, Schichtholz, Industrieholz, Brennholz, sonstiges Holz (z. B. Stockholz, Pfähle, Reisig) und forstliche Nebenerzeugnisse wie Forstsamen, Rinde, Baumharz, Weihnachtsbäume, Schmuckgrün, Waldstreu, Pilze und Beeren. [2] Voraussetzung ist, dass diese Erzeugnisse im Rahmen der Forstwirtschaft anfallen. [3] Das Rücken des Holzes durch den Forstwirt im Zusammenhang mit der Holzlieferung ist als Nebenleistung anzusehen. [4] Bei Lieferungen von Erzeugnissen aus Sonderkulturen außerhalb des Waldes (z. B. Weidenbau, Baumschule, Obst- oder Weihnachtsbaumkultur, Schmuckreisig) handelt es sich nicht um Umsätze von forstwirtschaftlichen Erzeugnissen, sondern um eigenständige landwirtschaftliche Umsätze, die unter § 24 Abs. 1 Satz 1 Nr. 3 UStG fallen. [5] Zur Forstwirtschaft gehören Hoch-, Mittel- und Niederwald, Schutzwald (z. B. Wasser-, Boden-, Lawinen-, Klima-, Immissions-, Sicht- und Straßenschutzwald sowie Schutzwaldungen mit naturkundli-

chen Zielsetzungen und Waldungen für Forschung und Lehre), Erholungswald und Nichtwirtschaftswald (z. B. Naturparks, Nationalparks, Landschaftsschutzgebiete und Naturschutzgebiete), auch wenn die Erzeugung von Rohholz ausgeschlossen oder nicht beabsichtigt ist. [6]Holz aus Parkanlagen sowie Flurholz außerhalb des Waldes und Alleebäume, Grenzbäume u. ä. rechnen nicht zur Forstwirtschaft.

Erzeugnisse im Sinne des § 24 Abs. 1 Satz 1 Nr. 2 UStG

(5) [1]In der Anlage 2 des UStG nicht aufgeführte Sägewerkserzeugnisse (§ 24 Abs. 1 Satz 1 Nr. 2 UStG) sind insbesondere Balken, Bohlen, Kanthölzer, besäumte und unbesäumte Bretter sowie Holzwolle und Holzmehl. [2]Zu den Getränken und alkoholischen Flüssigkeiten im Sinne des § 24 Abs. 1 Satz 1 Nr. 2 UStG zählen insbesondere Wein, Obstwein Traubenmost, Frucht- und Gemüsesäfte, Alkohol und Sprit sowie vergorene, nicht zum Verzehr bestimmte Kirschmaische (BFH-Urteil vom 12.03.2008, XI R 65/06, BStBl. II S. 532). [3]Nicht darunter fallen z. B. Trinkbranntwein, Branntweinerzeugnisse, Weinbrand, Obstschnäpse und -liköre, Milch (aus Kapitel 4 des Zolltarifs), Milchmischgetränke mit einem Anteil an Milch von mindestens 75% des Fertigerzeugnisses sowie Wasser, nicht aber Mineralwasser.

Erzeugnisse im Sinne des § 24 Abs. 1 Satz 1 Nr. 3 UStG

(6) [1]Der Durchschnittssatz nach § 24 Abs. 1 Satz 1 Nr. 3 UStG gilt insbesondere für die Umsätze der wichtigsten landwirtschaftlichen Erzeugnisse wie z. B. Getreide, Getreideerzeugnisse, Vieh, Fleisch, Milch, Obst, Gemüse und Eier. [2]Die Umsätze mit Gegenständen des land- und forstwirtschaftlichen Unternehmensvermögens (z. B. der Verkauf gebrauchter landwirtschaftlicher Geräte) unterliegen der Regelbesteuerung.[1)] [3]Aus Vereinfachungsgründen wird die Anwendung der Durchschnittssatzbesteuerung auf diese Umsätze jedoch nicht beanstandet, wenn die Gegenstände während ihrer Zugehörigkeit zum land- und forstwirtschaftlichen Unternehmensvermögen nahezu ausschließlich, d. h. zu mindestens 95%, für Umsätze verwendet wurden, die den Vorsteuerabzug nach § 24 Abs. 1 Satz 4 UStG ausschließen.[1)] [4]Zeiträume, in denen der Unternehmer gemäß § 24 Abs. 4 UStG zur Anwendung der allgemeinen Vorschriften des Umsatzsteuergesetzes optiert hatte, bleiben für Zwecke der Prüfung der 95%-Grenze außer Betracht. [5]Voraussetzung für die Anwendung der Vereinfachungsregelung ist jedoch, dass der Unternehmer für diese Gegenstände darauf verzichtet, einen anteiligen Vorsteuerabzug vorzunehmen.

Rechtsmissbrauch

(7) Es ist rechtsmissbräuchlich, wenn ein Händler und ein Landwirt die Umsätze des Landwirts durch Verkauf und Rückkauf von Tieren oder anderen landwirtschaftlichen Erzeugnissen ohne Rücksicht auf den wirtschaftlichen Gehalt der vom Landwirt erbrachten Leistung künstlich erhöhen und der Händler in den Genuss eines hierdurch erhöhten Vorsteuerabzugs zu gelangen versucht (BFH-Urteil vom 09.07.1998, V R 68/96, BStBl. II S. 637).

[1)] Siehe hierzu BFH v. 17.08.2023 V R 3/21, DStR 2024, 107: A 24.2 Abs. 6 Satz 2 bestätigt, Satz 3 abgelehnt.

24.3 Sonstige Leistungen

Allgemein

(1) [1]Die Anwendung der Durchschnittssatzbesteuerung auf die im Rahmen eines land- und forstwirtschaftlichen Betriebs erbrachten sonstigen Leistungen setzt voraus,

- dass sie mit Hilfe der Arbeitskräfte des Betriebs – einschließlich der Arbeitskraft des Betriebsinhabers – erbracht werden und die dabei ggf. verwendeten Wirtschaftsgüter der normalen Ausrüstung des Betriebs zuzurechnen sind und
- dass die sonstigen Leistungen normalerweise zur landwirtschaftlichen Erzeugung beitragen.

[2]Insbesondere folgende sonstige Leistungen können bei Vorliegen der in Satz 1 genannten Voraussetzungen der Durchschnittssatzbesteuerung unterliegen:

1. Anbau-, Ernte-, Dresch-, Press-, Lese- und Einsammelarbeiten, einschließlich Säen und Pflanzen;
2. Verpackung und Zubereitung, wie beispielsweise Trocknung, Reinigung, Zerkleinerung, Desinfektion und Einsilierung landwirtschaftlicher Erzeugnisse;
3. Lagerung landwirtschaftlicher Erzeugnisse;
4. Hüten, Zucht und Mästen von Vieh;
5. Vermietung normalerweise in land-, forst- und fischwirtschaftlichen Betrieben verwendeter Mittel zu landwirtschaftlichen Zwecken;
6. technische Hilfe;
7. Vernichtung schädlicher Pflanzen und Tiere, Behandlung von Pflanzen und Böden durch Besprühen;
8. Betrieb von Be- und Entwässerungsanlagen;
9. Beschneiden und Fällen von Bäumen und andere forstwirtschaftliche Dienstleistungen.

(2) [1]Das Unionsrecht sieht für die Anwendbarkeit der Durchschnittssatzbesteuerung auf derartige land- und forstwirtschaftliche Dienstleistungen an Personen, die einer Tätigkeit der landwirtschaftlichen Erzeugung nachgehen, zwar keine betragsmäßige Beschränkung vor. [2]Dennoch können Land- und Forstwirte solche Dienstleistungen nicht in unbegrenztem Umfang unter Anwendung der Durchschnittssatzbesteuerung erbringen. [3]Die Anwendung der Durchschnittssatzbesteuerung setzt voraus, dass der Unternehmer mit seinen jeweiligen Umsätzen als landwirtschaftlicher Erzeuger handelt. [4]Hierzu zählt in gewissem Umfang auch das Erbringen land- und forstwirtschaftlicher Dienstleistungen, wenn die Erbringung der betreffenden Leistung beim Unternehmer jedenfalls typisierend zu einer Belastung mit Vorsteuer führt oder zumindest führen kann. [5]Begründet wird die landwirtschaftliche Erzeugertätigkeit allerdings nur durch die eigene Urproduktion. [6]Alleine mit der Erbringung land- und forstwirtschaftlicher Dienstleistungen wird ein Unternehmer nicht zum landwirtschaftlichen Erzeuger. [7]Nehmen die land- und forstwirtschaftlichen Dienstleistungen daher im Vergleich zur eigenen Urproduktion

einen überdurchschnittlich großen Anteil an den Umsätzen des land- und forstwirtschaftlichen Betriebs ein, können diese einer neben dem land- und forstwirtschaftlichen Betrieb ausgeführten unternehmerischen Tätigkeit zuzuordnen sein.

(3) [1] Ein Anhaltspunkt für das Vorliegen einer Tätigkeit außerhalb der Land- und Forstwirtschaft kann eine im vorangegangenen Kalenderjahr überschrittene Umsatzgrenze von 51.500 € sein. [2] Bei der Ermittlung dieser Umsatzgrenze sind die sonstigen Leistungen an Landwirte und Nichtlandwirte zusammenzufassen. [3] Umsätze aus Vermietungs- und Verpachtungsleistungen sowie der Veräußerung von immateriellen Wirtschaftsgütern des Anlagevermögens (z. B. Zahlungsansprüche) bleiben bei der Prüfung dieser Umsatzgrenze für umsatzsteuerliche Zwecke außer Ansatz. [4] Das Überschreiten der Umsatzgrenze alleine schließt die Anwendung der Durchschnittssatzbesteuerung allerdings noch nicht aus. [5] In diesem Fall ist vielmehr anhand weiterer Kriterien zu prüfen, ob die Dienstleistungen nicht mehr dem land- und forstwirtschaftlichen Betrieb zuzurechnen sind. [6] Hierfür spricht u. a. ein unverhältnismäßig hoher Anteil der auf die Erbringung der Dienstleistungen entfallenden Arbeitszeit oder ein Maschinen- und Ausrüstungsbestand, der über die Anforderungen des eigenen Betriebs hinausgeht.

(4) [1] Der Einsatz von Arbeitskräften schließt die im land- und forstwirtschaftlichen Betrieb des Steuerpflichtigen beschäftigten Arbeitnehmer ein. [2] Ein Wirtschaftsgut ist der normalen Ausrüstung des land- und forstwirtschaftlichen Betriebs zuzurechnen, wenn es dem Grunde oder der vorhandenen Anzahl nach dem betriebsgewöhnlichen, d. h. normalen Ausrüstungsbestand des land- und forstwirtschaftlichen Betriebs des Steuerpflichtigen zuzurechnen ist und wenn es nach seiner objektiven Zweckbestimmung und der tatsächlichen Übung den vom Steuerpflichtigen ausgeübten Erzeugertätigkeiten dient. [3] Die Erbringung von sonstigen Leistungen unter Verwendung von Wirtschaftsgütern, die

- im eigenen Betrieb nicht oder nur unerheblich verwendet werden oder
- einem nicht betriebstypischen Überbestand zuzurechnen sind oder
- ausschließlich zur Erbringung von sonstigen Leistungen an Dritte vorgehalten werden

ist daher unabhängig von der Dauer oder dem Zweck der Verwendung aus dem Anwendungsbereich der Durchschnittssatzbesteuerung ausgeschlossen, da diese Mittel von vornherein nicht zum betriebsgewöhnlichen Ausrüstungsbestand des land- und forstwirtschaftlichen Betriebs gehören (vgl. BFH-Urteil vom 21.01.2015, XI R 13/13, BStBl. II S. 730). [4] Ein nicht betriebstypischer Überbestand liegt bei Erstmaschinen im Allgemeinen nicht vor. [5] Setzt der Betriebsinhaber seine eigene Arbeitskraft oder die im Betrieb beschäftigten Arbeitnehmer ganz überwiegend oder ausschließlich zur Erbringung sonstiger Leistungen an Dritte ein, unterliegen die sonstigen Leistungen nicht der Durchschnittssatzbesteuerung.

(5) [1] Ob eine sonstige Leistung normalerweise zur landwirtschaftlichen Erzeugung beiträgt, ist aus der Sicht des Leistungsempfängers zu beurteilen. [2] Ein solcher Zweck liegt vor, wenn die sonstige Leistung in der Sphäre des Leistungsempfängers unter planmäßiger Nutzung der natürlichen Kräfte des

Bodens zur Erzeugung von Pflanzen und Tieren, d.h. für eine Tätigkeit der landwirtschaftlichen Erzeugung nach Anhang VII MwStSystRL,[1)] verwertet wird. [3]Es ist jedoch nicht Voraussetzung, dass der Leistungsempfänger die Erzeugertätigkeit im Rahmen eines land- und forstwirtschaftlichen Betriebs ausübt. [4]Zur landwirtschaftlichen Erzeugung gehören auch Tätigkeiten der ersten Verarbeitungsstufe, wenn im Wesentlichen selbst erzeugte landwirtschaftliche Produkte be- oder verarbeitet werden. [5]Wird die sonstige Leistung an eine Person erbracht, die keine Tätigkeit der landwirtschaftlichen Erzeugung ausübt, ist davon auszugehen, dass die Leistung nicht zur landwirtschaftlichen Erzeugung beiträgt. [6]Betreibt der Leistungsempfänger eine Tierzucht oder Tierhaltung außerhalb eines land- und forstwirtschaftlichen Betriebs, ist diese nur dann eine Tätigkeit der landwirtschaftlichen Erzeugung, wenn sie jeweils in Verbindung mit der Bodenbewirtschaftung (vgl. Anhang VII Nr. 2 MwStSystRL) und in den Fällen der Tierhaltung außerdem nicht lediglich aus privaten Gründen zu Freizeitzwecken erfolgt. [7]Sonstige Leistungen, die beim Leistungsempfänger nicht landwirtschaftlichen Zwecken dienen, sind vom Anwendungsbereich der Durchschnittssatzbesteuerung ausgeschlossen (vgl. BFH-Urteil vom 21.01.2015, XI R 13/13, BStBl. II S. 730).

Beispiel 1:

[1]Ein pauschalierender Landwirt vermietet Wohnmobilbesitzern für die Wintermonate Stellplätze in einer ansonsten für eigenbetriebliche Zwecke genutzten Lagerhalle.
[2]Die Vermietung erfolgt zu außerlandwirtschaftlichen Zwecken. [3]Die Umsätze fallen nicht unter die Durchschnittssatzbesteuerung.

Beispiel 2:

[1]Ein pauschalierender Landwirt nimmt ein Arbeitspferd eines Waldbesitzers in Pension. [2]Der Waldbesitzer unterhält den Wald nicht im Rahmen eines Unternehmens, sondern ausschließlich zur Deckung seines privaten Bedarfs an Brennholz.
[3]Die Pensionsleistung des Landwirts, die zur Holzerzeugung des Waldbesitzers beiträgt, unterliegt der Durchschnittssatzbesteuerung, sofern die bei Erbringung der Leistung verwendeten Wirtschaftsgüter der normalen Ausrüstung des landwirtschaftlichen Betriebs zuzurechnen sind.

[8]Ein Unternehmer bezieht Bauleistungen für die Errichtung einer Lagerhalle auf einem vorher landwirtschaftlich genutzten Grundstück nicht im Rahmen seines der Durchschnittssatzbesteuerung unterliegenden landwirtschaftlichen Betriebs, wenn die Halle – wie geplant – an einen außerlandwirtschaftlichen Unternehmer vermietet wird (vgl. BFH-Urteil vom 03.12.1998, V R 48/98, BStBl. 1999 II S. 150). [9]Beweidungsleistungen im Rahmen der Wanderschäferei können der Durchschnittssatzbesteuerung unterliegen (vgl. BFH-Urteil vom 06.09.2018, V R 34/17, BStBl. II 2019 S. 344).

Vermietungsleistungen

(6) [1]Ein zur Erbringung einer Vermietungsleistung verwendetes Wirtschaftsgut, das bis zur Vermietung als zum betriebsgewöhnlichen Ausrüstungsbestand eines land- und forstwirtschaftlichen Betriebs gehörig anzusehen ist, scheidet für die Dauer der Vermietung aus diesem Kreis aus, wenn sich der Vermieter durch eine langfristige Vermietung einer Nutzungsmöglichkeit im

---

1) **Steuergesetze** Nr. **550.**

eigenen Betrieb begibt. [2]Eine Mietdauer von mindestens 12 Monaten ist stets als langfristig anzusehen. [3]Solche Vermietungsumsätze unterliegen daher nicht der Durchschnittssatzbesteuerung.

Beispiel 1:

[1]Ein Wirtschaftsgut wird auf unbestimmte Dauer vermietet. [2]Der Vertrag kann monatlich gekündigt werden. [3]Die Vermietung ist als langfristig anzusehen und unterliegt somit nicht der Durchschnittssatzbesteuerung. [4]Endet die tatsächliche Gebrauchsüberlassung jedoch vor Ablauf von 12 Monaten, handelt es sich insgesamt nicht um eine langfristige Vermietung.

Beispiel 2:

[1]Ein Wirtschaftsgut wird für drei Monate vermietet. [2]Der Mietvertrag verlängert sich automatisch um je einen Monat, wenn er nicht vorher gekündigt wird. [3]Die Vermietung ist nicht als langfristig anzusehen. [4]Dauert die tatsächliche Gebrauchsüberlassung jedoch 12 Monate oder mehr, handelt es sich insgesamt um eine langfristige Vermietung.

Verpachtungsleistungen

(7) [1]Mit der Überlassung eines land- und forstwirtschaftlichen Betriebs, von Betriebsteilen oder einzelner Wirtschaftsgüter durch Verpachtung oder Einräumung eines Nießbrauchs wird dem Pächter bzw. Nießbrauchsberechtigten die Möglichkeit des Gebrauchs und der Fruchtziehung eingeräumt. [2]Der Verpächter bzw. Nießbrauchsverpflichtete kann die überlassenen Gegenstände für die Dauer der Pacht bzw. der Einräumung des Nießbrauchs nicht mehr für Zwecke der eigenen Erzeugertätigkeit einsetzen. [3]Mit Beginn der Überlassung scheiden die Wirtschaftsgüter aus dem normalen Ausrüstungsbestand des land- und forstwirtschaftlichen Betriebs aus. [4]Auf entsprechende Umsätze findet die Durchschnittssatzbesteuerung nach § 24 UStG daher keine Anwendung. [5]Diese sonstigen Leistungen unterliegen ohne Rücksicht darauf, ob und in welchem Umfang der Verpächter oder Nießbrauchsverpflichtete weiterhin als Land- und Forstwirt tätig ist, den allgemeinen Vorschriften des UStG.

(8) [1]Zur Verpachtung eines landwirtschaftlichen Betriebs oder Betriebsteils vgl. BFH-Urteile vom 06.12.2001, V R 6/01, BStBl. II 2002 S. 555, und vom 25.11.2004, V R 8/01, BStBl. II 2005 S. 896. [2]Die Verpachtung eines Eigenjagdbezirks durch einen Land- und Forstwirt ist kein im Rahmen des land- und forstwirtschaftlichen Betriebs ausgeführter Umsatz. [3]Sie unterliegt der Besteuerung nach den allgemeinen Vorschriften (vgl. BFH-Urteile vom 11.02.1999, V R 27/97, BStBl. II S. 378, und vom 22.09.2005, V R 28/03, BStBl. II 2006 S. 280).

Immaterielle Wirtschaftsgüter

(9) [1]Umsätze aus der zeitweiligen oder endgültigen Übertragung immaterieller Wirtschaftsgüter unterliegen nur dann der Durchschnittssatzbesteuerung, wenn sie im Rahmen der land- und forstwirtschaftlichen Erzeugertätigkeit entstanden sind. [2]Danach kann weder die Verpachtung (zeitweilige Übertragung) noch der Verkauf (endgültige Übertragung) von Zahlungsansprüchen nach der EU-Agrarreform (GAP-Reform) in den Anwendungsbereich der Durchschnittssatzbesteuerung fallen (vgl. BFH-Urteil vom 30.03.2011, XI R 19/10, BStBl. II S. 772). [3]Aus Vereinfachungsgründen wird es

jedoch nicht beanstandet, wenn Umsätze aus der Veräußerung von immateriellen Wirtschaftsgütern, die die rechtliche Grundlage der Erzeugertätigkeit des Unternehmers darstellen (z. B. Brennrechte), der Durchschnittssatzbesteuerung unterworfen werden. [4]Dies gilt nicht, soweit das einzelne Wirtschaftsgut im Zeitpunkt der Veräußerung zur Ausführung von Umsätzen verwendet wird, die der Regelbesteuerung unterliegen. [5]Zur Veräußerung von immateriellen Wirtschaftsgütern im Zusammenhang mit der Abgabe von Saatgut vgl. BMF-Schreiben vom 14.02.2006, BStBl. I S. 240.

Entsorgungsleistungen

(10) [1]Die Erbringung von Entsorgungsleistungen an Personen, die keiner Tätigkeit der landwirtschaftlichen Erzeugung nachgehen (z. B. die Entsorgung von Klärschlamm oder Speiseresten), unterliegt nicht der Durchschnittssatzbesteuerung. [2]Dabei ist es unerheblich, ob und inwieweit die zu entsorgenden Stoffe im land- und forstwirtschaftlichen Betrieb des Entsorgers Verwendung finden (vgl. BFH-Urteile vom 23.01.2013, XI R 27/11, BStBl. II S. 458, und vom 24.01.2013, V R 34/11, BStBl. II S. 460).

Halten von fremdem Vieh

(11) [1]Die Aufzucht und das Halten von fremdem Vieh durch Land- und Forstwirte kann den im Rahmen eines land- und forstwirtschaftlichen Betriebs ausgeführten Umsätzen zuzurechnen sein, wenn dem Unternehmer nach § 24 Abs. 2 Nr. 2 UStG für die Tierhaltung in ausreichendem Umfang selbst bewirtschaftete Grundstücksflächen zur Verfügung stehen. [2]Weitere Voraussetzung ist insbesondere, dass die Leistung in der Sphäre des Leistungsempfängers normalerweise zur landwirtschaftlichen Erzeugung beiträgt (vgl. Absatz 5).

Weitere Einzelfälle

(12) Folgende sonstige Leistungen unterliegen nicht der Durchschnittssatzbesteuerung:

- [1]Umsätze aus der Pensionshaltung von Pferden, die von ihren Eigentümern zur Ausübung von Freizeitsport oder gewerblichen Zwecken oder zu anderen nicht land- und forstwirtschaftlichen Zwecken genutzt werden (vgl. BFH-Urteile vom 13.01.2011, V R 65/09, BStBl. II S. 465, vom 10.09. 2014, XI R 33/13, BStBl. II 2015 S. 720, und vom 21.01.2015, XI R 13/13, BStBl. II S. 730). [2]Dies gilt entsprechend für die Vermietung von Pferden zu Reitzwecken. [3]Die Pferdezucht oder Pferdehaltung ist seitens der Eigentümer der Pferde nur dann eine Tätigkeit der landwirtschaftlichen Erzeugung, wenn sie jeweils in Verbindung mit der Bodenbewirtschaftung und in den Fällen der Pferdehaltung außerdem nicht lediglich aus privaten Gründen zu Freizeitzwecken erfolgt (vgl. Absatz 5).
- Im Zusammenhang mit Pflanzenlieferungen erbrachte Dienstleistungen, die über den Transport und das Einbringen der Pflanze in den Boden hinausgehen (z. B. Pflege-, Planungsleistungen, Gartengestaltung), führen regelmäßig zur Annahme einer einheitlichen sonstigen Leistung, die insgesamt nach den allgemeinen Vorschriften zu besteuern ist (vgl. BMF-Schreiben

vom 04.02.2010, BStBl. I S. 214, und BFH-Urteil vom 14.02.2019, V R 22/17, BStBl. II S. 350).
- Grabpflegeleistungen (vgl. BFH-Urteil vom 31.05.2007, V R 5/05, BStBl. II 2011 S. 289).
- Die Abgabe von Speisen und Getränken (z.B. in Strauß- und Besenwirtschaften).
- Die entgeltliche Unterbringung und Verpflegung von Arbeitnehmern des land- und forstwirtschaftlichen Betriebs, da diese Leistungen überwiegend deren privaten Bedürfnissen dienen.
- Die Gestattung der Teilnahme an Treibjagden oder der Einräumung der Möglichkeit des Einzelabschusses von Wildtieren (BFH-Urteil vom 13.08.2008, XI R 8/08, BStBl. II 2009 S. 216).
- Die Zurverfügungstellung eines Grundstücks zur Durchführung von ökologischen Ausgleichsmaßnahmen nach dem BNatSchG (vgl. BFH-Urteil vom 28.05.2013, XI R 32/11, BStBl. II 2014 S. 411).
- Die Verpflichtung zur Anlage und zum Erhalt von Dauergrünland (vgl. BFH-Urteil vom 08.02.2018, V R 55/16, BStBl. II 2021 S. 538).
- Die Überlassung von Vieheinheiten (vgl. BFH-Urteil vom 22.11.2020, V R 22/19, BStBl. II 2021 S. 544).

24.4 Steuerfreie Umsätze im Sinne des § 4 Nr. 8 ff. UStG im Rahmen eines land- und forstwirtschaftlichen Betriebs

[1]Bei der Anwendung der Durchschnittssatzbesteuerung des § 24 UStG bleiben die Steuerbefreiung des § 4 Nr. 8 ff. UStG unberührt. [2]Die Vorschrift des § 9 UStG ist für sie nicht anzuwenden. [3]Für diese Umsätze ist somit ein Durchschnittssatz nicht festgesetzt. [4]Ein besonderer Abzug der diesen Umsätzen zuzurechnenden Vorsteuern entfällt. [5]Diese Regelung ist insbesondere für die Verkäufe land- und forstwirtschaftlicher Grundstücke von Bedeutung, auf die auch im Rahmen des § 24 UStG die Steuerbefreiung des § 4 Nr. 9 Buchstabe a UStG anzuwenden ist.

24.5 Ausfuhrlieferungen und Umsätze im Ausland bei land- und forstwirtschaftlichen Betrieben

(1) [1]§ 24 UStG ist auch bei Umsätzen im Sinne des § 4 Nr. 1 bis 7 UStG und bei Umsätzen im Ausland anzuwenden. [2]Dies bedeutet, dass z.B. auch innergemeinschaftliche Lieferungen im Sinne des § 6a Abs. 1 UStG durch pauschalversteuernde Land- und Forstwirte unter die Besteuerung des § 24 UStG fallen. [3]Diese Umsätze sind daher steuerpflichtig. [4]Vorsteuern, die mit diesen Umsätzen in wirtschaftlichem Zusammenhang stehen, sind durch die Pauschale abgegolten. [5]Ein weiterer Vorsteuerabzug entfällt.

(2) Der für die Ausfuhrlieferungen und die Umsätze im Ausland geltende Durchschnittssatz ist auch auf solche Umsätze anzuwenden, für die ohne die Anwendung des § 24 UStG eine niedrigere oder keine Umsatzsteuer zu zahlen wäre.

24.6 Vereinfachungsregelung für bestimmte Umsätze von land- und forstwirtschaftlichen Betrieben

(1)[1] [1]Werden im Rahmen eines pauschalierenden land- und forstwirtschaftlichen Betriebs auch der Regelbesteuerung unterliegende Umsätze ausgeführt (z. B. Lieferungen zugekaufter Erzeugnisse oder die Erbringung sonstiger Leistungen, die nicht landwirtschaftlichen Zwecken dienen, aber einen engen Bezug zur eigenen land- und forstwirtschaftlichen Erzeugertätigkeit des Unternehmers aufweisen), können diese unter den Voraussetzungen des Absatzes 2 aus Vereinfachungsgründen in die Durchschnittssatzbesteuerung einbezogen werden. [2]Unter den gleichen Voraussetzungen kann aus Vereinfachungsgründen von der Erhebung der Steuer auf die Umsätze mit Getränken und alkoholischen Flüssigkeiten verzichtet werden.

(2)[1] [1]Voraussetzung für die Anwendung des Absatzes 1 ist, dass die dort genannten Umsätze (Nettobetrag) voraussichtlich nicht mehr als 4.000 € im laufenden Kalenderjahr betragen. [2]Weitere Voraussetzung ist, dass der Unternehmer neben den in Absatz 1 genannten Umsätzen in dem Kalenderjahr voraussichtlich keine Umsätze ausführen wird, die eine Verpflichtung zur Übermittlung einer Umsatzsteuererklärung für das Kalenderjahr nach § 18 Abs. 3 oder 4a UStG nach sich ziehen.

(3) [1]Die Vereinfachungsregelung ist auch auf die Entrichtung der Vorauszahlungen anzuwenden (vgl. hierzu Abschnitt 18.6 Abs. 3). [2]Die Pflicht zur Aufzeichnung der Umsätze, für die die Vereinfachungsregelung gilt, bleibt unberührt.

(4) [1]Die Vereinfachungsregelung umfasst nur solche sonstigen Leistungen, die ihrer Art nach in Abschnitt 24.3 Abs. 1 Satz 2 genannt oder mit den darin genannten Leistungen vergleichbar sind, die beim Leistungsempfänger aber nicht zur landwirtschaftlichen Erzeugung beitragen (z. B. Maschinenleistungen für Nichtlandwirte mit zur normalen Ausrüstung des land- und forstwirtschaftlichen Betriebs gehörenden Maschinen). [2]Die Vereinfachungsregelung umfasst daher z. B. nicht die Umsätze aus der Tätigkeit als Aufsichtsrat einer Genossenschaft, als Makler landwirtschaftlicher Versicherungen oder als landwirtschaftlicher Sachverständiger. [3]Auch Umsätze aus dem Betrieb einer Photovoltaikanlage und aus der umsatzsteuerpflichtigen Verpachtung oder Vermietung von Wirtschaftsgütern, die nicht dem normalen Ausrüstungsbestand des land- und forstwirtschaftlichen Betriebs zuzurechnen sind, weisen nicht den erforderlichen engen Bezug zur eigenen land- und forstwirtschaftlichen Erzeugertätigkeit des Unternehmers auf.

24.7 Zusammentreffen der Durchschnittssatzbesteuerung mit anderen Besteuerungsformen

(1) Führt der Unternehmer neben Umsätzen, die der Durchschnittssatzbesteuerung unterliegen, noch andere Umsätze aus, unterliegen diese grundsätzlich der Besteuerung nach den allgemeinen Vorschriften des Umsatzsteuergesetzes.

---

[1] Siehe hierzu aber BFH v. 17.08.2023 V R 3/21, DStR 2024, 107.

Vorsteuerabzug

(2) [1]Abziehbar im Sinne von § 15 Abs. 1 UStG sind nur die Vorsteuern, die den in die Regelbesteuerung fallenden Umsätzen zuzurechnen sind (vgl. BFH-Urteil vom 13.11.2013, XI R 2/11, BStBl. II 2014 S. 543). [2]Sind Vorsteuerbeträge teilweise diesen Umsätzen und teilweise den der Durchschnittssatzbesteuerung unterliegenden Umsätzen zuzurechnen, z. B. für den Erwerb eines einheitlichen Gegenstands, sind sie in entsprechender Anwendung des § 15 Abs. 4 UStG aufzuteilen.

Beispiel:

[1]Ein Unternehmer erwirbt einen Gegenstand und verwendet ihn zu 30% für der Durchschnittssatzbesteuerung unterliegende Umsätze und zu 70% zur Ausführung regelbesteuerter Umsätze. [2]Beträgt die beim Bezug des Gegenstands gesondert in Rechnung gestellte Steuer 2.500 €, ist ein Anteil von 30% = 750 € durch die Durchschnittssatzbesteuerung nach § 24 Abs. 1 Satz 3 und 4 UStG abgegolten. [3]Der verbleibende Anteil von 70% = 1.750 € ist bei Vorliegen der Voraussetzungen des § 15 UStG abziehbar (vgl. BFH-Urteil vom 16.12.1993, V R 79/91, BStBl. II 1994 S. 339). [4]Ändern sich in den folgenden Kalenderjahren die Nutzungsverhältnisse, ist eine Berichtigung des Vorsteuerabzugs nach § 15a Abs. 1 UStG zu prüfen.

(3) [1]Bezieht ein Unternehmer vertretbare Sachen im Sinne der §§ 91 ff. BGB, die er später teilweise im landwirtschaftlichen als auch im nichtlandwirtschaftlichen Unternehmensteil verwendet, sind die auf die Eingangsumsätze entfallenden Vorsteuerbeträge nach der Verwendungsabsicht aufzuteilen. [2]Weicht die spätere tatsächliche Verwendung von der ursprünglichen Absicht ab, ist eine Berichtigung des Vorsteuerabzugs nach § 15a UStG zu prüfen. [3]Dabei kommt eine Schätzung der Berichtigungsbeträge nicht in Betracht. [4]Die Aufteilung der Vorsteuerbeträge ist regelmäßig auch dann durchzuführen, wenn die für den landwirtschaftlichen Unternehmensteil angeschaffte Warenmenge relativ gering ist (vgl. BFH-Urteil vom 25.06.1987, V R 121/86, BStBl. II 1988 S. 150).

Kleinunternehmerregelung

(4) [1]Hat ein Land- und Forstwirt eine Erklärung nach § 24 Abs. 4 Satz 1 UStG nicht abgegeben, führt er aber neben den in § 24 Abs. 1 UStG bezeichneten Umsätzen auch andere Umsätze aus, sind für die Anwendung des § 19 Abs. 1 UStG bei der Ermittlung des jeweils maßgeblichen Gesamtumsatzes die land- und forstwirtschaftlichen Umsätze und die anderen Umsätze zu berücksichtigen. [2]Soweit der Unternehmer die im land- und forstwirtschaftlichen Betrieb bewirkten Umsätze nicht aufgezeichnet hat (§ 67 UStDV), sind sie nach den Betriebsmerkmalen und unter Berücksichtigung der besonderen Verhältnisse zu schätzen. [3]Die Anwendung des § 19 Abs. 1 UStG beschränkt sich auf die Umsätze außerhalb der Durchschnittssatzbesteuerung des § 24 Abs. 1 bis 3 UStG. [4]Für die Umsätze des land- und forstwirtschaftlichen Betriebs verbleibt es bei der Durchschnittssatzbesteuerung.

24.8 Verzicht auf die Durchschnittssatzbesteuerung

(1) [1]Die Erklärung des Unternehmers, dass er auf die Durchschnittssatzbesteuerung verzichtet (§ 24 Abs. 4 Satz 1 UStG), ist nicht an eine bestimmte

Form gebunden. [2]Berechnet der Unternehmer in der ersten Voranmeldung des Kalenderjahres die Vorauszahlung unter Zugrundelegung der allgemeinen Vorschriften des Gesetzes, kann darin eine solche Erklärung gesehen werden. [3]Hat ein Unternehmer mehrere land- und forstwirtschaftliche Betriebe, kann er die Erklärung nur einheitlich für alle Betriebe vornehmen, unabhängig davon, wie viele Teilbetriebe im Sinne des Ertragsteuerrechts der Unternehmer hat (vgl. BFH-Urteil vom 23.04.1998, V R 64/96, BStBl. II S. 494). [4]Entsprechendes gilt für den Widerruf (§ 24 Abs. 4 Satz 3 UStG).

(2) [1]Für Umsätze im Rahmen eines land- und forstwirtschaftlichen Betriebs im Sinne des § 24 Abs. 2 UStG geht die Durchschnittssatzbesteuerung des § 24 Abs. 1 bis 3 UStG der Besteuerung nach den anderen Vorschriften des Gesetzes vor. [2]Das gilt auch in Bezug auf die Anwendung des § 19 Abs. 1 UStG. [3]Land- und Forstwirte können daher für ihre im Rahmen des land- und forstwirtschaftlichen Betriebs ausgeführten Umsätze die Regelung des § 19 Abs. 1 UStG nur in Anspruch nehmen, wenn sie nach § 24 Abs. 4 Satz 1 UStG auf die Durchschnittssatzbesteuerung des § 24 Abs. 1 bis 3 UStG verzichten. [4]Will ein Land- und Forstwirt nach dem Ausscheiden aus der Durchschnittssatzbesteuerung des § 24 Abs. 1 bis 3 UStG von § 19 Abs. 1 UStG keinen Gebrauch machen, muss er eine weitere Erklärung nach § 19 Abs. 2 Satz 1 UStG abgeben.

(3) [1]Die Erklärung nach § 24 Abs. 4 Satz 1 UStG bindet den Unternehmer grundsätzlich mindestens für fünf Kalenderjahre. [2]Bei der Veräußerung eines land- und forstwirtschaftlichen Betriebs (Geschäftsveräußerung nach § 1 Abs. 1a UStG, vgl. Abschnitt 1.5) ist der Betriebserwerber als Rechtsnachfolger des Veräußerers anzusehen und demnach an die Optionsfrist gebunden. [3]Erwirbt ein die Durchschnittssatzbesteuerung anwendender Unternehmer einen land- und forstwirtschaftlichen Betrieb, für den der Veräußerer auf die Durchschnittssatzbesteuerung verzichtet hat, unterliegen ab Beginn des Kalenderjahres, in dem der Erwerber den Betrieb erworben hat, sämtliche land- und forstwirtschaftlichen Umsätze des Erwerbers der Regelbesteuerung. [4]In den Fällen, in denen der Unternehmer nach dem Ausscheiden aus der Durchschnittssatzbesteuerung des § 24 Abs. 1 bis 3 UStG die Vorschrift des § 19 Abs. 1 UStG anwendet, kann er jedoch die Erklärung mit Wirkung vom Beginn eines jeden folgenden Kalenderjahres an widerrufen (§ 71 UStDV). [5]Das gilt nicht, wenn der Unternehmer nach dem Ausscheiden aus der Durchschnittssatzbesteuerung des § 24 Abs. 1 bis 3 UStG eine weitere Erklärung nach § 19 Abs. 2 Satz 1 UStG abgegeben hat. [6]In diesem Fall gilt für ihn die Bindungsfrist des § 19 Abs. 2 Satz 2 UStG.

(4)[1)] [1]Zum Vorsteuerabzug beim Wechsel der Besteuerungsform wird auf Abschnitt 15.1 Abs. 5 und 6 hingewiesen. [2]Zur Berichtigung des Vorsteuerabzugs beim Wechsel der Besteuerungsform vgl. Abschnitt 15a.9.

---

1) Vgl. auch A 19.5 UStAE.

24.9 Ausstellung von Rechnungen bei land- und forstwirtschaftlichen Betrieben

[1]Die Regelungen der §§ 14 und 14a UStG zur Rechnungserteilung gelten auch für die im Rahmen des land- und forstwirtschaftlichen Betriebs ausgeführten Lieferungen und sonstigen Leistungen. [2]Als anzuwendender Steuersatz (§ 14 Abs. 4 Satz 1 Nr. 8 UStG) ist der für den Umsatz maßgebliche Durchschnittssatz anzugeben (§ 24 Abs. 1 Satz 5 UStG); dies gilt auch für Gutschriften. [3]Weist der Unternehmer einen höheren Steuerbetrag aus, als er im Rahmen der Durchschnittssatzbesteuerung gesondert in Rechnung stellen darf, schuldet er nach § 14c Abs. 1 UStG diesen Mehrbetrag; er hat diesen Betrag an das Finanzamt abzuführen. [4]Das Gleiche gilt, wenn in einer Gutschrift im Sinne des § 14 Abs. 2 Sätze 2 und 3 UStG ein höherer Steuerbetrag ausgewiesen worden ist. [5]Im Rahmen des § 24 UStG kann auch § 14c Abs. 2 UStG zur Anwendung kommen (vgl. Abschnitt 14c.2).

Zu § 25 UStG
(§ 72 UStDV)

25.1[1)] Besteuerung von Reiseleistungen[2)]

(1) [1]§ 25 UStG findet nur Anwendung, wenn der Unternehmer für die Durchführung der Reise Gegenstände und Dienstleistungen Dritter in Anspruch nimmt und diese dem Reisenden unmittelbar zugutekommen. [2]Der Zweck der Reise ist grundsätzlich unerheblich. [3]Die Besteuerung nach § 25 UStG kann für Sprach- und Studienreisen (z.B. Auslandsaufenthalte von Schülern während der Schulferien) sowie für Studienaufenthalte im Ausland, die mit einer Reise kombiniert sind (sog. High-School-Programme), in Betracht kommen (vgl. BFH-Urteil vom 01.06.2006, V R 104/01, BStBl. II 2007 S. 142). [4]Die Vorschrift gilt für alle Unternehmer, die Reiseleistungen erbringen, ohne Rücksicht darauf, ob dies allein Gegenstand des Unternehmens ist. [5]§ 25 UStG ist bei Reiseleistungen von Unternehmern mit Sitz im Drittland und ohne feste Niederlassung im Gemeinschaftsgebiet nicht anwendbar. [6]Es sind nur Niederlassungen zu berücksichtigen, die unmittelbar am Verkauf beteiligt sind. [7]§ 25 UStG hat besondere Bedeutung für Veranstalter von Pauschalreisen (§ 651a Abs. 2 BGB). [8]Die Regelung ist jedoch unabhängig davon anzuwenden, ob die Reisebestandteile bereits als Teil eines Pauschalangebots vermarktet oder erst nach den konkreten Vorgaben des Leistungsempfängers zusammengesetzt werden. [9]§ 25 UStG ist auch anzuwenden, wenn die Reiseleistung im eigenen Namen und für fremde Rechnung ausgeführt wird (vgl. Abschnitt 3.15 Abs. 6 Beispiel 3 und Abs. 7 Bei-

---

1) A 25.1 UStAE neugef. durch BMF v. 24.06.2021, BStBl. I 2021, 857, anzuwenden in allen offenen Fällen; zur **Übergangsregelung** siehe Anlage 8.

2) Siehe BMF v. 29.01.2021, BStBl. I 2021, 250: Für **bis zum 31.12.2026** (zuletzt verlängert durch BMF v. 27.06.2023, BStBl. I 2023, 1124) ausgeführte Reiseleistungen von Unternehmern mit Sitz im Drittland und ohne feste Niederlassung im Gemeinschaftsgebiet wird es nicht beanstandet, wenn die Sonderregelung des § 25 UStG angewendet wird.

spiel 1 bis 3). [10]Grundsätzlich ist eine entgeltliche, im Inland steuerbare Leistung Voraussetzung für die Anwendung des § 25 UStG (vgl. BFH-Urteil vom 13.12.2018, V R 52/17, BStBl. II 2019II S. 345). [11]Ein Unternehmer (Arbeitgeber), der an seine Arbeitnehmer im Rahmen des Dienstverhältnisses Reisen überlässt, erbringt unter den übrigen Voraussetzungen des § 25 UStG auch Reiseleistungen (vgl. Abschnitt 25.3 Abs. 4). [12]Leistungsempfänger ist der Besteller der Reiseleistung. [13]Dieser muss nicht selbst an der Reise teilnehmen, z.B. ein Vater schenkt seiner Tochter eine Pauschalreise.

(2) [1]Für das Vorliegen einer Reiseleistung ist es grundsätzlich erforderlich, dass der Unternehmer ein Bündel von Einzelleistungen erbringt, welches zumindest eine Beförderungs- oder Beherbergungsleistung enthält. [2]Als Bestandteile einer Reiseleistung kommen insbesondere in Betracht:

1. Beförderung zu den einzelnen Reisezielen, Transfer;
2. Beherbergung;
3. Verpflegung;
4. Betreuung durch Reiseleiter;
5. Durchführung von Veranstaltungen (z.B. Stadtrundfahrten, Besichtigungen, Sport- und sonstige Animationsprogramme, Landausflüge);
6. Eintrittsberechtigungen.

[3]Ein Leistungsbündel liegt nicht vor, wenn ein Unternehmer gegenüber seinem Kunden lediglich eine Beförderungsleistung erbringt, deren Zweck es ist, den Kunden die An- und Abreise zu organisieren. [4]Unerheblich ist dabei, ob die Beförderungsleistung mittels eines oder mehrerer verschiedener oder gleichartiger Beförderungsmittel erbracht wird. [5]Eigenleistungen sind bei der Prüfung, ob eine Reiseleistung gegeben ist, nicht zu berücksichtigen. [6]Eine einzelne Leistung genügt für die Anwendung des § 25 UStG nur dann, wenn es sich um eine Beherbergungsleistung handelt (vgl. EuGH-Urteil vom 19.12.2018, C-552/17, Alpenchalets Ressorts[1)] und BFH-Urteil vom 27.03.2019, V R 10/19 (V R 60/16), BStBl. II 2021 S. 497). [7]§ 25 UStG ist hingegen auf den isolierten Verkauf von Opernkarten durch ein Reisebüro nicht anzuwenden (vgl. EuGH-Urteil vom 09.12.2010, C-31/10, Minerva Kulturreisen).[1)] [8]Die Einräumung von Eintrittsberechtigungen für Messen, Ausstellungen, Seminare und Kongresse und damit im Zusammenhang erbrachte Beförderungs-, Verpflegungs- und Beherbergungsleistungen, die vom Veranstalter als einheitliche Leistung (vgl. Abschnitt 3.10) angeboten werden, sind keine Reiseleistungen.

Auftreten im eigenen oder fremden Namen

(3) [1]Für die Frage des Auftretens im eigenen Namen kommt es bei Leistungen nach § 25 UStG maßgeblich auf die zivilrechtliche Beurteilung an. [2]Die Entscheidung, ob der Unternehmer eine Leistung im eigenen Namen erbringt oder eine fremde Leistung lediglich vermittelt, ist anhand des zugrundeliegenden Rechtsverhältnisses nach dem Gesamtbild des Einzelfalls zu treffen. [3]Im Hinblick darauf, dass eine Vermittlungsleistung ein Handeln im fremden Na-

[1)] DStR 2018, 2693. – DStR 2010, 2576.

men erfordert, kommt es für die Abgrenzung maßgeblich darauf an, wie der Unternehmer nach außen (gegenüber dem Leistungsempfänger) auftritt. [4]Es muss somit für den Leistungsempfänger objektiv erkennbar sein, dass der Handelnde für den Geschäftsabschluss im fremden Namen auftreten will. [5]In der Regel hat dies durch die Prospektgestaltung und durch klare Hinweise außerhalb seiner AGB zu geschehen (vgl. BFH-Urteil vom 22.08.2019, V R 12/19 (V R 9/16), BStBl. II 2021 S. 498).

(4) [1]§ 25 UStG ist nicht anzuwenden, soweit der Unternehmer beim Verkauf von Reisen erkennbar im fremden Namen handelt (vgl. Abschnitt 3.7 Abs. 1). [2]Die Besteuerung der Vermittlungsleistungen richtet sich nach den allgemeinen Vorschriften des UStG. [3]Die Steuerbefreiung nach § 4 Nr. 5 UStG ist zu beachten (vgl. Abschnitt 4.5.2).

(5) Reisebüros können sowohl im eigenen als auch im fremden Namen auftreten (vgl. BFH-Urteil vom 22.08.2019, V R 12/19 (V R 9/16), a. a. O.).

Auftreten von Reisebüros im eigenen Namen

1. [1]Reisebüros erbringen üblicherweise Vermittlungsleistungen, die der Regelbesteuerung unterliegen. [2]Die Bündelung von Leistungen und die eigene Preisgestaltung können jedoch auch zur Annahme von Leistungen im Sinne des § 25 UStG führen, wenn das Reisebüro gegenüber dem Reisenden im eigenen Namen auftritt.

Beispiel:

[1]Der Reiseveranstalter A hat ein Katalogangebot mit 2 Wochen Halbpension Mallorca für 799 € ausgeschrieben. [2]Das Reisebüro B übernimmt ein Kontingent von 20 Plätzen zu einem Einkaufspreis von 640 € und kalkuliert die Reise wie folgt:

Einkaufspreis	640,– €
zzgl. Transfer zum Flughafen durch Busunternehmer C	40,– €
Summe Reisevorleistungen	680,– €

[3]Reisebüro B tritt beim Verkauf der Reise im eigenen Namen auf, händigt einen Sicherungsschein (§ 651r BGB) aus und berechnet für die Reise 809 €. [4]Die auf die Reise entfallende Marge beträgt:

Verkaufspreis	809,– €
abzgl. Reisevorleistungen	680,– €
Marge des B	129,– €

[5]Reisebüro B verkauft die Reisen im eigenen Namen und für eigene Rechnung. [6]B nimmt für die Reisen die Leistungen des Reiseveranstalters A und des Busunternehmers C in Anspruch (Reisevorleistungen). [7]Reisebüro B erbringt jeweils einheitliche sonstige Leistungen, die nach § 25 UStG zu besteuern sind.

[3]Erwirbt ein Tickethändler oder ein Reisebüro ein Paket von Flugtickets, um hieraus durch Verbindung mit anderen Leistungen (z. B. Beherbergung und Verpflegung) jeweils Pauschalreisen zusammenzustellen, liegt eine Reiseleistung vor (vgl. Abschnitt 4.5.3 Abs. 2).

Auftreten von Reisebüros im fremden Namen

2. [1]Reisebüros können beim Verkauf einer Reise an einen Kunden mehrere Vermittlungsleistungen nebeneinander erbringen, wenn sie dabei erkennbar im Namen des jeweiligen Leistungserbringers oder des Reisenden agieren.

Beispiel 1:

[1]Ein Reiseveranstalter hat ein Katalogangebot mit 2 Wochen Halbpension Mallorca ohne Anreise für 850 € ausgeschrieben. [2]Das Reisebüro verkauft dem Reisenden die Reise laut

Angebot im Namen des Reiseveranstalters und händigt dessen Sicherungsschein aus. [3] Zudem werden im Namen des Reisenden bei einer Fluggesellschaft wunschgemäß Hin- und Rückflug gebucht. [4] Die Bezahlungen sollen vereinbarungsgemäß vom Reisenden direkt an die Leistungserbringer erfolgen. [5] Das Reisebüro stellt dem Reisenden lediglich die Vermittlung des Fluges in Rechnung.

Beispiel 2:

Eine USA-Rundreise aus mehreren Bausteinen (Flug, Übernachtungen, Mietwagen) wird nach den im Beispiel 1 dargestellten Grundsätzen für den Reisenden zusammengestellt und im Namen der Leistungserbringer verkauft.

Beispiel 3:

[1] Das Pauschalangebot eines Reiseveranstalters für eine zweiwöchige Reise wird an den Kunden vermittelt, wobei der Rückflug des Reisenden erst nach der dritten Woche erfolgen soll. [2] Das Reisebüro vermittelt für die dritte Woche einen zusätzlichen Hotelaufenthalt. [3] Die formalen Grundsätze des Beispiels 1 sind erfüllt.

[2] Im Beispielsfall 1 liegen keine gebündelten Leistungen im Sinne der Nummer 1 vor, da der Unternehmer für beide Leistungen die Voraussetzungen einer Vermittlungsleistung erfüllt. [3] Hinsichtlich der Pauschalreise handelt er im Namen des Reiseveranstalters; bezüglich des Fluges tritt er im Namen des Reisenden auf. [4] Die Beispiele 2 und 3 sind wie der Beispielsfall 1 zu beurteilen, wenn das Reisebüro beim Vermittlungsgeschäft im Namen der jeweiligen Leistungserbringer auftritt.

Rabattgewährung durch Reisebüros

3. Gewährt ein Reisebüro, das als Vermittler für einen Reiseveranstalter handelt, dem Endverbraucher aus eigenem Antrieb und auf eigene Kosten einen Nachlass auf den Preis der vermittelten Leistung, ist dieser Vorgang umsatzsteuerrechtlich unbeachtlich (vgl. Abschnitt 17.2 Abs. 7).

(6) [1] Alle im Rahmen einer Reise erbrachten Leistungen gelten als einheitliche sonstige Leistung des Unternehmers an den Leistungsempfänger, soweit der Unternehmer gegenüber dem Leistungsempfänger im eigenen Namen auftritt und für die Durchführung der Reise Lieferungen und sonstige Leistungen Dritter (Reisevorleistungen) in Anspruch nimmt. [2] Im Rahmen einer Reise sind alle Reiseleistungen erbracht, die einem einzelnen Reisenden zugutekommen. [3] Liegen danach mehrere einheitliche sonstige Leistungen vor, können diese aus Vereinfachungsgründen als eine einheitliche sonstige Leistung behandelt werden, wenn der Unternehmer mehrere gleichartige Reisen an einen Leistungsempfänger abgibt.

Beispiel:

[1] A erwirbt für sich, seine Ehefrau und seine drei Kinder fünf Reisen vom 17. bis 31. Juli nach Mallorca. [2] Die Unterbringung erfolgt in zwei Doppel- und einem Einzelzimmer.

(7) [1] Die sonstige Leistung wird nach § 3a Abs. 1 UStG an dem Ort ausgeführt, an dem der Unternehmer seinen Sitz hat; das gilt auch für die Erbringung sonstiger Leistungen nach § 25 UStG an andere Unternehmer für deren Unternehmen. [2] Wird die sonstige Leistung von einer Betriebsstätte des Unternehmers ausgeführt, gilt der Ort der Betriebsstätte als Leistungsort. [3] Die sonstige Leistung ist nach den allgemeinen Zuordnungskriterien entweder dem Sitz des Unternehmens oder einer Betriebsstätte zuzurechnen (vgl. Ab-

schnitt 3a.1 Abs. 2), wobei auf den Schwerpunkt der erbrachten Leistungen abzustellen ist. [4]Der Ort sonstiger Leistungen nach § 25 UStG bestimmt sich nach dem Vertrieb der Reise (vgl. EuGH-Urteil vom 20.02.1997, C-260/95, DFDS).[1)] [5]Eine Zurechnung der sonstigen Leistung an die Betriebsstätte kommt nur in Betracht, wenn diese unmittelbar am Verkauf beteiligt ist. [6]Werden einzelne Reisebestandteile vom selben Unternehmer zu unterschiedlichen Zeiten – ggf. während der Reise – und an unterschiedlichen Orten verkauft, ist der Leistungsort für die einheitliche sonstige Leistung nach § 25 UStG danach zu bestimmen, wo der Verkauf der Reise, soweit sie auf Reisevorleistungen beruht, überwiegend erfolgt.

(8)[2)] [1]§ 25 UStG gilt nur bei der Inanspruchnahme von Reisevorleistungen durch den Unternehmer, nicht jedoch, soweit dieser Reiseleistungen durch den Einsatz eigener Mittel (Eigenleistungen) – z. B. eigene Beförderungsmittel, eigenes Hotel, Betreuung durch angestellte Reiseleiter – erbringt. [2]Mit eigenen Mitteln erbrachte Innenumsätze innerhalb eines Organkreises sind keine Reisevorleistungen (vgl. BFH-Urteil vom 17.03.2022 – XI R 23/21 (XI R 4/21), BStBl. II S. 818). [3]Durch die Weitergabe von Fremdleistungen innerhalb des Organkreises werden Reisevorleistungen aber nicht zu Eigenleistungen. [4]Die Abgrenzung zwischen Eigenleistung einerseits und in die Margenbesteuerung einzubeziehender Reisevorleistung andererseits vollzieht sich nicht aus Sicht der Reisenden, sondern nach den tatsächlichen Umständen der Leistungserbringung (vgl. BFH-Urteil vom 01.03.2018, V R 23/17, BStBl. II S. 503). [5]Allein die Tatsache, dass der Unternehmer die volle Verantwortung für die Durchführung der Reise zu tragen hat, führt noch nicht zur Annahme von Eigenleistungen. [6]Für die Eigenleistungen gelten die allgemeinen umsatzsteuerrechtlichen Vorschriften. [7]Bei Reisen, die sich auch auf das Ausland erstrecken, unterliegen der Besteuerung daher die jeweiligen im Inland erbrachten Einzelleistungen. [8]Folgende Vorschriften sind zu beachten:

1. § 3a Abs. 1 oder Abs. 2 UStG bei Betreuung durch angestellte Reiseleiter;
2. § 3b Abs. 1 und § 26 Abs. 3 UStG für Personenbeförderungsleistungen;
3. § 3a Abs. 3 Nr. 1 Satz 2 Buchstabe a UStG für Beherbergungsleistungen;
4. § 3a Abs. 3 Nr. 3 Buchstabe a oder Abs. 2 UStG für (Land-)Ausflüge mit beispielsweise sportlichem, kulturellen oder unterhaltendem Charakter;
5. § 3a Abs. 3 Nr. 3 Buchstabe b UStG für die Abgabe von Speisen und Getränken zum Verzehr an Ort und Stelle (Restaurationsleistungen); zur Abgrenzung von Lieferungen zu Restaurationsleistungen vgl. Abschnitt 3.6; zur Abgrenzung von Haupt- und Nebenleistung vgl. Abschnitt 3.10 Abs. 6 Nr. 13.

[9]Eigene Mittel sind auch dann gegeben, wenn der Unternehmer ein Beförderungsmittel ohne Fahrzeugführer oder im Rahmen eines Gestellungsvertrags ein bemanntes Beförderungsmittel anmietet und dabei selbst sowohl Wei-

---

1) DStRE 1997, 342.

2) A 25.1 UStAE Abs. 8 Satz 2 eingef., bish. Satz 2 wird Satz 3 und neugef., bish. Sätze 3 bis 11 werden Sätze 4 bis 12, Sätze 13 und 14 angef. durch BMF v. 22.12.2023, BStBl. I 2023, 2248.

sungsbefugnis hat als auch Verantwortung über den Einsatz des Beförderungsmittels trägt. [10]Der Unternehmer erbringt dagegen keine Reiseleistung unter Einsatz eigener Mittel, wenn er sich zur Ausführung einer Beförderung eines Unternehmers bedient, der die Beförderung in eigenem Namen und unter eigener Verantwortung ausführt. [11]Der Unternehmer bewirkt in diesem Falle eine Beförderungsleistung an den Leistungsempfänger, die bei Letzterem als Reisevorleistung anzusehen ist (vgl. auch das Beispiel in Abschnitt 3b.1 Abs. 2). [12]Die Betreuungsleistungen, die Unternehmer durch angestellte Reiseleiter erbringen, unterliegen als Leistungen mit eigenen Mitteln (Eigenleistungen) nicht der Margenbesteuerung nach § 25 Abs. 1 UStG (BFH-Urteil vom 23.09.1993 V R 132/89, BStBl II 1994 S. 272). [13]Bei der Vermietung von Ferienwohnungen und Ferienhäusern ist für die Abgrenzung von Reisevorleistung zur Eigenleistung nicht das Rechtsverhältnis (Eigentum oder Besitz) hinsichtlich der überlassenen Immobilie entscheidend, sondern die Verfügungsberechtigung über diese. [14]Ist der Reiseunternehmer berechtigt, frei zu entscheiden, welchen Gästen er die Immobilie vermietet und trägt er die Verantwortung für die Instandhaltung und den Service vor Ort, liegt keine Reisevorleistung vor.

(9) [1]Reisevorleistungen sind alle Leistungen, die von einem Dritten erbracht werden und dem Reisenden unmittelbar zugutekommen. [2]In Betracht kommen alle Leistungen, die der Reisende in Anspruch nehmen würde, wenn er die Reise selbst zusammenstellte, insbesondere Beförderung, Beherbergung und Verpflegung.

Beispiel 1:

[1]Reiseveranstalter A verkauft eine Pauschalreise im eigenen Namen. [2]Er bedient sich für die Beförderung, Unterbringung und Verpflegung der Unternehmer X, Y und Z. [3]Insoweit sind Reisevorleistungen gegeben.

[3]Erwirbt ein Unternehmer von einem anderen Unternehmer eine nach § 25 Abs. 1 Satz 3 UStG einheitliche Reiseleistung (Kettengeschäft), sind Reisevorleistungen die einzelnen Bestandteile und nicht die einheitliche Reiseleistung.

Beispiel 2:

[1]Reiseveranstalter B verkauft die von Reiseveranstalter A erworbene Pauschalreise im eigenen Namen. [2]Reisevorleistungen sind die einzelnen Bestandteile (Beförderung, Unterbringung und Verpflegung der Unternehmer X, Y und Z).

[4]Keine Reisevorleistungen sind hingegen die folgenden Leistungen dritter Unternehmer, die dem Reisenden nur mittelbar zugutekommen:

1. Ein selbständiges Reisebüro vermittelt die Pauschalreisen des Reiseveranstalters;
2. Ein Reisebus muss während einer Reise repariert werden.

(10) [1]Die Leistungen von Zielgebietsagenturen sind in vollem Umfang als Reisevorleistungen anzusehen, wenn die Betreuung der Reisenden vor Ort dabei im Vordergrund steht (z.B. Organisation des Transfers, Animation der Reisenden, Arrangements von Ausflügen und Besichtigungen). [2]Die im Zusammenhang damit ausgeführten Verwaltungsleistungen für den Unternehmer

sind unselbstständige Nebenleistungen. [3]Ist aufgrund der Einreisebestimmungen anderer Staaten für die Erteilung eines Visums die Vorlage einer Reisebestätigung (Visabestätigung) erforderlich, handelt es sich bei der in diesem Zusammenhang in Aussicht gestellten Betreuungsleistung um eine Reiseleistung nach § 25 UStG. [4]Die Betreuung während der Reise stellt eine gegenüber der bloßen Beschaffung des Touristenvisums selbstständige sonstige Leistung dar (vgl. BFH-Urteil vom 02.03.2006, V R 25/03, BStBl. II S. 788).

(11) [1]Gemischte Leistungen liegen vor, wenn der Unternehmer sowohl Leistungen mit eigenen Mitteln erbringt (vgl. Absatz 8) als auch Reisevorleistungen in Anspruch nimmt (vgl. Absatz 9). [2]In diesen Fällen ist § 25 UStG nur anwendbar, soweit der Unternehmer gegenüber dem Leistungsempfänger im eigenen Namen auftritt und Reisevorleistungen in Anspruch nimmt. [3]Für die im Rahmen einer solchen Reise erbrachten Leistungen mit eigenen Mitteln gelten die allgemeinen Vorschriften.

Beispiel:

[1]Im Rahmen einer Pauschalreise befördert der Unternehmer die Reisenden im eigenen Bus. [2]Beherbergung und Verpflegung erfolgen in einem fremden Hotel. [3]Der Unternehmer tritt gegenüber den Reisenden im eigenen Namen auf.

[4]In diesem Fall erfolgt die Besteuerung der Beförderungsleistung nach den allgemeinen Vorschriften; die Beherbergungs- und Verpflegungsleistungen unterliegen der Besteuerung nach § 25 UStG. [5]Zur Ermittlung der Bemessungsgrundlagen vgl. Abschnitt 25.3 Abs. 2.

(12) [1]Für eine einheitliche Reiseleistung im Sinne des § 25 Abs. 1 Satz 2 UStG sind die unternehmerbezogenen Steuerbefreiungen nach § 4 UStG und Steuersatzermäßigungen zu beachten. [2]Demgegenüber kommen leistungsbezogene Steuerbefreiungen und Steuersatzermäßigungen nicht in Betracht (vgl. BFH-Urteil vom 27.03.2019, V R 10/19 (V R 60/16), a. a. O.).

(13) [1]Eine Reiserücktrittskostenversicherung, deren Abschluss bei Buchung der Reise in das Belieben des Leistungsempfängers gestellt wird und für die das Versicherungsentgelt neben dem Reisepreis ggf. gesondert berechnet wird, ist eine umsatzsteuerrechtlich gesondert zu beurteilende Leistung, die nicht der Margenbesteuerung des § 25 UStG unterliegt. [2]Auch der Abschluss einer obligatorisch vom Reiseveranstalter angebotenen Reiserücktrittskostenversicherung kann eine selbständige Leistung darstellen (vgl. BFH-Urteil vom 13.07.2006, V R 24/02, BStBl. II S. 935). [3]Der Umsatz kann je nach Sachverhalt entweder unter den Voraussetzungen des § 4 Nr. 10 Buchstabe b UStG (Verschaffung von Versicherungsschutz) oder unter denen des § 4 Nr. 11 UStG (Umsatz aus der Tätigkeit als Versicherungsvertreter) steuerfrei sein.

(14) [1]Tritt der Reisende vor Reisebeginn vom Reisevertrag zurück und hat er für diesen Fall eine in dem Reisevertrag vorab vereinbarte Entschädigung zu entrichten (Stornogebühr), liegt beim Reiseveranstalter echter Schadensersatz und somit kein Entgelt für eine Reise vor. [2]Dies gilt unter der Voraussetzung, dass zivilrechtlich ein Rücktrittsrecht besteht. [3]Schreibt der Unternehmer dem Reisebüro einen Anteil von Stornogebühren gut, handelt es sich hierbei um das Entgelt für Leistungen des Reisebüros. [4]Umbuchungs- und Änderungsgebühren, die der Reisende bei Änderung eines bestehenbleibenden Reisevertrags zu entrichten hat, erhöhen das für die Reise zu entrichtende Entgelt.

25.2[1)] Steuerfreiheit von Reiseleistungen nach § 25 Abs. 2 UStG

(1) [1] Nach § 25 Abs. 2 UStG ist eine Reiseleistung insgesamt steuerfrei, wenn die ihr zuzurechnenden Reisevorleistungen ausschließlich im Drittlandsgebiet bewirkt werden. [2] Zu den Reisevorleistungen können insbesondere Unterkunft, Verpflegung, Betreuung und Beförderung von Personen gehören.

Beispiel 1:

[1] Ein Reiseveranstalter bietet im eigenen Namen eine Rundreise mit dem Reisebus in den USA zu einem Pauschalpreis an. [2] Hin- und Rückreise von und nach Deutschland sind in dem Preis nicht enthalten.

[3] Die in der Beförderung der Reisenden mit dem Reisebus bestehenden Reisevorleistungen werden im Drittlandsgebiet bewirkt. [4] Da Übernachtungs- und Verpflegungsleistungen ebenfalls im Drittlandsgebiet bewirkt werden, ist die einheitliche sonstige Leistung des Veranstalters insgesamt steuerfrei.

[5] Der Ort, an dem die Reisevorleistungen bewirkt werden, bestimmt sich nach den allgemeinen Regelungen der §§ 3a ff. UStG. [6] Diese Ortsbestimmung bindet bei einem Kettengeschäft auch nachfolgende Unternehmer. [7] Werden Reisevorleistungen, deren Ort der Leistung sich nach § 3a Abs. 2 UStG bestimmen würde, ausschließlich im Drittlandsgebiet erbracht, verlagert sich der Ort nach § 3a Abs. 8 UStG ins Drittland (vgl. Abschnitt 3a.14 Abs. 5).

Beispiel 2:

[1] Ein deutscher Reiseveranstalter bietet Pauschalreisen nach Thailand im eigenen Namen an, deren Leistungsbestandteile er selbst eingekauft hat. [2] Er nimmt dabei Betreuungsleistungen eines schweizerischen Unternehmers in Anspruch, der im Reisezielgebiet keine Betriebsstätte hat und die Leistungen ausschließlich im Drittlandsgebiet ausführt.

[3] Die Betreuungsleistung des schweizerischen Unternehmers wird nach § 3a Abs. 2 in Verbindung mit Abs. 8 UStG im Drittlandsgebiet bewirkt. [4] Die Marge des deutschen Reiseveranstalters ist somit steuerfrei.

(2) Die einheitliche sonstige Leistung ist insgesamt steuerpflichtig, wenn die in Absatz 1 bezeichneten Reisevorleistungen (vgl. Abschnitt 25.1 Abs. 9) ausschließlich im Gemeinschaftsgebiet bewirkt werden.

Beispiel:

[1] Der deutscher Reiseveranstalter A bietet im eigenen Namen Rundreisen innerhalb des Gemeinschaftsgebiets an. [2] Er hat die Reisen von dem Reiseveranstalter B mit Sitz in Frankreich gekauft. [3] B hat die einzelnen Reisebestandteile (Beförderungs-, Betreuungs-, Beherbergungs- und Verpflegungsleistungen) von anderen Unternehmen erworben und zu einer einheitlichen Pauschalreise gebündelt. [4] Da sämtliche Reisevorleistungen im Gemeinschaftsgebiet bewirkt werden, ist die Marge des deutschen Reiseveranstalters A insgesamt steuerpflichtig.

(3) [1] Werden die Reisevorleistungen nur zum Teil im Drittlandsgebiet, im Übrigen aber im Gemeinschaftsgebiet erbracht, ist die Reiseleistung insoweit steuerfrei, als die Reisevorleistungen im Drittlandsgebiet bewirkt werden. [2] Dies gilt auch für Reisevorleistungen, die in der Beförderung von Personen bestehen. [3] Erstreckt sich somit eine Beförderung sowohl auf das Drittlandsgebiet als auch auf das Gemeinschaftsgebiet, hat der Unternehmer die gesamte Beförderungsleistung nach Maßgabe der im Drittlands- und im Gemeinschaftsgebiet zurückgelegten Strecken aufzuteilen.

---

1) A 25.2 UStAE neugef. durch BMF v. 24.06.2021, BStBl. I 2021, 857, anzuwenden in allen offenen Fällen; zur **Übergangsregelung** siehe Anlage 8.

Beispiel 1:

[1] Reiseveranstalter A verkauft im eigenen Namen eine Pauschalreise in die USA (Flug und Beherbergung) ab München.
[2] Die Reiseleistung des A ist insoweit steuerpflichtig, als die Personenbeförderung im Flugzeug (Reisevorleistung) im Gemeinschaftsgebiet bewirkt wird (vgl. Abschnitt 25.2 Abs. 4). [3] Der Leistungsort der übrigen Reisebestandteile liegt im Drittlandsgebiet. [4] Die Reiseleistung ist daher insoweit steuerfrei.

Beispiel 2: (Kettengeschäft)

[1] Reiseveranstalter B verkauft die von Reiseveranstalter A erworbene Pauschalreise im eigenen Namen.
[2] Die Reiseleistung des B ist wie im Beispiel 1 insoweit steuerpflichtig, als die Personenbeförderung im Flugzeug (Reisevorleistung) im Gemeinschaftsgebiet bewirkt wird. [3] Der Leistungsort der übrigen Reisebestandteile liegt im Drittlandsgebiet. [4] Die Reiseleistung ist wie im Beispiel 1 insoweit steuerfrei.

(4) [1] Erstreckt sich eine Personenbeförderung im Luftverkehr (Reisevorleistung) sowohl auf das Drittlandsgebiet als auch auf das Gemeinschaftsgebiet, kann der Empfänger der Beförderungsleistung abweichend von Absatz 3 aus Vereinfachungsgründen wie folgt verfahren:
[2] Liegt der Zielort der Personenbeförderung im Drittlandsgebiet, gilt die Beförderungsleistung insgesamt als im Drittlandsgebiet bewirkt (Zielortregelung). [3] Im Rahmen von Kettengeschäften ist die Anwendung oder Nichtanwendung der Zielortregelung für alle nachfolgenden Unternehmer bindend.

Beispiel 1:

[1] Ein Reiseveranstalter bietet im eigenen Namen eine Flugreise von Düsseldorf auf die Kanarischen Inseln zu einem Pauschalpreis an. [2] Der Reiseveranstalter wendet für alle von ihm angebotenen Reisen die Zielortregelung an.
[3] Da der Zielort der Reise im Drittlandsgebiet liegt, gilt die Beförderungsleistung insgesamt als im Drittlandsgebiet bewirkt. [4] Werden auch alle übrigen Reisevorleistungen im Drittlandsgebiet bewirkt, ist die Reiseleistung des Veranstalters insgesamt steuerfrei.

[4] Liegt der Zielort der Personenbeförderung im Gemeinschaftsgebiet, gilt die Beförderungsleistung insgesamt als im Gemeinschaftsgebiet bewirkt.

Beispiel 2:

[1] Ein Reiseveranstalter bietet im eigenen Namen eine Flugreise von Düsseldorf nach Athen zu einem Pauschalpreis an. [2] Der Reiseveranstalter wendet für alle von ihm angebotenen Reisen die Zielortregelung an.
[3] Da der Zielort der Reise im Gemeinschaftsgebiet liegt, gilt die Beförderungsleistung als im Gemeinschaftsgebiet bewirkt. [4] Werden auch alle übrigen Reisevorleistungen im Gemeinschaftsgebiet bewirkt, ist die Reiseleistung des Veranstalters insgesamt steuerpflichtig.

[5] Hin- und Rückflug sind bei der Anwendung der Vereinfachungsregelung als eine Reisevorleistung anzusehen. [6] Der Zielort bestimmt sich nach dem Hinflug. [7] Zwischenlandungen aus flugtechnischen Gründen berühren die Anwendung der Vereinfachungsregelung nicht. [8] Inländische Zu- und Abbringerflüge sind nur dann in die Zielortregelung einzubeziehen, wenn die als Reisevorleistung in Anspruch genommene Beförderungsleistung einschließlich der Zu- und Abbringerflüge nach umsatzsteuerrechtlichen Grundsätzen

eine einheitliche Beförderungsleistung darstellt (vgl. Abschnitt 3.10 und BFH-Urteil vom 01.03.2018, V R 23/17, BStBl. II S. 503).

Beispiel 3:

[1]Ein Reiseveranstalter bietet im eigenen Namen eine Busreise an. [2]Diese beginnt in Zürich (Schweiz) und endet in Rom (Italien). [3]Im Reisepreis sind Hin- und Rückflug von und nach Köln-Bonn enthalten. [4]Der Reiseveranstalter wendet für alle von ihm angebotenen Reisen die Zielortregelung an.

[5]Da der Zielort des Hinflugs im Drittlandsgebiet (Schweiz) liegt, gilt die Personenbeförderung mit dem Flugzeug inklusive des Rückflugs als insgesamt im Drittlandsgebiet bewirkt. [6]Die Busreise ist in einen steuerfreien Streckenanteil im Drittlandsgebiet und einen steuerpflichtigen Anteil im Gemeinschaftsgebiet aufzuteilen.

(5) [1]Macht ein Unternehmer von der Vereinfachungsregelung nach Absatz 4 Gebrauch, muss er diese bei allen von ihm in einem Veranlagungszeitraum veranstalteten Reisen anwenden. [2]Dies gilt nicht, soweit der Unternehmer im Rahmen von Kettengeschäften an die Entscheidung des Empfängers der Beförderungsleistung gebunden ist (vgl. Absatz 4).

(6) [1]Erstreckt sich eine Personenbeförderung mit Kreuzfahrtschiffen im Seeverkehr sowohl auf das Drittlandsgebiet als auch auf das Gemeinschaftsgebiet, kann der Unternehmer abweichend von Absatz 3 von der Berücksichtigung des auf das Gemeinschaftsgebiet entfallenden Anteils der gesamten Beförderungsstrecke aus Vereinfachungsgründen absehen. [2]Im Rahmen von Kettengeschäften ist die Anwendung oder Nichtanwendung dieser Regelung für alle nachfolgenden Unternehmer bindend.

Beispiel:

[1]Ein Reiseveranstalter bietet im eigenen Namen eine siebentägige Kreuzfahrt im Mittelmeer an, die in Genua beginnt und endet.

[2]Die in der Beförderung der Reisenden bestehenden Reisevorleistungen sind als im Drittlandsgebiet erbracht anzusehen. [3]Die Reiseleistung des Veranstalters ist steuerfrei.

(7) Der Unternehmer hat bei der Abgabe einer Reiseleistung an einen anderen Unternehmer für dessen Unternehmen in der Rechnung anzugeben, in welchem Umfang die Leistungen nach § 25 Abs. 2 UStG im Drittlandsgebiet bewirkt werden (vgl. § 14 Abs. 4 Nr. 7 UStG).

(8) Liegen für nach § 25 Abs. 2 UStG steuerfreie Reiseleistungen im Drittland auch die Voraussetzungen einer Steuerbefreiung vor, die den Vorsteuerabzug ausschließt, geht diese Steuerbefreiung vor (vgl. Abschnitt 15.13 Abs. 5).

25.3[1] Bemessungsgrundlage bei Reiseleistungen *[Fassung für Umsätze nach dem 31.12.2021]*

(1) [1]Abweichend von § 10 UStG ist die Bemessungsgrundlage die Differenz (Marge) zwischen dem Betrag, den der Leistungsempfänger entrichtet, und den Aufwendungen für die Reisevorleistungen, jedoch abzüglich der Umsatz-

[1]) A 25.3 UStAE neugef. durch BMF v. 24.06.2021, BStBl. I 2021, 857, **anzuwenden auf Umsätze nach dem 31.12.2021;** zur bis dahin anzuwendenden Alt-Fassung von A 25.3 UStAE und zur **Übergangsregelung** siehe Anlage 8.

steuer. [2]Dabei ist grundsätzlich auf die einzelne Reise abzustellen (vgl. Abschnitt 25.1 Abs. 1).

Beispiel 1:

[1] Ein Reiseveranstalter mit Sitz im Inland verkauft im eigenen Namen eine im Inland stattfindende Bahnpauschalreise. [2] Der Preis beträgt 440 € pro Person. [3] Es nehmen 40 Personen teil. [4] Der Reiseveranstalter wendet für Reisevorleistungen einschließlich Umsatzsteuer folgende Beträge auf:

1. an die Deutsche Bahn AG für Beförderungsleistungen	3.200,– €,
2. an das Hotel für Beherbergungsleistungen	12.000,– €.

[5] Die Marge ist für jeden einzelnen Reiseteilnehmer zu ermitteln, soweit nicht einzelne Leistungsempfänger im eigenen Namen für weitere Reiseteilnehmer auftreten:

Reisepreis (Aufwendungen des Reiseteilnehmers)		440,– €
./. Reisevorleistungen		
für die Beförderung	3.200,– €/40 = 80,– €	
für die Beherbergung	12.000,– €/40 = 300,– €	380,– €
Marge		60,– €
./. darin enthaltene Umsatzsteuer (19/119 = Steuersatz 19 %)		9,58 €
Bemessungsgrundlage		50,42 €

[3] Aus Vereinfachungsgründen wird es nicht beanstandet, mehrere Reisen zusammenzufassen, für die der Unternehmer einen einheitlichen Aufschlags- oder Kalkulationssatz verwendet. [4] Der Unternehmer kann ferner aus Vereinfachungsgründen bei Dritten erworbene Übernachtungs- oder Beförderungskontingente vollständig als Reisevorleistungen behandeln, auch wenn diese Kontingente nicht voll umfänglich abgerufen werden. [5] Macht ein Unternehmer von der Vereinfachungsregelung Gebrauch, muss er diese Regelung bei allen von ihm innerhalb eines Besteuerungszeitraums veranstalteten Reisen anwenden. [6] Ergeben sich dadurch negative Einzelmargen, sind diese nicht mit positiven Einzelmargen verrechenbar. [7] Macht ein Unternehmer von der Vereinfachungsregelung keinen Gebrauch, sind die nicht abgerufenen Kontingente keine Reisevorleistungen. [8] Der Vorsteuerabzug steht ihm insoweit unter den übrigen Voraussetzungen des § 15 UStG zu.

Beispiel 2:

[1] Der im Inland ansässige Reiseveranstalter A hat einem spanischen Hotel für sieben Nächte die Belegung von 100 Zimmern zu einem Einzelübernachtungspreis von 35 € zugesagt. [2] A muss das dafür vertraglich vereinbarte Entgelt in Höhe von 24.500 € auch dann entrichten, wenn er die gebuchten Zimmer nicht alle belegen kann. [3] A kalkuliert mit einer 100 %igen Zimmerbelegung. [4] Tatsächlich wird lediglich eine Auslastung von 80 % erreicht. [5] A hat pro Reise – ggf. pro Teilnehmer – zunächst 245 € als Reisevorleistung zu berücksichtigen. [6] Sobald A alle Informationen über die tatsächliche Belegung der gebuchten Zimmer vorliegen, sind die damit zusammenhängenden Margenermittlungen zu korrigieren. [7] Es ist nicht zu beanstanden, wenn die Berichtigung der Umsatzsteuer in einem Betrag vorgenommen wird, wenn dabei keine negativen Einzelmargen entstehen.

Geplante Beherbergungsleistungen pro Reise (35,– € × 7 Tage)	245,– €
Tatsächliche Beherbergungsleistungen pro Reise (35,– € × 7 Tage × 100/80 oder 24.500,– €/80)	306,25 €
Erhöhung der Reisevorleistung = Minderung der Marge pro Reise	61,25 €
Summe der Margenminderung (61,25 € × 80 oder 24.500,– € × 20 %)	4.900,– €
./. darin enthaltene Umsatzsteuer (19/119 = Steuersatz 19 %)	782,35 €
Minderung Bemessungsgrundlage	4.117,65 €

[9] Werden im Abrechnungsverkehr zwischen Leistungsträgern und Reiseveranstaltern Reisevorleistungen ausgehend vom sog. Bruttowert (Verkaufspreis abzüglich Provisionen zuzüglich Umsatzsteuer auf den Provisionsbetrag) berechnet, handelt es sich bei den Provisionen regelmäßig um Entgelt- bzw. Reisevorleistungsminderungen und nicht um Vergütungen für besondere (Vermittlungs-)Leistungen. [10] Der Wert der Reisevorleistungen ist dann identisch mit dem Wert einer agenturmäßigen Nettoberechnung. [11] Die in den Abrechnungen des Leistungsträgers auf den Provisionsbetrag gesondert als Negativbetrag ausgewiesene Umsatzsteuer wird weder vom Leistungsträger noch vom Reiseveranstalter nach § 14c Abs. 2 UStG geschuldet. [12] Aufwendungen für Reisevorleistungen in fremder Währung sind nach § 16 Abs. 6 UStG in dem Zeitpunkt umzurechnen, in dem die Leistung ausgeführt oder das Entgelt oder ein Teil des Entgelts vor Ausführung der Leistung gezahlt wird.

(2) [1] Treffen bei einer Reise Leistungen des Unternehmers mit eigenen Mitteln und Leistungen Dritter zusammen (vgl. Abschnitt 25.1 Abs. 11), sind für die Berechnung der Marge die eigenen Leistungen grundsätzlich im prozentualen Verhältnis zu den Fremdleistungen auszuscheiden (vgl. Abschnitt 10.1 Abs. 11). [2] Existieren keine Einzelverkaufspreise der verschiedenen Reisebestandteile, ist das Verhältnis der Eigenleistungen zu den Fremdleistungen anhand der entstandenen Kosten (einschließlich Umsatzsteuer) festzustellen. [3] Bei der Ermittlung der Kosten der Eigenleistung sind die Gemeinkosten sowie der kalkulatorische Unternehmerlohn nicht zu berücksichtigen.

Beispiel 1:

[1] Ein Reiseveranstalter mit Sitz im Inland führt eine Buspauschalreise im Inland aus. [2] Er tritt beim Verkauf gegenüber den Leistungsempfängern im eigenen Namen auf. [3] Der Preis beträgt 600 € pro Person. [4] Der Reiseveranstalter bietet die Reisebestandteile wie folgt auch einzeln an:

– Beförderung mit dem eigenen Bus inklusive Reiseleitung	130,– €;
– Beherbergung und Beköstigung	500,– €;
– Summe der Einzelverkaufspreise	630,– €.

[5] Es nehmen 50 Personen teil. [6] Dem Unternehmer entstehen folgende Aufwendungen:

	Gesamt	Pro Reise
a) Eigenleistungen		
Beförderung mit dem eigenem Bus	4.000,– €	
Betreuung durch angestellte Reiseleiter	1.000,– €	
Summe der Aufwendungen für Eigenleistungen	5.000,– €	100,– €
b) Reisevorleistungen		
Beherbergung und Beköstigung	20.000,– €	400,– €

[7] Die Marge errechnet sich wie folgt:

Reisepreis (Aufwendungen pro Reiseteilnehmer) 600,– €	
Eigenleistungen (600,– € × 130,– €/630,– €)	123,81 €
§ 25 UStG (600,– € × 500,– €/630,– €)	476,19 €
./. Reisevorleistungen	400,– €
Marge	76,19 €
./. darin enthaltene Umsatzsteuer (19/119 = Steuersatz 19 %)	12,16 €
Bemessungsgrundlage	64,03 €

[8] Der Unternehmer hat jede Reise mit 19 % zu versteuern:

a) Eigenleistung (123,81 € ./. abzgl. enthaltener Umsatzsteuer)	104,04 €
b) die Leistungen nach § 25 UStG	64,03 €
Bemessungsgrundlage	168,07 €

Beispiel 2:

[1] Wie Beispiel 1, jedoch verkauft der Reiseveranstalter die Reisebestandteile nicht außerhalb des Pauschalangebots.
[2] Der Pauschalpreis ist nach dem Verhältnis der Reisevorleistungen zu den Kosten der Eigenleistungen aufzuteilen.

Reisepreis (Aufwendungen pro Reiseteilnehmer)		600,– €
Eigenleistungen (100,– € × 100%/500,– €)	20%	120,– €
§ 25 UStG (400,– € × 100%/500,– €)	80%	480,– €
./. Reisevorleistungen		400,– €
Marge		80,– €
./. darin enthaltene Umsatzsteuer (19/119 = Steuersatz 19%)		12,77 €
Bemessungsgrundlage		67,23 €

[3] Der Unternehmer hat bei jeder Reise mit 19% zu versteuern:

a) Eigenleistung (120,– € ./. abzgl. enthaltener Umsatzsteuer)	100,84 €
b) die Leistungen nach § 25 UStG	67,23 €
Bemessungsgrundlage	168,07 €

(3) Ist die einheitliche sonstige Leistung teils steuerfrei und teils steuerpflichtig (vgl. Abschnitt 25.2 Abs. 3), ist die Bemessungsgrundlage für die unter § 25 UStG fallenden Umsätze im Verhältnis der Reisevorleistungen im Sinne des § 25 Abs. 2 UStG zu den übrigen Reisevorleistungen aufzuteilen.

Beispiel 1:

[1] Ein Reiseveranstalter mit Sitz im Inland verkauft im eigenen Namen eine Flugpauschalreise nach Moskau, die am Flughafen Köln-Bonn beginnt und endet. [2] Der Preis beträgt 1100 € pro Person. [3] Es nehmen 80 Personen teil. [4] Der Veranstalter hat die folgenden Reisevorleistungen in Anspruch genommen.

Reisevorleistungen	Gesamt	Anteil
a) Kosten für Unterkunft und Verpflegung im Hotel (einschließlich Umsatzsteuer)	60.000,– €	75%
b) Flugkosten	20.000,– €	25%
insgesamt	80.000,– €	100%

[5] Von der Flugstrecke entfallen 40% auf das Drittlandsgebiet. [6] Sofern die Vereinfachungsregelung des Abschnitts 25.2 Abs. 4 nicht angewandt wird, errechnet sich die Marge wie folgt:

Reisepreis (Aufwendungen des Reisenden)	1.100,– €
./. Reisevorleistungen	1.000,– €
Einzelmarge	100,– €

davon entfallen auf	steuerpflichtig	steuerfrei § 25 Abs. 2 UStG
a) die Unterkunft und Verpflegung im Drittlandsgebiet 75% der Reisevorleistungen – steuerfrei nach § 25 Abs. 2 UStG –		75,– €
b) den Flug 25% der Reisevorleistungen = 25,– €. Da 40% der Flugstrecke im Drittlandsgebiet liegt, beträgt der nach § 25 Abs. 2 UStG steuerfreie Anteil;		10,– €
der steuerpflichtige Anteil (60% von 25,– €)	15,– €	
./. darin enthaltene Umsatzsteuer (19/119 = Steuersatz 19%)	2,40 €	
Bemessungsgrundlage	12,60 €	85,– €

[7] Wendet der Reiseveranstalter die Zielortregelung des Abschnitts 25.2 Abs. 4 an, gilt die gesamte Beförderungsleistung (Reisevorleistung) als im Drittlandsgebiet bewirkt. [8] Die Leistung ist dann nach § 25 Abs. 2 UStG insgesamt steuerfrei.

Beispiel 2:

[1] Reiseveranstalter A mit Sitz im Inland veräußert im eigenen Namen 10 identische von ihm zusammengestellte Buspauschalreisen nach Genf (Schweiz) an den inländischen Reiseveranstalter B zum Preis von insgesamt 6000 €. [2] B wiederum veräußert die Reisen zum Preis von insgesamt 8000 € an den inländischen Reiseveranstalter C. [3] Der Reiseveranstalter A hat die folgenden Reisevorleistungen in Anspruch genommen:

Reisevorleistungen	Gesamt
a) Beherbergung und Beköstigung	3.900,– €
b) Beförderung	900,– €
c) selbständiger Reiseleiter	200,– €
Insgesamt	5.000,– €

[4] Die Beförderungsleistung wird zu einem Drittel im Inland erbracht. [5] Die Betreuungsleistung beginnt im Inland. [6] Die Umsatzsteuer für die Reiseleistung des A ermittelt sich für jede Reise wie folgt:

Reisepreis		600,– €
./. Reisevorleistungen		500,– €
Marge		100,– €
davon entfallen im Verhältnis der Ausgaben für Reisevorleistungen für jede Reise	steuerpflichtig	steuerfrei § 25 Abs. 2 UStG
a) auf die Beherbergung und Beköstigung im Drittlandsgebiet		390,– €
b) auf die Beförderung	30,– €	60,– €
c) auf die Betreuung	20,– €	
	50,– €	450,– €
	(10 %)	(90 %)

[7] Von der Marge des A sind somit für jede Reise 10 € steuerpflichtig. [8] Hierauf entfällt eine Umsatzsteuer von 1,60 € (19/119 von 10 €). [9] A hat den Anteil der steuerfreien Marge in seiner Rechnung anzugeben (vgl. Abschnitt 25.2 Abs. 7). [10] Die Marge des B für die einzelne Reise beträgt 200 € (800 € abzüglich 600 €). [11] Hiervon ist ein Anteil von 10 % steuerpflichtig. [12] Die Umsatzsteuer beträgt 3,19 € (19/119 von 20 €).

(4) Erwirbt ein Unternehmer Reisen, die nicht am Markt weiterverkauft werden, gilt in Abhängigkeit von deren Verwendung Folgendes:

1. [1] Beabsichtigt der Unternehmer bereits beim Erwerb der Reise, die Reise nicht für seine unternehmerische Tätigkeit, sondern ausschließlich und unmittelbar für unentgeltliche Wertabgaben im Sinne des § 3 Abs. 9a UStG zu verwenden, ist er nicht zum Vorsteuerabzug berechtigt (vgl. Abschnitt 15.15 Abs. 1 Satz 1). [2] Es erfolgt keine Besteuerung der unentgeltlichen Wertabgabe. [3] § 25 UStG ist nicht anwendbar (vgl. BFH-Urteil vom 13.12.2018, V R 52/17, BStBl. II 2019 S. 345).
2. [1] Beabsichtigt der Unternehmer beim Erwerb der Reise, diese für seine unternehmerische Tätigkeit zu verwenden und überlässt er die Reise stattdessen unentgeltlich an das Personal oder für unternehmensfremde Zwecke, handelt es sich um eine unentgeltliche Wertabgabe im Sinne des § 3 Abs. 9a Nr. 2 UStG. [2] Die unentgeltliche Wertabgabe ist eine Reiseleistung. [3] Als Reiseerlös ist nach § 10 Abs. 4 Satz 1 Nr. 3 UStG die Summe aus den Ausgaben für Reisevorleistungen und anteilige Gemeinkosten des Arbeitgebers anzusetzen (sog. fiktiver Reiseerlös, vgl. Abschnitt 1.8 Abs. 7 Sätze 5 und 6).
3. Überlässt ein Unternehmer eine Reise entgeltlich an die in § 10 Abs. 5 Nr. 1 und 2 UStG benannten Personen, sind Reiseerlöse die tatsächlichen

Aufwendungen des Leistungsempfängers, mindestens jedoch der fiktive Reiseerlös nach Nr. 2 Satz 3.

4. [1] Werden Reisen für Zwecke des Unternehmens verwendet, z. B. für Dienstreisen von Angestellten oder als Kundengeschenke, bewirkt der Unternehmer keine Leistungen im Sinne des § 25 UStG. [2] Liegen Kundengeschenke vor, ist die ggf. ausgewiesene Umsatzsteuer – z. B. bei Eigenleistungen des Leistungserbringers – nach § 15 Abs. 1a UStG nicht als Vorsteuer abziehbar (vgl. BFH-Urteil vom 13.12.2018, V R 52/17, a. a. O.).

(5) [1] Soweit der Unternehmer den Reisepreis vor Ausführung der Leistung vereinnahmt hat, ist die Anzahlungsbesteuerung nach § 13 Abs. 1 Nr. 1 Buchstabe a Satz 4 UStG vorzunehmen. [2] Der vereinnahmte Betrag ist ggf. auf die Reiseleistung und die Eigenleistung aufzuteilen. [3] Von dem auf die Reiseleistung entfallenden Betrag sind für den Zweck der möglichst exakten Ermittlung der Besteuerungsgrundlagen kalkulierte Reisevorleistungen auch dann abzuziehen, wenn diese in dem Voranmeldungszeitraum weder erbracht, noch (An-)Zahlungen dafür geleistet wurden. [4] Planmäßig steuerfreie Leistungen sind nicht einzubeziehen. [5] Vereinnahmt der Unternehmer den Reisepreis anteilig, ist die kalkulierte steuerpflichtige Marge mit dem vereinnahmten Betrag zu multiplizieren und sodann durch den Preis der gesamten Reise zu teilen, um die anteilige Marge zu ermitteln. [6] Kann die Höhe der Bemessungsgrundlage für einen im Voranmeldungszeitraum bewirkten Umsatz oder vereinnahmten Reisepreis noch nicht endgültig berechnet werden, z. B. wegen Garantieverträgen für Reisevorleistungen oder zeitraum- und umsatzabhängiger Boni, ist sie auf Basis der Kalkulation der einzelnen Reise zu schätzen (vgl. EuGH-Urteil vom 19.12.2018, C-422/17, Skarpa Travel)[1] oder nach Erfahrungssätzen der Vorjahre zu ermitteln. [7] Die Margenermittlung ist spätestens dann zu korrigieren, wenn dem Unternehmer die dafür erforderlichen Informationen vorliegen. [8] Es ist nicht zu beanstanden, wenn die Berichtigung der Umsatzsteuer in einem Betrag vorgenommen wird, wenn dabei keine negativen Einzelmargen entstehen. [9] Wird die geschuldete Leistung für eine Anzahlung nicht erbracht, setzt die Berichtigung nach § 17 Abs. 2 Nr. 2 UStG die tatsächliche Rückzahlung des Entgelts voraus (vgl. BFH-Urteil vom 18.09.2008, V R 56/06, BStBl. II 2009 S. 250), z. B. bei der Anzahlung auf nicht in Anspruch genommene Flüge (vgl. BFH-Urteil vom 15.09.2011, V R 36/09, BStBl. II 2012 S. 365).

(6) [1] Aufwendungen für Reisevorleistungen, welche sich der Unternehmer im Fall der Stornierung nicht ersparen kann, werden durch die Stornogebühr entschädigt (vgl. § 651h Abs. 2 BGB und Abschnitt 25.1 Abs. 14) und sind deshalb nicht mehr als Reisevorleistungen zu berücksichtigen; das gilt auch bei der zulässigen Pauschalierung der Stornogebühren. [2] Soweit der Unternehmer selbst infolge der Stornierung einer Reise durch den Kunden bereits bestellte Reisevorleistungen (z. B. Hotelzimmer) gegen Gebühr stornieren muss, liegen insoweit keine Reisevorleistungen vor.

---

[1] MwStR 2019, 193.

25.4[1)] Vorsteuerabzug bei Reisen

(1) [1]Vom Vorsteuerabzug ausgeschlossen sind die Umsatzsteuerbeträge, die auf Reisevorleistungen entfallen, mithin auf Leistungen Dritter, die den Reisenden unmittelbar zugutekommen. [2]Umsatzsteuerbeträge, die dem Unternehmer für andere für sein Unternehmen ausgeführte Leistungen in Rechnung gestellt werden, sind dagegen unter den Voraussetzungen des § 15 UStG als Vorsteuern abziehbar. [3]Hierzu gehören z.B. Vorsteuerbeträge, die beim Erwerb von Einrichtungsgegenständen, Büromaschinen und Büromaterial sowie für die Erbringung von Eigenleistungen (z. B. die Anschaffung eines Reisebusses) anfallen. [4]Der Vorsteuerabzug steht dem Unternehmer auch zu, wenn die empfangene Leistung zwar mit der Reise unmittelbar zusammenhängt, aber dem Reisenden lediglich mittelbar zugutekommt (vgl. Abschnitt 25.1 Abs. 9 Satz 4 Nr. 1 und 2).

(2) [1]Die Berechtigung zum Vorsteuerabzug entfällt nur insoweit, als der Unternehmer Reiseleistungen bewirkt, die nach § 25 UStG der Besteuerung unterliegen. [2]Allerdings kommt es nicht darauf an, ob der Unternehmer für die steuerpflichtigen Reiseleistungen tatsächlich Umsatzsteuer zu entrichten hat. [3]Nicht beansprucht werden kann der Vorsteuerabzug deshalb auch in den Fällen, in denen es für die Reiseleistung im Sinne des § 25 Abs. 1 Satz 1 UStG an einer Bemessungsgrundlage (§ 25 Abs. 3 UStG) fehlt.

(3) [1]Ein im übrigen Gemeinschaftsgebiet ansässiger Unternehmer, der im Inland Reisevorleistungen in Anspruch nimmt, kann nach § 25 Abs. 4 Satz 1 UStG die ihm für diese Reisevorleistungen in Rechnung gestellte Steuer nicht als Vorsteuerbeträge abziehen. [2]Ebenso wenig kann eine Vergütung dieser Umsatzsteuer in dem besonderen Verfahren nach § 18 Abs. 9 UStG, §§ 59 bis 61a UStDV erfolgen. [3]Das gilt auch für eine im übrigen Gemeinschaftsgebiet belegene Betriebsstätte, soweit sie Reiseleistungen erbringt.

(4) [1]Für empfangene Leistungen, die keine Reisevorleistungen sind, ist der Vorsteuerabzug nach § 15 Abs. 3 Nr. 1 Buchstabe a UStG auch dann zulässig, wenn sie vollständig oder teilweise für die Erbringung von nach § 25 Abs. 2 UStG steuerfreien Leistungen verwendet werden. [2]Das Gleiche gilt nach § 15 Abs. 3 Nr. 2 Buchstabe a UStG für im Ausland erbrachte Umsätze, die im Inland nach § 25 Abs. 2 UStG umsatzsteuerfrei wären. [3]Durch diese Regelung wird sichergestellt, dass der Unternehmer den Vorsteuerabzug für alle empfangenen Leistungen beanspruchen kann, die wirtschaftlich den nach § 25 Abs. 2 UStG steuerfreien oder entsprechenden nicht steuerbaren Leistungen ganz oder teilweise zuzurechnen sind, z.B. die Vermittlung einer steuerfreien Reiseleistung durch einen anderen Unternehmer oder die Lieferung von Reiseprospekten und Katalogen an den Unternehmer.

(5) [1]Sowohl die Vermittlung einer Reiseleistung als auch einer Eigenleistung (z.B. grenzüberschreitende Personenbeförderungsleistungen) für einen inländischen Unternehmer wird nach § 3a Abs. 2 UStG im Inland erbracht. [2]Der Unternehmer kann die in den Rechnungen über Vermittlungsleistungen

---

[1)] A 25.4 UStAE neugef. durch BMF v. 24.06.2021, BStBl. I 2021, 857, anzuwenden in allen offenen Fällen; zur **Übergangsregelung** siehe Anlage 8.

ausgewiesenen Steuern als Vorsteuerbeträge abziehen, wenn die übrigen Voraussetzungen des § 15 UStG erfüllt sind. [3]Werden für einen inländischen Unternehmer gegen eine einheitlich vom Reisepreis berechnete Provision Leistungen vermittelt, bei denen der Unternehmer sowohl Reiseleistungen als auch Eigenleistungen in Form von grenzüberschreitenden Personenbeförderungsleistungen mit Flugzeugen (eigene, konzerneigene oder gemietete Flugzeuge) ausführt, erbringen die vermittelnden Unternehmer sowohl steuerpflichtige als auch steuerfreie Vermittlungsleistungen (§ 4 Nr. 5 Buchstabe b UStG). [4]Es wird nicht beanstandet, wenn die Beteiligten in diesen Fällen die Vermittlungsleistungen einvernehmlich zu 70% als steuerpflichtig behandeln. [5]In diesen Fällen kann die auf die als steuerpflichtig behandelte Vermittlungsprovision entfallende Umsatzsteuer als Vorsteuer abgezogen werden. [6]Dies gilt auch in Fällen, in denen mit Gutschriften abgerechnet wird.

25.5[1)] Aufzeichnungspflichten bei Reiseleistungen

(1) [1]Die Aufzeichnungspflichten nach § 25 Abs. 5 UStG bestehen für jede einzelne Reiseleistung. [2]Unternehmer, die nicht ausschließlich Reiseleistungen nach § 25 UStG ausführen, müssen diese getrennt von den übrigen Umsätzen aufzeichnen. [3]Zu den übrigen Umsätzen zählen insbesondere die im Rahmen einer Reise abgegebenen Leistungen, auf die § 25 UStG nicht anzuwenden ist (z.B. Eigenleistungen vgl. Abschnitt 25.1 Abs. 8).

(2) [1]Die Aufzeichnungspflicht des Unternehmers erstreckt sich nicht nur auf die steuerpflichtigen Reiseleistungen, sondern umfasst auch die nach § 25 Abs. 2 UStG steuerfreien Reiseleistungen. [2]Diese Leistungen sind getrennt voneinander aufzuzeichnen.

Aufzeichnung der von den Leistungsempfängern für Reiseleistungen aufgewendeten Beträge (§ 25 Abs. 5 Nr. 1 UStG)

(3) [1]Aufgezeichnet werden muss der für die Reiseleistung vereinbarte – berechnete – Betrag einschließlich der Umsatzsteuer. [2]Ändert sich der vereinbarte Betrag, hat der Unternehmer auch den Betrag der jeweiligen Preisminderung oder Preiserhöhung aufzuzeichnen.

(4) Gibt der Unternehmer mehrere gleichartige Reisen an einen Leistungsempfänger ab (vgl. Abschnitt 25.1 Abs. 6 Satz 3), braucht er nur den Gesamtbetrag dieser Reiseleistung aufzuzeichnen.

(5) [1]Soweit der Unternehmer gemischte Leistungen (vgl. Abschnitt 25.1 Abs. 11) ausführt, die Reiseleistungen und Eigenleistungen enthalten, muss aus den Aufzeichnungen hervorgehen, auf welchen Umsatz § 25 UStG anzuwenden ist und welcher Umsatz nach den allgemeinen Vorschriften des UStG zu beurteilen ist. [2]Dazu sind neben dem für die Reise berechneten Gesamtbetrag die auf die Reiseleistung und auf Eigenleistungen entfallenden Beträge aufzuzeichnen.

---

1) A 25.5 UStAE neugef. durch BMF v. 24.06.2021, BStBl. I 2021, 857, anzuwenden in allen offenen Fällen; zur **Übergangsregelung** siehe Anlage 8.

Aufzeichnung der vom Unternehmer für Reisevorleistungen aufgewendeten Beträge (§ 25 Abs. 5 Nr. 2 UStG)

(6) [1] Grundsätzlich sind die für Reisevorleistungen in Rechnung gestellten Beträge einschließlich der Umsatzsteuer aufzuzeichnen. [2] Ändern sich die für Reisevorleistungen aufgewendeten Beträge, ist dies in den Aufzeichnungen festzuhalten.

(7) [1] Aus den Aufzeichnungen des Unternehmers muss grundsätzlich hervorgehen, für welche Reiseleistung die einzelne Reisevorleistung in Anspruch genommen worden ist. [2] Hat der Unternehmer die in Anspruch genommenen gleichartigen Reisevorleistungen für mehrere Reiseleistungen verwendet, ist in den Aufzeichnungen anzugeben, welche Teilbeträge davon auf die einzelnen Reiseleistungen entfallen. [3] Das Gleiche gilt, wenn dem Unternehmer mehrere unterschiedliche Reisevorleistungen, z. B. Beherbergung und Beförderung, in Rechnung gestellt werden.

Aufzeichnung der Bemessungsgrundlage für Reiseleistungen (§ 25 Abs. 5 Nr. 3 UStG)

(8) [1] Aufgezeichnet werden müssen sowohl die Bemessungsgrundlagen für steuerpflichtige Reiseleistungen als auch für steuerfreie Reiseleistungen. [2] Ändert sich die Bemessungsgrundlage für eine Reiseleistung, muss in den Aufzeichnungen angegeben werden, um welchen Betrag sich die Bemessungsgrundlage verringert oder erhöht hat.

Aufzeichnungen bei steuerpflichtigen und steuerfreien Leistungen (§ 25 Abs. 5 Nr. 4 UStG)

(9) [1] Im Drittlandsgebiet bewirkte Reisevorleistungen sind getrennt von im Gemeinschaftsgebiet bewirkten Reisevorleistungen aufzuzeichnen. [2] Wird eine Reisevorleistung sowohl im Gemeinschafts- als auch im Drittlandsgebiet bewirkt, ist ebenfalls der Aufteilungsmaßstab für die Gebietszuordnung zu dokumentieren, z. B. bei Beförderungsleistungen. [3] Ist nach § 25 Abs. 2 UStG nur ein Teil einer Reiseleistung steuerfrei, muss aus den Aufzeichnungen des Unternehmers sowohl die Höhe der Bemessungsgrundlage für diesen Teil der Reiseleistung als auch für den steuerpflichtigen Teil der Reiseleistung hervorgehen.

Zu § 25a UStG

25a.1 Differenzbesteuerung

Anwendungsbereich

(1) [1] § 25a UStG enthält eine Sonderregelung für die Besteuerung der Lieferungen nach § 1 Abs. 1 Nr. 1 UStG von beweglichen körperlichen Gegenständen einschließlich Kunstgegenständen, Sammlungsstücken und Antiquitäten, sofern für diese Gegenstände kein Recht zum Vorsteuerabzug bestand. [2] Sie werden nachfolgend als Gebrauchtgegenstände bezeichnet, weil sie nach der Verkehrsauffassung bereits „gebraucht“ sind. [3] Edelsteine und Edelmetalle

sind nach § 25a Abs. 1 Nr. 3 UStG von der Differenzbesteuerung ausgenommen. [4]Edelsteine im Sinne der Vorschrift sind rohe oder bearbeitete Diamanten (Position 7102 Zolltarif) sowie andere Edelsteine (z. B. Rubine, Saphire, Smaragde) und Schmucksteine (Position 7103 Zolltarif). [5]Synthetische und rekonstituierte Edelsteine oder Schmucksteine (Position 7104 Zolltarif) rechnen nicht dazu. [6]Edelmetalle im Sinne der Vorschrift sind Silber (aus Positionen 7106 und 7112 Zolltarif), Gold (aus Positionen 7108 und 7112 Zolltarif) und Platin einschließlich Iridium, Osmium, Palladium, Rhodium und Ruthenium (aus Positionen 7110 und 7112 Zolltarif). [7]Edelmetalllegierungen und -plattierungen gehören grundsätzlich nicht dazu. [8]Aus Edelsteinen oder Edelmetallen hergestellte Gegenstände (z. B. Schmuckwaren, Gold- und Silberschmiedewaren) fallen nicht unter die Ausnahmeregelung. [9]Die Anwendung der Differenzbesteuerung ist jedoch ausgeschlossen, wenn die Gegenstände, die Edelmetalle oder Edelsteine enthalten, ihre ursprüngliche Funktion nicht mehr erfüllen können und nur noch wegen des Wertes, der diesen Metallen und Steinen innewohnt, gehandelt werden (vgl. EuGH-Urteil vom 11.07.2018, C-154/17, E LATS).[1)] [10]Die Differenzbesteuerung ist anwendbar auf den Handel mit sog. Kursmünzen (Sonderprägungen, die auch als gesetzliches Zahlungsmittel zugelassen sind).

(2) [1]Der Anwendungsbereich der Differenzbesteuerung ist auf Wiederverkäufer beschränkt. [2]Als Wiederverkäufer gelten Unternehmer, die im Rahmen ihrer gewerblichen Tätigkeit üblicherweise Gebrauchtgegenstände erwerben und sie danach, gegebenenfalls nach Instandsetzung, im eigenen Namen wieder verkaufen (gewerbsmäßige Händler), und die Veranstalter öffentlicher Versteigerungen, die Gebrauchtgegenstände im eigenen Namen und auf eigene oder fremde Rechnung versteigern (vgl. BFH-Urteile vom 02.03.2006, V R 35/04, BStBl. II S. 675, und vom 29.06.2011, XI R 15/10, BStBl. II S. 839). [3]Der An- und Verkauf der Gebrauchtgegenstände kann auf einen Teil- oder Nebenbereich des Unternehmens beschränkt sein.

Beispiel:

[1]Ein Kreditinstitut veräußert die von Privatpersonen sicherungsübereigneten Gebrauchtgegenstände. [2]Der Verkauf der Gegenstände unterliegt der Differenzbesteuerung. [3]Das Kreditinstitut ist insoweit als Wiederverkäufer anzusehen.

(3) [1]Der Ort der Lieferung der Gegenstände an den Wiederverkäufer muss im Inland oder im übrigen Gemeinschaftsgebiet liegen. [2]Wird ein Gegenstand im Drittlandsgebiet erworben und in das Inland eingeführt, unterliegt die spätere Lieferung des Gegenstands nur unter den Voraussetzungen des § 25a Abs. 2 UStG der Differenzbesteuerung.

(4)[2)] [1]Die Anwendung der Differenzbesteuerung setzt nach § 25a Abs. 1 Nr. 2 UStG voraus, dass der Wiederverkäufer die Gebrauchtgegenstände im Rahmen einer entgeltlichen Lieferung für sein Unternehmen erworben hat (vgl. BFH-Urteil vom 18.12.2008, V R 73/07, BStBl. II 2009 S. 612). [2]Diese

---

1) DStRE 2019, 314.

2) A 25a.1 UStAE Abs. 4 Sätze 4 bis 7 aufgeh. durch BMF v. 22.12.2023, BStBl. I 2023, 2248.

Voraussetzung ist nicht erfüllt, wenn der Wiederverkäufer Gegenstände aus seinem Privatvermögen in das Unternehmen eingelegt oder im Rahmen einer unentgeltlichen Lieferung nach § 3 Abs. 1b Satz 1 UStG erworben hat. [3]Der Wiederverkäufer kann die Differenzbesteuerung auch bei der Veräußerung von Gegenständen des Anlagevermögens anwenden, wenn der Wiederverkauf des Gegenstandes bei seinem Erwerb zumindest nachrangig beabsichtigt war und dieser Wiederverkauf auf Grund seiner Häufigkeit zur normalen Tätigkeit des Unternehmers gehört (vgl. BFH-Urteil vom 29.06.2011, XI R 15/10, BStBl. II S. 839).

(4a)[1)] [1]Die Anwendung der Differenzbesteuerung setzt nicht zwangsläufig eine Identität zwischen dem angekauften und dem verkauften Gegenstand voraus. [2]Die Differenzbesteuerung ist vielmehr auch dann anwendbar, wenn ein Unternehmer Gegenstände liefert, die er gewonnen hat, indem er die zuvor von ihm erworbenen Gebrauchtgegenstände, z. B. Gebrauchtfahrzeuge, zerlegt hat (vgl. EuGH-Urteil vom 18.01.2017, C-471/15, Sjelle Autogenbrug, und BFH-Urteil vom 23.02.2017 – V R 37/15, BStBl. II 2019 S. 452). [3]Die Einkaufspreise der ausgebauten und weiterverkauften Einzelteile sind im Wege der sachgerechten Schätzung zu ermitteln. [4]Die Schätzungsgrundlage ist in einer Anlage zu den Wareneingangsrechnungen zu erläutern und – soweit vorhanden – durch ergänzende Unterlagen zu belegen.

(4b)[1)] [1]Erwirbt ein Unternehmer Gegenstände, die als solche nicht mehr nutzbar sind, z. B. endgültig stillgelegte Fahrzeuge, nicht um seinerseits noch funktionsfähige Bestandteile auszubauen und anschließend zu veräußern (vgl. Absatz 4a), sondern um die Gegenstände in unverändertem Zustand weiterzuverkaufen, kann auch für diesen Weiterverkauf die Differenzbesteuerung zur Anwendung kommen (vgl. EuGH-Urteil vom 17.05.2023, C-365/22, Belgischer Staat (TVA – Véhicules vendus pour pièces)). [2]Voraussetzung hierfür ist, dass die Gegenstände noch Bestandteile enthalten, die ihre Funktionen behalten haben, die sie im Neuzustand hatten, und die daher in ihrem derzeitigen Zustand oder nach Instandsetzung erneut verwendbar sind. [3]Werden die Gegenstände dagegen verkauft, um vom Erwerber z. B. verschrottet oder in einen anderen Gegenstand umgewandelt zu werden, ist die Differenzbesteuerung nicht anwendbar.

(4c)[1)] Wird aus mehreren Einzelgegenständen, die jeweils für sich die Voraussetzungen der Differenzbesteuerung erfüllen, ein einheitlicher Gegenstand hergestellt oder zusammengestellt, unterliegt die anschließende Lieferung dieses „neuen" Gegenstandes nicht der Differenzbesteuerung.

(5) [1]Die Differenzbesteuerung setzt nach § 25a Abs. 1 Nr. 2 UStG ferner voraus, dass für die Lieferung des Gegenstands an den Wiederverkäufer Umsatzsteuer im Gemeinschaftsgebiet nicht geschuldet oder nach § 19 Abs. 1 UStG nicht erhoben oder die Differenzbesteuerung im Gemeinschaftsgebiet vorgenommen wurde. [2]Der Wiederverkäufer kann die Regelung danach anwenden, wenn er den Gegenstand im Inland oder im übrigen Gemeinschaftsgebiet erworben hat von

---

[1)] A 25a.1 UStAE Abs. 4a bis 4c eingef. durch BMF v. 22.12.2023, BStBl. I 2023, 2248.

1. einer Privatperson oder einer juristischen Person des öffentlichen Rechts, die nicht Unternehmer ist;
2. einem Unternehmer aus dessen nichtunternehmerischen Bereich;
3. einem Unternehmer, der mit seiner Lieferung des Gegenstands unter eine Steuerbefreiung fällt, die zum Ausschluss vom Vorsteuerabzug führt;
4. einem Kleinunternehmer, der nach dem Recht des für die Besteuerung zuständigen Mitgliedstaates von der Steuer befreit oder auf andere Weise von der Besteuerung ausgenommen ist, oder
5. [1] einem anderen Wiederverkäufer, der auf seine Lieferung ebenfalls die Differenzbesteuerung angewendet hat (§ 25a Abs. 1 Nr. 2 Satz 2 Buchstabe b UStG). [2] Dies setzt allerdings voraus, dass für diese Lieferung die Differenzbesteuerung zu Recht angewendet wurde (vgl. BFH-Urteil vom 23.04.2009, V R 52/07, BStBl. II S. 860). [3] Die Differenzbesteuerung ist hiernach auch bei Verkäufen von Händler an Händler möglich.

[3] Der Erwerb eines Gegenstands von einem Land- und Forstwirt, der auf die Umsätze aus seinem land- und forstwirtschaftlichen Betrieb die Durchschnittssatzbesteuerung des § 24 UStG anwendet, erfüllt nicht die Voraussetzung des § 25a Abs. 1 Nr. 2 Satz 2 Buchstabe a UStG. [4] Von der Differenzbesteuerung sind Gebrauchtgegenstände ausgenommen, die im übrigen Gemeinschaftsgebiet erworben worden sind, sofern der Lieferer dort die Steuerbefreiung für innergemeinschaftliche Lieferungen angewendet hat (§ 25a Abs. 7 Nr. 1 Buchstabe a UStG).

(6) [1] Der Wiederverkäufer kann mit Beginn des Kalenderjahres, in dem er eine entsprechende Erklärung abgibt, die Differenzbesteuerung auch anwenden, wenn er

1. Kunstgegenstände, Sammlungsstücke oder Antiquitäten selbst eingeführt hat oder
2. Kunstgegenstände vom Künstler selbst oder von einem anderen Unternehmer, der kein Wiederverkäufer ist, erworben hat und dafür Umsatzsteuer geschuldet wurde.

[2] Dabei kann die Differenzbesteuerung auf einzelne Gruppen dieser Gegenstände („Kunstgegenstände" oder „Sammlungsstücke" oder „Antiquitäten") beschränkt werden. [3] Die Begriffe Kunstgegenstände und Sammlungsstücke sind nach den gleichen Merkmalen wie für Zwecke der Steuerermäßigung nach § 12 Abs. 2 Nr. 12 und 13 UStG abzugrenzen (vgl. Nummern 53 und 54 sowie Nummer 49 Buchstabe f der Anlage 2 des UStG). [4] Antiquitäten sind andere Gegenstände als Kunstgegenstände und Sammlungsstücke, die mehr als 100 Jahre alt sind (Position 9706 00 00 Zolltarif).[1)]

(7) [1] Die Differenzbesteuerung für die in Absatz 6 bezeichneten Gegenstände ist von einer formlosen Erklärung abhängig, die spätestens bei Übermittlung der ersten Voranmeldung des Kalenderjahres beim Finanzamt einzureichen ist. [2] In der Erklärung müssen die Gegenstände bezeichnet werden, auf die sich die Differenzbesteuerung erstreckt. [3] Die Wirkung der Erklärung ist

---

[1)] Vgl. auch Anhang IX der MwSt-SystemRL (**Steuergesetze** Nr. **550**).

nicht auf Gegenstände beschränkt, die erst nach dem Beginn des Kalenderjahres erworben werden. [4]Sie erfasst auch Gegenstände, die vor diesem Zeitpunkt erworben wurden und erst danach veräußert werden. [5]An die Erklärung ist der Wiederverkäufer für mindestens zwei Kalenderjahre gebunden. [6]Soweit der Wiederverkäufer die Differenzbesteuerung anwendet, ist er abweichend von § 15 Abs. 1 UStG nicht berechtigt, die entstandene Einfuhrumsatzsteuer, die gesondert ausgewiesene Steuer oder die nach § 13b Abs. 5 UStG geschuldete Steuer für die an ihn ausgeführte Lieferung als Vorsteuer abzuziehen. [7]Der Übergang von der allgemeinen Besteuerung zur Differenzbesteuerung aufgrund einer Erklärung nach § 25a Abs. 2 Satz 1 UStG oder umgekehrt ist eine Änderung der für den ursprünglichen Vorsteuerabzug maßgebenden Verhältnisse i. S. d. § 15a UStG. [8]Die Berichtigung des Vorsteuerabzugs ist nach allgemeinen Grundsätzen vorzunehmen. [9]Bei einem Wirtschaftsgut, das nur einmalig zur Ausführung eines Umsatzes verwendet wird, erfolgt die Berichtigung gemäß § 15a Abs. 2 UStG für den Besteuerungszeitraum, in dem das Wirtschaftsgut unter den jeweils veränderten Verhältnissen geliefert wird. [10]In den Fällen des Übergangs von der allgemeinen Besteuerung zur Differenzbesteuerung unterbleibt eine Berichtigung, wenn der Unternehmer bei der Lieferung des Wirtschaftsguts gemäß § 25a Abs. 8 Satz 1 UStG auf die Anwendung der Differenzbesteuerung verzichtet oder nach Ablauf der Bindungsfrist des § 25a Abs. 2 Satz 2 UStG zur allgemeinen Besteuerung zurückkehrt und das Wirtschaftsgut erst danach liefert.

Bemessungsgrundlage

(8) [1]Wird ein Gebrauchtgegenstand durch den Wiederverkäufer nach § 1 Abs. 1 Nr. 1 Satz 1 UStG geliefert, ist als Bemessungsgrundlage grundsätzlich der Betrag anzusetzen, um den der Verkaufspreis den Einkaufspreis für den Gegenstand übersteigt; die in dem Unterschiedsbetrag enthaltene Umsatzsteuer ist herauszurechnen. [2]Nebenkosten, die nach dem Erwerb des Gegenstands angefallen, also nicht im Einkaufspreis enthalten sind, z. B. Reparaturkosten, mindern nicht die Bemessungsgrundlage. [3]Soweit selbst eingeführte Kunstgegenstände, Sammlungsstücke oder Antiquitäten nach § 25a Abs. 2 Satz 1 Nr. 1 UStG in die Differenzbesteuerung einbezogen werden, gilt als Einkaufspreis der nach den Vorschriften über den Zollwert ermittelte Wert des eingeführten Gegenstands zuzüglich der Einfuhrumsatzsteuer. [4]Im Fall des § 25a Abs. 2 Satz 1 Nr. 2 UStG schließt der Einkaufspreis die vom Lieferer in Rechnung gestellte Umsatzsteuer ein. [5]Wird die Bemessungsgrundlage für die Lieferung eines Kunstgegenstands nach § 25a Abs. 3 Satz 2 UStG berechnet, ist nach Absatz 11a zu verfahren.

(9) [1]Lieferungen, für die die Mindestbemessungsgrundlage (§ 10 Abs. 5 UStG) anzusetzen ist, und Lieferungen im Sinne des § 3 Abs. 1b UStG werden nach dem Unterschied zwischen dem tatsächlichen Einkaufspreis und dem Einkaufspreis zuzüglich der Nebenkosten für den Gegenstand zum Zeitpunkt des Umsatzes (§ 10 Abs. 4 Satz 1 Nr. 1 UStG) – abzüglich Umsatzsteuer – bemessen. [2]Bei den vorbezeichneten Lieferungen kommt eine Differenzbesteuerung im Normalfall allerdings im Hinblick auf § 3 Abs. 1b Satz 2 UStG nicht in Betracht, weil diese Vorschrift die Berechtigung zum vollen oder teilweisen Vorsteuerabzug voraussetzt.

(10) [1]Nimmt ein Wiederverkäufer beim Verkauf eines Neugegenstands einen Gebrauchtgegenstand in Zahlung und leistet der Käufer in Höhe der Differenz eine Zuzahlung, ist im Rahmen der Differenzbesteuerung als Einkaufspreis nach § 25a Abs. 3 UStG der tatsächliche Wert des Gebrauchtgegenstands anzusetzen. [2]Dies ist der Wert, der bei der Ermittlung des Entgelts für den Kauf des neuen Gegenstands tatsächlich zu Grunde gelegt wird. [3]Bei der Inzahlungnahme von Gebrauchtfahrzeugen in der Kraftfahrzeugwirtschaft ist nach Abschnitt 10.5 Abs. 4 zu verfahren.

(11) [1]Die Bemessungsgrundlage ist vorbehaltlich des Absatzes 12 für jeden Gegenstand einzeln zu ermitteln (Einzeldifferenz). [2]Ein positiver Unterschiedsbetrag zwischen dem Verkaufspreis – oder dem an seine Stelle tretenden Wert – und dem Einkaufspreis eines Gegenstands kann für die Berechnung der zu entrichtenden Steuer nicht mit einer negativen Einzeldifferenz aus dem Umsatz eines anderen Gegenstands oder einer negativen Gesamtdifferenz (vgl. Absatz 12) verrechnet werden. [3]Bei einem negativen Unterschiedsbetrag beträgt die Bemessungsgrundlage 0 €; dieser Unterschiedsbetrag kann auch in späteren Besteuerungszeiträumen nicht berücksichtigt werden. [4]Wird ein Gegenstand nicht im Jahr der Anschaffung veräußert, entnommen oder zugewendet, ist der noch nicht berücksichtigte Einkaufspreis im Jahr der tatsächlichen Veräußerung, Entnahme oder Zuwendung in die Berechnung der Einzeldifferenz einzubeziehen.

Besondere Bemessungsgrundlage für bestimmte Lieferungen von Kunstgegenständen („Pauschalmarge“)

(11a) [1]Im Falle der Lieferung eines Kunstgegenstands ist der Betrag, nach dem sich der Umsatz bemisst, abweichend von § 25a Abs. 3 Satz 1 UStG mit 30% des Verkaufspreises anzusetzen, wenn sich der Einkaufspreis des Kunstgegenstands nicht ermitteln lässt oder der Einkaufspreis unbedeutend ist (§ 25a Abs. 3 Satz 2 UStG). [2]Die Anwendung dieser Pauschalmarge ist auf Gegenstände beschränkt, die in Nummer 53 der Anlage 2 zum UStG aufgeführt sind. [3]Auf Sammlungsstücke (Nummer 54 der Anlage 2 zum UStG) ist die Regelung nicht anwendbar. [4]Es kommt nicht darauf an, ob der Wiederverkäufer die Differenzbesteuerung kraft der Regelungen in § 25a Abs. 1 UStG oder aufgrund einer nach § 25a Abs. 2 UStG abgegebenen Erklärung anwendet. [5]Da der Einkaufspreis eines Kunstgegenstands unter Berücksichtigung der gesetzlichen Pflichten des Unternehmers nach § 25a Abs. 6 UStG grundsätzlich aufzuzeichnen ist, liegt der Fall der Nichtermittelbarkeit des Einkaufspreises nur ausnahmsweise vor. [6]Das Vorliegen eines solchen Einzelfalles richtet sich nach dem Gesamtbild der Verhältnisse, die der Unternehmer nachzuweisen hat. [7]Dieser Nachweis gilt als erbracht, wenn der Unternehmer darlegt, dass er alle ihm zumutbaren Ermittlungsmöglichkeiten ausgeschöpft hat. [8]In Fällen, in denen der Unternehmer den ermittelbaren Einkaufspreis nicht aufgezeichnet hat oder die Nichtermittelbarkeit des Einkaufspreises des Kunstgegenstands nicht darlegen kann, erfolgt die Preisermittlung im Wege einer sachgerechten Schätzung. [9]Eine Nichtermittelbarkeit des Einkaufspreises liegt nicht allein schon dann vor, wenn der Unternehmer Aufwendungen für die Durchführung von Verkaufsfördermaßnahmen für von ihm in Kommission genommene Kunstgegenstände trägt.

Beispiel 1:

[1] Der Wiederverkäufer W erwirbt von einer Erbengemeinschaft den gesamten Nachlass eines Verstorbenen, in dem ein Kunstgegenstand enthalten ist. [2] Ohne Ermittlung der Einzelwerte wird für sämtliche Nachlassgegenstände ein Gesamtkaufpreis vereinbart. [3] W verkauft den Kunstgegenstand später für 2.500 €.
[4] Da W den Einkaufspreis des im Nachlass enthaltenen Kunstgegenstands nicht ermittelt kann, ist bei Veräußerung des Gegenstands die Pauschalmarge anzuwenden:

Verkaufspreis	2.500,00 €
davon 30 % (= Pauschalmarge)	750,00 €
darin enthaltene Umsatzsteuer (19 %)	119,75 €
Besondere Bemessungsgrundlage	630,25 €

Beispiel 2:

[1] Der Wiederverkäufer W erwirbt eine Sammlung von Kunstgegenständen als Sachgesamtheit. [2] Ohne Feststellung der Einzelwerte wird für die Sammlung ein Gesamtkaufpreis vereinbart. [3] W veräußert die Kunstgegenstände später einzeln weiter.
[4] Da W den Einkaufspreis der einzelnen Kunstgegenstände nicht ermitteln kann, ist bei Veräußerung der einzelnen Gegenstände durch W die Pauschalmarge anzuwenden.

Beispiel 3:

[1] Galerist G stellt in seinen Räumen Werke des Künstlers K aus. [2] G veräußert ein Werk im Rahmen eines Kommissionsgeschäfts (§ 3 Abs. 3 UStG) an einen Abnehmer. [3] Die Hälfte des Verkaufspreises leitet G vereinbarungsgemäß an K weiter. [4] Für seine Lieferung erteilt K dem G eine Rechnung. [5] G trägt die Aufwendungen für die Durchführung von Verkaufsfördermaßnahmen.
[6] Da G den Einkaufspreis anhand der Rechnung des K ermitteln kann, ist die Pauschalmarge nicht anwendbar. [7] Der Umsatz ist nach dem Betrag zu bemessen, um den der Verkaufspreis den Einkaufspreis übersteigt, abzüglich der Umsatzsteuer selbst. [8] Die von G getragenen Aufwendungen für die Durchführung von Verkaufsfördermaßnahmen berühren den Einkaufspreis nicht; insoweit ist G bei Vorliegen der Voraussetzungen des § 15 UStG zum Abzug der Vorsteuer berechtigt.

[10] Der Einkaufspreis eines Kunstgegenstands ist unbedeutend, wenn er den Betrag von 500 € ohne ggf. anfallende Umsatzsteuer nicht übersteigt.

(12) [1] Bei Gegenständen, deren Einkaufspreis den Betrag von 500 € nicht übersteigt, kann die Bemessungsgrundlage anstatt nach der Einzeldifferenz nach der Gesamtdifferenz ermittelt werden. [2] Die Gesamtdifferenz ist der Betrag, um den die Summe der Verkaufspreise und der Werte nach § 10 Abs. 4 Satz 1 Nr. 1 UStG die Summe der Einkaufspreise – jeweils bezogen auf den Besteuerungszeitraum – übersteigt; die in dem Unterschiedsbetrag enthaltene Umsatzsteuer ist herauszurechnen. [3] Für die Ermittlung der Verkaufs- und Einkaufspreise sind die Absätze 8 bis 10 entsprechend anzuwenden. [4] Kann ein Gegenstand endgültig nicht mehr veräußert, entnommen oder zugewendet werden (z. B. wegen Diebstahl oder Untergang), ist die Summe der Einkaufspreise entsprechend zu mindern. [5] Die Voraussetzungen für die Ermittlung der Bemessungsgrundlage nach der Gesamtdifferenz müssen grundsätzlich für jeden einzelnen Gegenstand erfüllt sein. [6] Wendet der Wiederverkäufer für eine Mehrheit von Gegenständen oder für Sachgesamtheiten einen Gesamteinkaufspreis auf (z. B. beim Kauf von Sammlungen oder Nachlässen) und werden die Gegenstände üblicherweise später einzeln verkauft, kann wie folgt verfahren werden:

1. Beträgt der Gesamteinkaufspreis bis zu 500 €, kann aus Vereinfachungsgründen von der Ermittlung der auf die einzelnen Gegenstände entfallenden Einkaufspreise abgesehen werden.
2. [1]Übersteigt der Gesamteinkaufspreis den Betrag von 500 €, ist der auf die einzelnen Gegenstände entfallende Einkaufspreis grundsätzlich im Wege sachgerechter Schätzung zu ermitteln. [2]Die Schätzung kann auf wertbestimmende Einzelgegenstände solange beschränkt werden, bis der Gesamtbetrag für die restlichen Gegenstände 500 € oder weniger beträgt. [3]Erwirbt der Unternehmer eine Vielzahl gleichartiger Gegenstände (z. B. eine Münz- oder Briefmarkensammlung), kann sich die Schätzung des anteiligen Einkaufspreises auf die Gegenstände beschränken, deren Einkaufspreis 500 € übersteigt.

Beispiel 1:

[1]Der Antiquitätenhändler A kauft eine Wohnungseinrichtung für 3.000 €. [2]Dabei ist er insbesondere an einer antiken Truhe (geschätzter anteiliger Einkaufspreis 1.500 €) und einem Weichholzschrank (Schätzpreis 800 €) interessiert. [3]Die restlichen Einrichtungsgegenstände, zu denen ein Fernsehgerät (Schätzpreis 250 €) gehört, will er an einen Trödelhändler verkaufen.

[4]A muss beim Weiterverkauf der Truhe und des Weichholzschranks die Bemessungsgrundlage nach der Einzeldifferenz ermitteln. [5]Das Fernsehgerät hat er den Gegenständen zuzuordnen, für die die Bemessungsgrundlage nach der Gesamtdifferenz ermittelt wird. [6]Das Gleiche gilt für die restlichen Einrichtungsgegenstände. [7]Da ihr Anteil am Gesamtpreis 450 € beträgt, kann von einer Ermittlung der auf die einzelnen Gegenstände entfallenden Einkaufspreise abgesehen werden.

Beispiel 2:

[1]Der Münzhändler M erwirbt eine Münzsammlung für 5.000 €. [2]Darin enthalten sind zwei besonders wertvolle Stücke, mit einem geschätzten anteiligen Einkaufspreis von 600 € bzw. 900 €. [3]Die Einzelwerte der übrigen Münzen liegen unter 500 €.

[4]M muss beim Weiterverkauf die Bemessungsgrundlage der beiden besonders wertvollen Münzen nach der Einzeldifferenz ermitteln. [5]Für die übrigen Stücke kann M die Gesamtdifferenzmethode anwenden. [6]Dabei kann die Summe der Einkaufspreise mit 3.500 € angesetzt werden, ohne dass es einer Ermittlung des auf die einzelne Münze entfallenden Einkaufspreises bedarf.

(13) [1]Die Gesamtdifferenz kann nur einheitlich für die gesamten innerhalb eines Besteuerungszeitraums ausgeführten Umsätze ermittelt werden, die sich auf Gegenstände mit Einkaufspreisen bis zu 500 € beziehen. [2]Es ist nicht zulässig, die Gesamtdifferenz innerhalb dieser Preisgruppe auf bestimmte Arten von Gegenständen zu beschränken. [3]Für Gegenstände, deren Einkaufspreis 500 € übersteigt, ist daneben die Ermittlung nach der Einzeldifferenz vorzunehmen. [4]Die positive Gesamtdifferenz eines Besteuerungszeitraums kann nicht mit einer negativen Einzeldifferenz verrechnet werden. [5]Ist die Gesamtdifferenz eines Besteuerungszeitraums negativ, beträgt die Bemessungsgrundlage 0 €; der negative Betrag kann nicht in späteren Besteuerungszeiträumen berücksichtigt werden. [6]Bei der Berechnung der Besteuerungsgrundlagen für die einzelnen Voranmeldungszeiträume ist entsprechend zu verfahren. [7]Allerdings können innerhalb desselben Besteuerungszeitraums negative mit positiven Gesamtdifferenzen einzelner Voranmeldungszeiträume verrechnet werden.

(14) Ein Wechsel von der Ermittlung nach der Einzeldifferenz zur Ermittlung nach der Gesamtdifferenz und umgekehrt ist nur zu Beginn eines Kalenderjahres zulässig.

Steuersatz, Steuerbefreiungen

(15) [1]Bei der Differenzbesteuerung ist die Steuer stets mit dem allgemeinen Steuersatz zu berechnen. [2]Dies gilt auch für solche Gegenstände, für die bei der Besteuerung nach den allgemeinen Vorschriften der ermäßigte Steuersatz in Betracht käme (z. B. Bücher). [3]Wird auf eine Lieferung in das übrige Gemeinschaftsgebiet die Differenzbesteuerung angewendet, ist die Steuerbefreiung für innergemeinschaftliche Lieferungen ausgeschlossen. [4]Die übrigen Steuerbefreiungen des § 4 UStG bleiben unberührt.

Verbot des offenen Steuerausweises, Aufzeichnungspflichten

(16) [1]Das Verbot des gesonderten Ausweises der Steuer in einer Rechnung gilt auch dann, wenn der Wiederverkäufer einen Gebrauchtgegenstand an einen anderen Unternehmer liefert, der eine gesondert ausgewiesene Steuer aus dem Erwerb dieses Gegenstands als Vorsteuer abziehen könnte. [2]Liegen die Voraussetzungen für die Differenzbesteuerung vor und weist ein Wiederverkäufer für die Lieferung eines Gebrauchtgegenstands – entgegen der Regelung in § 14a Abs. 6 Satz 2 UStG – die auf die Differenz entfallende Steuer gesondert aus, schuldet er die gesondert ausgewiesene Steuer nach § 14c Abs. 2 UStG. [3]Zusätzlich zu dieser Steuer schuldet er für die Lieferung des Gegenstands die Steuer nach § 25a UStG. [4]Auf die Anwendung der Differenzbesteuerung ist in der Rechnung hinzuweisen (vgl. Abschnitt 14a.1 Abs. 10).

(17)[1)] [1]Der Wiederverkäufer, der Umsätze von Gebrauchtgegenständen nach § 25a UStG versteuert, hat für jeden Gegenstand getrennt den Verkaufspreis oder den Wert nach § 10 Abs. 4 Satz 1 Nr. 1 UStG, den Einkaufspreis und die Bemessungsgrundlage aufzuzeichnen (§ 25a Abs. 6 Satz 1 UStG). [2]Aus Vereinfachungsgründen kann er in den Fällen, in denen lediglich ein Gesamteinkaufspreis für mehrere Gegenstände vorliegt, den Gesamteinkaufspreis aufzeichnen,

1. wenn dieser den Betrag von 500 € insgesamt nicht übersteigt oder
2. soweit er nach Abzug der Einkaufspreise einzelner Gegenstände den Betrag von 500 € nicht übersteigt.

[3]Die besonderen Aufzeichnungspflichten gelten als erfüllt, wenn sich die aufzeichnungspflichtigen Angaben aus den Buchführungsunterlagen entnehmen lassen. [4]Der Wiederverkäufer hat die Aufzeichnungen für die Differenzbesteuerung getrennt von den übrigen Aufzeichnungen zu führen. [5]Die Aufzeichnungspflichten nach § 25a Abs. 6 Satz 1 UStG gehören nicht zu den materiellen Voraussetzungen der Differenzbesteuerung, weshalb ein Verstoß dagegen nicht grundsätzlich zur Versagung der Differenzbesteuerung führt (vgl. BFH-Urteil vom 12.05.2022 – V R 19/20, BStBl. II 2023 S. 885).

[1)] A 25a.1 UStAE Abs. 17 Satz 5 angef. durch BMF v. 22.12.2023, BStBl. I 2023, 2248.

Besonderheiten im innergemeinschaftlichen Warenverkehr

(18) [1]Die Differenzbesteuerung kann vorbehaltlich des Absatzes 19 auch auf Lieferungen vom Inland in das übrige Gemeinschaftsgebiet sowie auf Fälle des innergemeinschaftlichen Verbringens (§ 1a Abs. 2 UStG) angewendet werden. [2]Sie ist in diesem Fall stets im Inland vorzunehmen; die Regelung des § 3c UStG und die Steuerbefreiung für innergemeinschaftliche Lieferungen im Sinne von § 4 Nr. 1 Buchstabe b, § 6a UStG finden keine Anwendung.

(19) [1]Die Differenzbesteuerung ist ausgeschlossen, wenn der Wiederverkäufer ein neues Fahrzeug im Sinne von § 1b Abs. 2 und 3 UStG in das übrige Gemeinschaftsgebiet liefert. [2]Die Lieferung ist im Inland unter den Voraussetzungen des § 4 Nr. 1 Buchstabe b, § 6a UStG als innergemeinschaftliche Lieferung steuerfrei. [3]Der Erwerber des neuen Fahrzeugs hat im übrigen Gemeinschaftsgebiet einen innergemeinschaftlichen Erwerb zu besteuern.

(20) Wird bei der Lieferung eines Gegenstands vom übrigen Gemeinschaftsgebiet in das Inland die Differenzbesteuerung im übrigen Gemeinschaftsgebiet angewendet, entfällt eine Erwerbsbesteuerung im Inland.

Verzicht auf die Differenzbesteuerung

(21) [1]Ein Verzicht auf die Anwendung der Differenzbesteuerung ist bei jeder einzelnen Lieferung eines Gebrauchtgegenstands möglich. [2]Abschnitt 9.1 Abs. 3 und 4 ist sinngemäß anzuwenden. [3]Im Fall der Besteuerung nach der Gesamtdifferenz ist ein Verzicht ausgeschlossen. [4]Der Verzicht ist auch für solche Gegenstände möglich, für die der Wiederverkäufer nach § 25a Abs. 2 UStG die Anwendung der Differenzbesteuerung erklärt hat. [5]In diesem Fall kann er die entstandene Einfuhrumsatzsteuer und die ihm berechnete Umsatzsteuer frühestens in der Voranmeldung als Vorsteuer geltend machen, in der er auch die Steuer für die Lieferung anmeldet. [6]Der Verzicht auf die Differenzbesteuerung nach § 25a Abs. 8 UStG hat zur Folge, dass auf die Lieferung die allgemeinen Vorschriften des UStG anzuwenden sind.

Zu § 25b UStG

25b.1 Innergemeinschaftliche Dreiecksgeschäfte

Allgemeines

(1)[1)] [1]§ 25b UStG enthält eine Vereinfachungsregelung für die Besteuerung von innergemeinschaftlichen Dreiecksgeschäften. [2]Die Vereinfachung besteht darin, dass eine steuerliche Registrierung des mittleren Unternehmers im Bestimmungsland vermieden wird. [3]Bei einem innergemeinschaftlichen Dreiecksgeschäft werden unter Berücksichtigung der allgemeinen Regelungen für Reihengeschäfte (vgl. Abschnitt 3.14 Abs. 1 bis 10) grundsätzlich folgende Umsätze ausgeführt:

---

1) A 25b.1 UStAE Abs. 1 Satz 3 Verweis geänd. durch BMF v. 25.04.2023, BStBl. I 2023, 778.

1. eine innergemeinschaftliche Lieferung des ersten am Dreiecksgeschäft beteiligten Unternehmers (erster Lieferer) in dem Mitgliedstaat, in dem die Beförderung oder Versendung des Gegenstands beginnt (§ 3 Abs. 6 Satz 1 UStG),
2. ein innergemeinschaftlicher Erwerb des mittleren am Dreiecksgeschäft beteiligten Unternehmers (erster Abnehmer) in dem Mitgliedstaat, in dem die Beförderung oder Versendung des Gegenstands endet (§ 3d Satz 1 UStG),
3. ein innergemeinschaftlicher Erwerb des ersten Abnehmers in dem Mitgliedstaat, der dem ersten Abnehmer die von ihm verwendete USt-IdNr. erteilt hat (§ 3d Satz 2 UStG) und
4. eine (Inlands-)Lieferung des ersten Abnehmers in dem Mitgliedstaat, in dem die Beförderung oder Versendung des Gegenstands endet (§ 3 Abs. 7 Satz 2 Nr. 2 UStG).

[4] Liegt ein innergemeinschaftliches Dreiecksgeschäft vor, wird die Steuerschuld für die (Inlands-)Lieferung unter den Voraussetzungen des § 25b Abs. 2 UStG von dem ersten auf den letzten jeweils am Dreiecksgeschäft beteiligten Abnehmer übertragen. [5] Im Fall der Übertragung der Steuerschuld gilt zugleich auch der innergemeinschaftliche Erwerb dieses ersten Abnehmers als besteuert (§ 25b Abs. 3 UStG).

Begriff (§ 25b Abs. 1 UStG)

(2)[1)] [1] Ein innergemeinschaftliches Dreiecksgeschäft setzt voraus, dass drei Unternehmer (erster Lieferer, erster Abnehmer und letzter Abnehmer) über denselben Gegenstand Umsatzgeschäfte abschließen, und dieser Gegenstand unmittelbar vom Ort der Lieferung des ersten Lieferers an den letzten Abnehmer gelangt (§ 25b Abs. 1 Satz 1 Nr. 1 UStG). [2] Ein innergemeinschaftliches Dreiecksgeschäft kann auch zwischen drei unmittelbar nacheinander liefernden Unternehmern bei Reihengeschäften mit mehr als drei Beteiligten vorliegen, wenn die drei unmittelbar nacheinander liefernden Unternehmer am Ende der Lieferkette stehen. [3] Der erste Abnehmer in dem Dreiecksgeschäft ist als mittlerer Unternehmer in der Reihe zugleich Abnehmer und Lieferer. [4] Letzte Abnehmer im Dreiecksgeschäft können auch Unternehmer sein, die nur steuerfreie – nicht zum Vorsteuerabzug berechtigende – Umsätze ausführen, sowie Kleinunternehmer und pauschalierende Land- und Forstwirte. [5] Voraussetzung ist, dass sie umsatzsteuerlich in dem Mitgliedstaat erfasst sind, in dem die Beförderung oder Versendung des Gegenstands endet. [6] Letzter Abnehmer kann auch eine juristische Person des öffentlichen oder privaten Rechts sein, die nicht Unternehmer ist oder den Gegenstand nicht für ihr Unternehmen erwirbt, wenn sie in dem Mitgliedstaat, in dem die Warenbewegung endet, für Zwecke der Umsatzsteuer erfasst ist (§ 25b Abs. 1 Satz 2 UStG).

Beispiel:

[1] Der in Deutschland ansässige Unternehmer D bestellt beim in Belgien ansässigen Unternehmer B dort nicht vorrätige Werkzeugteile. [2] B gibt die Bestellung weiter an den in

---

[1)] A 25b.1 UStAE Abs. 2 Beispiel neugef. durch BMF v. 25.04.2023, BStBl. I 2023, 778, anzuwenden in allen offenen Fällen.

Luxemburg ansässigen Unternehmer L mit der Bitte, sie direkt zu D nach Deutschland auszuliefern. [3] Weil auch L die Werkzeugteile nicht am Lager hat, bestellt er sie beim in Spanien ansässigen Unternehmer SP, der sie auf Weisung von L an D versendet. [4] L erteilt den Versendungsauftrag und verwendet bis zum Beginn der Versendung die ihm von der spanischen Finanzverwaltung erteilte USt-IdNr. gegenüber dem leistenden Unternehmer SP. [5] SP, B und D verwenden jeweils die USt-IdNr. ihres Landes.

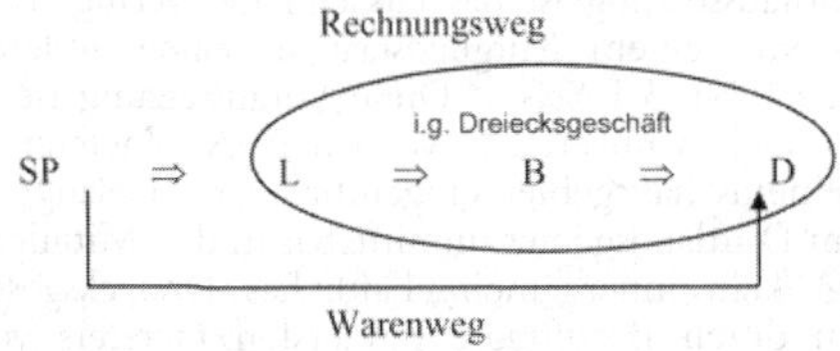

[6] Zwischen SP, L, B und D liegt ein Reihengeschäft vor. [7] Darüber hinaus ist ein innergemeinschaftliches Dreiecksgeschäft im Sinne des § 25b Abs. 1 UStG zwischen L, B und D anzunehmen, weil L als erster am Dreiecksgeschäft beteiligter Lieferer den Gegenstand der Lieferungen versendet. [8] Die Versendung ist der ersten Lieferung im Dreiecksgeschäft (L an B) zuzuordnen, da L gegenüber seinem leistenden Unternehmer SP bis zum Beginn der Versendung seine spanische USt-IdNr. verwendet hat (§ 3 Abs. 6a Satz 4 2. Halbsatz in Verbindung mit Satz 5 UStG) und dies eine vom Mitgliedstaat des Beginns der Versendung (Spanien) erteilte USt-IdNr. ist (vgl. Abschnitt 3.14 Abs. 7 ff.). [9] Ort der Lieferung ist nach § 3 Abs. 6a Satz 4 2. Halbsatz, Satz 5 in Verbindung mit § 3 Abs. 6 Sätze 1, 3 und 4 UStG in Spanien (Beginn der Versendung). [10] Die Lieferung des L an B ist als innergemeinschaftliche Lieferung in Spanien steuerfrei. [11] Der Erwerb des Gegenstands unterliegt bei B grundsätzlich der Besteuerung des innergemeinschaftlichen Erwerbs in Deutschland, da die Versendung dort endet (§ 3d Satz 1 UStG), und in Belgien, da B seine belgische USt-IdNr. verwendet (§ 3d Satz 2 UStG). [12] Die zweite Lieferung im Dreiecksgeschäft (B an D) ist eine ruhende Lieferung. [13] Lieferort ist nach § 3 Abs. 7 Satz 2 Nr. 2 UStG Deutschland, da sie der Versendungslieferung nachfolgt. [14] SP erbringt eine ruhende Lieferung in Spanien (§ 3 Abs. 7 Satz 2 Nr. 1 UStG), die nach spanischem Recht zu beurteilen ist.

(3) [1] Weitere Voraussetzung für das Vorliegen eines innergemeinschaftlichen Dreiecksgeschäfts ist, dass die hieran beteiligten Unternehmer in jeweils verschiedenen Mitgliedstaaten für Zwecke der Umsatzsteuer erfasst sind (§ 25b Abs. 1 Satz 1 Nr. 2 UStG). [2] Die Ansässigkeit in einem dieser Mitgliedstaaten ist nicht erforderlich; maßgeblich ist vielmehr, dass der Unternehmer unter der USt-IdNr. auftritt, die ihm von einem dieser Mitgliedstaaten erteilt worden ist. [3] Treten mehrere der an dem Dreiecksgeschäft beteiligten Unternehmer unter der USt-IdNr. desselben Mitgliedstaates auf, liegt kein innergemeinschaftliches Dreiecksgeschäft vor.

Beispiel:

[1] Der in Frankfurt ansässige und umsatzsteuerlich registrierte Unternehmer D bestellt eine dort nicht vorrätige Ware bei dem in Belgien ansässigen Unternehmer B 1. [2] B 1 gibt die Bestellung weiter an den ebenfalls in Belgien ansässigen Großhändler B 2, der die Ware mit eigenem Lkw unmittelbar nach Frankfurt befördert und sie dort an D übergibt. [3] D und B 2 treten jeweils unter der USt-IdNr. ihres Landes auf. [4] B 1 tritt nicht unter seiner belgischen USt-IdNr., sondern unter seiner niederländischen USt-IdNr. auf.

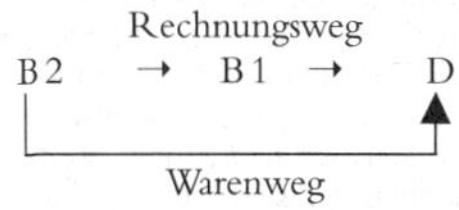

[5]Die Voraussetzung des § 25b Abs. 1 Satz 1 Nr. 2 UStG für das Vorliegen eines innergemeinschaftlichen Dreiecksgeschäfts ist erfüllt, da die drei beteiligten Unternehmer in jeweils verschiedenen Mitgliedstaaten (Deutschland, Belgien, Niederlande) für Zwecke der Umsatzsteuer erfasst sind und mit USt-IdNrn. aus verschiedenen Mitgliedstaaten auftreten. [6]Auf die Ansässigkeit von B 1 und B 2 in demselben Mitgliedstaat kommt es bei der Beurteilung nicht an.

(4) [1]Weitere Voraussetzung ist das tatsächliche Gelangen des Gegenstands der Lieferungen von einem Mitgliedstaat in einen anderen Mitgliedstaat (§ 25b Abs. 1 Satz 1 Nr. 3 UStG). [2]Diese Voraussetzung ist im Hinblick auf § 3 Abs. 8 UStG auch dann erfüllt, wenn der erste Lieferer den Gegenstand zuvor in das Gemeinschaftsgebiet eingeführt hat. [3]Gelangt der Gegenstand allerdings aus dem Drittlandsgebiet unmittelbar in den Mitgliedstaat des letzten Abnehmers, liegt kein innergemeinschaftliches Dreiecksgeschäft vor. [4]Der Gegenstand kann durch Beauftragte des ersten Lieferers vor der Beförderung oder Versendung in das übrige Gemeinschaftsgebiet bearbeitet oder verarbeitet worden sein. [5]Gegenstand der Lieferung ist in diesem Fall jeweils der bearbeitete oder verarbeitete Gegenstand. [6]Der Gegenstand der Lieferung kann auch an einen vom letzten Abnehmer beauftragten Dritten, z. B. einen Lohnveredelungsunternehmer oder einen Lagerhalter, befördert oder versendet werden.

(5) [1]Ein innergemeinschaftliches Dreiecksgeschäft setzt weiterhin voraus, dass der Gegenstand durch den ersten Lieferer oder den ersten Abnehmer (mittlerer Unternehmer) befördert oder versendet wird (§ 25b Abs. 1 Satz 1 Nr. 4 UStG). [2]Dies gilt für den mittleren Unternehmer allerdings nur dann, wenn er in seiner Eigenschaft als Abnehmer befördert oder versendet, d. h. wenn die Beförderung oder Versendung der Lieferung an ihn (erste Lieferung im Dreiecksgeschäft) zugeordnet wird. [3]Wird die Beförderung oder Versendung dagegen der zweiten Lieferung im Dreiecksgeschäft zugeordnet, weil der mittlere Unternehmer in seiner Eigenschaft als Lieferer auftritt, liegt kein innergemeinschaftliches Dreiecksgeschäft vor. [4]Wird der Gegenstand der Lieferungen durch den letzten Abnehmer befördert oder versendet (Abholfall), liegt ebenfalls kein innergemeinschaftliches Dreiecksgeschäft vor.

Beispiel:

[1]Der belgische Unternehmer B bestellt bei dem deutschen Unternehmer D eine Baumaschine. [2]D hat die Maschine nicht vorrätig und gibt die Bestellung weiter an den spanischen Hersteller SP. 3Alle Beteiligten treten unter der USt-IdNr. ihres Landes auf.

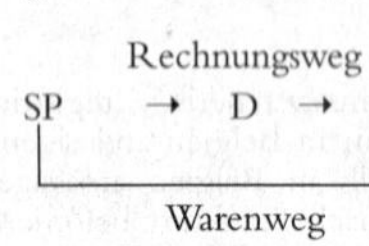

a) [1]SP befördert die Baumaschine mit eigenem Lkw nach Belgien und übergibt sie dort an B. [2]Es liegt ein innergemeinschaftliches Dreiecksgeschäft im Sinne des § 25b Abs. 1 UStG vor, weil der erste Lieferer den Gegenstand der Lieferungen befördert. [3]Die Beförderung ist der ersten Lieferung (SP an D) zuzuordnen. [4]Ort der Lieferung ist nach § 3 Abs. 6 Satz 5 in Verbindung mit Satz 1 UStG Spanien (Beginn der Beförderung). [5]Die Lieferung ist als innergemeinschaftliche Lieferung in Spanien steuerfrei. [6]Der Erwerb des Gegenstands unterliegt bei D grundsätzlich der Besteuerung des innergemeinschaftlichen Erwerbs in Belgien, da die Beförderung dort endet (§ 3d Satz 1 UStG), und in Deutschland, da D seine deutsche USt-IdNr. verwendet (§ 3d Satz 2 UStG). [7]Die zweite Lieferung (D an B) ist eine ruhende Lieferung. [8]Lieferort ist nach § 3 Abs. 7 Satz 2 Nr. 2 UStG Belgien, da sie der Beförderungslieferung nachfolgt. [9]Die Lieferung des D ist nach belgischem Recht zu beurteilen. [10]Zur weiteren Beurteilung vgl. auch das Beispiel in Absatz 7.

b) [1]B lässt die Baumaschine durch einen von ihm beauftragten Spediteur bei SP in Spanien abholen und unmittelbar nach Belgien versenden.
[2]Es liegt kein innergemeinschaftliches Dreiecksgeschäft im Sinne des § 25b Abs. 1 UStG vor, weil der letzte Abnehmer den Gegenstand der Lieferungen versendet. [3]Die Versendung ist der zweiten Lieferung (D an B) zuzuordnen. [4]Ort der Lieferung ist nach § 3 Abs. 6 Satz 5 in Verbindung mit Satz 1 UStG Spanien (Beginn der Versendung). [5]Die Lieferung ist als innergemeinschaftliche Lieferung in Spanien steuerfrei. [6]Der Erwerb des Gegenstands unterliegt bei B grundsätzlich der Besteuerung des innergemeinschaftlichen Erwerbs in Belgien, da die Versendung dort endet (§ 3d Satz 1 UStG). [7]Die erste Lieferung (SP an D) ist eine ruhende Lieferung. [8]Lieferort ist nach § 3 Abs. 7 Satz 2 Nr. 1 UStG ebenfalls Spanien, da sie der Versendungslieferung vorangeht. [9]Die Lieferung ist nach spanischem Recht zu beurteilen. [10]D muss sich demnach in Spanien steuerlich registrieren lassen.

Übertragung der Steuerschuld auf den letzten Abnehmer (§ 25b Abs. 2 UStG)

(6) [1]Im Fall eines innergemeinschaftlichen Dreiecksgeschäfts im Sinne des § 25b Abs. 1 UStG wird die Steuer für die (Inlands-)Lieferung des ersten an den letzten jeweils an dem Dreiecksgeschäft beteiligten Abnehmer von diesem letzten Abnehmer geschuldet, wenn die in § 25b Abs. 2 Nr. 1 bis 4 UStG genannten Voraussetzungen sämtlich erfüllt sind. [2]Die Übertragung der Steuerschuld auf den letzten Abnehmer ist bei Vorliegen der Voraussetzungen zwingend vorgeschrieben. [3]Durch die Übertragung der Steuerschuld wird der letzte Abnehmer Steuerschuldner für die vom ersten Abnehmer an ihn ausgeführte Lieferung (§ 13a Abs. 1 Nr. 5 UStG).

Innergemeinschaftlicher Erwerb des ersten Abnehmers (§ 25b Abs. 3 UStG)

(7) [1]Wird die Steuerschuld auf den letzten am Dreiecksgeschäft beteiligten Abnehmer übertragen, gilt der innergemeinschaftliche Erwerb des ersten am Dreiecksgeschäft beteiligten Abnehmers nach § 25b Abs. 3 UStG als besteuert. [2]Diese fiktive Besteuerung des innergemeinschaftlichen Erwerbs bei diesem ersten Abnehmer gilt für die Erwerbsbesteuerung in dem Mitgliedstaat, in dem die Beförderung oder Versendung endet (vgl. § 3d Satz 1 UStG) und zugleich auch für die Beurteilung einer Erwerbsbesteuerung in dem Mitgliedstaat, unter dessen USt-IdNr. der erste Abnehmer auftritt (vgl. § 3d Satz 2 UStG).

Beispiel:

[1]Der belgische Unternehmer B bestellt bei dem deutschen Unternehmer D eine Baumaschine. [2]D hat die Maschine nicht vorrätig und gibt die Bestellung weiter an den spanischen Hersteller SP. [3]SP befördert die Baumaschine mit eigenem Lkw nach Belgien und übergibt sie dort an B. [4]Alle Beteiligten treten unter der USt-IdNr. ihres Landes auf. [5]D erteilt dem B eine Rechnung im Sinne des § 14a Abs. 7 UStG.

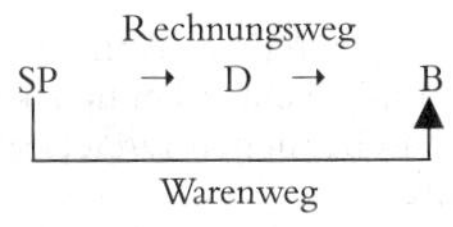

[6] Es liegt ein innergemeinschaftliches Dreiecksgeschäft im Sinne des § 25b Abs. 1 UStG vor. [7] Die Beförderung ist der ersten Lieferung (SP an D) zuzuordnen. [8] Ort der Lieferung ist nach § 3 Abs. 6 Satz 5 in Verbindung mit Satz 1 UStG Spanien (Beginn der Beförderung). [9] Die Lieferung ist als innergemeinschaftliche Lieferung in Spanien steuerfrei. [10] Der Erwerb des Gegenstands unterliegt bei D grundsätzlich der Besteuerung des innergemeinschaftlichen Erwerbs in Belgien, da die Beförderung dort endet (§ 3d Satz 1 UStG), und in Deutschland, da D seine deutsche USt-IdNr. verwendet (§ 3d Satz 2 UStG). [11] Die zweite Lieferung (D an B) ist eine ruhende Lieferung. [12] Lieferort ist nach § 3 Abs. 7 Satz 2 Nr. 2 UStG Belgien, da sie der Beförderungslieferung nachfolgt. [13] D führt demnach eine steuerbare und steuerpflichtige Lieferung in Belgien aus. [14] Da die Voraussetzungen des § 25b Abs. 2 UStG erfüllt sind, wird die Steuerschuld für die belgische (Inlands-)Lieferung des D auf B übertragen: Der Lieferung ist ein innergemeinschaftlicher Erwerb durch D vorausgegangen; D ist nicht in Belgien ansässig; D tritt gegenüber dem ersten Lieferer und dem letzten Abnehmer mit seiner deutschen USt-IdNr. auf; D hat dem B eine Rechnung im Sinne des § 14a Abs. 7 UStG erteilt; B verwendet als letzter Abnehmer eine (belgische) USt-IdNr. des Mitgliedstaates, in dem die Beförderung endet. [15] B wird Steuerschuldner für diese Lieferung des D und muss die Steuer im Rahmen seiner belgischen Steuererklärungspflichten anmelden. [16] D hat im Hinblick auf seine in Belgien ausgeführte Lieferung keinen umsatzsteuerlichen Verpflichtungen in Belgien nachzukommen. [17] Mit der wirksamen Übertragung der Steuerschuld auf B gilt auch der innergemeinschaftliche Erwerb des D in Belgien als besteuert (§ 25b Abs. 3 UStG) mit der Folge, dass D auch hierfür keinen umsatzsteuerlichen Verpflichtungen in Belgien nachkommen muss. [18] Mit der fiktiven Erwerbsbesteuerung in Belgien entfällt auch eine Besteuerung des innergemeinschaftlichen Erwerbs in D über § 3d Satz 2 UStG, sofern D seiner Erklärungspflicht nach § 18a Abs. 7 Satz 1 Nr. 4 UStG (für die ZM) nachkommt. [19] Durch die Anwendung der Vereinfachungsregelung des § 25b UStG wird vermieden, dass sich D in Belgien auf Grund dieses innergemeinschaftlichen Dreiecksgeschäfts registrieren lassen und dort Steuererklärungen abgeben muss. [20] D muss in Deutschland die Erklärungspflichten nach § 18b Satz 1 UStG für die Voranmeldung und die Steuererklärung für das Kalenderjahr beachten.

Besonderheiten bei der Rechnungserteilung

(8) [1] Nach § 25b Abs. 2 Nr. 3 UStG ist materielle Voraussetzung für die Übertragung der Steuerschuld, dass der erste dem letzten jeweils am Dreiecksgeschäft beteiligten Abnehmer eine Rechnung im Sinne des § 14a Abs. 7 UStG erteilt, in der die Steuer nicht gesondert ausgewiesen ist. [2] Neben den Angaben nach § 14 Abs. 4 UStG sind in der Rechnung dieses ersten Abnehmers danach folgende zusätzliche Angaben erforderlich:

1. ein Hinweis auf das Vorliegen eines innergemeinschaftlichen Dreiecksgeschäfts, z. B. „Innergemeinschaftliches Dreiecksgeschäft nach § 25b UStG" oder „Vereinfachungsregelung nach Artikel 141 MwStSystRL";
2. ein Hinweis auf die Steuerschuld des letzten am Dreiecksgeschäft beteiligten Abnehmers;
3. die Angabe der USt-IdNr. des ersten am Dreiecksgeschäft beteiligten Abnehmers und
4. die Angabe der USt-IdNr. des letzten am Dreiecksgeschäft beteiligten Abnehmers.

[3] Der letzte am Dreiecksgeschäft beteiligte Abnehmer soll durch die Hinweise in der Rechnung eindeutig und leicht erkennen können, dass er letzter Abnehmer in einem innergemeinschaftlichen Dreiecksgeschäft ist und die Steuerschuld auf ihn übertragen wird.

Bemessungsgrundlage (§ 25b Abs. 4 UStG)

(9) [1]Im Fall der Übertragung der Steuerschuld nach § 25b Abs. 2 UStG auf den letzten am Dreiecksgeschäft beteiligten Abnehmer gilt für die Berechnung der geschuldeten Steuer abweichend von § 10 Abs. 1 UStG die Gegenleistung als Entgelt (Nettobetrag ohne Umsatzsteuer). [2]Die Umsatzsteuer ist auf diesen Betrag aufzuschlagen.

Aufzeichnungspflichten (§ 25b Abs. 6 UStG)

(10) [1]Neben den allgemeinen Aufzeichnungspflichten nach § 22 UStG sind bei innergemeinschaftlichen Dreiecksgeschäften vom ersten und vom letzten jeweils daran beteiligten Abnehmer zusätzliche Aufzeichnungspflichten zu erfüllen, wenn sie eine inländische USt-IdNr. verwenden (§ 25b Abs. 6 Satz 1 UStG). [2]Verwendet der erste am Dreiecksgeschäft beteiligte Abnehmer eine USt-IdNr. eines anderen Mitgliedstaates, ist er von den allgemeinen Aufzeichnungspflichten nach § 22 UStG befreit, wenn die Beförderung oder Versendung im Inland endet (§ 25b Abs. 6 Satz 2 UStG).

Zu § 25c UStG

25c.1 Besteuerung von Umsätzen mit Anlagegold

(1) [1]Steuerbefreit sind nach § 25c Abs. 1 Satz 1 UStG die Lieferungen, die Einfuhr sowie der innergemeinschaftliche Erwerb von Anlagegold. [2]Als Lieferungen von Anlagegold gelten auch:

a) die Veräußerung von ideellen Miteigentumsanteilen an einem Goldbarrenbestand oder einem Goldmünzenbestand;
b) die Veräußerung von Gewichtsguthaben an einem Goldbarrenbestand, wenn die Gewichtskonten obligatorische Rechte ausweisen;
c) die Veräußerung von Goldbarrenzertifikaten oder Goldmünzenzertifikaten;
d) die Abtretung von Ansprüchen auf Lieferung von Goldbarren oder Goldmünzen;
e) die Veräußerung von Golddarlehen und Goldswaps, durch die ein Eigentumsrecht an Anlagegold oder ein schuldrechtlicher Anspruch auf Anlagegold begründet wird;
f) die Veräußerung von Terminkontrakten und im Freiverkehr getätigten Terminabschlüssen mit Anlagegold, die zur Übertragung eines Eigentumsrechts an Anlagegold oder eines schuldrechtlichen Anspruchs auf Anlagegold führen.

[3]Steuerfrei ist auch die Vermittlung der Lieferung von Anlagegold. [4]Optionsgeschäfte mit Anlagegold und die Vermittlung derartiger Dienstleistungen fallen unter die Steuerbefreiung nach § 4 Nr. 8 Buchstabe e UStG.

(2)[1)·2)] [1]Goldbarren und -plättchen bestehen aus Feingold von mindestens 995 Tausendsteln mit eingestanzter oder geprägter Angabe des Herstellers, des

---

[1)] A 25c.1 UStAE Abs. 2 Sätze 1 und 2 neugef. durch BMF v. 8.6.2023, BStBl. I 2023, 1069, anzuwenden in allen offenen Fällen.

[2)] Siehe auch BGH v. 17.10.2023 1 StR 151/23, NJW 2024, 519.

Feingoldgehalts und des Gewichts; auf das Herstellungsverfahren und auf die Form des Goldes, sofern es vom Goldmarkt akzeptiert wird, kommt es nicht an. [2]Die Barren und Plättchen können zum Beispiel mit bildlichen Darstellungen geprägt sein. [3]Goldmünzen müssen einen Goldgehalt von mindestens 900 Tausendsteln aufweisen, nach dem Jahr 1800 geprägt sein, im Ursprungsland gesetzliches Zahlungsmittel sein bzw. gewesen sein und üblicherweise zu einem Preis verkauft werden, der 180% des Goldgehalts nicht übersteigt. [4]Eine Mindestauflagenhöhe ist nicht erforderlich.

(3) [1]Die Europäische Kommission veröffentlicht jährlich vor dem 1. Dezember in der Reihe C ABl. EU ein Verzeichnis der Goldmünzen, die die Kriterien für die Steuerbefreiung erfüllen.[1)] [2]Für Umsätze von Goldmünzen, mit einem Goldgehalt von mindestens 900 Tausendsteln, die in dem Verzeichnis enthalten sind, gilt die Sonderregelung nach § 25c UStG während des gesamten Jahres, das auf das Jahr der Veröffentlichung folgt. [3]Bei Münzen, die nicht in dem Verzeichnis enthalten sind, hat der Unternehmer im Einzelfall zu prüfen, ob die genannten Voraussetzungen für die Behandlung als Anlagegold erfüllt sind. [4]Der Metallwert von Goldmünzen ist dabei grundsätzlich anhand des aktuellen Tagespreises für Gold zu ermitteln. [5]Maßgeblich ist der von der Londoner Börse festgestellte Tagespreis (Nachmittagsfixing) für die Feinunze Gold (1 Unze = 31,1035 Gramm). [6]Dieser in US-Dollar festgestellte Wert muss anhand der aktuellen Umrechnungskurse in Euro umgerechnet werden.

(4) Nicht zum Anlagegold gehört unverarbeitetes Gold (Industriegold), d. h. insbesondere Barren mit einem Feingoldgehalt von weniger als 995 Tausendsteln, sowie Granalien und Feingoldband in handelsüblicher Form.

(5) [1]Zur Umsatzsteuerpflicht kann optieren:
- ein Unternehmer, der Anlagegold herstellt oder Gold in Anlagegold umwandelt, bei der Lieferung von Anlagegold.
- ein Unternehmer, der üblicherweise Gold zu gewerblichen Zwecken liefert, bei der Lieferung von Anlagegold in Barren- oder Plättchenform.

[2]Voraussetzung für die Option ist, dass er diese Lieferung an einen anderen Unternehmer für dessen Unternehmen ausführt. [3]Kreditinstitute sind grundsätzlich als Unternehmer anzusehen. [4]Vermittelt ein Unternehmer eine Lieferung von Anlagegold, kann er nur dann für die Vermittlungsleistung zur Steuerpflicht optieren, wenn der vermittelte Umsatz zuvor vom liefernden Unternehmer als steuerpflichtig behandelt worden ist. [5]Zum Vorsteuerabzug vgl. Abschnitt 15.13 Abs. 1.

(6) Im Übrigen bleiben die Regelungen des § 18 Abs. 7 UStG, § 49 UStDV unberührt.

(7) [1]Liegen für Goldlieferungen nach § 4 Nr. 4 UStG auch die Voraussetzungen der Steuerbefreiung für Anlagegold (§ 25c Abs. 1 und 2 UStG) vor, geht die Steuerbefreiung des § 25c Abs. 1 und 2 UStG der Steuerbefreiung des § 4 Nr. 4 UStG vor. [2]Liegen für die Lieferung von Anlagegold auch die

---

[1)] Für **2023** siehe BMF v. 29.11.2022 III C 1 – S 7068/19/10002 :005 sowie ABl. EU 2022 Nr. C 448, 4, für **2024** siehe BMF v. 04.12.2023 III C 1 – S 7068/19/10002 :006 sowie ABl. EU 2023 Nr. C 854.

Voraussetzungen einer Ausfuhrlieferung (§ 4 Nr. 1 Buchstabe a, § 6 UStG) bzw. einer innergemeinschaftlichen Lieferung (§ 4 Nr. 1 Buchstabe b, § 6a UStG) vor, geht die Steuerbefreiung des § 25c Abs. 1 und 2 UStG diesen Steuerbefreiungen vor.

Zu § 25d UStG[1)]

25d.1 *(aufgehoben)*

Zu § 25e UStG[2)]

25e.1 Voraussetzung für die Haftung

[1] Betreiber einer elektronischen Schnittstelle im Sinne von § 25e Abs. 1 UStG (Betreiber) haften für die nicht entrichtete Steuer aus einer Lieferung von Gegenständen, die nicht unter § 3 Abs. 3a UStG fallen, wenn sie die Lieferung dieser Gegenstände mittels einer elektronischen Schnittstelle unterstützen. [2] Darunter können insbesondere die folgenden Fallgestaltungen fallen:

1. Lieferungen an einen Unternehmer, unabhängig von der Ansässigkeit des liefernden Unternehmers

Beispiel 1:

[1] Ein in Deutschland ansässiger Händler H veräußert über eine elektronische Schnittstelle Handyhüllen an einen ebenfalls in Deutschland ansässigen Unternehmer U. [2] Die Ware wird vom Sitz des H oder aus einem Lager in Deutschland an den Sitz des U in Deutschland befördert oder versendet.

[3] § 3 Abs. 3a Satz 1 UStG findet keine Anwendung, da der Empfänger der Lieferung ein Unternehmer und der Lieferer im Gemeinschaftsgebiet (hier: Deutschland) ansässig ist. [4] § 3 Abs. 3a Satz 2 UStG findet keine Anwendung, da die Ware nicht aus dem Drittlandsgebiet eingeführt wurde. [5] Für die Lieferung des H an den U findet § 3 Abs. 6 Satz 1 UStG Anwendung. [6] Die Lieferung gilt als dort ausgeführt, wo die Beförderung oder Versendung an den Abnehmer beginnt (hier: Deutschland).

Beispiel 2:

[1] Ein in der Schweiz ansässiger Händler H veräußert über eine elektronische Schnittstelle Schuhe an einen in Deutschland ansässigen Unternehmer U. [2] Die Ware wird aus einem Lager des H in Deutschland an den Sitz des U in Deutschland befördert oder versendet.

[3] § 3 Abs. 3a Satz 1 UStG findet keine Anwendung, da der Empfänger der Lieferung ein Unternehmer ist. [4] § 3 Abs. 3a Satz 2 UStG findet keine Anwendung, da die Ware nicht aus dem Drittlandsgebiet eingeführt wurde. [5] Für die Lieferung des H an den U findet § 3 Abs. 6 Satz 1 UStG Anwendung. [6] Die Lieferung gilt als dort ausgeführt, wo die Beförderung oder Versendung an den Abnehmer beginnt (hier: Deutschland).

Beispiel 3:

[1] Ein in Deutschland ansässiger Händler H veräußert über eine elektronische Schnittstelle Schuhe (Sachwert: 100 €) an einen ebenfalls in Deutschland ansässigen Unternehmer U (kein Erwerber im Sinne des § 3 Abs. 3a Satz 5 UStG) zu der Lieferkondition „verzollt und versteuert“. [2] Die Ware wird aus einem Lager des H in der Schweiz an den Sitz des U in Deutschland befördert oder versendet. [3] Die Zollanmeldung in Deutschland erfolgt durch H.

---

1) § 25d UStG aufgeh. durch G v. 12.12.2019, BStBl. I 2019, 2451, mWv 1.1.2020.

2) Zu Vordruckmustern in diesem Zusammenhang siehe zwei BMF-Schreiben v. 28.7.2021: USt 1 TK, BStBl. I 2021, 1081; USt 1 TL, BStBl. I 2021, 1084.

[4] § 3 Abs. 3a Satz 2 UStG findet keine Anwendung, da der Empfänger der Lieferung ein Unternehmer und kein Erwerber im Sinne des § 3 Abs. 3a Satz 5 UStG ist. [5] Für die Lieferung des H an den U gilt der Ort nach § 3 Abs. 8 UStG als im Inland gelegen (hier: Deutschland).

2. Lieferungen, bei denen die Warenbewegung innerhalb des Gemeinschaftsgebietes erfolgt und der liefernde Unternehmer im Gemeinschaftsgebiet ansässig ist

Beispiel 1:

[1] Ein in Deutschland ansässiger Händler H veräußert über eine elektronische Schnittstelle Handyhüllen an eine Privatperson in Deutschland. [2] Die Ware wird aus einem Lager in Deutschland an den Wohnsitz der Privatperson in Deutschland versendet.
[3] Nach § 3 Abs. 3a Satz 1 UStG wird keine Lieferung zwischen dem Betreiber der elektronischen Schnittstelle und der Privatperson fingiert, da H im Gemeinschaftsgebiet ansässig ist. [4] § 3 Abs. 3a Satz 2 UStG findet keine Anwendung, da die Ware nicht aus dem Drittlandsgebiet eingeführt wurde. [5] Für die Lieferung des H an die Privatperson findet § 3 Abs. 6 Satz 1 UStG Anwendung. [6] Die Lieferung gilt als dort ausgeführt, wo die Beförderung oder Versendung an den Abnehmer beginnt (hier: Deutschland).

Beispiel 2:

[1] Ein in Frankreich ansässiger Händler H veräußert über eine elektronische Schnittstelle Handyhüllen an eine Privatperson in Deutschland. [2] Die Ware wird aus einem Lager in Frankreich an den Wohnsitz der Privatperson in Deutschland versendet. [3] H überschreitet die Umsatzschwelle von 10.000 € (§ 3c Abs. 4 Satz 1 UStG) oder verzichtet auf die Anwendung des § 3c Abs. 4 Satz 1 UStG (§ 3c Abs. 4 Satz 2 UStG).
[4] Nach § 3 Abs. 3a Satz 1 UStG wird keine Lieferung zwischen dem Betreiber der elektronischen Schnittstelle und der Privatperson fingiert, da H im Gemeinschaftsgebiet ansässig ist. [5] § 3 Abs. 3a Satz 2 UStG findet keine Anwendung, da die Ware nicht aus dem Drittlandsgebiet eingeführt wurde. [6] Für die Lieferung des H an die Privatperson findet § 3c Abs. 1 UStG Anwendung. [7] Der Ort der Lieferung ist der Ort, an dem sich der Gegenstand bei Beendigung der Versendung an die Privatperson befindet (hier: Deutschland). [8] H kann das besondere Besteuerungsverfahren nach § 18j UStG (vgl. Abschnitt 18j.1) in Anspruch nehmen und den Umsatz darüber erklären. [9] Andernfalls hat H den Umsatz im Bestimmungsland (hier: Deutschland) im allgemeinen Besteuerungsverfahren (§ 18 Abs. 1 bis 4 UStG) zu erklären.

3. Lieferungen, bei denen die Ware vom Drittlandsgebiet in das Gemeinschaftsgebiet eingeführt wird, der Sachwert der Ware mehr als 150 € beträgt und sich der Ort der Lieferung nach § 3 Abs. 8 oder § 3c Abs. 2 UStG im Inland befindet, unabhängig von der Ansässigkeit des liefernden Unternehmers

Beispiel 1:

[1] Ein in Frankreich ansässiger Händler H veräußert über eine elektronische Schnittstelle Schuhe (Sachwert: 250 €) an eine Privatperson in Deutschland (Lieferkondition „verzollt und versteuert"). [2] Die Ware wird von H aus einem Lager in der Schweiz an den Wohnsitz der Privatperson in Deutschland versendet. [3] Die Zollanmeldung in Deutschland erfolgt durch H.
[4] § 3 Abs. 3a Satz 2 UStG findet keine Anwendung, weil der Sachwert der Schuhe 150 € übersteigt. [5] Für die Lieferung des H an die Privatperson gilt der Ort nach § 3 Abs. 8 UStG als im Inland gelegen (hier: Deutschland).

Beispiel 2:

[1] Sachverhalt wie Beispiel 1. [2] Die Zollanmeldung erfolgt jedoch durch H in Frankreich.
[3] § 3 Abs. 3a Satz 2 UStG findet keine Anwendung, weil der Sachwert der Schuhe 150 € übersteigt. [4] Der Ort der Lieferung des H an die Privatperson verlagert sich auf Grund des Fernverkaufs eines aus dem Drittlandsgebiet eingeführten Gegenstands nach § 3c Abs. 2 UStG

in das Inland (hier: Deutschland), da der Gegenstand in Frankreich eingeführt wurde und die Versendung des Gegenstands an den Erwerber im Inland endet.

3 Gemäß § 25e Abs. 5 UStG ist eine elektronische Schnittstelle im Sinne dieser Vorschrift ein elektronischer Marktplatz, eine elektronische Plattform, ein elektronisches Portal oder jeder andere vergleichbare elektronische Handelsplatz. 4 Voraussetzung für die Haftung ist, dass mittels der elektronischen Schnittstelle die Lieferung eines Gegenstandes unterstützt wird. 5 Wann vom Unterstützen einer Lieferung auszugehen ist, ist in § 25e Abs. 6 UStG geregelt. 6 § 25e Abs. 1 UStG findet keine Anwendung auf elektronische Schnittstellen, die die Voraussetzungen nach § 25e Abs. 6 Satz 2 UStG kumulativ oder lediglich eine der in § 25e Abs. 6 Satz 3 UStG genannten Voraussetzungen erfüllen, wie z. B. sog. Vermittlungsmarktplätze/-plattformen, die die Funktion eines „Schwarzen Brettes" haben und über die sich Nutzer über bestehende Angebote Dritter informieren und Kontakt zu einem möglichen Vertragspartner aufnehmen können sowie Plattformen/Portale, die ausschließlich der Abwicklung von Zahlungen dienen.

25e.2 Tatbestandsmerkmale für einen Haftungsausschluss

(1) 1 Der Betreiber haftet nach § 25e Abs. 1 UStG für die nicht entrichtete Steuer aus Lieferungen, die mittels seiner elektronischen Schnittstelle unterstützt wurden; dies gilt nicht in Fällen des § 3 Abs. 3a UStG. 2 Der Betreiber haftet nach § 25e Abs. 2 Satz 1 UStG insoweit nicht für die nicht entrichtete Steuer aus Lieferungen, die mittels seiner elektronischen Schnittstelle unterstützt wurden, wenn der liefernde Unternehmer im Zeitpunkt der Lieferung über eine nach § 27a UStG erteilte, gültige USt-IdNr. verfügt (vgl. § 22f Abs. 1 Satz 1 Nr. 3 UStG). 3 Auch in den Fällen, in denen der liefernde Unternehmer gegenüber dem Betreiber erklärt, dass die Voraussetzungen für die Vergabe einer USt-IdNr. durch das BZSt nach § 27a UStG an ihn nicht vorliegen, weil er im Inland keine steuerbaren Umsätze im allgemeinen Besteuerungsverfahren (§ 18 Abs. 1 bis 4 UStG) zu erklären hat, gilt § 25e Abs. 2 Satz 1 UStG entsprechend. 4 Dies trifft insbesondere auf folgende Fälle zu:

1. 1 Im übrigen Gemeinschaftsgebiet ansässige Unternehmer, die im Gemeinschaftsgebiet ausschließlich innergemeinschaftliche Fernverkäufe im Sinne des § 3c Abs. 1 Sätze 2 und 3 UStG ausführen, die im Inland nicht steuerbar sind, weil die Umsatzschwelle im Sinne des § 3c Abs. 4 Satz 1 UStG nicht überschritten wird. 2 In diesen Fällen kann der Betreiber zum Nachweis der steuerlichen Erfassung die dem liefernden Unternehmer erteilte und zum Zeitpunkt der Lieferung gültige USt-IdNr. eines anderen EU-Mitgliedstaats aufzeichnen. 3 Soweit der liefernde Unternehmer nicht über eine USt-IdNr. verfügt, hat der Betreiber in geeigneter Weise nachzuweisen, dass die von dem Unternehmer ausgeführten Lieferungen im Inland nicht steuerbar sind, weil die Umsatzschwelle im Sinne des § 3c Abs. 4 Satz 1 UStG nicht überschritten ist (z. B. durch Abgabe einer entsprechenden Erklärung durch den betreffenden Unternehmer).
2. 1 Im übrigen Gemeinschaftsgebiet ansässige Unternehmer, die im Inland ausschließlich steuerpflichtige innergemeinschaftliche Fernverkäufe nach

§ 3c Abs. 1 Sätze 2 und 3 UStG erbringen und diese im besonderen Besteuerungsverfahren nach § 18j UStG erklären. [2]In diesen Fällen kann der Betreiber zum Nachweis der steuerlichen Erfassung die dem liefernden Unternehmer erteilte und zum Zeitpunkt der Lieferung gültige USt-IdNr. des EU-Mitgliedstaates, bei dem er die Teilnahme an dem besonderen Besteuerungsverfahren angezeigt hat, aufzeichnen.

3. [1]Unternehmer, die ausschließlich Lieferungen an Abnehmer im Inland ausführen, bei denen die Beförderung oder Versendung nach Abschluss des Kaufvertrages im Drittlandsgebiet beginnt (sog. Direktverkäufe), der Sachwert der Ware mehr als 150 € beträgt und für die der Ort der Lieferungen nicht nach § 3 Abs. 8 UStG oder nach § 3c Abs. 2 UStG im Inland gelegen ist bzw. keine Pflicht zur steuerlichen Erfassung im Inland besteht. [2]Auch in diesen Fällen muss der Betreiber einen entsprechenden Nachweis in geeigneter Weise vorhalten (z. B. durch Abgabe einer entsprechenden Erklärung durch den betreffenden Unternehmer).

[5]Betreiber, die ausschließlich über eine von einem anderen EU-Mitgliedstaat erteilte USt-IdNr. verfügen, können für die Prüfung der Voraussetzungen nach § 25e Abs. 2 Satz 1 UStG die dort bereitgestellten Verfahren zur Bestätigung von USt-IdNrn. der auf ihrer elektronischen Schnittstelle liefernden Unternehmer nutzen.

(2) [1]Die Befreiung aus der Haftung nach Absatz 1 tritt nicht ein, wenn der Betreiber davon Kenntnis hatte oder nach der Sorgfalt eines ordentlichen Kaufmanns hätte haben müssen, dass der liefernde Unternehmer seinen umsatzsteuerlichen Pflichten nicht oder nicht im vollen Umfang nachkommt (vgl. § 25e Abs. 2 Satz 2 UStG). [2]Unabhängig davon haftet der Betreiber in Fällen des Absatz 1 Satz 1 immer dann für die nicht entrichtete Steuer, wenn der liefernde Unternehmer im Zeitpunkt der Lieferung nicht über eine nach § 27a UStG erteilte, gültige USt-IdNr. oder der Betreiber nicht über einen Nachweis nach Absatz 1 Satz 4 verfügte. [3]In diesen Fällen kommt es auf die Kenntnis des Betreibers, ob der liefernde Unternehmer seinen steuerlichen Pflichten nachkommt, nicht an.

(3) [1]Von einer Kenntnis oder einem Kennenmüssen ist insbesondere auszugehen, wenn der Betreiber ihm offensichtliche oder bekanntgewordene Tatsachen außer Acht lässt, die auf eine umsatzsteuerliche Pflichtverletzung des liefernden Unternehmers schließen lassen. [2]Ein aktives Ausforschen ist dazu nicht erforderlich. [3]Das Kennenmüssen bezieht sich hierbei lediglich auf Sachverhalte, die dem Betreiber im Rahmen seines eigenen Unternehmens bekannt werden und auf eine umsatzsteuerliche Pflichtverletzung schlussfolgern lassen. [4]In diesen Fällen haftet der Betreiber nicht, wenn er den auf seiner elektronischen Schnittstelle tätigen Unternehmer auf die Pflichtverletzung hinweist und ihn auffordert, diese innerhalb einer Frist (längstens zwei Monate) abzustellen und der Unternehmer dieser Aufforderung nachkommt. [5]In den Fällen, in denen der Unternehmer der vorgenannten Aufforderung des Betreibers nicht nachkommt, scheidet eine Haftung nach § 25e Abs. 2 Satz 2 UStG nur aus, wenn der Betreiber den Unternehmer nach Ablauf der gesetzten Frist vom weiteren Handel auf seiner elektronischen Schnittstelle ausschließt (Sperrung aller bestehenden Accounts). [6]Gleiches gilt insbesondere

für die Frage der Überschreitung der Umsatzschwelle nach Absatz 1 Satz 4 Nr. 1 und die Frage, ob die Voraussetzungen nach Absatz 1 Satz 4 Nr. 2 und 3 vorliegen. 7 In den Fällen, in denen der Unternehmer im Rahmen der vom Betreiber gesetzten Frist nicht der Aufforderung nachkommt, seine umsatzsteuerlichen Pflichten zu erfüllen und der Betreiber den betreffenden Unternehmer vom weiteren Handel auf seiner elektronischen Schnittstelle ausschließt (Sperrung aller bestehenden Accounts), sollte der Betreiber die Finanzverwaltung informieren.

(4) 1 Nach § 25e Abs. 3 UStG haftet der Betreiber nicht für die entstandene und nicht entrichtete Umsatzsteuer aus Lieferungen, die mittels seiner elektronischen Schnittstelle unterstützt wurden, wenn die Registrierung des Lieferers auf der elektronischen Schnittstelle nicht als Unternehmer erfolgt ist und der Betreiber den hierfür geltenden Aufzeichnungs- und Aufbewahrungspflichten nach § 22f Abs. 2 in Verbindung mit Absatz 1 Satz 1 UStG nachgekommen ist. 2 Dies gilt nach § 25e Abs. 3 Satz 2 UStG nicht in Fällen, in denen der Betreiber nachweislich nach Art, Menge oder Höhe der Umsätze Kenntnis hatte oder nach der Sorgfalt eines ordentlichen Kaufmanns hätte haben müssen, dass die Registrierung als Nichtunternehmer zu Unrecht erfolgt ist. 3 § 2 Abs. 1 UStG gilt entsprechend. 4 Für die Abgrenzung, ob es sich um eine unternehmerische Tätigkeit handelt, ist grundsätzlich nur die Tätigkeit auf der eigenen elektronischen Schnittstelle maßgebend. 5 Das Erreichen einer bestimmten Umsatzhöhe reicht für die Beurteilung der Frage, ob eine Tätigkeit unternehmerisch ausgeführt wird, allein nicht aus. 6 Unabhängig davon ist ein deutliches Anzeichen dafür, dass die Registrierung auf einer elektronischen Schnittstelle als Nichtunternehmer zu Unrecht erfolgte, wenn der mittels der elektronischen Schnittstelle erzielte Umsatz eine Höhe von 22.000 € innerhalb eines Kalenderjahres erreicht. 7 Absatz 3 Sätze 4, 5 und 7 gelten entsprechend.

25e.3 Verfahren bei Vorliegen von Pflichtverletzungen

(1) 1 Liegen dem nach § 21 AO örtlich zuständigen Finanzamt Erkenntnisse vor, dass ein Unternehmer, der im Inland steuerbare Umsätze über eine elektronische Schnittstelle ausführt, seinen umsatzsteuerlichen Pflichten nicht nachkommt und andere von ihm zu veranlassende Maßnahmen keinen unmittelbaren Erfolg versprechen, ist es nach § 25e Abs. 4 Satz 1 UStG berechtigt, den betreffenden Betreiber hierüber zu informieren (Offenbarungsbefugnis). 2 Mit dem Zugang dieser Mitteilung ist dem Betreiber die Möglichkeit einzuräumen, innerhalb der vom Finanzamt gesetzten Frist auf den betreffenden Unternehmer einzuwirken, damit dieser seinen umsatzsteuerlichen Pflichten nachkommt, oder sicherzustellen, dass der Unternehmer über seine elektronische Schnittstelle keine weiteren Umsätze ausführen kann (Sperrung aller bestehenden Accounts). 3 Für die Frage, wann die Mitteilung zugegangen ist, gelten die Regelungen des § 122 AO entsprechend. 4 Umsatzsteuerliche Pflichtverletzungen nach Satz 1 sind insbesondere:

1. Abgabe unrichtiger Umsatzsteuer-Voranmeldungen/Umsatzsteuererklärungen für das Kalenderjahr,

2. Nichtabgabe von Umsatzsteuer-Voranmeldungen/Umsatzsteuererklärungen für das Kalenderjahr,
3. Nichtzahlung oder nicht vollständige Zahlung fälliger Umsatzsteuerbeträge oder
4. Nichtbenennung eines Empfangsbevollmächtigten im Inland nach § 22f Abs. 1 Satz 2 UStG (vgl. Abschnitt 22f.2).

(2) [1] Weist der Betreiber innerhalb der gesetzten Frist nach, dass der betreffende Unternehmer über seine elektronische Schnittstelle keine Waren mehr anbieten kann (Sperrung aller bestehenden Accounts), wird eine Inanspruchnahme nach § 25e Abs. 4 Satz 2 UStG für die nicht entrichtete Umsatzsteuer hinfällig. [2] Wird dieser Nachweis vom Betreiber in der gesetzten Frist nicht erbracht, haftet er nach § 25e Abs. 4 Satz 2 UStG für die entstandene und nicht entrichtete Umsatzsteuer aus Umsätzen, die mittels seiner elektronischen Schnittstelle unterstützt wurden und bei denen das Rechtsgeschäft nach Zustellung der Mitteilung vom Finanzamt abgeschlossen wurde. [3] Gleiches gilt in Fällen, in denen die Registrierung beim Betreiber als Nichtunternehmer erfolgte und das nach § 21 AO örtlich zuständige Finanzamt dem Betreiber mitgeteilt hat, dass die Tätigkeit im Rahmen eines Unternehmens erfolgt.

25e.4 Einleitung des Haftungsverfahrens

[1] Liegen die Voraussetzungen für eine Haftung nach § 25e Abs. 1 UStG vor, ist der Betreiber zunächst anzuhören (§ 91 Abs. 1 Satz 1 AO). [2] Die Darlegungs- und Feststellungslast der Kenntnis oder des Kennenmüssens liegt grundsätzlich bei dem für den Erlass des Haftungsbescheids zuständigen Finanzamt. [3] Zuständig für die Durchführung des Haftungsverfahrens ist das für den liefernden Unternehmer örtlich zuständige Finanzamt (§ 25e Abs. 7 UStG und § 21 AO). [4] Im Rahmen der Anhörung ist dem Betreiber Gelegenheit zu geben, die Kenntnis oder das Kennenmüssen zu widerlegen.

Zu § 25f UStG

25f.1 Versagung des Vorsteuerabzugs und der Steuerbefreiung bei Beteiligung an einer Steuerhinterziehung

(1) Der den Vorsteuerabzug nach § 15 Abs. 1 Satz 1 Nr. 1, 3 und 4 UStG beziehungsweise die Steuerbefreiung nach § 4 Nr. 1 Buchstabe b UStG in Verbindung mit § 6a UStG begehrende Unternehmer trägt grundsätzlich die Feststellungslast für das Vorliegen der hierfür erforderlichen materiellen Voraussetzungen.

(2) [1] Weist das Finanzamt nach, dass der Unternehmer wusste oder hätte wissen müssen, dass er sich mit seinem Eingangs- oder Ausgangsumsatz an einem Umsatz beteiligt, bei dem der Leistende oder ein anderer Beteiligter auf einer vorhergehenden oder nachfolgenden Umsatzstufe in eine begangene Hinterziehung von Umsatzsteuer, an einer Erlangung eines nicht gerechtfertigten Vorsteuerabzugs im Sinne des § 370 AO oder in eine Schädigung des Umsatzsteueraufkommens im Sinne der §§ 26a und 26c UStG einbezogen war, sind der geltend gemachte Vorsteuerabzug und die in Anspruch genom-

mene Steuerbefreiung für die entsprechende innergemeinschaftliche Lieferung zu versagen. [2]Dabei ist dem Unternehmer auch das Wissen oder Wissen müssen seiner Angestellten in analoger Anwendung von § 166 BGB zuzurechnen, welches die Angestellten im Rahmen ihrer jeweiligen Zuständigkeit erlangt haben oder hätten erlangen müssen (BFH-Urteil vom 19.05.2010 – XI R 78/07). [3]Die Feststellung einer Steuerhinterziehung kann sowohl den unmittelbaren Eingangs- oder Ausgangsumsatz des Unternehmers als auch einen Umsatz auf allen vor- und nachgelagerten Umsatzstufen innerhalb der Leistungskette umfassen.

(3) [1]Voraussetzung für die Anwendung der Regelung des § 25f UStG ist, dass der objektive und subjektive Tatbestand des § 370 AO bzw. der §§ 26a oder 26c UStG auf mindestens einer Umsatzstufe innerhalb der Leistungskette erfüllt sind. [2]Eine strafgerichtliche Verurteilung oder bußgeldrechtliche Ahndung ist nicht erforderlich. [3]An Entscheidungen im straf- oder bußgeldrechtlichen Verfahren ist das Finanzamt bei Anwendung des § 25f UStG nicht gebunden.

(4) [1]Ein Unternehmer, der alle Maßnahmen getroffen hat, die vernünftigerweise von ihm verlangt werden können, um sicherzustellen, dass seine Umsätze nicht in eine Umsatzsteuerhinterziehung und nicht in eine Schädigung des Umsatzsteueraufkommens einbezogen sind, kann grundsätzlich auf die zutreffende steuerrechtliche Behandlung dieser Umsätze vertrauen, ohne Gefahr zu laufen, sein Recht auf Vorsteuerabzug oder auf Steuerbefreiung zu verlieren. [2]Gleiches gilt für Umsätze innerhalb einer Leistungskette im Sinne von Absatz 2 Satz 3. [3]Sofern Anhaltspunkte für Unregelmäßigkeiten, insbesondere eine Steuerhinterziehung, entweder bei der Aufnahme neuer oder bei bestehenden Geschäftsbeziehungen erkennbar sind, muss der Unternehmer weitergehende geeignete Maßnahmen ergreifen (z. B. Auskünfte einholen) und dies auch geeignet dokumentieren. [4]Kommt der Unternehmer dem nicht nach oder kann vorliegende Zweifel durch die ergriffenen Maßnahmen nicht ausräumen und geht die Geschäftsbeziehung dennoch ein oder führt diese fort, ist von einem Wissen oder Wissen müssen des Unternehmers auszugehen.

(5) Anhaltspunkte im Sinne von Absatz 4 Satz 3 liegen beispielsweise vor, wenn:
- der Unternehmer durch einen Dritten aufgefordert/gebeten wird, sich an Umsätzen zu beteiligen, bei denen der Dritte die Rahmenbedingungen für das Umsatzgeschäft vorgibt (z. B. Vermittlung von Beteiligten, Vorgabe von Einkaufs-/Verkaufspreisen, Zahlungsmodalitäten oder Liefer- bzw. Leistungswegen);
- die Finanzierung des Wareneinkaufs erst nach erfolgtem Warenverkauf möglich ist;
- (angebotene) Mehrfachdurchläufe von Waren festgestellt werden;
- dem Unternehmer Waren bzw. Leistungen angeboten werden, deren Preis unter dem Marktpreis liegt;
- branchenunübliche Barzahlungen oder eine ungewöhnliche Zahlungsabwicklung erfolgen;

– die Ansprechpartner in den Unternehmen oder die Ansprechpartner die Unternehmen häufig wechseln;
– bei den Beteiligten berufliche Erfahrung und Branchenkenntnis fehlen;
– die Beteiligten wiederholt ihren Unternehmenssitz verlegen;
– Zweifel an der Richtigkeit der Angaben der Beteiligten bestehen (z.B. aufgrund von Abweichungen des Gesellschaftszwecks oder der Geschäftsadressen zu den Angaben laut Handelsregister);
– der Gesellschaftszweck laut Handelsregister nicht dem tatsächlich ausgeübten Gesellschaftszweck entspricht;
– dem Unternehmer eine Warenmenge oder ein Leistungsumfang angeboten wird, die für die Größe des Unternehmens in der Branche unüblich ist (z.B. ungewöhnlich hohe Stückzahlen trotz Neugründung);
– die Beteiligten über keine ausreichenden Möglichkeiten zur Kontaktaufnahme verfügen (z.B. Website ohne Impressum, Rufnummer oder E-Mail-Adresse);
– ungewöhnliche Leistungsbedingungen vorliegen (z. B. die Leistungen werden von einem oder an einen nicht an dem Umsatz beteiligten Unternehmen erbracht);
– durch den Unternehmer über zugängliche Informationsquellen (z. B. Internetrecherche) festgestellt werden kann, dass die Anlieferung der Waren an die vom Abnehmer angegebene Lieferadresse nicht möglich erscheint.

(6) [1] Das Finanzamt muss nachweisen, dass der Unternehmer zum Zeitpunkt des Leistungsbezugs beziehungsweise der Leistungserbringung nach dem Gesamtbild der Verhältnisse wusste oder hätte wissen müssen, dass er sich an einem Umsatz beteiligt, der in eine Umsatzsteuerhinterziehung oder in eine Schädigung des Umsatzsteueraufkommens im Sinne des Absatzes 2 einbezogen ist. [2] In diesen Fällen hat das Finanzamt den geltend gemachten Vorsteuerabzug für den betreffenden Leistungsbezug sowie eine etwaige Steuerbefreiung für die entsprechende innergemeinschaftliche Lieferung jeweils in voller Höhe zu versagen. [3] Liegen die Voraussetzungen des § 25f UStG bei mehreren Beteiligten vor, ist die vorgenannte Versagung bei diesen Beteiligten vorzunehmen. [4] § 71 AO bleibt unberührt.

(7) Liegen die Voraussetzungen des § 25f UStG vor, sind ein zunächst vorgenommener Vorsteuerabzug und eine gewährte Steuerbefreiung nach § 164 Abs. 2 Satz 1 oder § 173 Abs. 1 AO, ggf. auch nach § 172 Abs. 1 Satz 1 Nr. 2 Buchstabe c AO durch Änderung der ursprünglichen Steuerfestsetzung rückgängig zu machen.

25f.2 Auswirkungen im Rahmen innergemeinschaftlicher Dreiecksgeschäfte

(1) Nach § 25f Abs. 2 UStG sind die Rechtsfolgen eines innergemeinschaftlichen Dreiecksgeschäfts gemäß § 25b Abs. 3 und 5 UStG in den Fällen des § 25f Abs. 1 UStG nicht anzuwenden.

(2) [1] Liegen die Voraussetzungen des § 25f Abs. 1 UStG vor, gilt in Fällen des innergemeinschaftlichen Dreiecksgeschäfts der innergemeinschaftliche Erwerb des ersten Abnehmers nicht als besteuert. [2] Damit hat der erste Ab-

nehmer den innergemeinschaftlichen Erwerb nach § 3d Satz 1 UStG im Bestimmungsmitgliedstaat und nach § 3d Satz 2 UStG in dem Mitgliedstaat zu versteuern, der die USt-IdNr. erteilt hat, bis der Erwerber nachweist, dass der Erwerb durch den in § 3d Satz 1 UStG bezeichneten Mitgliedstaat besteuert worden ist. [3]Der Vorsteuerabzug im Sinne des § 15 Abs. 1 Satz 1 Nr. 3 UStG ist nach § 25f Abs. 2 UStG zu versagen. [4]Dennoch wird die Steuerschuld für die vom ersten Abnehmer ausgeführte (Inlands-)Lieferung auf den letzten Abnehmer übertragen (§ 25b Abs. 2 UStG). [5]Der letzte Abnehmer kann diese von ihm geschuldete Umsatzsteuer entgegen § 25b Abs. 5 UStG jedoch nicht als Vorsteuer abziehen.

Zu § 26 UStG

26.1 Luftverkehrsunternehmer

(1) [1]Die niedrigere Festsetzung oder der Erlass von Umsatzsteuer nach § 26 Abs. 3 UStG für grenzüberschreitende Beförderungen im Luftverkehr setzt voraus, dass die Leistungen von einem Luftverkehrsunternehmer erbracht werden. [2]Luftverkehrsunternehmer im Sinne dieser Vorschrift sind Unternehmer, die die Beförderung selbst durchführen oder die als Vertragspartei mit dem Reisenden einen Beförderungsvertrag abschließen und sich hierdurch in eigenem Namen zur Durchführung der Beförderung verpflichten. [3]Der Verkauf von Einzeltickets für grenzüberschreitende Flüge vom Reisebüro oder vom Consolidator kann unter den Voraussetzungen des Abschnitts 4.5.3 Abs. 2 als steuerfreie Vermittlungsleistung behandelt werden. [4]Das Reisebüro und der Consolidator können insoweit nicht als Luftverkehrsunternehmer angesehen werden.

(2) [1]Unter den in Absatz 1 bezeichneten Voraussetzungen können auch Veranstalter von Pauschalreisen als Luftverkehrsunternehmer angesehen werden. [2]Die niedrigere Festsetzung oder der Erlass der Umsatzsteuer nach § 26 Abs. 3 UStG ist dann jedoch auf die Fälle beschränkt, in denen der Veranstalter die Reisenden mit seinen eigenen Mitteln befördert (vgl. Abschnitt 25.1 Abs. 8) oder Beförderungsleistungen an Unternehmer für ihr Unternehmen erbringt.

26.2 Grenzüberschreitende Beförderungen im Luftverkehr

(1) [1]Eine grenzüberschreitende Beförderung liegt vor, wenn sich eine Beförderung sowohl auf das Inland als auch auf das Ausland erstreckt (§ 3b Abs. 1 Satz 4 UStG). [2]Die niedrigere Festsetzung oder der Erlass der Umsatzsteuer nach § 26 Abs. 3 UStG kommt für folgende grenzüberschreitende Beförderungen im Luftverkehr in Betracht:

1. von einem ausländischen Flughafen zu einem Flughafen im Inland;
2. von einem Flughafen im Inland zu einem ausländischen Flughafen;
3. von einem ausländischen Flughafen zu einem ausländischen Flughafen über das Inland.

[3]Die niedrigere Festsetzung oder der Erlass der Umsatzsteuer kommt jedoch nicht in Betracht bei Beförderungen vom Inland in die nicht zum Inland gehörenden Gebiete der Bundesrepublik Deutschland (vgl. § 1 Abs. 2 UStG) und umgekehrt, z. B. Flüge zwischen Hamburg und Helgoland, sowie bei Beförderungen zwischen den nicht zum Inland gehörenden Gebieten der Bundesrepublik Deutschland über das Inland, z. B. Rundflüge von Helgoland über das Inland. [4]Der Erlass der Umsatzsteuer ist nur bezüglich der Umsatzsteuer auf grenzüberschreitende Personenbeförderung im Luftverkehr möglich; werden im Rahmen einer solchen Beförderung andere eigenständige Leistungen erbracht (vgl. z. B. BFH-Urteil vom 27.02.2014, V R 14/13, BStBl. II S. 869), die im Inland steuerbar sind, ist die Umsatzsteuer auf diese eigenständigen Leistungen nicht nach § 26 Abs. 3 UStG erlassfähig. [5]Eine vom Passagier einheitlich mit der grenzüberschreitenden Beförderung im Sinne des Satzes 2 vereinbarte und vergütete Zugangsberechtigung zu Warteräumen in Flughäfen (siehe Abschnitt 3a.3 Abs. 9 Nr. 2c) ist unselbständige Nebenleistung zur grenzüberschreitenden Beförderung und wird somit von § 26 Abs. 3 UStG erfasst. [6]Der Begriff der grenzüberschreitenden Personenbeförderung in § 26 Abs. 3 UStG ist mit Blick auf die Ausnahmeregelung eng auszulegen. [7]Eine niedrigere Festsetzung oder der Erlass der Umsatzsteuer kommt daher für Helikopterflüge vom deutschen Festland auf Offshore-Windparks außerhalb der 12-Seemeilen-Zone nicht in Betracht.

(2) [1]Zwischenlandungen im Inland schließen die niedrigere Festsetzung oder den Erlass der Umsatzsteuer nicht aus, wenn der Fluggast mit demselben Flugzeug weiterfliegt oder wenn er deshalb in das nächste Anschlussflugzeug umsteigt, weil das erste Flugzeug seinen gebuchten Zielflughafen nicht anfliegt. [2]Wenn der Fluggast dagegen in einem Flughafen (A) im Inland seinen Flug unterbricht, d. h. seinen Aufenthalt über den nächstmöglichen Anschluss hinaus ausdehnt, und sein Zielflughafen (B) oder der nächste Flughafen, in dem er seinen Flug wiederum unterbricht (C), im Inland liegt, entfällt die niedrigere Festsetzung oder der Erlass der Umsatzsteuer für die Teilstrecke A bis B (oder C).

(3) [1]Wird der Flug unterbrochen, kann bei der Berechnung des anteiligen Entgelts für die Beförderungsleistung im Inland von der Differenz der Flugpreise zwischen dem ausländischen Flughafen und den beiden im Inland liegenden Flughäfen ausgegangen werden, z. B. Tokio-Frankfurt mit Zwischenaufenthalt in Hamburg; steuerpflichtig ist die Differenz der Flugpreise Tokio-Frankfurt und Tokio-Hamburg. [2]Dies kann in Einzelfällen dazu führen, dass für die im Inland erbrachte Beförderungsleistung ein Entgelt nicht anzusetzen ist.

(4) [1]Soweit die Luftverkehrsunternehmen die Flugunterbrechungen im Einzelnen nur mit erheblichem Verwaltungsaufwand ermitteln können, dürfen die anteiligen Entgelte für steuerpflichtige Beförderungsleistungen geschätzt werden. [2]Dies gilt nur, soweit keine Rechnungen mit gesondertem Steuerausweis ausgestellt worden sind. [3]Das Schätzungsverfahren ist vorab im Einvernehmen mit dem zuständigen Finanzamt festzulegen.

(5) [1]Nach § 22 Abs. 1 und Abs. 2 Nr. 1 UStG sind alle Unternehmer verpflichtet, zur Feststellung der Steuer und ihrer Berechnung Aufzeichnungen

zu machen. [2]Damit sind neben inländischen auch im Ausland ansässige Luftverkehrsunternehmer verpflichtet, die Entgelte für Beförderungen von Personen im grenzüberschreitenden Luftverkehr aufzuzeichnen, für die die Umsatzsteuer nach § 26 Abs. 3 UStG erlassen oder niedriger festgesetzt werden kann, und diese Umsätze in den Unsatzsteuer-Voranmeldungen und Umsatzsteuererklärungen für das Kalenderjahr zu erklären. [3]Aus Vereinfachungsgründen wird es jedoch im Einzelfall nicht beanstandet, wenn diese Entgelte von im Ausland ansässigen Luftverkehrsunternehmern, die im Inland ausschließlich grenzüberschreitende Personenbeförderungen im Luftverkehr erbringen, nicht gesondert aufgezeichnet werden, wenn sichergestellt ist, dass die Finanzverwaltung die Höhe der auf die inländischen Streckenanteile der Beförderungsleistung entfallenden Entgelte – gegebenenfalls im Schätzungswege – ermitteln kann. [4]Die zuständige Finanzbehörde kann aus Vereinfachungsgründen auf Antrag des Luftverkehrsunternehmens diesem gestatten, von einer Angabe dieser Entgelte in der Umsatzsteuer-Voranmeldung im Hinblick auf die zu erwartende niedrigere Festsetzung bzw. den zu erwartenden Erlass des Umsatzsteuer abzusehen. [5]Erst die Angabe der auf den inländischen Streckenanteil entfallenden Umsätze grenzüberschreitender Personenbeförderungen im Luftverkehr in der dafür vorgesehenen Zeile der Umsatzsteuererklärung für das Kalenderjahr ist dann als Antrag des Unternehmers auf niedrigere Festsetzung oder auf Erlass (ganz oder teilweise) der Umsatzsteuer nach § 26 Abs. 3 UStG zu werten, soweit sich aus weiteren Angaben des Unternehmers nichts anderes ergibt. [6]Die Zustimmung der zuständigen Finanzbehörde zu einer entsprechenden Umsatzsteuererklärung für das Kalenderjahr steht einer niedrigeren Steuerfestsetzung gleich.

26.3 Beförderung über Teilstrecken durch verschiedene Luftverkehrsunternehmer

[1]Wird eine grenzüberschreitende Beförderung von mehreren aufeinander folgenden Luftverkehrsunternehmern ausgeführt, gilt sie nach dem Luftverkehrsrecht als eine einzige Beförderung, sofern sie als einheitliche Leistung vereinbart worden ist (Artikel 1 Abs. 3 Satz 1 des Montrealer Übereinkommens vom 28.05.1999, BGBl. II 2004 S. 458 und BGBl. I 2004 S. 1027). [2]Eine grenzüberschreitende Beförderung, die nach dem Luftverkehrsrecht als eine einzige Beförderung anzusehen ist, gilt auch im Sinne des § 26 Abs. 3 UStG als eine einzige Beförderung und damit insgesamt als eine grenzüberschreitende Beförderung im Luftverkehr. [3]Den an dieser Leistung beteiligten Luftverkehrsunternehmern kann deshalb die Umsatzsteuer nach § 26 Abs. 3 UStG auch dann erlassen werden, wenn sich ihr Leistungsteil nur auf das Inland erstreckt. [4]Eine niedrigere Festsetzung oder ein Erlass der Umsatzsteuer kommt jedoch nicht in Betracht, wenn der Fluggast im Inland den Flug unterbricht, d.h. seinen Aufenthalt über den nächstmöglichen Anschluss hinaus ausdehnt (vgl. Abschnitt 26.2 Abs. 2).

26.4 Gegenseitigkeit

[1]Haben Luftverkehrsunternehmer ihren Sitz nicht in der Bundesrepublik Deutschland, kann die Umsatzsteuer in der Regel nur im Falle der Gegenseitigkeit niedriger festgesetzt oder erlassen werden (§ 26 Abs. 3 Satz 2 UStG). [2]Es ist jedoch möglich, die Umsatzsteuer auch dann niedriger festzusetzen oder zu erlassen, wenn in den Ländern dieser Unternehmer die Gegenseitigkeit nicht voll gewährleistet ist. [3]Hier kommen insbesondere die Fälle in Betracht, in denen die von deutschen Luftverkehrsunternehmern im Ausland für die einzelne Beförderungsleistung erhobene Umsatzsteuer unverhältnismäßig niedrig ist oder in denen die Voraussetzungen der Gegenseitigkeit nur in einem Teilbereich, z. B. Charterverkehr, erfüllt sind.

26.5 Zuständigkeit

Für die niedrigere Festsetzung oder den Erlass der Umsatzsteuer gilt folgende Regelung:

1. Unter den Voraussetzungen des § 26 Abs. 3 UStG kann die Umsatzsteuer für grenzüberschreitende Beförderungen im Luftverkehr niedriger festgesetzt oder erlassen werden, wenn es sich um folgende Unternehmer handelt:
   a) Luftverkehrsunternehmer mit Sitz in der Bundesrepublik Deutschland und
   b) Luftverkehrsunternehmer mit Sitz außerhalb der Bundesrepublik Deutschland, wenn die Länder, in denen sie ihren Sitz haben, in dem vom BMF herausgegebenen Verzeichnis der Länder aufgeführt sind, zu denen die Gegenseitigkeit festgestellt ist (vgl. BMF-Schreiben vom 18.04.2017, BStBl. I S. 713, Stand 01.04.2017).
2. [1]Über die Einzelfälle entscheiden bei den in Nummer 1 bezeichneten Luftverkehrsunternehmern die obersten Finanzbehörden der Länder oder die von ihnen beauftragten nachgeordneten Dienststellen. [2]Unabhängig von der Höhe des Steuerbetrages ist das BMF nicht zu beteiligen. [3]Die niedrigere Festsetzung der Steuer oder der Steuererlass kann nicht nur auf Antrag des Unternehmers, sondern auch von Amts wegen erfolgen. [4]§ 26 Abs. 3 UStG soll grundsätzlich im Festsetzungsverfahren angewandt werden, kann aber auch noch im Erhebungsverfahren Anwendung finden. [5]Die niedrigere Festsetzung der Steuer oder der Steuererlass kann nicht vor Entstehung der Steuer (§ 38 AO) ausgesprochen werden. [6]Vor Entstehung der Steuer kann die zuständige Finanzbehörde lediglich eine verbindliche Zusage erteilen, nach der bei Erfüllung der entsprechenden Voraussetzungen nach Steuerentstehung eine niedrigere Festsetzung der Steuer oder der Steuererlass ausgesprochen werden kann. [7]Die zuständige Finanzbehörde prüft in regelmäßigen Abständen von bis zu drei Jahren, ob der betreffende Unternehmer die Voraussetzungen der niedrigeren Steuerfestsetzung oder des Steuererlasses grundsätzlich noch erfüllt.
3. [1]Bei Luftverkehrsunternehmern mit Sitz in Ländern, die in dem Verzeichnis der Länder, zu denen die Gegenseitigkeit festgestellt ist, nicht auf-

geführt sind, ist das BMF zu beteiligen. [2]Das gilt auch, wenn sich Zweifel ergeben, ob von dem Land, in dem das Luftverkehrsunternehmen seinen Sitz hat, die Voraussetzung der Gegenseitigkeit noch erfüllt wird.

Zu § 27 UStG

27.1 Übergangsvorschriften

Anwendung von § 15a UStG und § 44 UStDV

(1) [1]§ 15a UStG in der Fassung des Artikels 5 Nr. 12 des Gesetzes zur Umsetzung von EU-Richtlinien in nationales Steuerrecht und zur Änderung weiterer Vorschriften vom 09.12.2004 (Richtlinien-Umsetzungsgesetz)[1)] findet nur in den Fällen Anwendung, in denen das Wirtschaftsgut nach dem 31.12.2004 angeschafft oder hergestellt bzw. die sonstige Leistung nach diesem Zeitpunkt bezogen wurde (§ 27 Abs. 11 UStG); zur zeitlichen Anwendung des § 15a Abs. 2 UStG vgl. BFH-Urteil vom 12.02.2009, V R 85/07, BStBl. II 2010 S. 76. [2]Ebenso findet die Neuregelung nur auf nach dem 31.12.2004 getätigte nachträgliche Anschaffungs- oder Herstellungskosten Anwendung. [3]Die Neuregelung des § 15a UStG gilt auch in den Fällen, in denen vor dem 01.01.2005 eine Voraus- oder Anzahlung für eine nach dem 31.12.2004 ausgeführte Leistung geleistet worden ist.

(2) [1]Die zum 01.01.2005 durch Artikel 6 Nr. 2 des Gesetzes zur Umsetzung von EU-Richtlinien in nationales Steuerrecht und zur Änderung weiterer Vorschriften vom 09.12.2004 (Richtlinien-Umsetzungsgesetz)[1)] erhöhten Beträge in § 44 UStDV finden nur in den Fällen Anwendung, in denen das Wirtschaftsgut nach dem 31.12.2004 angeschafft oder hergestellt bzw. die sonstige Leistung nach diesem Zeitpunkt bezogen wurde. [2]Ebenso findet die Neuregelung nur auf nach dem 31.12.2004 getätigte nachträgliche Anschaffungs- oder Herstellungskosten Anwendung. [3]Das Gleiche gilt in den Fällen, in denen vor dem 01.01.2005 eine Voraus- oder Anzahlung für eine nach dem 31.12.2004 ausgeführte Leistung geleistet worden ist.

(3) § 15a Abs. 3 und 4 UStG in der Fassung von Artikel 8 Nr. 1 des Ersten Gesetzes zum Abbau bürokratischer Hemmnisse insbesondere in der mittelständischen Wirtschaft vom 22.08.2006[2)] findet nur in den Fällen Anwendung, in denen die Gegenstände, die in das Wirtschaftsgut eingegangen sind, nach dem 31.12.2006 angeschafft oder hergestellt wurden bzw. in denen die sonstigen Leistungen nach dem 31.12.2006 bezogen wurden (§ 27 Abs. 12 UStG).

Anwendung von § 18 Abs. 3 UStG

(4) Die Übermittlung der Umsatzsteuererklärung für das Kalenderjahr nach amtlich vorgeschriebenem Datensatz durch Datenfernübertragung entsprechend § 18 Abs. 3 UStG in der Fassung von Artikel 4 Nr. 11 Buchstabe a des Jahressteuergesetzes 2010 vom 08.12.2010 (JStG 2010) ist für Besteuerungszeiträume anzuwenden, die nach dem 31.12.2010 enden.

---

1) BGBl. I 2004, 3310.
2) BGBl. I 2006, 1970.

Anwendung von § 27 Abs. 19 UStG

(5) Zur Anwendung von § 27 Abs. 19 UStG vgl. BMF-Schreiben vom 26.07.2017, BStBl. I S. 1001.[1)]

Anwendung von § 27 Abs. 22 UStG

(6) Zur Anwendung von § 27 Abs. 22 UStG vgl. BMF-Schreiben vom 19.04.2016, BStBl. I S. 481.

Zu § 27a UStG

27a.1 Antrag auf Erteilung der Umsatzsteuer-Identifikationsnummer

(1) [1] Der Antrag ist schriftlich unter Angabe des Namens und der Anschrift des Antragstellers, des zuständigen Finanzamtes und der Steuernummer, unter der er umsatzsteuerlich geführt wird, an das Bundeszentralamt für Steuern – Dienstsitz Saarlouis –, 66740 Saarlouis, zu richten. [2] Anträge können auch über das Internet (www.bzst.de) gestellt werden. [3] Die USt-IdNr. wird dem Antragsteller schriftlich bekannt gegeben. [4] Bei der steuerlichen Neuaufnahme kann der Unternehmer die Erteilung einer USt-IdNr. auch bei dem zuständigen Finanzamt beantragen. [5] Dieser Antrag wird, zusammen mit den erforderlichen Angaben über die Erfassung für Zwecke der Umsatzsteuer, an das BZSt weitergeleitet. [6] Jeder Unternehmer erhält nur eine USt-IdNr. [7] Wegen der Besonderheiten bei Organgesellschaften und bei juristischen Personen des öffentlichen Rechts vgl. Absatz 3. [8] Den ständigen diplomatischen Missionen und berufskonsularischen Vertretungen, zwischenstaatlichen Einrichtungen und Streitkräften anderer Vertragsparteien des Nordatlantikvertrags wird grundsätzlich keine USt-IdNr. erteilt (vgl. auch Abschnitt 1c.1).

(2) Der Unternehmer kann schriftlich unter Angabe der ggf. bereits erteilten USt-IdNr. beim BZSt – Dienstsitz Saarlouis –, 66738 Saarlouis, beantragen, dass die Anschrift gespeichert wird, unter der er im innergemeinschaftlichen Geschäftsverkehr auftritt (sog. Euro-Adresse).

(3)[2)] [1] Organkreise erhalten eine gesonderte USt-IdNr. für den Organträger und jede einzelne Organgesellschaft, die innergemeinschaftliche Warenlieferungen (§ 18a Abs. 6 UStG), steuerpflichtige sonstige Leistungen im übrigen Gemeinschaftsgebiet im Sinne von § 3a Abs. 2 UStG (vgl. Abschnitt 3a.2), für die der in einem anderen EU-Mitgliedstaat ansässige Leistungsempfänger die Steuer dort schuldet, oder Lieferungen im Sinne von § 25b Abs. 2 UStG im Rahmen innergemeinschaftlicher Dreiecksgeschäfte ausführt. [2] Der Antrag ist vom Organträger zu stellen. [3] Der Antrag muss folgende Angaben enthalten:

– die Steuernummer, unter der der Organkreis für Zwecke der Umsatzsteuer geführt wird;

---

1) Siehe auch BFH v. 27.09.2018 V R 49/17, BStBl. II 2019, 109.

2) A 27a.1 UStAE Abs. 3 Sätze 4 und 5 neugef. durch BMF v. 22.05.2023, BStBl. I 2023, 803, erstmals anzuwenden auf Besteuerungszeiträume, die nicht der Erklärung nach § 27 Abs. 22 Satz 3 UStG unterliegen; weitere Anwendungsregelung siehe Anlage 8.

- den Namen und die Anschrift des Organträgers;
- die USt-IdNr. des Organträgers (soweit bereits erteilt);
- die Bezeichnung des Finanzamts, bei dem der Organkreis für Zwecke der Umsatzsteuer geführt wird;
- den Namen und die Anschriften der einzelnen Organgesellschaften, die am innergemeinschaftlichen Handelsverkehr teilnehmen;
- die Steuernummern, unter denen die Organgesellschaften ertragsteuerlich geführt werden;
- die Bezeichnung der zuständigen Finanzämter, bei denen die Organgesellschaften ertragsteuerlich geführt werden.

4 Die Gebietskörperschaften Bund und Länder erhalten auf Antrag für einzelne Organisationseinheiten (z. B. Ressorts, Behörden und Ämter) eine USt-IdNr. 5 Sofern für Organisationseinheiten im Sinne des § 18 Abs. 4f UStG bereits vor Anwendung des § 2b UStG USt-IdNr. erteilt worden sind, bleiben diese nach dem 01.01.2025 nur gültig, wenn die jeweilige Organisationseinheit vor und nach dem 01.01.2025 identisch ist.

Zu § 27b UStG

27b.1 Umsatzsteuer-Nachschau

(1) 1 Die Umsatzsteuer-Nachschau ist keine Außenprüfung im Sinne des § 193 AO. 2 Sie ist ein besonderes Verfahren zur zeitnahen Aufklärung möglicher steuererheblicher Sachverhalte. 3 Deshalb gelten die Vorschriften für eine Außenprüfung (§§ 193 ff. AO) nicht. 4 Die Umsatzsteuer-Nachschau wird nicht angekündigt.

(2) 1 Eine Umsatzsteuer-Nachschau kann insbesondere in folgenden Fällen angezeigt sein:
- Existenzprüfungen bei neu gegründeten Unternehmen;
- Entscheidungen im Zustimmungsverfahren nach § 168 Satz 2 AO;
- Erledigung von Auskunftsersuchen zum Vorsteuerabzug anderer Finanzämter (USt 1 KM);
- Erledigung von Amtshilfeersuchen anderer EU-Mitgliedstaaten.

2 Mit dem Instrument der Umsatzsteuer-Nachschau sollen umsatzsteuerrechtlich erhebliche Sachverhalte festgestellt werden. 3 Solche Sachverhalte sind zum Beispiel:
- Unternehmerexistenz;
- Vorhandensein von Anlage- und Umlaufvermögen;
- einzelne Eingangs- oder Ausgangsrechnungen;
- einzelne Buchungsvorgänge;
- Verwendungsverhältnisse.

(3) Nach § 27b Abs. 1 Satz 1 UStG sind alle mit der Festsetzung und Erhebung der Umsatzsteuer betrauten Amtsträger befugt, Umsatzsteuer-Nachschauen durchzuführen.

(4) Sobald der Amtsträger
- der Öffentlichkeit nicht zugängliche Geschäftsräume betreten will,

– den Steuerpflichtigen auffordert, Aufzeichnungen, Bücher, Geschäftspapiere und andere umsatzsteuerrelevante Urkunden vorzulegen oder – wenn die Unterlagen mit Hilfe eines Datenverarbeitungssystems erstellt wurden – die gespeicherten Daten einzusehen oder
– den Steuerpflichtigen auffordert, Auskunft zu erteilen,

hat er sich auszuweisen.

(5) [1]Im Rahmen der Umsatzsteuer-Nachschau dürfen grundsätzlich nur Grundstücke und Räume betreten werden, die gewerblich oder beruflich selbständig genutzt werden; unschädlich ist, wenn sie auch zu Wohnzwecken genutzt werden. [2]Das Betreten muss dazu dienen, Sachverhalte festzustellen, die für die Umsatzbesteuerung erheblich sein können. [3]Ein Durchsuchungsrecht gewährt die Umsatzsteuer-Nachschau nicht. [4]Das bloße Betreten oder Besichtigen von Grundstücken und Räumen ist noch keine Durchsuchung. [5]Ein Betreten der Grundstücke und Räume ist während der Geschäfts- und Arbeitszeiten zulässig. [6]Die Umsatzsteuer-Nachschau kann auch außerhalb der Geschäftszeiten vorgenommen werden, wenn im Unternehmen schon oder noch gearbeitet wird. [7]Der Unternehmer hat auf Verlangen dem Amtsträger Aufzeichnungen, Bücher, Geschäftspapiere und andere Urkunden vorzulegen und Auskünfte zu erteilen. [8]Wurden die der Umsatzsteuer-Nachschau unterliegenden Sachverhalte betreffenden Unterlagen mit Hilfe eines Datenverarbeitungssystems erstellt, hat der Unternehmer dem Amtsträger auf Verlangen Einsicht in die gespeicherten Daten zu gewähren (§ 27b Abs. 2 Satz 2 UStG); es reicht nicht aus, wenn der Unternehmer nur entsprechende Papierausdrucke aus dem Datenverarbeitungssystem bereitstellt. [9]Soweit erforderlich, ist der Amtsträger befugt, das Datenverarbeitungssystem des Unternehmers zu nutzen (§ 27b Abs. 2 Satz 2 UStG). [10]Hierbei ist es dem Unternehmer freigestellt, ob er dem Amtsträger einen entsprechenden Lesezugriff einräumt oder ob er selbst bzw. eine von ihm beauftragte Person dafür sorgt, dass der Amtsträger unverzüglich Einsicht in die entsprechenden Daten erhält. [11]Zur Kostentragung durch den Unternehmer gilt § 147 Abs. 6 Satz 4 AO sinngemäß. [12]Kommt der Unternehmer seinen Mitwirkungspflichten im Rahmen der Umsatzsteuer-Nachschau nicht nach, liegt es im Ermessen des Amtsträgers, zu einer Außenprüfung nach § 193 AO überzugehen.

(6) [1]Da die Umsatzsteuer-Nachschau keine Außenprüfung im Sinne des § 193 ff. AO darstellt, finden insbesondere die §§ 147 Abs. 6 Satz 2, 201 und 202 AO keine Anwendung. [2]Ein Prüfungsbericht ist nicht zu fertigen. [3]Sollen auf Grund der Umsatzsteuer-Nachschau Besteuerungsgrundlagen geändert werden, ist dem Steuerpflichtigen rechtliches Gehör zu gewähren (§ 91 AO).

(7) [1]Der Beginn der Umsatzsteuer-Nachschau hemmt den Ablauf der Festsetzungsfrist nach § 171 Abs. 4 AO nicht. [2]Die Änderungssperre des § 173 Abs. 2 AO findet keine Anwendung. [3]Soweit eine Steuer nach § 164 AO unter dem Vorbehalt der Nachprüfung festgesetzt worden ist, muss dieser nach Durchführung der Umsatzsteuer-Nachschau nicht aufgehoben werden. [4]Im Anschluss an eine Umsatzsteuer-Nachschau ist ein Antrag auf verbindliche Zusage (§ 204 AO) nicht zulässig.

(8) [1]Ein Verwaltungsakt liegt dann vor, wenn der Amtsträger Maßnahmen ergreift, die den Steuerpflichtigen zu einem bestimmten Tun, Dulden oder Unterlassen verpflichten sollen. [2]Ein Verwaltungsakt liegt insbesondere vor, wenn der Amtsträger den Steuerpflichtigen auffordert,
– das Betreten der nicht öffentlich zugänglichen Geschäftsräume zu dulden,
– Aufzeichnungen, Bücher, Geschäftspapiere und andere umsatzsteuerrelevante Urkunden vorzulegen oder – wenn die Unterlagen mit Hilfe eines Datenverarbeitungssystems erstellt wurden – die gespeicherten Daten einzusehen oder
– Auskunft zu erteilen.

[3]Ein derartiger Verwaltungsakt ist grundsätzlich mit Zwangsmitteln nach §§ 328 ff. AO (insbesondere durch unmittelbaren Zwang nach § 331 AO) durchsetzbar.

(9) [1]Nach § 27b Abs. 3 UStG kann ohne vorherige Prüfungsanordnung (§ 196 AO) zu einer Außenprüfung nach § 193 AO übergegangen werden, wenn die bei der Umsatzsteuer-Nachschau getroffenen Feststellungen hierzu Anlass geben. [2]Da die Umsatzsteuer-Nachschau auf die Umsatzsteuer begrenzt ist, kann nach einem Übergang zu einer Außenprüfung nur die Umsatzsteuer geprüft werden. [3]Somit kommt nur die Durchführung einer Umsatzsteuer-Sonderprüfung in Betracht. [4]Die Anordnung einer darüber hinausgehenden Außenprüfung ohne Ankündigung bleibt nach § 197 Abs. 1 Satz 1 AO zulässig, wenn der Prüfungszweck durch eine vorherige Ankündigung gefährdet wird. [5]Die Entscheidung zum Übergang zu einer Umsatzsteuer-Sonderprüfung ist eine Ermessensentscheidung. [6]Der Übergang zu einer Umsatzsteuer-Sonderprüfung ist regelmäßig geboten, wenn die sofortige Sachverhaltsaufklärung (z. B. Feststellung der Besteuerungsgrundlagen, vollständige Erfassung von Umsätzen, rechtliche Beurteilung von steuerfreien Umsätzen) zweckmäßig erscheint und wenn anschließend auch die gesetzlichen Folgen einer Außenprüfung für die Steuerfestsetzung eintreten sollen. [7]Der Übergang zu einer Umsatzsteuer-Sonderprüfung ist dem Unternehmer bekannt zu geben. [8]Dies ist ein Verwaltungsakt, der an keine bestimmte Form gebunden ist. [9]Nach § 27b Abs. 3 Satz 2 UStG ist der Unternehmer auf diesen Übergang jedoch schriftlich hinzuweisen. [10]Die allgemeinen Grundsätze über den notwendigen Inhalt von Prüfungsanordnungen gelten entsprechend. [11]Insbesondere ist der Prüfungszeitraum und der Prüfungsumfang festzulegen. [12]Der Beginn einer Außenprüfung nach erfolgter Umsatzsteuer-Nachschau ist unter Angabe von Datum und Uhrzeit aktenkundig zu machen. [13]Für die Durchführung der Umsatzsteuer-Sonderprüfung gelten die §§ 199 ff. AO.

(10) [1]Im Rahmen der Umsatzsteuer-Nachschau ergangene Verwaltungsakte können nach § 347 AO mit dem Einspruch angefochten werden. [2]Der Amtsträger ist berechtigt und verpflichtet, den schriftlichen Einspruch entgegenzunehmen. [3]Der Einspruch hat keine aufschiebende Wirkung und hindert daher nicht die Durchführung der Umsatzsteuer-Nachschau, es sei denn, die Vollziehung des angefochtenen Verwaltungsakts wurde ausgesetzt (§ 361 AO, § 69 FGO). [4]Mit Beendigung der Umsatzsteuer-Nachschau sind oder werden Einspruch und Anfechtungsklage gegen die Anordnung der Umsatzsteuer-Nachschau unzulässig; insoweit kommt lediglich eine Fortsetzungs-

Feststellungsklage (§ 100 Abs. 1 Satz 4 FGO) in Betracht. [5]Wurden die Ergebnisse der Umsatzsteuer-Nachschau in einem Steuerbescheid berücksichigt, muss auch dieser Bescheid angefochten werden, um ein steuerliches Verwertungsverbot zu erlangen. [6]Für die Anfechtung der Mitteilung des Übergangs zur Außenprüfung (§ 27b Abs. 3 UStG) gelten die Grundsätze für die Anfechtung einer Außenprüfungsanordnung entsprechend (vgl. AEAO zu § 196).[1)]

Zu § 29 UStG

29.1[2)] Zivilrechtliche Ausgleichsansprüche für umsatzsteuerliche Mehr- und Minderbelastungen

(1) [1]Die Vorschrift des § 29 UStG sieht für Lieferungen und sonstige Leistungen einschließlich der Teilleistungen unter bestimmten Voraussetzungen den Ausgleich umsatzsteuerlicher Mehr- und Minderbelastungen vor, die sich durch Gesetzesänderungen ergeben. [2]Den Vertragspartnern werden zivilrechtliche Ausgleichsansprüche in folgenden Fällen eingeräumt:

1. bei einer Erhöhung der umsatzsteuerlichen Belastung dem leistenden Unternehmer gegen den Leistungsempfänger und
2. bei einer Verringerung der umsatzsteuerlichen Belastung dem Leistungsempfänger gegen den leistenden Unternehmer.

[3]Das Gleiche gilt, wenn der Umsatz steuerpflichtig, steuerfrei oder nicht steuerbar wird. [4]Auf die Höhe der Belastungsänderung kommt es nicht an.

(2) Über die Berechtigung und die Höhe von Ausgleichsansprüchen nach § 29 UStG entscheiden in Streitfällen die ordentlichen Gerichte.

(3) [1]Als angemessen im Sinne des § 29 Abs. 1 Satz 1 UStG ist grundsätzlich der volle Ausgleich der umsatzsteuerlichen Mehr- oder Minderbelastung anzusehen (vgl. BGH-Urteile vom 22.03.1972, VIII ZR 119/70, BGHZ Bd. 58 S. 292, und vom 28.06.1973, VII ZR 3/71, BGHZ Bd. 61 S. 1013). [2]Ist die Höhe der umsatzsteuerlichen Mehr- oder Minderbelastung streitig, ist § 287 Abs. 1 ZPO entsprechend anzuwenden. [3]Danach entscheidet das Gericht über die Höhe der Mehr- oder Minderbelastung unter Würdigung aller Umstände nach freier Überzeugung.

(4) [1]Ein Ausgleichsanspruch entsteht nach § 29 Abs. 1 Satz 2 UStG nicht, soweit die Vertragspartner etwas anderes vereinbart haben. [2]Der Ausschluss eines Ausgleichsanspruchs kann ausdrücklich vereinbart werden. [3]Er kann sich aber auch aus einer allgemeinen vertraglichen Vereinbarung, z.B. durch die Vereinbarung eines Festpreises, ergeben. [4]Die Vertragspartner können einen Ausgleichsanspruch entweder ganz oder teilweise ausschließen.

[1)] Nr. **800**.

[2)] Zu den Auswirkungen der befristeten Absenkung
– des allgemeinen Steuersatzes von 19% auf 16% (§ 28 Abs. 1 UStG),
– des ermäßigten Steuersatzes von 7% auf 5% (§ 28 Abs. 2 UStG) sowie
– des Steuersatzes für land- und forstwirtschaftliche Betriebe nach § 24 Abs. 1 Satz 1 Nr. 2 UStG von 19% auf 16% (§ 28 Abs. 3 UStG)
vom 01.07.2020 bis zum 31.12.2020 auf Altverträge vgl. BMF v. 30.06.2020 Rz. 15, BStBl. I 2020, 584. Ergänzend siehe BMF v. 04.11.2020, BStBl. I 2020, 1129.

(5) [1]Für bestimmte Leistungsbereiche sind Entgelte – Vergütungen, Gebühren, Honorare usw. – vorgeschrieben, in denen die Umsatzsteuer für die Leistung nicht enthalten ist, z.B. nach dem RVG, der *StBGebV*,[1)] der *KostO*[1)] und der HOAI. [2]Soweit Unternehmer in diesen Fällen berechtigt sind, die für die jeweilige Leistung geschuldete Umsatzsteuer zusätzlich zu berechnen, können etwaige umsatzsteuerliche Mehr- oder Minderbelastungen von vornherein in voller Höhe ausgeglichen werden. [3]Der Geltendmachung eines Ausgleichsanspruchs nach § 29 UStG bedarf es nicht.

(6) [1]Durch § 29 Abs. 1 UStG wird der Ausgleich einer umsatzsteuerlichen Mehr- oder Minderbelastung ausschließlich für Belastungsänderungen durch das UStG 1980 geregelt. [2]Diese Ausgleichsregelung ist nach § 29 Abs. 2 UStG auf Belastungsänderungen entsprechend anzuwenden, die sich durch Änderungen des UStG ergeben. [3]Ausgleichsansprüche kommen für Leistungen bzw. Teilleistungen in Betracht, die ab dem Inkrafttreten der jeweiligen Änderungsvorschrift bewirkt werden. [4]Das gilt auch insoweit, als dafür bei der Istversteuerung Steuer vor dem Inkrafttreten der Änderungsvorschrift entstanden ist (§ 13 Abs. 1 Nr. 1 Buchstabe a Satz 4 oder Buchstabe b UStG). [5]Voraussetzung für den Ausgleichsanspruch ist, dass der Vertrag, auf dem die Leistung beruht, nicht später als vier Kalendermonate vor dem Inkrafttreten der Gesetzesänderung abgeschlossen worden ist.

29.2[2)] Anwendungszeitraum

[1]Der UStAE gilt, soweit sich aus ihm nichts anderes ergibt, für Umsätze, die nach dem 31.10.2010 ausgeführt werden. [2]Früher ergangene Anordnungen, die mit dem UStAE im Widerspruch stehen, sind nicht mehr anzuwenden.

[1)] Jetzt StBVV. – Jetzt Gerichts- und Notarkostengesetz (GNotKG).

[2)] Gilt für die Urfassung v. 1.10.2010. – Die Änderungen durch spätere BMF-Schreiben und ihre Anwendung sind (mit Ausnahmen) erst nach dem umfassenden Änderungsschreiben v. 20.12.2022, BStBl. I 2022, 1694, nachgewiesen.

500/Anlage 8. Anwendungsregelungen

Übersicht

1. BMF-Schreiben vom 24.6.2021, BStBl. I 2021, 857

(Neufassung von A 25.1 bis A 25.5 UStAE)

Anwendung

Die Regelungen dieses Schreibens sind mit Ausnahme der Regelungen zur Einzelmargenbildung (Abschnitt 25.3 UStAE) in allen offenen Fällen anzuwenden. Die Regelungen des **Abschnitts 25.3 UStAE n. F. sind für Umsätze nach dem 31. Dezember 2021** anzuwenden. Die **Nichtbeanstandungsregelung** für Reiseleistungen von Unternehmen mit Sitz im Drittland (BMF-Schreiben vom 29. Januar 2021 – III C 2 – S 7419/19/10002 :004 (2020/0981332), BStBl. I S. 250) besteht fort.[1] Aus Gründen des Vertrauensschutzes wird es nicht beanstandet, wenn Unternehmer auf **bis zum 31. Dezember 2021** ausgeführte Umsätze Abschnitt 25 UStAE in der am 1. Juni 2021 geltenden Fassung anwenden.

A 25.3 UStAE in der bis 31.12.2021 anzuwendenden Fassung lautet:

25.3 Bemessungsgrundlage bei Reiseleistungen

(1) [1] Abweichend von § 10 UStG ist Bemessungsgrundlage lediglich die Differenz (Marge) zwischen dem Betrag, den der Leistungsempfänger entrichtet und den Aufwendungen für die Reisevorleistungen, jedoch abzüglich der Umsatzsteuer.

Beispiel 1:

[1] Ein Reiseveranstalter mit Sitz oder Betriebsstätte im Inland führt eine Bahnpauschalreise im Inland aus. [2] Der Preis beträgt 440 € pro Person. [3] Es nehmen 40 Personen teil. [4] Der Reiseveranstalter hat für Reisevorleistungen aufzuwenden:

1. an die Deutsche Bahn AG für die Fahrt (einschließlich Umsatzsteuer)	*3 200,– €,*
2. an Hotel für Unterkunft (einschließlich Umsatzsteuer)	*12 000,– €.*

[5] Die Marge für die Leistung des Reiseveranstalters ermittelt sich wie folgt:

Reisepreis (Aufwendungen der Reiseteilnehmer)	*17 600,– €*

[1] Nichtbeanstandungsregelung für Reiseleistungen dieser Unternehmen verlängert bis **31.12.2026** (BMF v. 27.6.2023, BStBl. I 2023, 1124).

./. Reisevorleistungen		
für Fahrt	*3 200,– €*	
für Unterkunft	*12 000,– €*	*15 200,– €*
Marge		*2 400,– €*
./.darin enthaltene Umsatzsteuer ($^{19}/_{119}$ = Steuersatz 19 %)		*383,19 €*
Bemessungsgrundlage		*2 016,81 €*

[2] Zu den Aufwendungen für Reisevorleistungen gehören auch die Aufwendungen, die der Unternehmer auf Grund vertraglicher Vereinbarung für nicht ausgenutzte Kapazitäten (vgl. Abschnitt 25.1 Abs. 10) zahlen muss.

Beispiel 2:

Der Reiseunternehmer, der einem Hotel die Abnahme einer bestimmten Zahl von Zimmern oder auch aller Zimmer garantiert hat, muss das dafür vertraglich vereinbarte Entgelt auch dann in voller Höhe entrichten, wenn er die gebuchten Zimmer nicht alle oder nicht für den vereinbarten Abnahmezeitraum belegen kann.

[3] Werden im Abrechnungsverkehr zwischen Leistungsträgern und Reiseveranstaltern Reisevorleistungen ausgehend vom sog. Bruttowert (Verkaufspreis abzüglich Provisionen zuzüglich Umsatzsteuer auf den Provisionsbetrag) berechnet, handelt es sich bei den Provisionen regelmäßig um Entgelts- bzw. Reisevorleistungsminderungen und nicht um Vergütungen für besondere (Vermittlungs-)Leistungen. [4] Der Wert der Reisevorleistungen ist dann identisch mit dem Wert einer agenturmäßigen Nettoberechnung. [5] Die in den Abrechnungen des Leistungsträgers auf den Provisionsbetrag gesondert ausgewiesene Umsatzsteuer wird weder vom Leistungsträger noch vom Reiseveranstalter nach § 14c Abs. 2 UStG geschuldet. [6] Aufwendungen für Reisevorleistungen in fremder Währung sind nach § 16 Abs. 6 UStG in dem Zeitpunkt umzurechnen, in dem die Aufwendungen geleistet worden sind.

(2) [1] Treffen bei einer Reise Leistungen des Unternehmers mit eigenen Mitteln und Leistungen Dritter zusammen (vgl. Abschnitt 25.1 Abs. 11), sind für die Berechnung der Marge die eigenen Leistungen grundsätzlich im prozentualen Verhältnis zu den Fremdleistungen auszuscheiden. [2] Die eigenen Leistungen sind mit den dafür aufgewendeten Kosten (einschließlich Umsatzsteuer) anzusetzen.

Beispiel:

[1] Ein Reiseveranstalter mit Sitz oder Betriebsstätte im Inland führt eine Buspauschalreise im Inland aus. [2] Der Preis beträgt 600 € pro Person. [3] Es nehmen 50 Personen teil. [4] Dem Unternehmer entstehen folgende Aufwendungen:

	€	%
1. Eigenleistungen		
a) Beförderung mit eigenem Bus	*4 000,–*	
b) Betreuung am Zielort durch angestellte Reiseleiter	*1 000,–*	
Insgesamt	*5 000,–*	*20*
2. Reisevorleistungen Dritter		
Unterkunft und Verpflegung	*20 000,–*	*80*
	25 000,–	*100*

[5] Die Marge errechnet sich wie folgt:

Reisepreis (Aufwendungen der Reiseteilnehmer)	*30 000,– €*
./. 20 % für Eigenleistungen	*6 000,– €*
	24 000,– €

./. Reisevorleistungen	*20 000,– €*
Marge	*4 000,– €*
./. darin enthaltene Umsatzsteuer ($^{19}/_{119}$ = Steuersatz 19 %)	*638,66 €*
Marge = Bemessungsgrundlage	*3 361,34 €*

[6] Der Unternehmer hat mit 19 % zu versteuern:

a) seine Eigenleistung (6 000 € ./. darin enthaltene Umsatzsteuer in Höhe von $^{19}/_{119}$ = Steuersatz 19 %)	*5 042,02 €*
b) die Reiseleistung	*3 361,34 €*
	8 403,36 €

[3] Die Eigenleistungen können auch in anderer Weise ermittelt werden, wenn dies zu einem sachgerechten Ergebnis führt.

(3) Ist die einheitliche sonstige Leistung teils steuerfrei und teils steuerpflichtig (vgl. Abschnitt 25.2 Abs. 3), ist die Bemessungsgrundlage für die unter § 25 UStG fallenden Umsätze im Verhältnis der Reisevorleistungen im Sinne des § 25 Abs. 2 UStG zu den übrigen Reisevorleistungen aufzuteilen.

Beispiel:

[1] Ein Reiseveranstalter mit Sitz oder Betriebsstätte im Inland führt von einem inländischen Flughafen eine Flugpauschalreise nach Moskau aus. [2] Der Preis beträgt 1 100 € pro Person. [3] Es nehmen 80 Personen teil. [4] Der Veranstalter hat an Reisevorleistungen aufzuwenden:

	€	%
1. Flugkosten	*20 000,–*	*25*
2. Kosten für Unterkunft und Verpflegung im Hotel (einschließlich Umsatzsteuer)	*60 000,–*	*75*
Insgesamt	*80 000,–*	*100*

[5] Sofern die Vereinfachungsregelung des Abschnitts 25.2 Abs. 4 nicht angewandt wird, errechnet sich die Marge wie folgt:

Reisepreis (Aufwendungen der Reiseteilnehmer)	*88 000,– €*	
./. Reisevorleistungen	*80 000,– €*	
Gesamtmarge	*8 000,– €*	
davon entfallen		
a) auf Unterkunft und Verpflegung im Drittlandsgebiet 75 % der Reisevorleistungen – steuerfrei nach § 25 Abs. 2 UStG –		*6 000,– €*
b) auf den Flug 25 % der Reisevorleistungen = 2 000,– €. Da nur 60 % der Flugstrecke über Gemeinschaftsgebiet führt, beträgt der nach § 25 Abs. 2 UStG steuerfreie Anteil;		*800,– €*
der steuerpflichtige Anteil	*1 200,– €*	
./. darin enthaltene Umsatzsteuer ($^{19}/_{119}$ = Steuersatz 19 %)	*191,60 €*	
steuerpflichtig	*1 008,40 €*	
steuerfrei		*6 800,– €*

[6] Die Bemessungsgrundlage für die Flugpauschalreise beträgt danach für steuerfreie Umsätze 6 800,– € und für steuerpflichtige Umsätze 1 008,40 €.

(4) [1] Die Errechnung der Marge für die einzelne Leistung (vgl. Beispiele in den Absätzen 1 bis 3) kann bei Pauschalreisen mit erheblichen Schwierigkeiten verbunden sein. [2] Eine Zuordnung der Reisevorleistungen wird vielfach abrechnungstechnische Probleme aufwerfen. [3] § 25 Abs. 3 Satz 3 UStG sieht deshalb Erleichterungen vor. [4] Der Unter-

nehmer hat danach die Möglichkeit, die Marge für bestimmte Gruppen von Reiseleistungen zu ermitteln. [5] Dies kann z. B. die Marge für eine in sich abgeschlossene Reise, z. B. Kreuzfahrt, oder für sämtliche Reisen während eines bestimmten Zeitraums (Saison) in einen Zielort oder ein Zielgebiet sein. [6] Er kann aber auch die Marge für seine gesamten innerhalb eines Besteuerungszeitraums bewirkten Reiseleistungen, soweit sie unter die Sonderregelung des § 25 UStG fallen, in einer Summe ermitteln.

Beispiel:

[1] Der Unternehmer hat im Kalenderjahr Reiseleistungen i. H. v. insgesamt 2 700 000 € bewirkt. [2] An touristischen Direktaufwendungen sind ihm entstanden:

	€	%
Eigenleistungen		
Beförderungen mit eigenen Bussen (davon 40 % Strecke im Inland = steuerpflichtig)	*500 000,–*	*20*
Reisevorleistungen		
1. Beförderungen mit Luftfahrzeugen		
a) über Gemeinschaftsgebiet 200 000,– €		
b) über Drittlandsgebiet 300 000,– €	*500 000,–*	*20*
2. Unterkunft und Verpflegung in EU-Mitgliedstaaten	*1 000 000,–*	*40*
3. Unterkunft und Verpflegung in Drittländern	*500 000,–*	*20*
	2 500 000,–	*100*

[3] Die Marge errechnet sich wie folgt:

Einnahmen aus Reiseleistungen	*2 700 000,– €*
./. 20 % Eigenleistungen	*540 000,– €*
	2 160 000,– €
./. Reisevorleistungen	*2 000 000,– €*
Marge	*160 000,– €*
davon entfallen auf Reisevorleistungen im Sinne von § 25 Abs. 2 UStG (Nr. 1b und Nr. 3) = 40 % der gesamten Reisevorleistungen – steuerfrei –	*64 000,– €*
Reisevorleistungen (Nr. 1a und Nr. 2) = 60 % der gesamten Reisevorleistungen – steuerpflichtig –	*96 000,– €*
./. darin enthaltene Umsatzsteuer ($^{19}/_{119}$ = Steuersatz 19 %)	*15 327,73 €*
Bemessungsgrundlage für steuerpflichtige Reiseleistungen	*80 672,27 €*

[4] Der Unternehmer hat danach mit 19 % zu versteuern:

steuerpflichtige Reiseleistungen	*80 672,27 €*
seine Beförderungsleistung mit eigenen Bussen, soweit sie auf das Inland entfällt (40 % der Einnahmen aus den Eigenleistungen i. H. v. 540 000 € = 216 000 € ./. darin enthaltene Umsatzsteuer i. H. v. $^{19}/_{119}$ = Steuersatz 19 %)	*181 512,60 €*
	262 184,87 €

[5] Nach § 25 Abs. 2 UStG sind steuerfrei *64 000,– €.*

[6] Nicht steuerbar sind die auf das Ausland entfallenden Beförderungsleistungen (§ 3b Abs. 1 UStG) *324 000,– €.*

(5) Für den Unternehmer, der eine „Incentive-Reise" für sein Unternehmen erwirbt, gilt Folgendes:

1. [1] Wird die Reise einem Betriebsangehörigen als unentgeltliche Wertabgabe im Sinne des § 3 Abs. 9a Nr. 2 UStG (vgl. Abschnitt 25.1 Abs. 2 Beispiel 3) oder gegen Entgelt überlassen, bewirkt der Unternehmer damit eine Reiseleistung, die der Besteuerung nach § 25 UStG unterliegt. [2] Im Falle einer unentgeltlichen Wertabgabe ergibt sich jedoch keine Marge, weil sich die Ausgaben nach § 10 Abs. 4 Satz 1 Nr. 3 UStG mit den Aufwendungen des Unternehmers für den Erwerb der Reise decken. [3] Das Gleiche gilt, wenn eine Barzahlung des Arbeitnehmers für die Reise die Aufwendungen des Unternehmers für den Erwerb der Reise nicht übersteigt. [4] Der Abzug der auf den Erwerb der Reise entfallenden Vorsteuer ist in diesen Fällen nach § 25 Abs. 4 UStG ausgeschlossen.

2. *Wird die Reise nicht gegen Entgelt oder nicht als unentgeltliche Wertabgabe an Betriebsangehörige weitergegeben, sondern im Unternehmen verwendet, z. B. für Dienstreisen von Angestellten, als Kundengeschenk usw., bewirkt der Unternehmer keine Reiseleistung im Sinne des § 25 UStG.*

(6) [1] Überlässt ein Reiseveranstalter an seine Arbeitnehmer im Rahmen des Dienstverhältnisses Reisen unentgeltlich (vgl. Abschnitt 25.1 Abs. 1), ergibt sich keine Marge, weil sich die Ausgaben nach § 10 Abs. 4 Satz 1 Nr. 3 UStG mit den Aufwendungen des Reiseveranstalters für die Reise decken. [2] Das Gleiche gilt, wenn eine Zuzahlung des Arbeitnehmers für die Reise die Aufwendungen des Unternehmers nicht übersteigt. [3] Ein Vorsteuerabzug für die Reisevorleistungen entfällt nach § 25 Abs. 4 UStG.

(7) [1] Durch die Erleichterungen bei der Ermittlung der Bemessungsgrundlage nach § 25 Abs. 3 UStG wird die Verpflichtung zur Übermittlung von Voranmeldungen nicht berührt. [2] Soweit in diesen Fällen die Höhe der Marge für die im Voranmeldungszeitraum bewirkten Umsätze noch nicht feststeht, bestehen keine Bedenken, dass der Unternehmer in der Voranmeldung als Bemessungsgrundlage geschätzte Beträge zu Grunde legt, die anhand der Kalkulation oder nach Erfahrungssätzen der Vorjahre zu ermitteln sind. [3] Das Gleiche gilt in den Fällen, in denen der Unternehmer zwar die Marge für jede einzelne Leistung ermittelt, ihm aber am Ende des Voranmeldungszeitraums die Höhe der Reisevorleistung für die in diesem Zeitraum bewirkten Leistungen noch nicht bekannt ist. [4] Es muss dabei gewährleistet sein, dass sich nach endgültiger Feststellung der Bemessungsgrundlage nicht regelmäßig höhere Abschlusszahlungen ergeben.

2. BMF-Schreiben vom 17.12.2021, BStBl. I 2021, 2502

(Änderungen in A 12.17 UStAE)

Anwendung

Die Regelungen dieses Schreibens sind in allen offenen Fällen anzuwenden.

Hat der leistende Unternehmer für eine **nach dem 17. Dezember 2019 und vor dem 1. Januar 2022** ausgeführte Leistung unter Bezug auf § 12 Abs. 2 Nr. 14 UStG in einer in diesem Zeitraum ausgestellten Rechnung zu Unrecht den ermäßigten Steuersatz ausgewiesen, wird aus Vereinfachungsgründen angenommen, dass die ausgewiesene Steuer die gesetzlich geschuldete ist, wenn der Unternehmer in den Rechnungen den Umsatzsteuerausweis nicht berichtigt. Hat der leistende Unternehmer für eine **nach dem 17. Dezember 2019 und vor dem 1. Januar 2022** ausgeführte Leistung im Sinne des § 12 Abs. 2 Nr. 14 UStG in einer in diesem Zeitraum ausgestellten Rechnung einen zu hohen Steuersatz ausgewiesen und diesen Steuerbetrag abgeführt, wird es aus Vereinfachungsgründen nicht beanstandet, wenn der Unternehmer in den Rechnungen den Umsatzsteuerausweis nicht berichtigt. In diesem Fall wird es bei einem zum Vorsteuerabzug berechtigten Leistungsempfänger nicht beanstandet, wenn er aus derartigen i. S. von § 14c Abs. 1 UStG unrichtigen Rechnungen unter den übrigen Voraussetzungen des § 15 UStG einen Vorsteuerabzug auf Grundlage des ausgewiesenen Steuersatzes vornimmt. Für Umsätze, für die der Leistungsempfänger die Steuer nach § 13b UStG schuldet, gilt dies entsprechend für die vom Leistungsempfänger berechnete Steuer.

3. BMF-Schreiben vom 29.3.2022, BStBl. I 2022, 567

(Änderungen in A 2.2 UStAE)

III. Anwendung

Die Regelungen dieses Schreibens sind in allen offenen Fällen anzuwenden.

Zur Vermeidung von Übergangsschwierigkeiten wird es – auch für Zwecke des Vorsteuerabzugs – nicht beanstandet, wenn die bis zur Aufhebung durch das BMF-Schreiben vom 8. Juli 2021 (BStBl. I S. 919) geltenden Regelungen in Abschnitt 2.2. Abs. 2 Satz 7 und Abs. 3 Satz 1 UStAE auf Leistungen angewendet werden, die in einem Geschäftsjahr der Gesellschaft ausgeführt worden sind, das **vor dem 1. Januar 2022** begonnen hat.

Es wird ebenfalls nicht beanstandet, wenn ein Beamter oder ein politischer Mandatsträger, der eine Tätigkeit als Mitglied eines Aufsichts- oder Verwaltungsrats nicht lediglich aufgrund seiner gesellschaftlichen oder politischen Stellung, sondern aufgrund unmittelbarer Verknüpfung mit seinem Amt ausübt, trotz eines vorliegenden Vergütungsrisikos insoweit für Umsätze, die in einem Geschäftsjahr der Gesellschaft ausgeführt worden sind, das **vor dem 1. Januar 2022** begonnen hat, als nicht selbstständig im Sinne des § 2 Abs. 1 Satz 1 UStG tätig beurteilt wird.

Die Rechtsauffassung aus dem BMF-Schreiben vom 15. September 1980 IV A 2-S 7270- 6/80 wird nicht weiter aufrechterhalten. Für Geschäftsjahre der Gesellschaft, die **vor dem 1. Januar 2022** enden, wird es nicht beanstandet, wenn als Leistungszeitpunkt für die allgemeine Tätigkeit als Mitglied eines Aufsichtsrats die Teilnahme an der Hauptversammlung mit dem Ziel der Entlastung zu Grunde gelegt wird.

IV.

Die Anwendungsregelungen dieses BMF-Schreibens ersetzen die Anwendungsregelungen des BMF-Schreibens vom 8. Juli 2021, BStBl. I S. 919.

4. BMF-Schreiben vom 20.10.2022, BStBl. I 2022, 1497

(Änderungen in A 15.2c, 15.6a, 15.16, 15.17 und A 15a.2 UStAE)

IV. Anwendungsregelungen

Die Grundsätze dieses Schreibens sind in allen offenen Fällen anzuwenden.

Es wird nicht beanstandet, wenn Unternehmer vor der Veröffentlichung dieses Schreibens zulässigerweise eine direkte Zuordnung von Vorsteuerbeträgen nach Abschnitt 15.17 Abs. 7 Sätze 6 und 7 UStAE in der bisherigen Fassung vorgenommen haben.

Es wird weiter nicht beanstandet, wenn sich ein Unternehmer vor der Veröffentlichung dieses Schreibens[1] auf die Regelungen in der bisherigen Fassung der Abschnitte 15.2c Abs. 10 und 15.6a Abs. 3 UStAE berufen hat.

Das BMF-Schreiben vom 30. September 2008, BStBl. I 2008 S. 896, wird aufgehoben.

5. BMF-Schreiben vom 13.12.2022, BStBl. I 2022, 1683

(Änderungen in A 4.14.1 und A 4.14.6 UStAE)

III. Anwendung

Die Grundsätze dieses Schreibens sind in allen offenen Fällen anzuwenden.

Für Umsätze, die **vor dem 1. Januar 2023** ausgeführt werden, wird es für das Besteuerungsverfahren nicht beanstandet, wenn der Unternehmer seine Leistungen abweichend von Abschnitt 4.14.6 Abs. 2 Nr. 3 UStAE als umsatzsteuerpflichtig behandelt. Soweit es sich hierbei um die Abgabe von Arzneimitteln innerhalb des Zweckbetriebs eines Krankenhauses nach § 67 AO handelt, ist in allen offenen Fällen auf diese Lieferung der ermäßigte Steuersatz nach § 12 Abs. 2 Nr. 8 Buchstabe a UStG anzuwenden. Aus den damit zusammenhängenden Eingangsleistungen kann unter den weiteren Voraussetzungen des § 15 UStG der Vorsteuerabzug geltend gemacht werden.

Die Ausführungen zum Vorsteuerabzug, zur Steuerentstehung nach § 14c Abs. 1 UStG und zur Rechnungsberichtigung unter Tz. III des BMF-Schreibens vom 28. September 2016, BStBl. I S. 1043, gelten entsprechend. Aus Billigkeitsgründen kann für eine – zur Korrektur des Vorganges weiterhin erforderliche – Berichtigung des Steuerbetrages nach § 14c Abs. 1 Satz 2 UStG des Krankenhauses gegenüber dem Versicherten einer privaten Krankenkasse (PKV) das folgende Verfahren angewandt werden:

- Ein zivilrechtlicher Vergleich zwischen dem Krankenhaus und der PKV kann wie eine Rechnungsberichtigung im Sinne des § 14c Abs. 1 Satz 2 UStG behandelt werden, wenn im Rahmen der entsprechenden Vereinbarung die jeweiligen Rechnungen, mit denen ursprünglich über die dem Vergleich zugrundeliegenden Leistungen gegenüber den Versicherten abgerechnet worden sind, jeweils eindeutig benannt werden (z. B. als tabellarische Anlage).

---

[1] Veröffentlicht im BStBl. I 2022 Nr. 20 v. 22.11.2022.

– Als Berichtigungsvolumen kommt nur der Betrag in Betracht, der auf einem Anspruch der Krankenversicherung beruht. Soweit die Krankenkasse nur eine anteilige Kostenerstattung an den Patienten vorgenommen hat, kann auch nur ein entsprechend anteiliger Betrag der in der Rechnung ausgewiesenen Umsatzsteuer berichtigt werden. Dabei ist regelmäßig davon auszugehen, dass der Vergleichsbetrag den zivilrechtlichen Anspruch nicht übersteigt.
– Voraussetzung für eine umsatzsteuerliche Berücksichtigung des Vergleichs ist eine vorherige Zahlung des Vergleichsbetrages.
– Im Verhältnis zwischen dem Steuerpflichtigen und dem Finanzamt sind Umsatzsteuer und Vorsteuer gesondert nach den hierfür geltenden Grundsätzen zu berichtigen, d. h., die Korrektur der nun nicht mehr abziehbaren Vorsteuer hat in dem ursprünglichen Jahr des Vorsteuerabzugs zu erfolgen, die Umsatzsteuerberichtigung erfolgt hingegen – in Höhe des vollen Betrages – im Jahr der „Rechnungsberichtigung".

6. BMF-Schreiben vom 14.2.2023, BStBl. I 2023, 348

(Änderungen in A 1.8, 4.16.5, 4.18.1, 4.23.1, 4.24.1, 4.25.2 und 12.9 UStAE)

Anwendungsregelung

§ 4 Nr. 18 UStG in der Fassung des Gesetzes zur weiteren steuerlichen Förderung der Elektromobilität und zur Änderung weiterer steuerlicher Vorschriften vom 12. Dezember 2019 (BGBl. I S. 2451) und die Grundsätze dieses Schreibens sind auf Umsätze anzuwenden, die **nach dem 31. Dezember 2019** erbracht wurden bzw. erbracht werden.

Für Leistungen der Träger des Jugendfreiwilligendienstes gelten die Grundsätze des BFH-Urteils vom 24. Juni 2020 – V R 21/19, BStBl. II 2023 S. 276, unter Berücksichtigung der Grundsätze des BMF-Schreibens vom 18. August 2015 (BStBl. I S. 659) in allen offenen Fällen. Für Umsätze, die **vor dem 1. April 2023** erbracht werden, wird es nicht beanstandet, wenn der Unternehmer seine Leistungen abweichend von den o. g. Ausführungen als umsatzsteuerpflichtig behandelt bzw. behandelt hat.

Die Grundsätze des BFH-Urteils vom 24. März 2021 – V R 1/19, BStBl. II 2023 S. 279, zum Betrieb von Flüchtlingsunterkünften sind für Umsätze in allen offenen Fällen anzuwenden, die bis zum 31. Dezember 2019 erbracht wurden. Für Umsätze nach der Neufassung des § 4 Nr. 18 UStG zum 1. Januar 2020 sind die Urteilsgrundsätze nur noch für entsprechende Umsätze anzuwenden, die von Einrichtungen juristischer Personen des öffentlichen Rechts oder von anderen Einrichtungen, die keine systematische Gewinnerzielung anstreben, erbracht werden. Für Umsätze, die **vor dem 1. Januar 2020** erbracht wurden, wird es nicht beanstandet, wenn der Unternehmer seine Leistungen abweichend von den o. g. Ausführungen als umsatzsteuerpflichtig behandelt hat.

7. BMF-Schreiben vom 25.4.2023, BStBl. I 2023, 778

(Änderungen in A 3.14, A 6a.7 und A 25b.1 UStAE)

Anwendungsregelung

Die Grundsätze dieses Schreibens sind in allen offenen Fällen anzuwenden.

Für den Zeitraum bis zur Veröffentlichung dieses Schreibens[1] wird es nicht beanstandet, wenn die Zuweisung der Transportverantwortlichkeit von den Beteiligten einvernehmlich abweichend von Abschnitt 3.14 Absätze 7 bis 11 des Umsatzsteuer-Anwendungserlasses bestimmt worden ist.

8. BMF-Schreiben vom 28.4.2023, BStBl. I 2023, 795

(Änderungen in A 4.25.2 UStAE)

Anwendungsregelung

Die Grundsätze dieses Schreibens auf Grundlage der Änderung in § 4 Nr. 25 Satz 3 Buchstabe d UStG in der Fassung des Jahressteuergesetzes 2020 vom 21. Dezember 2020 (BGBl. I S. 3096) sind auf Umsätze anzuwenden, die **nach dem 31. Dezember 2020** erbracht wurden bzw. erbracht werden.

Die Grundsätze des BFH-Urteils vom 17. Juli 2019 – V R 27/17, BStBl. II 2023 S. 591, sind in allen offenen Fällen für Umsätze anzuwenden, die bis zum 31. Dezember 2020 erbracht wurden. Für Umsätze, die **vor dem 1. Januar 2021** erbracht wurden, wird es nicht beanstandet, wenn der Unternehmer seine Leistungen abweichend von den Grundsätzen im BFH-Urteil vom 17. Juli 2019 – V R 27/17, als umsatzsteuerpflichtig behandelt hat.

9. BMF-Schreiben vom 22.5.2023, BStBl. I 2022, 803

(Änderungen in A 1a.1, 3a.9a, 3c.1, 3g.1, 13b.1, 13b.3, 13b.3a, 13b.4, 13b.5, 13b.6, 13b.7, 13b.7a, 13b.7b, 18.2, 18.7b, 18a.1, 18a.2, 19.1, 20.1 und 27a.1 UStAE)

Anwendungsregelung

Die Grundsätze dieses BMF-Schreibens gelten erstmals für Besteuerungszeiträume, die nicht der Erklärung nach § 27 Abs. 22 Satz 3 UStG unterliegen.

Gemäß Rn. 62ff. des BMF-Schreibens vom 16. Dezember 2016 (BStBl. I S. 1451) ist jedoch ein Vorsteuerabzug im Zeitpunkt des Leistungsbezugs unter Berücksichtigung der beabsichtigten Verwendung und unter den weiteren Voraussetzungen des § 15 UStG bereits vor Ablauf des Optionszeitraums zulässig, wenn die erstmalige Verwendung der während des Optionszeitraums bezogenen Leistung nach Ablauf des Optionszeitraums nach § 27 Abs. 22 UStG unternehmerisch erfolgt. In diesen Fällen kann eine steuerliche Erfas-

---

[1] Veröffentlicht im BStBl. I 2023 Nr. 10 v. 17.5.2023.

sung der betroffenen Organisationseinheiten der Gebietskörperschaften Bund und Länder bereits vor Ablauf des Optionszeitraums erfolgen.

10. BMF-Schreiben vom 12.7.2023, BStBl. I 2022, 1505

(Änderungen in A 4.16.1, 4.16.3, 4.16.4, 4.16.5, 4.16.6 und 4.25.1 UStAE)

Anwendungsregelung

Die Änderung in Abschnitt 4.25.1 Abs. 2 Satz 3 auf Grundlage der Änderungen in § 4 Nr. 25 UStG in der Fassung des Artikels 12 Nr. 5 Buchstabe f des Gesetzes zur weiteren steuerlichen Förderung der Elektromobilität und zur Änderung weiterer steuerlicher Vorschriften vom 12. Dezember 2019 (BGBl. I S. 2451) sind auf Umsätze anzuwenden, die **nach dem 31. Dezember 2019** erbracht wurden bzw. erbracht werden.

Die Änderungen in den Abschnitten 4.16.1, 4.16.3, 4.16.4, 4.16.5 und 4.16.6 UStAE auf Grundlage der Änderungen in § 4 Nr. 16 UStG in der Fassung des Artikels 12 Nr. 2 Buchstabe b des Jahressteuergesetzes 2020 (JStG 2020) vom 21. Dezember 2020 (BGBl. I S. 3096) sind auf Umsätze anzuwenden, die **nach dem 31. Dezember 2020** erbracht wurden bzw. erbracht werden.

Die Grundsätze der v. g. BFH-Urteile[1)] sind für Umsätze in allen offenen Fällen anzuwenden. Für Umsätze, die **bis zum 31. Dezember 2023** erbracht werden, wird es – vorbehaltlich der Regelungen in den Rz. 6 und 7 – nicht beanstandet, wenn der Unternehmer seine Leistungen abweichend von den o. g. Ausführungen umsatzsteuerpflichtig behandelt bzw. behandelt hat. Die v. g. BFH-Urteile, die sich auf die bis einschließlich 2008 bestehende nationale Rechtslage beziehen, finden aufgrund der Neuregelung des § 4 Nr. 16 UStG durch das Jahressteuergesetz 2009 für Umsätze ab dem 1. Januar 2009 keine Anwendung.

Die Grundsätze der Entscheidungen des BFH vom 18. August 2015 – V R 13/14, vom 13. Juni 2018 – XI R 20/16 und vom 7. Dezember 2016 – XI R 5/15 sind, soweit die darin vertretene Rechtsauffassung durch das BFH-Urteil vom 24. Februar 2021 – XI R 30/20 (XI R 11/17) geändert wurde, nicht anzuwenden.

11. BMF-Schreiben vom 5.9.2023, BStBl. I 2022, 1655

(Änderung in A 13b.1 UStAE)

Anwendungsregelung

Die Regelungen sind auf Umsätze aus der Übertragung von Emissionszertifikaten nach § 3 Nummer 2 BEHG anzuwenden, die nach dem 31. Dezember 2022 ausgeführt werden.

---

1) BFH v. 19.3.2013 XI R 47/07, BStBl. II 2023, 765; v. 18.8.2015 V R 13/14, BStBl. II 2023, 769; v. 18.2.2016 V R 46/14, BStBl. II 2023, 771; v. 22.6.2016 V R 46/15, BStBl. II 2023, 776; v. 7.12.2016 XI R 5/15, BStBl. II 2023, 781; v. 9.3.2017 V R 39/16, BStBl. II 2023, 784; v. 13.6.2018 XI R 20/16, BStBl. II 2023, 786; v. 24.2.2021 XI R 30/20 (XI R 11/17), BStBl. II 2023, 792.

1) Schlussrechnung über nach dem 31. Dezember 2022 erbrachte Leistungen bei Abschlagszahlungen vor dem 1. Januar 2023

Bei nach dem 31. Dezember 2022 erbrachten Leistungen aus der Übertragung von Emissionszertifikaten nach § 3 Nummer 2 BEHG im Sinne des § 13b Abs. 2 Nr. 6 UStG ist der Leistungsempfänger Steuerschuldner, wenn er ein Unternehmer ist. Entsprechend hat der leistende Unternehmer eine Rechnung auszustellen, in der das (Netto-)Entgelt sowie der Hinweis „Steuerschuldnerschaft des Leistungsempfängers" (§ 14a Abs. 5 UStG) anzugeben sind. Dies gilt unabhängig davon, ob der leistende Unternehmer das Entgelt oder Teile des Entgelts vor dem 1. Januar 2023 vereinnahmt hat oder nicht.

Hat der leistende Unternehmer das Entgelt oder Teile des Entgelts vor dem 1. Januar 2023 vereinnahmt und hierfür auch eine Rechnung mit offenem Steuerausweis erstellt, hat er die Rechnung(en) über diese Zahlung(en) im Voranmeldungszeitraum der tatsächlichen Ausführung der Leistung zu berichtigen (§ 27 Abs. 1 Satz 3 UStG). Erfolgt keine Berichtigung, schuldet der Rechnungsaussteller die ausgewiesene Steuer nach § 14c Abs. 1 Sätze 1 und 2 UStG. In der Schlussrechnung sind die gezahlten Abschlagszahlungen nur dann mit ihrem Bruttobetrag (einschließlich Umsatzsteuer) anzurechnen, wenn die Umsatzsteuer bis zum Zeitpunkt der Erteilung der Schlussrechnung nicht an den Leistungsempfänger zurückerstattet wurde.

Es ist jedoch nicht zu beanstanden, wenn bei der Anwendung der Steuerschuldnerschaft des Leistungsempfängers nur das um das vor dem 1. Januar 2023 vom leistenden Unternehmer vereinnahmte Entgelt oder die vereinnahmten Teile des Entgelts geminderte Entgelt zugrunde gelegt wird (Nichtbeanstandungsregelung). Voraussetzung hierfür ist, dass diese Anzahlung(en) vom leistenden Unternehmer in zutreffender Höhe erklärt (= in einer Umsatzsteuer-Voranmeldung oder in einer Umsatzsteuererklärung für das Kalenderjahr angemeldet) und gezahlt wurde(n). In derartigen Fällen sind die Rechnungen, mit denen über die Anzahlungen abgerechnet wurde, nicht zu berichtigen.

2) Berichtigung einer vor dem 1. Januar 2023 erstellten Rechnung über Anzahlungen, wenn die Zahlung erst nach dem 31. Dezember 2022 erfolgt

Wurden für Leistungen aus der Übertragung von Emissionszertifikaten nach § 3 Nummer 2 BEHG im Sinne des § 13b Abs. 2 Nr. 6 UStG Abschlagszahlungen oder Anzahlungen vereinnahmt, bevor die Leistung oder die Teilleistung ausgeführt worden ist, entsteht die Steuer mit Ablauf des Voranmeldungszeitraums, in dem das Entgelt oder Teilentgelt vereinnahmt worden ist (§ 13 Abs. 1 Nr. 1 Buchstabe a Satz 4, § 13b Abs. 4 Satz 2 UStG). Entscheidend für die Steuerentstehung ist nicht, wann die Rechnung erstellt worden ist, sondern der Zeitpunkt der Vereinnahmung des entsprechenden Entgelts oder des Teilentgelts. Vereinnahmt der leistende Unternehmer das Entgelt oder Teilentgelt für Leistungen im Sinne des § 13b Abs. 2 Nr. 6 UStG nach dem 31. Dezember 2022, ist hierfür der Leistungsempfänger Steuerschuldner, sofern er ein Unternehmer ist (§ 13b Abs. 2 Nr. 6 UStG und Abs. 5 Satz 1 zweiter Halbsatz UStG). Ist die hierfür vom leistenden Unternehmer erstellte Rechnung vor dem 1. Januar 2023 erstellt worden und wurde die Umsatzsteuer offen ausgewiesen, ist die Rechnung entsprechend zu berichtigen. Erfolgt keine Berichtigung, schuldet der Rechnungsaussteller die ausgewiesene Steuer nach § 14c Abs. 1 Sätze 1 und 2 UStG.

3) Abrechnungen nach dem 31. Dezember 2022 über Leistungen, die vor dem 1. Januar 2023 erbracht worden sind

Für Leistungen aus der Übertragung von Emissionszertifikaten nach § 3 Nummer 2 BEHG im Sinne des § 13b Abs. 2 Nr. 6 UStG, die vor dem 1. Januar 2023 erbracht worden sind, ist der leistende Unternehmer nach § 13a Abs. 1 Nr. 1 UStG Steuerschuldner. § 13b Abs. 2 Nr. 6 i. V. m. Abs. 5 UStG ist insoweit nicht anzuwenden. Der leistende Unternehmer muss entsprechend eine Rechnung ausstellen, die die in § 14 Abs. 4 Satz 1 UStG vorgeschriebenen Angaben enthält. Hierzu gehört auch die Angabe des anzuwendenden Steuersatzes sowie des auf das Entgelt entfallenden Steuerbetrags (§ 14 Abs. 4 Satz 1 Nr. 8 UStG).

4) Berichtigung nach dem 31. Dezember 2022 einer vor dem 1. Januar 2023 erstellten und bezahlten Rechnung über Anzahlungen

Hat der leistende Unternehmer für Leistungen aus der Übertragung von Emissionszertifikaten nach § 3 Nummer 2 BEHG im Sinne des § 13b Abs. 2 Nr. 6 UStG einen Teil des Entgelts vor dem 1. Januar 2023 vereinnahmt und wurde die Leistung oder die Teilleistung danach ausgeführt, entsteht die Steuer mit Ablauf des Voranmeldungszeitraums, in dem das Teilentgelt vereinnahmt worden ist (§ 13 Abs. 1 Nr. 1 Buchstabe a Satz 4 UStG). Steuerschuldner ist der leistende Unternehmer.

Stellt sich nach dem 31. Dezember 2022 heraus, dass die in Rechnung gestellte und vom leistenden Unternehmer vereinnahmte Anzahlung in der Höhe unrichtig war, ist die ursprüngliche Rechnung bei Inanspruchnahme der Nichtbeanstandungsregelung (vgl. Tz. II.1) nur insoweit zu berichtigen (§ 17 Abs. 1 UStG), als der überzahlte Betrag zurückgezahlt wurde und insoweit die Grundlage für die Versteuerung der Anzahlung entfallen ist.

Entsprechend wird der Leistungsempfänger bei Inanspruchnahme der Nichtbeanstandungsregelung durch den leistenden Unternehmer hinsichtlich einer berichtigten Anzahlung nur dann Steuerschuldner nach § 13b Abs. 4 Satz 2 und Abs. 5 UStG, soweit ein weiteres Teilentgelt nach dem 31. Dezember 2022 vom leistenden Unternehmer vereinnahmt wird.

Beispiel 1:

Unternehmer A und Unternehmer B vereinbaren eine Übertragung von Emissionszertifikaten nach § 3 Nummer 2 BEHG im Sinne des § 13b Abs. 2 Nr. 6 UStG. A und B geben monatlich Umsatzsteuer-Voranmeldungen ab. A stellt am 2. Dezember 2022 eine Abschlagsrechnung über 10.000 € zuzüglich Umsatzsteuer aus. Die Rechnung wird von B noch im Dezember 2022 bezahlt. Im Januar 2023 stellt sich heraus, dass der Anzahlung eine falsche Anzahl von Emissionszertifikaten zugrunde gelegen hat. Danach hätte nur eine Anzahlung mit einem Entgelt von 6.000 € in Rechnung gestellt werden dürfen. Der überzahlte Betrag wird B im Januar 2023 zurückerstattet. Die Übertragung der Emissionszertifikate wird im Februar 2023 ausgeführt.

Bei Inanspruchnahme der Nichtbeanstandungsregelung (Tz. II.1.) hat A seine Rechnung dergestalt zu korrigieren, dass nur noch ein Entgelt in Höhe von 6.000 € zuzüglich Umsatzsteuer auszuweisen ist. Die Änderungen gegenüber der ursprünglichen Rechnung hat er in seiner Umsatzsteuer-Voranmeldung für Januar 2023 entsprechend zu berücksichtigen. B hat den in der Umsatzsteuer-Voranmeldung für Dezember 2022 geltend gemachten Vorsteuerabzug in der Umsatzsteuer-Voranmeldung für Januar 2023 entsprechend zu mindern.

Beispiel 2:

Sachverhalt wie in Beispiel 1, jedoch hätte eine Anzahlung mit einem Entgelt von 11.000 € in Rechnung gestellt werden müssen. B zahlt den Mehrbetrag im Februar 2023.

Bei Inanspruchnahme der Nichtbeanstandungsregelung (Tz. II.1.) hat A seine Rechnung dergestalt zu korrigieren, dass sie ein Entgelt in Höhe von 11.000 € enthält. Hinsichtlich der vor dem 1. Januar 2023 geleisteten Anzahlung bleibt es bei der Steuerschuld des A. Die ursprüngliche Besteuerung (A erklärt den Umsatz in seiner Umsatzsteuer-Voranmeldung für Dezember 2022, B hat den Vorsteuerabzug in seiner Umsatzsteuer-Voranmeldung für Dezember 2022 geltend gemacht) bleibt unverändert. Für die (Rest-)Anzahlung, die im Februar 2023 geleistet wird, ist in der Rechnung nur das (Netto-)Entgelt von 1.000 € anzugeben. Außerdem muss A den B insoweit auf dessen Steuerschuldnerschaft hinweisen. B muss das (Netto-)Entgelt von 1.000 € sowie die Steuer hierauf in seiner Umsatzsteuer-Voranmeldung für Februar 2023 anmelden und kann gleichzeitig diese Steuer bei Vorliegen der übrigen Voraussetzungen als Vorsteuer abziehen (§ 15 Abs. 1 Satz 1 Nr. 4 UStG).

12. BMF v. 10.10.2023, BStBl. I 2023, 1794

(Änderungen in A 4.14.1 und 4.14.5 UStAE)

Anwendungsregelung

Die Grundsätze des BFH-Urteils vom 18. Dezember 2019 – XI R 23/19 (XI R 23/15) sind auf Umsätze in allen offenen Fällen anzuwenden. Für Umsätze, die **bis zum 31. Dezember 2023** erbracht werden, wird es nicht beanstandet, wenn der Unternehmer seine Leistungen abweichend von den o. g. Ausführungen umsatzsteuerpflichtig behandelt bzw. behandelt hat, sofern die Voraussetzungen für die Steuerbefreiung nach § 4 Nr. 14 Buchstabe b Satz 2 Doppelbuchstabe bb oder cc UStG nicht vorgelegen haben bzw. nicht vorliegen.

Die Grundsätze der Entscheidung des BFH vom 28. August 2017 – V R 25/16 sind, soweit die darin vertretene Rechtsauffassung durch das BFH-Urteil vom 18. Dezember 2019 – XI R 23/19 (XI R 23/15) geändert wurde, nicht anzuwenden.

13. BMF v. 30.11.2023, BStBl. I 2023, 2085

(Änderungen in A 3.1, 12.18 und 14.5 UStAE)

Anwendungsregelung

Die Grundsätze dieses Schreibens sind auf alle offenen Fälle anzuwenden.

Hinsichtlich der isolierten Erweiterung bzw. Erneuerung eines Zählerschranks im Zusammenhang mit der Installation einer Photovoltaikanlage, die die Voraussetzungen des § 12 Abs. 3 Nr. 1 UStG erfüllt, wird es für **vor dem 1. Januar 2024** ausgeführte Leistungen nicht beanstandet, wenn die Beteiligten übereinstimmend, d. h. auch hinsichtlich eines Vorsteuerabzugs beim Anlagenbetreiber, Abschnitt 12.18 Abs. 10 Beispiel 1 des Umsatzsteuer-Anwendungserlasses in der bis zum 29. November 2023 geltenden Fassung anwenden.

Aus Gründen des Vertrauensschutzes wird es – auch für Zwecke des Vorsteuerabzugs des Leistungsempfängers – nicht beanstandet, wenn sich der leistende Unternehmer für **bis zum 1. Januar 2024** ausgeführte Lieferungen von Wasserstoffspeichern mit ausschließlicher Bestimmung zur Stromerzeugung durch Rückumwandlung des Wasserstoffs in Strom auf die Anwendung des Regelsteuersatzes beruft.

500/100. Sachregister zum Umsatzsteuer-Anwendungserlass

Die Ziffern verweisen auf die Abschnitte des UStAE, die in Klammern gesetzten Ziffern auf die Absätze innerhalb der einzelnen Abschnitte.

800. Anwendungserlass zur Abgabenordnung (AEAO)

Vom 31.1.2014 (BStBl. I 2014, 290)[1)·2)·3)]

(BMF IV A 4 – S 0062/14/10002; DOK 2014/0108334)

Geändert durch BMF-Schreiben vom 1.8.2014 (BStBl. I 2014, 1067), vom 3.11.2014 (BStBl. I 2014, 1393), vom 14.1.2015 (BStBl. I 2015, 76), vom 22.7.2015 (BStBl. I 2015, 571), vom 10.12.2015 (BStBl. I 2015, 1018), vom 26.1.2016 (BStBl. I 2016, 155),[4)] vom 23.5.2016 BStBl. I 2016, 490), vom 5.9.2016 (BStBl. I 2016, 974), vom 12.1.2017 (BStBl. I 2017, 51), vom 7.8.2017 (BStBl. I 2017, 1257), vom 6.12.2017 (BStBl. I 2017, 1603), vom 11.12.2017 (BStBl. I 2017, 1604), vom 12.1.2018 (BStBl. I 2008, 175), vom 18.1.2018 (BStBl. I 2018, 204), vom 24.1.2018 (BStBl. I 2008, 258), vom 29.5.2018 (BStBl. I 2018, 699), vom 19.6.2018 (BStBl. I 2018, 706), vom 31.1.2019 (BStBl. I 2019, 71), vom 5.4.2019 (BStBl. I 2019, 446), vom 17.6.2019 (BStBl. I 2019, 518), vom 27.9.2019 (BStBl. I 2019, 946), vom 20.12.2019 (BStBl. I 2020, 59), vom 4.5.2020 (BStBl. I 2020, 518), vom 28.5.2020 (BStBl. I 2020, 534), vom 27.8.2020 (BStBl. I 2020, 863), vom 20.1.2021 (BStBl. I 2021, 128), vom 28.1.2021 (BStBl. I 2021, 145), vom 6.8.2021 (BStBl. I 2021, 1036), vom 1.11.2021 (BGBl. I 2021, 2147), vom 4.11.2021 (BStBl. I 2021, 2156), vom 12.1.2022 (BStBl. I 2022, 82), vom 18.5. 2022 (BStBl. I 2022, 665), vom 3.11.2022 (BStBl. I 2022, 1462), vom 23.1.2023 (BStBl. I 2023, 184), vom 30.6.2023 (BStBl. I 2023, 1076), vom 29.12.2023 (BStBl. I 2024, 12)

Nichtamtliche Inhaltsübersicht

1) Der neugefasste AEAO ist mit sofortiger Wirkung in allen offenen Fällen anzuwenden. Durch die Neufassung des AEAO werden die BMF-Schreiben v. 2.1.2008, BStBl. I S. 26; v. 21.4.2008, BStBl. I S. 582; v. 17.7.2008, BStBl. I S. 694; v. 2.1.2009, BStBl. I S. 8; v. 30.7.2009, BStBl. I S. 807, S. 2; v. 22.12.2009, BStBl. 2010 I S. 9; v. 28.7.2010, BStBl. I S. 630; v. 21.12.2010, BStBl. 2011 I S. 2; v. 17.3.2011, BStBl. I S. 241; v. 11.7.2011, BStBl. I S. 706; v. 17.1.2012, BStBl. I S. 83; v. 30.1.2012, BStBl. I S. 147; v. 15.8.2012, BStBl. I S. 850; v. 31.1.2013, BStBl. I S. 118; v. 23.7.2013, BStBl. I S. 933 und v. 1.10.2013, BStBl. I S. 1251 mit sofortiger Wirkung aufgehoben.

2) Die Satzzählung ist nicht amtlich.

3) Zum Datenschutz im Steuerverwaltungsverfahren seit dem 25.5.2018 durch die Datenschutz-Grundverordnung (DSGVO) siehe BMF v. 13.1.2020, BStBl. I 2020, 143, geänd. durch BMF v. 17.6.2021, BStBl. I 2021, 809.

4) Durch das Schreiben v. 26.1.2016 wird das BMF-Schreiben v. 11.12.1989, BStBl. I S. 470, geänd. durch BMF v. 2.1.2001, BStBl. I S. 40, aufgehoben.

Unter Bezugnahme auf das Ergebnis der Erörterungen mit den obersten Finanzbehörden der Länder gilt für die Anwendung der Abgabenordnung Folgendes:

AEAO zu § 1 – Anwendungsbereich:

1. [1]Der Anwendungsbereich beschränkt sich auf die Steuern einschließlich der Steuervergütungen. [2]Die AO gilt auch für Steuererstattungen; diese sind als Umkehr der Steuerentrichtung bereits durch den Begriff der Steuer in den Anwendungsbereich mit einbezogen (§ 37 Abs. 1 AO).

2. [1]Für die von den Finanzbehörden verwalteten, durch Bundesrecht geregelten übrigen öffentlich-rechtlichen Abgaben, Prämien und Zulagen wird die Geltung der AO durch die jeweiligen Rechtsvorschriften bestimmt. [2]Dies gilt insbesondere für die Wohnungsbauprämien, Eigenheimzulagen, Arbeitnehmer-Sparzulagen und die Investitionszulagen.

3. [1]Die Vorschriften der AO sind grundsätzlich sinngemäß auch auf die steuerlichen Nebenleistungen (§ 3 Abs. 4 AO) anzuwenden. [2]Ausgenommen sind die Bestimmungen über die Festsetzung, Außenprüfung, Steuerfahndung und Steueraufsicht in besonderen Fällen (§§ 155 bis 217 AO), soweit sie nicht ausdrücklich für anwendbar erklärt worden sind (§ 155 Abs. 3 Satz 2, § 156 Abs. 2 AO).

4. Die AO ist auch für die Angelegenheiten anzuwenden, die nicht unmittelbar der Besteuerung dienen, aber aufgrund der Verwaltungskompetenz für diese Steuern in den Zuständigkeitsbereich der Finanzbehörden fallen (z. B. Erteilung von Bescheinigungen in Steuersachen, Ausstellung von Einkommensbescheinigungen für nichtsteuerliche Zwecke).

5. Wegen der Anwendung der AO bei der Leistung von Rechts- oder Amtshilfe wird auf die §§ 111 ff. AO hingewiesen.

AEAO zu § 3 – Steuern, steuerliche Nebenleistungen:

[1]Steuerliche Nebenleistungen sind keine Steuern. [2]Sie sind in § 3 Abs. 4 AO abschließend aufgezählt. [3]Wegen der Anwendung der AO auf steuerliche Nebenleistungen wird auf § 1 AO hingewiesen.

AEAO zu § 4 – Gesetz:

1. Rechtsnorm

[1]Rechtsnormen i. S. d. § 4 AO sind insbesondere Gesetze des Bundes und der Länder und kommunale Satzungen. [2]§ 4 AO umfasst aber auch unmittelbar anzuwendende Vorschriften der EU (insbesondere Verordnungen und Durchführungsbestimmungen) sowie ausländische Gesetze (vgl. BFH-Urteil vom 20.4.2021, IV R 3/20, BFH/NV S. 1256).

2. Auslegung der Steuergesetze

[1]Steuergesetze sind anhand des Wortlauts, des Zusammenhangs, in welchem die Vorschrift steht, des Zweckes des Gesetzes und der Materialien sowie der Entstehungsgeschichte auszulegen. [2]Sämtliche Methoden ergänzen sich. [3]Der Wille des Gesetzgebers muss dabei im Gesetz selbst hinreichend Ausdruck gefunden haben.

[1]Die Finanzbehörden sind nicht befugt, von sich aus im Gesetz nicht vorgesehene Steuerermäßigungsvorschriften zu schaffen oder einen genau umrissenen Tatbestand aufgrund eigener Wertvorstellungen auszuweiten. [2]Eine vom

behaltung des inländischen Wohnsitzes, wenn die Rückkehr des Kindes nach Deutschland nach Erreichen des Schulabschlusses beabsichtigt ist (BFH-Urteil vom 23.11.2000, VI R 165/99, BStBl. 2001 II S. 279).[1)]

7. NATO-Truppenstatut

[1]Hält sich ein Mitglied einer Truppe oder des zivilen Gefolges des Entsendungsstaates „nur in dieser Eigenschaft" i. S. d Art. X des NATO-Truppenstatuts[2)] bzw. dessen Angehörige nach Art. 68 Abs. 4 des Zusatzabkommens zum NATO-Truppenstatut[2)] im Inland auf, wird das Fehlen des inländischen steuerrechtlichen Wohnsitzes oder gewöhnlichen Aufenthalts fingiert, wenn anhand der Lebensumstände aus Sicht des jeweiligen Besteuerungszeitraums festgestellt werden kann, dass die betreffende Person in dem maßgeblichen Zeitraum fest entschlossen war, nach Beendigung des Dienstes in den Ausgangs- oder in ihren Heimatstaat zurückzukehren (BFH-Urteil vom 9.11.2005, I R 47/04, BStBl. 2006 II S. 374). [2]Voraussetzung dafür ist eine gewisse zeitliche Fixierung im Hinblick auf die Rückkehr nach der Beendigung des Dienstes. [3]Die Rückkehr muss in einer gewissen zeitlichen Nähe zur Beendigung des Dienstes stehen. [4]Ferner setzt die Fiktion voraus, dass die betreffende Person nicht vor Aufnahme ihrer Tätigkeit einen Wohnsitz oder gewöhnlichen Aufenthalt im Inland begründet hat und sich nicht auch aus anderen Gründen im Inland aufhält.

8. Wiener Übereinkommen über diplomatische Beziehungen und über konsularische Beziehungen

Die völkerrechtlich verbindlichen Regelungen des Wiener Übereinkommens vom 18.4.1961 über diplomatische Beziehungen (WÜD, BGBl. 1964 II S. 957) bzw. des vom 24.4.1963 über konsularische Beziehungen (WÜK, BGBl. 1969 II S. 1585) tragen dem Gedanken der Exterritorialität von Diplomaten und der ihnen gleichgestellten Personen Rechnung.

[1]Diplomaten einer ausländischen Mission und Konsularbeamte einer ausländischen konsularischen Vertretung haben nach dem WÜD bzw. dem WÜK kraft völkerrechtlicher Fiktion im Inland keinen Wohnsitz und sind demnach von innerstaatlichen Steuern befreit, sofern sie nicht die deutsche Staatsangehörigkeit haben oder nach den Sonderregelungen des WÜD bzw. WÜK im Inland ständig ansässig sind. [2]Private Einkünfte, deren Quelle sich im Inland (Empfangsstaat) befindet, sind von der Steuerbefreiung ausgenommen und führen zu einer beschränkten Einkommensteuerpflicht. [3]Gleiches gilt für die zum Haushalt des Diplomaten oder Konsularbeamten gehörenden Familienmitglieder sowie Mitglieder des Verwaltungs- und des technischen Personals ausländischer Missionen und ausländischer konsularischer Vertretungen.

9. Protokoll (Nr. 7) über die Vorrechte und Befreiungen der Europäischen Union (EU)

[1]Hält sich eine Person zur Ausübung ihrer Amtstätigkeit im Dienste der EU im Hoheitsgebiet eines anderen Mitgliedstaates auf als dem, in dem sie vor

---

1) Zum Wohnsitz eines im außereuropäischen Ausland studierenden Kindes siehe BFH v. 21.6.2023 III R 11/21, BStBl. II 2023, 970.

2) **Zölle und Verbrauchsteuern** Nr. **170** bzw. Nr. **171.**

Dienstantritt ihren steuerlichen Wohnsitz hatte, werden sie und ihr nicht berufstätiger Ehegatte/Lebenspartner in beiden genannten Staaten so behandelt, als hätten sie ihren früheren Wohnsitz beibehalten (Art. 13 des Protokolls (Nr. 7) über die Vorrechte und Befreiungen der Europäischen Union vom 26.10.2012, Amtsblatt der Europäischen Union C 326 S. 266).[1] [2]Gleiches gilt für die Kinder, die unter der Aufsicht der in diesem Artikel bezeichneten Personen stehen und von ihnen unterhalten werden.

AEAO zu § 9 – Gewöhnlicher Aufenthalt:

1.[2] [1]Sofern nicht die besonderen Voraussetzungen des § 9 Satz 3 AO vorliegen, wird an den inländischen Aufenthalt während eines zusammenhängenden Zeitraums von mehr als sechs Monaten die unwiderlegbare Vermutung für das Vorhandensein eines gewöhnlichen Aufenthalts geknüpft. [2]Der Begriff „gewöhnlich" ist gleichbedeutend mit „dauernd". [3]„Dauernd" erfordert keine ununterbrochene Anwesenheit, sondern ist im Sinne von „nicht nur vorübergehend" zu verstehen (BFH-Urteil vom 30.8.1989, I R 215/85, BStBl. II S. 956). [4]Bei Unterbrechungen der Anwesenheit kommt es darauf an, ob noch ein einheitlicher Aufenthalt oder mehrere getrennte Aufenthalte anzunehmen sind. [5]Ein einheitlicher Aufenthalt ist gegeben, wenn der Aufenthalt nach den Verhältnissen fortgesetzt werden sollte und die Unterbrechung nur kurzfristig ist. [6]Als kurzfristige Unterbrechung kommen in Betracht Familienheimfahrten, Jahresurlaub, längerer Heimaturlaub, Kur und Erholung, aber auch geschäftliche Reisen. [7]Der Tatbestand des gewöhnlichen Aufenthalts kann bei einem weniger als sechs Monate dauernden Aufenthalt verwirklicht werden, wenn Inlandsaufenthalte nacheinander folgen, die sachlich miteinander verbunden sind, und der Steuerpflichtige von vornherein beabsichtigt, nicht nur vorübergehend im Inland zu verweilen (BFH-Urteile vom 27.7.1962, VI 156/59 U, BStBl. III S. 429, und vom 3.8.1977, I R 210/75, BStBl. 1978 II S. 118).

2. [1]Der gewöhnliche Aufenthalt im Inland ist zu verneinen, wenn der Steuerpflichtige unter Benutzung einer im Ausland gelegenen Wohnung lediglich seine Tätigkeit im Inland ausübt (BFH-Urteil vom 25.5.1988, I R 225/82, BStBl. II S. 944). [2]Grenzgänger haben ihren gewöhnlichen Aufenthalt grundsätzlich im Wohnsitzstaat (BFH-Urteile vom 10.5.1989, I R 50/85, BStBl. II S. 755, und vom 10.7.1996, I R 4/96, BStBl. 1997 II S. 15). [3]Dasselbe gilt für Unternehmer/Freiberufler, die regelmäßig jeweils nach Geschäftsschluss zu ihrer Familienwohnung im Ausland zurückkehren (BFH-Urteil vom 6.2.1985, I R 23/82, BStBl. II S. 331). [4]Wer allerdings regelmäßig an Arbeitstagen am Arbeits-/Geschäftsort im Inland übernachtet und sich nur am Wochenende bzw. an Feiertagen und im Urlaub zu seiner Wohnung im Ausland begibt, hat an dem inländischen Arbeits-/Geschäftsort jedenfalls seinen gewöhnlichen Aufenthalt.

3. [1]Der gewöhnliche Aufenthalt kann nicht gleichzeitig an mehreren Orten bestehen. [2]Bei fortdauerndem Schwerpunktaufenthalt im Ausland begründen kurzfristige Aufenthalte im Inland, z. B. Geschäfts-, Dienstreisen, Schulungen,

---

[1] **Sartorius II** Nr. **212.**

[2] Siehe hierzu auch BFH v. 22.6.2011 I R 26/10, BFH/NV 2011, 2001, insb. zu „kurzfristigen Unterbrechungen" und zum „äußerlich erkennbaren Zusammenhang".

keinen gewöhnlichen Aufenthalt im Inland. [3]Umgekehrt führen kurzfristige Auslandsaufenthalte bei fortdauerndem Schwerpunktaufenthalt im Inland nicht zur Aufgabe eines gewöhnlichen Aufenthalts im Inland.

4. [1]Der gewöhnliche Aufenthalt im Inland ist aufgegeben, wenn der Steuerpflichtige zusammenhängend mehr als sechs Monate im Ausland lebt, es sei denn, dass besondere Umstände darauf schließen lassen, dass die Beziehungen zum Inland bestehen bleiben. [2]Entscheidend ist dabei, ob der Steuerpflichtige den persönlichen und geschäftlichen Lebensmittelpunkt ins Ausland verlegt hat und ob er seinen Willen, in den Geltungsbereich dieses Gesetzes zurückzukehren, endgültig aufgegeben hat (BFH-Urteil vom 27.7.1962, VI 156/59 U, BStBl. III S. 429). [3]Als Kriterien dafür können die familiären, beruflichen und gesellschaftlichen Bindungen herangezogen werden (z. B. Wohnung der Familienangehörigen im Inland, Sitz des Gewerbebetriebs im Inland). [4]Hält sich der Steuerpflichtige zusammenhängend länger als ein Jahr im Ausland auf, ist grundsätzlich eine Aufgabe des gewöhnlichen Aufenthalts im Inland anzunehmen.

AEAO zu § 12 – Betriebstätte:[1)]

1. Die Begriffsbestimmung gilt auch für die freiberufliche Tätigkeit und Steuerpflichtige mit Einkünften aus Land- und Forstwirtschaft.

2. [1]Auch nicht sichtbare, unterirdisch verlaufende Rohrleitungen (Pipelines) sind feste Geschäftseinrichtungen i. S. d. § 12 Satz 1 AO und damit Betriebstätten (BFH-Urteil vom 30.10.1996, II R 12/92, BStBl. 1997 II S. 12). [2]Zu den Betriebstätten zählen auch bewegliche Geschäftseinrichtungen mit vorübergehend festem Standort (z. B. fahrbare Verkaufsstätten mit wechselndem Standplatz).

3. Stätten der Erkundung von Bodenschätzen (z. B. Versuchsbohrungen) sind als Betriebstätten anzusehen, wenn die Voraussetzungen des § 12 Nr. 8 AO erfüllt sind.

4.[2)] [1]Soweit die Steuergesetze (insbes. EStG und GewStG) den Begriff „Betriebsstätte" verwenden, ohne ihn selbst abweichend von § 12 AO zu definieren (wie etwa § 41 Abs. 2 EStG), bestimmt sich dieser Begriff grundsätzlich nicht nach der Definition eines einschlägigen DBA, sondern nach innerstaatlichem Recht (vgl. BFH-Urteil vom 20.7.2016, I R 50/15, BStBl. 2017 II S. 230). [2]DBA legen lediglich fest, in welchem Umfang eine nach innerstaatlichem Recht – unter Berücksichtigung des § 12 AO – bestehende Steuerpflicht entfallen soll. [3]Eine in einem DBA[3)] vorgenommene, von § 12 AO abweichende Definition des Begriffs „Betriebsstätte" ist daher nur im Rahmen dieses DBA anwendbar, sofern im innerstaatlichen Recht nichts anderes bestimmt ist.

[1)] Vgl. auch Betriebsstättenerlass BMF v. 24.12.1999, BStBl. I 1999, 1076, zuletzt geänd. durch BMF v. 22.12.2016, BStBl. I 2016, 182 (**Steuererlasse** Nr. **800** § 12/1). – Zur Einkommensteuer vgl. R 2a Abs. 2 EStR (negative Auslandseinkünfte) bzw. R 4.12 EStR (Fahrten Wohnung-Betriebsstätte) (Nr. **1**), zur Gewerbesteuer vgl. R 2.9 GewStR (Nr. **450**).

[2)] Zu einer grenzüberschreitenden Betriebsaufspaltung siehe BFH v. 17.11.2020 I R 72/16, BStBl. II 2021, 484. – Zur Abgrenzung bei Einschaltung einer Dienstleistungsgesellschaft, auch zu § 10 und § 13 AO, siehe BFH v. 23.3.2022 III R 35/20, BStBl. II 2022, 844.

[3)] Alle DBA abgedruckt in **Doppelbesteuerungsabkommen.**

AEAO zu § 14a – Personenvereinigungen:

1. Personenvereinigungen mit Rechtspersönlichkeit (z. B. AG, GmbH, eingetragener Verein i. S. d. § 21 BGB, wirtschaftlicher Verein i. S. d. § 22 BGB) sind keine Personenvereinigungen i. S. d. § 14a AO.

2. Die Aufzählung rechtsfähiger und nicht rechtsfähiger Personenvereinigungen in § 14a Abs. 2 und 3 AO ist nicht abschließend.

3. Nach § 719 Abs. 1 BGB entsteht eine rechtsfähige Gesellschaft bürgerlichen Rechts (GbR), sobald sie

a) mit Zustimmung sämtlicher Gesellschafter am Rechtsverkehr teilnimmt,

b) spätestens aber mit ihrer Eintragung im Gesellschaftsregister.

[1] Für einen Beginn der Teilnahme am Rechtsverkehr muss die GbR – nach dem Willen aller Gesellschafter – als solche (d. h. im eigenen Namen) nach außen in Erscheinung treten. [2] Dies kann durch vorbereitende Rechtsgeschäfte geschehen, wie z. B. die Eröffnung eines Geschäftskontos (GbR als Kontoinhaber) oder die Anmietung von Geschäftsräumen (GbR als Mieter), aber auch schon durch Verteilung von Prospekten (GbR offeriert Lieferungen oder Leistungen). [3] Unzureichend sind Rechtsgeschäfte zwischen Gesellschafter und GbR, der Gesellschafter untereinander oder der Gesellschafter mit Dritten. [4] Die Anmeldung der GbR als Gewerbebetrieb nach § 138 Abs. 1 AO sowie die Übermittlung des Fragebogens nach § 138 Abs. 1b AO reichen für sich allein ebenfalls nicht aus.

[1] Handelt ein Gesellschafter eigenmächtig „im Namen der GbR", bevor die GbR rechtsfähig geworden ist (§ 719 Abs. 1 BGB), haftet er als Vertreter ohne Vertretungsmacht. [2] Abhängig von den Umständen des Einzelfalls kann in diesem Fall zudem eine Scheingesellschaft entstehen, bei der sich die Haftung ihrer vermeintlichen Gesellschafter nach allgemeinen Rechtsscheingrundsätzen beurteilt.

Eine Vereinbarung, dass die GbR erst zu einem späteren Zeitpunkt entstehen soll, ist Dritten gegenüber (also auch gegenüber Finanzbehörden) unwirksam (§ 719 Abs. 2 BGB).

4. [1] Im Verhältnis zu Dritten entsteht eine offene Handelsgesellschaft (OHG), sobald sie im Handelsregister eingetragen ist (§ 123 Abs. 1 Satz 1 HGB). [2] Dessen ungeachtet entsteht die OHG schon dann, wenn sie mit Zustimmung sämtlicher Gesellschafter am Rechtsverkehr teilnimmt, soweit sich aus § 107 Abs. 1 HGB nichts anderes ergibt (§ 123 Abs. 1 Satz 2 HGB).

Eine Vereinbarung, dass die OHG erst zu einem späteren Zeitpunkt entstehen soll, ist Dritten gegenüber (also auch gegenüber Finanzbehörden) unwirksam (§ 123 Abs. 2 HGB).

5. Für Kommanditgesellschaften (KG) gilt § 123 HGB entsprechend (§ 161 Abs. 2 HGB).

6. [1] Eine nicht rechtsfähige GbR (§ 14a Abs. 4 AO) liegt vor, wenn sie sich auf die Regelung der Rechtsverhältnisse der Gesellschafter untereinander beschränkt und nicht auf eine Teilnahme am Rechtsverkehr mit Dritten gerichtet ist (Innengesellschaft und stille Gesellschaft). [2] Die nicht rechtsfähige GbR hat kein Vermögen und keine gesetzliche Vertretung (vgl. § 740 BGB und § 230 Abs. 2 HGB).

7. Ob eine Personenvereinigung i. S. d. § 14a AO Steuerpflichtiger i. S. d. § 33 Abs. 1 AO ist, bestimmt sich jeweils nach dem materiellen Steuerrecht (vgl. dazu insbesondere § 1 Abs. 1 KStG).

AEAO zu § 14b – Körperschaften mit Sitz im Ausland:

1. [1]Körperschaften i. S. d. § 14b Abs. 1 Satz 2 AO sind insbesondere Limiteds mit Sitz im Vereinigten Königreich Großbritannien und Nordirland und Ort der Geschäftsleitung in Deutschland. [2]Schuldet eine solche Limited Körperschaft- oder Umsatzsteuer, ist die Steuer ihr gegenüber (als Inhaltsadressat) festzusetzen und zu vollstrecken.

2. Die Anteilseigner einer Körperschaft i. S. d. § 14b Abs. 1 Satz 2 AO haften für die von dieser Körperschaft geschuldeten Ansprüche aus dem Steuerschuldverhältnis unbeschränkt (§ 14b Abs. 4 AO).

AEAO zu § 15 – Angehörige:

1. [1]Dem Angehörigenbegriff kommt überwiegend verfahrensrechtliche Bedeutung zu. [2]Für das materielle Recht können die Einzelsteuergesetze abweichende Regelungen treffen.

2. § 15 Abs. 1 Nr. 1 AO (Verlobte) setzt ein wirksames Eheversprechen voraus.

[1]Eine Ehe ist im Besteuerungsverfahren nur dann nach § 15 Abs. 1 Nr. 2 AO zu berücksichtigen, wenn sie entweder nach deutschem Recht wirksam geschlossen wurde oder bei im Ausland geschlossener Ehe in Deutschland anzuerkennen ist (vgl. BFH-Beschluss vom 27.11.2018, V B 72/18, BFH/NV 2019 S. 202). [2]Für Lebenspartnerschaften gilt dies entsprechend. [3]Die materiell-rechtliche Beurteilung des Vorliegens einer Ehe oder einer Lebenspartnerschaft nach den Einzelsteuergesetzen bleibt hierdurch unberührt (vgl. Nr. 1 Satz 2).

3. [1]Zu den Geschwistern i. S. d. § 15 Abs. 1 Nr. 4 AO gehören auch die Halbgeschwister. [2]Das sind die Geschwister, die einen Elternteil gemeinsam haben; darunter fallen jedoch nicht die mit in eine Ehe oder Lebenspartnerschaft gebrachten Kinder, die keinen Elternteil gemeinsam haben.

4. Das Angehörigenverhältnis i. S. d. § 15 Abs. 1 Nr. 5 AO besteht lediglich zu den Kindern der Geschwister (Neffen oder Nichten), nicht jedoch zwischen den Kindern der Geschwister untereinander (z. B. Vettern oder Cousinen).

5. [1]Die Ehegatten bzw. Lebenspartner mehrerer Geschwister sind im Verhältnis zueinander keine Angehörigen i. S. d. § 15 Abs. 1 Nr. 6 AO. [2]Dasselbe gilt für Geschwister der Ehegatten bzw. Lebenspartner.

6. [1]Für die Annahme eines Pflegeverhältnisses gem. § 15 Abs. 1 Nr. 8 AO ist nicht erforderlich, dass das Kind außerhalb der Pflege und Obhut seiner leiblichen Eltern steht. [2]Ein Pflegeverhältnis kann z. B. auch zwischen einem Mann und einem Kind begründet werden, wenn der Mann mit der leiblichen Mutter des Kindes und diesem in häuslicher Gemeinschaft lebt. [3]Die Unterhaltsgewährung ist nicht Merkmal dieses Pflegekinderbegriffes. [4]Soweit Bestimmungen in Einzelsteuergesetzen auch daran anknüpfen, müssen dort besondere Regelungen getroffen sein.

7. [1]Durch die Annahme als Kind erhält ein Kind die volle rechtliche Stellung eines ehelichen Kindes des oder der Annehmenden. [2]Damit wird auch die Angehörigeneigenschaft zwischen dem Kind und den Angehörigen des oder der Annehmenden nach Maßgabe des § 15 Abs. 1 AO begründet. [3]Dieser Grundsatz gilt entsprechend bei ähnlichen familienrechtlichen Rechtsbeziehungen ausländischen Rechts (Adoption).

8. Für die in § 15 Abs. 2 AO genannten Personen bleibt die Angehörigeneigenschaft auch dann bestehen, wenn die Beziehung, die ursprünglich die Angehörigeneigenschaft begründete, nicht mehr besteht; lediglich bei Verlobten erlischt die Angehörigeneigenschaft mit Aufhebung des Verlöbnisses.

AEAO zu § 16 – Sachliche Zuständigkeit:

1. [1]Die sachliche Zuständigkeit betrifft den einer Behörde dem Gegenstand und der Art nach durch Gesetz zugewiesenem Aufgabenbereich. [2]Neben dem

(Fortsetzung S. 19)

– Anordnung und Durchführung von Prüfungen zur Einhaltung der gesetzlichen Anforderungen.

4. Verbot der Informationsweitergabe

4.1. [1]Soweit nichts anderes bestimmt ist, dürfen Finanzbehörden, die Kenntnis von einer nach § 43 Abs. 1 GwG abgegebenen Meldung eines Verpflichteten erlangt haben, diese Informationen nach § 47 Abs. 3 Satz 1 GwG nicht weitergeben an

- den Vertragspartner des Verpflichteten,
- den Auftraggeber der Transaktion,
- den wirtschaftlich Berechtigten,
- eine Person, die von einer der vorgenannten Personen als Vertreter oder Bote eingesetzt worden ist, und
- den Rechtsbeistand, der von einer der vorgenannten Personen mandatiert worden ist.

[2]Eine Weitergabe dieser Informationen an diese Personen ist nur zulässig, wenn die FIU vorher ihr Einverständnis erklärt hat (§ 47 Abs. 3 Satz 2 GwG).

4.2. Gleiches gilt hinsichtlich der Mitteilungen der Finanzbehörden an die FIU nach § 31b Abs. 1 Nr. 5 oder Abs. 2 AO (§ 31b Abs. 4 AO) sowie für Meldungen an andere Stellen nach § 31b Abs. 1 oder 3 AO.

4.3. [1]Dessen ungeachtet dürfen Mitteilungen und Aufzeichnungen nach § 32 Abs. 6 GwG für Besteuerungsverfahren und Strafverfahren wegen Steuerstraftaten verwendet werden. [2]Hierbei ist möglichst sicherzustellen, dass der Zweck des durch die Strafverfolgungsbehörden eingeleiteten Ermittlungsverfahrens wegen außersteuerlicher Straftaten nicht gefährdet wird. [3]Eine Gefährdung des Ermittlungsverfahrens ist insbesondere nicht anzunehmen, wenn die Strafverfolgungsbehörde ihr Verfahren bereits nach § 170 Abs. 2 StPO eingestellt hat, die Verfahrenseinleitung dem Betroffenen bereits bekannt ist oder bereits Anklage erhoben wurde. [4]Im Zweifel ist eine Abstimmung mit der zuständigen Strafverfolgungsbehörde vorzunehmen.

5. Rückmeldungen der Finanzämter an die FIU

[1]Hat die FIU einer Finanzbehörde einen Sachverhalt mitgeteilt, hat die Finanzbehörde die FIU nach § 42 Abs. 2 Satz 1 GwG über die abschließende Verwendung der bereitgestellten Informationen und über die Ergebnisse der Maßnahmen, die auf Grundlage der von der FIU bereitgestellten Informationen durchgeführt wurden, zu informieren. [2]Das Steuergeheimnis steht dem nicht entgegen (§ 42 Abs. 2 Satz 2 GwG).

AEAO zu § 32 – Haftungsbeschränkung für Amtsträger:

[1]Die Vorschrift enthält keine selbständige Haftungsgrundlage; sie schränkt vielmehr die sich aus anderen Bestimmungen ergebende Haftung für Amtsträger ein. [2]Disziplinarmaßnahmen sind keine Strafen i. S. d. Vorschrift.

AEAO zu § 33 – Steuerpflichtiger:

1. Zu den Pflichten, die nach § 33 Abs. 1 AO den Steuerpflichtigen auferlegt werden, gehören: Eine Steuer als Steuerschuldner, Haftender oder für Rechnung eines anderen (§ 43 AO) zu entrichten, die Verpflichtung zur Abgabe einer Steuererklärung (§ 149 AO), zur Mitwirkung und Auskunft in eigener Steuersache (§§ 90, 93, 200 AO), zur Führung von Büchern und Aufzeichnungen (§§ 140 ff. AO), zur ordnungsgemäßen Kontenführung (§ 154 AO) oder zur Sicherheitsleistung (§ 241 AO).

2. [1]Nicht unter den Begriff des Steuerpflichtigen fällt (§ 33 Abs. 2 AO), wer in einer für ihn fremden Steuersache tätig wird oder werden soll. [2]Das sind neben Bevollmächtigten und Beiständen (§§ 80, 123, 183 AO) diejenigen, die Auskunft zu erteilen (§ 93 AO), Urkunden (§ 97 AO) oder Wertsachen (§ 100 AO) vorzulegen, Sachverständigengutachten zu erstatten (§ 96 AO) oder das Betreten von Grundstücken oder Räumen zu gestatten (§ 99 AO) oder Steuern aufgrund vertraglicher Verpflichtung zu entrichten haben (§ 192 AO).

3. Unter Steuergesetzen sind alle Gesetze zu verstehen, die steuerrechtliche Vorschriften enthalten, auch wenn diese nur einen Teil des Gesetzes umfassen.

AEAO zu § 34 – Pflichten der gesetzlichen Vertreter und der Vermögensverwalter:

Inhaltsübersicht

1. Allgemeines

[1]Die gesetzlichen Vertreter natürlicher und juristischer Personen sowie rechtsfähiger Personenvereinigungen, die Geschäftsführer von Vermögensmassen (§ 34 Abs. 1 AO), die Mitglieder, Gesellschafter oder Gemeinschafter einer nicht rechtsfähigen Personenvereinigung (§ 34 Abs. 2 AO) sowie die Vermögensverwalter im Rahmen ihrer Verwaltungsbefugnis (§ 34 Abs. 3 AO) treten in ein unmittelbares Pflichtenverhältnis zur Finanzbehörde. [2]Sie haben alle Pflichten zu erfüllen, die den von ihnen Vertretenen auferlegt sind. [3]Dazu gehören z. B. die Buchführungs-, Erklärungs-, Mitwirkungs- oder Auskunftspflichten (§§ 140 ff., 90, 93 AO), die Verpflichtung, Steuern zu zahlen[1)] und die Vollstreckung in dieses Vermögen zu dulden (§ 77 AO).

2. Gesetzliche Vertretung einer Personenhandelsgesellschaft oder einer rechtsfähigen Personengesellschaft

2.1. Offene Handelsgesellschaften (OHG)

Zur Vertretung einer OHG ist jeder Gesellschafter befugt, wenn er nicht durch den Gesellschaftsvertrag von der Vertretung ausgeschlossen ist (§ 124 HGB).

[1]Im Gesellschaftsvertrag kann vereinbart werden, dass alle oder mehrere Gesellschafter nur gemeinsam zur Vertretung der OHG befugt sein sollen. [2]Die

---

1) Steuern begründen in der vorläufigen Eigenverwaltung keine Masseverbindlichkeiten; siehe BGH v. 22.11.2018 IX ZR 167/16, NJW 2019, 224.

zur Gesamtvertretung befugten Gesellschafter können einzelne von ihnen zur Vornahme bestimmter Geschäfte oder bestimmter Arten von Geschäften ermächtigen.

[1] Die Vertretungsbefugnis der Gesellschafter erstreckt sich auf alle Geschäfte der OHG einschließlich der Veräußerung und Belastung von Grundstücken sowie der Erteilung und des Widerrufs einer Prokura. [2] Eine Beschränkung des Umfangs der Vertretungsbefugnis ist Dritten gegenüber unwirksam.

Zur Bekanntgabe von Steuer- und Feststellungsbescheiden siehe den AEAO zu § 122, Nr. 2.4.1.1 und Nr. 2.5.2.

[1] Nach handelsrechtlicher Auflösung der OHG findet die Liquidation statt, sofern nicht über das Vermögen der OHG das Insolvenzverfahren eröffnet ist (§ 143 Abs. 1 HGB). [2] Ist die OHG durch Löschung wegen Vermögenslosigkeit aufgelöst, findet eine Liquidation nur statt, wenn sich nach der Löschung herausstellt, dass noch Vermögen vorhanden ist, das der Verteilung unterliegt.

[1] Mit der handelsrechtlichen Auflösung der OHG erlischt die einem Gesellschafter im Gesellschaftsvertrag übertragene Befugnis zur Geschäftsführung und Vertretung. [2] Diese Befugnis steht von der Auflösung an allen Liquidatoren gemeinsam zu (§ 146 Abs. 1 HGB).

Zur Bekanntgabe von Steuer- und Feststellungsbescheiden an eine OHG in Liquidation siehe den AEAO zu § 122, Nr. 2.7.2.

2.2. Kommanditgesellschaften (KG)

[1] Bei einer KG sind nur die persönlich haftenden Gesellschafter (Komplementäre), nicht aber die Kommanditisten befugt, die Gesellschaft zu vertreten (§ 170 Abs. 1 HGB). [2] Im Übrigen sind die für eine OHG geltenden Bestimmungen des HGB auf die KG grundsätzlich entsprechend anzuwenden (siehe Nr. 2.1 des AEAO zu § 34).

2.3. Rechtsfähige Personengesellschaften (rechtsfähige GbR)

Zur Vertretung einer rechtsfähigen GbR (§ 705 BGB) sind alle Gesellschafter gemeinsam befugt (Gesamtvertretung), es sei denn, der Gesellschaftsvertrag bestimmt etwas anderes (§ 720 Abs. 1 BGB).

Die zur Gesamtvertretung befugten Gesellschafter können einzelne Gesellschafter zur Vornahme bestimmter Geschäfte oder bestimmter Arten von Geschäften ermächtigen (§ 720 Abs. 2 BGB).

Die Vertretungsbefugnis der Gesellschafter erstreckt sich auf alle Geschäfte der rechtsfähigen GbR; eine Beschränkung des Umfangs der Vertretungsbefugnis ist Dritten gegenüber unwirksam (§ 720 Abs. 3 BGB).

Die Vertretungsbefugnis kann einem Gesellschafter allerdings ganz oder teilweise entzogen werden (§ 720 Abs. 4 BGB).

Zur Bekanntgabe von Steuer- und Feststellungsbescheiden siehe den AEAO zu § 122, Nr. 2.4.1.1 und Nr. 2.5.2.

Nach zivilrechtlicher Auflösung der rechtsfähigen GbR (vgl. § 729 BGB) findet die Liquidation statt, sofern nicht über das Vermögen der Gesellschaft das Insolvenzverfahren eröffnet ist (§ 735 Abs. 1 BGB) oder die Gesellschafter anstelle der Liquidation eine andere Art der Abwicklung vereinbart haben (§ 735 Abs. 2 BGB).

[1] Zur Liquidation sind grds. alle Gesellschafter berufen (§ 736 Abs. 1 bis 3 BGB). [2] Durch Vereinbarung im Gesellschaftsvertrag oder durch Beschluss der

Gesellschafter können auch einzelne Gesellschafter oder andere Personen zu Liquidatoren berufen werden (§ 736 Abs. 4 BGB).

Mit der zivilrechtlichen Auflösung der rechtsfähigen GbR erlischt die einem Gesellschafter im Gesellschaftsvertrag übertragene Befugnis zur Geschäftsführung und Vertretung; diese Befugnis steht von der Auflösung an allen Liquidatoren gemeinsam zu (§ 736b Abs. 1 BGB).

Zur Bekanntgabe von Steuer- und Feststellungsbescheiden an eine GbR in Liquidation siehe den AEAO zu § 122, Nr. 2.7.2.

2.4. Nicht rechtsfähige Personenvereinigungen

[1]Bei nicht rechtsfähigen Personenvereinigungen (§ 14a Abs. 3 und 4 AO) kann sich die Finanzbehörde unmittelbar an jedes Mitglied, jeden Gesellschafter oder jeden Gemeinschafter halten. [2]Die Finanzbehörde kann aber auch mehrere oder alle Mitglieder, Gesellschafter oder Gemeinschafter zugleich zur Pflichterfüllung auffordern.

3. Vertretung einer GmbH oder AG ohne Geschäftsführer

Hat eine GmbH keinen Geschäftsführer (führungslose GmbH) und befindet sie sich nicht in Liquidation oder im Insolvenzverfahren, wird die Gesellschaft für den Fall, dass ihr gegenüber Willenserklärungen abgegeben oder Schriftstücke zugestellt werden, nach § 35 Abs. 1 GmbHG durch die Gesellschafter vertreten.

[1]Hat eine AG keinen Vorstand (führungslose AG) und befindet sie sich nicht in Liquidation oder im Insolvenzverfahren, wird die Gesellschaft für den Fall, dass ihr gegenüber Willenserklärungen abgegeben oder Schriftstücke zugestellt werden, nach § 78 Abs. 1 AktG durch den Aufsichtsrat vertreten. [2]Diese Vertretung gilt auch für die Bekanntgabe von Steuerverwaltungsakten (vgl. AEAO zu § 122, Nr. 2.8.1.2).

[1]Die besonderen Vertreter einer führungslosen GmbH oder AG sind allerdings nur Passivvertreter und dürfen grundsätzlich keine aktiven Handlungen vornehmen. [2]Daher liegt keine umfassende gesetzliche Vertretung der Gesellschaft i. S. d. § 34 Abs. 1 AO vor. [3]Sobald aktive Handlungen der Gesellschaft – wie z. B. die Begleichung einer Steuerschuld – erforderlich sind, müssen die besonderen Vertreter einen Geschäftsführer bzw. Vorstand bestellen. [4]Gegebenenfalls kann die Finanzbehörde beim Registergericht auch die Bestellung eines Notgeschäftsführers beantragen. [5]Von dieser Möglichkeit sollte aber nur Gebrauch gemacht werden, wenn kein Verfügungsberechtigter i. S. d. § 35 AO vorhanden ist (vgl. AEAO zu § 35, Nr. 1), die Gesellschaft nicht vermögenslos ist und auch künftig Steuerverwaltungsakte gegenüber der Gesellschaft zu vollziehen sind. [6]Das Amt des Notgeschäftsführers endet mit der Bestellung des ordentlichen Geschäftsführers, der Erledigung der dem Notgeschäftsführer zugewiesenen Aufgabe oder mit der Abberufung durch das bestellende Gericht. [7]Zur Inanspruchnahme des bisherigen Geschäftsführers als Haftungsschuldner vgl. AEAO zu § 69.

4. Vertretung im Insolvenzverfahren

Wegen der steuerlichen Pflichten des Insolvenzverwalters und des „starken" vorläufigen Insolvenzverwalters, wenn dem Schuldner ein allgemeines Verfügungsverbot auferlegt worden ist (§ 22 Abs. 1 InsO), vgl. den AEAO zu § 251, Nr. 4.2.

AEAO zu § 35 – Pflichten des Verfügungsberechtigten:[1)]

1. [1] Tatsächlich verfügungsberechtigt ist derjenige, der wirtschaftlich über Mittel, die einem anderen gehören, verfügen kann. [2] Dies kann auch der Alleingesellschafter einer GmbH ohne Geschäftsführer sein (BFH-Urteil vom 27.11. 1990, VII R 20/89, BStBl. 1991 II S. 284; vgl. AEAO zu § 34, Nr. 3).

2. [1] Rechtlich ist zur Erfüllung von Pflichten in der Lage, wer im Außenverhältnis rechtswirksam handeln kann. [2] Auf etwaige Beschränkungen im Innenverhältnis (Auftrag, Vollmacht) kommt es nicht an. [3] Bevollmächtigte werden von dieser Bestimmung nur betroffen, wenn sie tatsächlich und rechtlich verfügungsberechtigt sind.

3. [1] Der Sicherungsnehmer einer Sicherungsübereignung oder Sicherungsabtretung ist grundsätzlich kein Verfügungsberechtigter i. S. d. Vorschrift, da er im Regelfall zur Verwertung des Sicherungsgutes lediglich zum Zweck seiner Befriedigung befugt und insoweit einem Pfandrechtsgläubiger vergleichbar ist. [2] Im Einzelfall kann jedoch die Rechtsstellung des Sicherungsnehmers weitergehen, wenn er sich z. B. eigene Mitsprache- oder Verfügungsrechte im Betrieb des Sicherungsgebers vorbehalten hat, so dass er auch wirtschaftlich über die Mittel des Sicherungsgebers verfügen kann. [3] Das kann dann der Fall sein, wenn sich ein Gläubiger zur Sicherstellung seiner Ansprüche die gesamten Kundenforderungen mit dem Recht zur Einziehung abtreten lässt und aus diesen Forderungen nur diejenigen Mittel frei gibt, die er zur Unternehmensfortführung des Sicherungsgebers für erforderlich hält.

AEAO zu § 36 – Erlöschen der Vertretungsmacht:

[1] Auch nach dem Erlöschen der Vertretungs- oder Verfügungsmacht, gleichgültig worauf dies beruht, hat der gesetzliche Vertreter, Vermögensverwalter oder Verfügungsberechtigte die nach §§ 34 und 35 AO bestehenden Pflichten zu erfüllen, soweit sie vor dem Erlöschen entstanden sind und er zur Erfüllung noch in der Lage ist. [2] Daraus ergibt sich u. a., dass sich der zur Auskunft für einen Beteiligten Verpflichtete nach dem Erlöschen der Vertretungs- oder Verfügungsmacht nicht auf ein evtl. Auskunftsverweigerungsrecht (§§ 101, 103, 104 AO) berufen kann. [3] Auch entsteht kein Entschädigungsanspruch (§ 107 AO).

AEAO zu § 37 – Ansprüche aus dem Steuerschuldverhältnis:

Inhaltsübersicht

[1)] Zur Verantwortlichkeit des faktischen Geschäftsführers i. V. m. Strohmanngeschäften siehe BGH v. 27.6.2023 1 StR 374/22, NStZ-RR 2023, 279 (auch zur Abgrenzung zu § 34 AO).

1. Ansprüche aus dem Steuerschuldverhältnis (§ 37 Abs. 1 AO)

[1] § 37 Abs. 1 AO enthält eine abschließende Aufzählung der Ansprüche aus dem Steuerschuldverhältnis. [2] Die Ansprüche aus Strafen und Geldbußen gehören nicht zu den Ansprüchen aus dem Steuerschuldverhältnis.

2. Erstattungsanspruch nach § 37 Abs. 2 AO

[1] § 37 Abs. 2 AO enthält eine allgemeine Umschreibung des öffentlich-rechtlichen Erstattungsanspruchs, der einem Steuerpflichtigen oder Steuergläubiger dadurch erwächst, dass eine Leistung aus dem Steuerschuldverhältnis ohne rechtlichen Grund erfolgt ist oder der Grund hierfür später wegfällt. [2] Eine Zahlung ist ohne rechtlichen Grund geleistet, wenn sie den materiell-rechtlichen Anspruch übersteigt (BFH-Urteile vom 6.2.1996, VII R 50/95, BStBl. 1997 II S. 112, und vom 15.10.1997, II R 56/94, BStBl. II S. 796). [3] § 37 Abs. 2 Satz 1 AO gilt sowohl für den Erstattungsanspruch des Steuerpflichtigen gegen das Finanzamt als auch für den umgekehrten Fall der Rückforderung einer an den Steuerpflichtigen oder einen Dritten rechtsgrundlos geleisteten Steuererstattung durch das Finanzamt (vgl. BFH-Urteil vom 22.3.2011, VII R 42/10, BStBl. II S. 607).

[1] Ein nach materiellem Recht bestehender Erstattungsanspruch kann allerdings nur durchgesetzt werden, wenn ein entgegenstehender Verwaltungsakt i. S. d. § 218 Abs. 1 AO aufgehoben oder geändert worden ist; maßgebend ist bei mehrfacher Änderung der letzte Verwaltungsakt (BFH-Urteil vom 6.2.1996, VII R 50/95, a. a. O.). [2] Im Übrigen vgl. AEAO zu § 218.

2.1. Rückforderungsanspruch des Finanzamts

[1] Schuldner eines abgabenrechtlichen Rückforderungsanspruchs (Erstattungsverpflichteter) ist derjenige, zu dessen Gunsten erkennbar die Zahlung geleistet wurde (Leistungsempfänger), die zurückverlangt wird. [2] In der Regel ist dies derjenige, demgegenüber die Finanzbehörde ihre – vermeintliche oder tatsächlich bestehende – abgabenrechtliche Verpflichtung erfüllen will.

Der Empfänger der Steuererstattung oder Steuervergütung (Zahlungsempfänger) ist aber nicht in allen Fällen auch der Leistungsempfänger.

[1] War ein Dritter tatsächlicher Empfänger einer Zahlung, ist er dann nicht Leistungsempfänger, wenn er lediglich als Zahlstelle, unmittelbarer Vertreter oder Bote für den Erstattungsberechtigten (vgl. AEAO zu § 37, Nr. 2.2) aufgetreten bzw. von diesem benannt worden ist oder das Finanzamt an ihn aufgrund einer Zahlungsanweisung des Erstattungsberechtigten eine Steuererstattung ausgezahlt hat (BFH-Urteil vom 6.12.1988, VII R 206/83, BStBl. 1989 II S. 223). [2] Denn in einem solchen Fall will das Finanzamt erkennbar nicht mit befreiender Wirkung zu dessen Gunsten leisten, sondern es erbringt seine Leistung mit dem Willen, eine Forderung des steuerlichen Rechtsinhabers zu erfüllen (vgl. BFH-Urteil vom 22.8.1980, VI R 102/77, BStBl. 1981 II S. 44). [3] Mithin ist nicht der Zahlungsempfänger, sondern der nach materiellem Steuerrecht Erstattungsberechtigte als Leistungsempfänger i. S. d. § 37 Abs. 2 AO anzusehen (BFH-Beschluss vom 8.4.1986, VII B 128/85, BStBl. II S. 511).

Ungeachtet des Willens des Finanzamts, an den Rechtsinhaber der Erstattungsforderung eine Leistung zu erbringen, ist aber der tatsächliche Empfänger der Zahlung des Finanzamts in folgenden Fällen Leistungsempfänger und

Schuldner des Rückforderungsanspruchs, weil insoweit keine Leistung mit befreiender Wirkung gegenüber dem Erstattungsberechtigten erfolgt ist:
- Ein vermeintlicher Bote, Vertreter oder Bevollmächtigter nimmt Erstattungszahlungen des Finanzamts entgegen, obwohl keine Weisung oder Vollmacht des Erstattungsberechtigten besteht (vgl. BFH-Beschluss vom 27.4. 1998, VII B 296/97, BStBl. II S. 499).
- Das Finanzamt nimmt an einen am Steuerschuldverhältnis nicht beteiligten Dritten eine Zahlung in der irrigen Annahme vor, er sei von dem Erstattungsberechtigten ermächtigt, für diesen Zahlungen entgegenzunehmen, in Wahrheit besteht jedoch eine diesbezügliche Rechtsbeziehung zwischen dem Zahlungsempfänger und dem Erstattungsberechtigten nicht.
- Das Finanzamt leistet ohne rechtlichen Grund an einen Dritten, weil es sich beispielsweise über die Person des Erstattungsberechtigten irrt oder den Erstattungsbetrag auf ein Bankkonto überweist, dessen Inhaber nicht der Erstattungsberechtigte, sondern der Dritte ist.

[1] Hat das Finanzamt eine Überweisung an das vom Steuerpflichtigen benannte Konto bei dem von ihm genannten Kreditinstitut gerichtet, ist der Steuerpflichtige Leistungsempfänger und damit im Fall einer Rückforderung Rückgewährschuldner. [2] Dabei ist unbeachtlich, wie das Kreditinstitut mit dem in Empfang genommenen Betrag verfahren ist (vgl. BFH-Urteil vom 18.9.2012, VII R 53/11, BStBl. 2013 II S. 270).

Ein Kreditinstitut ist nämlich auch dann nur Zahlstelle und nicht Leistungsempfänger i. S. d. § 37 Abs. 2 AO, wenn es den vom Finanzamt an den Steuerpflichtigen überwiesenen Betrag auf ein bereits gekündigtes, aber noch nicht abgerechnetes Girokonto des Steuerpflichtigen oder ein internes Zwischenkonto verbucht und nach Rechnungsabschluss an den früheren Kontoinhaber bzw. dessen Insolvenzverwalter ausgezahlt oder den Überweisungsbetrag mit einem fortbestehenden Schuldensaldo auf dem betreffenden Konto verrechnet hat.

[1] Das Kreditinstitut ist auch dann nicht zur Rückzahlung des vom Finanzamt überwiesenen Betrages verpflichtet, wenn der Steuerpflichtige dem Finanzamt für die Überweisung ein anderes Konto benannt hatte (vgl. BFH-Urteile vom 10.11.2009, VII R 6/09, BStBl. 2010 II S. 255, und vom 22.11.2011, VII R 27/11, BStBl. 2012 II S. 167). [2] Die Zahlung auf das unzutreffende Konto hat gegenüber dem Steuerpflichtigen zwar – anders, als wenn der Steuerpflichtige dem Finanzamt eine Kontoänderung nicht mitgeteilt hat (BFH-Urteil vom 10.11.1987, VII R 171/84, BStBl. 1988 II S. 41) – unmittelbar keine Erfüllungswirkung. [3] Das Finanzamt kann aber mit seinem Rückforderungsanspruch nach § 37 Abs. 2 Satz 1 AO (gegen den Steuerpflichtigen als Leistungsempfänger) gegen den Anspruch auf erneute Zahlung aufrechnen und Letzteren somit zum Erlöschen bringen.

Zur Rückforderung von während des laufenden Insolvenzverfahrens ohne rechtlichen Grund an den Insolvenzverwalter ausbezahlten Ansprüchen aus dem Steuerschuldverhältnis siehe Nr. 14 des AEAO zu § 251.

2.2. Erstattungsanspruch des Steuerpflichtigen

2.2.1. Allgemeines

[1] Erstattungsberechtigter ist derjenige, auf dessen Rechnung die Zahlung geleistet worden ist, auch wenn tatsächlich ein Dritter die Zahlung geleistet hat.

[2]Es kommt nicht darauf an, von wem oder mit wessen Mitteln gezahlt worden ist. [3]Maßgeblich ist vielmehr, wessen Steuerschuld nach dem Willen des Zahlenden, wie er im Zeitpunkt der Zahlung dem Finanzamt erkennbar hervorgetreten ist, getilgt werden sollte (BFH-Urteil vom 30.9.2008, VII R 18/08, BStBl. 2009 II S. 38 m. w. N.). [4]Den Finanzbehörden wird damit nicht zugemutet, im Einzelfall die zivilrechtlichen Beziehungen zwischen dem Steuerschuldner und einem zahlenden Dritten daraufhin zu überprüfen, wer von ihnen – im Innenverhältnis – auf die zu erstattenden Beträge materiellrechtlich einen Anspruch hat (BFH-Urteil vom 25.7.1989, VII R 118/87, BStBl. 1990 II S. 41).

2.2.2. Erstattungsanspruch bei Gesamtschuldnern

[1]Personen, die gem. § 44 AO Gesamtschuldner sind, sind nicht Gesamtgläubiger eines Erstattungsanspruchs nach § 37 Abs. 2 AO (BFH-Urteil vom 19.10.1982, VII R 55/80, BStBl. 1983 II S. 162). [2]Erstattungsberechtigter ist der Gesamtschuldner, auf dessen Rechnung die Zahlung erfolgt ist.

[1]Lässt sich aus den dem Finanzamt bei Zahlung erkennbaren Umständen nicht entnehmen, wessen Steuerschuld der zahlende Gesamtschuldner begleichen wollte, ist grundsätzlich davon auszugehen, dass der Gesamtschuldner nur seine eigene Steuerschuld tilgen wollte (vgl. BFH-Urteil vom 18.2.1997, VII R 117/95, BFH/NV S. 482, m. w. N.). [2]Ist eine Zahlung aber erkennbar für gemeinsame Rechnung der Gesamtschuldner geleistet worden, so sind diese grundsätzlich nach Köpfen erstattungsberechtigt.

2.3. Erstattungsanspruch bei der Einkommensteuer

Zu Besonderheiten bei Bestimmung des Einkommensteuer-Erstattungsanspruchs – insbesondere bei Ehegatten oder Lebenspartnern – vgl. BMF-Schreiben vom 14.1.2015, BStBl. I S. 83.

AEAO zu § 38 – Entstehung der Ansprüche aus dem Steuerschuldverhältnis:

1. [1]Der Steueranspruch entsteht in dem Zeitpunkt, in dem der Tatbestand verwirklicht wird, an den das Gesetz eine bestimmte Leistungspflicht knüpft, soweit nicht im Gesetz eine abweichende Regelung getroffen worden ist (z. B. § 36 Abs. 1 EStG, § 30 KStG, § 13 Abs. 1 UStG, § 18 GewStG, § 9 Abs. 2 GrStG, § 9 ErbStG). [2]Das gilt nicht nur für den Steueranspruch, sondern auch für den Steuervergütungsanspruch und den Steuererstattungsanspruch (z. B. zur Lohnsteuer vgl. AEAO zu § 46, Nr. 1). [3]Der auf einem Verlustrücktrag nach § 10d Abs. 1 EStG beruhende Erstattungsanspruch entsteht erst mit Ablauf des Veranlagungszeitraums, in dem der Verlust entstanden ist (BFH-Urteil vom 6.6.2000, VII R 104/98, BStBl. II S. 491). [4]Der Erstattungsanspruch nach § 37 Abs. 2 AO entsteht in dem Zeitpunkt, in dem die den materiellrechtlichen Anspruch aus dem Steuerschuldverhältnis übersteigende Leistung erbracht wurde oder der rechtliche Grund für die Leistung entfallen ist.

2. Von der Entstehung der Ansprüche aus dem Steuerschuldverhältnis zu unterscheiden sind

- die Festsetzung durch Steuerbescheid (§§ 155 ff. AO),
- die Fälligkeit (§ 220 AO) sowie
- die Verwirklichung im Erhebungsverfahren (§§ 218 ff. AO).

AEAO zu § 39 – Zurechnung:

1. Wirtschaftliches Eigentum

Ein Wirtschaftsgut ist unter den Voraussetzungen des § 39 Abs. 2 Nr. 1 Satz 1 AO steuerlich nicht dem zivilrechtlichen, sondern dem wirtschaftlichen Eigentümer zuzurechnen.

Wirtschaftliches Eigentum ist insbesondere anzunehmen, wenn nach dem Gesamtbild der Verhältnisse kein Herausgabeanspruch des zivilrechtlichen Eigentümers besteht oder dessen Herausgabeanspruch keine wirtschaftliche Bedeutung mehr hat (vgl. BFH-Urteil vom 18.9.2003, X R 54/01, BFH/NV 2004 S. 474, m. w. N.).

[1] Ein schuldrechtlich oder dinglich Nutzungsberechtigter (Mieter oder Pächter) hat in der Regel kein wirtschaftliches Eigentum an dem ihm zur Nutzung überlassenen Wirtschaftsgut. [2] Denn er ist lediglich befugt, eine fremde Sache zu nutzen, nicht aber wie ein Eigentümer mit der Sache nach Belieben zu verfahren.

2. Anteilige Zurechnung von Wirtschaftsgütern/Gesamthandsvermögen

Für die anteilige Zurechnung von Wirtschaftsgütern, die mehreren zivilrechtlich zur gesamten Hand (z. B. bei Erbengemeinschaften) oder einer rechtsfähigen Personen(handels)gesellschaft zustehen (§ 39 Abs. 2 Nr. 2 AO), sind die jeweiligen Steuergesetze sowie die allgemeinen gesetzlichen und vertraglichen Regelungen maßgebend.

Eine Ermittlung der Anteile erfolgt nur, soweit eine getrennte Zurechnung für die Besteuerung erforderlich ist.

AEAO zu § 41 – Unwirksame Rechtsgeschäfte:

1. [1] Ein unwirksames oder anfechtbares Rechtsgeschäft ist für Zwecke der Besteuerung als gültig zu behandeln, soweit die Beteiligten das wirtschaftliche Ergebnis bestehen lassen. [2] Soweit ausnahmsweise die rückwirkende Aufhebung eines vollzogenen Vertrages steuerlich zu berücksichtigen ist, wird auf die in Einzelsteuergesetzen geregelten Besonderheiten (z. B. § 17 UStG) hingewiesen; zur verfahrensmäßigen Abwicklung Hinweis auf § 175 Abs. 1 Satz 1 Nr. 2 AO.

2. Nach § 41 Abs. 2 AO sind z. B. Scheinarbeitsverhältnisse zwischen Ehegatten/Lebenspartnern oder die Begründung eines Scheinwohnsitzes für die Besteuerung ohne Bedeutung.

3. Beteiligter ist nicht der Beteiligte i. S. d. § 78 AO, sondern der am Vertrag Beteiligte.

AEAO zu § 42 – Missbrauch von rechtlichen Gestaltungsmöglichkeiten:

1. [1] Bei Anwendung des § 42 Abs. 1 Satz 2 AO ist zunächst zu prüfen, ob das im Einzelfall anzuwendende Einzelsteuergesetz für den vorliegenden Sachverhalt eine Regelung enthält, die der Verhinderung von Steuerumgehungen dient. [2] Ob eine Regelung in einem Einzelsteuergesetz der Verhinderung der Steuerumgehung dient, ist nach dem Wortlaut der Regelung und dem Sinnzusammenhang, nach der systematischen Stellung im Gesetz sowie nach der Entstehungsgeschichte der Regelung zu beurteilen.

Liegt danach eine Regelung vor, die der Verhinderung von Steuerumgehungen dient, gilt Folgendes:

- [1] Ist der Tatbestand der Regelung erfüllt, bestimmen sich die Rechtsfolgen allein nach dieser Vorschrift, nicht nach § 42 Abs. 1 Satz 3 i. V. m. Abs. 2 AO. [2] In diesem Fall ist unerheblich, ob auch die Voraussetzungen des § 42 Abs. 2 AO vorliegen.
- [1] Ist der Tatbestand der Regelung dagegen nicht erfüllt, ist in einem weiteren Schritt zu prüfen, ob ein Missbrauch i. S. d. § 42 Abs. 2 AO vorliegt. [2] Allein das Vorliegen einer einzelgesetzlichen Regelung, die der Verhinderung von Steuerumgehungen dient, schließt die Anwendbarkeit des § 42 Abs. 1 Satz 3 i. V. m. Abs. 2 AO damit nicht aus.

2. Sofern ein Missbrauch i. S. d. § 42 Abs. 2 AO vorliegt, entsteht der Steueranspruch bei allen vom Sachverhalt Betroffenen so, wie er bei einer den wirtschaftlichen Vorgängen angemessenen rechtlichen Gestaltung entsteht (§ 42 Abs. 1 Satz 3 AO).

2.1. Ein Missbrauch i. S. d. § 42 Abs. 2 AO liegt vor, wenn

- eine rechtliche Gestaltung gewählt wird, die den wirtschaftlichen Vorgängen nicht angemessen ist,
- die gewählte Gestaltung beim Steuerpflichtigen oder einem Dritten im Vergleich zu einer angemessenen Gestaltung zu einem Steuervorteil führt,
- dieser Steuervorteil gesetzlich nicht vorgesehen ist und
- der Steuerpflichtige für die von ihm gewählte Gestaltung keine außersteuerlichen Gründe nachweist, die nach dem Gesamtbild der Verhältnisse beachtlich sind.

2.2. [1] Ob eine rechtliche Gestaltung unangemessen ist, ist für jede Steuerart gesondert nach den Wertungen des Gesetzgebers, die den jeweiligen maßgeblichen steuerrechtlichen Vorschriften zugrunde liegen, zu beurteilen. [2] Das Bestreben, Steuern zu sparen, macht für sich allein eine Gestaltung noch nicht unangemessen. [3] Eine Gestaltung ist aber insbesondere dann auf ihre Angemessenheit zu prüfen, wenn sie ohne Berücksichtigung der beabsichtigten steuerlichen Effekte unwirtschaftlich, umständlich, kompliziert, schwerfällig, gekünstelt, überflüssig, ineffektiv oder widersinnig erscheint. [4] Die Ungewöhnlichkeit einer Gestaltung begründet allein noch keine Unangemessenheit.

Indizien für die Unangemessenheit einer Gestaltung sind zum Beispiel:

- die Gestaltung wäre von einem verständigen Dritten in Anbetracht des wirtschaftlichen Sachverhalts und der wirtschaftlichen Zielsetzung ohne den Steuervorteil nicht gewählt worden;
- die Vor- oder Zwischenschaltung von Angehörigen oder anderen nahe stehenden Personen oder Gesellschaften war rein steuerlich motiviert;
- die Verlagerung oder Übertragung von Einkünften oder Wirtschaftsgütern auf andere Rechtsträger war rein steuerlich motiviert.

Bei einer grenzüberschreitenden Gestaltung ist nach der Rechtsprechung des EuGH (vgl. z. B. Urteil vom 12.9.2006, Rs. C-196/04, EuGHE I S. 7995)[1] Unangemessenheit insbesondere dann anzunehmen, wenn die ge-

---

[1] DStR 2006, 1686.

wählte Gestaltung rein künstlich ist und nur dazu dient, die Steuerentstehung im Inland zu umgehen.

2.3. [1]Bei der Prüfung, ob die gewählte Gestaltung zu Steuervorteilen führt, sind die steuerlichen Auswirkungen der gewählten Gestaltung mit der hypothetischen steuerlichen Auswirkung einer angemessenen Gestaltung zu vergleichen. [2]Dabei sind auch solche Steuervorteile zu berücksichtigen, die nicht beim handelnden Steuerpflichtigen selbst, sondern bei Dritten eintreten. [3]Dritte i. S. d. § 42 Abs. 2 Satz 1 AO sind nur solche Personen, die in einer gewissen Nähe zum Steuerpflichtigen stehen. [4]Dies ist insbesondere dann anzunehmen, wenn die Beteiligten Angehörige des Steuerpflichtigen i. S. d. § 15 AO oder persönlich oder wirtschaftlich mit ihm verbunden sind (z. B. nahestehende Personen i. S. v. H 8.5 KStH 2015[1)] oder § 1 Abs. 2 AStG).

2.4. [1]Der in § 42 Abs. 2 AO verwendete Begriff des „gesetzlich nicht vorgesehenen Steuervorteils" ist nicht deckungsgleich mit dem „nicht gerechtfertigten Steuervorteil" i. S. d. § 370 Abs. 1 AO. [2]Steuervorteile i. S. d. § 42 Abs. 2 AO sind daher nicht nur Steuervergütungen oder Steuererstattungen, sondern auch geringere Steueransprüche.

2.5. Der durch die gewählte Gestaltung begründete Steuervorteil ist insbesondere dann gesetzlich vorgesehen, wenn der Tatbestand einer Norm erfüllt ist, mit der der Gesetzgeber ein bestimmtes Verhalten durch steuerliche Anreize fördern wollte.

2.6. [1]§ 42 Abs. 2 Satz 2 AO eröffnet dem Steuerpflichtigen die Möglichkeit, die bei Vorliegen des Tatbestands des § 42 Abs. 2 Satz 1 AO begründete Annahme eines Missbrauchs durch Nachweis außersteuerlicher Gründe zu entkräften. [2]Die vom Steuerpflichtigen nachgewiesenen außersteuerlichen Gründe müssen allerdings nach dem Gesamtbild der Verhältnisse beachtlich sein. [3]Sind die nachgewiesenen außersteuerlichen Gründe nach dem Gesamtbild der Verhältnisse im Vergleich zum Ausmaß der Unangemessenheit der Gestaltung und den vom Gesetzgeber nicht vorgesehenen Steuervorteilen nicht wesentlich oder sogar nur von untergeordneter Bedeutung, sind sie nicht beachtlich. [4]In diesem Fall bleibt es bei der Annahme eines Missbrauchs nach § 42 Abs. 2 Satz 1 AO.

2.7. Die – nur für Körperschaften geltenden – Mindeststandards der Richtlinie (EU) 2016/1164 vom 12.7.2016 (ABl. L 193 vom 19.7.2016, S. 1–14) werden durch § 42 AO national erfüllt.

3. [1]Ein Missbrauch von rechtlichen Gestaltungsmöglichkeiten nach § 42 AO ist als solcher nicht strafbar. [2]Eine leichtfertige Steuerverkürzung oder eine Steuerhinterziehung kann aber vorliegen, wenn der Steuerpflichtige pflichtwidrig unrichtige oder unvollständige Angaben macht, um das Vorliegen einer Steuerumgehung zu verschleiern.

4. [1]§ 42 AO in der Fassung des Jahressteuergesetzes 2008 ist ab dem 1.1.2008 für Kalenderjahre, die nach dem 31.12.2007 beginnen, anzuwenden. [2]Für Kalenderjahre, die vor dem 1.1.2008 liegen, ist § 42 AO in der am 28.12.2007 geltenden Fassung weiterhin anzuwenden.

[1)] Nr. **100.**

AEAO zu § 44 – Gesamtschuldner:

Zur Steuerfestsetzung bei Gesamtschuldnern wird auf § 122 Abs. 6 und 7 AO, § 155 Abs. 3 AO hingewiesen, zur Inanspruchnahme eines Haftungsschuldners auf § 219 AO, wegen der Vollstreckung gegen Gesamtschuldner auf § 342 Abs. 2 AO, wegen einer Beschränkung der Vollstreckung in den Fällen der Zusammenveranlagung auf §§ 268 bis 280 AO, wegen der Erstattung an Gesamtschuldner vgl. AEAO zu § 37, Nr. 2.2.2 und 2.3.

AEAO zu § 45 – Gesamtrechtsnachfolge:

1. [1]Ob eine Gesamtrechtsnachfolge (der gesetzlich angeordnete Übergang des Vermögens) i. S. d. § 45 Abs. 1 AO vorliegt, ist grundsätzlich nach dem Zivilrecht zu beurteilen. [2]Eine Gesamtrechtsnachfolge i. S. d. § 45 Abs. 1 AO liegt daher beispielsweise vor in Fällen der Erbfolge (§ 1922 Abs. 1 BGB), der Anwachsung des Anteils am Gesellschaftsvermögen bei Ausscheiden eines Gesellschafters (§ 712 Abs. 1 Satz 1 BGB; BFH-Urteile vom 28.4.1965, II 9/62 U, BStBl. III S. 422, und vom 18.9.1980, V R 175/74, BStBl. 1981 II S. 293), der Verschmelzung von Gesellschaften (§ 1 Abs. 1 Nr. 1, §§ 2ff. UmwG) und der Vermögensübertragung im Wege der Vollübertragung (§ 1 Abs. 1 Nr. 3, § 174 Abs. 1, §§ 175, 176, 178, 180ff. UmwG). [3]Abweichend von der zivilrechtlichen Betrachtung gilt aber in den vorgenannten Fällen der Anwachsung, der Verschmelzung und der Vermögensübertragung im Wege der Vollübertragung § 45 Abs. 1 AO nicht in Bezug auf die gesonderte und einheitliche Feststellung von Besteuerungsgrundlagen; zur Pflicht, eine Außenprüfung als Gesamtrechtsnachfolger zu dulden, vgl. aber AEAO zu § 197, Nr. 5.7.3.

2. [1]Ungeachtet der Anwendung der §§ 15, 16 und 20ff. UmwStG liegt eine Gesamtrechtsnachfolge i. S. d. § 45 Abs. 1 AO nicht vor in Fällen einer Abspaltung oder Ausgliederung (§ 1 Abs. 1 Nr. 2, §§ 123ff. UmwG; BFH-Urteile vom 7.8.2002, I R 99/00, BStBl. 2003 II S. 835, und vom 5.11.2009, IV R 29/08, HFR 2010, S. 233)[1)] sowie einer Vermögensübertragung im Wege der Teilübertragung (§ 1 Abs. 1 Nr. 3, § 174 Abs. 2, §§ 175, 177, 179, 184ff., 189 UmwG). [2]In den Fällen einer Aufspaltung (§ 1 Abs. 1 Nr. 2, § 123 Abs. 1 UmwG) ist jedoch § 45 Abs. 1 AO sinngemäß anzuwenden; dies gilt nicht in Bezug auf die gesonderte und einheitliche Feststellung von Besteuerungsgrundlagen.

3. [1]Eine formwechselnde Umwandlung (§ 1 Abs. 1 Nr. 4, §§ 190ff. UmwG) führt grundsätzlich nicht zu einer Gesamtrechtsnachfolge i. S. d. § 45 Abs. 1 AO, da lediglich ein Wechsel der Rechtsform eines Rechtsträgers unter Wahrung seiner rechtlichen Identität vorliegt (§ 202 Abs. 1 Nr. 1 UmwG). [2]Ändert sich aber durch den Formwechsel das Steuersubjekt (z. B. in Fällen der Umwandlung einer rechtsfähigen GbR oder einer Personenhandelsgesellschaft in eine Kapitalgesellschaft oder der Umwandlung einer Kapitalgesellschaft in eine Personenhandelsgesellschaft, eine Partnerschaftsgesellschaft oder eine rechtsfähige GbR), ist § 45 Abs. 1 AO sinngemäß anzuwenden.

---

1) DStR 2010, 110.

4. [1]Zur Bekanntgabe von Steuerverwaltungsakten in Fällen einer Gesamtrechtsnachfolge sowie bei Abspaltung, Ausgliederung oder Vermögensübertragung im Wege der Teilübertragung vgl. AEAO zu § 122, Nrn. 2.12, 2.15 und 2.16 sowie AEAO zu § 197, Nrn. 8 und 9. [2]Zu den ertragsteuerlichen Auswirkungen einer Umwandlung oder Einbringung vgl. BMF-Schreiben vom 11.11.2011, BStBl. I S. 1314, zuletzt geändert durch BMF-Schreiben vom 23.2.2018, BStBl. I S. 319.

AEAO zu § 46 – Abtretung, Verpfändung, Pfändung:

1. [1]Der Gläubiger kann die Abtretung oder Verpfändung der zuständigen Finanzbehörde wirksam nur nach Entstehung des Anspruchs anzeigen. [2]Die Anzeige wirkt nicht auf den Zeitpunkt des Abtretungs- oder Verpfändungsvertrages zurück. [3]Vor Entstehung des Steueranspruchs sind Pfändungen wirkungslos; sie werden auch nicht mit Entstehung des Anspruchs wirksam. [4]Da z.B. der Einkommensteuererstattungsanspruch aus überzahlter Lohnsteuer grundsätzlich mit Ablauf des für die Steuerfestsetzung maßgebenden Erhebungszeitraums entsteht (§ 38 AO i.V.m. § 36 Abs. 1 EStG), sind während des betreffenden Erhebungszeitraums (bis 31.12.) angezeigte Lohnsteuer-Abtretungen bzw. Verpfändungen oder ausgebrachte Pfändungen wirkungslos. [5]Ein auf einem Verlustrücktrag nach § 10d Abs. 1 EStG beruhender Erstattungsanspruch ist nur dann wirksam abgetreten, gepfändet oder verpfändet, wenn die Abtretung, Verpfändung oder Pfändung erst nach Ablauf des Verlustentstehungsjahres angezeigt bzw. ausgebracht worden ist (vgl. AEAO zu § 38, Nr. 1 Satz 3). [6]Der Anspruch auf Erstattungszinsen nach § 233a AO entsteht erst, wenn eine Steuerfestsetzung zu einer Steuererstattung führt und die übrigen Voraussetzungen des § 233a AO in diesem Zeitpunkt erfüllt sind. [7]Eine vor der Steuerfestsetzung angezeigte Abtretung des Anspruchs auf Erstattungszinsen ist unwirksam (BFH-Urteil vom 14.5.2002, VII R 6/01, BStBl. II S. 677).

2. Der geschäftsmäßige Erwerb und die geschäftsmäßige Einziehung von Erstattungs- oder Vergütungsansprüchen ist nach § 46 Abs. 4 AO nur bei Sicherungsabtretungen und dabei auch nur Bankunternehmen gestattet (BFH-Urteil vom 23.10.1985, VII R 196/82, BStBl. 1986 II S. 124).

2.1. [1]Geschäftsmäßig i.S.v. § 46 Abs. 4 AO handelt, wer die Tätigkeit – Erwerb von Erstattungs- oder Vergütungsansprüchen – selbständig und in Wiederholungsabsicht ausübt. [2]Dafür getroffene organisatorische Vorkehrungen indizieren die Wiederholungsabsicht, sie sind indes für deren Annahme keine notwendige Voraussetzung (vgl. BFH-Urteil vom 13.10.1994, VII R 3/94, BFH/NV 1995 S. 473). [3]Eine entscheidende Rolle bei der Beurteilung der Geschäftsmäßigkeit kann die Zahl der Erwerbsfälle und der Zeitraum ihres Vorkommens spielen.

[1]Allgemeine Festlegungen oder Beurteilungsmaßstäbe lassen sich hierzu aber nicht aufstellen; insoweit kommt es immer auf die Verhältnisse des Einzelfalls an (vgl. u.a. BFH-Urteile vom 13.10.1994, VII R 3/94, a.a.O., und vom 4.2.2005, VII R 54/04, BStBl. II 2006 S. 348, jeweils m.w.N.). [2]Für die Annahme der Geschäftsmäßigkeit reicht es indes nicht aus, dass die – vereinzelte – Abtretung im Rahmen eines Handelsgeschäfts vorgenommen wurde.

2.2. [1]Die Abtretung eines Erstattungs- oder Vergütungsanspruchs erfolgt nur dann zur bloßen Sicherung, wenn für beide Beteiligten der Sicherungszweck im Vordergrund steht. [2]Eine Sicherungsabtretung ist daher grundsätzlich dadurch gekennzeichnet, dass der Abtretungsempfänger die Forderung nicht behalten darf. [3]Er soll sie nur vorübergehend für den Abtretenden als Sicherheit für einen Anspruch gegen den Abtretenden innehaben.

[1]Deshalb kann eine Sicherungsabtretung regelmäßig nur dann vorliegen, wenn der Inhaber des Pfandrechts bei Fälligkeit seines Anspruchs zunächst versuchen muss, Befriedigung aus seinem Anspruch selbst zu suchen. [2]Erst wenn dies nicht gelingt, darf er auf die Sicherheit zurückgreifen. [3]Eine Abtretung zur Sicherung ist dagegen nicht gegeben, wenn der Abtretende seine Einwirkungsmöglichkeiten auf die abgetretene Forderung weitgehend aufgibt (vgl. BFH-Urteil vom 3.2.1984, VII R 72/82, BStBl. II S. 411).

[1]Haben Abtretender und Abtretungsempfänger eine direkte Begleichung der Forderung des Abtretungsempfängers durch die Finanzbehörde vereinbart, liegt eine Sicherungsabtretung nur vor, wenn der Sicherungszweck in einem solchen Maß überwiegt, dass andere Beweggründe für die gewählte rechtliche Gestaltung ausscheiden. [2]Die gesamten Umstände des Einzelfalles, unter denen die Geschäftsbeziehung begründet worden ist, sind für die Beurteilung heranzuziehen (vgl. BFH-Urteil vom 21.2.1989, VII R 7/86, BFH/NV S. 555 m. w. N.).

2.3. [1]Eine Sicherungsabtretung liegt nicht vor, wenn der Abtretende den Abtretungsempfänger ermächtigt hat, einen Steuerberater oder Lohnsteuerhilfeverein mit der Einlegung von Rechtsbehelfen zu beauftragen und den Anspruch gegen den Steuerberater bzw. Lohnsteuerhilfeverein auf Herausgabe der Steuerunterlagen an den Abtretungsempfänger ebenfalls abgetreten hat (vgl. BFH-Urteil vom 21.2.1989, VII R 7/86, a. a. O.). [2]Gegen eine Sicherungsabtretung kann z. B. auch sprechen, dass der Abtretende im Zeitpunkt der Abtretung arbeitslos ist und der Abtretungsempfänger nicht mit einer Zahlung des Abtretenden aus anderen Mitteln rechnen kann.

[1]Eine Sicherungsabtretung liegt auch dann nicht vor, wenn die der Abtretung zugrunde liegende Geschäftsbeziehung zwischen einem Steuerpflichtigen und einem Kreditinstitut nur zum Zweck der Kreditgewährung begründet wurde und das Kreditinstitut die Erstattungsbeträge aufgrund des Darlehensvertrages nach Eingang der Beträge ohne Einwirkungsmöglichkeit des Steuerpflichtigen verrechnen und auf diese Weise das Darlehen tilgen darf. [2]In diesen Fällen liegt eine Abtretung bzw. Verpfändung erfüllungshalber vor.

2.4. Auskünfte darüber, inwieweit einem Unternehmen das Betreiben von Bankgeschäften nach § 32 Abs. 1 KWG erlaubt worden ist, können bei der Bundesanstalt für Finanzdienstleistungsaufsicht (BAFin) oder auch bei der Deutschen Bundesbank und ihren Hauptverwaltungen eingeholt werden.

2.5. Verstöße gegen § 46 Abs. 4 AO können als Steuerordnungswidrigkeit geahndet werden (§ 383 AO).

3. Auch bei einem Verstoß gegen § 46 Abs. 4 Satz 1 AO oder bei sonstiger Unwirksamkeit des der Abtretung oder Verpfändung zugrunde liegenden Rechtsgeschäfts kann die Finanzbehörde nach erfolgter Anzeige mit befreiender Wirkung an den Abtretungsempfänger zahlen, soweit nicht Rechte anderer Gläubiger entgegenstehen.

sammenarbeit der Verwaltungsbehörden und die Betrugsbekämpfung auf dem Gebiet der Mehrwertsteuer (Amtsblatt Nr. L 268 vom 12.10.2010, S. 1);[1)]

c) des EU-Amtshilfegesetzes und des EU-Beitreibungsgesetzes.[2)]

3. Wegen der Voraussetzungen und der Durchführung der zwischenstaatlichen Amtshilfe wird auf folgende Merkblätter verwiesen:

– Merkblatt zur zwischenstaatlichen Amtshilfe durch Informationsaustausch in Steuersachen (BMF-Schreiben vom 29.5.2019, BStBl. I S. 480);[3)]
– Merkblatt zur zwischenstaatlichen Amtshilfe bei der Steuererhebung (Beitreibung) (BMF-Schreiben vom 23.1.2014, BStBl. I S. 188).

AEAO zu § 118 – Begriff des Verwaltungsakts:

[1]Da auch die Steuerbescheide Verwaltungsakte sind, gelten die §§ 118 ff. AO auch für die Steuerbescheide, soweit in den §§ 155 ff. AO nichts anderes bestimmt ist. [2]Ausgenommen sind insbesondere die §§ 130 und 131 AO, die kraft ausdrücklicher Regelung (§ 172 Abs. 1 Satz 1 Nr. 2 Buchstabe d AO) als Rechtsgrundlage für die Aufhebung oder Änderung von Steuerbescheiden ausgeschlossen sind.

AEAO zu § 120 – Nebenbestimmungen zum Verwaltungsakt:

1. [1]Nebenbestimmungen sind zulässig bei Verwaltungsakten, die auf einer Ermessensentscheidung der Finanzbehörden beruhen (z. B. Fristverlängerung, Stundung, Erlass, Aussetzung der Vollziehung). [2]Bei gebundenen Verwaltungsakten (z. B. Steuerbescheiden) sind gesetzlich ausdrücklich zugelassene Nebenbestimmungen der Vorbehalt der Nachprüfung (§ 164 AO), die Vorläufigkeitserklärung (§ 165 AO) und die Sicherheitsleistung (§ 165 Abs. 1 Satz 4 AO).

2. [1]Nebenbestimmungen müssen inhaltlich hinreichend bestimmt sein (§ 119 Abs. 1 AO). [2]Anderenfalls sind sie nichtig. [3]Wegen der Rechtsfolgen bei Nichtigkeit der Nebenbestimmung Hinweis auf § 125 Abs. 4 AO.

---

1) = „ZusammenarbeitsVO"; siehe auch VO (EU) Nr. 79/2012 v. 31.1.2012, ABl. EU 2012 Nr. L 29, 13 = „ZusammenarbeitsDVO" (**Zölle und Verbrauchsteuern** Nr. **530** u. **531**).

2) **Steuergesetze** Nr. **801** u. **801a.**

3) Siehe auch:
- BMF v. 10.11.2015, BStBl. I 2016, 138, zur Anwendung der Abkommen über den steuerlichen Informationsaustausch (Tax Information Exchange Agreement – TIEA)
- BMF v. 9.1.2017, BStBl. I 2017, 89: Merkblatt über koordinierte steuerliche Außenprüfungen mit Steuerverwaltungen anderer Staaten und Gebiete
- BMF v. 17.8.2017, BStBl. I 2017, 1228: Merkblatt zum verpflichtenden automatischen und spontanen Austausch verbindlicher Auskünfte, verbindlicher Zusagen und Vorabzusagen zu Verrechnungspreisen im Zusammenhang mit grenzüberschreitenden Sachverhalten
- BMF v. 11.7.2017, BStBl. I 2017, 974: Anforderungen an den länderbezogenen Bericht multinationaler Unternehmensgruppen (Country-by-Country Report)
- BMF v. 1.2.2017, BStBl. I 2017, 305, geänd. durch BMF v. 21.9.2018, BStBl. I 2018, 1026 und durch BMF v. 15.6.2022, BStBl. I 2022, 963: Anwendungsfragen im Zusammenhang mit einem gemeinsamen Meldestandard sowie dem FATCA-Abkommen
- BMF v. 15.6.2022, BStBl. I 2022, 972: Merkblatt zur zwischenstaatlichen Rechtshilfe in Steuerstrafsachen
- BMF v. 2.2.2023, BStBl. I 2023, 241: Anwendungsfragen zum Plattformen-Steuertransparenzgesetz
- Gleich lautender Ländererlass v. 28.1.2014, BStBl. I 2014, 538: Vereinfachung des Austauschs von Informationen und Erkenntnissen zwischen den Strafverfolgungsbehörden der EU-Mitgliedstaaten (sog. „Schwedische Initiative") im Bereich der Steuerfahndung.

3. Wegen der unterschiedlichen Folgen, die sich aus der Nichterfüllung einer Nebenbestimmung ergeben können, ist die Nebenbestimmung im Verwaltungsakt genau zu bezeichnen (z. B. „unter der aufschiebenden Bedingung", „unter dem Vorbehalt des Widerrufs").

4. [1]Der Widerrufsvorbehalt ermöglicht den Widerruf rechtmäßiger Verwaltungsakte nach § 131 Abs. 2 Nr. 1 AO. [2]Er ist aber für sich allein kein hinreichender Grund zum Widerruf, sondern lässt den Widerruf nur im Rahmen pflichtgemäßen Ermessens zu.

AEAO zu § 121 – Begründung des Verwaltungsakts:

1. Die Vorschrift gilt für alle Verwaltungsakte einschließlich der Steuerbescheide.

2. [1]Besteht eine Pflicht, den Verwaltungsakt zu begründen, so muss die Begründung nur den Umfang haben, der erforderlich ist, damit der Adressat des Verwaltungsakts die Gründe für die Entscheidung der Finanzbehörde verstehen kann. [2]Die Begründung von Ermessensentscheidungen soll erkennen lassen, dass die Finanzbehörde ihr Ermessen ausgeübt hat und von welchen Gesichtspunkten sie bei ihrer Entscheidung ausgegangen ist.

3. [1]Das Fehlen der vorgeschriebenen Begründung macht den Verwaltungsakt fehlerhaft. [2]Dieser Mangel kann nach § 126 Abs. 1 und 2 AO geheilt werden oder gem. § 127 AO unbeachtlich sein. [3]Wurde wegen der fehlenden Begründung die rechtzeitige Anfechtung des Verwaltungsakts versäumt, so ist auf Antrag Wiedereinsetzung in den vorigen Stand zu gewähren (§ 126 Abs. 3 i. V. m. § 110 AO; vgl. auch AEAO zu § 91, Nr. 3).

AEAO zu § 122 – Bekanntgabe des Verwaltungsakts:[1)]

Inhaltsübersicht

1) Zur Bekanntgabe eines Steuerverwaltungsaktes an Britische Limited mit Verwaltungssitz im Inland nach dem 31.12.2020 siehe BMF v. 30.12.2020, BStBl. I 2021, 46, ab 1.1.2024 siehe BMF v. 12.1.2024, DStR 2024, 120.

1. Allgemeines

1.1. Bekanntgabe von Verwaltungsakten

[1] Voraussetzung für die Wirksamkeit eines Verwaltungsakts ist, dass er inhaltlich hinreichend bestimmt ist (§ 119 Abs. 1 AO) und dass er demjenigen, für den er bestimmt ist oder der von ihm betroffen wird, bekannt gegeben wird (§ 124 Abs. 1 AO). [2] Deshalb ist beim Erlass eines Verwaltungsakts festzulegen,
- an wen er sich richtet (AEAO zu § 122, Nr. 1.3 – **Inhaltsadressat**),
- wem er bekannt gegeben werden soll (AEAO zu § 122, Nr. 1.4 – **Bekanntgabeadressat**),
- welcher Person er zu übermitteln ist (AEAO zu § 122, Nr. 1.5 – **Empfänger**) und
- ob eine besondere Form der Bekanntgabe erforderlich oder zweckmäßig ist (AEAO zu § 122, Nr. 1.8).

1.1.2. [1] Verfahrensrechtlich ist zu unterscheiden zwischen dem Rechtsbegriff der **Bekanntgabe** als Wirksamkeitsvoraussetzung, den Formen der Bekanntgabe (mündliche, schriftliche, elektronische oder öffentliche Bekanntgabe oder Bekanntgabe in anderer Weise) und den technischen Vorgängen bei der Übermittlung des Inhalts eines Verwaltungsakts. [2] Die Bekanntgabe setzt den Bekanntgabewillen des für den Erlass des Verwaltungsakts zuständigen Bediensteten voraus (BFH-Urteile vom 27.6.1986, VI R 23/83, BStBl. II S. 832, und vom 24.11.1988, V R 123/83, BStBl. 1989 II S. 344). [3] Zur Aufgabe des Bekanntgabewillens vgl. AEAO zu § 124, Nrn. 5 und 6.

1.1.3. [1] Mit dem Rechtsbegriff „Bekanntgabe" nicht gleichbedeutend sind die Bezeichnungen für die **technischen Vorgänge** bei der Übermittlung eines verfügten Verwaltungsakts (z. B. „Aufgabe zur Post", „Zusendung", „Zustellung", „ortsübliche Bekanntmachung", „Zugang"), auch wenn diese Begriffe zugleich eine gewisse rechtliche Bedeutung haben. [2] Die technischen Vorgänge bedürfen, soweit das Gesetz daran Rechtsfolgen knüpft, einer Dokumentation, um nachweisen zu können, dass, wann und wie die Bekanntgabe erfolgt ist.

1.1.4. [1]Die nachfolgenden Grundsätze über die Bekanntgabe von Steuerbescheiden (vgl. AEAO zu § 122, Nr. 1.2) gelten entsprechend für andere Verwaltungsakte (z. B. Haftungsbescheide, Prüfungsanordnungen, Androhungen und Festsetzungen von Zwangsgeldern; vgl. AEAO zu § 122, Nr. 1.8.1). [2]Zur Adressierung und Bekanntgabe von Prüfungsanordnungen vgl. AEAO zu § 197, zur Adressierung und Bekanntgabe von Zwangsgeldandrohungen und Zwangsgeldfestsetzungen vgl. BFH-Urteil vom 23.11.1999, VII R 38/99, BStBl. 2001 II S. 463.

1.1.5. Lebenspartner

Die nachfolgenden Grundsätze über die Bekanntgabe von Steuerverwaltungsakten an Ehegatten und Ehegatten mit ihren Kindern gelten gleichermaßen für die Bekanntgabe von Steuerverwaltungsakten an Lebenspartner und Lebenspartner mit ihren Kindern.

1.2. Steuerbescheide

[1]Steuerfestsetzungen sind nur dann eine Grundlage für die Verwirklichung von Ansprüchen aus dem Steuerschuldverhältnis, wenn sie gem. § 122 Abs. 1 Satz 1 AO als Steuerbescheid demjenigen Beteiligten bekannt gegeben worden sind, für den sie bestimmt sind oder der von ihnen betroffen wird. [2]Die folgenden Grundsätze regeln, wie der Steuerschuldner als Inhaltsadressat und ggf. der Bekanntgabeadressat und der Empfänger zu bezeichnen sind und wie der Bescheid zu übermitteln ist.

1.3. Bezeichnung des Inhaltsadressaten

1.3.1. [1]Der Inhaltsadressat muss im Bescheid so eindeutig bezeichnet werden, dass Zweifel über seine Identität nicht bestehen. [2]Inhaltsadressat eines Steuerbescheids ist der Steuerschuldner.

1.3.2. [1]Im Allgemeinen wird eine natürliche Person als Inhaltsadressat durch Vornamen und Familiennamen genügend bezeichnet. [2]Nur bei Verwechslungsmöglichkeiten, insbesondere bei häufiger vorkommenden Namen, sind weitere Angaben erforderlich (z. B. Wohnungsanschrift, Geburtsdatum, Berufsbezeichnung, Namenszusätze wie „senior" oder „junior"). [3]Bei juristischen Personen und rechtsfähigen Personenvereinigungen (vgl. § 14a Abs. 2 AO) ergibt sich der zutreffende „Name" aus Gesetz, Satzung, Register, Vertrag oder ähnlichen Quellen (bei Handelsgesellschaften Firma gem. § 17 HGB, bei eingetragenen GbR Name gem. § 707 Abs. 2 Nr. 1 Buchst. a BGB).

Wegen der Bezeichnung von Ehegatten vgl. AEAO zu § 122, Nr. 2.1.2.

Wegen der Bezeichnung der nicht rechtsfähigen Personenvereinigungen vgl. AEAO zu § 122, Nrn. 2.4, 2.4.1.2.

1.4. Bezeichnung des Bekanntgabeadressaten

1.4.1. [1]Die Person, der ein Verwaltungsakt bekannt zu geben ist, wird als Bekanntgabeadressat bezeichnet. [2]Bei Steuerfestsetzungen ist dies i. d. R. der

Steuerschuldner als Inhaltsadressat, weil der Steuerbescheid seinem Inhalt nach für ihn bestimmt ist oder er von ihm betroffen wird (§ 122 Abs. 1 Satz 1 AO).

1.4.2. [1]Als Bekanntgabeadressat kommen jedoch auch Dritte in Betracht, wenn sie für den Inhaltsadressaten (Steuerschuldner) steuerliche Pflichten zu erfüllen haben. [2]Dabei handelt es sich in erster Linie um Fälle, in denen die Bekanntgabe an den Steuerschuldner nicht möglich oder nicht zulässig ist (§ 79 AO).

Die Bekanntgabe ist insbesondere an folgende Dritte erforderlich:

a) Eltern (§ 1629 BGB), Vormund (§ 1793 BGB), Pfleger (§§ 1909 ff. BGB) als gesetzliche Vertreter natürlicher Personen (§ 34 Abs. 1 AO),

b) Gesellschafter/Gemeinschafter/Mitglieder nicht rechtsfähiger Personenvereinigungen und einer nicht rechtsfähigen GbR (§ 34 Abs. 2 i. V. m. § 14a Abs. 3 und 4 AO),

c) Geschäftsführer von Vermögensmassen (z. B. nichtrechtsfähige Stiftungen, §§ 86, 26 BGB),

d)[1)] Vermögensverwalter i. S. d. § 34 Abs. 3 AO (z. B. Insolvenzverwalter, Zwangsverwalter, gerichtlich bestellte Liquidatoren, Nachlassverwalter),

e) Verfügungsberechtigte i. S. d. § 35 AO,

f) für das Besteuerungsverfahren bestellte Vertreter i. S. d. § 81 AO.

1.4.3. [1]Ist der Bekanntgabeadressat nicht mit dem Inhaltsadressaten identisch (vgl. AEAO zu § 122, Nr. 1.4.2), so ist er zusätzlich zum Inhaltsadressaten anzugeben. [2]Hinsichtlich der eindeutigen Bezeichnung gelten dieselben Grundsätze wie für die Bezeichnung des Inhaltsadressaten (vgl. AEAO zu § 122, Nr. 1.3.2). [3]Das Vertretungsverhältnis (vgl. AEAO zu § 122, Nr. 1.4.2) ist im Bescheid anzugeben (vgl. AEAO zu 122, Nr. 1.6).

1.5. Bezeichnung des Empfängers

1.5.1. [1]Als Empfänger wird derjenige bezeichnet, dem der Verwaltungsakt tatsächlich zugehen soll, damit er durch Bekanntgabe wirksam wird. [2]I. d. R. ist der Inhaltsadressat nicht nur Bekanntgabeadressat, sondern auch „Empfänger" des Verwaltungsakts.

1.5.2. Es können jedoch auch andere Personen Empfänger sein, wenn für sie eine **Empfangsvollmacht** des Bekanntgabeadressaten vorliegt oder wenn die Finanzbehörde nach ihrem Ermessen den Verwaltungsakt einem Bevollmächtigten übermitteln will (vgl. AEAO zu § 122, Nr. 1.7).

Beispiel:

Die gesetzlichen Vertreter (Bekanntgabeadressaten) eines Minderjährigen (Steuerschuldner und damit Inhaltsadressat) haben einen Dritten (Empfänger) bevollmächtigt.

Inhaltsadressat (Steuerschuldner):
Hans Huber

Bekanntgabeadressaten:
Herrn Anton Huber, Frau Maria Huber
als gesetzliche Vertreter des Hans Huber,
Moltkestraße 5, 12203 Berlin

---

1) Zur Bezeichnung des Insolvenzverwalters in einem Steuerbescheid siehe auch BFH v. 11.4.2018 X R 39/16, BFH/NV 2018, 1075.

Empfänger (Anschriftenfeld):
Herrn
Steuerberater
Anton Schulz
Postfach 11 48
80335 München

Darstellung im Bescheid:
(Die Angaben in Klammern werden im Bescheid nicht ausgedruckt. Dies gilt auch für die übrigen Beispiele).

Anschriftenfeld (Empfänger):
Herrn
Steuerberater
Anton Schulz
Postfach 11 48
80335 München

Bescheidkopf
Für
Herrn Anton Huber und Frau Maria Huber (Bekanntgabeadressaten) als gesetzliche Vertreter des Hans Huber (Steuerschuldner und Inhaltsadressat), Moltkestraße 5, 12203 Berlin

1.5.3. Eine Empfangsvollmacht ist auch erforderlich, wenn der Verwaltungsakt nur namentlich benannten Geschäftsführern oder anderen Personen (z. B. dem Steuerabteilungsleiter) zugehen soll.

Beispiel:
Anschriftenfeld (Empfänger):
Herrn
Steuerabteilungsleiter
Fritz Schulz
i. Hs. der Meyer GmbH
Postfach 10 01
50859 Köln

Bescheidkopf
Für die Meyer GmbH (Inhalts- und Bekanntgabeadressat)

1.5.4. Zur Bekanntgabe nach § 122 Abs. 6 AO vgl. AEAO zu § 122, Nr. 2.1.3, zur Bekanntgabe an einen gemeinsamen Empfangsbevollmächtigten i. S. v. § 183 Abs. 1 AO vgl. AEAO zu § 122, Nr. 2.5.2.

1.6. Anschriftenfeld

[1]Der Empfänger ist im Anschriftenfeld des Steuerbescheids mit seinem Namen und **postalischer Anschrift** zu bezeichnen. [2]Es reicht nicht aus, den Empfänger nur auf dem Briefumschlag und in den Steuerakten anzugeben, weil sonst die ordnungsmäßige Bekanntgabe nicht einwandfrei nachgewiesen werden kann. [3]Sind Inhaltsadressat (Steuerschuldner), Bekanntgabeadressat und Empfänger nicht dieselbe Person, muss jeder im Steuerbescheid benannt werden: Der Empfänger ist im Anschriftenfeld anzugeben, der Inhalts- und ggf. der Bekanntgabeadressat sowie das Vertretungsverhältnis müssen an anderer Stelle des Steuerbescheids aufgeführt werden (vgl. z. B. bei Bekanntgabe an Minderjährige AEAO zu § 122, Nr. 2.2.2).

1.7. Übermittlung an Bevollmächtigte

1.7.1. [1]Der einem Angehörigen der steuerberatenden Berufe erteilte Auftrag zur Erstellung und Einreichung der Steuererklärungen schließt i. d. R. seine Bestellung als Empfangsbevollmächtigter nicht ein (BFH-Urteil vom 30.7. 1980, I R 148/79, BStBl. 1981 II S. 3). [2]Aus der Mitwirkung eines Steuerbe-

schrift des Vertreters genannt werden und angegeben wird, dass ihm der Bescheid „als gesetzlicher Vertreter" für den Inhaltsadressaten (Steuerschuldner) bekannt gegeben wird. [5]Ist der gesetzliche Vertreter nicht gleichzeitig auch der Empfänger, so braucht er i. d. R. nur mit seinem Vor- und Familiennamen bezeichnet zu werden.

2.2.2. [1]Soweit nicht ausnahmsweise die gesetzliche Vertretung nur einem Elternteil zusteht, sind die Eltern Bekanntgabeadressaten des Steuerbescheids für ihr **minderjähriges Kind.** [2]Die Bekanntgabe an einen von beiden reicht jedoch aus, um den Verwaltungsakt wirksam werden zu lassen. [3]Für die Zustellung von Verwaltungsakten ist es gem. § 6 Abs. 3 VwZG ausreichend, wenn der Verwaltungsakt einem von beiden Ehegatten zugestellt wird (BFH-Beschluss vom 19.6.1974, VI B 27/74, BStBl. II S. 640, und BFH-Urteil vom 22.10.1976, VI R 137/74, BStBl. II S. 762). [3]Diese vom BFH für die förmliche Zustellung von Verwaltungsakten aufgestellten Grundsätze sind auch bei der Bekanntgabe mit einfachem Brief anzuwenden.

Wenn die Eltern bereits beide als Empfänger des Steuerbescheids im Anschriftenfeld aufgeführt sind, kann darauf verzichtet werden, sie im Text des Bescheids noch einmal mit vollem Namen und in voller Anschrift als Bekanntgabeadressaten zu bezeichnen.

Beispiel:

Den Eltern Anton und Maria Huber steht gesetzlich gemeinsam die Vertretung für den minderjährigen Steuerschuldner Hans Huber zu. Sie sind die Bekanntgabeadressaten für den Steuerbescheid an Hans Huber.

Der Steuerbescheid ist zu übermitteln an:

Anschriftenfeld (Empfänger):
Herrn Anton Huber
Frau Maria Huber
Moltkestraße 5
12203 Berlin

Bescheidkopf
Als gesetzliche Vertreter (Bekanntgabeadressaten) von Hans Huber (Steuerschuldner und Inhaltsadressat)

Bei Empfangsvollmacht vgl. das Beispiel bei AEAO zu § 122, Nr. 1.5.2.

2.2.3. [1]Ermächtigt der gesetzliche Vertreter mit Genehmigung des Vormundschaftsgerichts den **Minderjährigen** zum selbständigen **Betrieb eines Erwerbsgeschäfts,** so ist der Minderjährige für diejenigen Rechtsgeschäfte unbeschränkt geschäftsfähig, die der Geschäftsbetrieb mit sich bringt (§ 112 BGB). [2]Steuerbescheide, die ausschließlich diesen Geschäftsbetrieb betreffen, sind daher nur dem Minderjährigen bekannt zu geben (vgl. AEAO zu § 122, Nr. 1.4 – Bekanntgabeadressat –). [3]Das Gleiche gilt bei einer Veranlagung nach § 46 EStG, wenn das Einkommen ausschließlich aus Einkünften aus nichtselbständiger Arbeit besteht und der gesetzliche Vertreter den Minderjährigen zur Eingehung des Dienstverhältnisses ermächtigt hat (§ 113 BGB). [4]Von der Ermächtigung kann im Regelfall ausgegangen werden.

[1]Hat der Minderjährige noch weitere Einkünfte oder Vermögenswerte und werden diese in die Festsetzung einbezogen, so kann der Steuerbescheid

nicht durch Bekanntgabe gegenüber dem minderjährigen Steuerschuldner wirksam werden. [2]Bekanntgabeadressat des Bescheids ist der gesetzliche Vertreter.

2.2.4. [1]Kann ein Volljähriger seine Angelegenheiten ganz oder teilweise rechtlich nicht besorgen und beruht dies auf einer Krankheit oder Behinderung, so bestellt das Betreuungsgericht nach § 1814 Abs. 1 BGB für ihn einen rechtlichen Betreuer (Betreuer). [2]Der Betreuer ist gesetzlicher Vertreter des Betreuten i. S. d. § 34 Abs. 1 AO.

Soweit bzw. solange der Betreuer gegenüber der Finanzbehörde noch keine Erklärungen nach § 1823 BGB und/oder § 53 Abs. 2 ZPO abgegeben hat, ist ein dem Betreuten selbst bekannt gegebener Bescheid wirksam.

[1]Hat der Betreuer entweder von seiner Vertretungsmacht nach § 1823 BGB Gebrauch gemacht oder eine Ausschließlichkeitserklärung nach § 53 Abs. 2 ZPO i. V. m. § 79 Abs. 3 AO abgegeben, sind Bescheide ab diesem Zeitpunkt ausschließlich dem Betreuer als Bekanntgabeadressaten bekannt zu geben. [2]Inhaltsadressat bleibt der Betreute (BFH-Beschluss vom 10.5.2007, VIII B 125/06, BFH/NV S. 1630).

Wird der Bescheid nach Abgabe einer Ausschließlichkeitserklärung dem Betreuten bekannt gegeben, ist er unwirksam; eine Heilung des Bekanntgabemangels ist nicht möglich (vgl. Nr. 4.1.3 des AEAO zu § 122).

2.3. Bescheide an Ehegatten mit Kindern oder Alleinstehende mit Kindern

2.3.1. Allgemeines

[1]Sofern Ehegatten mit ihren Kindern oder Alleinstehende mit ihren Kindern Gesamtschuldner sind, gelten für die Bekanntgabe von Bescheiden an diese Personen die Nrn. 2.1 und 2.2 des AEAO zu 122 entsprechend. [2]Insbesondere kann auch nach § 122 Abs. 7 AO (gleichzeitige Bekanntgabe; vgl. hierzu AEAO zu § 122, Nr. 2.1.2) und § 122 Abs. 6 AO (einverständliche Bekanntgabe an einen der Beteiligten; vgl. AEAO zu § 122, Nr. 2.1.3) bekannt gegeben werden. [3]Hierbei sind die nachfolgenden Besonderheiten zu beachten.

2.3.2. Bekanntgabe nach § 122 Abs. 7 AO

[1]Hat ein Familienmitglied Einzelbekanntgabe beantragt, so ist für die übrigen Familienmitglieder gleichwohl eine Bekanntgabe nach § 122 Abs. 7 AO möglich. [2]In diesem Fall ist eine Ausfertigung des zusammengefassten Bescheids an den Antragsteller und eine weitere Ausfertigung an die übrigen Familienmitglieder bekannt zu geben. [3]Im Bescheidkopf sind alle Steuerschuldner/Beteiligten als Inhaltsadressaten namentlich aufzuführen.

2.4. Personenvereinigungen

Zu den Personenvereinigungen i. S. dieser Regelung zählen die rechtsfähigen Personenvereinigungen (vgl. § 14a Abs. 2 AO und AEAO zu § 122, Nr. 2.4.1.1) und die nicht rechtsfähigen Personenvereinigungen und nicht rechtsfähigen GbR (vgl. § 14a Abs. 3 und 4 AO und AEAO zu § 122, Nr. 2.4.1.2 und 2.4.1.3).

Es ist zu unterscheiden zwischen Bescheiden, die sich an die Personenvereinigung richten, und Bescheiden, die sich an die Gesellschafter oder Gemeinschafter richten.

2.4.1. Bescheide an die Personenvereinigung

Steuerbescheide und Steuermessbescheide sind an die Personenvereinigung selbst zu richten, wenn sie Steuerschuldner ist. Dies gilt z.B. für

a) die Umsatzsteuer (§ 13a UStG),

b) die Gewerbesteuer einschließlich der Festsetzung des Messbetrags und der Zerlegung (§ 5 Abs. 1 Satz 3 GewStG),

c) die Kraftfahrzeugsteuer, wenn das Fahrzeug für die rechtsfähige Personenvereinigung zum Verkehr zugelassen ist (§ 7 KraftStG; BFH-Urteil vom 24.7.1963, II 8/62, HFR 1964 S. 20),

d) die pauschale Lohnsteuer (§ 40 Abs. 3, § 40a Abs. 5 und § 40b Abs. 5 EStG),

e) die Festsetzung des Grundsteuermessbetrags, wenn der rechtsfähigen Personenvereinigung der Steuergegenstand zugerechnet worden ist (§ 10 Abs. 1 GrStG),

f) die Grunderwerbsteuer, soweit zivilrechtlich (bei ungeteilter Erbengemeinschaft) oder gemäß § 24 GrEStG steuerlich Gesamthandseigentum besteht (insbesondere bei GbR, OHG und KG),

g) die Körperschaftsteuer bei körperschaftsteuerpflichtigen Personenvereinigungen (z. B. Vereine ohne Rechtspersönlichkeit)

und entsprechend für

h) Haftungsbescheide für Steuerabzugsbeträge.

[1] Da eine typisch oder atypisch stille Gesellschaft (§§ 230ff. HGB) nicht selbst Steuerschuldnerin ist, sind Steuerbescheide und Steuermessbescheide an den Inhaber des Handelsgeschäfts zu richten (BFH-Urteil vom 12.11.1985, VIII R 364/83, BStBl. 1986 II S. 311; R 5.1 Abs. 2 GewStR 2009).[1)] [2] Entsprechendes gilt bei einer verdeckten Mitunternehmerschaft (BFH-Urteil vom 16.12.1997, VIII R 32/90, BStBl. 1998 II S. 480).

[1] Eine Europäische wirtschaftliche Interessenvereinigung (EWIV) kann selbst Steuerschuldnerin sein. [2] Dies gilt jedoch nicht für die Gewerbesteuer. Schuldner der Gewerbesteuer sind die Mitglieder der Vereinigung (§ 5 Abs. 1 Satz 4 GewStG), bei einer Bruchteilsgemeinschaft die Gemeinschafter; an diese sind Gewerbesteuermessbescheide und Gewerbesteuerbescheide zu richten.

2.4.1.1. Rechtsfähige Personenvereinigungen

Rechtsfähige Personenvereinigungen sind insbesondere:

- Vereine ohne Rechtspersönlichkeit (§ 54 BGB) sowie
- rechtsfähige Personengesellschaften einschließlich der am Rechtsverkehr teilnehmenden GbR (§ 705 Abs. 2 BGB), Personenhandelsgesellschaften (OHG und KG), Partnerschaftsgesellschaften, Partenreedereien und Europäische wirtschaftliche Interessenvereinigungen.

[1] Ist eine Personenhandelsgesellschaft selbst Steuerschuldner, sind Steuerbescheide ihr als Inhaltsadressat unter ihrer Firma bekannt zu geben. [2] Die Perso-

---

1) Nr. **450.**

nenhandelsgesellschaft kann im Wirtschaftsleben mit ihrer Firma eindeutig bezeichnet werden; bei Zweifeln über die zutreffende Bezeichnung ist das Handelsregister maßgebend (vgl. BFH-Urteil vom 16.12.1997, VIII R 32/90, BStBl. 1998 II S. 480). [3]Ein zusätzlicher Hinweis auf Vertretungsbefugnisse (vgl. § 79 Abs. 1 Nr. 3 i. V. m. § 34 AO) oder die Nennung der Gesellschafter ist zur Bezeichnung der Personenhandelsgesellschaft nicht erforderlich.

Beispiel:

Ein Umsatzsteuerbescheid für die Firma Schmitz & Söhne KG muss folgende Angaben enthalten:

Steuerschuldner und Inhaltsadressat
(zugleich Bekanntgabeadressat und Empfänger):
Firma
Schmitz & Söhne KG
Postfach 11 47
50853 Köln

[1]Für die Bekanntgabe von Steuerbescheiden an Vereine ohne Rechtspersönlichkeit (§ 54 BGB), rechtsfähige GbR (§ 705 BGB) einschließlich eingetragener Gesellschaften (§§ 707 ff. BGB) und Arbeitsgemeinschaften (ARGE), Partnerschaftsgesellschaften, Partenreedereien und Europäische wirtschaftliche Interessenvereinigungen gelten diese Regelungen entsprechend. [2]Die Identität des Inhaltsadressaten (Steuerschuldners) ist durch Angabe des geschäftsüblichen Namens, unter dem die rechtsfähige Personenvereinigung am Rechtsverkehr teilnimmt, ausreichend gekennzeichnet.

Beispiel:

Ein Umsatzsteuerbescheid für die Brennstoffhandlung Josef Müller Erben GbR muss folgende Angaben enthalten:

Steuerschuldner und Inhaltsadressat
(zugleich Bekanntgabeadressat und Empfänger):
Brennstoffhandlung
Josef Müller Erben GbR
Postfach 11 11
54290 Trier

[1]Bei einer im Gesellschaftsregister eingetragenen GbR ist der im Register eingetragene Name (§ 707 Abs. 2 Nr. 1 Buchst. a BGB) anzugeben. [2]Mit der Eintragung ist die GbR verpflichtet, als Namenszusatz die Bezeichnungen „eingetragene Gesellschaft bürgerlichen Rechts" oder „eGbR" zu führen (§ 707a Abs. 2 Satz 1 BGB). [3]Wenn in einer eingetragenen Gesellschaft keine natürliche Person als Gesellschafter haftet, muss der Name eine Bezeichnung enthalten, welche die Haftungsbeschränkung kennzeichnet (§ 707a Abs. 2 Satz 2 BGB).

Beispiel:

Ein Umsatzsteuerbescheid für die im Gesellschaftsregister eingetragene Bauhandlung Hans Meier GbR muss folgende Angaben enthalten:

Steuerschuldner und Inhaltsadressat
(zugleich Bekanntgabeadressat und Empfänger):
Baustoffhandlung
Hans Meier eGbR
Postfach 20 24
54290 Trier

Ein an eine im Gesellschaftsregister eingetragene GbR gerichteter Verwaltungsakt, bei dem im Adressfeld kein Hinweis auf die Registereintragung erfolgt ist, ist nur dann wirksam, wenn keine Verwechslungsgefahr besteht.

1 Bei Arbeitsgemeinschaften (ARGE) sind Umsatzsteuerbescheide an diese zu richten. 2 Es ist aber ausreichend und zweckmäßig, wenn der Bescheid der geschäftsführenden Firma als der Bevollmächtigten übermittelt wird (BFH-Urteil vom 21.5.1971, V R 117/67, BStBl. II S. 540).

Beispiel:

Anschriftenfeld (Empfänger):
Firma
Rheinische Betonbau GmbH & Co. KG
Postfach 90 11
50890 Köln

Bescheidkopf
Für
ARGE Rheinbrücke Bonn (Inhalts- und Bekanntgabeadressat)

1 Wenn kein geschäftsüblicher Name vorhanden oder feststellbar ist, ist die rechtsfähige Personenvereinigung durch Nennung ihrer Gesellschafter oder Gemeinschafter zu bezeichnen. 2 Zur Bekanntgabe von Feststellungsbescheiden vgl. AEAO zu § 122, Nr. 2.5.

2.4.1.2. Nicht rechtsfähige Personenvereinigungen

Zu den nicht rechtsfähigen Personenvereinigungen gehören insbesondere Erbengemeinschaften und Bruchteilsgemeinschaften (vgl. § 14a Abs. 3 AO).

1 Ist eine nicht rechtsfähige Personenvereinigung selbst steuerpflichtig, sind die Bescheide mangels geschäftsüblichen Namens an alle Mitglieder (Gemeinschafter, Gesellschafter) zu richten (BFH-Urteil vom 17.3.1970, II 65/63, BStBl. II S. 598; zur Erbengemeinschaft: BFH-Urteil vom 29.11.1972, II R 42/67, BStBl. 1973 II S. 372). 2 Ist die Bezeichnung der Mitglieder der nicht rechtsfähigen Personenvereinigung durch die Aufzählung aller Namen im Kopf des Bescheids aus technischen Gründen nicht möglich, kann so verfahren werden, dass neben einer Kurzbezeichnung im Bescheidkopf (Beispiel: „Erbengemeinschaft Max Meier“, „Bruchteilsgemeinschaft Goethestraße 100“) die einzelnen Mitglieder in den Bescheiderläuterungen oder in einer Anlage zum Bescheid aufgeführt werden.

1 Die Bescheide werden durch Bekanntgabe an ein Mitglied gegenüber der nicht rechtsfähigen Personenvereinigung wirksam. 2 Bei mehreren Mitgliedern reicht die Bekanntgabe an eines von ihnen (vgl. BFH-Urteile vom 11.2.1987, II R 103/84, BStBl. II S. 325, vom 27.4.1993, VIII R 27/92, BStBl. 1994 II S. 3, und vom 8.11.1995, V R 64/94, BStBl. 1996 II S. 256). 3 Es genügt, wenn dem Bekanntgabeadressaten eine Ausfertigung des Steuerbescheids zugeht. 4 Ausfertigungen für alle Mitglieder sind i. d. R. nicht erforderlich.

1 Als Bekanntgabeadressat kommen vor allem diejenigen Mitglieder oder Gemeinschafter in Betracht, die als Verfügungsberechtigte auftreten (§ 35 AO). 2 Der Bescheid kann nach Wahl des Finanzamts aber auch einem anderen Mitglied oder Gemeinschafter bekannt gegeben werden (§ 34 Abs. 2 AO).

In den Bescheid ist dann folgender Erläuterungstext aufzunehmen: „Der Bescheid ergeht an Sie als Mitglied der Gemeinschaft/Gesellschaft mit Wirkung für und gegen die Gemeinschaft/Gesellschaft“.

[1]Im Bescheid ist zum Ausdruck zu bringen, dass er dieser Person als Vertreter der nicht rechtsfähigen Personenvereinigung bzw. ihrer Mitglieder zugeht (§§ 34, 35 AO). [2]Der Bekanntgabeadressat muss sich dabei aus dem Bescheid selbst ergeben, die Angabe auf dem Briefumschlag der Postsendung reicht nicht aus (BFH-Urteil vom 8.2.1974, III R 27/73, BStBl. II S. 367)

Beispiel:

Bekanntgabeadressat
a) Herrn Peter Meier
als Geschäftsführer der
Erbengemeinschaft Max Meier
b) Herrn Emil Krause
für die Bruchteilsgemeinschaft
Goethestraße 100

[1]Ist für die Mitglieder einer nicht rechtsfähigen Personenvereinigung kein gemeinsamer Bekanntgabeadressat vorhanden oder wird von der Bestimmung eines Bekanntgabeadressaten abgesehen, ist jedem der Mitglieder eine Ausfertigung des Steuerbescheids bekannt zu geben. [2]Soll auch in das Vermögen einzelner Mitglieder vollstreckt werden, vgl. Abschn. 33 VollstrA.

2.4.1.3. Nicht rechtsfähige GbR (Innengesellschaft)

Auf eine nicht rechtsfähige GbR (§ 705 Abs. 2 i. V. m. § 740 BGB) sind nach § 14a Abs. 4 AO die für nicht rechtsfähige Personenvereinigungen geltenden Vorschriften – ausgenommen § 267 Abs. 1 Satz 1 AO – sinngemäß anzuwenden (siehe Nr. 2.4.1.2 des AEAO zu § 122).

2.4.2. Bescheide an Gesellschafter (Mitglieder)

Steuerbescheide und Feststellungsbescheide sind an die Gesellschafter (Mitglieder, Gemeinschafter) zu richten, wenn die einzelnen Beteiligten unmittelbar aus dem Steuerschuldverhältnis in Anspruch genommen werden sollen oder ihnen der Gegenstand der Feststellung zugerechnet wird (vgl. AEAO zu § 122, Nrn. 2.5 und 2.6).

2.5. Bescheide über gesonderte und einheitliche Feststellungen

2.5.1. Bescheide über gesonderte und einheitliche Feststellungen richten sich inhaltlich nicht an die Personenvereinigung, sondern an die einzelnen Gesellschafter oder Gemeinschafter, die den Gegenstand der Feststellung (z. B. Einkünfte oder Vermögenswerte als Einheitswert/Grundsteuerwert) anteilig zu versteuern haben und denen er deshalb insbesondere bei Feststellungen nach § 180 Abs. 1 Satz 1 Nr. 1, Nr. 2 Buchst. a und Abs. 2 AO zuzurechnen ist (§ 179 Abs. 2 AO).

[1]Es genügt i. d. R., wenn im Bescheidkopf die Personenvereinigung als solche bezeichnet wird (Sammelbezeichnung) und sich alle Gesellschafter oder Gemeinschafter eindeutig als Betroffene (Inhaltsadressaten) aus dem für die Verteilung der Besteuerungsgrundlagen vorgesehenen Teil des Bescheids ergeben (BFH-Urteil vom 7.4.1987, VIII R 259/84, BStBl. II S. 766). [2]Aus einem kombinierten positiv-negativen Feststellungsbescheid muss eindeutig hervorgehen, welchen Beteiligten Besteuerungsgrundlagen zugerechnet werden und für welche Beteiligte eine Feststellung abgelehnt wird (BFH-Urteil vom 7.4.1987, VIII R 259/84, a. a. O.).

Der gesonderte und einheitliche Feststellungsbescheid erlangt volle Wirksamkeit, wenn er allen Feststellungsbeteiligten (i. d. R. vertreten durch die rechtsfähige Personenvereinigung nach § 183 Abs. 1 AO oder durch einen Empfangsbevollmächtigten nach § 183a Abs. 1 AO) bekanntgegeben wird.

Bei einer Einzelbekanntgabe an einzelne Feststellungsbeteiligte (vgl. § 183 Abs. 2 oder § 183a Abs. 2 AO) entfaltet er nur diesen Feststellungsbeteiligten gegenüber Wirksamkeit (BFH-Urteile vom 7.4.1987, VIII R 259/84, a. a. O., vom 25.11.1987, II R 227/84, BStBl. 1988 II S. 410, und vom 23.6.1988, IV R 33/86, BStBl. II S. 979).

[1] Eine unterlassene oder unwirksame Bekanntgabe gegenüber einzelnen Feststellungsbeteiligten kann noch im Klageverfahren nachgeholt werden (vgl. BFH-Urteil vom 19.5.1983, IV R 125/82, BStBl. 1984 II S. 15). [2] Der Bescheid ist diesen mit unverändertem Inhalt bekannt zu geben (vgl. AEAO zu § 122, Nr. 4.7.1).

2.5.2. Bekanntgabe des gesonderten und einheitlichen Feststellungsbescheids bei rechtsfähigen Personenvereinigungen (§ 183 AO)

2.5.2.1. [1] Bilden die Feststellungsbeteiligten eine rechtsfähige Personenvereinigung, sind alle Verwaltungsakte und Mitteilungen, die nach der AO und den Steuergesetzen mit der gesonderten und einheitlichen Feststellung zusammenhängen, grundsätzlich der rechtsfähigen Personenvereinigung bekannt zu geben (§ 183 Abs. 1 Satz 1 AO). [2] Es handelt sich hierbei um eine gesetzliche Bekanntgabe-Vertretung. Sie gilt nicht nur für erstmalige oder geänderte Feststellungsbescheide, sondern auch für Einspruchsentscheidungen, Abrechnungsbescheide und andere Verwaltungsakte und Mitteilungen.

Bei der Bekanntgabe an die rechtsfähige Personenvereinigung ist darauf hinzuweisen, dass die Bekanntgabe mit Wirkung für und gegen alle Feststellungsbeteiligten erfolgt (§ 183 Abs. 1 Satz 2 AO).

2.5.2.2. Zur Einzelbekanntgabe und zur Fortgeltung der Bekanntgabe-Vertretung in Ausnahmefällen siehe AEAO zu § 183, Nr. 2.

2.5.2.3. Zur Zustellung an die rechtsfähige Personenvereinigung vgl. AEAO zu § 122, Nr. 3.3.3.

2.5.2.4. [1] § 183 AO ist ab dem 1.1.2024 in allen offenen Fällen (d. h. auch für zurückliegende Feststellungszeiträume) anzuwenden. [2] Nach Art. 97 § 39 Abs. 3 EGAO können die in § 183 Abs. 1 AO genannten Verwaltungsakte und Mitteilungen in den Kalenderjahren 2024 und 2025 allerdings auch noch dem bisher bestellten Empfangsbevollmächtigten (§ 183 AO a. F.) wirksam bekannt gegeben werden.

2.5.3. Bekanntgabe des gesonderten und einheitlichen Feststellungsbescheids bei nicht rechtsfähigen Personenvereinigungen und in sonstigen Fällen (§ 183a AO)

2.5.3.1. Bilden die Feststellungsbeteiligten keine rechtsfähige Personenvereinigung (weshalb § 183 AO nicht anwendbar ist), sollen sie nach § 183a Abs. 1 Satz 1 AO einen gemeinsamen Empfangsbevollmächtigten bestellen, der ermächtigt ist, für sie alle Verwaltungsakte und Mitteilungen in Empfang zu nehmen, die nach der AO und den Steuergesetzen mit der gesonderten und einheitlichen Feststellung zusammenhängen.

Die Empfangsvollmacht nach § 183a Abs. 1 Satz 1 AO gilt fort auch bei Ausscheiden eines Feststellungsbeteiligten aus der Gesellschaft oder bei ernstlichen Meinungsverschiedenheiten, bis sie gegenüber dem Finanzamt widerrufen oder der Bekanntgabe an den Empfangsbevollmächtigten widersprochen wird (§ 183a Abs. 2 Satz 3 AO).

Bei der Bekanntgabe an den gemeinsamen Empfangsbevollmächtigten ist im Feststellungsbescheid darauf hinzuweisen, dass die Bekanntgabe an ihn mit Wirkung für und gegen alle Feststellungsbeteiligten erfolgt (§ 183a Abs. 1 Satz 4 AO).

Zur Zustellung an einen gemeinsamen Empfangsbevollmächtigten vgl. AEAO zu § 122, Nr. 3.3.3.

2.5.3.2. [1] Ist kein gemeinsamer Empfangsbevollmächtigter i. S. d. § 183a Abs. 1 Satz 1 AO vorhanden, kann das Finanzamt die Beteiligten zur Benennung eines Empfangsbevollmächtigten auffordern (§ 183a Abs. 1 Satz 2 AO). [2] Die Aufforderung ist an jeden Feststellungsbeteiligten zu richten. Mit der Aufforderung ist gleichzeitig ein Feststellungsbeteiligter als Empfangsbevollmächtigter vorzuschlagen und darauf hinzuweisen, dass Verwaltungsakte und Mitteilungen künftig dem vom Finanzamt vorgeschlagenen Empfangsbevollmächtigten mit Wirkung für und gegen alle Feststellungsbeteiligten bekannt gegeben werden, soweit nicht ein anderer Empfangsbevollmächtigter benannt wird (§ 183a Abs. 1 Satz 3 AO). [3] Die Sonderregelung des § 183a Abs. 2 Satz 2 AO gilt in diesen Fällen nicht.

Bei der Bekanntgabe an den von der Finanzbehörde vorgeschlagenen Empfangsbevollmächtigten ist im Feststellungsbescheid darauf hinzuweisen, dass die Bekanntgabe an ihn mit Wirkung für und gegen alle Feststellungsbeteiligten erfolgt (§ 183a Abs. 1 Satz 4 AO).

2.5.3.3. Ist nach § 183a Abs. 2 Satz 1 Nr. 2 und Satz 2 AO Einzelbekanntgabe erforderlich, kann jeder betroffene Feststellungsbeteiligte einen Bekanntgabe-Bevollmächtigten als Empfänger (vgl. AEAO zu § 122, Nr. 1.5.2) bestellen.

2.5.4. Einheitswertbescheide oder Grundsteuerwertbescheide an Eheleute, Eltern mit Kindern und Alleinstehende mit Kindern

[1] Bei der Bekanntgabe eines Bescheids über Einheitswerte des Grundbesitzes oder Grundsteuerwerte an Eheleute, die gemeinsam Eigentümer sind (Bruchteilsgemeinschaft), sind die Eheleute einzeln als Feststellungsbeteiligte anzugeben (vgl. AEAO zu § 122, Nr. 2.5.1). [2] Haben die Eheleute eine gemeinsame Anschrift und haben sie keinen gemeinsamen Empfangsbevollmächtigten bestellt, kann der Einheitswertbescheid oder Grundsteuerwertbescheid beiden in einer Ausfertigung bekannt gegeben werden (§ 183a Abs. 4 i. V. m. § 122 Abs. 7 AO).

[1] Haben die Eheleute als Bruchteils-Gemeinschafter gem. § 183a Abs. 1 Satz 1 AO einen gemeinsamen Empfangsbevollmächtigten bestellt, ist der Bescheid an diesen bekannt zu geben. [2] Im Bescheid ist darauf hinzuweisen, dass die Bekanntgabe mit Wirkung für und gegen beide Ehegatten erfolgt.

In den übrigen Fällen ist der Bescheid beiden Ehegatten getrennt bekannt zu geben.

Dies gilt für Eheleute mit Kindern und Alleinstehende mit Kindern entsprechend.

2.5.5. Ausnahmen von der Bekanntgabe an die rechtsfähige Personenvereinigung oder an Empfangsbevollmächtigte

2.5.5.1. Die in § 183 Abs. 1 und § 183a Abs. 1 AO gesetzlich vorgesehene Vereinfachung darf nicht so weit gehen, dass die Feststellungsbeteiligten in ihren Rechten eingeschränkt werden.

2.5.5.2. Bei rechtsfähigen Personenvereinigungen ist die Bekanntgabe des Feststellungsbescheids und anderer mit der gesonderten und einheitlichen Feststellung zusammenhängender Verwaltungsakte und Mitteilungen (vgl. Nr. 2.5.2.1 des AEAO zu § 122) an die Personenvereinigung mit Wirkung für und gegen alle Feststellungsbeteiligten nach § 183 Abs. 2 Satz 1 AO grundsätzlich nicht zulässig,

a) wenn die Personenvereinigung steuerlich vollbeendet ist (vgl. bspw. Nr. 2.7.1 des AEAO zu § 122),

b) wenn der Finanzbehörde bekannt ist, dass die Personenvereinigung nicht mehr rechtsfähig ist, oder

c) soweit ein Feststellungsbeteiligter aus der Personenvereinigung ausgeschieden ist oder zwischen den Feststellungsbeteiligten ernstliche Meinungsverschiedenheiten bestehen.

Ab Vollbeendigung der rechtsfähigen Personengesellschaft (Buchst. a) ist die Einzelbekanntgabe der relevanten Verwaltungsakte und Mitteilungen an alle Feststellungsbeteiligten ausnahmslos geboten.

[1] Besteht die Personenvereinigung zwar noch, ist dem Finanzamt aber im Zeitpunkt der Willensbildung über den Erlass und die Bekanntgabe des Feststellungsbescheids bereits bekannt, dass sie vor Erlass des Verwaltungsakts ihre Rechtsfähigkeit verloren hat (Buchst. b), richtet sich die Bekanntgabe des Feststellungsbescheids nach § 183a AO. [2] Ein Übergang von einer rechtsfähigen GbR zu einer nicht rechtsfähigen GbR ist nur denkbar, wenn die GbR über kein Gesellschaftsvermögen (mehr) verfügt und die Gesellschafter den Willen aufgegeben haben, als GbR am Rechtsverkehr teilzunehmen.

[1] In den Fällen von Buchst. c können die Verwaltungsakte und Mitteilungen der Personenvereinigung weiterhin mit Wirkung für und gegen einen hier genannten Feststellungsbeteiligten bekannt gegeben werden, soweit und solange dieser Feststellungsbeteiligte dem nicht widersprochen hat (§ 183 Abs. 2 Satz 2 AO). [2] Ein solcher Widerspruch wird der Finanzbehörde gegenüber erst mit Zugang wirksam (§ 183 Abs. 2 Satz 3).

2.5.5.3. In den Fällen des § 183a AO ist die Bekanntgabe an den von den Feststellungsbeteiligten gemeinsam bestellten oder von der Finanzbehörde vorgeschlagenen Empfangsbevollmächtigten mit Wirkung für und gegen alle Feststellungsbeteiligten grundsätzlich nicht zulässig, soweit der Finanzbehörde bekannt ist, dass

a) die Personenvereinigung nicht mehr besteht,

b) die Personenvereinigung rechtsfähig geworden ist oder

c) ein Feststellungsbeteiligter aus der Personenvereinigung ausgeschieden ist oder zwischen den Feststellungsbeteiligten ernstliche Meinungsverschiedenheiten bestehen.

[1]Besteht die Personenvereinigung nicht mehr (Buchst. a), ist die Einzelbekanntgabe aller mit der gesonderten und einheitlichen Feststellung zusammenhängenden Verwaltungsakte und Mitteilungen an alle Feststellungsbeteiligten geboten. [2]Maßgebend ist hierbei die steuerliche Vollbeendigung, nicht das zivilrechtliche Erlöschen der Personenvereinigung.

Hat die Personenvereinigung vor Erlass des Verwaltungsakts Rechtsfähigkeit erlangt (Buchst. b), richtet sich die Bekanntgabe des Feststellungsbescheids ab diesem Zeitpunkt nach § 183 AO.

In den Fällen von Buchst. c ist zu prüfen, ob eine Einzelbekanntgabe erforderlich ist oder ob die relevanten Verwaltungsakte und Mitteilungen nach § 183a Abs. 2 Satz 2 AO weiterhin dem gemeinsam bestellten Empfangsbevollmächtigten (§ 183a Abs. 1 Satz 1 AO) bekannt gegeben werden können.

Wird das Bestehen oder Nichtbestehen einer nicht rechtsfähigen Personenvereinigung erstmals mit steuerlicher Wirkung festgestellt, ist die Einzelbekanntgabe erforderlich, solange die Gesellschafter oder die Finanzbehörde noch keinen Empfangsbevollmächtigten i. S. d. § 183a Abs. 1 AO bestimmt oder vorgeschlagen haben.

2.5.6. [1]Soweit nach § 183 Abs. 2 oder § 183a Abs. 2 AO Einzelbekanntgabe erforderlich ist, ist grundsätzlich ein verkürzter Feststellungsbescheid bekannt zu geben (§ 183 Abs. 3 Satz 1 und § 183a Abs. 3 AO). [2]Bei berechtigtem Interesse ist den Beteiligten allerdings der gesamte Inhalt des Feststellungsbescheids mitzuteilen (§ 183 Abs. 3 Satz 2 und § 183a Abs. 3 AO).

2.6. Grundsteuermessbescheide, Grunderwerbsteuerbescheide

2.6.1. Grundsteuermessbescheide sind in gleicher Weise bekannt zu geben wie Feststellungsbescheide über Einheitswerte des Grundbesitzes oder über Grundsteuerwerte (§ 184 Abs. 1 AO); vgl. AEAO zu § 122, Nr. 2.4.1 Buchstabe e.

2.6.2. Zur Grunderwerbsteuer, soweit Bruchteilseigentum besteht (z. B. geteilte Erbengemeinschaft), vgl. AEAO zu § 122, Nr. 2.1.1; zur Grunderwerbsteuer, soweit Gesamthandseigentum besteht, vgl. AEAO zu § 122, Nr. 2.4.1, Buchstabe f.

2.7. Personengesellschaften (Gemeinschaften) in Liquidation

2.7.1. Bei der Liquidation einer Personengesellschaft (Personenhandelsgesellschaft oder rechtsfähige GbR) ist zwischen der gesellschaftsrechtlichen und der steuerrechtlichen Vollbeendigung zu unterscheiden.

- Bei der gesellschaftsrechtlichen Liquidation (§§ 735 ff. BGB, §§ 145 HGB ff.) ist die Personengesellschaft vollständig abgewickelt mit der Realisierung des Gesellschaftsvermögens (= Verteilung an die Gläubiger und Ausschüttung des Restes an die Gesellschafter).
- Steuerrechtlich ist die Personengesellschaft dagegen erst dann vollständig abgewickelt und damit vollbeendet, wenn auch alle Rechtsbeziehungen zwischen der Personengesellschaft und dem Finanzamt beseitigt sind (vgl. BFH-Urteil vom 1.10.1992, IV R 60/91, BStBl. 1993 II S. 82).

2.7.2. [1]Befindet sich eine Personenhandelsgesellschaft (OHG, KG) oder eine rechtsfähige GbR in der gesellschaftsrechtlichen Liquidation, so sind nur die

Liquidatoren zur Geschäftsführung und Vertretung befugt (§§ 144, 146 Abs. 1 HGB, ggf. i. V. m. § 161 Abs. 2 HGB; §§ 736, 736b BGB); bei der KG gilt dies allerdings nur für die Komplementäre (§ 178 HGB). [2]Die Löschung im Handelsregister wirkt nur deklaratorisch (BFH-Urteil vom 22.1.1985, VIII R 37/84, BStBl. II S. 501); das Gleiche gilt für die Löschung einer GbR im Gesellschaftsregister.

[1]Verwaltungsakte sind den Liquidatoren unter Angabe des Vertretungsverhältnisses bekannt zu geben (vgl. AEAO zu § 122, Nr. 1.4; BFH-Urteile vom 16.6.1961, III 329/58 U, BStBl. III S. 349, und vom 24.3.1987, X R 28/80, BStBl. 1988 II S. 316). [2]Bei mehreren Liquidatoren genügt die Bekanntgabe an einen von ihnen (BFH-Urteil vom 8.11.1995, V R 64/94, BStBl. 1996 II S. 256; siehe auch § 6 Abs. 3 VwZG).

Sind gegenüber einer GmbH & Co. KG, bei der allein die GmbH Komplementärin war, nach Löschung der GmbH im Handelsregister noch Verwaltungsakte zu erlassen, gelten die Ausführungen in Nr. 2.8.3.2 des AEAO zu § 122 entsprechend, weil einzig die GmbH als ehemalige Komplementärin zur Vertretung befugt ist bzw. war (§ 161 Abs. 2 i. V. m. § 146 Abs. 1 Satz 1 und § 178 HGB).

2.7.3. [1]Nach Beendigung der gesellschaftsrechtlichen Liquidation (vollständige Abwicklung) ist es i. d. R. unzweckmäßig, Verwaltungsakte noch gegenüber der Personenvereinigung zu erlassen (z. B. Gewerbesteuermessbescheide). [2]In diesen Fällen sind Ansprüche aus dem Steuerschuldverhältnis gegenüber jedem einzelnen Gesellschafter (Gemeinschafter) durch Haftungsbescheid geltend zu machen. [3]Zur Bekanntgabe eines gesonderten und einheitlichen Feststellungsbescheids siehe AEAO zu § 122, Nr. 4.4.2.

2.7.4. [1]Wird eine Personenhandelsgesellschaft oder eine rechtsfähige GbR ohne Liquidation durch Ausscheiden ihres vorletzten Gesellschafters beendet, gehen in der Gesellschaft entstandene Ansprüche aus dem Steuerschuldverhältnis (z. B. Umsatzsteuer, Gewerbesteuer) auf den Gesamtrechtsnachfolger über (§ 712a Abs. 1 Satz 2 BGB; vgl. AEAO zu § 122, Nr. 2.12.2). [2]In Bezug auf die gesonderte und einheitliche Feststellung von Besteuerungsgrundlagen (vgl. AEAO zu § 122, Nr. 2.5) tritt jedoch keine Gesamtrechtsnachfolge i. S. d. § 45 Abs. 1 AO ein (vgl. AEAO zu § 45, Nr. 1).

2.8. Bekanntgabe an juristische Personen

2.8.1.1. [1]Der Steuerbescheid ist an die juristische Person zu richten und ihr unter ihrer Geschäftsanschrift bekannt zu geben. [2]Die Angabe des gesetzlichen Vertreters als Bekanntgabeadressat ist nicht erforderlich (BFH-Beschluss vom 7.8.1970, VI R 24/67, BStBl. II S. 814). [3]Gleiches gilt für Körperschaften i. S. d. § 14b Abs. 1 Satz 2 AO.

Beispiel:

Anschriftenfeld
(Steuerschuldner als Inhaltsadressat, Bekanntgabeadressat und Empfänger):
Müller GmbH
Postfach 67 00
40210 Düsseldorf
(Angaben wie „z. H. des Geschäftsführers Müller“ o. Ä. sind nicht erforderlich.)

Zur Bekanntgabe an namentlich genannte Vertreter vgl. AEAO zu § 122, Nrn. 1.5.2 und 1.5.3.

2.8.1.2. [1]Eine führungslose GmbH, die sich nicht in Liquidation oder im Insolvenzverfahren befindet, wird nach § 35 Abs. 1 GmbHG durch ihre Gesellschafter vertreten, soweit ihr gegenüber u. a. Steuerverwaltungsakte bekannt gegeben oder zugestellt werden. [2]Eine führungslose AG, die sich nicht in Liquidation oder im Insolvenzverfahren befindet, wird nach § 78 Abs. 1 AktG durch ihren Aufsichtsrat vertreten, soweit ihr gegenüber u. a. Steuerverwaltungsakte bekannt gegeben oder zugestellt werden. [3]Vgl. zu AEAO § 34, Nr. 3. [4]Solange die führungslose Gesellschaft über eine Geschäftsadresse verfügt, können ihr Steuerbescheide weiterhin unter dieser Anschrift bekannt gegeben werden. [5]Ein Hinweis auf die besondere gesetzliche Vertretung der Gesellschaft durch die Gesellschafter bzw. den Vorstand ist nur erforderlich, wenn keine Geschäftsanschrift mehr besteht und die Bekanntgabe an die Gesellschafter bzw. die Aufsichtsratsmitglieder unter ihrer persönlichen Anschrift erfolgen soll.

2.8.2 Bekanntgabe an juristische Personen des öffentlichen Rechts

Die Grundsätze zu Nr. 2.8.1 gelten auch für die Bekanntgabe von Steuerbescheiden an Körperschaften des öffentlichen Rechts (BFH-Urteil vom 18.8.1988, V R 194/83, BStBl. II S. 932).

[1]Juristische Personen des öffentlichen Rechts sind wegen jedes einzelnen von ihnen unterhaltenen Betriebs gewerblicher Art oder mehrerer zusammengefasster Betriebe gewerblicher Art Körperschaftsteuersubjekt (BFH-Urteile vom 13.3.1974, I R 7/71, BStBl. II S. 391, und vom 8.11.1989, I R 187/85, BStBl. 1990 II S. 242). [2]Gegenstand der Gewerbesteuer ist gem. § 2 Abs. 1 GewStG i. V. m. § 2 Abs. 1 GewStDV der einzelne Betrieb gewerblicher Art, sofern er einen Gewerbebetrieb i. S. d. Einkommensteuergesetzes darstellt; Steuerschuldner ist die juristische Person des öffentlichen Rechts (§ 5 Abs. 1 Sätze 1 und 2 GewStG). [3]Im Gegensatz zur Umsatzsteuer sind daher für jeden Betrieb gewerblicher Art gesonderte Körperschaftsteuer- und Gewerbesteuer(mess)bescheide erforderlich. [4]Damit eine entsprechende Zuordnung erleichtert wird, ist es zweckmäßig, aber nicht erforderlich, im Anschriftenfeld der Körperschaftsteuer- und Gewerbesteuer(mess)bescheide einen Hinweis auf den jeweils betroffenen Betrieb gewerblicher Art anzubringen.

Beispiel:
Anschriftenfeld
(Steuerschuldner als Inhaltsadressat, Bekanntgabeadressat und Empfänger):
Gemeinde Mainwiesen
– Friedhofsgärtnerei –
Postfach 12 34
61116 Mainwiesen

Der Hinweis auf den betroffenen Betrieb gewerblicher Art kann auch in den Erläuterungen zum Steuer(mess)bescheid angebracht werden.

2.8.3. Juristische Personen in und nach Liquidation (Abwicklung)

2.8.3.1. Bei einer in Liquidation (bei Aktiengesellschaften: Abwicklung) befindlichen Gesellschaft ist der Steuerbescheid der Gesellschaft, z. H. des Liquidators (Abwicklers), bekannt zu geben.

Beispiel:

Für die in Liquidation befindliche Müller GmbH (Inhaltsadressat) ist der Steuerberater Hans Schmidt als Liquidator (Bekanntgabeadressat) bestellt worden.

Anschriftenfeld
Müller GmbH i. L.
z. H. des Liquidators
Herrn Steuerberater Hans Schmidt
...

2.8.3.2. [1]Steuerrechtlich wird auch eine im Handelsregister bereits gelöschte juristische Person so lange als fortbestehend angesehen, wie sie noch steuerrechtliche Pflichten zu erfüllen hat (BFH-Urteil vom 1.10.1992, IV R 60/91, BStBl. 1993 II S. 82). [2]Zu ihrer steuerrechtlichen Vertretung bedarf es eines Liquidators, der insoweit auch die steuerlichen Pflichten zu erfüllen hat (§ 34 Abs. 3 AO). [3]Ein Liquidator kann auch nur zum Zweck der Entgegennahme eines Steuerbescheids für die gelöschte GmbH bestellt werden (BayObLG-Beschluss vom 2.2.1984, BReg 3 Z 192/83, DB S. 870). [4]Das Finanzamt hat ggf. die Neubestellung eines Liquidators beim Registergericht zu beantragen, weil mit dem Erlöschen der Firma auch das Amt des zunächst bestellten Liquidators endet (BFH-Urteile vom 2.7.1969, I R 190/67, BStBl. II S. 656, und vom 6.5.1977, III R 19/75, BStBl. II S. 783). [5]Die Neubestellung eines Liquidators ist nicht erforderlich, wenn eine gelöschte Kapitalgesellschaft durch einen Bevollmächtigten vertreten wird, der bereits vor Löschung bestellt wurde und dessen Bevollmächtigung die Entgegennahme von Entscheidungen der Finanzbehörde umfasst. [6]Eine vor Löschung erteilte Vollmacht wirkt insoweit fort (§ 80 Abs. 2 AO; vgl. BFH-Urteil vom 27.4.2000, I R 65/98, BStBl. II S. 500 zu § 86 ZPO). [7]Wegen § 80 Abs. 1 Satz 2 zweiter Halbsatz AO ist jedoch für etwaige Zahlungen an die im Handelsregister gelöschte Gesellschaft die nachträgliche Bestellung eines Liquidators erforderlich, wenn nicht der Bevollmächtigte bereits vor Löschung ausdrücklich zur Entgegennahme von Zahlungen für die Gesellschaft ermächtigt worden ist (vgl. AEAO zu § 80, Nr. 2).

2.9. Wegen der Bekanntgabe von Verwaltungsakten in Insolvenzfällen vgl. AEAO zu § 251, Nrn. 4.3, 4.4, 6.1, 13.2 und 15.1.

2.10. Wegen der Bekanntgabe von Verwaltungsakten im Verbraucherinsolvenzverfahren vgl. AEAO zu § 251, Nrn. 12.2 und 12.3.

2.11. Zwangsverwaltung

[1]Mit Anordnung der Zwangsverwaltung verliert der Grundstückseigentümer (Schuldner) die Befugnis, über das beschlagnahmte Grundstück zu verfügen. [2]Bekanntgabeadressat von Verwaltungsakten, die das beschlagnahmte Grundstück betreffen, ist daher der Zwangsverwalter. [3]Dies gilt insbesondere für einen Grundsteuermessbescheid, einen Grundsteuerbescheid sowie für einen Umsatzsteuerbescheid, der die Verwaltung des Grundstücks betreffende Umsätze und Vorsteuern erfasst. [4]Zur Bekanntgabe von Einkommensteuerbescheiden, Körperschaftsteuerbescheiden und Feststellungsbescheiden während einer Zwangsverwaltung sowie zu weiteren ertragsteuerlichen Folgen einer Zwangsverwaltung vgl. BMF-Schreiben vom 3.5.2017, BStBl. I S. 718.

(Fortsetzung S. 213)

Steuerbescheid an A-GmbH:

Anschriftenfeld
(Steuerschuldner als Inhaltsadressat, Bekanntgabeadressat und Empfänger):
A-GmbH
Meiserstraße 4
80284 München

Bescheidkopf
Dieser Bescheid ergeht an Sie als Nachfolgerin der durch Aufspaltung erloschenen Spalt-GmbH. Der B-GmbH wurde ein Bescheid gleichen Inhalts erteilt. Die an der Spaltung beteiligten Rechtsträger sind Gesamtschuldner (§ 44 AO, § 133 Abs. 1 Satz 1 UmwG).

Steuerbescheid an B-GmbH:

Anschriftenfeld
(Steuerschuldner als Inhaltsadressat, Bekanntgabeadressat und Empfänger):
B-GmbH
Hauptstr. 101
67433 Neustadt

Bescheidkopf
Dieser Bescheid ergeht an Sie als Nachfolgerin der durch Aufspaltung erloschenen Spalt-GmbH. Der A-GmbH wurde ein Bescheid gleichen Inhalts erteilt. Die an der Spaltung beteiligten Rechtsträger sind Gesamtschuldner (§ 44 AO, § 133 Abs. 1 Satz 1 UmwG).

2.16. Formwechselnde Umwandlung

1 Bei einer formwechselnden Umwandlung (§ 1 Abs. 1 Nr. 4, §§ 190 ff. UmwG) liegt lediglich ein Wechsel der Rechtsform eines Rechtsträgers unter Wahrung seiner rechtlichen Identität vor. 2 Ändert sich allerdings durch den Formwechsel das Steuersubjekt, ist die Regelung des § 45 Abs. 1 AO über die steuerliche Gesamtrechtsnachfolge sinngemäß anzuwenden (vgl. AEAO zu § 45, Nr. 3).

1 Wird eine eingetragene GbR, eine Personenhandelsgesellschaft (OHG oder KG) oder eine Partnerschaftsgesellschaft in eine Kapitalgesellschaft umgewandelt, sind Bescheide über Steuern, für die diese Personenvereinigung Steuerschuldnerin war (vgl. AEAO zu § 122, Nr. 2.4.1), nach der Umwandlung an die Kapitalgesellschaft zu richten und dieser bekannt zu geben. 2 Bescheide über die gesonderte und einheitliche Feststellung von Besteuerungsgrundlagen sind an die Gesellschafter der ehemaligen Personenvereinigung zu richten (vgl. AEAO zu § 122, Nr. 2.5).

Wird eine Kapitalgesellschaft in eine rechtsfähige Personenvereinigung umgewandelt, sind Bescheide über Steuern, für die die Kapitalgesellschaft Steuerschuldnerin war, an die Personenvereinigung zu richten.

3. Besonderheiten des Zustellungsverfahrens

3.1. Zustellungsarten

1 Die Zustellung richtet sich nach dem VwZG[1] (§ 122 Abs. 5 Satz 2 AO). 2 Die vom Amtsgericht zu erlassende Anordnung eines persönlichen Sicherheitsarrestes ist nach den Vorschriften der ZPO zuzustellen (§ 326 Abs. 4 AO).

Das VwZG sieht die folgenden Zustellungsarten vor:

- Zustellung durch die Post mit Zustellungsurkunde (§ 3 VwZG; vgl. AEAO zu § 122, Nr. 3.1.1),

[1] Verwaltungszustellungsgesetz v. 12.8.2005, BGBl. I 2005, 2354, zuletzt geänd. durch G v. 22.12.2023, BGBl. I 2023 Nr. 411.

- Zustellung durch die Post mittels Einschreiben (§ 4 VwZG; vgl. AEAO zu § 122, Nr. 3.1.2),
- Zustellung (auch eines elektronischen Dokuments) durch die Behörde gegen Empfangsbekenntnis (§ 5 VwZG; vgl. AEAO zu § 122, Nr. 3.1.3),
- Zustellung (auch eines elektronischen Dokuments) im Ausland (§ 9 VwZG; vgl. AEAO zu § 122, Nr. 3.1.4),
- Öffentliche Zustellung (§ 10 VwZG; vgl. AEAO zu § 122, Nr. 3.1.5).

Kommen mehrere Zustellungsarten in Betracht, soll die kostengünstigste gewählt werden, sofern nicht besondere Umstände (z.B. Zweifel an der Annahmebereitschaft des Empfängers; vgl. Nr. 3.1.2) für eine Zustellung durch die Post mit Zustellungsurkunde sprechen.

Die Allgemeinen Verwaltungsvorschriften zum VwZG vom 13.12.1966 (BStBl. I S. 969), geändert durch die Allgemeine Verwaltungsvorschrift vom 27.4.1973 (BStBl. I S. 220), sind überholt.

3.1.1. Zustellung durch die Post mit Zustellungsurkunde (§ 3 VwZG)

[1]Soll ein Verwaltungsakt durch die Post mit Zustellungsurkunde zugestellt werden, sind § 3 VwZG sowie die dort angeführten Vorschriften der §§ 177 bis 182 ZPO zu beachten. [2]„Post" ist jeder Erbringer von Postdienstleistungen (§ 2 Abs. 2 Satz 1 VwZG; siehe auch § 33 des Postgesetzes vom 22.12.1997, BGBl. I S. 3294).

[1]Die Finanzbehörde hat der Post den Zustellungsauftrag, das zuzustellende Dokument in einem verschlossenen Umschlag und einen vorbereiteten Vordruck einer Zustellungsurkunde zu übergeben (§ 3 Abs. 1 VwZG). [2]Für die Zustellungsurkunde, den Zustellungsauftrag und den verschlossenen Umschlag sind die in der Zustellungsvordruckverordnung vom 12.2.2002 (BGBl. I S. 671, 1019), geändert durch Verordnung vom 23.4.2004 (BGBl. I S. 619), bestimmten Vordrucke zu verwenden (§ 3 Abs. 2 Satz 3 VwZG). [3]Der vorbereitete Vordruck der Zustellungsurkunde muss den Empfänger (vgl. AEAO zu § 122, Nrn. 1.5 und 1.6) und das Aktenzeichen (vgl. AEAO zu § 122, Nr. 3.1.1.1) des zuzustellenden Dokuments sowie die Anschrift der auftraggebenden Finanzbehörde enthalten. [4]Fehlen diese Angaben auf der zuzustellenden Sendung ganz oder teilweise, ist die Zustellung unwirksam, auch wenn die Zustellungsurkunde den Anforderungen des § 182 ZPO genügt. [5]Gleiches gilt, wenn auf der Sendung ein falsches Aktenzeichen angegeben ist.

[1]Ausnahmsweise kann als Zustellungsanschrift eine Postfachnummer gewählt werden. [2]In diesem Fall ist aber die tatsächliche Zustellung beim Rücklauf der Zustellungsurkunde zu überwachen (BFH-Urteil vom 9.2.1983, II R 10/79, BStBl. II S. 698). [3]Bei Ersatzzustellung durch Niederlegung ist die Zustellung nicht wirksam, wenn die Mitteilung über die Niederlegung in das Postfach des Empfängers eingelegt wird (BFH-Urteil vom 17.2.1983, V R 76/77, BStBl. II S. 528).

3.1.1.1. [1]Das auf der vorbereiteten Zustellungsurkunde und auf dem verschlossenen Umschlag anzugebende Aktenzeichen (vgl. AEAO zu § 122, Nr. 3.1.1) ist mit Abkürzungen zu bilden. [2]Anhand des Aktenzeichens muss einerseits der Inhalt des zuzustellenden Dokuments einwandfrei zu identifizieren sein (BFH-Urteil vom 18.3.2004, V R 11/02, BStBl. II S. 540), andererseits muss das Aktenzeichen so gewählt werden, dass es einem Dritten mög-

3.3.2. Einem **Zustellungsbevollmächtigten** mehrerer Beteiligter sind so viele Ausfertigungen oder Abschriften zuzustellen, als Beteiligte vorhanden sind (§ 7 Abs. 2 VwZG).

3.3.3. Werden mehrere Personen im Feststellungsverfahren bei der Bekanntgabe von Verwaltungsakten durch die rechtsfähige Personenvereinigung oder durch einen Empfangsbevollmächtigten vertreten (§ 183 Abs. 1 und § 183a Abs. 1 AO; § 6 der V zu § 180 Abs. 2 AO), vertritt die Personenvereinigung oder der Empfangsbevollmächtigte die Feststellungsbeteiligten auch bei Zustellungen (§ 7 Abs. 3 VwZG).

Der Personenvereinigung oder dem Empfangsbevollmächtigten ist eine Ausfertigung des Dokuments zuzustellen und dabei darauf hinzuweisen, dass die Bekanntgabe mit Wirkung für und gegen alle vertretenen Feststellungsbeteiligten erfolgt (§ 183 Abs. 1 Satz 2 AO; § 183a Abs. 1 Satz 4 AO; § 6 Abs. 1 Satz 5 der V zu § 180 AO; vgl. AEAO zu § 122, Nr. 2.5.2 und 2.5.3).

3.3.4. [1] Soll eine **Einspruchsentscheidung** zugestellt werden (vgl. AEAO zu § 366, Nr. 2), hat die Finanzbehörde diese dem Verfahrensbevollmächtigten (vgl. AEAO zu § 122, Nr. 3.3.1) auch ohne Nachweis einer Vollmacht zuzustellen, wenn dieser den Einspruch eingelegt und die Finanzbehörde ihn als Bevollmächtigten in der Einspruchsentscheidung aufgeführt hat (BFH-Urteil vom 25.10.1963, III 7/60 U, BStBl. III S. 600). [2] Hat der Steuerpflichtige den Einspruch selbst eingelegt, ist jedoch im weiteren Verlauf des Einspruchsverfahrens ein Bevollmächtigter für den Steuerpflichtigen aufgetreten, ist die Einspruchsentscheidung nur dann dem Bevollmächtigten zuzustellen, wenn eine Empfangsvollmacht vorliegt oder das Interesse des Steuerpflichtigen an einer Bekanntgabe gegenüber dem Bevollmächtigten nach den Umständen des Einzelfalls eindeutig erkennbar ist (BFH-Urteil vom 29.7.1987, I R 367, 379/83, BStBl. 1988 II S. 242).

3.4. Zustellung an Ehegatten

Der Grundsatz der Nr. 3.2 des AEAO zu § 122 ist auch bei der Zustellung an Ehegatten zu beachten.

[1] Haben beide Ehegatten gegen einen zusammengefassten Steuerbescheid (vgl. AEAO zu § 122, Nr. 2.1.1) Einspruch eingelegt, so ist – falls die Finanzbehörde die förmliche Zustellung angeordnet hat (vgl. AEAO zu § 122, Nr. 1.8.3, und zu § 366, Nr. 2) – grundsätzlich jedem der Ehegatten je eine Ausfertigung der an beide zu richtenden einheitlichen Einspruchsentscheidung zuzustellen (BFH-Urteil vom 8.6.1995, IV R 104/94, BStBl. II S. 681; vgl. AEAO zu § 122, Nr. 3.1.1.3). [2] Dies gilt unabhängig davon, in welcher Weise (vgl. AEAO zu § 122, Nrn. 2.1.1 bis 2.1.5) der angefochtene Bescheid bekannt gegeben worden ist. [3] Bei einer Zustellung mittels Einschreiben (vgl. AEAO zu § 122, Nr. 3.1.2) können aber beide Ausfertigungen in einer an beide Eheleute gemeinsam adressierten Sendung zur Post gegeben werden (Urteil des FG Bremen vom 23.6.1992, II 87/91 K, EFG S. 758).

[1] Tritt gegenüber der Finanzbehörde nur einer der Ehegatten im Einspruchsverfahren auf, so ist im Zweifel zu klären, ob dieser den Einspruch nur im eigenen Namen oder auch für den anderen Ehegatten führt. [2] Bei Vorliegen einer „Vollmacht“ ist zu unterscheiden, ob der Einspruchsführer **Zustel-**

lungsbevollmächtigter (vgl. AEAO zu § 122, Nr. 3.3.2) oder **Verfahrensbevollmächtigter** (vgl. AEAO zu § 122, Nr. 3.3.1) ist. [3]Dem Ehegatten als Zustellungsbevollmächtigten **darf** mit Wirkung auch für den anderen Ehegatten zugestellt werden, wobei an ihn **je eine Ausfertigung** der Entscheidung für jeden Ehegatten zuzustellen ist. [4]Dem Ehegatten als Verfahrensbevollmächtigten **muss** mit Wirkung für den anderen Ehegatten zugestellt werden, wobei **eine Ausfertigung** genügt.

3.5. Zustellung bei gerichtlich bestellter Betreuung

[1]Die Zustellung hat gemäß § 6 Abs. 1 Satz 2 VwZG an den gerichtlich bestellten Betreuer zu erfolgen. [2]Dem Betreuten ist eine Zweitschrift des zugestellten Dokuments zu übermitteln (§ 6 Abs. 1 Satz 3 VwZG).

4. Folgen von Verfahrens- und Formfehlern

4.1. Unwirksamkeit des Verwaltungsakts wegen inhaltlicher Mängel

[1]Fehlen in einem Verwaltungsakt unverzichtbare wesentliche Bestandteile (siehe zum Steuerbescheid § 157 Abs. 1 Satz 2 AO), die dazu führen, dass dieser inhaltlich nicht hinreichend bestimmt ist (§ 119 Abs. 1 AO), so ist ein solcher Verwaltungsakt gem. § 125 Abs. 1 AO nichtig und damit unwirksam (§ 124 Abs. 3 AO). [2]Eine Heilung derartiger Fehler ist nicht möglich, vielmehr ist ein neuer Verwaltungsakt zu erlassen (BFH-Urteil vom 17.7.1986, V R 96/85, BStBl. II S. 834).

4.1.1. [1]Wird der Steuerschuldner (Inhaltsadressat) im Steuerbescheid gar nicht, falsch oder so ungenau bezeichnet, dass Verwechslungen möglich sind, ist der Verwaltungsakt wegen inhaltlicher Unbestimmtheit nichtig und damit unwirksam. [2]Eine Heilung im weiteren Verfahren gegen den tatsächlichen Schuldner ist nicht möglich, es muss ein neuer Steuerbescheid mit richtiger Bezeichnung des Steuerschuldners (Inhaltsadressaten) verfügt und bekannt gegeben werden (BFH-Urteil vom 17.3.1970, II 65/63, BStBl. II S. 598).

Ist dagegen im Steuerbescheid eine falsche Person eindeutig und zweifelsfrei als Steuerschuldner (Inhaltsadressat) angegeben und wurde der Bescheid dieser Person bekannt gegeben, so ist der Bescheid nicht nichtig, sondern rechtswidrig und damit lediglich anfechtbar (BFH-Beschluss vom 17.11.1987, V B 111/87, BFH/NV 1988 S. 682).

4.1.2. [1]Konnte im Fall einer Gesamtrechtsnachfolge ein Steuerbescheid dem Rechtsvorgänger (Erblasser) nicht mehr rechtswirksam bekannt gegeben werden, ist der Bescheid an den Gesamtrechtsnachfolger als Steuerschuldner (Inhaltsadressaten) zu richten. [2]Ein gleichwohl an den Rechtsvorgänger gerichteter Bescheid ist unwirksam (BFH-Urteil vom 24.3.1970, I R 141/69, BStBl. II S. 501, vgl. AEAO zu § 122, Nr. 2.12.1).

4.1.3. [1]Ein Verwaltungsakt, der dem Inhaltsadressaten selbst bekannt gegeben wird, obwohl eine andere Person der zutreffende Bekanntgabeadressat ist (vgl. AEAO zu § 122, Nr. 1.4.3), ist unwirksam (BFH-Beschluss vom 14.5.1968, II B 41/67, BStBl. II S. 503). [2]Eine Heilung ist nicht möglich; vielmehr ist ein neuer Verwaltungsakt mit Bezeichnung des zutreffenden Bekanntgabeadressaten (vgl. AEAO zu § 122, Nr. 1.4.3) zu erlassen. [3]Zu den Folgen einer nur fehlerhaften Bezeichnung des Bekanntgabeadressaten vgl. AEAO zu § 122, Nr. 4.2.3.

4.2. Wirksamkeit des Verwaltungsakts trotz inhaltlicher Mängel

4.2.1. [1]Wird der richtige Steuerschuldner (Inhaltsadressat) lediglich ungenau bezeichnet, ohne dass Zweifel an der Identität bestehen (z. B. falsche Bezeichnung der Rechtsform einer Gesellschaft: OHG statt KG, GbR statt OHG o. Ä.), so liegt kein Fall der inhaltlichen Unbestimmtheit vor. [2]Der Steuerbescheid ist daher nicht unwirksam; die falsche Bezeichnung kann berichtigt werden (BFH-Urteile vom 26.6.1974, II R 199/72, BStBl. II S. 724, und vom 26.9.1974, IV R 24/71, BStBl. 1975 II S. 311, BFH-Beschluss vom 18.3.1998, IV B 50/97, BFH/NV S. 1255).

4.2.2. Ist in einem Feststellungsbescheid ein Beteiligter falsch bezeichnet, weil Rechtsnachfolge eingetreten ist, kann dies durch besonderen Bescheid gegenüber den Betroffenen berichtigt werden (§ 182 Abs. 3 AO).

4.2.3. [1]Die fehlerhafte Bezeichnung des Bekanntgabeadressaten macht den Bescheid nicht in jedem Fall unwirksam, die Bekanntgabe kann aber fehlerhaft sein. [2]Die aus einer formell fehlerhaften Bezeichnung herrührenden Mängel können geheilt werden, wenn der von der Finanzbehörde zutreffend bestimmte, aber fehlerhaft bezeichnete Bekanntgabeadressat tatsächlich vom Inhalt des Bescheids Kenntnis erhält.

Beispiel:

Der gesetzliche Vertreter (Bekanntgabeadressat) eines Minderjährigen (Steuerschuldner und Inhaltsadressat) wird irrtümlich als Adam Meier bezeichnet, obwohl es sich um Alfred Meier handelt, dem der Verwaltungsakt auch tatsächlich zugeht.

Aus Gründen der Rechtssicherheit soll im Zweifel die Bekanntgabe des Verwaltungsakts unter richtiger Angabe des Bekanntgabeadressaten wiederholt werden.

4.2.4. [1]Geringfügige Abweichungen bei der Bezeichnung des Inhaltsadressaten, des Bekanntgabeadressaten oder des Empfängers, die insbesondere bei ausländischen Namen auf technischen Schwierigkeiten, Lesefehlern usw. beruhen, machen den Bescheid weder unwirksam noch anfechtbar. [2]Dies gilt auch, wenn bei einer juristischen Person ein unwesentlicher Namensbestandteil weggelassen oder abgekürzt wird oder eine allgemein übliche Kurzformel eines eingetragenen Namens verwendet wird. [3]Bei einem Verstoß gegen das Namensrecht (z. B. Abkürzung überlanger Namen, Übersehen von Adelsprädikaten oder akademischen Graden) wird der Steuerbescheid dennoch durch Bekanntgabe wirksam, wenn der Steuerschuldner (Inhaltsadressat) durch die verwendeten Angaben unverwechselbar bezeichnet wird.

4.3. Unwirksamkeit des Verwaltungsakts wegen eines Bekanntgabemangels

[1]Ein Verwaltungsakt wird erst mit ordnungsmäßiger Bekanntgabe wirksam (§ 122 Abs. 1, § 124 AO). [2]Zur Heilung von Bekanntgabemängeln vgl. AEAO zu § 122, Nr. 4.4.4; zu Mängeln bei der förmlichen Zustellung vgl. AEAO zu § 122, Nr. 4.5.

Wird ein inhaltlich richtiger Verwaltungsakt einem auf der Postsendung unrichtig ausgewiesenen Empfänger übermittelt (z. B. Briefumschläge werden vertauscht), ist der Verwaltungsakt weder gegenüber dem richtigen noch gegenüber dem falschen Empfänger wirksam.

Beispiel:

Das FA erlässt einen für Herrn Konrad Meier, Sternstraße 15, 53111 Bonn, bestimmten Einkommensteuerbescheid. Der Bescheid weist im Anschriftenfeld die vorstehende Adresse aus,

wird aber in einen Briefumschlag eingelegt, der an Herrn Ludwig Meier, Königstraße 200, 40212 Düsseldorf, adressiert ist.
Der Bescheid ist nicht wegen fehlender inhaltlicher Bestimmtheit nichtig, weil aus ihm eindeutig hervorgeht, wer Steuerschuldner (Inhaltsadressat) ist. Er wurde jedoch nicht dem Beteiligten, für den er bestimmt ist, bekannt gegeben und ist damit nicht wirksam. Die Unwirksamkeit des Bescheids kann unter entsprechender Anwendung des § 125 Abs. 5 AO förmlich festgestellt werden. Gegenüber dem richtigen Bekanntgabeadressaten/Empfänger wird er erst wirksam, wenn die Bekanntgabe an diesen nachgeholt wird. Leitet der falsche Empfänger die Ausfertigung des Verwaltungsakts an den richtigen Empfänger (Bekanntgabeadressaten) weiter, wird der zunächst vorliegende Bekanntgabemangel geheilt und der Verwaltungsakt wirksam (vgl. AEAO zu § 122, Nrn. 4.4.1, 4.4.4 und 1.7.3).

4.4. Wirksame Bekanntgabe

4.4.1. [1] **Fehler beim technischen Ablauf** der Übermittlung des Verwaltungsakts und Verletzungen von Formvorschriften können unbeachtlich sein (§ 127 AO), wenn der Betroffene den für ihn bestimmten Verwaltungsakt tatsächlich zur Kenntnis genommen hat (vgl. AEAO zu § 122, Nrn. 4.2.3 und 4.4.4 zweiter Absatz). [2] Andererseits kann eine Bekanntgabe im Rechtssinne unter bestimmten Voraussetzungen auch wirksam sein, wenn der Betroffene selbst den Verwaltungsakt tatsächlich nicht erhalten, zur Kenntnis genommen oder verstanden hat. [3] Das Gesetz fingiert in diesen Fällen die Bekanntgabe (z. B. bei Übermittlung an einen für den Betroffenen handelnden Bekanntgabeadressaten). [4] Zu den Folgen der Nichtbeachtung einer Empfangsvollmacht vgl. AEAO zu § 122, Nr. 1.7.3.

4.4.2. [1] Ein Feststellungsbescheid, der im Anschriftenfeld eine im Zeitpunkt seines Erlasses bereits steuerlich vollbeendete Personenvereinigung als Bekanntgabeadressat benennt, ist unwirksam (vgl. § 183 Abs. 2 Satz 1 Nr. 1 AO). [2] Ist die Personenvereinigung zivilrechtlich aufgelöst, aber noch nicht steuerlich vollbeendet, ist der Feststellungsbescheid dem Liquidator unter Angabe des Vertretungsverhältnisses bekannt zu geben.

4.4.3. [1] Ist ein Feststellungsbeteiligter aus einer weiter bestehenden rechtsfähigen Personenvereinigung ausgeschieden, können die mit dem gesonderten und einheitlichen Feststellungsverfahren zusammenhängenden Verwaltungsakte und Mitteilungen der Personenvereinigung weiterhin mit Wirkung für und gegen den ausgeschiedenen Feststellungsbeteiligten wirksam bekannt gegeben werden, soweit und solange dieser dem nicht widersprochen hat (§ 183 Abs. 2 Satz 1 und 2 AO). [2] Der Widerspruch wird der Finanzbehörde gegenüber erst mit Zugang wirksam (§ 183 Abs. 2 Satz 3 AO).

4.4.4. Heilung von Bekanntgabemängeln

Bekanntgabemängel können unter den Voraussetzungen des entsprechend anwendbaren § 8 VwZG (vgl. AEAO zu § 122, Nr. 4.5.1) geheilt werden (BFH-Urteil vom 29.10.1997, X R 37/95, BStBl. 1998 II S. 266).

Ein Verwaltungsakt kann trotz unrichtig angegebener Anschrift wirksam sein, wenn der Bekanntgabeadressat die Sendung tatsächlich erhält (BFH-Urteil vom 1.2.1990, V R 74/85, BFH/NV 1991 S. 2, für den Fall der Angabe einer unzutreffenden Hausnummer).

[1] Wird dem Bekanntgabeadressaten eines Verwaltungsakts die Einspruchsentscheidung ordnungsgemäß bekannt gegeben, so kommt es auf Bekanntgabemängel des ursprünglichen Bescheids grundsätzlich nicht mehr an (BFH-Urteile vom 28. 10. 1988, III R 52/86, BStBl. 1989 II S. 257, und vom

wegen. [2]Die Festsetzung eines Verspätungszuschlags richtet sich in diesem Fall nach § 152 Abs. 1 AO.

5.1. Hat die Finanzbehörde die Frist für die Abgabe der Steuererklärung nach § 109 AO (ggf. rückwirkend) verlängert (§ 152 Abs. 3 Nr. 1 AO), gilt Folgendes:
- Wurde die verlängerte Erklärungsfrist eingehalten, liegt keine verspätete Erklärungsabgabe vor, so dass weder nach § 152 Abs. 1 AO noch nach § 152 Abs. 2 AO ein Verspätungszuschlag festgesetzt werden darf.
- Wurde die verlängerte Erklärungsfrist nicht eingehalten, kann die Finanzbehörde nach § 152 Abs. 1 AO einen Verspätungszuschlag festsetzen.

5.2. In den folgenden Fällen kann die Finanzbehörde – insbesondere bei wiederholter Verletzung der Erklärungsfrist – nach § 152 Abs. 1 AO einen Verspätungszuschlag festsetzen:
- Die Steuer wurde auf null Euro oder auf einen negativen Betrag festgesetzt (§ 152 Abs. 3 Nr. 2 AO),
- die festgesetzte Steuer übersteigt nicht die Summe der festgesetzten Vorauszahlungen und der anzurechnenden Steuerabzugsbeträge (§ 152 Abs. 3 Nr. 3 AO),
- bei jährlich abzugebenden Lohnsteueranmeldungen (§ 152 Abs. 3 Nr. 4 AO).

6. Inhaltsadressat der Verspätungszuschlagsfestsetzung

6.1. Der Verspätungszuschlag wird gegen den Erklärungspflichtigen festgesetzt.

6.2. [1]Wird die Steuererklärung von einem gesetzlichen Vertreter oder einer sonstigen Person i. S. d. §§ 34, 35 AO abgegeben, so ist der Verspätungszuschlag gleichwohl grundsätzlich gegen den Steuerschuldner festzusetzen (vgl. BFH-Urteil vom 18.4.1991, IV R 127/89, BStBl. II S. 675). [2]Eine Festsetzung gegen den Vertreter kommt nur in Ausnahmefällen (z. B. leichtere Beitreibbarkeit des Verspätungszuschlags bei dem Vertreter) in Betracht.

6.3. Für den Fall, dass mehrere Personen zur Abgabe ein und derselben Steuererklärung verpflichtet sind, vgl. § 152 Abs. 4 AO.

6.3.1. In Zusammenveranlagungsfällen ist der Verspätungszuschlag grundsätzlich gegen beide Ehegatten oder Lebenspartner festzusetzen.

6.3.2. Nach § 152 Abs. 4 Satz 3 AO in der ab 1.1.2024 geltenden Fassung ist der Verspätungszuschlag in den Fällen des § 180 Abs. 1 Satz 1 Nr. 2 Buchst. a AO bei rechtsfähigen Personenvereinigungen vorrangig gegen die Personenvereinigung festzusetzen.

[1]Maßgebend für die Anwendbarkeit von § 152 Abs. 4 Satz 3 AO ist nach Artikel 97 § 39 Abs. 1 EGAO der gesetzlich bestimmte Zeitpunkt, an dem die jeweilige Erklärungsfrist abgelaufen ist. [2]Abzustellen ist dabei auf den letzten Tag der gesetzlichen Erklärungsfrist nach § 181 Abs. 1 Satz 1 i. V. m. § 149 AO i. V. m. Art. 97 § 36 Abs. 3 EGAO:
- In nicht beratenen Feststellungsfällen gilt die Neuregelung erstmals für den Feststellungszeitraum 2023.
- In beratenen Feststellungsfällen gilt die Neuregelung dagegen erstmals für den Feststellungszeitraum 2022.

7. Gesetzliche Vorgaben zur Berechnung von Verspätungszuschlägen

1 § 152 Abs. 5 AO enthält gesetzliche Vorgaben zur Berechnung des Verspätungszuschlags und gilt sowohl für die Fälle des § 152 Abs. 1 AO als auch für die Fälle des § 152 Abs. 2 AO. 2 Insoweit besteht kein Ermessensspielraum der Finanzbehörde. 3 Etwas anderes gilt lediglich in den Fällen des § 152 Abs. 8 AO.

In den Fällen von Nr. 4.3 des AEAO zu § 152 ist bei der Berechnung des Verspätungszuschlags § 152 Abs. 5 Satz 3 AO entsprechend anzuwenden.

8. Berechnung von Verspätungszuschlägen bei anlassbezogenen Steueranmeldungen

§ 152 Abs. 8 AO gilt nicht für Steueranmeldungen, die nicht periodisch, sondern nur anlassbezogen abzugeben sind, wie z. B. die Kapitalertragsteuer-Anmeldung (§ 45a Abs. 1 Satz 1 i. V. m. § 44 Abs. 1 Satz 5 EStG), die Steueranmeldung nach § 48a Abs. 1 EStG und die Anmeldung über einen Steuerabzug bei beschränkt Steuerpflichtigen (§ 50a EStG i. V. m. § 73e EStDV).

9. Berechnungszeitraum

1 Eine Verpflichtung zur Abgabe einer Steuererklärung bleibt auch dann bestehen, wenn die Finanzbehörde die Besteuerungsgrundlagen geschätzt hat (§ 149 Abs. 1 Satz 4 AO). 2 Für die Bemessung eines Verspätungszuschlags ist aber nur auf den Zeitraum bis zum erstmaligen Erlass des Steuerbescheids bzw. dessen Bekanntgabe abzustellen (§ 152 Abs. 9 AO).

1 Der Beginn des Berechnungszeitraumes bestimmt sich grundsätzlich nach dem Ablauf der jeweiligen Erklärungsfrist. 2 Vorbehaltlich einer etwaigen Fristverlängerung nach § 109 Abs. 1 oder 2 AO ist dies

- bei nicht beratenen Steuerpflichtigen der Ablauf der allgemeinen Erklärungsfrist (§ 149 Abs. 2 AO),
- bei beratenen Steuerpflichtigen entweder der Ablauf der verlängerten Erklärungsfrist (§ 149 Abs. 3 AO) oder bei vorzeitiger Anforderung (§ 149 Abs. 4 AO) der Ablauf der in der Anforderung bestimmten Frist.

1 § 152 Abs. 5 Satz 3 AO enthält eine Sonderregelung für die Steuerpflichtigen, die bis zum Zugang einer – nach Ablauf der allgemeinen Erklärungsfrist versandten – Aufforderung davon ausgehen konnten, nicht zur Abgabe einer Steuererklärung verpflichtet zu sein. 2 In diesen Fällen ist der Verspätungszuschlag erst vom Ablauf der in der Aufforderung bezeichneten Erklärungsfrist an zu berechnen.

10. Abrundung und Höchstbetrag

1 Der Verspätungszuschlag ist nach § 152 Abs. 10 AO auf volle Euro abzurunden und darf höchstens 25 000 Euro betragen. 2 Er kann dabei – anders als nach § 152 AO a. F. – auch mehr als 10% der festgesetzten Steuer betragen. 3 Dies gilt insbesondere, wenn die Steuer auf null Euro oder auf einen negativen Betrag festgesetzt wurde oder wenn die Summe der festgesetzten Vorauszahlungen und der anzurechnenden Steuerabzugsbeträge die festgesetzte Steuer übersteigt (vgl. Nr. 5.2 des AEAO zu § 152).

11. Festsetzung, Fälligkeit, Verjährung

[1] Der Verspätungszuschlag ist eine steuerliche Nebenleistung (§ 3 Abs. 4 AO). [2] Er entsteht mit der Bekanntgabe seiner Festsetzung (§ 124 Abs. 1 AO) und wird mit Ablauf der gesetzten Frist fällig (§ 220 Abs. 2 AO). [3] I. d. R. ist dies – wegen der grundsätzlich vorzunehmenden Verbindung mit dem Steuerbescheid (§ 152 Abs. 11 Satz 1 AO) – die Zahlungsfrist für die Steuer. [4] Sofern der Verspätungszuschlag ausnahmsweise durch eigenständigen Verwaltungsakt festgesetzt wird (z. B. bei verspäteter Abgabe einer Steueranmeldung, § 167 AO), ist auch eine gesonderte Zahlungsfrist für den Verspätungszuschlag einzuräumen.

Wegen der Verjährung des Verspätungszuschlags wird auf Nr. 5 des AEAO zu § 169 und auf § 228 AO, wegen der Haftung für Verspätungszuschläge auf §§ 69 ff. AO hingewiesen.

(Fortsetzung S. 287)

ten vgl. BMF-Schreiben vom 24.4.1992, BStBl. I S. 291. [5]Zur gesonderten Feststellung der Steuerpflicht von Zinsen aus einer Lebensversicherung nach § 9 der V zu § 180 Abs. 2 AO vgl. BMF-Schreiben vom 16.7.2012, BStBl. I S. 686.

4. Fälle von geringer Bedeutung, in denen eine gesonderte Feststellung entfällt (§ 180 Abs. 3 Nr. 2 AO), sind beispielsweise bei Mieteinkünften von zusammenveranlagten Eheleuten/Lebenspartnern (BFH-Urteil vom 20.1.1976, VIII R 253/71, BStBl. II S. 305)[1)] und bei dem gemeinschaftlich erzielten Gewinn von Landwirts-Eheleuten/-Lebenspartnern (BFH-Urteil vom 4.7.1985, IV R 136/83, BStBl. II S. 576) gegeben, wenn die Einkünfte verhältnismäßig einfach zu ermitteln sind und die Aufteilung feststeht.

[1]Auch bei gesonderten Feststellungen nach § 180 Abs. 1 Satz 1 Nr. 2 Buchstabe b und Nr. 3 AO kann in Fällen von geringer Bedeutung auf die Durchführung eines gesonderten Gewinnfeststellungsverfahrens verzichtet werden (§ 180 Abs. 3 Satz 1 Nr. 2 AO). [2]Ein Fall von geringer Bedeutung kann z.B. vorliegen, wenn dasselbe Finanzamt auch für die Einkommensteuer-Veranlagung zuständig ist (bei Verlegung des Betriebs in den Bezirk des Wohnsitzfinanzamts oder des Wohnsitzes in den Bezirk des Betriebsfinanzamts).

5. Eine Feststellung ist auch zum Zweck der Ermittlung des anzuwendenden Steuersatzes im Falle eines bei der Steuerfestsetzung zu beachtenden Progressionsvorbehaltes und in den Fällen des § 2a EStG vorzunehmen (§ 180 Abs. 5 Nr. 1 AO).

6. [1]Soweit Einkünfte oder andere Besteuerungsgrundlagen nach § 180 Abs. 1 Satz 1 Nr. 2 AO oder nach der V zu § 180 Abs. 2 AO[2)] festzustellen sind, sind auch damit in Zusammenhang stehende Steuerabzugsbeträge und Körperschaftsteuer, die auf die Steuer der Feststellungsbeteiligten anzurechnen sind, gesondert festzustellen (§ 180 Abs. 5 Nr. 2 AO). [2]Steuerbescheinigungen sind deshalb nur dem für die gesonderte Feststellung zuständigen Finanzamt vorzulegen.

7. Zur Bindungswirkung der Feststellung nach § 180 Abs. 5 Nr. 2 AO und zur Korrektur der Folgebescheide vgl. § 182 Abs. 1 Satz 2 AO.

AEAO zu § 181 – Verfahrensvorschriften für die gesonderte Feststellung, Feststellungsfrist, Erklärungspflicht:

1. Erlass eines Feststellungsbescheids trotz Ablaufs der Feststellungsfrist

1.1. [1]Eine gesonderte und einheitliche Feststellung ist nach § 181 Abs. 5 Satz 1 AO trotz Ablaufs der Feststellungsfrist grundsätzlich auch dann vorzunehmen, wenn bei einzelnen Feststellungsbeteiligten bereits die für den Folgebescheid maßgebliche Festsetzungsfrist abgelaufen ist (vgl. BFH-Urteil vom 27.8.1997, XI R 72/96, BStBl. II S. 750). [2]Gleiches gilt für eine gesonderte Feststellung, wenn der Feststellungsbescheid grundsätzlich für mehrere Zeiträume Folgewirkung entfaltet und die für die Folgebescheide maßgebliche Festsetzungsfrist für einen oder mehrere Zeiträume bereits abgelaufen ist.

[1)] Bestätigt durch BFH v. 4.7.2018 IX B 114/17, BFH/NV 2018, 1088.
[2)] V zu § 180 Abs. 2 AO v. 19.12.1986, BGBl. I 1986, 2663 (**Steuergesetze** Nr. **800e**).

1.2. In den vorgenannten Fällen muss im Feststellungsbescheid auf seine eingeschränkte Wirkung, nämlich dass die Feststellung nur für noch nicht festsetzungsverjährte Folgebescheide von Bedeutung ist, ausdrücklich hingewiesen werden (Wirkhinweis); andernfalls ist der Feststellungsbescheid wirksam, aber rechtswidrig.

[1]Der Wirkhinweis darf den zeitlichen Geltungsbereich der getroffenen Feststellungen lediglich abstrakt bestimmen. [2]Er darf keine konkrete Zeitangabe zur (vermeintlichen) Verjährung im Folgebescheidsverfahren oder Angaben dazu enthalten, für welche Steuerarten und welche Besteuerungszeiträume (Veranlagungszeiträume) den getroffenen Feststellungen Rechtswirkung zukommen soll. [3]Feststellungen zur Festsetzungsverjährung sind nur im Folgebescheid zu treffen (vgl. BFH-Urteile vom 25.11.2020, II R 3/18, BFH/NV 2021 S. 820, und vom 15.7.2021, II R 38/19, BStBl. 2022 II S. 226). [4]Geschieht dies dennoch und ist der Feststellungsbescheid für sich genommen in verjährter Zeit ergangen, ist der Feststellungsbescheid insgesamt rechtswidrig.

Der Wirkhinweis soll dem für den Erlass des Folgebescheids zuständigen Finanzamt und dem Steuerpflichtigen deutlich machen, dass es sich um einen Feststellungsbescheid handelt, der nach Ablauf der Feststellungsfrist ergangen und deshalb nur noch für solche Steuerfestsetzungen bedeutsam ist, bei denen die Festsetzungsfrist noch nicht abgelaufen ist (vgl. BFH-Urteil vom 17.8.1989, IX R 76/88, BStBl. 1990 II S. 411).

1.3. Im dreistufigen Feststellungsverfahren (Einheitswert- bzw. Grundsteuerwertfeststellung, Grundsteuer-Messbescheid, Grundsteuerbescheid) wird der Wirkhinweis auf der ersten Stufe (Einheitswert/Grundsteuerwert) unmittelbar auch für die dritte Stufe (Grundsteuerbescheid) erteilt; die zweite Stufe wird übersprungen (vgl. BFH-Urteil vom 25.11.2020, II R 3/18, BFH/NV 2021 S. 820).

2. Anlaufhemmung für die gesonderte Feststellung von Einheitswerten oder Grundsteuerwerten

[1]Die Anlaufhemmung der Feststellungsfrist für die gesonderte Feststellung von Einheitswerten (letztmals auf den 1.1.2024) oder Grundsteuerwerten (erstmals auf den 1.1.2022) nach § 181 Abs. 3 Satz 3 AO ist auch dann anwendbar, wenn zugleich die Voraussetzungen der Anlaufhemmung nach § 181 Abs. 3 Satz 2 AO erfüllt sind. [2]Wird der Beginn der Feststellungsfrist für einen weiteren Feststellungszeitpunkt i. S. d. § 181 Abs. 3 Satz 3 AO mehrfach hinausgeschoben, richtet sich der Beginn der Feststellungsfrist für den weiteren Feststellungszeitpunkt nach der jeweils längsten Anlaufhemmung gem. § 181 Abs. 3 Satz 2 und 3 AO.

3. Feststellungserklärungspflicht bei rechtsfähigen Personenvereinigungen

[1]§ 181 Abs. 2 Satz 2 Nr. 1 und 4 AO in der ab 1.1.2024 geltenden Fassung ist erstmals auf Feststellungserklärungen anzuwenden, die nach dem 31.12.2023 einzureichen sind; eine Verlängerung der Feststellungserklärungsfrist nach § 109 AO ist hierbei nicht zu berücksichtigen (Art. 97 § 39 Abs. 1 AO). [2]Abzustellen ist dabei auf den letzten Tag der gesetzlichen Erklärungsfrist nach § 181 Abs. 1 Satz 1 i. V. m. § 149 AO i. V. m. Art. 97 § 36 Abs. 3 EGAO:

– In nicht beratenen Feststellungsfällen gilt die Neuregelung erstmals für den Feststellungszeitraum 2023.
– In beratenen Feststellungsfällen gilt die Neuregelung dagegen erstmals für den Feststellungszeitraum 2022.

Wird eine Feststellungserklärung für eine rechtsfähige Personenvereinigung in den Kalenderjahren 2024 oder 2025 durch eine Person im Sinne des § 181 Abs. 2 Satz 2 Nr. 1 oder 4 AO a. F. (insbesondere durch Gesellschafter/Gemeinschafter oder Geschäftsführer) abgegeben, ist die rechtsfähige Personenvereinigung von ihrer Erklärungspflicht nach § 181 Abs. 2 Satz 2 Nr. 1 AO befreit (Art. 97 § 39 Abs. 2 EGAO).

AEAO zu § 182 – Wirkung der gesonderten Feststellung:

1. [1]Ein Feststellungsbescheid über einen Einheitswert oder einen Grundsteuerwert ist nur dann an den Rechtsnachfolger bekannt zu geben, wenn die Rechtsnachfolge eintritt, bevor der Bescheid dem Rechtsvorgänger bekannt gegeben worden ist. [2]War der Bescheid bereits im Zeitpunkt der Rechtsnachfolge bekannt gegeben, wirkt der Bescheid auch gegenüber dem Rechtsnachfolger (dingliche Wirkung, § 182 Abs. 2 AO). [3]Der Rechtsnachfolger kann ihn in diesem Fall nach § 353 AO nur innerhalb der für den Rechtsvorgänger maßgebenden Einspruchsfrist anfechten.

2. § 182 Abs. 2 AO gilt nicht für Gewerbesteuermessbescheide (§ 184 Abs. 1 AO), wohl aber für Grundsteuermessbescheide.

3. Eine Bindung des Haftungsschuldners an den Einheitswertbescheid oder den Grundsteuerwertbescheid ist nicht gegeben.

4. [1]Die wegen Rechtsnachfolge fehlerhafte Bezeichnung eines Beteiligten kann nach § 182 Abs. 3 AO durch einen besonderen Bescheid richtiggestellt werden (Richtigstellungsbescheid). [2]Der Regelungsgehalt des ursprünglichen Bescheids bleibt im Übrigen unberührt. [3]§ 182 Abs. 3 AO gilt nicht für Feststellungen nach § 180 Abs. 1 Satz 1 Nr. 2 Buchstabe b AO (vgl. BFH-Urteil vom 12.5.1993, XI R 66/92, BStBl. 1994 II S. 5).

AEAO zu § 183 – Bekanntgabe bei der gesonderten und einheitlichen Feststellung gegenüber rechtsfähigen Personenvereinigungen:

1. [1]Nach § 183 Abs. 1 AO sind alle Verwaltungsakte und Mitteilungen, die nach der AO und den Steuergesetzen mit der gesonderten und einheitlichen Feststellung zusammenhängen, der rechtsfähigen Personenvereinigung mit Wirkung für und gegen alle Feststellungsbeteiligten bekannt zu geben. [2]Es handelt sich dabei um eine gesetzliche (Bekanntgabe-)Vertretung; die Bestellung oder Bestimmung eines Empfangsbevollmächtigten ist nur noch in den Fällen des § 183a AO erforderlich. [3]Die rechtsfähige Personenvereinigung kann ihrerseits einen Empfangsbevollmächtigten nach § 122 Abs. 1 AO bestellen.

Im Feststellungsbescheid ist darauf hinzuweisen, dass die Bekanntgabe an die Personenvereinigung mit Wirkung für und gegen alle Feststellungsbeteiligten erfolgt.

2. Ist die Personenvereinigung im Zeitpunkt der Willensbildung über den Erlass des Feststellungsbescheids steuerlich bereits vollbeendet (§ 183 Abs. 2 Satz 1 Nr. 1 1. Variante AO), ist Einzelbekanntgabe der relevanten Verwaltungsakte und Mitteilungen an alle Feststellungsbeteiligten geboten.

3. Besteht die Personenvereinigung noch, hat sie aber vor Erlass des Verwaltungsakts ihre Rechtsfähigkeit verloren (§ 183 Abs. 2 Satz 1 Nr. 1 2. Variante AO), richtet sich die Bekanntgabe nach § 183a AO, sobald dem Finanzamt der Verlust der Rechtsfähigkeit bekannt geworden ist.

4. In den Fällen des § 183 Abs. 2 Satz 1 Nr. 2 AO ist zu prüfen, ob Einzelbekanntgabe erforderlich ist oder ob die relevanten Verwaltungsakte und Mitteilungen nach § 183 Abs. 2 Satz 2 AO weiterhin der rechtsfähigen Personenvereinigung bekannt gegeben werden können.

5. Bei der Einzelbekanntgabe sind dem betroffenen Feststellungsbeteiligten im Regelfall die zum Verständnis des Bescheids erforderlichen Grundlagen der gesonderten Feststellung, d. h. insbesondere die Wertermittlung und die Aufteilungsgrundlagen, mitzuteilen (§ 121 Abs. 1 AO).

6. [1] Wegen der Bekanntgabe des gesonderten und einheitlichen Feststellungsbescheids vgl. auch den AEAO zu § 122, Nrn. 2.5, 3.3.3 und 4.7. [2] Zur Einspruchsbefugnis der rechtsfähigen Personenvereinigung vgl. § 352 AO.

7. [1] § 183 AO in der ab 1.1.2024 geltenden Fassung ist in allen offenen Fällen (d. h. auch für zurückliegende Feststellungszeiträume) anzuwenden. [2] Nach Art. 97 § 39 Abs. 3 EGAO können die in § 183 Abs. 1 AO genannten Verwaltungsakte und Mitteilungen in den Kalenderjahren 2024 und 2025 allerdings auch noch dem bisher bestellten Empfangsbevollmächtigten (§ 183 AO a. F.) wirksam bekannt gegeben werden.

AEAO zu § 183a – Empfangsbevollmächtigte bei der gesonderten und einheitlichen Feststellung bei nicht rechtsfähigen Personenvereinigungen und in sonstigen Fällen

1. Bilden die Feststellungsbeteiligten keine rechtsfähige Personenvereinigung, sind alle Verwaltungsakte und Mitteilungen, die nach der AO und den Steuergesetzen mit der gesonderten und einheitlichen Feststellung zusammenhängen, nach § 183a Abs. 1 AO grundsätzlich dem von den Feststellungsbeteiligten bestellten gemeinsamen Empfangsbevollmächtigten (Satz 1) oder dem von der Finanzbehörde vorgeschlagenen Empfangsbevollmächtigten (Satz 2 und 3) mit Wirkung für und gegen alle Feststellungsbeteiligten bekannt zu geben.

2. In den Fällen des § 183a Abs. 2 Satz 1 AO gilt ab dem Zeitpunkt, in dem der Finanzbehörde die nach Nr. 1 oder Nr. 2 maßgeblichen Umstände bekannt geworden sind, Folgendes:

2.1. Besteht die Personenvereinigung nicht mehr, ist Einzelbekanntgabe der relevanten Verwaltungsakte und Mitteilungen an alle Feststellungsbeteiligten geboten.

2.2. Hat die Personenvereinigung vor Erlass des Verwaltungsakts Rechtsfähigkeit erlangt, richtet sich die Bekanntgabe nun nach § 183 AO.

2.3. In den Fällen des § 183a Abs. 2 Satz 1 Nr. 2 AO ist zu prüfen, ob Einzelbekanntgabe erforderlich ist oder ob die relevanten Verwaltungsakte und Mitteilungen nach § 183a Abs. 2 Satz 2 AO weiterhin dem gemeinsamen Empfangsbevollmächtigten (§ 183a Abs. 1 Satz 1 AO) bekannt gegeben werden können.

2.4. [1]Bei der Einzelbekanntgabe ist regelmäßig davon auszugehen, dass der betroffene Feststellungsbeteiligte an der Erstellung der Feststellungserklärung nicht mitgewirkt hat. [2]Daher sind ihm die zum Verständnis des Bescheids erforderlichen Grundlagen der gesonderten Feststellung, d. h. insbesondere die Wertermittlung und die Aufteilungsgrundlagen, mitzuteilen (§ 121 Abs. 1 AO).

3. [1]Wegen der Bekanntgabe in Fällen des § 183a AO vgl. AEAO zu § 122, Nrn. 2.5, 3.3.3 und 4.7. [2]Zur Einspruchsbefugnis des gemeinsamen Empfangsbevollmächtigten vgl. § 352 AO.

4. [1]§ 183a AO ist ab dem 1.1.2024 in allen offenen Fällen (d. h. auch für zurückliegende Feststellungszeiträume) anzuwenden. [2]Die Bekanntgabe des Feststellungsbescheids an eine zur Vertretung der (nicht rechtsfähigen) Gesellschaft oder der Feststellungsbeteiligten oder eine zur Verwaltung des Gegenstands der Feststellung berechtigte Person (§ 183 Abs. 1 Satz 2 AO a. F.) als Bekanntgabeadressat ist nicht mehr möglich.

AEAO zu § 184 – Festsetzung von Steuermessbeträgen:

[1]Gemeinden sind nicht befugt, Steuermessbescheide anzufechten (vgl. § 40 Abs. 3 FGO); eine Rechtsbehelfsbefugnis der Gemeinden besteht nur im Zerlegungsverfahren (§ 186 Nr. 2 AO). [2]Die Finanzämter sollen aber die steuerberechtigten Gemeinden über anhängige Einspruchsverfahren gegen Realsteuermessbescheide von größerer Bedeutung unterrichten.

AEAO zu § 188 – Zerlegungsbescheid:

Dem Steuerpflichtigen ist der vollständige Zerlegungsbescheid bekannt zu geben, während die einzelnen beteiligten Gemeinden nur einen kurzgefassten Bescheid mit den sie betreffenden Daten erhalten müssen.

AEAO zu § 191 – Haftungsbescheide, Duldungsbescheide:[1)]

1. [1]Die materiell-rechtlichen Voraussetzungen für den Erlass eines Haftungs- oder Duldungsbescheids ergeben sich aus den §§ 69 bis 77 AO, den Einzelsteuergesetzen oder den zivilrechtlichen Vorschriften (z. B. §§ 25, 126 HGB oder dem AnfG).[2)] [2]§§ 93, 227 Abs. 2 InsO schließen eine Haftungsinanspruchnahme nach §§ 69 ff. AO nicht aus (BFH-Urteil vom 2.11.2001, VII B 155/01, BStBl. 2002 II S. 73).

---

1) Zur Verlängerung der Festsetzungsfrist für den Erlass eines Haftungsbescheids bei leichtfertiger Steuerverkürzung vgl. BFH v. 22.4.2008 VII R 21/07, BStBl. II 2008, 735.

2) Anfechtungsgesetz v. 5.10.1994, BGBl. I 1994, 2911 (**Habersack** Nr. **111**).

1.1. [1]Die Gesellschafter einer OHG haften für die Verbindlichkeiten der Gesellschaft den Gläubigern als Gesamtschuldner persönlich (§ 126 Satz 1 HGB). [2]Eine entgegenstehende Vereinbarung ist Dritten (einschließlich Finanzbehörden) gegenüber unwirksam (§ 126 Satz 2 HGB). [3]Zu Einwendungen und Einreden des Gesellschafters bei Inanspruchnahme für Verbindlichkeiten der OHG siehe § 128 HGB.

[1]Wer in eine bestehende OHG eintritt, haftet nach § 127 Satz 1 HGB gleich den anderen Gesellschaftern nach Maßgabe der §§ 126 und 128 HGB für die vor seinem Eintritt begründeten Verbindlichkeiten der Gesellschaft. [2]Eine entgegenstehende Vereinbarung ist Dritten (einschließlich Finanzbehörden) gegenüber unwirksam (§ 127 Satz 2 HGB).

[1]Zur Nachhaftung des ausgeschiedenen Gesellschafters einer OHG siehe § 137 HGB. [2]Dies gilt auch im Fall des Ausscheidens des vorletzten Gesellschafters einer noch nicht vollbeendeten OHG (§ 105 Abs. 2 HGB i. V. m. § 712a Abs. 2 BGB).

Zur Verjährung von Ansprüchen aus der Gesellschafterhaftung siehe § 151 HGB.

1.2. [1]Hinsichtlich der Haftung der Komplementäre einer KG sind grundsätzlich die für die OHG geltenden Bestimmungen entsprechend anzuwenden (§ 161 Abs. 2 HGB). [2]Zur Haftung des Kommanditisten siehe §§ 171 ff. HGB.

1.3. [1]Die Gesellschafter einer rechtsfähigen GbR haften für die Verbindlichkeiten der Gesellschaft den Gläubigern als Gesamtschuldner persönlich (§ 721 Satz 1 BGB). [2]Eine entgegenstehende Vereinbarung ist Dritten (einschließlich Finanzbehörden) gegenüber unwirksam (§ 721 Satz 2 BGB). [3]Zu Einwendungen und Einreden des Gesellschafters bei Inanspruchnahme für Verbindlichkeiten der GbR siehe § 721b BGB.

[1]Wer in eine bestehende rechtsfähige GbR eintritt, haftet nach § 721a Satz 1 BGB gleich den anderen Gesellschaftern nach Maßgabe der §§ 721 und 721b BGB für die vor seinem Eintritt begründeten Verbindlichkeiten der Gesellschaft. [2]Eine entgegenstehende Vereinbarung ist Dritten (einschließlich Finanzbehörden) gegenüber unwirksam (§ 721a Satz 2 BGB).

[1]Zur Nachhaftung des ausgeschiedenen Gesellschafters einer rechtsfähigen GbR siehe § 728b BGB. [2]Dies gilt auch im Fall des Ausscheidens des vorletzten Gesellschafters einer noch nicht vollbeendeten GbR (§ 712a Abs. 2 BGB).

Zur Verjährung von Ansprüchen aus der Gesellschafterhaftung siehe § 739 BGB.

1.4. Zum Erlass von Haftungsbescheiden in Spaltungsfällen vgl. AEAO zu § 122, Nr. 2.15.

2. Die Befugnis zum Erlass eines Haftungs- oder Duldungsbescheids besteht auch, soweit die Haftung und Duldung sich auf steuerliche Nebenleistungen erstreckt.

3. [1]Auf den (erstmaligen) Erlass eines Haftungsbescheids sind die Vorschriften über die Festsetzungsfrist (§§ 169–171 AO) entsprechend anzuwenden. [2]Eine Korrektur zugunsten des Haftungsschuldners kann dagegen auch noch nach Ablauf der Festsetzungsfrist erfolgen (BFH-Urteil vom 12.8.1997, VII R 107/96, BStBl. 1998 II S. 131).

4. [1]Für die Korrektur von Haftungsbescheiden gelten nicht die für Steuerbescheide maßgeblichen Korrekturvorschriften (§§ 172ff. AO), sondern die allgemeinen Vorschriften über die Berichtigung, die Rücknahme und den Widerruf von Verwaltungsakten (§§ 129 bis 131 AO). [2]Die Rechtmäßigkeit des Haftungsbescheids richtet sich nach den Verhältnissen im Zeitpunkt seines Erlasses bzw. der entsprechenden Einspruchsentscheidung. [3]Anders als bei der Änderung der Steuerfestsetzung (BFH-Urteil vom 12.8.1997, VII R 107/96, BStBl. 1998 II S. 131) berühren Minderungen der dem Haftungsbescheid zugrunde liegenden Steuerschuld durch Zahlungen des Steuerschuldners nach Ergehen einer Einspruchsentscheidung die Rechtmäßigkeit des Haftungsbescheids nicht. [4]Ein rechtmäßiger Haftungsbescheid ist aber zugunsten des Haftungsschuldners zu widerrufen, soweit die ihm zugrunde liegende Steuerschuld später gemindert worden ist.

(Fortsetzung S. 365)

feststellen oder Steuermessbeträge festsetzen, welche die Höhe der zur Insolvenztabelle anzumeldenden Steuerforderungen beeinflussen können, erlassen werden. [2]Ein gleichwohl erlassener Steuerbescheid über einen Steueranspruch, der eine Insolvenzforderung betrifft, ist unwirksam (BFH-Urteil vom 18.12.2002, I R 33/01, BStBl. 2003 II S. 630).

Wirksam erlassen werden können hingegen:

– Steuerfestsetzungen i. H. v. 0 €, wenn deren Besteuerungsgrundlagen nicht in einen verbleibenden Verlustvortrag nach § 10d EStG eingehen können, da sie andernfalls abstrakt geeignet sind, sich auf anzumeldende Steuerforderungen auszuwirken, vgl. § 10d Abs. 4 Satz 4 EStG.
– Umsatzsteuerbescheide, in denen eine negative Umsatzsteuer für einen Besteuerungszeitraum vor Eröffnung des Insolvenzverfahrens festgesetzt wird, sofern sich daraus keine Zahllast ergibt (BFH-Urteil vom 13.5.2009, XI R 63/07, BStBl. 2010 II S. 11).
– Bescheide über Einkommensteuer oder Körperschaftsteuer, wenn sich unter Berücksichtigung von Anrechnungsbeträgen insgesamt ein Erstattungsbetrag ergibt und keine Besteuerungsgrundlagen festgestellt werden, die die Höhe von Steuerforderungen beeinflussen, welche zur Insolvenztabelle anzumelden sind (BFH-Urteil vom 5.4.2022, IX R 27/18, BStBl. II S. 703).
– Andere Steuerbescheide oder sonstige Verwaltungsakte, die zu einem Erstattungsanspruch zugunsten der Insolvenzmasse führen, sofern sie nicht ausnahmsweise abstrakt geeignet sind, sich auf anzumeldende Steuerforderungen auszuwirken.
– Festsetzungen von Steuermessbeträgen, die sich für den Schuldner vorteilhaft auswirken, sofern sie nicht ausnahmsweise abstrakt geeignet sind, sich auf anzumeldende Steuerforderungen auszuwirken.

Die Anrechnung von Steuerabzugsbeträgen und/oder Vorauszahlungen mit dem Ziel ihrer (teilweisen) Erstattung für vorinsolvenzliche Besteuerungszeiträume erfordert nach Eröffnung des Insolvenzverfahrens eine Steuerfestsetzung unter Berücksichtigung der jeweiligen Einkünfte.

[1]Eine Steuerfestsetzung hat außerdem zu erfolgen, wenn der Insolvenzverwalter ausdrücklich die Erteilung eines Steuerbescheids beantragt, auch wenn sie sich auf anzumeldende Steuerforderungen auswirken kann. [2]Ein solcher Antrag ist erforderlich, wenn der Insolvenzverwalter die Anrechnung von Steuerabzugsbeträgen und/oder Vorauszahlungen begehrt mit dem Ziel ihrer (teilweisen) Erstattung zugunsten der Insolvenzmasse. [3]Die Abgabe einer gesetzlich vorgeschriebenen Steuererklärung ist, mit Ausnahme der Fälle des § 46 Abs. 2 Nr. 8 EStG (vgl. BFH-Urteil vom 20.1.2016, VI R 14/15, BStBl. II S. 380), kein Antrag auf Erteilung eines Steuerbescheids (vgl. AEAO zu § 171, Nr. 2).

Weiterhin können folgende Verwaltungsakte ergehen:

– Verwaltungsakte nach § 251 Abs. 3 AO (ggf. neben einer Bekanntgabe an den widersprechenden Gläubiger, § 179 Abs. 1 InsO),
– Gewerbesteuermessbetragsbescheide (§ 184 AO) und Zerlegungsbescheide (§ 188 AO) nach einem Widerspruch gegen die Anmeldung von Gewerbesteuerforderungen zur Insolvenztabelle durch die erhebungsberechtigte Körperschaft (BFH-Urteil vom 2.7.1997, I R 11/97, BStBl. 1998 II S. 428),

– Bescheide, die Besteuerungsgrundlagen feststellen, die eine vom Insolvenzverwalter im Prüfungstermin bestrittene Steuerforderung betreffen (BFH-Urteil vom 1.4.2003, I R 51/02, BStBl. II S. 779; zu Feststellungsbescheiden vgl. auch AEAO zu § 251, Nr. 4.4).

Für diese Verwaltungsakte ist Bekanntgabeadressat (vgl. AEAO zu § 122, Nr. 1.4) der Insolvenzverwalter.

In Fällen der Eigenverwaltung (vgl. AEAO zu § 251, Nr. 13) ist der Schuldner Bekanntgabeadressat.

Zu Verbindlichkeiten nach § 55 Abs. 2 und 4 InsO vgl. AEAO zu § 251, Nr. 3.1.

4.3.2. Nach Insolvenzeröffnung begründete Ansprüche

Verwaltungsakte, die die Insolvenzmasse betreffen, dürfen erlassen werden.

[1] Bekanntgabeadressat aller die Insolvenzmasse betreffenden Verwaltungsakte ist der Insolvenzverwalter. [2] Dies gilt insbesondere für die Bekanntgabe von

– Steuerbescheiden oder Steuermessbetragsbescheiden wegen Steueransprüchen, die nach der Verfahrenseröffnung begründet und damit sonstige Masseverbindlichkeiten sind,
– Verwaltungsakten nach § 218 Abs. 2 AO,
– Steuerbescheiden wegen Steueransprüchen, die aufgrund einer neuen beruflichen oder gewerblichen, nicht vom Insolvenzverwalter freigegebenen Tätigkeit des Schuldners begründet sind (sog. Neuerwerb, § 35 InsO).

Verwaltungsakte, die das insolvenzfreie Vermögen betreffen, sind an den Schuldner zu richten und diesem bekannt zu geben.

4.3.3. Beispiele für Bescheiderläuterungen bei Bekanntgabe an den Insolvenzverwalter:

„Der Bescheid ergeht an Sie als Insolvenzverwalter/vorläufiger Insolvenzverwalter im Insolvenzverfahren/Verfahren über den Antrag auf Eröffnung des Insolvenzverfahrens über das Vermögen des Schuldners ... ."

Die Erläuterung ist, soweit erforderlich, zur Klarstellung zu ergänzen:

„Die Steuerfestsetzung betrifft die Festsetzung der Umsatzsteuer als sonstige Masseverbindlichkeit."

„Die Festsetzung des Gewerbesteuermessbetrags dient der erhebungsberechtigten Körperschaft als Grundlage zur Fortführung des weiteren Verfahrens aufgrund des Widerspruchs gegen die Anmeldung der Gewerbesteuerforderung zur Tabelle."

4.4. Besonderheiten bei der gesonderten Feststellung von Besteuerungsgrundlagen

4.4.1. Personengesellschaften

4.4.1.1. Insolvenz der rechtsfähigen Personengesellschaft

Das Insolvenzverfahren einer rechtsfähigen GbR oder einer Personenhandelsgesellschaft umfasst nur das Gesellschaftsvermögen, nicht jedoch das persönliche Vermögen der Gesellschafter oder das Sonderbetriebsvermögen einzelner Gesellschafter.

[1]Zivilrechtlich wird die rechtsfähige GbR oder Personenhandelsgesellschaft durch die Eröffnung des Insolvenzverfahrens aufgelöst (§ 729 Abs. 1 Nr. 2 BGB, § 138 Abs. 1 Nr. 2 HGB, § 161 Abs. 2 HGB). [2]Steuerrechtlich besteht sie zunächst fort (vgl. AEAO zu § 122, Nr. 2.7.1).

[1]Ist ausschließlich über das Vermögen der Gesellschaft – nicht aber auch über das Vermögen eines Gesellschafters – ein Insolvenzverfahren eröffnet worden, unterbricht diese Verfahrenseröffnung das (Gewinn-)Feststellungsverfahren nicht, weil dessen steuerlichen Folgen nicht die Insolvenzmasse, sondern ausschließlich die Gesellschafter treffen (BFH-Urteil vom 24.7.1990, VIII R 194/84, BStBl. 1992 II S. 508). [2]Daher sind weiterhin Feststellungserklärungen abzugeben.

[1]Die einer rechtsfähigen Personenvereinigung obliegende Pflicht zur Abgabe der Feststellungserklärung (§ 181 Abs. 2 Nr. 1 Buchst. a AO) geht mit Eröffnung des Insolvenzverfahrens auf ihren Insolvenzverwalter über. [2]Die zivilrechtliche Auflösung der Personenvereinigung durch Eröffnung des Insolvenzverfahrens über das Vermögen der Gesellschaft ist hierbei unbeachtlich, da sie steuerrechtlich zunächst fortbesteht. [3]Wurde das Insolvenzverfahren allerdings vor dem 1.1.2024 eröffnet, ist § 181 Abs. 2 Satz 2 Nr. 1 AO in der am 31.12.2023 geltenden Fassung für Feststellungszeiträume und Feststellungszeitpunkte vor dem 1.1.2024 weiterhin anzuwenden (Art. 97 § 39 Abs. 5 EGAO).

[1]Der Insolvenzverwalter über das Vermögen einer Personengesellschaft ist vorbehaltlich des § 5b Abs. 2 EStG zur elektronischen Übermittlung der E-Bilanz gem. § 5b Abs. 1 EStG verpflichtet, wenn ihm die Abgabepflicht für eine Steuer- oder Feststellungserklärung obliegt, für die die E-Bilanz von Bedeutung ist (insbesondere die Gewerbesteuerklärung oder die Erklärung über die gesonderte und einheitliche Feststellung der Besteuerungsgrundlagen). [2]In diesem Fall hat er auch die nach § 51 Abs. 4 Nr. 1b EStG vom BMF im Einvernehmen mit den obersten Finanzbehörden der Länder bestimmten Mussangaben, die die Feststellungsbeteiligten betreffen, an das Finanzamt zu übermitteln.

[1]Nach § 729 Abs. 1 Nr. 2 BGB wird eine rechtsfähige GbR durch Eröffnung des Insolvenzverfahrens über ihr Vermögen zivilrechtlich aufgelöst (zur OHG und KG siehe § 138 Abs. Nr. 2 HGB). [2]Das Insolvenzverfahren tritt dann an die Stelle der Auseinandersetzung und Liquidation. [3]Da die rechtsfähige GbR, OHG oder KG mit Eröffnung des Insolvenzverfahrens steuerlich noch nicht vollbeendet ist, sind Bescheide über die gesonderte und einheitliche Feststellung der den Feststellungsbeteiligten anteilig zuzurechnenden Einkünfte und anderer Besteuerungsgrundlagen dem Insolvenzverwalter als gesetzlichem Vertreter der weiterhin rechtsfähigen GbR, OHG oder KG mit Wirkung für und gegen die Feststellungsbeteiligten bekanntzugeben (zur Ausnahme für vor dem 1.1.2024 eröffnete Insolvenzverfahren siehe Art. 97 § 39 Abs. 5 EGAO).

Bei der Finanzbehörde bekannt gewordenen Meinungsverschiedenheiten zwischen den Feststellungsbeteiligten untereinander oder zwischen einem oder mehreren Feststellungsbeteiligten und dem Insolvenzverwalter ist zur Wahrung der Rechte der Feststellungsbeteiligten eine Einzelbekanntgabe nach § 183 Abs. 2 AO vorzunehmen; dem Insolvenzverwalter ist der Feststellungsbescheid dann insoweit nachrichtlich zu übersenden.

4.4.1.2. Insolvenz eines (oder mehrerer) Gesellschafters der Personengesellschaft

[1] Mit der Eröffnung des Insolvenzverfahrens über das Vermögen eines Feststellungsbeteiligten wird das (Gewinn-) Feststellungsverfahren ausschließlich hinsichtlich der Feststellung des Anteils des in der Insolvenz befindlichen Gesellschafters unterbrochen. [2] Diese Unterbrechung hindert den Fortgang des (Gewinn-) Feststellungsverfahrens gegenüber den übrigen Beteiligten nicht. [3] Insoweit wird vom Grundsatz der Einheitlichkeit des Feststellungsverfahrens (§ 179 Abs. 2 Satz 2 AO) abgewichen.

Sobald dem für die Besteuerung eines Feststellungsbeteiligten zuständigen Finanzamt bekannt wird, dass über das Vermögen dieses Steuerpflichtigen das Insolvenzverfahren eröffnet worden ist, hat es das für die Durchführung der gesonderten und einheitlichen Feststellung zuständige Finanzamt unverzüglich hierüber zu unterrichten.

Wenn im Zeitpunkt der Insolvenzeröffnung noch kein (Gewinn-)Feststellungsbescheid vorliegt, gilt für die Besteuerung des Anteils des insolventen Beteiligten Folgendes:

Eine Unterscheidung zwischen Insolvenz- und Masseforderungen ist bereits im (Gewinn)Feststellungsbescheid gegenüber dem in Insolvenz befindlichen Mitunternehmer vorzunehmen.

[1] Werden durch die gesonderte und einheitliche Feststellung gegenüber dem Schuldner (insolventer Feststellungsbeteiligter) sowohl Besteuerungsgrundlagen, welche der Anmeldung von Insolvenzforderungen dienen, als auch Besteuerungsgrundlagen, welche der Festsetzung von Masseforderungen dienen, festgestellt, so sind die Besteuerungsgrundlagen, welche der Anmeldung von Insolvenzforderungen dienen, gesondert aufzuführen. [2] Dieser Bescheid ist dem Insolvenzverwalter bekannt zu geben. [3] Dabei ist darauf hinzuweisen, dass der Bescheid, soweit er Besteuerungsgrundlagen betrifft, die der Anmeldung von Insolvenzforderungen dienen, lediglich ein „informatorischer Bescheid" über die Berechnungsgrundlage ist (vgl. BFH-Urteil vom 24.8.2004, VIII R 14/02, BStBl. 2005 II S. 246).

Zuständig für die Anmeldung der Forderungen zur Tabelle ist und bleibt das für die Besteuerung des Schuldners zuständige Finanzamt. [2] Es nimmt bei Bedarf auch am Prüfungstermin teil.

[1] Wird die von dem Finanzamt angemeldete Forderung im Prüfungstermin bestritten, hat das für die Besteuerung des Schuldners zuständige Finanzamt einen Feststellungsbescheid nach § 251 Abs. 3 AO zu erlassen, der auf Feststellung zur Insolvenztabelle gerichtet ist. [2] Der Feststellungsbescheid nach § 251 Abs. 3 AO ist an die widersprechenden Insolvenzgläubiger bzw. den widersprechenden Insolvenzverwalter zu richten.

[1] Wird kein Einspruch gegen den Feststellungsbescheid nach § 251 Abs. 3 AO eingelegt, gilt die Forderung als festgestellt. [2] Die Berichtigung der Tabelle ist von dem für die Besteuerung des Schuldners zuständigen Finanzamt zu beantragen.

[1] Wird gegen den Feststellungsbescheid nach § 251 Abs. 3 AO Einspruch eingelegt und damit begründet, dass die festgestellte Forderung auf einer Gewinnfeststellung beruht, ist das Gewinnfeststellungsverfahren wieder aufzu-

nehmen. [2]Der Rechtsstreit über den Feststellungsbescheid nach § 251 Abs. 3 AO ist bis zu der abschließenden Entscheidung in dem Gewinnfeststellungsverfahren gem. § 363 Abs. 1 AO auszusetzen.

An diesem Gewinnfeststellungsverfahren sind anstelle des Schuldners die im Prüfungstermin widersprechenden Insolvenzgläubiger bzw. der widersprechende Insolvenzverwalter beteiligt; ihnen ist deshalb auch ein sog. „verkürzter" Gewinnfeststellungsbescheid (§ 183 Abs. 2 Satz 2 AO) bekannt zu geben (BFH-Urteil vom 24.8.2004, VIII R 14/02, a. a. O.).

[1]Die Entscheidung im Gewinnfeststellungsverfahren ist bei der Entscheidung über den Feststellungsbescheid nach § 251 Abs. 3 AO zu berücksichtigen. [2]Die Berichtigung der Tabelle beim Insolvenzgericht ist dann von dem für die Besteuerung des Schuldners zuständigen Finanzamt zu beantragen.

4.4.2. Sonstige Feststellungen von Besteuerungsgrundlagen

[1]Gesonderte Feststellungen von Besteuerungsgrundlagen, denen die abstrakte Eignung fehlt, sich auf anzumeldende Steuerforderungen auszuwirken (z. B. Feststellung des steuerlichen Einlagekontos gem. § 27 KStG), oder wenn der Insolvenzverwalter die Feststellung ausdrücklich beantragt hat (vgl. BFH-Urteil vom 18.12.2002, I R 33/01, BStBl. 2003 II S. 630), sind zulässig. [2]Die Abgabe einer gesetzlich vorgeschriebenen Feststellungserklärung ist kein Antrag auf Erteilung eines Feststellungsbescheids (vgl. AEAO zu § 171, Nr. 2).

(Fortsetzung S. 463)

a) Mit dem Einspruch wird eine Steuervergütung begehrt (z. B. die Festsetzung einer negativen Umsatzsteuer).

b) Durch den Einspruch soll die Anwendung des § 10d Abs. 4 Satz 5 EStG i. d. F. des JStG 2010 (vom Steuerbescheid abweichende Berücksichtigung von Besteuerungsgrundlagen bei der Feststellung des verbleibenden Verlustvortrags) ermöglicht werden.

c) Es wird eine Steuerbefreiung nach § 5 Abs. 1 Nr. 9 KStG (BFH-Urteil vom 13.7.1994, I R 5/93, BStBl. 1995 II S. 134) begehrt.

d) [1] Die der Steuerfestsetzung zugrunde liegenden Besteuerungsgrundlagen sind für ein anderes steuerliches oder außersteuerliches Verfahren bindend (vgl. BFH-Urteil vom 20.12.1994, IX R 80/92, BStBl. 1995 II S. 537). [2] Eine derartige Bindungswirkung besteht beispielsweise für das BAföG-Verfahren oder einen Beihilfeanspruch nach der BBhV oder vergleichbaren landesrechtlichen Regelungen hinsichtlich der Einkünfte (vgl. BFH-Urteile vom 20.12.1994, IX R 124/92, BStBl. 1995 II S. 628, und vom 19.2.2013, IX R 31/11, BFH/NV S. 1075), nicht aber hinsichtlich der außergewöhnlichen Belastungen (BFH-Urteil vom 29.5.1996, III R 49/93, BStBl. II S. 654) und auch nicht für das Wohngeldverfahren nach dem WoGG (BFH-Urteil vom 24.1.1975, VI R 148/72, BStBl. II S. 382).

4. Wird durch Einspruch die Änderung eines Grundlagenbescheids begehrt, kommt es für die schlüssige Geltendmachung der Beschwer nicht auf die Auswirkungen in den Folgebescheiden an.

5. Beschwert sein kann nicht nur derjenige, für den ein Verwaltungsakt bestimmt ist, sondern auch derjenige, der von ihm betroffen ist.

6. Eine weitere, in der AO nicht ausdrücklich genannte Zulässigkeitsvoraussetzung ist das Vorliegen eines Rechtsschutzbedürfnisses, d. h. eines schutzwürdigen, berücksichtigungswerten Interesses an der begehrten Entscheidung im Einspruchsverfahren.

[1] Die Möglichkeit, einen Antrag auf schlichte Änderung (§ 172 Abs. 1 Satz 1 Nr. 2 Buchstabe a AO) zu stellen, beseitigt nicht das Rechtsschutzbedürfnis für einen Einspruch, da dieser die Rechte des Steuerpflichtigen umfassender wahrt (vgl. AEAO vor § 347, Nr. 1). [2] Wendet sich der Steuerpflichtige gegen denselben Verwaltungsakt sowohl mit einem Einspruch als auch mit einem Antrag auf schlichte Änderung, ist nur das Einspruchsverfahren durchzuführen (BFH-Urteil vom 27.9.1994, VIII R 36/89, BStBl. 1995 II S. 353).

[1] Wird mit dem Einspruch ausschließlich die angebliche Verfassungswidrigkeit einer Rechtsnorm gerügt, fehlt grundsätzlich das Rechtsschutzbedürfnis, wenn die Finanzbehörde den angefochtenen Verwaltungsakt spätestens im Einspruchsverfahren hinsichtlich des strittigen Punktes für vorläufig erklärt hat (BFH-Beschlüsse vom 10.11.1993, X B 83/93, BStBl. 1994 II S. 119, und vom 22.3.1996, III B 173/95, BStBl. II S. 506). [2] Trotz vorläufiger Steuerfestsetzung kann aber ein Rechtsschutzbedürfnis anzunehmen sein, wenn der Einspruchsführer besondere Gründe materiell-rechtlicher oder verfahrensrechtlicher Art substantiiert geltend macht oder Aussetzung der Vollziehung begehrt (BFH-Urteil vom 30.9.2010, III R 39/08, BStBl. 2011 II S. 11; zur

Aussetzung der Vollziehung wegen verfassungsrechtlicher Zweifel vgl. AEAO zu § 361, Nr. 2.5.4).

AEAO zu § 351 – Bindungswirkung anderer Verwaltungsakte:

1. [1]Wird ein Bescheid angegriffen, der einen unanfechtbaren Bescheid geändert hat, ist die Sache nach § 367 Abs. 2 Satz 1 AO in vollem Umfang erneut zu prüfen. [2]Geändert werden kann aber aufgrund der Anfechtung der Änderungsbescheid nur in dem Umfang, in dem er vom ursprünglichen Bescheid abweicht; diese Beschränkung bezieht sich z. B. beim Steuerbescheid auf den festgesetzten Steuerbetrag. [3]Einwendungen, die bereits gegen die ursprüngliche Steuerfestsetzung vorgebracht werden konnten, können auch gegen den Änderungsbescheid vorgetragen werden. [4]Ist z. B. im Änderungsbescheid eine höhere Steuer festgesetzt worden, kann die ursprünglich festgesetzte Steuer nicht unterschritten werden; ist dagegen im Änderungsbescheid eine niedrigere Steuer festgesetzt worden, kann der Steuerpflichtige nicht eine weitere Herabsetzung erreichen.

2. Etwas anderes gilt, soweit sich aus den Vorschriften über die Aufhebung oder die Änderung von Verwaltungsakten, z. B. wegen neuer Tatsachen, ein Rechtsanspruch auf Änderung des unanfechtbaren Bescheids ergibt.

Beispiele:

a) Ein Steuerbescheid wird nach § 173 Abs. 1 Nr. 1 AO zuungunsten des Steuerpflichtigen geändert. Der Steuerpflichtige kann mit dem Einspruch geltend machen, dass Tatsachen i. S. d. § 173 Abs. 1 Nr. 2 AO unberücksichtigt geblieben sind, die die Mehrsteuern im Ergebnis nicht nur ausgleichen, sondern sogar zu einer Erstattung führen.

b) Ein Steuerbescheid wird nach § 173 Abs. 1 Nr. 2 AO zugunsten des Steuerpflichtigen geändert. Der Steuerpflichtige kann mit dem Einspruch geltend machen, dass Tatsachen i. S. d. Vorschrift, die zu einer weitergehenden Erstattung führen, unberücksichtigt geblieben sind.

3. [1]§ 351 Abs. 1 AO gilt nach seinem Wortlaut nur für änderbare Bescheide, nicht hingegen für die sonstigen Verwaltungsakte, die den Vorschriften über die Rücknahme (§ 130 AO) und den Widerruf (§ 131 AO) unterliegen (BFH-Urteil vom 24.7.1984, VII R 122/80, BStBl. II S. 791). [2]§ 351 Abs. 1 AO bleibt aber zu beachten, wenn ein änderbarer Verwaltungsakt nach § 129 AO berichtigt worden ist (vgl. AEAO zu § 129, Nr. 5).

4. Ein Einspruch gegen einen Folgebescheid, mit welchem nur Einwendungen gegen den Grundlagenbescheid geltend gemacht werden, ist unbegründet, nicht unzulässig (BFH-Urteil vom 2.9.1987, I R 162/84, BStBl. 1988 II S. 142; vgl. auch BFH-Urteil vom 27.6.2018, I R 13/16, BStBl. 2019 II S. 632).

AEAO zu § 352 – Einspruchsbefugnis bei der gesonderten und einheitlichen Feststellung:

1. Die Regelungen des § 352 AO zur Einspruchsbefugnis bei gesonderten und einheitlichen Feststellungsbescheiden gelten unabhängig von der Art der in die Feststellung einbezogenen Besteuerungsgrundlagen.

2. Bei rechtsfähigen Personenvereinigungen (vgl. § 14a Abs. 2 und § 183 AO) kann grundsätzlich nur die rechtsfähige Personenvereinigung Einspruch gegen den Feststellungsbescheid einlegen (§ 352 Abs. 1 Nr. 1 Buchst. a) AO).

Falls die rechtsfähige Personenvereinigung zivilrechtlich nicht mehr besteht (d. h. vollbeendet ist), kann jeder Gesellschafter oder Gemeinschafter, gegen den der Feststellungsbescheid nach § 183 Abs. 2 AO ergangen ist oder zu ergehen hätte, Einspruch einlegen (§ 352 Abs. 1 Nr. 1 Buchst. b) AO).

Die Einspruchsbefugnis der Gesellschafter, Gemeinschafter oder Mitberechtigten nach § 352 Abs. 1 Nr. 3 AO bleibt hierbei unberührt (vgl. Nr. 4 Buchst. a des AEAO zu § 352).

3. Bei nicht rechtsfähigen Personenvereinigungen (vgl. § 14a Abs. 3 und § 183a AO) und in sonstigen Fällen kann grundsätzlich nur der Einspruchsbefugte i. S. d. § 352 Abs. 2 AO Einspruch gegen den Feststellungsbescheid einlegen, wenn die Feststellungsbeteiligten in der Feststellungserklärung oder in der Aufforderung zur Benennung eines Empfangsbevollmächtigten über die Einspruchsbefugnis des Empfangsbevollmächtigten belehrt worden sind (§ 352 Abs. 1 Nr. 2 Buchst. a und Abs. 2 Satz 3 AO).

Einspruchsbefugter ist der von den Feststellungsbeteiligten bestellte gemeinsame Empfangsbevollmächtigte i. S. d. § 183a Abs. 1 Satz 1 AO oder des § 6 Abs. 1 Satz 1 der V zu § 180 Abs. 2 AO (§ 352 Abs. 2 Satz 1 AO).

Haben die Feststellungsbeteiligten keinen gemeinsamen Empfangsbevollmächtigten bestellt, ist der nach § 183a Abs. 1 Satz 2 und 3 AO oder nach § 6 Abs. 1 Satz 3 und 4 V zu § 180 Abs. 2 AO von der Finanzbehörde vorgeschlagene Empfangsbevollmächtigte einspruchsbefugt (§ 352 Abs. 2 Satz 2 AO).

Die Einspruchsbefugnis der Gesellschafter, Gemeinschafter oder Mitberechtigten nach § 352 Abs. 1 Nr. 3 AO bleibt hierbei unberührt (vgl. Nr. 4 Buchst. a des AEAO zu § 352).

Falls kein Einspruchsbefugter vorhanden ist, kann jeder Gesellschafter, Gemeinschafter oder Mitberechtigte, gegen den der Feststellungsbescheid nach § 183a Abs. 2 AO ergangen ist oder zu ergehen hätte, Einspruch einlegen (§ 352 Abs. 1 Nr. 2 Buchst. b AO).

4. Ferner können folgende Gesellschafter, Gemeinschafter oder Mitberechtigte – unabhängig von der Rechtsfähigkeit der Personenvereinigung – in folgenden Fällen Einspruch gegen den Feststellungsbescheid einlegen:

a) in den Fällen des § 183 Abs. 2 Satz 1 Nr. 2 AO (vgl. Nr. 3 des AEAO zu § 183) oder des § 183a Abs. 2 Satz 1 Nr. 2 AO (vgl. Nr. 3 des AEAO zu § 183a) jeder Gesellschafter, Gemeinschafter oder Mitberechtigte, gegen den der Feststellungsbescheid ergangen ist oder zu ergehen hätte und der der Bekanntgabe an die Personenvereinigung (§ 183 Abs. 2 Satz 2 AO) oder den Empfangsbevollmächtigten (§ 183a Abs. 2 Satz 2 AO) mit Wirkung für und gegen ihn widersprochen hat (§ 352 Abs. 1 Nr. 3 AO);

b) jeder von den Feststellungen berührte Feststellungsbeteiligte, soweit es sich darum handelt, wer an dem festgestellten Betrag beteiligt ist und wie dieser sich auf die einzelnen Beteiligten verteilt (§ 352 Abs. 1 Nr. 4 AO);

c) jeder von den Feststellungen berührte Feststellungsbeteiligte, soweit es sich um eine Frage handelt, die ihn persönlich angeht (§ 352 Abs. 1 Nr. 5 AO).

5. Wird ein vor dem 1.1.2024 wirksam gewordener Feststellungsbescheid angefochten, bestimmt sich die Einspruchsbefugnis auch nach dem 31.12.2023 nach § 352 AO in der am 31.12.2023 geltenden Fassung; vgl. Art. 97 § 39 Abs. 4 Satz 1 EGAO.

Das Gleiche gilt, wenn der eine rechtsfähige Personenvereinigung betreffende Feststellungsbescheid nach dem 31.12.2023 und vor dem 1.1.2026 nach Maßgabe von Art. 97 § 39 Abs. 3 EGAO dem Empfangsbevollmächtigten nach § 183 AO a. F. bekannt gegeben worden ist; vgl. Art. 97 § 39 Abs. 4 Satz 2 EGAO.

6. Ist über den Einspruch gegen einen vor dem 1.1.2024 wirksam gewordenen Bescheid nach dem 31.12.2023 zu entscheiden, richtet sich das weitere Verfahren nach den ab dem 1.1.2024 geltenden Vorschriften der AO (Art. 97 § 39 Abs. 4 Satz 3 EGAO).

AEAO zu § 353 – Einspruchsbefugnis des Rechtsnachfolgers:

[1] Die Rechtsnachfolge tritt ein,

1. bevor einer der in § 353 AO genannten Bescheide ergangen ist:

   [2] Nach § 182 Abs. 2 Satz 2, § 184 Abs. 1 Satz 4, §§ 185 und 190 AO wirkt der Bescheid gegen den Rechtsnachfolger nur dann, wenn er ihm bekannt gegeben wird;

2. nach der Bekanntgabe eines in § 353 AO genannten Bescheids, aber noch innerhalb der Einspruchsfrist:

   [2] Der Rechtsnachfolger kann innerhalb der – schon laufenden – Frist Einspruch einlegen (§ 353 AO);

3. nach Ablauf der Einspruchsfrist für einen in § 353 AO genannten Bescheid:

   [2] Der Bescheid wirkt gegenüber dem Rechtsnachfolger, ohne dass dieser die Möglichkeit des Einspruchs hat (§ 182 Abs. 2 Satz 1, § 184 Abs. 1 Satz 4, §§ 185 und 190 AO);

4. während eines Einspruchsverfahrens gegen einen in § 353 AO genannten Bescheid:

   [2] Der Gesamtrechtsnachfolger tritt in der Rechtsstellung des Rechtsvorgängers als Verfahrensbeteiligter ein; seiner Hinzuziehung bedarf es nicht. [3] Beim Einzelrechtsnachfolger hat die Finanzbehörde seine Hinzuziehung zum Verfahren zu prüfen (§§ 359, 360 AO);

5. während die Frist zur Erhebung der Klage läuft:

   [2] Da auch in diesem Fall der Bescheid gegen den Rechtsnachfolger wirkt (§ 353 AO), kann dieser nur innerhalb der für den Rechtsvorgänger maßgebenden Frist gem. § 40 Abs. 2 FGO Klage erheben;

6. während eines finanzgerichtlichen Verfahrens:

   [2] Bei Gesamtrechtsnachfolge (z. B. bei Erbfolge oder bei Verschmelzung von Gesellschaften) wird das Verfahren bis zur Aufnahme durch den

Rechtsnachfolger unterbrochen (§ 155 FGO; § 239 ZPO), es sei denn, der Rechtsvorgänger war durch einen Prozessbevollmächtigten vertreten (§ 155 FGO; §§ 239, 246 ZPO). [3]Bei Einzelrechtsnachfolge (z. B. bei Kauf) hat das Finanzgericht zu prüfen, ob der Rechtsnachfolger beizuladen ist (§§ 57, 60 FGO).

AEAO zu § 355 – Einspruchsfrist:

1. [1]Die Einspruchsfrist beträgt einen Monat. [2]Sie beginnt im Fall des § 355 Abs. 1 Satz 1 AO mit Bekanntgabe (§ 122 AO), im Fall des § 355 Abs. 1 Satz 2 erster Halbsatz AO mit Eingang der Steueranmeldung bei der Finanzbehörde und im Fall des § 355 Abs. 1 Satz 2 AO zweiter Halbsatz mit Be-

(Fortsetzung S. 499)

Für handschriftliche Notizen

Für handschriftliche Notizen

Für handschriftliche Notizen

Für handschriftliche Notizen

Für handschriftliche Notizen

Für handschriftliche Notizen

Für handschriftliche Notizen

Für handschriftliche Notizen

Für handschriftliche Notizen

Für handschriftliche Notizen

Für handschriftliche Notizen

Für handschriftliche Notizen

Für handschriftliche Notizen

Für handschriftliche Notizen

Für handschriftliche Notizen

Für handschriftliche Notizen